PERMANENT INTERNATIONAL COMMITTEE OF LINGUISTS

LINGUISTIC BIBLIOGRAPHY FOR THE YEAR 1976

and supplement for previous years

PUBLISHED BY THE
PERMANENT INTERNATIONAL COMMITTEE OF LINGUISTS
UNDER THE AUSPICES OF
THE INTERNATIONAL COUNCIL FOR PHILOSOPHY
AND HUMANISTIC STUDIES

EDITOR: J. J. BEYLSMIT

ASSOCIATE EDITOR: JETSKE C. RIJLAARSDAM

1980

MARTINUS NIJHOFF PUBLISHERS

THE HAGUE / BOSTON / LONDON

Subvention Unesco 1977, CA. 2/9

Distributors:

for the United States and Canada

Kluwer Boston, Inc.
160 Old Derby Street
Hingham, MA 02043
USA

for all other countries

Kluwer Academic Publishers Group
Distribution Center
P.O. Box 322
3300 AH Dordrecht
The Netherlands

Library of Congress Cataloging in Publication Data   CIP

Permanent International Committee of Linguists.

    Bibliographie linguistique.   1939–47–75
Utrecht, Spectrum.

      v.   25 cm.   annual.

   Vol. for 1939–47 is a combined issue.
   Added t. p. in English.
   Vol. for 1948 includes material supplementary to vol. for 1939–47.

    Bibliographie Linguistique/Linguistic Bibliography.   1976 ——
The Hague, Martinus Nijhoff Publishers.

    1. Language and languages—Bibl.   I. Title.
Z7001.P4   016.4   A 50–3972 rev

ISBN 90-247-2242-X

Copyright © 1980 by Martinus Nijhoff Publishers bv, The Hague.

All rights reserved. No part of this publication may be reproduced, stored in a retrieval system, or transmitted in any form or by any means, mechanical, photocopying, recording, or otherwise, without the prior written permission of the publisher.
Martinus Nijhoff Publishers bv, P.O. Box 566, 2501 CN The Hague, The Netherlands.

PRINTED IN THE NETHERLANDS

Previous volumes of this publication, covering the years 1939 to 1975, are available from Spectrum Publishers, P.O. Box 2073, Utrecht, The Netherlands.

BIBLIOGRAPHIE
LINGUISTIQUE DE L'ANNÉE 1976
et complément des années précédentes

LINGUISTIC
BIBLIOGRAPHY FOR THE YEAR 1976
and supplement for previous years

Publiée sur la recommandation du Conseil International de la Philosophie et des Sciences Humaines avec le concours financier de l'UNESCO et avec l'aide des suivantes organisations nationales:

Published on the recommendation of the International Council for Philosophy and Humanistic Studies with the financial assistance of UNESCO, and by the support of:

1. Ministry of Education and Science of the Netherlands (University of Utrecht)
2. Philological Society, London
3. Statens Humanistiska Forskningsråd, Stockholm
4. Linguistic Society of America, Washington, D.C.
5. Tokyo Institute for Advanced Studies of Language

COMITÉ INTERNATIONAL PERMANENT DES LINGUISTES

BIBLIOGRAPHIE LINGUISTIQUE DE L'ANNÉE 1976

et complément des années précédentes

PUBLIÉE PAR LE
COMITÉ INTERNATIONAL PERMANENT DES LINGUISTES
SOUS LES AUSPICES DU
CONSEIL INTERNATIONAL DE LA PHILOSOPHIE
ET DES SCIENCES HUMAINES

RÉDACTEUR: J. J. BEYLSMIT

RÉDACTRICE ASSOCIÉE: JETSKE C. RIJLAARSDAM

1980
MARTINUS NIJHOFF
LA HAYE / BOSTON / LONDRES

Ont collaboré à ce volume:	To this volume contributed:

Informathèque de Linguistique Linguistics Documentation Centre
Université d'Ottawa University of Ottawa
Directeur Director
E. F. K. KOERNER
pour le Canada; for Canada;

Institute for Linguistics
of the Hungarian Academy of Sciences, Budapest
pour la Hongrie (partiellement); for Hungary (partly);

KAISU JUUSELA & AIRI OJAMA, Helsinki
pour la Finlande; for Finland

ROMAN LASKOWSKI, Kraków
pour la Pologne; for Poland;

MARIA PIA MARCHESE, Padova
pour l'Italie (partiellement); for Italy (partly);

RÜDIGER SCHMITT, Saarbrücken
pour l'arménien; for Armenian;

TADEUSZ SZYMAŃSKI, Kraków
pour la Bulgarie, la Pologne et for Bulgaria, Poland, and various
diverses données slaves; Slavic data;

ZDENĚK TYL & MILENA TYLOVÁ, Praha
pour la Tchécoslovaquie. for Czechoslovakia.

La section d'études slaves de l'Université d'Amsterdam a mis à notre disposition sa documentation de linguistique slave et est-européenne.	The Department of Slavic Studies of the University of Amsterdam placed at our disposal its documentation on Slavic and East European linguistics.

Adresse du rédacteur: Address of the editor:

J. J. BEYLSMIT
Van Zuylenlaan 15
3871 BG Hoevelaken
Pays-Bas/The Netherlands

PREFACE

The present volume, the 31st of its kind, does not materially differ from the 1974 and 1975 bibliographies: essentially the same procedures have been followed.

The preparation of this volume by our two bibliographers was greatly facilitated by the cordial cooperation shown by Drs. J. van Heijst, Chief Librarian of the University of Utrecht. Although his library is beset by serious housing problems, he nevertheless provided us with urgently needed office-space for Drs. Rijlaarsdam who – promoted to the rank of associate editor – can now use the extensive holdings of the University Library with more ease and efficiency.

We are again indebted to many colleagues and organizations. To our contributors of bibliographical data whose names are mentioned on page v, to the scholars who sent us their publications or who sent us bibliographical data, and last but not least to the Ministry of Education and Science of The Netherlands whose extensive support makes it possible for us to continue our bibliographical work.

The grants from the national organizations whose names are listed on page I and the financial assistance received from Unesco through the kind offices of the International Council for Philosophy and Humanistic Studies must be acknowledged here with gratitude. It is only through the help of all these bodies that CIPL can serve the international linguistic community by providing this widely appreciated bibliographical tool.

R. H. ROBINS
President of CIPL

E. M. UHLENBECK
Secretary General of CIPL

AVANT-PROPOS

Le présent volume, le trente et unième de ce genre, ne diffère pas essentiellement des bibliographies publiées en 1974 et 1975 : ce sont en principe les mêmes procédés qui ont été employés.

Le travail de nos deux bibliographes qui ont préparé ce volume-ci a été bien facilité par la coopération cordiale de Drs. J. van Heijst, Directeur de la Bibliothèque de l'Université d'Utrecht. Malgré les accommodations insuffisantes de la Bibliothèque, il a mis à la disposition de Drs. Rijlaarsdam – actuellement éditeur associé de notre entreprise – un local indispensable pour profiter avec facilité et avec efficacité des fonds considérables de la Bibliothèque.

C'est pour nous de nouveau un devoir agréable de dire tout ce que nous devons à beaucoup de collègues et d'organisations. Nous mentionnons avec un très réel plaisir les collaborateurs réguliers dont les noms figurent à la page V, ainsi que les savants qui nous ont fait parvenir leurs publications ou des données bibliographiques, et tout particulièrement le Ministère de l'Education Nationale et de la Science des Pays-Bas dont le soutien généreux nous permet de continuer nos travaux bibliographiques.

Nous tenons à signaler avec une très grande reconnaissance les subventions accordées par plusieurs organisations nationales dont la liste se trouve à la page I, et l'aide financière de la part de l'Unesco par l'intermédiaire du Conseil International de la Philosophie et des Sciences Humaines. Grâce à la bienveillance de toutes ces organisations CIPL est à même de rendre service à la communauté linguistique en publiant cet outil bibliographique dont on ne manquera pas d'apprécier la valeur.

R. H. ROBINS
Président du CIPL

E. M. UHLENBECK
Seecrétaire Général du CIPL

TABLE DES MATIÈRES — CONTENTS

PÉRIODIQUES — PERIODICALS xvii

ABRÉVIATIONS — ABBREVIATIONS xlvii

NOTE DE CONSULTATION — DIRECTIONS FOR USE liii

GÉNÉRALITÉS — GENERAL WORKS
   I. Bibliographie et organisation — Bibliography and Organization
      A. Bibliographie — Bibliography 1
      B. Organisation — Organization 4
   II. Périodiques (Comptes rendus de) — Periodicals (Reviews of) 5
   III. Congrès — Congresses 7
   IV. Mélanges et recueils — Festschriften and Miscellanies
      A. Mélanges in honorem — Festschriften 15
      B. Autres recueils — Other Miscellanies 21
   V. Biographies — Biographies 26

LINGUISTIQUE GÉNÉRALE ET DISCIPLINES CONNEXES —
GENERAL LINGUISTICS AND RELATED BRANCHES OF STUDY
   0. Bibliographie et généralités — Bibliography and General
      0.0. Bibliographie — Bibliography 42
      0.1. Généralités — General 43
      0.2. Théorie et méthode de la linguistique — Linguistic theory and method 50
      0.3. Philosophie du langage — Philosophy of language 65
      0.4. Typologie et universaux du langage — Typology and universals of language 80
      0.5. Sémantique — Semantics 82
      0.6 Terminologie linguistique — Linguistic terminology 89
      0.7. Histoire de la linguistique — History of linguistics 90
   1. Phonétique et phonologie — Phonetics and Phonology (Phonemics)
      1.0. Généralités — General 98
      1.1.1. Phonétique descriptive et expérimentale — Descriptive and experimental phonetics 100
      1.1.2. Phonétique historique — Historical phonetics 106
      1.2. Phonologie — Phonology (Phonemics) 107

TABLE DES MATIÈRES

- **2. Grammaire (Morphologie et syntaxe) — Grammar (Morphology and syntax)**
  - 2.0. Généralités — General 111
  - 2.1. Morphologie et formation des mots — Morphology and word formation 112
  - 2.2 Syntaxe — Syntax 114
  - 2.3. Linguistique du texte — Text linguistics 124
- **3. Linguistique historique — Historical linguistics** 127
- **4. Géographie linguistique et dialectologie — Linguistic geography and dialectology** 129
- **5. Vocabulaire (Lexicographie, étymologie, sémantique) — Vocabulary (Lexicography, etymology, semantics)** 132
- **6. Écriture, orthographe — Script, orthography** 137
- **7. Stylistique — Stylistics** 138
- **8. Prosodie, métrique, versification — Prosody, metre, versification** . . 144
- **9. Traduction — Translation** 144
- **10. Linguistique mathématique — Mathematical linguistics**
  - 10.0. Généralités — General 146
  - 10.1. Modèles mathématiques — Mathematical models 147
  - 10.2. Statistique linguistique — Statistical linguistics 150
  - 10.3. Analyse automatique — Automated analysis 152
  - 10.4. Traduction automatique — Machine translation 155
- **11. Psycholinguistique — Psycholinguistics**
  - 11.0. Généralités — General 156
  - 11.1. Origine du langage — Origin of language 162
  - 11.2. Langage enfantin — Child language 163
  - 11.3. Aphasie, Troubles du langage — Aphasia, Speech disorders . . 170
- **12. Sociolinguistique — Sociolinguistics**
  - 12.0. Généralités — General 173
  - 12.1. Bilinguisme — Bilingualism 182
- **13. Interlinguistique. Communication non-verbale — Interlinguistics. Non-verbal communication**
  - 13.1. Interlinguistique — Interlinguistics 185
  - 13.2 Communication non-verbale — Non-verbal communication . . 186
  - 13.3. Communication animale — Animal communication . . . 187
- **14. Onomastique — Onomastics** 188

RAPPORTS DES FAMILLES DE LANGUES ENTRE ELLES — INTERRELATIONS BETWEEN FAMILIES OF LANGUAGES 191

LANGUES INDO-EUROPÉENNES — INDO-EUROPEAN LANGUAGES
  - I. Généralités — General 193
  - II. Groupe anatolien — Anatolian Group
    - A. Généralités — General 196
    - B. Hittite cunéiforme — Cuneiform Hittite 197
    - C. Hittite hiéroglyphique — Hieroglyphic Hittite 199
    - D. Louvite — Luwian 199
    - E. Lycien — Lycian 199
    - F. Lydien — Lydian 199
  - III. Tokharien — Tocharian 199

CONTENTS

- IV. **Indo-iranien — Indo-Iranian**
  - A. Généralités — General 200
  - B. Groupe indo-aryen — Indo-Aryan Group
    - I. Généralités — General 201
    - II. Ancien indo-aryen — Old Indo-Aryan 201
    - III. Moyen indo-aryen — Middle Indo-Aryan 204
    - IV. Indo-aryen moderne — New Indo-Aryan
      - *a.* Généralités — General 205
      - *b.* Groupe oriental: Bengali, etc. — Eastern group: Bengali, etc. 205
      - *c.* Groupe central I: Hindi-Ourdou — Central group I: Hindi-Urdu 206
      - *d.* Groupe central II: Goujrati, Marathe, etc. — Central group II: Gujarati, Marathi, etc. 207
      - *e.* Groupes occidental et septentrional — Western and Northern groups 207
      - *f.* Singhalais — Sinhalese 207
      - *g.* Tsigane — Gipsy 208
  - C. Groupe iranien — Iranian group
    - I. Généralités — General 208
    - II. Ancien iranien — Old Iranian 209
    - III. Moyen iranien — Middle Iranian 210
    - IV. Iranien moderne — New Iranian 211
- V. **Arménien — Armenian** 214
- VI. **Phrygien; Thrace, Dace, Illyrian, etc. — Phrygian: Thracian, Dacian, Illyrian, etc.**
  - A. Phrygien — Phrygian 219
  - B. Thrace, Dace, Illyrien, etc. — Thracian, Dacian, Illyrian, etc. 219
- VII. **Linguistique balkanique et Albanais — Balkan Linguistics and Albanian**
  - A. Généralités — General 221
  - B. Albanais — Albanian 222
- VIII. **Grec — Greek**
  - A. Généralités — General 225
  - B. Mycénien — Mycenaean 226
  - C. Grec ancien — Ancient Greek 228
  - D. Grec byzantin et moderne — Byzantine and Modern Greek . . 238
- IX. **Italique — Italic**
  - A. Généralités — General 242
  - B. Osque et Ombrien, etc. — Oscan and Umbrian, etc. 243
  - C. Vénète — Venetic 243
  - D. Latin ancien — Ancient Latin 244
  - E. Latin médiéval et moderne — Medieval and Modern Latin . . 253
- X. **Langues romanes — Romance Languages**
  - A. Généralités — General 256
  - B. Langues hispaniques — Hispanic Languages
    - I. Généralités — General 260
    - II. Catalan — Catalan 261
    - III. Espagnol — Spanish 262
    - IIIa. Judéo-espagnol — Judaeo-Spanish 274
    - IV. Portugais et Galicien — Portuguese and Galician . . . 274

TABLE DES MATIÈRES

    C. Français et Provençal — French and Provençal
        I. Français — French 278
        II. Occitan — Occitan 305
        III. Onomastique — Onomastics 308
    D. Italien — Italian 309
    E. Sarde — Sardinian 326
    F. Rhéto-roman (Romanche, Ladin) — Rhaeto-Romance (Romansh, Ladin) 327
    G. Dalmate — Dalmatian 328
    H. Roumain — Rumanian 329

XI. Langues celtiques — Celtic Languages
    A. Généralités — General 339
    B. Celtique continental — Continental Celtic 340
    C. Celtique insulaire — Insular Celtic
        I. Généralités — General 340
        II. Irlandais et Gaélique d'Écosse — Irish and Scottish Gaelic . . 340
        III. Brittonique — Brittonic
            a. Généralitès — General 343
            b. Gallois — Welsh 343
            c. Cornique — Cornish 344
            d. Breton — Breton 345

XII. Langues germaniques — Germanic Languages
    A. Généralités — General 345
    B. Germanique occidental — West Germanic
        I. Généralités — General 348
        II. Allemand — German
            a. Haut-allemand — High German 348
            b. Yiddish — Yiddish 378
            c. Bas-allemand — Low German 378
            d. Onomastique — Onomastics 381
        III. Néerlandais — Dutch 385
        IV. Afrikaans — Afrikaans 395
        V. Frison — Frisian 395
        VI. Anglais — English 397
    C. Germanique septentrional — North Germanic
        I. Généralités et Vieux-norois — General and Old Norse . . . 427
        II. Runologie — Runology 429
        III. Islandais — Icelandic 430
        IV. Féroïen — Faroese 431
        V. Norvégien — Norwegian 431
        VI. Danois — Danish 432
        VII. Suédois — Swedish 434
        VIII. Onomastique — Onomastics 438
    D. Germanique oriental — East Germanic 441

XIII. Baltique et Slave — Baltic and Slavic
    A. Généralités — General 442
    B. Langues baltiques — Baltic Languages .
        I. Généralités — General 442
        II. Vieux-prussien — Old Prussian 443
        III. Lituanien — Lithuanian 443

CONTENTS

    IV. Lette — Latvian 446
    V. Onomastique — Onomastics 447
  C. Langues slaves — Slavic Languages
    I. Généralités — General 448
    II. Slave méridional — South Slavic
      a. Généralités — General 458
      b. Vieux-slave — Old Slavic 458
      c. Bulgare — Bulgarian 462
      d. Macédonien — Macedonian 475
      e. Serbo-corate — Serbo-Croatian 477
      f. Slovène — Slovenian 487
    III. Slave occidental — West Slavic
      a. Généralités — General 489
      b. Tchèque et Slovaque — Czech and Slovak
        I. Tchèque — Czech 489
        II. Slovaque — Slovak 498
      c. Polonais — Polish 508
      d. Kachoube et Poméranien — Kashubian and Pomeranian . . 528
      e. Polabe — Polabian 529
      f. Sorabe — Sorb 529
    IV. Slave oriental — East Slavic
      a. Généralités — General 530
      b. Russe — Russian 532
      c. Ukrainien — Ukrainian 564
      d. Blanc-russe — White-Russian 570

LANGUES ASIANIQUES ET MÉDITERRANÉENNES — ASIANIC AND MEDITERRANEAN LANGUAGES
  I. **Généralités — General** 574
  II. **Langues asianiques — Asianic Languages**
    A. Généralités — General 574
    B. Carien — Carian 574
    C. Hatti — Hattian 574
    D. Hourrite — Hurrian 575
    E. Ourartéen — Urartaean 575
    F. Sumérien — Sumerian 575
    G. Élamite — Elamite 579
    H. Langue de la civilisation de l'Indus — Language of the Indus civilization 579
  III. **Langues méditerranéennes — Mediterranean Languages**
    A. Généralités — General 579
    B. Minoen, Étéo-crétois, Préhellénique, etc. — Minoan, Eteocretan, Prehellenic, etc. 579
    C Étrusque — Etruscan 580
    D. Substrats de l'Europe occidentale et centrale — West and Central European substrata 581

BASQUE ET ANCIENNES LANGUES DE LA PÉNINSULE IBÉRIQUE — BASQUE AND THE ANCIENT LANGUAGES OF THE IBERIAN PENINSULA 582

TABLE DES MATIÈRES

LANGUES CHAMITO-SÉMITIQUES — HAMITO-SEMITIC LANGUAGES
    I. Généralités — General 584
    II. Langues sémitiques — Semitic Languages
        A. Généralités — General 584
        B. Akkadien — Akkadian 585
        C. Ougaritique — Ugaritic 589
        D. Cananéen, Araméen — Canaanite, Aramaic
            1. Généralités — General 591
            2. Cananéen — Canaanite
                a. Généralités — General 591
                b. Phénicien — Phoenician 591
                c. Hébreu — Hebrew 592
            3. Araméen — Aramaic 596
        E. Arabe — Arabic 598
        F. Maltais — Maltese 604
        G. Sud-arabique — South-Arabic 604
        H. Éthiopien — Ethiopic 605
    III. Égyptien — Egyptian 606
    IV. Couchitique — Cushitic 608
    V. Libyco-berbère — Libyco-Berber 608
    VI. Tchadien — Chadic 609

LANGUES CAUCASIENNES — CAUCASIAN LANGUAGES
    I. Généralités — General 611
    II. Langues caucasiennes du Sud — South Caucasian Languages . . . 611
    III. Langues caucasiennes du Nord — North Caucasian Languages . . . 612

LANGUES DE L'EURASIE ET DE L'ASIE SEPTENTRIONALE — LANGUAGES OF EURASIA AND NORTHERN ASIA
    I. Généralités — General 615
    II. Langues ouraliennes — Uralian Languages
        A. Généralités — General 615
        B. Groupe finno-ougrien — Finno-Ugric Group
            I. Balto-finnois — Baltic Finnic
                a. Généralités — General 617
                b. Finnois (Suomi) — Finnish (Suomi) 618
                c. Carélien, Vepse, Vote — Carelian, Vepsian, Vodian . . . 622
                d. Estonien — Estonian 623
                e. Live — Livonian 625
            II. Lapon — Lappish 625
            III. Volgaïque — Volgaic
                a. Généralités — General 625
                b. Mordve — Mordvin 626
                c. Tchérémisse (Mari) — Cheremis (Mari) . . . 626
            IV. Permien — Permian
                a. Généralités — General 627
                b. Votiak (Oudmourte) — Votyak (Udmurt) . . . 627
                c. Zyriène (Komi) — Zyryan (Komi) 629

CONTENTS

      v. Groupe ougrien — Ugric Group
          a. Généralités — General 629
          b. Hongrois — Hungarian 629
          c. Ougrien de l'Ob — Ob-Ugric 638
              a. Ostiak (Khanti) — Ostyak (Khanti) 638
              b. Vogoul (Mansi) — Vogul (Mansi) 639
    C. Groupe samoyéde — Samoyedic Group 639
  III. Langues altaïques — Altaic Languages
    A. Généralités — General 641
    B. Langues turciques — Turkic Languages
      I. Généralités — General 641
      II. Turcique ancien et moyen — Old and Middle Turkic . . . 644
      III. Tchouvache, etc. (Groupe bolgar) — Chuvash, etc. (Bolgar Group) 646
      IV. Turcique méridional (Oghouz) — South Turkic (Oghuz)
          a. Généralités — General 646
          b. Turc (Osmanli) — Turkish (Osmanli) 646
          c. Azerbaïdjanais — Azerbaijani 649
          d. Turkmène — Turkmen 649
      V. Turcique occidental (Kiptchak-Coman) — West Turkic (Kipchak-Koman) 649
      VI. Turcique oriental (Groupe Ouïgour) — East Turkic (Uigur Group) . 651
      VII. Turcique septentrional — North Turkic 652
      VIII. Onomastique — Onomastics. 653
    C. Langues mongoles — Mongolian Languages 653
    D. Langues toungouses — Tungus Languages 655
  IV. Langues paléosibériennes — Palaeosiberian Languages 656
  V. Coréen — Korean 657
  VI. Japonais — Japanese 657
  VII. Aïnou — Ainou 659

LANGUES DRAVIDIENNES — DRAVIDIAN LANGUAGES
    I. Généralités et langues diverses — General and Miscellaneous 660
    II. Canara — Kannada 661
    III. Malayalam — Malayalam 661
    IV. Tamoul — Tamil 661
    V. Télougou — Telugu 662
BURUSHASKI — BURUSHASKI 662

LANGUES DE L'ASIE DU SUD-EST — LANGUAGES OF SOUTH-EAST ASIA
    I. Généralités — General 663
    II. Languages sino-tibétaines — Sino-Tibetan Languages
      A. Généralités —General 663
      B. Groupe sinitique — Sinitic Group 663
      C. Groupe bodique — Bodic group 663
      D. Groupes birmanique et karénique — Burmic and Karenic Groups . 666
      E. Groupe daïque (Thai) — Daic Group (Thai) 667
    III. Langues mia-yao — Miao-Yao Languages 667
    IV. Vietnamien et Muong — Vietnamese and Muong 668
    V. Langues mon-khmer — Mon-Khmer Languages 668

TABLE DES MATIÈRES

    VI. Langues mounda — Munda Languages 671

LANGUES DE L'AUSTRALASIE ET DE L'OCÉANIE — LANGUAGES OF AUSTRALASIA AND OCEANIA
    I. Langues austronésiennes — Austronesian Languages
        A. Généralités — General 672
        B. Langues indonésiennes — Indonesian Languages 672
        C. Langues polynésiennes — Polynesian Languages 676
        D. Langues mélanésiennes — Melanesian Languages 676
    II. Langues papoues — Papuan Languages 677
    III. Langues australiennes — Australian Languages 678

LANGUES DE L'AFRIQUE NOIRE — LANGUAGES OF NEGRO-AFRICA
    I. Généralités — General 679
    II. Nilo-saharien — Nilo-Saharan 679
    III. Groupe adamawa-oriental — Adamawa-Eastern Group 680
    IV. Groupe ouest-atlantique — West Atlantic Group 681
    V. Groupe mandé — Mande Group 681
    VI. Groupe gour (voltaïque) — Gur (Voltaic) Group 681
    VII. Groupe kwa — Kwa Group 682
    VIII. Groupe bénoué — Benue Group 683
    IX. Langues bantoues — Bantu Languages
        A. Généralités — General 683
        B. Souahéli — Swahili 684
        C. Autres langues — Other Languages 685
    X. Langues khoisan — Khoisan Languages 687

LANGUES AMÉRICAINES — AMERICAN LANGUAGES
    I. Généralités — General 688
    II. Langues de l'Amérique du Nord et de l'Amérique centrale — Languages of North and Middle America
        A. Généralités — General 688
        B. Esquimau et Aléoute — Eskimo and Aleut 689
        C. Na-Dene — Na-Dene 689
        D. Macro-Algonquin — Macro-Algonquian 689
        E. Macro-Siou — Macro-Siouan 691
        F. Hoka — Hokan 691
        G. Penutia — Penutian 692
        H. Aztec-Tano — Aztec-Tanoan 693
        I. Autres langues — Other Languages 694
    III. Langues de l'Amérique du Sud et des Antilles — Languages of South America and the Antilles 695

LANGUES CRÉOLISÉES — CREOLIZED LANGUAGES 697

INDEX DES AUTEURS — INDEX OF AUTHORS 700

PÉRIODIQUES — PERIODICALS

AAAd	Archivio per l'Alto Adige. Firenze.
AAHG	Anzeiger für die Altertumswissenschaft. Herausgegeben von der Österreichischen humanistischen Gesellschaft. Innsbrück.
AAk	Archiwum Akustyki. Warszawa & Wrocław.
AAL	Afroasiatic Linguistics. Malibu, Calif.
AAntH	Acta Antiqua Academiae Scientiarum Hungaricae. Budapest.
AAPN	Atti della Accademia Pontaniana. Nuova Serie. Napoli.
AAS	Asian and African Studies. Bratislava.
AASF	Suomalaisen Tiedeakatemian Toimituksia / Annales Academiae Scientiarum Fennicae, Series B. Helsinki.
AAT	Atti della Accademia delle Scienze di Torino, Classe di scienze storiche e filologiche. Torino.
AAWG	Abhandelungen der Akademie der Wissenschaften in Göttingen, Philologisch-historische Klasse. Göttingen.
AAWL	Abhandlungen der Akademie der Wissenschaften und der Literatur in Mainz, Geistes- und sozialwissenschaftliche Klasse. Wiesbaden.
ABäG	Amsterdamer Beiträge zur älteren Germanistik. Amsterdam.
ABAW	Abhandlungen der Bayerischen Akademie der Wissenschaften, Philosophisch-historische Klasse. München.
Abr-Nahrain	Abr-Nahrain. An Annual published by the Department of Middle Eastern Studies, University of Melbourne. Leiden
ABS	Acta Baltico-Slavica. Warszawa.
AC	L'Antiquité Classique. Bruxelles.
AcAs	Acta Asiatica. Bulletin of the Institute of Eastern Culture (Tōhō Gakkai). Tokyo.
ACICat	Actes del ... Col·loqui internacional sobre el català. [Cf. 185-6].
ACILR	Actes du ... Congrès international de Linguistique et Philologie Romanes. [Cf. 179-180].

PÉRIODIQUES

AcIr	Acta Iranica. Encyclopédie permanente des études iraniennes. Téhéran, Liège, Leiden.
ACLPT I	Actas del I Coloquio sobre las lenguas y culturas prerromanas de la Península Ibérica. [Cf. 200].
Acme	Annali della Facoltà di Filosofia e Lettere dell'Università degli Studi di Milano. Milano.
AcOr	Acta Orientalia, ediderunt Societates Orientales Danica Norvegica Svecica (Le Monde Oriental). Copenhague.
ADA	Anzeiger für deutsches Altertum und deutsche Literatur. Wiesbaden (Supplément á *ZDA*).
AdL	Anuario de Letras. México.
Aegyptus	Aegyptus. Rivista Italiana di Egittologia e di Papirologia. Milano.
AEHE-HPh	Annuaire de l'École pratique des Hautes Études. IVe section: Sciences historiques et philologiques. Paris.
Aevum	Aevum. Rassegna di scienze storiche, linguistiche e filologiche, pubblicata a cura della Facoltà di Lettere e Filosofia dell'Università Cattolica del Sacro Cuore. Milano.
AfLa	African Languages. Langues africaines. Combining the African Language Review of Fourah Bay College (University of Sierra Leone) and the Journal of African Languages of Michigan State University. London.
AfrB	Africana Bulletin. Warszawa.
Africa	Africa. Journal of the International African Institute. London.
AfrLa	Afrique et Langage. Paris.
AfrLS	Africana Language Studies. London.
AfrM	Africana Marburgensia. Marburg.
AfrM	African Studies. Johannesburg.
AGI	Archivio Glottologico Italiano. Firenze.
ÅHVsUppsala	Kungl. Humanistiska Vetenskaps Samfundet i Uppsala, Årsbok. Annales Societatis Litterarum Humaniorum Regiae Upsaliensis. Uppsala.
AION	Annali, Istituto Orientale di Napoli. Napoli.
AION-G	Annali, Istituto Universitario Orientale, Sezione germanica. Napoli.
AION-R	Annali, Istituto Universitario Orientale, Sezione romanza. Napoli.
AION-S	Annali, Istituto Universitatio Orientale, Sezione slava. Napoli.
AIV	Atti dell'Istituto Veneto di Scienze, Lettere ed Arti, Classe di scienze morali e lettere. Venezia.
AJA	American Journal of Archaeology. New York.
AJAS	The American Journal of Arabic Studies. Leiden.
AJPh	American Journal of Philology. Baltimore
AKM	Abhandlungen für die Kunde des Morgenlandes. Wiesbaden.

PERIODICALS

AL	Acta Linguistica Hafniensia. International journal of structural linguistics. Copenhagen.
Al-An	Al-Andalus. Revista de las Escuelas de estudios árabes de Madrid y Granada. Madrid-Granada.
Alfa	Alfa. Marília (Brasil).
ALH	Acta Linguistica Academiae Scientiarum Hungaricae. Budapest.
AlmÖAW	Almanach der Österreichischen Akademie der Wissenschaften. Wien.
Almogaren	Almogaren. Jahrbuch des Institutum Canarium, Hallein/Austria.
Altertum	Das Altertum. Herausgegeben vom Zentralinstitut für Alte Geschichte und Archäologie der Akademie der Wissenschaften der DDR. Berlin.
AmA	American Anthropologist. Menasha, Wisc.
AMAP	Atti e Memorie dell'Accademia Patavina di Scienze, Lettere ed Arti. Classe di scienze morali, lettere ed arti. Padova.
AMAT	Atti e Memorie dell'Accademia Toscana di Scienze e Lettere 'La Colombaria'. Firenze.
AMI	Archäologische Mitteilungen aus Iran. Herausgegeben vom Deutschen Archäologischen Institut, Abteilung Teheran. Berlin.
Amst	Amerikastudien. American studies (Amst). Vormals Jahrbuch für Amerikastudien. Eine Halbjahresschrift. Stuttgart.
AnaL	Analecta Linguistica. Informational bulletin of linguistics. Nyelvtudományi információs közlemények. Budapest.
AnatS	Anatolian Studies. Journal of the British Institute of Archaeology at Ankara. London.
Anglia	Anglia. Zeitschrift für englische Philologie. Tübingen.
AnL	Anthropological linguistics. Bloomington, Ind.
AnnBhI	Annals of the Bhandarkar Oriental Research Institute. Poona.
AnnIPhO	Annuaire de l'Institut de Philologie et d'Histoire orientales et slaves. Bruxelles.
AnnMAfrC	Annales, Musée Royal de l'Afrique Centrale, Tervuren, Belgique. Série in 8°, Sciences humaines / Annalen, Koninklijk Museum voor Midden-Afrika, Tervuren, België. Reeks in 8°, Wetenschappen van de mens.
Anthropos	Anthropos. Revue internationale d'ethnologie et de linguistique / Internationale Zeitschrift für Völker- und Sprachenkunde. Fribourg (Suisse).
Antichthon	Antichthon. Journal of the Australian Society for Classical Studies. Sydney.
ÁNyT	Általános Nyelvészeti Tanulmányok. Budapest.
AO	Archiv Orientální. Praha.

PÉRIODIQUES

AOAT	Alter Orient und Altes Testament. Kevelaer & Neukirchen-Vluyn.
AÖAW	Anzeiger der Österreichischen Akademie der Wissenschaften, Philosophisch-historische Klasse. Wien.
AoF	Altorientalische Forschungen. Schriften zur Geschichte und Kultur des Alten Orients. Berlin (DDR).
AOH	Acta Orientalia Academiae Scientiarum Hungaricae. Budapest.
AOtt	Archivum Ottomanicum. Lisse, The Netherlands.
APhS	Acta Philologica Scandinavica. Tidsskrift for nordisk sprogforskning. Copenhagen.
APil	Ağmosavluri pilologia. Vostočnaja filologija. Philologia orientalis. Tbilisi.
APK	Aufsätze zur portugiesischen Kulturgeschichte (Portugiesische Forschungen der Görresgesellschaft, 1. Reihe). Münster, Westf.
APQ	American Philosophical Quarterly. Oxford.
A&R	Atene e Roma. Rassegna trimestrale dell'Associazione Italiana di Cultura Classica. Messina & Firenze.
Arabica	Arabica. Revue d'études arabes. Leiden
ArchFAr	Archivo de Filología Aragonesa. Zaragoza.
Archivum	Archivum. Revista de la Facultad de Filosofia y Letras, Universidad de Oviedo. Oviedo.
ArchL	Archivum Linguisticum. A review of comparative philology and general linguistics. New Series. Menston (Yorks.).
ARIPUC	Annual Report of the Institute of Phonetics of the University of Copenhagen. Copenhagen.
Arkiv	Arkiv för nordisk Filologi. Lund.
AS	American Speech. New York.
ASAW	Abhandlungen der Sächsischen Akademie der Wissenschaften zu Leipzig. Philologisch-historische Klasse. Berlin.
ASE	Anglo-Saxon England. London.
ASEMI	Asie du Sud-Est et Monde Insulindien. Bulletin du Centre de Documentation et de Recherce (CeDRASEMI). Revue trimestrielle publiée par l'École Pratique des Hautes Études — Sorbonne, 6e section. Paris.
ASlPh	Anzeiger für slavische Philologie. Wiesbaden.
ASNP	Annali della Scuola Normale Superiore di Pisa. Lettere, storia e filosofia. Firenze.
ASNS	Archiv für das Studium der neueren Sprachen und Literaturen. Braunschweig.
AspSb	Aspirantski sbornik. V. Tărnovo. [Cf. 319].
AsS	Asiatische Studien / Études Asiatiques. Bern.
Athenaeum	Athenaeum. Studi periodici di letteratura e storia dell'antichità. Pavia.
AUBud-L	Annales Universitatis Scientiarum Budapestensis de

PERIODICALS

	Rolando Eötvös nominatae. Sectio linguistica. Budapest.
AUC	Acta Universitatis Carolinae. Praha.
AUMCS	Annales Universitatis Mariae Curie-Skłodowska. Sectio F. Nauki filozoficzne i humanistyczne. Lublin.
AUMLA	AUMLA. Journal of the Australasian Universities Language and Literature Association. Christchurch, N.Z.
AUNCHum	Acta Universitatis Nicolai Copernici, Nauki humanistyczno-społeczne. Toruń.
AUO-Ph	Acta Universitatis Palackianae Olomucensis, Facultas philosophica, Philologica. Praha.
AUSz-SEL	Acta Universitatis Szegediensis de Attila Jósef nominatae. Sectio ethnographica et linguistica / Néprajz és nyelvtudomány. Szeged.
AUToul	Annales publiées par l'Université de Toulouse-Le Mirail. Toulouse. (Comprennent les fascicules *Grammatica*, *Pallas* et *Via Domitia*).
AuÜ	Afrika und Übersee. Sprachen, Kulturen. Folgen der Zeitschrift für Eingeborenen-Sprachen. Berlin.
AUW	Acta Universitatis Wratislaviensis. Wrocław.
BAB	Académie Royale de Belgique, Bulletin de la Classe des Lettres et des Sciences morales et politiques. Bruxelles.
BAE	Boletín de la Real Academia Española. Madrid.
BalkE	Balkansko ezikoznanie / Linguistique balkanique. Sofia.
BALM	Bollettino dell'Atlante Linguistico Mediterraneo. Firenze. [Cf. 182].
Baltistica	Baltistica. Baltų kalbų tyrinėjimai / Studies in Baltic linguistics. Vilnius.
BASOR	Bulletin of the American Schools of Oriental Research. Cambridge, Mass.
BBCS	Bwletin y Bwrdd Gwybodau Celtaidd. The Bulletin of the Board of Celtic Studies. Cardiff.
BCH	Bulletin de Correspondance Hellénique. Paris.
BCILA	Bulletin CILA. Organe de la Commission Interuniversitaire Suisse de Linguistique Appliquée. Neuchâtel.
BCSS	Bollettino, Centro di Studi filologici e linguistici siciliani. Palermo.
BCTD	Bulletin de la Commission Royale de Toponymie et de Dialectologie / Handelingen voor de Koninklijke Commissie voor Toponymie en Dialectologie. Bruxelles.
BDC	Bulletin of the Deccan College Research Institute. Poona.
BE	Bălgarski ezik. Sofija.
BECh	Bibliothèque de l'École des Chartes. Paris.
BEFEO	Bulletin de l'École Française d'Extrême-Orient. Paris.

PÉRIODIQUES

BEH	Banber Erevani Hamalsarani / Vestnik Erevanskogo Universiteta. Erevan.
BEL	Bălgarski ezik i literatura. Sofja.
BeLi	Belaruskaja linhvistyka. Minsk.
BEO	Bulletin d'Études Orientales. Damas.
BF	Boletim de Filologia. Lisboa.
BFon	Biuletyn Fonograficzny / Bulletin phonographique. Poznań.
BFPhLL	Bibliothèque de la Faculté de Philosophie et Lettres de l'Université de Liège. Paris.
BHi	Bulletin Hispanique. Ex-Annales de la Faculté des Lettres de Bordeaux. Bordeaux.
BHS	Bulletin of Hispanic Studies. Liverpool.
Biblica	Biblica. Commentarii editi cura Pontificii Instituti Biblici. Roma.
BICS	Bulletin of the Institute of Classical Studies of the University of London. London.
BIFGP	Bollettino dell'Istituto di Filologia Greca dell'Università di Padova.
BijdrTLV	Bijdragen tot de Taal-, Land- en Volkenkunde, uitgegeven door het Koninklijk Instituut voor Taal-, Land- en Volkenkunde, 's-Gravenhage.
BiOr	Bibliotheca Orientalis. Leiden.
BJ	Bonner Jahrbücher des Rheinischen Landesmuseums in Bonn und des Vereins von Altertumsfreunden im Rheinlande.
BJRL	Bulletin of the John Rylands Library. Manchester.
BK	Bedi Kartlisa. Revue de Kartvélologie. Paris.
BL	Bibliographie linguistique publiée par le Comité International Permanent des Linguistes / Linguistic Bibliography .... Utrecht & Anvers.
BMDial	Bijdragen en mededelingen der Dialectencommissie van de Koninklijke Nederlandse Akademie van Wetenschappen te Amsterdam. Amsterdam.
BMFEA	Bulletin of The Museum of Far Eastern Antiquities. (Östasiatiska Samlingarna). Stockholm.
BMitt	Baghdader Mitteilungen. Deutsches Archäologisches Institut, Abteilung Baghdad. Berlin.
BNF	Beiträge zur Namenforschung. Neue Folge. Heidelberg.
Bohemia	Bohemia. Jahrbuch des Collegium Carolinum. München.
BOPT	Bulletin Odboru prekladateľstva a tlmočníctva Univerzity 17. novembra. Bratislava.
BPTJ	Biuletyn polskiego towarzystwa językoznawczego / Bulletin de la Société polonaise de Linguistique. Wrocław & Kraków.
BRHi	Biblioteca Románica Hispánica. Madrid.
BRJL	Bulletin ruského jazyka a literatury. Praha.
BRPh	Beiträge zur romanischen Philologie. Berlin.

PERIODICALS

BRus	Bolgarskaja rusistika. Sofija.
BSI	Bjuletin za săpostavitelno izsledvane na bălgarskija ezik s drugi ezici. Sofija.
BSL	Bulletin de la Société de Linguistique de Paris. Paris.
BSOAS	Bulletin of The School of Oriental and African Studies, University of London. London.
BSRLR	Bulletin de la Société Roumaine de Linguistique Romane. Bucarest.
Byzantion	Byzantion. Revue Internationale des Études byzantines. Bruxelles.
Byzsl	Byzantinoslavica. Revue internationale des études byzantines. Prague.
ByzZ	Byzantinische Zeitschrift. München.
BZ	Biblische Zeitschrift. Neue Folge. Paderborn.
CAI	Proceedings of the ... Congress of Arabic and Islamic Studies. [Cf. 202-3].
CAJ	Central Asiatic Journal. Wiesbaden.
ČakR	Čakavska rič. Split.
CanSS	Canadian-American Slavic Studies. Pittsburgh.
CBQ	Catholic Biblical Quarterly. Washington, D.C.
CCM	Cahiers de civilisation médiévale. Poitiers.
CdE	Chronique d'Égypte. Bulletin périodique de la Fondation Égyptologique Reine Élisabeth. Bruxelles.
Ce Fastu?	Ce Fastu? Rivista della Società Filologica Friulana. Udine.
Celtica	Celtica. Dublin.
CFC	Cuadernos de Filología Clásica. Madrid.
CFS	Cahiers Ferdinand de Saussure. Genève.
CGerm	Colloquia Germanica. Internationale Zeitschrift für germanische Sprach- und Literaturwissenschaft. Bern.
Chiron	Chiron. Mitteilungen der Kommission für alte Geschichte und Epigraphik des Deutschen Archäologischen Instituts. München.
CHL	Commentationes Humanarum Litterarum, Societas Scientiarum Fennica. Helsingfors & Kopenhagen.
CHLM	Cahiers de Linguistique Hispanique Médiévale, publiés par le Séminaire d'Études Médiévales Hispaniques de l'Université de Paris-XIII.
CILL	Cahiers de l'Institut de Linguistique, Université Catholique de Louvain.
CJL	Canadian Journal of Linguistics / Revue Canadienne de Linguistique. Toronto.
ČJLit	Český jazyk a literatura. Praha.
CJŠ	Cizí jazyky ve škole. Praha.
CL	Comparative Literature. Eugene, Ore.
CLex	Cahiers de Lexicologie. Besançon.
CLing	Cercetări de Lingvistică. Cluj
ČLit	Česká literatura. Praha.

PÉRIODIQUES

CLO	Cahiers Linguistiques d'Ottawa. Ottawa.
CLTA	Cahiers de linguistique théorique et appliquée. Bucarest. (No. 13/1 = *RRLing* 21/4).
CLUQ	Cahiers de Linguistique, Département de Linguistique de l'Université de Québec à Montréal.
ČMF	Časopis pro moderní filologii. (Annexe à *PhP*).
CMLR	The Canadian Modern Language Review.
ČMM	Časopis Matice Moravské. Brno
CNS	Contributions to Nepalese Studies. Journal of the Institute of Nepal and Asian Studies, Tribhuvan University, Kirtipur, Katmandu, Nepal.
Cognition	Cognition. International Journal of Cognitive Psychology. Lausanne.
CPh	Classical Philology. Chicago.
CQ	The Classical Quarterly. New Series. London
CR	The Classical Review. New Series. London.
CRAI	Comptes Rendus de l'Académie des Inscriptions et Belles-Lettres. Paris.
Croatica	Croatica. Prinosi proučavanju hrvatske književnosti. Zagreb.
ČRus	Československá rusistika. Časopis pro jazyky a literatury slovanských národů SSSR. Praha.
CSCA	California Studies in Classical Antiquity. Berkeley & Los Angeles.
CSlP	Canadian Slavonic Papers. Revue canadienne des slavistes. Ottawa.
ČsPsych	Československá psychologie. Praha.
CultNeol	Cultura Neolatina. Bollettino dell'Istituto di Filologia Romanza della Università di Roma. Modena.
DAb	Dissertation Abstracts International. Abstracts of dissertations available on microfilm or as xerographic reproductions. A. The Humanities and Social Sciences. Ann Arbor, Mich.
DaF	Deutsch als Fremdsprache. Leipzig.
DF	Danske Folkemaal. København.
Dialogue	Dialogue. Montréal.
DLZ	Deutsche Literaturzeitung für Kritik der internationalen Wissenschaft. Berlin (DDR).
DmB	Driemaandelijkse Bladen voor taal en volksleven in het Oosten van Nederland. Nieuwe serie. Groningen.
DQR	Dutch Quarterly Review of Anglo-American Letters. Amsterdam.
DS	Danske Studier. København.
DSp	Deutsche Sprache. Zeitschrift für Theorie, Praxis, Dokumentation. Berlin.
DuS	Dutch Studies. An annual review of the language, literature and life of the Low Countries. The Hague.

PERIODICALS

DVLG	Deutsche Vierteljahrsschrift für Literaturwissenschaft und Geistesgeschichte. Stuttgart.
DW	Les Dialectes de Wallonie. Liège
EASG	English and American Studies in German. Summaries of theses and monographs. A supplement to *Anglia*. Tübingen.
EAZ	Ethnographisch-archäologische Zeitschrift. Berlin (DDR).
EBTch	Les Études balkaniques tchécoslovaques. Praha.
EC	Études Celtiques. Paris.
EETh	Ἐπιστημονικὴ Ἐπετηρὶς τῆς Φιλοσοφικῆς Σχολῆς τοῦ Πανεπιστημίου Θεσσαλονίκης. Thessalonica.
EGerm	Études Germaniques. Revue trimestrielle de la Société des Études Germaniques. Paris.
Éigse	Éigse. A Journal of Irish Studies. Dublin.
EIKJa	Iberiul-k'avk'asiuri enatmecnierebis / Ežegodnik iberijsko-kavkazskogo jazykoznanija / Annual of Ibero-Caucasian Linguistics. Tbilisi.
Eirene	Eirene. Studia Graeca et Latina. Praha.
EIRJa	Ètimologičeskie issledovanija po russkomu jazyku. Moskva. [Cf. 236].
EL	Ezik i literatura. Sofija.
ELA	Études de linguistique appliquée. Paris.
Em	Emérita. Boletin de lingüistica y filología clásica. Madrid.
EMong	Études mongoles. Nanterre.
Enchoria	Enchoria. Zeitschrift für Demotistik und Koptologie. Wiesbaden.
Eos	Eos. Commentarii Societatis Philologicae Polonorum. Wrocław.
EPP	Estonian Papers in Phonetics / Publikacii èstonskich fonetistov. Tallinn.
ER	Estudis Romànics. Barcelona.
Eranos	Eranos. Acta philologica Suecana. Uppsala.
Erasmus	Erasmus. Speculum scientiarum. International Bulletin of Contemporary Scholarship / Bulletin international de la science contemporaine. Wiesbaden.
ERB	Études romanes de Brno. Praha.
Erfdeel	Ons Erfdeel. Algemeen-Nederlands tweemaandelijks Kultureel tijdschrift. Rekkem, Belgique.
Ériu	Ériu. Founded as the Journal of the School of Irish Learning devoted to Irish philology and literature. Dublin.
ES	English Studies. A Journal of English Letters and Philology. Amsterdam.
ESA	Emakeele Seltsi Aastaraamat. Tallinn.
ESl	Études slaves et est-européennes / Slavic and East-European Studies. Québec.
Ètimologija	Ètimologija. Moskva. [Cf. 327].

PÉRIODIQUES

Euphorion — Euphorion. Zeitschrift fur Literaturgeschichte. Heidelberg.

FdL — Forum der Letteren. 's-Gravenhage.
FI — Forum Italicum. A quarterly of Italian studies. Buffalo, N.Y.
FilM — Filologia Moderna. Facultà di Lingue e Letterature straniere della Università di Trieste, Sede di Udine.
FilS — Filologické studie. Sborník Pedagogické Fakulty University Karlovy v Praze. Praha.
FIPKM — Institut für Phonetik und sprachliche Kommunikation der Universität München, Forschungsberichte / Working papers. München.
FK — Filológiai közlöny. Budapest.
FL — Foundations of Language. International journal of language and philosophy. Dordrecht, The Netherlands.
FLV — Fontes linguae Vasconum, Studia et documenta. Pamplona.
FM — Le Français Moderne. Paris.
FMLS — Forum for Modern Language Studies. St. Andrews.
FmS — Frühmittelalterliche Studien. Jahrbuch des Instituts für Frühmittelalterforschung der Universität Münster. Berlin.
FO — Folia Orientalia. Revue des études orientales. Cracovie.
FoL — Folia linguistica. Acta Societatis Linguisticae Europaeae. The Hague.
Fornvännen — Fornvännen. Tidskrift för svensk antikvarisk forskning. Stockholm.
FR — The French Review. Baltimore.
FrN — De Franse Nederlanden. Les Pays-Bas Français. B-8530 Rekkem.
Fróðskaparrit — Fróðskaparrit. Annales Societatis Scientiarum Færoensis. Tórshavn.
FS — French Studies. Oxford.
FUF — Finnisch-ugrische Forschungen. Zeitschrift für finnisch-ugrische Sprach- und Volkskunde. Helsinki.

GABiH — Godišnjak, Akademija nauka i umjetnosti Bosne i Hercegovine. / Annuaire, Académie des sciences et des arts de Bosnie-Herzégovine. Sarajevo.
GAKS — Gesammelte Aufsätze zur Kulturgeschichte Spaniens (Spanische Forschungen der Görresgesellschaft, 1. Reihe). Münster, Westf.
Germanistik — Germanistik. Internationales Referatenorgan mit bibliographischen Hinweisen. Tübingen.
GermL — Germanistische Linguistik. Berichte aus dem Forschungsinstitut für deutsche Sprache, Marburg/Lahn. Hildesheim.

PERIODICALS

GFFNS	Godišnjak Filozofskog Fakulteta u Novom Sadu / Annuaire de la Faculté des Lettres et Sciences à Novi Sad. Novi Sad.
GGA	Göttingische Gelehrte Anzeigen. Göttingen.
GIF	Giornale Italiano di Filologia.
GK	Gengo Kenkyū (Journal of the Linguistic Society of Japan). Tokyo.
GL	General Linguistics. University Park, Pa.
GLECS	Comptes rendus du Groupe Linguistique d'Études Chamito-Sémitiques. Paris.
GLL	German Life and Letters. New Series. Oxford.
Glossa	Glossa. A Journal of Linguistics. Burnaby, B.C.
Glotta	Glotta. Zeitschrift für griechische und lateinische Sprache. Göttingen.
Gnomon	Gnomon. Kritische Zeitschrift für die gesamte klassische Altertumswissenschaft. München
GR	The Germanic Review. New York.
GrB	Grazer Beiträge. Zeitschrift für die klassische Altertumswissenschaft. Amsterdam.
GRBS	Greek, Roman and Byzantine Studies. Durham, N.C.
GRM	Germanisch-Romanische Monatschrift. Neue Folge. Heidelberg.
GSLI	Giornale Storico della Letteratura Italiana. Torino.
GSU-SF	Godišnik na Sofijskija Universitet, Fakultet po slavjanski filologii. Sofija.
GSU-ZF	Godišnik na Sofijskija Universitet, Fakultet po zapadni filologii / Annuaire de l'Université de Sofia, Faculté des Lettres, Sofia.
GURT	Georgetown University Round Table on Languages and Linguistics. Washington, D.C.
GW	Germanica Wratislaviensia. Wrocław.
Gymnasium	Gymnasium. Zeitschrift für Kultur der Antike und humanistische Bildung. Heidelberg.
GZb	Godišen zbornik / Annuaire. Filozofski fakultet na Univerzitetot. Skopje.
GZH	Gdańskie Zeszyty Humanistyczne. Gdańsk.
HA	Handês amsóreay. Hayagitakan owsowmnat'ert' / Handes Amsorya. Zeitschrift für armenische Philologie. Wien.
HandNFC	Handelingen van het Nederlands Filologencongres. Groningen.
HandVlFC	Handelingen van het Vlaams Filologencongres. Leuven.
Hermathena	Hermathena. Dublin University Review. Dublin.
Hermes	Hermes. Zeitschrift für klassische Philologie. Wiesbaden.
HFM	Historisk-filosofiske meddelelser udgivet af Det Kongelige Danske Videnskabernes Selskab. København.

PÉRIODIQUES

HG	Historická geografie. Praha.
Hispania	Hispania. A Journal devoted to the interests of the Teaching of Spanish and Portuguese. Appleton, Wis.
HJAS	Harvard Journal of Asiatic Studies. Cambridge, Mass.
HL	Historiographia Linguistica. International Journal for the History of Linguistics. Amsterdam.
Homme	L'Homme. Revue française d'anthropologie. Paris & La Haye.
HR	Hispanic Review. Philadelphia.
HSPh	Harvard Studies in Classical Philology. Cambridge, Mass.
HUCA	Hebrew Union College Annual. Cincinnati.
HumanC	Human Communication / Communication humaine. Edmonton, Alberta.
HZnMTL	Handelingen van de Koninklijke Zuidnederlandse Maatschappij voor Taal- en Letterkunde en Geschiedenis. Brussel-8.
IAP	Ibero-Americana Pragensia. Anuario del Centro de Estudios de la Universidad Carolina de Praga. Praha.
IBK	Innsbrucker Beiträge zur Kulturwissenschaft. Innsbruck.
IBS	Innsbrucker Beiträge zur Sprachwissenschaft. Innsbruck.
ICS	Illinois Classical Studies. Urbana.
ID	L'Italia Dialettale. Pisa.
IEJ	Israel Exploration Journal. Jerusalem.
IF	Indogermanische Forschungen. Zeitschrift für Indogermanistik und allgemeine Sprachwissenschaft. Berlin.
IFŽ	Patma-banasirakan Handes / Istoriko-filologičeskij žurnal Akademii nauk Armjanskoj SSR. Erevan.
IIJ	Indo-Iranian Journal. Dordrecht & Boston.
IJAL	International Journal of American Linguistics. Chicago.
IJDL	International Journal of Dravidian Linguistics. Trivandrum, India.
IJPs	International Journal of Psycholinguistics. The Hague (5 = *Linguistics* 172).
IJSL	International Journal of the Sociology of Language. The Hague (7, 8, 9, 10 = *Linguistics* 173, 175, 177, 183).
IJSLP	International Journal of Slavic Linguistics and Poetics, Lisse, Netherlands.
IKP-F	Forschungsberichte des Instituts für Kommunikationsforschung und Phonetik der Universität Bonn. (Up to vol. 50 inclusive: IPK-F). Hamburg.

PERIODICALS

IL	Indian Linguistics. Journal of the Linguistic Society of India. Poona.
IM	Istanbuler Mitteilungen. Deutsches Archäologisches Institut, Abteilung Istanbul. Tübingen.
IndT	Indologica Taurinensia. Torino.
InFil	Inozemna filolohija / Inostrannaja filologija. L'viv.
InL	Incontri Linguistici. Trieste.
IOS	Israel Oriental Studies. Tel Aviv.
IPK-F	Forschungsberichte des Instituts für Kommunikationsforschung und Phonetik der Universität Bonn (Cf. IKP-F).
IPM	Information Processing Machines. Praha.
IPQ	International Philosophical Quarterly. New York.
IRAL	IRAL. International Review of Applied Linguistics in Language Teaching / Internationale Zeitschrift für angewandte Linguistik in der Spracherziehung. Heidelberg.
IranM	Iranistische Mitteilungen. Versuche und Vorarbeiten. Allendorf-Eder.
Iraq	Iraq. Published by the British School of Archaeology in Iraq. London.
IS	Italian Studies. Cambridge.
Islam	Der Islam. Zeitschrift für Geschichte und Kultur des Islamischen Orients. Berlin.
Italica	Italica. The Quarterly Bulletin of the American Association of Teachers of Italian. New York.
ItalL	Italian Linguistics. Lisse, The Netherlands. [Cf. 6345-6].
It Beaken	It Beaken. Tydskrift fan de Fryske Akademy. Ljouwert/Leeuwarden.
ITL	ITL. Tijdschrift van het Instituut voor Toegepaste Linguïstiek, Leuven. Review of the Institute of Applied Linguistics, Louvain (Belgium).
IzvAN	Izvestija Akademii Nauk SSSR, Serija literatury i jazyka. Moskva.
JA	Journal Asiatique. Paris.
JAfrH	The Journal of African History. London.
JANES	Journal of the Ancient Near Eastern Society of Columbia University. New York.
JanL	Janua linguarum. The Hague
JAOS	Journal of the American Oriental Society. New Haven, Conn.
JArL	Journal of Arabic Literature. Leiden.
JArmS	Journal of Armenian Studies. Cambridge, Mass.
JASt	The Journal of Asian Studies. New York.
JazA	Jazykovědné aktuality. Zpravodaj Jazykovědného sdruženi při Československé akademii věd. Praha.
JbAWG	Jahrbuch der Akademie der Wissenschaften in Göttingen. Göttingen.

PÉRIODIQUES

JbAWL	Jahrbuch der Akademie der Wissenschaften und der Literatur in Mainz. Wiesbaden.
JbBAW	Jahrbuch der Bayerischen Akademie der Wissenschaften. München.
JbIG	Jahrbuch für Internationale Germanistik. Bern.
JbKNA	Jaarboek der Koninklijke Nederlandse Akademie van Wetenschappen. Amsterdam.
JBL	Journal of Biblical Literature. Philadelphia.
JbMNL	Jaarboek van de Maatschappij der Nederlandse Letterkunde te Leiden. Leiden.
JbSAW	Jahrbuch, Sächsische Akademie der Wissenschaften zu Leipzig. Berlin.
JByelS	The Journal of Byelorussian Studies. London.
JČ	Jazykovedný časopis. Bratislava.
JChL	Journal of Child Language. London.
JCL	Journal of Chinese Linguistics. Berkeley, Calif.
JCLTA	Journal of the Chinese Language Teachers Association. Philadelphia.
JCS	Journal of Cuneiform Studies. Cambridge, Mass.
JEA	The Journal of Egyptian Archaeology. London.
JEGP	The Journal of English and Germanic Philology. Urbany, Ill.
JEL	Journal of English Linguistics. Bellingham, Wash.
JEOL	Jaarbericht van het Vooraziatisch-Egyptisch Genootschap "Ex Oriente Lux" / Annuaire de la Société orientale "Ex Oriente Lux". Leiden.
Jezik	Jezik. Časopis za kulturu hrvatskoga književnog jezika. Zagreb.
JHI	Journal of the History of Ideas. Ephrata, Pa., & New York.
JHPh	Journal of the History of Philosophy. St. Louis, Missouri.
JHS	The Journal of Hellenic Studies. London.
JIES	The Journal of Indo-European Studies. Hattiesburg, Miss.
JIPA	Journal of the International Phonetic Association (formerly Le Maître Phonétique). London.
JL	Journal of Linguistics. London.
JLS	Journal of Literary Semantics. The Hague.
JMS	Journal of Maltese Studies. Msida, Malta.
JNES	Journal of Near Eastern Studies. Chicago.
JNSL	Journal of Northwest Semitic Languages. Leiden.
JOIB	Journal of the Oriental Institute, M.S. University of Baroda. Baroda (India).
JOS	Języki obce w szkole. Warszawa.
JP	Język Polski. Organ Towarzystwa Miłośników Języka Polskiego. Kraków.
JPh	The Journal of Philosophy. New York.
JPhon	Journal of Phonetics. London & New York.

PERIODICALS

JPS	The Journal of the Polynesian Society. Wellington, N.Z.
JPsyR	Journal of Psycholinguistic Research. New York.
JR	Język Rosyjski. Warszawa.
JRAS	Journal of the Royal Asiatic Society of Great Britain and Ireland. London.
JRS	The Journal of Roman Studies. London.
JŠ	Jazykovedné štúdie. Bratislava.
JSAfr	Journal de la Société des Africanistes. Paris.
JSAm	Journal de la Société des Américanistes. Nouvelle série. Paris.
JSFOu	Suomalais-ugrilaisen seuran aikakauskirja / Journal de la Société Finno-ougrienne. Helsinki.
JslF	Južnoslovenski Filolog. Beograd.
JSOc	Journal de la Société des Océanistes. Paris.
JSS	Journal of Semitic Studies. Manchester.
JThS	The Journal of Theological Studies. New Series. London.
Kadmos	Kadmos. Zeitschrift für vor- und frühgriechische Epigraphik. Berlin.
Kalbotyra	Kalbotyra. Lietuvos TSR Aukštųjų mokyklų mokslo darbai / Jazykoznanie. Učenye zapiski Vysšich učebnych zavedenij Litovskoj SSR. Vilnius.
KBS	Klagenfurter Beiträge zur Sprachwissenschaft. Klagenfurt.
KiJ	Književnost i jezik. Beograd.
Kivung	Kivung. Journal of the Linguistic Society of Papua New Guinea. Boroko, T.P.N.G.
KjK	Keel ja Kirjandus. Eesti NSV Teaduste Akadeemia ja Eesti NSV Kirjanike Liidu ajakiri. Tallinn.
Klio	Klio. Beiträge zur alten Geschichte. Berlin (DDR).
KLit	Kritikon Litterarum. Internationale Rezensionszeitschrift für Romanistik, Slavistik, Anglistik/Amerikanistik und für Linguistik. Darmstadt.
KNf	Kwartalnik Neofilologiczny. Warszawa.
KnJ	Književni jezik. Sarajevo.
Kokalos	Kokalos. Studi pubblicati dall'Istituto di Storia Antica dell'Università di Palermo. Palermo.
Kratylos	Kratylos. Kritisches Berichts- und Rezensionsorgan für indogermanische und allgemeine Sprachwissenschaft. Wiesbaden.
KS	Kultúra slova. Bratislava.
KV	Kalevalaseuran Vuosikirja. Helsinki.
KwO	Kwartalnik Opolski. Opole.
Kybernetika	Kybernetika. Praha.
KZ	Zeitschrift für vergleichende Sprachforschung auf dem Gebiete der indogermanischen Sprachen, begründet von A. Kuhn. Göttingen.

PÉRIODIQUES

LACUS	The ... LACUS Forum, Linguistic Association of Canada and the United States. [Cf. 108].
Lampas	Lampas. Tijdschrift voor Nederlandse classici. Culemborg.
LAn	Linguistic Analysis. New York.
Langages	Langages. Paris.
LAnt	Linguistica Antverpiensia. Antwerpen.
LaS	Language and Style. Carbondale, Ill.
Latomus	Latomus. Revue d'études latines. Bruxelles.
LB	Leuvense Bijdragen. Tijdschrift voor Germaanse filologie. Leuven.
LBer	Linguistische Berichte. Braunschweig.
LbR	Limba Română. București.
LBrR	Luso-Brazilian Review. Madison, Wisc.
LD	Linguistik und Didaktik. München.
LEC	Les Études Classiques. Namur.
LeCo	Lingua e Contesto. Manfredonia.
LeSt	Lingua e Stile. Quaderni dell'Istituto di Glottologia dell'Università degli Studi di Bologna. Bologna.
LF	Listy Filologické. Praha.
LFr	Langue Française. Paris.
Lg	Language. Journal of the Linguistic Society of America. Baltimore.
LHG	Lrabar hasarakakan gitowt´yownneri, Haykakan SSŔ Gitowt´yownneri Akademia / Vestnik obščestvennych nauk, Akademija Nauk Armjanskoj SSR. Erevan.
LiK	Literatūra ir Kalba. Vilnius.
LiLi	LiLi. Zeitschrift für Literaturwissenschaft und Linguistik. Göttingen.
LIn	Linguistic Inquiry. Cambridge, Mass.
Ling	Linguistica. Ljubljana.
Lingua	Lingua. International Review of General Linguistics. Amsterdam.
Linguistics	Linguistics. An international review. The Hague.
Linguistique	La Linguistique. Revue internationale de linguistique générale. Paris.
LiS	Language in Society. London.
LISL	Lětopis Instituta za serbski ludospyt w Budyšinje. Rjad A. Rěč a literature. / Jahrbuch des Instituts für sorbische Volksforschung in Bautzen.
Lituanus	Litanus. The Lithuanian Quarterly. Chicago.
LKK	Lietuvių kalbotyros klausimai / Voprosy litovskogo jazykoznanija. Vilnius.
LL	Language Learning. Ann Arbor.
LN	Lingua Nostra. Firenze.
LPosn	Lingua Posnaniensis. Czasopismo poświęcone językoznawstwu porównawczemu i ogólnemu. Poznań.
L&S	Language and Speech. Teddington, Middlesex, England.

PERIODICALS

LSci	Language Sciences. Bloomington, Ind.
LSE	Leeds Studies in English. New Series. Leeds.
LT	Levende Talen. Groningen.
Lud	Lud. Organ Polskiego Towarzystwa Ludoznawczego. Wrocław.
LVKJ	Latviešu valodas kultūras jautājumi (Rakstu krājums). Rīga [Cf. 9036-7].
LyC	Lenguaje y Ciencias. Trujillo, Perú.
LZAV	Latvijas PSR Zinātņu Akademijas Vēstis / Izvestija Akademii Nauk Latvijskoj SSR. Rīga.
MA	Le Moyen Age. Revue d'histoire et de philologie. Bruxelles.
MAev	Medium Ævum. Oxford.
Maia	Maia. Rivista di letterature classiche. Bologna.
MALinc	Atti della Accademia Nazionale dei Lincei, Memorie della Classe di scienze morali, storiche e filologiche. Serie VIII. Roma.
MedRom	Medioevo Romanzo. Napoli.
MEFRA	Mélanges de l'École Française de Rome, Antiquité. Rome.
MelbSS	Melbourne Slavonic Studies. The organ of the Australia and New Zealand Slavists' Association. Parkville, Victoria.
META	META. Journal des traducteurs. Translator's journal. Montréal.
MGS	Michigan Germanic Studies. An interdisciplinary journal of Germanic studies. Ann Arbor.
MH	Museum Helveticum. Schweizerische Zeitschrift für klassische Altertumswissenschaft / Revue suisse pour l'étude de l'antiquité classique. Basel.
Mind	Mind. A Quarterly Review of Psychology and Philosophy. Oxford.
Minos	Minos. Revista de filología egea. Salamanca.
MJ	Makedonski jazik. Skopje.
MKNA	Mededelingen van de Koninklijke Nederlandse Akademie van Wetenschappen, afdeling Letterkunde. Nieuwe Reeks. Amsterdam.
MLatJb	Mittellateinisches Jahrbuch. Köln.
MLJ	The Modern Language Journal. Ann Arbor.
MLN	MLN. Founded in 1886 as Modern Language Notes. Baltimore.
MLQ	Modern Language Quarterly. Seattle.
MLR	The Modern Language Review. Cambridge.
MM	Maal og Minne. Norske studier. Oslo.
Mn	Mnemosyne. Bibliotheca Philologica Batava. Leiden.
MNCDN	Mededelingen van de Nijmeegse Centrale voor dialect- en naamkunde. Assen.
MNy	Magyar Nyelv. Budapest.
MNyj	Magyar Nyelvjárások. Debrecen.

PÉRIODIQUES

Monatshefte — Monatshefte für deutschen Unterricht. A Journal devoted to the study of German Language and Literature. Madison, Wisc.
MongS — Mongolian Studies. Journal of the Mongolia Society. Bloomington, Ind.
Mov — Movoznavstvo. Kyjiv.
MPh — Modern Philology. Chicago.
MScan — Mediaeval Scandinavia. Odense, Denmark.
MSFOu — Suomalais-ugrilaisen seuran toimituksia / Mémoires de la Société Finno-ougrienne. Helsinki.
MSNH — Mémoires de la Société néophilologique de Helsinki. Helsinki.
MSpråk — Moderna Språk. Stockholm.
MSS — Münchener Studien zur Sprachwissenschaft. München.
MTurc — Materialia Turcica. Bochum.
Mu — Muttersprache. Zeitschrift zur Pflege und Erforschung der deutschen Sprache. Wiesbaden.
Muséon — Le Muséon. Revue d'études orientales. Louvain.
MUSJ — Mélanges de l'Université Saint-Joseph. Beyrouth (Liban).

NAA — Narody Azii i Afriki. Istorija, ėkonomika, kul'tura. Moskva.
Naamkunde — Naamkunde. Mededelingen van het Instituut voor Naamkunde te Leuven en de Commissie voor Naamkunde en Nederzettingsgeschiedenis te Amsterdam. Leuven.
Names — Names. Journal of the American Name Society. Potsdam, N.Y.
NAWG — Nachrichten von der Akademie der Wissenschaften in Göttingen, Philologisch-historische Klasse. Göttingen.
NDVŠ-F — Naučnye doklady Vysšej školy, Filologičeskie nauki. Moskva.
NdW — Niederdeutsches Wort. Münster, Westf.
NJ — Naš Jezik. Nova serija. Beograd.
NJb — Niederdeutsches Jahrbuch. Jahrbuch des Vereins für niederdeutsche Sprachforschung. Neumünster.
NoB — Namn och Bygd. Tidskrift för nordisk ortnamnsforskning, Uppsala.
NORNA — NORNA-rapporter. Uppsala: Nordiska samarbetskommittén för namnforskning.
Nové obzory — Nové obzory. Společenskovedný sborník východného Slovenska. Košice.
Nph — Neophilologus. Groningen.
NphM — Neuphilologische Mitteilungen / Bulletin de la Société néophilologique de Helsinki. Helsinki.
NŘ — Naše Reč. Praha.
NRFH — Nueva Revista de Filologia Hispánica. México.

PERIODICALS

NS	Die Neueren Sprachen. Frankfurt (Main).
NsvS	Nysvenska Studier. Tidskrift för svensk stil- och språkforskning. Uppsala.
NTg	De Nieuwe Taalgids. Groningen.
NTS	Norwegian Journal of Linguistics. Norsk tidsskrift for sprogvidenskap. Oslo.
NyIrK	Nyelv- és Irodalomtudományi Közlemények. Kolozsvár (Cluj).
NyK	Nyelvtudományi Közlemények. A Magyar Tudományos Akadémia nyelvtudományi bizottságának megbizásából. Budapest.
Nyr	Magyar Nyelvőr. Budapest.
OA	Oriens Antiquus. Rivista del Centro per le antichità e la storia dell'arte del Vicino Oriente. Roma.
Oceania	Oceania. A Journal devoted to the Study of the Native Peoples of Australia, New Guinea and the Islands of the Pacific Ocean. Sydney.
OE	Oriens Extremus. Wiesbaden.
OL	Oceanic Linguistics. Honolulu, Hawaii.
OLP	Orientalia Lovaniensia Periodica. Leuven.
OLZ	Orientalistische Literaturzeitung. Berlin (DDR).
OnJug	Onomastica Jugoslavica. Zagreb.
Onoma	Onoma. Bibliographical and information bulletin, International Committee of Onomastic Sciences / Bulletin d'information et de bibliographie. Leuven (Belgium).
Onomastica	Onomastica. Pismo poświęcone nazewnictwu geograficznemu i osobowemu. Wrocław.
Or	Orientalia. Commentarii periodici Pontificii Instituti Biblici. Nova Series. Roma.
Orbis	Orbis. Bulletin international de documentation linguistique. Louvain.
Oriens	Oriens. Milletlerarası Şark Tetkikleri Cemiyeti Mecmuası / Journal of the International Society for Oriental Research. Leiden.
OS	Orientalia Suecana. Stockholm.
OSlP	Oxford Slavonic Papers. London.
OsUÅ	Ortnamnsällskapets i Uppsala Årsskrift. Uppsala.
PADS	Publications of the American Dialect Society. University, Ala.
Paideia	Paideia. Rivista letteraria di informazione bibliografica. Brescia
PamL	Pamiętnik Literacki. Czasopismo kwartalne poświęcone historii i krytyce literatury polskiej. Warszawa.
Pan	Pan. Studi dell'Istituto di Filologia Latina, Università degli Studi di Palermo.
PAusL	Papers in Australian Linguistics, Canberra.
PBA	Proceedings of the British Academy. London.

PÉRIODIQUES

PBB(H)	Beiträge zur Geschichte der deutschen Sprache und Literatur, begründet von H. Paul und W. Braune. Halle (Saale).
PBB(T)	Beiträge zur Geschichte der deutschen Sprache und Literatur. Tübingen.
PBLS	Proceedings of the .... Annual Meeting of the Berkeley Linguistics Society. [Cf. 119].
PBML	The Prague Bulletin of Mathematical Linguistics. Praha.
PCLS	Papers from the ... Regional Meeting of the Chicago Linguistic Society. [Cf. 116].
PF	Prace Filologiczne. Warszawa.
Philologus	Philologus. Zeitschrift für klassische Philologie. Berlin & Wiesbaden.
Philosophia	Philosophia. Philosophical Quarterly of Israel. Ramat-Gan.
Philosophy	Philosophy. The Journal of the Royal Institute of Philosophy. Cambridge.
PhL	Philosophischer Literaturanzeiger. Referatenorgan für die Neuerscheinungen der Philosophie und ihrer gesamten Grenzgebiete, in Verbindung met der *ZPhF*. Meisenheim/Glan.
Phoenix	The Phoenix. The Journal of the Classical Association of Canada. Toronto.
Phonetica	Phonetica. Journal of the International Society of Phonetic Sciences. Zeitschrift der Internationalen Gesellschaft für phonetische Wissenschaften. Basel.
PhP	Philologica Pragensia. Praha.
PhQ	Philological Quarterly. Iowa City.
PhR	The Philosophical Review. Ithaca, N.Y.
PhS	Philosophical Studies. An international journal for philosophy in the analytical tradition. Dordrecht (Holland).
PIL	Papers in Linguistics. Edmonton, Alberta.
PJ	Poradnik Językowy. Warszawa.
PJL	Philippine Journal of Linguistics. Quezon City.
PL	Pacific Linguistics. Canberra. Series A: Occasional papers (Includes *PAusL*, *PNGL*, etc.); Series B: Monographs; Series C: Books; Series D; Special publications.
Platon	Πλάτων. Δελτίον τῆς Ἑταιρείας Ἑλλήνων Φιλολόγων. Athens.
PLŠSS	Přednásky ve ... běhu Letní školy slovanských studií v roce ... Praha.
PMLA	Publications of the Modern Language Association of America. New York.
PMov	Pytannja movoznavstva. Visnyk L'vivs'koho deržavnoho universytetu im. I. Franka. Serija filolohična. L'viv.
PNGL	Papers in New Guinea Linguistics. Canberra.

PERIODICALS

Poetica	Poetica. Zeitschrift für Sprach- und Literaturwissenschaft. München.
Poetics	Poetics. International Review for the Theory of Literature. Amsterdam.
Poétique	Poétique. Revue de théorie et d'analyse littéraires. Paris.
Polonica	Polonica. Rocznik, Polska Akademia Nauk, Instytut Języka Polskiego. Wrocław.
Polonistyka	Polonistyka, Warszawa.
PP	La Parola del Passato. Rivista di studi antichi. Napoli.
PPhilL	Papers in Philippine Linguistics. Canberra.
PPJ	Prilozi proučavanju jezika. Novi Sad.
PPR	Philosophy and Phenomenological Research. Buffalo, N.Y.
PQ	The Philosophical Quarterly. St. Andrews.
PrJG	Prace Językoznawcze. Uniwersytet Gdański, Zeszyty Naukowe Wydziału Humanistycznego, Filologia polska. Gdańsk.
PrJKr	Rocznik Naukowo-Dydaktyczny Wyższej Szkoły Pedagogicznej w Krakowie. Prace językoznawcze. Kraków.
PrJPAN	Prace językoznawcze, Polska Akademia Nauk, Komitet językoznawstwa. Wrocław, Warszawa, Kraków.
PrKJK	Prace Komisji językoznawstwa, Polska Akademia Nauk, Oddział w Krakowie. Wrocław, Warszawa, Kraków.
PrzH	Przegląd Humanistyczny. Warszawa.
PrzO	Przegląd Orientalistyczny. Warszawa.
PscCL	Papers from the ... Scandinavian Conference of Linguistics. [Cf. 198].
PSci	Philosophy of Science. London.
PSCL	Papers and Studies in Contrastive Linguistics. Poznań.
PSML	Prague Studies in Mathematical Linguistics. Praha.
QIFLP	Quaderni dell'Istituto di Filologia Latina dell'Università di Padova. Bologna.
QJSp	The Quarterly Journal of Speech. New York.
QUCC	Quaderni Urbinati di Cultura Classica. Roma.
RAAN	Rendiconti della Accademia di Archeologia, Lettere e Belle Arti di Napoli. Società Nazionale di Scienze, Lettere ed Arti. Napoli.
RALinc	Atti della Accademia Nazionale dei Lincei, Rendiconti della Classe di scienze morali, storiche e filologiche. Serie VIII. Roma.
Rapports	Rapports. Het Franse boek. Assen.
RAss	Revue d'Assyriologie et d'Archéologie Orientale. Paris.
RB	Revue Biblique. Paris.

PÉRIODIQUES

RBPh	Revue Belge de Philologie et d'Histoire / Belgisch Tijdschrift voor Filologie en Geschiedenis. Bruxelles.
RDyTP	Revista de Dialectologia y Tradiciones Populares. Madrid.
RE	Revue d'Égyptologie publiée par la Société Française d'Égyptologie. Paris
REA	Revue des Études Anciennes. Bordeaux & Paris.
REArm	Revue des Études Arméniennes. Paris.
REG	Revue des Études Grecques. Paris.
REH	Revista de Estudios Hispánicos. University, Ala.
REIsl	Revue des Études Islamiques. Paris.
REL	Revue des Études Latines. Paris.
RELO	Revue de l'Organisation internationale pour l'étude des langues anciennes par ordinateur. Liège.
RES	The Review of English Studies. New Series. London.
RESEE	Revue des Études sud-est européennes. Bucarest.
RF	Romanische Forschungen. Vierteljahrsschrift für romanische Sprachen und Literaturen. Frankfurt a.M.
RFE	Revista de Filología Española. Madrid.
RFIC	Rivista di Filologia e di Istruzione Classica. Torino.
RFTarU	Russkaja filologija, Tartuskij gosudarstvennyj universitet. Tartu.
RG	Rocznik Gdański. Gdańsk.
RGG	Rivista di Grammatica Generativa. Padova.
RHA	Revue Hittite et Asianique. Paris.
RHKUL	Roczniki Humanistyczne. Towarzystwo Naukowe Katolickiego Uniwersytetu Lubelskiego. Lublin.
RhM	Rheinisches Museum für Philologie. Neue Folge. Frankfurt a.M.
RhVJ	Rheinische Vierteljahrsblätter. Mitteilungen des Instituts für geschichtliche Landeskunde der Rheinlande an der Universität Bonn. Bonn.
RidSl	Ridne slovo, Pytannja movnoji kul'tury, Kyjiv.
RIL	Rendiconti dell'Istituto Lombardo di Scienze e Lettere, Classe di lettere e scienze morali e storiche. Milano.
RIOno	Revue Internationale d'Onomastique. Paris.
RIPh	Revue Internationale de Philosophie. Bruxelles.
RJ	Ruský jazyk. Praha.
RJb	Romanistisches Jahrbuch. Hamburg.
RKJŁ	Łódzkie Towarzystwo Naukowe, Wydział I, Rozprawy Komisji Językowei. Łódź.
RKJW	Wrocławskie Towarzystwo Naukowe, Rozprawy Komisji Językowej. Wrocław.
RLaR	Revue des Langues Romanes. Montpellier.
RLaV	Revue des Langues Vivantes / Tijdschrift voor Levende Talen. Bruxelles.
RLing	Russian Linguistics. International Journal for the study of the Russian language. Dordrecht & Boston.

PERIODICALS

RLiR	Revue de Linguistique Romane, publiée par la Société de Linguistique Romane.
RND	Rocznik naukowo-dydaktyczny Wyższej Szkoły Pedagogicznej w Krakowie. Kraków. [Cf. 281].
RO	Rocznik Orientalistyczny. Warszawa.
RodR	Rodna reč. Sofija.
Romania	Romania. Paris.
RomPh	Romance Philology. Berkeley & Los Angeles.
RomW	Romanica Wratislaviensia. Wrocław.
RPA	Revue de Phonétique appliquée. Mons (Belgique).
RPF	Revista Portuguesa de Filologia. Coimbra.
RPh	Revue de Philologie, de Littérature et d'Histoire anciennes. Troisième série. Paris.
RPrag	Romanistica Pragensia. Praha.
RQ	Revue de Qumran. Paris.
RR	The Romanic Review. New York.
RRLing	Revue Roumaine de Linguistique. Bucarest.
RRom	Revue Romane. Copenhague.
RSC	Rivista di Studi Classici. Torino.
RSEL	Revista Española de Lingüística. Órgano de la Sociedad Española de Lingüística. Madrid.
RSF	Rivista di Studi Fenici. Roma.
RSl	Rocznik Slawistyczny. Kraków.
RSlav	Ricerche Slavistiche. Firenze.
RSO	Rivista degli Studi Orientali. Roma.
RZE	Ruski i zapadni ezici. Sofija.
SAfrL	Studies in African Linguistics, published by the Department of Linguistics and the Center for African Studies, The University of California. Los Angeles.
Saga-Book	Saga-Book of the Viking Society for Northern Research, London.
SAlb	Studia Albanica. Tirana.
Sananjalka	Sananjalka. Suomen Kielen Seuran vuosikirja. Turku.
SAP	Studia Anglica Posnaniensia. Poznań.
SAS	Speech Analysis and Synthesis. Warszawa. [Cf. 2199-200].
SbBAW	Sitzungsberichte der Bayerischen Akademie der Wissenschaften, Philosophisch-Historische Klasse. München.
SbFAW	Sitzungsberichte der Finnischen Akademie der Wissenschaften / Proceedings of the Finnish Academy of Science and Letters. Helsinki.
SbÖAW	Sitzungsberichte der Österreichischen Akademie der Wissenschaften, Philosophisch-historische Klasse. Wien.
SbSAW	Sitzungsberichte der Sächsischen Akademie der Wissenschaften zu Leipzig, Philologisch-historische Klasse. Berlin.

PÉRIODIQUES

Scandinavica	Scandinavica. An international journal of Scandinavian studies. London & New York.
SCauc	Studia Caucasica. Lisse, The Netherlands.
SCelt	Studia Celtica. Cardiff.
SCL	Studii şi Cercetări Lingvistice. Bucureşti.
SCO	Studi Classici e Orientali. Pisa.
ScoGS	Scottisch Gaelic Studies. Aberdeen.
ScoS	Scottish Studies. Edinburgh.
SCr	Strumenti Critici. Rivista quadrimestrale di cultura e critica letteraria. Torino.
ScS	Scandinavian Studies. Publication of the Society for the Advancement of Scandinavian Study. Lawrence, Kansas.
ScSl	Scando-Slavica. Copenhagen.
SdG	Sprache der Gegenwart. Schriften des Instituts für deutsche Sprache in Mannheim.
SE	Studi Etruschi. Firenze.
SEEJ	Slavic and East European Journal. Madison, Wisc.
SEER	The Slavonic and East European Review. London.
Semantikos	Semantikos. Paris.
Semasia	Semasia. Beiträge zur germanisch-romanischen Sprachforschung. Amsterdam.
Semiotica	Semiotica. Revue publiée par l'Association Internationale de Sémiotique / Journal of the International Association for Semiotic Studies. The Hague.
Semitica	Semitica. Cahiers publiés par l'Institut d'études sémitiques de l'Université de Paris. Paris.
SFFBU	Sborník Prací Filosofické Fakulty Brněnské University. Brno (A = Řada jazykovědná; D = Řada literárněvědná; E = Řada archeologicko-klasická; G = Řada sociálněvědná; I = Řada pedagogicko-psychologická).
SFI	Studi di Filologia Italiana. Bollettino dell'Accademia della Crusca. Firenze.
SFil	Studime filologjike. Akademia e Shkencave e RPSH, Instituti i Gjuhësisë dhe i Letërsisë. Tiranë.
SFPS	Studia z filologii polskiej i słowiańskiej. Warszawa.
SGerm	Studi Germanici. Roma.
SGGand	Studia Germanica Gandensia. Gent.
SGI	Studi di Grammatica Italiana, a cura dell'Accademia della Crusca. Firenze.
SGP	Studia Germanica Posnaniensia. Poznań.
SHib	Studia Hibernica. Dublin.
SicGym	Siculorum Gymnasium. Rassegna semestrale della Facoltà di Lettere e Filosofia dell'Università di Catania. Catania.
SIFC	Studi Italiani di Filologia Classica. Nuova serie. Firenze.
SILTA	Studi Italiani di Linguistica Teorica ed Applicata. Padova.

PERIODICALS

SJL	Slovenský jazyk a literatúra v škole. Bratislava.
Skandinavistik	Skandinavistik. Zeitschrift für Sprache, Literatur und Kultur der nordischen Länder. Glückstadt.
SL	Studia Linguistica. Revue de linguistique générale et comparée. Lund.
SlAnt	Slavia Antiqua. Warszawa & Poznań.
Slavia	Slavia. Časopis pro slovanskou filologii. Praha.
SlavP	Slavica Pragensia. Praha.
SlavR	Slavistična Revija. Ljibljana.
SlavSl	Slavica Slovaca. Časopis pre slovanskú filológiu. Bratislava.
SlGand	Slavica Gandensia. Gent.
SLit	Slovenská literatúra. Bratislava.
SlLund	Slavica Lundensia. Lund.
SlOc	Slavia Occidentalis. Poznań.
SlOr	Slavia Orientalis. Warszawa.
Slovo	Slovo. Časopis Staroslavenskog Instituta. Zagreb.
SlP	Slovenské pohľady. Martin.
SlPR	Slavistic Printings and Reprintings / Slavistische drukken en herdrukken. 's-Gravenhage.
SlRev	Slavic Review. American Quarterly of Soviet and East European Studies. New York.
SLS	Studies in the Linguistic Sciences (Working papers). Publication of the Department of Linguistics, University of Illinois. Urbana, Ill.
SLSal	Studi Linguistici Salentini. Lecce.
SlSb	Slezský Sborník. Opava.
SMe	Studi Medievali. Spoleto.
SMEA	Studi Micenei ed Egeo-anatolici. Roma. (17, 1976 = Incunabula Graeca 63).
SMIL	Statistical Methods in Linguistics. Stockholm.
SMV	Studi Mediolatini e Volgari. Pisa.
SMZG	Studia i Materialy, Wyższa Szkoła Pedagogiczna w Zielonej Górze. Zielona Góra.
SNoF	Studier i nordisk Filologi. Helsingors.
SNPh	Studia Neophilologica A Journal of Germanic and Romanic Philology. Stockholm.
SO	Studia Orientalia, edidit Societas Orientalis Fennica. Helsinki.
SOF	Südost-Forschungen. München.
SoK	Sprog og Kultur. Aarhus.
SovFU	Sovetskoe finno-ugrovedenie / Soviet Fenno-Ugric studies. Tallinn.
SovSlav	Sovetskoe slavjanovedenie. Moskva.
SovT	Sovetskaja Tjurkologija. Baku.
SP	Słovanský přehled. Praha.
SpBAN	Spisanie na Bălgarskata Akademija na Naukite. Sofija.
Speculum	Speculum. A Journal of Mediaeval Studies. Cambridge, Mass.

PÉRIODIQUES

Spektator	Spektator. Tijdschrift voor Neerlandistiek. Amsterdam.
SpL	Spiegel der Letteren. Tijdschrift voor Nederlandse literatuurgeschiedenis en voor literatuurwetenschap. Antwerpen.
Sprache	Die Sprache. Zeitschrift für Sprachwissenschaft. Wien.
Sprachw	Sprachwissenschaft. Heidelberg.
Sprachkunst	Sprachkunst. Beiträge zur Literaturwissenschaft. Wien.
SprOKrPAN	Polska Akademia Nauk, Oddział w Krakowie, Sprawozdania z posiedzeń Komisji. Kraków.
SR	Slovenská Reč. Bratislava.
SRAZ	Studia Romanica et Anglica Zagrabiensia. Zagreb.
SRos	Studia Rosenthaliana. Tijdschrift voor Joodse wetenschap en geschiedenis in Nederland. Journal for Jewish literature and history in the Netherlands. Assen.
SRP	Studia Romanica Posnaniensia. Poznań.
SS	Slovo a Slovesnost. Praha.
SSL	Studi e saggi linguistici. Supplemento alla rivista "L'Italia dialettale". Pisa.
SSlav	Studia Slavica Academiae Scientiarum Hungaricae. Budapest.
SSlJ	... seminar slovenskega jezika, literature in kulture. Predavanja. Ljubljana. [Cf. 9861].
SsvOÅ	Sydsvenska Ortnamnssällskapets Årsskrift. Lund.
StASl	Studia Academica Slovaca. Bratislava.
StComH	Studia Comeniana et historica. Časopis Muzea J. A. Komenského. Uherský Brod.
StFil	Studia Filozoficzne. Warszawa.
StII	Studien zur Indologie und Iranistik. Reinbek.
StIr	Studia Iranica. Paris.
StLog	Studia Logica. Warszawa.
StMag	Studi Magrebini. Napoli.
StRP	Studia Rossica Posnaniensia. Poznań.
StŚ	Studia Śląskie założone przez Seweryna Wisłoucha. Seria nowa. Opole.
SvLm	Svenska landsmål och svenskt folkliv / Swedish Dialects and Folk Traditions. Uppsala.
SVŠZ	Sborník provozně Ekonomické Fakulty Vysoké školy zemědělské v Praze. Praha.
SW	Slavica Wratislaviensia. Wrocław.
SymbOsl	Symbolae Osloenses. Oslo.
SynS	Syntax and Semantics. New York. [Cf. 330, 354, 13172].
Synthese	Synthese. An international journal for epistemology, methodology and philosophy of science. Dordrecht, Holland.
Syria	Syria. Revue d'art oriental et d'archéologie. Paris.

PERIODICALS

TAPA	Transactions and Proceedings of the American Philological Association. Cleveland, Ohio.
TBL	Tübinger Beiträge zur Linguistik. Tübingen.
Te Reo	Te Reo. Journal of the Linguistic Society of New Zealand. Auckland, N.Z.
TeT	Taal en Tongval. Tijdschrift voor de studie van de Nederlandse volks- en streektalen. Bosvoorde (Brussel 17).
Thesaurus	Thesaurus. Boletín del Instituto Caro y Cuervo. Bogotá.
TIPS	Travaux de l'Institut de Phonétique de l'Université de Strasbourg.
TL	Theoretical Linguistics. Berling.
TLF	Trésor de la Langue Française. Supplément à la revue Le Français Moderne. Nouvelle série. Nancy.
TLGand	Travaux de Linguistique. Publications du Service de Linguistique française de l'Université de l'État á Gand. Gent.
TLL	Travaux de Linguistique et de Littérature, publiés par le Centre de Philologie et de Littératures romanes de l'Université de Strasbourg. Strasbourg.
TP	T'oung Pao. Archives concernant l'histoire, les langues, la géographie et les arts de l'Asie Orientale. Leiden.
TPhS	Transactions of the Philological Society. Oxford.
TrTărnovo	Trudove na Velikotărnovskija Universitet "Kiril i Metodij", Filologičeski fakultet. Sofija.
TSLL	Texas Studies in Literature and Language. Austin.
TsNTL	Tijdschrift voor Nederlandse Taal- en Letterkunde, uitgegeven vanwege de Maatschappij der Nederlandse Letterkunde te Leiden. Leiden.
Turcica	Turcica. Revue d'études turques. Paris.
UAJb	Ural-Altaische Jahrbücher. Wiesbaden.
UCPL	University of California Publications in Linguistics. Berkeley & Los Angeles.
UF	Ugarit-Forschungen. Internationales Jahrbuch für die Altertumskunde Syrien-Palästinas. Kevelaer & Neukirchen-Vluyn.
UkrM	Ukrajins'ke movoznavstvo. Mižvidomčyj naukovyj zbirnyk. Kyjiv.
UMLŠ	Ukrajins'ka mova i literatura v školi. Kyjiv.
Us Wurk	Us Wurk. Tydskrift foar Frisistyk. Grins[Groningen].
UWPL	Utrecht Working Papers in Linguistics. Utrecht: Instituut A. W. de Groot voor Algemene Taalwetenschap.
UZLU	Učenye zapiski Leningradskogo gosudarstvennogo universiteta imeni A. A. Ždanova. Leningrad.
UZTarU	Tartu riikliku ülikooli toimetised / Učenye zapiski Tartuskogo gosudarstvennogo universiteta. Tartu.

PÉRIODIQUES

VANB	Vesci Akadèmii navuk Belaruskaj SSR, Seryja hramadskich navuk / Izvestija Akademii nauk BSSR, Serija obščestvennych nauk. Minsk.
VČA	Věstnik Československé Akademie Věd. Praha.
VChr	Vigiliae Christianae. A Review of Early Christian Life and Language. Amsterdam.
VDI	Vestnik Drevnej Istorii. Moskva.
Verba	Verba. Anuario Gallego de Filología. Santiago de Compostela.
VIJ	Vishveshvaranand Indological Journal. Hoshiarpur (Punjab, India).
Vir	Virittäjä. Kotikielen seuran aikakauslehti. Helsinki.
VITLV	Verhandelingen van het Koninklijk Instituut voor Taal-, Land- en Volkenkunde. 's-Gravenhage.
Vivarium	Vivarium. An international journal for the philosophy and intellectual life of the Middle Ages and Renaissance. Leiden.
VJa	Voprosy Jazykoznanija. Moskva.
VKNA	Verhandelingen van de Koninklijke Nederlandse Akademie van Wetenschappen, afdeling Letterkunde. Nieuwe reeks. Amsterdam.
VLU	Vestnik Leningradskogo gosudarstvennogo Universiteta. Istorija, jazyka, literatura. Leningrad.
VMKAN	Verslagen en Mededelingen van de Koninklijke Academie voor Nederlandse taal- en letterkunde. Gent.
VMU	Vestnik Moskovskogo Universiteta. Serija X: Filologija. Moskva.
VR	Vox Romanica. Annales Helvetici explorandis linguis Romanicis destinati. Bern.
VS	VS = Versus. Quaderni di studi semiotici. Milano.
VStil	Voprosy stilistiki. Saratov.
VT	Vetus Testamentum. Quarterly published by The International Organization of Old Testament Scholars. Leiden.
VUJa	Voprosy udmurtskogo jazykoznanija. Iževsk. [Cf. 12531 & 12560].
VVM	Vlastivědný věstník moravský. Brno.
WI	Die Welt des Islams. Leiden.
WO	Die Welt des Orients. Göttingen.
Word	Word. Journal of the International Linguistic Association. New York.
WPBil	Working Papers on Bilingualism / Travaux de recherches sur le bilinguisme. Toronto.
WPLO	Working Papers in Linguistics, Department of Linguistics, The Ohio State University. Columbus.
WPLUH	Working Papers in Linguistics, Department of Linguistics, University of Hawaii. Honolulu.
WS	Wiener Studien. Zeitschrift für klassische Philologie und Patristik. Wien.

PERIODICALS

WSlav	Die Welt der Slaven. Wiesbaden.
WSlJb	Wiener Slavistisches Jahrbuch. Wien.
WW	Wirkendes Wort. Deutsches Sprachschaffen in Lehre und Leben. Düsseldorf.
WZKM	Wiener Zeitschrift für die Kunde des Morgenlandes. Wien.
WZKSA	Wiener Zeitschrift für die Kunde Südasiens und Archiv für indische Philosophie. Wien.
WZUB	Wissenschaftliche Zeitschrift der Humboldt-Universität, Berlin. Gesellschafts- und sprachwissenschaftliche Reihe.
WZUH	Wissenschaftliche Zeitschrift der Martin-Luther-Universität, Halle-Wittenberg. Gesellschafts- und sprachwissenschaftliche Reihe.
WZUJ	Wissenschaftliche Zeitschrift der Friedrich-Schiller-Universität, Jena. Gesellschafts- und sprachwissenschaftliche Reihe.
WZUL	Wissenschaftliche Zeitschrift der Karl-Marx-Universität Leipzig. Gesellschafts- und sprachwissenschaftliche Reihe.
YES	The Yearbook of English Studies. Cambridge, England.
YWMLS	The Year's Work in Modern Language Studies. Cambridge.
ZA	Zeitschrift für Assyriologie und vorderasiatische Archäologie. Neue Folge. Berlin.
ZAA	Zeitschrift für Anglistik und Amerikanistik. Berlin.
ŽAnt	Živa Antika. Antiquité vivante. Skopje.
ZASB	Zentralasiatische Studien des Seminars für Sprach- und Kulturwissenschaft Zentralasiens der Universität Bonn. Wiesbaden.
ZATW	Zeitschrift für die alttestamentliche Wissenschaft. Berlin.
ZBalk	Zeitschrift für Balkanologie. München.
ZbFL	Zbornik za filologiju i lingvistiku. Novi Sad.
ZbSOK	V. zasadanie Medzinárodnej komisie pre slovanskú onomastiku a V. Slovenská onomastická konferencia;[&] VI. slovenská onomastická konferencia.[Cf. 169-70].
ZCPh	Zeitschrift für celtische Philologie. Tübingen.
ZDA	Zeitschrift für deutsches Altertum und deutsche Literatur. Wiesbaden.
ZDL	Zeitschrift für Dialektologie und Linguistik. Wiesbaden.
ZDMG	Zeitschrift der Deutschen Morgenländischen Gesellschaft. Wiesbaden.
ZDPh	Zeitschrift für deutsche Philologie. Berlin.

PÉRIODIQUES

ZFSL	Zeitschrift für französische Sprache und Literatur. Wiesbaden.
ZGL	Zeitschrift für germanistische Linguistik. Berlin.
ZKSUT	Kul'turnyj sojuz ukrajins'kych trudjaščych v ČSSR. Nauvoke totarystvo. Zapysky. Prešov.
ZNOp	Zeszyty Naukowe, Wyższa Szkoła Pedagogiczna im. Powstańców Śląskich w Opolu. Opole.
ZNSiedl	Zeszyty Naukowe, Wyższa Szkoła Pedagogiczna w Siedlcach. Seria A: Nauki Humanistyczne. Siedlce.
ZNUG	Zeszyty Naukowe Wydziału Humanistycznego, Uniwersytet Gdański. Gdańsk.
ZNUJ	Zeszyty Naukowe Uniwersytetu Jagiellońskiego. Universitas Jagellonica, Acta scientiarum litterarumque. Kraków.
ZNUŁ	Zeszyty naukowe Uniwersytetu Łódzkiego. Seria I. Łódź.
ZPE	Zeitschrift für Papyrologie und Epigraphik. Bonn.
ZPhF	Zeitschrift für philosophische Forschung. Meisenheim/Glan.
ZPhon	Zeitschrift für Phonetik, Sprachwissenschaft und Kommunikationsforschung. Berlin (DDR).
ZprMK	Zpravodaj Místopisné Komise Československé Akademie Věd. Praha.
ZRPh	Zeitschrift für romanische Philologie. Tübingen.
ZSl	Zeitschrift für Slawistik. Berlin (DDR).
ZSlPh	Zeitschrift für slavische Philologie. Heidelberg.

ABRÉVIATIONS — ABBREVIATIONS

La première colonne s'applique au français, la seconde à l'anglais. Pour les abréviations qui sont les mêmes dans les deux langues les explications se donnent d'abord en français, ensuite, après un trait oblique, en anglais. Quelques-unes de ces abréviations s'emploient également dans un contexte autre que français ou anglais, mais seulement quand il s'agit de mot à peu près internationaux. Par exemple: univ. = université = it. *università* = all. *Universität* = russe *universitet*, etc.; acad. = académie = esp. *academia*, donc *Akad.* = all. *Akademie*, russe *akademija*, etc.

Ces raccourcissements ne figurent pas dans les titres des publications. Si l'on y trouve des mots abrégés, c'est qu'ils étaient employés ainsi par l'auteur.

The first column is for French, the second for English. Abbreviations which are the same in both languages are explained first in French, then, after an oblique stroke, in English. Some of the abbreviations are also used in a context other than French or English, but only if the word referred to is almost international. For example: univ. = university = It. *università* = G. *Universität* = Ru. *universitet*, etc.; acad. = academy = Sp. *academia*, and thus *Akad.* = G. *Akademie*, Russ. *akademija*, etc.

These abridgements do not appear in the titles of publications. If abbreviated words are found in it, they were used so by the author.

	ab.	abstract
Acad.	Acad.	Académie / Academy
acc.	acc.	accusatif / accusative
adj.	adj.	adjectif / adjective
adv.	adv.	adverbe / adverb
afr.	Afr.	africain / African
akk.	Akk.	akkadien / Akkadian
alb.	Alb.	albanais / Albanian
all.		allemand
am.	Am.	américain / American
anc.	anc.	ancien / ancient
angl.		anglais
anthr.	anthr.	anthropologie, anthropologique / anthropology, anthropological
ar.	Ar.	arabe / Arabic
aram.	Aram.	araméen / Aramaic
arch.	arch.	archéologie, archéologique / archaeology, archaeological

ABRÉVIATIONS

arm.	Arm.	arménien / Armenian
art.	art.	article / article
ass.	ass.	association / association
augm.	augm.	augmenté / augmented
austr.	Austr.	australien / Australian
av.	Av.	avestique / Avestan
azerb.	Azerb.	azerbaïdjan / Azerbaijani
balt.	Balt.	baltique / Baltic
berb.	Berb.	berbère / Berber
bibl.		bibliothèque
br.	Br.	breton / Breton
bulg.	Bulg.	bulgare / Bulgarian
bull.	bull.	bulletin / bulletin
byz.	Byz.	byzantin / Byzantine
c.	c.	colonne(s) / column(s)
cat.	Cat.	catalan / Catalan
cath.	cath.	catholique / catholic
cauc.	Cauc.	caucasien / Caucasian
celt.	Celt.	celtique / Celtic
cf.	cf.	*confer* (conférez / compare)
ch.	ch.	chapitre / chapter
chin.	Chin.	chinois / Chinese
coll.	coll.	collection / collection
comm.	comm.	commentaire / commentary
conj.	conj.	conjonction, conjunction
	cont.	continuation / continued
contr.	contr.	contribution(s) / contribution(s)
corr.	corr.	correction, corrigé / correction, corrected
c.r.		compte rendu
cun.	cun.	cunéiforme / cuneiform
	Cz.	Czech
dact.		dactylographié
dan.	Dan.	danois / Danish
dat.	dat.	datif / dative
	dept.	department
dépl.		dépliant
diagr.	diagr.	diagramme / diagram
dial.	dial.	dialecte, dialectal / dialect(al)
diss.	diss.	dissertation (thèse) / dissertation
drav.	Drav.	dravidien / Dravidian
	Du.	Dutch
	E.	English
éd.	ed.	édité, éditeur, édition / edited, editor, edition
ég.	Eg.	égyptien / Egyptian
	enl.	enlarged
es.	Es.	espéranto / Esperanto

ABBREVIATIONS

esp.		espagnol
est.	Est.	estonien / Estonian
et al.	et al.	*et alii* (et autres / and other persons)
éth.	Eth.	éthiopien / Ethiopic
ethn.	ethn.	ethnologie, ethnologique / ethnology, ethnological
étr.	Etr.	étrusque / Etruscan
étym.	etym.	étymologie, étymologique / etymology, etymological
f.		feuillet(s)
fac.	fac.	faculté / faculty
fac-sim.	facsim.	fac-similé / facsimile
fasc.	fasc.	fascicule / fascicle
fém.	fem.	féminin / feminine
fi.	Fi.	finnois / Finnish
fig.	fig.	figure(s) / figure(s)
fr.	Fr.	français / French
fris.	Fris.	frison / Frisian
front.	front.	frontispice / frontispiece
	G.	German
gall.		gallois
gaul.	Gaul.	gaulois / Gaulish
gén.	gen.	génitif / genitive
géogr.	geogr.	géographie, géographique / geography, geographical
géorg.	Georg.	géorgien / Georgian
germ.		germanique
	Gmc	Germanic
got.	Got.	gotique / Gothic
gr.	Gr.	grec / Greek
h.-all.		haut-allemand
hébr.	Hebr.	hébreu, hébraïque / Hebrew
hg.	Hg	hongrois / Hungarian
hiér.	hier.	hiéroglyphique / hieroglyphic
hist.	hist.	histoire, historique / history, historical
hitt.	Hitt.	hittite / Hittite
h.-t.		hors-texte
i.-a.	IA.	indo-aryen / Indo-Aryan
	Icel.	Icelandic
i.-e.	IE.	indo-européen / Indo-European
ill.	ill.	illustration, illustré / illustration, illustrated
inst.	inst.	institut / institute
intern.	intern.	international / international
introd.	introd.	introduction / introduction
	Ir.	Irish
iran.	Iran.	iranien / Iranian
irl.		irlandais
it.	It.	italien / Italian

ABRÉVIATIONS

jap.	Jap.	japonais / Japanese
lat.	Lat.	latin / Latin
	LG.	Low German
litt.	lit.	littérature, littéraire / literature, literary
	Lith.	Lithuanian
livr.		livraison
m.	M.	moyen / middle
macéd.	Maced.	macédonien / Macedonian
masc.	masc.	masculin / masculine
	ME.	Middle English
m.-h.-a.		moyen-haut-allemand
	MHG.	Middle High German
mod.	mod.	moderne / modern
mong.	Mong.	mongol / Mongolian
ms.	MS.	manuscrit / manuscript
myc.	Myc.	mycénien / Mycenaean
	N.	New = Modern (with languages)
	NE.	New English
néerl.		néerlandais
	NHG.	New High German
No.	No.	numéro / number
nom.	nom.	nominatif / nominative
norv.	Norw.	norvégien / Norwegian
nouv.		nouveau, nouvel(le)
n.s.	n.s.	nouvelle série / new series
	O.	Old (with languages)
	OE.	Old English
	OF.	Old French
	OHG.	Old High German
	ON.	Old Norse (Old Icelandic)
our.		ouralien
p.	p.	page(s) / page(s)
pers.	pers.	personne, personnel / person, personal
phil.	phil.	philologie, philologique / philology, philological
pl.	pl.	planche(s) / plate(s)
pol.	Pol.	polonais / Polish
port.	Port.	portugais / Portuguese
portr.	portr.	portrait / portrait
prov.	Prov.	provençal / Provençal
publ.	publ.	publication(s) / publication(s)
	repr.	reprint, reprinted
rés.		résumé
	rev.	review

ABBREVIATIONS

roum.		roumain
	Rum.	Rumanian
ru.	Ru.	Russian
S.	S.	série / Series
scand.	Scand.	scandinave / Scandinavian
sci.	sci.	science(s), scientifique / science(s), scientific
s.-cr.	SCr.	serbo-croate / Serbo-Croatian
s.d.		sans date
sém.	Sem.	sémitique / Semitic
sg.	sg.	singulier / singular
skr.	Skr.	sanskrit / Sanskrit
sl.	Sl.	slave / Slavic, Slavonic
s.l.		sans lieu
s.l.n.d.		sans lieu ni date
slov.	Slov.	slovaque / Slovak
soc.	soc.	société / society
	Sp.	Spanish
subst.	subst.	substantif / substantive
suéd.		suédois
sum.	Sum.	sumérien / Sumerian
	summ.	summary
suppl.	suppl.	supplément / supplement
	Sw.	Swedish
tab.	tab.	table / table
tch.		tchèque
tib.	Tib.	tibétain / Tibetan
tokh.	Toch.	tokharien / Tocharian
trad.		traduction, traduit
	transl.	translation, translated
ukr.	Ukr.	ukrainien / Ukrainian
univ.	univ.	université / university
	UP.	University Press
v.		vieux, vieil(le)
v.-h.-a.		vieux-haut-allemand
vol.	vol.	volume(s) / volume(s)
v.-sl.		vieux-slave
	W.	Welsh
	WRu.	White-Russian
	Y.	Yiddish

ABRÉVIATIONS

Abréviations russes — Russian abbreviations

AN	Akademija nauk
izd.	izdatel'stvo
LGU	Leningradskij gosudarstvennyj universitet
MGU	Moskovskij gosudarstvennyj universitet
NII	Naučno-issledovatel'skij institut
sost.	sostavitel', sostaviteli; sostavlenie; sostavil, -la, -li
vyp.	vypusk

NOTE DE CONSULTATION

Les titres des livres sont imprimés en caractères italiques, les titres des articles de revue et des contributions aux ouvrages collectifs sont en caractères romains.

Après le titre, le trait horizontal (—) annonce les indications de publication et de librairie; viennent ensuite, précédées d'un trait vertical (|), la traduction du titre, des explications éventuelles et la mention des comptes rendus.

Les sigles (*BSL*, etc.) désignent les périodiques (abréviations en italiques) ou les séries (abréviations en romaines) dont la liste particulière donne le titre en entier. Les volumes de périodiques sont indiqués par le tome, l'année, et, s'il y a lieu, le numéro du fascicule précédé d'un trait oblique (/). Chez les entrées citant des contributions aux ouvrages collectifs (Mélanges, actes de congrès, etc.) le numéro placé entre parénthèses renvoie à l'endroit où l'on trouve les données complètes de ces collections.

Quand un ouvrage qui figure déjà dans un volume antérieur de la bibliographie est rappelé à cause de nouveaux comptes rendus dont il est l'objet, on fait renvoi à la première insertion par l'indication *BL* .... (année et numéro pour le volume de 1962 et suivants; année et page pour les volumes antérieurs). Dans ce cas le titre et les autres éléments de la description de l'ouvrage peuvent être légèrement abrégés, tandis que les explications éventuelles ne sont pas répétées. La même formule s'emploie pour renvoyer à une partie d'un livre ou d'un article publiée auparavant.

Les renvois à l'intérieur du volume se font par la seule mention du numéro de l'entrée principale.

Un index des noms d'auteurs se trouve à la fin du volume. Les auteurs des comptes rendus ne sont pas nommés dans cet index.

DIRECTIONS FOR USE

Titles of books are printed in italics, whereas titles of articles in periodicals and of contributions to miscellanies appear in Roman type.

The dash (—) after the title announces the indications concerning place and date of publication; then follow, preceded by a vertical line (|), the translation of the title, occasional explanations, and the mention of book-reviews.

The sigla (*BSL*, etc.) represent the periodicals (abbreviations in italics) or the series (abbreviations in Roman type), the full titles of which are given in a special list. Periodicals are indicated by the number of the volume, the year, and if necessary, the number of the issue preceded by a slant line (/). In entries which list contributions to collective works (*Festschriften*, proceedings of congresses, etc.) the number in brackets refers to the place where the complete data of these collections can be found.

If a work which has been listed already in an earlier volume of the bibliography, is cited once more on account of the mention of new reviews dealing with it, a reference is made to its first insertion by the words *BL* .... (year and number for the 1962 volume and after; year and page for the preceding ones). In that case the title and the other elements of the description of the work may be somewhat shortened, whereas the occasional explanations are not repeated. The same formula is used in referring to an earlier published part of a book or article..

Cross references are made by the sole mention of the number of the principal entry.

At the end of the volume there is an index of the authors' names. The writers of the reviews are not mentioned in this index.

GÉNÉRALITÉS
GENERAL WORKS

I. BIBLIOGRAPHIE ET ORGANISATION — BIBLIOGRAPHY AND ORGANIZATION

A. Bibliographie — Bibliography

1   *Abstracta Islamica. Bibliographie sélective des études islamiques.* 27e série. — Suppl. à *REIsl* 41, 1973; Paris: Geuthner, © 1974 (1976), 158 p. | Langues, litt. et folklore (ar., persan, turc, berb.), p. 68-90.
2   *Analecta linguistica.* Informational bulletin of linguistics. Nyelvtudományi információs közlemények. Informacionnyj bjulleten' po jazykoznaniju. Redigit A. RÓNA-TAS. Vol. 6, No. 1; 2. — Budapest: Akadémiai Kiadó / Amsterdam: Benjamins, 1976, 199; 195 p. | From the contents: Linguistic monographs, No. 1, 15-43; No. 2, 9-60; Tables of contents of linguistic periodicals, No. 1, 45-176; No. 2, 61-170.
3   BARBARE, Dzidra: *Latviešu padomju valodniecība 30 gados. Bibliogrāfisks rādītājs 1945.-1975.* — Rīga: "Zinātne", 1976, 287 p. | 30 years of linguistics in Soviet Latvia: bibliography 1945-75. | *LZAV* 1976/12 (353), 126-128 R. Grabis.
4   Bibliografia 1975-76 (Libri e opuscoli ricevuti). — *Paideia* 31, 1976, 241-405 | Classical and mod. languages and literatures, 250-344; linguistics, 371-391; Oriental studies, 391-395.
5   Bibliografija za 1971. i 1972. godinu rasprava i dela iz slovenske i indoevropske filologije i opšte lingvistike koja su izašla u Jugoslaviji. — *JslF* 31, 1974-75, 293-471 | Bibliography of work in Sl. and IE. studies and general linguistics published in Yugoslavia, 1971-72.
6   Bibliografija za 1973. i 1974. godinu rasprava i dela iz slovenske i indoevropske filologije i opšte lingvistike koja su izašla u Jugoslaviji. — *JslF* 32, 1976, 267-416.
7   *Bibliographie der Wörterbücher erschienen in der Deutschen Demokratischen Republik, Sozialistischen Republik Rumänien, Tschechoslowakischen Sozialistischen Republik, Ungarischen Volksrepublik, Union der Sozialistischen Sowjetrepubliken, Volksrepublik Bulgarien, Volksrepublik Polen.* | Bibliography of dictionaries .... | *Bibliografia słowników* .... Band 7, 1973-74. — Warszawa: Wyd. naukowo-techniczne, 1976, 133 p. | Cf. BL 1975, 7.
8   *Bibliographie linguistique de l'année 1973 et complément des années précédentes,* publiée par le Comité International Permanent des Linguistes. Réd.: J. J. BEYLSMIT; rédactrice adjointe: Jetske C. RIJLAARSDAM. | *Linguistic bibliography* .... — Utrecht: Spectrum, 1976, xlvii, 621 p.

9   *Bibliographie Unselbständiger Literatur. – Linguistik (BUL-L).* Band I. 1971-1975. Bearbeitet von Elke SUCHAN. [Für das Sondersammelgebiet Linguistik der Stadt- und Universitätsbibliothek Frankfurt am Main hrsg. von Clemens KÖTTELWESCH]. — Frankfurt a.M.: Klostermann, 1976, xxxiii, 678 p.
10 *Bibliography of Asian studies,* 1973. Ed. at the Knowledge Availability Systems Center, Univ. of Pittsburgh. [Preface: Louis A. JACOB]. — s.l.: Ass. for Asian Studies, 1975, xxxii, 373 p.
11 BOOIJ, Geert, GRUNSVEN, Harry VAN, & HEESEN, Martha: Bibliografie van de taalkunde, supplement 1a; supplement 1b. — *Spektator* 6, 1976-77, 156-171; 283-296 | Bibliography of linguistics. Suppl. (to *Bibliografie van de taalkunde,* 1975 [BL 1975, 4]).
12 BROCKI, Zygmunt: Wydawnictwa leksykograficzne Białoruskiej SRR, Litewskiej SRR i Łotewskiej SRR w latach 1948-1970. — *ABS* 10, 1976, 363-375 | A survey of lexicographical work published in the WRu., Lith. and Latvian Soviet Republics, 1948-70.
13 [BULACHAŬ, M. H.] BULACHOV, M. G.: *Vostočnoslavjanskie jazykovedy. Biobibliografičeskij slovar'.* Tom I. — Minsk: Izd. BGU, 1976, 319 p., ill. | *VLU* 1976/2, 157-159 M. A. Šachmatova | *VJa* 1977/5, 132-137 I. A. Dzendzelevskij. *Bull. analytique de linguistique fr.* — 5742.
14 *Bulletin of the Deccan College Research Institute,* vols. I-XXX (1939-40 to 1971-72): Subject index, and *Vāk,* Nos. 1-6 (1951-1964): Author and subject index. Compiled by Pramila Y. DEODHAR, Madhuri M. INGALGAONKAR. — *BDC* 35, 1975/1-2, 183-210 | Author index to *BDC* 1-30 published in *BDC* 34, 1974, 229-247.
15 *Bulletin signalétique. 524. Sciences du langage.* Revue trimestrielle. [Réd. en chef: M. C. GRUAULT]. Vol. 30, No. 1; 2; 3; 4; Tables annuelles. — Paris: Centre de Documentation Sciences Humaines, 1976, vii, 47; vii, 37; vii, 50; vii, 45; ii, 63 p.
16 CAPLICE, R., KLENGEL, H., & SAPORETTI, C.: Keilschriftbibliographie. 37, 1975. — *Or* 45, 1976, 1*-87*.
17 *Catalogue of The C.M. Doke Collection on African Languages in the Library of the University of Rhodesia.* — Univ. of Rhodesia Library, Bibliographical Series 2; Boston, Mass.: G. K. Hall & Co., 1972, xxxii, 546 p., front. (portr.) | G. FORTUNE: Clement Martyn Doke [1893-   ]: a biographical and bibliographical sketch, p. v-xix; C. M. Doke: list of publications and manuscripts, xxv-xxxii.
18 CHRUSANOVA, Vesela: Săpostavitelno izsledvane na bălgarski s drugi ezici. Bibliografija / Sopostavitel'noe issledovanie bolgarskogo s drugimi jazykami. Bibliografija / Contrastive studies of Bulgarian with other languages. Bibliography. — *BSI* 1, 1976/4, 3-82.
19 CIUTI. Lijst van de scripties – Liste des mémoires – Bibliographie der Diplomarbeiten. — *LAnt* 8, 1974 (1975), 173-188 | (1) Hoger Inst. voor Vertalers en Tolken, Rijksuniversitair Centrum Antwerpen, 1973-74; (2) Fachbereich Angewandte Sprachwissenschaft der Johannes Gutenberg-Univ. Mainz in Germersheim; (3) Univ. Heidelberg, Fachgruppe Angewandte Sprachwissenschaft (Dolmetscher-Inst.), 1973-74; (4) École d'Interprètes internationaux, Univ. de l'État à Mons; (5) École de Trad., Univ. de Montréal.
20 CIUTI. Lijst van de scripties – Liste des mémoires – Bibliographie der Diplomarbeiten. — *LAnt* 9, 1975 (1976), 197-224 | (1) Hoger Inst. voor Vertalers en Tolken, Rijksuniveersitair Centrum Antwerpen, 1974-75; (2) Fachbereich Angewandte Sprachwissenschaft der Johannes Gutenberg-Univ. Mainz in Germersheim; (3) Univ. Heidelberg, Fachgruppe Angewandte Sprachwissenschaft (Dolmetscher-

Inst.), 1975; (4) Handelshøjskolen i København, 1971/72-1974/75; (5) École d'Interprètes internationaux, Univ. de l'État à Mons, 1974-75; (6) Mémoires de trad. déposés à l'Univ. de Montréal, 1974-75; (7) Univ. Saarbrücken, Januar 1976: Angewandte Sprachwissenschaft sowie Übersetzen und Dolmetschen.

21 DŁUGOSZ-KURCZABOWA, Krystyna, & KUPISZEWSKI, Władysław: Przegląd polskich prac językoznawczych ogłoszonych drukiem w roku 1975. — *PJ* 1976, 190-212 | An annotated survey of Pol. work in linguistics published in 1975.

22 EIMERMACHER, Karl: *Arbeiten sowjetischer Semiotiker* . . . — Kronberg Ts.: 1974 | BL 1974, 15. | *LeSt* 11, 1976, 719-722 M. Marzaduri.

23 ESCHBACH, Achim: *Zeichen – Text – Bedeutung. Bibliographie* . . . — München: 1974 | BL 1974, 16. | *ZPhon* 29, 1976, 633-634 G. F. Meier.
Germanistik. Intern. Referatenorgan . . . — 7100.

24 GJERULL, Anna Marie: *Bibliografiske hjelpemidler: lingvistikk og filologi*. — Bibliothek og forskning, Årbok 18, 1969; Oslo: Norsk Bibliotekarlag og Norske Forskningsbibliotekarers Forening, 1970, 123 p. | Bibliographical tools: linguistics and phil. | *MM* 1976, 90-95 Oddvar Nes.

25 HALENKO, I. H.: Bibliografičeskij ukazatel′ publikacij po sintaksisu členov i aspirantov kafedry russkogo jazyka i obščego jazykoznanija L′vovskogo universiteta. — *PMov* 9, 1975, 74-79.
HANNICH-BODE, I.: *Germanistik in Festschriften* . . . — 7165.

26 HENDRICKX, Jacques: Survey of books. A selected and annotated bibliography of recent publications in linguistics. — *Lingua* 38, 1976, 381-410.

27 IKONOMOVA, Živka: Bibliografija na bălgarskata ezikovedska literatura. Knigi i statii, izlezli prez perioda 1 juli-31 dekemvri 1975. — *BE* 26, 1976, 261-287 | Bibliography of linguistic studies published in Bulgaria during the 2nd half of 1975.

28 IKONOMOVA, Živka, & NENKOVA, Petja: Bibliografija na bălgarskata ezikovedska literatura. Knigi i statii, izlezli prez perioda 1 januari-31 juni 1976. — *BE* 26, 1976, 521-549 | Bibliography . . . first half of 1976.

29 *LLBA. Language and language behavior abstracts*. Managing ed.: Ann MEHARRY. Vol. 10, No. 1; 2; 3; 4; Cumulative index. — La Jolla, Calif. 92037: 6002 Beaumont Avenue, 1976, 190, xx p.; p. 191-494, i-xxvi; 495-786, i-xxv; 787-1065, i-xxviii; 295 p.
MAYRHOFER, M., & SCHINDLER, J.: Indogermanische Chronik. 22 A; 22 B. 4066.

30 MIEDER, Wolfgang: International bibliography of explanatory essays on proverbs and proverbial expressions containing names. — *Names* 24, 1976, 253-304.

31 MILIBAND, S. D.: *Biobibliografičeskij slovar′ sovetskich vostokovedov*. — Moskva: "Nauka", Glavnaja red. vostočnoj literatury, 1975, 732 p.

32 *1974 MLA abstracts of articles in scholarly journals*. Vol. III. *Linguistics*. Compiled by Walter S. ACHTERT & Eileen M. MACKESY . . . . — New York: Mod. Language Ass. of America, 1976, x, 68 p.

33 *1974 MLA International bibliography of books and articles on the modern languages and literatures*. Vol. III. *Linguistics*. Compiled by Harrison T. MESEROLE, assisted by James A. ARIETI . . . . — New York: Mod. Language Ass. of America, 1976, xxx, 195 p.

34 NOBER, Petrus: *Elenchus bibliographicus biblicus*. Vol. 56, 1975. — Rome: Biblical Inst. Press, s.d. [1976?], xxxii, 976 p.

35 *Obščestvennye nauki v SSSR. Serija 6. Jazykoznanie*. 1; 2. — Moskva: In-t Naučnoj Informacii po Obščestvennym Naukam (AN SSSR), 1975, 224; 318 p.

36 *Obščestvennye nauki v SSSR.* Serija 6. *Jazykoznanie.* 1; 2. — Moskva: In-t Naučnoj Informacii po Obščestvennym Naukam (AN SSSR), 1976, 275; 332 p.
37 *Obščestvennye nauki za rubežom.* Serija 6. *Jazykoznanie.* 1. — Moskva: In-t Naučnoj Informacii po Obščestvennym Naukam (AN SSSR), 1975, 307 p.
38 *Obščestvennye nauki za rubežom.* Serija 6. *Jazykoznanie.* 1; 2. — Moskva: In-t Naučnoj Informacii po Obščestvennym Naukam (AN SSSR), 1976, 335; 335 p.
39 PAPP, L., & PUSZTAI, F.: Chronik des Jahres 1973. — *ALH* 26, 1976, 193-223 | Survey of linguistic studies in Hungary, 1973.
40 POPA, Eleonora, & DĂNĂILĂ, I.: Bibliografia românească de lingvistică (BRL, 18, 1975). Lucrari de lingvistică apărute în ţara noastră de la 1 ianuarie pînă la 31 decembrie 1975. — *LbR* 25, 1976. 367-460.
41 PRICE, Glanville: A bibliography of the present position of minority languages in Western Europe: Second supplement. — *Orbis* 25, 1976, 162-175 | Cf. BL 1972, 35.
42 Publicações recebidas e notas bibliográficas [desde 1 de Julho de 1970 a 31 de Dezembro de 1973]. Por M. de Paiva BOLÉO [et al.]. — *RPF* 16, 1972-74 (1976), 511-763.
43 SMOCZYŃSKI, Wojciech: Bibliografia prac z dziedziny językoznawstwa ogólnego i indoeuropejskiego publikowanych przez autorów polskich w kraju i za granicą oraz przez autorów obcych w Polsce w roku 1974 (z uzupełnieniami). — *BPTJ* 34, 1976, 181-199 | Bibliography of work in general and IE. linguistics published in Poland and by Pol. authors abroad, 1974.
44 Strutturalismo e semiologia in Italia (1974); (1975). Coordinamento a cura di d'Arco Silvio AVALLE. — *SCr* 10 (30), 1976, 315-346; 10 (31), 1976, 471-491 | Linguistica, a cura di Maria-Elisabeth CONTE, Anna GIACALONE RAMAT, Giorgio GRAFFI, Paolo RAMAT e Flavia RAVAZZOLI, 317-342.
45 THOMSON, F. J.: A lexicological bibliography for economics, 1952-1974. — *LAnt* 8, 1974-(1975), 71-143 | Unilingual and multilingual dictionaries in Du., E., Fr., G., It., Port., Sp. & Ru.
46 TRYPUĆKO, Józef: *Dziesięć lat językoznawstwa polskiego, 1956-1965. Próba bibliografii. Ten years of Polish linguistics* .... — Uppsala: 1973 | BL 1973, 34. | *SlOc* 33, 1976, 157-161 Zygmunt Brocki.
47 VINOKUR, M. M., & GINDIN, S. I.: Retrospektivnyj ukazatel' literatury po teorii jazyka i prikladnoj lingvistike. — *Sovetskaja Bibliografija* (Moskva) 1975/3 (151), 95-105 | Rev. art. on: *Obščee i prikladnoe jazykoznanie. Ukazatel'* .... *s 1963 po 1967 g.* (Sost.: B. A. MALINSKAJA, M. C. ŠABAT), 1972 (BL 1974, 28).
48 *The Year's work in modern language studies.* Ed. by Glanville PRICE & David A. WELLS. Vol. 37, 1975. — London: Mod. Humanities Research Ass., 1976, xi, 1006 p. | *SlavSl* 11, 1976, 118-119 L. Dvonč.

B. Organisation — Organization

49 BETHGE, Wolfgang: Vom Werden und Wirken des Deutschen Spracharchivs. — *ZDL* 43, 1976, 22-53.
50 BOLÉO, M. de Paiva: Vida do Instituto de Estudos Românicos [Univ. de Coimbra]. — *RPF* 16, 1972-74 (1976), 857-882 | (1) Conferências de professores estrangeiros. (2) Dissertações de licenciatura em linguística port. (3) Trabalhos de investigação linguística realizados no Instituto desde 1972 a 1975.
51 BUDAGOV, R. A.: O nekotorych obščich problemach filologii. — *NDVŠ-F* 1976/1, 14-23.

52 F[ILIPOVIĆ], R.: Current developments in linguistic science at the youngest linguistic institute in Croatia. On the occasion of the 15th anniversary of the founding of the Institute of Linguistics, Faculty of Philosophy, Zagreb University. — *SRAZ* 39, 1975, 259-266.
53 KASEVIČ, V. B., & OSIPOV, Ju. M.: Vostočnoe jazykoznanie i literaturovedenie v Leningradskom universitete v 1971-1975 gg. — *VLU* 1976/20, 115-122.
54 KÜHLWEIN, W.: Funktionen, Technik und Organisation von Sprachlehrzentren. — *ITL* 34, 1976, 3-43.
55 KURYŁOWICZ, Jerzy: Przemówienie .... z okazji 50-lecia założenia Polskiego Towarzystwa Językoznawczego oraz własnego jubileuszu 80-lecia urodzin. — *BPTJ* 34, 1976, 3-6.
56 ROBINS, R. H.: The teaching of linguistics as a part of a university education today. — *FoL* 9, 1976, 1-15.
57 *Ročenka Univerzity Jana Evangelisty Purkyně 1968-1975*. Uspořádal František HEJL. — Brno: Univ. J. E. Purkyně, 1976, 1061 p. | Year-book of the J. E. Purkyně Univ., Brno, 1968-75. With surveys of the activities of the chairs.
58 RUSINOV, Rusin: Prinosăt na Velikotărnovskija universitet v razvitieto na filologičeskata nauka i podgotovkata na filologičeskite kadri. — *TrTărnovo* 12, 1974-75 (1976)/1, 1-20 | La contr. de l'Univ. de Veliko Tărnovo au développement de la science phil. et à la formation des cadres philologiques (Rés. en ru. et fr.).
59 *Der Stand der Forschung im Bereich der Sprachwissenschaft: Bericht über eine Umfrageaktion in der Bundesrepublik Deutschland*. — Mitteilung, Kommission für Sprachwissenschaft 1; Boppardt: Boldt, 1976, 88 p.
60 TROYER, Les: Linguistics and development in Nepal. — *CNS* 1/2, 1974, 107-118.
61 Viering van het vijftigjarig bestaan van de Koninklijke Commissie voor Toponymie en Dialectologie op maandag 25 oktober 1976 ... te Brussel. / Célébration du cinquantième anniversaire de la Commission de Toponymie et Dialectologie le lundi 25 octobre 1976 ... à Bruxelles. — *BCTD* 50, 1976, 31-85 | Allocution par K. ROELANDTS; rapport par A. BOILEAU; No. 7956; No. 6054.
62 VOMPERSKIJ, V. P.: Jazykoznanie v universitetach strany (1971-1975 gg.). — *NDVŠ-F* 1976/2, 3-13.
63 ZIERER, Ernesto: *Pasado, presente y futuro del Departamento de Idiomas y Lingüística de la Universidad Nacional de Trujillo*. — Trujillo (Perú): Univ. Nacional de Trujillo, 1976, xii, 162 p.

II. PÉRIODIQUES (COMPTES RENDUS DE) — PERIODICALS (REVIEWS OF)

64 *Acta Linguistica Academiae Scientiarum Hungaricae*. Tomus 24, fasc. 1-4; tomus 25, fasc. 1-2; 3-4. — Budapest: Akadémiai Kiadó, 1974, 422; 1975, 500 p. | *BSL* 71, 1976/2, 308-321; 72, 1977/2, 328-335 A. Sauvageot.
65 *Acta Universitatis Szegediensis de Attila József nominatae. Sectio ethnographica et linguistica. Néprajz és nyelvtudomány*. 17-18. — Szeged: 1973-74, 324 p. | *BSL* 71, 1976/2, 347-352 A. Sauvageot.
66 *Bulletin de la Société Roumaine de Linguistique Romane*. Tome 10. — Bucarest: 1974 | *RLiR* 40, 1976, 201-203 G. Tuaillon.
67 *Cahier de Linguistique*. 5. — Montréal: Univ. du Québec, 1975, 104 p. | *BSL* 71, 1976/2, 165-166 Claude Brixhe.
68 *Cahiers de Lexicologie*, publiés par B. QUEMADA. 26/1; 27/2. — Paris: 1975 |

RLiR 40, 1976, 205-207; 433-439 J. Bourguignon.
69 *Études romanes de Brno.* 5; 8. — Brno: 1971, 141 p.; 1975, 183 p. | *ZPhon* 29, 1976, 423-424 G. F. Meier (5) | *ZRPh* 92, 1976, 629-632 K. Baldinger (8).
70 *Finnisch-ugrische Forschungen.* Band 41. — Helsinki: 1975, 370 p. | *BSL* 71, 1976/2, 327-332 A. Sauvageot.
71 *Folia Orientalia.* Revue des études orientales publiée par la Commission Orientaliste, Centre de Cracovie de l'Acad. Pol. des Sci. 15; 16; 17. — Kraków: 1974, 321 p.; 1975, 338 p.; 1976, 308 p. | *BSL* 71, 1976/2, 417-420; 72, 1977/2, 366-368 Lionel Galand.
72 *Historiographia Linguistica.* International journal for the history of linguistics. Ed. by E. F. K. KOERNER. Vol. 1. — Amsterdam: Benjamins, 1974, 438 p. | *AUMLA* 46, 1976, 379-381 Göran Hammarström.
73 *Incontri Linguistici.* 1; 2. — Trieste & Udine: Univ. degli Studi di Trieste, 1974, 201 p.; 1975, 221 p. | *BSL* 71, 1976/2, 51 Claude Brixhe | *BSL* 72, 1977/2, 79-81 Françoise Bader | *ZCPh* 35, 1976, 342-344 K. H. S[chmidt] (No. 1).
74 *The Journal of Indo-European Studies.* Vol. 1; 2/1 & 2. — Hattiesburg, Miss.: 1973, 527 p.; 1974, 208 p. | *ZCPh* 35, 1976, 344-348 K. H. S[chmidt].
75 *Književni jezik.* Odsjek za južnoslovenske jezike Filozofskog Fakulteta u Sarajevu. 1/1-2 & 3-4; Sarajevo: 1972, 92 & 141 p. | *ZSl* 21, 1976, 244-247 M. Okuka.
76 *Linguistische Arbeitsberichte.* Red.: E. EICHLER & A. STEUBE. Nr. 4-11. — Leipzig: 1971-75 | *SS* 37, 1976, 175-176 O. Uličný.
77 *Melbourne Slavonic Studies.* 5-6. — Parkville, Victoria: Univ. of Melbourne, 1971 | *IJSLP* 21, 1975, 132-139 Rudolf Zimek.
78 *Minos. Revista de filología egea.* Responsable: Martín S. RUIPÉREZ. N.S. 14, fasc. 1 & 2 (1973). — Salamanca: Univ. de Salamanca, 1975 | *BSL* 71, 1976/2, 91-92 Françoise Bader.
79 *Naše řeč.* Roč. 58. — Praha: 1975 | *ČJLit* 26, 1975-76, 332-334; 27, 1976-77, 139-141 František Cuřín.
80 *Onomastica.* Pismo pósw̨iecone nazewnictwu geograficznemu i osobowemu. R. 11-18. — Wrocław: 1966-73 | *RG* 34/35, 1974/1975 (1976), 366-371 Zygmunt Brocki.
81 *Prilozi proučavanju jezika.* 1-8. — Novi Sad: Katedra za južnoslovenske jezike Filozofskog Fak. u Novi Sadu, 1965-72 | *ZbFL* 18, 1975/2 (1976), 215-222 Milorad Radovanović.
82 *Recueil linguistique de Bratislava.* 3. — Bratislava: Vyd. Slov. Akad. Vied, 1972, 136 p. | *ZbFL* 17, 1974/2 (1975), 189-193 Wayles Browne.
83 *Revista Española de Lingüística.* 1. — Madrid: Gredos, 1971, 451 p. | *Thesaurus* 31, 1976, 387-395 Aquiles Páramo Fonseca.
84 *Revista Portuguesa de Filologia.* 16, 1 & 2. — Coimbra: Fac. de Letras da Univ., Inst. de Estudos Românicos, 1972-74 (1976), 969 p. | *ZRPh* 92, 1976, 633-634 W. Giese.
85 *Revue Romane.* Publiée par l'Inst. d'études romanes de l'Univ. de Copenhague. 10. — Copenhague: Akademisk Forlag, 1975 | *RLiR* 40, 1976, 431-433 G. Tuaillon.
86 *Revue Roumaine de Linguistique.* 20. — Bucarest: 1975 | *RLiR* 40, 1976, 420-431 G. Tuaillon.
87 *La Ricerca dialettale.* I. Promossa e coordinata da Manlio CORTELAZZO. — Centro di Studio per la Dialettologia It. 7; Pisa: Pacini, 1975, iv, 606 p. | *ASNP* 6, 1976, 1501-1502 A. Stussi.

88 *Russkaja reč*, 1967-1976. Red.: V. I. BORKOVSKIJ. — Moskva: 1967-76 | *RJ* 27, 1976-77, 186-189 L. Horalík (on 1975) | *NŘ* 59, 1976, 256-257 M. Sedláček.
89 *Semasia. Beiträge zur germanisch-romanischen Sprachforschung*. 1. — Amsterdam: Rodopi, 1974, 144 p. | *MA* 82, 1976, 633-635 Claude Thomasset.
90 *Slavica Slovaca*. 10/1; 11/2. — Bratislava: 1975; 1976 | *ZprMK* 17, 1976, 203-205 M. Nováková-Šlajsová (On 10/1) | *Romboid* 11, 1976, 73-75 V. Mikula (On 11/2).
91 *Slavistična Revija*. 19; 20; 21. — Ljubljana: Slavistično društvo Slovenije, 1971, 478 p.; 1972, 472 p.; 1973, 486 p. | *ZbFL* 18, 1975/2 (1976), 222-226 Ljiljana Subotić.
92 *Slovenská reč*. 40. — Bratislava: Slov. Akad. Vied, 1975, 6 fasc. | *BSL* 71, 1976/2, 284-290 Yves Millet.
93 *Slovo a slovesnost*. Roč. 34. — Praha: 1973 | *ČJLit* 26, 1975-76, 285-288, 383-384, 430; 27, 1976-77, 44-45 P. Hauser.
94 *Studi italiani di linguistica teorica ed applicata*. Direttore: Luigi HEILMANN. Anno 2, 1973, No. 3. — Bologna: Liviana, 1974, p. 295-516 | *BSL* 71, 1976/2, 45-46 Christian Baylon.
95 *Studia Anglica Posnaniensia*. [Red.: J. FISIAK]. T. 5; 6. — Poznań: 1974, 226 p.; 1975, 188 p. | *JazA* 13, 1976, 74-76 V. Mach & S. Machová.
96 *Studia Iranica*. 1, No. 1. — Paris: Ass. pour l'Avancement des Études iran. / Leiden: Brill, 1972, 162 p. | *OS* 23-24, 1974-75 (1976), 221-224 Frithiof Rundgren.
97 *Suomalais-ugrilaisen seuran aikakauskirja. Journal de la Société finno-ougrienne*. Tome 73; 74. — Helsinki: Suomalais--ugrilainen seura, 1974, 308 p.; 1976, 176 p. | *BSL* 71, 1976/2, 333-336; 72, 1977/2, 295-296 A. Sauvageot.
98 *Travaux de l'Institut de Phonétique de Strasbourg*. 6. — Strasbourg: 1974, 246 p. | *RLaR* 81, 1975/2 (1976), 587-589 Charles Camproux.
99 *Virittäjä. Kotikielen seuran aikakauslehti*. 79; 80. — Helsinki: 1975, 470 p.; 1976, 488 p. | *BSL* 71, 1976/2, 371-382; 72, 1976/2, 300-309 A. Sauvageot.
100 *Zeitschrift für Slawistik*. Band 18, Heft 2 (Beiträge zur Baltistik). — Berlin: Akad.-Verlag, 1974 | *Baltistica* 12, 1976, 200-203 A. Sabaliauskas.

III. CONGRÈS — CONGRESSES

101 *Akten des 10. Linguistischen Kolloquiums, Tübingen 1975*. Band I. *Sprachtheorie und Pragmatik*. Hrsg. von Heinrich WEBER und Harald WEYDT. Band II. *Grammatik*. Hrsg. von Kurt BRAUNMÜLLER und Wilfried KÜRSCHNER. — Linguistische Arbeiten 31 & 32; Tübingen: Niemeyer, 1976, viii, 400; viii, 406 p. | Wilfried KÜRSCHER, Zehn Jahre Linguistisches Kolloquium, I, 3-12.
102 *Aktuálne problémy lingvistickej terminológie*, Smolenice 28. januára-1. februára 1974. Zborník materiálov zo zasadnutia Komisie pre lingvistickú terminológiu pri Medzinárodnom komitéte slavistov. Ved. red.: Ján HORECKÝ. — Bratislava: Veda, 1976, 135 p. | Aktuelle Probleme der linguistischen Terminologie.
103 *The application and ordering of grammatical rules*. Ed. by Andreas KOUTSOUDAS. — JanL, Series maior 100; The Hague: Mouton, 1976, vii, 360 p. | Conference held at Indiana Univ., Bloomington, April 6-7, 1973. The papers are followed by a discussion (two panel discussions, p. 151-159, 283-293).
104 *Application of linguistics*. Selected papers of the second International Congress of Applied Linguistics . . . . Ed. by G. E. PERREN & J. L. M. TRIM. — London: 1971 | *BL* 1971, 94. | *IL* 37, 1976, 69-76 G. P. Thakur | *Anthropos* 71, 1976, 308-310 Arnold von Buggenhagen.

105 *Approaches to natural language.* Proceedings .... Ed. by K. J. J. HINTIKKA .... [et al.]. — Dordrecht: 1973 | BL 1973, 115. | *KLit* 5, 1976, 82-86; 234-246 S. G. Pulman & A. J. Spencer.

106 *Assessing linguistic arguments.* Ed. by Jessica R. WIRTH. — New York: Wiley, 1976, viii, 280 p. | Papers from the 4th annual linguistic foundation symposium held at the Univ. of Wisconsin-Milwaukee, May 9-10, 1975.

107 *The formal analysis of natural languages.* Proceedings .... Ed. by Maurice GROSS .... [et al.]. — The Hague: 1973 | BL 1973, 116. | *GL* 16, 1976, 36-58 F. W. Householder.

108 *The Second LACUS Forum, 1975.* Ed. by Peter A. REICH. — Columbia, S. C.: Hornbeam Press, 1976, 636 p. | Abbreviation: *LACUS* II. | *LiS* 5, 1976, 121-122 D. H[ymes] (On LACUS I).

109 *Language & texts*... Ed. by Herbert H. PAPER. — Ann Arbor: 1975 | BL 1975, 87. | *MGS* 2, 1976, 75-79 G. L. Windfuhr.

110 *1975 Mid-America Linguistics Conference papers.* Ed. by Frances INGEMANN. — Lawrence, Kansas: Linguistics Dept., Univ. of Kansas, 1976, viii, 599 p.

111 *Modèles logiques et niveaux d'analyse linguistique.* Colloque organisé par le Centre d'Analyse syntaxique de l'Univ. de Metz (7-9 nov. 1974). Actes publiés par Jean DAVID et Robert MARTIN. — Recherches linguistiques 2; Paris: Klincksieck, 1976, 307 p. | *ZRPh* 92, 1976, 572-576 C. Rohrer.

112 *Origins and evolution of language and speech.* Editors: Stevan R. HARNAD, Horst D. STEKLIS, Jane LANCASTER. — Annals of The New York Academy of Sciences 280; New York: The New York Acad. of Sci., 1976, 914 p. | Papers from a conference entitled Origins and evolution of language and speech, held by The New York Acad. of Sci. on Sept. 22-25, 1975. Most of the papers are followed by a discussion.

113 *Papers in contrastive linguistics.* Ed. by Gerhard NICKEL. — London: 1971 | BL 1971, 95. | *Linguistics* 170, 1976, 102-104 F. Gomes de Matos.

114 *Papers from the Parasession on diachronic syntax,* April 22, 1976. Ed. by: Sanford B. STEEVER, Carol A. WALKER, Salikoko S. MUFWENE. — Chicago, Ill.: Chicago Linguistic Soc., 1976, xviii, 364 p. | Introd. by Robert Peter EBERT, vii-xviii.

115 *Papers from the Sixth Meeting of the North Eastern Linguistic Society.* — Recherches linguistiques à Montréal 6; Montréal: Dépt. de Linguistique, Univ. de Montréal, 1976, 297 p. | Not analyzed.

116 *Papers from the Twelfth Regional Meeting, Chicago Linguistic Society,* April 23-25, 1976. Ed. by: Salikoko S. MUFWENE, Carol A. WALKER, Sanford B. STEEVER. — Chicago, Ill.: Chicago Linguistic Soc., 1976, iv, 697 p. | Abbreviation: *PCLS* XII. | *Linguistics* 167, 1976, 103-112 E. V. Padučeva (On *PCLS* VIII, 1972).

117 *Philosophische Positionen und Kontroversen in der Geschichte der Sprachwissenschaft.* — *ZPhon* 29, 1976, 451-603 | Papers of a symposium held at Halle, Dec. 1975.

118 *Proceedings of the eleventh International Congress of Linguists,* Bologna-Florence .... 1972. Ed. by Luigi HEILMANN. I. — Bologna: 1974 | BL 1974, 82. | *BSL* 71, 1976/2, 20-23 Christian Baylon.

119 *Proceedings of the Second Annual Meeting of the Berkeley Linguistics Society,* Feb. 14-16, 1976. Henry THOMPSON & Kenneth WHISTLER, Vicki EDGE... [et al.], eds. — Berkeley, Calif.: Berkeley Linguistics Soc., Univ. of California, 1976, vi, 425 p. | Abbreviation: *PBLS* II.

120 *Report on the twenty-first Annual Round Table Meeting on Linguistics and Language Studies.* [Bilingualism and language contact.] James E. ALATIS, ed. —

Washington, D.C.: 1970 | BL 1971, 113. | *IRAL* 14, 1976, 207-209 W. Kühlwein.
121 *Report of the twenty-second Annual Round Table Meeting on Linguistics and Language Studies.* [Linguistics: developments of the sixties, viewpoints for the seventies.] Richard J. O'BRIEN, ed. — Washington, D.C.: 1971 | BL 1973, 131. | *IRAL* 14, 1976, 399-402 W. Kühlwein.
122 *Report of the twenty-third Annual Round Table Meeting on Linguistics and Language Studies.* [Sociolinguistics: current trends and prospects.] Roger W. SHUY, ed. — Washington, D.C.: 1973 | BL 1973, 132. | *Linguistics* 181, 1976, 110-118 A. Cartier.
123 *Gli scopi della teoria linguistica*. A cura di Stanley PETERS. — Torino: Boringhieri, 1976, 339 p. | Transl. of: *Goals of linguistic theory*, 1972 (BL 1972, 93). | *LeSt* 11, 1976, 661-665 L. Rizzi.
124 *Textsorten* . . . Elisabeth GÜLICH, Wolfgang RAIBLE (Hrsg.). — Frankfurt a.M.: 1972 | BL 1972, 95. | *ZDL* 43, 1976, 104-107 K. H. Schmidt.
125 *Theoretical linguistic models in applied linguistics* . . . [Ed. by] S. P. CORDER & E. ROULET. — Brussels: 1973 | BL 1973, 134. | *LeSt* 11, 1976, 684-685 E. Arcaini.
126 *Toward a theory of context in linguistics and literature*. Proceedings of a conference of the Kelemen Mikes Hungarian cultural society, Maastricht, Sept. 21-25, 1971. Ed. and transl. from the Hungarian by Adam MAKKAI (ed.). — De proprietatibus litterarum, Series minor 18; The Hague: Mouton, 1976, 196 p.
127 Simposio sobre "Unidades lingüísticas". — *RSEL* 5, 1975, 211-227 | 16-18 Dec. 1974. Abstracts of papers.
128 *Universalism versus relativism in language and thought.* Proceedings of a colloquium on the Sapir-Whorf hypotheses. Rik PINXTEN, ed. — Contr. to the Sociology of Language 11; The Hague: Mouton, 1976, xiv, 310 p.
129 ASSMANN, Dietrich: Seminar über konstrastive Grammatik, Helsinki (1./2.4.1976). — *DSp* 4, 1976, 274-278.
130 BICKMANN, Hans-Jürgen, & SCHMITZ, Ulrich: Sprachliches Handeln und Methoden der Textanalyse. Bericht von den beiden linguistischen Sektionen des Düsseldorfer Germanistentages, 4.-7.4.1976. — *ZGL* 4, 1976, 350-355.
131 BOSÁK, J.: Významná konferencia o novej teórii spisovného jazyka. — *JČ* 27, 1976, 181-186 | Important conference on the theory of standard language (Smolenice, Jan. 21-23, 1976).
132 BUZÁSSYOVÁ, K., & PISÁRČIKOVÁ, M.: Vedecká konferencia o teórii spisovného jazyka. — *SR* 41, 1976, 177-183 | Scientific conference on the theory of standard language (Smolenice, Jan. 21-23, 1976). On this conference also: J. JACKO, *SJL* 22, 1975-76, 278-280; Jaroslav KUCHAŘ, *NŘ* 59, 1976, 214-216; I. MASÁR, *KS* 10, 1976, 176-178; Matej POVAŽAJ, *VČA* 85, 1976, 143-146.
133 PÜSCHEL, Ulrich: Das 10. Linguistische Kolloquium in Tübingen (23.-27. Sept. 1975). — *ZGL* 4, 1976, 228-231.
134 ŠIMEČKOVÁ, Alena: Zasedání bilaterální komise germanistů ČSSR a NDR k problémům konfrontačního studia jazyků 28.-30. června 1976. — *JazA* 13, 1976, 126-136 | Tagung der Germanisten aus der ČSSR und DDR zu den Problemen des Konfrontationsstudiums der Sprachen (Cikháj, 28.-30. Juni 1976).
135 *14. akustická konferencia*: Akustika reči a vnímanie zvuku. Časť 1 a 2. — Bratislava: Dom techniky Slov. vedecko-technickej spoločnosti 1976, 269 p. | 14th Acoustic Conference: Acoustics of speech ans sound perception.
136 *Fonetiikan paperit*. Toim. Antii SOVIJÄRVI. — Helsingin yliopistion fonetiikan laitoksen julkaisuja 27; Helsinki: 1975, 139 p. | Papers and discussion of the 5th

meeting of phoneticians, Helsinki, March 15-16, 1975. | *KjK* 19, 1976, 377-378 M. Remmel.
137 HAKKARAINEN, Heikki J.: 8th International Congress of Phonetic Sciences, Leeds, England, August 17-23, 1975. — *NPhM* 77, 1976, 430-432.
138 *Issues in phonological theory.* Proceedings . . . Ed. by Michael J. KENSTOWICZ & Charles W. KISSEBERTH. — The Hague: 1973 | BL 1973, 142. | *GL* 16, 1976, 230-236 G. Hudson.
139 *Phonologica 1972.* Akten . . . Hrsg. von Wolfgang U. DRESSLER . . . [et al.]. — München: 1975 | BL 1975, 109. | *NTS* 30, 1976, 75-95 O. Lorentz | *Phonetica* 33, 1976, 137-142 J. Krámský.
140 *Studi di fonetica e fonologia.* Atti del Convegno internazionale di studi, Padova, 1 e 2 ottobre 1973. A cura di Raffaele SIMONE, Ugo VIGNUZZI e Giulianella RUGGERO. — Pubbl. della Soc. di Linguistica It. 9; Roma: Bulzoni, 1976, xii, 418 p., ill. | *SILTA* 5, 1976, 621-627 Luciano Canepari.
141 *Charakterystyka temporalna wypowiedzenia.* Materiały konferencji naukowej . . . . [Red.: M. GROCHOWSKI i Z. TOPOLIŃSKA]. — Wrocław: 1975 | BL 1975, 111. | *SS* 37, 1976, 345-347 L. Uhlírová.
142 *Papers on functional sentence perspective.* Ed. by F. DANEŠ. — Praha: 1974 | BL 1974, 102. | *JČ* 27, 1976, 78-79 K. Buzássyová | *DaF* 13, 1976, 301-303 G. Helbig.
143 *Subject and topic.* [Papers presented at the Symposium on subject and topic, Santa Barbara, March 1975.] Ed. by Charles N. LI. — New York: Academic Press, 1976, xiv, 594 p. | *LeSt* 11, 1976, 659-661 A. Duranti.
144 *Textlinguistik und Semantik.* Akten der 4. Arbeitstagung österreichischer Linguisten. Innsbruck, 6. bis 8. Dez. 1975. Hrsg. von Wolfgang MEID und Karin HELLER. — IBS 17; Innsbruck: Inst. für Sprachwissenschaft der Univ., 1976, 283 p. | Not analyzed.
145 *Wortbildung diachron – synchron.* Akten des Kolloquiums der Sektion für diachrone Sprachwissenschaft im österreichischen linguistischen Programm. Innsbruck, 5. bis 6. Dez. 1975. Hrsg. von Oswald PANAGL. — IBS 18; Innsbruck: Inst. für Sprachwissenschaft der Univ., 1976, 157 p.
146 *Current progress in historical linguistics.* Proceedings of the Second International Conference on Historical Linguistics, Tucson, Arizona, 12-16 Jan. 1976. Ed. William M. CHRISTIE, Jr. — North-Holland Linguistic Series 31; Amsterdam: North-Holland Publishing Co., 1976, x, 409 p.
147 *Historical linguistics.* Proceedings . . . [Eds.]: J. M. ANDERSON & C. JONES. I; II. — Amsterdam: 1974 | BL 1974, 107. | *ES* 57, 1976, 96 R. D[erolez] | *ZCPh* 35, 1976, 329-334 K. H. S[chmidt].
148 *Historizität in Sprach- und Literaturwissenschaft* . . . hrsg. von Walter MÜLLER-SEIDEL. — München: 1974 | BL 1974, 109. | *DLZ* 97, 1976, 12-16 Werner Bahner | *Erasmus* 28, 1976, 611-613 D. Brüggemann.
149 KROMANN, Hans-Peder, & OBJARTEL, Georg: Sprachwandel und Sprachgeschichtsschreibung. 12. Jahressitzung des Wissenschaftlichen Rates des Instituts für deutsche Sprache (IdS) in Mannheim 9.-12.3.1976. — *ZGL* 4, 1976, 213-227.
150 MATTHEIER, Klaus J.: Sprachwandel und Sprachgeschichtsschreibung. Jahrestagung 1976 des Instituts für deutsche Sprache in Mannheim (9.-12. März 1976). — *DSp* 4, 1976, 278-284.
151 *Lexicostatistics in genetic linguistics* . . . Ed. by Isidore DYEN. — The Hague: 1973 | BL 1973, 148. | *Linguistics* 179, 1976, 91-99 M. V. Arapov.
152 *Theorie, Methode und Didaktik der historisch-vergleichenden Sprachwissenschaft.* Kolloquium . . . Hrsg. von Jürgen UNTERMANN. — Wiesbaden: 1973 | BL 1973,

149. | *CFS* 30, 1976, 188-191 C. Sandoz | *FL* 13, 1975, 607 W. Dressler.
153   *I° Colloquio Internazionale del Lessico Intellettuale Europeo*. [Roma, 7-9 gennaio 1974]. Atti a cura di Marta FATTORI e Massimo BIANCHI. — Lessico Intellettuale Europeo 11; Roma: Edizioni dell'Ateneo, 1976, viii, 384 p. | Eugenio GARIN, Relazione introduttiva, 3-19; Aldo DURO, Rapport sur les réponses au questionnaire, 199-216; Dibattito generale, 235-303; Questionario, 309-350.
154   NEUBERT, Gunter: Internationales Kolloquium "Rechnerunterstützte fachsprachliche Lexikographie" vom 5. bis 7. Februar 1975 in Dresden. — *DaF* 13, 1976, 189-192.
155   *Literary style: A symposium*. Ed. ... by Seymour CHATMAN. — London: 1971 | *BL* 1972, 109. | *RomPh* 29, 1975-76, 331-337 A. Lorian.
156   *Literatur und Datenverarbeitung* ... Hrsg. von Helmut SCHANZE. — Tübingen: 1972 | *BL* 1972, 113. | *ASNS* 213, 1976, 142-144 Hans Goebl.
157   *The computer in literary and linguistic studies*. (Proceedings of the Third International Symposium.) Ed. by Alan JONES and R. F. CHURCHHOUSE. — Cardiff: Univ. of Wales Press, 1976, viii, 362 p. | Not analyzed.
158   *Computers in the humanities*. Ed. by J. L. MITCHELL. — Minneapolis: 1974 | *BL* 1974, 117. | *MLR* 71, 1976, 106-108 D. A. Wells.
159   *Ispoľzovanie matematičeskich modelej i elektronnych vyčisliteľnych mašin v lingvistike*. / *Application of mathematical models and computers in linguistics*. Proceedings of the First National Conference on the application of mathematical models and computers in linguistics. Varna, May 3-9, 1975. [Red.: A. LJUDSKANOV, et al.]. — Sofija: Izd. BAN, 1976, 390 p.
160   *Materialy V vsesojuznogo simpoziuma po psicholingvistike i teorii kommunikacii* I; II. — Moskva: 1975 | *SS* 37, 1976, 164-167 J. Jiřičková.
161   *Colloquium paedolinguisticum* ... Ed. by Karel OHNESORG. — The Hague: 1972 | *BL* 1973, 161. | *Linguistics* 168, 1976, 101-105 Andrei Avram.
162   *Bilinguismo e diglossia in Italia*. [Atti del Convegno .... Bressanone 1971]. — Pisa: s.d. | *BL* 1973, 163. | *BSL* 71, 1976/2, 225-227 Joseph Savi | *ZDL* 43, 1976, 218-220 E. Hirsch.
163   *Actes du XIe Congrès International des Sciences Onomastiques*, Sofia, 28.VI.-4.VII. 1972. 1; 2. Réd.: V. I. GEORGIEV.... [et al.]. — Sofia: 1974; 1975 | *BL* 1975, 140. | *MNy* 72, 1976, 491-494 Posgay Ildikó.
164   *12. Internationaler Kongress für Namenforschung. 12e Congrès international de Sciences onomastiques. 12th International Congress of Onomastic Sciences*, Bern, 25.-29. August 1975. Kongressberichte. Actes et mémoires. Reports of Congress. Hrsg. von Henri DRAYE. Band I. Kongresschronik, Generalvorträge, Schweizer Sektionsvorträge.... — *Onoma* 20, 1976/1, 1-312 | Vol. II = *Onoma* 21, 1977/1-2.
165   GÓRNOWICZ, Hubert: XII Światowy Kongres Onomastyczny w Bernie. — *PJ* 1976, 85-87 | The 12th Intern. Congress of Onomastics in Bern.
166   HAKKARAINEN, Heikki J.: 12. Internationaler Kongress für Namenforschung, Bern, 25.-29. August 1975. — *NphM* 77, 1976, 432-434.
167   Onomastic congresses and conferences / Congrès et colloques onomastiques. — *Onoma* 19, 1975/3 (1976), 584-614 | XIe Congrès Intern. des Sci. Onomastiques, Sommaire des Actes; XII. Intern. Kongress für Namenforschung, Bern 1975. Liste der Vorträge; Reports on national and regional conferences.
168   *IV. slovenská onomastická konferencia*. Bratislava 9.-10. novembra 1971. Zborník materiálov. Usporiadal Milan MAJTÁN. — Bratislava: 1973 | *BL* 1973, 223. | *ZprMK* 17, 1976, 196-202 M. Nováková-Šlajsová.
169   *V. zasadanie Medzinárodnej komisie pre slovanskú onomastiku a V. Slovenská*

onomastická konferencia (Prešov 3.-7. maja 1972). Zborník materiálov. Zostavili Milan BLICHA a Milan MAJTÁN. — Zborník Pedagogickej Fak. v Prešove Univ. P. J. Šafárika v Košiciach 12/3, Slavistika; Bratislava: Slov. pedag. naklad., 1976, 293 p.

170 *VI. slovenská onomastická konferencia*, Nitra 4.-6. apríla 1974. Zborník materiálov. Zostavil Milan MAJTÁN. — Bratislava: Veda, 1976, 306 p.

171 NOVÁKOVÁ-ŠLAJSOVÁ, Marie: VII. slovenská onomastická konference. — *ZprMK* 17, 1976, 525-533 | VIIth Slovak onomastic conference (Zemplínská širava, Sept. 20-24, 1976).

172 ĆUPIĆ, Drago: Prva jugoslovenska onomastička konferencija. Tivat 22.-24. X 1975. — *OnJug* 6, 1976, 253-256 | The first Yugoslav onomastic conference.

173 *Commémoration Cyrus*. Actes du Congrès de Shiraz .... *Hommage universel*. I; II; III. — Leiden: 1974 | BL 1974, 138. | *WZKM* 68, 1976, 253-258 Rüdiger Schmitt | *StIr* 5, 1976, 157-159 Ph. Gignoux (vol. III).

174 *Mithraic studies*. Proceedings of the first International Congress of Mithraic Studies. John R. HINNELLS, ed. Vol. I; II. — Manchester: Manchester UP. / Totowa, N. J.: Rowman & Littlefield, 1975, xx, 248 p., front.; xii p., p. 249-560, 40 pl.

175 *Aspects of the Balkans* .... Contributions to the Intern. Balkan Conference .... 1969. Ed. by Henrik BIRNBAUM & Speros VRYONIS, Jr. — The Hague: 1972 | BL 1973, 175. | *IJSLP* 19, 1975, 109-116 Peter Rehder.

176 *Bronze Age migrations in the Aegean* ... Ed. by R. A. CROSSLAND & Ann BIRCHALL. — London: 1973 | BL 1973, 177. | *Klio* 58, 1976, 491-496 H. Geiss.

177 *Acta Mycenaea* ... Ed.: Martín S. RUIPÉREZ. I; II. — Salamanca: 1972 | BL 1972, 135. | *Gymnasium* 83, 1976, 95-97 J. Kerschensteiner.

178 *Actes du XIIIe Congrès International de Linguistique et Philologie Romanes*, tenu à l'Univ. Laval (Québec, Canada) du 29 août au 5 sept. 1971. Publiés par Marcel BOUDREAULT & Frankwalt MÖHREN. I; II. — Québec: Presses de l'Univ. Laval, 1976, lxxxvi, 1209; 1248 p. | Abréviation: *ACILR* XIII.

179 BOLÉO, Manuel de Paiva: XIII Congresso Internacional de Linguística e Filologia Românicas (Québec, 29 de Agosto a 5 de Setembro de 1971). — *RPF* 16, 1972-74 (1976), 847-856.

180 *XIV Congresso Internazionale di Linguistica e Filologia Romanza*, Napoli, 15-20 aprile 1974. *Atti*, II. — Napoli: G. Macchiaroli / Amsterdam: J. Benjamins, 1976, 685 p.

181 *In memoriam Friedrich Diez. Akten des Kolloquiums zur Wissenschaftsgeschichte der Romanistik* (*Actes du Colloque sur l'histoire des études romanes / Proceedings of the Colloquium for the history of Romance studies*), Trier, 2.-4. Okt. 1975. Hrsg. von Hans-Josef NIEDEREHE und Harald HAARMANN unter Mitarbeit von Liliane ROUDAY. — Amsterdam Studies in the Theory and Hist. of Linguistic Sci. Series III: Studies in the Hist. of Linguistics 9; Amsterdam: Benjamins, 1976, 508 p.

182 *Bollettino dell'Atlante Linguistico Mediterraneo*. 13-15, 1971-1973. Studi offerti a Carlo Battisti e Gerhard Rohlfs. [Atti del IV Congresso Intern. di Studi Linguistici Mediterranei, Ragusa, aprile 1971]. — Firenze: Olschki, 1976, vii, 728 p., ill. | Cronaca del Congresso, p. 715-722. | *Paideia* 32, 1977, 170-171 Vittore Pisani.

183 *Actas de la primera reunión latinoamericana de lingüística y filología*, Viña del Mar (Chile), enero de 1964. — Bogotá: 1973 | BL 1973, 182. | *RomPh* 30, 1976-77, 254-256 O. T. Myers.

184 *Actas del Simposio de Montevideo, enero de 1966. I Congreso de la A.L.F.A.L.*, III

Simposio de la P.I.L.E.I. — México: 1975, 386 p. | *SCL* 27, 1976, 442-443 Tudora Şandru.

185 *Problemes de llengua i literatura catalana*. Actes del II Col·loqui internacional sobre el català (Amsterdam 1970). [Proleg de F. M. LORDA I ALAIZ & Jean ROUDIL]. — Bibl. "Abat Oliba" 8; [Barcelona]: Publicacions de l'Abadia de Montserrat, 1976, 376 p. | Abbreviation: *ACICat* II.

186 *Actes del tercer Col·loqui internacional de llengua i literatura catalanes*, celebrat a Cambridge del 9 al 14 d'abril de 1973. Publicades a cura de R. B. TATE i Alan YATES. — Oxford: Dolphin Book Co., 1976, 377 p. | Abbreviation: *ACICat* III. | *ZRPh* 92, 1976, 580-583 C. J. Wittlin.

187 *Colloque de dialectologie francoprovençale . . . Actes*. Publiés par Zygmunt MARZYS avec la collaboration de François VOILLAT. — Neuchâtel: 1971 | BL 1971, 167. | *RomPh* 29, 1975-76, 327-331 N. L. Corbett.

188 BRANDI, Luciana, & PARADISI, Enrico: Note sul IX Congresso Internazionale della Società di Linguistica Italiana (Roma, 31 maggio-2 giugno 1975). — *SGI* 4, 1974-75 (1976), 339-347.

189 *Scritti e ricerche di grammatica italiana*. Saggi di: G. C. LEPSCHY, N. RUWET.... — Trieste: 1972 | BL 1972, 147. | *SRAZ* 39, 1975, 251-258 P. Tekavčić | *AL* 16/1, 1976, 113-115 P. Spore.

190 *Dal dialetto alla lingua*. Atti del IX Convegno per gli studi dialettali italiani .... — Pisa: 1974 | BL 1974, 149. | *BSL* 71, 1976/2, 229-232 Joseph Savi | *VR* 35, 1976, 304-306 T. Ebneter.

191 *Aree lessicali*. Atti del X Convegno per gli studi dialettali italiani (Firenze, 22-26 ottobre 1973). — Consiglio Nazionale delle Ricerche. Centro di Studio per la Dialettologia It. 8; Pisa: Pacini, 1976, 534 p.

192 *Problemi di morfosintassi dialettale*. Atti dell'XI Convegno del C.S.D.I. (Cosenza – Reggio Calabria, 1-4 aprile 1975). — Consiglio Nazionale delle Ricerche, Centro di Studio per la Dialettologia It. 9; Pisa: Pacini, 1976, 326 p.

193 HAKKARAINEN, Heikki J.: 5. Kongress der Internationalen Vereinigung für germanische Sprach- und Literaturwissenschaft (IVG), Cambridge, England, 4.-9. August 1975. — *NphM* 77, 1976, 427-429.

194 *Handelingen van het vier en dertigste Nederlands Filologencongres*, gehouden te Amsterdam op dinsdag 13, woensdag 14 en donderdag 15 april 1976. — Amsterdam: Holland Universiteits Pers, 1976, ix, 326 p. | Actes du 34e congrès néerl. des philologues.

195 *Handelingen van het XXXe Vlaams Filologencongres, Gent, 1-3 april 1975*. [Red.: J. VAN HAVER]. — s.l.n.d. [1976?; distr.: Secretariaat van de Vlaamse Filologencongressen, Sint-Bavolaan 7, B 1730 Zellik], 336 p. | Actes du 30e congrès flamand des philologues.

196 *The Nordic languages and modern linguistics . . .* Ed. by Hreinn BENEDIKTSSON. — Reykjavík: 1970 | BL 1970, 159. | *ZDL* 43, 1976, 69-73 H. H. Munske.

197 *The Nordic languages and modern linguistics*, 2 ... Ed. by Karl-Hampus DAHLSTEDT. — Stockholm: 1975 | BL 1975, 168. | *SL* 30, 1976, 183-196 R. Lass.

198 *Papers from the third Scandinavian Conference of Linguistics*, Hanasaari, October 1-3, 1976. Ed. by Fred KARLSSON. — Turku: Text Linguistics Research Group, Acad. of Finland, 1976, 404 + 16 p.

199 KOLBUSZEWSKI, Stanisław Franciszek: Linguistische Konferenz: Baltische Sprachen und ihre Beziehungen zu den slawischen, finnisch-ugrischen und germanischen Sprachen, Riga 21-22 II 1973. — *LPosn* 19, 1976, 127-137.

200 *Actas del I Coloquio sobre lenguas y culturas prerromanas de la Península Ibérica*

(Salamanca, 27-31 mayo 1974). Ed. por Francisco JORDÁ, Javier DE HOZ y Luis MICHELENA. — Acta Salmanticensia, Filosofía y Letras 95; Salamanca: Univ. de Salamanca, 1976, 425 p., ill. | Antonio TOVAR, Discurso inaugural, p. 11-24. | *Paideia* 32, 1977, 185-187 Vittore Pisani.

201 *Internationale Tagung der Keilschriftforscher der sozialistischen Länder*, Budapest, 23.-25. April, 1974. — *AAntH* 22; Budapest: Akadémiai Kiadó, 1974 (1976), 540 p.

202 *Proceedings of the VIth Congress of Arabic and Islamic studies*, Visby 13-16 August, Stockholm 17-19 August 1972. [Ed.: Frithiof RUNDGREN]. — Kungl. Vitterhets Historie och Antikvitets Akademiens Handlingar, Filol.-filosofiska serien 15; Stockholm: Almqvist & Wiksell / Leiden: Brill, 1975 (1976), 216 p. | Abbreviation: *CAI* VI.

203 *Akten des VII. Kongresses für Arabistik und Islamwissenschaft*, Göttingen, 15. bis 22. August 1974. Hrsg. von Albert DIETRICH. — AAWG, 3. Folge 98; Göttingen: Vandenhoeck & Ruprecht, 1976, 419 p. | Abbreviation: *CAI* VII.

204 *Proceedings of the first United States Conference on Ethiopian Studies*, Michigan State University, 2-5 May 1973. Ed. by Harold G. MARCUS .... [et al.]. — Monograph 3, Occasional Papers S., Committee on Eth. Studies; East Lansing, Mich.: Afr. Studies Center, Michigan State Univ., 1975, x, 454 p., map | *LiS* 5, 1976, 248-249 M. L. Bender.

205 *Congressus tertius Internationalis Fenno-Ugristarum Tallinnae habitus* 17.-23. VIII. 1970. Acta redigenda curavit Paul ARISTE. Pars I. *Acta linguistica* .... redegit Valmen HALLAP. — Tallinn: 1975 | BL 1975, 184. | *MNy* 72, 1976, 489-491 Kiss Jenő.

206 *Congressus quartus Internationallis Fenno-Ugristarum Budapestini habitus anno 1975*. Redigit Gyula ORTUTAY. Pars I. Curavit János GULYA. — Budapest: 1975 | BL 1975, 185. | *NyK* 78, 1976, 164-167 Kálmán Béla.

207 CIMERMANIS, S., KOKARE, E., et al.: IV Starptautiskais somugristu kongress. — *LZAV* 1976/8 (349), 142-149 | The 4th Intern. Congress of Finno-Ugric studies, Budapest, 1975.

208 HAKANEN, Aimo: Jälkimietteitä Budapestin kongressista. — *Sananjalka* 18, 1976, 175-179 | The congress of Finno-Ugric studies in Budapest, Sept. 1975.

209 KYLSTRA, A. D.: Der vierte Internationale Finnougristenkongress. — *UAJb* 48, 1976, 258-262.

210 SCHULZE, Brigitte: IV. Internationaler Finnougristen-Kongress 1975 in Budapest. — *ZPhon* 29, 1976, 329-331.

211 *Suomalais-ugrilaisen kielentutkimuksen symposiumi*, Petroskoissa 26.-27.3.1974. Pertti VIRTARANTA ja Esko KOIVUSALO (toim.). *Simpozium po finno-ugorskomu jazykoznaniju*, Petrozavodsk 26.-27.3.1974 .... — Castrenianumin toimitteita 13; Helsinki: Helsingin yliopiston suomen kielen laitos, 1975, 243 p.

212 RINTALA, Päivi: Kielitieteen päivät Jyväskylässä. — *Sananjalka* 18, 1976, 179-182 | Meeting of Fi. linguists, Jyväskylä, Jan. 16-17, 1976.

213 *Researches in Altaic languages*. Papers read at the 14th meeting of the Permanent Intern. Altaic Conference .... Ed. by Louis LIGETI. — Budapest: 1975 | BL 1975, 191. | *AAS* 12, 1976, 274-276 J. Blaškovič | *FO* 17, 1976, 290-291 Włodzimierz Zajączkowski.

214 *Altaica collecta*. Berichte und Vorträge der XVII. Permanent International Altaistic Conference, 3.-8. Juni 1974 in Bonn/Bad Honnef. Hrsg. von Walther HEISSIG. — Wiesbaden: Harrassowitz, 1976, xv, 371 p.

215 TRYJARSKI, Edward: XIX Sesja Stałej Międzynarodowej Konferencji Ałtaistycz-

nej (Helsinki, 7 XI 1976 r.). — *Nauka Polska* (Wrocław) 24, 1976/9-10, 139-141 | The XIXth Session of the Permanent Intern. Altaistic Conference.

216 *Proceedings of the second All India Conference of Dravidian Linguists*, Tirupati 1972. Eds.: G. N. REDDY, P. SOMASEKHARAN NAIR. — Drav. Linguistics Ass. of India, Publ. 16; Trivandrum: Dept. of Linguistics, Univ. of Kerala, 1975, 298 p. | *IJDL* 5, 1976, 371-377 S. Vaidyanathan.

217 *Austroasiatic studies*. Part I; II. Ed. by Philip N. JENNER, Laurence C. THOMPSON, Stanley STAROSTA. — *OL*, Special publ. 13; Honolulu: UP. of Hawaii, 1976, xii, 691 p.; p. 693-1343 | Papers presented to the first Intern. Conference on Austroasiatic Linguistics, Honolulu, Jan. 1973. | *BSL* 72, 1977/2, 387-388 [A.G.] Haudricourt.

218 *Papers in African linguistics*. Ed. by Chinwu KIM & Herbert STAHLKE. — Edmonton, Alb.: 1971 | BL 1971, 200. | *Linguistics* 171, 1976, 91-95 J. Knappert.

219 *Hokan studies*. Papers from the first Conference on Hokan languages, held in San Diego, California, April 23-25, 1970. Ed. by Margaret LANGDON & Shirley SILVER. — JanL, S. practica 181; The Hague: Mouton, 1976, 373 p. | William BRIGHT, The first Hokan Conference: conclusions, 361-363; Comprehensive bibliography, 367-373.

220 *Papers of the sixth Algonquian Conference, 1974*. Ed.: William COWAN. — National Museum of Man, Mercury Series, Can. Ethnology Service, Paper 23; Ottawa: National Museums of Canada, 1975, v, 394 p.

IV. MÉLANGES ET RECUEILS — FESTSCHRIFTEN AND MISCELLANIES

A. Mélanges in honorem — Festschriften

221 *Iranskoe jazykoznanie. Istorija, ètimologija, tipologija* (K 75-letiju prof. V. I. Abaeva). [Red.: V. S. RASTORGUEVA]. — Moskva: Nauka, 1976, 224 p. | Studies in honour of V. I. **Abaev**.

222 *Mélanges d'Islamologie* dédiés à la mémoire de A. **Abel** par ses collègues, ses élèves et ses amis. Vol. II. — Correspondence d'Orient 13; Bruxelles: Centre pour l'Étude des Problèmes du Monde Musulman Contemporain, s.d. [1976], 422 p. | Cf. BL 1974, 201. | *WI* 17, 1976-77, 214 O. Spies (Vol. I) | *Islam* 53, 1976, 185-186 B. Spuler (I).

223 *Studien zur allgemeinen und vergleichenden Sprachwissenschaft*. Karl **Ammer** zum Gedenken. [Wissenschaftliche Bearb.: Harry SPITZBARDT unter Mitarbeit von Bernd BARSCHEL.] — Wissenschaftliche Beiträge der Friedrich-Schiller-Universität Jena, 1976; Jena: Friedrich-Schiller-Univ., 1976, 196 p. | *Paideia* 32, 1977, 174-175 Vittore Pisani.

224 *Mélanges offerts à Charles Vincent* **Aubrun**. Éd. établie par Haïm Vidal SEPHIHA. Tome I; II. — Paris: Éditions Hispaniques, 1975, 466 p., front. (portr.); 477 p., ill. | *BSL* 72, 1977/2, 238-240 Marie-Madeleine Gaudin & Claude Hagège.

225 *Language in focus: foundations, methods and systems*. Essays in memory of Yehoshua **Bar-Hillel**. Ed. by Asa KASHER. — Boston Studies in the Philosophy of Sci. 43 (Synthese Library 89); Dordrecht: Reidel, 1976, xxviii, 679 p., front. (portr.) | *Spektator* 5, 1975-76, 626-627 G. E. Booij.

226 *Mélanges linguistiques offerts à Émile* **Benveniste**. — Louvain: 1975 | BL 1975, 205. | *CFS* 30, 1976, 179-182 R. Amacker | *StIr* 5, 1976, 162-164 G. Lazard | *REArm* 11, 1975-76 (1977), 439-442 J. A. C. Greppin.

MÉLANGES

227 *Dialektlexikographie. Berichte über Stand und Methoden deutscher Dialektwörterbücher.* Festgabe für Luise **Berthold** zum 85. Geburtstag am 27. 1. 1976. Hrsg. von Hans FRIEBERTSHÄUSER. — *ZDL*, Beiheft 17; Wiesbaden: Steiner, 1976, x, 237 p., cartes.

228 *Latin script and letters A.D. 400-900.* Festschrift presented to Ludwig **Bieler** on the occasion of his 70th birthday. Ed. by John J. O'MEARA and Bernd NAUMANN. — Leiden: Brill, 1976, viii, 276 p., front. (portr.) | Bibliography L.B., 1-18.

229 *Slovo i trud.* [Do simdesjatyričča akademika Ivana Kostjantynovyča Bilodida. Red.: I. F. ANDERŠ, M. A. ŽOVTOBRJUCH, et al.]. — Kyjiv: "Naukova dumka" (AN Ukr. RSR, Inst. movoznavstva), 1976, 210 p., pl. (portr.) | Studies in honor of I. K. **Bilodid**.

230 *Festschrift für Karl* **Bischoff** . . . Hrsg. von Günter BELLMANN . . . [et al.]. — Köln: 1975 | BL 1975, 207. | *PBB* (*T*) 98, 1976, 439-443 D. Stellmacher.

231 *Alemannica. Landeskundige Beiträge.* Festschrift für Bruno **Boesch** zum 65. Geburtstag. — Alemannisches Jahrbuch 1973/75; Bühl/Baden: Konkordia, 1976, viii, 646 p., front. (portr.).

232 *Studi linguistici in onore di Tristano* **Bolelli**. — Pisa: 1974 | BL 1974, 208. | *BSL* 71, 1976/2, 52-54 René Hodot.

233 *Scritti in onore di Giuliano* **Bonfante**. Vol. I; II. — Brescia: Paideia, 1976, 516 p., pl. (portr.); p. 521-1134 | *Paideia* 31, 1976, 219-222 Vittore Pisani | *BSL* 72, 1977/2, 81-83 Françoise Bader.

234 *Sprache: System und Funktion.* Gewidmet Hennig **Brinkmann** zum 75. Geburtstag. Hrsg. von Maximilian SCHERNER. — *WW* 26, Heft 4; Düsseldorf: Schwann, 1976, 91 p. (= p. 217-308), portr.

235 *Michigan Oriental studies* in honor of George G. **Cameron**, offered by The Fac. of the Dept. of Near Eastern Studies, The Univ. of Michigan. Ed. by Louis L. ORLIN. Ernest T. ABDEL-MASSIH . . . . [et al.], assisting eds. — Ann Arbor: Dept of Near Eastern Studies, Univ. of Michigan, 1976, xxviii, 329 p., front. (portr.).

236 *Ètimologičeskie issledovanija po russkomu jazyku.* Vyp. 8. Pod red. N. M. ŠANSKOGO. — Moskva: Izd. MGU, 1976, 160 p., front. (portr.) | Dedicated to the memory of P. Ja. **Černych** (1896-1970).

237 *Mélanges de linguistique et de philologie grecques offerts à Pierre* **Chantraine**. — Paris: 1972 | BL 1972, 199. | *AC* 45, 1976, 714-719 Francine Mawet.

238 *Sovremennye problemy literaturovedenija i jazykoznanija.* K 70-letiju so dnja roždenija akademika Michaila Borisoviča **Chrapčenko**. [Red.: N. F. BEL'ČIKOV, et al.].] Moskva: Nauka, 1974, 495 p., front. (portr.) | Studies in honour of M. B. Chrapčenko. | *JČ* 27, 1976, 82-83 S. Ondrejovič.

239 *Homenaje a la memoria de Carlos* **Clavería**. I; II. — Archivum 25 & 26; Oviedo: Univ. de Oviedo, 1975 (1976), 568 p., pl. (portr.), ill.; 1976, 486 p., pl., ill.

240 *Festschrift für Gerhard* **Cordes** zum 65. Geburtstag. In Verbindung mit dem Verein für niederdeutsche Sprachforschung hrsg. von Friedhelm DEBUS und Joachim HARTIG. Band II. *Sprachwissenschaft*. — Neumünster: Wachholtz, 1976, viii, 427 p. | Vol. I 'Literaturwissenschaft und Textedition' (with bibliography of the publ. of G. Cordes) published in 1973. Corr. and additions to C. 's bibl., compiled by Edith JOOST, in vol. II, p. 425-427.

241 *Festschrift für Norman* **Denison** zum 50. Geburtstag. [Red.: Hanspeter GADLER, Walter J. WOSCHITZ.] — Grazer Linguistische Studien 2; Graz: Inst. für Allgemeine und Angewandte Sprachwissenschaft der Univ. Graz, 1976, 247 p. | Not analyzed.

242 *Celtica.* Vol. 11. *Myles* **Dillon** *memorial volume.* Ed. by David GREENE & Brian Ó

Cuív. — Dublin: Dublin Inst. for Advanced Studies, 1976, iii, 285 p., front. (portr.).
243 *Hommages à André* **Dupont-Sommer**. — Paris: 1971 | BL 1971, 226. | *JSS* 21, 1976, 179-182 James Barr.
244 *Veltījums akadēmiķim Jānim Endzelīnam* .... *Jānis* **Endzelīns** *zum Gedächtnis* .... — Rīga: 1972 | BL 1972, 208. | *ABS* 10, 1976, 390-393 Irena Maryniakowa.
245 *Studien zur Namenkunde und Sprachgeographie.* Festschrift für Karl **Finsterwalder**... Hrsg. von Wolfgang MEID ... [et al.]. — Innsbruck: 1971 | BL 1971, 229. | *BNF* 11, 1976, 212-214 I. Reiffenstein.
246 *Mélanges de linguistique et de philologie romanes* [dédiés à la mémoire de Pierre **Fouché**]. Réunis par Georges MATORÉ ... — Paris: 1970 | BL 1970, 205. | *RomPh* 30, 1976-77, 233-238 F. R. Hamlin | *FS* 27, 1973, 364-365 N. C. W. Spence | *FM* 42, 1974, 281-284 J. Chaurand.
247 *Jean* **Frappier** *memorial*. — *RomPh* 30/1, August 1976; Berkeley: Univ. of California Press, 1976, 320 p., front. (portr.) | Y. M[ALKIEL]: 'Jean Frappier: dedication and necrology (1900-74)', 3-8.
248 *Sprache und Erkenntnis.* Festschrift für Gerhard **Frey** zum 60. Geburtstag. Hrsg. von Bernulf KANITSCHEIDER. — IBK 19; Innsbruck: Inst. für Sprachwissenschaft der Univ. Innsbruck, 1976, 349 p., front. (portr.).
249 *Mélanges de langues et de littératures romanes* offerts à Carl Theodor **Gossen**. Éd. par Germán COLÓN et Robert KOPP. [I; II.] — Bern: Francke / Liège: Marche Romane, 1976, 481 p., front. (portr.); p. 491-968.
250 *Linguistic studies offered to Joseph* **Greenberg** *on the occasion of his sixtieth birtday.* Ed. by Alphonse **Juilland** in collaboration with A. M. DEVINE & Laurence D. STEPHENS. I. *General linguistics.* II. *Phonology.* III. *Syntax.* — Studia Linguistica et Philologica 4; Saratoga, Calif.: Anma Libri, 1976, 226 p.; p. 237-439; 449-634 | Not yet analyzed.
251 *Anatolian studies* presented to Hans Gustav **Güterbock** .... Ed. by K. BITTEL, Ph. H. J. HOUWINK TEN CATE & E. REINER .... — Istanbul: 1974 | BL 1974, 235. | *BiOr* 33, 1976, 202-204 Hans Martin Kümel [recte: Kümmel].
252 *Medieval Hispanic studies* presented to Rita **Hamilton**. Ed. by A. D. DEYERMOND. — Colección Támesis, A 42; London: Tamesis Books, 1976, xi, 281 p., ill.
253 *Slovo. Časopis Staroslavenskog instituta u Zagrebu.* 25-26. [Prof. Josipu Hammu o sedamdesetoj obljetnici života posvećuje ovaj dvobroj "Slova" .... Glavni urednik: Anica NAZOR]. — Zagreb: 1976, 467 p., pl. (portr.), ill. | Studies in honour of Josip **Hamm**.
254 *Les Études balkaniques tchécoslovaques.* V. Dédié à Bohuslav **Havránek** pour son quatre-vingtième anniversaire. Uspořádal Luboš ŘEHÁČEK. Redakčně spolupracovala Jiřina SMRČKOVÁ. — Praha: Univ. Karlova 1974 (1976), 168 p.
255 *Linguistic and literary studies in honor of Archibald A.* **Hill**. Ed. by Mohammad Ali JAZAYERY, Edgar C. POLOMÉ, Werner WINTER. Vol. I. *General and theoretical linguistics*. — Lisse: Peter de Ridder Press, 1976 (& The Hague: Mouton, 1978), 412 p.
256 *Festgabe für Otto* **Höfler** *zum 75. Geburtstag.* Herausgeber Helmut BIRKHAN. — Philologica Germanica 3; Wien: Braumüller, 1976, xii, 795 p., front. (port.), ill., 4 pl.
257 *Nordiska studier i filologi och lingvistik. Festskrift tillägnad Gösta* **Holm** *på 60-årsdagen den 8 juli 1976.* [Red.: Lars SVENSSON, Anne Marie WIESELGREN, Åke HANSSON]. — Lund: Studentlitteratur, 1976, xxiii, 499 p., front. (portr.).
258 *Zeitschrift für vergleichende Sprachforschung.* Band 89, Heft 1. Heinrich **Hübsch-**

MÉLANGES

mann zum Gedenken. — Göttingen: 1975 | BL 1975, 242. | *REArm* 11, 1975-76 (1977), 442-445 J. A. C. Greppin | *Kratylos* 21, 1976 (1977), 103-108 Robert Godel.

259 *Mélanges de linguistique française* ... offerts à Monsieur Paul **Imbs** ... publiés par Robert MARTIN et Georges STRAKA. — Strasbourg: 1973 | BL 1973, 275. | *VR* 35, 1976, 144-154 P. Wunderli.

260 *Opuscula Slavica et Linguistica*. Festschrift für Alexander **Issatschenko**. Hgg. von Heinz Dieter POHL und Nikolai SALNIKOW .... — Schriftenreihe Sprachwissenschaft, Univ. für Bildungswissenschaften, Klagenfurt, Band 1; Klagenfurt: Johannes Heyn, 1976, 451 p., portr.

261 *Sumerological studies in honor of Thorkild* **Jacobsen** *on his seventieth birthday, June 7, 1974*. [Ed.: Stephen J. LIEBERMAN]. — Assyriological Studies 20; Chicago: Univ. of Chicago Press (Oriental Inst. of the Univ. of Chicago), 1976, xiv, 316 p., front. (portr.).

262 *Symbolae Polonicae in honorem Stanislai* **Jodłowski**. — Wrocław: 1972 | BL 1972, 236. | *BSL* 71, 1976/2, 276-278 Sławomir Bazylko.

263 *Issues in linguistics*. Papers in honor of Henry and Renée **Kahane**. Ed. by Braj B. KACHRU ... [et al.]. — Urbana: 1973 | BL 1973, 279. | *IF* 80, 1975 (1976), 192-196 R. Ködderitzsch | *Linguistics* 180, 1976, 71-80 E. L. Blansitt, Jr.

264 *Miscellanea tragica in honorem J. C.* **Kamerbeek**. Collegerunt J. M. BREMER, S. L. RADT, C. J. RUIJGH. — Amstelodami: Hakkert, 1976, viii, 532 p., front. (portr.).

265 *Comparative poetics, poétique comparative, vergleichende Poetik*, in honour of Jan **Kamerbeek**, Jr. Ed. by D. W. FOKKEMA ... [et al.]. — Amsterdam: Rodopi, [1976], 312 p.

266 *Studies in honor of Lloyd A.* **Kasten**. — Madison, WI: Hispanic Seminary of Medieval Studies, Wisconsin UP., 1975, 303 p. | *Hispania* 59, 1976, 952-953 Cesáreo Bandera.

267 *Lebendige Romania*. Festschrift für Hans-Wilhelm **Klein** überreicht von seinen Freunden und Schülern. Hrsg. von A. BARRERA-VIDAL, E. RUHE, P. SCHUNCK. — Göppinger akademische Beiträge 88; Göppingen: Kümmerle, 1976, iv, 468 p., fac-sim.

268 *Kramer anniversary volume*. Cuneiform studies in honor of Samuel Noah **Kramer**. Ed. by Barry L. EICHLER with the assistance of Jane W. HEIMERDINGER, Åke W. SJÖBERG. — AOAT 25; Kevelaer: Butzon & Bercker / Neukirchen-Vluyn: Neukirchener Verlag, 1976, xvi, 473 p., portraits, 20 pl.

269 *Studia Polonistyczne*. 3. [Profesorowi Doktorowi Władysławowi Kuraszkiewiczowi w 70 rocznicę urodzin dedykuje Instytut Filologii Polskiej Uniwersytetu Adama Mickiewicz w Poznaniu]. — Poznań: Uniw. im. A. Mickiewicza, 1976, 223 p., portr. | Studies dedicated to W. **Kuraszkiewicz** on the occasion of his 70th birthday.

270 *Slavica Pragensia*. 13. Věnováno profesoru Josefu Kurzovi k sedmsátinám. Uspořádali: Vladimír BARNET ... [et al.]. — Praha: 1971 | J. **Kurz**. BL 1971, 260. | *EL* 31, 1976/1, 69-73 Marija Dejanova.

271 *Emlékkönyv* **Laziczius** *Gyula. Születésének nyolcvanadik évfordulójára*. — *NyK* 76/2; Budapest: 1976, p. 223-497, pl. (portr.) | Studies in commemoration of Gyula Laziczius (1896-1957).

272 *Aspekte der anglistischen Forschung in der DDR*. Martin **Lehnert** zum 65. Geburtstag. — Sitzungsberichte der Akad. der Wissenschaften der DDR, G, 1976, 1; Berlin: Akad.-Verlag, 1976, 196 p.

273 *The neuropsychology of language*. Essays in honor of Eric **Lenneberg**. Ed. by R.

W. RIEBER. — New York: Plenum Press, 1976, x, 230 p.
274 *Kwartalnik Neofilologiczny*. Rocznik 23, zeszyt 1-2. Profesor dr Halinie Lewickiej z okazji 40-lecia działalności naukowej. A Madame Halina **Lewicka** à l'occasion du 40e anniversaire de son activité scientifique. — Warszawa: Państwowe Wyd. Naukowe, 1976, 234 p., pl. (portr.).
275 *Homenaje a Raimundo* **Lida**. — *NRFH* 24, 1975/1 & 2; México: El Colegio de México, s.d., p. i-ix, 1-241, pl. (portr.); 243-553, ill.
276 *Philologica Romanica*. Ernst **Lommatzsch** gewidmet. In Verbindung mit Erich VON RICHTHOFEN hrsg. von Manfred BAMBECK und Hans Helmut CHRISTMANN. — München: 1975 | BL 1975, 256. | *ZRPh* 92, 1976, 613-617 Gilles Roques.
277 *Parangal kay Cecilio* **Lopez**: *Essays in honor of Cecilio Lopez on his seventy-fifth birthday*. Ed. by Andrew B. GONZALEZ. — *PJL*, Special monograph issue 4; Quezon City: Linguistic Soc. of the Philippines, 1973, xi, 291 p., front. (portr.).
278 *Germanistische Beiträge*. Gert **Mellbourn** zum 60. Geburtstag — Stockholm: 1972 | BL 1972, 252. | *MSpråk* 68, 1974, 389-394 Werner Koller.
279 *Gedenkbundel H. J. J. M.* **van der Merwe**. Onder redaktie van W. J. DE KLERK en F. A. PONELIS. — Pretoria: J. L. van Schaik, 1976, 166 p., front. (portr.) | Commemoration vol. for H. J. J. M. van der Merwe (1913-74).
280 *Archivio Glottologico Italiano*, diretto da Vittore PISANI, Carlo Alberto MASTRELLI. Vol. 61, dedicato alla memoria di Bruno **Migliorini**. — Firenze: Le Monnier, 1976, iv, 320 p., front. (portr.).
281 *Rocznik Naukowo-dydaktyczny*. Zeszyt 58. *Prace językoznawcze*, 3. Pod red. Leszka BEDNARCZUKA i Jana ZALESKIEGO. [Pamięci Profesora Tadeusza Milewskiego przyjaciele i uczniowie]. — Kraków: Wydawnictwo Naukowe Wyższej Szkoły Pedagogicznej, 1976, 312 p., front. (portr.) | Studies in memory of T. **Milewski**.
282 *Nordiska namn*. Festskrift till Lennart **Moberg**... [Red.: Harry STÅHL & Thorsten ANDERSSON. — Uppsala: 1974 | BL 1974, 262. | *BNF* 11, 1976, 96 U. Ebel | *MGS* 2, 1976, 79-87 T. L. Markey.
283 *Studien zur deutschen Literatur*... Festschrift für Hugo **Moser**... Hrsg. von Werner BESCH... [et al.]. — Berlin: 1974 | BL 1974, 264. | *PBB (T)* 98, 1976, 131-141 A. Ebenbauer | *BNF* 11, 1976, 237-238 R. Schützeichel.
284 *Hungaro-Turcica*. Studies in honour of Julius **Németh**. Ed. by Gy. KÁLDY-NAGY. — Budapest: Loránd Eötvös Univ. (& Leiden: Brill), 1976, 364 p., front. (portr.), ill.
285 *Monumentum H. S.* **Nyberg**. I-IV. [Réd.: J. DUCHESNE-GUILLEMIN]. — Téhéran-Liège: 1975 | BL 1975, 270. | *StIr* 5, 1976, 303-310 Ph. Gignoux.
286 *Osnovnye problemy afrikanistiki*. K 70-letiju D. A. **Ol'derogge**. [Red.: Ju. V. BROMLEJ, et al.]. — Moskva: 1973 | BL 1973, 307. | *BSOAS* 39, 1976, 237-240 Stefan Strelcyn.
287 *Festschrift Heinrich* **Otten**. — Wiesbaden: 1973 | BL 1974, 267. | *RHA* 31, 1973 (1976), 116-120 E. L[aroche].
288 **Pais** *Dezső tudományos emlékülés Zalaegerszegen*. Szerkesztette SZATHMÁRI István és ÖRDÖG Ferenc. — A Magyar Nyelvtudományi Társaság Kiadványai 140; Budapest: Magyar Nyelvtudományi Társaság, 1975, 202 p., ill. | Session scientifique à Zalaegerszeg (23-25 mai 1974) dédiée à la mémoire de D. Pais. | *Onoma* 19, 1975/3 (1976), 670-672 F. Ördög | *MNy* 72, 1976, 233-237 D. Mátai Mária.
289 *Studies in Greek, Italic, and Indo-European linguistics* offered to Leonard R. **Palmer** on the occasion of his 70th birthday, June 5, 1976. Ed. by Anna MORPUR-

GO-DAVIES & Wolfgang MEID. — IBS 16; Innsbruck: Inst. für Sprachwissenschaft der Univ. Innsbruck, 1976, front. (portr.), pl. | Not analyzed.

290 *Italia linguistica nuova e antica*. Studi linguistici in memoria di Oronzo **Parlangèli**. A cura di Vittore PISANI e Ciro SANTORO. Vol. I. — Galatina: Congedo (Univ. di Bari, Fac. di Magistero), 1976, 653 p., front. (portr.), ill.

291 *Zborník Filozofickej fakulty Univerzity Komenského, Philologica* 23-24, 1971-72. [Univ. prof. Dr. E. Paulinymu . . . .]. — Bratislava: 1974 | E. **Pauliny**. BL 1974, 270. | *NŘ* 59, 1976, 31-36 O. Müllerová.

292 *Papers on Italic topics*, presented to James Wilson **Poultney** . . . — *JIES* 1, 243-399 | BL 1973, 313. | *IF* 80, 1975 (1976), 241-244 K. Strunk.

293 *Mélanges d'histoire des religions* offerts à Henri-Charles **Puech** [Avant-propos par Paul LÉVY & Étienne WOLFF]. — Paris: Presses Universitaires de France, 1974, 655 p. | *StIr* 4, 1975, 140-142 Ph. Gignoux.

294 *Teoretičeskaja fonetika i obučenie proiznošeniju*. Sbornik statej. Posvjaščaetsja A. A. Reformatskomu v svjazi s ego 75-letiem. [Red.: S. A. BARANOVSKAJA, et al.]. — Moskva: Univ. družby narodov im. P. Lumumby, 1975, 245 p. | Studies dedicated to A. A. **Reformatskij**.

295 *History and structure of French*. Essays . . . T. B. W. **Reid**. Ed. by F. J. BARNETT . . . [et al.]. — Oxford: 1972 | BL 1972, 268. | *RomPh* 30, 1976-77, 238-243 N. L. Corbett | *MLR* 70, 1975, 626-627 G. Price.

296 *Księga dla uczczenia pamięci Jana Reychmana (1910-1975). Mémorial Jan* **Reychman** *(1910-1975)*. — *RO* 38; Warszawa: Państwowe wyd. naukowe, 1976, 308 p., pl. (portr.), ill.

297 *Filologia e critica*. Studi in onore di Vittorio **Santoli**. A cura di Paolo CHIARINI, Carlo Alberto MASTRELLI, Piergiuseppe SCARDIGLI, Luciano ZAGARI. I; II. — Studi di filologia tedesca 6-7; Roma: Bulzoni, 1976, xvi, 578 p. in 2 vol. | *Paideia* 32, 1977, 168-169 Vittore Pisani.

298 *Lijnen van taaltheoretisch onderzoek*. Een bundel oorspronkelijke artikelen aangeboden aan prof. dr. H. **Schultink**. Onder red. van Geert KOEFOED en Arnold EVERS. — Groningen: Tjeenk Willink, 1976, 423 p. | Lines of theoretical linguistics. Studies presented to H. Schultink. | *TsNTL* 92, 1976, 275-295 A. Sassen.

299 *Tractata Altaica* Denis **Sinor** sexagenario optime de rebus Altaicis merito dedicata. Redigerunt Walther HEISSIG, John R. KRUEGER, Felix J. OINAS, Edmond SCHÜTZ. — Wiesbaden: Harrassowitz, 1976, xi, 777 p., front. (portr.), ill.

300 *Voprosy tjurkologii*. K šestidesjatiletiju . . . . M. Š. Širalieva. — Baku: 1971 | BL 1971, 297. M. Š. **Širaliev**. | *OLZ* 71, 1976, 170-172 P. Zieme.

301 *Linguistica*, 15; 16. *In memoriam Stanko* **Škerlj** *oblata*, 1; 2. [Réd.: Bojan ČOP, Anton GRAD, et al.] — Ljubljana: Filozofska fak., Univ. v Ljubljani, 1975, 266 p., pl. (portr.); 1976, 199 p.

302 *Zpravodaj Místopisné komise ČSAV*. Věnováno . . . . Vladimíru Šmilauerovi . . . . Uspořádali Ivan LUTTERER a Libuše OLIVOVÁ-NEZBEDOVÁ. Roč. 16, č. 1-3. — Praha: 1975 | Festschrift V. **Šmilauer**. BL 1975, 302. | *PJ* 1976, 421-424 Zygmunt Brocki & Hubert Górnowicz | *ZprMK* 17, 1976, 76-78 M. Racková.

303 Festschrift in honor of Elsdon Coles **Smith**. — *Names* 24, 1976/3, 141-230 | Foreword (bio-bibliographical notice) by Kelsie B. HARDER, 141-143.

304 Festschrift in honor of George R. **Stewart**. — *Names* 24, 1976/2, 77-140.

305 *V pamet na profesor Stojko* **Stojkov** . . . . [Red.: L. ANDREJČIN, V. GEORGIEV, et al.]. — Sofija: 1974 | BL 1974, 283. | *ZSl* 21, 1976, 869-871 M. Richter.

306 *Slavic poetics*. Essays in honor of Kiril **Taranovsky**. Ed. by Roman JAKOBSON, C. H. VAN SCHOONEVELD, Dean S. WORTH. — The Hague: 1973 | BL 1973, 331. |

SEEJ 20, 1976, 486-489 Daniel Laferrière.
307 *Studies in linguistics in honor of George L.* **Trager**. Ed. by M. Estellie SMITH. — The Hague: 1972 | BL 1972, 287. | *CJL* 21, 1976, 212-219 W. Cowan.
308 *Miscellanea in honorem Josephi* **Vergote**. Edenda curaverunt P. NASTER, H. DE MEULENAERE et J. QUAEGEBEUR. — *OLP* 6-7, 1975-76; Leuven: Departement Oriëntalistiek, [1976], 635 p., front. (portr.), 20 pl.
309 *Centum*. [Toim. kolleegium: E. AHVEN, H. AHVEN, et al.]. — Emakeele Seltsi toimetised 9; Tallinn: "Valgus", 1974, 298 p. | Studies in commemoration of the 100th birthday of J. V. **Veski** (1873-1968). | Not analyzed. | *KjK* 19, 1976, 52-55 Helgi Vihma.
310 *Papers in African linguistics in honor of Wm. E.* **Welmers**. Ed. by Larry M. HYMAN, Leon C. JACOBSON, Russell G. SCHUH. — *SAfrL*, Suppl. 6; Los Angeles: Dept. of Linguistics, Univ. of California, 1976, xv, 281 p., front. (portr.).
311 *Studies in medieval literature and languages in memory of Frederick* **Whitehead**. Eds.: W. ROTHWELL . . . [et al.]. — Manchester: 1973 | BL 1973, 340. | *MLR* 71, 1976, 655-657 W. G. Van Emden.
312 *Prace Filologiczne*. 26. Część II. Prace ofiarowane Profesorowi doktorowi Bronisławowi Wieczorkiewiczowi w 50-lecie działalności dydaktyczno-naukowej. — Warszawa: Wyd. Uniwersytetu Warszawskiego, 1976, 201-366, portr. | Linguistic studies offered to B. **Wieczorkiewicz**.
313 *Niederdeutsche Beiträge*. Festschrift für Felix **Wortmann** zum 70. Geburtstag. Hrsg. von Jan GOOSSENS. — Niederdeutsche Studien 23; Köln: Böhlau, 1976, vi, 284 p., front. (portr.).
314 *Theorie und Empirie in der Sprachforschung*. [Festschrift Eberhard **Zwirner** . . .] Hrsg. von Herbert PILCH und Helmut RICHTER. — Basel: 1970 | BL 1970, 291. | *Phonetica* 33, 1976, 149-154 K. Kohler.

B. Autres recueils — Other miscellanies

315 *Advances in tagmemics*. Ed.: Ruth M. BREND. — Amsterdam: 1974 | BL 1974, 297. | *Linguistics* 181, 1976, 86-104 R. D. Huddleston.
316 *Aktualnoto členenie na izrečenieto i bălgarskijat ezik (predvaritelni materiali)*. [Red.: Svetomir IVANČEV, Janko BĂČVAROV]. — Sofija: Sofijski univ. "Kliment Ochridski", 1976, 184 p.
317 *Aktuelle Probleme der sprachlichen Kommunikation* . . . — Berlin: 1974 | BL 1974, 298. | *ZPhon* 29, 1976, 288-292 W. Bondzio.
318 *Argumentation et discours scientifique*. [Présentation:] Laurent DANON-BOILEAU. — *Langages* 42; Paris: Didier – Larousse, 1976, 124 p.
319 *Aspirantski sbornik*. Kn. 3. *Ezikoznanie*. — V. Tărnovo: Velikotărn. univ. "Kiril i Metodij", 1976, 199 p.
320 *Aufsätze zur Sprachwissenschaft* (I). Hrsg. von Helmut STIMM. — *ZFSL*, Beiheft N. F. 3; Wiesbaden: Steiner, 1976, 139 p.
321 *Balto-slavjanskie issledovanija*. [Red.: T. M. SUDNIK]. — Moskva: 1974 | BL 1974, 303. | *SovSlav* 1976/2, 101-104 Ju.V. Otkupščikov.
322 *Beiträge zur konfrontierenden Sprachwissenschaft*. Hrsg. von Ernst EICHLER . . . [et al.]. Red.: Eva WIESE. — Halle: Niemeyer, 1976, 211 p. | Not analyzed.
323 *The dilemma of the melting pot: the case of the South Slavic languages*. Ed. by Rado L. LENCEK & Thomas F. MAGNER. Papers presented at The Michael Pupin Symposium, October 5-6, 1974 . . . . Columbia University, New York. — *GL* 16/2-3; University Park: Pennsylvania State UP., 1976, p. i-viii, 59-186.

324 *Dokladi na XII naučna sesija 4-6 maj 1976.* — Plovdiv: Plovdivski univ. "Paisij Chilendarski", 1976, 366 p.
325 *Drevnij vostok*, 2. / *Hin arevelk'*, 2. — Erevan: Izd. AN Armjanskoj SSR (Inst. vostokovedenija), 1976, 312 p. | Coll. of 17 art. on the anc. Near East (in Ru. with E. summ.).
326 *Èksperimental'naja fonetika* (Sbornik naučnych statej). [Red.: K. K. BARYŠNIKOVA, et al.]. — Minsk: Minskij gos. pedag. inst. inostrannych jazykov, 1975, 220 p.
327 *Ètimologija, 1974.* [Red.: O. N. TRUBAČEV, Ž. Ž. VARBOT, et al.]. — Moskva: Nauka, 1976, 190 p.
328 *Explaining linguistic phenomena.* Ed. by David COHEN. — Washington, D.C.: 1974 | BL 1974, 318. | *Lg* 52, 1976, 690-695 D. Terence Langendoen | *JL* 12, 1976, 177-182 Geoffrey Sampson.
329 *Explorations in the ethnography of speaking.* Ed. by Richard BAUMAN & Joel SHERZER. — London: 1974 | BL 1974, 319. | *LiS* 5, 1976, 229-234 M. Bloch | *LeSt* 11, 1976, 677-679 L. Maffi | *IJAL* 42, 1976, 382-383 C. Lefebvre | *Lg* 52, 1976, 745-748 Karen Ann Watson-Gegeo | Cf. 3799.
330 *The grammar of causative constructions.* Ed. by Masayoshi SHIBATANI. — *SynS* 6; New York: Academic Press, 1976, xx, 497 p.
331 *Grammatičeskij stroj balkanskich jazykov. Issledovanija po semantike grammatičeskich form.* [Red.: A. V. DESNICKAJA]. — Leningrad: Nauka, 1976, 318 p.
332 *History of linguistic thought and contemporary linguistics.* Ed. by Herman PARRET. — Berlin: de Gruyter, 1976, x, 816 p.
333 *Homenaje al Instituto de Filología y Literaturas Hispánicas "Dr. Amado Alonso" en su cincuentenario, 1923-1973.* — Buenos Aires: 1975, [ix], 504 p.
334 *Jazyki i toponimija.* Vyp. 1; 2. [Red.: È. G. BEKKER, I. A. VOROB'EVA, et al.] — Tomsk: Izd. Tomskogo un-ta (Tomskij gos. ped. in-t im. Leninskogo Komsomola), 1976, 212; 226 p.
335 *Jazykovaja praktika i teorija jazyka.* Vyp. I. [Red.: Ju. V. ROŽDESTVENSKIJ, V. V. BIBICHIN, et al.]. — Moskva: MGU, 1974, 404 p.
336 *Jazykovedný zborník, 4. Z príležitosti VII. slavistického kongresu vo Varšave.* Ved. red.: L'udovít NOVÁK. — Bratislava: 1975 | BL 1975, 343. | *JazA* 13, 1976, 114-116 E. Dvořák | *NŘ* 59, 1976, 260-264 A. Stich.
337 *Kieli, konteksti ja tilanne.* AFinLAn syyssymposiumi 1975. Toim. Liisa NUMMENMAA. — Publ. de l'Ass. Finlandaise de Linguistique Appliquée (AFinLA) 14; Helsinki: 1976, 91 p. | Langue, contexte et situation.
338 *Kielitieteellisiä lehtiä. Kotikielen Seuran sadannen toimintavuoden täyttyessä.* Toim.: Raija LEHTINEN, Tapani LEHTINEN, Pirkko NUOLIJÄRVI, Heikki PAUNONEN. — Suomi 120, 4; Helsinki: Suomalaisen Kirjallisuuden Seura, 1976, 149 p. | Linguistic papers, published for the centenary of the Soc. for the Fi. language. | *BSL* 72, 1977/2, 322-325 A. Sauvageot.
339 *Language in Ethiopia.* Ed. by: M. L. BENDER, J. D. BOWEN, R. L. COOPER, C. A. FERGUSON. — Ford Foundation Language Surveys; London: Oxford UP., 1976, xxv, 572 p., 12 fig., 9 maps (2 fold.) | Introd., 1-19; Part I: The languages of Ethiopia, 21-180 (Contributions listed separately); Part II: Language use in Ethiopia, by Robert L. Cooper, et al., 181-301 (Some contributions listed separately); Part III: Language and education in Ethiopia, by J. Donald Bowen, et al., 303-534. | *AuÜ* 59, 1975-76, 315-316 J. Lukas.
340 *Language use and social change. Problems of multilingualism with special re-*

ference to Eastern Africa. Studies .... Ed. by W. H. WHITELEY. — London: 1971 | BL 1971, 345. | *JAfrL* 11, 1972/2, 93, 99-108 Maurice Houis.
341 *Language use in Canada.* Ed. by: Regna DARNELL. — *PIL* 9/3-4 = Current Inquiry into Language and Linguistics 12, Sociolinguistic Series 4; Edmonton, Alberta: Linguistic Research, 1976, vii, 198 p.
342 *Leksikologija i grammatika vostočnych jazykov.* Sbornik statej. [Red.: N. A. SYROMJATNIKOV]. — Moskva: "Nauka", Glavnaja red. vostočnoj literatury, 1975, 188 p.
343 *Lexique et grammaire.* [No. dirigé par] Simone DELESALLE & Marie-Noëlle GARY-PRIEUR. — *LFr* 30, mai 1976; Paris: Larousse, 1976, 124 p.
344 *Lingvističeskaja geografija, dialektologija i istorija jazyka.* [Red.: R. I. AVANESOV, et al.]. — Erevan: Izd. AN Armjanskoj SSR, 1976, 453 p., maps | 2nd title-page in Arm.
345 *Lingvističeskie issledovanija, 1976. Grammatičeskie kategorii.* [Red.: S. D. KACNEL'SON]. — Moskva: AN SSSR, Inst. jazykoznanija, 1976, 232 p.
346 *Lingvističeskie issledovanija, 1976. Voprosy fonetiki, dialektologii i istorii jazyka.* [Red.: A. V. DESNICKAJA]. — Moskva: AN SSSR, Inst. jazykoznanija, 1976, 219 p.
347 *Lingvističeskie issledovanija, 1976. Voprosy leksikologii, leksikografii i prikladnoj lingvistiki.* [Red.: R. P. ROGOŽNIKOVA]. — Moskva: AN SSSR, Inst. jazykoznanija, 1976, 232 p.
348 *Lingvističeskie problemy funkcional'nogo modelirovanija rečevoj dejatel'nosti.* Vyp. 3. [Red.: M. I. OTKUPŠČIKOVA]. — Leningrad: Izd. LGU, 1976, 173 p.
349 *Literárne vzdelanie. Štúdie.* Red.: Anton POPOVIČ. — Martin: Matica slovenská, 1976, 252 p. | Studies on the theory of metatext.
350 *Methodologie der Sprachwissenschaft.* Michael SCHECKER (Hrsg.). — Hamburg: Hoffmann & Campe, 1976, 259 p.
351 *Modalités: logique, linguistique, sémiotique,* par Ivan DARRAULT .... [et al.]. — *Langages* 43; Paris: Didier – Larousse, 1976, 124 p.
352 *Montague grammar.* Ed. by Barbara H. PARTEE. — New York: Academic Press, 1976, xvi, 370 p.
353 *Neue Anthropologie.* Band VII. *Philosophische Anthropologie.* Teil 2. Beiträge von K. O. APEL ... [et al.]. — dtv, wissenschaftliche Reihe 4148; München: Deutscher Taschenbuch-Verlag & Stuttgart: Thieme, 1975, vii, 415 p.
354 *Notes from the linguistic underground.* Ed. by James D. MCCAWLEY. — *SynS* 7; New York: Academic Press, 1976, xx, 453 p. | Art. written in the 1960s. Introd. by J. D. McCawley. Glossary, 427-432.
355 *Ogólnopolskie studenckie seminarium dialektologiczne,* Kraków 22-24 II 1974. *Księga referatów.* — Kraków: Nakładem Uniw. Jagiellońskiego, 1976, 96 p.
356 *O interpretácii umeleckého textu,* 5. Zborník Kabinetu literárnej komunikácie a experimentálnej metodiky Pedagogickej fakulty v Nitre. Materiály z vedeckej konferencie "K teórii literárneho vývinu", usporiadanej v dňoch 29. až 31. mája 1973 ... Ved. red.: František MIKO a Anton POPOVIČ. — Bratislava: Slov. ped. nakladatel'stvo, 1976, 361 p.
357 *O marxistickú jazykovedu v ČSSR.* Zborník referátov .... Red.: Ján HORECKÝ. — Bratislava: 1974 | BL 1974, 344. | *Slavia* 45, 1976, 202-204 Petr Vavroušek.
358 *Onomastica Slavogermanica.* VII. Hrsg. von Ernst EICHLER und Hans WALTHER. — Berlin: 1973 | BL 1973, 384. | *BNF* 11, 1976, 165-166 E. Dickenmann.
359 *Onomastica Slavogermanica.* VIII. Pod red. Stanisława ROSPONDA. — Wrocław: 1973 | BL 1973, 385. | *Onoma* 19, 1975/3 (1976), 662-665 Ernst Dickenmann.

360 *Papers on African linguistics.* Ed. by Eyamba G. BOKAMBA & Charles W. KISSEBERTH. — *SLS* 6/2; Urbana, Ill.: Dept. of Linguistics, Univ. of Illinois, 1976, vi, 202 p.

361 *Pragmatics of language and literature.* Ed. by Teun A. VAN DIJK. — North-Holland Studies in theoretical poetics 2; Amsterdam: North-Holland Publishing Co., 1976, x, 236 p.

362 *Pragmatik / Pragmatics.* Siegfried J. SCHMIDT, Hrsg. Band 2. *Zur Grundlegung einer expliziten Pragmatik.* — Kritische Information 25; München: Fink, 1976, 229 p. | Cf. BL 1974, 911.

363 *Probleme der Lexikologie und Lexikographie.* Jahrbuch 1975 des Instituts für deutsche Sprache. — *SdG* 39; Düsseldorf: Schwann, 1976, 414 p. | 'Das Institut für deutsche Sprache im Jahre 1975', 372-398.

364 *Probleme der Textgrammatik.* [I]. Hrsg. von František DANEŠ und Dieter VIEHWEGER. — Studia grammatica 11; Berlin: Akad.-Verlag, 1976, 211 p.

365 *Problèmes de sémantique psychologique.* [Par] Jean-François LE NY .... [et al.]. — Langages 40; Paris: Didier / Larousse, 1975, 128 p.

366 *Problemy językoznawstwa porównawczego.* Zredagował i wstępem opatrzył: Marian BOBRAN. — Rzeszów: Wyższa Szkoła Pedagogiczna w Rzeszowie, 1976, 149 p.

367 *Problemy leksikologii. Sbornik statej.* [Naučnyj red.: A. E. SUPRUN]. — Minsk: Izd. BGU, 1973, 240 p.

368 *Reports on text linguistics: approaches to word order.* Ed. by Nils Erik ENKVIST & Viljo KOHONEN. — Meddelanden från Stiftelsens för Åbo Akad. Forskningsinstitut 8; Åbo: 1976, 259 p.

369 *Satzstruktur und Genus verbi.* Hrsg. von Ronald LÖTZSCH und Rudolf RŮŽIČKA. — Studia grammatica 13; Berlin: Akad.-Verlag, 1976, 211 p.

370 *Sborník statí o jazyce a překládání,* II. Red.: O. MAN (předseda), K. BAREŠ, ... et al. — Acta Univ. XVII Novembris Pragensis. Vědecký sborník fakulty společenských věd 4; Praha: Univ. 17. listopadu 1974 (1976), 225 p. | Recueil d'études sur la langue et la traduction.

371 *Segmenty a kontext.* Autori: František MIKO .... — Bratislava: 1973 | BL 1973, 401. | *ČLit* 24, 1976, 283-286 A. Macurová.

372 *Semantyka tekstu i języka.* Praca zbiorowa pod red. Marii Renaty MAYENOWEJ. — Z Dziejów Form Artystycznych w Literaturze Polskiej 46; Wrocław: Zakład im. Ossolińskich, 1976, 296 p.

373 *Seminar: Der Regelbegriff in der praktischen Semantik.* Hrsg. von Hans Jürgen HERINGER. — Frankfurt: 1974 | BL 1974, 364. | *Lingua* 38, 1976, 72-76 T. Bremer.

374 *Sibirskij tjurkologičeskij sbornik.* Sbornik naučnych trudov. [Red.: V. A. AVRORIN, E. I. KORKINA, et al.]. — Novosibirsk: AN SSSR, Sibirskoe otdelenie, Inst. ist., filologii i filosofii, 1976, 228 p.

375 *Sign, language, culture* .... Ed.: A. J. GREIMAS, R. JAKOBSON .... [et al.]. — The Hague: 1970 | BL 1970, 326. | *NyK* 78, 1976, 204-208 Kiefer Ferenc.

376 *Slavic transformational syntax.* Ed. by Richard D. BRECHT & Catherine V. CHVANY. — Michigan Sl. Materials 10; Ann Arbor: Dept. of Sl. Languages and Lit., Univ. of Michigan, 1974, [x], 261 p. | Already in BL 1975, 8869, but not analyzed in that vol. | 11 papers (listed separately), plus repr. of Edward S. KLIMA's rev. of E. M. GALKINA-FEDORUK, *Bezličnye predloženija* ...., 1958, published in *IJSLP* 6, 146-152 (BL 1963, 7800). | *RLing* 2, 1975, 359-367 Christian Sappok | *SEEJ* 19, 1976, 471-476 Frank Y. Gladney | *JazA* 12, 1975, 30-32 Přemysl Adamec | *CSlP* 18, 1976, 236-237 Kyril T. Holden | *JslF* 32, 1976, 223-226 Milka Ivić | *Lg* 53, 1977, 228-232 Östen Dahl | Cf. 2444.

377 *Slavica 1968-1974.* — Uniw. Jagielloński, Prace Studenckich Kół Naukowych; Kraków: Nakładem Uniw. Jagiellońskiego, 1976, 112 p.
378 *Slavistický sborník olomoucko-lublinský.* Věd. red.: Mir. ZAHRÁDKA. — AUO-Ph 36; Praha: Státní pedag. nakladatelství, 1974 (1976), 201 p. | Sl. miscellany of the universities of Olomouc and Lublin.
379 *Slavjanskoe i balkanskoe jazykoznanie. Problemy morfologii sovremennych slavjanskich i balkanskich jazykov.* [Red.: S. B. BERNŠTEJN, E. I. DEMINA, et al.]. — Moskva: Nauka, 1976, 336 p. | Cf. BL 1975, 379.
380 *Słownictwo gwarowe a kultura*.... Pod red. Mieczysława KARASIA. — Wrocław: 1975 | BL 1975, 380. | *JazA* 13, 1976, 78-80 B. Téma.
381 *Soviet studies in language and language behavior.* Ed. by Jan PRŮCHA. — North-Holland Linguistic Series 24; Amsterdam: North-Holland Publishing Co., 1976, x, 240 p. | Jan Průcha, 'Introduction: contemporary Soviet psycholinguistics', 1-9.
382 *Sowjetrussische Textlinguistik.* Herbert JELITTE (ed.). Teil I. *Themen und Methoden.* Teil II. *Übersetzte Originalbeiträge.* — Beiträge zur Slavistik 1, 1 & 2; Frankfurt a.M. & Bern: Lang, 1976, 278; 311 p.
383 *Speech play. Research and resources for studying linguistic creativity.* Ed. by Barbara KIRSHENBLATT-GIMBLETT. — Philadelphia, Pa.: Univ. of Pennsylvania Press, 1976, xii, 307 p.
384 *Sprachpragmatik und Philosophie.* Beiträge von K.-O. APEL... [et al.]. Hrsg. von Karl-Otto APEL. — Frankfurt a.M.: Suhrkamp, 1976, 487 p.
385 *Stilističeskie issledovanija* ... [Otv. red.: V. D. LEVIN.] — Moskva: 1972 | BL 1972, 356. | *Linguistics* 169, 1976, 70-76 Mihály Péter.
386 *Studia Academica Slovaca* 4. *Prednášky XI. letného seminára* ... Red.: Jozef MISTRÍK. — Bratislava: 1975 | BL 1975, 392. | *SR* 41, 1976, 120-122 L'. Dvonč.
387 *Studia Academica Slovaca* 5. *Prednášky XII. letného seminára slovenského jazyka a kultúry.* Red.: Jozef MISTRÍK. — Bratislava: Alfa, 1976, 577 p. | Papers read at the XIIth Summer Seminar of Slov. language and culture.
388 *Studia Balkanica Bohemoslovaca,* II. Příspěvky přednesené na II. celostátním balkanistickém symposiu v Brně 28.-29. května 1974. Red.: I. DOROVSKÝ. — Opera Univ. Purkynianae Brunensis, Fac. philosophica 202; Brno: Univ. J. E. Purkyně, 1976, 400 p.
389 *Studia Rossica.* I. — [Poznań]: Wyd. Uniw. Warszawskiego, 1976, 298 p.
390 *Studia Turcica.* Ed. L. LIGETI. — Budapest: 1971 | BL 1971, 377. | *Oriens* 25-26, 1976, 284-293 Gerhard Doerfer | *SovT* 1975/1, 101-111 V. I. Aslanov.
391 *Studies in European linguistic theory: the dichotomy precept.* Ed. by Thomas L. MARKEY. — Giessener Beiträge zur Sprachwissenschaft 4; Grossen-Linden: Hoffman-Verlag, 1976, 76 p. | Not analyzed.
392 *Studies in Modern Philology. Studie z moderní filologie.* II. Sborník germanistických a anglistických studií gramatického oddělení Kabinetu cizích jazyků ČSAV. Red. Libuše DUŠKOVÁ. — Praha: Kabinet cizích jazyků ČSAV, 1976, 174 p.
393 *Studies in text grammar.* Ed. by J. S. PETÖFI & H. RIESER. — Dordrecht: 1973 | BL 1973, 419. | *LeSt* 11, 1976, 636-638 A. La Porta.
394 *Synchronischer und diachronischer Sprachvergleich.* .... Hrsg. von H. SPITZBARDT. — Jena: 1972 | BL 1973, 422. | *PhP* 19, 1976, 99-101 Alena Šimečková | *CLing* 20, 1975, 227-228 B. Kelemen.
395 *Tagmemics.* Ed. by Ruth M. BREND and Kenneth L. PIKE. I. *Aspects of the field.* II. *Theoretical discussion.* — Trends in Linguistics 1 & 2; The Hague: Mouton, 1976, viii, 147; viii, 133 p.
396 *Textsemiotik und strukturelle Rezeptionstheorie (Soziosemiotische Ansätze zur*

BIOGRAPHIES 397-416

Beschreibung verschiedener Zeichensysteme innerhalb der Literatur). Walter A. KOCH (ed.). — Studia Semiotica 2; Hildesheim: Olms, 1976, 745 p.

397 *Theoretische Linguistik in Osteuropa*. Originalbeiträge und Erstübersetzungen. Hrsg. von Wolfgang GIRKE und Helmut JACHNOW. — Konzepte der Sprach- und Literaturwissenschaft 18; Tübingen: Niemeyer, 1976, x, 233 p.

398 *They don't speak our language. Essays on the language world of children and adolescents*. Ed. by Sinclair ROGERS. — London: Arnold, 1976, 127 p., ill.

399 *Three essays on linguistic diversity in the Spanish-speaking world* (*the U.S. Southwest and the River Plate area*). Ed. by Jacob ORNSTEIN. — JanL, S. practica 174; The Hague: Mouton, 1975, 78 p.

400 *Tipologija passivnych konstrukcij. Diatezy i zalogi.* [Red.: A. A. CHOLODOVIČ]. — Leningrad: 1974 | BL 1974, 380. | SlavSl 11, 1976, 320-321 J. Nižníková.

401 *Töid keelestatistika alalt.* I. *Trudy po lingvostatistike. Keelestatistika.* [Red.: J. SOONTAK, et al.]. — *UZTarU* 377; Tartu: 1976, 154 p.

402 *La traduzione. Saggi e studi.* — Trieste: 1973 | BL 1973, 428. | *GGA* 228, 1976, 147-162 Hans Josef Vermeer.

403 *The transformational-generative paradigm and modern linguistic theory.* Ed. by E. F. K. KOERNER ... — Amsterdam: 1975 | BL 1975, 409. | *Spektator* 5, 1975-76, 610-617 G. E. Booij, Sies de Haan & J. van Marle.

404 *Trudy po russkoj i slavjanskoj filologii. 23. Serija lingvističeskaja.* [Red.: B. M. GASPAROV, et al.]. — *UZTarU* 347; Tartu: 1975, 246 p.

405 *Voprosy indijskoj filologii.* Pod red. A. T. AKSENOVA i N. M. SAZANOVOJ. — Moskva: Izd. MGU, 1974, 165 p.

406 *Voprosy struktury jazyka* .... [Red.: Ju. K. LEKOMCEV] — Moskva: 1974 | BL 1974, 390. | *AAS* 12, 1976, 191-193 Viktor Krupa.

407 *Vostočnaja filologija. Charakterologičeskie issledovanija.* [Red.: Ju. V. ROŽDESTVENSKIJ]. — Moskva: Nauka, 1971, 231 p. | *OLZ* 71, 1976, 12-13 P. Poucha.

408 *Z problemów współczesnych języków i literatur słowiańskich.* Materiały z Konferencji Uniwersytetu Warszawskiego i Uniwersytetu Karola dla uczczenia trzydziestolecia PRL i trzydziestej rocznicy wyzwolenia Czechosłowacji. — Warszawa: Wyd. Uniw. Warszawskiego, 1976, 256 p.

409 *Zum öffentlichen Sprachgebrauch in der Bundesrepublik Deutschland und in der DDR* ... zusammengestellt von Manfred W. HELLMANN. — Düsseldorf: 1973 | BL 1973, 439. | *ZDPh* 95, 1976, 472-477 K. Daniels.

V. BIOGRAPHIES — BIOGRAPHIES

410 RASTORGUEVA, V. S.: V. I. **Abaev** – iranist-jazykoved. — [221], 3-12.

411 ISAEVA, Z. G.: Bibliografija trudov V. I. Abaeva. — [221], 13-22.

412 HEDBLOM, Folke: Erik **Abrahamson**, 1890-1973. — *SvLm* 97, 1974 (1975), 76-79, portr. | En suéd. avec rés. fr. 'Tryckta skrifter av Erik Abrahamson', av Birgit NAGY, *Ibid.* 80-81.

413 AŁAYAN, Ê. B.: Hrač'ya **Ačaryan** (Cnndyan 100-amyaki ārt'iv). — *IFŽ* 1976/1, 43-60 | H. Ačaryan (1876-1953).

414 AŁAYAN, Êdvard: Bazmeraxt hayagetə. Hrač'ya Ačaryani cnndyan 100-amyakə. — *Sovetakan grakanowt' yown* 1976/6, 137-148 | Hrač'ya Ačaryan (1876-1953).

415 BARSEŁYAN, H.: Hr. Ačaryanə, hayocʿ lezvi patmowt'yan hetazotoł. — *BEH* 1976/3, 44-52 | H. Ačaryan as an investigator of Arm. language hist. (Ru. summ.).

416 SOWK'IASYAN, A. M.: Hayerenagitowt'yan anařik gagat'ə. — *LHG* 1976/3, 22-31

| The unequalled head of Arm. linguistics: Hrač'ya Ačaryan (Ru. summ.).
417 Sowk'iasyan, A.: H. Ačaryani baṟagitakan-baṟaranagrakan žaṟangowt'yownə. — *BEH* 1976/3, 53-59 | The lexicological-lexicographical heritage of H. Ačaryan (Ru. summ.).
418 Hrač'ya Ačaryani antip namakneric'. — *IFŽ* 1976/2, 205-214 | Unpublished letters of H. Ačaryan: 10 letters addressed to Mihrdat T'iryak'yan, ed. by A. A. Avetisyan.
419 Winter, Eduard: Friedrich **Adelung**, ein Bahnbrecher der vergleichenden Sprachwissenschaft. — [272]. 107-112.
420 Põldmäe, R.: August **Ahlqvist** ja tema suhted Eestiga. — *KjK* 19, 1976, 489-491 | August Ahlqvist (1826-99) and his relations to Estonia.
421 Teeuw, A.: In memoriam Walther **Aichele**, 1889-1971. — *OE* 20, 1973, 1-6, pl. (portr.).
422 Itkonen, Erkki: Die sprachwissenschaftliche Lebensarbeit von Frans **Äimä**. — *JSFOu* 74, 1976, 146-154.
423 Walravens, Hartmut: V. M. **Alekseev** [1881-1951] — Leben und Werk. Eine Bibliographie, aus sowjetischen Quellen zusammengestellt und übersetzt. — *OE* 21, 1974, 67-95.
424 Georgieva, Elena: Prof. Dr. Ljubomir Dimitrov **Andrejčin**, 1910-1975. — *ZBalk* 12, 1976/1, 5-6, pl. (portr.).
425 Gutschmidt, K.: In memoriam Ljubomir Andrejčin, 1910-1975. — *ZSl* 21, 1976, 878-879.
426 Mirčev, Kiril: Čl.-kor. prof. d-r Ljubomir Andrejčin † (1910-1975). — *BE* 26, 1976, 5-6.
427 Ivanova, Kalina, Nikolaev, Bojan, et al.: Profesor Ljubomir Andrejčin i bălgarskata gramatika. — *BE* 26, 1976, 7-13.
428 Popova, Venče, Žerev, Stojan, et al.: Deloto na profesor Ljubomir Andrejčin v oblastta na istorijata na bălgarskija knižoven ezik. — *BE* 26, 1976, 13-19.
429 Georgieva, Elena, Lilov, Metodi, et al.: Prof. Ljubomir Andrejčin i ezikovoto stroitelstvo. — *BE* 26, 1976, 19-26.
430 Čolakova, Kristalina: Prinosăt na prof. Ljubomir Andrejčin v bălgarskata leksikologija i leksikografija. — *BE* 26, 1976, 26-32.
431 Vladimirova, Todorka, Dimčev, Kiril, et al.: Prinosăt na prof. Ljubomir Andrejčin kăm teorijata i praktikata na obučenieto po bălgarski ezik. — *BE* 26, 1976, 32-36.
432 Popova, Venče: Bibliografija na trudovete na čl.-kor. prof. d-r Ljubomir Andrejčin (1970-1975). — *BE* 26, 1976, 37-48 | Bibliography of A.'s publications. Cont. of *IzvIBE* 19, 19-51 (BL 1970, 349).
433 Nenkova, Petja: Poklon pred pametta i deloto na prof. Ljubomir Andrejčin! — *BE* 26, 1976, 172-174 | Obituary notice.
434 Venediktov, G. K.: Pamjati professora Ljubomira Andrejčina. — *SovSlav* 1976/3, 126-127.
435 Pullicino, Ġużè Cassar (ed.): *Aquilina u l-Malti*. — [Valetta]: Edizzjoni Klabb Kotba Maltin, 1974, xiii, 310 p. | A tribute to Joseph **Aquilina**: biographical and other contributions, and bibliography of A.'s work. | *BSOAS* 39, 1976, 712 P. Cachia.
436 Palmeos, Paula: Akadeemik Paul **Ariste** 70. — *ESA* 21, 1975 (1976), 179-188, portr., 3 fig.
437 Bonfante, G.: G. I. **Ascoli**. — [181], 361-379, 4 facsim.
438 Peca Conti, Rita: *Carteggio Graziadio I. Ascoli – Emilio Teza*. — Napoli:

Morano, 1976, 215 p. | *Paideia* 31, 1976, 86 Vittore Pisani.
439 LESELBAUM, Charles: Bibliographie des travaux de Charles Vincent **Aubrun**. — [224], II, 443-468.
440 KÁLMÁN Béla: **Barczi** Géza, 1894-1975. — *NyK* 78, 1976, 149-152, portr.
441 BENKŐ Loránd, SZATHMÁRI Istvan, et al.: Búcsú Bárczi Gézátol. — *MNy* 72, 1976, 1-10.
442 CHOMSKY, Noam, HEMPEL, Carl G., et al.: Homage to Yehoshua **Bar-Hillel**. — [225], xiii-xviii.
443 Scientific works of Yehoshua Bar-Hillel. — [225], xix-xxviii.
444 In memoriam Yehoshua Bar-Hillel. — *TL* 3, 1976, [i-ii].
445 MAŁACHOWSKA, Ewelina: Stosunek profesora do słuchaczy w ich wspomnieniach. — *PJ* 1976, 25-31 | J. **Baudouin de Courtenay**.
446 OLMSTED, D. L.: Some aspects of Baudouin de Courtenay as book-reviewer. — [255], 227-232.
447 ROTHSTEIN, Robert A.: Działalność społeczna Jana Baudouina de Courtenay. — *PJ* 1976, 12-24 | Social activity of J. Baudouin de Courtenay. Pol. summ. in *SprOKrPAN* 19, 1975 (1976), 88-89.
448 — Poprawki i dodatki do "Bibliografii prac Jana Ignacego Niecisława Baudouina de Courtenay". — *PJ* 1976, 41-44 | Corr. and additions to the bibliography of J. Baudouin de Courtenay (BL 1974, 402).
449 SZYMCZAK, M.: Die Beziehungen Jan Baudouin de Courtenays zur deutschen Slawistik. — *ZSl* 21, 1976, 665-668.
450 VEČERKA, Radoslav: Prof. Jaroslav **Bauer** (1924-1969). — [57], 59-61.
451 Pamjati Viktora Ivanoviča Beljaeva. — *VLU* 1976/14, 149-150 | V. I. **Beljaev**.
452 MARTIN, Bernhard: Luise **Berthold** 85 Jahre. — *Mu* 86, 1976, 65.
453 Ivan Kostjantynovyč **Bilodid**. — [229], 5-14, pl. (portr.).
454 Ivan Kostjantynovyč Bilodid (Do 70-riččja z dnja narodžennja). — *Mov* 1976/4, 16-24, pl. (portr.).
455 FILIN, F. P.: Ivan Konstantinovič Beloded [Bilodid] (K semidesjatiletiju so dnja roždenija). — *IzvAN* 35, 1976, 387-389, portr.
456 DRAYE, H.: Professor Karl **Bischoff** zum 70. Geburtstag. — *Onoma* 19, 1975/3 (1976), 415-418.
457 RÖMER, W. H. Ph.: In memoriam F. M. Th. de Liagre **Böhl** [1882-1976]. — *BiOr* 33, 1976/3-4, [ii-iv], portr.
458 DOMI, M.: Henri **Boissin**, 1910-1975. — *SAlb* 13, 1976/1, 237-238 | En fr. En alb. dans *SFil* 30, 1976/3, 227-228.
459 FROMM, Hans: Helmut **de Boor**. Worte des Abschieds, Berlin-Wilmersdorf 10.8.76. — *PBB* (*T*) 98, 1976, 325-330, portr.
460 COMAS, Juan: Pedro **Bosch-Gimpera** (1891-1974). — *Onoma* 19, 1975/3 (1976), 636-640 | Avec bibliographie onomastique de B.-G.
461 PETR, Jan: Związki osobiste A. Brücknera z F. Pastrnkiem. — *RSl* 37, 1976, 69-78 | Les rapports personnels entre A. **Brückner** et F. Pastrnek (Rés. fr.).
462 MAROT, Pierre, & MONFRIN, Jacques: Clovis **Brunel** (1884-1971). — *BECh* 133, 1975, 207-235.
463 HAMPL, Zdeněk: Vladimír **Buben** (1888-1956). — *PhP* 19, 1976 (*ČMF* 58), 21-22.
464 RODIĆ, Nikola: Milan **Budimir** (1891-1975). — *OnJug* 6, 1976, 263-266.
465 — Milan Budimir (1891-1975). — *JslF* 32, 1976, 261-265.
466 LIPTÁK, Štefan: Jubileum jazykovedca. — *Nové obzory* 18, 1976, 453-456 | Ferdinand **Buffa** 50.

467 RIPKA, I.: Životné jubileum Ferdinanda Buffu. — *SR* 41, 1976, 38-40 | F. Buffa 50.
468 DVONČ, L.: Súpis prác Ferdinanda Buffu za roky 1950-1975. — *SR* 41, 1976, 40-51 | Bibliography of the works of F. Buffa.
469 KÖHBACH, Markus: Ahmet **Caferoğlu** (1899-1975). — *Onoma* 19, 1975/3 (1976), 641-643 | In G.
470 ORLIN, Louis L.: George G. **Cameron**: portrait of an orientalist. — [235], xi-xx | Bibliography, xxi-xxvii.
471 VANACKER, V. F., & DAAN, Jo: Afscheid van de redactieleden W. J. H. **Caron**, J. Leenen, J. L. Pauwels en Willem Pée. — *TeT* 28, 1976, 2-5.
472 MÁRQUEZ VILLANUEVA, Francisco: Don Américo **Castro** [1885-1972]. — *RFE* 57, 1974-75 (1976), 311-317.
473 SZYMAŃSKI, Edward: Georgi W. **Cereteli** (1904-1973). — *PrzO* 1976, 280-282.
474 Institut des Études orientales de l'Académie des Sciences de la R.S.S. de Géorgie: Ghiorghi Tsérétéli [Cereteli, 1904-73], fondateur de l'école soviétique de sémitologie et ses œuvres. — *BK* 34, 1976, 33-39.
475 EDWARDS, I. E. S.: Jaroslav **Černý**, 1898-1970. — *PBA* 58, 1972 (1974), 367-377, pl. (portr.).
476 BRASLAVEC, K. M., KAČALKIN, A. N., & LEDJAEVA, S. D.: Pavel Jakovlevič **Černych** [1896-1970]. — *EIRJa* 8, 1976, 6-14.
477 JACKSON, Kenneth: Nora Kershaw **Chadwick**, 1891-1972. — *PBA* 58, 1972 (1974), 537-549, pl. (portr.).
478 JOSIFOVA, Raška: Ezikovedskite prinosi na Ivan **Chadžov** (1885-1956). — *BE* 26, 1976, 239-245 | The linguistic work of I. Ch.
479 RUIPÉREZ, M. S.: † Pierre **Chantraine** (1899-1974). — *Minos* 15, 1974 (1975), 228-229.
480 PUZYNINA, Jadwiga: Dr Maria **Chmura-Klekotowa**, 1935-1976. — *PJ* 1976, 177-181.
481 WEYDT, Harald: *Noam* **Chomskys** *Werk. Kritik, Kommentar, Bibliographie.* — TBL 70; Tübingen: TBL-Verlag Narr, 1976, 110 p.
482 BASKAKOV, N. A., & [TRYJARSKI, E.] TRYJARSKIJ, È.: Pamjati Džerarda Klousona (1891-1974). — *NAA* 1975/3, 246-249, portr. | G. **Clauson**. With bibliography.
483 ARTIME, Rodrigo: Carlos **Clavería**, onomaturgo. — *Archivum* 25, 1975 (1976), 11-21.
484 ROCA, José Luis: Bio-bibliografía de Carlos Clavería (1909-1974). — *Archivum* 25, 1975 (1976), 23-39.
485 IVANOVA, Kalina, STANKOV, Valentin: 25-godišnijat tvorčeski jubilej na st. n. s. I st. Kristalina Čolakova. — *BE* 26, 1976, 431-433 | 25 years of scientific activity of K. **Čolakova**.
486 PAVLOVA, Sabina: Bibliografija na trudovete na st. n. s. I st. Kristalina Čolakova. — *BE* 26, 1976, 434-437 | Bibliography of the works of K. Č.
487 RADOVANOVIĆ, Milorad: Bibliografija radova Đure Daničića. — *ZbFL* 18, 1975/1 (1976), 9-63, pl. (portr.) | Đ. **Daničić** (1825-82).
488 VESELINOV, Ivanka: Đuro Daničić kak arheograf. — *ZbFL* 18, 1975/1 (1976), 133-144 | Summ. in G.
489 JERNEJ, J.: Giacomo **Devoto**. — *SRAZ* 39, 1975, 227-228.
490 MASTRELLI, Carlo Alberto: Giacomo Devoto. — *SE* 44, 1976, vii-viii, pl. (portr.).
491 MAYRHOFER, Manfred: Giacomo Devoto. — *AlmÖAW* 125, 1975 (1976), 557-562.

BIOGRAPHIES

492 *Friedrich* **Diez** *centennial lectures* (delivered May 24, 1976). Ed. by Edward F. TUTTLE. — *RomPh* 30/2, Suppl. (= Center for Medieval and Renaissance Studies, Contr. 9); Berkeley: Univ. of California Press, 1976, 30 p. | Yakov MALKIEL, 'Friedrich Diez and the birth pangs of Romance linguistics', 1-15 (Commentary by Edward F. TUTTLE, 16-17); Peter Hanns REILL, 'Philology, culture, and politics in early 19th-century Germany', 18-29.

493 BAUMGARTEN, Rolf: Myles **Dillon** (1900-1972): a bibliography. — *Celtica* 11, 1976, 1-14.

494 FOSTER, I. Ll.: Myles Dillon, 1900-1972. — *SCelt* 10-11, 1975-76, 412-416.

495 [SARGSYAN, G. H.] SARKISJAN, G. Ch.: Igor Michajlovič **D'jakonov** (K šestidesjatiletiju so dnja roždenija). — [325], 265-282.

496 MILIBAND, S. D.: Spisok osnovnych naučnych trudov doktora istoričeskich nauk I. M. D'jakonova (K šestidesjatiletiju so dnja roždenija). — *NAA* 1975/1, 227-232.
Catalogue of the C. M. **Doke** *Coll. on Afr. Languages* .... — 17.

497 KREJČÍ, Karel: Julius **Dolanský** (1903-1975). — *Slavia* 45, 1976, 103-106.

498 KULIKOVA, A. M.: B. A. **Dorn** [1805-81] i universitetskoe vostokovedenie v Rossii. — *NAA* 1975/2, 220-228.

499 ASKANAS, Kazimierz: Profesor Witold **Doroszewski** a językoznawcze badania regionalne Towarzystwa Naukowego Płockiego. — *Notatki Płockie* (Płock) 1976/2, 45-46.

500 AUDERSKA, Halina: Wspomnienie o Profesorze Witoldzie Doroszewskim. — *PJ* 1976, 151-155.

501 BASARA, Jan: Witold Doroszewski, 1899-1976. — *Nauka Polska* (Wrocław) 24, 1976/6, 123-128.

502 — Profesor Witold Doroszewski jako dialektolog. — *PJ* 1976, 131-135.

503 BERNŠTEJN, S. B.: Vitol'd Doroševskij. — *SovSlav* 1976/6, 113-115 | W. Doroszewski.

504 BUTTLER, Danuta: Profesor Witold Doroszewski: Teoretyk i krzewiciel kultury języka. — *PJ* 1976, 144-150.

505 FALIŃSKA, Barbara, & KOWALSKA, Anna: Międzynarodowa sesja naukowa poświęcona pamięci prof. Witolda Doroszewskiego w Towarzystwie Naukowym Płockim. — *Notatki Płockie* (Płock) 1976/2, 41-43, portr. | The intern. conference devoted to the memory of W. Doroszewski, organized by the Płock Sci. Soc.

506 HABOVŠTIAK, Anton: Za prof. Witoldom Doroszewským. — *SlavSl* 11, 1976, 325-326.

507 H[ENSEL], W[ITOLD]: Witold Doroszewski (1899-1976). — *SlAnt* 23, 1976, 316-317.

508 HONOWSKA, Maria: Wspomnienie uczennicy o Profesorze z lat wojennych. — *PJ* 1976, 158-159 | W. Doroszewski.

509 JAKUBOWSKA, Zofia: Witold Doroszewski. — *Polonistyka* 29, 1976/5, 67-68.

510 JAWORSKI, Michał: Witold Doroszewski jako pedagog. — *PJ* 1976, 160-163.

511 KOČEV, Ivan: Vitold Doroševski† (1899-1976). — *BE* 26, 1976, 356-357 | W. Doroszewski.

512 KURKOWSKA, Halina: Poglądy ogólnojęzykoznawcze Profesora Witolda Doroszewskiego. — *PJ* 1976, 118-121.

513 LEKOV, Ivan: V pamet na Vitold Doroševski (1899-1976). — *EL* 31, 1976/3, 102-103 | W. Doroszewski.

514 MIERZEJEWSKA, Halina: Badanie mechanizmów mowy pod kierunkiem Profesora Witolda Doroszewskiego. — *PJ* 1976, 164-165.

515 MITU, Mihai: Witold Doroszewski (1899-1976). — *SCL* 27, 1976, 573-574.
516 PAULINY, E.: Za prof. Witoldom Doroszewským. — *JČ* 27, 1976, 200.
517 PETR, Jan, & HAVRÁNEK, Bohuslav: Witold Jan Doroszewski (1899-1976). — *Slavia* 45, 1976, 436-439.
518 POMIANOWSKA, Wanda: Koncepcje słowotwórcze Profesora Witolda Doroszewskiego. — *PJ* 1976, 125-130.
519 SAFAREWICZ, Jan: Witold Doroszewski, 1899-1976. — *JP* 56, 1976, 81-82, portr.
520 — Zmarł Profesor Witold Doroszewski. — *Kultura i Społeczeństwo* (Warszawa) 20, 1976/2, 3-7.
521 SIECZKOWSKI, Andrzej: Profesor Witold Doroszewski – slawista. — *PJ* 1976, 136-143.
522 SKORUPKA, Stanisław: Witold Doroszewski – uczony i człowiek. — *PJ* 1976, 110-117.
523 TOKARSKI, Jan: O pracach leksykograficznych Profesora Witolda Doroszewskiego. — *PJ* 1976, 122-124.
524 URBAŃCZYK, Stanisław: Profesor Witold Doroszewski (1899-1976). — *Polonica* 2, 1976, 5, pl. (portr.).
525 ZWOLIŃSKI, Przemysław: Profesor doktor Witold Doroszewski a tradycje językoznawcze w Polsce. — *PJ* 1976, 156-157.
526 Co piszą po śmierci Profesora? — *PJ* 1976, 167-176 | W. Doroszewski.
527 LUTTERER, Ivan: Henri **Draye** pětašedesátiletý. — *ZprMK* 17, 1976, 194-195 | H. Draye 65.
528 WISEMAN, D. J.: Sir Godfrey **Driver** [1892-1975]. — *BSOAS* 39, 1976, 160-163, pl. (portr.).
529 Herbert W. **Duda** †. — *WZKM* 67, 1975, vii-viii, pl. (portr.).
530 GOTTSCHALK, Hans L.: Herbert W. Duda. — *AlmÖAW* 125, 1975 (1976), 578-581.
531 KÁLDY-NAGY, Gy.: In memoriam Herbert W. Duda, 1900-1975. — *AOH* 30, 1976, 133-135.
532 KOERNER, E. F. K.: A minor figure in 19th-century French linguistics: A. **Dufriche-Desgenettes** [1804-c. 1885]. — *Phonetica* 33, 1976, 222-231 | Summ. in G. & Fr. | Summ., with discussion, in [181], 357-360.
533 **Dvonč**, L.: Súpis prác Ladislava Dvonča za roky 1948-1975. — *SR* 41, 1976, 290-315 | Bibliography of the works of L. D.
534 HORECKÝ, J.: Päťdesiatka dr. Ladislava Dvonča. — *JČ* 27, 1976, 186-187 | L. Dvonč 50.
535 KOČIŠ, F.: Dr. Ladislav Dvonč päťdesiatročný. — *SR* 41, 1976, 287-289 | L. Dvonč 50.
536 HALLBERG, Göran: Professor Bertil Ejders tryckta skrifter. En bibliografi. — *SsvOÅ* 1976, 118-126 | Cf. 'Bertil **Ejder** 60 år', *Ibid.* 1-2.
537 HOLMBERG, Bengt: Verner **Ekenvall**, 1911-1975. — *SvLm* 98, 1975 (1976), 106-109, portr. | In Sw. with E. summ.
538 In memoriam Prof. Dr. J. **Engels** [1909-75]. — *Nph* 60, 1976, 161.
539 RONGO, Hans H.: Petrus **Envall**, 1889-1974. — *SvLm* 97, 1974 (1975), 86-90, portr. | En suéd. avec rés. fr.
540 HEDBLOM, Folke: Manne **Eriksson**, 1895-1974. — *SvLm* 97, 1974 (1975), 67-73, portr. | En suéd. avec rés. fr.
541 IZZO, H.: Carl Ludwig **Fernow** as Italian dialectologist and Romanist. — [181], 125-143 | Also: Herbert J. Izzo: 'Carl Ludwig Fernow: a forgotten pioneer of Romance linguistics and Italian dialectology', *KLit* 5, 1976, 226-233.

BIOGRAPHIES 542-567

542 THUN, Harald: Carl Ludwig Fernow (1763-1808). Sein Beitrag zur Romanistik und zur Italianistik. — [181], 145-173.
543 MARQUES, Maria Emília Ricardo: António M. Gomes **Ferreira** (1917-1972). — *RPF* 16, 1972-74 (1976), 771-776.
544 ŠČERBA, L. V.: F. F. **Fortunatov** in the history of the science of language. — *HL* 3, 1976, 129-139 | First publ. in Ru. in 1963 (BL 1963, 871).
545 DROIXHE, Daniel: Linguistica Belgica: le souvenir du comte [Thomas-François-Joseph] **de Fraula** (1729-87). — *HL* 3, 1976, 261-265.
546 OBERHAMMER, Gerhard: Erich **Frauwallner** (1898-1974). — *WZKSA* 20, 1976, 5-17 | 'Verzeichnis der Schriften Erich Frauwallners', 19-36.
547 ENDE, Werner: Johann W. **Fück** (1894-1974). — *Islam* 53, 1976, 193-195.
548 FLEISCHHAMMER, Manfred: Johann Fück, 1894-1974. — *JbSAW* 1973-74 (1976), 419-439, portr. | With bibliography.
549 VOGT, Johann: *The linguistic work of Friedrich Karl* **Fulda**. — The Hague: 1974 | BL 1974, 491. | *HL* 3, 1976, 366-373 K. Å. Forsgren.
550 LICHAČEV, D. S., BARCHUDAROV, S. G., et al.: Roman Robertovič **Gel'gardt** (K 70-letiju so dnja roždenija). — *NDVŠ-F* 1976/4, 126-127.
551 BRUIN, M. P. DE: Hendrika Catharina Maria **Ghijsen** [1884-1976]. — *TeT* 28, 1976, 6-18, pl. (portr.).
552 LAPESA, Rafael: Samuel **Gili Gaya** (1892-1976). — *BAE* 56 (208), 1976, 195-202, pl. (portr.).
553 KOSTOV, K.: Pamjati Bernarda Gill'jata-Smita. — *BalkE* 19, 1976/4, 73-75 | B. **Gilliat-Smith** (1883-1974).
554 GRECHNEVA, G. M., & TEPLOVA, I. I.: Boris Nikolaevič Golovin (K 60-letiju so dnja roždenija). — *NDVŠ-F* 1976/5, 126.
555 COLÓN, Germán, & KOPP, Robert: Bibliographie von Carl Theodor **Gossen**. — [249], 9-24.
556 RIVENC, Paul: Georges **Gougenheim** (1900-1972). — *RPF* 16, 1972-74 (1976), 777-787.
557 BLINKENA, A.: Valodniekam Rūdolfam Grabim 70 gadi. — *LZAV* 1976/8 (349), 140-141, portr. | Rūdolfs **Grabis** 70.
558 ŠARBATOV, G. Š.: Pamjati B. M. **Grande** [1891-1974]. — *NAA* 1975/5, 244-245, portr.
559 BERNŠTEJN, S. B.: Iz istorii russkogo slavjanovedenija. Viktor Ivanovič **Grigorovič** [1815-76]. — *IzvAN* 35, 1976, 533-538.
560 JENDREIEK, Helmut: *Hegel und Jacob* **Grimm** ... — Berlin: 1975 | BL 1975, 551. | *ADA* 87, 1976, 145-150 U. Wyss.
561 CARTER, Hazel: Malcolm **Guthrie**, 1903-1972. — *PBA* 59, 1973 (1975), 473-498, pl. (portr.).
562 — Obituary: Professor Malcolm Guthrie, 1903-1972. — *JAfrL* 11, 1972/2 (1974), 89-92.
563 KOUSGAARD SØRENSEN, John: Kristian **Hald** zum 70. Geburtstag. — *Onoma* 19, 1975/3 (1976), 419-421.
564 BAKMAZ, Ivan: Bibliografia znanstvenih i stručnih radova Josipa Hamma. — *Slovo* 25-26, 1976, 7-16 | Bibliography of the works of J. **Hamm**.
565 TOLLENAERE, F. DE: Ter nagedachtenis van Klaas **Heeroma**. — *Jaarboek van de stichting Inst. voor Nederl. Lexicologie* [7907], 51-57, portr.
566 ADRADOS, Francisco R.: Eugenio V. **Hernández Vista** [1918-75]. — *RSEL* 5, 1975, 464-465.
567 POLOMÉ, Edgar C.: Archibald A. **Hill**: a biographical sketch. — [255], 13-14.

568   HAUGEN, Einar: For Arch. [Remarks at Austin, Texas on May 1, 1972.] — [255], 15-18.
569   Archibald A. Hill: a bibliography. — [255], 19-32.
570   HERRMANN, Gottfried: Schriftenverzeichnis Walter **Hinz**. — *AMI* 9, 1976, 9-14, pl. (portr.).
571   TUNELD, John: Professor Gösta **Holms** tryckta skrifter. En bibliografi. — [257], 490-499.
572   HOLM-OLSEN, Ludvig: Anne **Holtsmark** [1896-1974]. — *MM* 1975, 1-3, portr.
573   *Universalismus und Wissenschaft im Werk und Wirken der Brüder* **Humboldt**. Im Auftr. der Humboldt-Ges. hrsg. von Klaus HAMMACHER. Mit einem Anhang: Wilhelm von Humboldts Briefe an John Pickering, hrsg. von Kurt MÜLLER-VOLLMER. — Studien zur Philosophie und Lit. des 19. Jh.s 31; Frankfurt: Klostermann, 1976, 342 p. | From the contents: Wilhelm von Humboldt und der Anfang der amerikanischen Sprachwissenschaft: Die Briefe an John Pickering, hrsg. von Kurt MÜLLER-VOLLMER, 259-334; Helmut GIPPER, Individuelle und universelle Züge der Sprachen in der Sicht Wilhelm von Humboldts, 199-223 (with discussion).
574   BEGMATOV, Ė.: Sabirdžan **Ibragimov** [1905-74]. — *SovT* 1975/2, 122-124, portr. | With bibliography.
575   PALAMARČUK, L. S., & SKRYPNYK, L. H.: Vasyl' Semenovyč **Il'jin** (1901-1963). — *Mov* 1976/1, 86-87.
576   SCHÖLER, Walter: Laudatio [Alexander **Issatschenko** zum 65. Geburtstag]. — [260], 7-10.
577   KRAMER, Samuel Noah: Thorkild **Jacobsen**: philologist, archeologist, historian. — [261], 1-7.
578   POHRT, H.: Vatroslav **Jagić** und die Slawistik in Berlin. — *ZSl* 21, 1976, 378-391.
579   MOUCHOVÁ, Bohumila: Carolus **Janáček** septuagenarius. — *LF* 99, 1976, 129-130 | K. Janáček (in Cz.).
580   Viktorija Nikolaevna **Jarceva** (K 70-letiju so dnja roždenija). — *NDVŠ-F* 1976/6, 119-121.
581   GUCHMAN, M., & MIRONOV, S.: Viktorija Nikolaevna Jarceva (K semidesjatiletiju so dnja roždenija). — *IzvAN* 35, 1976, 564-566, portr.
582   WILLIAMS, J. E. Caerwyn: Thomas **Jones**, 1910-1972. — *SCelt* 10-11, 1975-76, 1-4, pl. (portr.).
583   ROBERTS, Brynley F.: A bibliography of the published work of Thomas Jones. — *SCelt* 10-11, 1975-76, 5-14.
584   CANNON, Garland, & PANDEY, Siddheshwar: Sir William **Jones** revisited: On his translation of the Śakuntalā. — *JAOS* 96, 1976, 528-535.
585   BIJALIEV, A., & ORUSBAEV, A.: Konstantin Kuz'mič **Judachin**, 1890-1975. — *NAA* 1975/4, 246-248.
586   BOJADŽIEV, Todor: Docent Stajko **Kabasanov** na 70 godini. — *EL* 31, 1976/2, 97-98 | S. Kabasanov 70.
578   BOJADŽIEV, Todor, & DIMČEV, Kiril: Stajko Kabasanov na 70 godini. — *Rodopi* (Sofija) 1976/3, 32-33.
588   MLADENOV, Maksim Sl.: Doc. Stajko Kabasanov na 70 godini. — *BE* 26, 1976, 503-504 | Bibliography of K.'s publ., 504-507.
589   RZEPKA, Wojciech Ryszard: Józef Tadeusz **Kania**, 1937-1974. — *SlOc* 33, 1976, 184-185, portr.
590   ARISTE, Paul: Alfrēds **Kasparsons** in memoriam. — *SovFU* 12, 1976, 236 | A. Kasparsons (1887-1975) = August Sproģis. | Cf. BL 1974, 716.

BIOGRAPHIES

591 MULVIHILL, E. R.: Professor Lloyd A. **Kasten**: biography & bibliography. — [266], 1-4.
592 ZAICZ Gábor: **Kecskeméti** István, 1937-1975. — *NyK* 78, 1976, 156-160.
593 KŌZU Harushige, et al.: **Kindaichi** Kyōsuke sensei o itamu. — *GK* 62, 1972, 1-23, pl. (portr.) | In memoriam Kyōsuke Kindaichi. Biographical notes, and bibliography, by Naoshirō TSUJI, Hideo KOBAYASHI, Hisanosuke IZUI, et al.
594 TSUJI Naoshirō: Ko Kōzu Harushige-kun tsuitō no ji. — *GK* 64, 1973, 1-2, pl. (portr.) | In memoriam Harushige **Kodzu**.
595 KAZAMA Kiyozō: Ko Kōzu Harushige sensei, ryakufu, shuyō roncho mokuroko. — *GK* 64, 1973, 3-11 | Harushige Kodzu: biographical notice and selected bibliography.
596 IVIĆ, Milka: Rudolf **Kolarič** (1898-1975). — *JslF* 32, 1976, 257-258.
597 IVIĆ, Pavle: Rudolf Kolarič. — *ZbFL* 18, 1975/2 (1976), 1-5, pl. (portr.).
598 KAŠIĆ, Jovan: Bibliografija radova profesora dr Rudolfa Kolariča. — *ZbFL* 18, 1975/2 (1976), 7-8 | Continues the bibliography published in *ZbFL* 11 (BL 1969, 458).
599 KONDRAT'EV, V. G.: A. N. **Kononov** (k 70-letiju so dnja roždenija). — *VLU* 1976/20, 164, portr.
600 KLJAŠTORNYJ, S. S.: K 70-letiju akademika Andreja Nikolaeviča Kononova. — *IzvAN* 35, 1976, 477-478, portr.
601 NASILOV, D. M.: Andrej Nikolaevič Kononov (K 70-letiju so dnja roždenija). — *NDVŠ-F* 1976/4, 124-125.
602 ILEK, B.: Za profesorem L. V. Kopeckým (1894-1976). — *ČRus* 21, 1976, 145-146 | L. V. **Kopeckij**.
603 HAVRÁNEK, Bohuslav: Za prof. L. Kopeckým. — *SS* 37, 1976, 244-245 | L. V. Kopeckij.
604 ZATOVKAŇUK, Mikoláš: Za profesorem Leontijem Vasiljevičem Kopeckým. — *RJ* 27, 1976-77, 45-47 | L. V. Kopeckij.
605 HRABÁK, Josef: Za Oldřichem Králíkem. — *LF* 99, 1976, 51-52 | Nécrologie de Oldřich **Králík**.
606 SKUTIL, Jan: Za prof. dr. Oldřichem Králíkem. — *VVM* 28, 1976, 82-83.
607 STICH, A.: Skon Oldřicha Králíka. — *NŘ* 59, 1976, 27-28.
608 JACOBSEN, Thorkild: Samuel Noah **Kramer**: an appreciation. — [268], xiii-xvi.
609 Bibliography of the writings of Samuel Noah Kramer. — [268], 451-461.
610 FROMM, Hans: Eberhard **Kranzmayer**, 1897-1975. — *JbBAW* 1976, 202-206.
611 HORNUNG, Maria: Eberhard Kranzmayer (1897-1975). — *Onoma* 19, 1975/3 (1976), 648-652.
612 WIESINGER, Peter: Eberhard Kranzmayer 1897-1975. — *ZDL* 43, 1976, 1-10.
613 MAJTÁN, M.: Prof. PhDr. Štefan **Krištof**, CSc. — *ZbSOK* VI, 294-296 | Š. Krištof 60.
614 DVONČ, L.: Súpis onomastických prác prof. Š. Krištofa za roky 1946-1973. — *ZbSOK* VI, 297-299 | Bibliography of the onomastic works of Š. Krištof.
615 ESSEN, A. J. VAN: Etsko **Kruisinga**, 1875-1975. — *LT* 1976, 125-142; 476-505 (Fin) | Cf. BL 1975, 609.
616 ZINKEVIČIUS, Z.: Jonas **Kruopas** [1908-75]. — *Baltistica* 12, 1976, 107-108 | In Lith.
617 ŽOVTOBRJUCH, M.: Jevgen Mychajlovyč **Kudryc'kyj**, 1894-1976. — *Mov* 1976/2, 93.
618 CSIKAI, Valéria: Ignacz **Kúnos** (1860-1945). — *AnaL* 6, 1976/1, 178-191 | Biographical notice (in G.) and bibliography.

619 MOSZYŃSKI, Leszek: Siedemdziesięciolecie Profesora Władysława Kuraszkiewicza. — *PJ* 1976, 261-265 | W. **Kuraszkiewicz** 70.
620 ZIERHOFFER, Karol: Bibliografia prac Władysława Kuraszkiewicza za lata 1966-1975. — *SPol* 3, 1976, 5-8 | The work of W. Kuraszkiewicz: a bibliography continuing that published in *SlOc* 27 (BL 1968, 506).
621 ŘEHÁČEK, Luboš: L'œuvre balkanologique de Josef **Kurz** (1901-1972). — *EBTch* 5, 1974 (1976), 159-166.
622 *Ararat Sahaki* **Łaribyan**. Ņeracakanə A. A. ABRAHAMYANI, matenagitowt'yowna kazmel ê R̄. A. BABAJANYANƏ. / *Ararat Saakovič Garibjan*. Vstupitel'naja stat'ja A. A. ABRAAMJANA, bibliografija sostavlena R. A. BABADŽANJAN. — Sovetakan Hayastani Akanavor Gitnakannerə 13; Erevan: Haykakan SSH GA hratarakč'owt'yown, 1971, 88 p., portr. | Short evaluation and bibliography (for 1932-70) of the works of A. S. Łaribyan.
623 KOVÁCS Ferenc: **Laziczius** Gyula. — *NyK* 78, 1976, 225-242 | Gyula Laziczius. With bibliography and G. summ.
624 NAGY Péter: Lazacra emlékezve. — *NyK* 78, 1976, 401-403 | Le souvenir de Laziczius (Rés. fr.).
625 VACHEK Josef: Gyula Laziczius and early Prague phonology. — *NyK* 78, 1976, 480-483.
626 GOOSSENS, J.: Jozef **Leenen** † [1891-1976]. — *TeT* 28, 1976, 97-101 | With bibliography supplementing that published in *TeT* 23, 63 (BL 1971, 587).
627 STEVENS, A.: In memoriam Jozef Leenen (1891-1976). — *BCTD* 50, 1976, 27-30 | In Du.
628 BAHNER, Werner: Martin **Lehnert** zum 65. Geburtstag. — [272], 7-12.
629 LEHNERT, Martin: Mein letztes Jahrzehnt im aktiven wissenschaftlichen Dienst der Berliner Anglistik. — [272], 179-183.
630 Die wissenschaftlichen Veröffentlichungen Martin Lehnerts. — [272], 184-196.
631 KYRYLJUK, Jevhen: Grygorij Andrianovyč **Levčenko**. — *Mov* 1976/6, 74-77.
632 Pamjati K. A. Levkovskoj. — *VMU* 1976/2, 93-94, portr. | K. A. **Levkovskaja** (1905-75).
633 Bibliographie des travaux de Madame Halina **Lewicka**. — *KNf* 23, 1976, 3-9, pl. (portr.).
634 CAMPBELL, John L.: Unpublished letters by Edward **Lhuyd** in the National Library of Scotland. — *Celtica* 11, 1976, 34-42.
635 DEMIN, A. S., DERŽAVINA, O. A., et al.: Dmitrij Sergeevič **Lichačev** (K 70-letiju so dnja roždenija). — *NDVŠ-F* 1976/5, 123-125.
636 ROBINSON, A. N.: K 70-letiju akademika Dmitrija Sergeeviča Lichačeva. — *IzvAN* 35, 1976, 479-480, portr.
637 Bibliografia de Raimundo **Lida**. — *NRFH* 24, 1975, v-x.
638 JOKI, Aulis J.: Matti Engelbert **Liimola**. Gedächtnisrede. — *Suomalaisen Tiedeakatemian esitelmät ja pöytäkirjat* (Helsinki) 1975 (1976), 91-95, portr.
639 Žizn' i naučnaja dejatel'nost' T. P. Lomteva (1906-1972). — [10775], 3-8 | T. P. **Lomtev**. | 'Spisok naučnych rabot T. P. Lomteva', *Ibid*. 373-379.
640 GULYGA, E. V., & MILOSLAVSKIJ, I. G.: Širota interesov, sovremennost' myšlenija, metodologičeskaja četkost' (V svjazi s vychodom knigi T. P. Lomteva *Obščee i russkoe jazykoznanie* ....). — *NDVŠ-F* 1976/6, 41-49 | Apropos of No. 10775.
641 Selected publications of Cecilio **Lopez**. — [277], ix-xi.
642 FELLMAN, Jack: Job **Ludolf** (1624-1704) as the founder of Ethiopic studies in Europe. — *HL* 3, 1976, 377-380.

BIOGRAPHIES

643 ARISTE, Paul: Vassili Lõtkin 80-aastane. — *ESA* 21, 1975 (1976), 175-178, portr. | V. I. **Lytkin**.
644 KORENCHY Éva: Vaszilij Iljics Litkin 80 éves. — *NyK* 78, 1976, 160-162.
645 ROSPOND, Stanisław: W hołdzie uczonemu – koledze. — *RKJW* 10, 1976, 7-9 | Mieczysław **Małecki**.
646 DAVIS, A. L.: Albert H. **Marckwardt** (1903-1975). — *JEL* 10, 1976, 1-2.
647 HILL, Archibald A.: Albert Henry **Marckwardt**. — *Lg* 52, 667-680 | With bibliography.
648 MCDAVID, Raven I., Jr.: Albert H. **Marckwardt** (1903-75) and the Linguistic Atlas of the North-Central States. A memorial. — *Orbis* 25, 1976, 176-186, portr.
649 KELEMEN, B.: Gyula **Márton** (1916-1976). — *SCL* 27, 1976, 451-452.
650 VÉGH József: † Márton Gyula, 1916-1976. — *MNy* 72, 1976, 373-375.
651 HORÁLEK, Karel: Vilém **Mathesius** jako filozof jazyka. — *NŘ* 59, 1976, 169-174 | V. Mathesius als Philosoph der Sprache.
652 M[ALKIEL], Y.: William **Matthews** (1905-75). — *RomPh* 29, 1975-76, 310.
653 Bibliographie Manfred **Mayrhofer**. Als Festgabe zum 50. Geburtstag am 26. September 1976 zusammengestellt von Rüdiger SCHMITT und überreicht von Schülern, Freunden und Kollegen. — Wien: Inst. für Sprachwissenschaft, 1976, 28 p.
654 MAJTÁN, M.: Samo **Mazúr**. — *ZbSOK* VI, 300-302 | S. Mazúr 65.
655 DVONČ, L.: Súpis onomastických prác S. Mazúra za roky 1941-1973. — *ZbSOK* VI, 303-306 | Bibliography of the onomastic works of S. Mazúr.
656 GRIFFITH, T. Gwynfor: M. F. M. **Meiklejohn** [1913-74]. — *IS* 30, 1975, 1-6, pl. (portr.).
657 Biografie. Bibliografie [H. J. J. M. **van der Merwe**, 1913-74]. — [279], 163-166.
658 BOGORODSKIJ, B. L., MŽEL'SKAJA, O. S., & MOISEEV, A. I.: Nikita Aleksandrovič **Meščerskij** (K 70-letiju so dnja roždenija). — *NDVŠ-F* 1976/1, 126-127.
659 IVANOVA, T. A., & GERD, A. S.: Literaturoved i lingvist (K 70-letiju so dnja roždenija N. A. Meščerskogo). — *VLU* 1976/2, 156-157, portr.
660 BARRAL, Marcel: † Louis **Michel** (1913-1975). — *RLaR* 81, 1975/2 (1976), ix-xii.
661 HALL, Robert A., Jr.: Bruno **Migliorini** (1896-1975). — *Onoma* 19, 1975/3 (1976), 653.
662 HEINIMANN, Siegfried: Bruno Migliorini, 1896-1975. — *VR* 35, 1976, 329-334.
663 JERNEJ, J.: Bruno Migliorini. — *SRAZ* 39, 1975, 229-231.
664 M[ALKIEL], Y.: Bruno Migliorini (1896-1975). — *RomPh* 29, 1975-76, 398-408.
665 MASTRELLI, Carlo Alberto: In memoria di Bruno Migliorini. — *AGI* 61, 1976, 1-2.
666 NENCIONI, Giovanni: Bruno Migliorini. — *AGI* 61, 1976, 20-36.
667 FANFANI, Massimo Luca: Bibliografia degli scritti di Bruno Migliorini (1957-1975). — *AGI* 61, 1976, 3-19 | Continues the bibliography published in 1957 (BL 1957, 22).
668 BEDNARCZUK, Leszek: Profesor Tadeusz **Milewski**. — *RND* 58, Prace językoznawcze 3, 1976, 7-9.
669 DOGRAMADŽIEVA, Ekaterina: Čl.-kor. Kiril Spiridonov **Mirčev** † (1902-1975). — *BE* 26, 1976, 289-295.
670 KOČEVA, Emilija: Poklon pred deloto na čl.-kor. prof. Kiril Mirčev. — *BE* 26, 1976, 353-356.
671 BERNŠTEJN, S. B.: Pamjati Kirilla Mirčeva. — *VMU* 1976/5, 94-95.
672 KOSTOV, M.: In memoriam Kiril Mirčev, 1902-1975. — *ZSl* 21, 1976, 879-880.
673 STOJANOV, Stojan: Prof. Kiril Mirčev, 1902-1975 g. — *EL* 31, 1976/2, 100-102.

674 VIDENOV, Michail: Kiril Mirčev (1902-1975). — *Slavia* 45, 1976, 439-440.
675 Walther **Mitzka** †. — *ZDL* 43, 1976, 257.
676 H[ILDEBRANDT], R[einer]: Zum Tode von Walther Mitzka. — *GermL* 1976/3-4, 2, portr.
677 *Kazimierz* **Moszyński**. *Życie i twórczość*. [Red.: Jadwiga KLIMASZEWSKA]. — Wrocław: Zakład im. Ossolińskich (Polska Akad. Nauk, Oddział w Krakowie, Komisja Etnograficzna), 1976, 164 p., front. (portr.) | Life and work of K.M. From the contents: Franciszek SŁAWSKI, 'Prace językoznawcze Kazimierza Moszyńskiego', 81-86; Małgorzata MAJ, 'Bibliografia prac Kazimierza Moszyńskiego', 154-163.
678 Bibliographie des principaux travaux de M. Bodo **Müller**. — [5293], 159-160.
679 CHAUDHURI, Nirad C.: *Scholar extraordinary: the life of Professor the Rt. Hon. Friedrich Max* **Müller**, *P.C.* — London: 1974 | BL 1974, 618. | *JRAS* 1976, 166-169 Arnold Kunst.
680 STUDER, Eduard: P. Hugo **Müller** OSB (1893-1975). — *Onoma* 19, 1975/3 (1976), 654-656.
681 CURTI, Luca: Supplemento alle bibliografie di Alessandro D'Ancona e Adolfo **Mussafia**. — *ASNP* 6, 1976, 259-278.
682 ELIA, Sílvio: Antenor **Nascentes** (1886-1972). — *RPF* 16, 1972-74 (1976), 788-792.
683 KÁLDY-NAGY, Gy.: Julius **Németh**. — [284], 11-15.
684 DÁVID, G.: A bibliography containing the works of Professor Julius Németh published between 1960-1974. — [284], 357-364 | Cf. BL 1963, 495, & 1960, 24.
685 IVIĆ, Milka: Dr. Berislav **Nikolić** (1928-1976). — *JslF* 32, 1976, 259-260.
686 Berislav Nikolić. — *NJ* 22, 1976/1-2, 86-91.
687 P[ARROT], A.: Jean **Nougayrol** (1900-1975). — *Syria* 52, 1975/1-2 (1976), 154-155, portr.
688 ŽAŽA, Stanislav: Prof. Bořivoj **Novák** (1906-1973). — [57], 77-79.
689 — Nedožité sedmdesátiny Bořivoje Nováka (1906-1973). — *Universitas* 1976/4, 107-108.
690 AHVEN, Heino: Heino **Nurmiste** 70. — *ESA* 21, 1975 (1976), 189-190, portr.
691 PAČESOVÁ, Jaroslava: K sedmdesátinám profesora Karla Ohnesorga. — *SFFBU* 25 (A 24), 1976, 7-12 | Karel **Ohnesorg** septuagénaire. Bibliographie, p. 9-12.
692 FLANAGAN, Deirdre: Éamonn **de hÓir** (1920-1975). — *Onoma* 19, 1975/3 (1976), 644-647 | With bibliography.
693 BRUNNER, Hellmut: Eberhard **Otto** (1913-1974). — *ZDMG* 126, 1976, 1-4, pl. (portr.).
694 KELKAR, Ashok R.: P. B. **Pandit** [1923-75]. — *IL* 37, 1976, 77-81 | With bibliography.
695 MANCARELLA, Giovan Battista: L'onomastica nelle ricerche di Oronzo **Parlangèli**. — *SLSal* 6, 1973-74 (1975), 37-49.
696 PISANI, Vittore: Oronzo Parlangèli. Cenno biografico e note introduttive. — [290], 5-11 | Cf. 6536.
697 SANTORO, Ciro: Bibliografia degli scritti di Oronzo Parlangèli. — [290], 13-29.
698 DUMITRAŞCU, Pompiliu: Activitatea lingvistică şi filologică a lui Ştefan **Paşca** [1901-57]. — *CLing* 21, 1976, 137-143.
699 VASILIU, Gabriel: Bibliografia lucrărilor lui Ştefan Paşca. — *CLing* 21, 1976, 145-151.
700 DŽIMBINOV, B., & KALIMOV, A.: Boris Kliment'evič **Paškov** (1891-1970). — [407], 7-13 | With bibliography.

BIOGRAPHIES

701 IVIĆ, Pavle: Milivoj **Pavlović**. — *ZbFL* 17, 1974/1 (1975), 7-12, pl. (portr.).
702 STEVANOVIĆ, M.: Milivoj Pavlović. — *JslF* 31, 1974-75, 285-292.
703 PLOSS, Herta: *Schriftenverzeichnis Emil* **Ploss**. *Zum 50. Geburtstag*. — München, Clemensstrasse 79: H. Ploss, 1975, [24] p., front. (portr.).
704 KRÁMSKÝ, Jiří: Životní jubileum prof. Poldaufa. — *CJŠ* 19, 1975-76, 88-89 | Ivan **Poldauf** 60.
705 FRANČUK, V. Ju.: *Oleksandar Opanasovyč* **Potebnja**. — Kyjiv: "Naukova dumka", 1975, 92 p., ill. | A. A. Potebnja: bio-bibliography. | *Mov* 1976/4, 89-90 V. Poljek.
706 LEŠKA, Oldřich: Materialy dlja biografii A. A. Potebni. — *Slavia* 45, 1976, 47-59.
707 KOLMAŠ, Josef, & ŠÍMA, Jiří: The septuagenary of Pavel **Poucha**. — *AO* 44, 1976, 54-62 | With bibliography.
708 D[OMI], M.: Stefan **Prifti**, 1910-1975. — *SFil* 30, 1976/1, 233-234.
709 VIHMA, H.: Silvija **Rağe** [1928-76]. — *KjK* 19, 1976, 640, portr.
710 VIRTARANTA, Pertti: Martti Olavi **Rapola**. Gedächtnisrede. — *SbFAW* 1973 (1976), 51-57, portr. | Cf. BL 1975, 720.
711 DIDERICHSEN, Paul: *Rasmus* **Rask** *und die grammatische Tradition. Eine Studie über den Wendepunkt in der Sprachgeschichte*. — Intern. Bibl. für allgemeine Linguistik 33; München: Fink, 1976, 181 p. | Transl. of: *Rasmus Rask og den grammatiske tradition ....*, 1960 (BL 1960, 25).
712 MARKEY, T. L.: Rasmus Kristian Rask: his life and work. — [8656], xv-xliii.
713 ITKONEN, Erkki: Paavo Ilmari **Ravila**. Gedächtnisrede. — *SbFAW* 1974 (1976), 95-101, pl. (portr.) | Fi. version in *Suomalaisen Tiedeakatemian esitelmät ja pöytäkirjat* (Helsinki) 1974 (1976), 149-155.
714 KAŁUŻYŃSKI, Stanisław: Jan **Reychman** (1910-1975). — *RO* 38, 1976, 7-14 | En fr.
715 DUBIŃSKI, Aleksander & Romuald: Bibliographie des œuvres orientales du professeur Jan Reychman. — *RO* 38, 1976, 15-29.
716 SCHÜTZ, E.: Jan Reychman (1910-1975). — *AOH* 30, 1976, 251-253.
717 BIHLER, Heinrich: In memoriam Hans **Rheinfelder** [1898-1971]. — *GAKS* 28, 1975, 430-431.
718 FOSTER, I. Ll.: Melville **Richards**, 1910-1973. — *SCelt* 10-11, 1975-76, 416-418.
719 HANGIN, Gombojab: In commemoration of the seventieth anniversary of Academician Professor Doctor Yüngsiyebü **Rinchen**. A bibliography with a short biographical note. — *MongS* 2, 1975, 7-24.
720 GOOSSENS, J.: Winand **Roukens**† [1896-1974]. — *TeT* 28, 1976, 19-20.
721 HRYNČYŠYN, D.: Volodymyr Oleksijovyč **Rozov** (do 100-riččja z dnja narodžennja). — *Mov* 1976/5, 89-91.
722 ZYLA, Wolodymyr T.: J. B. **Rudnyc'kyj** as an onomatologist. — *Onoma* 19, 1975/3 (1976), 422-433.
723 HORECKÝ, J.: K šesťdesiatke Jozefa Ružičku. — *KS* 10, 1976, 28-29 | Jozef **Ružička** 60.
724 PECIAR, Š.: Na šesťdesiatku Jozefa Ružičku. — *SR* 41, 1976, 35-37.
725 LAKÓ, György: **Sajnovics** *János. A múlt magyar tudósai*. — Budapest: Akadémiai Kiadó, 1973, 248 p. | *ALH* 26, 1976, 249-251 B. Kálmán | *NyK* 78, 1976, 167-169 H. Laborc Júlia.
726 MARIANELLI, Marianello: Vittorio **Santoli**. — [297], 1-14.
727 ZAGÓRSKI, Zygmunt: Stefan **Saski**, 1888-1974. — *SlOc* 33, 1976, 183, portr.
728 CULLER, Jonathan: **Saussure**. — Hassocks, Sussex: Harvester Press, 1976, 127 p. | Published simultaneously in paperback by Fontana Books in their "Modern Masters" series. | *Germanistik* 18, 1977, 292 E. F. K. Koerner | *ZRPh* 92, 1976,

637-638 Rudolf Engler.
729 ENGLER, Rudolf: *Saussure und die Romanistik.* — Arbeitspapier 16; Bern: Inst. für Sprachwissenschaft der Univ., 1976, 41 p. | *ZRPh* 92, 1976, 638 K. B[aldinger].
730 MINASSIAN, Martiros: Sur la correspondance de Meillet avec Saussure relative aux anagrammes. — *BSL* 71, 1976/1, 351-359.
731 REDARD, Georges: Ferdinand de Saussure et Louis Havet. — *BSL* 71, 1976/1, 313-349 | Lettres de Saussure à Havet.
732 — Le voyage de F. de Saussure en Lituanie: suite et fin? — *CFS* 30, 1976, 141-150.
733 FLEISCHER, Wolfgang: Sprachwissenschaft und Weltanschauung. Zur Position Wilhelm **Scherers** in seinen sprachwissenschaftlichen Arbeiten. — *ZPhon* 29, 1976, 512-515.
734 Lijst van de voornaamste wetenschappelijke publikaties van prof. dr. H. **Schultink**. Lijst van dissertaties die onder leiding prof. dr. H. Schultink tot stand zijn gekomen. — [298], 9-11.
735 DUVERDIER, Gérald: L'œuvre en télugu de Benjamin **Schultze** [1689-1760]. — *BEFEO* 63, 1976, 265-312.
736 STRASSNER, Erich: Prof. Dr. Ernst **Schwarz** 80 Jahre alt. — *Onoma* 19, 1975/3 (1976), 403-406 | Followed by 'Schriftenverzeichnis Ernst Schwarz' for 1965-75, p. 407-414 (cf. BL 1966, 563).
737 HORECKÝ, J.: Životné jubileum doc. Elly Sekaninovej. — *JČ* 27, 1976, 186 | Ella **Sekaninová** 50.
738 PECIAR, Š.: Životné jubileum doc. Elly Sekaninovej. — *SlavSl* 11, 1976, 233-234.
739 DVONČ, L.: Súpis prác doc. Elly Sekaninovej za roky 1952-1975. — *SlavSl* 11, 1976, 235-240 | Bibliography of the works of E. Sekaninová.
740 SERRA, Pedro Cunha: Joaquim Albino **da Silveira** (1879-1972). — *RPF* 16, 1972-74 (1976), 793-796.
741 PEŠIKAN, M.: Trajni lingvistički značaj Simonovićeve terminološke građe. In memoriam autoru "Botaničkog rečnika". — *NJ* 21, 1975, 280-281 | Dragutin **Simonović**.
742 KER, Neil: Kenneth **Sisam**, 1887-1971. — *PBA* 58, 1972 (1974), 409-428, pl. (portr.) | With bibliography.
743 ZINKEVIČIUS, Z.: Pranas **Skardžius** [1899-1975]. — *Baltistica* 12, 1976, 214-215 | In Lith.
744 DEANOVIĆ, M.: Stanko **Škerlj** [† 1975]. — *SRAZ* 39, 1975, 232-233.
745 FOLENA, Gianfranco: † Stanko Škerlj. — *LN* 37, 1976, 49.
746 KURKOWSKA, Halina: Dorobek Stanisława Skorupki w zakresie leksykologii i stylistyki. — *PJ* 1976, 224-228 | S. **Skorupka**.
747 BĄBA, Stanisław: Jubileusz 45-lecia pracy naukowej i dydaktycznej Profesora Stanisława Skorupki. — *PJ* 1976, 254-255.
748 IVANČEV, Svetomir: Viden polski slavist i bălgarist. — *BE* 26, 1976, 449-451, front. (portr.) | 60th birthday of Franciszek **Sławski**.
749 KĂRPAČEVA, Marta: Bulgarika v naučnite săčinenija na prof. Fr. Slavski. Bibliografija (1937/8-1976 g.). — *BE* 26, 1976, 452-458 | Bibliography of Bulg. sci. studies of F. Sławski.
750 URBAŃCZYK, Stanisław: Franciszek Sławski. Sylwetki naukowe członków PAN. — *Nauka Polska* (Wrocław) 24, 1976/6, 52-55.
751 LUTTERER, Ivan: The 80th birthday of Vladimír **Šmilauer**. — *Onoma* 19, 1975/3 (1976), 401-402, pl. (portr.).

BIOGRAPHIES

752 — Osmdesáté narozeniny Vladimíra Šmilauera. — *ZprMK* 17, 1976, 7-9 | Two meetings held on the occasion of V. Šmilauer's 80th birthday (Prague, Dec. 2-3, 1975).
753 DVOŘÁK, Emil: Osmdesátiny Vladimíra Šmilauera. — *JazA* 13, 1976, 43-44.
754 MICHÁLEK, Emanuel: Prof. Vladimír Šmilauer osmdesátiletý. — *LF* 99, 1976, 49-51.
755 MAJTÁN, M.: Prof. PhDr. Ján **Stanislav**, člen korešpondent ČSAV a SAV. — *ZbSOK* VI, 276-278 | J. Stanislav 70.
756 DVONČ, L.: Súpis onomastických prác prof. J. Stanislava za roky 1933-1971. — *ZbSOK* VI, 279-285. | Bibliography of the onomastic works of J. Stanislav.
757 WIESINGER, Peter: Walter **Steinhauser** zum 90. Geburtstag. — *Onoma* 19, 1975/3 (1976), 391-397, pl. (portr.) | With 'Verzeichnis der Bücher und Aufsätze von W. S.', by Herbert TATZREITER, 397-400.
758 BEELER, Madison S.: George R. **Stewart**, toponymist. — *Names* 24, 1976, 77-85.
759 CUŘÍN, František: Sedmdesátiny univ. prof. Františka Svěráka. — *NŘ* 59, 1976, 26-27 | F. **Svěrák** 70.
760 HAUSER, Přemysl: Sedmdesátiny prof. dr. Františka Svěráka. — *ČJLit* 26, 1975-76, 277-280.
761 MARCELLI, Zdeněk: Životní jubileum Františka Svěráka. — *Universitas* 1976/1, 102-104.
762 HUMEC'KA, L. L.: Ilarion Semenovyč **Svjencic'kyj** (do 100-riččja z dnja narodžennja). — *Mov* 1976/2, 78-82.
763 IMRE Samu: **Szabó** T. Attila hetven éves. — *MNy* 72, 1976, 245-248.
764 HAMPL, Zdeněk: Životní jubileum doc. dr. Oldřicha Tichého. — *PhP* 19 (*ČMF* 58), 1976, 22-24 | O. **Tichý** 60.
765 LOMBARD, Alf: Knud **Togeby**. — *Vetenskapssocieteten i Lund, Årsbok* 1976, 84-91, portr. | En fr.
766 ZORIĆ, Mate: Carteggio Tommaseo-Popović. II (1842-43); III (1844). — *SRAZ* 27-28, 1969, 207-294; 38, 1974 (1975), 279-337 | Niccolò **Tommaseo** (1802-74) & S. Popović.
767 — Carteggio Tommaseo-Popović. Parte 2a, I (1845). — *SRAZ* 40, 1975 (1977), 221-293.
768 RUZSICZKY Éva: **Tompa** József slületésének 70. évfordulójára. — *MNy* 72, 1976, 248-250.
769 NOSEK, Jiří: Osmdesátiny univ. prof. dr. Bohumila Trnky. — *ČJŠ* 19, 1975 76, 36 | Bohumil **Trnka** 80.
770 MAYRHOFER, Manfred: N. S. **Trubetzkoy** und die Österreichische Akademie der Wissenschaften. — [260], 235-238.
771 SIMEONOV, Boris: Nikolaj Sergeevič Trubeckoj v Bolgarii. — *BRus* 3, 1976/2, 43-45 | N. S. Trubetzkoy in Bulgaria.
772 GUSTAVSON, Herbert: Folke **Tydén**, 1889-1974. — *SvLm* 97, 1974 (1975), 82-85, portr. | En suéd. avec rés. fr.
773 CHARITONOV, L. N., KORKINA, E. I., et al.: Krupnyj tjurkolog-jazykoved. — [374], 3-18 | E. I. **Ubrjatova**, 1907. Bibliography of U.'s work, *Ibid.* 19-28.
774 GODDARD, K. A.: Stephen **Ullmann** (1914-1976). — *RLiR* 40, 1976, 481-483.
775 HOPE, T. E.: Stephen Ullmann. — *FM* 44, 1976, 384.
776 — Stephen Ullmann (1914-1976). — *FS* 30, 1976, 245-246.
777 FINNIE, W. Bruce: Francis Lee **Utley** (1907-1974). — *Onoma* 19, 1975/3 (1976), 657-660 | Repr. from *Names* 23, 127-129 (BL 1975, 803).

778 MAJTÁN, M.: Prof. PhDr. Branislav **Varsik,** člen korešpondent SAV. — *ZbSOK* VI, 286-288 | B. Varsik 70.
779 DVONČ, L.: Súpis onomastických prác prof. B. Varsika za roky 1936-1972. — *ZbSOK* VI, 289-293 | Bibliography of the onomastic works of B. Varsik.
780 SOROKIN, Ju.A.: Akademik V. P. **Vasil′ev** [1818-1900] kak man′čžuroved. — [407], 213-219, 2 facsim.
781 KASATKIN, A. A.: O. K. **Vasil′eva-Švede** (k 80-letiju so dnja roždenija). — *VLU* 1976/20, 165, portr.
782 NASTER, P.: Professor Jozef **Vergote.** Biografie / Biographie. — *OLP* 6-7, 1975-76, 5-7 (texte néerl.), 8-9 (texte fr.).
783 QUAEGEBEUR, Jan: Bibliografie 1931-1975 J. Vergote. — *OLP* 6-7, 1975-76, 11-20.
784 WESCOTT, Roger W.: Giambattista **Vico** as a philologist. — *HL* 3, 1976, 123-125 | Report on the session "Vico and linguistics", at the Conference on "Vico and contemporary thought" held at Columbia University, New York, 1976.
785 DI PIETRO, Robert J.: Further observations on the symposium "Vico and linguistics". — *HL* 3, 1976, 125-127.
786 Pamjati Isaaka Natanoviča Vinnikova (1897-1973). — *NAA* 1974/5, 247-248, portr. | I. N. **Vinnikov.**
787 BRONZWAER, W.: In memoriam F. Th. **Visser** [1886-1976]. — *ES* 57, 1976, 280-282 | With bibliography.
788 Pamjati A. G. Volkova. — *VMU-F* 1976/1, 93-95, portr. | A. G. **Volkov.**
789 BUŠMIENĖ, S.: *Eduardas* **Volteris** [1856-1941]. *Biobibliografija.* — Vilnius: 1973, 102 p. | *Kalbotyra* 27/1, 1976, 103-107 Vincas Urbutis.
790 FRIED, I.: Über die slawistische Tätigkeit Ludwig Wagners. — *SSlav* 22, 1976, 15-38 | Ludwig **Wagner** (1846-19..).
791 SODEN, W. VON: Ernst **Weidner,** 1891-1976. — *ZA* 66, 1976, 153-155.
792 JACOBSON, Leon C.: Wm. E. **Welmers**: a biographical sketch and list of publications. — [310], vii-xv.
793 LARSSON, Hugo: *Elias Wesséns tryckta skrifter 1914-1975.* — Linköpings Läroverkspojkars skriftserie 14; Linköping: 1975 | The published writings of E. **Wessén.**
794 SKORUPKA, Stanisław: Dorobek naukowy i dydaktyczny Prof. dra Bronisława Wieczorkiewicza. — *PF* 26, 1976, 205-210 | B. **Wieczorkiewicz.**
795 WIECZORKIEWICZ, Paweł Piotr: Bibliografia prac Profesora doktora Bronisława Wieczorkiewicza za lata 1923-1975. — *PF* 26, 1976, 211-232 | Bibliography of B. Wieczorkiewicz's work.
796 OISSAR, Edgar: Akadeemik F. J. Wiedemanni pedagoogilisi vaateid. — *ESA* 21, 1975 (1976), 165-173 | The pedagogical views of F. J. **Wiedemann** (1805-87).
797 TEEPE, Paul: Felix **Wortmann** zum Gedenken (1905-1976). — *NdW* 16, 1976, 1-3.
798 DOMI, Mahir: Nëpër dorëshkrimet dhe letërshkëmbimin e prof. dr. Aleksandër Xhuvanit. — *SFil* 30, 1976/4, 167-178 | Manuscrits et correspondance d'A. **Xhuvani.**
799 GRUCZA, Franciszek: Ludwik **Zabrocki.** — *Nauka Polska* (Wrocław) 24, 1976/4, 55-60.
800 GRINAVECKIENĖ, E., & KAUPUŽ, A.: Daina **Zemzare** (1911-1971). — *ABS* 9, 1976, 7-9, pl. (portr.).
801 FLÍDROVÁ, H., & HORALÍK, L.: K padesátinám Rudolfa Zimka. — *RosOl* 13, 1975, 9-14 | Rudolf **Zimek** 50.
802 PEEK, Werner: Friedrich **Zucker,** 1881-1973. — *JbSAW* 1973-74 (1976), 442-454, portr. | With bibliography.

LINGUISTIQUE GÉNÉRALE ET DISCIPLINES CONNEXES
GENERAL LINGUISTICS AND RELATED BRANCHES OF STUDY

0. BIBLIOGRAPHIE ET GÉNÉRALITÉS —
BIBLIOGRAPHY AND GENERAL

0.0 Bibliographie — Bibliography

803 AFENDRAS, Evangelos A., & PIANAROSA, Albertina: *Le bilinguisme chez l'enfant et l'apprentissage d'une langue seconde. Bibliographie analytique. / Child bilingualism and second language learning. A descriptive bibliography.* — Travaux du Centre Intern. de Recherche sur le Bilinguisme F, 4; Québec: Presses de l'Univ. Laval, 1975, xxiv, 401 p.

804 ENGLER, Rudolf: Bibliographie saussurienne [1970-1974]. — *CFS* 30, 1976, 99-138.

805 ESCHBACH, Achim, & RADER, Wendelin: *Semiotik-Bibliographie.* — Frankfurt a.M.: Autoren- und Verlagsgesellschaft Syndikat, 1976, xxiv, 221 p.

806 FIRBAS, Jan, & GOLKOVÁ, Eva: *An analytical bibliography of Czechoslovak studies in functional sentence perspective.* — Brno: Univ. J. E. Purkyně, 1975 (1976), 134 p. | *SS* 37, 1976, 251-252 Ludmila Uhlířová.

807 GENAUST, Helmut: Compléments à la 'Bibliographia Saussureana, 1916-1972'. — *HL* 3, 1976, 37-87 | Suppl. to E. F. K. KOERNER's bibliography, 1972 (BL 1972, 766).

808 GREEN, J. N.: General linguistics. — *YWMLS* 37, 1975 (1976), 1-12.

809 HALL, Robert A., Jr.: *American linguistics, 1925-1969. Three essays.* With a preface to the reprint. — Libelli 281; Darmstadt: Wissenschaftliche Buchgesellschaft, 1976, 97 p. | Contents: 1. American linguistics, 1925-1950 (*ArchL* 3 & 4, 1951-52); 2. American linguistics, 1950-1960 (*AION-L* 6, 1965); 3. Some recent developments in American linguistics (*NphM* 70, 1969).

810 HELBIG, A.: Bibliographie zur Textlinguistik. — *DaF* 13, 1976, 312-319 (A suivre).

811 KIRSHENBLATT-GIMBLETT, Barbara: Bibliographic survey of the literature on speech play and related subjects. — [383], 179-223 | Bibliography, 227-284.

812 RADTKE, Ingulf: Bibliographie zur Sozialdialektologie. — *GermL* 1976/3-4, 160-204.

813 ZWICKY, Arnold M.: Bibliographies on small subjects. — *WPLO* 16, 1973, 98-119 | I. Coivs, 99-106 [coiv = connection-of-ideas verb.]. II. Cyclical segmental rules, 107-111 [cf. 13733]. III. Forestress and afterstress, compounds and phrases, 113-119.

GENERAL LINGUISTICS

0.1 Généralités — General

814 ALBRECHT, Erhard: Bemerkungen zur Entwicklung der Semiotik in der Volksrepublik Polen anhand des Werkes 'Semiotyka polska'. — *ZPhon* 29, 1976, 275-282 | *Semiotyka polska 1894-1969*, introd. by Jerzy PELC, Warszawa 1971, 575 p.

815 *Allgemeine Sprachwissenschaft.* Von einem Autorenkollektiv unter der Leitung von B. A. [SEREBRENNIKOV] SERÉBRENNIKOW. Ins Deutsche übertragen und hrsg. von Hans ZIKMUND und Günter FEUDEL. Band III. *Methoden sprachwissenschaftlicher Forschung.* — Berlin: Akad.-Verlag (& München: Fink), 1976, vi, 296 p. | Original Ru. ed. 1973 (BL 1973, 985). | Cf. BL 1975, 852. | *DLZ* 97, 1976, 854-858 P. Suchsland (Vol. II [BL 1975, 852]).

816 AMACKER, René: L'influence de Ferdinand de Saussure et la linguistique générale d'inspiration saussurienne en Suisse (1940-1970). — *CFS* 30, 1976, 71-96.

817 AVRORIN, V. A.: Funkcii jazyka. — [238], 353-361.

818 BARTÓK János: Nyelvtudományi lexikon − általános nyelvészet. — *NyK* 78, 1976, 265-272 | Encyclopedia of linguistics − general linguistics (E. summ.).

819 BÉKÉSI Imre: A nyelv heterogén természetéről. — *ÁNyT* 7, 1970, 57-75 | La nature hétérogène du langage.

820 BENCE György, & KIS János: A nyelv a mindennapi élet elméletében. — *ÁNyT* 7, 1970, 17-55 | La place de la langue dans une théorie de la vie quotidienne.

821 BENVENISTE, Émile: *Problèmes de linguistique générale.* II. — Paris: 1974 | BL 1974, 793. | *RRLing* 21, 1976, 536-538 S. Vultur.

822 BERK, C. A. VAN DEN: De la nature des signes. De l'interaction des signes. — *ZbFL* 17, 1974/1 (1975), 25-35 | Summ. in Ru.

823 BOJAR, Bożena: O metainformacji i metajęzyku. — *Zagadnienia Informacji Naukowej* (Warszawa) 1976/2, 43-60 | On metainformation and metalanguage (E. & Ru. summ.).

824 BOLINGER, Dwight: *Aspects of language.* 2nd ed. — New York: 1975 | BL 1975, 866. | *PhP* 19, 1976, 211-213 H. Kubícková.

825 BONFANTINI, Massimo A., & GRAZIA, Roberto: Teoria della conoscenza e funzione dell'icona in Peirce. — *VS* 15, 1976, 1-15.

826 BRIGHT, William: *Variation and change in language. Essays.* Selected and introd. by Anwar S. DIL. — Stanford: Stanford UP., 1976, xiv, 283 p. | 3 sections: Ethnolinguistics and sociolinguistics; South Asia; North America.

827 BUDAGOV, R. A.: *Čelovek i ego jazyk.* — Moskva: 1974 | BL 1974, 796. | *ČRus* 21, 1976, 190-192 S. Ondrejovič.

828 — Vozdejstvie čeloveka na jazyk. — [238], 389-397.

829 BUGARSKI, Ranko: *Jezik i lingvistika.* — Beograd: 1972 | BL 1974, 797. | *KnJ* 2, 1973/1-2, 110-116 Miloš Okuka.

830 — *Lingvistika o čoveku.* — Biblioteka XX vek, 20; Beograd: Beogradski izdavačko-grafički zavod, 1975, 255 p. | Linguistics, science of man.

831 BULACHOVS'KYJ, L. A.: *Vybrani praci ....* Tom I. *Zahaľne movoznavstvo.* — Kyjiv: 1975 | BL 1975, 876. | *Mov* 1976/3, 86-89 P. Dudyk.

832 BURGER, Michel: A propos de L. J. Prieto, 'Pertinence et pratique'. — *CFS* 30, 1976, 153-164 | A propos du No. 922. Réponse de P., *Ibid.* 165-175.

833 CAPRETTINI, Gian Paolo: Sulla semiotica di Ch. S. Peirce: il "nuovo elenco di categorie". — *VS* 15, 1976, 29-48.

834 CARDONA, Giorgio Raimondo: *Introduzione all'etnolinguistica.* — Bologna: Il Mulino, 1976, 327 p.

835 CHERUBIM, D.: Zum Stand der kontrastiven Linguistik: Möglichkeiten und Grenzen. — *HandVlFC* 30, 1975, 169-176.
836 CIECHANOWICZ, Anna: Radzieckie badania nad językiem. Przegląd literatury. — *Psychologia Wychowawcza* (Warszawa) 19, 1976, 583-599 | Soviet studies on language: a survey.
837 CIPOLLA, John: Mass media as language. The Sapir-Whorf hypothesis and electronic media. — [128], 303-310.
838 *Current topics in language. Introductory readings.* Ed. by Nancy Ainsworth JOHNSON. — Cambridge, Mass.: Winthrop, 1976, xviii, 462 p.
839 *Current trends in linguistics.* Ed. by Thomas A. SEBEOK. Vol. 7. *Linguistics in Sub-Saharan Africa.* — The Hague: 1971 | BL 1971, 805. | *OLZ* 71, 1976, 612-614 E. Dammann.
840 *Current trends in linguistics.* Ed. by Thomas A. SEBEOK. Vol. 10. *Linguistics in North America.* — The Hague: 1973 | BL 1973, 885. | *Anglia* 94, 1976, 452-454 L. Lipka | *FL* 14, 1976, 127-132 R. W. Langacker.
841 *Current trends in linguistics.* Ed. by Thomas A. SEBEOK. Vol. 11. *Diachronic, areal, and typological linguistics.* — The Hague: 1973 | BL 1973, 886. | *SCL* 27, 1976, 313-318 F. Băltăceanu | *AAS* 12, 1976, 187-188 V. Krupa.
842 *Current trends in linguistics.* Vol. 14. *Indexes.* — The Hague: Mouton, 1976, xlvii, 952 p. | Biographical notes of editors and contributors, 865-952. | Cf. BL 1975, 888.
843 DANČEV, Andrej: Za njakoi strani na săpostavitelnite izsledvanija. — *BSl* 1, 1976/1, 7-26 | On some aspects of contrastive linguistics (E. summ.).
844 DARDEL, Robert DE, & HILHORST, Pim: Essai d'analyse d'un indicateur des chemins de fer. — *CFS* 30, 1976, 7-32, ill.
845 DEELY, John N.: The doctrine of signs: taking form at last: à propos of 'A theory of semiotics' by Umberto Eco. — *Semiotica* 18, 1976, 171-193, tab. | Rev. of No. 852.
846 DEME László: *A beszéd és a nyelv.* — Budapest: Tankönyvkiadó, 1976, 189 p. | La parole et la langue.
847 DIDERICHSEN, Paul: *Ganzheit und Struktur. Ausgewählte sprachwissenschaftliche Abhandlungen.* — Intern. Bibl. für allgemeine Linguistik 30; München: Fink, 1976, 362 p. | Most of the papers previously published in *Helhed og struktur*, 1966 (BL 1966, 642).
848 DI PIETRO, Robert J.: *Language as human creation.* — The First Andrew W. Mellon Lecture, Jan. 23, 1976, Georgetown Univ.; Washington, D.C.: Georgetown UP., 1976, vii, 38 p.
849 DI SPARTI, Antonino: *Linguaggio pubblicitario. Analisi di un corpus pubblicitario di sigarette americane.* — Quaderni del Circolo Semiologico Siciliano 5; Palermo: Stampatori Tipolitografi Associati, 1975, xi, 207 p., pl.
850 DOROSZEWSKI, Witold: *O funkcji poznawczo-społecznej języka.* — Warszawa: 1973 | BL 1973, 891. | *Slavia* 45, 1976, 314-316 Jan Petr.
851 ECO, Umberto: *Trattato di semiotica generale.* — Milano: Bompiani, 1975, 420 p. | *LeSt* 11, 1976, 643-646 L. Bottoni.
852 — *A theory of semiotics.* — Bloomington, Ind.: Indiana UP., 1976, 354 p. | Transl. of No. 851. Cf. 845. | *Lg* 53, 1977, 711-714 Giulio Lepschy.
853 — *Codice.* — *VS* 14, 1976, 1-38 | 0. Estenzione del termine. 1. Crittografia e lingue naturali. 2. Codici e testi. 3. Codici e grammatiche. 4. Codice e sistema. 5. Codice e stimolazione. 6. Logica del sistema e logica del codice. 7. Codici e instituzioni. 8. Codice e rappresentazione. 9. Le definizioni del codice.

854 ELIA, Sílvio: *Ensaios de filologia e lingüística*. 2a ed. refundida e aumentada. — Coleção littera 7; Rio de Janeiro: Grifo, 1975, 334 p. | 1e éd. 1963 (BL 1967, 4053). | *ZRPh* 92, 1976, 606 K. B[aldinger].
855 FILIPOVIĆ, Rudolf: The second phase of the Yugoslav Serbo-Croatian – English Contrastive Project. — *SRAZ* 39, 1975, 175-191 | Cf. BL 1971, 813.
856 FRY, D. B.: Parola e linguaggio. — [140], 371-386.
857 GAUGER, Hans Martin: *Sprachbewusstsein und Sprachwissenschaft*. — Serie Piper 144; München: Piper, 1976, 241 p. | Coll. of art., most of which repr.
858 GOLOVIN, B. N.: Lingvističeskie terminy i lingvističeskie idei. — *VJa* 1976/3, 20-34.
859 [—] GOLOWIN, B. N.: *Einführung in die Sprachwissenschaft*. Ins Deutsche übersetzt und hrsg. von Hans ZIKMUND. — Leipzig: Bibliographisches Inst., 1976, 298 p. | Transl. of *Vvedenie v jazykoznanie*, 2nd ed. 1973 (BL 1973, 908). | *CJŠ* 19, 1975-76, 282-284 J. Petr (Ru. ed.).
860 GRINDER, John T., & ELGIN, Suzette H.: *Guide to transformational grammar . . .* — New York: 1973 | BL 1973, 913. | *NTS* 30, 1976, 67-73 P. Lysvåg | *Linguistics* 182, 1976, 82-86 R. D. Huddleston.
861 GRUCZA, Franciszek: Fehlerlinguistik, Lapsologie und kontrastive Forschungen. — *KNf* 23, 1976, 237-247.
862 *Grundlagen der Sprachkultur. Beiträge der Prager Linguistik zur Sprachtheorie und Sprachpflege*. In Zusammenarbeit mit Karel HORÁLEK und Jaroslav KUCHAŘ hrsg. von Jürgen SCHARNHORST und Erika ISING. Teil I. — Sprache und Gesellschaft 8, 1; Berlin: Akad.-Verlag, 1976, 357 p. | Coll. of 12 art., publ. 1929-1962, by Vilém MATHESIUS, Bohuslav HAVRÁNEK, Jan MUKAŘOVSKÝ, et al., transl. into G. Original contr.: Karel HORÁLEK, Zur Geschichte der Prager Linguistik und ihrer internationalen Wirkung, 24-42; Jaroslav KUCHAŘ & Alexander STICH, Theorie und Praxis der Sprachkultur in der Gegenwart, 330-357.
863 HAAN, Sies DE: Object en doelstelling in de linguïstiek. — *Spektator* 6, 1976-77, 119-136 | Object and aims in linguistics. Discussion on No. 887.
864 [HALLIDAY, M. A. K.] *Halliday: System and function in language. Selected papers*. Ed. by G. R. KRESS. — London: Oxford UP., 1976, xxi, 250 p.
865 *Handbuch der Linguistik . . .* zusammengestellt von Harro STAMMERJOHANN. — München: 1975 | BL 1975, 923. | *JazA* 13, 1976, 39-40 S. Ondrejovič | *SS* 37, 1976, 249-251 J. Hník.
866 HEROLDOVÁ, Dana: K otázkám ekvivalence. II. Specifická oblast čínské politické terminologie. — *JazA* 12, 1975, 63-66 | Äquivalenzfragen. II. Das Gebiet der chinesischen politischen Terminologie. | Cf. 879, 890, 960.
867 HOFFMANN, Lothar: *Kommunikationsmittel Fachsprache. Eine Einführung*. — Berlin: Akad.-Verlag, 1976, 498 p., 11 fig.
868 HOVDHAUGEN, Even, et al.: *Språkvitenskap. En elementær innføring*. — Oslo: Universitetsforlaget, 1976, ix, 174 p. | Introd. to linguistics, with special reference to Norw.
869 HOWELL, Richard W., & VETTER, Harold J.: *Language in behavior*. — New York: Human Sciences Press, 1976, 397 p.
870 HUTCHINS, W. J.: *Languages of indexing and classification. A linguistic study of structures and functions*. — Librarianship and Information Studies 3; Stevenage, Herts.: Peregrinus, 1975, viii, 148 p.
871 IVANOV, V. V.: *Očerki po istorii semiotiki v SSSR*. — Moskva: Nauka, 1976, 301 p., ill.
872 JACKSON, Howard: Contrastive linguistics: What is it? — *ITL* 32, 1976, 1-32.

873 JAKOBSON, Roman: *Form und Sinn* ... — München: 1974 | BL 1974, 852. | *DLZ* 97, 1976, 118-120 G. Pätsch.
874 — *Coup d'œil sur le développement de la sémiotique.* — Studies in Semiotics 3; Bloomington: Indiana Univ., 1975, 23 p.
875 JANUSCHEK, Franz: *Sprache als Objekt. "Sprechhandlungen" in Werbung, Kunst und Linguistik.* — Monographien Linguistik und Kommunikationswissenschaft 25; Kronberg/Ts.: Scriptor-Verlag, 1976, ix, 309 p.
876 *A jel tudománya.* A válogatást készítette és a bevezető tanulmányt írta HORÁNYI Özséb, SZÉPE György. — Budapest: Gondolat Kiadó, 1975, 579 p. | La science du signe. Anthologie.
877 JESPERSEN, Otto: *Nature, évolution et origines du langage.* Trad. de l'angl. par L. Dahan et A. Hamm. Préface d'André MARTINET. — Paris: Payot, 1976, 436 p. | Trad. de: *Language, its nature, development and origin,* London 1922.
878 JOVIĆ, Dušan: O autonomnosti nauke o jeziku. — *JslF* 31, 1974-75, 67-77 | Rés. en fr.: De l'autonomie de la linguistique.
879 KALOUSKOVÁ, J.: K otázkám ekvivalence. I. Problematika ekvivalence mezi různými jazyky. — *JazA* 12, 1975, 10-14 | Äquivalenzfragen. I. Probleme der Äquivalenz zwischen verschiedenen Sprachen. | Cf. 866, 890, 960.
880 KĂNČEV, Ivan: Za ezikovija kontakt meždu sistemi s različna struktura. — *BSl* 1, 1976/6, 27-45 | Del contacto entre lenguas de diferentes estructuras (Sp. summ.).
881 KANYÓ Zoltán: A pragmatika a szemiotikában és a nyelvészetben. — *ÁNyT* 8, 1972, 105-118 | La pragmatique en sémiotique et en linguistique.
882 KARLSSON, Fred: *Johdatusta yleiseen kielitieteeseen.* — Helsinki: Oy Gaudeamus Ab, 1976, 279 p. | Introd. to general linguistics.
883 KÁROLY Sándor: Laziczius Gyula szellemi hagyatékából (Nyelvi eszköz, nyelvi művelet; nyelvi mű, nyelvi alakulat). — *MNy* 72, 1976, 395-408 | A propos de l'héritage spirituel de Gy. Laziczius (Moyen linguistique, opération linguistique; œuvre linguistique, formation linguistique).
884 KATWIJK, A. VAN: Taalkunde, een vak om in te experimenteren. — [298], 142-159 | Linguistics, a discipline for experimenting.
885 KODUCHOV, V. I.: *Obščee jazykoznanie.* — Moskva: 1974 | BL 1974, 862. | *VLU* 1976/2, 147-149 P. A. Dmitriev.
886 KOMOROWSKA, Hanna: Koncepcja kształcenia językowego w świetle badań psycholingwistycznych i socjolingwistycznych — *Badania Oświatowe* (Warszawa) 1976/3, 33-45 | Language education conceptions from the view-point of psycho- and sociolinguistic research (Ru., E. & Fr. summ.).
887 KRAAK, A.: *Wetenschapsbeoefening, universitaire opleiding en beroepspraktijk in de taalkunde.* — Voorschoten: VAM, 1975, 18 p. | The pursuit of science, univ. training, and professional practice in linguistics. Inaugural lecture, Cath. Univ. of Nijmegen. | Cf. 863.
888 KRÁL', Ábel: Pojem a definícia jazyka z marxistického hľadiska. — *SJL* 22, 1975-76, 161-166 | Concept and definition of language from the Marxist point of view.
889 KRÁMSKÝ, J.: *Papers in general linguistics.* — JanL, Series minor 209; The Hague: Mouton, 1976, 207 p.
890 KRUPA, Viktor: K otázkám ekvivalence. IV. Osobné zámená v rečovej situácii. — *JazA* 12, 1975, 155-156 | Äquivalenzfragen. IV. Personalpronomina in der Sprechsituation. | Cf. 866, 879, 960.
891 LEKOMCEVA, M. I., & [USPENSKIJ] USPENSKY, B. A.: A description of a semiotic system with simple syntax. — *Semiotica* 18, 1976, 157-169, 2 tab., 3 fig. | Fortune-

telling by playing cards.
892 LEONT'EV, A. A.: Jazyk kak social'noe javlenie (K opredeleniju ob"ekta jazykoznanija). — *IzvAN* 35, 1976, 299-307.
893 LESKOSKY, Richard J.: Contextualization and the cinema. — *LACUS* II, 613-618.
894 LIDOV, David: Between insight and explanation: musical linguistics. — *LACUS* II, 619-626, 3 fig.
895 *Linguistics in Great Britain*. Ed. by Wolfgang KÜHLWEIN. I; II. — Tübingen: 1970 & 1971 | BL 1971, 839. | *Linguistics* 123, 1974, 117-119 R. D. Huddleston (Vol. II) | *IRAL* 14, 1976, 87-89 W. Hüllen.
896 *Linguistik*. Bearb. von Siegfried SCHÖDEL. — München: 1972 | BL 1973, 1003. | *NS* 73, 1974, 85-86 M. Hellinger | *ZDL* 43, 1976, 199-201 K. Beyer.
 LOMTEV, T. P.: *Obščee i russkoe jazykoznanie* .... — 10775.
897 LOSEV, A. F.: Specifika jazykovogo znaka v svjazi s ponimaniem jazyka kak neposredstvennoj dejstvitel'nosti mysli. — *IzvAN* 35, 1976, 395-407.
898 LOTZ János: A nyelv és a kultúra viszonyáról (A 4 perces mérföld). — *AUSz-SEL* 17-18, 1973-74, 5-8 | On language and culture (The 4 minute mile). E. summ.
899 *Machine translation and applied linguistics* I; II. Ed.: V. Ju. ROZENCVEJG. — Frankfurt a.M.: 1974 | BL 1974, 908. | *PBML* 25, 1976, 69-72 A. Bémová & J. Weisheitelová | *PhP* 19, 1976, 218-220 A. Bémová & J. Weisheitelová.
900 MASER, Siegfried: Über den Zusammenhang verbaler und visueller Darstellung im Bereich der Umweltgestaltung. — [248], 153-164, 6 fig.
901 MATEJKA, Ladislav: Crossroads of sound and meaning. — *IJSLP* 20, 1975, 93-120 | Rev. art. on: Roman JAKOBSON, *Selected writings*. I. *Phonological studies*, 2nd ed. 1971 (BL 1971, 1607); II. *Word and language*, 1971 (BL 1971, 834).
902 MCCAWLEY, James D.: ¡ Madison Avenue, si, Pennsylvania Avenue, no! — *LACUS* II, 17-28, 2 tab. | On scientific revolutions and their relation to advertising. Apropos of Adam MAKKAI's paper, *LACUS* I, 197-208 (BL 1975, 966).
903 METZ, Christian: *Lenguaje y cine*. — Barcelona: Planeta, 1973, 349 p. | Transl. of: *Langage et cinéma*, 1971 (BL 1971, 848). | *RSEL* 5, 1975, 235-242 César Hernández.
904 — *Language and cinema*. — Approaches to Semiotics 26; The Hague: Mouton, 1974, 303 p. | Transl. from the Fr. (cf. 903).
905 MILNER, Jean-Claude: *Arguments linguistiques*. — Paris: 1973 | BL 1974, 884. | *Rapports* 46, 1976, 132-134 W. Zwanenburg.
906 MINDT, Dieter: *Moderne Linguistik*. — Studienreihe Englisch 13; Düsseldorf: Francke, 1975, 170 p.
907 [MIRAK'YAN, Ê. B.] MIRAKJAN, Ė. B.: K sootnošeiju substancial'nogo i formal'nogo aspektov jazykovych ėlementov. — *BEH* 1976/2, 207-210 | Arm. summ.
908 MIRÓ QUESADA CANTUARIAS, Francisco, & ZIERER, Ernesto: *Siete temas de lingüística teórica y aplicada*. — Trujillo, Perú: Univ. Nacional de Trujillo, Dpto. de Idiomas y Lingüística, 1976, 106 p. | From the contents: (1) Miró Q. C.: Lenguaje, razón y teoría explicativa; El lenguaje, la ciencia y la política; ¿ Porqué los lenguajes son como son?; (2) Zierer: La lingüística del texto; Sobre el concepto de valencia en los adjetivos. | *LyC* 16, 1976, 103-105 Francisco Carranza R.
909 MORRIS, Charles W.: *Zeichen, Sprache und Verhalten*. Mit einer Einf. von Karl-Otto APEL. — Sprache und Lernen 28; Düsseldorf: Schwann, 1973, 431 p. | Transl. of: *Signs, language, and behaviour*.

910 — Sprechen und menschliches Handeln. — [353], 235-251.
911 NATTIEZ, Jean-Jacques: Le point de vue sémiologique. — *CLUQ* 5, 1975, 49-76.
NENCIONI, G.: Parlato-parlato, parlato-scritto, parlato-recitato. — 6349.
912 NEUBERT, A., & RŮŽIČKA, R.: *Verständlichkeit, Verstehbarkeit, Übersetzbarkeit. Sprachwissenschaft und Wissenschaftssprache.*— Sitzungsberichte der Akad. der Wissenschaften der DDR 1973, 18; Berlin: Akad.-Verlag, 1975, 54 p. | A. NEUBERT: Verständlichkeit, Verstehbarkeit, Übersetzbarkeit, 5-17; R. RŮŽIČKA: Sprachwissenschaft und Wissenschaftssprache, 18-30. Comments by: K. SCHRÖTER (Sprachwissenschaft und mathematische Grundlagenforschung, 31-37), E. WERNER (Wortkritik und Frühscholastik, 38-39), R. GROSSE (Zum Referat von A. Neubert, 40-42), J. IRMSCHER (Bemerkungen zur neugriechischen Wissenschaftssprache, 43-47), H. KLENNER (Zur Juristensprache, 48-50), M. BIERWISCH (Drei Bemerkungen zu Syntax und Semantik, 51-54).
913 NYÍRI János Kristóf: Szemantika nélkül. — *ÁNyT* 7, 1970, 189-205 | Linguistique sans sémantique.
914 PALMER, Leonard R.: *Descriptive and comparitive linguistics* ... — London: 1972 | BL 1972, 853. | *RomPh* 30, 1976-77, 392-400 M. Okrand.
915 PAP Mária: Vissza a nyelvészethez! — *ÁNyT* 7, 1970, 207-228 | Retour à la linguistique.
916 PARRET, Herman: *Discussing language. Dialogues with Wallace L. Chafe* ... — The Hague: 1974 | BL 1974, 896. | *VJa* 1976/3, 131-137 O. S. Achmanova | *PBML* 26, 1976, 73-77 P. Sgall.
917 POHL, Jacques: *L'homme et le signifiant.* — Bruxelles: 1972 | BL 1972, 858. | *BRPh* 12, 1973, 207-210 J. Šabršula.
918 POLDAUF, Ivan: Fact, non-fact and the place of phrasal and some other expressions. — *PSML* 5, 1976, 271-281.
919 *Pragmatik.* Hrsg. [von] Siegfried J. SCHMIDT. I. — München: 1974 | BL 1974, 911. | *RRLing* 21, 1976 (*CLTA* 13/1), 346-348 E. Kis & E. Viorel | *EGerm* 30, 1975, 368-369 J. Milner.
920 PRANDI, Michele: Su alcune recenti proposte nel campo degli studi semiotici. — *SCr* 10 (30), 1976, 304-314.
921 PREZIOSI, Donald: The non-dichotomy of sensory and grammatical relationships: toward a relational theory of the built environment. — *LACUS* II, 627-636.
922 PRIETO, Luis J.: *Pertinence et pratique. Essai de sémiologie.* — Paris: Éd. de Minuit, 1975, 175 p. | Cf. 832.
923 — *Pertinenza e pratica. Saggio di semiotica.* [Trad. dal francese.] — Semiotica e Pratica Sociale 2; Milano: Feltrinelli, 1976, 148 p.
924 *Reader zur kontrastiven Linguistik.* Hrsg. von Gerhard NICKEL. — Frankfurt a.M.: 1972 | BL 1972, 851. | *ZDL* 43, 1976, 343-344 A. Tovar.
925 *A reader on language variety.* Ed. by C. S. BUTLER & R. R. K. HARTMANN. — Exeter Linguistic Studies 1; Exeter: Univ. of Exeter, 1976, 131 p. | Coll. of 13 studies, published 1875-1975, by W. D. WHITNEY ('Dialects' [1875], 10-11), B. HAVRÁNEK ('Functional styles' [1932], 12-20), E. WÜSTER ('Standardised terminologies' [1955], 21-31), J. ELLIS & J. N. URE ('Registers' [1969], 32-40), et al.
926 *Readings in modern linguistics* ... Ed. by Bertil MALMBERG. — Stockholm: 1972 | BL 1972, 839. | *JslF* 31, 1974-75, 255-260 M. Ivić.
927 *Readings in stratificational linguistics.* Ed. by Adam MAKKAI & David G. LOCKWOOD. — University, Ala.: 1973 | BL 1973, 957. | *Linguistics* 167, 1976, 81-83 J. Vachek | *SS* 37, 1976, 73-75 P. Pit'ha | *PBML* 25, 1976, 73-75 P. Piťha.

928 RICKHEIT, Gert: Semiotik – eine interdisziplinäre Wissenschaft. Semiotisches Kolloquium (Berlin, 1.-5. Oktober 1975). — *ZGL* 4, 1976, 65-78.
929 ROBINS, R. H.: *Diversions of Bloomsbury*... — Amsterdam: 1970 | BL 1970, 806 | *ZPhon* 29, 1976, 431-433 G. F. Meier.
930 ROSSI-LANDI, Ferruccio: *Semiotik, Ästhetik und Ideologie. 13 Beiträge. Aus dem Italienischen von Burkhart Kroeber.* — Reihe Hanser 223; München: Hanser, 1976, 186 p.
931 ŠABRŠULA, Jan: Redondance et économie. — *RPrag* 9, 1975, 101-124 | Rés. tch.
932 SCHNEIDER, Wolf: *Wörter machen Leute. Magie und Macht der Sprache.* — München: Piper, 1976, 434 p.
933 SEBEOK, Thomas A.: *Contributions to the doctrine of signs.* — Studies in Semiotics 5; Bloomington: Research Center for Language and Semiotic Studies, Indiana Univ. (& Lisse: Peter de Ridder Press), 1976, xiii, 271 p.
934 — Iconicity. — *MLN* 91, 1976, 1427-1456, 3 fig. | Opening address to The Charles S. Peirce Symposium on Semiotics and the Arts (Sept. 1975). Cf. *Ibid.* 1424-1426.
935 *Semiotics and structuralism. Readings from the Soviet Union.* Ed. by Henryk BARAN. — White Plains, N. Y.: Intern. Arts & Sci. Press, 1976, xxvi, 369 p. | Papers by Ju. M. LOTMAN, B. A. USPENSKIJ, V. N. TOPOROV, et al.
936 SGALL, Petr: Meaning of sign, cognitive content, and pragmatics. — *PBML* 25, 1976, 51-68 | Ru. summ.
937 — On some relationships of linguistics and information retrieval. — *PBML* 26, 1976, 51-72.
938 SINI, Carlo: Le relazioni triadiche dei segni e le categorie faneroscopiche di Peirce. — *VS* 15, 1976, 17-27.
939 ŠKILJAN, Dubravko: *Dinamika jezičnih struktura.* — [Zagreb: Studentski centar Sveučilišta u Zagrebu], 1976, 161 p. | The dynamic of linguistic structure.
940 SORAVIA, Giulio: *Storia del linguaggio.* — I Garzanti 601; Milano: Garzanti, 1976, 207 p., 8 pl.
941 SOUTHWORTH, Franklin C., & DASWANI, Chander J.: *Foundations of linguistics.* — New York: 1974 | BL 1974, 916. | *Lingua* 40, 1976, 385-390 A. C. Sinha.
942 SPERBER, Dan: *Le symbolisme en général.* — Paris: Hermann, 1974, 176 p.
943 — *Rethinking symbolism.* Transl. by Alice L. Morton. — Cambridge: Cambridge UP., 1975, xiii, 153 p. | Transl. of No. 942 | *LiS* 5, 1976, 240-242 K. H. Basso.
944 [STEPANOV, Ju. S.] SZTYEPANOV Ju. Sz.: *Szemiotika.* Fordította Csepeli György. — Budapest: Akadémiai Kiadó, 1976, 243 p. | Transl. of *Semiotika*, 1971 (BL 1972, 875).
945 *Structuralism: an introduction.* Ed. by David ROBEY. — Oxford: 1973 | BL 1973, 1010. | *AUMLA* 46, 1976, 356-358 Irene Zohrab.
946 *Structures élémentaires de la signification.* [Sous la direction de Frédéric NEF.] — Coll. "Creusets"; Bruxelles: Éditions Complexe, 1976, 172 p. | Contr. de A. J. GREIMAS, Alain DE LIBERA, P. A. BRANDT, et al. | *BSL* 72, 1977/2, 38-41 C. Baylon.
947 SZÉPE, György: Notes on linguistics in Hungary. — [126], 145-162.
948 TERTS István: *A nyelvész szóra bírja a nyelvet.* — Budapest: Magvetö Kiadó, 1976, 157 p. | The linguist lets language talk.
949 TRABANT, Jürgen: *Elemente der Semiotik.* — München: Beck, 1976, 119 p. | *Paideia* 32, 1977, 196-200 Jörn Albrecht.
950 TRAGER, George L.: *Language and languages.* — San Francisco: 1972 | BL 1972, 879. | *RLaR* 81, 1975/1, 254-257 C. Baylon.
951 *Travaux sur les systèmes de signes. École de Tartu.* Textes choisis et présentés par

[Ju.] Y. M. LOTMAN et B. A. [USPENSKIJ] OUSPENSKI. Trad. du russe par Anne Zouboff. — Bruxelles: Éditions Complexe, 1976, 253 p. | *BSL* 72, 1977/2, 43-45 F. Dupont.

952 *Tutkimus ja opetus*: *strukturalismia*. Toim. Anna-Liisa MÄENPÄÄ. — Äidinkielen opettajain liiton vuosikirja 23; Helsinki: 1976, 232 p. | Der Strukturalismus in Lehre und Forschung. | *Sananjalka* 18, 1976, 206-208 Pävi Rintala.

953 ULLMANN, Stephen: *Sprache und Stil* ... — Tübingen: 1972 | BL 1972, 882. | *Kratylos* 17, 1972 (1974), 199-200 Gerd Fritz | *RomPh* 30, 1976-77, 224-226 M. Jackson | *FS* 30, 1976, 239-240 B. Foster.

VACHEK, J.: *Selected writings in E. and general linguistics.* — 8040.

954 VOEGELIN, C. F., & VOEGELIN, F. M.: How does linguistics fit into the organization of the social sciences? — *IJAL* 42, 1976, 154-158.

955 VRACIU, Ariton: Contribuțiile lui Erwin Koschmieder la dezvoltarea lingvisticii generale. — *CLing* 21, 1976, 165-173 | Contr. d'E. KOSCHMIEDER au développement de la linguistique générale (Rés. fr.).

956 WANDRUSZKA, Mario: *Nuestros idiomas*: *comparables e incomparables*. Versión esp. de Elena Bombín. — BRHi II, 253; Madrid: Gredos, 1976, 788 p. in 2 vol. | Transl. of: *Sprachen, vergleichbar und unvergleichlich*, 1969 (BL 1969, 777).

957 WILLIAMS, George M., Jr.: The opacity of real conspiracies. — *PBLS* II, 406-412 | On criminal conspiracies.

958 WUNDERLI, Peter: Umfang und Inhalt des Semiologiebegriffs bei Saussure. — *CFS* 30, 1976, 33-68.

959 ZABROCKI, Ludwik: O tak zwanych "studiach kontrastywnych". Problem językoznawstwa konfrontatywnego. — *LPosn* 19, 1976, 9-29 | On the so-called "contrastive studies". The problem of confrontation in linguistics.

960 ZIMA, Petr: K otázkám ekvivalence. III. K otázkám porovnávání jazykových systémů "blízkých" a "vzdálených". — *JazA* 12, 1975, 105-107 | Äquivalenzfragen. III. Zur Konfrontation von "nahen" und "entfernten" Sprachsysteme. | Cf. 866, 879, 890.

961 ŽIRMUNSKIJ, V. M.: *Izbrannye trudy* [2]. *Obščee i germanskoe jazykoznanie*. [Red.: A. V. DESNICKAJA, M. M. GUCHMAN, S. D. KACNEL'SON]. — Leningrad: Nauka, 1976, 695 p., front. (portr.) | Collected works. General linguistics, 11-252; Gmc languages, 253-385; dialectology, 386-632.

962 ŽLUKTENKO, Ju. O., & BUBLYK, V. N.: Kontrastyvna linhvistyka. Problemy i perspektyvy. — *Mov* 1976/4, 3-15 | Contrastive linguistics: problems and perspectives.

963 ZOEST, A. J. A. VAN: L'iconicité métaphorique. — [265], 15-31.

964 ZSILKA János: Nyelv és gondolkodás. — *ÁNyT* 7, 1970, 239-253 | Langue et pensée.

0.2 Théorie et méthode de la linguistique — Linguistic theory and method.

AARTS, F. G. A. M.: The description of linguistic variation in E.: from Firth till the present day. — 8016.

965 ABAD NEBOT, Francisco: Las unidades como problema de lógica de la investigación lingüística. — *RSEL* 5, 1975, 139-147.

966 ABRAHAM, Werner: Die Rolle von Trugschlüssen in der Diachronie von Satzkonnektoren. — [260], 11-72.

967 ADMONI, [V. G.] Wladimir G.: *Grundlagen der Grammatiktheorie.* — Heidelberg: 1971 | BL 1971, 887. | *Linguistics* 168, 1976, 67-75 B. Ulvestad.

968 ALBRECHT, Erhard: Logik und Erkenntnistheorie als methodologische Voraussetzung sprachwissenschaftlicher Untersuchungen. — [223], 11-18.

969 ALLWOOD, Jens: *Linguistic communication as action and cooperation. A study in pragmatics.* — Gothenburg Monographs in Linguistics 2 (Diss. Göteborg); Göteborg: Univ. of Göteborg, Dept. of linguistics, 1976, x, 257 p.

970 ANDERSON, Stephen R.: Concerning the notion "base component of a transformational grammar". — *SynS* 7, 1976, 113-128 | Dates from 1966-7.

971 ANDREEV, N. D.: Kvazilingvistika Chomskogo (O pričinach neudači poroždajuščich grammatik). — *VJa* 1976/5, 58-73.

972 ANDRESEN, Helga: *Der Erklärungsgehalt linguistischer Theorien*.... — München: 1974 | BL 1974, 934. | *BNF* 11, 1976, 350-351 H. Thun | *EGerm* 31, 1976, 192 G. Greciano | *PhP* 19, 1976, 214-215 J. Hník.

973 — Das Problem der Objektivität linguistischer Theorien. — [101], I, 27-37.

974 — Das Problem der Datenerhebung und der empirischen Bestätigung linguistischer Theorien. — [350], 123-149.

975 ANTAL, László: Psychologismus und Objektivismus in der Sprachwissenschaft. — [255], 51-61.

976 ANTINUCCI, Francesco: Le due anime di Noam Chomsky. — *LeSt* 11, 1976, 167-187 | Summ. in E. & Ru.

977 ANTTILA, Raimo: The reconstruction of Sprachgefühl: a concrete abstract. — [146], 215-234, tab., map.

978 — Who is a structuralist? — [225], 63-73.

979 APELT, Walter: Zur Kritik der generativen Transformationsgrammatik als philosophische und methodologische Basis des Fremdsprachenunterrichts. — *ZPhon* 29, 1976, 581-584.

980 ATAJAN, È. R.: *Aspekty organizacii i funkcionirovanija jazykovoj sfery* (Cikl lekcij). — Erevan: Izd. Erevanskogo un-ta, 1976, 191 p., ill.

981 BACH, Emmon, & HORN, George M.: Remarks on 'Conditions on transformations'. — *LIn* 7, 1976, 265-299 | On N. Chomsky's paper 'Conditions on transformations', 1973 (BL 1973, 1084).

982 BAILEY, Charles-James N.: *Variation and linguistic theory.* — Arlington, Virg.: 1973 | BL 1973, 1046. | *Anthropos* 71, 1976, 298-299 V. Heeschen | *Lg* 52, 1976, 502-506 Elizabeth Closs Traugott.

983 BALLMER, Thomas T.: Inwiefern ist Linguistik empirisch? Eine allgemeine Explikation des Empiriebegriffs mit spezieller Berücksichtigung der sich für die Linguistik ergebenden Konsequenzen. — [1273], 6-53 | Comments, 54-55.

984 — Logical language reconstruction and reference. — *PCLS* XII, 33-48 | The analysis and logic of speech acts.

985 BAŃCZEROWSKI, J.: Some problems of language models and human communication. — *ALH* 26, 1976, 55-66.

986 BARNET, Vladimír: K pojmu uživatel jazyka v teorii spisovného jazyka. — *SlavSl* 11, 1976, 301-305 | On the term "user of language" in the theory of standard language (Ru. summ.).

987 BAUER, Laurie: It all depends. — *PScCL* 3, 1976, 39-49.

988 BAUM, Richard: *"Dependenzgrammatik". Tesnières Modell der Sprachbeschreibung in wissenschaftsgeschichtlicher und kritischer Sicht.* — *ZRPh*, Beiheft 151 (Habilitationsschrift Saarbrücken); Tübingen: Niemeyer, 1976, x, 171 p. | *RF* 88, 1976, 45-446 P. Blumenthal.

989 BAUMANN, Hans-Heinrich: Kritik der Norm. Zur Sprachtheorie von Eugenio Coseriu. — [320], 1-52, 4 fig.

990 BAYER, Klaus: Plädoyer für eine situationstheoretische Pragmatik. — *ZGL* 4, 1976, 179-189.
991 BECHERT, Johannes, et al.: *Einführung in die generative Transformationsgrammatik*. 3. Aufl. — München: 1973 | BL 1973, 1056. | *ZDL* 43, 1976, 95-99 R. Keller.
992 BECKER, Edward F.: Linguistic competence and unconscious knowledge. — [110], 24-37.
993 BEJARANO, Virgilio: Las definiciones de oración de J. B. Hofmann. — *RSEL* 5, 1975, 35-44.
994 BERRY, Margaret: *An introduction to systemic linguistics. 2. Levels and links*. — New York: St. Martin's Press, 1976, viii, 142 p. | Cf. BL 1975, 1073.
995 *Beschreibungsmethoden des amerikanischen Strukturalismus*. Elisabeth BENSE, Peter EISENBERG, Hartmut HABERLAND (Hrsg.). — Linguistische Reihe 16; München: Hueber, 1976, 362 p. | Coll. of papers (in transl.), published 1925-54, by Leonard BLOOMFIELD, Edward SAPIR, Charles F. HOCKETT, et al.
996 BLANSITT, Edward L., Jr.: A uniform format for grammatical descriptions. — *LACUS* II, 44-51.
997 BOAS, Hans Ulrich: Argumente gegen die Annahme linear geordneter syntaktischer Tiefenstrukturen in einer universellen Grammatik. — [101], II, 129-138.
998 BOBES NAVES, María del C.: *La semiótica como teoría lingüística*. — Madrid: 1973 | BL 1973, 1067. | *BHS* 53, 1976, 51 Roger Wright.
999 BOGUSŁAWSKI, Andrzej: Problem "tertium comparationis" w porównaniu lingwistycznym. — *KNf* 23, 1976, 295-303 | The problem of the *tertium comparationis* in linguistic comparison (E. summ.).
1000 BOJADŽIEV, Živko: Neolingvistikata – idejni osnovi, săštnost, teoretični problemi. — *GSU-SF* 67/1, 133-217 | BL 1974, 959. | *BE* 26, 1976, 357-359 Ivan Kănčev.
1001 BOJAR, Bożena: *Zarys językoznawstwa dla informatyków*. — Warszawa: Wyd. Uniw. Warszawskiego, 1976, 177 p. | A course in linguistics for specialists in informatics.
1002 BOTHA, Rudolf P.: *The justification of linguistic hypotheses* ... —The Hague: 1973 | BL 1973, 1070. | *Linguistics* 167, 1976, 67-80 Myrna Gopnik.
1003 — On the analysis of linguistic argumentation. — [106], 1-34.
1004 — Theoretische intuïties in de transformationeel-generatieve taalkunde. —[298], 31-81 | Theoretical intuitions in transformational-generative linguistics.
1005 BRENNENSTUHL, Waltraud, & WACHOWICZ, Krystyna: On the pragmatics of control. — *PBLS* II, 396-405.
1006 BRESNAN, Joan: Evidence for a theory of unbounded transformations. — *LAn* 2, 1976, 353-393, 3 fig.
1007 BREUER, Dieter: *Einführung in die pragmatische Texttheorie*. — München: 1974 | BL 1974, 964. | *ZFSL* 86, 1976, 49-52 Volker Kapp.
1008 BÜHLER, Karl: *Die Axiomatik der Sprachwissenschaften*. Einleitung und Kommentar von Elisabeth STRÖKER. 2., durchgesehene Aufl. — Frankfurt a.M.: Klostermann, 1976, 156 p. | 1st ed. 1969 (BL 1969, 810).
1009 BZDĘGA, Andrzej Z.: Zur generativen Formalisierung der PS-Grammatik. — *SGP* 5, 1976, 73-80.
1010 CARDEN, Guy: Syntactic and semantic data: replication results. — *LiS* 5, 1976, 99-104.
1011 CASSANO, Pasquale: Théories de l'emprunt linguistique. — *ACILR* XIV/2, 391-399.

1012 CHERUBIM, Dieter: *Grammatische Kategorien. Das Verhältnis von "traditioneller" und "moderner" Sprachwissenschaft.* — Reihe germanistische Linguistik 1 (Diss. Marburg); Tübingen: Niemeyer, 1976, 196 p.
1013 CHOMSKY, Noam: *Problemi di teoria linguistica.* — Torino: 1975 | BL 1975, 1099. | *SILTA* 5, 1976/1-2, 314-316 Luigi Heilmann.
1014 — Conditions on rules of grammar. — *LAn* 2, 1976, 303-351.
1015 — On the nature of language. — [112], 46-55.
1016 — On the biological basis of language capacities. — [273], 1-24.
1017 CLASSEN, Peter: *Sprachsystem und Sprachfunktion. Studien zur neueren Linguistik aus fremdsprachendidaktischer Sicht.* — Frankfurter Hochschulschriften zur Sprachtheorie und Literaturästhetik 1 (Diss. Frankfurt a.M.); Bern & Frankfurt a.M.: Lang, 1975, 487 p.
1018 COLE, Peter: The interface of theory and description: notes on Modern Hebrew relativization. — *Lg* 52, 1976, 563-583.
1019 CORNEILLE, Jean Pierre: *La linguistique structurale. Sa portée, ses limites.* — Paris: Larousse, 1976, 256 p.
1020 COSERIU, Eugenio: *Sprachtheorie und allgemeine Sprachwissenschaft...* — München: 1975 | BL 1975, 1104. | *DLZ* 97, 1976, 752-755 G. Pätsch.
1021 — Logique du langage et logique de la grammaire. — [111], 15-33.
1022 DANIELSEN, Niels: *An essay on nomos and human language.* — Det Kong. Danske Videnskabernes Selskab, Hist.-filos. Skrifter 7, 4; København: Munksgaard, 1976, 160 p.
1023 [—] DANIEL'SEN, Nel's: Bezdna bez glubiny i bez dna. — *ZPhon* 29, 1976, 388-395 | Sur la grammaire générative.
1024 DERWING, Bruce L.: *Transformational grammar as a theory of language acquisition...* — London: 1973 | BL 1973, 1097. | *IRAL* 14, 1976, 402-406 S. Eliasson.
1025 DEZSŐ László: A nyelvtudomány elméleti alapjai és a mondattan. — *NyK* 78, 1976, 300-305 | Syntax and the theoretical basis of linguistics (E. summ.).
1026 DIJK, Teun A. VAN: Pragmatics, presuppositions and context grammars. — [362], 53-82.
1027 DI PIETRO, Robert J.: *Language structures in contrast.* — Rowley, Mass.: 1971 | BL 1971, 940. | *IRAL* 14, 1976, 91-93 W. Kühlwein.
1028 — The role of metaphor in linguistics. — [255], 99-107.
1029 DITTKRIST, Jörg: Probleme der Textlinguistik. — *LD* 7, 1976, 113-121.
1030 DOUGHERTY, Ray C.: Argument invention: the linguist's "feel" for science. — [106], 111-165, tab. | Arthur O. Lovejoy, *The great chain of being*, New York 1936.
1031 EBNETER, Theodor: *Variabilität und System.* — IBS, Vorträge 14; Innsbruck: Inst. für Sprachwissenschaft der Univ., 1976, 28 p. | *EGerm* 31, 1976, 447 P. Heitzler.
1032 ECKMAN, Fred R.: Empirical and nonempirical generalizations in linguistics. — [106], 35-48.
1033 ELLERBROCK, Jürgen, JARITZ, Peter, KÜHNERT, Walter, & SCHMITZ, Ulrich: Ansätze materialistischer Sprachtheorie. — *Das Argument. Zeitschrift für Philosophie und Sozialwissenschaften* (Berlin-W.) 18, 1976, 44-69.
1034 ENDRES, Rolf: Subjekt und Subjektlosigkeit als Kategorien der Inhaltsseite der Sprache. — *Sprachw* 1, 1976, 292-327.
1035 ERCKENBRECHT, Ulrich: *Sprachdenken. Anregungen zu einer emanzipatorischen Sprachtheorie.* — Kronberg: 1974 | BL 1974, 1010. | *Mu* 86, 1976, 392-394 E. G. Geyl.

1036 ESPER, Erwin A.: *Analogy and association in linguistics and psychology.* — Athens, Ga.: 1973 | BL 1973, 1114. | *IF* 80, 1975 (1976), 212-213 G. Doerfer.

1037 EVERS, A.: Onderzoekprogramma's en het transformationele onderzoekprogramma. — [298], 82-110 | Research programs and the transformational research program.

1038 FABRICIUS-KOVÁCS Ferenc: Nyelv, gondolkodás, jelentés (Kisérlet néhány fogalom tisztázására). — *ÁNyT* 7, 1970, 101-111 | Langue, pensée, signification (Essai pour éclaircir certaines notions).

1039 FAUST, George P.: Notes on language reception and variation. — [255], 109-116.

1040 FERNÁNDEZ GUIZZETTI, Germán: El punto de vista analógico-dialéctico en lingüística descriptiva (teoría de los modelos). — *RSEL* 5, 1975, 87-109.

1041 FILLMORE, Charles J.: The need for a frame semantics within linguistics. — *SMIL* 1976, 5-29.

1042 FINKE, Peter: Linguistik – eine Form wissenschaftlicher Kommunikation. — [350], 25-48.

1043 — Anmerkungen zur Empiriediskussion. — [1273], 175-182.

1044 FREUNDLIEB, Dieter: Was heisst "Erklärung" in der Linguistik? Eine wissenschaftstheoretische Studie. — [101], I, 15-26.

1045 FRIES, Peter H.: Some fundamental insights of tagmemics revisited. — [225], 145-155, tab.

1046 — On surface and underlying structure, with special reference to phrase, clause and sentence. — [395], II, 1-49.

1047 *Los fundamentos de la gramática transformacional.* Antología preparada por Heles CONTRERAS. — México: 1971 | BL 1971, 927. | *RomPh* 28, 1974-75, 673-677 O. T. Myers.

1048 GARDNER, Thomas: *Hauptströmungen der modernen Linguistik* .... — Göttingen: 1973 | BL 1973, 1124. | *JL* 12, 1976, 317-318 D. J. Allerton.

1049 GAZAL, Suzette: Quelques limites de l'application de la théorie fonctionnelle à la description de la première articulation du langage. Étude d'un exemple: *L'analyse structurale du créole guyanais*, de Marguerite Saint-Jacques Fauquenoy .... — *RRLing* 21, 1976 (*CLTA* 13/1), 327-332 | Cf. 13927.

1050 GEIER, Manfred, KOHRT, Manfred, KÜPER, Christoph, & MARSCHALLEK, Franz: *Sprache als Struktur. Eine kritische Einführung in Aspekte und Probleme der generativen Transformationsgrammatik.* — Germanistische Linguistik 4; Tubingen: Niemeyer, 1976, x, 178 p.

1051 GILMAN, Charles: Number names in two simplified languages. — *Anthropos* 71, 1976, 848-856 | Theory of language simplification. Data from Cameroonian Pidgin E. and Zairian Swahili.

1052 GIPPER, Helmut: "Sprachgefühl", "Introspektion" und "Intuition". Zur Rehabilitation umstrittener Begriffe in der Sprachwissenschaft. — *WW* 26, 1976, 240-245.

1053 GLAGOLEV, N. V.: Die aussersprachliche Umgebung der Äusserung. — *DaF* 13, 1976, 82-92.

1054 GLEASON, H. A., Jr.: Continuity in linguistics. — *LACUS* II, 3-16.

1055 GOBARD, Henri: *L'aliénation linguistique, analyse tétraglossique.* Préface de Gilles Deleuze. — Paris: Flammarion, 1976, 302 p.

1056 GOPNIK, Myrna: What the theorist saw. — [106], 217-248.

1057 GREEN, Georgia M.: Governed-rule change & universal grammar. — *SLS* 6, 1976/1, 152-169.

1058 GREWENDORF, Günther: Ansätze einer linguistischen Pragmatik. — [1542], 189-199.
1059 GRZEGORCZYKOWA, Renata: Model działalności językowej w ujęciu Igora Mielczuka. — *BPTJ* 34, 1976, 169-174 | On No. 1157.
1060 GUESPIN, L.: Les embrayeurs en discours. — *Langages* 41, 1976, 47-78 | 1. Le concept de langue: un obstacle épistémologique? 2. Des substantifs "embrayeurs". 3. Bilan et propositions.
1061 [GUILLAUME, Gustave]. *Principes de linguistique théorique de Gustave Guillaume*. Recueil de textes inédits... sous la direction de Roch VALIN. — Québec: 1973 | BL 1973, 1140. | *VR* 35, 1976, 154-161 Peter Wunderli.
1062 GULSTAD, Daniel E.: *A modern theory of "langue"*. — The Hague: 1973 | BL 1973, 1142. | *FL* 14, 1976, 427-429 F. Hiorth.
1063 GUTKNECHT, Christoph, & PANTHER, Klaus-Uwe: *Generative Linguistik* ... — Stuttgart: 1973 | BL 1973, 1143. | *Mu* 85, 1975, 369 Ernst-Günther Geyl | *ZAA* 24, 1976, 184-186 W. Thiele | *JL* 12, 1976, 319-320 D. J. Allerton.
1064 HABER, Lyn R.: *Leaped* and *leapt*: a theoretical account of linguistic variation. — *FL* 14, 1976, 211-238, 10 tab.
1065 HABERMAS, Jürgen: Was heisst Universalpragmatik? — [384], 174-272.
1066 HAGÈGE, Claude: *La grammaire générative. Réflexions critiques*. — Le linguiste 17; Paris: P.U.F., 1976, 244 p.
1067 HALE, Austin: The relationship of tagmemic theory to rules, derivation, and transformational grammar. — [395], II, 51-89.
1068 HALLIDAY, M. A. K.: *Explorations in the functions of language*. — London: 1973 | BL 1973, 1146. | *CJL* 21, 1976, 196-199 M. Gregory.
1069 HAMMARSTRÖM, Göran: *Las unidades lingüísticas en el marco de la lingüística moderna*. — Madrid: 1974 | BL 1974, 1044. | *RSEL* 5, 1975, 490-492 E. Rodón.
1070 — *Linguistic units and items*. — Communication and Cybernetics 9; Berlin: Springer, 1976, ix, 131 p.
1071 HARRAS, Gisela: Kellers "Handlungen verstehen" verstehen? — *ZGL* 4, 1976, 200-212 | Cf. 1109.
1072 HARRIS, Zellig: A theory of language structure. — *APQ* 13, 1976, 237-255 | Theory of the structure and information of sentences.
1073 — On a theory of language. — *JPh* 73, 1976, 253-276.
1074 HARTIG, M.: Language variation and social interaction. — *LB* 65, 1976, 277-289 | 1. Optional rules as a source of variation. 2. Deletion-rules representing one type of variation. 3. Permutation-rules as a further source of variation.
1075 HASTINGS, Ashley J., & KOUTSOUDAS, Andreas: Performance models and the generative-interpretive debate. — [106], 187-216.
1076 G. HAVAS Katalin: Analógiák a logikai és a nyelvi formák vizsgálatában. — *ÁNyT* 7, 1970, 113-122 | Analogies entre formes logiques et formes linguistiques.
1077 HEESCHEN, Volker: Überlegungen zum Begriff "sprachliches Handeln". *ZGL* 4, 1976, 273-301.
1078 HENY, Fr.: Montague Grammar is not relevant to Transformational Grammar. — *HandVlFC* 30, 1975, 133-141.
1079 HERVEY, S. G. J.: Is deep structure really necessary? — *Lingua* 39, 1976, 227-239.
1080 HILDEBRANDT, Reiner: Syn- und Dia-Aspekte in der Linguistik. — *GermL* 1976/3-4, 6-20, fig.
1081 HLAVSA, Zdeněk: Towards a definition of a text. — [364], 41-45.
1082 HÖPPNER, Joachim: Sprache, Denken, Kommunikation. Betrachtungen zu Marx' und Engels' Kritik des Gothaer Programms. — *ZPhon* 29, 1976, 221-225.

1083 HÖRMANN, Hans: The concept of sense constancy. — *Lingua* 39, 1976, 269-280.
1084 HORN, Dieter: Die Idee der Deskriptivität – Mythos oder Wissenschaft? — [350], 205-218.
1085 HOUDEBINE, Anne-Marie: La linguistique structurale vue par Francisco R. Adrados. — *Linguistique* 12, 1976/2, 153-156 | Cf. BL 1969, 790.
1086 HOUSEHOLDER, Fred W.: *Linguistic speculations.* — London: 1971 | BL 1971, 994. | *IL* 37, 1976, 148-164 Anil C. Sinha.
1087 HUDSON, R. A.: *Arguments for a non-transformational grammar.* — Chicago: Univ. of Chigaco Press, 1976, x, 214 p.
1088 — Lexical insertion in a transformational grammar. — *FL* 14, 1976, 89-107, fig.
1089 HUTCHINS, W. J.: *The generation of syntactic structures from a semantic base.* — Amsterdam: 1971 | BL 1971, 998. | *Lingua* 38, 1976, 179-184 G. N. Leech.
1090 HUYBREGTS, M. A. C.: Vragende(r)wijs: Progressieve taalkunde. — [298], 303-366 | Interrogative sentences in progressive linguistics.
1091 IIONEN, Antti: On the factors separating and linking grammatical and phonetic performance. — *PScCL* 3, 1976, 215-225.
1092 IMHASLY, Bernard: *Der Begriff der sprachlichen Kreativität.* — Tübingen: 1974 | BL 1974, 1067. | *AUMLA* 46, 1976, 377-379 H. Pollak | *LB* 65, 1976, 93 M. Baeyens.
1093 ISENBERG, Horst: Einige Grundbegriffe für eine linguistische Texttheorie. — [364], 47-145.
1094 ITKONEN, Esa: *Linguistics and empiricalness: answers to criticisms.* — Dress Rehearsals 4; Helsinki: Univ. of Helsinki, Dept. of General Linguistics, 1976, 67 p.
1095 — The use and misuse of the principle of axiomatics in linguistics. — *Lingua* 38, 1976, 185-220, 3 fig.
1096 — Die Beziehung des Sprachwissens zum Sprachverhalten. — [101], I, 39-47.
1097 — Was für eine Wissenschaft ist die Linguistik eigentlich? — [1273], 56-76 | Comments, 77-86.
ITKONEN, T.: Syntaktisten vaikutusyhteyksien luonteesta. — 12374.
1098 IVIĆ, Milka: Linguistic theory in Yugoslavia. — [397], 217-233.
1099 JÄGER, Ludwig: *Zu einer historischen Rekonstruktion der authentischen Sprach-Idee F. de Saussures.* — Diss. Düsseldorf 1975, 319 p.
1100 — F. de Saussures historisch-hermeneutische Idee der Sprache. Ein Plädoyer für die Rekonstruktion des Saussureschen Denkens in seiner authentischen Gestalt. — *LD* 7, 1976, 210-244.
1101 JAKOBSON, Roman: Metalanguage as a linguistic problem. — *NyK* 78, 1976, 346-352.
1102 JEDLIČKA, Alois: Otázky konfrontačního studia v české lingvistice. — *SFPS* 15, 1976, 159-172.
1103 KAC, Michael B.: Hypothetical constructs in syntax. — [106], 49-83.
1104 KANNGIESSER, Siegfried: Modelle der Spracherklärung. — [350], 49-90.
1105 — Spracherklärungen und Sprachbeschreibungen. — [1273], 106-160 | Comments, 161-172.
1106 KARAULOV, Ju. N.: Asimmetrija jazykovogo znaka vo vremeni. — [238], 416-425.
1107 KARLSSON, Fred: Strukturalismi ja generatiivinen transformaatiokielioppi. — [952], 43-66 | Structuralism and generative-transformational grammar.
1108 KASHER, Naomi & Asa: Speech acts, contexts and valuable ambiguities. — [361], 77-81.
1109 KELLER, Rudi: Handlungen verstehen. — *ZGL* 4, 1976, 1-16 | Cf. D. Wunderlich

[1280]. Reply by Keller, *Ibid.*, 190-199. Cf. 1071.
1110 KETTEMANN, Bernhard: Die Sprachwissenschaft als Wille und Vorstellung. — *KLit* 5, 1976, 332-337 | Rev. of: (1) Theodor EBNETER, *Strukturalismus und Transformationalismus*, 1973 (BL 1973, 1113); (2) *Phonologie und generative Grammatik*, Hrsg. von Ferenc KIEFER, 1975 (BL 1975, 2244); (3) Herbert L. KUFNER, *Kontrastive Phonologie, Deutsch-Englisch*, 1971 (BL 1971, 5996).
1111 KIEFER Ferenc: A generatív nyelvelméletről. — *Nyr* 100, 1976, 63-82 | A propos de la théorie générative.
1112 KOCH, Walter Alfred: Ontologiethese und Relativitätsthese für eine Textlinguistik. — [396], 1-38.
1113 KOEFOED, Geert: Taaltheoretisch onderzoek: het paradigma en de paradoxen. — [298], 13-30 | Theoretical linguistics: the paradigm and the paradoxes. Introd. to the studies contained in this coll.
1114 — "Change is change in competence". — [298], 381-408 | On competence (Text in Du.).
1115 KOHN, K.: Theoretical aspects of generative contrastive analysis. — *FoL* 9, 1976, 125-134.
1116 KONSTANTINOV, Julian: Za prirodata na ezikovija znak. — *RZE* 3, 1976/3, 7-16; 1976/4, 17-23 | De la nature du signe linguistique.
1117 KOŽEVAJA, I. G.: *Urovni jazykovogo abstragirovanija.* — Kiev: 1973 | BL 1973, 3528. | *ZPhon* 29, 1976, 188-192 Ju. A. Dubovskij.
1118 KOUTSOUDAS, Andreas: Unordered Rule Hypotheses. — [103], 1-21.
1119 KRZESZOWSKI, Tomasz P.: Gramatyka transformacyjno-generatywna w tradycji językoznawczej. — *BPTJ* 34, 1975, 121-134 | Transformational-generative grammar and linguistic tradition (E. summ.).
1120 — On some linguistic limitations of classical contrastive analysis. — *PSCL* 4, 1976, 89-95.
1121 KURODA, S.-Y.: Subject. — *SynS* 5, 1976, 1-16.
1122 KUUSI, Osmo: Merkkijärjestelmät strukturalistisen tutkimuksen kohteina. — [952], 11-24 | Die Zeichensysteme als Forschungsobjekt der strukturalistischen Forschung.
1123 LABOV, William: *What is a linguistic fact?* — PdR Press Publ. in Linguistic Theory 1; Lisse (Netherlands): de Ridder, 1975, 61 p.
1124 LAKÓ, György: Behauptungen und Einwendungen bezüglich der charakteristischen Züge der sog. "traditionellen" Sprachwissenschaft. — *JSFOu* 74, 1976, 58-75 | *BSL* 72, 1977/2, 295-296 A. Sauvageot.
1125 LAKOFF, George, & ROSS, John Robert: Is deep structure necessary? — *SynS* 7, 1976, 159-164 | Dates from 1967.
1126 LANG, Martin: Thesen zur Wissenschaftsentwicklung der Linguistik. — [1273], 281-293 | Discussion, 294-300.
1127 LANGACKER, Ronald W.: *Sprache und ihre Struktur.* Übers. von Gerd Fritz und Wolfgang Klinke. 2., durchges. und erw. Aufl. — Konzepte der Sprach- und Literaturwissenschaft 10; Tübingen: Niemeyer, 1976, ix, 286 p. | First ed. 1971 (BL 1971, 1024). | *RomPh* 30, 1976-77, 222-224 M. Jackson (First ed.).
1128 LARA, Luis Fernando: *El concepto de norma en lingüística.* — Estudios di lingüística y literatura 5; México: El Colegio de México, 1976, 148 p.
1129 LASS, Roger: On generative taxonomy, and whether formalizations "explain". — *SL* 30, 1976, 139-154.
1130 LAUNAY, Michel: A propos du mot et de la phrase. Réflexions sur les rapports

entre sémantique générative et grammaire systématique. — *TLL* 14, 1976/1, 327-370.

1131 LAWENDOWSKI, Bogusław: Some postulates concerning the role of translation in contrastive studies. — *PSCL* 5, 1976, 19-26.

1132 LEES, Robert B.: Optical illusions and grammar blindness. — *SynS* 7, 1976, 21-26 | Dates from 1960. | Reply to the remarks of A. A. HILL on the notion of grammaticality, *Word* 17, 1-10 (BL 1961, 34).

1133 — What are transformations? — *SynS* 7, 1976, 27-41 | Dates from 1960.

1134 LEHMANN, Hubert: *Linguistische Modellbildung und Methodologie*. — Tübingen: 1973 | BL 1973, 1212. | *AUMLA* 46, 1976, 385-386 Roland Sussex.

1135 LEPSCHY, Giulio C.: Changes of emphasis in modern linguistics. — [255], 189-199.

1136 LEVINE, Arvin: Why argue about rule ordering? — *LAn* 2, 1976, 115-124.

1137 LIEB, Hans-Heinrich: Grammars as theories: the case for axiomatic grammar (part II). — *TL* 3, 1976, 1-98 | Cf. BL 1975, 1227.

1138 — On relating pragmatics, linguistics, and non-semiotic disciplines. — [225], 217-249, 4 fig.

1139 — Rekonstruktive Wissenschaftstheorie und empirische Wissenschaft: Kommentare ... — [1273], 183-199.

1140 — Zum Verhältnis von Sprachtheorien, Grammatiktheorien und Grammatiken. — [1273], 200-214 | Comments, 214-216.

1141 LIGHTNER, Theodore M.: Review article on: *Goals of linguistic theory*. Ed. by Stanley PETERS, 1972. — *Lg* 52, 1976, 179-201 | Cf. BL 1972, 93.

1142 LINDEMANN, Roswitha: Thesen zur Metanalyse der Searleschen Sprechakttheorie. — [396], 566-585.

1143 LINELL, Per: Is linguistics an empirical science? Some notes on Esa Itkonen's 'Linguistics and metascience'. — *SL* 30, 1976, 77-94, tab. | Cf. BL 1974, 1392.

1144 LOCKWOOD, David G.: *Introduction to stratificational linguistics*. — New York: 1972 | BL 1972, 1055. | *Linguistics* 180, 1976, 80-92 B. Rigter.

1145 LODGE, K. R.: Idealization in linguistics. — *FoL* 9, 1976, 295-309.

1146 LONGACRE, R. E.: *An anatomy of speech notions*. — PdR Press Publ. in Tagmemics 3; Lisse: de Ridder, 1976, 394 p.

1147 LORENZ, Kuno: Sprachtheorie als Teil einer Handlungstheorie. Ein Beitrag zur Einführung linguistischer Grundbegriffe. — [1273], 250-266 | Comments, 267-280.

1148 MAINGUENEAU, Dominique: *Initiation aux méthodes de l'analyse du discours. Problèmes et perspectives*. — Paris: Hachette, 1976, 192 p.

1149 MAKOVSKIJ, M. M.: Sootnošenie individual'nych i social'nych faktorov v jazyke. — *VJa* 1976/1, 40-54.

1150 MALMBERG, Bertil: Langue – forme – valeur: réflexions sur trois concepts saussuriens. — *Semiotica* 18, 1976, 195-200.

1151 MAŃCZAK, Witold: *Z zagadnień językoznawstwa ogólnego*. — Wrocław: 1970 | BL 1970, 984. | *BE* 26, 1976, 359-362 Ljudvig Selimski.

1152 MARINER BIGORRA, Sebastián: Unidades significativas, contrastivas y mixtas. — *RSEL* 5, 1975, 281-293.

1153 MARKEY, Thomas L.: *Studies in European linguistic theory. The dichotomy precept*. — Giessener Beiträge zur Sprachwissenschaft 4; Grossen-Linden: Hoffmann, 1976, 76 p.

1154 MCCLELLAN, Thomas: Analogy: mental pattern or mental procedure? — *LACUS* II, 544-548.

1155 MECCHIA, Renata: L'interpretazione della linguistica saussuriana e la duplice nozione di "scrittura" in Jacques Derrida. — *LeSt* 11, 1976, 91-99 | Summ. in E. & Ru.
1156 MEISEL, Jürgen M.: L'étude des problèmes pragmatiques en linguistique. — *ACILR* XIII/1, 987-1001.
1157 MEL'ČUK, I. A.: *Opyt teorii lingvističeskich modelej "smysl ↔ tekst"*. — Moskva: 1974 | BL 1974, 1133. | *AAS* 12, 1976, 188-190 V. Krupa | Cf. 1059.
1158 — Ein linguistisches Modell des Typs "smysl ↔ tekst" [Inhalt ↔ Text]. Die Ebenen der Darstellung sprachlicher Äusserungen. — [397], 49-67, 7 fig. | Original Ru. version 1974 (BL 1974, 1134).
1159 MEL'NIČUK, A. S.: Filosofskie korni glossematiki. — *VJa* 1976/6, 19-32.
1160 MEULEN, Alice TER: Theory-construction in linguistics. — [101], I, 49-59.
1161 — Grammars and empirical theories. — [1273], 87-97 | Comments, 97-105.
1162 MEYER, Meinert A.: Sprechen als Handeln. Von Wittgensteins Sprachspielen zu einer sprachlichen Handlungstheorie. — [101], I, 317-326.
1163 MEYER-HERMANN, Reinhard: Direkter und indirekter Sprechakt. — *DSp* 4, 1976, 1-19.
1164 MIGIRIN, V. N.: *Marksistsko-leninskaja metodologija i lingvistika*. — Kišinev: 1974 | BL 1975, 1249. | *SlavSl* 11, 1976, 111-113 A. Rácová.
1165 MILNER, Jean-Claude: Réflexions sur la référence. — *LFr* 30, 1976, 63-73.
1166 MOTSCH, Wolfgang: *Zur Kritik des sprachwissenschaftlichen Strukturalismus*. — Berlin: 1974 | BL 1974, 1144. | *ZPhon* 29, 1976, 176-180 E. Albrecht | *RSEL* 5, 1975, 473-475 E. Bernárdez | *LPosn* 19, 1976, 109-110 G. Koniuszaniec.
1167 MUCHIN, A. M.: *Lingvističeskij analiz. Teoretičeskie i metodologičeskie problemy*. — Leningrad: Nauka, 1976, 282 p.
1168 MUMM, Susanne: Saussure für progressive Studenten? Zur Saussure-Interpretation von Karl Held. — *ZGL* 4, 1976, 321-338 | In Held's book *Kommunikationsforschung – Wissenschaft oder Ideologie? Materialien zur Kritik einer neuen Wissenschaft*, München: Hanser, 1973.
1169 NÈVE DE MÉVERGNIES, François-Xavier: Le hasard et la nécessité en linguistique. Réflexions sur la téléonomie des langues naturelles. — *Linguistique* 12, 1976/1, 35-49.
1170 NEWMEYER, Frederick J.: Relational grammar and autonomous syntax. — *PCLS* XII, 506-515.
1171 NIVETTE, Joseph: *Zasady gramatyki generatywnej*. Przełożyła: Jolanta ROKOSZOWA. [Red. naukowy: Adam HEINZ]. — Wrocław: Zakład im. Ossolińskich, 1976, 105 p. | Trad. de: *Principes de grammaire générative*, Bruxelles 1970 (Cf. BL 1970, 1008).
1172 OL'CHOVIKOV, B. A., & ROŽDESTVENSKIJ, Ju. V.: Iz istorii idej o sistemnofunkcional'nom issledovanii jazykovoj dejstvitel'nosti v sovetskom jazykoznanii (k voprosu ob obščelingvističeskich vzgljadach V. V. Vinogradova). — *ZPhon* 29, 1976, 545-550.
1173 OLLONGREN, A.: Overpeinzingen bij een rede. — *FdL* 17, 1976, 179-187 | Reflections on No. 1260.
1174 OPALKA, Hubertus: Zum handlungstheoretischen Ansatz der "praktischen Semantik" oder mit *Handlungstheorie* macht man noch keine Handlungstheorie. — *ZGL* 4, 1976, 310-320 | A propos du No. 1765.
1175 OSHERSON, Daniel N., & WASOW, Thomas: Task-specificity and species-specificity in the study of language: a methodological note. — *Cognition* 4, 1976, 203-214.

1176 OTERO, Carlos: On acceptable agrammaticality: a rejoinder. — *LIn* 7, 1976, 342-361 | Comments on a paper by J. KNOWLES, *LIn* 5, 1974, 622-628.
PAUNONEN, H.: Allomorfien dynamiikkaa. — 12392.
1177 PAUSE, Eberhard: *Zur Theorie transformationeller Syntaxen. Generative Kraft, Entscheidbarkeit, Analyse.* — Linguistische Forschungen 14 (Diss. Konstanz); Frankfurt a.M.: Athenaion, 1976, 196 p.
1178 PAVEL, Thomas G.: Noun phrases: logical and linguistic properties. — *CJL* 21, 1976, 133-152.
1179 PAZUCHIN, R. V.: "Kibernetičeskie" modeli v lingvistike. — *VJa* 1976/5, 26-36.
1180 PERLOFF, Michael N., & WIRTH, Jessica R.: On independent motivation. — [106], 95-110.
1181 PETKOV, Slavčo: Sistemata na rečevite načini – osnova za săpostavitelno izsledvane na ezicite. — *BSl* 1, 1976/6, 3-26 | Le système des modes de parole: base d'une étude contrastive des langues (Rés. fr.).
1182 PETŐFI, János S.: A frame for "frames" (a few remarks on the methodology of semantically guided text processing). — *PBLS* II, 319-329, fig.
1183 —Formal pragmatics and a partial theory of texts. — [362], 105-121.
1184 PIĄTEK, Zdzisława: On certain inconsistency of Chomsky's theory of language. — *ZNUJ* 446, *Prace Filozoficzne*, 6, 1976, 75-85.
1185 PIKE, Kenneth L.: Toward the development of tagmemic postulates. — [395], II, 91-127.
1186 PILCH, Herbert: *Empirical linguistics.* — Uni-Taschenbücher 432; Bern: Francke, 1976, 246 p.
1187 PISARKOWA, Krystyna: Pragmatyczne spojrzenie na akt mowy. — *Polonica* 2, 1976, 265-279 | A pragmatic view of the speech act (E. summ.).
1188 POLLOCK, J.-Y.: Comment légitimer une innovation théorique en grammaire transformationnelle: la théorie des traces. — *Langages* 42, 1976, 77-110.
1189 POTTIER, Bernard: *Linguistique générale* ... — Paris: 1974 | BL 1974, 1177 | *ALH* 26, 1976, 261-265 F. Bakos.
1190 — Sur la formulation des modalités en linguistique. — *Langages* 43, 1976, 39-46.
1191 — Théorie des cas: logique et linguistique. — [111], 131-140.
1192 PRIDEAUX, Gary D.: An excluded generalization. — [255], 245-255.
1193 *Principy opisanija jazykov mira.* [Red.: V. N. JARCEVA, B. A. SEREBRENNIKOV]. — Moskva: Nauka, 1976, 343 p., fold. tab. | Chapters by the eds., and others, inter alia: Serebrennikov, 'Svodimost' jazykov mira, učet specifiki konkretnogo jazyka, prednaznačennost' opisanija', 7-52; G. V. KOLŠANSKIJ, 'Ispol'zovanie jazykovych universalij pri opisanii jazykov mira', 53-63; Jarceva, 'Grammatičeskie osnovy opisanija jazykov', 64-104; V. M. SOLNCEV, 'O soizmerimosti jazykov', 105-122; N. Z. GADŽIEVA, 'Principy areal'nogo opisanija jazykov', 164-202; Ju. S. STEPANOV & D. I. ÈDEL'MAN, 'Semiologičeskij princip opisanija jazyka', 203-281; V. A. VINOGRADOV, 'Fonologičeskij aspekt opisanija jazykov', 282-312; Ju. N. KARAULOV, 'Slovar' kak komponent opisanija jazykov', 313-340.
1194 PULLUM, Geoffrey K.: The Duke of York gambit. — *JL* 12, 1976, 83-102.
1195 PUTSEYS, Yvan: *Kennismaking met de casusgrammatica.* — Taal en Communicatie 2; Leuven: Acco, 1976, viii, 144 p. | Introd. to case grammar.
1196 RANGAN, K.: *Mārrilakkaṇa moḻiyiyal* .... — Madras: Tamil Nulakam, 1975, xiii, 86 p. | Introd. to the theory of transformational grammar (in Tamil). | *IJDL* 5, 1976, 403-409 A. Dasarathan.

1197   REVZINA, O. G.: Rod i imennaja klassifikacija. Predvaritel'nye zamečanija. — [335], 180-208.
1198   RIEGEL, Klaus F.: All the trouble with linguistics. — *Linguistics* 172 (= *IJPs* 5), 1976, 95-104 | E., Fr. & Ru. summ.
1199   RIVERO, María-Luisa, & WALKER, Douglas C.: Surface structure and the centrality of syntax. — *TL* 3, 1976, 99-124.
1200   RODMAN, Robert: An empirical constraint on the class of possible transformational grammars of natural languages. — *LACUS* II, 37-43.
1201   RODÓN, Eulalia: Razón fenomenológica de la unidad lingüística. — *RSEL* 5, 1975, 451-460.
1202   ROSETTI, A.: Sur le "mot". — *ACILR* XIII/1, 575-579.
       ROSSI, M.: *Contr. à la méthodologie de l'analyse linguistique* .... — 6562.
1203   ROSSIPAL, Hans: Postulatsprache(n) und Kodesprache(n). — *PScCL* 3, 1976, Appendix, 16 p.
1204   ROSSI-LANDI, Ferruccio: Ideen zum Studium sprachlicher Entfremdung. — [3862], 171-198.
1205   ROULET, Eddy: *Linguistique et comportement humain* ... — Neuchâtel: 1974 | BL 1975, 1291. | *CFS* 30, 1976, 185-188 J. P. Métral | *FM* 44, 1976, 359-361 G. Clerico.
1206   RUNDGREN, Frithiof: *Integrated morphemics. A short outline of a theory of morphemics.* — Acta Societatis Linguisticae Upsaliensis, N.S. 3, 1; Uppsala (distr.: Almqvist & Wiksell, Stockholm), 1976, 16 p.
1207   RUWET, Nicolas: *An introduction to generative grammar.* — Amsterdam: 1973 | BL 1973, 1280. | *ZDL* 43, 1976, 99-104 A. Lötscher.
1208   — *Problems in French syntax. Transformational-generative studies.* Transl. by Sheila M. Robins. — Longman Linguistic Library 20; London: Longman, 1976, x, 307 p. | Original Fr. ed. 1972 (BL 1972, 1127). | *FL* 12, 1974-75, 425-427 P. H. Salus (Fr. ed.) | *FM* 44, 1976, 356-359 J. Stefanini (Fr. ed.) | *RBPh* 54, 1976, 896-899 M. Wilmet (Fr. ed.).
1209   SADOCK, Jerrold M.: *Toward a linguistic theory of speech acts.* — New York: 1974 | BL 1974, 1199. | *LiS* 5, 1976, 234-240 R. H. Finnegan | *GL* 16, 1976, 236-242 P. H. Matthews.
1210   — On significant generalizations: notes on the Hallean syllogism. — [106], 85-94 | On Morris HALLE's argument against autonomous phonemics in *The sound pattern of Russian*, The Hague 1959.
1211   ŠALOWNCʻ, Ŕima: Baṙakan hakanšowtʻyownə lezvakan hamakargi, normayi ev anhatakan xoskʻi makardakown. — *LHG* 1976/10, 107-114 | Lexical antonymy on the level of linguistic system, norm and individual speech (Ru. summ.).
1212   SAMPSON, Geoffrey: The simplicity of linguistic theories. — *Linguistics* 167, 1976, 51-66.
1213   SÁNCHEZ DE ZAVALA, Víctor: *Hacia una epistemología del lenguaje* .... — Madrid: 1972 | BL 1972, 1131. | *RSEL* 5, 1975, 479-482 F. Rodríguez Adrados.
1214   — Unidades, constricciones y límites de la lingüística transformatoria. — *RSEL* 5, 1975, 45-86.
1215   SANDERS, Gerald A.: On the exclusion of extrinsic ordering constraints. — [103], 203-258.
1216   SAUSSURE, Ferdinand DE: *Cours de linguistique générale.* Éd. critique par Rudolf ENGLER. Tome 2, fasc. 4. — Wiesbaden: 1974 | BL 1974, 1207. | *Kratylos* 19, 1974 (1975), 171-172 M. Leroy | *HL* 3, 1976, 117-120 W. Washabaugh.
1217   — *Course in general linguistics.* Ed. by Charles BALLY & Albert SECHEHAYE in collaboration with Albert REIDLINGER (recte: RIEDLINGER). Transl. from the Fr.

by Wade Baskin. Revised ed. Introd. by Jonathan CULLER. — London: Fontana/Collins, 1974, xxxii, 240 p. l First Am. ed. 1959 (BL 1959, 39).
1218 SCHANE, Sanford A.: The best argument is in the mind of the beholder. — [106], 167-185, tab.
1219 SCHECKER, Michael: Argumentation und Verallgemeinerung. Zur Verallgemeinerungsfähigkeit theoretischer Aussagen in der Linguistik. — [350], 93-121.
1220 SCHERNER, Maximilian: Kommunikationsebenen und Texteinbettung. Zur Textlinguistik der Rededarstellung und einiger textueller Rahmenangaben. — *WW* 26, 1976, 292-304.
1221 SCHLIEBEN-LANGE, Brigitte: *Linguistische Pragmatik*. — Stuttgart: 1975 | BL 1975, 1303. | *ZGL* 4, 1976, 371-376 G. Bentele | *EGerm* 31, 1976, 334-335 F. Raynaud.
1222 — Metasprache und Metakommunikation. Zur Überführung eines sprachphilosophischen Problems in die Sprachtheorie und in die sprachwissenschaftliche Forschungspraxis. — [3862], 221-246.
1223 SCHMIDT, Siegfried J.: *Texttheorie*... — München: 1973 | BL 1973, 1293. | *MNy* 72, 1976, 499-501 Gaál Edit & Kiss Jenő.
1224 SCHNELLE, Helmut: Zum Begriff der sprachanalytischen Rekonstruktion von Sprachausschnitten. — [1273], 217-232 | Comments, 233-249.
1225 SCHVEIGER, Paul: An alternative to generative grammar? — *RRLing* 21, 1976, 121-126 | On S. K. ŠAUMJAN, *Applikativnaja grammatika kak semantičeskaja teorija jazykov*, 1974 (BL 1974, 1203).
1226 — The generative grammar of Russian – today. — *RRLing* 21, 1976, 429-442.
1227 SCINTO, Leonard F., Jr.: Functions of lexical and non-lexical meaning in competence/performance. — *Linguistics* 179, 1976, 19-53, 5 tab., fig.
1228 ŠČUR, G. S.: *Teorija polja v lingvistike*. — Moskva: 1974 | BL 1974, 1217. | *ZPhon* 29, 1976, 618-620 W. Gladrow | *AAS* 12, 1976, 190-191 V. Krupa | *VJa* 1976/2, 146-150 M. M. Makovskij.
1229 [—] ŠČUR, Georgij S.: On functional and invariant principles in the grouping of linguistic phenomena and on two types of paradigmatics in language. — [233], 1015-1023.
1230 SEYFERT, Gernot: *Zur Theorie der Verbgrammatik*. — TBL 73; Tübingen: TBL-Verlag Narr, 1976, vii, 427 p.
1231 SGALL, Petr, & PANEVOVÁ, Jarmila: Obsah, význam a gramatika se sémantickou bází. — *SS* 37, 1976, 14-25 | Content, meaning, and semantic-based grammar (Summ. in E. & Ru.).
1232 SHARWOOD SMITH, Michael: Interlanguage and intralanguage paraphrase. — *PSCL* 4, 1976, 297-301.
1233 SIGURD, Bengt: Några skillnader mellan traditionell och transformationell grammatik. — [257], 382-387 | Some differences between traditional and transformational grammar.
1234 ŠIMA, P.: Sinchronnyj i diachronnyj podchod k jazyku. — *BOPT* 1974, 143-158.
1235 SLJUSAREVA, N. A.: *Teorija F. de Sossjura v svete sovremennoj lingvistiki*. — Moskva: 1975 | BL 1975, 1319. | *CFS* 30, 1976, 182-185 G. C. Lepschy | *RJ* 27, 1976-77, 91-92 A. Macurová.
1236 SOLNCEV, V. M.: Otnositel'no koncepcii "glubinnoj struktury". — *VJa* 1976/5, 13-25.
1237 SPENCE, Nicol C. W.: *Essays in linguistics. A critique of some basic concepts*. — Intern. Bibl. für Allgemeine Linguistik 20; München: Fink, 1976, 199 p.

1238 SPITZBARDT, Harry: Zum Darwinismus in der Sprachwissenschaft. — *ZPhon* 29, 1976, 506-511.
1239 SRIDHAR, S. N.: Contrastive analysis, error analysis and interlanguage. Three phases of one goal? — *IL* 37, 1976, 258-281.
1240 SROKA, Kazimierz: *The dynamics of language*. — Uniw. Gdański, Praca habilitacyjna 24; Gdańsk: 1976, 126 p.
1241 STEINBERG, Danny D.: Competence, performance and the psychological invalidity of Chomsky's grammar. — *Synthese* 32, 1975-76, 373-386.
1242 STEINMANN, Martin, Jr.: Rule competences and rhetorical competences. — *PCLS* XII, 610-616.
1243 STEPANOV, Ju. S.: *Metody i principy sovremennoj lingvistiki*. — Moskva: 1975 | BL 1975, 1326. | *JČ* 37, 1976, 69-70 J. Horecký.
1244 STERNEMANN, Reinhard: Zu einigen theoretischen Fragestellungen der konfrontativen Linguistik. — *WZUB* 24, 1975, 829-833.
1245 — Zu einigen grammatiktheoretischen und philosophisch-erkenntnistheoretischen Positionen in der konfrontativen Linguistik. — *ZPhon* 29, 1976, 577-580.
1246 STETTER, Christian: Zur Sprachtheoretischen Entfaltung der Kategorie "Erfahrung". — *ZGL* 4, 1976, 129-154.
1247 — Die Idee der Semiologie bei F. de Saussure. Ein Beitrag zur Klärung des linguistischen Erkenntnisinteresses. — *DSp* 4, 1976, 289-304.
1248 STEWART, Ann Harleman: *Graphic representation of models in linguistic theory*. — Bloomington: Indiana UP., 1976, vii, 195 p.
1249 STRAIGHT, H. Stephen: Comprehension versus production in linguistic theory. — *FL* 14, 1976, 525-540, tab., 2 fig.
1250 STREEKSTRA, N. F.: Een nieuwe inleiding in de transformationele taalkunde. — *Spektator* 5, 1975-76, 450-465 | A new introd. into transformational linguistics. Rev. art. on: H. J. VERKUYL, et al.: *Transformationele taalkunde* [1265].
1251 STURM, Arie: Inleiden in de taalwetenschap. Bespreking van: Theo Walraven, *Taalgebruik en taalwetenschap* .... — *NTg* 69, 1976, 446-458 | Rev. art. on Theo WALRAVEN (BL 1975, 1344).
1252 SUCHSLAND, Peter: Vorüberlegungen für eine marxistische Darstellung des Sprachsystems. — *ZPhon* 29, 1976, 226-233.
1253 SUSSEX, Roland: The role of transformational-generative grammar in modern Slavonic linguistics. — [376], 3-20 | Followed by: Emily R. KLENIN, Syntax in Moscow: 1973 (a supplementary note), 21-26.
1254 — On the notions "underlying structure" and "process" in modern Slavic linguistics. — *IJSLP* 22, 1976, 19-41 | Separately as: PdR Press Publ. in Linguistic Theory 3; Lisse 1976.
1255 — The measurement of contrast in contrastive linguistics. — *PSCL* 5, 1976, 5-17.
1256 —Review article. — *AUMLA* 46, 1976, 276-281 | Rev. art. on: (1) Ian ROBINSON, The New Grammarians' funeral, 1975 (BL 1975, 1286); (2) Geoffrey SAMPSON, The form of language, 1975 (BL 1975, 1297).
1257 *Theoretische Probleme der Sprachwissenschaft*. Von einem Autorenkollektiv unter der Leitung von Werner NEUMANN. Teilband 1; 2. — Sprache und Gesellschaft 9; Berlin: Akad.-Verlag, 1976, xii, 423 p.; xii p., p. 425-777.
1258 TOMBE, Louis DES: Competence en performance. — [298], 111-141 | Competence and performance.
1259 UHLENBECK, E. M.: *Critical comments on transformational-generative grammar, 1962-1972*. — The Hague: 1973 | BL 1973, 1333. | *Linguistics* 179, 1976, 117-125 E. L. Blansitt, Jr. | Cf. 1264.

1260 — *Taal en taalwetenschap.* — Leiden: Universitaire Pers Leiden, 1976, 20 p. | Language and science of language. | Cf. 1173.
1261 ULVESTAD, Bjarne: The objectivist position. — [255], 321-330 | On TG.
1262 VELDE, Roger G. VAN DE: *Zur Theorie der linguistischen Forschung ...* — München: 1974 | BL 1974, 1248. | *ZDL* 43, 1976, 191-193 H. J. Vermeer.
1263 — *Metodologische aspekten van de linguïstiek.* — Taal en Communicatie: Kennismaking met de Linguïstiek 3; Leuven: Acco, 1975, viii, 143 p. | Methodological aspects of linguistics.
1264 VERHAAR, John W. M.: On Uhlenbeck on Chomsky. — *JL* 12, 1976, 153-154 | Note on Ruth M. KEMPSON's rev. of E. M. UHLENBECK, *Critical comments on transformational-generative grammar ....*, 1973 (BL 1974, 1242).
1265 VERKUYL, H. J., BOOIJ, G. E., et al.: *Transformationele taalkunde.* — Utrecht: 1974 | BL 1974, 1250. | *LT* 1976, 96-100 F. C. van der Leek | Cf. 1250.
1266 WANDRUSZKA, Mario: *Interlinguistik. Umrisse einer neuen Sprachwissenschaft.* 2. Aufl. — Serie Piper 14; München: Piper, 1976, 140 p. | First ed. 1971 (BL 1971, 1154).
1267 WASHABAUGH, William: The history of linguistics and theoretical status of inherent variability. — [110], 515-554.
1268 WEINRICH, Harald: *Sprache in Texten.* — Stuttgart: Klett, 1976, 356 p.
1269 WEISGERBER, L.: Die anthropologische Tragweite der energetischen Sprachbetrachtung. — [353], 168-203.
1270 WELKE, Klaus: Zur Kritik der Sprachkonzeption F. de Saussures. — *ZPhon* 29, 1976, 542-544.
1271 WIERZCHOWSKI, Józef: *Wyraz. Analiza pregramatyczna.* — Wyższa Szkoła Pedagogiczna w Siedlcach, Rozprawy 7; Siedlce: 1976, v, 164, xx p. | The word: a pregrammatical analysis (G. summ.).
1272 WILMET, Marc: *Gustave Guillaume et son école linguistique.* — Bruxelles: 1972 | BL 1973, 1352. | *RomPh* 30, 1976-77, 244-250 A. Lorian.
1273 *Wissenschaftstheorie der Linguistik.* [Referate eines Kolloquiums, Düsseldorf, 29 Sept.-3 Okt. 1975.] Dieter WUNDERLICH (Hrsg.). — Athenäum-Taschenbücher 2104; Kronberg: Athenäum-Verlag, 1976, x, 315 p.
1274 WUNDERLI, Peter: Saussure, Wartburg und die Panchronie. — *ZRPh* 92, 1976, 1-34.
1275 — Zum Zeichenbegriff bei Saussure: Privilegierung des "signifié" oder des "signifiant"? — [249], 945-953, fig.
1276 WUNDERLICH, Dieter: *Grundlagen der Linguistik.* — Reinbek: 1974 | BL 1974, 1270. | *DLZ* 97, 1976, 622-625 W. Motsch.
1277 —*Studien zur Sprechakttheorie.* — Suhrkamp-Taschenbuch Wissenschaft 172; Frankfurt a.M.: Suhrkamp-Taschenbuch-Verlag, 1976, 416 p.
1278 — Über die Konsequenzen von Sprechhandlungen. — [384], 441-462.
1279 — Sprechakttheorie und Diskursanalyse. — [384], 463-488.
1280 — Kommentar zu R. Keller: Handlungen verstehen. — *ZGL* 4, 1976, 26-28 | Cf. 1109.
1281 — Eine Anmerkung zu "empirisch". — [1273], 173-174.
1282 ZABROCKI, Tadeusz: On the so-called "theoretical contrastive studies". — *PSCL* 4, 1976, 97-109.
1283 ZEMB, Jean-Marie: Fug und Unfug der Tiefenstruktur. — *Sprachw* 1, 1976, 46-72.
1284 ZGÓŁKA, Tadeusz: *O strukturalnym wyjaśnianiu faktów językowych.* — Polska Akad. Nauk, Oddział w Poznaniu. Seria. Metodologia Nauk, 4; Warszawa:

Państwowe Wyd. Naukowe, 1976, 94 p. | Structural explanations of linguistic facts (E. summ.).
1285 ŽINKIN, Nikolaj I.: Thought and speech. — [381], 65-79, fig.
1286 ZSILKA János: *Nyelvi rendszer és valóság.* — Budapest: 1971 | BL 1971, 1194. | *ÁNyT* 9, 1973, 196-209 Komlósy András.
1287 — A nyelv szerves, hipotetikus és homoszintaktikai síkja (A generatív grammatika kritikája). — *ÁNyT* 9, 1973, 165-187 | Niveaux organique, hypothétique et homosyntactique de la langue (Une critique de la grammaire générative).

0.3. Philosophie du langage — Philosophy of language

1288 ADLER, Mortimer J.: *Some questions about language. A theory of human discourse and its objects.* — La Salle, Ill.: Open Court, 1976, xiv, 189 p.
1289 ALBERT, Hans: Erkenntnis, Sprache und Wirklichkeit. Der kritische Realismus und das Problem der Erkenntnis. — [248], 39-53.
1290 ALBRECHT, Erhard: *Sprache und Philosophie.* — Berlin: 1975 | BL 1975, 1376. | *DLZ* 97, 1976, 744-748 Hubert Horstmann.
1291 ALLWOOD, Jens, et al.: *Logik für Linguisten.* — Tübingen: 1973 | BL 1974, 1283. | *ZRPh* 92, 1976, 534-538 H. Kubczak.
1292 ALTIERI, Charles: Wittgenstein on consciousness and language: a challenge to Derridean literary theory. — *MLN* 91, 1976, 1397-1423.
1293 ANDERSON, Alan Ross: Logic and shoulder-shrugging. — [1425], 1-10.
1294 APEL, Karl-Otto: *Transformation der Philosophie.* I; II. — Frankfurt: 1973 | BL 1973, 1367. | *Philosophisches Jahrbuch* (Freiburg i. Br.) 83, 1976, 416-422 A. Schöpf.
1295 — Das Problem der philosophischen Letztbegründung im Lichte einer transzendentalen Sprachpragmatik. Versuch einer Metakritik des "kritischen Rationalismus". — [248], 55-82.
1296 — The transcendental conception of language-communication and the idea of a first philosophy (toward a critical reconstruction of the history of philosophy in the light of language philosophy). — [332], 32-61.
1297 — Sprechakttheorie und transzendentale Sprachpragmatik zur Frage ethischer Normen. — [384], 10-173.
1298 ÅQVIST, Lennart: Formal semantics for verb tenses as analyzed by Reichenbach. — [361], 229-236.
1299 ARNAUD, Richard B.: Sentence, utterance, and same sayer. — *Noûs* (Indiana Univ.) 10, 1976, 283-304.
1300 ARUTIUNOVA, N. D.: Punjatie propozicii v logike i lingvistike. — *IzvAN* 35, 1976, 46-54.
1301 ASHWORTH, E. J.: *Language and logic in the post-medieval period.* — Dordrecht: 1974 | BL 1974, 1289. | *DLZ* 97, 1976, 938-940 H. Metzler | *Philosophia* 6, 1976, 521-524 D. P. Henry.
1302 — "I promise you a horse". A second problem of meaning and reference in late fifteenth and early sixteenth century logic 1; 2. — *Vivarium* 14, 1976, 62-79; 139-155.
1303 *Aspekte und Probleme der Sprachphilosophie.* Hrsg. von Jozef SIMON. — Freiburg: 1974 | BL 1974, 1291. | *DLZ* 97, 1976, 201-205 H. Horstmann.
1304 AUNE, Bruce: Quine on translation and reference. — *PhS* 27, 1975, 221-236.
1305 AUSTIN, John L.: *Zur Theorie der Sprechakte.* — Stuttgart: 1972 | BL 1972, 1206. | *BNF* 11, 1976, 192-196 F. Simmler.

1306 BACH, Kent: Performatives are statements too. — *PhS* 28, 1975, 229-236.
1307 BALLESTERO, Manuel: La "idealidad" del significado. — [224], I, 22-28.
1308 BARTH, E. M.: *The logic of the articles in traditional philosophy* ... — Dordrecht: 1974 | BL 1975, 1393. | *DLZ* 97, 1976, 750-752 Helmut Metzler.
1309 — The king and Y: towards a categorial grammar of being. — *TL* 3, 1976, 225-243.
1310 BARTSCH, Renate: The role of categorial syntax in grammatical theory. — [225], 503-539.
1311 BELNAP, Nuel D., Jr., & STEEL, Thomas B., Jr.: *The logic of questions and answers*. Bibliography of the theory of questions and answers, by Urs EGLI and Hubert SCHLEICHERT. — New Haven: Yale UP., 1976, vi, 209 p.
1312 BENNETT, Jonathan: *Linguistic behaviour*. — Cambridge: Cambridge UP., 1976, x, 292 p.
1313 BENNETT, Michael: A variation and extension of a Montague fragment of English. — [352], 119-163.
1314 BIRNBACHER, Dieter: Neue Literatur über Wittgenstein. — *Philosophische Rundschau* (Tübingen) 21, 1975, 161-176.
1315 BLACK, Max: *Sprache* ... — München: 1973 | BL 1973, 1388. | *BSL* 70, 1975/2, 34-35 R. Hodot | *ZGL* 4, 1976, 84-92 G. Öhlschläger.
1316 BOËR, Steven E.: Proper names as predicates. — *PhS* 27, 1975, 389-400 | On Tyler BURGE's art., *JPh* 70, 425-439 (BL 1973, 1397).
1317 BOËR, Steven E., & LYCAN, William G.: Knowing who. — *PhS* 28, 1975, 299-344.
1318 BOLTON, Martha Brandt: Substances, substrata, and names of substances in Locke's 'Essay'. — *PhR* 85, 1976, 488-513.
1319 BOLTON, Robert: Essentialism and semantic theory in Aristotle: 'Posterior analytics', II, 7-10. — *PhR* 85, 1976, 514-544.
1320 BONOMI, Andrea: On the concept of logical form in Frege. — [332], 719-731.
1321 BOULLART, Karel: A l'occasion de l'hypothèse Sapir-Whorf: l'incompatibilité des systèmes. Remarques générales. — [128], 277-291.
1322 BRANDOM, Robert: Truth and assertibility. — *JPh* 73, 1976, 137-149.
1323 BROWN, Cecil H.: *Wittgensteinian linguistics*. — The Hague: 1974 | BL 1975, 1414. | *DLZ* 97, 1976, 947-950 W. Motsch.
1324 BURGHGRAEVE, Paula: A critical analysis of Schaff's views in connection with the relation between language and thought. — [128], 177-191.
1325 CANILLI, Adele: Per una filosofia del linguaggio. — *SILTA* 4, 1975/2-3 (1976), 231-280 | Summ. in E.
1326 — Linguistica e filosofia. — *SILTA* 5, 1976/1-2, 215-228 | On: John L. AUSTIN, *Quando dire è fare*, 1974 (BL 1975, 1390).
1327 CARL, Wolfgang: *Existenz und Prädikation* ... — München: 1974 | BL 1974, 1317. | *JPh* 73, 1976, 348-353 A. W. Müller | *Philosophische Rundschau* (Tübingen) 22, 1976, 256-264 R. Bittner.
1328 — Freges Unterscheidung von Gegenstand und Begriff. — [1605], II, 33-49.
1329 CARLSON, Lauri: Language games and speech acts. — *PScCL* 3, 1976, 95-107.
1330 CHIHARA, Charles S.: Davidson's extensional theory of meaning. — *PhS* 28, 1975, 1-15.
1331 CHOMSKY, Noam: Problems and mysteries in the study of human language. — [225], 281-357 | Cf. BL 1974, 1321.
1332 CHRISTENSEN, Renate: On the problematic of a philosophy of language. — *IPQ* 16, 1976, 33-47.
1333 CONTE, Maria-Elisabeth: Semantische und pragmatische Ansätze in der Sprach-

theorie Wilhelm von Humboldts. — [332], 616-632.
1334 COOK, Daniel J.: *Language in the philosophy of Hegel.* — The Hague: 1973 | BL 1973, 1411. | *JHPh* 14, 1976, 486-488 S. A. Erickson | *PhL* 29, 1976, 107-110 A. Schaefer.
1335 COOPER, David E.: *Philosophy and the nature of language.* — Harlow: 1973 | BL 1973, 1413. | *Lingua* 39, 1976, 241-244 R. M. Harnish.
1336 COSTANTINO, Salvatore: *La strutturazione del linguaggio in M. Merleau-Ponty.* Presentazione di Antonio Santucci. — Ferrara: Corso, 1976, 152 p. | *SILTA* 5, 1976/1-2, 303-306 Adele Canilli.
1337 CRESSWELL, M. J.: The semantics of degree. — [352], 261-292.
1338 CULIOLI, Antoine: Comment tenter de construire un modèle logique adéquat à la description des langues naturelles. — [111], 35-47.
1339 CUNNINGHAM, Suzanne: *Language and the phenomenological reductions of Edmund Husserl.* — Phaenomenologica 70; The Hague: Nijhoff, 1976, x, 102 p.
1340 DĄBROWSKI, Stanisław: Z pogranicza teorii poznania i teorii języka. Cz. 2. Analogie, genezy, tła problemowe. — *PrJG* 3, 1975 (1976), 17-33 | From the borderland of epistemology and linguistics. 2. | Cf. BL 1974, 1328.
1341 DĄMBSKA, Izydora: O pewnych punktach stycznych w filozofii języka Ingardena i Fregego. — *Ruch Filozoficzny* (Toruń) 34, 1976, 203-206 | On some common points in Ingarden's and Frege's philosophy of language.
1342 DASCAL, Marcelo: Language and money. A simile and its meaning in 17th century philosophy of language. — *Studia Leibnitiana* (Wiesbaden) 8, 1976, 187-218.
1343 — Levels of meaning and moral discourse. — [225], 587-625.
1344 DAVIS, Steven: *Philosophy and language.* — Indianapolis: Bobbs-Merrill, 1976, xii, 249 p.
1345 DELACRUZ, Enrique B.: Factives and proposition level constructions in Montague grammar. — [352], 177-199.
1346 DIETRICH, Rolf-Albert: *Sprache und Wirklichkeit in Wittgensteins Tractatus.* — Tübingen: 1973 | BL 1973, 1423. | *LB* 65, 1976, 79-80 Gabriël Nuchelmans.
1347 DITTMANN, Jürgen, MARTEN, Rainer, & SCHECKER, Michael: *Gegenstand und Wahrheit. Sprachphilosophische und wissenschaftstheoretische Grundlagenstudien zur Linguistik.* — TBL 59; Tübingen: TBL-Verlag Narr, 1976, 296 p.
1348 DOUGHERTY, Ray C.: Einstein and Chomsky on scientific methodology. — *Linguistics* 167, 1976, 5-14.
1349 DROSTE, Flip G.: Presupposition, truth and grammaticality. — [128], 57-68.
1350 — Taalgebruik en denkprocessen. — *Erfdeel* 19, 1976, 704-716 | Language use and mental processes.
1351 DUCROT, Oswald: *La preuve et le dire...* — Paris: 1973 | BL 1973, 1437. | *FM* 44, 1976, 178-182 J. C. Anscombre.
1352 — Quelques implications linguistiques de la théorie médiévale de la supposition. — [332], 189-227, 3 fig.
1353 DUDMAN, Victor H.: "Bedeutung" for predicates. — [1605], III, 71-84.
1354 DUMMETT, Michael: *Frege – philosophy of language.* — London: 1973 | BL 1973, 1430. | *Mind* 85, 1976, 436-449 P. T. Geach | *Philosophische Rundschau* (Tübingen) 22, 1976, 243-256 W. Carl.
1355 — What is a theory of meaning? (II). — [1615], 67-137 | Cf. BL 1975, 1454.
1356 EDIE, James M.: *Speaking and meaning. The phenomenology of language.* — Studies in Phenomenology and Existential Philosophy; Bloomington, Ind.: Indiana UP., 1976, xiv, 271 p.

1357 ENÇ Berent: Reference of theoretical terms. — *Noûs* (Indiana Univ.) 10, 1976, 261-282.
1358 ERDE, Edmund L.: *Philosophy and psycholinguistics.* — The Hague: 1973 | BL 1973, 1437. | *Linguistics* 168, 1976, 93-96 S. McConnell-Ginet.
1359 ERDÉLYI Ágnes: Nyelvi kommunikáció és hermeneutika (Gondolatok egy Dilthey-kritikához). — *ÁNyT* 8, 1972, 39-52 | Communication linguistique et herméneutique (Vers une critique de Dilthey).
1360 EVANS, Gareth: Semantic structure and logical form. — [1615], 199-222.
1361 FAIR, Frank: J. J. Katz' logic of questions: new departure or dead end? — *PhS* 27, 1975, 283-290.
1362 FALES, Evan: Definite descriptions as designators. — *Mind* 85, 1976, 225-238.
1363 FAUSER, Albrecht: Zur Behandlung von Relativsätzen in einer Montague-Grammatik. — [101], II, 289-299.
1364 FELLINGER, Raimund, & VILLWOCK, Jörg: Die Metapher als Ereignis. — *GRM* 26 (57), 1976, 451-466 | Rev. art. on No. 1553.
1365 FOSTER, J. A.: Meaning and truth theory. — [1615], 1-32 | Reply by Donald DAVIDSON, Ibid. 33-41.
1366 FRANCE, M. N.: Metalanguage and category acquisition. — *PPR* 37, 1976-77, 165-180.
1367 FREUNDLICH, Rudolf: Innere Erfahrung, Ontologie und Sprache. — [248], 83-96.
1368 FROHSS, Rüdiger: Bemerkungen zur philosophisch-idealistischen Sprachauffassung Cassirers. — *ZPhon* 29, 1976, 526-528.
1369 FRYE, Marilyn: On saying. — *APQ* 13, 1976, 123-127.
1370 FUNKE, Gerhard: Hermeneutik als Sprachlehre des Glaubens? — [248], 97-115.
1371 GABBAY, Dov M.: *Investigations in modal and tense logics with applications to problems in philosophy and linguistics.* — Synthese Library 92; Dordrecht: Reidel, 1976, xii, 306 p.
1372 GABRIEL, Gottfried: Einige Einseitigkeiten des Fregeschen Logikbegriffs. — [1605], II, 67-86.
1373 GAVIN, William J.: William James on language. — *IPQ* 16, 1976, 81-86.
1374 GAZDAR, Gerald, & PULLUM, Geoffrey K.: Truth-functional connectives in natural language. — *PCLS* XII, 220-234, fig.
1375 GEACH, P. T.: Back-reference. — [225], 25-39.
1376 GIPPER, Helmut: *Gibt es ein sprachliches Relativitätsprinzip?* ... — Frankfurt a.M.: 1972 | BL 1972, 1253. | *Sprache* 20, 1974, 163-164 Friedrich Kainz | *ZDL* 43, 1976, 193-195 D. Stellmacher | *BNF* 11, 1976, 158 J. Knobloch.
1377 — Die Sapir-Whorf-Hypothese. Verbalismus oder Wissenschaft? Eine Entgegnung auf die Kritik Helmut Dürbecks. — *Linguistics* 178, 1976, 25-46 | Cf. BL 1975, 1455.
1378 — Is there a linguistic relativity principle? — [128], 217-228.
1379 GLOUBERMAN, M.: Prime matter, predication, and the semantics of featureplacing. — [225], 75-104, 6 fig.
1380 GNIADEK, Stanisław: Notions fondamentales de la grammaire spéculative du Moyen-Age. — *SRP* 3, 1976, 54-65.
1381 GODDARD, Leonard, & ROUTLEY, Richard: *The logic of significance and context.* I. — New York: 1973 | BL 1974, 1368. | *Mind* 85, 1976, 457-460 Michael Clark.
1382 GOSAU, Bernd: Der logische Empirismus im rationalistischen Gewand. Zum Wissenschaftsbegriff des Chomky-Modells. — [101], I, 61-72.
1383 GRANDY, Richard E.: The private language argument. — *Mind* 85, 1976, 246-250.
1384 — Anadic logic and English. — *Synthese* 32, 1975-76, 395-402.

1385 GRANGER, Gilles G.: Syntaxe, sémantique, pragmatique. — *RIPh* 30, 1976, 376-410.
1386 GREENBERG, William: *De dicto* and *de re* without relative scope. — *PCLS* XII, 250-257.
1387 GREENLEE, Douglas: *Peirce's concept of sign.* — The Hague: 1973 | BL 1973, 1463. | *JHPh* 14, 1976, 115-117 H. S. Thayer.
1388 GREWENDORF, Günther: Fortschritte der Sprechakttheorie. — [1542], 101-123.
1389 GRIZE, Jean-Blaise: Logique et organisation du discours. — [111], 95-102.
1390 GRODZIŃSKI, Eugeniusz: Gramatyka a logika – komplikacje we wzajemnych stosunkach. — *PJ* 1976, 433-437 | Grammar and logic: some discrepancies.
1391 GROENENDIJK, Jeroen, & STOKHOF, Martin: Some notes on personal pronouns, reflexives and sloppy identity in a Montague grammar. — [101], II, 301-315.
1392 GUILLAUME, Gabriel: Une lecture de 'Linguistique et philosophie' d'Étienne Gilson. Aspects du temps linguistique. — *ACILR* XIII/1, 1025-1046 | Cf. BL 1971, 1208.
1393 GUMB, Raymond D.: *Rule-governed linguistic behavior.* — The Hague: 1972 | BL 1972, 1259. | *Linguistics* 160, 1975, 117-119 J. Průcha | *Mind* 85, 1976, 468-470 J. Mason.
1394 GUTIÉRREZ LÓPEZ, Gilberto A.: *Estructura de lenguaje y conocimiento sobre la epistemología de la semiótica.* — Madrid: Fragua, 1975, 231 p.
1395 HACKING, Ian: *Why does language matter to philosophy?* — London: 1975 | BL 1975, 1488. | *RIPh* 30, 1976, 536-540 J. Largeault.
1396 HAIGHT, David: The source of linguistic meaning. — *PPR* 37, 1976-77, 239-247.
1397 HAIMAN, John: Presuppositions in Hua. — *PCLS* XII, 258-270 | Eastern Highlands language of New Guinea. On B. WHORF's hypothesis.
1398 HAMBLIN, C. L.: Questions in Montague English. — [352], 247-259.
1399 HANOWELL, Manford: Zur Negation von Modalverben. — *Sprachw* 1, 1976, 423-433.
1400 HARMAN, Gilbert: Katz' credo. — *Synthese* 32, 1975-76, 387-394 | On J. J. KATZ' art., *Synthese* 28, 283-319 (BL 1974, 1400).
1401 HARRIS, James F., Jr.: A new look at Austin's linguistic phenomenology. — *PPR* 36, 1975-76, 384-390.
1402 — Part-of-the-meaning-of-a-word. — *APQ* 13, 1976, 81-84.
1403 HARTNACK, Justus: *Language and philosophy.* — The Hague: 1972 | BL 1973, 1469. | *CJL* 21, 1976, 205-211 M. Gopnik | *Mind* 85, 1976, 467-468 J. Mason.
1404 HASSLER, Gerda: Ansätze zur Diskussion um ein sprachliches Relativitätsprinzip in der Auseinandersetzung Turgots mit Maupertuis. — *ZPhon* 29, 1976, 491-494.
1405 HEESCHEN, Volker: *Die Sprachphilosophie Wilhelm von Humboldts.* — Diss. Bochum 1972 | BL 1973, 1470. | *ZPhon* 29, 1976, 419-421 E. Albrecht.
1406 HEGENBERG, Leonidas: *Significado e conhecimento.* — São Paulo, Brazil: Editora Pedagógica e Universitaria, 1975, xiv, 185 p.
1407 HEINEKAMP, Albert: Sprache und Wirklichkeit nach Leibniz. — [332], 518-570.
1408 HELBIG, Gerhard: Zu einigen philosophischen Fragen der gegenwärtigen Sprachwissenschaft (kritische Bemerkungen zu bürgerlichen Sprachauffassungen). — *ZPhon* 29, 1976, 571-576.
1409 HENNIGFELD, Jochem: Sprache als Weltansicht. Humboldt, Nietzsche, Whorf. — *ZPhF* 30, 1976, 435-451.
1410 HENSCHEL, Bernhard: Erkenntnistheoretische Kritik in einem unbekannten Beitrag zur sensualistischen Sprachauffassung: 'L'histoire philosophique de l'homme'. — *ZPhon* 29, 1976, 480-483.

PHILOSOPHIE DU LANGAGE 1411-1428

1411 HILDEBRANDT, Rudolf: *Cartesianische Linguistik. Eine Analyse der Sprachauffassung Noam Chomskys.* — Forum Linguisticum 11 (Diss. Bonn); Frankfurt a.M.: P. Lang / Bern: H. Lang, 1976, 236 p.

1412 HILL, Thomas E.: *The concept of meaning.* — New York: 1971 | BL 1972, 1269. | *Revue de Métaphysique et de Morale* (Paris) 80, 1975, 141-142 A. Reix | *Philosophy* 51, 1976, 369-371 D. Holdcroft.

1413 HILLMAN, Larry H.: Vaugelas and the "cult of reason". — *PhQ* 55, 1976, 211-224.

1414 HINST, Peter: *Logische Propädeutik. Eine Einführung in die deduktive Methode und logische Sprachanalyse.* — Kritische Information 29; München: Fink, 1974, vi, 457 p. | *ZPhon* 29, 1976, 604-605 E. Albrecht.

1415 HINTIKKA, Jaakko: A counterexample to Tarski-type truth-definitions as applied to natural languages. — [225], 107-112.

1416 HIORTH, Finngeir: *Noam Chomsky, linguistics and philosophy.* — Oslo: 1974 | BL 1974, 1385. | *JL* 12, 1976, 192-199 J. Miller.

1417 *Historisches Wörterbuch der Philosophie.* Unter Mitwirkung von mehr als 900 Fachgelehrten in Verbindung mit Günther BIEN, Ulrich DIERSE, Wilhelm GOERDT ... [et al.] hrsg. von Joachim RITTER † und Karlfried GRÜNDER. Völlig neubearb. Ausg. des 'Wörterbuchs der philosophischen Begriffe' von Rudolf EISLER. Band 4: *I-K.* — Darmstadt: Wissenschaftliche Buchgesellschaft, 1976, vi, c. 1-1470, [ix] p. | Cf. BL 1974, 1386. | *Erasmus* 25, 1973, 776-779 A. Stern (Vol. 2) | *IPQ* 15, 1975, 372-376 H. W. Brann (3) | *Studia Philosophica* (Basel) 34, 1974, 223-227 A. Hügli (2).

1418 HOLENSTEIN, Elmar: *Linguistik, Semiotik, Hermeneutik. Plädoyers für eine strukturale Phänomenologie.* — Frankfurt: Suhrkamp, 1976, 228 p.

1419 — *Roman Jakobson's approach to language. Phenomenological structuralism.* Transl. [from the Fr.] by Catherine Schelbert & Tarcisius Schelbert. — Bloomington: Indiana UP., 1976, viii, 215 p. | Original G. version 1975 (BL 1975, 1505); Fr. ed. also 1975 (BL 1975, 1506). | Cf. 1532.

1420 — Jakobson und Husserl. Ein Beitrag zur Genealogie des Strukturalismus. — [332], 772-810 | Cf. BL 1975, 1507.

1421 HOTTOIS, Gilbert: *La philosophie du langage de Ludwig Wittgenstein.* Préface de J. Bouveresse. — Bruxelles: Éd. de l'Univ. de Bruxelles, 1976, 220 p.

1422 HUNTER, J. F. M.: *Essays after Wittgenstein.* — London: Allen & Unwin (& Toronto: Univ. of Toronto Press), 1973, viii, 202 p. | *JPh* 73, 1976, 277-281 B. Stroud.

1423 IHDE, Don: *Listening and voice. A phenomenology of sound.* — Athens: Ohio UP., 1976, x, 188 p.

1424 *Intentionality, mind, and language.* Ed. by Ausonio MARRAS. — Urbana, Ill.: Univ. of Illinois Press, 1972, viii, 528 p. | Corr. to BL 1973, 1553. | *Philosophia* 6, 1976, 351-357 J. Bacon.

1425 *Issues in the philosophy of language.* Proceedings of the 1972 Oberlin Colloquium in Philosophy. Ed. by Alfred F. MACKAY & Daniel D. MERRILL. — New Haven: Yale UP., 1976, xiv, 161 p. | *PPR* 37, 1976-77, 583-584 E. MacKinnon.

1426 IWANUŚ, Bogusław: W sprawie tzw. nazw pustych. — *Prace Filozoficzne* 18, 1976 (AUW 290), 73-90 | On the so-called empty names (Summ. in E.).

1427 JACOB, André: *Introduction à la philosophie du langage.* — Coll. Idées 351; Paris: Gallimard, 1976, 447 p.

1428 JANTZEN, Jörg: *Parmenides zum Verhältnis von Sprache und Wirklichkeit.* — Zetemata 63; München: Beck, 1976, xi, 135 p.

1429 JENACZEK, Friedrich: Le langage chez Kraus. — *L'Herne* (Paris) 28, 1975, 128-153.
1430 JOHNSON, F. Grant: *Referenz und Intersubjektivität. Beiträge zur philosophischen Sprachpragmatik.* — (Diss. Frankfurt a.M.); Frankfurt a.M.: Suhrkamp, 1976, 213 p.
1431 KAMP, H.: Quantification and reference in modal and tense logic. — [362], 158-197.
1432 KASHER, Asa, & GABBAY, Dov M.: On the semantics and pragmatics of specific and non-specific indefinite expressions. — *TL* 3, 1976, 145-190.
1433 KASPER, Walter: Gemeinsames Wissen. Zu einem wissensorientierten Wahrheitsbegriff. — *ZGL* 4, 1976, 17-25 | A propos du No. 1437.
1434 KATZ, Jerrold J.: A hypothesis about the uniqueness of natural language. — [112], 33-41.
1435 — The dilemma between orthodoxy and identity. — [225], 165-175 | On W. V. QUINE's doctrine of logical form.
1436 KEARNS, John T.: Denoting and referring, some steps toward a new paradigm. — *PPR* 37, 1976-77, 79-100.
1437 KELLER, Rudi: *Wahrheit und kollektives Wissen* ... — Düsseldorf: 1975 | BL 1975, 1527. | *ZPhon* 29, 1976, 605-607 E. Albrecht | Cf. 1433.
1438 KEMMERLING, Andreas: Probleme der Referenz. — [1542], 39-71.
1439 — Bedeutung und Sprachverhalten. — [1542], 73-99.
1440 — Die These von der Übersetzungsunbestimmtheit. — [1542], 125-142.
1441 KHATCHADOURIAN, Haig: Kripke and Frege on identity statements. — [1605], II, 269-298.
1442 KLUGE, Eike-Henner W.: Freges Begriff des Logischeinfachen. — [1605], II, 51-66.
1443 KNUDSEN, Christian: Ein Ockhamkritischer Text zu Signifikation und Supposition und zum Verhältnis von erster und zweiter Intention. — *Cahiers de l'Inst. du Moyen-Âge Grec et Latin* (Univ. de Copenhague) 14, 1975, 1-26.
1444 KRETZMANN, Norman: The main thesis of Locke's semantic theory. — [332], 331-347.
1445 KRIPKE, Saul: Is there a problem about substitutional quantification? — [1615], 325-419.
1446 KRISTEVA, Julia: Objet, complément, dialectique. — [332], 431-459.
1447 KRÜGER, Dagobert: Zur Sprachauffassung Leonhard Eulers. — *ZPhon* 29, 1976, 476-479.
1448 KRUPA, Viktor: Jazyk, myslenie a skutočnosť. Z kritiky teórie jazykovej relativity. — *JČ* 27, 1976, 157-170 | Language, thinking and reality. Towards a criticism of the theory of linguistic relativity (Ru. & E. summ.).
1449 KUBCZAK, Hartmut: *Das Verhältnis von Intension und Extension als sprachwissenschaftliches Problem.* — Forschungsbericht des Instituts für Deutsche Sprache Mannheim 23 (Diss. Heidelberg); Tübingen: TBL-Verlag Narr, 1975, 170 p.
1450 KÜHN, Joachim: *Gescheiterte Sprachkritik. Fritz Mauthners Leben und Werk.* — Berlin: 1975 | BL 1975, 1530. | *PhL* 29, 1976, 139-143 U. Homann.
1451 KÜHNHOLD, Christa: *Der Begriff des Sprunges und der Weg des Sprachdenkens. Eine Einführung in Kierkegaard.* — Berlin: de Gruyter, 1975, 183 p.
1452 KUTSCHERA, Franz VON: Epistemic interpretation of conditionals. — [225], 487-501.
1453 — Grundzüge einer logischen Grammatik. — [362], 122-157.

1454 KYJAK, T. R.: Do pytannja pro smysl i značennja. — *InFil* 39, 1975, 3-10 | Zur Frage von Sinn und Bedeutung (Ru. & G. summ.).
1455 LAKOFF, George: *Linguistique et logique naturelle*. Trad. de l'angl. par Judith Milner et Joëlle Sampy. Présenté par Judith Milner. — Sémiosis 2; Paris: Klincksieck, 1976, 138 p. | Trad. de 'Linguistics and natural logic', *Synthese* 22, 1970, 151-271.
1456 LALEWICZ, Janusz: Filozoficzne problemy językowej artykulacji podmiotowości. — *Archiwum Historii Filozofii i Myśli Społecznej* (Wrocław) 22, 1976, 295-316 | Philosophical problems of the linguistic articulation of subjectivity.
1457 LAND, Stephen K.: *From signs to propositions*... — London: 1974 | BL 1974, 1411. | *HL* 3, 1976, 360-365 R. D. Tweney.
1458 — The account of language in Vico's 'Scienza nuova': a critical analysis. — *PhQ* 55, 1976, 354-372.
1459 LANDESMAN, Charles: *Discourse and its presuppositions*. — New Haven: 1972 | BL 1972, 1287. | *JPh* 73, 1976, 51-55 L. Burkholder.
1460 — Locke's theory of meaning. — *JHPh* 14, 1976, 23-35.
1461 — Remarks on reference and action. — [1425], 105-118 | Comments by Jay F. ROSENBERG, 119-128; reply by C.L., 129-133.
1462 LANG, Martin: *Wittgensteins Philosophische Grammatik*... — Den Haag: 1971 | BL 1972, 1288. | *RBPh* 54, 1976, 137-139 G. Hottois.
1463 LANGACKER, Ronald W.: Semantic representations and the Linguistic Relativity Hypothesis. — *FL* 14, 1976, 307-357, 10 fig.
1464 LANTIER, Silvano: *Il pensiero di Giorgio Fano. Il linguaggio tra filosofia e scienza*. — Elenco delle pubblicazioni, N.S. 18; Trieste: Univ. degli Studi, 1976, 234 p.
1465 LASZLO, Ervin: The reduction of Whorfian relativity through a general-systems language. — [128], 257-268, fig.
1466 LEE, Harold N.: Pragmatism and a behavioral theory of meaning. — *JHPh* 14, 1976, 435-447.
1467 LEINFELLNER, Werner: Die theoretische Sprache der Wissenschaften. — [248], 117-131.
1468 LENDERS, Winfried: Kommunikation und Grammatik bei Leibniz. — [332], 571-592.
1469 LEWANDOWSKI, Henryk: Formalne teorie zdań oceniających. Systemy AL1 i AL2. — *Prakseologia* (Warszawa) 1976/4, 63-83 | Formal theories of evaluative sentences. The systems AL1 and AL2 (Summ. in Ru. & E.).
1470 LEWIS, David: *Konventionen. Eine sprachphilosophische Abhandlung*. — Berlin: 1975 | BL 1975, 1545. | *Ruch Filozoficzny* (Toruń) 34, 1976, 197-199 Izydora Dąmbska.
1471 — General semantics. — [352], 1-50.
1472 LIEBRUCKS, Bruno: *Sprache und Bewusstsein. Band VI. Der menschliche Begriff. Sprachliche Genesis der Logik, logische Genesis der Sprache. 1. Das Logische. 2. Hegel: Wissenschaft der Logik. Das Wesen. 3. Hegel: Wissenschaft der Logik. Der Begriff*. — Frankfurt & Bern: Lang, 1974, 817; 456; 635 p. | Cf. BL 1970, 1185.
1473 *Linguistik und Philosophie*. Hrsg. von Günther GREWENDORF und Georg MEGGLE. — Frankfurt a.M.: 1974 | BL 1974, 1371. | *DLZ* 97, 1976, 402-405 W. Motsch.
1474 LINK, Godehard: *Intensionale Semantik*. — Münchener Universitäts-Schriften, Reihe der Philos. Fak. 17 (Diss. München); München: Fink, 1976, viii, 262 p.
1475 LINSKY, Leonard: Frege and Russell on vacuous singular terms. — [1605], III,

97-115 | From ch. 2 of the author's book *Names and descriptions*, Chicago 1977.
1476 LOAR, Brian: Two theories of meaning. — [1615], 138-161.
1477 LÖBNER, Sebastian: *Einführung in die Montague-Grammatik*. Einleitung von Volker BEEH. — Monographien Linguistik und Kommunikationswissenschaft 27; Kronberg/Ts.: Scriptor-Verlag, 1976, xxii, 309 p.
1478 *The logic of grammar*. Ed. by Donald DAVIDSON & Gilbert H. HARMAN. — Encino, Calif.: Dickenson, 1975, 307 p. | Coll. of essays, published 1892-1975, by G. FREGE, H. P. GRICE, A. TARSKI, et al.
1479 *Logic, language and probability . . .* Ed. by Radu J. BOGDAN & Ilkka NIINILUOTO. — Dordrecht: 1973 | BL 1974, 1417. | *LeSt* 11, 1976, 623-626 M. C. Galavotti.
1480 LOHMANN, J.: Die Sprache als das Fundament des Menschseins. — [353], 204-234.
1481 LORENZ, Wolfgang, & WOTJAK, Gerd: Zum Verhältnis von Abbild und Bedeutung. Überlegungen im Grenzfeld zwischen Semantik und Erkenntnistheorie. — *LyC* 16, 1976, 67-90 | E. summ.
1482 — Zu einigen Fragen des Zusammenhangs von erkenntnismässigem Abbild und sprachlicher Bedeutung. Thesen. — *DaF* 13, 1976, 73-81.
1483 MCCORMICK, Peter P.: *Heidegger and the language of the world. An argumentative reading of the later Heidegger's meditations on language.* — Coll. Philosophica 6; Ottawa: Univ. of Ottawa Press, 1976, xxi, 208 p.
1484 MCDOWELL, John: Truth conditions, bivalence, and verificationism. — [1615], 42-66.
1485 MCMAHON, William E.: *Hans Reichenbach's philosophy of grammar.* — JanL, Series maior 90; The Hague: Mouton, 1976, 284 p.
1486 MARIN, Louis: Remarques critiques sur l'énonciation: la question du présent dans le discours. — *MLN* 91, 1976, 939-951.
1487 MARKS, Charles E.: Verificationism, scepticism, and the private language argument. — *PhS* 28, 1975, 151-171.
1488 MARTEN, Rainer: Zu einer philosophischen Fundierung der Pragmatik. — [350], 219-247.
1489 MARTIN, Richard M.: On the very idea of a logical form. — *TL* 3, 1976, 209-223 | On Gilbert HARMAN's art., 'Logical form', *FL* 9, 38-65 (BL 1972, 1260).
1490 — On [Zellig] Harris's systems of report and paraphrase. — [225], 541-568.
1491 —Some comments on Frege's pragmatic concerns. — [1605], III, 139-145.
1492 MARTIN, Robert L.: Are natural languages universal? — *Synthese* 32, 1975-76, 271-291.
1493 MARTINICH, Aloysius P.: Russell's theory of meaning and descriptions (1905-1920). — *JHPh* 14, 1976, 183-201.
1494 MATILAL, Bimal K.: *Epistemology, logic and grammar in Indian philosophical analysis.* — The Hague: 1971 | BL 1971, 1248. | *OLZ* 71, 1976, 181-186 M. Biardeau.
1495 MEGGLE, Georg: Beschreibungen unter verschiedenen Aspekten: Das Beispiel der Handlungssprache. — [1542], 201-219.
1496 MEY, Jacob: Qualification, emancipatory language use, and pragmatic linguistics. — *PScCL* 3, 1976, 275-283.
1497 MEY, Marc DE: Incommensurability of theories and untranslatability of languages. — [128], 269-275.
1498 MEYER, Meinert: *Formale und handlungstheoretische Sprachbetrachtung.* — Stuttgart: Klett, 1976, 288 p.

1499 MIHAIĂ, Rodica: Actes linguistiques de comportement (ALC). — *RRLing* 21, 1976, 167-186.
1500 MILITZ, Hans-Manfred: Bemerkungen zu Rousseaus 'Essai sur l'origine des langues'. — *ZPhon* 29, 1976, 484-487.
1501 MIŠKOVSKÁ-KOZÁKOVÁ, V. T.: Coménius philosophe du langage. — *StComH* 5 (10), 1975, 21-58 | Rés. tch.
1502 *Moderne Sprachphilosophie*. Michael SUKALE (Hrsg.). Übersetzungen von Hermann Vetter. — Hamburg: Hoffmann & Campe, 1976, 232 p. | Coll. of 9 essays by Am. philosophers (Rudolf CARNAP, W. V. O. QUINE, Donald DAVIDSON, et al.). Original contr. by the ed.: 'Wahrheit, Referenz und Bedeutung in der modernen Sprachphilosophie', 11-51.
1503 MONTAGUE, Richard: *Formal philosophy* ... — New Haven: 1974 | BL 1974, 1437. | *Mind* 85, 1976, 630-632 D.E. Over | *Philosophia* 6, 1976, 193-207 M. J. Creswell | *FL* 14, 1976, 413-418 B. Vermazen | *Spektator* 5, 1975-76, 624-625 M. Stokhof.
1504 MOONAN, Lawrence: Word meaning. — *Philosophy* 51, 1976, 195-207.
1505 MOORE, J. T.: Locke's analysis of language and the assent to scripture. — *JHI* 37, 1976, 707-714.
1506 MORAVCSIK, Julius M.: The epistemology of grammar and semantics; some significant differences. — *RIPh* 30, 1976, 229-242.
1507 — Strawson on predication. — *JPh* 73, 1976, 329-348 | Rev. art. on No. 1603.
1508 — The discernibility of identicals. — *JPh* 73, 1976, 587-598 | Comments by Gareth B. MATTHEWS, Ibid. 598-599.
1509 MOULOUD, Noël: Les structures de l'interprétation et la mesure des relativités sémantiques. — *Revue de Métaphysique et de Morale* 81, 1976, 145-170.
1510 MOYAERT, Paul: De metafoor en de metonymie als basisstrukturen van de taal bij J. Lacan. — *Tijdschrift voor Filosofie* (Leuven) 38, 1976, 436-457 | La métaphore et la métonymie comme structures de base de la langue chez Lacan (Rés. fr.).
1511 NAPOLI, Ernesto: La miseria della linguistica. — *ASNP* 6, 1976, 279-327 | Transl. and indeterminacy in Quine.
1512 NEEDHAM, Paul: The speaker's point of view. — *Synthese* 32, 1975-76, 309-327 | Account of tenses and dates together in a unifed framework.
1513 NEUHAUS, H. Joachim: Intensionale Prädikate. — [101], II, 279-287.
1514 NIELSEN, Lauge: On the doctrine of logic and language of Gilbert Porreta and his followers. — *Cahiers de l'Inst. du Moyen-Âge Grec et Latin* (Univ. de Copenhague) 17, 1976, 40-69.
1515 NUCHELMANS, Gabriël: *Theories of the proposition* ... — Amsterdam: 1973 | BL 1973, 1569. | *Lingua* 40, 1976, 89-95 S. Ebbesen.
1516 — *Wijsbegeerte en taal. Twaalf studies*. — BP 82; Meppel: Boom, 1976, 192 p. | Philosophy and language. 12 studies. | *Spektator* 6, 1976-77, 303-308 E. Elffers.
1517 OL'CHOVIKOV, B. A.: K kritičeskoj ocenke ontologičeskogo i gnoseologičeskogo aspektov lingvističeskogo strukturalizma. — *ZPhon* 29, 1976, 539-541.
1518 OLSHEWSKY, Thomas M.: On the notion of a rule. — *Philosophia* 6, 1976, 267-287.
1519 *On Noam Chomsky: critial essays*. Ed. by Gilbert HARMAN. — Garden City, N. Y.: 1974 | BL 1974, 1376. | *MLN* 91, 1976, 758-761 R. Fowler.
1520 ORIANNE, André: Intentional meaning. — *FL* 14, 1976, 195-209 | Aspects of W. V. QUINE's critique of traditional theories of meaning.
1521 ORTIZ-OSÉS, Andrés: *Mundo, hombre y lenguaje crítico. Estudios de filosofía*

hermeneútica. — Salamanca: Ed. Sígueme, 1976, 240 p. | *PhL* 29, 1976, 356-358 M. Erzengel.

1522 OTT, Rudi: *Satz und Urteil. Sprachphilosophische Untersuchungen über das Verhältnis von Grammatik und Logik in der Deutschen Grammatik von Karl Ferdinand Becker (1775-1849)*. — Europäische Hochschulschriften 20, 9 (Diss. Würzburg); Bern & Frankfurt a.M.: Lang, 1975, xiii, 297 p.

1523 OUDEN, Bernard D. DEN: *Language and creativity*.... — Lisse: 1975 | BL 1975, 1581. | *AUMLA* 46, 1976, 371-373 Roland Sussex.

1524 PANFILOV, V. Z.: *Wechselbeziehungen zwischen Sprache und Denken*. — Berlin: 1974 | BL 1974, 1448. | *DLZ* 97, 1976, 852-854 W. Hecht.

1525 PARRET, Herman: Principes de la déduction pragmatique. — *RIPh* 30, 1976, 486-510.

1526 — La pragmatique des modalités. — *Langages* 43, 1976, 47-63.

1527 — Le débat de la psychologie et de la logique concernant le langage: Marty et Husserl. — [332], 732-771.

1528 PARRINI, Paolo: *Linguaggio e teoria. Due saggi di analisi filosofica*. — Firenze: La Nuova Italia, 1976, 314 p.

1529 PARSONS, Kathryn P.: A criterion for meaning change. — *PhS* 28, 1975, 367-396.

1530 PAŞALIU, Iulian: The semantic spectrum of the verb "a şti" in contemporary Romanian. — *RRLing* 21, 1976, 187-213.

1531 PASTIN, Mark: Meaning and perception. — *JPh* 73, 1976, 571-585.

1532 PATOČKA, Jan: Roman Jakobsons phänomenologischer Strukturalismus. — *Tijdschrift voor Filosofie* (Leuven) 38, 1976, 129-135 | On No. 1419 (G. version).

1533 PEACOCKE, Christopher: Truth definitions and actual languages. — [1615], 162-188.

1534 PENN, Julia M.: *Linguistic relativity versus innate ideas*... — The Hague: 1972 | BL 1972, 1573. | *CLing* 21, 1976, 123-124 P. Schveiger.

1535 PETERSON, Philip L.: An abuse of terminology: Donnellan's distinction in recent grammar. — *FL* 14, 1976, 239-242 | K. S. DONNELLAN, 'Reference and definite description', *PhR* 75, 1966, 281-304.

1536 PETITGIRARD, Pierre: *Philosophie du langage. Textes de Platon à M. Heidegger*. Préface de J. Leif. — Paris: Delagrave, 1976, 296 p.

1537 PEUKERT, Kurt Werner: Sprachphilosophie und Lehrerbildung. — *ZPhF* 30, 1976, 99-107.

1538 *Philosophy and linguistics*. Ed. by Colin LYAS. — London: 1971 | BL 1971, 1243. | *Linguistics* 179, 1976, 110-117 O. Akhmanova.

1539 PICARDI, Eva: Note sulla *Logica* di Port-Royal. — *LeSt* 11, 1976, 347-391 | Summ. in E. & Ru.

1540 PINBORG, Jan: Some problems of semantic representations in medieval logic. — [332], 254-278.

1541 POTTS, Timothy C.: Montague's semiotic: a syllabus of errors. — *TL* 3, 1976, 191-208.

1542 *Probleme der sprachlichen Bedeutung. Unter besonderer Berücksichtigung des Verhältnisses Fachsprache, Umgangssprache. Grundlagenforschung in Artikeln 1968-1973*. Eike v. SAVIGNY (Hrsg.). — Wissenschaftstheorie und Grundlagenforschung 5; Kronberg/Ts.: Scriptor-Verlag, 1976, 262 p. | Anhang: 'Verzeichnis der Artikel [1968-1973], von denen Exzerpte verfügbar sind', 221-252.

1543 QUACK, Josef: *Bemerkungen zum Sprachverständnis von Karl Kraus*. — Abhandlungen zur Kunst-, Musik- und Literaturwissenschaft 232; Bonn: Bouvier, 1976, 269 p.

1544 READ, Malcolm K.: 'La Celestina' and the Renaissance philosophy of language. — *PhQ* 55, 1976, 166-177.
1545 *Readings in semantics.* Ed. by Farhang ZABEEH . . . [et al.]. — Urbana: 1974 | BL 1975, 1661. | *FL* 14, 1976, 621-624 F. Hiorth.
1546 REICHL, Karl: '*Tractatus de grammatica*'. *Eine fälschlich Robert Grosseteste zugeschriebene spekulative Grammatik*. Ed. und Kommentar. — Veröffentlichungen des Grabmann-Institutes zur Erforschung der Mittelalterlichen Theologie und Philosophie, N. F. 28 (= Münchener Universitätsschriften, Fachbereich Kath. Theologie); München: Schöningh, 1976, 224 p.
1547 REIHER, Ruth: Zu einigen Aspekten der dialektischen Kategorien Ort, Zeit und Grund und dem Problem ihrer sprachlichen Realisierung. — *WZUB* 23, 1974, 281-286.
1548 REINHARDT, Heinrich: *Integrale Sprachtheorie. Zur Aktualität der Sprachphilosophie von Novalis und Friedrich Schlegel*. — München: UNI-Druck, 1976, 42 p.
1549 RESNIK, Michael D.: Frege's context principle revisited. — [1605], III, 35-49.
1550 RICHARDS, Barry: Adverbs: from a logical point of view. — *Synthese* 32, 1975-76, 329-372.
1551 RICHARDSON, John T. E.: *The grammar of justification. An interpretation of Wittgenstein's philosophy of language*. — London: Chatto & Windus (for Sussex Univ. Press), 1976, 147 p.
1552 RICKEN, Ulrich: Die Kontroverse Du Marsais und Beauzée gegen Batteux, Condillac und Diderot. Ein Kapitel der Auseinandersetzung zwischen Sensualismus und Rationalismus in der Sprachdiskussion der Aufklärung. — [332], 460-487.
1553 RICŒUR, Paul: *La métaphore vive*. — Paris: Éd. du Seuil, 1975, 414 p. | *IPQ* 16, 1976, 359-362 Ch. Reagan | *Revue de Métaphysique et de Morale* 81, 1976, 271-276 Maria da Penha Petit | Cf. 1364.
1554 — *Interpretation theory. Discourse and the surplus of meaning*. — Fort Worth: Texas Christian UP., 1976, xii, 107 p.
1555 RIVERO, María Luisa: William of Sherwood [c. 1200-c. 1266] on composition and division. A linguistic study. — *HL* 3, 1976, 17-36 | Fr. & E. summ.
1556 ROBINS, Robert H.: The current relevance of the Sapir-Whorf hypothesis. — [128], 99-107.
1557 RODMAN, Robert: Scope phenomena, "movement transformations", and relative clauses.— [352], 165-176.
1558 ROLLIN, Bernard E.: *Natural and conventional meaning*: *An examination of the distinction*. — Approaches to Semiotics 45; The Hague: Mouton, 1976, 112 p.
1559 ROOT, Michael D.: Speaker intuitions. — *PhS* 29, 1976, 221-234 | On W. V. QUINE's objections to N. CHOMSKY's view.
1560 ROSSI-LANDI, Ferruccio: On absurdity. — *Semiotica* 16, 1976, 347-367 | Ch. from the author's book *Significato, comunicazione e parlare comune*, 1961 (BL 1961, 39).
1561 SAARINEN, Esa: How complex is English tense structure? — *PScCL* 3, 1976, 337-348.
1562 SAG, Ivan A.: A logical theory of verb phrase deletion. — *PCLS* XII, 533-547.
1563 SANDULESCU, Constantin-George: Only connect . . . — *PScCL* 3, 1976, 349-360.
1564 SAVIGNY, Eike VON: Listener-oriented versus speaker-oriented analysis of conventional meaning. — *APQ* 13, 1976, 69-74.
1565 SCHACHTEN, Winfried: *Intellectus verbi. Die Erkenntnis im Mitvollzug des Wortes nach Bonaventura*. — Symposion 44; Freiburg: Alber, 1973, 189 p. | *Philoso-*

phisches Jahrbuch (Freiburg i.Br.) 83, 1976, 216-219 Bernard Casper.

1566 SCHÄCHTER, Josef: *Prolegomena to a critical grammar.* — Dordrecht: 1973 | BL 1973, 1615. | *SFFBU* 25 (A 24), 1976, 122-124 K. Pala.

1567 SCHAFF, Adam: *Humanismus, Sprachphilosophie, Erkenntnistheorie des Marxismus. Philosophische Abhandlungen.* [Übers.] — Wien: Europaverlag, 1975, 629 p.

1568 — Generative grammar and the concept of innate ideas. — [128], 3-56.

1569 SCHIFFER, Stephen R.: *Meaning.* — Oxford: 1972 | BL 1972, 1333. | *Philosophy* 51, 1976, 102-109 C. A. J. Coady.

1570 SCHIRN, Matthias: Identität und Identitätsaussage bei Frege. — [1605], II, 181-215 | Revised and expanded version of parts of the author's book *Identität und Synonymie,* 1975 (BL 1975, 1612).

1571 SCHMIDT, Siegfried J.: German philosophy of language in the late 19th century. — [332], 658-684.

1572 SCHMITZ, Stefan: *Sprache, Sozietät und Geschichte bei Franz Baader.* — Disputationes theologicae 1 (Diss. Bonn); Bern & Frankfurt a.M.: Lang, 1975, 185 p.

1573 SCHNELLE, Helmut: Basic aspects of the theory of grammatical form. — [225], 377-404.

1574 — Empirische und transzendentale Sprachgemeinschaften. — [384], 394-440.

1575 SCHOEN, Edward L.: Indeterminacy still lurks: a reply to Carney and Van Straaten. — *FL* 14, 1976, 243-245 | Cf. BL 1974, 1318.

1576 SCHULTE-HERBRÜGGEN, Heinz: Die Mehrschichtigkeit des sprachlichen Zeichens. — [233], 979-1001.

1577 SCHULTZ, Robert A.: Sense and reference in the languages of art. — *PhS* 28, 1975, 77-89.

1578 ŠČUR, G. S.: Über die Wechselbeziehung einiger philosophischer und linguistischer Kategorien. — [248], 133-139.

1579 SEARLE, John R.: A classification of illocutionary acts. — *LiS* 5, 1976, 1-23, fig.

1580 SEFLER, George F.: *Language and the world...* — Atlantic Highlands, N.J.: 1974 | BL 1975, 1619. | *PhR* 85, 1976, 422-426 K. Harries.

1581 SELIGMAN, David B.: Wittgenstein on seeing aspects and experiencing meanings. — *PPR* 37, 1976-77, 205-217.

1582 SHIBLES, Warren A.: *An analysis of metaphor in the light of W. M. Urban's theories.* — The Hague: 1971 | BL 1971, 1291 | *Linguistics* 169, 1976, 90-92 P. Dombi Erzsébet.

1583 SHWAYDER, David S.: On the determination of reference by sense. — [1605], III, 85-95.

1584 — Reflections on Kripke. — [1425], 43-78 | On S. KRIPKE's doctrine in 'Naming and necessity' (1972; BL 1972, 1284) and other papers.

1585 SIMILI, Raffaella: Significato, forma logica e conoscenza nell'atomismo logico di Russell. — *LeSt* 11, 1976, 457-477 | Summ. in E. & Ru.

1586 SIMON, Josef: Verführt die Sprache das Denken? Zur Metakritik gängiger sprachkritischer Ansätze. — *Philosophisches Jahrbuch* (Freiburg i. Br.) 83, 1976, 98-119 | A propos de l'ouvrage de Friedrich KAINZ, *Über die Sprachverführung des Denkens,* 1972 (BL 1972, 1276).

1587 SKIDMORE, Arthur: A logical paradox and the finiteness of natural language. — [110], 488-498.

1588 SOKOLOWSKI, Robert: *Husserlian meditations: how words present things.* — Evanston: 1974 | BL 1974, 1480. | *JHPh* 14, 1976, 380-381 E. Winance | *PhL* 29, 1976, 290-294 A. Bharati | *IPQ* 16, 1976, 125-128 H. L. Meyn.

PHILOSOPHIE DU LANGAGE 1589-1614

1589 SOLOMON, Robert C.: Psychological predicates. — *PPR* 36, 1975-76, 472-493.
1590 SOMMERS, Fred: On predication and logical syntax. — [225], 41-53.
1591 — Logical syntax in natural language. — [1425], 11-41.
1592 SØRENSEN, Viggo: Textuality: a pragmatic approach. — *PScCL* 3, 1976, 381-391.
1593 SPOHN, Wolfgang: Die Funktion fachsprachlicher Begriffe in wissenschaftlichen Theorien. — [1542], 19-37.
1594 *Sprachhandlung – Existenz – Wahrheit* ... Hrsg. von Matthias SCHIRN. — Stuttgart: 1974 | BL 1974, 1468. | *ZPhon* 29, 1976, 609-610 E. Albrecht.
1595 STAAL, J. F.: Sanskrit philosophy of language. — [332], 102-136, fig.
1596 STALNAKER, Robert: Propositions. — [1425], 79-91 | Comments by Lawrence POWERS, 93-103.
1597 STANOSZ, Barbara, & NOWACZYK, Adam: *Logiczne podstawy języka*. — Wrocław: Zakład im. Ossolińskich (Polskie Towarzystwo Semiotyczne), 1976, 138 p. | Logical fundamentals of language.
1598 STATI, Sorin: *Strumenti logici per la linguistica.* — Linguistica generale e storica 2; Bologna: Pàtron, 1976, vii, 296 p.
1599 STEMMER, Nathan: Nonlinguistic factors in language. — [128], 295-302.
1600 STERNFELD, Robert: The mathematization of logic: quantified sentences. — [1605], II, 125-139.
1601 STICH, Stephen P.: Logical form and natural language. — *PhS* 28, 1975, 397-418.
1602 STRAWSON, P. F.: *Logico-linguistic papers.* — London: 1971 | BL 1971, 1301. | *FL* 14, 1976, 441-447 F. Hiorth (Also on No. 1603).
1603 — *Subject and predicate in logic and grammar.* — London: 1974 | BL 1974, 1484. | *Lingua* 40, 1976, 263-264 G. Nuchelmans | *Philosophia* 6, 1976, 515-519 J. C. Bigelow | Cf. 1507.
1604 — On understanding the structure of one's language. — [1615], 189-198.
1605 *Studien zu Frege / Studies on Frege.* Matthias SCHIRN (Hrsg.). I. *Logik und Philosophie der Mathematik / Logic and philosophy of mathematics.* II. *Logik und Sprachphilosophie / Logic and philosophy of language.* III. *Logik und Semantik / Logic and semantics.* — Problemata 42, 43, 44; Stuttgart-Bad Cannstatt: Frommann-Holzboog, 1976, 317; 303; 201 p. | Introd. by the ed.: Einige Bemerkungen zum Zusammenhang von Logik, Mathematik und Sprachphilosophie bei Frege, I, 13-26; Bibliography by Wolfgang MAYER, III, 157-197 [Publ. by Frege, transl. of his works, publ. on F.].
1606 SUBBIONDO, Joseph L.: The semantic theory of James Harris. A study of 'Hermes' (1751). — *HL* 3, 1976, 275-291 | E. & Fr. summ.
1607 TAYLOR, Barry: States of affairs. — [1615], 263-284.
1608 THIEL, Rainer: *Mathematik, Sprache, Dialektik.* — Berlin: 1975 | BL 1975, 1637. | *Teorie a metoda* 8, 1976, 110-112 K. Berka.
1609 THOMASON, Richmond H.: Some extensions of Montague grammar. — [352], 77-117, tab.
1610 TODD, Robert B.: Alexander of Aphrodisias on De interpretatione 16a 26-29. — *Hermes* 104, 1976, 140-146.
1611 TORT, Patrick: Dialectique des signes chez Condillac. — [332], 488-502, 4 fig.
1612 TRAPP, Rainer W.: *Analytische Ontologie. Der Begriff der Existenz in Sprache und Logik.* — Frankfurt a.M.: Klostermann, 1976, xii, 261 p.
1613 TRENTMAN, John A.: The study of logic and language in England in the early 17th century. — *HL* 3, 1976, 179-201 | E. & Fr. summ.
1614 — Speculative grammar and transformational grammar: a comparison of philosophical presuppositions. — [332], 279-301.

1615 Truth and meaning. Essays in semantics. Ed. by Gareth EVANS & John MC-DOWELL. — Oxford: Clarendon Press, 1976, xxiii, 420 p.
1616 TUGENDHAT, Ernst: Vorlesungen zur Einführung in die sprachanalytische Philosophie. — Suhrkamp-Taschenbuch Wissenschaft 45; Frankfurt a.M.: Suhrkamp-Taschenbuch-Verlag, 1976, 534 p.
1617 — Die Bedeutung des Ausdrucks Bedeutung bei Frege. — [1605], III, 51-69 | E. version in Analysis 30, 1969-70, 177-189 (BL 1973, 1646). 'Postskript 1975', 65-69 [Reply to criticism by M. DUMMETT in his book Frege – philosophy of language, 1973 (BL 1973, 1430)].
1618 Understanding Wittgenstein. [Ed. by Godfrey VESEY.] — Royal Inst. of Philosophy Lectures 7 (1972-1973); London: Macmillan, 1974, xxii, 285 p. | From the contents: R. M. WHITE: Can whether one proposition makes sense depend on the truth of another? ('Tractatus' 2.0211-2), 14-29; Godfrey VESEY: Other minds, 149-161; Roger SQUIRES: Silent soliloquy, 208-225.
1619 VANDAMME, Fernand J.: Language, logic and thinking. — [128], 69-84.
1620 — L'épistémologie et la sémantique. — RIPh 30, 1976, 435-449.
1621 VANDERVEKEN, Daniel R.: The Leśniewski-Curry theory of syntactical categories and the categorially open functors. — StLog 35, 1976, 191-201.
1622 VENDLER, Zeno: Res cogitans: an essay in rational psychology. — Ithaca: 1972 | BL 1972, 1352. | JPh 73, 1976, 240-252 D. M. Rosenthal | JHPh 14, 1976, 249-254 Richard A. Watson | PhR 85, 1976, 216-224 S. McConnell-Ginet & C. Ginet | FL 14, 1976, 459-461 J. van Wersch.
1623 — Illocutionary suicide. — [1425], 135-145 | Comments by Charles E. CATON, 147-161.
1624 VERBURG, Pieter A.: The idea of linguistic system in Leibniz. — [332], 593-615, fig.
1625 VERHAAR, John W. M.: On noumenalization. — [255], 361-371.
1626 VERMEERSCH, Étienne: Epistémologie et hypothèses de Whorf. — [128], 229-239.
1627 VIGNAUX, Georges: L'argumentation. Essai d'une logique discursive. — Langue et Cultures 7; Genève: Droz, 1976, xii, 338 p.
1628 VOLLMER, Gerhard: Evolutionäre Erkenntnistheorie... — Stuttgart: 1975 | BL 1975, 1644. | PhL 29, 1976, 156-159 J. Thiele | Mu 86, 1976, 323-327 K. H. Deutrich.
1629 VUILLEMIN, J.: Le concept de signification empirique ("stimulus-meaning") chez Quine. — RIPh 30, 1976, 350-375.
1630 WAISMANN, Friedrich: Logik, Sprache, Philosophie. Mit einer Vorrede von Moritz Schlick. Hrsg. von Gordon P. Baker und Brian McGuinness unter Mitw. von Joachim Schulte. — Universal-Bibl. 9827; Stuttgart: Reclam, 1976, 662 p.
1631 WALTHER, Jürgen: Zur Logik von Frage und Antwort. — [101], I, 133-141.
1632 WANDSCHNEIDER, Dieter: Formale Sprache und Erfahrung... — Stuttgart: 1975 | BL 1975, 1647. | DLZ 97, 1976, 620-622 H. Horstmann.
1633 WETTSTEIN, Howard K.: Can what is asserted be a sentence? — PhR 85, 1976, 196-207.
1634 WIGGINS, David: Frege's problem of the morning star and the evening star. — [1605], II, 221-255.
1635 — The de re "must": a note on the logical form of essentialist claims. — [1615], 285-312 | Appendix by Christopher PEACOCKE, Ibid. 313-324.
1636 WILSON, Fred: Marras on Sellars on thought and language. — PhS 28, 1975, 91-102 | On A. MARRAS, 'Sellars on thought and language', Noûs 7, 1973, 152-163.
1637 WOODS, Michael: Existence and tense. — [1615], 248-262.

1638 WOOZLEY, A. D.: Berkeley's doctrine of notions and theory of meaning. — *JHPh* 14, 1976, 427-434.
1639 WOTJAK, Gerd, & LORENZ, Wolfgang: Zum philosophisch-weltanschaulichen Hintergrund moderner Bedeutungskonzeptionen. — *ZPhon* 29, 1976, 560-565.
1640 WRIGHT, Crispin: Language-mastery and the Sorites-Paradox. — [1615], 223-247.
1641 WRIGHT, Edmond L.: Arbitrariness and motivation: a new theory. — *FL* 14, 1976, 505-523, 4 fig.
1642 WUCHTERL, Kurt: Sinn und Grenzen sprachanalytischer Präzisierungen in der Philosophie. — *Philosophisches Jahrbuch* (Freiburg i.Br.) 83, 1976, 293-312.
1643 ZASLAWSKY, D.: Que peuvent apporter les faits linguistiques à l'analyse de l'argumentation en biologie? — *Langages* 42, 1976, 28-46.
1644 ZEMACH, Eddy M.: Purnam's theory on the reference of substance terms. — *JPh* 73, 1976, 116-127 | Cf. BL 1973, 1586.
1645 ZIFF, Paul: *Understanding understanding.* — Ithaca, N.Y.: 1972 | BL 1973, 1672. | *Philosophia* 6, 1976, 525-528 D. S. Clarke, Jr.
1646 ZIMMERMANN, Jürg: Zu Wittgensteins "Über Gewissheit"; Versuch eines Überblicks (1974/75). — *Studia Philosophica* (Basel) 36, 1976, 226-239.
1647 ZUBER, Ryszard: Conditionnelle: sémantique ou pragmatique? — [111], 103-112.

0.4. Typologie et universaux du langage — Typology and universals of language

1648 Abstracts: articles from the *Working Papers on Language Universals*, vols. 1-5 (Nov. 1969-May 1971); vols. 6-11 (Oct. 1971-April 1973); vols. 12-16 (Nov. 1973-Dec. 1974). — *IJAL* 42, 1976, 150-153; 253-258; 358-362.
1649 ALTMANN, Gabriel, & LEHFELDT, Werner: *Allgemeine Sprachtypologie* ... — München: 1973 | BL 1973, 1677. | *IzvAN* 35, 1976, 278-279 G. Klimov.
1650 BAUMANN, Hans-Heinrich: Über die dreifache Wurzel der Idee zu einer implikativen Typologie. — *LeSt* 11, 1976, 189-222 | Summ. in E. & Ru.
BUIUM, N.: Interrogative types in parental speech ... — 3498.
1651 CATHEY, James E., & DEMERS, Richard A.: On establishing linguistic universals: a case for in-depth synchronic analysis. — *Lg* 52, 1976, 611-630.
1652 COMRIE, Bernard: The syntax of causative constructions: cross-language similarities and divergences. — *SynS* 6, 1976, 261-312.
1653 — Review article on: *Tipologija kauzativnych konstrukcij* .... [Red.: A. A. CHOLODOVIČ], 1969. — *Lg* 52, 1976, 479-488 | Cf. BL 1969, 278.
1654 CORBIN, Danielle: Le statut des exceptions dans le lexique. — *LFr* 30, 1976, 90-110, 2 tab., fig. | Typologie des exceptions aux règles de formation des mots.
1655 DANIELSEN, Niels: Zur Universalität der Sprache. — *Sprachw* 1, 1976, 1-45.
1656 DEZSŐ, Lázsló: Universals in child language: comments by a typologist. — [3477], 177-187.
1657 GARVIN, Paul L.: Universals in linguistic analysis. — *AnL* 18, 1976, 112-119.
1658 GEORGE, Leland, & TOMAN, Jindřich: Czech clitics in universal grammar. — *PCLS* XII, 235-249.
1659 Greenberg, Joseph: *Language typology* ... — The Hague: 1974 | BL 1974, 1509. | *HL* 3, 1976, 235-247 K. H. Best.
1660 — *Universali del linguaggio, con particolare riferimento alle gerarchie dei tratti.* A cura di Alberto NOCENTINI. — Bibl. di cultura 132; Firenze: La Nuova Italia, 1975, xiv, 93 p. | Transl. of: *Language universals*, 1966 (BL 1966, 748).

1661 HAARMANN, Harald: *Aspekte der Arealtypologie. Die Problematik der europäischen Sprachbünde.* — TBL 72; Tübingen: Narr, 1976, 179 p.
1662 — *Grundzüge der Sprachtypologie. Methodik, Empirie und Systematik der Sprachen Europas.* — Urban-Taschenbücher 242; Stuttgart: Kohlhammer, 1976, 160 p., ill.
1663 HALE, Ken: Linguistic autonomy and the linguistics of Carl Voegelin. — *AnL* 18, 1976, 120-128.
1664 HAURI, Christoph: Die Typologie als Hilfsmittel der Syntax. — *MSS* 35, 1976, 33-46.
1665 HEATH, Jeffrey: Antipassivization: a functional typology. — *PBLS* II, 202-211.
1666 IVANOV, Vjač. Vs.: K tipologii infinitiva v balkanskich jazykach. — [379], 216-230.
1667 JARCEVA, V. N.: Tipologija jazykov i problema universalij. — *VJa* 1976/2, 6-16.
1668 JEFFERS, Robert J.: Typological shift and change in complex sentence structure. — [114], 136-149, 2 tab.
KAHR, J. C.: Drift versus Diachronic Universals. — 2732.
1669 KANNGIESSER, Siegfried: Sprachliche Universalien und diachrone Prozesse. — [384], 273-393.
1670 KARPF, Annemarie: *Typologie idiomatischer Komposita und Nominalsyntagmen. Kontrastive Analyse auf generativer Basis (unter Berücksichtigung der Psycholinguistik und der angewandten Linguistik).* — Diss. Wien 1976, 215 p.
1671 KEENAN, Edward L.: The logical diversity of natural languages. — [112], 73-91 | Language diversity and variation-based universals.
1672 — Towards a universal definition of "subject". — [143], 305-333.
KESSLER, C.: Linguistic universals in anthropol. studies of bilingualism. — 3902.
1673 KLIMOV, G. A.: O nekotorych zadačach istoriko-tipologičeskich issledovanij. — *VJa* 1976/5, 3-12.
1674 KOEFOED, Geert: A note on Pidgins, Creoles and language universals. — *UWPL* 1, 1976, 11-22.
1675 KRUPA, Viktor: A semantic typology of personal pronouns. — *AAS* 12, 1976, 149-155.
KUIPERS, A. H.: Typologically salient features of some North-West Caucasian languages. — 12289.
1676 LI, Charles N., & THOMPSON, Sandra A.: Subject and topic: a new typology of language. — [143], 459-489, tab., fig.
1677 MANČEV, Krasimir: Principi na tipologično izsledvane na ezika. — *BSl* 1, 1976/1, 40-58 | Principes de l'étude typologique du langage (Rés. fr.).
1678 MANGOLD, Max: *Phonetic emphasis. A study in language universals.* — Hamburg: 1975 | BL 1975, 1694. | *Phonetica* 33, 1976, 467-469 I. Lehiste.
MARTIN, R. L.: Are natural languages universal? — 1492.
MERIGGI, P.: Il tipo d'una lingua a pochi casi: il "suaheli" (bantu). — 13670.
1679 PANFILOV, V. Z.: Tipologija grammatičeskoj kategorii čisla i nekotorye voprosy ee istoričeskogo razvitija. — *VJa* 1976/4, 18-38.
1680 PINXTEN, Rik: Epistemic universals. A contribution to cognitive anthropology. — [128], 117-175, 2 tab., 5 fig.
1681 POTTIER, Bernard: Les fondements de la typologie. — *ACILR* XIII/1, 1175-1181, 2 tab., 7 fig.
PULGRAM, E.: The typologies of writing-systems. — 2937.
1682 PÜSCHEL, Ulrich: Überlegungen zu einer Stiltypologie. — [101], I, 223-234 | Zum Problem der stilistischen Gliederung einer Einzelsprache.

SÉMANTIQUE

1683 RAMAT, Paolo: Das typologische Sprachproblem im 19. Jahrhundert. — *ZPhon* 29, 1976, 495-498.
1684 RENZI, Lorenzo: Histoire et objectifs de la typologie linguistique. — [332], 633-657.
1685 RŪĶE-DRAVIŅA, Velta: Gibt es Universalien in der Ammensprache? — [3477], 3-16.
1686 SACHARNYJ, L. V.: Die Typologie der Textstruktur unter dem Aspekt der Theorie der Sprechhandlung. — [382], II, 43-49 | First publ. in Ru. in 1974.
1687 [ŠARADZENIDZE] SHARADZENIDZE, T.: On the two trends in modern linguistics and the two sources of these trends. — [332], 62-84 | The logical trend and empiricism in the study of language universals.
1688 SEIDEL, Eugen: Sprachtypologische Kriterien. — [223], 29-41.
1689 SOBOLEVA, Polina A.: Derivational word-structure in the applicative grammar and the typology of homonyms. — [397], 90-122, 9 fig.
1690 USPENSKIJ, Boris, & ŽIVOV, Viktor: Sprachbeschreibung und sprachliche Universalien. — [397], 140-162.
1691 VOEGELIN, C. F. & F.R.: In defense of the family tree (with superimposed typology). — [255], 373-381.
1692 VROMANS, Sjef: Taaluniversalia en reclametaal. — *MNCDN* 15, 1976, 28-40 | Universaux linguistiques et langage publicitaire (Rés. fr.).
 WEXLER, P.: On the non-lexical expression of determinedness . . . —2363.
1693 ZOLLINGER, H.: A linguistic approach to the cognition of colour vision in man. — *FoL* 9, 1976, 265-293, 5 fig.

0.5. Sémantique — Semantics

1694 ABRAHAM, Werner: *A linguistic approach to metaphor.* — Lisse, Netherlands: P. de Ridder Press, 1975, 54 p. | Cf. BL 1975, 1722. | *Lingua* 38, 1976, 359-362 W. J. Hutchins.
1695 AGRICOLA, Erhard: Vom Text zum Thema. — [364], 13-27.
1696 ALEXANDRESCU, Sorin: Sur les modalités *croire* et *savoir*. — *Langages* 43, 1976, 19-27.
1697 ANSCOMBRE, J.-C., & DUCROT, O.: L'argumentation dans la langue. — *Langages* 42, 1976, 5-27.
1698 ANTAL László: *A tartalomelemzés alapjai.* — Budapest: Magvető Kiadó, 1976, 151 p. | Fondements de l'analyse du contenu.
1699 — Szemantikai interpretáció és nyelven kívüli tartalom. — *ÁNyT* 11, 1976, 5-14 | Interprétation sémantique et contenu extralinguistique.
1700 ANTINUCCI, Francesco: Ancora sulla deissi. — *LeSt* 11, 1976, 127-131 | Reply to No. 1725.
1701 APRESJAN, Ju. D.: *Leksičeskaja semantika* . . . . — Moskva: 1974 | BL 1975, 1733. | *JslF* 32, 1976, 227-230 Ž. Stanojčić | *JP* 56, 1976, 146-149 Maria Cichońska.
1702 — Die semantische Sprache als Mittel der Erklärung lexikalischer Bedeutungen. — [397], 22-48 | Ch. from No. 1701.
1703 *Aspekte der Semantik* . . . Hrsg. von László ANTAL. — Frankfurt a.M.: 1972 | BL 1972, 1382. | *SILTA* 4, 1975/2-3 (1976), 578-580 E. Rigotti.
1704 BÄCKLUND, Ulf: Frozen adjective-noun collocations in English. — *LACUS* II, 255-271.
1705 BALLWEG, Joachim, & KANEKO, Tohru: Zum Lexikon in der Generativen Semantik. — [363], 50-85 | T. Kaneko: Der Zusammenhang eines Lexikoneintrags,

54-77; J. Ballweg: Das Problem der "möglichen Lexikoneinheit", 77-85.
1706 BARTSCH, Renate: *The grammar of adverbials. A study in semantics and syntax of adverbial constructions.* — North-Holland linguistic series 16; Amsterdam: North-Holland Publishing Co., 1976, xii, 390 p. | Transl. of *Adverbialsemantik* ..., 1972 (BL 1973, 1725). | *FL* 14, 1976, 137-151 E. Lang & R. Steinitz (On the G. version).
1707 BARTSCH, Renate, & VENNEMANN, Theo: *Semantic structures. A study in the relation between semantics and syntax.* 2. Aufl. — Athenäum-Skripten Linguistik 9; Frankfurt a.M.: Athenäum-Verlag, 1973, x, 186 p. | First ed. 1972 (BL 1972, 1384). | *NphM* 77, 1976, 437-445 L. Seppänen.
1708 BEEBE, Michael: The basis of semantic structure. — *Dialogue* 15, 1976, 624-641.
1709 BEEH, Volker: *Ansätze zu einer wahrheitswertfunktionalen Semantik.* — München: 1973 | BL 1973, 1726. | *BNF* 10, 1975, 342 W. Abraham | *ZDL* 43, 1976, 340-342 G. Van der Elst | *SGP* 5, 1976, 151-153 J. Pogonowski.
1710 BERRUTO, Gaetano: *La semantica.* — Bibl. linguistica 3; Bologna: Zanichelli, 1976, 190 p. | *Maia* 28, 1976, 292 E. Salvaneschi | *LeSt* 11, 1976, 665-667 N. Rainò.
1711 — Geografia linguistica e semantica strutturale. — [191], 5-26.
1712 BICKMANN, Hans-Jürgen: Probleme des Synonymiebegriffs. — *ZGL* 4, 1976, 29-40 | Rev. art. on: Walther L. FISCHER, *Äquivalenz- und Toleranzstrukturen in der Linguistik*, 1973 (BL 1973, 1761).
1713 BIDU-VRĂNCEANU, Angela: *Systématique des noms de couleurs. Recherche de méthode en sémantique structurale.* — Bucureşti: Editura Acad. Republicii Socialiste România, 1976, 244 p.
1714 BILMES, Jack: Meaning and interpretation. — *Semiotica* 16, 1976, 115-128, fig. | A model of interpretation.
1715 BLACK, Mary B.: Semantic variability in a northern Ojibwa community. — *PIL* 9, 1976/3-4, 129-157.
1716 BOURCIER, D.: Argumentation et définition en droit, ou "Les grenouilles sont-elles des poissons?" — *Langages* 42, 1976, 115-124.
1717 BRISSON, Luc: Sémantique de la métaphore. — *Dialogue* 15, 1976, 256-281.
1718 BRODDA, Benny: Presuppositions on text and the filter concept. — *PScCL* 3, 1976, 71-80.
1719 BROWN, Cecil H.: Semantic components, meaning, and use in ethnosemantics. — *PSci* 43, 1976, 378-395.
1720 BUCĂ, Marin, & EVSEEV, Ivan: *Probleme de semasiologie.* — Timişoara: Editura Facla, 1976, 202 p.
1721 BUNT, Harry: The formal semantics of mass terms. — *PScCL* 3, 1976, 81-93.
1722 CARTER, Richard: A propos du traitement des contraintes sémantiques. — *LFr* 30, 1976, 111-124.
1723 CHAFE, Wallace: *Bedeutung und Sprachstruktur.* Übersetzt von Thomas Schneider. Gekürzte Studienausg. — Linguistische Reihe 20; München: Hueber, 1976, 266 p. | Original Am. ed. 1970 (BL 1970, 1314).
1724 CHU, Chauncey C.: Some semantic aspects of action verbs. — *Lingua* 40, 1976, 43-54, 3 tab.
1725 CINQUE, Guglielmo: Sulla deissi "linguistica". — *LeSt* 11, 1976, 101-126 | Apropos Francesco ANTINUCCI, *LeSt* 9, 223-247 (BL 1974, 3004). | Cf. 1700.
1726 COLE, Peter: Attributiveness and referential opacity. — *PBLS* II, 117-123.
1727 CONDON, John C., Jr.: *Semantics and communication.* 2nd ed. — New York: Macmillan, 1975, xvi, 127 p. | First ed. 1966. | *PhP* 19, 1976, 222-223 V. Saudek.

83

CONTINI MORAVA, E.: Statistical demonstration of a meaning .... — 13658.
1728 COOPER, Robin, & PARSONS, Terence: Montague grammar, generative semantics, and interpretive semantics. — [352], 311-362.
1729 COQUET, J.-C.: Les modalités du discours. — *Langages* 43, 1976, 64-70.
1730 COSERIU, Eugenio: *Probleme der strukturellen Semantik*. — Tübingen: 1973 | BL 1973, 1747. | *Linguistics* 170, 1976, 91-94 P. Sgall.
1731 — Die funktionelle Betrachtung des Wortschatzes. — [363], 7-25.
1732 DANEŠ, František: Zur semantischen und thematischen Struktur des Kommunikats. — [364], 29-40.
1733 DARNELL, Regna, & VANEK, Anthony L.: The semantic basis of the animate/inanimate distinction in Cree. — *PIL* 9, 1976/3-4, 159-180.
1734 DENNIS, Russell, DENNIS, Cathy, & JOBE, Larry: The meaning of frequency words in different contexts. — *L&S* 19, 1976, 343-349.
1735 DENNY, J. Peter: What are noun classifiers good for? — *PCLS* XII, 122-132.
1736 DITTMANN, Jürgen: "Grammatische Bedeutung" und der handlungswissenschaftliche Regelbegriff. — [350], 163-184.
1737 DIXON, R. M. W.: Syntactic orientation as a semantic property. — *SynS* 7, 1976, 347-362 | Dates from 1968-9.
1738 DOWTY, David R.: Montague grammar and the lexical decomposition of causative verbs. — [352], 201-245.
1739 DROSTE, F. G.: Semantics as a dynamic device: redundancy rules in the lexicon. — *Linguistics* 182, 1976, 5-33.
1740 ECO, Umberto: Peirce and contemporary semantics. — *VS* 15, 1976, 49-72.
1741 EGGS, Ekkehard: *Möglichkeiten und Grenzen einer wissenschaftlichen Semantik ...* — Frankfurt a.M. 1971 | BL 1972, 1400. | *ZRPh* 92, 1976, 451-454 Henri Vernay.
1742 — *Täuschen*: Eine semantisch-pragmatische Analyse. — *LD* 7, 1976, 315-326.
1743 EJERHED BRAROE, Eva: The mechanics of meaning. — *PScCL* 3, 1976, 63-69.
1744 ESAU, Helmut: Focus again. — *LACUS* II, 350-369.
1745 FILLMORE, Charles J.: Frame semantics and the nature of language. — [112], 20-32.
1746 FLORIJN, Arjen: Over semantiek. — *Spektator* 6, 1976-77, 19-26 | On semantics.
1747 GAK, V. G.: The semantic structure of the word as a component of the semantic structure of the utterance. — *Linguistics* 180, 1976, 27-41 | First published in Ru. in 1971.
1748 — On the problem of general semantic laws. — *Linguistics* 182, 1976, 39-52, tab. | First published in Ru. in 1972.
1749 GAUGER, Hans-Martin: *Zum Problem der Synonyme*. — Tübingen: 1972 | BL 1972, 1406. | *KLit* 3, 1974, 258-260 R. Schreyer | *ZDL* 43, 1976, 68-69 W. Müller.
1750 GEORGIEV, Hristo C., & [PIOTROVSKIJ, R. G.] PIOTROWSKIJ, R. G.: A new method of measuring meaning. — *L&S* 19, 1976, 41-45.
1751 GIPPER, Helmut: Die feldhafte Gliederung des Wortschatzes und das Problem ihrer Formalisierbarkeit. — [363], 26-49.
1752 GOLOPENȚIA-ERETESCU, Sanda: Forces illocutionnaires: la présentation. — *RRLing* 21, 1976, 153-166.
1753 GOVERDOVSKIJ, V. I.: Fenomen konnotacii na denotativnom urovne. — [335], 139-147.
1754 GREIMAS, A.-J.: Pour une théorie des modalités. — *Langages* 43, 1976, 90-107.
1755 GRUBER, Jeffrey S.: *Lexical structures in syntax and semantics*. I. *Studies in lexical relations*. II. *Functions of the lexicon in formal descriptive grammar*. — North-

Holland Linguistic Series 25; Amsterdam: North-Holland Publishing Co., 1976, xii, 375 p. | Part I is a revised version of the author's 1965 MIT diss.
1756 GUENTHNER, F.: Remarks on contextual notions. — [362], 198-205.
1757 GUIRAUD, Pierre: *Semantyka*. Tłumaczył: Stanisław CICHOWICZ. — Biblioteka Wiedzy Współczesnej Omega; Warszawa: Wiedza Powszechna, 1976, 136 p. | Trad. de: *La sémantique*, 1971 (BL 1972, 1412).
1758 GULSTAD, Daniel E.: On the semantic feature "+ contact". — [110], 156-190.
1759 HARDER, Peter, & KOCK, Christian: *The theory of presupposition failure.* — Travaux du Cercle Linguistique de Copenhague 17; Copenhagen: Akademisk Forlag, 1976, 72 p.
1760 HARRIS, Roy: *Synonymy and linguistic analysis.* — Oxford: 1973 | BL 1973, 1772. | *Philosophia* 6, 1976, 377-378 V. Raskin.
1761 HEGER, Klaus: *Monem, Wort, Satz und Text.* 2., erweiterte Aufl. — Konzepte der Sprach- und Literaturwissenschaft 8; Tübingen: Niemeyer, 1976, xii, 355 p. | First ed. 1971 (BL 1971, 1398). | *ZRPh* 92, 1976, 639-640 W. Raible | *Phonetica* 33, 1976, 135-136 B. Grünig (First ed.) | *RomPh* 30, 1976-77, 226-228 R. S. Meyerstein (First ed.).
1762 HELD, Werner V.: Zur Beschreibung und Darstellung begrifflicher Komponenten von Ausdrucksbedeutungen. — [101], II, 167-176.
1763 HELLER, Karin: Über Gegensinn in zwischensprachlichen Beziehungen. — [260], 211-215.
1764 HEMMERDINGER, Bertrand: Sémantèmes bipolaires (*aḍdād*). — *Belfagor* (Firenze) 31, 1976, 686-687.
1765 HERINGER, H. J.: *Praktische Semantik.* — Stuttgart: 1974 | BL 1974, 1584. | *DLZ* 97, 1976, 1080-1082 G. Pätsch | *Mu* 86, 1976, 391-392 E. G. Geyl | Cf. 1174.
1766 HORECKÝ, Ján: Sémantické príznaky, ich jazykový a myšlienkový základ. — *SlavSl* 11, 1976, 14-18 | The semantic features and their linguistic and logic ground (E. summ.).
1767 HORROCKS, Roger: Metaphor in competence and performance. — *PIL* 9, 1976/1-2, 149-160.
1768 HUNDSNURSCHER, Franz: "Insistieren". — *WW* 26, 1976, 255-265, fig. | Sprechaktsemantik.
1769 — Versprechungen. — "*Sagen mit Sinne*". Festschrift für Marie-Luise Dittrich ... Hrsg. von Helmut Rücker & Kurt Otto Seidel (Göppinger Arbeiten zur Germanistik 180; Göppingen: Kümmerle, 1976), 435-455.
1770 HURS'KYJ, S. O.: Značennja i smysl slova. — *InFil* 34, 1974, 3-14 | On meaning and sense of polysemantic linguistic units (Ru, & F. summ.).
1771 HUST, Joel R., & BRAME, Michael K.: Jackendoff on interpretive semantics. — *LAn* 2, 1976, 243-277 | Rev. of No. 1773.
1772 JACHNOW, H.: Ansätze zur Entwicklung einer exakten Methode in der Erforschung semantischer Felder. — *ZbFL* 18, 1975/2 (1976), 9-23.
1773 JACKENDOFF, Ray S.: *Semantic interpretation in generative grammar.* — Cambridge, Mass.: 1972 | BL 1972, 1424. | *NphM* 77, 1976, 313-318 M. J. Rudanko | Cf. 1771.
1774 — Toward an explanatory semantic representation. — *LIn* 7, 1976, 89-150, 2 tab.
1775 JONES, A. J. I.: Generative semantics: some test cases. — *Synthese* 32, 1975-76, 293-307.
1776 KARLSSON, Fred: Strukturalistista semantiikkaa. — [952], 67-80 | Structuralist semantics.
1777 KAROLAK, Stanisław: Strukturalne a realne (definicyjne) znaczenie wyrazu. —

[389], 53-61 | Structural meaning and real meaning of the word.
1778 KARSZ, Wiesław: O wartości logicznej wypowiedzi oceniających. — *ZNUŁ* 108, 1976, 29-46 | On the logical value of evaluative utterances.
1779 KARTTUNEN, Lauri: Discourse referents. — *SynS* 7, 1976, 363-385 | Dates from 1969.
1780 KARTTUNEN, Lauri, & PETERS, Stanley: What indirect questions conventionally implicate. — *PCLS* XII, 351-368.
1781 KASSAI, Georges: The problems of connotation. — [126], 163-177.
1782 KATZ, Jerrold J., & LANGENDOEN, D. Terence: Pragmatics and presupposition. — *Lg* 52, 1976, 1-17.
1783 KEMPSON, Ruth M.: *Presupposition and the delimitation of semantics.* — London: 1975 | BL 1975, 1809. | *AUMLA* 46, 1976, 360-362 Ray Cattell.
1784 KIRSNER, Robert S., & THOMPSON, Sandra A.: The role of pragmatic inference in semantics: a study of sensory verb complements in English. — *Glossa* 10, 1976, 200-240.
1785 KLIMENKO, A. P.: Nekotorye voprosy psicholingvističeskogo analiza semantiki. — [367], 38-47, tab.
1786 KLOCKOW, Reinhard: Gänsefüsschen-Semantik. Eine Ergänzung zu Lakoffs "hedges". — [101], I, 235-245 | Cf. BL 1972, 1434.
1787 KOČERHAN, M. P.: Slovo i kontekst. — *Mov* 1976/6, 21-30.
1788 KOCK, Christian: Presupposition and the linguistics of literature. — *PScCL* 3, 1976, 245-252.
1789 KOLMAN, Luděk: *Paměť a rozpoznávání. Příspěvek k sémantické teorii poznávacích procesů.* — Studie ČSAV 15; Praha: Academia, 1976, 101 p. | Memory and recognition. A contr. to the semantic theory of cognition (E. summ.).
1790 KOMLEV, N. G.: *Components of the content structure of the word.* — JanL, Series minor 138; The Hague: Mouton, 1976, 227 p.
1791 KOPYLENKO, M. M.: K postroeniju semantičeskoj tipologii (univerby i perifrazy). — [367], 48-55.
1792 KOTSCHI, Thomas: Negation und Implikation. Bemerkungen zum Begriff der Präsupposition als semantischer und pragmatischer Kategorie. — *DSp* 4, 1976, 97-119.
1793 KOVÁCS Ferenc: *Szemantika.* — Budapest: Tudományos Ismeretterjesztő Társulat, 1976, 203 p.
1974 — Fogalomváltozás, jelentésváltozás. — *ÁNyT* 7, 1970, 175-187 | Changement conceptuel, changement sémantique.
1795 LAKOFF, George: Toward generative semantics. — *SynS* 7, 1976, 43-61 | Dates from 1963.
1796 LAPPIN, Shalom: Goodman and Katz on synonymy. — *PhS* 29, 1976, 279-281.
1797 LECOMTE, A., & ROUAULT, J.: Sur les rapports entre la logique et la sémantique. — [111], 49-68.
1798 LEECH, Geoffrey: *Semantics.* — Harmondsworth: 1974 | BL 1974, 1603. | *ES* 57, 1976, 155-159 F. G. A. M. Aarts | *LeSt* 11, 1976, 667-669 M. Andreotti.
1799 LEHRER, A.: *Semantic fields and lexical structure.* — Amsterdam: 1974 | BL 1974, 1606. | *RSEL* 5, 1975, 475-477 F. R. Adrados.
1800 LEKOMCEV, Ju. K.: Principles of linguistic synchronic semantics. — *Linguistics* 181, 1976, 29-43 | Shorter version in Ru. published in 1974.
1801 LE NY, Jean-François: Sémantique et psychologie. — *Langages* 40, 1975, 3-29.
1802 LE SAGE, David: Jost Trier's material re-assessed. — *ABäG* 11, 1976, 37-66 | A

propos de: (1) Marion ENDRES, *Word field and word content in Middle High German*, 1971 (BL 1971, 6282); (2) Horst GECKELER, Zur Wortfelddiskussion. Untersuchungen..., 1971 (BL 1971, 4892).

1803 MÄKELÄINEN, Osmo: Myyttinen semantiikka ja Lévi-Strauss. — *Suomen antropologi* (Helsinki) 1976, 41-54 | Mythical semantics and Lévi-Strauss.

1804 MAKKAI, Adam: Degrees of nonsense, or transformation, stratification, and the "contextual adjustability principle". — [126], 179-196.

1805 MANES, Joan: The definition as a speech act. — *LACUS* II, 476-486.

1806 MARTIN, Robert: *Inférence, antonymie et paraphrase. Éléments pour une théorie sémantique.* — Bibl. fr. et romane A, 39; Paris: Klincksieck, 1976, 174 p.

1807 — La paraphrase par double antonymie en français. — [111], 113-129, tab. | Fait suite à un art. dans *TLL* 11, 37-51 (BL 1973, 1803).

1808 MARTINET, A.: What do speakers and hearers have semantically in common? — *FoL* 9, 1976, 29-35.

1809 MATHÉ, Svätoslav: Používanie termínu "pojem" vo vzťahu k referenčnému trojuhelníku. — *JČ* 27, 1976, 117-125 | On the use of the term "concept" with respect to the triangle of references (Russ. summ.).

1810 MCCAWLEY, James D.: Notes on Jackendoff's theory of anaphora. — *LIn* 7, 1976, 319-341 | Cf. BL 1972, 1424.

1811 MEID, Wolfgang: Bemerkungen zum Gegensinn. — [260], 239-247.

1812 MICHELL, Gillian: Indicating the truth of propositions: a pragmatic function of sentence adverbs. — *PCLS* XII, 495-505.

1813 MOOY, J. J. A.: *A study of metaphor. On the nature of metaphorical expressions, with special reference to their reference.* — North-Holland Linguistics Series 27; Amsterdam: North-Holland Publishing Co., 1976, x, 196 p.

1814 MORGAN, J. L.: Cryptic note II and WAGS III. — *SynS* 7, 1976, 337-345 | Dates from 1968-9. On *again, know* and *forget*.

1815 MÜLLER, Robert: Methodologische Probleme der Wortfeldtheorie. Vorüberlegungen für eine Aufstellung des Wortfeldes der Verba dicendi. — *Festschrift für Adalbert Schmidt zum 70. Geburtstag.* Hrsg. von Gerlinde Weiss... (Stuttgarter Arbeiten zur Germanistik 4; Stuttgart: Heinz, 1976), 497-536.

1816 MYRKIN, V. Ja.: Tekst, podtekst i kontekst. — *VJa* 1976/2, 86-93.

1817 NEF, Frédéric: De dicto, de re, formule de Barcan et sémantique des mondes possibles. — *Langages* 43, 1976, 28-38.

1818 NIDA, Eugene A.: *Componential analysis of meaning*... — The Hague: 1975 | BL 1975, 1834. | *Linguistics* 180, 1976, 92-96 Y. Ikegami.

1819 — Semantic relations between nuclear structures. — [255], 217-225.

1820 ÕIM, Haldur: Elementaartähendused keele semantilises struktuuris. — *KjK* 19, 1976, 598-605; 675-682 | Elementary concepts in the semantic structure of language.

1821 PAK, Ty: Toward the theorization of semiotics: a review of the Bonn Colloquium. — *Semiotica* 16, 1976, 159-191 | Rev. of *Semantics and communication*, ed. by Carl H. HEIDRICH, 1974 (BL 1974, 1658).

1822 PALMER, F. R.: *Semantics. A new outline.* — Cambridge: Cambridge UP., 1976, viii, 164 p.

1823 PAVEL, Toma: Une revalorisation possible des "modi significandi". — *ACILR* XIII/1, 787-796.

PFEIFFER-RUPP, R.: *Studien zu phon. und semant. Merkmalsystemen.* — 2073.

1824 PIKE, Kenneth L.: A poem on disconnecting form and meaning. — [255], 233-234.

1825 POPOV, Ju. V.: O semantičeskoj teorii jazyka. — [367], 138-145.
1826 PRIDE, J. B.: Speech act diversity. — ArchL 7, 1976, 66-89.
    Probleme der sprachlichen Bedeutung... — 1542.
1827 PROCHÁZKA, Oldřich, & SGALL, Petr: Semantic structure of the sentence and formal logic. — PSML 5, 1976, 257-270.
1828 PRODI, Giorgio: Le basi materiali della significazione. — VS 13, 1976, 69-93.
1829 READ, Allen Walker: The search for semantic units. — LACUS II, 331-343.
1830 REENEN, Pieter Th. VAN: Les notions d'analyticité et de contradiction dans la théorie sémantique de J. J. Katz. — ACILR XIII/1, 763-774.
1831 RUHL, Charles: Pragmatic metonymy. — LACUS II, 370-380.
1832 SANDRI, Giorgio: Aspetti della semantica del linguaggio naturale. — LeSt 11, 1976, 531-560.
1833 ŠČEDROVICKIJ, G. P.: Struktura znaka: smysly i značenija. — [367], 225-238, fig.
1834 SCHEFFLER, Harold W.: On Wordick's review of *A study in structural semantics*. — *IJAL* 42, 1976, 273-277 | Reply to Frank J. F. WORDICK, *IJAL* 41, 242-285 (BL 1975, 13888).
1835 SCHIFKO, Peter: *Bedeutungstheorie*... — Stuttgart: 1975 | BL 1975, 1858. | *ZRPh* 92, 1976, 541-544 Horst Geckeler.
1836 SCHOGT, Henry G.: *Sémantique synchronique: synonymie, homonymie, polysémie*. — Toronto: Univ. of Toronto Press, 1976, viii, 136 p.
1837 — Synonymie et signe linguistique. — ACILR XIII/1, 755-762.
1838 *Semantik und generative Grammatik*. Hrsg. [von] Ferenc KIEFER. 1; 2. — Frankfurt a.M.: 1972 | BL 1973, 1787. | *SILTA* 5, 1976/1-2, 317-319 E. Arcaini.
1839 *Sémantique et logique. Études sémantiques*. Rec. et présentées par Bernard POTTIER. — Paris: Jean-Pierre Delarge, 1976, xi, 290 p. | Papers from symposia held at Urbino in 1971 and 1972. Not analyzed.
1840 SEUREN, Pieter A. M.: *Tussen taal en denken*... — Utrecht: 1975 | BL 1975, 1864. | *ITL* 33, 1976, 73-82 J. Van der Auwera.
1841 — Echo: een studie in negatie. — [298], 160-184 | Echo: a study in negation.
1842 SHANON, Benny: On the two kinds of presuppositions in natural language. — FL 14, 1976, 247-249.
1843 ŠIŠKA, Z.: K otázce uplatnění principu odrazu v sémantice. — *RosOl* 13, 1975, 39-43 | On the question of applying the reflection principle in semantics.
    SOBOLEVA, P. A.: Derivational word-structure... — 1689.
1844 SOEMARMO, Marmo: The semantics of proximity time relations. — FL 14, 1976, 359-367.
1845 STAMPE, David: Cardinal number systems. — PCLS XII, 594-609.
1846 STRECKER, Bruno: *Beweisen. Eine praktisch-semantische Untersuchung*. — Linguistische Arbeiten 35 (Diss. Tübingen); Tübingen: Niemeyer, 1976, 157 p.
1847 TRIER, Jost: *Aufsätze und Vorträge zur Wortfeldtheorie*. — The Hague: 1973 | BL 1973, 1864. | *ABäG* 11, 1976, 197-199 H. Franke.
1848 TRUJILLO, Ramón: *Elementos de semántica lingüística*. — Madrid: Ediciones Cátedra, 1976, 255 p.
1849 — Las unidades semánticas y su delimitación. — *RSEL* 5, 1975, 303-314.
1850 VANDAMME, F. J.: Analytic/synthetic and semantics. — *PBLS* II, 375-385, fig.
1851 VASILIU, E.: Sens și cunoaștere. — *SCL* 27, 1976, 343-351 | E. summ.: Sense and knowledge.
1852 VASILUȚĂ, Livia: Considerații asupra omonimiei semantice. — *CLing* 21, 1976, 57-63 | Considérations sur l'homonymie sémantique.

1853 VERSCHUEREN, J.: A tentative model for functional semantics. — *HandVlFC* 30, 1975, 141-148.
 VERSTER, J. R.: *Die metafoor in die algemene taal- en literatuurwetenskap.* — 3051.
1854 VOGEL, Ulrich: Bedeutungsbeziehungen in der linguistischen Semantik. — [1542], 143-187.
1855 WIENOLD, G.: Text processing: semantic relations between sentences and between texts. — *FoL* 9, 1976, 37-44.
1856 WIERZBICKA, Anna: Mind and body. — *SynS* 7, 1976, 129-157 | Dates from 1967.
1857 — In defense of *you* and *me.* — [397], 1-21 | *I* and *you,* semantic primitives.
1858 WILDER, Hugh T.: Meanings and demons. — *PhS* 29, 1976, 37-43 | On J. J. KATZ on the analytic/synthetic distinction. Reply by Katz, 'Exorcising skepticism', *Ibid.* 45-51.
1859 WILLIAMS, Joseph M.: Synaesthetic adjectives: a possible law of semantic change. — *Lg* 52, 1976, 461-478.
1860 WIMMER, Rainer: Umgang mit Termini. — [101], I, 337-346.
1861 WINOGRAD, Terry: Towards a procedural understanding of semantics. — *RIPh* 30, 1976, 260-303.
1862 WUNDERLICH, Dieter: Towards an integrated theory of grammatical and pragmatical meaning. — [225], 251-277.
1863 ZSILKA János: *A jelentés szerkezete (A jelentés-mozgás egysége).* — Budapest: Akadémiai Kiadó, 1975, 264 p. | La structure de la signification (Unité du mouvement et du sens).

0.6. Terminologie linguistique — Linguistic terminology

1864 ABAEV, V. I.: O termine "estestvennyj jazyk". — *VJa* 1976/4, 77-80.
1865 ABRAHAM, Werner: *Terminologie zur neueren Linguistik.* — Tübingen: 1974 | BL 1974, 1688. | *DLZ* 97, 1976, 9-12 A. Neubert | *ZGL* 4, 1976, 92-103 M. Kohrt | *FL* 14, 1976, 435-440 R. R. K. Hartmann.
1866 ADAMEC, Přemysl: Několik poznámek k terminologii aktuálního členění. — [102], 83-89 | Some notes on the terminology of functional sentence perspective.
1867 CAILLIEUX, Michel: Über das Klären von Begriffen. Bemerkungen über den Gebrauch von *Begriff.* — [101], I, 347-355.
1868 *Dictionnaire de la linguistique.* Sous la direction de Georges MOUNIN. — Paris: 1974 | BL 1974, 1693. | *JazA* 13, 1976, 34-37 A. Tejnor.
 Fjalor i termave të gjuhësisë .... — 4653.
1869 GAVORA, Peter: K pojmu "komunikatívna kompetencia". — *CJŠ* 19, 1975-76, 346-350 | Zum Begriff "Kommunikationskompetenz".
1870 HAKULINEN, Auli, & OJANEN, Jussi: *Kielitieteen ja fonetiikan termistöä.* — Suomalaisen Kirjallisuuden Seuran toimituksia 324; Forssa: 1976, 170 p. | Terminology of linguistics and phonetics. 2nd ed., revised & enl. First ed. 1970 (BL 1970, 1419).
1871 HAUSENBLAS, Karel: K terminologii sémantické. — [102], 103-110 | On the terminology of semantics.
1872 HEWSON, John: Langue and parole since Saussure. — *HL* 3, 1976, 315-348 | E. & Fr. summ.
1873 INEICHEN, Gustav: La notion de "graphème". — *ACILR* XIII/1, 149-154.
1874 JACOBSSON, Gunnar: Some remarks on linguistic terminology in Swedish studies in functional sentence perspective (FSP). — [102], 71-76.

1875 Kleines Wörterbuch sprachwissenschaftlicher Termini. [Hrsg. Rudi CONRAD.] — Leipzig: 1975 | BL 1975, 1905. | CJŠ 20, 1976-77, 189-191 V. Šimeček | JazA 13, 1976, 104-105 A. Šimečková.
1876 KURZ, Gerhard: Warnung vor dem Wörtchen Kode. — LD 7, 1976, 154-164.
1877 LEWANDOWSKI, Theodor: Linguistisches Wörterbuch. I; II; III. 2., durchgesehene und erweiterte Aufl. — Uni-Taschenbücher 200, 201 & 300; Heidelberg: Quelle & Meyer, 1976, 973 p. | First ed. 1973-75 (BL 1975, 1906). | DLZ 97, 1976, 9-12 A. Neubert (On first ed.) | VJa 1976/5, 144-150 M. M. Makovskij.
1878 NOVÁK, Pavel: K terminologii lingvistiky. Užívání tzv. vztahových adjektiv. — BRJL 20, 1976, 113-115 | A note on linguistic terminology. The so-called relative adjectives (Ru. & E. summ.).
1879 SEBEOK, Thomas A.: Semiotics and its congeners. — [255], 283-295.
1880 SIMEON, Rikard: Enciklopedijski rječnik lingvističkih naziva na 8 jezika ... — Zagreb: 1969 | BL 1969, 1262. | SS 37, 1976, 76-77 Karel Horálek.
1881 ULRICH, Winfried: Wörterbuch Linguistische Grundbegriffe. — Kiel: 1972 | BL 1972, 1499. | SGP 5, 1976, 145-155 Marianna Śmigielska.
1882 VASCENCO, Victor: Probleme de terminologie lingvistică. — Bucureşti: 1975 | BL 1975, 1913. | CLing 21, 1976, 119-120 I. T. Stan.
1883 WELTE, Werner: Moderne Linguistik. Terminologie ... 1; 2. — München: 1974 | BL 1974, 1704. | MSpråk 70, 1976, 255-258 T. Schiebe.

0.7 Histoire de la linguistique — History of linguistics

1884 AALTO, Pentti: Oriental studies in Finland 1828-1918. — Helsinki: 1971 | BL 1971, 1516. | OLZ 71, 1976, 516-518 P. Poucha.
1885 — The Elementa linguae Tartaricae by Ferdinand Verbiest, S. J. — [299], 1-10 (to be cont.) | Manchu grammar by F. Verbiest (1623-88).
1886 AARSLEFF, Hans: An outline of language-origins theory since the Renaissance. — [112], 4-13.
1887 ADELUNG, Friedrich VON: Catherinens der Grossen Verdienste um die vergleichende Sprachenkunde. Nachdr. Mit einer Einl. und einem bio-bibliographischen Register von Harald HAARMANN. — Hamburg: Buske, 1976, xvi, xiv, 210 p. | Rééd. photomécanique (Saint-Petersbourg 1815).
1888 ALBRECHT, Jörn: Pierre-Nicolas Bonamy (1694-1770): ein Romanist ante litteram. — [181], 105-124.
1889 AMIROVA, T. A., OL'CHOVIKOV, B. A., & ROŽDESTVENSKIJ, Ju. V.: Očerki po istorii lingvistiki. — Moskva: 1975 | BL 1975, 1917. | Mov 1976/1, 93-95 H. Artemčuk | DLZ 97, 1976, 295-297 K. Krüger.
1890 ANDERSEN, Flemming, & BACHE, Carl: August Schleicher: towards a better understanding of his concept of language change. — AnL 18, 1976, 428-437.
1891 ARENS, Hans: La lingüística. Sus textos y su evolución desde la antigüedad hasta nuestros días. Versión esp. de José María Díaz-Regañón López. I; II. — BRHi III, 37; Madrid: Gredos, 1976, 528 p.; p. 529-1097 | Transl. of: Sprachwissenschaft. Der Gang ihrer Entwicklung .... 2nd ed., 1969 (BL 1969, 1269).
1892 ARENS, J. C.: Fragment van de Dictionarius van Johannes de Garlandia (K.B., 's-Gravenhage, 131 F 8 f. 3 rv.). — TsNTL 92, 1976, 159-160.
1893 BACH, Reinhard: Die Rolle der Sprache in Jean-Jacques Rousseaus Erklärung der sozialen Ungleichheit. — ZPhon 29, 1976, 488-490.
1894 BAKALAR, H. Nicholas: The Cartesian legacy to the eighteenth-century grammarians. — MLN 91, 1976, 698-721.

1895 BARE, James Stanton: *Phonetics and phonology in Pāṇini. The system of features implicit in the aṣṭādhyāyī.* — Natural Language Studies 21; Ann Arbor: Phonetics Laboratory, Univ. of Michigan, 1976, viii, 212 p. | *Lg* 53, 1977, 918-920 Rosane Rocher.
1896 BART ROSSEBASTIANO, Alda: I 'Colloquia' di Noël de Berlaimont nella versione contenente il portoghese. — *AION-R* 17, 1975, 31-85, pl.
BATEMAN, J. J.: Aldus Manutius' 'Fragmenta grammatica'. — 5237.
1897 [BAUDOUIN DE COURTENAY, J. I. N.] *A Baudouin de Courtenay anthology* .... Transl. and ed. .... by Edward STANKIEWICZ. — Bloomington: 1972 | BL 1972, 1504. | *IJSLP* 20, 1975, 121-125 Oldřich Leška | *Linguistics* 178, 1976, 102-104 G. C. Lepschy.
1898 BAUDOUIN DE COURTENAY, Jan: O związkach historii i filologii z filozofią historii i filozofią języka. — *PJ* 1976, 1-11 | On the connections of hist. and phil. with philosophy of history and philosophy of language. Unpublished fragment.
1899 BENKŐ, Loránd: Österreichisch-ungarische Beziehungen in der Sprachwissenschaft. — *AUBud-L* 7, 1976, 99-107.
1900 BENSE, Gertrud: Bemerkungen zu theoretischen Positionen im Werk von A. F. Pott. — *ZPhon* 29, 1976, 519-522.
1901 BEREZIN, F. M.: *Russkoe jazykoznanie konca XIX – načala XX v.* — Moskva: Nauka, 1976, 366 p.
1902 [BERNŠTEJN, S. I.]: Iz istorii sovetskogo jazykoznanija. Rukopisnye materialy S. I. Bernštejna o F. de Sossjure (Publikacija N. A. SLJUSAREVOJ i V. G. KUZNECOVA). — *IzvAN* 35, 1976, 440-450.
1903 BILODID, O. I.: Dijeslovo u hramatyčnomu včenni O. O. Potebni. — *Mov* 1976/3, 21-31 | The verb in the grammatical teaching of A. A. Potebnja.
1904 — Imenni členy rečennja u hramatyčnomu včenni O. O. Potebni. — *Mov* 1976/5, 15-23 | The nominal parts of the sentence in the grammatical teaching of A. A. Potebnja.
1905 BOLELLI, Tristano: Leopardi linguista. — *SSL* 16, 1976, 1-23.
1906 — Un inedito di Ascanio Persio. — [233], 65-72 | 16th century.
1907 BOPP, Franz: *Analytical comparison of the Sanskrit, Greek, Latin and Teutonic languages*... Newly ed. ... by E. F. K. KOERNER. — Amsterdam: 1974 | BL 1974, 1715. | *ASNS* 213, 1976, 134-137 Herbert Kolb | *HL* 3, 1976, 225-230 S. Timpanaro | *JAOS* 96, 1976, 458-459 R. Rocher | *BSL* 71, 1976/2, 56-57 P. Flobert.
1908 BOYANCÉ, P.: Étymologie et théologie chez Varron. — *REL* 53, 1975 (1976), 99-115.
1909 BREKLE, Herbert E.: Quelques aspects linguistiques et psychologiques dans le *Discours physique de la parole* (1677) de Géraud de Cordemoy. — [181], 61-76.
1910 — An early plea for a relational treatment of verbs and prepositions: John Fearn's 'Anti-Tooke' (1824/27). — [332], 503-517.
1911 BUGARSKI, Ranko: The object of linguistics in historical perspective. — [332], 1-12.
1912 BURSILL-HALL, G. L.: Some notes on the grammatical theory of Boethius of Dacia. — [332], 164-188.
1913 — Johannes de Garlandia – forgotten grammarian and the manuscript tradition. — *HL* 3, 1976, 155-177 | E. & Fr. summ.
1914 CÂMARA, Joaquim Mattoso, Jr.: *História da lingüística.* Trad. [do inglês] de Maria do Ampara Barbosa de Azevedo. — Petrópolis: Vozes, 1975, 195 p.
1915 CARDONA, George: *Pāṇini. A survey of research.* — Trends in Linguistics 6;

The Hague: Mouton, 1976, xvi, 384 p.
1916 — Some features of Pāṇinian derivations. — [332], 137-158.
1917 CHEVALIER, J.-C.: Les idéologues et le comparatisme historique. — [181], 175-195.
1918 CHMURA-KLEKOTOWA, Maria: Badanie rozwoju mowy dziecka (embriologia językowa) a językoznawstwo – w ujęciu J. Baudouina de Courtenay. — *PJ* 1976, 32-40.
1919 CHRISTMANN, Hans Helmut: Bemerkungen zum *génie de la langue*. — [267], 65-79 | On the history of the notion *génie de la langue*.
1920 CODOÑER MERINO, Carmen: Los pronombres en los gramáticos latinos. — *Archivum* 25, 1975 (1976), 169-203.
1921 COFFIN, Edna Amir: Ibn Janāḥ's *Kitāb al-luma'*: an integration of medieval grammatical approaches. — [235], 65-79 | 11th century.
1922 CORDUAS, Sergio: Appunti preliminari per un'interpretazione dello strutturalismo praghese. — *LeSt* 11, 1976, 313-323 | Summ. in E. & Ru.
1923 COSERIU, Eugenio: Zur Kenntnis der rumänischen Sprache in Westeuropa im 16. Jahrhundert (Genebrard und Andrés de Poza). — [233], 527-545.
1924 DESHPANDE, Madhav: *Critical studies in Indian grammarians*, I: *The theory of homogeneity (sāvarṇya)*. — Michigan Series in South and Southeast Asian Languages and Linguistics 2; Ann Arbor: Center for South and Southeast Asian Studies, Univ. of Michigan, 1975, xiii, 221 p.
1925 DESNICKAJA, A. V.: Kak sozdavalas' teorija nacional'nogo jazyka (Iz istorii sovetskogo jazykoznanija). — [238], 398-415.
DIDERICHSEN, P.: *R. Rask und die grammatische Tradition* . . . . — 711.
1926 DIETRICH, Wolf: G. Ménage, J. G. Eckhart und L. A. Muratori: Zur Entwicklung der etymologischen Forschung im 17. und 18. Jahrhundert. — [181], 77-102.
1927 DROIXHE, Daniel: Richard Rowlands et le wallon (1605). — *La Vie Wallonne* (Liège) 50, 1976, 153-158.
1928 ELIA, Annibale: Forma, significato e "fonologia" in Henry Sweet. — [140], 359-369.
1929 EROS, John F.: A 17th-century demonstration of language relationship: Meric Causabon on English and Greek. — *HL* 3, 1976, 1-15 | E. & Fr. summ.
1930 FELLMAN, Jack: Concerning the validity of the term "Cartesian linguistics". — *Linguistics* 182, 1976, 35-37 | A letter by DESCARTES on the question of constructing a universal language (1629).
1931 FEUDEL, Günter: Baudouin de Courtenay und F. de Saussure: zwei Traditionslinien in der Entwicklung der Sprachwissenschaft. — *ZPhon* 29, 1976, 529-533.
1932 GANGUTIA ELÍCEGUI, Elvira: Comienzos del análisis en unidades lingüísticas: la palabra. — *RSEL* 5, 1975, 333-343.
1933 GEL'GARDT, R. R.: Nekotorye obščelingvističeskie idei i fol'kloristečeskie interesy akad. N. Ja. Marra v osveščenii naučnoj kritiki. — *VJa* 1976/3, 118-130.
1934 GENETTE, Gérard: *Mimologiques. Voyages en Cratylie*. — Paris: Éd. du Seuil, 1976, 428 p.
1935 GIBSON, Margaret: Priscian, 'Institutiones grammaticae': a handlist of manuscripts. — *Scriptorium* (Anvers) 26, 1972, 105-124 | *A&R* 19, 1974, 189-193 Guglielmo Ballaira.
Grammatici latini d'età imperiale. — 5057.
1936 GRAUSTEIN, Gottfried: Tendenzen in der Beschreibung englischer komplexer Sätze (besonders im 18. Jahrhundert). — *ZPhon* 29, 1976, 468-471.

1937 [Guillelmus Brito]. *Summa Britonis* sive Guillelmi Britonis *Expositiones vocabulorum Biblie*. Ed. by Lloyd W. DALY & † Bernardine A. DALY. — Thesaurus Mundi 15-16; Padova: Antenore, 1975, xlix, 878 p. (in 2 vol.) | *ASNP* 6, 1976, 1385-1392 M. Feo | *BECh* 134, 1976, 142-144 Pierre Courcelle.

1938 GULSTAD, Daniel E.: La función del rasgo distintivo en la teoría fonológica renacentista entre ortógrafos de lenguas romances. — *ACILR* XIII/1, 135-148.

1939 GULYA, J.: Etymologie im 18. Jahrhundert. — *ALH* 26, 1976, 139-144 | On Johann Eberhard FISCHER (Peterborough).

1940 HAARMANN, Harald: Die Klassifikation der romanischen Sprachen in den Werken der Komparativisten aus der zweiten Hälfte des 18. Jahrhunderts (Rodiger, Hervás, Pallas). — [181], 221-243.

1941 HALL, Robert A., Jr.: Un nuovo sguardo sui neogrammatici. — *Paideia* 31, 1976, 121-124 | On Kurt R. JANKOWSKY, *The neogrammarians*, 1972, (BL 1972, 1547).

1942 HÄUSLER, Frank: *Das Problem Phonetik und Phonologie bei Baudouin de Courtenay und in seiner Nachfolge*. 2., erw. Aufl. — Halle (Saale): Niemeyer, 1976, 167 p. | First ed. 1968 (BL 1968, 1016).

1943 — Bermerkungen zur Stellung der Kazaner Linguistenschule in der Geschichte der Sprachwissenschaft. — *ZPhon* 29, 1976, 534-538.

1944 HAUSMANN, Franz Josef: Strukturelle Wortschatzbetrachtung vor Saussure. — *RF* 88, 1976, 331-354.

1945 HILDENBRANDT, Eberhard: *Versuch einer kritischen Analyse des 'Cours de linguistique générale'*... — Marburg: 1972 | BL 1972, 1544. | *HL* 3, 1976, 108-117 Zs. Telegdi.

HILLMAN, L. H.: Vaugelas and the "cult of reason". — 1413.

1946 HOBSON, Marian: La 'Lettre sur les sourds et muets' de Diderot: labyrinthe et langage. — *Semiotica* 16, 1976, 291-327.

HOOK, P. E.: Ast. 3.4.21 and the role of semantics in Paninian ling. — 4233.

1947 HUBKA, Karel: Časy a mody ve vztahu k souvětí v Komenského latinských gramatikách (Paradigma "subjunktivu futura perfekta"). — *LF* 99, 1976, 31-37 | Tempora und Modi im Verhältnis zum Satzgefüge in den lateinischen Grammatiken des Comenius (Rés. all.).

1948 HUGHES, S. F. D.: John Cleland's [1710-89] role in the history of Sanskrit studies in Europe. — *ArchL* 7, 1976, 3-12.

1949 IORDAN, Iorgu: Răspuns la o recenzie. — *SCL* 27, 1976, 311-312 | Reply to Al. ROSETTI's rev., *SCL* 26, 617-618, of *Istoria ştiinţelor în România. Lingvistica*, 1975 (BL 1975, 1970).

1950 *Istoria ştiinţelor în România. Lingvistica*. Volum elaborat sub conducerea acad. Iorgu IORDAN... — Bucureşti: 1975 | BL 1975, 1970. | *JazA* 13, 1976, 108-109 J. Smrčková.

1951 JAKOBSON, Roman: A few remarks on structuralism. — *MLN* 91, 1976, 1534-1539.

1952 JANKOWSKY, Kurt R.: The psychological component in the work of the early Neogrammarians and its foundations. — [146], 267-284.

1953 JOLY, André: Le débat sur les parties du discours à l'époque classique. — *ZPhon* 29, 1976, 464-467.

1954 — James Harris et la problématique des parties du discours à l'époque classique. — [332], 410-430, 4 tab.

1955 KARAKULAKOV, V. V.: U istokov učenija o vido-vremennoj sisteme glagola. — *InFil* 40, 1975, 51-59 | An den Quellen der Lehre vom Aspekt- und Tempussystem des Verbs (G. summ.).

1956 KAVANAGH, Thomas M.: Patterns of the ideal in Rousseau's political and linguistic thought. — *MLN* 89, 1974, 560-579.
KILBURY, J.: *The development of morphophonemic theory.* — 2381.
1957 KNAPPERT, Jan: Origin and development of the concept of Hamitic: the first sixty years: 1851-1911. — *OLP* 6-7, 1975-76, 303-320.
1958 KNEEPKENS, C. H.: "Mulier quae damnavit, salvavit". A note on the early development of the relatio simplex. — *Vivarium* 14, 1976, 1-25.
1959 KNOWLSON, James: *Universal language schemes in England and France, 1600-1800.* — Toronto: 1975 | BL 1975, 1976. | *JEGP* 75, 1976, 422-425 E. Pulgram.
1960 KOERNER, E. F. K.: *The importance of Techmer's 'Internationale Zeitschrift für allgemeine Sprachwissenschaft'* ... — Amsterdam: 1973 | BL 1973, 1972. | *ASNS* 213, 1976, 137-140 Herbert Kolb.
1961 — Towards a historiography of linguistics: 19th and 20th century paradigms. — [332], 685-718 | Preliminary version in *AnL* 14, 255-280 (BL 1972, 1552).
1962 — 1876 as a turning point in the history of linguistics. — *JIES* 4, 1976, 333-353.
1963 — The importance of linguistic historiography and the place of history in linguistic science. — *FL* 14, 1976, 541-547.
1964 — Saussure and the French linguistic tradition: a few critical comments. — [181], 405-417.
1965 KONČEVIČ, L. R.: Iz istorii lingvističeskich učenij na Vostoke (Popytka interpretacii metajazyka pervogo pamjatnika korejskoj pis'mennosti). — *NAA* 1975/4, 112-134 | Summ. in E.
1966 KUHFUSS, Walter: Die Rezeption der romanischen Philologie in den Programmabhandlungen der höheren Schulen im 19. Jahrhundert. — [181], 327-355.
1967 KUPISZEWSKI, W.: Das Wirken polnischer Sprachwissenschaftler an der Leipziger Universität von der zweiten Hälfte des 19. Jahrhunderts bis zum ersten Weltkrieg. — *ZSl* 21, 1976, 669-677.
1968 LAKOFF, Robin: "La Grammaire générale et raisonnée, ou la grammaire de Port-Royal". — [332], 348-373.
1969 LAND, Stephen K.: Lord Monboddo and the theory of syntax in the late eighteenth century. — *JHI* 37, 1976, 423-440.
1970 LERCHNER, Gotthard: Zur Ansicht von der kontroversen Entwicklung von Sprach- und Kulturgeschichte in der germanischen Sprachwissenschaft des 19. Jahrhunderts. — *ZPhon* 29, 1976, 516-518.
1971 LEROY, M.: La philologie en Belgique aux environs de 1874. — *RBPh* 54, 1976, 421-426.
1972 LEUNINGER, Helen: Scholastische und transformationelle Sprachtheorie: Die Universalienhypothese. — [332], 228-237, fig.
1973 MARSAIS, César Chesneau DU: *OEuvres choisies* ... I. Avec une introd. par Herbert E. BREKLE. II. III. — Stuttgart: 1971 | BL 1972, 1559. | *ZPhon* 29, 1976, 318-320 U. Ricken | *IF* 80, 1975 (1976), 197-202 R. Heine.
1974 MARX, Karl, & ENGELS, Friedrich: *Über Sprache, Stil und Übersetzung.* — Berlin: 1974 | BL 1974, 1772. | *SS* 37, 1976, 245-246 Jan Petr.
1975 MEIER, Georg F.: Die historischen Wurzeln der Bedeutungsfeldproblematik. — *ZPhon* 29, 1976, 551-555.
1976 MICHAELIS, Johann David: *De l'influence des opinions sur le langage* ... Avec un comm. par Helga MANKE ... — Stuttgart: 1974 | BL 1974, 1774. | *Revue d'Histoire littéraire de la France* (Paris) 76, 1976, 1014-1016 D. Droixhe.
MILIBAND, S. D.: *Biobibliografičeskij slovar' sovetskich vostokovedov.* — 31.
MILLER, R. A.: *Studies in the hist. of the grammatical tradition in Tibet.* — 13297.

1977 MONREAL-WICKERT, Irene: Sprachtypologie statt Sprachgeschichte: eine rationalistische Antwort auf den Sensualismus. — [181], 197-220.
1978 MOUNIN, Georges: *La lingüística del siglo XX*. Versión esp. de Segundo Álvarez Pérez. — BRHi III, 40; Madrid: Gredos, 1976, 262 p. | Trad. de: *La linguistique du XXe siècle*, 2e éd., 1975 (BL 1975, 1994).
1979 NEUMANN, Werner: Über Dynamik und Statik in der bürgerlichen Sprachtheorie des 19. Jahrhunderts. Eine Kontroverse in der Humboldt-Rezeption. — *ZPhon* 29, 1976, 499-502.
1980 [Nicolaus Cusanus] Nikolaj Kuzanskij (1401-1465): *Kompendij*. Perevod i primečanija V. V. BIBICHINA. — [335], 362-402.
1981 NIEDEREHE, H.-J.: Friedrich Diez und die Etymologie des 13. Jahrhunderts. — [181], 21-33.
1982 PADLEY, G. A.: *Grammatical theory in Western Europe, 1500-1700: the Latin tradition*. — Cambridge: Cambridge UP., 1976, xiv, 290 p.
1983 PERCIVAL, W. Keith: On the historical source of immediate constituent analysis. — *SynS* 7, 1976, 229-242 | Dates from 1967.
1984 — The applicability of Kuhn's paradigms to the history of linguistics. — *Lg* 52, 1976, 285-294.
1985 — Deep and surface structure concepts in Renaissance and mediaeval syntactic theory. — [332], 238-253.
1986 — The notion of usage in Vaugelas and in the Port Royal Grammar. — [332], 374-382.
1987 PERLMAN, Alan M.: Samuel Greene [1810-83]: the first transformationalist? — *HL* 3, 1976, 293-314 | E. & Fr. summ.
1988 PETR, Jan: B. Engels a románská jazykověda. — *CJŠ* 19, 1975-76, 385-392 | F. Engels et la linguistique romane.
1989 — Zájem K. Marxe a B. Engelse o slovanskou filologii. — *PLŠSS* 18, 1976, 26-34 | The interest of Marx and Engels in Sl. philology.
1990 PFISTER, Raimund: Zur Geschichte der Begriffe von Subjekt und Prädikat. — *MSS* 35, 1976, 105-119.
1991 PORSCH, Peter: Bemerkungen zur Sprachtheorie Wilhelm Wundts. — *ZPhon* 29, 1976, 523-525.
1992 PORSET, Charles: L'"inquiétante étrangeté' de l'Essai sur l'origine des langues: Rousseau et ses exégètes. — *Studies on Voltaire and the Eighteenth Century* (Oxford) 154, 1976, 1715-1758 | Repères bibliographiques, 1729-1749.
1993 RAPOVA, G. I.: Iz istorii russkoj grammatiki. Grammatičeskaja koncepcija K. S. Aksakova. — [335], 338-361.
RASK, R. K · *A grammar of the Icelandic or ON. tongue.* — 8656.
1994 REA, John A.: Linguistic speculations of Edward Brerewood (1566-1613). — [255], 257-262 | B. on linguistic change in *Enquiries touching the diversity of language . . .* (1614).
1995 READ, M. K.: A re-appraisal of Juan Huarte's concept of creativity. — *RSEL* 5, 1975, 423-432.
1996 READ, M. K., & TRETHEWEY, J.: Two Renaissance contributions to the semantic analysis of language. — *VR* 35, 1976, 1-12 | Antonio DE NEBRIJA (1444-1522) and Louis MEIGRET (c. 1510-after 1560).
1997 REFORMATSKIJ, A. A.: *Iz istorii otečestvennoj fonologii . . .* — Moskva: 1970 | BL 1972, 1579. | *ÁNyT* 10, 1974, 255-258 Péter Mihály.
RENZI, L.: Hist. et objectifs de la typologie linguistique. — 1684.

1998 RETTIG, Wolfgang: Raynouard, Diez und die romanische Ursprache. — [181], 247-273.
1999 RICKEN, Ulrich: Zu einigen Aufgaben und Problemen einer Geschichte der Sprachwissenschaft. — *ZPhon* 29, 1976, 452-457.
2000 ROBINS, Robert H.: *Brève histoire de la linguistique de Platon à Chomsky*. Trad. de l'angl. par Maurice Borel. — Paris: Éd. du Seuil, 1976, 250 p. | Trad. de: *A short hist. of linguistics*, 1967 (BL 1967, 1176).
2001 — Some continuities and discontinuities in the history of linguistics. — [332], 13-31.
2002 ROMEO, Luigi: Heraclitus and the foundations of semiotics. — *VS* 15, 1976, 73-90.
2003 — Notes for a paradigmatic history of "Latin" linguistics. — [332], 159-163.
RUNDGREN, F.: *Über den griechischen Einfluss auf die ar. Nationalgrammatik.* — 12032.
2004 *Sajnovics János. Sajnovics János emlékünnepség és tudománytörténeti szimpozium*, Székesfehérvár-Tordas, 1970. május 12-14. Szerkesztette GULYA János és SZATHMÁRI István. — A Magyar Nyelvtudományi Társaság Kiadványai 131; Budapest: 1974, 157 p. | János Sajnovics commemoration festival and symposium on the hist. of linguistics. | *AUBud-L* 7, 1976, 223-224 Ferenc Pusztai.
2005 SALUS, Peter H.: Universal grammar 1000-1850. — [332], 85-101.
2006 [SANCTIUS, Franciscus.] SÁNCHEZ DE LAS BROZAS, Francisco: *Minerva (1562)*. Introd. y ed. de Eduardo DEL ESTAL FUENTES. — Acta Salmanticensia, Filosofía y Letras, 92; Salamanca: Univ. de Salamanca, 1975, 120 p.
2007 [—] SÁNCHEZ DE LAS BROZAS, Francisco, "El Brocense": *Minerva o De la propiedad de la lengua latina*. Introd., y trad. por Fernando RIVERAS CÁRDENAS. — Madrid: Cátedra, 1976, 513 p.
2008 SCAGLIONE, Aldo: Aspetti delle arti del Trivio fra medioevo e rinascimento. — *MedRom* 3, 1976, 265-291.
2009 SCHIPPAN, Thea: Hugo Schuchardts Beitrag zur Wortforschung. — *ZPhon* 29, 1976, 556-559.
2010 SCHMITTHENNER, Friedrich: *Ursprachlehre. Entwurf zu einem System der Grammatik*. Faks.-Neudruck der Ausg. Frankfurt a. M. 1826 mit einer Einleitung von Herbert E. BREKLE. — Grammatica universalis 12; Stuttgart: Frommann Holzboog, 1976, 49*, xii, 348 p.
2011 SCHNEIDER, Gisela: Karl Vossler: Bemerkungen zum sprachwissenschaftlichen Idealismus. — [181], 475-501.
2012 SCHULENBURG, Sigrid VON DER: *Leibniz als Sprachforscher*. — Frankfurt a.M.: 1973 | BL 1973, 2015. | *DLZ* 97, 1976, 114-117 K. Steiner | *Erasmus* 28, 1976, 464-467 E. H. Yarrill.
2013 SEIDEL, Eugen: Der Positivismus in der Sprachwissenschaft. — *ZPhon* 29, 1976, 503-505.
SEMAAN, K. I.: The genesis of Ar. linguistics. — 12033.
SHARADZENIDZE, T.: On the two trends in mod. linguistics and the two sources ... — 1687.
2014 SIEBENBORN, Elmar: *Die Lehre von der Sprachrichtigkeit und ihren Kriterien. Studien zur antiken normativen Grammatik*. — Studien zur antiken Philosophie 5 (Diss. Bochum); Amsterdam: Grüner, 1976, ix, 177 p.
2015 SIMONE, Raffaele: Sperone Speroni et l'idée de diachronie dans la linguistique de la Renaissance italienne. — [332], 302-316.

2016 SOUBLIN, Françoise: Rationalisme et grammaire chez Dumarsais. — [332], 383-409.
2017 SPERONI, Sperone: *Dialogo delle lingue.* Hrsg. . . . von Helene HARTH. — München: 1975 | BL 1975, 2029. | *RSC* 24, 1976, 168-169 V. D'Agostino.
2018 STAM, James H.: *Inquiries into the origin of language. The fate of a question.* — New York: Harper & Row, 1976, xii, 307 p. | *MLN* 91, 1976, 1625-1627 N. S. Struever.
2019 STANKIEWICZ, Edward: *Baudouin de Courtenay and the foundations of structural linguistics.* — PdR Press Publ. in the Hist. of Linguistics 3; Lisse (Netherlands): P. de Ridder Press, 1976, 62 p. | Revised version of 'Introduction' to *A Baudouin de Courtenay anthology*, 1972 (BL 1972, 1504).
2020 STÉFANINI, Jean: Jules César Scaliger et son 'De causis linguae Latinae'. — [332], 317-330.
2021 — Une étape de la grammaire aristotélicienne: J. C. Scaliger et son *De causis linguae Latinae* (1540). — [181], 35-59.
2022 STEINTHAL, Heymann: *Kleine sprachtheoretische Schriften.* — Hildesheim: 1970 | BL 1970, 1523. | *Linguistics* 168, 1976, 107-109 A. A. Leont'ev.
STENGEL, E.: *Chronologisches Verzeichnis franz. Grammatiken*... —5746.
2023 SUCHSLAND, Peter: Gibt es Widersprüche zwischen Leibnizens theoretischen und praktischen Bemühungen um die deutsche Sprache? — *ZPhon* 29, 1976, 472-475.
2024 TARASTI, Eero: Strukturalismin synty ja historiallinen tausta. Yleiskatsaus strukturalismin kehitykseen vuosisadallamme. — [952], 25-42 | Entstehung und historischer Hintergrund des Strukturalismus.
2025 TAVONI, Mirko: *Il discorso linguistico di Bartolomeo Benvoglienti.* — Pisa: 1975 | BL 1975, 2033. | *LN* 37, 1976, 121-122 Luigi Vignali.
2026 TAYLOR, Daniel J.: *Declinatio. A study of the linguistic theory of Marcus Terentius Varro.* — Amsterdam: 1974 | BL 1974, 1820. | *HL* 3, 1976, 252-260 F. W. Householder | *SILTA* 4, 1975/2-3 (1976), 582-585 A. Uguzzoni | *LeSt* 11, 1976, 652-654 A. Uguzzoni | *REL* 53, 1975 (1976), 483-484 J. Collard | *Lg* 53, 1977, 921-922 Philip Baldi.
2027 — Varro, 'De lingua Latina' 10.76. — *AJPh* 97, 1976, 119-120.
2028 TELEGDI, Zs.: Zur Herausbildung des Begriffs "sprachliches Zeichen" und zur stoischen Sprachlehre. — *ALH* 26, 1976, 267-305.
2029 — Nyelvelmélet és nyelvtipológia humboldti egysége. — *ÁNyT* 7, 1970, 229-237 | L'unité de la théorie linguistique et de la typologie linguistique chez Humboldt.
2030 VELLEMAN, Barry L.: El influjo del empirismo inglés en el pensamiento gramatical de Bello. — *Thesaurus* 31, 1976, 1-13.
2031 VILJAMAA, Toivo: *The Renaissance reform of Latin grammar.* — Annales Universitatis Turkuensis B, 142; Turku: Turun Yliopisto, 1976, 44 p. | On the grammatical theory of Fr. SANCTIUS.
2032 VINCENZI, Giuseppe Carlo: "Sistema" e "fonema" nel primo Saussure. — *SILTA* 5, 1976/1-2, 229-251.
2033 VINEIS, Edoardo: Aspetti della cultura linguistica del Manzoni: Claude Favre de Vaugelas e le sue *Remarques sur la langue françoise.* — *SSL* 16, 1976, 25-61.
2034 VITALI, C.: *Grammatiche stampate nei secoli XV e XVI e le loro più preziose edizioni.* — Sassari: Chiarella, 1976, 83 p.
2035 WAGNER, Joachim: *Nicolas Beauzée (1717-1789) und die Tradition der Grammaire générale.* — Diss. Bochum 1973, 226 p. | *ASNS* 213, 1976, 234-236 M. Sandmann.

2036 WATERMAN, John T.: G. W. Leibniz: a seventeenth-century etymologist. — [255], 399-406, fig.
2037 WEBER, Samuel: Saussure and the apparition of language. — *MLN* 91, 1976, 913-938.
2038 WEBER DE KURLAT, Frida: Para la historia del Instituto de Filología y Literaturas Hispánicas "Dr. Amado Alonso". — [333], 1-11.
2039 WEISS, B.: A theory of the parts of speech in Arabic (noun, verb and particle): a study in 'ilm al-waḍ'. — *Arabica* 23, 1976, 23-36.
2040 WOUTERS, Alfons: De papyri en de geschiedenis van de grammaticale wetenschap in de Oudheid. — *HZnMTL* 30, 1976, 291-307 | Papyri and the hist. of grammatical science in antiquity.
2041 WUNDERLI, Peter: Hugo Schuchardt et Ferdinand de Saussure. — *TLL* 14, 1976/1, 7-43.
2042 — Saussure als Schüler Sechehayes? Zum Abhangigkeitsverhältnis hinsichtlich der Kreativitätskonzeption in der Genfer Schule. — [181], 419-474.
2043 ZDRENGHEA, Mircea: Probleme de limbă în *Loghica* lui Samuil Micu (Contribuții). — *CLing* 21, 1976, 175-181 | Problèmes de langue dans *Loghica* de S. Micu (1799). Rés. fr.
2044 ZSIGMOND Gábor: A néprajz és a nyelvtudomány kapcsolatai a XIX. század derekán. — *NyK* 78, 1976, 127-133 | Relations of ethnography and linguistics in the middle of the 19th century (E. summ.).

1. PHONÉTIQUE ET PHONOLOGIE —
PHONETICS AND PHONOLOGY (PHONEMICS)

1.0. Généralités — General

2045 DI CRISTO, Albert: *Soixante et dix ans de recherches en prosodie* (*Bibliographie alphabétique, thématique et chronologique*). — Travaux de l'Inst. de phonétique d'Aix-en-Provence, Études phonétiques 1; Aix-en-Provence: Éditions de l'Univ. de Provence, 1975, iv, 351 p.
2046 *Analyse des faits prosodiques / Prosodic feature analysis.* [Ed. by] Pierre R. LÉON, Georges FAURE & André RIGAULT. — Montréal: 1970 | BL 1972, 1623. | *RFE* 57, 1974-75 (1976), 319-325 A. Quilis.
2047 ANDERSON, Stephen R.: Nasal consonants and the internal structure of segments. — *Lg* 52, 1976, 326-344.
2048 ASCHENBRENNER, Michael: *Die Sprache als Kunstwerk. Von der Bildkraft der Konsonanten.* — Schaffhausen: Novalis-Verlag, 1975, 160 p.
2049 AUSTERLITZ Robert: Az európai [w] és [v] térben és időben. — *NyK* 78, 1976, 250-255 | European [w] and [v] in space and time (E. summ.).
2050 BARYŠNIKOVA, K. K.: Urovni analiza prosodii i ee funkcii. — [326], 4-23 | Rés. fr.
2051 BELOOZEROV, V. N.: Procedura zvukovoj segmentacii rečevogo potoka. — [335], 279-297.
2052 BOLLA Kálmán: A nyelvészeti fonetika szakágazatai. — *NyK* 78, 1976, 292-299 | Branches of linguistic phonetics (E. summ.).
2053 BROSNAHAN, L. F., & MALMBERG, Bertil: *Introduction to phonetics.* — Cambridge: 1970 | BL 1970, 1544. | *Lg* 52, 1976, 506-508 Leigh Lisker.
2054 CANEPARI, Luciano: Elementi prosodici: classificazione e notazione. — *LeSt* 11, 1976, 479-491 | Summ. in E. & Ru.
2055 CRYSTAL, David: Paralinguistic behavior as continuity between animal and

human communication. — [3794], 13-27 | Nonsegmental phonation.
DUNCAN, S. D., Jr.: Language, paralanguage ... — 3744.
2056 FANT, Gunnar: *Speech sounds and features.* — Cambridge, Mass.: 1973 | BL 1973, 2046. | *FL* 14, 1976, 597-600 W. E. Cooper.
2057 FISIAK, Jacek: Generative phonological contrastive studies. — *KNf* 23, 1976, 119-124.
2058 FROMKIN, Victoria A.: A note on tone and the abstractness controversy. — [310], 47-62.
2059 HAJDÚ Péter: Laziczius Gyula a finnugor hangjelölés jellegéről. — *NyK* 78, 1976, 322-327 | Gy. Laziczius über den Charakter der FUF-Transkription (G. summ.).
2060 HAMMARBERG, Robert: The metaphysics of coarticulation. — *JPhon* 4, 1976, 353-363.
2061 HYMAN, Larry: Stati nasali e processi nasali. — *RGG* 1, 1976/2, 1-23.
2062 JAKOBSON, Roman: *Six leçons sur le son et le sens.* Préface de Claude LÉVI-STRAUSS. — Paris: Éditions de Minuit, 1976, 125 p. | Leçons données en 1942 à l'École libre des hautes études de New York.
2063 KETTEMANN, Bernhard: Phonetische Features in der generativen Phonologie. — *LBer* 40, 1975, 80-86.
2064 KRÁL', Ábel: *Model rečového mechanizmu.* — Bratislava: 1974 | BL 1974, 1844. | *SJL* 22, 1975-76, 246-248 J. Bosák | *SR* 41, 1976, 247-248 M. Ivanová-Šalingová | *CJŠ* 20, 1976-77, 93-94 M. Malíková.
2065 LEHTONEN, Jaakko: Contrastive phonology or contrastive phonetics. — *PScCL* 3, 1976, 253-262.
2066 — Fonetiikan tienhaarat. — [136], 63-70 | Phonetics as a university discipline.
2067 — Puhetilanne ja fonetiikan normit. — [337], 45-49 | Die Sprechsituation und die Normen der Phonetik.
2068 LIEBERMAN, Philip: *Intonation, perception, and language.* — Cambridge, Mass.: 1967 | BL 1967, 1211. Paperback version published in 1975. | *LiS* 5, 1976, 390-401 R. Gunter.
2069 LOCKWOOD, David G.: Alternatives to matrix models in phonetics and phonology. — *LACUS* II, 141-153, 6 fig.
2070 MALMBERG, Bertil: *Manuel de phonétique générale* ... — Paris: 1974 | BL 1974, 1848. | *FM* 43, 1975, 383-384 F. Carton | *SILTA* 5, 1976/1-2, 308-310 A. Uguzzoni | *LeSt* 11, 1976, 670-671 A. Uguzzoni.
2071 PELLEGRINI, Giovanbattista: Osservazioni di fonetica generale. — [140], 387-407.
2072 PÉTURSSON, Magnús: Linguistische Phonetik. — *Ling* 16, 1976, 125-136.
2073 PFEIFFER-RUPP, Rüdiger: *Studien zu phonetischen und semantischen Merkmalsystemen.* — Forum Phoneticum 8; Hamburg: Buske, 1976, x, 242 p.
2074 PULGRAM, Ernst: *Syllable, word, nexus, cursus.* — The Hague: 1970 | BL 1970, 1573. | *Linguistics* 176, 1976, 73-77 T. Nikolaeva.
2075 QUILIS, Antonio: Las unidades de entonación. — *RSEL* 5, 1975, 261-280.
2076 ROMPORTL, Milan: *Studies in phonetics.* — Prague: 1973 | BL 1973, 2068. | *Kratylos* 19, 1974 (1975), 178-180 Wiktor Jassem | *Phonetica* 33, 1976, 148-149 K. Kohler | *JČ* 27, 1976, 74-77 J. Sabol.
SAVOIA, L.: Condizioni fonetiche nel fiorentino comune e alcune proposte per una teoria fonologica concreta. — 6361.
2077 TRUMPER, John: Obiezioni sistematiche all'uso dei tratti teso/rilassato nell'analisi di sistemi vocalici e di rotazioni vocaliche. — *LeCo* 1, 1975/2, 1-86.
2078 VOIGT Vilmos: Fonetika és fonológia egy folklór műfajban. — *NyK* 78, 1976, 491-497 | Phonetics and phonology in folklore (E. summ.).

2079 WOOLLEY, Dale E.: The degree of difference and perceptual confusions. — *LACUS* II, 91-106, 8 tab., 2 fig.
2080 ZIMMER, Rudolf: Die Rolle des "Lauttyps" als Bindeglied zwischen Phonetik und Phonologie. — *MSS* 34, 1976, 171-182.

1.1.1. Phonétique descriptive et expérimentale — Descriptive and experimental phonetics

2081 *Acoustic phonetics. A course of basic readings.* Ed. by D. B. FRY. — Cambridge: Cambridge UP., 1976, 469 p., fig. | Coll. of 31 art., publ. 1922-70, by R. S. PAGET, Leigh LISKER, Arthur S. ABRAMSON, et al.
2082 ADES, Anthony E.: Adapting the property detectors for speech perception. — [3406], 55-107, 7 fig., 2 tab.
2083 AINSWORTH, W. A.: *Mechanisms of speech recognition.* — Oxford: Pergamon Press, 1976, viii, 143 p. | *KBS* 1976/1, 53-56 F. Dotter | *SFFBU* 25 (A 24), 1976, 125-126 J. Pačesová.
2084 ANDERSEN, Preben: Spectral properties of German and Danish sibilants. — *ARIPUC* 10, 1976, 29-56, 11 fig.
2085 ANDERSON, Stephen R.: On the description of multiply-articulated consonants. — *JPhon* 4, 1976, 17-27.
2086 BARRY, William John: *Perzeption und Produktion im sub-phonemischen Bereich* ... — Tübingen: 1974 | BL 1974, 1876. | *Anglia* 94, 1976, 479-481 A. Wollmann.
2087 BARTÓK János: Egyéni és társadalmi érvényű elemek a köznyelvi hanglejtésben. — *ÁNyT* 10, 1974, 5-19 | Éléments individuels et éléments sociaux dans l'intonation de la langue standard.
2088 BENGUEREL, André-Pierre, & ADELMAN, Sharon: Perception of coarticulated lip rounding. — *Phonetica* 33, 1976, 113-126, 4 fig., tab. | E., G. & Fr. summ.
2089 BHATIA, Tej K.: On the predictive role of the recent theories of aspiration. — *Phonetica* 33, 1976, 62-74, 5 tab. | E., Fr. & G. summ.
2090 BORISOVA, L. V.: O pozicionnoj obuslovlennosti dlitel'nosti sloga (Na materiale anglijskogo jazyka). — [326], 24-30 | E. summ.
2091 BROAD, David J.: Toward defining acoustic phonetic equivalence for vowels. — *Phonetica* 33, 1976, 401-424, 2 tab., 6 fig. | E., G. & Fr. summ.
2092 BRUL, E. Lloyd DU: Biomechanics of speech sounds. — [112], 631-642, 7 fig.
2093 BUCHTILOV, L. D.: Klassifikacija vyskazyvanij po rezul'tatam vosprijatija ich parnogo pred"javlenija. — [326], 31-45 | E. summ.
2094 — K voprosu obrabotki akustičeskich parametrov prosodičeskich charakteristik reči. — [326], 46-56 | E. summ.
2095 BÜKY Béla: Beszédkutatás, halláskutatás és ezek rokonterületei Magyarországon 1960-1969 között. — *ÁNyT* 10, 1974, 281-311 | Recherches sur l'audition, la phonation et les domaines apparentés en Hongrie, 1960-69.
2096 BUTCHER, Andrew, & WEIHER, Eckart: An electropalatographic investigation of coarticulation in VCV sequences. — *JPhon* 4, 1976, 59-74, 4 tab., 10 fig.
2097 CAMPBELL, Lyle: Language contact and sound change. — [146], 181-194.
2098 CLUMECK, Harold: Patterns of soft palate movements in six languages. — *JPhon* 4, 1976, 337-351, 13 tab., 3 fig.
2099 CONDAX, I. D., & KRONES, R. R.: Durations of four vowels in manually produced synthetic speech. — *JPhon* 4, 1976, 255-264, 15 tab., 2 fig.
2100 COOPER, William E.: Syntactic control of timing in speech production: a study of complement clauses. — *JPhon* 4, 1976, 151-171, 4 tab., fig.
2101 COOPER, William E., BILLINGS, Dumont, & COLE, Ronald A.: Articulatory

effects on speech perception: a second report. — *JPhon* 4, 1976, 219-232, 6 tab., 4 fig.
2102 D'JAKOVA, M. L.: Vzaimodejstvie častoty osnovnogo tona i dlitel'nosti v akustičeskoj strukture ritmičeskich taktov. — [326], 111-116.
2103 DOBROGOWSKI, Andrzej: Investigations into the distribution of the instantaneous values of the signal in the case of Polish speech at quasi-constant voice effort. — *SAS* 3, 1973, 11-30.
2104 DOHERTY, E. Thomas: An evaluation of selected acoustic parameters for use in speaker identification. — *JPhon* 4, 1976, 321-326, 2 tab.
2105 DROMMEL, R. H.: Ein psychoakustisches Experiment zur distinktiven Funktion von Okklusionspausen. — *FoL* 9, 1976, 251-264.
2106 DUKIEWICZ, Leokadia: Coarticulation effects in the consonant clusters of the type TS and ST. — *SAS* 3, 1973, 135-139, fold. leaf.
2107 — Audytywna rozpoznawalność wypowiedzi niezakończonych i zakończonych poddanych filtracji czasowej. — *Polonica* 2, 1976, 7-19 | Auditive recognition of concluded and unconcluded utterances subjected to time filtration (E. summ.).
2108 DUKIEWICZ, Leokadia, & KUBZDELA, Henryk: Time-compression of the speech signal. — *SAS* 3, 1973, 31-51, 9 fig.
2109 EMERIT, Étienne: Nouvelle contribution à la théorie des "locus". 3e partie. L'individualité des "formes sonores". — *Phonetica* 33, 1976, 425-466, 12 fig. | E., Fr. & G. summ. | Cf. BL 1975, 2091.
2110 [FEDOROVA, N. A.] FYODOROVA, Natalya A.: The effect of some acoustic parameters of the synthetic speech signal on the perception of stress by Russian listeners. — *SAS* 3, 1973, 229-248, 13 fig.
2111 — The imitation of non-spectral properties of an isolated synthetic vowel. — *SAS* 3, 1973, 249-263, 11 fig.
2112 FELDMAN, David M.: Testing auditory discrimination of suprasegmental features. — [255], 117-126.
2113 FERRERO, Frančo E., & MAGNO CALDOGNETTO, Emanuela: Risultati sperimentali di una prova di percezione di suoni vocalici sintetici. — [140], 95-116.
2114 FÓNAGY, Iván: La mimique buccale. Aspect radiologique de la vive voix. — *Phonetica* 33, 1976, 31-44, 14 fig. | E., Fr. & G. summ.
2115 — The voice of the poet. — [126], 81-143, 35 fig. | A study in phonosemantics.
2116 FRĄCKOWIAK-RICHTER, Lutosława: The duration of Polish vowels. — *SAS* 3, 1973, 87-115, 11 fig.
2117 FRINT Tibor: Hangképzés-patológia. — *ÁNyT* 10, 1974, 21-31 | Pathologie de la phonation.
2118 FUCHS, Anna: "Normaler" und "kontrastiver" Akzent. — *Lingua* 38, 1976, 293-312; 39, 1976, 369.
2119 GERGANOV, E., et al.: On perception of speech sounds. — [159], 335-338 | Based on Bulg. and Ar.
2120 GIET, Gerhard VAN DER: *Ein Computerverfahren zur direkten Messung von Artikulationsvorgängen.* — IKP-F 58; Hamburg: Buske, 1976, vii, 149 p., fig.
GOYVAERTS, D. L.: *Present-day hist. and comp. linguistics.* 1. — 2721.
2121 GRABIS, R.: Ievērojams pētījums par runas intonāciju. — *LZAV* 1975/2 (331), 132-136 | An important investigation on speech intonation. Rev. art. on: L. K. CEPLITIS, *Analiz rečevoj intonacii*, 1974 (BL 1974, 1888).
2122 GUBRYNOWICZ, Ryszard: Application of a statistical spectrum analysis to automatic voice identification. — *SAS* 3, 1973, 171-180, 3 fig.

2123 — Estimation of formant frequencies by zero-crossing measurement. — *SAS* 4, 1976, 253-268, 5 fig.
2124 GUBRYNOWICZ, Ryszard, KACPROWSKI, Janusz, MIKIEL, Wladysław, & SKALSKI, Wojciech: A classification of fricative consonants using the analysis of zero-crossings. — *SAS* 4, 1976, 147-160, 6 fig.
2125 HAMLET, Sandra L., & STONE, Maureen: Compensatory vowel characteristics resulting from the presence of different types of experimental dental prostheses. — *JPhon* 4, 1976, 199-218, 3 tab., 7 fig.
2126 HARDCASTLE, W. J.: *Physiology of speech production. An introduction for speech scientists.* — London: Academic Press, 1976, xviii, 157 p., ill.
2127 HEIDLER, Horst: Zur akustischen Analyse des Sprechens Gehörloser. — *FIPKM* 5, 1976, 11-39, 18 fig.
2128 HIRSCHBERG Jenő: Foniátria és orvostudomány. — *ÁNyT* 10, 1974, 33-43 | Phoniatrie et médecine.
2129 HOGAN, John T.: An analysis of the temporal features of ejective consonants. — *Phonetica* 33, 1976, 275-284, 3 tab., 3 fig. | E., G. & Fr. summ.
2130 HOLTSE, Peter, & STELLINGER, Jens H.: A system for computer aided processing of phonetic measurements. — *ARIPUC* 10, 1976, 201-219, 9 fig.
2131 HOMBERT, Jean-Marie: The effect of aspiration on the fundamental frequency of the following vowel. — *PBLS* II, 212-219, 3 tab., fig.
2132 HORÁLEK, Karel: Intonace v lyrice a v epické próze. — *BRJL* 20, 1976, 103-112 | Die Intonation in der Lyrik und in der epischen Prosa (Rés. ru. et all.).
2133 HUGHES, Olive Marie, & ABBS, James H.: Labial-mandibular coordination in the production of speech: implications for the operation of motor equivalence. — *Phonetica* 33, 1976, 199-221, 8 fig., 2 tab. | E., G. & Fr. summ.
2134 HURME, Pertti: Oudon kielen matkimisesta: ihmisen kyvystä ja rajoituksista imitoida oudon kielen lauseita. — [136], 19-34 (discussion, 35-42) | Über die menschliche Fähigkeit Sätze einer fremden Sprache nachzuahmen.
2135 HUTTERS, Birgit: Problems in the use of the photo-electric glottograph. — *ARIPUC* 10, 1976, 275-312, 9 fig.
2136 IIVONEN, Antti: Ääniraon avauma-asteen suuruudesta suomen konsonanteilla. — [136], 43-62 | Über den Öffnungsgrad der Stimmritze bei den fi. Konsonanten.
2137 JASSEM, Wiktor, DYCZKOWSKI, Andrzej, & SZYBISTA, Danuta: Semi-automatic classification and identification of Polish vowels in typical phrases. — *SAS* 4, 1976, 135-145, 3 fig.
2138 JASSEM, Wiktor, KRZYŚKO, Mirosław, & DYCZKOWSKI, Andrzej: Identification of isolated Polish vowels. — *SAS* 4, 1976, 107-133, 9 fig.
2139 JASSEM, Wiktor, STEFFEN-BATÓG, Maria, & CZAJKA, Stanisław: Statistical characteristics of short-term average F_0 distributions as personal voice features. — *SAS* 3, 1973, 209-225, 4 fig.
2140 KACPROWSKI, Janusz, GUBRYNOWICZ, Ryszard, & MIKIEL, Wladysław: Perception and recognition of synthetic Polish fricatives. — *SAS* 4, 1976, 161-169, 2 fig.
2141 KACZMAREK, Zygmunt, & KRZYŚKO, Mirosław: An attempt to use Anderson and Bahadur's separating hyperplane to identify a population among many normal populations. — *SAS* 3, 1973, 159-169.
2142 KASEVIČ, V. B.: Načal'nye i konečnye soglasnye v slogovych i neslogovych jazykach i ich vosprijatie. — *VLU* 1976/2, 123-128.
2143 KELZ, Heinrich P.: *Phonetische Probleme im Fremdsprachenunterricht.* — IKP-F 59; Hamburg: Buske, 1976, viii, 264 p.

2144 KIRSTEIN, M., & STOCK, D.: *Amplituden- und intervallstatistische Messungen an Sprachsignalen.* — IKP-F 54; Hamburg: Buske, 1976, viii, 174 p., tab., fig.
2145 KORNEVSKAJA, E. B., METLJUK, A. A., & PANOVA, I. I.: O prosodičeskich differencial'nych priznakach zaveršennosti / nezaveršennosti vyskazyvanij (Na materiale anglijskogo, russkogo i belorusskogo jazykov). — [326], 137-148 | E. summ.
2146 KOSIEL, Urszula: Correlations between fundamental frequency and formant frequencies in Polish vowels. — *SAS* 3, 1973, 117-120.
2147 — Statistical analysis of speaker-dependent differences in the long-term average spectrum of Polish speech. — *SAS* 3, 1973, 181-208, 10 fig.
2148 KÖSTER, Jens-Peter: Abriss historischer Ansätze der Sprachsynthese. — *SAS* 4, 1976, 41-104, 33 fig.
2149 V. KOVÁCS Emőke: Az öröklött beszédgyengeség. — *ÁNyT* 10, 1974, 75-81 | Faiblesse héréditaire de l'articulation.
2150 KRZYŚKO, Mirosław, JASSEM, Wiktor, & FRĄCKOWIAK-RICHTER, Lutosława: Statistical discrimination functions and their application to the problem of voice identification. — *SAS* 3, 1973, 143-157.
2151 KUBZDELA, Henryk: An analogue fundamental frequency extractor. — *SAS* 4, 1976, 269-279, 11 fig.
2152 — EXFOR 2: an analogue tracker of the first three formants. — *SAS* 4, 1976, 281-291, 12 fig.
2153 KUDELA-DOBROGOWSKA, Katarzyna: Further studies of the optimal formant frequency values of Polish vowels. — *SAS* 3, 1973, 265-285, 8 fig.
2154 KUEHN, David P., & MOLL, Kenneth L.: A cineradiographic study of VC and CV articulatory velocities. — *JPhon* 4, 1976, 303-320, 5 tab., 5 fig.
2155 LACKNER, James R., & TULLER, Betty: The influence of syntactic segmentation on perceived stress. — *Cognition* 4, 1976, 303-307, tab., fig.
2156 LADEFOGED, Peter: *Preliminaries to linguistic phonetics.* — Chicago: 1971 | BL 1972, 1732. | *SAP* 7, 1975 (1976), 163-165 Wiesław Awedyk.
2157 — *A course in phonetics.* — New York: 1975 | BL 1975, 2113. | *CJL* 21, 1976, 118-119 J. H. V. Gilbert | *Phonetica* 33, 1976, 469-471 A. R. James | *AUMLA* 46, 1976, 383-385 Roland Sussex | *Lg* 53, 1977, 911-917 Kenneth C. Hill.
2158 LADEFOGED, Peter, WILLIAMSON, Kay, et al.: The stops of Owerri Igbo. — [310], 147-163, 3 fig.
2159 LASTOVKA, S. Z.: Rol' izbytočnosti v opoznavanii fonem. — [346], 110-126.
2160 LEHISTE, Ilse: *Suprasegmentals.* — Cambridge, Mass.: 1970 | BL 1970, 1678. | *Phonetica* 33, 1976, 145-147 K. Kohler.
2161 — Influence of fundamental frequency pattern on the perception of duration. — *JPhon* 4, 1976, 113-117, 2 tab., fig.
2162 LIEBERMAN, Philip: Phonetic features and physiology: a reappraisal. — *JPhon* 4, 1976, 91-112, 11 fig.
2163 LINDNER, Gerhart: Urteilsveränderung bei Vokalverkürzung. — *ZPhon* 29, 1976, 407-414, 5 tab., 2 fig.
2164 — Perzeption lautsprachlicher Zeichen als spezielle Leistung des akustischen Analysators. — [135], 97-100.
2165 LINDQVIST-GAUFFIN, J., & SUNDBERG, J.: Acoustic properties of the nasal tract. — *Phonetica* 33, 1976, 161-168, 5 fig. | E., G. & Fr. summ.
2166 LIPOLD, Günter: Die Formantverhältnisse im System der nichtnasalen Kurz- und Langvokale der Ortsmundart von Pölland! (Sprachinsel Gottschee). Zur Problematik der Vergleichbarkeit und Darstellbarkeit spektrographisch ermit-

telter Vokalsysteme. — *AÖAW* 113, 1976, 54-69, 7 fig., (2 on pl.).
2167 LIPPUS, Urve: On the representation of pitch contours in phonetic transcription systems. — [135], 101-104.
2168 LISKER, Leigh: On learning a new contrast. — [255], 201-216, 7 fig.
2169 ŁOBACZ, Piotra: Objective and subjective speech tempo in Polish. — *SAS* 4, 1976, 173-186.
2170 — Speech rate and vowel formants. — *SAS* 4, 1976, 187-218, 19 fig.
2171 MALMBERG, Bertil: *Einführung in die Phonetik als Wissenschaft*. Übersetzt und wissenschaftlich bearb. von Herbert BARTHOLMES. — Intern. Bibl. für Allgemeine Linguistik 38; München: Fink, 1976, 220 p. | Transl. of: *Introduktion till fonetiken som vetenskap*, 1969 (BL 1969, 1360).
2172 MANLEY, T. M.: Pharyngeal expansion: its use in Sre vowels and its place in phonological theory. — [217], 833-841.
2173 MANSELL, Philipp: Phonetics and the language of the deaf. — *FIPKM* 5, 1976, 137-150.
2174 MARKEL, J. D., & GRAY, A. H., Jr.: *Linear prediction of speech*. — Communication and Cybernetics 12; Berlin: Springer, 1976, xii, 288 p., 129 fig.
2175 MEHNERT, Dieter: Zur Grundfrequenzanalyse von Sprachsignalen (Eine Untersuchung an Grundfrequenzverläufen unter dem Aspekt suprasegmentaler Strukturen). — *WZUB* 23, 1974, 597-599, 4 fig.
2176 MEINHOLD, Gottfried: Zeitparameter lautlicher Signalenketten in natürlichen Sprachen. — [135], 119-122.
2177 MILLER, Joanne L., & EIMAS, Peter D.: Studies on the selective tuning of feature detectors for speech. — *JPhon* 4, 1976, 119-127, 4 tab.
2178 [MIŠEVA, A.] MISHEVA, A.: The importance of the secondary acoustical parameters to the speech synthesis. — [159], 367-370.
2179 MURRY, Thomas, & BROWN, W. S., Jr.: Peak intraoral air pressures in whispered stop consonants. — *JPhon* 4, 1976, 183-187, tab.
2180 NIEDŹWIECKI, Andrzej, & MIKIEL, Wladysław: Digital measurement and coding of the fundamental frequency in a harmonic speech signal. — *SAS* 4, 1976, 293-300, 6 fig.
2181 NOOTEBOOM, S. G., & COHEN, A.: *Spreken en verstaan. Een inleiding tot de experimentele fonetiek*. — Assen: Van Gorcum, 1976, xii, 163 p., ill. | Speaking and understanding. An introd. to experimental phonetics.
2182 NOVÁK, Josef: Testování subjektivního vjemu hlasitosti řeči. — [135], 156-160 | Zur Testierung der subjektiven Perzeption der Sprechlautheit.
2183 ONDREJOVIČ, Slavo: Ceplitisova analýza intonácie. — *JČ* 27, 1976, 63-68 | Rev. art., with summ. in Ru., on L. K. CEPLĪTIS, *Analiz rečevoj intonacii*, 1974 (BL 1974, 1888).
2184 OSTREICHER, Harvey Joel, & SHARF, Donald J.: Effects of coarticulation on the identification of deleted consonant and vowel sounds. — *JPhon* 4, 1976, 285-301, 9 tab.
2185 OZGA, Janina: The relevance of the notion "basis of articulation" to contrastive phonetics. — *PSCL* 4, 1976, 61-73.
2186 PRIESTLY, Tom M. S.: A note on the glottal stop. — *Phonetica* 33, 1976, 268-274, tab. | E., G. & Fr. summ.
2187 PROKOPOVA, L. I.: O prosodike sloga. — [294], 105-110.
2188 PTÁČEK, Miroslav: Automatická syntéza řeči. — [135], 189-191 | Automatic speech synthesis.

2189 RAMIŠVILI, G. S.: *Rečevoj signal i individual'nost' golosa.* — Tbilisi: "Mecniereba", 1976, 183 p., ill.
2190 Referate des 2. Kolloquiums zur signalphonetischen Problematik des Gehörlosen, München 5.-6. 7. 1974. — *FIPKM* 5; München: 1976, 246 p. | Hans G. TILLMANN, Zur Eröffnung des Kolloquiums, 1-6. Part of the papers listed separately.
2191 REINHOLT PETERSEN, Niels: Identification and discrimination of vowel duration. — *ARIPUC* 10, 1976, 57-83, 6 fig.
2192 REMMEL, Mart: "Rapid spectrum changes" in the theory of consonants. — [135], 200-203.
2193 RICHTER, Lutosława: The duration of Polish consonants. — *SAS* 4, 1976, 219-238, 9 fig.
2194 ROCŁAWSKI, Bronisław: Istota miękkości głosek. — *JP* 56, 1976, 26-36 | The nature of softness of consonants.
2195 ROZSYPAL, Anton J.: Digital gating of speech signals. — *L&S* 19, 1976, 57-74, 11 fig.
2196 SIEVERS, Franz, & LEBER, Verena: Skizze einer vergleichenden Untersuchung zur Artikulation gehörloser und hörender Sprecher. — *FIPKM* 5, 1976, 41-82, 23 fig.
2197 SINGH, Sadanand: *Phonetics: principles and practices.* — Baltimore: University Park Press, 1976, xvii, 236 p., ill.
2198 SOTSCHECK, Jochem: Erkennung von Nasalen und Halbvokalen bei analogen Übertragungssystemen. — [135], 217-220.
2199 *Speech analysis and synthesis.* Vol. 3. Ed.: Wiktor JASSEM. — Applied Mechanics Series (Pol. Acad. of Sci., Inst. of Fundamental Technological Research); Warsaw: Państwowe Wyd. Naukowe, 1973, 300 p., ill.
2200 *Speech analysis and synthesis.* Vol. 4. Ed.: Wiktor JASSEM. — Acoustics and Ultrasonics Series (Pol. Acad. of Sci., Inst. of Fundamental Technological Research); Warsaw: Państwowe Wyd. Naukowe, 1976, 308 p., ill.
2201 STEFFEN-BATÓG, Maria: The effect of consonant articulation and intonation on fundamental frequency. — *SAS* 3, 1973, 121-134, 7 fig.
2202 — The development of acoustic phonetics in Poland. — *SAS* 4, 1976, 11-39.
2203 STELZIG, H.: Zur Funktion der Standartlautung für Lautproduktion und -perzeption. — [135], 229-231.
2204 STOCK, Eberhard: Zur psychischen Realität der distinktiven Merkmale von R. Jakobson in der Perzeption. — *ZPhon* 29, 1976, 595-600.
2205 SUOMI, Kari: Alustavia havaintoja englannin kielen klusiilien tuottamisesta. — [136], 115-124 | Erste Beobachtungen über das Generieren der Klusile im Englischen.
2206 SZENDE Tamás: *A beszédfolyamat alaptényezői.* — Budapest: Akadémiai Kiadó, 1976, 197 p. | Facteurs fondamentaux dans le processus de la parole.
2207 — A beszédhang-domínium fogalma. — *ÁNyT* 10, 1974, 141-152 | Le concept du domaine des sons du langage.
2208 TARNÓCZY Tamás: A magánhangzók akusztikai vizsgálatának problémái. — *ÁNyT* 10, 1974, 181-196 | Problèmes de l'examen acoustique des voyelles.
2209 TERNES, Elmar: *Probleme der kontrastiven Phonetik.* — Forum Phoneticum 13; Hamburg: Buske, 1976, viii, 107 p.
2210 THOMAS, Jacqueline M.-C., BOUQUIAUX, Luc, & CLOAREC-HEISS, France: *Initiation à la phonétique: phonétique articulatoire et phonétique distinctive.* — Paris: PUF, 1976, 253 p., 27 fig., 6 tab.
2211 TILKOV, D., & MIŠEVA, A.: The role of the vowel formant transitions and noise

characteristics of the Bulgarian consonants in the process of recognition. — [159], 383-386.
2212 TILLMANN, Hans G.: Zum Transkriptionsproblem. — *FIPKM* 5, 1976, 89-99.
2213 TOC'KA, N. I., PROKOPOVA, L. I., HROMOVA, O. S., PRYMAK, E. V.: Z dosvidu vykorystannja kinofluorohrafiji u linhvistyčnych doslidžennjach. — *UkrM* 3, 1975, 83-94.
2214 *Travaux de l'Institut de Phonétique d'Aix*. Vol. I. — Aix-en-Provence: Univ. de Provence, 1972, 194 p. | *ZPhon* 29, 1976, 200-201 G. F. Meier.
2215 TSCHESCHNER, Walter: Die Formanthypothese in der Spracherkennung und Sprachsynthese mit Automaten. — [135], 257-260.
2216 VALIN, Robert D. VAN, Jr.: Perceived distance between vowel stimuli. — *JPhon* 4, 1976, 51-58, 2 tab., 2 fig.
2217 VIEREGGE, Wilhelm H.: Deskription von Oszillogrammen gehörloser und normaler Sprecher. — *FIPKM* 5, 1976, 101-136, 15 fig.
2218 WEGNER, Dirk: *Zum Problem der experimentellen Messung von Eindrucksqualitäten einander widersprechender Signale.* — IKP-F 57; Hamburg: Buske, 1976, vi, 131 p.
2219 ZWIRNER, Eberhard, & ZWIRNER, Kurt: *Principles of phonometrics.* — University, Ala.: 1970 | BL 1970, 1762. | *Linguistics* 180, 1976, 96-103 C.-W. Kim.

1.1.2. Phonétique historique — Historical phonetics

2220 BHAT, D. N. S.: Dichotomy in phonological change. — *Lingua* 39, 1976, 333-351 | Sound change and analogical change.
2221 COWAN, William: Rules and counter-rules in historical phonology. — [255], 85-92.
2222 DEKEYSER, X.: Some considerations on voicing with special reference to spirants in English and Dutch. — *LB* 65, 1976, 437-459.
2223 FOX, Anthony: Problems with phonological chains. — *JL* 12, 1976, 289-310.
2224 HOCK, Hans Henrich: Final weakening and related phenomena. — [110], 219-259.
2225 KINDT, Walther, & WIRRER, Jan: Überlegungen zum Status der Lautgesetze. — [101], I, 75-85.
2226 KING, Robert D.: Rule replication. — [255], 175-182.
2227 MARLE, J. VAN: Diachronische fonologie. Enkele basisbegrippen. — *Spektator* 5, 1975-76, 571-588 | Diachronic phonology. Some basic concepts.
2228 POSNER, Rebecca: "Phonemic overlapping and repulsion" revisited. — [255], 235-243.
2229 RAPOPORT, M. Ja.: K probleme parallel'nogo razvitija jazykovych sistem (na materiale vokalizma anglijskogo i francuzskogo jazyka). — *IzvAN* 35, 1976, 164-172.
2230 REIS, Marga: *Lauttheorie und Lautgeschichte. Untersuchungen am Beispiel der Dehnungs- und Kürzungsvorgänge im Deutschen.* — München: 1974 | BL 1974, 1991. | *Erasmus* 28, 1976, 794-797 E. H. Yarrill | *LB* 65, 1976, 366-371 Herbert Penzl.
2231 SCALISE, Sergio: Gradualità versus non gradualità nel mutamento fonetico. — *LeSt* 11, 1976, 293-312 | Summ. in E. & Ru.
2232 VIHMAN, Marilyn May: Loss of *-n* in Livonian: a persistent change? — *IJAL* 42, 1976, 65-70 | Apropos of Valdis J. ZEPS, *IJAL* 40, 140-141 (BL 1974, 1993).

2233 VOYLES, Joseph B.: Natural and unnatural rule addition. — [255], 383-398 | On an early vocalic change of OIcel.
2234 WÜEST, Jakob: Sprachwandel und Spracherwerb. — *ZFSL* 86, 1976, 97-115.

1.2. Phonologie — Phonology (Phonemics)

2235 [ACHMANOVA, O. S.] AKHMANOVA, Olga: *Phonology, morphonology, morphology.* — The Hague: 1971 | BL 1971, 1753. | *IJSLP* 20, 1975, 125-128 Michael S. Flier.
2236 AKAMATSU, Tsutomu: Peut-on dissocier "neutralisation" et "archiphonème"? — *Linguistique* 12, 1976/2, 27-32.
2237 ANDRADE, Ernesto de: Ordem das regras fonológicas: línguas de Angola e Moçambique. — *BF* 24, 1975 (1976), 13-32.
2238 ARANY A. László: A fonológia axiomatikus problémája. — *NyK* 78, 1976, 243-245 | Axiomatic problems of phonology (E. summ.). Published in G. in 1967 (BL 1967, 1328).
2239 AWEDYK, Wiesław: Some remarks on generative contrastive phonology. — *PSCL* 4, 1976, 53-60.
2240 BALD, Wolf-Dietrich: Das Phonemprinzip im Bereich der Intonation. — [101], II, 3-9.
2241 BAYLON, Christian, & MIGNOT, Xavier: Sur la notion de distribution dans la phonologie dite structurale. — *BSL* 71, 1976/1, 1-25.
2242 BRASINGTON, R. W. P.: On the functional diversity of phonological rules. — *JL* 12, 1976, 125-152.
2243 — Have we inhibitions related to universal rules? — *JPhon* 4, 1976, 75-81 | Reply to I. M. ROCA, *JPhon* 3, 53-62 (BL 1975, 2053). | Cf. 2313.
2244 BROECKE, Marcel Peter René VAN DEN : *Hierarchies and rank orders in distinctive features.* — Diss. Utrecht; Assen: Van Gorcum, 1976, xiv, 196 p. | Du. summ.
2245 BROMLEJ, S. V.: K probleme zaimstvovanija fonem. — [344], 109-118.
2246 BYARUSHENGO, Ernest Rugwa: Strategies in loan phonology. — *PBLS* II, 78-88.
2247 CLAYTON, Mary L.: The redundancy of underlying morpheme-structure conditions. — *Lg* 52, 1976, 295-313.
2248 CLEMENTS, George N.: Palatalization: linking or assimilation? — *PCLS* XII, 96-109.
2249 CLIFTON, John M.: Downdrift and rule ordering. — *SAfrL* 7, 1976, 175-194 | Twi examples.
2250 CROTHERS, John: Areal features and natural phonology: the case of front rounded vowels. — *PBLS* II, 124-138, tab., fig., map.
2251 DARDEN, Bill J.: On abstraction. — *PCLS* XII, 110-121.
2252 DINNSEN, Daniel A.: On the explanation of rule change. — *Glossa* 10, 1976, 175-199.
2253 — Some preliminaries to atomic phonology. — *PCLS* XII, 133-144.
2254 DÖLLEIN, Jürgen J.: On non-related alternations. — *PIL* 9, 1976/1-2, 177-181.
2255 DONEGAN, Patricia Jane: Raising and Lowering. — *PCLS* XII, 145-160.
2256 DRESSLER, Wolfgang: La variazione fonologica: concetti, metodi e problemi dei lavori viennesi. — *LeCo* 1, 1975/2, 141-159.
2257 — Fonologia naturale e cambio linguistico. — [140], 273-283.
2258 —Können Morphemfugen die Domäne phonologischer Prozesse begrenzen? — [260], 123-137 | Summ. in E.
2259 DURAND, Jacques: Generative phonology, dependency phonology and Southern French. — *LeSt* 11, 1976, 3-23 | Summ. in Ru.

2260 FISCHER-JØRGENSEN, Eli: *Trends in phonological theory* ... — Copenhagen: 1975 | BL 1975, 2218. | *NTS* 30, 1976, 239-253 R. Obendorfer | *Lingua* 39, 1976, 165-166 J. Vachek | *KBS* 1976/1, 57-63 F. Dotter | *RRLing* 21, 1976, 534-536 A. Belchiţă Hartular.

2261 FISIAK, Jacek: Generative phonology and contrastive studies. — *CJL* 21, 1976, 171-179.

2262 GNERRE, Maurizio: Le velocità di pronuncia e le loro implicazioni per la teoria fonologica generativa. — [140], 285-296.

2263 GOLDSMITH, John: An overview of autosegmental phonology. — *LAn* 2, 1976, 23-68.

2264 GRIFFEN, T. D.: Toward a nonsegmental phonology. — *Lingua* 40, 1976, 1-20, 3 fig., 4 tab. | With application to Modern Welsh.

2265 — Some principles of a nonsegmental phonology. — [101], 145-155.

2266 GRUCZA, Franciszek: Some remarks on the comparability of phonemic systems. — *KNf* 23, 1976, 133-137.

2267 GRUNDT, Alice Wyland: Structure and function in phonology – a systems view. — *PBLS* II, 188-201, ill.

2268 HARMS, Robert T.: *Introduzione alla teoria fonologica*. A cura di Maurizio GNERRE. — Roma: 1975 | BL 1975, 2231. | *SILTA* 5, 1976/1-2, 310-312 Arianna Uguzzoni.

2269 HAUDRICOURT, André G.: *Problèmes de phonologie diachronique*. — Paris: 1972 | BL 1974, 2035. | *Homme* 15, 1975/3-4, 232-234 Michel Ferlus.

2270 HELLBERG, Staffan: Unnatural phonology, or Rules get crazy much sooner than you believe. — *PScCL* 3, 1976, 173-187.

2271 HENDERSON, Michael M. T.: Redundancy, markedness, and simultaneous constraints in phonology. — *Lg* 52, 1976, 314-325.

2272 — Major class features in phonological description. — [110], 212-218.

2273 HERBERT, Robert K.: Reanalyzing prenasalized consonants. — *SAfrL* 6, 1975, 105-123 | Especially in Luganda.

2274 HERMAN József: A francia /E/, /OE/, /O/ archifonémák és a klasszikus fonológia néhány elméleti kérdése. — *NyK* 78, 1976, 328-337 | Les archiphonèmes fr. /E/, /OE/, /O/ et quelques problèmes théoriques de la phonologie classique (Rés. fr.).

2275 HIND, A.: Sur la notion d'adéquation explicative en phonologie générative. — *Langages* 42, 1976, 57-76.

2276 HIRST, D. J.: L'intonation et la double articulation du langage. — *ZPhon* 29, 1976, 396-403.

2277 HOCKETT, C. F.: A new point d'appui for phonology. — *LACUS* II, 67-90.

2278 HOFFMAN, Melvin J.: Problems from implicit premises in classical phonemics: examination, identification, and current implications. — *LACUS* II, 129-140.

2279 HOGG, Richard M.: The status of rule reordering. — *JL* 12, 1976, 103-123.

2280 HOLDEN, Kyril: Assimilation rates of borrowings and phonological productivity. — *Lg* 52, 1976, 131-147 | Assimilation rates in Ru.

2281 HOOPER, Joan B.: *An introduction to natural generative phonology*. — New York: Academic Press, 1976, xviii, 254 p.

2282 HSIEH, Hsin-I: On the unreality of some phonological rules. — *Lingua* 38, 1976, 1-19, 4 tab. | Examples from Taiwanese.

2283 HYMAN, Larry M.: *Phonology* ... — New York: 1975 | BL 1975, 2239. | *Lingua* 39, 1976, 166-167 J. Vachek | *Spektator* 5, 1975-76, 620-622 G. E. Booij.

2284 IVERSON, Gregory K.: A guide to sanguine relationships. — [103], 22-40 | Discussion, p. 36-40.
2285 JENSEN, John T., & STONG-JENSEN, Margaret: Ordering and directionality of iterative rules. — [103], 104-121, tab.
2286 KANIA, József T.: Słuch fonematyczny. — *LPosn* 19, 1976, 31-54 | The hearing of the phoneme.
2287 KASSAI Ilona: A prozódiai oppoziciókról (Hosszúság – rövidség). — *ÁNyT* 10, 1974, 45-57 | A propos des oppositions phonologiques (longues et brèves).
2288 KING, Robert D.: In defense of extrinsic ordering. — [103], 76-103 | Discussion, p. 96-103.
2289 KIPARSKY, Paul: Abstractness, opacity, and global rules. — [103], 160-186, tab.
2290 KISS Sándor: A szótag fonológiája. — *ÁNyT* 10, 1974, 59-74 | La phonologie de la syllabe.
2291 KISSEBERTH, Charles W.: The interaction of phonological rules and the polarity of language. — [103], 41-54.
2292 KORTLANDT, F. H. H.: *Modelling the phoneme*... — The Hague: 1972 | BL 1972, 1877. | *Linguistics* 178, 1976, 88-94 A. S. Liberman | *SS* 37, 1976, 237-240 M. Ludvíková & L. Nebeský.
2293 KRÁMSKÝ, Jiří: Teorie fonému N. S. Trubeckého. — *CJŠ* 19, 1975-76, 210-218; 318-325 | Trubetzkoy's theory of the phoneme.
2294 LAMB, Sydney M., & VANDERSLICE, Ralph: On thrashing classical phonemics. — *LACUS* II, 154-163, 2 tab., 2 fig.
LASS, R.: *E. phonology and phonological theory*... — 8076.
2295 LEE, Gregory: Natural phonological descriptions (Part I; II). — *WPLUH* 7, 1975/5, 85-125; 8, 1976/3, 25-61.
2296 LEKOMCEVA, M. I.: The connectedness of phonological features and the structure of phonological sequences. — *Linguistics* 179, 1976, 5-17 | First published in Ru. in 1972 (BL 1973, 2275).
2297 LIGHTNER, Theodore M.: On deglottalization in Klamath. — *IJAL* 42, 1976, 14-16.
2298 LINELL, Per: Phonemes, derivational constraints or what? — *Lingua* 38, 1976, 263-280.
2299 MARTIN, James: Towards a definition of phonological competence: an evaluative matrix. — *SAP* 8, 1976, 121-128.
2300 MÁRTONFI Ferenc: A fonológia kreatív alkotórésze (Fonológiai automata a generatív grammatikában). — *ÁNyT* 10, 1974, 83-114 | La composante créatrice de la phonologie (automate phonologique dans la grammaire générative).
2301 MELIS, Ed: Fonologische verschijnselen in onderlinge samenhang. — [298], 367-381 | Phonological phenomena in mutual connection.
2302 NORMAN, Linda J.: Bidirectional rules and non-extrinsic ordering. — [103], 122-150.
2303 OHLANDER, Sölve: *Phonology, meaning, morphology. On the role of semantic and morphological criteria in phonological analysis*. — Gothenburg Studies in E. 33; Göteborg: Acta Universitatis Gothoburgensis, 1976, 221 p. | Examples from OE.
2304 PARKER, Frank: Refining the notion of distinctive feature. — *Lingua* 38, 1976, 61-70.
2305 PIKE, Eunice V.: Phonology. — [395], I, 45-83.
2306 PILCH, Herbert: *Phonemtheorie*. I. 3. Aufl. — Basel: 1974 | BL 1974, 2084. | *ZCPh* 35, 1976, 334-337 K. H. S[chmidt].
PISAREK, L.: O pravilach vydelenija fonem. — 10827.

2307 PLOTKIN, V. Y.: Systems of ultimate phonological units. — *Phonetica* 33, 1976, 81-92, 5 tab. | E., G. & Fr. summ.
2308 PRAKASAM, V.: A functional view of phonological features. — *ALH* 26, 1976, 77-88 | Also in *IL* 37, 1976, 196-205.
2309 RAEVSKIJ, M. V.: Fonologičeski relevantnyj ili različitel'nyj priznak fonemy? — [294], 28-33.
2310 REFORMATSKIJ, A. A.: *Fonologičeskie ètjudy.* — Moskva: 1975 | BL 1975, 2275. | *JČ* 27, 1976, 195-196 S. Ondrejovič.
2311 RINGEN, Catherine O.: Vacuous application, iterative application, reapplication, and the Unordered Rule Hypothesis. — [103], 55-75.
2312 ROBERTS, E. Wyn: Phonological theory, absolute neutralisation and the case of Nupe. — *Glossa* 10, 1976, 241-287.
2313 ROCA, Ignacio M.: Who is afraid of universal statements? — *JPhon* 4, 1976, 83-90 | Cf. 2243.
2314 ROMPORTL, Milan: K podstatě fonologických opozic. — *PLŠSS* 18, 1976, 41-49 | On the nature of phonological oppositions.
2315 RUBACH, Jerzy: The concept of an underlying representation. — *BPTJ* 34, 1976, 101-109.
2316 — Surface phonetic constraints revisited. — *Sprache* 22, 1976, 121-130 | On M. SHIBATANI's paper, Lg 49, 87-106 (BL 1973, 2071).
2317 — Deep versus detail rules in phonology. — *PSCL* 5, 1976, 27-37.
2318 — Overkill in phonology. — *PSCL* 5, 1976, 39-46.
2319 RUDES, Blair A.: Lexical representation and variable rules in natural generative phonology. — *Glossa* 10, 1976, 111-150.
2320 SCHANE, Sanford A.: *Generative phonology.* — Englewood Cliffs: 1973 | BL 1973, 2308. | *SAP* 7, 1975 (1976), 165-166 Danuta Wolfram-Romanowska | *LPosn* 19, 1976, 114-117 Stanisław Puppel.
2321 SINGH, Sadanand: *Distinctive features: theory and validation.* — Baltimore: University Park Press, 1976, ix, 269 p.
2322 STAHLKE, Herbert F. W.: Segment sequences and segmental fusion. — *SAfrL* 7, 1976, 41-63 | Examples mainly from Afr. languages.
2323 SULLIVAN, Williams J.: Abstractness, the syllable, and the fleeting vowel in Russian. — *LACUS* II, 164-179, 2 tab., 5 fig.
2324 SZENDE Tamás: Emfázis és fonológiai rendszer viszonyához. — *NyK* 78, 1976, 475-479 | Emphasis in relation to a phonological system (E. summ.)
2325 TENCH, Paul: Double ranks in a phonological hierarchy. — *JL* 12, 1976, 1-20.
2326 THOMASON, Sarah Grey, & KAUFMAN, Terrence S.: Contact-induced language change: loanwords and the borrowing language's pre-borrowing phonology. — [146], 167-179.
2327 VENNEMANN, Theo: Vowel alternations in English, German, and Gothic: remarks on realism in phonology. — [255], 337-359.
2328 VINCENT, Nigel: Three queries concerning one thesis concerning phonological representations. — *JL* 12, 1976, 75-82.
2329 WARBURTON, Irene P.: On the boundaries of morphology and phonology: a case study from Modern Greek. — *JL* 12, 1976, 259-278.
2330 WISSING, D. P.: Die psigologiese realiteit van sommige distinktiewe kenmerke. — [279], 159-162 | The psychological reality of some distinctive features.
2331 — De psychologische realiteit van distinktieve features. — [298], 409-421 | The psychological reality of distinctive features.
2332 ZONNEVELD, Wim: Fonologische polariteit en de Vlaams Brusselse vokaalver-

schuiving. — *LB* 65, 1976, 471-483 | Phonological polarity and the vowel shift in Brussels Flemish.
2333   ZONNEVELD, Wim: A phonological exchange rule in Flemish Brussels. — *LAn* 2, 1976, 109-114 | E. version of No. 2332.

2. GRAMMAIRE (MORPHOLOGIE ET SYNTAXE) — GRAMMAR (MORPHOLOGY AND SYNTAX)

2.0. Généralités — General

2334   BONDARKO, A. V.: Das Genus verbi und sein funktional-semantisches Feld. — [369], 33-49 | Ru. material.
2335   COMRIE, Bernard: *Aspect: an introduction to the study of verbal aspect and related problems.* — Cambridge Textbooks in Linguistics 2; Cambridge: Cambridge UP., 1976, x, 142 p.
2336   DRAŞOVEANU, D. D.: Sens relaţional şi gramatem: conţinut şi expresie la nivelul gramatical al limbii. — *CLing* 21, 1976, 153-163 | Sens relationnel et grammatème: contenu et expression au niveau grammatical de la langue (Rés. fr.).
2337   DURANTI, Sandro: Contributi delle lingue bantu alla teoria della grammatica relazionale. — *RGG* 1, 1976/3, 1-57.
2338   ELEKFI László: Közléselmélet, grammatika, aktuális mondattagolás. — *ÁNyT* 9, 1973, 65-85 | Théorie de la communication, grammaire, analyse structurale de la phrase.
2339   ERINGA, P.: Catégories de rection lexicomorphologique. — *FoL* 9, 1976, 161-173.
2340   FRÄNKEL, Hermann: *Grammatik und Sprachwirklichkeit.* — München: 1974 | BL 1974, 2118. | *WS* 9, 1975, 242-243 Georg Rehrenböck | *DLZ* 97, 1976, 208-210 A. Steube | *Erasmus* 28, 1976, 74-77 E. H. Yarrill.
2341   FÜLEI-SZÁNTÓ Endre: A szerkezeti-műveleti grammatika. — *ÁNyT* 9, 1973, 87-121 | La grammaire structurale et opérationnelle.
2342   HEINZ, Adam: Uwagi o morfologicznych wykładnikach struktur syntaktycznych. — *JP* 56, 1976, 321-334 | Remarks on morphological exponents of syntactic structures.
2343   HIDALGO, Cesar A.: Meaning-manifestation relations in linguistic analysis. — [277], 153-167 | The relation between syntax and the morphological structure of predicates in Ivatan.
2344   HONOWSKA, Maria: La catégorie de genre et la dispersion du contexte distributionnel. — *BPTJ* 34, 1976, 81-85.
2345   IBRAHIM, Muhammad H.: *Grammatical gender* ... — The Hague: 1973 | BL 1973, 2345. | *FL* 14, 1976, 119-125 G. Wienold.
2346   JAHOWKYAN, G. B.: Xoskʻi maseri kałaparayin dasakargowmə. — *LHG* 1976/1, 16-30 | The structural classification of the parts of speech (Ru. summ.).
2347   JODŁOWSKI, Stanisław: *Ogólnojęzykoznawcza charakterystyka zaimka.* — Wrocław: 1973 | BL 1973, 2346. | *BSL* 71, 1976/2, 17 W. Mańczak.
2348   KÁROLY Sándor: A mondat szemantikai-logikai és morfémastruktúrája egyfajta értelmezése. — *ÁNyT* 7, 1970, 161-174 | Une interprétation possible de la structure sémantico-logique et de la structure morphématique de la phrase.
KHLEBNIKOVA, I. B.: *The conjunctive mood in E. as a problem in general linguistics.* — 8104.

2349 KITTREDGE, R.: Transformational decomposition and transfer grammar. — [159], 145-151.
2350 KLAJN, Ivan: Intorno alla definizione del pronome. — Ling 15, 1975, 79-91 | Rés. slovène.
2351 KLEIN, Wolfgang: *Variation in der Sprache*... — Kronberg, Ts.: 1974 | BL 1974, 2124. | ZGL 4, 1976, 79-84 Chr. Habel.
2352 KŁÓSEK, Izabela: Les verbes et ses deux catégories grammaticales essentielles: le temps et l'aspect. — SRP 3, 1976, 67-70.
2353 KOPANEŬ, P. I., & ŠUBINA, E. S.: Da pytannja ab hramatyčnym cjaperašnim. — BeLi 7, 1975, 14-21 | Zum Problem der grammatischen Gegenwart (Ru. & G. summ.).
2354 LIPCZUK, Ryszard: Kriterien der Wörtereinteilung. — *AUNCHum* 70, *Filologia Germańska* 2, 1976, 105-119 | Pol. summ.
2355 LITTLE, Greta D.: Does word order in noun compounding reflect sentential syntax? — LACUS II, 249-254.
2356 MBULAMOKO, Nzenge: *Verbe et personne*... — Tübingen: 1973 | BL 1973, 2353. | RJb 26, 1975 (1976), 170-172 H. J. Simon | VR 35, 1976, 295 G. Ineichen.
2357 MCCAWLEY, James D.: Morphological indeterminacy in underlying syntactic structure. — [110], 317-326.
2358 MILEWSKI, Tadeusz: Problem części mowy w ujęciu lingwistyki strukturalnej. — RND 58, *Prace językoznawcze* 3, 1976, 11-19 | The problem of the parts of speech in structural linguistics.
PARISI, D., & ANTINUCCI, F.: *Essentials of grammar.* — 6421.
2359 PENNANEN, Esko: On the nature, grammatical status and function of the so-called lexical (categorial) markers. — PScCL 3, 1976, 293-303.
2360 SHEINTUCH, Gloria: On the gradation of grammatical relations. — SLS 6, 1976/1, 186-194.
2361 SOVA, L. Z.: Ierarchija grammatičeskich kategorij pri postroenii teorii zaloga. — NAA 1975/1, 181-185.
2362 STEINER, Gerd: Intransitiv-passivische und aktivische Verbalauffassung. — ZDMG 126, 1976, 229-280.
2363 WEXLER, Paul: On the non-lexical expression of determinedness (with special reference to Russian and Finnish). — SL 30, 1976, 34-67, 3 tab.

2.1. Morphologie et formation des mots — Morphology and word-formation

2364 ALLEN, Andrew: Interfixes preserve syllables and word roots. — PBLS II, 31-35.
2365 ANČIĆ-OBRADOVIĆ, M.: Pitanja raščlanjivanja riječi s posebnim strukturnim karakteristikama. — KnJ 5, 1976/1-2, 21-33 | Summ. in Ru.: Problema členenija slov s osobymi strukturnymi charakteristikami.
2366 ANTTILA, Raimo: The metamorphosis of allomorphs. — LACUS II, 238-248.
2367 BACK, Otto: Wortbildung und Zeichenfunktion bei den Grundzahlwörtern. — [145], 57-71.
2368 BOEDER, Winfried: Morphologische Kategorien. — [101], II, 117-126.
2369 BOOIJ, G. E.: Woordvorming en generatieve semantiek. — *Spektator* 5, 1975-76, 466-477 | Word-formation and generative semantics. Rev. art. on No. 8126.
2370 BREKLE, Herbert E.: Delokutive Verben: Ein sprechakttheoretisch fundierter Wortbildungstypus. — [101], II, 69-76 | Also in *Sprachw* 1, 1976, 357-378.
2371 COMBRINK, Johan: Sie daar. — [279], 36-42 | On the morphonology of the type Afrikaans *demokrasie – demokraat*, E. *democrat – democracy*, etc.

2372 CORNULIER, B. DE: La notion de dérivation délocutive. — *RLiR* 40, 1976, 116-144 | Introd. par É. BENVENISTE.
2373 DRESSLER, Wolfgang: Das Zusammenspiel verschiedener Ebenen und Prozesse in der diachronen Wortbildung. Thesen. — [145], 155-157.
2374 ETTINGER, Stefan: *Form und Funktion in der Wortbildung* ... — Tübingen: 1974 | BL 1974, 2136. | *RSC* 23, 1975, 492 V. D'Agostino | *AC* 45, 1976, 725-726 E. Lienard | *MLR* 71, 1976, 361-362 J. N. Green | *Maia* 28, 1976, 273-274 E. Salvaneschi | *ASNS* 213, 1976, 355-358 I. Burr | *Thesaurus* 31, 1976, 178-181 R. Werner.
2375 FUCHS, Hans-Jürgen: *Egoitas – moi – ergotisme*: Materialien zur Entstehung des Präfixes *ego-* und seiner Bildungen. — [267], 103-123.
2376 GOGA, Ecaterina: La explotación gramatical del morfema del género clasificador en la estructura gramatical. — *ACILR* XIII/1, 1147-1154.
2377 GÜNTHER, Hartmut: Bemerkungen zum Status von Wortbildungsregeln. — [101], II, 49-58.
2378 GUSMANI, Roberto: Considerazioni sul "prestito" di morfemi. — *LeSt* 11, 1976, 393-407.
2379 HOCKETT, C. F., & BHAT, D. N. S.: Comments on D. M. Joshi's 'Morphophonemic alternations'. — *IJDL* 5, 1976, 144-153 | Comments by Hockett (144-147), & Bhat (147-153) on D. M. JOSHI, *IJDL* 4, 278-282 (BL 1975, 2342). Joshi's reply, *IJDL* 5, 1976, 338-342.
2380 KARPF, Annemarie: Der Lexikoneintrag idiomatischer Komposita und Nominalsyntagmen. — [145], 73-81.
2381 KILBURY, James: *The development of morphophonemic theory*. — Amsterdam Studies in the Theory and Hist. of Linguistic Sci. III, 10; Amsterdam: Benjamins, 1976, viii, 155 p.
2382 KUBRJAKOVA, E. S.: *Osnovy morfologičeskogo analiza (na materiale germanskich jazykov)*. — Moskva: 1974 | BL 1974, 2141. | *JČ* 27, 1976, 70-73 J. Bosák.
2383 —O formoobrazovanii, slovoizmenenii, slovobrazovanii i ich sootnošenii. — *IzvAN* 35, 1976, 514-526.
2384 KURYŁOWICZ, Jerzy: Some relations between expression and content. — *BPTJ* 34, 1976, 55-61.
LEHTINEN, T.: Synkronisia ja diakronisia näkökohtia johto-opillisesta produktiiviudesta. — 12382.
2385 LINNAMÄGI, Madis: Über die lexikalische Selbständigkeit der Suffixe in den Nationalsprachen und im Esperanto. — *LingT* 4, 1971 (1972), 37-52.
2386 LÖTZSCH, R., FIEDLER, W., & KOSTOV, K · Die Kategorie des Genus verbi in ihrem Verhältnis zu einigen verwandten morphologischen Kategorien. — [369], 63-94.
2387 MAJEWICZ, Alfred F.: Some observations concerning various structures of cardinal numbers and the possibility of their classification, (I). — *LPosn* 19, 1976, 93-104.
2388 MATTHEWS, P. H.: *Morphology* ... — London: 1974 | BL 1974, 2144. | *MLR* 70, 1975, 576-577 G. C. Lepschy | *BSL* 71, 1976/2, 37-38 Claude Brixhe | *ASNS* 213, 1976, 144-146 Manfred Görlach | *RomPh* 30, 1976-77, 229-233 A. S. Allen.
2389 MEL'ČUK, I. A.: *Das Wort. Zwischen Inhalt und Ausdruck*. Hrsg. und eingel. von Johann BIEDERMANN. Band I. — Intern. Bibl. für Allgemeine Linguistik 9; München: Fink, 1976, 461 p. | Coll. of 13 art., publ. 1958-73, revised and transl. into G. or E. Five sections: Einführung; Wortbildung; Wortflexion; Allgemeine Fragen der Wortlehre; Zwischen Wort- und Lautlehre.

2390 — On suppletion. — *Linguistics* 170, 1976, 45-90 | Earlier version published in Ru. in 1971 (BL 1972, 2386).
2391 MURJASOV, R. Z.: O slovoobrazovatel'nom značenii i semantičeskom modelirovanii častej reči. — *VJa* 1976/5, 126-137.
2392 PANAGL, Oswald: Sprachgeschichtlich-komparatistische Überlegungen zur "lexikalistischen Hypothese" in der Wortbildungstheorie. — [145], 25-55.
 PANFILOV, V. Z.: Tipologija grammatičeskoj kategorii čisla . . . . — 1679.
2393 PERUZZI, Emilio: A European word-formation pattern. — *AGI* 61, 1976, 76-85 | The origins of E. *international*.
2394 THOMASON, Sarah G.: What else happens to opaque rules? — *Lg* 52, 1976, 370-381.

2.2. Syntaxe — Syntax

2395 ABBOTT, Barbara: In defense of certain scopes. — *PCLS* XII, 1-12.
2396 AKMAJIAN, Adrian, & KITAGAWA, Chisato: Deep-structure binding of pronouns and anaphoric bleeding. — *Lg* 52, 1976, 61-77.
2397 AKMAJIAN, Adrian, & LEHRER, Adrienne: NP-like quantifiers and the problem of determining the head of an NP. — *LAn* 2, 1976, 395-413.
2398 ANDERSON, John: Perfect possibilities and existential constraints. — *SAP* 7, 1975 (1976), 3-6.
2399 ANDERSON, Stephen R.: Pro-sentential forms and their implications for English sentence structure. — *SynS* 7, 1976, 165-200 | Dates from 1967.
2400 — On the notion of subject in ergative languages. — [143], 3-23.
2401 ARUTJUNOVA, N. D.: Referencija imeni i struktura predloženija. — *VJa* 1976/2, 24-35.
2402 BABBY, Leonard H.: Towards a formal theory of "part of speech". — [376], 151-181 | Based on Ru.
2403 BALÁZS, János: *Funktionswerte der Pronominalität.* — Budapest: 1973 | BL 1973, 2402 | *SSlav* 22, 1976, 183-191 F. Fabricius-Kovács | *BSL* 71, 1976/2, 395-401 A. Sauvageot.
2404 — A tárgy a mondatrészek rendszerében. — *ÁNyT* 9, 1973, 7-22 | Le complément d'object dans le système des constituants de la phrase.
2405 BALBEKO, G. S.: O soderžanii ponjatija mnogoėlementnogo skazuemogo. — *Jaz. i top.* [334], 2, 171-180.
2406 BARCHUDAROV, L. S.: Problema predloženija v traktovke različnych grammatičeskich napravlenij. — *VJa* 1976/3, 89-100.
2407 BASBØLL, Hans: Is an integration of Diderichsen's positional analysis of Danish sentences in a transformational-generative framework feasible? — *PScCL* 3, 1976, 27-38.
2408 BERNDT, Rolf: *A contribution to a semantically based approach to grammar.* — Kopenhagener Beiträge zur germanistischen Linguistik 8; København: Akademisk Forlag, 1976, 69 p., ill.
2409 BESTEN, Hans DEN: Het kiezen van lexicale delenda. — *Spektator* 5, 1975-76, 415-432 | The selection of lexical delenda.
2410 BIBOVIĆ, L.: On the notion of body part instrument. — *FoL* 9, 1976, 311-324.
2411 BICKERTON, Derek: Reference in natural semantax. — *WPLUH* 7, 1975/4, 47-87.
2412 BILÝ, Milan: "Pronominalization rules" (coreference rules) described in terms of functional sentence perspective. — *PScCL* 3, 1976, 51-62.
2413 BINNICK, Robert: The iffyness of transitive verbs. — *SynS* 6, 1976, 217-227 | *if* verbs (*cause, have*, etc.).

2414 BINNICK, Robert I., MORGAN, J. L., & GREEN, Georgia M.: Camelot, 1968, being an account of some of the linguistic Events of that Year... — *SynS* 7, 1976, 249-274 | Dates from 1968.
2415 BLAKE, Barry J.: On ergativity and the notion of subject. Some Australian cases. — *Lingua* 39, 1976, 281-300, 2 tab.
2416 BOGUSŁAWSKI, Andrzej: Ambiguity in nominalization? — *LBer* 40, 1975, 35-44.
2417 — Presupozycje a negacja. — [372], 33-50 | Presuppositions and negation.
2418 BOKAMBA, Eyamba G.: Observations on the Immediate Dominance Constraint, topicalization, and relativization. — *SAfrL* 6, 1975, 1-22.
2419 BONDARKO, Aleksandr V.: Stand und Perspektiven der Aspektologie in der UdSSR. — [397], 123-139.
2420 BONDZIO, Wilhelm: Die Valenz zweiter Stufe als Grundlage der Adverbialsyntax. — *WZUB* 23, 1974, 245-257 | Summ. in Ru., E. & Fr.
2421 — Abriss der semantischen Valenztheorie als Grundlage der Syntax (I. Teil). — *ZPhon* 29, 1976, 354-363.
2422 Bos, Gijsbertha F.: The interrelation between syntax and semantics. — *MGS* 2, 1976, 3-20.
2423 BOUTON, Lawrence F.: The problem of equivalence in contrastive analysis. — *IRAL* 14, 1976, 143-163.
2424 BOWERS, John S.: On surface structure grammatical relations and the structure-preserving hypothesis. — *LAn* 2, 1976, 225-242.
2425 BRAME, Michael K.: *Conjectures and refutations in syntax and semantics.* — New York: North-Holland Publishing Co., 1976, xx, 160 p.
2426 BRÄUER, Rolf: Die Valenztheorie. Ihre Geschichte, ihr aktueller Stand und ihre Möglichkeiten. — *WZUB* 23, 1974, 267-280.
2427 BRECHT, Richard D.: Tense and infinitive complements in Russian, Latin and English. — [376], 193-218.
2428 BRENNENSTUHL, Waltraud: What we can't do. — *PCLS* XII, 59-71 | On the action/nonaction distinction.
2429 BRESNAN, Joan W.: On the form and functioning of transformations. — *LIn* 7, 1976, 3-40.
2430 — Nonarguments for Raising. — *LIn* 7, 1976, 485-501 | On ch. 4 of Paul POSTAL's *On Raising...*, 1974 (BL 1974, 2376).
2431 BROWN, Robert L., Jr., & STEINMANN, Martin, Jr.: The syntax of reference and predication. — [110], 51-58.
2432 CANTRALL, William R.: *Viewpoint, reflexives, and the nature of noun phrases.* — The Hague: 1974 | BL 1974, 2193. | *FL* 14, 1976, 601-604 T. Fretheim.
2433 CATTELL, Ray. Constraints on movement rules. — *Lg* 52, 1976, 18-50.
2434 CHAFE, Wallace L.: Givenness, contrastiveness, definiteness, subjects, topics, and point of view. — [143], 27-55.
2435 CHRAKOVSKIJ, V. S.: Zur Definition von Passivkonstruktionen. — [369], 51-62.
2436 COLE, Peter, HARBERT, Wayne, SRIDHAR, Shikaripur, et al.: Noun phrase accessibility and island constraints. — *SLS* 6, 1976/1, 170-185.
2437 COLE, Peter, & SRIDHAR, S. N.: Clause union and relational grammar: evidence from Hebrew and Kannada. — *SLS* 6, 1976/1, 216-227.
2438 COMRIE, Bernard: The syntax of action nominals: A cross-language study. — *Lingua* 40, 1976, 177-201.
2439 CONTRERAS, Heles: *A theory of word order with special reference to Spanish.* — North-Holland Linguistic S. 29; Amsterdam: North-Holland Publishing Co., 1976, xii, 152 p.

2440 COOPER, William E.: Inclusions. — *Lingua* 40, 1976, 203-222.
2441 CORMICAN, John D.: In defence of a four-case deep case hypothesis. — *PIL* 9, 1976/1-2, 127-147.
2442 CRANNER, David J.: *Derived intransitivity: a contrastive analysis of certain reflexive verbs in German, Russian and English.* — Linguistische Arbeiten 38; Tübingen: Niemeyer, 1976, vii, 117 p.
2443 CULICOVER, Peter W.: A constraint on coreferentiality. — *FL* 14, 1976, 109-118, 3 fig.
2444 CUMMINS, George M.: Toward a formal intermediary between semantic representations and the transformational component. — *FL* 14, 1976, 549-560 | Rev. art. on: (1) *Semantic syntax*, ed. by Pieter A. M. SEUREN, 1974 (BL 1974, 2403); (2) *Slavic transformational syntax* [376].
2445 DAHL, Östen: What is new information? — [368], 37-50.
2446 DANEŠ, F., & [HAUSENBLAS, K.] GAUZENBLAS, K.: K semantike osnovnych sintaksičeskich formacij. — *Gramm. opis. sl.* [9074], 90-97 | On the semantics of the principal syntactic units.
2447 DANIELSEN, Niels: Das Satzverbal (Π) und die Kasus. — *Sprachw* 1, 1976, 262-291.
2448 DAVID, Jean: Sur quelques approches logiques de la distinction actants/circonstants. — [111], 193-211.
2449 DEŠERIEVA, T. I.: K probleme sootnošenija glagol'nych kategorij vida i vremeni. — *VJa* 1976/4, 72-76.
2450 DEZSŐ László: A mondattan tipológiai megközelítése. — *ÁNyT* 9, 1973, 23-63 | La méthode typologique en syntaxe.
2451 DOERFER, Gerhard: S → NP + VP? — *IF* 80, 1975 (1976), 1-46.
2452 DOUGHERTY, Ray C.: A methodological exorcism of semantic pseudo-problems. — *Linguistics* 170, 1976, 5-29 | Rev. of *Semantic syntax*, ed. by Pieter A. M. SEUREN, 1974 (BL 1974, 2403).
 EBNETER, T.: Thema und Fokus im Französischen. — 5876.
 — Impersonals as modal operators. — 6383.
2453 EDMONDSON, Jerold A., & PLANK, Frans: Auxiliaries and main verbs reconsidered. — *Lingua* 38, 1976, 109-123 | Transformational syntax.
2454 EGOROVA, Z. A.: Paradigma složnopodčinennogo predloženija. — *NDVŠ-F* 1976/6, 60-66.
2455 ENKVIST, Nils Erik: Prolegomena to a symposium on "The interaction of parameters affecting word order". — [368], 5-13.
2456 ESAU, Helmut: Der Status des Lexikons im generativen Grammatikmodell. — *ZGL* 4, 1976, 155-178.
2457 — *Funktionsverbgefüge* revisited. — *FoL* 9, 1976, 135-160.
2458 EVERS, Arn.: No backward gapping for German. — *UWPL* 1, 1976, 1-10.
2459 FAUCONNIER, Gilles: *La coréférence: syntaxe ou sémantique?* — Paris: 1974 | BL 1974, 2229. | *FM* 44, 1976, 353-355 J. Stefanini | *SCr* 10 (29), 1976, 156-163 L. Rizzi | *Homme* 15, 1975/1, 140-142 J. Schön.
2460 FEHLING, D.: Remarks on the role of the syntactical calque in standard languages and the similarity between classical Greek and Latin syntax. — *FoL* 9, 1976, 73-84.
2461 FIENGO, Robert, & LASNIK, Howard: Some issues in the theory of transformations. — *LIn* 7, 1976, 182-191 | Cf. 2587.
2462 FIGUROVSKIJ, I. A.: Von der Syntax des Einzelsatzes zur Syntax des ganzen Textes. — [382], II, 111-154 | First publ. in Ru. in 1948.

2463 FJUREDI, M.: K probleme opredelenija i isčislenija zalogov. — *ALH* 26, 1976, 225-230.
2464 FONTANELLA ROSSET, Lucia: Note sulla nozione "frase nucleare". — *SILTA* 4, 1975/2-3 (1976), 281-303 | Summ. in E.
2465 FOURQUET, Jean: Zur Sonderstellung des Subjekts. Eine Auseinandersetzung mit Tesnière und Chomsky. — *WW* 26, 1976, 234-240.
2466 FRANÇOIS, Jacques: Zu einer generativen Intersyntagmatik. Die Stellung der Hilfsverben im deutschen, französischen und niederländischen Nebensatz. — [101], II, 187-198.
2467 FRANTZ, Donald G.: Equi-subject Clause Union. — *PBLS* II, 179-187.
2468 FREI, Henri: Il y a répétition et répétition. — *Lingua* 39, 1976, 1-25.
2469 — The segmented sentence: Bally's theory reconsidered. — [255], 139-144.
2470 FREIDIN, Robert: On the vacuity of empty nodes. — *FL* 14, 1976, 369-375 | On T. WASOW's analysis, *FL* 12, 603-607 (BL 1975, 2651).
2471 FRETHEIM, Thornstein: On certain conflicts between focus-determined and clause-type-determined word order. — [368], 75-93.
2472 *Functional generative grammar in Prague.* . . . Hrsg. von Wolfgang KLEIN und Arnim v. STECHOW. — Kronberg: 1973 | BL 1974, 2285. | *PBML* 24, 1975, 61-78 O. Mišeska-Tomić.
2473 GACOV, Dimitrija: Die Valenztheorie als selbständige Disziplin. — *GZb* 1, 1975, 103-135 | Maced. summ.
2474 GANESHSUNDARAM, P. C.: A practical theory of syntax for translation. — *IRAL* 14, 1976, 373-382.
2475 GASPAROV, B. M.: Principy sintagmatičeskogo opisanija urovnja predloženija. — *UZTarU* 347, 1975 (*Trudy po ru. i sl. fil.* 23), 3-29.
2476 GEERTS, W., & MELIS, L.: Remarques sur le traitement des modalités en linguistique. — *Langages* 43, 1976, 108-124.
2477 GIVÓN, Talmy: Topic, pronoun and grammatical agreement. — [143], 151-188.
2478 GREEN, Georgia M.: Main clause phenomena in subordinate clauses. — *Lg* 52, 1976, 382-397.
2479 GREEN, G. M., & MORGAN, J. L.: Notes toward an understanding of rule government. — *SLS* 6, 1976/1, 228-248.
2480 GREENBAUM, Sidney: Syntactic frequency and acceptability. — *Lingua* 40, 1976, 99-113, 2 tab.
2481 GUCHMAN, M. M.: Die Ebenen der Satzanalyse und die Kategorie des Genus verbi. — [369], 9-32.
2482 HAAN, Ger J. DE: Regelordening en domeinformuleringen op transformaties. [298], 279-302 | Rule ordering and domain formulations on transformations.
2483 HAJIČOVÁ, Eva: Question and answer in linguistics and in man-machine communication. — *SMIL* 1976, 30-46.
2484 HALPERN, Richard Neil: The bivalence of NEG raising predicates. — *SLS* 6, 1976/1, 69-81.
2485 HALVORSEN, Per-Kristian: Syntax and semantics of cleft-sentences. — *PCLS* XII, 271-286.
2486 HANKAMER, Jorge, & SAG, Ivan: Deep and surface anaphora. — *LIn* 7, 1976, 391-428.
2487 HÄRMÄ, Juhani: Subject extraction and the question of topicalization in French. — *PScCL* 3, 1976, 203-213.
2488 HARMAN, Gilbert: Anaphoric pronouns as bound variables: syntax or semantics? — *Lg* 52, 1976, 78-81.

SYNTAXE

2489 HARRIS, Florence Warshawsky: Reflexivization. — *SynS* 7, 1976, 63-83 | Dates from 1965.
2490 HARRIS, Zellig S.: *Notes du cours de syntaxe*. Trad. de l'angl. [et présenté] par Maurice GROSS. — Paris: Éd. du Seuil, 1976, 236 p. | Fr. transl. of a course in E. syntax, given by H. at the Dép. de linguistique de l'Univ. de Paris (Vincennes), 1973-4. | *ZRPh* 92, 1976, 642 K. B[ALDINGER].
2491 HARTIG, Matthias: Overdetermination and underdetermination as characteristics of variable language use. — *Linguistics* 168, 1976, 17-25.
2492 HARWEG, Roland: Formen des Zeigens und ihr Verhältnis zur Deixis. Ein Beitrag zur Pragmatik. — *ZDL* 43, 1976, 317-337, 2 fig. | E. summ.
2493 — Aspekte als Zeitstufen und Zeitstufen als Aspekte. — *Linguistics* 181, 1976, 5-28.
2494 HASTINGS, Ashley J.: On the Obligatory-Optional principle. — [103], 294-319, 40 fig.
HAURI, C.: Die Typologie als Hilfsmittel der Syntax. — 1664.
2495 HEINÄMÄKI, Orvokki: Problems of basic word order. — [368], 95-106.
2496 HELLAN, Lars: Some syntax and/or semantics of ((at least) Norwegian) comparatives. — *PScCL* 3, 1976, 157-172.
2497 HLAVSA, Zdeněk: Some problems of semantics in syntax. — *BPTJ* 34, 1976, 73-79.
2498 HOCHSTER, Anita: Verbal complements and lexical filtering. — *AL* 16/1, 1976, 21-43, 11 fig.
2499 HOLMAN, Eugene: Some thoughts on variable word order. — [368], 125-143.
2500 HÜBLER, Axel: Syntaktiko-semantische Pragmatik. Eine Skizze. — [101], I, 367-377.
2501 HUPET, M., & COSTERMANS, J.: Un passif: pour quoi faire? Quinze années de travaux psycholinguistiques. — *Linguistique* 12, 1976/2, 3-26.
HELBIG, G.: Valenz, Semantik und Satzmodelle. — 7308-9.
2502 IKEGAMI, Y.: A localist hypothesis as a framework for contrastive linguistics. — *FoL* 9, 1976, 59-71.
2503 [IL'JAŠENKO, T. P.] ILJACHENCO, Tatiana P.: La sociologie et la syntaxe. — *ACILR* XIV/2, 271-275.
2504 IMMLER, Manfred: *Generative Syntax, generative Semantik* .... — München: 1974 | *BL* 1974, 2267. | *JL* 12, 1976, 318-319 D. J. Allerton.
2505 INEICHEN, Gustav: La phrase explicite dans la 'Linguistique' de Bally. — [249], 405-410.
2506 IVIĆ, Milka: Problem perspektivizacije u sintaksi. — *JslF* 32, 1976, 29-46 | Summ. in E.: The perspectivization problem in syntax.
2507 JACOBSON, Pauline, & NEUBAUER, Paul: Rule cyclicity: evidence from the Intervention Constraint. — *LIn* 7, 1976, 429-461.
2508 JACOBSON, Sven: The elementary transformations. — *PScCL* 3, 1976, 227-236.
2509 JAMES, Deborah M., & BINNICK, Robert I.: On the putative rule of sentence-lifting. — *CJL* 21, 1976, 153-170.
2510 JANSON, Tore: Placement of enclitics in Latin and the relation between syntax and phonology. — *PScCL* 3, 1976, 237-244.
Jap. generative grammar. — 13172.
2511 JARCEVA, Viktoria N.: The range of expansion of syntactical structures in relation to the volume of information. — [381], 13-24.
2512 JELITTE, Herbert: Die Wiederholung als Textkonstituente. — [382], I, 115-136.
2513 — Die Substitution als Textkonstituente. — [382], I, 137-171.

2514 — Reduktion und Redundanz als Textkonstituenten. — [382], I, 173-204.
2515 — Konzepte, Systeme und Modelle für die Erschliessung der Textstruktur. — [382], I, 223-278.
2516 JENSEN, John T.: On pruning S̄. — *PIL* 9, 1976/1-2, 187-193.
2517 JERNEJ, Josip: L'analisi tassematica e le sue applicazioni. — *SRAZ* 39, 1975, 27-37.
2518 KAČALA, J.: Das Genus verbi, der Intentionswert des Verbs und die Intentionsstruktur des Satzes. — [369], 137-138.
KAKRIDIS, J. Th.: 'Ανακόλουθον σχῆμα. — 4980.
2519 KAPLAN, Jeff: The variability of phrasal anaphoric islands. — *PCLS* XII, 337-350.
KASHER, A.: Three notes on the performative analysis. — 11939.
2520 KEENAN, Edward L.: Reference restricting operators in universal grammar. — *PBLS* II, 227-239.
2521 KEENAN, Elinor Ochs, & SCHIEFFELIN, Bambi: Foregrounding referents: a reconsideration of left dislocation in discourse. — *PBLS* II, 240-257.
2522 KIEFER, Ferenc: Some remarks on topic-comment and presuppositions. — [368], 157-173.
2523 KLERK, W. J. DE: 'n Voorveronderstelling is 'n voorveronderstelling. — [279], 60-66 | On equational sentences of the type S = S, NS = NS.
2524 KLIMOV, G. A.: *Očerk obščej teorii ėrgativnosti*. — Moskva: 1973 | BL 1974, 2286. | *Lingua* 39, 1976, 252-280 B. Comrie | Cf. 2593.
2525 KLINKE, Wolfgang: "Wie heisst die Antwort auf diese Frage?" Zum Status von Fragen und Antworten in einer Sprechakttheorie. — [101], I, 123-132.
2526 KLOOSTER, W. G.: Adjectieven, neutraliteit en comparatieven. — [298], 229-259 | Adjectives, neutrality and comparatives. Summ. in *HandNFC* 34, 1976, 56-62.
2527 KOMLÓSY András: Az ágens és az objektum felszíni kifejezésének lehetséges rendszerei a természetes nyelvekben. — *ÁNyT* 11, 1976, 239-246 | Les systèmes de surface possibles, dans les langues naturelles, de l'expression de l'agent et de l'objet.
2528 KÖNIG, Fritz: Konstituenz und Dependenz in der Lehre vom einfachen Satz. — [240], 130-147.
2529 KOUTSOUDAS, Andreas: On using pruning in arguing for extrinsic order. — [255], 183-188.
2530 KOVTUNOVA, I. I.: Die Wortfolge als Gegenstand grammatischer Forschung. — [382], II, 181-206 | First publ. in Ru. in 1973 (BL 1973, 11475).
2531 KRATZER, Angelika, PAUSE, Eberhard, & STECHOW, Arnim VON; *Einführung in Theorie und Anwendung der generativen Syntax*. 1; 2. — Frankfurt a.M.: 1974 | BL 1974, 2294. | *ZPhon* 29, 1976, 444-446 G. Starke | *PBML* 25, 1976, 76-78 P. Sgall.
2532 KRENN, Herwig: *Die grammatische Transformation* ... — München: 1974 | BL 1974, 2296. | *Linguistics* 179, 1976, 99-110 J. M. Meisel | *FL* 14, 1976, 449-453 T. A. Perry | *JL* 12, 1976, 320-324 D. J. Allerton.
2533 [KŘÍŽKOVÁ, H.] KRŽIŽKOVA, E.: Distinktivnye semantičeskie priznaki i struktura predloženija. — *Gramm. opis. sl.* [9074], 98-105 | Distinctive semantic features and sentence structure.
2534 KUČERA, Henry, & TRNKA, Karla: *Time in language: temporal adverbial constructions* .... — Ann Arbor: 1975 | BL 1975, 2530. | *CSlP* 18, 1976, 368-370 Richard C. DeArmond.
2535 KUNO, Susumu: Gapping: a functional analysis. — *LIn* 7, 1976, 300-318.

2536 — Subject, theme, and the speaker's empathy – a reexamination of relativization phenomena. — [143], 419-444, tab.
2537 KURODA, S. Y.: Linguistic harmony notes. — *SynS* 7, 1976, 227-228 | Dates from 1967. Cf. 2586.
  LACKNER, J. R., & TULLER, B.: The influence of syntactic segmentation on perceived stress. — 2155.
2538 LAKOFF, George: Pronouns and reference. — *SynS* 7, 1976, 275-335 | Dates from 1968.
2539 LAKOFF, George, & ROSS, John Robert: Why you can't *do so* into the sink. — *SynS* 7, 1976, 101-111 | Dates from 1966.
2540 LANGE, Klaus-Peter: *Kurzgefasste Einführung in die generative Syntax.* — Publikationen des Fachbereichs Angewandte Sprachwissenschaft der Johannes Gutenberg-Universität Mainz in Germersheim B, 2; Bern & Frankfurt a.M.: Lang, 1975, 134 p.
2541 LARREYA, Paul: Presupposition and grammar. — *Linguistics* 167, 1976, 35-49.
2542 LASNIK, Howard: Remarks on coreference. — *LAn* 2, 1976, 1-22.
2543 LEROT, Jacques: Einige Vorschläge zur prälexikalischen Syntax. — [101], II, 153-165.
2544 LERUSSE, Françoise: L'aspect verbal et l'énonciation. — *FM* 44, 1976, 331-338.
2545 LEWANDOWSKA, Barbara: The rule of coreferential complement subject deletion. — *BPTJ* 34, 1976, 87-99.
  LEWICKI, A. M.: *Wprowadzenie do frazeologii syntaktycznej* . . . . — 10372.
2546 LI, Charles N., & THOMPSON, Sandra A.: On the issue of word order in a synchronic grammar: A case against "movement transformations". — *Lingua* 39, 1976, 169-181.
2547 LIGHTFOOT, David: The theoretical implications of subject raising. — *FL* 14, 1976, 257-285 | Rev. art. on Paul M. POSTAL, *On raising*, 1974 (BL 1974, 2376).
2548 — Diachronic syntax: Extraposition and deep structure re-analyses. — *FoL* 9, 1976, 197-214 | Hist. of E. syntax.
2549 — Trace theory and twice-moved NPs. — *LIn* 7, 1976, 559-582.
2550 LOSEVA, L. M.: Zur Erforschung der interphrastischen Verbindung (der Absatz und das komplexe syntaktische Ganze). — [382], II, 95-110 | First publ. in Ru. in 1967 (BL 1967, 8522).
2551 LÖTSCHER, Andreas: Zeit, Text und Aktionsarten. — *DSp* 4, 1976, 120-147.
2552 LÜTJEN, H. P., & RUDOLPH, K.: Another note on becoming: a pilot study in ambiguity and vagueness. — *LBer* 40, 1975, 1-25.
2553 MCCAWLEY, James D.: *Grammar and meaning. Papers on syntactic and semantic topics.* — New York: Academic Press, 1976, x, 328 p. | Revised version of the Jap. ed., 1973 (BL 1973, 2544). | *Lingua* 39, 1976, 158-164 Ö. Dahl (First ed.) | Cf. 2639.
2554 — Remarks on what can cause what. — *SynS* 6, 1976, 117-129.
2555 MCCAWLEY, Noriko A.: On experiencer causatives. — *SynS* 6, 1976, 181-203.
2556 — What strikes me about Psych-Movement. — *LACUS* II, 320-328.
2557 MCKAUGHAN, Howard P.: Subject versus topic. — [277], 206-213.
2558 MAKINO, Seiichi: Can a single sentence have more than one empathy focus? A case study from Japanese. — *PCLS* XII, 476-485.
2559 [MARTEMJANOV, Ju. S.] MARTIEMJANOW, Jurij S.: Tekst spójny: właściwości struktury głębokiej. — [372], 17-32 | Compact text: the features of deep structure.
2560 MARTINET, André: *Studies in functional syntax* . . . — München: 1975 | BL 1975,

2551. | *ZRPh* 92, 1976, 585-589 Manfred Sandmann | *IRAL* 14, 1976, 307-310 P. Erdmann.
2561 MATZEL, Klaus, & ULVESTAD, Bjarne: Asymmetrie im syntaktischen Regelwerk. — *Sprachw* 1, 1976, 73-107. *Méthodes en grammaire fr.* Textes ... — 5916.
2562 MIKLUŠ, Michal: O základných kritériách triedenia predikatívnych štruktúr. — *JČ* 27, 1976, 19-29 | On the principles of the classification of predicative structures (Ru. summ.).
2563 MILOJEVIĆ-SHEPPARD, Milena: Pronouns and the problem of reference in transformational grammar. — *Ling* 16, 1976, 81-96 | Slovenian summ.
2564 MITTWOCH, Anita: Grammar and illocutionary force. — *Lingua* 40, 1976, 21-42.
2565 MO KÁA: The logic of non-European linguistic categories. — [128], 85-96 | Animate and inanimate gender in Algonkian.
2566 MORGAN, J. L., & GREEN, Georgia M.: More evidence for a cycle of transformations? — *SynS* 7, 1976, 243-248 | Dates from 1968.
2567 MORIN, Jean-Yves: Rule ordering and the Cyclic principle in syntax. — [103], 320-348, 20 fig.
2568 MOSIDSE, Juri: Logische und sprachliche Verhältnisse im räumlich orientierten System. — *WZUJ* 24, 1975, 627-635.
2569 MURAKI, Masatake: *Presupposition and thematization.* — Tokyo: 1974 | BL 1974, 2349. | *NDVŠ-F* 1976/5, 116-118 G. G. Počepcov.
2570 NEELD, Ronald: On some non-evidence for the cycle in syntax. — *Lg* 52, 1976, 51-60.
2571 NEUBAUER, Paul: The 2³ verb *pretend*. — *SynS* 7, 1976, 399-407 | Dates from 1970.
2572 NEWMAN, John: Remarks on 'Modality and conversational information'. — *TL* 3, 1976, 281-286 | On J. GROENENDIJK & M. STOKHOF's art., *TL* 2, 61-112 (BL 1975, 2469).
2573 NEWMEYER, Frederick J.: The precyclic nature of predicate raising. — *SynS* 6, 1976, 131-163.
2574 NIEUWENHUIJSEN, Peter: Evers' V-Raising. — *Spektator* 5, 1975-76, 589-602 | Rev. art. (in Du.) on: A. EVERS, *The transformational cycle in Dutch and German*, 1975 (BL 1975, 2443).
2575 NIKOLAEVA, T.M.: O sintaksičeskich otnošenijach edinic intonacionnogo urovnja i o sootnošenii frazovoj intonacii i sintaksisa jazyka. — [294], 111-118.
2576 — Die aktuale Gliederung – eine Kategorie der Textgrammatik. — [382], II, 165-180 | First publ. in Ru. in 1972 (BL 1972, 2040).
2577 NIQUE, Christian: *Initiation méthodique à la grammaire générative.* — Paris: 1974 | BL 1974, 2353. | *Rapports* 46, 1976, 126-129 W. L. M. Wetzels.
2578 NOLL, Craig: Arguments for the noncyclicity of transformations. — [103], 187-202, 7 fig.
2579 PANKHURST, James N.: Systemowe określanie relacji funkcjonalnych. — *PF* 26, 1976, 147-153 | The systemic definition of functional relations.
2580 PARTEE, Barbara: Some transformational extensions of Montague grammar. — [352], 51-76, tab.
2581 PÉREZ-ALONSO, Jesús: Personalpronomina: tertia persona sustinenda! — [101], II, 177-185.
2582 PISARKOWA, Krystyna: Zur Einordnung der performativen Verben. — [101], I, 163-172.
2583 PLÉH Csaba & RADICS Katalin: "Hiányos mondat", pronominalizáció és a

szöveg. — *ÁNyT* 11, 1976, 261-277 | "Phrase elliptique", pronominalisation et texte.
2584 POLLAK, Wolfgang: Un modèle explicatif de l'opposition aspectuelle: le schéma d'incidence. — *FM* 44, 1976, 289-311.
2585 PONELIS, Fritz: Die woord in die sintaksis. — [279], 119-126 | The word in syntax.
2586 POSTAL, Paul M.: Linguistic anarchy notes. — *SynS* 7, 1976, 201-225 | Dates from 1967. Cf. 2537.
2587 — Avoiding reference to subject. — *LIn* 7, 1976, 151-182 | On H. LASNIK & R. FIENGO's art., *LIn* 5, 535-571 (BL 1974, 7369). Cf. 2461.
2588 PRINCE, Ellen F.: The syntax and semantics of NEG-raising, with evidence from French. — *Lg* 52, 1976, 404-426.
2589 RADFORD, Andrew: On the non-transformational nature of syntax: synchronic and diachronic evidence from Romance causatives. — [5348], 69-95.
2590 RANSOM, Evelyn N.: Constraints between passive subjects and agents. — [110], 394-406.
2591 REIS, Marga: Zum grammatischen Status der Hilfsverben. — *PBB (T)* 98, 1976, 64-82.
2592 RIVERO, María-Luisa: La ambigüedad de los verbos modales: una visión histórica. — *RSEL* 5, 1975, 401-422.
2593 ROMPORTL, Simeon: Aktuálnost poznatků o jazycích ergativního typu. Na okraj monografie G. A. Klimova. — *SS* 37, 1976, 121-134 | L'actualité des connaissances sur les langues du type ergatif. En marge de la monographie de Klimov [2524].
2594 ROSS, John Robert: To have have and to not have have. — [255], 263-270.
2595 RUDOLPH, Elisabeth: Zusammenhänge von Kausalität und kausalen Satzgefügen. — *DSp* 4, 1976, 193-206.
2596 RŮŽIČKA, R., STEUBE, A., & WALTHER, G.: Syntaktische und semantische Reflexivität. Eine theoretische und (anhand des Russischen und Deutschen) kontrastive Studie. — [369], 95-112.
2597 RUŽIČKOVÁ, E.: One- and two-member sentences. — *BOPT* 1974, 159-175 | Ru. & Slov. summ.
2598 SAITO, Sakio: On dropping the single mother condition: notes on split controllers, split antecedents and antecedent-contained pro-forms. — *JL* 12, 1976, 311-315.
2599 SCHIEFER, Erhard: Zur Abgrenzung von Nominalsatz und Ellipse. — *KZ* 88, 199-217 | BL 1974, 2398. | *BSL* 71, 1976/2, 394-395 A. Sauvageot.
2600 SCHÖNFELDT, Alfred, & ZANDER-LÜLLWITZ, Brigitte: Überlegungen zur "fakultativen Ergänzung". — [240], 308-321 | Valenztheorie.
2601 ŠČUR, H. S.: Pro ponjattja "syntaksyčne pole". — *InFil* 35, 1974, 3-7 | On the concept "syntactical field" (Ru. & E. summ.).
2602 SEUREN, Pieter A. M.: Clitic pronoun clusters. — *ItalL* 2, 1976, 7-35 | Summ. in It.
2603 SGALL, Petr: Zu einigen neueren Einführungen in die Transformationsgrammatik. — *Linguistics* 182, 1976, 67-72.
2604 — Zum Stand der Thema-Rhema-Forschung in der Tschechoslowakei. — [397], 163-182, fig.
2605 — K obecným otázkám sémantiky věty. — *SS* 37, 1976, 184-194 | Remarks on the semantics of the sentence (E. summ.).
2606 SGALL, Petr, HAJIČOVÁ, Eva, & BENEŠOVÁ, Eva: *Topic, focus and generative*

semantics. — Kronberg: 1973 | BL 1974, 2407. | *SS* 37, 1976, 67-70 Z. Hlavsa & L. Uhlířová.

2607 SHEINTUCH, Gloria: On the syntactic motivation for a category "chômeur" in relational grammar. — *SLS* 6, 1976/1, 49-56.
2608 — Some pragmatic conditions on application of NEG-movement. — [110], 477-487.
2609 SHEINTUCH, Gloria, & WISE, Kathleen: On the pragmatic unity of the rules of Neg-Raising and Neg-Attraction. — *PCLS* XII, 548-557, tab.
2610 SHIBATANI, Masayoshi: The grammar of causative constructions: a conspectus. — *SynS* 6, 1976, 1-40, 2 tab.
2611 SIMIĆ, Radoje: Teorijsko-metodološki problemi u tipologiji slovenske rečenice. — *JslF* 32, 1976, 47-119 | Summ. in G.: Zur Typologie des einfachen Satzes in den sl. Sprachen.
2612 SINHA, Anil C.: Whither semantics? — *Semiotica* 18, 1976, 269-288 | Rev. of Frans LIEFRINK, *Semantico-syntax*, 1973 (BL 1973, 2540).
2613 — A phrase structure rule for Hindi noun phrase and universal grammar. — *IL* 37, 1976, 45-59.
2614 SKALMOWSKI, Wojciech: Uwagi o ergatywie. — *RND* 58, *Prace językoznawcze* 3, 1976, 65-71 | Remarks on the ergative.
2615 SKÖLD, Tryggve: Kan Diderichsens satsschema tillämpas på finskan? — *PScCL* 3, 1976, 361-368 | Can Diderichsen's sentence model be applied to Fi.?
2616 SRIDHAR, S. N.: Dative subjects, rule government, and relational grammar. — *SLS* 6, 1976/1, 130-151.
2617 — Dative subjects. — *PCLS* XII, 582-593 | Examples from Kannada.
2618 STAHLKE, Herbert F. W.: Which that. — *Lg* 52, 1976, 584-610 | E. *that*-relatives, and relative clauses in Dari and Yoruba.
2619 SVENSSON, Jan: Report indicators and other parentheticals. — *PScCL* 3, 1976, 369-380.
2620 TALMY, Leonard: Semantic causative types. — *SynS* 6, 1976, 43-116.
2621 TARALDSEN, Knut Tarald: On the cyclicity of Verb Raising. — *PCLS* XII, 617-627 | On Judith AISSEN, 'Verb raising', *LIn* 5, 325-366 (BL 1974, 2159).
2622 TEGEY, Habibullah: Some problems concerning surface structure constraints and clitic placement rules. — *PCLS* XII, 628-639.
2623 TOORN, M. C. VAN DEN: *Presuppositie en syntaxis.* — Groningen: Tjeenk Willink, 1976, 16 p. | Presupposition and syntax. Inaugural lecture, Univ. of Nijmegen. | *NTg* 69, 1976, 269 B. v.d. B[erg].
2624 TORSUEVA, I. G.: Teorija vyskazyvanija i intonacija. — *VJa* 1976/2, 53-64.
2625 UHLÍŘOVÁ, Ludmila: Optional constituents in theme-rheme structure. — *PSML* 5, 1976, 309-320.
2626 VASILEVSKAJA, L. I.: Struktura semantičeskich vyvodov bezličnych konstrukcij. — [335], 110-125.
2627 VATTUONE, Bart: Notes on Genoese syntax: kernel "VOS" strings and theme-rheme structures. — *SILTA* 4, 1975/2-3 (1976), 335-378.
2628 VEDEN'KOVA, M. S.: O grammatičeskom ponjatii aktual'nosti glagol'nogo dejstvija. — *ZPhon* 29, 1976, 244-253 | G. examples.
2629 VERBIN, A. A.: K opredeliju glavnogo elementa sintaksičeskoj struktury predloženija. — [345], 3-12.
2630 VERKUYL, H. J.: *On the compositional nature of the aspects.* — Dordrecht: 1972 | BL 1972, 2091. | *Linguistics* 170, 1976, 110-112 N. F. Irten'eva.

2631 — Interpretive rules and the description of the aspects. — *FL* 14, 1976, 471-503, 4 fig.
2632 — Thematische relaties. — [298], 185-228 | Thematical relations.
2633 VERMA, S. K.: Remarks on thematization. — *ArchL* 7, 1976, 142-151.
2634 VERSCHOOR, J. A.: Deletie in het kader van "topic" en "comment": een taalkundige beschouwing. — *NTg* 69, 1976, 245-255 | Deletion within the framework of "topic" and "comment": linguistic observations.
2635 VERSCHUEREN, Jef: An alternative to prototype rules. — *PBLS* II, 386-395.
2636 VEYRENC, Jacques: Sur la double diathèse d'objet des énoncés translocatifs. — *BSL* 71, 1976/1, 241-273 | Mainly Ru. examples.
2637 VIEHWEGER, Dieter: Semantische Merkmale und Textstruktur. — [364], 195-206.
2638 VIȘAN NEUMAN, Brigita: Some aspects of the relation between the cases nominative and ergative. — *RRLing* 21, 1976, 359-376.
2639 WASOW, Thomas: McCawley on generative semantics. — *LAn* 2, 1976, 279-301 | Rev. of No. 2553 (Jap. ed.).
WAUGH, L. R.: The semantics and paradigmatics of word order. — 5977.
2640 WEINRICH, Harald: *Le temps. Le récit et le commentaire.* Trad. par Michèle Lacoste. — Paris: Éd. du Seuil, 1973, 329 p. | Trad. de *Tempus. Besprochene und erzählte Welt* (2e éd. 1971; BL 1971, 1999). | *Linguistics* 169, 1976, 97-103 M. Głowiński.
2641 WOJCIK, Richard H.: Where do instrumental NPs come from? — *SynS* 6, 1976, 165-180.
2642 — The copula as auxiliary in a surface VSO language. — *PCLS* XII, 666-675.
2643 WOTJAK, Gerd: Kontrastive Verbbeschreibung und Valenzanalyse. — *ZPhon* 29, 1976, 364-374.
2644 WÜEST, Jakob: Les expansions du verbe et leur classification. — [249], 925-943, fig. | Réexamination des rapports entre le verbe et les autres parties de la phrase (grammaire de dépendance).
2645 ZARECHNAK, Michael, & COYNE, Edward: Semantic analysis of natural language statements. — *Linguistics* 182, 1976, 73-81.
2646 ZEMB, Jean-Marie: Unterordnung, Nebenordnung und Zuordnung. — *Sprachw* 1, 1976, 241-261.
2647 — L'analyse de la proposition et le calcul des prédicats. — [111], 165-191 | Discussion, 175-191.
ZIV, Y.: On the diachronic relevance of the promotion to subject hierarchy. — 11978.
2648 ZSILKA, János: *Sentence patterns and reality.* — The Hague: 1973 | BL 1973, 2652. | *IF* 80, 1975 (1976), 207-210 G. Doerfer.
2649 ZVEGINCEV, V. A.: *Predloženie i ego otnošenie k jazyku i reči.* — Moskva: Izd. MGU, 1976, 307 p.

2.3. Linguistique du texte — Text linguistics

2650 AKIŠINA, A. A.: Zum Problem der suprasyntaktischen Gliederung eines Textes. — [382], II, 57-93, 38 fig. | First publ. in Ru. in 1968.
2651 BALÁZS János: A szövegelmélet alapkérdései Laziczius Gyula megvilágításában. — *NyK* 78, 1976, 256-264 | Grundfragen der Texttheorie beleuchtet von Gyula Laziczius (G. summ.).
2652 BÉKÉSI Imre: A bekezdésnyi beszédű tömbösödésének és szintéződésének kísérleti vizsgálatáról. — *ÁNyT* 11, 1976, 15-25 | Examen expérimental de la

structuration interne du paragraphe en tant qu'unité de texte.
2653 BETTEN, Anne Marie: Zur Sequenzierung von Sprechakten. Das Problem der Einheitenbildung in längeren Texten. — [101], I, 279-289.
2654 BIEDERMANN, Johann: Ausdrucksformen und Funktionen von Satzkonnexionen in kohärenten Texteinheiten. — [382], I, 57-79.
2655 — Textlinguistische Aspekte der aktualen Gliederung. — [382], I, 81-114 | Ausgewählte Literaturliste zu den Themen "Satzkonnexion" und "aktuale Gliederung", 99-114.
2656 BRANDSTETTER, Alois: Satz und Text in Kurzprosa. Textlinguistische Überlegungen am Beispiel Wolf Wondratschek. — [260], 89-102.
2657 CSÚRI Károly: Egy narratív struktúratípus néhány szabályszerűsége (Generatív szempontú megközelítés). — *ÁNyT* 11, 1976, 37-50 | Règles d'une structure narrative (approche générative).
2658 DRESSLER, Wolfgang: *Einführung in die Textlinguistik*. 2. Aufl. — Tübingen: 1973 | BL 1973, 2446. | *MSpråk* 70, 1976, 255-258 T. Schiebe | *ÁNyT* 11, 1976, 361-365 Szépe György.
2659 — *Introduzione alla linguistica del testo*. — Roma: Officina Edizioni, 1974, 172 p. | Transl. of No. 2658. | *SCr* 10 (29), 1976, 147-156 Claudio Bracco.
2660 ENKVIST, Nils Erik: Hieman kontrastiivisesta tekstilingvistiikasta. — [337], 13-21 | About contrastive text linguistics.
2661 FALSTER JAKOBSEN, Lisbeth, & OLSEN, Jørgen: Nogle overvejelser over visse faktorer, der indgår i tekstkohærens. — *PScCL* 3, 1976, 109-119 | Some considerations about certain factors that enter into text coherence.
2662 FERGUSON, Charles A.: The collect as a form of discourse. — [255], 127-137 | On "the prayer" or "the collect".
2663 FILLMORE, Charles J.: Pragmatics and the description of discourse. — [362], 83-104.
2664 FRIES, Udo: Topics and problems in "dialogue linguistics". — *SAP* 7, 1975 (1976), 7-15.
2665 GAL'PERIN, I. P.: Über den Begriff "Text". — [382], II, 7-12 | First publ. in Ru. in 1974.
2666 GASPAROV, B. M.: Über einige linguistische Aspekte zur Untersuchung der Textstruktur. — [382], II, 155-163 | First publ. in Ru. in 1968.
2667 GINDIN, S. I.: Die ontologische Einheit des Textes und die Arten der innertextuellen Organisation. — [382], II, 225-252 | First publ. in Ru. in 1971.
2668 GROSSE, Ernst Ulrich: *Text und Kommunikation. Eine linguistische Einführung in die Funktionen der Texte*. — Stuttgart: Kohlhammer, 1976, 164 p.
2669 GUESPIN, Louis: Types de discours, ou fonctionnements discursifs? — *Langages* 41, 1976, 3-12 | Introd. au No. *Typologie du discours politique*.
2670 GUNTER, Richard: *Sentences in dialog*. — Columbia, S. C.: Hornbeam Press, 1974, 103 p. | *JL* 12, 1976, 343-346 J. Derrick McClure.
2671 KANYÓ Zoltán: Szövegelmélet és irodalomelmélet. — *ÁNyT* 11, 1976, 167-181 | Théorie du texte et théorie de la littérature.
2672 KASSAI, Georges: A propos de la linguistique du texte. — *Linguistique* 12, 1976/2, 119-128.
2673 KELEMEN János: Szöveg és jelentés. — *ÁNyT* 11, 1976, 183-196 | Texte et sens.
2674 KIEFER Ferenc: A szövegelmélet grammatikai indokoltságáról. — *ÁNyT* 11, 1976, 197-222 | Justification grammaticale de la théorie du texte.
2675 KINTSCH, Walter, & DIJK, Teun A. VAN: Comment on se rappelle et on résume des histoires. — *Langages* 40, 1975, 98-116.

2676 KOLDE, Gottfried: Über einige Schwierigkeiten beim Schreiben "textgrammatischer Regelsysteme". Textgrammatik und Textpragmatik der lokalen Pro-Adverbale des Deutschen. — *WW* 26, 1976, 406-430.
2677 LAFONT, Robert, & GARDÈS-MADRAY, Françoise: *Introduction à l'analyse textuelle.* — Paris: Larousse, 1976, 192 p. | *BSL* 72, 1977/2, 67-69 J. Stéfanini.
2678 LANG, Ewald: Erklärungstexte. — [364], 147-181.
2679 LEJKINA, B. M.: K probleme sootnošenija predloženija i avtonomnogo teksta. — [348], 102-115.
2680 LEJKINA, B. M., NIKITINA, T. N., & OTKUPŠČIKOVA, M. I.: Èlementy bazovogo predstavlenija vnutrennej struktury teksta (konnektory). — [348], 3-20.
2681 LINDE, Charlotte: Temporal networks and VP conjunction. — *PIL* 9, 1976/1-2, 71-87.
2682 *Lingvistika teksta.* Materialy naučnoj konferencii. I; II. — Moskva: Moskovskij gos. pedag. inst. inostrannych jazykov im. M. Toreza, 1974 | *SS* 37, 1976, 164-167 J. Jiřičková.
2683 LONGACRE, Robert E.: "Mystery" particles and affixes. — *PCLS* XII, 468-475 | Discourse analysis.
2684 — Discourse. — [395], I, 1-44.
2685 MAINGUENEAU, Dominique: *Initiation aux méthodes de l'analyse du discours. Problèmes et perspectives.* — Coll. Langue, linguistique, communication; Paris: Hachette, 1976, 192 p. | *BSL* 72, 1977/2, 64-66 J. Stéfanini.
2686 MAURAND, Georges: Analyse linguistique de texte: vers les fondements d'une méthode (Application à un texte de Proust). — *AUToul* 11, 1975/5 (*Grammatica* 4), 63-80.
2687 MIKÓ Pálné: A kommunikációs és szövegszerkezeti egységekről. — *ÁNyT* 11, 1976, 247-260 | Unités de la communication et unités du texte.
2688 — A szöveghasználat kutatásának néhány tanulságáról. — *NyK* 78, 1976, 379-386 | Some conclusions of research in text theory (E. summ.).
2689 PHILLIPS, Brian: Structure in discourse. — *LACUS* II, 381-399, 18 fig.
2690 PIEPER, U.: Zur Stellung einer phonetischen Komponente in der Textkonstitution. — *FoL* 9, 1976, 335-341.
2691 PILCH, Herbert: Intonation in discourse analysis. — *PScCL* 3, 1976, 305-311.
2692 QUASTHOFF, Uta: Makrostruktur und Gliederungsmerkmale in konversationellen Erzählungen. Gedanken zur Strukturbeschreibung von Texten. — [101], I, 291-304, fig.
2693 REISS, Katharina: Das Problem der Textklassifikation in angewandt-linguistischer Sicht. — *LAnt* 8, 1974 (1975), 43-60.
2694 SANDULESCU, Constantin-George: Presupposition, assertion, and discourse structure. — [368], 197-214.
2695 ŠATKOV, G. V.: Der Text und seine Klassifikation. — [382], II, 13-17 | First publ. in Ru. in 1974.
2696 SEGRE, Cesare: Discorso e pragmatica della comunicazione. — *Ling* 15, 1975, 173-179 | Rés. slovène.
2697 — Les structures narratives et l'histoire. — *RRLing* 21, 1976, 351-358.
2698 SEVBO, I. P.: Die Erforschung der Struktur des kohärenten Textes. — [382], II, 277-308 | First publ. in Ru. in 1966 (BL 1966, 8362).
2699 SGALL, Petr: O pojęciu tekstu. — [372], 7-16 | On the concept of text.
2700 SKREBNEV, Ju. M.: Der funktionale Aspekt der Textlinguistik. — [382], II, 51-56 | First publ. in Ru. in 1974.
2701 STAMMERJOHANN, H.: Kohärenz und Delimitation: Zur Struktur des Absatzes

(am Beispiel von Camus' *Le Mythe de Sisyphe*). — *FoL* 9, 1976, 367-392.
2702 ȚÂRĂU, Paul: L'opposition discursif – non-discursif dans une analyse narrative. Étude de la détermination actionnelle dans "La colonie pénitenciaire" de F. Kafka. — *RRLing* 21, 1976 (*CLTA* 13/1), 315-325.
2703 TELEGDI Zsigmond: A nyilatkozat mint indícium. — *ÁNyT* 11, 1976, 279-287 | L'énoncé en tant qu'indice.
2704 VALGE, Jüri: Tutvustavaid märkmeid tekstiteooria kohta. — *KjK* 19, 1976, 518-527 | Introductory remarks to text theory.
2705 VERSCHOOR, J. A.: Explorations préliminaires des possibilités d'un programme d'études transphrastiques. — *RLaV* 42, 1976, 592-608.
2706 VOLLMER, Jürgen: Abgrenzung und Struktur von Texteinheiten in der russischen und sovetischen Linguistik. — [382], I, 37-55.
2707 VRIEND, G. DE: Rationele interpretatie. Het TeS-WeS model van Petöfi en Rieser. — *Spektator* 6, 1976-77, 224-237 | Rational interpretation: the TeS-WeS (text structure-world structure) model of Petöfi and Rieser.
VUORINIEMI, J.: Konnektorit tekstin strukturoijina. — 12413.
2708 WONNEBERGER, Reinhard: Textgliederung bei Paulus. Eine Problemskizze am Beispiel von Römer 3, 21, 1. Korinther 13 und Römer 5. — [101], I, 305-314.

3. LINGUISTIQUE HISTORIQUE — HISTORICAL LINGUISTICS

2709 AMBROSINI, Riccardo: *Introduzione alla linguistica storica.* — Athenaeum 2; Pisa: Libreria Editrice Athenaeum, 1976, x, 251 p. | *BSL* 72, 1977/2, 77 P. Flobert.
2710 — Dell'irrealtà della realtà scientifica. — *SSL* 16, 1976, 117-140 | On linguistic reconstruction.
2711 ANDERSON, James M.: *Structural aspects of language change.* — Harlow: 1973 | *BL* 1973, 2655. | *CJL* 21, 1976, 224-226 P. Beade | *Lingua* 38, 1976, 376-378 W. P. Lehmann.
2712 ANTTILA, Raimo: *An introduction to historical and comparative linguistics.* — New York: 1972 | *BL* 1972, 2098. | *Semasia* 3, 1976, 95-102 J. Klausenburger | Cf. 2726.
2713 AUTY, Robert: The importance of the aesthetic factor in East European language revivals. — *MelbSS* 9-10, 1975, 5-11.
2714 BAKEL, Jan VAN: *Historische taalwetenschap en empirie.* Rede .... — Utrecht: Bohn, Scheltema & Holkema, 1976, 23 p. | Hist. linguistics and empiricism. Inaugural lecture, Cath. Univ. of Nijmegen. | *NTg* 69, 1976, 467 B. v. d B[erg].
2715 BALÁZS János: A képzőelemek funkciói a nyelv és a gondolkodás fejlődése szempontjából. — *ÁNyT* 7, 1970, 5-16 | Fonctions des morphèmes suffixaux dans le développement de la langue et de la pensée. | Cf. *BL* 1970, 2071.
2716 BINNICK, Robert I.: How aspect languages get tense. — [114], 40-49.
2717 BORETZKY, Norbert: Zum Begriff des grammatischen Wandels. — *Linguistics* 178, 1976, 5-23.
2718 CHEN, Matthew Y.: Relative chronology: three methods of reconstruction. — *JL* 12, 1976, 209-258.
2719 DAHL, Otto Chr.: Semantics in lexicostatistics and the problem of borrowing. — *NTS* 30, 1976, 203-233 | A study of the word-lists from Malagasy and Ma'anjan in Alfred B. HUDSON, *The Barito isolects of Borneo,* 1967 (*BL* 1968, 12017).
2720 DANIELS, Peter T.: S——x and the single manuscript, the joy of philology, and linguistic morality (evidence for syntactic change in Syriac). — [114], 69-78.

DESNICKAJA, A. V.: K teorii jazykovych kontaktov. — 4646.
2721 GOYVAERTS, D. L.: *Present-day historical and comparative linguistics. An introductory guide to theory and method.* Part 1. *General background. Phonological change.* — Ghent: Story, 1975, 231 p.
2722 HAMP, Eric P.: Why syntax needs phonology. — [114], 348-364.
2723 — On some principles of lexical-phonological comparison. — [146], 203-213.
2724 — On Mon-Khmer, its kin, and principles. — [217], 423-429.
2725 HETZRON, Robert: Two principles of genetic reconstruction. — *Lingua* 38, 1976, 89-108 | With sketch of Sem. classification.
2726 HOCK, Hans Henrich: Review article on: Raimo ANTTILA, *An introduction to historical and comparative linguistics,* 1972. — *Lg* 52, 1976, 202-220 | Cf. 2712.
2727 HOENIGSWALD, Henry M.: *Studies in formal historical linguistics.* — Dordrecht: 1973 | BL 1973, 2676. | *ZCPh* 35, 1976, 341-342 K. H. S[chmidt].
2728 HOOPER, Joan B.: Word frequency in lexical diffusion and the source of morphophonological change. — [146], 95-105, 4 tab.
2729 IRMSCHER, Johannes: Griechisch als Modellfall ... — [223], 19-28 | Greek and hist. linguistics.
2730 JEFFERS, Robert J.: Syntactic change and syntactic reconstruction. — [146], 1-16.
2731 JOHNSON, Lawrence: A rate of change index for language. — *LiS* 5, 1976, 165-172, 4 tab., fig. | Phonological changes.
2732 KAHR, Joan Casper: Drift versus Diachronic Universals. — *PBLS* II, 220-226.
KANNGIESSER, S.: Sprachliche Universalien und diachrone Prozesse. — 1669.
2733 LEHMANN, W. P.: A preface to diachronic syntactic investigation. — [114], 169-178.
2734 LIGHTFOOT, David: The base component as a locus of syntactic change. — [146], 17-37.
2735 LUKINOVA, T. B.: Problema vzajemodiji mov u pracjach L. A. Bulachovs'koho. — [229], 46-59 | The problem of language interaction in the works of L. A. Bulachovs'kyj.
MAHER, J. P.: Change in lexical underlying forms ... — 7554.
2736 MAKKAI, Adam, & MAKKAI, Valerie Becker: The nature of linguistic change and modern linguistic theories. — [146], 235-265, 11 fig.
2737 MAŃCZAK, Witold: Le cinquantième anniversaire des "normes" de Bartoli. — *GL* 16, 1976, 1-8.
2738 MARKEY, T. L.: On the generativity of Neogrammarian linguistic change. — *LACUS* II, 537-543.
2739 MARTINET, André: *Évolution des langues et reconstruction.* — Paris: 1975 | BL 1975, 2699. | *FM* 44, 1976, 187-190 J. Chaurand.
2740 OROZ ARIZCUREN, Francisco J.: Die "casilla pre-ocupada" ("vorbelegtes Fach"). Ein bei Isidor implizierter linguistischer Begriff. — [101], I, 99-111.
2741 PANFILOV, V. Z.: Kategorii myšlenija i jazyka. Stanovlenie i razvitie kategorii kačestva. — *VJa* 1976/6, 3-18.
2742 RAMAT, Paolo: Linguistic reconstruction and typology. — *JIES* 4, 1976, 189-206.
2743 RONNEBERGER, Elke: Performanz und Sprachwandel. Zum Wandel von "flektierenden" zum "isolierenden" Sprachtyp. — [101], I, 87-97.
2744 SAMUELS, M. L.: *Linguistic evolution ...* — London: 1972 | BL 1972, 2125. | *ALH* 26, 1976, 256-259 V. Kniezsa.
2745 SCALISE, Sergio: Tendenze recenti della linguistica storica generativo-trasformazionale (1968-1975). — *LeSt* 11, 1976, 573-590.

2746 SCHLIEBEN-LANGE, Brigitte: Für eine historische Analyse von Sprechakten. — [101], I, 113-119.
2747 SEREBRENNIKOV, B. A.: O nekotorych fonetičeskich osobennostjach konečnych formativov. — [238], 444-447.
2748 SPITZBARDT, Harry: Prinzipien der historischen und vergleichenden Sprachwissenschaft in systemtheoretischer Sicht. — [223], 42-56.
2749 *Sprachwandel. Reader zur diachronischen Sprachwissenschaft.* Hrsg. und eingeleitet von Dieter CHERUBIM. — Berlin: 1975 | BL 1975, 2672. | *Lingua* 40, 1976, 264-265 L. Zgusta.
2750 STUMFOHL, Helmut: Linguistisches Symposion (Tagung des Institutum Canarium in Hallein, Mai 1975). — *Almogaren* 5-6, 1974-75 (1976), 51-66 | Summ. of 4 papers: 1. Zum Problem der Sprachverwandtschaft. 2. Zum Problem der Substrate. 3. Zum Problem einer möglichen Megalithsprache. 4. Überlegungen zur Sprache der alten Kanarier.
2751 SWADESH, Morris: *The origin and diversification of language.* — Chicago: 1971 | BL 1971, 2042. | *Linguistics* 170, 1976, 104-110 O. Akhmanova.
2752 THOMASON, Sarah Grey: Analogic change as grammar complication. — [146], 401-409, 4 tab.
2753 T'SOU, Benjamin K.: The structure of nominal classifier systems. — [217], 1215-1247.
2754 VÀRVARO, Alberto: Diasistemi e storia delle lingue di cultura. — *ACILR* XIII/1, 955-965.
2755 WANG, William S-Y.: Language change. — [112], 61-72, 4 fig.
2756 ŽOSAN, V. N.: Chronologičeskij aspekt areal'noj koncepcii M. Bartoli. — [346], 43-51.
ŽURAVLEV, V. K.: Vvedenie v diachroničeskuju morfologiju. — 9157.

4. GÉOGRAPHIE LINGUISTIQUE ET DIALECTOLOGIE — LINGUISTIC GEOGRAPHY AND DIALECTOLOGY

2757 ALLIÈRES, Jacques: Économie des changements linguistiques et statut dialectal. — *ACILR* XIV/2, 215-233, 12 cartes et fig. | Exemple: le village de Garlin, arrondissement de Pau.
2758 *Atlas Linguarum Europae (ALE).* Sous la réd. de / under the editorship of: A. WEIJNEN, réd.-en-chef / chief ed., Mario ALINEI, Manuel ALVAR .... [et al.]. Introduction. — Assen: Van Gorcum, 1975, [ix], 247 p. | Text in Fr., E., Ru., G. & Sp. | *NTg* 69, 1976, 164-165 M. C. v. d. T[oorn] | *SS* 37, 1976, 248-249 S. Utěšený.
2759 *Atlas Linguarum Europae (ALE).* Sous la réd. de: A. WEIJNEN, président, Mario ALINEI, R. I. AVANESOV, vice-présidents, Manuel ALVAR .... [et al.]. *Premier questionnaire: Onomasiologie, vocabulaire fondamental*, préparé par Joep KRUIJSEN. — Assen: Van Gorcum, 1976, vii, 128 p., ill. | Text of instructions in Fr. & E.
2760 BAUMER, Iso: Die Forschungsmethoden des AIS aus heutiger Sicht. — *Annalas de la Società Retorumantscha* 89, 1976, 89-108.
2761 BERRUTO, Gaetano: Problemi redazionali dell'*ALM*. — *BALM* 13-15, 1971-73 (1976), 511-530.
2762 BRETON, Roland J.-L.: *Atlas géographique des langues et des ethnies de l'Inde et du subcontinent: Bangladesh, Pakistan, Sri Lanka, Népal, Bouthan, Sikkim ....* — Travaux du Centre Intern. de Recherche sur le Bilinguisme, A-10; Québec: Presses de l'Univ. Laval, 1976, xiv, 648 p., cartes, ill.
2763 — *Géographie des langues.* — Que sais-je? 1648; Paris: P. U. F., 1976, 128 p.

GÉOGRAPHIE LINGUISTIQUE

2764 CASAD, Eugene H.: *Dialect intelligibility testing*. — Norman, Okla.: 1974 | BL 1974, 2503. | *Lg* 52, 1976, 738-741 Robert L. Cooper.

2765 CONŢIU, Mihai, & MARINESCU, Bogdan: L'état du sujet soumis à l'enquête facteur de variabilité linguistique. — *ACILR* XIV/2, 297-304.

2766 *Distribution of languages in India in states and union territories* (*inclusive of mother-tongue*). Ed. by Debi Prasanna PATTANAYAK. — Mysore:Central Inst. of Indian Languages, 1973, 264 p. | Cf. BL 1973, 2725. | *IIJ* 18, 1976, 107-108 F. B. J. Kuiper.

2767 FOSSAT, J. L., & SÉGUY, F.: Technique d'analyse synchrone de la situation et du discours. — *AUToul* 10, 1974/7 (*Via Domitia* 18), 105-114, 10 pl., tab. dépl.

2768 GILES, Howard, & BOURHIS, Richard Y.: Methodological issues in dialect perception: some social psychological perspectives. — *AnL* 18, 1976, 294-304.

2769 GOEBL, Hans: La dialectométrie appliquée à l'*ALF* (Normandie). Collaboration technique: Norbert Winterleitner. — *ACILR* XIV/2, 165-195, 29 fig.
— Taxonomische vs. dynamische Dialectologie. — 6051.

2770 HAMMARSTRÖM, Göran: *Dos estudios dialectológicos*. — Cuadernos de Lingüística 1; México: Inst. de Investigaciones Filológicas, Centro de Lingüística Hispánica, 1975, 42 p. | (1) Sobre la función sociolectal y dialectal de la lengua. (E. original in *LSci*, Feb. 1975); (2) Sobre gloto-unidades, dia-unidades y socio-unidades. | *Thesaurus* 31, 1976, 577-578 Julián Garavito.

2771 — Towards more exhaustive descriptions of languages. — *Linguistics* 177 (= *IJSL* 9), 1976, 23-41.

2772 — The use of tape recordings in dialectology. — *Orbis* 25, 1976, 13-19.

2773 HÄNDLER, H., & NAUMANN, C. L.: Zur Automatisierung der Isoglossenfindung. — *GermL* 1976/3-4, 122-159, 22 fig., tab.

2774 HOEBEKE, Marcel: Zur Anwendung der generativen Phonologie in der Beschreibung von Dialekten. — *NdW* 16, 1976, 164-182.

2775 KALNYN', L.È.: Dialektologičeskij aspekt problemy "jazyk i dialekt". — *IzvAN* 35, 1976, 34-45.

2776 KATZNER, Kenneth: *The languages of the world*. — New York: Funk & Wagnalls, 1975 (& London: Routledge & Kegan Paul, 1977), x, 374 p.

2777 KLOSS, Heinz, & MCCONNELL, Grant D. (eds.): *Linguistic composition of the nations of the world*. Vol. 1. — Québec: 1974 | BL 1975, 2740. | *JAOS* 96, 1976, 461-462 Michel C. Shapiro | *LiS* 5, 1976, 401-404 S. Lieberson.

2778 LEAL, Arnaldo: Mesure du comportement du locuteur en enquête ethnolinguistique. — *AUToul* 10, 1974/7 (*Via Domitia* 18), 133-141.

2779 MALKIEL, Yakov: From Romance philology through dialect geography to sociolinguistics. — *Linguistics* 177 (= *IJSL* 9), 1976, 59-84.

2780 MAMSUROVA, E. N.: Sovmestnoe ispol'zovanie lingvogeografičeskich i statističeskich metodov obrabotki lingvističeskich kart. — [344], 210-214.

2781 NAUMANN, Carl Ludwig: Grundzüge der Sprachkartographie und ihrer Automatisierung. — *GermL* 1976/1-2, 1-285, fig., maps.

2782 *Obščekarpatskij dialektologičeskij atlas. Lingvističeskie i ètnografičeskie aspekty*. [Red.: S. B. BERNŠTEJN, G. P. KLEPIKOVA, R. Ja. UDLER]. — Kišinev: "Štiinca", 1976, 198 p. | From the contents: S. B. BERNŠTEJN, Lingvističeskie aspekty karpatistiki, 5-10; A. VAŠEK, Karpatskie izolirovannye jazyki i "Obščekarpatskij dialektologičeskij atlas", 10-15; P. ONDRUS, Principy otbora slov dlja voprosnika "Obščekarpatskogo atlasa", 43-49; A. ZARĘBA, Iz opyta raboty nad pol'skim variantom voprosnika "Obščekarpatskogo dialektologičeskogo atlasa", 50-54; G. P. KLEPIKOVA, Nekotorye aspekty izučenija semantiki i ich otraženie v programme-voprosnike "Obščekarpatskogo dialektologičeskogo atlasa", 54-62; P. ONDRUS, Bibliografija trudov po karpatskoj problematike, izdannych v Slovakii, 147-154. Some other papers have been listed separately.

2783 PLOMTEUX, Hugo: Per un indirizzo più etnografico della dialettologia in Italia. — *ACILR* XIV/2, 137-150.

2784 — Il raccoglitore straniero: un problema della inchiesta dialettale. — [290], 55-64.

2785 *Problemy kartografirovanija v jazykoznanii i ėtnografii* [Red.: S. I. BRUK]. — Leningrad: 1974 | BL 1974, 2512. | *Slavia* 45, 1976, 322-324 R. Šrámek | *SS* 37, 1976, 159-163 S. Utěšený.

2786 PŠENIČNOVA, N. N.: Ob ispol'zovanii ėlementov diskretnoj matematiki v klassifikacii govorov. — [344], 51-58.

2787 RONA, José Pedro: The social dimension of dialectology. — *Linguistics* 177 (= *IJSL* 9), 1976, 5-22, 5 fig.

2788 RUHLEN, Merritt: *A guide to the languages of the world.* — Stanford, Cal.: Language Universals Project, Stanford Univ., 1976, ix, 356 p.

2789 RUSU, Valeriu: Géographie linguistique et sociolinguistique. — *ACILR* XIV/2, 265-270.

2790 SARAMANDU, Nicolae: Aires phonologiques et zones dialectales de transition. — *ACILR* XIV/2, 121-135, 3 cartes | Le témoignage des parlers de l'Olténie.

2791 SHUKLA, Hiralal: *Shabd-bhugol (Siddhant aur prayog).* — Allahabad: Rachanya Prakashan, 1973, [x], 401 p. | Linguistic geogr. (In Hindi). | *IL* 37, 1976, 244-250 B. D. Mishra.

2792 SOMASEKHARAN NAIR, P.: Dialect survey in India. Report on the visit to various Linguistics Departments. — *IJDL* 5, 1976, 185-194.

2793 SONDEREGGER, Stefan: Sprachgrenzen und Sprachgrenzlandschaften in der Schweiz. — *Onoma* 20, 1976/1, 277-292, 2 maps.

2794 UTĚŠENÝ, Slavomír: Sociolingvistické aspekty jazykového zeměpisu. — *ZbFL* 17, 1974/1 (1975), 13-24 | Summ. in E.: Some sociolinguistic aspects of linguistic geogr.

2795 — Sovětské konference o areálové metodě v lingvistice a etnografii (K stoletému jubileu jazykového zeměpisu). — *SS* 37, 1976, 159-163 | Soviet conferences on areal methods in linguistics and ethnography. 100 years of linguistic geogr.

2796 VAŠEK, Antonín: Kišiněvská konference o Karpatském jazykovém atlase. — *JazA* 13, 1976, 87-89 | Konferenz über den Karpatischen Sprachatlas (Kišinev, 21.-23. April 1975).

2797 — Lingvističeskaja karpatologija (K voprosam kontaktnoj lingvistiki karpatskoj jazykovoj oblasti). — *VJa* 1976/2, 17-23.

2798 WEIJNEN, A.: De taalwetenschappelijke betekenis van de areaallinguistiek. / The linguistic importance of areal linguistics. — *MNCDN* 14, 1975, 25-34 | Text in Du. & E.

2799 WÖLCK, Wolfgang: Community profiles: an alternative approach to linguistic informant selection. — *Linguistics* 177 (= *IJSL* 9), 1976, 43-57.

2800 WOLF, Lothar: *Aspekte der Dialektologie...* — Tübingen: 1975 | BL 1975, 2762. | *Lingua* 40, 1976, 265-270 H. Goebl | *RF* 88, 1976, 151-152 W. Pötters.

2801 *Zur Theorie des Dialekts.* Aufsätze aus 100 Jahren Forschung mit biographischen Anmerkungen zu den Autoren, ausgewählt und hrsg. von Joachim GÖSCHEL, Norbert NAIL, Gaston VAN DER ELST. — *ZDL*, Beiheft 16; Wiesbaden: Steiner, 1976, xix, 360 p. | Colll. of 18 art. by Philipp WEGENER, Friedrich MAURER, Pavle IVIĆ, et al. | *ZRPh* 92, 1976, 584-585 Kurt Baldinger.

5. VOCABULAIRE (LEXICOGRAPHIE, ÉTYMOLOGIE, SÉMANTIQUE) — VOCABULARY (LEXICOGRAPHY, ETYMOLOGY, SEMANTICS).

THOMSON, F. J.: A lexicological bibliography for economics, 1952-1974. — 45.

2802 AËDELE, Odžadžune: Denotivnaja klassifikacija leksiki. — [335], 164-178.
2803 AKULENKO, V. V.: Spivvidnošennja nacional'noho ta internacional'noho u movi. — *Mov* 1976/1, 3-12 | Correlation of the national and the intern. in language.
2804 — Leksičeskie internacionalizmy i metody ich izučenija. — *VJa* 1976/6, 50-63.
2805 ALINEI, Mario [L.]: *La struttura del lessico.* — Bologna: 1974 | BL 1974, 2526. | *RSEL* 5, 1975, 482-485 F. Rodríguez Adrados | *Lg* 53, 1977, 474-477 Charmaine Lee | Cf. 2855.
2806 ANTTILA, Raimo: Affektiivis(-deskriptiivis-onomatopoieettis)ten sanojen asema kielen merkkisysteemissä. — *Vir* 1976, 126-133 | Summ. in G.: Die Rolle des Lautmalereiwortschatzes (u. dgl.) im Zeichensystem der Sprache.
2807 BENKŐ Loránd: A társadalom anyagi és szellemi műveltsége a szókincs történeti vizsgálatának tükrében. — *ÁNyT* 8, 1972, 11-27 | La civilisation matérielle et la culture de la société à la lumière des recherches hist. sur le vocabulaire.
2808 BERG, W. VAN DEN: Die Präromantik-Konzeption und die niederländische Literaturgeschichte. — [265], 167-197 | *Präromantik*, etc.
2809 BLANÁR, Vincent: Od myšlienkového odrazu k lexikálnemu významu. — *JČ* 27, 1976, 99-116 | From the reflection of thought to lexical meaning (Ru. summ.).
2810 — Významová zmena ako problém porovnávacej lexikológie. — *SlavSl* 11, 1976, 25-32 | Der Bedeutungswandel als Problem der vergleichenden Lexikologie (Rés. all.).
2811 — Zmeny spájatel'nosti ako ukazovatel' lexikálno-sémantických zmien. — *SlavSl* 11, 1976, 281-288 | Changes of the compatibility as a sign of lexical-semantic changes (Ru. summ.).
2812 BOLÉO, Manuel de Paiva: O problema das terminologias científicas e técnicas (A propósito do congresso do "Fonds International pour les Terminologies Romanes", Florença, 2, 3 e 4 de Março de 1972). — *RPF* 16, 1972-74 (1976), 814-846 | Rés. fr.
2813 BOLTJANS'KA, R. I.: Do pytannja pro rozhljad problemy omonimija / polisemija. — *InFil* 38, 1975, 3-9 | The problem of polysemy / homonymy (Ru. & E. summ.).
2814 BUJAS, Željko: Testing the performance of a bilingual dictionary on topical current texts. — *SRAZ* 39, 1975, 193-204.
2815 BUZÁSSYOVÁ, Klára: Ako vznikajú nové slová. — *KS* 10, 1976, 129-133 | En marge du livre de V. V. LOPATIN, *Roždenie slova*, 1973 (BL 1973, 11721).
2816 — Výber dištinktívnych príznakov pri opise významu slova. — [102], 133-134 | Choice of distinctive features in the semantic description of the word.
2817 ČOLAKOVA, Kristalina: Njakoi osnovni teoretični văprosi pri săstavjane na frazeologičen rečnik. — *SlavSl* 11, 1976, 86-89 | Some main theoretical problems of a phraseological dictionary (Slov. summ.).
2818 COLLIER, George A., et al.: Further evidence for universal color categories. — *Lg* 52, 1976, 884-890, 9 fig.
I° Colloquio Intern. del Lessico Intellettuale Europeo .... — 153.
2819 COLÓN, Germán: *Manipulation*, mot à la mode et hispanisme. — [249], 155-168.
2820 CONSTANTINESCU, Ilinca: Preliminarii la o analiză contrastivă a colocațiilor. —

SCL 27, 1976, 267-278 | E. summ.: Preliminaries to a contrastive analysis of collocations.

2821 DAHLBERG, Ingetraut: Über Gegenstände, Begriffe, Definitionen und Benennungen. Zur möglichen Neufassung von DIN 2330. — *Mu* 86, 1976, 81-117.

2822 DELESALLE, Simone, & GARY-PRIEUR, Marie-Noëlle: Le lexique, entre la lexicologie et l'hypothèse lexicaliste. — *LFr* 30, 1976, 4-33.

2823 DENYSENKO, S. N.: Vyvčennja frazeolohičnoji deryvaciji v istoryčnomu aspekti. *InFil* 41, 1976, 3-8 | Zur Erforschungsgeschichte der phraseologischen Derivation (Ru. & G. summ.).

2824 DEŠERIEV, Ju. D.: Ob obrazovanii obščego terminologičeskogo fonda v jazykach narodov SSSR. — [229], 145-153.

2825 DOROSZEWSKI, Witold: *Elements of lexicology and semiotics.* — The Hague: 1973 | BL 1974, 2542. | *CLing* 21, 1976, 121-123 E. Conşulea | Cf. 2911.

2826 EILERS, Wilhelm: *Die vergleichend-semasiologische Methode in der Orientalistik.* — Wiesbaden: 1974 | BL 1974, 2546. | *BiOr* 33, 1976, 159-162 L. O. Schuman | *DLZ* 97, 1976, 121-122 H. Freydank.

2827 — *Sinn und Herkunft der Planetennamen.* — SbBAW 1975, 5; München: Beck, 1976, 138 p., 2 pl. | Summ. in *CAI* VII, 115-119: Zur Semasiologie der Himmelskunde.

2828 EPPERT, Franz: Wie findet man einen Zugang zum Signifikat von "Sprachgefühl"? Ein Versuch in angewandter semantischer Lexikologie. — *Mu* 86, 1976, 48-64, 3 fig.

2829 *Az etimológia elmélete és módszere. Az 1974. aug. 22-24 között rendezett nemzetközi konferencia előadásai.* Szerkesztette BENKŐ Loránd, K. SAL Éva. — Nyelvtudományi Értekezések 89; Budapest: Akadémiai Kiadó, 1976, 316 p., ill. | Théorie et méthode de l'étymologie.

2830 FILIPEC, Josef: Některé otázky konfrontace slovní zásoby dvou jazyků. — *SlavSl* 11, 1976, 39-48 | Some problems of the confrontation of the vocabulary of two languages (Ru. summ.).

2831 FRANCO ARIAS, Froilán: Vocabulaire et société: une méthode pour la lexicologie. — *Archivum* 25, 1975 (1976), 337-354.

2832 FRÄNKEL, Hermann: Wie die Sprachen Kausalkonjunktionen bilden. — *Gymnasium* 83, 1976, 550-552.

2833 FURDÍK, Juraj: Čo dáva slovotvorba lexikológii. — *SlavSl* 11, 1976, 55-62 | What word formation gives to lexicology (Ru. summ.).

2834 — O vzťahu terminológie a derivatívnej sémantiky. — [102], 131-132 | On the relation of terminology and derivative semantics.

2835 GERD, A. S.: Terminologičeskoe značenie i tipy terminologičeskich značenij. — *Problematika opredelenij terminov v slovarjach raznych tipov* [Red. S. G. Barchudarov, et al.] (Leningrad: Nauka, 1976), 101-107.

2836 GREGORY, Tullio: Rapport sur les activités du "Lessico Intellettuale Europeo". — [153], 21-43.

2837 GUDAVIČIUS, A.: Ispol'zovanie metoda komponentnogo analiza v issledovanii semantičeskoj struktury slova. — [367], 20-29.

2838 GUIRAUD, Pierre: *Les jeux de mots.* — Que sais-je? 1656; Paris: P.U.F., 1976, 128 p.

2839 GUSMANI, Roberto: *Aspetti del prestito linguistico.* — Napoli: 1973 | BL 1973, 2793. | *SSL* 16, 1976, 245-258 Maria Patrizia Bologna.

2840 HAGEN, A. M.: De betekenis van de studie van interlinguale lexicaal-semantische parallellen, gedemonstreerd aan de metafoor "vat" – "hoofd". — *MNCDN* 11,

1972, 16-32 | The importance of the study of lexical-semantic parallels, demonstrated by the metaphor "vessel" – "head" (E. summ.).
2841 HARTMANN, Reinhard: Über die Grenzen der kontrastiven Lexikologie. — [363], 181-199, 4 fig.
2842 HAYS, D. G.: Cognitive networks. — [159], 125-128.
HEHN, V.: *Cultivated plants and domesticated animals in their migration from Asia to Europe* ... — 4085.
2843 HENNE, Helmut: Prinzipien einsprachiger Lexikographie. — [363], 95-117.
2844 HOFMANN, Th. R.: An integrative semantic appproach to intersentential phenomena. — [159], 129-137.
2845 HORECKÝ, Ján: Základné problémy terminológie. — [102], 11-15 | On basic problems of terminology.
2846 HORVÁTH, Štefan: Ist der Terminus Andragogik zutreffend? — *Onoma* 19, 1975/3 (1976), 504-506.
2847 HUDSON, R. A.: Regularities in the lexicon. — *Lingua* 40, 1976, 115-130.
2848 IGNAT'EV, B. I.: Raskrytie značenija termina v dvujazyčnom terminologičeskom slovare. — *NDVŠ-F* 1976/5, 55-63.
2849 ILIESCU, Maria: Problema lexicului reprezentativ. — *SCL* 27, 1976, 61-66.
2850 INEICHEN, Gustav: L'interferenza nomenclatoria e la norma. — *BALM* 13-15, 1971-73 (1976), 399-407.
2851 IVANOVA, T. F.: K voprosu o semantičeskoj motivacii proizvodnych slov. — [335], 126-138.
2852 KAHANE, Henry & Renée: *Lingua franca*: the story of a term. — *RomPh* 30, 1976-77, 25-41 | On the Byzantine hypothesis.
2853 KARAULOV, Ju. N.: *Obščaja russkaja ideografija*. — Moskva: Nauka, 1976, 355 p. | *NDVŠ-F* 1977/4, 119-121 Ju. S. Stepanov & B. V. Jakušin.
KERTSCHEFF, B.: Zur Methode der Semanalyse im Sinnbereich der Willensäusserung. — 7543.
2854 KIRKNESS, Alan: Zur Lexikologie und Lexikographie des Fremdworts. — [363], 226-241.
2855 KLEIN SANTUCCI, Gabriella: Un'analisi della struttura lessicale dell'italiano: M. Alinei, *La struttura del lessico*. — *SILTA* 4, 1975/2-3 (1976), 481-494 | Summ. in E. | Cf. 2805.
2856 KLEINEIDAM, Hartmut: Lexikalische Synonymie unter kontrastivem Aspekt. — [267], 177-195.
2857 KOTSCHI, Thomas: *Probleme der Beschreibung lexikalischer Strukturen* ... — Tübingen: 1974 | BL 1974, 2572. | *RBPh* 54, 1976, 636-640 G. Kleiber.
2858 KUTZELNIGG, Artur: *Buh!, Bullemann, Bulle* – Interjektionen und Wörter. — *Mu* 86, 1976, 427-440.
2859 KUZNECOVA, I. N.: O paronimii. — *VMU-F* 1976/1, 34-43.
2860 LITVIN, F. A.: Sootnošenie semantičeskogo i pragmatičeskogo v soderžanii slova. — [367], 72-82.
2861 LOMMATZSCH, Bohdana: Einige Bemerkungen zur Problematik der Synonymie. — *ZPhon* 29, 1976, 415-417.
2862 LOUW, J. P.: Leksikon en semantiek. — [279], 96-104 | Dictionary and semantics.
2863 MAKAROV, V. V.: K analizu leksiko-semantičeskoj struktury polevogo tipa. — [367], 82-94, fig.
2864 MALKIEL, Yakov: *Etymological dictionaries. A tentative typology*. — Chicago: Univ. of Chicago Press, 1976, ix, 144 p.
2865 — The interlocking of etymology and historical grammar (exemplified with the

analysis of Spanish *desleír*). — [146], 285-312.

2866 — Further thoughts on archaisms. — *RomPh* 29, 1975-76, 398 | *Archaic, archaism, and their congeners. Apropos of J. M.* BALDONADO's art., 'Problems in New World lexical "survivals"', *RomPh* 29, 229-240 (BL 1975, 5444).
MANZELLI, G.: Contr. all'etim. dell'it. *bronzo*. — 6624.

2867 MASÁR, Ivan: O kritériu systémovosti v terminológii. — [102], 17-26 | Der Begriff des Systems als Kriterium in der Terminologie.

2868 MEŠKOV, O. D.: Zametki o kompozitnoj omonimii. — *VJa* 1976/3, 101-106.

2869 MISTRÍK, Jozef: Kvantitatívne a retrográdne skúmanie slovnej zásoby. — *SlavSl* 11, 1976, 63-65 | Zur quantitativen und rückläufigen Untersuchung des Wortschatzes.

2870 MIYAZAKI, Kimie: Constraints on lexicalization. — *WPLUH* 7, 1975/5, 63-83.

2871 MOKIENKO, V. M.: Èksplicitnosť i razvitie frazeologii. — *Slavia* 45, 1976, 113-131.

2872 — Dialektický vztah "implicitnost: explicitnost" a vývoj frazeologie. — *SS* 37, 1976, 4-13 | The dialectical relation "implicity: explicity" and the development of phraseology (E. summ.).

2873 NADELJAEVA, T. G.: Semantičeskie korreljacii slov v rodstvennych jazykach. — *NDVŠ-F* 1976/4, 34-42.

2874 NADŽAFOV, G. G.: Termin i nomenklatura (Na materiale persidskoj i russkoj transportnoj i torgovoj terminologii). — *NAA* 1975/5, 157-166.
De Nederlandse lexicologie tussen handwerk en machine. — 7910.

2875 NĚMEC, Igor: Rekonstrukce jednotek neúplně doloženého lexikálního systému. — *SlavSl* 11, 1976, 66-74 | Rekonstruktion der Einheiten eines unvollständig belegten lexikalischen Systems (Rés. ru.).
NICOLAISEN, W. F. H.: Words as names. — 4024.

2876 NIKITEVIČ, V. M.: O minimaľnoj nominativnoj edinice i predmete onomatologii. — [367], 115-124.

2877 NORMAN, B. Ju.: Racionaľnosť i irracionaľnosť leksičeskogo znaka. — [367], 124-132.

2878 OSIPOV, P. I.: Sistemnosť leksiki i stepeň specifičnosti slova. — [347], 148-160.

2879 PONTEN, Jan-Peter: Das Übersetzungswörterbuch und seine linguistischen Implikationen. — [363], 200-210, 2 fig.

2880 *Příspěvky k morfologii a sémantice literárněvědných termínů*. Red.: Vladimír SVATOŇ. — Literárněvědné práce 15; Praha: Ústav pro českou a světovou literaturu ČSAV, 1974, 241 p. | Beiträge zur Morphologie und Semantik der literaturwissenschaftlichen Termini. | *ČLit* 24, 1976, 267-269 V. Macura.

2881 QUEMADA, Bernard: Quelques problèmes et solutions méthodologiques. — [153], 129-137.

2882 RÁTZ Ottó: A betűrendbe sorolás problémái a lexikográfiában. — *MNy* 72, 1976, 483-489. | Les problèmes de l'ordre alphabétique en lexicographie.
RETTIG, W.: Ein Verfahren zum Vergleich von Wörterbuchauflagen. — 6156.

2883 ROBINET, André: La spécificité du langage philosophique au XVIIe siècle. — [153], 65-80.

2884 — Premiers pas dans l'application de l'informatique à l'étude des textes philosophiques. — [153], 139-147.

2885 ROGERS, Jean H.: A note on disjunctive categories in kinship terminology. — *AnL* 18, 1976, 183-185.

2886 ROJZENZON, L. I.: *Lekcii po obščej i russkoj frazeologii*. — Samarkand: 1973 | BL 1975, 2853. | *SS* 37, 1976, 348-349 F. Čermák | *PhP* 19, 1976, 108-111 O. Man.

2887 ROSENGREN, Inger: Der Grundwortschatz als theoretisches und praktisches Problem. — [363], 313-333.
2888 SAHLINS, Marshall: Colors and cultures. — *Semiotica* 16, 1976, 1-22, 2 fig. | Apropos of Brent BERLIN & Paul KAY's *Basic color terms*, 1969 (BL 1969, 1717).
2889 SCHANK, Gerd: Die Linguistik und die sogenannten Volksetymologien – zugleich ein Beitrag zur Argumentationsforschung. — *ABäG* 10, 1976, 103-117.
2890 ŠČUR, G. S.: Concerning two approaches in lexical studies. — *Linguistics* 176, 1976, 31-44 | First published in Ru. in 1972.
2891 SEKANINOVÁ, Ella: Z problematiky dvojjazyčnej lexikografie. — *SlavSl* 11, 1976, 49-54 | On the problems of bilingual lexicography (Ru. summ.).
2892 [SEMČYNS'KYJ, S. V.] SEMČINSKIJ, S. V.: Mež"jazykovaja izosemija v jazykach i dialektach karpatskogo areala. — [2782], 36-42.
2893 SHERZER, Joel: Play languages: implications for (socio)linguistics. — [383], 19-36 | Examples from Cuna, Fr. and Javanese.
2894 SOBIN, Nicholas: Texas Spanish and lexical borrowing. — *PIL* 9, 1976/1-2, 15-47.
2895 STERKENBURG, P. G. J. VAN: *Lexicologie en computerbestuurd fotografisch zetten: ervaringen en problemen.* — Eindhoven: Lumozet, 1976, 32 p., ill. | Lexicology and computerized photocomposition: experiences and problems. | *TsNTL* 92, 1976, 268-270 H. A. C. Lambermont.
2896 [STOBERSKI, Z.] STOBERSKI, Sigmund: Naučna i tehnička terminologija. — *KnJ* 4/1-2, 1975, 47-55 | Transl. from *IzvAN* 33, 448-453 (BL 1974, 2611).
2897 SUKALENKO, N. I.: *Dvujazyčnye slovari i voprosy perevoda.* — Charkov: Izd. "Vyšča škola", 1976, 152 p.
2898 TOROČEŠNIKOVA, L. T.: Distributivno-statističeskij analiz semantiki odnoj gruppy slov. — [367], 170-174.
2899 TRUBAČEV, O. N.: Ėtimologija i tekst. — [238], 448-454.
2900 TUŢESCU, Mariana: Sur la créativité lexicale. — *RRLing* 21, 1976, 23-25.
2901 TZENG, Oliver C. S., OSGOOD, Charles E., & MAY, Wiliam H.: Idealized cultural differences in kincept [= kinship concepts] conceptions. — *Linguistics* 172 (= *IJPs* 5), 1976, 51-77, 5 tab. | E., Fr. & Ru. summ.
2902 URDANG, Laurence: Sociolexicography – a proposal for a real dictionary. — *LACUS* II, 60-64.
2903 UŠAKOV, V. D.: O dvuch aspektach opisanija idiomatičnosti (na materiale arabskogo i russkogo jazykov). — *NAA* 1974/6, 95-104 | Summ. in E.
2904 VIDOS, B. E.: In margine al nuovo *Glossaire nautique* dello Jal. — *BALM* 13-15, 1971-73 (1976), 665-672 | A propos du *Nouveau glossaire nautique* d'Augustin Jal. 1. *A*, 1970 (BL 1971, 2109).
2905 VINJA, Vojmir: De l'importance de la connaissance du référent dans la recherche étymologique: les dénominations de l'Orthagoriscus mola. Une page du 'Dictionnaire étymologique de la faune marine de l'Adriatique orientale'. — *SRAZ* 39, 1975, 7-26, 2 pl.
2906 WAHRIG, Gerhard: *Anleitung zur grammatisch-semantischen Beschreibung lexikalischer Einheiten...* — Tübingen: 1973 | BL 1973, 2865. | *ZRPh* 92, 1976, 159-164 Horst Geckeler | *Anglia* 94, 1976, 197-201 Leonhard Lipka | *Linguistics* 176, 1976, 97-99 E. Seebold | *SGP* 5, 1976, 136-138 M. Drażyńska.
2907 WEINRICH, Harald: Die Wahrheit der Wörterbücher. — [363], 347-371.
2908 WESCOTT, Roger W.: Allolinguistics: exploring the peripheries of speech. — *LACUS* II, 497-513 | Language that is alienated from conventionally structured speech (*hip*, *hep*, etc.).

2909 WIEGAND, Herbert Ernst: Synonymie und ihre Bedeutung in der einsprachigen Lexikographie. — [363], 118-180.
2910 ZAMBONI, Alberto: *L'etimologia.* — Bibl. linguistica 2; Bologna: Zanichelli, 1976, vi, 218 p. | *ZRPh* 92, 1976, 638-639 K. Baldinger | *Maia* 28, 1976, 277-278 E. Salvaneschi | *RESEE* 14, 1976, 747 H. Mihăescu.
2911 ZGUSTA, Ladislav: Toward lexicology and semiotics: a calamity of verbalism. — *Semiotica* 16, 1976, 284-290 | Rev. art. on No. 2825.
2912 ZÖFGEN, Ekkehard: Polysemie oder Homonymie? Zur Relevanz und Problematik ihrer Unterscheidung in Lexikographie und Textlinguistik. — [267], 425-464.

6. ÉCRITURE, ORTHOGRAPHE — SCRIPT, ORTHOGRAPHY

2913 ARAVANTINOS, Vassilis L.: Osservazioni sulla lettera di Proitos. — *SMEA* 17, 1976, 117-125 | Iliad 6, 168-9.
2914 BARKAN, Pierre: La translittération des langues non-slaves écrites en caractères cyrilliques. — *Bibliothèques, bibliographies, documentation.* Actes du XXIXe Congrès Intern. des Orientalistes. Section organisée par Oreste Toutzevitch et Pierre Barkan (Paris: L'Asiathèque, 1976), 1-8, folded tab.
2915 BARR, James: Reading a script without vowels. — [2945], 71-100.
2916 BETTS, John H., & HOOKER, James T.: An inscribed Minoan sealstone. — *SMEA* 17, 1976, 9-16, pl.
2917 BIEDERMANN, Hans: Altkreta und die Kanarischen Inseln. — *Almogaren* 1, 1970, 109-124.
2918 BLANKE, D.: Pazigrafija (Meždunarodnaja smyslovaja pis'mennost'). — [3958], 79-91.
2919 BRADSHAW, Arnold: The imprinting of the Phaistos disc. — *Kadmos* 15, 1976, 1-17, 4 fig.
2920 BRICE, W. C.: The principles of non-phonetic writing. — [2945], 29-44, 9 fig.
2921 DRIVER, G. R.: *Semitic writing. From pictograph to alphabet.* The Schweich lectures of the British Acad., 1944. Newly revised ed. 1976. Ed. by S. A. HOPKINS. — London: Oxford UP. (for the British Acad.), 1976, xviii, 276 p., 109 fig., 66 pl. | 2nd ed. 1954.
2922 FRENCH, M. A.: Observations on the Chinese script and the classification of writing-systems. — [2945], 101-129, tab., fig.
GALAND, L.: Die afr. und kanarischen Inschriften des libysch-berb. Typus .... — 12217.
2923 GENDRE, Renato: Il *fuþark* e l'alfabeto gotico. — [233], 309-323, 2 fig.
2924 GOLDWASSER, Orli, & NAVEH, Joseph: The origin of the *ṭet*-symbol. — *IEJ* 26, 1976, 15-19, pl., 4 fig.
2925 GRUMACH, Ernst: The Cretan scripts and the Greek alphabet. — [2945], 45-70, 10 fig.
2926 HAAS, W.: Writing: the basic options. — [2945], 131-208, 5 fig.
2927 JANKOVIĆ, Srđan: Transkripcija kao ortografski postupak. — *KnJ* 5, 1976/3-4, 9-28 | Transcription as an orthographic procedure (Summ. in E.).
2928 KELLEY, David Humiston: *Deciphering the Maya script.* — Austin: Univ. of Texas Press, 1976, xviii, 334 p., ill. | *ZEthn* 102, 1977, 149-150 Berthold Riese.
2929 KOSKENNIEMI, Seppo, PARPOLA, Asko, & PARPOLA, Simo: *Materials for the study of the Indus script.* I. — Helsinki: 1973 | BL 1973, 2898. | *IIJ* 18, 1976, 83-88 Yu. V.

Knorozov & M. A. Probst | *JRAS* 1976, 161 William C. Brice | *WZKM* 68, 1976, 278-280 Onofrio Carruba.

2930 MASSON, Emilia: Un nouvel examen des tablettes de Deir 'Alla (Jordanie). — *Minos* 15, 1974 (1976), 7-33, 2 pl., 7 fig. | Analyse de l'écriture.

2931 MCCARTER, P. Kyle, Jr.: *The antiquity of the Greek alphabet and the early Phoenician scripts.* — Harvard Sem. Monographs 9; Missoula, MT: Scholars Press, 1975, xiii, 139 p., 6 pl.

2932 MEERTEN, Reinier J. VAN: On the printing direction of the Phaistos disc. — *SMIL* 1975, 5-24, 3 fig.

2933 *Mesoamerican writing systems*: a conference at Dumbarton Oaks, October 30-31, 1971. Ed. by Elizabeth P. BENSON. — Washington, D.C.: Dumbarton Oaks Research Library & Collections, 1973, x, 226 p., ill. | *IJAL* 42, 1976, 384-388 Berthold Riese.

2934 MILLARD, Alan R.: The Canaanite linear alphabet and its passage to the Greeks. — *Kadmos* 15, 1976, 130-144, fig.

2935 *Orthographe et système d'écriture*. Coordination: Nina CATACH. — Paris: 1972 | BL 1973, 2907. | *PhP* 19, 1976, 97-98 Jan Šabršula.

2936 PARPOLA, Asko: Interpreting the Indus script, II. — *SO* 45, 1976, 125-160.
Phonemes and orthography: language planning in ten minority languages of Thailand. — 13245.
PROSDOCIMI, A. L., & SCARDIGLI, P. G.: Negau. — 7143.

2937 PULGRAM, Ernst: The typologies of writing-systems. — [2945], 1-28, 6 fig.

2938 PULTE, William: Writing systems and underlying representation: the case of the Cherokee syllabary. — [110], 388-393.

2939 RÓNA-TAS, A.: A runic inscription in the Kujbyšev region. — *AOH* 30, 1976, 267-271, map.

2940 *The Soviet decipherment of the Indus Valley script: translation and critique*. Ed. by Arlene R. K. ZIDE & Kamil V. ZVELEBIL. — JanL, S. practica 156; The Hague: Mouton, 1976, 142 p. | Transl. of: *Predvaritel'noe soobščenie ob issledovanie protoindijskich tekstov*, ed. by Ju. V. KNOROZOV (Moskva 1965 [BL 1970, 2241]), and repr. of: *Proto-Indica: 1968. Brief report* . . . . , by Ju. V. KNOROZOV, B. Ja. VOLČOK & N. V. GUROV (Moskva 1968 [BL 1970, 2242; 1972, 2244]), with critical commentaries.

2941 TAACK, George H.: Accession glyphs on Maya monuments: a linguistic approach. — *AnL* 18, 1976, 29-52, 3 fig.

2942 TARQUIS-RODRÍGUEZ, Pedro: Die Inschrift von Anaga. — *Almogaren* 2, 1971, 169-177, fig. | Tenerife, Canary Islands.

2943 WELLS, Rulon: Deciphering in linguistics: a nineteenth-century episode. — [255], 407-412.

2944 WÓJCIK, Tadeusz: The praxeological model of writing. — *KNf* 23, 1976, 323-345.

2945 *Writing without letters*. [By] Ernst PULGRAM . . . [et al.]. Ed. by W. HAAS. — Mont Follick Series 4; Manchester: Manchester UP., 1976, viii, 216 p. | Papers based on a lecture series at the Univ. of Manchester, 1966-75.

7. STYLISTIQUE — STYLISTICS

2946 AARSLEFF, Hans: Thoughts on Scaglione's 'Classical theory of composition': the survival of 18th-century French philosophy before Saussure. — *RomPh* 29, 1975-76, 522-538 | Cf. BL 1972, 2381.

2947 [ACHMANOVA, O. S.] AKHMANOVA, Olga: *Linguostylistics: theory and method*.

— JanL, Series minor 181; The Hague: Mouton, 1976, xii, 125 p. | Authors of this manual: Olga ACHMANOVA, Rolandas F. IDZELIS, Tatjana ŠIŠKINA, et al.

2948 [ACHMANOVA, O. S.] AKHMANOVA, Olga, & ZADORNOVA, Velta: "Understanding poetry" and the metasemiosis of nonsense versification. — *ZAA* 24, 1976, 71-76.

2949 ARRIVÉ, Michel: Poétique et rhétorique. — *SNPh* 48, 1976, 97-120.

2950 BABEU, Doina: Direcţii şi perspective în stilistica cehoslovacă actuală. — *SCL* 27, 1976, 67-78.

2951 BÁRDOSI, V.: Polysémie et homonymie comme sources linguistiques du comique. — *AUBud-L* 7, 1976, 51-67.

2952 BAREŠ, Karel: On the anagram and its functions. — *ZAA* 24, 1976, 141-152.

2953 BAUER, Christian: Montague-Grammatiken, branching quantification, Frege-Tiefenstrukturen und Oberflächensyntax poetischer Texte. — *RRLing* 21, 1976, 491-500.

2954 BEAUCHAMP, William: From structuralism to semiotics. — *RR* 67, 1976, 226-236.

BENNETT, P. R.: Narrative style and the consecutive. — 13641.

2955 BERG, Wolfgang: Ironie. — [101], I, 247-254.

2956 BOWDITCH, Livia Polanyi: Why the whats are when: mutually contextualizing realms of narrative. — *PBLS* II, 59-77, 3 tab.

2957 BRONZWAER, W. J. M.: *Pas en onpas. Over ekwivalentie en deviatie* .... — Amsterdam: 1975 | BL 1975, 2926. | *TsNTL* 92, 1976, 72-75 Elrud Kunne-Ibsch | *Spektator* 5, 1975-76, 725-728 J. J. H. van Luxemburg.

2958 BRUNS, Gerald L.: *Modern poetry and the idea of language* ... — New Haven: 1974 | BL 1974, 2668. | *MLR* 70, 1975, 386 G. D. Martin | *ES* 57, 1976, 89-91 H. Servotte.

2959 CAZIMIR, Bogdan: Langage musical, langage poétique: contiguïté et similarité. — *RRLing* 21, 1976 (*CLTA* 13/1), 265-281.

2960 CULLER, Jonathan: *Structuralist poetics* ... — Ithaca, N.Y.: 1975 | BL 1975, 2935. | *RES* 27, 1976, 513-515 D. Robey | *PhQ* 55, 1976, 294-296 Michael Ryan | *MLR* 71, 1976, 877-879 P. Chilton | *LaS* 9, 1976, 213-216 T. Hawkes | *KLit* 5, 1976, 51-52 P. Tobin | *AUMLA* 46, 1976, 364-365 Ray Cattell.

2961 DELAS, Daniel, & FILLIOLET, Jacques: *Linguistique et poétique*. — Paris: 1973 | BL 1973, 2949. | *GRM* 26 (57), 1976, 470-473 Manfred Hardt.

2962 DI GIROLAMO, Costanzo: Glossematics and the theory of literature. — *LeSt* 11, 1976, 325-334 | Summ. in Ru.

2963 DIJK, T. A. VAN: *Beiträge zur generativen Poetik*. — München: 1972 | BL 1972, 2286. | *ÁNyT* 11, 1976, 307-312 Csúri Károly | *ZDL* 42, 1975, 352-353 U. Oomen.

2964 — Pragmatics and poetics. — [361], 23-57.

2965 DUBOIS, J[acques], EDELINE, F., et al.: *Rhétorique générale* ... — Paris: 1970 | BL 1970, 2280. | *ÁNyT* 11, 1976, 369-373 Vígh Árpád.

2966 DUBOIS, J., EDELINE, F., KLINKENBERG, J.-M., MINGUET, Ph. (Groupe μ): Isotopie et allotopie: le fonctionnement rhétorique du texte. — *VS* 14, 1976, 41-65.

2967 DYNAK, Władysław: Výťahy – metatext — ekvivalent. — [349], 95-110 | Abstracts – metatext – equivalent.

2968 ENKVIST, Nils Erik: *Linguistic stylistics*. — The Hague: 1973 | BL 1973, 2960. | *Linguistics* 169, 1976, 65-67 A. I. Poltoratski | *Lingua* 38, 1976, 76-79 S. Ullmann | *SAP* 8, 1976, 193-196 I. Kałuża.

2969 FONZI, Ada, & NEGRO SANCIPRIANO, Elena: *La magia delle parole* .... — Torino: 1975 | BL 1975, 2791. | *LeSt* 11, 1976, 694-696 A. Battistini.

2970 GAJDUČIK, S. M.: Fonostilistika v stilističeskoj sisteme jazyka. — [326], 65-78 | G. summ.

STYLISTIQUE

2971 GOSLAR, M.: Métonymie et méthodologie. — *RLiR* 40, 1976, 145-164.
2972 GRAY, Bennison: *El estilo* .... — Madrid: 1974 | BL 1974, 2688. | *RSEL* 5, 1975, 246-248 Pablo Jauralde Pou.
2973 HAUSMANN, Franz Josef: *Studien zu einer Linguistik des Wortspiels* ... — Tübingen: 1974 | BL 1974, 2692. | *BNF* 11, 1976, 114-115 D. Kremer | *FM* 44, 1976, 190 J. M. Klinkenberg | *FS* 30, 1976, 369-370 S. Ullmann † | *LAnt* 8, 1974 (1975), 159-161 M. Govaert | *LB* 65, 1976, 88-92 Raymond Van den Broeck.
2974 HENDRICKS, William O.: *Essays on semiolinguistics and verbal art.* — The Hague: 1973 | BL 1973, 2997. | *LiS* 5, 1976, 110-115 M. K. Foster | *SS* 37, 1976, 247-248 A. Macurová.
2975 — *Semiología del discurso literario: una crítica científica del arte verbal.* — Madrid: Cátedra, 1976, 253 p. | Transl. of No. 2974.
2976 — *Grammars of style and styles of grammar.* — North-Holland Studies in Theoretical Poetics 3; Amsterdam: North-Holland Publ. Co., 1976, x, 253 p.
2977 HENRY, Albert: *Metonimia e metafora.* — Torino: 1975 | BL 1975, 2960. | *SMV* 24, 1976, 191-195 Adriana Belletti.
2978 — La stylistique littéraire: essai de redéfinition. — *ACILR* XIII/1, 77-90.
2979 HERCZEG Gyula: A mondatstilisztikai kutatás mint módszer. — *ÁNyT* 11, 1976, 127-142 | La stylistique syntaxique en tant que méthode de recherche.
2980 HIATT, Mary P.: The sexology of style. — *LaS* 9, 1976, 98-107, 5 tab. | Masculine and feminine style.
2981 HILL, Archibald A.: *Constituent and pattern in poetry.* — Austin: Univ. of Texas Press, 1976, xiv, 157 p. | Coll. of 12 art. repr. from earlier publ.
2982 HRABÁK, Josef: *Literární komparatistika.* — Praha: Státní pedag. nakladatelství, 1976, 206 p. | Contains some chapters on the linguistic problems of literary comparative studies.
2983 JAKOBSON, Roman: *Hölderlin, Klee, Brecht. Zur Wortkunst dreier Gedichte.* Eingeleitet und hrsg. von Elmar HOLENSTEIN. — Suhrkamp-Taschenbuch Wissenschaft 162; Frankfurt a.M.: Suhrkamp-Taschenbuch-Verlag, 1976, 127 p. | Contents: Elmar Holenstein: Einführung: Linguistische Poetik, 9-25; R. Jakobson & Grete Lübbe-Grothues: Ein Blick auf 'Die Aussicht' von Hölderlin, 27-96; R.J.: Der Maler Paul Klee als Dichter, 97-105 [1970; cf. BL 1970, 2311]; R.J.: Der grammatische Bau des Gedichts von Bertold Brecht 'Wir sind sie', 107-128 [1965; cf. BL 1965, 5460].
2984 JOHNSON, Anthony L.: L'anagrammatismo in poesia: premesse storiche. — *ASNP* 6, 1976, 679-717.
2985 JONES, Leonard A.: Cognition and style. — *ZAA* 24, 1976, 153-163.
2986 JUNKER, Hedwig: Linguistisierung der Literaturwissenschaft und Literarisierung der Linguistik. — *ZRPh* 92, 1976, 473-483 | A propos de Jean-Claude COQUET, *Sémiotique littéraire*, 1973 (BL 1973, 2946).
2987 — Rhetorik und Textgrammatik. — *RF* 88, 1976, 378-382.
2988 KAPP, Volker: Das Stil-Konzept in den Anfängen der romanistischen Stilforschung. — [181], 381-402.
2989 KAUFMAN, S.: Étude stylistique du jugement et de la phrase. — *LAnt* 8, 1974 (1975), 33-41.
2990 KIBÉDI VARGA, Áron: Linguistics and poetry: the peculiarities of poetic language. — [126], 13-34.
2991 KISS Sándor: Demarkációs jegyek az irodalmi müben. — *ÁNyT* 11, 1976, 223-238 | Éléments démarcatifs dans l'œuvre littéraire.
2992 KNAPP, Fritz Peter: *Similitudo. Stil- und Erzählfunktion von Vergleich und Exem-*

pel in der lateinischen, französischen und deutschen Grossepik des Hochmittelalters. Band I. *Einleitung, Vorstudien.* Hauptteil 1. *Lateinische Epik.* — Wien: Braumüller, 1975, xii, 444 p.

2993 KNAPPE, Karl-Bernhard: Rhetorik und Pragmatik? Überlegungen zur sprachwissenschaftlichen Rhetorik. — [101], I, 255-265.

2994 KOSTOMAROV, V. G.: Stilistika i paralingvistika. — [229], 81-87.

2995 KOŽINA, Margarita N.: Some basic problems in the theory of functional styles. — [381], 51-61.

2996 KRAUS, Jiří: Kultura jazykového projevu a rétorika. — *NŘ* 59, 1976, 228-232 | La culture de l'énonciation linguistique et la rhétorique.

2997 KREJČÍ, Karel: Vznikání a život literárněvědných termínů. — [2880], 11-47 | Naissance et vie des termes littéraires (Rés. fr. et ru.).

2998 KUBÍNOVÁ, Marie: Významová stavba básně. — *Estetika* 13, 1976, 180-201 | The semantic structure of the poem (Ru. summ.).

2999 KUDZIS, S. P.: Ab stylefarmirujučych funkcyjanal'nych faktarach. — *BeLi* 7, 1975, 10-13 | On style shaping functional factors (Ru. & E. summ.).

3000 KÜPER, Christoph: *Linguistische Poetik.* — Urban-Taschenbücher 243; Stuttgart: Kohlhammer, 1976, 148 p.

3001 KURODA, S.-Y.: Reflections on the foundations of narrative theory (from a linguistic point of view). — [361], 107-140 | Fr. version published in 1975 (BL 1975, 1211).

3002 LAFERRIÈRE, Daniel: The writing perversion. — *Semiotica* 18, 1976, 217-233.

3003 LAUSBERG, Heinrich: *Elemente der literarischen Rhetorik. Eine Einführung für Studierende der klassischen, romanischen, englischen und deutschen Philologie.* 5. Aufl. — München: Hueber, 1976, 169 p. | 4th ed. 1971 (BL 1971, 2282).

3004 LÁZARO CARRETER, Fernando: ¿Es poética la función poética? — *NRFH* 24, 1975, 1-12.

3005 LE GUERN, Michel: *Sémantique de la métaphore et de la métonymie.* — Paris: 1972 | BL 1972, 2347. | *FM* 42, 1974, 382-383 J. M. Klinkenberg | *FR* 48, 1974-75, 274-275 C. P. Bouton | *FS* 30, 1976, 366-367 S. Ullmann † | *RBPh* 54, 1976, 146-148 F. Hallyn.

3006 LERCHNER, Gotthard: Stilzüge unter semasiologischem Aspekt. — *DaF* 13, 1976, 257-262.

3007 LEVIN, Samuel R.: *Estructuras lingüísticas en la poesía.* Presentación y apéndice de Fernando LÁZARO CARRETER. — Madrid: Ediciones Cátedra, 1974, 106 p. | Transl. of: *Linguistic structures in poetry*, 1962 (BL 1962, 1318). | *RSEL* 5, 1975, 242-245 Pablo Jauralde Pou.

3008 — Concerning what kind of speech act a poem is. — [361], 141-160.

3009 LOEWENBERG, Ina: Denying the undeniable: metaphors are *not* comparisons. — [110], 305-316.

3010 LOTMAN, Jurij M.: *Die Analyse des poetischen Textes.* Hrsg., eingel. und übers. von Rainer GRÜBEL. — Scriptor Taschenbücher S 38, Literaturwissenschaft; Kronberg, Ts.: Scriptor, 1975, xiv, 203 p. | Transl. of *Analiz poėtičeskogo teksta*, 1972 (BL 1972, 10515). | *KLit* 5, 1976, 22-26 W. Eismann.

3011 LÜDI, Georges Claude: *Die Metapher als Funktion der Aktualisierung* ... — Zürich: 1973 | BL 1973, 3034. | *Erasmus* 28, 1976, 77-80 M. Lehtonen | *FS* 30, 1976, 367-368 S. Ullmann †

3012 LUXEMBURG, J. J. H. VAN: De gelukkige families van Anna Karenina. Enige literatuurwetenschappelijke begrippen in het licht van de speech act-theorie. — *Spektator* 5, 1975-76, 317-337 | The happy families in *Anna Karenina*. Some

concepts of the science of lit. in the light of the speech act theory.
3013 MARTÍN, José Luis: *Crítica estilística.* — Madrid: 1973 | BL 1975, 2974. | *BHS* 53, 1976, 133-135 Arthur Terry.
3014 MCCALL, Marsh H., Jr.: *Ancient rhetorical theories of simile and comparison.* — Cambridge, Mass.: 1969 | BL 1969, 1909. | *Athenaeum* 54, 1976, 538-541 B. Riposati | *Gnomon* 48, 1976, 807-808 E. Schmalzriedt.
3015 [MEJLACH, M. B.] MEYLAKH, Michel: A propos des anagrammes. — *Homme* 16, 1976/4, 105-115.
3016 MEYER, Bonnie J. F.: *The organization of prose and its effects on memory.* — North-Holland Studies in Theoretical Poetics 1; Amsterdam: North-Holland Publishing Co., 1975, xvii, 249 p. | *Lingua* 40, 1976, 390-398 W. A. Smalley.
3017 MIHĂILĂ, Ecaterina: Modificarea funcţiei referenţiale în mesajul poetic şi efectele ei în receptare. — *SCL* 27, 1976, 455-468 | E. summ.: Modification of the referential function in the poetical message and its effects upon reception.
3018 MIKO, František: K povahe estetickej informácie. — *SLit* 23, 1976, 263-278 | On the nature of aesthetic information.
3019 — Literárne vzdelanie, informácia a redundancia. — [349], 11-20 | Literary education, information and redundancy.
3020 — Vývinový aspekt literárneho diela v perspektíve štýlu. — [356], 7-31 | Der Entwicklungsaspekt des literarischen Werkes in der Perspektive des Stils.
3021 MIKO, F., ZAJAC, P., POPOVIČ, A., KOPÁL, J., LIBA, P.: Štýl – komunikácia – dielo. — *SlavSl* 11, 1976, 124-134 | Style – communication – work.
3022 MILETICH, John S.: The quest for the "formula": a comparative reappraisal. — *MPh* 74, 1976-77, 111-123.
3023 MISIEWICZ, Janusz: Estetyka, lingwistyka i literaturoznawstwo. — *Człowiek i Światopogląd* (Warszawa) 1976/6, 66-83 | Aesthetics, linguistics, and theory of literature.
3024 MISTRÍK, Jozef: Skladba textu. — *SJL* 22, 1975-76, 209-214 | Text syntax.
3025 MUKAŘOVSKÝ, Jan: *On poetic language.* Transl. and ed. by John BURBANK and Peter STEINER. — PdR Press Publ. in Poetic Language 1; Lisse: Peter de Ridder Press, 1976, 88 p. | First publ. in *SS* 6, 1940, 113-145. | *Spektator* 6, 1976-77, 238 J. van Luxemburg.
3026 OLTEAN, Ştefan: A pragmatic approach to the concept of style. — *RRLing* 21, 1976 (*CLTA* 13/1), 301-304.
3027 *Oral literature and the formula.* Ed. by Benjamin A. STOLZ & Richard S. SHANNON, III. — Ann Arbor: Center for the Coordination of Anc. and Mod. Studies, Univ. of Michigan, 1976, xvii, 290 p. | Papers from a symposium held in 1974.
3028 PÉTER Mihály: Az irodalmi nyelv és a stilisztika kérdései a Prágai Nyelvészkör tanításában. — *NyK* 78, 1976, 409-416 | Les questions de la langue litt. et de la stylistique dans la doctrine du Cercle Linguistique de Prague (Rés. fr.).
3029 POPOVIČ, Anton: Metakomunikačný aspekt literárneho vývinu. — [356], 45-84 | The metacommunication aspect of lit. development.
3030 POZZI, Giovanni: Gli artifici figurali del linguaggio poetico e l'iconismo. — *SCr* 10 (31), 1976, 349-383.
3031 REWAR, Walter: Semiotics and communication in Soviet criticism. — *LaS* 9, 1976, 55-69.
3032 ROSENTHAL, Dieter: Die strukturale Poetik Jurij Michajlovič Lotmans. — *SNPh* 48, 1976, 338-343.
3033 ROSETTI, A.: Sur les anagrammes de Ferdinand de Saussure. — *RRLing* 21, 1976, 459-460.

3034 RUMP, Gerhard Charles: "Onomatopoiesis" bei James Joyce und Arno Schmidt. Bemerkungen zur Onomatopoese und Graphopoese. — *Orbis* 25, 1976, 5-12.

3035 SALVADOR, Gregorio: El signo literario y la ordenación de la ciencia de la literatura. — *RSEL* 5, 1975, 295-302.

3036 SCHMIDT, Siegfried J.: Towards a pragmatic interpretation of "fictionality". — [361], 161-178.

3037 SHAPIRO, Michael: *Asymmetry: an inquiry into the linguistic structure of poetry.* — North-Holland Linguistic Series 26; Amsterdam: North-Holland Publishing Co., 1976, xiv, 231 p.

3038 SIL'MAN, T. I.: Einige Probleme der Linguistik des künstlerischen Textes (aufgezeigt an Werken der deutschen Literatur). — [382], II, 19-25 | First publ. in Ru. in 1974.

3039 SPILLNER, Bernd: *Linguistik und Literaturwissenschaft*... — Stuttgart: 1974 | BL 1974, 2751. | *LeSt* 11, 1976, 692-694 E. Guidorizzi | *KLit* 5, 1976, 326-328 M. Hellinger.

3040 STEMPEL, Wolf-Dieter: Ironie als Sprechhandlung. — *Poetik und Hermeneutik* 7. *Das Komische* (Hrsg. von Wolfgang Preisendanz und Reiner Warning; München: Fink, 1976), 205-235.

3041 STERN, Joseph Peter: Vom Nutzen der Wittgensteinschen Philosophie für das Studium der Literatur. — *DVLG* 50, 1976, 557-574.

3042 STRIŽENKO, A. A.: Der künstlerische Text als besondere Form der Kommunikation. — [382], II, 27-33 | First publ. in Ru. in 1974.

3043 SYRKIN, A. Ja.: Einige besondere Merkmale des wissenschaftlichen und des künstlerischen Textes. — [382], II, 35-41 | First publ. in Ru. in 1965.

3044 SYROTINA, V. O.: Pro spivvidnošennja slova i "slova-obrazu". — *Mov* 1976/3, 9-20 | On the relation between word and "word-image".

3045 SZABÓ, Zoltán: The status of stylistics in text-linguistics. — *RRLing* 21, 1976, 117-120.

3046 SZATHMÁRI István: Laziczius és a stilisztika. — *NyK* 78, 1976, 466-474 | Laziczius et la stylistique (Rés. fr.).

3047 TOMIŠ, Karol: Textové varianty a literárnohistorický vývin. — [356], 243-268 | Textual variants and literary-hist. development.

3048 TURNER, G. W.: *Stylistics.* — Harmondsworth: 1973 | BL 1973, 3115. | *DQR* 4, 1974, 187-189 W. Bronzwaer | *Linguistics* 169, 1976, 92-94 Szabó Zoltán.

3049 ULLMANN, Stephen: *Meaning and style*... — Oxford: 1973 | BL 1973, 3117. | *FS* 29, 1975, 367-368 J. Cruickshank | *JLS* 4, 1975, 124-125 R. Fowler | *Linguistics* 168, 1976, 109-112 Szabó Zoltán | *FM* 44, 1976, 363-364 P. Larthomas | *MLR* 71, 1976, 653-654 R. E. Asher.

3050 VALESIO, Paolo: Le style et la grammaire. — *ACILR* XIII/1, 1003-1015.

3051 VERSTER, J. R.: *Die metafoor in die algemene taal- en literatuurwetenskap.* — (Diss. Bloemfontein); Bloemfontein: de Villiers, 1975, 139 p. | The metaphor in general linguistics and lit. sci.

3052 VLAD, Carmen: Contribuții la o teorie a limbajului critic literar. — *SCL* 27, 1976, 109-120 | Rés. fr.: Contr. à une théorie du langage de la critique littéraire.

3053 VORLAT, E.: Overredingstechnieken in de reklametaal. — *HZnMTL* 30, 1976, 283-290 | Persuasive techniques in the language of advertising (mainly E.). — Are the persuaders well hidden? .... — 8537.

3054 VUORINIEMI, Jorma: Tyyli poikkeamisena normista. — [337], 79-80 | Style as a deviation from the norm.

3055 WACHA Imre: Az elhangzó beszéd főbb akusztikus stíluskategóriáiról. — *ÁNyT*

10, 1974, 203-216 | Catégories stylistiques du texte parlé dans une analyse acoustique.
3056 WERTH, Paul: Roman Jakobson's verbal analysis of poetry. — *JL* 12, 1976, 21-73.
3057 WINNER, Thomas G.: Poetika Romana Jakobsona. — *SlavR* 24, 1976, 11-28 | The poetics of R. Jakobson (Summ. in E.).
3058 YLLERA, A.: *Estilística, poética y semiótica literaria.* — Madrid: Alianza Universidad, 1974, 186 p. | *RSEL* 5, 1975, 467-470 M. A. Garrido Gallardo. ZSILKA T.: *Stilisztika és statisztika.* — 3251.
3059 ŽVÁČEK, Dušan: K metodologii sémantické analýzy metafory. — [378], 193-200 | On the methodology of semantic analysis of metaphor (Ru. summ.).

8. PROSODIE, MÉTRIQUE, VERSIFICATION — PROSODY, METRE, VERSIFICATION

3060 COLLINDER, Björn: Versbau, Goethe und kein Ende. — [256], 106-113.
3061 FOWLER, Rowena: Metrics and the transformational-generative model. — *Lingua* 38, 1976, 21-36.
GOLDENBERG, Y.: La métrique ar. classique et la typologie métrique. — 12111.
3062 KURYŁOWICZ, Jerzy: The linguistic foundations of metre. — *BPTJ* 34, 1976, 63-72.
LOTMAN, J. M.: *Die Analyse des poetischen Textes.* — 3010.
3063 LOTMAN, Mich.: Generativnyj podchod v metričeskich študijach. — *RFTarU* 4, 1975, 88-98.
3064 NOVÁKOVÁ, Julie: Komenského časomíra z hlediska srovnávacího a lingvistického. — *LF* 99, 1976, 67-74 | Comenii res metrica sub specie metrorum historiae linguarumque varietatis considerata (Rés. lat.).
3065 ROMAN, Andrei: Strategia semantică şi informaţională a rimei. — *SCL* 27, 1976, 43-51 | Rés. fr.: La stratégie sémantique et informationnelle de la rime.
3066 VAŠÁK, Pavel, & MAZÁČOVÁ, Stanislava: Rhyme, stanza and rhythmic types. — *PSML* 5, 1976, 163-189.
3067 VOIGT, Vilmos: Formation of metric systems on the Balkans. — [299], 733-742.

9. TRADUCTION — TRANSLATION

3068 ALBRECHT, Jörn: *Linguistik und Übersetzung.* — Tübingen: 1973 | *BL* 1973, 3149. | *ZRPh* 92, 1976, 539-541 Günter Holtus.
3069 *Aspekte der theoretischen, sprachenpaarbezogenen und angewandten Sprachwissenschaft.* Hrsg. von W. WILSS & G. THOME. — Heidelberg: 1974 | *BL* 1974, 2788. | *JazA* 13, 1976, 71-72 V. Stehlík.
3070 BRAUN, Richard E.: Translation: the problem of purpose. — *MLN* 90, 1975, 784-799.
3071 BROWER, Reuben: *Mirror on mirror: translation, imitation, parody.* — Harvard Studies in Comparative Lit. 33; Cambridge, Mass.: Harvard UP., 1974, xii, 183 p., ill. | Coll. of essays. | Cf. 3115.
3072 BZDĘGA, Andrzej Z.: Linguistische Übersetzungsanalyse. — *KNf* 23, 1976, 283-293.
3073 COLÓN, Germán: *Die ersten romanischen und germanischen Übersetzungen des Don Quijote (I. Teil, 16. Kap.).* — Bern: 1974 | *BL* 1975, 3030. | *RFE* 57, 1974-75 (1976), 359-361 Luis López Molina.

3074 DÁNIEL, Ágnes: Les difficultés du texte à traduire (Essai de classification fonctionnelle). — *AUBud-L* 7, 1976, 203-220.
3075 FORBELSKÝ, Josef: Čtení a překlad. — [370], 55-62 | L'importance de la lecture pour la trad. (Rés. fr.).
3076 FÜRSTOVÁ-KVAPILOVÁ, Eva: Quelques remarques sur la traduction des textes techniques. — [370], 63-89 | Rés. ru.
3077 GARCÍA YEBRA, Valentín: Traducción y enriquecimiento de la lengua propia. — *ACILR* xiii/2, 577-587.
3078 GERVER, David: Empirical studies of simultaneous interpretation: a review and a model. — [3110], 165-207, tab., fig.
3079 HAYES, James A.: The translator and the form-content dilemma in literary translation. — *MLN* 90, 1975, 838-848.
3080 HRDLIČKA, Milan: K některým problémům teorie překladu. — [370], 90-104 | On some problems of the theory of transl. (E. & Ru. summ.).
3081 HROMASOVÁ, Alena: Principles of economy in simultaneous interpreting. — [370], 105-124 | Ru. summ.
3082 IVIR, Vladimir: Social aspects of translation. — *SRAZ* 39, 1975, 205-213.
3083 JACOBS, Carol: The monstrosity of translation. — *MLN* 90, 1975, 755-766.
3084 JÄGER, Gert: *Translation und Translationslinguistik.* — Halle (Saale): 1975 | BL 1975, 3034. | *DLZ* 97, 1976, 405-408 F. Beer.
3085 KASSÜHLKE, Rudolf: Linguistic and cultural implications of Bible translation. — [310], 279-301, 3 fig.
3086 KRUPNOV, V. N.: *V tvorčeskoj laboratorii perevodčika. Očerki po professional'nomu perevodu.* — Moskva: "Meždunarodnye otnošenija", 1976, 190 p.
3087 LAMBERT, José: Traduction et technique romanesque. — *ACILR* XIV/2, 653-668.
3088 LANDSBERG, Marge E.: Translation theory: an appraisal of some general problems. — *Meta* 21, 1976, 235-251.
3089 LEFEVERE, André: *Translating poetry. Seven strategies and a blueprint.* — Approaches to Transl. Studies 2 [= 3]; Assen: Van Gorcum, 1975, viii, 127 p.
3090 LEVICKAJA, T. R., & FITERMAN, A. M.: *Problemy perevoda. Na materiale sovremennogo anglijskogo jazyka.* — Moskva: Izd. "Meždunarodnye otnošenija", 1976, 205 p.
3091 LIPKA, L'ubor: Problémy vnútroliterárneho prekladu. — *SlavSl* 11, 1976, 196-201 | Probleme der innerliterarischen Übersetzung.
3092 LONGACRE, Robert E.: Some implications of deep and surface structure analysis for translation. — [277], 184-195.
3093 MACADAM, Alfred J.: Translation as metaphor: three versions of Borges. — *MLN* 90, 1975, 747-754.
3094 MACKSEY, Richard: [Basil L.] Gildersleeve on the pleasures and perils of translation. — *MLN* 90, 1975, 953-939 | Followed by a chrestomathy of passages from the "Brief mentions" published in *AJPh*: Risus ab angulo: a BLG chrestomathy, p. 940-971.
3095 MAN, Oldřich: Transformace jako překladatelský postup. — *RJ* 26, 1975-76, 248-256 | Transformation as a transl. procedure.
3096 — Víceslovné pojmenování jako překladová jednotka. — [370], 175-185 | Mehrwörtliche Benennung als Übersetzungseinheit (Rés. ru.).
3097 NIDA, Eugene A.: A framework for the analysis and evaluation of theories of translation. — [3110], 47-91.
3098 PALLOVÁ, Darina: K vymedzeniu praxeológie prekladu. — *SlavSl* 11, 1976, 166-

169 | Zur Bestimmung der Praxeologie in der Übersetzungstheorie.
3099 PIQUETTE, Elyse: The translator's sensitivity to syntactic ambiguity: a psycholinguistics experiment. — *CJL* 21, 1976, 95-106.
3100 PRELOŽNÍKOVÁ, Eva: K možnostiam prekladu literárneho nonsensu. — *SlavSl* 11, 1976, 146-153 | On the translatability of literary nonsense.
3101 RAY, Lila: Multi-dimension translation: poetry. — [3110], 261-278.
3102 RECKER, Ja. I.: *Teoria perevoda i perevodčeskaja praktika* ... — Moskva: 1974 | BL 1974, 2814. | *SlavSl* 11, 1976, 219-220 A Vlachovičová.
3103 REISS, Katharina: *Texttyp und Übersetzungsmethode. Der operative Text.* — Monographien Lit., Sprache, Didaktik 1; Kronberg/Ts.: Scriptor-Verlag, 1976, 146 p., fig.
3104 RITT, Hubert: Biblische "Übersetzungskritik". Linguistische Perspektiven zur deutschen Einheitsübersetzung der Heiligen Schrift. — *BZ* 20, 1976, 161-179.
3105 SANTARCANGELI, Paolo: Alcune riflessioni sulla traduzione letteraria. — [233], 931-955 | Appendix: Mihály Babits, Il Libro di Giona (Trad. di P. Santarcangeli).
3106 SCHWANZER, V.: Aplikácia marxisticko-leninskej teórie jazyka v prekladatel'stve a tlmočníctve. — *BOPT* 1974, 5-24 | Anwendung der marxistisch-leninischen Sprachtheorie im Bereiche des Übersetzens und Dolmetschens (Rés. ru. et all.).
3107 SELESKOVITCH, D.: Interpretation, a psychological approach to translating. — [3110], 92-116.
3108 STEINER, George: *After Babel*: aspects of language and translation. — London: 1975 | BL 1975, 3048. | *MLN* 90, 1975, 983-986 Nancy S. Straever | Cf. 3112, 3114-5.
3109 STEINER, T. R.: *English translation theory, 1650-1800.* — Approaches to Transl. Studies 2; Assen: Van Gorcum, 1975,viii, 159 p.
3110 *Translation. Applications and research.* Ed. by Richard W. BRISLIN. — New York: Gardner Press (distr. by Halsted Press), 1976, vi, 312 p.
3111 TRIANDIS, Harry C.: Approaches toward minimizing translation. — [3110], 229-243, 2 tab.
3112 ULLENDORFF, Edward: George Steiner's *After Babel*. — *BSOAS* 39, 1976, 403-420 | On No. 3108.
3113 VACHEK, J.: Poznámky k překladům jazykovědných textů. — *BOPT* 1974, 25-48 | Notes on the transl. of linguistic texts (E. & Ru. summ.).
3114 VALESIO, Paolo: The virtues of traducement: sketch of a theory of translation. — *Semiotica* 18, 1976, 1-96, 4 fig. | Rev. of No. 3108. Rejoinder by Steiner, *Ibid.* 97-99 ('A P. S. to Valesio').
3115 WILL, Frederic: Dead stones in our mouths: a review of two new books on translation. — *MLN* 90, 1975, 972-983 | On Nos. 3071 and 3108.
3116 WILSS, Wolfram: Perspectives and limitations of a didactic framework for the teaching of translation. — [3110], 117-137, 2 fig.
3117 *Z teorii i historii przekładu artystycznego.* Materiały z konferencji naukowej w Szczawnicy (17.-19.3.1972) pod red. Jacka BALUCHA. — Kraków: Uniw. Jagielloński, 1974, 122 p. | *SlavSl* 11, 1976, 213-214 E. Kopálová.

10. LINGUISTIQUE MATHÉMATIQUE — MATHEMATICAL LINGUISTICS

10.0 Généralités — General

3118 ALEKSANDROV, D. D.: The TGS-4000 metalanguage. — [159], 307-310.

3119 BĂLĂNESCU, T., CIOBOTARU, S., et al.: *Semiotica folclorului. Abordare lingvistico-matematică.* Sub red. Solomon MARCUS. — Bucureşti: Editura Acad. Republicii Socialiste România, 1975, 268 p. | *RRLing* 21, 1976, 532-534 Gabriela Duda.
3120 [BĂRNEV, P.] BYRNEV, P.: Količestvennoe issledovanie faktičeskogo ispol'zovanija algoritmičeskich jazykov. — [159], 35-38.
3121 [BĂRNEV, P.] BYRNEV, P., & DIMITROV, V.: Primenenie apparata razmytych množestv k izučeniju iskusstvennych jazykov. — [159], 183-186.
3122 BIEŃ, Janusz Stanisław: Języki programowania a języki naturalne. — *BPTJ* 34, 1976, 167-168 | Remarks on L. Wierzbowski's paper on natural languages and programming languages in *BPTJ* 32 (BL 1974, 2838).
3123 HARRIS, B.: Faceting. — [159], 119-123.
3124 LJUDSKANOV, A.: Nekotorye problemy èvrističeskogo modelirovanija v lingvistike. — [159], 17-34.
3125 — K voprosu nepronominal'noj referencii v estestvennych jazykach (Glubinnyj semantiko-semiotičeskij mechanizm). — [159], 241-246.
3126 MAEGAARD, Bente, et al.: *Matematik og lingvistik.* — Odense: 1975 | BL 1975, 3054. | *RRom* 11, 1976, 196-199 E. Spang-Hanssen.
3127 PIOTROVSKIJ, R. G.: *Tekst, mašina, čelovek.* — Leningrad: Nauka, 1975, 327 p. | *RRLing* 21, 1976, 548-549 Hristo Georgiev.
3128 RADENSKI, A. A.: Bazisy algoritmičeskich jazykov. — [159], 279-282.

10.1. Modèles mathématiques — Mathematical models

3129 AROLD, D.: Syntactic multiple path analysis based on bundles. — [159], 311-314.
3130 BALLMER, Thomas T.: Macrostructures. — [361], 1-22.
3131 BALLWEG, Joachim: Fragment einer generativen Grammatik mit λ-Kategorialer Basis. — [101], II, 139-151.
3132 BECKMANN, Petr: *The structure of language* ... — Boulder, Colo.: 1972 | BL 1973, 3247. | *CJL* 21, 1976, 119-123 J. T. Hogan.
3133 BÉKÉSI Imre: Tipológiai és gyakorisági adatok a bekezdésnyi beszédmű szerkezetéről. — *AUSz-SEL* 17-18, 1973-74, 9-18 | Tipologičeskie i častotnye dannye o strukture rečevoj edinicy veličinoj s abzac (Ru. summ.).
3134 BÉMOVÁ, Alla: Pracovní výsledky leningradské skupiny z oblasti algebraické lingvistiky. — *SS* 37, 1976, 337-340 | Les résultats du groupe de Leningrad dans le domaine de la linguistique algébrique.
3135 BERZON, V. E.: Einige Verfahren zur Formalisierung des Prozesses der Feststellung der Beziehung der I-Abhängigkeit zwischen Sätzen in einem kohärenten Text. — [382], II, 253-275, 3 tab. | First publ. in Ru. in 1971.
3136 BIEŃ, Janusz S.: O modeli estestvennogo jazyka, osnovannoj na ponjatii peremennych okruženij. — *PBML* 26, 1976, 41-50.
3137 BIERWISCH, Manfred: Social differentiation of language structure. — [225], 407-456, tab., fig.
3138 [BOJADŽIEV] BOJADZHIEV, Emil, & KOLB, Erich: Beziehungen der sovetrussischen Textlinguistik zur Informations- und Kommunikationstheorie. — [382], I, 9-35.
3139 BRAINERD, Barron: On the Markov nature of text. — *Linguistics* 176, 1976, 5-30, 14 tab.
3140 BRANDT CORSTIUS, H.: *Algebraïsche taalkunde.* — Utrecht: 1974 | BL 1974, 2845. | *ITL* 31, 1976, 66-69 Dirk Geens.
3141 BROCKHAUS, Klaus: Ein Syntaxformalismus für Flexion und Wortbildung. — *LBer* 40, 1975, 45-62.

3142 CALUDE, Cristian: Quelques arguments pour le caractère non-formel des langages de programmation. — *RRLing* 21, 1976 (*CLTA* 13/1), 257-264.

3143 CLASSEN, Peter: *Algebraische und automatentheoretische Grundlagen generativer Konstituentenstrukturgrammatiken.* — Frankfurter Hochschulschriften zur Sprachtheorie und Literaturästhetik 2; Bern & Frankfurt a. M.: Lang, 1976, 151 p.

3144 DESCLES, J. P.: Description de quelques opérations énonciatives. — [111], 213-242, tab., 6 fig.

3145 DRESHER, B. Elan, & HORNSTEIN, Norbert: On some supposed contributions of artificial intelligence to the scientific study of language. — *Cognition* 4, 1976, 321-398.

3146 EGLI, Urs: *Ansätze zur Integration der Semantik in die Grammatik.* — Kronberg: 1974 | BL 1974, 2854. | *ZGL* 4, 1976, 237-243 P. Eisenberg.

3147 EPSTEIN, George, & SHAPIRO, Stuart C.: Mathematical linguistics, logic, and the development of language and reasoning in the child. — [112], 120-126.

3148 *Formale Betrachtungen in Sprach- und Kommunikationstheorie.* I. C. H. HEIDRICH (Hrsg.). — IKP-F 53; Hamburg: Buske, 1976, vii, 217 p. | C. H. HEIDRICH: Formale Strukturen in der Theorie von Katz-Postal; Bemerkungen zu J. Lyons 'Structural semantics' [BL 1963, 1238]; Überlegungen zu Ziffs 'Semantic analysis' [BL 1968, 2253]; An extension of formal Chomsky grammars; Grundlagen für Modelle von Situationsabhängigem Handeln; C. H. HEIDRICH, A. GÜNTHER, & M. LUTZ-HENSEL: Methodische Probleme bei der Untersuchung linguistischer Operationen; M. BÖTTNER: Eine Reduktionseigenschaft von Fragen; A. GÜNTHER & M. LUTZ-HENSEL, Konstruktion eines formalen Modellschemas für Dialoge.

3149 GANESHSUNDARAM, P. C.: Phoneme algebra. — *ZPhon* 29, 1976, 404-406.

3150 GENTILHOMME, Yves: La proportion langagière. — [111], 69-94, 10 fig.

3151 GOUJON, Pierre: *Mathématiques de base pour les linguistes.* — Paris: Hermann, 1975, 164 p. | *Phonetica* 33, 1976, E. O. Kappner & A. C. M. Rietveld.

3152 GUSEVA, E. K.: Sistemno-kibernetičeskij podchod k problemam formalizacii v lingvistike. — [159], 47-51.

3153 HAHN, Walther v., HENSKES, Dieter, HOEPPNER, Wolfgang, & WAHLSTER, Wolfgang: HAM-RPM: Ein Redepartnermodell als Simulationsprogramm. — [101], II, 337-357, 8 fig.

3154 HAJIČOVÁ, E.: Some questions of formal models in linguistic semantics. — [159], 343-345.

3155 HARRAH, David: Formal message theory and non-formal discourse. — [361], 59-76.

3156 HAURI, Christoph: Eine transformationelle Grammatik mit rekonstituentieller Komponente. — [255], 157-163.

3157 HAUSSER, Roland R.: Presuppositions in Montague grammar. — *TL* 3, 1976, 245-280.

3158 HINTIKKA, Jaakko: The question of?: a comment on Urs Egli. — *Dialectica* (Lausanne) 30, 1976, 101-103 | Cf. BL 1974, 2855.

3159 HORECKÝ, Ján: On metaphor in generative grammar. — *PSML* 5, 1976, 283-288.

3160 HOUT, G. VAN: Barbara, etc. Formalisation de la langue naturelle et modèle mathématique. — [111], 141-163, 4 tab.

3161 HUGUES, Michel: *Mathematische Einführung in die formale Grammatik.* — Tübingen: 1975 | BL 1975, 3072. | *ZGL* 4, 1976, 367-371 V. Beeh.

3162 HUYBREGTS, M. A. C.: Overlapping dependencies in Dutch. — *UWPL* 1, 1976, 23-65.

3163 IL'IN, G. M., & FITIALOV, S. Ja.: Nekotorye svojstva i otnošenija dlja tekstov. — [348], 56-65.
3164 KAISER, Gundrun: Kritische Bemerkungen zur Dissertation von Peter Rolf Lutzeier: 'Der "Aspekt" Welt als Einstieg zu einem nützlichen Kontextbegriff für eine natürliche Sprache' (vorgelegt Juni 1974). — *LBer* 40, 1975, 67-79.
3165 KARLGREN, Hans: Categorial grammar calculus. — *SMIL* 1974, 1-128 | Separately: Stockholm: Skriptor, 1974 (BL 1975, 3117).
3166 — Why trees in syntax? — *SL* 30, 1976, 1-33, fig.
3167 KÜMMEL, P.: Significance of isolated morphologies to formalize natural languages. — [159], 347-350.
3168 KUMMER, W.: Formale Pragmatik. — [362], 9-52.
3169 KUNZE, J.: Semantische Netze und selektive Beziehungen, I. — *PBML* 25, 1976, 1-49.
3170 LEE, Gregory: Presuppositions of conjoined sentences. — *WPLUH* 7, 1975/4, 117-131.
3171 LEVELT, W. J. M.: *Formal grammars in linguistics and psycholinguistics.* I; II; III. — The Hague: 1974 | BL 1974, 2875. | *JL* 12, 1976, 182-188 Geoffrey Sampson.
3172 MAHULKAR, D. D.: *Linguistic foundations of human knowledge.* — Baroda: M. S. Univ. of Baroda, 1974, 52 p. | Algebraic linguistics. | *IL* 37, 1976, 227-228 K. S. Sampat.
3173 MANOR, Ruth: An analysis of a speech. — *TL* 3, 1976, 125-143.
3174 MASLOV, B. A.: K voprosu o segmentacii svjaznogo teksta na "sverchfrazovye edinstva". — *UZTarU* 347, 1975 (*Trudy po ru. i sl. fil.* 23), 94-116.
3175 MISTRÍK, Jozef: On modelling verbal genres. — *PSML* 5, 1976, 191-198.
3176 NALIMOV, V. V.: *Probabilistyczny model języka.* Przełożył: Ireneusz KUSTRZEBA. — Warszawa: Państwowe Wyd. Naukowe, 336 p. | Transl. of *Verojatnostnaja model' jazyka*, 1974 (BL 1975, 3086).
3177 NEBESKÝ, Ladislav: Projectivity in linguistics and planarity in graph theory. — *PSML* 5, 1976, 251-256.
3178 NOVOTNÝ, Miroslav: On homomorphisms of norm-bounded languages. — *PSML* 5, 1976, 239-250.
3179 PASIERBSKY, Fritz: Textherstellung und Optimierung. Eine Anwendung der Operations Research in der Linguistik. — [101], I, 269-278.
3180 [PIOTROVSKIJ, R. G.] PIOTROWSKI, Rajmund: Meaning information and its measures. — [381], 137-147, 3 tab.
3181 RAJKOVSKI, N.: Algoritm i programmy sostavlenija častotnych slovarej slovosočetanij. — [159], 283-285.
3182 RASKIN, Victor: Generation and performance. — *Linguistics* 181, 1976, 45-61, 3 fig.
3183 RIŠKO, Andrej: O lingvistickom prístupe k teórii modelovania informačných jazykov. — *Knižnice a vedecké informácie* 8, 1976, 149-157 | On the linguistic principles of modelling information languages.
3184 ŠAUMJAN, Sebastian K.: Applikative Grammatik und generative Phonologie. — [397], 68-89 | First publ. in Ru. in 1972.
3185 SCHWARTZ POPA-BURCĂ, Liana: On Pawlak's meaning of personal pronouns. — *RRLing* 21, 1976, 27-33 | On Zdzisław PAWLAK, *RRLing* 18, 261-262 (BL 1973, 1826).
3186 — On algebraic distributional analysis of Romanian verbal forms. — *RRLing* 21, 1976, 215-220.
3187 SCHWARZ, Dan: A general notion of domination relation in algebraic linguistics.

— *RRLing* 21, 1976 (*CLTA* 13/1), 305-313.
3188   SERRANO, Sebastià: Models matemàtics en lingüística. Una aplicació. — *ACICat* II, 11-16.
3189   SGALL, P.: Linguistics and artificial intelligence. — [159], 161-166 | Full version in *PBML* 24, 5-33 (BL 1975, 3097).
3190   SGALL, Petr, & HAJIČOVÁ, Eva: Topic-comment articulation and negation in a functional generative description. — *PSML* 5, 1976, 297-308.
3191   SHEIL, B. A.: Observations on context free parsing. — *SMIL* 1976, 71-109.
3192   SLADEK, August: *Wortfelder in Verbänden. Teil 2. Die Semanalyse beliebiger Verbände.* — TBL 63; Tübingen: Narr, 1976, 292 p. | Cf. BL 1975, 3098.
3193   SPITZBARDT, Harry: Einige Betrachtungen zu Charles F. Hocketts 'Language, mathematics, and linguistics', The Hague 1967. — *ZPhon* 29, 1976, 283-287 | BL 1967, 1980.
3194   [STANULOV, N.] STANOULOV, N.: A quantitative approach in the semantic information theory. — [159], 379-382.
3195   SUPPES, Patrick: Elimination of quantifiers in the semantics of natural language by use of extended relation algebras. — *RIPh* 30, 1976, 243-259.
3196   TYVAERT, J. E.: Sur la nature logique de la négation. — [111], 273-276.
3197   VERDAASDONK, Hugo: Concepts of acceptance and the basis of a theory of texts. — [361], 179-227.
3198   VOLLMER, Jürgen: Algorithmisierung als Mittel zur Textanalyse und -synthese (logisch-mathematische Methoden in der Textlinguistik). — [382], I, 205-222.
3199   WANG, Jün-tin: On the application of the recursion theorem to the theory of understanding natural languages. — [3477], 371-381.
3200   WARNER, Richard: On computers and model-theoretic semantics. — *RIPh* 30, 1976, 331-349.
3201   WULZ, Hanno: Was hat künstliche Intelligenz mit natürlicher Sprache zu tun? Zum Workshop '76 ... — *ZGL* 4, 1976, 356-366.

10.2. Statistique linguistique — Statistical linguistics

3202   [ARAPOV, M. V.] ARAPOW, Michaił W.: Struktuta ilościowa tekstu skończonego. — [372], 145-163 | A quantitative structure of the finite text.
3203   ARAPOV, M. V., & CHERC, M. M.: *Matematičeskie metody v istoričeskoj lingvistike.* — Moskva: 1974 | BL 1974, 2918. | *SS* 37, 1976, 51-56 Jan Králík.
3204   BEČKA, Josef Václav: Changes in quantitative relations due to a growing corpus. — *PSML* 5, 1976, 29-36.
3205   BONEVA, L.: Chronological seriation of the works of an author by means of computer. — [159], 319-322.
3206   COLE, Alan, & O'MALLEY, Michael H.: A statistical model of low-level phonological processes. — *PBLS* II, 105-116, 5 tab., 3 fig.
3207   CONFORTIOVÁ, Helena: On the problem of verbs in specialized texts. — *PSML* 5, 1976, 69-89.
3208   CYTKINA, F. A.: Do pytannja pro strukturu terminiv-slovospolučen'. — *Mov* 1976/6, 58-64 | On the structure of terms consisting of word groups.
3209   DAVIES, Paul, & ROSS, Alan S. C.: "Close-relationship" in the Dravidian languages. — *IJDL* 5, 1976, 354-370 | Statistical investigation.
3210   FEITSMA, A.: Een kwantitatieve benadering van grafematische struktuur. — *HandNFC* 34, 1976, 197-212 | A quantitative approach to graphemic structure.

3211 FRUMKINA, Revekka M.: On the place of statistical methods in contemporary linguistics. — [397], 183-196.
3212 GASPAROVA, É.: Ispol'zovanie statističeskich metodov dlja charakteristiki slovarnogo sostava jazyka. — LingT 4, 1971 (1972), 5-18.
3213 GERGANOV, E.: Nekotorye metodologičeskie aspekty izmerenija v lingvistike i psicholingvistike. — [159], 193-197.
3214 GOERLANDT, Erik: Omtrent frequentieonderzoek op antieke teksten, inzonderheid Griekse. — HZnMTL 30, 1976, 33-71 | About frequency research on anc. texts, especially Gr.
3215 GOLOVIN, B. N.: Jazyk i statistika. — Moskva: 1971 | BL 1971, 2510. | ÁNyT 10, 1974, 243-247 Nagy Ferenc.
3216 GORDEEVA, N. A.: Zavisimost' rezul'tatov statistiko-kombinatornogo modelirovanija ot specifiki teksta i nekotorye diapazony var'irovanija modeli. — [347], 67-73.
3217 HUYNH-ARMANET, Véronique: Les profils paradigmatiques du verbe. — [111], 277-291, 2 tab., 4 fig. | Fr. et esp.
3218 IVANOV, V. I.: Sootnošenie razmerov predloženija i abzaca. — VJa 1976/1, 88-92.
3219 [JAKUBAITE, T.] JAKUBAJTIS, T. A., & SIKA, N. Ja.: Obratnye slovari i statistika. — LZAV 1976/10 (351), 121-129.
3220 JANAKIEV, M.: O količestvennom osnovanii lingvističeskich klassifikacij. — [159], 105-109.
3221 KARLGREN, Hans: Quantitative models – of what? — SMIL 1975, 25-31 | Also in [159], 139-144.
3222 KEMÉNY Gábor: Stilisztika és statisztika (Zsilka Tibor új könyvéről). — NyK 78, 1976, 135-148 | Stylistique et statistique (Rés. fr.). A propos du No. 3251.
3223 KRÁLÍK, Jan: An application of exponential distribution law in quantitative linguistics. — PSML 5, 1976, 223-235.
3224 KRAUS, Jiří: Subjectivity of characters in the structure of the discourse. — PSML 5, 1976, 105-118.
3225 LUDVÍKOVÁ, Marie: On some statistical differences in two spoken texts on the syllabic level. — PSML 5, 1976, 91-104.
3226 — Statistical differentiation of texts on the phonemic level. — [159], 355-358.
3227 MARTIN, W.: Taal en tal. — HandNFC 34, 1976, 179-197 | Langue et nombre: la linguistique quantitative.
3228 MAVLOV, L., RAJNOV, V., GERGANOV, E.: Izmerenie jazykovoj kompetencii (Psichometričeskij podchod k izučeniju jazykovoj kompetencii zdorovych individov i individov s očagovymi poraženijami mozga). — [159], 255-258.
3229 MERCER, Neil McK.: Frequency and availability in the encoding of spontaneous speech. — L&S 19, 1976, 129-143, 8 fig.
3230 MULLER, Charles: Initiation aux méthodes de la statistique linguistique. — Paris: Hachette, 1973, 187 p. | FM 44, 1976, 78-81 É. Évrard.
3231 — Some recent contributions to statistical linguistics. — SMIL 1976, 136-147.
3232 ORLOV, Jurij M., & ŽURAVLEV, Aleksandr P.: Psychometric measurement of the semantic distance between transforms. — [381], 149-161, 6 tab.
3233 PIKVER, Ann: Statističeskaja morfemnaja segmentacija slov. — LingT 4, 1971 (1972), 122-133.
3234 PLOTNIKAŬ, B. A.: Statystyčnyja dasledavanni movy ŭ Belarusi. — BeLi 7, 1975, 3-9 | Statistical investigation of the languages of White Russia (Summ. in Ru. & E.).
3235 POWERS, James E.: A Bayesian analysis of linguistic data. — SMIL 1975, 32-50.

3236 RAITAR, Siiri: Über die syntaktische und semantische Information. — *LingT* 4, 1971 (1972), 134-142 | 1. Entropie und Redundanz in der estnischen Sprache. 2. Über die Messung der semantischen Information.
3237 RAPHAEL, André: L'analyse statistique comme démarche heuristique et comme procédure de décision dans l'étude du style. — *Linguistics* 169, 1976, 21-40, tab., 2 fig., 5 tab.
3238 REVZINA, O. O., & ŠREJDER, Ju. A.: O značenii rabot I. I. Revzina v oblasti teoretiko-množestvennoj koncepcii jazyka. — *PBML* 26, 1976, 3-16.
3239 ROMAN, Andrei: The informational strategy of the rhyme, of assonance and of some rhymic structures. — *RRLing* 21, 1976, 513-528.
3240 SANKOFF, David, & CEDERGREN, Henrietta J.: The dimensionality of grammatical variation. — *Lg* 52, 1976, 163-178, 8 fig.
3241 [SPITZBARDT, H.] ŠPITCBART, G.: Kritika glottochronologii s pozicij lingvistiki. — [159], 99-104.
3242 SZENDE, T.: Intra- and interlingual specifics in distribution phenomena. — *ALH* 26, 1976, 67-76.
3243 TĚŠITELOVÁ, Marie: O některých problémech kvantifikace jazykových jevů. — *SS* 37, 1976, 98-111 | On some problems of the quantification of language phenomena (Summ. in G.).
3244 — On the frequency of function words. — *PSML* 5, 1976, 9-28.
3245 TULDAVA, Juhan: Korrelatsioonanalüüs keeleteaduses. — *LingT* 4, 1971 (1972), 163-198 | Correlation analysis in linguistics (Summ. in Ru.).
3246 — Statističeskij metod sravnenija leksičeskogo sostava dvuch tekstov. — *LingT* 4, 1971 (1972), 199-220.
3247 — Statistilised meetodid ja keeleteadus. — *UZTarU* 377, 1976 (*Keelestatistika* 1), 5-60 | Statistical methods and linguistics (Summ. in Ru. & E.).
VAŠÁK, P., & MAZÁČOVÁ, S.: Rhyme, stanza and rhythmic types. — 3066.
3248 VEJLERT, A. A.: O zavisimosti količestvennych pokazatelej edinic jazyka ot pola govorjaščego lica. — *VJa* 1976/5, 138-143.
3249 VÉRTES Edit: Számadatok az egyedi szókészlet nagyságának megbecsléséhez. — *NyK* 78, 1976, 484-490 | Zahlenwerte zur Einschätzung der Grösse des individuellen Wortschatzes (G. summ.).
3250 WORONCZAK, Jerzy: O statystycznym określeniu spójności tekstu. — [372], 165-173 | Statistical qualification of the compactness of a text.
3251 ZSILKA Tibor: *Stilisztika és statisztika.* — Budapest: Akadémiai Kiadó, 1974, 96 p. | Stylistique et statistique. | Cf. 3222.

10.3. Analyse automatique — Automated analysis

3252 ALLÉN, Sture: Språklig databehandling och särspråklig forskning. — *NsvS* 55-56, 1975-76, 5-15 | Computational linguistics and research of a particular language.
3253 BÁTORI, István: On detecting misspellings in natural language texts. — *ITL* 32, 1976, 33-55.
3254 — Teleologie der Grammatiktypen: Generative Grammatik und Analysegrammatik. — [3255], 49-75.
3255 *Beiträge zur automatischen Sprachbearbeitung.* Hrsg. und eingeleitet von Peter EISENBERG. Band 1. *Maschinelle Sprachanalyse.* — Berlin: de Gruyter, 1976, vi, 262 p.

3256 BENEŠOVÁ, E.: K lingvističeskim problemam avtomatičeskoj obrabotki informacij. — [159], 175-178.
3257 BOITET, Ch., & CHAUCHE, J.: Approches sémantiques pour les modèles d'analyse automatique de langues naturelles. — [111], 243-260, tab.
3258 BOLEJKO, A. F.,& SAITKULOV, Ch.: Verojatnostnoe raspoznavanie predikativnoj svjazi predloženija v uslovijach francuzsko-russkoj dvujazyčnoj situacii. — [347], 44-59.
3259 BOOT, M.: Die Algorithmisierung linguistisch/literarischer Fragestellung. Eine praktische Einführung in die linguistische Datenverarbeitung. Teil I: Anfängerkurs. — Utrecht: Inst. voor Toegepaste Taalkunde der Rijksuniv. Utrecht, 1975, 164 p. | ITL 31, 1976, 69-71 B. R. D. Smith.
3260 BOSILKOV, K., NAJDENOV, K., KOTAROV, M.: Avtomatizacija perenosa slov. — [159], 179-181.
3261 BRECHT, Werner, DOMKE, Brigitte, LUTZ, Hans-Dieter, & METZING, Dieter: Konstruktionsprinzipien für ein Lexikon in der maschinellen Sprachverarbeitung. — [363], 86-94.
3262 BRUSSET, J., CAUSSE, B., et al.: Un outil informatique pour la linguistique. — AUToul 11, 1975/5 (Grammatica 4), 115-144.
3263 COYAUD, Maurice: Linguistique et documentation ... — Paris: 1972 | BL 1972, 2624. | Linguistics 179, 1978, 81-91 M. Langleben.
3264 DELATTE, Louis: Analyse thématique automatique. — [153], 45-64.
3265 DEWEZE, A.: The trilingual computational dictionary "Thesee". Thesaurus, compatible with the French, English and German indexing systems. — [159], 111-117.
3266 DOBREV, D. M., & KIRKOVA, R. K.: Programmnoe obespečenie avtomatizirovannogo analiza semantičeskogo soderžanija tekstov. — [159], 207-210.
DORION, H.: Une nouvelle approache pour la choronymie ... — 4005.
3267 ESKENAZI, A.: Sistema avtomatičeskogo generirovanija tekstov. — [159], 215-218.
3268 FISCHER, Gerhard: Interaktives Programmieren mit linguistischen Aufgabenstellungen. — [101], II, 327-336.
3269 FISCHER, Gero: Autómatische Transkription polnischer orthographischer Texte. — [260], 145-158.
3270 FRIEDMAN, Joyce: Ein Computersystem für transformationelle Grammatiken. — [3255], 29-48 | First publ. in E. in 1969.
3271 GARDIN, Jean-Claude: Les analyses de discours. — Coll. Zethos; Neuchâtel: Delachaux & Niestlé, 1974, 179 p. | Homme 15, 1975/3-4, 236-238 Jacqueline Duvernay.
3272 GÖRGEY Eszter – JÉKEL Pál – PAPP Ferenc: Automatikus szövegelemzés a legalsó nyelvi szinteken. — ÁNyT 11, 1976, 115-125 | Analyse automatique des textes aux niveaux de surface.
3273 HANN, M. L.: On the adaptation of Algol for linguistic programming. — ITL 32, 1976, 57-72.
3274 HELBICH, Jan: The opinion of research workers on the selective power of single words. — PSML 5, 1976, 199-210.
3275 HRJAZNUCHINA, T. O.: Avtomatyzacija linhvistyčnych doslidžen' u Spolučenych Štatach Ameryky. — Mov 1976/6, 40-46 | The automatization of linguistic research in the USA.
3276 IZUCKIVER, M. I.: Opisanie systemy klassifikacii pečatnych ieroglifičeskich znakov po metody vydelenija grafov (kak osnova postroenija ieroglifičeskich slovarej i realizacii raspoznajuščego avtomata). — NAA 1975/3, 153-165.

3277 JONES, Karen Sparck, & KAY, Martin: *Linguistik und Informationswissenschaft.* Aus dem Englischen übersetzt von Elizabeth Couper und Rainer Kuhlen. — Uni-Taschenbücher 571; München: Verlag Dokumentation, 1976, 261 p. | Transl. of Linguistics and information science.

3278 JOSHI, Aravind K., & ROSENSCHEIN, Stanley J.: Some problems of inferencing: relation of inferencing to decomposition of predicates. — *SMIL* 1976, 47-70.

3279 KARLGREN, Hans, & BRODDA, Benny: Über Computer als Hilfsmittel bei der Lösung nichtformalisierbarer Probleme. — [3255], 9-28 | First publ. in Sw. in 1970 (cf. BL 1970, 2479).

3280 KIRKOVA, R. K.: Avtomatizirovanie kvantitativnogo analiza tekstov. — [159], 227-229.

3281 KLEIN, Wolfgang: Maschinelle Analyse des Sprachwandels. Ein Beschreibungsverfahren am Beispiel der hochdeutschen Lautverschiebung. — [3255], 137-166.

3282 KLIMONOVA, G., & KARAGEZOVA, S.: Ob avtomatičeskoj identifikacii antecedentov mestoimenij v russkom, bolgarskom i nemeckom jazykach. — [159], 231-236.

3283 KÖNIGOVÁ, Marie: The scalling technique applied to text description. — *PSML* 5, 1976, 211-221.

3284 KOROLEV, È. I.: Über das automatische Erkennen logischer Prädikate. — [382], II, 207-223 | First publ. in Ru. in 1972.

3285 KOVÁŘ, Blahoslav: *Problémy teorie procesu věcného pořádání informací a selekčních jazyků.* — AUC, Philosophica et historica. Monographia 65; Praha: Univ. Karlova, 1976, 165 p. | Problems of the theory of subject organization of information and retrieval languages (Ru., E. & G. summ.).

3286 KRONENFELD, David B.: Computer analysis of skewed kinship terminologies. — *Lg* 52, 1976, 891-918.

3287 KUNO, Susumu: Automatische Analyse natürlicher Sprachen. — [3255], 167-203 | First publ. in E. in 1967.

3288 MARČEV, A.: Komplekt algoritmov i programm dlja avtomatizirovannogo postroenija tezaurusa v informacionno-poiskovych sistemach. — [159], 259-262.

3289 MORY, Ute: Syntagmatische Gruppierungsmatrizen zur Vorbereitung der Monosemierung, anhand russischer Titel dargestellt. — *ZPhon* 29, 1976, 375-387, 18 tab.

3290 [NEUBERT, G.] NEJBERT, G.: O strukture i primenenii mašinnogo slovarja naučno-techničeskich pod''jazykov. — [159], 87-92.

3291 PAPP Ferenc: Számológépes vizsgálatok fonetikai-fonológiai síkon (Tények és lehetőségek). — *ÁNyT* 10, 1974, 131-139 | La calculatrice électronique dans les recherches phonétiques et phonologiques (faits et possibilités).

3292 PAUSE, Eberhard: Adäquatheitstests und Syntaxanalyse. — [3255], 76-97.

3293 PSUTKA, Josef, & STOKLASA, Milan: Metoda vydělení příznaku pro automatické rozpoznávání omezené množiny slov. — [135], 185-188 | Zur Bestimmung des Merkmales für automatische Diagnose einer begrenzten Wortmenge.

3294 RIMBAUD, A.: Weak syllables in a primitive reading-machine algorithm. — [110], 423-438.

3295 RONDEAU, G.: Some linguistic aspects in the design of a system for the storage and retrieval of terminological and documentary data. — [159], 153-159.

3296 SÅGVALL, Anna-Lena: *A system for automatic inflectional analysis, implemented for Russian.* — Stockholm: 1973 | BL 1974, 2986. | *SEER* 54, 1976, 107-108 F. E. Knowles.

3297 SANKOFF, David, SANKOFF, Gillian, LABERGE, Suzanne, & TOPHAM, Marjorie:

Méthodes d'échantillonnage et utilisation de l'ordinateur dans l'étude de la variation. — *CLUQ* 6, 1976, 85-125.

3298 SCHEUERMANN, Ulrich: *Linguistische Datenverarbeitung und Dialektwörterbuch* .... — Wiesbaden:1974 | BL 1974, 2987. | *LB* 65, 1976, 188-193 P. G. J. van Sterkenburg.

3299 SIMMONS, Robert F.: Frage-Antwort-Systeme in natürlicher Sprache. — [3255], 204-242 | First publ. in E. in 1970.

3300 THOMPSON, Henry: Towards a model of language production: linguistic and computational foundations. — *SMIL* 1976, 110-126, 2 fig.

3301 TOMBEUR, Paul, & HAMESSE, Jacqueline: Recherches en cours au "Centre de Traitement Électronique des Documents" (CETEDOC). — [153], 153-161.

3302 VEILLON, G.: La notion de niveau dans les systèmes d'analyse automatique des langues naturelles. Une approche informatique. — [111], 261-272, 8 fig.

3303 WEBER, Heinz J.: Verfahrensweisen bei der automatischen Auffindung von Wortformen-Mehrdeutigkeiten im Text und im Lexikon. — *ZPhon* 29, 1976, 264-274, 9 fig.

3304 WEISHEITELOVÁ, Jana: K některým problémům automatické morfologické analýzy a lemmatizace. — *SS* 37, 1976, 340-343 | Sur quelques problèmes de l'analyse morphologique automatique et de la lemmatisation.

3305 WINKOWSKI, Józef: *A language for describing non-sequential processes.* — Centrum Obliczeniowe PAN, Prace CO PAN 253; Warszawa: 1976, 21 p.

3306 WOODS, William A.: Netzwerkgrammatiken für die Analyse natürlicher Sprache. — [3255], 98-136 | First publ. in E. in 1970.

3307 ZAMPOLLI, Antonio: Les dépouillements électroniques: quelques problèmes de méthode et d'organisation. — [153], 173-197.

10.4. Traduction automatique — Machine translation

3308 *Automatische Sprachübersetzung.* III. Von Ingeborg BRAND, Gerda KLIMONOW, Alexander LJUDSKANOV. — Berlin: Akad.-Verlag, 1976, 242 p. | Cf. BL 1972, 2658.

3309 BALLMER, Thomas T.: Sprachliche Kommunikation zwischen Mensch und technischen Prozessen. — [362], 206-229.

3310 BRUDERER, H.: Present state of machine translation and machine-aided translation. — [159], 327-330.

3311 ČCHAIDZE, M. P.: Ešče raz o mifach i pravde mašinnogo perevoda. — *VJa* 1976/5, 50-57.

3312 [JÄGER, G.] EGER, G.: Nekotorye predposylki i osnovnye položenija dlja sozdanija lingvističeskoj modeli transljatorskoj kompetencii. — [159], 59-64.

3313 KOTOV, R. G.: Lingvistika i sovremennoe sostojanie mašinnogo perevoda v strane. — *VJa* 1976/5, 37-49.

3314 LJUDSKANOV, A.: Selektivnaja strategija pri mašinnom perevode v svete novejších razrabotok. — [159], 71-77.

3315 — et al.: Sistema mašinnogo perevoda, razrabatyvaemaja v laboratorii "Matematičeskaja lingvistika" Instituta matematiki i mechaniki BAN. — [159], 251-254.

3316 TOMA, Peter: An operational machine translation system. — [3110], 247-260.

3317 UZUNOVA, I.: On fully automatic high quality translation. — [159], 387-390.

3318 VAUQUOIS, Bernard: *La traduction automatique à Grenoble.* — Documents de la linguistique quantitative 24; Paris: Dunod (Saint-Sulpice-de-Favières [Essonne]

Ass. Jean Favard pour le développement de la linguistique quantitative), 1975, 180 p. | *SS* 37, 1976, 351-352 S. Machová.
3319 — Automatic translation – a survey of different approaches. — *SMIL* 1976, 127-135.
3320 — Some problems of optimization in multilingual automatic translation. — [159], 167-173.

11. PSYCHOLINGUISTIQUE — PSYCHOLINGUISTICS

11.0. Généralités — General

3321 AITCHISON, Jean: *The articulate mammal: an introduction to psycholinguistics*. — London: Hutchinson, 1976, 256 p., ill.
3322 ANDERSEN, Torben: Lexemes and knowledge. — *PScCL* 3, 1976, 1-8.
3323 ANDERSON, John R.: *Language, memory, and thought*. — Hillsdale, N. J.: Erlbaum, 1976, xiii, 546 p.
3324 ARMBRUSTER, Thomas E.: Just what is "implicit speech?" — *PIL* 9, 1976/1-2, 183-185.
3325 BACRI, Nicole: *Fonctionnement de la négation. Étude psycholinguistique d'un problème d'énonciation*. Postface de N. Bacri et S. Fisher. — Connaissance et Langage 5; Paris: Mouton, 1976, 197 p.
3326 BAKER, Wm J.: An "information structure" view of language. — *CJL* 21, 1976, 1-16.
3327 BALCAR, K., & KOŽENÝ, J.: Slova a čísla. II. Vliv kontextu na význam verbálních kvantifikátorů. — *ČsPsych* 20, 1976, 411-415 | Words and numbers. Context effects on the meaning of verbal quantifiers (Ru. & E. summ.).
3328 BARON, Robert J.: Brain architecture and mechanisms that underlie language: an information-processing analysis. — [112], 240-256, 5 fig.
3329 BELUFFI, Max: La vérification psycholinguistique de la psychiatrie et l'anthropoanalyse. — [128], 241-255.
3330 BEVER, T. G., GARRETT, M. F., & HURTIG, R.: Projection mechanisms in reading, or When the journal review process fails. — *JPsyR* 5, 1976, 215-266 | On No. 3357.
3331 BISAZZA, John A.: Two strategies in the decoding of speech. — *WPLUH* 8, 1976/1, 125-143.
3332 BLAUBERGS, Maija S.: Encoding self-embedded sentences. — *L&S* 19, 1976, 1-8, 2 fig.
3333 BONDARENKO, L. P.: K voprosu o chezitacionnom členenii reči. — *VLU* 1976/20, 135-140.
3334 BORRELL, A., & NESPOULOS, J. L.: La linguistique à la croisée des chemins: de la neurolinguistique à la psycholinguistique. Une application: le circuit de la communication. — *AUToul* 11, 1975/5 (*Grammatica* 4), 91-114.
3335 BOYSSON-BARDIES, Bénédicte DE: *Négation et performance linguistique*. — Connaissance et Langage 4; The Hague: Mouton, 1976, 134 p.
3336 BROWN, Roger: Reference. In memorial tribute to Eric Lenneberg. — *Cognition* 4, 1976, 125-153, 3 fig.
3337 BULAS, Zofia: Kreutza metoda badania rozumienia tekstu. Próba krytyki. — *Prace Psychologiczne* 5, 1976 (AUW 278), 165-179 | Kreutz's method for the investigation of text understanding. Critical remarks (Summ. in E.).
3338 BYSTROVA, L. V., & LEVYC'KYJ, V. V.: Šče raz pro symvoličnі značennja dejakych

holosnych ta pryholosnych. — *InFil* 42, 1976, 3-10 | Once more about the symbolic value of some vowels and consonants (Ru. & E. summ.).

3339 CAIRNS, Helen S.: *Psycholinguistics. A cognitive view of language.* — New York: Holt, Rinehart & Winston, 1976, xi, 252 p.

3340 CLARK, Herbert H.: *Semantics and comprehension.* — JanL, Series minor 187; The Hague: Mouton, 1976, 148 p. | First published in *Current trends in linguistics*, 12 (BL 1974, 3022).

3341 *Communication, language, and meaning. Psychological perspectives.* Ed. by George A. MILLER. — New York: Basic Books, 1973, xvi, 304 p. | Papers by George A. MILLER, Samuel J. KEYSER, Paul M. POSTAL, et al. | *JPsyR* 5, 1976, 95-97 S. Oyama.

3342 CUTLER, Anne: Beyond parsing and lexical look-up: an enriched description of auditory sentence comprehension. — [3406], 133-149.

3343 DASGUPTA, Probal: Less than seven types of reflexivity. — *BDC* 35, 1975/1-2, 30-36.

3344 DENHIÈRE, Guy: Mémoire sémantique, conceptuelle ou lexicale? — *Langages* 40, 1975, 41-73.

3345 DRESSLER, Wolfgang: Tendenzen in kontaminatorischen Fehlleistungen (und ihre Beziehung zur Sprachgeschichte). — *Sprache* 22, 1976, 1-10.

3346 DREYFUSS, Jeff: Traffic's pretty heavy, huh? — [110], 107-117 | "Indirect speech".

3347 DRURY, M. O'C.: *The danger of words.* — London: Routledge & Kegan Paul, 1973, xiv, 141 p. | *Mind* 85, 1976, 470-473 F. Cioffi.

3348 DUBOIS, Danièle: Théories linguistiques, modèles informatiques, expérimentation psycholinguistique. — *Langages* 40, 1975, 30-40.

3349 ELIJOŠIUTE, Simona: Verbal inducement: the role of the conditions under which it is effected. — [381], 39-50.

3350 ERVIN-TRIPP, Susan M.: *Language acquisition and communicative choice. Essays.* — Stanford, Calif.: 1973 | BL 1973, 3503. | *Linguistics* 168, 1976, 87-93 G. W. Shugar | *CJL* 21, 1976, 199-205 P. Fletcher.

3351 FIGUEROA, Jesús G., GONZÁLEZ, Esther G., & SOLÍS, Víctor M.: An approach to the problem of meaning: semantic networks. — *JPsyR* 5, 1976, 107-115, 4 tab.

3352 FODOR, J. A., BEVER, T. G., & GARRETT, M. F.: *The psychology of language...* — New York: 1974 | BL 1974, 3035. | *CJL* 21, 1976, 126-131 J. F. Kess | *SAP* 8, 1976, 189-193 R. M. Weist | Cf. 3410.

3353 FORSTER, Kenneth I.: Accessing the mental lexicon. — [3406], 257-287, 6 fig., tab.

3354 FRANCESCHINI, Suzy: Aspetti psicolinguistici dello slogan. L'alienazione linguistica tra slogan pubblicitario e slogan politico. — *SILTA* 5, 1976/1-2, 7-56.

3355 FRUMKINA, R. M., & VASILEVIČ, A. P.: Trigram pronounceability and its effect on visual recognition thresholds. — *Linguistics* 168, 1976, 5-16, 3 tab. | First published in Ru. in 1971.

3356 GAK, Vladimir G.: The relation between utterance structures and the extralinguistic situation. — [381], 25-37, tab.

3357 GARCIA, Erica: Some remarks on "ambiguity" and "perceptual processes". — *JPsyR* 5, 1976, 195-213, tab. | Cf. 3330.

3358 GARRETT, Merrill F.: Syntactic processes in sentence production. — [3406], 231-256, 3 tab., 2 fig.

3359 GEERT, Paul VAN: Language and meaningful intuition of reality. A general contribution to the problem of linguistic relativity. — [128], 193-214, 4 fig.

3360 GLUCKSBERG, Sam, & DANKS, Joseph H.: *Experimental psycholinguistics...* — Hillsdale, N. J.: 1975 | BL 1975, 3205. | *JChL* 3, 1976, 291-298 G. Balfour.

3361 GRODZIŃSKI, Eugeniusz: *Mowa wewnętrzna. Szkic filozoficzno-psychologiczny.* — Wrocław: Zakład im. Ossolińskich (Inst. Filozofii i Socjologii PAN), 1976, 184 p. | Inward speech: a philosophical-psychological sketch. | *BE* 27, 1977, 87-89 Ivan Lekov.

3362 GÜNTHER, Margrit: *B. F. Skinners Konzeption verbalen Verhaltens. Eine kritische Auseinandersetzung.* — IKP-F 56; Hamburg: Buske, 1976, vii, 216 p.

3363 HALMIOVÁ, O., & ŠÍPOŠ, I.: Intentional forgetting of categorised words. — *Studia psychologica* 18, 1976, 183-196.

3364 HAMACHER, Jane: The effects of case on the processing of noun phrases. — *L&S* 19, 1976, 201-211.

3365 HERRMANN, Theo, & DEUTSCH, Werner: *Psychologie der Objektbenennung.* — Studien zur Sprachpsychologie 5; Bern & Stuttgart: Huber, 1976, 194 p., ill.

3366 HOFFMAN, Robert R., & HONECK, Richard P.: The bidirectionality of judgments of synonymy. — *JPsyR* 5, 1976, 173-184, tab., fig.

3367 HÖRMANN, Hans: *Meinen und Verstehen. Grundzüge einer psychologischen Semantik.* — Frankfurt: Suhrkamp, 1976, 552 p.

3368 — *Psicolinguistica.* — Coll. di testi e di studi. Linguistica e critica letteraria; Bologna: Il Mulino, 1976, 479 p. | Transl. of: *Psychologie der Sprache*, 1967 (BL 1967, 2134).

3369 HOUSTON, Susan H.: *A survey of psycholinguistics.* — The Hague: 1972 | BL 1972, 2724. | *Linguistics* 168, 1976, 98-101 R. M. Frumkina | *Linguistics* 172 (= IJPs 5), 1976, 107-111 J. Průcha.

3370 *Integratiivisen kielitaidon mittaamisesta cloze-testien avulla: teoriaa ja sovelluksia.* Toim.: Viljo KOHONEN. — Publ. de l'Ass. Finlandaise de Linguistique Appliquée (AFinLA) 13; Turku: 1976, 113 p. | Zur Messung der integrativen Sprachbeherrschung mittels Cloze-Tests: Theorie und Anwendung. Inhalt: Nils Erik ENKVIST & Viljo KOHONEN, Cloze-testien teoriaa, 1-30; Viljo KOHONEN, Cloze-testien ongelmia tekstianalyysin valossa (Probleme der Cloze-Tests im Lichte der Textanalyse), 31-45; Jorma TOMMOLA, Havaintoja suomalaisten koehenkilöiden vastauksista kolmessa cloze-testissä (Beobachtungen über Antworten finnischer Versuchspersonen in drei Cloze-Tests), 55-72; Anders NYGÅRD & Hans NORDSTRÖM, Två cloze-test i svenskt inträdesprov till Åbo Akademi, 73-87.

3371 JĘDRZEJCZAK, Maria: Podstawy teoretyczne wzrokowej percepcji mowy ustnej u dzieci głuchych. — *Prace Psychologiczne* 3, 1976 (AUW 257), 17-48 | Theoretical bases of the visual perception of oral speech by deaf children.

3372 JONES, Pauline A.: Mediational behavior and linguistic development. — *PIL* 9, 1976/3-4, 181-198.

3373 KATZER, Jeffrey: *Free association behavior and human language processing. A theoretical model.* — JanL, Series minor 194; The Hague: Mouton, 1976, 120 p.

3374 KEARSLEY, Greg P.: Questions and question asking in verbal discourse: a cross-disciplinary review. — *JPsyR* 5, 1976, 355-375, 5 tab., 3 fig.

3375 KEMPEN, G.: *De taalgebruiker in de mens. Een uitzicht over de taalpsychologie.* — Groningen: Tjeenk Willink, 1976, 80 p. | Man as language user. Perspectives on the psychology of language. | *Spektator* 6, 1976-77, 48 A. Florijn.

3376 KESS, Joseph F.: *Psycholinguistics. Introductory perspectives.* — New York: Academic Press, 1976, xii, 268 p.

3377 KLIMENKO, Anna P.: An approach to the psycholinguistic study of one semantic micro-system. — [381], 111-124, tab., 3 fig.

3378 KRUPA, Viktor: Bilancia psycholingvistického výskumu. — *JČ* 27, 1976, 54-62. | Rev. art. on No. 3409.
3379 KRZYŻANOWSKI, Henryk: Cloze tests as indicators of general language proficiency. — *SAP* 7, 1975 (1976), 29-43.
3380 KURCZ, Ida: *Psycholingwistyka. Przegląd problemów badawczych.* — Biblioteka Psychologii Współczesnej; Warszawa: Państwowe Wyd. Naukowe, 1976, 288 p. | Psycholinguistics: a survey of research problems (Summ. in Ru. & E.).
3381 — A cognitive-linguistic model of human information processing. — *Pol. Psychological Bull.* (Warszawa) 7, 1976, 3-12.
3382 LAFERRIÈRE, Daniel: The subject and discrepant use of the category of person. — *VS* 14, 1976, 93-104.
3383 LECOCQ, Pierre, & MARYNIAK, Louis: Opérations mentales, structures linguistiques et analyse chronométrique: une approche expérimentale de la compréhension. — *Langages* 40, 1975, 74-97.
3384 LEFEVER, Michael M., & EHRI, Linnea C.: The relationship between field independence and sentence disambiguation ability. — *JPsyR* 5, 1976, 99-106, tab.
3385 LEONT'EV, A. A.: *Psycholinguistische Einheiten* ... — Berlin: 1975 | BL 1975, 3226. | *ZDPh* 95, 1976, 145-147 E. W. B. Hess-Lüttich | *DLZ* 97, 1976, 950-952 E. Albrecht.
3386 — Sense as a psychological concept. — [381], 81-90.
3387 LEVICKIJ, Viktor V.: Semantic word-structure and extralinguistic factors. — [381], 125-136, 2 tab.
3388 LIMBER, John: Syntax and sentence interpretation. — [3406], 151-181, fig.
3389 LINDSLEY, James R.: Producing simple utterances: details of the planning process. — *JPsyR* 5, 1976, 331-354, 3 tab.
3390 LIST, Gudula: *Syntagmatische Sprachpsychologie. Sprache als System von Kommunikation und Lernerfahrung.* — Stuttgart: Kohlhammer, 1974, 95 p.
3391 LORENZER, Alfred: Zur Konstitution von Bedeutung im primären Sozialisationsprozess. — [350], 185-203.
3392 [LUŠČICHINA] LUŠČIXINA, Inna M.: A psycholinguistic investigation of the operator's speech communication. — [381], 91-98, 3 fig.
3393 MALGADY, Robert G., & JOHNSON, Michael G.: Modifiers in metaphors: effects of constituent phrase similarity on the interpretation of figurative sentences. — *JPsyR* 5, 1976, 43-52, 2 tab.
3394 MANTHEY, Fred: Kriterien für das Erschliessen unbekannter lexikalischer Einheiten aus dem Kontext und Probleme der Rezipierbarkeit beim (stillen) Lesen. — *DaF* 13, 1976, 220-227.
3395 MARKEL, Norman N., BEIN, Monte F., CAMPBELL, William W., & SHAW, Marvin E.: The relationship between self-rating of expressed inclusion and speaking time. — *L & S* 19, 1976, 117-120.
3396 MARŠÁLOVÁ, Libuša: Schematic associations in Slovak language. — *Studia psychologica* 17, 1975, 31-40 | Slov. & Ru. summ.
3397 MARSLEN-WILSON, William: Linguistic descriptions and psychological assumptions in the study of sentence perception. — [3406], 203-229.
3398 MARTINO, Giovanni DE: Il "periodo critico" e l'apprendimento della L2. — *SILTA* 5, 1976/1-2, 157-190 | Summ. in E.
3399 MCNEILL, David: Some effects of context on utterances. — [114], 205-220, fig.
3400 MERIÖ, Katri: Psykolingvistisk interferensteori. — *PScCL* 3, 1976, 263-273.
3401 MILLER, George A., & JOHNSON-LAIRD, Philip N.: *Language and perception.* — Cambridge: Cambridge UP., 1976, xii, 760 p., ill.

3402 MILLS, John A., & HEMSLEY, Gordon D.: The effect of level of education on judgments of grammatical acceptability. — *L&S* 19, 1976, 324-342, 9 fig.

3403 MOTLEY, Michael T., & BAARS, Bernard J.: Semantic bias effects on the outcomes of verbal slips. — *Cognition* 4, 1976, 177-187, fig.

3404 MÜLLER, Frank Ernst: *Syntaktische und perzeptuelle Komplexität von Sätzen. Eine psycholinguistische Untersuchung zur Wahrnehmung syntaktischer Strukturen.* — Diss. Frankfurt a.M. 1975, vi, 201 p.

3405 NAUMOVA, T. N.: Some psycholinguistic aspects of the problem of predicativity. — *Linguistics* 168, 1976, 43-47.

3406 *New approaches to language mechanisms. A collection of psycholinguistic studies.* Editors: R. J. WALES & Edward WALKER. — North-Holland Linguistic Series 30; Amsterdam: North-Holland Publishing Co., 1976, viii, 296 p.

3407 NIEDZIELSKY, Henry: Some psycholinguistic factors in auditory discrimination. — [135], 152-155.

3408 OSGOOD, Charles E.: *Focus on meaning.* Vol. I. *Explorations in semantic space.* — JanL, Series minor 225, 1; The Hague: Mouton, 1976, ix, 235 p. | Coll. of previously published essays.

3409 *Osnovy teorii rečevoj dejatel'nosti.* [Red.: A. A. LEONT'EV]. — Moskva: 1974 | BL 1974, 3069. | *CJŠ* 19, 1975-76, 378-380 J. Zimová | Cf. 3378.

3410 PISONI, David B.: Review article on: J. A. FODOR, T. G. BEVER, & M. F. GARRETT, *The psychology of language* ...., 1974. — *Lg* 52, 1976, 682-689 | Cf. 3352.

3411 PRAKASAM, V.: Perceptual plausibility and a language game. — *AnL* 18, 1976, 323-327.

3412 PRŮCHA, Jan: *Soviet psycholinguistics.* — The Hague: 1972 | BL 1973, 3564. | *Otázky žurnalistiky* 18/3, 1975, 51-52 J. Horecký | *Linguistics* 172 (= *IJPs* 5), 1976, 111-112 W. P. Robinson.

3413 *Psycholinguistik.* Hrsg. von Helli HALBE. — Wege der Forschung 191; Darmstadt: Wissenschaftliche Buchgesellschaft, 1976, xxxvi, 415 p. | Coll. of 18 art., published 1950-69, by Charles E. OSGOOD, George A. MILLER, David MCNEILL, et al.

3414 REYNOLDS, Peter C.: Language and skilled activity. — [112], 150-166, 4 tab., 9 fig.

3415 RICHARDSON, John T. E.: Lexical derivation and the form class of word associations. — *L&S* 19, 1976, 313-317.

3416 — The role of syntax in sentence recall. — *L&S* 19, 1976, 318-323.

3417 ROMERO, Barbara: A neuropsychological analysis of word comprehension. — *Pol. Psychological Bull.* 7, 1976, 13-18.

3418 ROPER, Carolann W., DIXON, Paul W., AHERN, Elsie H., & GIBSON, Verner L.: Effect of language and sex on universal phonetic symbolism. — *L&S* 19, 1976, 388-396.

3419 RUBIN, David C.: Applying psychometric methods in linguistic research: some recent advances. — *Linguistics* 168, 1976, 63-65 | On R. M. FRUMKINA & A. P. VASILEVIČ's paper *Linguistics* 138, 5-27 (BL 1974, 3039).

3420 SALTER, David: Transformations. I. The effect of DAF on sentence generation. II. Latency of generation. — *JPsyR* 5, 1976, 21-32, tab., 2 fig.; 33-42, 2 tab., 2 fig.

3421 SAMARIN, William J.: *Tongues of men and angels* ... — New York: 1972 | BL 1972, 2764. | *Linguistics* 176, 1976, 86-89 K. A. McElhanon.

3422 SARRASIN, Robert, PINARD, Gilbert, NABET, Marc, et al.: États de conscience en phase de réveil et complexité linguistique. — *CJL* 21, 1976, 107-117.

3423 SCHIEPERS, Christiaan W. J.: *Global attributes in visual word recognition.* — Diss. Nijmegen 1976, 141 p. | Du. & Ru. summ.

3424 SCHOLES, Robert J., RASBURY, Wiley C., SCHOLES, Irene B., & DOWLING, Katy: Sentence comprehension and short-term memory: some developmental considerations. — *L&S* 19, 1976, 80-86, 3 fig.

3425 SHACTER, Joseph M., & AKAMATSU, Carol T.: Constructions under construction (or Say it again, Sam). — *WPLUH* 8, 1976/1, 105-123.

3426 SHANDS, Harley C.: *The war with words* ... — The Hague: 1971 | BL 1971, 2654. | *Linguistics* 168, 1976, 105-107 A. A. Brudny & A. A. Leont'ev.

3427 SHARMA, Ramesh C.: Methods of comparative psycholinguistic investigations and a proposed design of experimental setting. — *BDC* 35, 1975/3-4, 127-131.

3428 SHELDON, Amy: Speakers' intuitions about the complexity of relative clauses in Japanese and English. — *PCLS* XII, 558-567, 2 tab.

3429 ŠÍPOŠ, I., PALÚCHOVÁ, L., & FARKAŠ, G.: Continuous short-term recognition of proverbs. — *Studia psychologica* 18, 1976, 278-285.

3430 SLAMA-CAZACU, Tatiana: *La psycholinguistique* ... — Paris: 1972 | BL 1972, 2767. | *ZPhon* 29, 1976, 310-314 G. F. Meier.

3431 *Speech errors as linguistic evidence.* Ed. by Victoria A. FROMKIN. — The Hague: 1973 | BL 1973, 3508. | *Lg* 52, 1976, 980-982 Didier L. Goyvaerts.

3432 STERN, H. H.: Optimal age: myth or reality? — *CMLR* 32, 1976, 283-294.

3433 STEVENSON, Ian: *Xenoglossy* .... — Charlottesville: 1974 | BL 1974, 3096. | *Lg* 52, 1976, 270-274 William J. Samarin.

3434 STINSON, Michael, & LARIVIERE, Conrad: Effects of rate and word boundary ambiguity on recall by normal and impaired listeners. — *JPsyR* 5, 1976, 185-194, 2 tab.

3435 TAYLOR, Insup: *Introduction to psycholinguistics.* — New York: Holt, Rinehart & Winston, 1976, xiii, 434 p., ill., facsim.

3436 TŁOKIŃSKI, Waldemar: *Optymalizacja odbioru mowy w aspekcie teorii doświadczeń. Zagadnienia psycholingwistyki eksperymentalnej.* — Uniw. im. A. Mickiewicza w Poznaniu, seria Językoznawstwo stosowane 2; Poznań: 1976, 157 p. | Optimierung des Redeempfangs im Aspekt der Erfahrungstheorie. Fragen der experimentellen Psycholinguistik (Ru. & G. summ.).

3437 TUCKER, G. Richard, HAMAYAN, Else, & GENESEE, Fred H.: Affective, cognitive and social factors in second-language acquisition. — *CMLR* 32, 1976, 214-226.

3438 TUNKEL, Valentina D.: Reception and the subsequent transmission of a speech message. — [381], 99-110, 4 tab., fig.

3439 ULLMANN, Ingeborg Maria: *Psycholinguistik, Psychosemiotik* ... — Göttingen: 1975 | BL 1975, 3292. | Part of this vol. appeared in an earlier version under the title *Genese sprachlicher Bedeutungsrelation: Beitrag zur Begründung einer zentrierten Psycholinguistik* (Diss. Würzburg 1971). | *Anglia* 94, 1976, 202-210 Margret Popp.

3440 VALIAN, Virginia, & WALES, Roger: What's what: talkers help listeners hear and understand by clarifying sentential relations. — *Cognition* 4, 1976, 155-176, 4 tab.
VILKUNA, M.: Kirjoitettuun kielimuotoon kasvamisesta: .... — 12410.

3441 VYGOTSKIJ, L. S.: *Myšlení a řeč*. 2. vyd. — Praha: Státní pedag. naklad., 1976, 295 p. | Thought and speech. Transl. of *Myšlenie i reč'*, 1934. | *ČJLit* 27, 1976-77, 187-191 F. Uher.

3442 WALKER, Edward: Some grammatical relations among words. — [3406], 183-201, tab.

3443 WALZ, Heinz P.: Sapir-Whorf hypothesis and brain activity. — [128], 109-115, fig.

3444 WARREN, Richard M.: Auditory perception and speech evolution. — [112], 708-717.
3445 WHELDALL, Kevin, & SWANN, William: The effect of intonational emphasis on sentence comprehension in severely subnormal and normal children. — *L&S* 19, 1976, 87-99.
3446 WIENS, Arthur N., MANUAGH, Thomas S., & MATARAZZO, Joseph D.: Speech and silence behavior of bilinguals conversing in each of two languages. — *Linguistics* 172 (= *IJPs* 5), 1976, 79-94, 2 tab. | E., Fr. & Ru. summ.
3447 WINOKUR, Stephen: *A primer of verbal behavior: an operant view.* — Englewood Cliffs, N.J.: Prentice Hall, 1976, xi, 164 p.
3448 ŻERAŃSKI, Ryszard: Pojęcie werbalizacji (Analiza psycholingwistyczna). — *PJ* 1976, 305-312 | The concept of verbalization.
3449 — Rola werbalizacji w czynnościach poznawczo-myślowych. — *PJ* 1976, 365-373 | The role of verbalization in cognitive-mental acts.

11.1. Origine du langage — Origin of language

3450 BLOOM, Lois: Child language and the origins of language. — [112], 170-172.
3451 COUNT, Earl W.: Languages of organism: requisite fabric for an evolution of the speech function: some theoretical considerations. — [112], 456-466.
3452 FINK, B. R., et al.: Evolution of laryngeal folding. — [112], 650-657, 5 fig.
3453 FOUTS, Roger S.: Comparison of sign language projects and implications for language origins. — [112], 589-591.
3454 GIMBUTAS, Marija: Paleolithic "Homo sapiens" as a myth-maker. — *Semiotica* 16, 1976, 192-194 | Rev. of: *The roots of civilization. The cognitive beginning of man's first art, symbol and notation*, by Alexander MARSHACK (New York: McGraw-Hill Book Co., 1972).
3455 GLASERSFELD, Ernst VON: The development of language as purposive behavior. — [112], 212-226.
3456 HEWES, Gordon W.: The current status of the gestural theory of language origin. — [112], 482-504.
3457 HOLLOWAY, Ralph L.: Paleoneurological evidence for language origins. — [112], 330-348, 2 tab., 8 fig.
3458 ISAAC, Glynn L.: Stages of cultural elaboration in the Pleistocene: possible archaeological indicators of the development of language capabilities. — [112], 275-288, 4 fig.
3459 JAYNES, Julian: The evolution of language in the late Pleistocene. — [112], 312-325.
3460 JERISON, Harry J.: The paleoneurology of language. — [112], 370-382, tab., 2 fig.
3461 KIPARSKY, Paul: Historical linguistics and the origin of language. — [112], 97-103.
3462 LAMENDELLA, John T.: Relations between the ontogeny and phylogeny of language: a neorecapitulationist view. — [112], 396-412, tab., 2 fig.
3463 LANDSBERG, Marge E.: On reconstructing "proto-human". — *LACUS* II, 531-536.
3464 LIEBERMAN, Philip: Interactive models for evolution: neural mechanisms, anatomy, and behavior. — [112], 660-672, 6 fig.
3465 LOCKE, Simeon: Language, neural organization, and the fossil record. — [112], 367-369.
3466 MALMI, William A.: Chimpanzees and language evolution. — [112], 598-603.

3467 MARLER, Peter: An ethological theory of the origin of vocal learning. — [112], 386-395, 3 tab.
3468 MARSHACK, Alexander: Some implications of the Paleolithic symbolic evidence for the origin of language. — [112], 289-311, 13 fig.
3469 MONTAGU, Ashley: Toolmaking, hunting, and the origin of language. — [112], 266-274, 3 fig.
3470 NOTTEBOHM, Fernando: Vocal tract and brain: a search for evolutionary bottlenecks. — [112], 643-649, 4 figs.
3471 PREMACK, David: Mechanisms of intelligence: preconditions for language. — [112], 544-561.
3472 PRIBRAM, Karl H.: Language in a sociobiological frame. — [112], 798-809.
3473 RALEIGH, Michael J., & ERVIN, Frank R.: Human language and primate communication. — [112], 539-541.
3474 STEKLIS, Horst D., & HARNAD, Stevan R.: From hand to mouth: some critical stages in the evolution of language. — [112], 445-455.
3475 TANNER, Nancy, & ZIHLMAN, Adrienne: The evolution of human communication: what can primates tell us? — [112], 467-480.
WESCOTT, R. W.: Protolinguistics: the study of protolanguages as an aid to glossogonic research. — 4065.
3476 WIND, Jan: Phylogeny of the human vocal tract. — [112], 612-630, 4 fig.

11.2. Langage enfantin — Child language

3477 *Akten des 1. Salzburger Kolloquiums über Kindersprache*, Salzburg, vom 6. bis 8. Dez. 1974. Gaberell DRACHMAN (Hrsg.). — Salzburger Beiträge zur Linguistik 2; Tübingen: TBL-Verlag Narr, 1976, 395 p.
3478 ALLERTON, D. J.: Early phonotactic development: some observations on a child's acquisition of initial consonant clusters. — JChL 3, 1976, 429-433, tab.
3479 ANTINUCCI, Francesco, & MILLER, Ruth: How children talk about what happened. — JChL 3, 1976, 167-189, 4 tab.
3480 ARLMAN-RUPP, A. J. L., NIEKERK DE HAAN, D. VAN, & SANDT-KOENDERMAN, M. VAN DE: Brown's early stages: some evidence from Dutch. — JChL 3, 1976, 267-274, 5 tab. | A propos du No. 3496.
3481 BALDIE, Brian J.: The acquisition of the passive voice. — JChL 3, 1976, 331-348, 5 tab., 2 fig.
3482 BARTLETT, Elsa J.: Sizing things up: the acquisition of the meaning of dimensional adjectives. — JChL 3, 1976, 205-219, 4 tab.
3483 BATES, Elizabeth: *Language and context. The acquisition of pragmatics*. — New York: Academic Press, 1976, xvi, 375 p.
3484 BELL, Philip: Transformational complexity and sentence difficulty: a developmental study. — L&S 19, 1976, 285-302.
3485 BENNETT, David C.: Egocentrism and the child's understanding of English prepositions. — [3477], 167-176, fig., 2 tab.
3486 BERRY, P. B.: Elicited imitation and assessment of abilities. — L&S 19, 1976, 363-373.
3487 BIELEFELD, Renate: Komplexität und Kommunikationssituation. — [3477], 315-328.
3488 BIERE, Bernd Ulrich: Beschreiben und Verstehen. Einige Probleme bei der Beschreibung von Kommunikationen unter Kindern. — [101], I, 187-195.
3489 BORDEN, Gloria Jones: The effect of mandibular nerve block upon the speech of

four-year-old boys. — *L&S* 19, 1976, 173-178.
3490 BORDIE, John G.: A consideration of language acquisition rates and possible interspecies relationships. — [3794], 29-38.
3491 BOUTON, Charles Pierre: *Le développement du langage. Aspects normaux et pathologiques.* — Paris: Masson, Presses de l'Unesco, 1976, 277 p.
3492 BOWERMAN, Melissa: *Early syntactic development* ... — London: 1973 | BL 1973, 3622. | *FL* 14, 1976, 611-619 E. C. Traugott | *RSEL* 5, 1975, 477-479 M. Goded.
BOYSSON-BARDIES, B. DE: *Négation et performance linguistique.* — 3335.
3493 BRAINE, Martin D. S.: Review article on: Neilson V. SMITH, *The acquisition of phonology* .... , 1973. — *Lg* 52, 1976, 489-498 | Cf. 3606.
3494 BRANIGAN, George: Syllabic structure and the acquisition of consonants: the great conspiracy in word formation. — *JPsyR* 5, 1976, 117-133, 3 tab., fig.
3495 BRAUN-LAMESCH, M.-M.: *La compréhension du langage par l'enfant*... — Paris: 1972 | BL 1972, 2791. | *Linguistics* 168, 1976, 75-81 M. Przetacznikowa & M. Orkisz.
3496 BROWN, Roger: *A first language*...—Cambridge, Mass.: 1973 | BL 1973, 3626. | *PIL* 9, 1976, 195-211 A. L. Vanek & R. Darnell | *Linguistics* 168, 1976, 81-85 P. Menyuk | *MLR* 71, 1976, 357-358 P. D. Griffiths | Cf. 3480.
3497 BRUSH, Lorelei R.: Children's meanings of "more". — *JChL* 3, 1976, 287-289.
3498 BUIUM, Nissan: Interrogative types in parental speech to language-learning children: a linguistic universal? — *JPsyR* 5, 1976, 135-142, 2 tab.
3499 BULLOWA, Margaret: From non-verbal communication to language. — *Linguistics* 172 (= *IJPs* 5), 1976, 5-14 | E., Fr. & Ru. summ.
3500 BULLOWA, Margaret, FIDELHOLTZ, James L., & KESSLER, Allan R.: Infant vocalization: communication before speech. — [3794], 67-95, fig., 4 pl.
3501 CAMPBELL, Robin N.: Propositions and early utterances. — [3477], 247-259.
3502 CHAMBERS, James C., Jr., & TAVUCHIS, Nicholas: Kids and kin: children's understanding of American kin terms. — *JChL* 3, 1976, 63-80, 5 tab.
3503 CHANDRASEKHAR, A.: Current trends in the analysis of child language. — *IL* 37, 1976, 304-310.
3504 CHOU-ALLENDER, Susan: On the augmentation with English of the communicative competence of a Filipino child in Hawaii. — *WPLUH* 8, 1976/1, 21-70 | M. A. thesis, Univ. of Hawaii, 1976.
3505 CLARK, Ruth: A report on methods of longitudinal data collection. — *JChL* 3, 1976, 457-459, fig.
3506 CLAY, Marie M.: The effect of two educated dialects on sentence repetition scores of five year old Scottish children. — *L&S* 19, 1976, 244-250.
3507 COOK, V. J.: A note on indirect objects. — *JChL* 3, 1976, 435-437, tab.
3508 CROSBY, Faye: Early discourse agreement. — *JChL* 3, 1976, 125-126.
3509 CRYSTAL, David: *Child language, learning and linguistics. An overview for the teaching and therapeutic professions.* — London: Arnold, 1976, 106 p.
3510 DALE, Philip S.: *Language development. Structure and function.* 2nd ed. — New York: Holt, Rinehart & Winston, 1976, x, 358 p. | First ed. 1972 (BL 1972, 2796).
3511 DELACK, John B.: Aspects of infant speech development in the first year of life. — *CJL* 21, 1976, 17-37.
3512 DERWING, Bruce L.: Morpheme recognition and the learning of rules for derivational morphology. — *CJL* 21, 1976, 38-66.
3513 DEZSŐ László: A gyermeknyelv mondattani vizsgálatának elméleti-módszertani kérdései (Jegy-zetek a korai gyermeknyelvről). — *ÁNyT* 7, 1970, 77-99 | Pro-

blèmes théoriques et méthodologiques des recherches relatives au langage enfantin (Notes sur les premiers stades du développement linguistique).
— Universals in child language ... — 1656.

3514 DORE, John, FRANKLIN, Margery B., MILLER, Robert T., & RAMER, Andrya L. H.: Transitional phenomena in early language acquisition. — *JChL* 3, 1976, 13-28, 3 tab.

DRACHMAN, G.: Baby talk in Greek. — 4969.

3515 EDWARDS, A. D.: Speech codes and speech variants: social class and task differences in children's speech. — *JChL* 3, 1976, 247-265, 6 tab.

3516 EHRI, Linnea C.: Comprehension and production of adjectives and seriation. — *JChL* 3, 1976, 369-384, 2 fig., tab.

3517 EILERS, Rebecca E., & OLLER, D. Kimbrough: The role of speech discrimination in developmental sound substitutions. — *JChL* 3, 1976, 319-329, 5 tab.

3518 FISCHER, Susan: Child language as a predictor of language change. — *WPLUH* 8, 1976/1, 71-104.

3519 FLAHIVE, Douglas: The development of pronominalization in children 5-9. — *PCLS* XII, 199-207.

3520 FRANCESCATO, Giuseppe: Some remarks on intonation in child language. — [260], 159-167.

3521 FRANCIS, Hazel: *Language in childhood* ... — London: 1975 | BL 1975, 3370. | *JChL* 3, 1976, 299-302 N. V. Smith.

3522 GASPARI, Gianluigi, & TIRONDOLA, Giovanna: Analisi dell'area vocalica nel linguaggio infantile dai due ai quattro anni. — [140], 117-128.

3523 GEEST, Ton VAN DER, GERSTEL, Rudie, et al.: *The child's communicative competence* ... — The Hague: 1973 | BL 1974, 3168. | *JChL* 3, 1976, 135-137 J. Průcha | *LiS* 5, 1976, 250-254 C. B. Cazden.

3524 GEODAKJAN, Irina M.: Expression of the category of time in the speech of a young child. — [381], 185-188.

3525 GILBERT, John H. V.: Discriminating learning of stops and fricatives in CVC syllables by five-year olds. — *CJL* 21, 1976, 67-78.

3526 GLEASON, Jean Berko, & WEINTRAUB, Sandra: The acquisition of routines in child language. — *LiS* 5, 1976, 129-136, tab.

3527 GOLDBERG, Geneviève: Conduite du discours enfantin et complexité syntaxique. — *Linguistique* 12, 1976/1, 3-34, 11 tab.

3528 GOLDIN-MEADOW, Susan, SELIGMAN, Martin E. P., & GELMAN, Rochel: Language in the two-year old. — *Cognition* 4, 1976, 189-202, 4 tab.

3529 GREENFIELD, Patricia Marks, & SMITH, Joshua H.: *The structure of communication in early language development.* — New York: Academic Press, 1976, xi, 238 p.

3530 GRIEVE, Robert: Problems in the study of early semantic development. — [3477], 139-152.

3531 GRIEVE, Robert, & HOOGENRAAD, Robert: Using language if you don't have much. — [3406], 1-28.

3532 HALLIDAY, Michael A. K.: Early language learning: a sociolinguistic approach. — [3794], 97-124, tab. on 2 fold. leaves.

3533 HARNER, Lorraine: Children's understanding of linguistic reference to past and future. — *JPsyR* 5, 1976, 65-84, 6 tab.

3534 HOUSTON, Susan H.: Competence and performance in child Black English. — [8382], 13-27, 2 fig.

3535 HOWE, Christine J.: The meanings of two-word utterances in the speech of young

children. — *JChL* 3, 1976, 29-47, 3 tab.
3536 INGRAM, David: Phonological analysis of a child. — *Glossa* 10, 1976, 3-27.
3537 KANECJAN, Gajanè R.: An analysis of speech in the six-year-old Armenian child. — [381], 177-183.
3538 KAPER, Willem: Pronominal case-errors. — *JChL* 3, 1976, 439-441.
3539 KEENAN, Elinor Ochs, & SCHIEFFELIN, Bambi B.: Topic as a discourse notion: a study of topic in the conversations of children and adults. — [143], 337-384, tab.
3540 KEREK, Andrew: Phonological rules in the language of Hungarian children. — [110], 290-304.
3541 KIELAR, Maria: Developmental differentiation of the semantic field. — *Pol. Psychological Bull.* 7, 1976, 55-60.
3542 *Der kindliche Spracherwerb. Ein psycholinguistischer Reader mit einer Einleitung und einer kritischen Problemdarstellung*. Aus dem Englischen übers. und hrsg. von Siegmund PRILLWITZ, Birgitt JOCHENS, Eberhard STOSCH. — Braunschweig: Westermann, 1975, 317 p.
3543 KRENN, Herwig: Beobachtungen zur syntaktischen Entwicklung eines zweijährigen Kindes. — [3477], 123-137.
3544 KUCZAJ, Stan A., II: Arguments against Hurford's "Aux copying rule". — *JChL* 3, 1976, 423-427 | Cf. BL 1975, 3396.
3545 LENGYEL, Zsolt: Formation and development of the verb-system in the language of a two-year old Hungarian child. — [3477], 113-122.
3546 LEONARD, Laurence B.: *Meaning in child language. Issues in the study of early semantic development*. — New York: Grune & Stratton, 1976, xii, 259 p.
3547 LEONARD, Laurence B., & KAPLAN, Linda: A note on imitation and lexical acquisition. — *JChL* 3, 1976, 449-455, 2 tab.
3548 LIMBER, John: Unravelling competence performance and pragmatics in the speech of young children. — *JChL* 3, 1976, 309-318, tab.
3549 LINDNER, Katrin, & ZAEFFERER, Dietmar: Zur sprachlichen Handlungsfähigkeit 4-6 jähriger Kinder: Entwurf einer empirischen Untersuchung. — [3477], 329-342.
3550 LLOYD, Peter, & DONALDSON, Margaret: On a method of eliciting true/false judgments from young children. — *JChL* 3, 1976, 411-416, fig.
3551 MACRAE, Alison J.: Movement and location in the acquisition of deictic verbs. — *JChL* 3, 1976, 191-204, 2 tab.
3552 MACWHINNEY, Brian: Hungarian research on the acquisition of morphology and syntax. — *JChL* 3, 1976, 397-410, 4 tab.
3553 MALIKOUTI-DRACHMAN, A., & DRACHMAN, G.: *The acquisition of stress in Modern Greek*. — [3477], 277-289.
3554 MARATSOS, Michael P.: *The use of definite and indefinite reference in young children: an experimental study of semantic acquisition*. — Cambridge: Cambridge UP., 1976, xiv, 144 p.
3555 MARCELLESI, Christiane: L'expression linguistique du référent: la dénomination. — *LFr* 32, 1976, 40-62, 14 tab. | Le vocabulaire employé par les enfants de 6e et 5e.
3556 MARGALIT, Avishai: Talking with children, Piaget style. — [225], 457-471.
3557 MÉAR-CRINE, A. M.: L'acquisition du français par les enfants québécois francophones. — *SL* 30, 1976, 155-164.
3558 MILES, Lyn W.: The communicative competence of child and chimpanzee. — [112], 592-597, 3 tab.
3559 MILLER, Max: *Zur Logik der frühkindlichen Sprachentwicklung. Empirische*

Untersuchungen und Theoriediskussion. — (Diss. Frankfurt a. M.); Stuttgart: Klett, 1976, 488 p.

3560 MOERK, Ernst L., & WONG, Neil: Meaningful and structured behavioral antecedents of semantics and syntax in language. — *Linguistics* 172 (= *IJPs* 5), 1976, 23-37, 3 tab. | E., Fr. & Russ. summ.

3561 MONTES GIRALDO, José Joaquín: El sistema, la norma y el aprendizaje de la lengua. — *Thesaurus* 31, 1976, 14-40.

3562 MORSBACH, Gisela, & STEEL, Pamela M.: "John is easy to see" re-investigated. — *JChL* 3, 1976, 443-447, 3 tab.

3563 MORSE, Philip A.: Speech perception in the human infant and rhesus monkey. — [112], 694-707, 4 fig.

3564 MYKLEBUST, Helmer R.: *Development and disorders of written language*. Vol. II. *Studies of normal and exceptional children.* — New York: Grune & Stratton, 1973, xx, 266 p., ill., facsim. | Cf. 3620.

3565 NELSON, Katherine: Some attributes of adjectives used by young children. — *Cognition* 4, 1976, 13-30, 6 tab., fig.

3566 *Normal and deficient child language.* Ed. by Donald M. MOREHEAD and Ann E. MOREHEAD. — Baltimore, Md.: Univ. Park Press, 1976, xiii, 472 p. | Coll. of original and repr. essays, partly transl. from the Fr.

3567 OKSAAR, Els: Spracherwerb und Kindersprache. Pädolinguistische Perspektiven. — *Zeitschrift für Pädagogik* (Weinheim) 21, 1975, 719-743.

3568 — Prinzipielles zur Entwicklung der linguistischen und der kommunikativen Kompetenz im Vorschulalter. — [3477], 383-391.

3569 OLLER, D. Kimbrough, & WARREN, Irene: On the nature of the phonological capacity. — *Lingua* 39, 1976, 183-199.

3570 OLLER, D. Kimbrough, WIEMAN, Leslie A., DOYLE, William J., & ROSS, Carol: Infant babbling and speech. — *JChL* 3, 1976, 1-11, 8 tab.

3571 OLNEY, Rachel L., & SCHOLNICK, Ellin K.: Adult judgments of age and linguistic differences in infant vocalization. — *JChL* 3, 1976, 145-155, 2 tab.

3572 OMAR, Margaret K.: *The acquisition of Egyptian Arabic as a native language.* — The Hague: 1973 | BL 1973, 3705. | *AAS* 12, 1976, 302-303 L. Drozdík.

OSWALT, R. L.: Baby talk and the genesis of some basic Pomo words. — 13819.

3573 PAČESOVÁ, Jaroslava: *The development of vocabulary in the child.* — Brno: 1968 | BL 1968, 2357. | *IF* 80, 1975 (1976), 202-207 Velta Rūķe-Draviņa.

3574 — Deiktické kategorie v řeči českého dítěte. —*SFFBU* 25 (A 24), 1976, 11-16 | Deictic categories in the speech of Cz. children (Summ. in E.).

3575 PETERS, Ann M.: Language learning strategies: Does the whole equal the sum of the parts? — *WPLUH* 8, 1976/1, 1-19.

3576 PISARKOWA, Krystyna: Der Abzählreim als Gegenstand der Kindersprache-forschung. — [3477], 153-165.

3577 PLANK, Frans: Morphological aspects of nominal compounding in German and certain other languages: what to acquire in language acquisition in case the rules fail? — [3477], 201-219, 5 fig.

3578 PRIDEAUX, Gary D.: A functional analysis of English question acquisition: a response to Hurford. — *JChL* 3, 1976, 417-422 | Cf. BL 1975, 3396.

3579 PRZETACZNIKOWA, Maria: Additive and contrastive relations expressed in preschool children's speech. — *Pol. Psychological Bull.* 7, 1976, 45-54.

3580 RAFFLER-ENGEL, W. VON: The concept of critical age in language acquisition: a position paper. — *FoL* 9, 1976, 17-27.

3581 RAMER, Andrya L. H.: Syntactic styles in emerging language. — *JChL* 3, 1976, 49-62, 3 fig., 2 tab.
3582 RAMGE, Hans: *Spracherwerb* ... 2. Aufl. — Tübingen: 1975 | BL 1975, 3457. | *EGerm* 31, 1976, 448-449 G. Sautré-Meyer | *ZDL* 43, 1976, 202-204 H. Löffler (First ed.).
3583 — *Spracherwerb und sprachliches Handeln. Studien zum Sprechen eines Kindes im 3. Lebensjahr.* — Sprache und Lernen 43; Düsseldorf: Schwann, 1976, 240 p.
3584 REICH, Peter A.: The early acquisition of word meaning. — *JChL* 3, 1976, 117-123, 2 fig.; 461.
3585 RICHARDSON, K., CALNAN, M., ESSEN, J., & LAMBERT, L.: The linguistic maturity of 11-year-olds: some analysis of the written compositions of children in the National Child Development Study. — *JChL* 3, 1976, 99-115, 4 tab., 8 fig.
3586 RICKHEIT, Gert: Zur Syntax der gesprochenen Sprache im Grundschulalter. — *WW* 26, 1976, 183-204, 4 tab.
3587 RODGON, Maris Monitz: *Single-word usage, cognitive development and the beginnings of combinatorial speech: a study of ten English-speaking children.* — Cambridge: Cambridge UP., 1976, ix, 163 p., ill.
3588 ROGERS, Sinclair: The language of children and adolescents and the language of schooling. — [398], 13-32.
3589 RŪĶE-DRAVIŅA, Velta: "Mama" and "papa" in child language. — *JChL* 3, 1976, 157-166, 4 tab. | How the parental terms for "mummy" and "daddy" in Latvian are acquired.
— Gibt es Universalien in der Ammensprache? — 1685.
3590 SACHS, Jacqueline, & DEVIN, Judith: Young children's use of age-appropriate speech styles in social interaction and role-playing. — *JChL* 3, 1976, 81-98, 4 tab.
3591 SANCHES, Mary, & KIRSHENBLATT-GIMBLETT, Barbara: Children's traditional speech play and child language. — [383], 65-110, fig., 2 tab.
3592 SAUSE, Edwin F.: Computer content analysis of sex differences in the language of children. — *JPsyR* 5, 1976, 311-324, 5 tab., fig.
3593 SAVIĆ, Svenka: The functioning of twin language in adult-child communication (preliminary observations on Serbocroatian material). — [3477], 303-314.
3594 SCHACHTER, Frances F., FOSHA, Diana, STEMP, Sarah, BROTMAN, Nancy, & GANGER, Sonia: Everyday caretaker talk to toddlers vs. threes and fours. — *JChL* 3, 1976, 221-245, 4 tab.
3595 SCHAERLAEKENS, A.: Language development in Dutch-speaking triplets: the two-word stage. — [3477], 291-302.
3596 SCHECKER, Michael: "Bedeutung" im Spracherwerb. Versuch einer Kategorialanalyse. — [3477], 189-200.
3597 SCHOLES, Robert J., & GROSSMAN, Pamela Frydman: Utterance imitation by Hebrew-speaking children. — [255], 275-281, 2 tab.
3598 SCHOLES, Robert J., TANIS, David C., & TURNER, Angela: Syntactic and strategic aspects of the comprehension of indirect and direct object constructions by children. — *L&S* 19, 1976, 212-223, 5 fig.
3599 SCOLLON, Ronald: *Conversations with a one year old. A case study of the developmental foundation of syntax.* — Honolulu: UP. of Hawaii, 1976, xiv, 238 p.
3600 SHUGAR, Grace Wales: Text-constructing with an adult. A form of child activity during early language acquisition. — [3477], 343-356.
3601 — Behaviour stream organization during early language acquisition. — *Pol. Psychological Bull.* 7, 1976, 27-36.
3602 — Nabywanie języka jako sposobu działania. Tłumaczyła z ang. Anna Matczak.

— *Studia Psychologiczne* (Wrocław) 15, 1976, 131-153 | Language acquisition as manner-of-action acquisition.

3603 SIKLÓSSY, L.: Problem-solving approach to first-language acquisition. — [112], 257-261.

3604 SLAMA-CAZACU, Tatiana: The role of social context in language acquisition. — [3794], 127-147, fig.

3605 SMITH, J. W. A.: Children's comprehension of metaphor: a Piagetian interpretation. — *L&S* 19, 1976, 236-243.

3606 SMITH, Neilson V.: *The acquisition of phonology* ... — London: 1973 | BL 1973, 3727. | *Spektator* 5, 1975-76, 622-623 N. S. H. Smith | Cf. 3493.

3607 SMOCZYŃSKA, Magdalena: Development of the transitive sentence pattern. — [3477], 221-233, 2 tab.

3608 SMOCZYŃSKA, Magdalena: Early syntactic development: Pivot look and pivot grammar. — *Pol. Psychological Bull.* 7, 1976, 37-43.

3609 SNOW, Catherine E.: The language of the mother-child relationship. — [398], 63-79.

3610 SNOW, C. E., ARLMAN-RUPP, A., et al.: Mothers' speech in three social classes. — *JPsyR* 5, 1976, 1-20, 2 tab.

3611 SÖDERBERGH, Ragnhild: Reading and stages of language acquisition. — [3794], 149-164.

3612 STEPHANY, Ursula: Werden sprachliche Relationen in der Zweiwortphase durch die Wortstellung signalisiert? — [3477], 235-246, 4 tab.

3613 STICK, Sheldon L., SHARIFI, Hassan, HAYNES, Rebecca A., & SCHOLL, Kathleen P.: Comprehension of selected linguistic constructions by normal 36 to 66 month old children and 72 to 144 month old mentally retarded children. — [110], 504-514.

3614 STROHNER, Hans: *Spracherwerb. Versuch einer Bedingungsanalyse.* — München: Fink, 1976, 192 p.

3615 *Studies of child language development.* Ed. by Charles A. FERGUSON & Dan Isaac SLOBIN. — New York: 1973 | BL 1973, 3646. | *Linguistics* 172 (=*IJPs* 5), 1976, 105-107 J. Průcha.

3616 SUGÁRNÉ KÁDÁR Júlia: A szókincs és a szófajok gyakoriságának alakulása 3-6 éves gyermekek beszédében verbális feladat megoldás, illetve kommunikáció során. — *ÁNyT* 7, 1970, 149-159 | Fréquence des lexèmes et des catégories lexicales chez les enfants de 3 à 6 ans.

3617 SUPPES, Patrick: Syntax and semantics of children's language. — [112], 227-237, 4 fig.

3618 SUTTON-SMITH, Brian: A developmental structural account of riddles. — [383], 111-119, 3 tab.

3619 TEECE, Cathleen: Language and play: a study of the relationship between functions and structures in the language of five year old children. — *L&S* 19, 1976, 179-192.

3620 TERVOORT, Bernard T.: The neglected modality: a book on writing. — *FL* 14, 1976, 587-595 | Rev. art. on No. 3564.

3621 TOIVANEN, Jorma: *Lapsenkielen tutkimushanke 1970-1976.* — Oulun yliopiston suomen ja saamen kielen laitoksen tutkimusraportteja 6; Oulu: Oulun yliopisto, 1976, 22 p. | The Oulu project on Fi. child language (E. summ.).

3622 — A hypocoristic geminate consonant suffix in Finnish. — [3477], 17-24, map, 2 tab. | Baby-talk words.

3623 TOWNSEND, David J.: Do children interpret "marked" comparative adjectives as

their opposites? — *JChL* 3, 1976, 385-396, 3 tab.
3624 UŠAKOVA, Tatjana N.: Children's word creation. — [381], 165-175, 5 fig.
3625 VOGEL, Susan A.: *Syntactic abilities in normal and dyslexic children.* — Baltimore: Univ. Park Press, 1975, x, 118 p. | *JChL* 3, 1976, 303-307 P. G. Patel.
3626 VOLTERRA, Virginia: A few remarks on the use of the past participle in child language. — *ItalL* 2, 1976, 149-157 | Apropos of No. 6419.
3627 WALES, R. J., GARMAN, M. A. G., & GRIFFITHS, P. D.: More or less the same: a markedly different view of children's comparative judgements in three cultures. — [3406], 29-53, tab.
3628 WALL, Carol: *Predication: a study of its development.* — The Hague: 1974 | BL 1974, 3245. | *JChL* 3, 1976, 127-134 P. A. Hornby.
3629 WEBB, Pamela A., ABRAHAMSON, Adele A.: Stages of egocentrism in children's use of *this* and *that*: a different point of view. — *JChL* 3, 1976, 349-367, 4 tab.
3630 WEBER, Jack L., & WEBER, Susan E.: Early acquisition of linguistic designations for time. — *L&S* 19, 1976, 276-284.
3631 WEEKS, Thelma E.: *The slow speech development of a bright child.* — Lexington, Mass.: 1974 | BL 1974, 3246. | *JChL* 3, 1976, 137-143 A. Cruttenden.
3632 WEISENBURGER, Janet L.: A choice of words: two-year-old speech from a situational point of view. — *JChL* 3, 1976, 275-281.
3633 WIDDOWSON, John: The language of the child culture: pattern and tradition in language acquisition and socialization. — [398], 33-62.
3634 WIEMAN, Leslie A.: Stress patterns of early child language. — *JChL* 3, 1976, 283-286.
3635 WILKINSON, Andrew: *Sprache und Spracherwerb. Wie Kinder sprechen und lesen lernen.* Übersetzung und Bearb. für die deutsche Ausg.: Helen LEUNINGER. — München: Kosel, 1975, 227 p. | Transl. of *The foundations of language* ..., 1971 (BL 1971, 2735).
3636 WILLBRAND, Mary Louise: Language acquisition: the continuing development from nine to ten years. — [110], 555-576.
3637 WODE, Henning: Der Erwerb von Fragestrukturen in der Kindersprache. — [3477], 101-112.

11.3. Aphasie, Troubles du langage — Aphasia, Speech disorders

3638 BÄR, Eugen S.: Semiotic studies in schizophrenia and senile psychosis. — *Semiotica* 16, 1976, 269-283 | Rev. of (1) No. 3676; (2) Luce IRIGARAY, *Le langage des déments*, 1973 (BL 1973, 3761).
3639 BEL'TJUKOV, Vladimir I.: The problem of oral speech perception: some considerations on lipreading. — [381], 209-218, tab.
3640 BENNETT, Tina L.: Code-switching in Downs Syndrome. — *PBLS* II, 48-58.
3641 BERRY, P. B.: Elicited imitation of language: some ESNS population characteristics. — *L&S* 19, 1976, 350-362.
3642 BERRY, P., & TAYLOR, J.: Elicited imitation and production of language by severely subnormal children. — *L&S* 19, 1976, 160-172, 3 fig.
3643 BLUMSTEIN, Sheila E.: *A phonological investigation of aphasic speech.* — The Hague: 1973 | BL 1973, 3747. | *Linguistics* 154-155, 1975, 163-164 O. L. Zangwill | *CJL* 21, 1976, 123-126 M. L. Marckworth.
3644 BOGEN, J. E., & BOGEN, G. M.: Wernicke's region – where is it? — [112], 834-843, fig.

3645 BROWN, Eric R.: Neuropsychological interference mechanisms in aphasia and dyslexia. — [273], 25-43.
3646 BROWN, Jason W.: Consciousness and pathology of language. — [273], 67-93.
3647 CERMAK, Laird S., & BUTTERS, Nelson: The role of language in the memory disorders of brain-damaged patients. — [112], 857-867, tab., 7 fig.
3648 DENES, Franco, SEMENZA, Carlo, & ABATI, Alberto: Analisi fonemica di un caso di sordità verbale. — [140], 23-33.
3649 DRACHMAN, G.: Retardation and the "cognitive priority" hypothesis. — [3477], 47-60.
3650 DUCARNE, Blanche, & PRÉNERON, Christiane: La dyssyntaxie. — *Linguistique* 12, 1976/2, 33-54, 2 tab.
3651 FRIEDERICI, Angela D.: *Phonische und graphische Sprachperformanz bei Aphatikern. Neurolinguistische Unterschungen auf der Phonem-, Graphem- und auf der Lexemebene.* — Diss. Bonn, 1976, 261 p.
3652 GERVER, D., LAWSON, J. S., & GERVER, M. E.: Schizophrenic speech: a factor-analytic approach. — *L&S* 19, 1976, 46-56.
3653 GOLDBERG, E. A.: A neuropsychological analysis of the semantic aspects of text perception. — [381], 229-238, tab.
3654 HEIDLER, Horst A.: *Akustische Untersuchungen über die Vokalbildung gehörloser Sprecher.* — IKP-F 60 (Diss. Bonn); Hamburg: Buske, 1976, ix, 245 p.
3655 HERMAN József: Afázia-kutatás és nyelvelmélet (Történeti áttekintés és munkabeszámoló). — *ÁNyT* 7, 1970, 123-140 | Recherches sur l'aphasie et théorie linguistique.
3656 *Het herstelverloop van afasie. Een psycholinguistisch onderzoek uitgevoerd in opdracht van de Stichting Afasie Nederland 1971-1975,* door H. RICHTERS, E. WAGENAAR . . . . [et al.] onder wetenschappelijke begeleiding van B. DEELMAN. — Amsterdam: 1976, 280 p., ill. | The recovery course of aphasia. Cf. 3691.
3657 INGRAM, David: *Phonological disability in children.* — Studies in Language Disability & Remediation 2: London: Arnold, 1976, xvii, 167 p.
3658 KĄDZIELAWA, Danuta: Aphasic disturbances in the functioning of sentence patterns. — *Pol. Psychological Bull.* 7, 1976, 19-25.
3659 KANIA, Józef Tadeusz: *Dezintegracja systemu fonologicznego w afazji. Na materiale języka polskiego.* — PrJPAN 82; Wrocław: Zakład im. Ossolińskich, 1976, 137 p. | Disintegration of the phonemic system in aphasia. Based on Pol. linguistic material.
3660 — Wykorzystanie zasad ortofonii w procesie reedukacji zaburzeń mowy. — *PF* 26, 1976, 293-312 | The improvement of the orthophonical base in the process of re-education of speech disorders.
3661 LEVY, Jerre: Evolution of language lateralization and cognitive function. — [112], 810-820, 4 fig.
3662 LIST, G., COHEN, R., ENGEL, D., KELTER, S.: Zur Rolle sprachlicher Ambiguitäten beim Vervollständigen von Satzanfängen. — *FoL* 9, 1976, 231-249.
3663 LOI CORVETTO, Ines: Per una rassegna degli studi sui disturbi del linguaggio. — *LeSt* 11, 1976, 590-596.
3664 LURIJA, A. R.: *Osnovnye problemy nejrolingvistiki.* — Moskva: Izd. MGU, 1975, 253 p., ill.
3665 [—] LURIA, A. R.: *Basic problems of neurolinguistics.* — JanL, Series maior 73; The Hague: Mouton, 1976, x, 398 p. | Transl. of No. 3664.
3666 — A neuropsychological analysis of speech communication. — [381], 191-207.
3667 MAGNO CALDOGNETTO, Emanuela, DENES, Franco, FAVA, Elisabetta, & MOS-

CONI, Antonio: Risultati sperimentali di un test di percezione fonemica in soggetti afasici (Broca e Wernicke). — [140], 129-171.
3668 MARCKWORTH, Mary Lois: Effect of temporal expansion of speech on aphasic comprehension. — *CJL* 21, 1976, 79-94.
3669 MARIN, Oscar S. M.: Neurobiology of language: an overview. — [112], 900-912.
3670 — et al.: Dissociations of language in aphasia: implications for normal function. — [112], 868-884, 2 tab.
3671 MARSHALL, John C.: Neuropsychological aspects of orthographic representation. — [3406], 109-131, 4 fig.
3672 MARTINDALE, Colin: The grammar of the tic in Gilles de la Tourette's syndrome. — *L&S* 19, 1976, 266-275, 5 fig.
3673 MONSEN, Randall B.: The production of English stop consonants in the speech of deaf children. — *JPhon* 4, 1976, 29-41, tab., 5 fig.
3674 — Normal and reduced phonological space: the production of English vowels by deaf adolescents. — *JPhon* 4, 1976, 189-198, tab., 5 fig.
3675 OLIVA, Joseph, & DUCHAN, Judith: Structural regularities in the intonation of an abnormal speaker: psycholinguistic implications. — *LACUS* II, 120-128.
3676 PIRO, Sergio: *Il linguaggio schizofrenico*. 2a ed. — Milano: Feltrinelli, 1972, xii, 590 p. | First ed. 1967. | Cf. 3638.
3677 PRINS, R. S.: Over de anatomische basis van het taalgebruik. — *Spektator* 5, 1975-76, 603-609 | Rev. art. on: Norman GESCHWIND, *Selected papers on language and the brain*, 1974 (BL 1975, 3518).
3678 PRZYBYSZ-PIWKO, Maria: Morfemy słowotwórcze a afatyczne zaburzenia dźwięku (na materiale języka polskiego). — *Polonica* 2, 1976, 185-191 | Summ. in E.: Derivational morphemes and aphasic disturbances of speech in Pol.
3679 RAJČEV, R., et al.: Popytka analiza sintaksičeskogo urovnja reči bol'nych afaziej. — [159], 287-293.
3680 RAJČEV, R., & LJUDSKANOV, A.: Nekotorye problemy modelirovanija afatičeskich narušenij reči v ee psichofiziologičeskich i lingvističeskich aspektach. — [159], 79-85.
3681 RIEBER, R. W., SMITH, Neil, & HARRIS, Barbara: Neuropsychological aspects of stuttering and cluttering. — [273], 45-66, 2 fig., 7 tab.
3682 ROBINSON, Bryan W.: Limbic influences on human speech. — [112], 761-771.
3683 ROTHMAN, Howard B.: A spectrographic investigation of consonant-vowel transitions in the speech of deaf adults. — *JPhon* 4, 1976, 129-136, 2 tab., 2 fig.
3684 RUSSELL, W. Keith, QUIGLEY, Stephen P., & POWER, Desmond J.: *Linguistics and deaf children. Transformational syntax and its applications.* — Washington, D.C.: Alexander Graham Bell Ass. for the Deaf, 1976, xiv, 272 p.
3685 SADOWSKA, Maria: Afatyczna dezintegracja afrykat. — *Polonica* 2, 1976, 169-184 | Summ. in E.: Disintegration of affricates in aphasia.
3686 SCHERGNA, Enrico, & ABATI, Alberto: Percezione dei fonemi della lingua italiana in cerebrolesi. — [140], 173-185.
3687 SCHLORHAUFER, Walter: Iterationen, ein Zeichen zwischen Physiologie und Pathologie. — [3477], 43-46.
3688 SCHMIDT-KNAEBEL, Susanne: Syntakto-semantische und pragmatische Aspekte des Sprechverhaltens bei schizophrenen Probanden. — [101], I, 207-219.
3689 STRACHALSKA, Bożena: Afatyczne zniekształcenia formacji słowotwórczych w języku polskim (analiza kategorii nazw żeńskich pochodzących od męskich). — *Polonica* 2, 1976, 193-199 | Summ. in E.: Aphasic disturbances of word-building in Pol.

3690 *Studies in neurolinguistics.* Ed. by Haiganoosh WHITAKER & Harry A. WHITAKER. I; II. — New York: Academic Press, 1976, xv, 308; xv, 334 p. | Not analyzed.
3691 TERVOORT, Bernard T.: Herstelverloop van afasie. Verslag over een rapport. — *FdL* 17, 1976, 201-214 | On No. 3656.
3692 THATCHER, Robert W., & APRIL, Robert S.: Evoked potential correlates of semantic information processing in normals and aphasics. — [273], 95-124, 4 tab., 11 fig.
3693 TOMASZEWSKA-VOLOVICI, Hanna: *Agramatyzm w afazji. Na materiale polskim.* — Inst. Języka Polskiego PAN, Prace Inst. Języka Polskiego 11; Wrocław: Zakład im. Ossolińskich, 1976, 128 p. | Agrammatism in aphasia. Based on Pol.
3694 *Les troubles de la lecture, l'alexie,* par Helgard KREMIN & Françoise DUBOIS-CHARLIER . . . . [et al.]. — *Langages 44*; Paris: Didier – Larousse, 1976, 124 p. | Comprend: Egon WEIGL & Manfred BIERWISCH, Neuropsychologie et neurolinguistique: thèmes de recherche commune, 4-19 (trad. de *FL* 6, 1-18 [BL 1970, 2823]); Françoise DUBOIS-CHARLIER, Les analyses neuropsychologiques et neurolinguistiques de l'alexie: 1838-1969, 20-62; H. KREMIN, L'approche neurolinguistique des alexies: 1969-1976, 63-81; H. KREMIN, Les problèmes de l'alexie pure, 82-110; H. HÉCAEN, Le problème des localisations lésionnelles des alexies, 111-117.
3695 UDEN, Antonius VAN: *Die Welt der Sprache für gehörlose Kinder. Muttersprachlich reflektierte Lautsprachmethode und psycholinguistische Erkenntnisse für die Gehörlosenbildung.* — Wissenschaftliche Beiträge aus Forschung, Lehre und Praxis zur Rehabilitation behinderter Kinder und Jugendlicher 6; Villingen-Schwenningen: Neckar-Verlag, 1976, 306 p. | Original E. ed. 1968 (BL 1969, 2298).
3696 VINARSKAJA, Elena N.: Word-probability relations in pathological verbal behavior. — [381], 219-227, tab.
3697 WHITAKER, Harry A., & SELNES, Ola A.: Anatomic variations in the cortex: individual differences and the problem of the localization of language functions. — [112], 844-854, 9 fig.
3698 WIDDER, A.: Wahrnehmungsprozesse und kognitive Entwicklung bei behinderten Kindern. — [3477], 25-41.
3699 WILLIS, Bruce: Speech of mentally disabled children. — [110], 577-588, 6 fig.
3700 WITKOWSKA, Kamila: Programy czynności werbalnych i możliwości ich kształtowania u dzieci z uszkodzonym słuchem. — *Prace Psychologiczne* 5, 1976 (AUW 278), 115-135 | Verbal acts and their formation in children with hearing impairment (E. summ.).
3701 ZARĘBINA, Maria: *Rozbicie systemu językowego w afazji* . . . . — Wrocław: 1973 | BL 1973, 3783. | *BSL* 71, 1976/2, 18-20 Sławomir Bazylko.
3702 — The relationship between phonetic and phonological phenomena in aphasia (based on Polish materials). — *LPosn* 19, 1976, 55-71.

12. SOCIOLINGUISTIQUE — SOCIOLINGUISTICS

12.0. Généralités — General

3703 ABOUD, Frances E.: Social developmental aspects of language. — *PIL* 9, 1976/3-4, 15-37.
3704 AFENDRAS, Evangelos: *Network concepts in the sociology of language.* — Quebec: Intern. Center for Research on Bilingualism, 1974, 19 p.

3705 ALVAR, Manuel: Langue et société. — *TLL* 14, 1976/1, 45-65 | (1) Coexistence de systèmes. (2) Fragmentation sociolinguistique. (3) Conditionnement du parler individuel.
3706 — Attitude du sujet parlant et sociolinguistique. — *TLL* 14, 1976/1, 67-83.
3707 AMMON, Ulrich: *Dialekt und Einheitssprache in ihrer sozialen Verflechtung* ... — Weinheim: 1973 | BL 1973, 3788. | *MGS* 1, 1975, 119-122 R. E. Wood.
3708 ANASTASIOW, Nicholas J., & HANES, Michael L.: *Language patterns of poverty children.* — Springfield, Ill.: Charles C. Thomas, 1976, x, 166 p.
3709 ANDERSON, R. Bruce W.: Perspectives on the role of interpreter. — [3110], 208-228, 2 fig.
3710 ANDRAGÃO, José Victor: Rapports locuteur – code: un cas de choix libre? — *ACILR* XIV/2, 565-575 | Situation à Barrancos, village port. sur la frontière entre le Portugal et l'Espagne.
3711 ANWARD, Jan: Vem har ordet? — *PScCL* 3, 1976, 19-26.
3712 APPEL, René, HUBERS, Gerard, & MEIJER, Guus: *Sociolinguïstiek.* — Aulaboeken 575; Utrecht: Spectrum, 1976, 256 p., 11 fig.
3713 APTE, Mahadev L.: Multilingualism in India and its socio-political implications: an overview. — [3795], 141-164, 2 tab., map.
3714 — Language controversies in the Indian Parliament (Lok Sabha): 1952-1960. — [3795], 213-234.
3715 ARACIL, Lluís V.: La (pre)història de la sociolingüística. — *ACILR* XIII/2, 3-9.
3716 AVRORIN, V. A.: *Problemy izučenija funkcional'noj storony jazyka.* —Leningrad: 1975 | BL 1975, 3564. | *JazA* 13, 1976, 68-71 Hana Hrdličková.
3717 BAILEY, F. G.: "I-speech" in Orissa. — [3795], 253-276.
3718 BAL, Willy: *Brève introduction à la sociolinguistique.* — Coimbra: Inst. de Estudos Românicos, 1975, 35 p. | Tirage séparé en avance de *RPF* 17.
3719 BAUER, Anton: *Die soziolinguistische Status- und Funktionsproblematik von Reduktionssprachen.* — Forum Anglicum 6; Bern: H. Lang / Frankfurt: P. Lang, 1975, 143 p.
3720 BAYER, Hans: Kommunikation, Abstraktion und soziales Vorurteil. Zur Theorie des sprachlichen Stereotyps. — *WW* 26, 1976, 76-97.
3721 BEEMAN, William O.: Status, style and strategy in Iranian interaction. — *AnL* 18, 1976, 305-322.
3722 BELL, Roger T.: *Sociolinguistics. Goals, approaches and problems.* — London: Batsford, 1976, 251 p.
3723 BENNETT, Adrian: Strategies and counterstrategies in the use of yes-no questions in discourse. — *PBLS* II, 36-47.
3724 [BILODID, I. K.] BELODED, I. K.: *Leninskaja teorija nacional'no-jazykovogo stroitel'stva v socialističeskom obščestve.* — Moskva: 1972 | BL 1973, 3801. | *ZPhon* 29, 1976, 170-175 G. Feudel.
3725 — *Jazyk i ideologičeskaja bor'ba.* — Kiev: Naukova dumka, 1972, 86 p. | *ZPhon* 29, 1976, 174-175 G. Feudel.
3726 BLUHME, Hermann: Sprache und sozio-ökonomischer Index. — *ZDL* 43, 1976, 142-149, tab., map | Comparison of the socio-economic index of 77 speakers of Du. (E. summ.).
3727 BOKAMBA, Eyamba G.: Authenticity and the choice of a national language: the case of Zaire. — *SLS* 6, 1976/2, 23-64.
3728 BRANN, C. M. B.: Standardisation des langues et éducation au Nigéria. — *AfLa* 1, 1975, 205-224, carte.

3729 BRENNER, Michael: Sprache und soziale Ungleichheit. Zu Ansätzen von Basil Bernstein. — [3862], 9-52.
3730 BRETTON, Henry L.: Political science, language, and politics. — [3795], 431-448.
3731 BRIGHT, William, et al.: Comments on Pattanayak's 'Caste and language'. — *IJDL* 5, 1976, 65-81 | Comments on D. P. PATTANAYAK, *IJDL* 4, 97-104 (BL 1975, 3670; cf. BL 1975, 3703), by William BRIGHT, P. SOMASEKHARAN NAIR, E. ANNAMALAI, C. J. ROY, U. P. UPADHYAYA, et al. Pattanayak's reply, *IJDL* 5, 1976, 82-85. Comments by J. D. SINGH, *Ibid.* 180-184.
3732 BROWN, Bruce L., & LAMBERT, Wallace E.: A cross-cultural study of social status markers in speech. — *Canadian Journal of Behavioural Science / Revue canadienne des sci. du comportement* 8, 1976, 39-55.
3733 COOPER, Robert L., & HORVATH, Ronald J.: Language, migration, and urbanization. — [339], 191-212, map.
3734 COOPER, Robert L., SINGH, B. N., & ABRAHA GHERMAZION: Mother tongue and other tongue in Kefa and Arusi. — [339], 213-243 | Ethiopia.
3735 CRICK, Malcolm: *Explorations in language and meaning. Towards a semantic anthropology.* — London: Dent / New York: Wiley, 1976, vii, 212 p.
3736 CURRIE, Haver C., & CURRIE, Eva García C.: *Sociolinguistics and the two American linguistic orthodoxies.* 2nd ed. — Austin, Tex.: Regional Research Associates, 1976, 98 p.
3737 DANEŠ, František: Values and attitudes in language standardization. — *JslF* 32, 1976, 3-27 | Summ. in SCr.
3738 DAS GUPTA, Jyotirindra: Practice and theory of language planning: the Indian policy process. — [3795], 195-212, 2 tab.
3739 DEŠERIEV, Ju. D.: *Razvitie obščestvennych funkcij literaturnych jazykov.* — Zakonomernosti razvitija literaturnych jazykov narodov SSSR v sovetskuju ėpochu [4]; Moskva: Nauka, 1976, 431 p.
3740 DI PIETRO, Robert J.: The strategies of language use. — *LACUS* II, 462-467.
3741 DITTMAR, Norbert: *Soziolinguistik...* — Frankfurt a. M.: 1973 | BL 1973, 3824. | *ZAA* 24, 1976, 186-188 R. Gläser.
3742 D'JAČKOV, M. V.: O raznovidnostjach jazykovych kontaktov. — *LZAV* 1976/10 (351), 130-136.
3743 DRESSLER, Wolfgang: Inhärente Variation und variable Regel: Zur Relativierung eines amerikanischen soziolinguistischen Konzepts. — [3862], 53-73.
3744 DUNCAN, Starkey D., Jr.: Language, paralanguage, and body motion in the structure of conversation. — [3794], 239-267, 4 tab., 2 fig.
3745 ECKERT, Rainer: Zur Problematik Sprache und Gesellschaft in der Geschichte der sowjetischen Sprachwissenschaft. — *ZPhon* 29, 1976, 458-463.
3746 EDWARDS, A. D.: *Language in culture and class. The sociology of language and education.* — London: Heinemann, 1976, viii, 206 p.
EINARSSON, J.: Män, kvinnor och språk. — 8778.
3747 ERASMIE, Thord: *Language development and social influence.* — Linköping Studies in Education, Dissertations 7 (Scand. Univ. Books); Stockholm: Esselte Studium, 1976, 317 p., ill.
3748 ERDŐDI József: Néhány szó a szociolingvisztika kezdeteiről. — *ÁNyT* 8, 1972, 53-61 | Sur la naissance de la sociolinguistique.
3749 ERVIN-TRIPP, S.: Sociolingvistika v SŠA. — *VJa* 1976/1, 113-122.
3750 FABRICIUS-KOVÁCS Ferenc: A nyelv szociális jellegéről (Adalékok a nyelv társaslélektani szemléletéhez). — *ÁNyT* 8, 1972, 63-69 | Sur le caractère social du langage.

3751 — Linguistics, communication theory, and social interaction psychology. — [126], 51-80.
3752 FELLMAN, Jack: The Hebrew and Arabic revivals: comparison and contrast. — *Orbis* 25, 1976, 22-26.
3753 FERGUSON, Charles A.: The structure and use of politeness formulas. — *LiS* 5, 1976, 137-151 | Examples from Syrian Ar., Am. E. and other languages.
3754 FLADER, Dieter: *Strategien der Werbung* ... — Kronberg: 1974 | BL 1974, 3329. | *SCr* 10 (29), 1976, 163-165 N. Villa.
3755 GARDIN, B.: Discours patronal et discours syndical. — *Langages* 41, 1976, 13-46.
3756 GARVIN, Paul L., & LASTRA DE SUAREZ, Yolanda: *Antología de estudios de etnolingüística y sociolingüística.* — México, D. F.: Univ. Nacional Autónoma de México, Inst. de Investigaciones Antropológicas, 1974 | *LiS* 5, 1976, 246-248 B. R. Lavandera.
3757 GILLIAM, Angela: Sociolinguistic configurations of African language in the Americas: some educational directives. — [8366], 95-103.
3758 GIPPER, Helmut: Soziolinguistik oder Sprachsoziologie? — [3862], 75-101.
3759 GLÄSER, Rosemarie: Die Stilkategorie "register" in soziolinguistischer Sicht. — *ZPhon* 29, 1976, 234-243.
3760 GOFFMAN, Erving: Replies and responses. — *LiS* 5, 1976, 257-313.
3761 GOSSEN, Carl Theodor: *Von Sprachdirigismus und Norm. Rektoratsrede* ... — Basler Universitätsreden 70; Basel: Helbing & Lichtenhahn, 1976, 29 p.
3762 HAARMANN, Harald: *Soziologie und Politik der Sprachen Europas.* — München: 1975 | BL 1975, 3620. | *SEER* 54, 1976, 597-598 F. E. Knowles | *ITL* 32, 1976, 73-79 R. Dirven | *LiS* 5, 1976, 243-246 W. W. Brickman.
3763 HAGER, Frithjof, HABERLAND, Hartmut, & PARIS, Rainer: *Soziologie + Linguistik. Die schlechte Aufhebung sozialer Ungleichheit durch Sprache.* 3., durchgesehene Aufl. — Stuttgart: Metzler, 1976, 381 p. | First ed. 1973 (BL 1973, 3850). 2nd ed. also in 1973. | *IRAL* 14, 1976, 94-95 M. Hartig (First ed.).
3764 HALLIDAY, M. A. K.: "The teacher taught the student English": an essay in applied linguistics. — *LACUS* II, 334-349 | Social semiotics.
3765 HANDELMAN, Don: Components of interaction in the negotiation of a definition of the situation. — [3794], 287-309.
3766 HASAN, Ruqaiya: Socialization and cross-cultural education. — *Linguistics* 175 (= *IJSL* 8), 1976, 7-25 | With specific reference to the Indo-Pakistani subcontinent and England.
3767 HENSON, Hilary: *British social anthropologists and language* ... — Oxford: 1974 | BL 1974, 3352. | *BijdrTLV* 132, 1976, 180-182 J. Beattie | *Anthropos* 71, 1976, 301-302 V. Heeschen.
3768 HEREDIA-DEPREZ, Christine DE: Pour une étude des rapports aux langues maternelles dans la migration. — *LFr* 29, 1976, 31-44, tab. | Sur les travailleurs immigrés en France.
3769 HERRMANN, Wolfgang: Standardsituationen. Thesen und Beispiele. — [101], I, 197-206.
3770 HINDELANG, Götz: Aufforderungen und Handlungsabsprachen. — [101], I, 327-336.
3771 HOFFMANN, L.: Neuere Theorieansätze auf dem Gebiet der Soziolinguistik. — *HandVlFC* 30, 1975, 23-28.
3772 HOLLY, Werner: Selbst- und Partnereinschätzungen in Gesprächen. — [101], I, 175-186.
HÜBSCHMANNOVÁ, M.: K jazykové situaci Romů v ČSSR .... — 4357.

3773 HYMES, Dell: Kam's account of transitional unilateral code-switching. — *AnL* 18, 1976, 27-28 | On No. 3781.

3774 HYMES, Virginia D.: The ethnography of linguistic intuitions at Warm Springs. — *LACUS* II, 29-36.

3775 ISAEV, M. I.: Ob osnovnych terminach i ponjatijach jazykovoj politiki i jazykovogo stroitel'stva. — [229], 15-25.

3776 JACKSON, John D., & ZINMAN, Rosalind: Instrumentality versus authenticity: a comparative study of language contact in Tecumseh, Ontario and Lachute, Quebec. — *PIL* 9, 1976/3-4, 39-90.

3777 JENKINSON, T. K., & WEYMOUTH, A. G.: Pronominal usage, cohesion and explicitness in working-class speech: towards an evaluative technique. — *L&S* 19, 1976, 101-116, 12 fig.

3778 JEWELL, Malcolm E.: Formal institutional studies and language. — [3795], 421-429.

3779 JOSSELIN DE JONG, P. E. DE: Afhankelijkheid, onafhankelijkheid, vrijheid: de taalkundige situatie. — *FdL* 17, 1976, 1-22 | Dependence, independence, freedom: the linguistic situation (colonization and decolonization).

3780 JUTRONIĆ, Dunja: Language maintenance and language shift of the Serbo-Croatian language in Steelton, Pennsylvania. — *GL* 16, 1976, 166-186.

3781 KAM Tak Him: A short note on an extralinguistic aspect of interference. — *AnL* 17, 1975, 375-379 | Hakka and Cantonese in Hongkong. Corr. to BL 1975, 3628. | Cf. 3773.

3782 KEENAN, Elinor Ochs: The universality of conversational postulates. — *LiS* 5, 1976, 67-80 | Examples from Malagasy.

3783 KENDZIORRA, Eckhard: Sequenzierung von Sprechakten. — [101], I, 357-366.

3784 KIDDER, Robert L.: Language and litigation in South India. — [3795], 235-251.

3785 KIRSIPUU, A.: Die problematiek van die begrip "spraakgemeenskap" in die sosiale wetenskappe. — [279], 76-86 | The problems of the notion "speech community" in the social sciences.

3786 KLANN, Gisela: *Aspekte und Probleme der linguistischen Analyse schichtenspezifischen Sprachgebrauchs.* — Berlin: 1975 | BL 1975, 3643. | *IRAL* 14, 1976, 391-394 M. Hartig.

3787 KRAMER, Cheris: Women's speech: separate but unequal? — *QJSp* 60, 1974, 14-24.

3788 KREJZOVÁ, Anna: La langue – attribut de la puissance? — *PhP* 19, 1976, 189-195.

3789 KRYSIN, Leonid P.: Zur Soziolinguistik der 60er und 70er Jahre in de UdSSR. — [397], 197-216.

3790 LABOV, William: *Sprache im sozialen Kontext. Beschreibung und Erklärung struktureller und sozialer Bedeutung von Sprachvariation.* Hrsg. von Norbert DITTMAR und Bert-Olaf RIECK. Band I. — Monographien Linguistik und Kommunikationswissenschaft 33; Kronberg: Scriptor-Verlag, 1976, xvi, 320 p. | Contains 8 essays, published 1968-73, transl. into G.

3791 — *Sociolinguistique.* Présentation de Pierre ENCREVÉ. Trad. de l'angl. par Alain Kihm. — Paris: Éd. de Minuit, 1976, 458 p. | Trad. de: *Sociolinguistic patterns,* 1972 (BL 1973, 3870).

3792 LAKOFF, Robin: *Language and woman's place.* — San Francisco: Harper Colophon Books, 1975, 83 p. | *Lingua* 39, 1976, 224-252 Leonora A. Timm.

3793 *Language in Kenya.* Ed. by W. H. WHITELEY. — London: 1974 | BL 1975, 3651. | *ZPhon* 29, 1976, 292-294 S. Brauner.

3794 *Language and man. Anthropological issues.* Eds.: William C. MCCORMACK &

Stephen A. WURM. — World Anthropology; The Hague: Mouton, 1976, xiii, 393 p. | Papers from the IXth Intern. Congress of Anthropological and Ethnological Sci. (Chicago, 1973): subsession on "Language and man". Summ. of discussion by S. A. Wurm, 363-375.

3795 *Language and politics.* Ed. by William M. O'BARR & Jean F. O'BARR. — Contr. to the Sociology of Language 10; The Hague: Mouton, 1976, xvi, 506 p., maps | Mostly papers of a symposium held at Quail Roost conference center, Durham, N. C., Jan. 18-20, 1973. Four sections: Tanzania; India; Papua New Guinea; Disciplinary interests in language and politics.

3796 *Language surveys in developing nations ....* Ed. by Sirarpi OHANNESSIAN, Charles A. FERGUSON & Edgar C. POLOMÉ. — Arlington, Va.: 1975 | BL 1975, 3652. | *IL* 37, 1976, 237-241 Bal Govind Misra & Hans Raj Dua.

3797 LAUREYS, G.: Presentatie van de projecten "Talsyntax" en "Skrivsyntax". — *HandVlFC* 30, 1975, 29-34 | Presentation of the Sw. projects "Talsyntax" and "Skrivsyntax".

3798 LAVANDERA, Beatriz R.: *Linguistic structure in sociolinguistic analysis.* — Working Papers in Sociolinguistics 31; Austin: Southwest Educational Development Laboratory, 1976, 11 p.

3799 LEACH, Edmund: Social geography and linguistic performance. — *Semiotica* 16, 1976, 87-97 | Rev. of No. 329.

3800 LEIBOWITZ, Arnold H.: Language and the law: the exercise of political power through official designation of language. — [3795], 449-466.

3801 LENCEK, Rado: Linguistic research on language interference problems in the speech of Slavic communities in the United States. — *GL* 16, 1976, 72-77.

3802 LEODOLTER, Ruth & LEODOLTER, Michael: Sociolinguistic considerations on psychosocial socialization: the beginnings of a theory of verbalization. — [3794], 323-344, tab.

3803 — Kommunikative Interaktion und Sozialisation. — [3862], 103-143.

3804 LÉON, Pierre R.: Attitudes et comportements linguistiques, problèmes d'acculturation et d'identité. — *CLUQ* 6, 1976, 199-221.

3805 LEWICKI, Paweł: "System-subsystem" relation as reflected in the organization of the cognitive network and its behavioral correlates. — *Pol. Psychological Bull.* (Warszawa) 7, 1976, 163-170.

3806 *Life sentences. Aspects of the social role of language.* Ed. by R. HARRÉ. — New York: Wiley, 1976, xv, 178 p. | From the contents: Laurie TAYLOR, 'Strategies for coping with a deviant sentence', 31-36; M. ARGYLE, 'Non-verbal symbolic actions: gaze', 118-125.

3807 LLOYD, Peter D.: Einige Bemerkungen zur Sapir-Whorf-Hypothese. — [3862], 145-170.

3808 LOBIUC, Ioan: O kontaktach językowych. Rozważania wstępne. — *BPTJ* 34, 1976, 149-165 | Sur les contacts linguistiques (Rés. fr.).

3809 LÖFFLER, Heinrich: Glücken und Missglücken von Sprache. Ein binnensprachliches Übersetzungsproblem. — *Sprachw* 1, 1976, 379-398.

3810 LOFLIN, Marvin D., & GUYETTE, Thomas: The impact of education on dialect change. — *Linguistics* 173 (= *IJSL* 7), 1976, 49-62, 4 fig., 5 tab. | Black E. vernacular.

3811 MACAULAY, Ronald K. S.: Social class and language in Glasgow. — *LiS* 5, 1976, 173-188, 8 tab.

3812 MAGNER, Thomas F.: The melting pot and language maintenance in South Slavic immigrant groups. — *GL* 16, 1976, 59-67.

3813 MARCATO POLITI, Gianna: *La sociolinguistica in Italia.* — Pisa: 1974 | BL 1974, 3373. | *SLSal* 6, 1973-74 (1975), 110-113 G. B. Mancarella.

3814 MARCATO, Gianna: Réplique. — *Orbis* 25, 1976, 188-191 | Réplique (en it.) au c.r. de Hugo PLOMTEUX, *Orbis* 24, 224-226 (BL 1974, 3373).

3815 MARCELLESI, J.-B.: Analyse de discours à entrée lexicale (Application à un corpus de 1924-1925). — *Langages* 41, 1976, 79-124.

MARTIRENA, A. M.: A study of interaction markers in conversational Sp. — 5647.

3816 MÉAR-CRINE, A. M., & DUPOUX-BENJAMIN, R.: Some dimensions of diglossia in Haiti. — *FoL* 9, 1976, 325-334.

3817 MEHROTRA, R. R.: Negation in a buying and selling situation. — *IL* 37, 1976, 206-210 | The use of "no" and "yes" in the bargaining in silk trade in Varanasi.

3818 MELKA-TEICHROEW, J.: Language in context with politeness. — *HandVlFC* 30, 1975, 153-163.

3819 MERRITT, Marilyn: On questions following questions in service encounters. — *LiS* 5, 1976, 315-357, fig.

3820 MEULEMANN, Heinrich: *Wortbedeutungsverständnis und Wortbedeutungsexplikation. Eine empirische Analyse zweier Aspekte des Sprachverhaltens und ihrer sozialen Determinanten im Rahmen der Theorie der linguistischen Codes.* Teil I; II. Anhänge und Tabellen. — Materialen aus der Bildungsforschung 4 (Diss. Frankfurt a.M.); Berlin: Max-Planck-Inst. für Bildungsforschung, 1976, xi, 493 p.; iii p., p. 495-785.

3821 MIONI, Alberto M.: Fonologia generativa e sociolinguistica. — [140], 297-312.

3822 MOHAN, Bernard A.: Sociolinguistics and context-dependence. — [8382], 91-106.

3823 MORÁVEK, Milan, & MÜLLEROVÁ, Olga: Dyadická komunikace (Pokus o komplexní charakteristiku dialogu). — *SS* 37, 1976, 195-201 | Dyadic communication. An attempt at the complex characteristics of a dialogic situation (E. summ.).

3824 MURPHY, R. Paul, & ORNSTEIN, Jacob: A survey of research on language diversity: a partial who's who in sociolinguistics. — *LACUS* II, 423-461.

3825 NEUBERT, Albrecht: Zur Kritik der bürgerlichen Soziolinguistik. — *ZPhon* 29, 1976, 566-570.

3826 — Die soziolinguistische Perspektive in der Sprachwissenschaft. — [272], 113-128.

3827 — What is sociolinguistics? Three postulates for sociolinguistic research. — *ArchL* 7, 1976, 152-160.

3828 O'BARR, William M.: The study of language and politics. — [3795], 1-27, tab.

3829 — Boundaries, strategies, and power relations: political anthropology and language. — [3795], 405-420.

3830 OPRESCU, Ion: The contribution of Romanian cultural-linguistic anthropology to the complex study of modern populations. — [3794], 345-359, 7 tab.

3831 ORNSTEIN, Jacob: Sociolinguistics and the study of Spanish and English language varietes and their use in the U.S. Southwest (with a proposed plan of research). — [399], 9-45 | Addendum by Fritz HENSEY: Recent developments in U.S. Southwest sociolinguistics, *Ibid.* 71-74.

3832 — Sociolinguistic constraints on lexical borrowing in Tarahumara: explorations in "langue and parole" and "existential bilingualism" – an approximation. — *AnL* 18, 1976, 70-93.

3833 — The need for a sociolinguistic marking system: and a proposal. — *LACUS* II, 514-527, 2 tab.

3834 ORT, Michael: *Sprachverhalten und Schulerfolg. Über die Unergiebigkeit der*

SOCIOLINGUISTIQUE

Code-Theorie von Bernstein zur Erklärung schulischer Benachteiligung von Unterschichtskindern. — Weinheim: Beltz, 1976, 205 p.

3835 PAILLET, Jean-Pierre: La double abstraction structuraliste: essai de fondement d'une sociolinguistique. — *CLUQ* 6, 1976, 55-84.

3836 PANDIT, P. B.: *India as a sociolinguistic area.* — Gune Memorial Lectures; Poona: Univ. of Poona, 1972, 92 p. | *IL* 37, 1976, 60-68 F. C. Southworth.

3837 PATERNOST, Joseph: Slovenian language on Minnesota's Iron Range: some sociolinguistic aspects of language maintenance and language shift. — *GL* 16, 1976, 95-150.

3838 PEREBYJNIS, V. S.: Dejaki problemy movoznavstva u period naukovo-techničkoji revoljuciji. — [229], 25-33.

3839 PETERS, Manfred: Prolégomènes à une "grammaire des opprimés" (Prolegomena zu einer Grammatik der Unterdrückten). — [101], I, 379-390.

3840 PHILIPS, Susan Urmston: Some sources of cultural variability in the regulation of talk. — *LiS* 5, 1976, 81-95 | Indians (Oregon) and Anglos.

3841 PIETERSEN, Lieuwe: *Taalsociologie, minderheden, tweetaligheid, taalachterstand.* — Groningen: Tjeenk Willink, 1976, vi, 175 p., 2 maps | Sociolinguistics, minorities, bilingualism, language backlog.

3842 PIOTROWSKI, Andrzej, & ZIÓŁKOWSKI, Marek: *Zróżnicowanie językowe a struktura społeczna.* With preface by Antonina KŁOSKOWSKA. — Warszawa: Państwowe Wyd. Naukowe, 1976, 472 p. | Linguistic differentiation and social structure.

3843 PLATT, John T., & PLATT, Heidi K.: *The social significance of speech ...* — Amsterdam: 1975 | BL 1975, 3675. | *Spektator* 5, 1975-76, 629-631 H. Verwey | *ITL* 32, 1976, 79-81 R. De Bleser.

3844 POOL, Jonathan: Developing the Soviet Turkic tongues: the language of the politics of language. — *SlRev* 35, 1976, 425-442.

3845 POOLE, Millicent E., & FIELD, T. W.: A comparison of oral and written code elaboration. — *L&S* 19, 1976, 305-312.

3846 RAFFLER-ENGEL, Walburga VON: Linguistic theories and language intervention programs for the socially disadvantaged. — [3477], 261-276.

3847 REY, Alberto: Accents and acceptance: attitudinal reactions toward varying degrees of Spanish accented speech. — [110], 407-422.

3848 ROSENBERG, Marc: The case of the apple turnover: an experiment in multichannel communication analysis. — *Semiotica* 16, 1976, 129-140.

3849 RUBIN, Joan: Language and politics from a sociolinguistic point of view. — [3795], 389-404.

RUSU, V.: Géogr. linguistique et sociolinguistique. — 2789.

3850 SÁNCHEZ-MARCO, Francisco: *Acercamiento histórico a la sociolingüística.* — Programa de Lingüística del Centro de Investigaciones Superiores 1; México: Centro de Investigaciones Superiores, Inst. Nacional de Antropología e Historia, 1976, 263 p. | *Lg* 53, 1977, 950-953 Jacob Ornstein.

3851 SCHAFF, Adam: Język – myślenie – działanie. (Język a stereotypy). — *Kultura i Społeczeństwo* (Warszawa) 20, 1976/3, 29-36 | Language – thinking – acting (language and stereotypes).

3852 — Zum Forschungsgebiet und Programm der Soziolinguistik. — [3862], 199-219.

3853 SCHLIEBEN-LANGE, Brigitte: Zur Methodologie soziolinguistischer Feldarbeit. — [350], 151-161.

3854 — A propos de la mort des langues. — *ACILR* XIV/2, 381-388.

3855 SCOTTON, Carol Myers: *Strategies of neutrality: language choice in uncertain situations*. — *Lg* 52, 1976, 919-941 | African data.

3856 *The Second Foundation: A cognitive model for the social construction of reality: Progress report*. — *LACUS* II, 400-413, 2 fig.

3857 SEDLAK, Philip A. S.: *Generational language shift and linguistic diversity measures: a Kenya case*. — *SAfrL* 6, 1975, 65-76.

SEPHIHA, H. V.: *Langues juives, langues calques* . . . . — 5668.

3858 SILVER, Brian: *Bilingualism and maintenance of the mother tongue in Soviet Central Asia*. — *SlRev* 35, 1976, 406-424.

3859 SKENDI, Stavro: *Language and politics in the Balkans of our time: Albania, Yugoslavia, and Greece*. — *ZBalk* 12, 1976/1, 70-84.

3860 SKOPEK, Lucienne, CASSELL, Eric J., & FRASER, Bruce: *Methods for cataloguing, storing, and retrieving large volumes of tape-recorded conversations*. — Working Papers in Sociolinguistics 32; Austin: Southwest Educational Development Laboratory, 1976, 19 p.

3861 SOBRERO, Alberto: *Dislocazione territoriale e alterità culturale nella sociolinguistica italiana*. — *ACILR* XIV/2, 317-326.

3862 *Soziolinguistik*. Mit Beiträgen von . . . Adam SCHAFF (Hrsg.). — Wien: Europaverlag, 1976, 250 p.

3863 *Sprache und Gesellschaft in der Sowjetunion* . . . Red.: W. GIRKE & H. JACHNOW. — München: 1975 | BL 1975, 3612. | *CSlP* 18, 1976, 238-239 G. Thomas.

3864 *Sprachliches Handeln – soziales Verhalten. Ein Reader zur Pragmalinguistik und Soziolinguistik*. Wolfgang VIERECK (Hrsg.). — Kritische Information 52; München: Fink, 1976, 404 p. | Contains 15 original contr. by Josef VACHEK, Ingulf I. RADKE, Wolfgang DRESSLER, et al. Not analyzed. | *ZRPh* 92, 1976, 583-584 K. B[aldinger].

SREEDHAR, M. V.: *Naga Pidgin: a sociolinguistic study* . . . . — 4306.

3865 STEINIG, Wolfgang: *Soziolekt und soziale Rolle. Untersuchungen zu Bedingungen und Wirkungen von Sprachverhalten unterschiedlicher gesellschaftlicher Gruppen in verschiedenen sozialen Situationen*. — Sprache der Gegenwart 40; Düsseldorf: Schwann, 1976, 299 p.

3866 ŠVEJCER, A. D.: *Meždisciplinarnyj status i predmet sociolingvistiki*. — *IzvAN* 35, 1976, 321-330.

3867 ŠVIHRAN, Július: *Gnozeologický pohl'ad na proces jazykového dorozumievania*. — *JČ* 27, 1976, 3-8 | A gnoseological view of the communication process (E. summ.).

3868 SWARTZ, Marc J.: *Hyperbole, politics, and potent specification: the political uses of a figure of speech*. — [3795], 101-116.

3869 TERBUYKEN, Gregor: *Sprechform, Sozialstruktur und Verstehensprozess. Zur kommunikativen Funktion formaler Merkmale gesprochener Sprache*. — Bochumer Studien zur Publizistik- und Kommunikationswissenschaft 6; Bochum: Brockmeyer, 1976, 185 p.

3870 THELANDER, Mats: *Grepp och begrepp i språksociologin*. — Lund: 1974 | BL 1974, 3417. | *SvLm* 97, 1974 (1975), 100-101 Gun Widmark.

3871 TOURET, Bernard: *L'aménagement constitutionnel des états de peuplement composite*. — Québec: Presses de l'Univ. Laval, 1973, xx, 259 p. | *IJAL* 42, 1976, 88-89 Glanville Price.

3872 TRUDGILL, Peter: *Sociolinguistics* . . . — Harmondsworth: 1974 | BL 1974, 3418. | *Lingua* 38, 1976, 71-72 J. Fellman | *IRAL* 14, 1976, 216-219 M. Hartig | *LiS* 5, 1976, 109-110 S. U. Philips | *Spektator* 5, 1975-76, 489-490 A. P. F. Angevaare |

KLit 5, 1976, 324-326 M. Hellinger | *SAP* 8, 1976, 204-207 K. Janicki.
3873 VAŠEK, A.: On the problem of the isolated language. — *FoL* 9, 1976, 85-124 | Examples: the Cz. language of Moravians in Rumania; Cz. in the USA.
3874 VINOGRADOV, Venedikt S.: Sobre la acción recíproca del desarrollo de la cultura y de la lengua. — *ACILR* XIV/2, 277-281.
3875 VOIGT Vilmos: Folklór és szociolingvisztika. — *ÁNyT* 8, 1972, 249-263 | Folklore et sociolinguistique.
3876 WEBER, Ursula: Probleme der Interpretation und Bewertung sprachlicher Äusserungen. Eine Diskussion am Phänomen der "sympathetischen Zirkularität" bei Basil Bernstein. — [3477], 357-369.
3877 WIEDER, D. Lawrence: *Language and social reality. The case of telling the convict code.* — Approaches to Semiotics 10; The Hague: Mouton, 1974, 236 p.
3878 WIGGINS, M. Eugene: The cognitive deficit-difference controversy: a Black sociopolitical perspective. — [8366], 241-254.
3879 WISE, Mary Ruth: Language and behavior. — [395], I, 85-140.
3880 WOLFRAM, Walt: Levels of sociolinguistic bias in testing. — [8366], 265-287.
3881 WOLFSON, Nessa: Speech events and natural speech: some implications for sociolinguistic methodology. — *LiS* 5, 1976, 189-209.
3882 ZEHMISCH, Heinz: Stimme und Sprache in der Politik. — *ZPhon* 29, 1976, 417-418.
3883 ZVEGINCEV, V. A.: O predmete i metodach sociolingvistiki. — *IzvAN* 35, 1976, 308-320.

12.1. Bilinguisme — Bilingualism

3884 AGASSI, Joseph: Can adults become genuinely bilingual? — [225], 473-484.
3885 AMÉRINGEN, Arie VAN, CEDERGREN, Henrietta, DI SCIULLO, Anne-Marie, PUPIER, Paul: Sélection et alternances des langues chez les Montréalais d'origine italienne. — *ACILR* XIV/2, 577-591.
3886 ARAMAN, Bonnie Davies: Some observations of reading behavior of English-Japanese bilinguals. — *WPLUH* 8, 1976/1, 145-147.
ÅRHAMMAR, N.: Hist.-soziolinguistische Aspekte der nordfriesischen Mehrsprachigkeit. — 7990.
3887 AUSTERLITZ, Robert: Bilingualism: the context beyond linguistics. — *GL* 16, 1976, 68-71.
BREJDAK, A. B.: K voprosu o fonetičeskoj interferencii v Latgalii. — 9019.
3888 CASSANO, Paul V.: Theories of language borrowing tested by American Spanish phonology. — *RomPh* 30, 1976-77, 331-342.
— Teorías de lenguas en contacto... — 5548.
3889 CHUN, Judith Anne Fix: Word order in second language acquisition. — [3477], 73-87.
3890 CLYNE, Michael: *Perspectives on language contact*... — Melbourne: 1972 | BL 1972, 3010. | *ZDL* 43, 1976, 76-77 Jo Daan | *AUMLA* 46, 1976, 368-371 E. H. Flint.
3891 COHEN, Andrew, FATHMAN, Ann, & MERINO, Barbara: The Redwood City bilingual education project, 1971-1974: Spanish and English proficiency, mathematics and language use over time. — *WPBil* 8, 1976, 1-29.
3892 CUMMINS, James: The influence of bilingualism on cognitive growth: a synthesis of research findings and explanatory hypothesis. — *WPBil* 9, 1976, 1-43.
3893 DI SCIULLO, Anne-Marie, AMÉRINGEN, Arie VAN, CEDERGREN, Henrietta, &

PUPIER, Paul: Étude de l'interaction chez des Montréalais d'origine italienne. — *CLUQ* 6, 1976, 127-153.
3894 *Les états multilingues. Problèmes et solutions.* Jean-Guy SAVARD & Richard VIGNEAULT (éds.). — Québec: Presses de l'Univ. Laval (Centre Intern. de Recherche sur le Billinguisme), 1976, 590 p.
3895 FELIX, Sascha: Die ersten Phasen des deutschen Zweitsprachenerwerbs. — [3477], 61-72.
3896 HAMAYAN, Else, MARKMAN, Barbara, PELLETIER, Susanne, & TUCKER, Richard: Differences in performance in elicited imitation between French monolingual and English-speaking bilingual children. — *WPBil* 8, 1976, 30-58.
3897 HAMMARBERG, Björn, & VIBERG, Åke: Reported speech in Swedish and ten immigrant languages. — *PScCL* 3, 1976, 131-148.
3898 HATCH, Evelyn: Studies in language switching and mixing. — [3794], 201-214.
3899 HENSEY, Fritz: Bilingüismo y convivencia en una frontera sudamericana. — *ACILR* XIV/2, 601-609. | The Brazilian-Uruguayan border. | Cf. BL 1972, 4815.
3900 JUHÁSZ János: Fonetikai és fogalmi homogén gátlás a nyelvek közötti érintkezésben. — *ÁNyT* 7, 1970, 141-148 | Interférences phonétiques et notionnelles dans les contacts interlinguistiques.
3901 KALNYN', L. È.: Mesto inojazyčnych zaimstvovanij v sinchronnoj modeli fonologičeskoj sistemy govora, funkcionirujušego v uslovijach bilingvizma. — [344], 184-190.
3902 KESSLER, Carolyn: Linguistic universals in anthropological studies of bilingualism. — [3794], 177-188, 2 tab., 3 fig.
3903 KLOSS, Heinz: Über "Diglossie". — *DSp* 4, 1976, 313-323.
3904 LAMY, Paul: Bilingualism in Montreal: linguistic interference and communicational effectiveness. — *PIL* 9, 1976/3-4, 1-14.
3905 LINCOLN, Peter C.: Acknowledging dual-lingualism. — *WPLUH* 7, 1975/4, 39-45.
3906 LoCoco, Veronica: A comparison of three methods for the collection of L_2 data: free composition, translation, and picture description. — *WPBil* 8, 1976, 59-86.
3907 LoCoco, Veronica Gonzálesz-Mena: A cross-sectional study on L_3 acquisition. — *WPBil* 9, 1976, 44-75.
3908 MCCLURE, Erica F., & MCCLURE, Malcolm M.: Ethnoreconstruction: a strategy for speaking a second language. — [110], 327-337.
3909 MCCLURE, Erica, & WENTZ, Jim: Code-switching in children's narratives. — [110], 338-350 | Cf. 3942.
3910 MACKEY, William Francis: *Bilinguisme et contact des langues.* Initiation à la linguistique B, 5; Paris: Klincksieck, 1976, 539 p., ill., map.
3911 MAKKAI, Valerie Becker: Bilingual phonology: systematic or autonomous? — *LACUS* II, 596-601.
MARCHIANÒ CASTELLANO, A.: Bilinguismo "analfabeta" nelle colonie alb. d'Italia. — 4676.
3912 MILLS, Anne E.: First and second language learners' strategies in the perception of relative clauses. — [3477], 89-99, 6 fig.
3913 MOUGEON, Raymond: Bilingualism and language maintenance in the Gaspe Peninsula, Quebec, Canada. — *AnL* 18, 1976, 53-69.
3914 NEUFELD, Gerald G.: The bilingual's lexical store. — *IRAL* 14, 1976, 15-35, 4 tab., fig.
3915 OKSAAR, Els: Implications of language contact for bilingual language acquisition. — [3794], 189-199, fig.

BILINGUISME

3916 OKSAAR, Els: Sprachkontakte als sozio- und psycholinguistisches Problem. — [240], 231-242.
3917 ONDRUS, Pavel: Bilingvizmus a teória vzájomného vplyvu nárečí nepríbuzných jazykov. — *StASl* 5, 1976, 271-278 | Bilingualism and the theory of mutual influence of the dialects of unrelated languages.
3918 OYAMA, Susan: A sensitive period for the acquisition of a nonnative phonological system. — *JPsyR* 5, 1976, 261-283, 4 tab.
3919 PASCASIO, Emy M., & HIDALGO, Araceli: How role-relationships, domains, and speech situations affect language use among bilinguals. — [277], 265-279.
3920 POLITZER, Robert L.: Initial language acquisition in two bilingual schools. — *WPBil* 10, 1976, 1-21.
3921 RADO, M.: Bilingual education in Australia. The multilingual project – a model for effective learning in a multicultural society. — *FoL* 9, 1976, 45-57.
3922 RAFFLER ENGEL, Walburga VON: Linguistic and kinesic correlations in code switching. — [3794], 229-238 | Bilingual and bidialectal situations.
3923 RIEGEL, Klaus F., & FREEDLE, Roy: What does it take to be bilingual or bidialectal? — [8366], 25-44, tab., 3 fig.
3924 ROZENCVEJG, V. Ju.: *Linguistic interference and convergent change.* — JanL, Series maior 99; The Hague: Mouton, 1976, 58 p.
3925 SAINT-JACQUES, Bernard: *Aspects socio-linguistiques du bilinguisme canadien.* — Québec: Centre Intern. de Recherche sur le Bilinguisme, 1976, 175 p.
3926 SAINT-PIERRE, Madeleine: Bilinguisme et diglossie dans la région montréalaise. — *CLUQ* 6, 1976, 179-198.
3927 SCHNEIDERMAN, Eta: An examination of the ethnic and linguistic attitudes of bilingual children. — *ITL* 33, 1976, 59-72 | Fr.-Canadian children in Welland, Ontario.
3928 SHAFFER, Douglas: The place of code switching in linguistic contacts. — *LACUS* II, 487-496.
3929 — Is bilingualism compound or coordinate? — *Lingua* 40, 1976, 69-77.
3930 SIMARD, Lise M., TAYLOR, Donald M., & GILES, Howard: Attribution processes and interpersonal accommodation in a bilingual setting. — *L&S* 19, 1976, 374-387, 3 fig.
3931 SJÖLIN, B.: Kodewechsel und Transferenz bei diglossischen Bilingualismus. Eine Typik der Voraussetzungen ihrer Entstehung. — *SNPh* 48, 1976, 245-268. — "*Min Frysk*". *Een onderzoek* .... — 8009.
3932 SKULINA, J.: Bilingvismus českých kolonistů v rumunském Banátě. —[388], 382-389.
3933 SWAIN, Merrill, LAPKIN, Sharon, & BARIK, Henri C.: The cloze test as a measure of second language proficiency for young children. — *WPBil* 11, 1976, 31-43.
3934 TARONE, Elaine: Some influences on interlanguage phonology. — *WPBil* 8, 1976, 87-111.
3935 TARONE, Elaine, COHEN, Andrew D., & DUMAS, Guy: A closer look at some interlanguage terminology: a framework for communication strategies. — *WPBil* 9, 1976, 76-90.
3936 TAYLOR, Insup: Similarity between French and English words – a factor to be considered in bilingual language behavior? — *JPsyR* 5, 1976, 85-94, 3 tab., fig.
3937 TROST, Pavel: Střídání kódů. — *SS* 37, 1976, 1-3 | Code-switching (Cz./G. in the early 19th century). Summ. in E.
3938 VALDÉS FALLIS, Guadalupe: Code-switching in bilingual Chicano poetry. — *Hispania* 59, 1976, 877-886.

3939 VERMA, S. K.: Code-switching: Hindi-English. — *Lingua* 38, 1976, 153-165.
3940 VINCENZ, André DE: Zur Phonologie im Bilinguismus. — [260], 423-437.
3941 WEINREICH, Uriel: *Sprachen in Kontakt. Ergebnisse und Probleme der Zweisprachigkeitsforschung.* Mit einem Vorwort von André MARTINET. Hrsg. und mit einem Nachwort zur deutschen Ausg. versehen von A. DE VINCENZ. — München: Beck, 1976, 281 p. | Transl. of *Languages in contact,* 1963 (BL 1964, 2026).
3942 WENTZ, Jim, & MCCLURE, Erica: Aspects of the syntax of the code-switched discourse of bilingual children. — [110], 351-370 | Cf. 3909.
3943 — Ellipsis in bilingual discourse. — *PCLS* XII, 656-665.
3944 WODE, Henning: Developmental sequences in naturalistic L_2 acquisition. — *WPBil* 11, 1976, 1-31.
3945 WOŹNIAKOWSKI, Waldemar: The study of bilingualism; some implications for foreign language teaching. — *KNf* 23, 1976, 305-313.
3946 WYK, E. B. VAN: Die begrip "tweedetaalversteuring". — [279], 141-147 | The conception of "bilingual interference".
3947 ŽLUKTENKO, Ju. A.: *Lingvističeskie aspekty dvujazyčija.* — Kiev: 1974 | BL 1975, 3760. | *KLit* 5, 1976, 26-28 V. Lehmann.
3948 ŽURAVLEV, V. K.: Bilingvizm i škola. — *NDVŠ-F* 1976/2, 60-66.

13. INTERLINGUISTIQUE. COMMUNICATION NON-VERBALE — INTERLINGUISTICS. NON-VERBAL COMMUNICATION

13.1 Interlinguistique — Interlinguistics

3949 BAEV, D. G.: Variant vspomogatel'nogo meždunarodnogo jazyka (aksiomvariant). — [3958], 139-157.
BAUER, A.: *Die soziolinguistische Status- und Funktionsproblematik von Reduktionssprachen.* — 3719.
3950 BOKAREV, E. A.: Sovremennoe sostojanie voprosa o meždunarodnom vspomogatel'nom jazyke |fakty ob ėsperanto). — [3958], 12-20.
3951 DANOVSKIJ, N. F.: Ėvolucija ėsperanto. — [3958], 92-113.
3952 DULIČENKO, A. D.: Iz istorii interlingvističeskoj mysli v Rossii. — [3958], 114-130.
3953 GRIGOR'EV, V. P.: Iskusstvennye vspomogatel'nye meždunarodnye jazyki kak interlingvističeskaja problema. — [3958], 35-54.
3954 ISAEV, M. I.: E. A. Bokarev i interlingvistika. — [3958], 5-11.
3955 — Problema iskusstvennogo jazyka meždunarodnogo obščenija. — [3958], 26-34.
3956 KUZNECOV, S. N.: K voprosu o tipologičeskoj klassifikacii meždunarodnych iskusstvennych jazykov. — [3958], 60-78.
LINNAMÄGI, M.: Über die lexikalische Selbständigkeit der Suffixe in den Nationalsprachen und im Esperanto. — 2385.
3957 *Plansprachen: Beiträge zur Interlinguistik.* Hrsg. von Reinhard HAUPENTHAL. — Wege der Forschung 325; Darmstadt: Wissenschaftliche Buchgesellschaft, 1976, vi, 365 p. | Coll. of 23 essays, published 1860-1972, by A.-Th. VON GRIMM, Leopold EINSTEIN, J. BAUDOUIN DE COURTENAY, et al. Introd. and selected bibliography (p. 349-365) by R. Haupenthal.
3958 *Problemy interlingvistiki. Tipologija i ėvoljucija meždunarodnych iskusstvennych jazykov.* [Red.: M. I. ISAEV, et al.]. — Moskva: Nauka, 1976, 159 p.

3959 VASILEVSKIJ, L. I.: Neizvestnaja stranica v istorii otečestvennoj interlingvistiki: jazyk Universal (1925 g.). — [3958], 131-138.

13.2 Communication non-verbale — Non-verbal communication

3960 ARGYLE, Michael: *Bodily communication*. — London: Methuen, 1975, 403 p. | *Ruch Filozoficzny* (Toruń) 34, 1976, 199-201 Adam Bardecki.
3961 BAKER, Charlotte: What's not on the other hand in American Sign Language. — *PCLS* XII, 24-32.
3962 BELLUGI, Ursula, & KLIMA, Edward S.: Two faces of sign: iconic and abstract. — [112], 514-538, 13 fig.
3963 BRUSIS, Tilman: Die phonetischen Grundlagen der Pfeifsprache "Silbo Gomero". — *Almogaren* 5-6, 1974-75 (1976), 85-92, 4 fig.
3964 BUSNEL, R. G., & CLASSE, A.: *Whistled languages*. — Communication and Cybernetics 13; Berlin: Springer, 1976, vi, 117 p., 40 ill.
3965 COBERLY, Mary Schramm: Arbitrary and natural features of non-tone language whistle speech as evidence of diffusion. — [110], 59-70.
3966 DAVIS, Lynn, & GARDNER, Howard: Strategies of mastering a visual communication system in aphasia. — [112], 885-897.
3967 DEMATTEO, Asa: Analogue grammar in the American Sign Language. — *PBLS* II, 149-157.
DUNCAN, S. D., Jr.: Language, paralanguage, and body motion ... — 3744.
3968 EFRON, David: *Gesture, race and culture* .... — The Hague: 1972 | BL 1973, 4005. | *Homme* 15, 1975/2, 131-134 Bernard Koechlin.
3969 EKMAN, Paul, FRIESEN, Wallace V., & SCHERER, Klaus R.: Body movement and voice pitch in deceptive interaction. — *Semiotica* 16, 1976, 23-27.
3970 FRIEDMAN, Lynn A.: The manifestation of subject, object, and topic in the American Sign Language. — [143], 127-148.
3971 HOPPÁL Mihály: Gesztus-kommunikáció. — *ÁNyT* 8, 1972, 71-84 | Communication gestuelle.
3972 KEGL, Judy Anne, & WILBUR, Ronnie Bring: When does structure stop and style begin? Syntax, morphology, and phonology vs. stylistic variation in American Sign Language. — *PCLS* XII, 376-396, tab., 23 fig.
3973 KLIMA, Edward S., & BELLUGI, Ursula: Poetry and song in a language without sound. — *Cognition* 4, 1976, 45-97, 12 tab., 9 fig. | Am. sign language.
3974 MANDEL, Mark: Dimensions of iconicity in American Sign Language. — *PBLS* II, 286-297.
3975 MEHRABIAN, Albert: *Silent messages*. — Belmont, Calif.: Wadsworth, 1971, vii, 152 p. | *SS* 37, 1976, 168-170 A. Macurová.
3976 NATALE, Michael: A Markovian model of adult gaze behavior. — *JPsyR* 5, 1976, 53-63, 3 tab., 3 fig.
3977 *Nonverbal communication: readings with commentary*. Ed. by Shirley WEITZ. — New York: Oxford UP., 1974, x, 347 p., ill.
3978 NOWAK, Herbert: Silbo Gomero. Die Pfeifsprache der Kanareninsel Gomera. — *Almogaren* 3, 1972 (1973), 87-91, 2 fig. | Followed by: Juan BETHENCOURT ALFONSO, Das artikulierte Pfeifen auf Gomera, 93-98 (Transl. from *Revista de Canarias*, No. 71, 8 Nov. 1881).
3979 PENG, Fred C. C.: Sign language and its notational system. — *LACUS* II, 188-199, 4 fig.

3980 POYATOS, Fernando: Language in the context of total body communication. — *Linguistics* 168, 1976, 49-62.
3981 PROST, J. H., & SMITH, S. L.: How body language is translated into words. — *LACUS* II, 414-419.
3982 SLAMA-CAZACU, Tatiana: Nonverbal components in message sequence: "mixed syntax". — [3794], 217-227.
3983 *Speech surrogates: drum and whistle systems*. Ed. by Thomas A. SEBEOK & Donna Jean UMIKER-SEBEOK. — Approaches to Semiotics 23; The Hague: Mouton, 1976, xxiv, 1456 p., ill. (in 2 vol.) | Coll. of art., most of which are repr.
3984 STOKOE, William C.: Sign language autonomy. — [112], 505-513, tab.
3985 TWAY, Patricia: Verbal and nonverbal communication of factory workers. — *Semiotica* 16, 1976, 29-44, 7 fig.
3986 TWENEY, Ryan D., & HOEMANN, Harry W.: Translation and sign languages. — [3110], 138-161.
3987 WOODWARD, James C., Jr.: Black Southern signing. — *LiS* 5, 1976, 211-218, 2 tab.
3988 WUNDT, Wilhelm: *The language of gestures* .... — The Hague: 1973 | BL 1973, 4023. | *Homme* 15, 1975/3-4, 238-239 Bernard Koechlin.

13.3. Communication animale — Animal communication

3989 ANDREW, R. J.: Use of formants in the grunts of baboons and other nonhuman primates. — [112], 673-693, 8 fig.
3990 BEER, Colin: Some complexities in the communication behavior of gulls. — [112], 413-432, 7 fig.
BORDIE, J. G.: A consideration of language acquisition rates ... — 3490.
BUSNEL, R. G., & CLASSE, A.: *Whistled languages*. — 3964.
BYNON, J.: Domestic animal calling in a Berber tribe. — 12214.
3991 CHEVALIER-SKOLNIKOFF, Suzanne: The ontogeny of primate intelligence and its implications for communicative potential: a preliminary report. — [112], 173-211, 10 tab., 8 fig.
CRYSTAL, D.: Paralinguistic behavior as continuity between animal and human communication. — 2055.
3992 HERÁŇ, I.: Komunikační systémy zvířat. — *Vesmír* 55, 1976, 48-52 | Communication systems of animals.
MILES, L. W.: The communicative competence of child and chimpanzee. — 3558.
MORSE, P. A.: Speech perception in the human infant and rhesus monkey. — 3563.
3993 PREMACK, Ann J.; *Why chimps can read*. — New York: Harper & Row, 1976, x, 118 p. | *Lg* 53, 1977, 963-965 Charles R. Peters.
3994 PREMACK, David: *Intelligence in ape and man*. — Hillsdale, N.Y.: Erlbaum, 1976, xiii, 370 p.
3995 REID, Howard M.: The evolution of distance communication in bees. — [112], 433-442, 9 fig.
3996 RUMBAUGH, Duane M., & GILL, Timothy V.: The mastery of language-type skills by the chimpanzee (*Pan*). — [112], 562-578, 3 tab., fig.
3997 SEBEOK Thomas A.: A "dialektus" állatszemiotikai szempontból. — *NyK* 78, 1976, 435-440 | "Dialect" from a zoosemiotic perspective (E. summ.).
TANNER, N., & ZIHLMAN, A.: The evolution of human communication ... — 3475.

3998 TERRACE, H. S., & BEVER, T. G.: What might be learned from studying language in the chimpanzee? The importance of symbolizing oneself. — [112], 579-588.

14. ONOMASTIQUE — ONOMASTICS

MIEDER, W.: Intern. bibliography of explanatory essays on proverbs .... containing names. — 30.

3999 STALTMANE, V.: Obzor dissertacionnych rabot po sovetskoj onomastike (1947-1972 gg.). — [4028], 226-245.

4000 ALBØGE, Gordon: Om stednavnets begreb og struktur. — *APhS* 31, 1976, 133-175 | Concept and structure of the place-name (E. summ.).

4001 BERGER, Dieter: Zur Abgrenzung der Eigennamen von den Appellativen. — *BNF* 11, 1976, 375-387.

4002 BRYANT, Margaret M.: After 25 years of onomastic study. — *Names* 24, 1976, 30-55 | Survey of study in the U.S. and Canada.

4003 BÜKY, Béla: Namengebrauch – Namengebung. Funktionsparallelismus zwischen Eigennamen und Appellativen. — *BNF* 11, 1976, 361-374.

4004 DÉCSY, Gyula: Ein k. und k.- Phänomen. — [299], 119-123 | The Christian name *Zita* in Central Europe.

4005 DORION, Henri: Une nouvelle approche pour la choronymie: le traitement des noms de lieux par ordinateur. Assisté de Jean-Marc NICOLE et de Christian MORISSONNEAU. — *ACILR* XIII/2, 1173-1182, fig.

4006 DRAYE, Henri: "Ortsnamenausgleich" im germanisch-romanischen Sprachgrenzbereich. — *ZbSOK* V, 271-272.

4007 EICHLER, Ernst: Sprachkontakte im Lichte der Onomastik. — *Onoma* 20, 1976/1, 128-141.

4008 — Über anthroponymische Modelle. — *ZbSOK* V, 79-82.

4009 EREMIJA, A. I.: Orografičeskie terminy v karpatskoj toponimii. — [2782], 90-96.

4010 HENGST, Karlheinz: Zur neueren sowjetischen Namenforschung. Zum Erscheinen eines Sammelbandes. — *Onoma* 19, 1975/3 (1976), 574-583 | On the vol. *Sowjetische Namenforschung*, ed. by Ernst EICHLER, et al., 1975 (BL 1975, 385).

4011 HONL, Ivan: O palindromech v toponymii. — *ZprMK* 17, 1976, 438-440 | About palindromes in toponymy.

4012 HORECKÝ, Ján: Miesto onomastiky v systéme vied. — *ZbSOK* V, 21-23 | The place of onomastics in the system of the sciences.

4013 KARPENKO, Ju. O.: Do pochodžennja astronazv (Moločnyj šljach). — *Mov* 1976/4, 50-56 | On the origin of star names: the Milky Way.

4014 KOMKOV, A. M.: Problemy standartizacii (normalizacii) geografičeskich nazvanij v nacional'nom i meždunarodnom aspektach. — [4028], 5-11.

4015 LANGENDONCK, W. VAN: Zur diachronischen Einteilung der Übernamen. — *Onoma* 19, 1975/3 (1976), 434-444.

4016 LEYS, O.: Sociolinguistische aspekten van de persoonsnaamgeving. — *Naamkunde* 8, 1976, 137-158 | Sociolinguistic aspects of the giving of pers. names.

4017 LUTTERER, Ivan: Onomastika a mluvnice. — *ZbSOK* VI, 47-50 | Onomastics and grammar.

4018 MAJTÁN, Milan: Mimojazyková stránka toponyma. — *ZbSOK* VI, 31-37 | On the extralinguistic aspect of toponyms.

4019 MATEJČÍK, Ján: Monografické spracúvanie mikrotoponymie. — *ZbSOK* VI, 263-265 | Monographische Bearbeitung der Mikrotoponymie.

4020 MATVEEV, A. K.: Ètimologizacija substratnych toponimov i modelirovanie komponentov toponimičeskich sistem. — *VJa* 1976/3, 58-73.

4021 *Metodika výskumu vlastných mien*. Zóst. Michal BLICHA a Milan MAJTÁN. — Košice: Univ. P. J. Šafárika, 1975, 104 p. | Methodology of the research of proper names.

4022 MURZAEV, È. M.: *Očerki toponimiki*. — Moskva: "Mysl'", 1974, 382 p., 6 maps | *SovT* 1975/6, 103-105 K. Aliev & R. Juzbašev.

4023 NICOLAISEN, W. F. H.: Onomastic activities in the United States. A personal postscript. — *Onoma* 19, 1975/3 (1976), 555-573 | Concerns Demetrius J. GEORGACAS's report, *Onoma* 18, 528-534 (BL 1975, 3810).

4024 — Words as names. — *Onoma* 20, 1976/1, 142-163.

4025 NIKONOV, V. A.: *Imja i obščestvo*. — Moskva: 1974 | BL 1974, 3510. | *ZprMK* 17, 1976, 158-160 M. Nováková-Šlajsová | *KjK* 20, 1977, 250-251 Jaak Simm.

4026 *Les noms de lieux et le contact des langues . . . .* Recueil . . . . éd. par Henri DORION . . . . — Québec: 1972 | BL 1972, 336. | *IJAL* 42, 1976, 172-173 Ladislav Zgusta.

4027 Onomastics in affiliated countries / L'onomastique dans les pays affiliés. — *Onoma* 19, 1975/3 (1976), 615-635.

4028 *Onomastika i norma*. [Red.: L. P. KALAPUCKAJA]. — Moskva: Nauka, 1976, 255 p.

4029 PAMP, Bengt: Vad betyder *Gösta Holm* egentligen? (Referat av och diskussion kring Aimo Seppänens *Proper names in English*). — [257], 330-341 | What does Gösta Holm really mean? On No. 4035.

4030 PLESKALOVÁ, Jana: K pojetí modelu v pomístních jménech. — *ZbSOK* VI, 39-46 | Zum Begriff des Modells bei den Flurnamen.

4031 POPOV, A. I.: *Nazvanija narodov SSSR. Vvedenie v ètnonimiku*. — Leningrad: 1973 | BL 1974, 3514. | *ZprMK* 17, 1976, 353-354 M. Nováková-Šlajsová.

4032 RENTENAAR, Rob: How Danish is Tivoli? — *Names* 24, 1976, 24-29 | Cf. 8780.

4033 RODE, Zvonko R.: The origin of Jewish family names. — *Names* 24, 1976, 165-179.

4034 RUDNYCKYJ, J. B.: On deep and surface structures in onomastics. — [255], 271-273.

4035 SEPPÄNEN, Aimo: *Proper names in English: a study in semantics and syntax*. 1; 2. — Publ. of the Dept. of E. Phil., Univ. of Tampere, 1; Tampere: 1974, ix, 267 p.; p. 268-476 | Cf. 4029.

4036 SIPOS, István: Niektoré zjavy jazykových kontaktov vo vlastných menách. — *ZbSOK* V, 197-204 | Einige Erscheinungen der Sprachkontakten im Gebiet der Eigennamen.

4037 ŠMILAUER, Vladimír: Třídění vlastních jmen. — *ZbSOK* V, 109-111 | The classification of proper names.

4038 ŠMILAUER, Vladimír, et al.: 56. (57., 58., 59., 60.) stovka onomastických zpráv a poznámek. — *ZprMK* 17, 1976, 103-193; 273-403 | Onomastic news and comments.

4039 ŠRÁMEK, Rudolf: Onymický příznak. — *ZbSOK* VI, 7-14 | Das onymische Merkmal.

4040 STAROSTIN, B. A.: O nekotoryh strukturnyh osobennostjach sobstvennych imen. — [335], 77-91.

4041 SUPERANSKAJA, A. V.: *Obščaja teorija imeni sobstvennogo*. — Moskva: 1973 | BL 1973, 4052. | *UMLŠ* 1976/3, 93-94 A. P. Korepanova.

4042 TROST, Pavel: Jméno a příjmení. — *ZprMK* 17, 1976, 81-83 | First name and surname.

ONOMASTIQUE

4043 WITKOWSKI, Teodolius: Definitionen zur onomastischen Terminologie. — *ZbSOK* V, 117-140.
4044 — Zu einigen Problemen der Bedeutungserschliessung bei Namen. — *ZbSOK* VI, 77-96.
4045 ZETT, Robert: Namenübersetzungen in Südosteuropa. — *Onoma* 20, 1976/1, 309-312.

RAPPORTS DES FAMILLES DE LANGUES ENTRE ELLES
INTERRELATIONS BETWEEN FAMILIES OF LANGUAGES

4046 [BAJČURA, U.Š.] BAITSCHURA, Uzbek: Altaische Lexik mit der Bedeutung "Wasser, Flüsse, Meer" und ihre indo-europäischen und finnisch-ugrischen Entsprechungen. — *ZDL* 43, 1976, 182-190 | E. summ.
4047 BEDNARCZUK, Leszek: Stosunki etnolingwistyczne w przedhistorycznej Europie północno-wschodniej. — *RND* 58, *Prace językoznawcze* 3, 1976, 87-95 | Ethnolinguistic relations in prehistoric north-east Europe.
4048 BENEDICT, Paul K.: Austro-Thai and Austroasiatic. — [217], 1-36.
4049 CLOSS, Alois: Altkanarier und Indogermanentum, religions- und kulturvergleichend. — *Almogaren* 3, 1972 (1973), 35-58, 5 fig. | Summ. in Sp. & E. | Cf. 4063.
4050 ČOP, Bojan: Méditerranéen et indo-ouralien. — *Ling* 16, 1976, 3-33.
4051 — Nochmals ai. *púmāṁs-*. — *Sprache* 22, 1976, 25-28 | A propos de l'art. de Heiner EICHNER, *Sprache* 20, 26-42 (BL 1974, 3760). | Uralic parallel.
GOSTONY, C. G.: *Dictionnaire d'étym. sumérienne....* — 11644 | Comparison of Sum. with Hg. and other languages.
4052 ILLIČ-SVITYČ, V. M.: *Opyt sravnenija nostratičeskich jazykov (semitochamitskij, kartvel'skij, indoevropejskij, ural'skij, dravidijskij, altajskij). Sravnitel'nyj slovar'* (1-3). Ukazateli. [Red.: V. A. DYBO]. — Moskva: Nauka, 1976, 156 p. | Cf. BL 1971, 2972. | *BSL* 72, 1977/2, 83-85 Paul Garde.
4053 JOKI, Aulis J.: *Uralier und Indogermanen....* — Helsinki; 1973 | BL 1973, 4062. | *NyK* 78, 1976, 162-164 Manfred Mayrhofer.
4054 KAZÁR, Lajos: Uralic-Japanese language comparison. — *UAJb* 48, 1976, 127-150.
4055 KOMORÓCZY Géza: A sumér-magyar nyelvrokonítás (Adalékok egy jelenség természetrajzához). — *NyK* 78, 1976, 3-38 | Die sumerisch-ungarische Sprachvergleichung (G. summ.).
— *Sumér és magyar?* — 12649.
4056 MILLER, Roy Andrew: A reply to Doerfer. — *ZDMG* 126, 1976, *53-*76 | Reply to Gerhard DOERFER, Ist das Japanische mit den altaischen Sprachen verwandt?, *ZDMG* 124, 103-142 (BL 1974, 3527). Followed by: Gerhard DOERFER, A reply to Miller's reply, *76-*77.
4057 OSIPOVA, O. A.: Ob obščnosti indoevropejskich i uralo-altajskich jazykov v oblasti sprjaženija. — *Jaz. i top.* [334], 1, 5-16.

4058 PETRÁČEK, Karel: K problematice nostratické teorie (z hlediska fonologie semito-hamitských jazyků). — *SS* 37, 1976, 60-61 | Sur le problème de la théorie nostratique (du point de vue de la phonologie des langues chamito-sémitiques).

4059 SADOVSZKY, Otto J.: Report on the state of the Uralo-Penutian research. — *UAJb* 48, 1976, 191-204.

4060 SCHUHMACHER, W. W.: On the linguistic aspect of Thor Heyerdahl's theory: the so-called non-Polynesian number names from Easter Island. — *Anthropos* 71, 1976, 806-847.

4061 — Warm and cold, canoe and kayak: evidence for a relationship Austronesian-Eskimo? — *ZPhon* 29, 1976, 167-169.

4062 STOPA, Roman: *Structure of Bushman and its traces in Indo-European*. — Wrocław: 1972 | BL 1972, 3135. | *OLZ* 71, 1976, 304-306 E. Dammann.

4063 STUMFOHL, Helmut: Über mögliche Beziehungen zwischen dem Indogermanischen und dem Altkanarischen vom Standpunkt der Linguistik. — *Almogaren* 3, 1972 (1973), 59-84 | Summ. in E. & Sp. Schlussbemerkung von Alois CLOSS, 85-86. | Cf. 4049.

— Linguistisches Symposion .... — 2750.

4064 UPADHYAYA, U. P.: Dravidian and Negro-African. — *IJDL* 5, 1976, 32-64.

4065 WESCOTT, Roger W.: Protolinguistics: the study of protolanguages as an aid to glossogonic research. — [112], 104-116.

LANGUES INDO-EUROPÉENNES
INDO-EUROPEAN LANGUAGES

I. GÉNÉRALITÉS — GENERAL

4066   MAYRHOFER, Manfred, & SCHINDLER, Jochem: Indogermanische Chronik. 22 A; 22 B. Unter Mitarbeit von Alfred BAMMESBERGER, Wolfgang DRESSLER, Heiner EICHNER, Claus HAEBLER, Fritz LOCHNER VON HÜTTENBACH, Wolfgang MEID, Martin PETERS, Heinz Dieter POHL, Wolfgang P. SCHMID, Rüdiger SCHMITT und Werner THOMAS. — *Sprache* 22, 1976, 70-120; 181-232.

4067   ADRADOS, Francisco R.: *Lingüística indoeuropea*. I; II. — Madrid: 1975 | BL 1975, 3871. | *Em* 44, 1976, 445-449 F. Villar.

4068   AMBROSINI, Riccardo: Strutture formali e strutture semantiche nella comparazione linguistica. — [255], 41-50 | On the infinitive.

4069   BADER, Françoise: Le présent du verbe "être" en indo-européen. — *BSL* 71, 1976/1, 27-111.
        BAITSCHURA, U.: Altaische Lexik mit der Bedeutung "Wasser, Flüsse, Meer"... — 4046.

4070   BARBER, E. J. W.: The PIE notion of cloth and clothing. — *JIES* 3, 1975, 294-320, 9 fig.

4071   BARSCHEL, Bernd: Bemerkungen zur Distribution der beiden Flexionstypen der *i*- und *u*-Stämme in der indoeuropäischen Gemeinsprache. — [223], 59-72.

4072   BEARD, Robert: Derivational intensification in IE languages. — *PCLS* XII, 49-58.

4073   BEEKES, Robert S. P.: Uncle and nephew. — *JIES* 4, 1976, 43-63 | Proto-IE. kinship terminology; especially on Lat. *avunculus* and *nepos*.
        — Some Gr. *aRa*-forms. — 4780.

4074   BENWARE, Wilbur A.: *The study of Indo-European vocalism in the 19th century*.... — Amsterdam: 1974 | BL 1974, 3550. | *JAOS* 96, 1976, 459 Rosane Rocher | *BSL* 71, 1976/2, 58 P. Flobert | *Kratylos* 19, 1974 (1975), 183-184 R. Schmitt.

4075   BERNABÉ PAJARES, Alberto: A critical review of some interpretations of the IE long diphthongs. — *ArchL* 7, 1976, 161-190, 3 fig.

4076   BORETZKY, Norbert: Laryngaltheorie und innere Rekonstruktion. — *IF* 80, 1975 (1976), 47-61.

4077 ÇABEJ, Eqrem: Westöstliche Miszellen. — [233], 97-108 | 1. Lat. (Di) Indigetes, Alb. ndih. 2. Lat. volva, vulva. 3. Gr. nóos, noûs. 4. Gr. spḗlaion. 5. Gr. tárichos. 6. Epirote káston (Hesychius). 7. Mod. Gr. (Thera dial.) krubítsa. 8. Toch. pal-. 9. OIA. anyátra-.
COWAN, H. K. J.: Menapiërs, Bataven en het "Mediterrane" substraat .... — 11733.
4078 DARMS, Georges: Urindogermanisch *sēmi. — MSS 35, 1976, 7-32 | Excursus: Umbr. semu.
4079 DIEBOLD, A. Richard, Jr.: Contributions to the Indo-European salmon problem. — [146], 341-387, 10 fig. | PIE *lok̂sos.
4080 EBBINGHAUS, Ernst A.: Etymological wanderings. — Sprachw 1, 1976, 115-118 | A propos de l'étym. de βάλλειν.
4081 ERHART, Adolf: Geneze indoevropských jazyků – diferenciace či integrace? — LF 99, 1976, 193-205 | The genesis of the IE. languages: differentiation or integration? (Summ. in G.).
4082 FOURQUET, Jean: Spuren eines vorindogermanischen Wechsels Tenuis/Aspirata. — Sprachw 1, 1976, 108-114.
4083 FRIEDRICH, Paul: "Ad Hock". — JIES 4, 1976, 207-220 | Reply to criticism of his IE. word order studies in Hans H. HOCK, 'Substratum influence on (Rig-Vedic) Sanskrit?', SLS 5/2, 76-125 (BL 1975, 4087).
GOŁĄB, Z.: Veneti//Venedi: the oldest name of the Slavs. — 9232.
HAMP, E. P.: Barnu brawd. — 6986.
4084 HANNEYAN, M.: Barayin zowgabanowt'yownneri dern ow nranc' sahmanowmə tarack'ayin lezvabanowt'yan mej. — BEH 1976/1, 259-264 | The role of lexical isoglosses and their definition in areal linguistics (Ru. summ.).
4085 HEHN, Victor: Cultivated plants and domesticated animals in their migration from Asia to Europe. Historico-linguistic studies. New ed., prepared with a bio-bibliographical account of Hehn and a survey of the research in Indo-European prehistory, by James P. MALLORY. — Amsterdam Studies in the Theory and Hist. of Linguistic Sci. Series I: Amsterdam Classics in Linguistics 7; Amsterdam: Benjamins, 1976, lxxv, 523 p., portr. | Contents: J. P. Mallory, Victor Hehn (1813-90): a bio-bibliographical sketch, p. ix-xx; J. P. Mallory, A short history of the Indo-European problem, p. xxi-lxxv (Earlier version in JIES 1, 21-65 [BL 1973, 4142]); repr. of the 1885 E. transl. of Culturpflanzen und Hausthiere in ihrem Übergang aus Asien nach Griechenland und Italien .... (1870; 4th ed. 1883),
4086 HOLLAND, Gary B.: The shift from postposition to preposition: evidence from Early Greek. — PBLS II, 413-425.
4087 Indo-European and Indo-Europeans. Papers .... Ed. by George CARDONA, Henry M. HOENIGSWALD & Alfred SENN. — Philadelphia: 1970 | BL 1970, 3085. | IJSLP 21, 1975, 71-89 V. N. Toporov.
4088 Indoevropejskie jazyki. I. Chetto-luvijskie jazyki, armjanskij jazyk, indoarijskie jazyki. [Red.: M. S. ANDRONOV, et al.]. — Jazyki Azii i Afriki. Izdanie osnovano členom-korrespondentom Akad. pedag. nauk SSSR G. P. SERDJUČENKO [Red.: N. I. KONRAD †, V. M. SOLNCEV, et al.] 1; Moskva: Nauka, Glavnaja red. vostočnoj literatury, 1976, 344 p.
4089 JARCEVA, V. N.: Glagol'nye kategorii v infinitive indoevropejskich jazykach. — [221], 54-63.
4090 JASANOFF, Jay H.: Gr. ἄμφω, lat. ambō et le mot indo-européen pour "l'un et l'autre". — BSL 71, 1976/1, 123-131.
4091 JONSSON, Hans: Hetitiskt au(š)- "se": forninindiskt ávati "beachten, aufmerken"

m. fl. — [257], 225-233 | Hitt. *au(š)*- "to see": OIA. *ávati*, etc.

4092 [JURKĖNAS, J.] JURKĖNAS, Ju.: Problemy areal'nogo issledovanija drevnej antroponimii. — *Kalbotyra* 26/2, 1976, 77-88 | G. summ.

4093 KARSTIEN, Hans †: *Infixe im Indogermanischen.* — Heidelberg: 1971 | BL 1971, 3015. | *Gnomon* 48, 1976, 113-118 Klaus Strunk.

4094 KLAIMAN, M. H.: Correlative clauses and IE syntactic reconstruction. — [114], 159-168.

4095 LAMPRECHT, Arnošt: Der indoeuropäische Konsonantismus im Lichte der nostratischen Theorie. — *SFFBU* 25 (A 24), 1976, 17-26 | Rés. tch,

4096 LEHMANN, Winfred P.: The verb in Indo-European syntax. — *IJDL* 5, 1976, 214-223.

4097 — From topic to subject in Indo-European. — [143], 447-456.

4098 LINDEMAN, Frederik Otto: L'apophonie radicale au présent-imparfait actif des verbes athématiques en indo-européen. — *BSL* 71, 1976/1, 113-121.

4099 MASTRELLI, Carlo Alberto: La denominazione indeuropea dell' "ulna". — [233], 447-471, fig.

4100 MENDOZA, Julia: Las clases de palabras en el indoeuropeo flexional y en el protoindoeuropeo. — *RSEL* 5, 1975, 149-163.

4101 MICHELINI, Guido: Osservazioni a proposito di *Baltų ir kitų indoeuropiečių kalbų santykiai (Deklinacija)* di V. Mažiulis. — *SILTA* 5, 1976/1-2, 277-284 | On V. MAŽIULIS's book of 1970 (BL 1970, 8072).

4102 MILLER, D. Gary: Pure velars and palatals in Indo-European: a rejoinder to Magnusson. — *Linguistics* 178, 1976, 47-64 | On Walter L. MAGNUSSON's art., 'Complementary distributions among the root patterns of Proto-Indo-European', *Linguistics* 34, 17-25 (BL 1967, 2551).

4103 MIRANDA, Rocky V.: Indo-European gender: a study in semantic and syntactic change. — *JIES* 3, 1975, 199-215.

4104 OETTINGER, Norbert: Der indogermanische Stativ. — *MSS* 34, 1976, 109-149.
ÖLBERG, H. M.: Zwei oder drei Gutturalreihen? Vom Alb. aus gesehen. — 4680.

4105 PARKER, Frank: Language change and the passive voice. — *Lg* 52, 1976, 449-460.

4106 PISANI, Vittore: *Glottologia indeuropea* ... 4a ed. — Torino: 1971 | BL 1972, 3198. | *IF* 80, 1975 (1976), 217-224 R. Ködderitzsch (Also on the *Crestomazia indeuropea*, 3a ed., 1974 [BL 1974, 3606]).

4107 — *Indogermanisch und Europa.* — München: 1974 | BL 1974, 3605. | *Linguistics* 178, 1976, 94-97 A. Giacalone Ramat.

4108 — Il Mediterraneo veicolo di antiche civiltà per i paesi rivieraschi ed esterni. — *BALM* 13-15, 1971-73 (1976), 379-392.

4109 — Zur Lautlehre der Entlehnung bezüglich indogermanischer und griechisch-lateinischer Wortgeschichte. — [223], 106-114 | 1. *di Indigetes.* 2. *bellum* und πόλεμος.

4110 — Ancora sull'alternanza ō/ū in greco e altrove. — *Paideia* 31, 1976, 134.

4111 RĂDULESCU, Mircea Mihai: The Indo-European cognates of Daco-Romanian *strúgure* "grape; bunch". — *JIES* 3, 1975, 385-392 | Gr. στρύχνον, Alb. *shtrudh*, G. *Traube*, etc.

4112 SAFAREWICZ, Jan: Le latin et les langues balto-slaves. — [233], 923-929.

4113 SAVČENKO, A. N.: *Sravnitel'naja grammatika indoevropejskich jazykov.* — Moskva: 1974 | BL 1974, 3616. | *JazA* 13, 1976, 66-68 A. Erhart | *VJa* 1976/5, 165-171 Ju. V. Otkupščikov.

4114 SCHELESNIKER, Herbert: Der slavische Genitiv auf -y/-ę und der awestische Lokativ auf -ąm. — [260], 383-391.

4115 SCHMEJA, Hans: Zum idg. Wort für Tochter. — [260], 393-400 | Summ. in [145], 23-24.
4116 SCHMID, Wolfgang P.: Baltisch und Indogermanisch. — *Baltistica* 12, 1976, 115-122.
4117 SCHRAMM, Gottfried: Der Flussnamenverbund von Theiss und Temesch. — *BNF* 11, 1976, 60-90, carte.
4118 SEEBOLD, Elmar: *Das System der indogermanischen Halbvokale* .... — Heidelberg: 1972 | BL 1972, 3209. | *IIJ* 18, 1976, 88-96 R. S. P. Beekes | *BiOr* 33, 1976, 413-414 R. Slonek | Cf. 4234.
4119 SHIELDS, Kenneth C., Jr.: On the origin of normal reduplication in Indo-European. — *Orbis* 25, 1976, 37-43.
4120 SKVAJRS, E. R.: Rol' ischodnogo termina v formirovanii drevnich remeslennych terminologij. — *VMU* 1976/4, 45-55.
4121 STANG, Chr. S.: *Lexikalische Sonderübereinstimmungen zwischen dem Slavischen, Baltischen und Germanischen.* — Oslo: 1973 | BL 1973, 4164. | *Ètimologija* 1974 (1976), 179-181 O. N. Trubačev | *IF* 80, 1975 (1976), 325-327 W. P. Schmid.
4122 STEINKE, K., & VRACIU, A.: Zu den sprachlichen Parallelen zwischen dem Albanischen, dem Baltischen und Slavischen. — *Baltistica* 12, 1976, 130-142.
4123 STRUNK, Klaus: *Generative Versuche zu einigen Problemen in der historischen Grammatik indogermanischer Sprachen.* — IBS, Vorträge 15; Innsbruck: Inst. für Vergleichende Sprachwissenschaft der Univ., 1976, 32 p.
4124 — Gr. κρατύς und germ. *χardus. Nachtrag zu einer fragwürdigen Etymologie. — *MSS* 34, 1976, 169-170 | To his art. in *AcIr* 5 (BL 1975, 3944).
4125 SZEMERÉNYI, Oswald: *Einführung in die vergleichende Sprachwissenschaft.* — Darmstadt: 1970 | BL 1970, 3130. | *Anglia* 94, 1976, 441-450 Bernhard Forssman.
4126 TISCHLER, Johann: *Zur Reduplikation im Indogermanischen.* — IBS, Vorträge 16; Innsbruck: Inst. für Vergleichende Sprachwissenschaft der Univ., 1976, 30 p.
4127 — Zum Wurzelnomen im Indogermanischen. — *MSS* 35, 1976, 121-132.
4128 TOPOROV, V. N.: Πύθων, *Áhi Budhnyà, Bädnjāk* i dr. — *Ètimologija* 1974 (1976), 3-15.
4129 TOVAR, Antonio: *Sprachen und Inschriften* ... — Amsterdam: 1973 | BL 1973, 4174. | *Gnomon* 48, 1976, 303-306 G. Radke | *Minos* 15, 1974 (1976), 240-241 José L. Melena | *IF* 80, 1975 (1976), 213-217 R. Ködderitzsch | *Sprache* 22, 1976, 170-172 G. R. Solta | *BiOr* 33, 1976, 93-94 A. Heubeck.
4130 VILLAR, Francisco: El plural de los demostrativos indoeuropeos. — *RSEL* 5, 1975, 433-451.
4131 WATKINS, Calvert: Sick-maintenance in Indo-European. — *Ériu* 27, 1976, 21-25.
4132 — Varia I. — *Ériu* 27, 1976, 116-122 | 1. A Hitt.-Celt. etym. (Hitt. *šāru* "booty": W. *herw*, OIr. *serb*). 2. Ir. *tindabrad*.
4133 — Towards Proto-Indo-European syntax: problems and pseudo-problems. — [114], 305-326.
4134 WINDEKENS, A. J. VAN: Les termes "chien" et "cheval" en indo-européen. — *IF* 80, 1975 (1976), 62-65.

II. GROUPE ANATOLIEN — ANATOLIAN GROUP

A. Généralités — General

CAPLICE, R., et al.: Keilschriftbibliographie. 37. — 16.

4135 ARBEITMAN, Yoël: Anatolian *piya*-"give". — *JIES* 4, 1976, 79-80.
4136 BADER, Françoise: Composés de dépendance en anatolien (*pattarpalḫi*-, *tarḫunasi*-). — *RHA* 31, 1973 (1976), 71-81.
BITTEL, K., et al.: *Das hethitische Felsheiligtum Yazılıkaya.* — 4180.
4137 BOMHARD, Allen R.: Some Anatolian etymologies. — *RHA* 31, 1973 (1976), 111-113 | Luwian *palahšan*; Hitt. *ḫurkel*; Hitt. *kaštan*; etc.
4138 CARRUBA, Onofrio: Anatolico e indoeuropeo. — [233], 121-146.
4139 IVANOV, Vjac. Vs.: Problemy istorii metallov na drevnem vostoke v svete dannych lingvistiki. — *IFŽ* 1976/4, 69-86 | Inter alia on Hitt. *dankuli*-, *ḫarki*-, χύανος, Hattian *ḫapalki*-, Arm. *erkatʿ*, χάλυψ, χαλκός (Arm. summ.).
4140 KOROLEV, A. A.: Chetto-luvijskie jazyki. — [4088], 13-93.
4141 LAROCHE, E.: Études de linguistique anatolienne. 12-16. — *RHA* 31, 1973 (1976), 83-99 | 12. Une liste de divinités hatties. 13. Hitt. *kaga*-. 14. Hitt. *šuniya*-. 15. Lycien **piyata*. 16. Hourrite *zurki*. | Cf. BL 1971, 3058.
4142 MACRÌ LI GOTTI, Maria Vittoria: Una voce egeo-anatolica: mic. *ko-wo*, itt. **kuš*, om. κῶας, cario κῶς, eteo ger. *hawas*. — *RIL* 110, 1976, 183-190.
4143 OETTINGER, Norbert: Zum Wort- und Bilderschatz der luwischen Sprachen. — *MSS* 34, 1976, 101-107 | 1. Urindoberm. $*g^w ou$-"Rind" im Anatolischen. 2. Zum luwischen Wort für "Feuer". 3. Eine altheth. Wendung im Hieroglyphenluwischen.
RAPALLO, U.: Influssi anatolici sulla grammatica di Ipponatte. — 4813.
Reallexikon der Assyriologie .... — 11815.
4144 SZEMERÉNYI, Oswald: The problem of Aryan loanwords in Anatolian. — [233], 1063-1070.

B. Hittite cunéiforme — Cuneiform Hittite

4145 ARBEITMAN, Yoël: The Hittite multifarious brood of **dhē*-. — *RHA* 31, 1973 (1976), 101-109.
4146 ARCHI, A.: Sur la forme des signes cunéiformes hittites de l'époque de Muwatalli. — *OA* 14, 1975, 321-324.
BALKAN, K.: *İnandık'ta 1966 yılında bulunan eski hitit çağına* .... — 11768.
4147 BIN-NUN, S. R.: The offices of GAL.MEŠEDI and *Tuḫkanti* in the Hittite kingdom. — *RHA* 31, 1973 (1976), 5-25.
4148 BROSMAN, Paul W., Jr.: The Hittite gender of cognates of PIE feminines. — *JIES* 4, 1976, 141-159.
4149 DADDI PECCHIOLI, F.: Il *ḫazan(n)u* nei testi di Hattusa. — *OA* 14, 1975, 93-136 | 1. Istruzioni per il *ḫazan(n)u* (texts with transl. and notes). 2. Altri documenti relativi al ᴸᵁ*ḫazan(n)u*.
4150 GIORGADZE, G.: Die Begriffe "Freie" und "Unfreie" bei den Hethitern. — *AAntH* 22, 1974 (1976), 299-308.
4151 HOFFNER, Harry A.: *Alimenta Hethaeorum* .... — New Haven, Conn.: 1974 | BL 1974, 3667. | *JCS* 28, 1976, 243-246 Howard Berman.
4152 — A join to the Hittite Mita text. — *JCS* 28, 1976, 60-62.
4153 JAKOB-ROST, Liane: *Das Ritual der Malli* .... — Heidelberg: 1972 | BL 1972, 3243. | *BSOAS* 39, 1976, 639-640 J. D. Hawkins.
4154 JUSTUS, Carol: Relativization and topicalization in Hittite. — [143], 215-245.
4155 KAMMENHUBER, Annelies: *Materialien zu einem hethitischen Thesaurus.* Lief. 3; 4. — Heidelberg: Winter, 1976, i p., p. 19-99, 1-20; 21-120 | Fasc. 3 contains: Nr. 4: *-a-* (defektives Personalpron.), 2. Teil. Nr. 5: *eku-/aku-* "trinken", von A. K. und

HITTITE CUNÉIFORME 4156-4174

A. ARCHI, 1. Teil. Fasc. 4: *eku-/aku-* (Fortsetzung). Cf. BL 1973, 4215. | *OA* 14, 1975, 170-171 Piero Meriggi (On fasc. 1-2) | *Sprache* 23, 1977, 85-86 H. Eichner | *IF* 80, 1975 (1976), 224-229 H. Otten (Fasc. 1-2).

4156 — *Orakelpraxis, Träume und Vorzeichenschau bei den Hethitern.* — Texte der Hethiter 7; Heidelberg: Winter, 1976, 268 p.

4157 — Die hethitische Göttin Inar. — *ZA* 66, 1976, 68-88 | 1. Probleme. 2-5. Quellen. 6. Kontaminationen. 7. Volksetymologien des 13. Jh. 8. Ergebnisse.

4158 — Neue Ergebnisse zur hurrischen und altmesopotamischen Überlieferung in Boğazköy. — *Or* 45, 1976, 130-146.

4159 *Keilschrifttexte aus Boghazköi.* 23. Heft (*insbes. Texte aus Gebäude A*), von Heinrich OTTEN und Christel RÜSTER. — Berlin (West): Gebr. Mann, 1976, xii p., 50 p. of autograph copies | *BiOr* 33, 1976, 335-337 H. A. Hoffner Jr. (On Heft 22 [BL 1974, 3678]).

4160 *Keilschrifturkunden aus Boghazköi. Heft 44. Hethitische Rituale....* Von Horst KLENGEL. — Berlin: 1974 | BL 1974, 3679. | *JCS* 28, 1976, 247-248 H. A. Hoffner, Jr.

4161 *Keilschrifturkunden aus Boghazköi.* Heft 46. *Hethitische Rituale und Festbeschreibungen*, von Liane JAKOB-ROST. — Berlin: Akad.-Verlag (Akad. der Wiss. der DDR, Zentralinst. für Alte Geschichte und Arch.), 1976, x p., 50 pl. | *ZA* 66, 1976, 298-301 H. Otten.

4162 KOŠAK, Silvin: The Hittite nuntarrijashas-festival (CTH 626). — *Ling* 16, 1976, 55-64.

4163 LEBRUN, René: *Samuha, foyer religieux de l'empire hittite.* — Publ. de l'Inst. Orientaliste de Louvain 11 (thèse Louvain); Louvain-la-Neuve: 1976, xiv, 252 p. | Les documents (translittération, trad. et comm.), p. 67-222. | *ZA* 66, 1976, 301-305 H. Otten | *Sprache* 23, 1977, 84 H. Eichner.

4164 MELCHERT, H. Craig: Hittite *ḫašša- ḫanzašša-*. — *RHA* 31, 1973 (1976), 57-70.

4165 MILGROM, Jacob: Hittite *ḫuelpi*. — *JAOS* 96, 1976, 575-576.

4166 [MKRTČ'YAN, N. A.] MKRTČJAN, N. A.: Reduplikacija glagolov v chettskom i armjanskom. — [325], 76-85 | E. summ.

4167 — Neue hethitisch-armenische lexikalische Parallelen. — *AAntH* 22, 1974 (1976), 313-319.

4168 OETTINGER, Norbert: *Die militärischen Eide der Hethiter.* — Studien zu den Bogazköy-Texten 22; Wiesbaden: Harrassowitz, 1976, 138 p. | *Sprache* 23, 1977, 84 H. Eichner.

4169 — Indogermanisch *$s(h_2)ne\underset{\circ}{u}r/n$-* "Sehne" und *(s)men-* "gering sein" im Hethitischen. — *MSS* 35, 1976, 93-103.

4170 OTTEN, Heinrich: *Ein hethitisches Festritual....* — Wiesbaden: 1971 | BL 1971, 3088. | *Or* 45, 1976, 380-381 Rudolf Werner | *OA* 14, 1975, 171-173 Alfonso Archi.

4171 — Bemerkungen zum Hethitischen Wörterbuch. — *ZA* 66, 1976, 89-104 | Rev. art. on Johannes FRIEDRICH & Annelies KAMMENHUBER, *Hethitisches Wörterbuch*, 2. Aufl., Lief. 1, 1975 (BL 1975, 3980).

4172 — Zum *ḫalentu*-Gebäude: Eine Klarstellung.. — *IM* 26, 1976, 13-17 | With reference to Volkert HAAS & Markus WÄFLER's art., *IM* 23-24, 1-31 (BL 1974, 3666).

4173 POETTO, Massimo: Una corrispondenza eteo-tocaria. — [233], 717-721 | Hitt. *tarna-*, Toch. B. *tarne*.

4174 POPKO, Maciej: Zum hethitischen $^{(KUŠ)}kurša$-. — *AoF* 2, 1975, 65-70.
ROOS, J. DE: A new root *ter-* "speak clearly"?... — 4885.

4175 RÜSTER, Christel: *Hethitische Keilschrift-Paläographie* .... — Wiesbaden: 1972 | BL 1972, 4004. | *JNES* 35, 1976, 204-205 Howard Berman.
SCHUHMACHER, W. W.: "Unanalyzable reduplicative form" in Colville (Salish) and noun reduplication in Hitt. — 13887.
4176 ÜNAL, Ahmet: Zum Status der "Augures" bei den Hethitern. — *RHA* 31, 1973 (1976), 27-56.
4177 VIREDAZ, Rémy: L'infixe nasal en hittite. — *BSL* 71, 1976/1, 165-173.
WATKINS, C.: Varia I. — 4132.
4178 WEITENBERG, J. J. S.: Hethitisch *kuša*-. — *IF* 80, 1975 (1976), 66-70. — Gr. ἴκταρ ... und heth. *ikt*- "Bein". — 4902.

C. Hittite hiéroglyphique — Hieroglyphic Hittite

4179 BILLIGMEIER, Jon-Christian: The values of certain Hittite Hieroglyphic signs. — *JNES* 35, 1976, 189-193.
4180 BITTEL, Kurt, et al.: *Das hethitische Felsheiligtum Yazılıkaya.* — Boğazköy-Ḫattuša, Ergebnisse der Ausgrabungen 9; Berlin (West): Gebr. Mann, 1975, 258 p., front., 65 pl., 153 fig., 3 maps in pocket | From the contents: Hans G. GÜTERBOCK, Die Inschriften, 167-187; Hans G. GÜTERBOCK, Einschlägige Textstellen, 189-192.
4181 MASSON, Emilia: Quelques sceaux hittites hiéroglyphiques. — *Syria* 52, 1975/3-4 (1977), 213-239, 69 fig.
4182 NEVE, Peter: Eine hethitische Hieroglyphen-Inschrift am Löwentor von Boğazköy. — *IM* 26, 1976, 9-11, 2 pl.

D. Louvite — Luwian

GEORGIEV, V. I.: Le déchiffrement du texte sur le disque de Phaistos. — 11701. Mycenaean seminar. — 4736.

E. Lycien — Lycian

4183 BRYCE, Trevor R.: The Lycian *ẽ* variants as a dating criterion for the Lycian texts. — *Kadmos* 15, 1976, 168-170.
4184 — Burial fees in the Lycian sepulchral inscriptions. — *AnatS* 26, 1976, 175-190.
4185 LAROCHE, Emmanuel: Lyciens et Termiles. — *Revue Archéologique* (Paris) 1976, 15-19.
4186 TRITSCH, Franz Josef: The Lycian bilingual in stoichedon from Korydalla. — *Kadmos* 15, 1976, 158-167, 3 pl., 2 fig.

F. Lydien — Lydian

4187 GUSMANI, R.: Lydiaka. — *OA* 14, 1975, 265-274 | Notes (in It.) on inscriptions.

III. TOKHARIEN — TOCHARIAN

4188 ZIMMER, Stefan: *Tocharische Bibliographie, 1959-1975.* Mit Nachträgen für den vorhergehenden Zeitraum. — Heidelberg: Winter, 1976, vii, 53 p.
4189 ČOP, Bojan: *Studien zum tocharischen Auslaut. I.* — Series comparativa 2;

Ljubljana: Univerza v Ljubljani, Filozofska fak., Oddelek za primerjalno jezikoslovje in orientalistiko, 1975, 243 p.

4190 ISEBAERT, Lambert: Sur l'étymologie de tokh. AB *amok* "art, habileté". — *Orbis* 25, 1976, 159-161.

4191 LANE, George S.: Notes sur le sort des syllabes finales i.e. en tokharien. — *BSL* 71, 1976/1, 133-164.
POETTO, M.: Una corrispondenza eteo-tocaria. — 4173.

4192 SCHMIDT, Klaus T.: *Die Gebrauchsweisen des Mediums im Tocharischen.* — Göttingen: 1969 | BL 1974, 3720. | *IF* 80, 1975 (1976), 230-232 S. Zimmer.

4193 STUMPF, Peter: *Der Gebrauch der Demonstrativ-Pronomina im Tocharischen.* — Wiesbaden: 1971 | BL 1971, 3111. | *ZDMG* 126, 1976, 179-181 Werner Winter.

4194 THOMAS, Werner: Zu Konjunktion *yo* und Instrumentalaffix *-yo* in Tocharisch A. — *IF* 80, 1975 (1976), 71-79.

4195 WINDEKENS, A. J. VAN: *Le tokharien confronté avec les autres langues indo-européennes.* Vol. I. *La phonétique et le vocabulaire.* — Travaux publiés par le Centre Intern. de Dialectologie Générale de l'Univ. Cath. Néerl. de Louvain 11; Louvain: Centre Intern. de Dial. Gén., 1976, xxi, 697 p.

4196 — Notes complémentaires de phonétique tokharienne I: le passage B *$y\ddot{a}$ > *i* et B *$w\ddot{a}$ > *u* en syllabe ouverte non accentuée. — *Orbis* 25, 1976, 34-36.

4197 — Études de morphologie tokharienne. XV: L'origine de la caractéristique B *-mpa* du comitatif. — *Orbis* 25, 1976, 76-77.

4198 — Une trace linguistique d'un culte de chien chez les Tokhares. — *Anthropos* 71, 1976, 287-288.

4199 WINTER, Werner: Tocharisch B *-au-*: tocharisch A *-e-*. — *Orbis* 25, 1976, 27-33.

4200 ZIMMER, Stefan: *Die Satzstellung des finiten Verbs im Tocharischen.* — JanL, S. practica 238; The Hague: Mouton, 1976, xv, 107 p. | Diss. Frankfurt a.M., 1972. | *Orbis* 25, 1976, 187-188 Lambert Isebaert.

IV. INDO-IRANIEN — INDO-IRANIAN

A. Généralités — General

4201 BAILEY, H. W.: The second stratum of the Indo-Iranian gods. — [174], I, 1-20.

4202 LINCOLN, Bruce: The myth of the "Bovine's Lament". — *JIES* 3, 1975, 337-362 | *Yasna* 29 and *Rāmāyana* 1.50-55.

4203 MAYRHOFER, Manfred: *Die Arier im Vorderen Orient – ein Mythos?* . . . . — Wien: 1974 | BL 1974, 3734. | *IIJ* 18, 1976, 291-293 L. A. Schwarzschild | *BNF* 11, 1976, 224-225 H. Hettrich.

4204 — Aus einer neuen Bibliographie zu den Indo-Ariern von Mitanni. — *AAntH* 22, 1974 (1976), 275-279 | Cf. 4203.

4205 MORGENSTIERNE, Georg: *Irano-Dardica.* — Wiesbaden: 1973 | BL 1973, 4256. | *ZDMG* 126, 1976, 401-402 Georg Buddruss | *BSL* 71, 1976/2, 78-79 Gilbert Lazard.

4206 ORANSKIJ, I. M.: Indo-Iranica. 1-4. — *Ėtimologija* 1974 (1976), 158-171 | Notes (in Ru.) on: 1. Tajik *kat*; 2. Tajik *manja*; 3. Tajik *turūndan*, etc.; 4. Tajik (*h*)*uč*/*wuč kardan*.

4207 THIEME, P.: The concept of Mitra in Aryan belief. — [174], I, 21-39.

4208 TRUBAČEV, O. N.: O sindach i ich jazyke. — *VJa* 1976/4, 39-63, map | The Sinds and their language.

B. Groupe indo-aryen — Indo-Aryan Group

1. Généralités—General

4209 KATRE, Sumitra M.: The verb in Old and Middle Indo-Aryan. — *IJDL* 5, 1976, 205-213.
4210 POLOMÉ, E.: A symposium on the verb in India. — *IJDL* 5, 1976, 195-201 | Univ. of Texas at Austin, May 1974. Abstracts of papers. Some of these papers are published in full in *IJDL* 5, 1976, 205-337; see e.g. Nos. 4096, 4209, 4321, 4347.
4211 TURNER, R. L.: *Collected papers*.... — London: 1975 | BL 1975, 4502. | *BSL* 71, 1976/2, 74-75 Colette Caillat .
4212 TURNER, R. L. & D. R.: *A comparative dictionary of the Indo-Aryan languages*... — London: 1971 | BL 1971, 3132. | *AcOr* 37, 1976, 304-308 H. Hendriksen.
4213 ZOGRAF, G. A.: *Morfologičeskij stroj indoarijskich jazykov (Opyt strukturno-tipologičeskogo analiza)*. — Moskva: Nauka, 1976, 368 p. | E. summ.
4214 — Indoarijskie jazyki. Drevnie indoarijskie jazyki. Srednie indoarijskie jazyki. Novye indoarijskie jazyki. Severnoindijskie jazyki. — [4088], 110-270.

II. Ancien indo-aryen — Old Indo-Aryan

BARE, J. S.: *Phonetics and phonology in Pāṇini* ... — 1895.
4215 BIBICHIN, V. V.: Náma. — [335], 48-76 | In Ru.
4216 BIRWÉ, Robert: The Amarakosá and the lexicographical chapters of the Agnipurāṇa. — *JAOS* 96, 1976, 383-403.
CARDONA, G.: *Pāṇini. A survey of research*. — 1915.
— Some features of Pāṇinian derivations. — 1916.
4217 *CASS Studies*, Ed. by R. N. DANDEKAR, 1; 2. — Publ. of the Centre of Advanced Study in Skr., Class E, 2 & 3; Poona: 1973, 194 p.; 1974, 217 p. | *IIJ* 18, 1976, 278-282 N. Tsuji.
4218 CHATURVEDI, Mithilesh: *Yugapadadhikaraṇavacanatā* in *dvandva*: a critical appraisal by Bhartṛhari. — *VIJ* 14, 1976, 82-92.
4219 COLLINS, Alfred: Reflections on the Ṛg-Veda X.129: stimulated by Walter Maurer's paper. — *JIES* 3, 1975, 271-281 | Cf. 4250.
ČOP, B.: Nochmals ai. *púmāṅs-*. — 4051.
4220 DERRETT, J. Duncan M.: Tīrita and *anuśiṣṭa* apropos of Manu 9.233. — *ZDMG* 126, 1976, 312-318.
4221 DESHPANDE, Madhav M.: On the Ṛk-prātiśākhya 13.5-6. — *IL* 37, 1976, 171-181.
— Critical studies in Indian grammarians, I. — 1924.
4222 DEVASTHALI, G. V.: Kātyāyana's use of *yogavibhāga*. — *BDC* 35, 1975/1-2, 42-48.
4223 — Etymology of *jīrádānu*. — *BDC* 35, 1975/3-4, 29-32.
4224 DIMRI, Dž. P.: Principy morfologičeskogo analiza v "Vos'miknižii" Panini (Strukturnye èlementy slova u Panini). — *VJa* 1976/5, 74-80.
4225 EICHNER-KÜHN, Ingrid: Vier altindische Wörter. — *MSS* 34, 1976, 21-37 | 1. *marāya-*. 2. *mastṛhaṇ-*. 3. *yātṛ-*. 4. *giri-*, Gr. *galís*.
4226 GANDHE, Vasudha: Some terms in Vedic language indicating age of cattle. — *BDC* 35, 1975/3-4, 40-46.
4227 GONDA, J.: Mitra in India. — [174], I, 40-52.
4228 GREPPIN, John A. C.: Skt. *garuḍa*, Gk. γέρανος: the battle of the cranes. — *JIES* 4, 1976, 233-243.

4229 GUSSNER, Robert E.: A stylometric study of the autorship of seventeen Sanskrit hymns attributed to Śaṅkara. — *JAOS* 96, 1976, 259-267.
4230 HAAS, Dorothy Disterheft: The voice of the infinitive in the Rigveda. — [146], 107-127, 6 fig.
4231 HAURI, Christoph: Die Interlinearversion im Unterricht des Altindischen. — *MSS* 34, 1976, 47-53.
4232 HIERSCHE, Rolf: Zu ai. *éd* (*aid*) + Akk. "siehe (da)" in den Brāhmaṇas. — *Sprache* 22, 1976, 131-136.
4233 HOOK, Peter Edwin: *Aṣṭādhyāyī* 3.4.21 and the role of semantics in Paninian linguistics. — *PCLS* XII, 302-312.
HUGHES, S. F. D.: J. Cleland's role in the hist. of Skr. studies in Europe. — 1948.
4234 ICKLER, Ingeborg: Bemerkungen zum "Sieversschen Gesetz" unter besonderer Berücksichtigung des RV. — *OLZ* 71, 1976, 117-128 | Rev. art. on No. 4118.
4235 — Zum Problem der "Kürzungen" in der Ṛgveda-Saṃhitā. — *StII* 2, 1976, 65-112.
4236 IYER, S. Venkitasubramonia: *Nārāyaṇabhaṭṭa's Prakriyāsarvasva* ... — Trivandrum: 1972 | BL 1973, 4297. | *IJDL* 5, 1976, 164-169 T. S. Paik.
4237 JAMISON, Stephanie: Functional ambiguity and syntactic change: the Sanskrit accusative. — [114], 126-135.
4238 JHA, V. N.: *Iti-karaṇa* in the Ṛgveda-Padapāṭha. — *BDC* 35, 1975/1-2, 49-54.
4239 — Stages in the composition of the Ṛgveda-Padapāṭha. — *BDC* 35, 1975/3-4, 47-50.
4240 JUDAKIN, A. P.: Imennoe predloženie v vedičeskom sanskrite (*ta*-pričastie v predikativnoj funkcii). — *VMU* 1976/5, 33-41.
4241 KIRFEL, Willibald [1885-1964]: *Kleine Schriften*. Hrsg. von Robert BIRWÉ. — Glasenapp-Stiftung 11; Wiesbaden: Steiner, 1976, xxi, 453 p. | From the contents: Bibliographie der Publikationen W. Kirfels, p. vii-xxi; August Wilhelm von Schlegel und die Bonner indologische Schule, 1-20 (1944); Die Lehnworte des Sanskrit aus den Substratsprachen ...., 191-209 (1953).
4242 KOČERGINA, V. A.: *Dvandva* i slovosočetanija s kopuljativnoj svjaz'ju v drevneindijskich jazykach (K voprosu o sintaksičeskoj sinonimike). — [405], 70-84.
4243 KÖLVER, Bernard: *Textkritische und philologische Untersuchungen zur Rājataraṅgiṇī des Kalhaṇa*. — Wiesbaden: 1971 | BL 1972, 3343. | *BSOAS* 36, 1973, 678-679 J. C. Wright | *OLZ* 71, 1976, 71-74 K. Mylius | *Oriens* 25-26, 1976, 445-449 Stefan Zimmer.
4244 — *Verschliffene Präfixe im Altindischen*. — AKM 42, 3; Wiesbaden: Steiner, 1976, viii, 53 p.
4245 KURYŁOWICZ, Jerzy: Zwei junggrammatische Lautgesetze im Altindischen. — [223], 94-105.
4246 LADDU, Sureshachandra D.: *Evolution of the Sanskrit language from Paṇini to Patañjali* .... — Poona: 1974 | BL 1975, 4104. | *IL* 37, 1976, 233-236 H. S. Ananthanarayana | *VIJ* 14, 1976, 156-157 S. Venkitasubramonia Iyer.
4247 LAZZERONI, Romano: Cultura vedica e cultura indoeuropea: sscr. *rajas*-: gr. ἔρεβος. — *SSL* 16, 1976, 141-161.
4248 MAGGI, Daniele: Interpretazione di Rigveda IV, 50, 2 (Appendice: Nota sul verbo vedico *taṁsayate*). — *SSL* 16, 1976, 163-205.
4249 MAUE, Dieter: Angebliches ai. *lambara*- Trommel. — *Sprache* 22, 1976, 28-31.

4250 MAURER, Walter H.: A re-examination of Ṛgveda X.129, the Nāsadīya Hymn. — *JIES* 3, 1975, 217-238 | Cf. 4219.
4251 — On the name Devanāgarī. — *JAOS* 96, 1976, 101-104.
4252 MAYRHOFER, Manfred: *Kurzgefasstes etymologisches Wörterbuch des Altindischen*. . . . Lief. 26 [Nachträge und Berichtigungen]. — Heidelberg: Winter, 1976, p. 641-808, i-xxiii (end of vol. III) | Cf. BL 1974, 3784. | *Paideia* 31, 1976, 215 Vittore Pisani | *Kratylos* 19, 1974 (1975), 186-188 T. Burrow (Fasc. 25) | *Lg* 53, 1977, 917-918 M. B. Emeneau (Fasc. 25-26).
4253 MEHENDALE, M. A.: The Ṛgveda-Saṁhitākāra and Father Esteller. — *BDC* 35, 1975/1-2, 97-116 | On the reconstruction of the original text.
4254 MEULENBELD, G. J.: *The Mādhavanidāna and its chief commentary* . . . . — Leiden: 1974 | BL 1974, 3787. | *JRAS* 1976, 162-164 John Brough.
4255 MICHELINI, Guido: *ā variante di ā analogica in antico indiano.* — *SILTA* 4, 1975/2-3 (1976), 463-465.
4256 MIGRON, Saul: Vedic trimeter verse and the Sievers-Edgerton law. — *IIJ* 18, 1976, 179-193.
4257 MISHRA, Madhusudan: The etymology of *parjánya* "rain-cloud". — *VIJ* 14, 1976, 5-6.
4258 MYLIUS, Klaus: *Wörterbuch sanskrit-deutsch.* — Leipzig: 1975 | BL 1975, 4117. | *VIJ* 14, 1976, 315-319 H. C. Patyal | *BDC* 36, 1976-77, 177-180 C. G. Kashikar | *ZPhon* 29, 1976, 613-615 M. Gatzlaff.
4259 NARAHARI, H. G.: On the compound word *pādaprasārikā.* — *BDC* 35, 1975/3-4, 94-97.
4260 Patañjali's *Vyākaraṇa-Mahābhāṣya. Tatpuruṣāhnika* (P. 2.2.2-2.2.23). Ed. with transl. and explanatory notes by S. D. JOSHI & J. A. F. ROODBERGEN. — Publ. of the Centre of Advanced Study in Skr., C 7; Poona: Univ. of Poona, 1973, xxiv, 52, 270 p. | Cf. BL 1975, 4122. | *JAOS* 96, 1976, 141-142 Rosane Rocher.
4261 PĀṬHAK, Rāma Ādhār: Some remarks on the *Altindische Grammatik.* — *AOH* 30, 1976, 121-131.
4262 PHELPS, Elaine: Boundaries and Grassmann's Law in Sanskrit. — *PBLS* II, 330-338.
4263 PISANI, Vittore: Sanskrit *dehí* und *dhehí.* — *Sprache* 22, 1976, 166.
4264 RAISON, Alix: *La Hārītasaṁhitā. Texte médical sanskrit, avec un Index de nomenclature âyurvédique.* — Inst. Fr. d'Indologie, Publ. 52; Pondichéry: Inst. Fr. d'Indologie, 1974, s.p. | *Erasmus* 28, 1976, 152-155 G. J. Meulenbeld.
4265 RANADE, H. G.: *Śāśvat* in the Vedic literature. — *BDC* 35, 1975/1-2, 117-119.
4266 RAU, Wilhelm: *The meaning of* pur *in Vedic literature.* — Abhandlungen der Marburger Gelehrten Gesellschaft 1973/1; München: Fink, 1976, 54 p. | E. summ. | *Paideia* 32, 1977. 173-174 Vittore Pisani.
4267 RUEGG, D. Seyfort: The meanings of the term *gotra* and the textual history of the *Ratnagotravibhāga.* — *BSOAS* 39, 1976, 341-363.
4268 SAG, Ivan A.: Pseudosolutions to the pseudoparadox: Sanskrit diaspirates revisited. — *LIn* 7, 1976, 609-622.
SANDOZ, C.: Du lat. *interficiō* au védique *antár dhā-.* — 5170.
4269 *Sanskrit-Wörterbuch der buddhistischen Texte aus den Turfan-Funden* . . . Hrsg. . . . unter der Leitung von Heinz BECHERT. 1. Lief. — Göttingen: 1973 | BL 1973, 4309. | *IF* 80, 1975 (1976), 232-237 W. Thomas.
4270 SCHARFE, Hartmut: A second "index fossil" of Sanskrit grammarians. — *JAOS* 96, 1976, 274-277, map.
4271 SCHINDLER, Jochem: Diachronic and synchronic remarks on Bartholomae's and

Grassmann's Laws. — *LIn* 7, 1976, 622-637.
4272 SCHWARZ, Wolfgang: *Rückläufiges Wörterbuch des Altindischen* ... Lief. 1. — Wiesbaden: 1974 | BL 1974, 3802. | *AcOr* 37, 1976, 287-289 A. Parpola.
4273 SEN, Nilmadhav: Some remarkable words and verb-forms from the Taittirīya Āraṇyaka. — *BDC* 35, 1975/1-2, 145-153.
4274 SHAH, U. P.: The Sālakaṭaṅkaṭas and Laṅkā. — *JAOS* 96, 1976, 109-113.
4275 SHARMA, R. N.: Word derivation in Paṇini. — *FoL* 9, 1976, 215-229.
4276 SHUKLA, Shaligram: Phonological rules and Old Indo-Aryan isoglosses. — [146], 129-136.
4277 STEINHAUSER, Walter: Ai. *umā* "Flachs" im Lichte der Flachskultur. — *Sprache* 22, 1976, 31-36.
4278 *Studies in historical Sanskrit lexicography.* Ed. by A. M. GHATAGE, R. N. DANDEKAR, M. A. MEHENDALE. — Centre of Advanced Study in Linguistics, Univ. of Poona, S. major 3; Poona: Deccan College, 1973, viii, 131 p. | Papers read at a seminar held in Poona, 1972. Topic: 'The nature and scope of a historical dictionary with particular reference to Sanskrit'. | *IIJ* 18, 1976, 116 L. A. Schwarzschild.
4279 ŚYĀMILAKA: *The Pādatāḍitaka.* Part II: *A translation* by G. H. SCHOKKER & P. J. WORSLEY, with a complete index of the four ancient Sanskrit Bhanas by G. H. SCHOKKER. — Dordrecht: Reidel, 1976, viii, 261 p. | Cf. BL 1967, 2723.
4280 *A Vedic word-concordance*: *Saṁhitā section.* Part I. Revised and enl. 2nd ed. — Śāntakuṭī Vedic Series 1; Hoshiarpur: V. V. R. Inst., 1976, clxiv, 668 p. | *VIJ* 14, 1976, 337.
4281 *A Vedic word-concordance*: *Brāhmaṇa section.* Revised and enl. 2nd ed. Part I; II. — Śāntakuṭī Vedic Series 7 & 8; Hoshiarpur: V. V. R. Inst., 1973, xxxix, 834 p.; p. 835-1708 | *VIJ* 14, 1976, 337.
4282 VOGEL, Claus: *Śrīdharasenas Viśvalocana: ein Jaina-Wörterbuch des Sanskrit im lamaistischen Kanon.* — NAWG 1976, 8; Göttingen: Vandenhoeck & Ruprecht, 1976, 26 p.
4283 YAMAGUCHI, Susumu: *Index to the Prasannapadā Madhyamaka-vṛtti.* I: *Sanskrit-Tibetan*; II: *Tibetan-Sanskrit.* — Kyoto: Heirakuji-shoten, 1974, xii, 250; x, 249 p.
4284 YUYAMA, Akira: *A grammar of the Prajñā-pāramitā-ratna-guṇa-saṃcaya-gāthā* .... — Canberra: 1973 | BL 1973, 4324. | *JAOS* 96, 1976, 353-354 Nancy R. Lethcoe | *IIJ* 18, 1976, 132-133 Jacques May.

III. Moyen Indo-aryen — Middle Indo-Aryan

4285 ANANTHANARAYANA, H. S.: *A Prakrit reader* .... — Mysore: 1973 | BL 1973, 4326. | *VIJ* 14, 1976, 159-160 S. D. Laddu.
4286 BHATTACHARYA, Sibesh: The meaning and significance of the term *gahapati* (during the Post-Mauryan and Pre-Gupta period). — *AO* 44, 1976, 149-152.
4287 *A critical Pāli dictionary*, begun by V. TRENCKNER. Vol. II .... Fasc. 8; 9. L. ALSDORF, ed.-in-chief. — Copenhagen: 1973; 1975 | BL 1975, 4157. | *JAOS* 96, 1976, 460-461 L. A. Schwarzschild (On II, 8) | *IIJ* 18, 1976, 140 T. Rajapatirana (II, 8) | *JA* 264, 1976, 480 Jean-Christian Coppieters (II, 6-8) | *BSL* 72, 1977/2, 116-117 Colette Caillet (II, 9).
4288 DELEU, Jozef: *Viyāhapannatti (Bhagavaī). The fifth Anga of the Jaina Canon* .... — Brugge: 1970 | BL 1970, 3315. | *JA* 264, 1976, 224-227 Colette Caillat.
4289 GHOSAL, S. N.: *The Apabhraṁśa verses of the Vikramorvaśīya from the linguistic*

viewpoint. — Calcutta: World Press, 1972, xv, 123 p.
4290 HINÜBER, Oskar v.: Sprachliche Beobachtungen zum Aufbau des Pāli-Kanons. — *StII* 2, 1976, 27-40 | Summ. in E.
4291 NORMAN, K. R.: Pāli and the language of the heretics. — *AcOr* 37, 1976, 117-126.
4292 — The labialisation of vowels in Middle Indo-Aryan. — *StII* 2, 1976, 41-58.

IV. Indo-aryen moderne — New Indo-Aryan

A. GÉNÉRALITÉS — GENERAL

BAILEY, F. G.: "I-speech" in Orissa. — 3717.
4293 BARCHUDAROV, A. S.: Stilističeskaja stratifikacija i kriterij razgraničenija literaturnoj i razgovornoj form sovremennych indoarijskich jazykov. — [344], 298-307.
BRETON, R. J. L.: *Atlas géogr. des langues et des ethnies de l'Inde* .... — 2762.
4294 HALE, Austin (ed.): *Clause, sentence, and discourse patterns in selected languages of Nepal.* I; II; III; IV. — Norman, Okla.: 1973 | BL 1974, 3827. | *Linguistics* 184, 1976, 68-76 I. I. Pejros.
4295 MALLA, Kamal P.: Language. — *Nepal in perspective.* Eds. Pashupati Shumsher J. B. Rana & Kamal P. Malla (Kathmandu: CEDA, 1973), 101-118 | *CNS* 1/2, 1974, 121-125 B. M. Dahal & Subhadra Subba.
4296 PANDIT, P. B. †: A contribution to the schwa-deletion debate. — *IL* 37, 1976, 282-295.
— *India as a sociolinguistic area.* — 3836.

B. GROUPE ORIENTAL: BENGALI, BIHARI, ORIYA, ASSAMAIS — EASTERN GROUP: BENGALI, BIHARI, ORIYA, ASSAMESE

4297 BASU, D. N.: Sutras of vowel-mutation in standard colloquial Bengali. — *IL* 37, 1976, 311-312.
4298 DALAI, Upendra Prasad: Oriya numerals. — *BDC* 35, 1975/1-2, 25-29.
4299 DESHPANDE, Nanda V.: Negation and negative particles in Bengali. — *BDC* 35, 1975/3-4, 22-28.
4300 GOSWAMI, Upendranath: A historical note on the negative particle in Asamiya. — *IL* 37, 1976, 143-145.
4301 JEFFERS, Robert J.: The position of the Bihārī dialects in Indo-Aryan. — *IIJ* 18, 1976, 215-225.
4302 KRJUČKOVA, E. R.: Prošedšee vremja glagola i sledy ėrgativnoj konstrukcii v srednebengal'skom jazyke. — [346], 95-103.
4303 MISRA, Haripriya: *Historical Oriya morphology.* — Varanasi: Bharat Manisha, 1975, xv, 193 p. | *IL* 37, 1976, 242-243 G. N. Dash.
4304 SARKAR, Pabitra: The Bengali verb. — *IJDL* 5, 1976, 274-297.
4305 SINGH, Udaya Narayana: Negation in Bengali and the order of constituents. — *IL* 37, 1976, 295-303.
4306 SREEDHAR, M. V.: *Naga Pidgin: a sociolinguistic study of inter-lingual communication pattern in Nagaland.* — CIIL Occasional Monograph Series 8; Mysore: Central Inst. of Indian Languages, 1974, ix, 239 p. | *IIJ* 18, 1976, 108 F. B. J. Kuiper.

C. GROUPE CENTRAL I: HINDI-OURDOU — CENTRAL GROUP I: HINDI-URDU

APTE, M. L.: Language controversies in the Indian Parliament ... — 3714.
4307 BALACHANDRAN, Lakshmi Bai: *A case grammar of Hindi*.... — Agra: 1973 | BL 1975, 4199. | *IJDL* 5, 1976, 170-172 D. M. Joshi.
4308 BARANNIKOV, P. A.: *Problemy chindi kak nacional'nogo jazyka.* — Leningrad: 1972 | BL 1973, 4357. | *AO* 44, 1976, 172-174 Vladimír Miltner.
4309 BARCHUDAROV, A. S.: Principy klassifikacii leksiki chindi. — [405], 12-21.
4310 CHATURVEDI, M. G.: *A contrastive analysis of Hindi-English phonology.* — Delhi: National Publishing House, 1973, 3, 135, 4 p. | *IL* 37, 1976, 165-167 Amar Bahadur Singh.
4311 DAŠČENKO, G. M.: O raspoloženii zavisimych komponentov složnoj atributivnoj sintagmy v jazyke urdu. — [405], 22-36.
4312 DOLCINI, Donatella: Il significato di *kharī* nella denominazione *kharī bolī* — *Annali della Fac. di Lingue e Letterature straniere di Ca' Foscari* (Univ. degli Studi di Venezia) 10/3, 1971 (Serie Orientale 2), 51-57.
4313 DYMŠIC, Z. M.: Sintaksičeskie funkcii usložnennych pričastij v jazyke chindi. — [407], 21-47.
4314 HOOK, Peter E.: *The compound verb in Hindi.* — Ann Arbor: 1974 | BL 1974, 3849. | *Lg* 52, 1976, 722-726 Michael C. Shapiro.
4315 KACHRU, Braj B.: General linguistic studies in Hindi: a review of resources. — *Lingua* 38, 1976, 335-355 | Books published after 1930.
4316 KACHRU, Yamuna: On the semantics of the causative construction in Hindi-Urdu. — *SynS* 6, 1976, 353-369.
4317 KLAIMAN, M. H.: Topicalization and relativization in Hindi. — *IL* 37, 1976, 315-333.
4318 MCGREGOR, R. S.: *The language of Indrajit of Orchā* ... — London: 1968 | BL 1968, 2980. | *AcOr* 37, 1976, 308-309 N. Simonsson (A propos du c. r. de S. LIENHARD, *AcOr* 36, 478-486 [BL 1974, 3854]).
4319 MAKSIMOVA, E. R.: Sočetaemost' soglasnych v predelach kornevoj morfemy v jazyke chindi. — [294], 84-97.
4320 NESPITAL, Helmut: Zur syntaktischen Verwendung der Verbalaspekte im Hindi und Urdu. — *WZUB* 23, 1974, 224-226.
4321 OLPEN, Herman VAN: The Hindi verb in indirect constructions. — *IJDL* 5, 1976, 224-237.
4322 PANDHARIPANDE, Rajeshwari, & KACHRU, Yamuna: Relational grammar, ergativity, and Hindi-Urdu. — *SLS* 6, 1976/1, 82-99.
4323 PATHAK, R. S.: Nasalization in Bagheli: an electrokymographic study. — *IL* 37, 1976, 312-315.
4324 POBOŽNIAK, Tadeusz: Das System der Zahlwörter im Hindi. — [223], 115-122.
4325 ŠAMATOV, A. N.: Arabsko-persidskaja leksika v jazyke dakchini XVII v. (na materiale pamjatnika "Sab ras" M. Vadžachi). — [407], 60-70.
4326 SHAPIRO, Michael C.: The analysis of Hindi morphologically related verb sets. — *IL* 37, 1976, 1-44.
4327 SHARMA, J. C.: Phonological interference in Hindi spoken by Bangru speakers. — *IL* 37, 1976, 146-147.
SINHA, A. C.: A phrase structure rule for Hindi noun phrase and universal grammar. — 2613.
4328 SOLNCEVA, N. I.: Ob odnoj perevode s jazyka chindi (Opyt stilističeskogo analiza). — [405], 85-101.

4329 SUBBARAO, Karumuri V.: Complementizers in Hindi. — *IL* 37, 1976, 115-132.
4330 — Evidence for a global rule: *yah ~ aisā* deletion in Hindi. — *PIL* 9, 1976/1-2, 49-69.
4331 SUBRAMONIAM, V. I., & PARAMESWARAN, H.: Gender in Hindi (A pedagogical point of view). — *IJDL* 5, 1976, 154-163.
4332 ŽMOTOVA, O. D.: Sintaksičeskie funkcii infinitiva chindi i urdu. — [405], 37-53.
4333 ZUBKOV, A. N.: Ličnye imena indusov chindi-jazyčnogo areala. — [405], 54-69.

D. GROUPE CENTRAL II: GOUJRATI, MARATHE, ETC. —
CENTRAL GROUP II: GUJARATI, MARATHI, ETC.

4334 CHITNIS, Vijaya: The "past tense" in Marathi (Classroom approach). — *BDC* 35, 1975/1-2, 21-24.
4335 — Ahiraṇi verb: a comparative descriptive study. — *BDC* 35, 1975/3-4, 15-21.
4336 DHONGDE, R. V.: Modality in Marathi. — *IL* 37, 1976, 91-101.
4337 NAIR, Usha: Verbal inflection in Gujarati. — *BDC* 35, 1975/1-2, 79-86.
4338 SOUTHWORTH, Franklin C.: The verb in Marathi-Konkani. — *IJDL* 5, 1976, 298-326, map.
4339 THEBAN, Laurenţiu: La langue goanaise. — *RRLing* 21, 1976, 109-115 | Konkani.

E. GROUPES OCCIDENTAL ET SEPTENTRIONAL —
WESTERN AND NORTHERN GROUPS

4340 AKSENOV, A. T.: Vyraženie nazvanij lic ženskogo pola množestvennogo čisla prjamogo padeža v sovremennom pandžabi (opisanie ėksperimenta). — [405], 3-11.
4341 HOOK, Peter Edwin: Is Kashmiri an SVO language? — *IL* 37, 1976, 133-142.
4342 KOTAPISH, Carl & Sharon: *A Darai-English, English-Darai glossary.* — Kathmandu: Summer Inst. of Linguistics, 1975, xi, 152 p.
4343 KOUL, Omkar N.: Noun phrase in Kashmiri. — *IL* 37, 1976, 187-195.
4344 MORGENSTIERNE, Georg: *Indo-Iranian frontier languages.* 2nd ed. IV. *The Kalasha language.* — Oslo: 1974 | BL 1974, 3883. | *BSOAS* 38, 1975, 217 J. C. Wright | *IIJ* 18, 1976, 121 Hermann Berger | *IL* 37, 1976, 255-257 Siddheshwar Verma.
4345 SMIRNOV, Ju. A.: *Jazyk lendi.* — Jazyki Azii i Afriki; Moskva: Nauka, 1975, 162 p. | Cf. BL 1970, 3370.
4346 — Osnovnye grammatičeskie certy jazyka dogri. — *NAA* 1975/2, 146-150.

F. SINGHALAIS — SINHALESE

4347 GAIR, James W.: The verb in Sinhala, with some preliminary remarks on Dravidianization. — *IJDL* 5, 1976, 259-273.
4348 HUNDIRAPOLA, R.: The Sinhalese numerals for the teens and their implications for word order change. — *IL* 37, 1976, 212-214.
4349 SILVA, M. W. Sugathapala DE: Verbal aspects of politeness expression in Sinhalese with reference to asking, telling, requesting and ordering. — *AnL* 18, 1976, 360-370.
4350 VYCHUCHOLEV, V. V.: Singal'skij jazyk. — [4088], 271-283.

IRANIEN 4351-4369

G. TSIGANE — GIPSY

4351 BARTHÉLEMY, André: Vocabulaire des Manouches d'Auvergne. — *Études Tsiganes* (Paris) 20, 1974/1, 1-6, fac-sim., 4 fig. | Présentation du No. 4361.

4352 — Le glossaire tsigane-latin de Scaliger. — *Études Isiganes* (Paris) 21, 1975/4, 4-10, fig. | *Paideia* 32, 1977, 178 Glauco Sanga.

4353 BESKROVNYJ, V. M.: O vtoričnoj prefiksacii glagola v indoarijskom jazyke (na materiale cyganskogo jazyka). — [407], 14-20.

4354 [—] BESKROVNY, V. M.: A study of Gypsy numerals. — *IL* 37, 1976, 215-219.

4355 Čhaj te vešéskīru. La jeune tsigane et le "vešéskīru", conte des Tsiganes lettons par Katia Martinkēvič. Commentaires par Leksa MĀNUŠ [= A. BELUGIN]. — *Études Tsiganes* (Paris), 22, 1976/4, 1-8.

CORTELAZZO, M.: Voci zingare nei gerghi padani. — 6497.

4356 HANCOCK, Ian F.: Patterns of English lexical adoption in an American dialect of Řomanés. — *Orbis* 25, 1976, 83-104.

4357 HÜBSCHMANNOVÁ, Milena: K jazykové situaci Romů v ČSSR (Sociolingvistický pohled). — *SS* 37, 1976, 328-336 | The linguistic situation of the Gipsies in Czechoslovakia. (Summ. in E.).

4358 MÉSZÁROS György: Cigánydialektusol Magyarországon: nyelvföldrajz. — *Janus Pannonius Muzeum Évkönyve* (Pécs) 14-15, 1969-70 (1974), 309-319 | Dialectes tsiganes en Hongrie: géogr. linguistique.

4359 — The Cerhāri Gipsy dialect. — *AOH* 30, 1976, 351-367 | Hungary.

4360 UHLIK, Rade: Glagolski prilog sadašnji u ciganskom. — *GABiH* 9, 1972 (Centar za balkan. ispitivanja 7), 129-160 | G. summ.: Das Mittelwort der Gegenwart im Zigeunerischen, 152-160.

4361 VALET, Joseph: *Le vocabulaire des Manouches d'Auvergne.* — Clermont-Ferrand: chez l'auteur (2, rue de la Parlette), environ 300 p. | Cf. 4351.

4362 VEKERDI József & MÉSZÁROS György: *A Magyarországi oláh cigány nyelvjárás mondattana.* — Magyar Nyelvtudományi Tarsaság Kiadványai 135; Budapest: 1974, 164 p. | Syntaxe du dial. tsigane vlakh en Hongrie.

4363 VENTCEL', T. V.: "Ostrovnoj" dialekt armjanskich cygan – Boša. — [344], 119-127 | The "insular" dial. of the Arm. Gipsies: Bosha.

4364 VENTCEL', T. V., & ČERENKOV, L. N.: Dialekty cyganskogo jazyka. — [4088], 283-332.

C. Groupe iranien — Iranian Group

1. Généralités — General

BOMBACI, A.: On the anc. Turkish title *šadapït*. — 12873.

4365 EFIMOV, V. A.: Obščie čerty évoljucii kategorii roda v iranskich jazykach (na materiale suščestvitel'nych i prilagatel'nych). — [221], 23-34.

EILERS, W.: *Sinn und Herkunft der Planetennamen.* — 2827.

4366 MENASCE, J. DE: Vieux-perse *artāvan* et pehlevi *ahrav*. — [293], 57-62.

4367 ORANSKIJ, Iosif M.: Altiranische Philologie und altiranische Sprachwissenschaft in der UdSSR (1917-1970). — *AoF* 2, 1975, 139-179 | Av., OPersian, Pahlavi, Sogdian, Parthian, etc.

4368 PIREJKO, L. A.: K istorii passivnych form v iranskich jazykach. — [221], 35-44.

4369 RASTORGUEVA, V. S.: O javlenijach aggljutinacii v iranskich jazykach. — [221], 45-53.

4370 SCHMID, Wolfgang P.: Iranische Wortstudien. — *IF* 80, 1975 (1976), 80-89 | 1. Zur Wurzel *raik-. 2. Iran. *kṛpaka-. 3. gav. xᵛaraiθya-.
4371 SCHMITT, Rüdiger: Zu einer neuen 'Geschichte Mittelasiens im Altertum' oder: Geschichtswissenschaft und Philologie. — *WZKM* 67, 1975, 31-91 | Critical remarks on the Iran. themes in Franz ALTHEIM & Ruth STIEHL, *Geschichte Mittelasiens im Altertum*, 1970 (BL 1970, 3385).
4372 SHEINTUCH, Gloria: Periphrastic verb formation in Persian – a dynamic process. — [146], 137-146.

II. Ancien Iranien — Old Iranian

4373 DELAUNAY, J. A.: Remarques sur quelques noms de personne des archives élamites de Persépolis. — *StIr* 5, 1976, 9-31.
4374 GERSHEVITCH, Ilya: Die Sonne das Beste. — [174], I, 68-89 | On Ys. 32.10 and 9.29.
4375 GRANTOVSKIJ, È. A.: *Rannjaja istorija iranskich plemen Perednej Azii*. — Moskva: 1970 | BL 1970, 3406. | *BiOr* 33, 1976, 387-389 R. Zadok.
4376 HAURI, Christoph: *Das pentathematische Schema der altpersischen Inschriften*. — Wiesbaden: 1973 | BL 1974, 3920. | *WZKM* 67, 1975, 294-297 Rüdiger Schmitt | *Sprache* 21, 1975, 49-50 B. Schlerath | *IF* 80, 1975 (1976), 237-239 H. Hettrich.
4377 HERRENSCHMIDT, Cl.: Désignation de l'empire et concepts politiques de Darius Ier d'après ses inscriptions en vieux-perse. — *StIr* 5, 1976, 33-65, carte.
4378 HINZ, Walther: *Altiranisches Sprachgut der Nebenüberlieferungen* .... — Wiesbaden: 1975 | BL 1975, 4281. | *BiOr* 33, 1976, 213-219 R. Zadok.
4379 HUMBACH, Helmut: Gottes Boten im Awesta. — *MSS* 34, 1976, 55-58.
4380 KELLENS, Jean: *Les noms-racines de l'Avesta*. — Wiesbaden: 1974 | BL 1974, 3924. | *IIJ* 18, 1976, 103-106 R. E. Emmerick.
4381 — Trois réflexions sur la religion des Achéménides. — *StII* 2, 1976, 113-132 | 1. La prière de Darius. 2. Av. *yazata-*. 3. Le dieu sans nom.
4382 — Un prétendu présent radical. — *MSS* 34, 1976, 59-71 | *xšta-* à côté de *hišta-*.
4383 — Compléments sur le Yasna 31, 9. — *StIr* 5, 1976, 295-297 | Cf. BL 1975, 4293.
4384 KUIPER, F. B. J.: *Ahura Mazdā* "Lord Wisdom"? — *IIJ* 18, 1976, 25-42.
4385 — Old East Iranian dialects. — *IIJ* 18, 1976, 241-253.
4386 LAZARD, Gilbert: Notes de vieux-perse. — *BSL* 71, 1976/1, 175-192 | 1. *uvāmaršiyuš*. 2. *drauga dahyauvā*. 3. Le paragraphe 70 de l'inscription de Bisotun. 4. Le système verbal.
4387 MAYRHOFER, Manfred: *Onomastica Persepolitana* ... — Wien: 1973 | BL 1973, 4434. | *Gnomon* 48, 1976, 225-228 W. Eilers.
4388 POHL, Heinz Dieter: Die altpersischen Nominalkomposita. — [260], 299-318.
4389 RECZEK, Józef: Studia nad językiem staroperskim w ostatnim trzydziestoleciu. — *ZNUJ* 451, *Prace Językoznawcze* 52, 1976, 67-82 | Studies in O. Persian in the last 30 years.
4390 SCHMEJA, Hans: Die Ankunft der Anāhita (Yt 5, 7-13). — *IIJ* 18, 1976, 227-239.
4391 SCHMITT, Rüdiger: Epitaphios auf altpersisch *hya*. — *StIr* 5, 1976, 149-154 | Contra Oswald SZEMERÉNYI, Iranica V, *AcIr* 5, 323-325 (BL 1975, 4271).
4392 SCHWARTZ, Martin: Cautes and Cautopates, the Mithraic torchbearers. — [174], I, 406-423 | On the etym. of their names.
4393 SKALMOWSKI, Wojciech: Elamite and Akkadian translations of the Old Persian periphrastic perfect. — *FO* 17, 1976, 217-229.

4394 ZADOK, Ran: On some Iranian names in Late-Babylonian documents. — *IOS* 6, 1976, 65-70.
4395 — On five Iranian names in the Old Testament. — *VT* 26, 1976, 246-247.
— Three Iran. words in Late Babylonian documents. — 11839.

III. Moyen iranien — Middle Iranian

4396 AALTO, Pentti: Kara -kala. — *KV* 56, 1976, 333-343 | Le nom de poisson *kara* (< ouralien *kala*).
4397 BAILEY, H. W.: The range of the colour *zar*- in Khotan Saka texts. — *Mémorial Jean de Menasce* (Louvain 1974 [BL 1974, 260]), 369-374.
4398 BELLI, Giorgio: Un'iscrizione partica inedita. — *RSO* 50, 1976, 91-95, pl.
4399 CHAUMONT, M. L.: Chiliarque et curopalate à la cour des Sassanides. — *Iranica Antiqua* (Leiden) 10, 1973 (1975), 139-165.
4400 DAVARY, G. Djelani, & HUMBACH, Helmut: *Die baktrische Inschrift IDN 1 von Dasht-e Nāwūr (Afghanistan)*. — AAWL 1976, 1; Wiesbaden: Steiner, 1976, 21 p., 7 fig.
4401 GIGNOUX, Philippe: *Glossaire des inscriptions pehlevies et parthes*. — London: 1972 | BL 1972, 3519. | *Muséon* 89, 1976, 485-486 Pierre Lecoq.
4402 GOODBLATT, David: '*ypr*' *hwrmyz* mother of King Shapur and '*pr*' *hwrmyz* mother of Khusro: a note on the name '*ypr*' / '*pr*' *hwrmyz*. — *JAOS* 96, 1976, 135-136.
4403 HAMPEL, Jürgen: *Die Kopenhagener Handschrift Cod. 27. Eine Sammlung von zoroastrischen Gebeten* .... — Wiesbaden: 1974 | BL 1974, 3959. | *WZKM* 67, 1975, 306-308 Jes P. Asmussen & Prods O. Skjærvø.
4404 HUMBACH, Helmut: Zu den baktrischen Materialien aus Kara-Tepe. — *MSS* 35, 1976, 63-72 | G. original of a paper published in Ru., 'K nachodkam baktrijskich nadpisej na Kara-Tepe', in *Kara-Tepė* [IV]. *Novye nachodki na Kara-Tepe v starom Termeze* (Ed.: B. Ja. Staviskij; Moskva 1975), 61-69.
4405 — Zwei iranische Namen in indischer Überlieferung. — *Sprache* 22, 1976, 36-39.
4406 JAMASPASA, Kaikhusroo M., & HUMBACH, Helmut: *Pursišnīhā, a Zoroastrian catechism* .... — Wiesbaden: 1971 | BL 1971, 3366. | *OLZ* 71, 1976, 67-70 W. Sundermann.
4407 KELLENS, Jean: Les frauuašis dans l'art sassanide. — *Iranica Antiqua* (Leiden) 10, 1973 (1975), 133-138.
4408 LAZARD, G.: Sogdien *'nt'γs*- "se réfugier". — *StIr* 5, 1976, 299-300.
4409 LEWICKI, T.: Un peuple iranien peu connu: les *Arsīya ou *Orsīya. — [284], 31-33.
4410 MACKENZIE, D. N.: *A concise Pahlavi dictionary*. — London: 1971 | BL 1971, 3371. | *Oriens* 25-26, 1976, 331-334 M. F. Kanga.
4411 — *The Buddhist Sogdian texts of the British Library*. — AcIr 10 (3e série, 3); Téhéran-Liège: Bibl. Pahlavi / Leiden: Brill, 1976, xv, 77, 220 p., 108 pl. | I. Text and transl. II. Notes, glossary, appendices. III. Plates.
4412 MAYRHOFER, Manfred: Zu den Parther-Namen der griechischen Awrōmān-Dokumente. — *Mémorial Jean de Menasce* (Louvain 1974 [BL 1974, 260]), 205-213.
4413 MĘKARSKA, Barbara: Noun phrase in Middle Persian. — *FO* 17, 1976, 189-196.
4414 SAJMIDDINOV, D.: "Frahang-i oīm-ēvak" kak lingvističeskij istočnik. — [346], 177-185.
4415 SIMS-WILLIAMS, Nicholas: The Sogdian fragments of the British Library. — *IIJ*

18, 1976, 43-74 | Appendix, by Ilya GERSHEVITCH, p. 75-82.
4416 SKJÆRVØ, P. O.: Sogdian notes. — AcOr 37, 1976, 111-116.
4417 SUNDERMANN, Werner: *Mittelpersische und parthische kosmogonische und Parabeltexte der Manichäer*.... — Berlin: 1973 | BL 1974, 3976. | *IIJ* 18, 1976, 101-103 Hanns-Peter Schmidt | *OLZ* 71, 1976, 493-495 J. P. Asmussen.
4418 — Nachlese zu F. W. K. Müllers ' Soghdischen Texten I'. 2. Teil. — *AoF* 3, 1975, 55-90, pl. 5-8 | Cf. BL 1974, 3977.
4419 UTAS, Bo: Verbs and preverbs in the Ayyātkār ī Zarērān. — *AcOr* 37, 1976, 75-110, tab.
4420 WEBER, Dieter: Sogdische Miszellen. — *IF* 80, 1975 (1976), 90-97 | 1. t'p-, tβt- "siegeln". 2. pš"βr "Proviant". 3. 'st'psr'k (Personenname). 4. γ'wtws (Personenname).
4421 WIDENGREN, Geo: La Sagesse dans le manichéisme. — [293], 501-515.

IV. Iranien moderne — New Iranian

4422 AVALIANI, Ju. Ju.: Materialy k komparativnym i sopostavitel'nym issledovanijam iranskoj frazeologii. — [221], 71-78.
4423 BEČKA, Jiří: Tajik studies in Samarkand. — *AO* 44, 1976, 361-363.
BEEMAN, W. O.: Status, style and strategy in Iran. interaction. — 3721.
4424 BLAU, Joyce: *Le kurde de 'Amādiya* .... — Paris: 1975 | BL 1975, 4368. | *Muséon* 89, 1976, 250-251 J. Grand'Henry.
4425 BOBONAZAROV, N.: Mestoimennye ėnklitiki v značenii kosvennogo dopolnenija v sisteme ėnkliticeskich mestoimenij v poėme Firdousi "Šach-name". — [342], 24-30.
4426 — Ėrgativ v "Šach-name" Firdousi. — [342], 31-38.
4427 CAGAEVA, A. Dz.: Iranskie archaizmy v toponimii Severnoj Osetti. — [221], 168-177.
4428 CHROMOV, A. L.: Jagnobskie archaizmy v toponimičeskich nazvanijach. — [221], 160-167.
4429 CHUŠENOVA, S. V.: O sootnošenii frazeologičeskich i terminologičeskich edinic (na materiale tadžikskogo jazyka). — [407], 71-82.
4430 DODYCHUDOEV, R. Ch.: *Pamirskaja mikrotoponimija (Issledovanie i materialy).* Pod red. L. G. GERCENBERGA. — Dušanbe: "Irfon", 1975, 163 p.
4431 — Pamirskie ėtimologii. — [221], 136-145 | The place-names *Róšorv* and *Siponj*.
4432 ĖDEL'MAN, D. I.: K istorii jazguljamskich i šugnano-rušanskich ukazatel'nych mestoimenij. — [221], 85-96.
4433 — Strukturnye "anomalii" vostočnoiranskich jazykov i tipologija substrata. — [223], 79-93.
4434 — Problema "jazyk ili dialekt?" pri otsutstvii pis'mennosti (na materiale pamirskich jazykov). — [344], 85-93.
4435 EILERS, Wilhelm (ed.): *Westiranische Mundarten aus der Sammlung Wilhelm Eilers. Band 1. Die Mundart von Chunsar.* Hrsg. unter Mitarbeit von Ulrich SCHAPKA. — Wiesbaden: Steiner, 1976, xv, 396 p., 6 pl., 3 maps.
4436 ELWELL-SUTTON, L. P.: *The Persian metres.* — Cambridge: Cambridge UP., 1976, xiv, 285 p.
4437 D'ERME, Giovanni M.: In margine al Dizionario persiano-italiano. [1.] Il "Paese dell'Ischia di mezzo". [2.] Per una definizione dell'*eżāfè* persiana. — *Annali della Fac. di Lingue e Letterature straniere di Ca' Foscari* (Univ. degli Studi di Venezia) 11/3, 1972 (Serie Orientale 3), 173-189.

IRANIEN MODERNE

4438 GERCENBERG, L. G.: Iranskie ètimologii I. — [221], 130-135 | 1. Tajik *mī*. 2. Tajik *lof, loba, lobidan*. 3. Tajik *zabon*. 4. Tajik *mondan* ~ Toch. AB *mäsk-*. 5. *Farğona* (toponym). 6. Tajik *čūrī*.
  GIUNAŠVILI, Dž. Š.: O proischoždenii slova "stakan". — 11189.
4439 GVENCADZE, G. S.: K voprosu o glagol'nom frazeologizme v persidskom jazyke. — *NAA* 1975/2, 151-156.
4440 IMAMNAZAROV, M.: Semantika slov . . . i . . . v poeme "Širin i Chosrov" Amira Chosrova Dechlavi. — [342], 39-48.
4441 ISAEV, M. I.: K interferencii blizkorodstvennych jazykovych sistem (na osetinskom jazykovom materiale). — [221], 64-70.
  JACOBI, J.: Bemerkungen zur Etym. von *rāḏānīya*. — 12090.
4442 KAHN, Margaret: How abstract is pharyngology: evidence from Kurmanji. — *PCLS* XII, 313-320.
4443 KERIMOVA, A. A.: O ličnych mestoimenijach v dialektach Farsa. — [221], 97-103.
4444 KISELEVA, L. N.: *Očerki po leksikologii jazyka dari*. — Moskva: 1973 | BL 1973, 4478. | *AO* 44, 1976, 165-166 Jiří Bečka.
4445 KORDI, E., & BERDYEVA, T.: Die Passivkonstruktionen im modernen Tädshikischen. — [369], 153-166.
4446 KULAEV, N. Ch.: O kavkazskom substrate osetinskogo jazyka. — *EIKJa* I, 1974, 309-320 | Summ. in Georg. & E.
4447 KURDOEV, K. K.: Kategorija roda i ob"ektnaja konstrukcija v zaza. — [221], 104-118.
4448 LAŚKARBEKOV, B. B.: Tipy osnov prošedšego vremeni vachanskogo glagola v istoričeskom aspekte. — [346], 127-139.
4449 MAINZ, Ernest: Ruth et le Cantique des Cantiques en judéo-persan. — *JA* 264, 1976, 9-34.
4450 MELIK῾YAN, G.: Parsic῾ lezvi haradrowt῾yownneri imastabanakan kaṙowc῾vack῾i harc῾i owsowmnasirowt῾yownic῾. — *BEH* 1976/3, 149-153 | On the semantic structure of paired juxtapositions in Persian (Ru. summ.).
4451 MIKOLAJČIK, V. I.: Glagol'noe vremja i glagoly ideal'noj dejatel'nosti (v sovremennom dari). — [342], 177-187.
4452 MIRZOEV, G.: Substantivnye značenija imen s suffiksom *-ī/-gī* v tadžikskom jazyke. — [347], 133-147.
4453 MOÏNFAR, M. Djafar: *Phonologie quantitative du persan*. Avec une préface de A. G. HAUDRICOURT. — Documents de linguistique quantitative 19; Paris: Dunod, 1973, 212 p. | *BSL* 72, 1977/2, 120-122 Claude Hagège.
4454 MOLČANOVA, E. K.: O čislovych korreljacijach v sovremennom tadžikskom jazyke. — [221], 119-129.
4455 — O nekotorych fonetičeskich osobennostjach sibendi. — [221], 218-220 | N. W. Iranian.
4456 — O vzaimootnošenii knižno-pis'mennogo jazyka i dialektov (na materiale iranskich dialektov polosy Isfagana). — [344], 346-354.
4457 MOLLOVA, Mefküre: Sur le livre de H. ZÄRINÄZADÄ *Fars dilindä azärbajdžan sözläri*. — *AO* 44, 1976, 73-77 | Livre sur les mots azerb. en persan, publié à Baku, 1962 (BL 1964, 2756).
4458 MORGENSTIERNE, Georg: *Etymological vocabulary of the Shughni group*. — Wiesbaden: 1974 | BL 1974, 4007. | *StIr* 5, 1976, 161-162 Gilbert Lazard.
4459 — Notes on some early records of Wakhi. — *StII* 2, 1976, 59-64.
4460 MUCHTAROVA, S.: Osnovnye anglijskie èkvivalenty tadžikskoj morfemy *-e*. — [345], 96-105.

4461 NADŽAFOV, G. G.: Imena sobstvennye v sostave transportno-torgovych terminov sovremennogo persidskogo jazyka. — [342], 49-63.
4462 — Nekotorye voprosy struktury transportno-torgovych terminov persidskogo jazyka. — [342], 64-78.
— Termin i nomenklatura .... — 2874.
4463 ORANSKIJ, I. M.: Tadž. *kati/qati* – oset. (dig.) *chässä*. — [221], 148-159.
— Indo-Iranica. — 4206.
4464 OSTROVSKIJ, B. Ja.: Analiz vyskazyvanij na fonologičeskom urovne. — *NDVŠ-F* 1976/5, 78-85 | Persian, Dari and Tajik materials.
4465 PACHALINA, T. N.: *Vachanskij jazyk.* — Moskva: Nauka, 1975, 343 p.
4466 — Ob indoarijskich elementach v sisteme ličnych mestoimenij vostočnoiranskich jazykov. — [221], 79-84.
4467 — O proischoždenii toponimov *Iškašim, Jazguljam* i *Vachan.* — [221], 178-181 | Pamir.
4468 PAPER, Herbert H.: *Biblia Judaeo-Persica.* Editio variorum. Compiled and ed. — Monograph Abstracts, Publ. LD 00007-LD 00011; Ann Arbor, Mich.: Univ. Microfilms, 1973, 5 reels of positive microfilm | *JAOS* 96, 1976, 310-313 Jes P. Asmussen.
4469 — *Pirķe Aboṯ* (chapter 1) in Judeo-Persian. — [235], 81-95.
4470 PEJSIKOV, L. S.: *Leksikologija sovremennogo persidskogo jazyka.* — Moskva: Izd. MGU, 1975, 206 p.
4471 — K istorii slovoobrazovanija otymennych glagolov v persidskom jazyke. — [221], 190-198.
4472 PENNACCHIETTI, Fabrizio A.: Un manoscritto curdo in karšuni da Arādin (Iraq). — *AION* 36, 1976, 548-552 | A Kurdish grammatical treaty.
4473 RITTER, Hellmut †: Kurmānci-Texte aus dem Ṭūr'abdîn. 2. Yeziden. — *Oriens* 25-26, 1976, 1-37 | Cf. BL 1971, 3413.
4474 RITTER, Ralf-Peter: Bemerkungen zur "Jassischen Wörterliste". — *AOH* 30, 1976, 245-250.
4475 ROZENFEL'D, A. Z.: K terminologii rodstva i svojstva v tadžikskich govorach. — [221], 209-217.
4476 RUBINČIK, Ju. A.: Tipy semantičeskich izmenenij arabskich zaimstvovanij v persidskom jazyke. — [221], 199-208.
4477 SHARIFI, Hassan: Persian verbs: a Chafean analysis. — [110], 459-468.
4478 SHEIK, Habib, & SHARIFI, Hassan: The semantic structure of the Persian verb /gereftæn/"to take". — [110], 469-476.
4479 SOHEILI-ISFAHANI, A.: A comparative study of dialect variations in Iran. — *SLS* 6, 1976/1, 38-46.
4480 STEBLIN-KAMENSKIJ, I. M.: Dva vachanskich toponima. — [221], 182-185 | 1. *Chandut.* 2. *Namatgut.*
4481 TEDEEVA, O. G.: Ob ètimologii neskol'kich osetinskich slov. — [221], 146-147.
4482 URALOV, Ch. U.: Nekotorye modeli tehničeskich terminov-suščestvitel'nych jazyka dari. — [342], 14-23.
4483 UZINA, M. S.: Ob ispol'zovanii titulov v sovremennom persidskom jazyke. — [342], 79-90.
4484 — O vežlivych èkvivalentach mestoimenij v sovremennom persidskom jazyke. — [342], 91-102.
4485 ZAGREBEL'NYJ, V. N.: Nekotorye sociologičeskie aspekty proniknovenija anglicizmov v dari. — [342], 3-13.
4486 ZYĀR, Mojāwer Ahmad: *Die Nominalkomposita des Paschto.* — Bern: 1974 | BL

1974, 4019. | *JA* 264, 1976, 190-197 Charles M. Kieffer | *Lg* 52, 1976, 990-991 Herbert Penzl | *Kratylos* 19, 1974 (1975), 188-189 R. E. Emmerick.

V. ARMÉNIEN — ARMENIAN

4487 [NERSESYAN, V.] NERSESSIAN, V.: *An index of articles on Armenian studies in Western journals.* — London: Luzac, 1976, 95 p. | Philology, linguistics, p. 72-81. | *REArm* 11, 1975-76 (1977), 460 H. Berbérian.

4488 [THOMSON, Robert] TʻOMSON, R̄obert: Hayagitakan hratarakowtʻyownner artasahmanowm (Matenagitowtʻyown, 1974). — *IFŽ* 1976/2, 269-270. | Armenological publications abroad (Bibliography for 1974).

4489 ABRAHAMYAN, A. G.: Ałbyowragitakan vičeli mi kʻani harcʻeri masin. — *IFŽ* 1976/2, 173-181 | On some controversial issues in the study of sources (Ru. summ.). On Pivazyan's and Hakobyan's review of the author's book *Hayocʻ gir ew grčʻowtʻyown* (BL 1975, 4413).

4490 ABRAHAMYAN, S[ergey] G[yanǰowmi], PAR̄NASYAN, N[vard] A[vetisi], ÔHANYAN, H[mayak] A[vetisi], & BADIKYAN, X[ačʻik] G[abrieli]: *Žamanakakicʻ hayocʻ lezow*. Hator 3: *Šarahyowsowtʻyown*. / ABRAAMJAN, S. G., PARNASJAN, N. A., OGANJAN, A. A., & BADIKJAN, Ch. G.: *Sovremennyj armjanskij jazyk*. Tom 3: *Sintaksis.* — Erevan: Haykakan SSH Gitowtʻyownneri Akademiayi hratarakčʻowtʻyown (Hr. Ačar̄yani anvan lezvi institowt), 1976, 857 p. | The Mod. Arm. language. 3. Syntax. | Cf. BL 1974, 4023.

4491 *Agathangelos. History of the Armenians.* Transl. and Comm. by R. W. THOMSON. — Albany: State Univ. of New York Press, 1976, xcvii, 527 p., map.

4492 AŁAYAN, Ê. B.: *Bar̄akʻnnakan ev stowgabanakan hetazotowtʻyownner.* — Erevan: 1974. | BL 1975, 4417. | *REArm* 11, 1975-1976 (1977), 445-448 John A. C. Greppin.

4493 — *Ardi hayereni bacʻatrakan bar̄aran.* / AGAJAN, Ė. B.: *Tolkovyj slovarʻ sovremennogo armjanskogo jazyka.* — Erevan: "Hayastan" hratarakčʻowtʻyown, 1976, xvi, 929; [v], 686 p. (p. 930-1615).

4494 — Hin hayereni *ew* > *iw*, *ew* > *eaw* (*eô*) hnčʻyownapʻoxowtʻyownnerə. — *BEH* 1976/2, 23-31 | The phonetic changes of *ew* > *iw*, *ew* > *eaw* (*eô*) of OArm. (Ru. summ.).

4495 ANDREASYAN, Gr[igor] M[igrani]: *Germaneren-hayeren bar̄aran* (40.000 bar̄). / ANDREASSJAN, Gr. M.: *Deutsch-armenisches Wörterbuch* (40000 Wörter). — Erevan: Erevani hamalsarani hratarakčʻowtʻyown, 1976, XVI, 904 p.

4496 AR̄AKʻELYAN, V. D.: Dasakan ev hetdasakan grabarə. — *IFŽ* 1976/1, 255-272 | Classical and post-classical grabar (Old Arm.). Ru. summ.

4497 AREWŠATYAN, S.: Ašxarhabari bayakan hamakargə əst arewmtahay kʻerakanagitowtʻyan. — *BEH* 1976/1, 253-258 | The verbal system of ašxarhabar according to West Arm. grammarians (Ru. summ.).

4498 ASATRYAN, M.: Arevelahay grakan lezvi jayneł paytʻakan bałajayneri artasanowtʻyownə. — *BEH* 1976/2, 32-47 | The pronunciation of the voiced plosive consonants of lit. East Arm. (Ru. summ.).

4499 — Arevelahay grakan lezvi paytʻakan bałajaynneri artasanowtʻyownə. — *LHG* 1976/6, 45-52 | The pronunciation of the plosive consonants of lit. East Arm. (Ru. summ.).

4500 AVETISYAN, H[enrik] M., & ŁAZARYAN, R̄[owben] S.: *Grabari jer̄nark.* — Erevan: Erevani hamalsarani hratarakčʻowtʻyown, 1976, 328 p. | Manual of OArm.

4501 BAŁDASARYAN-TʻAPʻALCʻYAN, S. H.: *Araratyan barbar̄i xosvackʻnerə Hoktem-*

beryani šrjanowm. / BAGDASARJAN-TAPALCJAN, S. A.: *Govory araratskogo dialekta v Oktemberjanskom rajone.* — Erevan: Haykakan SSH GA hratarakč'owt'yown (H. Ačaryani anvan lezvi institowt), 1973, 356 p. | The vernaculars of the Ararat dialect in the region of Hoktemberyan (with specimens and glossary). In Arm.

4502 — Meždialektnye kontakty v Araratskoj doline. — [344], 100-108.

4503 BAŁDIŠYAN, Gevorg: Holovman ow xonarhman aranjnahatkowt'yownner Sebeosi Patmowt'yan lezvowm. — *LHG* 1976/9, 68-78 | Declensional and conjugational peculiarities in the language of Sebeos' "History" (Ru. summ.).

4504 BAŁRAMYAN, R̄. H.: Xotrjowri barbar̄ə. — *IFŽ* 1976/3, 95-105 | The dialect of Xotrjur (Ru. summ.).

BĂLTĂCEANU, M. F.: Concordanțe lexicale armeno-daco-moesiene. — 4583.

4505 ČSMARITYAN, Ž.: Baraskizbə hayerenowm. — *BEH* 1976/2, 167-176 | The word's initial part in Arm. (Ru. summ.).

4506 DAVT'YAN, H. M.: Mi parzabanowm "Bargirk' hayoc'i" 1698 t'. tpagrowt'yan veraberyal. — *IFŽ* 1976/2, 182-188 | A remark on the edition of the "Armenian dictionary" (*Bargirk' Hayoc'*) from 1698 (cf. BL 1975, 4427). Ru. summ.

DIEBOLD, A. R., Jr.: Contributions to the IE. salmon problem. — 4079 | Arm. *losdi*, p. 347-349.

4507 DOWSETT, C. J. F.: The newly discovered fragment of Lazar of P'arp's *History.* — *Muséon* 89, 1976, 97-122 | Text, transl., comm. Cf. BL 1974, 4067.

4508 DRESSLER, Wolfgang: Das Altarmenische und die Phonologietheorie. — *HA* 90, 1976, 301-318.

4509 EZEKYAN, L.: Raffin ew grakan ašxarhabarə. — *BEH* 1976/1, 168-177 | Raffi (1835-88) and the literary ašxarhabar (Ru. summ.).

4510 FEYDIT, Frédéric: Le système de la déclinaison en arménien classique. — *Bazmavep* 134, 1976, 74-85; 341-374.

4511 — Considérations sur l'alphabet arménien (légendes et sonantes). — *HA* 90, 1976, 359-368.

4512 [GARSOYAN, N. G.] GARSOÏAN, Nina G.: Prolegomena to a study of the Iranian aspects in Arsacid Armenia. — *HA* 90, 1976, 177-234 | Also on Iran. loan-words (titles) in Arm., on Arm. toponymy and Irano-Arm. proper names.

4513 GAYAYEAN, Y. T'.: *Bararan ganjaran hayerên lezowi.* 2. tpagrowt'iwn. — Peyrowt': Tp. Hamazgayin, 1967, [8], 543 p. | Dictionary of the Arm. language. 2nd ed.

4514 GODEL, Robert: *An introduction to the study of Classical Armenian.* — Wiesbaden: 1975 | BL 1975, 4434. | *BSL* 71, 1976/2, 82-85 Charles De Lamberterie | *JAOS* 96, 1976, 471 John A. C. Greppin | *REArm* 11, 1975-76 (1977), 467-469 John A. C. Greppin.

4515 GREPPIN, John A. C.: *Classical Armenian nominal suffixes. A historical study.* — Wien: 1975 | BL 1975, 4436. | *IFŽ* 1976/3, 237-240 P. Šarabxanyan & V. Avt'andilyan.

4516 — An overview of Armenian linguistics. — *JArmS* 1, 1975 (1976), 54-64.

4517 — Classical and Middle Armenian Owls. — *KZ* 90, 1976, 131-138. | On *bow*, *bowêč*, *bowičak*, *kaskam*, and *ttaleln*.

4518 — Armenian terms for "crane" and "heron". — *HA* 90, 1976, 349-358.

4519 — Vzaimootnošenie baltijskich i armjanskogo jazykov. — *IFŽ* 1976/4, 87-100 | The interrelations between the Baltic languages and Arm. (Arm. summ.).

4520 [—] GREPIN, Jon A. K.: Dasakan hayereni dakerenic' p'oxaryal tarreri owsowmnasirowt'yan p'orj. — *LHG* 1976/4, 74-84 | An examination of the Dacian elements in Classical Arm. (Ru. summ.).

ARMÉNIEN

4521 GYOWLBOWDAŁYAN, S.: Naxadasowt'yan bazmaki andamnerə. — *BEH* 1976/1, 130-142 | Homogeneous members of the sentence (within Mod. Arm.). (Ru. summ.).

4522 HAKOBYAN, H. G.: Lezvabanowt'yown. *Gitowt'yownə Hayastanowm 50 tarowm.* / *Nauka v Armenii za 50 let* (Erevan: Haykakan SSH Gitowt'yownneri Akademiayi hratarakč'owt'yown, 1973), 123-148 | Linguistics in Soviet Armenia since 1920: Cf. BL 1970, 3614.

4523 HAKOBYAN, Henrik: Owłłaxosowt'yan harc'er. — *Sovetakan grakanowt'yown* 1976/4, 153-154 | Questions of orthography; on the occasion of No. 4540.

4524 HAMBARJOWMYAN, V. G.: H. Mamikonyani lezvi jevabanakan mi k'ani aṙanjnahatkowt'yownner. — *LHG* 1976/5, 49-57 | Some morphological peculiarities of Hovhannes Mamikonyan's language (Ru. summ.).

4525 — Nor baṙer ew imastayin kiraṙowt'yownner Hovhannes Mamikonyani "Taroni patmowt'yan" mej. — *BEH* 1976/1, 246-252 | New words and semantic uses in Hovhannes Mamikonyan's "History of Taron" (Ru. summ.).

4526 HAMP, Eric P.: Armenian *hariwr* again. — *KZ* 90, 1976, 128-130. | On GREPPIN's art. *KZ* 87, 84-85 (*BL* 1973, 4538).

4527 [HANEYAN, A. N.] ANEJAN, A. N.: Armjanskie dialekty v arabskom jazykovom okruženii. — [344], 94-99.

4528 *Haykakan hamabaṙaṙ.* Kazmvowm ê HSSH Gitowt'yownneri Akademiayi akademikos A. S. ŁARIBYANI əndhanowr łekavarowt'yamb. 10. *Yovhannow Kat'olikosi Drasxanakertec'woy Patmowt'iwn Hayoc'.* / *Armjanskij konkordans.* Sostavljaetsja pod obščim rukovodstvom ... A. S. GARIBJANA. 10. *Istorija Armenii Katolikosa Ovannesa Draschanakertci.* / *Armenian Concordance.* Compiled under the general guidance of A. S. GHARIBIAN ... 10. *Hovhannes Draskhanakertetsi, The History of Armenia.* Girk' 1: *A-E.* — Erevan: Haykakan SSH Gitowt'yownneri Akademia. Haykakan k'artaran, 1976, [IV], 703 p. | First volume of the textual concordance, based on the Tbilisi ed., 1912.

4529 *Hayoc' lezvi hangabaṙaran.* / *Obratnyj slovar' armjanskogo jazyka.* — Erevan: Haykakan SSH GA hratarakč'owt'yown (HSSH-GA & Erevani petakan hamalsaran: Hašvołakan kentron), 1976, 654 p., folding chart | Reverse index, containing 42000 Arm. words.

4530 [HOVSEP'YAN, L. S.] OVSEPJAN, L. S.: K voprosu o vzaimootnošenii drevnearmjanskogo literaturnogo jazyka i dialektov v V veke. — [344], 369-376.

4531 HÜBSCHMANN, Heinrich [1848-1908]: *Kleine Schriften zum Armenischen.* Hrsg. von Rüdiger SCHMITT. — Collectanea 36; Hildesheim: Olms, 1976, xiv, 485 p. | Introd. by the ed. (p. ix-xiv), repr. of 24 art. and reviews (originally published between 1875 and 1906), and indices. | *REArm* 11, 1975-76 (1977), 462 H. Berbérian | *Kratylos* 21, 1976 (1977), 108-111 Karl Horst Schmidt | *BSL* 72, 1977/2, 124-125 Charles De Lamberterie.

4532 IŠXANYAN, Ṙ. A. : T'owmanyani k'aṙyakneri lezvakan ev tałač'ap'akan aṙanjnahatkowt'yownnerə. — *IFŽ* 1976/2, 109-120 | The linguistic and prosodical peculiarities in Hovhannes T'owmanyan's (1869-1923) quatrains (Ru. summ.).

IVANOV, V. V.: Problemy istorii metallov na drevnem vostoke .... — 4139.

4533 JAHOWKYAN, Gevorg: Stowgabanowt'yownner. — *LHG* 1976/12, 41-51 | Etym. notes on words newly found in medieval dictionaries as well as on *a(l)xalan, ənjowl, erikamn, las, ktaw, mṙowt'/-t/-z, mowl, picaṙ, ṙowmb, sileławor, p'aṙ* (Ru. summ.).

4534 [—] JAHOWKEAN, G. B.: Hndevropakan bałajaynaxmberi artac'olowmə hayerênowm. — *HA* 90, 1976, 257-272 | The representation of the IE consonant groups in Arm. (G. summ).

4535 [—] DŽAUKJAN, G. B.: Armjanskij i zapadnokavkazskie jazyki. — *APil* 4, 1976, 261-270.

4536 JUNGMANN, Paul: Kurzbericht über Armenologie in Deutschland (BRD). — *Sprache* 22, 1976, 69 | Continuing *BL* 1973, 4555.

4537 KORTLANDT, F. H. H.: Notes on Armenian historical phonology, I. — *SCauc* 3, 1976, 91-100 | On problems of relative chronology of Arm. hist. phonology: *kh > x, *th > tˊ, *ph > pˊ, *s > h, etc.

4538 KʻOSYAN, V. A.: *Žamanakakicʻ hayereni baṙakapakcʻowtʻyownnerə*. — Erevan: 1975 | BL 1975, 4460. | *LHG* 1976/1, 107-109 H. M. Amalyan & S. A. Melkʻonyan.

4539 — *Žamanakakicʻ hayereni naxadasowtʻyan verlowcowtʻyan harcʻer*. / KOSJAN, V. A.: *Voprosy členenija predloženija sovremennogo armjanskogo jazyka*. — Erevan: Haykakan SSH GA hratarakčʻowtʻyown (H. Ačaṙyani anvan lezvi institowt), 1976, 211 p. | Problems of the analysis of the sentence in Mod. Arm. (written in Arm.).

4540 ŁARAGYOWLYAN, Tʻereza [Aršaviri]: *Žamanakakicʻ hayereni owłłaxosowtʻyownə*. / KARAGULJAN, Tereza [Aršavirovna]: *Orfoėpija sovremennogo armjanskogo jazyka*. — Erevan: Haykakan SSH GA hratarakčʻowtʻyown (H. Ačaṙyani anvan lezvi institowt), 1974, 291 p. | The orthography of Mod. Arm. | Cf. 4523.

4541 ŁARAGYOZYAN, A. H.: *Ołji geti hin haykakan anowna*. — *LHG* 1975/5, 99-101 | The OArm. name of the river Ołji / Voxči (Ru. summ.).

4542 [ŁARIBYAN, A. S.] GARIBJAN, A. S.: Armjanskij jazyk. — [4088], 94-109.

4543 — Rolʻ i značenie morfologičeskoj klassifikacii armjanskich dialektov R. Ačarjana v razvitii armjanskoj dialektologii. — *IFŽ* 1976/1, 61-66 | Arm. summ.

4544 [MINASYAN, M.] MINASSIAN, Martiros: *Manuel pratique d'arménien ancien*. — Paris: Klincksieck (Fondation des Frères Ghoukassiantz), 1976, 439 p. | *BSL* 72, 1977/2, 123-124 Charles De Lamberterie | *Paideia* 32, 1977, 172-173 Vittore Pisani.

4545 — Le complément de possession exprimé par *iwrakʻančʻiwr* "*chacun*" en ancien arménien. — *Armenian and Biblical Studies*. Ed. by Michael E. STONE (Jerusalem: St. James Press, 1976), 212-221.
MKRTČJAN, N. A.: Reduplikacija glagolov v chettskom i armjanskom. — 4166.
— Neue heth.-arm. lexikalische Parallelen. — 4167.

4546 [MKRTOWMYAN, H. G.] MKRTUMJAN, A. G.: Ėtničeskij sostav naselenija centralʻnogo Kavkaza v IX-XI vv. — *IFŽ* 1976/4, 165-174 | Arm. summ.

4547 [MOWRADYAN, H. D.] MURADJAN, O. D.: Problema klassifikacii dialektov v istorii armjanskoj dialektologii. — [344], 30-38.

4548 [MOWRADYAN, M. A.] MURADJAN, M. A.: Territorialʻnye pisʻmennye raznovidnosti i dialekty na pervom ėtape razvitija srednearmjanskogo jazyka (XII-XIV vv.). — [344], 362-368.

4549 NALBANDYAN, Liza: Harakcʻakan kapakcʻowtʻyownə ardi hayereni bard hamadasakan naxadasowtʻyownnerowm. — *LHG* 1976/8, 33-48 | The conjunctive connection in complex sentences in Mod. Arm. (Ru. summ.).

4550 PETROSYAN, L[ida] B[agrati]: *Hovh. Tʻowmanyani gełarvestakan erkeri baṙaran*. / PETROSJAN, L. B.: *Slovarʻ chudožestvennych proizvedenij Ov. Tumanjana*. — Erevan: Haykakan SSH Gitowtʻyownneri Akademiayi hratarakčʻowtʻyown (Hr. Ačaṙyani anvan lezvi institowt), 1976, XII, 403 p. | Dictionary of the poetical works of Hovhannes Thumanyan (1869-1923).

ARMÉNIEN

4551 PISANI, Vittore: Note di etimologia e morfologia armene. — *HA* 90, 1976, 273-286 | On *altewr/alt, ert'am, gerem, lowc, leard,* genitive in *-oǰ, z-is, jeřn* and *otn*.

4552 — I.e. *u-* > *v-* in armeno? — *APil* 4, 1976, 40-42.

4553 PISOWICZ, Andrzej: *Le développement du consonantisme arménien.* — PrKJK 43; Wrocław: Zakład im. Ossolińskich, 1976, 115 p. | Rés. pol. | *REArm* 11, 1975-76 (1977), 448-450 John A. C. Greppin | *BSL* 72, 1977/2, 127-129 Charles De Lamberterie.

4554 — Matériaux pour servir à la recherche du consonantisme arménien. Continuation dialectale des occlusives et affriquées de la langue classique. — *FO* 17, 1976, 197-216.

4555 POŁOSYAN, P. M.: Hayoc' lezvi očakan hamakargi ɔmbřnowmɔ XVII-XIX dareri čartasanakan ašxatowt'yownnerowm. — *LHG* 1976/1, 98-106 | The conception of the stylistic system of the Arm. language in rhetorical works of the 17th-19th centuries (Ru. summ.).

4556 SANIKIDZE, L. K.: O semantičeskom protivopostavlenii kategorij čeloveka (ličnosti) i vešči v armjanskom jazyke. — *EIKJa* 2, 1975, 281-292 | Summ. in Georg. & E.

4557 SARADŽEVA, L. A.: Sravnitel'no-tipologičeskoe issledovanie cvetovych oboznačenij v drevnearmjanskom i staroslavjanskom jazykach. — *IFŽ* 1976/4, 186-198 | Arm. summ.

4558 — Indoevropejskie vremennye ponjatija i ich razvitie v armjanskom i slavjanskich jazykach. — *LHG* 1976/7, 25-40 | Arm. summ.

4559 SCHINDLER, Jochem: Armenisch *unim.* — *HA* 90, 1976, 339-344.

4560 SCHMITT, Rüdiger: Die Namen-Konstruktion im Altarmenischen. — *HA* 90, 1976, 369-408.

SCHÜTZ, E.: Armeno-kiptschakisch und die Krim. — 13013.

4561 SEFERYAN, S.: Tařadarjowt'yan xndirɔ XIX dari erkrord kesi šek'spiryan hayeren t'argmanowt'yownnerowm. — *BEH* 1976/1, 143-161 | The problem of transcription in Arm. translations of Shakespeare's works from the second half of the 19th century (Ru. summ.).

4562 [SIMONYAN, N. M.] SIMONJAN, N. M.: O nekotorych leksiko-fonetičeskich archaizmach armjanskich dialektach. — [344], 425-431.

4563 SOLARI, Roberto: Le trascrizioni di parole greche nella traduzione gotica e armena dei Vangeli. — *RIL* 110, 1976, 167-177.

4564 SOLTA, Georg Renatus: Zum armenischen Ordinalsuffix *-ord*. — *HA* 90, 1976, 291-300.

4565 SOWK'IASYAN, A. M., & GALSTYAN, S. A.: *Hayoc' lezvi darjvacabanakan bařaran.* — Erevan: 1975 | BL 1975, 4494. | *BEH* 1976/2, 232-234 S. Gyowlbowdałyan.

4566 TALATINIAN, Basilio: Due popoli: l'armeno e lo hayano. — *Studii Biblici Franciscani liber annuus* 25, 1975, 119-135.

4567 TESSIER, Andrea: Aristotele, De interpretazione: alcune note marginali alla versione armena. — *BIFGP* 2, 1975, 185-190.

4568 THOMSON, Robert W.: *An introduction to Classical Armenian.* — Delmar: 1975 | BL 1975, 4496. | *REArm* 11, 1975-1976 (1977), 437-439 J. A. C. Greppin.

4569 T'OSOWNYAN, Ž. B.: Grabari naxadrowt'yowneri derɔ naxadasowt'yan andamneri artahaytman meǰ. — *IFŽ* 1976/2, 159-165 | The role of prepositions in the formation of the parts of a sentence in OArm. (Ru. summ.).

4570 — Grabari naxdirneri gorcacowt'yownɔ naxadrowt'yownneri zowgakc'owt'yamb. — *LHG* 1976/3, 96-98 | The use of prepositionals instead of prepositions in OArm. (Ru. summ.).

4571 T'OSOWNYAN, Žora: Grabaralezow hełinakneri k'artarani ew hamabarbaři masin. — *LHG* 1976/9, 101-104 | On the card index and concordance of the OArm. authors (Ru. summ.).
4572 ULUHOGIAN, Gabriella: Note sul testo della traduzione armena dell' "Asceticon" di S. Basilio Magno. — *RIL* 110, 1976, 114-122.
4573 URUTJAN, R. L.: Model' poroždenija imennych form sovremennogo armjanskogo jazyka. — [159], 93-98.
4574 VYCICHL, Werner: Zur armenischen Botanik. Keilschriftliches Material zum armenischen Vokabular. — *HA* 90, 1976, 345-348.
4575 WINDEKENS, A. J. VAN: L'origine étrangère et iranienne d'arm. *skund.* — *HA* 90, 1976, 287-290.
4576 XAČ'ATRYAN, A.: Va holovowmə ardi hayerenowm. — *BEH* 1976/3, 196-201 | The *va*-declension in Mod. Arm. (Ru. summ.).
4577 XAČ'ATRYAN, A. E.: Barbařneri k'nnowt'yan Ačařyani skzbownk'nerə (hnč'yownabanowt'yown). — *IFŽ* 1976/1, 145-158 | The principles of the dialectological investigations of Hrač'ya Ačařyan (phonetics). Ru. summ.
4578 [XAČ'ATRYAN, A. H.] CHAČATRJAN, A. A.: Priroda zvonkich pridychatel'nych soglasnych v nekotorych armjanskich dialektach (na materiale aštarakskogo i noraduzskogo govorov). — [344], 432-440.
4579 [XAČ'ATRYAN, Řobert] XAČATRJAN, Robert: "Žulfimskoj jazyk", upominaemyj V. N. Tatiščevym. — *LHG* 1976/10, 68-70 | Concerning the Arm. dialect of Julfa.

VI. PHRYGIEN; THRACE, DACE, ILLYRIEN, ETC. — PHRYGIAN; THRACIAN, DACIAN, ILLYRIAN, ETC.

A. Phrygien — Phrygian

4580 D'JAKONOV, I. M.: Mesto frigijskogo sredi indoevropejskich jazykov (Tezisy). — [325], 158-164 | E. summ., 295-300.
4581 HAAS, Otto: Die Sprache der spätphrygischen Inschriften. — *BalkE* 19, 1976/3, 49-82, 3 fig.; 1976/4, 53-71, 2 fig.
4582 NEROZNAK, V. P.: K izučeniju frigijskogo jazyka: problemy i rezul'taty. — [325], 165-180 | E. summ., 300-302.

B. Thrace, Dace, Illyrien, etc. — Thracian, Dacian, Illyrian, etc.

4583 BĂLTĂCEANU, Maria-Francisca: Concordanţe lexicale armeno-daco-moesiene. — *Studia Indoeuropaea ad Dacoromanos pertinentia.* I. *Studii de tracologie.* Sub red. Cicerone Poghirc (Bucureşti): Univ. din Bucureşti, 1976), 55-96.
4584 BANNERT, Herbert: Ein übersehener thrakischer Personenname. — *Sprache* 22, 1976, 167-169 | Δυόης.
4585 DUMITRAŞCU, Cătălina: L'oscillation *l/r* en position intervocalique dans la langue des Thraco-Daces. — [4600], 329-330.
4586 DURIDANOV, Ivan: *Ezikăt na trakite.* — Sofija: Nauka i izkustvo, 1976, 166 p. | The language of the Thracians.
4587 GEORGIEV, Vladimir I.: Trakijskijat ezik. — *Trakija* (Sofija) 1976/3, 137-155 | The Thracian language.
GREPPIN, J. A. C.: Dasakan hayereni dakerenic' p'oxařyal tarreri owsowmnasirowt'yan p'orj. — 4520.

PHRYGIEN; THRACE, ETC. 4588-4606

4588 GUSMANI, Roberto: Note messapiche. — [290], 127-145.
4589 KATIČIĆ, Radoslav: *Ancient languages of the Balkans.* Part 1; Part 2: Indices, prepared by Mate KRIŽMAN. — Trends in Linguistics, State-of-the-art reports 4 & 5; The Hague: Mouton, 1976, 215; 85 p. | Contents: Pre-Greek; the Northern border area (Macedonia, Paeonia, Epirus); the Thracian complex; the Illyrian complex.
4590 NENCI, Giuseppe, & PAGLIARA, Cosimo: Iscrizioni messapiche inedite da Cavallino (Lecce). — *ASNP* 39, 445-451 | BL 1970, 3683. | *SLSal* 5/1, 1972, 137-148 Ciro Santoro.
4591 PAPAZOGLU, F.: On some "Thracian" names in Illyria. — *GABiH* 12, 1974 (1975), 59-73.
4592 PISANI, Vittore: Ancora sull'iscrizione tracia da Ezerovo. — *RIL* 110, 1976, 11-15.
4593 POGHIRC, Cicerone: Considérations linguistiques sur l'ethnogenèse paléobalkanique. — *RESEE* 14, 1976, 207-220 | Interventions, par Ion I. RUSSU, Radu VULPE, et al., 221-239.
4594 — Thrace et daco-mésien: langues ou dialectes? — [4600], 335-347.
4595 — Numele și caracterul vechii divinități supreme a geto-dacilor. — *Studia Indoeuropaea ad Dacoromanos pertinentia.* I [cf. 4583], 27-34.
4596 SANTORO, Ciro: L'epigrafe messapica IM 27.12. di *Veretum* alla luce di due nuovi frammenti. — *SLSal* 6, 1973-74 (1975), 79-102, 3 pl., fig. | Corr. to BL 1975, 4516.
4597 — Su due nuovi documenti prelatini arcaici nel Salento e su un'altra epigrafe con *tabara damatria.* — *SLSal* 7, 1974-75 (1976), 235-252, 11 fig.
4598 — Nuove epigrafi messapiche (IV supplemento). — [290], 237-290, 14 pl., fig.
4599 SIMONE, Carlo DE: Messapic *Damatira/Damatura* – Balkanic ("Illyrian") Δειπάτυρος. — *JIES* 4, 1976, 355-366.
4600 *Thraco-Dacica.* Recueil d'études à l'occasion du IIe Congrès International de Thracologie (Bucarest, 4-10 septembre 1976). Éd. par les soins de Constantin PREDA, Alexandru VULPE et Cicerone POGHIRC. — București: Editura Acad. Republicii Socialiste România, 1976, 352 p.
4601 VELKOVA, Živka: Der thrakische Ursprung des Namens der Stadt Novae (Moesia inferior). — *Klio* 58, 1976, 41-43.
4602 VLACHOV, Kiril: *Trakijski lični imena. Fonetiko-morfologični proučvanija.* — Studia Thracica 2; Sofija: Izd. BAN (Inst. po trakologija), 138 p. | Thracian personal names. Phonetic and morphological studies.
4603 — Po văprosa za protoslavjanskite imena v trakijskata onomastika. — *GSU-ZF* 69, 1974/1 (1976), 5-47 | Zur Frage der protoslawischen Namen in der thrakischen Onomastik (G. summ.) Apropos of I. DURIDANOV's art., 'Ima li slavjanski elementi v trakijskata i dakijskata onomastika?' (BL 1973, 4598).
4604 — Nazvanieto *Haemus* – Stara planina. — *EL* 31, 1976/4, 36-42 | The name *Haemus* – Balkan.
4605 VRACIU, Ariton: Sur la méthodologie des recherches dans le domaine des rapports linguistiques du thraco-dace et des autres langues indo-européennes. — [4600], 315-326.
4606 VULPE, Radu: *Studia thracologica.* — București: Editura Acad. Republicii Socialiste România, 1976, 336 p. | Coll. of 16 earlier studies. | *Paideia* 32, 1977, 329-330 Vittore Pisani.

VII. LINGUISTIQUE BALKANIQUE ET ALBANAIS — BALKAN LINGUISTICS AND ALBANIAN

A. Généralités — General

4607 *Bibliographie d'Études balkaniques.* Vol. 7 –1972. [Direction: N. TODOROV & V. TRAJKOV. Élaboré par: M. KISELINČEVA, et al.]. — Sofia: Acad. Bulg. des Sci. (Inst. d'Études balkaniques), 1974, vii, 382 p. | Linguistique, p. 95-134.

4608 *Bibliographie d'Études balkaniques.* Vol. 8 – 1973. [Direction: N. TODOROV & L. VELINOVA. Élaboré par: S. ANGELOVA, et al.]. — Sofia: Acad. Bulg. des Sci. (Inst. d'Études balkaniques), 1975, xiii, 374 p. | Langues, p. 108-121.

4609 *Bibliographie d'Études balkaniques.* Vol. 9 – 1974. [Direction: N. TODOROV & L. VELINOVA. Elaboré par: S. ANGELOVA, et al.]. — Sofia: Acad. Bulg. des Sci. (Inst. d'Études balkaniques), 1976, xiv, 426 p. | Langues, p. 139-157.

4610 *Bibliographie d'Études balkaniques.* Vol. 10 – 1975. [Direction: N. TODOROV & L. VELINOVA. Elaboré par: S. ANGELOVA, et al.]. — Sofia: Acad. Bulg. des Sci. (Inst. d'Études balkaniques), 1976, xv, 452 p. | Langues, p. 170-183.

4611 [ANDRIÓTĒS, N.] ANDRIOTIS, Nicolas: Les langues balkaniques. Tendances parallèles et problème des structures au sujet du lexique. — *ZBalk* 12, 1976/2, 5-17.
ASENOVA, P.: Les contacts linguistiques sur la Péninsule Balkanique .... — 4962.
ČABEJ, E.: Zur aromunischen Wortforschung. — 6863.
CIV'JAN, T. V.: Morfosintaksičeskie funkcii novogrečeskogo artiklja .... — 4966.

4612 DESNICKAJA, A. V.: O nekotorych voprosach balkanistiki v svjazi s izučeniem karpatskogo lingvističeskogo areala. — *VJa* 1976/3, 35-46.

4613 — K interpretacii balkanizmov v karpatskoj leksike. — [2782], 15-27.

4614 DURIDANOV, Ivan: Die Bewohņernamen auf *-ar* in den Balkansprachen. — *BalkE* 19, 1976/1, 5-16.

4615 GINDIN, L. A., & KALUŽSKAJA, I. A.: K voprosu o leksičeskich karpatizmach substratnogo proischoždenija. — *SovSlav* 1976/6, 72-76.
HAMP, E. P.: On the distribution and origin of *vatra*. — 9186.

4616 HILL, Peter: Lexical revolutions as an expression of nationalism in the Balkans. — *MelbSS* 9-10, 1975, 121-128.
ILIEVSKI, P. Hr.: Der Anteil des Gr. und des Lat. an der Entwicklung der grammatischen Struktur der sl. Balkansprachen. — 9246.

4617 IONESCU, Anca Irina: Emprunts grecs dans la terminologie mythologique des langues balkaniques. — *RESEE* 14, 1976, 79-87.
IVANOV, V. S.: K tipologii infinitiva v balkanskich jazykach. — 1666.

4618 KURZOVÁ, Helena: Zur balkanischen Syntax. — *EBTch* 5, 1974 (1976), 15-21.

4619 PRAŽÁK, Richard: Recherches balkanologiques effectuées à la Faculté des Lettres de l'Université de Brno. — *EBTch* 5, 1974 (1976), 139-151.
RIMŠA, B.: Nekotorye balto-paleobalkanskie leksičeskie sootvetstvija .... — 8936.

4620 SCATTON, Ernest, & AUGEROT, James: Balkan phenomena, local or universal? — *Balk E* 19, 1976/4, 43-47.
SCHALLER, H. W.: Synthetische und analytische Nominalflexion in den slavischen Sprachen. — 9413.

4621 ŠIMUNOVIĆ, Petar: Toponomastika i istraživanje jezičkih prežitaka na Balkanu. — *GABiH* 9, 1972 (Centar za balkan. ispitivanja 7), 189-194.

ALBANAIS

4622 SKALIČKA, Vladimír: Typologischer Sprachvergleich der Balkansprachen. — *EBTch* 5, 1974 (1976), 5-14.
SKENDI, S.: Language and politics in the Balkans of our time: Albania, Yugoslavia, and Greece. — 3859.
4623 SMRČKOVÁ, Jiřina: L'état actuel des études balkaniques à l'Université Charles de Prague. — *EBTch* 5, 1974 (1976), 153-158.
4624 STEINKE, Klaus: Gibt er überhaupt Balkanismen? — *BalkE* 19, 1976/1, 21-35.
4625 — Überlegungen zur theoretischen Grundlegung der Balkanlinguistik. — *ZBalk* 12, 1976/1, 85-90.
4626 TROST, Pavel: Zur Natur der grammatischen Balkanismen. — *EBTch* 5, 1974 (1976), 23-27.
4627 TRUMMER, Manfred: Die Entwicklung der mittleren Nasalvokale oder Nasaldiphthonge. Zur Formulierung eines phonetischen Balkanismus. — *BalkE* 19, 1976/1, 17-19.
4628 VEČERKA, R.: Československá balkanologická tvorba lingvistická (Celkový přehled prací publikovaných za období od symposia v roce 1969). — [388], 38-54 | Linguistic Balkan studies in Czechoslovakia since 1969.
VOIGT, V.: Formation of metric systems on the Balkans. — 3067.
4629 WITTOCH, Zd.: Contribution à l'étude d'onomasiologie et de structure des langues du Sud-Est européen. — *RESEE* 14, 1976, 89-99.
4630 — Pokus o příspěvek k onomasiologii a struktuře jazyků jihovýchodní Evropy. — [388], 335-351 | Contr. to the onomasiology and structure of the languages of S. E. Europe.

B. Albanais — Albanian

4631 DAKA, Palok: *Bibliografi e studimeve dhe e artikujve për gjuhën shqipe. Bibliographie des études et articles sur la langue albanaise (1945-1974).* — Tiranë: Akad. e Shkencave e RPSSh, Inst. i Gjuhësisë dhe i Letërsisë, 1975, viii, 361 p. | *SFil* 31, 1977/1, 175-179 Gj. Shkurtaj (En alb.; en fr. dans *SAlb* 14, 1977/1, 147-151).
4632 HAEBLER, C.: Indogermanische Chronik. 22. VI. Albanisch. — *Sprache* 22, 1976, 90-93; 198-203.
4633 AGALLIU, Fatmir: Numërorët e paranyjëzuar, vlera dhe përdorimi i tyre. — *SFil* 30, 1976/4, 57-61.
4634 — La construction démonstratif + nom défini en albanais. — *SAlb* 13, 1976/1, 211-214 | En alb. dans *SFil* 1975/1 (BL 1975, 4543).
4635 BORETZKY, Norbert: *Der türkische Einfluss auf das Albanische. Teil 2. Wörterbuch der albanischen Turzismen.* — Albanische Forschungen 12; Wiesbaden: Harrassowitz, 1976, 226 p. | Cf. BL 1975, 4550.
4636 BYRON, Janet L.: *Selection among alternates in languages standardization: the case of Albanian.* — Contr. to the Sociology of Language 12; The Hague: Mouton, 1976, 158 p.
4637 ČABEJ, Eqrem: *Studime etimologjike në fushë të shqipes. Bleu II: A-B.* — Tiranë: Akad. e Shkencave e RP të Shqipërisë, Inst. i Gjuhësisë i Letërsisë, 1976, 615 p.
4638 — Albanische Beiträge zur Kenntnis des lateinischen Wortschatzes. — *BALM* 13-15, 1971-73 (1976), 365-377.
4639 — Histori fjalësh të sllavishtes e të shqipes. — *SFil* 30, 1976/1, 123-134 | Rés. fr.: De l'hist. de quelques mots sl. et alb.
4640 — Mbi disa izoglosa të shqipes me sllavishten. — *SFil* 30, 1976/2, 63-76 | Rés. fr. | Version all. dans *Bereiche der Slavistik* (BL 1975, 4558).

4641 — Iberoromanishtja dhe shqipja, izoglosat e tyre latine. — *SFil* 30, 1976/4, 69-72 | Rés. fr.: Ibéro-roman et alb.: leurs isoglosses lat.
4642 — Storia linguistica e struttura dialettale dell'albanese d'Italia. — [192], 5-30. — Rum.-alb. Wortparallelen. — 6899.
4643 *Çështje të gramatikës së shqipes së sotme*, II. [Réd.: Mahir DOMI, et al.]. —Tiranë: 1975 | BL 1975, 4562. | *SAlb* 13, 1976/1, 215-223 Gjovalin Shkurtaj.
4644 DEMIRAJ, Shaban: *Sistemi i lakimit në gjuhën shqipe*. — Tiranë: 1975 | BL 1975, 4564. | *RESEE* 14, 1976, 176-178 H. Mihăescu.
4645 DESNICKAJA, A. V.: Kategorija sobiratel'nosti i kategorija massy v istorii grammatičeskogo stroja albanskogo jazyka. — [331], 5-104.
4646 — K teorii jazykovych kontaktov. — [344], 139-158 | Especially on Alb.
4647 — O proischoždenii nekotorych èlementov albanskoj fleksii. — *BalkE* 19, 1976/3, 5-21.
4648 DINO, Luan: Material leksikor nga krahina e Përmetit. — *SFil* 30, 1976/4, 180-181.
4649 [DJAMO-DIACONIȚĂ, L.] XHAMO-GJAKONICA, Luçia: Përemra dhe ndajfolje të formuara me ndihmën e foljes "dua" në rumanisht dhe në shqip. — *SFil* 30, 1976/3, 161-169 | Rés. fr.: Pronoms et adverbes formés avec le verbe "vouloir" en roum. et en alb.
4650 DODBIBA, Lirak: Les différentes acceptions des mots albanais *dēt* "mer" et *ūį* "eau" comparées à celles des mots correspondants dans les langues avoisinantes. — *BALM* 13-15, 1971-73 (1976), 357-363.
4651 DOMI, Mahir: Mbi jehonën e botimit të Abetarit shqip dhe të veprimtarisë së Naum Veqilharxhit në shtypin rumun të kohës. — *SFil* 30, 1976/4, 119-131.
4652 ÈJNTREJ, G. I.: K voprosu o vido-vremennych otnošenijach v sisteme albanskogo glagola. — [331], 254-271.
4653 *Fjalor i termave të gjuhësisë: shqip – rusisht – frëngjisht – anglisht – gjermanisht – italisht*. Red.: F. LEKA, L. DODBIBA. — Terminologjia tekniko-shkencore 17; Tiranë: Akad. e Shkencave e RPSSh, Inst. të Gjuhësisë dhe i Letërsisë, 1975, vii, 587 p. | Dictionnaire de la terminologie linguistique. | *SFil* 31, 1977/2, 207-216 Seit Mansaku (En alb.; en fr. dans *SAlb* 14, 1977/2, 203-213).
4654 *Fjalori drejtshkrimor i gjuhës shqipe*. 32000 fjalë. [Komisioni hartues: Androkli KOSTALLARI, Mahir DOMI, Emil LAFE, Nikoleta CIKULI]. — Tiranë: Akad. e Shkencave e RPS të Shqipërisë, Inst. i Gjuhësisë dhe i Letërsisë, 1976, 763 p.
4655 FLOQI, Spiro: Disa vrojtime për rendin e fjalive në periudhë. — *SFil* 30, 1976/3, 113-125 | Rés. fr.
4656 *Fonetika dhe gramatika e gjuhës së sotme letrare shqipe*. II. [Red. c përgjithshme: M. DOMI, Sh. DEMIRAJ, J. GJINARI]. — Tiranë: Akad. e Shkencave e RP të Shqipërisë, Inst. i gjuhësisë dhe i letërsisë, 1976, 400 p. | Contains: A. DHRIMO, E. ANGONI, E. HYSA, E. LAFE, E. LIKAJ, F. AGALLIU, Sh. DEMIRAJ, Morfologjia.
4657 GASHI, Skënder: La toponymie antique et le problème de l'autochtonie des Albanais. Résultats et problèmes. — *OnJug* 6, 1976, 115-125 | SCr. summ.
4658 [GIOCHÁLAS, T. P.] JOCHALAS, T. P.: Sulla problematica dei prestiti bizantini e neogreci nei dialetti italo-albanesi. — *Balkan Studies* (Thessaloniki) 16, 1975, 44-55.
— Considerazioni sull'onomastica . . . . alb. in Grecia. — 5014.
4659 GJINARI, Jorgji: Struktura dialektore e shqipes e parë në lidhje me historinë e popullit. — *SFil* 30, 1976/3, 127-147 | Rés. fr.
4660 — La structure dialectale de l'albanais et son rapport avec l'histoire du peuple. — *SAlb* 13, 1976/2, 151-171 | Trad. fr. du No. 4659.

ALBANAIS

4661 — Costrutti verbali indicanti l'inizio dell'azione nelle parlate degli albanesi d'Italia. — [192], 31-35.
4662 *Gjuha letrare shqipe për të gjithë. Elemente të normës së sotme letrare kombëtare.* [Komisioni hartues: Androkli KOSTALLARI, Emil LAFE, Menella TOTONI, Nikoleta CIKULI]. — Tiranë: Shtëpia Botuese e Librit Shkollor, 1976, 296 p.
4663 GOSTURANI, Xheladin: Mohimi dhe mënyrat e shprehjes së tij në gjuhën shqipe. II; III. — *SFil* 30, 1976/2, 35-62; 1976/4, 49-56 | Rés. fr. | Cf. BL 1975, 4577.
4664 HAMP, Eric P.: *u* and *b* before *u* and next to vowel. — *RRLing* 21, 1976, 49-54 | Mainly in Alb. and Rum.
4665 KAMSI, Vili: Një dokument i ri mesjetar i gjuhës shqipe te Konstantin Muzaka (1550). — *SFil* 30, 1976/2, 207-210.
4666 KAZAZIS, Kostas, & PENTHEROUDAKIS, Joseph: Reduplication of indefinite direct objects in Albanian and Modern Greek. — *Lg* 52, 1976, 398-403.
4667 KOSTALLARI, A.: Les études linguistiques en Albanie. Sources, problèmes, résultats. — *Actes du IIe Congrès Intern. des Études du Sud-Est Européen*, Athènes 7-13 mai 1970 (Athènes 1972), Tome I, 417-436.
4668 — Mbi arritjet kryesore të gjuhësisë sonë dhe mbi disa drejtime të zhvillimit të saj të mëtejshëm. — *SFil* 30, 1976/2, 3-13 | Rés. fr.
4669 LASKU, Rakib: Material leksikor i mbledhur në krahinën e Matit. — *SFil* 30, 1976/4, 179-180.
4670 LËNGU, Naunka: Material leksikor i mbledhur në Libofshë të Fierit. — *SFil* 30, 1976/3, 219-220.
4671 LLOSHI, Xhevat: Formimi i emrave përmbledhës nga tema e shumësit. — *SFil* 30, 1976/2, 15-34 | Rés. fr.
4672 LOPAŠOV, Ju. A.: Porjadok slov v prostom povestvovatel'nom predloženii v albanskom jazyke. — [331], 272-282.
4673 LUKA, Kolë: Gjeografia toponomastike në dy kadastrat e Shkodrës të shek. XV (I; II). — *SFil* 30, 1976/1, 137-188; 1976/2, 129-178 | Rés. fr.
4674 — Arbneshi i Rekës dhe Arbneshi i Krajës në mesjetë. — *SFil* 30, 1976/3, 181-198 | Rés. fr.
4675 LULI, Fran: Vështrime gjuhësore rreth toponimisë së Postrripës dhe të Gruemirës. I; II. — *SFil* 30, 1976/4, 93-117, carte; 31, 1977/1, 97-131 | Rés. fr.
4676 MARCHIANÒ CASTELLANO, Angela: Bilinguismo "analfabeta" nelle colonie albanesi d'Italia. — [233], 425-437.
4677 Material leksikor nga krahinat. — *SFil* 30, 1976/1, 215-223.
4678 MËZEZI, Xhavit: Material leksikor i mbledhur në krahinën e Tiranës. — *SFil* 30, 1976/3, 215-218.
MOUTSOS, D.: Mod. Gr. *loumáki* and Alb. *lumak*. — 4994.
4679 NACCARATO, Rosa: Risultati di una ricerca sociolinguistica in tre comunità albanesi della provincia di Cosenza. — [192], 37-45.
4680 ÖLBERG, Hermann M.: Zwei oder drei Gutturalreihen? Vom Albanischen aus gesehen. — [233], 561-570.
4681 PADOVA, Carmine DE: Influsso romanzo nella lingua albanese di San Marzano. — [192], 47-52.
4682 POLÁK, Václav: Trois étymologies albanaises. Spécimen d'un Dictionnaire étymologique de la langue albanaise. — *EBTch* 5, 1974 (1976), 29-35 | 1. *Kuçedër*. 2. *Kukuth*. 3. *Luvgat*.
4683 PRIFTI, Stefan: Emërzimi. — *SFil* 30, 1976/4, 63-68 | Rés. fr.
4684 ŠARAPOVA, L. V.: Grammatičeskij rod imeni suščestvitel'nogo v govore albanojazyčnych poselenij Ukrainy. — [331], 105-125.

4685 SAVIĆ, Momčilo D.: Concordanza dei tempi: fenomeno non balcanico in una lingua balcanica. — *Ling* 15, 1975, 159-171 | Concordance des temps en alb.
4686 SAWICKA, Irena: Problemy albańskiej wymowy literackiej na Kosowie. — *BPTJ* 34, 1976, 135-147 | On the standard Alb. pronunciation in Kosowo (Yugoslavia). E. summ.
4687 SHEPERI, Ilia Dilo: *Gramatika dhe sindaksa e gjuhës shqipe, sidomòs e toskënishtes* (për shkolla të mesme). — Romë: 1972, 190 p., portr. | Repr. of the ed. published at Vlorë 1927. (Distr.: Jani Dilo, Woodward Htl. 55th Street, New York, N. Y. 10019). | *ZBalk* 12, 1976/1, 93-94 Johannes Faensen.
4688 SHKURTAJ, Gjovalin: Të dhëna gjuhësore për lashtësinë e bujqësisë ndër shqiptarë. — *SFil* 30, 1976/3, 149-160 | Rés. fr.
4689 SHUTERIQI, Dh. S.: *Shkrimet shqipe në vitet 1332-1850.* — Tiranë: Akad. Shkencave e RP të Shqipërisë, Inst. i Gjuhësisë dhe i Letërsisë, 1976, 316 p., ill.
4690 — Mbi Veqilharxhin – fakte dhe hipoteza. — *SFil* 30, 1976/4, 133-149 | Rés. fr. STEINKE, K., & VRACIU, A.: Zu den sprachlichen Parallelen zwischen dem Alb., dem Balt. und Slavischen. — 4122.
4691 SYTOV, A. P.: Iz istorii albanskoj glagol′noj fleksii. — [331], 193-200.
4692 — Aorist i perfekt v jazyke severnoalbanskogo èposa. — [331], 215-225.
4693 THOMAJ, Jani: Frazeologjizma foljorë në gjuhën shqipe. — *SFil* 30, 1976/1, 89-122 | Rés. fr.
4694 — Groupes de mots corrélatifs à des expressions phraséologiques. — *SAlb* 13, 1976/1, 195-210 | En alb. dans *SFil* 1975/2 (BL 1975, 4607).
4695 THUNMANN, Johann [1746-78]: *Über die Geschichte und Sprache der Albaner und der Wlachen.* Nachdruck. Hrsg. und mit einer Einleitung versehen von Harald HAARMANN. — Romanistik in Geschichte und Gegenwart 4; Hamburg: Buske, 1976, 20, 198 p. | Repr. from: *Untersuchungen über die Geschichte der östlichen europäischen Völker*, I (Leipzig 1774), p. 169-366. | *Sprache* 24, 1978, 83 C. Haebler.
4696 TOTONI, Menella: Përcaktori kallëzuesor. — *SFil* 30, 1976/3, 87-112 | Rés. fr.
4697 VĂTĂȘESCU, Cătălina: Locutions verbales et combinaisons semi-libres en roumain et en albanais. — *RESEE* 14, 1976, 131-134.
4698 VORONINA, I. I.: K voprosu o sisteme artiklej v albanskom jazyke. — [331], 125-161.
4699 VORONINA, I. I., & ŠARAPOVA, L. V.: O strukture genitivnogo slovosočetanija v govore albancev Ukrainy. — [331], 174-180.
4700 XHUVANI, Aleksandër: Fjalë e shprehje të gjuhës shqipe. XV; XVI; XVII. — *SFil* 30, 1976/1, 199-213; 1976/2, 211-225; 1976/3, 199-213 | Cf. BL 1975, 4612.
4701 ŽUGRA, A. V.: O neskol′kich tipach form prezensa v albanskom jazyke. — [331], 201-215.
4702 — O proischoždenii albanskogo futuruma toskskogo tipa. — [331], 225-254.

VIII. GREC — GREEK

A. Généralités — General

4703 *L'année philologique. Bibliographie critique et analytique de l'antiquité gréco-latine* .... publiée par Juliette ERNST et par Viktor POESCHL et William C. WEST .... Tome 45. *Bibliographie de l'année 1974 et complément d'années antérieures.* — Paris: Les Belles Lettres, 1976, xxxii, 832 p.
4704 *Bibliographical bulletin of the Greek language for the year 1974.* Vol. 2. Δελτίον

βιβλιογραφίας .... Ed. by George BABININIOTIS [MPAMPINIŌTĒS], in collaboration with Dim. THEOPHANOPOULOU-KONTOU .... [et al.]. — Athens: Dept. of Linguistics of the Univ. of Athens (distr.: A. Kardamitsa, "Inst. de livre", Hippokratous 8, Athens 143), 1976, 62 p. | *Klio* 58, 1976, 508-509 H. Krummrey (On the 1973 vol.).

4705 ADRADOS, Francisco R.: Micénico, dialectos paramicénicos y aqueo épico. — *Em* 44, 1976, 65-113.
4706 — La creación de los dialectos griegos del primer milenio. — *Em* 44, 1976, 245-278, fig.
4707 CHADWICK, John: Der Beitrag der Sprachwissenschaft zur Rekonstruktion der griechischen Frühgeschichte. — *AÖAW* 113, 1976, 183-204.
4708 GARCÍA RAMÓN, José L.: Pelasgos y Micénicos en Tesalia. — *Zephyrus* 26-27, 1976, 473-478 | E. summ. in *Minos* 15, 1974, (1976), 227-228.
4709 HOUSEHOLDER, Fred W., & NAGY, Gregory: *Greek: a survey of recent work*. — The Hague: 1972 | BL 1972, 3824. | *ZPhon* 29, 1976, 615-616 H. Geiss.
4710 [KALLÉRĒS, I. N.] KALLÉRIS, Jean N.: *Les anciens Macédoniens. Étude linguistique et historique*. Tome II. Première partie. — Coll. de l'Inst. fr. d'Athènes 81; Athènes: 1976, p. 329-624 | Tome I: 1954 (BL 1954, 115).
KATIČIĆ, R.: *Anc. languages of the Balkans*. — 4589.
4711 RISCH, Ernst: Il miceneo nella storia della lingua greca. — *QUCC* 23, 1976, 7-28.

B. Mycénien — Mycenaean

4712 BADER, Françoise: Particules d'énumération mycéniennes. — *Minos* 15, 1974 (1976), 164-194.
4713 BENNETT, Emmett L., & OLIVIER, Jean-Pierre: *The Pylos tablets*. Transcribed. I. — Roma: 1973 | BL 1973, 4718. | *RBPh* 53, 1975, 1303 Y. Duhoux | *BSL* 70, 1975/2, 151-152 F. Bader | *AC* 45, 1976, 313-314 Y. Duhoux | *RPh* 50, 1976, 268-269 P. Monteil | *JHS* 96, 1976, 259-260 J. T. Killen.
4714 — *The Pylos tablets*, transcribed. Part II: *Hands, concordances, indices*. — Incunabula Graeca 59; Roma: Edizioni dell'Ateneo, 1976, 151 p. | *BSL* 72, 1977/2, 132 Françoise Bader | *Minos* 16, 1977, 239-240 José L. Melena.
4715 BERNABÉ PAJARES, Alberto: Mic. ka-ru-ti-je-ja-o y gr. καλάθιον. — *Em* 44, 1976, 115-119.
4716 CHADWICK, John: *The Mycenaean world*. — Cambridge: Cambridge UP., 1976, xvii, 201 p., 75 ill. (incl. maps).
4717 DEROY, Louis: Le problème d'*opi* en mycénien. — *ŽAnt* 25, 1975, 366-368.
— La fonction du suffixe -φι en gr. myc. et en gr. homérique. — 4784.
4718 DORIA, Mario: Note esegetiche alle iscrizioni dei carri e ruote di Cnosso e di Pilo. — *ŽAnt* 25, 1975, 369-380.
4719 DUHOUX, Yves: *Aspects du vocabulaire économique mycénien (cadastre, artisanat, fiscalité)*. — Amsterdam: Hakkert, 1976, 202 p. | *Minos* 16, 1977, 244-247 José L. Melena.
4720 — Idéogrammes textiles du linéaire B: **146*, **160*, **165* et **166*. — *Minos* 15, 1974 (1976), 116-132, pl.
4721 FERLUGA, F.: La terminologia delle armi nell'onomastica micenea. — *ŽAnt* 25, 1975, 381-387.
4722 GEORGIEV, Vladimir I.: Une nouvelle inscription en linéaire B de Mycènes. — *Kadmos* 15, 1976, 95-96, pl.

4723 GODART, Louis: Il labirinto e la Potnia nei testi micenei. — *RAAN* 50, 1975 (1976), 141-152.
GRUMACH, E.: The Cretan scripts and the Gr. alphabet. — 2925.
4724 HILLER, Stefan: *Ra-mi-ni-ja*. Mykenisch-kleinasiatische Beziehungen und die Linear B-Texte. — *ŽAnt* 25, 1975, 388-412.
4725 — *Winajo* und die "Squatters": Überlegungen zum Knossosproblem. — *Kadmos* 15, 1976, 108-129.
4726 HILLER, Stefan, & PANAGL, Oswald: *Die frühgriechischen Texte aus mykenischer Zeit. Zur Erforschung der Linear B-Tafeln.* — Erträge der Forschung 49; Darmstadt: Wissenschaftliche Buchgesellschaft, 1976, xi, 353 p., ill.
4727 HOOKER, J. T.: *Mycenaean Greece.* — London: Routledge & Kegan Paul, 1976, x, 316 p., 13 ill.
4728 LEJEUNE, Michel: Essais de philologie mycénienne. — *RPh* 50, 1976, 193-197 | XV. En marge des tablettes de Tirynthe. Cf. BL 1974, 4200.
4729 — Analyse du dossier pylien Ea. — *Minos* 15, 1974 (1976), 81-115.
4730 — Pré-mycénien et proto-mycénien. — *BSL* 71, 1976/1, 193-206.
4731 — Le mycénien et l'étymologie de διδάσκω. — [233], 401-411.
4732 LINDGREN, Margareta: *The people of Pylos* .... Part 1; 2. — Stockholm: 1973 | BL 1975, 4642. | *SMEA* 17, 1976, 240-242 Vassilis L. Aravantinos | *Gymnasium* 83, 1976, 97-100 A. Heubeck.
MEIER, M.: Ἔχω und seine Bedeutung im Frühgriechischen. — 4868.
4733 MELENA, José L.: El testimonio del micénico a propósito de los nombres de las distintas fuerzas en Homero. — *Em* 44, 1976, 421-436, fig. | Discussion of terms expressing "strength" in the Myc. tablets.
4734 — Coriander on the Knossos tablets. — *Minos* 15, 1974 (1976), 133-163, map.
4735 MURRAY, Caroline, & WARREN, Peter: *po-ni-ki-jo* among the dye-plants of Minoan Crete. — *Kasmos* 15, 1976, 40-60.
4736 Mycenaean seminar. – *BICS* 23, 1976, 115-123 | Summ. of papers by John CHADWICK ('The Mycenaean Dorians'), J. T. HOOKER ('The origins of the Linear B script'), G. L. HUXLEY ('Crete and the Luwians: some problems reconsidered'), et al.
4737 PANAGL, Oswald: *Pa-ke-te-re* und *ka-na-to*. Zwei Gerätetermini der mykenischen Milchwirtschaft. — *ŽAnt* 22, 1972, 71-84.
4738 — Methoden der modernen Linguistik und ihre Anwendung in der Mykenologie. — *ŽAnt* 25, 1975, 422-431.
4739 PERPILLOU, Jean-Louis: Données numériques des documents Fn de Pylos. — *SMEA* 17, 1976, 65-78.
4740 PETRUŠEVSKI, M. D.: Le problème de la palatalisation en grec mycénien. — *ŽAnt* 25, 1975, 437-441.
4741 — *Pe-to-no* (= Petnos) und *o-wi-to-no* (= Owitnos). Zwei mykenisch-griechische Ortsnamen im südlichen Peloponnes. — *Klio* 58, 1976, 289-294 | 1. *pe-to-no* = Petnos = Πέφνος. 2. *o-wi-to-no* = Owitnos = Οἴτυλος (Witilo).
4742 RUIJGH, C. J.: *Chars et roues dans les tablettes mycéniennes: la méthode de la mycénologie.* — MKNA 39, 5; Amsterdam: North-Holland Publ. Co., 1976, 32 p. (p. 171-200) | *BSL* 72, 1977/2, 131 Françoise Bader.
4743 SACCONI, Anna: *Corpus delle iscrizioni vascolari in lineare B.* — Roma: 1974 | BL 1974, 4206. | *AC* 45, 1976, 720-721 Y. Duhoux | *JHS* 96, 1976, 258-259 J. Chadwick | *RBPh* 54, 1976, 958-959 Y. Duhoux | *Minos* 16, 1977, 236-238 José L. Melena.
4744 — *Corpus delle iscrizioni in lineare B di Micene.* — Roma: 1974 | BL 1974, 4207. |

GREC ANCIEN 4745-4762

JHS 96, 1976, 259 J. Chadwick | *SMEA* 17, 1976, 238-239 L. Godart | *Minos* 16, 1977, 238-239 José L. Melena.

4745 SAINER, Alan P.: An index of the place names at Pylos. — *SMEA* 17, 1976, 17-63.
4746 SCARPI, Paolo: Daidalos e il labyrinthos. — *BIFGP* 1, 1974, 194-210.
4747 — Un teonimo miceneo e le sue implicazioni per la mitologia greca. — *BIFGP* 2, 1975, 230-251 | Le théonyme fém. de PY Un 6, *Pere82*.
4748 SPYROPOULOS, Theodoros, G., & CHADWICK, John: *The Thebes Tablets II.* — Salamanca: 1975 | BL 1975, 4651. | *RPh* 50, 1976, 111-112 M. Lejeune.
4749 TICCHIONI JASINK, A. Margherita: L'*e-qe-ta* nei testi micenei. — *SMEA* 17, 1976, 85-92.
4750 VENTRIS, Michael, & CHADWICK, John: *Documents in Mycenaean Greek*. 2nd ed. by John CHADWICK. — London: 1973 | BL 1973, 4749. | *AC* 45, 1976, 312 M. Leroy | *Gnomon* 48, 1976, 433-444 L. R. Palmer | *PhQ* 55, 1976, 292-294 S. Levin | *Em* 44, 1976, 217-219 J. L. Melena | *Minos* 15, 1974 (1976), 233-239 J. L. Melena.

C. Grec ancien — Ancient Greek

0. BIBLIOGRAPHIE ET GÉNÉRALITÉS — BIBLIOGRAPHY AND GENERAL

NOBER, P.: *Elenchus bibliographicus biblicus.* — 34.

4751 DAUX, Georges: Notes de lecture. — *BCH* 100, 1976, 201-234, 16 fig. | 9 notes, dont: (1) Ἐν οἷς δεῖ. (6) En Crète: Hermès *Kédritès*. (7) Nouv. remarques sur des inscriptions de Thessalonique. (8) Quelques noms.
Grammatici latini d'età imperiale. — 5057.
4752 [PHILOXENUS GRAMMATICUS]. *Die Fragmente des Grammatikers Philoxenos*. Hrsg. von Christos THEODORIDIS. — Sammlung gr. und lat. Grammatiker 2; Berlin: de Gruyter, 1976, xiv, 410 p.
4753 PHRYNICHUS: *Die Ekloge.* Hrsg. von Eitel FISCHER. — Berlin: 1974 | BL 1974, 4215. | *RPh* 50, 1976, 301-302 J. Irigoin | *JHS* 96, 1976, 190-191 M. Macleod.
4754 PIÑERO SÁENZ, A.: Griego bíblico neotestamentario. Panorámica actual. — *CFC* 11, 1976, 123-197.
4755 WOUTERS, Alfons: P. Ant. 2.67: a compendium of Herodian's Περὶ καθολικῆς προσῳδίας, book V. — *OLP* 6-7, 1975-76, 601-613.

1. PHONÉTIQUE ET PHONOLOGIE — PHONETICS AND PHONOLOGY

4756 AITCHISON, Jean: The distinctive features of Ancient Greek. — *Glotta* 54, 1976, 173-201.
4757 ALLEN, W. Sidney: *Accent and rhythm...* — London: 1973 | BL 1973, 4770. | *CR* 26, 1976, 225-226 D. M. Jones | *Gnomon* 48, 1976, 1-8 M. L. West | *Gymnasium* 83, 1976, 116-118 D. Korzeniewski | *LaS* 9, 1976, 70-74 A. H. Sommerstein.
4758 BERNABÉ PAJARES, Alberto: Resultados en griego de las raíces con dos laringales (tipo *HEH*). — *RSEL* 5, 1975, 345-381.
4759 BILLIGMEIER, Jon-Christian: The origin of the dual reflex of initial consonantal Indo-European *y in Greek. — *JIES* 4, 1976, 221-231.
4760 BUBENIK, Vit: Consonant length in Ancient Greek phonology. — [146], 157-165.
4761 FLOYD, Edwin D.: Dissimilation of nasals in Greek πέφασμαι, etc. — *JIES* 3, 1975, 283-288.
4762 FURNÉE, Edzard J.: *Die wichtigsten konsonantischen Erscheinungen des Vorgrie-*

chischen... — The Hague: 1972 | BL 1972, 3893. | *Minos* 15, 1974 (1976), 231-233 M. S. Ruipérez.

4763 GATES, H. Phelps: On the chronology of the Attic Rückverwandlung. — *Glotta* 54, 1976, 44-52.

4764 GIGNAC, Francis Thomas: *A grammar of the Greek papyri of the Roman and Byzantine periods*. I. *Phonology*. — Testi e documenti per lo studio dell'antichità 55; Milano: Cisalpino-Goliardica, 1976, viii, 365 p. | Revision and expansion of the author's Oxford Univ. thesis.

4765 HARVIAINEN, Tapani: On the loss of the Greek /h/ and the so-called aspirated rhō. — *SO* 45, 1976, 1-88.

4766 LEJEUNE, Michel: *Phonétique historique du mycénien et du grec ancien*. — Paris: 1972 | BL 1972, 3896. | *CPh* 71, 1976, 372-374 G. M. Messing | *AC* 45, 1976, 721-722 Maurice Leroy | *RPh* 50, 1976, 113-114 P. Monteil | *JHS* 96, 1976, 200-201 P. Considine.

4767 LUPAŞ, Liana: *Phonologie du grec attique*. — The Hague: 1972 | BL 1972, 3900. | *Mn* 29, 1976, 305-310 C. J. Ruijgh.

4768 MELENA, José L.: *Sobre ciertas innovaciones tempranas del griego (el tratamiento de yod inicial y la alternancia pt-/p-)*. — Salamanca: Univ. de Salamanca, 1976, 35 p.

4769 MESSING, Gordon M.: The status of [ae:] in Attic Greek. — *ICS* 1, 1976, 1-6.

4770 MICHELINI, Guido: Le vocali protetiche greche e *ə indoeuropeo. — *SILTA* 4, 1975/2-3 (1976), 445-461.

4771 MILLER, D. Gary: Glide deletion, contraction, Attic reversion, and related problems of Ancient Greek phonology. — *Sprache* 22, 1976, 137-156.

4772 — The transformation of a natural accent system: the case of the Ancient Greek enclitics. — *Glotta* 54, 1976, 11-24.

4773 — Liquids plus *s* in Ancient Greek. — *Glotta* 54, 1976, 159-172.

4774 RUIJGH, C. J.: La phonologie générative du grec ancien. — *FL* 14, 1976, 561-586, tab. | Rev. art. on No. 4776.

4775 SHEETS, George A.: Palatalization in Greek. — *IF* 80, 1975 (1976), 118-168.

4776 SOMMERSTEIN, Alan H.: *The sound pattern of ancient Greek*. — Oxford: 1973 | BL 1973, 4781. | *CR* 26, 1976, 87-88 A. Morpurgo Davies | *Lingua* 38, 1976, 170-178 V. Bubenik | Cf. 4774.

4777 TEODORSSON, Sven-Tage: *The phonemic system of the Attic dialect*... — Göteborg: 1974 | BL 1974, 4225. | *REG* 89, 1976, 142-144 C. Brixhe | *RBPh* 54, 1976, 607 Y. Duhoux.

4778 WYATT, William F., Jr.: *The Greek prothetic vowel*. — Cleveland, Ohio: 1972 | BL 1972, 3910. | *CR* 26, 1976, 88-90 A. Morpurgo Davies | *Gnomon* 48, 1976, 118-123 Martin Peters.

4779 — Early Greek /y/ and Grassmann's Law. — *Glotta* 54, 1976, 1-11.

2. GRAMMAIRE — GRAMMAR

4780 BEEKES, R. S. P.: Some Greek *aRa*-forms. — *MSS* 34, 1976, 9-20 | 1. ταναός. 2. γάλως. 3. γυνή. 4. The H_2o-problem. 5. Lat. *nota, cognitus; gravis*.

4781 BERRETTONI, Pierangiolo: Per un'analisi del rapporto tra significato lessicale e aspetto in greco antico. — *SSL* 16, 1976, 207-236.

4782 BLASS, Friedrich, & DEBRUNNER, Albert: *Grammatik des neutestamentlichen Griechisch*. Joachim Jeremias zum 75. Geburtstag. Bearb. von Friedrich REHKOPF. 14., völlig neubearb. und erw. Aufl. — Göttingen: Vandenhoeck & Rup-

recht, 1976, xx, 511 p. | Corr. to BL 1975, 4681.
4783 CAMPAGNER, Roberto: Analisi strutturale del sintagma accusativo dell'oggetto interno in Euripide. — *BIFGP* 3, 1976, 63-83.
4784 DEROY, Louis: La fonction du suffixe -φι en grec mycénien et en grec homérique. — *AC* 45, 1976, 40-74.
4785 HAMP, Eric P.: κρέας in archaic Cretan. — *Glotta* 54, 1976, 98-99.
4786 HETTRICH, Heinrich: *Kontext und Aspekt in der altgriechischen Prosa Herodots.* — *KZ*, Ergänzungsheft 25 (Diss. Saarbrücken); Göttingen: Vandenhoeck & Ruprecht, 1976, 128 p.
4787 — Zur historischen Morphologie von gr. ἔχε(υ)α und ἔσσευα. — *MSS* 35, 1976, 47-61.
4788 HIPT, Dieter OP DE: *Adjektive auf -ώδης im Corpus Hippocraticum.* — Hamburg: 1972 | BL 1972, 3920. | *Maia* 28, 1976, 179-180 D. Fausti.
4789 KAHN, Charles H.: *The verb "be" in Ancient Greek.* — Dordrecht: 1973 | BL 1973, 4798. | *FL* 14, 1976, 605-607 A. Sihler | *AC* 45, 1976, 315-316 M. Leroy.
4790 LAMINGER-PASCHER, Gertrud: *Index grammaticus zu den griechischen Inschriften Kilikiens und Isauriens*, II. — SbÖAW 298, 3; Wien: Böhlau, 1974, 172 p. | Cf. BL 1973, 4802. | *JHS* 96, 1976, 263-264 A. G. Woodhead.
4791 LEE, G. M.: A Graeco-Armenian participle. — *Muséon* 89, 1976, 89-90 | On a use of the Gr. aorist participle.
4792 MCGAUGHY, Lane C.: *Toward a descriptive analysis of* εἶναι *as a linking verb in New Testament Greek.* — Missoula: 1972 | BL 1973, 4805. | *JBL* 95, 1976, 147-149 E. V. N. Goetchius.
4793 NEGRI, Mario: Studi sul verbo greco, II. — *Acme* 29, 1976, 233-250 | 5. Preteriti in -σκον e aoristi armeni. 6. Il verbo sostantivo. | Cf. BL 1974, 4245.
4794 PANAGL, Oswald: Morphologischer Ausgleich in der hellenistischen Koiné. — [260], 287-298.
4795 PIERACCIONI, Dino: *Morfologia storica della lingua greca*. Nuova ed. completamente rifatta. — Messina-Firenze: D'Anna, 1975, 285 p. | First ed. 1954 (BL 1954, 119).
4796 RIJKSBARON, Albertus: *Temporal & causal conjunctions in Ancient Greek. With special reference to the use of* ἐπεί *and* ὡς *in Herodotus.* — (Diss. Amsterdam); Amsterdam: Hakkert, 1976, xvi, 240 p. | Du. summ.
4797 RINALDI MIONI, G.: Aspetto verbale nel greco classico e strutturalismo. — *Scritti in onore di* † *Carlo Diano* (Bologna: Pàtron, 1975), 345-366.
4798 RISCH, Ernst: *Wortbildung der homerischen Sprache*. 2. Aufl. — Berlin: 1974 | BL 1974, 4254. | *KZ* 89, 1975, 303 R. Schmitt | *AC* 45, 1976, 724 F. Mawet | *Mn* 29, 1976, 310-316 C. J. Ruijgh | *BiOr* 33, 1976, 97-98 A. Heubeck.
4799 RUIJGH, C. J.: Analyse morphophonologique de l'attique classique. La seconde et la première déclinaison. — *Mn* 29, 1976, 1-25 | Cf. BL 1975, 4706.
4800 SAERENS, Cecilia: Le syntagme ἀγγελίην ἐλθεῖν. — *MSS* 34, 1976, 165-168.
4801 SOLLAMO, Raija: Some "improper" prepositions, such as ἐνώπιον, ἐναντίον, ἔναντι, etc., in the Septuagint and early Koine Greek. — *VT* 25, 1975, 773-782.
4802 STRIEN-GERRITSEN, Magdalena VAN: *De Homerische composita.* — Assen: 1973 | BL 1973, 4825. | *IF* 80, 1975 (1976), 240-241 A. Heubeck | *Mn* 29, 1976, 186-188 C. J. Ruijgh.
4803 TICHY, Eva: Gr. δειδέχατο und idg. *$d\acute{e}kti$, $d\acute{e}ktoi$. — *Glotta* 54, 1976, 71-84.

3. HISTOIRE — HISTORY

4804 ANNIBALDIS, Giacomo, & VOX, Onofrio: La più antica iscrizione greca. — *Glotta* 54, 1976, 223-228 | Inscription on a geometrical oinochoe.
4805 FRÖSÉN, Jaakko: *Prolegomena to a study of the Greek language* . . . — Helsinki: 1974 | BL 1974, 4266. | *CR* 26, 1976, 228-229 Robert Browning | *RPh* 50, 1976, 300-301 M. Casevitz | *JHS* 96, 1976, 204 A. C. Moorhouse | *Gymnasium* 83, 1976, 115-116 R. Schmitt.
4806 HANSEN, P. A.: Pithecusan humour. The interpretation of "Nestor's cup" reconsidered. — *Glotta* 54, 1976, 25-43.
4807 HEUBECK, Alfred: *Die homerische Frage* . . . — Darmstadt: 1974 | BL 1974, 4268. | *Gymnasium* 83, 1976, 353-355 J. Latacz.
4808 HILLERS, Delbert R., & MCCALL, Marsh H., Jr.: Homeric dictated texts: a reexamination of some Near Eastern evidence. — *HSPh* 80, 1976, 19-23 | On the evidence from Near Eastern lit. cited in support of Albert LORD's theory of Homeric dictated texts.
4809 Homer. [Forschungsbericht.] 7. Fortsetzung. Teil I und II. — *AAHG* 29, 1976, 1-70 | Teil I, 'Sprache', von Oswald PANAGL, 1-18.
4810 MEYER, J. A.: *Oecumenische taal. Beschouwingen over het Nieuwtestamentisch Grieks in de laatste twee eeuwen.* — Kamper Bijdragen 17; Groningen: De Vuurbaak, 1976, 46 p. | Oecumenical language. Reflections on New Testament Gr. in the last two centuries. (Inaugural lecture).
4811 MORANI, Moreno: Problemi di lingua e di grafia in Alcmane. — *RIL* 110, 1976, 67-82.
4812 PISANI, Vittore: *Manuale storico della lingua greca*. 2a ed. — Brescia: 1973 | BL 1973, 4834. | *Gymnasium* 82, 1975, 96-97 J. Kramer | *Maia* 27, 1975, 162-163 E. Salvaneschi | *AJPh* 97, 1976, 303-306 J. W. Poultney | *RPh* 50, 1976, 266-268 C. Brixhe | *RSEL* 5, 1975, 245-246 J. J. Moralejo.
4813 RAPALLO, Umberto: Influssi anatolici sulla grammatica di Ipponatte. — *SIFC* 48, 1976, 200-243.
4814 RIX, Helmut: *Historische Grammatik des Griechischen. Laut- und Formenlehre.* — Darmstadt: Wissenschaftliche Buchgesellschaft, 1976, xx, 297 p. | *AJPh* 97, 1976, 416-420 George Dunkel.
4815 THEODORIDIS, Christos: Die Hermokopideninschriften als Quelle der Demioprata im 10. Buch des Pollux. — *ZPE* 23, 1976, 63-73.

4. DIALECTOLOGIE — DIALECTOLOGY

4816 BRIXHE, Claude: *Le dialecte grec de Pamphylie. Documents et grammaire.* — Bibl. de l'Inst. fr. d'études anatoliennes d'Istanbul 26; Paris: Adrien-Maisonneuve, 1976, xv, 325 p., 48 pl. | Suppl. dans *Études d'archéologie classique* 5 (Nancy: 1976) [= *Annales de l'Est*, publiées par l'Univ. de Nancy II, Mémoire 53]. | *Paideia* 32, 1977, 125-127 Roberto Gusmani.
4817 FORSSMAN, Bernhard: ANNEMOTA in einer dorischen Gefässinschrift. — *MSS* 34, 1976, 39-46.
4818 HEUBECK, A.: Κυπριακά. — *ZPE* 23, 1976, 255-261.
4819 KAZANSKIJ, N. N.: Razvitie *u v pamfilijskom dialekte. — [346], 52-70.
4820 MORALEJO ALVAREZ, Juan José: *Gramática de las inscripciones délficas* . . . — Santiago de Compostela: 1973 | BL 1974, 4284. | *Em* 44, 1976, 214-217 J. L. García Ramón.

GREC ANCIEN 4821-4841

4821 — La enclítica τε en los dialectos eólicos. — *Em* 44, 1976, 163-170.
4822 NEUMANN, Günter: Beiträge zum Kyprischen. II. — *Kadmos* 15, 1976, 77-81 | 3. Eine Einladung zum Trinken.
4823 — Beiträge zum Kyprischen. III. — *Kadmos* 15, 1976, 171-175 | 4. Die Namen am Anfang von ICS 311. 5. Der PN mask. Εὔμιλος in ICS 340.
4824 SALVANESCHI, Enrica: Diasistema e tipologia nel greco italiota e siceliota. — *SILTA* 4, 1975/2-3 (1976), 401-444 | Summ. in E.
4825 SANTORO, Ciro: Osservazioni fonetiche e lessicali sul dialetto greco di Taranto. — Extrait de *Annali della Fac. di Magistero, Univ. di Bari*, 12, 1972-73 (1976?), 240 p.
WATHELET, P.: Le nom de Zeus . . . . — 5030.

5. VOCABULAIRE — VOCABULARY

4826 ARENA, Renato: Considerazioni sull'alternanza βουνός/βωνός e sull'espressione esiodea ἐκ λοχέοιο. — [233], 27-38.
4827 ATHANASSAKIS, Apostolos N.: The etymology and meaning of ὁμοίιος. — *RhM* 119, 1976, 4-7.
4828 BARCK, Christophorus: *Wort und Tat bei Homer.* — Spudasmata 34 (Diss. Tübingen); Hildesheim: Olms, 1976, xiv, 180 p.
4829 BONFANTE, Giuliano: Sul greco κοίρανος. — *AGI* 61, 1976, 72-75.
4830 BORTHWICK, E. K.: The "flower of the Argives" and a neglected meaning of ἄνθος. — *JHS* 96, 1976, 1-7.
4831 BROX, Norbert: Προφητεία im ersten Timotheusbrief. — *BZ* 20, 1976, 229-232 | A propos de l'art. de E. DEKKERS, Προφητεία - praefatio, 1963 (BL 1963, 2775).
4832 BUDIMIR, M., & CREPAJAC, Lj.: *Iz helenske glotologije.* Urednik Vojislav ĐURIĆ. / *Beiträge zur griechischen Sprachwissenschaft* . . . . ⁓ Srpska Akad. Nauka i Umetnosti, Glas 297, Odeljenje jezika i književnosti 8; Beograd: 1976, [v], 74 p. | In SCr. with summ. in G. (p. 49-61). 1. Korybanten und die lexische Gruppe **krb*- "Mütze, Hut". 2. Aphrodite. 3. Die Bildungen mit präfixalem *o*- im Gr. 4. Der Unterschied zwischen den palatalen und velaren Gutturalen im Gr. im Kontakt mit -u̯-.
ÇABEJ, E.; Westöstliche Miszellen. — 4077.
4833 CAMPAGNER, Roberto: Per un'analisi del campo semantico dei denominativi del tipo σωφρονέω, σωφρονίζω. — *BIFGP* 3, 1976, 292-295.
4834 CHADWICK, John: The etymology of Greek πάλαι. — *Glotta* 54, 1976, 68-71.
4835 CHANTRAINE, Pierre: *Dictionnaire étymologique de la langue grecque. Histoire des mots.* 1; 2; 3. — Paris: 1968-1974 | BL 1974, 4296. | *Maia* 27, 1975, 325-326 E. Salvaneschi (3) | *BSL* 71, 1976/2, 87-88 M. Lejeune (3) | *AJPh* 97, 1976, 302-303 J. W. Poultney (3) | *CR* 26, 1976, 227-228 D. M. Jones (1 & 2).
4836 — A propos de grec ὠνέομαι. — [233], 147-154.
4837 CHARALAMBAKIS, Christoph: Phthano. *Ein Beitrag zur griechischen Wortforschung.* — Diss. Köln 1976, 238 p.
4838 CLARYSSE, Willy, & MASSON, Olivier: Le substantif χηνᾶς et le nom d'homme Χηνᾶς. — *ZPE* 20, 1976, 231.
4839 COHEN, Gerald L.: Etymology of Greek *agalma, agallō, agallomai*. — *PBLS* II, 100-104.
4840 DICKIE, Matthew W.: On the meaning of ἐφήμερος. — *ICS* 1, 1976, 7-14.
4841 DIHLE, Albrecht: Δρακοντιοῦς, στηλοκόπας. — *Glotta* 54, 1976, 101-106.

4842 DOSSIN, Georges: L'origine sumérienne du mot grec ἄναξ "roi". — *OLP* 6-7, 1975-76, 209-213.
4843 DRESCHER, James: Graeco-Coptica: postscript. — *Muséon* 89, 1976, 307-321 | Additions to his art. in *Muséon* 82, 85-100 (BL 1969, 3165), and 83, 139-155 (BL 1970, 3938), on less familiar meanings of Gr. words as found in both late Gr. and Coptic.
4844 DREW-BEAR, Thomas: Latin terms in Greek: a discussion. — *CPh* 71, 1976, 349-355 | Rev. art. on No. 4865.
EICHNER-KÜHN, I.: Vier altindische Wörter. — 4225.
4845 ELLSWORTH, James Dennis: Agamemnon's intentions, ἀγών, and the growth of an error. — *Glotta* 54, 1976, 228-235.
4846 FANTASIA, Ugo: Ἀστικτον χωρίον. — *ASNP* 6, 1976, 1165-1175 | In It.
GREPPIN, J. A. C.: Skt. *garuḍa*, Gk. γέρανος .... — 4228.
4847 GRILLI, Alberto: Liddell-Scott 1925-1975. — *Paideia* 31, 1976, 3-8 | Corr. and additions to the Gr.-E. lexicon.
GROSSO, G.: *Contractus* e συνάλλαγμα .... — 5142.
4848 GSCHNITZER, Fritz: *Studien zur griechischen Terminologie der Sklaverei. 2. Untersuchungen zur älteren, insbesondere homerischen Sklaventerminologie.* — Forschungen zur antiken Sklaverei 7; Wiesbaden: Steiner, 1976, xiii, 123 p. | Cf. BL 1964, 3024.
4849 HANDLEY, E. W.: ῥυθμέω. — *BICS* 23, 1976, 58 | Ghost word.
4850 HILHORST, Antonius: *Sémitismes et latinismes dans le Pasteur d'Hermas.* — Graecitas Christianorum Primaeva 5 (diss. Nijmegen); Nijmegen: Dekker & Van de Vegt, 1976, xxiii, 208 p. | *BSL* 72, 1977/2, 144 A. Christol.
4851 HOLWERDA, D.: Zur szenisch-technischen Bedeutung des Wortes ὑπόθεσις anlässlich einer Bemerkung des Aristophanes von Byzanz zu Eur. Hipp. 171. — [264], 173-198.
4852 HÜBNER, Wolfgang: ΖΩιδια φωνήεντα. Die "stimmhaften" Tierkreiszeichen. — *Maia* 28, 1976, 121-124.
4853 IRWIN, Eleanor: *Colour terms in Greek poetry.* — Toronto: 1974 | BL 1974, 4315. | *RBPh* 53, 1975, 993-994 Jacques Schamp | *Gnomon* 48, 1976, 737-740 M. Bissinger | *RPh* 50, 1976, 117-119 F. Jouan | *JHS* 96, 1976, 195-196 D. C. Innes.
IVANOV, V. V.: Problemy istorii metallov na drevnem vostoke .... — 4139.
4854 KNOBLOCH, Johann: Griech. βραβεύς "Kampfrichter". — *Glotta* 54, 1976, 99-100.
4855 — Antike Gefässbezeichnungen aus Herkunftsnamen. — *BNF* 11, 1976, 91 | καρχήσιον; *suriscula*.
4856 KOCH, Harold J.: αἰπὺς ὄλεθρος and the etymology of ὄλλυμι. — *Glotta* 54, 1976, 216-222.
4857 KOLLER, Hermann: Ἀργεϊφόντης. — *Glotta* 54, 1976, 211-215.
4858 LANDI, Addolorata: La sacralità dei pesci sulle coste del Mediterraneo attraverso alcuni riflessi nell'onomastica della Grecia e delle sue colonie. — *AAPN* 25, 1976, 119-125.
LAZZERONI, R.: Cultura vedica e cultura indoeuropea: sscr. *rajas*-: gr. ἔρεβος. — 4247.
4859 LEJEUNE, Michel: Δῶ, "maison". — *SMEA* 17, 1976, 79-84.
— Le myc. et l'étym. de διδάσκω. — 4731.
4860 LEVET, Jean-Pierre: *Le vrai et le faux dans la pensée grecque archaïque. Étude de vocabulaire. I. Présentation générale. Le vrai et le faux dans les épopées homériques.* — (Thèse Paris 1974); Paris: Les Belles Lettres, 1976, 261 p.

4861 *Lexikon des frühgriechischen Epos.* (LfgrE). Begründet von Bruno SNELL. Fortgesetzt von Hartmut ERBSE. Mit Unterstützung ... hrsg. vom Thesaurus Linguae Graecae, unter der Leitung von Winfried BÜHLER. 8. Lief., 'Αρισταῖος – 'Ατρεΐδης. Redaktion: Eva-Maria VOIGT. — Göttingen: Vandenhoeck & Ruprecht, 1976, c. 1281-1504, 11 p. | Cf. BL 1973, 4880.

4862 LIEBERMAN, Saul: *Texts and studies.* — New York: Ktav, 1974, 318, viii p. | Collected articles, containing inter alia studies on Gr. and Hebr. lexicography. | *BiOr* 33, 1976, 44-45 Abráham Goldberg.

4863 LINCOLN, Bruce: Homeric λύσσα: "wolfish rage". — *IF* 80, 1975 (1976), 98-105.

4864 LOCHNER VON HÜTTENBACH, F.: Soloi und Soloikismos. Ein Nachprüfen und Überdenken eines antiken Fachausdruckes. — *RhM* 119, 1976, 336-345.

MACRÌ LI GOTTI, M. V.: Una voce egeo-anatolica: mic. *ko-wo* .... — 4142.

4865 MASON, Hugh J.: *Greek terms for Roman institutions* ... — Toronto: 1974 | BL 1974, 4332. | *Phoenix* 30, 1976, 394-397 C. Habicht | *JHS* 96, 1976,233-234 E. W. Gray | *JEA* 62, 1976, 199-200 J. D. Thomas | Cf. 4844.

MASTRELLI, C. A.: Etrusco-piceno *frontac* e gr. *keraunós.* — 11724.

4866 MAXWELL-STUART, P. G.: Μελίτριχος: a new word. — *RhM* 119, 1976, 288.

4867 — Glaucium corniculatum: the γλαύκιον. — *RSC* 24, 1976, 319-320.

4868 MEIER, Michael: Ἔχω und seine Bedeutung im Frühgriechischen. — *MH* 33, 1976, 180-181.

4869 MORESCHINI QUATTORDIO, Adriana: Proposte di interpretazione per i sintagmi omerici ὄρχαμος λαῶν e ὄρχαμος ἀνδρῶν. — *SSL* 16, 1976, 237-244.

4870 MUELLNER, Leonard Charles: *The meaning of Homeric* εὔχομαι *through its formulas.* — IBS 13; Innsbruck: Inst. für Sprachwissenschaft der Univ., 1976, 158 p. | *Paideia* 32, 1977, 281-282 Vittore Pisani.

4871 MÜRI, Walter: *Griechische Studien. Ausgewählte wort- und sachgeschichtliche Forschungen zur Antike.* Hrsg. von Eduard VISCHER. — Schweizerische Beiträge zur Altertumswissenschaft 14; Basel: Reinhardt, 1976, xii, 326 p. | Coll. of 9 art. published 1931-69. With bibliography.

4872 NIKITAS, Anastasios A.: *Zur Bedeutung von* πρόφασις *in der altgriechischen Literatur (Dichtung, Historiographie, Corpus Hippocraticum).* — AAWL 1976, 4; Wiesbaden: Steiner, 1976, 35 p.

4873 NUCHELMANS, J.: Quelques observations sur l'emploi de l'adverbe de modalité ἴσως dans la tragédie grecque. — [264], 225-247.

4874 PERUZZI, Emilio: Τήβεννα. — *Euphrosyne* (Lisboa) 7, 1975-76, 137-143.

4875 PETERS, Martin: Attisch *hiēmi.* — *Sprache* 22, 1976, 157-161.

4876 PISANI, Vittore: Ἑλληνικαί γλῶσσαι. — [233], 705-715 | Notes (in It.) on: 1. κεκορημένος. 2. ἄναξ βασιλεύς in Aeschylus? 3. Boeotian ἐπιχαρίττω. 4. κιχλίζω. 5. ἔρραος. 6. μολοβρός. 7. Εὔρῑπος and *rīpa.* 8. κρῆθμον. 9. βάμβαλον. 10. ἀρχός. 11. βαυκαλάω. 12. ἀρανίς (Hesychius).

4877 — Μέροπες ἄνθρωποι. — *Acme* 29, 1976, 5-7.

4878 — "Coda" in greco, "peribalcanico" e latino. — *RIL* 110, 1976, 292-295.

— Zur Lautlehre der Entlehnung ... — 4109.

4879 POETTO, Massimo: A proposito di ἀσφόδελος. — *Paideia* 31, 1976, 9-10.

4880 — Due vocaboli greci d'origine indo-mediterranea: κελεβρά e κενέβρεια. — *Orbis* 25, 1976, 105-108.

4881 PREISER, Gert: *Allgemeine Krankheitsbezeichnungen im Corpus Hippocraticum. Gebrauch und Bedeutung von Nousos und Nosema.* — Ars medica 2, 5; Berlin: de Gruyter, 1976, xix, 138 p.

4882 PUHVEL, Jaan: The origins of Greek *kosmos* and Latin *mundus*. — *AJPh* 97, 1976, 154-167.
4883 REA, J.: Another σημεῖον - in P. Oxy. VII 1068. — *ZPE* 21, 1976, 116 | Cf. BL 1971, 3737.
4884 ROMPAY, Lucas VAN: The rendering of πρόσωπον λαμβάνειν and related expressions in the early Oriental versions of the New Testament. — *OLP* 6-7, 1975-76, 569-575.
4885 ROOS, J. DE: A new root *ter - "speak clearly"? Some comments on Greek τορός and Hittite *tar-*. — [264], 323-331.
4886 ROUGÉ, J.: ἄγκοινα - *anquina*. — *RPh* 50, 1976, 213-220.
4887 SADYKOVA, N.: Cvetooboznačenija, svjazannye s nazvanijami cvetov, u Gomera. — [335], 18-35.
4888 SAUM, Franz: "Er lebte... von seinem eigenen Einkommen" (Apg 28, 30). — *BZ* 20, 1976, 226-229 | A propos de l'art. de Ernst HANSACK, *BZ* 19, 249-253 (BL 1975, 4754).
4889 SAVEL'EVA, O. M.: Osobennosti sistemy imen s mental'nym značeniem v grečeskom poètičeskom jazyke VII-VI vv. do n. è. — [335], 36-47.
4890 SCHMIDT, Volkmar: Griechisch σβέννυμι. — *Sprache* 22, 1976, 40-47 | On σ-; ἔ-σβη-ν:ἔ-σβεσ-(σ)α; β before ε, η.
4891 ŠIČALIN, Ju. L.: Opyt semantiko-ètimologičeskogo analiza slova *chronos* u Pindara. — [335], 6-17.
4892 SIJPESTEIJN, P. J.: Bedeutet ἔκκλησις Appellation? — *ZPE* 22, 1976, 107.
4893 SILVESTRI, Domenico: Greco νῶροψ "splendente" < accadico *nūru*, νωρ "splendore"? — *AION* 36, 1976, 116-122.
4894 TARDITI, Giovanni: Sul significato originario dell'aggettivo ἀπέδιλος (Aesch. Prom. 135; Alcman 1, 15 PMG). — *RFIC* 104, 1976, 21-25.
4895 TEIJEIRO, M. G.: Origen y etimología del nombre "cocodrilo". — *Archivum* 25, 1975 (1976), 427-444.
4896 THEODORIDIS, Christos: παυσινύσταλον: Ein verkanntes Wort des Pherekrates. — *Eranos* 74, 1976, 65-67.
4897 *Theologisches Wörterbuch zum Neuen Testament*. Begründet von Gerhard KITTEL †. In Verbindung mit zahlreichen Fachgenossen hrsg. von Gerhard FRIEDRICH. Band X (Register), Lief. 4/5; 6-8. — Stuttgart: Kohlhammer, 1976, p. 193-320; 321-512 | Cf. BL 1975, 4791.
4898 TOV, Emanuel: Three dimensions of LXX words. — *RB* 83, 1976, 529-544.
4899 VERDENIUS, W. J.: Καί belonging to a whole clause. — *Mn* 29, 1976, 181.
4900 *Vollständige Konkordanz zum griechischen Neuen Testament*... In Verbindung mit H. RIESENFELD, H.-U. ROSENBAUM, Chr. HANNICK neu zusammengestellt unter der Leitung von K. ALAND. Band I. Lief. 2, ἀσθένημα - γράφω. — Arbeiten zur Neutestamentlichen Textforschung IV/1; Berlin: de Gruyter, 1976, p. 97-192 | Cf. BL 1975, 4843. | *JBL* 95, 1976, 679-681 J. A. Fitzmyer (I, 1).
4901 WAANDERS, F. M. J.: Τέλος in tragedy. Some remarks. — [264], 475-482.
4902 WEITENBERG, J. J. S.: Griechisch ἴκταρ, ὑπερικταίνοντο und hethitisch *ikt-* "Bein". — *Mn* 29, 1976, 225-232.
4903 WORP, K. A.: Αὐτόστολος. — [264], 501-504.
4904 ZINATO, Antonella: Nota su διερός. — *BIFGP* 1, 1974, 173-179.

6. ÉCRITURE — SCRIPT

4905 CATLING, Hector W., & CAVANAGH, Helen: Two inscribed bronzes from the

Menelaion, Sparta. — *Kadmos* 15, 1976, 145-157, 2 pl., 3 fig.
4906 MANNI PIRAINO, Maria Teresa: Koiné alfabetica fra Siracusa, Megara Iblea e Selinunte? — *Kokalos*, 21, 1975 (1976), 121-153, pl. 29-36.
McCARTER, P. K., Jr: *The antiquity of the Gr. alphabet* .... — 2931.
MILLARD, A. R.: The Canaanite linear alphabet and its passage to the Greeks. — 2934.
4907 PANDOLFINI, Maristella: Lamina di piombo da Agrigento (?). — *ArchClass* 27/1, 1975 (1976), 46-47, pl. 21, fig. | Followed by: Franco CREVATIN, Alcune osservazioni linguistiche sulla lamina di piombo da Agrigento, p. 47-49.

7. STYLISTIQUE, LANGUE LITTÉRAIRE — STYLISTICS, LITERARY LANGUAGE

4908 AVEZZÙ, Guido: Per una ricerca sull'uso di ripetizioni nei tragici. — *BIFGP* 1, 1974, 54-69.
4909 AVEZZÙ TENUTA, Elisa: πλεονασμός, πλεονάζειν nelle testimonianze dei retori greci. — *BIFGP* 1, 1974, 5-29.
4910 — Epifrasi e strutture aggiuntive. Aspetti della sintassi eschilea. — *BIFGP* 3, 1976, 7-37.
4911 BOCCOTTI, Giancarlo: L'asindeto e il τρίκωλον nella retorica classica. — *BIFGP* 2, 1975, 34-59.
4912 BOTTIN, Luigi: Le glotte e l'elocuzione. — *BIFGP* 1, 1974, 30-48.
4913 BRANDWOOD, Leonard: *A word index to Plato.* — Compendia 8; Leeds: Maney, 1976, xxx, 1003 p.
4914 BREITENSTEIN, Urs: *Beobachtungen zu Sprache, Stil und Gedankengut des vierten Makkabäerbuchs.* — (Diss. Basel 1974); Basel: Schwabe, 1976, 212 p.
4915 CERRI, Giovanni: *Il linguaggio politico nel 'Prometeo' di Eschilo. Saggio di semantica.* — Roma: Ed. dell'Ateneo, 1976, 157 p.
4916 — A proposito del futuro e della litote in Pindaro: Nem. 7, 102 sgg. — *QUCC* 22, 1976, 83-90 | A propos de l'art. de William J. SLATER, 'Futures in Pindar', *CQ* 19, 86-94 (BL 1969, 3249).
4917 CIANI, Maria Grazia: Lessico e funzione della follia nella tragedia greca. — *BIFGP* 1, 1974, 70-110.
4918 EDWARDS, G. P.: *The language of Hesiod in its tradional context.* — Oxford: 1971 | BL 1971, 3750. | *CPh* 71, 1976, 276-278 F. M. Combellack | *CJL* 21, 1976, 219-224 G. Nagy.
4919 EDWARDS, R. A.: *A concordance to Q.* Ed. — S. B. L. Sources for Biblical Study 7; Missoula: Soc. of Biblical Lit. & Scholars Press, 1975, n.p. | *JThS* 27, 1976, 452-453 I. A. Moir | *RB* 83, 1976, 633-634 M.-É. B.
4920 FERNÁNDEZ-GALIANO, Emilio: *Léxico de los Himnos de Calímaco.* I, A-Δ. — Madrid: Inst. Antonio de Nebrija (C.S.I.C.), 1976, xxiv, 178 p.
4921 HENDERSON, Jeffrey: *The maculate muse...* — New Haven: 1975 | BL 1975, 4817. | *CPh* 71, 1976, 356-359 H. Lloyd-Jones | *Phoenix* 30, 1976, 291-293 W. J. Slater.
4922 HOEKSTRA, A.: Enallage and the transferred epithet. Some remarks on condensed effects in Aeschylus. — [264], 157-171.
4923 HOFINGER, M[arcel]: *Lexicon Hesiodeum. Index inversus.* — Leiden: 1973 | BL 1973, 4926. | *Em* 42, 1974, 459 J. López Facal | *RSC* 22, 1974, 333-334 Vittorio D'Agostino.
4924 — *Lexicon Hesiodeum cum indice inverso.* Tome II. E.-K. — Leiden: Brill, 1976, p. 171-380 | *AC* 45, 1976, 658 H. Van Looy.

4925 HUART, Pierre: Γνώμη *chez Thucydide* ... — Paris: 1973 | BL 1973, 4928. | *Gnomon* 48, 1976, 70-72 G. M. Kirkwood.
4926 JONES, Brian W.: A note on Aristophanes' φροντιστήριον. — *CPh* 71, 1976, 254-257.
4927 KÖHNKEN, A.: Gebrauch und Funktion der Litotes bei Pindar. — *Glotta* 54, 1976, 62-67.
4928 LATTKE, Michael: *Einheit im Wort. Die spezifische Bedeutung von* ἀγάπη ... — München: 1975 | BL 1975, 4825. | *JThS* 27, 1976, 458-460 M. E. Thrall.
4929 LOZZA, Giuseppe: L'ambiguità di linguaggio nelle *Olimpiche* di Pindaro. — *Acme* 29, 1976, 163-177.
4930 MARTIN, Raymond A.: *Syntactical evidence of Semitic sources in Greek documents.* — Septuagint and Cognate Studies 3; Missoula, MT: Soc. of Biblical Lit., 1974, vi, 165 p. | *JBL* 95, 1976, 156-157 R. W. Klein.
4931 MENDOZA, Julia: Aportaciones del estudio de la lengua a la determinación de la cronología de dos tratados del 'Corpus Hippocraticum'. — *Em* 44, 1976, 171-188.
4932 MINTON, William W.: *Concordance to the Hesiodic corpus.* — Leiden: Brill, 1976, xii, 313 p.
4933 MOULTON, James Hope: *A grammar of New Testament Greek. Vol. 4. Style.* By Nigel TURNER. — Edinburgh: Clark, 1976, x, 174 p. | Cf. BL 1963, 2457.
4934 MÜLLER, Dietram: Die Verspottung der metaphorischen Ausdrucksweise durch Aristophanes. — *Musa iocosa. Arbeiten über Humor und Witz* ... Hrsg. von Udo Reinhardt, et al. (Hildesheim: Olms, 1974), 29-41.
4935 MUÑOZ VALLE, Isidoro: *Investigaciones sobre el estilo formular épico* ... — Valencia: 1974 | BL 1974, 4404. | *RSC* 23, 1975, 152-153 Vittorio D'Agostino | *Maia* 28, 1976, 280-281 E. Salvaneschi.
4936 OPELT, Ilona: Schimpfwörter bei Lysias. — [233], 571-584.
4937 PEABODY, Berkley: *The winged word* ... — Albany: 1975 | BL 1975, 4832. | *Phoenix* 30, 1976, 382-386 M. L. West.
4938 RIJKSBARON, A.: How does a messenger begin his speech? Some observations on the opening lines of Euripidean messenger speeches. — [264], 293-308.
4939 RUIJGH, C. J.: Observations sur l'emploi onomastique de κεκλῆσθαι vis-à-vis de celui de καλεῖσθαι, notamment dans la tragédie attique. — [264], 333-395.
4940 STEVENS, P. T.: *Colloquial expressions in Euripides.* — Hermes, Einzelschriften 38; Wiesbaden: Steiner, 1976, vi, 72 p.
4941 STRID, Ove: *Über Sprache und Stil des Periegeten Pausanias.* — Studia Graeca Upsaliensia 9; Uppsala (distr. by Almqvist & Wiksell, Stockholm), 1976, 116 p.
4942 THEODORIDIS, Christos: Zwei neue Wörter für Aischylos und der P. Oxy. 1083, fr. 1. — *ZPE* 20, 1976, 47-53 | λάλησις, ἀπεριλάλητος.
4943 USENER, Hermannus: Glossarium Epicureum, edendum curaverunt M. GIGANTE & W. SCHMID. Specimen. — [153], 373-384.
4944 WEISSENOW, Hannelore: Bemerkungen zum Gebrauch von πατρίς bei Polybios. — *Philologus* 120, 1976, 210-214.
4945 ZINATO, Antonella: Tecnicismi e interferenze semantiche nel linguaggio callimacheo. — *BIFGP* 2, 1975, 209-229.

8. PROSODIE, MÉTRIQUE, VERSIFICATION — PROSODY, METRE, VERSIFICATION

4946 ANDERSON, Graham: Metrical howlers in Lucian. — *Hermes* 104, 1976, 254-256.
4947 DEVINE, A. M., & STEPHENS, Laurence: The Homeric hexameter and a basic

principle of metrical theory. — *CPh* 71, 1976, 141-163, 8 tab.

4948 FÜHRER, Rudolf: *Beiträge zur Metrik und Textkritik der griechischen Lyriker.* — NAWG 1976, 4-6; Göttingen: Vandenhoeck & Ruprecht, 1976, 152 p. (= p. 109-261) | I. Text und Kolometrie von Simonides' Danae (fr. 543 P.). IIa. Text und Kolometrie von Bakchylides' Ἥἴθεοι (c. 17). IIb. Zum Problem der Responsionsfreiheiten bei Pindar und Bakchylides. III. Die Kolometrie von ἔμε δείλαν (Alkaios fr. 10 L.-P.).

4949 HASLAM, M. W.: Homeric words and Homeric metre: two doublets examined (λείβω/εἴβω, γαῖα/αἶα. — *Glotta* 54, 1976, 201-211.

4950 — A relic of metrical education. — *ZPE* 20, 1976, 55-57.

4951 MAAS, Paul: *Metrica greca.* Trad. e aggiornamenti di A. GHISELLI. — Bibl. del saggiatore 39; Firenze: Le Monnier, 1976, ix, 178 p. | First G. ed. 1923. | *RSC* 24, 1976, 319-320 V. D'Agostino | *GIF* 28, 1976, 332-334 G. Burzacchini.

4952 PARKER, L. P. E.: Catalexis. — *CQ* 26, 1976, 14-28.

4953 PERPILLOU, Jean-Louis: Les groupes initaux δF-, ϑF-, τF- dans la prosodie épique. — *RPh* 50, 1976, 41-57.

4954 *Richerche sul trimetro dei tragici greci: metro e verso.* A cura di Carlo PRATO... [et al.]. — Roma: 1975 | BL 1975, 4851. | *RFIC* 104, 1976, 195-201 Roberto Pretagostini | *BIFGP* 3, 1976, 305-307 A. Tessier.

4955 STEUR, I. VAN DER: Remarques sur la formation lexicale antimétrique bacchéenne. — [264], 433-450.

9. TRADUCTION — TRANSLATION

4956 SICKLE, John VAN: The doctored text: translating a new fragment of Archilochus. — *MLN* 90, 1975, 872-885.

10. LINGUISTIQUE MATHÉMATIQUE — MATHEMATICAL LINGUISTICS

4957 BAIRD, J. Arthur: Content analysis and the computer: a case-study in the application of the scientific method to biblical research. — *JBL* 95, 1976, 255-276, tab.

4958 FOSSIER, L., & ZARRI, G. P.: *L'indexation automatique des sources documentaires anciennes.* — Paris: CNRS, 1975, 87 p.

GOERLANDT, E.: Omtrent frequentieonderzoek op antieke teksten.... — 3214.

D. Grec byzantin et moderne — Byzantine and Modern Greek

4959 Bibliographische Notizen und Mitteilungen. Gesamtredaktion: H.-G. BECK und St. HÖRMANN-V. STEPSKI. — *ByzZ* 69, 1976, 131-295; 480-668 | Language and metrics, 152-156; 501-504.

4960 AERTS, W. J.: Quelques observations sur certaines formes périphrastiques dans le parler des villages grécophones de Pouille. — [290], 293-300.

4961 [ANDRIÓTĒS, N. P.] ANDRIOTIS, N. P.: *La loi de la prophylaxie dans le vocalisme néo-grec.* — Thessalonique: 1974, 64 p. | *RESEE* 14, 1976, 345-346 Nicolae Saramandu.

4962 ASENOVA, Petja: Les contacts linguistiques sur la Péninsule Balkanique reflétes dans le parler des Karakatchans de Bulgarie. — *BalkE* 19, 1976/4, 9-21.

4963 BAKKER, W. F.: *Pronomen abundans and pronomen coniunctum*... — Amsterdam: 1974 | BL 1974, 4440. | *CR* 26, 1976, 284-285 R. Browning | *JHS* 96, 1976,

203-204 A. C. Moorhouse | *JThS* 27, 1976, 498 C. Robinson | *LF* 99, 1976, 108-109 H. Kurzová | *ByzZ* 69, 1976, 92-93 D. Fehling.

4964 CARACAUSI, Girolamo: Influssi fonetici romanzi sui dialetti neogreci dell'Italia meridionale. Vocalismo. — *ACILR* XIV/2, 525-553.

4965 — Due ricerche lessicografiche in corso. — Estratto da: *Miscellanea Neogreca*. Atti del I Convegno nazionale di studi neogreci (Palermo, 17-19 maggio 1975); Palermo: 1976, 9 p. | (1) Glossario del dial. grecanico di Bova in Calabria. (2) Indice dei neologismi, volgarismi, barbarismi reperibili nei documenti medievale in lingua gr. dell'Italia meridionale e della Sicilia.

4966 CIV'JAN, T. V.: Morfosintaksičeskie funkcii novogrečeskogo artiklja v aspekte grammatiki balkanskogo jazykovogo sojuza. — [379], 167-202.

4967 COLETSOS BOSCO, Sandra: Note sui prestiti italiani in neogreco e in particolare sul loro genere. — [233], 155-171.

4968 [DIZIKIRÍKĒS, G.] Διζικιρίκης, Γ.: Νὰ ξετουρκέψουμε τὴ γλῶσσα μας. — Athens: Ἄγκυρα, 1975, 120 p.

4969 DRACHMAN, Gaberell: Baby talk in Greek. — [260], 103-121.

4970 EIDENEIER, Hans: Mittelgriechisch εἶν(αι) = εἰσί(ν). — *Glotta* 54, 1976, 106-117.

4971 EKLUND, Bo Lennart: *Modern Greek: verbal aspect and compound nouns. Two studies.* — Acta Regiae Societatis Scientiarum et Litterarum Gothoburgensis, Humaniora 11; Göteborg: Kungl. Vetenskaps- och Vitterhets-Samhället, 1976, 34 p.

4972 *Etymologicum magnum genuinum*; *Symeonis etymologicum una cum magna grammatica*; *Etymologicum magnum auctum.* Synoptice ediderunt Franciscus LASSERRE & Nicolaus LIVADARAS. Vol. I: α - ἀμωσγέπως. — Roma: Ed. dell'Ateneo, 1976, xliv, 464 p.

4973 FALCONE, Giuseppe: *Il dialetto romaico della Bovesia.* — Milano: 1973 | BL 1973, 4988. | *SLSal* 6, 1973-74 (1975), 105-109 G. B. Mancarella.

4974 — I riflessi antroponimici della grecità bizantina e metabizantina nella Calabria reggina. — [290], 301-318.

FANCIULLO, F.: Salentino *muttúra*, griko *muntúra* . . . . — 6604.

4975 FISCHETTI, Giuseppe: La prima traduzione neogreca di Omero. — *AIV* 134, 1975-76, 41-50 | Also in *Miscellanea Neogreca. Atti del I Convegno nazionale di studi neogreci*, Palermo 17-19 maggio 1975 (Atti dell'Accad. di Sci., Lettere e Arti di Palermo, Suppl. 8, 1976), 11-20.

4976 [GEORGACAS, D. J.] Γεωργακᾶς, Δημ. Ἰ.: Ἡ Ἑλληνικὴ λεξικογραφία καὶ τὸ μεσαιωνικὸ λεξικὸ τοῦ Ἐ. Κριαρᾶ (ἕνα πολυτιμότατο ὄργανο ἔρευνας). — Βυζαντινά (Thessaloniki) 8, 1976, 245-294 | Brief survey of Gr. lexicography and evaluation of Kriaras' dictionary [4986].

4977 HARRIS, Katerina: *Colloquial Greek.* — London: Routledge & Kegan Paul, 1976, x, 248 p.

IRMSCHER, J.: Bemerkungen zur neugr. Wissenschaftssprache. — 912.

4978 KAHANE, Henry & Renée: Greek in Southern Italy, II. Etymological notes. — [290], 319-335 | Cf. BL 1967, 3381.

— *Lingua franca*: the story of a term. — 2852.

4979 KAISSE, Ellen: Rule reordering, local order, and the function of rules. — *PCLS* XII, 321-336, map | Southeastern dialects of Mod. Gr.

4980 [KAKRIDÊS, I. Th.] KAKRIDIS, Johannes Th.: Ἀνακόλουθον σχῆμα. — *WS* 10, 1976, 27-47 | Examples from Mod. Gr.

4981 [KAPSŌMÉNOS, E. G.] Καψωμένος, Ἐ. Γ.: Ἡ συντακτικὴ δομὴ τῆς ποιητικῆς γλώσσας τοῦ Σεφέρη. ῾Υφολογική μελέτη. — *EETh*, Suppl. 18; Thessaloniki: 1975, 650 p. | Rés. fr.

4982 [KARANASTÁSĒS, A.] KARANASTASIS, Anastasios: La terminologia greca della pesca délle spugne e dei vivai. — *BALM* 13-15, 1971-73 (1976), 469-478.
4983 — Aree lessicali e fonetiche del Salento greco. — [191], 267-272.
4984 — Nuovi elementi, lessicali e semantici, dei dialetti neogreci dell'Italia meridionale. — [290], 337-353.
4985 KAZAZIS, Kostas: A superficially unusual feature of Greek diglossia. — *PCLS* XII, 369-375.
KAZAZIS, K., & PENTHEROUDAKIS, J.: Reduplication of indefinite direct objects in Alb. and Mod. Gr. — 4666.
4986 [KRIARÂS, E.] Κριαρᾶς, ᾿Εμμανουήλ: Λεξικὸ τῆς μεσαιωνικῆς ῾Ελληνικῆς δημώδους γραμματείας, *1100-1169*. Τόμος Δ´: βάα – δείχτω. — Thessaloniki: 1975, (48), 432 p. | Cf. BL 1973, 5011. | *BSL* 72, 1977/2, 148-149 Yvon Tarabout | Cf. 4976.
4987 — Τὸ ῾Ελληνοαγγλικὸ λεξικὸ τοῦ Δ. Γεωργακᾶ. — *EETh* 15, 1976, 150-157 | The GR.-E. dictionary of D. J. Georgacas.
4988 LAGA, Carl: Remarques sur l'emploi de quelques particules dans l'œuvre hagiographique de Léonce de Neapolis. — *OLP* 6-7, 1975-76, 341-353.
4989 LEUMANN, Manu: Das -κα des neugriech. Passivaorists ἐδέθηκα. — *MSS* 34, 1976, 73-76.
4990 LOGAČEV, K. I.: Tipologičeskie charakteristiki novogrečeskoj morfologii. — [331], 283-297.
4991 — O morfemnom statuse nekotorych "slov" i "slovoform" v novogrečeskom jazyke. — [379], 203-215.
4992 MASPERO, Francesco: *Grammatica della lingua greca moderna.* — Milano: Cisalpina-Goliardica, 1976, iv, 239 p. | *Paideia* 31, 1976, 94-95 Vittore Pisani.
4993 MOUTSOS, D.: Varia etymologica Graecanica. — *Byzantion* 45, 1975, 118-130.
4994 — Modern Greek λουμάκι and Albanian *lumak.* — *ZBalk* 12, 1976/1, 47-50.
4995 NEWTON, Brian: *The generative interpretation of dialect*... — London: 1972 | BL 1972, 4139. | *JHS* 96, 1976, 204-206 J. E. Pentheroudakis.
4996 — *Cypriot Greek*... — The Hague: 1972 | BL 1972, 4140. | *AC* 45, 1976, 725 M. Leroy | *Lingua* 40, 1976, 275-277 I. P. Warburton.
4997 [PÁGKALOS, G. E.] Πάγκαλος, Γ. ᾿Ε.: Περὶ τοῦ γλωσσικοῦ ἰδιώματος τῆς Κρήτης. Τόμος VI, 2. — Athens: 1975, 488 p. (end) | Cf. BL 1971, 3804.
4998 [PĒDÓNIA, K. D.] Πηδώνια, Κ. Δ.: Πίνακας χωρίων μεσαιωνικῶν κειμένων ποὺ διορθώνονται στὸ Λεξικὸ μεσαιωνικῆς ῾Ελληνικῆς δημώδους γραμματείας ᾿Ε. Κριαρᾶ. — Βυζαντινά (Thessaloniki) 7, 1975, 223-250 | *BSL* 72, 1977/2, 149 Yvon Tarabout.
4999 [PENLIÁDĒS, I. N.] Πενλιάδης, ᾿Ι. Ν.: ῎Ερευνα ἐπὶ τῆς ἐρασμιακῆς προφορᾶς. — Athens: ᾿Ιωλκος, 1975, 68 p.
5000 PINTAUDI, Rosario: L'apografo parigino dell''Etymologicum parvum'. — *SIFC* 47, 1975, 222-235.
5001 ROHLFS, Gerhard: *Scavi linguistici nella Magna Grecia.* Nuova ed. interamente rielaborata ed aggiornata. — Bibl. di cultura pugliese 4; Galatina: Congedo Editore, 1974, 300 p., 8 pl. h.-t. | First ed. 1933. | *RLiR* 40, 1976, 212-215 F. Mosino | *RF* 88, 1976, 256-259 H. Lausberg.
5002 — Un fenomeno prebizantino nel *grico* del Salento. — [290], 355-359.
5003 — Grécia e Grecía dialettale (Tra Greci e Griki). — [233], 899-912.
5004 SEAMAN, P. David: *Modern Greek and American English in contact.* — The

Hague: 1972 | BL 1972, 4151. | *IJAL* 42, 1976, 85-88 Douglas Q. Adams.
5005 SERKUTINA, M. A.: Do pytannja pro systemu prostych časiv dijsnoho sposobu nezlytnych dijesliv. — *InFil* 40, 1975, 85-91 | Zur Frage über das System der einfachen Zeitformen des Indikativs der stammbetonten Verben (auf Grund der neugriechischen Mundart der Dörfer Kirovo und Fedorivka des Donezker Gebiets). Ru. & G. summ.
5006 [SIGÁLAS, A.] Σιγάλας, Ἀ.: Βασικὰ πρβλήματα προφορᾶς, γραφῆς, ὀρθογραφίας. — Ἐκλαϊκευτικὰ μελετήματα 3; Athens: 1975, 73 p.
5007 [TRIANTAPHULLÍDĒS, M. A.] Τριανταφυλλίδης, M. A.: Μικρὴ νεοελληνικὴ γραμματική. Δεύτερη ἔκδοσις (μὲ βελτιώσεις). — Thessaloniki: Ἰνστιτοῦτο Νεοελληνικῶν Σπουδῶν, 1975, 202 p. | 2nd revised ed. (First ed. 1949; BL 1949, 81).
5008 TSIAPERA, Maria: Historical development of a part of the Modern Cypriot verbal system. — [146], 147-155.
5009 TSOPANAKIS, A. G.: Elementi grammaticali di lingua greca medioevale. — [290], 361-383.
WARBURTON, I. P.: On the boundaries of morphology and phonology .... — 2329.

14. ONOMASTIQUE (ANCIENNE ET MODERNE) —
ONOMASTICS (ANCIENT AND MODERN)

5010 BADER, Françoise: Un nom indo-européen de l'homme chez Homère. — *RPh* 50, 1976, 206-212 | Ἴρος.
BUDIMIR, M., & CREPAJAC, Lj.: Iz helenske glotologije. — 4832.
5011 CLARYSSE, W.: Some ghost names in Ptolemaic papyri. — *OLP* 6-7, 1975-76, 53-58.
CLARYSSE, W., & MASSON, O.: Le subst. ... et le nom d'homme Χηνᾶς. — 4838.
5012 COSI, Dario M.: Adamma: un problema e qualche proposta. — *AMAP* 88, 1975-76, 149-156.
5013 GEORGACAS, Demetrius J.: The waterway of Hellespont and Bosporus ... — *Names* 19, 65-131 | BL 1971, 3813. | *AAHG* 29, 1976, 195-198 G. R. Solta | *RPh* 47, 1973, 114-115 J. L. Perpillou | *BSL* 68, 1973/2, 136-137 C. Brixhe.
5014 [GIOCHÁLAS, T. P.] JOCHALAS, T. P.: Considerazioni sull'onomastica e toponomastica albanese in Grecia. — *Balkan Studies* (Thessaloniki) 17, 1976, 313-330.
5015 HAUBEN, Hans: The Prosopographia Ptolemaica. Progress report 1975. — *Onoma* 19, 1975/3 (1976), 541-554.
5016 HEMER, C. J.: The adjective "Phrygia". — *JThS* 27, 1976, 122-126 | Acts xvi, 6.
5017 HEUBECK, Alfred: Epikritisches zu den griechischen Ortsnamen mit dem *-went-/-wont-* Suffix, besonders zu dem Namen *Phleius*. — *SMEA* 17, 1976, 127-136.
5018 ILIEVSKI, P. H.: Illyrian personal names in the Mycenaean-Greek onomasticon? — *ŽAnt* 25, 1975, 413-421.
5019 LECLERCQ, Henri: Note de grammaire sur les doubles noms dans le Nouveau Testament grec. — *OLP* 6-7, 1975-76, 361-372.
MANCARELLA. G. B.: L'onomastica nelle ricerche di O. Parlangèli. — 695.
5020 MASSON, Olivier: Pape-Benseleriana. III. Aristis et Elpis, retractatio. IV. Les avatars de Machatas. — *ZPE* 20, 1976, 232; 21, 1976, 157-158 | Cf. BL 1975, 4905.
5021 — Deux noms de femme: *Ch(r)ôtarion* et *Ch(r)êma*. — *ZPE* 23, 1976, 263.

ITALIQUE

5022 — Deux noms doriens chez Callimaque, Ἀρίμμας, Ἐχέμμας et quelques noms en -μμας. — *RPh* 50, 1976, 24-31.
5023 — Le nom de Battos, fondateur de Cyrène, et un groupe de mots grecs apparentés. — *Glotta* 54, 1976, 84-98.
5024 MERKELBACH, R.: Über zweite Namen im Griechischen. — *ZPE* 22, 1976, 200-202.
PETRUŠEVSKI, M. D.: Pe-to-no (= Petnos) und o-wi-to-no- (= Owitnos) ... — 4741.
5025 *Prosopographisches Lexikon der Palaiologenzeit.* Fasz. 1. Ἀαρών – Ἀψαρᾶς. Erstellt von Erich TRAPP. Unter Mitarb. von Rainer WALTHER und Hans-Veit BEYER. Mit einem Vorwort von Herbert Hunger. — Wien: Verlag der Österreichischen Akad. der Wissenschaften (Österreichische Akad. der Wiss., Kommission für Byzantinistik), 1976, 18*, 163; xxxiv, 3, 37 p. (Abkürzungsverzeichnis, Register).
5026 QUAEGEBEUR, Jan: Les appellations grecques des temples de Karnak. — *OLP* 6-7, 1975-76, 463-378.
5027 REYNOLDS, J. & MASSON, O.: Une inscription éphébique de Ptolemaïs (Cyrénaïque). — *ZPE* 20, 1976, 87-100, pl. | Corrigendum, *ZPE* 23, 1976, 210.
5028 [SARGSYAN, G. H.] SARKISJAN, G. Ch.: Grečeskaja onomastika v Uruke i problema *Graeco-Babyloniaca.* — [325], 181-217 | E. summ., 304-309.
5029 URUŠADZE, Akaki V.: Zur Herkunft des Amazonen-Namens. — *Philologus* 120, 1976, 123-125 | Ubychisch (iberisch-kaukasisch) *amǝzǝ* // *mǝzǝ* "der Knabe, der Junge".
5030 WATHELET, Paul: Le nom de Zeus chez Homère et dans les dialectes grecs. — *Minos* 15, 1974 (1976), 195-225.

IX. ITALIQUE — ITALIC

A. Généralités — General

L'année philologique. Bibliographie .... *de l'antiquité gréco-latine* .... — 4703.
5031 Rassegna bibliografica, a cura di Giovannangelo CAMPOREALE. 1975. — *SE* 44, 1976, 343-375 | Epigrafia, lingua (A. Etrusco; B. Lingue dell'Italia settentrionale; C. Lingue dell'Italia peninsulare e insulare), 367-375.

5032 ALESSIO, Giovanni: *Fortune della grecità linguistica in Sicilia.* I. *Il sostrato.* — Palermo: 1970 | BL 1970, 4108. | *Kokalos* 20, 1974 (1976), 273-277 Giovan Battista Pellegrini.
5033 CAMPANILE, Enrico: Tracce d'Italici in Britannia? — [290], 111-118.
PANDOLFINI, M.: Lamina di piombo da Agrigento (?). — 4907.
PROSDOCIMI, A. L., & SCARDIGLI, P. G.: Negau. — 7143.
5034 Rivista di epigrafia italica, a cura di Aldo Luigi PROSDOCIMI. — *SE* 44, 1976, 257-314, fig., pl. 52-59 | Contents: (1) Adriano MAGGIANI, Leponzio-ligure, 258-266; (2) A. L. PROSDOCIMI, Iscrizione umbra su elmo gallico, 267; (3) Ester INNOCENTI PROSDOCIMI, Area venetica – Este e territorio, 268-274; (4) Cesare LETTA, Dialetti italici minori: marso, 275-281; (5) Adriano LA REGINA, Michel LEJEUNE, Maria Pia MARCHESE, A. L. PROSDOCIMI, Osco, 282-305; (6) Luciano AGOSTINIANI, Sicilia, 306-311; (7) Vittore PISANI, Postille "italiche", 312-314.
5035 SIMONE, Carlo DE: Nota di onomastica italica: i gentilizi in *turs-.* — [290], 119-126.
5036 SOLTA, Georg R.: *Zur Stellung der lateinischen Sprache.* — Wien: 1974 | BL 1974,

4522. | *AGI* 61, 1976, 277-280 Maria Luisa Gernia Porzio | Cf. 5038.

5037 TUSA, Vincenzo: Frammenti di ceramica con graffiti da Segesta. V; VI. — *Kokalos* 16, 1970, 223-249, pl.; 21, 1975 (1976), pl. 47-52 | Language of the Elymians.

5038 UNTERMANN, Jürgen: Die Stellung des Lateinischen. — *Sprache* 22, 1976, 55-58 | Rev. of No. 5036.

B. Osque et Ombrien, etc. — Oscan and Umbrian, etc.

5039 CAMPANILE, Enrico: La latinizzazione dell'osco. — [233], 109-120.

DARMS, G.: Urindogerm. *$sēmi$. — 4078.

5040 GIACOMELLI, Roberto: L'iscrizione sud-picena di Mogliano e un caso di tabù linguistico nell'Italia antica. — *RIL* 110, 1976, 123-130.

5041 LAZZERONI, Romano: Differenze linguistiche nel territorio dell'Abruzzo e del Molise in epoca italica. — [233], 389-399.

5042 LEJEUNE, Michel: *L'anthroponymie osque.* — Monographies linguistiques 2; Paris: Les Belles Lettres, 1976, 161 p.

5043 — Un document osque retrouvé: la bague de Çapoue Ve 99. — *SE* 44, 1976, 185-186, pl. 35.

5044 LETTA, Cesare, & D'AMATO, Sandro: *Epigrafia della regione dei Marsi.* — Bibl. storica universitaria, Centro Studi e Documentazione sull'Italia romana, Monografie a suppl. degli "Atti" 7; Milano: Cisalpino-Goliardica, 1975, xix, 414 p., 73 pl., map | *SE* 44, 1976, 484-487 Maria Pia Marchese.

MASTRELLI, C. A.: Etrusco-piceno *frontac* e gr. *keraunós*. — 11724.

5045 MOSCI SASSI, M. G.: Le iscrizioni peligne. — *Abruzzo* 13, 1975, 125-138.

5046 NEGRI, Mario: I perfetti oscoumbri in -*f*-. — *RIL* 110, 1976, 3-10.

5047 NUSSBAUM, Alan J.: "Umbrian *pisher*". — *Glotta* 54, 1976, 241-253.

5048 PERUZZI, Emilio: Sulla prostituzione sacra nell'Italia antica. — [233], 673-686 | Interprétation de l'inscription péligne Ve 213 de Corfinium.

5049 PISANI, Vittore: L'iscrizione di Mogliano e il problema del sudpiceno. — *Abruzzo* 13, 1975 (Atti del sesto Convegno della cultura abruzzese), 15-17.

5050 PROSDOCIMI, Aldo Luigi: Sui grecismi nell'osco. — [233], 781-866, 6 fig.

5051 PULGRAM, Ernst: The Volscian *Tabula Veliterna*: a new interpretation. — *Glotta* 54, 1976, 253-261.

5052 RIX, Helmut: Umbrisch *ene . . . kupifiaia*. — *MSS* 34, 1976, 151-164.

5053 — Subjonctif et infinitif dans les complétives de l'ombrien. — *BSL* 71, 1976/1, 221-240.

C. Vénète — Venetic

5054 LEJEUNE, Michel: *Manuel de la langue vénète.* — Heidelberg: 1974 | BL 1974, 4533. | *BSL* 71, 1976/2, 108-114 F. Bader | *REL* 53, 1975 (1976), 422-424 P. Flobert.

5055 — Les problèmes du *h* vénète. — [290], 147-171.

5056 MANCINI, Alberto, & PROSDOCIMI, Aldo L.: Venetico. — *Archivio Veneto*, Serie V, 105, 1975, 5-68 | On new Venetic inscriptions.

LATIN ANCIEN

D. Latin ancien — Ancient Latin

0. BIBLIOGRAPHIE ET GÉNÉRALITÉS — BIBLIOGRAPHY AND GENERAL

BOYANCÉ, P.: Étym. et théologie chez Varron. — 1908.

5057 *Grammatici latini d'età imperiale. Miscellanea filologica.* [Giornate filologiche genovesi, 21 e 22 feb. 1975.] — Genova: Ist. di Filologia Classica e Medievale, Univ. di Genova, 1976, 236 p. | Du sommaire: Giusto MONACO, Quintiliano e i composti latini, 11-16; Giovanni PASCUCCI, Valerio Probo e i veteres, 17-40; Italo MARIOTTI, Note al testo dei grammatici latini, 125-131; Gualtiero CALBOLI, Grammatica antica e moderna, 133-168; Bruno LUISELLI, Il 'De arte metrica' di Beda di fronte alla tradizione metricologica tardo-latina, 169-180; Guglielmo BALLAIRA, Sulla trattazione dell'iperbole in Diomede (*GL* 1, 461, 21-30 K.) ed in altri grammatici e retori latini i greci, 183-193, dépl.; Giuseppina BARABINO, Le citazioni virgiliane in Malsacano, 195-218.

5058 HERMAN, Joseph: La latinité dans les provinces de l'empire romain. Problèmes de socio-linguistique. — *ACILR* XIV/2, 7-15.

5059 HERRERO, Víctor José: *Introducción al estudio de la filología latina*. 2a ed. corr. y aum. — Bibl. Universitaria Gredos I, 1; Madrid: Gredos, 1976, 423 p. | First ed. 1965 (BL 1966, 3040).

5060 *Il latino nelle facoltà umanistiche*. Atti del Convegno "Il latino nelle facoltà umanistiche", Perugia, 8-10 novembre 1973. — Roma: ELIA, 1974, 94 p.

5061 MARTI, Heinrich: *Übersetzer der Augustin-Zeit. Interpretation von Selbstzeugnissen.* — Studia et testimonia antiqua 14; München: Fink, 1974, 348 p. | *Gnomon* 48, 1976, 570-576 Franz Weissengruber | *Latomus* 35, 1976, 947 Y. M. Duval | *Erasmus* 27, 1975, 565-567 A. Kemmer.

5062 OLENYČ, R. M.: Pytannja hramatyky u tvori Marka Fabija Kvintiliana "Navčannja oratora". — *InFil* 36, 1974, 70-74 | Grammatical questions in Quintilian's *Institutio oratoria* (Summ. in Ru. & G.).

5063 — Zbereženi fragmenty tvoru Plinija Staršoho "Dubii sermonis". — *InFil* 40, 1975, 59-64 | Preserved fragments of the Elder Pliny's work *Dubii sermonis* (Summ. in Ru. & G.).

5064 [Phocas grammaticus]. Foca: *Ars de nomine et verbo*. Introd., testo e commento a cura di F. CASACELI. — Napoli: 1974 | BL 1975, 4952. | *Latomus* 35, 1976, 610-612 E. Liénard | *RFIC* 104, 1976, 215-218 Adriana Della Casa.

5065 POSKRYPKO, A. M.: Kvintilian pro vykladannja latyns'koji movy. — *InFil* 40, 1975, 91-96 | Quintilian on the teaching of Lat. (Summ. in Ru. & G.).

5066 *Probleme der lateinischen Grammatik*. Hrsg. von Klaus STRUNK. — Darmstadt: 1973 | BL 1973, 5112. | *RRLing* 21, 1976 (*CLTA* 13/1), 345-346 I. Fischer.

5067 SERBAT, Guy: *Les structures du latin* ... — Paris: 1975 | BL 1975, 4953. | *REL* 53, 1975 (1976), 597-598 R. Poncelet | *AC* 45, 1976, 319-321 Edmond Liénard | *RPh* 50, 1976, 141 J. André.

TAYLOR, D. J.: Varro, 'De lingua Latina' 10.76. — 2027.

5068 TRAINA, Alfonso: *Vortit barbare. Le traduzioni poetiche da Livio Andronico a Cicerone*. 2a ed. riveduta e aggiornata. — Ricerche di storia della lingua latina 7; Roma: Ed. dell'Ateneo, 1974, 238, 7 p. | 1e éd. 1970 (BL 1970, 4141).

1. PHONÉTIQUE ET PHONOLOGIE — PHONETICS AND PHONOLOGY

5069 BERNARDI PERINI, Giorgio: *Due problemi di fonetica latina* ... — Roma: 1974 |

BL 1974, 4539. | *Latomus* 35, 1976, 624-626 Edmond Liénard | *Paideia* 32, 1977, 112-117 Enrico Morano | *Gymnasium* 83, 1976, 259-262 J. Kramer.

5070 FISCHER, I.: Corelația consonantică "palatalizat" ~ "labializat" din latina tîrzie și cîteva consecințe posibile ale acesteia. — *SCL* 27, 1976, 479-483 | Rés. fr.: La corrélation consonantique "palatalisé" ~ "labialisé" du lat. tardif et quelques-unes de ses conséquences possibles.

5071 FRANCESCHI, Temistocle: Sull'evoluzione del vocalismo dal latino repubblicano al neolatino. — [233], 257-279.

5072 HAMP, Eric P.: On *HRC- in Latin. — *Glotta* 54, 1976, 261-263 | Apropos of John A. C. GREPPIN, *Glotta* 51,112-116 (BL 1973,5115).

5073 HARASYMČUK, S. I.: Fonetyčni osoblyvosti movy Plavta (na materiali komediji "Grubijan"). — *InFil* 40, 1975, 75-80 | Phonetic particularities in Plautus' *Truculentus* (Summ. in Ru. & G.).

5074 KARASEVA, T. A.: Otnositel'naja chronologija izmenenij vokalizma udarnogo sloga v archaičeskom latinskom jazyke. — *InFil* 40, 1975, 45-50 | Chronologia relativa mutationum primae syllabae vocalium in vetere Latina (Lat. summ.).

5075 KISS, Sándor: *Les transformations de la structure syllabique en latin tardif.* — Debrecen: 1971 | BL 1972, 4210. | *ZFSL* 86, 1976, 362-368 E. Mayerthaler.

5076 KRAMER, Johannes: *Literarische Quellen zur Aussprache des Vulgärlateins.* — Beiträge zur klassischen Phil. 75; Meisenheim a.Gl.: Hain, 1976, 73 p.

5077 NÈVE DE MÉVERGNIES, François-Xavier: Note sur la chronologie des palatalisations "romanes". — *VR* 35, 1976, 13-21 | Cf. 5080.

5078 NYMAN, Martti: Ubi est *and* ubist ... — Turku: 1974 | BL 1974, 4547. | *Eos* 64, 1976/1, 147-148 Jan Safarewicz.

5079 PORZIO GERNIA, Maria Luisa: Tendenze strutturali della sillaba latina in età arcaica e classica. — [233], 757-779.

5080 RISCH, Ernst: Frühe Palatalisation von $k^{e,i}$ und $g^{e,i}$ im Lateinischen? — *VR* 35, 1976, 22-23 | A propos du No. 5077.

5081 SAFAREWICZ, Jan: Note sur la longueur de syllabes par position en latin classique. — [290], 231-236.

2. GRAMMAIRE — GRAMMAR

5082 BALDI, Philip: The Latin imperfect in *$b\bar{a}$-. — *Lg* 52, 1976, 839-850.

5083 BEAUJEU, J.: Grammaire, censure et calendrier: *quinto quoque anno.* — *REL* 53, 1975 (1976), 330-360.

5084 BOLKESTEIN, A. Machtelt: The relation between form and meaning of Latin subordinate clauses governed by *verba dicendi.* — *Mn* 29, 1976, 155-175; 268-300.

5085 — A.c.i.- and *ut*-clauses with verba dicendi in Latin. — *Glotta* 54, 1976, 263-291 (to be cont.).

5086 CALBOLI, Gualtiero: *La linguistica moderna e il latino. I casi.* — Bologna: 1972 | BL 1972, 4220. | *Latomus* 35, 1976, 165-166 M. Dominicy | *LF* 99, 1976, 59-60 H. Kurzová.

5087 CARVALHO, P. DE: Remarques sur certains signes du pluriel dans la déclinaison latine. — *REA* 76/3-4, 1974 (1976), 243-265 (A suivre).

5088 CASTELLI, Anna Luisa: Il tipo *praesente nobis.* — *SILTA* 5, 1976/1-2, 57-78. CODOÑER MERINO, C.: Los pronombres en los gramáticos latinos. — 1920.

5089 COLEMAN, Robert: Further observations on *habeo* + infinitive as an exponent of futurity. — *CQ* 26, 1976, 151-159.

5090 D'ELIA, Mario: Sull'uso di *quod* con il senso di *si* nel latino giuridico. — [233], 191-204.

5091 FLOBERT, Pierre: *Les verbes déponents latins* ... — Paris: 1975 | BL 1975, 4988. | *Latomus* 35, 1976, 622-624 E. Liénard | *Sprache* 22, 1976, 211-212 W. Dressler/M. Peters.
5092 GUIRAUD, Ch.: Un archaïsme linguistique en latin: l'emploi de *potis, pote*. — *REL* 53, 1975 (1976), 361-366.
5093 HAPP, Heinz: *Grundfragen einer Dependenz-Grammatik des Lateinischen*. — Göttingen: Vandenhoeck & Ruprecht, 1976, 597 p.
5094 — Möglichkeiten einer Dependenz-Grammatik des Lateinischen. — *Gymnasium* 83, 1976, 35-58.
5095 KACZMARKOWSKI, Michał: *Składnia przytoczenia w tekstach prozaików łacińskich okresu klasycznego*. — Lublin: 1974 | BL 1975, 4992. | *LF* 99, 1976, 110-112 Helena Kurzová.
5096 — Stan badań nad grupami syntaktycznymi łaciny klasycznej. — *Eos* 64, 1976/2, 231-255 | Syntactic groups in Classical Latin: the state of the investigation (G. summ.).
5097 KLAUSENBURGER, Jürgen: (De)morphologization in Latin. — *Lingua* 40, 1976, 305-320, 7 tab.
5098 LEHMANN, Christian: *Latein mit abstrakten Strukturen*. — München: 1973 | BL 1973, 5152. | *Kratylos* 19, 1974 (1975), 92-95 René Amacker | *CR* 26, 1976, 285 A. Morpurgo Davies.
5099 MOURIN, Louis: Restructuration en latin vulgaire des rapports entre parfaits et participes passés irréguliers. — *RRling* 21, 1976, 461-467.
5100 NAZARENKO, O. Ju.: Imennyky pluralia tantum u latyns'kij movi. — *InFil* 40, 1975, 81-85 | Pluralia tantum in Lat. (Ru. & G. summ.).
5101 OROS, M. V.: Pytannja syntaksysu dijeslivnych sposobiv u rims'kij hramatyčnij nauci. — *InFil* 36, 1974, 78-84 | Die Frage der Syntax der verbalen Modi in der römischen grammatischen Wissenschaft (Ru. & G. summ.).
5102 PINKSTER, H.: *On Latin adverbs*. — Amsterdam: 1972 | BL 1972, 4235. | *Linguistics* 176, 1976, 79-86 M. Tuţescu.
5103 PRAT, Louis C.: *Morphosyntaxe de l'ablatif en latin archaïque*. — Paris: 1975 | BL 1975, 5004. | *Latomus* 35, 1976, 626-628 E. Liénard.
5104 — Le subjonctif latin en phrase libre. — *REL* 53, 1975 (1976), 12-16 | Rés.
5105 ST. JOHN, Jack: Latin *-uit/-vit*. — *ArchL* 7, 1976, 60-65 | On the 3rd singular ending of the *-u-/-v-* perfect.
5106 SCHERER, Anton: *Handbuch der lateinischen Syntax*. — Heidelberg: 1975 | BL 1975, 5008. | *REL* 53, 1975 (1976), 424-425 P. Flobert.
5107 SENIV, M. H.: Do pytannja pro katehoriju sub'jektyvnoji ocinky jakosti predmeta v latyns'kij movi. — *InFil* 36, 1974, 95-100 | Zur Frage über die Kategorie der subjektiven Einschätzung der Eigenschaft des Gegenstandes in der lat. Sprache (Ru. & G. summ.).
5108 SERBAT, Guy: *Les dérivés nominaux latins à suffixe médiatif*. — Paris: 1975 | BL 1975, 5009. | *RPh* 50, 1976, 141-143 J. André.
5109 — Les temps du verbe en latin. — *REL* 53, 1975 (1976), 367-405.
5110 SOLTA, Georg Renatus: Zur Flexion ursprünglicher adjektivischer *u*-Stämme im Lateinischen. — [223], 123-138.
5111 STRUNK, Klaus: *Lachmanns Regel für das Lateinische. Eine Revision*. — *KZ*, Ergänzungsheft 26; Göttingen: Vandenhoeck & Ruprecht, 1976, 71 p.
5112 VÄÄNÄNEN, Veikko: Sur la protohistoire de *qui/que* pronom relatif. — *ACILR* XIII/1, 267-275.
5113 VAIREL-CARRON, Hélène: *Exclamation, ordre et défense* ... — Paris: 1975 | BL

1975, 5012. | *Latomus* 35, 1976, 628-630 Edmond Liénard.
5114   VINCENT, Nigel: Perceptual factors and word order change in Latin. — [5348], 54-68, tab.
5115   VONLAUFEN, Josef: *Studien über Stellung und Gebrauch des lateinischen Relativsatzes*... — Freiburg: 1974 | BL 1974, 4577. | *Gymnasium* 83, 1976, 276-278 R. Heine.
5116   ZELLMER, Ernst: *Die lateinischen Wörter auf* -ura. Erweiterte Neubearbeitung. — Frankfurt a.M.: The Author [6367 Karben 3 am Römerkastell], 1976, 294 p. | Revised diss. (1930).

3. HISTOIRE — HISTORY

5117   GORDON, Arthur E.: Notes on the Duenos-Vase inscription in Berlin. — *CSCA* 8, 1975 (1976), 53-72, 2 pl.
5118   HAMMOND, Mason: *Latin. A historical and linguistic handbook.* — Cambridge, Mass.: Harvard UP., 1976, xii, 292 p.
5119   KRAFFT, Peter: Stilos Etymologie von *caelum* im Urteil Varros (ling. 5, 18). — *Philologus* 120, 1976, 215-231 | Earlier version in *Classica et Mediaevalia* 31, 1970 (1975), 98-119. | Cf. 5123.
5120   ORBÁN, A. P.: Die Frage der ersten Zeugnisse des Christenlateins. — *VChr* 30, 1976, 214-238 | A propos de J. DANIÉLOU, La littérature latine avant Tertullien, *REL* 48, 1970 (1971), 357-375.
       PEI, M.: *The story of Lat. and the Romance languages*... — 5339.
5121   PRAT, L.-C.: Divertissement sur le thème du vase de Duenos. — *REL* 53, 1975 (1976), 315-329.
5122   RISCH, Ernst: Entlehnt oder urverwandt? Zum Problem der griechisch-lateinischen Beziehungen. — [233], 883-897.
       SAFAREWICZ, J.: Le latin et les langues balto-sl. — 4112.
5123   SCHMIDT, Ernst Günther: Ein Alternativvorschlag zu Varro De ling. lat. 5, 18 (Etymologie von *caelum*). — *Philologus* 120, 1976, 290-293 | Cf. 5119.

4. DIALECTOLOGIE — DIALECTOLOGY

5124   ACQUATI, Anna: Note di morfologia e sintassi latino-volgare nelle iscrizioni africane. — *Acme* 29, 1976, 41-72.
5125   GILL, I. R.: The orthography of the Ashburnham Pentateuch and other Latin manuscripts of the late Proto-Romance period – some questions of palaeography and Vulgar Latin linguistics. — *BICS* 23, 1976, 27-44.
5126   ŠIROKOVA, A. V.: Fonologičeskie principy rekonstrukcii i klassifikacii dialektov narodnoj latyni. — [344], 73-84.

5. VOCABULAIRE — VOCABULARY

       ALESSIO, G.: *Lexicon etymologicum*.... — 5287.
5127   ANDRÉ, Jacques: Les étymologies d'*adsiduus* et la critique textuelle. — *RPh* 50, 1976, 22-23.
5128   — Nouveautés lexicales dans le texte de l'Édit de Dioclétien. — *RPh* 50, 1976, 198-205.
5129   — "Conare", "cunire", "inquinare", etc. — [233], 19-26.
5130   BAILEY, D. R. Shackleton: *Two studies in Roman nomenclature.* — Am. Classical

Studies 3; University Park, Pa.: Am. Phil. Ass., 1976, viii, 136 p.
5131 BALDINI MOSCADI, Loretta: *Murmur* nella terminologia magica. — *SIFC* 48, 1976, 254-262.
BEEKES, R. S. P.: Uncle and nephew. — 4073.
5132 Beiträge aus der Thesaurus-Arbeit XX. — *MH* 33, 1976, 98-113 | Carl T. GOSSEN, Zu den romanischen Kommentaren I, 98-101; Anton SZANTYR, *occupo*, 101-104; Bernhard LÖSCHHORN, Die Grundbedeutung von *orior*, 105-112; Bernd BADER, *ortus* (Germanicus 702), 112-113. | Cf. BL 1974, 4590.
ÇABEJ, E.: Westöstliche Miszellen. — 4077.
5133 *Corpus inscriptionum Latinarum* . . . Vol. 6. Pars 7. *Indices* . . . Fasc. 1. Comp. Eduardus Joannes JORY et Dionysius Guilielmus MOORE. — Berolini: 1974 | BL 1974, 4593. | *BJ* 175, 1975, 384-386 G. Alföldy.
5134 CRIFÒ, Giuliano: "Commodius". — [233], 183-190 | Gaius, D. 7.5.7.
5135 ČUPR, Karel: Latinské názvy zemědělských pracovních potřeb u Palladia. — *LF* 99, 1976, 153-155 | Les dénominations lat. de l'outillage agricole chez Palladius (Rés. fr.).
5136 DVORECKIJ, I. Ch.: *Latinsko-russkij slovar'*. Okolo 50000 slov. Izd. 2-e, pererabotannoe i dopolnennoe. — Moskva: Izd. "Russkij jazyk", 1976, 1096 p. | First ed. 1949.
5137 FERRERO, Anna Maria: *Simplex, simplicitas, simpliciter* in Tito Livio. — *AAT* 110, 1975-76, 53-69.
5138 FRIDH, Åke: Zum Bedeutungswandel von lat. *quaerere*. — *Eranos* 74, 1976, 139-166.
5139 GARCÍA HERNÁNDEZ, Benjamin: *El campo semántico de "ver" en la lengue latina. Estudio estructural*. — Acta Salmanticensia, Filosofía y Letras 97; Salamanca: Univ. de Salamanca, 1976, 177 p.
5140 GONÇALVES, M. I. Rebelo: Breves reflexões sobre a etimologia do lat. *tūs*. — *Euphrosyne* 6, 1973-74, 149-154.
5141 GOUREVITCH, Danielle: Les noms latins de l'estomac. — *RPh* 50, 1976, 85-110.
5142 GROSSO, Giuseppe †: *Contractus* e συνάλλαγμα nei giuristi romani. — [233], 341-349.
5143 GUITTARD, Charles: Le problème des limites et subdivisions du jour civil à Rome (Varron, Aulu-Gelle, Macrobe): *conticinium* (*-cinum, -cinnum*) ou *conticuum* (*-cium*)? — *MEFRA* 88, 1976, 815-842.
5144 HALLETT, Judith P.: Masturbator, mascarpio. — *Glotta* 54, 1976, 292-308.
5145 HAMP, Eric P.: Latin *uastus*. — *RhM* 119, 1976, 346-348 | 1. *uastae uirgines* (Ennius). 2. The cognates of *uastus*. 3. Welsh *gweilydd* ~ *gweili* "empty".
5146 — Latin *inde*. — *AJPh* 97, 1976, 20-21.
5147 HOLFORD-STREVENS, Leofranc: "Elocutio novella". — *CQ* 26, 1976, 140-141 | Fronto (De eloquentia 5.1).
5148 KLIMA, Ursula: *Untersuchungen zu dem Begriff sapientia* . . . — Bonn: 1971 | BL 1971, 3923. | *Mn* 29, 1976, 436-437 L. F. Janssen | *AAHG* 29, 1976, 213-214 E. Doblhofer.
5149 KLOTZ, Reinhold, & GRILL, Alberto: *Dizionario della lingua latina*. Vol. I. Fasc. 1. — Brescia: 1974 | BL 1974, 4602. | *Maia* 27, 1975, 163-164 G. Guido | *REL* 52, 1974 (1975), 442 J. Perret | *RPh* 49, 1975, 141-142 J. André | *Gnomon* 48, 1976, 22-26 M. Salvadore.
KNOBLOCH, J.: Antike Gefässbezeichnungen aus Herkunftsnamen. — 4855.
5150 KOLLMANN, E. D.: Observations on the occurrence of the parallel forms $a = ab$ and $e = ex$ in Latin literature. — *RhM* 119, 1976, 14-29, 8 tab.

5151 KORPANTY, Józef: *Studia nad łacińską terminologią polityczno-socjalną okresu Republiki Rzymskiej.* — Polska Akad. Nauk, Oddział w Krakowie. Prace Komisji Filologii Klasycznej 15; Wrocław: Zakład im. Ossolińskich, 1976, 135 p. | Studies on the socio-political terminology of the Roman Republic (E. summ.). Pol. summ. in *SprOKrPAN* 19, 1975 (1976), 23-25.

5152 LAU, Dieter: *Der lateinische Begriff* labor. — München: 1975 | BL 1975, 5049. | *AC* 45, 1976, 323-324 E. Liénard | *RSC* 24, 1976, 158-159 V. D'Agostino.

5153 LITTMAN, Robert J.: The meaning of *polyphagus.* — *AJPh* 97, 1976, 369 | Suetonius, Nero 37.2.

5154 LORENZO, Juan: Aportaciones al estudio léxico del latín de los cristianos. — *Em* 44, 1976, 357-371 | *gens/natio, populus/plebs.*

5155 MERK, Georges: Prière et oraison. Linguistique et spiritualité. — [249], 595-634, tab., 8 fig. | *Preces, prière; oratio, oraison.*

5156 MILANI, Celestina: Osservazioni sul latino *lectisternium.* — *RIL* 110, 1976, 231-242.

5157 MOELLER, Walter O.: Once more *matavitatau.* — *CPh* 71, 1976, 171 | Petronius 62.9.

5158 MONTERO CARTELLE, Enrique: *Aspectos léxicos y literarios del latín erótico.* — Thèse Univ. de Santiago de Compostela 1973, 329 p. | *REL* 53, 1975 (1976), 433 A. M. Tupet.

5159 MORILLON, Paul: Sentire, sensus, sententia. *Recherche sur le vocabulaire...* — Lille: 1974 | BL 1974, 4608. | *REL* 53, 1975 (1976), 435-437 C. Moussy.

5160 NEUBERGER-DONATH, Ruth: *abs-condo: ab-scondo.* — *IF* 80, 1975 (1976), 106-109.

5161 NEUMANN, Günter: Zur Etymologie von lateinisch *augur.* — *Würzburger Jahrbücher für die Altertumswissenschaft,* N. F. 2, 1976, 219-230.

5162 — Lateinisch *vestigium* – Versuch einer neuen Etymologie. — [267], 253-261.

5163 OLESON, John P.: A possible physiological basis for the term *urinator,* "diver". — *AJPh* 97, 1976, 22-29.

5164 *Oxford Latin dictionary.* Fasc. V, *Libero – Pactum.* Ed. by P. G. W. GLARE. — Oxford: Clarendon Press, 1976, p. 1025-1280 | Cf. BL 1973, 5210.

PAQUOT, A.: L'évolution d'un champ sémantique du lat. à l'anc. fr. ... — 6149.

5165 PARIENTE, A.: *Parens y parentālia.* — *Em* 44, 1976, 303-319 | *Parentālia > Parentālia, parens.*

5166 PERUZZI, Emilio: Un etruschismo del latino religioso. — *RFIC* 104, 1976, 144-148 | *persillum* (or *-us*) (Festus), Etr. *persie.*

5167 — Prenestino *cōnea* e lat. *cicōnia.* — *QIFLP* 4, 1976, 45-51.

5168 — Lat. *lupa.* — [290], 173-177.

PISANI, V.: Zur Lautlehre der Entlehnung ... — 4109.

— "Coda" in greco, "peribalcanico" e latino. — 4878.

PUHVEL, J.: The origins of Gr. *kosmos* and Lat. *mundus.* — 4882.

5169 ROCCARO, Cataldo: Il pianto in Plauto. *Flere* e i suoi composti. — *Pan* 2, 1974, 27-41.

ROUGÉ, J.: ἄγκοινα – *anquina.* — 4886.

5170 SANDOZ, Claude: Du latin *interficiō* au védique *antár dhā-.* — *BSL* 71, 1976/1, 207-219.

5171 SEITZ, Wolfgang: Maiestas. *Bedeutungsgeschichtliche Untersuchung des Wortes in der Republik und Kaiserzeit (bis ca. 200 n. Chr.).* — Diss. Innsbruck 1974, viii, 256 p.

5172 *Thesaurus linguae Latinae.* Editus iussu et auctoritate consilii ab academiis societatibusque diversarum nationum electi. Vol. VII, 2, fasc. X, *linearius – locus*. [Red.: Peter FLURY.] Vol. IX, 2, fasc. V, *onocrotalus – oppugnatio*. [Red.: Wilhelm EHLERS & Peter FLURY.] — Leipzig: Teubner, 1976, c. 1441-1600; 641-800 | Cf. BL 1965, 5063.

5173 TIBILETTI BRUNO, Maria Grazia: *Clustrīgō* e *colustra*: un'etimologia latina. — [233], 1071-1078.

5174 TRAINA, Lorenzo: Note lessicali. — *QIFLP* 4, 1976, 113-119 | *Contineo* in Cicero; *praeterveho*.

6. ORTHOGRAPHE — ORTHOGRAPHY

5175 WINGO, E. Otha: *Latin punctuation in the classical age*. — The Hague: 1972 | BL 1972, 4297. | *RSEL* 5, 1975, 252-254 Á. Anglada.

7. STYLISTIQUE, LANGUE LITTÉRAIRE — STYLISTICS, LITERARY LANGUAGE

5176 AX, Wolfram: *Probleme des Sprachstils als Gegenstand der lateinischen Philologie*. — Beiträge zur Altertumswissenschaft 1 (Diss. Göttingen); Hildesheim: Olms, 1976, x, 304 p.

5177 BARTALUCCI, Aldo: Lingua e stile in Paolo Orosio. — *SCO* 25, 1976, 213-253.

5178 BENNETT, Alva W.: *Index verborum Sallustianus*. — Hildesheim: 1970 | BL 1971, 3945. | *Gnomon* 48, 1976, 153-156 Klaus Thraede.

5179 CARLOZZO, Giuseppe: *Placuit* in Tacito. — *Pan* 3, 1976, 69-71.

5180 — L'uso dell'ablativo assoluto in Lucrezio. — *Pan* 4, 1976, 21-49.

5181 CASACELI, F.: *Lingua e stile in Accio*. — Palermo: Palumbo, 1976, 123 p. | *Paideia* 32, 1977, 268-272 Giulio Puccioni.

5182 *Catalogus verborum, quae in operibus Sancti Augustini inveniuntur*. I. *Tractatus in Evangelium Ioannis, Corpus Christianorum, 36*. — Eindhoven (Netherlands): Thesaurus Linguae Augustinianae, 1976, 268 p.

5183 CHAUSSERIE-LAPRÉE, Jean-Pierre: Échos et résonances au début de la dixième Bucolique. — *Mélanges de philosophie, de littérature et d'hist. anc. offerts à Pierre Boyancé* (Coll. de l'École fr. de Rome 22; Rome: École fr. de Rome, 1974), 173-180.

5184 COMBER, M. R.: Parenthesis in Tacitus. — *RhM* 119, 1976, 181-184.

5185 CONTINO, Salvatore: *Lingua e stile in Valerio Flacco*. — Bologna: 1973 | BL 1973, 5243. | *RFIC* 104, 1976, 123-124 P. Parroni | *Gnomon* 48, 1976, 208-210 Widu-Wolfgang Ehlers | *Em* 44, 1976, 220-221 F. Piñero.

5186 CORTE, Francesco DELLA: Il "Geticus sermo" di Ovidio. — [233], 205-216.

5187 DESCHAMPS, Lucienne: *Étude sur la langue de Varron dans les Satires Ménippées*. 1; 2. — Lille: Univ. de Lille III, Atelier Reproduction des thèses (Diffusion: Librairie Honoré Champion, Paris), 1976, 498 p.; p. 409-672, lxi, 150 p. (texte des Satires) | Thèse Bordeaux III, 1974.

5188 DUBROCARD, Michel: *Juvénal-Satires. Index verborum. Relevés statistiques*. Avec la collaboration du Laboratoire d'analyse statistique des langues anciennes de l'Univ. de Liège. — Alpha-Omega 28; Hildesheim: Olms, 1976, xxviii, 249, 27 p.

5189 ÉVRARD-GILLIS, Janine: *La récurrence lexicale dans l'œuvre de Catulle. Étude stylistique*. — BFPhLL 217 (Thèse Liège); Paris: Les Belles Lettres, 1976, 274 p. | *Paideia* 32, 1977, 272-277 Giuseppe Gilberto Biondi.

5190 GARCÍA DE LA FUENTE, O.: El comparativo en las antiguas versiones latinas del Génesis. — *Em* 44, 1976, 321-340.

5191 GARRONE, Francesca, MATTEA, Michela, & RUSSO, Federica: *Lessico del De orationibus e del De eloquentia di M. C. Frontone con rilevazioni statistiche.* — Alpha-Omega A, 32; Hildesheim: Olms, 1976, xii, 390 p.

5192 [GRIMAL, P.]: *L. Annaei Senecae operum moralium concordantia*, P. Grimal cura edita. VII. *De tranquillitate animi.* — Publ. de la Sorbonne, Série "Documents" 25; Univ. de Paris IV, Travaux de l'Inst. d'Études lat. 7; Paris: P. U. F., 1976, 193 p. | Cf. BL 1970, 4264.

5193 HAEGE, Hansjörg: *Terminologie und Typologie des Verwandlungsvorgangs in den Metamorphosen Ovids.* — Göppinger akademische Beiträge 99 (Diss. Tübingen); Göppingen: Kümmerle, 1976, xiii, 300 p.

5194 JACYNA, O. I.: Substantyvacija dijeprykmetnykiv u tvorach Tacita. — *InFil* 40, 1975, 69-75 | Substantivation of participles in Tacitus (Summ. in Ru. & G.).

5195 LEINIEKS, Valdis: *Index Nepotianus.* — Univ. of Nebraska Studies 53; Lincoln, Neb.: Univ. of Nebraska Press, 1976, vi, 271 p.

5196 MAZZINI, Innocenzo: Tendenze letterarie della Vulgata di Girolamo. — *A&R* 21, 1976, 132-147 | A propos de la rééd. photomécanique de Franz KAULEN, *Sprachliches Handbuch zur biblischen Vulgata*, 2e éd. 1904 (Hildesheim: Olms, 1973).

5197 — Tendenze letterarie nella Peregrinatio di Egeria. L'uso del diminutivo. — *Prometheus.* Rivista quadrimestrale di studi classici (Firenze) 2, 1976, 267-280.

5198 MIKALSON, Jon D.: Ennius' usage of *is ea id.* — *HSPh* 80, 1976, 171-177.

5199 MONTANARI, Elio: Considerazioni su una presunta coppia sinonimica nel 'Timeo' ciceroniano. — *SIFC* 48, 1976, 244-253.

5200 NOSARTI, Lorenzo: Note acciane esegetiche e testuali. — *QIFLP* 4, 1976, 53-74.

5201 OFFERMANN, Helmut: Das Stilmittel der Wiederholung in Catulls kleinen Gedichten. — *MH* 33, 1976, 234-247.

5202 OPELT, Ilona: I vezzeggiativi del linguaggio virgiliano e dell'Appendix — *A&R* 21, 1976, 169-179.

5203 PETRAGLIO, Renzo: *Lingua latina e mentalità biblica nella 'Passio Sanctae Perpetuae'. Analisi di caro, carnalis e corpus.* — Brescia: Morcelliana, 1976, 164 p.

5204 PIANEZZOLA, E.: *Haurio = ferio, perfodio.* Un calco omerico mediato dagli scolii. — Scritti in onore di Carlo Diano [cf. 4797], 311-323.

5205 Ross, David O., Jr.: *Style and tradition in Catullus.* — Cambridge, Mass.: 1969 | BL 1969, 3499. | *Gnomon* 48, 1976, 559-566 Bernhard Coppel.

5206 SENIV, M. H.: Do pytannja pro ekspresyvno-emocijni zasoby v movi dijovych osib ryms'koji komediji. — *InFil* 40, 1975, 96-101 | Expressive-emotional means in the language of the characters in the Roman comedy (Summ. in Ru. & G.).

5207 SKOROBOHATA, Je. I.. Hrec'ki slova i zvoroty u p'jesach Plavta. — *InFil* 36, 1974, 75-77 | Gr. words and expressions in Plautus (Summ. in Ru. & G.).

5208 — Neolohizmy v komedijach Plavta. — *InFil* 40, 1975, 64-69 | Neologisms in Plautus' comedies (Summ. in Ru. & G.).

5209 SOVERINI, Paolo: Sull'uso degli avverbi in Petronio: avverbi intensivi e asseverativi. — *Atti della Accademia delle Scienze dell'Istituto di Bologna* 63, 1974-75, 200-255 | Also separately: Bologna: Tipografia Compositori, 1975. | *Latomus* 35, 1976, 944-945 L. Callebat.

5210 STIRRUP, Barbara E.: Ovid's narrative technique: a study in duality. — *Latomus* 35, 1976, 97-107.

5211 TROST, Pavel: Zu Petronius cap. XLI-XLVI. — *LF* 99, 1976, 150-152 | Zur Charakteristik der Ausdrucksweise der Tischgenossen.

5212 TUOMI, Raimo: *Studien zur Textform der Briefe Ciceros. Untersuchungen einiger hinsichtlich der sog. Verbalellipse textkritisch verdächtiger Stellen.* — Annales

LATIN ANCIEN

Univ. Turkuensis B, 138 (Opera ex Inst. Philologiae Classicae Univ. Turkuensis ed. 4); Turku: Turun Yliopisto (distr. by Akateeminen Kirjakauppa, Helsinki), 1975, 138 p.

5213 WARWICK, Henrietta Holm: *A Vergil concordance*. — Minneapolis: Univ. of Minnesota Press, 1975, 962 p. | Phoenix 30, 1976, 102-103 R. J. Tarrant.

5214 WRIGHT, John: *Dancing in the chains. The stylistic unity of the Comoedia palliata*. — Papers and Monographs of the Am. Acad. in Rome 25; Rome: Am. Acad., 1974, viii, 230 p. | *Latomus* 35, 1976, 148-149 J. Collart | *RPh* 50, 1976, 153 J. Perret.

5215 ZUCCARELLI, U.: *Lessico di Reposiano*. — Studi e Testi dell'Antichità 2; Napoli: Soc. Editrice Napoletana, 1976, 60 p. | *Maia* 28, 1976, 66-67 S. Fasce.

8. PROSODIE, MÉTRIQUE, VERSIFICATION — PROSODY, METRE, VERSIFICATION

5216 CLARKE, W. M.: Intentional alliteration in Vergil and Ovid. — *Latomus* 35, 1976, 276-300, tab.

5217 COLLART, Jean: Sentences et formules monostiques chez Virgile et Horace. Quelques remarques de métrique. — *Mélanges... Pierre Boyancé* [cf. 5183], 205-212, tab.

5218 CUPAIUOLO, Francesco: Problemi di tecnica della versificazione latina. — *Bollettino di Studi Latini* (Napoli) 5, 1975, 315-340.

5219 LIÉNARD, Edmond: La métrique en question. — *AC* 45, 1976, 630-637 | A propos du No. 5222.

5220 LOOMIS, Julia W.: *Studies in Catullan verse*... — Leiden: 1972 | BL 1973, 5272. | *Gnomon* 48, 1976, 453-458 Dietmar Korzeniewski.

5221 MCLENNAN, G. R.: The preposition as post-positive in Callimachus. — *Eranos* 74, 1976, 167-170.

5222 POE, Joe P.: *Caesurae in the hexameter line of Latin elegiac verse*. — Wiesbaden: 1974 | BL 1974, 4658. | *REL* 53, 1975 (1976), 426-429 J. Hellegouarc'h | Cf. 5219.

5223 VEREMANS, J.: Mogelijkheden en beperktheden van het metrisch onderzoek: Verg., Buc. — *HandVlFC* 30, 1975, 123-128 | Possibilities and limitations of metrical study: the chronology of Vergil's Bucolica.

5224 — L'asclépiade mineur chez Horace, Sénèque, Terentianus Maurus, Prudence, Martianus Capella et Luxorius. — *Latomus* 35, 1976, 12-42, 2 tab.

10. LINGUISTIQUE MATHÉMATIQUE — MATHEMATICAL LINGUISTICS

5225 DUCHESNE-DEGEY, M.: Un programme d'ordinateur pour la coupe syllabique en Latin. — *RELO* 1975/1, 37-57.
FOSSIER, L., & ZARRI, G. P.: *L'indexation automatique des sources documentaires anciennes*. — 4958.

14. ONOMASTIQUE — ONOMASTICS

5226 ADAM, Artur: Römische Reisewege und Stationsnamen im südöstlichen Deutschland. — *BNF* 11, 1976, 1-59, 4 cartes.

5227 FRUYT, Michèle: D'*Africus ventus* à *Africa terra*. — *RPh* 50, 1976, 221-238 | De l'étym., de la dénomination du vent à celle de la terre, etc.

5228 LAPORTA, Maria Teresa: Su alcune anse d'anfore con epigrafi. — *SLSal* 7, 1974-75 (1976), 95-112, fig. | Anthroponymes de la région de Brindisi.

5229 PRIULI, Stefano: Ascyltus. *Note di onomastica Petroniana.* — Bruxelles: 1975 | BL 1975, 5111. | *REL* 53, 1975 (1976), 501-503 Pierre Grimal.
5230 SGARBI, Romano: Intorno all'etimologia dell'idionimo latino *Rutilius.* — *RIL* 110, 1976, 53-58.
  SIMONE, C. DE: Ancora sul nome di *Caere.* — 11731.
5231 SKOROBOHATA, Je. I.: Imena junakiv i vojiniv u p'jesach Terencija. — *InFil* 36, 1974, 90-94 | The names of young men and soldiers in Terence's comedies (Summ. in Ru. & G.).
  VELKOVA, Ž.: Der thrakische Ursprung des Namens der Stadt Novae (Moesia inferior). — 4601.
5232 VIDMAN, Ladislav: Der Name *Caesar* im Vulgärlatein. — *LF* 99, 1976, 156-163.

E. Latin médieval et moderne — Medieval and Modern Latin

5233 BATE, A. K.: Medieval Latin. — *YWMLS* 37, 1975 (1976), 13-19.
5234 ADAMS, J. N.: *The text and language of a Vulgar Latin chronicle (Anonymus Valesianus II).* — *BICS*, Suppl. 36; London: Inst. of Classical Studies, Univ. of London, 1976, xxv, 189 p.
5235 ARMOGATHE, Jean-Robert, & MARION, Jean-Luc: Index des 'Regulae ad directionem ingenii' de René Descartes. — Lessico intellettuale europeo 10, Corpus Cartesianum 1; Roma: Ed. dell'Ateneo, 1976, xxiv, 163 p.
5236 BALÍK, Vojtěch: O dvou latinských verzích Komenského Didaktiky. — *StComH* 6 (12), 1976, 66-71 | A propos des deux versions lat. de la *Didactica* de Comenius (Rés. fr.).
5237 BATEMAN, John J.: Aldus Manutius' 'Fragmenta grammatica'. — *ICS* 1, 1976, 226-261.
5238 BISCHOFF, Bernhard: *Bannita*: 1. "syllaba", 2. "littera". — [228], 207-212.
5239 BLUMENTHAL, Wilfried: Untersuchungen zur Komödie 'Pamphilus'. — *MLatJb* 11, 1976, 224-311.
5240 BROWN, Virginia: Lupus of Ferrières on the metres of Boethius. — [228], 63-79.
5241 BULST, Walther: Hymnologica partim Hibernica. — [228], 83-100.
5242 BUSA, R.: The quantities of the Latin vocabulary documented in the index Thomisticus. — *RELO* 1976/3, 1-45.
5243 DEVROEY, J. P.: *Mansi absi*: indices de crise ou de croissance de l'économie rurale du haut moyen âge? — *MA* 82, 1976, 421-451 | Sur le terme *absus*.
5244 DÍAZ Y DÍAZ, Manuel C.: Sobre las series de voces de animales. — [228], 148-155.
5245 ERB, T.: Die Berufsbezeichnungen der Handwerker im Mittellatein. — *EAZ* 16, 1976, 303-310 | Autorreferat der Diss. Berlin, Humboldt-Univ. 1973.
5246 FELICE, Emidio DE: *Marinaritia* nel "Liber Statutorum" di Ragusa. — *BALM* 13-15, 1971-73 (1976), 111-122.
5247 GERICS, J.: Über eine ungarländische Anwendung des Terminus *status* in der Bedeutung "Versammlung, congregatio" im Gesetz von 1298. — *AUBud-L* 7, 1976, 109-117.
  GILL, I. R.: The orthography of the Ashburnham Pentateuch . . . — 5125.
5248 *Glossarium Mediae Latinitatis Cataloniae. Voces latinas y romances documentadas en fuentes catalanas del año 800 al 1100.* Compilado y redactado por M. BASSOLS DE CLIMENT †, J. BASTARDAS PARERA . . . [et al.]. Fasc. 7: *dalmatica - deouota.* — Barcelona: Universidad de Barcelona, Departamento de Filología Latina del C. S.I.C., 1976, c. 769-896 | Cf. BL 1973, 5322.
5249 *Glossarium till medeltidslatinet i Sverige* av Ulla WESTERBERGH (†) och Eva

LATIN MÉDIÉVAL

ODELMAN. / *Glossarium Mediae Latinitatis Sueciae* . . . Vol. I. Fasc. 4, *discucio – fabrilis*. — Stockholm: Kungl. Vitterhets Historie och Antikvitets Akademien, Stockholm, 1976, p. 329-420 | Cf. BL 1970, 4400.
Grammatici latini d'età imperiale. — 5057.

5250 GROŠELJ, Milan: De nonnullis vocibus in Lexico latinitatis medii aevi Iugoslaviae (A-P) obviis. — *Ling* 15, 1975, 71-72 | Cf. BL 1973, 5324.

5251 HAHNER, Ursula: *Cassiodors Psalmenkommentar. Sprachliche Untersuchungen*. — Münchener Beiträge zur Mediävistik und Renaissance-Forschung 13 (Diss. Freiburg i. Br.); München: Arbeo-Gesellschaft, 1973, xxii, 346 p.

5252 HENNIG, John: Studies in the vocabulary of the 'Sacramentarium Veronense'. — [228], 101-112.

5253 HERREN, Michael: The pseudonymous tradition in Hiberno-Latin: an introduction. — [228], 121-131.

5254 *The Hisperica Famina*: *The A-text*. A new critical ed. . . . by Michael W. HERREN. — Toronto: 1974 | BL 1974, 4696. | *REL* 53, 1975 (1976), 479-482 Jacques Fontaine | *JThS* 27, 1976, 235-236 J. M. Wallace-Hadrill.

HUBKA, K.: Časy a mody ve vztahu k souvětí v Komenského lat. gramatikách . . . . — 1947.

5255 *Index Thomisticus* . . . digessit Robertus BUSA. Sectio I, 1; II, 11-23. — Stuttgart: 1974-75 | BL 1975, 5126-7. | *SMIL* 1975, 64-67 H. Karlgren.

5256 [Iulianus Toletanus.] *Ars Iuliani Toletani Episcopi* . . . Estudio . . . por Maria A. H. MAESTRE YENES. — Toledo: 1973 | BL 1975, 5128. | *RFIC* 104, 1976, 471-479 Luigi Munzi | *Latomus* 35, 1976, 888-890 Pierre Cazier.

5257 JEUDY, Colette: La tradition manuscrite du 'De aspiratione' attribué au grammairien Phocas. — *Hommages à André Boutemy*, éd. par Guy Cambier, Bruxelles: Latomus, 1976 (= Coll. Latomus 145), 197-215, 2 pl. de fac-sim. | Avec éd. du texte.

5258 KELÍŠKOVÁ, Anežka: Zametki po jazyku Ja. Ev. Purkine v proizvedenii "Symbolae ad ovi avium historiam ante incubationem". — *SFFBU* 25 (A 24), 1976, 103-109 | Cz. & E. summ.

KNAPP, F. P.: *Similitudo. Stil- und Erzählfunktion von Vergleich und Exempel* . . . I. 1. — 2992.

5259 KNEEPKENS, C. H.: Another manuscript of the 'Regulae de mediis syllabis' magistri Willelmi: Cambridge, Corpus Christi College, 460. — *Vivarium* 14, 1976, 156-158 | A propos de l'éd. par Wilton DESMENSE, *Vivarium* 11, 119-136 (BL 1973, 5314).

KNEEPKENS, C. H.: "Mulier quae damnavit, salvavit" . . . — 1958.

5260 LATHAM, J. D.: Arabic into medieval Latin (2): letter C, *M.L.D.* — *JSS* 21, 1976, 120-137 | Cf. BL 1972, 4381.

5261 LAZARD, S.: De l'origine des hellénismes d'Agnello. — *RLiR* 40, 1976, 255-298, tab.

2562 LÉCUREUX, Bernadette: *El latín, lengua de la iglesia*. Trad. castellana de S. Mariner Bigorra. — Publ. de la Fund. univ. esp., Monografías 10; Madrid: Fund. univ. esp., Sem. Nebrija, 1975, 206 p., pl. | Trad. de *Le latin, langue de l'Église*, 1964 (BL 1966, 3247).

5263 LÖFSTEDT, Bengt: Zum spanischen Mittellatein. — *Glotta* 54, 1976, 117-157.

5264 — Zur Grammatik des Asper Minor. — [228], 132-140.

MARASCHIO, N.: Interferenze tra verbo latino e verbo volgare nel bilingue *De pictura* albertiano. — 6411.

MERK, G.: Prière et oraison . . . — 5155.

5265 *Mittellateinisches Wörterbuch bis zum ausgehenden 13. Jahrhundert.* In Gemeinschaft mit den Akademien der Wissenschaften zu Göttingen . . . hrsg. von der Bayerischen Akad. der Wissenschaften und der Akad. der Wissenschaften der DDR. [Red.: Theresia PAYR & Johannes SCHNEIDER.] II. Band. Lief. 7 (17. Lief. des Gesamtwerkes), *commilito – comprovincialis*. — München: Beck / Berlin: Akad.-Verlag, 1976, c. 961-1120 | Cf. BL 1974, 4704.

5266 MOHRMANN, Christine: Die Kontinuität des Lateins vom 6. bis zum 13. Jahrhundert. — *WS* 10, 1976, 239-255.

5267 — Some remarks on the language of Boethius, 'Consolatio philosophiae'. — [228], 54-61.

5268 NIERMEYER †, J. F.: *Mediae latinitatis lexicon minus. Lexique latin médiéval-français/anglais. A medieval Latin-French/English dictionary.* Perficiendum curavit C. VAN DE KIEFT. — Leiden: Brill, 1976, xix, 1138 p. | Fasc. 1-11 published 1954-64 (cf. BL 1964, 3403); completed in 1976 by fasc. 12, *vaccarius – zucarum*, p. 1057-1138.

5269 — *Mediae latinitatis lexicon minus . . . . Abbreviationes et index fontium*. Composuit C. VAN DE KIEFT adiuvante G. S. M. M. LAKE-SCHOONEBEEK. — Leiden: Brill, 1976, xix, 78 p.

5270 NORBERG, Dag: *Manuale di latino medievale* . . . . — Firenze: 1974 | BL 1975, 5141. | *ASNP* 6, 1976, 1375-1380 M. Innocenti Soriani.

5271 NOVÁKOVÁ, Julie: Jazyk latinských spisů J. A. Komenského. — *StComH* 6 (13), 1976, 45-51 | Die Sprache der lat. Schriften des J. A. Comenius (Rés. all.).

5272 — De abbreviaturis Comenianis adhuc incognitis. — *LF* 99, 1976, 187-191.

5273 O'DONNELL, J. Reginald: Alcuin's 'Priscian'. — [228], 222-235.

5274 RIZZO, Silvia: *Il lessico filologico degli umanisti*. — Roma: 1973 | BL 1973, 5354. | *ASNP* 6, 1976, 1404-1408 M. Feo.

SAARI, H.: Keele kultuurkihist. 2. Läänemeresoome laen ladina keeles. — 12350.

[SANCTIUS, FRANCISCUS.] SÁNCHEZ DE LAS BROZAS, Francisco: *Minerva (1562)*. . . — 2006-7.

5275 *Słownik łaciny średniowiecznej w Polsce / Lexicon mediae et infimae latinitatis Polonorum*. Ed. Marian PLEZIA. Vol. IV, fasc. 3 (31): *formo – gadis*; fasc. 4 (32): *gagates – grossus*. — Wrocław: Zakład Narodowy im. Ossolińskich, 1976, c. 321-480; 481-640 | Cf. BL 1975, 5149. | *Gnomon* 48, 1976, 308-309 O. Prinz (Vol. III) | *RPh* 50, 1976, 336 J. André (IV, 1).

5276 STEINER, Martin: K latinské předloze Komenského přebásnění Catonových Distich. — *StComH* 6 (12), 1976, 72-78 | E. summ.

5277 TŘÍŠKA, Josef: *Rétorický styl a pražská univerzitní literatura ve středověku. Stilus rhetoricus et litterae Universitatis Pragensis medio aevo florentes.* — Knižnice archívu Univ. Karlovy 1; Praha: Univ. Karlova, 1975, 290 p. | Rés. en tch., lat., ru., all. et angl.

VÄÄNÄNEN, V.: Sur la protohist. de *qui/que* . . . —5112.

5278 VALLONE, Aldo: La polemica latino-volgare e la posizione di Q. M. Corrado. — *RAAN* 50, 1975 (1976), 169-209.

5279 VENTURINI, Leonardo: La traduzione latina di Bartolomeo da Messina del "De mirabilibus" dello Pseudo-Aristotele (dal Cod. Patav. Antoniano XVII 370). — *AMAP* 88, 1975-76, 69-77.

VILJAMAA, T.: The Renaissance reform of Lat. grammar. — 2031.

WRIGHT, R.: Speaking, reading and writing Late Lat. . . . — 5360.

X. LANGUES ROMANES — ROMANCE LANGUAGES

A. Généralités — General

5280 *A bibliographical index to 'Romance Philology', vol. I-XXV.* Compiled by Mark G. LITTLEFIELD. With a foreword by Yakov MALKIEL. — Berkeley: Univ. of California Press, 1974, xxvii, 246 p. | *RomPh* 29, 1975-76, 391-394 H. Kahane.
5281 Bibliographie der Schweizer Romanistik, 1975. — *VR* 35, 1976, 336-345.
5282 Chronik 1975. Romanistische Habilitationsschriften und Dissertationen. — *RJb* 26, 1975 (1976), 7-17.
5283 GREEN, J. N.: Romance linguistics. — *YWMLS* 37, 1975 (1976), 25-30.
5284 GROSSMANN, Maria, & MAZZONI, Bruno: *Bibliographie de phonologie romane.* — The Hague: 1974 | BL 1974, 4720. | *SCL* 26, 1975, 77-78 I. Vintilă-Rădulescu.
5285 Schedario, 4. — *CultNeol* 35, 1975/3-4 (1977), 247-390 | Bibliographie analytique des études romanes, années 1974-75.

5286 ABROSIMOVA, T. A.: Mestoimennye glagoly kak edinicy slovarja romanskich jazykov. — *NDVŠ-F* 1976/3, 65-73.
ADAMS, J. N.: *The text and language of a Vulgar Latin chronicle (Anonymus Valesianus II).* — 5234 | Index of Romance words, p. 189.
5287 ALESSIO, Giovanni: *Lexicon etymologicum. Supplemento ai dizionari etimologici latini e romanzi.* Indici a cura di A. LANDI. — Napoli: Arte Tipografica, 1976, xx, 691 p. | *Paideia* 32, 1977, 187-188 Vittore Pisani.
5288 BAUM, R.: Claude Fauriel [1772-1844] und die romanische Philologie. — [181], 275-325.
5289 BECK, Jonathan: Pro ... *salvament* in the Strasbourg Oaths: "safety" or "salvation"? — *RomPh* 30, 1976-77, 144-151.
5290 BERCHEM, Theodor: *Studien zum Funktionswandel bei Auxiliarien ...* — Tübingen: 1973 | BL 1973, 5372. | *VR* 35, 1976, 165-168 M. Herrmann.
5291 BLAYLOCK, Curtis: Aproximaciones de colores: un problema de morfología derivacional. — *ACILR* XIII/1, 343-349.
5292 CAMPROUX, Charles: *Les langues romanes.* — Paris: 1974 | BL 1974, 4732. | *SCL* 27, 1976, 548-550 B. Cazacu.
5293 *Centre de Philologie et de Littératures Romanes.* Fasc. 21. Programme général et activités du Centre. Méthodes de travail. Enseignements littéraires spécialisés à l'université de Strasbourg. Administration et collaborateurs du Centre. Chronique de l'année 1975-76. Programme de l'année 1976-77. — Strasbourg: Centre de Phil. Romane, Univ. des Sci. Humaines de Strasbourg, 1976, 170 p.
5294 CHEVALIER, Jean-Claude: Du latin au roman (Réflexions sur la destruction de la déclinaison nominale). — [224], I, 171-190.
5295 CLAVIER, Henri: L'Oraison dominicale dans les versions romanes. — *ACILR* XIII/2, 643-657.
COLÓN, G.: *El léxico catalán en la Romania.* — 5394.
— Sobre el perfet perifràstic VADO + infinitiu en cat., en prov. i en fr. — 5395.
5296 CORBETT, Noël L.: Corrélations phonologiques, redondance, et changement phonétique: la diphtongaison romane. — *ACILR* XIII/1, 119-133, fig.
5297 COSERIU, Eugenio: *Das romanische Verbalsystem.* Hrsg. und bearb. von Hansbert BERTSCH. — TBL 66: Tübingen: TBL-Verlag, 1976, iv, 197 p.
5298 DARDEL, R. DE: Une analyse spatio-temporelle du roman commun reconstruit (A propos du genre). — *ACILR* XIV/2, 75-82.

5299 DARDEL, R. DE, & HAADSMA, R. A.: Le rejet du verbe dans les subordonnées romanes. — *VR* 35, 1976, 24-39.
5300 DIETRICH, Wolf: *Der periphrastische Verbalaspekt in den romanischen Sprachen* . . . — Tübingen: 1973 | BL 1973, 5386. | *ZRPh* 92, 1976, 165-172 C. Rohrer | *IF* 80, 1975 (1976), 248-254 M. Kravar | *AUBud-L* 7, 1976, 233-236 K. Kese.
5301 — Romanische Elativbildungen durch Vergleiche. — *ZRPh* 92, 1976, 292-312.
5302 DUCHÁČEK, Otto: Les microstructures lexicales, leurs modifications et leurs transformations. — *ACILR* XIII/1, 581-589.
5303 ETTINGER, Stefan: *Norm und System beim Verb.* — Romanistische Arbeitshefte 17; Tübingen: Niemeyer, 1976, viii, 83 p. | Fr., It., Rum.
5304 FELIXBERGER, Josef, & BERSCHIN, Helmut: *Einführung in die Sprachwissenschaft für Romanisten.* — München: 1974 | BL 1974, 4743. | *ZRPh* 92, 1976, 155-157 Michael Scotti-Rosin | *ZFSL* 86, 1976, 358-361 K. L. Müller.
5305 FERGUSON, Thaddeus: *A history of the Romance vowel systems through paradigmatic reconstruction.* — JanL, Series practica 176; The Hague: Mouton, 1976, 176 p.
5306 FRANCESCATO, Giuseppe: Linguística teorica e studi di dialettologia romanza. — *ACILR* XIII/1, 1017-1023.
5307 GECKELER, Horst: Sigmaphobie in der Romania? Versuch einer funktionellen Bestimmung. — *ZRPh* 92, 1976, 265-291.
GILL, I. R.: The orthography of the Ashburnham Pentateuch . . . — 5125.
5308 GIURESCU, Anca: *Les mots composés dans les langues romanes.* — The Hague: 1975 | BL 1975, 5185. | *SCL* 27, 1976, 655-660 I. Vintilă-Rădulescu.
5309 GODDARD, Keith A.: Le bilinguisme et la diglossie. Leur importance pour l'étude des mots d'emprunt dans les langues romanes. — *ACILR* XIV/2, 401-406.
5310 — Quelques tendances et perspectives de l'étude des mots d'emprunt dans les langues romanes. — *ACILR* XIII/2, 425-431.
5311 GRAUR, Al.: Situația imparisilabicelor latine. — *SCL* 27, 1976, 185-188 | Cf. BL 1975, 5187.
5312 *Griechisch und Romanisch.* Mit Aufsätzen von . . . Hrsg. von Gunter NARR. — Tübingen: 1971 | BL 1972, 4455. | *Gnomon* 48, 1976, 76-77 D. Fehling.
5313 GRIERA, Antonio †: Les atlas linguistiques et l'interprétation de leurs cartes. — *ACILR* XIII/2, 223-242.
GULSTAD, D. E.: La función del rasgo distintivo en la teoría fonológica renacentista . . . — 1938.
5314 HALL, Robert A., Jr.: *Comparative Romance grammar.* [Vol. 2]. *Proto-Romance phonology.* — New York: Am. Elsevier, 1976, x, 297 p., fig. | Cf. BL 1974, 4750. | *VR* 35, 1976, 293-294 R. de Dardel (Vol. 1) | *FI* 10, 1976, 308-310 G. P. Clivio | *GL* 16, 1976, 24-28 E. Pulgram | *Lg* 52, 1976, 247-249 Jerry R. Craddock (On vol. 1).
5315 ILIESCU, Maria: Per lo studio linguistico dei testi latini. Il lessico della *Lex Salica* e la linguistica romanza. — *SMV* 24, 1976, 135-140.
In memoriam F. Diez. Akten des Kolloquiums . . . . — 181.
5316 IORDAN, Iorgu: Du bilinguisme dans le domaine roman. — *ACILR* XIII/1, 5-15.
5317 — Un problème de phonétique historique romane. — *KNf* 23, 1976, 139-141 | Le traitement des occlusives intervocaliques.
5318 IORDAN, Iorgu, & MANOLIU MANEA, Maria: *Linguistica romanza.* A cura di Alberto LIMENTANI. — Padova: 1974 | BL 1974, 4753. | *RRLing* 21, 1976, 447-448 Mihaela Cârstea-Romașcanu | *RF* 87, 1975, 101-102 H. Lausberg.
5319 JENSEN, Frede: "Rich" in the Romance languages: an etymological *mise au point*. — *Semasia* 3, 1976, 33-37.

5320 JIGA, Caïus Tiberius: Exemples de la typologie sémantique des proverbes dans les langues romanes. — *ACILR* XIII/1, 1199-1209, tab.

5321 JOPPICH-HAGEMANN, Ute, & KORTH, Ute: *Untersuchungen zu Wortfamilien der Romania Germanica.* — Bonn: 1973 | BL 1973, 5400. | *ASNS* 213, 1976, 155-158 A. Greive.

5322 [KATAGOŠČINA, N. A.] KATAGOCHTCHINA, N.-A.: Étude phonologique comparée des langues étroitement apparentées (langues romanes modernes). Problèmes et méthodes. — *ACILR* XIII/1, 1137-1145.

5323 KURYŁOWICZ, Jerzy: Les composés du type fr. *maintenir*. — *KNf* 23, 1976, 163-165.

5324 LO CASCIO, Vincenzo: Systèmes de nominalisation dans les langues romanes. — *ACILR* XIII/1, 277-291, tab.

5325 MALKIEL, Yakov: Contacts between *blasphēmāre* and *aestimāre.* — *RomPh* 30, 1976-77, 102-117 | Excursus: the etymology of Hisp. *tomar*, 115-117.

5326 — Perspectives d'un renouvellement de l'étymologie romane. — *ACILR* XIII/1, 967-986.

5327 MAŃCZAK, Witold: Le problème de la langue romane commune. — *ACILR* XIV/2, 61-73.

5328 MANECA, Constant: Tipologia linguistica romanza quantitativa. — *ACILR* XIV/2, 83-95, 5 fig.

5329 MANOLIU-MANEA, Maria: Grammaire comparée et grammaire transformationnelle. — *ACILR* XIII/1, 361-366.

5330 MARTÍNEZ RUIZ, Juan: Latinidad norteafricana contingente a la hispánica. — *ACILR* XIV/2, 51-60.

5331 MAZZOLA, Michael Lee: *Proto-Romance and Sicilian.* — PdR Press Publ. in Romance Linguistics 1; Lisse: Peter de Ridder Press, 1976, 142 p., 7 maps.

5332 MEIER, Harri: *Primäre und sekundäre Onomatopöien . . .* — Heidelberg: 1975 | BL 1975, 5213. | *RF* 88, 1976, 254-256 H. Lausberg.

5333 METZELTIN, Michele: Sulla calamitazione dell'ago della bussola. — *BALM* 13-15, 1971-73 (1976), 577-584 | Terminologie.

5334 MOURIN, Louis: Le système des réflections analogiques dans les indicatifs présents romans irréguliers (I; II). — *RRLing* 21, 1976, 3-21; 229-245.

5335 NANDRIS, Octave: Motricité et genèse des idiomes romans. — *ACILR* XIII/1, 1155-1164.

5336 *Neue Beiträge zur romanischen Etymologie.* Hrsg. von Harri MEIER. — Heidelberg: 1975 | BL 1975, 5220. | *RRom* 11, 1976, 359-360 P. Skårup | *RF* 88, 1976, 87-92 Ch. Schmitt.

NÈVE DE MÉVERGNIES, F.-X.: Note sur la chronologie des palatalisations "romanes". — 5077.

5337 NICULESCU, Alexandru: La pronominalizzazione di tipo *inde* nelle lingue romanze. — *ACILR* XIII/1, 1183-1189.

PALERMO, J.: Il problema del siciliano . . . . — 6548.

5338 PAP, Leo: El concepto de número gramatical, con respecto especial a numerales románicos del tipo *cien: doscietos*. — *ACILR* XIII/1, 351-359.

5339 PEI, Mario: *The story of Latin and the Romance languages.* With appendixes partially written, compiled, and arranged by Paul A. GAENG. — New York: Harper & Row, 1976, xx, 356 p., ill., maps | *PIL* 9, 1976, 213-220 T. M. Lightner.

5340 PELLEGRINI, G. B.: Voci orientali di mediazione araba nel Mediterraneo. — *BALM* 13-15, 1971-73 (1976), 409-431.

5341 PETKANOV, Ivan: Prospetto essenziale degli elementi slavi nelle lingue e nei

dialetti romanzi dal secolo XVII fino ai nostri giorni. — *ACILR* XIV/2, 437-445.
5342 PRICE, Glanville: Language standardization in the Romance field: a survey of recent work. — *Semasia* 3, 1976, 7-32.
RADFORD, A.: On the non-transformational nature of syntax . . . — 2589.
5343 RAIBLE, Wolfgang: *Satz und Text* . . . — Tübingen: 1972 | BL 1972, 4459. | *KLit* 4, 1975, 5-6 U. L. Figge | *Linguistics* 169, 1976, 82-89 B. Gasparov | *FS* 30, 1976, 238-239 B. Foster.
5344 *Die Reichenauer Glossen. Teil II. Entstehung und Aufbau.* Von Manfred RAUPACH. — München: 1972 | BL 1972, 4462. | *Em* 44, 1976, 211-214 J. Oroz Arizcuren.
5345 REINHEIMER RÎPEANU, Sanda: "Diftongi" romanici. — *SCL* 27, 1976, 155-162.
5346 RENZI, Lorenzo: *Introduzione alla filologia romanza.* — Studi Linguistici e Semiologici 6; Bologna: Il Mulino, 1976, 243 p., 9 pl. | *Paideia* 32, 1977, 161-162 Emanuele Banfi; 177-178 Glauco Sanga.
5347 ROHLFS, Gerhard: *Romanische Sprachgeographie* . . . — München: 1971 | BL 1971, 4156. | *RPF* 16, 1972-74 (1976), 503-505 M. de Paiva Boléo.
5348 *Romance syntax. Synchronic and diachronic perspectives.* Ed. by Martin B. HARRIS. — Salford: Univ. of Salford, Dept. of Modern Languages, 1976, 101 p.
5349 SALTARELLI, Mario: Le regole fonologiche nella classificazione delle lingue neolatine. — *ACILR* XIII/1, 1165-1173, 5 tab.
5350 SCHLIEBEN-LANGE, Brigitte: Les grammaires normatives des langues romanes: principes et fondements. — *ACILR* XIII/2, 127-135.
5351 SCHÜRR, Friedrich: Die Evidenz sprachgeographischer Erkenntnisse und Bartolis Arealnomen [recte: Arealnormen]. — [233], 1003-1013.
5352 SYKORRA, Wolfgang: *Friedrich Diez' 'Etymologisches Wörterbuch der romanischen Sprachen'* . . . . — Bonn: 1973 | BL 1973, 5443. | *Paideia* 31, 1976, 90-92 Vittore Pisani.
5353 TAGLIAVINI, Carlo: *Einführung in die romanische Philologie.* — München: 1973 | BL 1973, 5445. | *ZCPh* 35, 1976, 337-340 K. H. S[chmidt].
5354 TERNI, Clemente: Musica e versificazione nelle lingue romanze. — *SMe* 16, 1975, 1-41.
5355 TUTTLE, Edward F.: *Studies in the derivational suffix* -āculum . . . — Tübingen: 1975 | BL 1975, 5235. | *Erasmus* 28, 1976, 279-281 W. Rothwell | *RF* 88, 1976, 84-87 H. J. Wolf.
5356 VIDOS, B. E.: L'etimologia di *avaria* (Colonizzazione nel Mediterraneo e contatti con altri mari). — *BALM* 13-15, 1971-73 (1976), 393-397.
5357 WAGNER, Norbert: Eine germanische Namensform als früher Beleg für *-pt-* zu *-ut-* im Romanischen. — *ZRPh* 92, 1976, 408-413 | The Langobardic name *Authari (Aptacharius).*
5358 WANDRUSZKA, Mario: Pour une interlinguistique romane. — *ACILR* XIII/1, 93-113.
5359 WITTLIN, Curt J.: Les traducteurs au moyen âge: observations sur leurs techniques et difficultés. — *ACILR* XIII/2, 601-611.
5360 WRIGHT, Roger: Speaking, reading and writing Late Latin and Early Romance. — *Nph* 60, 1976, 178-189.
5361 WUNDERLI, Peter: *Modus und Tempus. Beiträge zur synchronischen und diachronischen Morphosyntax der romanischen Sprachen.* — TBL 62; Tübingen: TBL-Verlag Narr, 1976, 342 p.
5362 ZAMBONI, Alberto: Alcune osservazioni sull'evoluzione delle geminate romanze. — [140], 325-336.

HISPANIQUE

5363 ZINK, Michel: *La prédication en langue romane avant 1300*. — Nouvelle Bibl. du Moyen Age 4; Paris: Champion, 1976, 580 p.

B. Langues hispaniques — Hispanic languages

1. Généralités — General

5364 Bibliografía. — *RFE* 57, 1974-75 (1976), 373-477 | Lingüística general, 381-397; Lingüística románica, 398-408; Lengua esp., 409-421.

5365 HULET, Claude L.: Dissertations in the Hispanic languages and literatures, 1975. — *Hispania* 59, 1976, 276-288.

5366 BAUMANN, Hans-Heinrich: Die syntaktischen Funktionen und Korrelate von *ser* und *estar* im Spanischen und Portugiesischen. — *RJb* 26, 1975 (1976), 247-269.

5367 CATALÁN, Diego: *Lingüística ibero-románica*. Tomo I. — Madrid: 1974 | BL 1974, 4796. | *Hispania* 59, 1976, 183-184 Peter Boyd-Bowman.

5368 COROMINAS, Joan: Elementos prelatinos en las lenguas romances hispánicas. — *ACLPI* I, 87-164, 409-423.

5369 DÍEZ, Miguel, MORALES, Francisco, & SABÍN, Ángel: *Las lenguas de España*. — Madrid: Alcalá, 1976, 274 p., maps | Sp., Cat., Galician, Basque.

5370 *Estudios de gramática generativa*. Dirigido por Víctor SÁNCHEZ DE ZAVALA. — Barcelona: Labor Universitario, 1976, 277 p.

5371 GRANDA, Germán DE: Planteamientos y necesidades actuales en los estudios lingüísticos afrohispanoamericanos. — *AdL* 12, 1974, 53-82.

5372 — Elementos lingüísticos afroamericanos en el área hispánica. Nuevos estudios para su estudio sociohistórico (I. América). — *Thesaurus* 31, 1976, 481-501.

5373 LANG, Jürgen: *Puebla – pueblo*: aportación a la historia de un topónimo y de un apelativo. — *RFE* 57, 1974-75 (1976), 211-230.

5374 MALKIEL, Yakov: En torno al cultismo medieval: los descendientes hispánicos de *dulcis*. — *NRFH* 24, 1975, 24-45.

— Contacts between *blasphēmāre* and *aestimāre*. — 5325.

5375 MESSNER, Dieter: *Chronologische und etymologische Studien zu den iberoromanischen Sprachen und zum Französischen*. — TBL 49; Tübingen: TBL-Verlag, 1974, 115 p.

— *Dictionnaire chronologique des langues ibéroromanes*. 1. Dict. chron. port. — 5715.

5376 METZELTIN, Michael: *Einführung in die hispanistische Sprachwissenschaft*. — Tübingen: 1973 | BL 1973, 5458. | *RJb* 26, 1975 (1976), 365-367 Michael Scotti-Rosin.

5377 PENNY, Ralph: The convergence of B, V and -P- in the Peninsula: a reappraisal. — [252], 149-159.

5378 PIEL, Joseph M., & KREMER, Dieter: *Hispano-gotisches Namenbuch. Der Niederschlag des Westgotischen in den alten und heutigen Personen- und Ortsnamen der Iberischen Halbinsel*. — Heidelberg: Winter, 1976, 399 p.

5379 [VASIL′EVA-ŠVEDE, O. K.] VASSILIEVA-ŠVEDE, Olga: La categoría del aspecto verbal en las lenguas pirenaico-romances (español, portugués, gallego y catalán). — *ACILR* XIII/1, 483-492.

5380 — Algunos problemas actuales del estudio de los idiomas pirenaico-romances (español, portugués, gallego y catalán). — *ACILR* XIV/2, 97-106.

5381 VOL′F, Elena M.: Grammatica e semantica dei pronomi. — *SGI* 5, 1976, 285-353 |

Transsl. of the introd. and ch. I of: *Grammatika i semantika mestoimenij*, 1975 (BL 1975, 5261).

5382 *Voprosy ispanskoj filologii. Problemas de filología española*. Materialy I Vsesojuznoj naučnoj konferencii po ispanskoj filologii. [Red.: M. P. ALEKSEEV]. — Drevnaja i novaja Romanija 1; Leningrad: Izd. LGU, 1974, 189 p. | *VJa* 1976/5, 162-165 E. D. Panfilov & A. V. Fedorov | *Hispania* 59, 1976, 387-388 George O. Schanzer.

II. Catalan — Catalan

5383 WHEELER, Max W.: Catalan studies: language. — *YWMLS* 37, 1975 (1976), 318-321.

5384 ALARCOS LLORACH, Emilio: El sistema verbal del català. — *ACICat* III, 15-25.

5385 ARGENTE, Joan A.: Un exercici d'analisi transformacional entorn del pronom *en*. — [5370], 13-58.

5386 BADIA I MARGARIT, Antoni M.: *La llengua dels barcelonins* ... I.1. — Barcelona: 1969 | BL 1969, 3679. | *RLiR* 36, 1972, 180 P. Gardette | *LiS* 5, 1976, 115-119 J. Robinson.

5387 — *La llengua catalana ahir i avui*.... — Barcelona: 1973 | BL 1973, 5464. | *BHS* 53, 1976, 79-80 P. Russell-Gebbett.

5388 — *Vint-i-cinc anys d'estudis sobre la llengua i la literatura catalanes (1950-1975)*. 1. *La llengua*. — Montserrat: Publ. de l'Abadia de Montserrat, 1976, 202 p.

5389 — *Ciència i passió dins la lingüística catalana moderna*. (Discurs inaugural del curs acadèmic 1976-77). — Barcelona: Univ. de Barcelona, 1976, 82 p.

5390 — El català, llengua de relació a Barcelona. — *ACICat* II, 231-254, fig.

5391 [—] BADÍA MARGARIT, A. M.: Aspects de la description du verbe en espagnol et en catalan. — *ACILR* XIII/1, 293-310, tab.

5392 CERDÀ I MASSÓ, Ramón: Observacions sobre tàctica i productivitat en la fonologia del català. — *ACICat* II, 17-46.

5393 CERDÁ MASSÓ, Ramón: Aportación al estudio experimental del timbre vocálico en catalán. Bases para una normofonética catalana de conjunto. — *ArchFAr* 16-17, 1965-66 (1971), 57-79.

5394 COLÓN, Germán: *El léxico catalán en la Romania*. — BRHi II, 245; Madrid: Gredos, 1976, 541 p. | *MedRom* 4, 1977, 154-156 Anna Maria Perrone Capano Compagna.

5395 COLON, Germà: Sobre el perfet perifràstic VADO + infinitiu en català, en provençal i en francès. — *ACICat* II, 101-144 | Cf. BL 1975, 5267.

5396 COSTA, Georges: Un exemple d'interdépendance de faits démographiques et linguistiques en Roussillon. — *ACILR* XIV/2, 341-358, 10 cartes.

5397 GUITER, Henri: Onomastique et contacts de langues: exemple des confins pyrénéo-méditerranéens. — *Onoma* 20, 1976/1, 106-127.

5398 GULSOY, J.: El desenvolupament de les formes del subjuntiu present en català. — *ACICat* III, 27-59.

5399 HAENSCH, Günther: La discrepància entre la llengua escrita i la llengua parlada, un problema essencial del català d'avui i de demà. — *ACICat* II, 255-274.

5400 LINDVALL, Lars: Om katalanskan. — *MSpråk* 70, 1976, 239-245, fig. | On the Cat. language.

5401 — Om katalanskans perifrastiska preteritum. — *MSpråk* 70, 1976, 353-366, map | On the periphrastic preterite in Cat.

5402 LLEÓ, Concepció, & MASCARÓ, Joan: Contribució a la fonologia generativa del

ESPAGNOL

català: reestructuració en la gramàtica? — *ACICat* III, 61-80 | 1. La [w] dins la gramàtica actual. 2. La [w] dins els processos hist.

5403 LÜDTKE, Helmut: La description algorithmique de la flexion verbale du catalan. — *ACICat* III, 81-91.

5404 MARINER I BIGORRA, Sebastià: Questions de mètrica estructural catalana. — *ACICat* III, 93-114 | Also in the author's *Estudis estructurals de català*, 1975 (BL 1975, 5269).

5405 MARSÁ, Francisco: Sobre dos tiempos verbales en Bernat Metge. — *RSEL* 5, 1975, 315-331.

5406 MOLHO, Maurice: L'aorist perifràstic català. — *ACICat* II, 67-100.

5407 MOLL, Francesc de B.: *L'home per la paraula.* — Palma de Mallorca: 1974 | BL 1974, 4822. | *MedRom* 3, 1976, 158-160 Maria Grossmann.

5408 NADAL I FARRERAS, Josep Maria: Introducció a l'estudi de les oracions completives del català. — *ACICat* III, 115-140.

5409 — Sintaxi abstracta i derivació: transitivitat versus intransitivitat en el català actual. — [5370], 151-193.

5410 PALAU I MARTÍ, F.: Morfologia i accentologia del català central. — *ACICat* III, 141-171.

5411 RAFEL FONTANALS, Joaquín: Áreas léxicas en una encrucijada lingüística. — *RFE* 57, 1974-75 (1976), 231-275, 20 maps | Teruel province.

5412 RAFEL I FONTANALS, Joaquim: Fonologia diacrònica catalana: aspectes metodològics. — *ACICat* II, 47-65.

5413 ROCA-PONS, Josep: Les formes subjacents i la morfologia catalana. — *ACICat* III, 173-199.

5414 RUBIÓ, Jordi: El sintagma "si altre", "mi terç", "si quart", etc. als segles XIII al XV. — *ACICat* III, 201-205.

5415 RUSSELL-GEBBETT, Paul: L'estructura de les oracions condicionals de realització impossible en el català medieval. — *ACICat* III, 207-216.

5416 — La expresión de las condiciones de realización imposible en el catalán medieval. — *ACILR* XIII/1, 367-372.

5417 SANCHIS GUARNER, M.: *Obra completa.* 1. *Per a una caracterització valenciana.* — La Unitat 22; Valencia: Tres i Quatre, 1976, 288 p.

5418 SKUBIC, Mitja: Contribution à la syntaxe du verbe en catalan. — *Ling* 15, 1975, 185-196 | Rés. slovène.

5419 SOLÀ, Joan: ¿Negación doble en catalán (antiguo y moderno)? — *ACILR* XIII/1, 373-387.

5420 VALLVERDÚ, F.: De normalisaesje fan modern Katalaensk. — *It Beaken* 38, 1976, 208-216 | La normalisation du cat. mod.

5421 VENY I CLAR, Joan: El valencià meridional. — *ACICat* II, 145-230, 50 maps.

III. Espagnol — Spanish

0. BIBLIOGRAPHIE ET GÉNÉRALITÉS — BIBLIOGRAPHY AND GENERAL

5422 GIFFORD, D. J.: Latin-American studies. Language: American Spanish. — *YWMLS* 37, 1975 (1976), 338-343.

5423 NUESSEL, Frank H., Jr.: Second supplement to 'A bibliography of generative-based grammatical analyses of Spanish'. — *LyC* 16, 1976, 167-179 | Cf. BL 1975, 5276.

5424 POUNTAIN, C. J.: Spanish studies: language. — *YWMLS* 37, 1975 (1976), 226-237.

5425 BOREL, Jean-Paul: Les caractéristiques de PACEFI (projet d'analyse contrastive espagnol-français-italien, Universités de Bologne et de Neuchâtel). — *ACILR* XIII/1, 1047-1060, 4 tab.

5426 MALKIEL, Yakov: *Linguistics and philology in Spanish America*. — The Hague: 1972 | BL 1972, 5283. | *IJAL* 42, 1976, 277-278 John N. Green.
VELLEMAN, B. L.: El influjo del empirismo inglés en el pensamiento gramatical de Bello. — 2030.

5427 VILLALÓN, Cristóbal: *Gramática castellana* .... Ed. facsimilar .... de Constantino GARCÍA. — Madrid: 1971 | BL 1971, 4227. | *RPF* 16, 1972-74 (1976), 474-477 José María Viqueira.

1. PHONÉTIQUE ET PHONOLOGIE — PHONETICS AND PHONOLOGY

5428 AGARD, Frederick B.: The genealogy of Modern Spanish. — [146], 313-339, 10 tab.

5429 BORZONE DE MANRIQUE, Ana M.: Acoustic study of /i, u/ in the Spanish diphthong. — *L&S* 19, 1976, 121-128, 3 fig.

5430 DÍAZ CASTAÑÓN, Carmen: Sobre la terminación *-ado* en el español de hoy. — *RSEL* 5, 1975, 111-120.

5431 DROMMEL, Raimund H.: La función de las pausas de oclusión en español: un experimento psicoacústico. — *RFE* 57, 1974-75 (1976), 289-303, 6 fig.

5432 EASTLACK, Charles L.: The phonology of twelfth century Castilian and its relation to the phonology of Proto-Romance. — *PIL* 9, 1976/1-2, 89-125.

5433 FOSTER, David: Concerning the phonemes of standard *Porteño* Spanish. — [399], 61-70.

5434 HARA, Makoto: *Semivocales y neutralización* ... — Madrid: 1973 | BL 1975, 5290. | *Phonetica* 33, 1976, 396-398 M. Pétursson.

5435 HERNÁNDEZ ALONSO, César: Las categorías de persona y número en el verbo español. — *RSEL* 5, 1975, 121-137.

5436 HOOPER, Joan B., & TERRELL, Tracy: Stress assignment in Spanish: a natural generative analysis. — *Glossa* 10, 1976, 64-110.

5437 KIDDLE, Lawrence B.: The chronology of the Spanish sound change: $š > x$. — [266], 73-100.

5438 KVAVIK, Karen H.: Research and pedagogical materials on Spanish intonation. — *Hispania* 59, 1976, 406-417.

5439 LAPESA, Rafael: De nuevo sobre la apócope vocálica en castellano medieval. — *NRFH* 24, 1975, 13-23.

5440 MACPHERSON, I. R.: *Spanish phonology* .... — Manchester: 1975 | BL 1975, 5294. | *Hispania* 59, 1976, 968-969 Vladimir Honsa.

5441 — Delateralization and phonetic change: the Old Spanish palatals [λ],[t͡ʃ], [(d)ʒ]. — [266], 155-164.

5442 MALKIEL, Yakov: From falling to rising diphthongs: the case of Old Spanish *ió* < **éu* (with excursuses on the weak preterite, on the possessives, and on *judío, sandío*, and *romero*). — *RomPh* 29, 1975-76, 435-500.

5443 — Multi-conditioned sound change and the impact of morphology on phonology. — *Lg* 52, 1976, 757-778 | On the developments *ié > i* and *ué > e* of late OSp.

5444 PHILLIPS, Robert N., Jr.: The development of the Modern Spanish /b/. — [266], 209-219.

5445 PULLUM, Geoffrey K.: Sequential and simultaneous rule application in Spanish phonology. — *Lingua* 38, 1976, 221-262.
5446 SOSA, Francisco: A generative model of Spanish syllabic structures. — *LACUS* II, 180-187, tab., 4 fig.
5447 TRUP, L.: Estudio fonético del español en Cuba. — *BOPT* 1974, 109-127 | Rés. ru. et slov.
5448 WHITLEY, Stanley: Stress in Spanish: two approaches. — *Lingua* 39, 1976, 301-332, 16 tab. | Non-distinctive stress approach and distinctive stress approach.
5449 WRIGHT, Roger: Pretonic diphthongs in Old Castilian. — *VR* 35, 1976, 133-143.

2. GRAMMAIRE — GRAMMAR

5450 AISSEN, Judith, & PERLMUTTER, David M.: Clause reduction in Spanish. — *PBLS* II, 1-30.
5451 ALCARAZ, Javier: *Juan se afeita en la barbería*: "Sub-standard Spanish"? — *Hispania* 59, 1976, 491-492.
BADÍA MARGARIT, A. M.: Aspects de la description du verbe en esp. et en cat. — 5391.
5452 BASTIDA, Salvador: A propósito de las restricciones de orden en las secuencias de clíticos en español. — *RFE* 57, 1974-75 (1976), 79-110.
5453 — Restricciones de orden en las secuencias de clíticos del castellano: dos requisitos. — [5370], 59-99.
5454 BENEZECH, Jean-Louis: Vers une approche de la sémiologie des adverbes démonstratifs de lieu en espagnol. — [224], I, 59-67.
5455 BERGEN, John J.: The explored and unexplored facets of questions such as *¿Qué tú tienes?* — *Hispania* 59, 1976, 93-99.
5456 BERSCHIN, Helmut: *Präteritum- und Perfektgebrauch im heutigen Spanisch.* — *ZRPh*, Beiheft 172; Tübingen: Niemeyer, 1976, xv, 175 p.
5457 BOBES NAVES, María del Carmen: Sistema, norma y uso del gerundio castellano. — *RSEL* 5, 1975, 1-34.
5458 BOLINGER, Dwight: Again: One or two subjunctives? — *Hispania* 59, 1976, 41-49 | Cf. BL 1974, 4875.
5459 BOSQUE, Ignacio: Sobre la interpretación causativa de los verbos adjetivales. — [5370], 101-117.
5460 BRUYNE, Jacques DE: Over het gebruik van het Spaanse suffix *-ísimo*. — *LAnt* 8, 1974 (1975), 7-16 | Sur l'emploi du suffixe esp. *-ísimo*.
5461 — Over samenstelling door suffixen in het Spaans. — *LAnt* 9, 1975 (1976), 7-169 | Sur la composition par suffixes en esp.
5462 BUBNOVSKAJA, Ė. F.: K voprosu o soderžatel'noj storone nekotorych konstrukcij s *subjuntivo*. — *NDVŠ-F* 1976/2, 102-109.
5463 ČERNÝ, Jiří: La categoría de actualidad en el verbo español. — *ACILR* XIII/1, 311-317.
CONTRERAS, H.: *A theory of word order with special reference to Sp.* — 2439.
5464 DARBORD, Bernard: *Étude des relations casuelles en espagnol. "El Conde Lucanor" de Don Juan Manuel.* — Thèse de doctorat de 3e cycle; Paris: 1975, 216 p. (dact.) | *BSL* 71, 1976/2, 241-242 Haïm Vidal Sephiha.
5465 DOROŠENKO, V. A.: Fono-morfolohična dubletnist' slovotvornych typiv na *-ería* ta *-erío*, ščo vyražajut' zbirnist' u sučasnij ispans'kij movi. — *InFil* 33, 1974, 88-92 | Las formas dobles de los tipos de formación de palabras en *-ería / -erío* que expresan colectividad en el esp. mod. (Ru. & Sp. summ.).

5466 ECHAIDE. Ana María: La coordinación adversativa en español: aspecto sincrónico. — *RFE* 57, 1974-75 (1976), 1-33.

5467 ENGLAND, John: 'Dixo Rachel e Vidas': subject-verb agreement in Old Spanish. — *MLR* 71, 1976, 812-826, 12 tab.

5468 FÄLT, Gunnar: *Tres problemas de concordancia verbal en el español moderno.* — Uppsala: 1972 | BL 1972, 4603. | *RJb* 26, 1975 (1976), 367-371 Karl-Hermann Körner.

5469 FERNÁNDEZ LAGUNILLA, Marina: Acerca de la secuencia "*se* impersonal + enclítico de 3.ª persona": ¿una restricción superficial? — *RSEL* 5, 1975, 177-193.

5470 FERNÁNDEZ RAMÍREZ, Salvador: Derivados españoles en *-ivo*. — *Archivum* 25, 1975 (1976), 323-327.

5471 FONTANELLA DE WEINBERG, María Beatriz: Analogía y confluencia paradigmática en formas verbales de voseo. — *Thesaurus* 31, 1976, 249-272.

5472 FOSTER, David William: Exocentric N[N N] nouns in Spanish. — *Orbis* 25, 1976, 44-75.

5473 GAMILLSCHEG, Ernst: Zum spanischen Artikel und Personalpronomen. — *ER* 15, 1970 (1976), 129-135.

5474 GARCÍA, Erica C.: The generative approach to the Spanish reflexive. — *RomPh* 30, 1976-77, 361-389 | Mainly on Jan SCHROTEN, *Concerning the deep structures of Sp. reflexive sentences*, 1972 (BL 1972, 4646).

5475 GONZÁLEZ-MENA DE LOCOCO, Verónica: A semantic analysis of third person *se* constructions. — *Hispania* 59, 1976, 887-890.

5476 GREEN, John N.: How free is word order in Spanish? — [5348], 7-32.

5477 GREGORIO DE MAC, María Isabel DE: Caracterización formal de las proposiciones incluidas absolutas. — *ACILR* XIII/1, 539-552, 3 tab.

5478 HARING, Maria: Estudio de ciertas estructuras semánticas y actanciales que figuran en el 'Setenario' de Alfonso el Sabio. — *CLHM* 1, 1976, 127-160.

5479 HAVERKATE, Henk: Pragmatic and linguistic aspects of the prepositional infinitive in Spanish. — *Lingua* 40, 1976, 223-245.

5480 HAVERKATE, W. H.: Estructura y función del sujeto en el español moderno. — *ACILR* XIII/1, 1191-1197.

5481 HERNÁNDEZ ALONSO, César: *Pautas para análisis lingüístico.* — Valladolid: Industrial Litográfica, 1976, 128 p.

5482 HUYNH-ARMANET, Véronique: *Recherches sur la structuration syntaxique de l'espagnol contemporain.* — Thèse Paris III 1974; Lille: Atelier de reprod. des Thèses, Univ. de Lille III (Paris: diff. Champion), 1976, 199 p. | *BSL* 72, 1977/2, 237 B. Potticr.

5483 JENSEN, Frede, & LATHROP, Thomas A.: *The syntax of the Old Spanish subjunctive.* — The Hague: 1973 | BL 1973, 5563. | *Hispania* 58, 1975, 408 H. Tracy Sturcken | *Lg* 52, 1976, 701-702 Milton M. Azevedo.

5484 KLEIN, Flora: "Same vs. different" crosslinguistically: the "articles" in English and in Spanish. — *PCLS* XII, 413-424.

5485 KNITTLOVÁ, Dagmar: El infinitivo en el español actual. — *ACILR* XIII/1, 329-341.

5486 KOVACCI, Ofelia: Función y contexto: acerca de la elipsis. — [333], 130-145.

5487 KVAVIK, Karen H.: Sense-group terminations in Mexican Spanish. — [266], 101-115.

5488 LAMIQUIZ, Vidal: Diasistema y sistemas verbales en español. — *ACILR* XIII/1, 319-327, 6 tab.

5489 LANTOLF, James P.: Review article: Jan SCHROTEN, *Concerning the deep structure of Spanish reflexive sentences.* — *GL* 16, 1976, 191-206 | BL 1972, 4646.

5490 LAPESA, Rafael: Sintaxis histórica del adjetivo calificativo no atributivo. — [333], 171-199.

5491 LÁZARO CARRETER, Fernando: Sobre la pasiva en español. — [333], 200-209.

5492 LÁZARO MORA, Fernando A.: Compatibilidad entre lexemas nominales y sufijos diminutivos. — *Thesaurus* 31, 1976, 41-57.

5493 LLEÓ, Conxita: La presuposición y los verbos factivos en castellano. — [5370], 119-142.

5494 MAŃCZAK, Witold: Espagnol classique *tomáis, queréis* mais *tomávades, queríades.* — *KNf* 23, 1976, 181-186.

5495 MANTECA ALONSO-CORTÉS, Ángel: Nota sobre la presuposición en castellano. — [5370], 143-149.

5496 MARÍN, Diego: El orden de los adjetivos múltiples en español. — *BAE* 56 (208), 1976, 283-299.

5497 MARTÍN ZORRAQUINO, María Antonia: *A* + objeto directo en el 'Cantar de mio çid'. — [249], 555-566.

5498 MARTÍNEZ CELDRÁN, Eugenio: Estudio morfonológico de la vocal temática en español. — *RSEL* 5, 1975, 165-175.

5499 MONTES GIRALDO, José Joaquín: Un arcaísmo gramatical en Colombia: la construcción del pretérito compuesta de subjuntivo con *ser.* — *Thesaurus* 31, 1976, 561-562.

5500 MONTGOMERY, Thomas: Complementarity of stem-vowels in the Spanish second and third conjugations. — *RomPh* 29, 1975-76, 281-296.

5501 NEIRA MARTÍNEZ, Jesús: Esquemas acentuales e interferencias entre los verbos en *-ear* y los en *-iar.* — *Archivum* 26, 1976, 169-192.

5502 PENA, Jesús: *Usos anómalos de los sustantivos verbales en el español actual.* — *Verba*, Anejo 6; Santiago de Compostela: Univ. de Santiago de C., 1976, 213 p.

5503 PILLEUX, Mauricio, & URRUTIA, Hernán: *Introducción a la gramática transformacional en español (I).* — Anejos de Estudios Filológicos, Serie didáctica 1; Valdivia: Univ. Austral, Fac. de Letras y Educación, 1976, 191 p.

5504 POLO, José: *Las oraciones condicionales en español* .... — Granada: 1971 | BL 1971, 4281. | *SFFBU* 25 (A 24), 1976, 121-122 Lubomír Bartoš.

5505 POTTIER, Bernard: *Gramática del español.* Versión esp. de Antonio QUILIS. 2.a ed., reestructurada. — Madrid: Alcalá, 1971, 177 p. | First ed. 1970 (BL 1970, 4609). | *RPF* 16, 1972-74 (1976), 477-480 José María Viqueira.

5506 RIVAROLA, José Luis: *Las conjunciones concesivas en español medieval y clásico. Contribución a la sintaxis histórica española.* — *ZRPh*, Beiheft 94 (Diss. Heidelberg); Tübingen: Niemeyer, 1976, xi, 171 p.

5507 ROSENGREN, Per: *Presencia y ausencia de los pronombres personales sujetos* .... — Stockholm: 1974 | BL 1974, 4921. | *RFE* 57, 1974-75 (1976), 326-332 A. Quilis.

5508 ROSSI, Teresa Maria: La sustancivación del infinitivo en un romanceamiento del siglo XIII. Datos para la historia de la lengua. — *MedRom* 3, 1976, 93-100.

5509 SĂDEANU, Florența: Timp și concordanță privite confruntativ în spaniolă și română. — *SCL* 27, 1976, 37-42.

5510 SÁNCHEZ DE ZAVALA, Víctor: Sobre una ausencia del castellano. — [5370], 195-254.

5511 SCHMIDELY, Jack: Déictiques spatiaux de l'espagnol. — [224], II, 239-252.

5512 SCHROTEN, Jan: Sobre unidades gramaticales en una gramática transformacional del español. — *RSEL* 5, 1975, 383-400.

5513 — En torno a los verbos perifrásticos del español: un análisis sintáctico transformacional. — *RFE* 57, 1974-75 (1976), 35-63.

5514 — Agreement in onpersoonlijke *se*-zinnen in het Spaans. — [298], 260-278 | Agreement in Sp. impersonal *se*-sentences.

5515 SEREBRJANS'KA, A. A.: Okazional'na substantyvacija ispans'kych prykmetnykiv za dopomohoju *lo*. — *InFil* 33, 1974, 94-97 | Substantivación abstracta de los adjectivos con ayuda de *lo* (Ru. & Sp. summ.).

5516 SOLÉ, Yolanda R.: On *mismo* and *igual*. — *Hispania* 59, 1976, 308-316.

5517 STACZECK, John J.: La descomposición léxica en español. — *Thesaurus* 31, 1976, 523-535.

5518 SUÑER, Margarita: Looking down the tree in Spanish. — *Lingua* 39, 1976, 201-225.

5519 — Demythologizing the impersonal *se* in Spanish. — *Hispania* 59, 1976, 268-275.

5520 TATO, Juan-Luis: Sobre la coordinación. — [5370], 255-276.

5521 TILBY, Robert: L'impératif espagnol et l'économie du langage: institution et expressivité. — [224], II, 337-349.

5522 TOBÓN DE CASTRO, Lucía, & RODRÍGUEZ RONDÓN, Jaime: El artículo. — *Thesaurus* 31, 1976, 230-248.

5523 — La relación verbo objeto, un hecho semántico. — *Thesaurus* 31, 1976, 512-522. TWARDZIKOWA, J.: O dywersyfikacji kontrastywnie. — 10424.

5524 VORONINA, M. M.: Pro dejaki osoblyvosti inchoatyvnych konstrukcij u sučasnij ispans'kij movi. — *InFil* 34, 1974, 105-109 | Algunas peculiaridades de las perífrasis verbales incoativas (Russ. & Sp. summ.).

5525 WONDER, John P., & ERASO GUERRERO, Alberto: Derived noun phrases in Spanish containing locatives. — *Hispania* 59, 1976, 485-490.

5526 ZAVADIL, Bohumil: Ensayo de una interpretación funcional de los modos españoles. — *RPrag* 9, 1975, 143-177 | Rés. tch.

3. HISTOIRE — HISTORY

5527 ADAMS, Kenneth: The Yugoslav model and the text of the 'Poema de Mio Cid'. — [252], 1-10.

5528 ALVAR, Manuel: Notas para fijar el texto del 'Libro de Apolonio'. — [333], 12-19.

5529 KASTEN, Lloyd, & ANDERSON, Jean: *Concordance to the Celestina (1499)*. — Madison, Wis.: Hispanic Seminary of Medieval Studies & Hispanic Soc. of America, 1976, 340 p.

5530 KONTZI, Reinhold: *Aljamiadotexte* .... I; II. — Wiesbaden: 1974 | BL 1974, 4948. | *BSOAS* 39, 1976, 172 173 L. P. Harvey | *Erasmus* 28, 1976, 226-229 J. van Ess.

5531 LECOY, Félix: *Recherches sur le 'Libro de Buen Amor' de Juan Ruiz, archiprêtre de Hita*. With a new prologue, supplementary bibliography, and index by A. D. DEYERMOND. — Westmead, England: Gregg International, D. C. Heath, 1974, xxxii, 386 p. | Original ed. of L.'s book, 1938. | *HR* 44, 1976, 281-284 Raymond S. Willis.

5532 *La Leyenda de Yūsuf*... Ed.... von Ursula KLENK. — Tübingen: 1972 | BL 1972, 4667. | *RomPh* 30, 1976-77, 297-300 C. López-Morillas.

5533 LONDON, Gardiner H.: A note on Alphonsine transcription of Arabic. — [266], 129-134.

5534 LOPEZ, Pierre: Une "Biblia medieval romanceada": lexique. — [224], I, 409-414.

5535 LÓPEZ GRIGERA, Luisa: Un nuevo códice de los 'Proverbios morales' de Sem

Tob. — *BAE* 56 (208), 1976, 221-281, 2 pl. (facsim.) | Ed. of the text with introd. study.

5536 MONTGOMERY, Thomas: Grammatical causality and formalism in the 'Poema de Mío Cid'. — [266], 185-198.

5537 PELLEN, René: Le 'Poème du Cid' étudié à l'ordinateur. Le système prépositionnel. — *RLiR* 40, 1976, 8-34, tab.

5538 ROSENBLAT, Ángel: El mantuano y el mantuanismo en la historia social de Venezuela. — *NRFH* 24, 1975, 64-88.

5539 WALTMAN, Franklin M.: Similarity in the three *cantares* of the 'Cantar de Mío Cid'. — *Hispania* 59, 1976, 844-855 | Statistical data.

5540 ZAMORA VICENTE, Alonso, & CANELLADA, María Josefa: Al margen de Lucas Fernández. — [333], 452-479 | Notes on text and language.

4. DIALECTOLOGIE — DIALECTOLOGY

5541 ALENCASTRE, Andrés: Interacción idiomática castellano-quechua. — *ACILR* XIII/2, 1027-1038, carte.

5542 ALVAR, Manuel: *El dialecto riojano*. [2.a ed., aumentada]. — BRHi III, 39; Madrid: Gredos, 1976, 180 p., map | First ed. México 1969 (BL 1969, 3790).

5543 — La terminologia canaria degli esseri marini. — *BALM* 13-15, 1971-73 (1976), 531-575.

5544 ÁLVAREZ NAZARIO, Manuel: *La herencia lingüística de Canarias en Puerto Rico.* — San Juan de Puerto Rico: Inst. de Cultura Puertorriqueña, 1972, 352 p. | *Thesaurus* 31, 1976, 573-577 Nicolás del Castillo Mathieu | *RFE* 57, 1974-75 (1976), 336-339 Germán de Granda.

ANDERS, F.: Das Archivum Canarium Wölfel. Planung und Inhalt. — 12213.

5545 ARRIMONDI PIERI, Emilio, & SCHLUMPP TOLEDO, Maria: El habla rural de la provincia de Buenos Aires, Argentina, con especial referencia a la zona de Junín y Aledaños. — *ACILR* XIII/2, 1049-1059.

5546 BALLARÍN CORNEL, Angel: Vocabulario de Benasque. [A-E]. — *ArchFAr* 16-17, 1965-66 (1971), 127-211.

5547 CANO GONZÁLEZ, Ana María: Algunos aspectos lingüísticos del habla de Somiedo. Revisión de los límites de los resultados del sufijo latino *-oriu/-oria* en una zona del dominio románico leonés. — *ACILR* XIV/2, 235-252.

5548 CASSANO, Paul Vincent: Teorías de lenguas en contacto: el concepto del estado latente según Jakobson y Weinreich versus el del cambio exógeno (averiguado en el náhuatl, quechua, y maya en contacto con el español de América). — *ACILR* XIII/2, 543-552.

— Theories of language borrowing tested by Am. Sp. phonology. — 3888.

5549 CEDERGREN, Henrietta: Una descripción sociolingüística del español de la ciudad de Panamá. — *ACILR* XIII/2, 1061-1072, tab., 4 fig.

5550 CELA, Camilo José: Dictados tópicos jurdanos y batuecos. — [224], I, 161-169.

5551 CUMMINS, John G.: *El habla de Coria y sus cercanías.* — London: 1974 | BL 1974, 4976. | *RRom* 11, 1976, 385-389 B. Pallares de R. Arias | *RF* 88, 1976, 95-97 W. Pötters.

5552 FERNÁNDEZ-SEVILLA, Julio: *Formas y estructuras en el léxico agrícola andaluz* .... — Madrid: 1975 | BL 1975, 5402. | *Thesaurus* 31, 1976, 370-372 José Joaquín Montes Giraldo.

5553 FLÓREZ, Luis: *Las 'Apuntaciones críticas' de Cuervo y el lenguaje bogotano cien años después. Pronunciación y fonética.* — Publ. del Inst. Caro y Cuervo, S. minor

16; Bogotá: 1973, 129 p. | *SCL* 27, 1976, 327-329 Valeriu Neagu.

5554 GARCÍA GONZÁLEZ, Francisco: El mansolea: una jerga gremial del Oriente de Asturias. — *Archivum* 25, 1975 (1976), 377-420.

5555 GÓMEZ DE IVASHEVSKY, Aura: *Lenguaje coloquial venezolano.* — Caracas: 1969 | BL 1969, 3802. | *RomPh* 30, 1976-77, 405-408 P. M. Lloyd.

5556 KUHN, Alwin †: Estudios sobre el léxico del Alto Arágon (animales y plantas). — *ArchFAr* 16-17, 1965-66 (1971), 7-55.

5557 LEAL, Arnaldo: Approche ethnolinguistique d'une communauté rurale: les *pasiegos*. — *AUToul* 10, 1974/4 (*Via Domitia* 18), 143-153 | Prov. de Santander.

5558 LLORENTE MALDONADO DE GUEVARA, Antonio: Las encuestas del 'Atlas Lingüístico y Etnográfico de Aragón' y (las encuestas) del 'Atlas Lingüístico y Etnográfico de Navarra y Rioja'. — *ArchFAr* 16-17, 1965-66 (1971), 81-98.

5559 LOPE BLANCH, Juan M.: Un caso de posible influencia maya en el español mexicano. — *NRFH* 24, 1975, 89-100, map.

5560 MARTÍNEZ ALVAREZ, Josefina: Los "futuros" en el bable central. — *Archivum* 26, 1976, 19-31.

5561 MIRANDE, Nélida Donni DE: Diferencias internas en el español del sur del Litoral argentino. — *ACILR* XIII/2, 1039-1047.

5562 MONTES GIRALDO, José Joaquín: *Dialectología y geografía lingüística* ... — Bogotá: 1970 | BL 1971, 4354. | *RomPh* 29, 1975-76, 567-569 M. E. Schaffer.

5563 NEIRA, Jesús: *El bable. Estructura e historia.* — Colección popular asturiana 12; Salinas, Asturias: Ayalga, 1976, 245 p.

5564 QUIRK, Ronald J.: Temporal adverbs in Puerto Rican Spanish. — *Hispania* 59, 1976, 317-318.

RAFEL FONTANALS, J.: Áreas léxicas en una encrucijada lingüística. — 5411.

5565 RESNICK, Melvyn: *Phonological variants and dialect identification in Latin American Spanish.* — The Hague: 1975 | BL 1975, 5431. | *RRLing* 21, 1976, 546-547 Tudora Şandru-Olteanu | *Hispania* 59, 1976, 969-970 Ricardo Barrutia.

5566 RODRÍGUEZ, Antonio Vespertino: La madreña (palabras y cosas) en Cangas del Narcea, Tineo y Allande. — *Archivum* 26, 1976, 313-331, 13 fig.

5567 SEWARD, Thomas A.: The peculiar Leonese dialectal forms *dulda, portalgo, selmana,* etc.: a problem in diachronic phonology. — *HR* 44, 1976, 163-169.

SOBIN, N.: Texas Spanish and lexical borrowing. — 2894.

5568 TEODORESCU, Paul G.: Observaciones sobre el castellano actual en la mayor ciudad de habla española. — *ACILR* XIII/2, 1073-1078 | Buenos Aires.

5569 TORREBLANCA, Máximo: La sonorización de las oclusivas sordas en el habla toledana. — *BAE* 56 (207), 1976, 117-145, 14 pl.

VÁZQUEZ CUESTA, P.: Interferencias lingüísticas ... — 5740.

5570 VILLAROEL, F.: Ensayo de un vocabulario tejerinense. El léxico típico del pueblo de Tejerina, en la Montaña leonesa. — *RDyTP* 31, 1975 (1976), 3-62.

5. VOCABULAIRE — VOCABULARY

5571 ALVAR EZQUERRA, Manuel: *Proyecto de lexicografía española.* — Barcelona: Editorial Planeta, 1976, 271 p.

5572 BEVANS, Caleb A.: The meaning of *fronzida* in 'El Cantar de Mio Cid'. — *HR* 44, 1976, 79-82.

5573 BURKE, James: Juan Manuel's *tabardíe* and *golfín*. — *HR* 44, 1976, 171-178.

COLÓN, G.: *Manipulation*, mot à la mode et hispanisme. — 2819.

DANESI, M.: Early Indoamericanisms in It.: the *Itinerario* of Juan de Grijalva. — 6600.
5574 DUNCAN, Robert M.: Color words in medieval Spanish. — [266], 53-71.
5575 DWORKIN, Steven N.: The etymology of OSp. *siesto*: a return to the family of *sedēre*. — *RomPh* 30, 1976-77, 118-123.
5576 Enmiendas y adiciones a los diccionarios de la Academia aprobadas por la Corporación (abril a junio de 1975; octubre a diciembre de 1975 y enero de 1976). — *BAE* 56 (207), 1976, 7-22; 56 (208), 1976, 203-219 | Cf. BL 1975, 5452.
5577 FERNÁNDEZ-SEVILLA, Julio: *Problemas de lexicografía actual.* — Bogotá: 1974 | BL 1974, 5033. | *SCL* 27, 1976, 324-326 Tudora Şandru-Olteanu.
5578 GERMAIN-AUFRAY, Jeannine: Modestes additions au Dictionnaire critique et étymologique de la langue castillane de Joan Corominas. — [224], I, 321-325.
5579 GERRARD, A. Bryson: *Beyond the dictionary in Spanish. A handbook of everyday usage.* [2nd, revised ed.]. — London: Cassell / New York: Funk & Wagnalls, 1972, xxi, 226 p. | First ed. 1953. | *Hispania* 59, 1976, 388-389 Brian Steel.
5580 GNERRE, Maurizio: American Spanish *palta* "avocado". The diffusion of a Quechua word, viewed in relation to its etymology. — *RomPh* 29, 1975-76, 297-310.
5581 GOLD, David L.: Comments on Terry's sketch of Spanish lexicography. — *Hispania* 59, 1976, 69-71 | On Edward D. TERRY, *Hispania* 57, 958-964 (BL 1974, 5064).
5582 GUINARD, P. J.: *Marcial* et *marcialidad*: observations sur le lexique de la satire des mœurs au temps de Charles III. — [224], I, 351-360.
5583 HAFTER, Monroe Z.: Ambigüedad de la palabra *público* en el siglo XVIII. — *NRFH* 24, 1975, 46-63.
5584 HAMPARES, Katherine J.: Sexism in Spanish lexicography? — *Hispania* 59, 1976, 100-109.
5585 ILIE, Paul: *Capricho / caprichoso*: a glossary of eighteenth-century usages. — *HR* 44, 1976, 239-255.
5586 INGAMELLS, Lynn E.: Neologisms in Book II of 'El espéculo' of Alfonso el Sabio. — [252], 87-97.
5587 KONTZI, Reinhold: Die Bedeutungen von altspan. *poridad* neuspan. *puridad* als Ergebnis der arabisch-romanischen Zweisprachigkeit. — *ZRPh* 92, 1976, 469-472.
5588 LEMARTINEL, Jean: Les dérivés de *hispan-* en espagnol. — *RLiR* 40, 1976, 35-40.
5589 LIPSKI, John M.: Spanish *carajo*: problems and proposals. — *Orbis* 25, 1976, 129-149.
5590 MAC DONALD, Gerald J.: Spanish textile and clothing nomenclature in *-án, -í,* and *-ín.* — *HR* 44, 1976, 57-78.
5591 MALKIEL, Yakov: Old Spanish *bivo, bevir, visque, vida*: a preliminary analysis. — [266], 165-173.
— The interlocking of etym. and hist. grammar ... — 2865.
5592 MÁRQUEZ VILLEGAS, Luis: *Vocabulario del español hablado (niveles y distribución gramatical).* — Madrid: Soc. General Esp. de Librería, 1975, 129 p.
5593 MINGUET, Charles: Notes sur le vocabulaire hispano-américain de A. de Humboldt (la faune). — [224], II, 53-60.
5594 MONDÉJAR, José: Etimología e historia de un genovesismo: *chanquete* (Aphia minuta R.). — *Archivum* 26, 1976, 117-129.
5595 MONTES GIRALDO, José Joaquín: Otros calcos del inglés: *evidencia(s)* y algunos más. — *Thesaurus* 31, 1976, 430-441.

5596 MORREALE, Margherita: "A la muger mala non des suelta de mal fazer ¿o "de malfazer"? Más sobre bien (-) y mal (-) en un texto del s. XIII (Esc. I-1-6). — *Archivum* 26, 1976, 141-168.
5597 MUNTEANU, Dan: Răspîndirea geografică a indigenismelor lexicale în spaniola americană. — *SCL* 27, 1976, 241-255 | Sp. summ.
5598 NAGEL, Ingo: *Die Bezeichnung für "dumm" und "verrückt"* . . . — Tübingen: 1972 | BL 1972, 4743. | *ZRPh* 92, 1976, 241-244 J. L. Rivarola.
5599 NEAGU, Valeria: Categorii onomasiologice ale lexicului indigen în spaniola americană (I; II). — *SCL* 27, 1976, 257-266; 389-398 | Rés. esp.
5600 NEBRIJA, Antonio DE: *Vocabulario de romance en latín*. Transcripción . . . . de Gerald J. MACDONALD. — Philadelphia: 1973 | BL 1974, 5052. | *HR* 44, 1976, 180-181 Roger J. Steiner | *BHS* 53, 1976, 138-139 Colin Smith.
5601 OTÓN SOBRINO, Enrique: *Cyathus*, una breve nota etimológica. — *Em* 44, 1976, 341-344 | *chato*.
5602 PARIENTE, Ángel: *Encentar y decentar*. — *Archivum* 26, 1976, 197-230.
5603 PASCUEL, José A.: Sobre la etimología del castellano *mostela*, "gavilla". — *Archivum* 26, 1976, 193-196.
5604 ROMERO GUALDA, M. V.: Acerca del elemento *tele-*. — *Thesaurus* 31, 1976, 502-511.
5605 SÁEZ-GODOY, Leopoldo: El indoamericanismo *mare*. — *ASNS* 213, 1976, 345-347.
5606 STAHL, Fred A., & SCAVNICKY, Gary E. A.: *A reverse dictionary of the Spanish language*. — Urbana: 1973 | BL 1973, 5730. | *Hispania* 59, 1976, 389-390 Peter Boyd-Bowman (James J. CHAMPION: On Boyd-Bowman's review of the Reserve dictionary, *Hispania* 59, 1976, 863; Peter BOYD-BOWMAN, A rejoinder to Champion, *Ibid.* 864).
5607 ŠULHAN, J., & ŠKULTÉTY, J.: *Španielsko-slovenský a slovensko-španielský slovník*. — Bratislava: Slov. pedag. nakladatel'stvo, 1974, 1230 p. | Sp.-Slov. and Slov.-Sp. dictionary. | *CJŠ* 19, 1975-76, 463-464 L. Trup.
5608 TRUP, L.: Niekoľko poznámok o španielskej chromatickej terminológii. — *BOPT* 1974, 81-107 | Notes sur la terminologie des couleurs en esp. (Rés. ru. et esp.).
5609 URÍA, Isabel: En torno al significado y origen del verbo *musar*. — *Archivum* 26, 1976, 451-459.
5610 *Vox. Diccionario temático de la lengua española*. Prólogo de Juan ALCINA FRANCH. — Barcelona: Bibliograf, 1975, xxxiii, 461 p.
5611 WEINBERG, Félix: Un olvidado vocabulario americanista de 1853. — *Thesaurus* 31, 1976, 442-480 | New ed. of: *Colección de voces americanas* por Manuel Ricardo TRELLES.
5612 WRIGHT, Roger: Seemicultismo. — *ArchL* 7, 1976, 13-28.
5613 ZACHARIEV, Zachari: Les éléments français dans le vocabulaire espagnol de Cuba. — *GSU-ZF* 68, 1974/1 (1976), 91-116 | Bulg. summ.
5614 ZLOTCHEW, Clark M.: On the origins of ¡Ole! — *Orbis* 25, 1976, 150-158.

7. STYLISTIQUE, LANGUE LITTÉRAIRE — STYLISTICS, LITERARY LANGUAGE

5615 ALVAR, Manuel: *Análisis de "Ciudad del Paraíso"*. — Colección Pliegos de Cordel I, 1; Roma: Inst. Esp. de Lengua y Lit., 1975, 48 p. | *BSL* 77, 1977/2, 240 Haïm Vidal Sephiha.
5616 BERTINI, Giovanni Maria: Infinitivos en contraposición. — [233], 55-64.

ESPAGNOL

5617 DOUVIER, Élisabeth: L'introduction du 'Libro de la Montería': étude des différents procédés d'expression. — *CLHM* 1, 1976, 100-125, 4 dépl.

5618 DUBSKÝ, Josef: Transposiciones modales en el estilo de las cartas comerciales. — [370], 36-54 | Rés. ru.

5619 FOSTER, David William: Reiterative formulas in García Lorca's poetry. — *LaS* 9, 1976, 171-191.

5620 GHERTMAN, Sharon: *Petrarch and Garcilaso: a linguistic approach to style*. — London: 1975 | BL 1975, 5491. | *LeSt* 11, 1976, 739-740 A. Cottignoli.

5621 HUBER, Elena: Rasgos estilísticos significativos en la 'Farsa de la Muerte' de Diego Sánchez de Badajoz. — [333], 122-129.

5622 IMPEY, Olga Tudorica: Apuntes sobre el estilo romancístico del Duque de Rivas. — *ACILR* XIII/2, 895-904.

5623 LIHANI, John: *El lenguaje de Lucas Fernández* .... — Bogotá: 1973 | BL 1973, 5757. | *Hispania* 59, 1976, 374 Bruno M. Damiani.

5624 LOMBEIDA, Eulalia G.: Analyse d'un poème bilingue quechua-espagnol. — *Semiotica* 18, 1976, 235-252, 18 tab.

5625 MARTÍNEZ GARCÍA, Francisco: Estructuras binarias engendradas por la conjunción *y* en la prosa de Gabriel Miró. — *Archivum* 26, 1976, 43-69, fold. tab.

5626 MARTÍNEZ GARCÍA, José Antonio: Repetición de sonidos y poesía. — *Archivum* 26, 1976, 71-102.

5627 MOLHO, Maurice: Sur un sonnet de Quevedo: *En crespa tempestad del oro undoso* (Essai d'analyse intratextuelle). — [224], II, 87-124.

5628 PÉREZ, Luis A.: La terminología demonística de 'Mulata de Tal' por Miguel Angel Asturias y las convenciones en que se funda. — *ACILR* XIII/1, 781-786.

5629 POVEDANO, Francisco G.: El juego de palabras en el 'Oráculo manual' de Gracián. — *RF* 88, 1976, 210-224.

5630 RECKERT, Stephen: La textura verbal de 'La Celestina'. — [252], 161-174.

5631 ROSENBLAT, Ángel: *La lengua del 'Quijote'*. — Madrid: 1971 | BL 1971, 4427. | *RFE* 57, 1974-75 (1976), 351-359 José Rico Verdú.

5632 SIEBENMANN, Gustav: *Los estilos poéticos en España desde 1900* .... — Madrid: 1973 | BL 1973, 5769. | *HR* 44, 1976, 93-96 José Olivio Jiménez | *RF* 87, 1975, 181-183 G. Videla de Rivero.

5633 SOLA-SOLÉ, Josep M., & ROSE, Stanley E.: Judíos y conversos en al poesía cortesana del siglo XV: el estilo polígloto de Fray Diego de Valencia. — *HR* 44, 1976, 371-385.

5634 TARQUINI, Francesco: Trasgressione e coscienza del linguaggio nella poesia gauchesca: il "Fausto" di Estanislao del Campo. — *LeSt* 11, 1976, 439-455 | Summ. in E. & Ru.

VALDÉS FALLIS, G.: Code-switching in bilingual Chicano poetry. — 3938.

8. PROSODIE, MÉTRIQUE, VERSIFICATION — PROSODY, METRE, VERSIFICATION

5635 CANELLADA, María Josefa: Más sobre el ritmo de los versos españoles (los pies). — *Archivum* 25, 1975 (1976), 131-134.

5636 COBOS, Alfredo DE LOS: Notas para el estudio sintagmático del encabalgamiento. — [224], I, 201-212.

5637 PÉREZ FELIU, José: La métrica en los autos sacramentales de Bances Candamo. — *RFE* 57, 1974-75 (1976), 127-158.

5638 SANSONE, Giuseppe E.: Equilibri ritmici garcilasiani: il sonetto XVII. — *LeSt* 11, 1976, 223-244 | Summ. in E. & Ru.

5639 SMITH, Colin: On sound-patterning in the 'Poema de Mio Cid'. — *HR* 44, 1976, 223-237.

10. LINGUISTIQUE MATHÉMATIQUE — MATHEMATICAL LINGUISTICS

5640 MAGNUSSON, Walter L.: Preliminaries to textual interconversion in Spanish. — *Linguistics* 180, 1976, 43-60.
5641 PATTERSON, William, & URRUTIBÉHEITY, Hector: *The lexical structure of Spanish.* — The Hague: 1975 | BL 1975, 5523. | *RF* 88, 1976, 276-277 W. Pötters.
5642 PELLEN, René: Le Poème du Cid étudié à l'ordinateur. Vocabulaire des noms propres. Examen de ce fichier. — *CLHM* 1, 1976, 7-99, 4 tab.
5643 TREMBLAY, Antonien: L'automatisation des données pour le dictionnaire de l'espagnol littéraire contemporain. — *ACILR* XIII/1, 735-743, 4 tab.

12. SOCIOLOGIE DU LANGAGE — SOCIOLOGY OF LANGUAGE

ALBÓ, X.: *Los mil rostros del quechua* ... — 13891.
ALVAR, M.: Attitude du sujet parlant et sociolinguistique. — 3706.
5644 ELIZAINCÍN, Adolfo: The emergence of bilingual dialects on the Brazilian-Uruguayan border. — *Linguistics* 177 (= *IJSL* 9), 1976, 123-134.
5645 ESCOBAR, Alberto: Bilingualism and dialectology in Peru. — *Linguistics* 177 (= *IJSL* 9), 1976, 85-96.
5646 FONTANELLA DE WEINBERG, María B.: *Análisis soociolingüístico de un aspecto del español bonaerense. La -s en Bahía Blanca.* — Bahía Blanca: 1974 | BL 1974, 5099. | *Thesaurus* 31, 1976, 171-175 Olga Cock Hincapié.
5647 MARTIRENA, Ana María: A study of interaction markers in conversational Spanish. — [3794], 269-286, tab.
5648 ORNSTEIN, Jacob: A cross-disciplinary sociolinguistic investigation of Mexican-American bilinguals/biculturals at a U.S. Border University: language and social parameters. — *Linguistique* 12, 1976/1, 131-145, 3 tab.
— Sociolinguistics and the study of Spanish .... in the U.S. Southwest. — 3831.
5649 PFAFF, Carol W.: Functional and structural constraints on syntactic variation in code-switching. — [114], 248-259, 4 tab. | Constraints on verb-initial and adjective-initial switching from Sp. to E.
5650 ŞANDRU OLTEANU, Tudora: Probleme de sociolingvistică în cercetarea actuală a spaniolei americane. — *SCL* 27, 1976, 79-84.
5651 [STEPANOV, G. V.] STEPÁNOV, Gheorghi: La situación lingüística en los países hispanohablantes. — *ACILR* XIV/2, 359-363.

14. ONOMASTIQUE — ONOMASTICS

5652 ALVAR, Manuel: Onomástica, repoblación, historia (Los "Establimentz" de Jaca del siglo XIII). — *ArchFAr* 16-17, 1965-66 (1971), 101-124 | Corr. repr. of paper published in *ACISO* VII/3, 27-52 (BL 1963, 3200).
5653 ALVAREZ DE ALTMAN, Grace: Particularidades de los actuales patronímicos hispanos. — *ACILR* XIII/1, 901-924, 4 tab.
5654 ASHLEY, Leonard R. N.: *Mestizismo*: the onomastics of cultures in contact in Mexico and Mesoamerica. — *Names* 24, 1976, 180-209.
5655 FUCILLA, Joseph G.: Office and occupational surnames in Spain. — *Names* 24, 1976, 144-164.

5656 LEMARTINEL, Jean: Le nom de Doña Endrina. — [224], I, 401-408 | *Libro de Buen Amor*.
5657 MALKIEL, Yakov: Santiago, Santander y San Diego. — *MedRom* 3, 1976, 161-164.
5658 MARINER, Sebastián: Botorrita, topónimo prelatino. — *ACLPI* I, 49-55.
5659 MARTÍNEZ RUIZ, Juan: *Lamba, Xavaca, Moradama*, tres topónimos en Sierra Elvira (Granada). — *RFE* 57, 1974-75 (1976), 305-309, map.
5660 MORA MONROY, Siervo Custodio: Breve estudio sobre apellidos y nombres propios de persona en Colombia. — *Thesaurus* 31, 1976, 536-560.
5661 ST. ANDREWS, G. L.: Geographical names in Spanish. — *CMLR* 32, 1976, 156-157.
5662 TIBÓN, Gutierre: *Historia del nombre y de la fundación de México.* — México: Fondo de Cultura Económica, 1975, 877 p. | *Hispania* 59, 1976, 966-967 Louis Nesbit | *Names* 24, 1976, 306-307 Jack Autrey Dabbs.

IIIa. Judéo-espagnol — Judaeo-Spanish

5663 ARMISTEAD, Samuel G., & SILVERMAN, Joseph H.: *Judeo-Spanish ballads from Bosnia...* — Philadelphia: 1971 | BL 1972, 4786. | *RomPh* 30, 1976-77, 408-409 J. Gulsoy.
5664 KOVAČEC, August: La lengua de los Sefardíes de Ragusa (Dubrovnik). — *BALM* 13-15, 1971-73 (1976), 335-343.
5665 SALA, Marius: *Estudios sobre el judeoespañol de Bucarest.* — México: 1970 | BL 1970, 4782. | *RomPh* 30, 1976-77, 258-262 S. G. Armistead | *VR* 36, 1977, 370-372 G. H[ilty].
5666 — *Le judéo-espagnol.* — Trends in Linguistics 7; The Hague: Mouton, 1976, xii, 117 p.
5667 SEPHIHA, Haïm Vidal: *Le ladino (judéo-espagnol calque)....* — Paris: 1973 | BL 1974, 5122. | *SCL* 27, 1976, 329-331 Marius Sala | *SRos* 10, 1976, 241-245 H. P. Salomon.
5668 — Langues juives, langues calques, langues vivantes. — *GLECS* 15, 1970-71 (1976), 91-100, pl.
5669 — Théorie du ladino: additifs. — [224], II, 255-284, 3 pl.
5670 — Diachronie du ladino (judéo-espagnol calque). — *ACILR* XIV/2, 555-564.
5671 — Le judéo-fragnol, dernier-né du *djudezmo.* — *BSL* 71, 1976/1, xxxi-xxxvi.

IV. Portugais et Galicien — Portuguese and Galician

5672 SCHMIDT-RADEFELDT, Jürgen: Modern Portuguese linguistics: a selective bibliography of the synchronic description of Portuguese and Brazilian Portuguese. — [5732], 447-473.

5673 ALEXANDRE, Maria do Guadalupe Transmontano: *Etnografia, linguagem e folclore de Castelo de Vide.* — Portalegre: Junta Distrital, 1976, 183 p.
5674 ALGEO, James E.: The Portuguese present perfect. — *LBrR* 13, 1976, 194-208.
5675 ALI, Manuel Said [1861-1953]: *Investigações filológicas.* Com um estudo de Evanildo BECHARA. — Coleção Littera 8; Rio de Janeiro: Grifo, 1975, 317 p. | *ZRPh* 92, 1976, 606-607 K. B[aldinger].
5676 ALMEIDA, António: The Portuguese nasal vowels: phonetics and phonemics. — [5732], 349-396, 10 fig.
ANDRAGÃO, J. V.: Rapports locuteur – code .... — 3710.

5677 AZEVEDO, Milton M.: *O subjuntivo em português: um estudo transformacional.* — Perspectivas lingüísticas 14; Petrópolis: Editora Vozes, 1976, 56 p.

BART ROSSEBASTIANO, A.: I 'Colloquia' di N. de Berlaimont nella versione contenente il portoghese. — 1896.

5678 BATALHA, Graciete Nogueira: Glossário do dialecto macaense (Cont.). — *RPF* 16, 1972-74 (1976), 285-370; 964 (to be cont.) | Cf. BL 1973, 5814.

5679 BOLÉO, Manuel de Paiva: *Estudos de linguística portuguesa e românica.* Vol. I, tomo 1; 2. — Coimbra: 1974; 1975 | BL 1975, 5540. | *SCL* 27, 1976, 443-445 Tudora Șandru Olteanu | *Hispania* 59, 1976, 184-185 Gerald M. Moser | *ASNS* 213, 1976, 212-214 H. Kröll (I, 1).

5680 — Le matériel de l'I.L.B. et quelques études de comparaison avec l'*"Atlas Lingüístico de la Península Ibérica"* et l'*"Atlas prévio dos falares baianos"* (Problèmes biosociolinguistiques au Portugal continental: innovation et conservatisme: le langage de la femme; aires statiques et dynamiques). — Separata da *RPF* 17, 1975-76; Coimbra: 1976, 54 p., 4 fold. maps.

5681 — Le matériel de l'I.L.B. et quelques études de comparaison avec l'A.L.P.I. et l'Atlas prévio dos falares baianos. — *ACILR* XIII/2, 201-222.
— Vida do Instituto de Estudos Românicos. — 50.

5682 BÖRNER, Wolfgang: *Schriftstruktur und Lautstruktur: Studien zur altgalicischen Skripta.* — *ZRPh*, Beiheft 155 (Diss. Göttingen); Tübingen: Niemeyer, 1976, 234 p., ill.

BRAKEL, C. A.: Patient and agent orientation in passive and active voice sentences of E. and Port. — 8162.

5683 BUENO, José Renate, KURY, Adriano da Gama, & OLIVEIRA, Ubaldo Luiz DE: *Gramática objetiva da língua portuguesa: sintaxe.* — Rio de Janeiro: Ed. Rio, 1976, 218 p.

CARDONA, G. R.: L'elemento di origine o di trafila port. nella lingua dei viaggiatori it. . . . . . — 6598.

5684 CARVALHO, José G. Herculano DE: Systems of deictics in Portuguese. — [5732], 245-266.

5685 CASTELEIRO, João Malaca: Aspectos da sintaxe do português falado no interior do país. — *BF* 24, 1975 (1976), 57-74.

5686 COSTA, Albano Dias DA: Periphrastic verbal expressions in Portuguese. — [5732], 187-243.

5687 COUCEIRO, J. L.: *El habla de Feás.* — *Verba*, Anejo 5; Santiago de Compostela: Univ., 1976, 181 p.

5688 CRUZEIRO, Maria Eduarda: *Processos de intensificação* . . . — Lisboa: 1973 | BL 1973, 5819. | *ZRPh* 92, 1976, 244-247 H. Kröll.

5689 DAVIS, William Myron: Japanese elements in 'Grande Sertão: Veredas'. — *RomPh* 29, 1975-76, 409-434.

5690 DELILLE, Karl Heinz: *Die geschichtliche Entwicklung des präpositionalen Akkusativs im Portugiesischen.* — Bonn: 1970 | BL 1970, 4796. | *RPF* 16, 1972-74 (1976), 391-397 Delmira Maçãs.

ELIA, S.: *Ensaios de filologia e lingüística.* 2a ed. — 854.

ELIZAINCÍN, A.: The emergence of bilingual dialects on the Brazilian-Uruguayan border. — 5644.

5691 FARINHA, António Dias: Mots portugais dérivés de l'arabe hispanique classés par matières. — [222], 143-159.

FONSECA, F. V. Peixoto DA: L'expansion de la langue port. . . . — 6110.

5692 FRANCO MENDES, David: Memorias do estabelecimento e progresso dos Judeos portuguezes e espanhoes nesta famosa cidade de Amsterdam. A Portuguese chronicle of the history of the Sephardim in Amsterdam up to 1772. Ed. with introd. and annotations by L. FUKS and R. G. FUKS-MANSFELD and a philological commentary, analysis and glossaries by B. N. TEENSMA. — *SRos* 9, 1975/2, xii, 233 p. | Contents: Introd.; text 'Memorias'; notes; glossary of Hebr., Jewish and Du. words; phil. comm.; Port. glossary; index of names.

5693 FRÈCHES, Claude-Henri: "Segrel, joglar, trova, trovador". — *ACILR* XIII/2, 61-74.

5694 GAMA, Nilton Vasco DA: Algumas observações sobre as variantes sociais dos dialectos baianos, com base no *APFB*. Um estudo sociolingüístico. — *ACILR* XIV/2, 365-380, 9 fig., map.

5695 GIURESCU, Anca: Une classification des verbes portugais. — *RRLing* 21, 1976, 483-489.

5696 GUÉRIOS, Rosário Farâni Mansur: *Dicionário etimológico de nomes e sobrenomes.* 2.a ed., revista e ampliada. — São Paulo: Editora Ave Maria, 1973, 231 p. | First ed. 1949 (BL 1952, 66). | *Names* 24, 1976, 58-60 Jaroslav B. Rudnyćkyj.

5697 HAMPL, Zdeněk: *Portugalsko-český slovník.* — Praha: Státní pedag. nakladatelství, 1975, 883 p. | Dictionnaire port.-tchèque. | *PhP* 19, 1976, 208-211 Jan Šabršula.

5698 — Um capítulo importante da história da lingüística brasileira. — *RPrag* 9, 1975, 125-133 | Rés. tch.

5699 HEAD, Brian F.: Social factors in the use of pronouns for the addressee in Brazilian Portuguese. — [5732], 289-348.

5700 HENSEY, Fritz: *Fronterizo*: a case of phonological restructuring. — [399], 47-59.

5701 KNOWLTON, Edgar C., Jr.: Portuguese and Thai language contacts. — *RPF* 16, 1972-74 (1976), 1-12.

5702 LIMA, José Lourenço DE: Remanescentes do português arcaico em zonas do Nordeste brasileiro (estratigrafia). — *ACILR* XIV/2, 253-263.

5703 LIPSKI, John M.: Final *s* in Rio de Janeiro: innovation or imitation? — *HR* 44, 1976, 357-370.

5704 LOPES, Ana Maria Simões da Silva: O vocabulário marítimo português e o problema dos mediterraneísmos. — *RPF* 16, 1972-74 (1976), 29-284, 180 fig., map (to be cont.) | Rés. fr., p. 963-4. | Separate ed. of the complete work, repr. from *RPF* 16 & 17: Coimbra 1975, 383 p.

5705 MACHADO-HOLSTI, Miña E.: A grammar of Portuguese: a computer model of generative-transformational grammar. — [5732], 157-186.

5706 MAIA, Clarinda de Azevedo: *Os falares do Algarve (Inovação e conservação).* — Coimbra: Inst. de Estudos Românicos, 1975, 169 p., 32 cartes | Tirage séparé en avance de *RPF* 17.

5707 MALER, Bertil: L'infinitif gérondival portugais: quelques notes sur sa propagation. — *SMSpr* 4, 250-268 | BL 1973, 5835. Repr. in *Littera* 6 (15), 1976, 5-15. | *RPF* 16, 1972-74 (1976), 371-373 F. Costa Marques.

5708 MARTIN, John W.: Tense, mood, and the "inflected infinitive" in Portuguese. — [5732], 1-61.

5709 MARTINS, Maria Raquel Delgado: Vogais e consoantes do português: estatística de ocorrência, duração e intensidade. — *BF* 24, 1975 (1976), 1-11.

5710 MATEUS, Maria Helena Mira: Glossário da 'Vida e feitos de Júlio César' (tradução portuguesa quatrocentista de 'Li fet des Romains'). Letra B. — *BF* 24, 1975 (1976), 305-317 | Cf. BL 1974, 5144.

5711 — Aspects grammaticaux de la langue portugaise du XVe siècle: les pronoms

personnels. — *ACILR* XIII/1, 389-396, 2 tab., 9 fig.
5712 — The Portuguese perfect indicative: a generative approach. — [5732], 397-424.
5713 MELO, Gladstone Chaves DE: *Iniciação à filologia e à lingüística portuguesa* (5.a ed., melhorada e atualizada). — Bibl. Brasileira de Filologia 12; Rio de Janeiro: Livraria Acadêmica, 1975, 332 p., maps | 2nd ed. 1957 (BL 1957, 143); 3rd ed. 1965; 4th ed. 1970.
5714 — *Ensaio de estilística da língua portuguesa.* — Rio de Janeiro: Padrão, 1976, 228 p.
5715 MESSNER, Dieter: *Dictionnaire chronologique des langues ibéroromanes.* 1. *Dictionnaire chronologique portugais.* — Sammlung romanischer Elementar- und Handbücher, 3. Reihe, 7; Heidelberg: Winter, 1976, xi, 488 p.
5716 — A statistical approach to Portuguese. — [5732], 425-446.
5717 METZELTIN, Michele: Osservazioni sulla lingua dei più antichi portolani portoghesi seguite da un glossario degli stessi. — *BALM* 13-15, 1971-73 (1976), 221-256.
5718 MEYER-HERMANN, Reinhard: *Zur Syntax des Infinitivs mit Person im gesprochenen Portugiesisch.* — Diss. Köln 1973 | BL 1973, 5840. | BHS 53, 1976, 167-168 Dorothy M. Atkinson.
5719 — Some topics in the study of referentials in Portuguese. — [5732], 267-287.
5720 NARO, Anthony J.: The genesis of the reflexive impersonal in Portuguese: a study in change as a surface phenomenon. — *Lg* 52, 1976, 779-810.
5721 NARO, Anthony J., & LEMLE, Miriam: Syntactic diffusion. — [114], 221-240, 11 tab. | 1. Introd. 2. Subject-verb agreement in Mod. Brazilian Port. 3. Gender-number agreement and periphrastic tenses. 4. Conclusions.
5722 NETO, Serafim da Silva: *Introdução ao estudo da filologia portuguêsa.* 2.a ed. ampliada e revista por Evanildo BECHARA e Joram Pinto DE LIMA. — Coleção Littera 9; Rio de Janeiro: Grifo, 1976, 285 p. | Previous ed. 1956 (BL 1957, 144; 1958, 138). | *ZRPh* 92, 1976, 658-659 Kurt Baldinger.
5723 NEUSTROEVA, G. K.: Ob odnom slučae ėmfasy v portugal'skom jazyke (glagol *ser* v 3-m lice ed. čisla). — *VLU* 1976/20, 141-145.
5724 PENSADO, José Luís: Lexicografía dieciochesca española: las encuestas gallegas de Fr. Martín Sarmiento. — *ACILR* XIII/1, 717-734.
5725 PERINI, Mário A.: *A gramática gerativa: introdução ao estudo da sintaxe portuguesa.* — Belo Horizonte, Brasil: Editora Vigília, 1976, 254 p. | *Lg* 53, 1977, 970 Milton M. Azevedo.
5726 PERLMUTTER, David M.: Evidence for subject downgrading in Portuguese. — [5732], 93-138.
5727 PONTES, Eunice: *Verbos auxiliares em português.* — Petropolis (RJ): Editora Vozes, 1973, 144 p. | *SCL* 27, 1976, 445-446 Maria Theban.
5728 PÖTTERS, Wilhelm: Galicische Studien aus Santiago de Compostela. — *RF* 88, 1976, 57-61 | A propos des études de: (1) Constantino GARCÍA, 1974 (BL 1974, 5140); (2) Guillermo ROJO, 1974 (BL 1974, 5162); (3) Antonio SANTAMARÍA, 1974 (BL 1974, 5163).
5729 QUICOLI, A. Carlos: Conditions on Clitic-Movement in Portuguese. — *LAn* 2, 1976, 199-223.
5730 — On Portuguese impersonal verbs. — [5732], 63-91.
5731 RAPOSO, Eduardo Paiva: Uma restrição derivacional global sobre o infinitivo em português. — *BF* 24, 1975 (1976), 75-293.
5732 *Readings in Portuguese linguistics.* Ed. by Jürgen SCHMIDT-RADEFELDT. — North-Holland Linguistic Series 22; Amsterdam: North-Holland Publishing

Co., 1976, xiii, 479 p., ill. | All the articles are original contributions.
5733 SCHROTEN, Jan: Surface structure constraints on Portuguese pseudo-reflexive sentences. — [5732], 139-155.
5734 SERRA, Pedro Cunha: Estudos toponímicos. [23-25]. — *BF* 24, 1975 (1976), 319-331 | Cf. BL 1973, 5868.
5735 TAVANI, Giuseppe: Termini marinareschi africani e asiatici nelle relazioni portoghesi di naufragi. — *BALM* 13-15, 1971-73 (1976), 143-164.
5736 TEENSMA, B. N.: De levensgeschiedenis van Abraham Perengrino, alias Manuel Cardoso de Macedo. — *SRos* 10, 1976, 1-36 | Autobiography of the Port. Old Christian Manuel Cardoso de Macedo (1585-1652). Text & transl. with notes on orthography and vocabulary. E. summ.
5737 TEYSSIER, Paul: *Manuel de langue portugaise (Portugal-Brésil)*. — Paris: Klincksieck, 1976, 322 p., carte.
5738 THEBAN, Maria: A evolução sintáctica dos dialectos indo-portugueses. — *BS-RLR* 10, 1974, 107-110.
5739 TLÁSKAL, Jaromír, jr.: L'emploi du subjonctif dans les propositions subordonnées de la langue portugaise contemporaine (contribution au problème). — *PhP*. 19, 1976, 53-72.
5740 VÁZQUEZ CUESTA, Pilar: Interferencias lingüísticas entre gallego y castellano. — *ACILR* XIII/2, 443-455 | Étude du conte 'Maxina ou a filla espúrea' de Marcial Valladares.
5741 WILLEMSEN, A.: Een 'Coup de dés' in het Braziliaanse binnenland: een aspekt van de taal van João Guimarães Rosa. — *HandNFC* 34, 1976, 118-123 | Un 'Coup de dés' dans l'intérieur du Brésil: un aspect de la langue de João Guimarães Rosa.

C. Français et Provençal — French and Provençal

1. Français — French

0. BIBLIOGRAPHIE ET GÉNÉRALITÉS — BIBLIOGRAPHY AND GENERAL

5742 *Bulletin analytique de linguistique française*. [Mme E. MARTIN, chef de la réd.]. 1976, tome 8, No. 1; 2; 3; 4; 5; 6. — Paris: Klincksieck (Centre de recherche pour un trésor de la langue fr., Nancy, C. N. R. S.), 1976, xix, 889, xxi-xxxi (en 6 fasc.) | Cf. BL 1975, 5587.
5743 EVANS, Dafydd, & WISE, Hilary: French studies: language. — *YWMLS* 37, 1975 (1976), 31-41.
5744 INEICHEN, Gustav: *Bibliographische Einführung · in die französische Sprachwissenschaft*. — Berlin: 1974 | BL 1974, 5172. | *ZFSL* 86, 1976, 137-140 K. L. Müller.
5745 MARTIN, Robert, & MARTIN, Éveline: *Guide bibliographique de linguistique française*. — Paris: 1973 | BL 1973, 5875. | *FM* 43, 1975, 81 M. Wilmet | *ZFSL* 86, 1976, 134-137 K. L. Müller | *Semasia* 3, 1976, 126-127 Ch. Brucker | *Rapports* 46, 1976, 130-131 L. Geschiere.
5746 STENGEL, Edmund: *Chronologisches Verzeichnis französischer Grammatiken vom Ende des 14. bis zum Ausgange des 18. Jahrhunderts nebst Angabe der bisher ermittelten Fundorte derselben*. Neu hrsg. mit einem Anhang von Hans-Josef NIEDEREHE. — Amsterdam Studies in the Theory and Hist. of Linguistic Sci. III, 8; Amsterdam: Benjamins, 1976, 240 p. | Réédition photomécanique de la 1e éd., Oppeln 1890.

5747 BAUM, Richard: Zum Problem der Norm im Französischen der Gegenwart. — [320], 53-89.
5748 BOKADOROVA, N. Ju.: Razvitie i èksplikacija principa grammatičeskoj pravil'-nosti vo francuzskoj grammatičeskoj tradicii serediny XVII – nač. XIX v.v. — [335], 305-337.
BOREL, J. P.: Les caractéristiques de PACEFI ... — 5425.
5749 BOVELLES, Charles DE: *Sur les langues vulgaires et la variété de la langue française* ... Texte latin ... par Colette DUMONT-DEMAIZIÈRE. — Paris: 1973 | BL 1973, 5884. | *RJb* 25, 1974 (1975), 224-225 L. Wolf | *RomPh* 29, 1975-76, 395-396 G. Lepschy.
5750 DÉSIRAT, Claude, & HORDÉ, Tristan: *La langue française au XXe siècle.* — Paris: Bordas, 1976, 253 p., ill., cartes.
DROIXHE, D.: R. Rowlands et le wallon (1605). — 1927.
5751 FLYDAL, Leiv: Une application des théories de la linguistique fonctionnelle. — *NTS* 30, 1976, 101-126 | A propos du No. 5753.
5752 *Le français au Québec.* [No. dirigé par] Jean-Claude CORBEIL & Louis GUILBERT. — *LFr* 31, sept. 1976; Paris: Larousse, 1976, 125 p. | Bibliographie par François GROU, p. 119-125 (fait suite à la bibliographie de Gaston DULONG, 1966 [BL 1966, 3725]).
5753 FRANÇOIS, Denise: *Français parlé* ... I; II. — Paris: 1974 | BL 1974, 5179. | *Phonetica* 33, 1976, 234-240 A. Malécot | *Homme* 16, 1976/2-3, 192-193 A. G. Haudricourt | Cf. 5751.
5754 GREVISSE, Maurice: *Le français correct* ... — Gembloux: 1973 | BL 1973, 5894. | *ZFSL* 86, 1976, 70-73 M. Regula.
5755 HAUSMANN, Franz Josef: Gesprochenes und geschriebenes Französisch. — *RJb* 26, 1975 (1976), 19-45 | A propos du No. 5762.
5756 HENRY, Albert: Francophonie et Francité autrefois .... et aujourd'hui. — *BAB* 62, 1976, 132-154.
HILLMAN, L. H.: Vaugelas and the "cult of reason". — 1413.
5757 KREJZOVÁ, Anna: O francouzském "jazykovém zákonu". — *NŘ* 59, 1976, 175-183 | A propos de la loi relative à l'emploi de la langue fr.
5758 *Une langue: le français aujourd'hui dans le monde.* Sous la direction de Marc BLANCPAIN & André REBOULLET. — Paris: Hachette, 1976, vi, 328 p. | Du sommaire: Eddy ROULET, Les descriptions du français contemporain, 12-29; Bernard QUEMADA, L'évolution du français, 30-49; M. GIACOMO-MARCELLESI, Les langues régionales, 50-60; Marc BLANCPAIN, Géo-histoire du français, 92-112; Albert SALON, La diffusion du français dans le monde, 113-147; Jean HARZIC, Le français et les autres langues de communication, 148-161; Marc BLANCPAIN, Une politique du français? Langue internationale, 216-227.
MARTIN, R.: La paraphrase par double antonymie en fr. — 1807.
5759 MÜLLER, Bodo: *Das Französische der Gegenwart* ... — Heidelberg: 1975 | BL 1975, 5598. | *ASNS* 213, 1976, 438-442 Klaus Hunnius.
5760 RAYNAUD DE LAGE, Guy: *Les premiers romans français, et autres études littéraires et linguistiques.* — Publ. romanes et fr. 138; Genève: Droz, 1976, xviii, 239 p., portr. | Réimpression de 26 mémoires ou notes publiées de 1948 à 1974. | *ZRPh* 92, 1976, 597 K. Baldinger.
ŠABRŠULA, J.: Redundance a ekonomie v češtině a ve francouzštině. — 9895.
5761 SCHWARZE, Christoph: Das Interesse der Franzosen an ihrer Sprache. — [267], 403-423.
5762 SÖLL, Ludwig: *Gesprochenes und geschriebenes Französisch.* — Berlin: 1974 | BL

1974, 5187. | *ZRPh* 92, 1976, 557-561 B. Müller | *RF* 88, 1976, 423-425 G. A. Plangg | Cf. 5755.

5763 SPENCE, Nicol C. W.: *Le français contemporain. Études et discussions.* — Ars grammatica 5; München: Fink, 1976, 163 p. | Réunion de 4 études déjà publiées. | *ZRPh* 92, 1976, 604-605 K. Baldinger.

1. PHONÉTIQUE ET PHONOLOGIE — PHONETICS AND PHONOLOGY

5764 BÄCKVALL, H.: Deux voyelles nasales face à la norme. — *MSpråk* 70, 1976, 227-238, fig.

5765 BAZYLKO, Sławomir: Groupes consonantiques primaires et secondaires à l'initiale du mot dans le français contemporain. — *Linguistique* 12, 1976/1, 63-80, 7 tab.

BENGUEREL, A. P., & ADELMAN, S.: Perception of coarticulated lip rounding. — 2088 | Cf. BL 1974, 5189.

5766 BERGHE, Christian Louis VAN DEN: *La phonostylistique du français.* — De proprietatibus litterarum, Series practica 68; The Hague: Mouton, 1976, xiv, 565 p.

5767 BIBEAU, Gilles: *Introduction à la phonologie générative du français.* — Studia phonetica 9 (Thèse Aix-en-Provence 1970); Paris: Didier, 1976, 178 p.

5768 BLONDIN, Roland: *Fonction, structure et évolution phonétique. Études synchroniques et diachroniques du phonétisme gallo-roman et français.* — (Thèse Paris IV, 1973); Lille: Atelier de reprod. des thèses, Univ. de Lille III (Paris: diff. H. Champion), 1975, 676 p.

5769 BUFE, Wolfgang: Zum Problem der Assimilation im Französischen. Ein Beitrag zur Faktendarstellung in den Phonetikhandbüchern. — *LD* 7, 1976, 144-153.

5770 CARTON, Fernand: L'accent d'insistance en français contemporain. — *ACILR* XIII/1, 205-219, 6 fig.

5771 CHEN, Ursula Frank: *Essai sur la phonologie française. L'évolution structurale du vocalisme.* — Paris: Nizet, 1973, 130 p. | *RomPh* 30, 1976-77, 400-405 N. L. Corbett.

5772 CONDAX, I. D., ACSON, V., MIKI, C. C., & SAKODA, K. K.: A technique for monitoring velic action by means of a photo-electric nasal probe: application to French. — *JPhon* 4, 1976, 173-181, tab., 2 fig.

5773 DUMAS, Denis: Quebec French high vowel harmony: the progression of a phonological rule. — *PCLS* XII, 161-167.

DURAND, J.: Generative phonology, dependency phonology and Southern Fr. — 2259.

5774 FELIXBERGER, Josef: Phonologische Probleme an der Morphemgrenze im Französischen. Eine kritische Bestandsaufnahme zu liaison, *h* aspiré und *e* muet. — [320], 110-139.

5775 FONAGY, Ivan & Judith: Prosodie professionnelle et changements prosodiques. — *FM* 44, 1976, 193-228, 2 tab., 19 fig.

5776 GIAUQUE, Gerald S.: An early example of uvular *r*. — *Semasia* 3, 1976, 39-45.

HERMAN, J.: A francia /E/, /Œ/, /O/ archifonémák .... — 2274.

5777 HERSLUND, Michael: *Structure phonologique de l'ancien français. Morphologie et phonologie du français classique.* — *RRom*, No. spécial 8; Copenhague: Akademisk Forlag, 1976, 144 p.

5778 HOLDER, Maurice: Distribution syllabique des voyelles brèves et des voyelles longues dans la prononciation de Jacques Peletier du Mans. — *ACILR* XIII/1, 199-204, fig.

5779 HOPPE, Danielle: *Aussprache und sozialer Status. Eine empirische Untersuchung zur französischen Gegenwartssprache.* — Monographien Linguistik und Kommunikationswissenschaft 24; Kronberg/Ts.: Scriptor-Verlag, 1976, xi, 241 p.

5780 HULL, Alexander: Les origines du système phonétique du français moderne à la lumière des nouvelles théories phonologiques. — *ACILR* XIII/1, 171-183.
ILIESCU, M.: Les groupes consonantiques initiaux et finaux en roum., en fr. ... — 6777.

5781 *Interrogation et intonation en français standard et en français canadien.* [Choix de textes:] Allan GRUNDSTROM & Pierre R. LÉON. — Montréal: 1973 | BL 1974, 5204. | *RRLing* 21, 1976, 543-546 L. Dascălu.

5782 KAČAN, È. A.: Rol' prosodičeskich sredstv pri transpozicii obščego voprosa v častnyj (Na materiale francuzskogo jazyka). — [326], 129-136 | Rés. fr.

5783 KAYE, Jonathan D.: Contraintes profondes en phonologie: les emprunts. — *CLUQ* 5, 1975, 87-101.

5784 KLAUSENBURGER, Jürgen: *Historische französische Phonologie* ... — Tübingen: 1974 | BL 1974, 5205. | *VR* 35, 1976, 233-236 J. Wüest | *Phonetica* 33, 1976, 129-135 W. Forner | *RomPh* 29, 1975-76, 565-566 D. C. Walker | *RF* 88, 1976, 273-275 W. Pötters.

5785 — Règles synchroniques et diachroniques en phonologie française. — *ACILR* XIII/1, 155-169.

5786 KLEIN, Hans-Wilhelm: *Phonetik und Phonologie des heutigen Französisch.* 5. Aufl. — München: Hueber, 1976, 201 p. | 4th ed. 1973 (BL 1975, 5625).

5787 KRZEMIŃSKA, Wanda: La question de l'analogie dans l'articulation des phonèmes français et polonais. — *SRP* 3, 1976, 71-77.

5788 LA CHAUSSÉE, François DE: *Initiation à la phonétique historique de l'ancien français.* — Paris: 1974 | BL 1974, 5207. | *ZRPh* 92, 1976, 441-443 Hans R. Runte.

5789 — -AGU, -ACU en gallo-roman du Nord. — *TLL* 14, 1976/1, 157-159.

5790 LOZACHMEUR, Jean-Claude: Contribution à l'étude de l'évolution de *r*. — *RLiR* 40, 1976, 311-320, tab.

5791 LUCCI, Vincent: Le mécanisme du E muet dans différentes formes de français parlé. — *Linguistique* 12, 1976/2, 87-104, tab.

5792 MALÉCOT, André: The effect of linguistic and paralinguistic variables on the elision of the French mute-e. — *Phonetica* 33, 1976, 93-112, 8 tab. | E., G. & Fr. summ.

5793 MALÉCOT, André, & LINDSAY, Patricia: The neutralization of /ɛ̃/-/œ̃/ in French. — *Phonetica* 33, 1976, 45-61, 6 fig., 5 tab | E., G. & Fr. summ.

5794 MAŃCZAK, Witold: E muet en français. — *KNf* 23, 1976, 271-281.

5795 MARTINET, André, & WALTER, Henriette: *Dictionnaire de la prononciation française* ... — Paris: 1973 | BL 1973, 5939. | *ZFSL* 86, 1976, 283-287 Josef Felixberger | *PhP* 19, 1976 (ČMF 58), 31-32 M. Dohalská-Zichová.

5796 MATTE, Édouard: Le substrat celtique et la syllabation fermée en gallo-roman. — *ACILR* XIII/2, 465-477, tab.

5797 MONNET, Michel, & KITE, Françoise: Vers un nouveau phonétisme français. — *CMLR* 32, 1976, 378-383.

5798 MRAYATI, M., & CARRÉ, R.: Relations entre la forme du conduit vocal et les caractéristiques acoustiques des voyelles françaises. Étude des distributions spatiales. — *Phonetica* 33, 1976, 285-306, 6 fig., 3 tab. | E., Fr. & G. summ.

5799 PRYSJAŽNJUK, H. Ja.: Pro prostu i skladnu kombinatornist' u rozvytku nahološenych francuz'kych holosnych. — *InFil* 38, 1975, 103-109 | Les changements spontanés et combinatoires dans l'évolution des voyelles fr. (Rés. ru. & fr.).

5800 REINHEIMER-RÎPEANU, Sandra: Réalisation phonétique des phonèmes vocaliques français: voyelle ou semivoyelle. — *RRLing* 21, 1976, 469-477.

5801 RICHMAN, Marie: The distribution of /e/-/ɛ/ in French verb endings. — *Phonetica* 33, 1976, 307-319, 3 tab.

5802 RIORDAN, Carol J.: Electromyographic correlates of the phonological /y/-/u/ distinction in French. — *JPhon* 4, 1976, 1-16, 4 fig., 8 tab.

5803 ROCHET, Bernard L.: *The formation and evolution of the French nasal vowels.* — *ZRPh*, Beiheft 153; Tübingen: Niemeyer, 1976, ix, 143 p.

5804 — Sur l'évolution des voyelles nasales du français. — *ACILR* XIII/1, 185-198.

5805 ROCHETTE, Claude-E.: *Les groupes de consonnes en français* ... — Paris: 1973 | BL 1974, 5219. | *CMLR* 32, 1976, 159-160 P. Léon.

5806 — Le traitement des consonnes intervocaliques en français québécois. — *ACILR* XIII/2, 1201-1211, tab.

5807 SANTERRE, Laurent: Les diphtongues dans le français québécois. — *ACILR* XIII/2, 1183-1199, 9 fig.

5808 SELJACH, A. S.: O situativnoj obuslovlennosti fonetičeskich charakteristik dialogičeskich vyskazyvanij (èksperimental'no-fonetičeskoe issledovanie na materiale sovremennogo francuzskogo jazyka). — [326], 201-218 | Rés. fr.

5809 SPENCE, N. C. W.: French "mute e": the basic difficulties. — *Lingua* 39, 1976, 27-51.

5810 STEBBINS, Charles E.: The anticipatory phenomenon, source of numerous vocalic and consonantal modifications in the phonology of Old French. — [110], 499-503.

5811 TATILON, Claude: *Sonorités et texte poétique. Examen des structures phonématiques impressives et expressives, suivi d'une application aux 'Fables' de La Fontaine.* — Studia phonetica 10; Paris: Didier, 1976, ix, 144 p.

5812 TRANEL, Bernard: A note on final consonant deletion in Modern French. — *Lingua* 39, 1976, 53-68.

5813 — A generative treatment of the prefix *in-* of Modern Freench. — *Lg* 52, 1976, 345-369.

5814 VALDMAN, Albert: *Introduction to French phonology and morphology.* — Rowley, Mass.: Newbury House, 1976, xi, 220 p.

5815 VÎRTOSU, Ileana: *Cours de langue française contemporaine. La phonologie.* — București: Univ. de București, Fac. de limbi romanice, clasice și orientale, 1974, 302 p. | *SCL* 27, 1976, 552-553 Ioana Vintilă-Rădulescu.

5816 WALKER, Douglas C.: Contraintes profondes en phonologie française. — *CLUQ* 5, 1975, 77-86.

5817 WALTER, Henriette: *La dynamique des phonèmes dans le lexique français contemporain.* Préface d'André MARTINET. — Paris: France Expansion, 1976, 481 p.

2. GRAMMAIRE — GRAMMAR

2.0 Généralités — General

5818 ESCHMANN, Jürgen: *Die Numerusmarkierung des Substantivs im gesprochenen Französisch.* — *ZRPh*, Beiheft 158; Tübingen: Niemeyer, 1976, viii, 108 p.

5819 GECKELER, Horst: Probleme des französischen Adjektivs. — [101], II, 103-115.

5820 GREVISSE, Maurice: *Le bon usage* ... 10e éd. — Gembloux: 1975 | BL 1975, 5651. | *FM* 44, 1976, 379-381 J. Pohl.

5821 KRENN, Herwig: Nicht-Kongruenz oder morphologischer Ausgleich? Überlegungen zu einem von M. Gross entdeckten Phänomen im Französischen. — *KNf* 23, 1976, 249-261 | A propos de Maurice GROSS, A remark about plural agreement between determiner and noun, *LIn* 5, 1974, 620-622.
MARINESCU, R.: Comparaison morphosyntaxique des pronoms pers. en roum. et en fr..... — 6808.

5822 PFISTER, Max: Trois problèmes morphosyntaxiques à la lumière de l'enquête sur le langage de l'enfant français de 10 ans. — *ACILR* XIII/1, 451-466, 3 tab.

5823 PITTET, Raymond: *Adjectif de relation und Bezugsadjektiv in der französischen und deutschen Gegenwartssprache. Syntaktisch-morphologische und semantische Untersuchungen.* — (Diss. Zürich); Zürich: Juris-Verlag, 1974, 123 p.
VIŞAN, V.: Le pronom relatif invariable en roum. et en fr. — 6822.

2.1. Morphologie et formation des mots — Morphology and word-formation

5824 BARRERA-VIDAL, Alberto: *Fifille, fillette, petite fille.* Un mini-chapitre de morphostylistique lexicale. — [267], 13-34.

5825 BOEL, Else: Le genre des noms désignant les professions et les situations féminines en français moderne. — *RRom* 11, 1976, 16-73.
CORBIN, D.: Le statut des exceptions dans le lexique. — 1654.

5826 [CYBOVA] TSYBOVA, I.A.: Du syncrétisme de quelques morphèmes suffixaux du français contemporain. — *ACILR* XIII/1, 641-646.

5827 FLEISCHMAN, Suzanne: The suffix *-age* in Modern French. Language change viewed in a historico-cultural perspective. — *RomPh* 30, 1976-77, 42-58.
FUCHS, H. J.: *Egoitas – moi – ergotisme* ... — 2375.
GAWEŁKO, M.: *Sufiksy przymiotnikowe w języku polskim, niemieckim i fr. ..... —* 10344.
GIURESCU, A.: Tipi di derivati suffissali nell'it. e nel fr. odierno. — 6389.

5828 GUILBERT, Louis: La relation "préfixation"/"composition". — *ACILR* XIII/1, 627-639.

5829 HASSELROT, Bengt: *Étude sur la vitalité de la formation diminutive française* ... — Uppsala: 1972 | BL 1972, 4993. | *ZRPh* 92, 1976, 561-565 Christian Schmitt | *FR* 48, 1974-75, 280-282 F. M. Jenkins.

5830 — Quelques nouveaux diminutifs véritables. — [249], 317-323.

5831 HELLER, Karin: Zur Form und Semantik französischer Komposita. — [145], 83-92.

5832 HÖFLER, Manfred: *Zur Integration der neulateinischen Kompositionsweise im Französischen* ... — Tübingen: 1972 | BL 1972, 4994. | *ZRPh* 92, 1976, 217-222 Christian Schmitt | *FS* 30, 1976, 238 B. Foster.

5833 JAKOVENKO, G. M.: Slovoobrazovatel'nye vozmožnosti i izbiratel'nye svojstva složnoj proizvodjaščej osnovy (na materiale francuzskogo jazyka). — *VLU* 1976/20, 154-156.

5834 JENKINS, Fred M.: *Cinéma-vérité, golf-bijou* and *sandwich beurre* in contemporary French. — *SLS* 6, 1976/1, 1-21.

5835 JERŠOVA, L. V., & JACENJUK, M. H.: Pro problematyku i šljachy vyvčennja neoznačeno-osobovoho zajmennyka *on* u francuz'kij movi. — *InFil* 39, 1975, 126-132 | Problèmes et voies d'approche du pronom indéfini *on* en fr. (Rés. ru. & fr.).

5836 MAŃCZAK, Witold: Origine de la désinence verbale *-ons.* — *ACILR* XIII/1, 257-266.

FRANÇAIS

METZELTIN, M.: Versuch einer Beschreibung der raumdimensionalen Bezeichnungen im Franz. — 6145.

5837 MØRDRUP, Ole: Sur la classification des adverbes en *-ment*. — *RRom* 11, 1976, 317-333.

5838 — Sur la dérivation des adverbes en *-ment*. — *PScCL* 3, 1976, 285-292.

5839 NOVOSAD, H. K.: Omonimija v systemi afiksiv sučasnoji francuz'koji movy. — *InFil* 42, 1976, 89-96 | L'homonymie dans le système des affixes en fr. contemporain (Rés. ru. & fr.).

5840 OFFORD, Malcolm H.: Sur l'imparfait de l'indicatif et le futur du verbe *estre* en français médiéval. — *TLL* 14, 1976/1, 161-228.

5841 PEYTARD, Jean: *Recherches sur la préfixation en français contemporain*. 1. *Analyses*. 2. *Les champs interpréfixaux*. 3. *Diagrammes et inventaires*. — Lille: Univ. de Lille III, Atelier Reproduction des thèses (Diffusion: Librairie Honoré Champion, Paris), 1975, 419 p.; p. 420-791; non paginé | Thèse Paris 1971 (BL 1972, 5259).

5842 SCHIFKO, Peter: Semantisch-syntaktische Funktionen des Präfixes *dé-* im modernen Französisch. — [249], 793-825, fig.

5843 SPENCE, N. C. W.: A note on the history of the French definite article *le/la/les*. — *RomPh* 29, 1975-76, 311-318.

5844 STEPANOVA, A. N.: *Premorfologičeskie edinicy francuzskogo jazyka*. — Minsk: "Vyšėjšaja škola", 1975, 128 p.

5845 TAYLOR, Robert: Les préfixes de négation *non-* et *nient-* en ancien français. — *ACILR* XIII/1, 647-658.

5846 THIELE, Johannes: Zu theoretischen Positionen und Aufgaben der französischen Wortbildungsforschung. — *ZPhon* 29, 1976, 601-603.

VALDMAN, A.: *Introd. to Fr. phonology and morphology*. — 5814.

5847 WANDRUSZKA, Ulrich: *Probleme der neufranzösischen Wortbildung*. — Romanistische Arbeitshefte 16; Tübingen: Niemeyer, 1976, vi, 127 p. | *RF* 88, 1976, 278-280 I. Burr.

5848 ZWANENBURG, Wiecher: La grammaire générative et la dérivation suffixale en français moderne. — *ACILR* XIII/1, 1089-1097.

2.2. Syntaxe — Syntax

5849 ADAM, Jean-Michel: La "mise en relief" dans le discours narratif. — *FM* 44, 1976, 312-330, fig. | Imparfait, passé simple, plus-que-parfait, passé antérieur.

5850 ALLAIRE, Suzanne: *La subordination dans le français parlé* ... — Paris: 1973 | BL 1973, 5978. | *IRAL* 14, 1976, 89-91 F. J. Hausmann | *Linguistics* 180, 1976, 61-62 B. Pottier.

5851 ASHBY, William J.: The loss of the negative morpheme, *ne*, in Parisian French. — *Lingua* 39, 1976, 119-137, fig., 21 tab.

5852 ATTAL, Pierre: A propos de l'indéfini *des*: Problèmes de représentation sémantique. — *FM* 44, 1976, 126-142.

5853 BAJDAK, L. V.: Čerhuvannja indykatyv / sjubžonktyv v označal'nych rečennjach sučasnoji francuz'koji movy. — *InFil* 37, 1975, 84-90 | L'alternance de l'indicatif et du subjonctif dans les propositions déterminatives du fr. mod. (Rés. ru. & fr.).

5854 BARBAUD, Philippe: Constructions superlatives et structures apparentées. — *LAn* 2, 1976, 125-174.

5855 BARRERA-VIDAL, Alberto: Temps, aspect verbal et mode d'action: quelques observations sur la polysémie du passé composé en code écrit. — [249], 105-125.

5856 BARTNING, Inge: *Remarques sur la syntaxe et la sémantique des pseudo-adjectifs dénominaux en français.* — Thèse Stockholm 1976, 176 p.

5857 BATUŠKOVÁ, Hana: Francouzská vidová opozice *imparfait – passé simple.* — *CJŠ* 19, 1975-76, 100-109; 158-164 | L'opposition aspectuelle en fr.: imparfait – passé simple.

5858 BEHNSTEDT, Peter: Viens-tu? ... *Formen und Strukturen des direkten Fragesatzes im Französischen.* — Tübingen: 1973 | BL 1973, 5980. | *ZFSL* 86, 1976, 143-150 Horst Geckeler.

5859 BLUMENTHAL, Peter: Imperfekt und Perfekt der französischen Modalverben. — *ZFSL* 86, 1976, 26-39.

5860 — Komplexe Sätze im Französischen. — *ZRPh* 92, 1976, 59-89.
— Funktionen der Modalverben im Dt. und Fr. — 7271.

5861 BOGACKI, Krzysztof: Perspective fonctionnelle et locativité – à propos de deux verbes locatifs. — *KNf* 23, 1976, 49-55.

5862 BOGOMOLOV, I. S.: Pro obmeženist' funkciji prjamoho dodatka u francuz'kych analityčnych strukturach. — *InFil* 33, 1974, 81-87 | Sur la limitation de la fonction d'objet direct dans les structures analytiques en fr. (Rés. ru. & fr.).

5863 BOONS, Jean-Paul, GUILLET, Alain, & LECLÈRE, Christian: *La structure des phrases simples en français. Constructions intransitives.* Présentation de Maurice Gross. — Langue & cultures 8; Genève: Droz, 1976, 377 p.

5864 BORILLO, Andrée: Les adverbes et la modalisation de l'assertion. — *LFr* 30, 1976, 74-89, 2 tab.

5865 BOYER, Henri: Les traits distinctifs des "pronoms personnels" prédicatifs et non-prédicatifs-sujets en français. — *RLaR* 81, 1975/2 (1976), 539-545.

5866 BUSSE, Winfried: *Klasse, Transitivität, Valenz* ... — München: 1974 | BL 1974, 5255. | *RLiR* 40, 1976, 207-209 Robert Martin.

5867 CHETRIT, Joseph: *Syntaxe de la phrase complexe à subordonnée temporelle. Étude descriptive.* — Bibl. fr. et romane A, 36; Paris: Klincksieck, 1976, 226 p.

5868 CLIFFORD, Paula M.: *Inversion of the subject in French narrative prose* ... — Oxford: 1973 | BL 1973, 5987. | *ASNS* 213, 1976, 429-432 Ruth Voss.

5869 CRISTEA, Teodora: *Le locatif spatio-temporel en français contemporain.* — București: Univ. din București, Fac. de limbi romanice, clasice și orientale, 1975, 192 p. | *SCL* 27, 1976, 439-440 Vasile Covaci.

5870 — *Relations et formes casuelles en français contemporain.* — București: Univ. din București, 1976, 271 p.

5871 — Remarques sur le datif possessif en roumain et en français. — *BSRLR* 10, 1974, 5-14.

5872 DANELL, Karl Johan: *L'emploi des formes fortes des pronoms personnels* ... — Uppsala: 1973 | BL 1973, 5994. | *ZFSL* 86, 1976, 369-374 M. Krötsch | Cf. 5885.

5873 — *Le groupe substantif + préposition + substantif* ... — Uppsala: 1974 | BL 1974, 5263. | *MSpråk* 70, 1976, 73-79 O. Eriksson.

5874 DEMBOWSKI, Peter F.: The syntax of two-term comparative constructions in Old French. — *RomPh* 30, 1976-77, 200-210 | Rev. art. on No. 5900.

5875 DRĂGHICESCU, Janeta: Sur l'équivalence fonctionnelle des déterminants du nom en français contemporain. — *BSRLR* 10, 1974, 95-106.

5876 EBNETER, Theodor: Thema und Fokus im Französischen. — [249], 195-214.

5877 GAATONE, David: Les pronoms conjoints dans la construction factitive. — *RLiR* 40, 1976, 165-182.

5878 — Locutions prépositives et groupes prépositionnels. Observations sur la syntaxe de certains groupes prépositionnels. — *Linguistics* 167, 1976, 15-33, tab.

5879 — *Il doit y avoir* – *il faut y avoir. A propos de la "montée du sujet". — *RRom* 11, 1976, 245-266.

5880 — Sur quelques particularités syntaxiques de certains substituts en français. — *IRAL* 14, 1976, 273-284.

5881 — L'alternance *à/par* dans les constructions causatives (factitives). — *ACILR* XIII/1, 525-537, tab.

5882 GEORGE, K. E. M.: The substantival use of the infinitive in Modern French. — *SNPh* 48, 1976, 205-210.

5883 GONDRET, Pierre: *Quelques, plusieurs, certains, divers*: étude sémantique. — *FM* 44, 1976, 143-152, 2 fig.

5884 GRUNDT, Lars-Otto: *Études sur l'adjectif invarié en français.* — Bergen: 1972 | BL 1973, 6007. | *RJb* 26, 1975 (1976), 182-183 M. Sandmann.

5885 GUNNARSON, Kjell-Åke: La concurrence des compléments adnominaux en français contemporain. Examen critique d'un essai d'explication. — *SNPh* 48, 1976, 121-135 | Sur No. 5873.

5886 HAFF, Marianne Hobæk: La théorie des modes en langue selon Gustave Guillaume. — *MSpråk* 70, 1976, 41-52.

5887 HANSÉN, Iah: Quelques réflexions sur le mot *puisque* et la notion d'adverbe de phrase. — *SNPh* 48, 1976, 152-154.

5888 HARRIS, Martin B.: A typological approach to word-order change in French. — [5348], 33-53.

5889 HAUSMANN, F. J.: Ist das französische -ant-Adjektiv Verbaladjektiv? Wissenschaftliche und didaktische Beschreibung. — *FoL* 9, 1976, 175-195.

5890 HEINZ, Sieglinde: Bejahung und Verneinung. — *ZFSL* 86, 1976, 289-316 | A propos des art. de P. WUNDERLI [5983].

5891 HONG, Chai-Song: Les adverbes de temps en *-ment* en tête de la phrase. — *FM* 43, 1975, 148-157 | Corr. à BL 1975, 5683.

5892 HORBAČ, F. H.: Pro funkcional'ni protystavlennja pov'jazani z miscem prykmetnyka u sučasnomu francuz'komu rečenni. — *InFil* 33, 1974, 70-74 | Les oppositions fonctionnelles dues à la pré- ou postposition de l'adj. dans la phrase fr. mod. (Rés. ru. & fr.).

5893 HUG, Marc: Le système logique des circonstanciels de temps. — *ACILR* XIII/1, 1099-1106, tab.

5894 HUNNIUS, Klaus: *Der Modusgebrauch nach den Verben der Gemütsbewegung im Französischen.* — Sammlung romanischer Elementar- und Handbücher 5, 11 (Habilitationsschrift Bonn); Heidelberg: Winter, 1976, 163 p. | *RLiR* 40, 1976, 469-470 R. Martin.

5895 HUOT, Hélène: *Le verbe devoir* ... — Paris: 1974 | BL 1974, 5286. | *ZFSL* 86, 1976, 73-75 P. Blumenthal.

5896 HYMAN, Larry M., & ZIMMER, Karl E.: Embedded topic in French. — [143], 191-211.

5897 IL'VES, L. V.: Strukturno-semantyčna klasyfikacija imennych konstrukcij francuz'koji movy. — *InFil* 35, 1974, 100-104 | Classification sémantique et syntaxique des constructions nominales en fr. (Rés. ru. & fr.).

5898 JANOŠ, Z. P.: Hramatyčnyj zmist prjamoho pytannja. — *InFil* 43, 1976, 58-62 | La valeur grammaticale de l'interrogation directe (Rés. ru. & fr.).

5899 JONARE, Brigitta: *L'inversion dans la principale non-interrogative en français contemporain.* — Studia Romanica Upsaliensia 16 (Thèse Uppsala); Uppsala (distr.: Almqvist & Wiksell, Stockholm), 1976, x, 177 p.

5900 JONAS, Pol: *Les systèmes comparatifs à deux termes* ... — Bruxelles: 1971 | BL

1971, 4645. | *MA* 81, 1975, 172-173 G. Lavis | *VR* 35, 1976, 236-243 P. Wunderli | Cf. 5874.

5901 KAYNE, Richard S.: Il relativo francese *que*. — *RGG* 1, 1976/3, 59-111.

5902 KELEMEN, Jolán: Quelques aspects de la pronominalisation dans l'analyse des fautes. — *AUBud-L* 7, 1976, 5-16.

5903 KLEIBER, Georges: Adjectifs antonymes: comparaison implicite et comparaison explicite. — *TLL* 14, 1976/1, 277-326.

5904 KLEIN, Horst G.: Le comportement syntagmatique des modes d'action. — *ACILR* XIII/1, 249-255.

5905 KONOVALYK, O. M.: Smyslovi i hramatyčni zv'jazky vvidnych rečen' z holovnym u sučasnij francuz'kij movi. — *InFil* 38, 1975, 109-117 | Différents types d'incises et leur lien avec la proposition principale en fr. contemporain (Rés. ru. & fr.).

5906 LABELLE, Jacques: Le substantif symétrique. — *CLUQ* 5, 1975, 17-47.

5907 LASKA, I. V.: Pro pryrodu skladnosurjadnoho rečennja. — *InFil* 41, 1976, 85-89 | Quelques considérations sur la nature de la phrase de coordination (Rés. ru. & fr.).

5908 LE FLEM, Daniel C.: Relation entre l'antéposition de l'adjectif dans le syntagme nominal et la variation *des/de* de l'article partitif. — *RLaR* 81, 1975/2 (1976), 467-484.

5909 LORIAN, Alexandre: La relative "attelée". — *FM* 44, 1976, 254-273, 2 tab.

5910 MARTIN, Robert: *Temps et aspect* ... — Paris: 1971 | BL 1971, 4666. | *RPF* 16, 1972-74 (1976), 424-429 S.-M. Watkins-Vergnaud.

5911 — L'ordre des syntagmes dans le 'Jehan de Saintré'. Essai d'une interprétation générative. — [249], 567-593, 20 tab.

5912 MCA'NULTY, Judith: Le pronom clitique *en*. — *ACILR* XIII/1, 1125-1134.

5913 MELIS, L.: Contraintes d'ordre et coordination. — *HandVlFC* 30, 1975, 206-212.

5914 MÉNARD, Philippe: *Manuel du français du moyen âge. 1. Syntaxe de l'ancien français*. Nouv. éd. — Bordeaux: 1973 | BL 1973, 6035. | *CCM* 19, 1976, 399-403 P. Jonas.

5915 MERILA, Urpo: La construction des noms de saisons en français. I; II. — *SNPh* 48, 1976, 136-151; 191-203.

5916 *Méthodes en grammaire française*. Textes de Pierre ATTAL, Andrée BORILLO, Jean-Claude CHEVALIER ... [et al.] présentés par Jean-Claude CHEVALIER et Maurice GROSS. — Initiation à la linguistique B, 6; Paris: Klincksieck, 1976, 226 p. | Études de syntaxe fr.

5917 MICHOV, Nikolaj: Osobenosti pri distribucijata na temporalnija imperfekt văv frenskija i v bălgarskija ezik. — *RZE* 3, 1976/4, 24-34 | Particularités dans la distribution de l'imparfait en fr. et en bulg.

5918 MOIGNET, Gérard: *Les signes de l'exception dans l'histoire du français*. Nouv. éd. — Genève: 1973 | BL 1973, 6037. | *RF* 87, 1975, 579; 88, 1976, 422 H. Lausberg | *ZFSL* 86, 1976, 140-143 O. Gsell.

5919 — *Études de psycho-systématique française*. — Paris: 1974 | BL 1975, 5727. | *RRom* 11, 1976, 159-161 G. Boysen | *FM* 44, 1976, 85-87 M. Wilmet.

5920 — Grammaire transformationnelle et psycho-mécanique du langage à propos du verbe unipersonnel français. — *ACILR* XIII/1, 1061-1074, fig.

5921 MONSONEGO, Simone: Syntaxe transformationnelle du français. — *RLaR* 81, 1975/2 (1976), 529-537 | A propos de quelques ouvrages récents.

5922 MOODY, Marvin D.: *A classification and analysis of "noun + de + noun" constructions in French*. — The Hague: 1973 | BL 1973, 6040. | *KNf* 23, 1976, 356-358 Eugeniusz Ucherek.

FRANÇAIS

5923 MØRDRUP, Ole: *Une analyse non-transformationnelle des adverbes en* -ment. — *RRom*, No. spécial 11; København: Akademisk Forlag, 1976, 240 p.
5924 MOREAU, Marie-Louise: C'est. *Étude de syntaxe transformationnelle.* — Sciences humaines 3; Mons (Belgique): Univ. de Mons, 1976, 242 p.
5925 MULLER, Charles: Acrobaties et norme. — [267], 245-251 | Sur l'inversion.
MUTT, O.: Attributive noun-collocations in E. and Fr. — 8255.
5926 NIÉGER, Monique: L'interrogation indirecte: étude diachronique. — *CLUQ* 5, 1975, 1-15.
5927 NIKOV, Mišel Dimov: Leksiko-sintaktična struktura na săštinskite obšti văprosi văv frenski i bălgarski ezik. — *BSI* 1, 1976/3, 115-134 | Structure lexico-syntaxique des véritables questions totales en fr. et bulg. (Rés. fr.).
5928 OBENAUER, Hans Georg: *Études de syntaxe interrogative du français.* Quoi, combien *et le complémenteur.* — Linguistische Arbeiten 34 (Diss. Tübingen); Tübingen: Niemeyer, 1976, vii, 135 p.
5929 OFFORD, Malcolm: Réflexions sur la construction du français médiéval démonstratif + phrase relative avec adverbe locatif. — *Romania* 97, 1976, 195-217, tab.
5930 — Negation in 'Berinus': a contribution to the study of negation in fourteenth century French. — *ZRPh* 92, 1976, 313-385.
5931 OLEKSIJUK, V. S.: Vnutrišnja forma propozytyvnych najmenuvan' (na materiali francuz'koji movy). — *InFil* 34, 1974, 100-104 | La forme intérieure des dénominations propositionnelles en fr. (Rés. ru. & fr.).
5932 OLSSON, Kerstin: *La construction: verbe + objet direct + complément prédicatif en français. Aspects syntaxiques et sémantiques.* — Thèse Stockholm, 1976, 198 p.
5933 PALJATYNS'KA, S. V.: Misce pidmeta ta joho vyražennja v bezosobovych rečennjach sučasnoji francuz'koji movy. — *InFil* 34, 1974, 87-93 | La place du sujet et les moyens de l'exprimer dans les propositions impersonnelles du fr. contemporain (Rés. ru. & fr.).
5934 PALUSZKIEWICZOWA, Agata: *Où* en tant que marque explicite de la subordination. — *SRP* 3, 1976, 105-109.
5935 PATAKI, P.: Étude contrastive du futur en hongrois et en français. — *AUBud-L* 7, 1976, 69-86.
5936 PAULUS, Heinz: *Die französische Zeitungsannonce. Synchronische und diachronische Syntax der "petites annonces" 1819-1973.* — TBL 67 (Diss. Saarbrücken); Tübingen: TBL-Verlag Narr, 1976, xiv, 222 p., facsim.
5937 PINCHON, Jacqueline: *Les pronoms adverbiaux* en et y ... — Genève: 1972| BL 1972, 5035. | *ZRPh* 92, 1976, 213-216 R. Martin | *ZFSL* 86, 1976, 76-80 Wolfgang Rettig | *FS* 30, 1976, 500-501 N. C. W. Spence | *RBPh* 54, 1976, 894-895 D. Willems
5938 POGAČNIK, Vladimir: Les unités sémantiques de l'anaphorique français *en* dans la représentation elliptique. — *Ling* 16, 1976, 137-152 | Rés. slovène.
5939 POHL, Jacques: Les constructions "about – pronom sujet – verbe" dans le français contemporain. — *ACILR* XIII/1, 499-514.
5940 POLJANCEVA, L. I.: Pro zasoby vyražennja porivnjannja u francuz'kij movi. — *InFil* 42, 1976, 97-104 | Sur les moyens d'expression de la comparaison en fr. (Rés. ru. & fr.).
5941 POTT, Hartmut: *Der Ausdruck der Konzessivität im Französischen.* — Europäische Hochschulschriften 13, 29; Bern & Frankfurt a. M.: Lang, 1976, vii, 630 p.

PRINCE, E. F.: The syntax and semantics of NEG-raising, with evidence from Fr. — 2588.
5942 QUICOLI, A. Carlos: Conditions on quantifier movement in French. — *LIn* 7, 1976, 583-607.
5943 REGULA, Moritz: Wesen, Arten und Formen des Judikativs. — *VR* 35, 1976, 95-99.
5944 REINER, Erwin: *Studie zur Stellung des attributiven Adjektivs im neueren Französischen.* — Wien: Braumüller, 1976, 120 p.
5945 ROČNJAK, A. M.: Vydy substytutiv u francuz'kij movi ta jich funkcija v teksti. — *InFil* 35, 1974, 87-93 | Les substituts en fr. et leur fonction dans le texte (Rés. ru. & fr.).
5946 — Substytucija dijeslova-prysudka v sučasnij francuz'kij movi. — *InFil* 41, 1976, 79-84 | La substitution du verbe-prédicat en fr. mod. (Rés. ru. & fr.).
5947 ROHR, Rupprecht: *Französische Syntax* ... — Frankfurt a.M.: 1971 | BL 1971, 4696. | *RF* 88, 1976, 443-444 R. Cornelissen.
5948 ROHRER, Christian: Comment analyser *depuis*? — [111], 293-305.
5949 — Die Vergangenheitstempora des Französischen in der indirekten Rede. — *LD* 7, 1976, 307-314.
5950 ROY, Gérard-Raymond: *Contribution à l'analyse du syntagme verbal. Étude morpho-syntaxique et statistique des coverbes.* Préf. de Charles MULLER. — Bibl. fr. et romane A, 40 (Thèse Strasbourg II, 1972); Paris: Klincksieck / Québec: Presses de l'Univ. Laval, 1976, 303 p.
RUWET, N.: *Problems in Fr. syntax* ... — 1208.
5951 SABANEEVA, M. K.: Problema grammatičeskogo značenija prostoj formy kondicionala (na materiale tekstov starofrancuzskogo perioda). — *VLU* 1976/8, 121-129.
5952 [—] SABANÉÉVA, M.-K.: La phrase complexe dans le système de la langue en français ancien et moderne. — *ACILR* XIII/1, 493-498.
5953 SAETTELE, Hans: *Das französische Passé composé* ... — Zürich: 1971 | BL 1972, 5054. | *RomPh* 29, 1975-76, 566-567 M. Sandmann.
5954 SALKOFF, Morris: *Une grammaire en chaîne du français* ... — Paris: 1973 | BL 1973, 6065. | *RLiR* 40, 1976, 472-474 Robert Martin.
5955 SANDQVIST, Sven: *Études syntaxiques sur la Chronique des ducs de Normandie par Benoit.* — Études romanes de Lund 26 (Diss. Lund); Lund: Gleerup, 1976, 258 p.
5956 SCHLYTER, Suzanne: Adverbial positions in French, contrasted with those in Swedish: stress, focus and subjectivity. — [368], 215-233.
5957 SCHMIDT-RADEFELDT, Jürgen: La structure sémantique des verbes interrogatifs. — *ACILR* XIII/1, 819-830.
5958 SCHMITT JENSEN, Jørgen: Quelques zones adverbiales dans la phrase française contemporaine. — *ACILR* XIII/1, 515-523, 3 tab.
5959 ŠEREMETA, M. V.: Systema dijeslivnych z'jednan' u sučasnij francuz'kij movi. — *InFil* 43, 1976, 62-69 | Le système des jonctions verbales en fr. mod. (Rés. ru. & fr.).
5960 [ŠIGAREVSKAJA, N. A.] CHIGAREVSKAÏA, N.-A.: Sur les valeurs et fonctions des fausses subordonnées en français d'aujourd'hui. — *ACILR* XIII/2, 157-164.
5961 STUPAKOVA, L. I.: Parceljacija pidrjadnych rečen' u sučasnij francuz'kij movi (na materialach francuz'koji presy). — *InFil* 37, 1975, 61-66 | Quelques problèmes de la parcellarisation des subordonnées en fr. mod. (Rés. ru. & fr.).
5962 SUCHOVA, L. V.: Do pytannja pro bezosobovi rečennja sučasnoji francuz'koji

movy. — *InFil* 38, 1975, 97-102 | Remarques sur l'emploi des propositions impersonnelles (Rés. ru. & fr.).

5963 SZABICS, I.: Les syntagmes appositifs du français et leurs équivalents hongrois. — *AUBud-L* 7, 1976, 17-31.

5964 [TĂNASE] TANASE, Eugène: L'accord du participe passé dans le français oral. — *ACILR* XIII/1, 475-482.

TAYLOR, A.: "Ergative-based" or "transitive-based"? — 8303.

5965 THUN, Harald: Die Präsentation durch *que* im volkstümlichen Französisch. — [101], II, 265-276.

5966 TIFFOU, Étienne: Essai sur l'imparfait latin et français. — *CJL* 21, 1976, 180-195.

5967 TLÁSKAL, Jaromír: K syntaktické funkci francouzské předložky *en*. — *FilS* 6, 1975, 161-171 | Sur les fonctions syntaxiques de la préposition *en* (Rés. fr.).

5968 TUPOVA, V. V.: Glagoly *deveir* i *poeir* kak sredstvo vyraženija modal'nosti v starofrancuzskom jazyke. — *VLU* 1976/2, 129-134.

5969 TUȚESCU, Mariana: *Le groupe nominal et la nominalisation en français moderne.* — Bucarest: 1971 | BL 1972, 5072. | *RBPh* 54, 1976, 143-145 B. Py.

5970 VACEBA, R. V.: Rozmežuvannja prykladky j označennja v strukturnych typach NN ta N *de* N (na materiali francuz'koji movy). — *InFil* 34, 1974, 94-99 | La distinction de l'apposition et de l'épithète dans les types structuraux NN et N de N (Rés. ru. & fr.).

VALESIO, P.: Between It. and Fr.: the fine semantics of active versus passive. — 6437.

5971 VERJAT MASSMANN, Alain: Remarques sur la concordance du participe passé en français moderne. — *ACILR* XIII/1, 467-474.

5972 VERNAY, Henri: Zur Rolle des Aktantenmodells bei einer Klassifizierung der Verben im Französischen. — [260], 407-422.

5973 VINTILĂ-RĂDULESCU, Ioana: Observații asupra propoziției subiective în limbile franceză și română. — *SCL* 27, 1976, 359-375 | Rés. fr.: Remarques sur les propositions sujet en fr. et en roum.

VLĂDUȚ-CUNIȚA, A.: Remarques sur quelques verbes de mouvement "causatifs" .... — 6823.

5974 VÖLGYES, Gyöngyvér: Facteurs syntaxiques et sémantiques et problème de l'aspect verbal dans le français. — *AUBud-L* 7, 1976, 33-50.

5975 VOLOŠČAK, S. A.: Invarianty ta varianty francuz'kych pytal'nych rečen'. — *InFil* 37, 1975, 77-83 | Invariants et variantes des propositions interrogatives en fr. mod. (Rés. ru. & fr.).

5976 — Synonimični zv'jazky francuz'koho imperfekta z inšymy časovymy formamy indykatyva. — *InFil* 41, 1976, 72-78 | Les rapports synonymiques de l'imparfait fr. avec d'autres temps de l'indicatif (Rés. ru. & fr.).

WANDRUSZKA, M.: L'it. et le fr.: analyse interlinguistique de la prép. it. *da*. — 6438.

5977 WAUGH, Linda R.: The semantics and paradigmatics of word order. — *Lg* 52, 1976, 82-107 | Adj. position in Fr.

WELTI, B. K.: *Der Bewegungs- und Richtungsausdruck in der it. und fr. Gegenwartssprache.* — 6439.

5978 WILMET, Marc: *Études de morpho-syntaxe verbale.* — Bibl. fr. et romane A, 34; Paris: Klincksieck, 1976, 208 p.

5979 — *Oui, si* et *non* en français moderne. — *FM* 44, 1976, 229-253, tab., 7 fig.

5980 — Le *ne* dit explétif: essai de définition. — *ACILR* XIII/1, 1075-1087.

5981 WUNDERLI, Peter: Die Teilaktualisierung des Verbalgeschehens (*Subjonctif*) im

Mittelfranzösischen ... — Tübingen: 1970 | BL 1970, 4994. | *RJb* 26, 1975 (1976), 177-181 H. H. Christmann.
5982 — Der französische Konjunktiv als Modus der Teilaktualisierung. — *RRLing* 21, 1976, 377-390.
5983 — Die Prosätze *oui* und *si*. — *ZFSL* 86, 1976, 193-220 | Cf. BL 1975, 5756. | Cf. 5890.
5984 ZWANENBURG, W.: Déterminants indéfinis en français moderne. — *RLiR* 40, 1976, 183-196.

3. HISTOIRE — HISTORY

5985 BAHNER, Werner: La revendication de la dignité du français et l'exemple italien au XVIe siècle. — *KNf* 23, 1976, 11-18.
5986 BAKELAAR, Bette Lou: Certain characteristics of the syntax and style in the fifteenth-century *mises en prose* of Chrestien's 'Erec' and 'Cligès'. — *Semasia* 3, 1976, 61-73.
5987 BECKER, Siegfried: Zur Frage *los* oder *lof tanit* in den Strassburger Eiden. — *ZRPh* 92, 1976, 414-417.
BERNDT, R.: Fr. and E. in thirteenth-century England ... — 8323.
5988 BORGHI CEDRINI, Luciana: A proposito delle *e* finali "indebite" nel 'Sermone di Valenciennes' e nel 'Sant Lethgier'. — *MedRom* 3, 1976, 3-23.
5989 CAROLUS-BARRÉ, Louis: L'apparition de la langue française dans les actes de l'administration royale. — *CRAI* 1976, 148-155.
5990 CERQUIGLINI, Bernard: Un phénomène d'énonciation: a. fr. *mar*. — *Romania* 97, 1976, 23-62.
5991 DRAŠKOVIĆ, Vlado: L'énigmatique *non lostannit* dans les Serments de Strasbourg. — *Ling* 15, 1975, 63-70, 2 fac-sim.
5992 DUBOIS-STASSE, M.: *Chrétien de Troyes, Guillaume d'Angleterre. Concordances* ... — Liège: 1974 | BL 1975, 5768. | *RF* 88, 1976, 434-436 H. J. Wolf.
5993 EINHORN, E.: *Old French* ... — London: 1974 | BL 1974, 5355. | *CCM* 19, 1976, 283-285 G. Moignet | *AUMLA* 45, 1976, 120-121 K. V. Sinclair.
5994 GALMÉS DE FUENTES, Álvaro: "Munjoie! escriet, ço est l'enseigne Carle" (Chanson de Roland, v. 1350). De nuevo sobre el significado del grito de combate carolingio. — *Archivum* 25, 1975 (1976), 355-369.
5995 GÉGOU, Fabienne: Argot et expressions argotiques dans 'Maistre Pierre Pathelin'. — *ACILR* XIII/1, 691-696.
5996 GIGOT, Jean-Gabriel: *Chartes en langue française antérieures à 1271* ... — Paris: 1974 | BL 1974, 5357. | *ASNS* 213, 1976, 214-216 H. Goebl | *RF* 88, 1976, 441-443 D. Kremer | *BECh* 134, 1976, 423-426 P. Marot.
5997 GOEBL, Hans: Die Skriptologie – ein linguistisches Aschenbrödel? Vermischtes zur Methodologie einer Discipline-Carrefour. — *RRLing* 21, 1976, 65-84, 12 fig.
5998 — Deux aspects de la scripta normande: Le graphème initial |ch> dans les démonstratifs *ce, cel, ceux, cest*, etc. H- initial dans des mots d'origine diverse. — *ACILR* XIII/2, 243-264, 6 tab., 2 fig., 7 cartes.
5999 — Kontamination und Diasystem. Eine skriptologische Fallstudie zu alt- und mittelfrz. *ovec* "mit". — [145], 93-129, 24 cartes, tab.
6000 GOSSEN, Charles-Théodore: L'état présent des études sur les dialectes galloromans au moyen âge. — *ACILR* XIII/1, 19-34.
6001 GYSSELING, Maurits: Ontstaan en verschuiving van de taalgrens in Noord-Frankrijk. — *FrN* 1976, 71-85, 4 fig., carte | Origine et déplacement de la frontière

linguistique dans la France du Nord (Rés. fr.). Le texte fr. de cet art. a paru dans le *Bull. du Comité Flamand de France* 19, 1974.

6002 HARRIS, Julian: *Nen est fins que t'en alges* (Roland 2978) and its context. — *RomPh* 29, 1975-76, 507-514.

6003 HJORTH, Arne: Problèmes et méthodes de la scriptologie. — *VR* 35, 1976, 84-88 | A propos du c.r. de Hans GOEBL de *La partie cambrésienne...*, 1971 (BL 1971, 4776); réponse de Goebl, *ibid.* 88-93; duplique de Hjorth, *ibid.* 94.

6004 INEICHEN, Gustav: *Il glossario arabo-francese di messer Guglielmo e maestro Giacomo.* — *AIV* 130, 353-407 | BL 1972, 5113. | *ZRPh* 92, 1976, 208-210 G. B. Pellegrini.

6005 KESSELRING, Wilhelm: *Die französische Sprache im 20. Jahrhundert...* — Tübingen: 1970 | BL 1972, 5120. | *ZFSL* 84, 1974, 377-378 W. Kesselring (à propos du c.r. de W. Rettig, *ZFSL* 83, 161-163) | *VR* 35, 1976, 277-281 H. Glättli.

6006 — *Die französische Sprache im Mittelalter, von den Anfängen bis 1300. Handbuch des Altfranzösischen: Äussere Sprachgeschichte, Phonologie, Morphosyntax, Lexik, Dokumente.* — TBL 30 (= Grundlagen der französischen Sprachgeschichte 7); Tübingen: Narr, 1973, 342, 110 p. | *VR* 35, 1976, 221-232 C. Th. Gossen.

6007 KOPYTINA, V. I.: Zauvažennja do pravyla Vožla. — *InFil* 42, 1976, 81-89 | Quelques remarques sur la règle de Vaugelas (*Remarques sur la langue française*, 1647). Rés. ru. & fr.

6008 LECLANCHE, Jean-Luc: *Ne... el quel*: a propos du vers 2636 du 'Tristan' de Béroul. — *Romania* 97, 1976, 99-100.

6009 LEGGE, Mary Dominica: L'anglo-normand: langue coloniale? — *ACILR* XIII/2, 85-91.

6010 LEWICKA, Halina: Les formules de salutation dans le théâtre comique français du Moyen Âge. — [249], 497-504.

6011 LIMENTANI, Alberto: Per Jean Renart: evoluzione di una lingua poetica. — *ACILR* XIII/2, 947-963.

6012 — Franco-veneto e latino. — *ACILR* XIV/2, 505-514.

6013 LÖFSTEDT, Leena: La réduplication synonymique de Jean de Meun dans sa traduction de Végèce. — *NphM* 77, 1976, 449-470.

6014 MARZYS, Zygmunt: La langue littéraire du XIVe siècle dans l'opinion des fondateurs du "bon usage". — *KNf* 23, 1976, 187-195.

6015 *Narcisse. Conte ovidien français du 12e siècle.* Éd. critique [par] Martine THIRY-STASSIN et Madeleine TYSSENS. — BFPhLL 211; Liège & Paris: Belles Lettres, 1976, 177 p.

6016 NORDAHL, Helge: Aspects rhétoriques des tautologies binaires dans 'La vie de Saint Eustace'. — *RBPh* 54, 1976, 773-779.

6017 PICOCHE, Jacqueline: *Le vocabulaire psychologique dans les Chroniques de Froissart*. 1. — Bibl. fr. et romane A, 32 (Thèse Paris III 1972); Paris: Klincksieck, 1976, 238 p.

6018 PILORZ, Alfons: Qu'est-ce que le moyen français? — *RHKUL* 23, 1975/4 (1976), 79-92 | Rés. pol.

6019 POHL, Jacques: Matériaux pour l'histoire du système *oui – non – si.* — *KNf* 23, 1976, 197-208.

6020 POHORYLES, Bernard M.: Exemples de syntaxe germanique dans 'Garin le Loheren'. — *ACILR* XIII/2, 479-489.

6021 PRESS, A. R.: The formula *s'en a un ris gité* in the 'Charroi de Nîmes'. — *FMLS* 12, 1976, 17-24.

6022 PROBES, Christine McCall: L'influence germanique sur la syntaxe de 'Yvain' de

Chrétien de Troyes. — *ACILR* XIII/2, 491-498.

6023 RICKARD, Peter: *Chrestomathie de la langue française au quinzième siècle.* — Cambridge: Presses Universitaires, 1976, viii, 488 p.

6024 ROTHWELL, William: The role of French in thirteenth-century England. — *BJRL* 58, 1975-76, 445-466.

6025 RUELLE, Pierre: Temps grammatical et temps réel dans la 'Chanson de Roland'. — [249], 777-792.

6026 RUNNALLS, Graham A.: The linguistic dating of Middle French texts with special reference to the theatre. — *MLR* 71, 1976, 757-765, 4 tab.

6027 SCHMITT, Christian: *Die Sprachlandschaften der Galloromania*... — Bern: 1974 | *BL* 1974, 5369. | *RJb* 26, 1975 (1976), 175-177 G. Kremnitz | *VR* 35, 1976, 206-214 J. Wüest.

6028 SEGUIN, Jean-Pierre: *La langue française au XVIIIe siècle.* — Paris: 1972 | *BL* 1972, 5150. | *FR* 48, 1974-75, 279-280 S. N. Rosenberg | *FS* 30, 1976, 324-326 R. Posner.

6029 ŠIGAREVSKAJA, N. A.: *Istorija francuzskogo jazyka.* — Leningrad: 1974 | *BL* 1975, 5790. | *JazA* 13, 1976, 33-34 L. Trup.

6030 THIOLIER, J.-C.: Le pronom personnel *cr* de 3e personne en anglo-normand tardif. — *RLiR* 40, 1976, 41-53.

6031 TOGEBY, Knud: *Précis historique de grammaire française.* — København: 1974 | *BL* 1974, 5373. | *SNPh* 48, 1976, 187-190 L. Palm.

6032 TROTIN, Jean: Vers et prose dans 'Aucassin et Nicolette'. — *Romania* 97, 1976, 481-508.

6033 WAGNER, R. L.: *L'ancien français*... — Paris: 1974 | *BL* 1974, 5374. | *ZRPh* 92, 1976, 185-188 G. Roques.

6034 WEINERT, Herman †: Lyrisme d'associations et style décousu au moyen âge tardif. À propos de quelques "étymologies" d'Eustache Deschamps. — *ACILR* XIII/2, 965-972.

6035 ZUMTHOR, Paul: Le style figuré et l'allégorie dans la littérature médiévale: structures linguistiques et mentalité. — *ACILR* XIII/2, 923-933.

4. DIALECTOLOGIE — DIALECTOLOGY

6036 AHOKAS, Jaakko A.: Des influences italiennes sur le parler genevois des XVe et XVIe siècles. — *ACILR* XIII/2, 319-339.

6037 AUREMBOU, Marie-Rose: Quelques problèmes de vocalisme en Île-de-France, Orléanais, Touraine. — *ACILR* XIII/2, 265-284, 9 cartes.

BOUVIER, J.-C.: Le "soir" et la "nuit" dans les parlers prov. et francoprov. — 6278.

6038 CANOBBIO, M. Sabina: Osservazioni sulla parlata franco-provenzale della Val Sangone. — *ACILR* XIII/2, 399-403.

6039 DAOUST-BLAIS, Denise: Étude de quelques constructions syntaxiques du parler français de Montréal: quantificateurs et négation. — *ACILR* XIII/2, 1119-1132, 5 fig.

6040 DONDAINE, Colette: *Les parlers comtois d'oïl*... — Paris: 1972 | *BL* 1973, 6194. | *RF* 88, 1976, 429-433 H. J. Wolf.

6041 DUBUISSON, Pierrette: *Atlas linguistique et ethnographique du Centre. II. L'homme.* — Paris: C. N. R. S., 1976, 487 cartes, 9 p. de pl., ill. | Cf. *BL* 1971, 4818.

6042 ELSASS, Annie: Nouvelle contribution à l'édition des œuvres de Jean Chapelon, poète dialectal de Saint-Étienne (1647-1694). Autour d'une croix. — *TLL* 14, 1976/1, 243-269 | Éd. d'un poème de 1688, avec trad. et notes.

6043 ESCOFFIER, S.: Aspects du français régional stéphanois. — *RLiR* 40, 1976, 365-372.

6044 *Études foréziennes VI: Le Forez linguistique.* — Saint-Étienne: 1973 | BL 1973, 6198. | *FM* 44, 1976, 170-171 S. Thiolier.

FÉLICE, T. DE: Quelques caractéristiques du parler de l'enclave protestante de l'est de la Haute-Loire. — 6284.

6045 GARDETTE, Pierre †: La dialectologie galloromane. État présent. — *ACILR* XIII/1, 37-53.

6046 GARDETTE, Pierre †, & DURDILLY, Paulette: *Atlas linguistique et eThnographique du lyonnais.* V. *Commentaires et index.* — Paris: C. N. R. S., 1976, xxiii, 849 p., carte | Cf. BL 1969, 4198.

6047 GAUVIN, Lise: Problématique de la langue d'écriture au Québec, de 1960 à 1975. — *LFr* 31, 1976, 74-90.

6048 *Glossaire des patois de la Suisse romande....* Tome VI, fasc. 62: *embrouillon - emporter.* Rédigé et publié sous la direction de Ernest SCHÜLE par F. VOILLAT, P.-H. LIARD, H. GASSMANN. — Genève: Droz, 1976, p. 281-336 | Cf. BL 1975, 5815-6. | *BSL* 71, 1976/2, 191; 72, 1977/2, 229-230 Raymond Sindou (Sur fasc. 59-62).

6049 *Glossaire des patois de la Suisse romande....* Tome V, fasc. 63: *dépyènè - dès.* Rédigé et publié sous la direction de Ernest SCHÜLE par Z. MARZYS, P. KNECHT, M. CASANOVA, W. MÜLLER. — Genève: Droz, 1976, p. 393-448.

6050 *Glossaire des patois de la Suisse romande.* 77e rapport annuel, 1975. — Neuchâtel: Paul Attinger, 1976, 28 p.

6051 GOEBL, Hans: Taxonomische vs. dynamische Dialektologie. Ein neuer Weg für eine Disziplin in der Krise? Aus Anlass eines dialektologischen Sammelbandes. — *ZRPh* 92, 1976, 484-519, 2 cartes | A propos du recueil *Les dialectes romans de France à la lumière des atlas régionaux*, 1973 (BL 1974, 147).
— La dialectométrie appliquée à l'*ALF....* — 2769.

6052 GONON, Marguerite: *Documents linguistiques du Forez (1260-1498).* — Paris: 1974 | BL 1974, 5403. | *BECh* 134, 1976, 427-428 M. Baudot.

6053 — Un inventaire paysan en Lyonnais à la fin du XVIIe siècle. — [249], 283-295.

6054 GOOSE, André: Cinquante ans de dialectologie wallonne. — *BCTD* 50, 1976, 73-85.

6055 GUICHARDAZ, Celestino, & FASSÒ, Andrea: *La parlata francoprovenzale di Cogne (Val d'Aosta).* I. *Il lessico rustico.* II. *Analisi fonematica della parola.* — Publ. du Centre d'Études Francoprovençales 1, Suppl. al *Bollettino dell' Atlante Linguistico It.* 5; Torino: Giappichelli, 1974, xvi, 297 p.

6056 GUILBERT, Louis: Problématique d'un dictionnaire du français québécois. — *LFr* 31, 1976, 40-54.

6057 GUILLAUME, G[abriel], & CHAUVEAU, J.-P.: *Méteil*; mélanges de grains: notes d'analyse sémantique; essai de cartographie linguistique pour la Bretagne romane, le Maine et l'Anjou. — *Revue de l'Univ. cath. de l'Ouest*, n.s. 1974/1, 38-68 | *FM* 44, 1976, 278-279 J. Chaurand.

6058 HORIOT, Brigitte: Atlas linguistique de l'Ouest: deux aspects de la nasalisation. — *ACILR* XIII/2, 285-299, 5 cartes.

6059 HOSTIN, Reynolds: *Contribution au dictionnaire du parler de Ciney.* — Ciney (Namur): Cercle Culturel Cinacien, 1975, 192 p.

6060 JÄNICKE, Otto: Zu lyonn. *faraman* und verwandten Bezeichnungen. — [249], 411-426.

6061 JUNEAU, Marcel: *La jument qui crotte de l'argent. Conte populaire recueilli aux Grandes-Bergeronnes (Québec). Éd. et étude linguistique.* — Langue fr. au Québec II, 2; Québec: Presses de l'Univ. Laval, 1976, 143 p. | *ZRPh* 92, 1976, 655-656 K. B[aldinger] | *RLiR* 40, 1976, 447-450 G. Tuaillon.

6062 JUNEAU, Marcel, & POIRIER, Claude: *Le livre de comptes d'un meunier québécois . . .* — Québec: 1973 | BL 1974, 5413. | *FM* 43, 1975, 370-371 J. Lechanteur | *RLaR* 81, 1975/2 (1976), 567-568 T. Arnavielle.

6063 KAPELINSKI, François-Joseph: Le français en contact avec l'anglais nigérian. — *ACILR* XIII/2, 521-525.

6064 KELLER, Hans-Erich: Sur la possibilité de l'existence de traits phonétiques d'origine germanique dans certains dialectes français de France. — *ACILR* XIII/2, 499-514, 2 cartes | Sur le svarabhakti dans les parlers de l'anc. Neustrie. Discussion, p. 510-514.

6065 KRISTOL, Andres M.: La densité des liaisons matrimoniales le long de la frontière entre le français et le francoprovençal dans le Jura suisse. — *VR* 35, 1976, 61-83, 4 cartes, 4 tab.

6066 LABHARDT, André: Jeux et disputes sous la tonnelle de la plante de Jonas au *kikajon* des parlers de la Suisse romande. — [267], 197-213.

6067 LEPELLEY, René: L'affaiblissement du *r* intervocalique dans les parlers normands. — *ACILR* XIII/2, 309-318, 4 fig., carte.

6068 LOSIQUE, Serge: L'influence de l'anglais sur le vocabulaire des garagistes de Montréal. — *ACILR* XIII/2, 515-520.

6069 LUCCI, Vincent: *Phonologie de l'acadien . . .* — Montréal: 1973 l BL 1973, 5417. | *Phonetica* 33, 1976, 127-129 F. Carton.

6070 MARTIN, Jean-Baptiste: Une caractéristique du francoprovençal: le pronom démonstratif neutre. — [249], 541-554, 4 cartes.

6071 — Unité et diversité du francoprovençal: les dénominations de la poche. — *RLiR* 40, 1976, 379-388, 2 cartes.

6072 MAURY, Nicole G.: *Le système vocalique d'un parler normand: Liesville-sur-Douve (Manche). Phonétique et phonologie.* — Studia phonetica 11 (Thèse Caen 1972 [texte abrégé]); Paris: Didier, 1976, xv, 235 p., ill.

6073 MINEAU, Robert, & RACINOUX, Lucien: *Glossaire des vieux parlers du département de la Vienne. Ouvrage ill. de photographies hors texte. Avant-propos de Jean Texier. Préf. de Ernest Martin. Documentation photographique réunie et ill. réalisée par Y. B. Brissaud.* — Poitiers: Le Bouquiniste, 1975, xxviii, 425 p., carte.

6074 RATEL, Victorin: *Dictionnaire, grammaire, phonétique du patois de Saint-Martin-La-Porte (Savoie).* — Chambéry: Imprimeries Réunies, 1976, 361 p., cassette.

6075 REMACLE, Louis: "Le vol des és". — [249], 751-763, carte | *es* "abeille", *ézé* "oiseau".

6076 RÉZEAU, Pierre: *Un patois de Vendée. Le parler rural de Vouvant.* — Bibl. fr. et romane A, 38; Paris: Klincksieck (Univ. de Strasbourg II: Centre de phil. et de litt. romane), 1976, 352 p., ill., carte.

6077 RICHARD, Jean: L'expression du passé dans les patois lorrains. — *ACILR* XIII/2, 301-308.

6078 SAKARI, Aimo: Quelques aspects des parlers du Nord-Est de la Haute-Loire. — *ACILR* XIII/2, 93-101.

6079 SIMONI-AUREMBOU, Marie-Rose: *Atlas linguistique et ethnographique de l'Ile-de-France . . .* I. — Paris: 1973 | BL 1974, 5429. | *FM* 44, 1976, 279-283 J. Chaurand.

6080 TAVERDET, Gérard: Traits méridionaux dans les parlers bourguignons (faits

FRANÇAIS

inédits). — *RLiR* 40, 1976, 403-415, carte.

6081 — Aires dialectologiques et aires sociologiques (Observations sur les patois et français régionaux de Bourgogne). — *ACILR* XIV/2, 197-214, 6 fig.

6082 TUAILLON, Gaston: *Comportement de recherche en dialectologie française.* — Paris: C. N. R. S., 1976, iv, 111 p., cartes.

6083 WITTMAN, Henri: Contraintes linguistiques et sociales dans la troncation du /l/ à Trois-Rivières. — *CLUQ* 6, 1976, 13-22.

5. VOCABULAIRE — VOCABULARY

6084 ALEKSJEJEVA, N. H.: Istorija sliv *ingénier* (*s'*), *ingénieur*. — *Mov* 1976/2, 73-77 | Hist. des mots (*s'*) *ingénier*, etc.

6085 ARNOLD, Maurice-A.: L'origine historique des pots-de-vin. — *BAB* 62, 1976, 216-267.

6086 ARVEILLER, Raymond: Addenda au FEW XIX/1 (*abar-qubba*): 6e article. — *ZRPh* 92, 1976, 90-123 (A suivre) | Cf. BL 1974, 5439.

6087 — Philologie et étymologie; le cas du français *deronique, varonig, doronic* et variantes. — *ACILR* XIII/1, 591-606.

6088 AUGER, Pierre: Origine et formation des noms d'arbres vernaculaires au Québec. — *ACILR* XIII/2, 1165-1172.

6089 BALDINGER, Kurt: Mfr. *glic* "sorte de jeu de cartes" et son étymologie. — *KNf* 23, 1976, 19-39.

6090 — Graphie und Etymologie. Die Graphien *g-, w-* und *v-* als Varianten im Afr. — [249], 89-104.

6091 — "C'est un robert, un soz noëz", Miracles de Notre-Dame de Chartres XXX 408 (1262). — [267], 1-12 | *robert, soz noëz*.

6092 BAMBECK, Manfred: Diverses appellations de la "belette" sur le territoire galloroman. — *RPF* 16, 1972-74 (1976), 13-27, carte h.-t.

6093 BERTAUD DE CHAZAUD, Henri: *Nouveau dictionnaire des synonymes.* — Paris: 1971 | BL 1971, 4861. | *FM* 44, 1976, 283-285 A. Rey.

6094 BLOCHWITZ, Werner, & RUNKEWITZ, Werner: *Neologismen der französischen Gegenwartssprache...* — Berlin: 1971 | BL 1971, 4864. | *KLit* 3, 1974, 275-276 U. Köppen | *ZRPh* 92, 1976, 222-228 C. Schmitt.

6095 BRAULT, Gerard J.: *Early blazon...* — Oxford: 1972 | BL 1972, 5209. | *MLR* 70, 1975, 172-173 M. D. Legge | *RomPh* 29, 1975-76, 372-374 A. Iker-Gittleman.

6096 BROSMAN, Paul W., Jr.: The FEW and the High German element in Old French. — *Romania* 97, 1976, 395-400.

6097 — West Germanic *wr-* and *-gg-* in Old French. — *ZFSL* 86, 1976, 40-47.

6098 BURGER, Michel: Note lexicologique. — *RLiR* 40, 1976, 54-56 | *mareman* "ce soir" (Alpes vaudoises).

6099 BURR, Isolde, & MEIER, Harri: Frz. *crotte, (se) crotter; creton*. Zur Problematik der germanisch-romanischen Lehnsbeziehungen. — *RF* 88, 1976, 16-26.

6100 BURSCH, Horst: Die Wortfamilien von afrz. *treschier* "tanzen" und dt. *dreschen.* — *ASNS* 213, 1976, 1-8.

6101 CARTON, Fernand: Attestations anciennes de "baccara". — *FM* 44, 1976, 153-154.

6102 COSTABEL, Pierre, & ARMOGATHE, Jean-Robert: Premiers résultats de l'"Équipe Descartes". — [153], 113-121 | Indexation et analyse statistique des œuvres de Descartes.

6103 DARBELNET, Jean: Survivances lexicales en franco-canadien. — *ACILR* XIII/2, 1133-1141.
6104 DESSAUX, Anne-Marie: Déterminants nominaux et paraphrases prépositionnelles: problèmes de description syntaxique et sémantique du lexique. — *LFr* 30, 1976, 44-62, tab.
6105 DIMITRESCU, Florica: Quelques aspects du nouveau lexique français. A propos d'un dictionnaire de la langue française actuelle. — *KNf* 23, 1976, 91-94.
6106 DUCHÁČEK, Otto: Esquisse du champ conceptuel de la beauté dans le français du XIIe siècle. — *KNf* 23, 1976, 105-118.
6107 DUFRENOY, Marie-Louise: Le 'Robert' et le vocabulaire exotique. — *ACILR* XIII/2, 31-39.
6108 DUMONCEAUX, Pierre: *Langue et sensibilité au XVIIe siècle* . . . — Genève: 1975 | BL 1975, 5868. | *ZFSL* 86, 1976, 348-351 G. Ernst.
6109 FIELD, Trevor: Vers une nouvelle datation du substantif *intellectuel*. — *TLL* 14, 1976/2, 159-167.
6110 FONSECA, Fernando Venâncio Peixoto DA: L'expansion de la langue portugaise et son influence sur le lexique français. — *ACILR* XIII/2, 563-576.
6111 FORGUE, Guy Jean: *Les mots américains.* — Que sais-je? 1660; Paris: P. U. F., 1976, 128 p.
GARMADI LE CLOIREC, J.: La dénomination des couleurs en ar. tunisien et en fr. . . . — 12089.
GARNEAU, J.-L.: Anglo-French misleading transfer items . . . — 8426.
6112 GEBHARDT, Karl: *Das okzitanische Lehngut im Französischen.* — Frankfurt a.M.: 1974 | BL 1974, 5462. | *SNPh* 48, 1976, 345-347 A. Grafström.
6113 GECKELER, Horst: *Strukturelle Semantik des Französischen.* — Tübingen: 1973 | BL 1973, 6275. | *ZDL* 42, 1975, 346-347 W. Oesterreicher | *Kratylos* 19, 1974 (1975), 191-193 Udo L. Figge | *ZFSL* 86, 1976, 374-379 B. v. Gemmingen-Obstfelder | *FS* 30, 1976, 365-366 S. Ullman †.
6114 GEORGE, Kenneth E. M.: Une catégorie idéophonique polyvalente: l'opposition /-ik/ – /-ak/, /-ik/ – /-ɔk/. — *ACILR* XIII/1, 809-817, fig.
6115 GLÄTTLI, Hugo: Remarques sur *attendre que*. — [249], 275-282.
6116 GOROG, Ralph DE: *Lexique français moderne-ancien français.* — Athens, Ga.: 1973 | BL 1973, 6281. | *VR* 35, 1976, 314-315 C. Th. G[ossen] | *MLR* 71, 1976, 395-397 W. Rothwell.
6117 GOUGENHEIM, Georges: *Les mots français dans l'histoire et dans la vie.* III. — Paris: 1975 | BL 1975, 5880. | *FS* 30, 1976, 371-372 S. Ullmann.
6118 GRAFSCHAFT, Walter K.: *Die Onomasiologie von "sterben" im Französischen.* — Bonn: 1974 | BL 1974, 5470. | *SCL* 27, 1976, 557-558 I. Vintilă-Rădulescu | *AION-R* 18, 1976, 362-364 G. Chiarini | *Erasmus* 28, 1976, 462-463 W. Rothwell.
6119 *Grand Larousse de la langue française en sept volumes.* [Sous la direction de Louis GUILBERT, René LAGANE, Georges NIOBEY, avec le concours de Henri BONNARD . . . (et al.).] Tome V, *o – psi.* — Paris: Larousse, 1976, p. 3699-4737 | Cf. BL 1975, 5881.
6120 GREIVE, Arthur: Contributions méthodologiques à la lexicologie des mots savants. — *ACILR* XIII/1,,615-625.
GUIRAUD, P.: *Les jeux de mots.* — 2838.
6121 HANÁKOVÁ, Milada: Nejnovější sovětský výzkum v oblasti francouzské lexikologie. (Recenze publikací Moskevského státního institutu cizích jazyků Maurice Thoreze: Učenye zapiski a Sborník naučnych trudov 1970-1975). — *CJŠ* 20,

FRANÇAIS 6122-6139

1976-77, 184-188 | Récentes recherches soviétiques du domaine de la lexicologie fr.
6122 HAUDRICOURT, André: J. B. Monet de Lamarck, botaniste et lexicographe. — *ACILR* XIII/1, 713-716.
6123 HÖFLER, Manfred: Zur Verwendung von "anglicisme" als Indiz puristischer Haltung im 'Petit Robert'. — *ZFSL* 86, 1976, 334-338.
6124 HOLDEN, A. J.: Ancien français *tresoïr*, "entendre bien", "entendre mal" ou autre chose? — *Romania* 97, 1976, 107-115 | Comments by Félix LECOY, *Ibid.* 115-117.
6125 HUBSCHMID, Johannes: Romanisch-germanische Wortprobleme. III. Afr. *mucier* "verstecken", ait. *mucciare* "heimlich entfliehen" und mhd. *vermūchen* "heimlich auf die Seite schaffen". — *ZRPh* 92, 1976, 35-58 | Cf. BL 1970, 4441; 1962, 2679.
6126 HUYGHE, Evelyne: Pièges de la lexicographie (ancien français). — *ACILR* XIII/1, 607-614.
6127 IEREMIA, Eugenia: Essai d'analyse sémique. Étude de quelques verbes de la "pensée" en français et en roumain. — *BSRLR* 10, 1974, 23-35.
6128 INEICHEN, Gustav: Ar. *fiqh, faqr, ḥukm* in europäischen Adaptationen. — *ASNS* 213, 1976, 123-124 | A propos de R. ARVEILLER, *ZRPh* 90, 455-461 (BL 1974, 5439).
6129 *Introduction aux dictionnaires les plus importants pour l'histoire du français* ... sous la direction de Kurt BALDINGER. — Paris: 1974 | BL 1974, 5477. | *ASNS* 213, 1976, 433-435 Hans Dieter Bork | *RRom* 11, 1976, 360-362 P. Høybye.
6130 JUNEAU, Marcel: L'intérêt des études sur le français du Québec pour une meilleure connaissance des parles de France. Vocabulaire des tissus. — *ACILR* XIII/2, 1143-1152.
6131 KESSLER, Helmut: Terreur. *Ideologie und Nomenklatur* ... — München: 1973 | BL 1973, 6301. | *ZFSL* 86, 1976, 162-167 R. Reichardt.
6132 KLEIN, Jean-René: *Le vocabulaire des mœurs de la "vie parisienne" sous le Second Empire. Introduction à l'étude du langage boulevardier.* — Louvain: Bibl. de l'Univ., 1976, xxvi, 306 p.
KLEINEIDAM, H.: Lexikalische Synonymie unter kontrastivem Aspekt. — 2856 | *nouveau, neuf, récent, etc.*
6133 LAMALFA DÍAZ, José M.: El verbo *mater* de la épica francesa con significación de "quitar la vida, matar". — *Archivum* 25, 1975 (1976), 541-565.
6134 LAVIS, Georges: *L'expression de l'affectivité dans la poésie lyrique française du moyen âge* ... — Paris: 1972 | BL 1973, 6306. | *ZFSL* 86, 1976, 155-158 K. Kloocke | *RomPh* 30, 1976-77, 429-430 E. Baumgartner | *MLR* 71, 1976, 401-402 A. R. Press.
6135 LAVOIE, Thomas: Les métaphores zoomorphiques dans le parler québécois (Le Saguenay). — *ACILR* XIII/2, 1153-1163.
6136 LINDVALL, Lars: Sempres, lues, tost, viste *et leurs synonymes* ... — Göteborg: 1971 | BL 1971, 4926. | *RLaR* 81, 1975/2 (1976), 566-567 T. Arnavielle.
6137 MANTOU, Reine: Le vocabulaire des actes originaux rédigés en français dans la partie flamingante du comté de Flandre (1250-1350). — *BCTD* 50, 1976, 139-251 (à suivre).
6138 MARGUERON, Claude: Un hapax: *tourner autour des fuseaux torts*. — [233], 439-445.
6139 *Matériaux pour l'histoire du vocabulaire français. Datations et documents lexicographiques.* Publiés par B. QUEMADA. 2e série, fasc. 9; 10. — Publ. du Centre d'étude du fr. mod. et contemporain; Paris: Klincksieck, 1976, xviii, 246; xviii, 278 p. | Cf. BL 1975, 5907. | *SCL* 27, 1976, 433-436 F. Dimitrescu (Fasc. 6) | *AGI*

61, 1976, 280-282 P. Zolli (6).
6140 MAUNY, Raymond: L'origine charentaise probable du mot *cajote* = *cassotte* et la question des pipes à fumer africaines. — *JSAfr* 44, 1974 (1975), 179-181.
6141 MEIER, Harri: Garçon, valet, vassal. — [233], 473-487 | Sur l'étym. de ces mots.
6142 MELIS, Ludo: Ancien français *pur* dans les versions françaises du Psautier (XIIe siècle). Étude sur la traduction d'un mot-outil. — *ACILR* XIII/2, 137-146.
6143 MERK, Georges: Afr. *esp(o)ison* est-il bien un mot français? — *TLL* 14, 1976/1, 119-127.
— Prière et oraison . . . — 5155.
6144 MESSNER, Dieter: *Essai de lexicochronologie française*. — Salzburg: (L'auteur: Akademiestrasse 24), 1975, 108 p.
— *Chronologische und etym. Studien zu den iberorom. Sprachen und zum Franz.* — 5375.
6145 METZELTIN, Michael: Versuch einer Beschreibung der raumdimensionalen Bezeichnungen im Französischen. — [249], 635-651, fig.
6146 MEUNIER, Annie: Quelques remarques sur les adjectifs de couleur. — *AUToul* 11, 1975/5 (*Grammatica* 4), 37-62.
6147 MITTERAND, Henri: *Les mots français*. 5e éd. mise à jour. — Que sais-je? 270; Paris: P. U. F., 1976, 128 p., ill. | 1e éd. 1963 (BL 1963, 3535).
6148 NEDELCU, Monica: Observaciones sobre el léxico fundamental de dos lenguas románicas: el francés y el rumano. — *ACILR* XIII/1, 745-752.
6149 PAQUOT, Annette: L'évolution d'un champ sémantique du latin à l'ancien français: essai de sémantique diachronique structurale. — *ACILR* XIII/1, 797-807 | *fort* et *ferme*.
6150 PARZYSZ, Bernard: Jeux de mots (graphes et utilisation d'un dictionnaire). — *FM* 44, 1976, 97-125, 25 fig.
6151 PICHOIS, Claude: De la magie des magiciens à la magie des artistes. Simple esquisse. — [249], 737-749 | Quand et comment *magie* et *magique* sont entrés dans la langue lit.
6152 POPELAR, Inge: *Das Akademiewörterbuch von 1694 – das Wörterbuch des Honnête Homme?* — ZRPh, Beiheft 152; Tübingen: Niemeyer, 1976, viii, 235 p.
6153 POPOV, G. St.: Quelques observations sur les emprunts en *-ing* en français moderne. — *AspSb* 3, 1976, 133-138.
6154 QUEMADA, Bernard: *Les dictionnaires du français moderne* . . . — Paris: 1967 | BL 1969, 4305. | *VR* 35, 1976, 260-268 O. Jänicke.
6155 QVISTGAARD, Jacques: Tendances actuelles de la terminologie technique en français. — *RRom* 11, 1976, 138-158.
6156 REITTIG, Wolfgang: Ein Verfahren zum Vergleich von Wörterbuchauflagen. — *ZRPh* 92, 1976, 138-149.
6157 REY, Alain: Structure sémantique des locutions françaises. — *ACILR* XIII/1, 831-842.
6158 REY-DEBOVE, Josette: *Étude linguistique et sémiotique des dictionnaires français contemporains*. — The Hague: 1971 | BL 1971, 4948. | *Linguistics* 170, 1976, 100-102 A. Urechia.
6159 RICKARD, Peter: *Finte* "petite alose": deux attestations médiévales. — *Romania* 97, 1976, 546-554.
6160 ROHLFS, Gerhard: Franz. *mardi* (= a.fr. *dimarz*): ein Germanismus? — *ASNS* 213, 1976, 289-297.
6161 — Histoire plaisante d'une étymologie (à propos des *cloportes*). — *Romania* 97, 1976, 249-252.

FRANÇAIS

6162 ROQUES, Gilles: Notes de lexicologie française. A propos de quelques régionalismes au moyen âge. — *TLL* 14, 1976/1, 105-117 | 1. *ameser, amoier*. 2. *cintre, cintrer*, etc. 3. Anc. fr. *conjo(n)gle*. 4. *Licium, lixare, *listja* dans le FEW.
6163 ROTHWELL, William: Sink or swim?: a homonymic dilemma in medieval French. — *ZRPh* 92, 1976, 386-393 | *Noer, nager, naviguer*.
6164 — Medical and botanical terminology from Anglo-Norman sources. — *ZFSL* 86, 1976, 221-260.
6165 SCHMITT, Christian: Charles de Bovelles, Sur les langues vulgaires et la variété de la langue française (1533), une source importante pour l'histoire du vocabulaire français. — *TLL* 14, 1976/1, 129-156.
6166 — Französisch *maraud, marauder, maraudise*. — [249], 865-873.
6167 — Français moderne *amour* et *ameur*. — *ACILR* XIII/1, 677-690, 3 fig., 3 cartes. SCHUMACHER, N.: *Der Wortschatz der europäischen Integration* . . . — 7583.
6168 SCOONES, Stewart: *Les noms de quelques officiers féodaux des origines à la fin du XIIe siècle*. — Bibl. fr. et romane A, 37; Paris: Klincksieck, 1976, 190 p.
6169 SICCARDO, Francesco: *République* et *républicain*: contribution à l'histoire de deux mots. — *Annali della Facoltà di Scienze Politiche, Univ. degli Studi di Genova*, 2, 1974, 569-617 | *FS* 30, 1976, 370-371 S. Ullman †.
6170 STEFENELLI, Arnulf: Les transformations lexicales de l'ancien français au français moderne. — [249], 875-896, fig.
6171 TAFEL, Christa Eleonore: *Beiträge zur französischen Etymologie*. — Diss. Bonn 1976, 132 p.
6172 THOM, Michel: "Ce sont amourettes tremblans". — [249], 897-904 | *Amourette*.
6173 Tobler-Lommatzsch: *Altfranzösisches Wörterbuch*. Adolf TOBLERS nachgelassene Materialien, bearbeitet und hrsg. von Ernst LOMMATZSCH. 87. Lief. (X, 4): *tremelëor – tympanistes*. — Wiesbaden: Steiner, 1976, p. [i-vii], 577-730, pl. (portr.) (fin du tome X) | Hans Helmut CHRISTMANN, Erhard Lommatzsch [† 1975] und sein Altfranzösisches Wörterbuch, p. [v-vii]. | Cf. BL 1975, 5935.
6174 *Trésor de la langue française. Dictionnaire de la langue du XIXe et du XXe siècle* . . . Publié sous la direction de Paul IMBS. I; II; III; IV. — Paris: 1971-75 | BL 1975, 5936. | *GRM* 26 (57), 1976, 233-237 W. Rettig (I-III) | *Linguistics* 180, 1976, 68-71 O. Ducháček (III) | *NphM* 77, 1976, 309-311 V. Väänänen (III & IV) | *BSL* 70, 1975/2, 215-223; 72, 1977/2, 205-212 H. Cottez & R. L. Wagner (III & IV).
6175 *Velký francouzsko-český slovník*. I; II. Zpracovali J. NEUMANN a V. HOŘEJŠÍS autorským kolektivem. — Praha: 1974 | BL 1974, 5527. | *PhP* 19, 1976, 101-104 J. Škultéty | *SS* 37, 1976, 230-237 J. Zima.
6176 VENCKELEER, Théo: Le sort des mots d'origine germanique dans l'expression de l'estime au moyen âge. — *ACILR* XIII/2, 11-30 | *riche, hardi, franc, ber/baron*.
6177 WAGNER, Robert-Léon: Contribution à l'histoire du mot *personne* en français. — *KNf* 23, 1976, 225-234.
6178 WARTBURG, Walther v.: *Französisches Etymologisches Wörterbuch. Eine darstellung des galloromanischen sprachschatzes*. Lief. Nr. 140. Band XXII (1. Teil). *Materialien unbekannten oder unsicheren ursprungs. L'âme et l'intellect: esprit – fainéant*. — Basel: Zbinden, 1976, p. 1-96 | Cf. BL 1975, 5942. | *RLiR* 40, 1976, 462-469 R. De Gorog (Vol. XXI & XXIII).
6179 WAUGH, Linda R.: Lexical meaning: the prepositions *en* and *dans* in French. — *Lingua* 39, 1976, 69-118.
ZÖFGEN E.: *Polysemie oder Homonymie?* . . . — 2912.

6. ORTHOGRAPHE — ORTHOGRAPHY

6180 CATACH, Nina: *L'orthographe française à l'époque de la Renaissance* ... — Paris: 1968 | BL 1968, 4910. | *FM* 44, 1976, 68-71 J. Chaurand.

6181 CATACH, Nina, GOLFAND, Jeannette, et al.: Le 'Dictionnaire historique de l'orthographe française'. Présentation. — *FM* 44, 1976, 57-67.

6182 CATACH, Nina, & OUY, Gilbert: De Pierre d'Ailly à Jean Antoine de Baïf: un exemple de double orthographe à la fin du XIVe siècle. — *Romania* 97, 1976, 218-248, 2 tab.

6183 COLIGNON, Jean-Pierre: *La ponctuation, art et finesse.* — Paris: L'Auteur (25 avenue F. Buisson, Paris XVI), 1975, 97 p. | *RRom* 11, 1976, 366-368 F. Marchetti.

6184 COWARD, David A.: Restif and the reform of language: 'Le glossographe'. — *ZFSL* 86, 1976, 317-333.

6185 GAK, V. G.: *L'orthographe du français. Essai de description théorique et pratique.* Éd. fr., établie par l'auteur, en collaboration avec Irène VILDÉ-LOT, sur la 2me éd. russe. Avant-propos de Nina CATACH. — Paris: Selaf, 1976, 318 p. | 2e éd. ru. 1959 (BL 1962, 3315); 1e éd. ru. 1956.

6186 PORQUET, André: Le pouvoir politique et l'orthographe de l'Académie au XIXe siècle. — *FM* 44, 1976, 6-27.

6187 SAINT-GÉRAND, Jacques-Philippe: La question de la réforme de l'orthographe entre 1825 et 1851. — *FM* 44, 1976, 28-56, tab., fig.

6188 THIMONNIER, René: *Pour une pédagogie rénovée de l'orthographe et de la langue française.* — Paris: Hatier, 1974, 96 p. | *FM* 44, 1976, 71-78 G. Antoine.

6189 URDIALES, José Millán: Los acentos agudo y grave y la grafía *e*, en francés moderno. — *Archivum* 26, 1976, 435-449.

7. STYLISTIQUE, LANGUE LITTÉRAIRE — STYLISTICS, LITERARY LANGUAGE

6190 ARAGÓN FERNÁNDEZ, María Aurora: Campos semánticos y recurrencia léxica en la narrativa francesa del siglo XII. — *MedRom* 3, 1976, 66-84.

6191 — Paralelismos léxicos en el lenguaje poético del "roman courtois". — *Archivum* 25, 1975 (1976), 65-79.

6192 BEREHIVS'KA, E. M.: Arhotyzmy i komičnyj efekt u francuz'kij prozi pisljavojennoho periodu. — *InFil* 39, 1975, 141-148 | Les argotismes et l'effet comique dans la prose contemporaine (Rés. ru. & fr.).

6193 BEUERMANN, Christine: 'Quelqu'un' de R. Pinget: fonction et signification du titre. — *RRom* 11, 1976, 2-15.

6194 BRAESCU, Ion: La fonction stylistique de *etc.* chez Stendhal. — *ACILR* XIII/2, 979-983.

6195 BRIND'AMOUR, Lucie: Rhétorique et théâtralité: étude de quatre entrées royales françaises du XVe siècle. I; II. — *SMV* 23, 1976, 9-57; 24, 1976, 73-133.

6196 CHMELOVÁ, Jitka: K funkčnímu rozvrstvení francouzštiny a češtiny (Problémy konfrontace). — [370], 138-159 | A propos de la stratification fonctionnelle du tch. et du fr. (Rés. fr.).

6197 CLARET, Jacques: *Le choix des mots.* — Que sais-je? 1630; Paris: P. U. F., 1976, 128 p.

6198 CREORE, A. E.: *A word-index to the poetic works of Ronsard.* I; II. — Leeds: 1972 | BL 1972, 5299. | *FR* 47, 1973-74, 412-413 S. M. Carrington | *MLR* 70, 1975, 890-

FRANÇAIS

891 D. Wilson | *RRom* 11, 1976, 364-366 B. Munk Olsen | *FS* 30, 1976, 197-198 G. Castor.

6199 DAINARD, J. A.: The power of the spoken word in 'Bérénice'. — *RR* 67, 1976, 157-171.

6200 DĄMBSKA-PROKOP, Urszula: Profondeur de la phrase en tant que procédé stylistique. — *KNf* 23, 1976, 69-80.

6201 DAVIDSON, Hugh M., & DUBÉ, Pierre H.: *A concordance to Pascal's Pensées.* — Ithaca, N. Y.: Cornell UP., 1975, ix, 1476 p.

6202 DEMBOWSKI, Peter F.: Les binômes synonymiques en ancien français. — *KNf* 23, 1976, 81-90.

6203 DINGUIRARD, Jean-Claude: Sur une note de Raymond Roussel dans les "Nouvelles impressions d'Afrique". — *AUToul* 11, 1975/5 (*Grammatica* 4), 81-89.

6204 DIRSCHERL, Klaus: *Zur Typologie der poetischen Sprechweisen bei Baudelaire. Formen des Besprechens und Beschreibens in den 'Fleurs du mal'.* — Romanica Monacensia 9 (Diss. München); München: Fink, 1975, 212 p. | *Erasmus* 28, 1976, 414-415 Z. Takacs.

6205 DUGGAN, Joseph J.: *The song of Roland* ... — Berkeley: 1973 | BL 1973, 6399. | *RR* 67, 1976, 60-61 V. R. Rossman | *Speculum* 51, 1976, 126-129 L. J. Friedman.

6206 EIJGENDAAL, A. W. G.: De Illuminations van Arthur Rimbaud: spanning van het betekenen (I; II). — *FdL* 17, 1976, 65-77; 147-163 | Les *Illuminations* d'A. Rimbaud: tension de la signification.

6207 FLASCHE, Hans: Critique littéraire et sémantique: Charles Du Bos et son langage. II. — *ACILR* XIII/2, 869-875 | Cf. BL 1958, 55.

6208 GLATIGNY, Michel: *Le vocabulaire galant dans les 'Amours' de Ronsard.* — (Thèse Paris IV, 1975); Lille: Atelier de reprod. des thèses (Diffusion: H. Champion, Paris), 1976, 1233 p. (2 vol.).

6209 GRAFSTRÖM, Åke: En lisant 'Le paquet de mouchoirs', texte anonyme de 1750. — [249], 297-315 | Le vocabulaire.

6210 HANTRAIS, Linda: *Le vocabulaire de Georges Brassens. I. Une étude statistique et stylistique. II. Concordance et index des rimes.* — Bibl. fr. et romane A, 35; Paris: Klincksieck, 1976, 256; vi, 331 p.

6211 HUNT, Tony: Mallarmé's 'Toute l'âme résumée'. — *Nph* 60, 1976, 357-366 | On the acoustic aspects.

6212 KLINE, T. Jefferson: The crisis of language in Giraudoux's theater. — *RR* 67, 1976, 117-131.

6213 KRAVIS, Judy: *The prose of Mallarmé. The evolution of a literary language.* — Cambridge: Cambridge UP., 1976, vi, 239 p.

6214 KUNITZSCH, Paul: Eine arabische "Etymologie" bei Marcel Proust. — *ZRPh* 92, 1976, 418-419 | *Kout-el-Amara:Kout-l'émir* (A la recherche du temps perdu).

6215 LE HIR, Yves: Analyse stylistique: Chateaubriand. Une nuit dans l'Église de Westminster (Mémoires d'Outre-Tombe, Livre X, ch. 5). — *TLL* 14, 1976/1, 271-275.

6216 LORIAN, Alexandre: Aspects linguistiques et aspects stylistiques de la subordination. — *ACILR* XIII/2, 995-1001.

MAURAND, G.: Analyse linguistique de texte: . . . . (Application à un texte de Proust). — 2686.

6217 NOVIKOVA, K. F.: O zavisimosti meždu izmeneniem stilističeskoj charakteristiki slova i modifikaciej ego značenija (na materiale sovremennogo francuzskogo jazyka). — *VLU* 1976/8, 130-135.

6218 O'MEARA, Maurice A.: De la linguistique appliquée à la stylistique littéraire. — *ACILR* XIII/2, 915-922.
6219 PASSIAS, Katherine: Deep and surface structure of the narrative pronoun *vous* in Butor's 'La modification' and its relationship to free indirect style. — *LaS* 9, 1976, 197-212.
6220 PEDERSEN, John: *Images et figures dans la poésie française* ... — Copenhague: 1974 | BL 1975, 5994. | *ZFSL* 86, 1976, 264-266 D. Janik | *RF* 88, 1976, 108-109 W. Drost.
6221 POTOCKAJA, N. P.: *Stilistika francuzskogo jazyka. Teoretičeskij kurs.* — Moskva: "Vysšaja škola", 1974, 247 p. | *JazA* 13, 1976, 111-113 J. Chmelová.
6222 RÜCK, Heribert: Textlinguistische und stilistische Analyse eines Unterhaltungsroman-Segmentes. — [267], 301-320.
6223 SCANLAN, Timothy M.: Pascalian vocabulary in Rousseau's 'La nouvelle Héloïse'. — *ASNS* 213, 1976, 352-354.
6224 SCHEERER, Thomas M.: *Textanalytische Studien zur "écriture automatique"*. — Bonn: 1974 | BL 1974, 5562. | *RRom* 11, 1976, 176-178 A. Kittang.
6225 SCHENKER, Siegrun: *Untersuchungen zum Wortschatz in den Reden Charles de Gaulles* ... — Tübingen: 1973 | BL 1974, 5563. | *ZFSL* 86, 1976, 80-87 Klaus Dieter Schneider.
6226 SCHWEIZER, Ulrico: *Die erzählenden Vergangenheitstempora im Altfranzösischen* ... — Zürich: 1974 | BL 1974, 5565. | *ASNS* 213, 1976, 427-429 Manfred Sandmann.
6227 SOFRONOV, M. V.: Zavisimost' sposobov vyraženija povtorjajuščichsja smyslov ot čeredovanija sub″ektov nominacii. — [347], 223-229.
6228 SYPNICKI, Józef: Le rendement comique des composés dans les œuvres burlesques. — *SRP* 3, 1976, 83-104.
6229 TAMINE, Joëlle: L'interprétation des métaphores en *de*. Le feu de l'amour. — *LFr* 30, 1976, 34-43.
6230 THOMOV, Thomas Stéphanov: Les corrections dans la 'Légende des siècles' de Victor Hugo. — *ACILR* XIII/2, 879-893.
6231 TRITTER, J. L.: *Le langage philosophique dans les œuvres de Balzac.* — Paris: Nizet, 1976, 510 p.
6232 VIGNEAU, Catherine: Remarques sur la reprise et l'anticipation dans "Voyage au bout de la nuit" et "Mort à crédit". — *AUToul* 11, 1975/5 (*Grammatica* 4), 3-36.

8. PROSODIE, MÉTRIQUE, VERSIFICATION — PROSODY, METRE, VERSIFICATION

6233 JOHNSTON, R. C.: Sound-related couplets in Old French. — *FMLS* 12, 1976, 194-205.
6234 LEAKEY, F. W.: *Sound and sense in French poetry. An inaugural lecture. With accompanying texts and disc recording.* — Univ. of London: Bedford College, 1975, 43 p. | *FS* 30, 1976, 493-494 G. Chesters.
6235 MAZALEYRAT, Jean: *Éléments de métrique française.* — Paris: 1974 | BL 1974, 5580. | *FM* 44, 1976, 364-367 P. Bourgeois.
6236 SPA, J. J.: Versificatie en generatieve taalkunde. — *HandNFC* 34, 1976, 69-72 | Versification et linguistique générative: l'alexandrin fr.

9. TRADUCTION — TRANSLATION

6237 BURIDANT, Claude: La traduction de la chronique d'Adémar de Chabannes dans

FRANÇAIS 6238-6252

'Tote l'istoire de France'. — *RLiR* 40, 1976, 57-115.
GRÜNBECK, B.: Strukturalistisches Monosystem ... — 7637.

10. LINGUISTIQUE MATHÉMATIQUE — MATHEMATICAL LINGUISTICS

6238 ABEL, Fritz: Bemerkungen zu einem neuen "Grundwortschatz" des Französischen. — [320], 90-109 | Jean-Guy SAVARD, *La valence lexicale*, 1970 (BL 1971, 5062).
6239 ARZIKULOV, Ch.: K postroeniju informacionno-poiskovogo tezaurusa francuzskich naučno-techničeskich tekstov. — [347], 3-12.
6240 ARZIKULOV, Ch., POPESKUL, A. N., et al.: Tezaurusnoe raspoznavanie smysla francuzskich naučno-techničeskich tekstov. — [347], 13-27.
6241 ENGWALL, Gunnel: Étude sur la fréquence des mots dans quelques romans français (1962-1968). — *ACILR* XIII/1, 697-712, 5 tab.
6242 KOSTYL'OVA, E. I.: Determinatyv i syntaksyčna funkcija imennyka v sučasnij francuz'kij movi (strukturno-jmovirnisnyj analiz). — *InFil* 37, 1975, 67-71 | Les déterminatifs et la fonction syntaxique du substantif en fr. mod. (étude statistique). Rés. ru. & fr.
6243 ŁOZIŃSKA, Maria: Remarques sur le rapport entre la fréquence, la longueur et l'adverbialisation des adjectifs. — *KNf* 23, 1976, 177-179.
6244 MEDVEDIV, A. R.: Dovžina frazy v naukovo-techničnomu movlenni (na materiali francuz'koji movy). — *InFil* 33, 1974, 64-69 | La longueur de la phrase en fr. scientifique et technique (Rés. en ru. et en fr.).
6245 MULLER, Charles: Les moyens statistiques et l'attribution des textes médiévaux anonymes: à propos d'une recherche sur Jean Renart. — *ACILR* XIII/2, 633-641, 3 tab., fig.
6246 QUERIDO, Antonio A. M.: Les séries verbales du type *être, devenir, rendre*. — *ACILR* XIII/1, 1107-1124, tab., 5 fig. | Application de l'analyse de la logique symbolique.
6247 REENEN, P. T. VAN: *Taalgeografisch onderzoek naar het Frans in de middeleeuwen. Een kwantitatieve benadering.* — 's-Gravenhage: School voor Taal- en Letterkunde, 1976, 52 p., cartes | Étude de géographie linguistique du fr. au moyen âge. Une approche quantitative.
6248 WATHELET-WILLEM, Jeanne: L'enseignement du vocabulaire (étudié par les méthodes modernes ou par les procédés traditionnels) dans la recherche de la structure de la 'Chanson de Guillaume'. — *ACILR* XIII/2, 811-823, 3 tab.

12. SOCIOLOGIE DU LANGAGE — SOCIOLOGY OF LANGUAGE

6249 AMÉRINGEN, Arie VAN: Un problème d'interférence phonologique chez les Montréalais d'origine italienne: le cheva. — *CLUQ* 6, 1976, 1-11.
6250 *L'apprentissage du français par les travailleurs immigrés.* [No. dirigé par] Bernard GARDIN. — *LFr* 29, février 1976; Paris: Larousse, 1976, 126 p.
6251 *Aspects socio-culturels de l'enseignement du français.* [No. dirigé par] Christiane MARCELLESI et le CALEF Rouen. — *LFr* 32, déc. 1976; Paris: Larousse, 1976, 126 p. | Du sommaire: C. GRUAZ, et al.: Variations socioculturelles des connecteurs interpropositionnels de la 6e à la 4e, 63-78; Louis GUESPIN, Énonciation et conditions socioculturelles (application de l'analyse arborescente binaire à un corpus de données), 96-124; No. 3555.
6252 BEAUCHEMIN, Normand: L'anglais des townships a-t-il touché la phonétique du

franco-canadien de l'Estrie? — *ACILR* XIII/2, 1213-1227, 10 tab.

BEBEL-GISLER, D.: *La langue créole, force jugulée* ... — 13916.

6253 BOURGEOIS-GIELEN, Hélène: L'usage du français au parlement belge: évolution depuis 1830. — *ACILR* XIII/2, 41-59.

6254 CHANTEFORT, Pierre: Diglossie au Québec. Limites et tendances actuelles. — *LFr* 31, 1976, 91-104 | Également dans *CLUQ* 6, 1976, 23-53.

6255 CORBEIL, Jean-Claude: Origine historique de la situation linguistique québecoise. — *LFr* 31, 1976, 6-19, tab.

6256 DARBELNET, Jean: *Le français en contact avec l'anglais en Amérique du Nord.* — Québec: Presses de l'Univ. Laval, 1976, 146 p. .

DINGUIRARD, J.-Cl: *Ethnolinguistique de la Haute vallée du Ger.* — 6281.

6257 DOPPAGNE, Albert: Le français au Grand-Duché de Luxembourg: considérations sociologiques et linguistiques. — *ACILR* XIII/2, 103-116.

6258 GENDRON, Jean-Denis: La situation du français comme langue d'usage au Québec. — *LFr* 31, 1976, 20-39, tab.

6259 LABELLE, Guy: La langue des enfants de Montréal et de Paris. — *LFr* 31, 1976, 55-73, 4 tab., fig.

6260 "Loi sur la langue officielle" (sanctionnée le 31 juillet 1974). — *LFr* 31, 1976, 105-118 | Les articles les plus significatifs de cette loi pour le Québec.

6261 MALEY, Catherine A.: *The pronouns of address in Modern Standard French.* — University, Miss.: 1974 | BL 1974, 5616. | *RLiR* 40, 1976, 471 Jean Bourguignon.

6262 MÉAR-CRINE, Annie, & LECLERC, Thérèse: Attitudes des adolescents canadiens français vis-à-vis du franco-québécois et du français académique. — *CLUQ* 6, 1976, 155-170.

6263 MOUGEON, Raymond, & CARROLL, Susanne: Certains problèmes linguistiques des jeunes Franco-ontariens. — *WPBil* 9, 1976, 91-111; 10, 1976, 76-99.

6264 MOUGEON, Raymond, & MACNAMARA, John: Language maintenance, bilingualism and religion in Gaspé East. — *CLUQ* 6, 1976, 171-178.

6265 NOYAU, Colette: Les "français approchés" des travailleurs migrants: un nouveau champ de recherche. — *LFr* 29, 1976, 45-60, 2 tab.

6266 PARKER, Douglas V.: French language education and the francophone student. — *PIL* 9, 1976/3-4, 91-110 | Canada.

6267 ROBACH, Inger-Britt: *Étude socio-linguistique de la segmentation syntaxique du français parlé.* — Lund: 1974 | BL 1974, 5617. | *ZFSL* 86, 1976, 280-282 C. Schmitt | *RJb* 26, 1975 (1976), 183-188 W. J. Meyer.

RYCKEBOER, H.: De behoefte aan een taalsociologisch onderzoek in Frans-Vlaanderen. — 7947.

6268 SANKOFF, Gillian, & CEDERGREN, Henrietta: Les contraintes linguistiques et sociales de l'élision du *l* chez les Montréalais. — *ACILR* XIII/2, 1101-1117, 7 tab., 2 fig.

II. Occitan — Occitan

6269 ASTON, S. C.: Provençal studies. — *YWMLS* 37, 1975 (1976), 208-225.

6270 ALIBÈRT, Lois: *Gramatica occitana. Segon los parlars lengadocians.* 2a ed. — Montpellier: Univ. de Montpellier III, Centre d'études occitanes, 1976, xxxviii, 532 p., f. de dépl. | 1e éd. Barcelona 1935.

6271 ALLIÈRES, Jacques: Interférences phonologico-morphologiques en gascon occidental. — *Linguistique* 12, 1976/1, 51-62, carte.

6272 — *Ö* pour *ü* et les marches gallo-romanes. — [249], 67-76, carte.

OCCITAN

— Économie des changements linguistiques .... — 2757.

BAMBECK, M.: Diverses appellations de la "belette" .... — 6092.

6273 BAZALGUES, Gaston: *L'occitan lèu-lèu e plan*. — Paris: Omnivox, 1975, 199 p. + 5 disques ou 2 cassettes | *RJb* 26, 1975 (1976), 188-189 Georg Kremnitz.

6274 BEC, Pierre: *Manuel pratique d'occitan moderne*. — Paris: 1973 | BL 1973, 6485. | *SCL* 27, 1976, 98-100 I. Vintilă-Rădulescu.

6275 BETZ, Manfred L.: *Aussagegehalt und Syntax deverbaler Adjektive im Altprovenzalischen*. — Rheinfelden: 1975 | BL 1975, 6040. | *SCL* 27, 1976, 211-212 M. Popescu-Marin.

6276 BLACKBURN, James E.: An analysis of the vocabulary of William of Aquitaine. — *Romania* 97, 1976, 289-305, tab.

6277 BOUVIER, Jean-Claude: *Les parlers provençaux de la Drôme. Étude de géographie phonétique*. — Bibl. fr. et romane A, 33 (Thèse Aix-Marseille I, 1973); Paris: Klincksieck, 1976, 609 p., cartes.

6278 — Le "soir" et la "nuit" dans les parlers provençaux et francoprovençaux. — *RLiR* 40, 1976, 349-364, 3 cartes.

6279 — Les dénominations du "ruisseau" dans les parlers provençaux. — *ACILR* XIII/2, 361-374, carte.

6280 BOUVIER, Jean Claude, & MARTEL, Claude: *Atlas linguistique et ethnographique de la Provence*. I. — Paris: 1975 | BL 1975, 6044. | *RRLing* 21, 1976, 539-540 V. Rusu.

6281 DINGUIRARD, Jean-Claude: *Ethnolinguistique de la Haute vallée du Ger*. — (Thèse Toulouse-Le Mirail 1975); Lille: Service de reprod. des thèses, Univ. de Lille III, 1976, xiv, 547 p. | *RLiR* 40, 1976, 474-475 M. Gonon.

6282 ESCANDE, Marie-Thérèse, GALINIE, Chantal, & ANTON, Daniel: Approche ethnolinguistique de la communauté rurale de Lamontélarié, 81 Tarn. — *AUToul* 10, 1974/7 (*Via Domitia* 18), 115-131, carte dépl.

6283 ESCOFFIER, Simone: Notes sur l'emploi de ILLE anaphorique et antécédent en occitan. — [249], 215-225, carte.

6284 FÉLICE, Théodore DE: Quelques caractéristiques du parler de l'enclave protestante de l'est de la Haute-Loire. — *RLiR* 40, 1976, 373-378.

6285 FERNÁNDEZ GONZÁLEZ, José Ramón: Sobre la diptongación en occitánico. — *Archivum* 25, 1975 (1976), 275-302, 12 cartes.

6286 FOSSAT, Jean-Louis: *La formation du vocabulaire gascon de la boucherie* .... — Toulouse: 1971 | BL 1971, 5105. | *CLex* 24, 1974, 121-123 Georges Mounin.

6287 — *Microdialectologie et dialectométrie des Pyrénées gasconnes*. Avec la collaboration de D. PHILPS. — Toulouse: Univ. de Toulouse II-Le Mirail, Inst. d'études méridionales (E. R. A. 352 C. N. R. S.), 1976, 71 p. | *BSL* 72, 1977/2, 232-233 R. Sindou.

6288 FOSSAT, Jean-Louis, & BESCHE, Bruno: Étude ethnolinguistique de l'environnement syntaxique du vocabulaire en situation pastorale. — *AUToul* 10, 1974/7 (*Via Domitia* 18), 73-103.

FRÈCHES, C. H.: "Segrel ...". — 5693.

GARDETTE, P.: La dialectologie galloromane ... — 6045.

GOSSEN, C.-T.: L'état présent des études sur les dialectes galloromans au moyen âge. — 6000.

6289 GRUBER, Jörn: *Laura und das Trobar car. Studien zur stilistischen Funktion des enjambements in der provenzalischen und italienischen Lyrik von den Anfängen bis Francesco Petrarca*. — Romanistik in Geschichte und Gegenwart 3; Hamburg: Buske, 1976, iv, 220 p.

6290 GUITER, Henri: Dictionnaire de fréquence du provençal. — *AUToul* 10, 1974/7 (*Via Domitia* 18), 17-54.
6291 JENSEN, Frede: *The Old Provençal noun and adjective declension*. — Études romanes de l'Univ. d'Odense 9; Odense: Odense UP., 1976, 177 p.
6292 JOLY, André: *Que et les autres morphèmes énonciatifs du béarnais: essai de phsychosystématique*. — *ACILR* XIII/1, 411-433.
6293 KALMAN, Hans: *Étude sur la graphie et la phonétique des plus anciennes chartes rouergates*. — Thèse Zürich 1974, 153 p.
6294 KELLY, Reine C.: *A descriptive analysis of Gascon*. — The Hague: 1973 | BL 1973, 6505. | *ZFSL* 86, 1976, 88-93 André Joly-Subervielle.
6295 KIRSCHKAMP, Franz Otto: *Drei Mundarten der Auvergne. Studie und Vergleich. Eine Untersuchung des Lautstandes*. — Diss. Münster 1974, 229 p.
6296 LECOY, Felix: Ellipse de *denier*. A propos d'une "cobla" de Guilhem Magret. — *Romania* 97, 1976, 382-383.
6297 LINDER, Karl Peter: Les types *facturus* et *faciendus* en ancien occitan (notes de syntaxe occitane à propos des anciennes traductions de l'évangile de St. Jean). — *ACILR* XIII/1, 435-449.
6298 MASSARIELLO, Giovanna: Il dialetto di Pietraporzio nelle inchieste dell'AIS e della CDI. — [290], 559-570 | Valle Stura di Demonte.
6299 NÈGRE, Ernest: Le dialecte de la 'Chanson de sainte Foy'. — *ACILR* XIII/2, 341-347, carte.
6300 NOUVEL, Alain: Situation politico-culturelle de la langue d'oc. — *ACILR* XIV/2, 335-339.
6301 PFISTER, Max: La langue de Guilhem IX, comte de Poitiers. — *CCM* 19, 1976, 91-113.
6302 — Die Sprache von Guilhem IX Graf von Poitiers. — [249], 715-735.
6303 RAVIER, Xavier: Jean Séguy et la traversée du langage gascon. Réflexions sur une topogenèse géolinguistique. — *RLiR* 40, 1976, 389-402, carte.
6304 — Sur le système du pronom dans certains énoncés gascons. — *ACILR* XIII/2, 349-359, 3 tab.
6305 RIQUER, Martín DE: *Guillem de Berguedà*. I; II. — Abadía de Poblet: 1971 | BL 1972, 5402. | *RomPh* 29, 1975-76, 539-542 F. M. Chambers.
6306 *Le roman de Flamenca, nouvelle occitane du 13e siècle*. Texte établi et commenté par Ulrich GSCHWIND. 1e partie: *texte*. 2e partie: *commentaires et glossaire*. — Romanica Helvetica 86A & 86B; Bern: Francke, 1976, 229; 362 p.
6307 ROSTAING, Ch.: Le dictionnaire provençal de l'abbé Féraud (XVIIIe siècle). — *RLiR* 40, 1976, 321-348.
6308 ROUCHOUX, Pierre: Joseph Miceu: grammairien niçois. — *Ling* 15, 1975, 155-157 | *Grammatica nissarda*, 1840.
RUGGIERI, R. M.: Un problème de langue mixte ... — 6471.
SAKARI, A.: Quelques aspects des parlers du Nord-Est de la Haute-Loire. — 6078.
6309 SCHLIEBEN-LANGE, Brigitte: *Okzitanisch und Katalanisch* ... 2. Aufl. — Tübingen: 1973 | BL 1973, 6524. | *Erasmus* 27, 1975, 660-662 W. Rothwell (First ed.) | *ZPhon* 29, 1976, 307-309 G. F. Meier.
6310 SCHMITT, Christian: La latinité du gascon. — *ACILR* XIV, 31-50.
6311 SCHULZE-BUSACKER, Elisabeth: Le vocabulaire de la lumière dans la poésie des troubadours. — *ACILR* XIII/2, 825-839, tab.
6312 SÉGUY, Jean: *Atlas linguistique de la Gascogne*. Vol. V. Jacques ALLIÈRES: *Le verbe*. Fasc. 1; 2. — Paris: 1971 | BL 1972, 5405. | *AUToul* 10, 1974/7 (*Via*

FRANÇAIS (ONOMASTIQUE) 6313-6331

Domitia 18), 56-60 J. C. Dinguirard.

6313 SMITH, Nathaniel B.: *Figures of repetition in Old Provençal lyric. A study in the style of the troubadours.* — North Carolina Studies in the Romance Languages and Lit. 176; Chapel Hill: Univ. of North Carolina Press, 1976, 317 p.

6314 — Guilhem Fabre, Uc de Saint-Circ, and the Old Provençal rime dictionary. — *RomPh* 29, 1975-76, 501-507.

6315 SOUTOU, André: Notes étymologiques (Compléments et rectificatifs). — *AUToul* 10, 1974/7 (*Via Domitia* 18), 7-16 | Notamment sur *crinco* et *reverdaci*.

6316 TELMON, Tullio: Problèmes d'interaction et de changement dans le système de l'article défini du patois provençal de Chiomonte (Turin). — *ACILR* XIII/2, 375-389, 5 tab.

TUAILLON, G.: *Comportement de recherche en dialectologie fr.* — 6082.

6317 WOLF, Lothar: Sprachlich-kulturelle Minderheiten in Frankreich. Das Beispiel Okzitanien. — *Politische Studien* (München) 27, 1976, 581-592, carte.

6318 ZANNIER, Guido: *El provenzal.* — Evolución y estructura de las lenguas indoeuropeas 5; Montevideo: Univ. de la República, 1975, vi, 256 p.

III (14). Onomastique — Onomastics

6319 ALTER, Jean: Le jeu des noms dans 'Polexandre'. — *RR* 67, 1976, 9-27.

6320 CHAMBON, J.-P.: A propos du substrat pré-celtique dans la toponymie du Gévaudan. — *RLaR* 81, 1975/2 (1976), 431-464.

6321 CONNER, Wayne: Un aspect de l'onomastique balzacienne: l'élaboration des noms de personnage. — *ACILR* XIII/1, 943-951.

6322 DION, Margareta: Tartuffe. — *SNPh* 48, 1976, 217-228, fig. | Le nom de T.

6323 GIRARD, Françoise: *Les noms de lieux du canton de Beaumont-Hague.* — Soc. d'Hist. et d'Arch. de la Manche, Publ. multigraphiées 14 (Thèse de l'École des Chartes, 1972); Saint-Lô: 1972, 437 p., carte | *BECh* 132, 1974, 141-143 Marianne Mulon.

GLATTHARD, P.: Zur Problematik von Name und Lehnappellativ(-Name) .... — 7755.

GUITER, H.: Onomastique et contacts de langues .... — 5397.

6324 HAMLIN, Frank R.: Les noms de lieux en *Chante-* et leur origine, à la lumière de la cartographie. — *ACILR* XIII/1, 925-941, tab., 4 cartes.

6325 HERBILLON, Jules: Toponymes hesbignons (*Ve-* à *Vr-*). — *BCTD* 50, 1976, 113-137 | CF. BL 1975, 6098-9.

6326 — Le nom de la forêt d'Arche. — *BAB* 62, 1976, 100-108 | Rive droite de la Meuse (Namur).

6327 HIRSCH, Ernst: Die *finīle*-Namen am Osthang der Kottischen Alpen. — *BNF* 11, 1976, 460-463, carte.

6328 LEMOINE, Jacques: *Toponymie du Languedoc* ... — Paris: 1975 | BL 1975, 6105. | *RF* 88, 1976, 268-272 H. J. Wolf | *Erasmus* 28, 1976, 338-339 W. Rothwell | *RPh* 50, 1976, 336 J. André.

6329 MANIET, Albert: A-t-il existé une racine celtique *par-* "briller"? — *ACILR* XIII/2, 457-463 | *Paris*, etc. A propos de l'art. de G. TUAILLON, 1966 (BL 1966, 4083).

6330 MORLET, Marie-Thérèse: *Les noms de personne sur le territoire de l'ancienne Gaule* .... I; II. — Paris: 1968; 1972 | BL 1972, 5423. | *BECh* 132, 1974, 323-325 Jean-François Le Nail.

6331 MORLET, Marie-Thérèse, & MULON, Marianne: Le Censier de l'Hôtel-Dieu de

Provins, présenté'et publié. — *BECh* 134, 1976, 5-84 | Étude des noms de pers. et des noms de lieux; éd. et index onomastique. | *ZRPh* 92, 1976, 646-647 K. Baldinger.

6332 MÜLLER, Wulf: Un toponyme jurassien de tradition bilingue: *Chasseral/Gestler.* — *Onoma* 20, 1976/1, 240-251.

6333 NÈGRE, Ernest: *Les noms de lieux du Tarn.* 3e éd. . — Paris: 1972 | BL 1973, 6562. | *BECh* 132, 1974, 140-141 Marianne Mulon.

6334 ROHLFS, Gerhard: Altromanische Relikte in französischen Familiennamen (d'Anouilh à Villon). — [267], 295-300.

6335 SCHAIK, Hendrikus W. V. VAN: *Les noms de lieux et les lieux-dits du canton de Bar-le-Duc (Meuse). Indices – cartes.* — Thèse Utrecht; Bois-le Duc: BIBLO, 1976, 459 p., 5 fig., 4 cartes dont 1 h.-t., vue aérienne dépl. | Rés. en néerl. | Nom de l'auteur sur la couverture: Hennie van Schaik.

6336 SOUTOU, André: Nom de lieu imagé, *Le Truel* (Aveyron, Lozère, Tarn). — *AUToul* 10, 1974/7 (*Via Domitia* 18), 1-6.

6337 TAVERDET, Gérard: *Les noms de lieux de Bourgogne.* 1. *La Côte d'Or.* — Dijon: Centre Régional de Documentation Pédagogique de l'Acad. de Dijon, 1976, 66 p.

D. Italien — Italian

0. BIBLIOGRAPHIE ET GÉNÉRALITÉS — BIBLIOGRAPHY AND GENERAL

6338 ARNUZZO, Anna Maria, & MARCATO, Gianna: *Lingua e dialetti italiani. Contributo alla bibliografia della lingua e dei dialetti italiani per gli anni 1967-1971.* Con la collaborazione di Flavia URSINI. — Consiglio Nazionale delle Ricerche, Centro di Studio per la Dialettologia It, 19; Pisa: Pacini, 1976, 407 p.

6339 CHERUBINI, Jon C.: A bibliography of Italian studies in North America. — *Italica* 53, 1976, 107-128; 287-298; 413-422; 518-525.

6340 JOHNSON, R. L.: Italian studies: language. (1974 and 1975). — *YWMLS* 37, 1975 (1976), 378-383.

BOREL, J. P.: Les caractéristiques de PACEFI ... — 5425.

6341 CARDONA, Giorgio Raimondo: *Standard Italian.* — Trends in Linguistics, State-of-the-art reports 1; The Hague: Mouton, 1976, viii, 76 p. | *LeSt* 12, 1977, 681 G. C. Vincenzi.

6342 GABRIELLI, Aldo: *Si dice o non si dice? Aggiunte alla grammatica.* — Gli Oscar 641; Milano: Mondadori, 1976, 235 p.

6343 GENOT, Gérard: *Grammaire de l'italien.* — "Que sais-je?" 1513; Paris: Presses Universitaires de France, 1973, 128 p. | *RRom* 11, 1976, 373-374 M. Ulleland.

6344 *Guida alla linguistica italiana* (1965-1975). [A cura della] Società di Linguistica Italiana, SLI. — Roma: Bulzoni, 1976, 295 p. | *LN* 38, 1977, 64 P. Bongrani.

6345 *Italian linguistics.* Ed.: Vincenzo LO CASCIO. 1. *Passive and impersonal sentences.* — Lisse: Peter de Ridder Press, 1976, 171 p. | *LeSt* 11, 1976, 642-643 L. Heilmann.

6346 *Italian linguistics.* Ed.: Vincenzo LO CASCIO. 2. *On clitic pronominalization.* — Lisse: Peter de Ridder Press, 1976, 161 p.

6347 KLAJN, Ivan: *Influssi inglesi nella lingua italiana.* — Firenze: 1972 | BL 1972, 5443. | *LAnt* 8, 1974 (1975), 161-163 Monique Jacqmain.

6348 MULJAČIĆ, Žarko: Gli appunti di A. Fortis [1741-1803] concernenti la linguistica romanza. — *AGI* 61, 1976, 108-116.

6349 NENCIONI, Giovanni: Parlato-parlato, parlato-scritto, parlato-recitato. — *SCr* 10 (29), 1976, 1-56.
6350 PAUSCH, Oskar: *Das älteste italienisch-deutsche Sprachbuch* ... — Wien: 1972 | BL 1972, 5447. | *GRM* 26 (57), 1976, 125-127 A. Karnein | *ADA* 87, 1976, 94-100 V. Honemann.
6351 PELLEGRINI, Giovan Battista: *Saggi di linguistica italiana.* — Torino: 1975 | BL 1975, 6145. | *AAAd* 70, 1976, 367-374 Vito Pallabazzer | *BSL* 71, 1976/2, 223-225 Joseph Savi | *ZRPh* 92, 1976, 607-612 G. Ernst.
6352 POGGI SALANI, Teresa: *Minima* di italiano regionale attraverso le guide del telefono. — *LN* 37, 1976, 106-110.
6353 SCHIAFFINI, Alfredo: *Italiano antico e moderno* .... — Milano: 1975 | BL 1975, 6148. | *ASNP* 6, 1976, 1492-1493 L. Petrucci.
6354 SPORE, Palle: *Italiensk grammatik.* — Études romanes de l'Univ. d'Odense 7; Odense: Odense Universitetsforlag, 1975, 440 p. | *NTS* 30, 1976, 63-65 Knut Tarald Taraldsen | *RRom* 11, 1976, 374-381 H. Prebensen.
6355 STEPANOVA, L. G.: Dinamika sootnošenija "jazyk – dialekt" v Italii. — [344], 392-396.
6356 TEKAVČIĆ, Pavao: *Grammatica storica dell'italiano.* I; II; III. — Bologna: 1972 | BL 1972, 5453. | *MNy* 72, 1976, 355-360 Benkő Loránd.

1. PHONÉTIQUE ET PHONOLOGIE — PHONETICS AND PHONOLOGY

6357 BERTINETTO, Pier Marco: L'accento secondario nella fonologia italiana. Analisi teorica e sperimentale. — [140], 189-235.
6358 FAVA, Elisabetta, & MAGNO CALDOGNETTO, Emanuela: Studio sperimentale delle caratteristiche elettroacustiche delle vocali toniche e atone in bisillabi italiani. — [140], 35-79.
6359 FERRERO, Franco E.: Studio preliminare sulla classificazione percettiva di contorni intonativi sintetici come interrogativi/non interrogativi. — [140], 81-93. FRANCESCHI, T.: Sull'evoluzione del vocalismo dal lat. repubblicano al neo-latino. — 5071.
6360 MULJAČIĆ, Žarko: Per lo studio degli aspetti microfonotattici dell'italiano regionale. — [140], 237-244.
6361 SAVOIA, Leonardo: Condizioni fonetiche nel fiorentino comune e alcune proposte per una teoria fonologica concreta. — *SGI* 4, 1974-75 (1976), 209-330, 42 pl.
6362 TABASSO, Lidia: Sulle caratteristiche fonetiche dell'italiano regionale torinese: [s] e [z]. — *LeSt* 11, 1976, 25-42 | Summ. in E. & Ru.
6363 TELMON, Tullio: Gradi di apertura di /e/ e /o/ nell'italiano parlato di Susa: risultati di un'indagine statistica. — [290], 571-606.
6364 VALESIO, Paolo: Livelli di ammissibilità fonologica in italiano. — [290], 77-107.

2. GRAMMAIRE — GRAMMAR

6365 ANTONINI, Anna: Il problema del gerundio. — *SGI* 4, 1974-75 (1976), 85-107.
6366 BENINCÀ, Paola, & VANELLI, Laura: Un'innovazione nel dominio romanzo: la 1. persona del presente indicativo di I coniugazione. — [192], 213-226.
6367 BLÜCHER, Kolbjørn: *Studio sulle forme ho cantato* ... — Bergen: 1975 | BL 1975, 6160. | *RF* 88, 1976, 92-94 W. Pötters.

6368 — L'imperfetto italiano è veramente un "imperfetto"? — *ACILR* XIII/1, 397-402, fig.
6369 BOER, Minne G. DE: Towards a framework for treating pronouns and determiners in Italian. — *ItalL* 2, 1976, 45-81 | Summ. in It.
6370 BORGATO, Gianluigi: Le proposizioni relative in una grammatica contrastiva dell'italiano e del tedesco. — *SILTA* 4, 1975/2-3 (1976), 507-540 | Summ. in E.
6371 BRAMBILLA AGENO, Franca: Osservazioni minime sull'uso dell'articolo determinato nella coordinazione. — *SGI* 4, 1974-75 (1976), 17-27.
6372 — Presente *pro futuro*: due norme sintattiche dell'italiano antico. — *SGI* 4, 1974-75 (1976), 29-49.
6373 CALABRESI, Ilio: *A casta* "a casa tua". — *LN* 37, 1976, 25.
6374 CÂRSTEA-ROMAȘCANU, Mihaela: *Pronumele. Il pronome.* — București: Editura științifică și enciclopedică, 1975, 101 p. | *LN* 37, 1976, 126-127 Luigi Rizzi.
6375 — Verbi impersonali e reggenza delle proposizioni soggettive nell'italiano contemporaneo. — *BSRLR* 10, 1974, 85-94.
6376 CASTELFRANCHI, Cristiano, & FIORENTINO, Maria: *ri-* analisi. — *SGI* 4, 1974-75 (1976), 173-207.
6377 CASTELFRANCHI, Cristiano, & PARISI, Domenico: Towards one *si*. — *ItalL* 2, 1976, 83-121 | Cf. 6404, 6416, & BL 1975, 6165.
6378 CASTELLANI, Arrigo: "Questo" e "costui". — *AGI* 61, 1976, 162-164.
6379 CINQUE, Guglielmo: *Proprio* e l'unità del *si*. — *RGG* 1, 1976/2, 101-113.
6380 — Appropriateness conditions for the use of passives and impersonals in Italian. — *ItalL* 1, 1976, 11-31.
6381 DANESI, Marcel: A tagmemic model of Italian verb morphology. — *LACUS* II, 272-282.
6382 DEVOTO, Giacomo: *Lezioni di sintassi prestrutturale.* — Firenze: 1974 | BL 1974, 5738. | *LN* 37, 1976, 57-58 Fabio Marri.
6383 EBNETER, Theodor: Impersonals as modal operators. — *ItalL* 1, 1976, 145-170 | Summ. in It.
6384 ESPOSITO, Antonio Angelo: Per un'analisi del verbo "DARE". — *SILTA* 4, 1975/2-3 (1976), 313-333 | Summ. in E.
6385 FRANCESCATO, Giuseppe: A proposito di *bigliettazione*. — [249], 227-238 | On the suffix *-zione*.
6386 GAENG, Paul A.: Un problème de morphologie dans le développement de certains pluriels en italien. — *ACILR* XIII/1, 403-410, tab.
6387 GAWEŁKO, Marek: Sur la classification des adjectifs de relation tirés de noms concrets inanimés (à base de l'italien). — *SILTA* 4, 1975/2-3 (1976), 305-312.
6388 GIULIANI, Maria V.: *Ma* e altre avversative. — *RGG* 1, 1976/2, 25-56.
6389 GIURESCU, Anca: Tipi di derivati suffissali nell'italiano e nel francese odierno. — *BSRLR* 10, 1974, 75-83.
6390 GIUSTI FICI, Francesca: Il problema della modalità espressa dai verbi *potere* e *dovere* nello specchio della lingua russa. — *SGI* 5, 1976, 243-284.
6391 GORĂSCU, Adriana: Chi siamo *noi*? — *RRLing* 21, 1976, 479-482.
6392 HALL, Robert A., Jr.: Il congiuntivo indipendente. — *SGI* 4, 1974-75 (1976), 109-114.
6393 HERCZEG, Giulio: *Se/quando* + presente/passato del congiuntivo. — *AGI* 61, 1976, 146-155.
6394 — Sintassi delle proposizioni concessive nell'italiano contemporaneo. — *SGI* 5, 1976, 195-242.

6395 — La sintassi delle proposizioni concessive nell'italiano contemporaneo. — *ALH* 26, 1976, 155-192.
6396 — Sintassi delle proposizioni ipotetiche nell'italiano contemporaneo. — *ALH* 26, 1976, 397-455.
6397 — Asmara o L'Asmara? — *LN* 37, 1976, 38-44.
6398 JENSEN, Frede: *The Italian verb*.... — Chapel Hill: 1971 | BL 1971, 5247. | *FI* 10, 1976, 307-308 Vittorina Cecchetto | *MLR* 68, 1973, 427 G. C. Lepschy | *VR* 33, 1974, 346-347 G. Ineichen.
6399 JERNEJ, Josip: Reggenza e accordo. — *Ling* 16, 1976, 47-53.
6400 — Intorno alle bivalenze tassematiche. — [233], 383-388.
6401 KLAJN, Ivan: Sulle funzioni attuali del pronome *esso*. — *LN* 37, 1976, 26-32.
6402 LEONE, Alfonso: Deella congiunzione *che*. — *LN* 37, 1976, 44-47.
6403 — Indicativo di cortesia. — *LN* 37, 1976, 117-119.
6404 LEPSCHY, G. C.: Two observations on Castelfranchi & Parisi: 'Towards one *si*'. — *ItalL* 2, 1976, 157-160 | Cf. 6377.
6405 LOACH BRAMANTI, Kathleen: La funzione sintattica dei verbi *dare* e *avere* in relazione alla somma di denaro nella partita contabile dei primi secoli. — *SGI* 4, 1974-75 (1976), 5-15.
6406 LO CASCIO, Vincenzo: On "linguistic variables" and primary object-topicalization in Italian. — *ItalL* 1, 1976, 33-75 | Summ. in It.
6407 LONZI, Lidia: Nemmeno probabilmente. — *RGG* 1, 1976/3, 113-117.
6408 MAFFEI BELLUCCI, Patrizia: Note di sintassi del Quattrocento. L'uso di *per* negli scritti di G. A. Da Faye. — [192], 113-142.
6409 MALINAR, Smiljka: Formazione delle parole nelle opere di Guittone d'Arezzo. Parte I: Derivazione con suffissi. — *SRAZ* 39, 1975, 1007-159.
6410 MALKIEL, Yakov: One characteristic derivational suffix of literary Italian: *-(t)aggine*. — *AGI* 61, 1976, 130-145.
6411 MARASCHIO, Nicoletta: Interferenze tra verbo latino e verbo volgare nel bilingue *De pictura* albertiano. — *SGI* 4, 1974-75 (1976), 51-69.
6412 MARCANTONIO, Angela: Un aspetto dell'ordine delle parole nell'italiano del Due-Trecento. — *RGG* 1, 1976/2, 57-77.
6413 MIGLIORINI, Bruno: Il suffisso *-erello*, *-arello*. — [233], 489-493.
6414 MIKLIČ, Tjaša: L'uso dei paradigmi verbali nei 'Proverbia que dicuntur super natura feminarum'. — *Ling* 15, 1975, 93-100.
6415 MULJAČIĆ, Žarko: Analisi componenziale dei verbi modali in italiano. — [233], 503-511.
6416 NAPOLI, Donna Jo: At least two *si*'s. — *ItalL* 2, 1976, 123-148 | Cf. 6377.
6417 NAPOLI, Donna Jo, & NESPOR, Marina: Negatives in comparatives. — *Lg* 52, 1976, 811-838.
6418 NICULESCU, Alexandru: *Strutture allocutive pronominali reverenziali in italiano*. — Firenze: 1974 | BL 1974, 5754. | *ASNP* 6, 1976, 1509-1511 M. Ciccuto | *RRLing* 21, 1976, 129-131 Anca Giurescu | *MLR* 71, 1976, 930-931 G. Lepschy.
6419 PARISI, Domenico: The past participle. — *ItalL* 1, 1976, 77-106 | Summ. in It. | Cf. 3626.
6420 — *Lo* sta a *suo* come *si* sta a *proprio*. — *RGG* 1, 1976/1, 99-102.
6421 PARISI, Domenico, & ANTINUCCI, Francesco: *Essentials of grammar*. Transl. by Elizabeth BATES. — New York: Academic Press, 1976, x, 181 p. | It. ed. 1973 (BL 1973, 6629).
6422 PARISI, Domenico, & CASTELFRANCHI, Cristiano: Tra ipotassi e paratassi. — *RGG* 1, 1976/1, 55-98.

6423 PLOMTEUX, Hugo: Analisi diatopica e sintassi. — [192], 75-82.
6424 PUGLIELLI, Annarita, & CASTELFRANCHI, Cristiano: Sul congiuntivo nelle frasi relative e il modo ipotetico. — *RGG* 1, 1976/2, 79-100.
6425 PUGLIELLI, Annarita, & PARISI, Domenico: Avverbiali performativi. — *SGI* 4, 1974-75 (1976), 157-172.
6426 PUSCH, Luise F.: Das *gerundio* als Ausdruck der Gewichtung: eine kontrastive Untersuchung am Deutschen und Italienischen. — *LB* 65, 1976, 33-68.
6427 RENZI, Lorenzo: Grammatica e storia dell'articolo italiano. — *SGI* 5, 1976, 5-42.
6428 — *Uno*: numerale e articolo. — *RGG* 1, 1976/1, 103-108.
6429 RIZZI, Luigi: Ristrutturazione. — *RGG* 1, 1976/1, 1-54.
6430 SANTANGELO, Alda, & VENNEMANN, Theo: Italian unstressed pronouns and universal syntax. — *ItalL* 2, 1976, 37-43.
6431 SCHMITT JENSEN, Jørgen: *Subjonctif et hypotaxe en italien*.... — Odense: 1970 | BL 1970, 5540. | *CMLR* 32, 1976, 166-167 Vittoriana Cecchetto | *VR* 35, 1976, 189-192 R. Amacker.
6432 SKYTTE, Gunver: I costrutti infinitivi con i verbi fattivi e con i verbi di percezione. — *SGI* 5, 1976, 355-400.
6433 SORNICOLA, Rosanna: *Vado a dire, vaiu a ddicu*: problema sintattico o problema semantico? — *LN* 37, 1976, 65-74.
6434 STRONG, David R.: Anaphoric particles in Old Italian. — [114], 274-290.
6435 TAEYE-HENEN, M. DE: Le problème des faux féminins en italien. — *LAnt* 8, 1974 (1975), 17-20.
6436 TEKAVČIĆ, Pavao: Sugli aggettivi italiani tipo *cuneiforme, imberbe, ventenne*. — *SGI* 4, 1974-75 (1976), 71-84.
6437 VALESIO, Paolo: Between Italian and French: the fine semantics of active versus passive. — *ItalL* 1, 1976, 107-144 | Summ. in It.
VATTUONE, B.: Notes on Genoese syntax.... — 2627.
6438 WANDRUSZKA, Mario: L'italien et le français: analyse interlinguistique de la préposition italienne *da*. — [249], 905-923.
6439 WELTI, Beat Kaspar: *Der Bewegungs- und Richtungsausdruck in der italienischen und französischen Gegenwartssprache*. — Diss. Zürich; Villmergen: Sprüngli, 1974, 396 p.

3. HISTOIRE — HISTORY

6440 AMBROSINI, Riccardo: Aspetti della lingua di Dante. — *ACILR* XIII/2, 905-913.
6441 BALDELLI, Ignazio: *Medioevo volgare da Montecassino all'Umbria*. — Bari: 1971 | BL 1971, 5277. | *RomPh* 29, 1975-76, 577-579 A. L. Lepschy.
6442 BORGHINI, Vincenzio: *Scritti inediti* ... — Bologna: 1971 | BL 1971, 5279. | *RomPh* 30, 1976-77, 262-264 R. Stefanini.
6443 BRAMBILLA AGENO, Franca: *L'edizione critica dei testi volgari*. — Medioevo e Umanesimo 22; Padova: Editrice Antenore, 1975, vi, 290 p. | *LN* 37, 1976, 62 Gh. Gh[inassi] | *Paideia* 32, 1977, 253-254 Giuseppe Scarpat.
6444 — Per l'interpretazione delle 'Proprietà di mercato vecchio' di Antonio Pucci. — *LN* 37, 1976, 9-11.
6445 CASTELLANI, Arrigo: *I più antichi testi italiani*. Ed. e commento. 2a ed. riveduta. — Bologna: Pàtron, 1976, 246 p., pl. | First ed. 1973 (BL 1973, 6651). | *LN* 38, 1977, 62 Gh. Gh[inassi].
6446 — Ancora sulla lettera di Piero Dietavvive (1294). — *SFI* 34, 1976, 45-54, 6 pl. (facsim.) | New ed.

ITALIEN

6447 CASTELLANI POLLIDORI, Ornella: Sulla data di pubblicazione delle 'Prose della volgar lingua'. — *AGI* 61, 1976, 101-107.

6448 CHIAPPELLI, Fredi: *Machiavelli e la "lingua fiorentina"*. — Bologna: 1974 | BL 1974, 5767. | *VR* 35, 1976, 184-189 E. F. Tuttle.

6449 CLIVIO, Gianrenzo P., & DANESI, Marcello: *Concordanza linguistica dei 'Sermoni Subalpini'*. — Torino: 1974 | BL 1974, 5768. | *CultNeol* 35, 1975/1-2 (1976), 213-218 Eleonora Vincenti | *RF* 87, 1975, 114-116 H. J. Wolf.

6450 COLOTTI, Mariateresa: Tre lettere di Morosi a Comparetti con note di linguistica. — [192], 53-61.

6451 CUCIUREANU, Şt.: Indovinello veronese: *se pareba boves*. — *SCL* 27, 1976, 59-60.

6452 DANESI, Marcello: *La lingua dei Sermoni subalpini*. — Collana di testi e studi piemontesi 7; Torino: Centro Studi Piemontesi, 1976, ix, 113 p. | Ph. D. diss., Univ. of Toronto, 1974.

6453 DISTILO, Rocco: *Due testi poetici rossanesi del primo '400* .... — Modena: 1975 | BL 1975, 6219. | *MedRom* 3, 1976, 154-157 Luca Serianni.

6454 FAÇON, Nina: *Corso di storia della lingua italiana. Parte I. Dalle origini fino alla civiltà comunale (fine del Trecento)*. — București: Univ. di București, Fac. de limbi romanice, clasice şi orientale, 1971, 468 p.

6455 FIORELLI, Piero: L'italiano, il francese, la Toscana e Napoleone. — *Studi in onore di Manlio Udina* (Milano: A. Giuffrè, 1975), II, 1579-1602 | *LN* 37, 1976, 122-123 Paola Zolli.

6456 GASCA QUEIRAZZA, Giuliano: Le traduzioni della Bibbia in volgare italiano anteriori al secolo XVI. — *ACILR* XIII/2, 659-668.

6457 GHINASSI, Ghino: Incontri tra toscano e volgari settentrionali in epoca rinascimentale. — *AGI* 61, 1976, 86-100.

6458 GRECO, Rosa Anna: Ricerche linguistiche su "Le scritture dell'Università di Taranto" (XVI sec.). — *SLSal* 7, 1974-75 (1976), 65-94, 2 facsim.

6459 GRIFFITH, T. Gwynfor: Reflections on a problem of linguistic substratum. — *BJRL* 57, 1975-76, 112-136 | Rev. art. on No. 6461.

6460 HALLER, Hermann: Il volgarizzamento del *Pamphilus de amore* in antico veneziano. — *SGI* 5, 1976, 47-66.

6461 IZZO, Herbert J.: *Tuscan and Etruscan* .... — Toronto: 1972 | BL 1972, 5532. | *FI* 10, 1976, 305-307 Marcel Danesi | *Linguistics* 178, 1976, 98-102 H. Pinkster | Cf. 6459.

6462 LANGDALE, Maria: A bilingual work of the fifteenth century: Giannozzo Manetti's *Dialogus consolatorius*. — *IS* 31, 1976, 1-16.

LIMENTANI, A.: Franco-veneto e latino. — 6012.

6463 MACHIAVELLI, Niccolò: *Discorso o dialogo intorno alla nostra lingua*. Ed. critica con introd., note e appendice a cura di Bortolo Tommaso SOZZI. — Piccola Bibl. Einaudi 270; Torino: Einaudi, 1976, lxvii, 132 p. | *LeSt* 12, 1977, 734-737 A. Montevecchi.

6464 MAGNANI, Franca: Contributi gergali. — *SGI* 5, 1976, 177-194 | Texts in *furbesco*, with glossary.

6465 MANCINI, Franco: Sondaggi sulla diffusione dello iacoponico *anvito*. — *LN* 37, 1976, 78-82.

6466 MAŃCZAK, Witold: *Fonetica e morfologia storica dell'italiano*. — Kraków: Uniw. Jagielloński, 1976, 164 p.

6467 MARAZZINI, Claudio: Il gran "polverone" attorno alla relazione manzoniana del 1868. — *AGI* 61, 1976, 117-129.

6468 MULJAČIĆ, Žarko: Su alcuni toscanismi antichi nel dialetto croato di Dubrovnik.

— *BALM* 13-15, 1971-73 (1976), 9-17.

6469 PASQUALI, Sergio: Due sequenze in volgare del secolo XIII. — *SFI* 34, 1976, 5-26, 2 pl. (facsim.).

6470 PORTA, Giuseppe: Testimonianze di volgare campano e francese in G. Villani. — *LN* 37, 1976, 8-9.

6471 RUGGIERI, Ruggero M.: Un problème de langue mixte aux origines de la littérature italienne. — *ACILR* XIII/2, 433-442.

6472 SCOTTI MORGANA, Silvia: Latino e italiano nel primo Settecento. Note in margine a una lettera inedita di A. Vallisnieri a L. A. Muratori. — *RIL* 110, 1976, 152-166.

6473 TAVONI, Mirko: Un nuovo testimone pisano dei *Gradi di S. Girolamo.* — *ASNP* 6, 1976, 813-845 | 1. L'edizione Bottari. 2. Il manoscritto cateriniano: caratterizzazione linguistica.

6474 TEKAVČIĆ, Pavao: Agli albori dell'italiano. — *Ling* 15, 1975, 209-239 | Rés. slovène.

6475 TOLOMEI, Claudio: *Il Cesano* .... Ed. critica a cura di Ornella CASTELLANI POLLIDORI. — Firenze: 1974 | BL 1974, 5785. | *LN* 37, 1976, 52-54 Mario Martelli.

6476 — *Il Cesano. De la lingua toscana.* A cura di Maria Rosa FRANCO SUBRI. — Roma: 1975 | BL 1975, 6242. | *ASNP* 6, 1976, 1491-1492 M. Tavoni.

6477 TOMASONI, Piera: Il 'Lapidario Estense': edizione e glossario. — *SFI* 34, 1976, 131-186.

6478 TROLLI, Domizia: Il lessico dei *Ricordi* di Giovanni di Pagolo Morelli. — *SGI* 5, 1976, 67-175 | 1. Formazione delle parole. 2. Peculiarità del lessico.

VALLONE, A.: La polemica latino-volgare e la posizione di Q. M. Corrado. — 5278.

4. DIALECTOLOGIE—DIALECTOLOGY

6479 ARNUZZO, Anna Maria: Rilievi di italiano popolare nel basso Monferrato. — [192], 83-105.

6480 — Le correnti dialettali nel Monferrato nord-orientale. — [290], 387-405, map.

6481 ARRIGHI, Paul: *Le livre des dictons corses. 500 dictons et surnoms collectifs sur 300 localités de l'île,* commentés et traduits. — Toulouse: Privat, 1976, 123 p.

ATZORI, M. T.: L'elemento gr. nel sardo e nel calabrese. — 6720.

6482 AVOLIO, Corrado: *Introduzione allo studio del dialetto siciliano.* Introd. di Tullio DE MAURO. — Edizioni della Regione Siciliana 21; Palermo: Regione Siciliana, 1975, 191 p.

6483 BARGAGLI, Scipione [1540-1612]: *Il Turamino, ovvero del parlare e dello scriver sanese.* A cura di Luca SERIANNI. — Testi e documenti di letteratura e di lingua 2; Roma: Salerno editrice, 1976, xxxvi, 251 p.

6484 BART ROSSEBASTIANO, Alda: Tracce di vocali turbate nel veronese del secolo XV. — *AIV* 134, 1975-76, 635-645.

6485 BASSI, Giacomo. & MILANESI, Aldo: *Le parole dei contadini. Ricerca a Casalpusterlengo.* Prefazione, etimologie e nota linguistica di Glauco SANGA. — Mondo popolare in Lombardia 3; Milano: Silvana, 1976, 299 p., ill.

6486 BERRETTA, Monica: L'area lessicale di [fiore] nell'Italia settentrionale. — [191], 31-52.

6487 BERRUTO, Gaetano: Contributo ad una geografia linguistica "del mare" (in margine alle carte di prova dell'Atlante linguistico mediterraneo). — *ACILR* XIII/2, 405-414, fig.

6488 BEZZI, Quirino: *Dizionarietto comparato delle voci gergali "tarone" (Valli di Sole, Non e Rendena)*. — Suppl. al Notiziario Sociale del Centro Studi per la Val di Sole 10; Trento: s.d. [1976], 41 p. | Revised repr. of a study published in *Studi Trentini di Scienze Storiche* 55/2, 1976. | *Paideia* 32, 1977, 175-176 Glauco Sanga.

6489 BRERO, Camillo: *Vocabolario italiano-piemontese*. — Torino: Editrice Piemonte in Bancarella, 1976, xv, 405 p.

6490 CERNECCA, Domenico: Modi infinitivi del verbo nell'istrioto di Valle d'Istria. — [192], 227-238.

6491 CLIVIO, Gianrenzo P.: *Storia linguistica e dialettologia piemontese*. — Collana di testi e studi piemontesi 8; Torino: Centre Studi Piemontesi, 1976, xii, 228 p. | Coll. of 17 earlier studies (inter alia BL 1970, 5616; 1972, 5557-8; 1975, 6254. | *Paideia* 31, 1976, 71 Vittore Pisani | *RF* 88, 1976, 425-429 H. J. Wolf.

6492 — Appunti su omofonia e influssi lombardi nella storia del lessico piemontese. — *ACILR* XIV/2, 515-523, 2 maps.

6493 — The assimilation of English loanwords in Italo-Canadian. — *LACUS* II, 584-589.

6494 *Componimenti di letteratura tradizionale lunigianese*. A cura di Patrizia MAFFEI BELLUCCI, con i contributi di Alberto NOCENTINI e Riccardo BOGGI. — Cultura popolare lunigianese 1; Villafranca Lunigiana: Ass. "Manfredo Giuliani", 1974, xvi, 319 p., ill. | *AGI* 61, 1976, 294-296 L. Agostiniani | *SMV* 24, 1976, 206-209 Fabrizio Franceschini | *LeCo* 1, 1975/1, 235-238 Paola Mura.

6495 CONTI, Mario Niccolò, & RICCO, Amedeo: *Dizionario spezzino*. — Studi e documenti di Lunigiana 2; La Spezia: Accad. Lunigianense di Sci. Giovanni Cappellini, 1975, viii, 114 p. | *ASNP* 6, 1976, 1503-1504 A. Stussi.

6496 CORTELAZZO, Manlio: *Avviamento critico allo studio della dialettologia italiana*. III. — Pisa: 1972 | BL 1972, 5561. | *LAnt* 8, 1974 (1975), 155-157 Monique Jacqmain.

6497 — Voci zingare nei gerghi padani. — *Ling* 15, 1975, 29-40 | *Paideia* 32, 1977, 178-180 Glauco Sanga.

6498 CÒVERI, Lorenzo: "Vigna" e "vite" nei dialetti liguri: analisi onomasiologica e problemi di metodo. — [191], 103-109, map, fold. tab.

6499 CREVATIN, Franco: Triestino *mandriól* "cetonia dorata, maggiolino" ed altre designazioni istriane. — *Ling* 15, 1975, 41-44.

6500 CREVATIN, Franco, & RUSSI, Ludmilla: Interferenze linguistiche slavo-venete nella terminologia botanica in Istria. — [191], 193-205.

6501 DECARLI, Lauro: *Origine del dialetto veneto istriano, con particolare riguardo alla posizione di Capodistria*. — Trieste: Edizione Il Canto del Cigno, 1976, 143 p., map.

6502 DEVOTO, Giacomo, & GIACOMELLI, Gabriella: *I dialetti delle regioni d'Italia*. — Firenze: 1972 | BL 1972, 5565. | *Italica* 53, 1976, 410-412 Hermann Haller | *JazA* 13, 1976, 80-81 J. Bachmannová.

6503 *La dialettalità negli scrittori italiani del dopoguerra: l'area centro-settentrionale*. Atti del III Convegno nàzionale su lingua e letteratura dialettale: Lanciano, 27-29 settembre 1974. — *Dimensioni* 18/5-6; Firenze: 1974, 64 p. | *LN* 37, 1976, 61 F. Marri.

6504 *Dizionario del dialetto cremonese*. Presentazione di Luigi HEILMANN. Introd. dialettologica e revisione linguistica di Romano ONEDA. — Cremona: Libreria del Convegno (Comitato promotore di studi e ricerche di dialettologia, storia e folklore cremonese), 1976, xxiii, 389 p., 7 pl., fig.

6505 DOLCINO, Michelangelo: *E parolle do gatto. Dizionario genovese-italiano di termini, insulti, locuzioni e proverbi assolutamente sconvenienti.* Il Belvedere; Genova: E. R. G. A., 1975, 106 p.

6506 D'ELIA, Mario: Sulla "flessione interna" dei sostantivi nei dialetti pugliesi. — *AIV* 138, 1975-76, 647-661.

6507 FANCIULLO, Franco: Il trattamento delle occlusive sonore latine nei dialetti salentini. — *ID* 39, 1976, 1-82.

6508 FORNER, Werner: *Generative Phonologie des Dialekts von Genua.* — Hamburg: 1975 | BL 1975, 6261. | *ASNP* 6, 1976, 1507-1509 L. M. Savoia | *ZPhon* 29, 1976, 635-636 G. F. Meier.

6509 — Alcuni problemi fonologici nella storia del genovese. — *LeCo* 1, 1975/2, 117-140.

6510 FRANCESCATO, Giuseppe: Problemi di dinamica dialettale al limite tra friulano e veneto. — [290], 467-493.

6511 GENRE, Arturo: La situation des travaux de l'Atlas linguistique italien. — *ACILR* XIII/2, 415-422.

6512 GIACOMELLI, Gabriella: Voci pistoiesi. — *AGI* 61, 1976, 229-250.

6513 GIAMMARCO, Ernesto: *Dizionario abruzzese e molisano.* Vol. III: N-R. — Roma: Edizioni dell'Ateneo (Istituto di Studi Abruzzesi), 1976, p. 1241-1792 | Cf. BL 1969, 4585.

6514 — I nomi dell'arcobaleno nelle parlate abruzzese. — [191], 307-321, map.

6515 GIANNELLI, Luciano: "Tempo" futuro e aspetto in fiorentino ed in senese. — [192], 239-247.

6516 GIANNELLI, Luciano, & SACCHI, Edi: Differenziazioni orizzontali e verticali nel lessico della Val d'Orcia (Siena). — [191], 207-265.

6517 GIOVANNI, Marcello DE: Per una sistematica del vocalismo tonico abruzzese delle parlate tra i corsi del Tronto e del Trigno. — [290], 423-466.

6518 GRASSI, Corrado: Dialectologie et aménagement du territoire. — *ACILR* XIII/2, 391-397.

6519 GRAZIUSO, Luciano: Terminologia figulina nel Salento: ieri e oggi. — [191], 353-358.

6520 — Sull'uso del congiuntivo presente nel dialetto di Vernole (Lecce). — [192], 259-264.

6521 — "Poesia popolare gallipolina" (ricerca lessicale). — *SLSal* 7, 1974-75 (1976), 13-23.

6522 GRECO, Rosa Anna: Ricerca sul verbo nel dialetto tarentino. — *SLSal* 6, 1973-74 (1975), 69-77 | Ab. of a Univ. of Bari diss.

6523 — Il costrutto reduplicato nel dialetto tarentino. — [192], 311-314.

6524 GREGOR, Douglas B.: *Mad Nap* ("*Pulon matt*"). *An anonymous Romagnol poem of the sixteenth century.* Transl. into E. verse and It. prose, and annotated. — Cambridge & New York: Oleander Press, 1976, vi, 237 p., facsim.

6525 GRI, Gian Paolo: Il canto popolare a Forgaria. — *Ce fastu?* 52, 1976, 101-116.

6526 GRIBAUDO, Gianfranco, SEGLIE, Pinin e Sergio: *Dissionari piemontèis.* [IV]. Ò-Z. — Turin: IJ Brandé, 1975, [iv] p., p. 573-982 | Cf. BL 1974, 5814.

6527 GULINO, Giuseppe, MOCCIARO, Antonia, & TROVATO, Salvatore C.: Aree lessicali in Sicilia: le denominazioni dei *gemelli*, del *geco* e dell'*omento del maiale.* — [191], 403-478, 3 maps.

IANCU, V., & VILLATA, B.: Considérations sur la phonologie hist. . . . — 6871.

6528 JOCHNOWITZ, George: Formes méridionales dans les dialectes des juifs de l'Italie

centrale. — *ACILR* XIII/2, 527-542, 10 cartes.
6529 JURILLI, A., & TEDONE, A.: *Dizionario etimologico rubastino*. — Palo del Colle (BA): Michele Liantonio, 1976, 96 + vi p. | Ruvo di Puglia.
6530 LUCIANI, Luciano: Vocabolario del dialetto carrarese. [*barí – buʒʒón*; *ćaćata – fok*]. — *ID* 39, 1976, 253-378; 40, 1977, 161-285 | Cf. BL 1974, 5818.
6531 LURATI, Ottavio: *Dialetto e italiano regionale nella Svizzera italiana*. — Lugano: Banca Solari & Blum, 1976, 220 p., 16 pl.
6532 MAFFEI BELLUCCI, Patrizia: Ceste ed oggetti funzionali affini in provincia di Massa Carrara. — [191], 329-341, 2 fig., 3 maps.
6533 MANCARELLA, Giovan Battista: Distinzione fonetica nel Salento. — *SLSal* 7, 1974-75 (1976), 25-55.
6534 — I nomi dell'arcobaleno nei dialetti salentini. — [191], 323-328.
6535 — La struttura sintattica in alcuni brani liberi del Salento. — [192], 143-152.
6536 — Lineamenti di dialettologia storica nell'opera di O. Parlangèli. — [290], 31-44.
6537 MARAGLIANO, Alessandro: *Dizionario dialettale vogherese*. Revisione e integrazione a cura di V. G. BONO, collaborazione di I. MARAGLIANO. — Storia della lingua it. e dialettologia 3; Bologna: Pàtron, 1976, xlvi, 794 p. | *LN* 38, 1977, 64 Gh. Gh[inassi].
6538 MASTRANGELO LATINI, Giulia: La coniugazione dei verbi regolari e del verbo "essere" nel dialetto di Martinsicuro (TE). — [192], 249-258.
6539 MASTRELLI, Carlo Alberto: Un normannismo dell'Italia meridionale. — [290], 607-617, map.
6540 MATTESINI, Enzo: Sulla pronuncia della sibilante intervocalica nell'italiano: confine tra area toscana e area centro-meridionale umbra. — *Annali della Fac. di Lettere e Filosofia dell'Univ. degli Studi di Perugia* 11, 1973-74, 461-527, 4 maps.
6541 — Tre microsistemi morfologici del dialetto di Borgo Sansepolcro (Arezzo). — [192], 177-202.
MAZZOLA, M. L.: *Proto-Romance and Sicilian*. — 5331.
6542 MELILLO, Armistizio Matteo: Testi umbri sud-orientali, con osservazioni sulla lenizione tosco-umbra. — *LeCo* 1, 1975/2, 87-116.
6543 MINIATI, Maria Valeria: Varietà fonetico-lessicale nel parlare di un comune romagnolo. — *ACILR* XIV/2, 151-163, 5 maps.
6544 MOCCIARO, Antonia G.: Le forme del passato remoto in siciliano. — [192], 271-286.
6545 MOLINARI, Maria Vittoria: Fenomeni di evoluzione e conservazione nella fonetica del dialetto milanese dal Salvioni ai giorni nostri. — [290], 407-422.
6546 ORTALE, Raffaele: Sul gergo dei calderai di Dipignano (CS). — [192], 287-309 | *Paideia* 32, 1977, 181-184 Glauco Sanga.
6547 PALERMO, Joseph: Un arcaismo siciliano: il dittongo discendente. — [233], 585-604.
6548 — Il problema del siciliano. Alcune isoglosse ibero-siciliane rilevanti. — *ACILR* XIV/2, 17-29.
6549 PARASCANDOLA, Vittorio: *Vèfio. Folk-glossario del dialetto procidano*. — Napoli: A. Berisio, 1976, xxiv, 307 p., ill.
6550 PELLEGRINI, Giambattista: Noterelle lessicali ed etimologiche feltrine. — [290], 527-557.
6551 PETRONE, Anna Maria: I nomi del "sensale" nei dialetti italiani. — [191], 479-531.
6552 PLOMTEUX, Hugo: *I dialetti della Liguria orientale odierna. La Val Graveglia*. — Bologna: 1975 | BL 1975, 6287. | *ASNP* 6, 1976, 1502-1503 A. Stussi.

6553 POGGI SALANI, Teresa: Note sull'italiano di Milano e in particolare sulla *e* tonica. — [140], 245-260.
6554 PRESA, Giovanni: Sul *Varon milanes* di Giovanni Capis. — *RIL* 110, 1976, 259-271.
6555 — Nota su "dialetto" e "italiano regionale". — [192], 107-111.
6556 *Profilo dei dialetti italiani*, a cura di Manlio CORTELAZZO. 9. *Toscana*, di Luciano GIANNELLI. — Centro di Studio per la Dialettologia It. 5; Pisa: Pacini, 1976, 128 p., fold. map, disc in pocket.
6557 *Profilo dei dialetti italiani*, a cura di Manlio CORTELAZZO. 15. *Puglia*, di Vincenzo VALENTE. 16. *Salento*, di Giovan Battista MANCARELLA. - Pisa: 1975 | BL 1975, 6288. | *LeCo* 1, 1975/2, 197-199 Salvatore Desimio | *SMV* 24, 1976, 210-213 Giovan Battista Pellegrini | *SLSal* 7, 1974/75 (1976), 253-255 G. B. Mancarella.
6558 *Profilo dei dialetti italiani*, a cura di Manlio CORTELAZZO. 18. *Calabria*, di Giuseppe FALCONE. — Centro di Studio per la Dialettologia It. 5; Pisa: Pacini, 1976, 109 p., fold. map, disc in pocket.
6559 RADDI, Renzo: *A Firenze si parla così. Frasario moderno del vernacolo fiorentino.* — Firenze: Libreria SP 44, 1976, 290, xxvii p.
6560 ROBERTI, A. R.: Terminologia peschereccia a Gallipoli. — *BALM* 13-15, 1971-73 (1976), 601-631.
6561 ROSAMANI, Enrico: *Vocabolario marinaresco giuliano-dalmata* .... — Firenze: 1975 | BL 1975, 6289. | *ASNP* 6, 1976, 1504-1507 C. Ciociola.
6562 ROSSI, Mario: *Contribution à la méthodologie de l'analyse linguistique avec application à la description phonétique et phonologique du parler de Rossano (province de Massa, Italie).* — Lille: Atelier Reproduction des thèses, Univ. Lille III / Paris: Champion, 1976, ix, 994 p.; [162] p. de pl., 80 p. multigr. (en 3 vol.) | Thèse Paris III, 1974, soutenue sous le titre: *Description phonétique et phonologique du parler de Rossano* .... (BL 1974, 5829).
6563 ROSSITTO, Concetto: Di alcuni tratti morfosintattici del siciliano e delle loro interferenze sull'italiano di Sicilia. — [192], 153-176.
6564 SALAMAC, Pietro: Ricerche sull'uso dell'infinito nel Salento. — [192], 265-269.
6565 SCHMID, Heinrich: It. *Teodò!* "oh Theodor!": vocativus redivivus? — [249], 827-864 | Kurzformen von it. PN; Anredeformen in Süd- und Mittelitalien; Oberitalien; Rumänien; Diskussion der Formen.
6566 SCHÜRR, Friedrich: *La voce della Romagna* .... — Ravenna: 1974 | BL 1974, 5832. | *ASNP* 5, 1975, 1750 A. Stussi | *RF* 87, 1975, 123 Heinrich Lausberg | *ZRPh* 92, 1976, 464-466 G. Holtus.
6567 SEBASTE, Fernando: Il gergo dei commercianti a Novoli. *SLSal* 7, 1974-75 (1976), 209-219.
6568 SERRA, Luigi: Concordanze dialettali italiane con voci arabe e berbere e voci italiane in un dialetto berbero tripolitano. — *BALM* 13-15, 1971-73 (1976), 433-448.
6569 SKUBIC, Mitja: La parlata veneta di Pirano tra italiano, friulano e sloveno. — *ACILR* XIV/2, 469-487.
6570 SOBRERO, Alberto: Per una monografia dell'alessandrino basata sulle inchieste del C. S. D. I. Primo rapporto sui lavori. — [192], 63-74.
6571 SPERANDINI, Gigin, & VAMPA, Sandro: *Le parol de Fan. Raccolta di vocaboli e locuzioni caratteristiche del dialetto fanese.* — Fano: Tip. Sonciniana, 1975, 105 p., pl.
6572 SPIESS, Federico: I nomi dell'arcobaleno e le aree lessicali nella Svizzera italiana. — [191], 273-278.

ITALIEN

6573 — Di un'innovazione morfologica nel sistema dei pronomi personali oggetto del dialetto della Collina d'Oro. — [192], 203-212.
6574 TEKAVČIĆ, Pavao: Caratteristiche e problemi del verbo istroromanzo. — *SRAZ* 39, 1975, 55-105.
6575 — Interferenze linguistiche istroromanzo-venete. Sulle vocali finali nell'istroromanzo. — *ACILR* XIV/2, 447-468.
— Sul vocalismo neolatino autoctono nelle coste orientali dell'Adriatico. — 6761.
6576 TIBILETTI BRUNO, Maria Grazia: Un'esperienza botanica nel Varesotto. — [191], 111-191, 10 maps.
6577 TRINCI, Cecilia: *I nomi dei funghi in Toscana.* — Firenze: Libreria Editrice Fiorentina, 1976, 208 p., 16 maps.
6578 TROPEA, Giovanni: Le denominazioni siciliane degli incotti o "vacche". — [191], 359-402, fold. map.
6579 — Testi sanfratellani in trascrizione fonetica. — [290], 619-649, 4 pl. | Sicilia.
6580 TRUMPER, John, & MIONI, Alberto M.: Osservazioni sulla lenizione nei dialetti salentini e pugliesi. — *LeCo* 1, 1975/2, 167-177.
6581 UGUZZONI, Arianna: Per una descrizione della ridondanza fonologica in area dialettale modenese. — *SILTA* 4, 1975/2-3, 379-399.
6582 — Note di fonologia frignanese. — [140], 261-270.
6583 — In margine ad una verifica dei dati raccolti per l'ALI a Romanoro (Modena). — *ID* 39, 1976, 229-240.
6584 VALENTE, Vincenzo: Fortuna dell'etnico "Schiavo", "Schiavone" nelle parlate pugliesi. — *BALM* 13-15, 1971-73 (1976), 261-271, 2 pl.
6585 VIOLI, Franco: *Lingua, folclore e storia nel Modenese.* — Modena: 1974 | BL 1974, 5841. | *LeSt* 11, 1976, 698-699 F. Marri.
6586 *Vocabolario dei dialetti della Svizzera italiana.* Direzione: Federico SPIESS. Red.: S. SGANZINI, F. SPIESS, R. ZELI, O. LURATI, R. BROGGINI. Fasc. 25: *borelá–bosch*. — Lugano: Natale Mazzuconi, 1976, p. 719-766 | Cf. BL 1975, 6300.
6587 ZACCHEO, Luigi, & PASQUALI, Flavia: *Il dialetto di Sezze.* Introd. di Tullio DE MAURO. Poesie di Antonio Campoli. — Historica Setina selecta 3; Sezze: Centro Studi Archeologici, 1976, 254 p., ill.

5. VOCABULAIRE — VOCABULARY

6588 ANTONI, Anna Maria, & LAPUCCI, Carlo: *I proverbi dei mesi.* — Bologna: Cappelli, 1975, 293 p. | *LN* 38, 1977, 60-61 Ilio Calabresi.
6589 BALDINUCCI, Filippo: *Vocabolario toscano dell'arte del disegno.* In Firenze.... 1681. Ristampa anastatica con una Nota critica di Severina PARODI. — Firenze: Studio per edizioni scelte, s.d. [1976?], xx, 188, xxxiii p. | *LN* 37, 1976, 128 A. Dardi.
6590 BARONI GRAZI, Vittoria: Problemi formali e semantici nei germanismi italiani. La famiglia di *bazzoffia, zuppa* e *zuffa.* — [297], 177-194.
6591 BENEDETTI, Anna: *Le traduzioni italiane da Walter Scott e i loro anglicismi.* — Firenze: 1974 | BL 1974, 5852. | *IS* 31, 1976, 118-119 Brian Prescott | *MLR* 71, 1976, 191-192 M. Ambrose.
BERRUTO, G.: Geogr. linguistica e semantica strutturale. — 1711.
6592 BISCEGLIA BONOMI, Ilaria: Note sulla lingua di alcuni quotidiani milanesi dal 1900 al 1905: l'aspetto lessicale. — *Acme* 29, 1976, 73-136 | Cf. BL 1974, 5735. | *ZRPh* 92, 1976, 662-663 G. Holtus.

6593 — Datazioni (e retrodatazioni) di voci tra l'Ottocento e il Novecento. — *LN* 37, 1976, 21-24.
6594 BORELLI, Enrico: Meccanismi semantici del lessico gergale. — *LN* 37, 1976, 110-115.
6595 BRAMBILLA AGENO, Franca: Pregio "voce", "fama". — *LN* 37, 1976, 91-92.
6596 CALABRESI, Ilio: "Festa (festino) da ballo". — *AGI* 61, 1976, 173-192.
6597 CAPRINI, Rita: Etimologia e storia di *marca, marco, marchio, marcare, marchiare*. — *LN* 37, 1976, 74-76.
6598 CARDONA, Giorgio Raimondo: L'elemento di origine o di trafila portoghese nella lingua dei viaggiatori italiani del '500. — *BALM* 13-15, 1971-73 (1976), 165-219.
6599 CILIBERTO, Michele: Lessico di Giordano Bruno. Specimen. — [153], 351-372.
6600 DANESI, Marcel: Early Indoamericanisms in Italian: the *Itinerario* of Juan de Grijalva. — *Orbis* 25, 1976, 109-120.
6601 DARDI, Andrea: Un fantasma lessicografico: *arrilibro*. — *LN* 37, 1976, 88-89.
6602 DEVEREUX, Robert: The Ingliano factor. — *Italica* 53, 1976, 301-319 | E. words incorporated into It.
6603 *Dizionario Sandron della lingua italiana*. [Impostazione lessicografica: Giuseppe MEINI; redattori: Gaetano BARONE, Giovanni GIOVANNINI, Domenico GRECO, et al.]. — Firenze: R. Sandron, 1976, [4], xv, 2160 p., ill. | *LN* 38, 1977, 59-60 Dino Pieraccioni.
6604 FANCIULLO, Franco: Salentino *muttúra*, griko *muntúra* "rugiada", e affini. — *ID* 39, 1976, 241-251.
6605 FANFANI, Massimo: Ancora qualche "parola d'autore" nel vocabolario filosofico. — *LN* 37, 1976, 89-91.
6606 FELICE, Emidio DE, & DURO, Aldo: *Dizionario della lingua e della civiltà italiana contemporanea*. — Firenze: 1974 | BL 1974, 5862. | *SMV* 24, 1976, 225-227 Alfredo Stussi.
6607 FIORELLI, Piero: Lontani programmi di lavoro per un Vocabolario giuridico. — *AGI* 61, 1976, 200-215.
6608 FOGARASI, Miklós: *Storia di parole, storia della cultura. Neologismi delle discussioni linguistiche e storia culturale nel Settecento*. — Strumenti linguistici 6; Napoli: Liguori, 1976, 109 p. | *LeSt* 12, 1977, 680 L. Rosiello.
6609 FOLENA, Gianfranco: Le prime immagini dell'America nel vocabolario italiano. — *BALM* 13-15, 1971-73 (1976), 673-692 | *LN* 37, 1976, 127-128 Gh. Gh[inassi].
6610 FORESTI, Fabio: Differenziazioni regionali dell'italiano a livello lessicale. — *SILTA* 5, 1976/1-2, 285-300 | Summ in E.
6611 — Per uno studio delle denominazioni di moneta: aspetti e problemi. — [191], 343-351.
6612 GAWEŁKO, Marek: Les adjectifs qualitatifs en italien. — *KNf* 23, 1976, 125-132.
6613 GIACOMELLI, Gabriella: *Fragare, frago*: un odore attraverso i secoli. — [233], 325-340.
6614 GORNI, Guglielmo: "Certame coronario". — *LN* 37, 1976, 11-14.
6615 GRAZIUSO, Luciano: Neologismi 1971. — *SLSal* 6, 1973-74 (1975), 51-67.
6616 — Alcuni neologismi. — *LN* 36, 1976, 115-117.
6617 GUȚIA, Ioan: *Storia del nome Dracula e di altre parole d'oggi*. — Bibl. di Cultura 87; Roma: Bulzoni, 1976, 142 p.
6618 HÖYBYE, Poul: Glossari italiano-tedeschi del Quattrocento. II. — *SFI* 32, 1974, 143-203, 2 pl. (facsim.) | Cf. BL 1964, 4324.
6619 JAŠAR-NASTEVA, Olivera: Turchismi nei documenti ragusei redatti in lingua

italiana (dal sec. XV al sec. XVII). — *BALM* 13-15, 1971-73 (1976), 315-334.
6620 LAZZERINI, Lucia: Nota su *pamber*. Una ricostruzione semantica. — *SFI* 34, 1976, 401-409.
6621 LESO, Erasmo: Lingua politica alla fine del Settecento: storia di *moderato*. — *LN* 37, 1976, 1-7.
6622 LOACH BRAMANTI, Kathleen: In mezzo = "e mezzo". — *SGI* 5, 1976, 43-45 | *In mezzo* in anc. business texts.
6623 LURATI, Ottavio: Rettifiche semantiche: gerg. *camuffare, calmo, calmare, camorra*, a.it. *(en)camare, scaramuccia* e la famiglia it. del lat. CARMEN. — [249], 505-529.
6624 MANZELLI, Gianguido: Contributo all'etimologia dell'it. *bronzo*. — *AIV* 134, 1975-76, 335-358.
6625 MARCHI, Franco: Appunti per un'analisi del tipo semantico. — [191], 27-30 | Lessico zoologico popolare.
6626 MARCHI GOLZIO, Rosalia: Nomi di funghi. Appunti per un'analisi componenziale del lessico botanico dialettale. — [191], 85-101, fold. tab.
6627 MARRI, Fabio: Curiosità lessicali negli *Elogi del porco* dell'abate Giuseppe Ferrari (1761). — *LN* 37, 1976, 82-88.
6628 MAZZONI, Bruno, & GROSSMANN, Maria: Analisi semantico-strutturale dei termini di colore in italiano. — *ACILR* XIII/1, 869-890, 9 tab.
6629 MEDICI, Mario: Sui francesismi politici e rivoluzionari del periodo giacobino in Italia. — *AGI* 61, 1976, 193-199.
6630 MOSINO, Franco: "Colònico". — *LN* 37, 1976, 24.
6631 MURA, Paola: Riflessi della ritualità e del diritto romano nel lessico romanzo: l'italiano *pigliare* e i veneti *massipar, dar na man de bianco* e simili. — *LeCo* 1, 1975/2, 161-166.
6632 NARDIN, Laurino: Ricerche sulla lingua di G. G. Belli: i francesismi. — *FilM* 1, 1976, 277-351.
6633 OTTONELLO, Pier Paolo: Problemi e struttura del "Lessico Rosminiano". — [153], 123-127.
6634 PELLEGRINI, Giovan Battista: *Pignatta* (Nota etimologica). — *AGI* 61, 1976, 165-172.
6635 — "Martabana – marzapane". — *LN* 37, 1976, 92.
6636 PISANI, Vittore: Contributi all'etimologia italiana. — *AGI* 61, 1976, 156-161 | 1. *ciotto* e *zoppo*. 2. *prizzato, sprizzare* ecc. 3. *puleggio, spulezzare*. 4. *prestidigitatore*.
6637 — Italiano *sbrinzo*, tedesco *Sbrinz*, rumeno *brînză*. — *Acme* 29, 1976, 261-262.
6638 RAFFAELLI, Sergio: La *regìa*. Nozione e terminologia. — *AMAT* 40, 1975, 289-378.
6639 ROSSI, Elisabetta: Nomi italiani di piante per avvelenare i pesci (*ALM*: Q. 441 e 030). — *BALM* 13-15, 1971-73 (1976), 585-599.
6640 TROPEA, Giovanni: La fortuna di ἐσχάριον nel Mediterraneo. — *BALM* 13-15, 1971-73 (1976), 273-29, 2 pl.
— Di alcuni italianismi gastronomici nel lessico anglo-americano. — 8473.
6641 VALENTE, Vincenzo: It. merid. *fetuso* "irascibile", tosc. *fiatoso*. — *LN* 37, 1976, 94-95.
6642 VARANINI, Giorgio: "Acciaio indònaco". — *LN* 37, 1976, 76-78.
6643 VÀRVARO, Alberto: Storia politico-sociale e storia del lessico in Sicilia. A proposito del "Vocabolario etimologico siciliano". — *TLL* 14, 1976/1, 85-104, 3 maps | Cf. 6645.
6644 VIDOS, B. E.: Sobre la penetración de hispanismos en napolitano e italiano. —

RFE 57, 1974-75 (1976), 65-78.
6645 *Vocabolario etimologico siciliano*. Promosso da Antonino PAGLIARO. Fasc. di saggio a cura di Rosanna SORNICOLA e Alberto VÀRVARO.... — Palermo: 1975 | BL 1975, 6350. | *SMV* 24, 1976, 204-206 Luca Curti | Cf. 6643.
6646 WIDŁAK, Stanisław: Rapports quantitatifs dans l'homonymie en italien. — *ZNUJ* 541, *Prace Językoznawcze* 52, 1976, 15-25 | Rés. pol.
6647 — Sur les homonymes en italien. — *ACILR* XIII/1, 775-779, tab.
6648 — L'emprunt comme source de l'homonymie en italien. — *ACILR* XIV/2, 489-503.
6649 ZAMBONI, Alberto: Categorie semantiche e categorie lessicali nella terminologia botanica. — [191], 53-83.
6650 ZOLLI, Paolo: *Le parole straniere.* — Bibl. linguistica 5; Bologna: Zanichelli, 1976, 132 p. | *IS* 32, 1977, 132-133 Mirna Risk | *ZRPh* 92, 1976, 659-660 K. B[aldinger].
6651 — "Acerbire" e "affebbrato"; "affiorato"; "allocuzione"; "adiacenze" e "pertinenze"; Un dialettalismo del Manzoni: *magnariso.* — *LN* 37, 1976, 92-94.

6. ÉCRITURE, ORTHOGRAPHE — SCRIPT, ORTHOGRAPHY

6652 GRAZIUSO, Luciano, & GHINASSI, Ghino: Kappa "ironico"? — *LN* 37, 1976, 119-120.

7. STYLISTIQUE, LANGUE LITTÉRAIRE — STYLISTICS, LITERARY LANGUAGE

6653 BIZZICCARI, Alvaro: Linguaggio e stile delle Letteredi Caterina da Siena. — *Italica* 53, 1976, 320-346.
6654 BOSTRÖM, Ingemar: Osservazioni sullalingua di Vasco Pratolini. — *SGI* 4, 1974-75 (1976), 115-156.
6655 BROSE, Margaret: Metaphor and simile in Giuseppe Ungaretti's *L'Allegria*. — *LeSt* 11, 1976, 43-73 | Summ. in E. & Ru.
6656 CERNECCA, Domenico: Manzoni e Svevo di fronte al dialetto. — *SRAZ* 39, 1975, 39-54.
6657 CORTELAZZO, Manlio: La figura e la lingua del "todesco" nella letteratura veneziana rinascimentale. — [233], 173-182.
6658 GESI, Stefania: Teoria e prassi linguistica in Vincenzo Monti. — *SSL* 16, 1976, 63-115.
GRUBER, J.: *Laura und das Trobar car ...* — 6289.
6659 HILTY, Gerold: "Oratio reflexa" im Italienischen. — [267], 143-175 | A propos du livre de Giulio HERCZEG, 1963 (BL 1964, 4355).
6660 JACQMAIN, Monique: Phrases accumulées et phrases éruptives dans l'œuvre de Malaparte. — *LAnt* 8, 1974 (1975), 21-31.
6661 LANSING, RichArd H.: Stylistic and structural duality in Manzoni's *I promessi sposi.* — *Italica* 53, 1976, 347-361.
6662 LAURETIS, Teresa DE: *La sintassi del desiderio. Struttura e forme del romanzo sveviano.*— Il Portico, Bibl. di lettere e arti 58; Ravenna: Longo, 1976, 175 p. | *LeSt* 12, 1977, 760-763 A. Cavalli.
6663 MARANGONI, Tiziana: 'Il Gattopardo' e la sua traduzione inglese. Problemi lessicali. — *FilM* 1, 1976, 199-275.
6664 MARTELLI, Mario: Latinismi foscoliani. — *LN* 37, 1976, 17-20.

6665 MEDICI, Mario: Varianti di interiezioni nei 'Promessi sposi'. — *LN* 37, 1976, 32-38.
6666 NARDIN, Laurino: Schede linguistiche dalle 'Lettere a Cencia' del Belli. — *LN* 37, 1976, 20-21.
6667 PIETROPAOLO, Domenico: La fenomenologia del linguaggio poetico in *Conversazione in Sicilia*. — *LeSt* 11, 1976, 75-90 | Vittorini. Summ. in E. & Ru.
6668 PORCU, Antonio: La "Vita" dell'Alfieri come vicenda linguistica. — *LeSt* 11, 1976, 245-268 | Summ. in E. & Ru.
6669 SALAMAC, Pietro: Esempi di linguaggio figurato in alcune commedie leccesi. — *SLSal* 7, 1974-75 (1976), 57-63.
6670 SALETTA BELLINA, Anna Laura: Personaggio e linguaggio nel libretto comico del '700. II. — *AIV* 134, 1975-76, 1-24 | Cf. BL 1975, 6386.
6671 STALES, Francesca DE: Leopardi e l'aspetto verbale. — *QIFLP* 4, 1976, 157-171.
6672 STEPANOVA, L. G.: Dialektnoe slovo v literaturnom kontekste (na ital'janskom materiale). — [346], 211-216.
6673 TAEYE-HENEN, Monique DE: Concurrence littéraire des pronoms personnels *voi* et *Lei* dans la langue italienne d'aujourd'hui. — *ACILR* XIII/2, 147-156.
6674 TARALDSEN, Ingrid Raeder: Un'analisi delle costruzioni participiali assolute nella 'Vita' del Cellini. — *RRom* 10, 306-327 | BL 1975, 6389. | *RRom* 11, 1976, 358 Marianne Plum.
6675 ZOLLI, Paolo: Le due redazioni di un romanzo di A. Panzini (*La sventurata Irminda!*). — *FilM* 1, 1976, 383-422.

8. PROSODIE, MÉTRIQUE, VERSIFICATION — PROSODY, METRE, VERSIFICATION

6676 BECCARIA, Gian Luigi: *L'autonomia del significante. Figure del ritmo ....* — Torino: 1975 | BL 1975, 6393. | *LeSt* 11, 1976, 696-698 T. La Spada.
6677 BELTRAMI, Pietro G.: Sul metro della 'Divina Commedia': sondaggi per un'analisi sintattica. — *SMV* 24, 1976, 7-72.
6678 DI GIROLAMO, Costanzo: Il verso di Pavese. — *AION-R* 17, 1975, 99-112.
6679 WLASSICS, Tibor: *Interpretazioni di prosodia dantesca*. — Roma: 1972 | BL 1972, 5704. | *RomPh* 29, 1975-76, 384-388 C. Di Girolamo.

9. TRADUCTION — TRANSLATION

6680 ALTIERI BIAGI, Maria Luisa: La traduzione. Una traduzione. — *AGI* 61, 1976, 216-228.
6681 SAVIĆ, Momčilo D.: Alcuni problemi della traduzione dall'italiano in serbo-croato e viceversa relativi alla temporalità. — *ACILR* XIV/2, 669-681.

10. LINGUISTIQUE MATHÉMATIQUE — MATHEMATICAL LINGUISTICS

6682 BORTOLINI, Umberta: Tipologia sillabica dell'italiano. Studio statistico. — [140], 5-21.
6683 JUILLAND, Alphonse, & TRAVERSA, Vincenzo: *Frequency dictionary of Italian words*. — The Romance Languages and their Structures, First S., I 1; The Hague: Mouton, 1973, xlviii, 520 p. | *Linguistics* 170, 1976, 96-99 G. Lepschy.
6684 SCALISE, Sergio: Problemi per uno spoglio morfologico della 'Divina Commedia'. — *ACILR* XIII/1, 659-670, 2 tab., 5 fig.
6685 *Spogli elettronici dell'italiano delle origini e del Duecento. I: Grafia. 1. Prose*

fiorentine, ed. A. Schiaffini. *A linguistic inventory of thirteenth-century Italian*, I 1. A cura di Mario ALINEI. — Ricerche linguistiche e lessicografiche dell'Istituto di Lingua e Letteratura it. dell'Univ. di Utrecht 22; Bologna: Il Mulino, 1975, XXXV, 938 p. | *LN* 38, 1977, 57 Paolo Zolli.

6686 *Spogli elettronici dell'italiano letterario contemporaneo*. 2: *I. Calvino, Il sentiero dei nidi di ragno*. A cura di Mario ALINEI. — Bologna: 1973 | BL 1973, 6863. | *LN* 37, 1976, 56-57 Concetta D'Angeli.

12. SOCIOLOGIE DU LANGAGE — SOCIOLOGY OF LANGUAGE

6687 ALIPRANDI, Giuseppe: La "opinione pubblica". Documentazione linguistica (10a puntata). — *AMAP* 87, 1974-75, 141-237.
6688 BERRUTO, Gaetano: *La Langa* di Cesare Pavese: una lettura "sociolinguistica". — *LN* 37, 1976, 96-106.
6689 CANEPARI, Luciano: Lingua e dialetto. Note critiche. — *SILTA* 4, 1975/2-3 (1976), 469-480 | On the It. situation (Summ. in E.).
6690 CARDINALE, Ugo: Lingua, dialetti, comunità alloglotte: alcuni problemi e prospettive nel dibattito socio-linguistico e psico-pedagogico. — *SILTA* 5, 1976/1-2, 253-276 | Summ. in E.
6691 FALCONE, Giuseppe: Note per un lavoro di sintesi sul rapporto "lingua-dialetto" in Calabria. — *SLSal* 6, 1973-74 (1975), 3-19.
6692 GALLI DE' PARATESI, Nora: Analisi semantica delle opinioni linguistiche: un caso di sinestesia in senso lato. — [233], 281-294.
6693 GIAMMARCO, Ernesto: Incontro tra lingua e dialetto. — [290], 495-511.
6694 HABTE-MARIAM MARCOS: Three other Ethiopian languages. 3. Italian. — [339], 170-180 | Simplified It. of Ethiopia.
6695 MARCATO, Gianna, POLITI, Antonio, & URSINI, Flavia: Osservazioni a Trumper. — *LeCo* 1, 1975/2, 179-183 | Comments on John TRUMPER's art., *LeCo* 1/1, 180-181 (BL 1975, 6410). | Reply by Trumper, 183-195.
6696 MAZZOTTA, Giuseppe: Sui rapporti tra dialettologia e glottodidattica. — [290], 47-53.
6697 MIONI, Alberto M.: Per una sociolinguistica del Veneto centrale. — *ACILR* XIV/2, 327-333.
6698 PIZZORUSSO, Alessandro: *Il pluralismo linguistico in Italia fra stato nazionale e autonomie regionali*. — Pisa: 1975 | BL 1975, 6408. | *ASNP* 6, 1976, 1500-1501 A. Stussi | *LN* 37, 1976, 125-126 Angelo Ara.
6699 TROPEA, Giovanni: *Italiano di Sicilia*. — Palermo: Aracne, 1976, 176 p. | *Paideia* 32, 1977, 192-196 Concetto Rossitto.
6700 ZAGAMI, Gloria: Note sul bilinguismo nel Tirolo meridionale. — *SLSal* 7, 1974-75 (1976), 221-234.

14. ONOMASTIQUE — ONOMASTICS

6701 ALBANESE, Elisabetta: Note di onomastica pugliese. — *SLSal* 7, 1974-75 (1976), 3-12.
6702 ARCAMONE, Maria Giovanna: L'antroponimia germanica a Pisa durante l'età longobarda. — [297], 133-158.
6703 BABLER, Otto F.: Dante Alighieri – jeho jméno a rod. — *ZprMK* 17, 1976, 223-228 | Dante Alighieri: his name and descent.
6704 BATTISTI, Carlo: Pian de le Fugazze. — [297], 171-176.

SARDE

6705 COSTA, Frank Joseph, & RADCLIFF-UMSTEAD, Douglas: Nicknaming among the Calabrese. — *Onoma* 19, 1975/3 (1976), 492-503.
FALCONE, G.: I riflessi antroponimici della grecità biz. .... nella Calabria reggina. — 4974.
HIRSCH, E.: Die *fīnīle*-Namen am Osthang der Kottischen Alpen. — 6327.

6706 Inventario dei toponimi valtellinesi e chiavennaschi. 8. *Territorio comunale di Chiesa in Valmalenco.* A cura di Annibale MASA e Giovanni DE SIMONI. — Sondrio: Soc. Storico Valtellinese, 1976, 128 p. | Cf. BL 1975, 6419.

6707 LAVÍA, Maria Luisa: Toponomastica della valle di Andorno. — *ACILR* XIII/1, 897-900.

6708 LEONE, Alfonso: La sequenza cognome + nome. — *AGI* 61, 1976, 257-263.
MANCARELLA, G. B.: L'onomastica nelle ricerche di O. Parlangèli. — 695.

6709 MASTRELLI ANZILLOTTI, Giulia: I nomi locali della Val di Non (Cont.). — *AAAd* 70, 1976, 1-365 | Cf. BL 1975, 6411-2. | En vol.: Firenze: Olschki, 1976, 377 p.

6710 MIGLIORINI, Bruno: Edifici di città italiane nel lessico. — [249], 653-664.

6711 PESIRI, Giovanni: L'odierno *Monte delle Fate* e il *Tīfāta mons* della tradizione latina. — *ID* 39, 1976, 83-91.

6712 PETRACCO SICARDI, Giulia: Un problema topografico della Val Ceno: il *castellum, ubi Lacore dicitur.* — *Archivio Storico per le Province Parmensi* (Parma), 4a serie, 22, 1970, 117-136.

6713 — Nota sui toponimi lunigianesi *Castagnétoli, Cerétoli, Scorcétoli* e *Tercerétoli.* — *Archivio Storico per le Province Parmensi*, 4a serie, 24, 1972, 61-68.

6714 — L'etimologia del toponimo *Gambaro.* — *Archivio Storico per le Province Parmensi*, 4a serie, 26, 1974, 293-311.

6715 — Indicazioni etniche germaniche nelle carte altomedioevali piacentine. — *Archivio Storico per le Province Parmensi*, 5a serie, 27, 1975, 139-174.

6716 — Il tipo toponimico *rīuī caput.* — [233], 687-696 | Les toponymes it. *Riccò, Ricò.*

6717 SALAMAC, Pietro: Alcuni nomi comuni nella toponomastica salentina. — *SLSal* 6, 1973-74 (1975), 21-36.

6718 SANTORO, Ciro: Note di fitotoponomastica appulo-salentina. — *SLSal* 7, 1974-75 (1976), 139-207.

6719 TOLLEMACHE, Federico: Particolarità linguistiche e topografiche relative a Ragusa e al suo territorio nei portolani e negli isolari del '600. — *BALM* 13-15, 1971-73 (1976), 349-355.
ZINSLI, P.: Spuren sprachverschiedener Begegnung in den Ortsnamen der schweizerdeutschen Alpentäler. — 7808.

E. Sarde — Sardinian

6720 ATZORI, Maria Teresa: L'elemento greco nel sardo e nel calabrese. — [192], 315-324.

6721 CONTINI, Michel: K-h, F-h et le problème des laryngales du sarde. — *Bull. de l'Inst. de Phonétique de Grenoble* 4, 1975, 27-66.

6722 — Contribution à l'étude instrumentale de l'intonation en sarde. — *ACILR* XIII/1, 229-245, 10 pl. d'ill.

6723 PAULIS, Giulio: Stanowisko języka sardyńskiego w rodzinie romańskiej. — *SprOKrPAN* 19, 1975 (1976), 34-35 | The position of Sardinian within the Romance languages.

6724 PITTAU, Massimo: *Lingua e civiltà di Sardegna.* — Cagliari: 1970 | BL 1970, 5806. | *PhP* 19, 1976, 220-222 František Hruška.

F. Rhéto-roman (Romanche, Ladin) — Rhaeto-Romance (Romansh, Ladin)

6725 PERESSI, Lucio: *Mezzo secolo di cultura friulana. Indice delle pubblicazioni della Società Filologica Friulana (1919-1972).* — Udine: Soc. Filol. Friulana, 1974, 343 p.

BEZZI, Q.: *Dizionarietto comparato delle voci gergali "tarone"* .... — 6488.

6726 DECURTINS, Alexi: Zur Problematik der Neuschöpfungen im Rätoromanischen Graubündens. — [6750], 11-30.

6727 *Dicziunari Rumantsch Grischun*, publichà da la Società Retorumantscha .... Red.: Alexi DECURTINS, Hans STRICKER. 80. fasc.: *foura – fratta*; 81. fasc.: *fratta – früt*. — Winterthur: Stamparia Winterthur, 1976, p. 513-576; 577-640, ill. | Cf. BL 1975, 6431.

6728 ELWERT, W. Theodor: Zur Unterengadiner Bibelübersetzung des J. A. Vulpius und des J. Dorta von 1679/1743 (Probleme der Ausbildung einer Schriftsprache). — [6750], 59-72.

6729 FRANCESCATO, Giuseppe: A sociolinguistic survey of Friulian as a "minor language". — *Linguistics* 177 (= *IJSL* 9), 1976, 97-121.

6730 — Per un'indagine sociolinguistica del friulano nel mondo. — *ACILR* XIV/2, 305-315.
— Problemi di dinamica dial. al limite tra friulano e veneto. — 6510.

6731 FRAU, Giovanni: I nomi friulani dell'arcobaleno. — [191], 279-306.

6732 GREGOR, D. B.: *Friulan: language and literature.* — New York: 1975 | BL 1975, 6435. | *RLiR* 40, 1976, 218-220 J. Rolshoven.

6733 HEINIMANN, Siegfried: Bifrun, Erasmus und die vorreformatorische Predigtsprache im Engadin. — [249], 341-358.

6734 ILIESCU, Maria: Considerazioni sopra il lessico fondamentale friulano. — [290], 513-526.
— Les groupes consonantiques initiaux et finaux en roum., en fr. et en frioulan. — 6777.

6735 JAUFER, Reinhard: *Die romanischen Orts- und Flurnamen des Paznauntales.* — Innsbruck: 1970 | BL 1971, 5484. | *RF* 88, 1976, 267-268 H. J. Wolf.

6736 KRAMER, Johannes: *Etymologisches Wörterbuch des Gadertalischen (Dolomitenladinisch).* Fasz. 6 (N-O-P-R); Fasz. 7 (S-T); Fasz. 8 (U-V-Z). — Köln: 1973; 1974; 1975 | Cf. BL 1975, 6437. | *SCL* 27, 1976, 660-662 Maria Iliescu.

6737 — Das Dolomitenladinische des 18. Jahrhunderts nach dem "Catalogus" des Bartolomei (1763). — [6750], 147-174 | Version abrégée en it. dans *RRLing* 20, 139-149 (BL 1975, 6439).

6738 — Poziția ladinei dolomitice în cadrul limbilor romanice. — *SCL* 27, 1976, 601-607 | G. summ.: Die Stellung des Dolomitenladinischen im romanischen Sprachgebiet.

6739 KUEN, Heinrich: Dolomitenladinische Orte im Munde der Deutschen. — [6750], 73-128.

6740 LIVER, Ricarda: *Die subordinierenden Konjunktionen im Engadinischen* ... — Bern: 1969 | BL 1969, 4730. | *VR* 35, 1976, 195-205 T. Ebneter.

6741 MENEGUS TAMBURIN, Vincenzo: La "Viza" cadorina e la sua investitura. — *AIV* 134, 1975-76, 51-64.

6742 — Breve glossario del ladino cadorino. — *AIV* 134, 1975-76, 395-403.

6743 PELLEGRINI, Adalberto: *Grammatica ladino-fodoma* ... — Bolzano: 1974 | BL

1974, 6007. | *ZRPh* 92, 1976, 261-263 J. Kramer (Also on *Vocabolario* ..., 1974 [BL 1974, 6006]).

6744 PELLEGRINI, Giovanni Battista: *Introduzione all'Atlante storico-linguistico-etnografico friulano (ASLEF)*. — Padova: 1972 | BL 1974, 6009. | *BNF* 11, 1976, 115-119 H. J. Wolf (Also on vol. I of the Atlas, 1972 [BL 1972, 5735]).

6745 — Noterelle linguistiche slavo-friulane. — *AION-S* 18, 1975 (1976), 129-154.

6746 — Commenti a nomi friulani di piante raccolti nell'ASLEF. II. — *SMV* 24, 1976, 153-190 | Cf. BL 1974, 6010.

6747 — Le denominazioni di alcune conifere nei dialetti friulani. — [233], 605-638.

6748 — Le denominazioni dolomitiche e friulane del "mirtillo nero" e del "mirtillo rosso". — [249], 693-714.

6749 PLANGG, Guntram A.: Gadertaler Ladinisch um 1700. — [6750], 129-146.

6750 *Rätoromanisches Colloquium, Mainz* [13.-14. Dezember 1974]. Beiträge hrsg. von W. Th. ELWERT. — Romanica Ænipontana 10; Innsbruck: Inst. für Romanische Phil. der Leopold-Franzens-Univ., 1976, 175 p. | *ZRPh* 92, 1976, 607 K. Baldinger.

6751 ROHLFS, Gerhard: *Rätoromanisch* ... — München: 1975 | BL 1975, 6447. | *RLiR* 40, 1976, 215-218 J. Kramer | *ASNS* 213, 1976, 210-212 H. Stimm | *RF* 88, 1976, 261-267 J. Kramer.

6752 SCHMID, Annemarie: *Die romanischen Orts- und Flurnamen im Raume Landeck*. — Innsbruck: 1974 | BL 1974, 6015. | *RF* 88, 1976, 436-438 H. J. Wolf.

6753 SPESCHA, Arnold: *Wind und Wetter. Die meteorologischen Erscheinungen im Wortschatz einer Bündner Gemeinde (Pigniu/Panix)*. — Diss. Zürich 1973, 287 p., 2 pl. | *VR* 36, 1977, 356-357 R. Liver.

6754 STIMM, Helmut: *Medium und Reflexivkonstruktion im Surselvischen*. — München: 1973 | BL 1973, 6914. | *CLing* 21, 1976, 249-251 C. Săteanu | *RF* 87, 1975, 125-126 H. Lausberg | *IF* 80, 1975 (1976), 254-257 G. A. Plangg.

6755 — Zu einigen syntaktischen Eigenheiten des Surselvischen. — [6750], 31-58.

6756 STRICKER, Hans: *Die romanischen Orts- und Flurnamen von Grabs*. — (Diss. Zürich); Zürich: Juris-Verlag, 1974, xxxvi, 305 p.

6757 — Zur Geschichte von lat. *presbyter* im Rätoromanischen. Aus der Werkstatt des St. Galler Namenbuches. — *VR* 35, 1976, 48-60.

6758 ZAMBONI, Alberto: Surselvano *amiuns*, fassano *magun*, romanzo alpino *magoia*. — *VR* 35, 1976, 40-47.

ZINSLI, P.: Spuren sprachverschiedener Begegnung in den Ortsnamen der schweizerdeutschen Alpentäler. — 7808.

G. Dalmate — Dalmatian

6759 BUTLER, Jonathan L.: Uno sguardo al vocalismo tonico del vegliotto. — *ACILR* XIII/1, 221-228, 12 fig.

6760 FISHER, John: *The lexical affiliations of Vegliote*. — Cranbury, NJ: Fairleigh Dickinson UP., 1976, 165 p. | *Lg* 53, 1977, 496 Robert A. Hall, Jr.

6761 TEKAVČIĆ, Pavao: Sul vocalismo neolatino autoctono nelle coste orientali dell'Adriatico. — *BALM* 13-15, 1971-73 (1976), 57-92.

H. Roumain — Rumanian

0. BIBLIOGRAPHIE ET GÉNÉRALITÉS — BIBLIOGRAPHY AND GENERAL

6762 CLOSE, Elizabeth: Rumanian studies: language. — *YWMLS* 37, 1975 (1976), 449-452.
POPA, E., & DĂNĂILĂ, I.: Bibliografia românească de lingvistică .... — 40.
6763 TRAMARIN, Achille: Introduzione alla bibliografia peschereccia e nautica rumena (Linguistica ed etnografia). — *BALM* 13-15, 1971-73 (1976), 703-713.

6764 BONFANTE, Giuliano: *Studii romeni.* — Roma: 1973 | BL 1973, 6924. | *CLing* 21, 1976, 120-121 Angela Goldea | *BSL* 72, 1977/2, 246 Octave Nandris | *RF* 87, 1975, 124-125 H. Lausberg | *VR* 35, 1976, 297-300 J. P. Kent.
6765 BULGĂR, Gh.: *Scriitori români despre limbă şi stil.* Antologie, introducere, comentarii, bibliografie, glosar. Ed. revăzută şi adăugită. — Bucureşti: Albatros, 1976, 353 p.
COSERIU, E.: Zur Kenntnis der rum. Sprache in Westeuropa im 16. Jahrhundert. — 1923.
6766 GOLDIŞ POALELUNGI, Ana: *L'influence du français sur le roumain: vocabulaire et syntaxe.* — Publ. de l'Univ. de Dijon 44; Paris: Les Belles Lettres, 1973, viii, 472 p. | Cf. BL 1973, 7097.
6767 IANCU, Victor: Dall'idioletto alla lingua. Il romeno regionale. — *ACILR* XIV/2, 291-296.
6768 KEIPERT, H.: Ein frühes deutsches Urteil über die Romanität des Rumänischen. — *ASNS* 213, 1976, 121-123 | Johann Wendel Bardili (1730).
6769 LAMBRIOR, A.: *Studii de lingvistică şi folcloristică.* Ed. îngrijită şi studiu introductiv de Ion NUŢĂ. — Iaşi: Junimea, 1976, xxxii, 248 p., 8 ill. | *LbR* 26, 1977, 211-212 Florica Dimitrescu.
6770 LOMBARD, Alf: *La langue roumaine....* — Paris: 1974 | BL 1974, 6036. | *LbR* 25, 1976, 215-216 Iorgu Iordan | *RESEE* 14, 1976, 174-176 Zamfira Mihail | *VR* 35, 1976, 296-297 J. P. Kent | *NphM* 77, 1976, 311-313 V. Kiparsky.
6771 MIHĂESCU, N.: *Dinamica limbii române literare: vocabular, sintaxă, stil.* — Bucureşti: Albatros, 1976, 149 p.
6772 ONCIULESCU, Teodoro: Theodor Gartner [1843-1925] e i suoi studi sul romeno. — *AION-R* 18, 1976, 343-356.
6773 PĂTRUŢ, I.: *Studii de limba română şi de slavistică.* — Cluj: Editura Dacia, 1974, 296 p. | *SCL* 27, 1976, 92-95 Dorin Gămulescu | *RESEE* 15, 1976, 533 537 Elena Scărlătoiu.
6774 PUŞCARIU, Sextil: *Limba română.* I. *Privire generală.* Prefaţă de G. ISTRATE. Note bibliografice de Ilie DAN. — Bucureşti: Minerva, 1976, xxvii, 539 p. | First ed. 1940 (BL 1948, 118). With bibliography of P.'s work.
6775 ŠABRŠULA, Jan: Nouvelles publications de la linguistique contrastive en Roumanie. — *PhP* 19, 1976, 93-97.

1. PHONÉTIQUE ET PHONOLOGIE — PHONETICS AND PHONOLOGY

6776 AVRAM, Andrei: Trăsăturile distinctive ale fonemelor limbii române literare. — *SCL* 27, 1976, 577-599 | Rés. fr.
HAMP, E. P.: u and b before u and next to vowel. — 4664.
6777 ILIESCU, Maria: Les groupes consonantiques initiaux et finaux en roumain, en français et en frioulan. — *RLiR* 40, 1976, 1-7.

6778 MĂRDĂRESCU-TEODORESCU, Maria: The duration of prepalatal affricates in Romanian. Auditory tests. — *RRLing* 21, 1976, 99-103.
6779 MÎRZA, Clement: Fonetica. — *Limba română contemporană*. Vol. I (București 1974 [BL 1974, 6027]), 11-60 | *SCL* 27, 1976, 85-91 Aurelian Lăzăroiu.
6780 POPESCU, Mircea †: I principali fenomeni del consonantismo romeno. — [233], 723-740.
6781 ROSETTI, Al.: Asupra monoftongării diftongului *eá* în limba română. — *SCL* 27, 1976, 423-424.
6782 RUSU, Valeriu: Sur l'*a* prothétique en roumain. — *ACILR* XIII/2, 191-199, 3 cartes.
6783 SALA, Marius: *Contributions à la phonétique historique du roumain*. — Bibl. fr. et romane, A 31; Paris: Klincksieck / București: Editura Acad. RSR, 1976, 300 p. | Trad. revisée de: *Contribuții la fonetica istorică a limbii române*, 1970 (BL 1970, 5877). | *BSL* 72, 1977/2, 251 J. Stéfanini | *VR* 35, 1976, 175-178 J. P. Kent (Sur l'éd. roum.).
6784 ȘUTEU, Flora: *Influența ortografiei asupra pronunțării literare românești*. — București: Editura Acad. R. S. R., 1976, 243 p.

2. GRAMMAIRE — GRAMMAR

6785 ANGHELESCU-TEMELIE, N., & POPESCU, Adrian Gh.: *Dificultăți ale analizei gramaticale*. — București: Editura științifică și enciclopedică, 1976, 292 p.
6786 AVRAM, Mioara: Condiționalul cu valoare de indicativ trecut în texte vechi românești. — *SCL* 27, 1976, 353-358 | Rés. fr.
6787 BEJAN, D.: Prepoziție + adverb. — *CLing* 21, 1976, 213-219 | Rés. fr.
6788 BRÂNCUȘ, Grigore: *Limba română contemporană. Morfologia verbului*. — București: Univ. de București, 1976, 128 p.
6789 — Productivitatea conjugărilor în româna actuală. — *SCL* 27, 1976, 485-492 | Rés. fr.
6790 BREDEMEIER, Jürgen: *Strukturbeschränkungen im Rumänischen. Studien zur Syntax der prä- und postverbalen Pronomina*. — TBL 64; Tübingen: TBL-Verlag, 1976, vii, 156 p. | *SCL* 27, 1976, 545-548 Finuța Hasan.
6791 CONSTANTINESCU-DOBRIDOR, Gh.: *Morfologia limbii române*. — București: 1974 | BL 1974, 6060. | *LbR* 25, 1976, 217-222 Ioana A. Negreanu.
CRISTEA, T.: Remarques sur le dat. possessif en roum. et en fr. — 5871.
6792 DASCĂLU, Laurenția: Statistical remarks on question types in Romanian. — *RRLing* 21, 1976, 391-399.
6793 DRAȘOVEANU, D. D.: Un atribut *acuzatival*. — *CLing* 21, 1976, 79-82 | Rés. fr.
6794 FELIX, Jiří: Un mod de descriere a categoriei cazului din limba română. — *RPrag* 9, 1975, 135-141 | Rés. fr. et tch.
6795 FLOREA, Melania: *Cel, cea, cei, cele* într'un manual pentru străini. — *LbR* 25, 1976, 235-241.
6796 FRÂNCU, C.: Din istoria verbelor neregulate: perfectul sigmatic al verbelor *a fi, a avea* și *a vrea*. — *LbR* 25, 1976, 55-67.
6797 GOGA, N.: Diateza în limba română cu formă, relație și raport. — *CLing* 21, 1976, 235-243 | Rés. fr.
6798 GOUDET, Jacques: Essai d'interprétation du système verbal périphrastique: *a fi* + gérondif en roumain. — *ACILR* XIII/1, 553-569, 3 fig.
6799 GRUIȚĂ, G.: Despre așa-zisul circumstanțial de excepție introdus prin *decît* (și subordonata corespunzătoare). — *CLing* 21, 1976, 83-89.

6800 GUȚU ROMALO, Valeria: *Sintaxa limbii române*.... — București: 1973 | BL 1973, 6986. | *LbR* 25, 1976, 103-109 Gh. Trandafir.
6801 — Recenzie și lectura. — *LbR* 25, 1976, 315-321 | Réponse au c.r. de Gh. Trandafir [6800].
6802 HALVORSEN, Arne: *Essai d'une analyse des formes dites "du futur" en roumain moderne.* — Oslo: 1973 | BL 1973, 6988. | *RJb* 26, 1975 (1976), 172-175 Wolf Dietrich | *RRom* 11, 1976, 195-196 P. Skårup.
6803 HERSLUND, Michael: Encore le "neutre" en roumain. — *RRLing* 21, 1976 (*CLTA* 13/1), 251-254 | Cf. 6816.
6804 HODIȘ, Viorel: Natura sintactică a relației apozitive. II. Diferențe specifice ale coordonării față de apozare. — *CLing* 21, 1976, 91-102 | Cf. BL 1973, 6991.
6805 IORDAN, Iorgu: Note sintactice. — *LbR* 25, 1976, 69-71 | 1. Prep. + subst. = adjectiv. 2. (*Pentru*) *ca* (*să*), locuțiune conjuncțională consecutivă?
6806 IRIMIA, Dumitru: *Structura gramaticală a limbii române. Verbul.* — București: Junimea, 1976, 307 p.
6807 LOMBARD, Alf: Le *î* prosthétique du roumain. — *Acta Societatis Linguisticae Upsaliensis*, N.S. 2:5 (Stockholm: Almqvist & Wiksell, 1976), 111-118.
6808 MARINESCU, Rareș: Comparaison morphosyntaxique des pronoms personnels en roumain et en français. Analyse distributionnelle des formes réduites. — *BSRLR* 10, 1974, 37-53.
6809 MISTERSKI, Henryk: Les formations suffixales et préfixales à la lumière du processus de ré-romanisation de la langue roumaine. — *SRP* 3, 1976, 79-81.
6810 MOISE, Ion, & DRAGOMIRESCU, Gh. N.: Negația slabă. — *LbR* 25, 1976, 229-234.
6811 NESTORESCU, Virgil: Aspecte ale formării cuvintelor în limba română veche (sec. XIV-XVI). I; II. — *SCL* 27, 1976, 377-388; 493-514 | Rés. fr.
6812 PANĂ-DINDELEGAN, Gabriela: *Sintaxa transformațională a grupului verbal în limba română.* — București: 1974 | BL 1974, 6079. | *SCL* 27, 1976, 643-652 Sanda Golopenția Eretescu.
6813 — *Sintaxa limbii române. I. Sintaxa grupului verbal.* — București: Univ. de București, 1976, 228 p.
6814 — Reflecții asupra modalității contextuale de analiză a sensului (cu referire specială la verb). — *LbR* 25, 1976, 119-135.
6815 REPINA, T. A.: O nekotorych spornych voprosach tipogičeskoj charakteristiki rumynskogo imennogo sklonenija. — [331], 161-174.
6816 ROSETTI, A.: Nouvelles remarques sur le neutre en roumain. — *RRLing* 21, 1976 (*CLTA* 13/1), 255-256 | Réponse au No. 6803.
SĂDEANU, F.: Timp și concordanță privite confruntativ în spaniolă și română. — 5509.
6817 SECHE, Luiza: Sufixul -*oid*. — *LbR* 25, 1976, 535-538.
6818 ȘERBAN, Vasile: *Teoria și topica propoziției în româna contemporană.* — București: 1974 | BL 1974, 6083. | *SCL* 27, 1976, 539-545 Clement Mîrza.
6819 STAN, I. T.: Despre pluralul unor substantive și adjective ale limbii române. — *LbR* 25, 1976, 137-142.
6820 VÂNTU, Ileana: Les temps du verbe roumain dans une perspective guillaumienne. — *RRLing* 21, 1976, 221-228.
6821 VINCENZ, Ileana: La segmentation des dérivés de la langue roumaine contemporaine. — *ACILR* XIII/1, 671-675.
VINTILĂ-RĂDULESCU, I.: Observații asupra propoziției subiective în limbile fr. și româna. — 5973.

ROUMAIN

6822 Vișan, Viorel: Le pronom relatif invariable en roumain et en français. — *BSRLR* 10, 1974, 55-73.
6823 Vlăduț-Cuniță, Alexandra: Remarques sur quelques verbes de mouvement "causatifs" roumains et français. — *BSRLR* 10, 1974, 15-22.
6824 Windisch, Rudolf: *Genusprobleme im Romanischen. Das Neutrum im Rumänischen.* — Tübingen: 1973 | BL 1973, 7017. | *IF* 80, 1975 (1976), 244-247 W. Rothe †.

3. HISTOIRE — HISTORY

6825 Cazacu, Boris: Sur la constitution des normes du roumain littéraire. — *ACILR* XIII/2, 119-126.
6826 Chivu, Gh.: Alternanța *ea* ~ *ia* în textele vechi românești. — *LbR* 25, 1976, 181-185 | Sur les textes en caractères cyrilliques.
6827 Close, Elizabeth: *The development of Modern Rumanian* .... — London: 1974 | BL 1974, 6092. | *RESEE* 13, 1975, 627-630 Zamfira Mihail | *BSL* 72, 1977/2, 245-246 Octave Nandris.
6828 Coresi: *Psaltirea slavo-română (1577) în comparație cu psaltirile coresiene din 1570 și din 1589.* Text stabilit, introducere și indice de Stela Toma. — București: Editura Acad. RSR, 1976, 780 p. | *SCL* 27, 1976, 653-655 I. Rizescu.
6829 Corfus, Ilie: *Însemnări de demult.* — Iași: Junimea, 1975, xi, 347 p., 4 fac-sim. | *SCL* 27, 1976, 322-324 B. Cazacu | *LbR* 25, 1976, 326-328 I. Rizescu.
6830 Costin, Nicolae: *Opere. I. Letopisețul Țării Moldovei de la zidirea lumii pînă la 1601. Letopisețul Moldovei de la 1709 la 1711.* Ed. critică cu un studiu introductiv, note, comentarii, indice și glosar de Const. A. Stoide și I. Lăzărescu, cu prefața de G. Ivănescu. — Iași: Junimea, 1976, cxvi, 348 p.
6831 Coteanu, I.: *Morfologia numelui în protoromână* ... — București: 1969 | BL 1969, 4836. | *VR* 35, 1976, 170-175 J.-P. Kent.
  Djamo-Diaconiță, L.: Aspects de l'influence du roum. dans la langue des chartes slavo-roum. ..... — 9262-3.
6832 Dosoftei: *Psaltirea în versuri, 1673.* Ed. critică de N. A. Ursu .... — Iași: Mitropolia Moldovei și Sucevei, 1974, lx, 1165 p. | *CLing* 21, 1976, 116-117 B. Kelemen.
6833 Flora, Radu: O počecima rumunskog književnog jezika. — [9601], 187-197 | On the beginning of the Rum. lit. language.
6834 Gheție, Ion: Texte coresiene copiate în *Codicele Todorescu.* — *LbR* 25, 1976, 3-10.
6835 — Termenii de origine maghiară și localizarea textelor rotacizante. — *LbR* 25, 1976, 187-190.
6836 — Moldova și textele rotacizante. — *LbR* 25, 1976, 257-268.
6837 — O slovă chirilică enigmatică și vechimea tradiției grafice românești. — *LbR* 25, 1976, 501-503.
6838 — Presupusul original rotacizant al *Psaltirii Scheiene.* — *SCL* 27, 1976, 425-428.
6839 — Trei locuri controversate din *Descrierea Moldovei* a lui Dimitrie Cantemir. — *SCL* 27, 1976, 515-521.
6840 Gheție, Ion, & Mareș, Al.: *Graiurile dacoromâne în secolul al XVI-lea.* — București: 1974 | BL 1974, 6099. | *CLing* 21, 1976, 111-114 Gr. Rusu.
6841 Goldiș-Poalelungi, Ana: *L'influence du français sur le roumain (vocabulaire et syntaxe).* — Coll. Publ. de l'Univ. de Dijon 44; Paris: Les Belles Lettres, 1973, 472 p. (polycopié) | *RBPh* 54, 1976, 199-200 Al. Lorian.

6842 HAMP, Eric P.: Some notes on *Istoria limbii române* by Al. Rosetti. — *SCL* 27, 1976, 181-184.
6843 KORLÈTJANU, N. G.: Problema vzaimodejstvija jazykov (na romano-slavjanskom materiale). — [229], 33-46 | East Romance-Sl. contacts.
6844 MAREŞ, Alexandru: *Apostolul Iorga* şi cele mai vechi versiuni româneşti ale *Apostolului*. — *LbR* 25, 1976, 505-513.
6845 — Constantin Kosteneţki şi începuturile scrisului în limba română. — *SCL* 27, 1976, 429-432.
6846 MIHAILESCU, Stefan: Giuliano Bonfante şi istoria românirol. — [233], 495-502.
6847 NICULESCU, Alexandru: Cultura di elite e cultura popolare nell'occidentalizzazione romanza del rumeno moderno. Premesse socioculturali. — *ACILR* XIV/2, 283-290.
6848 POPINCEANU, Ion: Fasi di sviluppo del romeno come lingua romanza orientale. — [233], 741-756.
6849 RIZESCU, I.: O copie muntenească din secolul al XVIII-lea a *Pravilei* lui Vasile Lupu. — *LbR* 25, 1976, 191-195.
6850 ROMAN, Alexandra: Un text românesc precoresian. — *LbR* 25, 1976, 463-474, 10 fig.
6851 ROSETTI, A.: *Brève histoire de la langue roumaine* .... — The Hague: 1973 | BL 1973, 7039. | *RLaR* 81, 1975/2 (1976), 564-565 Teddy Arnavielle | *BSL* 72, 1977/2, 243-245 Octave Nandris.
6852 — *Schiţă de istorie a limbii române de la origini şi pînă în zilele noastre*. — Colecţia Lyceum; Bucureşti: Albatros, 1976, xi, 132 p.
6853 STRUNGARU, Diomid: Pe marginea interpretării normelor ortografice în recentele ediţii a două vechi gramatici româneşti. — *LbR* 25, 1976, 197-204 | Cf. 6856.
6854 — Derivatele cu sufixul *-ame* atestate în secolul al XVII-lea numai în *Anonymus Caransebesiensis*? — *SCL* 27, 1976, 523-525.
6855 — Terminaţia *-uri* la pluralul neutrelor e atestată în secolul al XV-lea? — *SCL* 27, 1976, 639-641.
THUNMANN, J.: *Über die Geschichte und Sprache der Albaner und der Wlachen*. — 4695.
6856 URSU, N. A.: Din nou despre interpretarea grafiei chirilice româneşti. — *LbR* 25, 1976, 475-489 | A propos du No. 6853.
6857 VÎRTOSU, Ileana: Un manuscris românesc al *Întîmplarilor lui Telemac* de Fénelon: filieră, localizare, datare, paternitate. — *LbR* 25, 1976, 25-36.
6858 ZGRAON, Florentina: Tipăriturile vieneze din a doua jumătate a secolului al XVIII-lea şi unificarea limbii române literare. — *LbR* 25, 1976, 43-54.
6859 — Consideraţii filologice asupra primei traduceri manuscrise a *Scării* lui Ioan Sinaitul. — *LbR* 25, 1976, 275-287.

4. DIALECTOLOGIE — DIALECTOLOGY

6860 ATANASOV, Petar: Infinitivul meglenoromân. — *SCL* 27, 1976, 137-150.
6861 AVRAM, Mioara: Données dialectales récentes et le témoignage des anciennes grammaires du daco-roumain. — *ACILR* XIV/2, 109-119.
6862 BIDIAN, Viorel: Forme verbale de tipul *făcém, vindém*, în graiurile dacoromâne. — *CLing* 21, 1976, 65-69.
6863 ÇABEJ, Eqrem: Zur arumunischen Wortforschung. — *SCL* 27, 1976, 3-16.
6864 CARAGEANI, Gheorghe: La proposizione soggettiva nei testi aromeni

dell'Ottocento e del Novecento. — *AION-R* 17, 1975, 241-262.
6865 — Dell'influsso italiano sul dialetto aromeno. — *ACILR* XIV/2, 427-436.
6866 CARAGIU-MARIOȚEANU, Matilda: *Compendiu de dialectologie română* .... — București: 1975 | BL 1975, 6557. | *CLing* 21, 1976, 248-249 Viorel Bidian | *LbR* 26, 1977, 321-322 Iorgu Iordan.
6867 CAZACU, B.: Aspecte ale variației lingvistice în graiurile muntenești (pe baza datelor din *Texte dialectale. Muntenia*. I-III). — *SCL* 27, 1976, 293-299 | Cf. BL 1975, 6577.
6868 DUMISTRĂCEL, Stelian: Noul atlas lingvistic român, pe regiuni. Moldova și Bucovina. Probleme ale elaborării. — *LbR* 25, 1976, 547-558, carte.
6869 FRĂȚILĂ, V.: Un fenomen fonetic dialectal: $s > ș, z > j$ în unele grupuri consonantice urmate de sunete palatale. — *LbR* 25, 1976, 209-213.
6870 GHEȚIE, Ion: Sintaxa graiurilor din Valea Bistriței (Bicaz). I; II; III. — *SCL* 27, 1976, 21-32; 121-135; 221-230 | Rés. fr.
6871 IANCU, Victor, & VILLATA, Bruno: Considérations sur la phonologie historique des dialectes roumains et italiens. — *ACILR* XIII/2, 181-189, carte.
6872 IONESCU-RUXĂNDOIU, Liliana: *Probleme de dialectologie română*. — București: Univ. din București, Fac. de limbă și lit. română, 1973, 235 p. | *AION-R* 17, 1975, 162-167 Gheorghe Carageani.
6873 — *Probleme de dialectologie română.* — București: Univ. din București, Fac. de limbă și lit. română, 1976, 196 p.
6874 IVĂNESCU, G.: Les subdivisions territoriales du roumain. — *ACILR* XIII/2, 167-180.
6875 MIHĂILĂ-SCĂRLĂTOIU, Elena: K voprosu o drevnosti i dlitel'nosti južnoslavjanskogo vlijanija na arumynskij dialekt. — *RESEE* 14, 1976, 111-115.
6876 MOCANU, Nicolae: Adjectivul *flor* (< lat. *florus*) și derivatele sale. — *CLing* 21, 1976, 189-198, carte.
6877 MULJAČIĆ, Žarko: Über zwei Krkrumänische Texte aus dem 18. Jahrhundert. — *ZBalk* 12, 1976/1, 51-55.
6878 NEIESCU, Petru: Le traitement de l'*e* accentué en aroumain. — *RRLing* 21, 1976, 105-107.
6879 — Evoluție fonetică normală sau accident fonetic? În legătură cu formele *dințâ, cărțâ, cafțâ, avdâ* etc. din dialectul aromân. — *CLing* 21, 1976, 71-78 | Rés. fr.
6880 — Situația lui "*u* final" în dialectul aromân din Albania și din Macedonia. — *SCL* 27, 1976, 231-239 | Rés. fr.
6881 — Pentru un dicționar istroromân. — *SCL* 27, 1976, 527-533.
6882 ORZA, Rodica: Cu privire la flexiunea verbală în graiurile dacoromâne. Indicativul prezent. — *CLing* 21, 1976, 199-212, carte | Rés. fr.
6883 PAPAHAGI, Tache: *Dicționarul dialectului aromân* .... Ed. a doua. — București: 1974 | BL 1974, 6117. | *RESEE* 13, 1975, 625-627 H. Mihăescu.
6884 PAVEL, V. K.: Razvitie leksiko-semantičeskich mikrosistem moldavskich govorov v inojazyčnoj srede. — [344], 224-232.
6885 POPESCU, Radu Sp.: Un fenomen românesc dialectal de echidistanțare a fonemelor. — *SCL* 27, 1976, 189-190.
SARAMANDU, N.: Aires phonologiques et zones dial. de transition. — 2790.
6886 SEMČYNS'KYJ, S. V.: Leksyko-semantyčni interferenciji slov'jans'koho pochodžennja u marhinal'nych arealach dakoromans'koho masyvu. — *Mov* 1976/2, 22-30, 3 maps | Lexical-semantic interferences of Sl. origin in marginal areas of the Daco-Romance group.
6887 ŠVARCMAN, V. M.: O razvitii jazykovoj sistemy "ostrovnych" govorov v uslo-

vijach dvujazyčija (Na materiale moldavskogo govora v Omskoj oblasti RSFSR). — *IzvAN* 35, 1976, 260-269.
6888 UDLER, R. Ja.: Obuslovlennost' granic fonetičeskich javlenij social'no-istoričeskimi faktorami. — [344], 59-71, 2 maps | Moldavian dialects.
6889 —Značenie vostočnoromanskogo èlementa v "Obščekarpatskom dialektologičeskom atlase". — [2782], 27-36.
6890 — Posledstvija transplantacii fonetičeskogo javlenija karpatskogo areala (*f* > *s''*, *v* > *z''*) v severo-vostočnoj časti moldavskogo jazykovogo massiva. — [2782], 122-130.
VAŠEK, A.: Lingvističeskaja karpatologija .... — 2797.

5. VOCABULAIRE — VOCABULARY

6891 ANDREJEVA, K. S.: Pro spadkojemnist' typiv leksyčnoji polisemiji v semantyčnij strukturi rumuns'kych sliv fizyčnoji diji. — *InFil* 34, 1974, 110-114 | Quelques types de filiation génétique dans la polysémie des verbes roum. (Rés. ru. & fr.).
6892 ANGHEL, Ioana: Note etimologice: *a (se) părădui*; *părădău*; *poradic (poradichi, părădichi* etc.). — *CLing* 21, 1976, 45-47.
6893 — Note etimologice și lexicale. — *CLing* 21, 1976, 221-228 | Notes sur 18 mots commençant par *r-*.
6894 AVRAM, Andrei: Note etimologice. — *LbR* 25, 1976, 83-88; 155-158 | Sur 30 mots commençant par *p-*.
6895 BEYRER, A.: Die slawische Komponente im Verbinventar der rumänischen Gegenwartssprache. — *ZSl* 21, 1976, 145-175.
6896 — În legătură cu originea lui *stăpîn*. Adnotari metodice. — *SCL* 27, 1976, 633-637.
6897 BIDU-VRĂNCEANU, Angela: *Analiza structurală a vocabularului limbii române contemporane. Numele de culori.* — București: Univ. de București, Fac. de limba și lit. română, 1976, 291 p.
6898 BUGEANU, Dan: Note etimologice. — *LbR* 25, 1976, 539-542 | *bazon*; *furnal*; *lămîie*; *oropsi*; *tambuchi*.
6899 ÇABEJ, Eqrem: Rumänisch-albanische Wortparallelen. — *RRLing* 21, 1976, 55-57.
6900 ČERNJAK, A. B.: Ešče odno otraženie grečeskogo v balkanskoj latyni (rum. *cătră* < *contra* × *cata*). — [331], 297-316.
6901 [CORLĂTEANU, N. G.] KORLĔTJANU, N. G.: Moldavskaja naučno-techničeskaja terminologija na sovremennom ètape. — *VJa* 1976/5, 81-89.
6902 COSERIU, Eugenio: Das Rumänische im 'Vocabolario' von Hervás y Panduro [1787]. — *ZRPh* 92, 1976, 394-407.
6903 DAVID, Doina: Contribuții ale Transilvanei la formarea vocabularului neologic al românei literare. — *LbR* 25, 1976, 243-255.
6904 *Dicționarul explicativ al limbii române. DEX.* — București: 1975 | BL 1975, 6587. | *SCL* 27, 1976, 535-539 Arthur Beyrer | *CLing* 21, 1976, 245-246 B. Kelemen | *NyIrK* 20, 1976, 107-108 Kelemen Béla | Cf. 6932.
6905 *Dicționarul limbii române (DLR). Serie nouă.* Tomul IX. Litera *R*. — București: 1975 | BL 1975, 6586. | *SCL* 27, 1976, 198-205 Luiza Seche | *CLing* 21, 1976, 109-111 Rodica Marian.
6906 DIMITRESCU, Florica: Considerații asupra datării cuvintelor în *DLR*. — *LbR* 25, 1976, 143-147.

DJAMO-DIACONIȚĂ, L.: Përemra dhe ndajfolje të formuara me ndihmën e foljes "dua".... — 4649.
6907 GERMAN, K. F.: Imena prilagatel'nye v sisteme vostočnoslavjano-moldavskich jazykovych zaimstvovanij. — [2782], 115-122.
6908 GRAUR, Al.: *Alte etimologii românești.* — București: 1975 | BL 1975, 6595. | *SCL* 27, 1976, 195-198 C. Dominte | *CLing* 21, 1976, 115-116 Ioana Anghel | *NyIrK* 20, 1976, 208-209 Kelemen Béla.
6909 HAMP, Eric P.: Some Romanian areal etymologies. — *SCL* 27, 1976, 33-36 | 1. *băiat.* 2. *jumătate.* 3. *nescare*, etc. 4. *cine, mine/tine/sine.* 5. *nici.*
IEREMIA, E.: Essai d'analyse sémique. Étude de quelques verbes de la "pensée" .... — 6127.
6910 IONESCU, Anca Irina: Rom. *ancluz.* — *SCL* 27, 1976, 193-194.
6911 — Rom. *rohmani.* — *SCL* 27, 1976, 421-422.
6912 — Contribution à l'étude du lexique employé dans les traductions roumaines du "Synopsis de Kiev". — *RRLing* 21, 1976, 401-408.
6913 IORDAN, Iorgu: Note de lexicologie românească (I; II). — *SCL* 27, 1976, 53-58; 163-169 | Lettre Ș. | Cf. BL 1975, 6600.
6914 — Note de lexicologie românească. *T* (I). — *SCL* 27, 1976, 399-407.
6915 KAZAZIS, Kostas: The stylistic status of Modern Greek lexical elements in Rumanian. — *ZBalk* 12, 1976/1, 42-46.
6916 KELEMEN, Bela: Cu privire la atestarea indirectă a cuvintelor. — *SCL* 27, 1976, 417-419.
6917 LINȚA, Elena: *Wyrazy polskiego pochodzenia w języku rumuńskim*.... — Wrocław: 1974 | BL 1974, 6134. | *JP* 56, 1976, 228-234 Witold Truszkowski.
6918 LOȘONȚI, Dumitru: Note etimologice. — *LbR* 25, 1976, 158-161 | *ciocîrlan* et *ciocîrlie.*
6919 LUPU, Coman: Le lexique d'origine latino-romane dans la *Condica* de Golescu. — *BSRLR* 10, 1974, 111-116.
6920 MACREA, Dimitrie: Emprunts lexicaux roumains dans les langues voisines. — *ACILR* XIII/2, 553-561.
6921 *Mic dicționar enciclopedic.* — București: 1972 | BL 1973, 7115. | *ZBalk* 12, 1976/1, 100-102 Ernst Lange-Kowal.
6922 MIHĂILĂ, G.: *Dicționar al limbii române vechi*.... — București: 1974 | BL 1974, 6138. | *RRLing* 21, 1976, 445-447 Dorin Gămulescu.
6923 — Addenda au "Dictionnaire du roumain ancien" (III). — *RRLing* 21, 1976, 59-64 | Cf. BL 1975, 6607.
6924 MISTERSKI, Henryk: *Recepcja polskich zapożyczeń leksykalnych w dokumentach słowiańsko-mołdawskich w aspekcie superstratu słowiańskiego i reromanizacji języka rumuńskiego.* — Uniw. im. Adama Mickiewicza w Poznaniu, seria Filologia Romańska 5; Poznań: 1976, 124 p. | Rés. fr..
6925 MITU, Mihai: Note lexicale și etimologice. — *LbR* 25, 1976, 73-81 | Sur 40 mots commençant par *n-* ou *p-.*
NEDELCU, M.: Observaciones sobre el léxico fundamental de dos lenguas románicas... — 6148.
6926 NEGOMIREANU, Doina: Locuțiuni și expresii: aspecte ale structurii lor semantice. — *CLing* 21, 1976, 49-56.
6927 NESTORESCU, V.: Pe marginea unui răspuns. — *LbR* 25, 1976, 99-101 | A propos de la réponse de G. MIHĂILĂ, *LbR* 24, 621-624 (BL 1975, 6606).
6928 PETRICEICU-HASDEU, B.: *Etymologicum magnum Romaniae. Dicționarul limbii istorice și poporane a românirol.* Ed. îngrijită și studiu introductiv de

Grigore BRÂNCUȘ. [Vol.] III. — București: Minerva, 1976, 879 p., 4 fac-sim. | Cf. BL 1974, 6143.

PISANI, V.: It. *sbrinzo*, tedesco *Sbrinz*, rum. *brînză*. — 6637.

6929 RĂDULESCU, Mircea-Mihai: Romanian words of Dacian origin. — *Studia Indoeuropaea ad Dacoromanos pertinentia.* I [cf. 4583], 105-149.

6930 — Three substratum elements: Daco-Romanian *gînd, a ghici, a găsi*. — *RESEE* 14, 1976, 135-141.

— The IE. cognates of Daco-Romanian *strúgure* "grape; bunch". — 4111.

6931 ROSETTI, Alexandru: Les plus anciens mots slaves méridionaux du roumain. — [233], 913-916.

6932 ROSETTI-BĂLĂNESCU, C.: Cîteva observații la *Dicționarul explicativ al limbii române (DEX)*. — *SCL* 27, 1976, 301-305 | Cf. 6904.

6933 ŠABRŠULA, Jan-Jaroslav: A propos du lexique de la Romania Orientalis. — *EBTch* 5, 1974 (1976), 37-49.

6934 SLUȘANSCHI, Dan: Avatarurile unei etimologii: *căpcîn – căpcăun – cătcăun*. — *LbR* 25, 1976, 149-154.

VĂTĂȘESCU, C.: Locutions verbales .... en roum. et en alb. — 4697.

6935 VÎRTOSU, Ileana: En marge du 'Dictionnaire de la langue roumaine': nouvelles attestations de néologismes. — *RRLing* 21, 1976, 501-506.

6936 WITTOCH, Zdeněk: Nové rumunské práce o struktuře lexika. — *SS* 37, 1976, 56-60 | En marge des récents travaux d'Angela BIDU-VRĂCEANU sur la structure lexicale en roum. (*RRLing* 15, 1970-19, 1974 [BL 1974, 6122]).

6937 ZGRAON, Florentina: Un neologism de origine latină în prima jumătate a secolului al XVII-lea. — *LbR* 25, 1976, 624-626.

6. ORTHOGRAPHE — ORTHOGRAPHY

6938 COTEANU, I.: Pentru un mare dicționar ortografic al limbii române. — *LbR* 25, 1976, 351-354.

7. STYLISTIQUE, LANGUE LITTÉRAIRE — STYLISTICS, LITERARY LANGUAGE

6939 AVRAM, Mioara: Unitatea limbii noastre naționale și problemele cultivării limbii. — *LbR* 25, 1976, 339-348.

6940 BADEA, Ștefan: *Lacul*: de la variante la forma definitivă. — *LbR* 25, 1976, 173-179 | Eminescu.

6941 COTEANU, I.: *Stilistica funcțională a limbii române*. — București; 1973 | BL 1973, 7149. | *PhP* 19, 1976, 113-114 Zdeněk Wittoch.

6942 DIACONESCU, Paula: *Elemente de istorie a limbii române literare moderne*. I; II. — București: 1974; 1975 | BL 1975, 6639. | *RRLing* 21, 1976, 529-530 Szabó Zoltán.

6943 GÁLDI, Ladislau: *Introducere în stilistica literară a limbii române*. — București: Minerva, 1976, 403 p.

6944 GÁLDI, László †: Deux aspects du style romantique néo-latin: Lamartine et Heliade. — *ACILR* XIII/2, 985-993.

6945 GOLOGAN, Miruna: Tudor Arghezi, *Psalm* (*Pribeag în șes...*). — *LbR* 25, 1976, 587-591.

6946 GRAUR, Al.: Rolul dicționarelor. — *LbR* 25, 1976, 349-350.

6947 HRISTEA, Theodor: Abateri de la normele sintactice în presă și în publicistica actuală. — *LbR* 25, 1976, 359-366.

ROUMAIN

6948 INDRIEŞ, Alexandra: Opoziţii semantice în poezia lui G. Bacovia. — *LbR* 25, 1976, 565-576.
6949 IORDAN, Iorgu: *Stilistica limbii române*. Ed. definitivă. — Bucureşti: 1975 | BL 1975, 6644. | *RESEE* 14, 1976, 173-174 H. Mihăescu.
6950 — Pentru cultivarea limbii. — *LbR* 25, 1976, 225-227.
6951 — Stil "savant", stil "poetic". — *LbR* 25, 1976, 335-337.
6952 MANEA, Dana: "Actualizare" şi "activizare" semantică în *Psalmul* VIII (*Pribeag în şes* ...) de Tudor Arghezi. — *LbR* 25, 1976, 577-586.
6953 ŞTEFAN, Ion: Poziţia lui Titu Maiorescu faţă de neologisme în ediţiile succesive ale studiilor sale critice. — *LbR* 25, 1976, 163-171.
6954 TOHĂNEANU, G. I.: *Expresia artistică eminesciană*. — Timişoara: 1975 | BL 1975, 6653. | *SCL* 27, 1976, 318-322 Ştefan Badea.
6955 — *Dincolo de cuvînt. Studii de stilistică şi versificaţie*. — Bucureşti: Editura ştiinţifică şi enciclopedică, 1976, 267 p. | *LbR* 26, 1977, 581-583 Livius Petru Bercea.
6956 TUDORICĂ, Al.: Tudor Arghezi: "Dacica". Analiză de text. — *LbR* 25, 1976, 491-499.

8. PROSODIE, MÉTRIQUE, VERSIFICATION — PROSODY, METRE, VERSIFICATION

6957 GÁLDI, Ladislas: *Contributions à l'histoire de la versification roumaine* .... — Budapest: 1972 | BL 1972, 5959. | *NyK* 78, 1976, 209-211 Bakos Ferenc | *ALH* 26, 1976, 482-485 F. Bakos.

10. LINGUISTIQUE MATHÉMATIQUE — MATHEMATICAL LINGUISTICS

6958 BOCŞA, M.: Lexical zones of Romanian words. — [159], 315-318.

12. SOCIOLOGIE DU LANGAGE — SOCIOLOGY OF LANGUAGE

6959 BELCHIŢĂ HARTULAR, Anca: American Romanian verb: English influence. — *RRLing* 21, 1976, 135-151.
6960 NICULESCU, Alexandru: L'occidentalisation romane du roumain moderne (une analyse socio-culturelle). — [249], 665-692.

14. ONOMASTIQUE — ONOMASTICS

6961 BĂRBOI, Constanţa: Antroponimia comunei Rucăr din jud. Argeş. — *LbR* 25, 1976, 609-622.
6962 BOLOCAN, Gh.: Categoria "nume de grup" în toponimie. — *LbR* 25, 1976, 89-98.
6963 — Sistemul entopic al limbii române şi rolul lui în toponimie. — *LbR* 25, 1976, 205-208.
6964 — Toponime compuse în documentele slavo-române. — *LbR* 25, 1976, 303-311.
6965 — Numele de locuri din oraşe şi locul lor în dicţionarul toponimic al României. — *LbR* 25, 1976, 515-518.
6966 — Structura numelor de sate româneşti. — *LbR* 25, 1976, 593-608.
6967 DAN, Ilie: Cu privire la raportul dintre toponimie şi istorie. — *CLing* 21, 1976, 5-15.
DURIDANOV, I.: Slavjansko-rum. otnošenija v antroponimijata. — 9227.
GĂMULESCU, D.: Anthroponymes roum. dans la Serbie orientale. — 9811.

— Interférences onomastiques .... — 9812.
6968 GHEȚIE, Ion: *Moldova* - cuvînt de origine gotică? — *SCL* 27, 1976, 307-309.
6969 ICHIM-TOMESCU, Domnița: Aspecte metodologice ale cercetării opoziției de număr la numele proprii. — *SCL* 27, 1976, 469-477 | E. summ.
6970 IONAȘCU, Al.: Toponimia și cultivarea limbii. — *LbR* 25, 1976, 529-534.
6971 IONESCU, Christian: Observații asupra sistemului antroponimic românesc. — *LbR* 25, 1976, 519-528.
6972 LOȘONȚI, Dumitru: Toponime și apelative românești pentru noțiunea "terasă, platou". I. *Pod* și derivatele. II. — *CLing* 21, 1976, 17-30; 229-234.
6973 NEIESCU, Ileana: Nume de familie derivate cu sufixe în zona Porților de Fier. — *CLing* 21, 1976, 31-37.
6974 PĂTRUȚ, I.: Toponime formate din antroponime. — *SCL* 27, 1976, 17-19 | Rés. fr.
6975 — Din nou despre toponime formate din antroponime. — *CLing* 21, 1976, 39-44.
6976 ROȘIANU, I.: O problemă de onomastică în discuție: categoriile antroponimice. — *LbR* 25, 1976, 289-301.
SCHRAMM, G.: Der Flussnamenverbund von Theiss und Temesch. — 4117.
6977 ȘERBAN, George: Cațavei. — *LbR* 25, 1976, 543-546 | Nom de famille et toponyme.

XI. LANGUES CELTIQUES — CELTIC LANGUAGES

A. Généralités — General

6978 *Bibliotheca Celtica. A register of publications relating to Wales and the Celtic peoples & languages*, 1971-72. [Compiled by Gareth O. WATTS, et al.]. — Aberystwyth: National Library of Wales, 1976, xxiii, 594 p. | Cf. BL 1974, 6188.
6979 DAVIES, Alun Eirug: Traethodau ymchwil ar astudiaethau Celtaidd. Theses and dissertations on Celtic studies. — *SCelt* 10-11, 1975-76, 426-453.
6980 WATKINS, T. Arwyn: Common Celtic and Gaulish. — *YWMLS* 37, 1975 (1976), 464-469.
6981 WATTS, Gareth O.: A list of books, articles, etc., concerning the various aspects of the Celtic languages, received at the National Library of Wales, Aberystwyth, during 1973-1974 (September). — *SCelt* 10-11, 1975-76, 419-425.
6982 BEDNARCZUK, Leszek: Rozwój konsonantyzmu celtyckiego. — *SprOKrPAN* 19, 1975 (1976), 36-38 | The development of Celt. consonantism.
6983 CAMPANILE, Enrico: Indo-European and non-Indo-European elements in the Celtic dialects. — *JIES* 4, 1976, 131-138.
6984 HAMP, Eric P.: On some Gaulish names in *-ant-* and Celtic verbal nouns. — *Ériu* 27, 1976, 1-20.
6985 — Miscellanea Celtica. — *SCelt* 10-11, 1975-76, 54-73 | 1. The transformation of British inflexion. 2. Lack of NP-VP concord in British Celtic. 3. The British interrogative pronominals. 4. The British 2 pl. ending and *-su-*.
6986 — Barnu brawd. — *Celtica* 11, 1976, 68-75 | Celt. terms for "to judge (a judgement)" and their IE. background.
6987 JACKSON, Kenneth: Fifty years of Celtic philology. — *MLR* 71, 1976, xxiii-xxxvii.
6988 SCHMIDT, Karl Horst: The contribution of Celt-Iberian to the reconstruction of Common Celtic. — *ACLPI* I, 329-342.
6989 WAGNER, H[einrich]: Common problems concerning the early languages of the

British Isles and the Iberian Peninsula. — *ACLPI* I, 387-407, map.
WATKINS, C.: Varia I. — 4132.

B. Celtique continental — Continental Celtic

6990 DUVAL, Paul-Marie: Chronique gallo-romaine. — *REA* 76/3-4, 1974 (1976), 319-347.
6991 ADRADOS, Francisco R.: Aportaciones a la interpretación del bronce de Botorrita. — *ACLPI* I, 25-47.
6992 ALBERTOS FIRMAT, M.a Lourdes: La antroponimia prerromana de la Península Ibérica. — *ACLPI* I, 57-86, 32 maps.
6993 BANNERT, Herbert: *Vertico Nervius* und *Verticonis filius*. — *Sprache* 22, 1976, 47-49 | *Varticeo(s)*.
BIRKHAN, H.: Altgerm. Miszellen "aus funfzehen Zettelkästen gezogen". — 7104.
6994 COROMINAS, Joan: Acerca de algunas inscripciones del Noroeste. — *ACLPI* I, 363-385, 409-423.
— Elementos prelatinos en las lenguas romances hisp. — 5368.
DEVLEESCHOUWER, J.: Nervische hydroniemen (IV). — 7954.
FAUST, M.: Cuestiones generales de toponimia prerromana. — 11737.
MARINER, S.: Botorrita, topónimo prelatino. — 5658.
MATTE, E.: Le substrat celtique et la syllabation ... — 5796.
6995 MEID, Wolfgang: Zur Inschrift ουενιχοιμεδου Whatmough, DAG, p. 63. — *Sprache* 22, 1976, 52-53.
6996 PAVLOVIĆ, Milivoj: Le rencontre des Celtes de l'Europe centrale et des Gaulois en Illyricum. — *BALM* 13-15, 1971-73 (1976), 295-301.
REICHERT, H.: Zum Problem der rechtsrheinischen Germanen ... — 7146.
Rivista di epigrafia italica. — 5034.
6997 SCHMIDT, Karl Horst: Zur keltiberischen Inschrift von Botorrita. — *BBCS* 26/4, 1976, 375-394.
6998 UNTERMANN, Jürgen: Las leyendas monetales. — *ACLPI* I, 213-225, 4 fig.

B. Celtique insulaire — Insular Celtic

I. Généralités — General

6999 GREENE, David: The Irish numerals of Cardiganshire. — *SCelt* 10-11, 1975-76, 305-311.
LOCKWOOD, W. B.: *Collie* and *porbeagle*: two Celtic loans in E. — 8447.
NICOLAISEN, W. F. H.: *Scottish place-names* .... — 8614.

II. Irlandais et Gaélique d'Écosse — Irish and Scottish Gaelic

7000 SKERRETT, R. A. Q.: Irish studies. — *YWMLS* 37, 1975 (1976), 495-500.
7001 THOMSON, Derick S.: Scottish Gaelic studies. — *YWMLS* 37, 1975 (1976), 501-503.
ADAMS, G. B., & TURNER, Brian S.: A family name survey of Northern Ireland. — 8586.
7002 AHLQVIST, Anders: On the position of pronouns in Irish. — *Éigse* 16, 1975-76, 171-176.

7003 — On adverbs of place in Irish. — *ZCPh* 35, 1976, 158-168.
7004 ARMSTRONG, John: Phonological irregularity in compound verb forms in the Würzburg glosses. — *Ériu* 27, 1976, 46-72.
7005 *Audacht Morainn*. Ed. by Fergus KELLY. — Dublin: Dublin Inst. for Advanced Studies, 1976, xlv, 83 p. | *EC* 15/1, 1976-77, 358-360 E. Bachellery.
7006 BINCHY, D. A.: Féchem, fethen, aigne. — *Celtica* 11, 1976, 18-33 | On the words cited.
7007 — Semantic influence of Latin in the Old Irish glosses. — [228], 167-173.
7008 BLACK, Ronald: Poems by Maol Domhnaigh O Muirgheasain (I). — *ScoGS* 12/2, 1976, 194-208 | Ed. with transl. and notes.
7009 CARMICHAEL, Alexander: *Carmina Gadelica*. Vol. VI. *Indexes*. Ed. by Angus MATHESON. — Edinburgh: 1971 | BL 1971, 5813. | *ScoGS* 12/2, 1976, 290-299 J. L. Campbell | Cf. 7049.
7010 CARNEY, James: The earliest Bran material. — [228], 174-193.
7011 *Contributions to a dictionary of the Irish language*. General ed.: E. G. QUIN. H. Arranged by Maura CARNEY. — Dublin: Royal Ir. Acad., 1976, i p., 2 c. | Cf. BL 1975, 6727.
7012 *Dictionary of the Irish language, based mainly on Old and Middle Irish materials*. [Historical note, by E. G. QUIN, general ed. Abbreviations]. — Dublin: Royal Ir. Acad., 1976, xii p.
7013 DORIAN, Nancy C.: Gender in a terminal Gaelic dialect. — *ScoGS* 12/2, 1976, 279-282 | Coastal East Sutherland.
7014 *Gàidhlig ann an Albainn. Gaelic in Scotland: a blueprint for official and private initiatives*. Ed. by Derick THOMSON. — Glaschu [Glasgow]: Gairm, 1976, iv, 92 p.
7015 GREENE, David: The diphthongs of Old Irish. — *Ériu* 27, 1976, 26-45.
7016 — Varia II. — *Ériu* 27, 1976, 123-129 | 1. The MIr. preterite passive pl. ending -(a)it. 2. OIr. múinid "teaches". 3. OIr. óbar, úabar; W. ofer. 4. easnamh and aithneamh.
7017 — The preposition *i n-* as subject marker. — *Celtica* 11, 1976, 61-67.
7018 HAMILTON, Jon N.: *A phonetic study of the Irish of Tory Island, Co. Donegal*. — Belfast: 1974 | BL 1975, 6731. | *ZCPh* 35, 1976, 322-326 Noel McGonagle | *MLR* 71, 1976, 869-870 W. Gillies.
7019 HUNTSMAN, Jeffrey F.: Function, form, and phone: nominal syncretism in English and Irish. — [110], 260-270.
7020 JACKSON, Kenneth: Notes on the long-*é* future in Middle and Modern Irish. — *Celtica* 11, 1976, 94-106.
7021 KELLY, Fergus: The Old Irish tree-list. — *Celtica* 11, 1976, 107-124.
7022 KORNELIUS, Joachim: Hinweise zur Aussprache irischer Namen im Dramenwerk J. M. Synges. — *NphM* 77, 1976, 638-647.
7023 LEHMANN, R. P. M., & LEHMANN, W. P.: *An introduction to Old Irish*. — New York: Mod. Language Ass. of America, 1975, xvi, 201 p., facsim.
7024 LOCKWOOD, W. B.: *Ptarmigan* and other Gaelic names. — *ScoGS* 12/2, 1976, 271-278.
7025 MAC CANA, Proinsias: Two notes. — *Celtica* 11, 1976, 125-132 | (1) Ir. *láech* "warrior". (2) On a title in the MIr. tale-lists.
7026 MAC MATHÚNA, Liam: Some words for "(man-made) ridge" in Irish: *fu(i)th(a)irbe*; *immaire*; *indra, indrad*. — *BBCS* 26/4, 1976, 445-449.
7027 MATHESON, William (ed.): *The Blind Harper (An Clàrsair Dall)*.... — Edinburgh: 1970 | BL 1971, 5834. | *ScoGS* 12/2, 1976, 300-303 J. L. Campbell.

IRLANDAIS

7028 MCCAUGHEY, Terence P.: The possessive construction in Scottish Gaelic. — *Celtica* 11, 1976, 141-149.
7029 MEGAW, Basil: Norseman and native in the kingdom of the Isles. A re-assessment of the Manx evidence. — *ScoS* 20, 1976, 1-44, 5 fig., pl.
7030 MEID, Wolfgang: Zur Etymologie des Wortes für "Mensch" im Irischen (Kurzreferat). — [145], 13-14.
7031 Ó BAOILL, Colm: Domhnall Mac Mharcuis. — *ScoGS* 12/2, 1976, 183-193 | Member of a bardic family living about 1700: ed. of a poem.
7032 Ó BUACHALLA, Breandán: Varia III. Modern Irish *beirt*. — *Ériu* 27, 1976, 130-134.
7033 Ó CATHÁIN, Séamus, & O'FLANAGAN, Patrick: *The living landscape: Kilgalligan, Erris, County Mayo*. — Dublin: Comhairle Bhealoideas Éireann, 1975, x, 312 p., ill. | *Names* 24, 1976, 316-318 Kelsie B. Harder.
7034 Ó CATHASAIGH, Tomás: On the LU version of 'The Expulsion of the Dési. — *Celtica* 11, 1976, 150-157.
7035 Ó CUÍV, Brian: Observations on Irish *clog* and some cognates. — *SCelt* 10-11, 1975-76, 312-317.
7036 — 'Comram na cloenfherta'. — *Celtica* 11, 1976, 168-179 | Ed. with transl. and notes.
7037 Ó DOCHARTAIGH, Cathair: The Rathlin Catechism. — *ZCPh* 35, 1976, 175-233 | *The Church Catechism in Irish*, Belfast 1722: language, text, vocabulary.
7038 Ó MÁILLE, T. S.: *Breacadh: ornáid ar an duanaireacht*. — Dublin: Ir. UP., 1973, 146 p.
7039 — *Liosta focal as Ros Muc*. — Baile Átha Cliath: 1974 | BL 1974, 6254. | *ZCPh* 35, 1976, 304-318 N. J. A. Williams.
7040 — Béimaistriú i mantfhocail. — *Celtica* 11, 1976, 180-186.
7041 Ó MUIRGHEASA, Éinri: *Seanfhocail Uladh*. Éinri Ó Muirgheasa a chruinnigh agus a d'ullmhaigh an chéad eagrán, Nollaig Ó hURMOLTAIGH a chóirigh an t-eagrán seo. — Baile Átha Cliath: Oifig an tSoláthair, 1976, xv, 199 p. | Coll. of proverbs. First ed. 1907.
7042 Ó MURCHÚ, Máirtín: The article in a variety of Perthshire Gaelic. An outline of the forms used with singular nouns. — *Celtica* 11, 1976, 187-193.
7043 O'NEILL, John E.: Irish texts from South West Donegal. [III]. — *ZCPh* 35, 1976, 264-303 | Cf. BL 1975, 6747.
7044 O'RAHILLY, Cecile: 'Cathcharpat Serda'. — *Celtica* 11, 1976, 194-202 | Text, transl., notes.
7045 Ó SÚILLEABHÁIN, Pádraig: Beatha Cholaim Chille: an chóip atá i LS. A 8. — *Celtica* 11, 1976, 203-213.
7046 POLI, Diego: Blocco della lenizione e altri fenomeni fonologici nei prestiti latini in irlandese. — [140], 313-323.
7047 QUIN, E. G.: *Old-Irish workbook*. — Dublin: 1975 | BL 1975, 6752. | *Orbis* 25, 1976, 191-193 L. C. H. Tristram.
7048 RAPALLO, Umberto: Sincretismi nel sistema dei pronomi personali antico-irlandesi. — [290], 65-76.
7049 ROBERTSON, Hamish: Studies in Carmichael's Carmina Gadelica. — *ScoGS* 12/2, 1976, 220-265 | 1. Carmichael's motives and methods. 2. Non-biblical saints' names in Carmina Gadelica. 3. Angels in C. G. 4. Crosses and sanctuaries. 5. Relevance of the bestiaries to C. G. | Cf. 7009.
7050 SKERRETT, R. A. Q.: Some cases of vowel sandhi in the Irish of Erris. — *SCelt* 10-11, 1975-76, 388-392.

7051 — On the meaning of "habitual". — *Celtica* 11, 1976, 251-254 | The label "habitual" as attached to Ir. verb forms.

7052 STEWART, James: *An tOileánach* – More or less. — *ZCPh* 35, 1976, 234-263 | On the two editions and the language of Tomás Ó Criomhthain's autobiography. | Cf. BL 1974, 6250.

7053 STOCKMAN, Gerard: *The Irish of Achill, Co. Mayo.* — Belfast: 1974 | BL 1974, 6261. | *ZCPh* 35, 1976, 318-322 Noel McGonagle | *Éigse* 16, 1975-76, 247-249 Séamas Ó Murchú | *MLR* 71, 1976, 869-870 W. Gillies.

7054 TERNES, Elmar: *The phonemic analysis of Scottish Gaelic . . .* — Hamburg: 1973 | BL 1973, 7240. | *PhP* 19, 1976, 203-206 Jiří Krámský | *ZPhon* 29, 1976, 321 M. Rockel.

7055 THOMSON, R. L.: The stressed vowel phonemes of a Manx idiolect. — *Celtica* 11, 1976, 255-263.

7056 — The language of the *Caogad* (1659). — *ScoGS* 12/2, 1976, 143-182.

7057 VENDRYES, Joseph: *Lexique étymologique de l'irlandais ancien.* Lettres R-S. Vol. mis au point par E. BACHELLERY. — Paris: 1974 | *BSL* 71, 1976/2, 267-271 L. Fleuriot | *ZCPh* 35, 1976, 326-327 K. H. S[chmidt] | *SHib* 16, 1976, 188-189 Caitriona Jones.

7058 WAGNER, H.: Beiträge zur vergleichenden Erforschung des Irischen. — *Celtica* 11, 1976, 264-269 | 1. Eine Etym. von *féni.* 2. Zum Verbalpraefix *ro-.* 3. Neuir. *thug sé a aghaidh ar . . .* 4. Südir. *chuaidh an teine i n-éag.* 5. Altir. *at-ballat a beóil.* 6. Zur Etym. von ir. *seangán.* 7. Neuir. *gustal.*

7059 WAGNER, Heinrich, & O BAOILL, Colm: *Linguistic atlas and survey of Irish dialects.* Vol. IV. — Dublin: 1969 | BL 1969, 5049. | *ScoGS* 12/2, 1976, 283-289 James W. Gleasure.

7060 WATKINS, Calvert: The etymology of Irish *dúan.* — *Celtica* 11, 1976, 270-277.

III. Brittonique — Britonnic

A. GÉNÉRALITÉS — GENERAL

CAMPANILE, E.: Tracce d'Italici in Britannia? — 5033.

7061 HAMP, Eric P.: Ῥουτούπιαι, *Rŭtŭpīnus* and morphological criteria. — *BBCS* 26/4, 1976, 395-398 | On the anc. name of Richborough, Kent.

B. GALLOIS — WELSH

7062 WATKINS, T. Arwyn: Welsh studies: language. — *YWMLS* 37, 1975 (1976), 470-478.

7063 AWBERY, G. M.: *The syntax of Welsh: a transformational study of the passive.* — Cambridge: Cambridge UP., 1976, xi, 243 p.

7064 CRAWFORD, Terence D., & JONES, Glynn E.: Automated concordancing of Welsh dialects with output in the IPA. — *BBCS* 27/1, 1976, 45-50, 4 fig.

7065 DAVIES, Lynn: *Geirfa'r glöwr: casgliad o eiriau yn ymwneud â gwaith y lofa.* — Caerdydd: Amgueddfa Genedlaethol Cymru, 1976, xiii, 183 p.

7066 EVANS, D. Ellis: OW. *corruui,* MW. *carrei.* — *SCelt* 10-11, 1975-76, 74-77.

7067 FORD, Patrick: The poet as *cyfarwydd* in early Welsh tradition. — *SCelt* 10-11, 1975-76, 152-162 | On the meaning of *cyfarwydd* and *cyfarwyddyd.*

7068 *Geiriadur prifysgol Cymru. A dictionary of the Welsh language.* [Eds.: R. J. THOMAS †, Gareth A. BEVAN, et al.]. Rhan 28: *gwydnwedd – haint.* — Caerdydd:

Gwasg Prifysgol Cymru, 1976, p. 1751-1814 | Cf. BL 1975, 6767.
GRIFFEN, T. D.: Toward a nonsegmental phonology. — 2264.
7069 GRIFFITH, William Ll.: *Iaith plant Llŷn: astudiaeth mewn ieithyddiaeth gymdeithasol.* — Caerdydd: Gwasg Prifysgol Cymru, 1976, 230 p. | The language situation in the Llŷn peninsula, North-west Wales.
7070 GRUFFYDD, R. Geraint: A poem in praise of Cuhelyn Fardd from the Black Book of Carmarthen. — *SCelt* 10-11, 1975-76, 198-209 | Ed. with introd., transl., and notes.
7071 *Historia Peredur vab Efrawc.* Golygwyd gyda rhagymadrodd, nodiadau testunol a geirfa gan Glenys Witchard GOETINCK. — Caerdydd: Gwasg Prifysgol Cymru, 1976, xxix, 190 p.
7072 JACKSON, Kenneth: The date of the Old Welsh accent shift. — *SCelt* 10-11, 1975-76, 40-53.
7073 JENKINS, Dafydd: *Cynghellor* and chancellor. — *BBCS* 27/1, 1976, 115-118.
7074 JONES, R. M.: The article in Welsh. — *SCelt* 10-11, 1975-76, 326-344.
7075 JONES, Robert Owen: Cydberthynas amrywiadau iaith a nodweddion cymdeithasol yn y Gaiman Chubut: sylwadau rhagarweiniol. — *BBCS* 27/1, 1976, 51-64 | The decline of W. in Patagonia.
7076 MAC CANA, Proinsias: Notes on the affixed pronouns in Welsh. — *SCelt* 10-11, 1975-76, 318-325.
7077 — Latin influence on British: the pluperfect. — [228], 194-203.
7078 ROWLANDS, Eurys I.: *Poems of the Cywyddwyr*: a selection of Cywyddau c. 1375-1525. — Mediaeval and Mod. W. Series 8; Dublin: Dublin Inst. for Advanced Studies, 1976, xlix, 135 p. | *SHib* 16, 1976, 198-199 Liam Mac Mathúna.
7079 — Yr ymadrodd berfol. — *BBCS* 27/1, 1976, 1-22.
7080 THOMAS, Alan R.: *The linguistic geography of Wales* . . . . — Cardiff: 1973 | BL 1973, 7258. | *SCelt* 10-11, 1975-76, 491-494 David Greene | *Orbis* 26, 1977, 182-184 Wolfgang Viereck.
7081 THOMAS, Ceinwen H.: Some phonological features of dialects in South-east Wales. — *SCelt* 10-11, 1975-76, 345-366.
7082 THOMAS, Isaac: *Y Testament Newydd Cymraeg 1551-1620*. — Caerdydd: Gwasg Prifysgol Cymru, 1976, xi, 488 p.
7083 THORNE, D. A.: Arwyddocâd rhagenwau personol ail berson unigol ym Maenor Berwig, Cwmwd Carnwyllion. — *SCelt* 10-11, 1975-76, 383-387.
7084 WATKINS, T. Arwyn: Dwyieithedd a chyfnewid systemig yn y Gymraeg. — *SCelt* 10-11, 1975-76, 367-382.
7085 — Cyfnewidiadau seinegol sy'n gysylltiedig â'r 'acen' Gymraeg. — *BBCS* 26/4, 1976, 399-405.
7086 *The Welsh language today*. Ed.: Meic STEPHENS. — Llandysul: 1973 | BL 1973, 7260. | *SCelt* 10-11, 1975-76, 494-500 Ceinwen H. Thomas.
7087 WILLIAMS, David M.: *Geiriadur y gwerinwr. A Welsh countryman's dictionary*. Darluniai gan E. Meirion ROBERTS. — Dinbych: Gwasg Gee, 1975, 120 p.
7088 WILLIAMS, J. E. Caerwyn: MlW *neu, neut* as copula. — *Celtica* 11, 1976, 278-285.
7089 — *serch* "er". — *BBCS* 26/4, 1976, 416-423.

C. CORNIQUE — CORNISH

7090 CAMPANILE, Enrico: *Profilo etimologico del cornico antico*. — Pisa: 1974 | BL 1974, 6295. | *IF* 80, 1975 (1976), 257-259 R. Elsie.

7091 PRICE, Glanville: A note on two attestations to Late Cornish. — *BBCS* 26/4, 1976, 413-416.

D. BRETON — BRETON

7092 PRICE, Glanville: Breton and Cornish studies [for 1973-75]. — *YWMLS* 37, 1975 (1976), 490-494.
7093 GROS, Jules: *Le trésor du breton parlé (éléments de stylistique trégorroise). III. Le style populaire.* — Suppl. à "Barr-Heol", 88; Lannion: "Barr-Heol", 1974 [1976], 440 p. | Cf. BL 1971, 5890-1.
7094 HEMON, Roparz: *Geriadur istorel ar brezhoneg. Dictionnaire historique du breton.* Rann 27: poazh – purigigezh; 28: purjadurezh – reuzeul; 29: reuziad – saouriñ. — Quimper: 1976, p. 2601-2664; 2665-2728; 2729-2792 | Cf. BL 1975, 6795.
7095 — Diminutive suffixes in Breton. — *Celtica* 11, 1976, 85-93.
7096 LE DÛ, Jean, & LE BERRE, Yves: *Dictionnaire pratique français-breton.* 1: A – bêcher; 2: becquée – chancelant. — Studi – Section de celt., Fac. des Lettres de Brest, Univ. de Bretagne Occidentale, 4 & 7; Rennes: Centre Régional de Recherche et de Documentation Pédagogiques, 1976, 86 p.; p. 87-168.
   MANIET, A.: A-t-il existé une racine celtique *par-* "briller"? — 6329.
7097 MCKENNA, Malachy: The Breton of Guémené-sur-Scorff (Bas-Vannetais). Part 1: Phonetics. — *ZCPh* 35, 1976, 1-101.
7098 PIETTE, J. R. F.: *French loanwords in Middle Breton.* — Cardiff: 1973 | BL 1973, 7273. | *SCelt* 10-11, 1975-76, 500-502 Gwenaël Le Duc.
7099 TERNES, Elmar: *Grammaire structurale du breton* . . . — Heidelberg: 1970 | BL 1970, 6207. | *ZPhon* 29, 1976, 434-436 G. F. Meier.

XII. LANGUES GERMANIQUES — GERMANIC LANGUAGES

A. Généralités — General

7100 *Germanistik. Internationales Referatenorgan mit bibliographischen Hinweisen.* 17. Jahrgang 1976. Hrsg. von: T. AHLDÉN . . . [et al.]. [Redaktion: Tilman KRÖMER.] — Tübingen: Niemeyer, 1976, 1042, xvi p. (4 fasc.).
   HANNICH-BODE, I.: *Germanistik in Festschriften* . . . — 7165.

7101 BAHNICK, Karen R.: *The determination of stages in the historical development of the Germanic languages* . . . — The Hague: 1973 | BL 1973, 7278. | *IF* 80, 1975 (1976), 263-265 E. Seebold.
7102 BARLAU, Stephen B.: An outline of Germanic kinship. — *JIES* 4, 1976, 97-130.
7103 BERGMANN, Rolf: Die germanischen Namen im Evangeliar von Cividale . . . . — *BNF* 6, 111-129 | BL 1971, 5903. | *SGerm* 12, 1974, 441-445 Maria Giovanna Arcamone.
7104 BIRKHAN, Helmut: Altgermanistische Miszellen "aus funfzehen Zettelkästen gezogen". — [256], 15-82 | From the contents: Der Name der *Tencteri*; Got. *siponeis* – ein kelt. Gefolgschaftsterminus?; *Stafara* und *Ettila* auf einem spätantiken Hochzeitsring; *stehen* und *gehen*; "Sumar á vettrimom, sumar á valbǫstom"; Zu den "Schicksalswörtern" im Heliand; Theodrik von Bernicia; Zwei Namen der Matière de Bretagne [Der *Morholt, Mabonagrain*].
7105 BOLOGNESI, Giancarlo: Note su antichi testi germanici. — [297], 45-54.

7106 BONFANTE, Giuliano: Contributo allo studio della posizione dialettale del germànico. — [297], 27-31.
7107 BREKKE, Britt: Intensive Steigerung in kontrastiver Sicht. — *NTS* 30, 1976, 1-12 | The types *grösser und grösser* and *wieder und wieder* in G., E. and Norw.
7108 BRØNDEGAARD, V. J.: Puktörne – restharrow – weiberkrieg. Pejorative Ononisnavne. — *SvLm* 97, 1974 (1975), 59-66, fig. | Noms péjoratifs donnés à certaines espèces de plante de la famille *Ononis*, notamment dans les langues germ. (Rés. fr.).

BURR, I., & MEIER, H.: Frz. *crotte* ... Zur Problematik der germ.-rom. Lehnsbeziehungen. — 6099.

7109 COHEN, Gerald L.: On the possibility of lexical borrowings from Semitic into Proto-Germanic or dialectal Proto-Germanic. — [110], 71-85.
7110 COOMBS, Virginia M.: *A semantic syntax of grammatical negation in the older Germanic dialects.* — Göppinger Arbeiten zur Germanistik 177; Göppingen: Kümmerle, 1976, viii, 295 p. | Diss. Univ. of Illinois at Urbana-Champaign, 1974 (BL 1975, 6814).
7111 DAVIDSEN-NIELSEN, Niels: A theory of the exceptions to the Germanic and High German consonant shifts. — *AL* 16/1, 1976, 45-56.
7112 DEVOTO, Giacomo: Alle fonti del germanesimo. — [297], 15-25.
7113 DISHINGTON, James: Functions of the Germanic ē-verbs: A clue to their formal prehistory. — *Lg* 52, 1976, 851-865.
7114 DOLCETTI CORAZZA, Vittoria: Un caso di prestito lessicale: il lat. *elephantus* in germanico. — [233], 217-223.
7115 EBBINGHAUS, Ernst A.: Old English *agu* "pica". — *GL* 16, 1976, 187-190 | On the Gmc names of the magpie.
7116 EJERFELDT, Lennart: Helighet, "karisma" och kungadöme i forngermansk religion. — *ÅHVsUppsala* 1969-70 (1971), 112-175 | Summ. in G.: Heiligkeit, "Charisma" und Königtum in altgerm. Religion.
7117 ERHART, Adolf: Zur Entwicklung des Verbalsystems im Germanischen. — *SFFBU* 25 (A 24), 1976, 27-32 | Rés. tch.
7118 FEUILLET, Jack: Le système vocalique du germanique primitif. — *Linguistique* 12, 1976/1, 81-98.
7119 HAMP, Eric P.: Etymologies: OE *feower*, OHG *niun*. — *MGS* 2, 1976, 1-2.
7120 HERMODSSON, Lars: Die germanischen Wochentagsnamen. — *ÅHVsUppsala* 1969-70 (1971), 176-191.
7121 HOFSTRA, T.: Zum Germanisch des 1. nachchristlichen Jahrhunderts. — *LB* 65, 1976, 149-166.

HUBSCHMID, J.: Rom.-germ. Wortprobleme. III. — 6125.

7122 HUTTERER, Claus J.: *Die germanischen Sprachen* ... — Budapest: 1975 | BL 1975, 6823. | *DLZ* 97, 1976, 638-641 J. Schildt | *ADA* 87, 1976, 155-156 N. Wagner.
7123 IVANOVA, I. P.: Struktura slova i morfologičeskie kategorii. — *VJa* 1976/1, 55-61 | In the Gmc languages.
7124 JACOBY, Michael: Wargus, vargr "*Verbrecher*", "*Wolf*" .... — Stockholm: 1974 | BL 1974, 6318. | *Scandinavica* 15, 1976, 57-59 T. L. Markey | *ScS* 49, 1977, 100-103 James E. Knirk | *Naamkunde* 8, 1976, 270-271 R. van Passen.
7125 KÖBLER, Gerhard: *Lateinisch-germanistisches Lexikon.* — Arbeiten zur Rechts- und Sprachwissenschaft 5; Göttingen: Distler, 1975, xxv, 467 p.
7126 KRAHE, Hans: *Linguistica germanica.* 1. *Introduzione e fonologia.* 7a ed. curata da Wolfgang MEID. — Messina: Peloritana, 1976, ix, 131 p. | Transl. of: *Germanische Sprachwissenschaft*, 1, 1969 (BL 1970, 6229).

7127 KRÄMER, Peter: *Die Präsensklassen des germanischen schwachen Verbums* ... — Innsbruck: 1971 | BL 1971, 5915. | *SGerm* 11, 1973, 355-358 F. Albano Leoni.

7128 LANG, Richard: *Gramaticā comparatā a limbilor germanice*. — Cluj: Univ. "Babeş-Bolyai", Fac. de Filologie, 1974, 118 p.

7129 LÜHR, Rosemarie: Die Wörter für "oder" in den germanischen Sprachen. — *MSS* 34, 1976, 77-94.

7130 — Germanische Resonantengemination durch Laryngal. — *MSS* 35, 1976, 73-92.

7131 MARKEY, Thomas L.: *Germanic dialect grouping and the position of Ingvæonic*. — IBS 15; Innsbruck: Inst. für Sprachwissenschaft der Univ., 1976, 91 p., 5 maps.

7132 MASTRELLI, Carlo Alberto: I verbi germanici del "giudicare" e un passo del *Muspilli*. — [297], 75-89.

7133 MAZZUOLI PORRU, Giulia: L'umanista tedesco Konrad Celtis e le prime lezioni universitarie sulla Germania di Tacito. — [297], 195-214.

7134 MEID, Wolfgang: *Das germanische Praeteritum*... — Innsbruck: 1971 | BL 1971, 5922. | *IF* 80, 1975 (1976), 265-270 I. Rauch.

7135 MÜLLER, Gunter: Über *p*-Namen im Westfälischen. — [256], 486-498 | Zu den Substratthesen Hans KUHNS.

7136 MUNSKE, Horst H.: *Der germanische Rechtswörterschatz*... — Berlin: 1973 | BL 1973, 7310. | *ZDL* 43, 1976, 195-199 D. Hofmann | *IF* 80, 1975 (1976), 270-274 R. Schmidt-Wiegand | *ABäG* 9, 1975, 165-167 M. Jacoby; 11, 1976, 185-186 D. Hofmann ('Stellungnahme zu einer Rezension' [à propos du c.r. de M. J.]).

7137 NIELSEN, Hans F.: A list of morphological and phonological parallels between North and West Germanic. — *APhS* 31, 1976, 96-116.

7138 PENZL, Herbert, REIS, Marga & VOYLES, Joseph B.: *Probleme der historischen Phonologie*. — Wiesbaden: 1974 | BL 1974, 6336. | *LB* 65, 1976, 359-366 C. F. Schaefer.

7139 PETRACCO SICARDI, Giulia: *Sunberga*. Nota di etimologia germanica. — *SGerm* 12, 1974, 217-228, pl. | *Sunberga* in a Lat. document from 964 (Archivio di Stato di Genova).

7140 PIIRAINEN, Elisabeth: *Germ. *froð- und germ. *klōk-*... — Helsinki: 1971 | BL 1971, 5927. | *SNPh* 48, 1976, 162-165 D. Rosenthal.

7141 PISANI, Vittore: Tre postille. — *SGerm* 10, 1972, 557-560 | 1. Giazza "area laterale". 2. Un'eccezione alla "regola di Notker". 3. Anglosassone *myltenhūs*.

7142 — Varia di grammatica e di etimologia germaniche. — [297], 33-43.

7143 PROSDOCIMI, Aldo Luigi, & SCARDIGLI, Piergiuseppe: Negau. — [290], 179-229, 4 pl | Study (in It.) of the inscription on helmet B from Negau. Appendix, by Prosdocimi (p. 203-229): L'alfabeto (venetico) delle iscrizioni di Idria (Is 1, 2, 3) e gli alfabeti delle iscrizioni di Negau (A-B) e Vače.

7144 RAMAT, Paolo: Per una tipologia degli incantesimi germanici. — [297], 55-73.

7145 *Reallexikon der germanischen Altertumskunde*. Begründet von Johannes HOOPS. 2., völlig neu bearb. und stark erw. Aufl. ... Hrsg. von Heinrich BECK ... [et al.]. Band III. Lief. 1/2, *Billingas –Boot*. — Berlin: de Gruyter, s.d. [1976?], p. 1-240 | Cf. BL 1975, 6841.

7146 REICHERT, Hermann: Zum Problem der rechtsrheinischen Germanen vor und um Christi Geburt: Wie kann die Namenkunde helfen, die Sprachzugehörigkeit der Namenträger zu bestimmen? — [256], 557-576.

7147 ROOTH, Erik: *Das Vernersche Gesetz in Forschung und Lehre*... — Lund: 1974 | BL 1974, 6339. | *MLR* 71, 1976, 948-950 C. T. Carr †.

7148 SCAFFIDI ABBATE, Augusto: *Introduzione allo studio comparativo delle lingue germaniche antiche.* 2. *Dal germanico all'antico alto tedesco.* — Palermo: S. F. Flaccovio, 1974, xxvi, 155 p.

7149 SCHRODT, Richard: *Die germanische Lautverschiebung und ihre Stellung im Kreise der indogermanischen Sprachen.* 2., korrigierte und durch einen Nachtrag erw. Aufl. — Wiener Arbeiten zur germ. Altertumskunde und Phil. 1; Wien: Halosar, 1976, xv, 383 p. | First ed. 1973 (BL 1973, 7320). | *IF* 80, 1975 (1976), 260-262 R. Ködderitzsch (First ed.).

7150 STRUTYNSKI, Udo: Germanic divinities in weekday names. — *JIES* 3, 1975, 363-384.

7151 TROFIMOVA, Ju. M.: Fonetiko-morfologičeskie varianty v sisteme drevnegermanskogo glagola. — *VMU* 1976/6, 34-38.

7152 UMAROVA, B. S.: K semantike glagolov reči v drevnegermanskich jazykach. — *VMU* 1976/5, 42-51.

7153 VALENTIN, Paul: French structuralists and Germanic philology. — *MGS* 1, 1975, 85-108 | Rev. of publ. of Fr. Germanists (with bibliography).

7154 ŽIRMUNSKIJ, V. M.: Suščestvoval li obščegermanskij jazyk-osnova? — [961], 253-277 | Not published before (but cf. BL 1972, 6183).
— *Izbrannye trudy. Obščee i germ. jazykoznanie.* — 961.

B. Germanique occidental — West Germanic

I. Généralités — General

BROSMAN, P. W.: WGmc *wr-* and *-gg-* in OFr. — 6097.

7155 GYSSELING, Maurits: De Germaanse woorden in de Lex Salica. — *VMKAN* 1976, 60-109 | The Gmc words in the Lex Salica.

7156 MARKEY, T. L.: *A North Sea Germanic reader.* — München: Fink, 1976 [10], lv, 423 p., 5 maps, 3 facsim. | Texts (East Franconian, O. Low Franconian, MDu., Early Mod. Du., OFris., Mod. North Fris., O. Saxon, MLG.), glossaries, notes, grammar. | *ABäG* 11, 1976, 193-196 A. Quak.

7157 MIONI, Alberto M.: *Fonematica delle lingue germaniche. Inglese, tedesco e neerlandese in contrasto con l'italiano.* — Linguistica generale e storica 1; Bologna: Pàtron, 1976, 210 p. | *Lg* 53, 1977, 495-496 Robert A. Hall, Jr.

7158 *Siedlung, Sprache und Bevölkerungsstruktur im Frankenreich.* Hrsg. von Franz PETRI. — Darmstadt: 1973 | BL 1973, 7329. | *DLZ* 97, 1976, 334-338 S. Epperlein | *ADA* 87, 1976, 161-169 W. Jungandreas | *RBPh* 54, 1976, 707-709 M. Gysseling.

7159 TOVAR, Antonio: Germanische Wortbildungen in römischen Inschriften am Rhein. — [233], 1079-1106.

7160 VOYLES, Joseph B.: *West Germanic inflection* ... — The Hague: 1974 | BL 1975, 6861. | Linguistics 176, 1976, 94-97 E. Seebold.

7161 WAGNER, Norbert: König Chilperichs Buchstaben und andere Graphien. — *Sprachw* 1, 1976, 434-452.

II. Allemand — German

A. Haut-allemand — High German

0. BIBLIOGRAPHIE ET GÉNÉRALITÉS — BIBLIOGRAPHY AND GENERAL

7162 *Bibliographie der deutschen Sprach- und Literaturwissenschaft.* Hrsg. von Clemens KÖTTELWESCH. Band 15. 1975. Unter redaktionneller Mitarbeit von Hildegard HÜTTERMANN bearb. von Clemens KÖTTELWESCH und Helli HALBE-CLERWALL. — Frankfurt: Klostermann, 1976, xxxv, 395 p.

7163 *Bibliographie zum öffentlichen Sprachgebrauch in der Bundesrepublik Deutschland und in der DDR*. Zusammengestellt und kommentiert von einer Arbeitsgruppe unter Leitung von Manfred W. HELLMANN. — Sprache der Gegenwart 16; Düsseldorf: Schwann, 1976, 465 p. | *ZDPh* 95, 1976, 477-478 K. Daniels.

7164 ECKERT, Rainer, & BÖHME, Ulrich: Ausgewählte Bibliographie zur Phraseologie unter besonderer Berücksichtigung der Konfrontation zwischen Russisch und Deutsch und von Arbeiten zur Verknüpfbarkeit der Lexeme. — *DaF* 13, 1976, 379-382.

FLUCK, H.-R.: *Fachsprachen. Einführung und Bibliographie.* — 7175.

7165 HANNICH-BODE, Ingrid: *Germanistik in Festschriften von den Anfängen (1877) bis 1973. Verzeichnis germanistischer Festschriften und Bibliographie der darin abgedruckten germanistischen Beiträge.* — Repertorien zur deutschen Literaturgeschichte 7; Stuttgart: Metzler, 1976, xiii, 441 p. | Allgemeine Sprachwissenschaft, 124-136; Germanische Sprachen, 136-148; Deutsche Sprache, 151-195. | *WW* 26, 1976, 445-446 J. Suchomski.

7166 JONES, W. J.: German studies: language. — *YWMLS* 37, 1975 (1976), 504-537.

7167 KÜSTNER, Jutta, & TOMAN, Jindrich: Kartei unveröffentlichter linguistischer Arbeiten zur deutschen Sprache der Gegenwart (KULA). — *DSp* 4, 1976, 284-288; 380-384.

7168 SCHINDLER, Frank, & THÜRMANN, Eike: *Bibliographie zur Phonetik und Phonologie des Deutschen.* — Tübingen: 1971 | BL 1971, 5952. | *ZDL* 43, 1976, 221-223 W. H. Veith.

BĄK, S.: O niektórych faktach z zakresu polsko-niemieckich stosunków językowych. — 10300.

BALOUN, J.: Zu einigen Problemen des tschechisch-deutschen Sprachvergleichs. — 9874.

7169 BRINKMANN, Hennig: *Die deutsche Sprache* ... 2. Aufl. — Düsseldorf: 1971 | BL 1971, 5955. | *SGerm* 11, 1973, 385-390 M. Mommert.

7170 BUNTEMANN, Renate: Zur Verwendung des Oppositionsprinzip in der "Skizze der deutschen Grammatik". — *WZUB* 23, 1974, 287-293 | *Skizze der deutschen Grammatik* ... Leitung: W[alter] FLÄMIG, 1972 (BL 1972, 6237).

7171 BURGSCHMIDT, Ernst, & GÖTZ, Dieter: *Kontrastive Linguistik. Deutsch/Englisch*. — München: 1974 | BL 1974, 6372. | *IRAL* 14, 1976, 203-206 C. James.

7172 *Deutsche Sprache. Handbuch für den Sprachgebrauch.* Hrsg. von einem Autorenkollektiv unter Leitung von Helmut LIEBSCH und Hellmut DÖRING. — Leipzig: Bibliographisches Inst., 1976, 572 p.

7173 EICHHOFF, Jürgen: *German linguistics in the United States and Canada. A guide to departments offering the M. A. and Ph. D. with a specialization in German linguistics, their faculty and other resources.* Compiled for *Monatshefte*. — Madison, Wisc.: Univ. of Wisconsin Press, 1976, 89 p.

7174 — Deutsch als Siedlersprache in den Vereinigten Staaten von Amerika. — [240], 68-91.

7175 FLUCK, Hans-Rüdiger: *Fachsprachen. Einführung und Bibliographie.* — Uni-Taschenbücher 483; München: Francke, 1976, 233 p. | 'Bibliographie (Auswahl)', p. 193-224.

7176 *German linguistics* ... Ed. by R. R. K. HARTMANN. — Tübingen: 1973 | BL 1973, 7353. | *ZDL* 43, 1976, 338-339 G. Van der Elst.

7177 GLINZ, Hans: Was ist wie wichtig in Sprache und Sprachpflege? — *Mu* 86, 1976, 5-6.
7178 GRAEBER, Eberhard: Bürgerliche Positionen der deutschen Germanistik nach 1945. — *ZPhon* 29, 1976, 591-594.
7179 HEANEY, Michael: Križanić and the German language. — *SEER* 54, 1976, 161-172.
7180 JÄGER, Karl-Heinz: *Untersuchungen zur Klassifikation gesprochener deutscher Standardsprache. Redekonstellationstypen und argumentative Dialogsorten.* — Heutiges Deutsch I, 11; München: Hueber, 1976, 156 p.
7181 JOSTEN, Dirk: *Sprachvorbild und Sprachnorm im Urteil des 16. und 17. Jahrhunderts. Sprachlandschaftliche Prioritäten. Sprachautoritäten. Sprachimmanente Argumentation.* — Europäische Hochschulschriften I, 152 (= Arbeiten zur mittleren deutschen Lit. und Sprache 3); Frankfurt a. M. & Bern: Lang, 1976, 326 p.
7182 JUHÁSZ, János: Synchrone Sprachwissenschaft (Fortsetzung zu Heft 1/1975). — *WW* 26, 1976, 132-145; 204-211 | Cf. BL 1975, 6885.
7183 KAHRMANN, Bernd: Bericht über den 5. Kongress der Internationalen Vereinigung für germanische Sprach- und Literaturwissenschaft (IVG) in Cambridge. — *Acta Germanica* (Capetown) 9, 1976, 9-14.
7184 KIRKNESS, Alan: *Zur Sprachreinigung im Deutschen, 1789-1871. Eine historische Dokumentation.* Teil 1; 2. — Forschungsbericht des Instituts für Deutsche Sprache Mannheim 26, 1 & 2; Tübingen: TBL-Verlag, 1975, 265 p.; p. 267-539.
7185 KOEKKOEK, Byron J.: Sprachgermanistik in den USA. — *DSp* 4, 1976, 351-355.
7186 KOLDE, Gottfried: Sprachberatung: Motive und Ieressen der Fragesteller. — *Mu* 86, 1976, 20-47, 3 tab.
7187 *Lexikon der germanistischen Linguistik.* Hrsg. von Hans Peter ALTHAUS ... [et al.]. — Tübingen: 1973 | BL 1973, 7339. | *FL* 14, 1976, 133-136 W. Thümmel | *LAnt* 8, 1974 (1975), 153-154 L. De Man.
7188 PENZL, Herbert: J. Ch. Gottsched [1700-66] und die deutsche Sprache in Österreich. — *MGS* 1, 1975, 141-151.
7189 *Projekt Dialogstrukturen. Ein Arbeitsbericht.* Franz-Josef BERENS ... [et al.]. Mit einer Einleitung von Hugo STEGER. — Heutiges Deutsch I, 12; München: Hueber, 1976, 147 p.
7190 SCHAEDER, Burkhard: Maschinenlesbare Textkorpora des Deutschen und des Englischen. — *DSp* 4, 1976, 356-370.
7191 SCHANK, Gerd, & SCHOENTHAL, Gisela: *Gesprochene Sprache. Eine Einführung in Forschungsansätze und Analysemethoden.* — Germanistische Arbeitshefte 18; Tübingen: Niemeyer, 1976, 119 p.
7192 SCHIPPAN, Thea: K vývoji jazyka v NDR. — *CJŠ* 19, 1975-76, 289-300 | Zur Sprachentwicklung in der DDR.
7193 SCHWARZENBACH, Rudolf: Reden und Verhandlungen in der deutschen Schweiz. Eine Sammlung von Tonaufnahmen. — *DSp* 4, 1976, 181-183.
7194 SCHWITALLA, Johannes: Was sind "Gebrauchstexte"? — *DSp* 4, 1976, 20-40, 3 fig.
7195 STEINKE, Klaus: Die germanistische Linguistik in Rumänien und in Bulgarien. — *DSp* 4, 1976, 72-92.
7196 STOLL, Christoph: *Sprachgesellschaften im Deutschland des 17. Jahrhunderts. Fruchtbringende Gesellschaft, Aufrichtige Gesellschaft von der Tannen, Deutschgesinnte Genossenschaft, Hirten- und Blumenorden an der Pegnitz, Elbschwanenorden.* — List Taschenbücher der Wissenschaft 1280 (Lit. als Geschichte:

Dokument und Forschung 1463); München: List, 1973, 235 p. | *Mu* 86, 1976, 166-168 W. Kaupert.
7197 VILLIGER, Hermann: "Sauber Wasser, sauber Wort". Analyse einer Sprachecke. Betrachtungen zum Problem der Sprachpflege. — *Mu* 86, 1976, 7-19.
7198 ZABROCKI, Ludwik: *Das technische Zeitalter und die deutsche Sprache in Polen*. Rede... — Duden-Beiträge 42; Mannheim: Bibliographisches Inst., 1976, 18 p.

1. PHONÉTIQUE ET PHONOLOGIE — PHONETICS AND PHONOLOGY

BALD, W. D.: Contrastive studies in E. and G. intonation.... — 8045.
7199 BARRACK, Charles M.: Lexical diffusion and the High German consonant shift. — *Lingua* 40, 1976, 151-175, 6 tab., 3 fig.
DAVIDSEN-NIELSEN, N.: A theory of the exceptions to the Gmc and High G. consonant shifts. — 7111.
7200 ESAU, Helmut: The medieval German sibilants /s/ and /z/. — *JEGP* 75, 1976, 188-197.
7201 FISCHER-JØRGENSEN, Eli: Some data on North German stops and affricates. — *ARIPUC* 10, 1976, 149-200, 12 fig.
7202 *Grammatik des Frühneuhochdeutschen*... Band I. Teil 2. *Vokalismus der Nebensilben*. 2... bearb. von Hugo STOPP. — Heidelberg: 1973 | BL 1973, 7382. | *DLZ* 96, 1975, 464-466 J. Schildt | *BNF* 11, 1976, 232-233 H. Bach | *ZDPh* 95, 1976, 138-142 C. Minis.
7203 GUINET, Louis: Le problème de *ê2* en vieux-haut-allemand. Essai de solution fondé sur l'étude des emprunts au latin et gallo-romain. — *EGerm* 31, 1976, 241-257.
7204 HILDEBRANDT, Bruno F. O.: *Strukturelemente der deutschen Gegenwartshochsprache. Phone und Phonaden*. — JanL, Series minor 231; The Hague: Mouton, 1976, xiv, 161 p.
7205 HIRSCH-WIERZBICKA, Ludomira: *Funktionelle Belastung und Phonemkombination*.... — Hamburg: 1971 | BL 1971, 5992. | *JP* 56, 1976, 74-76 Wiesław Lubaszewski.
KLEIN, W.: Maschinelle Analyse des Sprachwandels... — 3281.
7206 KOHLER, K.: Die Instabilität wortfinaler Alveolarplosive im Deutschen: eine elektropalatographische Untersuchung. — *Phonetica* 33, 1976, 1-30, 20 fig. | Fr., G. & E. summ.
7207 LAFERRIERE, Martha: Three problems in Old High German unstressed vowel phonology. — *Lingua* 38, 1976, 37-60.
7208 MOCKER, Hermann: Die (ober)deutschen Verschlussreibelaute *pf, z/tz (k/ck)* im Rahmen des phonologisch-orthographischen Systems. — *Österreich in Geschichte und Literatur* 20, 1976, 245-298.
7209 NOVICKAJA, N. J.: Ob osnovnych prosodičeskich charakteristikach dialogičeskoj reči (eksperimental'no-fonetičeskoe issledovanie na materiale sovremennogo nemeckogo jazyka). — [326], 173-182 | G. summ.
7210 ROBINSON, Orrin Warner: A "scattered" rule in Swiss German. — *Lg* 52, 1976, 148-162 | The rule of *o*-lowering.
7211 SEIDELMANN, Erich: Deutsche Hochsprache und regionale Umgangssprache in phonologischer Sicht. —[240], 354-388 | Beispiele aus dem niederdt., ostmitteldt. und oberdt. Sprachraum.
7212 SIMEONOVA, Ruska: Sravnitelna akustična charakteristika na glasnite zvukove v nemski i v bălgarski ezik. — *GSU-ZF* 70, 1975/1 (1976), 5-31 | Vergleichende

akustische Charakteristik der Vokallaute im Deutschen und Bulg. (G. summ.).

7213 SIMMLER, Franz: *Die westgermanische Konsonantengemination im Deutschen* ... — München: 1974 | BL 1974, 6427. | *Erasmus* 28, 1976, 604-606 Helen Adolf.

7214 — *Synchrone und diachrone Studien zum deutschen Konsonantensystem.* — Amsterdamer Publikationen zur Sprache und Lit. 26; Amsterdam: Rodopi, 1976, 94 p.

7215 ŠUMYLJAK, F. I.: Tendenciji ta naprjamy v učenni pro sklad u sučasnij nimec'kij movi. — *InFil* 34, 1974, 64-69 | Tendenzen und Richtungen der Silbenlehre in der mod. deutschen Sprache (Ru. & G. summ.).

7216 TAYLOR, Dennis Q.: The inadequacy of bipolarity and distinctive features: the German "voiced/voiceless" consonants. — *LACUS* II, 107-119, 4 tab., 3 fig.

7217 TOMOVSKI, Dušan: Angliskoto /v/, /w/ – nemskoto /b/, /v/. — *GZb* 1, 1975, 95-102 | E. /v/, /w/ –G. /b/, /v/. (G. summ.).

7218 ULBRICH, Horst: *Instrumentalphonetisch-auditive R-Untersuchungen im Deutschen.* — Berlin: 1972 | BL 1972, 6277. | *Phonetica* 33, 1976, 75-80 W. Krämer.

7219 VERMAN, S. I.: K voprosu o fonologičeskoj značimosti nemeckich diftongov. — [326], 57-64 | G. summ.

7220 VOYLES, Joseph B.: *The phonology of Old High German.* — ZDL, Beiheft N. F. 18; Wiesbaden: Steiner, 1976, xii, 323 p.

7221 WÄNGLER, Hans-Heinrich: *Atlas deutscher Sprachlaute.* 6., berichtigte Aufl. — Berlin: Akad.-Verlag, 1976, 58 p., 29 pl. | 5th ed. 1974 (BL 1974, 6432).

7222 WÜTHRICH, Hans: *Das Konsonantensystem der deutschen Hochsprache* ... — Berlin: 1974 | BL 1974, 6924. | *Phonetica* 33, 1976, 158-160 Georg Heike | *ZPhon* 29, 1976, 205-206 U. Stötzer.

7223 ZADOROŽNYJ, B. M.: Šče odna fonema v systemi nimec'koho konsonantyzmu? — *InFil* 35, 1974, 54-57 | Noch ein Phonem im System des deutschen Konsonantismus? (Knacklaut). Ru. & G. summ.

2. GRAMMAIRE — GRAMMAR

2.0. *Généralités — General*

7224 EICHLER, Wolfgang, & BÜNTING, Karl-Dieter: *Deutsche Grammatik. Form, Leistung und Gebrauch der Gegenwartssprache.* — Kronberg: Scriptor-Verlag, 1976, 313 p.

7225 HÄRD, John Evert: *Adjektivadverb oder adverbiales Adjektiv? Ein Beitrag zur Forschungsgeschichte der Deutschen Grammatik.* — Acta Academiae Aboensis, Ser. A: Humaniora 54, 1; Åbo: Åbo Akademi, 1976, 75 p.

7226 KISHITANI, Shoko: Zur Nominalisierung im Deutschen. Überlegungen aus allgemeinsprachlicher Sicht. — *WW* 26, 1976, 265-278.

7227 LANG, Adrianne: The semantic base of gender in German. — *Lingua* 40, 1976, 55-68, 7 tab.

7228 LIPCZUK, Ryszard: Was sind Zahlwörter? — *DaF* 13, 1976, 290-292.

PITTET, R.: *Adjectif de relation und Bezugsadjektiv* ... — 5823.

2.1. *Morphologie et formation des mots — Morphology and word-formation.*

7229 ÅSDAHL HOLMBERG, Märta: *Studien zu den verbalen Pseudokomposita im Deutschen.* — Göteborger germanistische Forschungen 14; Lund: 1976, 106 p.

7230 BERGENHOLTZ, Henning: *Zur Morphologie deutscher Substantive, Verben und*

Adjektive. Probleme der Morphe, Morpheme und ihrer Beziehung zu den Wortarten. — Beihefte zur Kommunikativen Grammatik 1; Bonn: Dümmler, 1976, 118 p.

7231 BOOR, Helmut DE: Das Pronomen *dieser* in den deutschen Urkunden des 13. Jahrhunderts. — *PBB (T)* 98, 1976, 1-31.

7232 — Die Flexionsformen von *haben* in den deutschen Urkunden des 13. Jahrhunderts. — *Sprachw* 1, 1976, 119-143.

7233 ERBEN, Johannes: *Quali-tas/Welch-heit*, zur Wortbildung der Pronomina im Deutschen. — *WW* 26, 1976, 227-234.

7234 — Zur deutschen Wortbildung. — [363], 301-312.

7235 FLEISCHER, Wolfgang: *Wortbildung der deutschen Gegenwartssprache.* 4., durchges. Aufl. — Leipzig: Bibliographisches Inst., 1976, 363 p. | 3rd ed. 1974 (BL 1974, 6446). | *ZPhon* 29, 1976, 650-654 G. Starke & S. Zschunke (3rd ed.).

7236 — Zum Verhältnis von Phraseologie und Wortbildung im Deutschen. — *DaF* 13, 1976, 321-330.

GAWEŁKO, M.: *Sufiksy przymiotnikowe w języku polskim, niemieckim i fr.* . . . . . — 10344.

7237 GEWEHR, Wolf: Zur Analyse deutscher Nominalkomposita. Ein didaktischer Ansatz. — *Mu* 86, 1976, 145-158.

7238 GRUBE, Henner: Die Fugenelemente in neuhochdeutschen appellativischen Komposita. — *Sprachw* 1, 1976, 187-222, 18 tab.

7239 GÜNTHER, Hartmut: *Das System der Verben mit* be- *in der deutschen Sprache der Gegenwart* . . . — Tübingen: 1974 | BL 1974, 6448. | *ZGL* 4, 1976, 248-253 G. Zifonun | *BNF* 11, 1976, 223 H. Tiefenbach | *ADA* 87, 1976, 100-105 H. W. Eroms | *LB* 65, 1976, 96-98 Ingeburg Kühnhold.

7240 HRYCYNA, N. I.: Do pytannja opozycyj u slovotvorčomu bloci "abstraktne ponjattja diji". — *InFil* 38, 1975, 83-91 | Zur Frage der Oppositionen im Wortstand "die Handlung" (Ru. & G. summ.).

7241 — Systema zv'jazkiv polisemičnych sufiksiv (na osnovi doslidžennja sufiksal'-nych elementiv -*schaft* i -*tum*). — *InFil* 41, 1976, 44-51 | Das System der Beziehungen von polysemantischen Suffixen (Ru. & G. summ.).

7242 INGHULT, Göran: *Die semantische Struktur desubstantivischer Bildungen auf* -mässig. . . — Stockholm: 1975 | BL 1975, 6939. | *Mu* 86, 1976, 71-73 W. Seibicke | *SNPh* 48, 1976, 349-352 W. Koller | *MSpråk* 70, 1976, 170-173 H. Eggers.

7243 KANN, Hans-Joachim: Zusammensetzungen mit *polit*-. — *Mu* 86, 1976, 309-313.

7244 — *Bürgerinitiative* - Geschichte und Wortfeld. — *Mu* 86, 1976, 441-444.

7245 KOCH, S.: Bemerkungen zu -*er*-Nominalisierungen. — *LB* 65, 1976, 69-77.

7246 KRÄMER, Peter: Die inchoative Verbalkategorie des Alt- und Frühmittelhochdeutschen. — [256], 409-428.

7247 LATOUR, Bernd: *Innerparteilich* - *parteiintern*. Zur Konkurrenz zweier gegenwartssprachlicher Wortbildungsmuster. — *DSp* 4, 1976, 336-350.

7248 LAWSON, Richard H.: The class preference of *r*-infix weak verbs in Gothic and Old High German. — *JEGP* 75, 1976, 352-360.

7249 — Apocopation and addition of final *n* in verb forms in the Middle High German 'Arnsteiner Marienleich'. — *Semasia* 3, 1976, 87-94.

7250 MURJASOV, R. Z.: Zur Wortbildungsstruktur der Ableitungen mit Fremdsuffixen. — *DaF* 13, 1976, 121-124, tab.

7251 ÖHMANN, Emil: Suffixstudien. XII. Deutsche Entwicklungslinien. — *NphM* 77, 1976, 321-331 | Cf. BL 1975, 6944.

7252 RETTIG, Wolfgang: *Sprachsystem und Sprachnorm in der deutschen Substantiv-*

flexion. — Tübingen: 1972 | BL 1972, 6371. | *ZDL* 43, 1976, 344-347 G. Koss.
7253 RUZSICZKY, Éva: Ungarisch-deutsche kontrastive Untersuchungen im verbalen Bereich der Wortbildung. — *DSp* 4, 1976, 324-335.
7254 SANDBERG, Bengt: *Die neutrale -(e)n-Ableitung der deutschen Gegenwartssprache. Zu dem Aspekt der Lexikalisierung bei den Verbalsubstantiven.* — Göteborger germanistische Forschungen 15 (Diss. Göteborg); Göteborg: 1976, 229 p.
7255 SCHRÖDER, Marianne: Die verbale Zusammensetzung mit einer adjektivähnlichen unmittelbaren Konstituente unter besonderer Berücksichtigung ihrer Motivationsabstufungen. — *PBB* (*H*) 96, 1976, 64-185, tab. | Slightly shortened version of 1973 Leipzig diss.
7256 SLOBODJAN, Z. P.: Vynyknennja infinityva II aktyvnoho stanu v nimec′kij movi. — *InFil* 38, 1975, 53-63 | Die Entstehung des Infinitivs II Aktiv im Deutschen (Ru. & G. summ.).
7257 TELLENBACH, Elke: Neuhochdeutsche und neuniederländische Bildungen mit dem Präfix *ver-*. — *PBB* (*H*) 96, 1976, 5-63, dépl. | Based on 1971 Leipzig diss.
7258 ZERNOVA, V. K.: Slovotvorča funkcija komponenta *über-* u sferi imennyka. — *InFil* 35, 1974, 77-86 | Zur Wortbildungsfunktion der Komponente *über-* im Bereich des Substantivs (Ru. & G. summ.).
7259 ZIFONUN, Gisela: *Zur Theorie der Wortbildung am Beispiel deutscher Präfixverben.* — München: 1973 | BL 1973, 7449. | *EGerm* 29, 1974, 244-245 G. Hermantier | *BNF* 10, 1975, 349-350 R. Hildebrandt | *PBB* (*T*) 98, 1976, 289-295 H. Günther.

2.2. Syntaxe — Syntax

7260 ABRAHAM, Werner: Deutsch *aber*, *sondern* und *dafür* und ihre Äquivalenten im Niederländischen und Englischen. — [7354], 105-136.
7261 ADMONI, [V.] Wladimir: Es handelt sich um *es*. Zur gegenwärtigen Lage in der Grammatiktheorie. — *WW* 26, 1976, 219-227.
7262 ALTMANN, Hans: *Die Gradpartikeln im Deutschen. Untersuchungen zu ihrer Syntax, Semantik und Pragmatik.* — Linguistische Arbeiten 33 (Diss. München); Tübingen: Niemeyer, 1976, xii, 334 p.
7263 — Gradpartikeln und Topikalisierung. — [101], II, 233-243 | *Nur, auch, sogar*.
7264 ANDERSSON, Sven Gunnar: *Aktionalität im Deutschen . . . I.* — Stockholm: 1972 | BL 1972, 6295. | *EGerm* 29, 1974, 240-241 R. L'Hermitte | *PhP* 19, 1976, 114-116 J. Hník | *VJa* 1976/2, 126-129 Ju. S. Maslov.
7265 — Zu "Aktionalphrase und Verlaufsordnung". Kritik einer Kritik. — *SNPh* 48, 1976, 36-53 | Reply to Lars JOHANSON, *SNPh* 47, 120-150 (BL 1975, 7019).
7266 ASKEDAL, John O.: *Neutrum Plural mit persönlichem Bezug im Deutschen . . .* — Oslo: 1973 | BL 1973, 7458. | *IF* 80, 1975 (1976), 306-310 Otmar Werner.
7267 — *Innføring i tysk grammatikk.* — Oslo: Universitetsforl., 1976, 416 p.
7268 BALLWEG-SCHRAMM, Angelika: *Essen, trinken* und so weiter. — *DSp* 4, 1976, 244-257 | Überlegungen zu einem Valenzwörterbuch.
7269 BÁTORI, István: Ein transformationelles Modell für die Koordination im Deutschen. — [7354], 3-43.
7270 BETTEN, Anne: Ellipsen, Anakoluthe und Parenthesen. Fälle für Grammatik, Stilistik, Sprechakttheorie oder Konversationsanalyse? — *DSp* 4, 1976, 207-230.
7271 BLUMENTHAL, Peter: Funktionen der Modalverben im Deutschen und Französischen. — *LD* 7, 1976, 41-54.

BORGATO, G.: Le proposizioni relative in una grammatica contrastiva dell'it. e del tedesco. — 6370.

7272 BOURSTIN, Pierre: Zur Paraphrasierbarkeit von Kausativkonstruktionen mit *totmachen/töten, totschlagen/erschlagen*. Probleme bei der Beschreibung von Kausativa innerhalb der generativen Semantik. — [101], II, 245-252.

7273 BRIEST, Wolfgang: Zur Übersichtlichkeit verschiedener syntaktischer Strukturen. — *ZPhon* 29, 1976, 3-12, tab., fig.

7274 BRINKER, Klaus: *Konstituentenstrukturgrammatik und operationale Satzgliedanalyse* ... — Frankfurt a. M.: 1972 | BL 1972, 6302. | *LPosn* 19, 1976, 117-119 Sława Awedykowa | *BNF* 9, 1974, 322-323 H. Löffler.

7275 BUBLITZ, Wolfram, & RONCADOR, Manfred VON: Über die deutsche Partikel *ja*. — [7354], 137-190.

7276 BUBLYK, V. N.: Predykatyvni spoluky z dijeprykmetnykom I u nimec′kij movi XI-XV st. — *InFil* 37, 1975, 54-60 | Die prädikativen Fügungen mit dem Partizip I in der Geschichte der deutschen Sprache (Ru. & G. summ.).

7277 BUKAVYN, S. P., & KENCALO, R. S.: Pole statyvnosti v sučasnij nimec′kij movi. — *InFil* 41, 1976, 52-58 | Das Feld des Stativums in der deutschen Gegenwartssprache (Russ. & G. summ.).

7278 BUNGARTEN, Theo: *Präsentische Partizipialkonstruktionen in der deutschen Gegenwartssprache.* — *SdG* 38; Düsseldorf: Schwann, 1976, 423 p.

7279 BUSCHA, Annerose: Isolierte Nebensätze im dialogischen Text. — *DaF* 13, 1976, 274-279.

7280 CZOCHRALSKI, Jan A.: *Verbalaspekt und Tempussystem im Deutschen und Polnischen* ... — Warszawa: 1975 | BL 1975, 6974. | *BSl* 1, 1976/6, 89-94 Antoaneta Popova.

DANEŠ, F.: Semantische Struktur des Verbs ... — 9911.

7281 DITTMAN, Jürgen: *Sprechhandlungstheorie und Tempusgrammatik. Futurformen und Zukunftsbezug in der gesprochenen deutschen Standardsprache.* — Heutiges Deutsch I, 8; München: Hueber, 1976, 296 p.

7282 DONČEVA, Kostadinka: Einige Untersuchungen zu den w-Frage- und w-Relationspartikeln in der deutschen Gegenwartssprache. — *GSU-ZF* 69, 1974/1 (1976), 213-239 | Bulg. summ.

7283 — Za njakoi praktičeski aspekti pri upotrebata na w-văprositelnite i w-otnositelnite săjuzni dumi v săvremennija nemski ezik. — *RZE* 3, 1976/1, 1-8 | Zu einigen praktisch gerichteten Aspekten im Gebrauch der w-Frage- und w-Relationspartikeln in der deutschen Gegenwartssprache.

7284 DRECHSEL, Ulrich: Zur Wiedergabe polnischer Temporalkonstruktionen mit *na* + Lokativ im Deutschen. — *PF* 26, 1976, 263-267.

7285 EBERT, Robert Peter: *Infinitival complement constructions in early New High German.* — Linguistische Arbeiten 30; Tübingen: Niemeyer, 1976, vii, 189 p.

7286 EISENBERG, Peter: *Oberflächenstruktur und logische Struktur. Untersuchungen zur Syntax und Semantik des deutschen Prädikatadjektivs.* — Linguistische Arbeiten 36 (Diss. Techn. Univ. Berlin); Tübingen: Niemeyer, 1976, viii, 219 p.

7287 ENGEL, Ulrich, & SCHUMACHER, Helmut: *Kleines Valenzlexikon deutscher Verben.* Unter Mitarbeit von Joachim BALLWEG ... — Forschungsberichte des Instituts für deutsche Sprache 31; Tübingen: TBL-Verlag Narr, 1976, 306 p.

7288 EROMS, Hans-Werner: Zu deutschen Präpositionalphrasen mit *mit*. — *Sprachw* I, 1976, 223-240.

7289 ESAU, H.: *Nominalization and complementation in Modern German.* — Amsterdam: 1973 | BL 1973, 7484. | *Lingua* 38, 1976, 362-371 J. B. Voyles | *KNf* 23, 1976, 347-349 F. Grucza.

EVERS, A.: No backward gapping for G. — 2458.

7290 FABRICIUS-HANSEN, Cathrine: *Transformative, intransformative und kursive Verben.* — Tübingen: 1975 | BL 1975, 6990. | *NphM* 77, 1976, 166-168 K. B. Lindgren | *EGerm* 31, 1976, 193-194 M. Vuillaume.

7291 — Predicate pronominalization and related rules in Middle High German. — *AL* 16/1, 1976, 57-112.

7292 FEFILOVA, Alfia: Klassifizierung der Attribute anhand von Belegen aus der populärwissenschaftlichen Literatur. — *DaF* 13, 1976, 106-112.

7293 FELTKAMP, Hendrik Willem: *Sinntax. Interpretierende Transformationsgrammatik des Deutschen.* — Diss. Leiden 1976, 196 p. | Du. summ.

7294 FINDRENG, Ådne: *Zur Kongruenz in Person und Numerus zwischen Subjekt und finitem Verb im modernen Deutsch.* — Germanistische Schriftenreihe der norwegischen Universitäten und Hochschulen 5; Oslo: Universitetsforlaget, 1976, 448 p.

7295 FIRLE, Marga: Zu einigen Wirkungspotenzen der Valenz des Verbs. — *DaF* 13, 1976, 153-158.

7296 GELHAUS, Hermann: *Das Futur in ausgewählten Texten* ... — München: 1975 | BL 1975, 6998. | *Mu* 86, 1976, 445-448 B. Latour.

7297 GELHAUS, Hermann, & LATZEL, Sigbert: *Studien zum Tempusgebrauch im Deutschen.* — Forschungsberichte Inst. für Deutsche Sprache 15; Tübingen: Narr, 1974, 348 p.

7298 GERSTENKORN, Alfred: *Das "Modal"-System im heutigen Deutsch.* — Münchner germanistische Beiträge 16 (Diss. München); München: Fink, 1976, 426 p.

7299 GREČKO, V. K.: Konstrukcija s glagolom *haben* i ee mesto sredi predloženij statističeskogo klassa nemeckogo jazyka (na materiale naučnoj i chudožestvennoj literatury). — [345], 13-22.

GREPL, M., & MASAŘÍK, Z.: Zum Ausdruck der Gewissheitsmodalität .... — 9914.

7300 HÁJEK, Otto: K užívání konjunktivu v německé nepřímé řeči. — *CJŠ* 20, 1976-77, 63-71 | Zum Konjunktivgebrauch in der deutschen indirekten Rede (Rés. all.).

7301 HANDZJUK, S. P.: Dijeslivna valentnist' ta zv'jazkovi dijeslova (na materiali substantyvnych rečen' sučasnoji nimec'koji movy). — *InFil* 39, 1975, 113-118 | Die Valenz des Verbs und kopulative Verben (Ru. & G. summ.).

7302 — Dijeslivna valentnist' i verbocentryčnyj charakter struktury rečennja u sučasnij nimec'kij movi. — *InFil* 41, 1976, 58-66 | Die Valenz des Verbs und der Satzkern in der deutschen Gegenwartssprache (Ru. & G. summ.).

7303 — Pro charakter syntaksyčnoho zv'jazku miž sub'jektnym predykatyvom i prysudkom (na materiali sučasnoji nimec'koji movy). — *InFil* 43, 1976, 39-45 | Über das Wesen der syntaktischen Beziehung zwischen dem Subjektprädikativ und dem Prädikat (auf Grund der deutschen Gegenwartssprache). Ru. & G. summ.

7304 HANG, Hein-Günter: *Die Fragesignale der gesprochenen deutschen Standardsprache. Dargestellt an Interviews zweier Rundfunkmagazinsendungen.* — Göppinger Arbeiten zur Germanistik 195 (Diss. Bochum); Göppingen: Kümmerle, 1976, 425 p.

7305 HARTIG, Matthias: Zur Syntax der Konjunktionen. Oder: Das Problem der sprachlichen Kategorien. — [101], II, 223-232.

7306 HARWEG, Roland: Passiv-Transforme im Deutschen. — *ZPhon* 29, 1976, 13-33.

7307 — Steigerungen durch die Verbindung "*noch* + Komparativ". — *WW* 26, 1976, 245-255.
— Aspekte als Zeitstufen und Zeitstufen als Aspekte. — 2493.
7308 HELBIG, Gerhard: Valenz, Semantik und Satzmodelle. — *DaF* 13, 1976, 99-106.
7309 — Zur Valenz verschiedener Wortklassen. — *DaF* 13, 1976, 131-146.
7310 HELBIG, Gerhard, & KEMPTER, Fritz: *Die uneingeleiteten Nebensätze.* — Leipzig: Verlag Enzyklopädie, 1976, 83 p.
7311 HNÍK, Jaromír: Slovotvorné, morfologické, syntakticko-kontextové a lexikálně kontextové protějšky českého vidu v němčině. — [392], 113-173 | Wortbildungs-, Morphologie- und Kontextausdrucksmittel für den tschechischen Aspekt im Deutschen.
7312 IFFLAND, Eberhard: Zu einigen Problemen des Tempussystems des deutschen Verbs. Ein Diskussionsbeitrag zur Skizze der deutschen Grammatik. — *WZUJ* 24, 1975, 713-734.
7313 KĄTNY, Andrzej: Zur kontrastiven Analyse der deutschen Modalverben. — *SGP* 5, 1976, 97-103.
7314 KAUFMANN, Gerhard: *Die indirekte Rede und mit ihr konkurrierende Formen der Redeerwähnung.* — Heutiges Deutsch 3, 1; München: Hueber, 1976, 207 p.
7315 KENCALO, R. S.: Leksyko-hramatyčni zasoby vyražennja medial'nosti v sučasnij nimec'kij movi. — *InFil* 33, 1974, 40-45 | Lexikalisch-grammatische Ausdrucksmittel der medialen Handlung in der gegenwärtigen deutschen Sprache (Ru. & G. summ.).
7316 KIBARDINA, S. M.: Teorija valentnosti i "sobytijnye" glagoly (O meste "sobytijnych" glagolov v valentnostnoj i semantičeskoj klassifikacijach). — [345], 30-39.
7317 KLOCEK, Maria: Versuch einer konfrontativen Betrachtung der Präpositionen in der deutschen und norwegischen Sprache (Riksmål). — *SGP* 5, 1976, 119-129.
7318 KOCH, Swantje, & PUSCH, Luise F.: Bestätigen und Antworten mit dem Satzwort *allerdings.* — [101], I, 153-161.
7319 KOHRT, Manfred: *Koordinationsreduktion und Verbstellung in einer generativen Grammatik des Deutschen.* — Linguistische Arbeiten 41; Tübingen: Niemeyer, 1976, x, 243 p.
KOLDE, G.: Über einige Schwierigkeiten beim Schreiben "textgrammatischer Regelsysteme"... — 2676.
7320 KOLESNIKOV, P. I.: Das lexikalisch-funktionelle Feld der Substitution des Substantivs und seiner Gruppe in der deutschen Sprache der Gegenwart. — *DaF* 13, 1976, 28-39, fig.
7321 KONIUSZANIEC, Gabriela: Zur Struktur des zusammengesetzten Satzes in deutsch-polnischer Konfrontation. — *SGP* 5, 1976, 81-87.
7322 KÜRSCHNER, Wilfried: *Zur syntaktischen Beschreibung deutscher Nominalkomposita*... — Tübingen: 1974 | BL 1974, 6520. | *Erasmus* 28, 1976, 539-541 E. H. Yarrill | *PBB* (T) 98, 1976, 444-448 H. Günther | *AUMLA* 46, 381-383 Roland Sussex | *JL* 12, 1976, 199-202 J. H. Shaw.
7323 KUSTOVA, L. P.: Upotreblenie sledstvennych sojuznych slov v prostom predloženii v sovremennom nemeckom jazyke. — [345], 40-53.
7324 LEBEDEVA, I. A.: Semantiko-grammatičeskie osobennosti predloženij s predikativnymi prilagatel'nymi na *bar, lich* v nemeckom jazyke, — [345], 54-72.
7325 LITVINOV, M. M.: Pidsylennja značennja pryjmennyka pryslivnykom abo inšym pryjmennykom u sučasnij nimec'kij movi. — *InFil* 34, 1974, 76-81 | Die Verstärkung der Präpositionen durch Adverbien oder andere Präpositionen (Ru. & G. summ.).

7326 — *Mit* jak pryslivnyk. — *InFil* 43, 1976, 45-50 | *Mit* als Adverb (Ru. & G. summ.).
7327 MAGNUSSON, Kerstin: *Die Gliederung des Konjunktivs in Grammatiken der deutschen Sprache.* — Studia Germanistica Upsaliensia 16 (Diss. Uppsala); Uppsala (distr.: Almqvist & Wiksell, Stockholm), 1976, 150 p.
7328 MAKSYMČUK, B. V.: Koreljacija miž častynoju movy i členom rečennja (Na materiali katehoriji prykmetnyka sučasnoji nimec'koji movy). — *InFil* 33, 1974, 59-63 | Korrelation zwischen Wortart und Satzglied und funktionale Grenzen des Adjektivs in der deutschen Gegenwartssprache (Ru. & G. summ.).
7329 MATZEL, Klaus: Dativ und Präpositionalphrase. — *Sprachw* 1, 1976, 144-186.
7330 NEDJALKOV, V. P.: *Kauzativnye konstrukcii v nemeckom jazyke* ... — Leningrad: 1971 | BL 1971, 6085. | *SS* 37, 1976, 347-348 J. Povejšil.
7331 NIKULA, Henrik: *Verbvalenz. Untersuchungen am Beispiel des deutschen Verbs mit einer konstrastiven Analyse Deutsch-Schwedisch.* — Studia Germanistica Upsaliensia 15 (Diss. Uppsala); Uppsala (distr.: Almqvist & Wiksell, Stockholm), 1976, x, 165 p.
7332 OLEŠKO, H. I., & KOVALENKO, V. Je.: Funkciji ta semantyka ocinočno-kvalifikatyvnych *als*-konstrukcij (na materiali sučasnoji nimec'koji movy). — *InFil* 33, 1974, 33-39 | Zur Funktion und Bedeutung der *als*-Konstruktionen im heutigen Deutsch (Ru. & G. summ.).
7333 OVER, Paul: Some VO and OV patterns in the language of 'Simplicissimus' (Bk. I). — *Nph* 60, 1976, 534-541.
7334 PEILICKE, Roswitha: Untersuchungen zu den Kausalbestimmungen im Deutschen. — *WZUB* 23, 1974, 295-301.
7335 PERL, N. E.: Zum Problem der semantisch-syntaktischen Beziehungen von Prowörtern mit unbestimmt quantitativer Bedeutung. — *DaF* 13, 1976, 292-296.
7336 POVEJŠIL, Jaromír: Vyjadřování vidu a způsobů slovesného děje v němčině a češtině. — [392], 91-112 | Zur Ausdrucksweise des Aspekts und der Aktionsart im Deutschen und im Tschechischen.
— Zum reflexiven Passiv im Tschech. und im Dt. — 9930.
7337 PUSCH, Luise F.: Zur Syntax und Semantik des Pronomens *dasselbe*. — [101], II, 253-264.
7338 — Über den Unterschied zwischen *aber* und *sondern* oder die Kunst des Widersprechens. — [7354], 45-62.
— Das *gerundio* als Ausdruck der Gewichtung .... — 6426.
7339 RAYNAUD, Franziska: Die Modalverben im zeitgenössischen Deutsch. — *DaF* 13, 1976, 228-235, fig.
7340 MAMATOV, M. Š.: O sopostavitel'nom izučenii sintaksičeskich javlenij v nemeckom i uzbekskom jazykach (predikativnyj atribut). — [345], 73-86.
7341 ROTHKEGEL, Annely: *Feste Syntagmen. Grundlagen, Strukturbeschreibung* .... — Tübingen: 1973 | BL 1973, 7557. | *AUMLA* 46, 1976, 387-390 Göran Hammarström.
7342 RUSSINOVA, Maria V.: Die Präposition *an* als Komponente beim Ausdruck der Affektionsarten des Verbs. — *DaF* 13, 1976, 119-121.
RŮŽIČKA, R., et al.: Syntaktische und semantische Reflexivität ... — 2596.
7343 SCHATTE, Czesława: Hinweiswörter im Deutschen und Norwegischen. — *SGP* 5, 1976, 105-118.
7344 SCHENKEL, Wolfgang: *Zur Bedeutungsstruktur deutscher Verben und ihrer Kombinierbarkeit mit Substantiven.* — Leipzig: Verlag Enzyklopädie, 1976, 80 p.
7345 SCHIEBE, Traugott: *Über Präsuppositionen zusammengesetzter Sätze im Deut-*

schen. — Stockholm: 1975 | BL 1975, 7057. | *SL* 30, 1976, 165-182 B. Brodda.

7346 SCHOENTHAL, Gisela: *Das Passiv in der deutschen Standardsprache. Darstellung in der neueren Grammatiktheorie und Verwendung in Texten gesprochener Sprache.* — Heutiges Deutsch I, 7; München: Hueber, 1976, 258 p.

7347 SCHRÖDER, Jochen: Zur syntaktischen Erweiterung in Antwortrepliken auf Ergänzungsfragen. — *DaF* 13, 1976, 268-274.

7348 — Bemerkungen zu einer Semantik deutscher Präpositionen im lokalen Bereich. — *DaF* 13, 1976, 336-341, fig.

7349 SCHUMACHER, Helmut: Ein Valenzwörterbuch auf semantischer Basis. — [363], 275-300.

7350 SOMMERFELDT, Karl-Ernst: Zur Aufstellung von Satztypen substantivischer Sätze des Deutschen unter Einbeziehung der Valenz. — *DaF* 13, 1976, 146-152.

7351 SOMMERFELDT, Karl-Ernst, & SCHREIBER, Herbert: *Wörterbuch zur Valenz und Distribution deutscher Adjektive.* — Leipzig: 1974 | BL 1974, 6541. | *ZPhon* 29, 1976, 446-447 G. Starke.

7352 STEHLÍK, Václav: Několik poznámek k německému stavovému pasívu. — *CJŠ* 19, 1975-76, 401-411 | Einige Bemerkungen zu deutschen Passivkonstruktionen mit dem Zeitwort *sein* (Rés. all.).

7353 STOJANOVA-JOVČEVA, Stanka: Der *indem*-Satz in der deutschen Gegenwartssprache. — *DaF* 13, 1976, 112-119.

7354 *Syntaktische und semantische Studien zur Koordination.* [Von] István BÁTORI, Luise F. PUSCH ... [et al.]. — Studien zur deutschen Grammatik 2; Tübingen: Narr, 1975, 190 p.

7355 TARVAINEN, Kalevi: Die Modalverben im deutschen Modus- und Tempussystem. — *NphM* 77, 1976, 9-24.

7356 — Zur Satzgliedfrage in einer deutschen Dependenzgrammatik. — *NphM* 77, 1976, 282-305.

7357 TKAČENKO, T. I.: Pro separatyzaciju nehnučkych struktur skladnopidrjadnych rečen' u sučasnij nimec'kij movi. — *InFil* 42, 1976, 67-73 | Zur Frage der Separation der festen Strukturen des Satzgefüges im modernen Deutsch (Ru. & G. summ.).

7358 *Untersuchungen zur Verbvalenz. Eine Dokumentation über die Arbeit an einem deutschen Valenzlexikon.* Helmut SCHUMACHER (Hrsg.). — Forschungsberichte des Instituts für Deutsche Sprache Mannheim 30; Tübingen: TBL-Verlag Narr, 1976, 343 p. | Not analyzed.

7359 VATER, Heinz: Modal verbs. — *FL* 14, 1976, 399-411, tab. | Rev. art on L. BOUMA, *The semantics of the modal auxiliaries in contemporary German*, 1973 (BL 1973, 7466).

7360 — *Wie*-Sätze. — [101], II, 209-222.

VEDEN'KOVA, M. S.: O grammatičeskom ponjatii aktual'nosti glagol'nogo dejstvija. — 2628.

7361 VLADOVA, Ljuba, KĂRDŽIEV, Asen: *Rekcijata v nemski ezik.* 2 osn. prerab. izd. — Sofija: Narodna prosveta, 1976, 204 p. | Rection in G.

7362 WAGNER, Johannes: Eine kontrastive Analyse von Modalverben des Deutschen und Schwedischen. — *IRAL* 14, 1976, 49-66.

7363 WATTS, Richard James: *Lokative Präpositionen im Deutschen, Englischen und Zürichdeutschen. Eine generativ-transformationelle Analyse.* — Schweizer Anglistische Arbeiten 87 (Diss. Zürich); Bern: Francke, 1976, iv, 173 p.

7364 WEDEL, Alfred R.: Der Konflikt von Aspekt/Zeitstufe und Aktionsart in der althochdeutschen Übersetzung der 'Benediktinerregel'. — *NphM* 77, 1976, 270-281.

7365 WEINRICH, Harald: *Für eine Grammatik mit Augen und Ohren, Händen und Füßen – am Beispiel der Präpositionen.* — Rheinisch-Westfälische Akad. der Wissenschaften, Vorträge G 217; Opladen: Westdeutscher Verlag, 1976, 27 p.

7366 WELKE, Klaus, & MEINHARD, Hans-Joachim: Valenzstruktur und Konstituentenstruktur. — *WZUB* 23, 1974, 259-265 | Summ. in Ru., E. & Fr.

7367 WIESE, Ingrid: *Untersuchungen zur Semantik nominaler Wortgruppen in der deutschen Gegenwartssprache.* — Halle/S.: 1973 | BL 1973, 7579. | *ZPhon* 29, 1976, 194-195 B. Spitzbardt.

7368 ZEMB, Jean-Marie: Der Helfer in der Not. Nörgellos zweifelnde Reflexionen über die sogenannten grammatikalisierten zusammengesetzten Verbformen, insbesondere über die AUXen. — *Sprachw* 1, 1976, 399-422.

7369 ZOEPPRITZ, Magdalena: Kasus für Deutsch. — [101], II, 199-208.

3. HISTOIRE — HISTORY

7370 *Ältere deutsche Texte in Auswahl (Izbor starijih njemačkih tekstova).* Priredila Deša DEVČIĆ. Teil I. *Hochmittelalter.* — Zagreb: Sveučilište, Filozofski Fakultet, 1976, xiv, 350 p.

7371 ANDERSON, Robert R., & GOEBEL, Ulrich: *Wortindex und Reimregister zum sogenannten Heinrich von Melk.* Bearb. — Indices verborum zum altdeutschen Schrifttum 3; Amsterdam: Rodopi, 1976, 199 p.

7372 *Der arm man 1525. Volkskundliche Studien.* Hrsg. von Hermann STROBACH. — Veröffentlichungen zur Volkskunde und Kulturgeschichte 59; Berlin: Akad.-Verlag, 1975, 366 p. | From the contents: Ulrich BENTZIEN, 'Arbeit und Arbeitsgerät der Bauern zur Zeit des deutschen Bauernkrieges', 22-51; Gabriele SCHIEB, 'Zur sprachhistorischen Situation und zu einigen Entwicklungstendenzen der deutschen Sprache in der Zeit der frühbürgerlichen Revolution', 197-218.

7373 ASHER, John A., & SMITS, Kathryn: *Reimwörterbuch zum Guoten Gêrhart Rudolfs von Ems.* — Mittelhochdeutsche Reimwörterbücher 1; Hildesheim: Olms, 1975, 56 p.

7374 ASSION, Peter: *Altdeutsche Fachliteratur.* — Berlin: 1973 | BL 1974, 6557. | *EGerm* 30, 1975, 93-94 R. Perennec | *ZDPh* 95, 1976, 151-153 B. D. Haage | *MLR* 71, 1976, 210-211 J. L. Flood.

7375 BAYER, Hans: Mystische Ethik und empraktische Denkform. Zur Begriffswelt Meister Eckharts. — *DVLG* 50, 1976, 377-405 | Cf. 7399.

7376 BENTZINGER, Rudolf: Sprachliche Wirkungsfaktoren im Volksbuch 'Till Eulenspiegel'. — *ZPhon* 29, 1976, 129-144, tab.

7377 BOLOGNESI, Giancarlo: Sulle glosse alemanne dell'innario di Murbach. — [233], 73-83.

7378 BOOR, Helmut DE: *Actum et datum. Eine Untersuchung zur Formelsprache der deutschen Urkunden im 13. Jahrhundert.* — SbBAW 1975, 4; München: Beck, 1975, 100 p.

7379 BRAUNE, Wilhelm: *Althochdeutsche Grammatik.* 13. Aufl. Bearb. von Hans EGGERS. — Tübingen: 1975 | BL 1975, 7093. | *JEGP* 75, 1976, 369-370 A. L. Lloyd.

7380 BROEK, Marinus Albertus VAN DEN: *Der Spiegel des Sünders. Ein katechetischer Traktat des fünfzehnten Jahrhunderts. Textausgabe und Beobachtungen zum Sprachgebrauch.* — Quellen und Forschungen zur Erbauungsliteratur des späten

Mittelalters und der frühen Neuzeit 11 (Diss. Free Univ. Amsterdam); Amsterdam: Rodopi, 1976, ix, 290 p. | Du. summ.

7381 EHRISMANN, Otfrid, & RAMGE, Hans: *Mittelhochdeutsch. Eine Einführung in das Studium der deutschen Sprachgeschichte.* — Germanistische Arbeitshefte 19; Tübingen: Niemeyer, 1976, vi, 128 p.

7382 ELSENER, Ferdinand: Verlust der mittelalterlichen Rechtssprache. Zugleich ein Beitrag zur Geschichte der schweizerischen Stadtschreiber. — [231], 221-230.

7383 *Fachprosaforschung* ... Hrsg. von Gundolf KEIL und Peter ASSION. — Berlin: 1974 | BL 1975, 7096. | *ADA* 87, 1976, 198-201 K. Schneider.

7384 GÄRTNER, Kurt, & STEINHOFF, Hans-Hugo: *Minimalgrammatik zur Arbeit mit mittelhochdeutschen Texten. Übersicht über die wichtigsten Abweichungen vom Neuhochdeutschen.* Zusammengestellt. — Göppinger Arbeiten zur Germanistik 183; Göppingen: Kümmerle, 1976, 23 p.

7385 *Geschichte der deutschen Sprache. Mit Texten und Übersetzungshilfen.* Verfasst von einem Autorenkollektiv unter Leitung von Wilhelm SCHMIDT. 2. Aufl. — Berlin: Volk und Wissen, 1976, 428 p., 5 pl., 8 maps | First ed. 1969 (BL 1969, 5356).

7386 GRABAREK, Józef: Zum Entwicklungsstand des deutschen Satzbaus im 14. und 15. Jh. anhand der Księga Ławnicza Nowego Miasta Torunia. — *AUNCHum* 70, *Filologia Germańska* 2, 1976, 71-79 | Pol. summ.

7387 GRABAREK, Józef, & SZRENIAWSKI, Wojciech: Versuch eines Wörterbuches zur Księga Ławnicza Nowego Miasta Torunia. — *AUNCHum* 70, *Filologia Germańska* 2, 1976, 81-92 | Pol. summ.

7388 GRABMEYER, Bernhard: *Die Mischsprache in Willirams Paraphrase des Hohen Liedes.* — Göppinger Arbeiten zur Germanistik 179 (Diss. München); Göppingen: Kümmerle, 1976, iv, 462 p. | E. summ.

7389 GRAUWE, L. DE: Zum altmittelfränkischen Wortschatz. — *SGGand* 17, 1976, 85-97 | Altmittelfränkische Psalmen.

7390 GREULE, Albrecht: Textgrammatisches zu Otfrid von Weissenburg. — *Sprachw* 1, 1976, 328-354.

7391 GUCHMAN, M. M.: *Die Sprache der deutschen politischen Literatur in der Zeit der Reformation* ... — Berlin: 1974 | BL 1974, 6570. | *IzvAN* 35, 1976, 561-563 J. Šil'dt.

7392 HINTZE, S. James: Onomasiologische und semasiologische Paradigmen in einem mittelhochdeutschen Text. — *ZDL* 43, 1976, 297-304 | *Sage, rede, maere, schrift* im Armen Heinrich. E. summ.

7393 JONES, George Fenwick, ct al.: *Verskonkordanz zu den Liedern Oswalds von Wolkenstein* ... — I; II. — Göppingen: 1973 | BL 1973, 7615. | *SMe* 16, 1975, 734-735 W. Röll.

7394 Kaufringer, Heinrich: *Werke*. Hrsg. von Paul SAPPLER. 2. Indices. — Tübingen: 1974 | BL 1974, 6581. | *SMe* 15, 1975, 734-736 W. Röll.

7395 KLEIBER, Wolfgang: Das Aufkommen der deutschen Sprache in domanialen Rechtsquellen (Urbaren) Südwestdeutschlands zwischen 1250-1450. — [231], 202-220, 5 cartes.

7396 KRUSE, Norbert: *Die Kölner volkssprachige Überlieferung des 9. Jahrhunderts.* — Rheinisches Archiv 95; Bonn: Röhrscheid, 1976, 398 p., 7 maps, ill.

7397 LECLERCQ, Robert: *Reimwörterbuch zu 'Sankt Brandan'.* — Amsterdamer Publikationen zur Sprache und Literatur 24; Amsterdam: Rodopi, 1976, 83 p.

7398 MATZEL, Klaus: *Untersuchungen zur Verfasserschaft* ... *der althochdeutschen*

Übersetzungen der Isidor-Sippe. — Bonn: 1970 | BL 1970, 6492. | *SGerm* 11, 1973, 358-370 F. Delbono.

7399 MOSER, Dietz-Rüdiger: Paralipomena zu Hans Bayers Studie 'Mystische Ethik' .... — *DVLG* 50, 1976, 406-410 | Cf. 7375. Reply by Bayer, *Ibid.* 411-413.

7400 MOSER, Hugo: Zum Problem der Ökonomie der Sprachentwicklung im Alt- und Mittelhochdeutschen. — *WW* 26, 1976, 278-292.

7401 NYFFENEGGER, Eugen: *Cristân der Kuchimaister* ... — Berlin: 1974 | BL 1974, 6598. | *BNF* 11, 1976, 359-360 K. Grubmüller | *WW* 26, 1976, 72 R. M. Kully.

7402 Prätorius, Stephan: *Seefarer Trost und Krancken Trost.* Textausgabe und Beobachtungen zum Sprachgebrauch. [Von] Pieter BOON. — Quellen und Forschungen zur Erbauungsliteratur des späten Mittelalters und der frühen Neuzeit 12 (Diss. Free Univ. Amsterdam); Amsterdam: Rodopi, 1976, x, 258 p. | Du. summ.

QUAK, A.: Zur Sprache der Bibelglossen des Kodex Köln CCXI. — 7720.

7403 RABE, Jürgen: *Die Sprache der Berliner Nibelungenlied-Handschrift J* ... — Göppingen: 1972 | BL 1972, 6484. | *ZDL* 43, 1976, 110-112 A. Greule.

7404 REICHE, Rainer: *Ein rheinisches Schulbuch aus dem 11. Jahrhundert. Studien zur Sammelhandschrift Bonn UB. S 218 mit Edition von bisher unveröffentlichten Texten.* — Münchener Beiträge zur Mediävistik und Renaissance-Forschung 24 (Diss. Odense); München: Arbeo-Gesellschaft, 1976, xi, 487 p., 4 ill.

7405 ROOTH, Erik: *Zur Sprache des Karlmeinet. Ein unbeachteter Schlussabschnitt.* — Monographien zur Sprachwissenschaft 1; Heidelberg: Winter, 1976, 90 p.

7406 ROTSAERT NEPPI MODONA, Marie-Louise: Lessico gotico nella "altbairische Beichte"? — *SGerm* 11, 1973, 237-256.

7407 SCHULZKE, Regine: Zwickauer Handwerksordnungen aus dem 14. bis 17. Jahrhundert. — *PBB (H)* 96, 1976, 318-443 (to be continued) | Part of diss.

SMITH, J.: Mittel- und Niederfränkisches in den Wachtendonckschen Psalmen. — 7869.

7408 SOBOLEVA, V. I.: Struktura podčinennogo predloženija v chronikach g. Kel'na 14-16 vv. — [346], 197-210.

7409 SONDEREGGER, Stefan: *Althochdeutsche Sprache und Literatur* ... — Berlin: 1974 | BL 1974, 6609. | *ASNS* 213, 1976, 366-369 H. von Gadow | *DLZ* 97, 1976, 959-961 H. Mettke | *ZGL* 4, 1976, 243-247 E. Neuss | *MLR* 71, 1976, 712-713 C. T. Carr.

7410 — Martin Luthers Ringen um den deutschen Vaterunser-Text. Eine philologische Studie, mit einem Vergleich zwischen Notker von St. Gallen und Luther. — [240], 403-425.

7411 STOPP, Hugo: *Schreibsprachwandel. Zur grossräumigen Untersuchung frühneuhochdeutscher Schriftlichkeit.* — Schriften der Philosophischen Fachbereiche der Univ. Augsburg 6; München: Vögel, 1976, 79 p.

7412 — Zu einem morphographemischen Wechsel im Frühneuhochdeutschen. — *Sprachw* 1, 1976, 468-479.

7413 STRASSNER, Erich: Nürnbergs Beitrag zur Entstehung der neuhochdeutschen Schriftsprache. Ein Forschungsbericht. — *Jahrbuch für Fränkische Landesforschung* 34-35, 1975, 243-262.

7414 SZRENIAWSKI, Wojciech: Zu einigen Problemen der Übersetzung deutscher Texte aus dem XVII. Jh. in das Polnische und polnischer Texte aus dem XVII. Jh. in das Deutsche. — *AUNCHum* 70, *Filologia Germańska* 2, 1976, 93-103 | Pol. summ.

7415 THOMA, Herbert: *Althochdeutsche Glossen zum Alten Testament. Genesis, Deuteronomium, Numeri, Josue, Judicum.* — Altdeutsche Textbibliothek 82; Tübingen: Niemeyer, 1975, xiii, 28 p. | *ABäG* 11, 1976, 192-193 A. Quak | Cf. 7801.

7416 TIEMENSMA-LANGBROEK, Erika: Die althochdeutschen Glossen des Codex Adv. Ms. 18. 5. 10 der National Library of Scotland, Edinburg. — *ABäG* 11, 1976, 1-36.

7417 TOBIN, Frank: Meister Eckhart's German sermons: semantics and grammar as style. — *Semasia* 3, 1976, 75-85.

7418 WAGENKNECHT, Christian, & WIECKENBERG, Ernst Peter: Die Geheimsprache der Kustoden. Voruntersuchungen zu ihrer Erforschung. — *DVLG* 50, 1976, 259-280.

7419 WATERMAN, John T.: *A history of the German language. With special reference to the cultural and social forces that shaped the standard literary language.* Rev. ed. — Seattle: Univ. of Washington Press, 1976, xiv, 284 p., fig., ill., maps | First ed. 1966 (BL 1966, 5229).

7420 WIMMER, Ruprecht: *Deutsch und Latein im Osterspiel . . .* — München: 1974 | BL 1974, 6618. | *DLZ* 97, 1976, 774-776 Gabriele Schieb | *PBB* (*T*) 98, 1976, 146-151 U. Hennig | *EGerm* 31, 1976, 71-72 J. M. Eichelbrenner.

7421 ZANDT, Gertrud: Das flektierte Adverb *harde* in der Karlmeinet-Kompilation. — *NJb* 98-99, 1975-76 (1976), 85-93.

7422 ZATOČIL, Leopold: Sprachliche und textkritische Bemerkungen zur gereimten Katharinenlegende der Wiener Handschrift 2841 aus der 2. Hälfte des 14. Jahrhunderts. — *SFFBU* 25 (A 24), 1976, 73-87 | Rés. tch.

7423 *Zur Ausbildung der Norm der deutschen Literatursprache.* 1. *Auf der syntaktischen Ebene. Der Einfachsatz.* Unter Leitung von G. KETTMANN und J. SCHILDT. 2. *Auf der lexikalischen Ebene (1470-1730). Untersucht an ausgewählten Konkurrentengruppen.* Unter Leitung von Joachim DÜCKERT. 3. *Auf der lexikalischen Ebene (1470-1730). Untersucht an ausgewählten Konkurrentengruppen mit Anteilen slawischer Herkunft.* Unter Leitung von Klaus MÜLLER. — Bausteine zur Sprachgeschichte des Neuhochdeutschen 56, 1, 2, 3; Berlin: Akad.-Verlag, 1976, 539; 352; 234 p.

7424 ZUTT, Herta: Der Gebrauch der Negationen in der Giessener Iwein-Handschrift. — [231], 373-391, fig., tab.

4. DIALECTOLOGIE — DIALECTOLOGY

7425 AMAN, Reinhold: *Bayrisch-österreichisches Schimpfwörterbuch . . .* — München: 1973 | BL 1973, 7662. | *Mu* 86, 1976, 394-395 W. Kaupert.

7426 *Badisches Wörterbuch . . .* Vorbereitet und betreut von Friedrich KLUGE . . . [et al.]. Bearb. von Ernst OCHS. Fortgesetzt von Gerhard W. BAUR. Band III. Lief. 36, *Josef Anton – Kanone.* — Lahr/Schwarzwald: Schauenburg, 1976, p. 33-64 | Cf. BL 1975, 7163.

7427 BANNERT, Robert: *Mittelbairische Phonologie auf akustischer und perzeptorischer Grundlage.* — Travaux de l'Inst. de Linguistique de Lund 10; Lund: Gleerup / München: Fink, 1976, 172 p.

7428 BAUR, Gerhard W.: Das Badische Wörterbuch. — [227], 25-35.

7429 — Mundartwörterbücher im alemannischen Sprachraum. — [231], 28-85, portr.

7430 *Bayerisch-österreichisches Wörterbuch.* I. *Österreich. Wörterbuch der bairischen Mundarten in Österreich.* Hrsg. im Auftrag der Österreichischen Akad. der Wissenschaften von Eberhard KRANZMAYER † unter Mitwirkung von Maria HORNUNG (Redaktion), Werner BAUER, Ingeborg GEYER . . . [et al.]. 14. Lief. (6. Lief. des 2. Bandes), *Pëlle – Bezirk.* — Wien: Verlag der Österreichischen Akad.

der Wissenschaften, 1976, c. 961-1182 (Fin du vol. 2) | Cf. BL 1975, 7165.
BETHGE, W.: Von Werden und Wirken des Deutschen Spracharchivs. — 49.

7431 BEYER, Ernest, & MATZEN, Raymond: *Atlas linguistique et ethnographique de l'Alsace*. I. — Paris: 1969 | BL 1969, 5435. | *Phonetica* 33, 1976, 154-158 K. Kohler.

7432 BRAUN, Fritz: *Heie* und *Heier* = "Rammbock". — [240], 42-55.

7433 BRÜCKNER, Wolfgang: Probleme und Ergebnisse des Frankfurter Wörterbuchs. Halbzeitbilanz der Edition. — [227], 105-121.

7434 BURGSTALLER, Erich: *Untersuchungen am Lautstand der Mundart von Esternberg*... — Wien: 1972 | BL 1972, 6531. | *ZDL* 43, 1976, 89-92 G. Lipold.

7435 ELST, Gaston VAN DER: Der 'Deutsche Wortatlas' als Instrument der Wortgeographie. Überlegungen zu einem 'Kleinen deutschen Wortatlas'. — *GermL* 1976/3-4, 76-99, 2 maps.

7436 *Frankfurter Wörterbuch*. Aufgrund des von Johann Joseph OPPEL (1815-1894) und Hans Ludwig RAUH (1892-1945) gesammelten Materials hrsg. . . . von Wolfgang BRÜCKNER. Lief. 6, *ha* bis *Hobel*. Bearb. von Rosemarie SCHANZE. — Frankfurt: Kramer, 1976, p. 1017-1224 | Cf. BL 1975, 7178. | *DLZ* 97, 1976, 130-132 H. Protze.

7437 FRIEBERTSHÄUSER, Hans: Methodenvielfalt diatopischer Sprachforschung. Dargestellt am Beispiel eines grosslandschaftlichen Wörterbuchs. — *GermL* 1976/3-4, 55-75, map | Hessen-Nassauisches Volkswörterbuch.

7438 — Relevante Aspekte der Dialektlexikographie. — [227], 5-10.

7439 — Hessen-Nassauisches Volkswörterbuch. — [227], 91-103, 2 maps.

7440 — Das Thüringische Wörterbuch und das Obersächsische Wörterbuch. — [227], 172-177, 2 maps.

7441 FUCHS, Stefan M.: *Die Mundart des Kantons Schwyz. Historische, sprachgeographische und semantische Aspekte der Mundart des Kantons Schwyz*. — Beiträge zur schweizerdeutschen Mundartforschung 22; Frauenfeld: Huber, 1975, xxxii, 233 p.

7442 GABRIEL, Eugen: Die Mundart von Galtür, Beispiel einer Systemüberlagerung. — [231], 95-116, carte.

7443 GEHL, Hans: Merkmale der oberdeutschen "fescht"-Mundarten des Banats. — *Forschungen zur Volks- und Landeskunde* (Bukarest) 19, 1976/2, 91-99.

7444 GEMMILL, Gerda: The derivation of underlying stops in Cologne dialect. — *ZDL* 43, 1976, 129-141 | G. summ.

7445 GIOVANNUCCI FAZZINI, Elisabetta: Conservatività e innovazioni nel sistema verbale dei dialetti alemanni del Piemonte e della Valle d'Aosta. — *SGerm* 11, 1973, 5-24, map.

7446 GOUDAILLIER, Jean-Pierre: Neutralisation de l'opposition /ptk/–/bdg/ en luxembourgeois. Réalisations des archiphonèmes et effort laryngien. — *Linguistique* 12, 1976/2, 105-118, 3 tab.

7447 HALL, Ross D.: *Upper Hessian vocalism*... — Marburg: 1973 | BL 1973, 7686. | *ZDL* 43, 1976, 82-84 N. R. Wolf.

7448 HASSELBERG, Joachim, & WEGERA, Klaus-Peter: *Hessisch*. — Dialekt, Hochsprache, kontrastiv 1; Düsseldorf: Schwann, 1976, 88 p.

7449 HÄXEBRÄNZ: *99 × Züritüütsch*. — Zürich: Rohr, 1975, 170 p.

7450 HEINRICHS, Heinrich Matthias: Über Ausdrücke für "links" in rheinischen Denkmälern des Mittelalters. — [240], 112-119, carte.

7451 HEITZLER, Pierre: *Études syntaxiques du dialecte de Kaysersberg*. — (Thèse Paris IV); Paris: Champion, 1975, 576 p. | *EGerm* 31, 1976, 337-338 Ph. Marcq.

7452 HORNUNG, Maria: Wörterbuch der bairischen Mundarten in Österreich. — [227], 37-47, map.
7453 HRACHOVEC, Herbert: *Sonographische Untersuchungen zur Mundart des mittleren Pulkautales, N.Ö.-Wien.* — Dissertationen der Univ. Wien 124; Wien: Verband der Wissenschaftlichen Gesellschaften Österreichs, 1975, 250 p., fig.
7454 IBROM, Ernst-Walter: *Lauttopographie der schwäbisch-bairischen Dialekte* ... — Marburg: 1971 | BL 1972, 6550. | ZDL 43, 1976, 84-89 H. Tatzreiter | BNF 11, 1976, 225-226 G. Koss.
7455 JÖRG, Ruth: *Untersuchungen zum Schwund des Präteritums im Schweizerdeutschen.* — Basler Studien zur deutschen Sprache und Lit. 52 (Diss. Basel); Bern: Francke, 1976, xii, 185 p.
7456 KARCH, Dieter: Braunschweig-Veltenhof. Eine 225 Jahre alte pfälzische Sprachinsel im Ostfälischen. — *ZDL* 43, 1976, 150-181, 7 maps | E. summ.
7457 KNOBLOCH, Johann: Ein rumänisches Lehnsuffix in der österreichischen Umgangssprache. — *Sprachw* 1, 1976, 479-480 | *-uri* (*Kramuri*, etc.).
7458 KNOOP, Ulrich: Die Differenz von Dialekt und Schriftlichkeit. Ein vorläufiger Überblick. — *GermL* 1976/3-4, 21-54.
7459 KOIVULEHTO, Jorma: "*Jäten*" *in deutschen Mundarten* ... — Helsinki: 1971 | BL 1971, 6216. | IF 80, 1975 (1976), 169-171 J. Göschel.
7460 KRÄMER, Julius: Pfälzisches Wörterbuch. — [227], 69-78, 3 maps.
7461 KUHN, Hans: Zur zweiten Lautverschiebung im Mittelfränkischen. — *ZDA* 105, 1976, 89-99 | Rejoinder to Henning VON GADOW, BNF 10, 1975, 50-63 (BL 1975, 7491).
7462 KÜNZLI, Rudolf E.: Mundart und Schriftsprache: Der Schweizer und das Schweizerdeutsch. — *Mu* 86, 1976, 383-388.
7463 LIPOLD, Günter: *Lautlehre und Adjektivsteigerung der Mundart von Grosspertholz im niederösterreichischen Waldviertel.* — Dissertationen der Universität Wien 93; Wien: Verband der Wissenschaftlichen Gesellschaften Österreichs, 1973, xviii, 389 p., 11 fig.
7464 — Die Substantivflexion der Mundart von Kals/Osttirol. — *ZDL* 43, 1976, 259-290 | E. summ.
— Die Formantverhältnisse im System der nichtnasalen Kurz- und Langvokale der Ortsmundart von Pöllandl .... — 2166.
7465 LÖFFLER, Heinrich: *Probleme der Dialektologie* .... — Darmstadt: 1974 | BL 1974, 6646. | LB 65, 1976, 194-196 H. Tatzreiter.
7466 — Zum graphematischen Status des Historischen Südwestdeutschen Sprachatlasses (HSS). — [231], 10-27.
MACREA, D.: Emprunts lexicaux roum. ... — 6920.
7467 MANHERZ Károly: A nyugat-magyarországi német nyelvjárások társadalmi rétegződése. — *ÁNyT* 8, 1972, 149-157 | Stratification sociale dans les dialectes all. de la Hongrie de l'Ouest.
MARTIN, B.: Zur Wortgeographie des waldeckisch-westfälischen Grenzraums. — 7710.
7468 MAURER, Friedrich: Zur Entstehung des Historischen Südwestdeutschen Sprachatlasses. — [231], 2-9.
7469 MERKLE, Ludwig: *Bairische Grammatik.* — dtv 3139; München: Deutscher Taschenbuch-Verlag, 1976, 206 p.
7470 MIRONOV, S. A.: Nemeckaja dialektografija za sto let. — *VJa* 1976/4, 118-130.
7471 MITZKA, Walther: Wortgeographie aus Hessen in Altpreussen. — *Mu* 86, 1976, 66-68.

7472 — Schlesisches Wörterbuch. — [227], 143-155, map.
7473 — Die schichtenbestimmte Gleichung *oft = immer = manchmal* (zur Wortatlaskarte *oft*). — [240], 221-230.
7474 MULCH, Roland: Das Südhessische Wörterbuch. — [227], 79-90, map.
7475 MÜLLER, Anton: *Freiburger Mundart-ABC*. Neubearb. durch Walter VETTER. — Freiburg i. Br.: Rombach, 1975, 185 p.
7476 NAJDIČ, L. È.: Sil'nye i slabye soglasnye v švejcarskich dialektach nemeckogo jazyka. — [346], 151-159.
7477 *Pfälzisches Wörterbuch*. Begründet von Ernst CHRISTMANN. Bearb. von Julius KRÄMER. Band III. Lief. 18, *Gaab – Gemeine-zettel*. — Wiesbaden: Steiner (Akad. der Wissenschaften und der Lit., Mainz), s.d. [1976?], c. 1-192 | Cf. BL 1975, 7218.
7478 REIFFENSTEIN, Ingo: Primäre und sekundäre Unterschiede zwischen Hochsprache und Mundart. Überlegungen zum Mundartenabbau. — [260], 337-347.
RIEMANN, E.: Das Preussische Wörterbuch. — 7722.
7479 RINNEN, Henri: Luxemburger Wörterbuch (1950-1975). — [227], 65-68.
7480 RONDE, Gertrud: Das Bayerische Wörterbuch. — [227], 49-64, map.
7481 ROSENKRANZ, Heinz: Die Lautgruppe *tsch* im Thüringisch-Obersächsischen und das Problem deutsch-sorbischer Interferenz. — [223], 166-193.
7482 RUOFF, Arno: *Grundlagen und Methoden der Untersuchung gesprochener Sprache* ... — Tübingen: 1973 | BL 1973, 7708. | *Phonetica* 32, 1975, 300-301 D. Karch | *ZPhon* 28, 1975, 119-121 J. Schildt | *EGerm* 30, 1975, 88-89 D.Bresson | *BNF* 11, 1976, 209-211 P. Wiesinger.
7483 SCHÜTZEICHEL, Rudolf: *Die Grundlagen des westlichen Mitteldeutschen. Studien zur historischen Sprachgeographie*. 2., stark erweiterte Aufl. — Hermaea, N. F. 10; Tübingen: Niemeyer, 1976, lxv, 449 p., 26 cartes | First ed. 1961 (BL 1961, 194).
SCOVAZZI, M.: I Longobardi nella Valle d'Illasi. — 8925.
7484 STEINBRUCKNER, Bruno Friedrich: *Dialektgeographie des oberen Mühlviertels*. — Deutsche Dialektgeographie 102; Marburg: Elwert, 1976, xviii, 216 p., maps.
7485 STIRNWEISS, Werner R.: *Sprache, Sitte und Brauch einer schwäbischen Ackerbürgerstadt des mittleren Donaugebietes um die Jahrhundertwende*. — Diss. München 1975, 367 p., ill., map.
7486 STÖCKL, Johann: *Die Mundart der Eleker Deutschen in Ungarn*. — Weinheim: [Selbstverlag], 1976, 44 p., 4 cartes.
7487 SUTER, Rudolf: *Baseldeutsch-Grammatik*. — Grammatiken und Wörterbücher des Schweizerdeutschen 6; Basel: Merian, 1976, 252 p.
7488 *Thüringisches Wörterbuch*. Auf Grund der von V. MICHELS begonnenen und H. HUCKE fortgeführten Sammlungen bearb. unter Leitung von K. SPANGENBERG an der Sektion Sprachwissenschaft der Friedrich-Schiller-Univ. Jena. V. Band. 1. Lief., *r – Reisig*. 2. und 3. Lief., *Reisigagen – Sauerampfer*. Bearb. [1.-3. Lief.] von H. ROZENKRANZ, R. SCHÄFTLEIN, H. SCHRICKEL, K. SPANGENBERG. — Berlin: Akad.-Verlag (Sächsische Akad. der Wissenschaften zu Leipzig, Sprachwissenschaftliche Kommission), 1976, c. 1-128; 129-384 | Cf. BL 1975, 7231. | *DLZ* 97, 1976, 956-959 H. Protze (On IV, 1-11).
7489 TSCHINKEL, Walter: *Wörterbuch der Gottscheer Mundart*. Band II. Betreut von Maria HORNUNG. Mit Ill. von Anni Tschinkel. — Studien zur österreichisch-bairischen Dialektkunde 7; Wien: Verlag der Österreichischen Akad. der Wissenschaften, 1976, 538 p., 2 maps | Cf. BL 1974, 6670. | *PBB*(*T*) 97, 1975, 184-189 Günter Lipold (On vol. I) | *BNF* 11, 1976, 203 D. Stellmacher (Vol. II).

7490 VEITH, Werner H.: Moderne Linguistik in deutscher Dialektologie. — *MGS* 1, 1975, 68-84.
7491 WAGNER, Eberhard: Ostfränkisches Wörterbuch. — [227], 123-132, map.
7492 WALLS, Felicity Gayna: *Der Dialekt der Wiener Grundschicht und die neuere Wiener Mundartdichtung. Eine phonemisch-graphemische Untersuchung.* — Europäische Hochschulschriften I, 162; Bern & Frankfurt a.M.: Lang, 1976, xx, 190 p.
7493 WANNER, Hans: Das Schweizerische Wörterbuch, Schweizerisches Idiotikon, Wörterbuch der schweizerdeutschen Sprache. — [227], 11-24.
7494 WIESINGER, Peter: Die Wiener dialektologische Schule. — [256], 661-703, portr.
7495 WOLF-BERANEK, Hertha: Sudetendeutsches Wörterbuch. — [227], 156-171, 4 maps.
7496 ZENDER, Matthias: Das Rheinische Wörterbuch. — [227], 133-142, map.
Zur Theorie des Dialekts. Aufsätze ... — 2801.
7497 ZÜRRER, Peter: *Wortfelder in der Mundart von Gressoney* ... — Frauenfeld: 1975 | BL 1975, 7237. | *Erasmus* 28, 1976, 606-609 E. H. Yarrill.

5. VOCABULAIRE — VOCABULARY

7498 *Althochdeutsches Wörterbuch* ... begründet von Elisabeth KARG-GASTERSTÄDT und Theodor FRINGS. Hrsg. von Rudolf GROSSE. Band III: E und F, 6. Lief. [*êrhaftî – ezzo*]. Bearb. von Siegfried BLUM, Sybille BLUM, Heinrich GÖTZ ... [et al.]. — Berlin: Akad.-Verlag, 1976, c. 393-480 | Cf. BL 1975, 7241.
7499 BADER, Karl Siegfried: "bistus iement unvorraiter ammann?" Beharrungsvermögen und Sinnwandel einer Rechtsformel. — [231], 231-243.
7500 BALLWEG, Joachim: Versuch einer exemplarischen Teilanalyse eines Wortfeldes. — *DSp* 4, 1976, 305-312 | *schlafen.*
7501 BARZ, Irmhild: Untersuchungen zur Semantik der Lokaladverbien der deutschen Gegenwartssprache. Versuch einer Semanalyse (Fortsetzung). — *PBB (H)* 96, 1976, 264-312 | Cf. BL 1975, 7244.
7502 BAUSCH, Karl-Heinz, SCHEWE, Wolfgang H. U., & SPIEGEL, Heinz-Rudi: *Fachsprachen: Terminologie, Struktur, Normung.* — DIN-Normungskunde 4; Berlin: Beuth, 1976, 168 p. | Cf. *WW* 26, 1976, 443-444.
7503 BÖHME, Ulrich: Bemerkungen zum Problem der Verknüpfbarkeit der Lexeme. — *gaF* 13, 1976, 330-335.
7504 BRANDT, Gisela: Funktionsbereich und Wortbestand der zeitstufenbezogenen temporalen Adverbien in thüringischen Quellen aus der Zeit zwischen 1400 und 1650. — *WZUB* 23, 1974, 303-310.
7505 BRUDERER, H.: Von Personennamen abgeleitete Verben. — *FoL* 9, 1976, 349-365.
7506 BURGER, Harald: *Idiomatik des Deutschen.* — Tübingen: 1973 | BL 1973, 7734. | *ZDL* 43, 1976, 204-207 H. Thun | *MLR* 71, 1976, 208-209 C. T. Carr.
7507 — *Die Achseln zucken* – Zur sprachlichen Kodierung nicht-sprachlicher Kommunikation. — *WW* 26, 1976, 311-334.
BURSCH, H.: Die Wortfamilien von afrz. *treschier* "tanzen" und dt. *dreschen.* — 6100.
7508 COBET, Christoph: *Der Wortschatz des Antisemitismus in der Bismarckzeit.* — München: 1973 | BL 1973, 7736. | *ALH* 26, 1976, 259-261 K. Manherz.
7509 COMMENDA, Hans: *Die deutsche Soldatensprache in der k.u.k. österreichischungarischen Armee* ... — Verband österreichischer Privat-Museen, Schriftenreihe C; Bad Neyharting, Linz [etc.]: Bücherborn, 1976, 169 p.

CZOCHRALSKI, J. A.: *Kleines idiomatisches Wörterbuch polnisch-desch.* — 10512.
DAHLBERG, I.: Über Gegenstände, Begriffe, Definitionen ... — 2821.

7510 DANIELS, Karlheinz: Neue Aspee zum Thema Phraseologie in der gegenwärtigen Sprachforchung. — *Mu* 86, 1976, 257-293 | Rev. of recent publ. and reprints.

7511 DASYPODIUS, Petrus: *Dictionarium Latinogermanicum.* Mit einer Einführung von Gilbert DE SMET. — Hildesheim: 1974 | BL 1974, 6691. | *LB* 65, 1976, 136-138 F. Claes.

7512 *Deutsche Wortgeschichte.* Hrsg. von Friedrich MAURER und Heinz RUPP. 3. Aufl. I; II. — Berlin: 1974 | BL 1975, 7253. | *WW* 26, 1976, 382-384 R. M. Kully.

7513 *Deutsches Wörterbuch von Jacob Grimm und Wilhelm Grimm.* Neubearbeitung. Hrsg. von der Akad. der Wissenschaften der DDR in Zusammenarbeit mit der Akad. der Wissenschaften zu Göttingen. I. Band. 6. Lief., *abschieszen – absolut.* Bearb. in der Arbeitsstelle Berlin von E. ADELBERG ... [et al.]. VI. Band. 6. Lief., *deut – dienen.* Bearb. in der Arbeitsstelle Göttingen von H. ALBRAND ... [et al.]. — Leipzig: Hirzel, 1976, c. 801-960; 801-960 | Cf. BL 1974, 6692.

7514 DROZD, L., & SEIBICKE, W.: *Deutsche Fach- und Wissenschaftssache* ... — Wiesbaden: 1973 | BL 1973, 7741. | *Linguistics* 170, 1976, 94-96 R. R. K. Hartmann.

7515 DROZD, L., & SEIBICKE, W.: *Deutsche Fach- und Wissenschaftssprache* ... — Wiesbaden: 1973 | BL 1973, 7741. | *PJ* 1976, 249-251 R. Sinielnikoff.

7516 *Duden. Das grosse Wörterbuch der deutschen Sprache in sechs Bänden.* Hrsg. und bearb. vom Wissenschaftlichen Rat und den Mitarbeitern der Dudenredaktion unter Leitung von Günther DROSDOWSKI. Band 1: *A-C.* Band 2: *Cl-F.* — Mannheim: Bibliographisches Inst., 1976, 464 p.; p. 465-928.

7517 [Duden.] *Der grosse Duden. Wörterbuch und Leitfaden der deutschen Rechtschreibung.* Mit einem Anhang: Vorschriften für den Schriftsatz, Korrekturvorschriften und Hinweise für das Maschinenschreiben. — Leipzig: Bibliographisches Inst., 1976, 768 p.

7518 [Duden.] *Kleines deutsches Wörterbuch. Mehr als 30000 Wörter des täglichen Gebrauchs mit Angaben zur Rechtschreibung, Aussprache und Grammatik.* Bearb. von der Dudenredaktion. — Mannheim: Bibliographisches Inst., 1976, 445 p.

7519 ERK, Heinrich: *Zur Lexik wissenschaftlicher Fachtexte.* [2]. — München: 1975 | BL 1975, 7257. | *CJŠ* 19, 1975-76, 334-335 V. Stehlík.

7520 FEFILOV, Alexander: Über einige Grundprinzipien der konfrontativen Untersuchung der deutschen und russischen Fortbewegungsverben. — *DaF* 13, 1976, 285-289.

7521 FINK, Hermann: Ein *Starangebot.* Englhes im Versandhauskatalg. — *Mu* 86, 1976, 368-382.

7522 FLEISCHHAUER, Wolfgang: Eigentümlichkeit: Ein Beitrag zur Wortgeschichte. — *Herkommen und Erneuerung.* Essays für Oskar Seidlin. Hrsg. von Gerald Gillespie und Edgar Lohner † (Tübingen: Niemeyer, 1976), 56-63.

7523 FRITZ, Gerd: *Bedeutungswandel im Deutschen* ... — Tübingen: 1974 | BL 1974, 6706. | *FL* 14, 1976, 423-425 H. Penzl | *RBPh* 54, 1976, 209-210 K. Spalding | *LAnt* 8, 1974 (1975), 157-159 R. van Passen.

7524 FRIEDERICH, Wolf: *Moderne deutsche Idiomatik. Alphabetisches Wörterbuch mit Definitionen und Beispielen.* 2., neubearb. Aufl. — München: Hueber, 1976, 565 p. | First ed. 1966 (BL 1966, 5367). | *WW* 26, 1976, 448 N. Eichler.

7525 GEMMILL, Gerda: *Die deutsche und englische literaturwisseschaftliche Terminologie. Ein Beitrag zur kontrastiv-lexikalischen Analyse.* — Diss. Köln, 1976, 190 p.

7526 GINDELE, Hubert: *Lateinische Scholastik und deutsche Sprache. Wortgeschichtliche Untersuchungen zu mittelhochdeutschen Thomas-Übertragung (Hs. HB III 32, Landesbibl. Stuttgart). Teil 1. Lehnbildungen im Bereich der Gotteslehre.* — Münchner germanistische Beiträge 22 (Diss. München); München: Fink, 1976, 226 p.

7527 GOEBEL, Ulrich: Mittelhochdeutsch *wunne-zehende*. — *ABäG* 11, 1976, 169-171.

7528 — Urkundliche Beiträge zu den mittelhochdeutschen Wörterbüchern. — *Semasia* 3, 1976, 47-59.

7529 GRIMM, Hans-Jürgen: Zu einigen Möglichkeiten der lexikalisch-semantischen Wiederaufnahme vorerwähnter Sacerhalte im Dialog. — *DaF* 13, 1976, 22-28 | Cf. BL 1975, 7264.

7530 — Zur Bedeutung aussersprachlicher Faktoren für den lexikalisch-semantischen Bau dialogischer Äusserungen. — *DaF* 13, 1976, 92-99.

7531 — Zur Bedeutung des sprachlichen Kontextes für den lexikalisch-semantischen Bau dialogischer Äusserungen. — *DaF* 13, 1976, 159-165.

7532 GUTMACHER, Rachel, ISHII, Christa, et al.: Empirische Terminologieforschung. Untersuchungen zur Wortbildung in der "Terminologie der Information und Dokumentation". — *Mu* 86, 1976, 355-367, 5 tab.

HAMP, E. P.: Etymologies: OE *feower*, OHG *niun*. — 7119.

7533 *Handwörterbuch zur deutschen Rechtsgeschichte.* Hrsg. von Adalbert ERLER und Ekkehard KAUFMANN unter philologischer Mitarbeit von Ruth SCHMIDT-WIEGAND. Mitbegründet von Wolfgang STAMMLER. 14. Lief., *Kurfürsten–Landrechtsbücher*. — Berlin: E. Schmidt, 1976, c. 1281-1536 | Cf. BL 1975, 7268.

7534 HANSEN, Klaus: Probleme der Sprachkonfrontation (Deutsch-Englisch) im Bereich der Lexik. — [272], 151-162.

7535 HARDING, Ann: *An investigation into the use and meaning of medieval German dancing terms.* — Göppingen: 1973 | BL 1973, 7753. | *MLR* 71, 1976, 211-212 J. L. Flood.

7536 HARLASS, Gertrude, & VATER, Heinz: *Zum aktuellen deutschen Wortschatz.* — Forschungsbericht des Instituts für deutsche Sprache 21; Tübingen: Narr, 1974, x, 221 p.

7537 HELLMAN, Manfred W.: Möglichkeiten und Probleme bei vergleichenden Wortschatz-Untersuchungen zum öffentlichen Sprachgebrauch in der Bundesrepublik und der DDR. — [363], 242-274.

7538 HENNE, Helmut: *Semantik und Lexikographie* ... — Berlin: 1972 | BL 1972, 6633. | *Semasia* 1, 1974, 134-135 R. E. Wood | *Kratylos* 19, 1974 (1975), 198-200 R. Schmidt-Wiegand | *IF* 80, 1975 (1976), 319-325 H. H. Munske.

7539 HENNE, Helmut, & WEINRICH, Harald: Projekt eines neuen grossen Wörterbuchs der deutschen Sprache. Thesen, Kommtar und Bericht über zwei Projektkonferenzen am 12./13. Dezember 1975 und 7. Februar 1976 in Bad Homburg. — *ZGL* 4, 1976, 55-64.

7540 — Zwanzig Thesen über ein neues grosses Wörterbuch der deutschen Sprache. Zugleich ein Bericht über zwei weitere Projektkonferenzen ... — *ZGL* 4, 1976, 339-349.

7541 HORLITZ, Bernd: Diachronische Valenzbestimmung m Wörterbu. — *ZGL* 4, 1976, 302-309.

HÖYBYE, P.: Glossari italiano-tedeschi del Quattrocento. II. — 6618.

7542 JONES, William Jervis: *A lexicon of French borrowings in the German vocabulary (1575-1648).* — Studia linguistica Germanica 12; Berlin: de Gruyter, 1976, x, 699 p.

7543 KERTSCHEFF, Bojan: Zur Methode der Semanalyse im Sinnbereich der Willensäusserung. — *PBB (H)* 96, 1976, 186-263 | Based on 1972 Leipzig diss.

7544 KISS Jenő, & SCHLACHTER Wolfgang: A német nyelv magyar jövevényszavai és a *der, die, das*. — *MNy* 70, 1974, 458-462. | Mots d'emprunt hongrois en all. et leur répartition selon *der, die, das*.

7545 KNOBLOCH, Johann: Donnerhall und Widerhall des Schlagworts und der Schlagzeile. — *MSpråk* 70, 1976, 125-136.

7546 KORLÉN, Gustav: Die Couch, Hitler und das Fremdwort. Sprachpurismus gestern und heute. — *MSpråk* 70, 1976, 329-342.

7547 KOS, Anna, & ŠTĚPÁN, Josef: Zum Wortschatz der Wtterungserscheinungen. Konfrontation deutsch/tschechisch. — *PhP* 19, 1976, 128-141.

7548 KROHN, Dieter: *Verbinhalt und semantische Merkmale* ... — Göteborg: 1975 | BL 1975, 7284. | *SNPh* 48, 1976, 352-357 D. Rosenthal.

7549 KURKO, P. F.: Smyslova struktura slova i semantyčna klasyfikacija dyminutyviv. — *InFil* 38, 1975, 64-69 | Die innere Struktur des Wortes und die semantische Gliederung der Diminutivbildungen in modernen Deutsch (Ru. & G. summ.).

7550 LAUFFER, Hartmut: *Der Lehnwortschatz der althochdeutschen und altsächsischen Prudentiusglossen*. — Müncher germanistische Beiträge 8; München: Fink, 1976, 653 p. | Originally diss. München (1970).

7551 LOCHNER V. HÜTTENBACH, Fritz Frh.: Zwei volksetymologische Umformungen. — [260], 227-233 | 1. Die "elsässische Dogge". 2. Die unsinni Kira.

7552 LÖTSCHER, Andreas: *Semantische Strukturen im Bereich der alt- und mitlhochdeutschen Schallwörter*. — Berlin: 1973 | BL 1973, 7768. | *LB* 65, 1976, 374-378 Jochen Splett.

7553 MAAK, Hans-Georg: Mhd. *dörper* – nhd. *Tölpel*. Zur Frage des Fortlebens der höfisch-ritterlichen Lehnbildung im Neuhochdeutschen. — *ZDA* 105, 1976, 318-333.

7554 MAHER, John Peter: Change in lexical underlying forms: the language and culture Gestalten of German *Feder* "feather" and "spring". — [146], 389-400, fig.

7555 MAJUT, Rudolf: *Über hippologische Bezeichnungen* .... — Berlin: 1972 | BL 1972, 6659. | *LB* 65, 1976, 186-188 Gabriele Schieb.

7556 MARX-NORDIN, Signe: *Untersuchungen zur Methode und Praxis der Analyse aktueller Wortverwendungen* ... — Tübingen: 1974 | BL 1974, 6734. | *ZGL* 4, 1976, 103-106 W. von Held.

7557 MARZELL, Heinrich: *Wörterbuch der deutschen Pflanzennamen*. Aus dem Nachlass hrsg. von Heinz PAUL. Lief. 23, *Oxalis – Peucedanum*. — Stuttgart: Hirzel / Wiesbaden: Steiner, 1976, c. 481-640 | Cf. BL 1972, 6660.

7558 MENTRUP, Wolfgang: Projekt eines grossen interdisziplinären Wörterbuchs der deutschen Sprache. 1. Colloquium vom 12./13.12.1975 in Bad Homburg. 2. Colloquium vom 7.2.1976 in Bad Homburg. — *DSp* 4, 1976, 93-96; 188-190 | Cf. *WW* 26, 1976, 73-76.

7559 — Wörterbuch am Wendepunkt? Projekt eines grossen interdisziplinren Wörterbuchs der deutschen Sprache (3. und 4. Colloquium in Bad Homburg). — *DSp* 4, 1976, 370-379.

7560 — Gemeinsprache und Fachsprachen. Überlegungen zur Methodik ihrer lexikographischen Erfassung. — *WW* 26, 1976, 431-443.

7561 MUCHNYCJA, S. M.: Ad'jektyvni komparatyvni frazeolohični odynyci u nimec'kij ta ukrajins'kij movach (dosvid zistavnoho analizu). — *InFil* 35, 1974, 70-76 | Adjectival comparative phraseologisms in G. and Ukr. (Summ. in Ru. & G.).

7562 MÜLLER, Wolfgang: Fremdwortbegriff und Fremdwörterbuch. — [363], 211-225.
7563 ÖHMANN, Emil: Kleine Beiträge zum deutschen Wörterbuch. XXII. — *NphM* 77, 1976, 1-8 | Nhd. *Enzian*; mhd. nhd. *arrestieren*; nhd. *Arrestant* "Häftling"; ahd. *bah* "Rücken". Cf. BL 1974, 6742.
7564 OPEL'BAUM, E. V.: *Vostočnoslavjanskie leksičeskie ėlementy v nemeckom jazyke.* — iev: 1971 | BL 1972, 6668. | *Mu* 86, 1976, 250-252 G. D. Schmidt.
7565 PAUL, Hermann: *Deutsches Wörterbuch.* Bearb. von Werner BETZ. 7., durchges. Aufl. — Tübingen: Niemeyer, 1976, x, 841 p. | 5th ed. 1966 (BL 1966, 5405).
7566 PAWŁOWSKA, Barbara: *Wortfeld "reden" in der deutsch-polnischen Konfrontation.* — (Magisterarbeit Univ. Poznań); Poznań: 1975, 111 p.
7567 PIPREK, Jan, & IPPOLDT, Juliusz: *Wielki słownik niemiecko-polski / Grosswörterbuch deutsch-polnisch.* 1. *A-K*; 2. *L-Z.* Wyd. 3. — Warszawa: Wiedza Powszechna, 1976, 1032; 1084 p. | First ed. 1969 (BL 1969, 5566).
PISANI, V.: It. *sbrinzo*, tedesco *Sbrinz*, rum. *brînză.* — 6637.
7568 PRUNTOVA, E. V.: Osobennosti semantiki bzaffiksnych otymennych glagolov v nemeckom jazyke. — *VMU* 1976/2, 27-37.
7569 PUCHNER, Günter: *Sprechen Sie Rotwelsch? Deutsch-Rotwelsch. 2448 Wörter und Redewendungen der deutschen Gaunersprache.* 2. Aufl. — München: Heimeran, 1975, 62 p.
7570 RACHŠMIR, S. A.: Ustojčivye antitezy sovremennogo nemeckogo jazyka. — *Jaz. i top.* [334], 2, 181-188.
7571 RAWLINSON, Francis: *Semantische Untersuchung zur medizinischen Krankheitsterminologie.* — Marburg 1974 | BL 1974, 6749. | *BNF* 11, 1976, 356-357 H. J. Neuhaus.
7572 REICHMANN, Oskar: *Germanistische Lexikologie.* 2., vollst. umgearb. Aufl. — Sammlung Metzler 82; Stuttgart: Metzler, 1976, vii, 114 p. | First ed. under the title *Deutsche Wortforschung*, 1969 (BL 1969, 5568).
7573 RIS, Roland: *Das Adjektiv reich im mittelalterlichen Deutsch....* — Berlin: 1971 | BL 1971, 6333. | *NoB* 64, 1976, 144-145 Thorsten Andersson.
7574 ROSENFELD, Hans-Friedrich: And. *rôda, ahd. *matara, mlat. *gaisto, gaisdo*, ahd. *retza*, frühmhd. *risza, rizza*, "Färberröte, Krapp, Rubia tinctum *L.*" und Verwandtes. — [240], 257-293.
7575 ROZEN, E. V.: Vozrastnoe rassloenie rečevogo kollektiva kak ėkstralingvističeskij faktor razvitija slovarja sovremennoo nemeckogo jazyka. — *NDVŠ-F* 1976/1, 83-91.
SANDERS, W.: Gerts van der Schüren 'Teuthonista'... 7914.
7576 SCHEWE, Wolfgang H. U.: *Sprache im Dienst des Ingenieurs und Technikers. Probleme der Terminologiearbeit.* (Fachtagung in Frankfurt/M., 12.-13. Nov. 1975.) — *ZGL* 4, 1976, 232-236.
7577 SCHMIDT, Gerold: *Identität.* Gebrauch und Geschichte eines modernen Begriffs. — *Mu* 86, 1976, 333-354.
7578 SCHMIDT, Veronika: Der Beitrag der Arbeiterklasse zur Entwicklung des deutschen Wortschatzes. — *WZUB* 23, 1974, 311-320.
7579 SCHMITT-FIACK, Renate: Wise *und* wisheit *bei Eckhart*... — Meisenheim a.Gl.: 1972 | BL 1972, 6681. | *ZDPh* 95, 1976, 136-138 H. Beckers.
SCHMOOCK, P.: *Patientia.* Zum Christianisierungsprozess des Wortschatzes... — 8465.
7580 SCHRAMM, Ulrik: *Mein Pferd ist auf den Kopf gestellt. Die Reitersprache.* Ka-

rikiert. Erläutert von Günter FESTERLING. — München: Nymphenburger Verlagshandlung, 1976, 129 p., ill.

7581 SCHUHMACHER, W. W.: "LTT": the language of teens and twens [in West Germany]. — *Acta Germanica* (Cape Town) 8, 1973 (1976), 133-136.

7582 SCHULZE, Ursula: Zur Herstellung eines Wortindex zum Corpus der altdeutschen Originalurkunden durch elektronische Datenverarbeitung. Rezension und grundsätzliche kritische Bemerkungen. — *PBB (T)* 98, 1976, 32-63 | Rev. art. on Ulrich GOEBEL, *Wortindex zum 1. Band des Corpus der altdeutschen Originalurkunden*, 1974 (BL 1974, 6708).

7583 SCHUMACHER, Nestor: *Der Wortschatz der europäischen Integration. Eine onomasiologische Untersuchung des sog. "europäischen Sprachgebrauchs" im politischen und institutionellen Bereich.* — *SdG* 27; Düsseldorf: Schwann, 1976, 445 p. | G. & Fr. vocabulary.

7584 SIALM-BOSSARD, Victor: Spezifität und Klassifikationsprobleme Markennamen. — *Onoma* 20, 1976/1, 268-276.

7585 SPALDING, Keith: *An historical dictionary of German figurative usage.* With the assistance of Kenneth BROOKE. Fasc. 29. *Hobel – Hutzel.* — Oxford: Blackwell, 1976, p. 1349-1392 | Cf. BL 1975, 7322.

7586 SPLETT, Jochen: *Abrogans-Studien. Kommentar zum ältesten deutschen Wörterbuch.* — (Habilitationsschrift Münster); Wiesbaden: Steiner, 1976, xxvii, 549 p.

7587 STEPANOVA, M. D., & ČERNYŠEVA, I. I.: *Lexikologie der deutschen Gegenwartssprache.* — Moskau: 1975 | BL 1975, 7327. | *NDVŠ-F* 1976/6, 111-113 G. I. Artemčuk & V. I. Gavrys'.

7588 [ŠVARC, Elizaveta] SCHWARZ, E.: *Gebräuchliche Redensarten. Herkunft, Bedeutung, Anwendung.* — Moskau: Verlag Hochschule, 1974, 221 p.

7589 VAPORDSCHIEW, Vesselin: Parallelen und Unterschiede zwischen den Zwillingsformeln im Deutschen, Russischen und Bulgarischen. — *WZUB* 24, 1975, 387-390.

WEINRICH, H.: Die Wahrheit der Wörterbücher. — 2907.

WENNRICH, P.: *Anglo-am. und dt. Abkürzungen in Wissenschaft und Technik* . . . 1. — 8475.

7590 WOLFF, Ludwig †: Zu Walthers Liede 42, 31 'Wil ab iemen wesen frô' und "Heide" als Namen der "Erica". — *ZDA* 105, 1976, 255-257.

7591 WOLFF, Roland A.: Needed: a word-geography of contemporary German Umgangssprache. — *ASNS* 213, 1976, 330-338.

7592 *Wörterbuch der deutschen Gegenwartssprache.* Hrsg. von Ruth KLAPPENBACH und Wolfgang STEINITZ †. 51. Lief., *väterlich – verpflichten*; 52. Lief., *Verpflichtung – Voll¹-, voll¹-*; 53. Lief., *Voll¹-, voll¹- – wanken*. Bearbeiter [51.-53. Lief.]: G. KEMPCKE, R. KLAPPENBACH, H. MALIGE-KLAPPENBACH. — Berlin: Akad.-Verlag (Akad. der Wissenschaften der DDR, Zentralinst. für Sprachwissenschaft), 1976, p. 4013-4092; 4093-4172; 4173-4252 | Cf. BL 1975, 7335.

7593 ZANDER, Bernard: Die sogenannten LH-Wörter im Deutschen. — *SGP* 5, 1976, 89-95.

7594 ZANDT, Gertrud: Zu 'Karl und Galie' 1-39 und 35-18. — *ABäG* 11, 1976, 173-176 | *ancheren, anchen*.

7595 ZERNOVA, V. K.: Doslidženja strukturno-semantyčnych osoblyvostej imennykiv z prefiksamy *über-, ober-, unter-* metodom substytuciji. — *InFil* 38, 1975, 76-82 | Untersuchung der strukturell-semantischen Besonderheiten der Substantive mit *über-, ober-, unter-* mit Hilfe der Substitution (Ru. & G. summ.).

6. ORTHOGRAPHE — ORTHOGRAPHY

7596 BRANDT, Wolfgang, & NAIL, Norbert: Anführungszeichen. Versuch einer Systematik ihrer funktionalen Gebrauchsweise. — *Mu* 86, 1976, 407-426.
7597 *Gross- oder Kleinschreibung?*... Hrsg. von Andreas DIGESER. — Göttingen: 1974 | BL 1974, 6782. | *DLZ* 97, 1976, 417-419 D. Herberg.
7598 MOSER, Hugo: Vermehrte Gross-Schreibung als Reform der Rechtschreibung? Bemerkungen zum Vorschlag E. Wüsters. — *DSp* 4, 1976, 231-243.
7599 PLICKAT, Hans-Heinrich: Probleme eines Curriculums Rechtschreibung. — *WW* 26, 1976, 26-45.
7600 SCHMIDT, Heinz, & VOLK, Gerhard: *ABC der deutschen Rechtschreibung und Zeichensetzung. Ein Regel- und Übungsbuch.* — Leipzig: Bibliographisches Inst., 1976, 271 p.

7. STYLISTIQUE, LANGUE LITTÉRAIRE — STYLISTICS, LITERARY LANGUAGE

7601 AFON′KIN, Ju. N.: *Razgovornye formuly nemeckogo jazyka.* — Leningrad: Prosveščenie, 1976, 141 p. | Konversationsformeln.
7602 BERIĆ, Vesna: Sintaksička polisemantičnost partikule *so* u zavisnoj rečenici u delu G. Wickram-a. — *GFFNS* 17, 1974 (1975), 297-302 | G. summ.: Syntaktische Polysemantik der Partikel *so* im unselbständigen Satz bei J. Wickram.
7603 BERIĆ-DJUKIĆ, Vesna: *Die Wortstellung in den Werken Jörg Wickrams.* — Novi Sad: Univ., 1975, 229 p.
BICHEL, U.: Lit. und sprachliche Grundlage im Hochdt. und im Niederdt. — 7687.
7604 BINDER, Hartmut: Kafkas Varianten. — *DVLG* 50, 1976, 683-719.
7605 BONDARENKO, L. F.: Frazeolohična synonimija nimec′kych prysliv′jiv. — *InFil* 33, 1974, 27-32 | Phraseologische Synonymie der deutschen Sprichwörter (Ru. & G. summ.).
7606 CALBERT, Joseph P.: *Dimensions of style and meaning in the language of Trakl and Rilke*... — Tübingen: 1974 | BL 1974, 6799. | *Erasmus* 27, 1975, 22-24 Dominik Jost | *FL* 14, 1976, 419-421 J. Nieraad.
7607 FAULSEIT, Dieter, & KÜHN, Gudrun: *Stilistische Mittel und Möglichkeiten der deutschen Sprache.* 6., unveränderte Aufl. — Leipzig: Bibliographisches Inst., 1975, 286 p. | 5th ed. 1972 (BL 1972, 6715). | *ZPhon* 29, 1976, 627-629 K.-D. Ludwig.
7608 FEDOROV, A. V., & CHAZANOVIČ, A. P.: Überlegungen zum sch-russischen Anna-Sers-Wörterbuch (anhand des Romans 'Die Toten bleiben jung'). — *DaF* 13, 1976, 262-268.
7609 FLEISCHER, Wolfgang, & MICHEL, Georg: *Stilistik der deutschen Gegenwartssprache.* Leipzig: 1975 | BL 1975, 7355. | *DLZ* 97, 1976, 771-774 E. Arndt.
7610 *Goethe-Wörterbuch.* Hrsg. von der Akad. der Wissenschaften der DDR, der Akad. der Wissenschaften in Göttingen und der Heidelberger Akad. der Wissenschaften. [Wissenschaftliche Leitung: Konrad GAISER, Werner HARTKE, Hans NEUMANN.] I. Band. 9. Lief., *aufstellen – Ausführung.* — Stuttgart: Kohlhammer, 1976, c. 1025-1152 | Cf. BL 1974, 6802. | *Erasmus* 28, 1976, 724-728 W. H. Bruford (Fasc. 1-8).
7611 HARTMANN-WERNER, Ingeborg: *Gemüt bei Goethe. Eine Wortmonographie.* — Münchner germanistische Beiträge 23; München: Fink, 1976, 498 p.
7612 HARTWIG, Heinz: *Das Wort in der Werbung. Ein Leitfaden für Werbetexter und*

die Beurteilung von Werbetexten. — München: Karl Thiemig, 1975, 176 p. | Mu 86, 1976, 252 T. Pelster.

7613 HEUSINGER, Siegfried: Zur Ausrahmung und ihrer Funktion. — Ling 16, 1976, 35-45.

7614 KULTAJEVA, M. D., & VOL′F, A. S.: Syntaksyčne napružennja v romanach T. Manna "Čarivna gora" i "Doktor Faustus". — InFil 43, 1976, 83-89 | Die syntaktische Spannung in den Romanen Der Zauberberg und Doktor Faustus von T. Mann (Ru. & G. summ.).

7615 LOOHUIS, W. J. M.: Das Sprachgenie Adolf Hitler. Dargelegt am Gebrauch der Fremdwörter. — München: Hirthammer, 1976, 158 p.

7616 NAIL, Norbert: Zum Sprachgebrauch in Rundfunknachrichten. Kritische Anmerkungen zu neueren Forschungen in einem Teilbereich der "Sprache in den Massenmedien". — ZGL 4, 1976, 41-54.

7617 NICKISCH, Reinhard M. G.: Gutes Deutsch?... — Göttingen: 1975 | BL 1975, 7363. | Mu 86, 1976, 327-331 E. G. Geyl | WW 26, 1976, 385-386 E. Diehl | EGerm 31, 1976, 447-448 J. P. Jost.

7618 NICKL, Michael M.: Zur Rhetorik parlamentarischer Misstrauensvoten in Deutchem Reichstag (1931/32) und Bundestag (1972). Eine sprechwissenschaftliche Analyse sprachlich öffentlicher Kommunikation. — Tuduv-Studien, Reihe Sprach- und Literaturwissenschaften 4 (Diss. München); München: Tuduv-Verlagsgesellschaft, 1976, ix, 483 p.

7619 PELSTER, Theodor: Theodor Fontanes Einschätzung von Rede und Rhetorik. — Mu 86, 1976, 169-206.

7620 PETRUŠENKO, E. T.: Fonostilističeskie osobennosti obščego voprosa (ėksperimental′no-foneticěskoe issledovanie na materiale sovremennogo nemeckogo jazyka). — [326], 183-200.

7621 REGER, Harald: Die Metaphorik der Anzeigenwerbung in Zeitschrten. — Mu 86, 1976, 225-245, tab.

7622 [RIZEL′, Ė. G.] RIESEL, E., & [ŠENDEL′S, E. I.] SCHENDELS, E.: Deutsche Stilistik. — Moskau: 1975 | BL 1975, 7366. | NDVŠ-F 1976/5, 113-115 N. I. Filičeva.

7623 RÖSSING-HAGER, Monika: Syntax und Textkomposition in Luthers Briefprosa. 1; 2. — Köln: 1972 | BL 1972, 6750. | ZDL 43, 1976, 107-109 H. Wolf.

7624 ŠČERBAN′, N. P.: Strukturno-semantyčni modyfikaciji frazeolohičnych odynyc′ u tvorach V. Bredelja. — InFil 41, 1976, 66-71 | Strukturell-semantische Modifikation der Phraseologismen in den Werken von W. Bredel (Ru. & G. summ.).

7625 SCHAFFER, Detlef: Untersuchungen zum Fiktions- und Tempusproblem der deutschen Gegenwartssprache. — Wien: 1972 | BL 1974, 6819. | IF 80, 1975 (1976), 310-315 W. Thomas.

7626 UMBACH, Horst: Konkurrenz von lexikalischer und pragmatischer Bedeutung im individualsprachlichen Wörterbuch. — DSp 4, 1976, 41-50 | Goethe-Wörterbuch.

7627 VÖPEL, Isolde: Der Satzduktus in Schillers dramatischer Versrede. — Stttgarter Arbeiten zur Germanistik 14; Stuttga: Heinz, 1976, 181 p.

7628 ZARECKAJA, E. V.: O prosodičeskich charakteristikach funkcional′no-stilističeskich raznovidnostej ustnoj monologičeskoj reči (Na materiale nemeckogo jazyka). — [326], 117-128.

7629 ZIEGLER, Vickie L.: The leitwort in "Minnesang". Stylistic analysis and textual criticism. — University Park: Pennsylvania State Univ. Press, 1975, 200 p.

8. PROSODIE, MÉTRIQUE, VERSIFICATION — PROSODY, METRE, VERSIFICATION

7630 HELLMUTH, Hans-Heinrich: *Metrische Erfindung und metrische Theorie bei Klopstock.* — München: 1973 | BL 1973, 7883. | *Erasmus* 28, 1976, 667-671 N. Horton Smith.

7631 JOST, Walter: *Probleme und Theorien der deutschen und englishen Verslehr, it einem Sonderteil über die Form des alemannischen Mundarthexameters bei Johann Peter Hebel und den Schweizern.* — Bern: H. Lang / Frankfurt: P. Lang, 1976, 275 p.

7632 KÖNEKE, Bruno: *Untersuchungen zum frühmittelhochdeutschen Versbau ('Erinnerung an den Tod', 'Priesterleben', Rolandslied, 'Strassburger Alexander').* — Studien und Quellen zur Versgeschichte 6; München: Fink, 1976, 316 p.

7633 *Die Lehre von der Nachahmung der antiken Versmaße im Deutschen in Quellenschriften des 18. und 19. Jahrhunderts.* Mit kommentierter Bibliographie. Hrsg. von Hans-Heinrich HELLMUTH & Joachim SCHRÖDER. — Studien und Quellen zur Versgeschichte 5; München: Fink, 1976, xii, 558 p.

7634 MCLINTOCK, D. R.: Metre and rhythm in the 'Hildebrandslied'. — *MLR* 71, 1976, 565-576.

7635 WAKEFIELD, Ray M.: *Nibelungen prosody.* — De proprietatibus litterarum, Series practica 112; The Hague: Mouton, 1976, vi, 116 p.

9. TRADUCTION — TRANSLATION

7636 BAUER, Erika: Möglichkeiten zur Veränderung von Texten. Die Kategorie adiectio in Heinrich Hallers Hieronymus-Übersetzung. — *Sprachw* 1, 1976, 453-467, tab.

7637 GRÜNBECK, Bernhard: Strukturalistisches Monosystem oder asystematische Disponibilität als Kennzeichen der Humansprachen? Ein Diskussionsbeitrag auf der Grundlage des deutsch-französischen Übersetzungsvergleichs anhand der Transposition deutscher Präpositionen. — *VR* 35, 1976, 100-132.

7638 HEUN, Hans Georg: Shakespeares Epitheton *gracious* in deutschen Übersetzungen. — *ASNS* 213, 1976, 32-46.

7639 KNAPP, Fritz Peter: Die literarische Übersetzung aus dem Mittelhochdeutschen als sprachphilosophisches und hermeneutisches Problem. — [256], 386-408.

7640 SARAN, Franz: *Das Übersetzen aus dem Mittelhochdeutschen.* Neubearb. von Bert NAGEL. 6., erg. Aufl. — Tübingen: Niemeyer, 1975, xiv, 228 p. | 5th ed. 1967 (BL 1967, 5515).

7641 SCHOBER, Rita: Zu einigen sprachlichen Problemen der Titel-Übersetzung von Zolas 'Rougon-Macquart'. — [272], 67-106.

7642 SCHÜTZEICHEL, Rudolf: Kontext und Wortinhalt. Vorüberlegungen zu einer Theorie des Übersetzens aus älteren Texten. — "*Sagen mit Sinne*" [cf. 1769], 411-434.

10. LINGUISTIQUE MATHÉMATIQUE — MATHEMATICAL LINGUISTICS

7643 BÁTORI, István: Zur Syntax der deutschen Schrift. Beobachtungen über die spiegelbildliche Unverträglichkeit der Liquidaverbindungen. — [101], II, 319-326.

7644 BRECHT, Werner: *Morphologische Analyse des Deutschen. Bezeichnungsanalysen*

– *formalisierte morphologische Analyse-Programmierung*. — Diss. Bonn 1976, viii, 151 p.

7645 CROSSGROVE, William C.: The use of computers in the study of medieval German: two suggestions. — [255], 93-98.

7646 DIETRICH, Rainer: *Automatische Textwörterbücher* ... — Tübingen: 1973 | BL 1973, 7894. | *ZDL* 43, 1976, 354-355 H. Schanze.

7647 DROOP, Helmut, LENDERS, Winfried, & ZELLER, Michael: *Untersuchungen zur grammatischen Klassifizierung und maschinellen Bearbeitung spätmittelhochdeutscher Texte*. — IKP-F 55; Hamburg: Buske, 1976, ix, 131 p.

7648 ENGELS, Barbara: *Gebrauchsanstieg der lexikalischen und semantischen Amerikanismen in zwei Jahrgängen der Welt (1954 und 1964). Eine vergleichende computerlinguistische Studie zur quantitativen Entwicklung amerikanischen Einflusses auf die deutsche Zeitungssprache.* — Mainzer Studien zur Amerikanistik 6 (Diss. Mainz); Bern: H. Lang / Frankfurt: P. Lang, 1976, 256 p.

7649 [GICOVA, S.] GITZOVA, S.: On the problem of pronominal references in German scientific and fictional texts. — [159], 339-342.

7650 GLAS, Reinhold: Das LIMAS-Korpus, ein Textkorpus für die deutsche Gegenwartssprache. — *LBer* 40, 1975, 63-66.

7651 GRIMM, Hannelore, & SCHÖLER, Hermann: Semantic organization of German spatial prepositions. — *IRAL* 14, 1976, 165-183, 4 tab., 4 fig.

7652 HÖHNE-LESKA, Christel: *Statistische Untersuchungen zur Syntax gesprochener und geschriebener deutscher Gegenwartssprache*. Mit Abbildungen im Text und Abbildungen als Beilage. — ASAW 59, 1; Berlin: Akad.-Verlag, 1975, 164 p. | Corr. to BL 1975, 7358.

7653 KACKOVA, T. A.: Razmer opredelitel'nogo pridatočnogo predloženija v sredneverchnemeckom jazyke. — *VLU* 1976/2, 135-138.

7654 KOSTOVA-DOBREVA, Charitina: Ein sprachstatistischer Vergleich der Informationsgenres (Nachricht und Bericht) im "Neuen Deutschland" und in der "BZ am Abend". — *GSU-ZF* 69, 1974/1 (1976), 241-254 | Bulg. summ.

7655 PALM, Mari-Ann: Über den Gebrauch der desemantisierten Verben in der belletristischen Prosa. — *LingT* 4, 1971 (1972), 77-95.

7656 PETROVA, Ira: Es als Korrelat. — *LingT* 4, 1971 (1972), 108-121.

7657 *Zur maschinellen Syntaxanalyse*. Arbeitsgruppe MasA. I. *Morphosyntaktische Voraussetzungen für eine maschinelle Sprachanalyse des Deutschen*. Teil 1; 2. II. *Ein Lexikon für eine maschinelle Sprachanalyse des Deutschen*. Forschungsberichte Institut für Deutsche Sprache 18, 1 & 2, 19; Tübingen: Narr, 1974, xxiv, 346 p.; xxiv p., p. 347-670; viii, 226 p.

12. SOCIOLOGIE DU LANGAGE — SOCIOLOGY OF LANGUAGE

7658 BAYER, Hans: Soziale Struktur, Sprache, Ethos. Zur Soziologie der sozialethischen Begriffswelt des deutschen Mittelalters. — *WW* 26, 1976, 334-355.

7659 BEUTIN, Wolfgang: *Sprachkritik – Stilkritik. Eine Einführung*. — Stuttgart: Kohlhammer, 1976, 160 p.

7660 FELDBUSCH, Elisabeth: *Sprachförderung im Vorschulalter. Eine kontrastive soziolinguistische Analyse zur Überprüfung des Einflusses vorschulischer Massnahmen auf das Sprachverhalten von Unterschicht-Kindern.* — Deutsche Dialektgeographie 81 (= Kindersprache und Schule in Hessen 1); Marburg: Elwert, 1976, xiv, 359 p.

7661 FRÜHWALD, Wolfgang: *Ruhe und Ordnung. Literatursprache, Sprache der politi-*

schen Werbung. Texte, Materialien, Kommentar. — Reihe Hanser 204, Literatur-Kommentare 3; München: Hanser, 1976, 192 p.

7662 GADLER, Hanspeter: *Wie restringiert spricht die Unterschicht wirklich? Eine empirische Studie zu den Differenzen in der Syntax der Mittelschicht und der Unterschicht.* — Europäische Hochschulschriften I, 167 (Diss. Graz); Bern & Frankfurt a.M.: Lang, 1976, xiv, 224 p.

7663 GLUTH, Klaus: Sprachgeographie und Soziolinguistik. — *GermL* 1976/3-4, 100-121.

7664 GRÜNERT, Horst: *Sprache und Politik* ... — Berlin: 1974 | BL 1974, 6859. | *DLZ* 97, 1976, 529-532 W. Hartung.

7665 HASSELBERG, Joachim: *Dialekt und Bildungschancen. Eine empirische Untersuchung an 26 hessischen Gesamtschulen als Beitrag zur soziolinguistischen Sprachbarrierendiskussion.* — Untersuchungen zum in- und ausländischen Schulwesen 16; Weinheim: Beltz, 1976, xvi, 200 p.

7666 — Dialektsprecher in der Förderstufe hessischer Gesamtschulen. — *DSp* 4, 1976, 165-180, tab.

7667 KELLER, R. E.: Diglossia in German-speaking Switzerland. — *BJRL* 56, 1973-74, 130-149.

7668 KLOSS, Heinz: *Deutsch in der Begegnung mit anderen Sprachen: im Fremdsprachen-Wettbewerb, als Muttersprache in Übersee, als Bildungsbarriere für Gastarbeiter. Beiträge zur Soziologie der Sprachen. Bearb.* — Forschungsberichte Inst. für Deutsche Sprache 20; Tübingen: Narr, 1974, 204 p.

7669 NEULAND, Eva: Sozio-ökonomische Differenzen im Sprachverhalten von Vorschulkindern. — *DSp* 4, 1976, 51-71, tab., 3 fig.

7670 OKSAAR, Els: *Berufsbezeichnungen im heutigen Deutsch. Soziosemantische Untersuchungen mit deutschen und schwedischen experimentellen Kontrastierungen.* — *SdG* 25; Düsseldorf: Schwann, 1976, 275 p.

7671 PFAFF, Harald: Der Einfluss situativer und sozialer Faktoren auf das Sprachverhalten von Schülern des vierten Schuljahres. Eine empirische Leitstudie. — *DSp* 4, 1976, 258-273.

7672 RADTKE, Ingulf, & KNOOP, Ulrich: Angewandte Dialektologie. Bemerkungen zum Thema "Dialekt und Schule". — *Mu* 86, 1976, 294-308.

7673 REITMAJER, Valentin: Empirische Untersuchung über den Einfluss von Schicht- und Sprachzugehörigkeit auf die Deutschnote am Gymnasium. — *LD* 7, 1976, 87-112, 12 fig., 5 tab.

7674 RIEDMANN, Gerhard: *Die Besonderheiten der deutschen Schriftsprache in Südtirol.* — Mannheim: 1972 | BL 1972, 6810. | *ZDL* 43, 1976, 78-80 G. A. Plangg.
ROHWEDER, J.: *Sprache und Nationalität. Nordschleswig* ... — 8751.

7675 SCHILDT, Joachim: *Abriss der Geschichte der deutschen Sprache. Zum Verhältnis von Gesellschafts- und Sprachgeschichte.* — Sammlung Akad.-Verlag 20; Berlin: Akad.-Verlag, 1976, 246 p., 5 fig., 10 maps.

7676 SIEBERT, Hans-Joachim: Zum Gebrauch von Anredeformen, Gruss- und Verabschiedungsformeln in der deutschen Sprache der Gegenwart in der DDR. — *DaF* 13, 1976, 297-300.
Sprachliches Handeln – soziales Verhalten. Ein Reader ... — 3864.

7677 STOLT, Birgit: *Hier bin ich! – Wo bist du? Heiratsanzeigen und ihr Echo analysiert aus sprachlicher und stilistischer Sicht. Mit einer soziologischen Analyse von Jan Trost.* — Stockholmer germanistische Forschungen 20; Kronberg: Scriptor-Verlag, 1976, vi, 158 p.

7678 TOMICZEK, Eugeniusz: *Innowacje leksykalne we współczesnym języku niemieckim*

YIDDISH

(*Studium socjolingwistyczne*). — AUW 285, GW 28; Warszawa: Państwowe Wyd. Naukowe, 1976, 107 p. | Lexikalische Neuerungen in der deutschen Gegenwartssprache (Soziolinguistisches Studium). G. summ.

7679 WEISS, Andreas, & HAUDUM, Peter: Sprachliche Variation im Zusammenhang mit kontextuell-situativen und sozialstrukturellen Bedingungen. Vorüberlegungen zu empirisch-statistischen Untersuchungen in einer ländlichen Marktgemeinde Oberösterreichs. — *Festschrift für Adalbert Schmidt* [cf. 1815], 537-557.

ZAGAMI, G.: Note sul bilinguismo nel Tirolo meridionale. — 6700.

B. Yiddish — Yiddish

7680 COPELAND, Robert M., & SÜSSKIND, Nathan: *The language of Herz's 'Esther'. A study in Judeo-German dialectology.* — Judaic Studies Series 6; University, Al.: Univ. of Alabama Press, 1976, xxiii, 439 p.

7681 DINSE, Helmut: *Die Entwicklung des jiddischen Schrifttums...* — Stuttgart: 1974 | BL 1974, 6881. | *Semasia* 3, 1976, 110-113 W. C. McDonald | *SRos* 10, 1976, 247 L. F[uks].

7682 GOLD, David L., & ORNSTEIN, Jacob: A note on the Slavic impact on Yiddish: problems of multiple contact. — *Orbis* 25, 1976, 121-128.

7683 GUGGENHEIM-GRÜNBERG, Florence: *Wörterbuch zu Surbtaler Jiddisch. Die Ausdrücke hebräisch-aramäischen und romanischen Ursprungs. Einige bemerkenswerte Ausdrücke deutschen Ursprungs. Anhang: Häufigkeit und Arten der Wörter hebräisch-aramäischen Ursprungs.* — Beiträge zur Geschichte und Volkskunde der Juden in der Schweiz 11; Zürich: Juris-Verlag, 1976, 49 p.

RODE, Z. R.: The origin of Jewish family names. — 4033.

7684 SCHAECHTER, Mordkhe: *Yiddish orthography. An outline for a course.* 3rd ed. — New York: Committee for the Implementation of the Standardized Yiddish Orthography, Columbia Univ., 1973, 35 p. | Text in Yid.

7685 — *Food: a Yiddish terminology.* — New York: Judah Zelitch Foundation for a Living Yiddish, 1976, 25 p. | E.-Yid. vocabulary.

7686 WEISSBERG, Josef: Nochmals: "Die Kunst der Paraphrase". Zu H. P. ALTHAUS' bedenklicher Kritik. — *ZDL* 43, 1976, 54-62 | Cf. BL 1974, 6879.

C. Bas-allemand — Low German

ÅRHAMMAR, N.: Hist.-soziolinguistische Aspekte der nordfriesischen Mehrsprachigkeit. — 7990.

7687 BICHEL, Ulf: Literatur und sprachliche Grundlage im Hochdeutschen und im Niederdeutschen. — [240], 1-19.

7688 BISCHOFF, Karl: *Klint* im Deutschen. — [240], 20-41, carte.

7689 *Brandenburg-Berlinisches Wörterbuch.* Begründet und angelegt von Annelies BRETSCHNEIDER unter Einschluss der Sammlungen von Herman TEUCHERT. Bearb. unter der Leitung von Gerhard ISING. Band I. Lief. 10, *Dusel* bis *Exzellenz*. Bearb. von Gerhard ISING, Annemarie WIESE und Joachim WIESE. — Berlin: Akad.-Verlag, in Arbeitsgemeinschaft mit Karl-Wachholtz-Verlag, Neumünster, 1976, c. 1089-1240, ii (Fin du vol. I) | Cf. BL 1975, 7445.

7690 CORDES, Gerhard: *Altniederdeutsches Elementarbuch...* — Heidelberg: 1973 | BL 1973, 7942. | *ABäG* 11, 1976, 187-189 P. Hessmann | *Lg* 52, 1976, 511-514 Herbert Penzl.

7691 DAHLBERG, Torsten: Zur Geschichte des niederländisch-ostfälischen *gēde* "Jätsichel". Mit einer Nachlese zur 'Dransfelder Hasenjagd' von 1660. — [313], 53-63 | Cf. BL 1970, 6846.

7692 [DžONOV] DSHONOV, Bojan: Die *gesun-fader* des Heliands. — *PBB (H)* 96, 1976, 313-317 | Cf. BL 1974, 6697.

7693 EIBEN, Jörg: Sprachemanzipatorischer Optimismus und die Möglichkeiten der Wissenschaft. Späte Anmerkungen zu einem Aufsatz Oswald Andraes. — *NJb* 98-99, 1975-76, 202-206 | Oswald ANDRAE, 'Umgangssprache: Niederdeutsch. Zur Zweisprachigkeit der Norddeutschen, am Beispiel Ostfriesland', *Nordfriesland* 8, 1974, 177-187.

7694 FRIEBERTSHÄUSER, Hans: Das Mecklenburgische Wörterbuch und das Brandenburg-Berlinische Wörterbuch. — [227], 211-215, map.

7695 GERNENTZ, Hans Joachim: Die niederdeutsche Sprache und Literatur in der Zeit der frühbürgerlichen Revolution. — *ZPhon* 29, 1976, 107-128, 3 tab. dont 1 dépl.

7696 GOOSSENS, Jan: Niederdeutsche Mundartforschung 1971-1975. — *NdW* 16, 1976, 187-208.

7697 GRAF, Heinz-Joachim: *Der Henese Fleck. Eine alte Geheimsprache der Kiepenträger aus Breyell am linken Niederrhein.* — Schriftenreihe des Kreises Kempen-Krefeld 23; Kempen/Niederrhein: Kreis Kempen-Krefeld, 1974, 96 p., ill. | Corr. to BL 1974, 6904. | *LB* 65, 1976, 198-200 Siegmund A. Wolf.

7698 HAGENLOCHER, Albrecht: *Schicksal im Heliand ...* — Köln: 1975 | BL 1975, 7453. | *ZPhon* 29, 1976, 616-617 H. J. Gernentz | *EGerm* 31, 1976, 197-198 C. Lecouteux | Cf. 7735.

7699 HARTIG, Joachim: Die Gliederung des Freckenhorster Heberegisters. — [240], 96-111.

7700 — Zum Sprachstand von Handschrift K des Freckenhorster Heberegisters. — [313], 3-21.

JOHANSEN, P., & ZUR MÜHLEN, Heinz VON: *Deutsch und Undeutsch im mittelalterlichen und frühneuzeitlichen Reval.* — 12484.

7701 KAESTNER, Walter: Meckleńburgisch *snop* "Flachsbündel". — *NdW* 16, 1976, 183-186.

— Das polabische Reliktwort *Jichel* .... — 10713.

7702 KIESER, Otto: Spaten, Schlitten und Feldrain um Doberlug. — *NJb* 98-99, 1975-76, 145-153 | *Spade, Schledde, Reene.*

7703 — *Plumpe* f. "weisse Seerose". Ein Nachtrag zu H. Teucherts 'Sprachresten'. — *NJb* 98-99, 1975-76, 197-198 | Cf. BL 1972, 6860.

7704 — Neerlandica im Brandenburgischen und weiter südlich bis zur mittleren Elbe. — [313], 100-118, 4 cartes.

7705 KNOLL, Lothar: Die Berücksichtigung des Niederdeutschen in den Lehrplänen und Richtlinien seit 1900. — [240], 120-129.

LAUFFER, H.: *Der Lehnwortschatz der althochdt. und altsächsischen Prudentiusglossen.* — 7550.

7706 LELOUX, Herman: Eine mittelniederdeutsche Gebetbuchhandschrift aus nordamerikanischem Besitz (Ms. 76 der Pierpont Morgan Library). — *NdW* 16, 1976, 108-125.

7707 LE SAGE, D. E.: *craft* und seine Sinnverwandten im Heliand. — *NJb* 98-99, 1975-76, 22-62, tab.

7708 LINDOW, Wolfgang: Mehrsprachigkeit – eine Randerscheinung im mittelalterlichen Alltag. Bemerkungen zu einem Kammergerichtsprozess von 1525. — [240], 179-186.

7709 MARCQ, Philippe: Système des prépositions spatiales dans le 'Heliand'. — *EGerm* 31, 1976, 113-127.
7710 MARTIN, Bernhard: Zur Wortgeographie des waldeckisch-westfälischen Grenzraums. — [240], 187-192, 2 cartes.
MITZKA, W.: Die schichtenbestimmte Gleichung *oft = immer = manchmal* ... — 7473.
7711 MUNSKE, Horst H.: Kontrastive Linguistik im Bereich des Niederdeutschen. — *NJb* 98-99, 1975-76, 176-192.
7712 NIEBAUM, Hermann: *Zur synchronischen und historischen Phonologie des Westfälischen* .... — Köln: 1974 | BL 1974, 6915. | *LB* 65, 1976, 385-391 Dietrich Hofmann.
7713 NIEBAUM, Hermann, TAUBKEN, Hans, & TEEPE, Paul: Arn Mü. Zum Vokalsystem einer südwestfälischen Mundart. — [313], 128-173.
7714 *Niederdeutsch heute. Kenntnisse, Erfahrungen, Meinungen.* Bearb.: Claus SCHUPPENHAUER. — Schriften des Inst. für Niederdeutsche Sprache, Reihe Dokumentation 4; Leer: Schuster, 1976, 268 p.
7715 *Niederdeutsche Mitteilungen.* Begründet von Erik ROOTH. Jahrgang 1-30. — Lund: Gleerup, 1945-74 | *NJb* 98-99, 1975-76, 207-209 L. Wolff †.
7716 *Niedersächsisches Wörterbuch.* Hrsg. vom Inst. für Historische Landesforschung der Univ. Göttingen durch die Arbeitsstelle Niedersächsisches Wörterbuch. 10. Lief. (II, 3), *Biseljan – Bläser.* Bearbeiter Wolfgang KRAMER. — Neumünster: Wachholtz, 1976, c. 193-304 | Cf. BL 1960, 190; 1965, 5519.
7717 PILKMANN, Reinhard: Das Marienfelder Glossar. Eine kommentierte Neuausgabe. — *NdW* 16, 1976, 75-107.
7718 POLLAK, Hans: Miszellen zu Heliand und Genesis. — *ZDPh* 95, 1976, 100-102.
7719 *Preussisches Wörterbuch. Deutsche Mundarten Ost- und Westpreussens.* Hrsg. von Erhard RIEMANN. Band 2, Lief. 3, *Gartengemüse – Gezeter.* Bearbeiter: Erhard RIEMANN, Ulrich TOLKSDORF. — Neumünster: Wachholtz, 1976, c. 257-384 | Cf. BL 1975, 7467. | *Mu* 86, 1976, 314-322 M. Dietrich (I, 1 & II, 2-3).
7720 QUAK, Arend: Zur Sprache der Bibelglossen des Kodex Köln CCXI. — *NJb* 98-99, 1975-76, 78-84 | A propos de l'ouvrage de Rolf BERGMANN, *Mittelfränkische Glossen,* 1966 (BL 1966, 5140).
7721 RATHOFER, Johannes: Realien zur altsächsischen Literatur. — *NdW* 16, 1976, 4-62.
7722 RIEMANN, Erhard: Das Preussische Wörterbuch. Deutsche Mundarten Ost- und Westpreussens. — [227], 216-227, map.
7723 — Die mundartlichen Bezeichnungen des Pirols in Ost- und Westpreussen. — [240], 243-256, carte.
7724 ROOTH, Erik: Zur Sprache der Marienfelder Glossen. — [313], 22-35.
ROSENFELD, H.-F.: And. *rôda,* ahd. *matara* ... — 7574.
7725 SALTVEIT, Laurits: Das niederdeutsche *Leuwagen.* Etymologie und Verbreitung. — [240], 294-307, ill., map.
7726 — Der Konjunktiv bei Friedrich Wilhelm Grimme. — [313], 88-99.
SANDERS, W.: Gerts van der Schüren 'Teuthonista' ... — 7914.
7727 SCHEUERMANN, Ulrich: Niedersächsisches Wörterbuch. — [227], 194-210, map.
7728 — Paragogisches *t* nach *-er* im Niederdeutschen. — [313], 174-190.
SEIDELMANN, E.: Deitsche Hochsprache und regionale Umgangssprache ... — 7211.
7729 SMET, Gilbert A. R. DE: Hendrik Niclaes. Ein vergessener niederdeutscher Dich-

ter. Die Sprache seiner Comoedia und die sogenannte ostniederländische Literatursprache. — [240], 389-402.

7730 — Zum Catechismus von H. Niclaes. — [313], 244-250.

7731 — Nederlands in het Nederduits. — *HandVlFC* 30, 1975, 9-22, 4 maps | Du. influence in LG.

7732 STELLMACHER, Dieter: *Untersuchungen zur Dialektgeographie des mitteldeutsch-niederdeutschen Interferenzraumes östlich der mittleren Elbe.* — Köln: 1973 | BL 1973, 7979. | ZDL 43, 1976, 92-94 Wilfried Seibicke | *BNF* 10, 1975, 434 P. Hessmann.

7733 — Geschlechtsspezifische Differenzen im Sprachverhalten niederdeutscher Sprecher. — *NJb* 98-99, 1975-76, 164-175, 5 tab.

7734 TAUBKEN, Hans: Westfälisches Wörterbuch. — [227], 179-193, map.

WEIJNEN, A.: Die Sprache zwischen Rhein und Maas. — 7895.

7735 WOLFF, Ludwig †: Schicksal im Heliand. — *NJb* 98-99, 1975-76 (1976), 193-196 | A propos du No. 7698.

7736 WOSSIDLO-TEUCHERT: *Mecklenburgisches Wörterbuch.* Hrsg. von der Sächsischen Akad. der Wissenschaften zu Leipzig aus den Sammlungen Richard WOSSIDLOS und aus den Ergänzungen und nach der Anlage Hermann TEUCHERTS. 56. Lief. (VI, 9), *stukwis'* bis *swart.* 57. Lief. (VI, 10), *Swartaal* bis *System.* Bearb. [Lief. 56 & 57] unter der Leitung von Jürgen GUNDLACH unter Mitarbeit von Eva-Sophie DAHL, Christian ROTHE und Erika KRACKOW. — Berlin: Akad.-Verlag, in Arbeitsgemeinschaft mit Karl Wachholtz Verlag, Neumünster, 1976, c. 1025-1152; 1153-1262, ii (Fin du vol. VI) | Cf. BL 1975, 7479.

D (14). ONOMASTIQUE — ONOMASTICS

7737 KEMPF, Gabriele: *Bibliographie zur deutsch-slawischen Namenkunde.* Lief. 1. — Osteuropastudien der Hochschulen des Landes Hessen 2, 17; Giessen: Schmitz, 1976, 47 p.

ADAM, A.: Römische Reisewege und Stationsnamen im südöstlichen Deutschland. — 5226.

7738 BAHLOW, Hans: *Liegnitzer Namenbuch. Familiennamen, gedeutet aus den Quellen des Mittelalters.* — Beiträge zur Liegnitzer Geschichte 5; Lorch, Württ.: Weber, 1975, 158 p.

7739 — *Deutsches Namenlexikon. Familien- und Vornamen nach Ursprung und Sinn erklärt.* 2. Aufl. — Suhrkamp-Taschenbuch 65; Frankfurt a.M.: Suhrkamp, 1976, 594 p. | First ed. 1972 (BL 1972, 6862).

7740 — *Metronymika. Frauennamen des Mittelalters als Familiennamen. Ein soziologisches Phänomen.* — Hamburg: 1976, 12 p.

7741 BECKE, Bernhard: Von Franken und Bayern, Roten und Schwarzen, Fischern und Jägern, Hechten und Hirschen und vielen anderen, die unser Haus bevölkern. Betrachtungen über Familiennamen am Markgräfin-Wilhelmine-Gymnasium. — *Markgräfin-Wilhelmine-Gymnasium Bayreuth. Jahresbericht für das Schuljahr 1975/76* (Bayreuth 1976), 3-18.

BISCHOFF, K.: *Klint* im Dt. — 7688.

7742 BOESCH, Bruno: Das Frühmittelalter im Ortsnamenbild der Basler Region. — *Onoma* 20, 1976/1, 164-193.

7743 BOXLER, Heinrich: *Die Burgnamengebung in der Nordostschweiz und in Graubünden.* — Studia Linguistica Alemannica 6 (Diss. Zürich); Frauenfeld & Stuttgart: Huber, 1976, 268 p.

ALLEMAND (ONOMASTIQUE)

7744 BREU, Josef: *Geographisches Namenbuch Österreichs*. Bearb. nach den Empfehlungen der Vereinten Nationen ... — Forschungen zur theoretischen Kartographie 3; Wien: Österreichische Akad. der Wissenschaften, 1975, xiv, 323 p.

7745 DALCHER, Peter: Das Schweizerdeutsche Wörterbuch und die Namenkunde. — *Onoma* 20, 1976/1, 194-201.

7746 DEBUS, Friedhelm: *Deutsche Namengebung im Wandel. Dargestellt am Beispiel Schleswig-Holsteins*. — *BNF* 11, 1976, 388-410, 4 tab., fig., carte.

7747 — Zu Namengebung und Namenverwendung in Mittelalter und Neuzeit. — [240], 56-67.

7748 EICHLER, Ernst: *Die Ortsnamen der Niederlausitz*. — Bautzen: 1975 | BL 1975, 7487. | *Demografie* 18, 1976, 346-350 V. Davídek | *ZprMK* 17, 1976, 329-330 V. Šmilauer.

— Sprachkontakte im Lichte der Onomastik. — 4007.

7749 EICHLER, Ernst, & WALTHER, Hans: *Ortsnamenbuch der Oberlausitz* ... I. — Berlin: 1975 | BL 1975, 7488. | *ZprMK* 17, 1976, 327-328 V. Šmilauer.

7750 FISCHER, Reinhard E.: *Brandenburgisches Namenbuch. Teil 4. Die Ortsnamen des Havellandes*. — Berliner Beiträge zur Namenforschung 4; Weimar: Böhlau, 1976, 415 p., 5 fig., 4 maps | Cf. BL 1972, 6908. | *Erasmus* 28, 1976, 722-723 W. J. Jones (On vol. 2, 1970 [BL 1970, 6910]).

7751 FRANK, Rainer: Kosenamenbildung und Kosenamengebungstendenzen im Ruhrgebiet. — *Onoma* 19, 1975/3 (1976), 511-527.

7752 GEUENICH, Dieter: *Die Personennamen der Klostergemeinschaft von Fulda im früheren Mittelalter*. — Münstersche Mittelalter-Schriften 5 (Diss. Münster); München: Fink, 1976, 300 p. | *Naamkunde* 9, 1977, 264-268 C. Marynissen.

7753 — Vorbemerkungen zu einer philologischen Untersuchung frühmittelalterlicher Personennamen. — [231], 118-142.

7754 GILLESSEN, Leo: *Flurnamen und Flurgeschichte von Oberbruch-Dremmen*. — Rheinisches Archiv 96; Bonn: Röhrscheid, 1976, 251 p., ill., maps.

7755 GLATTHARD, Peter: Zur Problematik von Name und Lehnappellativ(-Name) im Sprachgrenzraum. — *Onoma* 20, 1976/1, 202-216, 7 maps | Western Switzerland.

7756 GREULE, Albrecht: *Vor- und frühgermanische Flussnamen am Oberrhein* ... — Heidelberg: 1973 | BL 1973, 8002. | *NoB* 64, 1976, 141-142 Th. Andersson.

7757 — Anmerkungen zu "Lachs" und "Salm". — [231], 86-94 | *Lossele, Salm*.

7758 HALDENWANG, Sigrid: Zur geographischen Verbreitung von einigen siebenbürgisch-sächsischen Familiennamen. — *Forschungen zur Volks- und Landeskunde* (Bukarest) 19, 1976/1, 106-112.

7759 HAMMER, Thomas A.: *Die Orts- und Flurnamen des St.-Galler Rheintals* ... — Frauenfeld: 1973 | BL 1973, 8003. | *PBB (T)* 98, 1976, 295-297 E. Gabriel | *Semasia* 3, 1976, 106-109 R. D. Hall.

7760 HILTY, Gerold: Zur Herkunft des Ortsnamens *Grabs*. — [249], 363-394, fig.

7761 — Der Ortsname *Grabs* im St. Galler Rheintal. — *Onoma* 20, 1976/1, 217-227.

7762 *Historisches Ortslexikon für Brandenburg. Teil IV. Teltow*. Bearb. von Liselott ENDERS unter Mitarbeit von Margot BECK. — Veröffentlichungen des Staatsarchivs Potsdam 13; Weimar: Böhlau, 1976, xx, 396 p., carte | Cf. BL 1972, 6885.

7763 HORNUNG, Maria & Herwig: Das Osttiroler Namenbuch. — *Onoma* 19, 1975/3 (1976), 507-510.

7764 KAUFMANN, Henning: *Rheinhessische Ortsnamen. Die Städte, Dörfer, Wüstungen, Gewässer und Berge der ehemaligen Provinz Rheinhessen und die sprachgeschichtliche Deutung ihrer Namen*. — München: Fink, 1976, iv, 264 p.

7765 KEINTZEL-SCHÖN, Fritz: *Die siebenbürgisch-sächsischen Familiennamen*. — Studia Transylvanica 3; Köln & Wien: Böhlau, 1976, 373 p., 38 cartes | E. & Fr. summ.

7766 KLÄUI, Hans: Um die historische Deutung frühmittelalterlicher Zwillingsortsnamen. — *Onoma* 20, 1976/1, 228-235 | G. Swiss place-names.

7767 KNAPP, Saelde: *Die Hofnamen des Kärntner Zollfeldes und seiner Umgebung.* Band 1; 2. — Dissertationen der Universität Wien 84; Wien: Verband der wissenschaftlichen Gesellschaften Österreichs, 1973, xxx, 558 p.

7768 KÖNIG, Werner: Der Landschaftsname Allgäu. Zur Abhängigkeit seines Bedeutungsumfangs von regionalen, soziologischen und psychologischen Faktoren. — [231], 186-200, 5 cartes, ill.

7769 Koss, Gerhard: Eigennamen als Warennamen. — *BNF* 11, 1976, 411-424.

7770 KRAMER, Wolfgang: *Das Flussgebiet der Oberweser.* — Hydronymia Germaniae A, 10; Wiesbaden: Steiner, 1976, 84 p., dépl.

7771 — "Rauschenwasser". — [313], 119-127, carte.

7772 KRIEN, Reinhard: *Namenphysiognomik* ... — Tübingen: 1973 | BL 1973, 8011. | *ZPhon* 29, 1976, 298-300 H. Harnisch.

7773 KRONSTEINER, Otto: *Die alpenslawischen Personennamen.* — Wien: 1975 | BL 1975, 7501. | *ZprMK* 17, 1976, 507-509 J. Beneš | *OnJug* 6, 1976, 257-259 B. Grafenauer ('Iz slovenske antroponimije v Austriji').

— Die Bedeutung der Lautgruppe dl/l für die sprachliche Klassifizierung des Alpenslawischen. — 9158.

KUEN, H.: Dolomitenladinische Orte im Munde der Deutschen. — 6739.

7774 KUNZE, Konrad: Geographie des Genus in Flurnamen. 13 Karten zur historischen Binnengliederung des Alemannischen. — [231], 157-185.

7775 LAABS, Kurt: Die pommerschen *Leinstrassen*. — *NJb* 98-99, 1975-76, 199-201.

7776 LAUR, Wolfgang: Interferenzerscheinungen. Sprachgrenzen und Mehrnamigkeit im deutsch-dänischen Kontaktgebiet. — *BNF* 11, 1976, 254-301.

7777 — Namenetymologie und Namenbedeutung. Einige Besonderheiten im Verhältnis von Namenetymologie und Namenbedeutung, aufgezeigt an niederdeutschen Beispielen. — *NJb* 98-99, 1975-76, 154-163.

7778 — Die Namen der Dithmarscher Geschlechterverbände. — [240], 154-178.

7779 LEHMANN, Siegfried: *Rauenthal 1225-1975. Zur Namensdeutung der Weinberge, Ackerfluren und Waldungen.* — Beiträge zur deutschen Phil. 42; Giessen: Schmitz, 1976, 191 p., ill. & maps.

7780 MENKE, Hubertus: Beobachtungen zum proprialen Schreibgebrauch in karolingischen und ottonischen Reichskanzleiprodukten. — [240], 193-220, 2 pl.

7781 MÖLLER, Reinhard: Zur Neubearbeitung des Altdeutschen Namenbuches von Ernst Förstemann. — *BNF* 11, 1976, 136-150 | Cf. 7966.

MÜLLER, G.: Über *p*-Namen im Westfälischen. — 7135.

7782 MÜLLER, Karl Friedrich: *Schwarzwälder Bergbaunamen.* Teil 1. — Oberrheinische Studien 4; Lahr (Schwarzwald): Schauenburg, 1976, 46 p., 4 fig., map.

MÜLLER, W.: Un toponyme jurassien ....: Chasseral/Gestler. — 6332.

7783 NOVÁKOVÁ-ŠLAJSOVÁ, Marie: Z onomastiky německy mluvících zemí. — *ZprMK* 17, 1976, 415-420 | From the onomastics of the G.-speaking countries.

7784 OGRIS, Alfred: Eibelhof und Schöpfendorf. Zwei bemerkenswerte Kärntner Ortsnamen. — *BNF* 11, 1976, 302-312.

7785 — Zur Geschichte der Kärntner Ortsnamenforschung. — *Österreich in Geschichte und Literatur* 20, 1976, 81-92.

7786 *Ortsnamenbuch des Kantons Bern (alter Kantonsteil).* I. *Dokumentation und Deutung.* Hrsg. von Paul ZINSLI in Zusammenarbeit mit Rudolf RAMSEYER und

Peter GLATTHARD. 1. Teil: A-F. — Bern: Francke, 1976, 53*, 179 p., maps.
7787 PETRI, Anton Peter: *Vom* Aachenibrunnen *bis zur* Zwölften-Gasse. *Die Gassennamen der deutschen Siedlungen des vortrianonischen Banats. Versuch einer Sammlung und Sichtung.* — Veröffentlichungen des Südostdeutschen Kulturwerks B, 33; München: Verlag des Südostdeutschen Kulturwerks, 1975, 153 p.
7788 PISANI, Vittore: Osnabrück. — *BNF* 11, 1976, 92-93.
7789 POGÁNY, Irene: Interferenz im Flurnamenschatz eines mehrsprachigen Kleinraumes. — *BNF* 11, 1976, 437-446 | Ofner Bergland.
7790 PUTSCHÖGL, Christa: Siedlungsgeschichtliche Bezüge in den Ortsnamen des Oberen Mürztales in der Steiermark. — *BNF* 11, 1976, 446-459.
7791 RAJEC, Elizabeth M.: Kafkas Erzählung 'Blumfeld, ein älterer Junggeselle'. Ein onomastisch/interpretatorischer Versuch. — *BNF* 11, 1976, 464-469 | *Blumfeld, Alfred, Ottomar.*
7792 RAMSEYER, Rudolf J.: Attributive Zusätze bei Personennamen. Formen der nichtamtlichen Namengebung. — *Onoma* 20, 1976/1, 252-258 | G. Switzerland.
REICHE, S.: *Ein rheinisches Schulbuch aus dem 11. Jh.* ... — 7404.
7793 RICHARDSON, Peter: Zur Aussagekraft der Vornamen für die Siedlungsgeschichte Graubündens. — *Onoma* 20, 1976/1, 259-267.
7794 RIPEC'KA, O. F.: Osoblyvosti morfosemantyčnoji struktury ojkonimiv NDR. — *InFil* 33, 1974, 46-50 | Zur morphosemantischen Struktur der Oikonyme der DDR (Ru. & G. summ.).
7795 SCHIEFELBEIN, Hans: *Tiernamen.* — Falken-Bücherei 372; Wiesbaden: Falken-Verlag, 1976, 102 p.
7796 SCHLIMPERT, Gerhard: Zur Überlieferung altpolabischer und altsorbischer Personennamen und ihrer Widerspiegelung in den Ortsnamen. — *ZbSOK* VI, 187-194.
7797 SCHREIBER, Walter: *Zwischen Schwaben und Schweiz. Studien anhand einer Geländenamen-Sammlung des Raumes Singen (Hohentwiel) mit anstossenden Markungen.* — Beiträge zur Singener Geschichte 3 (= Hegau-Bibl. 31); Singen (Hohentwiel): Stadtarchiv, 1976, 725 p., 10 maps.
7798 SCHÜTTE, Leopold: *Wik. Eine Siedlungsbezeichnung in historischen und sprachlichen Bezügen.* — Städteforschung A, 2; Köln: Böhlau, 1976, xlix, 278 p., ill., cartes.
7799 SKLJARENKO, O. M.: Pro toponimičnu sufiksaciju (na materiali nimec'koji movy). — *InFil* 34, 1974, 70-75 | Über toponymische Suffigierung (auf Grund des deutschen Belegmaterials). Ru. & G. summ.
7800 STEGER, Hugo: Zur Motivik mittelalterlicher und neuzeitlicher Namengebung. — [231], 143-156.
STEINHAUSER, W.: Ai. *umā* "Flachs" im Lichte der Flachskultur. — 4277 | Imst "Nassfeld" (**umós*).
7801 TIEFENBACH, Heinrich: Namenkundliches zu den Glossen der Handschrift St. Mihiel 25. — *BNF* 11, 1976, 335-345 | At the same time rev. of No. 7415.
VALISKA, J.: K slovensko-nemeckým jazykovým prvkom v menách na Spiši. — 10297.
7802 WEIBEL, Viktor: *Namenkunde des Landes Schwyz* ... — Frauenfeld: 1973 | BL 1973, 8035. | *ZDL* 43, 1976, 353-354 Th. Steiner | *Semasia* 3, 1976, 103-106 R. D. Hall.
7803 — Die Staffelung romanischer Elemente der innerschweizerischen Bergnamengebung. — *Onoma* 20, 1976/1, 293-308.
7804 WEIFERT, Ladislaus Michael: *Banater Spitznamen.* — Donauschwäbisches

Schrifttum 18; Sindelfingen: Adolf Röhm, 1973, 30 p.
7805 WIMMER, Rainer: *Der Eigenname im Deutschen* ... — Tübingen: 1973 | BL 1973, 8037. | *FL* 14, 1976, 297-300 F. G. Droste.
7806 WIRTZ, Joachim: *Die Verschiebung der germ.* p, t *und* k ... — Heidelberg: 1972 | BL 1972, 6919. | *BJ* 175, 1975, 403-407 H. Draye.
7807 ZIMMERMANN, Fritz: *Historisch-ethnographische Analyse der deutschen Besiedlungsgebiete Westungarns.* — Ethnos 13; Wien: Braumüller, 1974, 200 p., dépl. | *BNF* 11, 1976, 105-108 M. Hornung.
7808 ZINSLI, Paul: Spuren sprachverschiedener Begegnung in den Ortsnamen der schweizerdeutschen Alpentäler. — *Onoma* 20, 1976/1, 70-105, 6 maps.

III. Néerlandais — Dutch

0. BIBLIOGRAPHIE ET GÉNÉRALITÉS — BIBLIOGRAPHY AND GENERAL

7809 *Bibliografie van de Nederlandse taal- en literatuurwetenschap, aangevuld met de bibliografie van de Friese taal- en literatuurwetenschap, 1975.* Onder verantwoordelijkheid van de Werkgroep voor de Documentatie der Nederlandse Letteren. Centrale red.: Hilda VAN ASSCHE, Gerrit Jan VAN BORK, Marja GEESINK .... — 's-Gravenhage: Koninklijke Bibliotheek / Brussel: Koninklijke Bibliotheek [etc], 1976, 270 p.
BOOIJ, G., et al.: Bibliografie van de taalkunde, suppl. — 11.
7810 BREE, C. VAN: Bibliographical aids in Dutch language studies. — *DuS* 2, 1976, 110-142.
7811 GOBBERS, W.: Publications on Dutch language and literature in languages other than Dutch, 1972-1973 (with additions to 1971). — *DuS* 2, 1976, 173-230.
7812 KING, P. K.: Dutch studies. — *YWMLS* 37, 1975 (1976), 665-683.
7813 *Taal en Tongval. Tijdschrift voor de studie van de Nederlandse volks- en streektalen. Officieel orgaan van de Dialektcentrales van Gent, Leuven en Amsterdam,* onder red. van W. J. H. CARON, Jo DAAN .... [et al.]. *Vijfentwintig jarig register 1949-1973,* samengesteld door Alfons DE MEERSMAN, Hilde DEWULF, Willy VANDEWEGHE. — s.l.n.d. [B 9110 St.-Amandsberg, Gentstraat 163: V. F. Vanacker / Amsterdam, Keizersgracht 569-571: J. B. Berns, Inst. voor Dialectologie, Volkskunde en Naamkunde, 1976], vii, 120 p.
7814 WELSCHEN, A. J.: Deutschsprachige Publikationen zur niederländischen Sprachwissenschaft, 1962-1971. — *DuS* 2, 1976, 143-172.

7815 GLEDHILL, John: Applied linguistics in the seventeenth century, and the Dutch grammar of Willem Beyer, 1661, 1681. — *DuS* 2, 1976, 1-17.
7816 HEIDA, Marten: De ondergang van het Nederlands in het Nederrijnland. — *Erfdeel* 19, 1976, 539-548, 5 fig., map.
7817 LEERKAMP-RUIJSENDAAL, E.: Onze oudste grammatici en synchrone taalbeschrijving. — *HandNFC* 34, 1976, 62-67.
7818 VIN, Daniël DE: Zesde Colloquim Neerlandicum. — *Erfdeel* 19, 1976, 735-741, 6 fig. | Antwerpen, Aug. 30 – Sept. 4, 1976.
7819 WEL, F. J. VAN, & VERVOORN, A. J.: *Het Nederlands in Suriname.* — Schakels 81; Den Haag: Kabinet voor Surinaamse en Nederlands-Antilliaanse Zaken, s.d. [1974?], 64 p., ill.
7820 WILLEMYNS, Roland: Historische grammatica en dialectologie. — *VMKAN* 1976, 45-59.

NÉERLANDAIS

1. PHONÉTIQUE ET PHONOLOGIE — PHONETICS AND PHONOLOGY

7821 BAKEL, Jan VAN: *Fonologie van het Nederlands: synchroon en diachroon.* — Utrecht: Bohn, Scheltema & Holkema, 1976, ix, 152 p. | *LB* 66, 1977, 74-80 G. de Schutter.

7822 BOOIJ, G. E.: Klinker-reductie in het Nederlands. — *LB* 65, 1976, 461-469.

7823 BRINK, Daniel: Voice assimilation in Dutch: some refinements. — *AL* 16/1, 1976, 11-19.

7824 CONINCK, R. H. B. DE: *Groot uitspraakwoordenboek van de Nederlandse taal.* 2e druk. — Antwerpen: De Nederlandse Boekhandel, [1974], xxxviii, 557 p. | 2nd ed., almost unchanged. First ed. 1970 (BL 1970, 6994). | *TeT* 28, 1976, 85-88 Willem Pée.

DEKEYSER, X.: Some considerations on voicing with special reference to spirants in E. and Du. — 2222.

7825 GOOSSENS, Jan: *Historische Phonologie des Niederländischen.* — Tübingen: 1974 | BL 1974, 6991. | *FL* 14, 1976, 455-458 D. Brink | *EGerm* 31, 1976, 68 G. Hermann.

7826 HULST, H. VAN DER, JANSEN, F., NIJHOF, J.: *Geschiedenis van het Nederlands vokalisme in 104 regels.* — Publ. van de Vakgroep Nederlandse taal- & letterkunde 3; Leiden: 1976, viii, 104 p.

7827 KATWIJK, A. VAN: *Accentuation in Dutch* .... — Amsterdam: 1974 | BL 1974, 6993. | *Spektator* 5, 1975-76, 478-484 Els Elffers.

7828 LELOUX, H. J.: Fonetische verschijnselen in een laatmiddeleeuws handschrift uit het Overijsselse Goor. — *SGGand* 17, 1976, 99-108.

MARLE, J. VAN: Diachronische fonologie. Enkele basisbegrippen. — 2227.

7829 ZONNEVELD, Wim: NOPE 2: *d*-deletion as Peyton Place. — *Spektator* 6, 1976-77, 27-35 | Reaction to Norval S. H. SMITH, *Spektator* 5, 17-22 (BL 1975, 7554).

2. GRAMMAIRE — GRAMMAR

ABRAHAM, W.: Dt. *aber, sondern* und *dafür* und ihre Äquivalenten im Niederl. ... — 7260.

7830 BELOUSOV, V. O.: K voprosu o vozniknovenii niderlandskoj konstrukcii *er vf.* — *VMU* 1976/1, 80-84.

7831 — K semantike niderlandskoj konstruckcii *er vf.* — *VMU* 1976/3, 56-63.

7832 BERG, B. VAN DEN: Een stukje morfologiegeschiedenis in een generatief kader. — *NTg* 69, 1976, 1-12 | On the forms of the present indicative of the verb *leggen*.

BESTEN, H. DEN: Het kiezen van lexicale delenda. — 2409.

7833 BRACHIN, Paul: *Hoe meer ... hoe meer ....* tòch een logische constructie? — *NTg* 69, 1976, 244.

7834 DAALDER, Saskia, & BLOM, Aleid: De strukturele positie van reflexieve en reciproke pronomina. — *Spektator* 5, 1975-76, 397-414.

7835 DEBRABANDERE, F.: De SVf-woordorde in zinnen met aanloop. — *BCTD* 50, 1976, 87-97.

7836 DELDEN, J. VAN: Buigingsvormen van bijvoeglijke naamwoorden. — *NTg* 69, 1976, 32 | Comment by W. STERRENBORG, *Ibid.* 255.

7837 DROSTE, F. G.: Over hoofdzin, bijzin en de complementeerder *dat*. — *NTg* 69, 1976, 120-138.

7838 DUINHOVEN, A. M.: Veranderingen in het predicaatsnomen. — *LB* 65, 1976, 409-435.

7839 — Appositie bij 'Appositionele NP's in het Nederlands'. — *NTg* 69, 1976, 306-307 | Cf. 7848.

7840 ENTJES, H.: Over volkstaal en syntax. — *DmB* 28, 1976, 11-30 | Summ. in *HandNFC* 34, 1976, 303-305.

HAAN, G. J. DE: Regelordening en domeinformuleringen op transformaties. — 2482.

7841 HAEST, Reinhilde: Betekenis van de comparatief. Antwoord op 'Een vraag tot Neerlandici', door J. GIJSEL, *NTg* 1974, p. 505-507. — *NTg* 69, 1976, 256-258.

7842 HAUWERMEIREN, P. VAN: De weglaatbaarheid van het voorzetsel in situerende temporele bepalingen. — *NTg* 69, 1976, 231-244.

7843 HOF, C. VAN DEN: The interrelation between *zou* and *kunnen* in Modern Dutch relative clauses. — *SGGand* 17, 1976, 19-31.

HUYBREGTS, M. A. C.: Overlapping dependencies in Du. — 3162.

7844 JANSSEN, Theo A. J. M.: Hebben-*konstrukties en indirekt-objektskonstrukties*. — Utrechtse herdrukken 14 (diss. Nijmegen); Utrecht: HES-Publishers, 1976, ix, 195 p. | Summ. in E. | *Spektator* 5, 1975-76, 623 N. F. Streekstra.

7845 — Over "in" en "uit". *In en uit*: presuppositie bij voorzetsels. — *HandNFC* 34, 1976, 51-56.

7846 KIRSNER, Robert S.: On the subjectless "pseudo-passive" in standard Dutch and the semantics of background agents. — [143], 387-415, 2 tab., fig.

7847 — De "onechte lijdende vorm". — *Spektator* 6, 1976-77, 1-18.

7848 KLEIN, M.: Appositionele NP's in het Nederlands. — *NTg* 69, 1976, 139-153 | Cf. 7839.

7849 LOEY, A. VAN: *Scheidbare en onscheidbare werkwoorden, hoofdzakelijk in het Middelnederlands. Analytische studiën.* — Kon. Acad. voor Nederlandse Taal- en Letterkunde, Reeks III, 41; Gent: Secretariaat van de Kon. Acad. voor Ned. Taal- en Lett., 1976, xiv, 177 p.

7850 NIEKERK, Pieter K.: L'expression modale dans le néerlandais actuel: le rôle des temps verbaux. — *EGerm* 31, 1976, 408-416.

7851 PAARDEKOOPER, P. C.: "Die soep is me ál te zout". — *NTg* 69, 1976, 24-29.

7852 SCHUTTER, G. DE: *De Nederlandse zin* .... — Brugge: 1974 | BL 1974, 7030. | *TsNTL* 92, 1976, 61-65 Dries De Bleecker | *Spektator* 5, 1975-76, 484-486 L. Bebeijdt.

7853 — De bouw van de Nederlandse zin. Beschrijving en voorstel tot beregeling. — *VMKAN* 1976, 165-282.

7854 SCHUTTER, G. DE, & KOCKX, E.: *Meervoudsvorming en vervoeging in het Nederlands: een morfonologische proeve.* — Antwerp Papers in Linguistics 4; Antwerpen: Universitaire Instellingen, 1976, 42 p.

7855 SMEDTS, W. A. J.: *Adjectivering en appellativering van toponiemen. Een synchronisch-descriptieve studie.* — Naamkunde, bijlage 63; Leuven: Inst. voor Naamkunde, 1974 | Separate ed. of study published in *BCTD* 46, 47-227 (BL 1973, 8098). | *NoB* 64, 1976, 145-146 Thorsten Andersson.

7856 SMITH, Norval S. H.: -aar. — *LB* 65, 1976, 485-496 | The du. suffixes *-aar* and *-arij*.

TELLENBACH, E.: Neuhochdeutsche und neuniederl. Bildungen mit dem Präfix *ver-*. — 7257.

7857 TOORN, M. C. VAN DEN: *Nederlandse grammatica*. 4e, herziene druk. — Groningen: Tjeenk Willink, 1976, x, 302 p. | 3rd ed. 1975 (BL 1975, 7598).

VERSCHOOR, J. A.: Deletie in het kader van "topic" en "comment" .... — 2634.

7858 VET, J. P.: Aspekten: een kwestie van tijd. — *Spektator* 6, 1976-77, 137-155.

NÉERLANDAIS

7859 VRIES, J. W. DE: *Lexicale morfologie van het werkwoord in modern Nederlands.* — Leiden: 1975 | BL 1975, 7602. | *ITL* 34, 1976, 76-86 W. Smedts | *Spektator* 6, 1976-77, 45-47 G. E. Booij | *LB* 66, 1977 81-83 R. Eeckhout.

7860 ZWAAN, F. L.: Hooftiana IV. *Yemandt zoo zinneloos, die* .... — *NTg* 69, 1976, 30-32.

3. HISTOIRE — HISTORY

7861 GEERTS, G.: De standaardisering van het Nederlands in de 17de eeuw. Enkele kanttekeningen bij A. Weijnen, *Het Algemeen Beschaafd Nederlands historisch beschouwd.* — *TeT* 28, 1976, 59-63 | Cf. 7870.

GRAUWE, L. DE: Zum altmittelfränkischen Wortschatz. — 7389.

7862 GYSSELING, M.: Die Einführung des Niederländischen als amtliche Sprache im 13. Jahrhunderts. — *Neerlandica manuscripta.* Essays presented to G. I. Lieftinck, 3 (Litterae textuales 3; Amsterdam: A. L. van Gendt & Co., 1976), 9-14 | Du. version in *VMKVA* 1971, 27-35 (BL 1971, 6682).

— Onstaan en verschuiving van de taalgrens in Noord-Frankrijk. — 6001.

7863 KETTERIJ, C. VAN DE: *Grammaticale interpretatie van zeventiende-eeuwse teksten.* 2e druk. — Groningen: Tjeenk Willink, 1976, 231 p. | 2nd ed., augm. & corr. First ed. 1974 (BL 1974, 7036).

7864 LELOUX, H. J.: Over geschreven en gesproken taal, over *baven/boven* enz. in laatmiddeleeuwse Noordoostnederlandse teksten. — *DmB* 28, 1976, 73-76.

7865 LOEY, A. VAN: *Middelnederlandse spraakkunst.* I. *Vormleer.* 8e, verbeterde druk. — Groningen: Tjeenk Willink, 1976, xii, 113 p. | 7th ed. 1974 (BL 1974, 7038).

7866 — *Middelnederlandse spraakkunst.* II. *Klankleer.* 7e, herziene druk. — Groningen: Tjeenk Willink, 1976, xi, 148 p. | 6th ed. 1971.

7867 QUAK, Arend: *Wortkonkordanz zu den altmittel- und altniederfränkischen Psalmen* ... — Amsterdam: 1975 | BL 1975, 7617. | *Erasmus* 28, 1976, 276-279 B. Murdoch | *BNF* 11, 1976, 355-356 P. Ganz.

7868 SANDERS, Willy: *Der Leidener Willeram* .... — München: 1974 | BL 1974, 7042. | *LB* 65, 1976, 505-508 Maurits Gysseling | *Erasmus* 27, 1975, 469-470 G. Cubbin | *ABäG* 9, 1975, 179-182 L. de Grauwe | *EGerm* 30, 1975, 97 J. M. Eichelbrenner | *PBB (T)* 98, 1976, 297-306 K. Matzel.

SMET, G. A. R. DE: Hendrik Niclaes ... — 7729.

— Nederlands in het Nederduits. — 7731.

7869 SMITH, Jim: Mittel- und Niederfränkisches in den Wachtendonckschen Psalmen (mit Anhang). — *NdW* 16, 1976, 63-74.

7870 WEIJNEN, A.: *Het Algemeen Beschaafd Nederlands historisch beschouwd.* — Assen: 1974 | BL 1974, 7045. | *Spektator* 5, 1975-76, 309-310 J. van Marle | Cf. 7861.

ZANDT, G.: Das flektierte Adverb *harde* in der Karlmeinet-Kompilation. — 7421.

4. DIALECTOLOGIE — DIALECTOLOGY

7871 BERNS, J. B.: De dialectologenconferentie. — *TeT* 28, 1976, 67-82, map | The conference of Du. dialectologists (Amsterdam, May 1975): survey of Du. dialect studies.

7872 — De RND en het woordgeografisch onderzoek. — *TeT* 28, 1976, 159-180.

7873 BLOEMHOFF, H.: Een cursus "Stellingwarfs". — *DmB* 28, 1976, 35-44.

7874 DAAN, Jo: De RND en de ANKO. — *TeT* 28, 1976, 192-199 | The Series of Du. dialect atlasses and the Atlas of Du. phonetic development (*Atlas van de Nederlandse klankontwikkeling* [BL 1972, 7026]).
DAHLBERG, T.: Zur Geschichte des niederl.-ostfälischen *gēde* "Jätsichel". — 7691.
7875 DEBRABANDERE, F.: Oostendse lapkoes. — *TeT* 28, 1976, 64-66.
7876 ENTJES, H.: *Dialektatlas van Zuid-Drente en Noord-Overijssel.* — Reeks Nederlandse Dialektatlassen 14; Antwerpen: De Sikkel, 1976.
7877 — Na meer dan vijftig jaar. — *TeT* 28, 1976, 104-113 | Introductory art. of a special No. devoted to the Series of Du. Dialect Atlasses, completed with No. 7876. Cf. 7871, 7874, 7881, 7888, 7894, 8001.
7878 — De schipper likte zijn lippen af. — *DmB* 28, 1976, 55-69.
7879 — Regiotaal, woordenspel als woordspeling. — *DmB* 28, 1976, 183-190 | On No. 7887.
7880 GOEMAN, A. C. M.: *Aspecten van de vervoeging van het presens.* With a summ. in E. — BMDial 49; Amsterdam: Noord-Hollandsche Uitgevers Mij., 1976, 32 p., 10 maps (2 fold.) | *TsNTL* 92, 1976, 317-318 M. C. van den Toorn | *NTg* 69, 1976, 559-561 B. v. d. B[erg].
7881 GOEMAN, Ton: Wat is er voor de Reeks Nederlandse Dialektatlassen gehoord? — *TeT* 28, 1976, 114-140, 8 maps, fig.
7882 HOEBEKE, M.: Netherlandic dialectology today. — *MGS* 1, 1975, 47-67.
7883 JANSEN, F.: Verandering van *ai* en *oi* in het Zaans van 1900-1975. — *HandNFC* 34, 1976, 306-308.
7884 JONKER, Jan, Jr.: *Zaans voor beginners. Enkele kenmerken van een streektaal.* — Zaandijk: Klaas Woudt, 1976, 115 p.
7885 KEIJ, A., & BLOK, D. P.: *Taalgrensproblemen in het rivierengebied ....* — Amsterdam: 1975 | BL 1975, 7639. | *TsNTL* 92, 1976, 148-152 J. B. Berns.
KIESER, O.: Spaten, Schlitten und Feldrain um Doberlug. — 7702.
— Neerlandica im Brandenburgischen ... — 7704.
7886 MOEYAERT, C.: De hedendaagse schrijftaal van de Westhoek in Frankrijk. Lexicon. — *FrN* 1976, 227-238 | Rés. fr.
7887 *Regiotaal. Mozaïek van Gelderse dialekten.* Onder red. van Hermen BOMHOF, Henk KROSENBRINK, WILLY VAN OSS, Geert STORK. — Uitgaven van de Stichting De Gelderse Bloem 21; Zutphen: Walburg Pers, 1976, 118 p., ill., map | Cf. 7879.
7888 ROOIJ, J. DE, & VANACKER, V. F.: Syntaktische dialektstudies en de Reeks Nederlandse Dialektatlassen. — *TeT* 28, 1976, 141-158 | Mainly a commented bibliography.
7889 *Taalatlas van Noord- en Zuid-Nederland.* Aangevangen door G. G. Kloeke en voortgezet door de Dialectencommissie der Kon. Nederlandse Akad. van Wetenschappen te Amsterdam. 9e aflevering. — Nieuwe Noord- en Zuid-Nederlandse Dialectbibliotheek 1; Leiden: Brill, 1972, 1 f., 10 cartes | Cartes par E. EYLENBOSCH, J. STROOP, et al. | Cf. BL 1965, 5672. | *LB* 65, 1976, 391-395 Roland Willemyns.
7890 VANACKER, V. F., LEYS, O., & HOEBEKE, M.: Verslag over 'De klankstruktuur van het Kleitse dialekt. Een synchrone studie met referenties aan het diachrone en geografisch kader', door Johan TAELDEMAN. — *VMKAN* 1976, 283-296 | Rapports sur une réponse à un concours.
7891 VANDROMME, J.: Beschouwingen omtrent de assimilatieverschijnselen bij de nasalen inz. /n/ in een Westvlaams dialekt. — *BCTD* 50, 1976, 99-111 | Parler d'Izegem.

7892 VERHEIJEN, J. A. J.: Iets over het Zevenaars, in het biezonder over zijn glottisslag en *r*. Inleiding door P. GOOSSENS. — *MNCDN* 14, 1975, 45-62 | Rés. fr.
7893 VOS, P. H.: De ovenpaal wat nader bezien. — *MNCDN* 15, 1976, 18-27 | Additions (with E. summ.) to: G. DE SCHUTTER & J. TAELDEMAN, *De ovenpaal*, 1972 (BL 1972, 7044).
7894 WEIJNEN, A.: De Reeks Nederlandse Dialekt-atlassen en de Atlas Linguarum Europae (ALE). — *TeT* 28, 1976, 200-202.
7895 — De taal tussen Rijn en Maas. / Die Sprache zwischen Rhein und Maas. — *MNCDN* 15, 1976, 12-17 | Text in Du. & G.
7896 *Woordenboek van de Brabantse dialecten*. Aflevering 3 [door] J. VROMANS, A. WEIJNEN, J. BERNS. — Opera Theodisca; Assen: Van Gorcum, 1976, p. 277-525, maps | Cf. BL 1969, 5923.
ZONNEVELD, W.: Fonologische polariteit en de Vlaams Brusselse vokaalverschuiving. — 2332.

5. VOCABULAIRE — VOCABULARY

7897 BAKKER, Nienke: The Dutch dictionary. — *DuS* 2, 1976, 18-27 | On the *Woordenboek der Nederlandse taal*.
BERG, W. VAN DEN: Die Präromantik-Konzeption ... — 2808.
7898 CLAES, F.: *Vetus*-woorden bij Kiliaan. — *TsNTL* 92, 1976, 81-109.
7899 — De Friese woorden bij Kiliaan. — *TsNTL* 92, 1976, 161-186 | On the sources of the Fris. words in Kiliaan. Cf. 7997.
COWAN, H. K. J.: Menapiërs, Bataven en het "Mediterrane" substraat .... — 11733.
7900 *Van Dale. Groot woordenboek der Nederlandse taal*. 10e, geheel opnieuw bewerkte en zeer vermeerderde druk, door C. KRUYSKAMP. Deel I: *A-N*; II: *O-Z*. Aanhangsels. — 's-Gravenhage: Nijhoff, 1976, xlii, 1575 p.; [vi] p., p. 1577-3230 | 9th ed. 1970 (BL 1970, 7115). | Cf. 7913.
7901 DONSELAAR, J. VAN: *Woordenboek van het Surinaams-Nederlands. Een geannoteerde lijst van Surinaams-Nederlandse woorden en uitdrukkingen*. — Utrecht: Inst. A. W. de Groot voor Algemene Taalwetenschap van de Rijksuniv. Utrecht (distr.: Erven Thomas Rap, Amsterdam), 1976 (© 1977), 232 p.
7902 EBELING, R. A.: Witmaker. — *DmB* 28, 1976, 8-10.
7903 EEMEREN, G. VAN: De benamingen voor "bedrijf" en "scène" in het Nederlandse drama tussen 1575-1625. — *SpL* 15, 1973, 161-186.
7904 ELAUT, L.: *Vopiscus Fortunatus Plempius en de ontwikkeling van de Nederlandse ontleedkundige vaktaal*. — Mededelingen van de Kon. Acad. voor Wetenschappen, Letteren en Schone Kunsten van België, Klasse der Wetenschappen 38, 5; Brussel: Paleis der Academiën, 1976, 35 p.
7905 — De *koek*: een ziektekundig klaverblad, in West-Vlaanderen en in Silezië. — *HZnMTL* 30, 1976, 17-30.
7906 *Grote Nederlandse Larousse encyclopedie* in 25 delen. 14: *Kimbe – Lavi*; 15: *Lavki – Marok*; 16: *Marol – Natur*. — 's-Gravenhage: Scheltens & Giltay, 1976, iv, 716 p., ill.; iv, 715 p., ill; iv, 714 p., ill. | Cf. BL 1975, 7677.
7907 *Jaarboek van de stichting Instituut voor Nederlandse Lexicologie*. Overzicht van de jaren 1969 t/m 1973. — 's-Gravenhage: Secretariaat van de Stichting, Thorbeckelaan 360, 1976, 103 p., 34 ill. | Report on the activities of the Inst. for Du. Lexicology; present state of the Dictionary of the Du. language.

7908 KING, P. K.: *Complete word-indexes to J. van den Vondel's 'Bespiegelingen van Godt en Godtsdienst' and 'Lucifer'*.... — London: 1973 | BL 1973, 8176. | *SpL* 15, 1973, 285-288 J. van Bakel.

7909 KOENEN, M. J., & ENDEPOLS, J.: *Verklarend handwoordenboek der Nederlandse taal*.... 27e druk bewerkt door J. B. DREWES. — Groningen: [1974] | BL 1974, 7081. | *LB* 65, 1976, 177-180 J. Schoon.

KOOI, J. V. D.: *De "Fryske" wurden út Kiliaen*.... — 7997.

7910 *De Nederlandse lexicologie tussen handwerk en machine.* Door P. G. J. VAN STERKENBURG (red.), W. E. M. DE CLERCK.... [et al.]. — Groningen: Tjeenk Willink, 1976, 128 p. | Du. lexicology between manual and machine work. Contents: W. [E. M.] DE CLERCK, Versnelde voltooiing van het Woordenboek der Nederlandsche taal (*WNT*), 11-38; J. L. A. HEESTERMANS, Een kritische kanttekening en een schets voor een lexicografische theorie, 39-57; J. J. VAN DER VOORT VAN DER KLEIJ, Lexicologische verzamelingen en lexicografie, 58-68; W. J. J. PIJNENBURG, Nederlandse lexicologie, 69-82; P. G. J. VAN STERKENBURG, Een woordarchief als basis voor de Nederlandse lexicologie, 83-109; H. T. WONG, Interne organisatie van een woordarchief, 110-115. Summ. in E.

7911 PIJNENBURG, W. J. J.: Eeuwsel. — *Naamkunde* 8, 1976, 1-53, 4 maps | Eeuwsel, a word from anc. farming (lexicography, etym., geogr.).

7912 PIJNENBURG, W. J. J., SMITS, J. W., & VOORT VAN DER KLEIJ, J. J. VAN DER: Mnl. *tsimadze*. — *TsNTL* 92, 1976, 20-32.

7913 REINSMA, Riemer: De nostalgie van de nieuwe Van Dale. — *De Revisor* (Amsterdam) 3/3, 1976, 73-74 | Comments on No. 7900.

7914 SANDERS, Willy: Gerts van der Schüren 'Teuthonista' und die historische Wortgeographie. — [313], 36-52.

7915 STERKENBURG, P. G. J. VAN: *Een glossarium van zeventiende-eeuws Nederlands* .... — Groningen: 1975 | BL 1975, 7695. | *NTg* 69, 1976, 73-74 B. v. d. B[erg] | *Spektator* 6, 1976-77, 50-55 C. van de Ketterij.

7916 — Nederlandse lexicologie in stellingen. — *NTg* 69, 1976, 13-23.

7917 — Woordarchief en bronnen voor een computergestuurd woordarchief van het hedendaags Nederlands. — *FdL* 17, 1976, 23-30.

7918 THEISSEN, S.: *De germanismen in de moderne Nederlandse woordenschat.* — Brussel: 1975 | BL 1975, 7697. | *NTg* 69, 1976, 549-551 G. Geerts | *LB* 66, 1977, 83-87 C. Kruyskamp.

7919 — De germanismen in de moderne Nederlandse woordenschat: probleemstelling en kwantitatief krantenonderzoek. — *HandVlFC* 30, 1975, 98-104.

7920 — Van *Aha-Erlebnis* tot *Zwangswirtschaft*: Duitse woorden in het Nederlands. — *HZnMTL* 30, 1976, 211-253.

7921 WEIJNEN, A.: *Spectrum Nederlands woordenboek*. — Utrecht: 1973 | BL 1973, 8184. | *Spektator* 5, 1975-76, 308-309 H. J. Verkuyl.

7922 *Woordenboek der Nederlandsche taal*. XIIe deel, 4e stuk, 4e afl.: *retireeren – reu* (I). Bewerkt door A. C. CRENA DE IONGH, met medewerking van G. A. J. TOPS .... [et al.]. — 's-Gravenhage: Nijhoff, 1975, c. 425-520 | Cf. BL 1974, 7090.

7923 *Woordenboek der Nederlandsche taal*. XVIIe deel, 34e afl. (13e afl. van het 2e stuk): *turf* (I) – *tusschen*. Bewerkt door N. BAKKER, met medewerking van E. A. K. KLUCK. — 's-Gravenhage: Nijhoff, 1976, c. 4147-4274 | Cf. BL 1974, 7091.

7924 *Woordenboek der Nederlandsche taal*. XVIIe deel, 3e stuk, 1e afl.: *U* (I) — *uit*. Bewerkt door N. BAKKER & J. L. A. HEESTERMANS. — 's-Gravenhage: Nijhoff, 1975, c. 1-128.

7925 *Woordenboek der Nederlandsche taal*. XVIIe deel, 3e stuk, 2e afl.: *uit – uitboren*.

Bewerkt door J. L. A. HEESTERMANS & N. BAKKER, met medewerking van A. V. C. BOSSUYT .... [et al.]. — 's-Gravenhage: Nijhoff, 1976, c. 129-256.

7926 *Woordenboek der Nederlandsche taal.* XXIIe deel, 4e afl.: *voet – vogel.* Bewerkt door C. H. A. KRUYSKAMP. — 's-Gravenhage: Nijhoff, 1976, c. 385-512 | Cf. BL 1975, 7702.

ZANDT, G.: Zu 'Karl und Galie' 1-39 und 35-18. — 7594.

6. ORTHOGRAPHE — ORTHOGRAPHY

7927 DAMSTEEGT, B. C.: Spelling and spelling reform in the Netherlands. — *DuS* 2, 1976, 28-47.

7928 LEYS, O.: Waarom *lachen* met één *ch* en *goochelen* met twee *o*'s? — *VMKAN* 1976, 21-27.

7. STYLISTIQUE, LANGUE LITTÉRAIRE — STYLISTICS, LITERARY LANGUAGE

7929 BEEKMAN, K.: Mark Insingel en de taal. — *Spektator* 6, 1976-77, 184-195.

7930 GEERINCK, Marc: *Hella S. Haasses ontmoeting met de computer. Poging tot literairkritische analyse van 'De verborgen bron' op grond van de automatische behandeling van de tekst.* Met een nawoord door Hella S. Haasse. — Travaux publiés par le Centre de Traitement électronique des Documents de l'Univ. Cath. de Louvain ...., Informatique et étude de textes 8; Louvain: 1976, 227 p. | *SpL* 18, 1976, 301-306 Jan van Bakel.

7931 MAATJE, Frank C.: Das "thetische" Demonstrativpronomen. — [265], 243-256.

7932 VANDERHEYDEN, Jan F.: De hang van Jan van Mussen tot het concrete, het antithetische en het pathetische. Kanttekeningen bij zijn 'Rhetorica'. — *VMKAN* 1976, 1-20 | Cf. BL 1975, 7709-12.

7933 ZAJICEK, Jacques: *Études stylistiques comparatives* ... — The Hague: 1973 | BL 1974, 7098. | *LT* 1976, 393-394 J. P. Menting.

8. PROSODIE, MÉTRIQUE, VERSIFICATION — PROSODY, METRE, VERSIFICATION

7934 GUEST, Tanis M.: *Some aspects of Hadewijch's poetic form* .... — The Hague: 1975 | BL 1975, 7717. | *NTg* 69, 1976, 546-549 H. W. J. Vekeman | *SpL* 18, 1976, 42-45 F. Willaert.

9. TRADUCTION — TRANSLATION

7935 JONG, P. DE: Bilderdijk over het vertalen. — *NTg* 69, 1976, 508-517.

7936 VERSTEGEN, Peter: 700 woorden: een vertaalonderzoek. — *De Revisor* (Amsterdam) 3/5, 1976, 49-64 | Experiment with a Du. transl. of the first 1000 words of Malcolm Lowry's *Under the Volcano.*

10. LINGUISTIQUE MATHÉMATIQUE — MATHEMATICAL LINGUISTICS

7937 SPREU, Arwed: Sprachstatistik und quantitative Stilistik. Ein Beitrag zur quantitativen Stiluntersuchung des Romans "Max Havelaar" des niederländischen Schriftstellers Multatuli (Eduard Douwes Dekker, 1820-1887). — *WZUB* 23, 1974, 321-328.

7938 Werkgroep Frequentie-Onderzoek van het Nederlands: *Woordfrequenties in geschreven en gesproken Nederlands.* Red.: P. C. UIT DEN BOOGAART. — Utrecht: 1975 | BL 1975, 7721. | *Erfdeel* 19, 1976, 433-436 Aldert Walrecht | *NTg* 69, 1976, 69-70 B. v. d. B[erg].

12. SOCIOLOGIE DU LANGAGE — SOCIOLOGY OF LANGUAGE

BLUHME, H.: Sprache und sozio-ökonomischer Index. — 3726.

7939 DAAN, JO, & HEIKENS, Henk: *Dialectresistentie bij kleuters en eersteklassertjes. Verslagen en onderzoekingen in nieuw en oud land.* — BMDial 48; Amsterdam: Noord-Hollandsche Uitgevers Mij., 1976, 96 p., maps | Inquiries in Eastern Flevoland, Schouwen-Duiveland, and Steenwijk. | *NTg* 70, 1977, 181 M. C. v. d. T[oorn].

7940 DEPREZ, K., & GEERTS, G.: De verspreiding van het algemeen Nederlands in West-Vlaanderen. — *NTg* 69, 1976, 283-305.

7941 — Pronominale varianten in West-Vlaanderen. — *FdL* 17, 1976, 215-238.

7942 FLEERACKERS, J.: The historical force of the Flemish Movement in Belgium: past aims, present achievements and future cultural aspirations. — *DuS* 2, 1976, 75-86.

7943 GEERTS, G., & DEPREZ, K.: Norm en gebruik in West-Vlaanderen. — *HandVlFC* 30, 1975, 85-89.

7944 HAGEN, A., VALLEN, A., STIJNEN, P.: De problematiek van dialektsprekende kinderen, verkend in het onderwijs in Kerkrade. — *MNCDN* 14, 1975, 1-24 | G. summ.

7945 HAGEN, Toon, STIJNEN, Sjef, VALLEN, Ton: Probleme von Dialekt sprechenden Kindern, im Kerkrader Unterricht untersucht. — *DSp* 4, 1976, 148-165, tab.

7946 NOOTENS, Johan: Studenten en de Nederlandse taalbeheersing: ervaringen en konklusies. — *HZnMTL* 30, 1976, 143-151 | Experiences with students at Louvain and Courtray.

7947 RYCKEBOER, Hugo: De behoefte aan een taalsociologisch onderzoek in Frans-Vlaanderen. — *FrN* 1976, 156-168 | Le besoin d'une enquête sociologique sur les langues en Flandre fr. (Rés. fr.).

7948 VEN, M. Ch. H. J. VAN DE: Het afkomstpatroon als sociolinguïstische indicator. — *HandVlFC* 30, 1975, 90-95, 3 fig. | The language in Eastern Zealand Flanders.

7949 VERVOORN, A. J.: De grammaticale norm bij het Nederlands als tweede taal. — *HandNFC* 34, 1976, 237-255 | Especially in the Du. Antilles.

14. ONOMASTIQUE — ONOMASTICS

7950 BEELE, W.: Anthroponymy of medieval Ypres. — *Onoma* 19, 1975/3 (1976), 537-540 | E. summ. of *Studie van de Ieperse persoonsnamen*..., 1975 (BL 1975, 7734).

7951 — De familienaam *Laga(e).* — *Naamkunde* 8, 1976, 126-127.

7952 CLAES, F.: Aardrijkskundige namen in oude woordenboeken. — *Naamkunde* 8, 1976, 167-191.

7953 DEBRABANDERE, F.: De familienaam *Mesotten.* — *Naamkunde* 8, 1976, 192.

7954 DEVLEESCHOUWER, J.: Nervische hydroniemen (IV). — *Naamkunde* 8, 1976, 54-56 | Cf. BL 1975, 7740.

7955 — De naam *Woluwe.* — *Naamkunde* 8, 1976, 57-62 | Brabant, Belgique.

7956 DRAYE, H.: Huidige stand van het wetenschappelijk onderzoek op het gebied van de naamkunde. — *BCTD* 50, 1976, 55-72.

7957 DUSSART, F., & CLAUDE, J.: Les villages de "dries" en Basse et Moyenne

Belgique. — *Tijdschrift van de Belgische Vereniging voor Aardrijkskundige Studies* 44, 1975, 239-294, ill. | *Naamkunde* 8, 1976, 266-270 H. Draye.
7958 EBELING, R. A.: De familienaam *Schulenklopper*. — *DmB* 28, 1976, 31-32.
7959 — De familienaam *Nonnenmaker*. — *DmB* 28, 1976, 112-114.
7960 GORIS, J. M.: De invloed van de Anglo-Boerenoorlogen op de naamgeving hoofdzakelijk in Vlaams-België. — *Naamkunde* 8, 1976, 193-256.
7961 HEKKET, B. J.: *Oostnederlandse familienamen* .... — Enschede: 1975 | BL 1975, 7744. | *NTg* 69, 1976, 551-553 H. T. J. Miedema.
HERBILLON, J.: Toponymes hesbignons (*Ve-* à *Vr-*). — 6325.
7962 HOFSTRA, Tette: *Ortsnamen auf* -elte ... — Amsterdam: 1973 | BL 1973, 8230. | *Erasmus* 28, 1976, 601-604 R. Rentenaar.
7963 HUISMAN, Jan: Angeglichene fremdländische Ortsnamen im heutigen niederländischen Sprachgebrauch. — *BNF* 11, 1976, 241-253.
7964 — Regionale vormverschillen in Nederlandstalige namen van steden in België en Noord-Frankrijk. — *Naamkunde* 8, 1976, 159-166.
7965 LOON, J. VAN: *Turnhout, Torhout* en aanverwante toponiemen. — *Naamkunde* 8, 1976, 63-67.
7966 MARYNISSEN, C.: Het aandeel van Vlaanderen aan de bewerking van de nieuwe Förstemann. — *Naamkunde* 8, 1976, 93-104 | The share of Flanders in the new ed. of E. FÖRSTEMANN's *Altdeutsches Namenbuch*. | Cf. 7781.
7967 MOLEMANS, J.: *Toponymie van Overpelt*. — Nomina Geographica Flandrica. Monografieën 10; Leuven: Inst. voor Naamkunde / Brussel: Standaard-Boekhandel, 1976, 406 p., 6 fold. maps | Belgian Limburg. | Also in the series: Kon. Acad. voor Nederlandse Taal- en Letterkunde, Reeks VI, 105; Gent 1976. | *NTg* 70, 1977, 171-172 C. B. van Haeringen.
7968 — *Toponymie van As. Een historisch, geografisch, socio-ekonomisch en naamkundig onderzoek*. Met medewerking van E. PAULISSEN. — Nomina Geographica Flandrica. Monografieën 11; Leuven: Inst. voor Naamkunde / Brussel: Standaard-Boekhandel, 1976, 176 p., ill., fold. map | Belgian Limburg. | Also published with the title: *As in het verleden* (As: Gemeentebestuur, 1976).
7969 — *Toponymie van Sint-Huibrechts-Lille. Historisch-naamkundige studie.* — Nomina Geographica Flandrica. Monografieën 12; Leuven: Inst. voor Naamkunde / Brussel: Standaard-Boekhandel, 1976, 190 p., ill. & maps (fig.), 4 fold. maps | Belgian Limburg. | Also published with the title: *Historisch-naamkundige studie van Sint-Huibrechts-Lille* (Sint-Huibrechts-Lille: Gemeentebestuur & Heemkundige Kring, 1976).
7970 — Sint-Huibrecht in Lille. Een naamkundig, historisch en volkskundig onderzoek. — *Naamkunde* 8, 1976, 105-125, 2 pl., fig. | Belgian Limburg.
7971 MULDER, G. P.: Stellingwerfse toponiemen. — *DmB* 28, 1976, 97-111 | Apropos of: (1) W. DE JONG, 'Appelsche', *Fryske Plaknammen* 10, 1957, 59-78; (2) J. NAARDING, 'Stellingwerfse toponiemen', *Ibid*. 39-48.
7972 *Nederlands repertorium van familienamen*. Uitgegeven door de Commissie voor Naamkunde en Nederzettingsgeschiedenis van de Kon. Ned. Akad. van Wetenschappen onder red. van P. J. MEERTENS en H. BUITENHUIS. X. *Rotterdam*. Met een inleiding van H. BUITENHUIS. — Assen: Van Gorcum, 1976, 256 p. | Cf. BL 1974, 7115. | *Naamkunde* 8, 1976, 259-260 K. Roelandts | *ZDL* 42, 1975, 111-112 F. Beersmans (Vol. VI-VIII).
7973 PLOEG, W. H. VAN DER: Oorspronkelijke Onstwedder familienamen. — *DmB* 28, 1976, 137-142.
7974 ROELANDTS, Karel: Fornnederländska marknamn och namnkronologi. —

SsvOÄ 1976, 92-117 | ODu. field-names and name chronology.
7975 TUMMERS, P.: Maasbracht, Mesch e.a. in de 9e eeuw. — *MNCDN* 14, 1975, 35-44 | Rés. fr.
7976 — Doop- en familienamen in het rectoraat Brakkenstein. — *MNCDN* 15, 1976, 1-11 | Nijmegen. | Rés. fr.
7977 VIAENE, A.: *Veelnamig Vlaanderen. Een historiografisch overzicht van de samenstellingen tot 1800.* — Brugge: The author, 1973, 78 p. | Repr. from the periodical *Biekorf* 72, 1971; 73, 1972; 74, 1973. | *Naamkunde* 8, 1976, 271-273 F. Debrabandere.
7978 WIERINGA, J.: Het toponiem *Hoedekast.* — *DmB* 28, 1976, 33-34.
7979 — Het toponiem *Lent.* Herinnering aan de scheepvaart op de Hunze. — *DmB* 28, 1976, 49-54, map.

IV. Afrikaans — Afrikaans

7980 BOTHA, J. P.: Die prenominale, unieke *ou.* — [279], 21-25.
7981 BRUTO, H. F. DE: [aek sɛ : ɛk] – probleme rondom [ae]. — [279], 43-48.
    COMBRINK, J.: Sie daar. — 2371.
7982 EKSTEEN, L. C.: 'n Woordeboek van Afrikaans op historiese grondslag. — [279], 67-75.
7983 KLERK, G. J. DE: 'n Grafemiese ondersoek van die dag- en kasboek van Johanna Duminy. — [279], 49-59.
7984 MERWE, H. J. J. M. VAN DER: *Die korrekte woord. Afrikaanse taalkwessies.* [5e hersiene en uitgebr. uitg.] — Pretoria: Van Schaik, 1975, x, 324 p. | First ed. 1951.
7985 ODENDAL, F. F.: Oor die aanspreekvorme in Afrikaans. — [279], 105-113.
7986 POSTHUMUS, M. J.: Die waardeskatting van Afrikaans. — [279], 127-130.
7987 RENSBURG, C. VAN: Wie se wat? Die bestudering van voornaamwoordvorming. — [279], 131-140.
7988 *Woordeboek van die Afrikaanse taal.* Deel VI: *kla – kol-.* Hoofdredakteur: F. J. SNIJMAN; assistent-hoofdredakteur: D. C. HAUPTFLEISCH; senior mederedakteur: G. H. MALHERBE.... — Pretoria: Die Staatsdrukker, 1976, xiv, 791 p., ill. | Cf. BL 1968, 6756.

V. Frison — Frisian

Bibliografie van de Ned. taal- en literatuurwetenschap,... — 7809
7989 Literaturübersichten. — *Friesisches Jahrbuch* 1976 = *Jierboek* 1976 fan de Fryske Akademy = *Nordfriesisches Jahrbuch* 1976, Neue Folge, Band 12 = *Jahrbuch der Gesellschaft für bildende Kunst und vaterländische Altertümer zu Emden* 56 (Ljouwert: Verlag Fryske Akad., 1976), 183-235 | 1. Dirk Willem KOK, Westfriesland 1973/75, 183-202; 2. Ingwer Ernst MOMSEN, Neues Schrifttum über Nordfriesland (Bibliographie), 203-230; 3. Walter DEETERS, Ostfriesland 1975, 231-235.
7990 ÅRHAMMAR, Nils: Historisch-soziolinguistische Aspekte der nordfriesischen Mehrsprachigkeit. — *Friesisches Jahrbuch* 1976 = *Jierboek* 1976 fan de Fryske Akademy = *Nordfriesisches Jahrbuch* .... [cf. 7989], 55-76, map | First published in *ZDL* 42, 129-145 (BL 1975, 7771).
7991 BOERSMA, J.: *De Fryske stavering.* Gearstald. — Ljouwert: A. F. U. K., 1976, iii, 48 p.

7992 BOERSMA, Joh., & MIEDEMA, H. T. J.: De Friese vogelnaam *skraits* "jager". — *TeT* 28, 1976, 45-48.
CLAES, F.: De Friese woorden bij Kiliaan. — 7899.
7993 HOEKEMA, Teake: In Hylper stavering. — *Us Wurk* 25, 1976, 66-72.
7994 HOFMANN, Dietrich: Thor, "Donnerstag" und "Donner" in Friesland. — *Us Wurk* 25, 1976, 33-42.
7995 HOFMANN, Dietrich: Eine friesische Runeninschrift in England. — *Us Wurk* 25, 1976, 73-76.
7996 HOPKES, Siegfried Gebhard: *Friesland, England. Kulturelle und geschichtliche Beziehungen, sprachliche Verwandtschaft.* — Rhauderfehn: Ostendorp, 1976, 105 p., map.
7997 KOOI, J. VAN DER: *De "Fryske" wurden út Kiliaen, mei de oantekeningen fan Gerard van Hasselt en Eeltsje Halbertsma* gearbrocht. — Estrikken 51; Grins [Groningen]: Frysk Ynstitút oan de Ryksuniv. to Grins, 1976, [4], iii, 72 p. | Cf. 7899.
7998 KRAMER, P.: *Skraits, maits* en mûglike sibben. — *Us Wurk* 25, 1976, 77-82.
7999 MEER, G. VAN DER: The phonological interpretation of nasality in Frisian reconsidered. — *Us Wurk* 25, 1976, 51-62.
8000 MIEDEMA, H. T. J.: Dialectische tegenstellingen in oudfriese oorkonden. — *TeT* 28, 1976, 21-44, 4 maps.
8001 — De Reeks Nederlandse Dialektatlassen en het Fries. — *TeT* 28, 1976, 181-191, 3 maps.
8002 — In noardeastlik forskynsel yn Aldfryske oarkonden. — *It Beaken* 38, 1976, 93-95, map.
8003 — Namen en latinisering in de eerste oudfriese oorkonde. — *Naamkunde* 8, 1976, 68-86, map.
8004 — *Mare Fresicum*: de Noordzee? — *Naamkunde* 8, 1976, 87-92 | *Mare Fresicum*: the North Sea (or the Firth of Forth)?
MULDER, G. P.: Stellingwerfse toponiemen. — 7971.
8005 PLANK, P. H. VAN DER: Friesland en het Fries. — *Erfdeel* 19, 1976, 199-210, 2 maps.
8006 RAMAT, Paolo: *Das Friesische. Eine sprachliche und kulturgeschichtliche Einführung.* — IBS 14; Innsbruck: Inst. für Sprachwissenschaft der Univ. Innsbruck, 1976, xii, 197 p., 9 maps | Transl. of a revised version of: *Il frisone*, 1967 (BL 1967, 6175). | *Paideia* 31, 1976, 223 Vittore Pisani.
8007 ROGGEN, C.: *Woordenboek van het Oosterschellings. Wêdenboek fon et Aasters.* — Fryske Akademy 490; Ljouwert / Leeuwarden: Fryske Akad., 1976, xxv, 128 p.
8008 SCHMIDT-PETERSEN, Asmus: *Beiträge zur Kenntnis der Orts- und Flurnamen der Insel Amrum und der Halligen, mit vollständigem Flurnamenverzeichnis.* — Hamburg: Dr. A. Schmidt-Petersen (distr.: Buchhandlung R. Kupfer, Norddorf Amrum), 1975, 65 p., 3 maps.
8009 SJÖLIN, B.: "*Min Frysk*". *Een onderzoek naar het ontstaan van transfer en "code-switching" in gesproken Fries.* — BMDial 50; Amsterdam: Noord-Hollandsche Uitgevers Mij., 1976, viii, 71 p. | Summ. in G. | Also in the series: Estrikken 53; Grins: Frysk Ynstitút oan de Ryksuniv. to Grins, 1976. | *It Beaken* 39, 1977, 266-269 J. Popkema.
8010 WALKER, Alastair G. H., & WILTS, Ommo: Das Nordfriesische Wörterbuch. — [227], 229-237, map.

VI. Anglais — English

0. BIBLIOGRAPHIE ET GÉNÉRALITÉS — BIBLIOGRAPHY AND GENERAL

8011 *Annual bibliography of English language and literature for 1973.* Vol. 48. Ed.: John HORDEN. Am. ed.: James B. MISENHEIMER, Jr. — Cambridge: Modern Humanities Research Ass., 1976, xxxix, 859 p.

8012 KAWIŃSKA, Maria: Bibliography of English-Polish contrastive studies in Poland. — *PSCL* 4, 1976, 359-367.

8013 MIESZEK, Aleksandra: Bibliography of English-Polish contrastive studies in Poland. — *PSCL* 5, 1976, 288-300.

8014 STEIN, Gabriele: *English word-formation over two centuries.* — Tübingen: 1973 | BL 1973, 8291. | *IF* 80, 1975 (1976), 297-299 M. Görlach.

8015 *The year's work in English studies.* Vol. 55, 1974. Ed. by James REDMOND and Laurel BRAKE, Katherine DUNCAN-JONES, Elizabeth MASLEN, A. V. C. SCHMIDT (ass. eds.). — London: John Murray, for the E. Ass., 1976, 610 p. | Barbara M. H. STRANG & John PELLOWE, 'English language', p. 34-75. | *ZAA* 24, 1976, 92; 381 P. Genzel (On vol. 52 & 53).

8016 AARTS, F. G. A. M.: The description of linguistic variation in English: from Firth till the present day. — *ES* 57, 1976, 239-251 | Summ. in *HandVlFC* 30, 1975, 149-152.

8017 BREUER, Rolf, & SCHÖWERLING, Rainer: *Das Studium der Anglistik ...* — München: 1974 | BL 1974, 7166. | *ASNS* 213, 1976, 159-162 H. Friedl & M. Görlach.

8018 BROOK, G. L.: The reform of the English language. — *BJRL* 56, 1973-74, 297-316.

8019 BRÜNING, Eberhard: Zur Geschichte des Lehrstuhls für englische Sprache und Literatur an der Karl-Marx-Universität Leipzig. — [272], 40-60.

8020 CHIȚORAN, Dumitru: *Elements of English structural semantics.* — București: Editura didactică și pedagogică, 1973, 270 p. | *RRLing* 21, 1976, 127-129 E. Vasiliu.

8021 CYGAN, Jan: *Strukturalne podstawy gramatyki angielskiej.* — Warszawa: Wyd. Szkolne i Pedagogiczne, [1976], 213 p. | Structural fundamentals of E. grammar.

8022 ENNINGER, Werner: *Übungen zu einem strukturell-taxonomischen Modell der englischen Grammatik.* — Anglistische Arbeitshefte 9; Tübingen: Niemeyer, 1976, 98 p.

8023 HERNDON, Jeanne H.: *A survey of modern grammars.* 2nd ed. — New York: Holt, Rinehart & Winston, 1976, x, 374 p., ill., map | First ed. 1970 (BL 1970, 7248).

8024 HILL, Archibald A.: Fifty years of English: from comma to full stop. — [255], 33-40.

8025 IRMSCHER, William F.: *The Holt guide to English. A contemporary handbook of rhetoric, language, and literature.* 2nd ed. — New York: Holt, Rinehart & Winston, 1976, xx, 539 p. | First ed. 1972 (BL 1972, 7183).

8026 KEVELSON, Roberta: *Style, symbolic language structure, and syntactic change: intransitivity and the perception of* is *in English.* — PdR Press Publ. in Semiotics of Language 2; Lisse: Peter de Ridder Press, 1976, 51 p.

8027 KOSEK, Steven: Variable negation in a fraternity jargon. — *LaS* 9, 1976, 192-196.

8028 LASS, Roger: Variation studies and historical linguistics. — *LiS* 5, 1976, 219-229 | Rev. of *New ways of analyzing variation in English*, ed. by Charles-James N. BAILEY & Roger W. SHUY, 1973 (BL 1973, 8316).

8029 LEHNERT, Martin: *Die Sprache Shakespeares und das amerikanische Englisch.* — Sitzungsberichte der Akad. der Wissenschaften der DDR, G, 1976, 7; Berlin: Akad.-Verlag, 1976, 91 p., ill., facsim., maps, portr.

8030 MATHESIUS, Vilém: *A functional analysis of present-day English on general linguistic basis.* — Praha: 1975 | BL 1975, 7818. | JČ 27, 1976, 193-195 E. Ružičková.

8031 MESSING, Gordon M.: Lingua americana in bocca italiana: Carlo Rossetti on American speech. — *SILTA* 4, 1975/2-3 (1976), 495-505 | Carlo ROSSETTI, *Lingua americana*, Firenze 1944.

8032 NEUBERT, Albrecht: An der Wiege der Leipziger sprachwissenschaftlichen Anglistik. — *ZAA* 24, 1976, 300-312.

8033 *The play of language.* Ed. by Leonard F. DEAN . . . [et al.]. — New York: 1971 | BL 1971, 6866. | *Linguistics* 181, 1976, 104-110 O. Akhmanova.

8034 QUIRK, Randolph: *The linguist and the English language.* — London: 1974 | BL 1974, 7176. | *RES* 26, 1975, 365-366 Barbara M. H. Strang | *ES* 57, 1976, 270-271 K. Sørensen | *YES* 6, 1976, 202-204 S. Potter.

8035 Ross, Eckhard: Contrastive collocational analysis. — *PSCL* 5, 1976, 65-75.
SCHAEDER, B.: Maschinenlesbare Textkorpora des Deutschen und des Englischen. — 7190.

8036 SINCLAIR, J. McH., & COULTHARD, R. M.: *Towards an analysis of discourse . . .* — London: 1975 | BL 1975, 7826. | *Lingua* 39, 1976, 366-368 R. I. Binnick.

8037 SPITZBARDT, Harry: *English in India.* — Halle (Saale): Niemeyer, 1976, 86 p.

8038 STREVENS, Peter: *British and American English.* — London: 1972 | BL 1973, 8321. | *LT* 1974, 458-459 J. Posthumus | *IRAL* 13, 1975, 342-344 S. Gramley | *KNf* 23, 1976, 350-352 M. Blichewicz.

8039 THOMAS, Jonathan: *English as she is fraught.* — London: Wolfe, 1976, 95 p., ill.

8040 VACHEK, Josef: *Selected writings in English and general linguistics.* — JanL, Series maior 92; The Hague: Mouton (& Prague: Academia), 1976, 451 p. | *SS* 37, 1976, 223-230 J. Krámský.

8041 WALLIS, John: *Grammar of the English language . . .* by J. A. KEMP. — Harlow: 1972 | BL 1972, 7216. | *Anglia* 94, 1976, 474-479 Margret Popp.

1. PHONÉTIQUE ET PHONOLOGIE — PHONETICS AND PHONOLOGY

8042 ALLERTON, D. J., & CRUTTENDEN, A.: The intonation of medial and final sentence adverbials in British English. — *ArchL* 7, 1976, 29-59, 7 tab.

8043 ARNOLD, Roland, & HANSEN, Klaus: *Englische Phonetik.* 2., durchgesehene Aufl. — Leipzig: Verlag Enzyklopädie, 1976, 244 p. | First ed. 1974 (BL 1974, 7180).

8044 BAKER, Robert G., & SMITH, Philip T.: A psycholinguistic study of English stress assignment rules. — *L&S* 19, 1976, 9-27, 7 fig.

8045 BALD, Wolf-Dietrich: Contrastive studies in English and German intonation: a survey. — *PSCL* 4, 1976, 37-47.

8046 BLADON, R. A. W., & AL-BAMERNI, Ameen: Coarticulation resistance in English /l/. — *JPhon* 4, 1976, 137-150, 2 tab., 6 fig.

8047 BLUHME, H.: Australian English: an historical note. — *AUMLA* 45, 1976, 91-95 | On the work of William TILLY (1860-1935).

8048 BONEBRAKE, Veronica: The feature grave and the loss of the velar fricative in English. — [101], II, 23-33.

8049 COOLEY, Marianne: Morphological conditioning in the loss of /x/. — *JEL* 10, 1976, 3-7.

8050 CYGAN, Jan: The feature "syllabic" in resonants and semivowels. — *PSCL* 4, 1976, 49-52.
8051 [DANČEV, A.] DANCHEV, Andrei: On the phonemic and phonetic values of the short *ea* and *eo* digraphs in Old English. — *GSU-ZF* 70, 1975/1 (1976), 33-88 | Bulg. summ.

DEKEYSER, X.: Some considerations on voicing.... — 2222.
8052 *DEMEP* [Dictionary of Early Modern English Pronunciation]. *English pronunciation 1500-1800*. Report based on the DEMEP Symposium and Editorial Meeting at Edinburgh 23-26 Oct. 1974. — The School of E., Stockholm Univ., 1; Stockholm: Almqvist & Wiksell, 1976, 135 p. | From the contents: Horst WEINSTOCK, The aims, problems, and value of 'A Dict. of Early Mod. E. Pron. 1500-1800', 9-39; Bertil SUNDBY, DEMEP and the orthoepists, 40-70; J. P. ROBINSON, Discussion of systems of phonetic interpretation, 71-78; Roger LASS, Summary and comments on DEMEP, 79-87; Donald SHERMAN, Computer assistance for DEMEP, 121-135.
8053 DENENFELD, Janina: Junktura jako element dystynktywny w języku angielskim. — *Prace Naukowe Akademii Ekonomicznej imienia Oskara Langego we Wrocławiu* (Wrocław) 77, 1975 (1976), 41-49 | Juncture as a distinctive element in E. (E. summ.).
8054 DICKERSON, Wayne B.: Reflecting linguistic insight in pedagogical materials: the case of English phonology. — *ITL* 33, 1976, 27-43.
8055 DUBOVSKIJ, Ju. A.: Akustičeskie korreljaty tonal'nych akcentov v ustnom monologe (Na materiale anglijskogo jazyka). — [326], 89-102 | E. summ.
8056 — Temporal'nye oppozicii fonostilističeskich tipov ustnogo teksta (Na materiale anglijskoj monologičeskoj reči). — [326], 103-110 | E. summ.
8057 ĖRDELI, N. B.: O tempe anglijskoj reči i o relevantnosti dlitel'nosti ritmičeskich grupp. — *NDVŠ-F* 1976/3, 74-87.
8058 ERDMANN, Peter: *Tiefenphonologische Lautgeschichte der englischen Vokale*. — Frankfurt a.M.: 1972 | BL 1972, 7232. | *Linguistics* 178, 1976, 72-84 A. S. Liberman.
8059 ESCURE, Geneviève: Palatalization: a persistent rule of English. — *PBLS* II, 158-167.
8060 FISHER, William M., & HIRSH, Ira J.: Intervocalic flapping in English. — *PCLS* XII, 183-198, 5 tab., 4 fig.
8061 GILL, Alexander: *Logonomia Anglica*, 1619. I; II. — Stockholm: 1972 | BL 1972, 7239. | *IF* 80, 1975 (1976), 287-290 V. Salmon.
8062 GLEASON, H. A., Jr.: Economy and symmetry in English consonants. — *LACUS* II, 211-216, 2 fig.
8063 GOTTSCHALK, Klaus-Dieter: Phonetik, Phonologie und idiomatisches Englisch. — [101], II, 11-21.
8064 GRADOBYK, N. S., & DUBOVSKIJ, Ju. A.: Opyt izučenija modifikacij frazovoj slogovydelennosti v anglijskom jazyke. — [326], 79-88 | E. summ.
8065 GREVEN, Hubert A.: *Elements of English phonology*. — Paris: 1972 | BL 1972, 7241. | *Linguistics* 178, 1976, 84-87 A. S. Liberman.
8066 HIRST, D. J.: A distinctive feature analysis of English intonation. — *Linguistics* 168, 1976, 27-42.
8067 HUSS, Volker: *Der englische Wortakzent im Nachton*. — Diss. Freiburg 1976, 197 p.
8068 [JAKUBOVIČ] YAKUBOVICH, V.: English conversational cadences. — *ZAA* 24, 1976, 164-171, 3 tab.

ANGLAIS

8069 JONES, Charles: Some constraints on medial consonant clusters. — *Lg* 52, 1976, 121-130.
8070 KIPARSKY, Paul, & O'NEIL, Wayne: The phonology of Old English inflections. — *LIn* 7, 1976, 527-557 | On S. J. KEYSER's art., *LIn* 6, 377-411 (BL 1975, 7862).
8071 KLEJNER, Ju. A.: Sdvig glasnych i udarenie v istorii anglijskogo jazyka. — [346], 71-79.
8072 KNIEZSA, Veronika: To the phonetical aspects of the development of the Standard Scots vowel system. — *ALH* 26, 1976, 457-466.
8073 — The development of the Old English short vowel system based on the material of the Peterborough Chronicle. — *AUBud-L* 7, 1976, 159-169.
8074 KRISTENSSON, Gillis: A note on palatalization of Germanic *k* in English. — *SNPh* 48, 1976, 321-324.
8075 LASS, Abraham & Betty: *Dictionary of pronunciation*. — New York: Quadrangle, The New York Times Book Co., 1976, 334 p.
8076 LASS, Roger: *English phonology and phonological theory. Synchronic and diachronic studies*. — Cambridge Studies in Linguistics 17; Cambridge: Cambridge UP., 1976, xii, 241 p.
— On generative taxonomy, and whether formalizations "explain". — 1129 | The rules for the realization of /æ/ in a New York City dialect.
8077 LASS, Roger, & ANDERSON, John M.: *Old English phonology*. — Cambridge: 1975 | BL 1975, 7866. | *JEGP* 75, 1976, 579-588 R. P. M. Lehmann | *PhP* 19, 1976, 196-198 J. Vachek.
8078 LEBEN, William R.: The tones in English intonation. — *LAn* 2, 1976, 69-107, 3 tab.
8079 LEIDNER, David R.: The articulation of American English /l/: a study of gestural synergy and antagonism. — *JPhon* 4, 1976, 327-335, 5 tab.
8080 LIGHTNER, Theodore M.: A note on McCawley's review of *SPE*. — *IJAL* 42, 1976, 79-82 | Comments on James D. MCCAWLEY's rev., *IJAL* 40, 50-88 (BL 1974, 7187).
8081 LOPAT'KO, V. V.: Tonal'nye charakteristiki perioda (Na materiale anglijskogo jazyka). — [326], 149-159 | E. summ.
8082 LUGOVCEVA, L. O.: Intonacija – važlyvyj zasib vyražennja i spryjnjattja zdyvuvannja. — *InFil* 42, 1976, 31-39 | Intonation as the leading means of conveying and perceiving surprise in spoken E. (Ru. & E. summ.).
8083 MALSCH, Derry L.: Syllable, mora, and length in the development of English. — [146], 83-93.
OHLANDER, S.: *Phonology, meaning, morphology* ... — 2303.
8084 OZGA, Janina: Clitics in English and Polish. — *PSCL* 4, 1976, 127-140.
8085 — Stress and word order in English and Polish. — *PSCL* 5, 1976, 47-63.
8086 PLOTKIN, V. Y. [= Ja.]: *The dynamics of the English phonological system*. — The Hague: 1972 | BL 1972, 7266. | *Lingua* 38, 1976, 79-84 G. Knowles.
8087 POLLNER, Clausdirk: *Robert Nares: 'Elements of orthoepy' (1784)*. — Europäische Hochschulschriften XIV, 41 (Diss. Aachen); Bern: H. Lang / Frankfurt: P. Lang, 1976, viii, 296 p.
8088 PRINS, A. A.: *A history of English phonemes. From Indo-European to present-day English*. 2nd ed. — Leiden: Leiden UP., 1974, 268 p. | First ed. 1972 (BL 1972, 7267). | *KNf* 23, 1976, 359-364 J. Wełna | *ASNS* 213, 1976, 163-168 K. Dietz (First ed.) | *IF* 80, 1975 (1976), 171-176 W. Blumbach (First ed.).
8089 PUPPEL, Stanisław: Final consonant clusters in English and Polish. — *PSCL* 4, 1976, 75-88.

8090 PÜRSCHEL, Heiner: *Pause und Kadenz* ... — Tübingen: 1975 | BL 1975, 7877. | *IRAL* 14, 1976, 389-391 W. J. Barry.
8091 REICH, Peter A.: Toward a sequential onset feature phonology of English. — *LACUS* II, 217-226, 3 tab.
8092 REISNER, Thomas A.: *A dictionary of superseded accentuations in 18th century English.* — European Univ. Papers XIV, 40; Bern: H. Lang / Frankfurt a.M.: P. Lang, 1976, x, 171 p.
8093 ROCKEY, Denyse: *Phonetic lexicon of monosyllabic and some disyllabic words* ... — London: 1973 | BL 1973, 8374. | *KLit* 5, 1976, 73-78 R. Matthews.
8094 SACERDOTI MARIANI, Gigliola: John Hart e l'ortografia inglese del '500. — *SGerm* 12, 1974, 5-20, 7 pl. (facsim.).
8095 ŠACHRAJ, O. B.: Džerela ta pryncypy akcentuaciji sliv grec'koho pochodžennja v anhlijs'kij movi. — *Mov* 1976/1, 73-83 | Sources and principles of the accentuation of words of Gr. origin in E.
8096 SCHMERLING, Susan F.: *Aspects of English sentence stress.* — Austin: Univ. of Texas Press, 1976, xi, 127 p.
8097 SKALIČKOVÁ, Alena: *Srovnávací fonetika angličtiny a češtiny.* — Praha: 1974 | BL 1974, 7233. | *PhP* 19, 1976, 198-200 J. Pačesová.
8098 TERRELL, Tracy D.: Some theoretical considerations on the merger of the low vowel phonemes in American English. — *PBLS* II, 350-359, 5 tab., 5 fig. TOMOVSKI, D.: Angl. /v/, /w/ - nemskoto /b/, /v/. — 7217.
8099 TOON, Thomas E.: The variationist analysis of early Old English manuscript data. — [146], 71-81, map.
8100 TOOTS, Nora: On phonological oppositions in the English vowel system from the diachronical aspect. — *LingT* 4, 1971 (1972), 151-162.
8101 UEDA, Minoru: Devoicing and elision of some vowels in Japanese and English. — [255], 315-319.
8102 VACHEK, Josef: On static and dynamic synchrony. — [255], 331-335 | Mod. E. [h].
8103 VALIEV, S. A.: Refleksy smyčno-gortannogo slogovogo akcenta v literaturnom anglijskom jazyke i v severnoanglijskich i južnoanglijskich dialektach Velikobritanii. — [346], 14-29.

2. GRAMMAIRE — GRAMMAR

2.0. Généralités — General

8104 [CHLEBNIKOVA] KHLEBNIKOVA, Irina B.: *The conjunctive mood in English as a problem in general linguistics.* — JanL, Series minor 212; The Hague: Mouton, 1976, xii, 139 p. | Transl. of *Soslagatel'noe naklonenie v anglijskom jazyke (kak obščelingvističeskaja problema)*, 1971.
8105 HUDDLESTON, Rodney: Some theoretical issues in the description of the English verb. — *Lingua* 40, 1976, 331-383 | Rev. art. on F. R. PALMER, *The English verb*, 2nd ed., 1974 (BL 1974, 7249).
8106 MUIR, James: *A modern approach to English grammar* ... — London: 1972 | BL 1972, 7404. | *SAP* 7, 1975 (1976), 159-161 Florent Aarts.
8107 PISOČYN, A. A.: Linhvistyčne obhruntovannja koncepciji alhorytmičnoji hramatyky dlja čytannja. — *InFil* 37, 1975, 22-28 | On linguistic substantiation of the algorithmic reading grammar theory (Ru. & E. summ.).
8108 PLOTKIN, V. Ja.: *Grammatičeskie sistemy v anglijskom jazyke.* — Kišinev: 1975 | BL 1975, 7907. | *VMU* 1976/5, 61-67 O. A. Smirnickaja.

ANGLAIS

8109 RADČENKO, D. H.: Bahatoznačnist' i problema invariantnoho značennja artyklja *the* v anhlijs'kij movi. — *InFil* 35, 1974, 8-11 | Polysemantism of the E. art. *the* and the problem of its invariable meaning (Ru. & E. summ.).

2.1. Morphologie et formation des mots — Morphology and word-formation

8110 ADAMOVA, L. M.: Vidtoponimni utvorennja z sufiksom *-ite* v anhlijs'kij movi. — *InFil* 43, 1976, 25-31 | Toponymical derivates with the suffix *-ite* in Mod. E. (Ru. & E. summ.).
8111 ADAMS, Valerie: *An introduction to modern English word-formation.* — Harlow: 1973 | BL 1973, 8409. | *IF* 80, 1975 (1976), 299-302 M. Görlach.
8112 BEARD, Robert: Once more on the analysis of *ed*-adjectives. — *JL* 12, 1976, 155-157 | Cf. 8124.
8113 BREKLE, Herbert Ernst: *Generative Satzsemantik im System der englischen Nominalkomposition.* 2., mit einem kritischen Vorwort versehene Aufl. — Intern. Bibl. für allgemeine Linguistik 4; München: Fink, 1976, XXX, 221 p. | First ed. 1970 (BL 1970, 7342).
8114 DABKE, Roswitha: *Morphology of Australian English.* — Ars grammatica 6; München: Fink, 1976, 72 p.
8115 FRIEDERICH, Wolf: *Englische Morphologie.* — Hueber-Hochschulreihe 39; München: Hueber, 1976, 168 p.
8116 GRĂNČAROV, Michail, & BOSILKOV, Ljubomir: Nabljudenija vărchu njakoi sintaktični belezi i semantični osobenosti na anglijskite prilagatelni, obrazuvani săs sufiksa *-ble*. — *AspSb* 3, 1976, 143-167 | Remarks on the syntactic and semantic features of E. adjectives with the suff. *-ble*.
8117 HABER, Lyn R.: Sounding nice: variation in English plural formation. — *KLit* 5, 1976, 209-222, 6 tab.
8118 HAWKES, Harry: *-ic* and *-ical*: the terrible twins. — *LyC* 16, 1976, 91-99.
8119 KARIUS, Ilse: Zur Beziehung zwischen Wortbildung und Alltagswissen. — [101], II, 59-68.
8120 KASTOVSKY, Dieter: *Studies in morphology* ... — Tübingen: 1971 | BL 1972, 7373. | *Lingua* 39, 1976, 261-264 H. Esau.
8121 — Zur Analyse von Nomina actionis. — [101], II, 77-90.
8122 LIPKA, Leonhard: *Semantic structure and word-formation* ... — München: 1972 | BL 1973, 8422. | *ZAA* 24, 1976, 89-90 H. J. Meyer.
8123 LJUNG, Magnus: A note on privative verbs. — *Anglia* 94, 1976, 436-440.
8124 — *-ed* adjectives revisited. — *JL* 12, 1976, 159-168 | Cf. 8112.
8125 MAKARČEV, B. V.: Sinonimija v sfere suffiksal'noj diminutivnoj sistemy anglijskogo jazyka. — *Jaz. i. top.* [334], 2, 165-170.
8126 MEYS, W. J.: Compound adjectives in English ... — Amsterdam: 1975 | BL 1975, 7933. | *Linguistics* 176, 1976, 99-103 F. R. Palmer | Cf. 2369.
8127 NAWROCKA-FISIAK, Jadwiga: *-er* derivatives in modern English. — *SAP* 7, 1975 (1976), 53-69.
8128 NOWAKOWSKI, Mirosław: Nominals in contrastive studies. English nominal compounds and their Polish equivalents. — *PSCL* 4, 1976, 141-152.
8129 OHONOVS'KA, O. V.: Rozpad hrup korenevych morfem – odne z džerel imennych predykatyvnych modelej v anhlijs'kij movi. — *InFil* 38, 1975, 15-21 | Disintegration of root morpheme groups, a source of nominal predicative models in E. (Ru. & E. summ.).
8130 OMEL'ČENKO, L. F.: Teleskopijni slova sučasnoji anhlijs'koji movy ta jich struk-

turno-semantyčna charakterystyka. — *InFil* 33, 1974, 3-8 | Telescope words in Mod. E. (Ru. & E. summ.).

8131 — Utvorennja hibrydnych dijeslivno-imennych konstrukcij v rezul'tati semantyčnoji kondensaciji. — *InFil* 37, 1975, 17-21 | The formation of hybrid verb-noun constructions as a result of semantic condensation in E. (Ru. & E. summ.).

8132 — Strukturno-semantyčni modeli dijesliv-kompozytiv ta osoblyvosti jich funkcionuvannja u slovotvorčij systemi sučasnoji anhlijs'koji movy. — *InFil* 39, 1975, 48-53 | Structural and semantic models of compound verbs and peculiarities of their functioning in present-day E. word-formation (Ru. & E. summ.).

8133 — Derivacionnaja istorija slovosloženija v anglijskom jazyke. — *NDVŠ-F* 1976/4, 43-51.

8134 ORLOVA, H. I.: Slovotvorča valentnist' ta aktyvnist' verbal'nych osnov u anhlijs'kij terminosystemi občysljuval'noji techniky. — *InFil* 43, 1976, 3-9 | E. verbal stem valency in the technical term formation (Ru. & E. summ.).

8135 RULON, Curt M.: English irregular verbs revisited. — [110], 449-458.

8136 SPRENGEL, Konrad: Zur generativen Wortbildung. Englische Verben mit *pre-* und *fore-*. — [101], II, 91-101.

8137 STEIN, Gabriele: Semi-productive lexical rules: a note on *-ed* adjectives. — *JEL* 10, 1976, 30-33.

8138 TYMOŠENKO, T. R.: Do pytannja pro členuvannja teleskopnych osnov sučasnoji anhlijs'koji movy. — *InFil* 41, 1976, 34-39 | The question of divisibility of telescoped stems in present-day E. (Ru. & E. summ.).

8139 UESSELER, Manfred: Einige Bemerkungen zu Bedeutungshäufungen und Bedeutungserweiterungen bei Substantiven aus Verb plus Partikel. — *ZAA* 24, 1976, 178-181.

8140 WEGNER, Alicja: The derivation of infinitive forms in Mirk's Festial. — *SAP* 7, 1975 (1976), 71-93.

8141 WEŁNA, Jerzy: Gender determiners in American English (A study in the grammar of loanwords). — *SAP* 7, 1975 (1976), 95-108.

8142 WIEDEN, Wilfried: Lautliche Aspekte morphologischer Strukturwandlungen im Englischen. — [145], 131-153, tab.

8143 WOLFF, Dieter: *Grundzüge der diachronischen Morphologie des Englischen.* — Tübingen: 1975 | BL 1975, 7942. | *IRAL* 14, 1976, 306-307 K. Faiss.

2.2 *Syntaxe — Syntax*

8144 AARTS, Joannes M. G. A.: *Adjective-noun combinations. A model for their semantic interpretation.* — Diss. Nijmegen 1976, viii, 147 p.

ABRAHAM, W.: Dt. *aber, sondern* und *dafür* und ihre Äquivalenten im... Engl. — 7260.

8145 ALDRIDGE, Maurice: Some logical relations in English. — [279], 11-20.

8146 ALEKSEEVA, G. G.: Sootnesennost' imennych členov v složnych predloženijach s posledovatel'nym podčineniem v drevneanglijskom jazyke. — *VLU* 1976/8, 111-120 | Summ. in E.

8147 ALEKSJUK, H. M.: Ad'jektyvno-imennykovi slovospolučennja z obov'jazkovo-dystrybutyvnym zv'jazkom komponentiv u sučasnij anhlijs'kij movi. — *InFil* 35, 1974, 12-18 | Adjective-nominal phrases with indispensable components in Mod. E. (Ru. & E. summ.).

8148 ALLAN, Keith: Collectivizing. — *ArchL* 7, 1976, 99-117.

8149 ANDO, Sadao: *A descriptive syntax of Christopher Marlowe's language.* — To-

ANGLAIS

kyo: Univ. of Tokyo Press, 1976, xxv, 721 p.

8150 ARCHIPOVIČ, T. P.: Rol' dejiktyčnych sliv *this, that* u procesi aktualizaciji. — *InFil* 39, 1975, 28-34 | The role of deictic *this, that* in the process of actualization (Ru. & E. summ.).

8151 ARD, Josh: Rebracketing in diachronic syntax and Montague grammar. — [114], 1-8.

8152 ARMAGOST, James L.: Some observations on playing tag. — [110], 10-23.

8153 ARNOLD, Roland: Das angebliche englische Relativpronomen *and*. — [272], 163-170.

8154 BACH, Emmon: On interrogative movement in English. — [255], 75-84.

8155 BAJSARA, L. I.: Dejaki syntaksyčni zasoby vyražennja ponjattjevoji katehoriji porivnjannja. — *InFil* 39, 1975, 76-82 | Some syntactical means of expressing the notional category of comparison (Ru. & E. summ.).

8156 [BARCHUDAROV] BARKHUDAROV, L. S., & [ČERNJACHOVSKAJA] CHERNYAKHOVSKAYA, L. A.: Contrastive English-Russian studies at the Moscow State Pedagogical Institute of Foreign Languages. — *ZAA* 24, 1976, 110-118.

8157 BARON, Dennis E.: *Case grammar and diachronic English syntax*. — The Hague: 1974 | BL 1974, 7281. | *Linguistics* 178, 1976, 65-70 L. Moessner.

8158 BAUMERT, Michael: Der theoretische Status der *yes/no*-Frage. — [101], I, 143-152.

8159 BENNETT, David C.: *Spatial and temporal uses of English prepositions* ... — London: 1975 | BL 1975, 7953. | *Lingua* 39, 1976, 353-365 J. Bates | *KLit* 5, 1976, 222-225 R. Schreyer.

8160 BIRENHAUM, Y. (= Ja.) G.: A specification of double subordinate clauses. — *ZAA* 24, 1976, 172-177.

8161 BORYSOVS'KA, L. I.: Ščodo variantnych hramatyčnych značen' konstrukciji *used + to* infinityv. — *InFil* 42, 1976, 18-24 | On the syntagmatic meanings of the "*used + to* infinitive" construction (Ru. & E. summ.).

8162 BRAKEL, C. Arthur: Patient and agent orientation in passive and active voice sentences of English and Portuguese. Or: How much of a case? Or: Left without a trace. — *Linguistics* 180, 1976, 5-25 | Case grammar and transformational frameworks.

8163 [BROWTYAN, L.] BRUTJAN, Lilit: K probleme značenija grammatičeskich sojuzov. — *LHG* 1976/11, 42-50 | On the polysemantic value of conjunctions, especially in E. (Arm. summ.).

8164 BURTON-ROBERTS, Noel: On the generic indefinite article. — *Lg* 52, 1976, 427-448.

8165 CANALE, Michael: Implicational hierarchies of word order relationships. — [146], 39-69, 7 tab.

8166 CARDEN, Guy: *English quantifiers: logical structure and linguistic variation*. — New York: Academic Press, 1976, ix, 108 p. | Revised version of Jap. ed., 1973; Harvard Univ. diss., 1970.

8167 CARKEET, David: Old English correlatives: an exercise in internal syntactic reconstruction. — *Glossa* 10, 1976, 44-63.

8168 ČEN, M. A.: K voprosu ob analitičeskich formach stepenej sravnenij prilagatel'nych i narečij v anglijskom jazyke. — [345], 200-214.

8169 CLOSE, R. A.: *A university grammar of English. Workbook. Adapted for Dutch-speaking students* [by Univ. of Nijmegen, Dept. of E.: F. AARTS ... (et al.)]. — Groningen: Wolters, Noordhoff & Longman, 1976, 191 p. | Cf. BL 1974, 7296.

8170 DANYLJUK, L. V.: Pro strukturu pryjmennykovoho slovospolučennja staroan-

hlijs'koji movy. — *InFil* 42, 1976, 51-57 | Structure of the OE. prepositional phrase (Ru. & E. summ.).
8171 DOLININA, I. B.: Passivumwandlungen im Englischen (Verben mit zwei Aktanten). — [369], 167-180.
8172 DUBOIS-CHARLIER, Françoise: *Éléments de linguistique anglaise: syntaxe.* — Paris: 1970 | BL 1971, 6980. | *Linguistique* 12, 1976/1, 152-157 A. Castagna.
8173 DUCZMAL, Stanisław: Some aspects of subject-verb concord in Polish and English. — *PSCL* 5, 1976, 165-171.
8174 DUŠKOVÁ, Libuše: A note on intransitivity in the English verb. — *PhP* 19, 1976, 172-181.
8175 — On some differencies in the use of the perfect and the preterite between British and American English. — *PSML* 5, 1976, 53-68.
8176 — Reflexivity in Czech and in English. — [392], 5-89.
8177 DŽIENBAEV, A. I.: Nekotorye leksiko-semantičeskie gruppy perechodnych substantivnych leksem, upravljajuščich dopolneniem s pomošč'ju predloga *for*, v sovremennom anglijskom jazyke. — [347], 74-82.
8178 EMONDS, Joseph E.: *A transformational approach to English syntax. Root, structure-preserving, and local transformations.* — New York: Academic Press, 1976, xii, 266 p.
8179 EMONS, Rudolf: *Valenzen englischer Prädikatsverben.* — Tübingen: 1974 | BL 1974, 7313. | *Anglia* 94, 1976, 193-197 U. Oomen | *NphM* 77, 1976, 655-660 H. Nikula | *ZAA* 24, 1976, 189-190 M. Perl | *ES* 57, 1976, 91-94 J. Buysschaert.
8180 *Der englische Aspekt.* Hrsg. von Alfred SCHOPF. — Darmstadt: 1974 | BL 1974, 7420. | *ASNS* 213, 1976, 380-383 M. Görlach | *IRAL* 14, 1976, 210-213 E. König.
8181 ENKVIST, Nils Erik: Notes on valency, semantic scope, and thematic perspective as parameters of adverbial placement in English. — [368], 51-74.
8182 ERDMANN, Peter: *There. There sentences in English. A relational study based on a corpus of written texts.* — tuduv-Studien, Reihe Sprach- und Literaturwissenschaft 6 (Habilitationsschrift Hamburg); München: tuduv, 1976, 294 p.
8183 — *Some* und *any* im Englischen. — *LD* 7, 1976, 292-306.
8184 FALTZ, Leonard M.: Push comes to drag: the reflexive replacement in English. — *PBLS* II, 168-178.
8185 FISIAK, Jacek: Subjectless sentences in Middle English. — *KNf* 23, 1976, 263-270.
8186 FRASER, Bruce: *The verb-particle combination in English.* — New York: Academic Press, 1976, ix, 125 p. | Revised version of Jap. ed., 1974.
8187 FREEMAN, Cecilia: A pragmatic analysis of tenseless *why*-questions. — *PCLS* XII, 208-219.
8188 FRIEDERICH, Wolf: *Probleme der Semantik und Syntax des englischen Gerundiums.* — München: 1973 | BL 1973, 8488. | *NS* 73, 1974, 469-470 M. Hellinger | *Anglia* 94, 1976, 481-483 John Bourke.
8189 GÓRNA, Małgorzata: Word order. A semantic phenomenon? — *PSCL* 5, 1976, 201-217.
8190 GRINDER, John Thomas, Jr.: *On deletion phenomena in English.* — JanL, Series minor 221; The Hague: Mouton, 1976, iv, 150 p.
8191 GRUNIN, N. D.: O semantičeskoj sovmestimosti temporal'nych imen suščestvitel'nych v atributivnych slovosočetanijach (na materiale sovremennogo anglijskogo jazyka). — *VLU* 1976/14, 128-133.
8192 GRYGORAŠ, G. F.: Variantnist' ta strukturna synonimija rečen' stanu v sučasnij anhlijs'kij movi. — *InFil* 39, 1975, 109-112 | Variability and structural synonymy of sentences of state in Mod. E. (Ru. & E. summ.).

ANGLAIS

8193 GUT-KŁOS, Janina: A commentary on locative impersonal sentences and their alleged synonyms. — *PSCL* 5, 1976, 173-183.
8194 HAIMAN, John: Agentless sentences. — *FL* 14, 1976, 19-53, 4 fig.
8195 HALLIDAY, M. A. K., & HASAN, Ruqaiya: *Cohesion in English*. — E. Language Series 9; London: Longman, 1976, xv, 374 p.
8196 HALVORSEN, Per-Kristian: Pragmatic constraints on directional-phrase preposing. — *NTS* 30, 1976, 25-38.
8197 HAWKINS, John A.: On explaining some ungrammatical sequences of article + modifier in English. — *PCLS* XII, 287-301.
8198 HERINGER, James T.: Idioms and lexicalization in English. — *SynS* 6, 1976, 205-216, 4 tab.
8199 HICKS, Malcolm: Parameters affecting the position of certain English adjuncts. — [368], 107-124.
8200 HIRTLE, W. H.: *Time, aspect and the verb*. — Québec: 1975 | BL 1975, 8002. | *Lingua* 39, 1976, 155-157 J. P. Vet.
8201 HOFMANN, T. R.: Past tense replacement and the modal system. — *SynS* 7, 1976, 85-100 | Dates from 1966.
8202 HUDDLESTON, Rodney: *An introduction to English transformational syntax*. — Language Series 10; London: Longman, 1976, xiii, 273 p.
8203 GROSU, Alexander: That$_r$ ≠ that$_c$. — *Sprache* 22, 1976, 162-166.
8204 HOLYK, U. R.: Osnovni typy prysudka ta spivvidnošennja miž nymy (na materiali anhlijs'koji movy). — *InFil* 38, 1975, 39-48 | Main types of predicate and their interrelations in Mod. E. (Ru. & E. summ.).
8205 HUDSON, Richard A.: Conjunction reduction, gapping, and right-node raising. — *Lg* 52, 1976, 535-562.
HUNTSMAN, J. F.: Function, form, and phone: nominal syncretism in E. and Ir. — 7019.
8206 IKEGAMI, Yoshihiko: Syntactic structure and the underlying semantic patterns. A "localistic" hypothesis. — *Linguistics* 170, 1976, 31-44 | Cf. BL 1973, 8520.
8207 INGERSOLL, Sheila Most: The comparative absolute in Old English. — *NphM* 77, 1976, 177-189.
8208 IWANICKA, Ewa: On questions and answers in English and Polish. — *PSCL* 5, 1976, 247-256.
8209 JACOBS, Roderick A.: Promotion and thematization processes in English, or, How to get a head. — *WPLUH* 7, 1975/4, 109-115.
8210 JACOBS, Roderick A., & ROSENBAUM, Peter S.: *Transformationelle Grammatik der englischen Sprache*... — München: 1973 | BL 1973, 8524. | *ZDL* 43, 1976, 99-104 A. Lötscher.
8211 JACOBSON, Sven: The problem of interaction bias in word order probability estimations. — [368], 145-155.
8212 JARANOWSKI, Zenon: Selected contrastive features in English-Polish grammar of transitive verbs. — *PSCL* 4, 1976, 273-296.
8213 JAROVENKO, V. Ju.: Stjahnennja jak okazional'na odynycja movlennja. — *InFil* 33, 1974, 23-26 | Phrase-compound as occasional unit of speech in E. (Ru. & E. summ.).
8214 JATEL', H. P.: Pro dynamičnu synchroniju pryjmennykovych slovospolučen'. — *InFil* 37, 1975, 3-9 | On dynamic synchrony of prepositional word-combinations in E. (Ru. & E. summ.).
8215 JEMEL'JANOVA, R. I., & KORSAKOV, A. K.: Značennja artyklja i joho vžyvannja z imennykamy, ščo vkazujut' na zanjattja i stan v sučasnij anhlijs'kij movi. — *InFil*

35, 1974, 25-32 | The meaning of the art. and its use with nouns denoting occupation in Mod. E. (Ru. & E. summ.).

8216 JOHANNESSON, Nils Lennart: *The English modal auxiliaries: a stratificational account.* — Stockholm Studies in E. 36 (Diss. Stockholm); Stockholm: Almqvist & Wiksell, 1976, 165 p.

8217 JØRGENSEN, Erik: *Also* and *too* combined with a negative. — *ES* 57, 1976, 143-154, tab.

8218 KAC, Michael B.: On composite predication in English. — *SynS* 6, 1976, 229-258.

8219 KAKIETEK, Piotr: The perfect auxiliaries in the language of Shakespeare. — *SAP* 8, 1976, 45-53.

8220 — Formal characteristics of the modal auxiliaries in English and Polish. — *PSCL* 4, 1976, 205-216.

8221 KÄLLGREN, Gunnel: On negation – a possible analysis. — *SL* 30, 1976, 95-138.

8222 KALOGJERA, Damir: "Practical statements" on the English modals and current research. — *SRAZ* 39, 1975, 215-226.

8223 KAŁUŻA, Henryk: The English present perfect and the past simple. — *KNf* 23, 1976, 315-322.

8224 KASTOVSKY, Dieter: Intensification and semantic analysis. Some notes on Bolinger's 'Degree Words'. — *FL* 14, 1976, 377-398 | Cf. BL 1972, 7306.

8225 KEYSER, Samuel Jay, & POSTAL, Paul M.: *Beginning English grammar.* — New York: Harper & Row, 1976, xi, 436 p.

8226 KITAGAWA, Chisato: Purpose expressions and characterization of volitive NPs. — *Linguistics* 182, 1976, 53-65.

KLEIN, F.: "Same vs. different" crosslinguistically: the "articles" in E. and in Sp. — 5484.

8227 KOHONEN, Viljo: A note on factors affecting the position of accusative objects and complements in Aelfric's *Catholic Homilies.* — [368], 175-196.

8228 KOLÁŘ, Štěpán: A note on subject adjuncts. — *PhP* 19, 1976, 182-188.

8229 KÖNIG, Ekkehard: *Adjectival constructions in English and German* . . . — Heidelberg: 1971 | BL 1971, 7023. | *ZAA* 24, 1976, 188-189 U. Carls.

8230 KULYKOVS'KA, T. V.: Frazove dijeslovo pasyvnoho značennja u sučasnij anhlijs'kij movi. — *InFil* 39, 1975, 90-95 | Phrasal verbs of passive meaning in Mod. E. (Ru. & E. summ.).

8231 LARKIN, Don: Some notes on English modals. — *SynS* 7, 1976, 387-398 | Dates from 1969.

8232 LEECH, Geoffrey N.: *Meaning and the English verb.* — Harlow: 1971 | BL 1971, 7031. | *SAP* 7, 1975 (1976), 168-171 Piotr Kakietek.

8233 LESCHHORN, Maria-Lisa: *Die syntaktische Darstellung von Körperteilen im Englischen. Studien zu einem Grenzgebiet von Syntax und Semantik.* — Europäische Hochschulschriften XIV, 12 (Diss. Zürich); Bern: H. Lang / Frankfurt a.M.: P. Lang, 1973, 160 p.

8234 LESTER, Mark: *Introductional transformational grammar of English.* 2nd ed. — New York: Holt, Rinehart & Winston, 1976, vi, 353 p., ill., facsim. | First ed. 1971 (BL 1971, 7034).

8235 LEWANDOWSKA, Barbara: Types of verb complementation in English and their equivalents in Polish. — *PSCL* 4, 1976, 217-230.

8236 — Derivation of infinitives in English and Polish. — *PSCL* 4, 1976, 303-317.

LIGHTFOOT, D.: Diachronic syntax: extraposition and deep structure re-analyses. — 2548.

— The base component as a locus of syntactic change. — 2734 | The "complementiser" *for*, 22-28.
8237 LINDE, Charlotte: Constraints on the ordering of *if*-clauses. — *PBLS* II, 280-285.
8238 LINDKVIST, Karl Gunnar: *A comprehensive study of conceptions of locality in which English prepositions occur.* — Stockholm Studies in E. 35; Stockholm: Almqvist & Wiksell, 1976, 363 p.
8239 — *The local sense of the prepositions* over, above, *and* across ... — Stockholm: 1972 | BL 1972, 7394. | *PhP* 19, 1976, 218-220 Z. Strnadová.
8240 LIPKA, Leonhard: Topicalization, case grammar, and lexical decomposition in English. — *ArchL* 7, 1976, 118-141.
8241 — Funktionale Satzperspektive und kommunikative Gliederung im Englischen. — *LD* 7, 1976, 273-281.
8242 LITVAK, S. Ja.: Zavisimost' mery množestvennosti suščestvitel'nych ot osobennostej semantiki otdel'nogo slova (na materiale anglijskogo jazyka). — [347], 124-132.
8243 LYTLE, Eldon G.: *A grammar of subordinate structures in English.* — The Hague: 1974 | BL 1974, 7384. | *SAP* 8, 1976, 214-215 Anna Malerowicz.
8244 MALSCH, Derry L.: Clauses and quasi-clauses: VO order in Old English. — *Glossa* 10, 1976, 28-43.
8245 MARCHAND, Hans: Postpositional verbs in English. — [233], 413-424.
8246 MCCAWLEY, Noriko A.: From OE/ME "impersonal" to "personal" constructions: what is a "subject-less" S? — [114], 192-204.
8247 MICHIELS, A.: Predication substitute *so* and verb phrase structure. — *RLaV* 42, 1976, 183-191.
8248 MILEŠIN, Ju. N.: Instrumental'nye sintaksemy v strukture anglijskich predloženij. — [345], 87-95.
8249 MIŠESKA-TOMIĆ, Olga: On the syntactic categories in English and Macedonian. — *GZb* 1, 1975, 73-94 | Maced. summ.
8250 MITCHELL, Bruce: No "house is building" in Old English. — *ES* 57, 1976, 385-389.
8251 — The expression of extent and degree in Old English. — *NphM* 77, 1976, 25-31.
8252 — Some problems involving Old English periphrases with *beon/wesan* and the present participle. — *NphM* 77, 1976, 478-491.
8253 MONKIEWICZ, Anna: Przyimki w języku angielskim i polskim (na przykładzie angielskich przyimków *in* i *of* oraz ich polskich odpowiedników). — *ZNOp, Dydaktyka* 8, 1976, 7-19 | Prepositions in E. and Pol. (exemplified by the E. prepositions *in* and *of* and their Pol. equivalents).
8254 MUTT, Oleg: Some notes on the predicative use of nouns in English. — *ZAA* 24, 1976, 101-109.
8255 — Attributive noun-collocations in English and French. — [272], 171-178.
8256 [MXIT'ARYAN, E.] MCHITARJAN, E. S.: O sinonimičeskich svjazjach predlogov, vyražajoščich prostranstvennye otnošenija (na materiale anglijskich predlogov *in, at, on*). — *BEH* 1976/1, 265-270 | Arm. summ.
8257 NEHLS, Dietrich: *Synchron-diachrone Untersuchungen zur Expanded Form im Englischen* ... — München: 1974 | BL 1974, 7394. | *ASNS* 213, 1976, 383-385 M. Görlach.
8258 NEY, James W.: The modals in English: a floating semantic feature analysis. — *JEL* 10, 1976, 8-20, tab.
8259 NIEDZIELSKI, Henry: Polish and English pseudo-reflexives. — *PSCL* 4, 1976, 167-198.

8260 NILSEN, Don L. F.: *English adverbials.* — The Hague: 1972 | BL 1972, 7406. | *RBPh* 54, 1976, 202-204 E. Buyssens.
8261 — *The instrumental case in English* ... — The Hague: 1973 | BL 1973, 8574. | *Linguistics* 167, 1976, 89-103 L. D. Rushbrook | *KLit* 5, 1976, 69-70 D. A. Kilby.
8262 OHONOVS'KA, O. V.: Funkcional'nist' anhlijs'kych dijesliv šyrokoji semantyky. — *InFil* 34, 1974, 42-46 | On verb operators and their functioning in E. (Ru. & E. summ.).
8263 — Nejtralizacija opozyciji proces : : kvalifikacija na syntaksyčnomu rivni. — *InFil* 39, 1975, 34-41 | Neutralization of the opposition process : : qualification on syntactic level (Ru. & E. summ.).
8264 — Vyražennja hramatyčnoho naprjamu diji u modeli "funkcional'ne dijeslovo + viddijeslivnyj imennyk". — *InFil* 42, 1976, 11-18 | Grammatic direction of activity in V + vN (take a look) model (Ru. & E. summ.).
8265 OLEKSY, Wiesław: The semantics of *how* and *why* questions in English and Polish. — *PSCL* 5, 1976, 239-245.
8266 OSSELTON, N. E.: "He hinted, if did not say": on deletion in concessive *if not* clauses. — *ES* 57, 1976, 60-61.
8267 — Points of Modern English syntax. LVIII; LIX. — *ES* 57, 1976, 62-69 | Cf. BL 1975, 8062.
8268 OZIER, Linda Maloy: Semantactic change in an interpretive framework. — [114], 241-247 | The hist. development of the verb *get*.
8269 PELLI, Mario G.: *Verb-particle constructions in American English. A study based on American plays from the end of the 18th century to the present.* — Schweizer anglistische Arbeiten 89; Bern: Francke, 1976, iv, 161 p.
8270 PEREVERZJEVA, Ž. H.: Deskryptyvnyj analiz dijeslivno-imennych predykatyvnych modelej sučasnoji anhlijs'koji movy. — *InFil* 39, 1975, 62-69 | Descriptive analysis of verbo-nominal predicative patterns in Mod. E. (Ru. & E. summ.).
8271 PETROVA, G. S.: O nekotorych leksiko-semantičeskich gruppach dvuperechodnych glagolov s predlogom *from* v sovremennom anglijskom jazyke. — [347], 186-199.
8272 POPE, Emily Norwood: *Questions and answers in English.* — JanL, Series practica 226; The Hague: Mouton, 1976, 138 p.
8273 PUTSEYS, Y.: Constraints on nouns in *during*-adverbials. — *LB* 65, 1976, 1-14.
8274 QUIRK, Randolph, GREENBAUM, Sidney, LEECH, Geoffrey, & SVARTVIK, Jan: *A grammar of contemporary English.* — Harlow: 1972 | BL 1972, 7417. | *Anglia* 94, 1976, 170-186 A. Schopf.
8275 RADDEN, Günter: Transitive nominalizations. — *LB* 65, 1976, 15-32.
8276 RANKOVA, Marija: Vărchu slovoreda na văprositelnoto izrečenie v anglijski i bălgarski ezik. — *GSU-ZF* 69, 1974/1 (1976), 99-136 | On word-order in interrogative sentences in E. and Bulg. (E. summ.).
RIDJANOVIĆ, M.: *A synchronic study of verbal aspect in E. and SCr.* — 9676.
8277 RODIONOVA, A. A.: Podklassy glagolov napravlennogo dejstvija. — [345], 132-146 | E. materials.
8278 RUSSOM, Geoffrey R.: A syntactic key to a number of 'Pearl'- group cruxes. — *JEL* 10, 1976, 21-29 | Relative clauses in which certain constituents of the clause appear immediately to the left of the relative pronoun.
8279 ŠACHRAJ, O. B.: Do pytannja pro vyražennja časovoho spivvidnošennja dij u sučasnij anhlijs'kij movi. — *InFil* 34, 1974, 15-20 | On ways of conveying information on temporal relationships between actions in present-day E. (Ru. & E. summ.).

8280 SAFAROV, Š.: Ob opredelenii motivirujuščich baz drevneanglijskich pristavočnych glagolov. — [346], 186-196.
8281 SCHACHTER, Paul: A nontransformational account of gerundive nominals in English. — *LIn* 7, 1976, 205-241.
8282 SCHMOLE, Joachim P.: *Die Expanded Form im Present Perfekt. Eine Studie zum Verbalaspekt des Neuenglischen.* — Diss. Freiburg 1975, vi, 344 p.
8283 SCHOPF, Alfred: Lexikalische Klassen als Grundlage für die Beschreibung des englischen Verbalsystems. — *Anglia* 94, 1976, 1-43, fig.
8284 SCHWARTZ-NORMAN, Linda: The grammar of "content" and "container". — *JL* 12, 1976, 279-287.
8285 SCOTT, Robert Ian: A Markov field grammar for English. — *Linguistics* 176, 1976, 45-71.
8286 SEPPÄNEN, Aimo: Language and categories: a note on English *you*. — *NphM* 77, 1976, 108-116.
8287 SEVER'JANOVA, V. A.: O priloženii v sovremennom anglijskom jazyke. — [345], 147-154.
8288 SHOPEN, Tim, & ŚWIECZKOWSKI, Walerian: Some remarks on ellipsis in Polish and English. — *PSCL* 4, 1976, 111-126.
8289 SILINA, Ė. V.: Tipy sintaksičeskich struktur, obrazuemych glagolov *get* – svjazkoj sostavnogo imennogo skazuemogo. — [345], 155-169.
8290 SMITH, Carlota S.: Present curiosities. — *PCLS* XII, 568-581.
8291 SOPHER, H.: Positional features of *too*. — *Linguistics* 179, 1976, 55-79, 3 tab. STAHLKE, H. F. W.: Which that. — 2618.
8292 STARYKOVA, O. M.: Implicytnist' u syntaksyčnij pobudovi vvedennja prjamoji movy. — *InFil* 41, 1976, 9-15 | Implicitness in syntactic structures introducing direct speech (Ru. & E. summ.).
8293 STASZEWSKI, Jerzy: Clauses of purpose versus prepositional phrases of purpose in English and Polish. — *PSCL* 5, 1976, 185-200.
8294 STEWART, Ann Harleman: The development of the verb-phrase complement with verbs of physical perception in English: historical linguistics as a source of deep structures. — *JEL* 10, 1976, 34-53.
8295 STOCKWELL, Robert P., SCHACHTER, Paul, & PARTEE, Barbara H.: *The major syntactic structure of English.* — New York: 1973 | BL 1973, 8613. | *Anglia* 94, 1976, 186-192 Ekkehard König.
8296 SULLIVAN, William J.: Active and passive sentences in English and Polish. — *PSCL* 5, 1976, 117-152.
8297 SUNDBY, Bertil: The *-ing* form revisited. — *Lingua* 40, 1976, 321-330.
8298 SWINBURN, Clay: A proposal for treating comparatives in Montague Grammar. — *PBLS* II, 339-349.
8299 SYVOLAPOVA, V. I.: Do problemy sposobu v sučasnij anhlijs'kij movi. — *InFil* 34, 1974, 52-57 | On the mood in Mod. E. (Ru. & E. summ.).
8300 SZWEDEK, Aleksander: The role of sentence stress in the interpretation of coreferentiality in English and Polish. — *PSCL* 4, 1976, 13-23.
8301 — Negation and coreference in English and Polish. — *PSCL* 5, 1976, 111-116.
8302 — Pronouns as articles. — *PSCL* 4, 1976, 265-271.
8303 TAYLOR, Alan: "Ergative-based" or "transitive-based"? — *FL* 14, 1976, 1-17, 2 fig. | Ergative and transitive verbal constructions in E. & Fr.
8304 TERENT'JEV, P. V.: Do klasyfikaciji pidrjadnych označal'nych rečen' u sučasnij anhlijs'kij movi. — *InFil* 42, 1976, 24-31 | About the classification of attributive clauses in Mod. E. (Ru. & E. summ.).

8305 TREPIŃSKA, Ewa: Tag questions in English and their equivalents in Polish. — *Polonica* 2, 1976, 159-167 | Pol. summ.
8306 UEDA, Akiko: Embedding and ambiguity. — [255], 305-314, 5 fig. | Comparison between E. and Jap.
8307 UŠAKOVA, V. T.: Varianty imperatyva v anhlijs'kij movi. — *InFil* 37, 1975, 29-32 | Variants of the imperative in E. (Ru. & E. summ.).
8308 *Verbal collocations in Modern English.* [Avt.:] R. GINZBURG, S. CHIDEKEL', et al. — Moskva: Prosveščenie, 1975 | *CJŠ* 19, 1975-76, 466-468 Z. Strnadová.
8309 WALTON, Douglas: Some considerations on the "nihil obstat" analysis of the modal auxiliary verb *can*. — *SAP* 8, 1976, 55-63.
WATTS, R. J.: *Lokative Präpositionen im Dt., Engl.*... — 7363.
8310 WEIDA, Gudrun: *Der Gebrauch von* shall/should *und* will/would *in englischer Prosa am Ende des 16. Jahrhunderts.* — Diss. München 1975, xi, 537 p. (2 vol.).
8311 WEKKER, H. Chr.: *The expression of future time in contemporary British English. An investigation into the syntax and semantics of five verbal constructions expressing futurity.* — North-Holland Linguistic Series 28 (Diss. Nijmegen); Amsterdam: North-Holland Publ. Co., 1976, xii, 173 p.
8312 WERLICH, Egon: *A text grammar of English.* — Uni-Taschenbücher 597; Heidelberg: Quelle & Meyer, 1976, 315 p.
8313 WILKINSON, Robert W.: Modes of predication and implied adverbial complements. — *FL* 14, 1976, 153-194, 6 fig.
8314 WINDROSS, Michael: Some preliminary remarks on the use of *quite*. — *LAnt* 8, 1974 (1975), 61-69.
8315 WOŁCZYŃSKA-SUDÓŁ, Anna: Notional passive in English and in Polish. — *PSCL* 5, 1976, 153-164.
8316 WOŁOSZYK-PISARSKA, Alicja: Basic characteristics of comparative constructions in English and Polish. — *PSCL* 4, 1976, 153-165.
8317 YOTSUKURA, Sayo: *The articles in English*... — The Hague: 1970 | BL 1970, 7475. | *IJAL* 42, 1976, 82-84 Y. Tagashira.
8318 ZIEGESAR, Detlef VON: Pragma- und textlinguistische Untersuchungsmethoden zur indirekten Rede im Englischen. (Dargestellt am Referenzmittel *this*.) — *LD* 7, 1976, 122-129.

3. HISTOIRE — HISTORY

8319 AMATI, Antonietta: Analisi contrastiva delle congiunzioni anglosassoni e latine nella versione dei Vangeli. — *Annali della Fac. di Lingue e Letterature Straniere, Univ. di Bari*, 6, 1975 (1976), 141-203.
8320 D'ARONCO, M. A.: *Il 'Luue ron' di Thomas de Hales.* — Udine: Fac. di Lingue e Letterature straniere della Univ. di Trieste, Sede di Udine, Istituto di filologia germ., 1975, 106 p. | Ed. with transl., study of the language, and complete glossary. | *Paideia* 31, 1976, 87-89 Vittore Pisani.
8321 BAMMESBERGER, Alfred: Zum Ansatz von altenglisch *bedæcc(e)an*. — *MSS* 35, 1976, 5-6.
8322 BARBER, Charles: *Early Modern English.* — London: Deutsch, 1976, 360 p.
8323 BERNDT, Rolf: French and English in thirteenth-century England. An investigation into the linguistic situation after the loss of the Duchy of Normandy and other continental dominions. — [272], 129-150.
8324 [Biblia]. *The earlier version of the Wycliffite Bible.* Vol. 6. Ed. by Conrad

LINDBERG. — Stockholm: 1973 | BL 1973, 8642. | *LB* 65, 1976, 264-266 J. Söderlind.

8325 BIDDLE, Martin, BROWN, Alan, et al.: Bibliography [of Anglo-Saxon studies] for 1975. — *ASE* 5, 1976, 245-280 | 'Old English language', 248-250; 'Reviews', 272-280.

8326 BLAKE, N. F.: The English language in medieval literature. — *SNPh* 48, 1976, 59-75.

8327 BROWN, Alan K.: Old English research in progress, 1975-1976. — *NphM* 77, 1976, 411-414.

8328 CECIONI, Cesare G.: *Grammatica del medio-inglese*. — Milano: 1974 | BL 1974, 7456. | *SGerm* 12, 1974, 445-449 Gabriella Del Lungo Camiciotti.

8329 COVELLA, Francis D.: Grammatical evidence of multiple authorship in 'Piers Plowman'. — *LaS* 9, 1976, 3-16, 6 tab.

8330 CRUZ, Juan M. DE LA: Context-sensitivity in Old and Middle English. — *SAP* 8, 1976, 3-43.

8331 D'JAKOVA, N. A.: Ob odnom tipe ustojčivych slovosočetanij v "Anglo-saksonskoj chronike". — [346], 30-42.

8332 DÜRMÜLLER, Urs, & UTZ, Hans: *Mittelenglisch*... — Tübingen: 1974 | BL 1974, 7461. | *Anglia* 94, 1976, 459-462 M. Görlach | *LB* 65, 1976, 108-109 X. Dekeyser.

8333 GEIPEL, John: *The Viking legacy*... — Newton Abbot: 1971 | BL 1971, 5821. | *Saga-Book* 18/4, 1973, 381-383 M. Barnes.

8334 GOOSSENS, Louis: *The Old English glosses of MS. Brussels*... — Brussel: 1974 | BL 1974, 7466. | *RES* 27, 1976, 452-453 Angus Cameron | *SMe* 16, 1975, 459-460 D. Pezzini.

8335 HAMP, Eric P.: On the importance of *os* in the structure of the 'Runic poem'. — *SGGand* 17, 1976, 143-151.

8336 HOLOKA, James P.: The oral formula and Anglo-Saxon elegy: some misgivings. — *Nph* 60, 1976, 570-576.

HOPKES, S. G.: *Friesland, England*... — 7996.

8337 JACK, G. B.: *Oþer* in the "AB language". — *Anglia* 94, 1976, 431-435, 4 tab.

8338 KJELLMER, Göran: *Did the "Pearl poet" write "Pearl"?* — Gothenburg Studies in E. 30; Göteborg (distr.: Almqvist & Wiksell, Stockholm): 1975, 105 p. | *MSpråk* 70, 1976, 63-64 Jan Svartvik.

8339 KRISTENSSON, Gillis: *A survey of Middle English dialects*... — Lund: 1967 | BL 1967, 6419. | *Anglia* 94, 1976, 463-469 K. Dietz.

8340 — Lay subsidy rolls and dialect geography. — *ES* 57, 1976, 51-59.

8341 MARCKWARDT, Albert H., & ROSIER, James L.: *Old English: Language and literature*. — New York: 1972 | BL 1972, 7516. | *Anglia* 94, 1976, 492-496 M. Gretsch.

8342 MELING, Kjell: A proposed reconstruction of runic line 108a of 'Solomon and Saturn'. — *NphM* 77, 1976, 358-359.

8343 MILANI, Celestina: Riflessi dell'alternanza *a/o* dell'anglosassone nell'interpretazione di testi latini. — *RIL* 110, 1976, 59-66.

8344 MILLS, Carl R.: Stylistic applications of ethnosemantics: basic colour terms in 'Brunanburh' and 'Maldon'. — *LaS* 9, 1976, 164-170.

8345 MOESSNER, Lilo, & SCHAEFER, Ursula: *Proseminar Mittelenglisch. Lehrbuch mit Texten, Grammatik und Übungen*. — Darmstadt: Thesen-Verlag, 1974, 147 p. | *Anglia* 94, 1976, 456-459 M. Görlach.

8346 NEGRO, Pier Giorgio: Note di linguistica anglosassone: kentico $\breve{e}$ e sassone occidentale $\breve{y}$. — *RIL* 110, 1976, 41-52.

8347 PAGE, R. I.: *An introduction to English runes.* — London: 1973 | BL 1973, 8679. | *Anglia* 94, 1976, 217-224 Karl Schneider | *MScand* 9, 1976, 246-254 M. Barnes.
8348 PHEIFER, J. D.: *Old English glosses in the Épinal-Erfurt glossary.* Ed. — Oxford: 1974 | BL 1974, 7487. | *PBB (T)* 98, 1976, 306-312 G. Kotzor.
8349 PICKFORD, T. E.: Holmwudu in 'The dream of the rood'. — *NphM* 77, 1976, 561-564.
8350 REINHARD, Mariann: *On the semantic relevance of the alliterative collocations in 'Beoueulf'.* — Schweizer anglistische Arbeiten 92; Bern: Francke, 1976, 277 p.
8351 RENOIR, Alain: Oral theme and written texts. — *NphM* 77, 1976, 337-346.
8352 — Crist Ihesu's beasts of battle: a note on oral-formulaic theme survival. — *Nph* 60, 1976, 455-459.
8353 ROBBINS, Rossell Hope: Middle English research in progress, 1975-1976. — *NphM* 77, 1976, 415-417.
8354 ROBINSON, Fred C. (ed.): *Word-indices to Old English non-poetic texts.* — Hamden: Archon Books, 1974, 458 p. | Repr. of: Mattie Anstice HARRIS, *A glossary of the West Saxon gospels, Latin-West Saxon and West Saxon-Latin* (1899); Harvey W. CHAPMAN, *An index to the Old English glosses of the Durham Hymnarium* (1905); Loring H. DODD, *A glossary of Wulfstan's Homilies* (1908).
8355 Ross, Alan S. C.: Notes on the accidence of Rushworth[1]. — *NphM* 77, 1976, 492-509.
8356 — Mrs. Henry Wood's *Johnny Ludlow*: an essay in historical microlinguistics. Part 2. — *MSpråk* 70, 1976, 97-113 | Cf. BL 1975, 8142.
8357 SCHIBANOFF, Susan: Argus and Argyve: etymology and characterization in Chaucer's *Troilus.* — *Speculum* 51, 1976, 647-658.
8358 STRACKE, J. Richard: *Eþelboda*: 'Guthlac B', 1003. — *MPh* 74, 1976-77, 194-195.
8359 STRANG, Barbara M. H.: *A history of English.* — London: 1970 | BL 1970, 7557. | *Linguistics* 176, 1976, 89-93 L. Moesner.
8360 SWANTON, M. J.: Eine wenig bekannte Fassung von Aelfrics Glossar. — *ASNS* 213, 1976, 104-107.
8361 TROIKE, Rudolph C.: Lest the wheel be too oft re-invented: towards a reassessment of the intellectual history of linguistics. — [255], 297-303.
8362 VERDONCK, J.: Notes on some problematic glosses in the 'Liber scintillarum' interlineation (MS. London, BM Royal 7 C. IV). — *ES* 57, 1976, 97-102.

4. DIALECTOLOGIE — DIALECTOLOGY

8363 ALLEN, Harold B.: *The linguistic atlas of the Upper Midwest.* Vol. III. — Minneapolis: Univ. of Minnesota Press, 1976, xii, 362 p., 107 maps | *Linguistics* 181, 1976, 80-86 S. Whitley (Vol. I) | *JEL* 10, 1976, 64-66 D. R. Carlson (I & II) | *GL* 16, 1976, 28-34 A. Duckert (Vol. I).
8364 BÄHR, Dieter: *Standard English und seine geographischen Varianten.* — München: 1974 | BL 1974, 7501. | *LeSt* 11, 1976, 673-677 F. Cercignani | *LB* 65, 1976, 402 Emma Vorlat.
8365 — Vorläufige Analyse des 'Survey of Canadian English'. — *ZDL* 43, 1976, 305-317, tab. | E. summ.
8366 *Black English: a seminar.* Ed. by Deborah Sears HARRISON, Tom TRABASSO. — Hillsdale: Erlbaum (distr. by Wiley, New York), 1976, xiii, 301 p., fig., map.
8367 CAMPION, G. Edward: *Lincolnshire dialects.* With a foreword by J. D. A. WIDDOWSON. — Boston: Richard Kay, 1976, 61 p.

8368 CARROLL, John B.: Linguistic relativity: any relevance to Black English? — [8366], 229-239.
8369 CRYSTAL, Daisy: Dialect mixture and sorting out the concept of Freshman English remediation. — [8382], 133-144, 2 tab.
8370 DILLARD, J. L.: On the beginnings of Black English in the New World. — [8382], 29-43.
8371 EUNSON, Jerry: *Words, phrases and recollections from Fair Isle.* — Lerwick: Shetland Times, 1976, x, 59 p.
8372 FASOLD, Ralph: One hundred years from syntax to phonology. — [114], 79-87, 6 tab. | On *be* deletion in Black E.
8373 FISCHER, Andreas: *Dialects in the South-West of England. A lexical investigation.* — The Cooper Monographs on E. and Am. Language and Lit., E. Dialect Series 25 (Diss. Basel); Bern: Francke, 1976, xxviii, 376 p., maps.
8374 GLAUSER, Beat: *The Scottish-English linguistic border ...* — Bern: 1974 | BL 1974, 7515. | *ZPhon* 29, 1976, 206-207 J. Vachek.
GLISSMEYER, G.: *A tagmemic analysis of Hawaii E. clauses.* — 13935.
8375 HARRISON, Deborah Sears: Techniques for eliciting casual speech samples for the study of the Black English vernacular. — [8366], 191-199.
8376 IHALAINEN, Ossi: Periphrastic *do* in affirmative sentences in the dialect of East Somerset. — *NphM* 77, 1976, 608-622.
8377 JAFFE, Hilda: *The speech of the central coast of North Carolina. The Carteret County version of the Banks "brogue".* — *PADS* 60; University, Al.: Univ. of Alabama Press, 1973 (1976), 83 p., 2 maps.
8378 JAMES, Linda B.: Black children's perceptions of Black English. — *JPsyR* 5, 1976, 377-387, tab.
8379 JOHNSON, Edith Trager: Black-on-Black: an interview analyzed. — [110], 271-289.
8380 KURATH, Hans: *Handbook of the linguistic geography of New England.* With the collaboration of Marcus L. HANSEN, Bernard BLOCH, and Julia BLOCH. 2nd ed. with a new introd., word-index and inventory of LANE maps and commentary by Audrey R. DUCKERT, and a reverse index of LANE maps to worksheets by Raven I. MCDAVID, Jr. — New York: AMS Press (Am. Council of Societies), 1973, xiv, 527 p. | First ed. 1939. | *JEL* 10, 1976, 67-69 A. L. Davis.
8381 *Linguistic Atlas of the North-Central States. Basic materials* (*Unaltered field records*). Ed. by Raven I. MCDAVID, Jr., & Richard C. PAYNE, with the assistance of Duane TAYLOR & Evan THOMAS. — Chicago: Univ. of Chicago, [1976?] | Availabe on microfilm or on Xerox prints + tape copies of interviews. Cf. Raven I. McDavid, Jr., *Orbis* 25, 1976, 20-21.
8382 *Linguistic perspectives on Black English.* Ed. by Philip A. LUELSDORFF. — Sprache und Lit. 9; Regensburg: Carl, 1975, 219 p. | Proceedings of the First Wisconsin Symposium on Linguistic Perspectives on Black English, Univ. of Wisconsin, May 1-2, 1970. Appendix B: Philip LUELSDORFF, Standard English for Urban Blacks: pronunciation, 169-175; Appendix C: Mary-Louise KEAN: An annotated bibliography of works on and in Afro-American English. With an appendix on the history of Afro-American English in literature and linguistics, 177-219.
8383 LOFLIN, Marvin D.: Black English deep structure. — [106], 249-273.
8384 — Black American English: independent motivation for the Auxiliary Hypothesis. — [8382], 45-62.

LOFLIN, M. D., & GUYETTE, T.: The impact of education on dialect change. — 3810.
8385 LUELSDORFF, Philip A.: Some principal rules of Black English phonology. — [8382], 63-82.
8386 MOULTON, William G.: The sounds of Black English. — [8366], 149-170.
8387 O'NEAL, Verley, & TRABASSO, Tom: Is there a correspondence between sound and spelling? Some implications for Black English speakers. — [8366], 171-190, 6 tab., 3 fig.
8388 ORTON, Harold, & WRIGHT, Nathalia: *A word geography of England.* — London: 1974 | BL 1974, 7524. | *RES* 27, 1976, 322-323 Henry Hargreaves | *JEL* 10, 1976, 60-63 D. R. Carlson | *MLR* 71, 1976, 867-869 C. Jones.
8389 PERLMAN, Alan M.: Neuter pronoun variation in Hawaiian English. — *PCLS* XII, 516-522, 3 tab.
8390 PFAFF, Carol W.: Hypercorrection and grammar change. — *LiS* 5, 1976, 105-107, 2 tab. | Examples from Black E.
8391 PHILLIPPS, K. C.: *Westcountry words & ways.* — Newton Abbot: David & Charles, 1976, 144 p.
8392 SERTIMA, Ivan Van: My Gullah brother and I: exploration into a community's language and myth through its oral tradition. — [8366], 123-146.
8393 SPEITEL, Hans: *Caller ou!* An Edinburgh fishwives' cry and an old Scottish sound change. — *ScoS* 19, 1975, 69-73.
8394 SPRAUVE, Gilbert A.: Toward the parameters of Black English. — [8366], 45-54.
8395 TAYLOR, Danille: Black English in Black folklore. — [8366], 209-225.
8396 TRAUGOTT, Elizabeth Closs: Pidgins, creoles, and the origins of vernacular Black English. — [8366], 57-93.
8397 TYSON, Adele: Pleonastic pronouns in Black English. — *JEL* 10, 1976, 54-59.
8398 VIERECK, Wolfgang: *Lexikalische und grammatische Ergebnisse des Lowman-Survey von Mittel- und Südengland.* I; II. — München: 1975 | BL 1975, 8185. | *JEL* 10, 1976, 70-72 A. R. Duckert | *ZAA* 24, 1976, 86-87 A. Neubert.
8399 WILLIAMS, Ronald: The anguish of definition: toward a new concept of Blackness. — [8366], 9-24.
8400 WRIGHT, Peter: *Lancashire dialect.* — Clapham, N. Yorkshire: Dalesman, 1976, 80 p., ill., 2 maps.

5. VOCABULAIRE — VOCABULARY

8401 *Acronyms, initialisms, and abbreviations dictionary. A guide to alphabetic designations, contractions, acronyms, initialisms, abbreviations, and similar condensed appellations* ... Ed. by Ellen T. CROWLEY. Ass. eds.: Christopher CROCKER & Donna WOOD. Contributing eds.: Harry SCHEETER & Miriam M. STEINERT. 5th ed. Vol. I. — Detroit, Mich.: Gale Research Co., 1976, xiii, 757 p. | 4th ed. 1973 (BL 1974, 7558). | *Names* 24, 1976, 313 K. B. Harder.
8402 BACQUET, Paul: *L'étymologie anglaise.* — Que sais-je? 1652; Paris: P.U.F., 1976, 128 p.
8403 BAMMESBERGER, Alfred: Altenglisch *gamban* "Tribut". — *Sprache* 22, 1976, 53-54 | Etym.
8404 BERNSTEIN, Theodore M.: *Bernstein's reverse dictionary.* With the collaboration of Jane WAGNER. — New York: Quandrangle/New York Times Book Co., 1975 (& London: Routledge & Kegan Paul, 1976), x, 276 p.

ANGLAIS

8405 BICKERTON, Anthea: *Australian-English, English-Australian*. Compiled. — Bristol: Abson Books, 1976, 37 p.
8406 BIERBAUMER, Peter: *Der botanische Wortschatz des Altenglischen*. II. Teil. '*Lācnunga*', '*Herbarium Apuleii*', '*Peri didaxeon*'. — Grazer Beiträge zur Englischen Phil. 2; Bern: H. Lang / Frankfurt: P. Lang, 1976, xvii, 169 p. | Cf. BL 1975, 8200.
8407 BOLINGER, Dwight: The in-group: *one* and its compounds. — *LACUS* II, 229-237 | *Someone, somebody*, etc.
8408 BOLTJANS'KA, R. I.: Rozriznennja omonimiv formal'no-semantyčnymy metodamy dystrybutyvnoho i semnoho analiziv. — *InFil* 41, 1976, 39-43 | Discriminating homonyms by formal and semantic methods of distributive and semic analyses (Ru. & E. summ.).
8409 BORTNYK, Je. P.: Slovnyk Šekspira v sučasnij anhlijs'kij movi. — *InFil* 35, 1974, 19-24 | Shakespearian phrases and locutions in colloquial E. (Ru. & E. summ.).
8410 BROWN, Cecil H.: An examination of the ordinary use of American English kin terms and kin term bound forms: "semantics" as necessary meaning. — *AnL* 18, 1976, 129-156.
8411 BRYSKIN, R. U.: Pro katehoriju zčysljuvanosti imennykiv u sučasnij anhlijs'kij movi. — *InFil* 35, 1974, 48-53 | The category of countability of nouns in Mod. E. (Ru. & E. summ.).
8412 BUYSSENS, Eric: "Pidgin English". — *ES* 57, 1976, 480 | "Pekin English".
8413 BYSTROVA, L. V.: Prykmetnyky zi značennjam "sil'nyj" i "slabkyj" u sučasnij anhlijs'kij movi. — *InFil* 37, 1975, 33-38 | Adjectives with the meaning "strong" and "weak" in Mod. E. (Ru. & E. summ.).
8414 ČERNEC'KA, H. V., & KERNER, A. A.: Imennyk *pluralia tantum* v anhlijs'kij i ukrajins'kij movach. — *InFil* 41, 1976, 15-21 | On *pluralia tantum* nouns in Mod. E. and Ukr. (Russ. & E. summ.).
8415 *The concise Oxford dictionary of current English*. Based on the Oxford English dictionary and its supplements. First ed. by H. W. FOWLER & F. G. FOWLER. 6th ed. Ed. by J. B. SYKES. — Oxford: Clarendon Press, 1976, xxiii, 1368 p. | 5th ed. 1964 (BL 1964, 5738).
8416 CONRAD, James R., & MORE, William W.: Lexical codes and sub-cultures: some questions. — *AnL* 18, 1976, 22-26 | In connection with Ronald A. FARRELL's art., *AnL* 14, 97-109 (BL 1972, 7604).
8417 CRUSE, D. A.: Three classes of antonyms in English. — *Lingua* 38, 1976, 281-292.
8418 DILLARD, J. L.: *American talk. Where our words came from*. — New York: Random House, 1976, xxi, 187 p.
8419 DOHAN, Mary Helen: *Our own words*. — New York: 1974 | BL 1974, 7560. | *IJAL* 42, 1976, 171 F. G. Cassidy.
8420 DÖLLEIN, Jürgen J.: "Have some more fun." — *PIL* 9, 1976/1-2, 173-175 | Apropos of: Kim DAMMERS, "Have some fun," *PIL* 7, 1974/1-2, 251.
8421 *The Doubleday dictionary for home, school and office*. Sidney I. LANDAU, ed. in chief. Ronald J. BOGUS, managing ed. — Garden City, N. Y.: Doubleday & Co., 1975, 906 p., ill.
8422 DOW, Francis D. M.: *Partially naturalised French words in Modern English: comprising a dictionary of partially naturalised French words*. — Edinburgh: The Author (Top Floor, 40 West Preston St.), 1976, 65 p.
8423 FAISS, Klaus: "*Gnade*" *bei Cynewulf und seiner Schule* . . . — Tübingen: 1967 | BL 1967, 6515. | *IF* 80, 1975 (1976), 290-295 H. Schabram.
8424 FEDOROWICZ-BACZ, Barbara: Semantic problems with "left" and "right". — *PSCL* 4, 1976, 241-263.

8425 FLEXNER, Stuart Berg: *I hear America talking. An illustrated treasury of American words and phrases.* — New York: Van Nostrand Reinhold, 1976, xii, 505 p., ill., facsims, maps, portrs.
8426 GARNEAU, Jean-Luc: Anglo-French misleading transfer items: a semantic analysis. — *LACUS* II, 567-583.
8427 GBUREK, Hubert: *Der Wortschatz des Robert Mannyng of Brunne in 'Handlyng Synne'.* — Diss. Erlangen 1976, 725 p.
GEMMILL, G.: *Die dt. und engl. literaturwissenschaftliche Terminologie* ... — 7525.
8428 GLÄSER, Rosemarie, & WINTER, Horst: Name und terminologische Wortgruppe in der chemischen Fachsprache des Englischen. — *WZUJ* 24, 1975, 735-754.
8429 GUSTAFSSON, Marita: The frequency and "frozenness" of some English binomials. — *NphM* 77, 1976, 623-637, 2 tab.
8430 HALL, Roland: A philosopher's contribution to philosophical lexicography. — [153], 109-111.
HANSEN, K.: Probleme der Sprachkonfrontation (Dt.-Engl.) ... — 7534.
8431 HARRIS, Joseph: *Stemnettan*: Battle of Maldon, line 122a. — *PhQ* 55, 1976, 113-117.
8432 HEIDRICH, Hans: *Allgemeinwissenschaftlicher Wortschatz. Englisch.* — Leipzig: Enzyklopädie, 1974, 191 p. | *CJŠ* 19, 1975-76, 468-469 J. Chromečka.
8433 HILLEBRAND, Ulrich: *Chronologische und etymologische Untersuchungen zum französischen Wortbestand innerhalb der englischen Sprache.* — Diss. Münster 1976, 264 p.
8434 HUNTSMAN, Jeffrey F.: Cavaet editor: Chaucer and medieval English dictionaries. — *MPh* 73, 1975-76, 276-279 | *stot, nakers, astromye*.
8435 HURS'KA, A. I.: Anhlijs'ki dijeslova ruchu ta jich semantyčna struktura. — *InFil* 33, 1974, 17-22 | Semantic structure of bifunctional polysemantic motion verbs in E. (Ru. & E. summ.).
8436 JAROVENKO, V. Ju.: Skladne slovo-metafora v sučasnij anhlijs'kij movi. — *InFil* 34, 1974, 37-41 | Metaphorical compounds in Mod. E. (Ru. & E. summ.).
8437 JOHNSTON, Grahame: *The Australian pocket Oxford dictionary*. Ed. — Melbourne & London: Oxford UP., 1976, xxiv, 975 p.
8438 KALISZ, Roman: On the kinship terms in English and Polish. — *PSCL* 5, 1976, 257-270.
8439 KIRSCHNER, Josef: *Die Bezeichnungen für Kranz und Krone im Altenglischen.* — Diss. München 1975, xix, 303 p.
8440 KJELLMER, Göran: *Context and meaning* .... — Göteborg: 1971 | BL 1971, 7223. | *ASNS* 211, 1974, 423-424 Udo Fries | *Anglia* 94, 1976, 469-474 W. Kühlwein.
8441 KOMAROVA, K. O.: Leksyko-semantyčna asymiljacija ta intehracija francuz'kych dijesliv iz značennjam "dosjahaty, oderžuvaty" v anhlijs'kij movi. — *InFil* 37, 1975, 43-47 | Lexico-semantic assimilation and importation of the Fr. verbs *recevoir, atteindre, obtenir, achever* into E. (Ru. & E. summ.).
8442 KUDYNA, N. H.: Kompozytni charakterystyky skladnoho termina (na materiali sučasnoji anhlijs'koji lisotechničnoji literatury). — *InFil* 42, 1976, 47-50 | Compound terms' composite characteristics (in E. lumber industry terminology). Ru. & E. summ.
8443 LAVRYK, M. P.: Struktura anhlijs'kych medyčnych terminiv. — *InFil* 38, 1975, 33-39 | On the structure of E. medical terms (Ru. & E. summ.).
8444 LAWSON, Sarah: An 'OED' oversight in 'Toxophilus'. — *NphM* 77, 1976, 92 | *letdriving*.

8445 LEHMANN, Dorothea: *Untersuchungen zur Bezeichnung der Sprechaktreferenz im Englischen.* — Forum Linguisticum 8 (Diss. Mainz); Bern & Frankfurt a. M.: Lang, 1976, 281 p.
8446 LEHNERT, Martin: *Rückläufiges Wörterbuch der englischen Gegenwartssprache.* — Leipzig: 1971 | BL 1971, 7228. | *Anglia* 94, 1976, 487-492 H. J. Neuhaus.
8447 LOCKWOOD, W. B.: *Collie* and *porbeagle*: two Celtic loans in English. — *BBCS* 26/4, 1976, 411-413.
— *Ptarmigan* and other Gaelic names. — 7024.
8448 *Longman modern English dictionary.* Ed.: Owen WATSON. [2nd rev. ed.] — Harlow: Longman, 1976, xvi, 1286 p., maps | First ed. publ. as *Longmans English Larousse*, 1968 (BL 1968, 7254).
LOSIQUE, S.: L'influence de l'angl. sur le vocabulaire ... — 6068.
8449 MAKKAI, Adam: Toward an ecological dictionary of English. — *LACUS* II, 52-59.
8450 MELEROWICZ, Anna: On the semantics of some English and Polish verbs. — *PSCL* 4, 1976, 199-204.
8451 MENHARD, Zdeněk: On the problem of neologisms in English. — *FilS* 6, 1975, 173-184 | Ru. summ.
8452 MYHLJAČENKO, L. H.: Tekstyl′ni terminy francuz′koho pochodžennja v anhlijs′kij movi. — *InFil* 33, 1974, 9-13 | Fr. textile terms in E. (Ru. & E. summ.).
8453 [*A New English dictionary.*] *A supplement to the Oxford English dictionary.* Ed. by R. W. BURCHFIELD. Vol. 2: *H-N.* — Oxford: Clarendon Press, 1976, xvii, 1281 p. | Cf. BL 1972, 7651. | *MSpråk* 70, 1976, 367-369 J. Hedberg.
8454 NIEDZIELSKI, Henry: Semantic considerations of *get* and some of its basic Polish equivalents. — *PSCL* 5, 1976, 219-238.
8455 ORLOVA, H. I.: Terminolohizacija zahal′nomovnych sliv. — *InFil* 42, 1976, 57-66 | Terminologization of common words (Ru. & E. summ.).
8456 *Oxford advanced learner's dictionary of current English.* [By] A. S. HORNBY. 3rd ed. — London: 1974 | BL 1974, 7571. | *Anglia* 94, 1976, 483-487 Hans Ulherr.
8457 PARTRIDGE, Eric: *Smaller slang dictionary.* 2nd ed., with a few corr. and additions. — London: Routledge & Kegan Paul, 1976, ix, 204 p. | 2nd ed. originally published 1964.
8458 PENČEVA, Maja: Verbs related by modelled homonymy in present-day English. A structural-semantic description. — *GSU-ZF* 69, 1974/1 (1976), 49-98 | Bulg. summ.
PERUZZI, E.: A European word-formation pattern. — 2393.
8459 PHYTHIAN, B. A.: *A concise dictionary of English slang and colloquialisms.* 2nd ed. — London: Hodder & Stoughton, 1976, viii, 208 p. | Previous ed. published as *Concise dictionary of English slang* by William FREEMAN, London 1955 (BL 1956, 182).
8460 PINCHUCK, I.: *Stone* and *rock.* — (279], 114-118.
8461 POČEPCOVA, L. D.: Aboryhenizm *kangaroo* v avstralijs′komu varianti anhlijs′koji movy. — *InFil* 34, 1974, 34-36 | *Kangaroo* in Austr. E. (Ru. & E. summ.).
8462 *The Random House college dictionary.* Revised ed. Based on the Random House dictionary of the English language, the unabridged ed. Jess STEIN, ed. in chief. Leonore C. HAUCK, managing ed. P. Y. SU, senior defining ed. — New York, N. Y.: Random House, Inc., 1975, xxxii, 1568 p., ill. | Published in 1968 under the title *The Random House dictionary of the English language, college ed.* (BL 1968, 7267).
8463 *The "Reader's Digest" great encyclopaedic dictionary.* 3rd ed. — London:

Reader's Digest Ass., 1976, 1736 p. (in 3 vol.) | 2nd ed. 1968.
8464 RØNBERG, Gert: A note on *endorde* in 'Pearl' (368). — *ES* 57, 1976, 198-199.
8465 SCHMOOCK, Peter: *Patientia*. Zum Christianisierungsprozess des Wortschatzes der altenglischen und altsächsischen Epik. — [240], 322-353.
8466 *The Scottish National dictionary. Designed partly on regional lines and partly on historical principles, and containing all the Scottish words known to be in use or to have been in use since c. 1700.* Ed. by William GRANT (1929-46) and David D. MURISON (1946-76). Vol. X. [W-Z. Miscellanea: Personal names, place names ... Suppl.: Addenda et corrigenda ...] — Edinburgh: Scottish National Dictionary Ass., 1976, x, 591 p. | Vol. X, parts iii & iv publ. in 1976. Cf. BL 1975, 8257.
8467 *6000 words: a supplement to Webster's third new international dictionary.* — Springfield, Mass.: Merriam, 1976, 20A, 220 p. | Cf. BL 1961, 205.
8468 STANFORTH, Anthony: An assessment of the frequency of Germanisms in 'The Observer'. — *ZDL* 43, 1976, 291-296, tab. | G. summ.
8469 STRAIGHT, H. Stephen: The transformational-generative grammar of American English kinship terminology: a revision of Bock's 1968 analysis. — *AnL* 18, 1976, 157-167 | Philip K. BOCK, *AnL* 10/6, 1-6 (BL 1968, 7214).
8470 STUPIN, L. P.: Slovari S. Džonsona (1755) i N. Uėbstera (1828) kak vyraženie idei predpisyvajuščego slovarja. — *VLU* 1976/14, 122-127 | The dictionaries of S. Johnson and N. Webster.
8471 TODD, William B.: Leigh Hunt's annotations in Johnson's 'Dictionary'. — *MPh* 73, 1975-76, S110-S112.
8472 TOMASZCZYK, Jerzy: On establishing equivalence between lexical items of two languages. — *PSCL* 5, 1976, 77-81.
8473 TROPEA, Giovanni: Di alcuni italianismi gastronomici nel lessico anglo-americano. — *AGI* 61, 1976, 251-256.
8474 *Webster's new collegiate dictionary.* 8th ed. — Springfield, Mass.: Merriam Co., 1976, xxxii, 1536 p. | 7th ed. 1963.
WEŁNA, J.: Some Pol. agent substantives and their equivalents in E. ..... — 10566.
8475 WENNRICH, Peter: *Anglo-amerikanische und deutsche Abkürzungen in Wissenschaft und Technik. / Anglo-American and German abbreviations in science and technology.* Teil 1. A-E. — Handbuch der internationalen Dokumentation und Information 14, 1; München: Verlag Dokumentation, 1976, vii, 607 p.
8476 WERMSER, Richard: *Statistische Studien zur Entwicklung des englischen Wortschatzes.* — Schweizer Anglistische Arbeiten 91 (Diss. Zürich); Bern: Francke, 1976, 141 p.
WESCOTT, R. W.: Allolinguistics: exploring the peripheries of speech. — 2908.
8477 WEST, Michael, & ENDICOTT, James Gareth: *The new method English dictionary.* 5th ed. Revised ... by Ian ELLIOTT & Lloyd HUMBERSTONE. — London: Longman, 1976, ix, 310 p. | Previous ed. 1953.
8478 WILLI, Ernst: *Die englischen Neuwörter 1724-1728. Eine morphologische Untersuchung mit besonderer Berücksichtigung der einheimischen Wortbildung.* — (Diss. Zürich); Zürich: Juris-Verlag, 1976, viii, 151 p.
8479 WILLIAMS, Raymond: *Keywords. A vocabulary of culture and society.* — New York: Oxford UP., 1976, 286 p.
8480 ŽABIC'KA, N. L.: Semantyčni zakonomirnosti, ščo vyjavljajut'sja v procesi stanovlennja imennykiv, jaki peredajut' ponjattja "čas" (na materiali anhlijs'koji movy). — *InFil* 35, 1974, 33-36 | Semantic regularities reflected in the process of the formation of temporal nouns (Ru. & E. summ.).

8481 ZADOROŽNYJ, B. M.: Pro dva dijeslova buttja v davn'oanhlijs'kij movi. — *InFil* 38, 1975, 10-15 | Two verbs of existence iń OE: *wesan* and *béon* (Ru. & E. summ.).
8482 ZORIVČAK, R. P.: Spil'ni javyšča frazeolohičnoho fondu ukrajins'koji i anhlijs'koji mov. — *InFil* 43, 1976, 15-20 | On the common features of certain idioms in Ukr. and E. (Ru. & E. summ.).
8483 ZVIADADZE, Givi: *A dictionary of Modern American and British English on a contrastive basis.* Enlarged and revised ed. — Tbilisi: Tbilisi State Univ. Publishers, 1973, 519 p. | *JEL* 10, 1976, 73-75 R. I. McDavid, Jr.

6. ÉCRITURE, ORTHOGRAPHE — SCRIPT, ORTHOGRAPHY

8484 FRIEDERICH, Wolf: *Englische Interpunktion und Orthographie. Die Regeln der englischen Zeichensetzung, Großschreibung, Silbentrennung, Bindestrichsetzung und Rechtschreibung an zahlreichen Beispielen dargestellt und erläutert.* 4. Aufl. — München: Uni-Druck, 1975, 154 p. | First ed. 1961 (BL 1961, 210).
8485 HERRICK, Earl M.: Orderedness and "and" nodes. — *LACUS* II, 200-210, 16 fig. | Description of the graphonomy of E.
8486 HOFFSTEIN, Robert M.: *The English alphabet: an inquiry into its mystical construction.* — New York: Kaedmon, 1975, 117 p.
8487 RUSZKIEWICZ, Piotr: *Modern approaches to graphophonemic investigations in English.* — Prace Naukowe Uniw. Śląskiego w Katowicach 111; Katowice: Uniw. Śląski, 1976, 146 p.
8488 SCRAGG, D. G.: *A history of English spelling.* — Manchester: 1974 | BL 1974, 7620, | *ES* 57, 1976, 252-253 N. E. Osselton | *MLR* 71, 1976, 879-881 V. Salmon.

7. STYLISTIQUE, LANGUE LITTÉRAIRE — STYLISTICS, LITERARY LANGUAGE

8489 ANDERS, Wolfhart H.: *Balladensänger und mündliche Komposition. Untersuchungen zur englischen Traditionsballade.* — Bochumer Arbeiten zur Sprach- und Literaturwissenschaft 8; München: Fink, 1974, 241 p.
8490 ARAKELIAN, Paul G.: Evaluative statistics: a non-programmatic study of 'The windhover'. — *LaS* 9, 1976, 118-129.
8491 ARNOL'D, I. V.: *Stilistika sovremennogo anglijskogo jazyka* ... — Leningrad: 1973 | BL 1975, 8278. | *JazA* 13, 1976, 31-33 J. Nosek.
8492 BEDFORD, Emmett G., & DILLIGAN, Robert J.: *A concordance to the poems of Alexander Pope.* I; II. — Detroit: 1974 | BL 1974, 7625. | *MLR* 71, 1976, 635-637 P. Rogers.
8493 BETTINGER, Peter: Shakespeare's use of the term *people*. A suggestion for an entry of the lemma *people* in a new Shakespeare dictionary. — *ZAA* 24, 1976, 339-343, tab.
8494 BONNER, Joshua H.: Toward a unified critical approach to Old English poetic composition. — *MPh* 73, 1975-76, 219-228.
8495 BORROFF, Marie: Wallace Stevens's world of words. Part I; II. — *MPh* 74, 1976-77, 42-66; 171-193, fig., tab.
8496 BOZEK, Philip: Hugh MacDiarmid's early lyrics: a syntactic examination. — *LaS* 9, 1976, 29-41, 2 fig.
8497 BROOK, G. L.: *The language of Shakespeare.* — London: Deutsch, 1976, 1976, 231 p.
8498 BROOKE-ROSE, Christine: *A structural analysis of Pound's usura canto. Jakobson's*

method extended and applied to free verse. — De Proprietatibus Litterarum, Series Minor 26; The Hague: Mouton, 1976, viii, 76 p.

8499 BROWN, Calvin S.: *A glossary of Faulkner's South*. — New Haven: Yale UP., 1976, 241 p., maps.

8500 BURTON, Dolores M.: *Shakespeare's grammatical style* ... — Austin: 1973 | BL 1973, 8947. | *RES* 27, 1976, 61-64 T. H. Howard-Hill.

8501 CROSLAND, Andrew T.: *A concordance to F. Scott Fitzgerald's 'The great Gatsby'*. — Detroit, Mich.: Gale Research Co., 1974, 425 p.

8502 — *A concordance to the complete poetry of Stephen Crane*. Comp. Forew. by T. H. Howard-Hill. — Detroit, Mich.: Gale Research Co., 1975, xx, 189 p.

8503 DAVYDOV, M. V., & KULEŠOV, V. V.: Zvukovaja charakteristika i rečevoj portret literaturnogo personaža. — *VMU* 1976/3, 47-55 | Sherlock Holmes.

8504 DOROŠENKO, M. V.: Čto sleduet ponimat' pod metasemiotičeskim ("stilističeskim") funkcionirovaniem morfologičeskich protivopostavlenij. — *VMU* 1976/3, 31-35.

8505 EDELSON, Maria: *Varieties of written English*. — Łódź: Uniw. Łódzki, 1976, 114 p.

8506 ELLIOTT, Ralph W. V.: *Chaucer's English*. — London: 1974 | BL 1974, 7629. | *ES* 57, 1976, 258-260 K. C. Phillipps.

8507 EMEL'JANOVA, L. L.: Narušenie orfografičeskoj normy kak sredstvo sozdanija stilističeskogo effekta. — *NDVŠ-F* 1976/1, 107-112.

8508 GRABES, Herbert: *Speculum, mirror and looking-glass* ... — Tübingen: 1973 | BL 1973, 8967. | *ZAA* 22, 1974, 328-329 M. Lehnert | *ASNS* 213, 1976, 146-151 Ina Schabert | *MPh* 74, 1976-77, 402-406 J. I. Wimsatt.

8509 GREIN, C. W. M.: *Sprachschatz der angelsächsischen Dichter*. Unveränderter Nachdruck der 2., unter Mitwirkung von F. HOLTHAUSEN von J. J. KÖHLER neu hrsg. Aufl. — Heidelberg: Winter, 1974, viii, 897 p. | *BNF* 11, 1976, 100-101 H. Schabram.

8510 GROW, L. M.: *The prose style of Samuel Taylor Coleridge*. — Salzburg Studies in E. Lit., Romantic Reassessment, 54; Salzburg: Inst. für Englische Sprache und Lit., 1976, vi, 161 p.

8511 GUFFEY, George R.: *A concordance to the poetry of Thomas Traherne*. — Berkeley: 1974 | BL 1974, 7635. | *YES* 6, 1976, 264-265 R. Wilcher.

8512 GUTWINSKI, Waldemar: *Cohesion in literary texts. A study of some grammatical and lexical features of English discourse*. — JanL, Series minor 204; The Hague: Mouton, 1976, 183 p.

HILL, A. A.: *Constituent and pattern in poetry*. — 2981.

8513 JOHNSON, William C.: Spenser and the fine craft of punning. — *NphM* 77, 1976, 376-386.

8514 KOZIOL, Herbert: *Elemente englischer Sprachkunst*. — Wien: Braumüller, 1976, viii, 174 p.

8515 KROEBER, Karl: *Styles in fictional structure* ... — Princeton, N. J.: 1971 | BL 1971, 7287. | *PhP* 19, 1976, 154-156 Ian Milner.

8516 LEE, David A.: 'The inheritors' and transformational generative grammar. — *LaS* 9, 1976, 77-97, 4 fig.

8517 LINS'KIJ, S. S., & PASCHALOVA, N. A.: Vzajemodija mikro- i makrokontekstiv jak pokaznyk indyvidual'noho styljy pys'mennyka. — *InFil* 41, 1976, 22-27 | Interplay of micro- and macrocontexts as indication and characteristics of an author's individual style (Ru. & E. summ.).

8518 MEDVID', O. S.: Protydijuči tendenciji v anhlijs'komu prostoričči. — *InFil* 38,

1975, 26-33 | Opposing tendencies in E. lower popular language stratum (Ru. & E. summ.).
8519 NAPIÓRKOWSKA, Krystyna: Language as an aspect of the search for identity in Harold Pinter's 'The homecoming'. — *SAP* 8, 1976, 151-156.
8520 NEVO, Ruth: Again, 'Byzantium'. — *LaS* 9, 1976, 247-259.
8521 NÖTH, Winfried: Zur Textkernstruktur in englischen Gedichten. — [396], 39-118.
8522 PAGE, Norman: *Speech in the English novel.* — London: 1973 | BL 1973, 8997. | *RES* 26, 1975, 249-250 D. Hewitt | *SNPh* 48, 1976, 174 J. Söderlind.
8523 PANDIYA, Indubala H.: Deviations in advertising English in India. — *IL* 37, 1976, 102-114.
8524 PARTRIDGE, A. C.: *The language of modern poetry*: Yeats, Eliot, Auden. — London: Deutsch, 1976, 351 p.
8525 PHILLIPPS, K. C.: The language of 'Henry Esmond'. — *ES* 57, 1976, 19-42.
8526 POLLIN, Burton R.: *Poe: creator of words.* — Baltimore: Enoch Pratt Free Library, Edgar Allen Poe Soc., & Library of Univ. of Baltimore, 1974, 85 p. | *Names* 24, 1976, 212-214 Kelsie B. Harder.
8527 PORTER, Donald: Scientific English: an oversight in stylistics? — *SAP* 8, 1976, 77-87.
8528 ROBBERECHT, P.: Isolated noun phrases in newspaper headlines. — *SGGand* 17, 1976, 51-71, 3 tab. | Cf. BL 1975, 8324.
8529 *Scots words from Burns. A glossary of words used in the works of Robert Burns.* — Edinburgh: Albyn Press, 1975, 46 p., portr.
8530 SHAW, W. David: *Tennyson's style.* — Ithaca: Cornell UP., 1976, 347 p.
8531 SHERZER, Dina: Saying is inventing: gnomic expressions in 'Molloy'. — [383], 163-171. •
8532 SMITH, George William, Jr.: Iterative rhetoric in 'Paradise lost'. — *MPh* 74, 1976-77, 1-19, 2 tab.
8533 SYDORČUK, N. H.: Dejaki stylistyčni osoblyvosti zaholovkiv literaturno-krytyčnych statej Ral'fa Foksa. — *InFil* 41, 1976, 27-33 | Stylistic and structural peculiarities of R. Fox's article headings (Ru. & E. summ.).
8534 TAYLOR, Davis: The terms of love: a study of Troilus's style. — *Speculum* 51, 1976, 69-90.
8535 TRÜBNER, Georg, & THOMÄ, Isolde: Zur Problematik des englischen "headlinese" und dessen sprachlicher Wirksamkeit, dargestellt an Überschriftenbeispielen des 'Morning Star'. — *ZPhon* 29, 1976, 254-263.
8536 VIOLANTE, Maria Luisa: Il linguaggio di *Ballygullion*. — *SLSal* 7, 1974-75 (1976), 281-288 | Lynn Doyle, *Ballygullion*, 1967.
8537 VORLAT, E.: Are the persuaders well hidden? On language in advertising. — *LB* 65, 1976, 291-310.
8538 WIKBORG, Eleanor: *Carson McCullers' 'The Member of the Wedding': aspects of structure and style.* — Gothenburg Studies in E. 31 (diss. Göteborg); Göteborg (distr.: Almqvist & Wiksell, Stockholm): 1975, 208 p. | *MSpråk* 70, 1976, 159-162 Ingrid Melander.

8. PROSODIE, MÉTRIQUE, VERSIFICATION — PROSODY, METRE, VERSIFICATION

8539 ATTRIDGE, Derek: *Well-weighed syllables...* — London: 1974 | BL 1974, 7667. | *RES* 27, 1976, 459-460 A. H. Elliott.
8540 BEAVER, Joseph C.: *The prosody of John Donne.* — Chicago: Dept. of Linguistics,

Northeastern Illinois Univ., 1976, v, 142 p.
8541 CABLE, Thomas: *The meter and melody of 'Beowulf'.* — Urbana: 1974 | BL 1974, 7670. | *ES* 57, 1976, 71-73 R. P. M. Lehmann.
8542 CAMPBELL, Mary Ann, & ANDERSON, Lloyd: Hocus pocus nursery rhymes. — *PCLS* XII, 72-95.
8543 DILLON, George L.: Clause, pause, and punctuation in poetry. — *Linguistics* 169, 1976, 5-20, tab.
8544 HARDING, D. W.: *Words into rhythm. English speech rhythm in verse and prose.* — The Clark Lectures 1971-72; Cambridge: Cambridge UP., 1976, vii, 166 p.
8545 HEDGES, James S.: Towards a case for isochronous verse. — [110], 202-211. JOST, W.: *Probleme und Theorien der dt. und engl. Verslehre* ... — 7631.
8546 SILVER-BECK, Barbara L.: The case against the 'Rhythm of Beowulf'. — *NphM* 77, 1976, 510-525 | John C. POPE, *The rhythm of Beowulf*, New Haven 1942.
8547 STILLINGS, Justine T.: A generative metrical analysis of 'Sir Gawain and the Green Knight'. — *LaS* 9, 1976, 219-246, tab.
8548 TARLINSKAJA, M. G.: The accentual structure and meter of English verse (13th-19th centuries). — *Linguistics* 169, 1976, 41-58, 5 tab. | Ru. version 1972 (BL 1972, 7757).
8549 Tow, Richard: Old English prosody and descriptive linguistics. — *LACUS* II, 605-612.
8550 TURVILLE-PETRE, Joan: The metre of 'Sir Gawain and the Green Knight'. — *ES* 57, 1976, 310-328.
8551 ZWICKY, Arnold M.: Well, this rock and roll has got to stop. Junior's head is hard as a rock. — *PCLS* XII, 676-697, 3 fig. | The rhyme scheme in rock lyrics.

9. TRADUCTION — TRANSLATION

8552 HYNES-BERRY, Mary: Language and meaning: Malory's translation of the Grail story. — *Nph* 60, 1976, 309-319.
8553 LEVIN, Saul: Titles translated unidiomatically. — *LACUS* II, 559-566 | 'The Brothers Karamazov', etc.
MARANGONI, T.: 'Il Gattopardo' e la sua traduzione inglese .... — 6663.
STEINER, T. R.: *E. transl. theory, 1650-1800.* — 3109.

10. LINGUISTIQUE MATHÉMATIQUE — MATHEMATICAL LINGUISTICS

ANDREJEVA, I. Ju.: Značennja i dystrybucija sucil'nooformlenych neimennych modyfikatoriv u sučasnij anhlijs'kij movi. — *InFil* 34, 1974, 58-63 | Meaning and distribution of one-word non-substantive modificators in Mod. E. (Ru. & E. summ.).
8555 JEMEL'JANOVA, H. O., & LYCHOŠERST, N. I.: Linhvostatystyčna charakterystyka terminolohičnoji leksyky zvarjuval'noho vyrobnyctva. — *InFil* 43, 1976, 20-24 | Linguo-statistic description of welding terminology (Ru. & E. summ.).
8556 KOLEGAJEVA, I. M.: Pro leksyku romanu Frensisa Skotta Ficdžeral'da "Velykyj Getsbi". — *InFil* 43, 1976, 31-38 | On the vocabulary of Francis Scott Fitzgerald's novel *The Great Gatsby* (Ru. & E. summ.).
8557 KOLESNIKOVA, V. V.: Lingvističeskie voprosy avtomatičeskogo raspoznavanija smysla anglijskich naučno-techničeskich tekstov. — [347], 95-107.
8558 LEE, S. Keith, & ROSS, Donald: A card-shuffling model for the distribution of monosyllabic and polysyllabic English words. — *SMIL* 1975, 51-63.

8559 LOGAN, H. M.: The computer and the sound texture of poetry. — *LaS* 9, 1976, 260-279, tab.
8560 [MICHAJLOVA, T.] MIKHAILOVA, Th.: An English word-order filtering device for foreign language teaching to specialists. — [159], 363-366.
8561 MOESSNER, Lilo: *Automatische syntaktische Analyse englischer nominaler Gruppen.* — The Hague: 1973 | BL 1973, 9076. | *PhP* 19, 1976, 206-208 Z. Kirschner.
8562 RASTORGUEVA, T. A.: Izučenie količestvennych pokazatelej grammatičeskich variantov v anglijskom jazyke. — *NDVŠ-F* 1976/4, 52-61.

12. SOCIOLOGIE DU LANGAGE — SOCIOLOGY OF LANGUAGE

8563 ADELMAN, Clem: The language of teenage groups. — [398], 80-105.
8564 ANDRECHT, Ernst H.: *Sprachsoziologische Aspekte in der dramatischen Sprachgestaltung Bernard Shaws.* — Europäische Hochschulschriften XIV, 38 (Diss. Marburg); Bern: H. Lang / Frankfurt: P. Lang, 1976, 239 p.
8565 BAILEY, Lee Ann, & TIMM, Lenora A.: More on women's – and men's – expletives. — *AnL* 18, 1976, 438-449 | In connection with Marion M. Oliver & Joan Rubin, *AnL* 17, 191-197 (BL 1975, 8386).
8566 BLOCKER, Dianne: *And how shall I address you? A study of address systems at Indiana University.* — Working Papers in Sociolinguistics 33; Austin: Southwest Educational Development Laboratory, 1976, 34 p.
8567 COVINGTON, Ann: Black people and Black English: attitudes and deeducation in a biased macroculture. — [8366], 255-264.
8568 CRAIG, Dennis R.: Bidialectal education: Creole and Standard in the West Indies. — *Linguistics* 175 (= *IJSL* 8), 1976, 93-134.
8569 DUNN, Ernest F.: The Black-Southern White dialect controversy: who did what to whom? — [8366], 105-122, map.
8570 EBLE, Connie C.: Etiquette books as linguistic authority. — *LACUS* II, 468-475.
8571 ERVIN-TRIPP, Susan: Is Sybil there? The structure of some American English directives. — *LiS* 5, 1976, 25-66, tab.
8572 HALL, William S.: Black and White children's responses to Black English Vernacular and Standard English sentences: evidence for code-switching. — [8366], 201-208, 2 tab.
8573 JANDA, Izabella Horváth: English Hungarian and Hungarian English language interference phenomena in Chicago. — *LACUS* II, 590-595.
8574 KOCHMAN, Thomas: Perceptions along the power axis: a cognitive residue of inter-racial encounters. — *AnL* 18, 1976, 261-273.
8575 MILLER, Mary R.: Competence in English-language learning by American Indian monolinguals and bilinguals. — [3794], 165-176 | Pima children on the Salt River Reservation in Arizona.
8576 MOSES, Rae A., DANIELS, Harvey A., & GUNDLACH, Robert A.: Teachers' language attitudes and bidialectalism. — *Linguistics* 175 (= *IJSL* 8), 1976, 77-91 | The problem of language variation in Am. schools.
8577 MUEHL, Siegmar, & MUEHL, Lois B.: Comparison of differences in dialect speech among black college students grouped by standard English test performance. — *L&S* 19, 1976, 28-40.
8578 MUTT, Oleg: Some notes on recent and current research into English and the teaching of English (2). Sociolinguistic studies. — *LingT* 4, 1971 (1972), 53-67.
ORNSTEIN, J.: A cross-disciplinary sociolinguistic investigation of Mexican-Am. bilinguals/biculturals ... — 5648.

PFAFF, C. W.: Functional and structural constraints on syntactic variation in code-switching. — 5649.
8579 RUDD, Mary Jo: The use of third person reference in multi-party conversations in an Appalachian community. — *AnL* 18, 1976, 349-359.
8580 RUTHERFORD, Ramsey W.: Talk about pop. — [398], 106-127.
8581 *The sociology of the languages of American women*. Ed. by Betty Lou DUBOIS & Isabel CROUCH. — Papers in Southwest E. 4; San Antonio, Tex.: Trinity Univ., 1976, xv, 196 p. | Not analyzed.
8582 TRUDGILL, Peter: *The social differentiation of English in Norwich*. — London: 1974 | BL 1974, 7734. | *MSpråk* 70, 1976, 151-156 K. I. Sandred | *SNPh* 48, 1976, 175-177 L. E. Breivik | *Lg* 52, 1976, 266-270 R. K. S. Macaulay.
8583 TWAY, Patricia: The careful and casual speech of factory workers. — *SL* 30, 1976, 68-76, 3 tab.
8584 WINFORD, Donald: Teacher attitudes toward language varieties in a Creole community. — *Linguistics* 175 (= *IJSL* 8), 1976, 45-75, 8 tab.

14. ONOMASTIQUE — ONOMASTICS

8585 SMITH, Elsdon C.: Bibliography of personal names, 1975. — *Names* 24, 1976, 248-252.
8586 ADAMS, G. B., & TURNER, Brian S.: A family name survey of Northern Ireland. — [8622], 114-118.
8587 BAKER, Ronald L., & CARMONY, Marvin: *Indiana place names*. — Bloomington: Indiana UP., 1975, xxii, 196 p. | *Names* 24, 1976, 216 Arthur F. Beringause.
BRYANT, M. M.: After 25 years of onomastic study. — 4002.
8588 CLARK, Cecily: Some early Canterbury surnames. — *ES* 57, 1976, 294-309.
8589 *Clay County place names*. By the Historic Sites Committee, Clay County [S. D.] Hist. Soc. Lloyd R. MOSES, ed. — Vermillion, S. D.: Broadcaster Press, 1976, 202 p. | *Names* 24, 1976, 305-306 Edward C. Ehrensperger.
8590 COATES, Richard A.: A personal name etymology and a Shakespearean dramatic motiv. — *Names* 24, 1976, 1-8 | The fem. name *Imogen*.
8591 — Caithness placenames in -*bster*. — *APhS* 31, 1976, 188-190.
8592 COULET DU GARD, René & Dominique: *The handbook of French place names in the U.S.A.* — Chicago: 1974 | BL 1974, 7747. | *Names* 24, 1976, 132-134 W. F. H. Nicolaisen.
8593 DILLARD, J. L.: *Black Names*. — Contr. to the Sociology of Language 13; The Hague: Mouton, 1976, 114 p.
8594 DODGSON, J. McN.: *The place-names of Cheshire*. Part IV. — London: 1972 | BL 1972, 7796. | *SNPh* 48, 1976, 367-369 O. Arngart.
8595 DODGSON, John McN., & RUMBLE, Alexander R.: English name-studies. — [8622], 126-128.
8596 DUCKERT, Audrey R.: Names forever on the land. — *Names* 24, 1976, 124-127.
8597 FEILITZEN, Olof VON: Planning a new Old English Onomasticon. — [8622], 16-42 | With discussion.
8598 FELLOWS JENSEN, Gillian: Personal name or appellative? A new look at some Danelaw place-names. — *Onoma* 19, 1975/3 (1976), 445-458.
8599 — Some problems of a Maverick anthroponymist. — [8622], 43-61 | With discussion.
8600 GELLING, Margaret: *The place-names of Berkshire*. Part III: 1. The Old English charter boundaries of Berkshire. Part III: 2. Introduction to 'The place-names of

ANGLAIS

Berkshire' *and analyses of material in parts I and II.* — E. Place-Name Soc. 51; London: E. Place-Name Soc., 1976, p. 615-955; maps in slip-case | Cf. BL 1974, 7755.

8601 GOFF, John H.: *Placenames of Georgia* .... — Athens: 1975 | BL 1975, 8414. | *Names* 24, 1976, 321-323 Robert M. Rennick.

8602 GREEN, Eugene: Place-names and images of Jamaica plain, Massachusetts. — *Names* 24, 1976, 106-123, 5 maps.

8603 GUDDE, Erwin G.: *California gold camps.* Ed. by Elisabeth K. GUDDE. — Berkeley: Univ. of Calif. Press, 1975, x, 467 p. | *Names* 24, 1976, 224-227 Margaret M. Bryant.

8604 *Guide to the pronunciation of Papua New Guinea place names.* Compiled by the ABC Standing Committee on Spoken English. — Sydney: Austr. Broadcasting Commission, 1975, 33 p.

HAMP, E. P.: ʹΡουτούπιαι, *Rŭtŭpīnus* and morphological criteria. — 7061.

8605 *Illustrated dictionary of place names, United States and Canada.* Ed. by Kelsie B. HARDER. — New York: Van Nostrand Reinhold, 1976, xiv, 631 p., ill. | *Names* 24, 1976, 315-316 Eugene B. Vest.

8606 JOHANSSON, Christer: *Old English place-names ... containing* lēah. — Stockholm: 1975 | BL 1975, 8416. | *SNPh* 48, 1976, 369-372 G. Kristensson.

KENNY, H.: Place-names and dialects: Algonquian. — 13775.

KORNELIUS, J.: Hinweise zur Aussprache irischer Namen ... — 7022.

8607 KRISTENSSON, Gillis: Personal names or topographical terms in place-names? — *Onoma* 19, 1975/3 (1976), 459-467.

8608 — Computer-processing of Middle English personal-name materials. — [8622], 62-74, 6 fig. | With discussion.

— Lay subsidy rolls and dialect geography. — 8340.

8609 LUND, Niels: Personal names and place-names: the persons and the places. — *Onoma* 19, 1975/3 (1976), 468-485 | On place-names composed with pers. names, especially in England and Scandinavia.

8610 MATTHEWS, C. M.: *How place names began.* — Guilford: Lutterworth Press, 1974, 191 p. | *Names* 24, 1976, 311-312 Claude H. Neuffer.

8611 MCKINLEY, Richard: *Norfolk and Suffolk surnames in the middle ages.* — E. Surnames Series 2; London: Phillimore & Co., 1975, xiii, 175 p. | *Names* 24, 1976, 318-319 Elsdon C. Smith.

8612 — The survey of English surnames. — [8622], 119-125.

MIEDEMA, H. T. J.: Mare Fresicum .... — 8004.

8613 MILLER, Mary R.: Place-names of the Northern Neck of Virginia: a proposal for a theory of place-naming. — *Names* 24, 1976, 9-23.

8614 NICOLAISEN, W. F. H.: *Scottish place-names: their study and significance.* — London: Batsford, 1976, xxviii, 210 p., 21 maps, 3 tab.

8615 NOBLE, Vernon: *Nicknames: past and present.* Foreword by Eric PARTRIDGE. — London: Hamilton, 1976, xv, 183 p.

8616 REDMONDS, George: English surnames research. — [8622], 75-86 | With discussion.

8617 REED, A. W.: *Place names of New Zealand.* — Wellington, N.Z.: A. H. & A. W. Reed, 1975, 510 p. | *Names* 24, 1976, 319-321 Lurline H. Coltharp.

8618 SANDRED, Karl Inge: The element *hamm* in English place-names. A linguistic investigation. — *NoB* 64, 1976, 69-87.

8619 SCHUHMACHER, W. W.: Anthroponymous place-names: exotic places and German persons. — *Onoma* 19, 1975/3 (1976), 489-491 | (1) Kotzebue and Hagemeis-

ter Island (Alaska). (2) Mauchberg (Transvaal, South-Africa). (3) Barbers Point (Hawaii).
8620 — A place and its names: *Ka-lae-loa, Point Banks, Barber's | Barbers Point.* — *FoL* 9, 1976, 343-348, map | Oahu, Hawaii.
8621 SELTÉN, Bo: *The Anglo-Saxon heritage in Middle English personal names* .... I. — Lund: 1972 | BL 1972, 7816. | *LB* 65, 1976, 202-203 C. Marynissen.
SEPPÄNEN, A.: *Proper names in English* .... — 4035.
8622 *The study of the personal names of the British Isles.* Proceedings of a working conference at Erlangen 21-24 Sept. 1975. Ed. by Herbert VOITL with the ass. of Klaus FORSTER and John INSLEY. — Erlangen: Inst. für Anglistik und Amerikanistik, Univ. Erlangen-Nürnberg, 1976, 135 p.
8623 VAL'DMAN, K. N.: Izmenenie struktury drevnich složnych toponimov (na anglijskom i russkom materiale). — *VLU* 1976/2, 116-122.
8624 — Nereguljarnye fonetičeskie izmenenija toponimov i princip ekonomii. — *VLU* 1976/20, 129-134.
8625 VAUGHAN, M. F.: A reconsideration of *Unferð*. — *NphM* 77, 1976, 32-48.
8626 VOITL, Herbert: Die englischen Personennamen. Der Fortgang ihrer Erforschung in den letzten zwölf Jahren. — *ASNS* 213, 1976, 47-60 | Cf. BL 1966, 6402.
8627 — A computer archive of present-day British and early Modern English family names. — [8622], 87-107 | With discussion.
8628 WESLAGER, C. A.: New Castle, Delaware – and its former names. — *Names* 24, 1976, 101-105.
8629 ZINKIN, Vivian: Names of estates in the Province of West Jersey. — *Names* 24, 1976, 237-247.

C. Germanique septentrional — North Germanic

1. Généralités et Vieux-norois — General and Old Norse

8630 BENSON, S., EJDER, B., & PAMP, B.: Litteraturkrönika 1975. — *Arkiv* 91, 1976, 207-227 | Scand. studies, 1975.
8631 *Bibliography of Old Norse-Icelandic studies*, 1974. [Ed. by Hans BEKKER-NIELSEN]. — Copenhagen: Royal Library, 1976, 65 p. | *MM* 1976, 80-83 Oddvar Nes (On the vols. for 1963-72).
8632 *A bibliography of Scandinavian languages and linguistics, 1900-1970.* Ed.-in-chief: Einar HAUGEN .... — Oslo: 1974 | BL 1974, 7772. | *MM* 1976, 83-90 Oddvar Nes.
8633 *Bulletin of Scandinavian philology.* 1973, 1. [Prepared by Britta Olrik FREDERIKSEN & Jørgen LARSEN]. — *APhS* 31/2, Suppl.; [Copenhagen: 1976], 53 p. | Bibliography.
8634 ALBANO LEONI, Federico: Il "Primo trattato grammaticale" islandese e la fonologia. — [140], 339-358.
8635 BAETKE, Walter: *Wörterbuch zur altnordischen Prosaliteratur.* 2., durchgesehene Aufl. — Berlin: Akad.-Verlag, 1976, xv, 882 p. | First ed. in 2 vol., 1965 & 1968 (BL 1968, 7492).
8636 BANDLE, Oskar: *Die Gliederung des Nordgermanischen.* — Basel: 1973 | BL 1973, 9165. | *SvLm* 97, 1974 (1975), 91-93 Lennart Elmevik | *JEGP* 75, 1976, 396-398 J. Weinstock.
8637 BEITO, Olav T.: Zum Wechsel des Nominalgeschlechts in den nordischen Sprachen. Eine kurze Übersicht. — *ZDL* 43, 1976, 11-21 | E. summ.

8638 BELL, L. Michael: Oral allusion in 'Egils saga Skalla-Grímssonar'. A computer-aided approach. — *Arkiv* 91, 1976, 51-65.
8639 BENEDIKTSSON, Hreinn: *The First grammatical treatise* .... — Reykjavík: 1972 | BL 1972, 7839. | *ScS* 48, 1976, 322-324 James E. Cathey.
8640 — Ísl. *vera að* + nafnh.: aldur og uppruni. — [257], 25-47.
8641 EJDER, Bertil: Eine Vǫluspá-Stelle. — *Sprache* 22, 1976, 49-52 | *Mótsognir, Durinn.*
8642 ELMEVIK, Lennart: Fvn. *forað.* — [257], 85-88.
8643 FAARLUND, Jan Terje: Monoftongering i nordisk. — *MM* 1975, 169-189, 2 maps.
8644 HAMP, Eric P.: On cumulative criteria. — *APhS* 31, 1976,`191 | Addition to his art. in *APhS* 29, 163 (BL 1973, 9177) on the pair of variants *lykill* ~ *nykill.*
8645 HAUGEN, Einar: *The Scandinavian languages.* — The Great Languages; London: Faber & Faber / Cambridge, MA: Harvard UP., 1976, 507 p., maps | *Arkiv* 92, 1977, 251-252 B. Pamp | *BSL* 72, 1977/2, 269-275 R. Boyer.
8646 HULTIN, Neil C.: Some homonyms in the Old Norse Atlakviða. — *MLN* 89, 1974, 862-866.
 JACOBSSON, G.: Einige slawische Lehnwortverbindungen. — 9188.
8647 LIBERMAN, A. S.: The origin of Scandinavian accentuation. — *Arkiv* 91, 1976, 1-32.
8648 LINDOW, John: *Comitatus, individual and honor. Studies in North Germanic institutional vocabulary.* — UCPL 83; Berkeley: Univ. of Calif. Press, 1976, xvii, 175 p.
8649 LINDQUIST, Ivar: Två ställen i Vǫlundarkviða. — [257], 253-258.
8650 LUNDEBY, Einar: Om "utbrytningen"s opphav og innhold. — [257], 280-301.
 MAGERØY, H.: Pronomenet *annan* .... — 8722.
8651 MASTRELLI, Carlo Alberto: Gli studi di linguistica nordica in Italia. — *SGerm* 12, 1974, 381-396.
8652 MAURUD, Øivind: *Nabospråksforståelse i Skandinavia. En undersøkelse om gjensidig forståelse av tale- og skriftspråk i Danmark, Norge og Sverige.* — Nordisk utredningsserie 1976, 13; Stockholm: Nordiska rådet, 1976, 200 p.
8653 — Reciprocal comprehension of neighbour languages in Scandinavia. — *Scand. Journal of Educational Research* (Oslo) 20, 1976, 49-72.
 MEGAW, B.: Norseman and native in the kingdom of the Isles. A re-assessment of the Manx evidence. — 7029.
8654 MOBERG, Lennart, WIDMARK, Gun, & ANDERSSON, Thorsten: Scandinavian languages. — *Faculty of Arts at Uppsala University: Linguistics and Philology* (Acta Univ. Upsaliensis. Uppsala Univ. 500 years, 6; Stockholm: Almqvist & Wiksell, 1976), 71-87.
8655 PERKINS, Richard: The *Furðustrandir* of 'Eiríks saga rauða'. — *MScan* 9, 1976, 51-98, pl.
8656 RASK, Rasmus Kristian: *A grammar of the Icelandic or Old Norse tongue.* Transl. by Sir George Webbe DASENT. New ed. with a preface, an introductory art., bibliographies and notes, by T. L. MARKEY. — Amsterdam Studies in the Theory and Hist. of Linguistic Sci. Series I: Amsterdam Classics in Linguistics 2; Amsterdam: Benjamins, 1976, lx, viii, 273 p., portr. | Repr. of Dasent's E. transl. (1843) of *Anvising till isländskan eller nordiska fornspråket* (Stockholm 1818), a Sw. version of Rask's Dan. original: *Vejledning til det Islandske eller gamle Nordiske Sprog* (1811). | *BSL* 72, 1977/2, 281-283 R. Boyer.
8657 SMIRNICKAJA, O. A.: Funkcii glagol'nych vremennych form v "Sagach ob islandcach" (k poètike sagi). — *VMU-F* 1976/2, 15-26.

8658 *Språk i Norden*, 1976. Årsskrift för de nordiska språknämnderna. Redigerad av Henrik GALBERG JACOBSEN (Danmark), Ståle LØLAND (Norge), Catharina GRÜBAUM (Sverige). — Skrifter utg. av Svenska språknämnden 58; Lund: Esselte studium, 1976, 144 p. (Dan. ed.: *Sprog i Norden*, København; Norw. ed.: *Språk i Norden*, Oslo). | Contents: Reports on the activities of Scand. Language Boards, 5-35; Nordisk retskrivning – den ideale fordring praesenteret af Allan KARKER, 39-84; bibliographies of recent publ. dealing with language planning and related topics, 85-129; lists of new dictionaries, 130-140.

8659 TURVILLE-PETRE, E. O. G.: *Scaldic poetry.* — Oxford: Clarendon Press, 1976, lxxx, 102 p. | *ScS* 49, 1977, 353-355 Robert J. Glendinning | *Scandinavica* 16, 1977, 43-45 R. W. McTurk.

8660 TVEITANE, Mattias: *Vanyfli, vanyflasótt* og andre nordiske sammensetninger med *-yfli.* — *APhS* 31, 1976, 70-80 | E. summ.

8661 — Omkring det mytologiske navnet *Ægir* m "vannmannen". — *APhS* 31, 1976, 81-95 | Appendix: Om noen norske navneformer (*Øgsfjord; Ægestafr*). E. summ.

8662 ULSET, Tor: Noen bemerkninger om den syntaktiske fordelinga av *áð(u)r (en)* og *fyrr en* i norrønt og nyislandsk. — *MM* 1976, 160-165.

8663 ULVESTAD, Bjarne: "Grein sú er máli skiptir": tools and tradition in the first grammatical treatise. — *HL* 3, 1976, 203-223 | Rev. art. on Federico ALBANO LEONI, *Il primo trattato grammaticale islandese*, 1975 (BL 1975, 8443).

VOYLES, J. B.: Natural and unnatural rule addition. — 2233.

8664 WALTER, Ernst: *Lexikalisches Lehngut im Altwestnordischen. Untersuchungen zum Lehngut im ethisch-moralischen Wortschatz der frühen lateinisch-altwestnordischen Übersetzungsliteratur.* — ASAW 66, 2; Berlin: Akad.-Verlag, 1976, 198 p.

8665 WESTERGÅRD-NIELSEN, Chr.: Nogle bemaerkninger til Flatobøgens historie. — [257], 432-444.

8666 WIDDING, Ole: Ordet *auðmjúkr* i vestnordisk. — [257], 445-447.

II. Runologie — Runology

8667 ANTONSEN, Elmer H.: *A concise grammar of the older runic inscriptions.* — Tübingen: 1975 | BL 1975, 8477. | *MGS* 2, 1976, 87-90 C. W. Thompson | *ABäG* 11, 1976, 189-192 A. Quak.

8668 BJÖRKLUND, Stig: Runskålen 1956 från Åsen i Älvdalen. — *SvLm* 97, 1974 (1975), 34-45, pl., 6 fig. | L'inscription runique d'une coupe de bois d'Älvdalen, Dalécarlie, 1596 (Rés. fr.).

8669 DÜWEL, Klaus: Zur Inschrift auf dem Brakteaten 'Dänemark 7'. — [256], 114-120.

8670 GRÖVIK, Ottar: Runeinnskriften fra Eikeland på Jaeren. — *NTS* 30, 1976, 133-190 | E. summ.

8671 GUSTAVSON, Helmer: Runfynd 1975. — *Fornvännen* 71, 1976, 96-109, 14 fig. | Rune finds in Sweden, 1975 (E. summ.).

HAMP, E. P.: On the importance of *os* in the structure of the 'Runic poem'. — 8335.

8672 HØST, Gerd: *Runer. Våre eldste norske runeinnskrifter.* — Oslo: Aschehoug, 1976, 132 p., ill., map | *NTS* 31, 1977, 157-158 Olav Naes.

8673 JAKOBSEN, Alfred: Runeinnskriften fra Hjelmeset (Hjelmeset nr. 1). — *MM* 1975, 32-35.

8674 JANSSON, Sven B. F.: Angående Järsbergsstenen. — *Fornvännen* 71, 1976, 89-95,

fig. | On the Järsberg runic stone (E. summ.).
8675 KJØLBYE-BIDDLE, Birthe, & PAGE, R. I.: A Scandinavian rune-stone from Winchester. — *Antiquaries Journal* (London) 55, 1975, 389-394, ill.
8676 KLINGENBERG, Heinz: *Runenschrift, Schriftdenken, Runeninschriften.* — Heidelberg: 1973 | BL 1973, 9204. | *MScan* 9, 1976, 246-254 Michael Barnes | *JEGP* 75, 1976, 241-246 E. H. Antonsen.
8677 — Die Drei-Götter-Fibel von Nordendorf bei Augsburg. Zum Typus der mythologischen, exemplarisch-aktuellen Runeninschrift. — *ZDA* 105, 1976, 167-188.
8678 — Schwaben-Dag und Suebia. Suebische Vorzeit in exemplarisch-aktuellen Runeninschriften. — [256], 337-385.
8679 — Runenfibel von Bülach, Kanton Zürich. Liebesinschrift aus alamannischer Frühzeit. — [231], 308-325, ill.
8680 NILSSON, Bruce E.: The runic "fish-amulet" from Öland: a solution. — *MScan* 9, 1976, 236-245, pl.
8681 SALBERGER, Evert: *Ukiþila.* En dunkel runföljd med ett kvinnonamn. — *Arkiv* 91, 1976, 33-41.
8682 — *faþur* : *þiahkn.* Syntaktiskt till inskriften på Sö 237. — [257], 375-381.
8683 TAYLOR, P. B.: The Hønen runes: a survey. — *Nph* 60, 1976, 1-7, fig.
8684 WESSÉN, Elias: Rökstenen ännu en gång. Tillika ett svar till professor Höfler. — *Arkiv* 91, 1976, 42-50 | Cf. Otto HÖFLER, *Arkiv* 90, 92-110 (BL 1975, 8483).

III. Islandais — Icelandic

8685 ANDERSON, Stephen R.: On the conditioning of Icelandic *u*-Umlaut. — *LSci* 40, 1976, 26-27 | Cf. 8691.
8686 FRIES, Ingegerd: *Lärobok i nutida isländska. Kennslubók í nútíma íslensku.* Nybörjarbok med kommenterade läsestycken, grammatikdel med formlärans grunder samt ordboksdel. — Stockholm: Biblioteksförlaget, 1976, 136 p.
8687 GARNES, Sara: *Quantity in Icelandic. Production and perception.* — Hamburger phonetische Beiträge 18; Hamburg: Buske, 1976, xviii, 287 p.
8688 HALLDÓRSSON, Halldór: Falling down to a suffix status: a morphosemantic study. — [257], 162-172 | On certain types of compounds in Icel.
8689 HASKÅ, Inger: Isländskt och svenskt ledarspråk. En syntaktisk undersökning. — [257], 173-182.
8690 HOMAN, Theo: *Skíðaríma. An inquiry* ... — Amsterdam: 1975 | BL 1975, 8507. | *Erasmus* 28, 1976, 149-152 U. Ebel.
8691 IVERSON, Gregory K., & ANDERSON, Stephen R.: Icelandic *u*-Umlaut: an exchange of views. — *LSci* 42, 1976, 28-34 | Cf. 8685.
8692 LIBERMAN, A. S.: *Islandskaja prosodika* ... — Leningrad: 1971 | BL 1971, 7425. | *ZPhon* 28, 1975, 475-476 V. Schmidt | *ArchL* 7, 1976, 90-96 T. F. Hoad.
8693 OREŠNIK, Janez: Über die Lautalternationen im neuisländischen Typus *veggur.* — *Skandinavistik* 6, 1976, 110-116.
8694 — Inflection of Modern Icelandic nouns, adjectives and adverbs. — *Ling* 16, 1976, 97-118.
8695 PÉTURSSON, Magnús: *Les articulations de l'islandais* ... — Paris: 1974 | BL 1974, 7812. | *Phonetica* 33, 1976, 393-395 Á. Böðvarsson | *ZPhon* 29, 1976, 624-626 B. Kress.
8696 — Aspiration et activité glottale. Examen expérimental à partir de consonnes islandaises. — *Phonetica* 33, 1976, 169-198, 12 fig., 5 tab. | E., G. & Fr. summ.

8697 — Quantität und vokalische Klangfarbe im modernen Isländischen. — *ZPhon* 29, 1976, 49-63, 17 tab., fig.
8698 SADALSKA, Genowefa: Die Entwicklung des isländischen Konsonantismus als Ergebnis der Verstärkung-Lenierung. — *LPosn* 19, 1976, 73-92.

IV. Féroïen — Faroese

8699 LOCKWOOD, W. B.: Faroese bird-name origins (V). — *Fróðskaparrit* 23, 1975, 22-31 | Cf. BL 1975, 8519.
8700 ZACHARIASEN, Ulf: Iagttagelser vedrørende hiatus-udviklingen i færøsk. — [257], 471-475.

V. Norvégien — Norwegian

8701 LARSEN, Erling Georg: Norwegian studies: language and early literature. — *YWMLS* 37, 1975 (1976), 684-696.
8702 AASEN, Ivar [1813-96]: *Skrifter*. Eit utval ved Olav Hr. RUE. — Orion-bøkene 191; Oslo: Samlaget, 1976, 349 p.
8703 ALFREDSSON, Ulla: *Språk, sexualitet, fascism. En studie i Aksel Sandemoses roman "Vi pynter oss med horn"*. — (Diss. Göteborg); Göteborg: Univ., Litteraturvetenskapliga institution, 1976, iii, 182 p. | E. summ.
8704 AWEDYKOWA, Sława: *Gramatyka opisowa języka norweskiego (bokmål) w zarysie*. — Poznań: Uniw. im Adama Mickiewicza, 1976, 78 p. | Descriptive Norw. grammar in outline.
8705 BEITO, Olav T.: Jamvektsformer av ord med intervokalisk *rð* > *l* eller *r*, og *rt* > *t*. — *MM* 1975, 61-64, map.
8706 BRUAAS, Einar: Adverb som anledd til nomen. — *MM* 1975, 190-206.
8707 DAHL, Otto Chr.: Lateraler i en trønderdialekt. — *NTS* 30, 1976, 191-201.
8708 FAARLUND, Jan Terje: Sentential subject and adjectival predicate in Norwegian. — *NTS* 30, 1976, 13-24.
8709 FRETHEIM, Thorstein: Extraposition of relative clauses: a functional approach to a problem of Norwegian syntax. — *PScCL* 3, 1976, 121-129.
8710 GRØTVEDT, Per Nyquist: *Skrift og tale i mellomnorske diplomer fra Foldenområdet 1350-1450*. III. — Oslo: 1974 | BL 1975, 8529. | *SvLm* 97, 1974 (1975), 108-112 Johan Anthon Schulze.
8711 HAGLAND, Jan Ragnar: Avskrift "orð ifra orðe". Gransking av ein kontrollert avskrivningsprosess frå mellomalderen. *MM* 1976, 1-23 | The transcription of diplomas in the middle ages and linguistic divergences.
8712 HALLAN, Nils: *Annermannen* i norsk og sørsamisk. — *Arkiv* 91, 1976, 192-201.
8713 HAUGEN, Einar: Language and society: a sociolinguistic profile of Norway. — *MGS* 1, 1975, 9-46, 3 tab., 2 fig., 2 maps.
8714 HØEG, Ove A.: *Planter og tradisjon. Floraen i levende tale* . . . . — Oslo: 1974 | BL 1974, 7831. | *SvLm* 97, 1974 (1975), 95-99 Sigurd Fries.
8715 HOLM, Gösta, & HOFF, Ingeborg: Andreas Bjørkum: Generasjonsskilnad i indresognsmål. Doktordisputas ved Univ. i Oslo . . . . — *MM* 1976, 101-159, map | Disputation on A. BJØRKUM's diss. (BL 1974, 7821) by Holm, p. 101-127, and Hoff, p. 127-150; Bjørkum's reply, p. 150-159.
HOVDHAUGEN, E., et al.: *Språkvitenskap* . . . . — 868.
KLOCEK, M.: Versuch einer konfrontativen Betrachtung der Präpositionen in der deutschen und norw. Sprache . . . . — 7317.

DANOIS

8716 KLOSTER-JENSEN, Martin: *Språklydlære for spesialpedagoger.* — Scand. Univ. Books; Oslo: Universitetsforlaget, 1976, 109 p., ill.

8717 LARSEN, Amund B. [1849-1928]: *Skrifter.* Redigert av Magne MYHREN. — Scand. Univ. Books; Oslo: Universitetsforlaget, 1976, 460 p. | Collected studies on Norw. dialectology. Contains also repr. of art. on Larsen, inter alia: Sigurd KOLSRUD, Amund B. Larsen. Ferder og skrifter, 409-416 (= *Festskrift til A. B. Larsen* 15. des. 1924, 239-246); Ingeborg HOFF, Amund B. Larsen. Eit hundradårsminne, 417-454 (= *SvLm* 73, 1-46 [BL 1951, 13]).

8718 LEIRA, Vigleik: Dublering av setningsledd. — *MM* 1975, 67-81.

8719 LIE, Svein: *Innføring i norsk syntaks.* — Oslo: Universitetsforlaget, 1976, 143 p.

8720 LØLAND, Ståle, & THORESEN, Arnold: *Norsk forkortingsbok.* — Norsk språkråd, Skrifter 14; Oslo: Cappelen, 1976, 68 p.

8721 LYSE, Peter: *Attved Tyrifjorden. Målføre og tradisjon frå Ringerike.* Ved Inger FRØYSET. — Skrifter frå Norsk Målførearkiv 31; Oslo: Universitetsforlaget, 1976, 270 p., ill.

8722 MAGERØY, Hallvard: Pronomenet *annan* i samanlikningslekkar og andre jamstelte lekkar. Med eit tillegg om Þrymskviða str. 15.1-4. — *MM* 1976, 58-79.

8723 Norsk språkråds komité for datarterminologi: *Norsk dataordbok.* [Per SCOTT, Olav B. BRUSDAL, et al.: Forord]. — Scand. Univ. Books; Oslo: Universitetsforlaget, 1976, 184 p.

8724 *Norsk-engelsk ordbok.* Med oppslagsord på bokmål og nynorsk oversettelse til amerikansk engelsk. Einar HAUGEN, hovedredaktør; Kenneth G. CHAPMAN, Dag GUNDERSEN, Jørgen RISCHEL, medredaktører. Ny utgave med tillegg og rettelser. — Oslo: Universitetsforlaget / Madison: Univ. of Wisconsin Press, 1976, 460 p. | New revised ed. of the 1965 dictionary (BL 1965, 6423).

8725 NORVIK, Johannes: En dialekt i Oster. — *MM* 1975, 155-168, fig., map.

8726 ØYSLEBØ, Olaf: *Dikteren – og språkets muligheter.* — Oslo: Universitetsforlaget, 1976, 172 p.

SCHATTE, Cz.: Hinweiswörter im Deutschen und Norw. — 7343.

8727 SKJEKKELAND, Martin: Vokalsystemet i Kvinesdals-målet. — *MM* 1976, 46-55.

8728 TVEITANE, Mattias: "Første julepreken" i *Gamal norsk homiliebok.* En språklig oversikt. — *MM* 1975, 20-29.

8729 VANVIK, Arne: En detalj i Oslodialekten. — *MM* 1975, 65-66.

8730 — A note on Norwegian circumflex. — *NTS* 30, 1976, 235-237.

8731 VENÅS, Kjell: *Linne verb i norske målføre....* — Oslo: 1974 | BL 1974, 7850. | *NTS* 30, 1976, 39-61 Ingeborg Hoff.

8732 VINJE, Finn-Erik: *Moderne norsk. Råd og regler for praktisk språkbruk.* — Oslo: Universitetsforlaget, 1976, 261 p.

VI. Danois — Danish

8733 *At færdes i sproget. Iagttagelser og synspunkter.* — København: 1975 | BL 1975, 8544. | *ScS* 48, 1976, 445-446 Carol Henriksen.

8734 BANG, Jørgen: *Fremmedordbog.* 11. reviderede udgave. — København: Berlingske Forlag, 1976, 480 p. | 10th ed. 1971; first ed. 1938.

8735 BLINKENBERG, Andreas, & HØYBYE, Poul: *Dansk-fransk ordbog.* Grundlagt af Margrethe THIELE. 3. reviderede og forøgede udgave. Bind I: A-L [1: A-F; 2: G-L]. Bind II: M-Å [1: M-Sla; 2: Sla-Å]. / *Dictionnaire danois-français ....* — Skriftrække Handelshøjskolen i København. J: Erhvervssproglige skrifter 2; København: Erhvervsøkonomisk Forlag; Nyt Nordisk Forlag, 1975, [xv], 540

p.; 1976, p. 541-1043; 1976, 504 p.; 1977, p. 505-1039.
8736 BRINK, Lars, & LUND, Jørn: *Dansk rigsmål. Lydudviklingen....* — København: 1975 | BL 1975, 8550. | ScS 48, 1976, 96-97 Carol Henriksen.
8737 BRØNDUM-NIELSEN, Johs: Infortisvokalerne *a/æ* i skaanske Lovhaandskrifter, spec. i A-Gruppen. — *APhS* 31, 1976, 40-43.
8738 *Dansk Rigssprog, en beskrivelse fra 1700-tallet.* Gl. kgl. Saml. 789 fol. Udgivet med Indledning af Caroline C. HENRIKSEN. / *Dansk Rigssprog....* An ed. and introd..... — København: Akademisk Forlag, 1976, xv, 608 p., pl. (facsim.) | Introd. in E.
8739 Dansk Sprognævn: *Svarregister 1955-75: ord- og emneregister til Dansk Sprognævns årsberetninger 1955-75 og Nyt fra Sprognævnet, nr. 1-15.* [Udarbejdet af Henrik GALBERG JACOBSEN]. — København: Gyldendal, 1976, 63 p.
8740 *Danske dialekttekster.* [Redigeret af Inst. for dansk Dialektforskning]. IV. *Ømålstekster*, 2. *Fynsk.* — Udvalg for Folkemaals Publ., E 4; København: Akademisk Forlag, 1976, 77 p. | Title on cover: *Småhistorier på fynsk dialekt.*
8741 GOTFREDSEN, L.: *Langelandsk ordbog.* 1-3. — København: 1972-73 | BL 1973, 9264. | *SvLm* 98, 1975 (1976), 118-119 Bengt Pamp.
8742 KALKAR, Otto [1837-1926]: *Ordbog til det ældre danske Sprog (1300-1700).* I: *A-F*; II: *G-L*; III: *M-Sl*; IV: *Sm-Ø*; V: *A-Ø (Supplement)*; VI: Marie BJERRUM: *Otto Kalkar og hans ordbog. Kilder og hjælpemidler. Efterskrift* [af Jørgen LARSEN]. — København: Akademisk Forlag, 1976, [8], 838, 65; [8], 892; [8], 904; [8], 1003; [8], 1209; 262 p., pl. (portr.) | Repr. of the original ed. of 1881-1918, with a new vol. VI.
8743 KARKER, Allan: Blir det til noget? Om ortografiske kortformer af nogle verber i dansk. — [257], 239-249.
8744 KOUSGÅRD SØRENSEN, John: Vi fattige Skåninger. — [257], 250-252 | On the form of a Scanian (Dan.) expression.
8745 KRUSE-BLINKENBERG, Lars: Nogle bidrag til belysning af det danske bibelsprogs udvikling fra 1550 til 1589. — *APhS* 31, 1976, 1-39 | E. summ.
 KÜHNHOLD, C.: *Der Begriff des Sprunges und der Weg des Sprachdenkens. Eine Einführung in Kierkegaard.* — 1451.
8746 KUZ'MENKO, Ju. K.: Vyraženie markirovannosti u členov protivopostavlenij /l¹/-/l²/, /n¹/-/n²/ v datskich dialektach. — [346], 104-109.
8747 LINDEGÅRD HJORTH, Poul: Linköping-håndskriftet og 'Ridderen i hjorteham'. — *DS* 71, 1976, 5-35, facsim.
8748 MOLBÆK HANSEN, Peter, & MØLLER, Bent: The influence of acoustic and physiological factors on some vowel changes in Danish. — *JPhon* 4, 1976, 271-283, 8 fig. | Cf. BL 1975, 8575.
8749 NIELSEN, Niels Åge: *Dansk etymologisk ordbog: ordenes historie.* 3., reviderede udgave met et tillaeg. — København: Gyldendal, 1976, xix, 500 p. | 2nd. ed. 1969 (BL 1969, 6765).
8750 REINHOLT PETERSEN, Niels: Intrinsic fundamental frequency of Danish vowels. — *ARIPUC* 10, 1976, 1-27, 12 fig.
8751 ROHWEDER, Jürgen: *Sprache und Nationalität. Nordschleswig und die Anfänge der dänischen Sprachpolitik in der ersten Hälfte des 19. Jh.* — Glückstadt: Augustin, 1976, xxi, 353 p., 12 cartes.
8752 SKAUTRUP, Peter: *Dansk sprog og kultur.* Udvalgte afhandlinger og artikler 1921-1971. [Forord af Allan KARKER]. — København: Gyldendal, 1976, 234 p., front. (portr.) | Coll. of 26 studies, repr. on the occasion of S.'s 80th birthday.
8753 SØNDERGAARD, Georg: *Diftonger og monoftonger i en vendelbodialekt....* —

SUÉDOIS

Odense: 1975 | BL 1975, 8587. | ScS 48, 1976, 213-214 Carol Henriksen.
8754 THORSEN, Nina: An acoustical investigation of Danish intonation: preliminary results. — *ARIPUC* 10, 1976, 85-147, 21 fig.
8755 THUESEN, Karen: Til Jens Billes Visebog. — *APhS* 31, 1976, 58-69 | On the language of Jens Bille's song-book (1555-59). E. summ.
8756 VATER, Heinz: *Dänische Subjekt- und Objektsätze* ... — Tübingen: 1973 | BL 1973, 9279. | *EGerm* 30, 1975, 311-312 A. Rousseau | *ZDL* 43, 1976, 347-349 A. Spenter.

VII. Suédois — Swedish

8757 ANDERMAN, G. M.: Swedish studies: language. — *YWMLS* 37, 1975 (1976), 731-738.
8758 SVENSSON, Lars: *Bibliografiska hjälpmedel rörande svenska språket*. — Lundastudier i nordisk språkvetenskap, D 1; Lund: Studentlitteratur, s. d. (1973?), iii, 25 p.
8759 Undersökning av svenska dialekter och folkminnen 1972-73. — *SvLm* 97, 1974 (1975), 114-144 | Reports on the activities of the institutes at Uppsala (by Folke HEDBLOM), Lund (by Sven BENSON), Gothenburg (by Verner EKENVALL), and Umeå (by Gunnar PELLIJEFF).
8760 Undersökning av svenska dialekter och folkminnen 1973-74. — *SvLm* 98, 1975 (1976), 121-146 | Reports on the activities of the institutes at Uppsala (by Folke HEDBLOM & Richard BROBERG), Lund (by Sven BENSON), Gothenburg (by Verner EKENVALL), and Umeå (by Sven SÖDERSTRÖM).
8761 AHLBÄCK, Olav: *Ordbok över Finlands svenska folkmål*. I: 1. abbal – bister. — Forskingscentralen för de inhemska språken, Skrifter 1; Helsingfors: 1976, 180 p., map.
8762 ÅKERLUND, Walter: Ur en undersökning av de fraseologiska och syntaktiska omständigheterna vid utformningen av nutida svenskt talspråk. — [257], 476-489.
8763 ALLWOOD, Jens: Några oväntade satsflätor. — *NsvS* 55-56, 1975-76, 177-199.
8764 ANDERSSON, Erik: Verbfrasdeletion i svenskan. — *NsvS* 55-56, 1975-76, 47-75.
8765 — Topic and comment in Swedish Wh-questions. — *PScCL* 3, 1976, 9-17.
8766 — On the ordering of sister constituents in Swedish: the choice between preposed and postposed modifiers. — [368], 15-35.
8767 ANDERSSON, Lars Gunnar: Talaktsadverbial. — *NsvS* 55-56, 1975-76, 25-46.
8768 ANDERSSON, Thorsten: Manlig sjuksköterska. — [257], 1-11.
8769 ANWARD, Jan, & LINELL, Per: Om lexikaliserade fraser i svenskan. — *NsvS* 55-56, 1975-76, 77-119.
8770 BLUME, Herbert: Der Status des schwedischen Suffixes *-is* (Typ *kondis*) in einer semiotischen Typologie lexikalischer Einheiten. — *Skandinavistik* 6, 1976, 81-109.
8771 BRODDA, Benny: *(K)overta kasus i svenska*. — Papers from the Inst. of Linguistics, Univ. of Stockholm, 18 (Diss. Stockholm); Stockholm: Inst. of Linguistics, 1973, 90 p. | E. summ. | *SMIL* 1974, 129-133 Ferenc Kiefer.
8772 — Om genitivens grundbetydelse. — *NsvS* 55-56, 1975-76, 200-212.
8773 BRUCE, Gösta: Svenska accenter i satsperspektiv. — *NsvS* 55-56, 1975-76, 120-132, 7 fig.
8774 CASSIRER, Peter: Formerna av pronomenet *de*. 1. Södra Sverige. — *NsvS* 55-56, 1975-76, 251-290, 2 maps.

8775 DAHL, Östen: Svensk operationell syntax. — *NsvS* 55-56, 1975-76, 133-156.
8776 DAHLSTEDT, Karl-Hampus: Societal ideology and language cultivation: the case of Swedish. — *Linguistics* 183 (= *IJSL* 10), 1976, 17-50.
8777 DANIELSON, Sylvia: *Samuel Columbus' språkprogram i En Svensk Ordeskötsel.* — Umeå Studies in the Humanities 9; Umeå: Universitetsbibliotek, 1976, 75 p. | Summ. in G.
8778 EINARSSON, Jan: Män, kvinnor och språk. — [257], 59-75 | Men, women, and language (especially Sw.).
8779 EJDER, Bertil: *Det bibliska materialet i de östnordiska postillorna på folkspråken.* — Samlingar utgivna av Svenska fornskriftsällskapet 250; Stockholm: 1976, 221 p.
8780 — Tivoli. — [257], 76-79 | Appellative *tivoli* in Sw. | Cf. 4032.
8781 EKBO, Sven: Odän. — [257], 80-84 | The dial. adj. *odän*.
8782 ERIKSSON, Ulrik: Fonemen i Älvsbysvenskan. — [257], 89-121.
8783 FRANZÉN, Gösta: *Svenskstad i Västindien. Gustavia på Saint Barthélemy....* — Stockholm: 1974 | BL 1974, 7927. | *ScS* 48, 1976, 98-100 Nils Hasselmo.
8784 FRICK, Nils, & MALMSTRÖM, Sten: *Språkklyftan. Hur 700 ord förstås och missförstås.* — Stockholm: Tidens förlag, 1976, 160 p.
8785 FRIES, Ingegerd: Svenska namn för Convallaria majalis. — *SvLm* 98, 1975 (1976), 60-82 | E. summ.
8786 HADDING, Kerstin, HIROSE, Hajime, & HARRIS, Katherine S.: Facial muscle activity in the production of Swedish vowels: an electromyographic study. — *JPhon* 4, 1976, 233-245, 2 tab., 10 fig.
8787 HAGSTRÖM, Björn: Om satsflätans förutsättningar. En skiss. — [257], 138-150.
8788 HAMMARBERG, Björn, & VIBERG, Åke: Anaforiska processer i svenskan i invandrarperspektiv – några utgångspunkter. — *NsvS* 55-56, 1975-76, 213-226.
HASKÅ, I.: Isl. och svenskt ledarspråk .... — 8689.
8789 HAST, Sture: Från *Selterswasser* till *sälse*. — [257], 183-191.
8790 HEDBLOM, Folke: Dialekt- och folkminnesarkivet i Uppsala. Kort översikt över institutionens hittillsvarande verksamhet samt dess arbetsuppgifter under den närmaste framtiden. — *SvLm* 97, 1974 (1975), 9-33 | E. summ.
8791 HEDQUIST, Rolf: Pronomen som övertalningsmedel. — *NsvS* 55-56, 1975-76, 157-167.
8792 HELLBERG, Staffan: *Graphonomic rules in phonology. Studies in the expression component of Swedish.* — Göteborg: 1974 | BL 1974, 7932. | *BSL* 71, 1976/2, 266-267 R. Boyer | *Phonetica* 33, 1976, 395-396 I. T. Piirainen.
8793 — Bestämd form pluralis — *NsvS* 55-56, 1975-76, 227-250.
8794 HOLMBERG, Bengt: *Språket i Göteborg.* — Skrifter utgivna av Svenska språknämnden 59, Svenskt riksspråk i regionala skiftningar 5; Stockholm: Esselte studium, 1976, 73 p.
JAAKKOLA, M.: Diglossia and bilingualism among two minorities in Sweden. — 12376.
8795 JOHANNISSON, Ture: *Ett språkligt signalement.* — Göteborg: 1973 | BL 1973, 9309. | *LB* 65, 1976, 497-504 Peter Cassirer | Cf. 8814.
8796 JÖRGENSEN, Nils: *Meningsbyggnaden i talad svenska.* — Lundastudier i nordisk språkvetenskap, C 7 (diss. Lund); Lund: Studentlitteratur, 1976, 170 p. | Summ. in E.
8797 — Satsfogning – några preliminära funderingar. — [257], 234-238.
8798 JOSEFSON, Ingela: *Die Bezeichnungen für "gross – klein", "lang – kurz" im Altschwedischen.* — Nordistica Gothoburgensia 9; Göteborg (distr.: Almqvist &

SUÉDOIS

Wiksell, Stockholm), 1976, viii, 119 p. | Univ. of Göteborg diss. 1975 (BL 1975, 8609).

8799 LEVANDER, Lars, & BJÖRKLUND, Stig: *Ordbok över folkmålen i Övre Dalarna....* Band II, häfte 14: *hårdnäcke – jag.* — Skrifter utg. genom Landsmåls- och folkminnesarkivet i Uppsala, D 1/14; Uppsala: Lundequist, 1976, p. 951-1030 | Cf. BL 1974, 7945.

8800 LILJESTRAND, Birger: *Strindbergs Mäster Olof-dramer. En studie i 1800-talets dramaspråk.* I. — Umeå Studies in the Humanities 10 (diss. Umeå); Umeå: 1976, 211 p. | Summ. in G.

8801 LINDBERG, Ebba: *Beskrivande svensk grammatik.* Under medverkan av Ove OSKARSSON. — Stockholm: Almqvist & Wiksell/Gebers, 1976, 218 p.

8802 LINDÉN, Bror: *Övredalsk* ar- *genitiv.* — Skrifter utgivna genom Ortnamnsarkivet i Uppsala, B 4; Uppsala: Lundequist, 1976, 60 p. | Summ. in E.

8803 — I "Bjönsboden". En berättelse på dialekt från Nusnäs i Mora, efter grammofon nedtecknad och transkriberad samt översatt och kommenterad. — *SvLm* 98, 1975 (1976), 33-39 | E. summ.

8804 — Typer av personnamnsgenitiv företrädda i gårdsnamn och med person- eller gårdsnamn sammansatta ortnamn inom övre Österdalarna. Till dalmålets grammatik. — *NoB* 64, 1976, 88-118 | Summ. in E.

8805 LÖFKVIST, Jan-Eskil: *Svenskan i latinska originaldiplom 1300-1325. En studie i medeltida skrivvanor.* — Studia Philologiae Scand. Upsaliensia 9 (diss. Uppsala); Uppsala: (distr.: Almqvist & Wiksell, Stockholm), 1976, 533 p. | Summ. in G. | *MGS* 2, 1976, 218-219 H. H. Ronge.

8806 LOMAN, Bengt: Linguistic performance and social evaluation: a sociolinguistic attitude test. — *Linguistics* 183 (= *IJSL* 10), 1976, 85-102, 6 tab. | Borås, Trelleborg, Torne Valley.

8807 — Att läsa svenska vid Åbo Akademi. — [257], 259-272.

8808 *Meijerbergs arkiv för svensk ordforskning.* 12; 13. — Göteborg: 1970 & 1972 | BL 1970, 7964. | *ZDL* 43, 1976, 73-75 L. Saltveit.

8809 MELIN, Lars: *Stil och struktur i C. J. L. Almquists Amorina.* — Stockholm Studies in Scand. Phil 12; Stockholm: Almqvist & Wiksell, 1976, 210 p.

8810 MOBERG, Lennart: Några anteckningar till ordspråken i Konungastyrelsen. — [257], 302-309.

NIKULA, H.: *Verbvalenz . . .* — 7331.

8811 NILSSON, Stig: *Term* som term. — [257], 316-322.

8812 NORDBERG, Bengt: Sociolinguistic research in Sweden and Finland: introduction. — *Linguistics* 183 (=*IJSL* 10), 1976, 5-15, map.

8813 OHLSSON, Stig Örjan: "Tecken, utan vidare övertagna, för att efter grekiskt bruk utmärka accenten". — [257], 323-329 | On the use of the accent in Johannes Fabrin's diss. of 1684.

OKSAAR, E.: *Berufsbezeichnungen . . .* — 7670.

8814 ØYSLEBØ, Olaf: Om språklig forfatterbestemming. — *MM* 1975, 82-95 | Rev. art. on No. 8795.

8815 PAULSTON, Christina Bratt: Pronouns of address in Swedish: social class semantics and a changing system. — *LiS* 5, 1976, 359-386.

8816 PERNWERTH, Oscar: L'influenza linguistica tedesca sullo svedese. — [233], 665-672.

8817 PETTERSSON, Gertrud: Om *vilken* som relativt pronomen. — [257], 342-352.

8818 PLATZACK, Christer: Hur *dom som* blir *de/dem som.* — [257], 353-361.

8819 — The Swedish past participle: some arguments for a lexical redundancy rule. — *PScCL* 3, 1976, 313-325.
8820 QUAK, Arend: Fornsvenska glossor och satser i Uppsala Universitetsbiblioteks handskrift C 321. — *ABäG* 10, 1976, 149-206.
8821 RONGE, Hans H.: Aktuella pronomenstudier. — *SvLm* 98, 1975 (1976), 9-19 | Rev. art. on: Vidar REINHAMMAR, *Pronomenstudier*, 1975 (BL 1975, 8629).
8822 RUTHSTRÖM, Bo: En reflexion över ordet *sockenbud*. — [257], 371-374.
8823 [ŠČUR, G. S.] ŠČUR, G. S.: Über eine syntaktische Entlehnung aus dem Niederdeutschen in der schwedischen Sprache. — *Orbis* 25, 1976, 78-82 | The absence of the verb *hava* in subordinate clauses.
8824 SELENIUS, Ebba: Helsingin ruotsin yksittäissanankorko. — [136], 79-88 | Die Einzelwortbetonung in der schwedischen Sprache von Helsinki.
8825 SIGURD, Bengt: Converse terms in Swedish. — [368], 235-257.
8826 SÖDERSTRÖM, Sven: Pehr Stenbergs Ordbok över Umemålet. En edition med kommentar. — *SvLm* 97, 1974 (1975), 46-58 | Rev. art. on: Pehr STENBERG, *Ordbok över Umemålet*, ed. by Gusten WIDMARK, 1966 & 1973 (BL 1973, 9336). Fr. summ.
8827 — Vokativformer i norrländska dialekter. — *SvLm* 98, 1975 (1976), 20-29 | E. summ.
8828 SOONTAK, Jaan: Some notes on the frequency distribution of English loanwords in the Swedish press. — *LingT* 4, 1971 (1972), 143-150.
8829 STÅHLE, Carl Ivar: Om Dalalagens ålderdomlighet och ålder – och Kopparbergsprivilegiernas oförbätterliga *sik biwipär*. — [257], 392-402.
8830 SUNDQVIST, Anders: Snöplig. — [257], 403-413 | On the adj. *snöplig*.
8831 SVENSSON, Lars: På snusen. — [257], 414-418 | On the phrase cited.
8832 TELEMAN, Ulf: On causal conjunction in Modern Swedish. — *PScCL* 3, 1976, 393-404.
8833 THELANDER, Mats: Code-switching or code-mixing? — *Linguistics* 183 (= *IJSL* 10), 1976, 103-123, 9 tab., 2 fig. | Burträsk.
8834 THORS, Carl-Eric: Kring några politiska termer från 1790-talet. — [257], 419-422.
8835 THUNBERG, Anne-Marie: Samhällets krav på utforskning av svenskan. — *NsvS* 55-56, 1975-76, 16-24.
8836 TJÄDER, Börje: Om biskopens språk. — [257], 423-431 | On Hemming Gadh's language.
8837 URELAND, Sture: *Verb complementation in Swedish* . . . . — Stockholm: 1973 | BL 1973, 9342. | *SMIL* 1974, 134-139 Ferenc Kiefer.
8838 — The Swedish language in America. — *SvLm* 98, 1975 (1976), 83-105 | Rev. art. on: Nils HASSELMO, *Amerikasvenska*, 1974 (BL 1974, 7931).
8839 *Vad händer med svenska språket? En debattbok*. Utg. av Inge JONSSON. — Stockholm: PAN/Norstedt, 1976, 211 p. | Coll. of essays on various aspects of the Sw. language. | *Scandinavica* 16, 1977, 68-70 Karin Petherick.
8840 VIDE, Sten-Bertil: En "sporadiskt förekommande övergang av *r* till (tjockt) *l*". — [257], 448-450.
WAGNER, J.: Eine kontrastive Analyse von Modalverben des Dt. und Schwed. — 7362.
8841 WIDMARK, Gun: *Bläddriger tunga*. Ett bidrag till tolkningen av Fredmans epistel nr 27. — [257], 451-454.
8842 WIESELGREN, Anne Marie: Provinsialismer och dialekt i några noveller av Thorsten Jonsson. — [257], 455-459.

8843 WIESELGREN, Per: Meta. — [257], 460-463, fig. | Lat. *meta* in Sw.
8844 WIKTORSSON, Per Axel: *Södermannalagens B-handskrift. Textens historia och språk*. Mit einer Zusammenfassung: *Die Handschrift B des Gesetzes von Södermanland. Geschichte und Sprache des Textes.* — Studia philologiae Scandinavicae Upsaliensia 10; Uppsala: (distr.: Almqvist & Wiksell, Stockholm), 1976, xviii, 152 p., facsim.
8845 WITTING, Claes: Svensk ordaccent i focus. — *SvLm* 98, 1975 (1976), 30-32 | Brief rev. of some studies, by Eva GÅRDING, and others, contained in the *Working Papers* of the Phonetics Laboratory of Lund Univ.

VIII (14). Onomastique — Onomastics

8846 ALBØGE, Gordon, HOLMBERG, Bente, et al.: Hvilke lokaliteter får navn? — *NORNA* 10, 1976, 13-25, fig.
8847 ANDERSSON, Thorsten: Olika semantiska komponenter i namngivningen. — *NORNA* 10, 1976, 63-73.
8848 — Olika gruppers namngivning. — *NORNA* 10, 1976, 89-97.
8849 — Populärvetenskapligt om norska namn. — *Forskningsnytt fra Norges almenvitenskapelige forskningsråd* (Oslo) 21, 1976/2, 38-40, fig. | Rev. of: *Norske stedsnavn/stadnamn*. Red. av Botolv HELLELAND, 1975 (BL 1975, 8661).
8850 ARESKOUG, Hugo: Tre försvunna sydöstskånska vattendragsnamn. — [257], 12-24 | 1. *Kivik*. 2. *Vitaby* och *Vitemölle*. 3. *Grevlunda*.
8851 ARESKOUG, Malte: Medelpad. — *NoB* 64, 1976, 52-68, fig. | The name of the province of Medelpad, Sweden (Summ. in E.).
8852 AUNE, Kolbjørn: *Namnskilting i Holladalen.* — Fosen historielag, Småskrifter 1; Rissa: 1976.
8853 BENSON, Sven: Psykologiska och sociologiska aspekter på tillkomsten av ortnamn. — *NORNA* 10, 1976, 43-48.
8854 DAHLSTEDT, Karl-Hampus: Pengsjön. — [257], 48-58 | The lake-name *P*. in Northern Sweden.
8855 DALBERG, Vibeke, HJORTH, Ebba, & KOUSGÅRD SØRENSEN, John: Stednavnebrug på koloniseret område. — *NORNA* 10, 1976, 141-153 | Place-names in Greenland.
8856 DALBERG, Vibeke, HOLMBERG, Bente, JØRGENSEN, Bent, WOHLERT, Inge: Navngivning med slangstednavne. — *NORNA* 10, 1976, 107-120 | Comment (also on Nos. 8847-8, 8879, 8861) by Allan ROSTVIK, 'Om navngivande och -brukande grupper, 121-124.
8857 *Danmarks stednavne*, udgivet af Inst. for Navneforskning. 17, 1. halvbind: *Stednavne i Ringkøbing amt: købstæder, Skodborg herred, Vandfuld herred, Hjerm herred, Ginding herred*. Ved Gordon ALBØGE. — København: Akademisk Forlag, 1976, viii, 256 p.
8858 *Danmarks stednavne* .... 18, 1: *Randers amts stednavne: Galten herred*. Ved Kristian HALD. — København: Akademisk Forlag, 1976, xix, 205 p., map.
8859 EJDER, Bertil: *Fagerhult* och andra nordiska ortnamn på *Fager-*. — [256], 182-189.
8860 FALCK-KJÄLLQUIST, Birgit: Varför får lokaliteter namn? — *NORNA* 10, 1976, 27-39 | Comment (also on No. 8846) by Vibeke DALBERG, ' Om lokalitetsbegrebet', 40-42.
8861 FALCK-KJÄLLQUIST, Birgit, STRANDBERG, Svante, & WAHLBERG, Mats: Sockennamn. Exempel på namngivning. — *NORNA* 10, 1976, 75-88.

FELLOWS JENSEN, G.: Pers. name or appellative? .... — 8598.
8862 FRIES, Sigurd: Vad betecknar ortnamnsefterleden -*rum*? — [257], 122-126.
8863 GRAF, Heinz-Joachim: Namenstudien. — *BNF* 11, 1976, 94-95 | 1. *Vitaholm* / *Holmgarðr* (Novgorod); 2. *Imbólum*; 3. *Rugemirus*.
8864 HALD, Kristian: *Personnavne i Danmark*. II. *Middelalderen*. — Dansk Historisk Fællesforenings Håndbøger; København: 1974 (1975), 116 p., 2 maps | Cf. BL 1971, 7593. | *BNF* 11, 1976, 229-230 A. Quak.
8865 HALLAN, Nils: Stadnamn i grenseland. — *MM* 1976, 30-45 | Place-names in Trøndelag and Jämtland and the southernmost boundary of the Lapps.
8866 HALLARÅKER, Peter: *Skjergardsnamn frå Bremnes*. — Møre og Romsdal distriktshøgskole. Skrifter 1975, 1; Bergen: Universitetsforlaget, 1976, 146 p., ill., fold. map | Hordaland, Norway.
8867 HALLBERG, Göran: Kring bebyggelsenamnen i Rönnebergs härad. — *SsvOÅ* 1976, 3-41.
8868 — Kring några skånska namnmiljöer – indelningsverk, herrgårdskultur och uppkallelse efter utomskånska förebilder. — *SsvOÅ* 1976, 43-91.
8869 — *Lång(a)* och *läng(a)* i skånska ortnamn. — [257], 151-161.
8870 HARLING-KRANCK, Gunilla: Bynammens kontinuitet i västra Nyland. — *NORNA* 10, 1976, 172-180.
8871 HELLBERG, Lars: Obbola. — [257], 195-217 | Etym. of the Sw. place-name *O*.
8872 — Vallensjö. Ett uppländskt kultcentrum. — *OsUÅ* 1976, 5-13.
8873 HELLELAND, Botolv: Denotasjonsendringar. — *NORNA* 10, 1976, 201-212.
8874 HELLER, Rolf: Zur Namenwahl des Verfassers der Fóstbrœðra saga. — *MScan* 9, 1976, 138-145.
8875 HOLM, Gösta: Imię *Gustav* i staropol. *Gościslaw*. — *JP* 56, 1976, 118-119 | Abridged Pol. version of art. published in *NoB* 62, 61-77 (BL 1974, 7999).
8876 HOLMBERG, Bente: Marknavnenes kontinuitet i Horns herred. — *NORNA* 10, 1976, 181-191 | Frederiksborg amt, Denmark.
8877 HOLMBERG, Maj-Lis: Om Finland och övriga finnländer i den isländska fornlitteraturen. — *Arkiv* 91, 1976, 166-191.
8878 HOVDA, Per: To fjordnamn i Trøndelag: Børgin og "Rissa". — *MM* 1975, 57-60, 2 fig.
8879 HULDÉN, Lars: Barnens ortnamn. — *NORNA* 10, 1976, 98-106.
8880 — Namnet Åland. — [257], 218-224, map.
8881 JACOBY, Michael: Nordische Ortsnamen mit *varg*- "Wolf" "Verbrecher" und *ulv*- "Wolf". — *BNF* 11, 1976, 425-436, carte.
8882 KIVINIEMI, Eero: Om namngivningens sociala bakgrund och systematiska karaktär. — *NORNA* 10, 1976, 49-58 | Comment (also on No. 8853) by Vibeke DALBERG, 'Om navngivning og navnefunktion', 59-61.
LAUR, W.: Interferenzerscheinungen ... — 7776.
8883 LINDÉN, Bror: Hädome "Hedome": ett gammalt älvdalskt naturnamn. — *OsUÅ* 1976, 15-19.
LUND, N.: Pers. names and place-names .... — 8609.
8884 MATTISSON, Ann-Christin: Säterinamn. Namnbyte och namnändring. — *NORNA* 10, 1976, 199-200.
8885 MELEFORS, Evert, & OLSSON, Ingemar: Hablingbo och Elinghem: västgermanska influenser på Gotland? — *NoB* 64, 1976, 5-36, 9 fig. | Summ. in E.: *H*. and *E*.: West Gmc influences on Gotland?
NAERT, A.: Nauvon alun perin suomalaista paikannimistöä. — 12417.

8886 NES, Oddvar: Salta-namnet. — *MM* 1975, 145-154.
8887 NILSEN, Atle Steinar: Er Snorre-Eddas *Loǫnd* Vesterøy i Hvaler? — *MM* 1975, 127-144, 3 fig.
8888 — Hvor har *Loandertunga*, Vingulmarks grensepunkt, ligget? — *MM* 1976, 166-182, 3 maps.
8889 NILSSON, Jan: *Plurala ortnamn på Island*.... — Umeå: 1975 | BL 1975, 8658. | *NoB* 64, 1976, 146-150 Börje Tjäder.
8890 Nordisk namnforskning 1975. — *NoB* 64, 1976, 119-135 | Scand. onomastic studies, 1974. Survey of current research, and bibliography, by Thorsten ANDERSSON, John KOUSGÅRD SØRENSEN, Ritva Liisa PITKÄNEN, et al. | Separately as *NORNA* 9, 1976.
8891 *Norsk stadnamnleksikon*. Redigert av Jørn SANDNES og Ola STEMSHAUG. Redaksjonssekretær: Kolbjørn AUNE. — Oslo: Det Norske Samlaget, 1976, 359 p.
8892 OLSSON, Ingemar: *Gotlands stavgardar: en ortnamnstudie*. — Gotlandica 10; Visby: Barry Press Förlag, 1976, 121 p. | G. summ. | *Onoma* 21, 1977, 681 K. Roelandts.
8893 — *Tuna*-namnen i Sverige: forskningsläget. — *Fornvännen* 71, 1976, 71-81, 5 fig. | Summ. in E.
8894 *Ortnamn och samhälle: aspekter, begrepp, metoder*. Rapport från NORNA:s fjärde symposium i Hanaholmens kulturcentrum, 25-27 april 1975. Redigerad av: Vibeke DALBERG, Botolv HELLELAND, Allan ROSTVIK, Kurt ZILLIACUS. E. summ.: Place-names and society: aspects, concepts, methods. — *NORNA* 10; Uppsala: Nordiska samarbetskommittén för namnforskning, 1976, 238 p., ill. | Also in the series Skrifter utgivna av Svenska litteratursälskapet i Finland 472, Helsingfors.
8895 PALM, David: Häradsnamnet Lane. — *NoB* 64, 1976, 37-47 | Bohuslän, Sweden (Summ. in E.).
8896 — Ordet *hed* i bohuslänska ortnamn. — *NoB* 64, 1976, 48-51 | Summ. in E. PAMP, B.: Vad betyder *Gösta Holm* egentligen?.... — 4029.
8897 PITKÄNEN, Ritva Liisa: Tvåspråkighet och namnbruk. — *NORNA* 10, 1976, 155-163, map | Finland.
8898 RINGGAARD, K.: Om Per og Poul samt Gustav. — [257], 362-370 | Frequency of first names in Danmark.
8899 SALBERGER, Evert: Ruggebo. Ett västgötskt gårdnamn. — *OsUΔ* 1976, 20-30.
8900 SLOTTE, Peter: Ortnamns räckvidd; namnbruk och namnkunnande. — *NoB* 64, 1976, 125-140, 3 maps.
8901 SØNDERGAARD, Georg: *Hvad hedder barnet – og hvorfor? 5000 drenge- og pigenavne*. — København: Billesø & Baltzer, 1975, 136 p., ill.
8902 STÅHL, Harry: Skädduga. — [257], 388-391 | Place-name in Västmanland, Sweden.
8903 STEINHAUSER, Walter: Woher kam der Bogenschütze *Egill*? — [256], 627-644. TVEITANE, M.: Omkring det mytologiske navnet *Ægir*.... — 8661.
8904 UTTERSTRÖM, Gudrun: *Tillnamnen i den karolinska tidens Stockholm*. — Umeå Studies in the Humanities 11; Umeå: 1976, 191 p. | E. summ.
8905 *Sveriges medeltida personnamn*. Ordbok utg. av Kungl. Vitterhets-, historie- och antikvitetsakademiens personnamnskommitté. Ordboksred.: Per-Axel WIKTORSSON. H. 5: *Elena – Ez(s)tridis*. — Stockholm: Almqvist & Wiksell, 1976 (end of vol. I) | Cf. BL 1975, 8667.

8906 VILMUNDARSON, Þórhall: Nafnbreytingar á Íslandi. — *NORNA* 10, 1976, 192-198.
8907 ZILLIACUS, Kurt: Om funktionella aspekter på namn. — *NORNA* 10, 1976, 164-171.

D. Germanique oriental — East Germanic

8908 D'ALQUEN, Richard: Ein gotisch-griechisch-vulgärlateinisches Rätsel. — *Glotta* 54, 1976, 308-317 | Sur le vocalisme des mots d'origine étrangère en got.
ARCAMONE, M. G.: L'antroponimia germ. a Pisa . . . . — 6702.
8909 BAMMESBERGER, Alfred: Gotisch *awepi*. — *MSS* 34, 1976, 5-7.
8910 BECK, Richard: Glides and vowels in Gothic. — *Sprache* 22, 1976, 11-24, 6 tab.
8911 DURANTE, Elio: Argomenti morfonologici a sostegno della interpretazione monottongale del digramma gotico *iu*. — *Annali della Fac. di Lingue e Letterature Straniere*, Univ. di Bari, 6, 1975 (1976), 205-224.
8912 EBBINGHAUS, Ernst A.: Gotica XIII. — *GL* 16, 1976, 9-13 | 21. The etym. of *hraiwadubo*.
8913 — Gothic *hleprastakeins, ufarhleiprjan*, and *hleipra*. — *Sprachw* 1, 1976, 355-356.
8914 — The first entry of the Gothic calendar. — *JThS* 27, 1976, 140-145.
GENDRE, R.: Il *fuþark* e l'alfabeto gotico. — 2923.
8915 GÖTTI, Ernst: *Die gotischen Bewegungsverben* . . . . — Berlin: 1974 | BL 1974, 8068. | *LB* 65, 1976, 372-374 P. Beade.
LAWSON, R. H.: The class preference of *r*-infix weak verbs in Goth. and OHG. — 7248.
8916 MARCHAND, James W.: *The sounds and phonemes of Wulfila's Gothic*. — The Hague: 1973 | BL 1973, 9396. | *SGerm* 12, 1974, 163-165 Roberto Gusmani. | *IF* 80, 1975 (1976), 280-282 E. Seebold | *FL* 14, 1976, 431-432 E. P. Hamp.
8917 MARTELLOTTI, Anna: Sulla presunta espressione perifrastica del futuro in gotico. — *Annali della Fac. di Lingue e Letterature Straniere*, Univ. di Bari, 6, 1975 (1976), 315-355.
8918 — Got. *skulan, skulds˙wisan, skuld ist*: ambito funzionale e modalità distribuzionali nella traduzione del gr. δεῖ, ἔξεστιν, ὀφείλειν, μέλλειν. — *Annali della Fac. di Lingue e Letterature Straniere*, Univ. di Bari, 6, 1975 (1976), 357-378.
8919 MASTRELLI, Carlo Alberto: *Grammatica gotica*. 2a ed. — Milano: 1975 | BL 1975, 8690. | *RSEL* 5, 1975, 471-473 F. Villar.
8920 MILLER, D. Gary: The Gothic complementizers *þammei* and *ei*. — *IF* 80, 1975 (1976), 110-117.
PIEL, J. M., & KREMER, D.: *Hispano-got. Namenbuch* . . . . — 5378.
8921 REGAN, Brian T.: *Dictionary of the Biblical Gothic language*. — Phoenix, Ariz.: 1974 | BL 1974, 8081. | *GL* 16, 1976, 14-20 E. A. Ebbinghaus.
8922 RHEE, Florus VAN DER: Die hochdeutsche Lautverschiebung in den langobardischen Gesetzen. Datierung, Umfang, orthographische Wiedergabe. — *Nph* 60, 1976, 397-411.
ROTSAERT NEPPI MODONA, M. L.: Lessico gotico nella "altbairische Beichte"? — 7406.
8923 SCARDIGLI, Piergiuseppe: Appunti longobardi. — [297], 91-131.
8924 — Un esperimento filologico. — [233], 957-971 | On the Speyer fragment.
8925 SCOVAZZI, Marco: I Longobardi nella Valle d'Illasi. — [297], 159-169.
SOLARI, R.: Le trascrizioni di parole gr. nella trad. gotica e arm. dei Vangeli. — 4563.

8926 TOLLENAERE, Felicien DE, JONES, Randall L.: *Word-indices and word-lists to the Gothic Bible and minor fragments*. In cooperation with Frans VAN COETSEM, Philip H. SMITH, Jr. & Hon Tom WONG. — Leiden: Brill, 1976, xvi, 583 p. | *TsNTL* 92, 1976, 241-245 Jan van Bakel | *Lg* 53, 1977, 431-434 William H. Bennett | *LB* 66, 1977, 225-228 Guy A. J. Tops | *Germanistik* 17, 1976, 679-680 Rüdiger Schmitt.

WAGNER, N.: Eine germ. Namensform als früher Beleg für *-pt-* zu *-ut-* im Romanischen. — 5357.

XIII. BALTIQUE ET SLAVE — BALTIC AND SLAVIC

A. Généralités — General

8927 List of books and articles published by Scandinavian Slavists and Baltologists 1975-76. — *ScSl* 22, 1976, 205-212.
8928 BEDNARCZUK, Leszek: Zapożyczenia ugrofińskie w językach bałtosłowiańskich. — *ABS* 9, 1976, 39-64.
8929 BENSE, Gertrud: Bemerkungen zu den balto-slawischen Sprachbeziehungen. — [223], 73-78.
8930 ČEKMAN, V. N.: Ob otraženii indo-evropejskich slogovych plavnych v balto-slavjanskom jazykovom areale. — *ABS* 9, 1976, 15-26.
8931 DZENDZELEVSKIJ, I. A.: Odna ukrainsko-drevnerusskaja leksičeskaja parallel'. — *Baltistica* 12, 1976, 168-169 | The Prussianism 'ge̦itka.
8932 HAMP, Eric P.: An archaism in Slavic. — *ZbFL* 17, 1974/1 (1975), 241-244 | Sl. dъnъ.
8933 — *u̯el-* ans *u̯elH-*. — *Baltistica* 12, 1976, 63-64.
8934 MAYER, Harvey E.: Kann das Baltische als Muster für das Slavische gelten? — *ZSlPh* 39/1, 1976, 32-42.
8935 NEPOKUPNYJ, A. P.: Baltijskaja i balto-slavjanskaja geografičeskaja terminologija Belorussii i Ukrainy. — *ABS* 9, 1976, 99-123, 2 maps.
8936 RIMŠA, V.: Nekotorye balto-paleobalkanskie leksičeskie sootvetstvija (Na materiale sovremennych južnoslavjanskich jazykov). — *Kalbotyra* 26/2, 1976, 65-76.

SAFAREWICZ, J.: Le latin et les langues balto-sl. — 4112.
STEINKE, K., & VRACIU, A.: Zu den sprachlichen Parallelen zwischen dem Alb., dem Balt. und Slavischen. — 4122.

8937 STEPANOV, Ju. S.: Vid, zalog, perechodnost' (Balto-slavjanskaja problema, I). — *IzvAN* 35, 1976, 408-420.
8938 VRACIU, Ariton: Considérations sur l'emploi des noms pluralia tantum dans les langues baltiques, slaves et finno-ougriennes. — *ABS* 9, 1976, 27-37.
8939 [—] VRAČU, Ariton: Izučenie balto-slavjanskich jazykovych otnošenij v Rumynii. — *ABS* 10, 1976, 59-88 | Rés. fr.

B. Langues baltiques — Baltic Languages

1. Généralités — General

8940 RUDZĪTE, Marta: *Baltistiem noderīgie žurnāli un turpinājumizdevumi valodniecībā. Mācību līdzeklis*. — Rīga: P. Stučkas Latvijas Valts univ., 1976, 63 p. | A survey of periodicals and serial publications in Balt. linguistics.

8941 BAMMESBERGER, Alfred: *Abstraktbildungen in den baltischen Sprachen.* — Göttingen: 1973 | BL 1973, 9425. | *IJSLP* 22, 1976, 138-141 William R. Schmalstieg.
8942 BREIDAKS, A.: Baltijas somu valodu dati balti vokālisma vēsturei. — *LZAV* 1975/4 (333), 90-100 | Data from the Balt. Finnic languages for the hist. of Balt. vocalism (Ru. summ.).
8943 ECKERT, R.: III. Unionskonferenz zur baltischen Sprachwissenschaft in Vilnius 25.-27.9.1975. — *ZPhon* 29, 1976, 210-213.
GREPPIN, J. A. C.: Vzaimootnošenie balt. i arm. jazykov. — 4519.
8944 KUDIRKIENĖ, Lilija: Perifraziškai sudaryti lietuvių ir latvių veiksmažodiniai frazeologizmai. — *Kalbotyra* 27/1, 1976, 39-44 | Ru. summ.
8945 MATHIASSEN, T.: O proischoždenii form pričastij na -*ęs*, -*ę* v litovskom jazyke, -*is* v latyšskom jazyke. — *Baltistica* 12, 1976, 43-50.
8946 [MAŽIULIS, V.] MAŽJULIS, V.: K voprosu o vzaimnych otnošenijach baltijskich jazykov (s učetom leksiki). — *ABS* 9, 1976, 64-69.
8947 OKULICZ, Jerzy: Dyskusyjne problemy w pradziejach obszaru zachodniobałtyjskiego. — *ABS* 9, 1976, 133-147.
8948 ROSINAS, A.: Baltų kalbų parodomųjų įvardžių funkcijų ir reikšmių klausimu. — *Baltistica* 12, 1976, 150-155 | Ru. summ.
SCHMID, W. P.: Baltisch und Indogermanisch. — 4116.
8949 STANG, Chr. S.: *Vergleichende Grammatik der baltischen Sprachen.* Ergänzungsband: *Register, Addenda und Korrigenda.* — Oslo: Universitetsforlaget, 1976, 52 p. | Cf. BL 1966, 6696.
8950 — Zur Flexion der *u*-Stämme im Baltischen. — *ScSl* 22, 1976, 175-177.

II. Vieux-prussien — Old Prussian

GÓRNOWICZ, H.: Rodzaja spolszczenia staropruskich nazw miejscowych na Powiślu Gdańskim. — 10652.
8951 LEVIN, J. F.: Toward a graphology of Old Prussian monuments: the Enchiridion. — *Baltistica* 12, 1976, 9-24.
8952 PALMAITIS, L.: Prūsų kalbos negimininių įvardžių formų kilmė. — *Baltistica* 12, 1976, 156-165 | Summ. in G.: Die Entstehung der altpreussischen nichtgeschlechtigen Personalpronomina.
8953 SCHMALSTIEG, William R.: *An Old Prussian grammar* .... — University Park: 1974 | BL 1974, 8146. | *GL* 16, 1976, 34-36 Alfred Bammesberger.
8954 — *Studies in Old Prussian: a critical review of the relevant literature in the field since 1945.* — University Park, PA: Pennsylvania State UP., 1976, ix, 420 p.

III. Lituanien — Lithuanian

8955 ADEMOLLO GAGLIANO, Maria Teresa: I nomi di strumenti derivati dal lituano *kiřsti*. — *AMAT* 40, 1975, 257-288.
8956 AMBRASAS, K. J.: *Leksiniai lietuvių kalbos substitutai.* — Vilnius: Vilniaus V. Kapsuko univ., 1976, 107 p. | Summ. in E.
8957 — Substitucijos reiškiniai. — *Kalbotyra* 26/1, 1975, 7-14 | Ru. summ.
8958 ASTRAMSKAITĖ, Gražina: Lietuvių *baltas* ir vokiečių *weiss* semantinė struktūra. — *Kalbotyra* 27/1, 1976, 7-15 | Ru. summ.
8959 BALAŠAITIS, A., & PAKALKA, K.: Dar dėl K. Sirvydo defektinio žodyno leidimo datos. — *Baltistica* 12, 1976, 171-175 | G. summ.

LITUANIEN

8960 BARAUSKAITĖ, Janina: Daiktavardžio giminės stilistinės ypatybės. — *Kalbotyra* 26/1, 1975, 15-23 | Ru. summ.
8961 BŪDA, Vytautas: Sudėtinio sakinio dėmenų prijungimas santykinių žodžių grupe. — *Kalbotyra* 27/1, 1976, 17-27 | Ru. summ.
8962 ECKERT, R.: Grammatik und Lexik (Zum lexikalischen Bestand der Deklinationstypen in der Geschichte des Litauischen). — *Baltistica* 12, 1976, 123-129.
8963 GENIUŠIENĖ, Emma Š.: Das Passiv des Litauischen und seine Verwendung. — [369], 139-152.
8964 [—] GENJUŠENE, E. S.: Litovskie sub″ektnye vozvratnye glagoly v sopostavlenii s russkimi. — *ABS* 10, 1976, 219-234.
8965 GIRDENIS, Aleksas, & LAKIENĖ, Vanda: Šiaurės žemaičiu kalbėjimo tempas. — *Kalbotyra* 27/1, 1976, 71-74.
8966 GIRDENIS, A., & ROSINAS, A.: Keletas samprotavimų dialektologinės fonetikos klausimais. — *Baltistica* 12, 1976, 188-197.
8967 GRENDA, Česys: Nulinės galūnės lietuvių kalbos formų sistemoje. — *Kalbotyra* 26/1, 1975, 75-78.
8968 GRIGAS, Kazys: *Lietuvių patarlės. Lyginamasis tyrinėjimas.* — Vilnius: Vaga, 1976, 323 p. | Lith. proverbs (Summ. in Ru. & E.).
8969 GRINAVECKIS, V.: Dėl esamojo laiko priešdėlinių formų kirčiavimo kai kuriose rytinėse lietuvių kalbos tarmėse. — *Baltistica* 12, 1976, 39-42 | Ru. summ.
8970 HAMP, E. P.: The accentuation of Lithuanian compound verbs. — *Baltistica* 12, 1976, 25-29.
8971 JAKAITIENĖ, Evalda: Metatonija priesaginių veiksmažodžių daryboje. — *Kalbotyra* 27/1, 1976, 29-34 | Ru. summ.
8972 JAKAITIENĖ, E., LAIGONAITĖ, A., & PAULAUSKIENĖ, A.: *Lietuvių kalbos morfologija.* — Vilnius: "Mokslas", 1976, 283 p.
8973 JAKULIENĖ, Audronė: Priežastinių ir parūpinamųjų veiksmažodžių skyrimo kriterijai. — *Kalbotyra* 26/1, 1975, 78-81.
8974 KALINAUSKAS, Bronius: Apie lietuvių kalbos frazeologizmus, sudarytus pagal kitų frazeologizmų modelius. — *Kalbotyra* 27/1, 1976, 35-38 | Ru. summ.
8975 KARALIŪNAS, S.: Lie. *čiùtnas* "dailus, švarus, tvarkingas...", *taũsti* (-*čia*) "ilgėtis, liūdėti" ir ju giminaičiai. — *Baltistica* 12, 1976, 85-94 | E. summ.
8976 KNIŪKŠTA, P.: *Priesagos -inis būdvardžiai. Daryba, reikšmės, gramatiniai sinonimai.* — Vilnius: "Mokslas", 1976, 220 p. | Summ. in Ru.
KONDRATIUK, M.: Mikrotoponimy litewskie od *dùgnas* .... w gwarach polskich i białoruskich Białostoczczyzny. — 10664.
8977 KURYŁOWICZ, Jerzy: Historia pewnego problemu. — *RND* 58, *Prace językoznawcze* 3, 1976, 33-39 | On Lith. metatony ("de Saussure 's law").
8978 LABUTIS, Vitas: Kai kurios veiksmažodinių daiktavardžių konstrukcijos su kilmininku. — *Kalbotyra* 26/1, 1975, 25-36 | Ru. summ.
8979 LEBEDYS, Jurgis: *Lietuvių kalba XVII-XVIII a. viešajame gyvenime.* — Vilnius: "Mokslas", 1976, 278 p.
8980 *Lietuvių kalbos gramatika. III tomas. Sintaksė.* [Red.: K. ULVYDAS, V. AMBRAZAS, A. VALECKIENĖ]. — Vilnius: "Mokslas", 1976, 1016 p. | Cf. BL 1971, 7718.
8981 *Lietuvių kalbos rašyba ir skyryba.* [Atsak. red.: A. VALECKIENĖ]. — Vilnius: "Mokslas", 1976, 391 p.
8982 *Lietuvių kalbos žodynas. X. pirm – pūžuoti.* [Red. kolegija: J. KRUOPAS, Z. JONIKAITĖ, S. KĖZYTĖ, A. KUČINSKAITĖ, A. LYBERIS, J. PAULAUSKAS]. — Vilnius: Leidykla "Mokslas", 1976, xvi, 1152 p. | Cf. BL 1973, 9467.

8983 LISAUSKAS, Sarunas: Objects of negated verbs in Lithuanian. — *PCLS* XII, 459-467, 2 tab.
8984 LIUKKONEN, Kari: Ursprung und Geschichte des litauischen Superlativs auf *-iáusias*. — *ScSl* 22, 1976, 179-186.
8985 MANIKAJTE, V.: Čeredovanija *-men-/*-u- (-ų-) v litovskom jazyke. — [346], 140-150.
8986 MORKUNAS, K. F., & [SABALIAUSKAS, A.] SABALJAUSKAS, A. Ju.: O nekotorych aspektach vzaimodejstvija litovskogo literaturnogo jazyka i dialektov. — [344], 355-361.
8987 OTKUPŠČIKOV, Ju. V.: K ėtimologii lit. *guřbas*. — *Baltistica* 12, 1976, 65-72.
8988 PAKERYS, Antanas: Lietuvių bendrinės kalbos balsių diferencinių požymių hierarchija. — *Kalbotyra* 26/1, 1975, 37-48 | Ru. & E. summ.
8989 — Antano Salio palatogramos. — *Kalbotyra* 27/1, 1976, 87-100, 42 fig. | The palatograms of A. SALYS.
8990 PALIONIS, J.: Dėl *priesakio* vartojimo ir kilmės. — *Baltistica* 12, 1976, 81-84.
8991 PIKČILINGIS, Ju.: *Lietuvių kalbos stilistika*. II. — Vilnius: Mokslas, 1975, 376 p. | Cf. 1971, 7731. | *ABS* 9, 1976, 311-313 E. Grinaveckienė.
8992 RANGE, Jochen D.: Sprachlich-stilistische Untersuchung zur "Figura etymologica" in den litauischen Dainos. — *Baltistica* 12, 1976, 176-187; 13, 1977, 281-296 | Summ. in Lith.
8993 ROBINSON, David F.: *Lithuanian reverse dictionary*. — Cambridge, Mass.: Slavica Publishers, 1976, ix, 210 p.
8994 ROSINAS, Albertas: Dėl vadinamosios "autorinės daugiskaitos". — *Kalbotyra* 27/1, 1976, 74-78.
8995 SABALIAUSKAS, A.: Dėl lie. formos *nuodu* "mudu". — *Baltistica* 12, 1976, 167.
8996 SAFAREWICZ, Jan: Archaizm słowotwórczy w języku litewskim. — *RND* 58, *Prace językoznawcze* 3, 1976, 55-64 | On archaic deverbative nouns in Lith.
8997 SAVIČIŪTĖ, G., & VITKAUSKAS, V.: Priebalsių *t* : *k* ir *d* : *g* maišymas Švendubrės šnektoje. — *Baltistica* 12, 1976, 146-149 | Ru. summ.
8998 SIRTAUTAS, Vytautas: Dalyvinės tarinio jungties derinimas. — *Kalbotyra* 26/1, 1975, 49-53 | Ru. summ.
8999 — Dėl veiksnio ir tarinio santykių. — *Kalbotyra* 27/1, 1976, 78-80.
9000 STANG, Chr. S.: Litauisch *-k(i)*, *-g(i)*, *-gu*. — *NTS* 30, 1976, 127-131.
9001 — Dėl M. Mažvydo "Formos Chrikstima" šaltinio. — *Baltistica* 12, 1976, 7-8.
9002 STEPONAVIČIENĖ, Irena: Apie lietuvių priebalsių minkštumą XIII-XV a. — *Kalbotyra* 27/1, 1976, 45-51 | G. summ.
9003 VALEIKA, Laimutis: Objektinių sakinių nominalizacija lietuvių ir anglų kalbose. — *Kalbotyra* 27/1, 1976, 53-62 | E. summ.
9004 VITKAUSKAS, V.: *Šiaurės rytų dūnininkų šnektų žodynas*. — Vilnius: "Mokslas", 1976, 559 p. | *Baltistica* 13, 1977, 306-311 A. Paulauskienė & Z. Zinkevičius.
9005 — Nauji regresyvinės balsių asimilacijos faktai Kuršėnų šnektoje. — *Kalbotyra* 26/1, 1975, 81-85.
9006 — *i* kamieno veržimasis į *ė* kamieną. — *Kalbotyra* 27/1, 1976, 80-82.
9007 — *Briedgauris* ir jo vediniai Žemaičiuose. — *Baltistica* 12, 1976, 170.
9008 ZINKEVIČIUS, Zigmas: *Iš Lietuvių istorinės akcentologijos. 1605 m. katekizmo kirčiavimas.* — Vilnius: Vilniaus V. Kapsuko univ., Lietuviu kalbos katedra, 1975, 96 p.
9009 — Dar dėl *an* tipo junginių siaurinimo. — *Baltistica* 12, 1976, 143-145 | E. summ.: Some further notes on the narrowing of the *an*-type clusters. Cf. BL 1972, 8187.
9010 — W sprawie kontaktów językowych litewsko-polskich w Wilnie w XVII wieku.

— *ABS* 9, 1976, 125-131 | Anthroponymy.
9011 Žodžiai ir žmonės. — Vilnius: "Mintis", 1974, 224 p. | *Kalbotyra* 27/1, 1976, 100-103 Stasys Keinys.
9012 ŽUKAUSKAITĖ, Julija: Jungtukas ar prieveiksmis? — *Kalbotyra* 27/1, 1976, 82-85.
9013 ŽULYS, Vladas: Bendrinės lietuvių kalbos veiksmažodžių asmens galūnės. — *Kalbotyra* 26/1, 1975, 63-73 | Ru. summ.
9014 — Tariamosios nuosakos formos (teikiama ir reali norma). — *Kalbotyra* 27/1, 1976, 63-70 | Ru. summ.

IV. Lette — Latvian

BARBARE, D.: *Latviešu padomju valodniecība 30 gados* .... — 3.
9015 AHERO, A.: Valodu kontakti un vārdu aizgūšana. — *LVKJ* 12, 1976, 38-50.
9016 BALTIŅA, M.: Deverbālo substantīvu ar *-šana* produktivitātes cēloņi. — *LZAV* 1975/10 (339), 130-135 | Ru. summ.
9017 BIEZAIS, Haralds: *Lichtgott der alten Letten.* — Scripta Instituti Donneriani Aboensis 8; Stockholm: Almqvist & Wiksell, 1976, 210 p. | The god Ūsiņš.
9018 BLINKENA, A.: Valodas situācija un valodas kultūra. — *LZAV* 1975/8 (337), 102-109 | Ru. summ.
9019 [BREIDAKS, A.] BREJDAK, A..B.: K voprosu o fonetičeskoj interferencii v Latgalii. — *Baltistica* 12, 1976, 31-37.
9020 BRUNDZĀTE, G.: Mūsdienu *i*-celma lietvārdu dzimtes un celma formu pārmaiņas latviešu rakstu valodā. — *LZAV* 1975/2 (331), 105-114.
9021 — Lietvārda dzimtes variantu stilistiskā un semantiskā diferenciācija latviešu valodā. — *LZAV* 1975/4 (333), 101-109.
9022 BUŠS, O.: Leksiskie ģermānismi Neredzīgā Indriķa dziesmās. — *LZAV* 1976/10 (351), 137-148 | Ru. summ.
9023 CELMRAUGA, I., PLESUMA, A., STRAUBE, A.: *Vacu-latviešu vārdnīca*. Ap 21000 vārdu. Parstradats un papildinats 3. izd. — Rīga: Liesma, 1975, 822 p.
9024 DAMBE, V.: Valstu un to iedzīvotāju nosaukumi. — *LVKJ* 12, 1976, 74-103.
9025 DRAVIŅŠ, Kārlis, & OZOLA, Mirdza: *Evangelien und Episteln, ins Lettische übersetzt von Georg Elger. Nebst einem Register seiner geistlichen Lieder aus der Zeit um 1640. Band 2. Wortregister.* — Slaviska institutionen vid Lunds univ., Text- och materialutgåvor 2; Lund: 1976, xxvi, 160 p. | Cf. BL 1961, 229.
9026 [DRĪZULE, V.] DRIZUL, V. A.: Ėksperimental'naja proverka raboty algoritma latyšskich tekstov. — *LZAV* 1975/4 (333), 110-113.
9027 ENDZELĪNS, Jānis: *Darbu izlase*, I .... — Rīga: 1971 | BL 1971, 7761. | *ABS* 9, 1976, 309-311 E. Grinaveckienė.
9028 GRABIS, R.: Ieskats latviešu zinātnes valodas veidošanās sākumos. — *LZAV* 1976/6 (347), 114-131 | Ru. summ.
9029 GRAUDIŅA, M.: II konjugācijas 3. grupas verbu (*cienīt, vētīt, pelnīt* u.c.) tagadnes formu lietojums izloksnēs. — *LVKJ* 11, 1975, 71-73.
9030 HINZE, F.: Hat Matthäus Prätorius (um 1635-1707) ein "kurisches" Vaterunser gekannt? — *ABS* 10, 1976, 235-264 | Ru. summ.
9031 KALNBĒRZIŅA, R.: Abreviatūru struktūra un to lietošana latviešu valodā. — *LVKJ* 11, 1975, 74-87.
9032 KĻAVIŅA, S.: Korelācija vārdu krājuma un vārdšķiru lietojumā starp dažādu funkcionālo stilu tekstiem. — *LZAV* 1976/2 (343), 112-122 | Ru. summ.
9033 KOLBUSZEWSKI, Stanisław: Cechy górnołotewskie w "Słowniku polsko-łotew-

skim" Jana Karigera S. J. (1664-1729). — *ABS* 10, 1976, 313-329 | Upper-Latvian features in J. Kariger's Pol.-Latvian dictionary.

9034 LAPIŅŠ, N.: *Latviešu vārdu etimoloģija*. 3. daļa. — Rīga: Latvijas Valsts Univ., 1975, 148 p. | Cf. BL 1971, 7783. | *KjK* 20, 1977, 374-375 L. Vaba.

9035 *Latviešu valodas biežuma vārdnīca*. 4. sējums. / *Častotnyj slovar' latyšskogo jazyka* .... — Rīga: Zinātne, 1976, 643 p. | Cf. BL 1974, 8235.

9036 *Latviešu valodas kultūras jautājumi* (Rakstu krājums). 11. laidiens. [Red.: H. BENDIKS, et al.]. — Rīga: "Liesma", 1975, 143 p. | Articles on Latvian usage; some listed separately.

9037 *Latviešu valodas kultūras jautajumi* (Rakstu krājums). 12. laidiens. [Red.: H. BENDIKS, et al.]. — Rīga: "Liesma", 1976, 200 p. | Articles on Latvian usage; some listed separately.

9038 LAUMANE, B.: *Zivju nosaukumi latviešu valodā*. — Rīga: 1973 | BL 1973, 9488. | *ABS* 9, 1976, 307-309 Irena Maryniakowa.

9039 NĪTIŅA, D.: Prievārdu lietojuma pārmaiņas latviešu rakstu un literārās valodas attīstības gaitā. — *LZAV* 1975/12 (341), 87-98 | Ru. summ.

9040 OZOLA, A.: Par verbu *vērst, izvērst, izvērsties* formām un to lietošanu. — *LVKJ* 12, 1976, 105-112.

9041 POMMERS, J.: Darbs spēkratu terminoloģijā. — *LZAV* 1976/8 (349), 99-105 | Ru. summ.

9042 PUTNIŅŠ, E.: Über den Schwund des Genus femininum in der Mundart von Svētciems im Lettischen. — *Baltistica* 12, 1976, 51-62.

9043 RAĢE, S.: Par zilbes intonāciju un latviešu literārās valodas normu. — *LVKJ* 11, 1975, 99-121.

9044 REĶĒNA, A.: *Amatniecības leksika dažās Latgales dienvidu izloksnēs un tās sakari ar atbilstošajiem nosaukumiem slāvu valodās*. — Rīga: "Zinātne", 1975, 708 p. | *KjK* 19, 1976, 251-252 Ants Viires | *Baltistica* 13, 1977, 388-391 V. Vitkauskas.

9045 RIEKSTIŅA, R.: Vēlreiz par prievārdiem. — *LVKJ* 11, 1975, 29-36.

9046 ROZENBERGS, J.: *Latviešu valodas praktiskā stilistika. Stilistikas pamatjautājumi, leksikostilistika*. — Rīga: "Zvaigzne", 1976, 146 p.

9047 — Leksēmas *poļi* semantika latviešu tautas dziesmās kultūrvēsturisko sakaru skatījumā. — *LZAV* 1975/12 (341), 99-111 | Ru. summ.

9048 SKUJIŅA, V.: Latvijas PSR Zinātņu akadēmijas terminoloģijas komisijas 30 gadu darbs un galvenie terminoloģijas izstrādes principi. — *LZAV* 1976/6 (347), 102-113 | Ru. summ.

9049 — Fizikas zinātnes un fizikas terminoloģijas sākumi latviešu valodā. — *LZAV* 1976/8 (349), 86-98 | Ru. summ.

9050 SOIDA, E.: Galotnes funkcijas latviešu valodas vārddarināšanas sistēmā. — *LZAV* 1976/12 (353), 103-112 | Ru. summ.

9051 STENGREVICA, M.: Stils un valodas kultūra. — *LVKJ* 12, 1976, 51-62.

9052 UPĪTIS, J.: Skrīverriešu izloksnes pēdas Andreja Upīša darbos. — *LVKJ* 11, 1975, 41-54.

9053 VIMBA, E.: Sasniegumi bioloģijas terminoloģijā un tās attīstības tālākās perspektīvas. — *LZAV* 1976/8 (349), 106-113 | Ru. summ.

9054 ZEMZARE, D.: Vai nosaukums *rudzupuķe* ir vecs? — *Baltistica* 12, 1976, 79-80.

v (14). Onomastique — Onomastics

9055 DRAVIŅŠ, Kārlis: Zur Deutung einiger nordkurländischer Ortsnamen. VI. — *ScSl* 22, 1976, 187-191 | Cf. BL 1974, 8258.

SLAVE

NALEPA, J.: Próba nowej etym. nazwy *Galindia* .... — 9236.
9056 URBANAVIČIŪTĖ, Žaneta, & ŽIČKUTĖ, Violeta: Lietuvių pravardės. — *Kalbotyra* 26/1, 1975, 55-61 | Ru. summ.
9057 VANAGAS, A.: *Lietuvos TSR hidronimų daryba.* — Vilnius: 1970 | BL 1970, 8173. | *BeLi* 7, 1975, 71-74 A. M. Katonava.
9058 — K voprosu o jazykovych jatvjažskich reliktach v Litve. — *ABS* 9, 1976, 71-87, map.
9059 — Principy i struktura slovarja sovremennych litovskich familij. — [4028], 71-79.

C. Langues slaves — Slavic Languages

1. Généralités — General

0. BIBLIOGRAPHIE ET GÉNÉRALITÉS — BIBLIOGRAPHY AND GENERAL

Bibliografija za 1971. i 1972 / 1973. i 1974. godinu rasprava i dela .... u Jugoslaviji. — 5-6.
9060 LEWANSKI, Richard C.: *A bibliography of Slavic dictionaries.* I-III. 2nd ed.; IV. — Bologna: 1973 | BL 1973, 9504. | *SlRev* 34, 1975, 426-428 Thomas F. Magner | *AGI* 61, 1976, 267-268 C. A. Mastrelli.
9061 Przegląd bibliograficzny za rok 1972. Bibliographie raisonnée pour l'année 1972. — *RSl* 37, 1976, 131-484 | Sl. linguistic bibliography.
9062 BARNET, Vladimír: 4. zasedání Mezinárodní komise pro spisovné jazyky slovanské v Moskvě. — *Slavia* 45, 1976, 96-101 | 4e session de la Commission intern. des langues sl. litt. à Moscou (22-25 oct. 1974).
9063 — Páté zasedání Mezinárodní komise pro slovanské spisovné jazyky v Krakově. — *Slavia* 45, 1976, 424-428 | 5e session de la Commission intern. des langues sl. litt. à Cracovie (27-29 oct. 1975).
9064 BASAJ, Mieczysław: O badaniach konfrontatywnych języków słowiańskich. — *SFPS* 15, 1976, 101-103.
9065 [BEAUVOIS, D.] BOVUA, Daniël': Osnovnye ėtapy razvitija francuzskoj slavistiki. — *SovSlav* 1976/5, 87-95.
9066 BERNŠTEJN, S. B.: Sravnitel'naja grammatika slavjanskich jazykov (Programma kursa. Kommentarij k programme. Metodičeskie zametki). — *VMU* 1976/6, 45-62.
9067 BIRNBAUM, Henrik: *On medieval and Renaissance Slavic writing.* — The Hague: 1974 | BL 1974, 8273. | *ASNS* 213, 1976, 470-473 B. Conrad.
9068 BONDARKO, A. V.: Principy postroenija funkcional'noj grammatiki sovremennych slavjanskich jazykov. — [9074], 23-31.
9069 BRÄUER, Herbert: Jagićs Archiv für slavische Philologie. — *ZSlPh* 39/1, 1976, 1-9.
9070 EEKMAN, Thomas: Vatroslav Jagić on Križanić. — [9078], 303-325.
9071 FILIN, F. P.: Notatky pro movnu normu. — [229], 67-73.
9072 GASPAROV, B. M., & SIGALOV, P. S.: *Sravnitel'naja grammatika slavjanskich jazykov.* — Tartu: 1974 | BL 1974, 8278. | *SovSlav* 1976/4, 114-118 M. M. Kopylenko.
9073 *Govorite formi i slovenskite literaturni jazici. Materijali* .... [Ured. odbor: Blaže KONESKI, et al.]. — Skopje: 1973 | BL 1973, 9514. | *ZSl* 21, 1976, 242-244 K. Gutschmidt.

9074 *Grammatičeskie opisanie slavjanskich jazykov. Koncepcii i metody*. [Red.: N. Ju. ŠVEDOVA, et al.]. — Moskva: Nauka, 1974, 256 p. | Cited in BL 1975, 8792, but analyzed in the present vol.

9075 GREPL, Miroslav: Desáté zasedání Mezinárodní komise pro studium gramatické stavby slovanských jazyků v Skopji 1975. — *SS* 37, 1976, 151-159 | 10th meeting of the Intern. Committee for the study of the grammatical structure of Sl. languages (Skopje, 29 Sept.-4 Oct. 1975).

HEANEY, M.: Križanić and the German language. — 7179.

9076 HORÁLEK, Karel: Konwergentne innowacje w językach słowiańskich. — [408], 7-10.

ISAČENKO, A. V.: *Opera selecta* . . . . — 10769.

9077 JANČÁKOVÁ, Jana, & MARTINCOVÁ, Olga: Znovu o inovačních procesech a tendencích v současných spisovných jazycích slovanských. — *NŘ* 59, 1976, 47-51 | Wissenschaftliche Tagung über die Innovationsprozesse und -tendenzen in gegenwärtigen sl. Sprachen (Prag, Mai 1975).

9078 *Juraj Križanić (1618-1683): Russophile and ecumenic visionary*. A symposium. Ed. by Thomas EEKMAN & Ante KADIĆ. — SlPR 292; The Hague: Mouton, 1976, viii, 360 p.

9079 KOTOVA, N. V., JANAKIEV, M.: Kakvo e naj-udobno da săpostavjame količestveno v slavjanskite ezici. — *BSl* 1, 1976/1, 27-39 | Ru. summ.

9080 LEKOV, Ivan: Slavjanskata filologija – integracija na nauki s dostojno minalo i trajno bădešte. — *EL* 31, 1976/5, 1-8.

9081 MERIAN, E.: Die Bedeutung der Jablonowskischen Gesellschaft in Leipzig für die slawistische Forschung im ehem. Deutschland. — *ZSl* 21, 1976, 694-700.

9082 *Očerki po rannemu periodu slavjanovedenija v Švecii*. Ed.: Ľubomír ĎUROVIČ. — *SlLund* 3 (r); Lund: Slaviska institutionen, 1975, 113 p. | Also in a Sw. parallel ed.: *Kring den svenska slavistikens äldsta historia*. The Ru. ed. is marked with (r).

PĂTRUŢ, I.: *Studii de limba română şi de slavistică*. — 6773.

POHRT, H.: V. Jagić und die Slawistik in Berlin. — 578.

9083 STIEBER, Zdzisław: *Świat językowy Słowian*. — Warszawa: 1974 | BL 1974, 8288. | *Mov* 1975/4, 85-89 J. Dzendzelivs'kyj.

9084 — On the peripheral innovations. — [233], 1057-1061.

9085 *Zagadnienia kategorii stopnia w językach słowiańskich*. [Praca zbiorowa pod red. Hanny ORZECHOWSKIEJ]. — Warszawa: Wyd. Uniw. Warszawskiego, 1976, 163 p.

9086 ZARĘBA, Alfred: Językoznawstwo slawistyczne w Szwecji. — *ZNUJ* 451, *Prace Językoznawcze* 52, 1976, 139-149 | La linguistique sl. en Suède (Rés. fr.).

1. PHONÉTIQUE ET PHONOLOGIE — PHONETICS AND PHONOLOGY

9087 ARUMAA, Peeter: *Urslavische Grammatik. Einführung in das vergleichende Studium der slavischen Sprachen. Band 2. Konsonantismus*. — Heidelberg: Winter, 1976, 199 p. | Cf. BL 1964, 6336.

9088 BAHMUT, A. J.: Zahal'nomovne j indyvidual'ne v intonaciji movlennja. — [229], 153-162.

9089 COHEN, Gerald Leonhard: Russian short adjectival stress. — *WSlav* 19-20, 1974-75, 12-24.

9090 DOBRODOMOV, I. G.: Otraženie tjurkskogo načal'nogo *j-* v bulgarizmach slavjanskich jazykov. — *SovT* 1975/3, 23-35.

9091 FELDSTEIN, Ronald F.: Another look at Slavic liquid diphthongs. — *Lingua* 38,

1976, 313-334, 5 tab.
9092 GARDE, Paul: *Histoire de l'accentuation slave.* I; II. — Coll. de manuels de l'Inst. d'Études sl. 7; Paris: Inst. d'Études sl., 1976, xi, 379 p.; p. 385-525 | *RLing* 3, 1976, 313-316 Valentin Kiparskij | *BSL* 72, 1977/2, 283-289 J. Kuryłowicz. KOMÁREK, M.: K rozsahu psl. proteze .... — 9900.
9093 KORTLANDT, F. H. H.: *Slavic accentuation*.... — Lisse: 1975 | BL 1975, 8824. | *SEEJ* 20, 1976, 80-81 Mark J. Elson.
9094 MAŃCZAK, Witold: Czy prasłowiańskie wyrazy na **ch-* są pochodzenia irańskiego? — *IJSLP* 21, 1975, 7-12.
9095 MATHIASSEN, Terje: *Studien zum slavischen und indoeuropäischen Langvokalismus.* — Oslo: 1974 | BL 1974, 8300. | *SEER* 54, 1976, 593-594 H. Leeming | *LPosn* 19, 1976, 111-114 Tadeusz Waszkiewicz.
9096 PIANKA, Włodzimierz: Palatalizacje i welaryzacje a monoftongizacja dyftongów w języku prasłowiańskim. — *SFPS* 15, 1976, 217-231.
9097 SHEVELOV, George Y.: *A prehistory of Slavic* ... — Heidelberg: 1964 | BL 1964, 6353. | *Lingua* 35, 1975, 97-98 H. Galton; rejoinder by Shevelov, *Lingua* 38, 1976, 357-358.
9098 SKLJARENKO, V. H.: Akcentolohična problematyka formy rodovoho vidminka množyny imennykiv. — *Mov* 1975/6, 33-41.
9099 STEENSLAND, L.: Ein beitrag zur diskussion anlässlich R. Channons *On the place of the progressive palatalization of velars in the relative chronology of Slavic.* — *IJSLP* 21, 1975, 90-106 | Cf. BL 1972, 8286.
9100 STIEBER, Zdzisław: Jeszcze o rzekomym prasłowiańskim *o.* — *SFPS* 15, 1976, 285-288.
9101 WUKASCH, Charles: A rule collapsing problem in Late Proto-Slavic and Old Church Slavic. — *PIL* 9, 1976/1-2, 161-171.

2. GRAMMAIRE — GRAMMAR

9102 [BĂČVAROV, Ja.] BAČVAROV, Ja.: Porjadok slov kak grammatičeskoe sredstvo v slavjanskich jazykach (v sopostavlenii s nekotorymi neslavjanskimi). — [9074], 211-218.
9103 BAUER, Jaroslav: *Syntactica Slavica*.... — Brno: 1972 | BL 1972, 8305. | *IJSLP* 21, 1975, 106-111 Milka Ivić | *ZSl* 21, 1976, 248-250 W. Gladrow.
9104 BĚLIČOVÁ-KŘÍŽKOVÁ, Helena: Kategorie osoby a systém diateze v slovanských jazycích (Ke vztahu morfologické a syntaktické roviny v jazyce). — *Slavia* 45, 1976, 337-355 | La catégorie de la personne et le système de la voix dans les langues sl.
9105 BOSÁK, Jan: Renesancia morfonológie. — *SlavSl* 11, 1976, 306-314 | Rev. art. on (1) No. 9341; (2) V. G. ČURGANOVA, *Očerki russkoj morfonologii*, 1973 (BL 1973, 11343); (3) Roman LASKOWSKI, *Studia nad morfonologią współczesnego języka polskiego*, 1975 (BL 1975, 9920).
9106 BOŠKOVIĆ, Radosav: Tragovi praslovenske deklinacije osnova na *ĭ* s redukovanim osnovinskim sufiksom u *casus obliqui.* — *ZbFL* 18, 1975/1 (1976), 157-160 | Summ. in G.
9107 COMRIE, Bernard: The second dative: a transformational approach. — [376], 123-150.
CUMMINS, G. M.: Toward a formal intermediary between semantic representations ... — 2444.
9108 DEJANOVA, M., & STANIŠEVA, D.: *Izmenenija na morfologičeskom urovne, obu-*

slovlennye javlenijami sintaksisa (*Na materiale slavjanskich jazykov*). [Otvetstvennyj red.: Ivan LEKOV]. — Slavjansko ezikoznanie 1; Sofija: Izd. BAN (Inst. bolg. jazyka), 1976, 226 p.

9109 DU FEU, V. M.: Common Slavonic syntax and Križanić's Grammar. — [9078], 287-299.

9110 FERRELL, James: The history of the Slavic imperfect tense, with particular reference to the developments in Old Church Slavic, Slovene and East Slavic. — *WSlav* 19-20, 1974-75, 37-63.

9111 GALLIS, Arne: *Beiträge zur Syntax der Richtungsverba in den slavischen Sprachen* .... — Oslo: 1973 | BL 1973, 9587. | *IJSLP* 22, 1976, 131-138 Roman Mrázek | *SEER* 54, 1976, 106-107 D. G. Guild.

9112 GALTON, Herbert: *The main functions of the Slavic verbal aspect*. — Skopje: Maced. Acad. of Sci. and Arts, 1976, 307 p.

9113 GERD, A. S.: K tipologii slavjanskogo regional'nogo slovoobrazovanija. — [10791], 36-48.

9114 GIRKE, Wolfgang: Zur Darstellung der unpersönlichen Sätze im Slavischen. — *ASNS* 213, 1976, 310-327.

9115 GLADROW, Anneliese: Zum Ausdruck der Belebtheit/Nichtbelebtheit der Substantive im Slowakischen in Konfrontation mit dem Tschechischen und Russischen. — *WZUB* 24, 1975, 775-777.

9116 GREPL, M.: Iz teoretičeskogo opyta opisanija sintaksičeskoj sistemy. — [9074], 3-8.

9117 HORÁK, Emil: Významové jadro slovanskej predložky *O*. — *SlavSl* 11, 1976, 265-271 | Semantic clue of the Slavic preposition *O* (Ru. summ.).

9118 IVANOVA, T. A.: Sinonimičeskij rjad so značeniem otčuždaemoj prinadležnosti v sovremennych slavjanskich literaturnych jazykach. — *PPJ* 11, 1975, 93-105.

9119 JELÍNEK, Milan: Sémantické a syntaktické důsledky verbonominální transpozice sloves. — *PF* 26, 1976, 285-291.

9120 JURKOWSKI, Marian: Negacja w wyrażeniach gradacyjnych. — [9085], 95-103.

9121 KODUCHOV, V. I.: Sposoby opisanija grammatičeskogo stroja sovremennych slavjanskich jazykov (na materiale složnogo predloženija). — [9074], 72-79.

9122 KONDRAŠOV, Nikolaj A.: Imena suščestvitel'nye s suffiksom *-dl-* (*-l-*) v slavjanskich jazykach. — *FilS* 6, 1975, 95-102 | E. summ.

9123 [KOŘENSKÝ, J.] KORŽENSKIJ, Ja.: Postroenie grammatiki estestvennogo jazyka na osnove semantičeskoj bazy. — [9074], 136-147.

9124 KORONCZEWSKI, Andrzej: Konstrukcje *mieć* + participium praeteriti w językach słowiańskich. — *SprOKrPAN* 19, 1975 (1976), 327-328.

9125 LAŠKOVA, Lili: Kategoriite "otricanie" i "modalnost" v slavjanskite ezici. — *BE* 26, 1976, 144-147.

9126 LEKOV, Ivan: Asimetrijata na forma i sădăržanie v slavjanskite gramatični kategorii. — *BE* 26, 1976, 49-55.

9127 — Obratna (smislovna i formalna) vrăzka v slovoformen sintagmatičen i kontekstov aspekt (Vărchu material ot slavjanskite ezici). — [316], 99-110 | Also in *EL* 31, 1976/2, 13-18.

9128 LEŠKA, O.: K voprosu o častjach reči v opisatel'noj grammatike slavjanskich jazykov. — [9074], 31-38.

9129 MARSINOVÁ, Marta: Poznámky ku konfrontácii denominatívnych slovies v niektorých slovanských jazykoch. — *SlavSl* 11, 1976, 103-106 | Bemerkungen zur Konfrontation der denominativen Verben in einigen sl. Sprachen (Rés. all.).

9130 MARVAN, Jiří: Sinchronija v diachronii. Teoretičeskie voprosy russkogo jazyka vo II-om tome knigi S. B. Bernštejna *Očerk sravniteľ noj grammatiki slavjanskich jazykov....* — *RLing* 3, 1976, 163-166 | Cf. BL 1974, 8312.

9131 MASLOV, Jurij [S.]: Iz problematikata na săpostavitelna aspektologija. — *EL* 31, 1976/6, 1-10.

9132 MEĽNIČUK, A. S.: Specifika porjadka slov kak komponenta struktury slavjanskogo predloženija. — [9074], 208-211.

9133 MICHNEVIČ, A. Ja.: Semantiko-sintaksičeskaja struktura slavjanskogo predloženija i problema analitičeskich konstrukcij. — [9074], 176-181.

9134 MIROWICZ, Anatol: O różnym usytuowaniu podmiotu logicznego w niektórych korelatywnych konstrukcjach zdaniowych. — [389], 83-87.

9135 MRÁZEK, Roman: Konstrukcii s semantikoj "sentire, percipere" v sovremennych slavjanskich jazykach. — *Slavia* 45, 1976, 1-22.

9136 NICHOLSON, J. G.: Suppletion, spatial correlatives and the boundary concept. — *ESl* 20, 1975-76, 20-30.

9137 OKONIOWA, Joanna: Z historii słowiańskich przyimków (*dla, radi, gwoli*). — *Polonica* 2, 1976, 215-219 | E. summ.

9138 ORAVEC, Ján: Systém pádov v slovanských jazykoch z hľadiska syntagmatiky. — [10358], 107-118.

9139 PANIN, L. G.: Iz istorii imeniteľ nogo i viniteľ nogo padežej edinstvennogo čisla v slavjanskich jazykach. — *NDVŠ-F* 1976/5, 92-97.

9140 POHL, Heinz Dieter: Probleme der altslavischen Wortbildung. — [145], 15-21.

9141 REVZINA, O. G.: Osnovnye čerty struktury grammatičeskoj kategorii roda. — [379], 4-24.

9142 ROJZENZON, L. I.: *Mnogopristavočnye glagoly v russkom i v drugich slavjanskich jazykach.* — Samarkand: 1974 | BL 1975, 8867. | BE 26, 1976, 256-260 Marija Dejanova.

9143 RUSKOVA, M. P.: Iz sopostavlenija sklonenija imen suščestviteľ nych v severnorusskich dialektach i južnoslavjanskich jazykach. — [10791], 63-73.

9144 RUŽIČKA, R.: K voprosu o suščestvovanii osobych principov i metodov opisanija grammatičeskoj struktury slavjanskich jazykov. — [9074], 8-12.

SARADŽEVA, L. A.: Indoevropejskie vremennye ponjatija i ich razvitie v armjanskom i sl. jazykach. — 4558.

9145 SATŌ Akihiro: Surabugo ni okeru kanryōtai dōshi no judō kōbun ni tsuite. Kodai kyōkai Surabugo to gendai Roshiago no tsūjiteki kenkyūshiron. — *GK* 70, 1976, 39-56 | On the passive construction of perfect form verbs in Sl. A sketch of a diachronic study from OSl. to Mod. Ru. (Ru. summ.).

SCHELESNIKER, H.: Der sl. Gen. auf *-y/-ę* .... — 4114.

9146 SCHMALSTIEG, William R.: The Slavic genitive singular as the subject of participles in *-no-* and *-to-*. — *Ling* 16, 1976, 161-163.

9147 SELIMSKI, Ljudvig: Za săštnostta i klasifikacijata na složnite dumi v slavjanskite ezici. — *EL* 31, 1976/1, 1-9.

9148 SIGALOV, P. S.: O prilagateľ nych s suffiksom *-k-*. — *UZTarU* 266, 1971 (*Trudy po ru. i sl. fil.* 17), 96-109.

9149 — Nekotorye voprosy izučenija prefiksaľ nogo obrazovanija glagolov. — *UZTarU* 347, 1975 (*Trudy po ru. i sl. fil.* 23), 117-134.

SIMIĆ, R.: Teorijsko-metodološki problemi u tipologiji slovenske rečenice. — 2612.

9150 SIMULIK, M. V.: Semantiko-sintaksičeskie priznaki predikatyvnych edinic i struktura složnogo polipredikatyvnogo predloženija v slavjanskich jazykach. — *VJa* 1976/4, 81-90.

Sl. transformational syntax .... — 376.
9151 SŁAWSKI, Franciszek: Prasłowiański sufiks *-itjь*. — *RND* 58, *Prace językoznawcze* 3, 1976, 73-79.
9152 ŠTĚPÁN, Josef: Složité souvětí s řetězovou závislostí v českých, slovenských a ruských mluvnicích. — *BRJL* 20, 1976, 135-142 | Rés. ru. et all.
9153 STREKALOVA, Z. N.: Augmentativnyj sposob glagol'nogo dejstvija v russkom, pol'skom i slovackom jazykach. — *SlavSl* 11, 1976, 247-252 | Rés. slov.
9154 TOPOLIŃSKA, Z.: Porjadok slov v imennom slovosočetanii kak otraženie ego derivacionnoj istorii. — [9074], 235-244.
9155 VAILLANT, André: *Grammaire comparée des langues slaves*. Tome IV. — Paris: 1974 | BL 1974, 8366. | *CSlP* 18, 1976, 237-238 T. M. S. Priestly | *Slavia* 45, 1976, 195-199 Vlasta Straková.
9156 VOZNYJ, T. M.: Slovotvirna struktura schidnoslov'jans'kych vidprykmetnykovych dijesliv u porivnjanni z verchn'olužyc'kymy i pol's'kymy. — *PMov* 9, 1975, 44-50 | Ru. summ.
9157 ŽURAVLEV, V. K.: Vvedenie v diachroničeskuju morfologiju. — *BalkE* 19, 1976/2, 49-71; 1976/3, 23-47.

3. HISTOIRE — HISTORY

AUTY, R.: The importance of the aesthetic factor in East European language revivals. — 2713.
9158 KRONSTEINER, Otto: Die Bedeutung der Lautgruppe *dl/l* für die sprachliche Klassifizierung des Alpenslawischen. — [260], 217-225, map.
9159 MOŚKO, Eugeniusz: Kronikarza Thietmara *Glomaci* i nazwa Dalmacji oraz nazwa plemienia *Lemuzi* wobec zagadnienia wenecko-ilirskiego. — *PF* 26, 1976, 127-146.
9160 PĂTRUŢ, I.: Despre durata şi structura dialectală a limbii slave comune. — *CLing* 21, 1976, 183-188 | Durée et structure dialectale du sl. commun (Rés. fr.).
9161 — O edinstve i prodolžitel'nosti obščeslavjanskogo jazyka. — *RSl* 37, 1976, 3-9 | Rés. fr.
9162 ZAGIBA, Franz: *Das Geistesleben der Slaven im frühen Mittelalter*..... — Wien: 1971 | BL 1973, 8382. | *RSl* 37, 1976, 79-84 Leszek Moszyński.

4. DIALECTOLOGIE — DIALECTOLOGY

9163 BERNŠTEJN, S. B., & KLEPIKOVA, G. P.: Processy jazykovoj interferencii na Karpatach i "Obščekarpatskij dialektologičeskij atlas". — *SovSlav* 1976/2, 63-69.
9164 DERGANC, Saša: O slovanskih lingvističnih atlasih. — *SlavR* 24, 1976, 325-341.
9165 FALIŃSKA, Barbara: Semantyka a geografia lingwistyczna. — *Polonica* 2, 1976, 221-231 | E. summ.
9166 KUZ'MINA, I. B., & NEMČENKO, E. V.: K voprosu o pronicaemosti sintaksičeskoj sistemy govorov pri vozmožnosti inojazyčnogo vlijanija. — [344], 191-201.
MACREA, D.: Emprunts lexicaux roum.... — 6920.
9167 MORAVEC, J.: Izoglosy přízvuku a kvantity ve východoslovenském jazykovém areálu (na pozadí slovanském). — *ZKSUT* 2, 1973 (1975), 77-89.
Obščekarpatskij dialektologičeskij atlas ..... — 2782.
9168 *Obščeslavjanskij Lingvističeskij Atlas. Materialy i issledovanija*, 1971. [Red.: R. I. AVANESOV, S. B. BERNŠTEJN, et al.]. — Moskva: 1974 | BL 1974, 8391. | *Polonica*

2, 1976, 286-293 Anna Basarowa.
9169 ONDRUS, Pavel: O porovnávaní slov a ich významov v nárečiach slovanských jazykov. — *SlavSl* 11, 1976, 75-78 | On the comparison of words and their meanings in Sl. dialects.
9170 PROCHOROWA, S. M.: Przyczynek do problemu słowiańskich gwar przejściowych. — *ZNUG, Filologia Rosyjska* 5, 1975 (1976), 75-81 | Ru. summ.
UTĚŠENÝ, S.: Český jazykový atlas a český podíl na Slovanském jazykovém atlase. — 9959.
9171 VAŠEK, Antonín: K projektu Slovanského jazykového atlasu. — *Universitas* 1976/2, 46-50 | Zum Projekt des Slawischen Sprachatlasses.
9172 [ŽYLKO, F. T.] ŽILKO, F. T.: Problemy regional'nych atlasov slavjanskich jazykov. — *SovSlav* 1976/3, 81-88.

5. VOCABULAIRE — VOCABULARY

9173 BEZLAJ, France: Nemeckoe *Himmel(reich)* i slavjanskoe **irijь, vyrijь*. — *SovSlav* 1976/5, 62-67 | With postscript by T. M. SUDNIK, 67-68.
9174 — Slovansko **irьjь, *vyrьjь* in sorodno. — *OnJug* 6, 1976, 57-70 | G. summ.
9175 BORYŚ, Wiesław: Prasłowiańskie **osъkola, *sъčava, *sъčavъ* i pokrewne. — *RSl* 37, 1976, 47-63 | Rés. fr.
9176 BUDZISZEWSKA, Wanda: Odzwierciedlenie podań o słońcu w nazwach roślin. — *PJ* 1976, 409-411.
ÇABEJ, E.: Hist. fjalësh të sllavishtes e të shqipes. — 4639.
— Mbi disa izoglosa të shqipes me sllavishten. — 4640.
9177 CHĄBIČEV, M. A.: Bagr, bagor. — *SovT* 1975/4, 46-48 | On the Turkic origin of *bagr*, etc. in Sl. languages.
9178 COHEN, Gerald L.: Etymology of Old Church Slavonic *veštĭ* (= thing). — *Germano-Slavica* (Waterloo, Ontario) 2, 1976, 99-105.
DESNICKAJA, A. V.: O nekotorych voprosach balkanistiki v svjazi s izučeniem karpatskogo lingvističeskogo areala. — 4612.
— K interpretacii balkanizmov v karpatskoj leksike. — 4613.
9179 DICKENMANN, Ernst: Zu den slavischen Etymologica der letzten Jahre. — *BNF* 11, 1976, 313-334.
9180 ENRIETTI, Mario: Slavi *bljudo* e *misa* "piatto, scodella". — [233], 225-236.
9181 ERHART, Adolf, & VEČERKA, Radoslav: *Úvod do etymologie* (Pro bohemisty i ostatní lingvisty). — Brno: Univ. J. E. Purkyně, 1975, 181 p. | Introd. à l'étymologie. | *NŘ* 59, 1976, 149-153 František Kopečný.
9182 *Ėtimologičeskij slovar' slavjanskich jazykov. Praslavjanskij leksičeskij fond.* Vyp. 1; 2. Pod red. O. N. TRUBAČEVA. — Moskva: 1974; 1975 | BL 1975, 8899. | *Slavia* 45, 1976, 296-303 Šimon Ondruš.
9183 *Etymologický slovník slovanských jazyků. Slova gramatická a zájmena.* Sv. 1. Sestavil František KOPEČNÝ. — Praha: 1973 | BL 1973, 9707. | *Ėtimologija* 1974 (1976), 175-177 O. N. Trubačev | *Slavia* 45, 1976, 296-303 Šimon Ondruš.
9184 [GAJDAMOWICZ-MAZUREK, A.] GAJDAMOVIČ-MAZUREK, Alicija: Nazvanija gribov v slavjanskich jazykach. — *ZNOp, Filologia Rosyjska* 13, 1976, 103-119 | Pol. summ.
GINDIN, L. A., & KALUŽSKAJA, I. A.: K voprosu o leksičeskich karpatizmach substratnogo proischoždenija. — 4615.
9185 GOŁĄB, Zbigniew: Scs. *srъdoboľa* "krewny" – ślad indoeuropejskiej terminologii społecznej w słowiańskim? — *RND* 58, *Prace językoznawcze* 3, 1976, 21-27.

9186 HAMP, Eric P.: On the distribution and origin of *vatra*. — [260], 201-210.
9187 HERMAN, Louis Jay: *A dictionary of Slavic word families*.... — New York: 1975 | BL 1975, 8909. | *CanSS* 10, 1976, 431-432 Iraida Tarnawecky | *ČRus* 21, 1976, 188-190 Oldřich Leška | *LF* 99, 1976, 251-252 Oddělení pro dějiny jazyka Ústavu pro jazyk český ČSAV | *AUMLA* 46, 1976, 358-360 Roland Sussex.
9188 JACOBSSON, Gunnar: Einige slawische Lehnwortverbindungen. — *ScSl* 22, 1976, 93-124 | 1. Ru. *akúla* "Haifisch". 2. Ru. *chárius* "Asch" und *tajmén* "Lachsforelle". 3. Sl. *rakъ* "Krebs", nord. *räka* "Garnele".
9189 — Kilka obserwacji na temat związków wyrazów zapożyczonych. (Wewnętrzne i zewnętrzne leksykologiczne związki świata słowiańskiego.) — *SlavSl* 11, 1976, 19-24 | Einige Beobachtungen über die Beziehungen der Lehnwörter. Lexikalische Innen- und Aussenbeziehungen der sl. Welt (Rés. slov.).
9190 JAKOBSON, Roman: Spatial relationships in Slavic adjectives. — [233], 377-382.
9191 KISS, Lajos: O predmete slovanskej porovnávacej lexikológie: Onomaziológia. — *SlavSl* 11, 1976, 12-13 | On the subject of Sl. comparative lexicology: Onomasiology.
9192 KLEPIKOVA, G. P.: *Slavjanskaja pastušeskaja terminologija*.... — Moskva: 1974 | BL 1974, 8415. | *VJa* 1976/5, 155-159 R. Ja. Udler.
9193 — Die Entsprechungen von urslaw. **kъbьlъ* im Bulgarischen und in anderen slawischen Sprachen. — *ZSl* 21, 1976, 839-846.
9194 KMIETOWICZ, Franciszek: Tytuły władców Słowian w tzw. "Relacji Anonimowej", wschodnim źródle z końca IX wieku. — *SlAnt* 23, 1976, 175-191 | Rés. fr.
9195 KOLOMIJEC', V. T.: *Rozvytok leksyky slov'jans'kych mov u pisljavojennyj period*. — Kyjiv: 1973 | BL 1973, 9717. | *ČRus* 20, 1975, 228-230 N. A. Kondrašov.
9196 [KOPEČNÝ, F.] KOPEČNYJ, Fr.: O novych ètimologičeskich slovarjach slavjanskich jazykov. — *VJa* 1976/1, 3-15.
9197 KUCÓWNA, Barbara, & GINALSKA, Teresa: Z geografii i historii słowiańskich nazw ptaków. — [355], 47-53.
9198 KURKINA, L. V.: Ètimologičeskie zametki. — *Ètimologija* 1974 (1976), 44-59 | Ru. *tormošit'*; Slovenian *otrkniti*; Ukr. *lésta*; Ukr. *strybaty*; Slovenian *rášiti*; Sl. **rešeto*; O. Sorb *skomorić*; Slovenian *trâbje*.
9199 L'VOV, A. S.: Iz leksikologičeskich nabljudenij. [11-12]. — *Ètimologija* 1974 (1976), 76-80 | 11. OSl. *obouěti*. 12. OSl. *otъštetiti*. Cf. BL 1974, 8429.
9200 MAREŠ, Franz Wenzel: Die Metalle bei den alten Slaven im Lichte des Wortschatzes. — *AÖAW* 113, 1976, 247-256.
9201 MEČKOVSKAJA, N. B.: O nazvanijach slovarja v vostočnoslavjanskich i južnoslavjanskich jazykach. — *BSl* 1, 1976/5, 26-34.
9202 MEL'NYČUK, O. S.: Etymolohični rozvidky. 1. *Dbaty – dybaty*. — *Mov* 1975/5, 46-55.
9203 NIČEVA, Keti: Ednoezični i dvuezični frazeologični rečnici v slavjanskata leksikografija (Obzor). — *BE* 26, 1976, 511-517.
9204 NYOMÁRKAY, I.: Fremdwörter in den slawischen Sprachen. Die morphologische Einfügung der internationalen (lateinischen und neulateinischen) Substantive auf *-ium* in die slawischen Sprachen. — *SSlav* 22, 1976, 85-91.
9205 ONDRUŠ, Šimon: Slovanské *tělo* a grécke *sōma*. (Na sté výročie Nerudovej poviedky *Psáno o letošních Dušičkách*). — *Slavia* 45, 1976, 245-251 | Sl. *tělo* and Gr. *sōma*.
9206 ORZECHOWSKA, Hanna: Innowacja strefowa – imperfektywne **poznati*. — [408], 49-61.

9207 PETLEVA, I. P.: Etimologičeskie zametki po slavjanskoj leksike. IV (i.-e. *(s)ker-m- v slavjanskich jazykach: *skormъ/a, *kroma, *kъrmъ/a, *kъrma, хrоmъ, russk. dial. kromy, koromyška). — Ètimologija 1974 (1976), 16-31 | Cf. BL 1975, 8924.
9208 ROJZENZON, L. I.: Obzor obrazovanij s drevnim indoevropejskim kornevym èlementom krp-/krn- v slavjanskich jazykach. — [367], 145-152.
9209 SADNIK, Linda, & AITZETMÜLLER, Rudolf: Vergleichendes Wörterbuch der slavischen Sprachen. Lief. 6. — Wiesbaden: 1973 | BL 1973, 9728. | Ètimologija 1974 (1976), 178-179 O. N. Trubačev.
9210 SCHUSTER-ŠEWC, Heinz: Czy połabskie jostrą̊į "Wielkanoc" naprawdę jest pożyczką anglosaską? (Przyczynek do etymologii i geografii lingwistycznej słowiańskich nazw Wielkanocy). — RSl 37, 1976, 31-37, map | G. summ.: Ist dravänopolabisch jostrą̊į "Ostern" wirklich ein angelsächsisches Lehnwort?
9211 SCHÜTZ, Edmond: Onomatopoetic and/or tone-characterising bird names: a Turkic-Slavic parallel. — UAJb 48, 1976, 213-215 | Terms for the quail.
SIATKOWSKA, W.: Zachodniosłowiańskie zawołania na zwierzęta . . . . — 9871.
9212 SKORUPKA, Stanisław: Frazeologia porównawcza języków słowiańskich (Struktura formalna i semantyczna związków frazeologicznych). — SlavSl 11, 1976, 33-38 | Zur vergleichenden Phraseologie der sl. Sprachen. Formale und semantische Struktur der phraseologischen Verbindungen (Rés slov.).
9213 Słownik prasłowiański. Opracowany przez zespół Zakładu Słowianoznawstwa PAN pod red. Franciszka SŁAWSKIEGO. Członkowie zespołu: Wiesław BORYŚ, Wacław FEDOROWICZ, Krystyna HEREJ-SZYMAŃSKA . . . . Tom II. C - davьnota. — Wrocław: Zakład im. Ossolińskich (Komitet Językoznawstwa PAN), 1976, 367 p. | With a cont. of 'Zarys słowotwórstwa prasłowiańskiego' by F. SŁAWSKI, p. 13-60 | Cf. BL 1974, 8444. | Slavia 45, 1976, 296-303 Š. Ondruš (On vol. I).
9214 SUROVCOVA, M. A.: Vyraženie cvetovych značenij v obščeslavjanskom jazyke. — EIŔJa 8, 1976, 136-155.
9215 TOLSTOJ, N. I.: Zu einigen südslawisch-russischen lexikalischen Parallelen. — ZSl 21, 1976, 834-838.
9216 USAČEVA, V. V.: Materialy dlja slovarja slavjanskich nazvanij ryb. III (semejstvo Cyprinidae). — Ètimologija 1974 (1976), 81-116 | Cf. BL 1975, 8937.
9217 VARBOT, Ž. Ž.: K rekonstrukcii i ètimologii nekotorych praslavjanskich glagol'- nych osnov v otglagol'nych imen. IV (*tipati, *piščati II i *piščalъ II, *vъrati i *varati, *sokorъ i *sočiti III). — Ètimologija 1974 (1976), 32-43 | Cf. BL 1975, 8939.
9218 — Variantnost' suffiksal'noj struktury v odnokorennych slavjanskich imenach i rekonstrukcija praslavjanskogo leksičeskogo fonda. — VJa 1976/6, 33-49.
9219 ZAIMOV, Jordan: Slavjanskie ètimologii. — IJSLP 22, 1976, 7-17.
9220 ZARĘBA, Alfred: Z zagadnień słownictwa pasterskiego w językach słowiańskich. — SprOKrPAN 19, 1975 (1976), 93.
Zur Ausbildung der Norm der dt. Literatursprache (1470-1730). 3. — 7423.

6. ÉCRITURE, ORTHOGRAPHE — SCRIPT, ORTHOGRAPHY

9221 EEKMAN, Thomas: Juraj Križanić's orthography. — SlGand 3, 1976, 123-126 | A propos de l'art. de Raymond DETREZ, SlGand 1, 55-66 (BL 1974, 8450). | Réponse de Detrez, SlGand 3, 1976, 127-129.
9222 FUČIĆ, Branko: Ročki glagoljski abecedarij. — Slovo 25-26, 1976, 193-201, 2 pl. | G. summ.: Das glagolitische Abecedarium von Roč (Istrien).
9223 VRANA, Josip: Nekoliko kritičkih napomena o novijim proučavanjima staro-

slovenske azbuke. — *JslF* 32, 1976, 149-166, fold. tab. | Summ. in E.: Critical remarks on some recent studies of the O. Church Sl. alphabet.

9224 VYSOC'KYJ, S. O.: Azbuka z Sofijs'koho soboru v Kijevi ta dejaki pytannja pochodžennja kyrylyci. — *Mov* 1976/4, 74-83, 3 fig.

7. STYLISTIQUE, LANGUE LITTÉRAIRE — STYLISTICS, LITERARY LANGUAGE

9225 URBAŃCZYK, Stanisław: Czynniki warunkujące powstawanie i rozwój słowiańskich narodów i języków literackich. — [9601], 165-171.

14. ONOMASTIQUE — ONOMASTICS

KEMPF, G.: *Bibliographie zur dt.-sl. Namenkunde*. 1. — 7737.

9226 BLANÁR, Vincent: Výskum slovanských osobných mien a ich kartografické spracovanie. — *ZbSOK* V, 5-19 | Zur Erforschung der sl. Personennamen und deren kartographischen Bearbeitung.

9227 DURIDANOV, Ivan: Slavjansko-rŭmănski otnošenija v antroponimijata. — *ZbSOK* V, 89-92 | Sl.-Rum. relations in anthroponymy.

9228 — Etimoložki beležki kăm edin dreven toponim: praslav. *Vьlkovyja. — *BE* 26, 1976, 104-108.

9229 EICHLER, Ernst: Zu einigen Problemen der slawischen Namengeographie. — *ZbSOK* VI, 97-105.

9230 — Westslawisch-südslawische Beziehungen im Lichte der Toponomastik. II. — *OnJug* 6, 1976, 71-75 | Summ. in SCr. Cf. BL 1975, 8951.

9231 FEDOROWICZ, Wacław: Górskie nazwy terenowe w Karpatach. *Magura. — Karpaty* (Kraków) 1975/4, 2-8, map.

9232 GOŁĄB, Zbigniew: *Veneti//Venedi*: the oldest name of the Slavs. — *JIES* 3, 1975, 321-336.

9233 KARAŚ, Mieczysław: Nazwy osobowe a nazwy miejscowe (forma i znaczenie). — *ZbSOK* V, 93-102 | Anthroponyms and toponyms (form and meaning).

9234 LUBAŚ, Władysław: Miejsce nazw własnych w strukturze języka (na przykładach słowiańskich). — *ZbSOK* VI, 15-22 | The place of proper names in the structure of language (Sl. examples).

9235 MITKOV, Marinko: Sedralec. — *OnJug* 6, 1976, 103-106 | Die Spuren des Lexems *sedra* in der sl. Toponymie (G. summ.).

9236 NALEPA, Jerzy: Próba nowej etymologii nazwy *Galindia* czyli *Golędź*. — *ABS* 9, 1976, 191-209, 3 fig.

9237 PIANKA, Włodzimierz: Formy komparatiwu w słowiańskich złożonych imionach osobowych. — [9085], 73-84.

9238 — Formanty komparatywne o wtórnej funkcji hipokorystycznej w słowiańskich imionach osobowych. — [9085], 85-93.

PUTSCHÖGL, Ch.: Siedlungsgeschichtliche Bezüge in den Ortsnamen . . . — 7790.

9239 ROSPOND, Stanisław: *Stratygrafia słowiańskich nazw miejscowych (Próbny atlas toponomastyczny)*. Tom 2. — Wrocław: Zakład im. Ossolińskich (Komitet Językoznawstwa PAN), 1976, 211 p., 42 cartes h.-t. | Cf. BL 1974, 8462.

9240 — Stratygrafia słowiańskich nazw miejscowych (O próbnym atlasie słowotwórczym). — *ZbSOK* VI, 107-111 | The stratigraphy of Sl. toponyms. On a tentative atlas of word-formation.

9241 RYMUT, Kazimierz: Związki atlasu onomastycznego z atlasem językowym. —

OnJug 6, 1976, 77-82 | SCr. summ.

SCHRAMM, G.: Der Flussnamenverbund von Theiss und Temesch. — 4117.

9242 ŻABSKA, Bogusława: Nazwiska typu dopełniaczowego w językach słowiańskich. — *RKJW* 10, 1976, 81-90.

9243 ZETT, Robert: *Zvonigrad* – eine kroatische Entsprechung zu ostslavisch *Zvenigorod*. — *OnJug* 6, 1976, 135-137 | SCr. summ.

II. Slave méridional — South Slavic

a. Généralités — General

9244 FELESZKO, Kazimierz, KOSESKA-TOSZEWA, Violetta, & SAWICKA, Irena: Podrzędne zdania czasowe z formami aorystu i imperfectum w południowej Słowiańszczyźnie. — *SFPS* 15, 1976, 151-152.

9245 GALABOV, Ivan: Die bei den Südslaven mit *gabr-* "Weissbuche" gebildeten Ortsnamen und ihre Probleme. — [260], 169-187, map.

9246 ILIEVSKI, P. Hr.: Der Anteil des Griechischen und des Lateinischen an der Entwicklung der grammatischen Struktur der slawischen Balkansprachen. — *ZSl* 21, 1976, 130-135.

9247 LAŠKOVA, L.: Sredstva, funkcii i distribucija na sintaktičnoto otricanie v sărbochărvatski i bălgarski ezik. — *JslF* 32, 1976, 167-193.

9248 MILISAVAC, Ž.: Pokušaj stvaranja zajedničkog književnog jezika južnih Slovena (sredina XIX veka). — *ZbFL* 17, 1974/2 (1975), 73-76 | Versuch der Schöpfung einer gemeinsamen Schriftsprache der Südslaven (Mitte des 19. Jhs.). Summ. in G.

9249 ODRAN, M.: K problematike miestnych názvov turkotatarského pôvodu na území južných Slovanov. — [388], 376-381 | Problems of the place-names of Turco-Tatar origin in the South Sl. area.

PELLEGRINI, G. B.: Continuatori balcanico-danubiani del veneto *balota*. — 12698.

9250 ŠAUR, Vladimír: L'expression de la distributivité à l'aide de la préposition *po* dans les langues slaves du Sud. — *EBTch* 5, 1974 (1976), 61-72.

9251 ŠIVIC-DULAR, Alenka: Južnoslovansko *siromah*. — *Ling* 16, 1976, 165-168 | G. summ.

b. Vieux-slave — Old Slavic

9252 AUTY, Robert: Lateinisches und althochdeutsches im altkirchenslavischen Wortschatz. — *Slovo* 25-26, 1976, 169-174.

9253 AVERINA, S. A.: K charakteristike leksičeskogo var'irovanija v drevnejšich slavjanskich perevodach. — *SovSlav* 1976/2, 70-82.

9254 BARTULA, Czesław: *Gramatyka języka staro-cerkiewno-słowiańskiego z ćwiczeniami*. — Kielce: Wyższa Szkoła Pedagogiczna, 1976, 231 p.

9255 BLÁHOVÁ, Emilie: *Nejstarší staroslověnské homilie*.... — Praha: 1973 | BL 1973, 9794. | *ZSl* 21, 1976, 410-412 D. Freydank.

9256 — Vliv řečtiny na frekvenci samostatných větných členů ve staroslověnštině. — *Slavia* 45, 1976, 225-235 | L'influence du gr. sur la fréquence des parties du discours indépendantes en v.-sl.

9257 BUJUKLIEV, Ivan: Vărchu njakoi problemi na starobălgarskija sintaksis i văzmožnostite za tjachnoto rešenie v svetlinata na aktualnoto členenie. — [316], 10-23.

9258 ČEŠKO, E. V.: K voprosu o padežach v živom jazyke pisca s analizom osobennostej srednebolgarskoj redakcii slavjanskogo perevoda psaltyri. — [344], 416-424.

9259 CHABURGAEV, G. A.: *Staroslavjanskij jazyk.* — Moskva: 1974 | BL 1974, 8486. | *Slavia* 45, 1976, 303-308 Emilie Bláhová | *VMU* 1976/1, 86-87 B. I. Skupskij.

9260 CHODOVA, Kapitolina I.: K voprosu o različenii grammatičeskogo roda v staroslavjanskom jazyke. — *Slovo* 25-26, 1976, 139-145 | SCr. summ.

9261 DAVIDOV, Angel: *Rečnik-indeks na Prezviter Kozma.* [Otgovoren red.: Dora IVANOVA-MIRČEVA]. — Sofija: Izd. na BAN (Inst. za bălg. ezik), 1976, 375 p.

9262 DJAMO-DIACONIȚĂ, Lucia: Aspetti dell'influsso della lingua romena – il parlare vivo del popolo – sulla lingua canceleresca dei principati romeni (lo slavo romeno) nel Quattro e nel Cinquecento. — *ACILR* XIV/2, 407-426.

9263 — Apects de l'influence du roumain dans la langue des chartes slavo-roumaines rédigées en Valachie aux XVe-XVIe siècles (Le pronom). — *RESEE* 14, 1976, 101-109.

9264 DOBREV, Ivan: *Glagoličeskijat tekst . . .* — Sofija: 1972 | BL 1972, 8455. | *SovSlav* 1975/1, 90-93 A. S. L'vov.

9265 ELKINA, N. M.: O funkcijach nekotorych mestoimenij v staroslavjanskom jazyke. K istorii funckcij mestoimennych form *eže, ěže, egože* v pamjatnikach staroslavjanskoj pis'mennosti. — *SSlav* 22, 1976, 1-14.

9266 FERMEGLIA, Giuseppe: Slavica mendosiora. — [233], 237-255 | Faulty transl. in OSl. texts.

9267 GOVE, Antonina Filonov: Literalism and poetic equivalence in the Old Church Slavonic translation of the Akathistos Hymn. — *IJSLP* 22, 1976, 61-73.

9268 GOŹDZIK, Rafał: Sočetanija soglasnych v staroslavjanskom i drevnerusskom jazykach na materiale staroslavjanskogo pamjatnika russkogo izvoda. — *SW* 6, 1976 (AUW 270), 59-73.

9269 GUR'EVA, E. I.: Predloženija so značeniem pričiny i sledstvija v staroslavjanskom jazyke. — *UZTarU* 266, 1971 (*Trudy po ru. i sl. fil.* 17), 130-147.

9270 — Predloženija so značeniem celi v staroslavjanskom jazyke. —*UZTarU* 266, 1971 (*Trudy po ru. i sl. fil.* 17), 148-157.

9271 GUSMANI, Roberto: Paleoslovenica. — [233], 351-360 | 1. Paleoslavo *sūtīnikŭ*, ru. *sótnik*. 2. Paleoslavo *misa*.

9272 HANSACK, Ernst: *Die Vita des Johannes Chrysostomos des Georgios von Alexandrien . . . .* I. — Würzburg: 1975 | BL 1975, 8994. | *Byzsl* 37, 1976, 62-63 S. Herodes.

9273 IVANČEV, Svetomir: Tretoličnoto mestoimenie v starobălgarski ezik. — [316], 67-81.

9274 IVANOVA-MIRČEVA, Dora, & IKONOMOVA, Živka: *Chomilijata na Epifanij za slizaneto v ada . . . .* — Sofija: 1975 | BL 1975, 8997. | *Slovo* 25-26, 1976, 421-424 Josip Tandarić.

9275 [Johannes Exarchus Bulgaricus]. *Das Hexaemeron des Exarchen Johannes.* [Hrsg. von] Rudolf AITZETMÜLLER. V; VI; VII. — Graz: Akademische Druck- und Verlagsanstalt, 1968, vii, 403 p. (288-396 facsim.); 1971, vii, 664 p. (500-654 facsim.); 1975, xi, 515 p. | Vol. VII, p. 1-459: Wortstellenverzeichnis; p. 461-501: Rückläufiges Wörterverzeichnis. Cf. BL 1967, 7258. | *Byzsl* 37, 1976, 227-232 Emilie Bláhová (On vol. I-VII).

9276 KIRÁLY, Péter: ŽK VIII. 23.: vlъč"skyi vyjušte. — Slovo 25-26, 1976, 121-126 | G. summ.
— A magyarok említése a 811. évi események óbolgár leírásában. — 12648.
9277 LETTENBAUER, Wilhelm: Die Entstehungszeit der St. Emmeraner Glossen. — WSlav 19-20, 1974-75, 210-218.
9278 LOGAČEV, K. I.: O jazyke i tekste originalov drevnejšich slavjanskich perevodov. — VJa 1976/2, 94-98.
9279 LUNT, Horace G.: The Byčkov Psalter. — Slovo 25-26, 1976, 255-261.
9280 L'VOV, Andrej S.: Staroslavjanskie ništь – ubogъ – nebogъ – běďьnъ – malomoštь. — Slovo 25-26, 1976, 151-168 | SCr. summ.
9281 — Praslavjanskij sloj staroslavjanskoj leksiki. — VJa 1976/2, 71-85.
9282 — O zapisi pro Konstantina-Kirilla filosofa v kalendare Ostromirova evangelija. — SovSlav 1976/1, 88-97.
9283 MAREŠ, František Václav: Moskevská Mariánská mše (Kontakt charvátskohlaholské a rusko-církevněslovanské knižní kultury v středověkém Polsku). — Slovo 25-26, 295-362 | G. summ.: Die Moskauer Marienmesse (Beleg der Berührung der kroatisch-glagolitischen und russisch-kirchenslavischen Buchkultur auf polnischen Boden im Mittelalter).
9284 MILEV, Aleksandăr: Grăckite izvori za života i deloto na sv. Kiril i Metodij. — Duchovna kultura (Sofija) 1976/5, 1-10.
9285 MILEVA, Nedka: Upotrebi na služebnata duma da v starobălgarskija ezik. — EL 31, 1976/4, 43-51.
9286 MINČEVA, A.: Zur Erforschung des Wortschatzes der Vita Methodii. — ZSl 21, 1976, 794-800.
9287 MIRČEV, Kiril: Starobalg. a ne nъ. — Slovo 25-26, 1976, 147-150.
9288 MOSZYŃSKI, Leszek: O projekcie nowej czesko-polskiej edycji głagolskich kodeksów Zografskiego i Mariańskiego. — ZNUG, Filologia Rosyjska 5, 1975 (1976), 106-116.
9289 MUTALIMOVA, M. A.: Datel'nyj samostojatel'nyj v drevnebolgarskom i v starobelorusskich perevodach. — BSl 1, 1976/5, 41-46.
9290 NAJDENOV, K., KOTAROV, M., JANAKIEV, M., KOTOVA, N. V.: O "sile" mežmorfemnoj svjazi. — [159], 65-70.
9291 The Old Church Slavonic translation of the 'Ανδρῶν ἁγίων βίβλος, in the edition of Nikolaas VAN WIJK †. Ed. by Daniel ARMSTRONG, Richard POPE & C. H. VAN SCHOONEVELD. — SlPR 1; The Hague: Mouton, 1975, ix, 310 p. | C. H. van Schooneveld, Foreword, p. v-viii; Richard Pope, Preface, 1-24; N. van Wijk, Einleitung, 27-92. | SlRev 35, 1976, 581 Horace G. Lunt.
9292 OLTEANU, Pandele: Sintaxa şi stilul paleoslavei şi slavonei. — Bucureşti: 1974 | BL 1974, 8514. | RESEE 14, 1976, 351-352 Eugenia Ioan.
9293 OLTEANU, Pandele, MIHĂILĂ, Gheorghe, DJAMO-DIACONIȚĂ, Lucia, et al.: Slava veche şi slavona românească. — Bucureşti: Editura didactică şi pedagogică, 1975, 463 p., 16 pl. | CLing 21, 1976, 246-248 Marius I. Oros.
9294 OVČAROV, Dimităr: A Cyrillic inscription of 931 in Preslav. — Bulgarian Historical Review (Sofija), 1976/2, 71-75.
9295 PODHORNÝ, Jan: Sporné otázky dvou staroslověnských legend václavských (Diskusní příspěvky). — Slavia 45, 1976, 1976, 159-174 | Questions of the two OSl. Wenceslas legends. 1. K problematice "bohemismů" v I. stsl. legendě václavské. 2. Vzájemné vztahy dvou stsl. legend václavských.
9296 POPOVA, Z. D.: K voprosu o grečeskom vlijanii na padežnuju i predložno-

padežnuju sistemu staroslavjanskogo i drevnerusskogo jazykov. — *VJa* 1976/2, 99-105.
9297 RADOVICH, Natalino: *Analisi insiemistica del lessico slavo-ecclesiastico antico.* — Padova: 1974 | BL 1974, 9017. | *Slovo* 25-26, 1976, 428-430 Josip Tandarić
9298 ROBCIUC, I.: Un element românesc în documentele slavone: adverbul *mai*. — *SCL* 27, 1976, 151-153 | Ru. summ.
  SARADŽEVA, L. A.: Sravnitel'no-tipologičeskoe issledovanie cvetovych oboznačnij v drevnearmjanskom i staroslavjanskom jazykach. — 4557.
9299 SCHMALSTIEG, William R.: *An introduction to Old Church Slavic.* — Cambridge, MA: Slavica Publishers, 1976, xi, 291 p.
9300 SCHÜTZ, Joseph: Anmerkungen zur Vita Methodii. — *Slovo* 25-26, 1976, 127-137.
9301 ŠIMA, P.: K textovej variabilite legendy o Alexejovi v kodexe M 9. — *BOPT* 1974, 223-236 | Zur Textvariabilität der Legende von Alexej im Kodex M 9.
9302 *Slovník jazyka staroslověnského. Lexicon linguae palaeoslovenicae.* [Hlavní red. † Josef KURZ. Výkonní red.: Zoe HAUPTOVÁ, František Václav MAREŠ]. 30. — Praha: Academia, 1976, p. 321-384 | Cf. BL 1975, 9021.
9303 STANISLAV, Ján: K začiatkom umeleho spevu u nás. — *StASl* 5, 1976, 515-523 | Liturgische Gesangtexte zur Zeit des Grossmährischen Reiches.
9304 ŠTEFANIĆ, Vjekoslav: Nazivi glagoljskog pisma. — *Slovo* 25-26, 1976, 17-76 | G. summ.: Benennungen der glagolitischen Schrift.
9305 TICHOVA, Miteva Marija: Kăm văprosa za aktualnoto členenie v starobălgarskoto izrečenie. — [316], 152-163.
9306 UNGRINOVA-SKALOVSKA, Radmila: Za nekoi osobenosti na makedonskata varijanta na crkvnoslovenskiot jazik. — *Slovo* 25-26, 1976, 175-184.
9307 VAILLANT, André: Vieux-slave *sŭvrapěti sę* "se contracter". — *ZbFL* 18, 1975/1 (1976), 223.
9308 VEČERKA, Radoslav: Der Anteil des Griechischen am Funktionieren des Altkirchenslawischen als Schriftsprache des Ersten bulgarischen Zarentums. — *EBTch* 5, 1974 (1976), 51-59.
9309 — Slavistický příspěvek k latinské legendě Kristiánově. — *Slavia* 45, 1976, 132-136 | Une contr. slaviste à la légende latine de Kristian.
9310 — K problematice zkoumání aktuálního větného členění v staroslověnštině. — [316], 38-53 | Bulg. summ.
9311 — Kořeny charvátské redakce církevní slovanštiny. — [388], 325-334 | The roots of the Croatian redaction of Church Sl.
9312 VEDER, William Robbert. *The Scaliger Paterikon.* I. *Palaeographic, linguistic and structural description.* — Utrecht Univ. diss., 1976, microfiche.
9313 VEREŠČAGIN, E. M.: *Iz istorii vozniknovenija pervogo literaturnogo jazyka slavjan.* [I; II]. — Moskva: 1971 & 1972 | BL 1971, 8119; 1972, 8491. | *JslF* 32, 1976, 233-243 Josip Vrana.
9314 ZLATANOVA, Rumjana: *Die Struktur des zusammengesetzten Nominalprädikats im Altbulgarischen.* — Slavistische Beiträge 103; München: Sagner, 1976, viii, 220 p.

BULGARE

c. Bulgare — Bulgarian

0. BIBLIOGRAPHIE ET GÉNÉRALITÉS — BIBLIOGRAPHY AND GENERAL

CHRUSANOVA, V.: Săpostavitelno izsledvane na bălg. s drugi ezici. Bibliografija. — 18.
IKONOMOVA, Ž.: Bibliografija na bălg. ezikovedska literatura .... — 27-8.

9315 KARPOV, V. A.: Bolgaristika v BSSR (bibliografija). — *BSl* 1, 1976/5, 170-178.
9316 NAUMOVA, Marija: Bălgaristikata v čužbina prez 1975 g. Materiali po văprosite na bălgarskija ezik (Publikuvani v čužbina ot čuždi avtori). — *BE* 26, 1976, 549-556.
9317 RICHTER, M.: Arbeiten zur bulgarischen Phraseologie. — *ZSl* 21, 1976, 873-877 | Bibliography.

9318 BORRIERO, Lavinia: *Grammatica bulgara.* — Manuali universitari Licosa; Firenze: Licosa, s.d. [1976?], vii, 611 p.
LEKOV, I.: Javna i "skrita" glagolna săpostavitelna problematika na polskija i bălg. ezik. — 10304.
9319 [MOSKOVA-ELENSKA, V., & ELENSKI, J.] MOSKOVA-ELENSKAJA, Violeta, ELENSKIJ, Jordan: Bolgarsko-russkie paralleli (K voprosu o zakonomernych jazykovych sootvetstvijach). — *BRus* 3, 1976/3, 21-22.
9320 PĂRVEV, Christo: *Očerk po istorija na bălgarskata gramatika.* — Sofija: 1975 | BL 1975, 9038. | *EL* 31, 1976/3, 92-95 Ljubka Stoičkova.
9321 POPOV, Konstantin: *Po njakoi osnovni văprosi na bălgarskija knižoven ezik.* — Sofija: 1973 | BL 1974, 8535. | *Slavia* 45, 1976, 309-310 J. Klimešová.
9322 STAMENOV, Christo: Bălgaro-anglijski kontrasti i interferencija. — *RZE* 3, 1976/2, 1-12 | E.-Bulg. linguistic contrasts and interference.
9323 TETOVSKA-TROEVA, Margarita: Dejnostta na Instituta za bălgarski ezik pri BAN prez 1975 g. — *BE* 26, 1976, 246-250.
9324 VASILEV, Vasil P.: Lingvističnite problemi na vtorija meždunaroden simpozium "Tărnovska knižovna škola". — *BE* 26, 1976, 518-520.

1. PHONÉTIQUE ET PHONOLOGIE — PHONETICS AND PHONOLOGY

9325 BOJADŽIEV, T.: Zum Bestand der weichen Phoneme in der bulgarischen Literatursprache (Phoneme /ch', f', s'/). — *ZSl* 21, 1976, 722-724.
9326 BUROV, Stojan: Statističeski nabljudenija za mjastoto na udarenieto pri săštestvitelnite imena v săvremennija bălgarski knižoven ezik. — *BE* 26, 1976, 196-201.
9327 COJNSKA, Ralica: Udarenie na glagolnite formi v ezika na J. Kărčovski. — *BE* 26, 1976, 133-137.
9328 GRIGORJAN, È. A.: Wörter mit doppelter Betonung und auf zweierlei Art betonte Wörter in der bulgarischen Literatursprache der Gegenwart. — *ZSl* 21, 1976, 738-741.
9329 IVANOV, Jordan N.: Inspiratorni săglasni zvukove v bălgarskija ezik. — [324], 299-300.
KOLEVA, A. B., & PUŠKOVA, Z. A.: O meste udarenija v gruppe imen suščestvitel'nych ženskogo roda s suffiksami *-ic(a)* .... — 10813.
9330 MLADENOV, Maksim Sl.: Dialektnijat proizchod na njakoi akcentni normi na knižovnija ezik. — *BE* 26, 1976, 137-141, cartes.
9331 PAŠOV, P., & PĂRVEV, Chr.: *Pravogovoren rečnik na bălgarskija ezik.* — Sofija:

1975 | BL 1975, 9045. | *EL* 31, 1976/6, 83-86 Emilija Perniška | *ZSl* 21, 1976, 860 K. Gutschmidt | *JazA* 13, 1976, 119-120 J. Klimešová.

9332 PENEV, P. St.: Po văprosa za srednobălgarskoto smesvane na nosovite glasni. — [324], 303-304.

9333 ŠAUR, V.: Protobulharsko-slovanský bilingvismus ve fonologickém systému bulharštiny. — [388], 304-323 | Protobulg.-Sl. bilingualism in the phonological system of Bulg.

9334 SIMEONOV, Boris: Distributivna charakteristika na fonemata *v* v săvremennija bălgarski ezik. — *Godišnik na Visšija pedagogičeski inst. v Šumen* (Šumen) 1, 1976, 45-79 | Rés. fr.

9335 — Ob adekvatnoj modeli konsonantnych sistem v bolgarskom i russkom jazykach. — *BRus* 3, 1976/6, 20-25.

9336 — "Učenieto za fonemnite kombinacii" i distributivna charakteristika na bălgarskite fonemi. — [324], 301-302.

SIMEONOVA, R.: Sravnitelna akustična charakteristika na glasnite zvukove v nemski i v bălg. ezik. — 7212.

9337 STUDIENER, M. A.: Lange Konsonanten in der bulgarischen Sprache der Gegenwart. — *ZSl* 21, 1976, 725-729.

9338 TILKOV, Dimităr: Fonologičnata stojnost na mekite săglasni *x*' i *dz*' v knižovnija bălgarski ezik. — *BE* 26, 1976, 111-112.

9339 VIKTOROVA, Kalina: Za udarenieto na složnite dumi s părva săstavna čast, sădăržašta promenlivo *ja*. — *BE* 26, 1976, 158-160.

2. GRAMMAIRE — GRAMMAR

ADAMEC, P.: Aktuální členění a generování vícezákladových vět. — 9904.

9340 ADLES, Aleksander: Rozwój frazy nominalnej zdania bułgarskiego. — [377], 91-96.

9341 ARONSON, G. [= H.I.]: *Morfofonologija bolgarskogo slovoizmenenija*. — Moskva: 1974 | BL 1974, 8558. | *WSlav* 19-20, 1974-75, 376-377 H. W. Schaller (On the E. version, 1968 [BL 1968, 8273]) | Cf. 9105.

9342 BĂČVAROV, Janko: Za njakoi osobenosti na slovoreda v bălgarskija i beloruskija ezik. — *BSl* 1, 1976/5, 105-110.

9343 BAJČEV, B.: Präpositionen mit temporaler Semantik im modernen Bulgarischen und ihre Äquivalente im Deutschen. — *ZSl* 21, 1976, 773-779.

9344 BAKALOVA, Veneta: Meždumetijata kato čast na rečta. Semantično-gramatična charakteristika. — *BEL* 19, 1976/1, 23-31.

9345 BALTOVA, Julija: Njakoi vidove composita v bălgarskija knižoven ezik prez Văzraždaneto (slovoobrazovatelno-leksikalna charakteristika). — *BE* 26, 1976, 372-379.

BOJAR, B.: Polskie i bułg. czasowniki komunikujące relacje czasowe. — 10335.

BUJUKLIEV, I.: Iz istorijata na otnositelnoto podčinenie v beloruski i bălg. — 11550.

9346 CYCHUN, G. A.: Bemerkungen zum bulgarischen Komparativ. — *ZSl* 21, 1976, 828-833.

9347 DEJANOVA, Marija: Iz săpostavitelnata polsko-bălgarska sintagmatika. — *BE* 26, 1976, 90-95.

9348 — Iz sărbochărvatsko-bălgarskata săpostavitelna aspektologija. — *BE* 26, 1976, 459-467.

9349 DEMINA, E. I.: Das Wechselverhältnis der Oppositionen perfektiver : imperfek-

tiver Aspekt und Aorist : Imperfekt im Bulgarischen. — *ZSl* 21, 1976, 751-758.
DIMITROVA, L.: Za skazuemoto v ruski i bălg. naučen tekst. — 10957.
9350 ELSON, Mark J.: The definite article in Bulgarian and Macedonian. — *SEEJ* 20, 1976, 273-279.
FIRBAS, J.: Ke konfrontačním studiím a aktuálním členění větném. — 9913.
9351 GENADIEVA-MUTAFČIEVA, Zara: Slučai na nemodalna upotreba na modalnata častica *da*. — *BE* 26, 1976, 85-89.
9352 — Modalnata častica *da* v săvremennija bălgarski ezik. — *BE* 26, 1976, 311-322.
9353 GEORGIEV, Stan'o: Săčetaemost na narečijata v săvremennija bălgarski ezik. — *EL* 31, 1976/6, 37-46.
9354 GEORGIEV, Vladimir I.: Njakoi osobenosti na bălgarskite zvatelni formi. — *BE* 26, 1976, 56-59.
9355 GEORGIEVA, Elena: Aktualno členenie văz osnova na grafično otbeljazvane na intonacijata i na sintaktičnite pauzi. — [316], 54-66.
9356 GÓRNA, Ewa, SNOCHOWSKA, Urszula: Oboczność komparatiwów typu *po-star* / *po-goljam* w dwu tekstach bułgarskich z XVII i z połowy XIX wieku. — [9085], 159-160.
9357 GUNOVA, Zdravka: Prilagatelni na *-im, -em* v bălgarskija knižoven ezik. — *BE* 26, 1976, 426-427.
9358 HEREJ-SZYMAŃSKA, Krystyna: Kategorie słowotwórcze czasowników denominalnych we współczesnym języku polskim i bułgarskim. — *BSI* 1, 1976/3, 35-47.
9359 ILIEVA, K.: Časticite *"da"* i *"ne"* v roljata na aktualizatori (vărchu bălgarski ezikov material). — [316], 82-88.
9360 IVANČEV, Svetomir: Kăm văprosa za ostatăčnija săkraten infinitiv (supin) v săvremennija bălgarski ezik. — *BE* 26, 1976, 72-75.
9361 — Edin neopisan semantiko-slovoobrazovatelen glagolen model v săvremennija bălgarski knižoven ezik (Săpostavka predi vsičko s polski ezik). — *BSI* 1, 1976/2, 19-30.
9362 — Slučaj vlijanija rumynskogo jazyka na bolgarskij. — *JslF* 32, 1976, 143-147.
9363 IVANOVA, Kalina: Edin slučaj na nepălna prechodnost pri njakolko glagola. — *BE* 26, 1976, 412-414.
9364 — Bălgarskite săotvenici na slovaškata glagolna predstavka *pre-*. — *SlavSl* 11, 1976, 241-246 | Slov. summ.
9365 JANAKIEV, Miroslav: "Čisloto" v bălgarskata glagolna paradigma i morfemnijat mu izraz. — *BE* 26, 1976, 76-81.
9366 JORDANOVA, Ljubima: Množestveno čislo na săštestvitelnite *vrata, usta* i *sirene*. — *BE* 26, 1976, 237.
KARAANGOVA, M.: Sufiksi za emocionalna ocenka .... v beloruskija i bălg. ezik. — 11562.
9367 KARPOV, V. A.: Upotreblenie predlogov v bolgarskich i belorusskich tekstach. — *BSI* 1, 1976/5, 20-26.
9368 KORYTKOWSKA, Małgorzata: Z semantyki i składni czasowników bułgarskich i polskich: bg. *iskam* - pol. *chcieć*. — *BSI* 1, 1976/2, 31-44.
9369 — Partytywność adwerbalna we współczesnym języku bułgarskim. — *SFPS* 15, 1976, 177-184.
9370 KOSESKA-TOSZEWA, Violetta: Formy aorysty i imperfectum w zdaniu podrzędnym czasowym w języku bułgarskim. — *SFPS* 15, 1976, 185-197.
9371 — Javljaetsja li imperceptivnaja modal'nost' turciznom v bolgarskom jazyke? — *RSl* 37, 1976, 13-17 | La catégorie de la narration indirecte en bulg. est-elle due au turc? (Rés. fr.).

BULGARIAN

— Informacja o określoności w znaczeniach temporalnych form werbalnych .... — 10361.

9372 KOSTOV, Kiril: Beležki za tipologijata i semantikata na členuvaneto na săštestvitelnite imena v bălgarskija ezik. — *BE* 26, 1976, 303-310.

9373 KOSTOV, M., & KOSTOV, K.: Zur Dativrektion bulgarischer Präpositionen. — *ZSl* 21, 1976, 780-788.

9374 KRĂSTEV, Borimir: *Umalitelnostta v bălgarskija ezik.* — Biblioteka "Rodna reč omajna" 6; Sofija: Narodna prosveta, 1976, 95 p. | *BE* 27, 1977, 369-371 Bojan Nikolaev.

9375 KRUMOVA, Lilija: Njakoi slučai na kolebanija v gramatičnite kategorii na čuždoezikovi imena. — *BE* 26, 1976, 113-115.

9376 KUCAROV, Ivan: Za săotnošenieto na bălgarskite i češkite glagolni vremena. Tri bălgarski složni glagolni vremena v češkija prevod na romana "Pod igoto" ot Ivan Vazov. — *EL* 31, 1976/2, 57-70.

9377 — Preizkaznite formi v săvremennija knižoven bălgarski ezik i săotvetstvijata im v polski ezik. — *BSl* 1, 1976/2, 56-64.

9378 — Kategorijata nepreizkaznost – preizkaznost v săvremennija bălgarski ezik i sredstvata za izrazjavaneto i v beloruski ezik. — *BSl* 1, 1976/5, 126-138.

9379 — Kategorijata preizkaznost na bălgarskija glagol. — [324], 309-310.

9380 LAŠKOVA, L.: Bălgarskite otricatelni konstrukcii i teorijata za aktualnoto členenie. — [316], 89-98.

9381 LAŠKOVA, Lilija, & KUEVA-ŠVERČEK, Lidija: Za njakoi funkcionalni săotvetstvija na bălgarskija opredelitelen člen v beloruski. — *BSl* 1, 1976/5, 139-148.

9382 LAZAROVA, Aksela: Vlijanieto na leksikalni faktori vărchu semantikata na sintaktičnata edinica. — *EL* 31, 1976/4, 57-60.

9383 LEKOV, Ivan: Săpostavitelnijat analiz na beloruskija i bălgarskija ezik v ramkite na rodstvenite otnošenija meždu dvata ezika. — *BSl* 1, 1976/5, 149-160.

9384 LILOV, Metodi: Teorijata za aktualnoto členenie i problemite na sintaktičnoto normirane. — [316], 111-116.

9385 LINGORSKA, Blagovesta: Kăm văprosa za funkcionalno-semantičnite săotvetstvija na bălgarskija pluskvamperfekt v polski ezik. — *BSl* 1, 1976/2, 83-97.

9386 LÖTZSCH, R. & PETROVA, S.: Zum Ursprung der synthetischen Formen des bulgarischen Konditionals. — *ZSl* 21, 1976, 825-827.

MALDŽIEVA, V.: Ezikovo-semantični funkcii na glagolnite formi za izrazjavane na ponjatijnata kategorija "chipotetična văzmožnost i želanie" .... — 10374.

9387 MANOLOVA, Lilija: Beležki vărchu gramatičeskija rod na njakoi săštestvitelni ot čužd proizchod. *BE* 26, 1976, 169-170.

MICHOV, N.: Osobenosti pri distribucijata na temporalnija imperfekt .... — 5917.

9388 NEDEV, Ivan: Protivopoložnite izrečenija s elipsa na skazuemoto v otricatelnite konstrukcii i razgraničavaneto im ot ednorodni časti. — *EL* 31, 1976/2, 71-76.

9389 — Kăm problemite na elipsata v konstrukciite s protivopoložen komponent. — *BE* 26, 1976, 468-476.

9390 NICOLOVA, Ruselina: Njakoi problemi na aktualnoto členenie v bălgarskoto složno izrečenie. — [316], 117-125.

9391 — Zum Verhältnis von Syntax und Lexik. Relevante lexikalische Elemente im bulgarischen Satzgefüge. — *ZSl* 21, 1976, 764-772.

9392 NIKOLAEV, Bojan: Čislitelnite – osnovno sredstvo za izrazjavane na količestvo. — *BE* 26, 1976, 82-84.

NIKOV, M. D.: Leksiko-sintaktična struktura na săštinskite obšti văprosi văv fr. i

bǎlg. ezik. — 5927.
NORMAN, B. Ju.: Sintaksičeskoe značenie i perevod s jazyka na jazyk. — 11579.
— Sistema ukazatel'nych mestoimenij v belorusskom i bolg. jazykach. — 11580.
ORZECHOWSKA, H.: Frekwencja i dystrybucja imiesłowów na -jki .... — 9604.
— Imiesłowy przysłówkowe we współczesnym języku polskim i bułg. .... — 10382.

9393 PANTELEEVA, Christina: Kǎm semantikata na edin tip umalitelni sǎštestvitelni v bǎlgarskija ezik. — BE 26, 1976, 120-123 | On the diminutive forms of some material nouns.
9394 — Analitičnoto uslovno naklonenie v njakoi prosti izrečenija. — BE 26, 1976, 389-392.
9395 PARAŠKEVOV, Boris: Pasivni i modalno-pasivni prilagatelni. — BE 26, 1976, 345-346.
9396 PAVLENKO, N. A., & PAVLENKO, N. N.: Suščestvitel'nye nomina agentis bolgarskogo jazyka v sopostavlenii s dannymi belorusskogo jazyka. — BSl 1, 1976/5, 63-69.
9397 PENČEV, Jordan: Upotreba na segašno vreme ot svǎršen vid v podčineni dopǎlnitelni izrečenija sǎs sǎjuz če. — BE 26, 1976, 115-117.
9398 PERNIŠKA, Emilija, & MANOLOVA, Lilija: Osnovanija na ezikovata normalizacija pri njakoi otnositelni prilagatelni ot sǎštestvitelni, zavǎršvašti na -ija. — BE 26, 1976, 340-343.
9399 PETKOV, Slavčo: Eksperimentalni danni za sintagmatičnata aktualizacija pri postrojavaneto na bǎlgarski tekst-opisanie. — [316], 126-130.
9400 PETROVA, Stefka: Nabljudenija vǎrchu slovoreda na složnite sǎstavni izrečenija s podčineni obstojatelstveni za osnovanie vǎv vrǎzka s teorijata za aktualnoto delenie. — [316], 131-140.
9401 — Konvertiruemost na pričinno-sledstvenite konstruckcii. — [324], 307-308.
9402 POPOVA, Albena St.: Za upotrebata i semantikata na časticata da v edin vid vǎprositelni izrečenija. — BE 26, 1976, 414-416.
— Njakoi polski modalni konstrukcii i technite bǎlg. saotvetstvija. — 10392.
9403 POPOVA, Marija: Glagoli s dve ednovremenno realizirašti se zadǎlžitelni valentnosti v sǎvremennija bǎlgarski knižoven ezik. — EL 31, 1976/1, 31-42.
9404 — Transformacionnijat analiz i vǎprosite na glagolnata valentnost. — EL 31, 1976/6, 16-26.
9405 POPOVA, T.V.: Glagol'noe slovoizmenenie v bolgarskom jazyke .... — Moskva: 1975 | BL 1975, 9084. | BE 26, 1976, 253-256 Maksim Sl. Mladenov | ZSl 21, 1976, 853-855 K. Kostov.
RADEVA, S., & MAJCHROWSKI, J.: Polskite glagoli za dviženie s predstavki od- .... i technite bǎlg. sǎotvetstvija. — 10397.
9406 RADEVA, Vasilka: Strukturno-semantična charakteristika na glagolite, obrazuvani ot sǎštestvitelni imena (Po materiali ot bǎlgarski i polski ezik). — BSl 1, 1976/2, 170-180.
RANKOVA, M.: Vǎrchu slovoreda na vǎprositelnoto izrečenie .... — 8276.
9407 REITER, Norbert: Na im Bulgarischen. — BalkE 19, 1976/1, 51-85.
9408 ROŽNOVSKAJA, M. G.: Sintaksis prilagatel'nogo v bolgarskom literaturnom jazyke. — Moskva: 1970 | Bl 1970, 8436. | ZSl 21, 1976, 855-857 K. Kostov.
9409 — Vremennaja paradigma glagola s se stradatel'nogo značenija i sfera upotreblenija eë form v bolgarskom literaturnom jazyke. — [379], 302-318.
9410 — Die Kongruenz des Verbs in Konstruktionen mit Prädikatsnomen. — ZSl 21, 1976, 759-763.

9411 ŠAMRAJ, Tatjana: Kăm văprosa za identificiraneto na deskriptivnoto značenie na glagolite *"mislja"* i *"myśleć"* v konteksta na složnite săstavni izrečenija. — *BSl* 1, 1976/3, 78-83.

9412 ŠAUR, V.: Zur Bedeutungsentwicklung der bulgarischen Präposition *iz*. — *ZSl* 21, 1976, 814-819.

9413 SCHALLER, Helmut Wilhelm: Synthetische und analytische Nominalflexion in den slavischen Sprachen (Eine Betrachtung aus der Sicht des Slavischen und der Balkansprachen). — *WSlav* 19-20, 1974-75, 124-141.

9414 SELIMSKI, Ljudvig: Roljata na morfonologičeskata alternacija *o : a* pri imperfektivacijata v bălgarskija i polskija ezik. — *BSI* 1, 1976/2 139-148.

9415 [—] SELIMSKIJ, Ljudvig: Formy množestvennogo čisla bolgarskich imen suščestvitel'nych po russkoj modeli. Formy mužskogo roda s final'ju *-ki, -gi, -chi* vmesto *-ci, -zi, -si*. — *BRus* 3, 1976/2, 23-27.

9416 SGALL, P., & HAJIČOVÁ, E.: Aktual'noe členenie predloženija i metod voprosov. — [316], 141-151.

9417 SPASOVA-MICHAJLOVA, Sijka: Otklonenie ot semantičnija paralelizăm meždu predlozi i predstavki v săvremennoto im prostranstveno značenie. — *BE* 26, 1976, 117-120.

9418 STANEVA, Christina: Kăm văprosa za smislovo-sintaktičnite otnošenija v săedinitelnite izrečenija săs săjuza *i* v săvremennija bălgarski ezik. — *BEL* 19, 1976/3, 20-25.

9419 STANKOV, Valentin: *Konkurencija na glagolnite vidove v bălgarskija knižoven ezik.* — Sofija: Izd. na BAN, 1976, 131 p. | *BE* 27, 1977, 82-86 Violeta Mileva.

9420 SZYMAŃSKI, Tadeusz: Główne modele derywacyjne czasowników onomatopeicznych w języku bułgarskim. — *BSI* 1, 1976/2, 181-195.

9421 VASEVA, Iv.: Nabljudenija vărchu ednorodnite časti na izrečenieto s ogled kăm aktualnoto členenie. — [316], 24-37.

9422 VENEDIKTOV, G. K.: Neue Materialen zu einer seltenen Erscheinung im System des Verbalaspekts der bulgarischen Literatursprache. — *ZSl* 21, 1976, 746-750.

9423 — K semantičeskoj charakteristike redkogo tipa glagolov v bolgarskom jazyke. — *BSI* 1, 1976/5, 5-10 | On the verbs with the prefix *za-*.

9424 — Ob odnom javlenii v sisteme glagol'nogo vida v bolgarskom literaturnom jazyke. — [379], 283-301.

9425 VIDENOV, Michail: Univerbizacijata - prisăšta čerta na bălgarskija razgovoren stil. — *EL* 31, 1976/4, 28-35.

9426 WALTER, H[ilmar]: Bemerkungen zum Problem der temporalen und modalen Semantik der sog. "preizkazni formi" in der bulgarischen Literatursprache. — *ZSl* 21, 1976, 742-745.

9427 [—] VAL'TER, Ch.: K probleme formal'nogo opisanija semantiki finitnogo glagola (na primere bolgarskogo jazyka). — [159], 39-45.

3. HISTOIRE — HISTORY

9428 ANDREJČIN, L., POPOVA, V., PĂRVEV, Chr.: *Christomatija po istorija na novobălgarskija knižoven ezik.* — Sofija: 1973 | Bl 1973, 9933. | *BE* 26, 1976, 175-176 Konstantin Bosilkov.

9429 CHARALAMPIEV, Ivan: Kačestvenite narečija na *-o* i *-ě* v knižovnija bălgarski ezik do XIV-XV vek. — *AspSb* 3, 1976, 5-15.

9430 [DEMINA, E. I.] D'OMINA, Evgenija: Kăm problemata za Evtimievoto literaturno nasledstvo v novobălgarskata pismenost. — *EL* 31, 1976/6, 27-36.

9431 DOBRAŠINOVIČ, Gulab: Bǎlgarski materiali v archiva na Vuk Karadžič. — *Bǎlgarski folklor* (Sofija) 1976/1, 47-64.
9432 GUTSCHMIDT, K., Zum Zusammenhang von kultureller und literatursprachlicher Entwicklung in der Epoche der bulgarischen nationalen Wiedergeburt. — *ZSl* 21, 1976, 716-721.
9433 ILČEV, Stefan: Za ezika na edin star prevod. — *BE* 26, 1976, 126-129 | On the language of the first Bulg. transl. (Ruse 1890) of Černyševskij's novel *Što delat'*.
9434 MARGOS, Ara: Srednovekovnite bǎlgarski nadpisi pri s. Rojak, Provadijsko. — *BE* 26, 1976, 296-302.
9435 MLADENOV, Atanas: Ljubljanskijat bǎlgarski rǎkopis (Propovedničeski sbornik ot XVII v.). — *Duchovna kultura* (Sofija) 1976/8, 18-23.
9436 MURDAROV, Vladko: Načini za knižovno normalizirane črez kodifikacija v *Grammatik der bulgarischen Sprache* (1852) ot A. i D. Kiriak Cankovi. — *BE* 26, 1976, 129-131.
9437 ORZECHOWSKA, Hanna: *Procesy bałkanizacji i slawizacji bułgarskiego języka literackiego XVII-XIX w. w świetle użycia klitycznych form zaimków.* — Warszawa: Państwowe Wyd. Naukowe (Uniw. Warszawski), 1976, 100 p. | Rés. en fr.
9438 — Les processus de la balkanisation et de la slavisation de la langue bulgare littéraire du XVIIe au XIXe siècle à la lumière de l'emploi des formes clitiques des pronoms. — *BalkE* 19, 1976/2, 72-78.
9439 *Problemi ot istorijata na bǎlgarskija knižoven ezik.* Sǎst.: Venče POPOVA. — Sofija: Sofijski univ. "Kliment Ochridski", 1976, 616 p. | Manual for students.
9440 RUSINOV, Rusin: *Istorija na novobǎlgarskija knižoven ezik.* — Veliko Tǎrnovo: Velikotǎrnovski univ. "Kiril i Metodij", Filol. fak., 1976, 201 p.
9441 — *Istorija na sǎvremennija bǎlgarski knižoven ezik (XX vek).* — Veliko Tǎrnovo: Velikotǎrnovski univ., Filol. fak., 1976, 130 p.
9442 — Spreženie na glagolite v Ribnija bukvar na Petǎr Beron i izgraždaneto na sǎvremennija bǎlgarski knižoven ezik. — *RSl* 37, 1976, 19-29 | Rés. fr.
9443 VELČEVA, B.: Editionen des Dobromir-Evangeliums. — *ZSl* 21, 1976, 801-805.
9444 ZAIMOV, Jordan: Une édition critique du Bdinski zbornik: un monument en moyen bulgare de 1360. — *BalkE* 19, 1976, 37-49, 2 facsim. | Rev. art. on *Bdinski zbornik* ... Ed. by J. L. SCHARPÉ & F. VYNCKE, 1973 (BL 1974, 8481).

4. DIALECTOLOGIE — DIALECTOLOGY

9445 GEORGIEVA, Ivanička, & MOSKOVA, Detelina: Sistemata na rodstvo v Srednite Rodopi. — *Rodopski sbornik* (Sofija) 4, 1976, 79-113, cartes | Le système de parenté dans la région centrale du Rhodope (Rés. ru. et fr.).
9446 [GUTSCHMIDT, K.] GUTŠMIDT, K.: Arealy nekotorych bolgarskich sootvetstvij karpatoukrainskim leksemam. — [2782], 70-77.
9447 KARASTOJČEVA, Cvetana: Pǎrva dialektoložka ekspedicija za proučvane na bǎlgarski sociolekt. — *BE* 26, 1976, 362-364.
9448 LUNT, Horace G.: On accent and verbal paradigms: the case of Novo Selo (Vidin). — *ZbFL* 17, 1974/1 (1975), 37-50.
9449 MICHAJLOVA, Ekaterina, & BUČINSKI, Dimitǎr: Narodni vardžijski nazvanija ot Vračansko. — *BE* 26, 1976, 488-490.
9450 MLADENOV, Maksim Sl.: Iz bǎlgarskata dialektna morfologija (II). 3. Povtoritelni glagoli ot tipa *opìn'am* "opǎvam" v bǎlgarskite govori. — *ZbFL* 17, 1974/1 (1975), 173-180, map | Summ. in Ru.
9451 — Nekotorye aspekty bolgarskoj dialektnoj leksikologii. — [367], 95-103.

9452 — Verbreitung und Bedeutungen der Präposition *niz* in den bulgarischen Mundarten. — *ZSl* 21, 1976, 820-824, map.
9453 POPOVA, T. V.: Morphonologische Alternationen in der Gegenüberstellung "Präsens ~ Aorist" in den bulgarischen Dialekten der Gegenwart. — *ZSl* 21, 1976, 730-737.
9454 — Morfonologičeskaja charakteristika glagol'nogo slovoizmenenija v jugovostočnom bolgarskom govore. — [379], 231-282.
9455 ŠAUR, Vladimír: *Pop Punčov sbornik kak istočnik istoriko-dialektologičeskich issledovanij.* — Praha: 1970 | BL 1971, 8238. | *ZSl* 21, 1976, 857-858 K. Gutschmidt.
9456 SIMEONOVA, Chriska: Bălgarskijat dialekten atlas i njakoi bălgarski regionalni atlasi. — *BE* 26, 1976, 323-327.
9457 STOJČEV, Todor: Rodopski rečnik. — *Rodopi* (Sofija) 1976/6, 34.
9458 VELČEVA, Borjana: Devokalizacijata v trojanskija govor. — *BE* 26, 1976, 141-143.
9459 ZELENINA, È. I.: Terminy tkačestva v balkanskich bolgarskich govorach Moldavii. — *SovSlav* 1976/4, 76-87.
9460 ZLATKOV, Petăr: Rodopski rečnik. Dumi ot govora na bracigovci. — *Rodopi* (Sofija) 1976/2, 21.

5. VOCABULAIRE — VOCABULARY

9461 *Bălgarski etimologičen rečnik.* Svezka XI-XII (tom II): *kalastír – kačák.* Săstavili: V. I. GEORGIEV, J. ZAIMOV, St. ILČEV, M. ČALĂKOV i T. TODOROV. — Sofija: Izd. na BAN (Inst. za bălg. ezik), 1976, p. 161-288 | Cf. BL 1974, 8717. | *AOH* 30, 1976, 373-382 Hasan Eren (On vol. I [BL 1971, 8261]).
9462 BALKANSKI, Todor: Etimologijata na rodopskite dumi *karadé (kárde, kardíe, karďó), karadélnik / kárdelnik.* — *BE* 26, 1976, 399-402.
9463 [BERNARD, R.] BERNAR, Rože: Vărchu etimologijata na dumite *karandaš* i *lukanka.* — *BE* 26, 1976, 223-228.
9464 BERNŠTEJN, S. B.: Zur bulgarischen Lexikologie und Lexikographie. 3. *akuraten* u.ä. — *ZSl* 21, 1976, 789-793 | Cf. BL 1969, 7439.
9465 BLAŽEV, Blažo: Za njakolko dialektni dumi s nejasen proizchod v bălgarski ezik. — *BE* 26, 1976, 229-230 | On the word *unégrja se.*
9466 COJNSKA, Ralica: Može li da se kaže "*kilometrična* tablica"? — *BE* 26, 1976, 422-423.
9467 ČOROLEEVA, Marija: Osnovni principi za izgraždane na sistemata na bălgarskata terminologija po gradoustrojstvo. — *BE* 26, 1976, 335-339.
CYCHUN, G. A.: K problematike belorussko-bolg. jazykovych svjazej. — 11554.
DAVIDOV, A.: *Rečnik-indeks na Prezviter Kozma.* — 9261.
9468 DEČEVA, Daniela: Za săčetanijata *dălgi godini* i *mnogo godini.* — *BE* 26, 1976, 421-422.
9469 DURIDANOV, Ivan: Bălg. *lăch* "lăžec" i srodnicite mu. — *BE* 26, 1976, 329-330.
9470 — Bolgarsko-russkie leksičeskie paralleli. — *BRus* 3, 1976/3, 18-20 | 1. Bulg. *linkam (se)*: Ru. *lynjat'*; 2. Bulg. *litam* : Ru. *lytat'*; 3. Bulg. *li(ch)tún* : Ru. *lytún*; 4. Bulg. *sadno* : Ru. *sadnó.*
9471 GEORGIEV, St., & RUSINOV, R.: *Leksikologija na săvremennija bălgarski knižoven ezik. Lekcii.* — V. Tărnovo: Velikotărnovski univ. "Kiril i Metodij", 1975 (1976), 214 p.
9472 GEORGIEVA, Bagra: Tradicionna stroitelna i žilištna terminologija. — *Sbornik za*

BULGARE

narodni umotvorenija i narodopis (Sofija) 55, 1976, 99-143.

9473 GEROV, Najden: *Rečnik na bălgarski ezik*. Fototipno izd. Čast 2: *E-K* [Naučen konsultant Ljubomir ANDREJČIN†]. — Sofija: Bălgarski pisatel, 1976, 450 p. | Repr. of: *Rěčnikъ na blъgarskyj jazykъ* . . . Sъbralъ . . . Najdeňъ Gerovъ, Plovdivъ 1897 | Cf. BL 1975, 9149. | *Septemvri* (Sofija), 1976/9, 197-207 Ivan Duridanov (on vol. I).

9474 GJULUMJANC, K. M.: Nekotorye nabljudenija nad frazeologiej bolgarskogo jazyka v sravnenii s vostočnoslavjanskoj. — *BSl* 1, 1976/5, 11-17.

9475 HEREJ-SZYMAŃSKA, Krystyna: Bułgarskie *tor*. — *RSl* 37, 1976, 65-68 | Étym. du mot cité (Rés. fr.).

9476 HILL, Peter: Sozialterminologie in Bulgarien 1850-1944, dargestellt anhand der schönen Literatur. — *ZBalk* 12, 1976/1, 27-41.

9477 ILČEV, Stefan: *Iz života na dumite* . . . . — Sofija: 1975 | BL 1975, 9151. | *ZSl* 21, 1976, 859 K. Kostov | *ZprMK* 17, 1976, 318-321 M. Zima.

9478 — Leksikalen sitnež: *igljanka puška*; *zaštištavam, zaštitjavam, zaštitavam*; *vprjag* i *vpreg*. — *BE* 26, 1976, 393-395.

IVANČEV, S.: Edin sravnitelno nov semantiko-slovoobrazovatelen tip glagoli . . . . — 11557.

9479 IVANOVA, Kalina: Novoto značenie na prilagatelnoto *maštaben*. — *BE* 26, 1976, 494-495.

9480 JORDANOVA, Ljubina: Za nomenklaturnite znaci i prechoda im v nazvanija. — *BE* 26, 1976, 407-412.

9481 KALJUTA, A. M.: Nekotorye associativnye svjazi nazvanij lic v bOlgarskom jazyke. — *BSl* 1, 1976/5, 17-20.

9482 KJUVLIEVA, Vesa: Slovar' bolgarskogo jazyka A. Djuvernua – pervyj bolgarsko-russkij slovar'. — *BRus* 3, 1976/2, 35-38 | Al.L. Djuvernua [= DUVERNOIS], *Slovar' bolgarskogo jazyka po pamjatnikam narodnoj slovesnosti i proizvedeniam novejšej pečati* [I-II], Moskva 1885-89.

9483 — Gramatičnijat rod na dumata *ataše*. — *BE* 26, 1976, 416-419.

9484 KOŠELEV, A., & LEONIDOVA, M.: *Bălgarsko-ruski frazeologičen rečnik*. — Sofija: 1974 | BL 1974, 8728. | *EL* 31, 1976/1, 61-69 Keti Ničeva | *BRus* 3, 1976/5, 39-43 L. I. Rojzenzon & S. I. Rojzenzon.

9485 KRUMOVA, Lilija, & ČOROLEEVA, Marija: Abreviacijata v bălgarskija ezik. — *BE* 26, 1976, 380-388.

9486 LEONIDOVA, M. A.: K voprosu o sočetaemosti sobstvennogo imeni vo frazeologičeskich edinicach (v bolgarskom i russkom jazykach). — [367], 64-72.

9487 MAKOWSKA, Danuta: Funkcje przysłówka *poveče* w publicystyce Christo Botewa. — [9085], 161-163.

MARTYNOV, V. V.: K interpretacii belorussko-bolg. izoleks. — 11570.

9488 MÄŽLEKOVA, Marija: Nabljudenija vărchu starinnata leksika v poemata "Kărvava pesen". — *AspSb* 3, 1976, 39-48.

9489 MENSKAJA, T. B.: Nekotorye aspekty leksičeskoj i morfologičeskoj adaptacii grečeskich glagol'nych zaimstvovanij v bolgarskom jazyke. — [379], 319-333.

9490 MICHAJLOVA, G. D.: Semantičeskaja charakteristika "glagolov soobščenija" v publicističeskich tekstach. — [159], 263-265.

9491 MINČEVA, Angelina: Za chronologijata na dumata *prolet*. — *BE* 26, 1976, 110.

9492 MIOVSKI, Mito: Leksikata vo tekstovite na Joakim Krčovski. — *GZb* 1, 1975, 349-358 | Ru. Summ.

9493 MURDAROV, Vladko: "*Avariram*" – nenužen nov glagol v bălgarskija ezik. — *BE* 26, 1976, 424-425.

9494 — "Spasitelnoto sredstvo" – dumata *forum*. — *BE* 26, 1976, 499-500.
9495 NENKOVA, Petja: Kăm văprosa za obogatjavaneto na knižovnata leksika u Neofit Rilski. — *BE* 26, 1976, 131-133.
9496 NIČEVA, Keti: Kăm văprosa za frazeologizmite binomi (dvojki dumi) v bălgarskija ezik. — *BE* 26, 1976, 123-125.
9497 NIČEVA, K., SPASOVA-MICHAJLOVA, S., ČOLAKOVA, Kr.: *Frazeologičen rečnik na bălgarskija ezik*. Tom I; II. — Sofija: 1974-75 | BL 1975, 9164. | *SpBAN* 1976/2, 87-91 Konstantin Popov. | *SlavR* 24, 1976, 292-294 Matej Rode | *ZSl* 21, 1976, 863-866 K. Kostov | *JČ* 27, 1976, 86-89 M. Ivanová-Šalingová | *Slavia* 45, 1976, 311-312 L. Uhlířová.
NOEVA, S.: K voprosu o slovosočetanijach s glagol'nymi suščestvitel'nymi v naučno-tehničeskoj lit..... — 11229.
9498 *Obraten rečnik na săvremennija bălgarski ezik*. [Otg. red.: L. ANDREJČIN. Săst.: E. GEORGIEVA, et al.]. — Sofija: 1975 | BL 1975, 9165. | *ZSl* 21, 1976, 861 K. Gutschmidt.
9499 PERNIŠKA, Emilija: Njakoi postiženija i perspektivi na săvremennite bălgarski tălkovni rečnici. — *BE* 26, 1976, 365-371.
9500 PETKANOV, Ivan: La funzione mediatrice di Ragusa in un particolare settore del lessico bulgaro. — *BALM* 13-15, 1971-73 (1976), 633-641.
9501 — L'elemento italiano nella lingua marinara e peschereccia bulgara. — *BALM* 13-15, 1971-73 (1976), 643-644 | Suppl. to his art. in *BALM* 8-9, 185-195 (BL 1968, 8441).
9502 PLOTNIKOV, B. A.: Odnokorennaja leksika bolgarskogo i belorusskogo jazykov. — *BSI* 1, 1976/5, 70-74.
9503 POPOV, Dimităr G.: Za semantikata i leksikografskoto predstavjane na njakoi osobeni kategorii dumi. — *BE* 26, 1976, 403-406.
9504 RAČEVA, Marija D.: Orientalski zaemki v bălgarski ezik. 7. Za značenieto na *etsija, etcija, itsija, icija*. — *BE* 26, 1976, 108-109 | Cf. BL 1975, 9172.
9505 *Rečnik na redki, ostareli i dialektni dumi*. . . . Săst.: Stefan ILČEV, Ana IVANOVA . . . . — Sofija: 1974 | BL 1974, 8742. | *ZSl* 21, 1976, 862-863 K. Kostov.
9506 RUSEK, Jerzy: Nad bułgarskim przekładem "Opowieści o mądrym Akirze". — *SprOKrPAN* 19, 1975 (1976), 86-88.
9507 RUSINOV, Rusin: Prilagatelnoto ime *dăžduvalen*. — *BE* 26, 1976, 349-350.
9508 — Prilagatelnite imena *izvoren* i *izvorov*. — *BE* 26, 1976, 498-499.
9509 RUSINOVA, Marija: Termini za bračno rodstvo v bălgarskija ezik. — *AspSb* 3, 1976, 178-187.
9510 *Rusko-bălgarski politehničeski rečnik*. A-Ja. Red.: Georgi T. POPOV [et al.]. — Sofija: Technika / Moskva: "Russkij jazyk", 1976, 1101 p.
9511 SELIMSKI, Ljudvig: *Junaško doverie*. — *BE* 26, 1976, 490-492 | Origin of this fixed word-combination.
9512 STANKOV, Valentin: Za upotrebata na njakoi dumi, svărzani săs selskostopanska dejnost. — *BE* 26, 1976, 427-428.
SUPRUN, A. E.: Belor. dial. *žúrac'* . . . . bolg. dial. *žúrja* . . . . — 11589.
9513 TODOROV, Todor: Kratki etimologični beležki: *dóam, dóbajam, dujníca*. — *BE* 26, 1976, 477-478.
9514 — Dialektnite dumi *vóndze, ičel*. — *BE* 26, 1976, 330-331.
9515 TODOROVA, Elena: Semantična struktura na prilagatelnite za prostranstven razmer. — *EL* 31, 1976/3, 27-36.
TOLSTOJ, N. I.: K voprosu o belorussko-bolg. etnolingvističeskich sootvetstvijach. — 11591.

VAPORDSCHIEW, V.: Parallelen und Unterschiede zwischen den Zwillingsformeln
.... — 7589.
9516 VASILEVA, Stefka: *Bled i bleden.* — *BE* 26, 1976, 428-429 | Semantics of cited words.
9517 — Za značenieto i upotrebata na dumite *lekar* i *doktor.* — *BE* 26, 1976, 501-502.
9518 VĂTOV, Vărban: Specifika na izobrazitelnite (zvukopodražatelnite) dumi kato strukturni elementi na ezikovata sistema. — *AspSb* 3, 1976, 17-28.
9519 VIDENOV, Michail: Jedna z lexikálních osobitostí bulharského jazyka (název *slivici* "tonsilla"). — *Slavia* 45, 1976, 175-177.
VLACHOV, S.: Realija kak komponent frazeologizma. — 11276.
9520 [ZAFIROVA, B.] SAFIROVA, Bisserka: Zum Einfluss der deutschen medizinischen Fachwortschatz im Bulgarischen. — *AspSb* 3, 1976, 189-197.

6. ORTHOGRAPHE — ORTHOGRAPHY

9521 MANOLOVA, Lilija: Da pišem pravilno imenata na istoričeskite ličnosti! — *BE* 26, 1976, 232-233.
9522 MURDAROV, Vladko: *Sljato polusljato razdelno pisane.* — Biblioteka "Rodna reč omajna" 8; Sofija: Izd. "Narodna prosveta", 1976, 101 p.
9523 NICOLOVA, Ruselina: Funkcii na mnogotočieto. — *BE* 26, 1976, 161-164.
9524 STANKOV, Valentin: BAN i problemite na bălgarskija pravopis. — *SpBAN* 1976/6, 72-77.
9525 — Za pravopisa na edin tip složni prilagatelni imena. — *BE* 26, 1976, 153-158.

7. STYLISTIQUE, LANGUE LITTÉRAIRE — STYLISTICS, LITERARY LANGUAGE

9526 BREZINSKI, Stefan: *Žurnalističeska stilistika.* — Sofija: Nauka i izkustvo, 1976, 308 p. | *EL* 31, 1976/5, 68-72 Konstantin G. Popov.
9527 — Zakonăt za ikonomija na izrazni sredstva v publicistikata. — *EL* 31, 1976/4, 52-57.
9528 CHARALAMPIEV, Ivan: Kăm problema za săchranjavaneto na Vazovoto ezikovo bogatstvo. — *BE* 26, 1976, 185-195.
9529 ČUMBALOVA, G. M.: Tjurkskie leksičeskie élementy v jazyke romana Ivana Vazova "Pod igom". — *SovT* 1975/2, 48-54.
9530 GANČEVA, Bistra: Za ezika na Konstantin Konstantinov. — *Literaturna misăl* (Sofija) 1976/2, 122-135.
9531 GEORGIEV, Nikola: *Bălgarskata narodna pesen. Izobrazitelni principi. Stroež. Edinstvo.* — Sofija: Nauka i izkustvo, 1976, 323 p.
9532 GEORGIEVA, Elena: Ezikova sistema, stil i punktuacija. — *BE* 26, 1976, 64-71; 202-209.
9533 GRANNES, A.: Otnošenie Ivana Vazova k turcizmam v bolgarskom jazyke (Materialy i nabljudenija). — *SSlav* 22, 1976, 127-135.
9534 IVANOVA, Nedjalka: Za upotrebata na njakoi antroponimi v poemata "Kărvava pesen". — *RodR* 1976/2, 59-62.
9535 JANAKIEV, Miroslav: *Kak da redaktirame sobstveno săčinenie.* — Sofija: 1975 | BL 1975, 9205. | *BE* 26, 1976, 445-447 Kiril Dimčev.
9536 KARANFILOV, Efrem: Ezikăt i stilăt na "Zapiskite". — *RodR* 1976/4, 42-47 | On Zachari Stojanov's *Zapiski po bălgarskite văstanija.*
9537 KOLAROV, Radosvet: Zvukovata metafora i semantikata na sobstvenoto ime v chudožestvenata reč. — *BE* 26, 1976, 219-223.

LEONIDOVA, M.: Frazeoschema kak lingvističeskaja edinica .... — 11333.
9538 LILOV, Metodi: *Izkustvo na slovoto. Redaktirane i stilističen analiz.* — Sofija: Narodna prosveta, 1976, 103 p.
9539 — Principi na săvremennoto knižovno ezikovo stroitelstvo. — *BE* 26, 1976, 60-63.
9540 — Kriterii za ocenkata na chudožestvenija ezik. — *Literaturna misăl* (Sofija) 1976/6, 43-58.
9541 MIRČEV, Kiril†: Za njakoi balkanizmi v ezika na Sofronij Vračanski. — *BE* 26, 1976, 328-329 | On the preposition *ot*.
9542 MOSKOV, Mosko: *Za čist bălgarski ezik.* — Biblioteka "Rodna reč omajna" 7; Sofija: Narodna prosveta, 1976, 93 p.
9543 NIKOLAEV, Bojan: Glagolnite okončanija v Botevata poezija (Ezikovi i tekstologični beležki). — *BE* 26, 1976, 214-219.
9544 POPOV, Konstantin G.: Ezik i stil na razkaza "Vetrenata melnica" ot Elin Pelin. — *BEL* 19, 1976/4, 28-36.
9545 *Problemi na bălgarskata knižovna reč.* Săstavil Ljubomir ANDREJČIN. — Sofija: 1974 | BL 1974, 8774. | *BE* 26, 1976, 180-182 Marija Čoroleeva.
9546 RUSINOV, Rusin: Za njakoi greški v rečta na artistite. — *BE* 26, 1976, 165-166.
9547 STOJANOV, Stojan: *Prilagatelnoto ime kato chudožestveno opredelenie.* — Sofija: 1974 | BL 1974, 8777. | *EL* 31, 1976/2, 87-89 Ljubka Stoičkova.
9548 [TOUCHBOEUF, M.-T.] TUUŠB'OF, Mari-Terez: Njakolko interesni frazeologizma u Jordan Jovkov. — *BE* 26, 1976, 419-420.

8. PROSODIE, MÉTRIQUE, VERSIFICATION — PROSODY, METRE, VERSIFICATION

9549 CHLEBAROVA-NENOVA, Z.: Otnošenieto na Javorov kăm formata na poetičnoto proizvedenie. — *EL* 31, 1976/5, 27-37.
9550 LJUBENOV, Ljuben: Rimite v narodnata pesen. — *RodR* 1976/9-10, 85-88.
9551 [SLAVOV, A.] SŁAWOW, Atanas: *Zarys wersyfikacji bułgarskiej.* — Wrocław: 1974 | BL 1974, 8781. | *EL* 31, 1976/2, 84-86 Enčo Mutafof.

9. TRADUCTION — TRANSLATION

9552 BECHYŇOVÁ, Věnceslava: Bulharské překlady Erbenových balad. — *Slavia* 45, 1976, 398-408 | Les traductions bulg. des ballades de K. J. Erben.
9553 CANEVA, Stanka: Prevodăt na vido-vremennite formi na ruskija glagol v segašno istoričesko vreme na bălgarski ezik v romana na Aleksej Tolstoj "Petăr Părvi". — *BSl* 1, 1976/6, 69-85.
9554 IVANOVA, Malina: Za prevoda na polskite deepričastija na bălgarski ezik. — *BSl* 1, 1976/2, 5-18.

10. LINGUISTIQUE MATHÉMATIQUE — MATHEMATICAL LINGUISTICS

9555 BRAJKOVA, Chr.: A system for automatic segmentation of Bulgarian wordforms into morphemes. — [159], 323-326.
9556 GERGANOV, E., et al.: Measurement of readability of written Bulgarian. — [159], 331-334.
9557 [KRĂSTEV, B.] KRYSTEV, B.: Kategorija umen'šitel'nosti s točki zrenija kvantitativnoj lingvistiki. — [159], 237-240.
9558 [NIKOLAJEV, B.] NIKOLAYEV, B.: Status of numerals and numerical expressions.

— [159], 371-373.
9559 ORLENKO, A. V.: Stilistika i najbolee častye slova jazyka. — [159], 267-270.
9560 RAJNOVA, D. A., & KUZNECOVA, A. I.: Struktura i raspredelenie slov-odinoček v bolgarskom i russkom jazykach. — [159], 295-298.
9561 SELJAN, E.: Avtomatičeskoe členenie bolgarskogo složnogo predloženija na prostye. — [159], 299-301.

14. ONOMASTIQUE — ONOMASTICS

9562 BALKANSKI, Todor: Rodopskoto ime *Tămraš*. — *Rodopi* (Sofija) 1976/3, 35.
9563 CHAJTOV, Nikolaj: Familni imena v Jakoruda i Jakorudsko (na potomci na pomochamedančeni bălgari). — *Rodopi* (Sofija) 1976/2, 23.
9564 CHRISTOV, Georgi: Toponimijata na obština Bjal izvor. — *Rodopski sbornik* (Sofija) 4, 1976, 245-312.
9565 GEORGIEVA, Ivelina: Naučni onomastični ekspedicii v Šumenski okrăg. — *BE* 26, 1976, 520.
9566 HYNKOVÁ, Hana: *Europäische Reiseberichte aus dem 15. und 16. Jahrhundert als Quellen für die historische Geographie Bulgariens*. — Sofija: Inst. f. Balkanistik BAW, 1973, 157 p. | *ZprMK* 17, 1976, 89-91 Ivan Lutterer.
9567 IVANČEV, Svetomir: Za ličnoto sobstveno ime *Marin | Marina, Marinka*. — *BE* 26, 1976, 395-398, cartes.
9568 KOVAČEV, Nikolaj P.: Vărchu istorijata i etimologijata na seliŝtnoto ime *Sungurlare*. — *BE* 26, 1976, 478-480.
9569 MICHAJLOVA, Dimitrina Al.: Iz toponimijata na Michajlovgradska okolija. — *BE* 26, 1976, 331-334.
9570 MOLLOVA, Mefkjure: Onomastičeski beležki vărchu imena ot orientalski proizchod. — *BE* 26, 1976, 481-488 | Etym. remarks on *Duran, Karamlăk, Kerem*, and other Oriental pers. names in Bulg.
9571 — Za staroto ime na grad Ruse. — *RodR* 1976/9-10, 93.
9572 PĂRVANOVA, E. L.: Archaični nazvanija v karlovskata toponimija. — [324], 305-306.
9573 RAJČEVSKI, Stojan: Pronikvane na tjurkskata toponimija v Srednite Rodopi. — *Rodopi* (Sofija) 1976/9, 35-36.
9574 SALAMBAŠEV, Anastas: *Mestnite imena v Smoljansko*. — Bălgarska onomastika, 1; Sofija: Izd. na BAN (Inst. za bălg. ezik), 1976, 185 p. | *BE* 26, 1976, 508-511 Mosko Moskov | *BE* 27, 1977, 234-236 Emil Subašiev.
9575 — Stari i novi familni imena v Smoljan, kvartal Rajkovo. — *Rodopski sbornik* (Sofija) 4, 1976, 237-244.
9576 SIMEONOV, Boris: Proizchod, značenie i razprostranenie na imeto *Paisij*. — *Letopisi* (Plovdivski univ. "Paisij Chilendarski", Plovdiv), 1, 1976 (1975), 44-45.
9577 — Proizchod, značenie i razprostranenie na imeto *Čavdar*. — *BE* 26, 1976, 210-214.
9578 — Legenda, proizchod i značenie na imeto *Čavdar*. — *Bălgarski folklor* (Sofija) 1976/1, 38-46.
9579 — Rila. — *RodR* 1976/3, 60-61.
9580 ZAIMOV, Jordan: *Bălgarski geografski imena s* -jь ... — Sofija: 1973 | BL 1973, 10085. | *RSl* 37, 1976, 84-90 Stanisław Rospond.
9581 — Die bulgarische Onomastik als Spiegel des altbulgarischen und urslawischen Wortschatzes. — *ZSl* 21, 1976, 806-813.

d. Macédonien — Macedonian

9582 BRAY, R. G. A. DE: Some thoughts on the recognition of the Macedonian language. — *MelbSS* 9-10, 1975, 148-155.
9583 BROZOVIĆ, Dalibor: Knjiga "Za makedonckite raboti" i suvremena sociolingvističanja shvaćanja (južno)slavenske jezične problematike. — [9601], 23-42.
9584 DIMITROVSKI, Todor: Leksički razliki meǵu jazikot na Misirkov i sovremeniot makedonski literaturen jazik. — [9601], 43-51.
9585 DŽUKESKI, Aleksandar: Lingvističkata terminologija na Misirkov. — [9601], 209-216.
ELSON, M. J.: The definite art. in Bulg. and Maced. — 9350.
9586 FELESZKO, Kazimierz: Macedońskie zdania czasowe (rola kategorii werbalnych). — *SFPS* 15, 1976, 143-150.
9587 [—] FELEŠKO, Kazimjež: "Neobičnite" konstrukcii so *da* kaj Misirkov –barani sinonimni oblici ili odraz na tuǵi vlijanija? — [9601], 173-185.
9588 FRIEDMAN, Victor A.: Macedonian language and nationalism during the nineteenth and early twentieth centuries. — *Balkanistica*. Occasional papers in Southeast European studies. Ed. Kenneth E. Naylor. 2, 1975 (Cambridge, Mass.: Slavica, 1976), 83-98.
9589 — Dialectal synchrony and diachronic syntax: the Macedonian perfect. — [114], 96-104, map.
9590 — Structural and generative approaches to an analysis of the Macedonian preterite. — *SEEJ* 20, 1976, 460-464.
9591 HAMM, J.: Moj osvrt na K. P. Misirkova. — [9601], 199-207.
9592 HENDRIKS, Peter: *The Radožda-Vevčani dialect of Macedonian*: structure, texts, lexicon. — PdR Press Publ. on Maced. 1 (Univ. of Amsterdam diss.); Lisse: P. de Ridder, 1976, viii, 311 p., disc in pocket.
9593 ILIEVSKI, P. Hr.: Obidi na voveduvanje na govorniot jazik vo pismenosta pred K. P. Misirkov (Od damaskinarskata knižnina vo Makedonija). — [9601], 57-65.
9594 JAŠAR-NASTEVA, Olivera: Opštestveno-političkata terminologija vo jazikot na K. P. Misirkov. — [9601], 67-77.
9595 KONESKI, Blaže: Odnosot na K. P. Misirkov sprema faktorot na tradicijata vo razvitokot na literaturniot jazik. — [9601], 89-93.
9596 KORUBIN, B.: Mesto glagola *sum* kak vspomagatel'nogo i kak svjazki v makedonskom literaturnom jazyke. — [9074], 244-250.
9597 [LÖTZSCH, R.] LEČ, R.: Nekotorye specifičeskie osobennosti razvitija makedonskogo literaturnogo jazyka. — [9601], 95-97.
9598 MAREŠ, František Václav: Die Struktur des Artikels im Makedonischen. — *EBTch* 5, 1974 (1976), 73-79 | E. summ.
9599 MARKOV, Boris: Imenki so značenjeto naprava ili sredstvo za proizvodstvo. — *GZb* 1, 1975, 29-57 | Nomina intrumenti in Maced. (Ru. summ.).
9600 — Die Nomina feminativa in der mazedonischen Sprache. — *ZBalk* 12, 1976/2, 35-60.
— Nomina fem. vo ruskiot jazik od aspekt na maked. jazik. — 10884.
MIOVSKI, M.: Leksikata vo tekstovite na J. Krčovski. — 9492.
9601 *Krste P. Misirkov i nacionalno-kulturniot razvoj na makedonskiot narod do osloboduvanjeto*. Referati na Simpoziumot vo Skopje, 22 i 23 april 1975. [Ureduvački odbor: Ivan KATARDŽIEV, Haralampie POLENAKOVIK', Trajko STAMATOSKI]. — Inst. za maked. jazik "Krste Misirkov", Posebni izdanija 9; Skopje: 1976, 420 p.
MIŠESKA-TOMIĆ, O.: On the syntactic categories in E. and Maced. — 8249.

MACÉDONIEN

9602 MITKOV, Marinko: Funkcijata i distribucijata na izraznite členski sredstva vo knigata "Za makedonckite raboti". — [9601], 99-103.

9603 NAJČESKA-SIDOROVSKA, Marija: Glagolsko-imenski sintagmi so predlogot *kon*, *kaj* vo imenskata konstrukcija vo makedonskiot jazik vo sporedba so ruskiot. — *GZb* 1, 1975, 59-72 | Ru. summ.

9604 ORZECHOWSKA, Hanna: Frekwencja i dystrybucja imiesłowów na *-jki* u K.Misirkowa na tle zakresu ich użycia u M.Cepenkowa i w bułgarskich tekstach przełomu wieku XIX i XX. — [9601], 105-118.

9605 PANOSKA, R.: *Sovremen makedonski jazik.* — Skopje: Univ. Kiril i Metodij, 1974, 101 p.

PAVLOVIĆ, M.: Les processus linguistiques en Illyricum . . . — 9705 | *našča, vašča* (Kostur).

9606 PEEV, Kosta, & POPOVSKI, Ariton: Dijalektizmite vo jazikot na Misirkov. — [9601], 119-129.

9607 POLENAKOVIK', Haralampie: Prvite prevodi na I. A. Krilov na makedonski jazik napraveni od Andreja D. Petkovik'. — *GZb* 1, 1975, 137-159 | Rés. fr.

9608 ROBOVSKÝ, N.: K vydání prvního makedonského slabikáře v Řecku. — [388], 352-359 | On the publ. of the first Maced. primer in Greece.

9609 RUSEK, J.: Aktivnata glagolska pridavka kaj K. P. Misirkov. — [9601], 131-135.

9610 SIMICZIJEW, Kole: *Macedońska liryka ludowa.* — AUW 336, SW 10: Warszawa: Państwowe Wyd. Naukowe, 1976, 302 p. | Rés. en fr. (p. 283-292): Le chant lyrique populaire macéd.

9611 STAMATOSKI, Trajko: Misirkovata reforma na makedonskoto pismo. — [9601], 137-140.

9612 STEFANIJA, Dragi: Okolu akcentot vo oddelni zborovi vo makedonskiot literaturen jazik. — [9601], 141-147.

9613 TOMOVSKI, Dušan: Geminacijata vo makedonskiot jazik od Misirkov do denes. — [9601], 149-156.

9614 TOPOLIŃSKA, Zusanna: Miejsce konstrukcji z tzw. formą na *-l* w systemie form predykatywnych czasownika macedońskiego. — *SFPS* 15, 1976, 289-302.

9615 [—] TOPOLINJSKA, Zuzana: Upotrebata na členski i zamenski oblici vo tekstovite na Misirkov vo svetlinata na semantičkata analiza na tie tekstovi. — [9601], 157-164.

9616 [ZWOLIŃSKI, P.] ZVOLINJSKI, Pšemislav: Pogledite na Krste Misirkov za makedonskiot jazik vo očite na stranec. — [9601], 53-56.

14. ONOMASTIQUE — ONOMASTICS

9617 ARGIROVSKI, Mito: Za etimologijata na *Korešta.* — *OnJug* 6, 1976, 111-114 | Ru. summ.

9618 DURIDANOV, Ivan: *Die Hydronymie des Vardarsystems als Geschichtsquelle.* — Köln: 1975 | BL 1975, 9265. | *BE* 26, 1976, 250-253 Vladimir I. Georgiev | *RESEE* 14, 1976, 559-561 H. Mihăescu | *IF* 80, 1975 (1976), 327-330 W. P. Schmid.

9619 HOFMAN, Agnieszka: Typy słowotwórcze imion osobowych w "Paskveliji" Živka Činga. — [355], 55-67.

9620 STANKOVSKA, Ljubica: Prilog kon imeto na gradot *Resen.* — *OnJug* 6, 1976, 107-110 | Ru. summ.

e. Serbo-croate — Serbo-Croatian

O. BIBLIOGRAPHIE ET GÉNÉRALITÉS — BIBLIOGRAPHY AND GENERAL

9621 HERRITY, Peter: Serbo-Croatian studies. — *YWMLS* 37, 1975 (1976), 878-894.

9622 DULIČENKO, Aleksandr D.: O položaju suvremenog gradišćanskog hrvatskog književnog jezika u Austriji (Po materijalima "Hrvatskih novina", 1970-1975). — *ČakR* 1976/1, 35-63.

9623 FELESZKO, Kazimierz: Norma językowa a tolerancja językowa (czyli jak to godzą w Jugosławii). — *JP* 56, 1976, 132-138 | With a comment by Stanisław URBAŃCZYK.

9624 GUDKOV, Vladimir P.: "Srbska grammatika" Dimitrija Milakovića i njen značaj za nauku o srpskohrvatskom jeziku. — *JslF* 31, 1974-75, 55-66 | Summ. in Ru.

9625 *Issledovanija po serbochorvatskomu jazyku.* [Red.: R. V. BULATOVA]. — Moskva: 1972 | BL 1972, 8764. | *ZbFL* 18, 1975/2 (1976), 227-231 Juguslava Arsović.

9626 KAŠIĆ, Jovan: Jedno poređenje Vukove i Daničićeve gramatike. — *ZbFL* 18, 1975/1 (1976), 77-90.

9627 KATIČIĆ, Radoslav: *Jezikoslovni ogledi.* — Zagreb: Školska knjiga, 1971, 272 p.

9628 KUNA, Herta: Književne koine u relaciji prema predstandardnim idiomima i standardnom jeziku. — *KnJ* 5, 1976/1-2, 9-20.

9629 MARKOVIĆ, Svetozar: Kolebanja u normi srpskohrvatskog standardnog jezika. — *KnJ* 5, 1976/1-2, 35-54 | Rés. en fr.

9630 PEŠIKAN, Mitar: O uticaju radija, televizije i drugih novinarskih službi na jezičku kulturu. — *NJ* 22, 1976/1-2, 69-76.

9631 STEVANOVIĆ, M.: Iako neophodna, revizija norme književnog jezika treba da se vrši oprezno. — *NJ* 22, 1976/1-2, 8-14.

9632 VRANČIĆ, Faust: *Rječnik pet najuglednijih evropskih jezika...* — Zagreb: 1971 | BL 1971, 8382. | *Lingua* 38, 1976, 167-170 B. Franolic.

1. PHONÉTIQUE ET PHONOLOGIE — PHONETICS AND PHONOLOGY

9633 BABIĆ, S.: Kajkavsko *č* u književnom jeziku. — *Jezik* 22, 1974-75, 65-72.

9634 HAMM, Josip: Križanić and his accent. — [9078], 263-285.

9635 IVIĆ, Pavle: Die prosodischen Typen in den serbokroatischen Dialekten. — *WSlav* 19-20, 1974-75, 199-209.

9636 JOVIĆ, Dušan: Fonološke promene i morfološke neutralizacije. O međuzavisnosti njihovih procesa. — *KiJ* 22, 1975/2, 166-176.

9637 LAZNIBAT, Velimir: Jotovanje u dubrovačkom govoru 17. vijeka (Zaključak na osnovu testamentarnih spisa). — *ZbFL* 17, 1974/1 (1975), 250-252.

9638 LOKNAR, V.: O preuzimanju grčkoga *ch* (χ). — *Jezik* 23, 1975-76, 51-55.

9639 MAGNER, Thomas F., & MATEJKA, Ladislav: *Word accent in modern Serbo-Croatian.* — University Park: 1971 | BL 1972, 8780. | *IJSLP* 21, 1975, 115-127 Dragoljub Petrović.

9640 NIKOLIĆ, Berislav M.: Zamenički književni akcenat. — *ZbFL* 18, 1975/1 (1976), 179-183 | Summ. in E.

9641 PAVEŠIĆ, S.: O izgovoru i pisanju ijekavskoga refleksa dugog jata. — *Jezik* 22, 1974-75, 111-117.

9642 PECO, Asim: Ispitivanje naših glasova pomoću tehničkih sredstava. — *KiJ* 22, 1975/2, 188-198.

SERBO-CROATE

9643 — Zum Wesen der Akzente im Serbokroatischen auf der Grundlage von experimentellen Untersuchungen. — *ZSl* 21, 1976, 136-144, 2 fig.

9644 PURCELL, Edward T.: *The realizations of Serbo-Croatian accents* — Hamburg: 1973 | BL 1973, 10138. | *Phonetica* 33, 1976, 142-144 I. Lehiste | *SEER* 53, 1975, 314 M. Samilov.

9645 — Pitch peak location and the perception of Serbo-Croatian word tone. — *JPhon* 4, 1976, 265-270, 3 fig.

9646 RESULOVIĆ, Zulfikar: O izgovoru i pisanju nekih turcizama u srpskohrvatskom jeziku. — *KnJ* 5, 1976/3-4, 83-87.

9647 RUŽIČIĆ, Gojko: Hronologija gubljenja foneme *h* u štokavskim govorima. — *ZbFL* 17, 1974/1 (1975), 244-246.

9648 ŠKARIĆ, I.: Razlikovna obilježja. — *Jezik* 23, 1975-76, 1-10 | Distinctive oppositions in SCr.

9649 VUKOVIĆ, J.: Polglavija iz istorije srpskohrvatskog konsonantizma. — *Radovi Akad. nauka i umjetnosti BiH* 55, *Odjeljenje društvenih nauka* (Sarajevo) 18, 1975, 5-31.

9650 VUKUŠIĆ, Stjepan: Usporedbe dvaju novoštokavskih naglašavanja imenica muškog roda na Ø. — *Jezik* 23, 1975-76, 92-118.

2. GRAMMAIRE — GRAMMAR

9651 ANČIĆ-OBRADOVIĆ, Marija: Položaj izvedenih imenica sa značenjem lica muškog roda u sistemu izvedenica sa značenjem predmeta – generativni procesi i generativni mehanizmi. — *Radovi Akad. nauka i umjetnosti BiH* 55, *Odjeljenje društvenih nauka* (Sarajevo) 18, 1975, 145-184.

9652 ANIĆ, Vladimir: Navezak u suvremenom jeziku. — *Jezik* 23, 1975-76, 15-25.

9653 BABIĆ, S.: Suvremeni problemi tvorbe riječi. — *Jezik* 23, 1975-76, 41-47.

9654 BĂČVAROV, Janko: Jugoslavskijat sărbochărvatsko-anglijski kontrastiven proekt. — *BSl* 1, 1976/1, 81-91 | SCr.-E. contrastive project.

9655 BATISTIĆ, Tatjana: *Lokativ u savremenom srpskohrvatskom književnom jeziku.* — Bibl. Južnoslovenskog Filologa, N.S. 3; Beograd: Inst. za srpskohrvatski jezik, 1972, 212 p. | Corr. to BL 1973, 10146. | *ZbFL* 17, 1974/2 (1975), 193-197 Milorad Radovanović | *JslF* 32, 1976, 245-250 Milica Radović-Tešić.

9656 BOŠKOVIĆ, Radosav: Jedan polovično objašnjen sufiks srpskohrvatski. — *NJ* 22, 1976/1-2, 15-17 | The suffix -*ać*.

9657 BROWNE, Wayles: On the problem of enclitic placement in Serbo-Croatian. — [367], 36-52.

9658 — Two Wh-fronting rules in Serbo-Croatian. — *JslF* 32, 1977, 195-204.

9659 CHMIELEWSKI, Jerzy: Gradacyjne konstrukcje porównawcze we współczesnej serbskiej i chorwackiej prozy beletrystycznej. — [9085], 53-71.

9660 ĆORIĆ, Božo: Kontrastivni opis tvorbenih sredstava za obeležavanje imeničke mocije u srpskohrvatskom i nemačkom jeziku. — *KiJ* 22, 1975/2, 267-282.

DEJANOVA, M.: Iz sărbochărvatsko-bălg. săpostavitelna aspektologija. — 9348.

9661 FELESZKO, Kazimierz: *Składnia genetiwu i wyrażeń przyimkowych z genetiwem w języku serbsko-chorwackim.* — Wrocław: 1970 | BL 1970, 8660. | *JslF* 31, 1974-75, 271-280 Milorad Ranovanović.

9662 FRANOLIĆ, Branko: La déclinaison des substantifs croates d'origine française qui se terminent par -*e*, -*i*, -*o*, -*u*. — *AION-S* 18, 1975 (1976), 155-160 | Also in *BalkE* 19, 1976/4, 49-52.

9663 — Adaptation secondaire ou la dérivation des emprunts d'origine française en

croate. — *Lingua* 40, 1976, 247-261.
9664 [IVIĆ, M.] IVIČ, Milka: Nekotorye problemy slovoporjadka v dopolnitel'nom pridatočnom predloženii. — [9074], 228-234.
9665 KAŠIĆ, Jovan: Upotreba nezavisnih veznika u savremenom književnom jeziku. — *KiJ* 22, 1975/1, 60-72.
9666 KOSZINOWSKI, Klaus: *Die von präfigierten Verben abgeleiteten Substantive in der modernen serbokroatischen Standardsprache. Eine Untersuchung zu den Präfixen do, iz, na, za.* — Slavistische Beiträge 100: München: Sagner, 1976, 271 p.
9667 KRALJEVIĆ, Gojko: Deklinabilnost i indeklinabilnost brojeva *dva, tri, četiri*. — *NJ* 22, 1976/1-2, 43-52.
9668 KRILE, Ivo: Gramatička struktura glagola *pretvoriti* (*se*) i *pretvarati* (*se*). — *Jezik* 23, 1975-76, 152-156.
9669 KUŹMIAK, Janina, & DZIURZANKA, Dorota: Próba algorytmicznego opisu syntezy synkretycznych przypadków rzeczownika serbsko-chorwackiego. — [377], 97-101.
9670 LAZIC, Margarita: Prefixation of borrowed verbs in Serbocroatian. — *SEEJ* 20, 1976, 50-59.
9671 NIKOLIĆ, Berislav M.: Osnovni značenjski sistemi srpskohrvatskih glagolskih oblika u svetlosti Belićevih shvatanja. — *ZbFL* 18, 1975/2 (1976), 95-111 | Summ. in E.
9672 — Jedan pokušaj definisanja srpskohrvatskih reči. — *ZbFL* 18, 1975/2 (1976), 129-137 | Summ. in E.
9673 OCZKOWA, Barbara: Formant *-ište* we współczesnym literackim języku serbsko-chorwackim. — *SprOKrPAN* 19, 1975 (1976), 93-94.
9674 PRONIČEV, V. P.: Zametki po sovremennomu sostojaniju serbochorvatskogo vokativa. — [331], 180-192.
9675 RADOVIĆ-TEŠIĆ, Milica: Neki podaci i stavovi o promenljivosti brojeva. — *NJ* 22, 1976/1-2, 56-63.
9676 RIDJANOVIĆ, Midhat: *A synchronic study of verbal aspect in English and Serbo-Croatian*. — Cambridge, MA: Slavica, 1976, ix, 147 p.
9677 ROM, Branislava: Srpskohrvatski ekvivalenti za neka značenja ruskih padeža. — *PPJ* 10, 1974 (1975), 49-108.
9678 SAVIĆ, Svenka: Psiholingvistika i razvoj govora. (Usvajanje enklitičnog sistema u srpskohrvatskom jeziku). — *KiJ* 22, 1975/2, 254-266.
9679 SAWICKA, Irena: Aoryst i imperfectum w zdaniach złożonych czasowych w języku serbskochorwackim. — *SFPS* 15, 1976, 253-267.
9680 SIMIĆ, Radoje: Futur II u nauci i praksi. — *KiJ* 21, 1974/1, 23-46.
9681 — Metodološki pristup morfematici imeničkih reči (Kompleksna metoda analize i sinteze imeničkih paradigmi u srpskohrvatskom jeziku). — *ZbFL* 17, 1974/2 (1975), 83-109 | Summ. in G.
9682 — Sintaksička paradigmatika. — *ZbFL* 18, 1975/2 (1976), 113-127 | Summ. in G.
9683 ŠLJIVIĆ-ŠIMŠIĆ, Biljana: Notes on the history of the possessive pronoun-adjectives *njegov, njen* and *njihov* in Štokavian Serbocroatian. — *IJSLP* 20, 1975, 47-59.
9684 SMOL'SKAJA, A. K.: K voprosu o distribucii feminnyh suffiksov v serbskohorvatskom jazyke. — *ZbFL* 17, 1974/2 (1975), 111-117.
9685 STEVOVIĆ, Igrutin: Neophodna razgraničenja kod funckija padeža. — *KiJ* 21, 1974/2, 20-31.
9686 — Prilozi kao vrsta reči. — *JslF* 31, 1974-75, 79-109 | Summ. in Ru.
9687 TOLSTOJ, N. I.: K voprosu o sud'be slavjanskih kratkih i polnyh prilagatel'-

nych. — [379], 148-166.
9688 VESELINOVIĆ, Dimitrije: O srpskohrvatskim-hrvatskosrpskim neodređenim zamjenicama tipa *neko* (*netko*) i tipa *ko* (*tko*). — *KnJ* 5, 1976/1-2, 69-71.
9689 VUJANIĆ, Milica: O uprošćavanju suglasničkih skupova *stn, zdn, štn, ždn* u pridevskim oblicima. — *NJ* 22, 1976/1-2, 35-42.
9690 VUKOMANOVIĆ, Slavko: O nekim primerima normalizacije osnove u srpskohrvatskom jeziku. — *KiJ* 22, 1975/2, 228-235.

3. HISTOIRE — HISTORY

9691 DEZSŐ László: Azószerbhorvát oklevélszövegek szerkezete. — *ÁNyT* 11, 1976, 79-92 | Structure du texte des chartes en vieux s.-cr.
9692 GABRIĆ-BAGARIĆ, Darija: *Institutionum linquae* [sic] *Illyricae* Bartola Kašića i težnje ka standardizaciji jezika. — *KnJ* 5, 1976/1-2, 55-68.
9693 HADROVICS, László: *Schrifttum und Sprache der burgenländischen Kroaten* . . . . — Budapest: 1974 | BL 1974, 8898. | *SSlav* 22, 1976, 171-180 K. Mollay.
9694 HAZAI, Georg: Zur Rolle des Serbischen im Verkehr des Osmanischen Reiches mit Osteuropa im 15.-16. Jahrhundert. — *UAJb* 48, 1976, 82-88, 2 pl.
9695 JERKOVIĆ, Jovan: O jeziku Daničićevih pisama. — *ZbFL* 18, 1975/1 (1976), 91-115 | Summ. in Ru.
9696 JERKOVIĆ, Vera: Značaj Daničićevog rada o Hvalovom rukopisu. — *ZbFL* 18, 1975/1 (1976), 117-132 | Summ. in Ru.
9697 KUNA, Herta: Jezičke karakteristike glosa u bosanskom jevanđelju iz Srećkovićeve zaostavštine. — *Slovo* 25-26, 1976, 213-230 | G. summ.
9698 LAZNIBAT, Velimir: Grafija dubrovačkih testamenata 17. vijeka. — *JslF* 31, 1974-75, 137-157, 2 facsim. | Summ. in E.
9699 *Missale Hervoiae ducis Spalatensis Croatico-glagoliticum* . . . . Ed. curaverunt Biserka GRABAR . . . sub red. Vjekoslav ŠTEFANIĆ. — Graz: 1973 | BL 1974, 8906. | *Slavia* 45, 1976, 70-72 František V. Mareš.
9700 MLADENOVIĆ, Aleksandar: *Jezik vladike Danila*. — Novi Sad: 1974 | BL 1974, 8907. | *ZbFL* 17, 1974/2 (1975). 177-189 Dragoljub Petrović.
9701 — Beleške o jeziku i problemima njegovog izučavanja u "Pričanjima Vuka Dojčevića" S. M. Ljubiše (Prilog kritičkim izdanjima dela naših pisaca). — *ZbFL* 17, 1974/2 (1975), 1-29 | Summ. in Ru.
9702 — Nad Daničićevim "Ratom za srpski jezik i pravopis". — *JslF* 31, 1974-75, 1-21.
9703 — Polemički karakter Daničićevog "Rata za srpski jezik i pravopis" [1847]. — *ZbFL* 18, 1975/1 (1976), 65-76.
9704 — O jeziku Daničićevog "Rata za srpski jezik i pravopis". — *ZbFL* 18, 1975/2 (1976), 61-78.
9705 PAVLOVIĆ, Milivoj†: Les processus linguistiques en Illyricum et les variantes du substrat romanisé. — *ACILR* XIII/1, 893-896.
9706 PEŠIKAN, Mitar, & JOVANOVIĆ, Gordana: Tekstološki sastav i osnovne odlike teksta najstarijih srpskih četvorojevanđelja. — *JslF* 31, 1974-75, 23-53, 4 facsim. | Summ. in Ru.
9707 REMETIĆ, Slobodan: Jezik pjesama Gavrila Kovačevića. — *PPJ* 11, 1975, 51-91, 3 facsim.
9708 STIJOVIĆ, Svetozar: Grafijske, pravopisne i fonetske osobine *Istorije o Crnoj Gori* Vasilija Petrovića. — *PPJ* 11, 1975, 1-50.
9709 VINCE, Zlatko: Zaokret u hrvatskom književnom jeziku potkraj 19. stoljeća. —

Croatica 6, 1975, 131-159.
9710 VONČINA, Josip: Zagonetka "Šibenske molitve". — Croatica 6, 1976, 7-38, 15 fig.
9711 VRANA, Josip: Najstariji hrvatski glagoljski evandelistar. Urednik: Pavle Ivić. — Srpska akad. nauka i umetnosti, Posebna izd. 484. Odeljenje jezika i književnosti 24; Beograd: 1975, 239 p., 3 fac-sim. h.-t.
9712 VUKOVIĆ, Jovan: Istorija srpskohrvatskog jezika. I dio: Uvod i fonetika. — Beograd: Naučna knjiga, 1974, 225 p. | RSl 37, 1976, 90-95 Mate Šimundić.

4. DIALECTOLOGIE — DIALECTOLOGY

9713 ALBIN, Alexander: A diachronic study of six morphological features characteristic of the Šumadija-Vojvodina dialect. — ZbFL 18, 1975/1 (1976), 161-177 | Summ. in SCr.
9714 BARJAKTAREVIĆ, Danilo: Akcenatska situacija u kosovskoj dijalekatskoj zoni. — KiJ 22, 1975/2, 302-310.
9715 BAUER, Ivan: Neki sintaktički aspekti zagrebačkog kajkavskog dijalekta. — KiJ 21, 1974/3, 48-57.
9716 BRABCOVÁ, R.: Některé výsledky výzkumu srbocharvátských dialektů. — [388], 360-375 | Some results of the investigation of SCr. dialects.
9717 DEANOVIĆ, Mirko: Carattere mediterraneo della parlata di Ragusa. — BALM 13-15, 1971-73 (1976), 1-7.
9718 — Sul carattere mediterraneo della parlata di Ragusa (Dubrovnik). — Ling 15, 1975, 45-50.
9719 ELEZOVIĆ, Dobroslav: O kanjušu. — ČakR 1976/2, 119-126 | Sur le mot kanjuš.
9720 FINKA, Božidar: O čakavskom dijalektu Gradišćanskih Hrvata. — ČakR 1976/2, 65-81, 6 cartes.
9721 FINKA, Božidar, & ŠOJAT, Antun: Hrvatski ekavski govori jugozapadno od Vinkovaca. — Radovi Centra za znanstveni rad – Vinkovci (Zagreb: Jugoslavenska akad. znanosti i umjetnosti) 3, 1975, 5-131 | Croatian Ekavian dialects south-west of Vinkovci (E. summ.).
9722 GODIĆ, Svetlana: Akcenat imenica u Kovilju (Šajkaška). — PPJ 11, 1975, 139-162.
9723 JERKOVIĆ, Jovan: Specifičnosti govora rodnoga kraja u jeziku Jakoba Ignjatovića. — ZbFL 17, 1974/2 (1975), 77-82 | Summ. in Ru.
9724 MAGNER, Thomas F.: Zapažanja o današnjem splitskom govoru. — ČakR 1976/2, 83-92.
MULJAČIĆ, Ž.: Su alcuni toscanismi antichi nel dialetto croato di Dubrovnik. — 6468.
9725 MUSIĆ, Srđan: Romanizmi u severo-zapadnoj Boki Kotorskoj. — Filološki Fak. Beogradskoga Univ., knjiga 41; Beograd: 1972, 275 p. | SRAZ 39, 1975, 235-251 P. Tekavčić.
9726 NARANČIĆ, Ljubica: Fonetske i morfološke osobine govora sela Doljana u Lici. — PPJ 11, 1975, 107-137.
9727 NEWEKLOWSKY, Gerhard: Die Toneme in einer čakavischen Mundart des Burgenlandes. — [260], 269-280.
9728 NIKOLIĆ, Miroslav: Promenljivost brojeva 2-4 u štokavskim govorima. — NJ 22, 1976/1-2, 52-56.
9729 PECO, Asim: Iz fonetske problematike ikavskošćakavskih govora zapadne Bosne. — JslF 31, 1974-75, 189-254, map | Summ. in G.
9730 — Iz vokalske problematike zapadnobosanskih govora. — ZbFL 17, 1974/1

(1975), 181-191 | Summ. in E.
9731 PETROVIĆ, Dragoljub: O nekim osobinama akcenatskog sistema u govorima Luštice i Krtola. — *ZbFL* 17, 1974/2 (1975), 119-124 | Boka Kotorska (Summ. in Ru.).
9732 *Proučavanja bosansko-hercegovačkih govora. Dosadašnji rezultati, potrebe i perspektive*. Priredili za štampu: Dragan VUJIČIĆ, Dževad JAHIĆ, Milan ŠIPKA (odgovorni urednik). — Inst. za jezik i književnost u Sarajevu; Odjeljenje za jezik, Posebna izdanja 2; Sarajevo: 1974, 130 p. | From the contents: Dragomir VUJIČIĆ, 'Ciljevi i zadaci istraživanja u okviru "Bosanskohercegovački dijalekatski kompleks – sinhronijska deskripcija i odnos prema savremenom standardnom jeziku"', 15-33; Drago ĆUPIĆ, 'Bjelopavlićki akcenat kao proizvod hercegovačkih jezičkih uticaja', 34-39; Asim PECO, 'Jedan pogled na ikavsko-šćakavske govore zapadne Bosne', 49-58, carte h.-t.; Jovan VUKOVIĆ, 'Metodologia rada na Projektu i kadrovske prilike', 59-65; Dalibor BROZOVIĆ, 'O načelnim i metodološkim pretpostavkama projekta "Bosanskohercegovački dijalekatski kompleks – sinkronijska deskripcija i odnos prema suvremenomu standardnom jeziku"', 65-80; Milorad DEČIĆ, 'Narodni govori, jezik pisaca i književna norma', 92-94.
9733 PRPIĆ, Ljubica: Specifični lingvistički problemi na terenu severne Bačke i savremeni književni jezik. — *KiJ* 22, 1975/2, 283-291.
9734 RAJKOVIĆ, Ljubiša: Nov pogled na poreklo timočkoga govora. — *KiJ* 21, 1974/3, 109-111 | Apropos of: Svetislav PRVANOVIĆ, *Timočke starine i jezik*, 1973 (BL 1974, 8932).
9735 SEKEREŠ, Stjepan: Govor Slavonske Podravine. I; II. — *ZbFL* 17, 1974/2 (1975), 125-171, 5 maps; 18, 1975/1 (1976), 185-221.
9736 — Govor Virovitice i okolice (I). — *ZbFL* 18, 1975/2 (1976), 161-207, 5 maps.
9737 — Tekstovi iz govora baranjskih Srba. — *ZbFL* 18, 1975/2 (1976), 212-214.
9738 SIMIĆ, Radoje: *Levački govor*. — Beograd: 1972 | BL 1974, 8934. | *ZbFL* 17, 1974/2 (1975), 198-200 Dušan Jović.
9739 ŠIMUNOVIĆ, Petar: Građa za čakavsku bibliografiju. — *ČakR* 1976/1, 67-98.
9740 ŠKERLJ, Stanko: Isoglosse mediterranee nelle parlate slave di Ragusa Vecchia (Cavtat) e di S. Croce (Sv. Križ) presso Trieste. — *BALM* 13-15, 1971-73 (1975), 133-142.
9741 STANIĆ, Milija: *Uskočki govor*. — Beograd: 1974 | BL 1974, 8936. | *JslF* 31, 1974-75, 261-270 A. Peco.
9742 VERMEER, W. R.: Problems in the synchronic and diachronic phonology of Susak Čakavian. — *ZbFL* 18, 1975/2 (1976), 139-159 | Summ. in SCr.
9743 VESCU, Victor: Klokotičanski govor: krašovanski govor u Rumuniji. Prozodijske i fonetske osobine. — *Ling* 15, 1975, 257-263 | Rés. it.
9744 VUJIČIĆ, Dragomir: Istočnohercegovački i zapadnocrnogorski govori u svjetlu onomastičkog i uopšte leksičkog materijala. — *SFPS* 15, 1976, 311-315.

5. VOCABULAIRE — VOCABULARY

9745 ADAMOVIĆ, M.: Turske pozajmice neosmanskog porekla. — *NJ* 22, 1976/1-2, 24-34.
9746 ANDRIĆ, Dragoslav: *Dvosmerni rečnik srpskog žargona i žargonu srodnih reči i izraza*. — [Beograd]: Beogradski izd.-grafički zavod, 1976, xxvii, 475 p., numerous pl. & fig.
9747 BARIĆ, E.: Je li riječ *narav* arhaizmom? — *Jezik* 22, 1974-75, 153-156.

9748 BENSON, Morton: *Serbocroatian-English dictionary* . . . . — Philadelphia: 1971 | BL 1972, 8882. | *IJSLP* 20, 1975, 130-136 R. Alexander.
9749 DŽONOV, Bojan St.: Nemskite rudarskopravni zaemki v balkanskite redakcii na "Saskija zakon". — *GSU-ZF* 65, 1971/2 (1972), 1-77 | BL 1972, 3757 (faulty classification). | *ZbFL* 17, 1974/1 (1975), 255-258 Joseph Schütz.
9750 HAFNER, Stanislaus: Zur Terminologie der politischen Ideologie im mittelalterlichen Serbien. — [260], 189-200.
9751 HYRKKÄNEN, Jukka: Prestiti italiani nel vocabolario marinaresco e peschereccio dalmatico alla luce della letteratura rinascimentale croata del XVI secolo. — *BALM* 13-15, 1971-73 (1976), 25-47.
9752 KASUMOVIĆ, Ahmet: O orijentalnim riječima u našem književnom jeziku. — *Jezik* 23, 1975-76, 156-159.
9753 LALEVIĆ, Miodrag S.: *Sinonimi i srodne reči srpskohrvatskoga jezika*. — Beograd: 1974 | BL 1974, 8950. | *KiJ* 21, 1974/3, 112-113 Damnjan Moračić | *KiJ* 22, 1975/4, 615-621 Živojin Petrović | *JČ* 27, 1976, 196-198 E. Horák | Cf. 9758.
9754 MARKOVIĆ, Blagoje V.: Iz leksike i frazeologije "društvenich" igara Vračana. — *PPJ* 11, 1975, 163-177.
9755 MIĆOVIĆ, Vukić M.: *Rujan, rujevan, rujevina, ruji* i sl. — *JslF* 31, 1974-75, 165-187 | Rés. en fr.
9756 MIHAJLOVIĆ, Velimir: Miscellanea etymologica (*som, bodilo*). — *JslF* 31, 1974-75, 159-164 | In SCr. with summ. in Ru.
9757 MLADENOVIĆ, Aleksandar: O značenju nekih reči u Njegoševom "Gorskom vijencu" na osnovu potvrda iz jezika S. M. Ljubiše. — *ZbFL* 18, 1975/2 (1976), 85-94.
9758 MOKUTER, I.: Beleške o rečniku sinonima srpskohrvatskoga jezika. — *SSlav* 22, 1976, 93-110 | Cf. 9753.
PALKOVIČ, K.: Slovensko-srbochorvátske lexikálne kontakty. — 10185.
9759 RAMMELMEYER, Matthias: *Die deutschen Lehnübersetzungen im Serbokroatischen* . . . — Wiesbaden: 1975 | BL 1975, 9375. | *Erasmus* 28, 1976, 661-665 E. Dickenmann.
9760 *Rečnik srpskohrvatskog književnog i narodnog jezika*. [Urednici: Mihailo STEVANOVIĆ, Mitar PEŠIKAN, et al.]. Knjiga IX: *jurget – kolitva*. — Beograd: Srpska Akad. Nauka i Umetnosti, Inst. za srpskohrvatski jezik, 1975, vi, 800 p. | Cf. BL 1973, 10262.
9761 *Rečnik srpskohrvatskoga književnog jezika*. Knjiga VI, S – Š (*stotina – ščučunjiti se*). [Urednici: Mihajlo STEVANOVIĆ, et al.]. — Novi Sad: Matica Srpska, 1976, 1038 p. | Cf. BL 1973, 10263.
9762 *Rječnik hrvatskoga ili srpskoga jezika*. Obradili: J. JEDVAJ, S. MUSULIN, J. NAGY, S. PAVEŠIĆ . . . . [et al.]. Svezak 96: *žao – zvuknuti*; 97: *Dodatak – Materijali o rječniku*. [Uredio: Ljudovit JONKE]. — Zagreb: Jugoslavenska Akad. znanosti i umjetnosti, 1976, p. 241-564 of vol. 23; [v], 144 p. | Fasc. 97 contains, inter alia, biographical notes on the editors: Đuro DANIČIĆ (83-95), Matija VALJAVEC (96-103), Pero BUDMANI (104-114), Tomo MARETIĆ (115-124), Stjepan MUSULIN (125-127), Slavko PAVEŠIĆ (128-135). | Cf. BL 1975, 9376.
9763 RODE, Matej: Frazeologija v Jurančičevem slovarju. — *SlavR* 24, 1976, 299-302 | Janko JURANČIČ: *Srbskohrvatsko-slovenski slovar*, 2. izd., 1972 (BL 1974, 8946).
9764 SKOK, Petar: *Etimologijski rječnik hrvatskoga ili srpskoga jezika*. Uredili: Mirko DEANOVIĆ i Ljudevit JONKE . . . . I; II; III; IV. — Zagreb: 1971-74 | BL 1974, 8961. | *SCL* 27, 1976, 95-97 Dorin Gămulescu | *BALM* 13-15, 1971-73 (1976), 693-699 Giovan Battista Pellegrini (On vol. I).

9765 ŠOJAT, Antun: Standartni jezik i standartne riječi. — *Jezik* 22, 1974-75, 103-110.
9766 TANOCKI, F.: O upotrebi riječi *šogor* i *šogorica*. — *Jezik* 23, 1975-76, 30-32.
9767 TELEĆAN, Milivoj: Terminología marítima de Dalmacia y Península Ibérica. — *BALM* 13-15, 1971-73 (1976), 257-260.
9768 TEŠIĆ, Milosav: Rečnik SANU kao putokaz za pravilan odnos prema tuđicama. — *NJ* 22, 1976/1-2, 64-67.
9769 TEŽAK, S.: Tri bliskoznačnice: *sipati, lijevati, točiti*. — *Jezik* 22, 1974-75, 152-153.
9770 VINJA, Vojmir: L'ichthyonymie ragusaine et la Méditerranée. — *BALM* 13-15, 1971-73 (1976), 49-55.
— De l'importance de la connaissance du référent dans la recherche étymologique .... — 2905.
9771 VUKOMANOVIĆ, Slavko: O Vukovim srpskim rječnicima. — *KiJ* 22, 1975/1, 53-59.
9772 ŽIVKOVIĆ, Radoslav: Najezda stranih reči u naš književni jezik preko sredstava obaveštavanja. — *KiJ* 22, 1975/3, 477-486.

6. ORTHOGRAPHE — ORTHOGRAPHY

9773 BABIĆ, Sava: Naš pravopis i mađarsko *ly*. — *ZbFL* 18, 1975/2 (1976), 210-212.
9774 DABIĆ, Bogdan L.: Adaptacija slovenskih naziva u srpskohrvatskom tekstu. — *KnJ* 5, 1976/3-4, 55-67 | Summ. in Ru.
9775 MILOŠ, Okuka: *Sava Mrkalj als Reformator der serbischen Kyrilliza* .... — München: 1975 | BL 1975, 9385. | *KnJ* 5, 1976/1-2, 87-91 Darija Gabrić-Bagarić.
9776 MLADENOVIĆ, Aleksandar: Reforme ćiriličke azbuke kod Srba u predvukovskom periodu. — *KiJ* 22, 1975/1, 36-40.
9777 PECO, A.: Prilog normiranju riječi orijentalnog porijekla u našem jeziku. — *NJ* 22, 1976/1-2, 18-23.
9778 PEŠIKAN, Mitar: O načelima transkripcije imena iz jezika s kojima nismo bili u neposrednom dodiru. — *KnJ* 5, 1976/3-4, 29-37 | Summ. in Ru.
9779 SHOPAY-MORTON, Olga C.: Some observations on the orthography of the *Serbskija Noviny*, 1791-1792. — *ZbFL* 18, 1975/2 (1976), 79-84 | Summ. in Ru.
9780 ŠONJE, Šimun: Starogrčka imena i riječi u hrvatskosrpskom jeziku. — *KnJ* 5, 1976/3-4, 75-82 | Rés. en fr.
9781 VUKOVIĆ, Nenad: Prevođenje stranih naziva, transkripcija i transliteracija. — *KnJ* 5, 1976/3-4, 69-73.

7. STYLISTIQUE, LANGUE LITTÉRAIRE — STYLISTICS, LITERARY LANGUAGE

9782 BRATULIĆ, Josip: Iz problematike proučavanja hrvatskih pravnih spomenika kao spomenika književnosti. — *Slovo* 25-26, 1976, 363-382 | G. summ.
9783 ČALE, Frano: Elemento alloglotto nelle commedie di Marin Držić (Marino Darsa, 1508-1567). — *BALM* 13-15, 1971-73 (1976), 93-110.
9784 ĆORAC, Radomir: *Stilistika srpskohrvatskog književnog jezika*. — Beograd: Naučna knjiga, 1974, 291 p. | *KiJ* 22, 1975/2, 371-372 Radomir Životić.
9785 DEROSSI, Julije: O jeziku Marulićeva prijevoda djela "De imitatione Christi". — *Umjetnost riječi*. Časopis za nauku o književnosti (Zagreb) 20, 1976, 187-201.
9786 DEŠIĆ, Milorad: Bilješke o jeziku ličnosti u Ćopićevim "Doživljajima Nikoletine Bursaća". — *KiJ* 21, 1974/1, 108-113.
9787 FALIŠEVAC, Dunja: Poetičke osobine hrvatske srednjovjekovne proze. — *Croa-*

tica 6, 1975, 39-90.
9788 Jocić, M.: Prilog proučavanju rečenične strukture u nekim delima naših savremenih pisaca. — *Radovi Akad. nauka i umjetnosti BiH* 55, *Odjeljenje društvenih nauka* (Sarajevo) 18, 1975, 185-217.
9789 Katičić, Radoslav: Zapisi s izvorišta. — *Slovo* 25-26, 1976, 393-406 | Sur la continuité de la langue poétique croate (Rés. all.).
9790 Kragalott, Jasna: Turkish loanwords as an element of Ivo Andrić's literary style in *Na Drini ćuprija*. — *Balkanistica*. Occasional papers in Southeast European studies. Ed. Kenneth E. Naylor. 2, 1975 (Cambridge, Mass.: Slavica, 1976), 65-82.
9791 Petrović, Dragoljub: Srpskohrvatski književni jezik i vojvođanski govori. — *KiJ* 22, 1975/1, 73-80.
9792 Radovanović, Milorad: Neki sintaktični postupci karakteristični za jezik knjige "Roman o Londonu" Miloša Crnjanskog. — *PPJ* 10, 1974 (1975), 1-48.
9793 Simić, Radoje: Lingvistički i stilski aspekti selekcije. — *KiJ* 21, 1974/4, 23-35.
9794 Stamać, Ante: Pretvorba slikovnog u pojmovno pjesništvo (O jednoj pojavi u hrvatskoj književnosti 60-tih godina). — *Croatica* 7-8, 1976, 283-301.

8. PROSODIE, MÉTRIQUE, VERSIFICATION — PROSODY, METRE, VERSIFICATION

9795 Franičević, Marin: Verzifikacija Antuna Gustava Matoša. — *Croatica* 6, 1975, 175-200.
9796 Kravar, Miroslav: Tri stoljeća hrvatske klasičke metrike (Pokušaj rehabilitacije). — *Croatica* 6, 1975, 91-116.
9797 Petrović, Svetozar: Stih A. B. Šimića i pitanje o komparativnoj tipologiji slobodnog stila. — *Croatica* 7-8, 1976, 303-320.
9798 Slamnig, Ivan: Neprava rima u suvremenoj hrvatskoj poeziji. — *Croatica* 7-8, 1976, 223-229.
9799 Vigorita, John F.: The antiquity of Serbo-Croatian verse. — *JslF* 32, 1976, 205-211 | Summ. in SCr.

9. TRADUCTION — TRANSLATION

9800 Cernecca, Domenico: Note aggettivali contrastive sulla versione croata di 'Chiare, fresche e dolci acque'. — *SRAZ* 39, 1975, 161-173.
9801 — Traduttori croati del 'Canzoniere'. Note aggettivali contrastive. — *Ling* 15, 1975, 5-16.
Savić, M. D.: Alcuni problemi della trad. dall'it. in serbocroato .... — 6681.

12. SOCIOLOGIE DU LANGAGE — SOCIOLOGY OF LANGUAGE

9802 Albin, Alexander: A Yugoslav community in San Pedro, California. — *GL* 16, 1976, 78-94.
Jutronić, D.: Language maintenance and language shift of the SCr. language in Steelton, Pa. — 3780.
9803 Ward, Charles A.: The Serbian and Croatian communities in Milwaukee. — *GL* 16, 1976, 151-165.

14. ONOMASTIQUE — ONOMASTICS

9804 BABIĆ, Stjepan: Tvorba etnika u dijalektima i u hrvatskom književnom jeziku. — *OnJug* 6, 1976, 145-185 | E. summ.
9805 BARIĆ, Ernest: Prezimena i porodični nadimci u Martincu (Felsőszentmárton) u Mađarskoj. — *PPJ* 10, 1974 (1975), 153-157.
9806 BJELANOVIĆ, Ž.: Fonološka i morfološka uvjetovanost tvorbe etnika sufiksom *-anac*. — *Jezik* 22, 1974-1975, 72-80.
9807 BOŠKOVIĆ, Radosav: Iz onomastičke derivacije i povodom nje. — *OnJug* 6, 1976, 187-194 | Ru. summ.
9808 DALMACIJA, Stevo: O imenima *Kozara, Potkozarje* i *Kozarac*. — *KiJ* 22, 1975/3, 490-493.
9809 — O toponimu *Prijedor*. — *Jezik* 23, 1975-76, 60-61.
9810 ESCHENBURG, Bernd: *Linguistische Analyse der Ortsnamen der ehemaligen Komitate Bács und Bodrog von der ungarischen Landnahme (896) bis zur Schlacht von Mohács (1526)*. — Slavistische Beiträge 97; München: Sagner, 1976, 156 p., 3 maps.
9811 GĂMULESCU, Dorin: Anthroponymes roumains dans la Serbie orientale. — *RRLing* 21, 1976, 409-416.
9812 — Interférences onomastiques roumano-serbo-croates. — *RESEE* 14, 1976, 121-129 | Toponymes et anthroponymes d'origine roum. en Serbie du Nord-Est.
9813 GEORGIJEVIĆ, Svetozar: Tijelovac – Telovac. — *OnJug* 6, 1976, 133-134 | G. summ.
9814 HELLER, Georg: *Comitatus Veroecensis*. — Veröffentlichungen des Finnisch-Ugrischen Seminars an der Univ. München. Serie A: Die historischen Ortsnamen von Ungarn, 6; München: 1976, 224 p., fold. map | The former comitat of Verőce (Virovitica), Croatia.
9815 HELLER, Georg, & NEHRING, Karl: *Comitatus Sirmiensis*. — München: 1973 | BL 1973, 10304. | *IJSLP* 21, 1975, 111-114 Henrik Birnbaum.
9816 JAKIĆ-CESTARIĆ, Vesna: Antroponomastička analiza isprave zadarskog priora Andrije s početka X. stoljeća. — *OnJug* 6, 1976, 195-215 | It. summ.
9817 JONKE, L.: Standarizacija imena mjesta. — *Jezik* 23, 1975-76, 33-36.
9818 MIANOWICZ, Ewa: Formant *-je* w serbsko-chorwackich toponimicznych kolektywach do naw drzew. — *ZNUG, Filologia Rosyjska* 5, 1975 (1976), 55-66 | Ru. summ.
9819 MIHAJLOVIĆ, Jovan: Čiflik Razgojnski krajem 1940 godine. Građa za patronimijski rečnik Jugoslavije. — *PPJ* 10, 1974 (1975), 149-151.
9820 MIHAJLOVIĆ, V.: Iz toponomastike Srbije (*Krćevac, Gugalj*). — *ZbFL* 17, 1974/2 (1975), 173-176.
9821 MLADENOVIĆ, A.: Jedna pretpostavka o postanka imena *Crna Gora*. — *ZbFL* 17, 1974/1 (1975), 246-249.
9822 NEHRING, Karl: *Comitatus Bachiensis et Bodrogiensis*. — München: 1974 | BL 1974, 8994. | *IJSLP* 21, 1975, 111-114 Henrik Birnbaum.
9823 PAVLOVIĆ, Zvezdana: Mikrotoponimi u oblasti Belice. — *JslF* 32, 1976, 213-222 | Rés. fr.
9824 PETROVIĆ, Natalija: Mikrotoponimija nekih srpskih naselja u Mađarskoj. — *PPJ* 10, 1974 (1975), 143-147.
POGÁNY, I.: Interferenz im Flurnamenschatz... — 7789.
9825 PUTANEC, Valentin: Y a-t-il un mot i.-e. au sens "insula" dans la nésonymie adriatique? — *BALM* 13-15, 1971-73 (1976), 129-132 | Sur le nom de *Lošinj*.

9826 RODIĆ, Nikola: Daničićev postupak u obradi toponima s posesivnim pridevskim delom (Uz 150. godišnjicu Daničićeva rođenja). — *OnJug* 6, 1976, 139-143 | La méthode employée par Daničić dans l'élaboration des toponymes avec des adjectifs possessifs dérivés de noms propres (Rés. fr.).

9827 SEKEREŠ, Stjepan: Slavonska vodna imena. — *ZbFL* 17, 1974/1 (1975), 193-205, fold. map.

9828 — O naglasku nekih slavonskih toponima. — *Jezik* 22, 1974-75, 92-94.

9829 — O nekim slavonskim etnicima i kteticima. — *Jezik* 22, 1974-75, 156-160.

9830 ŠIMUNOVIĆ, Petar: Le caractère de la toponymie de l'archipel de Dubrovnik. — *BALM* 13-15, 1971-73 (1976), 303-314.

9831 — Ustrojstvo toponima u bračkim listinama i njihova reambulacija. — *ZbSOK* V, 103-108.

9832 — Toponimija Istarskog razvoda. U povodu sedamstogodišnjeg jubileja 1275. - 1975. — *OnJug* 6, 1976, 3-34, map | It. summ.

9833 — Ime u funkciji književnog djela. Primijenjeno na osobnim imenima romana "Pastir Loda". U povodu 100-godišnjice rođenja Vladimira Nazora 1876.-1976. — *OnJug* 6, 1976, 241-252 | G. summ.

9834 SMAILOVIĆ, Ismet: Pisanje naših i tuđih imena orijentalnog porijekla. — *KnJ* 5, 1976/3-4, 39-53 | Summ. in Ru.

9835 ŠVAB, Mladen: Ubikacija hidronima *Czernytz* (određivanje granice Slavonije u XI st.). — *OnJug* 6, 1976, 127-131 | E. summ.

9836 TEKAVČIĆ, Pavao: O kriterijima stratifikacije i regionalne diferencijacije jugoslavenskog romanstva u svjetlu toponomastike. — *OnJug* 6, 1976, 35-56 | It. summ.

9837 TOMIĆ, Mile: Antroponimija Karaševaca. II. — *ZbFL* 17, 1974/1 (1975), 207-240 | Summ. in Rum. | Cf. BL 1973, 10320.

9838 UROŠEVIĆ, Atanasije: *Toponimi Kosova*. — Beograd: 1975 | BL 1975, 9417. | *OnJug* 6, 1976, 261-262 Nikola Rodić.

9839 ZLATANOVIĆ, Momčilo: Toponimi Poljanice. — *PPJ* 10, 1974 (1975), 109-140, map.

f. Slovène — Slovenian

9840 BEZLAJ, France: *Etimološki slovar slovenskega jezika*. I: A-J. — Ljubljana: Mladinska knjiga, 1976, xxxi, 235 p.

9841 — Petindvajset let dela za slovenski etimološki slovar. — *SSlJ* 12, 1976, 7-15.

9842 ČOP, Dušan: Nedoslednosti v rabi in pisanju koroških krajevnih in gorskih imen. — *OnJug* 6, 1976, 83-102 | Über die Folgewidrigkeiten im Gebrauch und Schreiben der kärntnischen Orts- und Bergnamen (Kritische Bemerkungen). G. summ.

CREVATIN, F., & RUSSI, L.: Interferenze linguistiche slavo-venete.... in Istria. — 6500.

9843 ERI-BIRK, Marijana: Pogostnost in skladenjska vloga sklonov v besedilu Seligovega Triptiha Agate Schwarzkobler. — *SlavR* 24, 1976, 119-126.

9844 JAKOPIN, Franc: Priimek *Škerlj* v sestavu današnjih slovenskih priimkov. — *Ling* 15, 1975, 73-78 | Rés. fr.

9845 — Vprašanje naglaševanja priimkov v slovenščini. — *OnJug* 6, 1976, 217-240 | Über die Betonung der Familiennamen im Slowenischen (G. summ.).

9846 KOROŠEC, Tomo: Nove besede v časopisnih žanrih dnevnika *Delo* 1969-1975. — *SlavR* 24, 1976, 219-236 | Summ. in Ru.

SLOVÈNE

9847 KORTLANDT, F. H. H.: The Slovene neo-circumflex. — *SEER* 54, 1976, 1-10.
9848 LÄGREID, Annelies: *Die russischen Lehnwörter im Slowenischen. Die in der ersten Hälfte des 19. Jahrhunderts übernommenen Wörter.* — Geschichte, Kultur und Geisteswelt der Slowenen 12; München: Trofenik, 1973, 134 p. | *SEER* 54, 1976, 453-455 H. Leeming | *SEEJ* 20, 1976, 339-341 Joseph Paternost.
9849 LEDER, Zvonka: Razvoj slovenskega strokovnega izrazja. — *SSlJ* 12, 1976, 47-57.
9850 LENČEK, Rado: O morfofonemski tipologiji slovenskega velelnika. — *SlavR* 24, 1976, 393-408, 3 maps.
9851 LENCEK, Rado L.: On the use of the gerund in -č in the Slovene dialects contiguous with Friulan. — *Ling* 16, 1976, 65-79 | Slovenian summ.
9852 LIPOVEC, Albina: Současná problematika slovinského jazyka. — *Slavia* 45, 1976, 387-397 | Les problèmes actuels de la langue slovène.
9853 LOGAR, Tine: *Slovenska narečja. Besedila.* — Ljubljana: 1975 | BL 1975, 9426. | *Slavia* 45, 1976, 410-411 Jan Petr.
9854 — Glasoslovne in oblikoslovne variante v jeziku Trubarjeve Cerkovne ordninge. — *SSlJ* 12, 1976, 17-25.
9855 NOVAK, Vilko: Predromanske, romanske in germanske besede v slovenskem gorskem pastirstvu. — *Ling* 15, 1975, 109-114 | G. summ.: Vorromanische, romanische und germ. Wörter im slowenischen Alpwesen.
OGRIS, A.: Eibelhof und Schöpfendorf ... — 7784.
9856 OROŽEN, Martina: Knjižna norma in umetniški jezik v časovnem razvoju. — *Ling* 15, 1975, 115-132 | G. summ.: Die Sprachnorm und die künstlerische Sprache I. Tavčars in seinem Werdegang.
9857 ORZECHOWSKA, Hanna: System stopniowania przymiotników i przysłówków w początkach słoweńskiego języka literackiego w XVI wieku. (Dwa teksty Primoža Trubara). — [9085], 9-42.
PATERNOST, J.: Slovenian language on Minnesota's Iron Range .... — 3837.
9858 POGORELEC, Breda: Ivan Cankar: vozlišče razvoja slovenske besedne umetnosti. — *SSlJ* 12, 1976, 27-45.
9859 RIGLER, Jakob: Reproducirani ponatis Pleteršnika. — *SlavR* 24, 1976, 279-289 | The photographic repr. (1974) of M. PLETERŠNIK's Slovenian-G. dictionary (Ljubljana 1894-95).
9860 — Junkovićeva kajkavska teorija in slovenščina. — *SlavR* 24, 1976, 437-465 | Apropos of: Z. JUNKOVIĆ, *Jezik Antuna Vramca*, 1972 (BL 1972, 8843). Summ. in Ru.
9861 *XII. seminar slovenskega jezika, literature in kulture*, 5.-17. julija 1976. Zbornik predavanj. [Uredila: Helga GLUŠIČ]. — Ljubljana: Univ. v Ljubljani, Filozofska fak., PZE za slovanske jezike in književnosti, 1976, 170 p.
ŠKERLJ, S.: Isoglosse mediterranee nelle parlate slave di Ragusa Vecchia .... — 9740.
9862 *Slovar slovenskega knjižnega jezika*. II. [Red.: A. BAJEC, B. ČOP, et al.]. — Ljubljana: 1975 | BL 1975, 9438. | *Slavia* 45, 1976, 411-412 J. Sedláček.
9863 TOPORIŠIČ, Jože: *Besedila slovenskega jezika*. — Ljubljana: 1975, 370 p. | *Slavia* 45, 1976, 309-410 K. Hausenblas.
9864 — *Slovenska slovnica.* — Maribor: Založba Obzorja, 1976, 588 p., ill.
9865 — Izpeljava slovenskih samostalnikov. — *Ling* 15, 1975, 241-256 | G. summ.
9866 — Stilistika skladenjskih pojavov. — *SlavR* 24, 1976, 29-38.
9867 — Besedotvorna teorija. — *SlavR* 24, 1976, 163-177 | Ru. summ.

9868 URBANČIČ, Boris: Knjižni jezik skozi prizmo praške šole. — *SlavR* 24, 1976, 308-313.

III. Slave occidental — West Slavic

a. Généralités — General

9869 DAMBORSKÝ, Jiří: Język polski, słowacki i czeski we wzajemnym stosunku. — *SFPS* 15, 1976, 119-133.
FISCHER, R. E.: *Brandenburgisches Namenbuch*. 4. *Die Ortsnamen des Havellandes.* — 7750.
HANDKE, K.: *Budowa morfologiczna i funkcje compositów polskich* .... — 10352.
9870 PECIAR, Štefan: Ku koncepcii historických slovníkov západoslovanských jazykov. — *SlavSl* 11, 1976, 79-85 | Zur Konzeption der hist. Wörterbücher der westslawischen Sprachen (Rés. all.).
9871 SIATKOWSKA, Ewa: *Zachodniosłowiańskie zawołania na zwierzęta.* (*Stan obecny, funckje historyczne, stosunek do systemu językowego*). — Rozprawy Uniw. Warszawskiego, 88; Warszawa: Wyd. Univ. Warszawskiego, 1976, 215 p., 23 cartes h.-t. | Westslawische Lock- und Fuhrmannsrufe für Haustiere (gegenwärtiger Zustand, historische Funktionen, Verhältnis zum sprachlichen System). G. summ.
9872 — Historia i semantyka zachodniosłowiańskich formacji na *-ovъcь* na tle ogólnosłowiańskim. — [408], 63-74.

b. Tchèque et Slovaque — Czech and Slovak

1. Tchèque — Czech

0. BIBLIOGRAPHIE ET GÉNÉRALITÉS — BIBLIOGRAPHY AND GENERAL

9873 HERRITY, Peter: Czech studies: language. (1973 to 1975). — *YWMLS* 37, 1975 (1976), 751-760.

9874 BALOUN, Jaroslav: Zu einigen Problemen des tschechisch-deutschen Sprachvergleichs. — *FilS* 6, 1975 (1977), 155-159 | Rés. ru.
9875 BĚLIČ, Jaromír: Poměr mezi češtinou a slovenštinou (Shrnutí přednášky). — *PLŠSS* 18, 1976, 5-8.
9876 BUDOVIČOVÁ, Viera: Charakter dnešnej jazykovej situácie v Československej socialistickej republike. — *SlavP* 18, 1975, 185-197 | The character of the present-day linguistic situation in Czechoslovakia.
9877 *Čeština za školou.* Red.: K. HAUSENBLAS a J. KUCHAŘ. — Praha: 1974 | BL 1974, 9061. | KS 10, 1976, 57-60 J. Mlacek | *NŘ* 59, 1976, 28-31 A. Tejnor.
9878 CHLOUPEK, Jan: *Knížka o češtině.* — Praha: 1974 | BL 1974, 9062. | *SR* 41, 1976, 56-58 S. Ondrejovič | *NŘ* 59, 1976, 28-31 A. Tejnor.
9879 CUŘÍN, František, & NOVOTNÝ, Jiří: *Vývojové tendence současné spisovné češtiny a kultura jazyka.* — Praha: 1974 | BL 1974, 9063. | KS 10, 1976, 91-92 S. Ondrejovič.
9880 GREPL, Miroslav: Ke konfrontačnímu studiu češtiny a slovenštiny. — *SlavP* 18, 1975, 199-206 | Rés. ru.
9881 HAUSENBLAS, Karel: Ke kontaktu češtiny a slovenštiny v konkrétním

dorozumívacím styku. — *SlavP* 18, 1975, 225-226 | Rés. ru.
9882 — Kultura jazykového dorozumívání. — *NŘ* 59, 1976, 233-243.
9883 HAVRÁNEK, Bohuslav: Retrospektivní pohled na jazykovou kulturu. — *NŘ* 59, 1976, 225-228 | Une vue rétrospective sur la culture de la langue.
9884 HNÍDEK, Jiří: Čeština a slovenština – rovnoprávné jazyky v čs. lidové armádě. — *SlavP* 18, 1975, 217-218 | Rés. ru.
9885 JEDLIČKA, Alois: *Spisovný jazyk v současné komunikaci.* — Praha: 1974 | BL 1974, 9065. | *JslF* 32, 1976, 231-232 N. Ɨorđević | *SCL* 27, 1976, 103-104 Doina Babeu | *SS* 37, 1976, 134-137 V. Barnet | *JČ* 27, 1976, 73-74 Ján Horecký | *Komenský* 100, 1975-76, 190-191 E. Minářová.
9886 — Vztah současné spisovné češtiny a slovenštiny (K aktuálním problémům teorie a praxe). — *SlavP* 18, 1975, 163-174 | Rés. ru.
9887 KAMIŠ, Adolf: Konfrontační studium češtiny a slovenštiny v oblasti slovní zásoby. — *SlavP* 18, 1975, 233-235 | Rés. ru.
9888 KARAANGOVA, M., ŠIMEČKOVA, S., & MINČEVA, M.: *Učebnik po češki ezik.* — Sofija: 1972 | BL 1972, 9004. | *NŘ* 59, 1976, 95-98 J. Toman.
9889 KŘÍSTEK, Václav: Jazykové pozadí česko-slovenského kulturního kontextu. — *SlavP* 18, 1975, 27-33 | Rés. ru.
9890 KUCHAŘ, Jaroslav: K výsledkům kolokvia o aktuálních otázkách jazykové kultury. — *NŘ* 59, 1976, 243-250 | Zu den Resultaten des Kolloquiums über die aktuelle Fragen der Sprachkultur (Liblice, 14.-18. Juni 1976).
9891 MICHÁLEK, Emanuel: K domácím tradicím v Palackého názorech na jazyk. — *SS* 37, 1976, 38-41.
9892 MINÁŘOVÁ, Eva: K problematice české a slovenské jazykové kultury. — *SlavP* 18, 1975, 237-238.
PECIAR, Š.: O vzťahoch slov. a češtiny. — 10070.
— Spoločné črty vo vývine súčasnej spis. slov. a češtiny. — 10069.
9893 PETR, Jan: Zainteresowania Marksa i Engelsa językiem czeskim i czeską filologią. — [408], 129-136.
9894 ROUDNÝ, Miroslav: Mluvený jazyk v pojetí Martina Hattaly v jeho Brusu. — *SS* 37, 1976, 62-63.
9895 ŠABRŠULA, Jan: Redundance a ekonomie v češtině a ve francouzštině (Konfrontační studie). — [370], 186-209 | Rés. fr.
9896 ŠMILAUER, Vladimír: *Nauka o českém jazyku.* — Praha: 1972 | BL 1972, 9010. | *AION-S* 16-17, 1973-74 (1975), 205-209 Lumír Klimeš.
9897 VAŠEK, Antonín: Příspěvek k jazykovým kontaktům česko-slovenským. — *SlavP* 18, 1975, 219-223 | Rés. ru.

1. PHONÉTIQUE ET PHONOLOGIE — PHONETICS AND PHONOLOGY

9898 BEČKA, J. V.: Česká výslovnost cizích vlastních jmen. — *Sešity novináře* 10, 1976, 213-221.
BĚLIČ, J.: Některé hláskoslovné shody česko-lužické. — 10717.
9899 HORÁLEK, Karel: Ze současné české fonetiky. — *SS* 37, 1976, 241-243.
9900 KOMÁREK, Miroslav: K rozsahu psl. proteze, zejména v češtině. — [378], 141-147 | Rés. all.
9901 MALÁČ, Vlastislav, BOROVIČKOVÁ, Blanka, & PECH, Karel: Towards a secondary mark of voicing in Czech. — [135], 109-113.
9902 NOVOTNÁ, Jiřina, & DANEŠ, František: Zvuková stránka souvislého projevu. — *Rozhlasová práce. 7. Z teorie a praxe rozhlasu* (Praha 1976), 5-30.

9903 SVOVODA, Karel: Ještě o obojetných souhláskách a písmenech. — *NŘ* 59, 1976, 208-211 | Comments on Miroslav KOMÁREK, *NŘ* 58, 233-237 (BL 1975, 9469).

2. GRAMMAIRE — GRAMMAR

9904 ADAMEC, Přemysl: Aktuální členění a generování vícezákladových vět. — [316], 5-9 | Bulg. summ.
9905 ANDEL, V. P.: Nazvy diji iz značennjam mnogokratnosti v čes'kij movi. — *PMov* 9, 1975, 66-69 | Ru. summ.
9906 ANDERŠ, J. F.: *Semantyčna struktura bezpryjmennykovoho daval'noho vidminka v čes'kij i nimec'kij movach.* — Kyjiv: 1975 | BL 1975, 9475. | *Mov* 1976/3, 89-91 I. Vychovanec'.
9907 BASAJ, Mieczysław: *Morfologia i składnia liczebnika w języku czeskim ...* — Wrocław: 1974 | BL 1974, 9089. | *Slavia* 45, 1976, 74-76 Jaroslav Porák.
9908 BRABCOVÁ, Radoslava: Kolísání rodu podstatných jmen. — *FilS* 7, 1976, 29-43 | E. summ.
9909 CHLOUPEK, Jan: Aktuální členění v mluvené řeči. — [316], 176-181.
DAMBORSKÝ, J.: Slovosled v polštině a češtině .... — 10339.
9910 DANEŠ, František: Česká terminologie tzv. aktuálního členění. — [102], 33-70.
9911 — Semantische Struktur des Verbs und das indirekte Passiv im Tschechischen und Deutschen. — [369], 113-124.
9912 DOKULIL, Miloš: Domácké podoby rodných a příbuzenských jmen na *-i(y)*. — *NŘ* 59, 1976, 13-20.
DUŠKOVÁ, L.: Reflexivity in Cz. and in E. — 8176.
9913 FIRBAS, Jan: Ke konfrontačním studiím a aktuálním členění větném. — [316], 164-175.
GEORGE, L., & TOMAN, J.: Czech clitics in universal grammar. — 1658.
9914 GREPL, M., & MASAŘÍK, Z.: Zum Ausdruck der Gewissheitsmodalität im Tschechischen und Deutschen. — *BOPT* 1974, 49-80.
9915 HAJIČOVÁ, Eva: Struktura doplňovací otázky a odpovědi z hlediska aktuálního členění. — *SS* 37, 1976, 300-307 | E. summ.
9916 HLAVSA, Zdeněk: *Denotace objektu a její prostředky v současné češtině.* — Praha: 1975 | BL 1975, 9485. | *JČ* 27, 1976, 190-193 K. Buzássyová.
9917 HORÁLEK, Karel: Věta a výpověď. — *SS* 37, 1976, 81-85 | Rés. russe.
9918 KAMIŠ, Adolf, & SVOVODA, Karel: Přípustkové věty v češtině a slovenštině. — *SlavP* 18, 1975, 227-232 | Rés. ru.
9919 KOMÁREK, Miroslav: *Nástin morfologického vývoje českého jazyka.* — Praha: Stát. pedag. nakladatelství, 1976, 169 p.
9920 KROUPOVÁ, Libuše: K tvaroslovným údajům v novém Slovníku spisovné češtiny. — *NŘ* 59, 1976, 196-201.
KUCAROV, I.: Za săotnošenieto na bălg. i češkite glagolni vremena .... — 9376.
ŁUKASIK-SZULOWSKA, W.: Orzeczenie imienne z orzecznikiem rzeczownym w języku polskim i czeskim. — 10373.
9921 MARKOVÁ, Milada: Slovosledná pozice atributivních polopredikativních konstrukcí se slovesným adjektivem v současné spisovné češtině. — *FilS* 7, 1976, 45-60 | Rés. ru.
9922 MARTINCOVÁ, Olga: Nowe formacje słowotwórcze we współczesnym literackim języku czeskim. — [408], 123-127.
9923 MRÁZEK, Roman: Problematika tzv. hierarchizace propozice. — *SS* 37, 1976, 86-97 | Summ. in Ru.

9924 NEBESKÁ, Iva: K negaci v souvětích příčinné povahy. — *SS* 37, 1976, 291-299 | E. summ.
9925 NEŠČIMENKO, G. P.: O regaljatorach kombinatoriki derivacionnych morfem (Na materiale češskogo literaturnogo jazyka). — [379], 114-147.
9926 NOVOTNÝ, Jiří: Porušování členské sounáležitosti v současné spisovné češtině. — *NŘ* 59, 1976, 57-67.
ORŁOŚ, T. Z.: O szyku polskiego *się*, czeskiego *se*. — 10381.
9927 ORŁOŚOVÁ, T. Z., & SEDLÁČEK, M.: Polská ženská příjmení v češtině. — *NŘ* 59, 1976, 143-148.
9928 PALA, Karel: Struktura słownika i jej stosunek do reprezentacji semantycznej zdań. — [372], 51-62.
9929 PANEVOVÁ, Jarmila: Tzv. vedlejší věty místní a jejich významová stavba. — *SS* 37, 1976, 284-290 | Rés. russe.
PAULINY, E.: Kontrastívna analýza slov. a českej konjugácie .... — 10131.
9930 POVEJŠIL, J.: Zum reflexiven Passiv im Tschechischen und im Deutschen. — [369]. 125-129.
— Vyjadřování vidu a způsobů slovesného děje v němčině a češtině. — 7336.
9931 RULÍKOVÁ, Blažena: K jednomu typu přívlastkových vět uvozených výrazem *jak*. — *NŘ* 59, 1976, 125-131.
9932 SLAVÍČKOVÁ, Eleonora: *Retrográdní morfematický slovník češtiny*. — Praha: 1975 | BL 1975, 9500. | *ČJLit* 27, 1976-77, 136-139 P. Hauser.
9933 ŠLOSAR, Dušan: Kmenové protiklady českých sloves a jejich vývoj. — *SFFBU* 25 (A 24), 1976, 39-56 | Rés. all.
9934 ŠTÍCHA, František: Vypouštění částice *se* v koordinovaném a závislostním spojení zvratných sloves. — *NŘ* 59, 1976, 68-76.
STRAKOVÁ, V.: Substantivní kompozita v ruštině a češtině .... — 10911.
9935 SVOBODA, Karel: K pojmosloví v nauce o tvoření slov. — *ČJLit* 26, 1975-76, 460-463.
9936 — O vývoji některých souvětných struktur spisovné češtiny v 19. století. — *PLŠSS* 18, 1976, 35-40.
9937 UHLÍŘOVÁ, Ludmila: K poloze příklonek ve vedlejších větách spojkových. — *NŘ* 59, 1976, 184-190.
9938 ULIČNÝ, Oldřich: O výrazovou strukturu substantivního pádu. — *BPTJ* 34, 1976, 175-179 | Rev. art. on Jan KOŘENSKÝ, *Komplexní popis výrazové struktury* ..., 1972 (BL 1972, 9048).
ZWOLIŃSKI, P.: Polsko-czeska paralela słowotwórcza. — 10434.

3. HISTOIRE — HISTORY

BARTKOVÁ, M.: Pravopisný rozbor levočského vydania Komenského diela *Orbis pictus* .... — 10139.
9939 DOLANSKÝ, Julius: *Záhada Ossiana v Rukopisech královédvorském a zelenohorském*. — Praha: 1975 | BL 1975, 9509. | *ČRus* 21, 1976, 139-140 R. Parolek | *SLit* 23, 1976, 366-368 G. Slavkovská.
9940 KRÁLÍK, Stanislav: Dílo J. A. Komenského z hlediska filologie. — *StComH* 6 (12), 1976, 49-57 | Rés. ru.
9941 KŘÍSTEK, Václav: Klíčové etapy ve vývoji českého jazyka. — *PLŠSS* 18, 1976, 9-25.
9942 — Kritéria periodizace českého jazykového vývoje. — *SS* 37, 1976, 177-183 | Rés. all.

9943 LEHÁR, Jan: Slovesné umění Dalimilovy kroniky. — *SS* 37, 1976, 26-37 | Rés. all.
9944 — Dalimilova kronika a počátky české slovesnosti. — *SS* 37, 1976, 202-214 | Rés. all.
9945 MICHÁLEK, Emanuel: Z dějin předobrozenecké češtiny. — *NŘ* 59, 1976, 21-25.
9946 — K českým spisům Tadeáše Hájka z Hájku. — *NŘ* 59, 1976, 87-89.
9947 — Ke Klaretovu slovotvornému systému. — *SS* 37, 1976, 220-223 | Rés. all.
9948 PACNEROVÁ, Ludmila: Staročeský hlaholský Pasionál. — *LF* 99, 1976, 211-220 | Rés. lat.
9949 TICHÁ, Zdeňka: *Kroniky válečných dob*. Vyd. — Praha: 1975, 160 p. | *SS* 37, 1976, 170-172 Lumír Klimeš.
TROST, P.: Střídání kódů. — 3937.
9950 VIDMANOVÁ, Anežka: České perikopy v Husově Leccionariu bipartitu. — *LF* 99, 1976, 164-171 | Rés. lat.

4. DIALECTOLOGIE — DIALECTOLOGY

ALEXANDRESCU, T.: Semantica .... a unor termeni de origine românească în graiurile ... din Moravia. — 10148.
9951 BACHMANN, Luděk, & BACHMANOVÁ-NOVOTNÁ, Jarmila: K přízvuku na penultimě v severovýchodních Čechách. — *SFPS* 15, 1976, 95-100.
9952 BRABCOVÁ, Radoslava: *Městská mluva v Brandýse nad Labem*. — Praha: 1973 | BL 1973, 10462. | *SR* 41, 1976, 250-252 A. Habovštiak | *NŘ* 59, 1976, 36-43 P. Jančák.
9953 *České nářeční texty*. Za hlavní red. Arnošta LAMPRECHTA připravila Věra MICHÁLKOVÁ s red. kruhem (Jan BALHAR, Pavel JANČÁK, Slavomír UTĚŠENÝ) a s kolektivem pracovníků Ústavu pro jazyk český ČSAV v Brně a v Praze. — Praha: Státní pedag. nakladatelství, 1976, 425 p., map.
9954 DEJMEK, Bohumír: *Běžně mluvený jazyk (městská mluva) města Přelouče*. — Hradec Králové: Pedag. fakulta, 1976, 223 p.
9955 LASKOWSKI, Roman: *Derywacja rzeczowników w dialektach laskich*. Cz. II. — Wrocław: 1971 | BL 1971, 8666. | *BSL* 71, 1976/2, 281-284 Sławomir Bazylko.
9956 RUBÍN, Antonín: Práce na českém jazykovém atlase. — *ČJLit* 26, 1975-76, 421-424.
9957 — K českému jazykovému atlasu. — *VVM* 28, 1976, 76-78.
9958 SIATKOWSKI, Janusz: Badania nowych dialektów mieszanych i mowy miejskiej w Czechach. — *SFPS* 15, 1976, 269-283.
9959 UTĚŠENÝ, Slavomír: Český jazykový atlas a český podíl na Slovanském jazykovém atlase. — *NŘ* 59, 1976, 153-158.
9960 VORÁČ, Jaroslav: *Česká nářečí jihozápadní. Studie jazykově zeměpisná*. Část 2. — Česká nářečí 8; Praha: Academia, 1976, 184 p., 20 maps | Cf. BL 1955, 236.

5. VOCABULAIRE — VOCABULARY

9961 BLAŽEK, Jiří: K významu a vzniku předložkového výrazu *ve světle čeho*. — *NŘ* 59, 1976, 191-195.
BROCKI, Z.: Przyczynki do historii nazw ryb *Echeneiformes* .... — 10506.
CHLUPÁČOVÁ, K.: Příspěvek k charakteristice slovní zásoby .... — 11175.
9962 HAUSER, Přemysl: *Nauka o slovní zásobě a tvoření slov*. — Brno: Univ. J. E. Purkyně, 1976, 76 p.
HORECKÝ, J.: Postoj k cudzím slovám v slov. a češtine. — 10168.

TCHÈQUE

9963 HRBÁČEK, Josef: Uwagi o skrótach językowych. — [408], 91-97.
9964 KAMIŠ, Adolf: *Slovní zásoba české publicistiky 18. století.* — AUC, Philologica. Monographia 52; Praha: Univ. Karlova, 1974 (1977), 128 p. | Rés. all.
9965 KOPEČNÝ, František: Není *obrok* jako *obrok.* — *NŘ* 59, 1976, 202-207 | On the etym. of the noun *obrok.*

Kos, A., & ŠTĚPÁN, J.: Zum Wortschatz der Witterungserscheinungen .... — 7547.

9966 KYAS, Vladimír: K staročeským termínům z oblasti filologie. — *LF* 99, 1976, 86-102 | Rés. lat.
9967 MARTINCOVÁ, Olga: Lexikální inovace a konfrontační popis. — *SFPS* 15, 1976, 209-215.

MOKIENKO, V. M.: Strukturno-semantičeskaja diffuzija russkoj i češskoj frazeologii .... — 11226.

9968 NEDVĚDOVÁ, M., a kolektiv: Sémantická analýza staročeského slova *obraz.* — *LF* 99, 1976, 75-85 | Rés. all.
9969 NĚMEC, Igor: Z vývoje českého jazyka. — *NŘ* 59, 1976, 101-103 | On *hnushnis*; adjectives of the type *obdélný*; etc.
9970 — Vztah centrum – periférie v lexikálním vývoji. — *NŘ* 59, 1976, 118-124.
9971 ROUDNÝ, Miroslav: Rozdílnosti české a slovenské slovní zásoby. — *NŘ* 59, 1976, 105-107.
9972 — Paralelní vývoj českého a slovenského názvosloví mluvnického. — *NŘ* 59, 1976, 136-142.
9973 ŠAUR, Vladimír: K etymologii některých slov na *ne-.* — *SFFBU* 25 (A 24), 1976, 33-37 | Rés. russe.
9974 SOCHOVÁ, Zdeňka: Specifické rysy českého a slovenského příbuzenského názvosloví. — *NŘ* 59, 1976, 269-271.
9975 *Staročeský slovník.* [Zpracoval kolektiv oddělení pro dějiny českého jazyka Ústavu pro jazyk český ČSAV. Hlavní red.: Bohuslav HAVRÁNEK]. 7 [*než – obecný*]; 8 [*obecný – oborem*]. — Praha: Academia, 1976, p. 913-1072; 1073-1119; 1-112 | Cf. BL 1975, 9576. | *NŘ* 59, 1976, 43-47 A. Fiedlerová (On part 6).
9976 TEJNOR, Antonín: Anglicismy v odborném vyjadřování. — *NŘ* 59, 1976, 90-93.
9977 UHROVÁ, Eva, & UHER, František: K charakteristice předponových sloves v Jungmannově Slovníku česko-německém z hlediska současného stavu. — *SFFBU* 25 (A 24), 1976, 89-102 | Rés. all. et ru.

ZWOLIŃSKI, P.: Rosyjski *beženec* a czeski *běženec.* — 11280.

6. ORTHOGRAPHE — ORTHOGRAPHY

9978 HLAVSA, Zd.: K psaní velkých a malých počátečních písmen. — *ČJLit* 27, 1976-77, 83-84.
9979 SOCHOVÁ, Zdeňka: Pravopisná úprava sloves a jiných slov s předponami *s(e)-* a *z(e)-.* — *NŘ* 59, 1976, 77-82.
9980 — Nová pravopisná úprava předložek *s(e)* a *z(e).* — *NŘ* 59, 1976, 132-135.

7. STYLISTIQUE, LANGUE LITTÉRAIRE — STYLISTICS, LITERARY LANGUAGE

9981 BEČKA, J. V.: *Jak psát dobře a správně.* — Praha: 1974 | BL 1974, 9181. | *Komenský* 100, 1975-76, 191-192 L. Čermák.
9982 BRABCOVÁ, Radoslava: O jazyku literárního díla. — *ČJLit* 27, 1976-77, 175-180.

9983 ČERVENKA, Miroslav: Aktualne rozczłonkowanie zdania w prozie artystycznej. — [372], 81-94.
CHMELOVÁ, J.: K funkčnímu rozvrstvení francouzštiny a češtiny .... — 6196.
9984 CHURAVÝ, Milan: Divadelní mluva. — PF 26, 1976, 249-254.
9985 JEDLIČKA, Alois: Innowacyjne procesy i tendencje we współczesnym języku literackim. — [408], 11-22.
9986 KŘÍSTEK, Václav: Społeczne warunki innowacji językowych. — [408], 39-47.
9987 KVÍTKOVÁ, Naděžda: Archaismy v díle Zikmunda Wintra. — FilS 7, 1976, 61-75 | Rés. ru.
9988 MÜLLEROVÁ, Olga: K tematické výstavbě nepřipravených mluvených dialogických projevů. — SS 37, 1976, 308-317 | E. summ.
9989 ŠTĚPÁN, Josef: Větosled u Fr. Palackého. — SS 37, 1976, 270-278 | Rés. all.
9990 STICH, A.: Sabina – Němcova – Havlíček (Textologický a stylistický příspěvek k sporům o Sabinových zásazích do cizího díla). — Stylistické studie 3; Praha: Ústav pro jazyk český ČSAV, 1976, 190 p. | Rés. ru. et angl.
9991 — K textové výstavbě publicistických projevů. — SlOc 33, 1976, 93-116 | Rés. fr.
9992 SVOBODA, Karel: Souvětná stavba se zřetelem ke spojovacím výrazům v jazyce Františka Palackého. — SS 37, 1976, 255-269 | Rés. all.
9993 SVOBODOVÁ, Helena: Repliky na rozkazovací věty v Čapkově Loupežníku. — [378], 187-192 | Rés. ru.
9994 VŠETIČKA, František: Kompozice Komenského Listů do nebe. — StComH 6 (13), 1976, 5-13.
ZAMBOR, J.: I. Krasko a A. Sova. — 10225.

8. PROSODIE, MÉTRIQUE, VERSIFICATION — PROSODY, METRE, VERSIFICATION

9995 HRABÁK, Josef: Struktura českého verše. — O české literatuře a jazyce (Brno 1974), 5-20.

9. TRADUCTION — TRANSLATION

9996 BAREŠ, Karel: Modulace mezi angličtinou a češtinou (Příspěvek ke konfrontační stylistice v překladatelství). — [370], 3-35 | E. summ.
9997 DOHNAL, Bedřich: České překlady Lermontovovy básně Sen. — Slavia 45, 1976, 282-295.
9998 — České překlady Lermontovovy básně Útes. — ČRus 21, 1976, 118-122 | Rés. ru.
9999 HROMASOVÁ, Alena: Několik slov k české tlumočnické terminologii. — [370], 125-137 | E. summ.
10000 KAMIŠ, Adolf: K českému překladu Manifestu komunistické strany z r. 1893. — NŘ 59, 1976, 113-117.
10001 KOPECKÝ, Milan: K problému parafráze u Komenského. — StComH 5 (10), 1975, 59-73 | Rés. ru.
10002 KOŽEVNIKOVÁ, Květa: Nový český Puškin (Problémy překladu epické poezie.) — ČRus 21, 1976, 165-173 | Zur Übersetzung drei epischer Gedichte von A. S. Puškin ins Tschechische (Tři žerty, Praha 1975).
10003 VLAŠÍNOVÁ, Vlasta: Česká recepce V. G. Korolenka. — Brno: 1975 | BL 1975, 9599. | ČRus 21, 1976, 216-218 B. Ilek | Slavia 45, 1976, 81-83 Radegast Parolek | SlOr 25, 1976, 296-297 F. Sielicki | SlavSl 11, 1976, 215-216 M. Takáčová.

10. LINGUISTIQUE MATHÉMATIQUE — MATHEMATICAL LINGUISTICS

10004 KLIMEŠ, Lumír: Measurement of difficulty of Beckovský's and Palacký's historical texts for a modern reader. — *PSML* 5, 1976, 149-161.
10005 — Délka věty v Palackého Dějinách národu českého. — *SS* 37, 1976, 279-283 | Rés. all.
10006 MACHOVÁ, Svatava: Tectogrammatical level in the generative description of Czech. — *PSML* 5, 1976, 289-295.
10007 POGNAN, Patrice: *Analyse morphosyntaxique automatique du discours scientifique tchèque.* — Paris: Dunod, 1975, 262 p. | *BSL* 71, 1976/2, 291-293 Yves Millet.
10008 TĚŠITELOVÁ, Marie: *Otázky lexikální statistiky.* — Praha: 1974 | BL 1974, 9206. | *SCL* 27, 1976, 209-211 Doina Babeu | *SS* 37, 1976, 45-47 J. Horecký | *SR* 41, 1976, 189-190 J. Mistrík.
10009 TĚŠITELOVÁ, Marie, NEBESKÁ, Iva, & KRÁLÍK, Jan: On the quantitative characteristics of the Czech texts of disputed authorship – RKZ. — *PSML* 5, 1976, 119-147.
10010 VLKOVÁ, Věra: Charakteristika slovní zásoby odborného stylu z hlediska kvantitativního. — *SS* 37, 1976, 318-328 | E. summ.

12. SOCIOLOGIE DU LANGAGE — SOCIOLOGY OF LANGUAGE

10011 LOUŽIL, Jaromír: Josef Jungmanns Begriff der Sprachnation und seine Gefahren. — *Ost-West-Begegnung in Österreich.* Festschrift für Eduard Winter zum 80. Geburtstag (Hrsg. von Gerhard Oberkofler & Eleonore Zlabinger; Wien: Böhlau, 1976), 167-174.
VAŠEK, A.: On the problem of the isolated language. — 3873.

14. ONOMASTIQUE — ONOMASTICS

10012 BIRNBAUM, Josef: Místní jméno *Praha.* — *NŘ* 59, 1976, 250-255.
10013 BOK, Václav: Německá jména západočeských hradů. — *ZprMK* 17, 1976, 205-222 | Rés. all.
10014 — Toponomastické příspěvky k panství chotěšovského kláštera v předhusitské době. — *ZprMK* 17, 1976, 229-238.
10015 CHROBOKOVÁ, Miroslava: K charakteristice pomístních jmen na Znojemsku. — *ZprMK* 17, 1976, 441-452.
10016 DAVÍDEK, Václav: Příspěvek k hornickému slovníku z místních jmen. — *Studie z dějin hornictví* 6, 1975, 110-129.
10017 HAUSENBLAS, Karel: Vlastní jména v umělecké literatuře. — *NŘ* 59, 1976, 1-12.
10018 *Historický místopis Moravy a Slezska v letech 1848-1960.* Sv. V. Okresy: Prostějov, Moravská Třebová, Boskovice. Autorský kolektiv: J. BARTOŠ, J. SCHULZ, M. TRAPL. — Ostrava: Profil, 1976, 330 p., 7 cartes | Cf. BL 1974, 9214.
10019 HOFMAN, Gustav: Názvy sloučených jednotných zemědělských družstev v Západočeském kraji. — *ZprMK* 17, 1976, 19-28.
10020 HONL, Ivan: Výskyt jména *Praha* v zeměpisném názvosloví našich zemí. — *HG* 14-15, 1976, 185-196 | Rés. ru. et all.
10021 — Toponomastický výlet na Trosky. — *ZprMK* 17, 1976, 29-32.
10022 — O vývoji názvu Českého Švýcarska. — *ZprMK* 17, 1976, 239-242.
IVANOVÁ-ŠALINGOVÁ, M.: Konfrontácia niektorých typov využitia . . . . proprií . . . . — 10260.

10023 KOPEČNÝ, František: *Průvodce našimi jmény*. — Praha: 1974 | BL 1974, 9220. | KS 10, 1976, 315-317 M. Považaj.
10024 LEEMING, Henry: Některá česká jména osobní a místní i další narážky v románu Jamesa Joycea "Finnegans Wake". — *ZprMK* 17, 1976, 243-246 | Some Cz. pers. and place names in James Joyce's 'Finnegan's Wake'.
10025 LUTTERER, Ivan: Otázky česko-německých kontaktů v oblasti vlastních jmen. — *ZbSOK* V, 273-275.
10026 LUTTERER, Ivan, KROPÁČEK, Luboš, & HUŇÁČEK, Václav: *Původ zeměpisných jmen*. — Malé encyklopedie 1; Praha: Mladá fronta, 1976, 304 p. | The origin of the geographical names. | *ZprMK* 17, 1976, 514-517 J. Spal (with note by I. Lutterer, *Ibid.* 518).
10027 MAJTÁNOVÁ, Marie: Charakteristika jmen postav ve slovenských pohádkách Boženy Němcové. — *ZbSOK* V, 291-293.
10028 MALÝ, Josef: Pomístní jména na Frýdlantsku. — *Studie o Těšínsku* 4, 1976, 521-529.
10029 OLIVA, Karel: K problematice přejímání českých pomístních jmen do němčiny v západních Čechách kolem r. 1700. — *ZbSOK* VI, 171-175.
10030 — Zásady pro zpracování Slovníku českých pomístních jmen v ČSR. — *ZprMK* 17, 1976, 463-467.
10031 OLIVOVÁ-NEZBEDOVÁ, Libuše: Metoda zjišťování zaniklých osad na podkladě pomístních jmen. — *ZprMK* 17, 1976, 247-249.
10032 — Soupis pomístních jmen na území Velké Prahy. — *HG* 14-15, 1976, 179-183 | Rés. ru. et all.
10033 PLESKALOVÁ, Jana: Osobní jména v krevní knize městečka Bojkovic. — *SFFBU* 25 (A 24), 1976, 57-66 | Rés. ru.
10034 POKORNÁ, Eva: K různým podobám a typům jmen států. — *NŘ* 59, 1976, 83-86.
10035 SKÁLA, Emil: O původu jmen *Stvolny, Stolín, Stvolínky* a *Stvolová*. — *ZprMK* 17, 1976, 250-253.
10036 SKUTIL, Jan: Výstavba antroponym v Žilinské knize ve srovnání s památkami obdobného charakteru z Moravy. — *ZbSOK* V, 267-270.
10037 — Jazyková a historická hodnota starších dokladů v toponomastice. — *ZbSOK* VI, 251-261.
10038 ŠMILAUER, Vladimír: O příjmeních, zvláště českých. — *PLŠSS* 18, 1976, 50-60.
10039 — O našich kalendářích. — *ZprMK* 17, 1976, 260-264 | Zur Zusammenstellung des tschechischen Kalendariums.
10040 SPAL, Jaromír: Osobní jména typu "Obešlo". — *ZprMK* 17, 1976, 254-259.
10041 ŠRÁMEK, Rudolf: Slovotvorný model v české toponymii. — *SS* 37, 1976, 112-120 | Rés. all.
 SUPRUN, V. I.: Slovoobrazovanie russkich i češskich etnonimov. — 11412.
10042 TÉMA, Bedřich: Oronymie polsko-českého smíšeného pásu na Těšínsku. — *ZprMK* 17, 1976, 61-80.
10043 — Jména dvorů, polí, komunikací a lesů na užším Těšínsku. — *ZprMK* 17, 1976, 476-494.
10044 — Pomístní jména v Bocanovicích. — *Studie o Těšínsku* 4, 1976, 515-520.
10045 — Zeměpisná jména na Bohumínsku. — *Bohumín. Studie a materiály k dějinám a výstavbě města* (Ostrava 1976), 525-559.
10046 — Zeměpisná jména ve Stříteži. — *Studie o Těšínsku* 4, 1976, 530-534.
10047 — Jména domů na Třinecku. — *Studie o Těšínsku* 4, 1976, 535-558.
10048 VORLOVÁ, Lenka: Apelativa "kamýk" a "bradlo" a jejich využití v toponymii. — *ZprMK* 17, 1976, 495-503.

SLOVAQUE

II. Slovaque — Slovak

0. BIBLIOGRAPHIE ET GÉNÉRALITÉS — BIBLIOGRAPHY AND GENERAL

10049 DVONČ, Ladislav: Slovak studies: language. — *YWMLS* 37, 1975 (1976), 768-773.

BĚLIČ, J.: Poměr mezi češtinou a slov. ..... — 9875.
BUDOVIČOVÁ, V.: Charakter dnešnej jazykovej situácie v ČSSR. — 9876.

10050 BUFFA, Ferdinand: O vzájomných slovensko-pol'ských jazykových vplyvoch. — *StASl* 5, 1976, 33-48 | On mutual Slov.-Pol. language influences.

10051 DVONČ, Ladislav: Slovenské jazykovedné časopisy a zborníky. — *SR* 41, 1976, 240-244.

10052 — Výskum slovenského pravopisu v ostatných rokoch. — [10061], 93-98.

10053 FURDÍK, Juraj: Slovenské národné povstanie a vymedzenie súčasného obdobia vo vývine našich spisovných jazykov. — *SlavP* 18, 1975, 215-216.

10054 — O porovnávacom výskume slovenčiny a maďarčiny. — *StASl* 5, 1976, 81-97.

GREPL. M.: Ke konfrontačnímu studiu češtiny a slov. — 9880.

10055 HORECKÝ, Ján: Výrazová sila slovenčiny. — *StASl* 5, 1976, 129-138.

10056 — Teória jazykovedy. — [10061], 13-20.

10057 — O novú teóriu spisovnej slovenčiny. — *KS* 10, 1976, 257-259.

10058 — Východiská k teórii spisovného jazyka. — *KS* 10, 1976, 289-295.

JEDLIČKA, A.: Vztah současné spisovné češtiny a slov. ..... — 9886.

10059 JÓNA, Eugen: Spisovná slovenčina a Matica slovenská. — *StASl* 5, 1976, 139-159.

10060 KAČALA, Ján: Slovenská jazykoveda a aktuálne potreby socialistickej spoločnosti. — *KS* 10, 1976, 193-196.

10061 *Kapitoly o slovenčine*. Red.: Ján KAČALA. — Bratislava: Slov. pedag. nakladatel'stvo, 1976, 108 p., 6 pl.

10062 KIRSCHBAUM, J. M.: *Slovak language and literature*. — Readings in Sl. Literatures 12; Winnipeg: Univ. of Manitoba, Dept. of Sl. Studies, 1975, xv, 336 p., ill. | Collected papers. From the contents: The Slovak language and its place among the Slavic languages, 9-23; Contemporary tendencies in Slovak philology, 25-36; P. J. Šafárik in Slovak literary and cultural life, 155-181. Summ. in Fr. | *ESl* 20-21, 1975-76, 95-96 Th. F. Domaradzki.

10063 KRAJČOVIČ, Rudolf: Niektoré naše jazykové problémy a Slovenské národné povstanie. — *SlavP* 18, 1975, 211-214 | Rés. ru.

10064 KRAL', Ábel: Zodpovedá vyučovanie slovenčiny požiadavkám spoločenskej praxe? — *SJL* 23, 1976-77, 38-41, 67-72.

KŘÍSTEK, V.: Jazykové pozadí česko-slov. kulturního kontextu. — 9889.

10065 MASÁR, Ivan: Prvé desatročie časopisu Kultúra slova. — *KS* 10, 1976, 321-329 | 10 years of the periodical *KS*.

10066 MURÁNSKY, J.: O slovakistike v Rumunskej socialistickej republike. — *SR* 41, 1976, 245-246.

10067 PAULINY, Eugen: Rozvoj jazykovedy v Československu po oslobodení a spisovná slovenčina. — *SlavP* 18, 1975, 35-40 | Rés. ru.

10068 — Otázky vývinu spisovného jazyka. — *SJL* 22, 1975-76, 120-125.

10069 PECIAR, Štefan: Spoločné črty vo vývine súčasnej spisovnej slovenčiny a češtiny. — *SlavP* 18, 1975, 175-184 | Rés. ru.

10070 — O vzťahoch slovenčiny a češtiny. — *StASl* 5, 1976, 331-347.

— Konfrontácia lužickej srbčiny a slov. — 10727.
10071 RUŽIČKA, Jozef: *Rozvoj slovenčiny v socialistickom Československu.* — Bratislava: 1975 | BL 1975, 9676. | *SJL* 22, 1975-76, 183-184 J. Findra | *KS* 10, 1976, 56-57 J. Horecký | *ČJLit* 26, 1975-76, 330-332 F. Uher.
10072 — Súčasná spisovná slovenčina a jej vztah k iným jazykom. — *StASl* 5, 1976, 409-420.
10073 — Krátka charakteristika súčasnej spisovnej slovenčiny. — [10061], 5-12.
10074 — Hlavné otázky jazykovej kultúry. — [10061], 21-27.
10075 ŠTEC, Mikuláš: Konfrontácia spisovnej slovenčiny a spisovnej ukrajinčiny. — *StASl* 5, 1976, 525-540.
VAŠEK, A.: Příspěvek k jazykovým kontaktům česko-slov. — 9897.

1. PHONÉTIQUE ET PHONOLOGIE — PHONETICS AND PHONOLOGY

10076 BARGÁR, Zdenko, & HORECKÝ, Ján: Jazykovedné základy slovnej audiometrie. — *JČ* 27, 1976, 124-133 | The linguistic foundation of verbal audiometry (Summ. in Ru. & E.).
10077 DVONČ, L.: Slovesá *miaučať, miaukať* a rytmický zákon. — *SR* 41, 1976, 60-62.
10078 FINDRA, Ján: *Umenie prednesu.* — Bratislava: 1974 | BL 1975, 9681. | *SJL* 22, 1975-76, 214-217 L. Bartko | *KS* 10, 1976, 29-31 L. Rybár.
10079 HORÁK, G.: Hodnotenie javiskovej reči vo Zvolene. — *KS* 10, 1976, 178-180.
10080 — Výskum jazykovej kultúry v profesionálnych divadlách. — *KS* 10, 1976, 356-358.
10081 JACKO, Jozef: Ako vyslovovať a písať slová *stopér* a *boxér.* — *SR* 41, 1976, 370-372.
10082 KRAJČOVIČ, Rudolf: *A historical phonology of the Slovak language.* — Heidelberg: 1975 | BL 1975, 9684. | *KLit*, 5, 1976, 145-148 C. Vasilev.
10083 KRÁĽ, Ábel: Kapitoly zo slovenskej ortoepie. — *KS* 10, 1976, 14-17; 48-52; 74-78; 197-201; 145-149; 108-113; 241-244; 269-274; 306-312; 333-336 | Cf. BL 1975, 9687.
10084 — Zvuková rovina spisovnej slovenčiny. — [10061], 28-42.
10085 PAULINY, Eugen: *Fonológia spisovnej slovenčiny.* 2. vyd. — Bratislava: 1968 | BL 1968, 8890. | *ÁNyT* 10, 1974, 229-236 Kázmér Miklós.
10086 PEŠIKAN, Mitar: Osnovne strukturalne karakteristike rusinskog glasovnog sistema. — *JslF* 31, 1974-75, 111-135 | Vojvodina dial.: Slov. (BL 1975, 9751) or Ukr. (BL 1974, 10622)? Summ. in Ru.
10087 SABOL, Ján: Súčinnosť fonologickej a morfologickej roviny spisovnej slovenčiny. — *StASl* 5, 1976, 421-449.
10088 — O tempe rčči. — *KS* 10, 1976, 17-21.
10089 — Kvantita v slovenských slovách a tvaroch. — *KS* 10, 1976, 68-70.
10090 — Prozodická stavba slovenského slova. — *KS* 10, 1976, 141-144.
10091 — Rozloženie prízvučných a neprízvučných slabík v spisovnej slovenčine. — *KS* 10, 1976, 206-209.
10092 — Spolupôsobenie pauzy a tempa reči. — *KS* 10, 1976, 263-266.

2. GRAMMAIRE — GRAMMAR

10093 BUFFA, Ferdinand: O slovotvorných variantoch typu *kvet – kvetina* v slovenčine. — *SR* 41, 1976, 340-348.
10094 BUZÁSSYOVÁ, Klara: *Sémantická štruktúra slovenských deverbatív.* — Bratislava:

SLOVAQUE 10095-10124

1974 | BL 1974, 9346. | *RSl* 37, 1976, 96-103 Maria Honowska; 104-110 Jadwiga Puzynina | *SS* 37, 1976, 41-45 J. Kuchař | *Mov* 1976/4, 91-94 N. Klymenko.

10095 DVONČ, Ladislav: Formálna stránka prevzatých slov v slovenčine. — *StASl* 5, 1976, 63-80.
10096 — Využívanie prechyľovacej prípony *-ička* v spisovnej slovenčine. — *SR* 41, 1976, 11-17.
10097 — *Hallštattský, halštatský* alebo *hallstattský*? — *SR* 41, 1976, 62-64.
10098 — Gen. pl. substantív vzoru *dub* v spisovnej slovenčine. — *SR* 41, 1976, 153-160.
10099 — Gen. pl. substantív vzoru *stroj* v spisovnej slovenčine. — *SR* 41, 1976, 357-362.
10100 HORECKÝ, Ján: Posesívne zloženiny. — *SlavSl* 11, 1976, 260-262 | E. summ.
10101 JAKABČINOVÁ, Tatiana: O vzťahu medzi významom a slovotvornými možnosťami motivujúcich slov. — *SR* 41, 1976, 269-276.
10102 KAČALA, Ján: *Doplnok v slovenčine.* — Bratislava: 1971 | BL 1971, 8831. | *ASNS* 213, 1976, 465-467 G. Schalich.
10103 — Gramatická a sémantická perspektíva vety. — *JČ* 27, 1976, 9-18 | Summ. in G.
10104 — Výskum slovenskej syntaxe v ostatnom desaťročí. — [10061], 68-78.
10105 — Substanciaľnye i nesubstanciaľnye charakteristiki glagola. — [9074], 38-47.
KAMIŠ, A., & SVOBODA, K.: Prípustkové vety v češtine a slovenštine. — 9918.
10106 KOČIŠ, František: *Zložené súvetie v slovenčine.* — Bratislava: 1973 | BL 1973, 10621. | *SR* 41, 1976, 248-250 G. Horák | *ZSl* 21, 1976, 251-255 W. Gladrow.
10107 — Izomorfizmus v syntaxi. — *SR* 41, 1976, 193-200.
10108 KOPIŃSKA, Grażyna: Słowackie przysłówki odprzymiotnikowe z formantem nieciągłym *po...y.* — *SFPS* 15, 1976, 173-176.
10109 MAJTÁNOVÁ, Marie: Postavenie duálu a používanie duálových tvarov v slovenčine predspisovného obdobia. — *SR* 41, 1976, 77-84.
MALÍKOVÁ, M. O.: Kompozitá s lexikálnymi morfémami *odno-, edino-* .... — 10883.
MARCHLIK, T., & SKARBIŃSKA, M.: Program syntezy dla miejscownika w języku polskim i słowackim. — 10375.
10110 MASÁR, I.: Skloňovanie názvov typu *epifarynx.* — *KS* 10, 1976, 217-219.
10111 MIKLUŠ, Michal: Ešte raz o slovnodruhovej povahe výrazov *poď* (*ho*) a *hybaj* (*ho*). — *SR* 41, 1976, 234-239.
10112 MIKO, František: *The generative structure of the Slovak sentence. Adverbials.* — The Hague: 1972 | BL 1972, 9311. | *ZbFL* 17, 1974/1 (1975), 253-255 Wayles Browne.
10113 MLACEK, Jozef: Syntaktická frazeológia. — *JČ* 27, 1976, 134-145 | Ru. summ.
10114 NIŽNIKOVÁ, Jolana: Prívlastok v mennej skupine a metóda jeho skúmania. — *JČ* 27, 1976, 30-35 | Summ. in Ru.
10115 ONDREJOVIČ, Slavo: Mária Rázusová-Martáková o slovenských predložkách. — *KS* 10, 1976, 21-24.
10116 ONDRUS, Pavel: Systém základných slovných druhov. — *SJL* 22, 1975-76, 84-88.
10117 — Syntaktické otázky slovenského jazyka. — *SJL* 22, 1975-76, 154-157.
10118 — Gramatická kategória mužskej osoby v slovenčine. — *StASl* 5, 1976, 279-293.
10119 ORAVEC, Ján: Zánik genitívnych väzieb. — *KS* 10, 1976, 5-10.
10120 — Genitívne väzby pri zvratných slovesách. — *KS* 10, 1976, 43-48.
10121 — Partitívny genitív. — *KS* 10, 1976, 149-155.
10122 — Záporový genitív. — *KS* 10, 1976, 202-206; 236-240.
10123 — Genitívne väzby pri adjektívach. — *KS* 10, 1976, 300-305.
10124 — Slovesá s predponou *u-* a ich väzby. — *KS* 10, 1976, 329-332.

10125 — K základom opisu sémantickej štruktúry slovenských predložiek. — *SR* 41, 1976, 98-102.
10126 — Vylučovacie súvetie. — *SR* 41, 1976, 321-330.
10127 — Tesné spojenia zhodných substantív a kontextové členenie. — [102], 97-99.
10128 — Morfológia spisovnej slovenčiny. — [10061], 51-58.
10129 — Vybrané state z morfológie. — [10061], 59-67.
10130 PALKOVIČ, K.: Prídavné mená s príponou *-álny* a *-árny*. — *KS* 10, 1976, 247-250.
10131 PAULINY, Eugen: Kontrastívna analýza slovenskej a českej konjugácie a neohybných slovných druhov. — *StASl* 5, 1976, 317-330.
10132 PECIAR, Štefan: O používaní zlomkových výrazov. — *SR* 41, 1976, 201-212.
10133 RUŽIČKA, Jozef: Zo syntaxe matematických textov. — *SR* 41, 1976, 18-22.
10134 — Reflexive Verben und reflexive Verbalformen. — [369], 131-135.
10135 — Porjadok slov v strukture predloženija. — [9074], 191-198.
10136 RYBÁK, Július: O neurčitých zámenách. — *SR* 41, 1976, 228-234 | Comments on No. 10137.
10137 SABOL, Filip: O faktickej a formálnej neurčitosti zámen. — *SR* 41, 1976, 26-32 | Cf. 10136.
10138 SEKVENT, Karel: O skloňovaní mien typu *Valéry Giscard ďEstaing*. — *KS* 10, 1976, 244-247.

3. HISTOIRE — HISTORY

10139 BARTKOVÁ, Magdaléna: Pravopisný rozbor levočského vydania Komenského diela Orbis pictus z roku 1685. — *Nové obzory* 18, 1976, 301-321 | Rés. ru. et all.
10140 BLANÁR, Vincent, JÓNA, Eugen, & RUŽIČKA, Jozef: *Dejiny spisovnej slovenčiny*, II. — Bratislava: 1974 | BL 1974, 9316. | SJL 22, 1975-76, 217-220 K. Habovštiaková | *KS* 10, 1976, 219-221 J. Oravec.
10141 DORUĽA, Ján: Slovenčina v Bardejove podľa zápisov v súdnych protokoloch zo 17. storočia. — *Nové obzory* 17, 1975, 416-427 | Rés. all.
10142 HABOVŠTIAKOVÁ, Katarína: Ideové, spoločenské a jazykové základy Bernolákovej spisovnej slovenčiny. — *StASl* 5, 1976, 113-127.
10143 HORÁK, Emil: Princíp historizmu a diachronický opis jazyka. — *JČ* 27, 1976, 146-156 | Rev. art. on No. 10144.
10144 KRAJČOVIČ, Rudolf: *Slovenčina a slovanské jazyky*. I. — Bratislava: 1974 | BL 1974, 9319. | SJL 22, 1975-76, 280-285 R. Krajčovič | *KLit* 5, 1976, 283-284 E. Pribić.
10145 NOVÁK, Ľudovít: Levočská škola a kultúrna stredoslovenčina. — *Nové obzory* 18, 1976, 293-300 | Rés. ru. et all.
10146 STANISLAV, Ján: *Dejiny slovenského jazyka*. IV; V. — Bratislava: 1973 | BL 1973, 10650. | SJL 22, 1975-76, 280-285 R. Krajčovič.
10147 ŠTELIAR, Ferdinand: Slovenskje národňje novini a ich význam pre spisovnú slovenčinu. — *SR* 41, 1976, 65-71.

4. DIALECTOLOGIE — DIALECTOLOGY

10148 ALEXANDRESCU, Teodora: Semantica și întrebuințarea locuțională a unor termeni de origine românească în graiurile slovace și cehe din Moravia. — *SCL* 27, 1976, 409-415.
10149 BARTKO, Ladislav: I. slovenská dialektologická konferencia v Prešove. — *Nové obzory* 18, 1976, 459-462 | The first Slov. dialectological conference in Prešov

(April 1975).
10150 BUFFA, Ferdinand: Odraz socialistickej prítomnosti v reči príslušníkov šarišských nárečí. — Nové obzory 18, 1976, 359-370.
10151 — O rozličnej motivovanosti nárečových odvodených slov. — SR 41, 1976, 212-220.
10152 ČEJKA, Mirek: I. Slovenská dialektologická konference v Prešově 17.-19. 4. 1975. — JazA 13, 1976, 41-43.
10153 GREGOR, Ferenc: Der slowakische Dialekt von Pilisszántó. — Budapest: 1975 | BL 1975, 9741. | JČ 27, 1976, 83-85 I. Ripka | SSlav 22, 1976, 470-471 I. Sipos.
10154 HABOVŠTIAK, Anton: Jazykový zemepis a etymológia. — SR 41, 1976, 71-77.
10155 — Slovenské nárečia z hláskoslovného a tvaroslovného hľadiska. — StASl 5, 1976, 99-112.
10156 — Sémantická motivácia názvov paprade. — KS 10, 1976, 155-159.
10157 MAJTÁN, M.: Spolupráca Boženy Slančíkovej Timravy pri Pastrnkovom dotazníkovom výskume slovenských nárečí. — Literárny archív 11, 1974 (1975), 147-165.
10158 MATEJČÍK, Ján: Lexika Novohradu. Vecný slovník. — Martin: 1975 | BL 1975, 9746. | JazA 13, 1976, 116-117 F. Kopečný | SR 41, 1976, 115-119 I. Ripka'.
10159 — Problémy nárečového slovníka. — SlavSl 11, 1976, 96-102 | Rés. ru. MORAVEC, J.: K akcentologii nářečí ukr.-slov. pomezí . . . . — 11476.
10160 PAULINY, Eugen: Slovenské nárečia za socializmu. — SR 41, 1976, 23-26.
10161 RIPKA, Ivor: Dolnotrenčianske nárečia. — Bratislava: 1975 | BL 1975, 9752. | JČ 27, 1976, 91-94 K. Palkovič | JazA 13, 1976, 81-82 S. Utěšený.
10162 — O koncepcii Slovníka slovenských nárečí. — SlavSl 11, 1976, 90-95 | Rés. ru.
10163 ROMAN, J.: Kokavské nárečie. — Gemerské vlastivedné pohľady; Martin: Osveta, 1974, 85 p.
10164 SEMJANOVÁ, Miloslava: Pokus o vnútornú diferenciáciu zemplínskych nárečí. — Nové obzory 18, 1976, 371-385 | Rés. ru. et all.

5. VOCABULAIRE — VOCABULARY

10165 BLANÁR, Vincent: Z problematiky základnej terminológie lexikálnej sémantiky. — [102], 123-130.
10166 HARING, Vojtech: Psychologický význam druhotnej sémantickej informácie výrazov pre nadmerné pitie. — SR 41, 1976, 363-370.
10167 HORÁK, Emil: Metodologické a teoretické východiská opisu sémantiky slovenských predložiek. — SR 41, 1976, 85-97.
10168 HORECKÝ, Ján: Postoj k cudzím slovám v slovenčine a češtine. — SlavP 18, 1975, 207-210.
10169 — Základné otázky lexikológie. — [10061], 43-50.
10170 — Pomenovanie príznakov a kategórií. — SR 41, 1976, 129-133.
10171 — Povinovatý, povinovatosť. — SR 41, 1976, 253-254.
10172 KAČALA, Ján: Sémantická spájateľnosť adjektív významný a vážny. — SR 41, 1976, 133-137.
10173 KOČIŠ, F.: Výrazy fakt a fakticky ako častice. — SR 41, 1976, 126-127.
10174 KOLLAR, D., DOROT'JAKOVA, V., FILKUSOVA, M., VASIL'EVA, E.: Slovacko-russkij slovar'. Okolo 45000 slov. / KOLLÁR, D., DOROTJAKOVÁ, V., FILKUSOVÁ, M., VASILIEVOVÁ, E.: Slovensko-ruský slovník . . . — Moskva: "Russkij jazyk" / Bratislava: Slov. pedag. nakladateľstvo, 1976, 768 p.
10175 KOPEČNÝ, František: Poznámky k etymologiím Š. Ondruše. — SR 41, 1976, 110-

114 | Cf. 10183.
10176 MARTONOVÁ, Marta: Viacslovné termíny a frazeologizmy. — KS 10, 1976, 266-269.
10177 MLACEK, Jozef: Vlastnosti frazeologizmu a ich terminologická platnosť. — KS 10, 1976, 134-141.
MOKAN', Š.: Vengerskie slova v sl. jazykach. — 11493.
10178 ONDRUS, Pavel: Lexikológia a frazeológia súčasného spisovného jazyka. — SJL 22, 1975-76, 180-182.
10179 ONDRUŠ, Šimon: Praslovanský základ slovenčiny v slovnej zásobe. — StASl 5, 1976, 295-316.
10180 — Pôvod slov čut(k)a, četa/čata a kyta, kytica. — KS 10, 1976, 78-84.
10181 — Slovná čeľaď čuma, čema, šuma, chumáč, chomáč, chomľa. — KS 10, 1976, 113-118.
10182 — Slovenské nárečové slová bosman, pošajdes a staroslovienske posagъ.— SR 41, 1976, 262-269.
10183 — Etymologické poznámky F. Kopečného, jazykové fakty a jazykovedná teória. — SR 41, 1976, 349-357 | Cf. 10175.
10184 — Pôvod a výnin slovnej zásoby slovenčiny. — SJL 22, 1975-76, 313-317; 23, 1976-77, 26-29.
10185 PALKOVIČ, Konštantín: Slovensko-srbochorvátske lexikálne kontakty. — SlavSl 11, 1976, 296-300 | Rés. ru.
10186 PISÁRČIKOVÁ, Mária: Synonymický rad ako východisko pri štúdiu lexikálnej synonymie. — SR 41, 1976, 3-10.
10187 PISÁRČIKOVÁ, M., & MICHALUS, Š.; Malý synonymický slovník. — Bratislava: 1973 | BL 1973, 10701. | SlavSl 11, 1976, 115-116 M. Masárová.
ROUDNÝ, M.: Rozdílnosti české a slov. slovní zásoby. — 9971.
— Paralelní vývoj českého a slov. názvosloví mluvnického. — 9972.
10188 RUŽIČKA, Jozef: Výskum slovnej zásoby na Slovensku. — SlavSl 11, 1976, 5-11 | Rés. ru.
10189 SCHWANZER, Viliam: Nemecké slová v spisovnej a ľudovej slovenčine. — StASl 5, 1976, 463-477.
10190 SEKANINOVÁ, Ella: Rusizmy v slovenčine. — StASl 10, 1976, 451-461.
10191 SMIEŠKOVÁ, Elena: Malý frazeologický slovník. — Bratislava: 1974 | BL 1974, 9369. | KS 10, 1976, 90-91 J. Horecký | SlavSl 11, 1976, 113-114 E. Kučerová | PJ 1976, 248-249 H. Pietrak.
10192 — Vyjadrenie nesúhlasu, odmietania frazeologickými prostriedkami. — KS 10, 1976, 260-263.
10193 — Frazeologické jednotky byť v úzkych, dostať sa do úzkych, vohnať, zahnať do úzkych. — SR 41, 1976, 317-319.
10194 — O frazeologizme zslom väz a jeho variantoch. — SR 41, 1976, 384-386.
SOCHOVÁ, Z.: Specifické rysy českého a slov. príbuzenského názvosloví. — 9974.
SOPIRA, A.: Skratky v ruštine a slov. — 11259-60.
ŠULHAN, J., & ŠKULTÉTY, J.: Španielsko-slov. a slov.-španielsky slovník. — 5607.
10195 UHLÁR, Vlado: Z výraziva starého ševcovstva i nového obuvníctva (Podšitie, podbitie podošvy, polpodošvy a podrazenie). — KS 10, 1976, 336-343.

7. STYLISTIQUE, LANGUE LITTÉRAIRE — STYLISTICS, LITERARY LANGUAGE

10196 BAGIN, Albín: Pavol Horov (1914-1975). — KS 10, 1976, 33-35 | On language and form of his poems.

SLOVAQUE

10197 — Ján Kostra (1910-1975). — *KS* 10, 1976, 97-99 | On his poetic language.
10198 —.Ivan Krasko (1876-1958). — *KS* 10, 1976, 225-227 | On his poetic language.
10199 BAJZÍKOVÁ, Eugénia: O jazykovej výstavbe textu. — *KS* 10, 1976, 65-67.
10200 — Prerozprávanie folklóru ako metatext. — [349], 222-233.
10201 — O výskume v textovej rovine. — *SJL* 23, 1976-77, 97-101.
10202 KLÁTIK, Zlatko: O sémanticko-štylistickej viacplánovosti balady Janka Kráľa (Interpretácia Zverbovaného). — *SLit* 23, 1976, 300-311.
10203 KOPINA, Ján: Syntax frazeologizmov v Jilemnického románě Kronika. — *SR* 41, 1976, 330-339.
10204 KOŠČO, Ján: Reč v televíznej publicistike. — *Sešity novináře* 10, 1976, 197-212.
10205 LIŠKOVÁ, Zora: *Novinársky prejav z hľadiska semantických ukazateľov. Úvodná štúdia.* — Bratislava: Výskumný ústav kultúry a verejnej mienky, 1976, 188 p., 13 tab.
10206 — Sémantické ukazovatele v novinárskom prejave. — *JČ* 27, 1976, 36-44 | Summ. in G.
10207 MARSINOVÁ, Marta: Predponové denominatívne slovesá v slovníku A. Matušku. — *SR* 41, 1976, 137-143.
10208 MIKO, František: *Štýlové konfrontácie. Kapitolky z porovnávacej štylistiky.* — Studia litteraria 6; Bratislava: Slov. spisovateľ, 1976, 347 p.
10209 — Štylistika a redundancia. — *StASl* 5, 1976, 239-256.
10210 — Romantická balada a lyrický subjekt (Pokus o výrazovou analýzu). — [356], 269-280.
10211 — Pavol Országh Hviezdoslav. Problém výkladu textu ako problém poetiky. — In: *P. O. Hviezdoslav. Text a kontext* (Dolný Kubín-Nitra 1975), 6-26.
10212 MISTRÍK, Jozef: *Žánre vecnej literatúry.* — Bratislava: 1975 | *BL* 1975, 9799. | *SJL* 22, 1975-76, 309-310 J. Ballay | *SR* 41, 1976, 53-56 J. Findra | *ČJLit* 26, 1975-76, 470-472 J. Jiřičková | *SS* 37, 1976, 344-345 J. Kraus | *KS* 10, 1976, 126-128 J. Mlacek.
10213 — Štylistika prevzatých a cudzích slov v slovenčine. — *StASl* 5, 1976, 257-270.
10214 — Tendencie v súčasnej teórii štylistiky. — [10061], 79-85.
10215 — Štylistická analýza a interpretácia. — [10061], 86-92.
10216 MLACEK, Jozef: Frazeológia v Mináčových esejistických knihách. — *SR* 41, 1976, 144-152.
10217 OBERT, Viliam: K interpretácii textu, medzitextových vzťahov a štýlu svadobných telegramov. — *SlavSl* 11, 1976, 369-377.
10218 RUŽIČKA, Jozef: O význame publicistického štýlu. — *KS* 10, 1976, 3-5.
10219 SABOL, Ján: Horovovo slovo. — *KS* 10, 1976, 35-38 | On the language and style of Pavol Horov.
10220 — Priestory Kostrovho básnického výrazu. — *KS* 10, 1976, 99-104 | On the poetic language of Ján Kostra.
10221 — Slovo a veta v poézii Ivana Krasku. — *KS* 10, 1976, 231-236.
10222 SABOL, Ján, & VAŠKO, Imrich: Poznámky o dialektizmoch v básnickom diele Pavla Horova. — *KS* 10, 1976, 39-43.
10223 TOMIŠ, Karol: *O štýle slovenskej prózy.* — Bratislava: 1975 | *BL* 1975, 9806. | *Romboid* 11, 1976, 65-66 J. Hvišč | *SlP* 92, 1976/11, 127-129 V. Petrík | *ČLit* 24, 1976, 564-565 Š. Vlašín.
10224 VAŠKO, Imrich: Kostrovo hľadanie básnického slova. — *KS* 10, 1976, 104-108 | On the poetic language of Ján Kostra.
10225 ZAMBOR, Ján: Ivan Krasko a Antonín Sova. — *SLit* 23, 1976, 644-665 | Sur la langue poétique et la versification du poète slov. et du poète tch.

10226 — Krasko a reč. — *KS* 10, 1976, 228-231 | On the poetic language of Ivan Krasko.

8. PROSODIE, MÉTRIQUE, VERSIFICATION — PROSODY, METRE, VERSIFICATION

10227 TURČÁNY, Viliam: *Rým v slovenskej poézii.* — Bratislava: 1975 | BL 1975, 9807. | *Romboid* 11/5, 1976, 14-21 L'. Feldek | *SLit* 23, 1976, 592-594 J. Hrabák.
10228 — Nad veršom Janka Kráľa (Kráľovo miesto vo vývoji slovenského verša). — In: *Janko Kráľ* (Bratislava 1976), 195-239.

9. TRADUCTION — TRANSLATION

10229 BACIGÁLOVÁ, Hana: Poetika prerozprávania. Slobodovo prerozprávanie Iliady. — [349], 207-221.
10230 — K problematike prekladu ukrajinskej poézie do slovenčiny. — *SlavSl* 11, 1976, 189-195.
10231 FELDEK, Ľubomír: Preklad z velmi blízkeho jazyka. — *SlP* 92, 1976, 99-104.
10232 KOVAČIČOVÁ, Oľga: Niektoré otázky poetiky prekladu Slova o pluku Igorovom. — *SlavSl* 11, 1976, 135-145 | Quelques problèmes de la poétique de la trad. du Slovo d'Igor.
10233 SEKVENT, Karel: Porušovanie logických súvislostí v prekladoch. — *SR* 41, 1976, 160-168.
10234 SEKVENT, K., & URBAN, P.: Preklad a kontext (Na margo prekladu Prekliatych kráľov). — *KS* 10, 1976, 276-281 | Notes sur la trad. slov. du roman de M. Druon, „Les rois maudits".
10235 VÁLKOVÁ, Zora: Rým poémy V. Majakovského Oblak v nohaviciach v slovenskom preklade Ľ. Feldeka. — *SLit* 23, 1976, 522-544; 666-685 | Rés. ru.

10. LINGUISTIQUE MATHÉMATIQUE — MATHEMATICAL LINGUISTICS

10236 SABOL, Ján: Frekvencia deklinačných typov feminín v spisovnej slovenčine. — *JČ* 27, 1976, 45-53 | E. summ.
SOTÁK, M.: Typologické rozdiely v distribúcii ruských a slovenských dejových deverbatív. — 11390.

14. ONOMASTIQUE — ONOMASTICS

10237 BARTKO, Ladislav: Niektoré otázky odrazu maďarsko-slovenských kontaktov v chotárnych názvoch južného Abova. — *ZbSOK* VI, 165-170.
10238 BLANÁR, Vincent: Výskum vlastných mien a jazykoveda. — [4021], 8-38.
10239 — Monografické spracúvanie slovenskej antroponymie. — [4021], 83-94.
10240 — Pri desaťročí Slovenskej onomastickej komisie. — *ZbSOK* VI, 273-275 | 10 years of the Slov. Committee of Onomastics.
10241 BLICHA, Michal: Obraz medzijazykových vzťahov na mikrotoponymách v údolí Ondavy. — *ZbSOK* V, 225-234.
10242 — Tvorenie chotárnych názvov z apelatív v Ondavskej a Toplianskej doline. — *ZbSOK* VI, 215-218.
10243 — Názvy ulíc mesta Prešova. — *Nové obzory* 18, 1976, 323-357.
10244 BUFFA, Ferdinand: Hypokoristické a maznavé formy rodných mien v slovenských nárečiach. — *ZbSOK* V, 63-68.

SLOVAQUE

10245 — O chotárnych názvoch severného Šariša. — *Nové obzory* 17, 1975, 387-415 | Rés. ru. et all.
10246 DORUĽA, Ján: O historicko-jazykovej problematike slovenských miestnych názvov v niekdajšom Uhorsku. — *ZbSOK* V, 181-183.
10247 DVONČ, Ladislav: Používanie zdomácnených a nezdomácnených podôb cudzích miestnych názvov v spisovnej slovenčine. — *ZbSOK* V, 277-285.
10248 — Vlastné mená a gramatika. — *ZbSOK* VI, 51-53.
10249 — Viacslovné zemepisné názvy a pravopis. — *ZbSOK* VI, 67-76.
10250 — Štandardizácia cudzích zemepisných názvov a obyvateľských mien v spisovnej slovenčine. — *ZbSOK* VI, 149-154.
10251 — Názvy krajín v spisovnej slovenčine. — *KS* 10, 1976, 71-74.
10252 — Sylván – silván, Transylvánia, Pennsylvánia. — *SR* 41, 1976, 191-192.
10253 — Na margo Uhlárovho príspevku "Hranice štandardizácie v toponymii". — *SR* 41, 1976, 283-285 | On No. 10296.
10254 — Rodné mená v kalendári. — *ZprMK* 17, 1976, 429-437.
10255 GAHÉR, Jozef: Využitie názvu *Nitra* v chotárnych názvoch Rudnianskej doliny. — *ZbSOK* VI, 221-222.
10256 HABOVŠTIAKOVÁ, Katarína: Medzijazykové kontakty pri krstných menách v predspisovnom období. — *ZbSOK* V, 205-210.
10257 — Apelatíva označujúce terénne tvary ako základ chotárnych názvov na Orave. — *ZbSOK* VI, 207-214.
10258 HALAGA, Ondrej R.: Jazykový kontakt či vrchnostenský úzus? (K zápisom o kontinuite mien v okolí Košíc). — *ZbSOK* V, 167-180.
10259 HORÁK, Gejza: Charakteristické vlastné mená v prekladoch Chevallierovho románu Clochmerle. — *ZbSOK* V, 287-290.
10260 IVANOVÁ-ŠALINGOVÁ, Mária: Konfrontácia niektorých typov využitia (apelativizovaných) proprií v slovenčine a češtine. — *ZbSOK* V, 261-266.
10261 JACKO, Jozef: Obyvateľské mená a prídavné mená od deminutívnych názvov typu *Kremnička* a *Divinka*. — *SR* 41, 1976, 102-109.
10262 — Skloňovanie a deriváty miestnych názvov typu (*Dolný*) *Peter*. — *SR* 41, 1976, 382-384.
10263 KOTULIČ, Izidor: K charakteristike živého pomenovania osôb na východnom Slovensku. — *ZbSOK* V, 53-62.
10264 KRASNOVSKÁ, Elena: Kartografovanie mien do domu. — *ZbSOK* V, 43-46.
10265 — Inojazyčné prvky v osobných menách východného Gemera. — *ZbSOK* V, 251-253.
10266 — Vývin osadných názvov *Babinec*, *Brádno* a *Rakovnica*. — *ZbSOK* VI, 123-128.
10267 KRIŠŠÁKOVÁ, Júlia: Živé mená v goralskej oblasti na Spiši. — *Nové obzory* 17, 1975, 345-386 | Rés. ru. et all.
10268 — Hypokoristiká v goralskej oblasti na Spiši. — *ZbSOK* V, 255-260.
10269 — Živé mená s toponymickým základom v goralskej oblasti na Spiši. — *ZbSOK* VI, 61-65.
10270 [—] KRIŠAKOVA, Ju.: Iz slovacko-poľskoj interferencii v oblasti antroponimii v goraľskoj oblasti v Spiše. — [2782], 96-101.
10271 KRIŠTOF, Štefan: Problematika kartografovania priezvisk. — *ZbSOK* V, 47-51, 4 cartes.
10272 — Eliptické chotárne názvy v Tekove. — *ZbSOK* VI, 195-198.
10273 KUCHAR, Rudolf: Adaptácia nemeckých osobných mien v slovenskom prostredí. — *ZbSOK* V, 215-218.
10274 — Jazyková výstavba a vývin chotárnych názvov Liptovského Trnovca. —

10275 LIPTÁK, Štefan: Odraz slovensko-ukrajinských jazykových kontaktov v geografických apelatívach a chotárnych názvoch na okraji východného Slovenska. — *ZbSOK* V, 235-250.
10276 — Katastrálne mapy ako prameň heuristického výskumu toponymie. — *ZbSOK* VI, 267-271.
10277 MAJTÁN, Milan: Najstaršie slovenské vlastné mená. — *StASl* 5, 1976, 195-207.
10278 — Neslovanské prvky v slovenských vlastných menách. — *StASl* 5, 1976, 209-225.
10279 — Základná slovenská toponomastická terminológia. — *ZbSOK* V, 113-116.
10280 — Názvy typu *Ostré/Ostrô* a štandardizovanie slovenských geografických názvov. — *SR* 41, 1976, 277-283.
10281 — Zlučovanie a názvy zlúčených obcí. — *KS* 10, 1976, 84-86.
10282 MATEJČÍK, Ján: Otázka kartografovania živých mien (Na materiáli zo stredného Slovenska). — *ZbSOK* V, 25-42, carte.
10283 MAZÚR, Samo: Vplyv symbiózy slovenského a nemeckého obyvateľstva bývalého slobodného kráľovského banského mesta Pukanca na vznik a vývin niektorých jeho chotárnych názvov. — *ZbSOK* V, 219-224.
10284 — Ľudová etymológia a sémantická stránka niektorých pukanských chotárnych názvov. — *ZbSOK* VI, 219-220.
10285 NEHRING, Karl: *Comitatus Arvensis*. — Veröffentlichungen des Finnisch-Ugrischen Seminars an der Univ. München. Serie A: Die historischen Ortsnamen von Ungarn, 5; München: 1976, 60 p., fold. map | The former comitat of Árva (Oravská stolica), Slovakia.
10286 NIŽŇANSKÝ, Jozef R.: Pestovanie viniča na Slovensku a jeho odraz v chotárnych názvoch. — *ZbSOK* VI, 233-242.
10287 ONDRUŠ, Šimon: Autochtónnosť slovenských zemepisných názvov: *Dukla, Dykula, Choč, Koč, Kýčera, Váh*. — *ZbSOK* V, 141-154.
10288 — Pôvod názvu *Košice*. — *ZbSOK* VI, 113-121.
10289 PALKOVIČ, K.: Dĺžka v niektorých rodných menách. — *KS* 10, 1976, 313-315.
 POGÁNY, I.: Interferenz im Flurnamenschatz ... — 7789.
10290 RIPKA, Ivor: Lexikálna stránka chotárnych názvov z dolného Trenčína. — *ZbSOK* VI, 199-205.
10291 SEMJANOVÁ, Miloslava: Zo skloňovania názvov obcí v zemplínskom nárečí. — *ZbSOK* VI, 55-59.
 SKUTIL, J.: Výstavba antroponym v Žilinské ve srovnání .... — 10036.
10292 ŠMILAUER, Vladimír: Ze stare antroponymie v Hontu. — *ZbSOK* V, 185-196.
10293 TVRDOŇ, Emil: Toponymá v slovenských ľudových piesňach. — *KS* 10, 1976, 119-124.
10294 UHLÁR, Vlado: Názvy vrchov z osobných mien. — *ZbSOK* VI, 223-231.
10295 — Ľudové etymológie názvov z Liptova. — *KS* 10, 1976, 209-216.
10296 — Hranice štandardizácie v toponymii (Názvy typu *Ostrô, Plačlivo, Železnô, Bystrô*). — *SR* 41, 1976, 221-227 | Cf. 10253.
10297 VALISKA, Juraj: K slovensko-nemeckým jazykovým prvkom v menách na Spiši *ZbSOK* V, 211-213.
10298 VALKOVIČOVÁ, Gizela: Ako prekladať maďarské ženské mená do slovenčiny. — *KS* 10, 1976, 10-13.

c. Polonais — Polish

0. BIBLIOGRAPHIE ET GÉNÉRALITÉS — BIBLIOGRAPHY AND GENERAL

KAWIŃSKA, M.: Bibliography of E.-Pol. contrastive studies .... — 8012-3.
10299 STONE, Gerald: Polish studies: language. — *YWMLS* 37, 1975 (1976), 778-786.

10300 BĄK, Stanisław: O niektórych faktach z zakresu polsko-niemieckich stosunków językowych. — *RKJW* 10, 1976, 11-17 | On Pol.-G. language relations.
10301 BAUDOUIN DE COURTENAY, Jan Niecisław: *Dzieła wybrane.* Tom II. [Red.: Przemysław ZWOLIŃSKI]. — Warszawa: Państwowe Wyd. Naukowe, 1976, 230 p. | Contents: Przemysław ZWOLIŃSKI, 'Jan Baudouin de Courtenay jako pionier gramatyki historycznej języka polskiego', 7-22: J. BAUDOUIN DE COURTENAY, 'O drevne pol'skom jazykě do XIV stolětija', p. 23-218 (repr. of the Leipzig ed., 1870), followed by 'Komentarze', 219-222, and 'Dodatek: J. B. de C. autorecenzja', 223-230. | Cf. BL 1974, 9424.
10302 BROOKS, Maria Zagorska: *Polish reference grammar.* — The Hague: 1975 | BL 1975, 9844. | *PJ* 1976, 416-419 Halina Rybicka-Nowacka.
BUFFA, F.: O vzájomných slov.-pol'ských jazykových vplyvoch. — 10050.
10303 KARAŚ, Mieczysław: O rzekomej roli pisarzy w kształtowaniu języka literackiego (na przykładzie języka polskiego). — *JP* 56, 1976, 16-26.
10304 LEKOV, Ivan: Javna i "skrita" glagolna săpostavitelna problematika na polskija i bălgarskija ezik. — *BSl* 1, 1976/2, 65-82.
10305 MACIEJEWSKI, Jarosław: Uniwersyteckie tradycje filologii polskiej w Poznaniu. — *SPol* 2, 1975, 7-58 | Summ. in G.
10306 MALLEK, O.: Die Entwicklung der Polonistik an der Leipziger Universität seit 1918. — *ZSl* 21, 1976, 678-693.
10307 MITU, Mihai: Polonistyka rumuńska w trzydziestoleciu (Prace językoznawcze). — *JP* 56, 1976, 203-213.
ROSS, E.: Contrastive collocational analysis. — 8035.

1. PHONÉTIQUE ET PHONOLOGIE — PHONETICS AND PHONOLOGY

BAŃCZEROWSKA, M.: Fi. and Pol. vowels .... — 12355.
10308 DEARMOND, Richard C.: Is the third palatalization a synchronic rule in Polish? — *PF* 26, 1976, 7-11.
10309 GUSSMANN, Edmund: Recoverable derivations and phonological change. — *Lingua* 40, 1976, 281-303 | On the phonological rules involved in the derivation of a class of denominal adjectives in Mod. Pol.
10310 JASSEM, W., et al.: *Rozpoznawanie polskich spółgłosek trących na podstawie cech widmowych.* — Inst. Podstawowych Problemów Techniki PAN, Prace IPPT 46; Warszawa: 1976, 41 p., tab.
KANIA, J. T.: *Dezintegracja systemu fonologicznego w afazji* .... — 3659.
10311 KARAŚ, Mieczysław: Faktyczne i pozorne tendencje we współczesnym systemie fonologicznym języka polskiego. — *BPTJ* 34, 1976, 7-15 | E. summ.
10312 KOWNACKI, Edmund: W sprawie zmiany artykulacji psł. *w* w języku polskim. — *SPol* 3, 1976, 51-55 | Rés. fr.
KRZEMIŃSKA, W.: La question de l'analogie dans l'articulation des phonèmes fr. et pol. — 5787.
10313 KUBZDELA, Henryk: Techniczna realizacja formantowej metody rozpoznawania

samogłosek polskich. — Inst. Podstawowych Problemów Techniki PAN, Prace IPPT 90; Warszawa: 1976, 26 p.

10314 ŁOBACZ, Piotra: Non-unique phonemic interpretation of the Polish speech-sounds. — *SAS* 3, 1973, 53-74.

10315 — A pilot study of phoneme prediction in Polish sentences. — *SAS* 3, 1973, 75-83, 4 fig.

— Objective and subjective speech tempo in Pol. — 2169.

MALICKA, O.: Tendencje rozwojowe w zakresie akcentuacji wyrażeń przyimkowych.... — 10814.

10316 MAŃCZAK, W[itold]: *Pośpiech*, ale *pospieszny*. — *JP* 56, 1976, 370-372.

10317 MIKOŚ, Michael J.: Intonation of questions in Polish. — *JPhon* 4, 1976, 247-253, tab., 3 fig.

10318 MOSZYŃSKI, Leszek: Uwagi o rozwoju praindoeuropejskiej apofonii $\breve{e}$ - $\breve{o}$ w języku polskim — *SPol* 3, 1976, 133-139 | E. summ.

OZGA, J.: Clitics in E. and Pol. — 8084.

— Stress and word order in E. and Pol. — 8085.

PUPPEL, S.: Final consonant clusters in E. and Pol. — 8089.

10319 RACHWAŁOWA, Maria: Grupy spółgłoskowe jako negatywne sygnały granicy wyrazów. — *RND* 58, *Prace językoznawcze* 3, 1976, 235-243.

RICHTER, L.: The duration of Pol. consonants. — 2193.

10320 ROCŁAWSKI, Bronisław: *Zarys fonologii, fonetyki, fonotaktyki i fonostatystyki współczesnego języka polskiego.* — Gdańsk: Uniw. Gdański (Skrypty Uczelniane), 1976, 202 p., ill., tab., fig.

10321 SAWICKA, Irena: Korelacija mekoće u poljskom književnom jeziku. — *ZbFL* 17,1974/2 (1975), 31-36 | The correlation of softness in lit. Pol. (Summ. in Ru.).

10322 SOŁTYS, Anna: Słowne ciągi trudne w języku polskim. — *JP* 56, 1976, 280-286.

10323 STIEBER, Zdzisław: *A historical phonology of the Polish language.* — Heidelberg: 1973 | BL 1973, 10818. | *Slavia* 45, 1976, 76-79 J. Petr. | *KLit* 3, 1974, 299-300 P. Hill.

10324 ŠTUDINER, M. A.: Dolgie soglasnye v sovremennom pol'skom literaturnom jazyke. — *VMU* 1976/4, 56-63.

10325 SULISZ, Małgorzata: *Staropolska fonetyka w świetle materiału onomastycznego do XIV wieku.* — AUW 325; Warszawa: Państwowe Wyd. Naukowe, 1976, 266 p., tab., maps | Summ. in Ru.

10326 SUSSEX, Roland: A note on stress assignment in Polish noun phrases. — *PSCL* 4, 1976, 5-12.

10327 ZARĘBINA, Maria: Tendencje rozwojowe polskich samogłosek nosowych. — *BPTJ* 34, 1975, 25-33 | E. summ.

2. GRAMMAIRE — GRAMMAR

10328 AMPEL, Teresa: Zdania okolicznikowe profrazowe jako wykładniki różnych odmian relacji przyczynowo-skutkowej. — *Polonica* 2, 1976, 93-118.

10329 — Typy i funkcje korelatów w strukturze wypowiedzeń podrzędnie złożonych (na przykładzie zdań okolicznikowych). — [366]. 7-20.

10330 BAJOR, Kazimierz: *Konstrukcje z przyimkiem o w języku polskim i rosyjskim. Studium konfrontatywne.* — Acta Univ. Lodziensis; Łódź: Uniw. Łódzki, 1976, 384 p.

10331 BAL, Józef: *Formacje przysłówkowe z sufiksalnym* j i k.... — Wrocław: 1974 | BL 1974, 9451. | *BSL* 71, 1976/2, 278-281 W. Mańczak.

BARTOSZEWICZ, A.: Jeszcze o podzielności, motywacji i pochodności w słowotwórstwie. — 10851.
10332 BOBRAN, Marian: Struktura ogólna zwrotów składniowych w języku polskim i rosyjskim. — [366], 29-39.
10333 — Uwagi o istotniejszych cechach syntaktycznych czasowników polskich i rosyjskich. — [10743], 81-87.
10334 BOGUSŁAWSKI, Andrzej: Segmenty, operacje, kategorie a morfologia imienia polskiego. — [10358], 7-33 | Summ. in E. | Discussion, 33-42.
10335 BOJAR, Bożenna: Polskie i bułgarskie czasowniki komunikujące relacje czasowe. — *BSI* 1, 1976/3, 65-77.
10336 BONIECKA, Barbara: O pojęciu modalności (przegląd problemów badawczych). — *JP* 56, 1976, 99-111.
10337 BUTTLER, Danuta: *Innowacje składniowe współczesnej polszczyzny. Walencja wyrazów.* — Warszawa: Państwowe Wyd. Naukowe, 1976, 279 p.
10338 — Główne kierunki innowacji dwudziestowiecznej polszczyzny. — [408], 23-37.
10339 DAMBORSKÝ, Jiří: Slovosled v polštině a češtině z hlediska kontextového členění. — *PF* 26, 1976, 255-261.
DEJANOVA, M.: Iz săpostavitelnata polsko-bălg. sintagmatika. — 9347.
10340 DICK, John H.: Stopniowanie przymiotników i przysłówków we współczesnej polszczyźnie kulturalnej. — [9085], 43-52.
10341 DOBRZYŃSKI, Walenty: *Z badań nad rozwojem polskich deminutywów.* — Wrocław: 1974 | BL 1974, 9459. | *RSl* 37, 1976, 110-111 Jan Safarewicz.
DUCZMAL, S.: Some aspects of subject-verb concord in Pol. and E. — 8173.
10342 DULEWICZOWA, Irena: Formant *-ište* || *-isko* w języku polskim i rosyjskim. — *SFPS* 15, 1976, 135-141.
10343 DUSZAK, Anna: Powiązania semantyki ze składnią. — *PJ* 1976, 402-408.
FONTAŃSKI, H.: Kontrasty rosyjsko-polskie w zakresie wyrażania stosunków .... — 10967.
— Stosunki przeciwstawności w zdaniu prostym .... — 10966.
10344 GAWEŁKO, Marek: *Sufiksy przymiotnikowe w języku polskim, niemieckim i francuskim. Studium z zakresu gramatyki kontrastywnej.* — ZNUJ 421, Prace Językoznawcze 49: Warszawa – Kraków: 1976, 80 p. | Les suffixes adjectivaux dans les langues pol., all. et fr. (Rés. fr.).
10345 GROCHOWSKI, Maciej: *Środek czynności w strukturze zdania.* — Wrocław: 1975 | BL 1975, 9900. | *SS* 37, 1976, 63-67 Jan Kořenský | *ASNS* 213, 1976, 467-469 W. Girke.
10346 — Przyimek jako wykładnik relacji semantycznych między wyrażeniami predykatywnymi. — *Polonica* 2, 1976, 73-91 | E. summ.
10347 — O zakresie i hierarchii problematyki semantyczno-syntaktycznej w przyszłym podręczniku gramatyki języka polskiego (Refleksje i propozycje). — *PF* 26, 1976, 89-102.
10348 — O wpływie elipsy argumentu na znaczenie form czasu teraźniejszego. — *SFPS* 15, 1976, 43-48.
10349 — Elipsa, kondensacja a interpretacja semantyczna. — *SFFBU* 25 (A 24), 1976, 67-71 | Ru. summ.
10350 — O strukturze semantycznej przyzwolenia. — [372], 225-237.
10351 GRODZIŃSKI, Eugeniusz: O wyrażeniach typu: *Nie mówiąc już o tym, że* ... — *PJ* 1976, 64-66.
10352 HANDKE, Kwiryna: *Budowa morfologiczna i funkcje compositów polskich (z*

uwzględnieniem innych języków zachodniosłowiańskich). [Red. naukowy: H. POPOWSKA-TABORSKA]. — PrJPAN 81: Wrocław [etc.]: Zakład im. Ossolińskich, 1976, 140 p. (G. summ.).

HEREJ-SZYMAŃSKA, K.: Kategorie słowotwórcze czasowników denominalnych .... — 9358.

IWANICKA, E.: On questions and answers in E. and Pol. — 8208.

JARANOWSKI, Z.: Selected contrastive features in E.-Pol. grammar of transitive verbs. — 8212.

10353 JODŁOWSKI, Stanisław: *Podstawy składni polskiej.* — Warszawa: Państwowe Wyd. Naukowe, 1976, 249 p.

10354 — Funkcje składniowe jako kryterium klasyfikacji wyrazów na części mowy. — *RND* 58, *Prace językoznawcze* 3, 1976, 29-33.

10355 KACZMARSKI, Stanisław Piotr: *A glossary of Polish and English verb forms.* — Warszawa: Państwowe Wyd. Naukowe, 1976, 199 p.

KAKIETEK, P.: Formal characteristics of the modal auxiliaries in E. and Pol. — 8220.

10356 KAŁKOWSKA, Anna: Predykatywne konstrukcje niewerbalne w historii języka polskiego. — [10410], 85-102 | Summ. in G.

10357 KARAŚ, Mieczysław: Staropolska rzadkość składniowa. — *PJ* 1976, 266-271.

10358 *Kategorie gramatyczne grup imiennych w języku polskim. Materiały konferencji Pracowni Gramatyki Współczesnej Polszczyzny Instytutu Języka Polskiego PAN, Zawoja, 13-15 XII 1974.* [Red.: Roman LASKOWSKI]. — Prace Inst. Języka Polskiego 14; Wrocław: Zakład im. Ossolińskich, 1976, 126 p.

10359 KLEBANOWSKA, Barbara: Postać łącznika w orzeczeniu złożonym z orzecznikiem rzeczownym. — *PJ* 1976, 57-63.

10360 — Czas przyszły i teraźniejszy w zdaniach czasowych. — *PJ* 1976, 395-401.

KORYTKOWSKA, M.: Z semantyki i składni czasowników bułg. i polskich .... — 9368.

10361 KOSESKA-TOSZEWA, Violetta: Informacja o określoności w znaczeniach temporalnych form werbalnych w języku polskim i bułgarskim. — *BSI* 1, 1976/2, 45-55.

10362 KOWALSKA, Alina: *Ewolucja analitycznych form czasownikowych z imiesłowem na -ł w języku polskim.* [Red. naukowy: Władysław LUBAŚ]. — Prace Naukowe Uniw. Śląskiego w Katowicach 123; Katowice: Uniw. Śląski, 1976, 163 p. | Rés. fr.

10363 — Charakter i geneza analitycznych form czasownikowych w języku staropolskim. — *SprOKrPAN* 19, 1975 (1976), 40-41.

10364 KREJA, Bogusław: Kategorie fleksyjne w funkcji słowotwórczej we współczesnym języku polskim. — *PrJG* 3, 1975 (1976), 49-55 | E. & Ru. summ.

10365 — O pewnych typach derywacji słowotwórczej. — *BPTJ* 34, 1976, 41-53 | E. summ.

10366 — Z historii polskiego słowotwórstwa. Uwagi o słowotwórstwie rzeczowników, przymiotników i czasowników w *Słowniku łacińsko-polskim* Jana Mączyńskiego. — *SPol* 3, 1976, 69-80 | G. summ.

10367 KUCAŁA, Marian: O rodzaju gramatycznym w języku polskim (Uwagi związane z referatem Z. Saloniego: Kategoria rodzaju we współczesnym języku polskim). — [10358], 79-87 | Apropos of No. 10403. Discussion, 87-106.

10368 — Rekcja pośrednia w staropolszczyźnie. — [10410], 71-83 | Summ. in G.

10369 LALEWICZ, Janusz: Podstawy funkcjonalnej typologii wypowiedzi. — [372], 63-79.

10370 LASKOWSKA, Teresa: Schemat indeksu a tergo form czasownikowych języka polskiego. — *PJ* 1976, 319-327.

10371 LENGA, Gerd: *Zur Kontextdeterminierung des Verbalaspekts im modernen Polnisch.* — Slavistische Beiträge 102; München: Sagner, 1976, viii, 233 p.
LEWANDOWSKA, B.: Types of verb complementation in E. ..... — 8235.
— Derivation of infinitives in E. and Pol. — 8236.

10372 LEWICKI, Andrzej Maria: *Wprowadzenie do frazeologii syntaktycznej. Teoria zwrotu frazeologicznego.* [Red. naukowy: Władysław LUBAŚ]. — Prace Naukowe Uniw. Śląskiego w Katowicach 116; Katowice: Uniw. Śląski, 1976, 120 p. | Introd. à la phraséologie syntaxique (esquisse de la théorie des prédicats phraséologiques). Rés. ru. & fr.
LINGORSKA, B.: Kăm văprosa za funkcionalno-semantičnite săotvetstvija na bălg. pluskvamperfekt v polski ezik. — 9385.

10373 ŁUKASIK-SZULOWSKA, Wanda: Orzeczenie imienne z orzecznikiem rzeczownym w języku polskim i czeskim. — *SFPS* 15, 1976, 199-207.

10374 MALDŽIEVA, Vjara: Ezikovo-semantični funkcii na glagolnite formi za izrazjavane na ponjatijnata kategorija "chipotetična văzmožnost i želanie" v polski i bălgarski ezik. — *BSl* 1, 1976/2, 98-113.

10375 MARCHLIK, Teresa, & SKARBIŃSKA, Małgorzata: Program syntezy dla miejscownika w języku polskim i słowackim. — [377], 103-109.

10376 MARCJANIK, Małgorzata: Typy polskich zdań jednoczłonowych werbalnych. — *SMZG* 4, 1975 (1976), *Nauki filologiczne* 1, 109-118.

10377 — Walencja czasowników oznaczających rozkaz, zakaz, pozwolenie, prośbę. — *SMZG* 5, 1976, *Nauki filologiczne* 2, 107-117.

10378 MOSZYŃSKA, Danuta: O dostosowywaniu łacińskich zapożyczeń na *-um* do wymogów fleksji polskiej w XVI wieku. — *SPol* 3, 1976, 127-131 | E. summ.

10379 NIEDZIELSKI, Henryk: Polskie i angielskie czasowniki pseudo-zwrotne. — *SprOKrPAN* 19, 1975 (1976), 325-327.
— Pol. and and E. pseudo-reflexives. — 8259.

10380 *O predykacji.* Materiały konferencji ... [Red. A. ORZECHOWSKA i R. LASKOWSKI]. — Wrocław: 1974 | BL 1974, 9486. | *SS* 37, 1976, 63-67 J. Kořenský.
OLEKSY, W.: The semantics of *how* and *why* questions in E. and Pol. — 8265.

10381 ORŁOŚ, Teresa Zofia: O szyku polskiego *się*, czeskiego *se*. — *JP* 56, 1976, 36-44.

10382 ORZECHOWSKA, Hanna: Imiesłowy przysłówkowe we współczesnym języku polskim i bułgarskim (frekwencja i podstawowe różnice w dystrybucji). — *BSl* 1, 1976/2, 114-127.
OŠČYPKO, I. J.: Porivnjal'nyj analiz ukr. ta pol. vidprykmetnykovych pryslivnykiv na *-o, -e.* — 11452.

10383 OSTROMĘCKA-FRĄCZAK, Bożena: Czasowniki dwuformantowe z prefiksem *wy-* w języku polskim oraz *wy-* i *iz-* w języku rosyjskim. — *RKJŁ* 22, 1976, 101-116.

10384 — Słowotwórczo-semantyczna typologia czasowników z prefiksem *wy-* w języku polskim i rosyjskim. — [10743], 73-80.

10385 OTFINOWSKI, Andrzej: *Konstrukcje orzeczeniowe z transformą gerundialną bez przyimka i z przyimkami dla, do.* — Bydgoszcz: Wyższa Szkoła Pedagogiczna, 1976, 292 p.

10386 PASOŃ, Anna: *Syntaktyczne sposoby wyrażania przyczyny w historii języka polskiego.* — PrJPAN 84; Wrocław: Zakład im. Ossolińskich, 1976, 70 p. | E. summ.

10387 PAULSSON, Olof: *Aspects of Polish verb morphology and phonology.* — (Diss. Göteborg); Göteborgs Univ., 1974, 73 p. | *KLit* 5, 1976, 143-145 W. Jakoby.

10388 PISARKOWA, Krystyna: *Składnia rozmowy telefonicznej.* — Wrocław: 1975 | BL 1975, 9939. | *SS* 37, 1976, 79-80 J. Kraus & L. Uhlířová | *JazA* 13, 1976, 72-73 O.

Müllerová | *Nurt* (Poznań) 1977/1, 26-27 Halina Zgółkowa.
10389 — O składni Kazań gnieźnieńskich: partykuły *ć, ci*. — [10410], 7-39, tab. | Summ. in G.
10390 — Pragmatyczna motywacja hipotaksy. — [372], 203-212.
10391 — Possesivnost' kak grammatičeskaja problema (na primere pol'skogo jazyka). — [9074], 171-176.
10392 POPOVA, Antoaneta: Njakoi polski modalni konstrukcii i technite bălgarski săotvetstvija. — *BSl* 1, 1976/2, 128-138.
10393 PRZYBYCIN, Aniela: *Szyk wypowiedzeń podrzędnych w wypowiedzeniu złożonym niewspółrzędnie*. — Prace Naukowe Uniw. Śląskiego w Katowicach 104; Katowice: 1976, 125 p.
PRZYGODA, M.: *Predykatywne konstrukcje syntaktyczne z imiesłowem biernym dokonanym* . . . . — 11033.
— Rosyjskie konstrukcje syntaktyczne z bezokolicznikiem . . . . — 11034.
10394 PUZYNINA, Jadwiga: Jak ustalamy funkcje formantów? — *JP* 56, 1976, 92-99.
10395 — O dorobku i perspektywach badawczych słowotwórstwa historycznego języka polskiego. — *PF* 26, 1976, 155-179.
10396 — Z problematyki opisu słowotwórczego przymiotników dewerbalnych. — [372], 257-267.
RADEVA, V.: Strukturno-semantična charakteristika na glagolite, obrazuvani ot săštestvitelni imena . . . . — 9406.
10397 RADEVA, Sabina, & MAJCHROWSKI, Jerzy: Polskite glagoli za dviženie s predstavki *od-, wy-, po-* i technite bălgarski săotvetstvija. — *BSl* 1, 1976/2, 149-169, tab.
10398 RITTEL, Teodozja: *Szyk członów w obrębie form czasu przeszłego i trybu przypuszczającego*. — Wrocław: 1975 | BL 1975, 9945. | *PJ* 1976, 379-381 Stanisław Dubisz.
10399 ROKOSZOWA, Jolanta: Struktura predykatowo-argumentowa a dystynktywne cechy semantyczne (na materiale strony biernej w języku polskim). — *ZNUJ* 451, Prace Językoznawcze 52, 1976, 83-97 | Fr. summ. | Ab. in *SprOKrPAN* 19, 1975 (1976), 38-39.
10400 ROTHSTEIN, Robert A.: Relevancy marking in Polish complements. — [376], 53-65.
10401 — Uwagi o rodzaju gramatycznym i cechach semantycznych wyrazów. — *JP* 56, 1976, 241-253.
10402 SALONI, Zygmunt: *Cechy składniowe polskiego czasownika*. — PrJPAN 76; Wrocław: Zakład im. Ossolińskich, 1976, 156 p. | E. summ.
10403 — Kategoria rodzaju we współczesnym języku polskim. — [10358], 43-78 | Summ. in E. | Cf. 10367.
10404 SAMBOR, Jadwiga: Kompozycje rzeczownikowe dwunominalne i nominalnowerbalne w tekstach współczesnego języka polskiego. — [372], 239-256.
ŠAMRAJ, T.: Kăm văprosa za identificiraneto na deskriptivnoto značenie na glagolite "mislja" i "myśleć" . . . . — 9411.
10405 SATKIEWICZ, Halina: O niektórych innowacjach słowotwórczych w polszczyźnie XX w. — [408], 111-121.
10406 SCHABOWSKA, Maria: Poznawcze i stylistyczne walory czasownika komentującego mowę niezależną. — *RND* 58, Prace językoznawcze 3, 1976, 243-252.
SELIMSKI, L.: Roljata na morfonologičeskata alternacija *o : a* pri imperfektivacijata . . . . — 9414.

SHOPEN, T., & ŚWIECZKOWSKI, W.: Some remarks on ellipsis in Pol. and E. — 8288.
10407 *Słownik syntaktyczno-generatywny czasowników polskich. Zeszyt próbny*. Zespół red.: Kazimierz POLAŃSKI .... [et al.]. — Prace Naukowe Uniw. Śląskiego w Katowicach 124; Katowice: Uniw. Śląski, 1976, 105 p.
10408 SOKOŁOWSKA, Teresa: *Funkcje składniowe imiesłowów nieodmiennych w języku polskim XVII wieku*. — Prace Inst. Języka Polskiego 18; Zakład im. Ossolińskich, 1976, 121 p.
STASZEWSKI, J.: Clauses of purpose versus prepositional phrases of purpose.... — 8293.
10409 STRUMIŃSKI, Bohdan: Polskie czasowniki na *-iwać*. — *RKJŁ* 22, 1976, 117-123.
10410 *Studia z polskiej składni historycznej*. I. [Red.: Jadwiga TWARDZIKOWA]. — Prace Inst. Języka Polskiego PAN 17; Wrocław: Zakład im. Ossolińskich, 1976, 119 p.
SULLIVAN, W. J.: Active and passive sentences in E. and Pol. — 8296.
10411 SUSSEX, Roland: Attributive adjectives in Polish. — *IJSLP* 20, 1975, 23-46 | Separately as: PdR Press Publ. on Pol. 1; Lisse 1975.
10412 SWAN, Oscar: The verb "use" and the "expanding accusative" in Polish. — *IJSLP* 21, 1975, 13-22.
10413 ŚWIDZIŃSKI, Marek: O złożonych wykładnikach niewiadomej pytania. — [372], 213-223.
SZKATOWA, L.: K voprosu o vtoričnoj suffiksacii v russkom i pol'skom jazyke. — 10913.
10414 SZLOSER, Janina: Z zagadnień odmiany zaimków w polszczyźnie potocznej. — *SPol* 3, 1976, 181-185 | Rés. fr.
SZWEDEK, A.: The role of sentence stress in the interpretation of coreferentiality .... — 8300.
— Negation and coreference in E. and Pol. — 8301.
10415 SZYBISTOWA, Magdalena: Archaiczne spójniki zdaniowe we współczesnych tekstach. — [10410], 103-118 | Summ. in G.
10416 SZYMCZAK, Mieczysław: O inferencji językowej w zakresie formantów słowotwórczych (na przykładzie języka polskiego). — *BPTJ* 34, 1976, 17-23 | Rés. fr.
10417 SZYMONIUK, Maja: Sopostavlenie razgovornych sintaksičeskich konstrukcij v pol'skom i russkom jazykach. — [366], 139-149.
10418 TABAKOWSKA, Irena: *Taką, jak byłaś, nie wstaniesz z mogiły*. Osobliwy typ zdania podrzędnego złożonego. — *JP* 56, 1976, 186-192.
10419 TOKARSKI, Ryszard: O pewnym kontekstowym znaczeniu form stopnia wyższego. — *JP* 56, 1976, 339-342 | Remark by Jan SAFAREWICZ, 342-343.
10420 — Funkcja morfemu *"nie-"* w przymiotnikach zaprzeczonych. — [372], 281-290.
10421 TOLSTAJA, S. M.: Morfonologičeskie tipy substantivnych paradigm v pol'skom jazyke. — [379], 85-113.
TOMASZEWSKA-VOLOVICI, H.: *Agramatyzm w afazji* .... — 3693.
10422 TOPOLIŃSKA, Zuzanna: Wyznaczoność (tj. charakterystyka referencjalna) grupy imiennej w tekście polskim. I. Uwagi ogólne; grupa imienna jako argument scharakteryzowany. — *Polonica* 2, 1976, 33-72.
TREPIŃSKA, E.: Tag questions in E. and their equivalents in Pol. — 8305.
10423 TRYPUĆKO, Jozef: *Łacińska końcówka w polskim systemie fleksyjnym*. — Uppsala: 1974 | BL 1974, 9505. | *RSl* 37, 1976, 111-119 Wojciech Ryszard Rzepka.
10424 TWARDZIKOWA, Jadwiga: O dywersyfikacji kontrastywnie. — *Polonica* 2, 1976, 261-264 | Diversification and contrast in Pol. and Sp. (Summ. in E.).
10425 [TWARDZIKOWA, J., & TWARDZIK, W.] TWARDZIKOWIE, Jadwiga i Wacław: La-

ciński ablativus absolutus w polskich XV-wiecznych przekładach Biblii. — [10410], 41-69 | Summ. in G.

10426 WALCZAK, Bogdan: Wpływ języka francuskiego na system grammatyczny polszczyzny. — *SPol* 3, 1976, 187-195 | Rés. fr.

10427 WARCHOL, Štefan: Morfologiczno-semantyczne właściwości sufiksu *-ę i *-ęt-ǝko w języku polskim i rosyjskim. — [378], 149-166 | Rés. ru.

10428 WĄTOR, Ignacy: *Rozwój funkcji wyrazów i wyrażeń polskich od przysłówkowej do przyimkowej.* Wyd. 2. uzupełnione i poprawione. — Rzeszów: Wyd. Uczelniane WSP w Rzeszowie, 1976, 168 p. | First ed. 1974 (BL 1974, 9508).

10429 WAWRZYŃCZYK, Jan: O rodzaju grammatycznym wybranej grupy rzeczowników polskich i rosyjskich. — *SlOr* 25, 1976, 77-86.

10430 — Próba określenia miejsca fleksji w procesie tworzenia tekstu. — *ZNUŁ* 109, 1976, 23-26 | Ru. summ.

WOŁCZYŃSKA-SUDÓŁ, A.: Notional passive in E. and Pol. — 8315.

10431 WOLIŃSKA, Olga: Struktura i treść w dwuczłonowym wypowiedzeniu nieagentywnym. — *BPTJ* 34, 1976, 111-120 | E. summ.

WOŁOSZYK-PISARSKA, A.: Basic characteristics of comparative constructions in E. and Pol. — 8316.

ZĄBKOWSKA, J.: Struktura słowotwórcza i motywacja znaczeniowa przymiotników odsłownych z sufiksem -/- . . . . — 10918.

10432 ZARĘBINA, Maria: Uwagi o końcówce *-a* w nom. pl. m. we współczesnej polszczyźnie mówionej. — *RND* 58, *Prace językoznawcze* 3, 1976, 305-311.

10433 [ZGÓŁKOWA] BUŁCZYŃSKA-ZGÓŁKOWA, Halina: O syntaktycznej segmentacji tekstu mówionego. — *SPol* 3, 1976, 207-212 | G. summ.

10434 ZWOLIŃSKI, Przemysław: Polsko-czeska paralela słowotwórcza. — [408], 75-79 | On words with suff. *-ka* in contemporary Pol. & Cz.

3. HISTOIRE — HISTORY

10435 ANUSIEWICZ, Janusz: Analiza językowa rękopisu "Akta prawa miasta Kościerzyny 1579-1589". — *RKJW* 10, 1976, 171-204.

10436 *Apokalipsa św. Jana w przekładzie Tomasza ze Zbrudzewa.* Oprac. i z rękopisu wydała Irena KWILECKA. — Wydawnictwa Źródłowe PAN; Wrocław: Zakład im. Ossolińskich, 1976, 152 p., ill., tab. | Rés. fr.

10437 BORECKI, Marian: *Kształtowanie się normy językowej w drukach polskich XVI wieku...* — Wrocław: 1974 | BL 1974, 9516. | *Slavia* 45, 1976, 316-319 Jan Petr.

10438 BRZEZINOWA, Maria: Porównanie języka Elżbiety Sieniawskiej i jej córki Zofii (na podstawie listów). — *ZNUJ* 451, *Prace Językoznawcze* 52, 1976, 99-107 | Rés. fr.

10439 CYBULSKI, Marek: Dialektyzmy w aktach miasta Jastrzębia z lat 1619-1625. — *RKJŁ* 22, 1976, 19-34.

10440 KLEMENSIEWICZ, Zenon: *Historia języka polskiego.* Wyd. 3. — Warszawa: Państwowe Wyd. Naukowe, 1976, 795 p., ill., tab. | First ed. 1961-72 (BL 1972, 9567).

10441 KOWNACKI, Edmund: Z problematyki grafii i fonetyki staropolskiej (artykulacja *v* przed półotwartymi i po spółgłosce bezdźwięcznej). — *SlOc* 33, 1976, 11-35 | Rés fr.

10442 KURKIEWICZ-RZEPKOWA, Ewa, & RZEPKA, Wojciech Ryszard: Galicyzmy w polszczyźnie XIX wieku w świetle ówczesnych źródeł poprawnościowych. — *SlOc* 33, 1976, 41-57 | Rés. fr.

10443 ROSPOND, Stanisław: Troska o język ojczysty w przeszłości. — *KwO* 22, 1976/3, 30-35.
       SZRENIAWSKI, W.: Zu einigen Problemen der Übersetzung deutscher Texte aus dem XVII. Jh. in das Polnische .... — 7414.
10444 WIŚNIEWSKA, Halina: Związki poboczne zdania w XVII-wiecznych księgach lubelskich. — *JP* 56, 1976, 358-368.
10445 WYDRA, Wiesław: *Polskie dekalogi średniowieczne.* — Warszawa: Inst. Wyd. Pax, 1973, 360 p., ill. | *JP* 56, 1976, 64-68 Józef Reczek.
10446 — *Bogurodzica w Parthenomelica* .... Wałentego Bartoszewskiego z 1613 roku. — *SlOc* 33, 1976, 133-143, 5 fac-sim. | Rés. fr.
10447 WYDRA, Wiesław, & RZEPKA, Wojciech Ryszard: Dwie średniowieczne polskie pieśni w mszałach i brewiarzach gnieźnieńskich do roku 1555. — *SPol* 2, 1975, 185-201, pl. (facsim.) | Rés. en fr.
10448 ZAGÓRSKI, Zygmunt: Polski materiał językowy w gramatyce łacińskiej Jakuba Charviniusa z roku 1589. — *SlOc* 33, 1976, 145-155, 5 fac-sim. | Rés. fr.
10449 ZAWADZKA, Daniela: Zapożyczenia włoskie w języku polskim XVI wieku. — *Kultura i Społeczeństwo* (Warszawa) 20, 1976/1, 117-126 | It. borrowings in 16th century Pol.

4. DIALECTOLOGIE — DIALECTOLOGY

Atlas językowy kaszubszczyzny i dialektów sąsiednich. — 10696.
10450 BARTNIK, Halina, BOGDAN, Eugenia, et al.: O kilku osobliwościach leksykalnych gwar lubelskich. — [355], 33-46, cartes.
10451 BARTOL, Danuta: Społeczne uwarunkowania gwar środowiskowych. — *PF* 26, 1976, 233-238.
10452 BASARA, Jan: *Słownictwo polskich gwar Śląska na terenie Czechosłowacji.* — Wrocław: 1975 | BL 1975, 9994. | *SlSb* 74, 1976, 230-232 Jan Balhar | *JazA* 13, 1976, 82-84 Bedřich Téma.
10453 — Z polskiej terminologii gwarowej. Nazwy desek oberzniętych z boków kloca. — *Polonica* 2, 1976, 233-237, map | E. summ.
10454 BREZA, Edward: Gwara borowiackiej wsi Krzywogoniec pod Tucholą. — *RKJŁ* 22, 1976, 5-17.
10455 CHODERA, Janina: Nazwy części kosy w Wielkopolsce. — *SPol* 3, 1976, 17-23, 2 cartes | Rés fr.
10456 CZYŻEWSKI, Feliks: Wpływy ukraińskie w gwarze osady Łomazy powiat Biała Podlaska. — *SFPS* 15, 1976, 105-118.
10457 DEJNA, Karol: *Dialekty polskie.* — Wrocław: 1973 | BL 1973, 10915. | *SlOc* 33, 1976, 173-177 Zygmunt Zagórski.
10458 — W sprawie gwar zachodniocieszyńskich. — *RKJŁ* 22, 1976, 41-51 | Repr. of rev. of A. KELLNER's *Vychodolašská nářečí* I, II (Brno: 1946, 1949), originally published in *Zwrot* (Český Těšín), 1953.
10459 — Słownicto ludowe z terenu byłych województw kieleckiego i łodzkiego (*E-J*). — *RKJŁ* 22, 1976, 135-268 | Cf. BL 1975, 9999.
10460 GASZTOLD, Tadeusz: Stan badań nad językiem polskim na Pomorzu Środkowym w XIX i XX wieku. — [10695], 228-239.
10461 GOŁĄBEK, Anna: Teksty gwarowe z Suwalszczyzny. — *JP* 56, 1976, 288-292.
10462 GÓRNOWICZ, Hubert: *Dialekt malborski.* T. II. *Słownik.* Zeszyt 2. — Gdańsk: 1974 | BL 1974, 9565. | *SlOc* 33, 1976, 177-179 Zygmunt Zagórski.
10463 GRUCHMANOWA, Monika, NOWAK, Henryk, SOBIERAJSKI, Zenon, & ZAGÓRSKI,

Zygmunt: Z prac nad atlasem gwar wielkopolskich. Wybrane wyrównania deklinacyjne. — *SPol* 3, 1976, 33-46, 7 maps | E. summ. | Cf. BL 1968, 9170.

10464 KAMIŃSKA, Maria: Różnice językowe między dwoma pokoleniami Łodzian (Formacje ekspresywne). — *RKJŁ* 22, 1976, 77-84.

10465 KREJA, Bogusław: O kociewsko-malborskich formach typu *deli, kredli*. — *SlOc* 33, 1976, 37-40 | Rés. fr.

10466 KRUPSKA-PEREK, Anna: Fonetyka wsi Trzcinka w województwie sieradzkim. — *RKJŁ* 22, 1976, 85-100.

10467 KUPISZEWSKI, Władysław: Ekspresywne nazwy księżyca w języku polskim. — *PF* 26, 1976, 313-317.

10468 LUBAŚ, Władysław: Diachronia i synchronia w uniwersyteckim nauczaniu dialektologii. — *PJ* 1976, 282-288.

10469 MALEC, Tadeusz: *Budowa słowotwórcza rzeczowników i przymiotników w gwarze wsi Rachanie pod Tomaszowem Lubelskim* — PrJPAN 79; Wrocław: Zakład im. Ossolińskich, 1976, 140 p.

10470 MAŃCZAK, Witold: Rozwój przyimka *dla* w gwarach. — *JP* 56, 1976, 138-140.

10471 MASLENNIKOVA, L. I.: Nekotorye voprosy klassifikacii imennyh paradigm (Na materiale pol'skogo govora, sformirovavšegosja v uslovijah dvujazyčija). — [379], 64-84 | Pol. dial. in Lithuania.

10472 MAZUR, Jan: *Gwary okolic Biłgoraja. Część I. Fonologia.* — Wrocław: Zakład im. Ossolińskich, 1976, 164 p. | *PJ* 1976, 329-332 Hubert Górnowicz.

10473 — Systemy wokaliczne gwar południowej Lubelszczyzny. — *JP* 56, 1976, 49-59. *Miejska polszczyzna mówiona* .... — 10632.

10474 OLESCH, Reinhold: Zur polnischen Mundartforschung. I. Der Schlesische Sprachatlas. — *WSlav* 19-20, 1974-75, 266-272 | On No. 10493 (vol. I-IV).

10475 PARYL, Władysław: Wymowa *a* pochylonego u osiedleńców z Żywiecczyzny w Sidzinie w powiecie grodkowskim (Z problematyki integracji językowej na Ziemiach Zachodnich). — *RKJW* 10, 1976, 91-118.

10476 PEISERT, Maria: Gwara wsi Słopice w pow. limanowskim wobec gwar podegrodzkich. — *RKJW* 10, 1976, 213-217, 2 maps.

10477 *Pol'skie govory v SSSR.* [Red.: V. V. MARTYNOV]. Čast' I, II. – Minsk: 1973 | BL 1973, 10930. | *SlOr* 25, 1976, 401-405 Alojzy Adam Zdaniukiewicz | *ABS* 10, 1976, 383-386 Iryda Grek-Pabisowa.

10478 RODAKOWA, Joanna: Teksty gwarowe z pogranicza małopolsko-mazowieckiego. — *JP* 56, 1976, 59-64.

10479 ROSZCZENKO, Mikołaj: Wokalizm gwary wsi Jelonka w powiecie hajnowskim. — *AUMCS* 30, 1975 (1976), 145-155 l Ru. & Fr. summ.

10480 RZEPKA, Wojciech Ryszard: Uwagi o rozwoju gen.-acc. pl. w polszczyźnie kresowej. — *SPol* 3, 1976, 141-153 | Rés. fr.

10481 SIEROCIUK, Jerzy: Elementy interdialektalne w polskich pieśniach ludowych (na przykładzie nazw lasu). — *JP* 56, 1976, 193-203.

10482 SKOCZYLAS-STAWSKA, Honorata: Nazwy ginących desygnatów na ziemi wieluńskiej. — *SlOr* 33, 1976, 83-92, 8 maps | Rés. fr.

10483 — Z frazeologii gwar wieluńskich. — *SPol* 3, 1976, 163-172 | Rés. fr.

10484 SOŁTYS, Anna: Fonetyka gwary wsi Zemborzyce w powiecie lubelskim. — *AUMCS* 30, 1975 (1976), 125-144 | Rés. ru. & fr.

10485 STĘPNIAK, Klemens: Wspólności leksykalne niektórych gwar środowiskowych. — *PF* 26, 1976, 351-356.

10486 STIEBER, Zdzisław: O rzeczywistym zasięgu zmiany wygłosowego χ na k lub f w polskich dialektach. — *RSl* 37, 1976, 11-12 | Rés fr.

10487 SULISZ, Małgorzata: Dialektalna wymiana ps. *tort ⩾ tart w staropolszczyźnie. — *RKJW* 10, 1976, 37-80, map.
10488 TEKIELSKI, Krzysztof: Germanizmy leksykalne w gwarze warmińskiej we wsi Wipsowo powiat Olsztyn. — [355], 19-25.
10489 URBAŃCZYK, Stanisław: *Zarys dialektologii polskiej.* Wyd. 5. — Warszawa: Państwowe Wyd. Naukowe, 1976, 99 p., 6 cartes h.-t. | 4th ed. 1972 (BL 1972, 9623).
10490 WAJDA, Ludwika: Pogranicze gwarowe góralsko-lachowskie. — *RND* 58, *Prace językoznawcze* 3, 1976, 273-290.
10491 WIŚNIEWSKA, Halina: Właściwości gwarowe w dziewiętnastowiecznych księgach cechowych w Przemyślu. — *Rocznik Przemyski* (Przemyśl) 15-16, 1975 (1976), 209-216 | Ru. & E. summ.
10492 ZAGÓRSKI, Zygmunt: Z problematyki współczesnych badań dialektologicznych. — *SPol* 3, 1976, 197-206 | E. summ.
10493 ZARĘBA, Alfred: *Atlas językowy Śląska.* Tom V. Cz. 1: Mapy 751-1000; Cz. 2: Wykazy i komentarze do map 751-1000. — Warszawa: Państwowe Wyd. Naukowe (Śląski Inst. Naukowy w Katowicach), 1976, 250 cartes; xii, 108 p. | Cf. BL 1974, 9592. | Cf. 10474.
10494 ZIERHOFFER, Karol: Uwagi w sprawie polskiego gwarowego *blać.* — *SPol* 3, 1976, 213-217 | Rés. fr.

5. VOCABULAIRE — VOCABULARY

10495 BĄBA, Stanisław: Geneza zwrotu (*u*)*siąść i płakać.* — *SPol* 3, 1976, 9-16 | Rés. fr.
10496 BAJEROWA, Irena: Nowe wyrazy w języku współczesnym a zagrożenie komunikacji językowej. — *Zaranie Śląskie* (Katowice) 39, 1976, 279-292.
BAJOR, K.: W sprawie leksykograficznego przekładu konstrukcji z przyimkiem *o* .... — 11162.
10497 BAŃKOWSKI, Andrzej: Opozycja semantyczna partykuł *dopiero* i *już.* — *PF* 26, 1976, 13-38.
10498 — Uwagi do niektórych haseł "Słownika etymologicznego języka polskiego" prof. F. Sławskiego. — *JP* 56, 1976, 44-47 | *kieszeń*; *ksieniec*, *księgi*; *kiszka*; *kiep*; *klęsnąć*, *klęska.*
10499 — Staropolskie *czrzecież.* — *PJ* 1976, 52-56.
10500 BASAJ, Mieczysław, & SIATKOWSKI, Janusz: Przegląd wyrazów uważanych w literaturze naukowej za bohemizmy (Cz. XIII). — *SFPS* 15, 1976, 5-41 | Cf. BL 1974, 9599.
10501 BOGUSŁAWSKI, Andrzej: O zasadach rejestracji jednostek języka. — *PJ* 1976, 356-364.
10502 BORAWSKI, Stanisław: Polska terminologia językoznawcza. Próba ujęcia semantycznego. — *RKJW* 10, 1976, 155-170.
10503 BOREJSZO, Maria: Słownictwo "Pamiętników" Jana Chryzostoma Paska wobec słownictwa doby nowopolskiej. — *PJ* 1976, 444-454.
10504 BORYŚ, Wiesław: Przyczynki leksykalne. 1. *strożyć, nastrożyć, nastroga.* — *JP* 56, 1976, 124-127 | Cf. 10697.
10505 BRALCZYK, Jerzy: Z problematyki polskich wyrażeń modalnych. — *PF* 26, 1976, 39-63.
10506 BROCKI, Zygmunt: Przyczynki do historii nazw ryb *Echeneiformes* w języku polskim i czeskim. — *SlOc* 33, 1976, 1-10 | Rés fr.
10507 BUTTLER, Danuta: Struktura znaczeniowa wyrazów. — *PF* 26, 1976, 239-247.

10508 CHLEBDA, Wojciech: Przymiotniki *niemy, głuchy* i *ślepy* w języku polskim i rosyjskim. Cz. I, 2. — *ZNOp, Filologia Rosyjska* 13, 1976, 133-153 | Ru. summ. | Cf. BL 1975, 10047.
10509 CHODERA, Janina: Przyczynek do historii wyrazu *statek.* — *LPosn* 19, 1976, 105-107.
10510 CHRUŚCIŃSKA, Krystyna: Nowe wyrazy złożone w języku polskiej prasy. — *PJ* 1976, 438-443.
10511 CIENKOWSKI, Witold: *Teoria etymologii ludowej.* — Warszawa: 1972 | BL 1972, 9633. | *PJ* 1976, 70-81 Eugeniusz Słuszkiewicz.
10512 CZOCHRALSKI, Jan Antoni: *Mały słownik idiomatyczny polsko-niemiecki / Kleines idiomatisches Wörterbuch polnisch-deutsch.* — Warszawa: Wiedza Powszechna, 1976, 315 p.
DOROS, A.: Problemy frazeologii na urovne odnogo jazyka.... — 11180.
10513 DUNAJ, Bogusław: Zapożyczenia czeskie w polszczyźnie XII-XIII wieku. — *ZNUJ* 451, *Prace Językoznawcze* 52, 1976, 27-38 | Rés. fr.
10514 FALIŃSKA, Barbara: *Polskie słownictwo tkackie na tle słowiańskim.* T. I. — Wrocław: 1974 | BL 1974, 9610. | *SlavSl* 11, 1976, 323-324 A. Habovštiak.
FEDOROWICZ-BACZ, B.: Semantic problems with "left" and "right". — 8424.
10515 GAJDA, Stanisław: *Rozwój polskiej terminologii górniczej.* — Wyższa Szkoła Pedagogiczna w Opolu, seria B: Studia i monografie 55; Opole: 1976, 157 p.
10516 — Górnicze *wyrobisko.* Z badań nad grupą leksykalnosemantyczną słownictwa górniczego. — *JP* 56, 1976, 264-274 | Cf. 10544.
10517 GJULUMJANC, K. M.: K voprosu o leksičeskoj sočetaemosti odnoj gruppy frazeologizmov pol'skogo jazyka. — [367], 14-20.
10518 GRODZIŃSKI, Eugeniusz: O pewnej sprzeczności w koncepcji imienia pospolitego. — *PJ* 1976, 313-318.
10519 GRYBOSIOWA, Antonina: Wyrazy typu *mini, porno* i *retro* we współczesnej polszczyźnie. — *JP* 56, 1976, 119-124.
10520 HANDKE, Kwiryna: O "sztucznych" formach słowotwórczych słownikach. — *SFPS* 15, 1976, 153-157.
10521 HEREJ-SZYMAŃSKA, Krystyna: Szesnastowieczne *trząśca.* — *JP* 56, 1976, 286-287.
10522 HERNICZEK-MOROZOWA, Wanda: *Terminologia polskiego pasterstwa górskiego.* Część 2-3. — Prace Inst. Języka Polskiego 13; Wrocław: Zakład im. Ossolińskich, 1976, 212 p. | Cf. BL 1975, 10054.
10523 *Indeks a tergo do Słownika języka Jana Chryzostoma Paska.* Indeks opracowali [...] Anna PASOŃ & Kazimierz ŻELAZKO. — Prace Inst. Języka Polskiego PAN 19; Wrocław: Zakład im. Ossolińskich, 1976, 70 p. | Cf. BL 1973, 10995.
10524 JADACKA, Hanna: *Termin techniczny: pojęcie, budowa, poprawność.* — Warszawa: Wyd. Czasopism Technicznych NOT, 1976, xi, 201 p., tab.
KALISZ, R.: On the kinship terms in E. and Pol. — 8438.
10525 KALLAS, Krystyna: Przymiotniki toponimiczne określające rzeczowniki pospolite a semantyczna interpretacja tekstu. — *Polonica* 2, 1976, 119-157.
10526 KANIA, Stanisław: *Polska gwara konspiracyjno-partyzancka czasu okupacji hitlerowskiej (1939-1945). Zarys monograficzny.* — Zielona Góra: Wyższa Szkoła Pedagogiczna, 1976, 295 p. | G. summ. | *Polonistyka* 30, 1977/2, 140-141 Maria Nagajowa.
10527 — Uwagi o polskiej gwarze konspiracyjno-partyzanckiej lat 1939-1945. — *PrzH* 20, 1976/3, 97-110.
10528 — 'Kobieta lekkich obyczajów' w języku polskim. — *SMZG* 5, 1976, *Nauki*

filologiczne 2, 53-64.

10529 KARNECKA, Maria: Słownik Jana Stanki – najbogatszy zabytek przyrodniczy średniowiecza. — *RKJW* 10, 1976, 119-154.

KOCHMAN, S.: Z problematyki wschodniosłowiańsko-polskich związków leksykalnych. — 10745.

10530 KONDRATIUK, Michał: Polsko-białoruskie związki leksykalne. — *ABS* 10, 1976, 303-312, map | Ru. summ.

10531 KOZARZEWSKA, Emilia: Grupy semantyczne nazw dźwięków w języku polskim. — *PJ* 1976, 239-247.

10532 — Określenia nazw dźwięków w języku polskim. — *PJ* 1976, 350-355.

10533 — O zawartości kartoteki związków frazeologicznych. — *PF* 26, 1976, 111-118.

10534 KUPISZEWSKI, Władysław: *Polskie słownictwo z zakresu astronomii i miar czasu.* .... — Warszawa: 1974 | BL 1974, 9622. | *PJ* 1976, 374-379 Bohdan Walczak.

10535 KURKOWSKA, Halina: Zapożyczenia semantyczne współczesnej polszczyźnie. — [408], 99-109.

10536 KURZOWA, Zofia: *Złożenia imienne we współczesnym języku polskim.* — Warszawa: Państwowe Wyd. Naukowe, 1976, 129 p.

10537 — Struktury językowe z pierwszym członem *nowo*. — *ZNUJ* 451, *Prace Językoznawcze* 52, 1976, 7-14 | Rés. fr.

LEEMING, H.: *Rola języka polskiego w rozwoju leksyki rosyjskiej* .... — 11217.

10538 LEWASZKIEWICZ, Tadeusz: Autorskie poprawki i uzupełnienia w drugim wydaniu "*Słownika języka polskiego*" S. B. Lindego. — *SPol* 3, 1976, 93-104 | Ru. summ.

10539 MĄCZYŃSKI, Ioannes: *Lexicon Latino-Polonicum.* Nunc iterum ed. Reinhold OLESCH. — Köln: 1973 | BL 1973, 10973. | *ZSlPh* 39/1, 1976, 198-199 A. de Vincenz.

10540 MAIHÖFF, Dieter: *Der Wortschatz der "Rytmy" von M. Sęp Szarzyński.* — Diss. Heidelberg 1968, 276 p. | *JP* 56, 1976, 141-146 Józef Reczek.

MARTINCOVÁ, O.: Lexikální inovace a konfrontační popis. — 9967.

MELEROWICZ, A.: On the semantics of some E. and Pol. verbs. — 8450.

10541 MIELCZAREK, Alfred: *Z zagadnień słownictwa wojskowego. Rozważania terminologiczne.* — Warszawa: Państwowe Wyd. Naukowe, 1976, 119 p.

10542 MIODEK, Jan: *Syntetyczne konstrukcje leksykalne w języku polskim.* — Prace Wrocławskiego Tow. Naukowego, Seria A, 181; Wrocław: [Zakład im. Ossolińskich], 1976, 205 p. | Synthetic lexical constructions in Pol. (E. summ.).

10543 MIODUNKA, Władysław: Swoistość słownictwa tematycznego. — *JP* 56, 1976, 180-186.

10544 OSTROWSKA, Ewa: Krystalizacja dominanty znaczeniowej. — *JP* 56, 1976, 274-279 | Comments on No. 10516.

10545 PASICKI, Adam: *Już, jeszcze* and their English equivalents. — *PSCL* 5, 1976, 103-110.

PAWŁOWSKA, B.: *Wortfeld "reden" in der dt.-poln. Konfrontation.* — 7566.

PIPREK, J., & IPPOLDT, J.: *Wielki słownik niemiecko-polski.* — 7567.

10546 PLUTA, Feliks: *Język polski w okresie drugiej wojny światowej.* — Opole: 1975 | BL 1975, 10079. | *KwO* 22, 1976/4, 101-104 Walenty Dobrzyński | *PJ* 1976, 455-457 Stanisław Bąba.

10547 PRUSKA, Ewa: Polskie *biesiada* na tle słowiańskim. — [355], 27-31.

10548 PUZYNINA, Jadwiga: Skróty językowe – charakterystyczna struktura XX w. — [408], 81-89.

10549 ROJZENZON, L. I.: Ešče raz o pol'skom krnąbrny. — *Slavia* 45, 1976, 46.

10550 RYBICKA, Halina: *Losy wyrazów obcych e języku polskim.* — Warzwaw: Państwowe Wyd. Naukowe, 1976, 152 p. | *PJ* 1976, 328-329 Krystyna Chruścińska.
10551 SĘDZIK, Władysław: Staropolskie *dobytczę.* — *JP* 56, 1976, 47-49.
10552 SIEKIERSKA, Krystyna: Frazeologia związana z rzeczownikiem *głowa.* Rys historyczny. — *PF* 26, 1976, 181-199.
10553 — Z dziejów kształtowania się polskiej terminologii naukowej. Podstawowe słownictwo geometryczne. — *PJ* 1976, 272-281.
10554 SKORUPKA, Stanisław: Wieloznaczność związków frazeologicznych. — *PJ* 1976, 217-223.
10555 SŁAWSKI, Franciszek: *Słownik etymologiczny języka polskiego.* Tom V, zesz. 2 (22): *lątka 3 – lom.* — Kraków: Nakładem Towarzystwa Miłośników Języka Polskiego, 1976, p. 89-168 | Cf. BL 1975, 10086. | *Étimologija* 1974 (1976), 182-183 O. N. Trubačev (On IV/4).
10556 *Słownik polszczyzny XVI wieku.* Red. naczelny: Maria Renata MAYENOWA. Zastępca red. naczelnego: Franciszek PEPŁOWSKI. Tom X: *K – korzyść.* — Wrocław: Zakład im. Ossolińskich (Inst. Badań Literackich PAN), 1976, xiv, 674 p. | Cf. BL 1975, 10088.
10557 *Słownik staropolski.* Komitet redakcyjny: Stanisław URBAŃCZYK (red. naczelny), Jan SAFAREWICZ, [et al.]. Tom VII, zesz. 6 (46), *puszcza – rodzić.* — Wrocław: Zakład im. Ossolińskich, 1976, p. 401-480 | Cf. BL 1975, 10090.
10558 ŚMIECH, Witold: Przyczyny przechodniości bądź nieprzechodniości czasowników odmiennych bezprzedrostkowych w języku polskim. — *RKJŁ* 22, 1976, 125-133.
10559 SMÓŁKOWA, Teresa: *Nowe słownictwo polskie. Badania rzeczowników.* — Prace Inst. Języka Polskiego PAN 20; Wrocław: Zakład im. Ossolińskich, 1976, 167 p.
10560 STYPUŁA, Ryszard, & KOWALOWA, Galina: *Podręczny słownik polsko-rosyjski / Nastoł'nyj pol'sko-russkij slovar'.* — Warszawa: Wiedza Powszechna / Moskva: "Russkij Jazyk", 1976, 840 p.
10561 SZLIFERSZTEJNOWA, Salomea: Z historii adaptacji niektórych wyrazów kresowych (*Sapieha* i inne wyrazy zakończone na *-ha*). — *PF* 26, 1976, 357-363.
10562 TASZYCKI, Witold: Rzeczowniki typu *lisowczyk, towiańczyk, piłsudczyk.* — *RND* 58, *Prace językoznawcze* 3, 1976, 81-85.
TOMASZCZYK, J.: On establishing equivalence between lexical items of two languages. — 8472.
10563 TROSKOLAŃSKI, Adam Tadeusz: O pracach na polu słownictwa technicznego w okresie okupacji niemieckiej. — *PJ* 1976, 182-185.
10564 VOLOCKAJA, Z. M.: Nekotorye nabljudenija nad strukturoj tolkovanija motivirovannych slov (Na materiale slovarnych statej v "Slovare pol'skogo jazyka" pod red. V. Doroševskogo). — *SovSlav* 1976/6, 77-86 | *Słownik języka polskiego,* 1958-69.
10565 VRABIE, Emil: Note lexicale privind elementele de origine românească în limba polonă (I; II). — *SCL* 27, 1976, 171-179; 279-291.
10566 WEŁNA, Jerzy: Some Polish agent substantives and their equivalents in English – a study in contrastive lexicology and word formation. — *PSCL* 5, 1976, 83-102.
10567 WESOŁOWSKA, Danuta Natalia: Zmiany semantyczne w polskim słownictwie 30-lecia. — *BPTJ* 34, 1976, 35-40 | Rés. fr.
10568 — Demobilizacji nie było (wnioski leksykologiczne). — *JP* 56, 1976, 213-218 | On metaphorically employed military terms in spoken standard Pol.
10569 WYPYCH, Konrad: *Deutsche Lehnwörter in der polnischen Bergbausprache. Ein*

Beitrag zur ostmitteleuropäischen Soziokulturforschung. — Osteuropastudien der Hochschulen des Landes Hessen, 2. Reihe, 12 (Diss. Marburg 1975); Giessen: Schmitz, 1976, 267 p.

10570 ZOLOTOVA, V. S.: Iz istorii pol'skoj publicističeskoj leksiki vtoroj poloviny XVIII v. (terminy gosudarstvennogo upravlenija). — *VLU* 1976/14, 114-121.

6. ORTHOGRAPHE — ORTHOGRAPHY

10571 CYRAN, Władysław: O omyłkach graficznych. — *RKJŁ* 22, 1976, 35-39.
10572 *Słownik ortograficzny języka polskiego* .... Red.: Mieczysław SZYMCZAK .... — Warszawa: 1975 | BL 1975, 10110. | *ZSl* 21, 1976, 255-256 E. Ehegötz | *SlavSl* 11, 1976, 317-319 L. Dvonč.

7. STYLISTIQUE, LANGUE LITTÉRAIRE — STYLISTICS, LITERARY LANGUAGE

10573 BĄBA, Stanisław, & MIKOŁAJCZAK, Stanisław: Funkcje stylistyczne parentezy w "Pamiętniku starego subiekta" w *Lalce* B. Prusa. — *SPol* 2, 1975, 59-69 | Rés. fr.
10574 — Frazeologia w "Życiorysie własnym" robotnika Jakuba Wojciechowskiego. — *Pamiętnikarstwo Polskie* (Warszawa) 4, 1974/3-4 (1976), 187-206.
10575 BARTMIŃSKI, Jerzy: *O języku folkloru.* — Wrocław: 1973 | BL 1973, 11022. | *SlOc* 33, 1976, 179-182 Halina Zgółkowa | *PamL* 67, 1976/2, 329-341 Jadwiga Jagiełło.
10576 BRŽEVSKAJA, T. N.: Priemy jazykovoj stilizacii v tvorčestve Stefana Žeromskogo (po knige "Veter s morja"). — *VMU* 1976/4, 64-73.
10577 BRZEZINOWA, Maria: Język ludowy na oświeconej scenie (tło do "Krakowiaków i Górali"). — *JP* 56, 1976, 343-358.
10578 BRZEZIŃSKI, Jerzy: O języku Józefa Szymanowskiego. — *SMZG* 4, 1975 (1976), *Nauki filologiczne* 1, 81-93.
10579 — Słownictwo "Zabawek wierszem" Andrzeja Brodzińskiego. — *SMZG* 5, 1976, *Nauki filologiczne* 2, 65-78.
10580 DOBRZYŃSKA, Teresa: Tempo jako wykładnik spójności w tekście mówionym. — [372], 129-143.
10581 DZIÓBAŁTOWSKA-CHCIUK, Urszula: Neologizmy w poezji młodopolskiej. — *RKJŁ* 22, 1976, 53-75.
10582 FURDAL, Antoni: Utwór literacki ze stanowiska językoznawczego. — *RKJW* 10, 1976, 10-26.
10583 KAMIŃSKA, Maria: Z problemów stylu polszczyzny mówionej. — *Prace Polonistyczne* (Łódź), Seria 32, 1976, 281-286.
10584 [KARAŚ, M.] KARAŠ, Mječislav: Za prividnata uloga na pisatelot vo oformuvanjeto na literaturniot jazik (Na primerot na polskiot jazik). — [9601], 79-88.
10585 KOBYLIŃSKA, Józefa: Frazeologia gwarowa w prozie Władysława Orkana. — *RND* 58, *Prace językoznawcze* 3, 1976, 105-123.
KONOPIELKO, B.: Iz nabljudenij nad stil. differenciaciej slovarnogo sostava sovr. rus. i pol. lit. jazykov. — 11317.
10586 KWIEK-OSIOWSKA, Janina: Stylistyczne właściwości okoliczników sposobu. — *RND* 58, *Prace językoznawcze* 3, 1976, 125-135.
10587 LEWASZKIEWICZ, Tadeusz: Osobliwości leksykalne w języku Joachima Lelewela. — *SlOc* 33, 1976, 59-74 | Rés. fr.
10588 MAKOWSKI, Stanisław: *Bursztynowy świerzop* i "Tęcza na burzy w parowie". — *PF* 26, 1976, 319-329.
10589 MARGAŃSKA, Krystyna: Rutenizmy w języku Wespazjana Kochowskiego. —

RND 58, *Prace językoznawcze* 3, 1976, 137-189.
10590   MIKOŁAJCZAK, Bożena: Porównania w "Faraonie" Bolesława Prusa. — *SPol* 3, 1976, 105-114 | Rés. fr.
10591   MIKOŁAJCZAK, Stanislaw: Składniowo-stylistyczny kształt prozy poetyckiej w "Puszczy jodłowej" Stefana Żeromskiego. — *SPol* 3, 1976, 115-125 | Rés. fr.
10592   MIODEK, Jan: Sfera treści i sfera formy w "Pamiętniku z powstania warszawskiego" Mirona Białoszewskiego. — *RKJW* 10, 1976, 27-35.
10593   NADURSKA-PODRAZA, Krystyna: Związki frazeologiczne i ich funkcje stylistyczne w utworach dla dzieci Jana Brzechwy. — *RND* 58, *Prace językoznawcze* 3, 1976, 191-195.
10594   OSTROWSKA, Ewa: Jan Andrzej Morsztyn – XVII–wieczny i swojski. — *JP* 56, 1976, 1-16.
10595   — Komentarz stylistyczny do wiersza Tadeusza Nowaka. — *JP* 56, 1976, 83-91; 161-170 | "Psalm jutrzenny", "Psalm o chorych nogach".
10596   — "Psalm o wildze" Tadeusza Nowaka. — *JP* 56, 1976, 253-264.
10597   — Poeta drugiej osoby. — *JP* 56, 1976, 334-339 | On A. Ziemianin's poem "Tryptyk piecowy".
10598   — Dwa wiersze Ernesta Brylla. — *Ruch Literacki* (Kraków) 17, 1976/2, 109-122.
10599   OŻDŻYŃSKI, Jan: Zjawisko interferencji i dezintegracji składniowej w mówionym tékście sprawozdania sportowego. — *RND* 58, *Prace językoznawcze* 3, 1976, 211-233.
10600   PADO, Anna: Charakterystyka stylistyczna frazeologizmów polskich i rosyjskich oraz ich wykorzystanie w literaturze pięknej. — [366], 107-118.
10601   PAWŁOWSKI, Eugeniusz: O stylistyce lingwistycznej i o stylistyce literackiej. — *RND* 58, *Prace językoznawcze* 3, 1976, 41-54.
10602   RYBICKA, Halina: Rozdział o wybornych terminach różnym kunsztom służących w "Nowych Atenach" Benedykta Chmielowskiego. — *PF* 26, 1976, 345-350.
10603   SIEKIERSKA, Krystyna: Słownictwo i typy formacji słowotwórczych w języku Pamiętników J. Ch. Paska – dane statystyczne. — *Polonica* 2, 1976, 201-214 | E. summ.
10604   — Funkcje synonimów w języku "Pamiętników" J. Chr. Paska. — *PJ* 1976, 229-238.
10605   STACHURSKI, Edward: Językowa organizacja tekstu poetyckiego i prozatorskiego. — *RND* 58, *Prace językoznawcze* 3, 1976, 253-272.
10606   STRUMIŃSKI, Bohdan: Ustalanie autorstwa i pochodzenia terytorialnego autorów na podstawie czasowników z formantami -ow- / -a-wa / yw . *PamL* 67, 1976/1, 137-147.
10607   SZYBISTOWA, Magdalena: Granice spójności tekstu (Na przykładzie "Donosów rzeczywistości" Mirona Białoszewskiego). — [372], 117-128.
10608   TRZYNADLOWSKI, Jan: Kilka uwag o języku poetyckim Stefana Żeromskiego. — *Litteraria* (Wrocław) 8, 1976, 59-66 | Rés. fr.
10609   WIERZBICKA, Anna: *Kocha, lubi, szanuje. Medytacje semantyczne.* — Warszawa: 1971 | BL 1971, 9207. | *ITL* 31, 1976, 59-66 Zofia Goczoł.
10610   WILKOŃ, Aleksander: *O języku i stylu "Ogniem i mieczem" Henryka Sienkiewicza. Studia nad tekstem.* — *ZNUJ* 427, Prace Językoznawcze 50; Kraków: Państwowe Wyd. Naukowe, 1976, 166 p. | Rés. fr. | *Ruch Literacki* (Kraków) 18, 1977/1, 65-67 Stanisław Bąba.
10611   ZALESKI, Jan: Nazwiska znaczące w utworach Aleksandra Fredry. — *RND* 58, *Prace językoznawcze* 3, 1976, 291-304.

POLONAIS

8. PROSODIE, MÉTRIQUE, VERSIFICATION — PROSODY, METRE, VERSIFICATION

10612 DŁUSKA, Maria: *Prozodia języka polskiego.* — Warszawa: Państwowe Wyd. Naukowe, 1976, 114 p. | 2nd ed., with suppl. First ed. 1947 (BL 1939-47, 163).

9. TRADUCTION — TRANSLATION

10613 BOGUSŁAWSKI, Andrzej: Zagadnienie jednostek przekładowych. — [366], 41-62.
IVANOVA, M.: Za prevoda na polskite deepričastija na bălg. ezik. — 9554.
10614 [KUROCZYCKI, T.] KUROČICKI, Tadeuš: Perevod frazeologičeskich edinic (Na materiale perevoda romana L. N. Tolstogo *Anna Karenina* na pol'skij jazyk). — *StRP* 7, 1975 (1976), 149-160 E. | summ.
— Niektóre właściwości struktury syntaktycznej monologu wewnętrznego w "Annie Kareninie" .... — 11327.
STASZEWSKI, S.: K voprosu o perevode frazeologičeskich edinic .... — 11379.

10. LINGUISTIQUE MATHÉMATIQUE — MATHEMATICAL LINGUISTICS

10615 BARTMIŃSKI, Jerzy: Oralność tekstu pieśni ludowej w świetle statystyki leksykalnej. — [372], 175-201.
10616 BIELA, Bogumiła, & PODOBIŃSKI, Stanisław: Dystrybucja statystyczna słownictwa gwarowego jako podstawa porozumienia się dwóch gwar sąsiednich. — [355], 7-17.
10617 DZIURNIKOWSKI, Andrzej: Cyfrowa analiza i synteza mowy. — *Akademia Spraw Wewnętrznych. Zeszyty Naukowe* (Warszawa) 4, 1976, 285-287.
10618 JASSEM, Wiktor, & ŁOBACZ, Piotra: Frequency of phonemes and their sequences in Polish texts. — *SAS* 4, 1976, 241-249.
10619 KRĄŻYŃSKA, Zdzisława: Opis statystyczny kategorii gramatycznej osoby w polskich tekstach drukowanych XVII wieku. — *SPol* 3, 1976, 57-68 | Rés. fr.
10620 KURASZKIEWICZ, Władysław: Częstotliwość wyrazów w *Panu Tadeuszu* Adama Mickiewicza i w *Wizerunku* Mikołaja Reja. — *SPol* 2, 1975, 71-95 | Rés. en fr.
10621 KURCZ, Ida, LEWICKI, Andrzej, SAMBOR, Jadwiga, WORONCZAK, Jerzy: *Słownictwo współczesnego języka polskiego.* Tom IV [Cz. 1-3]: *Proza artystyczna.* — Warszawa: Inst. Języka Polskiego PAN, 1976, p. 1-282; 283-557; 558-885 | Cf. BL 1975, 10156.
10622 LUBASZEWSKI, Wiesław: Program automatycznej segmentacji morfologicznej (na materiale polskich czasowników). — *Polonica* 2, 1976, 21-32 | E. summ.
10623 — A technique for the automatic segmentation of Polish words without using a stem dictionary. — [159], 351-354.
10624 LUKASZEWICZ, W., & SZPAKOWICZ, St.: Automatic morphological analysis of written Polish. — [159], 359-362.
10625 NIEMIEC, L., RACHWAŁOWA, M[aria], STACHURSKI, E[dward], & ZARĘBINA, M[aria]: Sortowanie tekstów przy pomocy maszyny cyfrowej CYBER 72 dla celów badań statystycznych słownikowych i fleksyjnych. — *RND* 58, *Prace językoznawce* 3, 1976, 197-209.
10626 RYBICKA, Halina: Frekwencja form komparatiwu i superlatiwu przymiotników i przysłówków w polskiej prozie biblijnej XVI wieku. — [9085], 125-131.
10627 WIERZBOWSKI, Ludwik: Automatyczne rozpoznawanie związku rzeczownika z przydawką przymiotną w tekście polskim. — *PrJG* 3, 1975 (1976), 85-94 | E. & Ru. summ.

12. SOCIOLOGIE DU LANGAGE — SOCIOLOGY OF LANGUAGE

10628 DUBISZ, Stanisław: Uwagi o zapożyczeniach w języku Polonii amerykańskiej. — *PF* 26, 1976, 65-87.
10629 GRUCHMANOWA, Monika: Z badań nad słownictwem Polonii Nowego Jorku. — *SPol* 3, 1976, 25-32 | E. summ.
10630 HOMA, Edward: Tendencje rozwojowe w języku mieszkańców wsi na Pomorzu Środkowym. — *Rocznik Koszaliński* (Koszalin) 12, 1976, 26-36.
10631 KANIA, Stanisław: Próba charakterystyki strukturalnej polskiej gwary żołnierskiej lat 1918-1968. — *SMZG* 4, 1975 (1976), *Nauki filologiczne* 1, 65-79.
10632 *Miejska polszczyzna mówiona. Metodologia badań.* Materiały z konferencji naukowej w Sosnowcu w dniach 20-21 czerwca 1974 roku. — Prace Naukowe Uniw. Śląskiego w Katowicach 103; Katowice: Uniw. Śląski, 1976, 140 p. | From the contents: Preface by Władysław LUBAŚ; Bronisław WIECZORKIEWICZ †, Metodologia badań gwar miejskich, 9-20; Mieczysław KARAŚ, Jak jest z tymi gwarami miejskimi czy też miastowymi?, 21-33; Alfred ZARĘBA, O zakresie i metodzie badań języka miast polskich, 35-40; Władysław LUBAŚ, Badania nad językiem mieszkańców Katowic, 41-47; Maria KAMIŃSKA, Łódź jako przedmiot badań językoznawczych, 49-53; Iwona NOWAKOWSKA-KEMPNA, Nacechowanie emocjonalne języka katowiczan, 55-64; Teresa SKUBALANKA, Język napisów miejskich na tle polszczyzny potocznej, 65-72; Krystyna PISARKOWA, O zależności między typem tekstu a jego strukturą składniową, 73-84; Stanisław GRABIAS, Neologizm jako narzędzie w badanie socjalnych wariantów języka, 103-114; Jurand BANACH, Tekst radiowy jako tekst mówiony, 127-140.
10633 SANDEL, Grażyna: Próba charakterystyki zapożyczeń angielskich w języku Polaków w USA. — *SprOKrPAN* 19, 1975 (1976), 32-34.
10634 SZYDLOWSKA-CEGLOWA, Barbara: Problematyka badań nad polszczyzną Polonii zagranicznej. — *Przegląd Zachodni* (Poznań) 31, 1975, 171-181.

14. ONOMASTIQUE — ONOMASTICS

10635 BELCHNEROWSKA, Aleksandra, BUGALSKA, Halina, JAKUS-DĄBROWSKA, Ewa, WIĘCEK, Bronisława: Nazwy miast Pomorza Środkowego. — [10695], 55-92.
10636 BOREK, Henryk, & SZUMSKA, Urszula: *Nazwiska mieszkańców Bytomia od końca XVI wieku do roku 1740. Studium nazewnicze i społeczno-narodowościowe.* — Warszawa: Państwowe Wyd. Naukowe (Opolskie Tow. Przyjaciół Nauk, Wydział nauk hist.-społecznych), 1976, 261 p. | G. summ.
10637 BREZA, Edward: *Toponimia powiatu kościerskiego.* — Gdańsk: 1974 | BL 1974, 9721. | *JP* 56, 1976, 72-74 R. Przybytek | *SlOc* 33, 1976, 169-173 Bogdan Walczak | *Slavia* 45, 1976, 324-325 Jaromír Spal | *NoB* 64, 1976, 136-138 Józef Trypućko | *BNF* 11, 1976, 163-165 E. Dickenmann.
10638 — Die Toponymie des Kreises Kościerzyna. — *Onoma* 19, 1975/3 (1976), 528-530 | G. summ. of *Toponimia powiatu kościerskiego*, 1974 (BL 1974, 9721).
10639 — Pochodzenie nazwiska *Necel* i niektórych innych etymologicznie z nim związanych. — *PrJG* 3, 1975 (1976), 7-15 | E. & Ru. summ.
10640 — Nazwiska polskie mieszkańców Sopotu pierwszej połowy XX wieku. — *Rocznik Sopocki* (Sopot) 1976, 85-97.
10641 BROCKI, Zygmunt: Nazewnictwo XVII-wiecznych portów warownych Zatoki Gdańskiej i jego tradycja w wieku XX. — *Przegląd Morski* (Gdynia) 30, 1976/4, 67-71.

POLONAIS 10642-10663

10642 — *Swelinia* - nazwa potoku odgraniczającego Sopot od Gdyni. — *Rocznik Sopocki* (Sopot) 1976, 139-141, map.

10643 BRZEZIŃSKI, Władysław: O nazwiskach Polaków na Krajnie złotowskiej w XX wieku. — [10695], 208-227.

10644 BUBAK, Józef: *Nazwiska ludności dawnego starostwa nowotarskiego.* I; II. — Wrocław: 1970-71 | BL 1971, 9222. | *BNF* 11, 1976, 160-163 E. Dickenmann.

10645 DEMARTIN, Adam: Wielkopolskie nazwy terenowe pochodzenia niemieckiego. — *SMZG* 4, 1975 (1976), *Nauki filologiczne* 1, 95-107.

10646 — Klasyfikacja kategorialno-semantyczna wielkopolskich nazw terenowych. — *SMZG* 5, 1976, *Nauki filologiczne* 2, 79-106.

10647 DZIKOWSKI, W., & KOPERTOWSKA, D.: *Toponimia Kielc. Nazwy części miasta i obiektów fizjograficznych oraz nazwy ulic i placów.* — Warszawa: Państwowe Wyd. Naukowe (Kieleckie Tow. Naukowe), 1976, 219 p., ill., 9 tab., 8 maps.

10648 FALK, Knut-Olof: Regester Spisania Iezior.... Roku 1569. — *ABS* 10, 1976, 89-179 | Rés. fr.

10649 — Ze studiów nad nazwami jezior. — *ABS* 10, 1976, 181-217.

10650 FROS, Henryk, SOWA, Franciszek: *Twoje imię. Przewodnik onomastyczno-hagiograficzny.* — Kraków: Wyd. Apostolstwa Modlitwy, 1976, 480 p. | *JP* 58, 1978, 366-370 Maria Malec.

10651 GÓRNOWICZ, Hubert: Najstarsze typy nazw geograficznych Pomorza Środkowego. — [10695], 8-54.

10652 — Rodzaje spolszczenia staropruskich nazw miejscowych na Powiślu Gdańskim. — *PrJG* 3, 1975 (1976), 35-47 | E. & Ru. summ.

10653 — Kilka słów o nazwie połaci Sopotu *Brodowino*. — *Rocznik Sopocki* (Sopot) 1976, 141-143.

10654 HALICKA, Irena: *Nazwy miejscowe środkowej i zachodniej Białostocczyzny, dzierżawcze, patronimiczne i rodzinne.* — Ośrodek Badań Naukowych w Białymstoku, Seria: Rozprawy i monografie 9; Warszawa: Państowe Wyd. Naukowe, 1976, 239 p., cartes.

HOLM, G.: Imię *Gustav* i staropol. *Gościsław*. — 8875.

10655 HOMA, Edward: Nazwy ulic w Koszalinie. — [10695], 93-107.

10656 — Nazwy ulic w Kołobrzegu. — *Koszalińskie Studia i Materiały* (Koszalin) 1976/2, 205-216.

10657 KAMIŃSKA, Halina: W sprawie nazw osobowych na -ę, -ęta, -at. — *Rocznik Przemyski* (Przemyśl) 15/16, 1975 (1976), 203-207 | Ru. & E. summ.

10658 KARAŚ, Mieczysław: O obcych nazwach krajów i miast (także nazw mieszkańców) w języku polskim (założenia ogólne). — *ZbSOK* VI, 137-147.

10659 KARPLUK, Maria: O nazwie *Drohiczyn*. — *JP* 56, 1976, 111-117.

10660 KĘSIKOWA, Urszula: *Nazwy geograficzne Pomorza Gdańskiego z sufiksem* -ov-. — Gdańskie Tow. Naukowe, Wydział I Nauk Społecznych i Humanistycznych. Seria: Pomorskie Monografie Toponomastyczne, 2; Gdańsk [Zakład im. Ossolińskich], 1976, 223 p.

10661 — Geografische Ortsnamen mit dem Suffix -ov- im Gebiet von Pomorze Gdańskie. — *Onoma* 19, 1975/3 (1976), 531-534 | G. summ. of No. 10660.

10662 KLISIEWICZ, Edward: Omówienie w funkcji nazwiska w księgach parafialnych wsi Rudawa k. Krakowa w XVI-XVII w. — *RND* 58, *Prace językoznawcze* 3, 1976, 97-103.

10663 KONDRATIUK, Michał: *Nazwy miejscowe południowo-wschodniej Białostoczczyzny....* — Wrocław: 1974 | BL 1974, 9742. | *SlOr* 25, 1976, 105-106 Mieczysław Buczyński.

10664 — Mikrotoponimy litewskie od *dùgnas, karklýnas, vidùgiris* w gwarach polskich i białoruskich Białostoczczyzny. — *ABS* 9, 1976, 219-224.

10665 KOPERTOWSKA, Danuta: Nazwy miejscowe utworzone od nazw miejscowości (na podstawie materiału z pogranicza śląsko-małopolskiego). — *ZNUJ* 451, *Prace Językoznawcze* 52, 1976, 109-130, map | Rés. fr.

10666 KORNASZEWSKI, Marek: Nazwy stawów *Karpnik, Karpniki* w Wielkopolsce. — *SPol* 3, 1976, 47-49 | Rés. fr.

10667 KOSYL, Czesław: Nazwa miejscowa *Ochodza* || *Ochoża*. — *SlOr* 25, 1976, 249-256.

10668 KOWALIK-KALETOWA, Zofia: Sufiks *-ita* w staropolskich nazwach osobowych i heraldycznych typu *Leopolita, Masowita, Grzymalita, Rogalita* oraz w formacjach apelatywnych *najmit(a), wróżbit(a)*. — *Polonica* 2, 1976, 247-260 | E. summ.

10669 KREJA, Bogusław: Próba słownika normatywnego nazw miejscowości byłego województwa koszalińskiego. — [10695], 108-207.

10670 KRÓLIKOWSKA, Sławomira: Geneza pseudonimów przestępczych. — *Studia Kryminologiczne, Kryminalistyczne i Penitencjarne* (Warszawa) 3, 1975 (1976), 175-185 | Ru. & E. summ.

10671 ŁESIÓW, Michał: Wartość reprezentatywna i komunikatywna nazw własnych. — [366], 97-106.

10672 LIGARA, Bronisława: O nazwisku *Koneczny, Koneczna*. — *ZNUJ* 451, *Prace Językoznawcze* 52, 1976, 131-137 | Rés. fr.

10673 LINDERT, Bronisława: *Chata* jako drugi człon złożonej nazwy osobowej (*wyachata, wyanchata*) zapisanej w aktach ziemskich lubelskich z wieku XV. — *RKJW* 10, 1976, 205-207.

10674 — O kilku staropolskich nazwach osobowych w księgach ziemskich lubelskich z XV w. — *RKJŁ* 10, 1976, 209-210.

10675 LINDERT, Bronisława, & STANKOWA, Maria: Imiona kobiece używane na terenie ziemi lubelskiej w wieku XV. — *SFPS* 15, 1976, 49-53.

10676 — Wpływy obce w nazwach osobowych używanych na terenie Ziemi Lubelskiej w XV wieku. — [378], 137-140 | Rés. ru.

10677 MALEC, Maria: *Budowa morfologiczna staropolskich złożonych imion osobowych*. — Wrocław: 1971 | BL 1971, 9236. | *BNF* 11, 1976, 178-182 E. Dickenmann.

10678 MATUSZEWSKI, Józef: *Polskie nazwisko szlacheckie*. — Łódź: 1975 | BL 1975, 10205. | *Kwartalnik Historyczny* (Warszawa) 83, 1976, 677-680 Antoni Gąsiorowski.

10679 MOROŃ, Bogusław: Nazwiska ruskie w województwach północnych. — *PrJG* 3, 1975 (1976), 57-64 | E. & Ru. summ.

10680 NOWAK, Krystyna: Nazwy miejscowości powiatu gołdapskiego jako odbicie procesów osadniczych. — *ZNUG, Filologia Rosyjska* 5, 1975 (1976), 67-74.

10681 ORZECHOWSKA, Alicja: *Nazwy miejscowe dawnego powiatu pilzneńskiego oraz prawobrzeżnej części powiatów sandomierskiego i wiślickiego*. — Wrocław: 1975 | BL 1975, 10211. | *PrJG* 3, 1975 (1976), 97-103 Andrzej Bańkowski.

10682 PISARKOWA, Krystyna: Konotacja semantyczna nazw narodowości. — *Zeszyty Prasoznawcze* (Kraków) 17, 1976/1, 5-26 | Ru. & E. summ.

10683 ROSPOND, Stanisław: *Mówią nazwy*. — Warszawa: Wyd. Szkolne i Pedagogiczne, 1976, 276 p., ill., cartes.

10684 — Modele antroponimiczne rodzime a obce. — *ZbSOK* V, 69-77.

10685 — Ze studiów nad polską toponomastyką. XVI. Autentyzm nazewniczy Jana Długosza. — *JP* 56, 1976, 170-179 | Cf. BL 1975, 10219.

10686 — Jeszcze w sprawie *Rajczy*. — *PJ* 1976, 345-349.
10687 RYMUT, Kazimierz: Nazwa obca – nazwa rodzima (Na materiale nazw miejscowych Małopolski). — *ZbSOK* VI, 129-135.
10688 SARNOWSKA, Irena: Sienkiewiczowska *Lygia – Kallina*. — *SPol* 3, 1976, 155-161 | Rés fr.
10689 SETKOWICZ, Jan: Uwagi o imionach psów na halach Beskidu Śląskiego. — *PJ* 1976, 412-415.
10690 SKULINA, Tadeusz: Funkcje i antroponimiczny status pseudonimów. — *SPol* 3, 1976, 173-180 | Rés. fr.
10691 *Słownik staropolskich nazw osobowych*. Pod. red. i ze wstępem Witolda TASZYCKIEGO. Tom IV, zesz. 3: *Pstrocha – Rżeniec*. — Wrocław: Zakład im. Ossolińskich, 1976, p. 389-547 (end of the 4th vol.) | Cf. BL 1975, 10228.
10692 SMOCZYŃSKI, Paweł: Studium nazwy *Zbożenna* niegdyś brzmiącej *Zborzona*. — [378], 123-136 | Rés. ru.
10693 SZYMCZAK, Mieczysław: Nazwy województw i ich mieszkańców (na podstawie podziału administracyjnego wprowadzonego w Polsce w dniu 1 VI 1975 roku). — *Polonica* 2, 1976, 239-246 | E. summ.
10694 TREDER, Jerzy: Toponymie des Kreises Puck. — *Onoma* 19, 1975/3, (1976), 535-536 | Summ. of a Pol. monograph to be published shortly.
10695 *Ze studiów nad toponimią Pomorza Środkowego*. Prace zbiorowa pod red. Edwarda HOMY. — Koszalin: Koszaliński Ośrodek Naukowo-badawczy, 1976, 239 p.

ZINKEVIČIUS, Z.: W sprawie kontaktów językowych litewsko-polskich w Wilnie .... — 9010.

d. Kachoube et Poméranien — Kashubian and Pomeranian

10696 *Atlas językowy kaszubszczyzny i dialektów sąsiednich*. Opracowany przez zespół Zakładu Słowianoznawstwa PAN pod kierunkiem Hanny POPOWSKIEJ-TABORSKIEJ. [Red. naukowy: Zdzisław STIEBER]. Zeszyt XIII, cz. 1: Mapy 1-8, 601-650; cz. 2: Wykazy i komentarze do map 601-650. — Wrocław: Zakład im Ossolińskich, 1976, 58 maps; 294 p. | Cf. BL 1975, 10233. | *JP* 56, 1976, 68-72 Edward Breza (On XI) | *Slavia* 45, 1976, 192-195 Slavomír Utěšený (On XI).
10697 BORYŚ, Wiesław: Pryzyczynki leksykalne. 2. Kaszubskie *střec, ostřec*. — *JP* 56, 1976, 368-370 | Cf. 10504.
10698 BREZA, Edward: Nowotwory imienne w Kalendarzu Zrzeszenia Kaszubsko-Pomorskiego na rok 1974. — *PrJG* 3, 1975 (1976), 104-108.
10699 BREZA, Edward, & TREDER, Jerzy: *Zasady pisowni kaszubskiej*. — Gdańsk: Zarząd Główny Zrzeszenia Kaszubsko-Pomorskiego, 1976, 52 p.

GASZTOLD, T.: Stan badań nad językiem polskim na Pomorzu Środkowym .... — 10460.

10700 HEREJ-SZYMAŃSKA, Krystyna: Kaszubskie *szutka*. — *JP* 56, 1976, 127-130.
10701 HINZE, F.: Zur Etymologie des FN *Cejnowa* und des ON *Ceynowa/Chałupy*. — *ZSl* 21, 1976, 181-183.
10702 KORYTKOWSKA, Małgorzata: W sprawie synkretyzmu nom.-acc. w dialektach kaszubskich. — *SFPS* 15, 1976, 79-80.
10703 MAJOWA, Jadwiga: Formy dualne we współczesnej kaszubszczyźnie. — *SFPS* 15, 1976, 81-85.
10704 POPOWSKA-TABORSKA, Hanna: Zleksykalizowane kaszubskie archaizmy fonetyczne. — *SFPS* 15, 1976, 55-65.

10705 ROCŁAWSKI, Bronisław: Ze studiów fonostatystycznych nad kaszubszczyzną. Średnia długość fraz, wyrazów i sylab. Rozkład częstości wyrazów x-fonemowych. — *PrJG* 3, 1975 (1976), 65-83 | E. & Ru. summ.

10706 SYCHTA, Bernard: *Słownik gwar kaszubskich na tle kultury ludowej.* Tom VII. Suplement: [A-Ž].]Red. naukowy: Zdzisław Stieber]. — Wrocław: Zakład im. Ossolińskich (Komitet Językoznawstwa PAN – Gdańskie Tow. Naukowe), 1976, vii, 444 p., front. (portr.) | Cf. BL 1973, 11155.

10707 TOPOLIŃSKA, Zuzanna: *A historical phonology of the Kashubian dialects of Polish.* — The Hague: 1974 | BL 1974, 9792. | *Polonica* 2, 1976, 281-285 Roman Laskowski.

10708 TREDER, Jerzy: Z badań nad historią i zróżnicowaniem gwar północnokaszubskich (Na podstawie zapisów nazw terenowych na mapach katastralnych pow. puckiego i wejherowskiego). — *SlOc* 33, 1976, 117-132 | Rés. fr.

10709 ZAWADZKA, Jadwiga: Szerzenie się końcówki gen. pl. *-ów* w kaszubszczyźnie (wraz z próbą ukazania tego procesu w językach słowiańskich). — *SFPS* 15, 1976, 87-94.

10710 ZIENIUKOWA, Jadwiga: Nominativus plutalis substantivów masculinów w dialekcie kaszubskim. — *SFPS* 15, 1976, 67-77.

e. Polabe — Polabian

10711 BIELFELDT, H. H.: Die Wortbedeutung von polabisch *klaibó*. — *ZSl* 21, 1976, 392-393.

10712 HINZE, F.: Dravänopolabisch *klaibó* "Turmknauf" und Verwandtes. — *ZSl* 21, 1976, 184-187.

10713 KAESTNER, W.: Das polabische Reliktwort *Jichel* und seine Verbreitung. — *ZSlPh* 39/1, 1976, 178-182, map.

10714 OLESCH, Reinhold: Die christliche Terminologie im Dravänopolabischen (nach Quellen des 17. und 18. Jahrhunderts). — *ZSlPh* 39/1, 1976, 10-31.

10715 POLAŃSKI, Kazimierz: *Słownik etymologiczny języka Drzewian połabskich.* Zeszyt 4: *Perĕt –Ŕot'ə.* — Wrocław: Zakład im. Ossolińskich, 1976, iv, 507-667 | Cf. BL 1973, 11161.

10716 SUPRUN, A. Ja.: Palabskija spalučënni sa slovami *vilt'ĕ* "vjaliki" i *molĕ* "maly". — *BeLi* 7, 1975, 58-64 | G. summ.

f. Sorabe — Sorb

10717 BĚLIČ, Jaromír: Některé hláskoslovné shody česko-lužické. — *LISL* 23, 1976, 161-170 | Rés. all.

10718 *Deutsch-obersorbisches Wörterbuch* [Autoren: Bernhard RACHEL & Ludwig GÄRTNER]. — Bautzen: Domowina, 1976, 204 p.

10719 ERMAKOVA, M. I.: Sopostavitel'noe opisanie sistem soglasovatel'nych klassov i morfologičeskaja klassifikacija suščestvitel'nych v sovremennom serbolužickom jazyke. — [379], 40-63.

10720 FASKA, Helmut: Lužičkosrpski književni jezik i njegov odnos prema dijalektima. — *ZbFL* 18, 1975/2 (1976), 25-30, fig. | Summ. in G.: Die sorbischen Schriftsprachen und ihr Verhältnis zu den Dialekten.

10721 JANAŠ, Pětr: *Niedersorbische Grammatik für den Gebrauch der Sorbischen Erweiterten Oberschule.* — Bautzen: Domowina, 1976, 366 p.

10722 MESCHGANG, Jan: *Die Ortsnamen der Oberlausitz* .... — Bautzen: 1973 | BL

1973, 11169. | *KwO* 22, 1976/4, 105-106 Henryk Borek.

10723 MICHALIK, Ryszard: Budowa form stopniowania w językach łużyckich. — [9085], 133-157.

10724 MICHAŁK, Frido: O kategorii liczby w języku łużyckim. — [10358], 119-126.

10725 — O pričinach širikogo rasprostranenija ramočnoj konstrukcii v serbolužickom jazyke. — [9074], 250-254.

10726 NOWAK, Herbert: *Powědamy dolnoserbski. Gutes Niedersorbisch.* I. — Budyšyn: Domowina, 1976, 90 p.

10727 PECIAR, Štefan: Konfrontácia lužickej srbčiny a slovenčiny. — *StASl* 5, 1976, 349-364 | Confrontation of Lusatian and Slovak.

10728 PETR, Jan: K postavení lužické srbštiny mezi západoslovanskými jazyky. — *Slavia* 45, 1976, 356-363 | Sur la position du sorabe parmi les langues ouest-slaves.

10729 REDLICH, Friedrich: Diminuierungen von Ortsnamen in der Niederlausitz im Vergleich niedersorbischer und deutscher Ortsnamen. — *ZbSOK* VI, 177-185.

ROSENKRANZ, H.: Die Lautgruppe *tsch* im Thüringisch-Obersächsischen ... 7481.

10730 SCHUSTER-ŠEWC, Heinz: Historia języków łużyckich i problem jej periodyzacji. — *SprOKrPAN* 19, 1975 (1976), 35-36.

10731 — Rozważania etymologiczne (Dolnołużyckie *jěsny* "prędki, szybki", "wcześnie"; *jěsćiś* "błyszczeć, świecić" i pochodne). — *SlOc* 33, 1976, 75-81 | G. summ.

10732 [—] ŠUSTER-ŠEVC, Ch.: Jazyk lužickich serbov i ego mesto v sem'e slavjanskich jazykov. — *VJa* 1976/6, 70-85.

10733 ŠEWC-SCHUSTER, Hinc: *Gramatika hornjoserbskeje rěče. Zwjazk 2. Syntaksa.* — Budyšin: Domowina, 1976, 240 p.

10734 *Sorbischer Sprachatlas.* 11. *Morphologie* .... Bearbeitet von H. FASSKE. — Bautzen: 1975 | BL 1975, 10268. | *Slavia* 45, 1976, 192-195 Slavomír Utěšený.

10735 STAROSTA, Manfred: *Dolnoserbska ortografija a interpunkcija. Pšawidla.* — Budyšyn: Domowina, 1976, 86 p.

10736 STONE, Gerald: Regionalisms, German loan-words, and Europeanisms in the language of Jakub Bart-Ćišinski. — *OSlP* 9, 1976, 110-116.

10737 [TROFYMOVYČ] TROFIMOWIČ, K. K.: *Hornjo-serbsko-ruski słownik.* — Budyšin: 1974 | BL 1974, 9813. | *Slavia* 45, 1976, 320-322 J. Mudra | *SlavSl* 11, 1976, 315-316 Š. Peciar | *SJL* 22, 1975-76, 248-250 K. Palkovič.

10738 VÖLKEL, Pawoł: *Hornjoserbska ortografija a interpunkcija. Prawidla.* — Budyšin: Domowina, 1974, 80 p.

10739 WIRTH, Paul: *Beiträge zum sorbischen (wendischen) Sprachatlas.* I; II. Fotomechanischer Neudruck. — Bautzen: Domowina, 1975 | *Slavia* 45, 1976, 319-320 Jan Petr.

IV. Slave oriental — East Slavic

a. Généralités — General

10740 *Adelphotes: die erste gedruckte griechisch-kirchenslavische Grammatik* .... Hrsg. .... von Olexa HORBATSCH. — München: 1973 | BL 1974, 9815. | *ASlPh* 8, 1975, 173-177 Eckhard Weiher | *Slavia* 45, 1976, 72-74 Emilie Bláhová | *WSlav* 19-20, 1974-75, 349-350 Helmut Keipert | Cf. 10759.

10741 BOLEK, Anna: Rozwój poglądów na tzw. prostą mowę w XVI-XVII w. —

SprOKrPAN 19, 1975 (1976), 363-365.
BULACHOV, M. G.: *Vostočnoslavjanskie jazykovedy* . . . . — 13.

10742 DENIČ, Čedomir: Rymnikskoe izdanie Grammatiki slavjanskoj Meletija Smotrickogo 1755 goda. — *RESEE* 13, 1975, 529-532.

GJULUMJANC, K. M.: Nekotorye nabljudenija nad frazeologiej bolg. jazyka v sravnenii s vostočnoslavjanskoj. — 9474.

10743 *Języki i literatury wschodniosłowiańskie*. Materiały Ogólnopolskiej Konferencji Naukowej, Łódź, 14-15 czerwca 1976 r. [Red.: Kazimierz BAJOR, et al.]. — Łódź; Uniw. Łódzki, Inst. Filologii Rosyjskiej, 1976, 212 p.

10744 JURKOWSKI, Marian: *Semantyka i składnia wyrażeń gradacyjnych w językach wschodniosłowiańskich.* — Prace Naukowe Uniw. Śląskiego w Katowicach 94; Katowice: Uniw. Śląski, 1976, 156 p. | Semantics and syntax of gradation expressions in the East-Sl. languages. (Summ. in E. & Ru.).

10745 KOCHMAN, Stanisław: Z problematyki wschodniosłowiańsko-polskich związków leksykalnych. — [10743], 33-41.

10746 KYSEL'OV, A. Ju.: Spareni toponimy ta antroponimy u schidnoslov'jans'kych movach. — *Mov* 1976/2, 39-45.

10747 ŁESIÓW, Michał: Wpływ polski na wschodniosłowiański języki literackie XVII w. — [10743], 43-50.

10748 MEL'NYČUK, O. S.: Etymolohični rozvidky. 2. *Jurba – gurba – jurma – gurma.* — [229], 163-167.

10749 MORENEC', V. V.: Do pytannja pro rozvytok i rozpodil atrybutyvnych slovospoluk u schidnoslov'jans'kych (ukrajins'kij – bilorus'kij) movach. — *UkrM* 4, 1976, 21-27.

NEPOKUPNYJ, A. P.: Balt. i balto-sl. geogr. terminologija Belorussii i Ukrainy. — 8935.

10750 OLECHNOWICZ, Mścisław: Kierunki rozwoju akcentu wyrazowego w językach wschodniosłowiańskich. — [10743], 29-31.

10751 OLEKSIJENKO, S. I.: Pro leksyko-semantyčnyj rozvytok zapozyčen' (na materiali schidnoslov'jans'kich pam'jatok XIV-XVI st.). — *Mov* 1976/3, 60-66.

10752 PAN'KO, T. I.: Synonimija j antonimija v systemi schidnoslov'jans'kych social'no-ekonomičnych terminiv. — *PMov* 9, 1975, 37-43 | Ru. summ.

10753 PARASUN'KO, V. S.: Pro slovo *Čurylo* u schidnoslov'jans'kych movach. — *Mov* 1976/1, 63-68.

10754 ŠELICHOVA, N. T.: O slovoobrazovatel'noj produktivnosti v sinchronii i diachronii. — *NDVŠ-F* 1976/6, 74-80.

10755 SMOTRYĆKYJ, Meletij. *Hrummatikî slavenskija pravîlnoe syntagma.* Jevje 1619. Hrsg. .... von Olexa HORBATSCH. — München: 1974 | BL 1974, 9843. | *Slavia* 45, 1976, 72-74 Emilie Bláhová | Cf. 10759.

10756 SOBINNIKOVA, V. I.: Vzaimodejstvie blizkorodstvennych jazykov (na materiale russkich i ukrainskich govorov). — [344], 262-271.

10757 *Sopostaviteľnoe issledovanie russkogo i ukrainskogo jazykov.* [Red.: G. P. IŽAKEVIČ (H. P. JIŽAKEVYČ), et al.]. — Kiev: "Naukova dumka", 1975, 288 p. | Contr. by I. F. ANDERŠ, N. N. ARVAT, V. T. KOLOMIEC, A. V. LAGUTINA, et al., in 4 sections: 1. Principy i zadači sopostaviteľnogo issledovanija blizkorodstvennych jazykov; 2. Leksika i frazeologija; 3. Slovoobrazovanie; 4. Grammatika. | *VJa* 1976/5, 159-161 I. F. Protčenko | Cf. 10788.

10758 SZADYKO, Stanisław: Ogólnosłowiański produktywny typ rzeczowników złożonych we współczesnych językach wschodniosłowiańskich. — *SlOr* 25, 1976, 239-247.

RUSSE

10759 WITKOWSKI, Wiesław: Frankfurckie reedycje pierwszych gramatyk cerkiewnosłowiańskich. — *RSl* 37, 1976, 122-128 | Rev. art. on Nos. 10740, 10755, 10762.
10760 ZARYC′KYJ, M. S.: Zistavne vyvčennja leksyky inoslov′jans′koji movy v ukrajins′ko-rosijs′komu movnomu seredovyšči. — *UkrM* 4, 1976, 90-98.
10761 ZATOVKAŇUK, Mikoláš: *Slovoizmenenie suščestviteľnych v vostočnoslavjanskich jazykach (Opyt sopostaviteľnogo analiza)*. — AUC, Philologica: Monographia 58; Praha: Univ. Karlova, 1975, 194 p. | Rés. tch.
10762 ZIZANIJ, Lavrentij: *Hrammatika slovenska*. Hrsg..... von Gerd FREIDHOF. — München: 1972 | BL 1974, 9852. | *ASlPh* 8, 1975, 173-177 Eckhard Weiher | *Slavia* 45, 1976, 72-74 Emilie Bláhová | Cf. 10759.

b. Russe — Russian

0. BIBLIOGRAPHIE ET GÉNÉRALITÉS — BIBLIOGRAPHY AND GENERAL

10763 Bibliographical survey. — *RLing* 3, 1976, 95-105; 193-215; 331-384 | Recent publ.: contemporary language; hist. of the language; poetics.
10764 COMRIE, Bernard: Russian studies: language. — *YWMLS* 37, 1975 (1976), 806-815.

ECKERT, R., & BÖHME, U.: Ausgewählte Bibliographie zur Phraseologie ... — 7164.
10765 SABENINA, A. M.: Istočnikovedčeskie sborniki, izdannye Institutom russkogo jazyka AN SSSR (bibliografičeskij obzor). — [10771], 249-264.

BEREZIN, F. M.: *Russkoe jazykoznanie konca XIX - načala XX v.* — 1901.
10766 DUDNIKOV, A. V.: *Russkij jazyk* ... — Moskva: 1974 | BL 1974, 9865. | *ZPhon* 29, 1976, 208-209 G. Wittscheck.
10767 *Grammatika sovremennogo russkogo literaturnogo jazyka*. [Otv. red.: N. Ju. ŠVEDOVA]. — Moskva: 1970 | BL 1970, 9558. | *ZSlPh* 39/1, 1976, 183-197 Jaroslav Pavlík.
10768 GRZYBOWSKI, Stefan, OLECHNOWICZ, Mścisław, WAWRZYŃCZYK, Jan: *Gramatyka opisowa języka rosyjskiego*. Cz. 1. *Fonetyka, fonologia, pismo*. Pod. red. M. OLECHNOWICZA. — Łódź: Uniw. Łódźki, 1976, 223 p.
10769 ISAČENKO, Alexander V.: *Opera selecta. Russische Gegenwartssprache, russische Sprachgeschichte, Probleme der slavischen Sprachwissenschaft*. [Preface by Henrik BIRNBAUM]. — Forum Slavicum 45; München: Fink, 1976, 440 p., ill. | Reproduction, in the original G., Ru., E. or Fr., of 32 studies published 1935-70.
10770 *Issledovanija po grammatike russkogo jazyka*, V. [Red.: È. I. KOROTAEVA]. — UZLU 375, Serija filologičeskich nauk 77; Leningrad: Izd. LGU, 1973, 214 p.
10771 *Istočniki po istorii russkogo jazyka*. [Red.: S. I. KOTKOV, V. Ja. DERJAGIN]. — Moskva: Nauka, 1976, 264 p.
10772 JANSON, Birgitta: K istorii učebnikov i slovarej russkogo jazyka v zapadnoj Evrope. — *SlLund* 3 (r), 1975, 87-112.
10773 KOTKOV, S. I.: Neskoľko zamečanij o Russkoj grammatike Ludoľfa. — [10771], 104-108.
10774 *Leksika severnorusskich govorov*. [Red.: Ju. I. ČAJKINA]. — Vologda: Vologodskij gos. pedag. inst., 1976, 76 p.
10775 LOMTEV, T. P.: *Obščee i russkoe jazykoznanie. Izbrannye raboty.* [Red.: F. P. FILIN, et al.] — Moskva: Nauka, 1976, 381 p., pl. (portr.) | Collected studies in 3 sections: 1. General and comparative-hist. linguistics (Introd. by N. D.

ARUTJUNOVA); 2. Mod. Ru. (Introd. by V. V. Ivanov); 3. Hist. of the Ru. language (Introd. by V. V. IVANOV). | Cf. 640.

10776 LUNDEN, Siri Sverdrup: The 17-th century Trondheim manual of Russian and its contemporaries. — *RSl* 37, 1976, 39-46.

MOSKOVA-ELENSKAJA, V., & ELENSKIJ, J.: Bolg.-russkie paralleli .... — 9319.

10777 *Očerki po russkom jazyku i stilistike.* [Red.: L. I. DONECKICH, et al.]. — Kišinev: 1974 | BL 1974, 9872. | *RosOl* 13, 1975, 51-56 D. Žváček.

10778 OŽEGOV, S. I.: *Leksikologija. Leksikografija. Kuľ tura reči.* — Moskva: 1974 | BL 1974, 9873. | *SlavSl* 11, 1976, 321-323 S. Ondrejovič.

10779 PANZER, Baldur: *Strukturen des Russischen* .... — München: 1975 | BL 1975, 10311. | *SEEJ* 20, 1976, 505-506 Howard H. Keller | *KLit* 5, 1976, 281-282 G. Friedhof.

10780 *Problemy leksikologii, frazeologii i leksikografii sibirskich govorov.* [Red.: V. N. ROGOVA, et al.]. — Krasnojarsk: Krasnojarskij gos. pedag. inst., 1975, 161 p.

10781 RAPOVA, G. I., & PENKOVA, P.: Anonimnaja russkaja grammatika (1843-1849). — *VMU* 1976/6, 29-33.

10782 *Razvitie sovremennogo russkogo jazyka*, 1972 ... — Moskva: 1975 | BL 1975, 10317. | *PJ* 1976, 293-300 H. Jadacka | *DLZ* 97, 1976, 234-235 E. Eichler & I. Ohnheiser.

10783 *Die russische Sprache der Gegenwart.* Hrsg. von einem Red.-Rat unter Leitung von Kurt GABKA. Band 3. *Syntax.* — Leipzig: Verlag Enzyklopädie, 1976, 336 p. | Cf. BL 1975, 10318.

10784 *Russkij jazyk v sovremennom mire.* [Red. kollegija: F. P. FILIN ... (et alii).] — Moskva: 1974 | BL 1974, 9879. | *ZPhon* 29, 1976, 294-298 G. Feudel.

SCHVEIGER, P.: The generative grammar of Ru. – today. — 1226.

10785 SEEGATZ, Wolfgang: *Russische grammatische Terminologie.* Heft 1. — Skripten des Sl. Seminars der Univ. Tübingen 9; Tübingen: Sl. Seminar, 1976, 67 p.

10786 *Sintaksis i stilistika* [Red.: G. A. ZOLOTOVA]. — Moskva: Nauka, 1976, 317 p.

10787 SIROTININA, O. B.: *Sovremennaja razgovornaja reč' i ee osobennosti.* — Moskva: 1974 | BL 1975, 10325. | *RJ* 26, 1975-76, 424-426 Z. Trösterová.

10788 *Sopostaviteľ noe issledovanie russkogo i ukrainskogo jazykov.* [Red.: G. P. IZAKEVIČ (= H. P. JIZAKEVYČ), et al.]. — Kiev: "Naukova dumka", 1975, 288 p. | *UMLŠ* 1976/2, 90-92 V. I. Kononenko | Cf. 10757.

10789 SVATOŇ, Vladimír: 30 let rusistiky v Brně. — *ČRus* 21, 1976, 43-45 | 30 years of Ru. studies in Brno.

10790 *Voprosy frazeologii sovremennogo russkogo jazyka.* [Red.: V. M. BURMAKO, et al.]. — Čeljabinsk: Čeljabinskij gos. pedag. inst., 1975, 132 p.

10791 *Voprosy grammatičeskogo stroja i slovoobrazovanija v russkich narodnych govorach.* Mežvuzovskij naučnyj sbornik. [Red.: A. S. GERD, M. Ja. KRIVONKINA, et al.]. — Petrozavodsk: Petrozavodskij gos. univ. im. O. V. Kuusinena, 1976, 125 p.

10792 WÓJCIK, Tomasz: *Gramatyka języka rosyjskiego. Studium kontrastywne.* — Warszawa: 1973 | BL 1973, 11255. | *BSI* 1, 1976/3, 149-160 Blagovesta Lingorska.

1. PHONÉTIQUE ET PHONOLOGIE — PHONETICS AND PHONOLOGY

10793 BARANOVSKAJA, S. A.: K voprosu o sootnošenii diferencial'nogo priznaka i ego fonetičeskogo korreljata. — [294], 34-39.

10794 BLOCHINA, L. P.: O častotnych charakteristikach sinteza russkoj reči. — [135], 16-19.

10795　Bogomazov, G. M., & Paufošima, R. F.: O nekotorych sposobach realizacii sočetanij smyčnych soglasnych v reči. — [294], 80-83.
10796　Bondarko, L. V., & Kižnjaeva, Ž. T.: O roli issledovanij vosprijatija zvukovych edinic v postroenii fonologičeskich modelej. — [294], 98-104.
10797　Borunova, S. N.: K voprosu ob évoljucii regressivnogo assimiljativnogo smjagčenija soglasnych (na materiale sceničeskoj reči). — [294], 67-74.
10798　Chaburgaev, G. A.: Ešče raz o chronologii padenija reducirovannych v drevnerusskom jazyke (v svjazi s voprosom o sootnošenii knižno-pis'mennoj i dialektnoj reči). — [344], 397-406.

　　　Cohen, G. L.: Russian short adjectival stress. — 9089.

10799　Detrez, Raymond: Inleiding tot een fonologisch onderzoek van de Nederlandse leenwoorden in het Russisch. — *HandVlFC* 30, 1975, 235-242 | Introd. to a phonological study of Du. loan-words in Ru.
10800　Dmitrenko, S. N.: Smyslorazličitel'naja funkcija i funkcional'naja nagruzka fonem v fonologičeskich oppozicijach. — [294], 47-53.
10801　Dylevski, NikoAj: Osnovnye zakonomernosti i osobennosti ustojčivosti – podvižnosti udarenija imen prilagatel'nych v sovremennom russkom jazyke. — *ZNUŁ* 109, 1976, 13-21 | Pol. summ.
10802　Esina, Z. I.: Ob osobennostjach razgovornogo stilja proiznošenija. — [294], 54-61.
10803　Firsanova, G. I.: Vosprijatie melodičeskich charakteristik zaveršennosti v dialogičeskoj reči (na materiale russkogo jazyka). — [294], 129-132.
10804　Galeeva, M. M.: Nabljudenija nad akcentno-ritmičeskim stroem russkoj reči v forme povestvovatel'nogo monologa. — [294], 138-144.
10805　Glovinskaja, M. Ja., & Kuz'mina, S. M.: Vlijanie social'nych faktorov na raspredelenie fonetičeskich variantov v sovremennom russkom literaturnom jazyke. — [294], 62-66.

　　　Goździk, R.: Sočetanija soglasnych v starosl. i drevnerus. jazykach .... — 9268.

10806　Hamilton, William S., Jr.: Vowel power versus consonant power in Russian morphophonemics. — *RLing* 3, 1976, 1-18.

　　　Holden, K.: Assimilation of borrowings and phonological productivity. — 2280.

10807　Isačenko, A. V.: O parallelizme sinchronnych i istoričeskich zvukovych processov v russkom jazyke. — *IJSLP* 20, 1975, 13-22.
10808　Ivanov, V. V.: Nekotorye problemy sintagmatiki i paradigmatiki fonem sovremennogo russkogo literaturnogo jazyka. — [294], 3-10.
10809　Jachnow, Helmut: Versuch einer Klassifikation der wortabgrenzenden Mittel in gesprochenen russischen Texten. — *WSlav* 19-20, 1974-75, 64-79.
10810　[Kaliniewicz] Kalinevič, Marija Magdalena: Akcentuacija francuzskich zaimstvovanij v sovremennom russkom literaturnom jazyke. — *StRP* 7, 1975 (1976), 161-172 | E. summ.
10811　Kolesov, V. V.: Intonacija i udarenie v drevnerusskom slovosočetanii (ad"ektivnye slovosočetanija v proizvedenijach russkogo bylinnogo éposa). — *UZLU* 375, 1973, 108-120.
10812　— Granicy stilističeskoj variantnosti v sovremennom russkom proiznošenii. — *VStil* 10, 1975, 3-15.
10813　Koleva, Antonina B., & Puškova, Zinaida A.: O meste udarenija v gruppe imen suščestvitel'nych ženskogo roda s suffiksami *-ic(a)* i *-nic(a)* v russkom jazyke i v sootvetstvujuščej gruppe suščestvitel'nych v bolgarskom jazyke. — *AspSb* 3, 1976, 60-70.

10814 MALICKA, Olimpia: Tendencje rozwojowe w zakresie akcentuacji wyrażeń przyimkowych w języku rosyjskim i polskim. — *ZNOp, Filologia Rosyjska* 13, 1976, 161-166 | Ru. summ.

10815 MARTYSIUK, Mikołaj: O charakteristike russkogo udarenija v zaimstvovannych nemeckich slovach. — *SW* 6, 1976 (AUW 270), 109-126.

10816 [—] MARTYSJUK, Nikolaj: Nekotorye osobennosti fonetičeskogo osvoenija nemeckich zaimstvovanij v russkom jazyke. — *SW* 9, 1976 (AUW 330), 109-124.

10817 MAYER, Gerald L.: The stress of foreign place names in Russian. — *SEEJ* 20, 1976, 451-459.

10818 MILEJKOWSKA, Halina: Z historii normalizacji wymowy głoski g w rosyjskim języku literackim XVIII-XIX wieku. — [389], 73-81.

10819 MOISEEV, Aleksandr Ivanovič: Akcentologičeskie tipy slov v slavjanskich jazykach (preimuščestvenno na materiale russkogo jazyka). — *PF* 26, 1976, 119-126.

10820 — Mesto slovesnogo udarenija v sovremennom russkom literaturnom jazyke. — *StRP* 7, 1975 (1976), 77-87 | E. summ.

10821 MOROZOVA, E. A.: K istorii udarenija člennych form prilagatel'nych v severnovelikorusskom narečii. — *VLU* 1976/20, 123-128.

10822 — K akcentnoj charakteristike proizvodnych (na materiale pamjatnikov XVI-XVII vekov iz Pinežskogo sobranija IRLI). — [10791], 56-62.

10823 OLECHNOWICZ, Mścisław: *Teoretyczne zasady dystrybucji rosyjskiego akcentu wyrazowego.* — Łódź: 1974 | BL 1974, 9906. | *BRus* 3, 1976/6, 44-47 Nikolaj Dylevskij.

10824 OLIVERIUS, Zdeněk F.: *Fonetika russkogo jazyka.* — Praha: 1974 | BL 1974, 9908. | *SlavSl* 11, 1976, 316-317 S. Ondrejovič.

10825 PANOV, M. V.: Ob odnom iz vozmožnych opisanij fonetičeskoj sistemy russkogo jazyka. — [294], 11-20.

10826 PIROGOVA, N. K.: Vokaličeskie sočetanija v russkom jazyke. — *VMU-F* 1976/1, 54-60.

10827 PISAREK, Larysa: O pravilach vydelenija fonem. — *SW* 6, 1976 (AUW 270), 47-58.

10828 POTAPOVA, R. K.: O vremennych parametrach sinteza russkoj reči. — [135], 177-180.

10829 RADIEVSKAJA, M. G.: O vlijanii mesta logičeskogo udarenija na ego dinamičeskie charakteristiki. — [294], 133-137.

10830 REFORMATSKIJ, A. A.: "Primety" v jazyke i ich raspoznavatel'naja i opoznavatel'naja rol'. — [294], 21-27.

10831 REJMÁNKOVÁ, Ludmila: K intonaci tázacích vět v dialogu. — *RJ* 26, 1975-76, 392-397 | Zur Intonation der Fragesätze im Dialog.

SIMEONOV, B.: Ob adekvatnoj modeli konsonantnych sistem v bolg. i russkom jazykach. — 9335.

SULLIVAN, W. J.: Abstractness, the syllable, and the fleeting vowel in Ru. — 2323.

10832 SVETOZAROVA, N. D., & ŠČERBAKOVA, L. P.: Opoznavanie tipa intonacionnogo kontura pri raznoj dline pred"javljaemogo otrezka predloženija. — [294], 119-128.

10833 [TOŠYAN, S. B.] TOŠJAN, S. B.: O pridychatel'nych soglasnych v russkom jazyke. — *LHG* 1975/1, 73-79 | Arm. summ.

10834 [TÓTH, I. H.] TOT, I. CH.: O sočetanijach reducirovannych pered plavnymi meždu soglasnymi v drevnerusskich rukopisjach XI v. — *VJa* 1976/4, 100-104.

10835 USTINOVA, E. G.: K voprosu ob udarenii otnositel'nych prilagatel'nych s

suffiksom -ov- (-ev-) v sovremennom russkom jazyke. — [335], 245-265.
10836   VERBICKAJA, L. A.: *Russkaja orfoėpija (K probleme ėksperimental'no-fonetičeskogo issledovanija osobennostej sovremennoj proiznositel'noj normy).* — Leningrad: Izd. LGU, 1976, 124 p., 34 fig.
10837   — Nekotorye charakteristiki sovremennoj proiznositel'noj normy s točki zrenija ob"ektivnych dannych. — [294], 75-79.
10838   ZLATOUSTOVA, L. V.: Razvitie prikladnoj lingvistiki v MGU. — *VMU* 1976/3, 36-46 | Analysis of Ru. speech.

2. GRAMMAIRE — GRAMMAR

2.0. *Généralités — General*

10839   BIELECKA, Janina: *Istoričeskaja grammatika russkogo jazyka.* — Kielce: Wyższa Szkoła Pedagogiczna, 1976, 152 p.
10840   BIRJULIN, L. A.: Derivacionnaja sistema sintaksičeskich struktur, obrazovannych verba meteorologica, v sovremennom russkom jazyke. — [345], 215-229.
10841   BOGUSŁAWSKI, Andrzej, & KAROLAK, Stanisław: *Gramatyka rosyjska w ujęciu funkcjonalnym.* Wyd. 2. — Warszawa: 1973 | BL 1973, 11310. | *BSl* 1, 1976/1, 68-80 Blagovesta Lingorska.
        DAHL, Ö., & KARLSSON, F.: Verbien aspektit ja objektin sijanmerkintä .... — 12357.
10842   DAUM, E., & SCHENK, W.: *A dictionary of Russian verbs* .... With an essay .... by Rudolf RŮŽIČKA. — Leipzig: 1974 | BL 1974, 9920. | *SEEJ* 20, 1976, 81-83 Harlan E. Marquess.
10843   *Grammatičeskie klassy slov russkogo jazyka.* [Red.: V. G. RUDELEV]. — Tambov: Tambovskij gos. pedag. inst., 1976, 165 p. | Contr. by V. G. RUDELEV, I. V. OLONCEVA, R. F. AFANAS'EVA, et al.
10844   LØNSTRUP, Brita: Syntagmatic relations in Russian. — *ScSl* 22, 1976, 161-174.
10845   TRUBINSKIJ, V. I.: O mežsistemnych grammatičeskich različijach vertikal'nogo plana. — [10791], 105-115.
10846   VINOGRADOV, V. V.: *Izbrannye trudy. Issledovanija po russkoj grammatike.* — Moskva: 1975 | BL 1975, 10371. | *SR* 41, 1976, 373-375 S. Ondrejovič.
        WAWRZYŃCZYK, J.: O rodzaju gramatycznym wybranej grupy rzeczowników .... — 10429.
10847   ZIMEK, R.: Funkcional'nyj aspekt v kursach russkoj morfologii i sintaksisa. — *RosOl* 13, 1975, 17-22.

2.1. *Morphologie et formation des mots — Morphology and word-formation*

10848   ATANASOVA, Ivanka: K voprosu o složnych suščestvitel'nych ženskogo roda v sovremennom russkom jazyke. — *AspSb* 3, 1976, 71-80.
10849   AUERBACH, Inge: *Nomina abstracta im Russischen des 16. Jahrhunderts* .... — München: 1973 | BL 1973, 11324. | *WSlav* 19-20, 1974-75, 381-389 Ernst Dickenmann.
10850   BARNETOVÁ, Vilma: *Morfologie slovesného vidu v ruštině.* — Praha: Kabinet cizích jazyků, 1975, 249 p. | Morphologie des Verbalaspekts im Russischen (Rés. ru.).
10851   BARTOSZEWICZ, Albert: Jeszcze o podzielności, motywacji i pochodności w słowotwórstwie. — [366], 21-28 | Ru. & Pol. examples.

10852 — Ewolucja współczesnego języka rosyjskiego a aglutynacja. — [10743], 59-66.
10853 BEARD, Robert: A semantically based model of a generative lexical wordformation rule for Russian adjectives. — *Lg* 52, 1976, 108-120.
10854 *Beiträge zur russischen Wortbildungslehre.* Red.: E. EICHLER. — Linguistische Arbeitsberichte 9; Leipzig: 1974, 120 p. | *ČRus* 21, 1976, 89-90 A. Rüst.
10855 BETÁK, Rudolf: Morfologický aparát lexikálnych jednotiek. — *RJ* 26, 1975-76, 389-402 | Morphologischer Apparat der lexikalischen Einheiten im Ru.
10856 BLICHARSKI, Michał: *Złożenia rzeczownikowe współczesnego języka rosyjskiego.* — Opole: 1973 | BL 1973, 11333. | *SlOr* 25, 1976, 106-110 Stanisław Szadyko | *ČRus* 21, 1976, 86-87 V. Straková.
10857 BOGUSŁAWSKI, Andrzej: On presenting inflectional facts (with special reference to Russian verbs). — [389], 21-32.
10858 BONDARKO, A. V.: K interpretacii oduševlennosti-neoduševlennosti, razrjadov pola i kategorii roda (na materiale russkogo jazyka). — [379], 25-39.
10859 BUKČINA, B. Z.: O sklonenii geografičeskich nazvanij tipa *Respublika Bolgarija.* — [4028], 171-180.
10860 ČEL'COVA, L. K.: Osobennosti sklonenija inojazyčnych geografičeskich nazvanij na *-y, -i.* — [4028], 164-171.
10861 ČEREPANOVA, O. A.: Ob odnom neproduktivnom tipe narečij v russkom jazyke. — *UZLU* 375, 1973, 197-205.
10862 DIMITROVA, Stefana: Ponjatie isključenija i ego naučnaja pravomernost' v opisanijach russkogo jazyka. — *RLing* 3, 1976, 121-127.
10863 DULEWICZOWA, Irena: *Nomina actionis we współczesnym języku rosyjskim.* — Komitet Słowianoznawstwa PAN, Monografie Slawistyczne 36: Wrocław: Zakład im. Ossolińskich, 1976, 148 p. | G. summ.
— Formant *-iště* || *-isko* w języku polskim i rosyjskim. — 10342.
10864 FORMAN, Miroslav: Přehodnocování gramatické kategorie čísla u substantiv přejímaných ruštinou z cizích jazyků. — *RJ* 27, 1976-77, 105-109 | Umwertung der grammatischen Kategorie der Zahl bei den aus den fremden Sprachen entlehnten Substantiven im Ru.
10865 FÖRSTER, Waldtraut: Zur Untersuchung morphologischer Varianten von Adjektiven in der russischen Gegenwartssprache (RSG). Zum Gebrauch von Adjektivdubletten auf *-ov-* und *-i-* im heutigen Russisch. — *WZUB* 24, 1975, 771-774.
10866 GASPAROV, B. M.: Postroenie modeli formal'nych klassov slov sovremennogo russkogo jazyka. — *UZTarU* 266, 1971 (*Trudy po ru. i sl. fil.* 17), 63-95.
10867 — Principy postroenija morfologičeskoj klassifikacii slov. — *UZTarU* 347, 1975 (*Trudy po ru. i sl. fil.* 23), 64-93.
10868 GERD, A. S.: Strukturnye tipy slov v sovremennom russkom jazyke. — *UZLU* 375, 1973, 56-65.
10869 GRAUDINA, L. K.: Norma upotreblenija toponimov s finaljami *-ov(o), -ev(o), -ëv(o), -in(o), yn(o).* — [4028], 140-164.
10870 IL'INA, N. E.: Morfonologičeskie čeredovanija v kornevych morfach (na materiale russkogo jazyka). — [294], 40-46.
10871 *Imennoe slovoobrazovanie russkogo jazyka.* [Red.: S. P. LOPUŠANSKAJA]. — Kazan': Izd. Kazanskogo un-ta, 1976, 224 p. | Coll. of 19 art.; not analyzed.
10872 ISAČENKO, A. V.: Glagol'nye osnovy i struktura otglagol'nogo slova (Po povodu stat'i V. V. Lopatina). — *RLing* 3, 1976, 157-161 | Discussion on V. V. LOPATIN, *IzvAN* 34, 409-417 (BL 1975, 10422).
10873 IVANOVA, T. A.: K istorii imennogo sklonenija (upotreblenie formy im.-vin. padežej množ. čisla na *-á* ot suščestvitel'nych mužskogo roda v russkom litera-

turnom jazyke XVIII - načala XIX v.). — *UZLU* 375, 1973, 86-96.
10874 JANKO-TRINICKAJA, N. A.: K sistemnosti russkogo slovoobrazovanija. — *NDVŠ-F* 1976/5, 44-54.
10875 JELITTE, Herbert: Wortbildungstyp und Wortbildungsmodell. — *ScSl* 22, 1976, 139-151.
10876 KALAKUCKAJA, L. P.: Sklonenie sobstvennych imen (familij) v otnošenii k norme. — [4028], 116-139.
10877 KAZEM-BEK, Kira: Algoritm obrazovanija povelitel'nogo naklonenija. — *JR* 30, 1976/3, 26-34.
10878 KIPARSKY, Valentin: 'Back to Leskien'. — *RLing* 3, 1976, 184-186 | Comments on Herbert S. COATS & Theodore M. LIGHTNER, *Lg* 51, 338-341 (BL 1975, 10388).
10879 KONEVECKIJ, A.: Pristavočnye mestoimennye narečija v russkom jazyke. II. — *Kalbotyra* 26/2, 1976, 7-23 | Cf. BL 1974, 9960.
10880 — Narečija ot bespredložnych form imen suščestvitel'nych v russkom jazyke. — *Kalbotyra* 26/2, 1976, 25-63.
10881 KOPECKIJ, Leontij Vasil'evič: *Morfologija sovremennogo russkogo literaturnogo jazyka.* — Praha: Stát. pedag. nakladatelství, 1976, 313 p.
10882 LOPATIN, V. V.: Slovoobrazpvanie kak ob"ekt grammatičeskogo opisanija. — [9074], 47-60.
10883 MALÍKOVÁ, Mária Ol'ga: Kompozitá s lexikálnymi morfémami *odno-, edino-, mono-* v ruštine a *jedno-, mono-* v slovenčine. — *SlavSl* 11, 1976, 289-295 | Compounds with the lexical morphemes *odno-, edino-, mono-* in Ru. and *jedno-, mono-* in Slov. (Ru. summ.).
10884 MARKOV, Boris: Nomina feminativa vo ruskiot jazik od aspekt na makedonskiot jazik. — *GZb* 1, 1975, 5-27 | Ru. summ.
10885 MARKOV, V. M.: *Istoričeskaja grammatika russkogo jazyka. Imennoe sklonenie.* — Moskva: 1974 | BL 1974, 9971. | *RLing* 3, 1976, 322-325 Wiesław Witkowski.
10886 MARTINOVA, Veska: K voprosu ob umenšitel'nych suščestvitel'nych. Nekotorye nabljudenija nad materialami četyrech povestej A. Gajdara "Škola", "Voennaja tajna", "Sud'ba barabanščika" i "Timur i ego komanda". — *AspSb* 3, 1976, 81-88.
10887 MARVAN, Jiří: Mjagkost' – kategorija formoobrazovatel'naja. — *RLing* 3, 1976, 19-33.
10888 MAZAN'KO, I. F.: Zametki ob obrazovanii narečij v drevnerusskom jazyke. — *VJa* 1976/5, 111-125.
10889 MENGE-VERBEECK, Renate: *Nullsuffix und Nullsuffigierung im Russischen ....* — München: 1973 | BL 1974, 9973. | *SEER* 54, 1976, 104-105 Nicholas J. Brown.
10890 MICHAJLOV, Mark: *Voprosy morfologičeskogo analiza (projavlenie vydelimosti morfem v derivacionnych processach).* — AUW 315, SW 7; Warszawa: Państwowe Wyd. Naukowe, 1976, 117 p.
10891 — O slovoobrazovanii po konkretnom obrazcu. — *SW* 6, 1976 (AUW 270), 75-88.
10892 — O processach, svjazannych s vydeleniem služebnych morfem v konkretnych obrazovanijach. — *SW* 9, 1976 (AUW 330), 97-108.
10893 MOISEEV, A. I.: Glagoly kak slovoobrazovatel'naja baza ličnych imen suščestvitel'nych (Na materiale naimenovanij lic po professii). — *UZLU* 375, 1973, 148-157.
10894 NIKITEVIČ, V. M.: O derivacionnoj sistemnosti i predmete derivacionnoj grammatiki. — *VJa* 1976/2, 36-42.

10895 NOVIKOVA, E. I.: K voprosu o regional'nom slovoobrazovanii. — [10791], 13-20.
10896 OHNHEISER, I.: II. Wissenschaftliche Konferenz "Aktuelle Probleme der russischen Wortbildung" 1975 in Samarkand/UdSSR. — *ZSl* 21, 1976, 235-241.
10897 OLECHNOWICZ, Mścisław: Struktura russkich kompozitov i ich akcentuacija. — *ZNUŁ* 109, 1976, 3-12 | Pol. summ.

OSTROMĘCKA-FRĄCZAK, B.: Czasowniki dwuformantowe z prefiksem *wy*- .... — 10383.

— Słowotwórczo-semantyczna typologia czasowników z prefiksem *wy*- .... — 10384.

10898 PENKOVA, P.: Pervaja klassifikacija russkich glagolov s primeneniem "pozicionnogo analiza". — *IzvAN* 35, 1976, 367-375.
10899 POLIVANOVA, A. K.: Substantivnye osnovy na -*k*(*a*) v sovremennom russkom jazyke. — [355], 209-244.
10900 RADOLIŃSKA, Wanda: Slovoobrazovatel'naja i semantičeskaja motivacija otglagol'nych suščestvitel'nych (na materiale derivatov s suffiksami -*nie*, -*enie*, -*anie* v sovremennom russkom jazyke). — [10743], 67-72.
10901 RADTKE, Dieter: Zur Bestimmung morphologischer Synonyme in der russischen Sprache der Gegenwart. — *PF* 26, 1976, 337-343.
10902 ROBERTS, C. B.: Lexical differentiation of the Russian prefixal allomorphs *o-*, *ob-*, *obo-*. — *ZPhon* 29, 1976, 64-76, 2 tab.
10903 SCHÖNLE, Paul Walter: *Zur Wortbildung im modernen Russisch.* — München: 1975 | BL 1975, 10451. | *ČRus* 21, 1976, 186-188 V. Straková | *KLit* 5, 1976, 33-37 M. Rammelmeyer.
10904 [SIEKIERZYCKI, E.] SEKEŽICKI, Ėdvard: K voprosu o morfologičeskom ispol'zovanii fonologičeskogo protivopostavlenija soglasnych po tverdosti i mjagkosti v sovremennom russkom jazyke. — *StRP* 7, 1975 (1976), 141-147 | Summ. in E.
10905 SIGALOV, P. S.: "Čeredovanie" *n*/*š* v russkich deminutivach. — *UZTarU* 266, 1971 (*Trudy po ru. i sl. fil.* 17), 110-129.
10906 — Morfologičeskie frazeologizmy i morfemno-slovoobrazovatel'naja členimost' slov. — *UZTarU* 347, 1975 (*Trudy po ru. i sl. fil.* 23), 135-140.
10907 — Istorija russkich ograničitel'nych glagolov. — *UZTarU* 347, 1975 (*Trudy po ru. i sl. fil.* 23), 141-181.
10908 SKLJAREVSKAJA, G. N.: Ob odnoj aktivnoj slovoobrazovatel'noj modeli v sovremennoj russkoj razgovornoj reči (imena suščestvitel'nye s suffiksom -*ik* s značeniem lica). — [347], 200-208.
10909 ŠKODROVA, Diana N.: O slovoobrazovatel'noj strukture suščestvitel'nych nazvanij vmestilišč. — *AspSb* 3, 1976, 89-98.
10910 STRAKOVÁ, Vlasta: *Substantivní derivace (v ruštině a češtině).* — Praha: 1973 | BL 1973, 11396. | *SFFBU* 25 (A 24), 1976, 119-120 D. Šlosar.
10911 — Substantivní kompozita v ruštině a češtině z hlediska systémových rozdílů. — *RJ* 26, 1975-76, 205-207 | Substantive compounds in Ru. and Cz. from the viewpoint of systemic differences.
10912 — K novým zahraničním publikacím o tvoření slov. — *JazA* 13, 1976, 105-108 | Recent publications on word-formation in Ru.
10913 [SZKATOWA, L.] ŠKATOVA, Ljudmila: K voprosu o vtoričnoj suffiksacii v russkom i pol'skom jazyke. — *StRP* 7, 1975 (1976), 133-140 | E. summ.
10914 THELIN, Nils B.: A note on some cases of dissimilative constraint in Modern Russian derivation. — *ScSl* 22, 1976, 153-159.
10915 TOWNSEND, Charles E.: *Russian word-formation.* Corrected repr. — Cambridge, Mass.: Slavica Publishers, 1975, xviii, 272 p. | First ed. 1968 (BL 1968, 9745).

10916 ULUCHANOV, I. S.: Slovoobrazovatel'naja semantika i principy ee opisanija v grammatikach slavjanskich jazykov. — [9074], 121-136.
WARCHOL, Š.: Morfologiczno-semantyczne właściwości sufiksu *-ę .... — 10427.
10917 [WORTH, D. S.] VORT, D. S.: O nereguljarnostjach (faktičeskich i mnimych). — RLing 3, 1976, 109-120.
10918 ZĄBKOWSKA, Jadwiga: Struktura słowotwórcza i motywacja znaczeniowa przymiotników odsłownych z sufiksem -l- (na materiale języka rosyjskiego w porównaniu z polskim). — [389], 123-133.
10919 ZEMSKAJA, E. A.: Sovremennyj russkij jazyk. Slovoobrazovanie. — Moskva: 1973 | BL 1974, 10003. | DLZ 97, 1976, 231-234 E. Eichler & I. Ohnheiser.
10920 ZMARZER, V.: K voprosu o proizchoždenii suščestvitel'nych na -ovnik v russkom jazyke. — EIRJa 8, 1976, 82-86.

2.2. *Syntaxe — Syntax*

10921 ADAMEC, Přemysl: K voprosu o sintaksičeskom statuse infinitivnych i nominalizacionnych fraz u glagol'no-substantivnych vyraženij. — ČRus 21, 1976, 147-154.
10922 ADMONI, V. G.: Formy, faktory i funkcii porjadka slov. — [9074], 199-208.
10923 AKIMOVA, G. N.: Odnorodnye pozicii predikatov v jazyke XVIII v. — UZLU 375, 1973, 12-22.
10924 — Nabljudenija nad segmentirovannymi konstrukcijami v sovremennom russkom jazyke. — [10786], 237-247.
10925 — Rašširenie i razvertyvanie predloženija posredstvom odnorodnych kustov (na materiale russkogo literaturnogo jazyka XVIII v.). — ČRus 21, 1976, 75-80.
10926 ANDREEVA, Elena: Vyraženie modal'nosti pri osložnennych formach sostavnych skazuemych v naučnom stile reči. — BRus 3, 1976/6, 27-30.
10927 ANDREYEWSKY, Alexander: On expressing sameness in Modern Russian. — [376], 182-192.
10928 ARUTJUNOVA, N. D.: Bytijnye predloženija v russkom jazyke. — IzvAN 35, 1976, 229-238.
10929 — Semantičeskoe soglasovanie slov i interpretacija predloženija. — [9074], 158-171.
10930 AVER'JANOVA, A. N.: Glagoly dviženija (pereměščenija) v sovremennom russkom jazyke. — UZLU 375, 1973, 3-11.
10931 AVILOVA, N. S.: Vid glagola i semantika glagol'nogo slova. — Moskva: Nauka, 1976, 328 p.
10932 BABBY, Leonard H.: A transformational grammar of Russian adjectives. — The Hague: 1975 | BL 1975, 10485. | CanSS 10, 1976, 432-433 Michael K. Launer | AUMLA 46, 1976, 365-368 D. Barton Johnson.
— Towards a formal theory of "part of speech". — 2402.
BAJOR, K.: Konstrukcje z przyimkiem o w języku polskim i rosyjskim .... — 10330.
BARKHUDAROV, L. S., & CHERNYAKHOVSKAYA, L. A.: Constrastive E.-Ru. studies ... — 8156.
10933 BARTSCHAT, B.: Die semantischen Beziehungen zwischen *poka* und *poka ne* und ihr Einfluss auf die Aspektwahl. — ZSl 21, 1976, 176-180.
10934 BELOŠAPKOVA, V. A.: Složnoe predloženie i slovosočetanie (k voprosu ob izomorfizme v sintaksičeskoj sisteme). — [9074], 79-89.

10935 BIRKENMAIER, Willy: Die Funktion von *odin* im Russischen. — *ZSlPh* 39/1, 1976, 43-59.
       BOBRAN, M.: Struktura ogólna zwrotów składniowych w języku polskim i rosyjskim. — 10332.
       — Uwagi o istoniejszych cechach syntaktycznych czasowników polskich i ros. — 10333.
10936 BOGDANOVA, V. A., & IL'MINSKAJA, N. I.: Polipredikativnye edinicy v razgovornoj reči i nekotorye osobennosti ich funkcionirovanija. — *VStil* 10, 1975, 46-61.
10937 BOJKO, A. A.: *Sočetanija s infinitivom nesoveršennogo vida* .... — Leningrad: 1973 | BL 1973, 11428. | *SSlav* 22, 1976, 180-183 I. Nëmarkaj [= Nyomarkay].
10938 — Glagol'nye sočetanija s infinitivom soveršennogo vida. — *UZLU* 375, 1973, 23-36.
10939 BORKOVSKIJ, V. I.: Sintaksis skazok Puškinskich mest. — [238], 375-388.
10940 BOSÁK, Ctirad: O navazování promluv. — *ČRus* 21, 1976, 80-84 | On the connection of utterances (Ru. summ.).
10941 BRICYN, V. M.: Vidokremleni označennja v rosijs'kij ta ukrajins'kij movach. — *Mov* 1976/5, 35-42 | Isolated attributes in Ru. and Ukr.
10942 BRYM, Jiří: K otázce významu ruských imperativů ve vedlejších větách podmínkových. — *ČRus* 21, 1976, 68-74 | On the meaning of Ru. imperative forms in conditional clauses (Ru. summ.).
10943 BULANIN, L. L.: Passiv sostojanija v russkom jazyke. — *UZLU* 375, 1973, 37-48.
10944 CEJTLIN, S. N.: Sintaksičeskie modeli so značeniem psichičeskogo sostojanija i ich sinonimika. — [10786], 161-181.
10945 ČEPASOVA, A. M.: Specifika funkcionirovanija grammatičeskich kategorij vo frazeologizmach (I). — [10790], 3-30.
10946 ČEREMISINA, M. I.: *Sravnitel'nye konstrukcii russkogo jazyka*. Otv. red.: K.A. TIMOFEEV. — Novosibirsk: Izd. "Nauka", Sibirskoe otdelenie, 1976, 270 p.
10947 ČEREMISINA, N. V.: Melodika i sintaksis russkoj sintagmy. — [10786], 65-85.
10948 ČERNOVA, V. I.: O slovosočetanijach s objazatel'noj oposredovannoj sočetaemost'ju komponentov. — Kurskij gosud. pedag. in-t: *Naučnye trudy* 32 (125), 1974 [cf. 10959], 76-101.
10949 CHANNON, Robert: "Pseudo-reflexive" verbs in Russian. — [376], 66-77.
10950 CHMELEVA, V. N.: Vlijanie tipa sintaksičeskoj svjazi na semantiku frazeologičeskich edinic. — [10790], 78-83.
10951 CHVANY, Catherine V.: The grammar of *dolžen*: lexical entries as a function of theory. — [376], 78-122.
10952 CROCKETT, Dina B.: *Agreement in contemporary standard Russian*. — Cambridge, Mass.: Slavica Publishers, 1976, iv, 456 p.
10953 ČUMAKOV, G. M.: *Sintaksis konstrukcij s čužoj reč'ju*. — Kyjiv: "Vyšča škola", 1975, 219 p. | *SS* 37, 1976, 349-351 Růžena Bergerová.
10954 DANILENKO, L. P.: Porjadok častej složnopodčinennogo predloženija, vyražajuščego poslovicu ili pogovorku. — *UZLU* 375, 1973, 66-77.
10955 DEMIDOVA, G. I.: Predložnye konstrukcii, vyražajuščie sravnitel'no-sopostavitel'nye otnošenija v dialekte. — [10791], 92-104.
10956 DEŠERIEVA, T. I.: K probleme opredelenija kategorii glagol'nogo vida. — *VJa* 1976/1, 73-81.
10957 DIMITROVA, Liljana: Za skazuemoto v ruski i bălgarski naučen tekst. — *BSl* 1, 1976/6, 46-61 | Ru. summ.
10958 DOROS, Aleksander: *Werbalne konstrukcje bezosobowe w języku rosyjskim i polskim* .... — Wrocław: 1975 | BL 1975, 10511. | *SlOr* 25, 1976, 399-401

Barbara Kryżan-Stanojević.

10959 FEDOROV, A. K.: Obratnoe podčinenie v sovremennom russkom jazyke. — Kurskij gosud. pedag. institut: *Naučnye trudy* 32 (125): *Problemy sintaksisa russkogo jazyka. Nekotorye voprosy slovosočetanija i složnopodčinennogo predloženija.* [Red.: A. K. Fedorov, et al.] (Orel: 1974), 3-61.

10960 FEDOROVA, M. V.: Leksičeskaja dubletnost' v tekstach XVIII veka (materialy dlja izučenija tipov russkoj nominacii). — *NDVŠ-F* 1976/5, 64-70.

10961 FEDOSEEV, Vasilij: O dolžestvovatel'nom značenii. — *StRP* 7, 1975 (1976), 127-132 | E. summ.

10962 FLECKENSTEIN, Christa: Varianten nominaler Fügungen in der modernen russischen Sprache. — [223], 153-165.

10963 FLÍDROVÁ, Helena: Nástin problematiky kategorie modality. — *RosOl* 13, 1975, 23-31.

10964 — Syntax v teorii a v praxi I-II. — *RJ* 27, 1976-77, 119-125; 170-175 | Syntactic problems of Ru.

10965 FLORENSKAJA, Ė.: Dichotomija "sočinenie/podčinenie" i formal'nye kriterii opredelenija zavisimosti v složnom predloženii. — *RFTarU* 4, 1975, 173-191.

10966 FONTAŃSKI, Henryk: Stosunki przeciwstawności w zdaniu prostym w językʿu rosyjskim i polskim. — *ZNOp, Filologia Rosyjska* 13, 1976, 121-132 | Ru. summ.

10967 — Kontrasty rosyjsko-polskie w zakresie wyrażania stosunków współrzędności w zdaniu pojedynczym. — [366], 73-86.

10968 FORMANOVSKAJA, Natalija: O strukturnom parallelizme. — *BRus* 3, 1976/1, 25-30.

10969 FORSYTH, J.: *A grammar of aspect....* — London: 1970 | BL 1970, 9639. | *WSlav* 19-20, 1974-75, 393-395 Alfons Höcherl.

10970 GAK, V. K.: Nominalizacija skazuemogo i ustranenie sub"ekta. — [10786], 85-102.

10971 GARDE, Paul: Analyse de la tournure russe *mne nečego delat'.* — *IJSLP* 22, 1976, 43-60.

10972 GASPAROV, B. M.: Opyt teorii sintagmatičeskich svjazej (na materiale sovremennogo russkogo jazyka). — *UZTarU* 266, 1971 (*Trudy po ru. i sl. fil.* 17), 3-62.

10973 — Struktura formal'noj svjazi predloženij v sovremennom russkom jazyke. — *UZTarU* 347, 1975 (*Trudy po ru. i sl. fil.* 23), 30-63.

10974 GEORGIEV, Ignat: Lingvističeskie i ėkstralingvističeskie uslovija vyraženija sub"ekta. — *BRus* 3, 1976/4, 15-16.

GIUSTI FICI, F.: Il problema della modalità.... nello specchio della lingua russa. — 6390.

10975 GULYGA, E. V.: O vzaimodejstvii smysla i sintaksičeskoj semantiki predloženija. — *NDVŠ-F* 1976/1, 67-75.

10976 GUSTAVSSON, Sven: *Predicative adjectives with the copula* byt' *in Modern Russian.* — Stockholm Sl. Studies 10; Stockholm: Almqvist & Wiksell, 1976, [iv], 399 p.

10977 IL'IN, G. M., NOVICKAJA, I. M., & SMIRNOVA, L. N.: O voprositel'nych ėlementach v sisteme "zapros – otvet". — [348], 65-74.

10978 IL'IN, G. M., & SMIRNOVA, L. N.: Ob odnom sposobe vyraženija v tekste klassa "količestvo". — [348], 74-85.

10979 INFANTOVA, G. G.: *Očerki po sintaksisu sovremennoj russkoj razgovornoj reči.* — Rostov n/D: 1973 | BL 1974, 10050. | *ČRus* 21, 1976, 84-86 M. Angherá & Vl. Barnet.

10980 IVANNIKOVA, E. A.: Ob atributivnom upotreblenii narečij. — [10786], 121-130.

10981 IVANOVA, V. F.: Modeli količestvennych predloženij i svjazannoe s nimi upotreblenie glagolov. — *UZLU* 375, 1973, 78-85.

10982 — Spornye voprosy grammatiki i stilistiki količestvennych predloženij. — [10786], 182-194.

10983 JANOŠTÁKOVÁ, Lýdie: Nekotorye zamečanija otnositel'no formy obščego voprositel'nogo predloženija s časticej *li*. — [370], 160-174 | E. summ.

10984 JANUS, Elżbieta: Wykładniki intensywności cechy w języku rosyjskim. — [372], 269-280.

10985 KAMYNINA, A. A.: Obstojatel'stvennye oboroty v strukture prostogo predloženija. — *VMU* 1976/5, 13-25.

10986 KAPORULINA, L. V.: Prisubstantivnye padežnye i predložno-padežnye konstrukcii v russkom jazyke XIV-XVII vv. — *UZLU* 375, 1973, 97-107.

10987 KARCEVSKIJ, S. O.: Sravnenie. — *VJa* 1976/1, 107-112.

10988 [KAROLAK, S.] KAROLJAK, S.: Ob objazatel'nych i fakul'tativnych komponentach vyskazyvanija. — [9074], 147-158.

10989 KIRIČENKO, N. L.: Predikat "čast' - celoe" i jazykovye sposoby ego vyraženija. — [348], 45-55.

10990 KLENINA, A. V.: K voprosu ob aktual'nom sintaksise naučnogo teksta. — *VMU* 1976/1, 44-53.

10991 KOBOZEVA, Irina: Sintaksičeskoe obosnovanie pravila perenesenija otricanija v russkom jazyke. — *ČRus* 21, 1976, 54-62.

10992 KONONENKO, V. I.: *Sistemno-semantičeskie svjazi v sintaksise russkogo i ukrainskogo jazykov.* — Kiev: "Vyšča škola", 1976, 209 p. | *Mov* 1976/5, 92-94 F. Hužva.

10993 KONOPLINA, E. D.: Sintaksičeskaja sočetaemost' kak istoričeski izmenjajuščajasja kategorija (na materiale russkogo glagola). — [346], 80-94.

10994 KOROTAEVA, È. I.: Obosoblenie člena predloženija, vyražennogo kosvennym padežom suščestvitel'nogo. — *UZLU* 375, 1973, 121-127.

10995 KOVTUNOVA, I. I.: *Sovremennyj russkij jazyk. Porjadok slov i aktual'noe členenie predloženija.* — Moskva: "Prosveščenie", 1976, 239 p. | *NDVŠ-F* 1977/1, 115-117 E. A. Ivančikova.

10996 — Porjadok slov i leksiko-semantičeskaja struktura predloženija. — [9074], 182-190.

10997 KOZYREVA, T. G., & ASTAF'EVA, N. I.: *Sovremennyj russkij jazyk. Složnosočinennoe predloženie. Složnopodčinennoe predloženie.* — Minsk: "Vyšėjšaja škola", 1976, 143 p.

10998 KREMNEVA, N. D.: Ob ispol'zovanii vido-vremennych form ličnogo glagola pri perevode teksta vo vnutrennjuju strukturu. — [348], 85-93.

10999 KREMNEVA, N. D., MOREVA, V. Ju., & UL'JANOVA, G. S.: Principy postroenija grammatiki russkogo sintaksičeskogo analiza s učetom predpočtenija i porjadka zamykanija svjazej. — [348], 139-144.

11000 KRYLOVA, O. A.: Determinanty v aspekte kommunikativnogo sintaksisa. — *VJa* 1976/2, 43-52.

11001 KUBÍK, Miloslav: K problematice sémantické struktury ruské věty. — *ČRus* 21, 1976, 49-54 | Problems of the semantic structure of the Ru. sentence (Ru. summ.).

11002 KUČEROVÁ, Eleonóra: Slovesno-menné slovné spojenia so slovesným komponentom *delat'*. — *SlavSl* 11, 1976, 253-259 | Verbal-nominale Wortverbindungen mit der Komponente *delat'* im Ru. (Rés. ru.).

11003 KUZ'MINA, N. A.: Mestoimenija *kotoryi, kakyi, kyi* v raznych žanrach drevnerusskich pamjatnikov XI-XVI vekov. — *VStil* 10, 1975, 154-160.

11004 LAPTEVA, O. A.: *Russkij razgovornyj sintaksis.* — Moskva: Nauka, 1976, 397 p. |

VJa 1977/5, 149-154 G. G. Infantova.

11005 — Strukturno-grammatičeskaja rol' porjadka slov v sisteme ustno-razgovornogo sintaksisa. — [9074], 219-228.

11006 — O vlijanii funkcional'nogo rassloenija literaturnogo jazyka na ego grammatiku. — [10786], 5-24.

11007 LEBEDEVA, G. I.: Processual'nye frazeologizmy s polnoj paradigmoj naklonenija. — [10790], 42-58.

11008 LEONENKO, M. A.: Konstrukcii s sopostavitel'no-vydelitel'nymi predlogami. — [10786], 206-217.

11009 LEVIN, Jurij L.: Über eine Gruppe von Konjunktionen im Russischen. — [7354], 63-103 | First publ. in Ru. in 1970.

11010 LJUKŠIN, Ju. V.: K voprosu o sintaksičeskich pozicijach odnosostavnych predloženij. — *UZLU* 375, 1973, 128-137.

11011 LUKSZYN, Jurij: O pojęciu jednostki ponadfrazowej w językoznawstwie radzieckim. — *SlOr* 25, 1976, 513-518.

11012 LUŠČAJ, V. V.: O transformacionnoj paradigme sintaksičeskich struktur. — *NDVŠ-F* 1976/5, 86-91.

11013 MEŠČERSKIJ, N. A.: K voprosu o vzaimodejstvii jazykov na urovne sintaksisa. — [10791], 86-91.

11014 MILLER, J[ames E.]: A localist account of the dative case in Russian. — [376], 244-261.

11015 MUCHIN, A. M.: O slovosočetanijach (frazach) i metodach ich izučenija (na materiale sovremennogo russkogo jazyka). — [9074], 61-72.

11016 NASSONOVA, K. A.: O roli slovoobrazovatel'nych svjazej v postroenii slovosočetanij (drevnerusskie substantivnye slovosočetanija s roditel'nym padežom). — *UZLU* 375, 1973, 168-174.

11017 NEWMAN, Lawrence W.: The notion of verbal aspect in eighteenth century Russia. — *RLing* 3, 1976, 35-53.

11018 NIKONOVAJTE, F. I.: Frazeologičeskie edinicy s častičnoj vidovoj sootnositel'nost'ju. — [10790], 31-41.

11019 [NILSSON, B.] NIL'SSON, Barbro: Narečie kak opredelenie neproizvodnych suščestvitel'nych v sovremennom russkom jazyke. — *RLing* 3, 1976, 129-136.

11020 NOVICKAJA, I. M.: O nekotorych značenijach sojuza *ili.* — [348], 37-45.

11021 NOVOŽENOVA, Z. L.: Neskol'ko zamečanij o principe ėkonomii v sintaksise razgovornoj reči. — *VStil* 10, 1975, 135-142.

11022 ONUFRIJČUK, Ė. A.: Uslovija pojavlenija ėllipsisa v tekste i trudnosti, svjazannye s ego vosstavleniem. — [348], 131-139.

11023 OTKUPŠČIKOVA, M. I.: Zameščenie predikatov posredstvom mestoimennych slov osobogo tipa. — [348], 116-131.

11024 OTKUPŠČIKOVA, M. I., & ZAMBRŽICKIJ, V. L.: Konnektor pričiny i sposoby ego vyraženija v tekste. — [348], 20-37.

11025 OTTEN, Fred: *Die finiten Verbalformen...* — Wiesbaden: 1973 | BL 1973, 11511. | *IF* 80, 1975 (1976), 177-179 F. V. Mareš.

11026 PADUČEVA, E. V.: *O semantike sintaksisa...* — Moskva: 1974 | BL 1974, 10097. | *ČRus* 21, 1976, 179-181 R. Zimek | *Linguistics* 181, 1976, 74-79 J. Miller.

11027 PERŠIKOVA, M. S.: Funkcional'no-semantičeskij analiz konstrukcij so slovom *čtoby* v russkom jazyke. — [348], 93-102.

11028 PETRUCHINA, E.: K voprosu o nejtralizacii vidovogo protivopostavlenija. — *ČRus* 21, 1976, 174-178.

11029 POPOV, A. S.: Grammatičeskoe i stilističeskoe svoeobrazie sovremennych rus-

skich predloženij s količestvennymi podležaščimi. — [10786], 195-205.
POPOVA, Z. D.: K voprosu o gr. vlijanii na padežnuju i predložno-padežnuju sistemu staroslavjanskogo i drevnerusskogo jazykov. — 9296.

11030 PROKOPOVIČ, E. N.: O nekotorych osobennostjach upotreblenija form prošedšego soveršennogo v stroe predloženija. — [10786], 112-120.

11031 PROKOPOVIČ, N. N., DERIBAS, L. A., & PROKOPOVIČ, E. N.: *Imennoe i glagol'noe upravlenie v sovremennom russkom jazyke.* — Moskva: "Russkij jazyk", 1975, 190 p. | *NDVŠ-F* 1976/6, 109-111 L. K. Graudina & V. A. Ickovič.

11032 PROKUROVSKAJA, N. A.: Nekotorye osobennosti upotreblenija časticy *vot* v ustnoj razgovornoj reči. — *VStil* 8, 1974, 116-120.

11033 PRZYGODA, Marian: *Predykatywne konstrukcje syntaktyczne z imiesłowem biernym dokonanym we współczesnym języku rosyjskim w aspekcie porównawczym z językiem polskim.* — Zielona Góra: Wyższa Szkoła Pedagogiczna, 1976, 187 p.

11034 — Rosyjskie konstrukcje syntaktyczne z bezokolicznikiem i ich polskie ekwiwalenty z gerundium. — [366], 119-129.

11035 RASPOPOV, I. P.: Čto že takoe strukturnaja schema predloženija? (Po povodu stat'i S. I. Kokorinoj "O realizacii strukturnoj schemy predloženija"). — *VJa* 1976/2, 65-70 | Apropos of S. I. KOKORINA, *VJa* 1975/3, 73-83 (BL 1975, 10545).

11036 RATHMAYR, Renate: Die modalen Bedeutungen der perfektiven Präsensform im Russischen. Gibt es zeitlich lokalisierte modale Bedeutungen der perfektiven Präsensform? — [260], 319-336.

11037 RICHARDS, Karen Rondestvedt: Toward a history of the possessive in literary Russian: the demise of the possessive adjective. — [114], 260-273, 2 tab.

11038 ROGOVA, K. A.: O nekotorych osobennostjach slovoraspoloženija v svjazi s organizaciej konteksta. — *UZLU* 375, 1973, 181-187.

11039 ROSLOVEC, Ja. I.: O vtorostepennych členach predloženija i ich sintaksičeskich funkcijach. — *VJa* 1976/3, 74-88.

RŮŽIČKA, R., et al.: Syntaktische und semantische Reflexivität ... — 2596.

11040 SALNIKOW, Nikolai: *Xodit'* und *sxodit'* (Zur Problematik von Aspekt und Aktionsarten). — [260], 363-382.

11041 ŠAMRAJ, Tat'jana: Semantičeskaja interferencija složno-podčinennych iz"jasnitel'nych (i sinonimičnych im) predloženij s glagolami *verit'*, *nadejat'sja* i *bojat'sja*. — *BRus* 3, 1976/5, 26-31.

11042 SAVINA, V. M.: O sootnošenii vo vremeni dejstvij deepričastija i glagola-skazuemogo v odnom tipe osložnennych predloženij. — *BEH* 1976/2, 211-215 | Arm. summ.

11043 ŠČADNEVA, V.: K voprosu o prirode javlenija substitucii. — *RFTarU* 4, 1975, 155-164.

11044 SCHOLZ, Friedrich: *Russian impersonal expressions used with reference to a person.* — The Hague: 1973 | BL 1973, 11535. | *Slavia* 45, 1976, 199-202 V. Barnetová.

11045 SEDEL'NIKOV, E. A.: Ob iskonnoj strukture russkich infinitivnich predloženij. — *NDVŠ-F* 1976/6, 50-59.

11046 ŠELJAKIN, M. A.: Aspektual'noe upotreblenie glagolov soobščenija v russkom jazyke (K probleme sinonimii vidov). — *NDVŠ-F* 1976/3, 56-64.

11047 SENDERO, Bogdan: Konstrukcje typu *syn wospitalsia matierju* jako leksykosyntaktyczny ekwiwalent ergatywnej budowy zdania. — [355], 93-96.

11048 ŠEREMET, T. K.: Glagoly dviženija v sovremennom russkom jazyke. — *ZbFL* 18, 1975/2 (1976), 31-59 | Summ. in SCr.

11049 SIEGEL, Muffy: Capturing the Russian adjective. — [352], 293-309.

11050 *Sintaksis i norma.* [Red.: G. A. ZOLOTOVA]. — Moskva: 1974 | BL 1974, 9880. | *JČ* 27, 1976, 80-82 E. Bajzíková | *ČRus* 21, 1976, 184-186 E. Trösterová | *RosOl* 13, 1975, 44-48 L. Zimková.
11051 ŠMELEV, D. N.: *Sintaksičeskaja členimost' vyskazyvanija v sovremennom russkom jazyke.* — Moskva: Nauka, 1976, 151 p.
11052 STANIŠEVA, D.: K voprosu o razgraničenii sintaksičeskich sinonimov i sintaksičeskich variantov. — *ČRus* 21, 1976, 155-160.
11053 STEPANJUK, S. V.: Differencial'nye priznaki sintaksičeskoj kategorii celi. — *NDVŠ-F* 1976/1, 76-82.
11054 SUDAKOV, G. V.: K voprosu ob osobennostjach padežnoj semantiki v narodnorazgovornoj reči XVII v. — *NDVŠ-F* 1976/3, 99-107.
11055 SUPRUN, A. E.: Verojatnostnyj charakter jazyka i opisanie grammatičeskoj sistemy. — [9074], 12-22.
11056 SUSSEX, Roland: The numeral classifiers of Russian. — *RLing* 3, 1976, 145-155.
11057 ŠVEDOVA, N. Ju.: Sintaksičeskoe želatel'noe naklonenie. — [238], 455-466.
11058 — Mesto semantiki v opisatel'noj grammatike (sintaksis). — [9074], 105-121.
11059 SVEDSTEDT, Dag: *Position of objective personal pronouns. A study of word order in Modern Russian.* — Stockholm Sl. Studies 9: Stockholm: Almqvist & Wiksell, 1976, iv, 191 p. | *RLing* 3, 1976, 326-329 Barbro Nilsson.
SZYMONIUK, M.: Sopostavlenie razgovornych sintaksičeskich konstrukcij .... — 10417.
11060 TARLANOV, Z. K.: O sintaksičeskom statuse tak nazyvaemogo nominativnogo ukazatel'nogo predloženija v russkom jazyke. — [10791], 116-120.
11061 TIMBERLAKE, Alan: The nominative object in North Russian. — [376], 219-243.
11062 TRÖSTEROVÁ, Zdeňka: Spojovací výraz *jako* a jazykové prostředky kompenzující jeho polyfunkčnost v staroruském hypotaktickém souvětí. (Na materiálu letopisů 13.-15. st.). — *Slavia* 45, 1976, 236-244 | La conjonction *jako* et les moyens linguistiques compensant sa polyfonction en v.-ru.
11063 TRUBINSKIJ, V. I.: Ob odnom katalizatore bezličnosti v sovremennom russkom jazyke (Na materiale stradatel'no-bezličnych konstrukcij s otricaniem). — *UZLU* 375, 1973, 188-196.
11064 TULINA, T. A.: Semantičeskaja specifika imeni orudija i osobennosti ego funkcionirovanija. — *NDVŠ-F* 1976/6, 89-94.
11065 UCHANOV, G. P.: Pridatočnoe v sočetanii s odnorodnym emu členom predloženija. — [10786], 217-237.
VEYRENC, J.: Sur la double diathèse d'objet des énoncés translocatifs. — 2636.
11066 VOINOVA, E. I.: Predloženija s predikativami ocenki v rjadu sootnositel'nych tipov. — *UZLU* 375, 1973, 49-55.
11067 VSEVOLODOVA, M. V.: Nominativno-akkuzativnye struktury i ich konversivy v russkom jazyke. — *NDVŠ-F* 1976/6, 67-73.
11068 [WIECZOREK, D.] VEČOREK, Diana: *Relevantnaja funkcija porjadka slov v sovremennom russkom jazyke.* — AUW 317, SW 8; Warszawa: Państwowe Wyd. Naukowe, 1976, 69 p.
11069 — Rol' porjadka slov v ustranenii sintaksičeskoj polisemii. — *SW* 6, 1976, (AUW 270), 127-131.
11070 ZARECKAJA, E. N.: Formy povelitel'nogo naklonenija v russkom jazyke. — *NDVŠ-F* 1976/3, 47-55.
11071 ZLATKIN, V. Z.: Vzaimodejstvie leksičeskich značenij v sočetanii "glagol – predlog – imja". — *VJa* 1976/4, 105-112.
11072 ZOLOTOVA, G. A.: *Očerk funkcional'nogo sintaksisa russkogo jazyka.* — Moskva:

1973 | BL 1973, 11565. | *ZbFL* 18, 1975/1 (1976), 229-235 Milka Ivić | *SlOr* 25, 1976, 110-112 Wanda Fal | *Linguistics* 181, 1976, 69-74 J. Miller.
11073 — O sintaksičeskich svojstvach imen kačestva. — [10786], 130-160.

3. HISTOIRE — HISTORY

11074 BACHTURINA, R. V.: Latinizmy v "Naziratele". — [10771], 91-97.
11075 BARTOSZEWICZ, Albert: *Istorija russkogo literaturnogo jazyka*. 2. *Nacional'nyj period do sovetskoj épochi*. — Warszawa: Państwowe Wyd. Naukowe, 1976, 164 p. | Cf. BL 1973, 11569.
11076 BASKAKOV, N. A.: Tjurkizmy – voinskaja terminologija i bytovaja leksika v *Slove o polku Igoreve*. — *RO* 38, 1976, 71-81.
11077 — Poloveckie otbleski v "Slove o polku Igoreve". — *UAJb* 48, 1976, 17-31.
11078 BIRNBAUM, Henrik: Review article: Fact and fiction concerning the genesis of literary Russian. — *RLing* 3, 1976, 167-180 | On No. 11092.
11079 — On the significance of the second South Slavic influence for the evolution of the Russian literary language. — *IJSLP* 21, 1975, 23-50 | Separately as: PdR Press Publ. in the Hist. of the Ru. Language 1; Lisse 1976.
11080 BOECK, [Wolfgang], FLECKENSTEIN, [Christa], FREYDANK, [Dietrich]: *Geschichte der russischen Literatursprache*. — Leipzig: 1974 | BL 1974, 10156. | *NDVŠ-F* 1976/1, 114-117 V. V. Odincov & N. G. Michajlovskaja | *DLZ* 97, 1976, 655-658 K. Müller.
11081 CHITROVA, V. I.: Voronežskie revizskie skazki XVIII v. — [10771], 51-59.
11082 DERJAGIN, V. Ja.: Var'irovanie jazykovych sredstv v tekstach delovoj pis'mennosti (važskie denežnye otpisi XVI-XVII vv.). — [10771], 3-37.
11083 EISMANN, Wolfgang: *O silogizme vytolkovano. Eine Übersetzung des Fürsten Andrej M. Kurbskij* . . . . — Wiesbaden: 1972 | BL 1974, 10160. | *SEER* 54, 1976, 452-453 Inge Auerbach.
11084 FILIN, F. P.: Lingvističeskoe istočnikovedenie i istorija russkogo jazyka. — *IzvAN* 35, 1976, 542-544.
11085 FILKOVA, Penka: *Istorija russkogo literaturnogo jazyka XIX-XX vv*. — Sofija: Nauka i izkustvo, 1976, 296 p.
11086 FREIDHOF, Gerd: *Auszüge aus der Gennadius-Bibel (1499)*. Teil I . — Frankfurt a.M.: 1974 | BL 1974, 10164. | *ASlPh* 8, 1975, 173-177 Eckhard Weiher.
11087 GALSTER, Irena: Wybrane zagadnienia składni staroruskiej (na materiale siedemnastowiecznego przekładu z języka polskiego). — [389], 33-40.
11088 — Formy stopnia wyższego i najwyższego przymiotników w staroruskim przekładzie z języka polskiego. — [9085], 119-124.
11089 GOLYŠENKO, V. S.: Dve rukopisi XVI v. iz sobranija Instituta russkogo jazyka AN SSSR. — [10771], 225-232.
11090 GRZYBOWSKI, Stefan: Z leksji nowogrodzkich gramot brzozowych. — *ZNUŁ* 109, 1976, 27-31 | Ru. summ.
11091 IŠČENKO, D. S.: "Ustav Studijskij" po spisku XII v. (fragmenty). — [10771], 109-130 | Edition.
11092 ISSATSCHENKO, Alexander: *Mythen und Tatsachen über die Entstehung der russischen Literatursprache*. — SbÖAW 298, 5 (Veröffentlichung der Kommission für Linguistik und Kommunikationsforschung 3); Wien: Verlag der Österreichischen Akad. der Wiss., 1975, 52 p. | Cf. 11078.
11093 JUSZKIEWICZ, Urszula: Porównawczy słownik Katarzyny II na tle rozwoju rosyjskiego języka literackiego XVIII wieku. — *AUMCS* 30, 1975 (1976), 157-

168 | Ru. & E. summ.

11094 KLUETING, Harm: *Die niederländische Gesandtschaft nach Moskovien im Jahre 1630-1631. Edition der russischen Protokolle und ihrer niederländischen Übersetzungen mit paläographischer und sprachlicher Beschreibung. Ein Beitrag zur russischen Kanzleisprache* (prikaznyj jazyk) *des 17. Jahrhunderts.* — Amsterdam: Hakkert, 1976, xxxiv, 300 p.

11095 KNJAZEVSKAJA, O. A.: Bukvy *o, e* na meste reducirovannych glasnych v rostovskich rukopisjach načala XIII veka. — [344], 327-336.

11096 KOTKOV, S. I.: Dnevnik učastnika russkogo posol'stva v strany Zapadnoj Evropy v konce XVII v. (Spisok Gosudarstvennogo archiva Rjazanskoj oblasti). — [10771], 167-205, facsim. | Edition.

11097 KOTKOVA, N. S.: Nekotorye svedenija o tamožennych knigach XVII v. — [10771], 38-50.

11098 LEWANDOWSKI, Theodor: *Das mittelniederdeutsche Zwiegespräch* ... — Köln: 1972 | BL 1972, 10174. | *Erasmus* 28, 1976, 658-661 W. Baumann.

11099 LOTMAN, Ju., & USPENSKIJ, B.: Spory o jazyke v načale XIX v. kak fakt russkoj kul'tury ("Proisšestvie v carstve tenej, ili Sud'bina rossijskogo jazyka" – neizvestnoe sočinenie Semena Bobrova). Stat'ja, publikacija i kommentarij. — *UZTarU* 358, 1975 (*Trudy po ru. i sl. fil.* 24), 168-322 | *RLing* 3, 1976, 305-311 Aleksandr Isačenko.

11100 L'VOV, A. S.: O čtenii odnogo mesta Žitija Mefodija. — [10771], 75-79.

11101 MEŠČERSKIJ, N. A.: K izučeniju jazyka "Slovo o zakone i blagodati". — *TODrL* 30, 1976, 231-237.

11102 MORDOVINA, S. P., & STANISLAVSKIJ, A. L.: Smolenskaja krestoprivodnaja kniga 1598 g. — [10771], 131-166 | Edition.

11103 PRZYTULECKA, Maria: Konstrukcje z krótką formą imiesłowu czynnego w "Opowieści o królewiczu Bowie" (Ze studiów nad językiem rosyjskiej literatury przekładowej XVII w.). — *SW* 6, 1976 (AUW 270), 133-141.

11104 — Obserwacje nad składnią rosyjskiego języka literackiego pierwszej połowy XVIII w. (na podstawie starodruku z 1742 r.). — *SW* 9, 1976 (AUW 330), 125-131.

11105 ROTT-ŻEBROWSKI, Teotyn: *Pismo i fonetyka Izbornika Światosława z 1076 roku* .... — Lublin: 1974 | BL 1975, 10638. | *SlOr* 25, 1976, 521-523 Jolanta Kunińska.

11106 — Ukraińskie cechy głosowe w Izborniku Światosława z 1076 roku. — [378], 167-176 | Ukr. Lautmerkmale in dem altrussischen Denkmale (Rés. ru.).

11107 RUDNIK, Zofia: Formacje iteratywne w języku starorosyjskim XVII wieku. — *SFPS* 15, 1976, 243-251.

11108 SJÖBERG, Anders: Pervye pečatnye izdanija na russkom jazyke v Švecii (Katechizis Ljutera i "Alfabetum Rutenorum"). — *SlLund* 3 (r), 1975, 9-28, 3 facsim.

11109 — The public sauna in Novgorod 1611-1615. — *ScSl* 22, 1976, 125-137 | Notes on the language of the account books.

11110 ŠKLJAR, R. M.: Funkciji vlasne pidsyljuval'nych častok v istoriji davn'orus'koji ta starorosijs'koji movy. — *Mov* 1976/5, 56-64.

11111 SLOVJAGIN, A. P.: Iz rukopisej Mičurinskogo kraevedčeskogo muzeja. — [10771], 221-224.

11112 SUDAKOV, G. V.: Pamjatniki pis'mennosti v Vologodskom oblastnom archive. — [10771], 206-220, facsim.

11113 VLADIMIROVA, L. A.: "iako i acěmь obrazъmь. — [10771], 98-103.

11114 [VYSOC'KYJ, S. O.] VYSOCKIJ, S. A.: *Srednevekovye nadpisi Sofii Kievskoj* (*Po *materialam graffiti XI-XVII vv.).* — Kiev: "Naukova dumka", 1976, 454 p., numerous ill. | Summ. in E. & Fr. Cont. of V.'s book of 1966 (BL 1966, 8456).

11115 [WONTRÓBSKA, H.] VONTRUBSKA, Galina: O sočetanii plavnych s reducirovannymi v izbornike 1076 goda. — *ZNUG, Filologia Rosyjska* 4, 1974 (1975), 119-129.

11116 WYTRZENS, Günther: Zu einer dunklen Stelle des Igorliedes: *pticy pered sudom Bož'im.* — [260], 439-444.

4. DIALECTOLOGIE — DIALECTOLOGY

11117 BARCHATOVA, O. T.: Iz nabljudenij nad leksikoj russkoj govorov doliny reki Kamčatki (Materialy k "Slovarju russkogo kamčatskogo narečija). — [10780], 79-84.

11118 BEZRUČKO, L. S.: Iz nabljudenij nad leksikoj russkich starožil'českich govorov Pij-Chemskogo rajona Tuvinskoj ASSR. — [10780], 70-78.

11119 BRASLAVEC, K. M., & ŠATUNOVA, L. V.: O slovare russkogo kamčatskogo narečija. — [10780], 109-116.

11120 BYTEVA, T. I.: Semantičeskie osobennosti suščestvitel'nych agentivnogo značenija v govorach Krasnojarskogo kraja. — [10780], 62-70.

11121 ČAJKINA, Ju. I.: Iz istorii dialektnych granic v svjazi s zaseleniem Severnoj Rusi. — *VJa* 1976/2, 106-119, 4 maps.

11122 ČEREPANOVA, O. A.: K ocenke variativnosti v reče individa. — [10791], 74-78.

11123 CHIDEŠELI, A. A.: Russkie govory v gruzinskom jazykovom okruženii. — [344], 288-297.

11124 DOLJA, T. G., & KRIVONKINA, M. Ja.: Suffiksal'noe slovoobrazovanie imen suščestvitel'nych so značeniem lica v russkich govorach Karel'skoj ASSR. — [10791], 3-12.

11125 EVTJUCHIN, V. B.: O morfemnoj členimosti mestoimennych obstojatel'stvennych narečij v severo-zapadnych russkich govorach. — [10791], 49-55.

11126 FADEEV, G. A.: Glagol "vorčat'" i ego sinonimy v govore Zaonež'ja Medvež'egorskogo rajona Karel'skoj ASSR. — [10791], 79-85.

11127 FRAŃCZUK, Helena: Odzwierciedlenie cech narzecza północnowielkoruskiego w powieści F. Abramowa "Puti – pierieputja". — [355], 75-80.

11128 GREK-PABISOWA, Iryda: Gwara starowierców a północno-wschodnie gwary białoruskie (cechy fonetyczne). — *ABS* 9, 1976, 211-218, 2 maps.

11129 — Odbicie dawnej rosyjsko-białoruskiej interferencji językowej w gwarze staroobrzędowców w Polsce. — [10743], 51-57.

11130 [HEITER, H.] CHEJTER, Ch. I.: Iz nabljudenij nad formami glagola v russkom govore Ijzaku Ėstonskoj SSR. — *UZTarU* 266, 1971 (*Trudy po ru. i sl. fil.* 17), 158-176.

11131 — Nekotorye osobennosti upotreblenija affrikat v russkom govore Ijzaku v ĖSSR. — *UZTarU* 266, 1971 (*Trudy po ru. i sl. fil.* 17), 177-180.

11132 — Iz nabljudenij nad bezudarnym vokalizmom odnogo izolirovannogo russkogo govora v severo-vostočnoj Ėstonii. — *UZTarU* 347, 1975 (*Trudy po ru. i sl. fil.* 23), 233-245.

11133 — K charakteristike interferentnych javlenij na fonologo-fonetičeskom urovne v odnom iz russkich govorov Ėstonii. — [344], 283-287.

11134 IVAŠKO, L. A., & MŽEL'SKAJA, O. S.: Iz slovoobrazovanija imen prilagatel'nych v pskovskich govorach. — [10791], 21-29.

11135 MALJUTKINA, A. G.: Otvlečennye suščestvitel'nye s kornem "gost'" v govorach

Severo-Zapada. — [10791], 121-123.
11136 MARYNIAKOWA, Irena: *Imiesłowy w rosyjskiej gwarze starowierców mieszkających w Polsce.* [Red. naukowy: Janusz SIATKOWSKI]. — Komitet Słowianoznawstwa PAN, Monografie Slawistyczne 37; Wrocław: Zakład im. Ossolińskich, 1976, 112 p., map | G. summ.
11137 MICHAJLOVA, L. P.: Nazvanija tkanej v novgorodskich govorach. — [10774], 61-76.
11138 MOISEEVA, V. A.: Nazvanija nekotorych predmetov, otnosjaščichsja k inter'eru krest'janskogo doma, v govore Nižneilimskogo rajona Irkutskoj oblasti. — [10780], 84-92.
11139 OL'GOVIČ, S. I.: K voprosu o fonetičeskom osvoenii tak nazyvaemych "vtoričnych zaimstvovanij" v govorach. — [10780], 99-105.
11140 OMEL'ČENKO, L. I.: Ėkspressivnaja leksika angaro-lenskich govorov. — [10780], 92-99.
11141 *Pskovskij oblastnoj slovar' s istoričeskimi dannymi.* [Red.: B. A. LARIN, A. S. GERD, et al.] Vyp. 2: biblioteka – bjašutka. [Red. vyp.: A. I. LEBEDEVA i O. S. MŽEL'SKAJA]; vyp. 3: V – vzjat'sja. [Red. vyp.: S. M. GLUSKINA i L. A. IVAŠKO]. — Leningrad: Izd. LGU, 1973, 247 p., maps 4-5; 1976, 190 p., map 6 | Cf. BL 1967, 8657.
11142 *Russkaja dialektologija.* Pod red. P. S. KUZNECOVA. — Moskva: 1973 | BL 1974, 10224. | *Slavia* 45, 1976, 312-314 Josef Skulina | *SR* 40, 1975, 188-189 I. Ripka.
11143 SAMSONOV, N. G.: K istorii vzaimodejstvija russkich govorov i govorov aborigenov Jakutii. — [344], 244-250.
11144 SEMENOVA, M. F.: O slovare russkich starožil'českich govorov Latvijskoj SSR. — *ABS* 9, 1976, 291-296.
11145 SENKEVIČ, V. A.: *Problemy sibirskoj i ural'skoj dialektologii.* Materialy dlja seminara po dialektologii. — Čeljabinsk: Čeljabinskij gos. pedag. inst., 1975, 69 p., map | From the contents: Iz istorii izučenija russkich govorov Sibiri i Urala, 5-15; Akajuščij dialekt Ob'-Enisejskogo meždureč'ja, 16-30; Leksikologičeskaja i leksikografičeskaja rabota Tomskich dialektologov, 40-51.
11146 SIMINA, G. Ja.: *Pinežskij govor. Materialy po russkoj dialektologii.* — Kaliningrad: Kaliningradskij gos. un-t, 1976, 172 p.
11147 SINICA, A. I.: Leksičeskie vzaimootnošenija govorov russkogo starožil'českogo naselenija Latgalii s drugimi russkimi govorami i sosednimi jazykami. — [344], 251-261.
11148 *Slovar' brjanskich govorov.* Vyp. 1: A - bojat'sja. [Red.: V. I. ČAGIŠEVA. Sost.: T. G. ARKAD'EVA, T. A. BABEŠKINA, A. S. GERD, et al.]. — Leningrad: Leningradskij gos. pedag. inst. im. A. I. Gercena, 1976, 76 p.
11149 *Slovar' russkich govorov Kuzbassa.* Pod red. N. V. ŽURAKOVSKOJ, O. A. LJUBIMOVOJ (otv. red.). [Sost.: N. V. ŽURAKOVSKAJA, S. I. IVANIŠČEV, et al.]. — Novosibirsk: Novosibirskij gos. pedag. inst., 1976, 233 p.
11150 TIMBERLAKE, Alan: Subject properties in the North Russian passive. — [143], 547-570.
11151 TYŠČENKO, Konstantin: Lessico marinaro e peschereccio del litorale caucasico del Mar Nero. — *BALM* 13-15, 1971-73 (1976), 645-663.
11152 VARINA, S. N.: Slovoobrazovatel'nye tipy ličnych imen suščestvitel'nych v govore odnogo mikrorajona Karelii. — [10791], 30-35.
11153 VLADYMYRS'KA, O. O.: Pro dejaki osoblyvosti vzajemodiji rosijs'kych pereselens'kych hovoriv z ukrajins'koju movoju. — *Mov* 1976/3, 45-50 | Some peculiarities of the interaction between Ru. migration dialects and the Ukr. language.

11154 ŽAKOVA, Zinaida I.: Protetičeskie soglasnye v russko-belorusskom jazykovom pograničʼe. Na materiale pskovskich, smolenskich i severo-vostočnych belorusskich govorov. — FilS 6, 1975, 115-122 | E. summ.
11155 ZDOBNOVA, Z. P.: O tjurkskom vlijanii na russkie govory v uslovijach meždialektnych i mež″jazykovych kontaktov na territorii Baškirii. — [344], 171-178.

5. VOCABULAIRE — VOCABULARY

11156 ACHMANOVA, O. S.: *Slovar' omonimov russkogo jazyka.* — Moskva: 1974 | BL 1974, 10233. | *SlavSl* 11, 1976, 116-118 Viktória Dorotjaková | *SS* 37, 1976, 47-51 V. Holubová | *RJ* 26, 1975-76, 234-236 L. Horalík | *SEEJ* 20, 1976, 506-508 William W. Derbyshire | Cf 11237.
11157 ALEKSEEVA, T. A.: "Slova" Kirilla Turovskogo kak istočnik dlja istoričeskoj leksikologii. — [10771], 80-90.
11158 ARNAUDOV, Damjan: Semantiko-funkcional'naja charakteristika nekotorych sootnositel'nych imen prilagatel'nych v russkom jazyke. — *BRus* 3, 1976/6, 16-20.
11159 AVAKOVA, A. S.: Naimenovanija sportsmenov-igrokov v sovremennom russkom jazyke. — *EIRJa* 8, 1976, 15-29.
11160 BACHILINA, N. B.: *Istorija cvetooboznačenij v russkom jazyke.* — Moskva: 1975 | BL 1975, 10724. | *NDVŠ-F* 1976/6, 106-108 N. V. Čurmaeva | *Mov* 1976/6, 86-87 O. Koval'-Kostyns'ka.
11161 BAJBURIN, A., & LEVINTON, G.: Knjaz' i knjaginja v russkom svadebnom veličanii (K semantike obrjadovych terminov). — *RFTarU* 4, 1975, 58-76.
11162 BAJOR, Kazimierz: W sprawie leksykograficznego przekładu konstrukcji z przyimkiem *o* w "*Wielkim słowniku polsko-rosyjskim*" i w "*Wielkim słowniku rosyjsko-polskim*". — [10743], 89-98.
11163 BEYNEN, G. Koolemans: Semantic differences between *no* and *odnako.* — *SEEJ* 20, 1976, 167-173.
11164 BIRGEGÅRD, Ulla: Leksikografičeskie raboty I. G. Sparvenfel'da i ich mesto v istorii russkoj leksikografii. — *SlLund* 3 (r), 1975, 29-55, 4 fig. | J. G. Sparwenfeld (1655-1727).
11165 BLAGOVA, G. F.: Opyt areal'nogo izučenija tjurkizmov (*ordu/orda, saraj, köšk/kiosk* v tjurkskich jazykach, v russkom i ukrainskom). — *SovT* 1975/4, 37-45.
11166 BLICHARSKI, Michał: Przymiotniki złożone w języku rosyjskim i ich odpowiedniki w polskim. ZNOp, Filologia Rosyjska 13, 1976, 95-101 | Ru. summ.
11167 BLINOVA, O. I.: Dialektnye leksičeskie različija na urovne fragmentov mikrosistem. — [10780], 3-10.
11168 BOBROVA, T. A.: Neskol'ko nazvanij rastenij s suffiksom *-ica*. — *EIRJa* 8, 1976, 30-35.
11169 BONDARČUK, N. S.: K istorii slova *kut*. — *EIRJa* 8, 1976, 36-41.
11170 — Semantika i geografija slova *putik* v delovoj pis'mennosti XV-XVII vv. — *EIRJa* 8, 1976, 42-48.
11171 BRAGINA, A. A.: Sinonimy ili *quasi*-sinonimy? (Semantika otraženija). — *VJa* 1976/1, 62-72.
11172 ČAJKINA, Ju. I.: Istorija administrativnoj terminologii Belozer'ja. — [10774], 3-51.
11173 ČEREMISINA, N. V.: O svoeobrazii leksičeskoj sočetaemosti v chudožestvennoj reči. — [367], 191-200.

11174 CHARLICKIJ, M. S.: Osobennosti semantiki frazeologismov v jazyke sovremennoj gazety. — *NDVŠ-F* 1976/3, 94-98.

CHLEBDA, W.: Przymiotniki *niemy, gluchy* . . . . w języku polskim i ros. — 10508.

11175 CHLUPÁČOVÁ, Kamila: Příspěvek k charakteristice slovní zásoby současné spisovné ruštiny v porovnání s češtinou. — *BRJL* 20, 1976, 117-134 | Beitrag zur Wortschatzcharakteristik der ru. Schriftsprache der Gegenwart im Vergleich mit dem Tschechischen (Rés. ru. et all.).

11176 CHODOVA, K. I.: Ob adaptacii inojazyčnoj leksiki v drevnerusskich spiskach perevodnych proizvedenij. — [344], 407-415.

11177 DANILENKO, V. P.: O meste naučnoj terminologii v leksičeskoj sisteme jazyka. — *VJa* 1976/4, 64-71.

11178 DOBRODOMOV, I. G.: Udmurtskoe slovo v russkom slovare (*busturgan* "domovoj"). — *VUJa* 3, 1975, 56-57.

11179 — Mnimyj bulgarizm *čizginy*. — *EIRJa* 8, 1976, 63-65.

11180 DOROS, Aleksander: Problemy frazeologii na urovne odnogo jazyka i v konfrontativnych issledovanijach. — [366], 63-71.

DURIDANOV, I.: Bolg.-russkie leks. paralleli. — 9470.

11181 ERMAKOVA, O. P.: Nekotorye zamečanija o sintaksičeski obuslovlennych i drugich nesvobodnych značenijach slov. — [10786], 103-112..

11182 FAJNŠTEJN, M. Š.: Iz istorii sozdanija Slovarja Akademii Rossijskoj (1789-1794). — *VLU* 1976/8, 146-148.

11183 FEDOROV, A. I.: *Razvitie russkoj frazeologii v konce XVIII - načale XIX v.* — Novosibirsk: 1973 | BL 1973, 11682. | *IzvAN* 35, 1976, 91-94 V. M. Mokienko.

FEFILOV, A.: Über einige Grundprinzipien der konfrontativen Untersuchung der dt. und russ. Fortbewegungsverben. — 7520.

11184 FILIN, F. P., SOROKOLETOV, F. P., & GORBAČEVIČ, K. S.: O novom izdanii "Slovarja sovremennogo russkogo literaturnogo jazyka" (v semnadcati tomach). — *VJa* 1976/3, 3-19.

11185 FRIEDERICH, Wolf, & GEIS, Sabine: *Russisch-deutsches Neuwörterbuch*. — München: Hueber, 1976, v, 178 p.

11186 GALLER, Meyer, & MARQUESS, Harlan E.: *Soviet prison camp speech* . . . . — Madison: 1972 | BL 1972, 10305. | *SEER* 54, 1976, 103-104 Peter Norman.

11187 GAŠEVA, L. P.: Mnogoznačnost' frazeologičeskich edinic processual'noj semantiki i porjadok raspoloženija komponentov v nich. — [10790], 84-97.

GENJUŠENE, E. S.: Litovskie sub"ektnye vozvratnye glagoly v sopostavlenii s russkimi. — 8964.

11188 GERD, A. S.: Standartizacija russkoj ichtiologičeskoj terminologii. — *Zoografija i sistematika ryb* (Leningrad: 1976), 184-189.

11189 GIUNAŠVILI, Dž. Š.: O proischoždenii slova "stakan". — [221], 186-189 | Iran. origin.

11190 GOLOVIN, V. G.: O slove *kustarnik* i rodstvennych obrazovannijach. — *EIRJa* 8, 1976, 55-56.

11191 GORJAČEVA, T. V.: K ètimologii russk. dial. *suvéli*. — *Ètimologija* 1974 (1976), 127-128.

11192 GOTT, Thomas: Notes on *front* and *frunt* in Russian. — *MelbSS* 9-10, 1975, 64-68.

11193 GRANT, Steven A.: *Obshchina* and *mir*. — *SlRev* 35, 1976, 636-651.

11194 GRIB, R. T.: Leksiko-semantičeskie različija dialektnoj leksiki Krasnojarskogo kraja i sootnositel'noj leksiki literaturnogo jazyka pri edinom plane vyraženija. — [10780], 28-46.

11195 GULJAMOV, A. G.: Ob odnoj ėtimologičeskoj netočnosti. — *EIRJa*, 8, 1976, 57-62 | *karaul*.
11196 HEANEY, Michael: The implications of Richard James's *maimanto*. — *OSlP* 9, 1976, 102-109 | On the word for the mammoth: Ru. *mamont*, etc.
11197 HILF, Eckehard Arnold: *Homonyme und ihre formale Auflösbarkeit im System Sprache, dargestellt an altrussischen Berufsbezeichnungen*. — München: 1974 | BL 1974, 10285. | *ČRus* 21, 1976, 87-89 L. Horalík | *KLit* 5, 1976, 276-281 G. Freidhof.
11198 HRBÁČKOVÁ, Žofie: Paronyma. — *RJ* 27, 1976-77, 10-16.
11199 IGNAT'EVA, L. D.: Sinonimičeskie otnošenija frazeologizmov s komponentom *kak* kačestvenno-obstojatel'stvennoj semantiki. — [10790], 59-77.
11200 ISAČENKO, Aleksandr: Review article on *Slovar' russkogo jazyka XI-XVII vv.* .... — *RLing* 3, 1976, 63-81 | On fasc. 1, 1975. Cf. 11256.
11201 IVANČEV, Svetomir: Ob odnom sravnitel'no novom semantiko-slovoobrazovatel'nom tipe glagolov v sovremennom russkom jazyke. — *BRus* 3, 1976/4, 12-14 | On compounds with *samo-*.
11202 IVANOVA, T. A.: K istorii pogovorki *popal, kak kur vo šči*. — *EIRJa* 8, 1976, 87-94.
11203 [JAKOWICKA, W.] JAKOVICKA, Vanda: Iz istorii nekotorych baletnych terminov v russkom jazyke (*arabesque, attitude, cabriole, entrechat*). — *StRP* 7, 1975 (1976), 173-190 | E. summ.
KARAULOV, Ju. N.: *Obščaja russkaja ideografija*. — 2853.
11204 KIMJAGAROVA, R. S.: Iz istorii formirovanija teatral'noj terminologii. — *EIRJa* 8, 1976, 95-105.
11205 KIPARSKY, Valentin: *Russische historische Grammatik. III. Entwicklung des Wortschatzes*. — Heidelberg: 1975 | BL 1975, 10763. | *SEEJ* 20, 1976, 503-505 Horace G. Lunt.
11206 KOBOZEVA, I. M., & LAUFER, N. M.: Ograničenija na sočetaemost' (presuppozicii) i ich otraženie na semantiko-sintaksičeskich svojstvach slov (na primere russkogo glagola *podozrevat'*). — [335], 148-163.
11207 KOCHMAN, Stanislav: Iz istorii russkoj leksiki (*blagosostojanie, vpečatlenie, obnarodovanie, obstojatel'stvo*). — *ZNOp, Filologia Rosyjska* 13, 1976, 71-79 | Pol. summ.
11208 — K istorii literaturovedčeskoj terminologii v russkom jazyke. — *SW* 6, 1976 (AUW 270), 89-107.
KOLLAR, D., et al.: *Slovacko-russkij slovar'* .... — 10174.
11209 KOMINCZ, Leon: O niektórych właściwościach semantycznych wyrazu z punktu widzenia związków paradygmatycznych i syntagmatycznych. — *ZNOp, Filologia Rosyjska* 13, 1976, 49-57 | Ru. summ.
11210 KONDAKOVA, T. I.: Slovo *izdatel'* v russkom literaturnom jazyke XVIII v. — *EIRJa* 8, 1976, 106-113.
11211 KOSTOMAROV, V. G.: K izučeniju bukvennych sokraščenij v russkom jazyke (Roždenie i žizn' slova MAPRJaL). — [238], 426-436.
11212 KOZLOVA, V. L.: O sočetaemostnych svojstvach sinonimov i nekotorych voprosach dialektnoj leksikografii. — [10780], 55-62.
11213 KRYLOV, C. A.: *Russian-English dictionary of Russian sayings and proverbs*. — s.l.; 1973, 280 p. (distr.: Kubon & Sagner, München) | *SEEJ* 20, 1976, 336-337 Robert F. Allen.
11214 KUČEROVÁ, Eleonóra: K problematike slovných spojení a slovník slovných spojení. — *RJ* 26, 1975-76, 443-449 | Zur Frage der Wortverbindungen im

russisch-slowakischen Wörterbuch.
11215 LACHUR, Czesław: Polonizmy w języku A. D. Kantemira. — *ZNOp, Filologia Rosyjska* 13, 1976, 81-93 | Ru. summ.
11216 ŁAWNICZAK, Józef W.: O niektórych aspektach rozwoju leksyki zapożyczonej na gruncie języka rosyjskiego. — [366], 87-95.
11217 LEEMING, Henry: *Rola języka polskiego w rozwoju leksyki rosyjskiej do roku 1696. Wyrazy pochodzenia lacińskiego i románskiego.* — PrKJK 44; Wrocław: Zakład im. Ossolińskich, 1976, 118 p. | The role of the Pol. language in the development of the Ru. vocabulary to 1696. Words of Lat. and Romance derivation (E. & Ru. summ.).
LEONIDOVA, M. A.: K voprosu o sočetaemosti sobstvennogo imeni vo frazeologičeskich edinicach .... — 9486.
11218 LEVINA, G. M.: Strukturno-semantičeskie tipy naimenovanij ptic v russkich narodnych govorach. — [347], 108-123.
11219 LOCCHI, Donatella: *R. chazina e i presunti prestiti diretti slavo-orientali-protoungheresi.* — Euroasiatica II, 7; Napoli: Istituto Universitario Orientale, 1975, 5 p.
11220 LUK′JANOVA, N. A.: Sistemnye otnošenija v leksike govorov kak otraženie svjazej meždu javlenijami ob″ektivnoj dejstvitel′nosti. — [10780], 10-21.
11221 LUNDEN, Siri Sverdrup: *The Trondheim Russian-German MS vocabulary.* .... — Oslo: 1972 | BL 1972, 10346. | *RSl* 37, 1976, 119-122 Zenon Leńkiewicz | *ABS* 10, 1976, 386-390 Irena Dulewiczowa.
11222 MAN, Oldřich: *Základy lexikologie ruského jazyka*, I. — Praha: Státní pedag. nakladatelství, 1976, 212 p. | Elements of Ru. lexicology.
11223 MICHAJLOVSKAJA, N. G.: Leksičeskaja norma v ee otnošenii k drevnerusskomu literaturnomu jazyku. — *VJa* 1976/5, 101-110.
11224 MILEJKOWSKA, Halina: *Studia nad słownictwem w rosyjskim języku literackim przełomu wieków XVIII-XIX (Słownik Alfabetyczny Akademii Rosyjskiej 1806-1822).* — Rozprawy Uniw. Warszawskiego 97; [Warszawa]: Wyd. Uniw. Warszawskiego, 1976, 164 p.
11225 MIROWICZ, A., DULEWICZ, I., GREK-PABIS, I., & MARYNIAK, I.: *Bol′šoj russko-pol′skij slovar′* .... — Moskva: 1970 | BL 1970, 9863. | *ZNOp, Filologia Rosyjska* 13, 1976, 155-159 Seweryna Żuryńska-Ziarko (Comments on idiomatic expressions).
11226 MOKIENKO, V. M.: Strukturno-semantičeskaja diffuzija russkoj i češskoj frazeologii (Na materiale frazeologičeskich rjadov "bit′, nakazyvat′"). — *SovSlav* 1976/1, 74-87.
11227 — Granicy modeliruemosti frazeologičeskich edinic. — *ČRus* 21, 1976, 161-165.
11228 — Sposoby implicirovanija frazeologičeskich edinic. — *StRP* 7, 1975 (1976), 89-106 | E. summ.
— Ėksplicitnost′ i razvitie frazeologii. — 2871.
11229 NOEVA, Srebrjana: K voprosu o slovosočetanijach s glagol′nymi suščestvitel′-nymi v naučno-techničeskoj literature v russkom i bolgarskom jazykach (Na materiale ėlektrotechničeskoj literatury). — *BRus* 3, 1976/4, 16-19.
11230 NOVIKOV, L. A.: *Antonimija v russkom jazyke.* — Moskva: 1973 | BB 1973, 11735. | *RJ* 26, 1975-76, 468-471 J. Vlček.
11231 *Obratnyj slovar′ russkogo jazyka.* .... [Naučnye konsul′tanty: A. A. ZALIZNJAK, et al.]. — Moskva: 1974 | BL 1974, 10327. | *SlOr* 25, 1976, 261-264 Irena Dulewiczowa | *IJSLP* 22, 1976, 144-147 Roland Sussex.

11232 ODINCOV, G. F.: Russkie *zaznoba, zalëtka, lapuška.* — *Ėtimologija* 1974 (1976), 117-126.
11233 OL'ŠANSKIJ, O. E.: Zametki o leksičeskich kal'kach s oproščennoj morfologičeskoj strukturoj v sovremennom russkom literaturnom jazyke. — *EIRJa* 8, 1976, 116-128.
11234 *Opyt obratnogo dialektnogo slovarja.* Posobie po slovoobrazovaniju. Red. M. N. JANCENECKAJA. Sost.: O. I. BLINOVA, S. I. OLGOVIČ, V. V. PALAGINA, M. N. JANCENECKAJA. — Tomsk: Izd. Tomskogo Univ., 1973, 170 p. | *NyK* 78, 1976, 198-200 Papp Ferenc.
PARASCHKEVOV, B.: Zum Problem der türkischen Vorlage von russ. *čugun.* — 12844.
11235 PAVLOVA, I. S.: Metodika opisanija semantičeskoj struktury slova (na primere prilagatel'nogo *cholodnyj*). — [347], 173-185.
11236 PLOTNIKOV, B. A.: K voprosu o sootnošenii značenija, situacii i verojatnosti. — [367], 132-138.
11237 POPOVA, Marija: Otnositel'no omonimov. O suščnosti i strukture sistemy omonimov v jazyke. Diskussija, vyzvannaja pojavleniem "Slovarja omonimov russkogo jazyka" O. S. Achmanovoj. — *RLing* 3, 1976, 137-144 | Cf. 11156.
11238 POPPE, Nicholas, Jr.: *Studies of Turkic loan words in Russian.* — Wiesbaden: 1971 | BL 1972, 10376. | *CAJ* 20, 1976, 222-229 K. H. Menges | *IF* 80, 1975 (1976), 180-184 M. Adamović.
11239 PROTČENKO, I. F.: *Leksika i slovoobrazovanie russkogo jazyka sovetskoj ėpochi ....* — Moskva: 1975 | BL 1975, 10805. | *Mov* 1976/4, 84-87 V. Rusanivs'kyj.
11240 — Iz istorii izučenija obščestvenno-političeskoj leksiki. — [229], 137-145.
11241 — Ot čudo-mašiny "*parovoj voz*" do *raketovoza, zvezdolëta ....* — [238], 437-443.
11242 RAGUL'SKAJA, G. V.: K istorii stanovlenija muzykal'noj terminologii v russkom jazyke (nazvanija muzykal'nych instrumentov). — *EIRJa* 8, 1976, 129-135.
11243 RAKOCZY, Krystyna: Russkie sootvetstvija pol'skich modal'nych slov *može* i *chyba.* — *JR* 29, 1976, 21-27.
11244 RAKOV, G. A.: O dialektnom slovare sinonimov. — [10780], 117-122.
11245 RITTER, Eva: Die Funktion des Diminutivs in der russischen Gegenwartssprache. Möglichkeiten und Grenzen des Bedeutungswandels. — [260], 349-362.
11246 ROZENTAL', D. Ė., & TELENKOVA, M. A.: *Slovar' trudnostej russkogo jazyka.* Okolo 30 000 slov. — Moskva: Izd. "Russkij Jazyk", 1976, 680 p.
11247 RUPOSOVA, Lidija P.: Rol' zapadnoevropejskich jazykov v processe formirovanija russkoj medicinskoj terminologii. Na materiale russkich perevodnych lečebnikov XVI-XVII vv. — *FilS* 6, 1975, 103-113 | E. summ.
Rusko-bălg. politechničeski rečnik .... — 9510.
11248 RUTKOWSKA, Maria: Rzekomy wulgaryzm *otsnjat'.* — [389], 99-102 | Sur le mot cité.
11249 SAMOTIK, L. G.: K voprosu o paradigmatičeskoj i sintagmatičeskoj storonach značenija glagola v govore. — [10780], 47-55.
11250 SELIVERSTOVA, O. N.: *Komponentnyj analiz mnogoznačnych slov.* — Moskva: 1975 | BL 1975, 10814. | *KNf* 23, 1976, 352-355 Zofia Kozłowska. | *ČRus* 21, 1976, 182-183 D. Kollár.
11251 SENINA, N. A.: O edinicach s frazeoobrazujuščim komponentom suščestvitel'nym v forme datel'nogo padeža. — [10790], 98-112.
11252 ŠIPOVA, E. N.: *Slovar' tjurkizmov v russkom jazyke.* — Alma-Ata: Nauka Kazachskoj SSR, 1976, 444 p.

11253 SKITOVA, F. L.: Priroda i zakonomernosti semantičeskich izmenenij pri perechode oblastnych slov v leksiku literaturnogo jazyka. — [367], 152-160.
11254 SKUPIŃSKA-DYBEK, Elżbieta: Otglagol'nye imena prilagatel'nye s suffiksom -*l'n*-(*yj*) v russkom literaturnom jazyke XIX-XX vv. po materialam tolkovych slovarej. — *ZNUG, Filologia Rosyjska* 4, 1974 (1975), 107-117.
11255 *Slovar' russkich narodnych govorov*. Vyp. 11: zarosit'sja - zubrënka. [Glavnyj red.: F. P. FILIN. Red.: F. P. SOROKOLETOV. Sost.: N. I. ANDREEVA-VASINA, L. I. BALACHONOVA, et al.]. — Leningrad: Nauka, 1976, 363 p. | Cf. BL 1974, 10361.
11256 *Slovar' russkogo jazyka XI-XVII vv*. Vyp. 3 (voloděn'e - vjašč'šina). [Glavnyj red.: S. G. BARCHUDAROV. Red.: G. A. BOGATOVA. Sost.: O. V. MALKOVA, G. Ja. ROMANOVA]. — Moskva: Nauka, 1976, 288 p. | Cf. BL 1975, 10817. | Cf. 11200.
11257 SMIRNOV, S. V.: Iz istorii estestvennonaučnoj leksiki v russkom jazyke (I polovina XIX veka). — *UZTarU* 266, 1971 (*Trudy po ru. i sl. fil.* 17), 200-207.
11258 SOLTAN. S. G.: Ob izučenii leksičeskich edinic uzkoregional'nogo tipa. — [10780], 21-27.
11259 SOPIRA, Andrej: *Skratky v ruštine a slovenčine*. — Bratislava: Obzor, 1975, 171 p. | Abbreviations in Ru. and Slov. | *RJ* 26, 1975-76, 471-473 L'. Benediková.
11260 — O súčasnej abreviácii v ruštine a slovenčine. — *StASl* 5, 1976, 503-514 | On abbreviating in contemporary Ru. and Slov.
11261 *Sovremennaja russkaja leksikografija*. [Red.: A. M. BABKIN, R. P. ROGOŽNIKOVA, V. N. SERGEEV]. — Leningrad: Nauka, 1975, 170 p. | *SS* 37, 1976, 167-168 V. Červená.
11262 STANŽE,N.: Iz nabljudenij nad drevnerusskoj terminologiej žilišča. — *SlGand* 3, 1976, 47-60.
11263 STRIŽEVSKAJA, O. I.: O semantičeskoj strukture terminov. — *NDVŠ-F* 1976/6, 81-88.
STYPUŁA, R., & KOWALOWA, G.: *Podręczny słownik polsko-rosyjski* .... — 10560.
11264 SUDAKOV, G. V.: Leksika odeždy v severnorusskich aktach XVII v. — [10774], 52-60.
11265 SUPRUN, A. E.: Leksika i verojatnostnyj charakter jazyka. — [367], 160-170.
12266 THOMAS, George: Srednenižnenemeckie zaimstvovanija v russkom jazyke. — *RLing* 3, 1976, 55-62.
11267 TKAČENKO, O. B.: Odna obščaja semantiko-frazeologičeskaja izoglossa finnougorskich i russkogo jazykov (K voprosu finno-ugorskogo substrata v russkom jazyke). — *SovFU* 12, 1976, 245-253 | Ru. *žil-byl* (G. summ.).
11268 TOKAREVA, T. E.: O sinonimii prilagatel'nych. — *IzvAN* 35, 1976, 191-200.
11269 — Rol' konteksta pri izučenii semantičeskoj struktury mnogoznačnych prilagatel'nych. — *NDVŠ-F* 1976/2, 93-101.
11270 TUZOVA, M. F.: O nekotorych sredstvach nominacii v russkoj voennoj leksike vtoroj poloviny XVII – pervoj poloviny XVIII v. — *EIRJa* 8, 1976, 156-159.
11271 ULUCHANOV, I. S.: Izmenenija v leksičeskoj sočetaemosti kak pričina semantičeskich izmenenij. — [367], 174-180.
11272 VAJGLA, Ė. A.: Nekotorye nabljudenija nad ėmocional'noj leksikoj sovremennogo russkogo jazyka (Metafora i ėmocional'nost'). — *UZTarU* 266, 1971 (*Trudy po rus. i sl. fil.* 17), 181-189.
11273 VANJUŠEČKIN, V. T.: Istoriko-ėtimologičeskie zametki (o proischoždenii slova *kovyl'* v russkom jazyke i o toponime *Vetčany*). — *EIRJa* 8, 1976, 49-54.
VAPORDSCHIEW, V.: Parallelen und Unterschiede zwischen den Zwillingsformeln .... — 7589.

11274 VÁSÁRY, István: The Golden Horde term *daruġa* and its survival in Russia. — *AOH* 30, 1976, 187-197.
11275 [VASMER, M.] FASMER, Maks: *Ėtimologičeskij slovar' russkogo jazyka.* Perevod .... O. N. TRUBAČEVA. Tom 4. — Moskva: 1973 | BL 1973, 11772. | *ZSl* 21, 1976, 256-258 K. Müller.
11276 VLACHOV, Sergej: Realija kak komponent frazeologizma. — *BRus* 3, 1976/3, 25-29.
11277 VYLEVA, Rimma: Strukturno-semantičeskie osobennosti russkich naučno-techničeskich sostavnych terminov. — *BRus* 3, 1976/2, 18-22.
11278 WHEELER, Marcus: *The Oxford Russian-English dictionary* .... — London: 1972 | BL 1972, 10430. | *IJSLP* 21, 1975, 127-131 Olga Akhmanova.
11279 ŽELEZNOVA, R. V.: Slovoobrazovatel'no-ėtimologičeskaja charakteristika slov *bočar – bočkar' – bočečkar' – bodnar' – bondar'* v russkom jazyke. — *EIRJa* 8, 1976, 72-81.
11280 ZWOLIŃSKI, Przemysław: Rosyjski *beženec* a czeski *běženec*. — [389], 145-148.

6. ORTHOGRAPHE — ORTHOGRAPHY

11281 GOL'DIN, V. E.: O stilističeskom faktore v raspredelenii orfografičeskich variantov (Na materiale napisanij s vynosnymi bukvami v sinodike XVI veka). — *VStil* 8, 1974, 141-151.
11282 KIM, Ja. A.: K datirovke Vologodskogo evangelija (Rukopis' GBL, f. 354, No 1). — [10771], 233-248.
11283 KOLESOV, V. V.: Nadstročnye znaki v russkoj orfografičeskoj tradicii. "Vremena" i "duchi". — [10771], 60-74.
11284 LEWIS, B. E.: The transcription and accentuation of Australasian place names in Russian. — *MelbSS* 9-10, 1975, 94-111.
11285 LITVIN, I. P.: K probleme transliteracii russkich slov znakami latinskogo alfavita. — [4028], 209-226.
11286 PAPP Ferenc: Az orosz helyesírás megoldatlan kérdései. — *Nyr* 100, 1976, 32-36 | Problèmes non résolus de l'orthographe ru.
11287 ŠAPIRO, A. B.: *Sovremennyj russkij jazyk. Punktuacija.* Izd. 2-e. — Moskva: 1974 | BL 1974, 10406. | *RJ* 26, 1975-76, 237 R. Bergerová.

7. STYLISTIQUE, LANGUE LITTÉRAIRE — STYLISTICS, LITERARY LANGUAGE

11288 BAJI, Michał: Ukrainizmy i ich źródła w najwcześniejszych utworach Mikołaja Gogola. — [389], 7-19.
11289 BLAGOVA, N. G.: Semantiko-stilističeskij analiz naučno-techničeskich terminov v chudožestvennoj reči. — *VLU* 1976/2, 108-115.
11290 BOBROVA, Ideja: Rităm i melodija v novelite na K. G. Paustovski. — *EL* 31, 1976/3, 10-26.
11291 BRAGINA, A. A.: Sinonimy stilevye i stilističeskie (ot toždestva do antonimii). — *NDVŠ-F* 1976/2, 67-76.
11292 CARPOVICH, Vera V.: *Solzhenitsyn's peculiar vocabulary: Russian-English glossary.* — New York: Technical Dictionaries Co., 1976, 335 p.
11293 ČERNUCHINA, I. Ja.: Svjaz' samostojatel'nych predloženij v pis'mennoj reči. — [10786], 261-272.
11294 ČERTORYZ'KA, T. K.: Novotvory v rosijs'kij prozi T. H. Ševčenka. — [229], 93-104.

— Leksykohrafične vyvčennja ukr. i ros. spadščyny T. H. Ševčenka. — 11506.
11295 CHATUNCEVA, E. B.: Nabljudenija nad frazeologiej v živoj razgovornoj reči. — *VStil* 8, 1974, 121-131.
11296 CHIŽNJAK, L. G.: O vnutrennej forme v semantičeskoj strukture slova. — *VStil* 10, 1975, 91-102.
11297 CONEVA, Liljana M.: Semantiko-stilističeskij analiz frazeologii v šutke A. P. Čechova "Medved'" v sopostavlenii s ee bolgarskim perevodom. — *AspSb* 3, 1976, 107-113.
11298 DEŠERIEVA, Ju. Ju.: O vnutrijazykovoj interferencii. — *NDVŠ-F* 1976/4, 101-108.
11299 ENG, Jan VAN DER: Interplay of semantics, syntax and rhythm in Fet's poem: 'Whispers, timid breathing'. — [265], 51-62.
11300 ERMOLENKO, G. V.: Funkcionirovanie form tvoritel'nogo padeža v jazyke russkoj chudožestvennoj prozy. — *NDVŠ-F* 1976/4, 29-33.
11301 ÈSTRINA, L. S.: Ustupitel'nye sojuzy v jazyke prozy i poèzii A. S. Puškina. — Kurskij gosud. pedag. in-t: *Naučnye trudy* 32 (125), 1974 [cf. 10959], 62-75. FEDOROV, A. V., & CHAZANOVIČ, A. P.: Überlegungen zum dt.-russ. Anna-Seghers-Wörterbuch ... — 7608.
11302 *Funkcional'nyj stil' obščenaučnogo jazyka i metody ego issledovanija.* Red.: O. S. ACHMANOVA & M. M. GLUŠKO. — Moskva: 1974 | BL 1975, 10865. | *PhP* 19, 1976, 111-112 E. Skálová.
11303 GÁLDI, L.: *Quelques aspects du style poétique de Lermontov en 1838.* — PdR Press Publ. on M. Ju. Lermontov, 1; Lisse: P. de Ridder Press, 1974, 22 p. | Repr. from *IJSLP* 17, 39-58 (BL 1974, 10438). | *SEEJ* 20, 1976, 191-192 Joel L. Wilkinson.
11304 GLUŠKOVA, M. V.: O vosprijatii èstetičeskogo značenija metafory (Na materiale obraza Daši v trilogii A. Tolstogo "Čhoždenie po mukam"). — *VStil* 10, 1975, 72-90.
11305 GOLUB, I. B.: *Stilistika sovremennogo russkogo jazyka. Leksika, fonika.* Učebnoe posobie dlja studentov .... — Moskva: "Vysšaja škola", 1976, 208 p.
11306 GRANNES, Alf: *Prostorečnye i dialektnye èlementy v russkoj komedii XVIII veka* .... — Oslo: 1974 | BL 1974, 10442. | *SlOr* 25, 1976, 267-269 Halina Chodurska | *SEER* 54, 1976, 270-271 C. A. Johnson | *RRLing* 21, 1976, 451-453 S. Vaimberg.
11307 GRIGOR'EVA. A. D.: Slovo v poètičeskom tekste. — *IzvAN* 35, 1976, 252-259.
11308 HOLZHEID, Sieglinde: *Die Nominalkomposita in der Iliasübersetzung von N. I. Gnedič.* — München: 1969 | BL 1969, 9341. | *WSlav* 19-20, 1974-75, 378-381 Ernst Dickenmann.
11309 IVANČIKOVA, E. A.: K charakteristike sintaksisa Leonida Leonova. — *NDVŠ-F* 1976/2, 52-59.
11310 — Vido-vremennoj kontekst v chudožestvennom povestvovanii. — [10786], 272-282.
11311 IVANOVÁ-ŠALINGOVÁ, Mária: Zo sovietských štylistických výskumov. — *SLit* 23, 1976, 449-466, 574-591 | From Soviet stylistic research.
11312 JAKOVLEV, K. F.: *Kak my portim russkij jazyk (Ob inostrannych slovach v našem jazyke).* — Jaroslavl: Verchne-Volžkoe knižnoe izd., 1974, 64 p.
11313 — *Kak my portim russkij jazyk.* — Moskva: "Molodaja gvardija", 1976, 96 p. | 2 parts: 1. Nechitrye s vidu slova (O jazyke molodych literatorov). 2. Kak my portim russkij jazyk (Ob inostrannych slovach v našem jazyke).
11314 *Jazyk naučnoj literatury.* — Moskva: Nauka, 1975, 263 p. | *SlavSl* 11, 1976, 224-225 S. Filkusová.
11315 JAZYKOVA, Julija: Semantičeskaja charakteristika gruppy slov v chudožestven-

nom tekste (po povesti M. Gor'kogo *Troe*). — *StRP* 7, 1975 (1976), 107-125 | E. summ.

11316 KJETSAA, Geir: Storms on the Quiet Don. A pilot study. — *ScSl* 22, 1976, 5-24, 3 fig. | On the disputed authorship of 'The Quiet Don'. Quantitative analysis of sentence length, distribution and combinations of parts of speech.

11317 [KONOPIELKO, B.] KONOPEL'KO, Bronislava: Iz nabljudenij nad stilističeskoj diferenciaciej slovarnogo sostava sovremennogo russkogo i pol'skogo literaturnych jazykov. — *SW* 9, 1976 (AUW 330), 133-139.

11318 KOVALEVSKAJA, E. G.: Rečevaja charakteristika geroev v russkich dramatičeskich proizvedenijach XVII-XVIII vekov. — *VStil* 10, 1975, 61-72.

11319 KOVAL'OV, V. P.: Etymolohizacija jak chudožnij zasib (na materiali rosijs'koji prozy). — *Mov* 1976/5, 3-7.

11320 KOVTUNOVA, I. I.: Porjadok slov v stiche i proze. — [10786], 43-64.

11321 KOŽEVNIKOVÁ, Květa: *Spontannaja ustnaja reč' v épičeskoj proze* . . . . — Praha: 1970 | BL 1971, 9087. | *SEER* 54, 1976, 108-110 L. M. O'Toole.

11322 — Formirovanie soderžanija i sintaksis chudožestvennogo teksta. — [10786], 301-315.

11323 KOŽEVNIKOVA, N. A.: Nesobstvenno-prjamoj dialog v chudožestvennoj proze. — [10786], 283-300.

11324 KOŽINA, M. N.: *O rečevoj sistemnosti naučnogo stilja sravnitel'no s nekotorymi drugimi.* — Perm': 1972 | BL 1972, 10478. | *SlOr* 25, 1976, 258-261 Maja Szymoniuk.

11325 KOZINA, N. A.: Slovo *tišina* v cikle rasskazov M. Gor'kogo "Po Rusi". — *VStil* 8, 1974, 131-141.

11326 KRUČININA, I. N.: Élementy razgovornogo sintaksisa v proizvedenijach épistoljarnogo žanra. — [10786], 24-43.

11327 KUROCZYCKI, Tadeusz: Niektóre właściwości struktury syntaktycznej monologu wewnętrznego w "Annie Kareninie" i jej przekładzie na język polski. — *SPol* 3, 1976, 81-91 | Ru. summ.

11328 LAPTEVA, O. A.: Ustno-razgovornaja raznovidnost' sovremennogo russkogo literaturnogo jazyka i drugie ego komponenty (Stat'ja vtoraja). — *VStil* 8, 1974, 86-107.

11329 LARIN, B. A.: *Éstetika slova i jazyk pisatelja.* — Leningrad: 1974 | BL 1974, 10467. | *SS* 37, 1976, 71-73 A. Stich | *LeSt* 11, 1976, 722-723 M. Marzaduri.

11330 [LEEMETS, H.] LEÉMETS, Ch. D.: K voprosu o semantičeskoj strukture metaforičeskogo épiteta v russkoj romantičeskoj proze načala XIX v. (na materiale proizvedenij A. Marlinskogo). — *UZTarU* 266, 1971 (*Trudy po ru. i sl. fil.* 17), 190-199.

11331 — Struktura i funkcii sravnenij-identifikacij v tvorčestve russkich romantikov 30-ch gg. XIX v. (A. A. Bestužev-Marlinskij, V. F. Odoevskij, N. A. Polevoj). — *UZTarU* 347, 1975 (*Trudy po ru. i sl. fil.* 23), 202-220.

11332 — Struktura i funkcii imennoj metafory tipa N^iN^r v jazyke proizvedenij A. A. Bestuževa-Marlinskogo. — *UZTarU* 347, 1975 (*Trudy po ru. i sl. fil.* 23), 221-232.

11333 LEONIDOVA, Marija: Frazeoschema kak lingvističeskaja edinica promežutočnogo frazeologo-sintaksičeskogo urovnja v russkom i bolgarskom jazykach. — *BRus* 3, 1976/3, 23-25.

11334 LJUKŠIN, Jurij: O nekotorych priemach analiza sverchfrazovych sintaksičeskich edinstv v chudožestvennom tekste. — [389], 63-71.

11335 LJUL'KO, N. P.: Stilistiko-sintaksičeskie javlenija v jazyke L. Leonova. — *UZLU* 375, 1973, 138-147.

11336 MOLOTKOVA, G. N.: Sojuznyj period v oratorskoj proze XVIII v. — *UZLU* 375, 1973, 158-167.
11337 NEKRASOVA, E. A.: Nekotorye nabljudenija nad upotrebleniem imen sobstvennych v proizvedenijach A. Voznesenskogo. — [4028], 200-208.
11338 NEMČENKO, V. N.: Osobennosti funkcionirovanija proizvodnych imen prilagatel'nych v sovremennoj russkoj chudožestvennoj proze. — *VStil* 10, 1975, 15-32.
11339 NOŽKINA, È. M.: Obstojatel'stva obraza dejstvija v sovremennom russkom jazyke (K postanovke voprosa). — *VStil* 10, 1975, 33-46.
11340 OZAROVSKIJ, O. V.: Konstruktivno-semantičeskie svjazi kak istočnik èkspressivnosti vyskazyvanij so značeniem nesoglasija. — [10786], 248-260.
  PADO, A.: Charakterystyka stylistyczna frazeologizmów polskich i rosyjskich .... — 10600.
11341 PETENEVA, Z. M.: K voprosu o meste jazyka fol'klora v sistema obščenarodnogo jazyka (Javljaetsja li jazyk fol'klora funkcional'no-stilevoj edinicej dialekta?). — *VStil* 10, 1975, 142-148.
11342 PIMENOVA, G. A.: Tri semantičeskich uzla slova *mysl'* v romane-skazke M. M. Prišvina "Osudareva doroga". — *VLU* 1976/14, 106-113.
11343 PLATONOVA, M. O.: Prisoedinitel'nye konstrukcii s sojuzom *da i* i ich stilističeskie funkcii v jazyke L. N. Tolstogo. — *UZLU* 375, 1973, 175-180.
11344 *Poèt i slovo. Opyt slovarja.* [Red.: V. P. GRIGOR'EV]. — Moskva: Nauka, 1974, 455 p. | *SS* 37, 1976, 71-73 A. Stich.
11345 POLIŠČUK, G. G.: Objazatel'nye i fakul'tativnye opredelenija v razgovornoj reči. — *VStil* 8, 1974, 3-23.
11346 REVJAKIN, A. I.: O zaumnom "rečetvorčestve" (Iz istorii poètičeskogo jazyka). — [238], 316-321.
11347 ROZENTAL', D., & TELENKOVA, M.: *Praktičeskaja stilistika russkogo jazyka. Stilistik der russischen Sprache.* — Moskva: "Russkij jazyk", 1975, 375 p.
11348 SAMOCHVALOVA, V. I.: Ispol'zovanie fonetičeskich priemov dlja peredači soderžanija v poètičeskom vyskazyvanii. — [335], 266-278.
11349 ŠERDAKOVA, L. N.: Ritoričeskij vopros v jazyke publicističeskich proizvedenij. — *UZLU* 375, 1973, 206-212.
11350 SHAW, J. Thomas: *Batiushkov: a dictionary of the rhymes & a concordance to the poetry.* — Madison: 1975 | *BL* 1975, 10892. | *SEEJ* 20, 1976, 77-79 Albert J. Wehrle.
11351 *Slovar' avtobiografičeskoj trilogii M. Gor'kogo.* Vyp. 1.[Red.: L. S. KOVTUN]. — Leningrad: 1974 | *BL* 1975, 10894. | *RosOl* 13, 1975, 62-64 L. Horalík | *ČRus* 21, 1976, 90-91 Z. Leonovičová.
11352 SOGALNIK, G. Ja.: *Sintaksičeskaja stilistika.* — Moskva: 1973, 214 p. | *RosOl* 13, 1975, 49-50 Č. Nováček.
11353 SOLOV'EV, I. V.: Javljetsja li priznakom razgovornogo charaktera reči ee neoficial'nost'? — [347], 209-222.
11354 ŠVAGROVSKÝ, Š.: K otázke štylistického štatútu niektorých ženských názvov osôb v súčasnej spisovnej ruštine. — *BOPT* 1974, 129-141 | Zur Frage einiger weiblichen Benennungen in der gegenwärtigen russischen Schriftsprache (Rés. ru. et all.).
11355 SZYMONIUK, Maja: O skaze v tvorčestve Andreja Platonova. — [378], 105-122 | Rés. all.
11356 TATAR, B.: Javlenie frazeologičeskoj abstrakcii i osobennosti polisemii frazeologizmov v jazyke basen I. A. Krylova. — *AUBud-L* 7, 1976, 171-184.
11357 TSCHIŽEWSKIJ, Dmitrij: Zu den Ukrainismen Gogol's. — [260], 401-405.

11358 VÁCHA, Michal: Analytická verbonominální spojení a jejich funkce v odborném stylu. — *ČRus* 21, 1976, 62-68 | Analytical verbal-nominal connections and their function in technical style (Ru. summ.).

11359 — O ruštině ekonomické teorie a praxe. — *RJ* 26, 1975-76, 298-306 | On the Ru. language of economic theory and practice.

11360 VALJAVSKAJA, N. A.: Nekotorye itogi naučnoj razrabotki poětičeskich slovosočetanij (K probleme poětičeskoj frazeologii). — [10790], 125-131.

11361 VASIL'EVA, A. N.: *Kurs lekcij po stilistike russkogo jazyka. Obščie ponjatija stilistiki. Razgovorno-obichodnyj stil' reči.* — Moskva: "Russkij jazyk", 1976, 239 p.

11362 VOMPERSKIJ, V. P.: Stilističeskaja teorija A. D. Kantemira [1708-44]. — *NDVŠ-F* 1976/1, 55-66.

11363 ZIL'BERT, B. A.: Složnye konstrukcii s odnovremennym ispol'zovaniem sojuznych i bessojuznych svjazej v stilizovannoj razgovornoj reči. — *VStil* 10, 1975, 149-154.

8. PROSODIE, MÉTRIQUE, VERSIFICATION — PROSODY, METRE, VERSIFICATION

11364 SMITH, G. S.: A bibliography of Soviet publications on Russian versification since 1958. — *Russian Literature Triquarterly* (Ann Arbor, Mich.) 6, 1973, 679-694 | *RFTarU* 4, 1975, 152-154 Mich. Lotman.

11365 ČEREMISINA, N. V.: Zvukopis' i intonacija v stiche i v proze. — *VStil* 8, 1974, 23-40.

11366 DRAGE, C. L.: The introduction of Russian syllabo-tonic prosody. — *SEER* 54, 1976, 481-503.

11367 GASPAROV, M. L.: Metr i smysl. K semantike russkogo trechstopnogo choreja. — *IzvAN* 35, 1976, 357-366.

11368 LILLY, Ian K., & SCHERR, Barry P.: Russian verse theory since 1960: a commentary and bibliography. — *IJSLP* 22, 1976, 75-116.

11369 LOJKINE, A. K.: Nekrasov's anapaests. — *MelbSS* 9-10, 1975, 54-63.

11370 LOTMAN, M. Ju.: Metričeskij repertuar I. Annenskogo (Materialy k metričeskomu spravočniku). — *UZTarU* 358, 1975 (*Trudy po ru. i sl. filol.* 24), 122-147.

11371 MINERALOV, Ju.: O putjach vozniknovenija pristavočno-kornevoj rifmy v russkoj poězii. — *RFTarU* 4, 1975, 77-87.

11372 PEJSACHOVIČ, M. A.: Astrofičeskij stich i ego formy. — *VJa* 1976/1, 93-106.

11373 RUDNEV, P. A.: Metričeskij repertuar Nekrasova. — *UZTarU* 358, 1975 (*Trudy po ru. i sl. filol.* 24), 93-121.

11374 SMITH, G. S.: Versification and composition in Marina Cvetaeva's *Pereuločki*. — *IJSLP* 20, 1975, 61-92.

11375 STELLECKIJ, V. I.: Zur Frage des altrussischen Versbaus im Schrifttum des 12. und 13. Jahrhunderts .... — *ZSl* 21, 1976, 282-296.

11376 VASJUTOČKIN, G. S.: Ritmika "Aleksandrijskich pesen". — [348], 158-167.

11377 ZOLJAN, S.: Dve zametki po teorii russkogo sticha. — *RFTarU* 4, 1975, 99-122 | 1. K popytke topologičeskogo opisanija sistemy russkogo stichosloženija. 2. Funkcija udarnych fonem v strukture poětičeskogo teksta.

RUSSE

9. TRADUCTION — TRANSLATION

11378 BOGUSŁAWSKI, A.: Zagadnienie jednostek przekładowych. — 10613.
FOKKER, A. A.: Hoe kunnen *gaan* en *komen* vertaald worden in het Russisch? — *HandNFC* 34, 1976, 297-300 | How can we translate the Du. verbs *gaan* (to go) and *komen* (to come) into Ru.?
KRUPNOV, V. N.: *V tvorčeskoj laboratorii perevodčika*.... — 3086.
11379 STASZEWSKI, Stanisław: K voprosu o perevode frazeologičeskich edinic (na materiale russkogo i pol'skogo jazykov). — [366], 131-137.
11380 VANĚČKOVÁ, Galina: "Maj" K. G. Machi v russkom perevode (kategorija prostranstva). — *ČRus* 21, 1976, 199-203 | Transl. by D. Samojlov, Moskva 1960.

10. LINGUISTIQUE MATHÉMATIQUE — MATHEMATICAL LINGUISTICS

11381 BELJAEVA, L. N., LUK'JANOVA, E. M., & PIOTROVSKIJ, R. G.: Mašinnaja leksikografija v mnogocelevom avtomatičeskom russkom slovare. — [347], 28-43.
11382 DIETZE, Joachim: Die Frequenz von Kasus und Präpositionen in der russischen Fachsprache. — [223], 141-152, tab.
11383 JIRÁKOVÁ, Irina: Zavisimosť količestvennogo sostava grammatičeskich kategorij porjadka častej reči ot ob"ema častotnych slovarej russkogo jazyka. — *PSML* 5, 1976, 37-52 | E. summ.
11384 KRASNOPEROVA, M. A.: Ob otnošenii meždu stepenjami kontrastnosti ritmičeskich struktur. — [348], 145-158.
11385 KULEŠOVA, L. V.: Nekotorye rezul'taty obrabotki častotnogo slovarja kornej russkogo jazyka (korni na bukvu B). — [335], 92-109.
11386 OLIVERIUS, Zdeněk F.: Z frekvenčního slovníku morfémů ruského jazyka. — *FilS* 6, 1975, 13-80 | From the frequency dictionary of Ru. morphemes (Ru. summ.).
11387 OSTANINA, S. P.: Nekotorye dannye o količestvennom ispol'zovanii imen prilagatel'nych v sovremennoj russkoj reči. — *VStil* 8, 1974, 108-115.
RAJNOVA, D. A., & KUZNECOVA, A. I.: *Struktura i raspredelenie slov-odinoček* .... — 9560.
11388 RUSINOV, N. D.: Ob opredelenii skorosti dialektnoj évolucii po pamjatnikam pis'mennosti. — [344], 377-386.
11389 SOONPERE, Ju.: Raspredelenie informacii v tekste na urovne sverchfrazovogo edinstva. — *RFTarU* 4, 1975, 192-208.
11390 SOTÁK, Michal: Typologické rozdiely v distribúcii ruských a slovenských dejových deverbatív. — *SlavSl* 11, 1976, 272-280 | Typological differences in the distribution of Ru. and Slov. deverbatives (Summ. in Ru.).
11391 WENZEL, Friedrich: *Split. Ein Verfahren zur maschinellen morphologischen Segmentierung russischer Wörter*. — München: 1973 | BL 1974, 10514. | *ZPhon* 29, 1976, 184-186 I. Brand.
11392 ŽURAVLEV, A. P.: Soderžatel'nosť fonetičeskoj formy poétičeskogo teksta. — *VStil* 8, 1974, 41-60.

12. SOCIOLOGIE DU LANGAGE — SOCIOLOGY OF LANGUAGE

11393 GRAUDINA, L. K., & STALTMANE, V. É.: Russko-latyšskie jazykovye svjazi. — *VJa* 1976/1, 123-129 | On Ru. in Latvia.

14. ONOMASTIQUE — ONOMASTICS

11394 BONDALETOV, V. D.: Russkij imennik, ego sostav, statističeskaja struktura i osobennosti izmenenija (mužskie i ženskie imena). — [4028], 12-46.
11395 DRIGALKIN, V. I.: K voprosu o "temnych" mestach "Slova o polku Igoreve". — *EIRJa* 8, 1976, 66-71.
11396 GRIGOR'EV, V. P.: Onomastika Velimira Chlebnikova (individual'naja poètičeskaja norma). — [4028], 181-200.
GULIEVA, L. G.: Tjurkskaja gidronimija Kubani. — 13061.
11397 *Imena moskovskich ulic.* [Obščee red.: A. M. PEGOV]. Izd. [2-e,] pererab. i dop. — Moskva: Moskovskij rabočij, 1975, 536 p., 45 pl. | *RJ* 27, 1976-77, 76-78 Štefan Švagrovský.
11398 LABZINA, M. V.: O nazvanijach naselennych punktov Čeljabinskoj oblasti i istorii zaselenija Južnogo Urala. — [10780], 128-137.
11399 MATVEEV, A. K.: Toponimičeskie ètimologii. VIII. — *SovFU* 12, 1976, 182-186, map | 21. *chid-, chiž-, chišč-; chit-*. Cf. BL 1975, 10939.
11400 — Toponimičeskie ètimologii. IX. — *SovFU* 12, 1976, 254-257 | 22. *nërm-*, etc. 23. *tolbas*.
11401 — Zametki ob adaptacii substratnych toponimov v govorach russkogo severa. — *Jaz. i top.* [334], 2, 199-207.
— Ètimologizacija substratnych toponimov .... — 4020.
11402 MICHALAP, K. P.: Antroponimy v toponimii. — [10780], 138-144.
11403 — Iz nabljudenij nad otantroponimičeskimi prožviščami. — [10780], 148-152.
11404 NIKONOV, V. A.: Opyt slovarja russkich familij. IV. — *Ètimologija* 1974 (1976), 129-157 | Cf. BL 1975, 10941.
11405 NIKULINA, Z. P.: O specifike individual'nych prozvišč raznych vozrastnych grupp (Na materiale otfamil'nych mestnych prozvišč). — [10780], 122-127. *Onomastika Povolž'ja*, 3. — 13066.
11406 OTIN, Je. S.: Toponimičnyj aspekt odnijeji podiji davn'orus'koji istoriji. — *Mov* 1976/4, 57-61.
11407 PEN'KOVSKIJ, A. B.: Russkie ličnye imenovanija, postroennye po dvuchkomponentnoj modeli "imja + otčestvo". — [4028], 79-107.
11408 PETROČENKO, V. I.: Èvoljucija strukturnych tipov russkich toponimov Krasnojarskogo kraja. — [10780], 144-148.
11409 SMOLICKAJA, G. P.: *Gidronimija bassejna Oki (spisok rek i ozer).* — Moskva: Nauka, 1976, 402 p.
11410 STALTMANE, V.: O dvojakom morfologičeskom oformlenii inojazyčnych choronimov v russkom jazyke. — [4028], 107-115.
11411 SUPERANSKAJA, A. V., & SUSLOVA, A. V.: "Nestandartnye" russkie familii. — [4028], 59-71.
11412 SUPRUN, V. I.: Slovoobrazovanie russkich i češskich ètnonimov. — *RJ* 26, 1975-76, 346-353.
11413 ŠVARCKOPF, B. S.: O social'nych i èstetičeskich ocenkach ličnych imen. — [4028], 47-59.
VAL'DMAN, K. N.: Izmenenie struktury drevnich složnych toponimov .... — 8623.
VANJUŠEČKIN, V. T.: Istoriko-ètimologičeskie zametki .... — 11273.
11414 VOROB'EVA, I. A.: *Russkaja toponimija srednej časti bassejna Obi.* — Tomsk: 1973 | BL 1973, 11974. | *Jaz. i. top.* [334], 1, 207-210 K. F. Gricenko.

UKRAINIEN

11415 — K voprosu o toponimičeskich kal'kach. — [334], 1, 178-183.
11416 — Sistemnyj podchod v toponimike i istorija. — [334], 2, 190-198.
11417 ZMARZER, Wanda: Antroponimy staroruskie na tle rosyjskiego słownictwa pospolitego. — [389], 135-144.

c. Ukrainien — Ukrainian

0. BIBLIOGRAPHIE ET GÉNÉRALITÉS — BIBLIOGRAPHY AND GENERAL

11418 SWOBODA, V.: Ukrainian studies. — *YWMLS* 37, 1975 (1976), 863-871.

11419 RUSANIVS'KYJ, V. M.: Zbahačennja i onovlennja movy. — *UMLŠ* 1976/8, 47-57. *Sopostavitel'noe issledovanie rus. i ukr. jazykov.* — 10788.
11420 ŠTEC', M.: Nevidkladni zavdannja čechoslovac'koji ukrajinistyky. — *ZKSUT* 3, 1975, 7-12 | Urgent tasks of Ukr. studies in Czechoslovakia.
— Konfrontácia spisovnej slov. a spisovnej ukr. — 10075.
11421 *Sučasna ukrajins'ka literaturna mova.* Pidručnyk dlja studentiv .... [Avt.: A. P. MEDUŠEVS'KYJ, V. V. LOBODA, et al.]. — Kyjiv: "Vyšča škola", 1975, 398 p. | *Mov* 1976/4, 87-89 Je. Reguševs'kyj & V. Černej'kyj | *UMLŠ* 1977/4, 89-93 A. V. Majboroda.
11422 ŽLUKTENKO, Ju. O.: Ukrajins'ka immihrants'ka mova v movnij sytuaciji Kanady. — *Mov* 1976/6, 11-20.

1. PHONÉTIQUE ET PHONOLOGIE — PHONETICS AND PHONOLOGY

11423 BORYSJUK, I. V.: *Intonacija ukrajins'koho pytal'noho rečennja.* — Kyjiv: 1975 | BL 1975, 10976. | *Mov* 1976/2, 84-86 N. Toc'ka.
11424 KURASZKIEWICZ, Władysław: Nowe uwagi o rozwoju ikawizmu ukraińskiego. — [10743], 3-12.
11425 OROS, V. I.: Iz nabljudenij nad jazykom proizvedenij A. I. Pavloviča (Fonetičeskie osobennosti). — *ZKSUT* 3, 1975, 59-70.
PEŠIKAN, M.: Osnovne strukturalne karakteristike rusinskog glasovnog sistema. — 10086.
11426 PLJUŠČ, N. P.: *Intonacija vstavnosti v ukrajins'kij movi.* — Kyjiv: "Naukova dumka", 1976, 132 p., ill.
11427 SHEVELOV, George Y.: On the problem of the participation of *y* and *i* in the loss of the *jers.* — *JslF* 32, 1976, 121-141.
11428 TOC'KA, N. I.: Do pytannja pro artykuljacijnu ta akustyčnu klasyfikaciju holosnych ukrajins'koji movy. — *Mov* 1976/6, 5-10.
11429 ŽOVTOBRJUCH, M. A.: Osnova i pryncypy ukrajins'koji literaturnoji vymovy. — *UMLŠ* 1976/6, 63-75.

2. GRAMMAIRE — GRAMMAR

11430 ARVAT, N. M.: Pro komponentnyj analiz semantyčnoji struktury prostoho rečennja. — *Mov* 1976/4, 38-45.
11431 BALIJ, Michał: Substantywizacja sufiksalna przymiotników w języku ukraińskim. Część I. — *SlOr* 25, 1976, 65-76.
11432 — Sufiksy *-ik, -ok, -ko, -uk//-juk* w języku ukraińskim. Część II. Sufiks -*ik -yk.* — *SlOr* 25, 1976, 371-398 | Cont. of No. 11431.

11433 BILODID, O. I.: Korin' slova u hramatyčnomu včenni O. O. Potebni. — *UkrM* 4, 1976, 83-89.
11434 BOSAKIVS'KA, N. L.: Dejaki osoblyvosti slovotvoru usnoho movlennja (nazvy žinok za fachom čy rodom zanjat'). — *Mov* 1976/3, 40-44.
        BRICYN, V. M.: Vidokremleni označennja v ros. ta ukr. movach. — 10941.
11435 ČERNEC'KYJ, V. K.: Vžyvannja zbirnych čyslivnykiv u sučasnij ukrajins'kij movi. — *UMLŠ* 1976/2, 29-38.
11436 CYMBALJUK, Ju. V.: Imennyky z latyns'kym sufiksom -*ent* v ukrajins'kij movi. — *InFil* 36, 1974, 85-89 | Substantive mit dem lateinischen Suffix -*ent* im Ukr. (Ru. & G. summ.).
11437 FEKETA, I. I.: Ukrajins'ki nazvy žinok na slov'jans'komu foni. — *UkrM* 4, 1976, 54-59.
11438 HNATJUK, H. M.: Systema dijeprykmetnykiv u tvorach Klymentija Zinovijeva. — [229], 190-199.
11439 HOLOJUCH, V. I.: Nevlasne-umovni konstrukciji u sučasnij ukrajins'kij movi. — *Mov* 1976/3, 32-39.
11440 HOŁYŃSKA, Tatiana: Słowotwórstwo rzeczowników w najstarszych gramatykach języka ukraińskiego. — [389], 41-51.
11441 HORPYNYČ, V. O.: *Vidtoponimni prykmetnyky v ukrajins'kij movi (Pytannja teoriji i istoriji slovotvoru)*. — Kyjiv: "Vyšča škola", 1976, 139 p.
11442 HRYŠČENKO, A. P.: Dyferenciacija tverdych i m'jakych prykmetnykovych osnov v ukrajins'kij movi. — *Mov* 1976/1, 51-62.
11443 — Strukturno-značennjevi osoblyvosti prysvijnych prykmetnykiv. — [229], 199-209.
11444 IVANENKO, Z. I.: Pryjmennykovi konstrukciji času. — *UMLŠ* 1976/1, 33-40.
11445 KLJUČKOVS'KYJ, B. H.: Apozytyvna spolučuvanist' sliv u sučasnomu ukrajins'komu literaturnomu movlenni. — *UkrM* 4, 1976, 14-20.
11446 KONONENKO, V. I.: Semantyčni zv'jazky v syntaksysi. — *Mov* 1976/1, 13-23.
        — *Sistemno-semantičeskie svjazi v sintaksise rus. i ukr. jazykov*. — 10992.
11447 KOVALYK, I. I.: Hramatyčna struktura systemy dijeslivnych form u sučasnij ukrajins'kij literaturnij movi. — *Mov* 1976/4, 25-28.
11448 — Pro osnovnu movnu odynycju slovotvirnogo rivnja. — *UkrM* 4, 1976, 28-32.
11449 KRAVČENKO, M. V.: Slovotvir imennykiv žinočoho rodu z deminutyvnym značennjam. — *UkrM* 4, 1976, 47-54.
11450 KUČERENKO, I. K.: Lohiko-syntaksyčna pryroda rečen' z odnoridnymy členamy. — *Mov* 1976/4, 29-37.
11451 MUKAN, H. M.: Perechidni javyšča v systemi častyn movy. — *UMLŠ* 1976/10, 15-22.
11452 OŠČYPKO, I. J.: Porivnjal'nyj analiz ukrajins'kych ta pol's'kych vidprykmetnykovych pryslivnykiv na -*o*, -*e*. — *PMov* 9, 1975, 50-56 | Ru. summ.
11453 — Ukrajins'ki vidimennykovi pryslivnyky z sufiksamy -*om* (-*em*, -*cem*), -*oju* (-*eju*), -*u* v porivnjanni z rosijs'kymy ta bilorus'kymy. — *UkrM* 4, 1976, 37-42.
11454 SAHAČ, H. M.: Pro dejaki slovotvirno-semantyčni osoblyvosti imennykov iz pejoratyvnymy sufiksamy -*yšč(e)*, -*ys'k(o)* v sučasnij ukrajins'kij literaturnij movi. — *UkrM* 4, 1976, 42-47.
11455 SIKORS'KA, Z. S., & ŠARPYLO, B. A.: Tvirni slova i tvirni osnovy. — *UMLŠ* 1976/10, 34-43.
11456 SLYN'KO, I. I.: Istorija opozycij z pryjmennykamy zъ (sъ), vъ (u) - bezъ dlja vyražennja sposobu diji v ukrajins'kij movi. — *Mov* 1976/3, 51-59.

UKRAINIEN

11457 SYČ, V. F.: Osobovi ta zvorotnyj zajmennyky. — *UMLŠ* 1976/4, 29-38.
11458 TRETEVYČ, L. M.: Do pytannja pro bezafiksnyj sposib slovotvoru. — *PMov* 9, 1975, 56-62 | Ru. summ.
11459 VOZNYJ, T. M.: Strukturno-semantyčni hrupy dijesliv u sučasnij ukrajins'kij movi. — *UMLŠ* 1976/3, 27-34.
11460 — Ukrajins'ki dijeslova na *-uvaty*, utvoreni vid sliv inšomovnoho pochodžennja, u porivnjanni z rosijs'kymy ta bilorus'kymy. — *UkrM* 4, 1976, 32-36.
11461 ZATOVKAŇUK, M.: Do problematyky ukrajins'koho vokatyva. — *ZKSUT* 2, 1973 (1975), 71-76 | Problems of the vocative in Ukr.

3. HISTOIRE — HISTORY

11462 ANDERŠ, J. F.: Do pytannja pro čes'ko-ukrajins'ki movni zv'jazky najdavnišoji doby. — [229], 59-66.
11463 *Dilova i narodno-rozmovna mova XVIII st.* (*Materialy sotennych kanceljarij i ratuš Livoberežnoji Ukrajiny*). Pidgotuvav do vyd. V. A. PEREDRIJENKO. [Vidpovid. red.: V. V. NIMČUK]. — Kyjiv: "Naukova dumka", 1976, 415 p., 6 facsim.
11464 HUMEC'KA, L. L.: Sposoby adaptaciji zapozyčenoji leksyky v staroukrajins'kij movi. — *Mov* 1976/4, 71-73.
11465 KARPOVA, V. L.: K voprosu o territorial'noj differenciacii čislitel'nych v jazyke ukrainskoj delovoj pis'mennosti XIV-XV vv. — [344], 319-326.
11466 NIMČUK, V. V.: Mova ukrajins'koho travnyka XVI st. — *Mov* 1976/5, 43-55.
11467 ŽOVTOBRJUCH, M. A.: "Hramatyka slovenskaja" Ivana Uževča: pam'jatka staroukrajins'koji literaturnoji movy. — [229], 167-179.
11468 — Staroukrajins'ki hramoty jak pam'jatky literaturnoji movy. — *Mov* 1976/4, 62-70.

4. DIALECTOLOGIE — DIALECTOLOGY

11469 BEVZENKO, S. P.: Pro dialektni vidminnosti ukrajins'koji movy na syntaksyčnomu rivni. — *Mov* 1976/4, 46-49.
11470 DEJNA, Karol: Językowa przynależność gwar brzesko-pińskich. — [10743], 13-20.
11471 [DZENDZELIVS'KYJ, J. O.] DZENDZELEVSKIJ, I. A.: K voprosu o funkcional'noj nagruzke nekotorych soglasnych fonem v ukrainskich govorach v svjazi s mež"-jazykovoj interferenciej. — [344], 159-170.
11472 FOSSÓWNA, Hanna, & ŁUSZCZYŃSKA, Ewa: Niektóre zjawiska fonetyczne w gwarze mieszkańców wsi Ziemiany Piotra Górniaka. — [355], 87-92.
11473 HANCOV, Vsevolod: *Dijalektolohična klasyfikacija ukrajins'kych hovoriv*. Nachdruck besorgt von Reinhold OLESCH. — Köln: Universität, 1975, v. 67 p., map | Repr., with introd. by Olesch, of 1923 ed. | *SlOr* 25, 1976, 520-521 Kazimierz Feleszko | *CanSS* 10, 1976, 452-453 Bohdan O. Strumin'skyj.
11474 [LYZANEC', P. M.] LIZANEC, P. N.: *Vengerskie zaimstvovanija v ukrainskich govorach Zakarpat'ja. Vengersko-ukrainskie mež"jazykovye svjazi*. — Budapest: Akadémiai Kiadó, 1976, 683 p., 390 maps | Hg. & G. summ.
11475 LYZANEC', P. M.: *Atlas leksyčnych madjaryzmiv ta jich vidpovidnykiv v ukrajins'kych hovorach Zakarpats'koji oblasti URSR. Č. III.* — Užhorod: Užhorods'kyj derž. univ., 1976, 327 p., maps 391-514 | Atlas lexikalischer Hungarismen und ihrer Entsprechungen in den ukr. Mundarten von Transkarpatien (Summ. in Ru., Hg. & G.).

UKRAINIAN

11476 MORAVEC, J.: K akcentologii nářečí ukrajinsko-slovenského pomezí (Periferní přízvuková schémata substantiv). — *ZKSUT* 3, 1975, 37-50.

11477 MULYČAK, Ju.: Sil'skohospodars'ka leksyka ukrajins'kych hovoriv na schid vid riky Laborec'. — *ZKSUT* 2, 1973 (1975), 91-112 | Landwirtschaftlicher Wortschatz der ukr. Mundarten östlich vom Laborec'.

11478 NIKONČUK, N. V.: Severnye granicy vostočnoromanizmov v pravoberežnopolesskich govorach ukrainskogo jazyka. — [2782], 77-89, 9 maps.

11479 RIEGER, Janusz: O przyszłym atlasie językowym gwary Bojków. — *SFPS* 15, 1976, 233-241.

11480 RIEGER, Janusz, MIERZEJEWSKA, Donata, PLUSKOTA, Teresa: Z leksyki i słowotwórstwa pogranicza łemkowsko-bojkowskiego. — [10743], 21-28, cartes.

11481 ROT, A. M.: Voprosy ukrainsko-nemeckich meždialektnych otnošenij v karpatskom areale. — *SSlav* 22, 1976, 111-125.

11482 VAKALJUK, Ja. Ju.: Leksyka narodnoji medycyny ukrajins'kych hovoriv Prikarpattja. — *Mov* 1976/2, 46-52.

11483 VAN'KO, Ju.: Imennyj skladenyj prysudok iz zv'jazkoju "buty" v hovirkach sil Bardijivs'koho okruhu. — *ZKSUT* 3, 1975, 13-18.

WASILUK, N.: Dyftongi w gwarze wsi Czechy Orlańskie. — 11593.

11484 ZAKREVS'KA, Ja. V.: *Narysy z dialektnoho slovotvoru v areal'nomu aspekti.* — Kyjiv: "Naukova dumka", 1976, 161 p., 22 maps.

11485 ZALES'KYJ, A. M.: *Vokalizm pivdenno-zachidnych hovoriv ukrajins'koji movy.* — Kyjiv: 1973 | BL 1974, 10614. | *BeLi* 7, 1975, 74-76 V. M. Čekman.

5. VOCABULAIRE — VOCABULARY

BLAGOVA, G. F.: Opyt areal'nogo izučenija tjurkizmov.... — 11165.

11486 ČAK, Je. D.: *Z biohrafiji slova.* — Kyjiv: "Veselka", 1976, 79 p. | *Mov* 1976/5, 95-96 N. Solohub.

ČERNEC'KA, H. V., & KERNER, A. A.: Imennyk *pluralia tantum* v anhl. i ukr. movach. — 8414.

GERMAN, K. F.: Imena prilagatel'nye v sisteme vostočnoslavjano-moldavskich jazykovych zaimstvovanij. — 6907.

11487 JACENKO, I. T.: Semantyčna i morfemna budova sliv z nepodil'noju i podil'noju osnovoju. — *UMLŠ* 1976/10, 24-34.

11488 KOBYLJANS'KYJ, B. V.: Ukrajins'ka leksyka v "Sravnitel'nom ètimologičeskom slovare russkogo jazyka" N. V. GORJAJEVA. — *PMov* 9, 1975, 70-74 | Ru. summ. | N. V. GORJAEV, *Sravnitel'nyj ètimologičeskij slovar' russkogo jazyka*, Tiflis 1896.

11489 — Do vyvčennja hermanizmiv i polonizmiv v ukrajins'kij movi. — *Mov* 1976/6, 31-35.

11490 LAZARENKO, Je. K., & VYNAR, O. M.: *Mineralohičnyj slovnyk (ukrajins'ko-rosijs'ko-anhlijs'kyj).* — Kyjiv: "Naukova dumka", 1975, 772 p. | *Mov* 1976/1, 91-93 L. Rodnina.

11491 LYSYČENKO, L. A.: Antonimy v sučasnij ukrajins'kij movi. — *UMLŠ* 1976/1, 26-33.

11492 MERKULOVA, V. A.: Ukrainskie ètimologii. II (*merščij, regnuty, prjataty, smotoloka, gobouďyc'a*). — *Ètimologija* 1974 (1976), 60-75 | Cf. BL 1975, 11050.

11493 [MOKÁNY Sándor] MOKAN', Šandor: Vengerskie slova v slavjanskich jazykach. — *SovFU* 12, 1976, 204-207 | 1. Zakarpatsko-ukr. suščestvitel'noe *kestemen*. 2. Slov. i ukr. *odoma.š* (G. summ.).

MUCHNYCJA, S. M.: Ad'jektyvni komparatyvni frazeolohični odynyci u nim. ta

UKRAINIEN

ukr. movach .... — 7561.

11494 NIMČUK, V. V.: Movoznavča spadščyna Maksyma Hreka v "Leksykoni" P. Beryndy. — [229], 180-190.
11495 RUDNYĆKYJ, J. B.: *An etymological dictionary of the Ukrainian language.* Vol. II, part 3 (14) [drála – estakáda]; part 4 (15) [estámp – jéšiva]. — Winnipeg: Ukr. Free Acad. of Sci., UVAN, 1975, p. 193-288; 1976, p. 289-344 | Cf. BL 1975, 11056.
11496 *Slovnyk ukrajins'koji movy.* [Red.: I. K. BILODID, et al.] Tom 6: P – pojity. [Red. tomu: A. V. LAGUTINA, K. V. LENEC']; Tom 7: pojichaty – prypobljaty. — Kyjiv: "Naukova dumka", 1975, 832 p.; 1976, 723 p. | Cf. BL 1974, 10649.
11497 SPRYNČAK, Ja. O.: Etymolohičnyj analiz frazeolohičnych vyraziv. — *UMLŠ* 1976/5, 33-38.
11498 TARANENKO, O. O.: Analohija jak javyšče leksyčnoji semantyky. — *Mov* 1976/1, 24-31.
11499 — Metaforyčni modeli u svitli prahmatyky. — *Mov* 1976/5, 24-29.
11500 VOLOŠYNA, T. H.: Po etymolohiji ukrajins'kych dendronimiv *topolja* ta *iva.* — *Mov* 1976/3, 67-71.
11501 VOROBJOVA, S. A., & MOLODID, T. K.: *Rosijs'ko-ukrajins'kyj slovnyk sociaľno-ekonomičnoji terminolohiji.* Za red. I. K. BILODIDA. — Kyjiv: URE, 1976, 412 p. | *Mov* 1976/6, 79-81 V. Koptilov.
ZORIVČAK, R. P.: Spil'ni javyšča frazeolohičnoho fondu ukr. i anhl. mov. — 8482.

6. ORTHOGRAPHE — ORTHOGRAPHY

11502 KOVALIV, P.: *Ukrajins'kyj pravopys.* — New York: Shevchenko Scientific Soc., 1976, 96 p.
11503 *Orfohrafičnyj slovnyk ukrajins'koji movy* .... [Uklaly S. I. HOLOVAŠČUK, et al.]. — Kyjiv: 1975 | BL 1975, 11066. | *Mov* 1976/1, 88-90 I. Olijnyk & V. Čabanenko | *UMLŠ* 1976/5, 89-92 M. I. Pohribnyj.

7. STYLISTIQUE, LANGUE LITTÉRAIRE — STYLISTICS, LITERARY LANGUAGE

11504 [BILODID, I. K.] BELODED, I. K.: G. S. Skovoroda v istorii ukrainskogo literaturnogo jazyka. — [238], 368-374.
11505 BONDARENKO, D. V.: Movnostylistyčni osoblyvosti ukrajins'kych prysliv'jiv ta prykazok. — *Mov* 1976/2, 53-58.
11506 ČERTORYZ'KA, T. K.: Leksykohrafične vyvčennja ukrajins'koji i rosijs'koji spadščyny T. H. Ševčenka. — *Mov* 1976/1, 38-45.
11507 DIDKIVS'KA, L. P.: Pro funkcionuvannja deminutyviv (na materiali chudožn'oho stylju ukrajins'koji ta rosijs'koji mov). — *Mov* 1976/5, 8-14.
11508 DIDYK, S. S.: Idejno-chudožnja funkcija frazem u pamfletach Ja. Halana. — *PMov* 9, 1975, 31-37 | Ru. summ.
11509 HUMEC'KA, L. L.: Z istoryčnoji stylistyky ukrajin'skoji movy. — [229], 88-93.
11510 JANUŠ, Ja. V.: Stylistyčny funkciji syntaksyčnych zasobiv u movi dramatyčnych tvoriv. — *UkrM* 4, 1976, 60-65.
11511 JERMOLENKO, S. S.: Pro dejaki ponjattja hramatyčnoji stylistyky movy. — *Mov* 1976/5, 30-34.
11512 KLJUČKOVS'KYJ, B. H.: Strukturni typy prysudkiv u tvorach Mychajla Kocjubyns'koho. — *PMov* 9, 1975, 23-30 | Ru. summ.

11513 KOLOMIJEC', L. I.: Poetyčna tradycijna frazeolohija na poznačennja *bytvy*. — *Mov* 1976/2, 59-62.
11514 KONONENKO, V. I.: Stylistyčnyj aspekt syntaksysu. — [229], 114-123.
11515 MAMALYHA, A. I., & PAZJAK, O. M.: Dijeslivni stali slovospolučennja v publicystyci (Na materialach informacijnych žanriv hazety). — *UkrM* 4, 1976, 70-80.
11516 PALJATYNS'KA, S. V.: Dejaki problemy perekladu francuz'kych dialektyzmiv ukrajins'koju movoju. — *InFil* 43, 1976, 51-58 | Quelques problèmes de la trad. des dialectismes fr. en ukr. (Rés. ru. & fr.).
11517 PERBEJNOS, V. I.: O modelirovanii nulevogo stilja. — *LingT* 4, 1971 (1972), 96-107.
11518 PYLYNS'KYJ, M. M.: *Movna norma i styl'*. — Kyjiv: "Naukova dumka", 1976, 287 p.
11519 — Suspil'nyj charakter literaturnoji normy v movi. — *UMLŠ* 1976/7, 25-33.
11520 — Do sposterežen' nad movoju T. Ševčenka ("Peredmova" do poemy "Hajdamaky", "Panove subskrybenty!", "Peredmova" do "Kobzarja" 1847 r.). — [229], 104-114.
11521 PYVOVAROV, O. Je.: Vžyvannja pryslivnykiv ta obstavynnych slovospolučen' jak zasib orhanizaciji nadfraznych jednostej u chudožnij prozi M. Kocjubyns'koho. — *UkrM* 4, 1976, 66-70.
11522 PRYŠVA, B. H.: Pryjomy slovesnoho komizmu v tvorach Ostapa Vyšni. — *Mov* 1976/1, 69-72.
11523 RUSANIVS'KYJ, V. M.: Spivvidnošennja funkcional'nych i ekspresyvnych styliv movy. — [229], 73-81.
11524 ŠEVČUK, O. S.: Stylistyčni funkciji častok. — *UMLŠ* 1976/5, 24-33.
11525 SIMULIK, V. M.: Jazyk Ju. I. Stavrovskogo-Popradova (Orfoepija). — *ZKSUT* 3, 1975, 51-58.
11526 VENJEVCEVA, L. V.: Slovnyk movy tvoriv H. Kvitky-Osnov'janenka ta joho tekstolohični zasady. — *Mov* 1976/1, 46-50.

10. LINGUISTIQUE MATHÉMATIQUE — MATHEMATICAL LINGUISTICS

11527 [DEZSŐ László] DĚŽE, L.: Statističeskoe izučenie leksiki i grammatiki (na istoričeskom materiale ukrainskogo jazyka). — *ALH* 26, 1976, 27-53, tab.

14. ONOMASTIQUE — ONOMASTICS

11528 AFANAS'JEVA, N. S.: Istoryčna obumovlenist' statystyčnoji dostovirnosti (na materiali ukrajins'kych neafiksal'nych toponimiv). — *Mov* 1976/3, 72-75.
11529 ČERNJACHIVS'KA, Je. M.: Pro odnu z osoblyvostej ukrajins'koji antroponimiji (kolektyvni prizvys'ka). — *PMov* 9, 1975, 62-65 | Ru. summ.
11530 ČUČKA, Petr P.: Sučasni vmotyvovani prizvys'ka i slovotvorča struktura prizvyšč. — *ZbSOK* V, 83-88.
11531 DUJČAK, M., & LAZORYK, O.: Do pytan' skladnych nazv naselenych punktiv (Na toponimičnomu materiali prjašivščyny). — *ZKSUT* 1, 1972 (1975), 81-89.
11532 — Do charakterystyky skladnych nazv naselenych punktiv leksyko-syntaksyčnoho typu (Na toponimičnomu materiali prjašivščyny). — *ZKSUT* 3, 1975, 19-36.
11533 KARPENKO, Ju. O., BEVZENKO, A. T., et al.: *Toponimija pivnično-schidnoji Odeščyny* . . . . — Odesa: 1975 | BL 1975, 11082. | *Mov* 1976/2, 83-84 Je. Otin.
11534 KOREPANOVA, A. P.: Pro toponimičnu stratyhrafiju. — *Mov* 1976/6, 36-39.

KOSYL, Cz.: Nazwa miejscowa *Ochodza* .... — 10667.

11535 KRAKALIJA, L. V.: Moldavsko-ukrainskie vzaimosvjazi v antroponimii Sovetskoj Bukoviny. — [2782], 101-106.

11536 LESIÓW, Michał: Zapożyczenia z języka starohebrajskiego w dramatach zachodnio-ukraińskich XVII i początku XVIII wieku. — [378], 177-186 | Die Namen althebräischen Ursprungs in den westukrainischen Dramen der 17.-18. Jahrhunderte (Rés. ru.).

LIPTÁK, Š.: Odraz slov.-ukr. jazykových kontaktov v geogr. apelatívach .... — 10275.

11537 LISOVYJ, I. A., & CYMBALJUK, Ju. V.: Pro dejaki vlasni imena latyns'koho pochodžennja v ukrajins'kij movi. — *UkrM* 4, 1976, 99-101.

11538 LOBODA, V. V.: *Toponimija Dnipro-Buz'koho mežyriččja.* — Kyjiv: "Vyšča škola", 1976, 231 p. | *Mov* 1976/6, 81-83 Je. Otin.

11539 MASENKO, L. T.: Ukrajins'ki prizvyšča z sufiksom -*ij*. — *Mov* 1976/5, 73-78.

11540 PALAMARČUK, L. S.: Novi nominaciji jak odyn iz aspektiv zbahačennja slovnyka. — [229], 131-137.

11541 PALAMARČUK, O. L.: Pro peredaču prizvyšč prykmetnykovoho typu (na materiali mižslov'jans'kych perekladiv). — *Mov* 1976/2, 31-38.

11542 STYČYŠYNA, L. P.: Osoblyvosti slovotvorennja toponimiji porubižnoji terytoriji. — *UkrM* 4, 1976, 81-83.

11543 WALLERAND, Marzena: Uwagi o współczesnych imionach ukraińskich oraz ich zdrobnieniach na podstawie badań z terenu gołdapskiego. — [355], 81-85.

11544 ŽELJEZNJAK, I. M.: Do istoriji ukrajins'kych prizvyšč. — *Mov* 1976/5, 65-72.

11545 ZVJERJEV, A. D.: Pro vlasni ta zahal'ni imena. — *Mov* 1976/1, 32-37.

d. Blanc-russe — White-Russian

11546 NADSON, A.: Selected bibliography on Byelorussia. 1975. — *JByelS* 3/4, 1976, 385-402 | Language, p. 388 & 396-398.

11547 SADOŬSKI, J.: Belorussian studies. — *YWMLS* 37, 1975 (1976), 872-877.

11548 APRYMENE, A. Ju.: Asablivasci dzejasloŭnych form u "Apostale" F. Skaryny. — *BeLi* 7, 1975, 32-38 | Summ. in Ru. & E.

BĂČVAROV, J.: Za njakoi osobenesti na slovoreda v bălg. i beloruskija ezik. — 9342.

11549 BIEDER, Hermann: Zur Erforschung des deutschen Lehngutes im westrussischen Schrifttum des 14. bis 17. Jahrhunderts. — [260], 73-87.

11550 BUJUKLIEV, Ivan: Iz istorijata na otnositelnoto podčinenie v beloruski i bălgarski. — *BSI* 1, 1976/5, 96-104.

11551 BULYKA, A., & RAUDELIŪNAS, V.: Jazyk i datirovka Firleevskogo spiska Pervogo Litovskogo Statuta. — *Kalbotyra* 26/2, 1976, 99-123 | E. summ.

11552 BURAK, L. I.: *Dalučénne ŭ sučasnaj belaruskaj move.* — Minsk: Vyd. BDU, 1975, 255 p. | *SlOr* 25, 1976, 405-407 Larysa Pisarek.

11553 CIKOCKI, M. Ja.: *Stylistyka belaruskaj movy.* — Minsk: "Vyšėjšaja škola", 1976, 301 p.

11554 CYCHUN, G. A.: K problematike belorussko-bolgarskich jazykovych svjazej. — *BSI* 1, 1976/5, 88-95.

11555 ELISEEVA, L. V.: Besprynazoŭnikavae dzejasloŭnae kiravanne ŭ belaruskaj move XVI st. — *BeLi* 7, 1975, 39-45 | E. summ.

GREK-PABISOWA, I.: Odbicie dawnej rosyjsko-białoruskiej interferencji języ-

kowej .... — 11129.
11556 HERMANOVIČ, I. K.: Z historyi belaruskaj knižnaj tėrminalohii ("Staronka" i jae sinonimy). — *BeLi* 7, 1975, 27-31 | Summ. in Ru. & E.
11557 IVANČEV, Svetomir: Edin sravnitelno nov semantiko-slovoobrazovatelen tip glagoli v săvremennija bălgarski i beloruski ezik. — *BSl* 1, 1976/5, 111-115 | On compound verbs with first component *samo*- in WRu. & Bulg.
11558 JANKOŬSKI, F.: *Histaryčnaja hramatyka belaruskaj movy.* I. — Minsk: 1974 | BL 1974, 10699. | *SEEJ* 20, 1976, 308-310 Paul Wexler.
11559 JASIŃSKA-SOCHA, Teresa: Archaizmy i innowacje dialektalne w systemie fleksyjnym dwóch zabytków starobiałoruskich. — *ABS* 10, 1976, 290-301, map | Ru. summ.
11560 — Zaimek 3 osoby w zabytkach starobiałoruskich XVI wieku a stan we współczesnym języku białoruskim. — *SlOr* 25, 1976, 509-512.
11561 JAŠKIN, I. Ja.: *Uzaemadzejanne roznadyjalektnych sistėm (Fanetyka).* Rėd.: † N. T. VAJTOVIČ]. — Minsk: "Navuka i tėchnika", 1976, 175 p.
11562 KARAANGOVA, Margarita: Sufiksi za emocionalna ocenka săs specialna konsonantna charakteristika v beloruskija i bălgarskija ezik. — *BSl* 1, 1976/5, 116-125.
KARPOV, V. A.: Upotreblenie predlogov v bolg. i belorusskich tekstach. — 9367.
11563 KAZAČONAK, T. R., & ŠADURSKI, I. V.: Sadovaja leksika starabelaruskaj movy. — *BeLi* 7, 1975, 51-57 | Summ. in Ru. & Fr.
11564 KLYŠKA, M. K.: *Sloŭnik sinonimaŭ i blizkaznačnych sloŭ.* — Minsk: Vyd. "Vyšėjšaja škola", 1976, 592 p.
KONDRATIUK, M.: Polsko-białoruskie związki leksykalne. — 10530.
— Mikrotoponimy litewskie od *dùgnas* .... w gwarach polskich i białoruskich Białostoczczyzny. — 10664.
11565 KRASNEJ, V. P.: Nekotorye lingvističeskie aspekty analiza belorusskoj terminologičeskoj leksiki. — [367], 55-64.
11566 KRAŬČUK, R. U.: Historyka-ėtymalahičnyja natatki. — *BeLi* 7, 1975, 65-69 | Etym. remarks on the words *bán'ka, batlážka, bachun*, etc.
KUCAROV, I.: Kategorijata nepreizkaznost – preizkaznost v săvr. bălg. ezik i sredstvata za izrazjavaneto i v beloruski ezik. — 9378.
LAŠKOVA, L., & KUEVA-ŠVERČEK, L.: Za njakoi funkcionalni săotvetstvija na bălg. opredelitelen člen v beloruski. — 9381.
LEKOV, I.: Săpostavitelnijat analiz na beloruskija i bălg. ezik v ramkite na rodstvenite otnošenija .... — 9383.
11567 LEPEŠAŬ, I. Ja.: Adnaŭlenne unutranaj formy frazealahizma jak mastacki prycm. — *BeLi* 7, 1975, 22-26 | Summ. in Ru. & E.
11568 MCMILLIN, Arnold Barratt: *The vocabulary of the Byelorussian literary language* ... — London: 1973 | BL 1973, 12224. | *MLR* 71, 1976, 235-238 S. C. Gardiner.
11569 MARTYNAŬ, V. U.: Historyka-ėtymalahičnyja natatki. — *BeLi* 7, 1975, 69-70 | On the words *vyraj, tynja*.
11570 [—] MARTYNOV, V. V.: K interpretacii belorussko-bolgarskich izoleks. — *BSl* 1, 1976/5, 27-29.
11571 — Tipy leksičeskich baltizmov v belorusskich dialektach. — *ABS* 9, 1976, 89-97.
11572 MAYO, Peter J.: *A grammar of Byelorussian.* — Sheffield: Anglo-Byelorussian Soc. / Dept. of Ru. & Sl. Studies, Univ. of Sheffield, 1976, iv, 66 p. | *JByelS* 3/4, 1976, 381 S. Akiner.
11573 MAŽĖJKA, N. S., & SUPRUN, A. Ja.: *Častotny sloŭnik belaruskaj movy. Mastackaja proza.* — Minsk: Vyd. BDU imja U. I. Lenina, 1976, 230 p.
11574 METLJUK, A. A.: Rol' priznakov častoty osnovnogo tona v differenciacii pove-

stvovanija, voprosa i pobuždenija v belorusskom jazyke. — [326], 160-172 | E. summ.

11575 MICHNEVIČ, A. Ja.: *Prablemy semantyka-sintaksičnaha dasledavannja belaruskaj movy.* [Rėd.: V. U. MARTYNAŬ]. — Minsk: Vyd. "Navuka i tėchnika", 1976, 264 p. | Problems of semantic-syntactical investigation of WRu. (E. summ.).

11576 — Imennye količestvennye slovosočetanija v belorusskom jazyke na fone bolgarskogo. — *BSI* 1, 1976/5, 34-41.

11577 *Mikratapanimija Belarusi. Matėrijaly.* Rėd.: M. V. BIRYLA, Ju. F. MACKEVIČ. — Minsk: 1974 | BL 1974, 10735. | *Baltistica* 12, 1976, 208-211 J. Paulauskas. MUTALIMOVA, M. A.: Datel'nyj samostojatel'nyj v drevnebolg. i v starobeloruskich perevodach. — 9289.

11578 NARKEVIČ, A. I.: Leksiko-semantičeskie sredstva vyraženija prinadležnosti v belorusskom jazyke (sravnitel'no s russkim). — [367], 103-115.

11579 NORMAN, B. Ju.: Sintaksičeskoe značenie i perevod s jazyka na jazyk. — *BSI* 1, 1976/5, 46-54.

11580 — Sistema ukazatel'nych mestoimenij v belorusskom i bolgarskom jazykach. — *BSI* 1, 1976/5, 54-63.

11581 OBRĘBSKA-JABŁOŃSKA, Antonina: Białoruska fleksja męskich nazw osób na *-a/-ja* na tle starosłowiańskim i staroruskim. — [389], 89-97.

11582 PANJUCIČ, K. M.: *Leksika narodnych havorak.* Pad rėd. F. M. JANKOŬSKAHA. — Minsk: Vyd. "Vyšėjšaja škola", 1976, 127 p. PAVLENKO, N. A. & N. N.: Suščestvitel'nye nomina agentis bolg. jazyka v sopostavlenii s dannymi belorusskogo jazyka. — 9396. PLOTNIKOV, B. A.: Odnokorennaja leksika bolg. i belorusskogo jazykov. — 9502.

11583 ŠAKUN, L. M.: K opredeleniju dialektnoj leksiki v literaturnom tekste. — [367], 200-207.

11584 SKULINA, Josef: Rozmach běloruské dialektologie. — *SlavSl* 11, 1976, 107-110 | The growth of WRu. dialectology. Rev. of recent work.

11585 SMUŁKOWA, Elżbieta: Konstrukcje porównawcze typu gradacyjnego w języku białoruskim. — [9085], 107-118.

11586 — Akcentuacja rzeczowników w białoruskim systemie gwarowym wsi Knyszewicze powiatu sokólskiego. — [389], 103-121.

11587 SMUŁKOWA, Elżbieta, & KUNIEWSKA, Bożena: Akcentuacja rzeczowników w zabytku XVII-wiecznego piśmiennictwa białoruskiego "Bjasedy Makaryja". — *ABS* 10, 1976, 265-290 | Ru. summ.

11588 ŠUBA, P. P.: Ob ograničenijach v sočetaemosti komponentov (na materiale belorusskich predložnych konstrukcii). — [367], 219-225.

11589 SUPRUN, A. E.: Belor. dial. *žúrac'* "prigorat', obuglivat'sja" – bolg. dial. *žúrja* "peč', žarit', szigat'". — *BSI* 1, 1976/5, 74-79.

11590 SVJAŽYNSKI, U. M.: Leksičnyja ėlementy pol'skaha pachodžannja ŭ "Dzenniku" F. Eŭlašoŭskaha. — *BeLi* 7, 1975, 46-50 | E. summ.

11591 [TOLSTOJ, N. I., & TOLSTAJA, S. M.] TOLSTYE, N. I. i S. M.: K voprosu o belorussko- (polessko-) bolgarskich ėtnolingvističeskich sootvetstvijach. — *BSI* 1, 1976/5, 79-88.

11592 VYGONNAJA, L. T., & [SMUŁKOWA, E.] SMULKOVA, Ė. K.: Semantičeskoe rassloenie belorusskoj zemledel'českoj leksiki. — [367], 5-14.

11593 WASILUK, Nina: Dyftongi w gwarze wsi Czechy Orlańskie. — [355], 69-73.

11594 WAWRZYŃCZYK, Jan: Usytuowanie relativum rodzajowego *jaki* w zdaniu białoruskim. — [10743], 99-102.

11595 ZAKAR'JAN, M.: O "vozvratnych" suščestvitel'nych v starobelorusskom jazyke. — *Kalbotyra* 26/2, 1976, 91-97 | E. summ.

ŽAKOVA, Z. I.: Protetičeskie soglasnye v russko-belorusskom jazykovom pograničʹe .... — 11154.

11596 [ŽURAŬSKI, A. I.] ŽURAVSKIJ, A. I.: Slovo i slovosočetanie. — [367], 29-38.

11597 — Iz istorii aktivnych pričastij nastojaščego vremeni v belorusskom literaturnom jazyke. — *VJa* 1976/5, 90-100.

LANGUES ASIANIQUES ET MÉDITERRANÉENNES
ASIANIC AND MEDITERRANEAN LANGUAGES

I. GÉNÉRALITÉS — GENERAL

ČOP, B.: Méditerranéen et indo-ouralien. — 4050.

II. LANGUES ASIANIQUES — ASIANIC LANGUAGES

A. Généralités — General

CAPLICE, R., et al.: Keilschriftbibliographie. 37. — 16.

11598 JAHOWKYAN, G. B.: Hayasayi lezvi hinanatoliakan cagman varkacə. — *IFŽ* 1976/1, 89-110 | The hypothesis of the O. Anatolian origin of the Hayaša language (Ru. summ.).

11599 KAMMENHUBER, A.: Historisch-geographische Nachrichten aus der althurrischen Überlieferung, dem Altelamischen und den Inschriften der Könige von Akkad für die Zeit vor dem Einfall der Gutäer (ca. 2200/2136). — *AAntH* 22, 1974 (1976), 157-247 | 1. Textüberlieferung in Boğazköy. 2. Stand der Hurriter-Forschung. 3. Akkad-Zeit: Texte der Hurriter. 4. Der altelamische Narāmsîn-Vertrag. Exkurs: Zur Struktur der elamischen Sprache. 5. Geographische Nachrichten aus den Inschriften der Könige von Akkad. 6. Einige Ergebnisse.

MACRÌ LI GOTTI, M. V.: Una voce egeo-anatolica: mic. *ko-wo* . . . . — 4142.

B. Carien — Carian

11600 MASSON, Olivier: Un lion de bronze de provenance égyptienne avec inscription carienne. — *Kadmos* 15, 1976, 82-83, 3 pl.
— Deux noms de femme . . . — 5021.

11601 MEIER, Michael: Zum karischen Namen von Kaunos. — *MSS* 34, 1976, 95-100.

C. Hatti — Hattian

KAMMENHUBER, A.: Die hethitische Göttin Inar. — 4157.
LAROCHE, E.: Études de linguistique anatolienne. 12-16. — 4141.

11602 SCHUSTER, Hans-Siegfried: *Die hattisch-hethitischen Bilinguen.* I, 1. — Leiden: 1974 | BL 1974, 10743. | *OA* 14, 1975, 366-368 Alfonso Archi | *BiOr* 33, 1976, 204-208 Irina Dunajevskaja | *WZKM* 68, 1976, 201-207 V. Haas.

11603 THIEL, H. J.: Bemerkungen zur Phonologie des Hattischen. — *WZKM* 68, 1976, 143-170.

D. Hourrite — Hurrian

ADLER, H. P.: *Das Akkadische des Königs Tušratta von Mitanni.* — 11767.
11604 [D'JAKONOV, I. M.] DIAKONOFF, I. M.: *Hurrisch und Urartäisch* .... — München: 1971 | BL 1971, 10263. | *OLZ* 71, 1976, 27-31 M. Salvini.
11605 — Nochmals Mattiwazza - Kurtiwazza - Šattiwazza. — *AoF* 3, 1975, 167-168.
KAMMENHUBER, A.: Neue Ergebnisse zur hurrischen .... Überlieferung in Boğazköy. — 4158.
LAROCHE, E.: Études de linguistique anatolienne. 12-16. — 4141.
MASSON, E.: *Cyprominoica* .... — 11705.
11606 SALVINI, M.: Note sulle "sentenze" hurriche nei rituali ittiti di *KBo* XXI e XXII. — *OA* 14, 1975, 227-241.

E. Ourartéen — Urartaean

11607 DINÇOL, Ali Muzaffer: Die neuen urartäischen Inschriften aus Körzüt. — *IM* 26, 1976, 19-30, 2 fig., fold. tab., pl. 3-5.
11608 [ENGIBARYAN, N. G.] ENGIBARJAN, N. G.: K interpretacii odnogo otryvka zvartnocskoj urartskoj nadpisi. — *IFŽ* 1976/1, 234-236 | Arm. summ.
11609 HAROWT'YOWNYAN, N. V.: Čšgrtowmner owrartakan sepagrerowm. — *IFŽ* 1976/3, 63-74 | Specifications in Urartaean cun. inscriptions (Ru. summ.).
11610 [ISRAÊLYAN, M. A.] ISRAELJAN, M. A.: Utočnenija k čteniju urartskich nadpisej. — [325], 115-120 | Inter alia on the system of numerals. (E. summ.).
11611 KARAGYOZYAN, Hovhannes: Anhayt gałaparagrer haytni kot'ołneri vra. — *LHG* 1976/10, 85-106 | Unknown ideograms in known (Urartaean) monuments (Ru. summ.).
11612 [—] KARAGËZJAN, O. O.: Lokalizacija urartskogo carskogo goroda Arcašku. — *LHG* 1976/5, 67-98 | On anc. Near-Eastern toponyms (Urartaean and other) and hist. geogr. (Arm. summ.).
11613 WILHELM, G.: Zur urartäischen Nominalflexion. — *ZA* 66, 1976, 105-119.

F. Sumérien — Sumerian

11614 AL-FOUADI, Abdul-Hadi: Lexical text from Dhibā'ī. — [268], 1-12, 2 fig.
11615 ALSTER, Bendt: *The instructions of Šuruppak* .... — Copenhagen: 1974 | BL 1974, 10756. | *Or* 45, 1976, 371-374 Daniel A. Foxvog.
11616 — A Sumerian riddle collection. — *JNES* 35, 1976, 263-267.
11617 — On the earliest Sumerian literary tradition. — *JCS* 28, 1976, 109-126 | With comments on selected texts from Abū Ṣalābīkh.'
11618 BAUER, Josef: *Altsumerische Wirtschaftstexte aus Lagasch.* — Rome: 1972 | BL 1972, 10822. | *OLZ* 71, 1976, 139-140 H. Klengel | *BiOr* 33, 1976, 195-198 Raphael Kutscher.
11619 BIGGS, Robert D.: *Inscriptions from Tell Abū Ṣalābīkh* .... — Chicago: 1974 | BL 1974, 10757. | *BSOAS* 39, 1976, 428-432 W. G. Lambert.
11620 — Enannatum I of Lagash and Ur-Lumma of Umma: a new text. — [268], 33-40, 2 fig. | Ed. with transl. and comm.

SUMÉRIEN

11621 BRINKMAN, J. A.: Cuneiform texts in the St. Louis Public Library. — [268], 41-57, 21 fig., pl. 3-5.
11622 CAGNI, L., & PETTINATO, G.: *La collezione del Pontificio Istituto Biblico, Roma. La collezione della Collegiata dei SS. Pietro e Orso, Aosta.* — Materiali per il Vocabolario neosumerico 4; Roma: Unione Accademica Nazionale, 1976, 128 p., 88 pl.
11623 CAVIGNEAUX, Antoine: *Die sumerisch-akkadischen Zeichenlisten: Überlieferungsprobleme.* — Diss. München: 1976, vi, 178 p.
11624 CIVIL, Miguel: Enlil, the merchant: notes to CT 15 10. — *JCS* 28, 1976, 72-81.
11625 — Notes on Sumerian lexicography III. — *JCS* 28, 1976, 183-187 | 8. The reading of KÙ.GI. 9. šu-kin-dab = kamāsu. Cf. BL 1973, 12273.
11626 — Lexicography. — [261], 123-157.
11627 — The song of the plowing oxen. — [268], 83-95 | 1. Form and contents. 2. Reconstruction. 3. Transliteration and transl. 4. Phil. remarks.
11628 COHEN, Mark E.: The "Monkey-Letter": a different perspective. — *Or* 45, 1976, 270-274.
11629 — Literary texts from the Andrews University Archaeological Museum. — *RAss* 70, 1976, 129-144, 5 fig. | Ed. with transl. and notes.
11630 — The name Nintinugga with a note on the possible identification of Tell Abu Ṣalābīkh. — *JCS* 28, 1976, 82-92.
11631 COHEN, Sol: Studies in Sumerian lexicography, I. — [268], 97-110 | 1. buluḫ/bu-lu-úḫ si-il. 2. ka si-il. 3. šà-ka-tab-ba.
11632 [D'JAKONOV, I. M.] DIAKONOFF, I. M.: Ancient writing and ancient written language: pitfalls and peculiarities in the study of Sumerian. — [261], 99-121.
11633 DOSSIN, G.: AN.KA.DI, le dieu suprême de Dēr. — [268], 135-138.
11634 EDZARD, Dietz Otto: *ḫamṭu, marû* und freie Reduplikation beim sumerischen Verbum (Schluss). — *ZA* 66, 1976, 45-61 | Cf. BL 1971, 10282.
11635 — Fāra und Abu Ṣalābīḫ. Die "Wirtschaftstexte". — *ZA* 66, 1976, 156-195.
11636 — "Du hast mir gegeben", "ich habe dir gegeben". Über das sumerische Verbum *sum.* — *WO* 8/2, 1976, 159-177.
11637 — Zum sumerischen Eid. — [261], 63-98.
11638 EDZARD, D. O., & WILCKE, Cl.: Die Ḫendursanga-Hymne. — [268], 139-176, 7 fig. | Ed. of the fragments, with transl. and glossary.
11639 FARBER, Gertrud & Walter: Ein neuer Feldvertrag aus Fāra. — *WO* 8/2, 1976, 178-184, fig.
11640 FARBER, Walter: "Grosspförtner Nedu" und ein Problem neubabylonischer Schreibertradition. — *ZA* 66, 1976, 261-275.
11641 FARBER-FLÜGGE, Gertrud: *Der Mythos "Inanna und Enki"* .... — Rome: 1973 | BL 1974, 10764. | *JAOS* 96, 1976, 283-286 M. W. Green | *OA* 14, 1975, 79-81 Giorgio R. Castellino.
11642 — Zur sogenannten Samsuilunahymne PBS 10/2 Nr. 11. — [268], 177-181, 2 fig.
11643 FINET, A.: Note sur la migration des Sumériens. — [268], 183-185.
11644 GOSTONY, Colman-Gabriel: *Dictionnaire d'étymologie sumérienne et grammaire comparée.* — Paris: 1975 | BL 1975, 11211. | *BSOAS* 39, 1976, 637-638 D. O. Edzard.
11645 GURNEY, Oliver R., & KRAMER, Samuel Noah: *Sumerian literary texts in the Ashmolean Museum.* — Oxford Editions of Cun. Texts 5; London: Oxford UP., 1976, vii, 113 p., 2 pl.
11646 HALLO, William W.: The royal correspondence of Larsa: I. A Sumerian prototype for the prayer of Hezekiah? — [268], 209-224.

HIRSCH, H.: Vom Sinn und Bedeutung der Assyriologie. — 11788.
11647 HRUŠKA, B.: Das Drehem-Archiv und die Probleme der neusumerischen Viehwirtschaft (BIN III; SACT I). — *AAntH* 22, 1974 (1976), 91-101.
11648 — Zwei neue Veröffentlichungen der Drehem-Texte. — *AO* 44, 1976, 155-163 | Rev. art. on (1) Shin T. KANG, *Sumerian economic texts* . . ., 1972 (BL 1972, 10835); (2) No. 11653.
11649 — Die sumerischen Tempelhymnen und die Deutung von Urn. 49. — *AO* 44, 1976, 353-360.
11650 JACOBSEN, Thorkild: The Stele of the Vultures col. I-X. — [268], 247-259.
11651 JESTIN, Raymond Riec: Quelques notes complémentaires sur le système préfixal sumérien. — [268], 261-263.
11652 KANG, Shin T.: *Sumerian economic texts from the Umma archive*. — Urbana: 1973 | BL 1974, 10768. | *JNES* 35, 1976, 206-208 David I. Owen.
11653 KEISER, Clarence E.: *Neo-Sumerian account texts from Drehem* . . . . — New Haven: 1971 | BL 1971, 10290. | *JAOS* 96, 1976, 280-283 Gordon D. Young | Cf. 11648.
11654 KLEIN, Jacob: Šulgi and Gilgameš: two brother-peers (Šulgi o). — [268], 271-292 | The Šulgi hymn: reconstructed text, transl., comm.
11655 KRAUS, F. R.: Feldpachtverträge aus der Zeit der III. Dynastie von Ur. — *WO* 8/2, 1976, 185-205.
11656 KRECHER, J.: Die Aufgliederung des Kaufpreises nach sumerischen Kaufverträgen der Fara- und der Akkade-Zeit. — *AAntH* 22, 1974 (1976), 29-32.
11657 KUTSCHER, Raphael: Utu prepares for judgment. — [268], 305-309, 2 fig. | NBC 7915: ed. with transl. and comm.
11658 LAMBERT, W. G.: An Old Babylonian letter and two amulets. — *Iraq* 38, 1976, 57-64, 3 fig. | Ed. of an O. Babylonian private letter, and of two Sum. incantation amulets, with transl. and notes.
11659 — Tukulti-Ninurta I and the Assyrian king list. — *Iraq* 38, 1976, 85-94, 2 fig. | Ed. of tablet BM 98496, with transl. and notes. Appendix: Another Assyrian bilingual.
11660 LEICHTY, Erle: The fourth tablet of Erimḫuš. — [268], 319-326, pl. 10.
11661 LIMET, Henri: *Textes sumériens de la IIIe dynastie d'Ur*. — Documents du Proche-Orient anc., Épigraphie 1; Bruxelles: Musées Royaux d'Art et d'Hist., 1976, ix, 133 p., 44 pl.
11662 — Essai de poétique sumérienne. — [268], 327-334.
11663 LODING, Darlene: *Economic texts from the Third dynasty*. — Joint Expedition of the British Museum and the Univ. Museum, Univ. of Pennsylvania, Philadelphia, to Mesopotamia. Ur excavations, Texts 9; Philadelphia: Univ. Museum, 1976, iv, 84 p., 215 pl.
11664 MAEKAWA, Kazuya: The *erín*-people in Lagash of Ur III times. — *RAss* 70, 1976, 9-44 | Survey of texts and terms.
11665 *Materials for the Sumerian lexicon. A reconstruction of Sumerian and Akkadian lexical lists*, prepared by B. LANDSBERGER, ed. by M. CIVIL & E. REINER. Vol. XIII. — Rome: 1971 | BL 1971, 10300. | *OLZ* 71, 1976, 551-555 B. Hruška (On vol. 6-13).
11666 MICHALOWSKI, Piotr: Six Neo-Sumerian letter-orders. — *JCS* 28, 1976, 161-168, 6 fig.
11667 MORAN, William L.: The Keš Temple Hymn and the Canonical Temple List. — [268], 335-342, pl. 11.
11668 OELSNER, Joachim: Zum Pantheon von Nippur in altbabylonischer Zeit nach den

Personennamen der Rechtsurkunden. — *Or* 45, 1976, 110-115.
11669 OWEN, David I.: Excerpts from an unknown hymn to Rim-Sin of Larsa. — [268], 351-355, 2 fig., pl. 12.
11670 PEAT, J. A.: A collection of Ur III tablets. — *JCS* 28, 1976, 201-226, 62 fig. | Copies of 62 tablets, with notes and indices.
11671 PETTINATO, G.: ED LU E ad Ebla. La ricostruzione delle prime 63 righe sulla base di TM.75.G.1488. — *OA* 15, 1976, 169-178, pl. 3.
11672 PETTINATO, G., & WAETZOLDT, H.: *La collezione Schollmeyer. Testi economici* .... — Roma: 1974 | BL 1974, 10781. | *BiOr* 33, 1976, 38-40 William W. Hallo.
11673 PRANG, E.: Das Archiv des Imgûa. — *ZA* 66, 1976, 1-44 | Ed. with transl. and comm.

Reallexikon der Assyriologie .... — 11815.

11674 REISMAN, Daniel: A "royal" hymn of Išbi-Erra to the goddess Nisaba. — [268], 357-365, pl. 13-14 | Text, transl., glossary.
11675 RÖMER, W. H. Ph.: Kleine Beiträge zur Grammatik des Sumerischen: 1. Das modale grammatische Element *nu-uš-*. — [268], 371-378.
11676 SALONEN, Armas: Die Fallgruben der sumerischen Jäger. — [268], 399-400.
— *Jagd und Jagdtiere im alten Mesopotamien.* — 11821.
11677 SILVESTRI, Domenico: Appunti sulla em e. sa l sumerica. — *AION* 36, 1976, 213-221.
11678 SJÖBERG, Åke W.: Miscellaneous Sumerian texts I. — *OS* 23-24, 1974-75 (1976), 159-181, 13 fig. | With transl. and comm.
11679 — The Old Babylonian eduba. — [261], 159-179 | 1. Introd. 2. Instruction in the eduba. 3. The school in some royal hymns. 4. Schools and scribal activity.
11680 — Hymns to Ninurta with prayers for Šūsîn of Ur and Būrsîn of Isin. — [268], 411-426, pl. 20 | Ed. with transl. and comm.
11681 SJÖBERG, Ake W., & BERGMANN, Eugen: *The collection of the Sumerian temple hymns* .... — Locust Valley, N. Y.: 1969 | BL 1970, 10307. | *WZKM* 67, 1975, 282-289 Giovanni Pettinato.
11682 SOLLBERGER, Edmond: Some legal documents of the third Dynasty of Ur. — [268], 435-450.
11683 *Texts in the Iraq Museum*, published by the Directorate General of Antiquities, Baghdad. Vol. 9. *Cuneiform texts: texts of varying content*, by J. VAN DIJK. — Leiden: Brill, 1976, xvii p., lxxvii p. (facsim.), 3 pl., iii p.
11684 VAIMAN, A. A.: Über die protosumerische Schrift. — *AAntH* 22, 1974 (1976), 15-27, 9 fig.
11685 WAETZOLDT, Hartmut: *Untersuchungen zur neusumerischen Textilindustrie.* — Centro per le Antichità e la Storia dell'Arte del Vicino Oriente, Studi economici e tecnologici 1; Roma: Istituto per l'Oriente, 1972, xxvi, 297 p., 3 pl. | *OLZ* 71, 1976, 458-463 M. A. Powell.
11686 WESTENHOLZ, Aage: *Old Sumerian and Old Akkadian texts in Philadelphia, chiefly from Nippur. Part 1. Literary and lexical texts and the earliest administrative documents from Nippur.* — Bibl. Mesopotamica 1; Malibu: Undena Publ., 1975, xii, 199 p., 3 pl. | Corr. to BL 1975, 11238. | *ZA* 66, 1976, 135-137 W. von Soden.
11687 WILCKE, Claus: *Kollationen zu den sumerischen literarischen Texten aus Nippur in der Hilprecht-Sammlung Jena. Mit 31 Autographien.* — ASAW 65, 4; Berlin: Akad.-Verlag, 1976, 92 p., 7 pl.
11688 — Nin-me-šár-ra: Probleme der Interpretation. — *WZKM* 68, 1976, 79-92, pl. | Rev. art. on: William W. HALLO & J. J. A. VAN DIJK, *The exaltation of Inanna*,

1968 (BL 1969, 9743).

11689 — Formale Gesichtspunkte in der sumerischen Literatur. — [261], 205-316 | Exkurs: Ein *kun-gar*-Lied Inanna's, 293-315.

G. Élamite — Elamite

DELAUNAY, J. A.: Remarques sur quelques noms de pers. des archives élamites de Persépolis. — 4373.

11690 EILERS, Wilhelm: Zwei kurze elamische Inschriften. — *AMI* 8, 1975 (1976), 43-45, 2 fig., pl. 7.

11691 MERIGGI, Piero: *La scrittura proto-elamica*. III. *Testi.* — Roma: Accad. Nazionale dei Lincei, 1974 (1975), vi, 188 p. | Cf. BL 1974, 10798. | *JCS* 28, 1976, 63-64 Ruggero Stefanini (On II & III).

SKALMOWSKI, W.: Elam. and Akk. transl. of the O. Persian periphrastic perfect. — 4393.

11692 WAELE, Eric DE: Remarques sur les inscriptions élamites de Šekāf-e Salmān et Kūl-e Farah près Izeh. I. Leur corrélation avec les bas-reliefs. — *Muséon* 89, 1976, 441-450, 2 pl.

H. Langue de la civilisation de l'Indus — Language of the Indus civilization

11693 DALES, George F.: New inscriptions from Moenjo-Daro, Pakistan. — [268], 111-123, pl. 7.

11694 KINNIER WILSON, J. V.: *Indo-Sumerian: a new approach to the problems of the Indus script.* — Oxford: 1974 | BL 1974, 10802. | *BSOAS* 39, 1976, 183-184 Edmond Sollberger | *OA* 14, 1975, 169-170 Piero Meriggi.

The Soviet decipherment of the Indus Valley script .... — 2940.

III. LANGUES MÉDITERRANÉENNES — MEDITERRANEAN LANGUAGES

A. Généralités — General

TUSA, V.: Frammenti di ceramica con graffiti da Segesta. — 5037.

B. Minoen, Étéo-crétois, Préhellénique — Minoan, Eteocretan, Prehellenic

11695 ALEXIOU, Stylianos, & BRICE, William C.: A silver pin from Platanos with an inscription in Linear A: Her. Mus. 498. — *Kadmos* 15, 1976, 18-27, pl., 9 fig.

11696 BEST, Jan G. P.: Six contributions to the decipherment of Linear A (Cont.). — *UF* 7, 1975 (1976), 49-58, 8 fig. | 4. Parallels on Linear A and B wool tablets. 5. The syllabic values of VINUM and TALENTUM. 6. Flax, linseed and linseedoil. Cf. BL 1973, 12332.

11697 — An analysis of the Linear A tablet HT 12. — *Kadmos* 15, 1976, 97-101, pl.

BETTS, J. H., & HOOKER, J. T.: An inscribed Minoan sealstone. — 2916.

11698 BILLIGMEIER, Jon-Christian: Toward a decipherment of Cypro-Minoan. — *AJA* 80, 1976, 295-300.

11699 DŽAUKJAN, G. B.: K interpretacii èteokiprsko-grečęskoj bilingvy. — *IzvAN* 35, 1976, 155-163.

11700 ELSTE, Richard: *Überlegungen zu zwei minoischen Texten.* — Emmendingen, Hamburg: Senior-Verlag, 1976, 12 p.

MINOEN

11701 GEORGIEV, Vladimir I.: Le déchiffrement du texte sur le disque de Phaistos. — *BalkE* 19, 1976/2, 5-47, 11 fig. | Le texte serait en langue louvite. | *BSL* 72, 1977/2, 122 Jacques Raison.

11702 — Die A-Linear-Inschrift aus Chania KH5: Lesung, Deutung und Übersetzung. — *BalkE* 19, 1976/4, 5-7.

11703 GODART, Louis, & OLIVIER, Jean-Pierre: Sur l'épingle de Mavro Spelio. — *BCH* 100, 1976, 309-314, pl. dépl., 8 fig. | Comm. paléographique sur l'inscription en linéaire A.

11704 GORDON, Cyrus H.: Further notes on the Hagia Triada tablet No. 31. — *Kadmos* 15, 1976, 28-30, fig.

GRUMACH, E.: The Cretan scripts and the Gr. alphabet. — 2925.

KATIČIĆ, R.: *Anc. languages of the Balkans.* — 4589.

11705 MASSON, Emilia: *Cyprominoica. Répertoires. Documents de Ras Shamra. Essais d'interprétation.* — Studies in Mediterranean Arch. 31,2. Studies in the Cypro-Minoan Scripts 2; Göteborg: P. Åström, 1974, 64 p., 28 fig., 2 pl. | *ArchClass* 27/1, 1975 (1976), 172-176 Claudio Saporetti.

MEERTEN, R. J. VAN: On the printing direction of the Phaistos disc. — 2932.

11706 MUCCIANTE, L.: Il problema del lineare A. — *Aevum* 50, 1976, 120-128.

Mycenaean seminar. — 4736.

11707 [PAPAPOSTÓLOU, I. A.] Παπαποστόλου, I. A., GODART, Louis, & OLIVIER, Jean-Pierre: Γραμμική Α στὸ μινωικὸ ἀρχεῖο τῶν Χανιῶν. Con prefazione di G. PUGLIESE CARRATELLI. — Incunabula Graeca 62; Roma: Edizioni dell'Ateneo, 1976, lxxx, 260 p. (photographies, tableaux, etc.), carte pliée h.-t.

11708 POMERANCE, Leon: *The Phaistos disc. An interpretation of astronomical symbols.* — Studies in Mediterranean Arch., Pocket-book 6; Göteborg: P. Åström, 1976, 76 p., 19 fig., 3 fig. on cover.

11709 POPHAM, Mervyn R.: An inscribed pithoid jar from Knossos. With an appendix by Maurice POPE & Jacques RAISON. — *Kadmos* 15, 1976, 102-107, 2 pl.

11710 SCHÜRR, Diether: Linear A *ki.ki.ra.ja.* — *Kadmos* 15, 1976, 31-39.

11711 STIEGLITZ, Robert R.: The Eteocretan inscription from Psychro. — *Kadmos* 15, 1976, 84-86.

C. Étrusque — Etruscan

11712 DEFOSSE, Pol: *Bibliographie étrusque.* Tome II (1927-1950). Coll. Latomus 144; Bruxelles: Latomus, 1976, 345 p. | *RBPh* 54, 1976, 889-890 J. Debergh. Rassegn bibliografica. — 5031.

11713 *Atti del colloquio sul tema L'etrusco arcaico* (Firenze, 4-5 ottobre 1974). — Bibl. di *SE* 10; Firenze: Olschki, 1976, 172 p.

11714 BORIOSI, Nino: *Alfabeto e ortografia della lingua etrusca, con fonti storiche introduttive.* In appendice: Dizionario di trecento voci etrusche con traduzione italiana. — Varese: Gaggi, 1976, xii, 144 p., ill.

11715 CARRUBA, Onofrio: Nuova lettura dell'iscrizione etrusca dei cippi di Tunisia. — *Athenaeum* 54, 1976, 163-173.

11716 COLONNA, Giovanni: Il sistema alfabetico. — *L'etr. arcaico* [11713], 7-24 | Discussion, 24-55.

11717 *Corpus inscriptionum Etruscarum*... Voluminis alterius... I, 4... ed. Maurus CRISTOFANI. I; II. — Firenze: 1970 | BL 1971, 10346. | *IF* 80, 1975 (1976), 187-192 H. Rix.

11718 CRISTOFANI, Mauro: *Introduzione allo studio dell'etrusco*. — Firenze: 1973 | BL 1973, 12348. | *AGI* 61, 1976, 268-277 G. Bonfante | *RPh* 50, 1976, 310-311 A. Hus.
11719 — Diffusione dell'alfabeto e onomastica arcaica nell'Etruria interna settentrionale. — *Aspetti e problemi dell'Etruria intena*. VIII Convegno Nazionale di Studi Etruschi e Italici, Orvieto, 27-30 giugno 1972 (Firenze: Olschki, 1974), 307-324 | Discussion, by J. HEURGON, M. LEJEUNE, C. DESIMONE, et al., 325-339.
11720 — Il sistema onomastico. — *L'etr. arcaico* [11713], 92-109 | Discussion, 110-134.
11721 — CIE II, I, 4: addenda et corrigenda. — *SE* 44, 1976, 187-199.
11722 HEURGON, Jacques: La religion étrusque. — *REL* 53, 1975 (1976), 37-41 | A propos du No. 11727.
11723 — *Prumts, pruma*θ*ś* et les arbres généalogiques étrusques. — [233], 361-376.
11724 MASTRELLI, Carlo Alberto: Etrusco-piceno *frontac* e greco *keraunós*. — *SE* 44, 1976, 149-161.
11725 MAZZONI, Enrichetta: "*-ena, -ina, -na*" nella terminazione onomastica etrusca. — *AMAT* 41, 1976, 31-52, map.
11726 PALLOTTINO, Massimo: Considerazioni su alcuni aspetti morfologici. — *L'etr. arcaico* [11713], 135-140 | Discussion, 140-169.
11727 PFIFFIG, Ambros J.: *Religio Etrusca*. — Graz: 1975 | BL 1975, 11280. | *AC* 45, 1976, 732-733 J. R. Jannot | *Gnomon* 48, 1976, 551-558 G. Radke | Cf. 11722.
11728 — *Etruskische Signaturen, Verfertigernamen und Töpferstempel.* — SbÖAW 304, 2; Wien: Verlag der Österreichischen Akad. der Wissenschaften, 1976, 48 p. | *Paideia* 32, 1977, 321-322 Vittre Pisani.
11729 — Einige Bemerkungen zu CIE 6213. — [233], 697-703.
11730 Rivista di epigrafia etrusca, a cura di Mauro CRISTOFANI. — *SE* 44, 1976, 213-255, 6 fig., pl. 40-51 | Collaborators: Giovanni COLONNA, Marina CRISTOFANI MARTELLI, Giorgio GUALANDI, Maurizio MICHELUCCI, Ambros J. FIFFIG, et al.
11731 SIMONE, Carlo DE: Ancora sul nome di *Caere*. — *SE* 44, 1976, 163-184.
11732 — Il sistema fonologico. — *L'etr. arcaico* [11713], 55-73 | Discussion 73-91.

D. Substrats de l'Europe occidentale et centrale — West and Central European substrata

CAMPANILE, E.: IE. and non-IE. elements in the Celtic dialects. — 6983.
CHAMBON, J.-P.: A propos du substrat pré-celt. dans la toponymie du Gévaudan. — 6320.
11733 COWAN, H. K. .: Menapiërs, Bataven en het "Mediterrane" substraat in de Nederlanden. — *LB* 65, 1976, 319-357 | Menapii, Batavi, and the "Mediterranean" substratum in the Netherlands (Inter alia on the place-names *Gent, Herpen, Herwen; Betuwe, Veluwe, Zeist, Elp*, and the appellatives Du. *dam, dijk, park* and *perk, bark, gerst,* etc.).
11734 KAPLINSKI, Jaan: Pool kinga pooles jalas. Mõnest põhjamaisest isoglossist. — *KjK* 19, 1 106-108 | Einige Isoglossen in den Sprachen der nordischen Völker.
WAGNER, H.: Common problems concerning the early languages of the British Isles and the Iberian Peninsula. — 6989.

BASQUE ET ANCIENNES LANGUES DE LA PÉNINSULE IBÉRIQUE

BASQUE AND THE ANCIENT LANGUAGES OF THE IBERIAN PENINSULA

ALBERTOS FIRMAT, M. L.: La antroponimia prerromana de la Península Ibérica. — 6992.
11735 C, Luís: Epigrafía prelatina del SO. peninsular portugués. Algunos problemas arqueológicos y epigráfico-lingüísticos. — *ACLPI* I, 201-211, 3 pl.
11736 COROMINAS, Juan: De toponimià vasca y vasco-románica en los Bajos-Pirineos. — *FLV* 4 (12), 1972, 299-319; 5 (13), 1973, 1-19.
— Elementos prelatinos en las lenguas romances hisp. 5368.
— Acerca de algunas inscripciones del Noroeste. — 6994.
DÍEZ, M., et al.: *Las lenguas de España*. — 5369.
11737 FAUST, Manfred: Cuestiones generales de toponimia prerromana. — *ACLPI* I, 165-189, 3 maps.
GUITER, H.: Onomastique et contacts de langues: exemple des confins pyrénéo-méditerranéens. — 5397.
11738 HESTER, Thomas R.: A universal explanation for several syntactic shifts in Basque. — [114], 105-117.
11739 HOZ, Javier DE: La epigrafía prelatina meridional en Hispania. — *ACPLI* I, 227-317, 8 pl., 16 fig., 3 maps.
11740 *Iberische Landeskunde*. Teil II. *Die Völker und die Städte des antiken Hispanien*, von Antonio TOVAR. 1. *Baetica*. — Baden-Baden: Koerner, 1974, 183 p.
11741 *Iberische Landeskunde*. Teil II. *Die Völker und die Städte des antiken Hispanien*, von Antonio TOVAR. 2. *Lusitanien*. — Baden-Baden: Koerner, 1976, 187 p.
MARINER, S.: Botorrita, topónimo prelatino. — 5658.
11742 MEIER, Georg F.: Das Problem des Baskischen als Nationalsprache. — *ZPhon* 29, 1976, 341-353, 2 cartes.
11743 MICHELENA, Luis: Ibérico *-en*. — *ACPLI* I, 353-362.
11744 N'DIAYE, Geneviève: *Structure du dialecte basque de Maya*. — La Haye: 1970 | BL 1970, 10369. | *Linguistics* 180, 1976, 64-68 J. R. Craddock.
11745 OROZ, F. J.: El ibérico, lengua en contacto. — *FLV* 8 (23), 1976, 183-193.
11746 OTERO, José M.a, & MELENA, José L.: La estela inscrita de Siruela, Badajoz. — *ACLPI* I, 343-352, 2 pl., 4 fig.
11747 PRESCOTT, A. E.: Nueva lectura de un vaso ático de la ciudad griega de Ampurias. — *ACLPI* I, 319-328.

11748 UNTERMANN, Jürgen: Pompaelo. — *BNF* 11, 1976, 121-135 | (Pamplona).
— Las leyendas monetales. — 6998.
WAGNER, H.: Common problems concerning the early languages of the British Isles and the Iberian Peninsula. — 6989.

LANGUES CHAMITO-SÉMITIQUES
HAMITO-SEMITIC LANGUAGES

I. GÉNÉRALITÉS — GENERAL

Abstracta Islamica .... — 1.
CONTI, G.: Letture semitistiche. I. Il sistema consonantico egiziano. — 12162.
11749 HODGE, Carleton T.: An Egypto-Semitic comparison. — *FO* 17, 1976, 5-28.
11750 JANSSENS, G.: The verbal tenses in Semitic and in Old Egyptian. — [222], 265-285.
KNAPPERT, J.: Origin and development of the concept of Hamitic .... — 1957.
MARRASSINI, P.: Letture semitistiche. IV. Semitico e camitosemitico nella linguistica etiopica. — 12152.
VYCICHL, W.: Sur la préhistoire de la langue ar. — 12061.

II. LANGUES SÉMITIQUES — SEMITIC LANGUAGES

A. Généralités — General

11751 *A basic bibliography for the study of the Semitic languages.* Ed.: J. H. HOSPERS. Vol. I; II. — Leiden: 1973; 1974 | BL 1974, 10861. | *AAS* 12, 1976, 298-299 L. Drozdík.
CAPLICE, R., et al.: Keilschriftbibliographie. 37. — 16.
11752 TEIXIDOR, Javier: Bulletin d'épigraphie sémitique, 1975. — *Syria* 52, 1975/3-4 (1977), 261-295.

11753 AARTUN, Kjell: Zur morphologisch-grammatischen Interpretation der sogenannten neutrischen Verben im Semitischen. — *UF* 7, 1975 (1976), 1-11.
BARR, J.: Reading a script without vowels. — 2915.
11754 BLAU, Joshua: *On pseudo-corrections in some Semitic languages.* — Jerusalem (& Leiden): 1970 | BL 1970, 10378. | *WZKM* 67, 1975, 265-267 Stanislav Segert | *JBL* 92, 1973, 309-310 M. L. Boyle, Jr.
11755 CAZELLES, Henri: La racine ṣlḥ. — *LECS* 15, 1970-71 (1976), 43-46.
11756 COHEN, David: *Dictionnaire des racines sémitiques ou attestées dans les langues sémitiques,* comprenant un fichier comparatif de Jean CANTINEAU. 2: ʼtn – glgl. — La Haye: Mouton, 1976, p. xxxv-xxxix, 37-119 | Cf. BL 1971, 10393.
11757 COOGAN, David Michael: *West Semitic personal names in the Murašû documents.* — Harvard Sem. Monographs 7; Missoula, Mont.: Scholars Press, 1976, xiii, 142 p.

DELAUNAY, J. A.: Remarques sur quelques noms de pers. des archives élamites de Persépolis. — 4373.
DRIVER, G. R.: Semitic writing ... — 2921.
EILERS, W.: Sinn und Herkunft der Planetennamen. — 2827.

11758 EPH'AL, I.: "Ishmael" and "Arab(s)": a transformation of ethnological terms. — JNES 35, 1976, 225-235.
11759 HEALEY, John F.: Syriac nṣr, Ugaritic nṣr, Hebrew nṣr II, Akkadian nṣr II. — VT 26, 1976, 429-437.
11760 HENNINGER, Joseph: Zum Problem der Venussterngottheit bei den Semiten. — Anthropos 71, 1976, 129-168.
HETZRON, R.: Two principles of genetic reconstruction. — 2725.
11761 JANSSENS, G.: The feminine ending -(a)t in Semitic. — OLP 6-7, 1975-76, 277-284.
11762 LIPIŃSKI, E.: Apladad. — Or 45, 1976, 53-74 | Le dieu Apladad.
11763 PENNACCHIETTI, Fabrizio A.: Studi sui pronomi determinativi semitici. — Napoli: 1968 | BL 1968, 10452. | OS 23-24, 1974-75 (1976), 217-221 Frithiof Rundgren.
ROMPAY, L. VAN: The rendering of πρόσωπον λαμβάνειν. — 4884.
11764 SZNYCER, Maurice: Chronique des études nord-sémitiques. — JA 264, 1976, 217-220 | Introd. à une chronique à venir.
11765 WATSON, Wilfred G. E.: The pivot pattern in Hebrew, Ugaritic and Akkadian poetry. — ZATW 88, 1976, 239-253.
11766 — Verse-patterns in Ugaritic, Akkadian and Hebrew poetry. — UF 7, 1975 (1976), 483-492.

B. Akkadien — Akkadian

11767 ADLER, Hans-Peter: Das Akkadische des Königs Tušratta von Mitanni. — AOAT 201; Kevelaer: Butzon & Bercker / Neukirchen-Vluyn: Neukirchener Verlag, 1976, xiii, 363 p.
11768 BALKAN, K.: İnandık'ta 1966 yılında bulunan eski hitit çağına ait bir bağış belgesi. Eine Schenkungsurkunde aus der althethitischen Zeit, gefunden in İnandık 1966. — Anadolu medeniyetlerini araştırma vakfı yayınları 1; Ankara: Türk Tarih Kurumu Basımevi, 1973, xii, 103 p. | OA 15, 1976, 345-347 Giuseppe F. del Monte.
11769 BERNHARDT, Inez: Sozialökonomische Texte und Rechtsurkunden aus Nippur zur Kassitenzeit. Autographiert und mit Inventarverzeichnis sowie Namenlisten versehen. Mit 37 Siegelbilder-Photographien von Günter Schörlitz. — Texte und Materialien der Frau Prof. Hilprecht-Sammlung Vorderasiatischer Altertümer im Eigentum der Friedrich-Schiller-Univ. Jena, N. F. 5; Berlin: Akad.-Verlag, 1976, 26 p., 134 pl.
11770 BIAGOV, L. N.: Zur Interpretation der Termini É und $^E dunnu/^{URU}dunnu$ in den Urkunden der mittelassyrischen Periode. — AAntH 22, 1974 (1976), 333-335 | Cf. BL 1974, 10890.
BRINKMAN, J. A.: Cun. texts in the St. Louis Public Library. — 11621.
11771 BUCCELLATI, Giorgio: Towards a formal typology of Akkadian similes. — [268], 59-70.
11772 CAPLICE, Richard I.: The Akkadian Namburbi texts .... — Los Angeles: 1974 | BL 1975, 11356. | BiOr 33, 1976, 199-200 W. H. Ph. Römer.
CAVIGNEAUX, A.: Die sum.-akk. Zeichenlisten .... — 11623.
COHEN, M. E.: Literary texts from the Andrews Univ. Arch. Museum. — 11629.
COOGAN, D. M.: West Sem. pers. names in the Muraŝû documents. — 11757.

AKKADIEN

11773 DALLEY, Stephanie, WALKER, C. B. F., & HAWKINS, J. D.: *The Old Babylonian tablets from Tell al Rimah*. With an introd. by David OATES. — London: British School of Arch. in Iraq, 1976, xvi, 272 p., 112 pl.

11774 DELLER, Karlheinz: Materialien zu den Lokalpanthea des Königreiches Arrapḫe. — *Or* 45, 1976, 33-45.

11775 EDZARD, D. O.: Ein Brief an den "Grossen" von Kumidi aus Kāmid al-Lōz. — *ZA* 66, 1976, 62-67, fig. | Text, transl., comm.

11776 EICHLER, Barry L.: *Indenture at Nuzi; the personal* tidennūtu *contracts and its Mesopotamian analogues*. — Yale Near Eastern Researches 5; New Haven: Yale UP., 1973, xv, 163 p., front., 2 pl. | *Or* 45, 1976, 376-379 Francesco Pomponio | Cf. 11838.

11777 EYRE, Chris: An Egyptianism in the Amarna Letters? — *JEA* 62, 1976, 183-184 | The closing formula of No. 147.
FARBER, W.: "Grosspförtner Nedu" und ein Problem neubabylonischer Schreibertradition. — 11640.

11778 FINKEL, Irving L.: An early Old-Babylonian legal document. — *RAss* 70, 1976, 45-54, fig. | Ed. with transl. and notes.

11779 FINKELSTEIN, Jacob J.: *Late Old Babylonian documents and letters*. — New Haven: 1972 | BL 1972, 10958. | *WO* 8/2, 1976, 326-328 Hermann Hunger.

11780 — Cutting the *sissiktu* in divorce proceedings. — *WO* 8/2, 1976, 236-240, fig. | Study of the tablet Newell 1900.

11781 — *šilip rēmim* and related matters. — [268], 187.194, fig.

11782 FREYDANK, Helmut: *Mittelassyrische Rechtsurkunden und Verwaltungstexte*. — Vorderasiatische Schriftdenkmäler der Staatlichen Museen zu Berlin 19 (N. F. 3); Berlin: Akad.-Verlag, 1976, 15 p., 50 pl.

11783 — Theophore Elemente in den Personennamen mittelassyrischer Urkunden. — *Or* 45, 1976, 178-181.

11784 GAÁL, E.: "The king Parrattarna died and was cremated"? — *AAntH* 22, 1974 (1976), 281-286.

11785 GARELLI, P., & COLLON, D.: *Cuneiform texts from Cappadocian tablets in the British Museum*. Part VI. — London: 1975 | BL 1975, 11365. | *ZA* 66, 1976, 138-140 W. von Soden.

11786 GURNEY, Oliver R.: *Middle Babylonian legal documents and other texts*. — London: 1974 | BL 1974, 10906. | *RAss* 70, 1976, 82-83 Daniel Arnaud.

11787 HELD, Moshe: Two philological notes on Enūma Eliš. — [268], 231-239.

11788 HIRSCH, Hans: Vom Sinn und Bedeutung der Assyriologie. — *WZKM* 68, 1976, 93-103.

11789 HOFFNER, Harry A., Jr.: Enki's command to Atraḫasis. — [268], 241-245.

11790 HUNGER, Hermann: Astrologische Wettervorhersagen. — *ZA* 66, 1976, 234-260 | Tablets TU 19 and 20: transliteration, transl., comm.

11791 KIENAST, Burkhart: Bemerkungen zum altassyrischen Pfandrecht. — *WO* 8/2, 1976, 218-227 | Terminology.

11792 KINNIER WILSON, J. V.: *The Nimrud wine lists* .... — London: 1972 | BL 1975, 11376. | *JSS* 21, 1976, 165-174 S. Parpola | *WZKM* 68, 1976, 214-216 Hans Hirsch.

11793 KLÍMA, J.: Im ewigen Banne dee *muškēnum*-Problematik? — *AAntH* 22, 1974 (1976), 267-274.

11794 KRAUS, F. R.: Einführung in die Briefe in altakkadischer Sprache. — *JEOL* 24, 1975-76, 74-104.

11795 — Akkadische Wörter und Ausdrücke, X-XI. — *RAss* 70, 1976, 165-179 | X.

napṭarum/bīt napṭarim. XI. *nawûm.* | Cf. BL 1975, 11379.

11796 — Der akkadische Vokativ. — [268], 293-297.

11797 KÜHNE, Cord: Zum neu gewonnenen Niqmepaʻ-Vertrag (*UF* 6, 85 ff.). — *UF* 7, 1975 (1976), 239-251.

11798 — Mit Glossenkeilen markierte fremde Wörter in akkadischen Ugarittexten. II. — *UF* 7, 1975 (1976), 253-260 | Cf. BL 1975, 11380.

11799 LABAT, René (†): *Manuel d'épigraphie akkadienne (Signes, syllabaire, idéogrammes).* Nouv. éd., revue et corr. par Florence MALBRAN-LABAT. — Paris: Geuthner, 1976, xvi, 332 p., cartes | 1e éd. 1948 (BL 1948, 199).

11800 LACHEMAN, E. R.: Nuzi miscellanea. — [268], 311-312 | 1. The -*t*- infix of the verb. 2. The word *paraššannu.*

11801 LAMBERT, W. G.: A Late Assyrian catalogue of literary and scholarly texts. — [268], 313-318, fig.
— An Old Babylonian letter .... — 11658.
— Tukulti-Ninurta I and the Assyrian king list. — 11659.

11802 LANZ, Hugo: *Die neubabylonischen ḫarrânu-Geschäftsunternehmen.* — Münchener Universitätsschriften: Juristische Fak., Abhandlungen zur rechtswissenschaftlichen Grundlagenforschung 18; Berlin (West): J. Schweitzer, 1976, xvi, 209 p. | *ZA* 66, 1976, 296-297 W. von Soden.
LEICHTY, E.: The fourth tablet of Erimḫuš. — 11660.

11803 LIMET, Henri: Observations sur la grammaire des anciennes tablettes de Mari. — *Syria* 52, 1975/1-2 (1976), 37-52.

11804 LODING, Darlene: Old BabylonianTexts from Ur, 1. — *JCS* 28, 1976, 233-242, 11 fig. | Copies and comm.

11805 MACDNALD, John: The role and status of the *ṣuḫārū* in the Mari correspondence. — *JAOS* 96, 1976, 57-68.

11806 MARZAL, Angel: *Gleanings from the wisdom of Mari.* — Studia Pohl 11; Rome: Biblical Inst. Prss, 1976, vii, 105 p. | *ZA* 66, 1976, 292-293 W. von Soden.
MASING, U.: Akk. *miksu* in Osteuropa. — 12333.

11807 MATOUŠ, Lubor: Zu neueren Übersetzungen des Gilgameš-Epos. — *AO* 44, 1976, 63-67.

11808 MAYER, Werner: *Untersuchungen zur Formensprache der babylonischen "Gebetsbeschwörungen".* — Studia Pohl, S. maior 5; Roma: Pontificium Inst. Biblicum, 1976, xvi, 576 p.

11809 MAYER, W., & WILHELM, G.: Altassyrische Texte aus Privatsammlungen. — *UF* 7, 1975 (1976), 315-328, 6 fig. | Ed. with transl. and comm.

11810 NOUGAYROL, Jean: Les "silhouettes de référence" de l'haruspicine. — [268], 343-350.
OELSNER, J.: Zum Pantheon von Nippur .... — 11668.

11811 *Le Palais Royal d'Ugarit,* publié sous la direction de Claude F.-A. SCHAEFFER. VI. *Textes en cunéiformes babyloniens des archives du Grand Palais et du Palais Sud,* par Jean NOUGAYROL. — Mission de Ras Shamra 12; Paris: Imprimerie Nationale / Klincksieck, 1970, xv, 169 p., 58 pl. | *OLZ* 71, 1976, 353-357 J. Oelsner.

11812 PETTINATO, G.: Carchemiš – Kār-Kamiš: le prime attestazioni del III millennio. — *OA* 15, 1976, 11-15 | On the name of the city.

11813 RAINEY, Anson F.: Enclitic -*ma* and the logical predicate in Old Babylonian. — *IOS* 6, 1976, 51-58.

11814 — Morphology and the prefix-tenses of West Semitized el-ʻAmarna tablets. — *UF* 7, 1975 (1976), 395-426.

AKKADIEN

11815 *Reallexikon der Assyriologie und vorderasiatischen Archäologie.* Begründet von E. EBELING und B. MEISSNER, fortgeführt von E. WEIDNER und W. v. SODEN, hrsg. von D. O. EDZARD unter Mitwirkung von P. CALMEYER .... 5. Band, 1./2. Lief., *Ia. . . -Ir(e)buni.* — Berlin: de Gruyter, 1976, p. 1-160, ill. | Cf. BL 1975, 11391.

11816 RIEMSCHNEIDER, Kaspar K.: Compound graphemic units in Standard Babylonian cuneiform writing. — *JCS* 28, 1976, 65-71.

11817 RIES, Gerhard: *Die neubabylonischen Bodenpachtformulare.* — Münchener Universitätsschriften: Juristische Fak., Abhandlungen zur rechtswissenschaftlichen Grundlagenforschung 16 (Diss. München 1972); Berlin (West): J. Schweitzer, 1976, xiv, 168 p. | *ZA* 66, 1976, 295-296 W. von Soden.

11818 — Bemerkungen zur neubabylonischen Rechtspraxis der Stellvertretung. — *WO* 8/2, 1976, 296-309.

11819 SALONEN, Armas: *Die Ziegeleien im alten Mesopotamien.* — Helsinki: 1972 | BL 1972, 10991. | *WZKM* 67, 1975, 292-293 K. Butz | *JAOS* 96, 1976, 432-433 Hermann Hunger | *OLZ* 71, 1976, 24-25 H. Freydank | *Erasmus* 28, 1976, 625-627 J. Bauer.

11820 — *Vögel und Vogelfang im alten Mesopotamien.* — Helsinki: 1973 | BL 1973, 12498. | *WZKM* 67, 1975, 289-292 K. Butz.

11821 — *Jagd und Jagdtiere im alten Mesopotamien.* — AASF, B 196; Helsinki: Suomalainen Tiedeakatemia, 1976, 313 p.

11822 SALONEN, Erkki: *Neubabylonische Urkunden verschiedenen Inhalts. I.* — Helsinki: 1975 | BL 1975, 11402. | *SOAS* 39, 1976, 638-639 D. J. Wiseman | *WZKM* 68, 1976, 207-208 Hermann Hunger.

11823 SASSON, Jack M.: The ENGAR/*ikkarum* at Mari. — [268], 401-410.

SKALMOWSKI, W.: Elam. and Akk. transl. of the O. Pers. periphrastic perfect. — 4393.

11824 SODEN, Wolfram VON: *Akkadisches Handwörterbuch.* Unter Benutzung des lexikalischen Nachlasses von Bruno MEISSNER (1868-1947) bearbeitet. Lief. 13 [*šamūtu(m) – šubšulum*]. — Wiesbaden: Harrassowitz (Heidelberger Akad. der Wiss.), 1976, p. 1161-1256 | Cf. BL 1974, 10939. | *Or* 45, 1976, 375-376 Erkki Salonen (On fasc. 12) | *Or* 46, 1977, 147-148 Erkki Salonen.

11825 — Ein altassyrisches Testament. — *WO* 8/2, 1976, 211-217 | Ed. with transl. and comm.

11826 — Bemerkungen zum Adapa-Mythos. — [268], 427-433.

11827 SODEN, Wolfram VON, & RÖLLIG, Wolfgang: *Das akkadische Syllabar.* 3. Aufl., durchgesehen und verbessert. — Analecta Orientalia 42; Roma: Pontificium Inst. Biblicum, 1976, xli, 76, 8* p. | 2nd ed. 1967 (BL 1967, 9148).

11828 STIGERS, Harold G.: Neo- and Late Babylonian business documents from the John Frederick Lewis Collection. — *JCS* 28, 1976, 3-59 | Copy of 58 tablets, with indices of pers. names, occupations, etc.

11829 STOLPER, Matthew W.: The genealogy of the Murašu family. — *JCS* 28, 1976, 189-200, 3 fig. | Texts CBS 12859 and 12965, with transl. and comm.

11830 — A note on Yahwistic personal names in the Murašû texts. — *BASOR* 222, 1976, 25-28; 224, 1976, 97, fig.

TAWIL, H.: Hebr. ..., Akk. *ešēru/šūšuru* ... — 11970.

Texts in the Iraq Museum. 9. Cun. texts: texts of varying content. — 11683.

11831 VEENHOF, K. R.: *Aspects of Old Assyrian trade and its terminology.* — Leiden: 1972 | BL 1972, 11005. | *JNES* 35, 1976, 62-65 N. Yoffee | *AO* 44, 1976, 188 J. Klíma | *JAOS* 96, 1976, 432 Hermann Hunger.

11832 — An Old Akkadian private letter, with a note on *ṣiāḫum/ṣīḫtum.* — *JEOL* 24,

1975-76, 105-110, fig.

11833 — The dissolution of an Old Babylonian marriage according to *CT* 45, 86. — *RAss* 70, 1976, 153-164 | Text, phil. notes, general comments.

11834 WALKER, C. B. F.: *Miscellaneous texts*. — London: 1972 | BL 1972, 11006. | *OLZ* 71, 1976, 555-561 Joachim Oelsner | *OA* 14, 1975, 85-88 Carlo Zaccagnini.

11835 WILCKE, Claus: Assyrische Testamente. — *ZA* 66, 1976, 196-233.

11836 — Zu den spät-altbabylonischen Kaufverträgen aus Nordbabylonien. — *WO* 8/2, 1976, 254-285.

11837 ZACCAGNINI, Carlo: *Tummu* and *par(as)-ṣeḫru*. Note on two measures of weight at Muzi. — *JAOS* 96, 1976, 273.

11838 — Osservazioni sui contratti di "anticresi" a Nuzi. — *OA* 15, 1976, 191-207 | Rev. art. on No. 11776.

11839 ZADOK, R.: Three Iranian words in Late Babylonian documents. — *BiOr* 33, 1976, 5-6 | 1. *daš(š)ia*. 2. *pitpuda*. 3. *zimbāni*.

C. Ougaritique — Ugaritic

11840 AARTUN, Kjell: Eine weitere Parallele aus Ugarit zur kultischen Praxis in Israels Religion. — *BiOr* 33, 1976, 285-289.

AVISHUR, Y.: *krkr* in Biblical Hebr. and in Ugaritic. — 11905.

11841 BARRÉ, Michael L.: A broken construct chain in Ugaritic. — *BASOR* 223, 1976, 59-61.

CERESKO, A. R.: The A:B: :B:A word pattern in Hebr. and Northwest Sem..... — 11917.

DAHOOD, M.: Jeremiah 5, 31 and UT 127:32. — 11923.

— Canticle 7, 9 and UT 52, 61. — 11924.

11842 DEL OLMO LETE, G.: Notes on Ugaritic semantics I. — *UF* 7, 1975 (1976), 89-102 | 1. *ḥmšt*. 2. *mzl*. 3. *msw(n)*. 4. *mrḥ*. 5. *ṣba špš*. 6. *ṭlṭ*.

11843 DIETRICH, Manfried, & LORETZ, Oswald: *Die Elfenbeininschriften und S-Texte aus Ugarit*. — AOAT 13; Kevelaer: Butzon & Bercker / Neukirchen-Vluyn: Neukirchener Verlag, 1976, ix, 85 p., 20 pl.

11844 DIETRICH, M., LORETZ, O., & SANMARTÍN, J.: Untersuchungen zur Schrift- und Lautlehre des Ugaritischen (III). Formen und ugaritisch-hurrische Lautwert(e) des keilalphabetischen Zeichens "ẓ". — *UF* 7, 1975 (1976), 103-108 | Cf. BL 1973, 12521.

11845 — Der stichometrische Aufbau von RS 24.258 (= Ug. 5, S. 545 Nr. 1) — *UF* 7, 1975 (1976), 109-114.

11846 — Der "Neujahrspsalm" RS 24.252 (= Ug. 5, S. 551-557 Nr. 2). — *UF* 7, 1975 (1976), 115-119.

11847 — Bemerkungen zur Schlangenbeschwörung RS 24.444 = Ug. 5, S. 564 ff. Nr. 7. — *UF* 7, 1975 (1976), 121-125.

11848 — Einzelbemerkungen zu RS 24.251 = Ug. 5, S. 574-578 Nr. 8. — *UF* 7, 1975 (1976), 127-131.

11849 — Der keilalphabetische *šumma izbu*-Text RS 24.247 + 265 + 268 + 328. — *UF* 7, 1975 (1976), 133-140.

11850 — Die Texteinheiten in RS 1.2 = CTA 32 und RS 17.100 = CTA Appendice I. — *UF* 7, 1975 (1976), 141-146.

11851 — Lexikalische und literarische Probleme in RS 1.2 = CTA 32 und RS 17.100 = CTA Appendice I. — *UF* 7, 1975 (1976), 147-155.

11852 — Zur ugaritischen Lexikographie XIII. — *UF* 7, 1975 (1976), 157-169 | Cf. BL

1975, 11420.
11853 — Das Ritual RS 1.5 = CTA 33. — *UF* 7, 1975 (1976), 525-528.
11854 — Die keilalphabetischen Belege für *b'r* I und *b'r* II. — *UF* 7, 1975 (1976), 554-556.
11855 DIJKSTRA, M.: Does occur the verb *hbṭ* in CTA 4: III.21? — *UF* 7, 1975 (1976), 563-565.
11856 DIJKSTRA, Meindert, & MOOR, Johannes C. DE: Problematical passages in the Legend of Aqhâtu. — *UF* 7, 1975 (1976), 171-215.
11857 DRESSLER, Harold H. P.: Ugaritic *uzr* and Joel 1:13. — *UF* 7, 1975 (1976), 221-225.
11858 FISHER, Loren R. (ed.): *The Claremont Ras Shamra tablets*.... — Rome: 1971 | BL 1971, 10503. | *Syria* 49, 1972, 469-470 A. Caquot | *OLZ* 71, 1976, 142-144 W. Herrmann.
11859 — *Ras Shamra parallels*.... Vol. I. — Roma: 1972 | BL 1972, 11015. | *OLZ* 71, 1976, 144-146 W. Herrmann.
11860 — *Ras Shamra parallels. The texts from Ugarit and the Hebrew Bible.* Vol. II. Associate eds.: Duane E. SMITH & Stan RUMMEL. — Analecta Orientalia 50; Roma: Pontificium Inst. Biblicum, 1975, xiii, 508 p. | Contr. by Michael C. ASTOUR (place-names), Mitchell DAHOOD (Ugaritic-Hebr. parallel pairs), Tadanori YAMASHITA (professions), et al. | Cf. BL 1972, 11015. | *ZA* 66, 1976, 305-312 Hans-Peter Müller | *UF* 7, 1975 (1976), 597-598 M. Dietrich, O. Loretz, J. Sanmartín | Cf. 11872.
11861 GORDON, Cyrus H.: El, father of Šnm. — *JNES* 35, 1976, 261-262 | On the epithet *ab šnm*.
HILLERS, D. R., & MCCALL, M. H., Jr.: Homeric dictated texts: a reexamination of some Near Eastern evidence. — 4808 | *lmd*.
KÜHNE, C.: Mit Glossenkeilen markierte fremde Wörter in akk. Ugarittexten. — 11798.
11862 LOEWENSTAMM, Samuel E.: The expanded colon, reconsidered. — *UF* 7, 1975 (1976), 261-264.
11863 LORETZ, Oswald: Die Analyse der ugaritischen und hebräischen Poesie mittels Stichometrie und Konsonantenzählung. — *UF* 7, 1975 (1976), 265-269.
11864 MARGALIT, B.: Studia Ugaritica I: "Introduction to Ugaritic prosody". — *UF* 7, 1975 (1976), 289-313.
11865 MOOR, Johannes C. DE: *The seasonal pattern in the Ugaritic myth of Ba'lu*.... — Kevelaer: 1971 | BL 1971, 10522. | *OLZ* 71, 1976, 31-34 W. Herrmann.
11866 — Rāpi'ūma – Rephaim. — *ZATW* 88, 1976, 323-345 | 1. Saviour-king and Saviour-god in Canaan. 2. Saviour-shades in Canaan. 3. YHWH the Saviour. 4. The Rephaite giants. 5. Powerless shades in Israel. Appendix: Phil. comments on RS 34. 126.
11867 PARDEE, Dennis Graham: The preposition in Ugaritic. — *UF* 7, 1975 (1976), 329-378.
11868 PINI, M. G.: Su due termini riguardanti il carro nei testi di Ugarit. — *OA* 15, 1976, 107-114.
11869 PRIEBATSCH, H. Y.: *Š* und *ṭ* in Ugarit und das Amoritische. Ein Beitrag zur Geschichte des ABC. — *UF* 7, 1975 (1976), 389-394.
11870 SELMS, A. VAN: A guest-room for Ilu and its furniture: an interpretation of CTA 4, I, lines 30-44 (Gordon, 51, I, 30-44). — *UF* 7, 1975 (1976), 469-476.
11871 — A systematic approach to CTA 5, I, 1-8. — *UF* 7, 1975 (1976), 477-482.
11872 WATSON, Wilfred G. E.: Ugarit and the OT: further parallels. — *Or* 45, 1976,

434-442 | Rev. art. on No. 11860.
11873 ZIJL, Peter J. VAN: *Baal. A study of texts*.... — Kevelaer: 1972 | BL 1972, 11031. | *JNES* 35, 1976, 143-144 Simon B. Parker.
11874 — A discussion of the words *anš* and *nšy* in the Ugaritic texts. — *UF* 7, 1975 (1976), 503-514.

D. Cananéen, Araméen — Canaanite, Aramaic

I. Généralités — General

NOBER, P.: *Elenchus bibliographicus biblicus*. — 34.

11875 BORDREUIL, Pierre, & LEMAIRE, André: Nouveaux sceaux hébreux, araméens et ammonites. — *Semitica* 26, 1976, 45-63, pl. 4-6.
11876 DION, Paul-Eugène: *La langue de Ya'udi*.... — Waterloo, Ontario: 1974 | BL 1974, 10971. | *Or* 45, 1976, 381-383 Mitchell Dahood | *WZKM* 68, 1976, 220-224 Daniel Snell | *BiOr* 33, 1976, 231-234 E. Lipiński | *JBL* 95, 1976, 153-155 F. Rosenthal | Cf. 11877.
11877 GARBINI, Giovanni: La lingua di Ya'udi. — *AION* 36, 1976, 123-132 | Rev. art. on No. 11876.
GOLDWASSER, O., & NAVEH, J.: The origin of the *ṭet*-symbol. — 2924.
11878 GÖRG, M.: Aram und Israel. — *VT* 26, 1976, 499-500.
11879 KORNFELD, Walter: Onomastica Aramaica und das Alte Testament. — *ZATW* 88, 1976, 105-112 | 1. *'tr*. 2. *ḥwr/ḥwrj*. 3. *sḥ' br 'bd' mrw*.
11880 LEMAIRE, André: Note sur quelques inscriptions sur ivoire provenant de Nimrud. — *Semitica* 26, 1976, 65-69, pl. 7-8.
11881 MASSON, Olivier: Noms sémitiques dans deux inscriptions grecques. — *Semitica* 26, 1976, 93-98, pl. 12-13 | 1. Inscription d'Inibalos en Sicile. 2. Stèle de Ianibêlos en Attique.

II. Cananéen — Canaanite

a. Généralités (et Ammonite, Moabite, etc.) — General (and Ammonite, Moabite, etc.)

11882 AVISHUR, Y.: Word pairs common to Phoenician and Biblical Hebrew. — *UF* 7, 1975 (1976), 13-47.
11883 GARBINI, Giovanni: "Paleo-siriano" *meqūm* = "lega, federazione". — *AION* 36, 1976, 222-225.
11884 KRAHMALKOV, Charles: An Ammonite lyric poem. — *BASOR* 223, 1976, 55-57 | On the inscription from Tell Siran.
MOOR, J. C. DE: Rāpi'ūma — Rephaim. — 11866.
11885 ZAYADINE, Fawzi, & THOMPSON, Henry O.: The Ammonite inscription from Tell Siran. — *Berytus*. Arch. Studies published by the Museum of Arch. of the Am. Univ. of Beirut 22, 1973, 115-140 | Cf. BL 1973, 12665.

b. Phénicien — Phoenician

11886 ACQUARO, E.: Bibliografia. 4 (1.I.1975-31.XII.1975). — *RSF* 4, 1976, 117-127 | Bibliography of Phoenician studies.

11887 BRANDEN, A. VAN DEN: L'inscription phénicienne sur une petite base en bronze d'Idalion. — *BiOr* 33, 1976, 6-8.

11888 COACCI POLSELLI, G.: Struttura delle iscrizioni dedicatorie fenicie d'Oriente. I. La formula iniziale. — *RSF* 4, 1976, 137-145.
11889 DELAVAULT, Bernard, & LEMAIRE, André: Une stèle "Molk" de Palestine dédiée à Eshmoun? RES 367 reconsidéré. — *RB* 83, 1976, 569-583, 2 pl.
11890 DOTAN, Aron: Stress position and vowel shift in Phoenician and Punic. Phoenician/Punic – Hebrew linguistic relationship re-examined. — *IOS* 6, 1976, 71-121.
11891 FERRON, Jean: Ṣid: état actuel des connaissances. — *Muséon* 89, 1976, 425-440, pl. | Le dieu Ṣid dans l'épigraphie punique.
11892 GARBINI, Giovanni: Sulla parola fenicia *barròn. — *AION* 36, 1976, 423.
11893 KOCH, Michael: Observaciones sobre la permanencia del sustrato púnico en la Península Ibérica. — *ACLPI* I, 191-199.
11894 KRAHMALKOV, Charles R.: A Neo-Punic shaft tomb inscription from Roman Tripolitania. — [235], 57-63.
11895 — Notes on the rule of the *sōfṭīm* in Carthage. — *RSF* 4, 1976, 153-157.
11896 MASSON, Olivier, & SZNYCER, Maurice: *Recherches sur les Phéniciens à Chypre.* — Genève: 1972 | BL 1972, 11055. | *JNES* 35, 1976, 286-287 Brian Peckham | *JAOS* 96, 1976, 436 Dennis Pardee | *OA* 15, 1976, 78-83 Gianna Benigni | *REG* 88, 1975, 233-234 M. Yon-Calvet.
11897 MAZZA, F.: Un tipo di formula votiva nelle iscrizioni fenicie e puniche. — *RSF* 4, 1976, 129-136.
11898 PUECH, E.: Le rite d'offrande de cheveux d'après une inscription phénicienne de Kition vers 800 avant notre ère. — *RSF* 4, 1976, 11-21, fig.
11899 RIBICHINI, Sergio: Un'ipotesi per Milk'aštart. — *RSO* 50, 1976, 43-55.
11900 SEGERT, Stanislav: *A grammar of Phoenician and Punic.* — München: Beck, 1976, 330 p.
11901 [ŠIFMAN, I.] SCHIFFMANN, I.: Zur Interpretation der Inschriften IFPCO Sard. 36 und 39 aus Sardinien. — *RSF* 4, 1976, 49-52.
11902 — Studien zur Interpretation der neuen phönizischen Inschrift aus Byblos (Byblos 13). — *RSF* 4, 1976, 171-177.
11903 SZNYCER, Maurice: Une inscription punique de Carthage retrouvée au Musée d'Angers. — *Semitica* 26, 1976, 81-91, fig., pl. 9.

c. Hébreu — Hebrew

11904 ANDERSEN, F. I.: *The sentence in Biblical Hebrew.* — The Hague: 197| BL 1974, 11006. | *JBL* 95, 1976, 659-661 W. Roth | *JThS* 27, 1976, 151-153 J. Barr.
11905 AVISHUR, Y.: *krkr* in Biblical Hebrew and in Ugaritic. — *VT* 26, 1976, 257-261.
11906 AZAR, Moshe: The emphatic sentence in Modern Hebrew. — [11969], 209-229.
11907 BACHER, Wilhelm: *Die Anfänge der hebräischen Grammatik,* and *Die hebräische Sprachwissenschaft vom 10. bis zum 16. Jahrhundert* .... — Amsterdam: 1974 (1975) | BL 1974, 11007. | *BSL* 71, 1976/2, 413-414 David Cohen.
11908 BARTHÉLEMY, D., & RICKENBACHER, O.: *Konkordanz zum hebräischen Sirach* .... — Göttingen: 1973 | BL 1973, 12577. | *WZKM* 67, 1975, 270-272 Stanislav Segert.
11909 BECKER, Joachim: Wurzel und Wurzelspross. Ein Beitrag zur hebräischen Lexikographie. — *BZ* 20, 1976, 22-24.
11910 BEN-HORIN, Gad: Aspects of syntactic preposing in spoken Hebrew. — [11969], 193-207.
11911 BERMAN, Ruth (Aronson): On derived and deriving nominals in Modern Hebrew.

— [11969], 57-98.
11912 BERMAN, Ruth (Aronson), & GROSU, Alexander: Aspects of the copula in Modern Hebrew. — [11969], 256-285.
11913 BLAU, Joshua: *A grammar of Biblical Hebrew*. — Porta linguarum Orientalium, N.S. 12: Wiesbaden: Harrassowitz, 1976, xi, 209 p.
11914 BOADT, L.: A re-examination of the third-yodh suffix in Job. — *UF* 7, 1975 (1976), 59-72.
11915 BORDREUIL, Pierre: Inscriptions sigillaires ouest-sémitiques. II. Un cachet hébreu récemment acquis par le Cabinet des Médailles de la Bibliothèque Nationale. — *Syria* 52, 1975/1-2 (1976), 107-118, 2 fig. | Cf. BL 1973, 12581.
11916 BRICHTO, Herbert Chanan: On slaughter and sacrifice, blood and atonement. — *HUCA* 47, 1976, 19-55 | Meaning of Hebr. *kipper*.
11917 CERESKO, A. R.: The A:B: :B:A word pattern in Hebrew and Northwest Semitic with special reference to the Book of Job. — *UF* 7, 1975 (1976), 73-88.
11918 CHOMSKY, W.: Developments in Hebrew orthography. — *Jewish Quarterly Review* (Philadelphia) 66, 1975-76, 168-171.
COFFIN, E. A.: Ibn Janāḥ's *Kitāb al-lumaʿ* .... — 11921.
11919 COLE, Peter: An introduction to the generative study of Modern Hebrew syntax and semantics. — [11969], 1-8.
11920 — A causative construction in Modern Hebrew: theoretical implications. — [11969], 99-128.
11921 — An apparent asymmetry in the formation of relative clauses in Modern Hebrew. — [11969], 231-247.
— The interface of theory and description: notes on Mod. Hebr. relativization. — 1018.
11922 DAHOOD, Mitchell: The chiastic breakup in Isaiah 58,7. — *Biblica* 57, 1976, 105.
11923 — Jeremiah 5, 31 and UT 127:2. — *Biblica* 57, 1976, 106-108.
11924 — Canticle 7, 9 and UT 52,61. A question of method. — *Biblica* 57, 1976, 109-110.
11925 — The conjunction *pa* in Hosea 7,1. — *Biblica* 57, 1976, 247-248.
11926 — Hebrew lexicography: a review of W. Baumgartner's *Lexikon*, volume II. — *Or* 45, 1976, 327-365 | Cf. 11940.
FISHER, L. R. (ed.): *Ras Shamra parallels* .... — 11860.
11927 FITZMYER, Joseph A.: *The Dead Sea Scrolls. Major publications and tools for study.* — Sources for Biblical Study 8; Missoula, MT: SBL & Scholars Press, 1975, xiv, 171 p. | *RB* 83, 1976, 295-296 J. Murphy-O'Connor | *JBL* 95, 1976, 681-682 W. S. LaSor.
11928 GERLEMAN, Gillis: Was heisst *pšʿ*? — *ZATW* 88, 1976, 409-413.
11929 GEVIRTZ, Stanley: On patriarchs and puns: Joseph at the fountain, Jacob at the ford. — *HUCA* 46, 1975, 33-54.
11930 GIBSON, Arthur: *ṣnḥ* in Judges I 14: NEB and AV translations. — *VT* 26, 1976, 275-283.
11931 GIVÓN, Talmy: On the VS word order in Israeli Hebrew: pragmatics and typological change. — [11969], 153-181.
11932 GLINERT, Lewis: How *od*: A study of a Modern Hebrew pseudoquantifier. — [11969], 249-263.
11933 GORDIS, Robert: *The Word and the Book. Studies in Biblical language and literature.* — New York: Ktav Publishing House, 1976, xvi, 388, 48 p. | Collected studies, repr. from various sources. | *ZATW* 88, 1976, 455.
11934 GORDON, Robert P.: On BH *ṭôb* "rain". — *Biblica* 57, 1976, 111 | A propos de

l'art. de M. DAHOOD, 1973 (BL 1973, 12597).

11935 HADAS-LEBEL, Mireille: *Manuel d'histoire de la langue hébraïque des origines à l'époque de la Mishna.* — Paris: Publ. Orientalistes de France, 1976, 168 p., ill.

11936 HAYON, Yehiel: *Relativization in Hebrew* ... — The Hague: 1973 | BL 1973, 12621. | *Lingua* 40, 1976, 270-274 H. den Besten.

11937 *Hebrew and Aramaic dictionary of the Old Testament.* Ed. by Georg FOHRER in cooperation with Hans Werner HOFFMANN ... [et al.]. E. version by W. JOHN-STONE. — Berlin: 1973 | BL 1974, 11045. | *JThS* 27, 1976, 146-148 J. G. Snaith.

11938 HOLLADAY, W. L.: Structure, syntax and meaning in Jeremiah IV 11-12A. — *VT* 26, 1976, 28-37.

11939 KASHER, Asa: Three notes on the performative analysis. — [11969], 183-191.

11940 KOEHLER, Ludwig †, & BAUMGARTNER, Walter †: *Hebräisches und aramäisches Lexikon zum Alten Testament.* 3. Aufl. Lief. 1; 2. — Leiden: 1967 & 1974 | BL 1974, 11056. | *JBL* 95, 1976, 125-126 W. F. Stinespring (2) | *JThS* 27, 1976, 148-151 W. McKane | Cf. 11926.

KOPF, L.: *Studies in Ar. and Hebr. lexicography.* — *12093.*

11941 KUHNIGK, Willibald: *Nordwestsemitische Studien zum Hoseabuch.* — Roma: 1974 | BL 1974, 11059. | *RB* 83, 1976, 148-149 R. Tournay | *BZ* 20, 1976, 275-276 V. Hamp | *Biblica* 57, 1976, 573-575 F. I. Andersen | *JBL* 95, 1976, 295-296 R. B. Coote.

11942 KUTSCHER, E. Y.: *The language and linguistic background of the Isaiah Scroll....* — Leiden: 1974 | BL 1974, 11060. | *JSS* 21, 1976, 186-193 James Barr | *RB* 83, 1976, 296-297 J. Murphy-O'Connor.

11943 LEMAIRE, André: Une nouvelle inscription paléo-hébraïque sur carafe. — *RB* 83, 1976, 55-58, pl.

11944 — Prières en temps de crise: les inscriptions de hirbet Beit Lei. — *RB* 83, 1976, 558-568, 2 pl.

11945 LEVI, Judith N.: A semantic analysis of Hebrew compound nominals. — [11969], 9-55.

11946 LEVINE, Étan: Distinguishing "air" from "heaven" in the Bible. — *ZATW* 88, 1976, 97-99.

11947 L'HEUREUX, C. E.: The $y^e l \hat{i} d \hat{e}\ h \bar{a} r \bar{a} p \bar{a}$': a cultic association of warriors. — *BASOR* 221, 1976, 83-85.

LIEBERMAN, S.: *Texts and studies.* — *4862.*

LOEWENSTAMM, S. E.: The expanded colon .... — *11862.*

11948 LORETZ, O.: Der hebräische Opferterminus *kljl* "Ganzopfer". — *UF* 7, 1975 (1976), 569-570.

— Die Analyse der ug. und hebr. Poesie mittels Stichometrie .... — *11863.*

11949 MALONE, Joseph L.: Messrs Sampson, Chomsky and Halle, and Hebrew phonology. — *FL* 14, 1976, 251-256 | On a squib by G. SAMPSON, *LIn* 4, 1973, 101-104.

11950 — Phonological evidence for syntactic bracketing: a surprise from Tiberian Hebrew. — *PCLS* XII, 486-494.

11951 MARGAIN, Jean: '*Abhâl* et l'expression de l'adversatif en hébreu ancien. — *GLECS* 15, 1970-71 (1976), 17-38.

11952 MASSON, Michel: Remarques sur l'exploitation sélective des schèmes classiques en hébreu israélien. — *GLECS* 15, 1970-71 (1976), 47-54.

11953 — Note sur les adjectifs verbaux en CaCiC de l'hébreu israélien. — *GLECS* 15, 1970-71 (1976), 111-115.

11954 — Remarques sur les suffixes -*ist* et -*nik* en hébreu iraélien. — *GLECS* 15, 1970-71 (1976), 143-145.

11955 MILGROM, Jacob: The legal terms *šlm* and *br'šw* in the Bible. — *JNES* 35, 1976, 271-273.
11956 OLLEY, J. W.: A forensic connotation of *bôš*. — *VT* 26, 1976, 230-234.
11957 PENAR, Tadeusz: *Northwest Semitic philology and the Hebrew fragments of Ben Sira.* — Biblica et Orientalia 28; Rome: Biblical Inst. Press, 1975, xvi, 113 p. | *ZATW* 88, 1976, 315.
11958 POLZIN, Robert: *Late Biblical Hebrew: Toward an historical typology of Biblical Hebrew prose.* — Harvard Sem. Monographs 12; Missoula, Montana: Scholars Press, 1976, xii, 170 p.
11959 RAPALLO, Umberto: Tra fonema e variante: la subcommutazione in medio-ebraico e in aramaico giudaico. — [233], 867-881.
11960 ROBERTSON, David A.: *Linguistic evidence in dating early Hebrew poetry.* — Cambridge, Mass.: 1972 | BL 1973, 12657. | *RB* 81, 1974, 463-464 R. T[ournay] | *JBL* 95, 1976, 126-129 N. M. Sarna.
SABAR, Y.: The impact of Israeli Hebrew on the Neo-Aram. dial. of the Kurdish Jews. . . . — 12013.
11961 RUBINSTEIN, Eliezer: "Causation" and "volition" as semantic components of verbs. A study of the Biblical verb *bqš*. — *IOS* 6, 1976, 122-130.
11962 SAWYER, John F. A.: *A modern introduction to Biblical Hebrew.* — Stocksfield, Northumberland: Oriel, 1976, xiv, 216 p.
11963 — A note on the etymology of o*āra'at*. — *VT* 26, 1976, 241-245.
11964 SCHRAMM, Gene M.: Poetic patterning in Biblical Hebrew. — [235], 167-191.
11965 SEYBOLD, Klaus: Reverenz und Gebet. Erwägungen zu der Wendung *ḥillā panîm*. — *ZATW* 88, 1976, 2-16.
11966 SOGGIN, J. Alberto: *Old Testament and Oriental studies.* — Biblica & Orientalia 29; Rome: Biblical Inst., 1975, xvi, 256 p. | *JBL* 95, 1976, 689 W. L. Holladay.
11976 SOKOLOFF, Michael: 'āmar něqē', "lamb's wool" (Dan 7:9). — *JBL* 95, 1976, 277-279.
11968 STUART, Douglas K.: *Studies in early Hebrew meter.* — Harvard Sem. Monographs 13; Missoula, Montana: Scholars Press, 1976, viii, 245 p.
11969 *Studies in Modern Hebrew syntax and semantics. The transformational-generative approach.* Ed.: Peter COLE. — North-Holland Linguistic Series 32; Amsterdam: North-Holland Publishing Co., 1976, xii, 285 p.
11970 TAWIL, Hayim: Hebrew *ṣlḥ/ḥṣlḥ*, Akkadian *ešēru/šušuru*: a lexicographical note. — *JBL* 95, 1976, 405-413.
11971 *Theologisches Wörterbuch zum Alten Testament.* In Verbindung mit George W ANDERSON, Henri CAZELLES . . . . [et al.] hrsg. von G. Johannes BOTTERWECK und Helmer RINGGREN. Band II, Lfg. 7 [ḥādāš - ḥājāh]. — Stuttgart: Kohlhammer, 1976, c. 769-896 | Cf. BL 1975, 11591.
11972 VAUGHAN, Patrick H.; *The meaning of* bāmâ *in the Old Testament* . . . . — London: 1974 | BL 1974, 11105. | *BSOAS* 39, 1976, 432-434 T. L. Fenton | *RB* 83, 1976, 451 F. Langlamet | *JBL* 95, 1976, 303 B. O. Long | *JThS* 27, 1976, 153-155 P.R.S. Moorey.
11973 WEINBERG, Werner: The history of Hebrew *plene* spelling: from Antiquity to Haskalah. — *HUCA* 46, 1975, 457-487.
11974 — The history of Hebrew *plene* spelling. [II-III]. — *HUCA* 47, 1976, 237-280 | II. Second half of the nineteenth century. III. The period of the Language Council, 1904-1949.
11975 WIESENBERG, Ephraim J.: Rabbinic Hebrew as aid in the study of Biblical Hebrew

illustrated in the exposition of the rare words *rḥt* and *mzrh*. — *HUCA* 47, 1976, 143-180.

11976 WILLIAMS, Ronald J.: *Hebrew syntax. An outline*. 2nd ed. [rev.]. — Toronto: Univ. of Toronto Press, 1976, x, 122 p. | First ed. 1967 (BL 1967, 9285).

11977 WRIGHT, T. J.: Amos and the "sycomore fig". — *VT* 26, 1976, 362-368 | The word *bls*.

11978 ZIV, Yael: On the diachronic relevance of the promotion to subject hierarchy. — *SLS* 6, 1976/1, 195-215 | Diachronic analysis of certain possessive constructions in colloquial Israeli Hebrew. | Also in [114], 327-347.

11979 — On the reanalysis of grammatical terms in Hebrew possessive constructions. — [11969], 129-152.

14. ONOMASTIQUE — ONOMASTICS

11980 KOCH, Klaus: *Šaddaj*. Zum Verhältnis zwischen israelitischer Monolatrie und nordwest-semitischem Polytheismus. — *VT* 26, 1976, 299-332.

11981 MILLARD, A. R.: Assyrian royal names in Biblical Hebrew. — *JSS* 21, 1976, 1-14.

11982 NEGEV, Avraham: Permanence et disparition d'anciens toponymes du Negev central. — *RB* 83, 1976, 545-557, carte.

STOLPER, M. W.: A note on Yahwistic personal names in the Murašû texts. — 11830.

11983 TSEVAT, Matitiahu: Ishbosheth and congeners: the names and their study. — *HUCA* 46, 1975, 71-87.

ZADOK, R.: On five Iran. names in the O.T. — 4395.

III. Araméen — Aramaic

11984 AGGOULA, Basile: Remarques sur les inscriptions hatréennes, III. — *Syria* 52, 1975/3-4 (1977), 181-206 | Étude des inscriptions publiées et trad. en ar. par F. SAFAR, *Sumer* 27, 1971, 3-14, pl. I-xi, avec appendices hist. et linguistique. | Cf. BL 1975, 11606.

11985 AUFRECHT, Walter E. (ed.): *A synoptic concordance of Aramaic inscriptions (according to H. Donner & W. Roellig)*. Programming by John C. Hurd. — The Intern. Concordance Library 1; Missoula, Montana: Scholars Press, Univ. of Montana, 1975, [vii], 158 p.

11986 BOGOLJUBOV, M. N.: Aramejskaja nadpis' iz Taksily. — *VJa* 1976/6, 64-69.

11987 COXON, P. W.: Daniel III 17: a linguistic and theological problem. — *VT* 26, 1976, 400-409.

DANIELS, P. T.: S——x and the single manuscript, the joy of phil. ... — 2720.

11988 DUNANT, Christiane: *Le sanctuaire de Baalshamîn à Palmyre*. III. *Les inscriptions*. — Genève: 1971 | BL 1975, 11623. | *OA* 14, 1975, 175-179 Giovanni Garbini.

11989 FALES, Frederick Mario: Sulla tavoletta aramaica A.O. 25.341. — *AION* 36, 1976, 541-547.

11990 FITZMYER, Joseph A.: *The Genesis Apocryphon of Qumran Cave I* .... 2nd ed. — Rome: 1971 | BL 1971, 10714. | *WZKM* 68, 1976, 230-236 Alfred Semper.

11991 FREYDANK, Helmut: Eine aramäische Urkunde aus Assur. — *AoF* 2, 1975, 133-135, fig.

11992 GELLER, Markham J.: Two incantation bowls inscribed in Syriac and Aramaic. — *BSOAS* 39, 1976, 422-427, 3 pl.

11993 GIBSON, John C. L.: *Textbook of Syrian Semitic inscriptions.* Vol. II. *Aramaic inscriptions* .... — Oxford: 1975 | BL 1975, 11624. | *OA* 15, 1976, 351-354 Giovanni Garbini | *ZA* 66, 1976, 297 W. von Soden.

11994 GREENFIELD, Jonas C.: A new corpus of Aramaic texts of the Achaemenid period from Egypt. — *JAOS* 96, 1976, 131-135 | Plans for a new corpus.

11995 — The Aramean god Rammān/Rimmōn. — *IEJ* 26, 1976, 195-198.

11996 GRELOT, Pierre: *Documents araméens d'Égypte.* — Paris: 1972 | BL 1972, 11164. | *WZKM* 67, 1975, 273-275 Stanislav Segert | *OA* 14, 1975, 174-175 Edda Bresciani.

11997 HOFTIJZER, J., & KOOIJ, G. VAN DER: *Aramaic texts from Deir 'Alla.* Ed. with contr. by H. J. FRANKEN, V. R. MEHRA. ... [et al.]. — Documenta et Monumenta Orientis Antiqui 19; Leiden: Brill, 1976, xii, 324 p., 5 fig., 33 pl. (5 fold)..

11998 ISBELL, Charles D.: Two new Aramaic incantation bowls. — *BASOR* 223, 1976, 15-23, 4 fig.

11999 JACOBI, Heidi: *Grammatik des thumischen Neuaramäisch* .... — Wiesbaden: 1973 | BL 1973, 12700. | *BiOr* 33, 1976, 234-236 E. Lipiński.

12000 JONGELING, B., LABUSCHAGNE, C. J., & WOUDE, A. S. VAN DER: *Aramaic texts from Qumran*, with translations and annotations. Vol. I. — Sem. Study Series, N.S. 4; Leiden: Brill, 1976, x, 131 p. | *BiOr* 33, 1976, 354 Leona Glidden Running.

12001 KLEIN, Michael L.: Converse translation: a Targumic technique. — *Biblica* 57, 1976, 515-537.

12002 KUTSCHER, E. Y.: *Studies in Galilean Aramaic.* transl. from the Hebr. original and annotated with additional notes from the author's handcopy by Michael SOKOLOFF. — Bal-Ilan Studies in Near Eastern Languages and Culture; Ramat-Gan: Bar-Ilan Univ., 1976, x, 114 p. | Hebr. originals in *Tarbiz* 21, 195, 192-205; 22, 1951, 53-63, 185-192; 23, 1952, 36-60.

12003 LIPIŃSKI, Edward: *Studies in Aramaic inscriptions and onomastics*, I. — Leuven: 1975 | BL 1975, 11635. | *AION* 36, 1976, 276 Giovanni Garbini | *JSS* 21, 1976, 174-178 A. R. Millard | *IEJ* 26, 1976, 148-149 Joseph Naveh | *BiOr* 33, 1976, 227-231 R. Zadok.

12004 — Textes juridiques et économiques araméens de l'époque sargonide. — *AAntH* 22, 1974 (1976), 373-384.

12005 — "*P3-(n)-ḥr*, fils de *Raučāka*". — *OLP* 6-7, 1975-76, 381-388 | Nom dans une inscription sépulcrale aram. d'Edfou.

12006 MACUCH, Rudolf: *Zur Sprache und Literatur der Mandäer.* Mit Beiträgen von Kurt RUDOLPH und Eric SEGELBERG. — Studia Mandaica 1; Berlin: de Gruyter, 1976, xii, 263 p., front. | From the contents: Zur Grammatik und zum Wörterbuch des Mandäischen, 1-146; K. Rudolph, Die mandäische Literatur. Bemerkungen zum Stand ihrer Textausgaben und zur Vorbereitung einer Ginza-Edition, 147-170; Mandäische Bibliographie seit 1965, 245-250.

12007 MACUCH, Rudolf, & PANOUSSI, Estiphan: *Neusyrische Chrestomathie.* — Wiesbaden: 1974 | BL 1974, 11142. | *JAOS* 96, 1976, 438-439 Yona Sabar.

12008 MILIK, J. T.: *The Books of Enoch: Aramaic fragments of Qumrân Cave 4.* Ed. With the collaboration of Matthew BLACK. — Oxford: Clarendon Press, 1976, 439 p., 32 pl. | *RB* 83, 1976, 605-618 P. Grelot.

12009 MUFFS, Yochanan: *Studies in the Aramaic legal papyri from Elephantine.* — New York: 1973 | BL 1975, 11637. | *IEJ* 26, 1976, 214-215 Jonas C. Greenfield.

12010 MURAOKA, Takamitsu: Segolate nouns in Biblical and other Aramaic dialects. — *JAOS* 96, 1976, 226-235.

12011 PENNACCHIETTI, Fabrizio A.: *Zmiryáṯa-d ráwe*: "stornelli" degli aramei kurdistani. — [233], 639-663.

RAPALLO, U.: Tra fonema e variante: la Ubcommutazione .... in aram. giudaico. — 11959.

12012 SABAR, Yona: *Pəšaṭ wayəhî Bəšallaḥ*: a Neo-Aramaic midrash on Beshallaḥ (*Exodus*). Introd., phonetic transcription, transl., notes and glossary. — Wiesbaden: Harrassowitz, 1976, xlviii, 178 p., ill.

12013 — The impact of Israeli Hebrew on the Neo-Aramaic dialect of the Kurdish Jews of Zakho: a case of language shift. — *HUCA* 46, 1975, 489-508.

12014 — Lēl-Hūza: story and history in a cycle of lamentations for the ninth of Ab in the Jewish Neo-Aramaic dialect of Zakho. — *JSS* 21, 1976, 138-162.

12015 SARA, Solomon I.: *A description of Modern Chaldean.* — The Hague: 1974 | BL 1975, 11646. | *BiOr* 33, 1976, 236-237 A. van den Branden.

12016 SCHOLEM, Gershom: Jaldabaoth reconsidered. — [293], 405-421 | Discussion of the name.

12017 SEGERT, Stanislav: *Altaramäische Grammatik* .... — Leipzig: 1975 | BL 1975, 11647. | *AION* 36, 1976, 274-276 Giovanni Garbini.

12018 SOKOLOFF, Michael: *The Targum to Job from Qumran Cave XI.* — Ramat-Gan: 1974 | BL 1975, 11649. | *BSOAS* 39, 1976, 434-435 P. Wernberg-Møller | *Or* 45, 1976, 459 J. Robert | *IEJ* 26, 1976, 151-153 Nahum M. Sarna | *RB* 83, 1976, 297-298 J. Murphy-O'Connor | *Biblica* 57, 1976, 269-270 M. Dahood | *JBL* 95, 1976, 158-159 L. H. Schiffman | *JThS* 27, 1976, 166-168 P. S. Alexander. — *'āmar nēqē'*, "lamb's wool" ... — 11967.

12019 SPRENGER, Norbert: *Konkordanz zum syrischen Psalter.* — Göttinger Orientforschungen, 1. Reihe: Syriaca 10, 8 (Konkordanz zur syrischen Bibel, hrsg. von Werner STROTHMANN); Wiesbaden: Harrassowitz, 1976, xv, 332 p. | *Muséon* 90, 1977, 457-460 André de Halleux.

12020 STARK, Jürgen Kurt: *Personal names in the Palmyrene inscriptions.* — Oxford: 1971 | BL 1971, 10741. | *RB* 83, 1976, 444-446 J. Starcky.

12021 STROTHMANN, Werner: *Konkordanz des syrischen Koheletbuches nach der Peshitta und Syrohexapla.* — Göttinger Orientforschungen, 1. Reihe: Syriaca 4; Wiesbaden: Harrassowitz, 1973, viii, 153 p. | *WO* 8/2, 1976, 336-339 Rainer Degen.

12022 TAL, A.: The Samaritan Targum to the Pentateuch, its distinctive characteristics and its metamorphosis. — *JSS* 21, 1976, 26-38.

12023 VIVIAN, A.: Letture semitistiche. II. Dialetti giudaici dell'aramaico medio e tardo. — *OA* 15, 1976, 56-60.

12024 WEISS, Raphael: *The Aramaic Targum of Job.* — (Diss.); Jerusalem: Senate of the Hebr. Univ., 1974, iv, 407 p. | Hebr. text (E. summ.). | *JBL* 95, 1976, 159-160 L. H. Schiffman.

12025 WINTER, Michael M.: *A concordance to the Peshiṭta version of Ben Sira.* — Monographs of the Peshiṭta Inst., Leiden, 2; Leiden: Brill, 1976, ix, 656 p.

E. Arabe — Arabic

0. BIBLIOGRAPHIE ET GÉNÉRALITÉS — BIBLIOGRAPHY AND GENERAL

12026 BAKALLA, M. H.: *Bibliography of Arabic linguistics.* — London: 1975 | BL 1975, 11652. Also published by Verlag Dokumentation, München, 1976. | *Islam* 53, 1976, 345-346 W. Diem | *BSOAS* 39, 1976, 657-658 A. F. L. Beeston.

12027 BERQUE, Jacques: *Langages arabes du présent.* — Bibl. des Sci. Humaines; Paris: Gallimard, 1974, 398 p. | *Homme* 16, 1976/1, 184-188 Joseph Chelhod.

12028 BLOCH, Ariel: *A chrestomathy of modern literary Arabic.* — Wiesbaden: 1974 | BL 1974, 11164. | *WZKM* 68, 1976, 241-244 Arne A. Ambros.

12029 BRUGMAN, J.: Arabic scholarship. — *Leiden University in the seventeenth century. An exchange of learning.* Ed. by Th. H. Lunsingh Scheurleer.... [et al.]. (Leiden: Brill, 1975), 203-215, 4 portr.

12030 KONINGSVELD, Pieter Sjoerd VAN: *The Latin-Arabic glossary of the Leiden University Library. A contribution to the study of Mozarabic manuscripts and literature.* — Diss. Leiden; Leiden: C. V. Elve/Labor Vincit, 1976, vii, 95 p., 4 facsim. | Du. summ.

12031 KRAHL, Günther, & REUSCHEL, Wolfgang: *Lehrbuch des modernen Arabisch.* Teil I. — Leipzig: 1974 | BL 1974, 11170. | *ZDMG* 126, 1976, 368-370 Werner Diem.

12032 RUNDGREN, Frithiof: Über den griechischen Einfluss auf die arabische Nationalgrammatik. — *Acta Societatis Linguisticae Upsaliensis*, N.S. 2: 5 (Stockholm: Almqvist & Wiksell, 1976), 119-144.

12033 SEMAAN, Khalil I.: The genesis of Arabic linguistics. — *CAI* VII, 334-341. WEISS, B.: A theory of the parts of speech in Ar. ... — 2039.

1. PHONÉTIQUE ET PHONOLOGIE — PHONETICS AND PHONOLOGY

12034 AL-ANI, Salman H.: *Arabic phonology* .... — The Hague: 1970 | BL 1970, 10654. | *ZDL* 43, 1976, 223-226 A. Almeida.

12035 EL-HALEESE, Y. A.: Some grammatical functions of prominence in Arabic. — *BSOAS* 39, 1976, 83-90.

12036 McDONALD, Michael V.: The phonetic value of *fā'* in early Arabic. — *CAI* VII, 268-272.

12037 MEISELES, Gustav: Pentru o fonologie a arabei literare contemporane. — *SCL* 27, 1976, 609-632 | Toward a phonology of present-day lit. Ar.

2. GRAMMAIRE — GRAMMAR

12038 AARTUN, Kjell: Arabisch *lan*. — *Oriens* 25-26, 1976, 187-189.

12039 AMBROS, Arne A.: Die morphologische Funktion des Systems der Vokalqualitäten im Althocharabischen. [II]. — *WZKM* 67, 1975, 93-164 | Cf. BL 1974, 11180.

12040 BLAU, Joshua: Some additional observations on syntactic trends in modern standard Arabic. — *IOS* 6, 1976, 158-190.

12041 CHOUÉMI, Mostefa: Le schème *qâtûl*, en arabe. — *GLECS* 15, 1970-71 (1976), 139-141.

12042 DROZDÍK, Ladislav: The *faʕāl-* and *faʕāla*-patterned nouns of instrument in Arabic. — *AAS* 12, 1976, 157-170.

12043 EILERS, Wilhelm: Charakteristika der arabischen Nominalbildung. — *CAI* VI, 155-195.

12044 FASSI FEHRI, Abdelkader: Relatives et adjectifs en arabe: le problème de la détermination. — *Lingua* 38, 1976, 125-152.

12045 GÄTJE, Helmut: Zur Struktur gestörter Konditionalgefüge im Arabischen. — *Oriens* 25-26, 1976, 148-186.

12046 GRAND'HENRY, Jacques: Polymorphie et dérivation en arabe. — *REIsl* 42, 1974 (1976), 279-286.

12047 LEEMHUIS, F.: About the meaning of *nabba'a* and *'anba'a* in the Qur'ān. — *CAI*

VII, 244-249.
12048 McCarus, Ernest N.: A semantic analysis of Arabic verbs. — [235], 3-28.
12049 Mosel, Ulrike: *Die syntaktische Terminologie bei Sībawaih*. Band 1; 2. — Diss. München 1975, xiii, 363; 45 p. | *ZDMG* 126, 1976, 408 Ewald Wagner | *BSOAS* 39, 1976, 648-653 A. F. L. Beeston.
12050 Rosenhouse, Judith: The types of direct object clauses and their subordination in some colloquial Arabic dialects and Classical Arabic. — *ZDMG* 126, 1976, 10-24.
12051 Samsareva, Penka: Kăm văprosa za predikativnoto opredelenie v săvremennija arabski literaturen ezik. [I]. — *GSU-ZF* 69, 1975/1 (1976) 269-292 | On the predicative adjunct in contemporary lit. Ar. (Ru. summ.).
12052 Šarafutdinova, R. Š.: Principy vydelenija predlogov v sovremennom arabskom jazyke. — [407], 191-204.
12053 Schub, M. B.: The syntax of / ḥattā / and / fa- /. — *Arabica* 23, 1976, 87-88.
12054 Tanasković, Darko: *Maṣdar* arabo alla luce della teoria delle parti del discorso. — *Ling* 15, 1975, 197-207 | Rés. slovène.

3. HISTOIRE — HISTORY

12055 Cohen, David: Un manuscrit en caractères sudarabiques d'une lettre de Muḥammad. — *GLECS* 15, 1970-71 (1976), 103-109, 2 pl.
12056 Corriente, F.: From Old Arabic to Classical Arabic through the pre-Islamic koine: some notes on the native grammarians' sources, attitudes and goals. — *JSS* 21, 1976, 62-98.
12057 Garbini, Giovanni: Le iscrizioni proto-arabe. — *AION* 36, 1976, 165-174.
12058 Knutsson, Bengt: *Studies in the text and language of three Syriac-Arabic versions of the Book of Judicum*... — Leiden: 1974 | BL 1974, 11204. | *AAS* 12, 1976, 301-302 Ladislav Drozdík | *AcOr* 37, 1976, 226-234 C. Toll.
12059 Kunitzsch, P.: Zur Problematik und Interpretation der arabischen Übersetzungen antiker Texte. — *Oriens* 25-26, 1976, 116-132.
12060 Stern, Samuel M.: *Hispano-Arabic strophic poetry*. Studies .... ed. by L. P. Harvey. — Oxford: 1974 | BL 1975, 11690. | *AUMLA* 46, 1976, 327-328 M. G. Carter.
12061 Vycichl, Werner: Sur la préhistoire de la langue arabe. — *GLECS* 15, 1970-71 (1976), 117-135.

4. DIALECTOLOGIE — DIALECTOLOGY

Abdel-Massih, E. T.: On the subject of affiliated lexicons: a study of Moroccan Ar. and Berber. — 12212.
12062 Abdul-Ghani, Abdul-Ghani: Direction and motivation of phonological rules in Palestinian Arabic. — *PCLS* XII, 13-23.
12063 Albarracín Navarro, Joaquina: Un substrato léxico románico en el árabe de Ŷebāla (Marruecos). — *ACILR* xiv/2, 643-652.
12064 Barthélemy, A.: *Dictionnaire arabe-français, dialectes de Syrie* .... Fasc. complémentaire .... — Paris: 1969 | BL 1971, 10793. | *OLZ* 71, 1976, 480-482 H.-R. Singer.
12065 Baumer, Michel: *Noms vernaculaires soudanais utiles à l'écologiste*. — Paris: Éditions du C.N.R.S., 1975, 127 p., 3 cartes | *BSL* 72, 1977/2, 374-377 Claude Gouffé.

12066 CADORA, Frederic J.: Lexical relationships among Arabic dialects and the Swadesh list. — *AnL* 18, 1976, 237-260.
12067 — Contrastive compatibility in some Arabic dialects and their classification. — *AnL* 18, 1976, 393-407.
12068 DIEM, Werner: *Skizzen jemenitischer Dialekte.* — Beirut: 1973 | BL 1974, 11217. | *OS* 23-24, 1974-75 (1976), 212-216 Chr. Toll | *WZKM* 67, 1975, 308-311 Ariel A. Bloch | *JRAS* 1976, 73-75 T. M. Johnstone.
12069 ELIHAI, Yohanan: *Dictionnaire de l'arabe parlé palestinien....* — [Paris: 1974] | BL 1974, 11219. | *BSOAS* 39, 1976, 709 T. M. Johnstone.
12070 FLEISCH, Henri: *Études d'arabe dialectal.* — Beyrouth: 1974 | BL 1974, 11220. | *OLZ* 71, 1976, 476-478 W. Diem.
12071 GRAND'HENRY, Jacques: *Les parlers arabes de la région du Mzāb (Sahara algérien).* — Studies in Sem. Languages and Linguistics 5; Leiden: Brill, 1976, xix, 136 p., 2 maps, fig. | *BiOr* 34, 1977, 246-249 Roel Otten.
12072 — La syntaxe du verbe en arabe parlé maghrébin, I. 1e partie. — *Muséon* 89, 1976, 457-475.
12073 HALASI-KUN, T.: The Ottoman elements in the Syrian dialects, II. — *AOtt* 5, 1973, 17-95 (to be cont.) | Cf. BL 1974, 11226.
12074 INGHAM, Bruce: Regional and social factors in the dialect geography of southern Iraq and Khūzistān. — *BSOAS* 29, 1976, 62-82, map.
12075 JASTROW, Otto: *Daragözü, eine arabische Mundart der Kozluk-Sason-Gruppe...* — Nürnberg: 1973 | BL 1973, 12758. | *Arabica* 23, 1976, 90 A. Boudot-Lamotte | *Islam* 53, 1976, 135-137 H. Grotzfeld | *ZDMG* 126, 1976, 370-378 M. Woidich.
12076 KAYE, Alan S.: *Chadian and Sudanese Arabic in the light of comparative Arabic dialectology.* — JanL, Series practica 236; The Hague: Mouton, 1976, xvi, 212 p., maps.
MARTÍNEZ RUIZ, J.: Latinidad norteafricana .... — 5330.
12077 NASYROV, K.: Glagol'nye slovoobrazovatel'nye porody v čadskom dialekte arabskogo jazyka. — [342], 103-110.
12078 PALVA, Heikki: *Studies in the Arabic dialect of the semi-nomadic əl-ʿAǧārma tribe (al-Balqāʾ District, Jordan).* — Orientalia Gothoburgensia 2; Göteborg: Göteborg univ., 1976, 109 p.
SAPORTA, I. DE: Une enquête linguistique au XVIIIe siècle: le vocabulaire ar. et berb..... — 12221.
12079 SERJEANT, R. B.: *South Arabian hunt.* — London: Luzac, 1974 (1976), vi, 143 p., front., 18 pl., 9 fig., maps | *Muséon* 89, 1976, 482-484 Jacques Ryckmans.
12080 TAPIÉRO, Norbert: *Manuel d'arabe algérien moderne.* 3e éd. — Paris: 1971 | BL 1971, 10812. | *Linguistics* 171, 1976, 100-103 A. Borg.
12081 AL-ʿUZAYZÎ, Rokos Ibn Zâʾid: *Qâmus al-ʿadât w-al-lahadjât w-al-ʾawâbid al-ʾorduniya.* — Ammân: Dâʾirat al-thaqâfa w-al-fonun, 1973-74, 380; 391; 369 p. (3 vol.) | Dictionnaire des coutumes, des dialectes et des singularités de la Jordanie. | *Homme* 15, 1975/2, 136-137 Joseph Chelhod.

5. VOCABULAIRE — VOCABULARY

12082 ARAZI, Albert: Noms de vêtements et vêtements d'après Al-aḥādīṯ al-ḥisān fī faḍl al-ṭaylasān d'al-Suyūṭī. — *Arabica* 23, 1976, 109-155.
12083 BELLAMY, James A.: An Arabic proverb: *qad anṣafa l-qārata man rāmāhā.* — [235], 111-124.
12084 CHOUÉMI, Mostefa: L'adverbe *ḥaytu* "là, où" en arabe. — *GLECS* 15, 1970-71

(1976), 71-74.

12085 *Dictionnaire arabe-français (langue classique et moderne)* .... par Charles Pellat, Moustafa Chouémi et Claude Denizeau. Tome III, fasc. 36. — Paris: G.-P. Maisonneuve et Larose, 1976, p. 2219-2287, i-xvi, pl. (portr.) (fin du tome III) | Cf. BL 1975, 11726-7. | *AAS* 12, 1976, 299-300 Ladislav Drozdík (Sur III/32-33).

12086 Doniach, N. S. (ed.): *The Oxford English-Arabic dictionary... of current usage.* — Oxford: 1972 | BL 1972, 11273. | *AAS* 12, 1976, 303-305 L. Drozdík.

12087 Ebied, R. Y., & Young, M. J. L.: A collection of Arabic proverbs from Mosul. — *AION* 36, 1976, 317-350 | Ed. from Leeds Syriac MS No. 7, with introd. and transl.

12088 Farag, F. Rofail: The usage of the Coptic language as a constituent element of the literary form of Severus Ibn-al-Muqaffa. — *BiOr* 33, 1976, 275-283.

12089 Garmadi Le Cloirec, Juliette: La dénomination des couleurs en arabe tunisien et en français. Essai d'étude contrastive. — *Linguistique* 12, 1976/2, 55-86, 8 tab., 10 fig.

12090 Jacobi, Jurgen: Bemerkungen zur Etymologie von *rāḏānīya*. — *FO* 17, 1976, 175-188.

12091 Jomier, Jacques: *Lexique pratique français-arabe: parler du Caire.* — Publ. de l'Inst. Fr. d'Arch. du Caire, Bibl. générale 5; Le Caire: Inst. Fr. d'Arch. Orientale, 1976, xii, 219 p.

12092 Köbert, R.: Der Name der Christen bei den Arabern. — *Or* 45, 1976, 429-431.

12093 Kopf, Lothar: *Studies in Arabic and Hebrew lexicography.* Ed. by M. H. Goshen-Gottstein with the assistance of S. Assif. — Jerusalem: Magnes Press (& Leiden: Brill), 1976, 146 E.), 113 (G.), 195 (Hebr.) p., front. (portr.) | Coll. of earlier studies, in E., G. & Hebr.

Latham, J. D.: Ar. into medieval Latin .... — 5260.

12094 Oman, G.: Sur les termes arabes désignant le rouget en Méditerranée. — [222], 319-333, fig.

12095 Pellat, Ch.: Sur la formation de quelques expressions proverbiales en arabe. — *Arabica* 23, 1976, 1-12.

12096 al-Qāḍī, Wadād: The development of the term *ghulāt* in Muslim literature with special reference to the Kaysāniyya. — *CAI* VII, 295-319.

12097 Schmitt, Elisabeth: *Lexikalische Untersuchungen zur arabischen Übersetzung von Artemidors Traumbuch.* — Wiesbaden: 1970 | BL 1970, 10722. | *Oriens* 25-26, 1976, 341-351 G. Endress.

12098 Smith, Jane I.: *An historical and semantic study of the term* Islām *as seen in a sequence of Qur'ān commentaries.* — Harvard Dissertations in Religion 1; Missoula, Montana: Scholars Press, 1975, 247 p. | *BiOr* 34, 1977, 224-225 J. R. T. M. Peters.

12099 Troupeau, Gérard: *Lexique-index du "Kitāb" de Sîbawayhi.* — Études ar. et islamiques. Série 3: Études et documents 7; Paris: Klincksieck, 1976, 266 p.

Ušakov, V. D.: O dvuch aspektach opisanija idiomatičnosti .... — 2903.

12100 Wahrmund, Adolf: *Handwörterbuch der arabischen und deutschen Sprache.* 1; 2. — Graz: Akademische Druck- und Verlagsanstalt, 1970, xvi, 1028; ii, 1240 p. | Repr. of the original ed., Giessen 1898. | *OLZ* 71, 1976, 167-170 G. Krahl.

12101 Walzer, Richard †: Philosophical terms in medieval Arabic. — *CAI* VII, 385-389.

12102 *Wörterbuch der klassischen arabischen Sprache.* Unter Mitwirkung der Akademien der Wissenschaften .... hrsg. durch die Deutsche Morgenländische Gesellschaft. Band II, 4. Lief., *laṭiqun – laḡīnun*. Bearbeitet von Manfred ULLMANN. — Wiesbaden: Harrassowitz, 1976, p. 193-256 | Cf. BL 1974, 11256. | *MUSJ* 47, 1972, 290-291 H. Fleisch (On II, 1).

6. ÉCRITURE, ORTHOGRAPHE — SCRIPT, ORTHOGRAPHY

12103   DIEM, Werner: Die Hauptentwicklungsstadien der arabischen Orthographie. — *CAI* VII, 101-107.
12104   — Some glimpses at the rise and early development of the Arabic orthography. — *Or* 45, 1976, 251-261.

7. STYLISTIQUE, LANGUE LITTÉRAIRE — STYLISTICS, LITERARY LANGUAGE

12105   JACOBI, Renate: *Studien zur Poetik der altarabischen Qaṣide*. — Wiesbaden: 1971 | BL 1973, 12790. | *OLZ* 71, 1976, 165-166 Francesco Gabrieli.
12106   — Ibn al-Muʻtazz: Dair Abdūn. A structural analysis. — *JArL* 6, 1975, 35-56.
12107   LAZARUS-YAFEH, Hava: *Studies in al-Ghazzâlî*. — Jerusalem: Magnes Press, 1975, 542 p. | Terminology and style. | *BiOr* 33, 1976, 365-367 Jan Peters.
12108   SCHEINDLIN, Raymond P.: *Form and structure in the poetry of al-Muʻtamid ibn ʻAbbād*. — Leiden: 1974 | BL 1974, 11269. | *ZDMG* 126, 1976, 171-174 Ewald Wagner.
12109   SOMEKH, S.: Language and theme in the short stories of Yūsuf Idrīs. — *JArL* 6, 1975, 89-100.
12110   — The transformation of Ghalwā'. — *JArL* 7, 1976, 101-119 | Also on stylistic and prosodic features of Ilyās Abū Shabaka's poem.

8. PROSODIE, MÉTRIQUE, VERSIFICATION — PROSODY, METRE, VERSIFICATION

12111   GOLDENBERG, Yves: La métrique arabe classique et la typologie métrique. — *RRLing* 21, 1976, 85-98, 2 tab. dépl.
12112   GORTON, T. J.: The metre of Ibn Quzmān: a "classical" approach. — *JArL* 6, 1975, 1-29.

12. SOCIOLOGIE DU LANGAGE — SOCIOLOGY OF LANGUAGE

12113   DIEM, Werner: *Hochsprache und Dialekt im Arabischen* . . . . — Wiesbaden: 1974 | BL 1975, 11755. | *JSS* 21, 1976, 212-214 W. Fischer.

14. ONOMASTIQUE — ONOMASTICS

12114   AVANZINI, A.: Letture semitistiche. III. Antroponimia dell'Arabia preislamica. — *OA* 15, 1976, 61-64 | On: G. L. HARDING, *An index and concordance of Pre-Islamic Arabian names* . . . ., 1971 (BL 1972, 11310).
12115   FREIMARK, Peter: Zur Ortsnamenforschung im semitischen Sprachraum. — *Islam* 53, 1976, 110-114 | Rev. of Stefan WILD, *Libanesische Ortsnamen*, 1973 (BL 1973, 12800).
12116   PARZYMIES, Anna: Noms de famille en Algérie contemporaine. — *AfrB* 23, 1975 (1976), 125-137.
12117   ZADOK, R.: Syro-Palestinian parallels to Lebanese toponyms. — *BiOr* 33, 1976, 304-310 | Rev. art. on Stefan WILD, *Libanesische Ortsnamen*, 1973 (BL 1973, 12800).

F. Maltais — Maltese

12118 MANGION, Giovanni: A bibliography of Maltese (1953-1973). — *ACILR* XIV/2, 611-641.

12119 AQUILINA, Joseph: *A comparative dictionary of Maltese proverbs.* — Msida: 1972 | BL 1973, 12751. | *BijdrTLV* 132, 1976, 182-183 J. Boissevain | *BALM* 13-15, 1971-73 (1976), 699-702 Giovan Battista Pellegrini.
12120 BORG, Alexander: The *imaala* in Maltese. — *IOS* 6, 1976, 191-223.
12121 KRIER, Fernande: *Le maltais au contact de l'italien. Étude phonologique, grammaticale et sémantique.* — Forum phoneticum 15; Hamburg: Buske, 1976, iv, 150 p., 3 maps.
12122 SCHABERT, Peter: *Laut- und Formenlehre des Maltesischen anhand zweier Mundarten.* — Erlanger Studien 16 (Diss. Erlangen-Nürnberg); Erlangen: Palm & Enke, 1976, xviii, 233 p.

G. Sud-arabique — South-Arabic

12123 BEESTON, A. F. L.: *Qahtan: studies in Old South Arabian epigraphy.* Fasc. 3: *Warfare in ancient South Arabia, 2nd-3rd centuries A. D.* — London: Luzac, 1976, 72 p. | *Muséon* 89, 1976, 484-485 Jacques Ryckmans.
12124 — Notes on Old South Arabian lexicography, X. — *Muséon* 89, 1976, 407-423 | Cf. BL 1975, 11765.
12125 — A disputed Sabaic "relative" pronoun. — *BSOAS* 39, 1976, 421-422.
12126 GARBINI, Giovanni: Iscrizioni sudarabiche. — *AION* 36, 1976, 293-315, 5 pl. | 1. Due iscrizioni da Gidfir ibn Muneikhir (*KHLM*). 2. Una dedica alla s_2ms_1. 3. Una nuova menzione di Wahab'il Yaḥuz. 4. Un palazzo di donne. 5. Una dedica a b'l ḥds₁m. 6. Una nuova iscrizione minea su *Augenstele*.
12127 MÜLLER, Walter W.: Neuinterpretation altsüdarabischer Inschriften. RES 4698, CIH 45 + 44, Fa 74. — *AION* 36, 1976, 55-67, 4 pl.
12128 MÜLLER, Walter W., & WISSMANN, Hermann VON: Über die von einem Lavastrom bedrohten Tempel der Stadt Damḥān, des heutigen al-Ḥuqqa, im antiken Gau Ma'din (Jemen). — *AÖAW* 113, 1976, 112-146, 9 fig., pl. | Interpretation of inscriptions.
12129 ROBIN, Christian: Résultats épigraphiques et archéologiques de deux brefs séjours en République Arabe de Yémen. — *Semitica* 26, 1976, 167-193, 5 fig., pl. 14-25.
12130 RYCKMANS, Jacques: Une expression astrologique méconnue dans des inscriptions sabéennes. — *OLP* 6-7, 1975-76, 521-529, pl. 19.
12131 — L'inscription sabéenne chrétienne Istanbul 7608 bis. — *JRAS* 1976, 96-99, pl.
12132 *Sammlung Eduard Glaser* IX. Hermann VON WISSMANN: *Über den Inschriftenkomplex einer Felswand bei einem 'Aṯtar-Tempel im Umkreis von Marīb.* Anhang: Saba's früheste bekannte Herrscher. — SbÖAW 298, 1; Wien: Verlag der Österreichischen Akad. der Wiss., 1975, 45 p., 15 fig. | *AION* 36, 1976, 151-153 Giovanni Garbini.
12133 *Sammlung Eduard Glaser* X. Brigitte SCHAFFER: *Sabäische Inschriften aus verschiedenen Fundorten.* 2. — Wien: 1975 | BL 1975, 11789. | *AION* 36, 1976, 151-153 Giovanni Garbini.
SERJEANT, R. B.: *South Arabian hunt.* — 12079.

H. Éthiopien — Ethiopian

12134 ALLAN, Edward J.: Inalienable possession in four Ethiopian languages. — *AuÜ* 59, 1975-76, 300-307 | Amharic, Chaha, Dizi (Maji), Mursi (Muni).

12135 AMSALU AKLILU & MOSBACK, G. P.: *English-Amharic dictionary.* — Addis Ababa: Oxfor UP., 1973, [v, xii], 299 p. | *BSOAS* 39, 1976, 708 A. K. Irvine.

12136 BENDER, Marvin L., HEAD, Sydney W., & COWLEY, Roger: The Ethiopian writing system. — [339], 120-129.

12137 BENDER, Marvin L., HAILU FULASS, & COWLEY, Roger: Two Ethio-Semitic languages. — [339], 99-119 | Giiz and Tigrinya.

12138 COOPER, Robert L.: The spread of Amharic. — [339], 289-301.
COOPER, R. L., & HORVATH, R. J.: Language, migration, and urbanization. — 3733.

12139 COWLEY, Roger, BENDER, Marvin L., FERGUSON, Charles A., et al.: The Amharic language. — [339], 77-98.

12140 FELLMAN, Jack: Amhara verbal behavior. — *AnL* 18, 1976, 8-10 | Cf. 12145.
— Job Ludolf... as the founder of Eth. studies in Europe. — 642.

12141 FERGUSON, Charles A.: The Ethiopian language area. — [339], 63-76.

12142 GOLDENBERG, Gideon: A copula *tt* in Old Amharic. — *IOS* 6, 1976, 131-137.

12143 HETZRON, Robert: *Ethiopian Semitic: studies in classification.* — Manchester: 1972 | BL 1972, 11337. | *AUMLA* 46, 1976, 354-355 E. C. B. Maclaurin | *Linguistics* 171, 1976, 89-91 J. Knappert | *ZPhon* 29, 1976, 424-425 G. F. Meier.

12144 HETZRON, Robert, & BENDER, Marvin L.: The Ethio-Semitic languages. — [339], 23-33.

12145 HOBEN, Susan J.: Amhara verbal behavior: a commentary. — *AnL* 18, 1976, 380-386 | Cf. 12140.

12146 — Kin terms of reference and kin terms of address in Amharic of Menz. — [204], 279-289.

12147 — The meaning of the second-person pronouns in Amharic. — [339], 281-288.
Language in Ethiopia. — 339.

12148 LESLAU, Wolf: *English-Amharic context dictionary.* — Wiesbaden: 1973 | BL 1973, 12831. | *JAOS* 96, 1976, 294-295 Thomas L. Kane.

12149 — *Concise Amharic dictionary: Amharic-English, English-Amharic.* — Wiesbaden: Harrassowitz / Berkeley: Univ. of Calif. Press, 1976, xvi, 538 p.

12150 — Ethiopian studies in the United States since World War II. — [204], 1-9.

12151 — The triradicals in the Gurage dialect of Endegeñ. — *IOS* 6, 1976, 138-154.

12152 MARRASSINI, P.: Letture semitistiche. IV. Semitico e camitosemitico nella linguistica etiopica. — *OA* 15, 1976, 333-344 | Rev. art. on: IV *Congresso Intern. di Studi Etiopici*... Tomo II, 1974 (BL 1974, 183).

12153 POLÁČEK, Zdeněk: A diachronic analysis of Amharic vocabulary on the basis of V. R. Prutký's manuscript. — *AO* 44, 1976, 28-42, 8 pl. (facsim.) | Václav R. PRUTKÝ (1701-70).

12154 SHACK, William A., & MARCOS, Habte-Mariam: *Gods and heroes: oral traditions of the Gurage of Ethiopia.* Transl. and ed. with an introd. and notes. — Oxford Library of Afr. Lit.; Oxford: Clarendon Press, 1974, xiii, 158 p., front., map | *BSOAS* 39, 1976, 645-646 A. K. Irvine.

12155 STRELCYN, Stefan: *Médecine et plantes d'Éthiopie.* II. — Napoli: 1973 | BL 1974, 11315. | *JSS* 21, 1976, 200-205 M. Rodinson.

12156 TSUGE, Yōichi: Geizugo no "kōon hōsoku" ni tsuite. — *GK* 70, 1976, 57-76 | Summ. in E.: On the "Gutturalgesetze" of Gə'əz.

III. ÉGYPTIEN — EGYPTIAN

12157 *Annual Egyptological bibliography. Bibliographie égyptologique annuelle*, 1972. Compiled by / Composée par Jac. J. JANSSEN, with the collaboration of / avec la collaboration de Inge HOFMANN. — Leiden: Brill (Intern. Ass. of Egyptologists), 1976, x, 227 p.

12158 BOURGUET, Pierre DU: Bibliographie copte. 25 (1975-1976). — *Or* 45, 1976, 88*-117*.

12159 BOURGUET, Pierre DU: *Grammaire fonctionnelle et progressive de l'égyptien démotique*. — Louvain: Peeters, 1976, xii, 104 p.

12160 — Le pronom du présent I en néo-égyptien. Propos sur sa formation. — *OLP* 6-7, 1975-76, 43-51.

12161 ČERNÝ, J.: *Coptic etymological dictionary*. — Cambridge: Cambridge UP., 1976, xxiv, 384 p.

12162 CONTI, G.: Letture semitistiche. I. Il sistema consonantico egiziano. — *OA* 15, 1976, 44-55, 2 fig.

12163 COQUIN, René-Georges: Une lettre en copte sahidique sur papyrus. — *OLP* 6-7, 1975-76, 75-82, pl. 3.

12164 DAUMAS, François: Quelques aspects de l'expression du distributif, de l'itératif et de l'intensif en égyptien. — *OLP* 6-7, 1975-76, 109-123.

12165 DAVIS, Virginia Lee: *Syntax of the negative particles* bw *and* bn *in Late Egyptian*. — München: 1973 | BL 1973, 12851. | *JNES* 35, 1976, 214-216 Janet H. Johnson | *OLZ* 71, 1976, 543-545 W. Schenkel.

12166 DEVOS, Paul: Deux feuillets coptes sur Pierre et Élie. — *OLP* 6-7, 1975-76, 185-203 | Éd., trad., comm.

DRESCHER, J.: Graeco-Coptica: postscript. — 4843.

12167 FANFONI BONGRANI, Luisa: Lo wr-ḥb: alcune osservazioni. — *RSO* 50, 1976, 57-65.

FARAG, F. R.: The usage of the Coptic language . . . . of Severus Ibn-al-Muqaffa. — 12088.

12168 GILULA, Mordechai: Sinuhe B 255. — *JNES* 35, 1976, 25-28.

12169 — An unusual nominal pattern in Middle Egyptian. — *JEA* 62, 1976, 160-175.

12170 GREEN, M. A.: The passing of Harmose. — *Or* 45, 1976, 395-409 | Hieratic ostracon 126 from Deit el-Medineh: phil. comm.

12171 GROLL, Sarah: The literary and the non-literary verbal systems in Late Egyptian. — *OLP* 6-7, 1975-76, 237-246.

12172 JOHNSON, Janet H.: *The Demotic verbal system*. — Studies in Anc. Oriental Civilization 38; Chicago: Oriental Inst. of the Univ. of Chicago, 1976, xv, 344 p.

12173 KASSER, Rodolphe: A propos de quelques caractéristiques orthographiques du vocabulaire grec utilisé dans les dialectes coptes H et N. — *OLP* 6-7, 1975-76, 285-294.

12174 — Y a-t-il une généalogie des dialectes coptes?. — [293], 431-436.

12175 [KOROSTOVCEV, M. A.] KOROSTOVTSEV, M.: La conjugaison simple (suffixale) et la conjugaison périphrastique en égyptien. — *OLP* 6-7, 1975-76, 321-327.

12176 KOSACK, Wolfgang: *Lehrbuch des Koptischen*. — Graz: 1974 | BL 1974, 11342. | *Muséon* 89, 1976, 477-481 J. Vergote | *WZKM* 68, 1976, 187 H. Satzinger.

12177 KRAUSE, Martin: Zur Bedeutung des Handschriftenfundes von Nag Hammadi für die Koptologie. — *OLP* 6-7, 1975-76, 329-338.

12178 *Lexikon der Ägyptologie*. Begründet von Wolfgang HELCK und Eberhard OTTO.

Lief. 11; 12; 13; 14 (Band II, Lief. 3; 4; 5; 6) [Fremdvölkerdarstellung – Harachte]. Unter Mitwirkung von Rosemarie DRENKHAHN hrsg. von Wolfgang HELCK und Wolfhart WESTENDORF. — Wiesbaden: Harrassowitz, 1976, c. 321-480; 481-640; 641-800; 801-960 | Cf. BL 1975, 11849.

12179 *Lexikon der Ägyptologie.* Index zu Band I. Zusammengestellt von Maria PLANTIKOW. — Wiesbaden: Harrassowitz, 1976, [vii], 110 p.

12180 LORTON, David: *The juridical terminology of international relations in Egyptian texts* .... — Baltimore: 1974 | BL 1975, 11851. | *BiOr* 33, 1976, 18-21 Raphael Giveon.

12181 NUR EL-DIN, M. A. A.: *The Demotic ostraca in the National Museum of Antiquities at Leiden.* — Leiden: 1974 | BL 1974, 11349. | *Or* 45, 1976, 447-456 E. A. E. Reymond.

12182 OSING, Jürgen: *Der spätägyptische Papyrus BM 10808.* — Ägyptologische Abhandlungen 33; Wiesbaden: Harrassowitz, 1976, xii, 261 p.

12183 PERNIGOTTI, S.: Stele cristiane da Sakinya nel Museo di Torino. — *OA* 14, 1975, 21-55, pl. 8-16 | Coptic inscriptions, with transl. and linguistic notes.

12184 POLOTSKY, H. J.: Les transpositions du verbe en égyptien classique. — *AION* 36, 1976, 1-50.

12185 QUECKE, Hans: Zu Schenutes Gebrauch des Qualitativs. — *OLP* 6-7, 1975-76, 479-486.

12186 SATZINGER, Helmut: *Neuägyptische Studien. Die Partikel* ir. *Das Tempussystem.* — *WZKM*, Beiheft 6; Wien: Verband der Wissenschaftlichen Gesellschaften, 1976, 326 p., ill.

12187 SHISHA-HALEVY, Ariel: The circumstantial present as an antecedent-less (i.e. substantival) relative in Coptic. — *JEA* 62, 1976, 134-137.

12188 — Akhmîmoid features in Shenoute's idiolect. — *Muséon* 89, 1976, 353-366.

12189 TAIT, W. J.: The fable of sight and hearing in the Demotic Kufi text. — *AcOr* 37, 1976, 27-44 | Cf. BL 1974, 11360.

12190 TURNER, John Douglas: *The Book of Thomas the Contender from Codex II of the Cairo Gnostic Library from Nag Hammadi (CG II, 7). The Coptic text with transl., introd. and commentary.* — SBL Dissertation Series 23; Missoula: Scholars Press, 1975, vii, 247 p. | *Biblica* 57, 1976, 429-432 H. Quecke.

12191 WÅNGSTEDT, Sten V.: Demotische Bescheinigungen über Begräbnissteuer. — *OS* 23-24, 1974-75 (1976), 7-43, 28 fig.

12192 WESTENDORF, Wolfhart: *Koptisches Handwörterbuch.* Bearbeitet auf Grund des Koptischen Handwörterbuchs Wilhelm SPIEGELBERGS. Lief. 6. [ḥatoot – čoččeč. Auswahl ägyptischer Ortsnamen]. — Heidelberg: Winter, 1976, p. 401-482 (481-482 on back cover) | Cf. BL 1974, 11366. | *WZKM* 68, 1976, 186 H. Satzinger (On fasc. 5) | *BiOr* 33, 1976, 31-33 Werner Vycichl (On fasc. 5).

12193 ZANDEE, J.: Deviations from standardized Sahidic in 'The teachings of Silvanus' (Nag Hammadi Library Codex VII, 4). — *Muséon* 89, 1976, 367-381.

14. ONOMASTIQUE — ONOMASTICS

CLARYSSE, W.: Some ghost names in Ptolemaic papyri. — 5011.

12194 HARI, Robert: *Répertoire onomastique amarnien.* Graphismes de Christiane Castioni. — Aegyptiaca Helvetica 4; Genève: Éditions de Belles-Lettres, 1976, xxii p., 168 f.

12195 LIMME, Luc: Un toponyme héliopolitain. — *OLP* 6-7, 1975-76, 373-379 | Iatoudjâ.

COUCHITIQUE

LIPIŃSKI, E.: "*P3-(n)-ḥr*, fils de *Raučāka*". — 12005.
QUAEGEBEUR, J.: Les appellations gr. des temples de Karnak. — 5026.
12196 THISSEN, Heinz Josef: Isis Σαχυψις. — *ZPE* 20, 1976, 279-282.
12197 WARD, William A.: A new chancellor of the Fifteenth Dynasty. — *OLP* 6-7, 1975-76, 589-594, 3 fig.

IV. COUCHITIQUE — CUSHITIC
(y compris le Méroïtique) (including Meroitic)

ALLAN, E. J.: Inalienable possession in four Ethiopian languages. — 12134.
12198 BENDER, Marvin L., MULUGETA ETEFFA, & STINSON, D. Lloyd: Two Cushitic languages. — [339], 130-154 | Galla and Hadiyya.
12199 BLACK, Paul: Linguistic evidence on the origins of the Konsoid peoples. — [204], 291-302.
12200 BLIESE, Loren F.: Proportional relations and synchronic developments in 'Afar morphology. — *FO* 17, 1976, 41-50.
FERGUSON, C. A.: The Ethiopian language area. — 12141.
12201 FLEMING, Harold C.: Recent research in Omotic-speaking areas. — [204], 261-278.
12202 FLEMING, Harold C., & BENDER, Marvin L.: Non-Semitic languages. — [339], 34-62. | 1. Cushitic and Omotic. 2. Nilo-Saharan.
12203 HAYWARD, R. J.: A question in Oromo morphophonology. — *FO* 17, 1976, 29-40.
12204 HEINE, Bernd: Notes on the Rendille language (Kenya). — *AuÜ* 59, 1975-76, 176-223, 2 maps.
12205 — Bemerkungen zur Elmolo-Sprache. — *AuÜ* 59, 1975-76, 278-299.
12206 HOHENBERGER, J.: Zur Pluralbildung mit Vokalwechsel im Saho-Afar und in der Nandi-gruppe. — *AfrM* 9, 1976/2, 67-90 | Summ. in E. & Fr.
12207 HUDSON, Grover: Paradigmatic initiations of a sound change in Hadiyya. — *SAfrL* 7, 1976, 211-229.
12208 Mumin, Hasan Sheikh: *Leopard among the women: Shabeelnaagood, a Somali play*. Transl., with an introd., by B. W. ANDRZEJEWSKI. — London: Oxford UP., 1974, xi, 230 p. | *BSOAS* 39, 1976, 222-223 Ruth Finnegan.
12209 OHMAN, Walter A., et al.: Three other Ethiopian languages. — [339], 155-180 | 1. Walter A. OHMAN & HAILU FULASS, Welamo, 155-164; James KEEFER, Aurelia KEEFER & Charles V. TAYLOR, Anyuak [Nilotic language], 164-170; HABTE-MARIAM MARCOS, Italian, 170-180.
12210 SASSE, Hans-Jürgen: Weiteres zu den ostkuschitischen Sibilanten. — *AuÜ* 59, 1975-76, 125-142.

V. LIBYCO-BERBÈRE — LIBYCO-BERBER

12211 ABDEL-MASSIH, Ernest T.: New insights into linguistic classification: Berber verb system within the framework of a generative derivational model. — [235], 29-55.
12212 — On the subject of affiliated lexicons: A study of Moroccan Arabic and Berber. — *FO* 17, 1976, 51-70.
12213 ANDERS, Ferdinand: Das Archivum Canarium Wölfel. Planung und Inhalt. — *Almogaren* 1, 1970, 39-54.
BIEDERMANN, H.: Altkreta und die Kanarischen Inseln. — 2917.
12214 BYNON, James: Domestic animal calling in a Berber tribe. — [3794], 39-65, 2 tab.

12215 CABRERO BARRETO, Manuel: Die Zahlwörter der Altkanarier. — *Almogaren* 2, 1971, 151-167.

12216 CLOSS, Alois: Der Anteil Österreichs an der Erforschung der kanarischen Altertümer. — *Almogaren* 1, 1970, 17-38, 2 fig. | Summ. in E., Sp. & Fr.
— Altkanarier und Indogermanentum .... — 4049.

12217 GALAND, Lionel: Die afrikanischen und kanarischen Inschriften des libyschberberischen Typus. Probleme ihrer Entzifferung. — *Almogaren* 4, 1973 (1975), 65-79, 2 fig. | Summ. in E. & Sp.

12218 — L'inscription libyco-berbère de L'oma de Aasli (Seguiet el-Hamra). — *Almogaren* 4, 1973 (1975), 81-89, 2 fig. | Summ. in G., E. & Sp.

12219 — La notion d'écriture dans les parlers berbères. — *Almogaren* 5-6, 1974-75 (1976), 93-98.

12220 KRÜSS, James: Waren die Kanarischen Inseln in vorspanischer Zeit numeriert? — *Almogaren* 5-6, 1974-75 (1976), 332-335, fig.

12221 SAPORTA, Isabelle DE: Une enquête linguistique au XVIIIe siècle: le vocabulaire arabe et berbère recueilli par L. de Chenier, consul de France au Maroc. — *GLECS* 15, 1970-71 (1976), 1-16, 2 pl.
SERRA, L.: Concordanze dialettali it. con voci arabe e berb. e voci it. in un dial. berb. .... — 6568.
STUMFOHL, H.: Über mögliche Beziehungen zwischen dem Indogerm. und dem Altkanarischen .... — 4063.
TARQUIS RODRÍGUEZ, P.: Die Inschrift von Anaga. — 2942.

12222 VYCICHL, Werner: Studien zur marokkanischen Berberologie. — *OLZ* 71, 1976, 229-237 | Rev. art. on No. 12224.

12223 — La peuplade berbère des Afri et l'origine du nom d'Afrique. — *Onoma* 19, 1975/3 (1976), 486-488.

12224 WILLMS, Alfred: *Grammatik der südlichen Beraberdialekte* .... — Glückstadt: 1972 | BL 1972, 11484. | *Anthropos* 71, 1976, 629-630 Anton Vorbichler | Cf. 12222.

VI. TCHADIEN — CHADIC

12225 COWAN, J Ronayne, & SCHUH, Russell G.: *Spoken Hausa.* — Ithaca, NY: Spoken Language Services, 1976, vi, 378 p. | *Lg* 53, 1977, 452-453 William E. Welmers | *BSL* 72, 1977/2, 378-386 Claude Gouffé.

12226 EBERT, Karen H.: *Sprache und Tradition der Kera (Tschad). Teil II. Lexikon.* — Marburger Studien zur Afrika- und Asienkunde, A 8; Berlin (West): D. Reimer, 1976, 213 p., ill | Cf. BL 1975, 11938.

12227 FRAJZYNGIER, Zygmunt: Rule inversion in Chadic: an explanation. — *SAfrL* 7, 1976, 195-210.

12228 GOUFFÉ, Claude: Notes de lexicologie et d'étymologie soudanaises. I. A propos du nom du "moustique" et de la "moustiquaire". — *GLECS* 15, 1970-71 (1976), 55-65.

12229 — Sur les emplois grammaticalisés du verbe "dire" en haoussa. — *GLECS* 15, 1970-71 (1976), 77-90.

12230 JUNGRAITHMAYR, H., & MÖHLIG, W. J. G.: *Einführung in die Hausa-Sprache* (Kursus für Kolleg und Sprachlabor). Unter Mitwirkung von A. Yusuf KATSINA und A. GWADABE. — Marburger Studien zur Afrika- und Asienkunde, A 7; Berlin (West): Reimer, 1976, x, 375 p.

TCHADIEN

12231 KRAFT, Charles H.: An ethnolinguistic study of Hausa epithets. — [310], 135-146.
12232 MEYERS, Laura [Frances]: *Aspects of Hausa tone.* — Working Papers in Phonetics 32; Los Angeles: Phonetics Laboratory, Univ. of California, 1976, 145 p. | Univ. of Calif., Los Angeles, diss., 1976 (*DAb* 37/1, 1976, 267-A).
12233 NEWMAN, Paul: The origin of Hausa /h/. — [310], 165-175.
12234 NEWMAN, Roxana Ma: The two relative continuous markers in Hausa. — [310], 177-190.
12235 PAWLAK, Nina: The semantic problems of "intensive" forms in Hausa verbs. — *AfrB* 23, 1975 (1976), 139-149.
12236 SACHNINE, Michka: Notes sur le zime (lame) parlé au Cameroun. — *AfrM* 9, 1976/1, 71-86, map.
12237 SCHUH, Russell G.: Bóde, Ɖgo:djin and Dó:ai in the 'Polyglotta Africana'. — *AfLa* 1, 1975, 290-299, 2 fig.
12238 — Kándin in the 'Polyglotta Africana': two languages in one. — *AfLa* 1, 1975, 300-305.
12239 — The history of Hausa nasals. — [310], 221-232.
12240 SILVERSTEIN, Raymond O.: A strategy for utterance production iF Hausa. — [310], 233-241, 3 fig.
12241 SKINNER, Neil: Sources of Hausa /h/ initial. — *AnL* 18, 1976, 1-7.
12242 WEDEKIND, Klaus: *Kolá, tpalá,* ou *?kpala?* Notes sur les occlusives doubles dans la langue Daba-Mousgoy (Kola) du Nor-Cameroun. — *AfLa* 2, 1976, 91-104 | E. summ.
12243 WILLIAMS, Edwin S.: Underlying tone in Margi and Igbo. — *LIn* 7, 1976, 463-484.
12244 ZIMA, Petr: *Problems of categories and word classes in Hausa . . . .* — Praha: 1972 | BL 1973, 12972. | *OLZ* 71, 1976, 518-519 H. Jungraithmayr.

LANGUES CAUCASIENNES
CAUCASIAN LANGUAGES

I. GÉNÉRALITÉS — GENERAL

12245 ČIKOBAVA, Arn.: "Ežegodnik", ego naznačenie i obščelingvističeskie ustanovki. / „The Annual", its aims and linguistic principles. — *EIKJa* 1, 1974, 9-44 | Text in Georg., Ru. & E.

12246 — Uzlovye voprosy istoričeskoj fonetiki ibero-kavkazskich jazykov. — *EIKJa* 1, 1974, 45-61 | Summ. in Georg. & E.

12247 DONDUA, K. D.: *Stat'i po obščemu i kavkazskomu jazykoznaniju*. — Leningrad: 1975 | BL 1975, 11970. | *VJa* 1976/4, 141-144 R. M. Šamelašvili.
DŽAUKJAN, G. B.: Armjanskij i zapadnokavkazskie jazyki. — 4535.

12248 ŠARADZENIDZE, T. S.: Ežegodnik iberijsko-kavkazskogo jazykoznanija. — *IzvAN* 35, 1976, 274-278 | Rev. of the annual *EIKJa* 1, 1974.
TYŠČENKO, K.: Lessico marinaro.... del litorale cauc. del Mar Nero. — 11151.

II. LANGUES CAUCASIENNES DU SUD — SOUTH CAUCASIAN LANGUAGES

12249 ALEKSIDZE, Z. H., & [MAČ'AVARIANI, G.] MACHAVARIANI, G. I.: The primeval Georgian social terms *oče* / / *sauxuceso* / / *sauproso*. — *SCauc* 3, 1976, 7-25.

12250 ARONSON, Howard I.: Grammatical subject in Old Georgian. — *BK* 34, 1976, 220-231.

12251 ČANTIADZE, I. I.: Nekotorye javlenija labializacii v svanskich dialektach i govorach. — [344], 441-449.

12252 ČERNÝ, Václav A.: *Základy gruzínštiny*. — Malé učebnice Nového Orientu; Praha: Academia, 1976, 104 p. | Elements oGeorg.

12253 KAVTARADZE, I. I.: Nekotorye osobennosti razvitija gruzinskich dialektov v inojazykovom okruženii. — [344], 179-183.

12254 KLIMOV, G. A.: K ètimologii dvuch kartvel'skich glagolov obladanija. — *Ètimologija* 1974 (1976), 172-174.

12255 MARTIROSOV, A. G.: O vzaimootnošenii gruzinskogo literaturnogo jazyka i dialektov v raznye periody ich istoričeskogo razvitija. — [344], 337-345.

12256 PÄTSCH, Gertrud: Zu semantischen Problemen in der altgeorgischen Übersetzung der Paulusbriefe. — *BK* 34, 1976, 199-213.

12257 ŠAMELAŠVILI, Rapiel: *Enatmecnierul t'erminta mok'le leksik'oni*. — Tbilisi:

"Mecniereba", 1975, 194 p. | Short dictionary of Georg. linguistic terms.
12258 ŠANIDZE, Ak'ak'i: *Kartuli enis gramat'ik'is sapudzvlebi*. I. *Morphologia*. Meore gamocema. — Tbilisi: Tbilisis univ. gamomcemloba, 1973, 020, 659 p. | Fundamentals of Georg. grammar. I. Morphology. 2nd ed. (First ed. 1953; BL 1958, 290). | *BK* 32, 1974, 292-294 René Lafon.
12259 — *Dzveli kartuli enis gramat'ik'a*. | *Grammatika drevnegruzinskogo jazyka*. — Trudy kafedry drevnegruzinskogo jazyka 18; Tbilisi: Izd. Tbilisskogo univ., 1976, 187 p. | In Georg., with title-page in Georg. & Ru.
12260 SCHMIDT, Karl Horst: Zur Rekonstruktion der svanischen Sprachgeschichte. — *BK* 34, 1976, 214-219.
12261 SUXIŠVILI, M.: *St'at'ik'uri zmnebi kartulši*. — Tbilisi: "Mecniereba", 1976, 147 p. | Ru. title on last p.: Statičeskie glagoly v gruzinskom jazyke.
12262 TSCHENKÉLI, Kita: *Georgisch-deutsches Wörterbuch*. — Zürich: 1960-74 | BL 1974, 11470. | *AGI* 61, 1976, 264-266 C. A. Mastrelli | *WZKM* 68, 1976, 293-296 Karl Horst Schmidt | *Islam* 53, 1976, 336-337 B. Spuler.
12263 ZWOLANEK, Renée: *Altgeorgische Kurzgrammatik*. In Zusammenarbeit mit Julius ASSFALG. — Freiburg (Schweiz): Universitätsverlag / Göttingen: Vandenhoeck & Ruprecht, 1976, 76 p. | *Or* 46, 1977, 154-155 H. Quecke.

III. LANGUES CAUCASIENNES DU NORD — NORTH CAUCASIAN LANGUAGES

12264 ABDULLAEV, Z. G.: Sootnošenie kategorial'nych svojstv darginskogo glagola. — *VJa* 1976/6, 96-105.
12265 ABDUSALAMOV, A. A.: Sposoby obrazovanija imen sučsestvitel'nych v darginskom jazyke. — *EIKJa* 1, 1974, 278-285 | Summ. in Georg. & E.
12266 ALIPULATOV, M. A.: Kategorija grammatičeskogo klassa v jazykach lezginskoj gruppy (po dannym imen). — *EIKJa* 1, 1974, 292-297 | Summ. in Georg. & E.
12267 ARSACHANOV, I. G.: K voprosu o genezise suffiksa mn. čisla -*r* v nachskich i dagestanskich jazykach. — *EIKJa* 1, 1974, 267-271 | Summ. in Georg. & E.
12268 BASARIJA, I. B.: Ešče raz ob abchazskich toponimach na -*ryp'š'*. — [346], 3-13.
12269 BERSIROV, B. M.: O nekotorych slučajach desemantizacii komponentov složnych glagolov v adygejskom jazyke. — *EIKJa* 1, 1974, 251-254 | Summ. in Georg. & E.
12270 CERCVADZE, I. I.: Osnovnye tendencii izmenenija soglasnych v avarskom jazyke (po dannym dialektov). — *EIKJa* 1, 1974, 128-138 | Summ. in Georg. & E.
12271 CHAJDAKOV, S. M.: Matricy affiksov sprjaženija glagola tabasaranskogo, darginskogo i lakskogo jazykov. — *EIKJa* 1, 1974, 298-308 | Summ. in Georg. & E.
12272 CHIDIROV, V. S.: Istoriko-tipologičeskij analiz glagol'nych osnov kryzskogo jazyka. — *EIKJa* 1, 1974, 272-277 | Summ. in Georg. & E.
12273 ČOKAEV, K. Z.: *Morfologija čečenskogo jazyka* . . . . 1; 2. — Groznyj: 1968; 1970 | BL 1969, 10351; 1970, 10938. | *VJa* 1976/6, 125-129 Ja. G. Sulejmanov.
2274 DEŠERIEV, Ju. D.: Fonetičeskie processy v sisteme grammatičeskich klassov chinalugskogo jazyka. — *EIKJa* 1, 1974, 158-168 | Summ. in Georg. & E.
12275 DUMÉZIL, Georges: Compléments et corrections au *Verbe oubykh* (1975), 1. — *BK* 34, 1976, 9-15 | Cf. BL 1975, 12011.
12276 DUMÉZIL, Georges, & ESENÇ Tevfik: Notes d'étymologie et de vocabulaire sur le caucasique du Nord-Ouest. 12-14. — *BK* 34, 1976, 16-23 | 12. Oubykh *məšᵃa.tá* "de jour". 13. Les homophones *q'a* en oubykh. 14. Racines oubykh peu productives. | Cf. BL 1975, 12013.
12277 DŽEJRANIŠVILI, E. F.: Dinamika razvitija nekotorych soglasnych v udijskom,

cachskom i muchadskom (rutul'skom) jazykach. — *EIKJa* 1, 1974, 204-208 | Summ. in Georg. & E.

12278 FÄHNRICH, Heinz: Innerdaghestanische Sprachbeziehungen. — *BK* 34, 1976, 248-254.

12279 GAJDAROVA, F. A.: O nekotorych statističeskich osobennostjach dagestanskich jazykov v sopostavlenii s indoevropejskimi jazykami. — [347], 60-66.

12280 GIGINEJŠVILI, B. K.: Padežnaja sistema obščedagestanskogo jazyka v svete obščej teorii ėrgativnosti. — *VJa* 1976/1, 31-39.

12281 GJUL'MAGOMEDOV, A. G.: O nekotorych obščich momentach izmenenija labializovannych soglasnych v lezginskom i drugich dagestanskich jazykach. — *EIKJa* 1, 1974, 185-190 | Summ. in Georg. & E.

12282 GUDAVA, T. E.: Iz istorii korreljacii "sil'nyj – slabyj" v avarsko-andijsko-didojskich jazykach. — *EIKJa* 1, 1974, 139-146 | Summ. in Georg. & E.

12283 IBRAGIMOV, G. Ch.: Faringalizovannye zvuki v cachurskom i rutul'skom jazykach. — *EIKJa* 1, 1974, 191-203 | Summ. in Georg. & E.

12284 IMNAJŠVILI, D. S.: Sistema glasnych i regressivno-distancionnaja ich assimiljacija v čečenskom i ingušskom jazykach. — *EIKJa* 1, 1974, 104-122, fold. tab. | Summ. in Georg. & E.

12285 KACHADZE, O. I.: O lateral'nych spirantach v arčibskom jazyke. — *EIKJa* 1, 1974, 217-223 | Summ. in Georg. & E.

12286 KERAŠEVA, Z. I.: Infinitnaja čistaja osnova i finitnye glagoly v funkcii složnogo dvusostavnogo skazuemogo v adygskich jazykach. — *EIKJa* 1, 1974, 229-243 | Summ. in Georg. & E.

12287 KONDŽARIJA, V. Ch.: Aščarskij dialekt i ego leksika po sravneniju s leksikoj abžujskogo i bzybskogo dialektov abchazsgoko jazyka. — *EIKJa* 1, 1974, 255-266 | Summ. in Georg. & E.

12288 KUCAROV, Ivan: Za preizkaznoto spreženie v andijskite dagestanski ezici i săotvetnoto spreženie v săvremennija bălgarski ezik. — *BSI* 1, 1976/6, 62-68 | Sur la conjugaison des formes verbales du discours rapporté dans les langues du Daghestan et la conjugaison respective du bulg. contemporain (Rés. fr.).

11289 KUIPERS, A. H.: Typologically salient features of some North-West Caucasian languages. — *SCauc* 3, 1976, 101-127 | Separately as PdR Press Publ. on North Cauc. Languages 3, Lisse 1976.

12290 KUMACHOV, M. A.: K probleme ablauta v abchazo-adygskich jazykach. — *EIKJa* 1, 1974, 80-90 | Summ. in Georg. & E.

12291 — Teorija genealogičeskogo dreva i voprosy differenciacii zapadnokavkazskich jazykov. — *VJa* 1976/3, 47-57.

12292 KUMACHOVA, Z. Ju.: K fonologičeskoj interpretacii konsonantizma v adygskich jazykach. — *EIKJa* 1, 1974, 98-103 | Summ. in Georg. & E.

12293 LOMTATIDZE, K.: *Apxasuri da abazuri enabis ist'oriul-šedarebiti analizi. I. Ponologiuri sist'ema da ponet'ik'uri p'rocesebi.* — Tbilisi: "Mecniereba", 1976, 343 p. | Istoriko-sravnitel'nyj analiz abchazskogo i abazinskogo jazykov. I. Fonologičeskaja sistema i fonetičeskie processy.

12294 — K voprosu o slovo- i formorazličitel'nych funkcijach udarenija v abchazskom i abazinskom jazykach. — *EIKJa* 1, 1974, 62-70 | Summ. in Georg. & E.

12295 MAGOMEDBEKOVA, Z. M.: O zvukosootvetstvijach meždu dialektami achvachskogo jazyka. — *EIKJa* 1, 1974, 123-127 | Summ. in Georg. & E.

12296 MAGOMETOV, A. A.: Labializovannye zvuki i fonemy v tabasaranskom i agul'skom jazykach. — *EIKJa* 1, 1974, 169-179 | Summ. in Georg. & E.

CAUCASIEN

12297 — Specifika razvitija megebskogo dialekta darginskogo jazyka. — [344], 202-209.
12298 MIKAILOV, È. Š.: K voprosu o razmeščenii lateral'nych soglasnych v dialektach avarskogo jazyka. — *EIKJa* 1, 1974, 147-157 | Summ. in Georg. & E.
12299 MUSAEV, M.-S. M.: Leksičeskie razlicija v dialektach darginskogo jazyka. — *EIKJa* 1, 1974, 286-291 | Summ. in Georg. & E.
12300 PARIS, C.: Conte populaire en dialecte besney (tcherkesse oriental). — *BK* 34, 1976, 24-32, 255-309 | Texte, trad., notes grammaticales et vocabulaire.
12301 ROGAVA, G. V.: Osnovnye fonetičeskie processy soglasnych v adygskich jazykach. — *EIKJa* 1, 1974, 71-79 | Summ. in Georg. & E.
12302 ŠAGIROV, A. K.: Adygskie ètimologii. — *EIKJa* 1, 1974, 244-250 | Summ. in Georg. & E.
12303 ŠAKRYL, T. P.: O strukture slova v abchazskom jazyke. — [407], 220-230.
12304 SAMEDOV, Dž. S.: Semantika obraznych slov v arčinskom jazyke. — *NDVŠ-F* 1976/2, 110-114.
12305 SMEETS, Riek: Sept histoires en *šapsəɣ*, racontées par Nazım Met et suivies de quelques remarques sur le parler du conteur. — *SCauc* 3, 1976, 27-90 | Textes avec trad., lexique et notes linguistiques. Tirage séparé: PdR Press Publ. on North Cauc. Languages 2; Lisse: P. de Ridder, 1976, 68 p.
12306 TALIBOV, B. B.: Redukcija soglasnych v lezginskich jazykach. — *VJa* 1976/6, 106-116.
12307 — K voprosu ob abruptivnych soglasnych v udinskom jazyke. — *EIKJa* 1, 1974, 209-216 | Summ. in Georg. & E.
12308 TCHARKACHO, Ju. A.: Ob odnoj fonetičeskoj zakonomernosti v adygskich jazykach. — *EIKJa* 1, 1974, 91-97 | Summ. in Georg. & E.
12309 TOPURIA, G. V.: Ob odnoj zakonomernosti v sisteme preruptivov lezginskogo jazyka. — *EIKJa* 1, 1974, 180-184 | Summ. in Georg. & E.

LANGUES DE L'EURASIE ET DE L'ASIE SEPTENTRIONALE

LANGUAGES OF EURASIA AND NORTHERN ASIA

I. GÉNÉRALITÉS — GENERAL

BAITSCHURA, U.: Altaische Lexik mit der Bedeutung "Wasser, Flüsse, Meer"... — 4046.

12310 DUL'ZON, A. P. †: Pratjurkskoe okončanie genitiva. — *UAJb* 48, 1976, 65-74.

12311 FUTAKY, István, BUCHHOLZ, Peer, & HOYER, Hans G.: Zur Geschichte des Tabaks in Westsibirien. — [299], 189-202 | Designations in Samoyedic, Ostyak, Tungus, etc.

12312 *Issledovanija po fonetike sibirskich jazykov* (Sbornik naučnych trudov). [Red.: E. I. UBRJATOVA, et al.]. — Novosibirsk: AN SSSR, Sibirskoe otdelenie, Inst. ist., filologii i filosofii, 1976, 179 p., ill.

12313 OSIPOVA, O. A.: Izučenie jazykov-aborigenov Sibiri A. P. Dul'zonom i ego školoj. — *Jaz. i top.* [334], 2, 139-164 | Bibliography, 151-164.

12314 SINOR, Denis: The *-t ~ *-d local suffix in Uralic and Altaic. — [284], 119-127.

II. LANGUES OURALIENNES — URALIAN LANGUAGES

A. Généralités — General

12315 *Bibliographia Uralica. Soomi-ugri ja samojeedi keeleteadus Nõukogude Liidus, 1918-1962*. Koostanud O. KIVI; toimetanud A. LAANEST, A.-R. HAUSENBERG. / *Bibliographia Uralica. Finno-ugorskoe i samodijskoe jazykoznanie v Sovetskom Sojuze, 1918-1962*.... — Tallinn: Eesti NSV Teaduste Akad., Keele ja kirjanduse inst., 1976, xx, 467 p. | Preface in Est., Ru. & E.

12316 *Bibliographia Uralica. Soome-ugri ja samojeedi keeleteadus Nõukogude Liidus, 1972*. Koostanud O. KIVI, M. LEIVO; toimetanud A.-R. HAUSENBERG. / *Bibliographia Uralica. Finno-ugorskoe i samodijskoe jazykoznanie v Sovetskom Sojuze, 1972*.... — Tallinn: Eesti NSV Teaduste Akad., Keele ja kirjanduse inst., 1976, xxiv, 232 p. | Preface in Est., Ru. & E. Cf. BL 1975, 12034.

12317 *Bibliographie der uralischen Sprachwissenschaft, 1830-1970*. Hrsg. von Wolfgang SCHLACHTER und Gerhard GANSCHOW. Red.: István ERDÉLYI und Christoph GLÄSER. Band I: *Ungarisch*. 5. Lief. — München: Fink, 1976, p. 913-1074 | Cf. BL 1975, 12033. | *KjK* 20, 1977, 313-314 Paul Kokla | *AUBud-L* 7, 1976, 231-232 Chr. Gläser & J. Kiss | *IF* 80, 1975 (1976), 184-187 J. Helder-Jastrzębska (On I, 1).

12318 ALVRE, P.: Slaavi laenudest soome-ugri keeltes. — *UZTarU* 382, 1976 (*Fenno-Ugristica* 2), 3-15 | Sl. loan-words in the Finno-Ugric languages (Summ. in Ru.).
12319 BÁTORI István: Miért nincs a lapp nyelvben magánhangzó-harmónia? — *NyK* 78, 1976, 273-283 | Zur Vokalharmonie und ihrem Fehlen im Lappischen (G. summ.).
BEDNARCZUK, L.: Zapożyczenia ugrofińskie w językach bałtosłowiańskich. — 8928.
CHELIMSKIJ, E. A.: O sootvetstvijach ural'skich *a-* i *e-*osnov . . . . — 12774.
12320 ELISEEV, Ju. S.: Sovetskoe finno-ugorskoe jazykoznanie meždu XXIV i XXV s"ezdami KPSS. — *SovFU* 12, 1976, 161-168.
12321 ERDŐDI József: *Nélkül.* Egy azonos turcizmus néhány finnugor nyelvben. — *MNy* 72, 1976, 213-215 | Notes lexicales.
12322 *A finnugor őshaza nyomában.* Tanulmányok. Vál. és szerk. ifj. KODOLÁNYI János. — Budapest: Gondolat, 1973, 448 p. | *ALH* 26, 1976, 251-256 G. Zaicz.
GULYA, J.: Etym. im 18. Jh. — 1939.
12323 HAARMANN, Harald: *Die finnisch-ugrischen Sprachen. Soziologische und politische Aspekte ihrer Entwicklung.* — Hamburg: 1974 | BL 1974, 11522. | *BSL* 71, 1976/2, 306-308 A. Sauvageot.
12324 HAVAS Ferenc: *A magyar, a finn és az észt nyelv tipológiai összehasonlítása.* — Budapest: 1974 | BL 1974, 11524. | *NyK* 78, 1976, 169-173 Márk Tamás.
HEANEY, M.: The implications of Richard James's *maimanto.* — 11196.
12325 ITKONEN, Erkki: Suomen fennougristiikan päälinjat. / Osnovnye napravlenija finno-ugrovedenija v Finlandii. — [211], 83-92 (Fi.), 93-104 (Ru.).
12326 — Etymologische Beiträge. — [299], 291-299 | 1. Mordvin *k'i* "way" and its relatives. 2. Lappish *mur'det.* 3. *pertos* in a bear-song transmitted by Gabriel Tuderus. 4. Words for "corner" and "to hide". 5. Lappish *doar've,* etc.
12327 KAPPELER, Andreas: L'ethnogénèse des peuples de la Moyenne-Volga (Tatars, Tchouvaches, Mordves, Maris, Oudmourtes) dans les recherches soviétiques. — *Cahiers du Monde Russe et Soviétique* (École des Autes Études en Sciences Sociales, Paris) 17, 1976, 311-334.
KAZÁR, L.: Uralic-Jap. language comparison. — 4054.
12328 KORHONEN, Mikko: Suomen kantakielten kronologiaa. — *Vir* 1976, 3-18 | Summ. in G.: Zur Chronologie der Ursprachen dEs Fi.
12329 — Kielen esihistorian ongelmia. — *Suomen antropologi* (Helsinki) 1976, 29-35 | Problems of the prehistory of language.
12330 [KÜNNAP, A.] KJUNNAP, Ago: K probleme proischoždenija pokazatelej naklonenij i vremen v ural'skich jazykach. — *SovFU* 12, 1976, 169-181 | G. summ.
12331 KURS, O.: Etnogeograafia ja fennougristika. — *UZTarU* 382, 1976 (*Fenno-Ugristica* 2), 37-44 | Ethno-geography and Finno-Ugric studies (Summ. in Ru. & G.).
12332 MAJTINSKAJA, K. E.: Prošedšee vremja v finno-ugorskich jazykach. / Menneen ajan tempukset suomalais-ugrilaisissa kielissä. — [211], 144-157 (Ru.), 158-166 (Fi.).
12333 MASING, U.: Akkadisches *miksu* in Osteuropa. — *AAntH* 22, 1974 (1976), 51-526.
12334 MATVEEV, A. K.: *Nërojki karauljat Ural. Putešestvie v toponimiju.* — Sverdlovsk: Sredne-ural'skoe kn. izd., 1976, 215 p.
— Toponimičeskie ètimologii. — 11399-400.
12335 *Osnovy finno-ugorskogo jazykoznanija. Marijskij, permskie i ugorskie jazyki.* [Red.: V. I. LYTKIN, K. E. MAJTINSKAJA, K. REDEI (= Károly RÉDEI), et al.]. —

Moskva: Nauka, 1976, 464 p. | Cf. BL 1975, 12069.
12336 RÉDEI Károly: A magánhangzó-harmónia egyes típusai. — *NyK* 78, 1976, 417-424 | Einige Typen der Vokalharmonie (G. summ.).
12337 RITTER, Ralf-Peter: Uralisch *kuńć(3)* "leuchtend, hell". — *NyK* 78, 1976, 121-125.
12338 SEREBRENNIKOV, B. A.: Miscellanea. — *SovFU* 12, 1976, 237-244 | 1. O proischoždenii suffiksov zvukopodražatel'nych glagolovv ural'skich jazykach. 2. O proischoždenii pokazatelja kauzativnych glagolov -öd- v komi jazyke. 3. Čto tait v sebe ural'skij pritjažatel'nyj suffiks 3-go lica edinstvennogo čisla -sa? 4. Obmančivaja omonimija. (G. summ.).
TKAČENKO, O. B.: Odna obščaja semantiko-frazeologičeskaja izoglossa .... — 11267.
12339 VEENKER, Wolfgang: *Materialien zu einem onomasiologisch-semasiologischen vergleichenden Wrterbuch der uralischen Sprachen.* — Hamburg: 1975 | BL 1975, 12080. | *Sananjalka* 18, 1976, 208-210 Kaisa Häkkinen | *MNy* 72, 1976, 364-367 Korenchy Éva.
12340 ZAICZ, G.: First stes of Uralistics in Japan. — *ALH* 26, 1976, 467-469 | On the first issue of the periodical of the Uralic Soc. of Japan entitled ralica (1973).

B. Groupe finno-ougrien — Finno-Ugric Group

1. Balto-finnois — Baltic Finnic

A. GÉNÉRALITÉS — GENERAL

BREIDAKS, A.: Baltijas somu valodu dati balti vokālisma vēsturei. — 8942.
12341 [ELISEEV, Ju. S.] JELISEJEV, J. S.: Itämerensuomalaisen tuohikirjoituksen n:o 403 tulkinta. — [211], 105-113 | Ru. summ.: Rasšifrovka pribaltijsko-finskoj berestjanoj gramaty No. 403.
12342 KOIVULEHTO, Jorma: Vanhimmista germaanisista lainakosketuksista ja niiden ikäämisestä. I; II. — *Vir* 1976, 33-47; 247-290 | Summ. in G.: Über die ältesten germ. Lehnberührungen und ihre Datierung.
12343 — Eräs homonymiatapaus. — [338], 36-45 | A case of homonymy (the word *hata*).
12344 KUUSI, Matti: Itämerensuomalaisuuden profiili Viron yleisimmissä sananlaskuissa. — *Vir* 1976, 108-125 | Summ. in E.: Est. proverbs: a Balto-Finnic profile.
12345 LAANEST, Arvo: *Sissejuhatus läänemeresoome keeltesse.* — Tallinn: 1975 | BL 1975, 12093. | *SovFU* 12, 1976, 214-224 Paul Alvre.
12346 MÄGISTE, Julius: Zum eventuellen Dual im Ostseefinnischen. — [299], 381-384.
MATVEEV, A. K.: Zametki ob adaptacii substratnych toponimov .... — 11401.
12347 OINAS, Felix J.: Karelian-Finnish negative analogy: a construction of Slavic origin. — *SEEJ* 20, 1976, 379-386.
12348 POSTI, Lauri: Venäläis-suomalaiset kielelliset kosketukset ja niiden tutkimuksen merkitys. / Russko-finskie jazykovye kontakty i značenie ich issledovanija. — [211], 167-177 (Fi.), 178-191 (Ru.).
12349 RAUN, Alo: The expression of "best" in the (Balto-) Finnic languages. — [299], 531-547.
12350 SAARI, Henn: Keele kultuurkihist. 2. Läänemeresoome laen ladina keeles. — *KjK* 19, 1976, 20-29 | Aus der Kulturschicht der Sprache. 2. Ein ostseefinnisches Lehnwort im Latein (*kiligunda*).
VRACIU, A.: Considérations sur l'emploi des noms pluralia tantum .... — 8938.

B. FINNOIS (SUOMI) — FINNISH (SUOMI)

12351 AALTONEN, Olli: Suomen lausepainon generoimisesta. — [136], 5-13 (discussion, 14-18) | The generation of the sentence accent in Fi.
12352 ALM, Kaarina, KLAAVU, Tuula, & HAIPUS, Marjatta: *Substantiivit 1960-luvun suomen aikakaus- ja sanomalehdissä sekä tietokirjallisuudessa.* — Oulun yliopiston suomen ja saamen kielen laitoksen tutkimusraportteja 5; Oulu: Oulun yliopisto, 1976, 55 p. | Nouns in Fi. periodicals, newspapers and non-fiction of the 1960's (E. summ.).
12353 ANDERSSON, Milja: *Huomioita suomen mainoskielestä.* — Uppsala: 1974 | BL 1974, 11557. | *RRLing* 21, 1976, 450-451 Szabó Zoltán.
12354 ANTTILA, Raimo, &ITKONEN, Esa: Structuralism in Finland. — *Finnish structuralism: present and past* (Dress rehearsals 2; Helsinki: Univ. of Helsinki, Dept. of Linguistics, 1976), 1-34.
12355 BAŃCZEROWSKA, Maria: Finnish and Polish vowels (A preliminary contrastive approach). —*PSCL* 4, 1976, 25-36.
12356 BRECKENRIDGE, Janet, & HAKULINEN, Auli: Cycle and after. — [114], 50-68 | On the hist. of three syntactic rules in Fi.: S-to-O Raising, Tough Movement and Personal Passive.
12357 DAHL, Östen, & KARLSSON, Fred: Verbien aspektit ja objektin sijanmerkintä: vertailua suomen ja venäjän välillä. — *Sananjalka* 18, 1976, 28-52 | Summ. in E.: Verbal aspects and object marking: a comparison between Fi. and Ru.
12358 GALACHOVA, L. Ja.: *Osnovnye osobennosti konsonantizma v finskich govorach Leningradskoj oblasti.* Diss. na soiskanie učenoj stepeni kandidata filol. nauk. — Leningrad 1974 | *SovFU* 12, 1976, 151-153 Arvo Laanest.
12359 HÄKKINEN, Kaisa: Vokaalisynteesiin perustuva tutkimus suomen ja unkarin vokaalifoneemien rajoista. — *Sananjalka* 18, 1976, 70-77 | Summ. in G.: Untersuchung zur Abgrenzung der fi. und ungar. Vokalphoneme auf der Grundlage der Vokalsynthese.
12360 HAKULINEN, Auli: *Reports on text linguistics: Suomen kielen generatiivista lauseoppia.* 2. — Meddelanden från Stiftelsens för Åbo Akademi Forskningsinstitut 7 (Diss. Turku); Turku: 1976, 152 p. | Functions of word order in Fi. (E. summ.). HAKULINEN, A., & OJANEN, J.: *Kielitieteen ja fonetiikan termistöä.* — 1870.
12361 HEINÄMÄKI, Orvokki: The fate of /f/ in Finnish: a case of lexical adaptation of loanwords. — *PScCL* 3, 1976, 149-156.
12362 HEININEN, Mirja: "Tullut on toiminnon hetki!" *Toiminnasta* ja sen edeltäjistä. — [338], 15-27 | On the word *toiminta*.
12363 HEININEN, Simo: *Nuori Mikael Agricola.* — Suomi 120, 3; Hämeenlinna: Suomalaisen Kirjallisuuden Seura, 1976, 110 p. | G. summ.: Der junge Michael Agricola.
12364 HIENONEN, Mirja: Adjektiivisen predikatiivin sijasta infinitiivin yhteydessä. — [338], 28-35 | Die Stellung des adjektivischen Prädikativs im Zusammenhang mit dem Infinitiv.
12365 HIRVONEN, Ilkka: Kuinka omintakeinen on Agricolan Uuden testamentin ns. toinen alkupuhe? — *Sananjalka* 18, 1976, 15-27 | Summ. in G.: Mikael Agricolas Vorwort zum Neuen Testament.
12366 HOLMAN, Eugene: Early Finnish structuralism: the description of configurational alternation in the earliest Finnish grammars. — *Finnish structuralism: present and past* (Dress rehearsals 2; Helsinki: Univ. of Helsinki, Dept. of Linguistics, 1976), 35-53.

12367 — A non-segmental phonological process in Finnish: the functional unity of coda lengthening and gemination. — *PScCL* 3, 1976, 189-201.
12368 HORILA, Tapio: Varhainen kielenvaalija. Antti Lizeliuksen sanomalehti ja toinen raamatunsuomennos 200-vuotiaita. — *Kotiseutu* (Helsinki) 1976, 193-194 | Frühe fi. Sprachpflege (Antti Lizelius).
12369 IKOLA, Osmo: *Lauseenvastikeoppia* .... — Helsinki: 1974 | BL 1974, 11569. | *KjK* 19, 1976, 443-444 Paul Alvre.
12370 — Antti Lizelius suomen kielen viljelijänä. — *Sananjalka* 18, 1976, 5-14 | Summ. in E.: The contr. of A. Lizelius to the Fi. language.
12371 — Virke puheen yksikkönä. — *Vir* 1976, 237-246 | Summ. in E.: The sentence as a unit of the spoken language.
12372 ITKONEN, Terho: *Näillä näkymin* .... — Helsinki: 1975 | BL 1975, 12126. | *Sananjalka* 18, 1976, 189-198 Jorma Vuoriniemi.
12373 — Erään sijamuodon ongelmia. — *Suomalaisen Tiedeakatemian esitelmät ja pöytäkirjat* (Helsinki) 1974 (1976), 173-217 | Problems of the Fi. partitive. | *BSL* 72, 1977/2, 293-295 A. Sauvageot.
12374 — Syntaktisten vaikutusyhteyksien luonteesta. — *Vir* 1976, 52-81 | Summ. in E.: Non-generative phenomena in Fi. morphology and syntax.
12375 — Kotikielen Seuran täyttäessä sata vuotta. — *Vir* 1976, 303-309 | Summ. in G.: Am Hundertjahrestag der Gesellschaft für Muttersprache.
12376 JAAKKOLA, Magdalena: Diglossia and bilingualism among two minorities in Sweden. — *Linguistics* 183 (= *IJSL* 10), 1976, 67-84, 2 tab. | Two Fi. language groups in Sweden.
12377 KARLSSON, Fred: *Finskans struktur.* — Lund: Liber Läromedel, 1976, 110 p. | The structure of Fi.
12378 KATARA, Pekka, & SCHELLBACH-KOPRA, Ingrid: *Suomalais-saksalainen suursanakirja.* — Porvoo: 1974 | BL 1974, 11576. | *ALH* 26, 1976, 475-477 E. Vertés.
12379 KOISTINEN, Anneli, JÄMSÄ, Tuomo, & HAIPUS, Marjatta: *Deverbaaliset substantiivit 1960-luvun suomenkielisessä kauno- ja tietokirjallisuudessa.* — Oulun yliopiston suomen ja saamen kielen laitoksen tutkimusraportteja 8; Oulu: Oulun yliopisto, 1976, 31 p. | Deverbal nouns in the Fi. fiction and non-fiction of the 1960's (E. summ.).
12380 KOIVUSALO, Esko: *Fennofiilien murrekiista.* — Vammala: 1975 | BL 1975, 12136. | *Sananjalka* 18, 1976, 199-200 Jussi Kallio | *BSL* 72, 1977/2, 314-316 A. Sauvageot.
12381 LEHTINEN, Raija: Nykysuomen 2-tavuisten *i*-vartaloisten verbien semanttista ryhmittelyä. — [338], 63-87 | Die semantische Gruppierung der zweisilbigen *i*-stämmigen Verben im heutigen Fi.
12382 LEHTINEN, Tapani: Synkronisia ja diakronisia näkökohtia johto-opillisesta produktiiviudesta. — [338], 88-97 | Synchronic and diachronic aspects of morphological productivity.
12383 LEPPÄJÄRVI, Eila, & JÄMSÄ, Tuomo: *Adjektiivit 1960-luvun suomen lehti-, radio- ja yleispuhekielessä.* — Oulun yliopiston suomen ja saamen kielen laitoksen tutkimusraportteja 7; Oulu: Oulun yliopisto, 1976, 32 p. | Adjectives in the Fi. press and radio language and informal standard speech of the 1960's (E. summ.).
12384 LEPPIK, Merle: *Ingerisoome kurgola murde fonoloogilise süsteemi kujunemine.* — Tallinn: 1975 | BL 1975, 12139. | *SovFU* 12, 1976, 133-137 Paul' Alvre.
12385 LESKINEN, Heikki: Karjalaisten ja savolaisten kieli. — *Kotiseutu* (Helsinki) 1976, 66-70 | Die Sprache der Karelier und Savoer.
LOMAN, B.: Linguistic performance and social evaluation ... — 8806.
12386 LUTHY, Melvin J.: *Phonological and lexical aspects of colloquial Finnish.* —

FINNOIS

Bloomington: 1973 | BL 1973, 13099. | *Lg* 52, 1976, 257-259 Raimo Anttila.
NEMVALTS, P.: Täis- ja osaalus eesti ja some süntaksis. — 12462.

12387 NIRVI, R. E.: *Kiihtelysvaaran murteen sanakirja.* 3. hakusanat: *karsia – kuri.* — Lappeenranta: Karjalaisen Kulttuurin Edistämissäätiö, 1976, p. 513-768 | Cf. BL 1975, 12142.

NORDBERG, B.: Sociolinguistic research in Sweden and Finland ... — 8812.

12388 NUOLIJÄRVI, Pirkko: "Kanalla puutosoireet voitiin estää." Luonnontieteellisten kirjoitelmien tarkastelua. — [338], 98-110 | On the language of papers in the natural sciences.

12389 NUUTINEN, Olavi: *Suomen teonnimirakenteista.* — Stockholm Studies in Fi. Language and Lit. 1; Stockholm: Almqvist & Wiksell, 1976, 99 p. | On action nouns constructions in Fi. (E. summ.).

12390 PARAŠKEVOV, Boris: Funkcionalni ekvivalenti na bălgarskoto văzvratno lično mestoimenie văv finski ezik. — *BSI* 1, 1976/3, 135-145 | Funktionale Äquivalente des bulg. Reflexivpronomens im Fi. (G. summ.).

12391 PAUNONEN, Heikki: Idiolectal variation in Helsinki urban speech. — *Linguistics* 183 (= *IJSL* 10), 1976, 125-140, 7 tab.

12392 — Allomorfien dynamiikkaa. — *Vir* 1976, 82-107 | Summ. in E.: Allomorph dynamics.

12393 — Kotikielen Seura 1876-1976. — *Vir* 1976, 310-432 | Summ. in G.: Die Gesellschaft für Muttersprache 1876-1976.

12394 — "Sunna juoksi suuret korvet." Arkaistisia konsonanttivartaloisia essiivejä kansanrunoissa. — [338], 111-122 | Archaistische konsonantstämmige Essive in der fi. Volksdichtung.

12395 PERTTUNEN, Kaisa-Marja: *Lönnrotiana* 1-30. *Selvitys Elias Lönnrotin käsikirjoituskokoelmasta.* — Suomi 121, 1; Helsinki: Suomalaisen Kirjallisuuden Seura, 1976, 193 p. | On Elias Lönnrot's coll. of manuscripts.

12396 PLÖGER, Angela: *Die russischen Lehnwörter der finnischen Schriftsprache.* — Wiesbaden: 1973 | BL 1973, 13104. | *IJSLP* 22, 1976, 141-144 Valentin Kiparsky | *IF* 80, 1975 (1976), 330-333 J. Udolph.

12397 RAIBLE, Wolfgang: *Zum Objekt im Finnischen. Eine sprachwissenschaftliche Fallstudie.* — Schriften aus dem Finnland-Inst. in Köln 12; Hamburg: Chr. von der Ropp, 1976, 78 p. | *BSL* 72, 1977/2, 319-322 A. Sauvageot.

12398 RINTALA, Päivi: Suomen nominikantaiset *mainen*-johdokset. — *Vir* 1976, 163-191, map | Summ. in G.: Die denominalen *mainen*-Ableitungen im Fi.

12399 ROUHIAINEN, Sinikka: Suomen ja englannin kontrastiivinen tutkimusprojekti (SEKT). — [136], 71-78 | The Fi.-E. contrastive project.

12400 RYTKÖNEN, Ahti: *Lisiä suomalaiseen kielija kansantieteeseen. Beiträge zur finnischen Sprach- und Volkskunde.* Band 1. — Veröffentlichungen des Finnisch-Ugrischen Seminars an der Univ. München, Serie D, 1; München: 1976, iv, 208 p.

12401 SAHLMAN-KARLSSON, Siiri: *Specimens of American Finnish: a field study of linguistic behavior.* — Studia Uralica et Altaica Upsaliensia 11; Uppsala (distr.: Almqvist & Wiksell, Stockholm): 1976, 135 p.

12402 *Sanojen taivalta. Puoli vuosisataa Sanakirjasäätiön toimintaa.* Toim.: Tuomo TUOMI. — Suomi 121, 2; Helsinki: Suomalaisen Kirjallisuuden Seura, 1976, 100 p. | 50 Jahre Redaktionsarbeiten für das Wörterbuch der fi. Dialekte.
SCHLACHTER, W., & KISS, J.: Schwierigkeiten beim Erlernen des Ung. und Fi. — 12590.

12403 SIRO, Paavo: *Sijakielioppi.* — Jyväskylä: 1975 | BL 1975, 12154. | *Sananjalka* 18,

1976, 201-202 Eeva Kangasmaa-Minn.

12404 SZABÓ TÖRPÉNYI Ádám István: Új finn hangtörténeti monográfia (Kainuu tájszólásainak hangtörténete). — *MNy* 72, 1976, 238-241 | Rev. art. on: Alpo RÄISÄNEN, *Kainuun murteiden äännehistoria*, I. 1972 (BL 1972, 11639).

TOIVANEN, J.: *Lapsenkielen tutkimushanke 1970-1976.* — 3621.

— A hypocoristic geminate consonant suffix in Fi. — 3622.

12405 UIBOPUU, Valev: *Similarkomparative Konstruktionen im Finnischen*. . . . — Uppsala: 1970 | BL 1970, 11090. | *IF* 80, 1975 (1976), 333-336 M. E. Schmeidler.

12406 ULKUNIEMI, Martti: *Ljungo Tuomaanpojan lainsuomennokset*. I. — Helsinki: 1975 | BL 1975, 12159. | *Sananjalka* 18, 1976, 198 M. K. Suojanen.

12407 VEHMASKOSKI, Maila: Sanaston frekvensseistä ja laadusta eräiden vuosina 1935 ja 1965 ilmestyneiden romaanien repliikeissä. — [338], 132-149 | Frequenz und Beschaffenheit der Lexik in fi. Romanen aus den Jahren 1935 und 1965.

12408 VESIKANSA, Jouko: *Täsmennyssanasto.* — Nykysuomen oppaita 1; Helsinki: 1976, 128 p.

12409 VILKUNA, Kustaa: Lehmän kotiutuminen perheesen, naudan asettuminen yhteiskuntaan. — *Vir* 1976, 19-32 | Summ. in G.: Die Einbürgerung der Kuh in Familie und Gesellschaft in Finnland.

12410 VILKUNA, Maria: Kirjoitettuun kielimuotoon kasvamisesta: miten 8-12 -vuotiaiden koululaisten lauserakenteet kehittyvät. — *Vir* 1976, 216-236 | Summ. in E.: On the acquisition of the written code: syntactic development in schoolchildren from 8 to 12, and after.

12411 VIRTARANTA, Pertti: *Tyrvään murrekirja.* — Kotiseudun murrekirjoja 2, Suomalaisen Kirjallisuuden Seuran toimituksia 328; Vammala: 1976, 385 p., 12 pl. | The Tyrväa dial. book.

12412 — Ett outforskat arbetsfält i norr. — [257], 464-470 | On the study of Fi. dial. in Northern Sweden.

12413 VUORINIEMI, Jorma: Konnektorit tekstin strukturoijina. — *Vir* 1976, 192-215 | Summ. in E.: Connectors as structuring elements.

12414 WIIK, Kalevi: Suomen tempusten syvä- ja etärakenteista. — *Vir* 1976, 135-162 | Summ. in E.: On the deep and remote structures of Fi. tenses.

12415 — Lukusanojen painosta. — [136], 125-138 | Über den Akzent der Zahlwörter.

12416 YLI-VAKKURI, Valma: Onko suomen kvalitatiivinen astevaihtelu epäproduktiivinen jäänne? — *Sananjalka* 18, 1976, 53-69 | Summ. in E.: Is qualitative consonantal gradation in Fi. an unproductive relic?

14. ONOMASTIQUE — ONOMASTICS

HULDÉN, L.: Namnet Åland. — 8880.

12417 NAERT, Aino: Nauvon alun perin suomalaista paikannimistöä. — *Vir* 1976, 449-457 | Summ. in G.: Zum ursprünglich fi. Ortsnamengut von Nauvo.

12418 NISSILÄ, Viljo: Suur-Vanajan nimistöä. — *Vanajan historia*. 1 (Wanaja-seuran julkaisuja 20; Hämeenlinna 1976), 11-61 | Ortsnamen in der Grossgemeinde Vanaja, Provinz Häme.

12419 — Konneveden erä- ja asutuskausi nimistön valossa. — *Konneveden kirja*. Toim. M. Linkola (JYY:n kotiseutusarja 11; Kuopio 1976), 90-119, 648-649 | Die Einöd- und Besiedlungsperiode im Kirchspiel Konnevesi im Lichte des Ortsnamengutes.

12420 NYLUND TORSTENSSON, Eivor: *De finska sjönamnen i Korpilombolo socken*. — Uppsala: 1973 | BL 1973, 13128. | *NoB* 64, 1976, 150-157 Gunnar Pellijeff.

CARÉLIEN, ETC.

12421 PITKÄNEN, Ritva Liisa: Huomioita Korppoon Ahvensaaren kartoittajien nimimerkinnöistä. — [338], 123-131 | Bemerkungen über das Aufzeichnen von Namen durch die Kartierer der Inselgemeinde Korppoo. — Tvåspråkighet och namnbruk. — 8897.

12422 VAHTOLA, J.: Tornionlaakson varhaisasutus ja vanhin kylännimistö. — *Tornionlaakson vuosikirja* (Tornio) 1976, 57-112 | Die frühe Besiedlung und die ältesten Dorfnamen im Tal des Flusses Tornionjoki.

12423 VILKUNA, Kustaa: *Etunimet*. Avustajat: Marketta HUITU ja Pirjo MIKKONEN. — Helsinki: Otava, 1976, 327 p. | Fi. Christian names.

C. CARÉLIEN, VEPSE, INGRIEN, VOTE — CARELIAN, VEPSIAN, INGRIAN, VODIAN

12424 ALVRE, Paul: Der Genetiv des Plurals im Wotischen auf dem Hintergrund der obliquen Kasus. — *SovFU* 12, 1976, 263-282 | Ru. summ.

12425 ARISTE, Paul: Vadja järvehaldjas *vezikko*. — *ESA* 21, 1975 (1976), 95-98 | The Vodian water-nymph *vezikko* (Summ. in Ru.).

12426 — Das Partizipium Perfekti des Aktivs im Wotischen. — *SovFU* 12, 1976, 1-20 | Ru. summ.

12427 — Über die Epithesis des Wotischen. — *NyK* 78, 1976, 246-249.

12428 BARANCEV, A. P.: O nekotorych aktual'nych problemach issledovanija ljudikovskoj reči. — [211], 45-61 | Summ. in Fi., 55-61.

12429 KERT, G., & MAMONTOVA, N.: *Zagadki karel'skoj toponimiki. Rasskaz o geografičeskich nazvanijach Karelii*. — Petrozavodsk: "Karelija", 1976, 103 p.

12430 LAANEST, Arvo: Über die Entwicklung der schwachen Stufe von *k* und *t* im Ižorischen und in nahverwandten Sprachen. — *SovFU* 12, 1976, 187-194 | Ru. summ.

12431 MÄLK, Vaina: *Vadja vanasõnad eesti, soome, karjala ja vene vastetega*. — Tallinn: "Eesti Raamat", 1976, 404 p. | Sprichwörter der Woten mit estnischen, fi., karelischen und ru. Äquivalenten. | *KjK* 20, 1977, 568-571 Paul Ariste.

12432 MATLEY, Ian M.: Demographic trends and assimilation among the Finnic-speaking peoples of North-Western Russia. — *UAJb* 48, 1976, 167-185, 2 maps | Karelians, Vepsians, etc.

12433 NISSILÄ, Viljo: *Suomen Karjalan nimistö*. — Joensuu: 1975 | BL 1975, 12186. | *SovFU* 12, 1976, 300-303 Jaak Simm | *Sananjalka* 18, 1976, 203-205 Terho Itkonen.

12434 — Suomen Karjalan ortodoksinen nimistö. — *Viipurin Suomalaisen Kirjallisuusseuran toimitteita* (Lappeenranta) 1, 1976, 43-172 | Das orthodoxe Namengut von Finnisch-Karelien.

12435 PUNŽINA, Aleksandra: Partitiv v karel'skom jazyke (na materiale kalininskich govorov). — *SovFU* 12, 1976, 21-27 | G. summ.

12436 RJAGOEV, V. D.: Issledovanija po tichvinskomu nareciju krel'skogo jazyka. / Karjalan kielen Tihvinän murteen tutkimuksesta. — [211], 192-199 (Ru.), 200-204 (Fi.).

12437 TURUNEN, Aimo: Suomen entisen Raja-Karjalan murteet ja niiden suhde rajantakaisiin ja Suomen-puoleisiin naapurimurteisiin. — *Suomalaisen Tiedeakatemian esitelmät ja pöytäkirjat* (Helsinki) 1975 (976), 123-134 | Über die Dialekte im ehemaligen fi. Grenz-Karelien.

12438 VIRTARANTA, Pertti: *Lyydiläisiä tekstejä. Lüdische Tekste. IV. hakemistot. Register*: Reino PELTOLA, Kari LAUKKANEN. — MSFOu 132; Helsinki: Suomalais-ugrilainen seura, 1976, 298 p., ill. | Cf. BL 1964, 9690.

12439 — *Karjalaisia sananlaskuja ja arvoituksia.* — Castrenianumin toimittita 15; Vammala: Helsingin yliopiston suomen kielen laitos, 1976, 130 p. | Carelian proverbs and riddles.

12440 — Karjalan kieli suomalaisten lingvistien tutkimuskohteena. / Karel'skij jazyk kak ob"ekt issledovanij finskich lingvistov. — [211], 220-225 (Fi.), 226-232 (Ru.).

12441 — Suomussalmen Kuivajärven kylän kalastuksesta. — *KV* 56, 1976, 152-180 | Zur Terminologie des Fischfangs im Dial. von Suomussalmi.

12442 ZAJCEVA, M. I.: Issledovanie vepsskogo jazyka v Institute jazyka, literatury i istorii Karel'skogo filiale AN SSSR. / Vepsän kielen tutkimuksesta SNTL:n Tiedeakatemian Karjalan filiaalin Kielen, kirjallisuuden ja historian instituutissa. — [211], 233-237 (Ru.), 238-241 (Fi.).

12443 ZAJCEVA, N. G.: *Imennoe slovoizmenenie v vepsskom jazyke* (*Istorija i funkcionirovanie form slova*). Diss. na soiskanie učenoj stepeni kandidata filol. nauk. — Petrozavodsk 1975 | *SovFU* 12, 1976, 224-228 Z. M. Dubrovina.

D. ESTONIEN — ESTONIAN

12444 ADMANN, Aino: Otsese ja kaudse kõne segavormidest eesti kirjakeeles. — *ESA* 21, 1975 (1976), 71-80 | Summ. in Ru.

12445 ALVRE, Paul: Mõnede reduplikatiivkeelendite koostisest. — *ESA* 21, 1975 (1976), 23-30 | Summ. in Ru.

12446 — Vana kirjakeele küsisõnu. — *KjK* 19, 1976, 343-350.

12447 AMBUS, Ada: Tähelepanekuid *ne-, line-, lik*-liitelistest omadussõnadest V. Ridala keeles (G. D'Annunzio romaani "Süütu" tõlke põhjal). — *ESA*, 21, 1975 (1976), 155-164 | Summ. in Ru.

12448 ELISTO, Elmar: *Õigest keelest, tervest meelest. Keelelisi küsimusi.* II. — Tallinn: "Eesti Raamat", 1976, 187 p., portr. | Language questions. II. Coll. of articles published 1929-73.

12449 ERELT, Tiiu: Vene, ukraina, valgevene, gruusia ja armeenia nimed eesti kirjas (Vabariiklikus õigekeelsuskomisjonis). — *KjK* 19, 1976, 351-357.

12450 — Keelenõuanne Tallinnas. Sõna ja tema kuju (1; 2). — *KjK* 19, 1976, 667-674; 717-724.

12451 HAMMARBERG, Robert: Speculations on the Estonian *e*-diphthongs. — *SovFU* 12, 1976, 258-262 | Ru. Summ.

12452 HINDERLING, Robert: *Rückläufiges estnisches Wörterbuch.* I. *Das Material der Grundformen.* — Regensburg: 1975, xxxi, 631 p. | *KjK* 20, 1977, 182-185 Ü. Viks.

12453 KAASIK, Ü., TULDAVA, J., VILLUP, A., ÄÄREMAA, K.: Eesti keele ilukirjandusproosa autorikõne sõnavormide sagedussõnastik. — *UZTarU* 377, 1976 (*Keelestatistika* 1), 107-153 | A frequency dictionary of mod. Est. prose fiction (Summ. in Ru. & E.).

12454 KASIK, Reet: Verbide ja verbaalsubstantiivide tuletusvahekorrad tänapäeva eesti keeles. — *UZTarU* 363, 1975 (*Keele modelleerimise probleeme* 5), 3-162 | Semantic and morphological derivation patterns of the Est. verbal nouns (E. summ., p. 151-162).

12455 KASK, Arnold: Eesti Kirjameeste Seltsi keelelisest tegevusest. — *ESA* 21, 1975 (1976), 5-22 | Summ. in Ru.

12456 *Keel, mida me harime.* Koostanud Mart MÄGER. — Tallinn: "Valgus", 1976, 228 p. | *KjK* 20, 1977, 309-312 Ain Kaalep.

12457 *Keel, mida me uurime.* Koostanud Mart MÄGER. — Tallinn: "Valgus", 1976, 192 p. | *KjK* 20, 1977, 309-312 Ain Kaalep.

ESTONIEN 12458-12482

12458 *Keelevoos 73/74.* Koostanud U. LIIVAKU ja M. OLLISAAR. — Tallinn: "Valgus", 1976, 204 p. | The Est. language in the years 1973-74. | *KjK* 20, 1977, 755-756 Ellen Uuspõld.

12459 LIIVAKU, Uno, & MERISTE, Henno: *Kuidas seda tõlkida. Järeltormatusest eestinduseni.* — Tallinn: "Valgus", 1975, 228 p. | *KjK* 19, 1976, 123-124 O. Samma.

12460 MÄGISTE, Julius: Viron imperatiivin preteriti. — *Vir* 1976, 48-51 | Summ. in G.: Das Präteritum des Imperativs im Est.

12461 NEETAR, Helmi: Hiiumaa sõnade foneetikast Wiedemanni sõnaraamatus. — *ESA* 21, 1975 (1976), 89-93 | Summ. in Ru.

12462 NEMVALTS, Peep: Täis- ja osaalus eesti ja soome süntaksis. — *KjK* 19, 1976, 404-412.

12463 PEEGEL, Juhan: Eesti rahvuskorpuse sõduriargoost. — *KjK* 19, 1976, 339-342.

12464 PÕLDMÄE, Jaak: Eesti silbilis-rõhulise värsisüsteemi uurimise meetod ja Betti Alveri poeemide nelikjambi rütm. — *UZTarU* 363, 1975 (*Keele modelleerimise probleeme* 5), 163-233 | Ru. summ.

12465 PÕLMA, Valve: Eiratud tarindeid. — *ESA* 21, 1975 (1976), 81-84 | Summ. in Ru.

12466 RÄTSEP, Huno: Soome laenudest eesti kirjakeeles. — *KjK* 19, 1976, 210-216.

12467 REITSAK, A.: *Valimik vene fraseologisme eesti vastetega.* Toimetanud: F. VAKK. / A. REJCAK: *Izbrannye russkie frazeologizmy s èstonskimi sootvetstvijami* .... — Tallinn: "Valgus", 1975, 704 p.

12468 SAARI, Henn: Keele kultuurkihist. 3. Quale verbum est futurum: *leema!* — *KjK* 19, 1976, 217-224.

12469 SARV, Ingrid, & KRIKMANN, Arvo: Eesti vanasõnade teaduslik väljaanne käsikirjas valminud. — *KjK* 19, 1976, 541-547.

12470 TIIK, Leo: Tünder, vakk ja külimit. — *ESA* 21, 1975 (1976), 141-154 | On anc. corn-measures.

12471 TREIMAN, Linda: Prantsuse päritolu sõnu eesti 18. sajandi ilmalikus kirjanduses. — *ESA* 21, 1975 (1976), 51-69 | Summ. in Ru.

12472 TULDAVA, J., & VILLUP, A.: Sõnaliikide sagedusest ilukirjandusproosa autorikõnes. — *UZTarU* 377, 1976 (*Keelestatistika* 1), 61-106 | Statistical analysis of the parts of speech in Est. fiction (Summ. in Ru. & E.).

12473 TURUNEN, Aimo: Viron nykyisestä kalastuksesta ja viron kielen kalannimestä. — *KV* 56, 1976, 344-358 | Zur Terminologie des Fischfangs der estnischen Sprache.

12474 UNIVERE, Aili: Lisandeid *mu*-sufiksi ajaloole. — *ESA* 21, 1975 (1976), 43-49, map | Summ. in Ru.

12475 — Kust on pärit *sõltus*? — *UZTarU* 382, 1976 (*Fenno-Ugristica* 2), 58-66, map | Summ. in Ru.

12476 UUSPÕLD, Ellen: Eesti keele lauseõpetusest põhijooniti. — *KjK* 19, 1976, 94-105.

12477 VABA, L.: Die lettischen Lehnwörter in der Untermundart von Hargla. — *Baltistica* 12, 1976, 73-78 | Ru. summ.

12478 VARE, Silvi: *Lokaal- ja kollektiivsubstantiive tuletavad sufiksid eesti kirjakeeles.* Väitekiri filoloogiakandidaadi teadusliku kraadi taotlemiseks. — Tallinn 1975 | *SovFU* 12, 1976, 307-311 Ilse Kont.

12479 — *kond*-liitest ja sellega seotud probleemidest eesti kirjakeeles. — *ESA* 21, 1975 (1976), 31-42 | Summ. in Ru.

12480 VIHMA, H.: Hõredaid ja tühje kohti eesti leksikograafias. — *KjK* 19, 1976, 492-493.

12481 VIITSO, Tiit-Rein: Eesti muutkondade süsteemist. — *KjK* 19, 1976, 148-162.

12482 VIKS, Ülle: Verbide muuttüübid ja morfoloogilised tüübid. — *KjK* 19, 1976, 276-288.

12483 VILLUP, Astrid: Adverbide esinemissagedusest. — *LingT* 4, 1971 (1972), 221-246 | On the frequency of adverbs in Est. (Summ. in Ru.).

14. ONOMASTIQUE — ONOMASTICS

12484 JOHANSEN, Paul, & ZUR MÜHLEN, Heinz VON: *Deutsch und Undeutsch im mittelalterlichen und frühneuzeitlichen Reval.* — Köln: 1973 | BL 1974, 11644. | *NJb* 98-99, 1975-76, 217-219 A. Schönfeldt.
12485 PALL, Valdek: *Põhja-Tartumaa toponüümika.* Väitekiri filoloogiadoktori teadusliku kraadi taotlemiseks. — Tallinn 1975 | *SovFU* 12, 1976, 303-307 Paul' Alvre.
12486 — Eesti kohanimede normimine. — *KjK* 19, 1976, 454-466; 537-540.
12487 RAJANDI, Edgar: *Õun* ja *õunapuu* perekonnanimedes. — *ESA* 21, 1975 (1976), 85-88 | Summ. in Ru.
12488 TIIK, Leo: Nimesid Saaremaalt XVI ja XVII sajandist. — *KjK* 19, 1976, 413-418.
12489 — Saaremaa kontakte mehenimede alal. — *KjK* 19, 1976, 485-488.

E. LIVE — LIVONIAN

12490 VÄÄRI, Eduard: *Algupärased tuletussufiksid liivi keeles.* Väitekiri filoloogiadoktori teadusliku kraadi taotlemiseks. — Tartu 1974 | Derivation in Livonian: the original suffixes. | *SovFU* 12, 1976, 141-150 Marta Rudzīte.
12491 — Liivi verbisufiks *-ikš-.* — *UZTarU* 382, 1976 (*Fenno-Ugristica* 2), 67-91 | The Livonian verbal suffix *-ikš-* (Summ. in Ru. & G.).
VIHMAŃ, M. M.: Loss of *-n* in Livonian .... — 2232.

II. Lapon — Lappish

12492 BERGSLAND, Knut: *Lappische Grammatik mit Lesestücken.* — Veröffentlichungen der Societas Uralo-Altaica 11; Wiesbaden: Harrassowitz, 1976, 117 p.
HALLAN, N.: *Annermannen* i norsk og sørsamisk. — 8712.
— Stadnamn i grenseland. — 8865.
12493 ITKONEN, Erkki: Älteste Elemente der lappischen Volksüberlieferung. — *JSFOu* 74, 1976, 5-57.
12494 KERT, G. M.: Sostojanie i zadači izučenija jazyka kol'skich saamov. / Kuolan saamelaisten kielen tutkimuksen nykytilasta ja tehtävistä. — [211], 114-119 (Ru.), 120-123 (Fi.).
12495 KORHONEN, Mikko: Suomalaisen lappologian nykynäkymiä. Perspektivy saamskogo jazykoznanija v Finlandii. — [211], 124-132 (Fi.), 133-143 (Ru.).
12496 KORHONEN, Olavi: Linguistic and cultural diversity among the Saamis and the development of Standard Saamish. — *Linguistics* 183 (= *IJSL* 10), 1976, 51-66, 2 tab., map.
12497 LAITINEN, Lea: Inarin-terveisiä. — [338], 46-62 | Über das Inari-Lappische.
12498 SCHLACHTER, Wolfgang: Anaptyxe im Malalappischen. — *NyK* 78, 1976, 425-434.

III. Volgaïque — Volgaic

A. GÉNÉRALITÉS — GENERAL

12499 ALHONIEMI, Alho: Suomalaistutkijoiden volgalaiskieliin kohdistamasta kielima-

MORDVE

teriaalin keruusta ja tutkimuksesta. / Izučenie volžsko-finskich jazykov v Finlandii. — [211], 21-32 (Fi.), 32-44 (Ru.).

B. MORDVE — MORDVIN

12500 ALEŠKINA, R. A.: *Odnosostavnye glagol'nye predloženija v mordovskich (érzjanskom i mokšanskom) jazykach*. Diss. na soiskanie učenoj stepeni kandidata filol. nauk. — Saransk 1974 | *SovFU* 12, 1976, 153-156 Michail Mosin.

12501 ANAN'INA, K. I.: *Verchne-alatyrskie govory mokšanskogo jazyka*. Diss. na soiskanie učenoj stepeni kandidata filol. nauk. — Saransk 1974 | *SovFU* 12, 1976, 67-69 Paul' Alvre.

12502 BATKOV, G. I.: *Mordovskaja polisemija (na materiale glagola)*. Diss. na soiskanie učenoj stepeni kandidata filol. nauk. — Tartu 1975 | *SovFU* 12, 1976, 72-74 I. S. Buzakov.

12503 EGOROVA, A. S.: O principach vydelenija kategorii opredelenija v érzjanskom jazyke. — *SovFU* 12, 1976, 81-89 | G. summ.

12504 ERMUŠKIN, G. I.: Iz istorii edinstvennogo čisla ob"ektnogo sprjaženija glagola v érzja-mordovskich dialektach (Vyraženie sub"ekta dejstvija po rodam *sonzé* "ego", *synst* "ich"). — *SovFU* 12, 1976, 29-33 | E. summ.

12505 FEOKTISTOV, A. P.: *Očerki po istorii formirovanija mordovskich pis'menno-literaturnych jazykov. Rannij period*. — Moskva: Nauka, 1976, 259 p.

12506 — O meždialektnoj al'ternacii finno-ugorskich sibilantov i affrikat v mordovskich jazykach. — [211], 62-75 | Summ. in Fi., 76-82.

12507 GHENO, Danilo: Az erza-mordvin névutók áttekintése. II. — *NyK* 78, 1976, 39-70 | Cf. BL 1975, 12300. | Aperçu des postpositions en mordve-erza (Rés. fr.).

12508 LOMAKINA, T. I.: *Gorodiščenskij dialekt mokša-mordovskogo jazyka*. Diss. na soiskanie učenoj stepeni kandidata filol. nauk. — Saransk 1974 | *SovFU* 12, 1976, 69-72 Paul' Aristé.

12509 STIPA, Günter J.: *Mordwinisch als Forschungsobjekt*. — Napoli: 1973 | BL 1974, 11676. | *NyK* 78, 1976, 174-177 Zaicz Gábor.

C. TCHÉRÉMISSE (MARI) — CHEREMIS (MARI)

12510 ANDUGANOV, Ju.: Kompozity v pamjatnikach marijskoj pis'mennosti. — *UZTarU* 382, 1976 (*Fenno-Ugristica* 2), 16-36 | Summ. in G.

12511 — Složnoe slovo v pervoj marijskoj grammatike. — *SovFU* 12, 1976, 90-93 | G. summ.

12512 ČAREKOV, S. L.: O nekotorom parallelizme v sposobe obrazovanija kačestvennych narečij s otracitel'noj charakteristikoj dejstvija v burjatskom i marijskom jazykach. — [345], 193-199.

12513 GORDEEV, F. I.: Tatarizmy v leksike marijskogo jazyka. — *SovFU* 12, 1976, 94-103 | E. summ. | Also in [12523], 3-18.

12514 GRAČEVA, F. T.: Sravnitel'nye ustojčivye oboroty kak istočnik obogaščenija frazeologii. — *SovFU* 12, 1976, 41-51 | Cheremis (G. summ.).

12515 — Frazeologizmy v romane N. V. Ignat'eva "Savik". — [1253], 18-24.

12516 IVANOV, I. G.: *Istorija marijskogo literaturnogo jazyka*. — Joškar-Ola: 1975 | BL 1975, 12315. | *SovFU* 12, 1976, 137-141 Paul Ariste.

12517 JAKIMOVA, É. S.: *Somatičeskaja frazeologija v marijskom jazyke*. Diss. na soiskanie učenoj stepeni kandidata filol. nauk. — Tartu 1975 | *SovFU* 12, 1976, 311-314 I. S. Galkin.

12518   KAZANCEV, D. E.: K istorii gluchich smyčnych i zvonkich slabosmyčnych soglasnych v marijskom jazyke. — [12523], 24-46.
12519   KUTOROV, N. I.: *Marijskoe stichosloženie.* — Joškar-Ola: Mar. kn. izd., 1976, 119 p.
12520   MUSTAEV, E. N.: *Voprosy sinonimiki marijskogo jazyka.* Diss. na soiskanie učenoj stepeni kandidata filol. nauk. — Tartu 1975 | *SovFU* 12, 1976, 228-230 Paul' Kokla.
        SEREBRENNIKOV, B. A.: O nekotorych vozmožnych putjach utraty garmonii glasnych . . . . — 12529.
12521   VASIKOVA, L. P.: Nekotorye osobennosti infinitivov v sovremennom marijskom jazyke. — [12523], 46-55.
12522   VIKÁR, László, & BERECZKI, Gábor: *Cheremis folksongs.* — Budapest: 1971 | BL 1972, 11769. | *NyK* 78, 1976, 177-179 Voigt Vilmos.
12523   *Voprosy marijskogo jazykoznanija.* [Red.: F. I. GORDEEV, et al.] — Kirov - Joškar-Ola: Kirovskij gos. ped. inst., Marijskij gos. ped. inst., 1976, 58 p.

IV. Permien — Permian

A. GÉNÉRALITÉS — GENERAL

12524   [ERNITS, E.] ÈRNITS, Ènn: Permskie ètimologii. — *SovFU* 12, 1976, 197-203 | On some 20 words (G. summ.).
12525   KEL'MAKOV, V. K.: Finno-ugorskaja prajazykovaja osobennost' vokalizma nepervogo sloga i ee sledy v permskich jazykach. — *VUJa* 3, 1975, 65-89.
12526   LYTKIN, V. I.: Ètimologii iz permskich jazykov. [18-19]. — *SovFU* 12, 1976, 195-196 | 18. Komi *nistyny*. 19. Komi *myktavny* (G. summ.). | Cf. BL 1974, 11694.
12527   MOLNÁR, Ferenc A.: *On the history of word-final vowels in the Permian languages.* — Szeged: 1974 | BL 1974, 11695. | *BSL* 71, 1976/2, 411-412 A. Sauvageot.
12528   A. MOLNÁR Ferenc: Utólagos megjegyzések a permi és az ősmagyar szóvégi magánhangzóinak történetéhez. — *NyK* 78, 1976, 387-391 | Additional remarks on the history of Permian and Proto-Hg. word-final vowels (E. summ.). Suppl. to art. in *NyK* 76, 77-118 (BL 1974, 11696).
12529   SEREBRENNIKOV, B. A.: O nekotorych vozmožnych putjach utraty garmonii glasnych v permskich jazykach i lugovom dialekte marijskogo jazyka. — *SovFU* 12, 1976, 35-40 | G. summ.

B. VOTIAK (OUDMOURTE) — VOTYAK (UDMURT)

12530   AKMAROV, A. M.: K probleme izučenija udmurtskoj intonacii. — [12536], 44-50.
12531   ALATYREV, V. I.: Imennye derivacionnye affiksy. Ètimologija nekotorych slov. — Voprosy udmurtskogo jazykoznanija 4; Iževsk: Udmurtskij NII, 1976, 173 p.
12532   — Pervaja naučnaja grammatika 1775 goda i razvitie udmurtskogo jazykoznanija. — [12536], 15-36.
12533   ATAMANOV, M. G.: Voršudnye nazvanija v udmurtskoj ojkonimii i proischoždenie rodovogo naimenovanija *ègra*. — *VUJa* 3, 1975, 35-41.
12534   ČETVERTNYCH, D. I.: Intonacionnye kontury nekotorych povestvovatel'nych i voprositel'nych predloženij. — [12536], 126-134.
12535   DOMOKOS Péter: Az udmurt népdal (Mint szöveg és vers). — *AUSz-SEL* 17-18, 1973-74, 63-89 | Das udmurtische Volkslied (G. summ.).
12536   *200 let udmurtskoj pis'mennosti.* [Red.: V. M. VACHRUŠEV, et al.] — Iževsk:

Udmurtskij NII, 1976, 159 p.
12537 JAŠINA, R. I.: K voprosu o formach svjazi komponentov v predikativnych sočetanijach udmurtskogo jazyka. — *VUJa* 3, 1975, 228-235.
12538 KALAŠNIKOVA, V. G.: Osobennosti udmurtskogo predloženija na bolee rannem ètape ego razvitija. — [12536], 99-103.
12539 KALININA, L. I.: Ad"ektivacija pričastij na -(i)s'. — *VUJa* 3, 1975, 58-64.
12540 KEL'MAKOV, V. K.: Sparennye glagoly v udmurtskom jazyke (Na materiale kukmorskogo dialekta). — *VUJa* 3, 1975, 90-105.
12541 — K voprosu o periodizacii istorii udmurtskogo jazyke (na materiale istoričeskoj fonetiki). — *SovFU* 12, 1976, 283-289 | G. summ.
12542 — Opyt klassifikacii udmurtskich dialektov po nekotorym osobennostjam vokalizma. — [344], 20-29.
12543 — Dorevoljucionnye pis'mennye pamjatniki kak istočnik izučenija istoričeskoj fonetiki udmurtskogo jazyka. — [12536], 104-111.
12544 MAJER, V. E.: Istoričeskie i kul'turnye predposylki napisanija pervoj grammatiki udmurtskogo jazyka. — *VUJa* 3, 1975, 24-34.
12545 NASIBULLIN, R. Š.: Iz leksiki udmurtskich narodnych govorov. — *VUJa* 3, 1975, 106-124.
12546 — Iz opyta izučenija leksičeskogo sostava udmurtskich dialektov. — [12536], 112-115.
12547 PONOMAREV, K. A.: Dvuchsotletie udmurtskoj pis'mennosti i razvitie nauki i kul'tury v Udmurtskoj ASSR. — [12536], 5-14.
12548 POZDEEVA, A. A.: Značenija i funkcii glagol'nogo suffiksa -s'k- i ego raznovidnostej v sovremennom udmurtskom jazyke. — *VUJa* 3, 1975, 125-142.
12549 ROMANOVA, G. A.: O nekotorych nazvanijach èlementov (detalej) udmurtskogo plat'ja *dèrèm*. — *VUJa* 3, 1975, 143-148.
12550 SOKOLOV, S. V.: Ètimologija udmurtskich nazvanij životnych. — *VUJa* 3, 1975, 149-165.
12551 — Udmurtskie nazvanija ptic i narodnaja ètimologija. — *VUJa* 3, 1975, 166-168.
12552 TARAKANOV, I. V.: Služebnye slova tjurkskogo proischoždenija v dialektach udmurtskogo jazyka. — *VUJa* 3, 1975, 169-190.
12553 — Ob osobennostjach razvitija ostrovnych govorov i nekotorych javlenijach jazykovoj interferencii (na materiale udmurtsko-tatarskich jazykovych kontaktov). — [344], 272-282.
12554 TEPLJAŠINA, T. I.: Sposoby vyraženija vokativnosti v udmurtskom jazyke. — *VUJa* 3, 1975, 191-202.
12555 — Toponimija, rasprostranennaja v rajone rasselenija besermjan. — *VUJa* 3, 1975, 203-227.
12556 VACHRUŠEV, V. M.: Pervaja udmurtskaja grammatika i razvitie udmurtskoj lingvistiki. — *VUJa* 3, 1975, 3-23.
12557 — K voprosu o formirovanii i razvitii udmurtskogo literaturnogo jazyka. — *VUJa* 3, 1975, 42-55.
12558 — Formirovanie i razvitie udmurtskogo literaturnogo jazyka. — [12536], 37-43.
12559 VEENKER, Wolfgang: *Verzeichnis der votjakischen Suffixe und Suffixkombinationen*, zusammengestellt und a tergo geordnet. — Hamburger Uralistische Forschungen 3; Hamburg 13, Hartungstrasse 5: Dr. W. Veenker, 1976, 81 p.
12560 *Voprosy udmurtskogo jazykoznanija.* Sbornik statej. Vyp. 3. [Red.: V. M. VACHRUŠEV, et al.]. — Iževsk: 1975, 241 p. | *SovFU* 12, 1976, 314-316 E. A. Igušev & V. A. Ljašev.

12561 ZACHAROV, V. N.: Osobennosti kategorii imen suščes vitel'nych russkogo i udmurtskogo jazykov. — [12536], 88-93.

C. ZYRIÈNE (KOMI) — ZYRYAN (KOMI)

12562 ARISTE, P.: Komi-Syrjänisches aus Puzla. — *UZTarU* 382, 1976 (*Fenno-Ugristica* 2), 92-115 | Summ. in Ru.
12563 *Komi orfografičesköj slovar'*. Möd izd. / *Komi orfografičeskij slovar'*. Izd. 2-e. [Sost.: M. A. SACHAROVA, N. N. SEL'KOV]. — Syktyvkar: Komi kn. izd., 1976, 215 p.
12564 KUZNECOVA, Z. I.: Leksičeskij material po komi jazyku v rabotach G. F. Millera. — *SovFU* 12, 1976, 59-62.
12565 MANOVA, N. D.: Složnopodčinennye predloženija s sojuzom *ľoka* v komi jazyke. — *SovFU* 12, 1976, 104-107 | G. summ.
12566 SACHAROVA, M. A., & SEL'KOV, N. N.: *Ižemskij dialekt komi jazyka*. — Syktyvkar: Komi kn. izd., 1976, 288 p., map.
12567 SACHAROVA, M. A., SEL'KOV, N. N., & KOLEGOVA, N. A.: *Pečorskij dialekt komi jazyka*. — Syktyvkar: Komi kn. izd., 1976, 152 p., map.
12568 SEREBRENNIKOV, B. A.: Ob obščejazykovedčeskich aspektach komi-zyrjanskogo mediuma. / Komisyrjäänin mediumin yleiskielitieteellisistä aspekteista. — [211], 205-214 (Ru.), 215-219 (Fi.).
12569 TURKIN, Adol'f: Russko-zyrjanskij slovar' N. P. Popova. — *SovFU* 12, 1976, 293-299 | A MS. dictionary.

V. GROUPE OUGRIEN — UGRIC GROUP

A. Généralités — General

12570 MIKOLA Tibor: Ugor ikerszavak. — *AUSz-SEL* 17-18, 1973-74, 55-62 | Die Zwillingswörter der ugrischen Sprachen, I (G. summ.).

B. Hongrois — Hungarian

O. BIBLIOGRAPHIE ET GÉNÉRALITÉS — BIBLIOGRAPHY AND GENERAL

Bibliographie der uralischen Sprachwissenschaft .... Band I: Ungarisch. — 12317.
12571 MOLNÁR, József: Selected bibliography of early Hungarian records. Printed works. — *AnaL* 6, 1976/2, 173-183 (to be cont.).
PAPP, L., & PUSZTAI, F.: Chronik des Jahres 1973. — 39.

12572 *Anyanyelvünk művelése*. Összeállította GÁLFFY Mózes és MURÁDIN László. — Bukarest: Kriterion Kiadó, 1975, 270 p. | *Nyr* 100, 1976, 345-346 Büky Béla | *NyIrK* 20, 1976, 209-210 Murvai Olga.
12573 BENCÉDY József: Az iskolai anyanyelvi nevelés programja. — *MNy* 72, 1976, 27-39.
12574 BENKŐ Loránd: Anyanyelv és társadalom. — *MNy* 72, 1976, 385-394.
12575 BÍRÓ Ágnes, GRÉTSY László, KEMÉNY Gábor: *Hivatalos nyelvünk kézikönyve*. — Budapest: Pénzügyminisztérium Államigazgatási Szervezési Intézet, 1976, 352 p.
12576 ÉDER Zoltán, ELEKFI László, et al.: *Mai magyar nyelvünk*. Szerkesztette GRÉTSY

HONGROIS

László. — Budapest: Akadémiai Kiadó, 1976, 105 p.
FURDÍK, J.: O porovnávacom výskume slov. a maď arčiny. — 10054.

12577 GINTER Károly, & TARNÓI, László: *Ungarisch für Ausländer*. — Budapest: Tankönyvkiadó, 1974, 559 p. | *Nyr* 100, 1976, 190-193 Kiss Jenő.

12578 HORÁNYI Özséb: Adalékok a vizuális szöveg elméletéhez. — *ÁNyT* 11, 1976, 143-165.

12579 *The Hungarian language*. Ed. by Loránd BENKŐ & Samu IMRE. — Budapest: 1972 | BL 1972, 11793. | *AUBud-L* 7, 1976, 225-229 S. Rot | *ZPhon* 28, 1975, 456-458 G. F. Meier.

12580 *The Hungarian-English Contrastive Linguistics Project Working Papers*, 1-4 and 6. Ed. by DEZSŐ László and William NEMSER. — Budapest: Linguistics Inst. of the Hungarian Acad. of Sciences and Center for Applied Linguistics, 1972-1975 | *NyK* 78, 1976, 200-204 Szende Tamás.

12581 *Jelentéstan és stilisztika*. A magyar nyelvészek II. nemzetközi kongresszusának előadásai. IMRE Samu, SZATHMÁRI István, SZŰTS László. — Budapest: 1974 | BL 1974, 11717. | *NyK* 78, 1976, 184-192 Kemény Gábor.

12582 KÁROLY Sándor: Laziczius utolsó nyelvészeti tevékenysége. — *NyK* 78, 1976, 364-370 | Die letzte sprachwissenschaftliche Tätigkeit von Laziczius (G. summ.).

12583 KERESZTES, László: *Unkarin kieli*. — Helsinki: 1974 | BL 1974, 11719. | *NyK* 78, 1976, 193-197 Zaicz Gábor.

12584 KOVÁCS Ferenc: Laziczius Gyula és a Prágai Nyelvészkör. — *Nyr* 100, 1976, 320-330 | Gyula Laziczius et le Cercle Linguistique de Prague.

12585 LŐRINCZE Lajos, DEME László, ELEKFI László, MOLNÁR József, WACHA Imre, FÁBIÁN Pál, G.VARGA Györgyi, SZENDE Aladár, PÉCHY Blanka: Beszédkultúránk időszerű kérdései (Vita az MTA Anyanyelvi Bizottságában Péchy Blanka *Beszélni nehéz*! című könyvéről 1975. dec. 15-én.). — *Nyr* 100, 1976, 353-375 | Discussion sur le livre de Péchy [12587], avec réponse de Péchy.

12586 *A mai magyar nyelv*. 4. kiadás. Szerkesztette: RÁCZ Endre. — Budapest: Tankönyvkiadó, 1976, 571 p.

12587 PÉCHY Blanka: *Beszélni nehéz!* — Budapest: Magvető Kiadó, 1974, 191 p. | *Nyr* 100, 1976, 350-352 Bárczi Géza | Cf. 12585.

12588 RÁCZ Endre: A klasszikus grammatika megújítása és az iskolai nyelvtanoktatás. — *MNy* 70, 1974, 385-396.

12589 RÓNAI Béla, & KEREKES László: *Nyelvművelés és beszédtechnika*. — Budapest: Tankönyvkiadó, 1974, 500 p. | *Nyr* 100, 1976, 242-245 Elekfi László.
Sajnovics János. Sajnovics János emlékünnepség .... — 2004.

12590 SCHLACHTER, W., & KISS, J.: Schwierigkeiten beim Erlernen des Ungarischen und Finnischen (Versuch zur Erfassung von Schwierigkeiten). — *ALH* 26, 1976, 109-138, 3 tab.

12591 SZABÓ T. Attila: *Válogatott tanulmányok*. Cikkek I; II; III. — Bukarest: 1970; 1971; 1972 | BL 1970, 11285; 1972, 11798; 1973, 13254. | *MNy* 70, 1974, 482-487 Károly Sándor.

12592 SZENDE Aladár: *Anyanyelvi kalauz a család számára*. — Budapest: Táncsics Kiadó, 1976, 224 p.

12593 TERESTYÉNYI Tamás: A beszéd és a tömegkommunikációs eszközök. — *ÁNyT* 8, 1972, 201-212.

12594 TOMPA József: *Anyanyelvi olvasókönyv (Rendszer és mozgás mai nyelvünkben)*. — Budapest: Gondolat Kiadó, 1976, 392 p.

12595 VÉGH József: A magyarországi néprajz és a nyelvtudomány. — *ÁNyT* 8, 1972, 229-248.

1. PHONÉTIQUE ET PHONOLOGIE — PHONETICS AND PHONOLOGY

12596 BENKŐ Loránd: Egy emfatikus eredetű hangváltozásról. — *NyK* 78, 1976, 284-291 | Über einen Lautwandel emphatischer Herkunft (G. summ.).
 FÓNAGY, I.: The voice of the poet. — 2115 | Milán Füst's poem 'Old age'.
12597 GÓSY Mária: A magyar beszédhangok ajakartikulációja. — *Nyr* 100, 1976, 262-268, 8 pl.
 HÄKKINEN, K.: Vokaalisynteesiin perustuva tutkimus suomen ja unkarin vokaalifoneemien rajoista. — 12359.
12598 KENESEI István: Az emfázisról. — *AUSz-SEL* 17-18, 1973-74, 27-48 | On emphasis in Hg. (E. summ.).
12599 MOLNÁR József: Nyelvi bonyodalmak az időtartam kérdésében. — *NyK* 78, 1976, 392-400 | Zur Frage der Lautquantität (G. summ.).
12600 MONTÁGH Imre: A magyar színpadi beszéd jellege és pedagógiája. — *ÁNyT* 10, 1974, 115-129.
12601 SOVIJÄRVI, Antti: Unkarin kielen liudentuneiden dentaalien spektrografisen analyysin tuloksia. — [136], 89-114 | Ergebnisse der spektrographischen Analyse der mouillierten Dentale des Ungarischen.
12602 SZÉPE György: A magyar betűállomány fonológiai szerkezetének elemzéséhez. — *ÁNyT* 10, 1974, 153-179 | Analyse phonologique du système des lettres dans l'orthographe hongroise.
12603 VAGO, Robert M.: Theoretical implications of Hungarian vowel harmony. — *LIn* 7, 1976, 243-263.
12604 VÉRTES O. András: Ómagyar hangváltozások akusztikai vetületéről. — *ÁNyT* 10, 1974, 197-202 | Aspect acoustique de quelques changements phonétiques du v.-hg.

2. GRAMMAIRE — GRAMMAR

12605 E. ABAFFY Erzsébet: Valószínűleg, hogy . . .? — *Nyr* 100, 1976, 397-398.
12606 ANTAL László: Gondolatok a magyarnévmásokról. — *MNy* 72, 1976, 90-94.
12607 — Gondolatok a magyar pronominalizációról. — *MNy* 72, 197, 271-281.
12608 — Gondolatok a ninális szintagmákról. — *Nyr* 100, 1976, 194-200.
12609 BÁNHIDI, Z.: Hungarian as a foreign language: a contrastive presentation of Hungarian and English predicative constructions. — *AUBud-L* 7, 1976, 193-202.
12610 BODNÁR Ferenc: Alárendelés a magyar mondattanban. — *AUSz-SEL* 17-18, 1973-74, 169-173 | Zur Frage der Unterordnung in dem ungarischen zusammengesetzen Satze (G. summ.).
12611 DIENES Dóra: A hiányos mondat kérdéséhez. — *AUSz-SEL* 17-18, 1973-74, 19-25 | On elliptical sentences (E. summ.).
12612 FÜREDI Mihály: Adalékok a magyar aktívum és paszszívum leírásához esetgrammatikai keretben. — *ÁNyT* 11, 1976, 93-113.
12613 GUSZKOVA Antonyina: Egy régi udvariassági formának mai utóélete. — *MNy* 72, 1976, 320-326.
12614 HADROVICS László: *A funkcionális magyar mondattan alapjai.* — Budapest: 1969 | BL 1969, 10628. | *ÁNyT* 9, 1973, 189-195 Füredi Mihály | Cf. 12629.
12615 HETZRON, Robert: On the Hungarian causative verb and its synta. — *SynS* 6, 1976, 371-398.
12616 HORVATH, Julia: Focus in Hungarian and the $\bar{X}$ notation. — *LAn* 2, 1976, 175-197.

12617 KÁLMÁN Béla; Értelmi és alaki egyeztetés. — *A Magyar Tudományos Akadémia Nyelv- és irodalomtudományi osztályának közleményei* (Budapest) 29, 1974, 33-54.
12618 — Aus der Geschichte des Futurs im Ungarischen. — [299], 337-344.
12619 KESZLER, Borbála: Die Steigerung der Adverbien im Ungarischen. — *AUBud-L* 7, 1976, 145-149.
12620 KIEFER Ferenc: Néhány megjegyzés az aktuális mondattagolás és az előfeltevések közötti összefüggésről. — *NyK* 78, 1976, 371-378 | Some remarks on the interrelationship between functional sentence perspective and presuppositions (E. summ.).
12621 KOCSÁNY Piroska: Adalékok az állítmányi melléknevek szemantikájához. — *MNy* 72, 1976, 450-456.
12622 M. KORCHMÁROS Valéria: A magyar tárgyas igeragozás kialakulásának relatív kronológiájához. — *AUSz-SEL* 17-18, 1973-74, 161-168 | On the relative chronology of the development of the Hg. objective conjugation (E. summ.).
12623 KOZMA Endre: Az intonáció és a szórend kapcsolatáról. — *MNy* 72, 1976, 69-80.
12624 MOLNÁR Ilona: A vonzat problémái és a nyelv közlési funkciója. — *ÁNyT* 9, 1973, 123-146 | Les problèmes de la rection et la fonction communicative du langage.
12625 NÉMETH Ilona: A *hogyan*? kérdésre válaszoló "határozóragos melléknév". — *Nyr* 100, 1976, 269-284.
12626 NYÍRI Antal: A magyar indetermináit (alanyi) és determinált (tárgyas) igeragozási rendszer kialakulásának története. — *AUSz-SEL* 17-18, 1973-74, 149-159 | Die Geschichte der ungarischen indeterminierten (subjektiven) und determinierten (objektiven) Konjugation (G. summ.).
12627 PAPP Ferenc: *A magyar főnév paradigmatikus rendszere.* — Budapest: Akadémiai Kiadó, 1975, 330 p. | *MNy* 72, 1976, 494-497 Tompa József.
12628 PÁSZTOR Emil: Nyelvtan- és helyesírás-tanításunk néhány "fehér foltjáról". — *Nyr* 100, 1976, 444-453.
PATAKI, P.: Étude contrastive du futur en hg. et en fr. — 5935.
12629 RÁCZ Endre: Megjegyzések Hadrovics Lászlónak "A funkcionális magyar mondattan alapjai" című művéről. — *ÁNyT* 9, 1973, 147-163 | On No. 12614.
12630 — Kongruencia és redundancia. — *MNy* 72, 1976, 53-59.
12631 RUZSICZKY Éva: A denominalis *-z* képzővel alkotott magyar igék és német megfelelőik. — *MNy* 72, 1976, 282-293; 436-449.
— Ung.-deutsche kontrastive Untersuchungen im verbalen Bereich der Wortbildung. — 7253.
12632 SCHLACHTER, W.: Beziehungen der Pragmatik zur ungarischen Wortfolge. — *ALH* 26, 1976, 357-395.
12633 SVENSSON, B.: A Hungarian case against unidirectionality. — *ALH* 26, 1976, 145-153.
SZABICS, I.: Les syntagmes appositifs du fr. et leurs équivalents hg. — 5963.
12634 SZALAMIN Edit: A magyar mondatformák kérdéséhez. — *NyK* 78, 1976, 453-465 | K voprosu o strukturnych schemach predloženija v vengerskom jazyke (Ru. summ.).
12635 SZAMOSI, Michael: On a surface structure constraint in Hungarian. — *SynS* 7, 1976, 409-425 | Dates from 1970.
12636 SZEPESY Gyula: Ha nem is. — *Nyr* 100, 1976, 385-394.
12637 *Tanulmányok a mai magyar nyelv szófajtana és alaktana köréből.* Szerkesztette RÁCZ Endre és SZATHMÁRI István. — Budapest: 1974 | BL 1975, 12405. | *MNy*

72, 1976, 118-122 Ruzsiczky Éva.
12638 TOMPA József: Egy "szakállas" pör legmaibb tanulságai. — *MNy* 72, 1976, 172-183.
12639 — *Öten* típusú számnévi alakulataink mai használata. — *Nyr* 100, 1976, 129-136.
12640 VIDRA Klára: Mondategészek elhatárolása beszélt nyelvi környezetben. — *MNy* 72, 1976, 197-202.
12641 WACHA Balázs: Az igeaspektusról. — *MNy* 72, 1976, 59-69.

3. HISTOIRE — HISTORY

12642 E. ABAFFY Erzsébet: Szóvégrendszerünk az ős- és az ómagyar korban. A szóvégi redukálódás. — *MNy* 70, 1974, 430-440.
12643 DEZSŐ László: Településtörténet és nyelvjárástörténet. — *ÁNyT* 8, 1972, 29-37.
12644 FÁBIÁN Pál: A XIX. század magyar nyelve és Jókai. — *Nyr* 100, 1976, 3-7.
12645 B. GREGUSS Livia: A Székelyudvarhelyi Kódex módféle határozói. — *MNy* 72, 1976, 456-468.
12646 KÁROLY Sándor: Nyelvtörténet és kommunikáció. — *ÁNyT* 8, 1972, 119-131.
12647 KIRÁLY Péter: A magyarok említése a Metód-legendában. — *MNy* 70, 1974, 269-285; 406-430.
12648 — A magyarok említése a 811. évi események óbolgár leírásában. — *MNy* 72, 1976, 136-148; 257-268; 408-422. | Mention des Hongrois dans les textes v.-bulg. relatifs aux événements de 811.
12649 KOMORÓCZY Géza: *Sumér és magyar?* — Budapest: Magvető Kiadó, 1976, 168 p. | Sum. and Hg.?
12650 LENGYEL Zsolt: Magyar gyermeknyelvi kutatások a XIX. században. — *MNy* 72, 1976, 81-90.
12651 MÉSZÁROS István: *Iskolai jegyzetkönyv a XVI-XVII. század fordulójáról.* — Nyelvtudományi Értekezések 90; Budapest: Akadémiai Kiadó, 1976, 88 p.
A. MOLNÁR F.: Utólagos megjegyzések a permi és az ősmagyar szóvégi magánhangzóinak történetéhez. — 12528.
12652 MOLNÁR József & SIMON Györgyi: *Magyar nyelvemlékek.* — Budapest: Tankönyvkiadó, 1976, 287 p. | *MNy* 72, 1976, 497-499 D. Bartha Katalin.
12653 PAIS Dezső: *A magyar ősvallás nyelvi emlékeiből.* — Budapest: Akadémiai Kiadó, 1975, 345 p. | *MNy* 72, 1976, 114-116 Kálmán Béla.
12654 PRITSAK, Omeljan: From the Säbirs to the Hungarians. — [284], 17-30 | Origin and migrations of the ancestors of the Hungarians.
12655 ROT, A. M.: *Vengersko-vostočnoslavjanskie jazykovye kontakty.* — Budapest: 1973 | BL 1975, 12415. | *ALH* 26, 1976, 241-249 L. A. Ponomarenko.
12656 SZATHMÁRI, I.: Die sprachliche Wirkung von Albert Molnár Szenci. — *AUBud-L* 7, 1976, 119-134 | In Hg. in *Irodalomtörténet* 1976, 17-36.
12657 SZELESTEI N. László: Magyar nyelvű közgyónásszöveg a XVI. század elejéről. — *MNy* 72, 1976, 502-503.
12658 SZILÁGYI Ferenc: Berzsenyi és a tájnyelvek (A költő születésének 200. évfordulójára). — *Nyr* 100, 421-443.
12659 SUGÁR István: Az egri várszámadások magyar szavai 1548 és 1564 között. — *MNy* 72, 1976, 126-128.

4. DIALECTOLOGIE — DIALECTOLOGY

12660 BALOGH Lajos & KIRÁLY Lajos: *Az állathangutánzó igék, hivogatók és terelők somogyi nyelvatlasza.* — Budapest: Akadémiai Kiadó, 1976, 225 p., 51 maps | *BSL* 72, 1977/2, 356-358 A. Sauvageot.

12661 BOKOR József: A sopronkövesdi nyelvjárás zárt *o-*zásához. — *Nyr* 100, 1976, 331-338.

12662 HORVÁTH K. I.: *A Kárpátontúli magyar nyelvjárások magánhangzórendszere.* Egyetemi jegyzet. / HORVAT, K. I.: *Systema holosnych uhors'kych hovoriv Zakarpats'koji oblasti URSR.* Konspekt lekcij. — Uzshorod: Uzshorodi Állami Egyetem., 1976, 59 p.

12663 IMRE Samu: Megfigyelések a magyar nyelvjárások változásáról. — *ÁNyT* 8, 1972, 85-104 | Observations sur les modifications des dialectes hg.

12664 — Laziczius Gyula és a magyar nyelvjáráskutatás. — *NyK* 78, 1976, 338-345 | Gyula Laziczius und die ungarische Mundartforschung (G. summ.).

12665 KISS Jenő: Magyar nyelvjárási mondattanok? — *Nyr* 100, 1976, 83-88.

12666 KÓSA László, FILEP Antal: *A magyar nép táji-történeti tagolódása.* — Budapest: Akadémiai Kiadó, 1975, 231 p. | *Nyr* 100, 1976, 473-475 Balogh Lajos.

12667 KOVÁCS Ferenc: A falu nyelvének átrétegződése. — *ÁNyT* 8, 1972, 133-147 | Changements dans la stratification de la langue d'un village. LYZANEC', P. M.: *Atlas leksyčnych madjaryzmiv . . . . v ukr. hovorach Zakarpats'koji obl. URSR.* — 11474-5.

12668 *A magyar nyelvjárások atlaszának elméleti-módszertani kérdései.* Szerkesztette DEME László és IMRE Samu. — Budapest: Akadémiai Kiadó, 1975, 345 p. | *MNy* 72, 1976, 228-233 Kiss Jenő.

12669 MÁRTON Gyula: *Igetövek, igei jelek és személyragok a moldvai csángó nyelvjárásban.* — Bukarest: 1974 | BL 1974, 11769. | *Nyr* 100, 1976, 103-106 Kiss Jenő.

12670 MOKÁNY, Katalin: A-lisusest Viski (Võškovo) küla ungari murrakus. — *ESA* 21, 1975 (1976), 99-103 | *Akan'je* in the Hg. dial. of Viski (Transylvania). Summ. in Ru.

12671 CS.NAGY Lajos: A *szentegyház* szó nyelvjárási változatainak lexikai tanulságai. — *MNy* 72, 1976, 338-339 | Note lexicale.

12672 NEMES Zoltánné, GÁLFFY Mózes, MÁRTON Gyula: *Torja szójegyzék.* — A Sepsiszentgyörgyi Megyei Mízeum Kiadványa, 1974, 186 p. | *MNy* 72, 1976, 243-245 Fiers Márta.

12673 PELLE Ilona & JUHÁSZ J. Pál: Nyelvjárási szövegek Kiskundorozsmáról. — *AUSz-SEL* 17-18, 1973-74, 271-279 | Texte aus dem Mundart von Kiskundorozma (G. summ.).

12674 SZABÓ József: A mellérendelt és az alárendelt mondatok gyakoriságának vizsgálata Nagykónyi nyelvjárásában. — *Nyr* 100, 1976, 201-233.

12675 — Megfigyelések a nagykónyi nyelvjárás változásáról, különös tekintettel a köznyelvi hatásra. — *MNy* 72, 1976, 100-113.

5. VOCABULAIRE — VOCABULARY

12676 BAKOS Ferenc: *Idegen szavak és kifejezések szótára.* Főmunkatárs FÁBIÁN Pál. — Budapest: 1973 | BL 1973, 13332. | *MNy* 70, 1974, 491-495 Farkas Vilmos.

12677 BALASSA Iván: *Az eke és a szántás története Magyarországon.* — Budapest: 1973 | BL 1974, 11781. | *SSlav* 22, 1976, 191-200 F. Gregor.

12678 BÁNHIDI Zoltán: A magyar mint idegen nyelv és a magyar orvosi nyelv. — *MNy* 72, 1976, 183-197.

12679 BARTOLOMEIS, Mario DE: Magyar *hajdú* – olasz *aiducco* (vagy *aiduco*). — *MNy* 70, 1974, 451-458 | Cf. BL 1975, 6302.

12680 BENKŐ Loránd: A magyar szótörténeti kutatások kiemelkedő eseményéről. — *MNy* 72, 1976, 39-47.
12681 FODO, Š. L.: Iz istorii izučenija slavjanskich zaimstvovanij v vengerskom jazyke. — *UZTarU* 347, 1975 (*Trudy po ru. i sl. fil.* 23), 182-201.
12682 GALGÓCZI László: Betegségneveink történetéből: *Bérpoklos – Bőrpoklos*. — *AUSz-SEL* 17-18, 1973-74, 265-269 | Aus der Geschichte der ungarischen Krankheitsnamen: *Bérpoklos – Bőrpoklos* (G. summ.).
12683 GREGOR, F.: Maďarské krajové slová *holya, rabusanka* a *valcha*. — *AUBud-L* 7, 1976, 185-191 | The Hg. regional words *holya*, etc.
12684 GUNDA Béla: A gólyaláb (ném. *Stelze*, ang. *stilt*). — *NyK* 78, 1976, 314-321 | Terms for stilts in Hg. (E. summ.).
12685 HERNÁDI Miklós: *Közhelyszótár*. — Budapest: Gondolat Kiadó, 1976, 363 p. | Dictionnaire des lieux communs.
12686 KISS Jenő: Miscellanea onomatopoetica. — *MNy* 70, 1974, 444-451.
12687 KISS Lajos: *Szláv tükörszók és tükörjelentések a magyarban*. — Nyelvtudományi Értekezések 92; Budapest: Akadémiai Kiadó, 1976, 231 p.
12688 KOBILAROV-GÖTZE, Gudrun: *Die deutschen Lehnwörter der ungarischen Gemeinsprache*. — Wiesbaden: 1972 | *BL* 1972, 11860. | *IF* 80, 1975 (1976), 315-319 G. F. Grohe.
12689 LADÓ János: Idegen szó, magyar szó, világnézet. — *MNy* 72, 1976, 155-172.
12690 LIGETI Lajos: A magyar nyelv török kapcsolatai és ami körülöttük van. — *MNy* 72, 1976, 11-27; 129-136.
12691 *A magyar nyelv történeti-etimológiai szótára*. 3. kötet, Ö – Zs. Főszerkesztő: BENKŐ Loránd. Szerkesztők: KUBINYI László, PAPP László. — Budapest: Akadémiai Kiadó, 1976, 1230 p. | Cf. *BL* 1967, 9935. | *BSL* 72, 1977/2, 347-350 A. Sauvageot.
12692 *Magyar-orosz szótár*. Főszerkesztő: GÁLDI László. / *Vengersko-russkij slovar'* .... — Moskva: Izd. "Russkij jazyk" / Budapest: Akadémiai Kiadó, 1976, 871 p.
12693 MÁNDOKY-KONGUR, I.: Die Etymologie eines ungarischen Pflanzennamens kumanischen Ursprungs. — [284], 249-254 | *cötkény*.
12694 A. MOLNÁR Ferenc: Szó- és szólásmagyarázatok, etimológiai megjegyzések Balassi nyelvéből. — *MNy* 72, 1976, 308-320; 429-435.
12695 NAGY, F.: Versuche zur Wiedergabe fremder Fachwörter im Ungarischen. — *AUBud-L* 7, 1976, 151-157.
12696 ORSZÁGH László: *Angol-magyar nagyszótár*. Ötödik, teljesen átdolgozott és bővített kiadás. I: *A-M*; II: *N-Z*. / *A comprehensive English-Hungarian dictionary*. 5th ed., completely revised and enl. .... — Budapest: Akadémiai Kiadó, 1976, [xv], 1225; [iv], 1093 p.
12697 PACH Zsigmond Pál: Szófejtés és gazdaságtörténet. *Crom – cromer – kalmár*. — *MNy* 72, 1976, 422-429.
12698 PELLEGRINI, Giovan Battista: Continuatori balcanico-danubiani del veneto *balota*. — *Ling* 16, 1976, 119-123 | Hg. *labda*, etc.
12699 SANTARCANGELI, Paolo: La creazione di una terminologia marinaresca ungherese, con particolare riguardo all'adozione di termini italiani e slavi. — *BALM* 13-15, 1971-73 (1976), 479-501.
12700 SCHÜTZ, Edmond: Bolgaro-Turkic term – Hungarian horsemanship. — [299], 605-619 | On the Turkic origin of the Hg. verb *tart-*.
12701 SZABÓ T. Attila: *Erdélyi magyar szótörténeti tár*. Anyagát gyűjtötte és szerkesztette. I. Kötet: *A-C*. — Bukarest: Kriterion, 1975, 1225 p. | *SCL* 27, 1976, 553-556

B. Kelemen | *NyIrK* 29, 1976, 105-107 Kósa Ferenc.
12702 — A Szótörténeti Tár szerkesztési kérdéseihez. — *Nyr* 100, 1976, 246-248.
12703 SZÉPE György: A magyar rokonsági elnevezések néhány kérdése. — *ÁNyT* 8, 1972, 181-199.
12704 — Some problems of Hungarian kinship terminology. — *ALH* 26, 1976, 1-26.
12705 VÁSÁRY, István: Two Old-Turkic loan words in Hungarian. — [284], 239-247 | 1. *ászok*. 2. *ondó*.
12706 VELCSOV Mártonné: Szótörténeti fejtegetések. — *AUSz-SEL* 17-18, 1973-74, 143-148 | Etym. Auseinandersetzungen (G. summ.).

6. ORTHOGRAPHE — ORTHOGRAPHY

12707 FÁBIÁN Pál: Helynévgyűjtés és helyesírás. — *MNy* 72, 1976, 223-224.
12708 FÖLDI Ervin, Ifj. HŐNYI Ede: A földrajzi nevek helyesírásáról. — *MNy* 72, 1976, 224-228.
12709 Ifj. HŐNYI Ede: A betűrendbe sorolás elvi problémái. — *MNy* 72, 1976, 343-348.
12710 *A magyar helyesírás szabályai*. 10. kiadás, 16 lny. — Kiadja a Magyar Tudományos Akadémia; Budapest: Akadémiai Kiadó, 1976, 273 p.
12711 D. MÁTAI Mária: Nyelvhasználat és helyesírás. — *Nyr* 100, 1976, 24-27.
12712 PLASZKONY László: Néhány szó külön- es esgybeírásáról. — *Nyr* 100, 1976, 394-397.
12713 SZEMERE Gyula: *Az akadémiai helyesírás története (1832-1954)*. — Budapest: 1974 | BL 1974, 11825. | *Nyr* 100, 1976, 475-479 T. Urbán Ilona.
12714 — Egy helyesírási babona pályafutása. — *Nyr* 100, 1976, 27-32.
12715 T. URBÁN Ilona: A nagy számok nevének rövidítése. — *Nyr* 100, 1976, 36-38.

7. STYLISTIQUE, LANGUE LITTÉRAIRE — STYLISTICS, LITERARY LANGUAGE

12716 DEZSÉRY Judit & TERESTYÉNI Tamás: Élő szöveg - stúdió-szöveg. — *ÁNyT* 11, 1976, 51-77.
12717 FEDERMAYER Éva: József Attila: *Tedd a kezed*. — *Nyr* 100, 1976, 172-176.
12718 HERCZEG Gyula: Egy sajátos mondatstilisztikai jelenség a századvég prózájában. — *Nyr* 100, 1976 39-48.
12719 HERNÁDI Sándor: Szó és élet. — *Nyr* 100, 1976, 398-408.
12720 A. JÁSZÓ Anna: Megjegyzések a kiejtés tanításához. — *Nyr* 100, 1976, 316-319.
12721 KÁLMÁN Mária: Jelentéstani nehézségek a magyarnak mint idegen nyelvnek az oktatásában. — *Nyr* 100, 1976, 184-187.
12722 KEMÉNY Gábor: A költői képek funkciója egy Krúdy-leírásban. — *Nyr* 100, 1976, 409-420.
12723 MOLNÁR Zoltán: Szürrealisztikus képek Krúdynak "A helyettes halott" című novellájában. — *Nyr* 100, 1976, 296-305.
12724 MURVAI Olga: A szabad függő beszéd stílushatásának kérdéséhez (Babits Mihály Halálfiai című regénye alapján). — *Nyr* 100, 1976, 289-296.
12725 PÁSZTOR Emil: Megjegyzések Madách Tragédiájának "helyreállított" szövegű kiadásához. — *Nyr* 100, 1976, 49-53.
12726 — Mikes Törökországi levelei és mai helyesírásunk. — *Nyr* 100, 1976, 136-144.
12727 RUZSICZKY Éva: A nyelvi lektor munkájáról (A Biblia nyelvi lektorálása során szerzett tapasztalatok alapján). — *Nyr* 100, 1976, 7-24.
12728 J. SOLTÉSZ Katalin, & BÁN Ervin: Mikor *őket*, mikor *azobat*? — *Nyr* 100, 1976, 257-262.

12729 SZABÓ Zoltán: Az irodalmi mű stiláris kohéziójáról. — *Nyr* 100, 1976, 163-172.
12730 SZABOLCSI Miklós: Megjegyzések egy magyar stílusjelenséghez. — *NyK* 78, 1976, 441-452 || Quelques remarques sur un phénomene stylistique hg. (Rés. fr.).
12731 VÉGH J. Mihály: Ritmusjelenségek a magyar prózában. — *AUSz-SEL* 17-18, 1973-74, 175-195 | Rhythmuserscheinungen in der ungarischen Prosa (G. summ.).

10. LINGUISTIQUE MATHÉMATIQUE — MATHEMATICAL LINGUISTICS

12732 JAKAB István: *A magyar igekötők állományi vizsgálata.* — Nyelvtudományi Értekezések 91; Budapest: Akadémiai Kiadó, 1976, 106 p. | Recherches statistiques sur les préverbes du hg.
12733 JANURIK, Tamás: Adatok a CVC típusú magyar szóanyag etimológiai vizsgálatához. — *AUSz-SEL* 17-18, 1973-74, 99-119 | Données statistiques pour l'étude étym. du lexique hg. du type CVC (Rés. fr.).
12734 JÉKEL Pál & PAPP Ferenc: *Ady Endre összes költői műveinek fonémastatisztikája.* — Budapest: 1974 | BL 1974, 11845. | *NyK* 78, 1976, 197-198 Füredi Mihály.
12735 PAPP Ferenc: Adalékok a magyar nyelvtörténet két szinkrón metszetéhez (Balassi és Ady). — *NyK* 78, 1976, 404-408 | Dannye k dvum sinchronnym srezam v istorii vengerskogo jazyka (Ru. summ.).

12. SOCIOLOGIE DU LANGAGE — SOCIOLOGY OF LANGUAGE

JANDA, I. H.: E. Hg. and Hg. E. language interference phenomena in Chicago. — 8573.
12736 G. VARGA Györgyi: A budapesti nyelvhasználat társadalmi rétegződéséről. — *ÁNyT* 8, 1972, 213-227.
12737 — A budapesti egyetemen folyó regionális köznyelvi kutatómunkáról. — *MNy* 70, 1974, 441-444.

14. ONOMASTIQUE — ONOMASTICS

12738 DIENES Erzsébet: Földrajzi nevek az Érdy Kódexből. — *AUSz-SEL* 17-18 1973-74, 221-229 | Geographische Namen im Érdy Kodex (G. summ.).
ESCHENBURG, B.: *Linguistische Analyse der Ortsnamen der ehemaligen Komitate Bács und Bodrog ....* — 9810.
12739 FEHÉRTÓI Katalin: A XIV-XV. századi jobbágynevekről. — *MNy* 72, 1976, 472-476.
12740 GYÖRFFY, Gy.: Zur Frage der Herkunft der ungarländischen Dienstleute. — *SSlav* 22, 1976, 39-83, 5 maps; 311-337.
12741 — Vom Namen *Estrigen* bis zu *Parqan* (Die Ausbildung von Gran im Spiegel seiner Namen). — [284], 231-238.
12742 HAJDÚ Mihály: *Magyar becézőnevek (1770-1970).* — Budapest: 1974 | BL 1974, 11857. | *Nyr* 100, 1976, 111-113 Posgay Ildikó | *Names* 24, 1976, 134 Andrew Kerek.
12743 HALASI-KUN, Tibor: Unidentified medieval settlements in Southeastern Hungary: *Bozvár, Castellum Cikóvásárhely, Castrum Cseri,* and *Sugya.* — *RO* 38, 1976, 137-153, map.
12744 — Unidentified medieval settlements in Southeastern Hungary: *Alba Ecclesia, Castrum Ér-Somlyó, Castrum Somlyó,* and *Maxond.* — [284], 293-308, map.

HELLER, G.: *Comitatus Veroecensis.* — 9814.
12745 *Heves megye földrajzi nevei. II. A füzesabonyi járás.* Szerkesztette: VÉGH József, PAPP László. — A Magyar Nyelvtudományi Társaság kiadványai 144; Budapest: Magyar Nyelvtudományi Társaság, 1976 (on cover 1975), 176 p., 4 maps.
12746 KÁZMÉR, Miklós: Zur namenkundlichen Authentizität der ungarischen Streudenkmäler. — *AUBud-L* 7, 1976, 135-143.
12747 KECSKÉS Gyula: *Püspökladány újkori története helyneveiben.* — Püspökladány: Nagyközség Tanácsa, 1974, 390 p. | *Nyr* 100, 1976, 347-350 É. Kiss Sándor.
12748 KISS Jenő: Magyar nevek német szemmel nézve. — *Nyr* 100, 1976, 161-162.
12749 LÉVAI Béla: Puszta helynév vagy családnév? — *MNy* 72, 1976, 476-477.
12750 MIZSÉR Lajos: Névhelyettesítés és névkihagyás. — *MNy* 72, 1976, 326-328.
NEHRING, K.: *Comitatus Arvensis.* — 10285.
12751 PÉTER László: Szegedi személynevek 1578-ban. — *AUSz-SEL* 17-18, 1973-74, 231-263 | Szegeder Personennamen aus dem Jahre 1578 (G. summ.).
POGÁNY, I.: Interferenz im Flurnamenschatz ... — 7789.
12752 RÁSONYI László: Azonos földrajzi nevek a baskír és a magyar földön. — *MNy* 72, 1976, 48-53.
12753 SIPOS, István: Adaptácia slovenských geografických názvov v maďarčine. — *ZbSOK* VI, 155-156 | Zur Adaptation der slowakischen geogr. Namen im Ungarischen.
12754 J. SOLTÉSZ Katalin: Lónevek. — *Nyr* 100, 1976, 144-154.
12755 *Somogy megye földrajzi nevei.* Tudományos irányító VEGH József .... — Budapest: 1974 | BL 1974, 11876. | *JČ* 27, 1976, 89-91 Š. Horváth.
12756 SZABÓ, József: Nagykónyi község földrajzi nevei. — *AUSz-SEL* 17-18, 1973-74, 197-220, ill. | Geografičeskie nazvanija derevni Nagykónyi (Ru. summ.).
12757 TÓTH László: Földrajzi nevei 1945 után. — *MNy* 72, 1976, 348-351.
12758 VARSIK, Branislav: Pôvod názvov typu *Rednek* v maďarčine. — *ZbSOK* VI, 157-164 | The origin of the names of the type *Rednek* in Hg.
ZIMMERMANN, F.: *Hist.-ethnographische Analyse der deutschen Besiedlungsgebiete Westungarns.* — 7807.

B. Ougrien de l'Ob — Ob-Ugric

A. OSTIAK (KHANTI) — OSTYAK (KHANTI)

12759 GULYA János: Az igeidők rendszere a vahi osztjákban. — *NyK* 78, 1976, 306-313 | System der Tempora im Vach-Ostjakischen (G. summ.).
12760 HONTI László: Az osztják személyjelölő szuffixumok történeti áttekintése. — *NyK* 78, 1976, 71-119 | A historical survey of suffixes marking person in Ostyak (E. summ.). | *BSL* 72, 1977/2, 335-339 A. Sauvageot.
12761 A. JÁSZÓ Anna: Megjegyzések a participiumból alakult verbum finitumok mondattanához az északi osztjákban. — *NyK* 78, 1976, 353-358 | Bemerkungen zum syntaktischen Gebrauch aus dem Partizip gebildeten finiten Verbalformen im Nordostjakischen (G. summ.).
12762 [KARJALAINEN, K. F.] *K. F. Karjalainens südostjakische Textsammlungen.* Neu transkribiert .... von Edith VÉRTES. — Helsinki: 1975 | BL 1975, 12494. | *UAJb* 48, 1976, 265-266 R. Radomski.
12763 STEINITZ, Wolfgang: *Ostjakologische Arbeiten,* in 4 Bänden. Hrsg. von Gert SAUER und Renate STEINITZ unter Mitwirkung von Fachkollegen. Band 2. *Ostjakische Volksdichtung und Erzählungen aus zwei Dialekten.* Kommentare,

für die Herausgabe wissenschaftlich bearbeitet von Gert SAUER und Brigitte SCHULZE. — Budapest: Akadémiai Kiadó / Berlin: Akad.-Verlag, 1976, viii, 320 p., All. | Also in the series JanL, S. practica 255; The Hague: Mouton. | Cf. BL 1975, 12506.

12764 VÉRTES, Edith: Ostjakisches Material im Archiv der finnisch-ugrischen Gesellschaft (Paasonens bzw. Karjalainens ostjakischer Nachlass). — *ALH* 26, 1976, 89-107.

B. VOGOUL (MANSI) — VOGUL (MANSI)

12765 HONTI, László: *System der paradigmatischen Suffixmorpheme des wogulischen Dialektes an der Tawda.* — Budapest: 1975 | BL 1975, 12509. | *NyK* 78, 1976, 179-180 Kálmán Béla.

12766 KÁLMÁN, Béla: *Wogulische Texte, mit einem Glossar.* Gesammelt und bearbeitet. — Budapest: Akadémiai Kiadó, 1976, 353 p., 2 maps | *BSL* 72, 1977/2, 360-362 A. Sauvageot.

12767 — *Chrestomathia Vogulica.* 2., átdolgozott kiadás. — Budapest: Tankönyvkiadó, 1976, 149 p., ill., map | 2nd, revised ed. (First ed. 1963; BL 1963, 9707). | *BSL* 72, 1977/2, 359-360 A. Sauvageot.

12768 — Van-e labio-palatoveláris mássalhangzó-fonéma a vogulban? — *NyK* 78, 1976, 359-363 | Gibt es ein labiopalatovelares Konsonantenphonem im Wogulischen? (G. summ.).

12769 VEENKER, Wolfgang: Zym Typ CVC der ersten Silbe im Vogulischen. — [299], 715-732.

C. Groupe samoyède — Samoyedic Group

12770 ALITKINA, L. A.: O nekotorych suffiksal'nych slovoobrazovanijach prilagatel'nych v sel'kupskom jazyke. — *Jaz. i top.* [334], 1, 102-105.

12771 BEKKER, È. G.: O formach vyraženija padežnych otnošenij v sel'kupskom jazyke (na materiale jazyka narymskich sel'kupov). — *Jaz. i top.* [334], 1, 86-91.

12772 — Ličnye imena u sel'kupov. — *Jaz. i top.* [334], 2, 91-94.

12773 BOL'DT, E. P.: Proizvodnye imena prilagatel'nye s suffiksom -?a v nganasanskom jazyke. — *Jaz. i top.* [334], 2, 95-100.

12774 CHELIMSKIJ, E. A.: O sootvetstvijach ural'skich a- i e-osnov v tazovskom dialekte sel'kupskogo jazyka. — *SovFU* 12, 1976, 113-132 | E. summ.

12775 CHOMIČ, L. V.: *Problemy ètnogeneza i ètničeskoj istorii nencev.* — Leningrad: Nauka (AN SSSR, Inst. etnografii im. N.N. Miklucho-Maklaja), 1976, 189 p.

12776 GLUCHIJ, Ja. A.: Gubnye fonemy eneckogo jazyka (dialekt baj) po èksperimental'nym dannym. — [12312], 75-103, 14 fig.

12777 HAJDÚ Péter: Gerundium és translativus a déliszamojédban. — *AUSz-SEL* 17-18, 1973-74, 49-54 | Gerund and translative markers in Southern Samoyed (E. summ.).

12778 — A nyenyec sámándal és szövege. — *A Magyar Tudományos Akadémia Nyelv- és Irodalomtudományi Osztályának Közleményei* (Budapest) 29, 1974, 279-294 | Le chant de chaman nénets et son texte.

12779 JOKI, Aulis J.: Some Samoyed-Tunguz word comparisons. — [299], 321-323.

12780 KATZ, Hartmut: *Selcupica.* 1. *Materialien vom Tym.* — Veröffentlichungen des Finnisch-Ugrischen Seminars an der Univ. München, Serie C: Miscellanea 1; München: 1975, vii, 120 p.

SAMOYÈDE

12781   KÜNNAP, Ago: Kodade ema. — *KjK* 19, 1976, 612-613 | Bildung der Mehrzahl in den nordsamojedischen Sprachen.
12782   — Kamassilaisia tekstejä I. — *UZTarU* 382, 1976 (*Fenno-Ugristica* 2), 116-134 | Kamass texts.
12783   [KÜNNAP, A.] KJUNNAP, A. Ju.: *Sklonenie i sprjažnie v samodijskich jazykach (Sravnitel'no-istoričeskij analiz pervičnych slovoizmenitel'nych suffiksov).* Diss. na soiskanie učenoj stepeni doktora filol. nauk. — Tartu 1974 | *SovFU* 12, 1976, 74-77 N. M. Tereščenko.
12784   — Nekotorye ėneckie i nganasanskie infinitnye glagol'nye formy iz rukopisej M. A. Kastrena. — *UZTarU* 382, 1976 (*Fenno-Ugristica*, 2), 135-146.
12785   — Samodijskie poslelogi *jVt(V) i *jV. — *SovFU* 12, 1976, 53-57 | G. summ.
12786   — K istorii ličnych glagol'nych suffiksov v severnosamodijskich jazykach. — *Jaz. i top.* [334], 2, 79-85.
12787   B. LABÁDI Gizella: Két erdei nyenyec mese Verbov nyomán. — *AUSz-SEL* 17-18, 1973-74, 91-98 | Zwei waldjurakische Märchen (G. summ.).
12788   LABANAUSKAS, Kazis: Buduščee pervoe vremja v neneckom jazyke. — *SovFU* 12, 1976, 108-112 | G. summ.
12789   — Neneckij preterit. — *SovFU* 12, 1976, 208-213 | G. summ.
12790   MIKOLA, Tibor: *Die alten Postpositionen des Nenzischen....* — Budapest: 1975 | BL 1975, 12532. | *SovFU* 12, 1976, 63-67 Ago Kjunnap.
12791   MOREV, Ju. A.: K voprosu o sloge i slogovoj strukture slova v sel'kupskom jazyke (na materiale sredneobskogo dialekta čumyl'kupov). — *Jaz. i top.* [334], 1, 76-85.
12792   — Dvukonsonantnye sočetanija v sel'kupskom jazyke (Na materiale sredneobskogo dialekta čumyl'kupov). — *Jaz. i top.* [334], 2, 69-78.
12793   PERFIL'EVA, T. G.: *Vyraženie vremennych i prostranstvennych otnošenij sredstvami neneckogo jazyka.* Diss. na soiskanie učenoj stepeni kandidata filol. nauk. — Novosibirsk 1975 | *SovFU* 12, 1976, 230-232 N. M. Tereščenko.
12794   POPOVA, Ja. N.: *Fonetičeskie osobennosti lesnogo narečija neneckogo jazyka.* Diss. na soiskanie učenoj stepeni kandidata filol. nauk. — Novosibirsk 1975 | *SovFU* 12, 1976, 156-160 Ju. A. Morev.
12795   — Sistema konsonantov v purovskom govore lesnogo narečija neneckogo jazyka. — [12312], 104-119.
12796   PUSZTAY, János: *Material aus dem Wald-Dialekt des Jurak-Samojedischen.* — NAWG 1976, 10; Göttingen: Vandenhoeck & Ruprecht, 1976, 31 p., map.
12797   SAMMALLAHTI, Pekka: *Material from Forest Nenets...* — Vammala: 1974 | BL 1974, 11910. | *NyK* 78, 1976, 180-184 Csepregi Márta.
12798   N.-SEBESTYÉN, Irene: Possessive Personalsuffixe sg., pl. 1 und sg., pl. 2 im Juraksamojedischen. — *ALH* 26, 1976, 307-356.
12799   SOROKINA, I. P.: *Morfologija glagola ėneckogo jazyka.* Diss. na soiskanie učenoj stepeni kandidata filol. nauk. — Leningrad 1975 | *SovFU* 12, 1976, 233-236 Ago Kjunnap.
12800   — Slovoobrazovanie glagola ėneckogo jazyka. — [345], 170-180.
12801   STOLJAROVA, A. K.: Perednejazyčnye soglasnye fonemy v jazyke avamskich iganasan. — [12312], 120-136, 14 fig.
12802   TERENT'EV, V. A.: Neskol'ko samodijskich ėtimologij. — *SovFU* 12, 1976, 290-292 | G. summ.
12803   TEREŠČENKO, N. M.: Obosnovanija iskonnogo rodstva jazykov samodijskoj gruppy. — *Jaz. i top.* [334], 1, 64-75.
12804   VERBOV, G.: Dialekt lesnych nencev. — *Samodijskij sbornik* (Novosibirsk: 1973),

3-190 | BL 1975, 12540. | *NyK* 78, 1976, 180-184 Csepregi Márta.
12805 VOEVODINA, N. M.: Funkcii deepričastij i deepričastnych oborotov v predloženii (na materiale sel'kupskogo jazyka). — *Jaz. i top.* [334], 1, 92-101.
12806 — Analitičeskie konstrukcii s glagolom "končit'" v sel'kupskom jazyke. — *Jaz. i top.* [334], 2, 86-90.

III. LANGUES ALTAÏQUES — ALTAIC LANGUAGES

A. Généralités — General

12807 DMITRIEVA, L. V.: Nekotorye itogi izučenija nazvanij rastenij v tjurkskich jazykach sopostavitel'no s drugimi jazykami altajskoj sem'i (odnoleksemnye nazvanija). — *SovT* 1975/2, 13-24.
HAGUENAUER, Ch.: *Nouv. recherches comparées sur le jap. et les langues altaïques.* — 13165.
12808 KAJDAROV, A. T.: K charakteristike odnokornevych ujgursko-mongol'skich proizvodnych osnov. — [374], 129-137.
12809 MENGES, Karl H.: Aus dem Gebiet der altaischen Suffix-Morphologie: die Verbal-Suffixa Tung. *-dyt-/-dyč-*, Türk. *-qar-, -γyr-, -γa-/-qa-, -rqa-, -qaly/-γaly.* — [284], 101-117.
MILLER, R. A.: A reply to Doerfer. — 4056.
MURAYAMA, Sh.: Ramstedt und Polivanov als Altaist-Japanologen. — 13186.
12810 RÓNA-TAS, András: On the meaning of "Altaic". — [299], 549-556.
12811 — *Böz* in the Altaic world. — *AoF* 3, 1975, 155-163 | Cf. 13263.
12812 STARY, Giovanni: Geschichtliche und sprachliche Randbemerkungen über den Genuss von Milch-Branntwein am Hofe K'ang-hsi's (1662-1722). — *UAJb* 48, 1976, 216-219.
12813 SUNIK, O. P.: K aktual'nym problemam altaistiki. — *VJa* 1976/1, 16-30.

B. Langues turciques — Turkic Languages

1. Généralités — General

12814 Turkologischer Anzeiger (*TA* 1). [Hrsg. von Andreas TIETZE und Georg HAZAI]. — *WZKM* 67, 1975, 339-488 | Bibliography of Turkic language, lit. and hist. for 1973-74. | *OLZ* 71, 1976, 489-490 P. Zieme | *BiOr* 33, 1976, 380 Heidrun Wurm.
12815 Türkologischer Anzeiger (*TA* 2). [Hrsg. von Andreas TIETZE & Georg HAZAI]. — *WZKM* 68, 1976, 297-485 | Sprache, p. 328-337.

12816 BAJČURA, U. Š.: [Rev. art. (in Ru.) on: A. M. ŠČERBAK, *Sravnitel'naja fonetika tjurkskich jazykov*, 1970 (BL 1970, 11461)]. — *CAJ* 20, 1976, 115-145.
12817 [—] BAITCHURA, Uzbek: The sound structure of the Turkic languages in connection with that of the Finno-Ugric ones (An instrumental-phonetic and phonologic investigation). Part III: Stress and intonation. — *CAJ* 20, 1976, 1-40 | Cf. BL 1975, 12597.
12818 BASKAKOV, A. N.: Otraženie naučno-tehničeskoj revoljucii v rodstvennych jazykach, obslužujuščich različnye obščestvennye formacii. — *SovT* 1975/1, 3-9.
12819 BASKAKOV, N. A.: Évolucija formirovanija nekotorych tipov dialektnych sistem tjurkskich jazykov. — [344], 5-19.

12820 *Biobibliografičeskij slovar' otečestvennych tjurkologov* .... Pod red. .... A. N. KONONOVA. — Moskva: 1974 | BL 1974, 11928. | *OLZ* 71, 1976, 386-389 Barbara Kellner-Heinkele | *SovT* 1975/1, 90-92 B. V. Lunin.
BLAGOVA, G. F.: Opyt areal'nogo izučenija tjurkizmov .... — 11165.
12821 BORGOJAKOV, M. I.: Otnošenie tjurkskich jazykov Južnoj Sibiri k jazyku sarygjugurov. — *SovT* 1976/2, 43-49.
12822 ÇAGATAY, Saadet: *Nä, qanı* ve *ärnä* pekiştirme edatları üzerine. — [284], 129-133.
CHABIČEV, M. A.: Bagr, bagor. — 9177.
12823 DMITRIEVA, L. V.: Obščealtajskie nazvanija i osnovy v tjurkskoj fitonimike. — *SovT* 1975/6, 49-54.
12824 DOERFER, Gerhard: Woher stammte Ibn Muhannā? — *AMI* 9, 1976, 243-251 | Which Turkic language is described by Ibn Muhannā (14th cent.)?
12825 — Die "vier Wörter" mit *b-* > *v-*, Null. — [284], 135-147.
12826 GADŽIEVA, N. Z.: Nekotorye tendencii v razvitii stroja tjurkskich jazykov (fonetičeskij stroj). — *SovT* 1976/2, 3-12.
12827 GALJAUTDINOV, I. G.: Padežnye formy i ich funkcional'no-semantičeskoe soderžanie v jazyke pamjatnika "Tarich-namei bulgar" T. Jalsygulova. — *SovT* 1975/4, 66-71.
12828 GRUNINA, È. A.: Ob izučenii semantičeskoj struktury vremennych form indikativa (Podchody k probleme). — *SovT* 1975/4, 82-91.
12829 — K istorii semantičeskogo razvitija perfekta *-miš*. — *SovT* 1976/1, 12-26.
12830 HAMP, Eric P.: Palatalization and harmony in Gagauz and Karaite. — [299], 211-213.
12831 JOHANSON, Lars: Zum Präsens der nordwestlichen und mittelasiatischen Türksprachen. — *AcOr* 37, 1976, 57-74.
12832 JULDAŠEV, A. A.: *Principy sostavlenija tjurksko-russkich slovarej*. — Moskva: 1972 | BL 1972, 11950. | *SovT* 1975/1, 93-99 G. Ch. Achunzjanov & Z. G. Uraksin.
12833 — Ob odnom spesifičeskom tipe leksičeskogo značenija. — *VJa* 1976/4, 91-99.
KAPPELER, A.: L'ethnogénèse des peuples de la Moyenne-Volga .... — 12327.
12834 KARAMANLIOĞLU, Ali Fehmi †: Über *kölük* und *külük/külik*. — *UAJb* 48, 1976, 124-126.
12835 KELLY, James M.: Remarks on Kāšγari's phonology. III. Structure of the Diwan. — *UAJb* 48, 1976, 151-158 | Cf. BL 1974, 11966.
12836 KONONOV, A. N.: Aktual'nye tjurkologičeskie zametki. — *SovT* 1975/2, 77-86.
12837 — O prirode tjurkskoj aggljutinacii. — *VJa* 1976/4, 3-17.
12838 — O genezise tjurkskich affiksal'nych morfem. — [284], 87-92.
12839 KUDAJBERGENOV, S.: K ètimologii slova *šalta*. — [374], 181-184.
12840 KUZNECOV, P. I.: Statističeskij analiz modelej "I + G³" i "I + G⁰" v tjurkskich jazykach. — *SovT* 1975/6, 42-48.
LIGETI L.: A magyar nyelv török kapcsolatai .... — 12690.
MÁNDOKY-KONGUR, I.: Die Etym. eines ungar. Pflanzennamens .... — 12693.
12841 MEYER, Iben Raphael: Zur Geschichte des vierfachen Wechsels im Türkischen. — [299], 385-395.
MOLLOVA, M.: Sur le livre de H. Zärinäzadä *Fars dilindä azärb. sözläri*. — 4457.
12842 NARTYEV, N.: Složnopodčinennoe predloženie v tjurkskich jazykov. — *SovT* 1975/5, 12-20.
12843 *Orfografii tjurkskich literaturnych jazykov SSSR*. [Red.: K. M. MUSAEV]. — Moskva: 1973 | BL 1973, 13514. | *VJa* 1976/3, 137-139 D. M. Nasilov.
12844 PARASCHKEVOV, Boris: Zum Problem der türkischen Vorlage von russ. *čugun*. —

SO 45, 1976, 101-123.
12845 POCELUEVSKIJ, A. P. [1894-1948]: *Izbrannye trudy.* — Ašchabad: "Ylym", 1975, 337 p. | Collected studies on Turkmen and other Turkic languages, ed. and with introd. on P. by A. N. KONONÒV. | *SovT* 1975/6, 97-98 S. N. Ivanov.
12846 POKROVSKAJA, L. A.: Pronicaemost' porjadka slov v tjurkskich jazykach. — *SovT* 1976/2, 22-28.
POOL, J.: Developing the Soviet Turkic tongues: the language of the politics of language. — 3844.
12847 PRITSAK, Omeljan: The Hsiung-nu word for "stone". — [299], 479-485.
12848 ŠČERBAK, A. M.: Sostojanie raboty i zadači sostavlenija ètimologičeskich slovarej tjurkskich jazykov. — *SovT* 1975/4, 3-10.
12849 — O proischoždenii formy uslovnogo naklonenija v tjurkskich jazykach. — *SovT* 1976/2, 13-21.
12850 — Porjadkovye čislitel'nye v tjurkskich jazykach. — *UAJb* 48, 1976, 205-212.
12851 — O proischoždenii prošedšego vremeni na *-dï* v tjurkskich jazykach. — [284], 93-99.
SCHÜTZ, E.: Onomatopoetic and/or tone-characterising bird names: a Turkic-Sl. parallel. — 9211.
— Bolgaro-Turkic term – Hg. horsemanship. — 12700.
12852 SEREBRENNIKOV, B. A.: Istoričeskie zagadki glagol'nogo affiksa *-štyr-* v tjurkskich jazykach. — *SovT* 1975/3, 17-22.
12853 — Principy rezkogo umen'šenija čisla affiksov mnogokratnogo dejstvija i sokrašenija sfery ich upotreblenija v tjurkskich jazykach. — *SovT* 1975/6, 3-10.
12854 — K probleme proischoždenija affiksov stradatel'nogo zaloga *-l-*, *-yl-/-il-*, *-n-*, *-yn-/-in-* v tjurkskich jazykach. — *SovT* 1976/2, 29-34.
12855 SEVORTJAN, È. V.: *Ètimologičeskij slovar' tjurkskich jazykov* .... — Moskva: 1974 | BL 1974, 11943. | *CAJ* 20, 1976, 312-314 Nicholas Poppe.
12856 — Tjurkskie *bebe, bešik* i *bele-*. — [284], 149-154.
12857 ŠIRALIEV, M. Š.: O nesostojatel'nych ètimologijach nekotorych slov i affiksov tjurkskich jazykov. — *SovT* 1975/1, 87-89.
12858 ŠIROBOKOVA, N. N.: Perednejazyčnyj protočnyj S. — [12312], 175-178.
12859 TEKIN, Talât: On the origin of primary long vowels in Turkic. — *UAJb* 48, 1976, 231-236.
12860 UMAROV, È. A.: Frazeologičeskie slovari tjurkskich jazykov. — [374], 195-200.
VÁSÁRY, I.: The Golden Horde term *daruġa* and its survival in Russia. — 11274.
— Two Old-Turkic loan words in Hg. — 12705.
12861 YÜCE, Nuri: *Gerundien im Türkischen* .... — Mainz: 1973 | BL 1974, 12017. | *SovT* 1975/3, 95-96 A. N. Kononov.
12862 ZAKIEV, M. Z.: O periodizacii istorii tjurkskich pis'mennych literaturnych jazykov. — *SovT* 1975/5, 3-11.
12863 ZEJNALOV, F. R.: *Türk dillärinin mugajisäli grammatikasy.* I; II. — Baky: Azärbajdžan döblät univ. näsrijjaty, 1974, 140 p.; 1975, 130 p. | *SovT* 1976/2, 102-104 G. K. Kuliev.
12864 ŽIRMUNSKIJ, V. M.: Razvitie kategorii častej reči v tjurkskich jazykach po sravneniju s indoevropejskimi jazykami. — [961], 187-209 | First published 1945.
12865 — O dialektologičeskom atlase tjurkskich jazykov Sovetskogo Sojuza. — [961], 605-625 | Repr. from *VJa* 1963/6 (BL 1963, 9788).

II. Turcique ancien et moyen — Old and Middle Turkic

12866 NASILOV, D. M.: Pamjatniki drevnetjurkskoj pis'mennosti (orchono-enisejskie i drevneujgurskie) v otečestvennych tjurkologičeskich issledovanijach poslednich let (Obzor lingvističeskich publikacij 1969-1974 gg.). — *SovT* 1976/1, 82-101.

12867 AMANŽOLOV, A. S.: K ėtimologii drevnetjurkskogo *syğun* "olen'". — [374], 177-180.

12868 BASKAKOV, N. A.: K kritike Codex Cumanicus (Ob odnoj iz ne razgadannych zagadok). — [284], 79-86.
— Tjurkizmy – voinskaja terminologija .... v *Slove o polku Igoreve.* — 11076.
— Poloveckie otbleski v "Slove o polku Igoreve". — 11077.

12869 BATMANOV, I. A.: *Talasskie pamjatniki drevnetjurkskoj pis'mennosti.* — Frunze: "Ilim", 1971, 66 p. | *OLZ* 71, 1976, 278-279 P. Poucha.

12870 BAZAROVA, D. Ch.: K ėtimologii nekotorych drevnetjurkskich nazvanij ptic. — *SovT* 1975/4, 11-22.

12871 BIRNBAUM, Eleazar: The Ottomans and Chagatay literature: an early 16th century manuscript of Navā'ī's *Dīvān* in Ottoman orthography. — *CAJ* 20, 1976, 157-190, 3 pl. | Orthographical examination, 175-180.

12872 BLAGOVA, G. F.: Smena dialektnoj orientacii sredneaziatsko-tjurkskogo literaturno-pis'mennogo jazyka XV – načala XVI v. — *SovT* 1975/6, 21-32.

12873 BOMBACI, Alessio: On the ancient Turkish title *šadapït.* — *UAJb* 48, 1976, 32-41 | Iran. etymology.

12874 BURRILL, Kathleen R. F.: *The quatrains of Nesimi, fourteenth-century Turkic Hurufi.* With annotated translations of the Turkic and Persian quatrains .... — Columbia Univ., Publ. in Near and Middle East Studies, A 14; The Hague: Mouton, 1972, 391 p. | *SovT* 1975/3, 99-105 V. I. Aslanov.

12875 ČAJKOVSKAJA, A. I.: Ob arabojazyčnych grammatikach starotjurkskogo jazyka. — *SovT* 1975/6, 77-84.

12876 DRIMBA, Vladimir: *Syntaxe comane.* — București: 1973 | BL 1973, 13527. | *Turcica* 8, 1976/1, 296-300 Gh. I. Constantin | *OLZ* 71, 1976, 586-590 L. Johanson.

12877 — Miscellanea Cumanica (V). Mots attestés par des formes possessives. — *RO* 38, 1976, 111-115 | Cf. BL 1972, 11980.

12878 — Miscellanea Cumanica (VI). — *RRLing* 21, 1976, 507-511.

12879 ECKMANN, János: The *dīvān of Gadā'ī.* — Bloomington: 1971 | BL 1972, 11981. | *NAA* 1975/2, 217-219 Ė. I. Fazylov.

12880 — *Middle Turkic glosses of the Rylands interlinear Koran translation.* — Bibl. Orientalis Hungarica 21; Budapest: Akadémiai Kiadó, 1976, 359 p.

12881 GABAIN, Annemarie VON: *Alttürkische Grammatik.* 3. Aufl. — Wiesbaden: 1974 | BL 1974, 11960. | *WZKM* 67, 1975, 327 A. Tietze | *SO* 45, 1976, 169-182 Harry Halén.

12882 — Alt-türkische Texte in sogdischer Schrift. — [284], 69-77, 2 facsim.

12883 HACIEMINOĞLU, M. Necmettin: *Kutb'un Husrev ü Şirin'i ve dil hususiyetleri.* — İstanbul Üniv. Yayınlarından 1378; İstanbul: Edebiyat Fakültesi, 1968, xiv, 477 p. | Ḳuṭb's *Husrev ü Şīrīn* and its linguistic features. | *UAJb* 48, 1976, 266-268 B. Flemming.

12884 [HARKAVEC', O. M.] GARKAVEC, A. N.: Upodoblenie armjano-kypčakskogo glagol'nogo imeni na *-gan* slavjanskomu pričastiju i ego sintaksičeskie posledstvija. — *SovT* 1976/1, 34-41.

12885 HAZAI, Georg: Fragmente eines uigurischen Blockdruck-Faltbuches. — *AoF* 2, 1975, 91-108, pl. 9-17 | Ed. with transl. and glossary.
12886 — Ein uigurisches Kolophon zu einem Avalokiteśvara-Lobpreis. — [299], 273-276, facsim.
12887 HEGAARD, Steven E.: Some expressions pertaining to death in the Kök-Turkic inscriptions. — *UAJb* 48, 1976, 89-115.
12888 KARA, G.: Petites inscriptions ouigoures de Touen-houang. — [284], 55-59, 2 fig.
12889 KARA, Georg, & ZIEME, Peter: *Fragmente tantrischer Werke in uigurischer Übersetzung.* — Schriften zur Geschichte und Kultur des alten Orients. Berliner Turfantexte 7; Berlin: Akad.-Verlag, 1976, 112, xlix p., 82 ill.
12890 KILIČEV, È. R.: Materialy vostočno-tjurkskogo jazyka XI veka i drevnij plast leksiki bucharskogo dvujazyčnogo govora. — *SovT* 1975/6, 85-87.
12891 KLJAŠTORNYJ, S. G.: Runičeskaja èpigrafika Južnoj Sibiri (Naskal′nye nadpisi Tepseja i Turana). — *SovT* 1976/1, 66-70.
12892 [—] KLJACHTORNYJ, S. G.: L'interprétation du mot *bediz* dans les inscriptions runiques. — [284], 51-54.
12893 KORMUŠIN, I. V.: K osnovnym ponjatijam tjurkskoj runičeskoj paleografii. — *SovT* 1975/2, 25-47.
12894 KURYŠŽANOV, A. K.: *Issledovanie po leksike starokypčakskogo pis′mennogo pamjatnika XIII v.* .... — Alma-Ata: 1970 | BL 1971, 11600. | *AOH* 30, 1976, 141-147 Hasan Eren.
12895 KYZLASOV, L. R., & KYZLASOV, I. L.: Srednevekovaja pograničnaja nadpis′ s nizov′ev Ujbata (Chakasija). — *SovT* 1976/1, 58-65, 3 fig.
12896 MAUE, Dieter, & RÖHRBORN, Klaus: Ein zweisprachiges Fragment aus Turfan. — *CAJ* 20, 1976, 208-221, pl. | MS. Mainz 629 of the Staatsbibliothek, West Berlin: ed. and comm.
12897 NADŽIP, È. N.: O jazyke pamjatnika načala XIII veka "Kyssa-i Jusuf" Ali. — *SovT* 1976/2, 74-88.
12898 NASILOV, D. M.: Konstrukcii -*a* + *turur* v drevneujgurskom jazyke. — [374], 42-48.
12899 NIGMATOV, Ch. G.: Sootnošenie častej reči v vostočno-tjurkskom jazyke XI-XII vv. — *SovT* 1975/1, 41-56.
12900 — Semantičeskaja i sintaksičeskaja funkcii padežej v jazyke vostočno-tjurkskich pamjatnikov XI-XII vekov. — *SovT* 1975/4, 23-36.
12901 — Sintaksičeskaja suščnost′ form prinadležnosti v jazyke vostočno-tjurkskich pamjatnikov XI-XII vv. — *SovT* 1975/5, 21-26.
12902 RÖHRBORN, Klaus: Fragmente der uigurischen Version des "*Dhāraṇī-Sūtras* der grossen Barmherzigkeit". — *ZDMG* 126, 1976, 87-100, 4 pl. (facsim.) | Text, transl., comm.
12903 ŠČERBAK, A. M.: O sočetanii .... v runičeskich nadpisjach. — *SovT* 1975/6, 88-90 | O. Turkic runes in title.
12904 SŁUSZKIEWICZ, Eugeniusz: Sto przysłów tureckich w transkrypcji ormiańskiej. — *RO* 38, 1976, 229-245 | Turkish proverbs in Arm. transcription.
12905 TEKIN, Şinasi: Die uigurische Weihinschrift eines buddhistischen Klosters aus den Jahren 767-780 in *Tuyoq.* — *UAJb* 48, 1976, 225-230, pl.
12906 TENIŠEV, È. R.: Otraženie dialektov v tjurkskich runičeskich i ujgurskich pamjatnikach. — *SovT* 1976/1, 27-33.
12907 TEZCAN, Semih: Eski *Uyǧurca Hsüan Tsang biyografisi. X. bölüm.* — Ankara: 1975, 213 p. | The Uighur transl. of Hsuan Tsang's biography: the fragments of

the 10th ch. Transcription, with transl. and comm. | *AOH* 30, 1976, 257-260 Peter Zieme.

12908 TRYJARSKI, Edward: An Armeno-Kipchak sermon by Anton Vertabed from the 17th century. — [299], 647-674 | Transcription, transl., facsim., glossary.

12909 — A fragment of an unknown Armeno-Kipchak text from Polish collections. — *RO* 38, 1976, 291-302, 5 facsim.

12910 TUGUŠEVA, L. Ju.: Dva ujgurskich dokumenta iz rukopisnogo sobranija Leningradskogo otdelenija Instituta vostokovedenija Akademii Nauk SSSR. — *SovT* 1975/4, 92-101, 2 facsim.

12911 — Jazykovye i vnejazykovye značenija v dešifrovke pamjatnikov drevneujgurskoj pis'mennosti. — *SovT* 1975/5, 27-32.

12912 VASIL'EV, D. D.: Pamjatniki tjurkskoj runičeskoj pis'mennosti aziatskogo areala. — *SovT* 1976/1, 71-81.

12913 ZIEME, Peter: Sïngqu Säli Tutung – Übersetzer buddhistischer Schriften ins Uigurische. — [299], 767-775, 2 facsim.

12914 — Ein uigurischer Erntesegen. — *AoF* 3, 1975, 109-143, pl. 19-20 | Ed., transl., notes, glossary.

III. Tchouvache, etc. (Groupe Bolgar) — Chuvash, etc. (Bolgar Group)

12915 JOHANSON, Lars: Das tschuwassische Aoristthema. — *OS* 23-24, 1974-75 (1976), 106-158.

12916 KAKUK, Zsuzsa: Zur Frage des tschuwassischen -*n* und -*m*. — [299], 325-335.

12917 KORNILOV, G. E.: K voprosu o sibirskoj prarodine čuvašskogo jazyka. — [374], 210-222.

12918 RÓNA-TAS András: Középmongol eredetű jövevényszavak a csuvasban, II. — *AUSz-SEL* 17-18, 1973-74, 125-141 | Loanwords of M. Mong. origin in Chuvash (E. summ.). Cf. BL 1973, 13541.

12919 — A Volga Bulgarian inscription from 1307. — *AOH* 30, 1976, 153-186, fig., map | Linguistic study.

— A runic inscription in the Kujbyšev region. — 2939.

12920 RÓNA-TAS, A., & FODOR, S.: *Epigraphica Bulgarica. A volgai bolgár-török feliratok.* — Szeged: 1973 | BL 1974, 11984. | *OLZ* 71, 1976, 389-391 E. Hovdhaugen.

IV. Turcique méridional (Oghouz) — South Turkic (Oghuz)

A. GÉNÉRALITÉS — GENERAL

12921 ABBASOV, A. M.: Nekotorye zametki ob ašfarach Afganistana. — *SovT* 1975/4, 72-81.

12922 KULIEV, G. K.: Semantičeskie gruppy glagolov (na materiale jugo-zapadnoj gruppy tjurkskich jazykov). — *SovT* 1975/3, 7-16.

B. TURC (OSMANLI) ET DIALECTES DES BALKANS — TURKISH (OSMANLI) AND BALKAN DIALECTS

12923 ADAMOVIĆ, Milan: Ein italienisch-türkisches Sprachbuch aus den Jahren 1525-1530. — *WZKM* 67, 1975, 217-247.

12924 — *Vocabulario nuovo* mit seinem türkischen Teil. — *RO* 38, 1976, 43-69, fig. |

16th century.

12925 ARUTJUNJANC, Mikael: Sovremennoe sostojanie tureckoj lingvističeskoj terminologii (V svete zadač i principov leksikografii). — RRLing 21, 1976 (CLTA 13/1), 333-344.

12926 ATSIZ, Bedriye, & KISSLING, Hans-Joachim: *Sammlung türkischer Redensarten.* — Wiesbaden: 1974 | BL 1974, 11989. | *AAS* 12, 1976, 276-277 Georg Hazai | *Turcica* 8, 1976/1, 300-301 Louis Bazin.

12927 BAŞGÖZ, İlhan, & TIETZE, Andreas: *Bilmece: a corpus of Turkish riddles.* — Berkeley: 1973 | BL 1974, 11990. | *JAOS* 96, 1976, 307-308 Walter G. Andrews | *AAS* 12, 1976, 279-281 Xénia Celnarová | *WZKM* 68, 1976, 266-274 Mefküre Mollova.

12928 BASTUJI, Jacqueline: *Les relations spatiales en turc contemporain. Étude sémantique.* — Études linguistiques 20; Paris: Klincksieck, 1976, 258 p.

12929 BELDICEANU, Nicoară: A propos d'un registre de cadastre de 1455: *bürüme, günlük, lağator.* — *Turcica* 8, 1976/1, 272-278.

12930 BOEV, Emil: Izsledvanija i materiali po turska dialektologija. I. Iztočnorodopski turski govori. — *GSU-ZF* 69, 1975/1 (1976), 197-268, cartes | Studies in Turkish dialectology. I. East Rhodopian Turkish dialects (Ru. summ.).

12931 BURI-GÜTERMANN, Johanna: *Der Satzbau in der Sprache der osmanischen Urkunden....* — Wien: 1972 | BL 1972, 12011. | *WZKM* 68, 1976, 259-263 Josef Matuz.

12932 CALKALAMANIDZE, A. A.: Ob odnoj osobennosti obstojatel'stva mesta v jazyke "Atebat-ul-chakajyk". — *SovT* 1975/6, 74-76.

12933 CELNAROVÁ, Xénia: On the latest editions of the Book of Dede Korkut. — *AAS* 12, 1976, 179-184 | Especially on No. 12935.

12934 CHUSAINOV, M. M.: O prirode slovoobrazovatel'nych modelej (na materiale affiksal'nogo obrazovanija neologizmov v tureckom jazyke). — *SovT* 1975/1, 10-19.

12935 *Dedem Kokudun Kitabı.* Hazırlayan Orhan Şaik GÖKYAY. — İstanbul: Millî Eğitim Basımevi, 1973, 359 + dclxxi p., map | The Book of Dede Korkut: transcribed text (p. 1-152), glossary (153-359), studies (language, p. clxxxvi-cclxix). | Cf. 12933.

12936 DILÂÇAR, A.: Prof. J. Németh's role in the Turkish alphabet and language reform. — [284], 351-356.

12937 ĐINĐIĆ, Slavoljub: Glagolski vid u savremenom turskom jeziku. — *Ling* 15, 1975, 51-61 | Rés. fr.: L'aspect verbal dans le turc mod.

12938 DMITRIEVA, L. V.: Leksičeskie glossy v rukopisi tureckogo medicinskogo sočinenija 1628 g. — [374], 169-176.

12939 DRIMBA, Vladimir: La détermination prédicative en turc de Turquie. — *UAJb* 48, 1976, 49-64.

12940 — Le style indirect libre en turc de Turquie. — *Turcica* 8, 1976/1, 7-20.

12941 EREN, Hasan: Anadolu Türkçesinde "cılız" kavramı. — [284], 225-229.

12942 HAZAI, Georg: *Das Osmanisch-Türkische im 17. Jahrhundert....* — Budapest: 1973 | BL 1973, 13553. | *CAJ* 20, 1976, 152 William C. Hickman | *NyK* 78, 1976, 211-217 Schütz Ödön | Cf. 12953.

12943 — Zu einigen balkanischen Momenten bei der Herausbildung der türkischen Literatursprache. — [284], 341-345.

— Zur Rolle des Serbischen im Verkehr des Osmanischen Reiches mit Osteuropa im 15.-16. Jahrhundert. — 9694.

12944 *Ingilizce-türkçe sözlüğü. Redhouse English-Turkish dictionary.* Eds.: Robert

AVERY, Serap BEZMEZ, Anna G. EDMONDS, Mehlika YAYALI. — Istanbul: Redhouse Press, 1974, viii, 1152 p. | *JAOS* 96, 1976, 151-152 James M. Kelly.

12945 IVANOV, S. N.: *Kurs tureckoj grammatiki*. Čast' 1. — Leningrad: 1975 | BL 1975, 12773. | *SovT* 1976/1, 113-117 M. M. Mirzaev, A. B. Abdullaev, et al.

JAŠAR-NASTEVA, O.: Turchismi nei documenti ragusei redatti in lingua it. ..... — 6619.

12946 JOHANSON, Lars: *Aspekt im Türkischen* ... — Uppsala: 1971 | BL 1971, 11644. | *AcOr* 37, 1976, 218-222 J. Hřebíček | Cf. 12949.

12947 KAKUK, Suzanne: *Recherches sur l'histoire de la langue osmanlie des XVIe et XVIIe siècles*. ... — Budapest: 1973 | BL 1973, 13555. | *AION-S* 18, 1975 (1976), 171-175 Gianguido Manzelli | *CAJ* 20, 1976, 146-148 Gerhard Doerfer | *NyK* 78, 1976, 211-217 Schütz Ödön | *MNy* 70, 1974, 487-490 Kiss Lajos.

12948 — Türkisches aus Hans Dernschwams Tagebuch. — [284], 283-292 | On some plant-names.

12949 KUZNECOV, P. I.: Aspekt i akcional v tureckom jazyke (K vychodu v svet monografii L. Jochansona). — *SovT* 1975/3, 68-81 | On No. 12946.

12950 LJUBIMOV, K. M.: Pervoe lico tureckogo grammatičeskogo vremeni na -*myš*. — *SovT* 1975/3, 44-51.

12951 — O glavnych i vtorostepennych členach predloženija v tureckom jazyke. — [407], 98-105.

12952 MAJDA, Tadeusz: A letter by Sultan Mehmet III to king Sigismund III in Polish transcription. — *RO* 38, 1976, 199-215, 4 facsim. | Transcription, transl., language.

12953 MENGES, K. H.: Das Osmanisch-Türkische im XVII. Jahrhundert. — *OLZ* 71, 1976, 437-444 | Rev. art. on No. 12942.

12954 MULDER, Jean: Raising in Turkish. — *PBLS* II, 298-307.

12955 NASH, Rose: *Turkish intonation*. ... — The Hague: 1973 | BL 1973, 13561. | *OLZ* 71, 1976, 279-281 L. Johanson | *SovT* 1975/3, 96-99 A. A. Abduazizov | *ZPhon* 29, 1976, 197-198 G. F. Meier.

12956 ORLOV, S. A.: Jazykovaja reforma i leksikografičeskaja rabota v Turcii. — *SovT* 1976/2, 89-97.

12957 POKROVSKAJA, L. A.: Specifika razvitija gagauzskogo jazyka v inojazyčnoj srede. — [344], 233-243.

12958 STAROSTOV, L. N.: O nekotorych ne zafiksirovannych v grammatikach značenijach tureckich glagol'nych form povelitel'no-želatel'nogo naklonenija. — [407], 106-118.

12959 STEUERWALD, Karl: *Deutsch-türkisches Wörterbuch* .... — Wiesbaden: 1974 | BL 1974, 12010. | *AO* 44, 1976, 182-183 Luděk Hřebíček | *ZBalk* 12, 1976/2, 95-96 Georg Hazai | *BSOAS* 39, 1976, 174-175 R. F. Kreutel | *WZKM* 67, 1975, 328 A. Tietze.

12960 [SUMEŌNÍDĒS, Ch.] SYMEONIDES, Ch., *Der Vokalismus der griechischen Lehnwörter im Türkischen*. — Thessaloniki: Inst. of Balkan Studies, 1976, 143 p.

12961 THEODORIDIS, Dimitri: Türkeitürkisch *tınaz*. — *RESEE* 14, 1976, 117-119.

12962 TIETZE, Andreas: *Advanced Turkish reader* .... — Bloomington: 1973 | BL 1973, 13567. | *OLZ* 71, 1976, 65-67 Barbara Kellner-Heinkele.

12963 — Muṣṭafā 'Ālī of Gallipoli's prose style. — *AOtt* 5, 1973, 297-319.

12964 — Das Stambuler Türkisch des XVII. Jahrhunderts und die türkischen Dialekte der Balkanhalbinsel. — [284], 337-340.

12965 — Thoughts around the table. — *RO* 38, 1976, 277-281 | On the Turkish words for table.

12966 UNDERHILL, Robert: *Turkish grammar*. — Cambridge, MA: MIT Press, 1976,

xviii, 474 p.
12967 ZAJĄCZKOWSKI, Włodzimierz: Tureckie piosenki ludowe z Bułgarii. — *RO* 38, 1976, 303-308 | Turkish popular poems from Bulgaria.
12968 ZIMMER, Karl E.: Some constraints on Turkish causativization. — *SynS* 6, 1976, 399-412.

C. AZERBAÏDJANAIS — AZERBAIJANI

12969 ABDULLAJEV, Ä. Z.: *Muasir azärbajdžan dilindä tabeli müräkkäb džümlälär.* — Baky: "Maarif", 1974 | *SovT* 1975/1, 99-101 T. Gadžiev.
12970 AGAEVA, F.: Sobstvenno-vosklicatel'nye predloženija (Na materiale azerbajdžanskogo jazyka). — *Jaz. i top.* [334], 2, 123-133.
12971 ASLANOV, A. M.: Iberijsko-kavkazskie abruptivy v zakatal'sko-kachskich govorach azerbajdžanskogo jazyka. — *EIKJa* 1, 1974, 224-228 | Summ. in Georg. & E.
12972 BUDAGOVA, Z. I.: O chudožestvenno-izobrazitel'nych sredstvach jazyka (Na materiale azerbajdžanskoj sovetskoj poèzii). — *SovT* 1975/5, 101-106.
12973 GADŽIEV, T. I.: Sbliženie tradicionno-pis'mennych i dialektno-razgovornych èlementov pri formirovanii azerbajdžanskogo nacional'nogo jazyka. — [344], 308-312.
12974 MAMEDOV, M. B.: Ob ispol'zovanii fol'klornych materialov frazeologičeskogo charaktera v publicističeskom stile. — *SovT* 1975/2, 91-101.
12975 — O nekotorych osobennostjach publicističeskogo stilja (Na primere tvorčestva N. Narimanova i Dž. Mamedkulizade). — *SovT* 1976/1, 49-57.
12976 ORDOUBADIAN, Reza: The genitive case in Azarbayjani: a problem of recursiveness. — *LACUS* II, 283-291, fig.
12977 SADYCHOV, A. Š.: Značenie dialektnych faktov v izučenii istoričeskogo sintaksisa azerbajdžanskogo jazyka. — *SovT* 1975/6, 68-73.
12978 ŠIRALIEV, M. Š.: Ob aktual'nych zadačach azerbajdžanskogo jazykoznanija. — *SovT* 1975/3, 3-6.
12979 — Predloženie-slovo (na materiale azerbajdžanskogo jazyka). — [238], 467-468.
12980 ZEJNALOV, F. R.: "Dastan ob Achmede Cherami": drevnejšej pamjatnik azerbajdžanskogo jazyka. — *SovT* 1975/5, 82-89.

D. TURKMÈNE — TURKMEN

12981 [BAJČURA, U. Š.] BAITSCHURA, Uzbek: *Instrumentalphonetische Beiträge zur Untersuchung des Wortakzentes und der Sprachmelodie im Turkmenischen.* — Euroasiatica II, 9; Napoli: Istituto Universitario Orientale / Pisa: Giardini, 1976, 32 p., pl.
12982 KÜRENOV, S.: *Türkmen diliniŋ uzyn v gysga čekimlilerinin spektral charakteristikasy (èksperimental-fonetik derŋev).* — Ašgabat: "Ylym", 1974, 94 p. | *SovT* 1975/2, 102-103 B. Čaryjarov.
12983 SAPAROVA, G.: Nekotorye zametki o vzaimootnošenijach turkmenskich dialektov i drevnetjurkskoj leksiki. — [344], 387-391.

v. Turcique occidental (Kiptchak-Coman) — West Turkic (Kipchak-Koman)

12984 ABDULLIN, I., & ZAKIEV, M.: Kajum Nasyri: osnovopoložnik tatarskogo nacional'nogo literaturnogo jazyka (K 150-letiju so dnja roždenija). — *SovT*

1975/3, 52-67.
12985 ACHMET'JANOV, R. G.: Nekotorye nazvanija lošadej v tatarskom jazyke. — *SovT* 1975/2, 69-76.
12986 [BAJČURA, U. Š.] BAJCHURA, Üzbek: Experimentalphonetische Beiträge zur Untersuchung des Wortakzentes und der Sprachmelodie im Kasachischen. — *UAJb* 48, 1976, 1-16, 2 fig.
12987 [—] BAITCHURA, Uzbek: Some preliminary data from an experimental investigation of the acoustic spectra of vowels (based on the material of the Tatar language). — [135], 8-11.
12988 BAKINOVA, G.: Jazyk Kirgizov sel Zardaly, Kožešken i Dogmena. —[374], 201-209.
12989 DOR, Rémy: Orature du Nord-Est afghan. I. Les Kirghiz du Pamir. — *Turcica* 8, 1976/1, 87-116 | Texte d'une chanson avec trad. et notes.
12990 DOSPANOV, U.: Cennyj vklad v karakalpakskoe jazykoznanie (O rabote S. E. Malova "Zametki o karakalpakskom jazyke"). — *SovT* 1975/5, 74-77 | S. E. MALOV, 1966 (BL 1966, 9824).
12991 DRIMBA, Vladimir: Devinettes tatares de Dobroudja. — [299], 147-166.
12992 DUBIN'SKI, Aleksandėr: Poslovicy i pogovorki trakajskich karaimov. — *RO* 38, 1976, 117-127.
12993 DŽAMANTAEVA, S. Š.: Morfologičeskaja charakteristika glagol'noj slovoformy v kazachskom jazyke. — *VJa* 1976/2, 120-125.
12994 EMEL'ČENKO, I. R.: A. I. Lëvšin [1799-1879] kak issledovatel' kazachskogo jazyka. — *SovT* 1975/4, 56-65, portr.
12995 ESENOV, Ch. M.: Pričastnyj oborot v kazachskom jazyke (v sravnenii s tem v nekotorych drugich tjurkskich jazykach). — *SovT* 1975/1, 26-32.
12996 ESENOV, Q.: *Qazaq tilindegi kürdelengen söjlemder.* — Almaty: "Ġylym", 1974, 196 p. | *SovT* 1975/2, 103-106 A. T. Kajdarov.
12997 FAZYLOV, Ė. I.: Ob odnom juridičeskom dokumente baškir XIX veka. — *SovT* 1975/3, 82-94, 2 facsim. | Ed. with transl. and glossary.
12998 GANIEV, F. A.: *Suffiksal'noe slovoobrazovanie v sovremennom tatarskom literaturnom jazyke.* — Kazan': 1974 | BL 1975, 12884. | *SovT* 1976/1, 117-120 R. G. Achmet'janov.
12999 GARIPOV, T. M.: Suščestvoval li prakypčakskij jazyk? (V svjazi s ustanovleniem osnovnych tipov i napravlenij vokaličeskich izmenenij v istorii kypčakskich jazykov Uralo-Povolž'ja). — [284], 163-168.
GORDEEV, F. I.: Tatarizmy v leksike marijskogo jazyka. — 12513.
13000 GUZEEV, Ž. M.: O pravopisanii uzkich glasnych (*u*, *i*, *y*) v karačaevo-balkarskom jazyke. — *SovT* 1975/2, 87-90.
13001 HATTO, Arthur T.: The catalogue of heroes and heroines in the Kirgiz *Joloi-kan*. — [299], 237-260.
13002 ISCHAKOVA, S.: Jazykovye kontakty zapadnosibirskich tatar s altajskimi plemenami. — *SovT* 1975/5, 33-38.
13003 KURBATOV, Ch.: Strukturno-linejnyj analiz jazyka poėzii (liričeskie miniatjury). — *SovT* 1975/6, 91-96 | On Tatar poems.
13004 LEVITSKAJA, L.: Kumykskie ėtimologii. — [284], 155-158.
13005 MATUZ, Josef: *Krimtatarische Urkunden im Reichsarchiv zu Kopenhagen, mit historisch-diplomatischen und sprachlichen Untersuchungen.* — Islamkundliche Untersuchungen 37; Freiburg: Schwarz, 1976, 348 p., 30 pl.
13006 MURATALIEV, M.: Složnosočinennoe i složnopodčinennoe predloženie v kirgizskom jazyke. — *SovT* 1975/1, 20-25.

13007 NASYJRI, Kajum: *Änmüzäž.* — Kazan': 1975 | Ed. of a Tatar grammar, originally published in 1895. | *SovT* 1975/3, 105-107 Baširova.
13008 NASYROV, D. S.: Meždialektnye kontakty na juge Karakalpakii i osobennosti razvitija južnogo dialekta karakalpakskogo jazyka. — [344], 215-223.
13009 ORUSBAEV, A.: *Kirgizskaja akcentuacija (Opyt eksperimental'nogo issledovanija udarenija v slove i vo fraze).* — Frunze: 1974, 112 p. | *SovT* 1975/6, 101-103 A. Koškarov.
13010 — K issledovaniju fonetičeskoj sistemy kirgizskogo jazyka. — *SovT* 1976/2, 65-67.
13011 ORUZBAEVA, B. O.: O strukturno-morfologičeskich osobennostjach kornevych morfem tipa GS v kirgizskom jazyke. — *SovT* 1975/5, 78-81.
13012 RÓNA-TAS, A.: Some Volga Bulgarian words in the Volga Kipchak languages. — [284], 169-175.
13013 SCHÜTZ, Edmond: Armeno-kiptschakisch und die Krim. — [284], 185-205.
13014 SELJUTINA, I. Ja.: Dentopalatogrammy kumandinskich soglasnych. — [12312], 26-62, 32 fig.
13015 TRYJARSKI, Edward: Einige armeno-kiptschakische Ausdrücke der Webekunst: Namen für Stoffe. — [284], 177-184.
13016 *Voprosy baškirskogo jazykoznanija.* — Ufa: Baškirskij gos. univ., 1972, 172 p. | *SovT* 1975/4, 109-110 R. G. Aznagulov.
13017 ZAJĄCZKOWSKI, Włodzimierz: Karaimische kultische Lieder. — *UAJb* 48, 1976, 249-257.
13018 ZAKIEV, M. Z.: O vzaimootnošenii tatarskogo literaturnogo jazyka i dialektov v različnye periody ich razvitija. — [344], 313-318.

VI. Turcique oriental (groupe ouïgour) — East Turkic (Uigur Group)

13019 ATAMIRZAEVA, S.: *Eksperimental'no-fonetičeskoe issledovanie namanganskogo govora uzbekskogo jazyka.* — Taškent: 1974 | BL 1975, 12921. | *SovT* 1975/4, 102-103 S. Rizaev, N. Agazbaev, F. Abdullaev.
13020 BASKAKOV, N. A.: Perežitki tabu i totemizma v jazykach narodov Altaja. — *SovT* 1975/2, 3-8.
13021 BAZAROVA, D. Ch.: O narodno-ètimologičeskom osmyslenii nekotorych zvukopodražatel'nych nazvanij ptic v uzbekskom jazyke. — *SovT* 1975/5, 96-100.
13022 BLAGOVA, G. F.: Zametki po sintaksisu složnopodčinennych predloženij s sojuzami v starouzbekskom jazyke. — [374], 69-85.
13023 ČARIEV, A.: Strukturno-morfologičeskaja i leksiko-grammatičeskaja charakteristika pritjažatel'noj konstrukcii s roditel'nym padežom v uzbekskom jazyke. — *SovT* 1975/6, 11-20.
13024 DRIMBA, Vladimir: Remarques sur les mots d'emprunt mongols de la langue salare. — *RRLing* 21, 1976, 417-427.
MAMATOV, M. Š.: O sopostavitel'nom izučenii sintaksičeskich javlenij v nemeckom i uzbekskom jazykach .... — 7340.
13025 NAMAZOV, K., & CHODŽAEV, T.: O vidach kosvennoj reči v sovremennom uzbekskom jazyke. — *SovT* 1975/1, 33-40.
13026 RACHIMOV, T. R.: *Kitajskie elementy v sovremennom ujgurskom jazyke. Slovar'.* — Moskva: 1970 | BL 1970, 11571. | *OLZ* 71, 1976, 490 P. Poucha.
13027 SADYKOVA, M.: Sredstva vyraženija stepeni dejstvija i sostojanija v sovremennom uzbekskom literaturnom jazyke. — *SovT* 1976/2, 68-73.
13028 TENIŠEV, Ė. R.: Otryvok iz "Istorii salarov". — *UAJb* 48, 1976, 237-248, 2 pl. |

Transcription, transl., linguistic notes, glossary.
13029 — Salarskie čislitel′nye. — [284], 159-162.
13030 TENIŠEC [recte: TENIŠEV], E.: Mongolische Entlehnungen in der Sprache der "Šir-a Uighuren". — [299], 633-640.
13031 TROFIMOV, M. I.: Ob oformlenii vokalizacii rusizmov v sovremennom ujgurskom jazyke. — *SovT* 1975/1, 57-66.
13032 UMAROV, Ė. A.: O nekotoryh frazeologizmach, sozdannych Ališerom Navom. — *SovT* 1975/5, 90-95.
13033 URINBOEV, B.: *Ŭzbek tili sŭzlašuv nutqi sintaksisi masalalari.* — Toškent: "Fan", 1974, 148 p. | *SovT* 1975/2, 106-108 A. N. Tichonov, A. Chodžiev, I. A. Andreev.

VII. Turcique septentrional — North Turkic

13034 ANISIMOV, V. M.: Udvoenie soglasnych v jakutskom jazyke. — *SovT* 1975/2, 9-12.
13035 BEL′TJUKOVA, N. P.: Rtovye malošumnye soglasnye v dolganskom. — [12312], 3-25, 12 fig.
13036 BIRJUKOVIČ, R. M.: Morfologičeskie čeredovanija soglasnych v srednečulymskom dialekte čulymsko-tjurkskogo jazyka. — [334], 1, 169-172.
13037 — Nekotorye dannye o čulymsko-tjurkskom udarenii v dvusložnych slovach. — [334], 2, 101-110.
13038 — O pervičnych dolgich glasnych v čulymsko-tjurkskom jazyke. — *SovT* 1975/6, 55-67.
13039 BORGOJAKOV, M. I.: Perechod nekotoryh sintaksičeskich konstrukcij v pridatočnoe predloženie v sovremennom chakasskom jazyke. — [374], 86-95.
13040 ČEROSOV, M. A.: Intonacija kak sposob vyraženija svjazi slov v prostom predloženii v jakutskom jazyke. — [374], 111-116.
CINCIUS, V. I.: Jakutsko-tungusskie leksičeskie svjazi. — 13111.
13041 DEM′JANENKO, Z. P.: O vtoričnych i perenosnych značenijach slov v dolganskom jazyke. — *Jaz. i top.* [334], 1, 173-177.
13042 — Iz leksikologičeskich nabljudenij nad dolganskimi nazvanijami viska. — *Jaz. i top.* [334], 2, 111-122.
13043 *Grammatika chakasskogo jazyka.* Pod red. N. A. BASKAKOVA. — Moskva: 1975 | BL 1975, 12961. | *SovT* 1976/2, 98-101 A. Dž. Šukjurov.
13044 KORKINA, E. I.: Perifrastičeskie formy glagola tipa *-ar / -bat buol* v jakutskom jazyke. — [374], 29-41.
13045 KOŠEVEROVA, T. M.: Značenija i funkcii tvoritel′nogo padeža v dolganskom jazyke. — *Jaz. i top.* [334], 2, 134-138.
13046 LETJAGINA, N. I.: Slovo *bir* v tuvinskom jazyke. — [374], 60-68.
13047 LEVITSKAJA, L. S.: Nazvanija častej tela v jakutskom jazyke. — [374], 138-149.
13048 NEUSTROEV, N. N.: Nominativnye predloženija v jakutskom jazyke. — [374], 96-110.
13049 OKONEŠNIKOV, E. I.: Zametki o trudnych slučajach perevoda v jakutsko-russkom slovare. — [374], 185-194.
13050 PATAČAKOVA, D. F.: Dialektnye različija chakasskogo jazyka, voznikšie vsledstvie obrazovanija *i*: dolgogo "nejtral′nogo". — [344], 39-50.
13051 PETROV, N. E.: Modal′nye slova v jakutskom jazyke. — [374], 49-59.
13052 ŠIROBOKOVA, N. N.: Gubnye soglasnye v jakutskom jazyke. — [12312], 63-74.
13053 SLEPCOV, P. A.: Nekotorye uslovija zaimstvovanija russkich slov v jakutskom jazyke dorevoljucionnogo perioda. — [374], 150-168.

13054 TEKIN, Talât: The representation of Proto-Turkic medial and final /s/ in Yakut. — *CAJ* 20, 1976, 110-114.

VIII (14). Onomastique — Onomastics

13055 BASKAKOV, N. A.: Über die Herkunft des Ethnonyms "baškir". — [299], 51-58.
13056 BONJUCHOV, A. A.: Struktura šorskich toponimov. — *Jaz. i top.* [334], 1, 198-206.
13057 ČARYJAROV, B., & ATANIJAZOV, S.: Dialekty i turkmenskaja antroponimija. — *SovT* 1976/1, 42-48.
13058 GEJBULLAEV, G. A.: O proischoždenii nazvanija goroda *Čol* v Kavkazskoj Albanii. — *SovT* 1975/6, 38-41.
13059 GRICENKO, K. F.: Strukturnye tipy gibridov v areale jakutskoj toponimii. — *Jaz. i top.* [334], 1, 193-197.
13060 — Glagol'nye gidronimy v jakutskom jazyke. — *Jaz. i top.* [334], 2, 208-213.
13061 GULIEVA, L. G.: Tjurkskaja gidronimija Kubani. — *SovT* 1976/2, 50-56.
 HALASI-KUN, T.: Unidentified medieval settlements in Southeastern Hungary .... — 12743-4.
13062 KONONOV, Andrej N.: K ètimologii ètnonimov *kypčak, kuman, kumyk*. — *UAJb* 48, 1976, 159-166.
13063 MENGES, Karl H.: Uladmur ~ Vladimir. — *IJSLP* 20, 1975, 7-12.
13064 MOLČANOVA, O. T.: Strukturno-slovoobrazovatel'nye klassifikacii geografičeskich imen. — *Jaz. i top.* [334], 1, 184-192 | Region of Gorno-Altaysk.
13065 — O glagol'nych formach altajskoj toponimii. — *Jaz. i top.* [334], 2, 214-219.
13066 *Onomastika Povolž'ja*, 3. [Red.: R. G. KUZEEV i V. A. NIKONOV]. — Ufa: 1973, 431 p. | *SovT* 1975/6, 99-101 R. G. Aznagulov.
13067 RÁSONYI, L.: The psychology and categories of name giving among the Turkish peoples. — [284], 207-223.
13068 SATTAROV, G. F.: Otčestva i kategorija vežlivosti-počtitel'nosti v sovremennoj tatarskoj antroponimii. — *SovT* 1975/1, 80-86.
13069 ZAJĄCZKOWSKI, Włodzimierz: Regionale Ethnonyme im Karaimischen. — *FO* 17, 1976, 259-260.

C. Langues mongoles — Mongolian Languages

13070 AUBIN, Françoise: Cadenas et clef: note d'ethno-linguistique mongole. — [299], 11-44, 6 fig., folded tab.
13071 BASSANOFF, Namtcha: Adjurations, conjurations: un des aspects du pouvoir magique de la parole. — *EMong* 6, 1975, 123-146.
13072 BAWDEN, Charles R.: On the evils of strong drink: a Mongol tract from the early twentieth century. — [299], 59-79 | Text, transl., notes.
13073 BERTAGAEV, T. A.: *Leksika sovremennych mongol'skych literaturnych jazykov* .... — Moskva: 1974 | BL 1974, 12062. | *VJa* 1976/2, 134-137 U.-Ž. Š. Dondukov & L. D. Šagdarov.
13074 BESE, Lajos: Some investigations on the history of the verbal inflection in Mongolian. — [299], 81-86.
13075 BINNICK, Robert I.: An introduction to the syntax of Modern Mongolian. — *MongS* 3, 1976, 29-52.
 ČAREKOV, S. L.: O nekotorom parallelizme v sposobe obrazovanija kačestvennych narečij .... v burjatskom i marijskom jazykach. — 12512.
13076 ČEREMISOV, K. M.: *Burjatsko-russko slovar'*. — Moskva: 1973 | BL 1973, 13612. |

MongS 3, 1976, 133-135 Nicholas Poppe.
13077 CLARK, Larry V.: Two eighteenth century Buryat glossaries. — *MongS* 3, 1976, 53-82.
13078 COLOO, Ž.: Notes on Mongol Uriankhai vocabulary. — *AOH* 30, 1976, 59-67.
13079 DARBEEVA, A. A.: K voprosu o specifike razvitija ostrovnych mongol'skich jazykov i dialektov. — [344], 128-138.
13080 GRØNBECH, Kaare, & KRUEGER, John R.: *An introduction to classical (literary) Mongolian: introduction, grammar, reader, glossary.* 2nd ed., revised with a new suppl. — Wiesbaden: Harrassowitz, 1976, xii, 91 p. | First ed. 1955 (BL 1955, 283).
13081 GRUPPER, Samuel M.: Identifying an Oyirad pasture: a note on Siberia on the eve of the Muscovite penetration. — *MongS* 3, 1976, 83-96.
13082 GUSEJNZADE, A.: O vokalizacii tjurko-mongol'skogo termina *unγu-boγol*. — *SovT* 1976/2, 57-64.
13083 HATTORI, Shirô: Some problems on the reconstruction of the Mongolian sounds of the Secret History of the Mongols: on the word *gu-un*. — [299], 261-272.
13084 HAYAMON, Roberte: Quelques chants bouriates (Présentation de matériaux). — *EMong* 6, 1976, 191-213.
13085 HEISSIG, Walther: *Die mongolischen Handschriften-Reste aus Olon süme, Innere Mongolei (16.-17. Jhdt.).* — Asiatische Forschungen 46; Wiesbaden: Harrassowitz, 1976, viii, 633 p., ill.
13086 KARA, György: Writing, symbols and ornaments on two Mongolian scrolls. — [299], 345-350, 6 fig.
13087 KARABAEVA, L. A.: O nekotorych funkcijach padežej v mongol'skich jazykach (Po materialam jazyka issyk-kul'skich kalmykov). — [345], 23-29.
13088 KONJAEVA, È. I.: Melodemy dvusostavnych nerasprostranennych povestvovatel'nych dialogičeskich predloženij burjatskogo jazyka. — [12312], 137-152, ill.
13089 KRUEGER, John R.: *The Kalmyk-Mongolian vocabulary in Stralenberg's geography of 1730.* — Stockholm: 1975 | BL 1975, 13026. | *BSOAS* 39, 1976, 466-467 C. R. Bawden | *MongS* 3, 1976, 117-125 Larry V. Clark.
13090 — 'Dix-huit chants et poèmes mongols' revisited. — *EMong* 6, 1976, 215-229 | Restored texts, with annotated transl., of the songs published in *Dix-huit chants et poèmes mongols* by Princess Nirgïdma de Torhout, Paris 1937.
13091 — A decree on the origins of Lamaism among the Kalmyks (1756). — [299], 355-364 | Transcription, transl., notes.
13092 LIGETI, Louis: *Histoire secrète des Mongols.* — Monumenta . . . , 1; Budapest: 1971 | BL 1972, 12125. | *Oriens* 25-26, 1976, 423-426 Gerhard Doerfer | *OLZ* 71, 1976, 299-303 Manfred Taube.
13093 — *Monuments préclassiques 1 . . . .* — Indices . . . . 1; Budapest: 1970 | BL 1972, 12128. | *Oriens* 25-26, 1976, 423-426 Gerhard Doerfer | *OLZ* 71, 1976, 299-303 Manfred Taube | *OLZ* 70, 1975, 93 M. Weiers (Sur les Indices des *Monuments en écriture 'phags-pa*, 1973; BL 1973, 13628).
13094 MÜNKÜYEV, N. Ts.: A Mongolian hunting practice of the 13th century and the Buryat terms *zeegete aba* and *aba khaidag*. — [299], 417-433, 2 facsim.
13095 POPPE, Nicholas: Ancient Mongolian. — [299], 463-478.
13096 RACHEWILTZ, Igor DE: Some remarks on the stele of Yisüngge. — [299], 487-508.
13097 RASSADIN, V. I.: Istorija razvitija otdel'nych fonetičeskich javlenij burjatskogo jazyka. — [346], 160-176.
13098 SARKÖZI, Alice: A Mongolian manual of divination by means of characteristics of the land. — [299], 583-604 | Text, transl., notes.

13099 SERRUYS, Henry: *Kumiss ceremonies and horse races*: three Mongolian texts. — Wiesbaden: 1974 | BL 1974, 12103. | *BSOAS* 39, 1976, 674-677 C. R. Bawden | *MongS* 3, 1976, 135-138 Nicholas Poppe.
13100 — *Jinong: chün-wang* or *ch'in-wang*? — *AOH* 30, 1976, 199-208 | On the derivation of the Mong. title *jinong*.
13101 TAFRADŽIJSKA, Cvetanka Zl.: Motivy vybora ličnych imen drevnich mongolov (na materiale "Sokrovennogo skazanija" - XIII v.) — *GSU-ZF* 68, 1974/1 (1976), 287-296.
13102 TATÁR, Magdalena: Two Mongol texts concerning the cult of the mountains. — *AOH* 30, 1976, 1-58, fig. (p. 44-58: facsim.).
13103 TENIŠEV, È. R.: O jazyke kalmykov Issyk-Kulja. — *VJa* 1976/1, 82-87.
— Mong. Entlehnungen in der Sprache der "Šir-a Uighuren". — 13030.
13104 THOMSEN, Kaare: Über einige Vokalphoneme im Mongolischen. — [299], 641-646.
13105 VIETZE, Hans-Peter: *Rückläufiges Wörterbuch der mongolischen Sprache.* Unter Mitarbeit von Ludwig ZENKER. — Leipzig: Verlag Enzyklopädie, 1976, 239 p.
13106 WEIERS, Michael: *Die Sprache der Moghol der Provinz Herat in Afghanistan* . . . . — Opladen: 1972 | BL 1972, 12154. | *OLZ* 71, 1976, 303-304 L. Bese.
13107 — Ein Schreiben südostmongolischer Stammesfürsten an den Mandschuherrscher Sure Han aus dem Jahre 1636. — [299], 755-766, 3 facsim. | Mong. text with Manchu transl.

D. Langues toungouses — Tungus Languages

13108 AALTO, Pentti: G. J. Ramstedts Onkor-solonisches Wörterverzeichnis. Bearbeitet und hrsg. — *RO* 38, 1976, 31-41.
— The *Elementa linguae Tartaricae* by F. Verbiest, S. J. — 1885.
13109 CHASANOVA, M. M.: Značenija ličnych form povelitel'nogo naklonenija èvenkijskogo jazyka. — [345], 181-192.
13110 CINCIUS, Vera I.: Mongol'skie affiksy v man'čžurskom jazyke. — *UAJb* 48, 1976, 42-48.
13111 — Jakutsko-tungusskie leksičeskie svjazi. — [374], 117-128.
13112 COYAUD, Maurice: La morphologie du mandchou selon Yamamoto Kengo. — *EMong* 6, 1976, 231-236 | Rés. de l'étude de YAMAMOTO Kengo, 'Manju-go bungo keitai ron', dans *Sekai gengo kaisetsu* (Compendium des langues du monde), dirigé par Ichikawa Sanki et Hattori Shirō (Tokyo 1972).
13113 FRANKE, Herbert: Two Chinese-Khitan macaronic poems. — [299], 175-180.
13114 FUCHS, Walter: Jušen-manjurische Wortgleichungen. — [299], 181-188.
13115 IKEGAMI, Jirô: The Manchu prolative *deri*. — *UAJb* 48, 1976, 116-120.
JOKI, A. J.: Some Samoyed-Tungus word comparisons. — 12779.
13116 JURGIN, K. I.: Suženie značenii formantov v èvenkijskich toponimach. — [334], 2, 220-224.
13117 KIM ČER LEN: Grammatičeskoe vyraženie vremennoj posledovatel'nosti v nekotorych altajskich jazykach. — [334], 1, 163-168 | Examples from Tungus languages.
13118 MELLES, Cornélie: Le *Tongki fuga aqó xergen-i bitxe*. Vocabulaire. — *AOH* 30, 1976, 69-120; 209-243; 309-329 | Cf. BL 1975, 13067.
13119 MOROZ, I. T.: Otnositel'no kitajskich zaimstvovanij v man'čžurskom jazyke. — [407], 127-129.
13120 MURAYAMA, Shichiro: Tungusica-Japonica. — *UAJb* 48, 1976, 186-187 | Note

PALÉOSIBERIEN

(in G.) on some parallel forms in Tungus and Jap.

13121 NEDJALKOV, I. V.: Vremennye značenija pričastij v tunguso-man'čžurskich jazykach. — [345], 107-123.

13122 ROBBEK, V. A.: K voprosu o značenii neproizvodnych osnov èvenskogo glagola v forme nastojaščego vremeni. — [345], 124-131.

13123 SIMONOV, M. D.: Opyt spektrografičeskogo analiza èvenkijskich glasnych (na materiale bauntovskogo govora). — [12312], 153-174, 25 fig.

SOROKIN, Ju. A.: Akademik V. P. Vasil'ev kak man'čžuroved. — 780.

13124 WALRAVENS, Hartmut: Übersicht über chinesische Steinabklatsche mit mandjurischen Inschriften in amerikanischen Sammlungen. — [299], 743-753.

WEIERS, M.: Ein Schreiben südostmongolischer Stammesfürsten . . . — 13107.

IV. LANGUES PALÉOSIBÉRIENNES — PALAEOSIBERIAN LANGUAGES

13125 AUSTERLITZ, Robert: L'appellation du renne en japonais, aïnou et surtout en ghiliak. — [299], 45-49.

13126 BIBIKOVA, V. S.: Predikativnaja funkcija prilagatel'nych v ketskom jazyke. — [334], 1, 35-40.

13127 DENNING, R. F.: Imbatsko-symskie zvukovye sootvetstvija v sisteme soglasnych. — [334], 2, 40-50.

13128 GAJER, R. S.: Formy imperativa glagolov na -uks'ibet/-un'bet v ketskom jazyke. — [334], 1, 51-55.

13129 — Sposoby vyraženija opredeljajuščej podosnovy glagolov na -bet v ketskom jazyke. — [334], 2, 51-54.

13130 KENSTOWICZ, Michael: Some rules of Koryak phonology. — SLS 6, 1976/1, 22-37.

13131 KOSTJAKOV, M. M.: Ketskie sootvetsvija russkomu složnopodčinennomu predloženiju s pridatočnym vremeni. — [334], 1, 56-63.

13132 KREJNOVIČ, E. A.: O sposobach dejstvija v glagole nivchskogo jazyka (po materialam sachalinskogo i amurskogo dialektov). — [334], 1, 141-151.

13133 NEDJALKOV, V. P.: Diathesen und Satzstruktur im Tschuktschischen. — [369], 181-211.

13134 OTAINA, G. A.: Slova so značeniem kačestva v nivchskom jazyke. — VJa 1976/3, 107-117.

13135 — Leksičeskie osobennosti vostočnosachalinskogo dialekta nivchskogo jazyka. — [347], 161-172.

13136 POLENOVA, G. T.: Ketskie grammatičeskie pokazateli mestoimennogo proischoždenija. — [334], 2, 55-57.

13137 ŠERER, V. È.: K voprosu ob otgraničenii poslelogov ot narečij v ketskom jazyke. — [334], 2, 58-64.

13138 SKORIK, P. Ja.: Kategorija deepričastija v čukotskom jazyke. — [334], 1, 119-140.

13139 VALL, M. N.: O nekotorych osobennostjach osnovnogo padeža v ketskom jazyke. — [334], 1, 23-28.

13140 VERNER, G. K.: Akcentuacionnoe osvoenie russkich zaimstvovanij v sovremennych enisejskich dialektach. — [334], 1, 17-22.

13141 — Javlenija sinkopy i apokopy i osložnenie tonal'noj sistemy v jazykach symskich i imbatskich ketov. — [334], 2, 33-39.

13142 VERNER, I. G.: O ličnych imenach sovremennych ketov. — [334], 2, 65-68.

13143 VINOGRADOVA, L. E.: Vyraženie množestvennosti ediničnosti u veščestvennych suščestvitel'nych ketskogo jazyka. — [334], 1, 29-34.

13144 VOLODIN, A. P.: Sposoby vyraženija komitativnosti v itel'menskom jazyke. — [334], 1, 152-162.
13145 ŽIVOVA, G. T.: Grammatičeskie kategorii ketskich mestoimenij. — [334], 1, 41-50.

V. CORÉEN — KOREAN

13146 Sahoe kwahakwŏn ŏnŏnak yŏn'guso: *Chosŏn munhwa-ŏ sajŏn.* — Pyongyang: Sahoe kwahakwŏn ch'ulp'ansa, 1973, 1060 p. | The Inst. of Linguistics of the Acad. of Social Sci.: Korean dictionary of the cultural language. | *AAS* 12, 1976, 220-223 Vladimír Pucek.
13147 HAYATA, Teruhiro: On long vowels in the Kyeongsang dialects of Korean. — *GK* 69, 1976, 1-15.
13148 KIM-RENAUD, Young-Key: Semantic features in phonology: evidence from vowel harmony in Korean. — *PCLS* XII, 397-412.
KONCEVIČ, L. R.: Iz istorii lingvističeskich učenij na Vostoke .... — 1965.
13149 *The Korean language: its structure and social projection.* Ed. by Ho-min SOHN. — Center for Korean Studies, Univ. of Hawaii, Occasional Papers 6; Honolulu: 1975, 126 p. | Papers from a conference held in June 1975.
13150 MAL'KOV, F. V.: Ob aggljutinacii v korejskom jazyke. — [407], 119-126.
13151 MÁRTONFI Ferenc: A tiszteletiség kifejezési formáiról a kelet- és délkelet-ázsiai nyelvekben (A koreai verbum finitum szociolingvisztikai vonatkozásai). — *ÁNyT* 8, 1972, 159-179 | Formes d'expression du respect dans les langues de l'Asie de l'Est et du Sud-Est: aspects sociolinguistiques du verbe fini coréen.
13152 McCANN, David R.: The structure of the Korean *sijo.* — *HJAS* 36, 1976, 114-134.
13153 ŌE Takao: Daiku-hōgen ni okeru akusento no kata to chōboin. — *GK* 69, 1976, 16-35 | Accent patterns and vowel quantity in the Daegu dialect. A report on the research into Korean dialects (I). E. summ.
13154 REE, Jung-no: *Topics in Korean syntax ....* — Seoul: 1974 | BL 1974, 12153. | *BSL* 71, 1976/2, 450 Ch. Haguenauer.
13155 SASSE, Werner: *Das Glossar Koryŏ-pangŏn im Kyerim-yusa: Studien zur Entschlüsselung eines chinesischen Glossars mittelkoreanischer Wörter.* — Veröffentlichungen des Ostasien-Inst. der Ruhr-Univ. Bochum 18; Wiesbaden: Harrassowitz, 1976, 155 p.
13156 SKORBATJUK, I. D.: Neologizmy v leksike sovremennogo jazyka KNDR. — [342], 155-176.
13157 SONG, Seok Choong: Synchronic alternation and diachronic change. — *LACUS* II, 549-556 | On the alternate shapes of the nominalizer in Korean.
13158 YANG, In-Seok: Semantics of Korean causation. — *FL* 14, 1976, 55-87, fig.

VI. JAPONAIS — JAPANESE

13159 ALPATOV, V. M.: O sootnošenii iskonnych i zaimstvovannych ėlementov v sisteme japonskogo jazyka. — *VJa* 1976/6, 87-95.
AUSTERLITZ, R.: L'appellation du renne en jap. .... — 13125.
13160 BACKHOUSE, Anthony E.: How to remember numbers in Japanese. — [383], 149-161, 3 tab.
13161 BRANFORD, William: Existence in Japanese. — [279], 26-35.
13162 *Deutsch-japanische Kontraste. Vorstudien zu einer kontrastiven Grammatik.* Ger-

JAPONAIS

hard STICKEL (Hrsg.). — Forschungsberichte des Inst. für Deutsche Sprache Mannheim 29; Tübingen: Narr, 1976, 394 p.

13163 FUJIWARA, Yoichi: *The sentence structure of Japanese* ... — Tokyo: 1973 | BL 1973, 13693. | *ZDL* 43, 1976, 350-353 J. Kühnast & S. Zaima.

13164 HAGUENAUER, Charles: *Études choisies.* Vol. I. *Japon: études de linguistique.* — Leiden: Brill, 1976, 423 p., front. (portr.), carte dépl.

13165 — *Nouvelles recherches comparées sur le japonais et les langues altaïques.* — Bibl. de l'Inst. des Hautes Études Jap.; Paris: l'Asiathèque, 1976, 105 p., carte.

13166 HARADA, S. I.: Honorifics. — *SynS* 5, 1976, 499-561 | Revised and simplified version of the author's B. A. thesis, *A study of Jap. honorification*, Univ. of Tokyo, 1970.

13167 — *Ga-no* conversion revisited. A reply to Shibatani. — *GK* 70, 1976, 23-38 | Reply to Masayoshi SHIBATANI, 'Perceptual strategies and the phenomena of particle conversion in Jap.', *Papers from the Parasession on functionalism*, 1975, 469-480 (BL 1975, 13106).

13168 HINDS, John: *Aspects of Japanese discourse structure.* — Tokyo: Kaitakusha, 1976, x, 152 p.

13169 — A taxonomy of Japanese discourse types. — *Linguistics* 184, 1976, 45-53.

13170 HOWARD, Irwin, & NIYEKAWA-HOWARD, Agnes M.: Passivization. — *SynS* 5, 1976, 201-237.

13171 INOUE, Kazuko: Reflexivization: an interpretive approach. — *SynS* 5, 1976, 117-200.

13172 *Japanese generative grammar.* Ed. by Masayoshi SHIBATANI. — *SynS* 5; New York: Academic Press, 1976, xvii, 574 p. | *Lg* 53, 1977, 453-457 C. Kitagawa.

13173 JOSEPHS, Lewis S.: Complementation. — *SynS* 5, 1976, 307-369. KAZÁR, L.: Uralic-Jap. language comparison. — 4054.

13174 KIM, Tai Whan: *The Portuguese element in Japanese. A critical survey with glossary.* — *RPF*, Suplemento 5; Coimbra: Inst. de Estudos Românicos, Univ. de Coimbra, 1976, 152 p. | *Paideia* 31, 1976, 224 Vittore Pisani.

13175 KUNO, Susumu: Subject raising. — *SynS* 5, 1976, 17-49.

13176 KURODA, S.-Y.: Headless relative clauses in Modern Japanese and the relevancy condition. — *PBLS* II, 269-279.

13177 LANGE, Roland A.: *The phonology of eighth-century Japanese* .... — Tokyo: 1973 | BL 1974, 12179. | *Lg* 52, 1976, 731-734 Haruo Aoki.

13178 MAËS, Hubert: *Présentation syntaxique du japonais standard.* — Travaux du Groupe de Linguistique jap., Univ. de Paris VII, 3; Paris: Univ. de Paris VII, 1976, v, 175 p., portr.

13179 MAKINO, Seiichi: Nominal compounds. — *SynS* 5, 1976, 483-498.

13180 MCCAWLEY, James D.: Relativization. — *SynS* 5, 1976, 295-306.

13181 MCCAWLEY, Noriko Akatsuka: Reflexivization: a transformational approach. — *SynS* 5, 1976, 51-116.

13182 — Review article on: Susumu KUNO, *The structure of the Japanese language*, 1973. — *Lg* 52, 1976, 942-960 | Cf. BL 1973, 13702.

13183 MCGLOIN, Naomi Hanaoka: Negation. — *SynS* 5, 1976, 371-419 | Shortened version of the author's Ph. D. diss., 1972 (BL 1973, 13705).

13184 MILLER, Roy Andrew: Old Japanese *sirö* "fortress, citadel". — [299], 397-415. — A reply to Doerfer. — 4056.

13185 MÜLLER, Brigitte: *Koyobun. Ein Beitrag zur japanischen Sprachpolitik seit dem 2. Weltkrieg.* — Hamburg: Buske, 1975, x, 326 p.

13186 MURAYAMA, Shichiro: Ramstedt und Polivanov als Altaist-Japanologen. —

[299], 435-445 | G. J. Ramstedt (1873-1950) and E. D. Polivanov (1891-1938). — Tungusica-Japonica. — 13120.
13187 NAKAU, Minoru: Tense, aspect, and modality. — *SynS* 5, 1976, 421-482.
13188 NEVEROV, S. V.: O sovremennom sostojanii gonorifičeskoj sistemy japonskogo jazyka. — [407], 83-91.
13189 OGUMA, Hitoshi, & IRITANI, Toshio: Some psycholinguistic interpretations of the Japanese language. — *Linguistics* 172 (= *IJPs* 5), 1976, 39-49, 3 fig., tab. | E., Fr. & Ru. summ.
13190 PRIDEAUX, Gary D.: *The syntax of Japanese honorifics.* — The Hague: 1970 | BL 1970, 11722. | *Oriens* 25-26, 1976, 451-453 Bruno Lewin | *Linguistics* 162, 1975, 90-93 Keiichiro Okutsu.
13191 SAGAWA Masayoshi: Nihongo no hitei no han'i. — *GK* 70, 1976, 1-22 | Summ. in Fr.: Portée de la négation en jap.
13192 SHIBATANI, Masayoshi: Causativization. — *SynS* 5, 1976, 239-294.
13193 SKAL'NIK, V.: Japonskie časticy, otpočkovavšiesja ot sojuzov (*ga, kara, kérèdomo, noni, si, kuséni*). — [342], 124-154.
13194 SONG, Zino: The function of *to yuu* in Japanese. — *WPLUH* 7, 1975/5, 17-34.
13195 SUZUKI, Peter T.: The ethnolinguistics of Japanese Americans in the wartime camps. — *AnL* 18, 1976, 416-427.
13196 TOLKAČEV, P. F.: Kango v "Povesti o Zapadnych krajach" ("Sajiki-monogatari"). — [407], 92-97.
UEDA, A.: Embedding and ambiguity. — 8306.
UEDA, M.: Devoicing and elision of some vowels in Jap. and E. — 8101.
13197 UWANO Zendō: Kindaichi Haruhiko cho "Kokugo akusento no shiteki kenkyū, genri to hōhō". — *GK* 69, 1976, 36-56 | Rev. art. on KINDAICHI Haruhiko, "A hist. study of the Jap. accent system: principles and methods", 1974.
13198 YÁBAR D., Pompeyo: Algunos aspectos sicolingüísticos del concepto *amaeru* en japonés. — *LyC* 16, 1976, 159-164.
13199 YAMAMOTO, Akira Y., & MATHIAS, Gerald B.: The syntax and semantics of possession I: Japanese. — [110], 589-599.

VII. AÏNOU — AINU

AUSTERLITZ, R.: L'appellation du renne en jap., aïnou et .... ghiliak. — 13125.
13200 MURAZAKI Kyōko: *Karafuto Ainu-go.* — Tōkyō: Kokusho kankōkai, 1976, xv, 234 p. + 2 cassette records | Sakhalin Rayiska Ainu dialect: texts and glossary. Preface by Shirō HATTORI.
13201 SIMEON, George: The Hokkaido Ainu copula. — *Linguistics* 181, 1976, 63-66.
13202 YUMIKO TAGUCHI, Kirsten: *An annotated catalogue of Ainu material in the East Asian Institute of Aarhus University.* — Scand. Inst. of Asian Studies, Monograph Series 20; Lund: Studentlitteratur, 1974, 136 p. | *AcOr* 37, 1976, 292-296 W. W. Schuhmacher.

LANGUES DRAVIDIENNES
DRAVIDIAN LANGUAGES

I. GÉNÉRALITÉS ET LANGUES DIVERSES — GENERAL AND MISCELLANEOUS

13203 AGESTHIALINGOM, S., & SAKTHIVEL, S.: *A bibliography of Dravidian linguistics.* — Annamalainagar: 1973 | BL 1973, 13722. | *Linguistics* 184, 1976, 55-62 A. Dhamotharan.

13204 ANDRONOV, M. [S.]: Dravidian numerals: an etymological study. — *IJDL* 5, 1976, 5-15.

13205 — Case suffixes in Dravidian: a comparative study. — *Anthropos* 71, 1976, 716-737.

13206 BHAT, D. N. S.: Certain developmental tendencies of the Dravidian verb. — *IJDL* 5, 1976, 249-258.

BRETON, R. J. L.: *Atlas géogr. des langues et des ethnies de l'Inde* .... — 2762.

DAVIES, P., & ROSS, A. S. C.: "Close-relationship" in the Drav. languages. — 3209.

13207 DEY, Pradip, & SHETTY, R. T.: Echo-word construction in Tulu. — *BDC* 35, 1975/3-4, 33-39.

13208 *Dravidian case system.* Ed. by S. AGESTHIALINGOM & K. KUSHALAPPA GOWDA. — Annamalai Univ., Dept. of Linguistics, Publ. 39; Annamalainagar: 1976, vii, 519 p. | Papers read at a seminar, March 2-4, 1974.

13209 EMENEAU, M. B.: *Ritual structure and language structure of the Todas.* — Philadelphia: 1974 | BL 1974, 12201. | *Homme* 16, 1976/1, 170-171 Francis Zimmermann | *Lg* 52, 1976, 259-260 Paul Hockings | *BSOAS* 39, 1976, 717 J. R. Marr | *LiS* 5, 1976, 119-121 W. C. McCormack.

13210 — Personal names of the Coorgs. — *JAOS* 96, 1976, 7-14.

KIDDER, R. L.: Language and litigation in South India. — 3784.

PANDIT, P. B.: *India as a sociolinguistic area.* — 3836.

POLOMÉ, E.: A symposium on the verb in India. — 4210.

13211 RAMAKRISHNA REDDY, B., UPADHYAYA, Shusheela P., & REDDY, Jay: *Kuvi phonetic reader.* — CIIL Phonetic Reader Series 11; Mysore: Central Inst. of Indian Languages, 1974, xi, 77 p.

13212 SAKTHIVEL, S.: *Phonology of Toda, with vocabulary.* — Annamalai Univ., Dept. of Linguistics, Publ. 41; Annamalainagar: 1976, [ix], 366 p.

SHAH, U. P.: The Sālakaṭaṅkaṭas .... — 4274.

13213 SHANMUGAM, S. V.: *Dravidian nouns* .... — Annamalainagar: 1971 | BL 1971, 11910. | *IIJ* 18, 1976, 113-114 Kamil V. Zvelebil.
13214 SOUTHWORTH, Franklin C.: On subgroups in Dravidian. — *IJDL* 5, 1976, 114-137.
The Soviet decipherment of the Indus Valley script .... — 2940.
13215 SUBRAHMANYAM, P. S.: *A descriptive grammar of Gondi.* — Annamalainagar: 1968 | BL 1969, 10977. | *IL* 37, 1976, 228-232 Pradip Dey.
13216 — Review of Bh. Krishnamurti's 'Gender and number in Proto-Dravidian'. — *IJDL* 5, 1976, 138-143 | On Bh. KRISHNAMURTI, *IJDL* 4, 328-350 (BL 1975, 13133).
13217 *Third Seminar on Dravidian linguistics.* Ed. by S. AGESTHIALINGOM & S. V. SHANMUGAM. — Annamalai Univ., Dept. of Linguistics, Publ. 27; Annamalainagar: 1972, v, 415 p. | *BSOAS* 37, 1974, 277-278 T. Burrow | *IL* 37, 1976, 250-255 S. Vaidyanathan.
13218 ZVELEBIL, Kamil: *Comparative Dravidian phonology.* — The Hague: 1970 | BL 1970, 11755. | *Lingua* 39, 1976, 139-153 Bh. Krishnamurti.

II. CANARA — KANNADA

13219 DAŠKO, M. A.: Ob analitičeskich formach glagola v jazyke kannada (principy vydelenija). — [407], 48-59.
13220 ULLRICH, Helen E.: The Kannaḍa verb: sociolinguistic implications. — *IJDL* 5, 1976, 327-337.
13221 UPADHYAYA, U. P.: *A comparative study of Kannada dialects: Bellary, Gulbarga, Kumta and Nanjangud dialects.* — Mysore: Univ. of Mysore, 1976, xx, 317 p.

III. MALAYALAM — MALAYALAM

13222 RAJENDRAN, S., & THAMPURAN, R. R.: Intransitive, transitive, and causative verbs in Malayalam. — *BDC* 35, 1975/3-4, 116-120.
13223 RAMACHANDRAN, Puthusseri: *Language of Middle Malayalam.* — Drav. Linguistic Ass., Publ. 9; Trivandrum: 1973 | *IJDL* 5, 1976, 177-179 K. M. Prabhakara Variar.
13224 RAVINDRAN, P. N.: *Nominal composition in Malayalam.* — Annamalai Univ., Dept. of Linguistics, Publ. 37; Annamalainagar: 1975, 147 p.
13225 RETNAMMA, K.: *A linguistic study of early Manipravalam.* — Drav. Linguistics Ass., Publ. 20; Trivandrum: Dept of Linguistics, Univ. of Kerala, 1976, 249 p.
13226 SUBRAMONIAM, V. I.: Rules of nasal assimilation in Malayalam. — *UAJb* 48, 1976, 220-224.
13227 VALENTINE, E.: The enunciative vowel in Malayalam. — *IJDL* 5, 1976, 16-22.

IV. TAMOUL — TAMIL

13228 AGESTHIALINGOM, S.: A note on Tolkappiyam on *ve:ṇṭum*. — *IL* 37, 1976, 220-226.
13229 ANANTHANARAYANA, H. S.: Nominal derivation in Sanketi Tamil. — *IJDL* 5, 1976, 108-113.
13230 ANTON, H., & HELLMANN, D.: *Tamil usage in mass media: a compilation from All India Radio Madras and the Tamil press.* — [Hamburg: H. Anton], 1975, [viii], lv, 175 p. | *BSOAS* 39, 1976, 717 J. R. Marr.

13231 ELAYAPERUMAL, M.: *Grammar of Ainkurunuuru with index.* — Kariavattom, Trivandrum: Dept of Tamil, Univ. of Kerala, 1975, x, 54 + 160 p. | *IJDL* 5, 1976, 378-382 A. Thasarathan.

13232 ISRAEL, M.: *The treatment of morphology in Tolkāppiyam.* — Madurai, India: 1973 | BL 1974, 12219. | *JAOS* 96, 1976, 327-328 David W. McAlpin | *IJDL* 5, 1976, 383-396 A. Kamatchinathan.

13233 KAMATCHINATHAN, Arunachalam: *The Tirunelvēli Tamil dialect.* — Annamalainagar: 1969 | BL 1970, 11745. | *IIJ* 18, 1976, 327-331 A. Govindankutty.

13234 MEENAKSHI, K.: *ai* and *au* in Tamil. — *IJDL* 5, 1976, 343-353.

13235 PANNEERSELVAM, R.: An eighteenth century Tamil text on "Christian morals" from Tranquebar. — *AcOr* 37, 1976, 165-175.

RANGAN, K.: *Mārrilakkaṇa moḷiyiyal.* — 1196.

13236 SCHIFFMAN, Harold: Causativity and the Tamil verbal base. — *IJDL* 5, 1976, 238-248.

13237 THANANJAYARAJASINGHAM, S.: Intervocalic double consonant articulations in Ceylon Tamil: a palatographic study of lengthening. — *L&S* 19, 1976, 75-79, 6 fig.

13238 — The duration of intervocalic stops in Ceylon Tamil. — *L&S* 19, 1976, 150-159, 30 fig.

13239 WALLDÉN, Ruth: Contributions to the study of the pronunciation of *i*- and *e*-sounds in Tamil, especially before retroflex consonants. — *OS* 23-24, 1974-75 (1976), 200-209, 8 fig.

V. TÉLOUGOU — TELUGU

13240 BHASKARARAO, Peri: Verbal compounding in Telugu. — *BDC* 35, 1975/1-2, 9-20. DUVERDIER, G.: L'œuvre en télugu de Benjamin Schultze. — 735.

13241 SAKUNTALA SHARMA, J.: Vowel-consonant patterns in Telugu. — *IL* 37, 1976, 210-212.

BURUSHASKI

BURUSHASKI

13242 BERGER, Hermann: *Das Yasin-Burushaski* .... — Wiesbaden: 1974 | BL 1974, 12240. | *IIJ* 18, 1976, 122-123 L. A. Schwarzschild | *JAOS* 96, 1976, 137 Henry M. Hoenigswald | *BSOAS* 39, 1976, 509 T. Burrow.

LANGUES DE L'ASIE DU SUD-EST

LANGUAGES OF SOUTH-EAST ASIA

I. GÉNÉRALITÉS — GENERAL

13243 *Austroasiatic number systems.* Ed. by Gerard DIFFLOTH & Norman H. ZIDE. — *Linguistics* 174, 1976, 112 p. | Introd. by N. H. Zide, p. 5-19.
BENEDICT, P. K.: Austro-Thai and Austroasiatic. — 4048.
— Formosan reflexes of PAN nasal/orals. — 13444.

13244 NACASKUL, Karnchana: Types of elaboration in some Southeast Asian languages. — [217], 873-889.

13245 *Phonemes and orthography: language planning in ten minority languages of Thailand.* William A. SMALLEY, ed. — *PL*, C 43; Canberra: Dept of Linguistics, Research School of Pacific Studies, Austr. National Univ., 1976, xiii, 347 p. | Contents: Part I (p. 1-123), by Smalley: 1. Writing systems in Thailand's marginal languages: history and policy; 2. Bases for popular writing systems; 3. The problem of vowels: Northern Khmer; 4. The problems of consonants and tone: Hmong (Meo, Miao). Part II, chapters 5-12 (listed separately). Appendixes by Smalley: 1. Comparison of orthographies; 2. Outline of the Thai writing system.

13246 *South-East Asian linguistic studies.* Vol. 2. NGUYEN DANG LIEM, ed. — *PL*, C 42; Canberra: Dept of Linguistics, Research School of Pacific Studies, Austr. National Univ., 1976, iv, 262 p.

II. LANGUES SINO-TIBÉTAINES — SINO-TIBETAN LANGUAGES

A. Généralités — General

13247 BENEDICT, Paul K.: *Sino-Tibetan. A conspectus* . . . . — London: 1972 | BL 1972, 12329. | *OLZ* 71, 1976, 513-515 A. Róna-Tas.

13248 — Sino-Tibetan: another look. — *JAOS* 96, 1976, 167-197.

B. Groupe sinitique — Sinitic Group

13249 YANG, Paul Fu-Mien: *Chinese linguistics: a selected and classified bibliography.* — Hong Kong: 1974 | BL 1974, 12249. | *JAOS* 96, 1976, 479-480 Teng Shou-Hsin.

13250 ALLETON, Viviane: *Les adverbes en chinois moderne.* — Paris: 1972 | BL 1972, 12372. | *JAOS* 96, 1976, 343-345 Sandra Annear Thompson | *OLZ* 71, 1976, 295-296 J. Kalousková.
13251 — *Grammaire du chinois.* — Paris: 1973 | BL 1973, 13833. | *Linguistics* 184, 1976, 66-68 A. Cartier.
13252 BARANOVA, Z. I.: Variantnosť i sinonimija v čěn″jujach. — [407], 130-135.
13253 BEPPLER, M.-L., CHENG, T. M., LANG, H.: *Grammatisch-lexikalischer Führer zu 'Elementary Chinese'.* — Bochum: Brockmeyer, 1975, 243 p.
13254 *Česko-čínský slovník.* 2. F-K; 3. L-N. Sestavil lexikografický kolektiv Orientálního ústavu ČSAV. — Praha: Academia, 1976, 656; 688 p. | Cf. BL 1975, 13235.
13255 CHAN, Leok Har: Chinese dialects in Southeast Asia. — *WPLUH* 7, 1975/4, 1-37, 11 maps.
13256 CHAO, Yuen Ren: *Aspects of Chinese sociolinguistics.* Essays. Ed. by Anwar S. DIL. — Stanford: Stanford UP., 1976, xiv, 415 p.
13257 CHEN, Matthew Y.: From Middle Chinese to Modern Peking. — *JCL* 4, 1976, 113-277.
13258 CHENG Ying: *Sprichwörtliche Redensarten im modernen Chinesisch: Tetragramme, Grundformen der chinesischen Redensarten für die Unterrichtspraxis.* — Hamburg: Buske, 1976, vi, 109 p.
13259 CHU, Chauncey C.: "Conceptual wholeness" and the "retained" object. — *JCL* 4, 1976, 14-23.
13260 COYAUD, Maurice, & PARIS, Marie-Claude: *Nouvelles questions de grammaire chinoise.* — Documents de linguistique quantitative 28; Paris: Dunod, 1976, 236 p. | *BSL* 72, 1977/2, 409-411 A. Rygaloff.
13261 DALSECCO, Luciano: L'ausiliaria preoggettiva *BA* (. .) nella proposizione cinese. — *SILTA* 5, 1976/1-2, 79-87 | Summ. in E.
13262 DENLINGER, Paul B.: Long and short vowels in Chinese. — *TP* 62, 1976, 35-44.
13263 ECSEDY, Hilda: *Böz*: an exotic cloth in the Chinese imperial court. — *AoF* 3, 1975, 145-153 | Chin. p'o ~ po < Turkic *böz* (< *byssos*). Cf. 12811.
13264 EGEROD, Søren: Tonal splits in Min. — *JCL* 4, 1976, 108-111.
FRENCH, M. A.: Observations on the Chin. script . . . — 2922.
13265 HASHIMOTO, Mantaro J.: Implications of Ancient Chinese retroflex endings. — *IJDL* 5, 1976, 23-31.
HEROLDOVÁ, D.: K otázkám ekvivalence. II. Specifická oblast čínské politické terminologie. — 866.
13266 Ho, Aichen Ting: Mandarin tones in relation to sentence intonation and grammatical structure. — *JCL* 4, 1976, 1-13.
13267 — The acoustic variation of Mandarin tones. — *Phonetica* 33, 1976, 353-367, 10 fig., 3 tab. | E., G. & Fr. summ.
HSIEH, Hsin-I: On the unreality of some phonological rules. — 2282.
13268 JUHL, Robert A.: The literary dialect of Tao Qian: rhymes and finals. — *JCL* 4, 1976, 83-107.
13269 KALIMOV, A.: Upotreblenie služebnogo slova *ba* v dunganskom jazyke. — [407], 136-147.
13270 LEE, Kai-fat: Polysyllabicity in the Modern Chinese verb: an attempt to quantify a linguistic drift. — *JCL* 4, 1976, 24-46.
13271 LI, Charles N., & THOMPSON, Sandra A.: Development of the causative in Mandarin Chinese: interaction of diachronic processes in syntax. — *SynS* 6, 1976, 477-492, 3 fig.

13272 — The meaning and structure of complex sentences with -*zhe* in Mandarin Chinese. — *JAOS* 96, 1976, 512-519.
13273 O'CONNOR, Kevin A.: Proto-Hakka. — *Journal of Asian and African Studies* (Tokyo) 11, 1976, 1-64.
13274 ROHSENOW, John S.: A unified treatment of lexical, verbal, and sentential aspect in Mandarin Chinese. — *PCLS* XIII, 523-532.
13275 RYGALOFF, Alexis: *Grammaire élémentaire du chinois.* — Paris: 1973 | BL 1973, 13877. | *Linguistics* 184, 1976, 91-95 A. Cartier | *TP* 62, 1976, 293-303 Alain Peyraube.
13276 SCHAFER, Edward H.: Supposed "inversions" in T'ang poetry. — *JAOS* 96, 1976, 119-121.
13277 SERRUYS, Paul L-M: Remarks on the nature, functions and meanings of the grammatical particle in literary Chinese. — *JAOS* 96, 1976, 543-569 | Rev. art. on W. A. C. H. DOBSON, *A dictionary of the Chin. particles*, 1974 (BL 1974, 12290).
13278 STIMSON, Hugh M.: *T'ang poetic vocabulary.* — New Haven: Far Eastern Publications, Yale Univ., 1976, xii, 142 p.
13279 TAI, James H-Y.: On the change from SVO to SOV in Chinese. — [114], 291-304.
13280 TSAO, Feng-fu: "Expectation" in Chinese. A functional analysis of two adverbs. — *PBLS* II, 360-374.
13281 VANCE, Timothy J.: An experimental investigation of tone and intonation in Cantonese. — *Phonetica* 33, 1976, 368-392, 13 tab., 1 fig. | E., G. & Fr. summ.
13282 VANCE, Timothy J., & WALKER, Carol A.: Tone and intonation in Cantonese. — *PCLS* XII, 640-655, 7 tab., 5 fig.
13283 WESLER, Paul: Research frontiers in Sino-Islamic linguistics. — *JCL* 4, 1976, 47-82.
13284 WIELUCH, Doman: *The graphic transcription of literary Chinese characters.* With a foreword by Bernhard KARLGREN. — Copenhagen: The Nature Method Language Centre, 1975, xxvii, 368 p.

C. Groupe bodique — Bodic Group

13285 COBLIN, W. South: Notes on Tibetan verbal morphology. — *TP* 62, 1976, 45-70.
13286 HAHN, Michael: *Lehrbuch der klassischen tibetischen Schriftsprache* .... — Hamburg: 1971 | BL 1972, 12464. | *OLZ* 71, 1976, 416-417 P. Poucha.
13287 — Die Haribhaṭṭajātakamālā (I; II). Das Syāmajātaka. — *WZKSA* 17, 1973, 49-88; 20, 1976, 37-74 | Tib. text, G. transl., glossary.
13288 HALE, Austin, & SHRESTHACHARYA, Iswarananda: Is Newari a classifier language? *CNS* 1/1, 1973, 1-21.
HENDERSON, E. J. A.: Vestiges of morphology in some Tibeto-Burman languages. — 13307.
13289 HOEHLIG, Monika, & HARI, Maria: *Kagate phonemic summary.* — Kathmandu: Summer Inst. of Linguistics, 1976, xii, 78 p.
13290 HOUSTON, G. W.: *Cig car, cig char, ston*: note on a Tibetan term. — *CAJ* 20, 1976, 41-46.
13291 KASCHEWSKY, Rudolf, & TSERING, Pema: *Das Leben der Himmelsfee 'Groba bzaṅ-mo. Ein buddhistisches Theaterstück.* — Tib. Texte aus Nepal 1; Wien: Octopus Verlag, 1975, 116 p., 13 fig., 53 facsim. p. | *Anthropos* 71, 1976, 337-338 Siegbert Hummel.
13292 KÖLVER, Ulrike: *Satztypen und Verbsubkategorisierung der Newari.* — Structura 10; München: Fink, 1976, xii, 196 p.

BIRMANIQUE

13293 LANGE, Kristina: *Die Werke des Regenten Saṅs rgyas rgya mc'o (1653-1705). Eine philologisch-historische Studie zum tibetischsprachigen Schrifttum.* — Veröffentlichungen des Museums für Völkerkunde zu Leipzig 27; Berlin: Akad.-Verlag, 1976, 254 p.

13294 LIENHARD, Siegfried: *Nevārīgītimañjarī. Religious and secular poetry of the Nevars* .... — Stockholm: 1974 | BL 1975, 13273. | *BEFEO* 63, 1976, 488-490 Colette Caillat.

13295 LINDEGGER, Peter: *Onomasticon Tibetanum. Namen und Namengebung der Tibeter.* — Opuscula Tibetana. Arbeiten aus dem Tibet-Inst. Rikon-Zürich 7; Rikon-Zürich: 1976, 102 p.

MALLA, K. P.: Language [in Nepal]. — 4295.

13296 MAZAUDON, Martine: *Phonologie tamang*.... — Paris: 1973 | BL 1973, 13971. | *Homme* 16, 1976/1, 171-172 Denise Bernot.

13297 MILLER, Roy Andrew: *Studies in the grammatical tradition in Tibet.* — Amsterdam Studies in the Theory and Hist. of Linguistic Sci. Series III: Studies in the Hist. of Linguistics 6; Amsterdam: Benjamins, 1976, xix, 143 p. | Repr. of 7 studies, originally published in *JAOS* (BL 1963, 10434; 1970, 11865), *HJAS* (BL 1966, 10177), and elsewhere, with addenda and corrigenda, and indexes.

13298 — Once more on Thon-mi Sambhoṭa and his grammatical treatises. — *UZTarU* 313, 1973 (*Töid Orientalistika alalt | Trudy po vostokovedeniju | Oriental studies* 2/2), 439-460 | Revised version in No. 13297.

13299 SEDLÁČEK, Kamil: *Tibetan newspaper reader.* Vol. I; II. — Leipzig: 1972 | BL 1972, 12476. | *AAS* 12, 1976, 256-258 Eberhardt Richter | *OLZ* 71, 1976, 204-205 Johannes Schubert.

13300 TOFFIN, Gérard: La terminologie de parenté newar. Analyse descriptive et comparative. — *Homme* 15, 1975/3-4, 129-153.

13301 VESALAINEN, Olavi & Marja: *Lhomi phonemic summary.* — Kathmandu: Summer Inst. of Linguistics, 1976, x, 62 p.

D. Groupes birmanique et karénique — Burmic and Karenic Groups

13302 ACHARYA, K. P.: *Lotha phonetic reader.* — CIIL Phonetic Reader S. 14; Mysore: Central Inst. of Indian Languages, 1975, xv, 103 p.

13303 AROKIANATHAN, S.: Temporal relations in Tangkhul Naga. — *IL* 37, 1976, 182-186.

BRETON, R. J. L.: *Atlas géogr. des langues et des ethnies de l'Inde* .... — 2762.

13304 COOKE, Joseph R., et al.: Phlong (Pro Karen of Hot District, Chiang Mai). — [13245], 187-220.

13305 ESCHE, Annemarie: *Wörterbuch burmesisch-deutsch.* — Leipzig: Verlag Enzyklopädie, 1976, 546 p.

13306 GURUBASAVE GOWDA, K. S.: *Ao grammar.* — CIIL Grammar Series 1; Mysore: Central Inst. of Indian Languages, 1975, xi, 76 p. | *BSOAS* 39, 1976, 513 R. K. Sprigg.

13307 HENDERSON, Eugénie J. A.: Vestiges of morphology in some Tibeto-Burman languages. — [13246], 1-17.

13308 HOPE, E. R.: Lisu. — [13245], 125-148.

13309 MARAN, La Raw, & CLIFTON, John M.: The causative mechanism in Jinghpaw. — *SynS* 6, 1976, 443-458.

13310 MATISOFF, James A.: *The grammar of Lahu.* — Berkeley: 1973 | BL 1973, 13994. | *NAA* 1974/6, 191-194 V. D. Mazo.

13311 — Lahu causative constructions: case hierarchies and the morphology/syntax cycle in a Tibeto-Burman perspective. — SynS 6, 1976, 413-442.

13312 MEHNERT, Dieter, & RICHTER, Eberhardt: Untersuchungen zur Phonetik und Phonologie des modernen Burmesischen. Teil 3. — ZPhon 29, 1976, 145-166, 56 fig., tab. | Cf. BL 1973, 13995.

13313 SINGH, Inder: *Manipuri phonetic reader*. — CIIL Phonetic Reader S. 12; Mysore: Central Inst. of Indian Languages, 1975, xiii, 104 p.

13314 SREEDHAR, M. V.: *Naga Pidgin: a sociolinguistic study of inter-lingual communication pattern in Nagaland*. — CIIL Occasional Monograph Series 8; Mysore: Central Inst. of Indian Languages, 1974, 239 p. | Lg 53, 1977, 243-245 Robbins Burling.

13315 — Standardization of Naga Pidgin. — AnL 18, 1976, 371-379.

13316 WALKER, Anthony R.: *Jaw te meh$_v$ jaw$_\Lambda$ ve*: Lahu Nyi (Red Lahu) rites of spirit exorcism in North Thailand. — Anthropos 71, 1976, 377-422, 3 pl., map | Lahu texts with transl.

13317 — A Lahu Nyi (Red Lahu) rite of divorce. A Lahu text with ethnographic notes. — AcOr 37, 1976, 177-182.

13318 WEIDERT, Alfons: *Componential analysis of Lushai phonology*. — Amsterdam: 1975 | BL 1975, 13301. | BSOAS 39, 1976, 475-476 Eugénie J. A. Henderson.

13319 WYSS, Peter: Akha. — [13245], 149-186.

E. Groupe daïque (Thai) — Daic Group (Thai)

13320 BLAGONRAVOVA, Ju. L.: Differencial'nye priznaki atributivnogo slovosočetanija v tajskom jazyke. — [407], 148-163.

13321 GANDOUR, Jack, & MADDIESON, Ian: Measuring larynx movement in Standard Thai using the cricothyrometer. — Phonetica 33, 1976, 241-267, 5 tab., 9 fig. | E., G. & Fr. summ.

13322 HAUDRICOURT, André-Georges: La tonologie du Sek. — BSL 71, 1976/1, 299-304 | Moyen-Laos.

13323 HUNDIUS, Harald: *Das Nirāt Mǖang Klǟng von Sunthǫn Phū. Analyse und Übersetzung eines thailändischen Reisegedichts*. — Veröffentlichungen des Ostasiatischen Seminars der Johann-Wolfgang-Goethe-Univ., Frankfurt/M., Reihe A 5 (Diss. Frankfurt); Wiesbaden: Harrassowitz, 1976, viii, 177 p., ill., map. KNOWLTON, E. C., Jr.: Port. and Thai language contacts. — 5701.

13324 POTTIER, Richard: Phytonymie et taxinomie botanique lao. ASEMI 7, 1976/1, 21-29.

13325 VASIL'EVA, V. Ch.: Osobennosti formirovanija slovosočetanija v sovremennom tajskom jazyke. — [407], 164-168.

13326 — Pobuditel'naja konstrukcija v sovremennom tajskom jazyke. — [407], 169-179.

13327 VICHIT-VADAKAN, Rasami: The concept of inadvertence in Thai periphrastic causative constructions. — SynS 6, 1976, 459-476.

III. LANGUES MIAO-YAO — MIAO-YAO LANGUAGES

13328 CALLAWAY, Lois, & CALLAWAY, C. W.: Mien (Yao). — [13245], 221-237.

13329 LYMAN, Thomas A.: *Dictionary of Mong Njua, a Miao (Meo) language....* — The Hague: 1974 | BL 1974, 12400. | BSOAS 39, 1976, 692 Eugénie J. A. Henderson | Linguistics 174, 1976, 107-112 W. A. Smalley.

IV. VIETNAMIEN ET MUONG — VIETNAMESE AND MUONG

13330 ALEŠINA, I. E.: Predloženie-opredelenie vo v'etnamskom jazyke. — [407], 180-190.

13331 EARLE, Michael Allan: *An acoustic study of Northern Vietnamese tones.* — SCRL Monograph 11; Santa Barbara: Speech Communication Research Laboratory, 1975, ix, 214 p.

13332 FERLUS, Michel: Du nouveau sur la spirantisation ancienne en vietnamien. — *BSL* 71, 1976/1, 305-312.

13333 GREGERSON, Kenneth, & THOMAS, David: Vietnamese hỏi and ngã tones and Mon-Khmer -*h* finals. — [13389], 76-83.

13334 MILLER, Carolyn P.: Informant techniques and procedures used in formulating a generative description of the relative clause in Vietnamese. — [13388], 13-21.

13335 — Structural ambiguity in the Vietnamese relative clause. — [13389], 233-267.

13336 NGUYEN DANG LIEM: *Vietnamese pronunciation.* — Honolulu: 1970 | BL 1970, 11920. | *JAOS* 96, 1976, 354-356 Dinh-Hoa Nguyen.

13337 — Cases and clauses in Vietnamese. — [217], 773-799.

13338 NGUYỄN DÌNH-HOÀ: Ditransitive verbs in Vietnamese. —[217], 919-949.

13339 NGUYEN PHU PHONG: *Le syntagme verbal en vietnamien.* — Matériaux pour l'étude de l'Extrême-Orient mod. et contemporain: Études linguistiques. Centre de Recherches linguistiques sur l'Asie Orientale 5; La Haye & Paris: Mouton, 1976, 141 p.

13340 OANH, Hoãng Thu: Wietnamski system nazw pokrewieństwa na tle polskim. — *PF* 26, 1976, 103-109 | Kinship terminology in Vietnamese (a confrontation with Pol.).

13341 TAM DUY LE: Vietnamese passives. — *PCLS* XII, 438-449.

13342 THOMPSON, Laurence C.: Proto-Viet-Muong phonology. — [217], 1113-1203.

V. LANGUES MON-KHMER — MON-KHMER LANGUAGES

13343 ASMAH HAJI OMAR: The verb in Kentakbong. — [217], 951-970.

13344 BENJAMIN, Geoffrey: Austroasiatic subgroupings and prehistory in the Malay Peninsula. — [217], 37-128, map | Languages of the Orang Asli.

13345 — An outline of Temiar grammar. — [217], 129-187 | Malay Peninsula.

13346 BLOOD, Henry F.: The phonemes of Uon Njuñ Mnong Ro'lo'm. — [13389], 4-23.

13347 BRAINE, Jean Critchfield: Numeration in Car Nicobarese. — *Linguistics* 174, 1976, 21-29 | Ch. of the author's diss., Univ. of California, Berkeley, 1970 (BL 1972, 12554).

13348 COHEN, Nancy: Some interclausal relations in Jeh. — [13389], 153-164.

13349 COHEN, Patrick: The noun phrase in Jeh. — [13389], 139-152.

13350 COOPER, James S.: An ethnography of Halăng rhymes. — [13388], 33-41.

13351 DAVIS, John J.: Notes on Nyaheun grammar. — [13388], 69-75.

13352 DIFFLOTH, Gérard: Minor-syllable vocalism in Senoic languages. — [217], 229-247.

13353 — Expressives in Semai. — [217], 249-264.

13354 — Mon-Khmer numerals in Aslian languages. — *Linguistics* 174, 1976, 31-37 | Malaya.

13355 — Jah-Hut, an Austroasiatic language of Malaysia. — [13246], 73-118, 2 maps.

13356 ERRINGTON, Joseph: Sound change in Khmer. — *PCLS* XII, 168-182, 2 tab.

13357 FILBECK, David: On */r/ in T'in. — [217], 265-283.

13358 — Toward a grammar of relative clauses in T'in. — [217], 285-307.
13359 — Mal (Thin). — [13245], 239-257.
13360 GORGONIEV, Ju. A.: *Kchmersko-russkij slovar'* .... — Moskva: 1975 | BL 1975, 13333. | *BSOAS* 39, 1976, 722-723 Judith M. Jacob.
13361 — The relationship between reduplication and some other grammatical means in Khmer. — [217], 309-321.
13362 GRADIN, Dwight: Word affixation in Jeh. — [13389], 25-42.
13363 — The verb in Jeh. — [13389], 43-75.
13364 GREGERSON, Kenneth J.: Tongue-root and register in Mon-Khmer. — [217], 323-369.
13365 GREGERSON, Kenneth J., & SMITH, Kenneth D.: The development of To'drah register. — [13388], 143-184.
13366 GREGERSON, Kenneth, SMITH, Kenneth, & THOMAS, David: The place of Bahnar within Bahnaric. — [217], 371-406.
GREGERSON, K., & THOMAS, D.: Vietnam. hòi and ngã tones and Mon-Khmer -*h* finals. — 13333.
13367 GUILLON, Emmanuel: Some aspects of Mon syntax. — [217], 407-421.
HAMP, E. P.: On Mon-Khmer, its kin, and principles. — 2724.
13368 HEADLEY, Robert K., Jr.: Some considerations on the classification of Khmer. — [217], 431-451.
13369 HENDERSON, Eugénie J. A.: Vestiges of morphology in modern Standard Khasi. — [217], 477-522.
13370 — Khasi initial clusters. — [217], 523-538.
13371 HUFFMAN, Franklin E.: The relevance of lexicostatistics to Mon-Khmer languages. — [217], 539-574.
13372 — The register problem in fifteen Mon-Khmer languages. — [217], 575-589.
13373 JACOB, Judith M.: Affixation in Middle Khmer with Old and Modern comparisons. — [217], 591-623 | Comment by David THOMAS, *Ibid.* 1111.
13374 — Some problems arising from the orthography of consonants on the Khmer inscriptions. — [217], 625-657.
13375 — An examination of the vowels and final consonants in correspondences between Pre-Angkor and Modern Khmer. — [13246], 19-38.
13376 JANZEN, Hermann: The system of verb-aspect in Pale. — [217], 659-667.
13377 — Structure and function of clauses and phrases in Pale. — [217], 669-691.
13378 JENNER, Philip N.: Les noms de nombre en Khmer. — *Linguistics* 174, 1976, 39-59 | Originellement publié dans *JA* 262, 171-191 (BL 1974, 12426).
13379 — The relative dating of some Khmer *cpā'pa*. — [217], 693-710.
13380 — A possible case of cosmological gender in Khmer. — [217], 711-740.
13381 — The value of $ī, i, ū$ and u in Middle Khmer. — [13246], 39-72 | Also in [13389], 101-133.
13382 JENNER, Philip N., & POU, Saveros: Les *cpāp'* ou "codes de conduite" khmers. II. *Cpāp' prus.* — *BEFEO* 63, 1976, 313-350 | Introd., texte, translittération, trad. annotée, index. Cf. BL 1975, 13351.
13383 JOHNSTON, Beulah M.: Kuy. — [13245], 259-272.
13384 KNOWLTON, Edgar C., Jr.: Serial enumeration in Malayan Semai. — *Linguistics* 174, 1976, 99.
13385 LEWITZ, Saveros: The infix /-b-/ in Khmer. — [217], 741-760 | Comment by David THOMAS, *Ibid.* 1109.
13386 — Note on words for "male" and "female" in Old Khmer and Modern Khmer. — [217], 761-771.

13387 MANLEY, Timothy M.: *Outline of Sre structure*. — Honolulu: 1972 | BL 1972, 12580. | *Lingua* 37, 1975, 279-280 D. Thomas | *Linguistics* 174, 1976, 101-107 W. A. Smalley.
— Pharyngeal expansion: its use in Sre vowels . . . . — 2172.
13388 *Mon-Khmer studies*. IV. Ed. by David D. THOMAS, NGUYEN DINH-HOA. — Language Series 2; Carbondale, Ill.: Center for Vietnamese Studies & Summer Inst. of Linguistics, 1973, xiii, 184 p., 2 maps | Cf. BL 1974, 12430. | *Linguistics* 162, 1975, 79-80 J. Jacob (On vol. III, 1969 [BL 1970, 11935]).
13389 *Mon-Khmer studies*, V. Ed. by Kenneth J. GREGERSON, David THOMAS. — Manila, Philippines: Summer Inst. of Linguistics, 1976, ix, 267 p. | Some recent works on Mon-Khmer, p. 1-3. | *BSL* 72, 1977/2, 389-390 [A. G.] Haudricourt.
13390 NAI Pan Hla: A comparative study of Old Mon epigraphy and Modern Mon. — [217], 891-918.
13391 PHILLIPS, Richard L.: Vowel distribution in Hrê. — [13388], 63-68.
13392 — Mnong vowel variations with initial stops. — [13388], 119-127.
13393 — A Mnong pedagogical grammar: the verb phrase and constructions with two or more verbs. — [13388], 129-138.
13394 PHILLIPS, Richard L., MILLER, John & Carolyn: The Brũ vowel system: alternate analyses. — [13389], 203-218.
13395 POU, Saveros: Recherches sur le vocabulaire cambodgien (IX). — *JA* 264, 1976, 333-355 | Cf. BL 1974, 12427.
13396 RABEL-HEYMANN, Lili: Sound symbolism and Khasi adverbs. — [13246], 253-262.
13397 — Analysis of loanwords in Khasi. — [217], 971-1034.
13398 RADHAKRISHNAN, R.: A note on the morphology of the causative in Nancowry. — [217], 1035-1040 | Nicobar Islands.
13399 SAKAMOTO Yasuyuku: *Mon-go go-i shû*. — Tokyo: Azia-afurika gengo bunka kenkyusho, 1976, 277 p. | Mon vocabulary. | *BSL* 72, 1977/2, 390 [A. G.] Haudricourt.
13400 SCHLATTER, Donald: Lavüa' (Lawa, Lua'). — [13245], 273-281.
13401 SEY, You: Some Old Khmer affixation. — [13389], 85-95.
13402 SHORTO, Harry L.: The vocalism of Proto-Mon-Khmer. — [217], 1041-1067.
13403 SMALLEY, William A.: Bibliography of Khmu?. — [13388], 23-32.
13404 SMITH, Kenneth D.: More on Sedang ethnodialects. — [13388], 43-51, map.
13405 — Denasolaryngealization in Sedang folk-linguistics. — [13388], 53-62, map.
13406 — Eastern North Bahnaric: Cua and Kotua. — [13388], 113-118.
13407 — North Bahnaric numeral systems. — *Linguistics* 174, 1976, 61-63.
13408 — Sedang pronoun reference. — [13389], 165-178.
13409 — Sedang animal folk taxonomy. — [13389], 179-194.
13410 SMITH, Ronald L.: Ngeq phonemes. — [13388], 77-84.
13411 — Reduplication in Ngeq. — [13388], 85-111.
13412 THOMAS, David: A note on the branches of Mon-Khmer. — [13388], 139-141.
13413 — On Khmer polar interrogatives. — [13389], 97-100.
13414 — A Chrau noun phrase battery. — [13389], 135-138.
13415 — South Bahnaric and other Mon-Khmer numeral systems. — *Linguistics* 174, 1976, 65-80, 4 fig.
13416 TRAN NGHIA: Some characteristics of the Khmer-Mon languages. — [217], 1205-1213.
13417 WATSON, Richard L.: Pacoh numerals. — *Linguistics* 174, 1976, 81-87.
13418 WATSON, Saundra K.: The Pacõh noun phrase. — [13389], 219-231.

13419 You Sey: Similarities between Old Khmer and Old Mon. — [217], 1249-1257.

VI. LANGUES MOUNDA — MUNDA LANGUAGES

13420 BHATTACHARYA, Sudhibhushan: Gender in the Munda languages. — [217], 189-211.
13421 DeARMOND, Richard C.: Proto-Gutob-Remo-Gtaq stressed monosyllabic vowels and initial consonants. — [217], 213-227.
13422 MAHAPATRA, B. P.: Comparative notes on Juang and Kharia finite verbs. — [217], 801-814.
13423 MAHAPATRA, K.: Echo-formation in Gta?. — [217], 815-831 | Cf. 13430.
13424 MUNDA, Ram Dayal: Some formal features of traditional Mundari poetry. — [217], 843-871.
13425 SINHA, N. K.: *Mundari phonetic reader*. — Mysore: 1974 | BL 1974, 12434. | *IIJ* 18, 109-111 F. B. J. Kuiper.
13426 STAROSTA, Stanley: Case forms and case relations in Sora. — [217], 1069-1107.
13427 ZIDE, Arlene R. K.: Nominal combining forms in Sora and Gorum. — [217], 1259-1294.
13428 ZIDE, Arlene R. K., & ZIDE, Norman H.: Proto-Munda cultural vocabulary: evidence for early agriculture. — [217], 1295-1334.
13429 ZIDE, Norman H.: "3" and "4" in South Munda. — *Linguistics* 174, 1976, 89-98.
13430 — A note on Gta? echo forms. — [217], 1335-1343 | Cf. 13423.

LANGUES DE L'AUSTRALASIE ET DE L'OCÉANIE

LANGUAGES OF AUSTRALASIA AND OCEANIA

I. LANGUES AUSTRONÉSIENNES — AUSTRONESIAN LANGUAGES

A. Généralités — General

13431 BLUST, Robert A.: Review article on: Otto Christian DAHL, *Proto-Austronesian*, 1973. — *Lg* 52, 1976, 221-237.

13432 DAHL, Otto Chr.: *Proto-Austronesian.* — Lund: 1973 | BL 1973, 14043. | *BSOAS* 39, 1976, 478-480 H. L. Shorto | *AION* 36, 1976, 154-156 Giulio Soravia.

13433 DYEN, Isidore: A reconstructional confirmation: the Proto-Austronesian word for "two". — *OL* 14, 1975, 1-11.

13434 JACOBS, Roderick A.: A passive continuum in Austronesian. —[114], 118-125, tab.

13435 LYNCH, John: Oral/nasal alternation and the realis/irrealis distinction in Oceanic languages. — *OL* 14, 1975, 87-99.

13436 PAWLEY, Andrew, & REID, Lawrence A.: The evolution of transitive constructions in Austronesian. — *WPLUH* 8, 1976/2, 51-74.

SCHUHMACHER, W. W.: Warm and cold, canoe and kayak: evidence for a relationship Austronesian-Eskimo? — 4061.

13437 WOLFF, John U.: Verbal inflection in Proto-Austronesian. — [277], 71-91.

B. Langues indonésiennes — Indonesian Languages

13438 AHMED CHAMANGA, Mohamed: Propositions pour une écriture standard du comorien. — *ASEMI* 7, 1976/2-3, 73-80.

13439 ALISJAHBANA, S. Takdir: *Language planning for modernization. The case of Indonesian and Malaysian.* — Contributions to the Sociology of Language 14; The Hague: Mouton, 1976, 131 p.

13440 ASUNCION-LANDÉ, Nobleza: A comparative phonology of the eight major Philippine languages. — [277], 8-14, map | Cf. BL 1975, 13383.

13441 BARE-THOMAS, Dominique: Le dialecte Sakalava du Nord-Ouest de Madagascar. Phonologie, grammaire, lexique. — *ASEMI* 7, 1976/2-3, 295-296 | Rés. d'une thèse pour le doctorat de 3e cycle, Univ. de Paris, 1976.

13442 BEAUJARD, Philippe: A propos de quelques chants populaires betsileo. — *ASEMI* 7, 1976/2-3, 225-250.

13443 BEHRENS, Dietlinde: Yakan phonemics and morphophonemics. — *PL*, A 44, 1975 (*PPhilL* 7), 13-28.

13444 BENEDICT, Paul K.: Formosan reflexes of PAN nasal/orals. — [13246], 237-251.
13445 BENTON, Richard A.: Pluralization in Ilocano: the relationship of form and meaning. — *Te Reo* 17-18, 1974-75 (1976), 3-9.
13446 BLUST, Robert J.: A Murik vocabulary (with a note on the linguistic position of Murik). — *Sarawak Museum Journal* 22, 1974 (*The peoples of Central Borneo*), 153-189.
13447 BOWEN, J. Donald: Spanish and English loanwords in Maranao. — [277], 95-107.
13448 CARR, Denzel: A note on Tagalog expressiva. — [277], 108-111.
13449 CARTIER, Alice: Une langue à double construction objective et ergative: l'indonésien. — *Linguistique* 12, 1976/1, 99-130, 3 tab.
13450 CASPARIS, J. G. DE: *Indonesian palaeography* .... — Leiden: 1975 | BL 1975, 13390. | *AION* 36, 1976, 561-563 Giulio Soravia | *BEFEO* 63, 1976, 484-486 Denys Lombard | *AUMLA* 46, 1976, 399-400 S. Supomo.
13451 CHUNG, Sandra: An object-creating rule in Bahasa Indonesia. — *LIn* 7, 1976, 41-87.
13452 — On the subject of two passives in Indonesian. — [143], 59-98.
13453 CLAYRE, B., & CUBIT, L.: An outline of Kayan grammar. — *Sarawak Museum Journal* 22, 1974 (*The peoples of Central Borneo*), 43-91.
13454 CLAYRE, Iain F. C. S.: Grammatical and semantic groupings of Melanau nouns. — *Sarawak Museum Journal* 23, 1975, 221-241.
DAHL, O. C.: Semantics in lexicostatistics .... — 2719.
13455 DEWOLF, Charles: A syntactic analysis of the pronoun system of Palauan. — *WPLUH* 8, 1976/2, 101-110.
13456 DREWES, G. W. J.: *The romance of King Aṅliṅ Darma in Javanese literature.* — Bibl. Indonesica 11; The Hague: Nijhoff, 1975, viii, 375 p. | With Javanese text, transl., and comm. | *BSOAS* 39, 1976, 484-485 M. C. Ricklefs.
13457 DYEN, Isidore: Tagalog reflexes of Proto-Austronesian *l*. — [277], 3-7.
13458 ECHOLS, John M., & SHADILY, Hassan: *An English-Indonesian dictionary.* — Ithaca: 1975 | BL 1975, 13397. | *BSOAS* 39, 1976, 482 Russell Jones.
13459 ELKINS, Richard E.: Pronominalization in Western Bukidnon Manobo folktales. — [277], 112-124.
13460 GONZALEZ, Andrew B.: "Classifiers" in Tagalog: a semantic analysis. — [277], 125-140.
13461 *Grammatika indonezijskogo jazyka.* [Otv. red.: V. D. ARAKIN. Avtory: N. F. ALIEVA, et al.]. — Moskva: 1972 | BL 1972, 12628. | *Linguistics* 184, 1976, 63-65 H. Steinhauer.
13462 GRIÑO, Eliza U.: Provisions for emphasis in Hiligaynon. — [277], 141-152.
13463 GUEUNIER, Noël J.: Notes sur le dialecte malgache de l'île de Mayotte (Comores). — *ASEMI* 7, 1976/2-3, 81-118, carte.
13464 HARTUNG, Patricia M.: Clause-modifying particles in Ata Manobo. — *PL*, A 44, 1975 (*PPhilL* 7), 29-60.
13465 HASSAN, Abdullah: *The morphology of Malay.* — Kuala Lumpur: 1974 | BL 1975, 13409. | *AAS* 12, 1976, 204-205 Viktor Krupa.
13466 HEADLEY, Robert K., Jr.: Some sources of Chamic vocabulary. — [217], 453-476.
13467 HERRFURTH, Hans: Die syntaktischen Funktionen des indonesischen Klassifikationsaffixes. — *AO* 44, 1976, 331-345 | Summ. in E.
HIDALGO, C. A.: Meaning-manifestation relations in linguistic analysis. — 2343.
13468 HIMANSU BHUSAN SARKAR: *Corpus of the inscriptions of Java (Corpus Inscriptionum Javanicarum) (up to 928 A. D.).* Vol. I; II. — Calcutta: K. L. Mukhopa-

dhyay, 1972, 314; 359 p. | BijdrTLV 132, 1976, 188-192 P. J. Zoetmulder.
13469 HOGAN, David W.: Urak Lawoi' (Orang Laut). — [13245], 283-302.
13470 HOOKER, Betty: Some nominal phrases in Yakan. — PL, A 44, 1975 (PPhilL 7), 1-12.
13471 HORNE, Elinor C.: *Javanese-English dictionary*. — New Haven: 1974 | BL 1974, 12472. | Linguistics 184, 1976, 76-87 Soepomo Poedjosoedarmo.
13472 JONES, Russell: *Paut*, "passing away". — BijdrTLV 132, 1976, 351 | Postscript by R. ROOLVINK, Ibid. 351-352.
13473 JOSEPHS, Lewis S., et al: *Palauan reference grammar*. — PALI Language Texts: Micronesia; Honolulu: UP. of Hawaii, 1975, xviii, 556 p.
13474 KEENAN, Edward L.: Remarkable subjects in Malagasy. — [143], 249-301.
13475 KESS, Joseph F.: Reconsidering the notion of *focus* in the description of Tagalog. — [13246], 173-186.
13476 LLAMZON, Teodoro A.: *Modern Tagalog. A functional-structural description*. — JanL, Series practica 122; The Hague: Mouton, 1976, 148 p., map.
13477 — The four focus transformations of Tagalog. — [277], 168-183.
13478 LLAMZON, Teodoro A., & MARTIN, Ma. Teresita: A subgrouping of 100 Philippine languages. — [13246], 141-172, 2 fold. tab.
13479 MAKARENKO, V. A.: General characteristics of Filipino word formation. — [277], 196-205.
13480 METCALF, Peter A.: Who are the Berawan? Ethnic classification and the distribution of secondary treatment of the dead in Central North Borneo. — *Oceania* 47, 1976-77, 85-105, map.
13481 MILLER, Jeanne, & MILLER, Helen: *Mamanwa grammar*. — Language Data, Asian-Pacific Series 8; Huntington Beach, CA: Summer Inst. of Linguistics, 1976, 188 p.
13482 MINTZ, Malcolm Warren: The interpretation of potential action in Bikol verbs. — [13246], 187-198.
13483 MOHRING, H.: The word *anito* and its associations: a remark about etymological research. — [277], 15-37 | *Anito* "idol" in Tagalog and other Philippine languages.
13484 NAYLOR, Paz Buenaventura: Topic, focus, and emphasis in the Tagalog verbal clause. — OL 14, 1975, 12-79 | Shortened version of a Ph. D. diss., Univ. of Michigan, 1973 (BL 1973, 14068).
13485 NOTHOFER, Bernd: *The reconstruction of Proto-Malayo-Javanic*. — 's-Gravenhage: 1975 | BL 1975, 13430. | BSOAS 39, 1976, 480-482 H. L. Shorto.
13486 PAYNE, E. M. F.: *Basic syntactic structures in standard Malay*. — Kuala Lumpur: Dewan Bahasa dan Pustaka, 1970, 152 p. | AAS 12, 1976, 205-209 Štefan Fatura.
13487 REID, Lawrence A.: Kankanay and the problem [of] *R and *l reflexes. — [277], 51-63.
13488 REVEL-MACDONALD, Nicole: Un exemple de poésie lyrique palawan: *Kulilal ät taw ät Suluk*. — Homme 16, 1976/2-3, 129-150, fold. tab.
13489 RICKLEFS, M. C.: Bantĕn and the Dutch in 1619: six early "*pasar* Malay" letters. — BSOAS 39, 1976, 128-136, 6 pl. (facsim.).
13490 ROUSSEAU, Jérôme: A vocabulary of Baluy Kayan. — *Sarawak Museum Journal* 22, 1974 (*The peoples of Central Borneo*), 93-152.
13491 RUZUI, Septy: *A survey of relations between Indonesian, Malay and some Philippine languages*. — Kuala Lumpur: Dewan Bahasa dan Puskata, 1968, 172 p. | AAS 12, 1976, 197-198 Jozef Genzor.
13492 SCHACHTER, Paul: The subject in Philippine languages: topic, actor, actor-topic,

or none of the above? — [143], 493-518.
13493 — Constraints on clitic order in Tagalog. — [277], 214-231.
13494 SCHACHTER, Paul, & OTANES, Fe T.: *Tagalog reference grammar.* — Berkeley: 1972 | BL 1972, 12671. | *Linguistics* 182, 1976, 88-96 L. Škarban.
13495 SCHWARTZ, Arthur: On the universality of subject: the Ilocano case. — [143], 521-543.
13496 SHAND, Jean: Ilianen Manobo sentence structure. — *PL*, A 46, 1976 (*PPhilL* 8), 45-89.
13497 SHETLER, Joanne: *Balangao grammar.* — Language Data, Asian-Pacific Series 9; Huntington Beach, CA: Summer Inst. of Linguistics, 1976, 248 p.
13498 SHORTO, H. L.: Gayo consonant correspondences. — [13246], 199-217 | N. W. Sumatra.
13499 SIDHARTA (Sie Ing Djiang): The phonological behavior of Malay prefixes with a nasal ending. — [13246], 119-139.
13500 SOEBARDI, S.: *The Book of Cabolèk....* — The Hague: 1975 | BL 1975, 13448. | *BSOAS* 39, 1976, 485-487 M. C. Ricklefs.
13501 [SPITZBARDT, H.] ŠPITCBARDT, G.: Slova, zaimstvovannye iz sanskrita v nacional'nom jazyke Indonezii. — [367], 213-218 | Skr. loan-words in the national language of Indonesia.
13502 STEVENS, Alan M.: Non-finite verb forms in Bikol. — [277], 232-235.
13503 SWELLENGREBEL, J. L.: *In Leijdeckers voetspoor. Anderhalve eeuw Bijbelvertaling .... I.* — 's-Gravenhage: 1974 | BL 1974, 12500. | *Anthropos* 71, 1976, 652-653 Danker H. Schaareman.
13504 THOMAS, David, & GIESER, Richard: A decimal classification for Philippine languages. — [277], 64-70.
13505 UHLENBECK, Eugenius M.: Javanese kinship and forms of respect. — *AO* 44, 1976, 253-266.
13506 VANOVERBERGH, Morice: *Isneg-English vocabulary.* — Honolulu: 1972 | BL 1972, 12679. | *Linguistics* 184, 1976, 98-100 J. Genzor | *ZPhon* 29, 1976, 436-437 G. F. Meier.
13507 VEEN, H. VAN DER: Ossoran tempon daomai langi' (naosso' Ne' Mani', to minaa daomai Sereale). — *BijdrTLV* 132, 1976, 418-438 | Sa'dan Toradja text, with transl. & notes.
13508 VERSTRAELEN, Eugene: Some elementary data of the Suban'on language. — [277], 236-251 | Mindanao.
13509 VILLA PANGANIBAN, José: *Diksyunaryo-tesauro Pilipino-Ingles.* — Lungsod Quezon: Manlapaz Publishing Co., 1973, XX, 1027 p. | *AAS* 12, 1976, 194-197 Jozef Genzor.
13510 VRIES, J. W. DE: De Depokkers: geschiedenis, sociale structuur en taalgebruik van een geïsoleerde gemeenschap. — *BijdrTLV* 132, 1976, 228-248, tab., fig., maps | The inhabitants of Depok District (in the neighbourhood of Jakarta): history, social structure and language use of an isolated community.
13511 WALROD, Michael R.: Case in Ga'dang verbal clauses. — *PL*, A 46, 1976 (*PPhilL* 8), 21-44.
13512 WESSING, Robert: Inchoative nouns in Sundanese. — *AnL* 18, 1976, 341-348.
13513 WOLFF, John U.: The functions of Indonesian in Central Java. — [13246], 219-235.
13514 ZOETMULDER, P. J.: *Kalangwan: a survey of Old Javanese literature.* — Kon. Inst. voor de Taal-, Land- en Volkenkunde, Transl. Series 16; The Hague: Nijhoff,

1973, xviii, 588, 16 p. | With chapters on language and metre. | *JRAS* 1976, 178-179 C. Hooykaas.

C. Langues polynésiennes — Polynesian Languages

13515 CARROLL, Vern, & SOULIK, Tobias: *Nukuoro lexicon.* — Honolulu: 1973 | BL 1973, 14103. | *AAS* 12, 1976, 193-194 Viktor Krupa.

13516 CLARK, Ross: *Aspects of Proto-Polynesian syntax.* — Auckland: Linguistic Soc. of New Zealand, Univ. of Auckland, 1976, 129 p.

13517 HOCKETT, C. F.: The reconstruction of Proto Central Pacific. — *AnL* 18, 1976, 187-235.

13518 PUKUI, Mary Kawena, ELBERT, Samuel H., & MOOKINI, Esther T.: *Place names of Hawaii.* Revised ed. — Honolulu: 1974 | BL 1974, 12522. | *Names* 24, 1976, 136-138 Fred Tarpley.
REED, A. W.: *Place names of New Zealand.* — 8617.

13519 SALMOND, Anne: *A generative syntax of Luangiua....* — The Hague: 1974 | BL 1974, 12523. | *AUMLA* 46, 1976, 363-364 D. T. Tryon.
SCHUHMACHER, W. W.: On the linguistic aspect of Thor Heyerdahl's theory: the so-called non-Polynesian number names from Easter Island. — 4060.

13520 SINCLAIR, M. B. W.: Is Maori an ergative language? — *JPS* 85, 1976, 9-26.

D. Langues mélanésiennes — Melanesian Languages

13521 ABO, Takaji, BENDER, Byron W., CAPELLE, Alfred, & DEBRUM, Tony: *Marshallese-English dictionary.* — Honolulu: UP. of Hawaii, 1976, xxxvii, 589 p.

13522 BEAUMONT, Clive H.: Notes on the history of Tigak phonemes. — *Te Reo* 17-18, 1974-75 (1976), 29-52.

13523 CASSON, Ronald W., & GREGORY, Robert J.: Kinship in Tanna, Southern New Hebrides: marriage rules and equivalence rules. — *AnL* 18, 1976, 168-182.

13524 DILLON, Charles F.: A sensorimotor analysis of Melanesian anatomical vocabulary. — *AnL* 18, 1976, 11-21.

13525 GERAGHTY, Paul: Fijian prepositions. — *WPLUH* 8, 1976/2, 35-50.

13526 GREGERSEN, Edgar A.: A note on the Manam language of Papua New Guinea. — *AnL* 18, 1976, 95-111.

13527 LA FONTINELLE, Jacqueline DE: *La langue de Houailou, Nouvelle-Calédonie: description phonologique et description syntaxique.* — Langues et civilisations à tradition orale 17; Paris: SELAF, 1976, 383 p., cartes | *BSL* 72, 1977/2, 392 [A. G.] Haudricourt.

13528 LEE, Kee-dong: *Kusaiean-English dictionary.* — PALI Language Texts: Micronesia; Honolulu: UP. of Hawaii, 1976, xiii, 317 p. | *Oceania* 47, 1976-77, 247-248 A. Capell (Also on *Kusaiean reference grammar,* 1975 [BL 1975, 13505]).

13529 ODA, Sachiko: Complementation in Micronesian languages. — *WPLUH* 8, 1976/2, 1-20.

13530 OZANNE-RIVIERRE, Françoise: *Le iaai, langue mélanésienne d'Ouvéa, Nouvelle-Calédonie: phonologie, morphologie, syntaxe.* — Langues et civilisations à tradition orale 20; Paris: SELAF, 1976, 245 p., cartes | *BSL* 72, 1977/2, 391 [A. G.] Haudricourt.

13531 SALISBURY, Richard F.: Language and politics of an elite group: the Tolai of New Britain. — [3795], 367-385.

13532 SCHÜTZ, Albert J.: At a loss for words: the problem of word classes in Fijian. —

OL 14, 1975, 100-118.
13533 — Fijian prosody I: Syllables and groups. — *WPLUH* 8, 1976/2, 75-100.
13534 SMITH, Wan, SUGITA, Hiroshi, THOMAS, John Byron, & THOMAS, Mary Durand: H, s, ŕ and ch in Namonuito. — *WPLUH* 8, 1976/2, 111-119 | Truk District.
13535 SOHN, Ho-min, & TAWERILMANG, Anthony F.: *Woleian-English dictionary.* — Honolulu: UP. of Hawaii, 1976, xix, 363 p.
13536 SOHN, Ho-min, TAWERILMANG, Anthony, LANGAL, Issac, & YANGILMAU, Celestine: Consonant shifts and subgrouping in the Sonsorol-Ulithi-Woleai chain. — *WPLUH* 8, 1976/2, 21-34.
13537 STERNER, Joyce K.: Sobei phonology. — *OL* 14, 1975, 146-167 | North coast of Irian Jaya, Indonesia.
13538 STERNER, Robert H.: Sobei verb inflection. — *OL* 14, 1975, 128-145.
13539 TOPPING, Donald M.: *Chamorro reference grammar* .... — Honolulu: 1973 | BL 1973, 14141. | *AAS* 12, 1976, 199-200 Jozef Genzor | *Linguistics* 184, 1976, 97-98 W. W. Schuhmacher.
13540 TRYON, D. T.: *New Hebrides languages: an internal classification.* — *PL*, C 50; Canberra: Dept. of Linguistics, Research School of Pacific Studies, Austr. National Univ., 1976, v, 545 p., fold. map.
13541 WITUCKI, Jeannette: The consonants of Chamorro. — *PL*, A 46, 1976 (*PPhilL* 8), 1-20.

II. LANGUES PAPOUES — PAPUAN LANGUAGES

13542 CONRAD, Robert J.: Batteries of transformations in May River Iwam. — *Linguistics* 184, 1976, 4-43, 2 tab.
13543 DEIBLER, Ellis W., Jr.: *Semantic relationships of Gahuku verbs.* — Summer Inst. of Linguistics Publ. in Linguistics and Related Fields 48; Norman: Summer Inst. of Linguistics of the Univ. of Oklahoma, 1976, xiv, 159 p.
13544 GELL, Alfred: *Metamorphosis of the cassowaries: Umeda society, language and ritual.* — London School of Economics, Monographs on Social Anthr. 51; London: Athlone Press, 1975, x, 366 p. | *BSOAS* 39, 1976, 489 Roy F. Ellen.
13545 HAIMAN, John: Neutralization and markedness assimilation: future and subjunctive in Hua. — *OL* 14, 1975, 119-127.
13546 LANG, Ranier: Interpreters in local courts in Papua New Guinea. — [3795], 327-365.
13547 *The languages of the Eastern family of the East New Guinea Highland stock.* Ed. by Howard MCKAUGHAN. — Seattle: 1973 | BL 1973, 14164. | *GL* 16, 1976, 20-24 S. A. Wurm | *Linguistics* 184, 1976, 88-91 K. A. McElhanon.
13548 *The linguistic situation in the Gulf District* .... Ed.: Karl FRANKLIN. — Canberra: 1973 | BL 1973, 14155. | *Anthropos* 71, 1976, 348-349 Volker Heeschen.
13549 PHILLIPS, Donald J.: *Wahgi phonology and morphology.* — *PL*, B 36; Canberra: Dept. of Linguistics, Research School of Pacific Studies, Austr. National Univ., 1976, x, 165 p.
13550 RAMSEY, Evelyn M.: *Middle Wahgi dictionary.* — Mount Hagen, Papua New Guinea: Church of the Nazarene, 1975, 457 p. | *Oceania* 47, 1976-77, 245-246 Marie Reay.
13551 SANKOFF, Gillian: Political power and linguistic inequality in Papua New Guinea. — [3795], 283-310, 3 tab., map.
13552 SUGIMOTO, Takashi: Notes on a Kalam relative clause construction and some related problems. — *WPLUH* 7, 1975/5, 35-62.

13553 WATUSEKE, F. S.: West Makian, a language of the North-Halmahéra group of the West-Irian phylum. — *AnL* 18, 1976, 274-285, 3 maps.

III. LANGUES AUSTRALIENNES — AUSTRALIAN LANGUAGES

13554 BIRK, D. B. W.: *The MalakMalak language, Daly River (Western Arnhem Land)*. — *PL*, B 45; Canberra: Dept. of Linguistics, Research School of Pacific Studies, Austr. National Univ., 1976, xii, 179 p., map.

13555 BLAKE, Barry J.: Case mechanisms in Kalkatungu. — *AnL* 18, 1976, 287-293. — On ergativity and the notion of subject . . . — 2415.

13556 CAPELL, A.: Tasmanians: Were they earlier in Australia? A review article. — *Oceania* 47, 1976-77 (No. 1-2), 157-160 | On No. 13559.

13557 DIXON, R. M. W.: *The Dyirbal language of North Queensland*. — London: 1972 | BL 1972, 12753. | *GL* 16, 1976, 212-230 Terry J. Klokeid.

13558 HUDSON, Joyce: Walmatjari: nominative-ergative or nominative-accusative? — *PL*, A 42, 1976 (*PAusL* 9), 1-30.

13559 PLOMLEY, N. J. B.: *A word-list of the Tasmanian aboriginal languages*. — Launceton, Tasmania: The author (distr.: Queen Victoria Museum), 1976, xv, 486 p. | Cf. 13556.

13560 SAYERS, Barbara J.: *The sentence in Wik-Munkan: a description of propositional relationships*. — *PL*, B 44; Canberra: Dept. of Linguistics, Research School of Pacific Studies, Austr. National Univ., 1976, xvii, 185 p.

13561 — Interpenetration of stress and pitch in Wik-Munkan grammar and phonology. — *PL*, A 42, 1976 (*PAusL* 9), 31-79.

13562 WHITE, N. G.: A preliminary account of the correspondence among genetic, linguistic, social, and topographic divisions in Arnhem Land, Australia. — *Mankind* (Sydney) 10, 1976, 240-247.

13563 WURM, S. A.: *Languages of Australia and Tasmania*. — The Hague: 1972 | BL 1972, 12765. | *Lg* 52, 1976, 260-266 R. M. W. Dixon.

13564 — On a review of S. A. Wurm: Languages of Australia and Tasmania. — *Oceania* 47, 1976-77 (No. 1-2), 74-77 | Reply to R. M. W. Dixon's rev. [13563].

13565 YALLOP, Colin, & GRIMWADE, Gordon: *Narinjari: an outline of the language studies by George Taplin, with Taplin's notes and comparative table*. — Oceania Linguistic Monographs 17; Sydney: Univ. of Sydney, 1975, 146 p.

LANGUES DE L'AFRIQUE NOIRE
LANGUAGES OF NEGRO-AFRICA

I. GÉNÉRALITÉS — GENERAL

13566 ANDRZEJEWSKI, B. W., & INNES, G.: Reflections on African oral literature. — *AfLa* 1, 1975, 5-57.
BRANN, C. M. B.: Standardisation des langues . . . . au Nigéria. — 3728.
Catalogue of The C. M. Doke Coll. on Afr. Languages . . . . — 17.

13567 CLARKE, John: *Specimens of dialects. Short vocabularies of the languages and notes of countries and customs in Africa*. With a preface, biographical note, extensive commentaries on the text, linguistic summ. and references by E. W. ARDENER. — Westmead, Farnborough, Hants.: Gregg, 1973, 76, 104 p. | Original ed. 1848. | Cf. 13614.

13568 DUBOW, Fred: Language, law, and change: problems in the development of a national legal system in Tanzania. — [3795], 85-99.
FERRAZ, L.: The origin and development of four Creoles in the Gulf of Guinea. — 13921.

13569 KLÍMA, Vladimír: RŮŽIČKA, Karel František, & ZIMA, Petr: *Black Africa: literature and language*. — Praha: Academia / Dordrecht: Reidel, 1976, 312 p. | *LeSt* 11, 1976, 699-701 A. M. Mioni.

13570 LACROIX, Pierre-Francis (éd.): *L'expression du temps dans quelques langues de l'Ouest africain* . . . . — Paris: 1972 | BL 1972, 12773 | *PrzO* 1976, 296-298 Eugeniusz Rzewuski.

13571 O'BARR, Jean F.: Language and politics in Tanzanian governmental institutions. — [3795], 69-84, 2 tab.

13572 O'BARR, William M.: Language use and language policy in Tanzania: an overview. — [3795], 35-48, tab., 2 maps.

13573 — Language and politics in a rural Tanzanian council. — [3795], 117-133.
SCOTTON, C. M.: Strategies of neutrality: language choice in uncertain situations. — 3855.
STAHLKE, H. F. W.: Segment sequences and segmental fusion. — 2322.

II. NILO-SAHARIEN — NILO-SAHARAN

ALLAN, E. J.: Inalienable possession in four Ethiopian languages. — 12134.
13574 CAPRILE, Jean-Pierre: La dénomination des couleurs chez les Mbay de Moïssala

NILO-SAHARIEN

.... — *SELAF* 26, 13-66 | BL 1972, 12783. | *Homme* 15, 1975/1, 123-124 Serge Tornay.

13575 CREWE, W. J.: *The phonological features of the Ingessana language.* — Afr. and Asian Studies Seminar Series 22; Khartoum: Univ. of Khartoum, 1975, 21 p.

13576 FÉDRY, Jacques: L'expérience du corps comme structure du langage. Essai sur la langue sàr̄ (Tchad). — *Homme* 16, 1976/1, 65-107.

FLEMING, H. C., & BENDER, M. L.: Non-Semitic languages. — 12202.

13577 GIVÓN, Talmy: On the SOV reconstruction of Southern Nilotic: internal evidence from Toposa. — [310], 73-93.

GOUFFÉ, C.: Notes de lexicologie et d'étym. soudanaises. — 12228.

13578 HEINE, Bernd, & VOSSEN, Rainer: Zur Stellung der Ongamo-Sprache (Kilimandscharo). — *AuÜ* 59, 1975-76, 81-105.

13579 HINTZE, Fritz: Beobachtungen zur altnubischen Grammatik III. Die sogenannten "Genera verbi". — *AoF* 2, 1975, 11-24 | Cf. BL 1971, 12489.

HOHENBERGER, J.: Zur Pluralbildung mit Vokalwechsel im Saho-Afar und in der Nandi-Gruppe. — 12206.

13580 HUNTINGFORD, G. W. B.: Some names of trees and plants in Masai, Nandi, and Dorobo (East Africa). — *Anthropos* 71, 1976, 423-440.

13581 KUENTZ, Ch.: Un emprunt du nubien à l'ancien égyptien. — *OLP* 6-7, 1975-76, 339-340 | *wussi/wašši* "lucarne".

OHMAN, W. A., et al.: Three other Ethiopian languages. — 12209.

13582 STEMLER, A. B. L., HARLAN, J. R., & DEWET, J. M. J.: Caudatum sorghums and speakers of Chari-Nile languages in Africa. — *JAfrH* 16, 1975, 161-183, pl., 12 fig.

13583 THAYER, Linda J.: *A comparative-historical phonology of the Chari languages (Nilo-Saharan languages of Central Africa).* — *AION* 36, 1976, Suppl. 9; Napoli: Istituto Orientale di Napoli, 1976, 153 p., 2 maps, fold. tab.

13584 TRIULZI, A., DAFALLAH, A. A., & BENDER, M. L.: Some notes on the Ethiopian Berϑa and their language. — *AION* 36, 1976, 1-23, fold. map.

III. GROUPE ADAMAWA-ORIENTAL — ADAMAWA-EASTERN GROUP

13585 CLOAREC, France: *Le verbe banda....* — Paris: 1972 | BL 1973, 14222. | *Homme* 15, 1975/3-4, 234-236 Maurice Houis.

13586 CLOAREC-HEISS, France: *I. Banda-Linda de Ippy .... II. Les modalités personnelles dans quelques langues oubanguiennes* .... — Paris: 1969 | BL 1970, 12123. | *BSL* 71, 1976/2, 443-444 Paulette Roulon.

13587 DERIVE, Marie-José et Jean, THOMAS, Jacqueline M. C. .....: *La crotte tenace et autres contes ngbaka-ma'bo de République Centrafricaine.* — Paris: 1975 | BL 1975, 13629. | *BSOAS* 39, 1976, 697-698 G. Innes.

13588 NEWMAN, Bonnie: Deep and surface structure of the Longuda clause. — *Linguistics* 171, 1976, 35-68.

13589 RETEL-LAURENTIN, Anne, & HORVATH, S.: *Les noms de naissance ...* — Paris: 1972 | BL 1972, 12802. | *PrzO* 1976, 295-296 Eugeniusz Rzewuski.

13590 ROULON, Paulette: *Le verbe en gbáyá: étude syntaxique et sémantique du syntagme verbal en gbáyá kàrá 'bòdòè, R. C. A.* — Bibl. de la SELAF 51-52; Paris: SELAF, 1975, 187 p., cartes.

IV. GROUPE OUEST-ATLANTIQUE — WEST ATLANTIC GROUP

13591 ANDERSON, Stephen R.: On the description of consonant gradation in Fula. — *SAfrL* 7, 1976, 93-136.
13592 HOUIS, Maurice: Notes linguistiques sur le wolof. — *AfrLa* 6, 1976, 53-58.
13593 LABATUT, Roger: *Le parler d'un groupe de Peuls nomades*.... — Paris: 1973 | BL 1973, 14230. | *BSOAS* 39, 1976, 695-696 D. W. Arnott.
13594 — Le jeu du "dakum". — *AfrLa* 5, 1976, 33-41 | Texte peul avec trad. littérale et trad. libre.
13595 NOYE, Dominique: Langages secrets chez les Peul. — *AfLa* 1, 1975, 81-95.
13596 ZUBKO, G. V.: K voprosu ob upotreblenii formy infekta v jazyke fula. — [407], 205-212.

V. GROUPE MANDÉ — MANDE GROUP

13597 BEARTH, Thomas: *L'énoncé toura (Côte d'Ivoire)*. — Norman, Okla.: 1971 | BL 1971, 12519. | *BSL* 71, 1976/2, 439-443 Maurice Houis.
13598 BIMSON, Kent D.: Comparative reconstruction of Mandekan. — *SAfrL* 7, 1976, 295-351.
13599 BRAUNER, Siegmund: Zur Interdependenz von Tonalität und Intensität im Bambara (Bamana). — *ZPhon* 29, 1976, 34-48, 38 fig.
13600 DWYER, David: The analysis of Bambara polarization. — [310], 27-38.
13601 HOLSOE, Svend E.: An early Vai manuscript from Liberia. — *AfLa* 2, 1976, 33-59, map | Text in Vai script, with transl.
13602 HOUIS, Maurice: Dialectologie manding: une correspondance entre consonnes et tons. — *AfrLa* 6, 1976, 45-46.
13603 INNES, Gordon: *Sunjata: Three Mandinka versions*. — London: 1974 | BL 1975, 13651. | *BSOAS* 39, 1976, 221-222 Ruth Finnegan.
13604 SCHAFFER, Matt: 'Pakao Book': an introduction to Pakao expansion and social structure by virtue of an indigenous manuscript. — *AfLa* 1, 1975, 97-123, map | Facsim. ed. and transl. of a Mandinko MS. in Ar.script.
13605 WELMERS, William E.: *A grammar of Vai*. — UCPL 84; Berkeley: Univ. of Calif. Press, 1976, 151 p.

VI. GROUPE GOUR (VOLTAÏQUE) — GUR (VOLTAIC) GROUP

13606 CANU, Gaston: *La langue mò:rē, dialecte de Ouagadougou (Haute-Volta). Description synchronique*. — Langues et Civilisations à tradition orale 16; Paris: SELAF, 1976, 421 p., fig., carte.
13607 CAUVIN, Jean: Préalable à une recherche parémiologique. — *AfrLa* 5, 1976, 5-28 | Proverbes minyanka (Sénoufo du Nord au Mali).
13608 — Les proverbes comme expression privilégiée de la pensée imageante. — *AfrLa* 6, 1976, 5-34 | Proverbes minyanka.
13609 DELPLANQUE, Alain: Quelques constantes en phonologie voltaïque. — *AfrLa* 6, 1976, 35-43.
13610 HEWER, Judy: Interrogative sentences in Kasem. — *Linguistics* 171, 1976, 5-18, tab.
13611 HEWER, Philip L.: A lexical approach to clause series in Kasem. — *Linguistics* 171, 1976, 19-34.

13612 WILSON, W. A. A.: Préposition ou verbe? Marques de cas en dagbani. — *BSL* 71, 1976/1, 275-298.

VII. GROUPE KWA — KWA GROUP

13613 BANFIELD, A. W.: *Dictionary of Nupe language.* — Farnborough: Gregg, 1969, xxi, 513, 271 p. | Repr. of original ed. (Shonga, Nigeria: Niger Press, 1914). | *AfLa* 2, 1976, 152-155 Isaac George.

13614 BASCOM, William: John Clarke's unidentified Nago dialect. — *AfLa* 2, 1976, 14-18 | Cf. 13567.

13615 BOADI, L. A.: A note on the historical antecedents of the obligatory Pronoun-3-Deletion rule in the Akan dialects. — *AL* 16/1, 1976, 1-10.

13616 BOLE-RICHARD, Rémy: Le phonème /p/ dans la langue gen. — *AfrLa* 5, 1976, 29-32 | Togo et Bénin.

13617 BUNKOWSKE, Eugene W.: What's a word? — [310], 1-12 | Word boundaries in Yala.

CLIFTON, J. M.: Downdrift and rule ordering. — 2249.

13618 COURTENAY, Karen: Ideophones defined as a phonological class: the case of Yoruba. — [310], 13-26.

13619 CREISSELS, Denis: A propos de la phonologie du baoulé. — *AfrLa* 6, 1976, 47-52.

13620 EKUNDAYO, S. Ayotunde: An alternative to lexical insertion for Yoruba complex nouns. — *SAfrL* 7, 1976, 233-260.

13621 ELIMELECH, Baruch: *A tonal grammar of Etsako.* — Working Papers in Phonetics 35; Los Angeles: Univ. of California, 1976, 170 p.

13622 — Pluralization and noun-class remnants in Etsako. — [310], 39-46.

13623 ELUGBE, Ben Ohiomamhe: Noun class vestiges in Degema. — *AuÜ* 59, 1975-76, 224-233 | Nigeria.

13624 ELUGBE, Ben Ohi: Edo (Bini) in the 'Polyglotta Africana'. — *AfLa* 2, 1976, 145-151 | Rés. fr.

13625 GEORGE, Isaac: Verb serialization and lexical decomposition. — [310], 63-72 | Examples from Nupe and Yoruba.

13626 HÖFTMANN, Hildegard: *The structure of Lelemi language* .... — Leipzig: 1971 | BL 1971, 12552. | *OLZ* 71, 1976, 306-307 B. Heine.

13627 HOMBERT, Jean-Marie: Perception of tones of bisyllabic nouns in Yoruba. — [310], 109-121, 3 fig.

LADEFOGED, P., et al.: The stops of Owerri Igbo. — 2158.

13628 LE SAOUT, Joseph: *Étude descriptive du gban, Côte-d'Ivoire: phonétique et phonologie.* — Langues et civilisations à tradition orale 21; Paris: SELAF, 1976, 447 p., ill.

13629 LORD, Carol: Evidence for syntactic reanalysis: from verb to complementizer in Kwa. — [114], 179-191.

13630 NWACHUKWU, P. Akujuobi: Stativity, ergativity and the -rV suffixes in Igbo. — *AfLa* 2, 1976, 119-143 | Rés. fr.

13631 NYAGGAH, Lynette: Associative tone and syllabe structure in Asante Twi. — [310], 191-199.

13632 PAINTER, Colin: Pitch control and pharynx width in Twi: an electromyographic study. — *Phonetica* 33, 1976, 334-352, 5 tab., 2 fig. | E., G. & Fr. summ.

ROBERTS, E. W.: Phonological theory, absolute neutralisation and the case of Nupe. — 2312.

13633 STAHLKE, Herbert: The noun prefix in Yoruba. — [310], 243-253.

13634 WARREN, Dennis M.: *Bibliography and vocabulary of the Akan (Twi-Fante) language of Ghana.* — Afr. Series 6; Bloomington: Indiana Univ., 1976, 266 p.
13635 WILKINSON, Robert W.: Contrast preservation in Yoruba. — *SAfrL* 7, 1976, 65-92; 231.
WILLIAMS, E. S.: Underlying tone in Margi and Igbo. — 12243.

VIII. GROUPE BÉNOUÉ — BENUE GROUP

13636 KOKORA, Dago P.: Relative clause strategies in Koyo: a case of rule condition solution. — *PCLS* XII, 425-437.
13637 ROBINSON, J. O. Skip: His and hers morphology: the strange case of Tarok possessives. — [310], 201-209.
13638 SHIMIZU, Kiyoshi: Jukunoid languages in the 'Polyglotta Africana'. Part II: Djukŭ. — *AfLa* 1, 1975, 260-289 | Cf. BL 1973, 14283.
13639 WILLIAMSON, Kay (ed.): *Benue-Congo comparative wordlist.* Vol. II. — Ibadan: West Afr. Linguistic Soc., 1973, p. 234-473 | Cf. BL 1969, 11323. | *BSOAS* 39, 1976, 223-224 John Kelly.

IX. LANGUES BANTOUES — BANTU LANGUAGES

A. Généralités — General

13640 BENNETT, Tina L., & HYMAN, Larry M.: Bibliography of Bantu tone studies. — [13655], 321-332.
13641 BENNETT, Patrick R.: Narrative style and the consecutive. — *AfLa* 1, 1975, 58-80 | Consecutive constructions in Kikuyu and Swahili.
13642 BOKAMBA, Eyamba G.: On the syntax and semantics of Wh-questions in Kikongo and Kiswahili. — *SLS* 6, 1976/2, 65-88.
13643 — Relativization in Bantu languages revisited. — *LACUS* II, 292-310 | Data from Dzamba and Swahili.
13644 — On the syntax and semantics of derivational verb suffixes in Bantu languages. — [110], 38-50.
— Authenticity and the choice of a national language: the case of Zaire. — 3727.
13645 COUPEZ, A.: La variabilité lexicale en bantou. — *AfLa* 1, 1975, 164-203.
13646 DALBY, David: The prehistorical implications of Guthrie's 'Comparative Bantu'. Part I: Problems of internal relationship. — *JAfrH* 16, 1975, 481-501, 6 maps, fig.
13647 — The prehistorical implications of Guthrie's 'Comparative Bantu'. part II: Interpretation of cultural vocabulary. — *JAfrH* 17, 1976, 1-27, map.
13648 DENNY, J. Peter, & CREIDER, Chet A.: The semantics of noun classes in Proto-Bantu. — *SAfrL* 7, 1976, 1-30.
13649 GRÉGOIRE, Claire: Le champ sémantique du thème bantou *-bánjá. — *AfLa* 2, 1976, 1-13 | E. Summ.
13650 HINNEBUSCH, Thomas J.: Swahili: genetic affiliations and evidence. — [310], 95-108.
13651 KIRAITHE, Jacqueline M., & BADEN, Nancy T.: Portuguese influences in East African languages. — *AfrS* 35, 1976, 3-31, 3 maps.
13652 MEEUSSEN, A. E.: Notes on tone in Bantu nominal stems. — *AfLa* 2, 1976, 60-70.
13653 MÖHLIG, Wilhelm J. G.: Guthries Beitrag zur Bantuistik aus heutiger Sicht. —

BANTOU

Anthropos 71, 1976, 673-715 | E. summ.

13654 RYCROFT, David K.: Southern Bantu clan-praises: a neglected genre. — *BSOAS* 39, 1976, 155-159.

13655 *Studies in Bantu tonology*. Ed. by Larry M. HYMAN. — Southern California Occasional Papers in Linguistics 3; Los Angeles, CA: Dept. of Linguistics, Univ. of Southern California, 1976, v, 332 p.

13656 WALD, Benji: Comparative notes on past tenses in Kenyan Northeast Bantu languages. — [310], 267-281.

B. Souahéli — Swahili

13657 ABASHEIKH, Mohammed Imam: Reflexivization in Chimwi:ni. — *SLS* 6, 1976/2, 1-22.

13658 CONTINI MORAVA, Ellen: Statistical demonstration of a meaning: the Swahili locatives in existential assertions. — *SAfrL* 7, 1976, 137-156.

13659 DRIEVER, Dorothea: *Aspects of a case grammar of Mombasa Swahili, with special respect to the relationship between informant variation and some sociological features*. — Hamburger philologische Studien 43; Hamburg: Buske, 1976, ix, 253 p.

GILMAN, C.: Number names in two simplified languages. — 1051.

13660 HARRIES, Lyndon: The nationalization of Swahili in Kenya. — *LiS* 5, 1976, 153-164.

13661 JOHNSON, Carl W., Jr.: A more than passing look at passives: Swahili. — *LACUS* II, 311-319, 2 fig.

13662 KIRKLAND, Beverley G.: The language of self-reliance: Swahili-medium secondary education in Tanzania. — *AfLa* 2, 1976, 105-118 | Rés. fr.

13663 KISSEBERTH, Charles W., & ABASHEIKH, Mohammad Imam: The "object" relationship in Chi-Mwi:ni, a Bantu language. — *SLS* 6, 1976/1, 100-129.

13664 — Chimwi:ni prefix morphophonemics. — *SLS* 6, 1976/2, 142-173.

13665 — On the interaction of phonology and morphology: a Chi-Mwi:ni example. — *SAfrL* 7, 1976, 31-40 | Earlier published in *SLS* 4/2 (BL 1974, 12693).

13666 KNAPPERT, Jan: *Swahili Islamic poetry*. I; II; III. — Leiden: 1971 | BL 1973, 14309. | *OLZ* 71, 1976, 207-209 Gudrun Miehe.

13667 — Swahili proverb songs. — *AuÜ* 59, 1975-76, 105-112.

13668 LEGÈRE, Karsten: *Probleme einer konfrontativen Analyse Deutsch-Swahili*. — Diss. Leipzig, 1974 | *DaF* 13, 1976, 58-59 K. L.

13669 MAW, Joan: Focus and the morphology of the Swahili verb. — *BSOAS* 39, 1976, 389-402.

13670 MERIGGI, Piero: Il tipo d'una lingua a pochi casi: il "suaheli" (bantu). — *AGI* 61, 1976, 37-71.

13671 MOSER, Rupert R.: *Swahili: Sprachgeographie und -geschichte, grammatikalischer Abriss, Chrestomathie*. — Arbeitspapiere / Univ. Bern, Inst. für Sprachwissenschaft, 12; Bern: 1974, 75 p., map.

13672 NOORSALU, Riita: On the role of Tanzania in creating new law terms in Swahili. — *LingT* 4, 1971 (1972), 68-76.

13673 WOODS, J. Douglas: Agentive nouns in Swahili: deverbatives? — *AfLa* 2, 1976, 19-31.

C. Autres langues — Other languages

ANDRADE, E. DE: Ordem das regras fonológicas: línguas de Angola.... — 2237.
13674 ARVANITES, Linda: Kimbundu nominals: tone patterns in two contexts. — [13655], 131-140.
13675 ASONGWED, Tah, & HYMAN, Larry M.: Morphotonology of the Ngamambo noun. — [13655], 23-56.
13676 BARLOW, A. Ruffell: *English-Kikuyu dictionary*. Ed. by T. G. BENSON. — Oxford: 1975 | BL 1975, 13730. | *BSOAS* 39, 1976, 493-494 A. N. Tucker.
13677 BATIBO, Herman: A new approach to Sukuma tone. — [13655], 241-257.
13678 BENNETT, Tina L.: Tonally irregular verbs in ChiShona. — [13655], 287-319.
13679 BROWN, Gillian: *Phonological rules and dialect variation: a study of.... Lumasaaba.* — London: 1972 | BL 1972, 12925. | Paperback ed., 1976. | *SILTA* 5, 1976/1-2, 312-314 Arianna Uguzzoni.
13680 BURTON, Michael, & KIRK, Lorraine: Semantic reality of Bantu noun classes: the Kikuyu case. — *SAfrL* 7, 1976, 157-174.
13681 BYARUSHENGO, Ernest Rugwa, HYMAN, Larry M., & TENENBAUM, Sarah: Tone, accent, and assertion in Haya. — [13655], 183-205.
13682 BYARUSHENGO, Ernest Rugwa, & TENENBAUM, Sarah: Agreement and word order: a case for pragmatics in Haya. — *PBLS* II, 89-99, 2 tab.
13683 CHAGAS, Jeremy E.: The tonal structure of Ólusamia. — [13655], 217-240.
13684 COOPER, Robin: Lexical and nonlexical causatives in Bantu. — *SynS* 6, 1976, 313-324 | Data from Tswana and X̌hosa.
13685 DALGISH, Gerard M.: Locative NP's, locative suffixes, and grammatical relations. — *PBLS* II, 139-148 | The OluTsootso dialect of (Olu)Luyia.
13686 — Passivizing locatives in OluTsootso. — *SLS* 6, 1976/1, 57-68.
13687 — Causatives, statives, monosyllabics: the evidence from vowel harmony. — [110], 86-106 | Vowel harmony in OluTsootso.
13688 DALGISH, Gerard M., & SHEINTUCH, Gloria: On the justification for language-specific sub-grammatical relations. — *SLS* 6, 1976/2, 89-107 | On a set of NP's in OluTsootso.
13689 DUGAST, Idelette: *Contes, proverbes et devinettes des Banɛn (Sud-Ouest du Cameroun).* — Paris: 1975 | BL 1975, 13743. | *BSOAS* 39, 1976, 696-697 G. Innes.
DURANTI, S.: Contr. delle lingue bantu alla teoria della grammatica relazionale. — 2337.
13690 ELIMELECH, Baruch: Noun tonology in Kombe. — [13655], 113-130.
13691 FORD, K. C.: Tone in Kikamba and the Central Kenya Bantu languages. — *SAfrL* 7, 1976, 261-293.
13692 GIVÓN, Talmy: Some constraints on Bantu causativization. — *SynS* 6, 1976, 325-351 | Data from Bemba.
13693 GUNNER, Elizabeth: Forgotten men: Zulu bards and praising at the time of the Zulu kings. — *AfLa* 2, 1976, 71-89.
13694 HAGENDORENS, J.: *Dictionnaire ɔtɛla-français.* — Bandundu: 1975 | BL 1975, 13750. | *Anthropos* 71, 1976, 937-938 Claire Grégoire.
13695 HENDRIKSE, A. P.: *Topics in Xhosa relativization: some traditional analyses re-examined.* With the co-operation of S. Z. ZOTWANA. — Rhodes Univ., Dept. of Afr. Languages, Communication, No. 04; Grahamstown: Rhodes Univ., 1975, v, 63 p.
13696 HERBERT, Robert K.: A reanalysis of Luganda vowels. Evidence for an abstract distinction. — *AuÜ* 59, 1975-76, 113-124.

— Reanalyzing prenasalized consonants. — 2273.
13697 HODGES, Katryn Speed: Object relations in KiMeru causatives. — *SLS* 6, 1976/2, 108-141.
13698 HOMBERT, Jean-Marie: Noun classes and tone in Ngie. — [13655], 1-21.
13699 HYMAN, Larry M.: D'où vient le ton haut du bamileke-fe?fe?? — [310], 123-134.
13700 HYMAN, Larry M., & TADADJEU, Maurice: Floating tones in Mbam-Nkam. — [13655], 57-111, map.
13701 ITTMAN, Johannes: *Wörterbuch der Duala-Sprache* (*Kamerun*). Bearbeitet und hrsg. von E. KÄHLER-MEYER. — *AuÜ*, Beiheft 30; Berlin [West]: Reimer, 1976, xxvii, 675 p.
13702 JOHNSON, Lawrence: Devoicing, tone, and stress in Runyankore. — [13655], 207-216.
13703 KIMENYI, Alexandre: Subjectivization rules in Kinyarwanda. — *PBLS* II, 258-268.
13704 KIMENYI, Alexandre: Tone anticipation in Kinyarwanda. — [13655], 167-181.
13705 KOGAN, E. Z.: O glasnych i supersegmentnych fonemach v jazyke ruanda. — [342], 111-123.
13706 LÉONET, Guy: Aperçu sur les appellatifs de la vache au Burundi. — *AfrLa* 5, 1976, 43-50.
13707 LOUW, J. A.: Palatalization of bilabials in the passive, diminutive and locative in Xhosa and Tsonga. — *AuÜ* 59, 1975-76, 241-278.
13708 — The influence of Khoi on Xhosa morphology. — [279], 87-95.
13709 LUMWAMU, François: *Essai de morphosyntaxe systématique des parlers kongo.* — Paris: 1973 | BL 1973, 14338. | *BSOAS* 39, 1976, 494-495 Hazel Carter | *Anthropos* 71, 1976, 625-626 Anton Vorbichler.
13710 MADDIESON, Ian: Tone reversal in Ciluba: a new theory. — [13655], 141-165.
13711 MADDIESON, Ian, & WILLIAMSON, Kay: Jarawan Bantu. — *AfLa* 1, 1975, 125-163, map | Nigeria.
13712 MADELA, Laduma: Beiträge zur Meidungssprache der Zulu, *uhuhlonipha*, und zum Thefalu-Dialekt des Zulu. Bearbeitet von Vincent Z. GITYWA, Otto F. RAUM und Katesa SCHLOSSER. — *AuÜ* 59, 1975-76, 161-176, fig.
13713 MKANGANWI, K. G.: A description of Shona spelling. — *AfLa* 1, 1975, 225-258.
13714 NDOLO, Pius: *Essai sur la tonalité et la flexion verbale du gimbala.* — Archives d'Anthropologie 19; Tervuren: Musée Royal de l'Afrique Centrale, 1972, 105 p.
13715 NDOLO, Pius, & MALASI, Florence: *Vocabulaire mbala.* — Archives d'Anthropologie 18; Tervuren: Musée Royal de l'Afrique Centrale, 1972, 121 p.
13716 OTTENHEIMER, Harriet Joseph, & OTTENHEIMER, Martin: The classification of the languages of the Comoro Islands. — *AnL* 18, 1976, 408-415.
13717 SCHACHTER, Paul: An unnatural class of consonants in siSwati. — [310], 211-220.
13718 STANLEY, George Edward: Relative/identical semantic structuralization. — *Linguistics* 171, 1976, 69-88 | On the teaching of Afrikaans and E. to speakers of Xhosa.
13719 STREETER, Lynn A.: Kikuyu labial and apical stop discrimination. — *JPhon* 4, 1976, 43-49, 2 fig.
13720 STUCKY, Susan U.: Locatives as objects in Tshiluba: a function of transitivity. — *SLS* 6, 1976/2, 174-202.
13721 TRITHART, Lee: Desyllabified noun class prefixes and depressor consonants in Chichewa. — [13655], 259-286.
13722 VOELTZ, Erhard F. K.: Inalienable possessions in Sotho. — [310], 255-266.
13723 WARMELO, N. J.: VAN: Who are the Basotho? — *AfrS* 35, 1976, 91-98 | Transl. of:

'Wer sind die Basotho?', *Afrikanistische Studien*, Festschrift Westermann, 1-7 (BL 1955, 277).
13724 WILKES, A.: Die direktiewe (applikatiewe) werkwoordagtervoegsel in Zulu. — [279], 148-158 | The directive (applicative) verbal suffiix in Zulu.
13725 ZIERVOGEL, D., & LOUW, J. A.: *A handbook of the Zulu language*. Assisted by P. C. TALJAARD. 2nd ed. — Pretoria: Van Schaik, 1976, 251 p.

X. LANGUES KHOISAN — KHOISAN LANGUAGES

13726 *Bushman and Hottentot studies*. Ed. by A. TRAILL. — Univ. of Witwatersrand, Afr. Studies Inst., Communications, No. 02; Johannesburg: Afr. Studies Inst., 1975, iii, 102 p.
13727 GRUBER, J. S.: Plural predicates in ≠Hoa. — [13726], 1-50.
13728 KLEIN, Harriet E. Manelis: Tense and aspect in the Damara verbal system. — *AfrS* 35, 1976, 207-227.
LOUW, J. A.: The influence of Khoi on Xhosa morphology. — 13708.
13729 PONELIS, Fritz: !Ora clicks: problems and speculations. — [13726], 51-60.
13730 SNYMAN, J. W.: Some phonetic and lexical aspects of Žu|'hõasi. — [13726], 61-76.
13731 TRAILL, A.: Phonetic correspondences in the !Xo dialects: How a Bushman language changes. — [13726], 77-102.

LANGUES AMÉRICAINES
AMERICAN LANGUAGES

I. GÉNÉRALITÉS — GENERAL

13732   ALEKSEEV, M. E., & KLIMOV, G. A.: K affektivnoj konstrukcii predloženija v amerikanskich jazykach. — *ZPhon* 29, 1976, 335-340.
13733   ZWICKY, Arnold M.: Bibliography on cyclical segmental rules. — *IJAL* 42, 1976, 267-268 | For Amerindian languages. Cf. 813.

II. LANGUES DE L'AMÉRIQUE DU NORD ET DE L'AMÉRIQUE CENTRALE LANGUAGES OF NORTH AND MIDDLE AMERICA

A. Généralités — General

13734   AOKI, Haruo: The East Plateau linguistic diffusion area. — *IJAL* 41, 1975, 183-199.
        ASHLEY, L. R. N.: *Mestizísmo*: the onomastics of cultures in contact in Mexico .... — 5654.
        BRIGHT, W.: *Variation and change in language. Essays.* — 826.
13735   CRAWFORD, James M.: Southeastern Indian languages. — [13742], 1-120.
13736   — The phonological sequence *ya* in words pertaining to the mouth in Southeastern and other languages. — [13742], 265-283.
13737   HAAS, Mary R.: The northern California linguistic area. — [219], 347-359, map.
13738   KENSTOWICZ, Michael: Rule application in pregenerative American phonology. — [103], 259-282.
13739   LANDAR, Herbert: Checklist annotations. — *IJAL* 42, 1976, 379-382 | Additions and corr. to L.'s 'The tribes and languages of North America: a checklist', *Current trends in linguistics* 10 (BL 1973, 14367).
13740   MARTIN, Jeanette P.: *A survey of the current study and teaching of North American Indian languages in the United States and Canada.* — CAL-ERIC/CLL Series on Languages and Linguistics 17; Arlington: Center for Applied Linguistics, ERIC Clearinghouse on Languages and Linguistics, 1975, viii, 90 p. | *Lg* 53, 1977, 257 W. B[right].
        MILLER, M. R.: Competence in E.-language learning by Am. Indian monolinguals and bilinguals. — 8575.
13741   SHERZER, Joel: *An areal-typological study of American Indian languages north of*

Mexico. — North-Holland Linguistic Series 20; Amsterdam: North-Holland Publishing Co., 1976, xiv, 297 p., maps.
13742 Studies in Southeastern Indian languages. Ed. by James M. CRAWFORD. — Athens: Univ. of Georgia Press, 1975, viii, 453 p., map | Lg 53, 1977, 259 W. B[right].
13743 TAYLOR, allan R.: Words for "buffalo". — IJAL 42, 1976, 165-166.

B. Esquimau et Aléoute — Eskimo and Aleut

13744 BRIGGS, J. L.: The study of Eskimo emotional expression. — PIL 9, 1976/3-4, 111-128.
13745 DORAIS, Louis-Jacques: Some phonological characteristics of Eastern Canadian Inuit. — AnL 18, 1976, 387-392, map.
13746 MENOVŠČIKOV, G. A.: Nekotorye voprosy polevoj raboty po izučeniju vespis'-mennych i mladopis'mennych jazykov (na opyte polevych issledovanij dialektov jazyka aziatskich ėskimosov). — Jaz. i top. [334], 1, 106-118.
13747 — O dvuch aspektach vyraženija prostranstvennych otnošenij v aleutskom jazyke. — Jaz. i top. [334], 2, 5-13.
13748 — O jazyke ėskimosskoj skazki. — Jaz. i top. [334], 2, 14-32.
13749 RISCHEL, Jørgen: Topics in West Greenlandic phonology .... — Copenhagen: 1974 | BL 1974, 12765. | VJa 1976/6, 117-121 G. A. Menovščikov | Lg 53, 1977, 944-948 Robert Underhill.
SCHUHMACHER, W. W.: Warm and cold, canoe and kayak: evidence for a relationship Austronesian-Eskimo? — 4061.
13750 UNDERHILL, Robert: The case for an abstract segment in Greenlandic. — IJAL 42, 1976, 349-358.

C. Na-Dene — Na-Dene

13751 CARTER, Robin M.: Chipewyan classificatory verbs. — IJAL 42, 1976, 24-30.
13752 Diné Bizaad Náníł'įįh. Navajo Language Review. Vol. 1, No. 1-4; vol. 2, No. 1. — Washington, D. C.: Center for Applied Linguistics, 1974, 210 p.; 1975, 60 p. | IJAL 42, 1976, 383-384 Herbert Landar.
13753 GOLLA, Victor: Tututni (Oregon Athapaskan). — IJAL 42, 1976, 217-227.
13754 KARI, James M.: Navajo verb prefix phonology. — New York: Garland, 1976, xiv, 313 p.
13755 LANDAR, Herbert: Six Jicarilla Apache verbs of eating. — IJAL 42, 1976, 264-267.
13756 PINNOW, Heinz-Jürgen: Geschichte der Na-Dene-Forschung. — Indiana, Beiheft 5; Berlin [West]: Gebr. Mann, 1976, ix, 140 p.
13757 SCOLLON, Ronald: Two discourse markers in Chipewyan narratives. — WPLUH 7, 1975/4, 89-95.
13758 — The framing of Chipewyan narratives in performance: titles, initials and finals. — WPLUH 7, 1975/4, 97-107.
13759 — The sequencing of clauses in Chipewyan narratives. — WPLUH 7, 1975/5, 1-16.

D. Macro-Algonquin — Macro-Algonquian

13760 ALFORD, Danny Keith: Something possibly unique in human language: Chey-

enne cross-over vowels. — [110], 1-9.
- 13761 — Linguistic speculation on the pre-history of the Cheyenne people. — [220], 10-29 | Appendix: The transitional changes from Algonquian to Cheyenne.
- 13762 AUBIN, George F.: *A Proto-Algonquian dictionary.* — National Museum of Man, Mercury Series, Canadian Ethnology Service Paper 29; Ottawa: National Museums of Canada, 1975, x, 197 p. | *Lg* 53, 1977, 499-500 Brent de Chene.
- 13763 — The Edison insight and the Williams materials. — [220], 180-195 | Kinship terms in Narragansett.
- 13764 BISHOP, Charles A.: The origin of the speakers of the Severn dialect. —[220], 196-208 | Rés. fr.

  BLACK, M. B.: Semantic variability in a northern Ojibwa community. — 1715.
- 13765 BLOOMFIELD, Leonard: *Menomini lexicon.* Ed. by Charles HOCKETT. — Publ. in Anthr. & Hist. 3; Milwaukee: Public Museum, 1975, xviii, 289 p. | *Lg* 53, 1977, 258 W. B[right].
- 13766 CLIFTON, James A.: Potawatomi leadership roles: on *okama* and other influential personages. — [220], 42-99 | With linguistic considerations. Rés. fr.

  DARNELL, R., & VANEK, A. L.: The semantic basis of the animate/inanimate distinction in Cree. — 1733.
- 13767 DAY, Gordon M.: Early Merrimack toponymy. — [220], 372-389 | Rés. fr.
- 13768 DENNY, J. Peter: Semantic organization in relation to the traditional Algonquian economy. — [220], 336-343 | Rés. fr.
- 13769 DENNY, J. Peter, & MAILHOT, José: The semantics of certain abstract elements in the Algonquian verb. — *IJAL* 42, 1976, 91-98.
- 13770 DRAPEAU, Lynn, FORD, Alan, & NOREAU-HÉBERT, Micheline: Sur la dialectologie phonologique du montagnais. — [220], 344-361.
- 13771 *English-Cheyenne student dictionary.* Produced by the Language Research Dept. of the Northern Cheyenne Title VII ESEA Bilingual Education Program. — Lame Deer, Montana: 1976, xviii, 163 p. | *Lg* 53, 1977, 258 W. B[right].
- 13772 HAAS, Mary R.: What is Mobilian? — [13742], 257-263.
- 13773 HAMP, Eric P.: "One" and "single" in Ojibwa. — *IJAL* 42, 1976, 166-167.
- 13774 HEWSON, John: New resources for comparative work in Algonkian languages. — [220], 3-9.
- 13775 KENNY, Hamill: Place-names and dialects: Algonquian. — *Names* 24, 1976, 86-100.
- 13776 KUIPERS, Aert H.: *The Shuswap language ...* — The Hague: 1974 | BL 1974, 12796. | *Lingua* 40, 1976, 95-97 M. D. Kinkade | *Homme* 16, 1976/1, 166 C. Lévi-Strauss.
- 13777 MAILHOT, José: La géographie: noyau du savoir montagnais sur l'environnement physique. — [220], 314-323 | Terminology (E. summ.).

  MO KÁA: The logic of non-European linguistic categories. — 2565.
- 13778 NICKLAS, Thurston Dale: Choctaw morphophonemics. — [13742], 237-250.
- 13779 PARKS, Douglas R.: Shawnee noun inflection. — [13742], 135-161.
- 13780 PENTLAND, David H.: Diminitive consonant symbolism in Algonquian. — [220], 237-252 | Rés. fr.
- 13781 PROULX, Paul: A new Algonquian correspondence. — *IJAL* 42, 1976, 71-73.
- 13782 PULTE, William: The position of Chickasaw in Western Muskogean. — [13742], 251-255.
- 13783 SIEBERT, Frank T., Jr.: Resurrecting Virginia Algonquian from the dead: the reconstituted and historical phonology of Powhatan. — [13742], 285-453.
- 13784 WHEELER, C. J., & BUCHNER, A. P.: Rock art: a metalinguistic interpretation of

the Algonkian word for stone. — [220], 362-371 | Rés. fr.
13785 WOLFART, H. Christoph: *Plains Cree* .... — Philadelphia: 1973 | BL 1973, 14410. | *Lg* 52, 1976, 516-520 Regna Darnell | *Lingua* 38, 1976, 374-376 R. S. Pittman.
13786 — More keys into the language of America. — *Lingua* 40, 1976, 79-88 | Rev. art. on the new editions and printings of Roger WILLIAMS's *A key into the language of America* (1643).

E. Macro-Siou — Macro-Siouan

13787 BALLARD, W. L.: Aspects of Yuchi morphonology. — [13742], 163-187.
13788 CHAFE, Wallace L.: *The Caddoan, Iroquoian and Siouan languages*. — Trends in Linguistics 3; The Hague: Mouton, 1976, 98 p.
13789 EINAUDI, Paula Ferris: *A grammar of Biloxi*. — New York: Garland, 1976, xii, 184 p.
13790 HOLMES, Ruth Bradley, & SMITH, Betty Sharp: *Beginning Cherokee*. — Norman: Univ. of Oklahoma Press, 1976, xiii, 332 p.
13791 PARKS, Douglas R.: *A grammar of Pawnee*. — New York: Garland, 1976, xiii, 361 p.
13792 ROBINSON, Lila Wistrand: Some phonological rules of Iowa-Oto (Siouan). — [110], 439-448.
13793 ROOD, David S.: *Wichita grammar*. — New York: Garland, 1976, xix, 310 p.
13794 ROOD, David: Wichita verb structure: inflectional categories. — [13742], 121-134.
13795 TAYLOR, Allan R.: On verbs of motion in Siouan languages. — *IJAL* 42, 1976, 287-296.
13796 WALKER, Willard: Cherokee. — [13742], 189-236.
13797 WILLIAMS, Marianne Mithun: *A grammar of Tuscarora*. — New York: Garland, 1976, xviii, 315 p.

F. Hoka — Hokan

13798 APPLEGATE, Richard B.: Reduplication in Chumash. — [219], 271-283.
13799 BEELER, M. S.: Barbareño Chumash grammar: a farrago. — [219], 251-269.
13800 COURO, Ted, & LANGDON, Margaret: *Let's talk 'Ilipay Aa: an introduction to the Mesa Grande Diegueño language*. In collaboration with Sandra CHUNG .... [et al.]. — Banning, CA: Malki Museum Press / Ramona, CA: Ballena Press, 1975, 262 p., ill. | *Lg* 53, 1977, 260 W. B[right].
13801 CRAWFORD, James M.: A comparison of Chimariko and Yuman. — [219], 177-191.
13802 CRAWFORD, Judith G.: Seri and Yuman. — [219], 305-324.
13803 GORBET, Larry Paul: *A grammar of Diegueño nominals*. — New York: Garland, 1976, xiii, 237 p.
13804 HINTON, Leanne, & LANGDON, Margaret: Object-subject pronominal prefixes in La Huerta Diegueño. — [219], 113-128.
13805 JACOBSEN, William H., Jr.: Observations on the Yana stop series in relationship to problems of comparative Hokan phonology. — [219], 203-236.
13806 KENDALL, Martha B.: *Selected problems in Yavapai syntax: the Verde Valley dialect*. — New York: Garland, 1976, xxxiv, 247 p.
13807 KENDALL, Martha B., & COLEMAN, William L.: Directions in the study of Upland

AMÉRIQUE DU NORD 13808-13835

Yuman. — [219], 95-102.
13808 KOZLOWSKI, Edwin: Remarks on Havasupai phonology. — *IJAL* 42, 1976, 140-149.
13809 LANGDON, Margaret: *Yuman texts.* — *IJAL*, Native American Texts Series 1:3; Chicago: Univ. of Chicago Press, 1976, 152 p.
13810 — The Proto-Yuman vowel system. — [219], 129-148.
13811 — Metathesis in Yuman languages. — *Lg* 52, 1976, 866-883.
13812 MCLENDON, Sally: The Proto-Pomo pronominal system. — [219], 29-54.
13813 MIXCO, M.: Historical implications of some Kiliwa phonological rules. — [219], 149-158.
13814 MOSER, Edward & Mary: Seri noun pluralization classes. — [219], 285-296.
13815 MOSHINSKY, Julius: Historical Pomo phonology. — [219], 55-75.
13816 MUNRO, Pamela: *Mojave syntax.* — New York: Garland, 1976, xiii, 330 p.
13817 — Subject copying, auxiliarization and predicate raising: the Mojave evidence. — *IJAL* 42, 1976, 99-112.
13818 NEVIN, Bruce E.: Transformational analysis of some "grammatical morphemes" in Yana. — [219], 237-250.
13819 OSWALT, Robert L.: Baby talk and the genesis of some basic Pomo words. — *IJAL* 42, 1976, 1-13.
13820 — Comparative verb morphology of Pomo. — [219], 13-28.
13821 REDDEN, James E.: Walapai syntax: a preliminary statement. — [219], 103-111.
13822 SHATERIAN, A. V.: Yavapai [+ sonorant] segments. — [219], 87-93.
13823 SILVER, Shirley: Comparative Hokan and the Northern Hokan languages. — [219], 193-202.
13824 TROIKE, Rudolph C.: The linguistic classification of Cochimi. — [219], 159-163.
13825 TURNER, Paul R.: Pluralization of nouns in Seri and Chontal. — [219], 297-303.
13826 VIHMAN, Eero: On pitch accent in Northern Pomo. — [219], 77-83, 6 fig.
13827 WATERHOUSE, Viola Grace: Another look at Chontal and Hokan. — [219], 325-343.
13828 WEATHERS, Mark L.: Tlapanec 1975. — *IJAL* 42, 1976, 367-371.
13829 WINTER, Werner: Switch-reference in Yuman languages. — [219], 165-174.

G. Penutia — Penutian

13830 ÁLVAREZ LOMELÍ, María Cristina: *Textos coloniales del Libro de Chilam Balam de Chumayel y textos glíficos del Códice de Dresde.* — Centro de Estudios Mayas, Cuaderno 10; México: Univ. Nacional Autónoma de México, 1974, 108 p. | *Lg* 53, 1977, 263 W. B[right].
13831 BERLIN, Brent, BREEDLOVE, Dennis E., & RAVEN, Peter H.: *Principles of Tzeltal plant classification. An introduction to the botanical ethnography of a Mayan-speaking people of Highland Chiapas.* — New York: Academic Press, 1974, xxii, 660 p. | *ALH* 26, 1976, 474-475 W. Voigt.
13832 BRICKER, Victoria Reifler: Some Zinacanteco joking strategies. — [383], 51-62, 3 fig.
13833 CRAIG, Colette G.: Properties of basic and derived subjects in Jacaltec. — [143], 101-123.
13834 DAY, Christopher: *The Jacaltec language.* — Bloomington: 1973 | BL 1973, 14430. | *IJAL* 42, 1976, 278-280 Nora C. England.
13835 ENGLAND, Nora C.: The development of the Mam person system. — *IJAL* 42, 1976, 259-261.

13836   FREEZE, Ray A.: Possession in K'ekchi' (Maya). — *IJAL* 42, 1976, 113-125.
13837   FURBEE-LOSEE, Louanna: *The correct language: Tojolabal. A grammar with ethnographic notes.* — New York: Garland, 1976, xxii, 394 p.
13838   FURBEE-LOSEE, Louanna, & WHITE, John S.: Or? or question: the case from Tojolabal. — [110], 118-135.
13839   GOSSEN, Gary H.: Verbal dueling in Chamula. — [383], 121-146, 2 fig.
13840   HAITSMA, Julia Dieterman VAN, & HAITSMA, Willard VAN: *A hierarchical sketch of Mixe, as spoken in San José El Paraíso.* — Summer Inst. of Linguistics Publ. in Linguistics and Related Fields 44; Norman: Summer Inst. of Linguistics of the Univ. of Oklahoma, 1976, xiv, 198 p. | *Lg* 53, 1977, 263 W. B[right].
13841   KAUFMAN, Terrence: *Tzeltal phonology and morphology.* — Berkeley: 1971 | BL 1971, 12748. | *IJAL* 42, 1976, 278-280 Nora C. England | *Lingua* 38, 1976, 84-88 N. A. Hopkins.
        KELLEY, D. H.: *Deciphering the Maya script.* — 2928.
13842   *Meaning in Mayan languages* .... Ed. by Munro S. EDMONSON. — The Hague: 1973 | BL 1973, 14442. | *Anthropos* 71, 1976, 321-323 Volker Heeschen.
        Mesoamerican writing systems .... — 2933.
13843   OSWALT, Robert L.: Switch reference in Maiduan: an areal and typological contribution. — *IJAL* 42, 1976, 297-304.
13844   PIKE, Eunice V., & ORAM, Joy: Stress and tone in the phonology of Diuxi Mixtec. — *Phonetica* 33, 1976, 321-333, 2 tab. | E., G. & Fr. summ.
        SADOVSZKY, O. J.: Report on the state of the Uralo-Penutian research. — 4059.
13845   *Popol Vuh, das heilige Buch der Quiché Guatemalas,* in der Übersetzung von Eduard SELER. Nach der Abschrift Walter LEHMANNS hrsg. von Gerdt KUTSCHER. — Stimmen indianischer Völker 2; Berlin (West): Gebr. Mann, 1975, 221 p., ill. + disc.
13846   SMAILUS, Ortwin: *El maya-chontal de Acalan: análisis lingüístico de un documento de los años 1610-12.* — Centro de Estudios Mayas, Cuaderno 9; México: Univ. Nacional Autónoma de México, 1975, 234 p. | *Lg* 53, 1977, 264 W. B[right].
13847   *Studies in K'ekchi.* Ed. by Sandra PINKERTON. — Texas Linguistic Forum 3; Austin: Dept. of Linguistics, Univ. of Texas, 1976, v, 172 p.
        TAACK, G. H.: Accession glyphs on Maya monuments .... — 2941.

H. Aztec-Tano — Aztec-Tanoan

13848   ANDERSON, Arthur J. O.: *Rules of the Aztec language; Classical Nahuatl grammar* ... — Salt Lake City: 1973 | BL 1973, 14452. | *IJAL* 42, 1976, 168-169 Frances Karttunen (Also on: *Grammatical examples, exercises* .... [BL 1973, 14453]).
13849   ANDERSON, Arthur J. O., BERDAN, Frances, & LOCKHART, James: *Beyond the codices: the Nahua view of colonial Mexico.* Transl. and ed. With a linguistic essay by Ronald W. LANGACKER. — UCLA Latin American Studies Series 27; Berkeley: Univ. of Calif. Press, 1976, ix, 235 p. | Aztec legal documents. | *Lg* 53, 1977, 262 W. B[right].
13850   BAHR, Donald M., GREGORIO, Juan, LOPEZ, David I., & ALVAREZ, Albert: *Piman shamanism and staying sickness* (ká:cim múmkidag). — Tucson: Univ. of Arizona Press, 1974, xi, 332 p. | Papago texts. | *IJAL* 42, 1976, 280-282 Herbert Landar.
13851   CAMPBELL, R. Joe: Underlying /ŋʷ/ in Hueyapan Nahuatl. — *IJAL* 42, 1976, 46-50.
13852   DAVIS, John F.: Some notes on Luiseño phonology. — *IJAL* 42, 1976, 192-216.

AMÉRIQUE DU NORD

13853 FREEZE, Ray A.: Internal reconstruction in Hopi phonology. — [146], 195-202, 6 tab.
13854 HASLER, Juan A.: La situación dialectológica del Pochuteco. — *IJAL* 42, 1976, 268-273.
13855 JACOBS, Roderick A.: Syntactic reconstruction and the comparative method: a Uto-Aztecan case study. — [255], 165-174.
13856 KARTTUNEN, Frances: Uto-Aztecan and Spanish-type dependent clauses in Nahuatl. — [114], 150-158.
13857 KNAB, Tim: Huichol-Nahuatl borrowings and their implications in the ethnohistory of the region. — *IJAL* 42, 1976, 261-264.
13858 LANGACKER, Ronald W.: *Non-distinct arguments in Uto-Aztecan.* — UCPL 82; Berkeley: Univ. of Calif. Press, 1976, xiii, 241 p. | *Lg* 53, 1977, 457-461 Jeffrey Heath.
13859 — A note on Uto-Aztecan consonant gradation. — *IJAL* 42, 1976, 374-379.
13860 LINDENFELD, Jacqueline: *Yaqui syntax.* — Berkeley: 1973 | BL 1973, 14467. | *IJAL* 42, 1976, 169-170 Ronald W. Langacker | *Lg* 53, 1977, 245-247 Pamela Munro.
13861 MERLAN, Francesca: Noun incorporation and discourse reference in modern Nahuatl. — *IJAL* 42, 1976, 177-191.
13862 MOLINA, Alonso DE: *Grammar of the Mexican (Nahuatl) language (1571).* A transl. from the Sp., with introd., wordlist, and notes, by Kenneth C. HILL. — Univ. of Michigan Papers in Linguistics 1:4; Ann Arbor: Univ. of Michigan, 1975 | *Lg* 53, 1977, 261 W. B[right].
13863 MUNRO, Pamela: On the form of negative sentences in Kawaiisu. — *PBLS* II, 308-318.
ORNSTEIN, J.: Sociolinguistic constraints on lexical borrowing in Tarahumara .... — 3832.
13864 STEELE, Susan M.: A law of order: word order in Classical Aztec. — *IJAL* 42, 1976, 31-45.
13865 SULLIVAN, Thelma D.: *Compendio de la gramática náhuatl.* — Inst. de Investigaciones Hist., Serie de Cultura náhuatl 18; México: Univ. Nacional Autónoma de México, 1976, 382 p.
TIBÓN, G.: *Hist. del nombre .... de México.* — 5662.

I. Autres langues — Other languages

13866 BLIGHT, Richard C., & PIKE, Eunice V.: The phonology of Tenango Otomi. — *IJAL* 42, 1976, 51-57.
13867 BUTLER, Inez M.: Reflexive constructions of Yatzachi Zapotec. — *IJAL* 42, 1976, 331-337.
13868 CAMPBELL, Lyle: The last Lenca. — *IJAL* 42, 1976, 73-78 | Lenca material obtained in El Salvador. | Cf. 13874.
13869 CARLSON, Barry F.: The *n* shift in Spokane Salish. — *IJAL* 42, 1976, 133-139.
13870 DAVIS, Philip W., & SAUNDERS, Ross: Bella Coola deictic usage. — *Rice Univ. Studies* (Houston, Texas) 61, 1975, 13-35.
13871 — Bella Coola deictic roots. — *IJAL* 42, 1976, 319-330.
13872 — The syntax of cause and effect in Bella Coola. — *Glossa* 10, 1976, 155-174.
13873 GUNN, Robert D.: Some aspects of linking in Bocotá narrative discourse. — *Lingua* 40, 1976, 131-149, 13 fig. | Western Panama.
13874 HAMP, Eric P.: On earlier Lenca vowels. — *IJAL* 42, 1976, 78-79 | Cf. 13868.

13875 HARRIS, Herbert: A case grammar of Comox "objective" suffixes. — [110], 191-201.
13876 HESS, Thom: *Dictionary of Puget Salish.* — Seattle: Univ. of Washington Press, 1976, xvii, 771 p., map | *Lg* 53, 1977, 502-503 Stephen R. Anderson.
13877 HOLLENBACH, Barbara E.: Tense-negation interplay in Copala Trique. — *IJAL* 42, 1976, 126-132.
13878 — Two Copala Trique adverbs for "much". — *IJAL* 42, 1976, 164-165.
13879 HUKARI, Thomas E.: Person in a Coast Salish language. — *IJAL* 42, 1976, 305-318.
13880 JORGENSEN, Joseph G.: *Salish language and culture: a statistical analysis of internal relationships, history, and evolution.* — Bloomington: 1969 | BL 1969, 11468. | *Lg* 52, 1976, 521-523 William W. Elmendorf.
13881 KINKADE, M. Dale: The copula and negatives in Inland Olympic Salish. — *IJAL* 42, 1976, 17-23.
13882 LAURENCICH MINELLI, Laura: I Guaymì di Costa Rica. Appunti linguistici. — *SILTA* 5, 1976/1-2, 89-141 | Summ. in E.
13883 LI, Charles N., & THOMPSON, Sandra A.: Strategies for signaling grammatical relations in Wappo. — *PCLS* XII, 450-458.
13884 NEWMAN, Stanley: Salish and Bella Coola prefixes. — *IJAL* 42, 1976, 228-242.
13885 NOONAN, Michael: On Proto-Salish word order: a reply to Ingram. — *IJAL* 42, 1976, 363-366 | Concerns David INGRAM, *IJAL* 41, 165-168 (BL 1975, 13861).
13886 PICKETT, Velma B.: Further comments on Zapotec motion verbs. — *IJAL* 42, 1976, 162-164 | Cf. 13888.
13887 SCHUHMACHER, W. W.: "Unanalyzable reduplicative forms" in Colville (Salish) and noun reduplication in Hittite. — *FO* 17, 1976, 257-258.
13888 SPECK, Charles H., & PICKETT, Velma B.: Some properties of the Texmelucan Zapotec verbs "go", "come", and "arrive". — *IJAL* 42, 1976, 58-64 | Cf. 13886.
13889 *Trique, San Juan Copala, Oaxaca.* [Coordinación: Gloria RUIZ DE BRAVO AHUJA. Introd.: Jorge A. SUÁREZ]. — Archivo de Lenguas indígenas del Estado de Oaxaca 2; México: 1975, 157 p.
13890 *Zapoteco del istmo, Juchitán, Oaxaca.* [Coordinación: Gloria RUIZ DE BRAVO AHUJA. Introd.: Jorge A. SUÁREZ]. — Archivo de Lenguas indígenas del Estado de Oaxaca 1; México: 1974, 139 p.

III. LANGUES DE L'AMÉRIQUE DU SUD ET DES ANTILLES — LANGUAGES OF SOUTH AMERICA AND THE ANTILLES

13891 ALBÓ, Xavier: *Los mil rostros del quechua. Sociolingüística de Cochabamba.* — Lengua y Sociedad 1; Lima: Inst. de Estudios Peruanos, 1974, 268 p. | Cf. BL 1972, 13076. | *ASNS* 213, 1976, 358-363 B. Schuchard & B. Simon.
ALENCASTRE, A.: Interacción idiomática castellano-quechua. — 5541.
13892 BERG, Marie L., & KERR, Isabel J.: *The Cuiva language: grammar.* — Language Data, Amerindian Series 1; Huntington Beach, CA: Summer Inst. of Linguistics, 1973, 105 p.
13893 CARENKO, E. I.: Nekotorye fonetičeskie osobennosti jazyka kečua. — *VJa* 1976/4, 113-117.
CASSANO, P. V.: Teorías de lenguas en contacto . . . — 5548.
13894 CLAIR-VASILIADIS, Christos: Esquisse phonologique de l'aymara parlé au Chili. — *Linguistique* 12, 1976/2, 143-152, tab.
13895 COOMBS, David, COOMBS, Heidi, & WEBER, Robert: *Indice alfabético de materias*

de la gramática quechua: San Martín. — Documento de trabajo 11; Yarinacocha, Perú: Inst. Lingüístico de Verano, 1976, 14 p.

Escobar, A.: Bilingualism and dialectology in Peru. — 5645.

Gnerre, M.: Am. Sp. *palta* "avocado". The diffusion of a Quechua word ... — 5580.

13896 Golbert de Goodbar, Perla: *Epu peñiwen ("Los dos hermanos")*: *cuento tradicional araucano. Transcripción fonológica, trad. y análisis.* — Centro de Investigaciones en Ciencias de la Educación, Documento de trabajo 9; Buenos Aires: 1975, 184 p. | *Lg* 53, 1977, 264 W. B[right].

13897 Griffiths, Glyn, & Griffiths, Cynthia: *Aspectos da língua Kadiwéu.* — Série lingüística 6; Brasília: Summer Inst. of Linguistics, 1976, 200 p.

13898 Harrison, Carl H.: *Gramática asuriní. Aspectos de uma gramática transformacional e discursos monologados da língua asuriní, família tupi guaraní.* — Série lingüística 4; Brasília: Summer Inst. of Linguistics, 1976, 175 p.

13899 Koehn, Edward Henry: The historical tense in Apalaí narrative. — *IJAL* 42, 1976, 243-252 | Carib language in Pará, Brazil.

13900 Lefebvre, Claire: Linguistic survey of Cuzco Quechua: sampling procedures and data collection. — *AnL* 18, 1976, 328-340.

Lombeida, E. G.: Analyse d'un poème bilingue quechua-esp. — 5624.

13901 Morínigo, Marcos A.: Impacto del español sobre el guaraní. — [333], 284-294.

13902 Payne, David Lawrence: *Nasalidad en aguaruna.* — Serie lingüística peruana 15; Yarinacocha, Perú: Inst. Lingüístico de Verano, 1976, 83 p.

13903 Price, P. David: Southern Nambiquara phonology. — *IJAL* 42, 1976, 338-348 | Mato Grosso, Brazil.

13904 Russell, Robert: *Una gramática transformacional del amahuaca.* — Serie lingüística peruana 13, Estudios panos 4; Yarinacocha, Perú: Inst. Lingüístico de Verano, 1975, 108 p.

13905 Shell, Olive A.: *Las lenguas pano y su reconstrucción.* — Serie lingüística peruana 12, Estudios panos 3; Yarinacocha, Perú: Inst. Lingüístico de Verano, 1975, 212 p.

13906 Smith, Richard D.: *Gramática tagmémica del barasano del sur.* — Bogotá: Inst. Lingüístico de Verano, 1976, 101 p.

13907 Taylor, Douglas: The nominal plural in Arawak. — *IJAL* 42, 1976, 371-374.

Weinberg, F.: Un olvidado vocabulario americanista de 1853. — 5611.

13908 Wilkinson, Robert W.: A homonymy-avoiding transderivational constraint in Terena. — *IJAL* 42, 1976, 158-162.

LANGUES CRÉOLISÉES
CREOLIZED LANGUAGES

I. GÉNÉRALITÉS — GENERAL

BAUER, A.: *Die soziolinguistische Status- und Funktionsproblematik von Reduktionssprachen.* — 3719.

13909 CARRINGTON, Lawrence D.: Determining language education policy in Caribbean sociolinguistic complexes. — *Linguistics* 175 (= *IJSL* 8), 1976, 27-43, 3 tab.

13910 DILLARD, J. L.: Introduction. — *Linguistics* 173 (= *IJSL* 7), 1976, 5-10 | The study of Creole languages.

13911 GILBERT, Glenn G.: Hugo Schuchardt's view of simplification in Pidgin and Creole languages. — [110], 136-144.

GRANDA, G. DE: Elementos lingüísticos afroamericanos en el área hispánica. Nuevos estudios para su estudio sociohistórico (I. América). — 5372.

SREEDHAR, M. V.: *Naga Pidgin* .... — 13314-5.

13912 TODD, Loreto: *Pidgins and Creoles.* — London: 1974 | BL 1974, 12881. | *Lingua* 39, 1976, 264-266 J. T. Platt | *IRAL* 14, 1976, 310-313 M. Kelly.

II. CRÉOLES ESPAGNOLS, PORTUGAIS ET FRANCAIS — SPANISH, PORTUGUESE AND FRENCH CREOLES

13913 ALLEYNE, Mervyn C.: Langues créoles – dialectes néoromans ou dialectes néoafricains. *ACILR* XIII/2, 1081-1089, 2 fig.

13914 AUB-BUSCHER, Gertrud: A propos de quelques rapports prépositionnels en créole. — *ACILR* XIII/2, 1091-1099.

13915 BAUM, Paul: The question of decreolization in Papiamentu phonology. — *Linguistics* 173 (= *IJSL* 7), 1976, 83-93, 3 fig.

13916 BÉBEL-GISLER, Dany: *La langue créole, force jugulée: étude sociologique des rapports de force entre le créole et le français aux Antilles.* — Paris: L'Harmattan, 1976, 255 p., ill.

13917 CHAUDENSON, R.: *Le lexique du parler créole de la Réunion.* — Paris: 1974 | BL 1974, 12885. | *FM* 44, 1976, 164-167 R. Arveiller.

13918 CORNE, Chris: Tense, aspect and the mysterious *i* in Seychelles and Reunion Creole. — *Te Reo* 17-18, 1974-75 (1976), 53-93.

13919 ÉTIENNE, Gérard: Pour une grammaire historique du créole des Caraïbes. — *ACILR* XIV/2, 593-600.

CRÉOLE ANGLAIS

13920 FERRAZ, Luis: The substratum of Annobonese Creole. — *Linguistics* 173 (= *IJSL* 7), 1976, 37-47; *Linguistics* 183 (= *IJSL* 10), 1976, 148 (Errata).

13921 — The origin and development of four Creoles in the Gulf of Guinea. — *AfrS* 35, 1976, 33-38.

13922 GRANDA, Germán DE: A socio-historical approach to the problem of Portuguese Creole in West Africa. — *Linguistics* 173 (= *IJSL* 7), 1976, 11-22.

13923 — Un planteamiento sociohistórico del problema de la formación del criollo portugués del Africa occidental. — *RLiR* 40, 1976, 299-310.

13924 GÜNTHER, Wilfried: *Das portugiesische Kreolisch der Ilha do Príncipe*. — Marburg a. d. Lahn: 1973 | BL 1973, 14543. | *BSL* 71, 1976/2, 447-448 Haïm Vidal Sephiha.

13925 MOLONY, Carol H.: Sound changes in Chabacano. — [227], 38-50, map | Phillippine Creole Sp.

13926 RONA, José Pedro: Rehispanisation de langues créoles aux Antilles. Étude sur la divergence et la convergence. — *ACILR* XIII/2, 1015-1025, tab., 5 fig. | Notamment sur le papiamento.

13927 SAINT-JACQUES-FAUQUENOY, Marguerite: *Analyse structurale du créole guyanais*. — Paris: 1972 | BL 1972, 13125. | *FS* 30, 1976, 114-115 N. C. W. Spence | *SCL* 27, 1976, 206-208 I. Vintilă-Rădulescu.

13928 *Ti diksyonnè kreyol-franse. Dictionnaire élémentaire créole haïtien-français*. Équipe de recherche: Pierre NOUGAYROL, Pierre VERNET, Charles ALEXANDRE, Henry TOURNEUX, sous la direction de Alain BENTOLILA. — Port-au-Prince: Éditions Caraïbes / Paris: Hatier, 1976, 511 p., carte.

13929 VINTILĂ-RĂDULESCU, Ioana: *Le créole français*. — JanL, Series critica 17; The Hague: Mouton, 1976, 211 p., carte | *SCL* 27, 1976, 436-437 M. Sala.

III. CRÉOLE ANGLAIS ET PIDGIN — ENGLISH CREOLE AND PIDGIN

13930 BARBAG, Anna: Some aspects of semantic shifts in English loan words in West African Pidgin English. — *AfrB* 22, 1975 (1976), 131-138.

13931 BAUER, Anton: *Das Kanton-Englisch. Ein Pidginidiom als Beispiel für ein soziolinguistisches Kulturkontaktphänomen*. — Forum Anglicum 4; Bern: H. Lang / Frankfurt: P. Lang, 1975, 140 p.

13932 BICKERTON, Derek, & GIVÓN, Talmy: Pidginization and syntactic change: from SXV and VSX to SVX. — [114], 9-39, 4 tab., 4 fig.
CRAIG, D. R.: Bidialectal education: Creole and Standard in the West Indies. — 8568.
DILLARD, J. L.: On the beginnings of Black E. in the New World. — 8370.

13933 DRECHSEL, Emanuel J.: "Ha, now me stomany that!" A summary of Pidginization and Creolization of North American Indian languages. — *Linguistics* 173 (= *IJSL* 7), 1976, 63-81.

13934 FAVEREY, Margot, JOHNS, Brenda, & WOUK, Fay: The historical development of locative and existential copula constructions in Afro-English Creole languages. — [114], 88-95.
GILMAN, C.: Number names in two simplified languages. — 1051.

13935 GLISSMEYER, Gloria: *A tagmemic analysis of Hawaii English clauses*. — *PL*, B 46; Canberra: Dept. of Linguistics, Research School of Pacific Studies, Austr. National Univ., 1976, viii, 149 p.

13936 HANCOCK, Ian F.: Nautical sources of Krio vocabulary. — *Linguistics* 173 (= *IJSL* 7), 1976, 23-36.

13937 NAGARA, Susumu: *Japanese Pidgin English in Hawaii* .... — Honolulu: 1972 | BL 1972, 13143. | *Lg* 52, 1976, 734-737 Agnes M. Niyekawa-Howard.
13938 PERLMAN, Alan M.: Observations on creolization and decreolization: the case of Hawaiian English *da kine*. — [110], 371-387.
13939 PRICE, Richard & Sally: Secret play languages in Saramaka: linguistic disguise in a Caribbean Creole. — [383], 37-50.
13940 SANKOFF, Gillian, & BROWN, Penelope: The origins of syntax in discourse: a case study of Tok Pisin relatives. — *Lg* 52, 1976, 631-666.
13941 SPITZBARDT, Harry: Zum melanesischen und chinesischen Pidginenglisch. — *ZAA* 24, 1976, 344-352 | Rev. art. on Anton BAUER, *Das melanesische und chinesische Pidginenglish*, 1974 (BL 1974, 12900).
TRAUGOTT, E. C.: Pidgins, creoles, and the origins of vernacular Black E. — 8396.
WINFORD, D.: Teacher attitudes toward language varieties in a Creole community. — 8584.

INDEX DES AUTEURS
INDEX OF AUTHORS

L'ordre suivi est l'ordre employé en français et en anglais. Les caractères à signe diacritique et les voyelles infléchies de l'allemand, du suédois, etc., sont entremêlés avec les caractères simples, ainsi č *avec* c, ś *avec* s, ö *avec* o, å *avec* a, *etc.*

Il n'est pas tenu compte, pour le classement alphabétique, des particules de, von, van, *etc., excepté des articles* Le, La, Li, *etc., qui sont considérés comme parties intégrantes du nom.*

The order followed is the order used in French and English. The characters with diacritical signs and the mutated vowels of German, Swedish, etc., are arranged with the simple characters, so č *with* c, ś *with* s, ö *with* o, å *with* a, *etc.*

The particles de, von, van, *etc., are not taken into consideration in the alphabetical classification, except the articles* Le, La, Li, *etc., which are considered as integral parts of the name.*

Aalto, P. 1884-5, 4396, 13108
Aaltonen, O. 12351
Ääremaa, K. 12453
Aarsleff, H. 1886, 2946
Aarts, F. (G. A. M.) 8016, 8169
—, J. M. G. A. 8144
Aartun, K. 11753, 11840, 12038
Aasen, I. 8702
Abad Nebot, F. 965
Abaev, V. I. 221, 410-1, 1864
E. Abaffy, E. 12605, 12642
Abasheikh, M. I. 13663-5, 13657
Abati, A. 3648, 3686
Abbasov, A. M. 12921
Abbott, B. 2395
Abbs, J. H. 2133
Abdel-Massih, E. T. 235, 12211-2
Abdul-Ghani, A.-Gh. 12062
Abdullaev, Z. G. 12264
Abdullajev, Ä. Z. 12969
Abdullin, I. 12984
Abdusalamov, A. A. 12265

Abel, A. 222
—, F. 6238
Abo, T. 13521
Aboud, F. E. 3703
Abraha Ghermazion 3734
Abraham, W. 966, 1694, 1865, 7260
Abrahamson, A. A. 3629
—, E. 412
Abrahamyan, A. A. 622
—, A. G. 4489
—, S. G. 4490
Abramson, A. S. 2081
Abrosimova, T. A. 5286
Ačaryan, H. 413-8
Acharya, K. P. 13302
Achmanova, O. S. 2235, 2947-8, 11156, 11302
Achmet'janov, R. G. 12985
Achtert, W. S. 32
Acquaro, E. 11886
Acquati, A. 5124
Acson, V. 5772
Adam, A. 5226

INDEX

—, J. M. 5849
Adamec, P. 1866, 9904, 10921
Adamova, L. M. 8110
Adamović, M. 9745, 12923-4
Adams, G. B. 8586
—, J. N. 5234
—, K. 5527
—, V. 8111
Adelberg, E. 7513
Adelman, C. 8563
—, S. 2088
Adelung, F. (von) 419, 1887
Ademollo Gagliano, M. T. 8955
Ades, A. E. 2082
Adler, H. P. 11767
—, M. J. 1288
Adles, A. 9340
Admann, A. 12444
Admoni, V. G. 967, 7261, 10922
Adrados, F. R. 566, 1085, 4067, 4705-6, 6991
Aëdele, O. 2802
Aerts, W. J. 4960
Afanas'eva, R. F. 10843
Afanas'jeva, N. S. 11528
Afendras, E. (A.) 803, 3704
Afon'kin, Ju. N. 7601
Agaeva, F. 12970
Agajan, È. B. (Ałayan, Ê.) 413-4, 4492-4
Agalliu, F. 4633-4, 4656
Agard, F. B. 5428
Agassi, J. 3884
Agesthialingom, S. 13203, 13208, 13217, 13228
Aggoula, B. 11984
Agostiniani, L. 5034
Agricola, E. 1695
Ahern, E. H. 3418
Ahero, A. 9015
Ahlbäck, O. 8761
Ahldén, T. 7100
Ahlqvist, Anders 7002-3
—, August 420
Ahmed Chamanga, M. 13438
Ahokas, J. A. 6036
Ahven, E. 309
—, H. 309, 690
Aichele, W. 421
Äimä, F. 422
Ainsworth, W. A. 2083
Aissen, J. 2621, 5450
Aitchison, J. 3321, 4756
Aitzetmüller, R. 9209, 9275
Akamatsu, C. T. 3425
—, T. 2236
Åkerlund, W. 8762

Akhmanova, *voir* Achmanova
Akimova, G. N. 10923-5
Akišina, A. A. 2650
Akmajian, A. 2396-7
Akmarov, A. M. 12530
Aksakov, K. S. 1993
Aksenov, A. T. 405, 4340
Akulenko, V. V. 2803-4
Aland, K. 4900
Al-Ani, S. H. 12034
Alarcos Llorach, E. 5384
Alatis, J. E. 120
Alatyrev, V. I. 12531-2
Ałayan, Ê. 413-4, 4492-4
Al-Bamerni, A. 8046
Albanese, E. 6701
Albano Leoni, F. 8634, 8663
Albarracín Navarro, J. 12063
Albert, H. 1289
Albertos Firmat, M. L. 6992
Albin, A. 9713, 9802
Albó, X. 13891
Albøge, G. 4000, 8846, 8857
Albrand, H. 7513
Albrecht, E. 814, 968, 1290
—, J. 1888, 3068
Alcaraz, J. 5451
Alcina Franch, J. 5610
Aldridge, M. 8145
Aleksandrov, D. D. 3118
Alekseev, M. E. 13732
—, M. P. 5382
—, V. M. 423
Alekseeva, G. G. 8146
—, T. A. 11157
Aleksidze, Z. H. 12249
Aleksjejeva, N. H. 6084
Aleksjuk, H. M. 8147
Alencastre, A. 5541
Alešina, I. E. 13330
Aleškina, R. A. 12500
Alessio, G. 5032, 5287
Alexandre, C. 13928
—, M. do G. Transmontano 5673
Alexandrescu, S. 1696
—, T. 10148
Alexiou, S. 11695
Alford, D. K. 13760-1
Al-Fouadi, A. H. 11614
Alfredsson, U. 8703
Algeo, J. E. 5674
Alhoniemi, A. 12499
Ali, M. Said 5675
Alibèrt, L. 6270
Alieva, N. F. 13461

INDEX

Alinei, M. 2758-9, 2805, 6685-6
Aliprandi, G. 6687
Alipulatov, M. A. 12266
Alisjahbana, S. T. 13439
Alitkina, L. A. 12770
Allaire, S. 5850
Allan, E. J. 12134
—, K. 8148
Allen, A. 2364
—, H. B. 8363
—, W. S. 4757
Allén, S. 3252
Allerton, D. J. 3478, 8042
Alleton, V. 13250-1
Alleyne, M. C. 13913
Allières, J. 2757, 6271-2, 6312
Allwood, J. 969, 1291, 8763
Alm, K. 12352
Almeida, A. 5676
Alpatov, V. M. 13159
d'Alquen, R. 8908
Alsdorf, L. 4287
Alster, B. 11615-7
Alter, J. 6319
Althaus, H. P. 7187, 7686
Altheim, F. 4371
Altieri, C. 1292
Altieri Biagi, M. L. 6680
Altmann, G. 1649
—, H. 7262-3
Alvar, M. 2758-9, 3705-6, 5528, 5542-3, 5615, 5652
Alvar Ezquerra, M. 5571
Alvarez, A. 13850
Alvarez de Altman, G. 5653
Álvarez Lomelí, M. C. 13830
Álvarez Nazario, M. 5544
Alvre, P. 12318, 12424, 12445-6
Amacker, R. 816
Aman, R. 7425
Amanžolov, A. S. 12867
Amati, A. 8319
D'Amato, S. 5044
Ambrasas, K. J. 8956-7
Ambrazas, V. 8980
Ambros, A. A. 12039
Ambrosini, R. 2709-10, 4068, 6440
Ambus, A. 12447
Améringen, A. Van 3885, 3893, 6249
Amirova, T. A. 1889
Ammer, K. 223
Ammon, U. 3707
Ampel, T. 10328-9
Amsalu Aklilu 12135
Anan'ina, K. I. 12501

Ananthanarayana, H. S. 4285, 13229
Anastasiow, N. J. 3708
Ančić-Obradović, M. 2365, 9651
Andel, V. P. 9905
Anderman, G. M. 8757
Anders, F. 12213
—, W. H. 8489
Anderš, J. F. 229, 9906, 10757, 11462
Andersen, Flemming 1890
—, F. I. 11904
—, P. 2084
—, T. 3322
Anderson, A. J. O. 13848-9
—, A. R. 1293
—, George W. 11971
—, Graham 4946
—, James M. 2711
—, John 2398, 5529
—, John M. 147, 8077
—, John R. 3323
—, L. 8542
—, R. B. W. 3709
—, R. R. 7371
—, S. R. 970, 2047, 2085, 2399-400, 8685, 8691, 13591
Andersson, E. 8764-6
—, L. G. 8767
—, M. 12353
—, S. G. 7264-5
—, Th. 282, 8654, 8768, 8847-9, 8890
Ando, S. 8149
Andrade, E. de 2237
Andrae, O. 7693
Andragão, J. V. 3710
André, J. 5127-9
Andreasyan, G. M. 4495
Andrecht, E. H. 8564
Andreev, N. D. 971
Andreeva, E. 10926
Andreeva-Vasina, N. I. 11255
Andrejčin, L. (D.) 305, 424-34, 9428, 9473, 9498, 9545
Andrejeva, I. Ju. 8554
—, K. S. 6891
Andresen, H. 972-4
Andrew, R. J. 3989
Andreyewski, A. 10927
Andrić, D. 9746
Andriōtēs, N. P. 4611, 4961
Andronov, M. S. 4088, 13204-5
Andrzejewski, B. W. 12208, 13566
Anduganov, Ju. 12510-1
Anejan, A. N. 4527
Angelova, S. 4608-10
Anghel, I. 6892-3

INDEX

Anghelescu-Temelie, N. 6785
Angoni, E. 4656
Anić, V. 9652
Anisimov, V. M. 13034
Annamalai, E. 3731
Annibaldis, G. 4804
Anscombre, J. C. 1697
Antal, L. 975, 1698-9, 1703, 12606-8
Antinucci, F. 976, 1700, 1725, 3479, 6421
Anton, D. 6282
—, H. 13230
Antoni, A. M. 6588
Antonini, A. 6365
Antonsen, E. H. 8667
Anttila, R. 977-8, 2366, 2712, 2726, 2806, 12354
Anusiewicz, J. 10435
Anward, J. 3711, 8769
Aoki, H. 13734
Apel, K. O. 353, 384, 909, 1294-7
Apelt, W. 979
Appel, R. 3712
Applegate, R. B. 13798
Apresjan, Ju. D. 1701-2
April, R. S. 3692
Aprymene, A. Ju. 11548
Apte, M. L. 3713-4
Aquilina, J. 435, 12119
Åqvist, L. 1298
Aracil, Ll. V. 3715
Aragón Fernández, M. A. 6190-1
Arakelian, P. G. 8490
Aṙakʿelyan, V. D. 4496
Arakin, V. D. 13461
Araman, B. D. 3886
Arany, L. A. 2238
Arapov, M. V. 3202-3
Aravantinos, V. L. 2913
Arazi, A. 12082
Arbeitman, Y. 4135, 4145
Arcamone, M. G. 6702
Archi, A. 4146, 4155
Archipovič, T. P. 8150
Ard, J. 8151
Ardener, E. W. 13567
Arena, R. 4826
Arens, H. 1891
—, J. C. 1892
Areskoug, H. 8850
—, M. 8851
Arewšatyan, S. 4497
Argente, J. A. 5385
Argirovski, M. 9617
Argyle, M. 3806, 3960
Århammar, N. 7990

Arieti, J. A. 33
Ariste, P. 205, 436, 590, 643, 12425-7, 12562
Aristoteles 1319, 1610
Arkadʹeva, T. G. 11148
Arlman-Rupp, A. J. L. 3480, 3610
Armagost, J. L. 8152
Armbruster, T. E. 3324
Armistead, S. G. 5663
Armogathe, J. R. 5235, 6102
Armstrong, D. 9291
—, J. 7004
Arnaud, R. B. 1299
Arnaudov, D. 11158
Arnold, R. 8043, 8153
Arnolʹd, I. V. 8491
Arnould, M. A. 6085
Arnuzzo, A. M. 6338, 6479-80
Arokianathan, S. 13303
Arold, D. 3129
D'Aronco, M. A. 8320
Aronson, H. I. 9341, 12250
Arrighi, P. 6481
Arrimondi Pieri, E. 5545
Arrivé, M. 2949
Arsachanov, I. G. 12267
Artime, R. 483
Arumaa, P. 9087
Arutjunjanc, M. 12925
Arutjunova, N. D. 1300, 2401, 10775, 10928-9
Arvanites, L. 13674
Arvat, N. M. 11430
—, N. N. 10757
Arveiller, R. 6086-7, 6128
Arzikulov, Ch. 6239-40
Asatryan, M. 4498-9
Aschenbrenner, M. 2048
Ascoli, G. I. 437-8
Åsdahl Holmberg, M. 7229
Asenova, P. 4962
Ashby, W. J. 5851
Asher, J. A. 7373
Ashley, L. R. N. 5654
Ashworth, E. J. 1301-2
Askanas, K. 499
Askedal, J. O. 7266-7
Aslanov, A. M. 12971
Asmah Haji Omar 13343
Asongwed, T. 13675
Assche, H. van 7809
Assfalg, J. 12263
Assif, S. 12093
Assion, P. 7374, 7383
Assmann, D. 129
Astafʹeva, N. I. 10997
Aston, S. C. 6269

703

INDEX

Astour, M. C. 11860
Astramskaitė, G. 8958
Asuncion-Landé, N. 13440
Atajan, Ė. R. 980
Atamanov, M. G. 12533
Atamirzaeva, S. 13019
Atanasov, P. 6860
Atanasova, I. 10848
Atanijazov, S. 13057
Athanassakis, A. N. 4827
Atsiz, B. 12926
Attal, P. 5852, 5916
Attridge, D. 8539
Atzori, M. T. 6720
Aub-Buscher, G. 13914
Aubin, F. 13070
—, G. F. 13762-3
Aubrun, C. V. 224, 439
Auderska, H. 500
Auerbach, I. 10849
Aufrecht, W. E. 11985
Auger, P. 6088
Augerot, J. 4620
Aune, B. 1304
—, K. 8852, 8891
Aurembou, M. R. 6037
Austerlitz, R. 2049, 3887, 13125
Austin, J. L. 1305, 1326, 1401
Auty, R. 2713, 9252
Avakova, A. S. 11159
Avaliani, Ju. Ju. 4422
Avalle, D' A. S. 44
Avanesov, R. I. 344, 2759, 9168
Avanzini, A. 12114
Averina, S. A. 9253
Aver′janova, A. N. 10930
Avery, R. 12944
Avetisyan, A. A. 418
—, H. M. 4500
Avezzù, G. 4908
Avezzù Tenuta, E. 4909-10
Avilova, N. S. 10931
Avishur, Y. 11882, 11905
Avolio, C. 6482
Avram, A. 6776, 6894
—, M. 6786, 6861, 6939
Avrorin, V. A. 374, 817, 3716
Awbery, G. M. 7063
Awedyk, W. 2239
Awedykowa, S. 8704
Ax, W. 5176
Azar, M. 11906
Azevedo, M. M. 5677

Baader, F. 1572

Baars, B. J. 3403
Bąba, S. 747, 10495, 10573-4
Babajanyan, R̄. A. 622
Babby, L. H. 2402, 10932
Babeškina, T. A. 11148
Babeu, D. 2950
Babić, Sava 9773
—, Stjepan 9633, 9653, 9804
Babiniotis, G. 4704
Babkin, A. M. 11261
Babler, O. F. 6703
Bach, E. 981, 8154
—, K. 1306
—, R. 1893
Bache, C. 1890
Bachellery, E. 7057
Bacher, W. 11907
Bachilina, N. B. 11160
Bachmann, L. 9951
Bachmanová-Novotná, J. 9951
Bachturina, R. V. 11074
Bacigálová, H. 10229-30
Back, O. 2367
Backhouse, A. E. 13160
Bäcklund, U. 1704
Bäckvall, H. 5764
Bacquet, P. 8402
Bacri, N. 3325
Băčvarov, J. 316, 9102, 9342, 9654
Badea, Ş. 6940
Baden, N. T. 13651
Bader, B. 5132
—, F. 4069, 4136, 4712, 5010
—, K. S. 7499
Badia (i) Margarit, A. M. 5386-91
Badikyan, X. G. 4490
Baetke, W. 8635
Baev, D. G. 3949
Bagdasarjan-Tapalcjan, S. A. 4501-2
Bagin, A. 10196-8
Bahlow, H. 7738-40
Bahmut, A. J. 9088
Bahner, W. 628, 5985
Bahnick, K. R. 7101
Bahr, D. M. 13850
Bähr, D. 8364-5
Bailey, C.-J. N. 982, 8028
—, D. R. S. 5130
—, F. G. 3717
—, H. W. 4201, 4397
—, L. A. 8565
Baird, J. A. 4957
Baitschura, voir Bajčura
Bajburin, A. 11161
Bajčev, B. 9343

INDEX

Bajčura, U. Š. 4046, 12816-7, 12981, 12986-7
Bajdak, L. V. 5853
Bajec, A. 9862
Bajerowa, I. 10496
Bajor, K. 10330, 10743, 11162
Bajsara, L. I. 8155
Bajzíková, E. 10199-201
Bąk, S. 10300
Bakalar, H. N. 1894
Bakalla, M. H. 12026
Bakalova, V. 9344
Bakel, J. van 2714, 7821
Bakelaar, B. L. 5986
Baker, C. 3961
—, Robert G. 8044
—, Ronald L. 8587
—, W. J. 3326
Bakinova, G. 12988
Bakker, N. 7897, 7923-5
—, W. F. 4963
Bakmaz, I. 564
Bakos, F. 12676
Bal, J. 10331
—, W. 3718
Balachandran, L. B. 4307
Balachonova, L. I. 11255
Bălănescu, T. 3119
Balašaitis, A. 8959
Balassa, I. 12677
Balázs, J. 2403-4, 2651, 2715
Balbeko, G. S. 2405
Balcar, K. 3327
Bald, W. D. 2240, 8045
Bałdasaryan-Tap'alc'yan, S. H. 4501-2
Baldelli, I. 6441
Baldi, P. 5082
Baldie, B. J. 3481
Baldinger, K. 6089-91, 6129
Baldini Moscadi, L. 5131
Baldinucci, F. 6589
Bałdišyan, G. 4503
Baldonado, J. M. 2866
Balhar, J. 9953
Balij, M. 11288, 11431-2
Balík, V. 5236
Balkan, K. 11768
Balkanski, T. 9462, 9562
Ballaira, G. 5057
Ballard, W. L. 13787
Ballarín Cornel, A. 5546
Ballestero, M. 1307
Ballmer, T. T. 983-4, 3130, 3309
Ballweg, J. 1705, 3131, 7287, 7500
Ballweg-Schramm, A. 7268
Bally, C. 1217, 2469, 2505

Balogh, L. 12660
Baloun, J. 9874
Bałramyan, R. H. 4504
Băltăceanu, M. F. 4583
Baltiņa, M. 9016
Baltova, J. 9345
Balucha, J. 3117
Bambeck, M. 276, 6092
Bammesberger, A. 4066, 8321, 8403, 8909, 8941
Bán, E. 12728
Banach, J. 10632
Bańczerowska, M. 12355
Bańczerowski, J. 985
Bandle, O. 8636
Banfield, A. W. 13613
Bang, J. 8734
Bánhidi, Z. 12609, 12678
Bańkowski, A. 10497-9
Bannert, H. 4584, 6993
—, R. 7427
Bär, E. S. 3638
Barabino, G. 5057
Baran, H. 935
Barancev, A. P. 12428
Barannikov, P. A. 4308
Baranova, Z. I. 13252
Baranovskaja, S. A. 294, 10793
Barauskaitė, J. 8960
Barbag, A. 13930
Barbare, D. 3
Barbaud, P. 5854
Barber, C. 8322
—, E. J. W. 4070
Bărboi, C. 6961
Barchatova, O. T. 11117
Barchudarov, A. S. 4293, 4309
—, L. S. 2406, 8156
—, S. G. 550, 11256
Barck, C. 4828
Barczi, G. 440-1
Bárdosi, V. 2951
Bare, J. S. 1895
Bareš, K. 370, 2952, 9996
Bare-Thomas, D. 13441
Bargagli, S. 6483
Bargár, Z. 10076
Bar-Hillel, Y. 225, 442-4
Barić, E. 9747, 9805
Barik, H. C. 3933
Barjaktarević, D. 9714
Barkan, P. 2914
Barkhudarov, *voir* Barchudarov
Barlau, S. B. 7102
Barlow, A. R. 13676

INDEX

Barnet, V. 270, 986, 9062-3
Barnetová, V. 10850
Barnett, F. J. 295
Bărnev, P. 3120-1
Baron, D. E. 8157
—, R. J. 3328
Barone, G. 6603
Baroni Grazi, V. 6590
Barr, J. 2915
Barrack, C. M. 7199
Barral, M. 660
Barré, M. L. 11841
Barrera-Vidal, A. 267, 5824, 5855
Barry, W. J. 2086
Barschel, B. 223, 4071
Barsełyan, H. 415
Bartalucci, A. 5177
Barth, E. M. 1308-9
Barthélemy, A. 12064
—, André 4351-2
—, D. 11908
Bartholmes, H. 2171
Bartko, L. 10149, 10237
Bartková, M. 10139
Bartlett, E. J. 3482
Bartmiński, J. 10575, 10615
Bartnik, H. 10450
Bartning, I. 5856
Bartók, J. 818, 2087
Bartol, D. 10451
Bartoli, M. 2756
Bartolomeis, M. de 12679
Bartoš, J. 10018
Bartoszewicz, A. 10851-2, 11075
Bart Rossebastiano, A. 1896, 6484
Bartsch, R. 1310, 1706-7
Bartschat, B. 10933
Bartula, Cz. 9254
Baryšnikova, K. K. 326, 2050
Barz, I. 7501
Basaj, M. 9064, 9907, 10500
Basara, J. 501-2, 10452-3
Basarija, I. B. 12268
Basbøll, H. 2407
Bascom, W. 13614
Başgöz, İ. 12927
Baskakov, A. N. 12818
—, N. A. 482, 11076-7, 12819, 12868, 13020, 13043, 13055
Bassanoff, N. 13071
Bassi, G. 6485
Bassols de Climent, M. 5248
Bastardas Parera, J. 5248
Bastida, S. 5452-3
Bastuji, J. 12928

Basu, D. N. 4297
Batalha, G. Nogueira, 5678
Bate, A. K. 5233
Bateman, J. J. 5237
Bates, E. 3483, 6421
Batibo, H. 13677
Batistić, T. 9655
Batkov, G. I. 12502
Batmanov, I. A. 12869
Bátori, I. 3253-4, 7269, 7354, 7643, 12319
Batteux, C. 1552
Battisti, C. 6704
Batušková, H. 5857
Baudouin de Courtenay, J. (I. N.) 445-9, 1897-8, 1918, 1931, 1942, 2019, 3957, 10301
Bauer, A. 3719, 13931, 13941
—, C. 2953
—, E. 7636
—, I. 9715
—, Jaroslav 450, 9103
—, Josef 11618
—, L. 987
—, W. 7430
Baum, P. 13915
—, R. 988, 5288, 5747
Bauman, R. 329
Baumann, H. H. 989, 1650, 5366
Baumer, I. 2760
—, M. 12065
Baumert, M. 8158
Baumgarten, R. 493
Baumgartner, W. 11940
Baur, G. W. 7426, 7428-9
Bausch, K. H. 7502
Bawden, C. R. 13072
Bayer, H. 3720, 7375, 7658
—, K. 990
Baylon, C. 2241
Bazalgues, G. 6273
Bazarova, D. Ch. 12870, 13021
Bazylko, S. 5765
Beard, R. 4072, 8112, 10853
Bearth, T. 13597
Beauchamp, W. 2954
Beauchemin, N. 6252
Beaujard, P. 13442
Beaujeu, J. 5083
Beaumont, C. H. 13522
Beauvois, D. 9065
Beauzée, N. 1552, 2035
Beaver, J. C. 8540
Bébel-Gisler, D. 13916
Bec, P. 6274
Beccaria, G. L. 6676
Bechara, E. 5675, 5722

INDEX

Bechert, H. 4269
—, J. 991
Bechyňová, V. 9552
Beck, H. 7145
—, H. G. 4959
—, J. 5289
—, M. 7762
—, R. 8910
Bečka, Jiří 4423
—, J. V. 3204, 9898, 9981
Becke, B. 7741
Becker, E. F. 992
—, J. 11909
—, K. F. 1522
—, S. 5987
Beckmann, P. 3132
Bedford, E. G. 8492
Bednarczuk, L. 281, 668, 4047, 6982, 8928
Beebe, M. 1708
Beeh, V. 1477, 1709
Beekes, R. S. P. 4073, 4780
Beekman, K. 7929
Beele, W. 7950-1
Beeler, M. S. 758, 13799
Beeman, W. O. 3721
Beer, C. 3990
Beeston, A. F. L. 12123-5
Begmatov, Ė. 574
Behnstedt, P. 5858
Behrens, D. 13443
Bein, M. F. 3395
Beito, O. T. 8637, 8705
Bejan, D. 6787
Bejarano, V. 993
Békési, I. 819, 2652, 3133
Bekker, Ė. G. 334, 12771-2
Bekker-Nielsen, H. 8631
Belchiţă Hartular, A. 6959
Belchnerowska, A. 10635
Bel'čikov, N. F. 238
Beldiceanu, N. 12929
Bělič, J. 9875, 10717
Běličova-Křížková, H. 9104
Beljaev, V. I. 451
Beljaeva, L. N. 11381
Bell, L. M. 8638
—, P. 3484
—, R. T. 3722
Bellamy, J. A. 12083
Belli, G. 4398
Bellmann, G. 230
Bellugi, U. 3962, 3973
Belnap, N. G., Jr. 1311
Beloded, *voir* Bilodid
Beloozerov, V. N. 2051

Belošapkova, V. A. 10934
Belousov, V. O. 7830-1
Bel'tjukov, V. I. 3639
Bel'tjukova, N. P. 13035
Beltrami, P. G. 6677
Beluffi, M. 3329
Belugin, A. 4355
Bémová, A. 3134
Bence, Gy. 820
Bencédy, J. 12573
Bender, B. W. 13521
—, M. L. 339, 12136-7, 12139, 12144, 12198, 12202, 13584
Bendiks, H. 9036-7
Benedetti, A. 6591
Benedict, P. K. 4048, 13247-8, 13444
Benediktsson, H. 196, 8639-40
Benešová, E. 2606, 3256
Benezech, J. L. 5454
Benguerel, A. P. 2088
Ben-Horin, G. 11910
Benincà, P. 6366
Benjamin, G. 13344-5
Benkő, L. 441, 1899, 2807, 2829, 12574, 12579, 12596, 12680, 12691
Bennett, Adrian 3723
—, Alva W. 5178
—, D. C. 3485, 8159
—, E. L. 4713-4
—, J. 1312
—, M. 1313
—, P. R. 13641
—, T. L. 3640, 13640, 13678
Bense, E. 995
—, G. 1900, 8929
Benson, E. P. 2933
—, M. 9748
—, S. 8630, 8759-60, 8853
—, T. G. 13676
Bentolila, A. 13928
Benton, R. A. 13445
Bentzien, U. 7372
Bentzinger, R. 7376
Benveniste, É. 226, 821, 2372
Benware, W. A. 4074
Beppler, M. L. 13253
Berchem, T. 5290
Berdan, F. 13849
Berdyeva, T. 4445
Bereczki, G. 2522
Berehivs'ka, E. M. 6192
Berens, F. J. 7189
Berezin, F. M. 1901
Berg, M. L. 13892
—, W. 2955

INDEX

Berg, B. van den 7832
—, W. van den 2808
Bergen, J. J. 5455
Bergenholtz, H. 7230
Berger, D. 4001
—, H. 13242
Berghe, C. L. van den 5766
Bergmann, E. 11681
—, R. 7103, 7720
Bergsland, K. 12492
Berić, V. 7602
Berić-Djukić, V. 7603
Berk, C. A. van den 822
Berkeley, G. 1638
Berlin, B. 2888, 13831
Berman, Ruth (Aronson) 11911-2
Bernabé Pajares, A. 4075, 4715, 4758
Bernard, R. 9463
Bernardi Perini, G. 5069
Berndt, R. 2408, 8323
Bernhardt, I. 11769
Berns, J. B. 7871-2, 7896
Bernstein, B. 3729, 3834, 3876
—, T. M. 8404
Bernštejn, S. B. 379, 503, 559, 671, 2782, 9066, 9130, 9163, 9168, 9464
—, S. I. 1902
Berque, J. 12027
Berretta, M. 6486
Berrettoni, P. 4781
Berruto, G. 1710-1, 2761, 6487, 6688
Berry, M. 994
—, P. B. 3486, 3641-2
Berschin, H. 5304, 5456
Bersirov, B. M. 12269
Bertagaev, T. A. 13073
Bertaud du Chazaud, H. 6093
Berthold, L. 227, 452
Bertinetto, P. M. 6357
Bertini, G. M. 5616
Bertsch, H. 5297
Berzon, V. E. 3135
Besch, W. 283
Besche, B. 6288
Bese, L. 13074
Beskrovnyj, V. M. 4353-4
Best, J. G. P. 11696-7
Besten, H. den 2409
Beták, R. 10855
Bethencourt Alfonso, J. 3978
Bethge, W. 49
Betten, A. (M.) 2653, 7270
Bettinger, P. 8493
Betts, J. H. 2916
Betz, M. L. 6275

—, W. 7565
Beuermann, C. 6193
Beutin, W. 7659
Bevan, G. A. 7068
Bevans, C. A. 5572
Bever, T. G. 3330, 3352, 3410, 3998
Bevzenko, A. T. 11533
—, S. P. 11469
Beyer, E. 7431
—, H. V. 5025
Beylsmit, J. J. 8
Beynen, G. K. 11163
Beyrer, A. 6895-6
Bezlaj, F. 9173-4, 9840-1
Bezmez, S. 12944
Bezručko, L. S. 11118
Bezzi, Q. 6488
Bhaskararao, P. 13240
Bhat, D. N. S. 2220, 2379, 13206
Bhatia, T. K. 2089
Bhattacharya, Sibesh 4286
—, Sudhibhushan 13420
Biagov, L. N. 11770
Bianchi, M. 153
Bibeau, G. 5767
Bibichin, V. V. 335, 1980, 4215
Bibikova, V. S. 13126
Bibović, L. 2410
Bichel, U. 7687
Bickerton, A. 8405
—, D. 2411, 13932
Bickmann, H. J. 130, 1712
Biddle, M. 8325
Bidian, V. 6862
Bidu-Vrănceanu, A. 1713, 6897, 6936
Bieder, H. 11549
Biedermann, H. 2917
—, J. 2389, 2654-5
Biela, B. 10616
Bielecka, J. 10839
Bielefeld, R. 3487
Bieler, L. 228
Bielfeldt, H. H. 10711
Bien, G. 1417
Bień, J. S. 3122, 3136
Bierbaumer, P. 8406
Biere, B. U. 3488
Bierwisch, M. 912, 3137, 3694
Biezais, H. 9017
Biggs, R. D. 11619-20
Bihler, H. 717
Bijaliev, A. 585
Billigmeier, J. C. 4179, 4759, 11698
Billings, D. 2101
Bilmes, J. 1714

INDEX

Bilodid, I. K. 229, 453-5, 3724-5, 11496, 11501, 11504
—, O. I. 1903-4, 11433
Bilý, M. 2412
Bimson, K. D. 13598
Binchy, D. A. 7006-7
Binder, H. 7604
Binnick, R. (I.) 2413-4, 2509, 2716, 13075
Bin-nun, S. R. 4147
Birchall, A. 176
BirenbaUm, Ja. G. 8160
Birgegård, U. 11164
Birjukovič, R. M. 13036-8
Birjulin, L. A. 10840
Birk, D. B. W. 13554
Birkenmaier, W. 10935
Birkhan, H. 256, 7104
Birnbacher, D. 1314
Birnbaum, E. 12871
—, H. 175, 9067, 10767, 11078-9
—, J. 10012
Bíró, Á. 12575
Birwé, R. 4216, 4241
Biryla, M. V. 11577
Bisazza, J. A. 3331
Bisceglia Bonomi, I. 6592-3
Bischoff, B. 5238
—, K. 230, 456, 7688
Bishop, C. A. 13764
Bittel, K. 251, 4180
Bizziccari, A. 6653
Bjelanović, Ž. 9806
Bjerrum, M. 8742
Björklund, S. 8668, 8799
Bjørkum, A. 8715
Black, Mary B. 1715
—, Matthew 12008
—, Max 1315
—, P. 12199
—, R. 7008
Blackburn, J. E. 6276
Bladon, R. A. W. 8046
Blagonravova, Ju. L. 13320
Blagova, G. F. 11165, 12872, 13022
—, N. G. 11289
Bláhová, E. 9255-6
Blake, B. J. 2415, 13555
—, N. F. 8326
Blanár, V. 2809-11, 9226, 10140, 10165, 10238-40
Blancpain, M. 5758
Blanke, D. 2918
Blansitt, E. L., Jr. 996
Blass, F. 4782
Blau, Joshua 11754, 11913, 12040

—, Joyce 4424
Blaubergs, M. S. 3332
Blaylock, C. 5291
Blažek, J. 9961
Blažev, B. 9465
Blenski, J. 9319
Blicha, M. 169, 4021, 10241-3
Blicharski, M. 10856, 11166
Bliese, L. F. 12200
Blight, R. C. 13866
Blinkena, A. 557, 9018
Blinkenberg, A. 8735
Blinova, O. I. 11167, 11234
Bloch, A. 12028
—, B. 8380
—, J. 8380
Blochina, L. P. 10794
Blochwitz, W. 6094
Blocker, D. 8566
Bloemhoff, H. 7873
Blok, D. P. 7885
Blom, A. 7834
Blondin, R. 5768
Blood, H. F. 13346
Bloom, L. 3450
Bloomfield, L. 995, 13765
Blücher, K. 6367-8
Bluhme, H. 3726, 8047
Blum, Siegfried 7498
—, Sybille 7498
Blume, H. 8770
Blumenthal, P. 5859-60, 7271
—, W. 5239
Blumstein, S. E. 3643
Blust, R. A. 13431
—, R. J. 13446
Boadi, L. A. 13615
Boadt, L. 11914
Boas, H. U. 997
Bobes Naves, M. del C. 998, 5457
Bobonazarov, N. 4425-6
Bobran, M. 366, 10332-3
Bobrova, I. 11290
—, T. A. 11168
Boccotti, G. 4911
Bock, P. K. 8469
Bocşa, M. 6958
Bodnár, F. 12610
Boeck, W. 11080
Boeder, W. 2368
Boel, E. 5825
Boer, M. G. de 6369
Boër, S. E. 1316-7
Boersma, J. 7991-2
Boesch, B. 231, 7742

709

INDEX

Boethius of Dacia 1912
Boev, E. 12930
Bogacki, K. 5861
Bogatova, G. A. 11256
Bogdan, E. 10450
—, R. J. 1479
Bogdanova, V. A. 10936
Bogen, G. M. 3644
—, J. E. 3644
Boggi, R. 6494
Bogoljubov, M. N. 11986
Bogomazov, G. M. 10795
Bogomolov, I. S. 5862
Bogorodskij, B. L. 658
Bogus, R. J. 8421
Bogusławski, A. 999, 2416-7, 10334, 10501, 10613, 10841, 10857
Böhl, F. M. Th. de Liagre 457
Böhme, U. 7164, 7503
Boileau, A. 61
Boissin, H. 458
Boitet, Ch. 3257
Bojadžiev, E. 3138
—, T. 586-7, 9325
—, Ž. 1000
Bojar, B. 823, 1001, 10335
Bojko, A. A. 10937-8
Bok, V. 10013-4
Bokadorova, N. Ju. 5748
Bokamba, E. G. 360, 2418, 3727, 13642-4
Bokarev, E. A. 3950, 3954
Bokor, J. 12661
Bol'dt, E. P. 12773
Bolejko, A. F. 3258
Bolek, A. 10741
Bolelli, T. 232, 1905-6
Boléo, M. de Paiva 42, 50, 179, 2812, 5679-81
Bole-Richard, R. 13616
Bolinger, D. 824, 5458, 8224, 8407
Bolkestein, A. M. 5084-5
Bolla, K. 2052
Bolocan, Gh. 6962-6
Bolognesi, G. 7105, 7377
Boltjans'ka, R. I. 2813, 8408
Bolton, M. B. 1318
—, R. 1319
Bombaci, A. 12873
Bomhard, A. R. 4137
Bomhof, H. 7887
Bonamy, P. N. 1888
Bondaletov, V. D. 11394
Bondarčuk, N. S. 11169-70
Bondarenko, D. V. 11505
—, L. F. 7605
—, L. P. 3333

Bondarko, A. V. 2334, 2419, 9068, 10858
—, L. V. 10796
Bondzio, W. 2420-1
Bonebrake, V. 8048
Boneva, L. 3205
Bonfante, G. 233, 437, 4829, 6764, 6846, 7106
Bonfantini, M. A. 825
Boniecka, B. 10336
Bonjuchov, A. A. 13056
Bonnard, H. 6119
Bonner, J. H. 8494
Bono, V. G. 6537
Bonomi, A. 1320
Booij, G. (E.) 11, 1265, 2369, 7822
Boon, P. 7402
Boons, J. P. 5863
Boor, H. de 459, 7231-2, 7378
Boot, M. 3259
Bopp, F. 1907
Borawski, S. 10502
Borden, G. J. 3489
Bordie, J. G. 3490
Bordreuil, P. 11875, 11915
Borecki, M. 10437
Borejszo, M. 10503
Borek, H. 10636
Borel, J. P. 5425
Borelli, E. 6594
Boretzky, N. 2717, 4076, 4635
Borg, A. 12120
Borgato, G. 6370
Borghi Cedrini, L. 5988
Borghini, V. 6442
Borgojakov, M. I. 12821, 13039
Borillo, A. 5864, 5916
Boriosi, N. 11714
Borisova, L. V. 2090
Bork, J. van 7809
Borkovskij, V. I. 88, 10939
Börner, W. 5682
Borovičková, B. 9901
Borrell, A. 3334
Borriero, L. 9318
Borroff, M. 8495
Borthwick, E. K. 4830
Bortnyk, Je. P. 8409
Bortolini, U. 6682
Borunova, S. N. 10797
Boryś, W. 9175, 9213, 10504, 10697
Borysjuk, I. V. 11423
Borysovs'ka, L. I. 8161
Borzone de Manrique, A. M. 5429
Bos, G. F. 2422
Bosák, C. 10940
—, J. 131, 9105

Bosakivs'ka, N. L. 11434
Bosch-Gimpera, P. 460
Bosilkov, K. 3260
—, L. 8116
Bošković, R. 9106, 9656, 9807
Bosque, I. 5459
Bossuyt, A. V. C. 7925
Boström, I. 6654
Botha, J. P. 7980
—, R. P. 1002-4
Botterweck, G. J. 11971
Bottin, L. 4912
Böttner, M. 3148
Boudreault, M. 178
Boullart, K. 1321
Bouma, L. 7359
Bouquiaux, L. 2210
Bourcier, D. 1716
Bourgeois-Gielen, H. 6253
Bourguet, P. du 12158-60
Bourhis, R. Y. 2768
Bourstin, P. 7272
Bouton, C. P. 3491
—, L. F. 2423
Bouvier, J. C. 6277-80
Bovelles, C. de 5749
Bowditch, L. P. 2956
Bowen, J. D. 339, 13447
Bowerman, M. 3492
Bowers, J. S. 2424
Boxler, H. 7743
Boyancé, P. 1908
Boyd-Bowman, P. 5606
Boyer, H. 5865
Boysson-Bardies, B. de 3335
Bozek, P. 8496
Brabcová, R. 9716, 9908, 9952, 9982
Brachin, P. 7833
Bradshaw, A. 2919
Braescu, I. 6194
Bragina, A. A. 11171, 11291
Braine, J. C. 1334 /
—, M. D. S. 3493
Brainerd, B. 3139
Brajkova, Chr. 9555
Brake, L. 8015
Brakel, C. A. 8162
Bralczyk, J. 10505
Brambilla Ageno, F. 6371-2, 6443-4, 6595
Brame, M. K. 1771, 2425
Brâncuş, G. 6788-9, 6928
Brand, I. 3308
Branden, A. van den 11887
Brandi, L. 188
Brandom, R. 1322

Brandstetter, A. 2656
Brandt, G. 7504
—, P. A. 946
—, W. 7596
Brandt Corstius, H. 3140
Brandwood, L. 4913
Branford, W. 13161
Branigan, G. 3494
Brann, C. M. B. 3728
Brasington, R. W. P. 2242-3
Braslavec, K. M. 476, 11119
Bratulić, J. 9782
Bräuer, H. 9069
—, R. 2426
Brault, G. J. 6095
Braun, F. 7432
—, R. E. 3070
Braune, W. 7379
Brauner, S. 13599
Braun-Lamesch, M. M. 3495
Braunmüller, K. 101
Bray, R. G. A. de 9582
Brecht, R. D. 376, 2427, 2444
—, W. 3261, 7644
Breckenridge, J. 12356
Bredemeier, J. 6790
Bree, C. van 7810
Breedlove, D. E. 13831
Breidaks, A. 8942, 9019
Breitenstein, U. 4914
Brekke, B. 7107
Brekle, H. E. 1909-10, 1973, 2010, 2370, 8113
Bremer, J. M. 264
Brend, R. M. 315, 395
Brennenstuhl, W. 1005, 2428
Brenner, M. 3729
Brererwood, E. 1994
Brero, C. 6489
Bresnan, J. (W.) 1006, 2429-30
Breton, R. J. L. 2762-3
Bretschneider, A. 7689
Bretton, H. L. 3730
Breu, J. 7744
Breuer, D. 1007
—, R. 8017
Breza, E. 10454, 10637-40, 10698-9
Brezinski, S. 9526-7
Brice, W. C. 2920, 11695
Brichto, H. C. 11916
Bricker, V. R. 13832
Bricyn, V. M. 10941
Briest, W. 7273
Briggs, J. L. 13744
Bright, W. 219, 826, 3731
Brind'Amour, L. 6195

INDEX

Brink, D. 7823
—, L. 8736
Brinker, K. 7274
Brinkman, J. A. 11621
Brinkmann, H. 234, 7169
Brislin, R. W. 3110
Brisson, L. 1717
Brixhe, C. 4816
Broad, D. J. 2091
Broberg, R. 8760
Brockhaus, K. 3141
Brocki, Z. 12, 10506, 10641-2
Brodda, B. 1718, 3279, 8771-2
Broecke, M. P. R. van den 2244
Broek, M. A. van den 7380
Broggini, R. 6586
Bromlej, J. V. 286
—, S. V. 2245
Brøndegaard, V. J. 7108
Brøndum-Nielsen, J. 8737
Bronzwaer, W. (J. M.) 787, 2957
Brook, G. L. 8018, 8497
Brooke, K. 7585
Brooke-Rose, C. 8498
Brooks, M. Zagorska 10302
Brose, M. 6655
Brosman, P. W., Jr. 4148, 6096-7
Brosnahan, L. F. 2053
Brotman, N. 3594
Brower, R. 3071
Brown, A. 8325
—, Alan K. 8327
—, B. L. 3732
—, Calvin S. 8499
—, Cecil H. 1323, 1719, 8410
—, E. R. 3645
—, G. 13679
—, J. W. 3646
—, P. 13940
—, Robert L., Jr. 2431
—, Roger 3336, 3496
—, V. 5240
—, W. S., Jr. 2179
Browne, W. 9657-8
Browtyan, L. 8163
Brox, N. 4831
Brozović, D. 9583, 9732
Bruaas, E. 8706
Bruce, G. 8773
Brückner, A. 461
—, W. 7433, 7436
Bruderer, H. 3310, 7505
Brugman, J. 12029
Bruin, M. P. de 551
Bruk, S. I. 2785

Brul, E. L. du 2092
Brundzāte, G. 9020-1
Brunel, C. 462
Brüning, E. 8019
Brunner, H. 693
Bruns, G. L. 2958
Brusdal, O. B. 8723
Brush, L. R. 3497
Brusis, T. 3963
Brusset, J. 3262
Brutjan, L. 8163
Bruto, H. F. de 7981
Bruyne, J. De 5460-1
Bryant, M. M. 4002
Bryce, T. R. 4183-4
Brym, J. 10942
Bryskin, R. U. 8411
Brževskaja, T. N. 10576
Brzezinowa, M. 10438, 10577
Brzeziński, J. 10578-9
—, W. 10643
Bubak, J. 10644
Buben, V. 463
Bubenik, V. 4760
Bublitz, W. 7275
Bublyk, V. N. 962, 7276
Bubnovskaja, Ė. F. 5462
Bucă, M. 1720
Buccellati, G. 11771
Buchholz, P. 12311
Buchner, A. P. 13784
Buchtilov, L. D. 2093-4
Bučinski, D. 9449
Būda, V. 8961
Budagov, R. A. 51, 827-8
Budagova, Z. I. 12972
Budimir, M. 464-5, 4832
Budmani, P. 9762
Budovičová, V. 9876
Budziszewska, W. 9176
Bueno, J. R. 5683
Bufe, W. 5769
Buffa, F. 466-8, 10050, 10093, 10150-1, 10244-5
Bugalska, H. 10635
Bugarski, R. 829-30, 1911
Bugeanu, D. 6898
Bühler, K. 1008
—, W. 4861
Buitenhuis, H. 7972
Buium, N. 3498
Bujas, Ž. 2814
Bujukliev, I. 9257, 11550
Bukavyn, S. P. 7277
Bukčina, B. Z. 10859

INDEX

Büky, B. 2095, 4003
Bulachaŭ, M. H. 13
Bulachovs'kyj, L. A. 831, 2735
Bulanin, L. L. 10943
Bulas, Z. 3337
Bulatova, R. V. 9625
Bułczyńska-Zgółkowa, H. 10433
Bulgăr, Gh. 6765
Bullowa, M. 3499-500
Bulst, W. 5241
Bulyka, A. 11551
Bungarten, T. 7278
Bunkowske, E. W. 13617
Bunt, H. 1721
Buntemann, R. 7170
Bünting, K. D. 7224
Burak, L. I. 11552
Burbank, J. 3025
Burchfield, R. W. 8453
Burge, T. 1316
Burger, H. 7506-7
—, M. 832, 6098
Burghgraeve, P. 1324
Burgschmidt, E. 7171
Burgstaller, E. 7434
Buridant, C. 6237
Buri-Gütermann, J. 12931
Burke, J. 5573
Burmako, V. M. 10790
Burov, S. 9326
Burr, I. 6099
Burrill, K. R. F. 12874
Bursch, H. 6100
Bursill-Hall, G. L. 1912-3
Burton, D. M. 8500
—, M. 13680
Burton-Roberts, N. 8164
Busa, R. 5242, 5255
Buscha, A. 7279
Bušmienė, S. 789
Busuel, R. G. 3964
Bušs, O. 9022
Busse, W. 5866
Butcher, A. 2096
Butler, C. S. 925
—, I. M. 13867
—, J. L. 6759
Butters, N. 3647
Buttler, D. 504, 10337-8, 10507
Buyssens, E. 8412
Buzássyová, K. 132, 2815-6, 10094
Byarushengo, E. R. 2246, 13681-2
Bynon, J. 12214
Byrnev, P. 3120-1
Byron, J. L. 4636

Bystrova, L. V. 3338, 8413
Byteva, T. I. 11120
Bzdęga, A. Z. 1009, 3072

Çabej, E. 4077, 4637-42, 6863, 6899
Cable, T. 8541
Cabrero Barreto, M. 12215
Cadora, F. J. 12066-7
Caferoğlu, A. 469
Cagaeva, A. Dz. 4427
Çagatay, S. 12822
Čagiševa, V. I. 11148
Cagni, L. 11622
Caillieux, M. 1867
Cairns, H. S. 3339
Čajkina, Ju. I. 10774, 11121, 11172
Čajkovskaja, A. I. 12875
Čak, Je. D. 11486
Calabresi, I. 6373, 6596
Čalăkov, M. 9461
Calbert, J. P. 7606
Calboli, G. 5057, 5086
Čale, F. 9783
Calkalamanidze, A. A. 12932
Callaway, C. W. 13328
—, L. 13328
Calmeyer, P. 11815
Calnan, M. 3585
Calude, C. 3142
Câmara, J. Mattoso, Jr. 1914
Cameron, G. G. 235, 470
Campagner, R. 4783, 4833
Campanile, E. 5033, 5039, 6983, 7090
Campbell, J. L. 634
—, L. 2097, 13868
—, M. A. 8542
—, R. Joe 13851
—, Robin N. 3501
—, W. W. 3395
Campion, G. E. 8367
Camporeale, G. 5031
Camproux, C. 5292
Canale, M. 8165
Canellada, M. J. 5540, 5635
Canepari, L. 2054, 6689
Caneva, S. 9553
Canilli, A. 1325-6
Cannon, G. 584
Canobbio, M. S. 6038
Cano González, A. M. 5547
Cantineau, J. 11756
Čantladze, I. I. 12251
Cantrall, W. R. 2432
Canu, G. 13606
Capell, A. 13556

INDEX

Capelle, A. 13521
Caplice, R. (I.) 16, 11772
Caprettini, G. P. 833
Caprile, J. P. 13574
Caprini, R. 6597
Caracausi, G. 4964-5
Carageani, G. 6864-5
Caragiu-Marioțeanu, M. 6866
Carden, G. 1010, 8166
Cardinale, U. 6690
Cardona, George 1915-6, 4087
—, Giorgio R. 834, 6341, 6598
Čarekov, S. L. 12512
Carenko. E. I. 13893
Čariev, A. 13023
Carkeet, D. 8167
Carl, W. 1327-8
Carlozzo, G. 5179-80
Carlson, B. F. 13869
—, L. 1329
Carmichael, A. 7009
Carmony, M. 8587
Carnap, R. 1502
Carney, James 7010
—, J. D. 1575
—, M. 7011
Carolus-Barré, L. 5989
Caron, W. J. H. 471, 7813
Carpovich, V. V. 11292
Carr, D. 13448
Carré, R. 5798
Carrington, L. D. 13909
Carroll, J. B. 8368
—, S. 6263
—, V. 13515
Carruba, O. 4138, 11715
Cârstea-Romașcanu, M. 6374-5
Carter, H. 561-2
—, Richard 1722
—, Robin M. 13751
Cartier, A. 13449
Carton, F. 5770, 6101
Carvalho, J. G. Herculano de 5684
—, P. de 5087
Čaryjarov, B. 13057
Casaceli, F. 5064, 5181
Casad, E. H. 2764
Casanova, M. 6049
Casparis, J. G. de 13450
Cassano, Pasquale 1011
—, Paul V. 3888, 5548
Cassell, E. J. 3860
Cassirer, E. 1368
—, P. 8774
Casson, R. W. 13523

Casteleiro, J. Malaca 5685
Castelfranchi, C. 6376-7, 6422, 6424
Castellani, A. 6378, 6445-6
Castellani Pollidori, O. 6447, 6475
Castelli, A. L. 5088
Castrén, M. A. 12784
Castro, A. 472
Catach, N. 2935, 6180-2, 6185
Catalán, D. 5367
Cathey, J. E. 1651
Catling, H. W. 4905
Caton, C. E. 1623
Cattell, R. 2433
Causabon, M. 1929
Causse, B. 3262
Cauvin, J. 13607-8
Cavanagh, H. 4905
Cavigneaux, A. 11623
Cazacu, B. 6825, 6867
Cazelles, H. 11755, 11971
Cazimir, B. 2959
Čchaidze, M. P. 3311
Cecioni, C. G. 8328
Cedergren, H. (J.) 3240, 3885, 3893, 5549, 6268
Čejka, M. 10152
Cejtlin, S. N. 10944
Čekman, V. N. 8930
Cela, C. J. 5550
Čel'cova, L. K. 10860
Celmrauga, I. 9023
Celnarová, X. 12933
Čen, M. A. 8168
Čepasova, A. M. 10945
Ceplītis, L. K. 2121, 2183
Cercvadze, I. I. 12270
Cerdà (i) Massó, R. 5392-3
Čeremisina, M. I. 10946
—, N. V. 10947, 11173, 11365
Čeremisov, K. M. 13076
Čerenkov, L. N. 4364
Čerepanova, O. A. 10861, 11122
Ceresko, A. R. 11917
Cereteli, G. W. 473-4
Cermak, L. S. 3647
Černecca, D. 6490, 6656, 9800-1
Černec'ka, H. V. 8414
Černec'kyj, V. K. 11435
Černjachivs'ka, Je. M. 11529
Černjachovskaja, L. A. 8156
Černjak, A. B. 6900
Černova, V. I. 10948
Černuchina, I. Ja. 11293
Černý, Jaroslav 475, 12161
—, Jiří 5463

INDEX

—, V. A. 12252
Černych, P. Ja. 236, 476
Černyševa, I. I. 7587
Čerosov, M. A. 13040
Cerquiglini, B. 5990
Cerri, G. 4915-6
Čertoryz'ka, T. K. 11294, 11506
Červenka, M. 9983
Češko, E. V. 9258
Četvertnych, D. I. 12534
Chabičev, M. A. 9177
Chaburgaev, G. A. 9259, 10798
Chačatrjan, A. A. 4578
Chadwick, J. 4707, 4716, 4736, 4748, 4750, 4834
—, N. K. 477
Chadžov, I. 478
Chafe, W. (L.) 1723, 2434, 13788
Chagas, J. E. 13683
Chajdakov, S. M. 12271
Chajtov, N. 9563
Chambers, J. C., Jr. 3502
Chambon, J. P. 6320
Champion, J. J. 5606
Chan, L. H. 13255
Chandrasekhar, A. 3503
Channon, R. 9099, 10949
Chantefort, P. 6254
Chantraine, P. 237, 479, 4835-6
Chao, Y. R. 13256
Chapman, H. W. 8354
—, K. G. 8724
Charalambakis, C. 4837
Charalampiev, I. 9429, 9528
Charitonov, L. N. 773
Charlickij, M. S. 11174
Chasanova, M. M. 13109
Chatman, S. 155
Chatunceva, E. B. 11295
Chaturvedi, Mithilesh 4218
—, M. G. 4310
Chauche, J. 3257
Chaudenson, R. 13917
Chaudhuri, N. C. 679
Chaumont, M. L. 4399
Chausserie-Laprée, J. P. 5183
Chauveau, J. P. 6057
Chazanovič, A. P. 7608
Chelimskij, E. A. 12774
Chen, M. Y. 2718, 13257
—, U. F. 5771
Cheng, T. M. 13253
—, Ying 13258
Cherc, M. M. 3203
Chernyakhovskaya, *voir* Černjachovskaja

Cherubim, D. 835, 1012, 2749
Cherubini, J. C. 6339
Chetrit, J. 5867
Chevalier, J. C. 1917, 5294, 5916
Chevalier-Skolnikoff, S. 3991
Chiapelli, F. 6448
Chiarini, P. 297
Chidekel', S. 8308
Chidešeli, A. A. 11123
Chidirov, V. S. 12272
Chigarevskaïa, *voir* Šigarevskaja
Chihara, C. S. 1330
Chitnis, V. 4334-5
Chițoran, D. 8020
Chitrova, V. I. 11081
Chivu, Gh. 6826
Chižnjak, L. G. 11296
Chlebarova-Nenova, Z. 9549
Chlebda, W. 10508
Chlebnikova, I. B. 8104
Chloupek, J. 9878, 9909
Chlupáčová, K. 11175
Chmeleva, V. N. 10950
Chmelová, J. 6196
Chmielewski, J. 9659
Chmura-Klekotowa, M. 480, 1918
Chodera, J. 10455, 10509
Chodova, K. I. 9260, 11176
Chodžaev, T. 13025
Cholodovič, A. A. 400, 1653
Chomič, L. V. 12775
Chomsky, N. 442, 481, 971, 976, 981, 1013-6, 1184, 1241, 1264, 1331, 1348, 1382, 1411, 1416, 1519, 1559, 2000, 2465, 3148
—, W. 11918
Chou-Allender, S. 3504
Chouémi, M. 12041, 12084-5
Chrakovskij, V. S. 2435
Chrapčenko, M. B. 238
Christensen, R. 1332
Christie, W. M., Jr. 146
Christmann, E. 7477
—, H. H. 276, 1919, 6173
Christov, G. 9564
Chroboková, M. 10015
Chromov, A. L. 4428
Chrusanova, V. 18
Chruścińska, K. 10510
Chu, C. C. 1724, 13259
Chun, J. A. F. 3889
Chung, S. 13451-2, 13800
Churavý, M. 9984
Churchhouse, W. 157
Chusainov, M. M. 12934
Chušenova, S. V. 4429

715

INDEX

Chvany, C. V. 376, 2444, 10951
Ciani, M. G. 4917
Cichowicz, S. 1757
Ciechanowicz, A. 836
Cienkowski, W. 10511
Čikobava, A. 12245-6
Cikocki, M. Ja. 11553
Cikuli, N. 4654, 4662
Ciliberto, M. 6599
Cimermanis, S. 207
Cincius, V. I. 13110-1
Cinque, G. 1725, 6379-80
Ciobotaru, S. 3119
Cipolla, J. 837
Civil, M. 11624-7, 11665
Civ'jan, T. V. 4966
Claes, F. 7898-9, 7952
Clair-Vasiliadis, C. 13894
Claret, J. 6197
Clark, C. 8588
—, H. H. 3340
—, L. V. 13077
—, Ross 13516
—, Ruth 3505
Clarke, J. 13567
—, W. M. 5216
Clarysse, W. 4838, 5011
Classe, A. 3964
Classen, P. 1017, 3143
Claude, J. 7957
Clauson, G. 482
Clavería, C. 239, 483-4
Clavier, H. 5295
Clay, M. M. 3506
Clayre, B. 13453
—, I. F. C. S. 13454
Clayton, M. L. 2247
Clements, G. N. 2248
Clerck, W. E. M. de 7910
Clifford, P. M. 5868
Clifton, James A. 13766
—, John M. 2249, 13309
Clivio, G. P. 6449, 6491-3
Cloarec (-Heiss), F. 2210, 13585-6
Close, E. 6762, 6827
—, R. A. 8169
Closs, A. 4049, 4063, 12216
Clumeck, H. 2098
Clyne, M. 3890
Coacci Polselli, G. 11888
Coates, R. A. 8590-1
Coats, H. S. 10878
Coberly, M. S. 3965
Cobet, C. 7508
Coblin, W. S. 13285

Cobos, A. de los 5636
Codoñer Merino, C. 1920
Coelho, L. 11735
Coetsem, F. van 8926
Coffin, E. A. 1921
Cohen, A. 2181
—, Andrew (D.) 3891, 3935
—, David [Paris] 11756, 12055
—, David [Wisconsin] 328
—, G. L. 4839, 7109, 9089, 9178
—, M. E. 11628-30
—, N. 13348
—, P. 13349
—, R. 3662
—, S. 11631
Cojnska, R. 9327, 9466
Čokaev, K. Z. 12273
Čolakova, K. 430, 485-6, 2817, 9497
Cole, A. 3206
—, P. 1018, 1726, 2436-7, 11919-21, 11969
—, R. A. 2101
Coleman, R. 5089
—, W. L. 13807
Coletsos Bosco, S. 4967
Colignon, J. P. 6183
Collart, J. 5217
Collier, G. A. 2818
Collinder, B. 3060
Collins, A. 4219
Collon, D. 11785
Colón, G. 249, 555, 2819, 3073, 5394-5
Colonna, G. 11716, 11730
Coloo, Ž. 13078
Colotti, M. 6450
Comas, J. 460
Comber, M. R. 5184
Combrink, J. 2371
Comenius, J. A. 1501, 9940
Commenda, H. 7509
Comrie, B. 1652-3, 2335, 2438, 9107, 10764
Condax, I. D. 2099, 5772
Condillac, É. B. de 1552, 1611
Condon, J. C., Jr. 1727
Coneva, L. M. 11297
Confortiová, H. 3207
Coninck, R. H. B. De 7824
Conner, W. 6321
Conrad, J. R. 8416
—, Robert J. 13542
—, Rudi 1875
Constantinescu, I. 2820
Constantinescu-Dobridor, Gh. 6791
Conte, M. E. 44, 1333
Conti, G. 12162
—, M. N. 6495

INDEX

Contini, M. 6721-2
Contini Morava, E. 13658
Contino, S. 5185
Conțiu, M. 2765
Contreras, H. 1047, 2439
Coogan, D. M. 11757
Cook, D. J. 1334
—, V. J. 3507
Cooke, J. R. 13304
Cooley, M. 8049
Coombs, D. 13895
—, H. 13895
—, V. M. 7110
Cooper, D. E. 1335
—, J. S. 13350
—, Robert L. 339, 3733-4, 12138
—, Robin 1728, 13684
—, W. E. 2100-1, 2440
Čop, B. 301, 4050-1, 4189, 9862
—, D. 9842
Copeland, R. M. 7680
Coquet, J. C. 1729, 2986
Coquin, R. G. 12163
Ćorac, R. 9784
Corbeil, J. C. 5752, 6255
Corbett, N. L. 5296
Corbin, D. 1654
Cordemoy, G. de 1909
Corder, S. P. 125
Cordes, G. 240, 7690
Corduas, S. 1922
Corfus, I. 6829
Ćorić, B. 9660
Corlăteanu, N. G. 6901
Cormican, J. D. 2441
Corne, C. 13918
Corneille, J. P. 1019
Cornulier, B. de 2372
Čoroleeva, M. 9467, 9485
Corominas, J. 5368, 6994, 11736
Corriente, F. 12056
Corte, F. Della 5186
Cortelazzo, M. 87, 6496-7, 6556-8, 6657
Coseriu, E. 989, 1020-1, 1730-1, 1923, 5297, 6902
Cosi, D. M. 5012
Costa, A. Dias da 5686
—, F. J. 6705
—, G. 5396
Costabel, P. 6102
Costantino, S. 1336
Costermans, J. 2501
Coteanu, I. 6831, 6938, 6941
Couceiro, J. L. 5687
Coulet du Gard, D. 8592

—, R. 8592
Coulthard, R. M. 8036
Count, E. W. 3451
Coupez, A. 13645
Couro, T. 13800
Courtenay, K. 13618
Covella, F. D. 8329
Còveri, L. 6498
Covington, A. 8567
Cowan, H. K. J. 11733
—, J. R. 12225
—, W. 220, 2221
Coward, D. A. 6184
Cowley, R. 12136-7, 12139
Coxon, P. W. 11987
Coyaud, M. 3263, 13112, 13260
Coyne, E. 2645
Craig, C. G. 13833
—, D, R. 8568
Cranmer, D. J. 2442
Crawford, James M. 13735-6, 13742, 13801
—, Judith G. 13802
—, T. D. 7064
Creider, C. A. 13648
Creissels, D. 13619
Crena de Iongh, A. C. 7922
Creore, A. E. 6198
Crepajac, L. 4832
Cresswell, M. J. 1337
Crevatin, F. 4907, 6499, 6500
Crewe, W. J. 13575
Crick, M. 3735
Crifò, G. 5134
Cristea, T. 5869-71
Cristofani, M. 11717-21, 11730
Cristofani Martelli, M. 11730
Crocker, C. 8401
Crockett, D. B. 10952
Crosby, F. 3508
Crosland, A. T. 8501-2
Crossgrove, W. C. 7645
Crossland, R. A. 176
Crothers, J. 2250
Crouch, I. 8581
Crowley, E. T. 8401
Cruse, D. A. 8417
Cruttenden, A. 8042
Cruz, J. M. de la 8330
Cruzeiro, M. E. 5688
Crystal, Daisy 8369
—, David 2055, 3509
Csikai, V.'618
Čšmarityan, Ž. 4505
Csúri, K. 2657
Cubit, L. 13453

INDEX

Cuciureanu, Ş. 6451
Čučka, P. P. 11530
Culicover, P. W. 2443
Culioli, A. 1338
Culler, J. 728, 1217, 2960
Čumakov, G. M. 10953
Čumbalova, G. M. 9529
Cummins, G. M. 2444
—, James 3892
—, John G. 5551
Cunningham, S. 1339
Cupaiuolo, F. 5218
Ćupić, D. 172, 9732
Čupr, K. 5135
Čurganova, V. G. 9105
Cuřín, F. 759, 9879
Currie, E. G. C. 3736
—, H. C. 3736
Curti, L. 681
Cusanus, N. 1980
Cutler, A. 3342
Cybova, I. A. 5826
Cybulski, M. 10439
Cychun, G. A. 9346, 11554
Cygan, J. 8021, 8050
Cymbaljuk, Ju. V. 11436, 11537
Cyran, W. 10571
Cytkina, F. A. 3208
Czajka, S. 2139
Czochralski, J. A. 7280, 10512
Czyżewski, F. 10456

Daalder, S. 7834
Daan, J. 471, 7813, 7874, 7939
Dabić, B. L. 9774
Dabke, R. 8114
Dąbrowski, S. 1340
Daddi Pecchioli, F. 4149
Dafallah, A. A. 13584
Dahl, E. S. 7736
—, Ö. 2445, 8775, 12357
—, O. Chr. 2719, 8707, 13431-2
Dahlberg, I. 2821
—, T. 7691
Dahlstedt, K. H. 197, 8776, 8854
Dahood, M. 11860, 11922-6, 11934
Dainard, J. A. 6199
Daka, P. 4631
Dalai, U. P. 4298
Dalberg, V. 8855-6, 8860, 8882, 8894
Dalby, D. 13646-7
Dalcher, P. 7745
Dale, P. S. 3510
Dales, G. F. 11693
Dalgish, G. M. 13685-8

Dalley, S. 11773
Dalmacija, S. 9808-9
Dalsecco, L. 13261
Daly, B. A. 1937
—, L. W. 1937
D'Amato, S. 5044
Dambe, V. 9024
Damborský, J. 9869, 10339
Dąmbska, I. 1341
Dąmbska-Prokop, U. 6200
Dammers, K. 8420
Damsteegt, B. C. 7927
Dan, I. 6774, 6967
Dănăilă, I. 40
Dančev, A. 843, 8051
Dandekar, R. N. 4217, 4278
Danell, K. J. 5872-3
Daneš, F. 142, 364, 1732, 2446, 3737, 9902, 9910-1
Danesi, M. 6381, 6449, 6452, 6600
Daničić, Đ. 487-8, 9626, 9696, 9702-4, 9762
Dániel, Á. 3074
Daniélou, J. 5120
Daniels, H. A. 8576
—, K. 7510
—, P. T. 2720
Danielsen, N. 1022-3, 1655, 2447
Danielson, S. 8777
Danilenko, L. P. 10954
—, V. P. 11177
Danks, J. H. 3360
Danon-Boileau, L. 318
Danovskij, N. F. 3951
Danyljuk, L. V. 8170
Daoust-Blais, D. 6039
Darbeeva, A. A. 13079
Darbelnet, J. 6103, 6256
Darbord, B. 5464
Dardel, R. de 844, 5298-9
Darden, B. J. 2251
Dardi, A. 6601
Darms, G. 4078
Darnell, R. 341, 1733
D'Aronco, M. A. 8320
Darrault, I. 351
Dascal, M. 1342-3
Dascălu, L. 6792
Daščenko, G. M. 4311
Dasent, G. W. 8656
Das Gupta, J. 3738
Dasgupta, P. 3343
Daško, M. A. 13219
Daswani, C. J. 941
Dasypodius, P. 7511
Daum, E. 10842

INDEX

Daumas, F. 12164
Daux, G. 4751
Davary, G. D. 4400
David, D. 6903
—, J. 111, 2448
Dávid, G. 684
Davídek, V. 10016
Davidov, A. 9261
Davidsen-Nielsen, N. 7111
Davidson, D. 1330, 1365, 1478, 1502
—, H. M. 6201
Davies, A. E. 6979
—, L. 7065
—, P. 3209
Davis, A. L. 646
—, J. F. 13852
—, J. J. 13351
—, L. 3966
—, P. W. 13870-2
—, S. 1344
—, V. L. 12165
—, W. M. 5689
Davtʻyan, H. M. 4506
Davydov, M. V. 8503
Day, C. 13834
—, G. M. 13767
De, S. 4349
Dean, L. F. 8033
Deanović, M. 744, 9717-8, 9764
DeArmond, R. C. 10308, 13421
Debrabandere, F. 7835, 7875, 7953
DeBrum, T. 13521
Debrunner, A. 4782
Debus, F. 240, 7746-7
Decarli, L. 6501
Dečeva, D. 9468
Décsy, Gy. 4004
Decurtins, A. 6726-7
Deelman, B. 3656
Deely, J. N. 845
Deeters, W. 7989
Defosse, P. 11712
Deibler, E. W., Jr. 13543
Dejanova, M. 9108, 9347-8
Dejmek, B. 9954
Dejna, K. 10457-9, 11470
Dekeyser, X. 2222
Dekkers, E. 4831
Delack, J. B. 3511
Delacruz, E. B. 1345
Delas, D. 2961
Delatte, L. 3264
Delaunay, J. A. 4373
Delavault, B. 11889

Delden, J. van 7836
Delesalle, S. 343, 2822
Deleu, J. 4288
D'Elia, M. 5090, 6506
Delille, K. H. 5690
Deller, K. 11774
Del Olmo Lete, G. 11842
Delplanque, A. 13609
Demartin, A. 10645-6
DeMatteo, A. 3967
Dembowski, P. F. 5874, 6202
Deme, L. 846, 12585, 12668
Demers, R. A. 1651
Demidova, G. I. 10955
Demin, A. S. 635
Demina, E. I. 379, 9349, 9430
Demiraj, S. 4644, 4656
Demʻjanenko, Z. P. 13041-2
Denenfeld, J. 8053
Denes, F. 3648, 3667
Denhière, G. 3344
Denič, Č. 10742
Denison, N. 241
Denizeau, C. 12085
Denlinger, P. B. 13262
Denning, R. F. 13127
Dennis, C. 1734
—, R. 1734
Denny, J. P. 1735, 13648, 13768-9
Denysenko, S. N. 2823
Deodhar, P. Y. 14
Deprez, K. 7940-1, 7943
Derganc, S. 9164
Deribas, L. A. 11031
Derive, J. 13587
—, M. J. 13587
Derjagin, V. Ja. 10771, 11082
D'Erme, G. 4437
Derossi, J. 9785
Deroy, L. 4717, 4784
Derrett, J. D. M. 4220
Derrida, J. 1155, 1292
Derwing, B. L. 1024, 3512
Deržavina, O. A. 635
Descartes, R. 1930
Deschamps, L. 5187
Descles, J. P. 3144
Dešeriev, Ju. D. 2824, 3739, 12274
Dešerieva, Ju. Ju. 11298
—, T. I. 2449, 10956
Deshpande, M. (M.) 1924, 4221
—, N. V. 4299
Dešić, M. 9732, 9786
Désirat, C. 5750

INDEX

Desmense, W. 5259
Desnickaja, A. V. 331, 346, 961, 1925, 4612-3, 4645-7
Dessaux, A. M. 6104
Detrez, R. 9221, 10799
Deutsch, W. 3365
Devasthali, G. V. 4222-3
Devčić, D. 7370
Devereux, R. 6602
Devin, J. 3590
Devine, A. M. 250, 4947
Devleeschouwer, J. 7954-5
Devos, P. 12166
Devoto, G. 489-91, 6382, 6502, 7112
Devroey, J. P. 5243
Dewet, J. M. J. 13582
Deweze, A. 3265
DeWolf, C. 13455
Dewulf, H. 7813
Dey, P. 13207
Deyermond, A. D. 252, 5531
Dezséry, J. 12716
Dezső, L. 1025, 1656, 2450, 3513, 9691, 11527, 12580, 12643
Dhongde, R. V. 4336
Dhrimo, A. 4656
Diaconescu, P. 6942
Diakonoff, *voir* Djakonov
Díaz Castañón, C. 5430
Díaz y Díaz, M. C. 5244
Dick, J. H. 10340
Dickenmann, E. 9179
Dickerson, W. B. 8054
Dickie, M. W. 4840
Di Cristo, A. 2045
Diderichsen, P. 711, 847
Diderot, D. 1552, 1946
Didkivs'ka, L. P. 11507
Didyk, S. S. 11508
Diebold, A. R., Jr. 4079
Diem, W. 12068, 12103-4, 12113
Dienes, D. 12611
—, E. 12738
Dierse, U. 1417
Dietrich, A. 203
—, M. 11843-54
—, Rainer 7646
—, Rolf A. 1346
—, W. 1926, 5300-1
Dietze, J. 11382
Diez, F. 181, 492, 1981, 1998
Díez, M. 5369
Diffloth, G. 13243, 13352-5
Digeser, A. 7597
Di Girolamo, C. 2962, 6678

Dihle, A. 4841
Dijk, J. (J. A.) van 11683, 11688
—, T. A. van 361, 1026, 2675, 2963-4
Dijkstra, M. 11855-6
Dil, A. S. 826, 13256
Dilâçar, A. 12936
Dillard, J. L. 8370, 8418, 8593, 13910
Dilligan, R. J. 8492
Dillon, C. F. 13524
—, G. L. 8543
—, M. 242, 493-4
Dimčev, K. 431, 587
Dimitrescu, F. 6105, 6906
Dimitrov, V. 3121
Dimitrova, L. 10957
—, S. 10862
Dimitrovski, T. 9584
Dimri, Dž. P. 4224
Dinçol, A. M. 11607
Đinđić, S. 12937
Dinguirard, J. C. 6203, 6281
Dinnsen, D. A. 2252-3
Dino, L. 4648
Dinse, H. 7681
Dion, M. 6322
—, P. E. 11876
Di Pietro, R. J. 785, 848, 1027-8, 3740
Dirscherl, K. 6204
Di Sciullo, A. M. 3885, 3893
Dishington, J. 7113
Di Sparti, A. 849
Distilo, R. 6453
Dittkrist, J. 1029
Dittmann, J. 1347, 1736, 7281
Dittmar, N. 3741, 3790
Dixon, P. W. 3418
—, R. M. W. 1737, 13557
Dizikirikēs, G. 4968
D'jačkov, M. V. 3742
D'jakonov, I. M. 495-6, 4580, 11604-5, 11632
D'jakova, M. L. 2102
—, N. A. 8331
Djamo-Diaconiţă, L. 4649, 9262-3, 9293
Długosz-Kurczabowa, K. 21
Dłuska, M. 10612
Dmitrenko, S. N. 10800
Dmitrieva, L. V. 12807, 12823, 12938
Dobrašinovič, G. 9431
Dobrev, D. M. 3266
—, I. 9264
Dobrodomov, I. G. 9090, 11178-9
Dobrogowski, A. 2103
Dobrzyńska, T. 10580
Dobrzyński, W. 10341
Dobson, W. A. C. H. 13277

Dodbiba, L. 4650, 4653
Dodd, L. H. 8354
Dodgson, J. McN. 8594-5
Dodychudoev, R. Ch. 4430-1
Doerfer, G. 2451, 4056, 12824-5
Dogramadžieva, E. 669
Dohan, M. H. 8419
Doherty, E. T. 2104
Dohnal, B. 9997-8
Dokulil, M. 9912
Dolanský, J. 497, 9939
Dolcetti Corazza, V. 7114
Dolcini, D. 4312
Dolcino, M. 6505
Dolinina, I. B. 8171
Dolja, T. G. 11124
Döllein, J. J. 2254, 8420
Domi, M. 458, 708, 798, 4643, 4651, 4654, 4656
D'omina, voir Demina
Domke, B. 3261
Domokos, P. 12535
Donaldson, M. 3550
Dončeva, K. 7282-3
Dondaine, C. 6040
Dondua, K. D. 12247
Doneckich, L. I. 10777
Donegan, P. J. 2255
Doniach, N. S. 12086
Donnellan, K. S. 1535
Donselaar, J. van 7901
Doppagne, A. 6257
Dor, R. 12989
Dorais, L. J. 13745
Dore, J. 3514
Doria, M. 4718
Dorian, N. C. 7013
Döring, H. 7172
Dorion, H. 4005, 4026
Dorn, B. A. 498
Doros, A. 10958, 11180
Dorošenko, M. V. 8504
—, V. A. 5465
Doroszewski, W. 499-526, 850, 2825
Dorotjaková, V. 10174
Dorovský, I. 388
Dorul'a, J. 10141, 10246
Dospanov, U. 12990
Dossin, G. 4842, 11633
Dotan, A. 11890
Dougherty, R. C. 1030, 1348, 2452
Douvier, É. 5617
Dow, F. D. M. 8422
Dowling, K. 3424
Dowsett, C. J. F. 4507

Dowty, D. R. 1738
Doyle, W. J. 3570
Drachman, G. 3477, 3553, 3649, 4969
Drage, C. L. 11366
Drăghicescu, J. 5875
Dragomirescu, G. N. 6810
Drapeau, L. 13770
Drašković, V. 5991
Draşoveanu, D. D. 2336, 6793
Draviņš, K. 9025, 9055
Draye, H. 164, 456, 527, 4006, 7956
Drechsel, E. J. 13933
—, U. 7284
Drenkhahn, R. 12178
Drescher, J. 4843
Dresher, B. E. 3145
Dressler, H. H. P. 11857
—, W. (U.) 139, 2256-8, 2373, 2658-9, 3345, 3743, 3864, 4066, 4508
Drew-Bear, T. 4844
Drewes, G. W. J. 13456
—, J. B. 7909
Dreyfuss, J. 3346
Driever, D. 13659
Drigalkin, V. I. 11395
Drimba, V. 12876-8, 12939-40, 12991, 13024
Driver, G. (R.) 528, 2921
Drīzule, V. 9026
Droixhe, D. 545, 1927
Drommel, R. H. 2105, 5431
Droop, H. 7647
Drosdowski, G. 7516
Droste, F. G. 1349-50, 1739, 7837
Drozd, L. 7514-5
Drozdík, L. 12042
Drury, M. O'C. 3347
Dshonov, B. 7692
Dubé, P. H. 6201
Dubiński, A. 715, 12992
—, R. 715
Dubisz, S. 10628
Dubois, B. L. 8581
—, D. 3348
—, J. 2965-6
Dubois-Charlier, F. 3694, 8172
Dubois-Stasse, M. 5992
Dubovskij, Ju. A. 8055-6, 8064
Dubow, F. 13568
Dubrocard, M. 5188
Dubský, J. 5618
Dubuisson, P. 6041
Ducarne, B. 3650
Ducháček, O. 5302, 6106
Duchan, J. 3675
Duchesne-Degey, M. 5225

INDEX

Duchesne-Guillemin, J. 285
Duckert, A. R. 8380, 8596
Dückert, J. 7423
Ducrot, O. 1351-2, 1697
Duczmal, S. 8173
Duda, H. W. 529-31
Dudman, V. H. 1353
Dudnikov, A. V. 10766
Du Feu, V. M. 9109
Dufrenoy, M. L. 6107
Dufriche-Desgenettes, A. 532
Dugast, I. 13689
Duggan, J. J. 6205
Duhoux, Y. 4719-20
Duinhoven, A. M. 7838-9
Dujčak, M. 11531-2
Dukiewicz, L. 2106-8
Dulewicz, I. 11225
Dulewiczowa, I. 10342, 10863
Duličenko, A. D. 3952, 9622
Dulong, G. 5752
Dul′zon, A. P. 12310, 12313
Dumas, D. 5773
—, G. 3935
Dumézil, G. 12275-6
Dumistrăcel, S. 6868
Dumitraşcu, C. 4585
—, P. 698
Dummett, M. 1354-5, 1617
Dumonceaux, P. 6108
Dumont-Demaizière, C. 5749
Dunaj, B. 10513
Dunant, C. 11988
Duncan, R. M. 5574
—, S. D., Jr. 3744
Duncan-Jones, K. 8015
Dunn, E. F. 8569
Dupont-Sommer, A. 243
Dupoux-Benjamin, R. 3816
Durand, J. 2259
Durante, E. 8911
Duranti, S. 2337
Dürbeck, H. 1377
Durdilly, P. 6046
Đurić, V. 4832
Duridanov, I. 4586, 4603, 4614, 9227-8, 9469-70, 9618
Dürmüller, U. 8332
Duro, A. 153, 6606
Ďurovič, L'. 9082
Dušková, L. 392, 8174-6
Dussart, F. 7957
Duszak, A. 10343
Duval, P. M. 6990
Duverdier, G. 735

Duvernois, A. L. 9482
Düwel, K. 8669
Dvonč, L. 468, 533-5, 614, 655, 739, 756, 779, 10049, 10051-2, 10077, 10095-9, 10247-54
Dvořák, E. 753
Dvoreckij, I. Ch. 5136
Dworkin, S. N. 5575
Dwyer, D. 13600
Dybo, V. A. 4052
Dyczkowsi, A. 2137-8
Dyen, I. 151, 13433, 13457
Dylevski, N. 10801
Dymšic, Z. M. 4313
Dynak, W. 2967
Džamantaeva, S. Š. 12993
Džaukjan, G. B. 4535, 11699
Džejranišvili, E. F. 12277
Dzendzelevskij, I. A. 8931, 11471
Dzendzelivs′kyj, J. O. 11471
Džienbaev, A. I. 8177
Dzikowski, W. 10647
Džimbinov, B. 700
Dzióbałtowska-Chciuk, U. 10581
Dziurnikowski, A. 10617
Dziurzanka, D. 9669
Džonov, B. (S.) 7692, 9749
Džukeski, A. 9585

Earle, M. A. 13331
Eastlack, C. L. 5432
Ebbinghaus, E. A. 4080, 7115, 8912-4
Ebeling, E. 11815
—, R. A. 7902, 7958-9
Ebert, K. H. 12226
—, R. P. 114, 7285
Ebied, R. Y. 12087
Eble, C.C. 8570
Ebneter, T. 1031, 1110, 5876, 6383
Echaide, A. M. 5466
Echols, J. M. 13458
Eckert, R. 3745, 7164, 8943, 8962
Eckhart. J. G. 1926
Eckman, F. R. 1032
Eckmann, J. 12879-80
Eco, U. 851-3, 1740
Ecsedy, H. 13263
Edeline, F. 2965-6
Ėdel′man, D. I. 1193, 4432-4
Edelson, M. 8505
Éder, Z. 12576
Edge, V. 119
Edie, J. M. 1356
Edmonds, A. G. 12944
Edmondson, J. A. 2453
Edmonson, M. S. 13842

INDEX

Edwards, A. D. 3515, 3746
—, G. P. 4918
—, I. E. S. 475
—, R. A. 4919
Edzard, D. O. 11634-8, 11775, 11815
Eekman, T. 9070, 9078, 9221
Eemeren, G. van 7903
Efimov, V. A. 4365
Efron, D. 3968
Egerod, S. 13264
Eggers, H. 7379
Eggs, E. 1741-2
Egli, U. 1311, 3146, 3158
Egorova, A. S. 12503
—, Z. A. 2454
Ehlers, W. 5172
Ehri, L. C. 3384, 3516
Ehrismann, O. 7381
Eiben, J. 7693
Eichhoff, J. 7173-4
Eichler, B. L. 268, 11776
—, E. 76, 322, 358, 4007-8, 4010, 7748-9, 9229-30, 10854
—, W. 7224
Eichner, H. 4051, 4066
Eichner-Kühn, I. 4225
Eideneier, H. 4970
Eijgendaal, A. W. G. 6206
Eilers, R. E. 3517
—, W. 2826-7, 4435, 11690, 12043
Eimas, P. D. 2177
Eimermacher, K. 22
Einarsson, J. 8778
Einaudi, P. F. 13789
Einhorn, E. 5993
Einstein, L. 3957
Eisenberg, P. 995, 3255, 7286
Eisler, R. 1417
Eismann, W. 11083
Ejder, B. 536, 8630, 8641, 8779-80, 8859
Ejerfeldt, L. 7116
Ejerhed Braroe, E. 1743
Ėjntrej, G. I. 4652
Ekbo, S. 8781
Ekenvall, V. 537, 8759-60
Eklund, B. L. 4971
Ekman, P. 3969
Eksteen, L. C. 7982
Ẹkundayọ, S. A. 13620
Elaut, L. 7904-5
Elayaperumal, M. 13231
Elbert, S. H. 13518
Elekfi, L. 2338, 12576, 12585
Elenski, J. 9319
Elezović, D. 9719

Elgin, S. H. 860
Elia, A. 1928
—, S. 682, 854
D'Elia, M. 5090, 6506
Elihai, Y. 12069
Elijošiute, S. 3349
Elimelech, B. 13621-2, 13690
Eliseev, Ju. S. 12320, 12341
Eliseeva, L. V. 11555
Elisto, E. 12448
Elizaincín, A. 5644
Elkina, N. M. 9265
Elkins, R. E. 13459
Ellerbrock, J. 1033
Elliott, I. 8477
—, R. W. V. 8506
Ellis, J. 925
Ellsworth, J. D. 4845
Elmevik, L. 8642
Elsass, A. 6042
Elsener, F. 7382
Elson, M. J. 9350
Elst, G. Van der 2801, 7435
Elste, R. 11700
Elugbe, B. O. 13623-4
Elwell-Sutton, L. P. 4436
Elwert, W. T. 6728, 6750
Emel'čenko, I. R. 12994
Emel'janova, L. L. 8507
Emeneau, M. B. 13209-10
Emerit, É. 2109
Emonds, J. E. 8178
Emons, R. 8179
Ençs, B. 1357
Encrevé, P. 3791
Ende, W. 547
Endepols, J. 7909
Enders, L. 7762
Endicott, J. G. 8477
Endres, M. 1802
—, R. 1034
Endzelīns, J. 244, 9027
Eng, J. van der 11299
Engel, D. 3662
—, U. 7287
Engels, B. 7648
—, F. 1082, 1974, 1988
—, J. 538
Engibaryan, N. G. 11608
England, J. 5467
—, N. C. 13835
Engler, R. 729, 804, 1216
Engwall, G. 6241
Enkvist, N. E. 368, 2455, 2660, 2968, 3370, 8181

INDEX

Enninger, W. 8022
Enrietti, M. 9180
Entjes, H. 7840, 7876-9
Envall, P. 539
Eph'al, I. 11758
Eppert, F. 2828
Epstein, G. 3147
Erasmie, T. 3747
Eraso Guerrero, A. 5525
Erb, T. 5245
Erben, J. 7233-4
Erbse, H. 4861
Erckenbrecht, U. 1035
Erde, E. L. 1358
Érdeli, N. B. 8057
Erdélyi, Á. 1359
—, I. 12317
Erdmann, P. 8058, 8182-3
Erdődi, J. 3748, 12321
Erelt, T. 12449-50
Eremija, A. I. 4009
Eren, H. 12941
Erhart, A. 4081, 7117, 9181
Eri-Birk, M. 9843
Eriksson, M. 540
—, U. 8782
Eringa, P. 2339
Erk, H. 7519
Erler, A. 7533
Ermakova, M. I. 10719
—, O. P. 11181
D'Erme, G. M. 4437
Ermolenko, G. V. 11300
Ermuškin, G. I. 12504
Ernits, E. 12524
Ernst, J. 4703
Eroms, H. W. 7288
Eros, J. F. 1929
Errington, J. 13356
Ervin, F. R. 3473
Ervin-Tripp, S. M. 3350, 3749, 8571
Esau, H. 1744, 2456-7, 7200, 7289
Escande, M. T. 6282
Eschbach, A. 23, 805
Esche, A. 13305
Eschenburg, B. 9810
Eschmann, J. 5818
Escobar, A. 5645
Escoffier, S. 6043, 6283
Escure, G. 8059
Esenç, T. 12276
Esenov, Ch. M. 12995
—, Q. 12996
Esina, Z. I. 10802
Eskenazi, A. 3267

Esper, E. A. 1036
Esposito, A. A. 6384
Essen, A. J. van 615
Essen, J. 3585
Estal Fuentes, E. del 2006
Esteller, A. 4253
Ėstrina, L. S. 11301
Étienne, G. 13919
Ettinger, S. 2374, 5303
Euler, L. 1447
Eunson, J. 8371
Evans, Dafydd 5743
—, D. Ellis 7066
—, G. 1360, 1615
Evers, A. 298, 1037, 2458, 2574
Évrard-Gillis, J. 5189
Evseev, I. 1720
Evtjuchin, V. B. 11125
Eylenbosch, E. 7889
Eyre, C. 11777
Ezekyan, L. 4509

Faarlund, J. T. 8643, 8708
Fábián, P. 12585, 12644, 12676, 12707
Fabricius-Hansen, C. 7290-1
Fabricius-Kovács, F. 1038, 3750-1
Façon, N. 6454
Fadeev, G. A. 11126
Fähnrich, H. 12278
Fair, F. 1361
Faiss, K. 8423
Fajnštejn, M. Š. 11182
Falck-Kjällquist, B. 8860-1
Falcone, G. 4973-4, 6558, 6691
Fales, E. 1362
—, F. M. 11989
Falińska, B. 505, 9165, 10514
Fališevac, D. 9787
Falk, K. O. 10648-9
Falster Jakobsen, L. 2661
Fält, G. 5468
Faltz, L. 8184
Fanciullo, F. 6507, 6604
Fanfani, M. (L.) 667, 6605
Fanfoni Bongrani, L. 12167
Fant, G. 2056
Fantasia, U. 4846
Farag, F. R. 12088
Farber, W. 11639-40
Farber(-Flügge), G. 11639, 11641-2
Farinha, A. Dias 5691
Farkaš, G. 3429
Farrell, R. A. 8416
Faska, H. 10720
Fasold, R. 8372

INDEX

Fassi Fehri, A. 12044
Fasske, H. 10734
Fassò, A. 6055
Fathman, A. 3891
Fattori, M. 153
Fauconnier, G. 2459
Faulseit, D. 7607
Faure, G. 2046
Fauriel, C. 5288
Fauser, A. 1363
Faust, G. P. 1039
—, M. 11737
Fava, E. 3667, 6358
Faverey, M. 13934
Fazylov, Ė. I. 12997
Fearn, J. 1910
Federmayer, É. 12717
Fedorov, A. I. 11183
—, A. K. 10959
—, A. V. 7608
Fedorova, M. V. 10960
—, N. A. 2110-1
Fedorowicz, W. 9213, 9231
Fedorowicz-Bacz, B. 8424
Fedoseev, V. 10961
Fédry, J. 13576
Fefilov, A. 7520
Fefilova, A. 7292
Fehértói, K. 12739
Fehling, D. 2460
Feilitzen, O. von 8597
Feitsma, A. 3210
Feketa, I. I. 11437
Feldbusch, E. 7660
Feldek, Ľ. 10231
Feldman, D. M. 2112
Feldstein, R. F. 9091
Feleszko, K. 9244, 9586-7, 9623, 9661
Felice, E. De 5246, 6606
Félice, T. de 6284
Felix, J. 6794
—, S. 3895
Felixberger, J. 5304, 5774
Fellinger, R. 1364
Fellman, J. 642, 1930, 3752, 12140
Fellows Jensen, G. 8598-9
Feltkamp, H. W. 7293
Feoktistov, A. P. 12505-6
Ferguson, C. A. 339, 2662, 3615, 3753, 3796, 12139, 12141
—, T. 5305
Ferluga, F. 4721
Ferlus, M. 13332
Fermeglia, G. 9266
Fernández-Galiano, E. 4920

Fernández Gonzáles, J. R. 6285
Fernández Guizzetti, G. 1040
Fernández Lagunilla, M. 5469
Fernández Ramírez, S. 5470
Fernández-Sevilla, J. 5552, 5577
Fernow, C. L. 541-2
Ferraz, L. 13920-1
Ferreira, A. M. Gomes 543
Ferrell, J. 9110
Ferrero, A. M. 5137
—, F. E. 2113, 6359
Ferron, J. 11891
Festerling, G. 7580
Feudel, G. 815, 1931
Feuillet, J. 7118
Feydit, F. 4510-1
Fidelholtz, J. L. 3500
Fiedler, W. 2386
Field, Trevor 6109
—, T. W. 3845
Fiengo, R. 2461, 2587
Figueroa, J. G. 3351
Figurovskij, I. A. 2462
Filbeck, D. 13357-9
Filep, A. 12666
Filin, F. P. 455, 9071, 10775, 10784, 11084, 11184, 11255
Filipec, J. 2830
Filipović, R. 52, 855
Filkova, P. 11085
Filkusová, M. 10174
Filliolet, J. 2961
Fillmore, C. J. 1041, 1745, 2663
Findra, J. 10078
Findreng, Å. 7294
Finet, A. 11643
Fink, B. R. 3452
—, H. 7521
Finka, B. 9720-1
Finke, P. 1042-3
Finkel, I. L. 11778
Finkelstein, J. J. 11779-81
Finnie, W. B. 777
Finsterwalder, K. 245
Fiorelli, P. 6455, 6607
Fiorentino, M. 6376
Firbas, J. 806, 9913
Firle, M. 7295
Firsanova, G. I. 10803
Firth, J. R. 8016
Fischer, A. 8373
—, E. 4753
—, Gerhard 3268
—, Gero 3269
—, I. 5070

INDEX

—, J. E. 1939
—, R. E. 7750
—, S. 3518
—, W. L. 1712
Fischer-Jørgensen, E. 2260, 7201
Fischetti, G. 4975
Fisher, J. 6760
—, L. R. 11858-60
—, W. M. 8060
Fisiak, J. 95, 2057, 2261, 8185
Fiterman, A. M. 3090
Fitialov, S. J. 3163
Fitzmyer, J. A. 11927, 11990
Fjuredi, M. 2463
Flader, D. 3754
Flahive, D. 3519
Flämig, W. 7170
Flanagan, D. 692
Flasche, H. 6207
Fleckenstein, C. 10962
Fleerackers, J. 7942
Fleisch, H. 12070
Fleischer, W. 733, 7235-6, 7609
Fleischhammer, M. 548
Fleischhauer, W. 7522
Fleischman, S. 5827
Fleming, H. C. 12201-2
Flexner, S. B. 8425
Flídrová, H. 801, 10963-4
Flobert, P. 5091
Floqi, S. 4655
Flora, R. 6833
Florea, M. 6795
Florenskaja, É. 10965
Flórez, L. 5553
Florijn, A. 1746
Floyd, E. D. 4761
Fluck, H. R. 7175
Flury, P. 5172
Flydal, L. 5751
Fodo, Š. L. 12681
Fodor, J. A. 3352, 3410
—, S. 12920
Fogarasi, M. 6608
Fohrer, G. 11937
Fokkema, D. W. 265
Fokker, A. A. 11378
Földi, E., Ifj. 12708
Folena, G. 745, 6609
Fonagy, I. 2114-5, 5775
—, J. 5775
Fonseca, F. V. Peixoto da 6110
Fontanella de Weinberg, M. B. 5471, 5646
Fontanella Rosset, L. 2464
Fontański, H. 10966-7

Fonzi, A. 2969
Forbelský, J. 3075
Ford, A. 13770
—, K. C. 13691
—, P. 7067
Foresti, F. 6610-1
Forgue, G. J. 6111
Forman, M. 10864
Formanovskaja, N. 10968
Forner, W. 6508-9
Forssman, B. 4817
Förstemann, E. 7781, 7966
Forster, Kenneth I. 3353
—, Klaus 8622
Förster, W. 10865
Forsyth, J. 10969
Fortis, A. 6348
Fortunatov, F. F. 544
Fortune, G. 17
Fosha, D. 3594
Fossat, J. L. 2767, 6286-8
Fossier, L. 4958
Fossówna, H. 11472
Foster, D. (W.) 5433, 5472, 5619
—, I. Ll. 494, 718
—, J. A. 1365
Fouché, P. 246
Fourquet, J. 2465, 4082
Fouts, R. S. 3453
Fowler, F. G. 8415
—, H. W. 8415
—, R. 3061
Fox, A. 2223
Frąckowiak-Richter, L. 2116, 2150
Frajzyngier, Z. 12227
France, M. N. 1366
Francescato, G. 3520, 5306, 6385, 6510, 6729-30
Franceschi, T. 5071
Franceschini, S. 3354
Francis, H. 3521
Franco Arias, F. 2831
François, D. 5753
—, J. 2466
Franco Mendes, D. 5692
Franco Subri, M. R. 6476
Frâncu, C. 6796
Frančuk, V. Ju. 705
Frańczuk, H. 11127
Franičević, M. 9795
Frank, R. 7751
Franke, H. 13113
Fränkel, H. 2340, 2832
Franken, H. J. 11997
Franklin, K. 13548

INDEX

—, M. B. 3514
Franolić, B. 9662-3
Frantz, D. G. 2467
Franzén, G. 8783
Frappier, J. 247
Fraser, B. 3860, 8186
Frăţilă, V. 6869
Frau, G. 6731
Fraula, T. F. J. de 545
Frauwallner, E. 546
Frèches, C. H. 5693
Frederiksen, B. O. 8633
Freedle, R. 3923
Freeman, C. 8187
—, W. 8459
Freeze, R. A. 13836, 13853
Frege, G. 1320, 1341, 1478, 1605
Frei, H. 2468-9
Freidhof, G. 10762, 11086
Freidin, R. 2470
Freimark, P. 12115
French, M. A. 2922
Fretheim, T. 2471, 8709
Freundlich, R. 1367
Freundlieb, D. 1044
Frey, G. 248
Freydank, D. 11080
—, H. 11782-3, 11991
Frick, N. 8784
Fridh, Å. 5138
Friebertshäuser, H. 227, 7437-40, 7694
Fried, I. 790
Friederich, W. 7524, 8115, 8188, 8484, 11185
Friederici, A. D. 3651
Friedman, J. 3270
—, L. A. 3970
—, V. A. 9588-90
Friedrich, G. 4897
—, J. 4171
—, P. 4083
Fries, I. 8686, 8785
—, P. H. 1045-6
—, S. 8862
—, U. 2664
Friesen, W. V. 3969
Frings, Th. 7498
Frint, T. 2117
Fritz, G. 7523
Frohss, R. 1368
Fromkin, V. A. 2058, 3431
Fromm, H. 459, 610
Fros, H. 10650
Frösén, J. 4805
Frøyset, V. I. 8721
Frühwald, W. 7661

Frumkina, R. M. 3211, 3355, 3419
Fruyt, M. 5227
Fry, D. B. 856, 2081
Frye, M. 1369
Fuchs, A. 2118
—, H. J. 2375
—, S. M. 7441
—, W. 13114
Fučič, B. 9222
Fucilla, J. G. 5655
Fück, J. W. 547-8
Führer, R. 4948
Fujiwara, Y. 13163
Fuks, L. 5692
Fuks-Mansfeld, R. G. 5692
Fulda, F. K. 549
Fülei-Szántó, E. 2341
Funke, G. 1370
Furbee-Losee, L. 13837-8
Furdal, A. 10582
Furdík, J. 2833-4, 10053-4
Füredi, M. 12612
Furnée, E. J. 4762
Fürstová-Kvapilová, E. 3076
Futaky, I. 12311
Fyodorova, N. A. 2110-1

Gaál, E. 11784
Gaatone, D. 5877-81
Gabain, A. von 12881-2
Gabbay, D. M. 1371, 1432
Gabka, K. 10783
Gabrić-Bagarić, D. 9692
Gabriel, E. 7442
—, G. 1372
Gabrielli, A. 6342
Gacov, D. 2473
Gadler, H. 241, 7662
Gadow, H. von 7461
Gadžiev, T. I. 12973
Gadžieva, N. Z. 1193, 12826
Gaeng, P. A. 5339, 6386
Gahér, J. 10255
Gair, J. W. 4347
Gaiser, K. 7610
Gajda, S. 10515-6
Gajdamowicz-Mazurek, A. 9184
Gajdarova, F. A. 12279
Gajdučik, S. M. 2970
Gajer, R. S. 13128-9
Gak, V. G. 1747-8, 3356, 6185, 10970
Galabov, I. 9245
Galachova, L. Ja. 12358
Galand, L. 12217-9
Galberg Jacobsen, H. 8658, 8739

INDEX

Gáldi, L. 6943-4, 6957, 11303, 12692
Galeeva, M. M. 10804
Gálffy, M. 12572, 12672
Galgóczi, L. 12682
Galinie, C. 6282
Galjautdinov, I. G. 12827
Galkina-Fedoruk, E. M. 376
Galler, M. 11186
Galli De' Paratesi, N. 6692
Gallis, A. 9111
Galmés de Fuentes, Á. 5994
Gal'perin, I. P. 2665
Galster, I. 11087-8
Galstyan, S. A. 4565
Galton, H. 9112
Gama, N. Vasco da 5694
Gamillscheg, E. 5473
Gămulescu, D. 9811-2
Gančeva, B. 9530
Gandhe, V. 4226
Gandour, J. 13321
Ganeshsundaram, P. C. 2474, 3149
Ganger, S. 3594
Gangutia Elícegui, E. 1932
Ganiev, F. A. 12998
Ganschow, G. 12317
Garbini, G. 11877, 11883, 11892, 12057, 12126
Garcia, E. 3357
García, C. 5427-8
—, E. C. 5474
García de la Fuente, O. 5190
García González, F. 5554
García Hernández, B. 5139
García Ramón, J. L. 4708
García Yebra, V. 3077
Garde, P. 9092, 10971
Gardès-Madray, F. 2677
Gardette, P. 6045-6
Gardin, B. 3755, 6250
—, J. C. 3271
Gårding, E. 8845
Gardner, H. 3966
—, T. 1048
Garelli, P. 11785
Garibjan [Garibyan; Łaribyan], A. S. 4528, 4542-3
Garin, E. 153
Garipov, T. M. 12999
Garkavec, A. N. 12884
Garmadi Le Cloirec, J. 12089
Garman, M. A. G. 3627
Garneau, J. L. 8426
Garnes, S. 8687
Garrett, M. F. 3330, 3352, 3358, 3410
Garrone, F. 5191

Garsoyan, N. G. 4512
Gärtner, K. 7384
—, L. 10718
Gartner, T. 6772
Garvin, P. L. 1657, 3756
Gary-Prieur, M. N. 343, 2822
Gasca Queirazza, G. 6456
Gaševa, L. P. 11187
Gashi, S. 4657
Gaspari, G. 3522
Gasparov, B. M. 404, 2475, 2666, 9072, 10866-7, 10972-3
—, M. L. 11367
Gasparova, È. 3212
Gassmann, H. 6048
Gasztold, T. 10460
Gates, H. P. 4763
Gätje, H. 12045
Gauger, H. M. 857, 1749
Gauvin, L. 6047
Gavin, W. J. 1373
Gavora, P. 1869
Gawełko, M. 6387, 6612, 10344
Gayayean, Y. T. 4513
Gazal, S. 1049
Gazdar, G. 1374
Gburek, H. 8427
Geach, P. T. 1375
Gebhardt, K. 6112
Geckeler, H. 1802, 5307, 5819, 6113
Geerinck, M. 7930
Geert, P. Van 3359
Geerts, G. 7861, 7940-1, 7943
—, W. 2476
Geesink, M. 7809
Geest, T. van der 3523
Gégou, F. 5995
Gehl, H. 7443
Geier, M. 1050
Geipel, J. 8333
Geis, S. 11185
Gejbullaev, G. A. 13058
Gel'gardt, R. R. 550, 1933
Gelhaus, H. 7296-7
Gell, A. 13544
Geller, M. J. 11992
Gelling, M. 8600
Gelman, R. 3528
Gemmill, G. 7444, 7525
Genadieva-Mutafčieva, Z. 9351-2
Genaust, H. 807
Gendre, R. 2923
Gendron, J. D. 6258
Genesee, F. H. 3437
Genette, G. 1934

INDEX

Geniušienė, E. Š. 8963-4
Genot, G. 6343
Genre, A. 6511
Gentilhomme, Y. 3150
Geodakjan, I. M. 3524
Georgacas, D. J. 4023, 4976, 4987, 5013
George, I. 13625
—, K. E. M. 5882, 6114
—, L. 1658
Georgiev, H. C. 1750
—, I. 10974
—, N. 9531
—, St. 9353, 9471
—, V. I. 163, 305, 4587, 4722, 9354, 9461, 11701-2
Georgieva, B. 9472
—, E. 424, 429, 9355, 9498, 9532
—, Ivanička 9445
—, Ivelina 9565
Georgijević, S. 9813
Geraghty, P. 13525
Gercenberg, L. G. 4430, 4438
Gerd, A. S. 659, 2835, 9113, 10791, 10868, 11141, 11148, 11188
Gerganov, E. 2119, 3213, 3228, 9556
Gerics, J. 5247
Gerleman, G. 11928
Germain-Aufray, J. 5578
German, K. F. 6907
Gernentz, H. J. 7695
Gerov, N. 9473
Gerrard, A. B. 5579
Gershevitch, I. 4374, 4415
Gerstel, R. 3523
Gerstenkorn, A. 7298
Gerver, D. 3078, 3652
—, M. E. 3652
Geschwind, N. 3677
Gesi, S. 6658
Geuenich, D. 7752-3
Gevirtz, S. 11929
Gewehr, W. 7237
Geyer, I. 7430
Ghatage, A. M. 4278
Gheno, D. 12507
Ghertman, S. 5620
Gheţie, I. 6834-40, 6870, 6968
Ghijsen, H. C. M. 551
Ghinassi, G. 6457, 6652
Ghiselli, A. 4951
Ghosal, S. N. 4289
Giacalone Ramat, A. 44
Giacomelli, G. 6502, 6512, 6613
—, R. 5040
Giacomo-Marcellesi, M. 5758

Giammarco, E. 6513-4, 6693
Giannelli, L. 6515-6, 6556
Giauque, G. S. 5776
Gibson, A. 11930
—, J. C. L. 11993
—, M. 1935
—, V. L. 3418
Gicova, S. 7649
Gieser, R. 13504
Giet, G. van der 2120
Gifford, D. J. 5422
Gigante, M. 4943
Giginejšvili, B. K. 12280
Gignac, F. T. 4764
Gignoux, P. 4401
Gigot, J. G. 5996
Gijsel, J. 7841
Gilbert, G. G. 13911
—, J. H. V. 3525
Gildersleeve, B. L. 3094
Giles, H. 2768. 3930
Gili Gaya, S. 552
Gill, A. 8061
—, I. R. 5125
—, T. V. 3996
Gillessen, L. 7754
Gilliam, A. 3757
Gilliat-Smith, B. 553
Gilman, C. 1051
Gilson, É. 1392
Gilula, M. 12168-9
Gimbutas, M. 3454
Ginalska, T. 9197
Gindele, H. 7526
Gindin, L. A. 4615
—, S. I. 47, 2667
Ginter, K. 12577
Ginzburg, R. 8308
Giochálas, T. P. 4658, 5014
Giorgadze, G. 4150
Giovanni, M. De 6517
Giovannini, G. 6603
Giovannucci Fazzini, E. 7445
Gipper, H. 573, 1052, 1376-8, 1751, 3758
Girard, F. 6323
Girdenis, A. 8965-6
Girke, W. 397, 3863, 9114
Gitywa, V. Z. 13712
Gitzova, S. 7649
Giuliani, M. V. 6388
Giunašvili, Dž. Š. 11189
Giurescu, A. 5308, 5695, 6389
Giusti Fici, F. 6390
Givón, T. 2477, 11931, 13577, 13692, 13932
Gjerull, A. M. 24

INDEX

Gjinari, J. 4656, 4659-61
Gjul'magomedov, A. G. 12281
Gjulumjanc, K. M. 9474, 10517
Gladrow, A. 9115
Glagolev, N. V. 1053
Glare, P. G. W. 5164
Glas, R. 7650
Gläser, Chr. 12317
—, R. 3759, 8428
Glasersfeld, E. von 3455
Glatigny, M. 6208
Glatthard, P. 7755, 7786
Glättli, H. 6115
Glauser, B. 8374
Gleason, H. A., Jr. 1054, 8062
—, J. B. 3526
Gledhill, J. 7815
Glinert, L. 11932
Glinz, H. 7177
Glissmeyer, G. 13935
Glouberman, M. 1379
Glovinskaja, M. Ja. 10805
Gluchij, Ja. A. 12776
Glucksberg, S. 3360
Glušič, H. 9861
Gluskina, S. M. 11141
Gluško, M. M. 11302
Gluškova, M. V. 11304
Gluth, K. 7663
Gnerre, M. 2262, 2268, 5580
Gniadek, S. 1380
Gobard, H. 1055
Gobbers, W. 7811
Godart, L. 4723, 11703, 11707
Goddard, K. A. 774, 5309-10
—, L. 1381
Godel, R. 4514
Godić, S. 9722
Goebel, U. 7371, 7527-8, 7582
Goebl, H. 2769, 5997-9, 6003, 6051
Goeman, A. C. M. 7880-1
Goerdt, W. 1417
Goerlandt, E. 3214
Goetinck, G. W. 7071
Goff, J. H. 8601
Goffman, E. 3760
Goga, E. 2376
—, N. 6797
Gökyay, O. Ş. 12935
Gołab, Z. 9185, 9232
Gołąbek, A. 10461
Golbert de Goodbar, P. 13896
Gold, D. L. 5581, 7682
Goldberg, E. A. 3653
—, G. 3527

Goldenberg, G. 12142
—, Y. 12111
Gol'din, V. E. 11281
Goldin-Meadow, S. 3528
Goldiş Poalelungi, A. 6766, 6841
Goldsmith, J. 2263
Goldwasser, O. 2924
Golfand, J. 6181
Golková, E. 806
Golla, V. 13753
Gologan, M. 6945
Golopenţia-Eretescu, S. 1752
Golovin, B. N. 554, 858-9, 3215
—, V. G. 11190
Golub, I. B. 11305
Golyšenko, V. S. 11089
Gómez de Ivashevsky, A. 5555
Gonçalves, M. I. Rebelo 5140
Gonda, J. 4227
Gondret, P. 5883
Gonon, M. 6052-3
Gonzáles, E. G. 3351
Gonzalez, A. B. 277, 13460
González-Mena de LoCoco, V. 5475
Goodblatt, D. 4402
Goodman, N. 1796
Goosse, A. 6054
Goossens, J. 313, 626, 720, 7696, 7825
—, L. 8334
—, P. 7892
Gopnik, M. 1056
Gorăscu, A. 6391
Gorbačevič, K. S. 11184
Gorbet, L. P. 13803
Gordeev, F. I. 12513, 12523
Gordeeva, N. A. 3216
Gordis, R. 11933
Gordon, A. E. 5117
—, C. H. 11704, 11861
—, R. P. 11934
Görg, M. 11878
Görgey, E. 3272
Gorgoniev, Ju. A. 13360-1
Goris, J. M. 7960
Gorjačeva, T. V. 11191
Gorjaev, N. V. 11488
Górna, E. 9356
—, M. 8189
Gorni, G. 6614
Górnowicz, H. 165, 10462, 10651-3
Gorog, R. de 6116
Gorton, T. J. 12112
Gosau, B. 1382
Göschel, J. 2801
Goshen-Gottstein, M. H. 12093

INDEX

Goslar, M. 2971
Gossen, C. T. 249, 555, 3761, 5132, 6000
—, G. H. 13839
Gostony, C. G. 11644
Gosturani, X. 4663
Goswami, U. 4300
Gósy, M. 12597
Gotfredsen, L. 8741
Gott, T. 11192
Götti, E. 8915
Gottschalk, H. L. 530
—, K. D. 8063
Götz, D. 7171
—, H. 7498
Goudaillier, J. P. 7446
Goudet, J. 6798
Gouffé, C. 12228-9
Gougenheim, G. 556, 6117
Goujon, P. 3151
Gourevitch, D. 5141
Gove, A. F. 9267
Goverdovskij, V. I. 1753
Goyvaerts, D. L. 2721
Goździk, R. 9268
Grabar, B. 9699
Grabarek, J. 7386-7
Grabes, H. 8508
Grabias, S. 10632
Grabis, R. 557, 2121, 9028
Grabmeyer, B. 7388
Gračeva, F. T. 12514-5
Grad, A. 301
Gradin, D. 13362-3
Gradobyk, N. S. 8064
Graeber, E. 7178
Graf, H. J. 7697, 8863
Graffi, G. 44
Grafschaft, W. K. 6118
Grafström, Å. 6209
Grănčarov, M. 8116
Granda, G. de 5371-2, 13922-3
Grande, B. M. 558
Grand'Henry, J. 12046, 12071-2
Grandy, R. E. 1383-4
Granger, G. G. 1385
Grannes, A. 9533, 11306
Grant, S. A. 11193
—, W. 8466
Grantovskij. È. A. 4375
Grassi, C. 6518
Graudina, L. K. 10869, 11393
Graudiņa, M. 9029
Graur, A. 5311, 6908, 6946
Graustein, G. 1936
Grauwe, L. De 7389

Gray, A. H., Jr. 2174
—, B. 2972
Grazia, R. 825
Graziuso, L. 6519-21, 6615-6, 6652
Grechneva, G. M. 554
Grečko, V. K. 7299
Greco, D. 6603
—, R. A. 6458, 6522-3
Green, E. 8602
—, G. M. 1057, 2414, 2478-9, 2566
—, J. N. 808, 5283, 5476
—, M. A. 12170
Greenbaum, S. 2480, 8274
Greenberg, J. 250, 1659-60
—, W. 1386
Greene, D. 242, 6999, 7015-7
—, S. 1987
Greenfield, J. C. 11994-5
—, P. M. 3529
Greenlee, D. 1387
Gregersen, E. A. 13526
Gregerson, K. (J.) 13333, 13364-6, 13389
Grégoire, C. 13649
Gregor, D. B. 6524, 6732
—, F. 10153, 12683
Gregorio, J. 13850
Gregorio de Mac, M. I. de 5477
Gregory, R. J. 13523
—, T. 2836
B. Greguss, L. 12645
Greimas, A. J. 375, 946, 1754
Grein, C. W. M. 8509
Greive, A. 6120
Grek-Pabis(owa), I. 11225, 11128-9
Grelot, P. 11996
Grenda, Č. 8967
Grepl, M. 9075, 9116, 9880, 9914
Greppin, J. A. C. 4228, 4515-20, 4526, 5072
Grétsy, L. 12575-6
Greule, A. 7390, 7756-7
Greven, H. A. 8065
Grevisse, M. 5754, 5820
Grewendorf, G. 1058, 1388, 1473
Gri, G. P. 6525
Grib, R. T. 11194
Gribaudo, G. 6526
Grice, H. P. 1478
Gricenko, K. F. 13059-60
Griera, A. 5313
Grieve, R. 3530-1
Griffen, T. D. 2264-5
Griffith, T. G. 656, 6459
—, W. Ll. 7069
Griffiths, C. 13897
—, G. 13897

INDEX

—, P. D. 3627
Grigas, K. 8968
Grigor'ev, V. P. 3953, 11344, 11396
Grigor'eva, A. D. 11307
Grigorjan, Ė. A. 9328
Grigorovič, V. I. 559
Grilli, A. 4847, 5149[!]
Grimal, P. 5192
Grimm, A. Th. von 3957
—, Hannelore 7651
—, Hans-Jürgen 7529-31
—, J. 560, 7513
—, W. 7513
Grimwade, G. 13565
Grinaveckienė, E. 800
Grinaveckis, V. 8969
Grinder, J. T. 860
—, J. T., Jr. 8190
Griño, E. U. 13462
Grize, J. B. 1389
Grochowski, M. 141, 10345-50
Grodziński, E. 1390, 3361, 10351, 10518
Groenendijk, J. 1391, 2572
Groll, S. 12171
Grønbech, K. 13080
Grönvik, O. 8670
Gros, J. 7093
Grošelj, M. 5250
Gross. M. 107, 2490, 5863, 5916
Grosse, E. U. 2668
—, R. 912, 7498
Grossman, P. F. 3597
Grossmann, M. 5284, 6628
Grosso, G. 5142
Grosu, A. 8203, 11912
Grøtvedt, P. N. 8710
Grou, F. 5752
Grow, L. M. 8510
Gruault, M. C. 15
Gruaz, C. 6251
Grube, H. 7238
Grübel, R. 3010
Gruber, Jeffrey S. 1755, 13727
—, Jörn 6289
Gruchmanowa, M. 10463, 10629
Grucza, F. 799, 861, 2266
Gruffydd, R. G. 7070
Gruiță, G. 6799
Grumach, E. 2925
Grünbaum, C. 8658
Grünbeck, B. 7637
Gründer, K. 1417
Grundstrom, A. 5781
Grundt, A. W. 2267
—, L. O. 5884

Grünert, H. 7664
Grunin, N. D. 8191
Grunina, Ė. A. 12828-9
Grunsven, H. van 11
Grupper, S. M. 13081
Grybosiowa, A. 10519
Grygoraš, G. F. 8192
Grzegorczykowa, R. 1059
Grzybowski, S. 10768, 11090
Gschnitzer, F. 4848
Gschwind, U. 6306
Gualandi, G. 11730
Gubrynowicz, R. 2122-4, 2140
Guchman, M. M. 581, 961, 2481, 7391
Gudava, T. E. 12282
Gudavičius, A. 2837
Gudde, E. G. 8603
—, E. K. 8603
Gudkov, V. P. 9624
Guenthner, F. 1756
Guérios, R. F. Mansur 5696
Guespin, L. 1060, 2669, 6251
Guest, T. M. 7934
Gueunier, N. J. 13463
Guffey, G. R. 8511
Guggenheim-Grünberg, F. 7683
Guichardaz, C. 6055
Guilbert, L. 5752, 5828, 6056, 6119
Guillaume, Gabriel 1392, 6057
—, Gustave 1061, 1272, 5886
Guillet, A. 5863
Guillon, E. 13367
Guinard, P. J. 5582
Guinet, L. 7203
Guiraud, C. 5092
—, P. 1757, 2838
Guiter, H. 5397, 6290
Guittard, C. 5143
Gülich, E. 124
Gulieva, L. G. 13061
Gulino, G. 6527
Guljamov, A. G. 11195
Gulsoy, J. 5398
Gulstad, D. E. 1062, 1758, 1938
Gulya, J. 206, 1939, 2004, 12759
Gulyga, E. V. 640, 10975
Gumb, R. D. 1393
Gunda, B. 12684
Gundersen, D. 8724
Gundlach, J. 7736
—, R. A. 8576
Gunn, R. D. 13873
Gunnarson, K. Å. 5885
Gunner, E. 13693
Gunova, Z. 9357

Gunter, R. 2670
Günther, A. 3148
—, H. 2377, 7239
—, M. 3362
—, W. 13924
Gur'eva, E. I. 9269-70
Gurney, O. R. 11645, 11786
Gurov, N. V. 2940
Gurubasave Gowda, K. S. 13306
Gusejnzade, A. 13082
Guseva, E. K. 3152
Gusmani, R. 2378, 2839, 4187, 4588, 9271
Gussmann, E. 10309
Gussner, R. E. 4229
Gustafsson, M. 8429
Gustavson, H. 772, 8671
Gustavsson, S. 10976
Guszkova, A. 12613
Güterbock, H. G. 251, 4180
Guthrie, M. 561-2, 13646-7, 13653
Guția, I. 6617
Gutiérrez López, G. A. 1394
Gut-Kłos, J. 8193
Gutknecht, C. 1063
Gutmacher, R. 7532
Gutschmidt, K. 425, 9432, 9446
Guțu-Romalo, V. 6800-1
Gutwinski, W. 8512
Guyette, T. 3810
Guzeev, Ž. M. 13000
Gvencadze, G. S. 4439
Gwadabe, A. 12230
Györffy, Gy. 12740-1
Gyowlbowdałyan, S. 4521
Gysseling, M. 6001, 7155, 7862

Haadsma, R. A. 5299
Haan, G. J. de 2482
—, S. de 863
Haarmann, H. 181, 1661-2, 1887, 1940, 3762, 4695, 12323
Haas, D. D. 4230
—, M. R. 13737, 13772
—, O. 4581
—, V. 4172
—, W. 2926, 2945
Haber, L. R. 1064, 8117
Haberland, H. 995, 3763
Habermas, J. 1065
Habovštiak, A. 506, 10154-6
Habovštiaková, K. 10142, 10256-7
Habte-Mariam Marcos 6694, 12209
Hacieminoğlu, M. N. 12883
Hacking, I. 1395
Hadas-Lebel, M. 11935

Hadding, K. 8786
Hadrovics, L. 9693, 12614, 12629
Haebler, C. 4066, 4632
Haege, H. 5193
Haensch, G. 5399
Haest, R. 7841
Haff, M. Hobæk 5886
Hafner, S. 9750
Hafter, M. Z. 5583
Hagège, C. 1066
Hagen, A. 7944-5
—, A. M. 2840
Hagendorens, J. 13694
Hagenlocher, A. 7698
Hager, F. 3763
Hagland, J. R. 8711
Hagström, B. 8787
Haguenauer, C. 13164-5
Hahn, M. 13286-7
—, W. v. 3153
Hahner, U. 5251
Haight, D. 1396
Hailu Fulass 12137, 12209
Haiman, J. 1397, 8194, 13545
Haipus, M. 12352, 12379
Haitsma, J. D. Van 13840
—, W. Van 13840
Hajdú, M. 12742
—, P. 2059, 12777-8
Hájek, O. 7300
Hajičová, E. 2483, 2606, 3154, 3190, 9416, 9915
Hakanen, A. 208
Hakkarainen, H. J. 137, 166, 193
Häkkinen, K. 12359
Hakobyan, H. (G.) 4522-3
Hakulinen, A. 1870, 12356, 12360
Halaga, O. R. 10258
Halasi-Kun, T. 12073, 12743-4
Halbe, H. 3413
Halbe-Clerwall, H. 7162
Hald, K. 563, 8858, 8864
Haldenwang, S. 7758
Hale, A. 1067, 4294, 13288
—, K. 1663
el-Haleese, Y. A. 12035
Halenko, I. H. 25
Halicka, I. 10654
Hall, Robert A., Jr. 661, 809, 1941, 5314, 6392
—, Roland 8430
—, Ross D. 7447
—, W. S. 8572
Hallan, N. 8712, 8865
Hallap, V. 205
Hallaråker, P. 8866

INDEX

Hallberg, G. 536, 8867-9
Halldórsson, H. 8688
Halle, M. 1210
Haller, H. 6460
Hallett, J. P. 5144
Halliday, M. A. K. 864, 1068, 3532, 3764, 8195
Hallo, W. W. 11646, 11688
Halmiová, O. 3363
Halpern, R. N. 2484
Halvorsen, A. 6802
—, P. K. 2485, 8196
Hamacher, J. 3364
Hamayan, E. 3437, 3896
Hambarjowmyan, V. G. 4524-5
Hamblin, C. L. 1398
Hamesse, J. 3301
Hamilton, J. N. 7018
—, R. 252
—, W. S., Jr. 10806
Hamlet, S. L. 2125
Hamlin, F. R. 6324
Hamm, J. 253, 564, 9591, 9634
Hammacher, K. 573
Hammarberg, B. 3897, 8788
—, R. 2060, 12451
Hammarström, G. 1069-70, 2770-2
Hammer, T. A. 7759
Hammond, M. 5118
Hamp, E. P. 2722-4, 4526, 4664, 4785, 5072, 5145-6, 6842, 6909, 6984-6, 7061, 7119, 8335, 8644, 8932-3, 8970, 9186, 12830, 13773, 13874
Hampares, K. J. 5584
Hampel, J. 4403
Hampl, Z. 463, 764, 5697-8
Hanáková, M. 6121
Hancock, I. F. 4356, 13936
Hancov, V. 11473
Handelman, D. 3765
Handke, K. 10352, 10520
Händler, H. 2773
Handley, E. W. 4849
Handzjuk, S. P. 7301-3
Hanes, M. L. 3708
Haneyan, A. N. 4527
Hang, H. G. 7304
Hangin, G. 719
Hankamer, J. 2486
Hann, M. L. 3273
Hanneyan, M. 4084
Hannich-Bode, I. 7165
Hannick, C. 4900
Hanowell, M. 1399
Hansack, E. 4888, 9272
Hansen, K. 7534, 8043

—, M. L. 8380
—, P. A. 4806
—, P. M. 8748
Hansén, I. 5887
Hansson, Å. 257
Hantrais, L. 6210
Happ, H. 5093-4
Hara, M. 5434
Harada, S. I. 13166-7
Harasymčuk, S. I. 5073
Harbert, W. 2436
Härd, J. E. 7225
Hardcastle, W. J. 2126
Harder, K. B. 303, 8605
—, P. 1759
Harding, A. 7535
—, D. W. 8544
Hari, M. 13289
—, R. 12194
Haring, M. 5478
—, V. 10166
Harkavec', O. M. 12884
Harlan, J. R. 13582
Harlass, G. 7536
Harling-Franck, G. 8870
Härmä, J. 2487
Harman, G. 1400, 1489, 1519, 2488
—, G. H. 1478
Harms, R. T. 2268
Harnad, S. R. 112, 3474
Harner, L. 3533
Harowt'yownyan, N. V. 11609
Harrah, D. 3155
Harras, G. 1071
Harré, R. 3806
Harries, L. 13660
Harris, B. 3123
—, Barbara 3681
—, F. W. 2489
—, H. 13875
—, James 1606, 1954
—, James F., Jr. 1401-2
—, Joseph 8431
—, Julian 6002
—, Katerina 4977
—, Katherine S. 8786
—, M. A. 8354
—, Martin B. 5348, 5888
—, R. 1760
—, Z. 1072-3, 1490, 2490
Harrison, C. H. 13898
—, D. S. 8366, 8375
Harth, H. 2017
Hartig, J. 240, 7699-700
—, M. 1074

—, Matthias 2491, 7305
Hartke, W. 7610
Hartmann, Reinhard 2841
—, R. R. K. 925, 7176
Hartmann-Werner, I. 7611
Hartnack, J. 1403
Hartung, P. M. 13464
Hartwig, H. 7612
Harvey, L. P. 12060
Harviainen, T. 4765
Harweg, R. 2492-3, 7306-7
Harzic, J. 5758
Hasan, R. 3766, 8195
Hashimoto, M. J. 13265
Haskå, I. 8689
Haslam, M. W. 4949-50
Hasler, J. A. 13854
Hassan, A. 13465
Hasselberg, J. 7448, 7665-6
Hasselmo, N. 8838
Hasselrot, B. 5829-30
Hassler, G. 1404
Hast, S. 8789
Hastings, A. J. 1075, 2494
Hatch, E. 3898
Hatto, A. T. 13001
Hattori, Sh. 13083, 13200
Hauben, H. 5015
Hauck, L. C. 8462
Haudricourt, A. G. 2269, 4453, 6122, 13322
Haudum, P. 7679
Haugen, E. 568, 8632, 8645, 8713, 8724
Haupenthal, R. 3957
Hauptfleisch, D. C. 7988
Hauptová, Z. 9302
Hauri, C. 1664, 3156, 4231, 4376
Hausenberg, A. R. 12315-6
Hausenblas, K. 1871, 2446, 9877, 9881-2, 10017
Hauser, P. 760, 9962
Häusler, F. 1942-3
Hausmann, F. J. 1944, 2973, 5755, 5889
Hausser, R. R. 3157
Hauwermeiren, P. van 7842
Havas, F. 12324
G. Havas, K. 1076
Haver, J. Van 195
Haverkate, H. 5479
—, W. H. 5480
Havet, L. 731
Havránek, B. 254, 517, 603, 862, 925, 9883, 9975
Hawkes, H. 8118
Hawkins, J. A. 8197
—, J. D. 11773

Häxebränz 7449
Hayamon, R. 13084
Hayata, T. 13147
Hayes, J. A. 3079
Haynes, R. A. 3613
Hayon, Y. 11936
Hays, D. G. 2842
Hayward, R. J. 12203
Hazai, G. 9694, 12814-5, 12885-6, 12942-3
Head, B. F. 5699
—, S. W. 12136
Headley, R. K., Jr. 13368, 13466
Healey, J. F. 11759
Heaney, M. 7179, 11196
Heath, J. 1665
Hécaen, H. 3694
Hedblom, F. 412, 540, 8759-60, 8790
Hedges, J. S. 8545
Hedquist, R. 8791
Heeroma, K. 565
Heeschen, V. 1077, 1405
Heesen, M. van 11
Heestermans, J. L. A. 7910, 7924-5
Hegaard, S. E. 12887
Hegenberg, L. 1406
Heger, K. 1761
Hehn, V. 4085
Heida, M. 7816
Heidegger, M. 1483
Heidler, H. (A.) 2127, 3654
Heidrich, C. H. 1821, 3148
—, H. 8432
Heikens, H. 7939
Heilmann, L. 94, 118, 6504
Heimerdinger, J. W. 268
Heinämäki, O. 2495, 12361
Heine, B. 12204-5, 13578
Heinekamp, A. 1407
Heinimann, S. 662, 6733
Heininen, M. 12362
, S. 12363
Heinrichs, H. M. 7450
Heinz, A. 1171, 2342
—, S. 5890
Heissig, W. 214, 299, 13085
Heiter, H. 11130-3
Heitzler, P. 7451
Hejl, F. 57
Hekket, B. J. 7961
Helbich, J. 3274
Helbig, A. 810
—, G. 1408, 7308-10
Helck, W. 12178
Held, K. 1168
—, M. 11787

INDEX

—, W. v. 1762
Hellan, L. 2496
Hellberg, L. 8871-2
—, S. 2270, 8792-3
Helleland, B. 8849, 8873, 8894
Heller, G. 9814-5
—, K. 144, 1763, 5831
—, R. 8874
Hellmann, D. 13230
—, M. W. 409, 7163, 7537
Hellmuth, H. H. 7630, 7633
Hemer, C. J. 5016
Hemmerdinger, B. 1764
Hemon, R. 7094-5
Hempel, C. G. 442
Hemsley, G. D. 3402
Henderson, E. J. A. 13307, 13369-70
—, J. 4921
—, M. M. T. 2271-2
Hendricks, W. O. 2974-6
Hendrickx, J. 26
Hendriks, P. 9592
Hendrikse, A. P. 13695
Hengst, K. 4010
Henne, H. 2843, 7538-40
Hennig, J. 5252
Hennigfeld, J. 1409
Henninger, J. 11760
Henriksen, C. C. 8738
Henry, A. 2977-8, 5756
Henschel, B. 1410
Hensel, W. 507
Hensey, F. 3899, 5700
Henskes, D. 3153
Henson, H. 3767
Heny, F. 1078
Heráň, I. 3992
Herbert, R. K. 2273, 13696
Herbillon, J. 6325-6
Herczeg, Gy. 2979, 6393-7, 6659, 12718
Heredia-Deprez, C. de 3768
Herej-Szymańska, K. 9213, 9358, 9475, 10521, 10700
Heringer, H. J. 373, 1765
—, J. T. 8198
Herman, J. 2274, 3655, 5058
—, L. J. 9187
Hermanovič, I. K. 11556
Hermodsson, L. 7120
Hernádi, M. 12685
—, S. 12719
Hernández Alonso, C. 5435, 5481
Hernández Vista, E. V. 566
Herndon, J. H. 8023
Herniczek-Morozowa, W. 10522

Heroldová, D. 866
Herren, M. (W.) 5253-4
Herrenschmidt, C. 4377
Herrero, V. J. 5059
Herrfurth, H. 13467
Herrick, E. M. 8485
Herrity, P. 9621, 9873
Herrmann, G. 570
—, T. 3365
—, W. 3769
Herslund, M. 5777, 6803
Hervey, S. G. J. 1079
Hess, T. 13876
Hester, T. R. 11738
Hettrich, H. 4786-7
Hetzron, R. 2725, 12143-4, 12615
Heubeck, A. 4807, 4818, 5017
Heun, H. G. 7638
Heurgon, J. 11719, 11722-3
Heusinger, S. 7613
Hewer, J. 13610
—, P. L. 13611
Hewes, G. W. 3456
Hewson, J. 1872, 13774
Hiatt, M. P. 2980
Hicks, M. 8199
Hidalgo, A. 3919
—, C. A. 2343
Hienonen, M. 12364
Hiersche, R. 4232
Hildebrandt, B. F. O. 7204
—, Reiner 676, 1080
—, Rudolf 1411
Hildenbrandt, E. 1945
Hilf, E. A. 11197
Hilhorst, A. 4850
—, P. 844
Hill, A. A. 255, 567-9, 647, 1132, 2981, 8024
—, K. C. 13862
—, P. 4616, 9476
—, T. E. 1412
Hillebrand, U. 8433
Hiller, S. 4724-6
Hillers, D. R. 4808
Hillman, L. H. 1413
Hilty, G. 7760-1
Himansu Bhusan Sarkar 13468
Hind, A. 2275
Hindelang, G. 3770
Hinderling, R. 12452
Hinds, J. 13168-9
Hinnebusch, T. J. 13650
Hinnells, J. R. 174
Hinst, P. 1414
Hintikka, J. 1415, 3158

—, K. J. J. 105
Hinton, L. 13804
Hintze, F. 13579
—, S. J. 7392
Hinüber, O. v. 4290
Hinz, W. 570, 4378
Hinze, F. 9030, 10701, 10712
Hiorth, F. 1416
Hipt, D. op de 4788
Hirose, H. 8786
Hirsch, E. 6327
—, H. 11788
Hirschberg, J. 2128
Hirsch-Wierzbicka, L. 7205
Hirsh, I. J. 8060
Hirst, D. J. 2276, 8066
Hirtle, W. H. 8200
Hirvonen, I. 12365
Hjorth, A. 6003
—, E. 8855
Hlavsa, Z. 1081, 2497, 9916, 9978
Hnatjuk, H. M. 11438
Hnídek, J. 9884
Hník, J. 7311
Ho, A. T. 13266-7
Hoben, S. J. 12145-7
Hobson, M. 1946
Hochster, A. 2498
Hock, H. H. 2224, 2726, 4083
Hockett, C. F. 995, 2277, 2379, 3193, 13517, 13765
Hodge, C. T. 11749
Hodges, K. S. 13697
Hodiș, V. 6804
Hoebeke, M. 2774, 7882, 7890
Høeg, O. A. 8714
Hoehlig, M. 13289
Hoekema, T. 7993
Hoekstra, A. 4922
Hoemann, H. W. 3986
Hoenigswald, H. M. 2727, 4087
Hoeppner, W. 3153
Hof, C. van den 7843
Hoff, I. 8715, 8717
Hoffman, M. J. 2278
—, R. R. 3366
Hoffmann, H. W. 11937
—, L. 867, 3771
Hoffner, H. A. 4151-2, 11789
Hoffstein, R. M. 8486
Hofinger, M. 4923-4
Höfler, M. 5832, 6123
—, O. 256, 8684
Hofman, A. 9619
—, G. 10019

INDEX

Hofmann, D. 7994-5
—, I. 12157
—, J. B. 993
—, Th. R. 2844, 8201
Hofstra, T. 7121, 7962
Hoftijzer, J. 11997
Höftmann, H. 13626
Hogan, D. W. 13469
—, J. T. 2129
Hogg, R. M. 2279
Hohenberger, J. 12206
Höhne-Leska, C. 7652
Holden, A. J. 6124
—, K. 2280
Holder, M. 5778
Holenstein, E. 1418-20, 2983
Holford-Strevens, L. 5147
Holladay, W. L. 11938
Holland, G. B. 4086
Hollenbach, B. E. 13877-8
Holloway, R. L. 3457
Holly, W. 3772
Holm, G. 257, 571, 8715, 8875
Holman, E. 2499, 12366-7
Holmberg, Bengt 537, 8794
—, Bente 8846, 8856, 8876
—, M. L. 8877
Holmes, R. B. 13790
Holm-Olsen, L. 572
Holojuch, V. I. 11439
Holoka, J. P. 8336
Holovaščuk, S. I. 11503
Holsoe, S. E. 13601
Holthausen, F. 8509
Holtse, P. 2130
Holtsmark, A. 572
Holwerda, D. 4851
Holyk, U. R. 8204
Hołyńska, T. 11440
Holzheid, S. 11308
Homa, E. 10630, 10655-6, 10695
Homan, T. 8690
Hombert, J. M. 2131, 13627, 13698
Honeck, R. P. 3366
Hong, Chai-Song 5891
Honl, I. 4011, 10020-2
Honowska, M. 508, 2344
Honti, L. 12760, 12765
Hőnyi, E., Ifj. 12708-9
Hoogenraad, R. 3531
Hook, P. E. 4233, 4314, 4341
Hooker, B. 13470
—, J. T. 2916, 4727, 4736
Hooper, J. B. 2281, 2728, 5436
Hoops, J. 7145

INDEX

Hope, E. R. 13308
—, T. E. 775-6
Hopkes, S. G. 7996
Hopkins, S. A. 2921
Hoppál, M. 3971
Hoppe, D. 5779
Höppner, J. 1082
Horák, E. 9117, 10143-4, 10167
—, G. 10079-80, 10259
Horálek, K. 651, 862, 2132, 9076, 9899, 9917
Horalík, L. 801
Horányi, Ö. 876, 12578
Horbač, F. H. 5892
Horbatsch, O. 10740, 10755
Hordé, T. 5750
Horden, J. 8011
Horecký, J. 102, 357, 534, 723, 737, 1766, 2845, 3159, 4012, 10055-8, 10076, 10100, 10168-71
Hořejší, V. 6175
Horila, T. 12368
Horiot, B. 6058
Horlitz, B. 7541
Hörmann, H. 1083, 3367-8
Hörmann-v. Stepski, S. 4959
Horn, D. 1084
—, G. M. 981
Hornby, A. S. 8456
Horne, E. C. 13471
Hornstein, N. 3145
Hornung, H. 7763
—, M. 611, 7430, 7452, 7489, 7763
Horpynyč, V. O. 11441
Horrocks, R. 1767
Horvath, J. 12616
—, R. J. 3733
—, S. 13589
Horváth, K. I. 12662
—, Š. 2846
Hospers, J. H. 11751
Høst, G. 8672
Hostin, R. 6059
Hottois, G. 1421
Houdebine, A. M. 1085
Houis, M. 13592, 13602
Householder, F. W. 1086, 4709
Houston, G. W. 13290
—, S. H. 3369, 3534
Hout, G. Van 3160
Houwink ten Cate, Ph. H. J. 251
Hovda, P. 8878
Hovdhaugen, E. 868
Hovsep'yan, L. S. 4530
Howard, I. 13170
Howe, C. J. 3535

Howell, R. W. 869
Höybye, P. 6618, 8735
Hoyer, H. G. 12311
Hoz, J. de 200, 11739
Hrabák, J. 605, 2982, 9995
Hrachovec, H. 7453
Hrbáček, J. 9963
Hrbáčková, Ž. 11198
Hrdlička, M. 3080
Hristea, T. 6947
Hrjaznuchina, T. O. 3275
Hromasová, A. 3081, 9999
Hromova, O. S. 2213
Hruška, B. 11647-9
Hrycyna, N. I. 7240-1
Hrynčyšyn, D. 721
Hryščenko, A. P. 11442-3
Hsieh, Hsin-I 2282
Huart, P. 4925
Huber, E. 5621
Hubers, G. 3712
Hubka, K. 1947
Hübler, A. 2500
Hübner, W. 4852
Hübschmann, H. 258
Hübschmannová, M. 4357
Hubschmid, J. 6125
Hucke, H. 7488
Huddleston, R. 8105, 8202
Hudson, A. B. 2719
—, G. 12207
—, J. 13558
—, R. A. 1087-8, 2847, 8205
Huffman, F. E. 13371-2
Hug, M. 5893
Hughes, O. M. 2133
—, S. F. D. 1948
Hugues, M. 3161
Huisman, J. 7963-4
Huitu, M. 12423
Hukari, T. E. 13879
Huldén, L. 8879-80
Hulet, C. L. 5365
Hull, A. 5780
Hulst, H. van der 7826
Hultin, N. C. 8646
Humbach, H. 4379, 4400, 4404-6
Humberstone, L. 8477
Humboldt, W. von 573, 1333, 1405, 1409, 1979, 2029
Humec'ka, L. L. 762, 11464, 11509
Huňáček, V. 10026
Hundirapola, R. 4348
Hundius, H. 13323
Hundsnurscher, F. 1768-9

INDEX

Hunger, H. 11790
Hunnius, K. 5894
Hunt, T. 6211
Hunter, J. F. M. 1422
Huntingford, G. W. B. 13580
Huntsman, J. F. 7019, 8434
Huot, H. 5895
Hupet, M. 2501
Hurford, J. R. 3544, 3578
Hurme, P. 2134
Hurs'ka, A. I. 8435
Hurs'kyj, S. O. 1770
Hurtig, R. 3330
Huss, V. 8067
Husserl, E. 1339, 1420, 1527
Hust, J. R. 1771
Hutchins, W. J. 870, 1089
Hutterer, C. J. 7122
Hüttermann, H. 7162
Hutters, B. 2135
Huxley, G. L. 4736
Huybregts, M. A. C. 1090, 3162
Huyghe, E. 6126
Huynh-Armanet, V. 3217, 5482
Hyman, L. M. 310, 2061, 2283, 5896, 13640, 13655, 13675, 13681, 13699-700
Hymes, D. 3773
—, V. D. 3774
Hynes-Berry, M. 8552
Hynková, H. 9566
Hyrkkänen, J. 9751
Hysa, E. 4656

Iancu, V. 6767, 6871
Ibragimov, G. Ch. 12283
—, S. 574
Ibrahim, M. H. 2345
Ibrom, E. W. 7454
Ichim-Tomescu, D. 6969
Ickler, I. 4234-5
Idzelis, R. F. 2947
Icrcmia, E. 6127
Iffland, E. 7312
Ignat'ev, B. I. 2848
Ignat'eva, L. D. 11199
Ihalainen, O. 8376
Ihde, D. 1423
Iivonen, A. 1091, 2136
Ikegami, J. 13115
—, Y. 2502, 8206
Ikola, O. 12369-71
Ikonomova, Ž. 27-8, 9274
Ilčev, S. 9433, 9461, 9477-8, 9505
Ilek, B. 602
Ilie, P. 5585

Iliescu, M. 2849, 5315, 6734, 6777
Ilieva, K. 9359
Ilievski, P. H. 5018, 9246, 9593
Il'in, G. M. 3163, 10977-8
Il'ina, N. E. 10870
Il'jašenko, T. P. 2503
Il'jin, V. S. 575
Illič-Svityč, V. M. 4052
Il'minskaja, N. I. 10936
Il'ves, L. V. 5897
Imamnazarov, M. 4440
Imbs, P. 259, 6174
Imhasly, B. 1092
Immler, M. 2504
Imnajšvili, D. S. 12284
Impey, O. T. 5622
Imre, S. 763, 12579, 12581, 12663-4, 12668
Indrieș, A. 6948
Ineichen, G. 1873, 2505, 2850, 5744, 6004, 6128
Infantova, G. G. 10979
Ingalgaonkar, M. M. 14
Ingamells, L. E. 5586
Ingarden, R. 1341
Ingemann, F. 110
Ingersoll, S. M. 8207
Ingham, B. 12074
Inghult, G. 7242
Ingram, D. 3536, 3657, 13885
Innes, G. 13566, 13603
Innocenti Prosdocimi, E. 5034
Inoue, K. 13171
Insley, J. 8622
Ionașcu, A. 6970
Ionescu, A. I. 4617, 6910-2
—, C. 6971
Ionescu-Ruxăndoiu, L. 6872-3
Iordan, I. 1949-50, 5316-8, 6805, 6913-4, 6949-51
Ippoldt, J. 7567
Irigaray, L. 3638
Irimia, D. 6806
Iritani, T. T. 13189
Irmscher, J. 912, 2729
—, W. F. 8025
Irwin, E. 4853
Isaac, G. L. 3458
Isačenko, A. V. 260, 576, 10769, 10807, 10872, 11092, 11200
Isaev, M. I. 3775, 3954-5, 3958, 4441
Isaeva, Z. G. 411
Isbell, C. D. 11998
Iščenko, D. S. 11091
Ischakova, S. 13002
Isebaert, L. 4190

INDEX

Isenberg, H. 1093
Ishii, C. 7532
Ising, E. 862
—, G. 7689
Israel, M. 13232
Israêlyan, M. A. 11610
Issatschenko, *voir* Isačenko
Istrate, G. 6774
Isxanyan, R̄. A. 4532
Itkonen, Erkki 422, 713, 12325-6, 12493
—, Esa 1094-7, 1143, 12354
—, T. 12372-5
Ittmann, J. 13701
Ivančev, S. 316, 748, 9273, 9360-2, 9567, 11201, 11557
Ivanenko, Z. I. 11444
Ivănescu, G. 6830, 6874
Ivaniščev, S. I. 11149
Ivannikova, E. A. 10980, 11309-10
Ivanov, I. G. 12516
—, J. N. 9329
—, S. N. 12945
—, V. I. 3218
—, V.V. 871, 1666, 4139, 10775, 10808
Ivanova, A. 9505
—, I. P. 7123
—, K. 427, 485, 9363-4, 9479
—, M. 9554
—, N. 9534
—, T. A. 659, 9118, 10873, 11202
—, T. F. 2851
—, V. F. 10981-2
Ivanova-Mirčeva, D. 9261, 9274
Ivanová-Šalingová, M. 10260, 11311
Ivaško, L. A. 11134, 11141
Iverson, G. K. 2284, 8691
Ivić, M. 596, 685, 1098, 2506, 9664
—, P. 597, 701, 2801, 9635, 9711
Ivir, V. 3082
Iwanicka, E. 8208
Iwanuś, B. 1426
Iyer, S. V. 4236
Izakević, G. P. 10757, 10788
Izuckiver, M. I. 3276
Izui, H. 593
Izzo, H. J. 541, 6459, 6461

Jaakkola, M. 12376
Jacenjuk, M. H. 5835
Jacenko, I. T. 11487
Jachnow, H. 397, 1772, 3863, 10809
Jack, G. B. 8337
Jackendoff, R. S. 1773-4, 1810
Jacko, J. 132, 10081, 10261-2
Jackson, H. 872

—, J. D. 3776
—, K. 477, 6987, 7020, 7072
Jacob, A. 1427
—, J. M. 13373-5
—, L. A. 10
Jacobi, H. 11999
—, J. 12090
—, R. 12105-6
Jacobs, C. 3083
—, R. A. 8209-10, 13434, 13855
Jacobsen, T. 261, 577, 608, 11650
—, W. H., Jr. 13805
Jacobson, L. C. 310, 792
—, P. 2507
—, S. 2508, 8211
Jacobsson, G. 1874, 9188-9
Jacoby, M. 7124, 8881
Jacqmain, M. 6660
Jacyna, O. I. 5194
Jadacka, H. 10524
Jaffe, H. 8377
Jäger, G. 3084, 3312
—, K. H. 7180
—, L. 1099-100
Jagić, V. 578, 9069-70
Jahić, D. 9732
Jahowkyan, G. B. 2346, 4533-5, 11598
Jakab, I. 12732
Jakabčinová, T. 10101
Jakaitienė, E. 8971-2
Jakić-Cestarić, V. 9816
Jakimova, Ė. S. 12517
Jakob-Rost, L. 4153, 4161
Jakobsen, A. 8673
Jakobson, R. 306, 375, 873-4, 901, 1101, 1420, 1951, 2062, 2204, 2983, 3056-7, 5548, 8498, 9190
Jakopin, F. 9844-5
Jakovenko, G. M. 5833
Jakovlev, K. F. 11312-3
Jakowicka, W. 11203
Jakubaite, T. 3219
Jakubovič, V. 8068
Jakubowska, Z. 509
Jakulienė, A. 8973
Jakus-Dąbrowska, E. 10635
Jal, A. 2904
JamaspAsa, K. M. 4406
James, D. M. 2509
—, L. B. 8378
—, W. 1373
Jamison, S. 4237
Jämsä, T. 12379, 12383
Janáček, K. 579
Janakiev, M. 3220, 9079, 9290, 9365, 9535

INDEX

Janaš, P. 10721
Jančák, P. 9953
Jančáková, J. 9077
Janceneckaja, M. N. 11234
Janda, I. H. 8573
Jänicke, O. 6060
Janko-Trinickaja, N. A. 10874
Jankoŭski, F. (M.) 11558, 11582
Janković, S. 2927
Jankowsky, K. R. 1941, 1952
Janoš, Z. P. 5898
Janoštáková, L. 10983
Jansen, F. 7826, 7883
Janson, B. 10772
—, T. 2510
Janssen, J. J. 12157
—, T. A. J. M. 7844-5
Janssens, G. 11750, 11761
Jansson, S. B. F. 8674
Jantzen, J. 1428
Janurik, T. 12733
Janus, E. 10984
Januš, Ja. V. 11510
Januschek, F. 875
Janzen, H. 13376-7
Jaranowski, Z. 8212
Jarceva, V. N. 580-1, 1193, 1667, 2511, 4089
Jaritz, P. 1033
Jarovenko, V. Ju. 8213, 8436
Jasanoff, J. H. 4090
Jašar-Nasteva, O. 6619, 9594
Jašina, R. I. 12537
Jasińska-Socha, T. 11559-60
Jaškin, I. Ja. 11561
Jassem, W. 2137-9, 2150, 2199, 2200, 10310, 10618
Jastrow, O. 12075
A. Jászó, A. 12720, 12761
Jateľ, H. P. 8214
Jaufer, R. 6735
Jaworski, M. 510
Jaynes, J. 3459
Jazayery, M. A. 255
Jazykova, J. 11315
Jedlička, A. 1102, 9885-6, 9985
Jędrzejczak, M. 3371
Jedvaj, J. 9762
Jeffers, R. J. 1668, 2730, 4301
Jékel, P. 3272, 12734
Jelínek, M. 9119
Jelisejev, voir Eliseev
Jelitte, H. 382, 2512-5, 10875
Jemeľjanova, H. O. 8555
—, R. I. 8215
Jenaczek, F. 1429

Jendreiek, H. 560
Jenkins, D. 7073
—, F. M. 5834
Jenkinson, T. K. 3777
Jenner, P. N. 217, 13378-82
Jensen, F. 5319, 5483, 6291, 6398
—, J. T. 2285, 2516
Jerison, H. J. 3460
Jerković, J. 9695, 9723
—, V. 9696
Jermolenko, S. S. 11511
Jernej, J. 489, 663, 2517, 6399-400
Jeršova, L. V. 5835
Jespersen, O. 877
Jestin, R. R. 11651
Jeudy, C. 5257
Jewell, M. E. 3778
Jha, V. N. 4238-9
Jiga, C. T. 5320
Jiráková, I. 11383
Jižakevyč, H. P. 10757, 10788
Jobe, L. 1734
Jochalas, T. P. 4658, 5014
Jochens, B. 3542
Jochnowitz, G. 6528
Jocić, M. 9788
Jodłowski, S. 262, 2347, 10353-4
Johannesson, N. L. 8216
Johannisson, T. 8795
Johansen, P. 12484
Johanson, L. 7265, 12831, 12915, 12946
Johansson, C. 8606
Johns, B. 13934
Johnson, A. L. 2984
—, C. W., Jr. 13661
—, E. T. 8379
—, F. G. 1430
—, J. H. 12172
—, L. 2731, 13702
—, M. G. 3393
—, N. A. 838
—, R. L. 6340
—, W. C. 8513
Johnson-Laird, P. N. 3401
Johnston, B. M. 13383
—, G. 8437
—, R. C. 6233
Johnstone, W. 11937
Joki, A. J. 638, 4053, 12779
Joly, A. 1953-4, 6292
Jomier, J. 12091
Jóna, E. 10059, 10140
Jonare, B. 5899
Jonas, P. 5900
Jones, Alan 157

INDEX

—, A. J. I. 1775
—, B. W. 4926
—, C. 147
—, Charles 8069
—, G. E. 7064
—, G. F. 7393
—, K. S. 3277
—, L. A. 2985
—, P. A. 3372
—, Randall L. 8926
—, R. M. 7074
—, Robert O. 7075
—, Russell 13472
—, T. 582-3
—, William 584
—, W. J. 7166, 7542
Jong, P. de 7935
—, W. de 7971
Jongeling, B. 12000
Jonikaitė, Z. 8982
Jonke, L. 9762, 9764, 9817
Jonker, J., Jr. 7884
Jonsson, H. 4091
—, I. 8839
Joost, E. 240
Joppich-Hagemann, U. 5321
Jordá, F. 200
Jordanova, L. 9366, 9480
Jörg, R. 7455
Jorgensen, J. G. 13880
Jørgensen, B. 8856
—, E. 8217
Jörgensen, N. 8796-7
Jory, E. J. 5133
Josefson, I. 8798
Josephs, L. S. 13173, 13473
Joshi, A. K. 3278
—, D. M. 2379
—, S. D. 4260
Josifova, R. 478
Josselin de Jong, P. E. de 3779
Jost, W. 7631
Josten, D. 7181
Jovanović, G. 9706
Jović, D. 878, 9636
Judachin, K. K. 585
Judakin, A. P. 4240
Juhász, János 3900, 7182
—, J. P. 12673
Juhl, R. A. 13268
Juilland, A. 250, 6683
Juldašev, A. A. 12832-3
Juneau, M. 6061-2, 6130
Jungmann, J. 10011
—, P. 4536

Jungraithmayr, H. 12230
Junker, H. 2986-7
Junković, Z. 9860
Jurančič, J. 9763
Jurgin, K. I. 13116
Jurilli, A. 6529
Jurkėnas, J. 4092
Jurkowski, M. 9120, 10744
Justus, C. 4154
Juszkiewicz, U. 11093
Jutronić, D. 3780

Káa, Mo 2565
Kaasik, Ü. 12453
Kabasanov, S. 586-8
Kac, M. 1103, 8218
Kačala, J. 2518, 10060-1, 10102-5, 10172
Kačalkin, A. N. 476
Kačan, Ė. A. 5782
Kachadze, O. I. 12285
Kachru, B. B. 263, 4315
—, Y. 4316, 4322
Kackova, T. A. 7653
Kacnel'son, S. D. 345, 961
Kacprowski, J. 2124, 2140
Kaczmarek, Z. 2141
Kaczmarkowski, M. 5095-6
Kaczmarski, S. P. 10355
Kadić, A. 9078
Kadzielawa, D. 3658
Kaestner, W. 7701, 10713
Kahane, H. 263, 2852, 4978
—, R. 263, 2852, 4978
Kähler-Meyer, E. 13701
Kahn, C. H. 4789
—, M. 4442
Kahr, J. C. 2732
Kahrmann, B. 7183
Kainz, F. 1586
Kaiser, G. 3164
Kaisse, E. 4979
Kajdarov, A. T. 12808
Kakietek, P. 8219-20
Kakridês, I. Th.[Kakridis, J. Th.] 4980
Kakuk, Zs. 12916, 12947-8
Kalakuckaja, L. P. 4028, 10876
Kalašnikova, V. G. 12538
Káldy-Nagy, Gy. 284, 531, 683
Kalimov, A. 700, 13269
Kalinauskas, B. 8974
Kaliniewicz, M. M. 10810
Kalinina, L. I. 12539
Kalisz, R. 8438
Kaljuta, A. M. 9481
Kalkar, O. 8742

INDEX

Kałkowska, A. 10356
Kallas, K. 10525
Kallérēs, I. N. 4710
Källgren, G. 8221
Kalman, H. 6293
Kálmán, B. 440, 12617-8, 12766-8
—, M. 12721
Kalnbērziņa, R. 9031
Kalnyn', L. Ė. 2775, 3901
Kalogjera, D. 8222
Kalousková, J. 879
Kałuża, H. 8223
Kalužskaja, I. A. 4615
Kalużyński, S. 714
Kam Tak Him 3781
Kamatchinathan, A. 13233
Kamerbeek, Jan, Jr. 265
—, J. C. 264
Kamińska, H. 10657
—, M. 10464, 10583, 10632
Kamiš, A. 9887, 9918, 9964, 10000
Kammenhuber, A. 4155-8, 4171, 11599
Kamp, H. 1431
Kamsi, V. 4665
Kamynina, A. A. 10985
Kănčev, I. 880
Kanecjan, G. R. 3537
Kaneko, T. 1705
Kang, S. T. 11648, 11652
Kania, J. T. 589, 2286, 3659-60
—, S. 10526-8, 10631
Kanitschneider, B. 248
Kann, H. J. 7243-4
Kanngiesser, S. 1104-5, 1669
Kanyó, Z. 881, 2671
Kapelinski, F. J. 6063
Kaper, W. 3538
Kaplan, J. 2519
—, L. 3547
Kaplinski, J. 11734
Kaporulina, L. V. 10986
Kapp, V. 2988
Kappeler, A. 12327
Kapsōménos, E. G. 4981
Kara, G. 12888-9, 13086
Karaangova, M. 9888, 11562
Karabaeva, L. A. 13087
Karagëzjan, O. O. 11612
Karagezova, S. 3282
Karaguljan, T. A. 4540
Karagyozyan, H. 11611-2
Karakulakov, V. V. 1955
Karaliūnas, S. 8975
Karamanlioğlu, A. F. 12834
Karanastásēs, A. 4982-4

Karanfilov, E. 9536
Karaś, M. 380, 9233, 10303, 10311, 10357, 10584, 10632, 10658
Karaseva, T. A. 5074
Karastojčeva, C. 9447
Karaulov, Ju. N. 1106, 1193, 2853
Karcevskij, S. O. 10987
Karch, D. 7456
Kărdžiev, A. 7361
Karg-Gasterstädt, E. 7498
Kari, J. M. 13754
Karius, I. 8119
Karjalainen, K. F. 12762
Karker, A. 8658, 8743, 8752
Karlgren, B. 13284
—, H. 3165-6, 3221, 3279
Karlsson, F. 198, 882, 1107, 1776, 12357, 12377
Karnecka, M. 10529
Karolak, S. 1777, 10841, 10988
Károly, S. 883, 2348, 12582, 12646
Kărpačeva, M. 749
Karpenko, Ju. O. 4013, 11533
Karpf, A. 1670, 2380
Karpluk, M. 10659
Karpov, V. A. 9315, 9367
Karpova, V. L. 11465
Karstien, H. 4093
Karsz, W. 1778
Karttunen, F. 13856
—, L. 1779-80
Kasatkin, A. A. 781
Kaschewsky, R. 13291
Kasevič, V. B. 53, 2142
Kasher, A. 225, 1108, 1432, 11939
—, N. 1108
Kašić, J. 598, 9626, 9665
Kasik, R. 12454
Kask, A. 12455
Kasparsons, A. 590
Kasper, W. 1433
Kassai, G. 1781, 2672
—, I. 2287
Kasser, R. 12173-4
Kassühlke, R. 3085
Kasten, L. A. 266, 591, 5529
Kastovsky, D. 8120-1, 8224
Kasumović, A. 9752
Katagoščina, N. A. 5322
Katara, P. 12378
Katardžiev, I. 9601
Katičić, R. 4589, 9627, 9789
Kątny, A. 7313
Katre, S. M. 4209
Katsina, A. Y. 12230

INDEX

Katwijk, A. van 884, 7827
Katz, H. 12780
—, J. J. 1361, 1400, 1434-5, 1782, 1796, 1830, 1858
Katzer, J. 3373
Katzner, K. 2776
Kaufman, S. 2989
—, T. (S.) 2326, 13841
Kaufmann, E. 7533
—, G. 7314
—, H. 7764
Kaulen, F. 5196
Kaupuż, A. 800
Kavanagh, T. M. 1956
Kavtaradze, I. I. 12253
Kawińska, M. 8012
Kay, M. 3277
—, P. 2888
Kaye, A. S. 12076
—, J. D. 5783
Kayne, R. S. 5901
Kazačonak, T. R. 11563
Kazama, K. 595
Kazancev, D. E. 12518
Kazanskij, N. N. 4819
Kazár, L. 4054
Kazazis, K. 4666, 4985, 6915
Kazem-Bek, K. 10877
Kázmér, M. 12746
Kean, M. L. 8382
Kearns, J. T. 1436
Kearsley, G. P. 3374
Kecskeméti, I. 592
Kecskés, Gy. 12747
Kee, D. W. 7989
Keefer, A. 12209
—, J. 12209
Keenan, Edward L. 1671-2, 2520, 13474
—, Elinor O. 2521, 3539, 3782
Kegl, J. A. 3972
Keij, A. 7885
Keil, G. 7383
Keintzel-Schön, F. 7765
Keipert, H. 6768
Keiser, C. E. 11653
Kelemen, B. 649, 6916
—, János 2673
—, Jolán 5902
Kelíšková, A. 5258
Kelkar, A. R. 694
Kellens, J. 4380-3, 4407
Keller, H. E. 6064
—, Rudi 1109, 1437
—, R. E. 7667
Kelley, D. H. 2928

Kellner, A. 10458
Kelly, F. 7005, 7021
—, J. M. 12835
—, R. C. 6294
Kel'makov, V. K. 12525, 12540-3
Kelter, S. 3662
Kelz, H. P. 2143
Kemény, G. 3222, 12575, 12722
Kemmerling, A. 1438-40
Kemp, J. A. 8041
Kempcke, G. 7592
Kempen, G. 3375
Kempf, G. 7737
Kempson, R. M. 1264, 1783
Kempter, F. 7310
Kencalo, R. S. 7277, 7315
Kendall, M. B. 13806-7
Kendziorra, E. 3783
Kenesei, I. 12598
Kenny, H. 13775
Kenstowicz, M. (J.) 138, 13130, 13738
Ker, N. 742
Keraševa, Z. I. 12286
Kerek, A. 3540
Kerekes, L. 12589
Keresztes, L. 12583
Kerimova, A. A. 4443
Kerner, A. A. 8414
Kerr, I. J. 13892
Kert, G. (M.) 12429, 12494
Kertscheff, B. 7543
Kęsikowa, U. 10660-1
Kess, J. F. 3376, 13475
Kesselring. W. 6005-6
Kessler, A. R. 3500
—, C. 3902
—, H. 6131
Keszler, B. 12619
Kettemann, B. 1110, 2063
Ketterij, C. van de 7863
Kettmann, G. 7423
Kevelson, R. 8026
Keyser, S. J. 3341, 8070, 8225
Kėzytė, S. 8982
Khatchadourian, H. 1441
Khlebnikova, voir Chlebnikova
Kibardina, S. M. 7316
Kibédi Varga, Á. 2990
Kidder, R. L. 3784
Kiddle, L. B. 5437
Kiefer, F. 1110-1, 1838, 2522, 2674, 12620
Kieft, C. van de 5268-9
Kielar, M. 3541
Kienast, B. 11791
Kieser, O. 7702-4

INDEX

Kilbury, J. 2381
Kiličev, Ė. R. 12890
Kim, C. 218
—, Ja. A. 11282
—, T. W. 13174
Kim Čer Len 13117
Kimenyi, A. 13703-4
Kimjagarova, R. S. 11204
Kim-Renaud, Y. K. 13148
Kindaichi, H. 13197
—, K. 593
Kindt, W. 2225
King, P. K. 7812, 7908
—, R. D. 2226, 2288
Kinkade, M. D. 13881
Kinnier Wilson, J. V. 11694, 11792
Kintsch, W. 2675
Kiparsky, P. 2289, 3461, 8070
—, V. 10878, 11205
Kiraithe, J. M. 13651
Király, L. 12660
—, P. 9276, 12647-8
Kirfel, W. 4241
Kiričenko, N. L. 10989
Kirk, L. 13680
Kirkland, B. G. 13662
Kirkness, A. 2854, 7184
Kirkova, R. K. 3266, 3280
Kirschbaum, J. M. 10062
Kirschkamp, F. O. 6295
Kirschner, J. 8439
Kirshenblatt-Gimblett, B. 383, 811, 3591
Kirsipuu, A. 3785
Kirsner, R. S. 1784, 7846-7
Kirstein, M. 2144
Kis, J. 820
Kiseleva, L. N. 4444
Kiselinčeva, M. 4607
Kishitani, S. 7226
Kiss, J. 7544, 12590, 12665, 12686, 12748
—, I. 9191, 12687
—, S. 2290, 2991, 5075
Kisseberth, C. W. 138, 360, 2291, 13663-5
Kissling, H. J. 12926
Kitagawa, C. 2396, 8226
Kite, F. 5797
Kittel, G. 4897
Kittredge, R. 2349
Kivi, O. 12315-6
Kiviniemi, E. 8882
Kižnjaeva, Ž. T. 10796
Kjellmer, G. 8338, 8440
Kjetsaa, G. 11316
Kjølbye-Biddle, B. 8675
Kjunnap, voir Künnap

Kjuvlieva, V. 9482-3
Klaavu, T. 12352
Klaiman, M. H. 4094, 4317
Klajn, I. 2350, 6347, 6401
Klann, G. 3786
Klappenbach, R. 7592
Klátik, Z. 10202
Kläui, H. 7766
Klausenburger, J. 5097, 5784-5
Kļaviņa, S. 9032
Klebanowska, B. 10359-60
Kleiber, G. 5903
—, W. 7395
Klein, F. 5484
—, H. E. M. 13728
—, Horst G. 5904
—, H. W. 267, 5786
—, Jacob 11654
—, J. R. 6132
—. M. 7848
—, Michael L. 12001
—, W. 2351, 2472, 3281
Kleineidam, H. 2856
Klein Santucci, G. 2855
Klejner, Ju. A. 8071
Klemensiewicz, Z. 10440
Klengel, H. 16, 4160
Klenin, E. R. 1253
Klenina, A. V. 10990
Klenk, U. 5532
Klenner, H. 912
Klepikova, G. P. 2782, 9163, 9192-3
Klerk, G. J. de 7983
—, W. J. de 279, 2523
Klima, E. S. 376, 3962, 3973
—, U. 5148
Klíma, J. 11793
—, V. 13569
Klimaszewska, J. 677
Klimenko, A. P. 1785, 3377
Klimeš, L. 10004-5
Klimonova, G. 3282
Klimonow, G. 3308
Klimov, G. A. 1673, 2524, 12254, 13732
Kline, T. J. 6212
Klingenberg, H. 8676-9
Klinke, W. 2525
Klinkenberg, J. M. 2966
Klisiewicz, E. 10662
Kljaštornyj, S. G. 12891-2
—, S. S. 600
Ključkovs'kyj, B. H. 11445, 11512
Klocek, M. 7317
Klockow, R. 1786
Klooster, W. G. 2526

INDEX

Kłósek, I. 2352
Kłoskowska, A. 3842
Kloss, H. 2777, 3903, 7668
Kloster-Jensen, M. 8716
Klotz, R. 5149
Kluck, E. A. K. 7923
Klueting, H. 11094
Kluge, E. H. W. 1442
—, F. 7426
Klyška, M. K. 11564
Kmietowicz, F. 9194
Knab, T. 13857
Knapp, F. P. 2992, 7639
—, S. 7767
Knappe, K. B. 2993
Knappert, J. 1957, 13666-7
Knecht, P. 6049
Kneepkens, C. H. 1958, 5259
Kniezsa, V. 8072-3
Knittlová, D. 5485
Kniūkšta, P. 8976
Knjazevskaja, O. A. 11095
Knobloch, J. 4854-5, 7457, 7545
Knoll, L. 7705
Knoop, U. 7458, 7672
Knorozov, Ju. V. 2940
Knowles, J. 1176
Knowlson, J. 1959
Knowlton, E. C., Jr. 5701, 13384
Knudsen, C. 1443
Knutsson, B. 12058
Kobayashi, H. 593
Köbert, R. 12092
Kobilarov-Götze, G. 12688
Köbler, G. 7125
Kobozeva, Irina 10991
—, I. M. 11206
Kobylińska, J. 10585
Kobyljans'kyj, B. V. 11488-9
Kočergina, V. A. 4242
Kočerhan, M. P. 1787
Kočev, I. 511
Kočeva, E. 670
Koch, H. J. 4856
—, K. 11980
—, M. 11893
—, S. 7245, 7318
—, W. A. 396, 1112
Kochman, S. 10745, 11207-8
—, T. 8574
Kočiš, F. 535, 10106-7, 10173
Kock, C. 1759, 1788
Kockx, E. 7854
Kocsány, P. 12621
Kodolányi, J., ifj. 12322

Koduchov, V. I. 885, 9121
Kodzu [Kōzu], H. 593-5
Koefoed, G. 298, 1113-4, 1674
Koehler, L. 11940
Koehn, E. H. 13899
Koekkoek, B. J. 7185
Koenen, M. J. 7909
Koerner, E. F. K. 72, 403, 532, 807, 1907, 1960-4
Kogan, E. Z. 13705
Köhbach, M. 469
Köhler, J. J. 8509
Kohler, K. 7206
Kohn, K. 1115
Köhnken, A. 4927
Kohonen, V. 368, 3370, 8227
Kohrt, M. 1050, 7319
Koistinen, A. 12379
Koivulehto, J. 7459, 12342-3
Koivusalo, E. 211, 12380
Kokare, E. 207
Kokora, D. P. 13636
Kokorina, S. I. 11035
Kolář, Š. 8228
Kolarič, R. 596-8
Kolarov, R. 9537
Kolb, E. 3138
Kolbuszewski, S. (F.) 199, 9033
Kolde, G. 2676, 7186
Kolegajeva, I. M. 8556
Kolegova, N. A. 12567
Kolesnikov, P. I. 7320
Kolesnikova, V. V. 8557
Kolesov, V. V. 10811-2, 11283
Koleva, A. B. 10813
Kollár, D. 10174
Koller, H. 4857
Kollmann, E. D. 5150
Kolman, L. 1789
Kolmaš, J. 707
Kolomiec, V. T. 10757
Kolomijec', L. I. 11513
—, V. T. 9195
Kolšanskij, G. V. 1193
Kolsrud, S. 8717
Kölver, B. 4243-4
—, U. 13292
Komárek, M. 9900, 9903, 9919
Komarova, K. O. 8441
Komenský [Comenius], J. A. 1501, 9940
Komincz, L. 11209
Komkov, A. M. 4014
Komlev, N. G. 1790
Komlósy, A. 2527
Komoróczy, G. 4055, 12649

Komorowska, H. 886
Končevič, L. R. 1965
Kondakova, T. I. 11210
Kondrašov, N. A. 9122
Kondrat'ev, V. G. 599
Kondratiuk, M. 10530, 10663-4
Kondžarija, V. Ch. 12287
Köneke, B. 7632
Koneski, B. 9073, 9595
Koneveckij, A. 10879-80
König, E. 8229
—, F. 2528
—, W. 7768
Königová, M. 3283
Koningsveld, P. S. van 12030
Koniuszaniec, G. 7321
Konjaeva, Ė. I. 13088
Kononenko, V. I. 10992, 11446, 11514
Kononov, A. N. 599-601, 12820, 12836-8, 12845, 13062
Konopielko, B. 11317
Konoplina, E. D. 10993
Konovalyk, O. M. 5905
Konrad, N. I. 4088
Konstantinov, J. 1116
Kontzi, R. 5530, 5587
Kooi, J. van der 7997
Kooij, G. van der 11997
Kopál, J. 3021
Kopaneŭ, P. I. 2353
Kopeckij, L. V. 602-3, 10881
Kopecký, M. 10001
Kopečný, F. 9196, 9183, 9965, 10023, 10175
Kopertowska, D. 10647, 10665
Kopf, L. 12093
Kopina, J. 10203
Kopińska, G. 10108
Kopp, R. 249, 555
Kopylenko, M. M. 1791
Kopytina, V. I. 6007
M. Korchmáros, V. 12622
Kordi, E. 4445
Korenchy, É. 644
Kořenský, J. 9123, 9938
Korepanova, A. P. 11534
Korhonen, M. 12328-9, 12495
—, O. 12496
Korkina, E. I. 374, 773, 13044
Korlén, G. 7546
Korlėtjanu, N. G. 6843, 6901
Kormušin, I. V. 12893
Kornaszewski, M. 10666
Kornelius, J. 7022
Kornevskaja, E. B. 2145
Kornfeld, W. 11879

Kornilov, G. E. 12917
Korolev, A. A. 4140
—, Ė. I. 3284
Koronczewski, A. 9124
Korošec, T. 9846
Korostovcev, M. A. 12175
Korotaeva, Ė. I. 10770, 10994
Korpanty, J. 5151
Korsakov, A. K. 8215
Korth, U. 5321
Kortlandt, F. H. H. 2292, 4537, 9093, 9847
Korubin, B. 9596
Korytkowska, M. 9368-9, 10702
Kos, A. 7547
Kósa, L. 12666
Kosack, W. 12176
Košak, S. 4162
Koschmieder, E. 955
Koščo, J. 10204
Kosek, S. 8027
Košelev, A. 9484
Koseska-Toszewa, V. 9244, 9370-1, 10361
Koševaja, I. G. 1117
Koševerova, T. M. 13045
Kosiel, U. 2146-7
Koskenniemi, S. 2929
Koss, G. 7769
Kostallari, A. 4654, 4662, 4667-8
Köster, J. P. 2148
Kostjakov, M. M. 13131
Kostomarov, V. G. 2994, 11211
Kostov, K. 553, 2386, 9372-3
—, M. 672, 9373
Kostova-Dobreva, Ch. 7654
Kostyl'ova, E. I. 6242
K'osyan, V. A. 4538-9
Kosyl, Cz. 10667
Koszinowski, K. 9666
Kotapish, C. 4342
—, S. 4342
Kotarov, M. 3260, 9290
Kotkov, S. I. 10771, 10773, 11096
Kotkova, N. S. 11097
Kotov, R. G. 3313
Kotova, N. V. 9079, 9290
Kotschi, T. 1792, 2857
Köttelwesch, C. 9, 7162
Kotulič, I. 10263
Koul, O. N. 4343
Kousgård Sørensen, J. 563, 8744, 8855, 8890
Koutsoudas, A. 103, 1075, 1118, 2529
Kovacci, O. 5486
Kovačec, A. 5664
Kovačev, N. P. 9568
Kovačičová, O. 10232

INDEX

Kovács, F. 623, 1793-4, 12584, 12667
V. Kovács, E. 2149
Kovalenko, V. Je. 7332
Kovalevskaja, E. G. 11318
Kovaliv, P. 11502
Koval'ov, V. P. 11319
Kovalyk, I. I. 11447-8
Kovář, B. 3285
Kovtun, L. S. 11351
Kovtunova, I. I. 2530, 10995-6, 11320
Kowalik-Kaletowa, Z. 10668
Kowalowa, G. 10560
Kowalska, A. 505, 10362-3
Kownacki, E. 10312, 10441
Kozarzewska, E. 10531-3
Kožený, J. 3327
Koževníková, K. 10002, 11321-2
Koževnikova, N. A. 11323
Kozina, N. A. 11325
Kožina, M. N. 2995, 11324
Koziol, H. 8514
Kozlova, V. L. 11212
Kozlowski, E. 13808
Kozma, E. 12623
Kōzu]Kodzu[, H. 593-5
Kozyreva, T. G. 10997
Kraak, A. 887
Krackow, E. 7736
Krafft, P. 5119
Kraft, C. H. 12231
Kragalott, J. 9790
Krahe, H. 7126
Krahl, G. 12031
Krahmalkov, C. R. 11884, 11894-5
Krajčovič, R. 10063, 10082, 10144
Krakalija, L. V. 11535
Kráľ, Á. 888, 2064, 10064, 10083-4
Králík, J. 3223, 10009
—, O. 605-7
—, S. 9940
Kraljević, G. 9667
Kramer, C. 3787
—, J. 5076, 6736-8
—, P. 7998
—, S. N. 268, 577, 608-9, 11645
—, W. 7716, 7770-1
Krämer, J. 7460, 7477
—, P. 7127, 7246
Krámský, J. 704, 889, 2293
Kranzmayer, E. 610-2, 7430
Krasnej, V. P. 11565
Krasnoperova, M. A. 11384
Krasnovská, E. 10264-6
Krăstev, B. 9374, 9557
Kratzer, A. 2531

Kraučuk, R. U. 11566
Kraus, F. R. 11655, 11794-6
—, J. 2996, 3224
—, K. 1429, 1543
Krause, M. 12177
Kravar, M. 9796
Kravčenko, M. V. 11449
Kravis, J. 6213
Krążyńska, Z. 10619
Krecher, J. 11656
Kreja, B. 10364-6, 10465, 10669
Krejčí, K. 497, 2997
Krejnovič, E. A. 13132
Krejzová, A. 3788, 5757
Kremer, D. 5378
Kremin, H. 3694
Kremneva, N. D. 10998-9
Krenn, H. 2532, 3543, 5821
Kress, G. R. 864
Kretzmann, N. 1444
Kriarâs, E. 4986-7
Krien, R. 7772
Krier, F. 12121
Krikmann, A. 12469
Krile, I. 9668
Kripke, S. 1441, 1445, 1584
Krishnamurti, Bh. 13216
Kriššáková, J. 10267-70
Křístek, V. 9889, 9941-2, 9986
Kristensson, G. 8074, 8339-40, 8607-8
Kristeva, J. 1446
Krištof, Š. 613-4, 10271-2
Kristol, A. M. 6065
Krivonkina, M. Ja. 10791, 11124
Križanić, J. 9078
Křížková, H. 2533
Križman, M. 4589
Krjučkova, E. R. 4302
Kroeber, K. 8515
Krohn, D. 7548
Królikowska, S. 10670
Kromann, H. P. 149
Krömer, T. 7100
Kronenfeld, D. B. 3286
Krones, R. R. 2099
Kronsteiner, O. 7773, 9158
Kropáček, L. 10026
Krosenbrink, H. 7887
Kroupová, L. 9920
Kručinina, I. N. 11326
Krueger, J. R. 299, 13080, 13089-91
Krüger, D. 1447
Kruijsen, J. 2759
Kruisinga, E. 615
Krumova, L. 9375, 9485

Kruopas, J. 616, 8982
Krupa, V. 890, 1448, 1675, 3378
Krupnov, V. N. 3086
Krupska-Perek, A. 10466
Kruse, N. 7396
Kruse-Blinkenberg, L. 8745
Krüss, J. 12220
Kruyskamp, C. (H. A.) 7900, 7926
Krylov, C. A. 11213
Krylova, O. A. 11000
Krysin, L. P. 3789
Krystev, B. 9557
Krzemińska, W. 5787
Krzeszowski, T. P. 1119-20
Kržižkova, *voir* Křížková
Krzyśko, M. 2138, 2141, 2150
Krzyżanowski, H. 3379
Kubczak, H. 1449
Kubík, M. 11001
Kubínová, M. 2998
Kubinyi, L. 12691
Kubrjakova, E. S. 2382-3
Kubzdela, H. 2108, 2151-2, 10313
Kucała, M. 10367-8
Kucarov, I. 9376-9, 12288
Kučera, H. 2534
Kučerenko, I. K. 11450
Kučerová, E. 11002, 11214
Kuchar, R. 10273-4
Kuchař, J. 132, 862, 9877, 9890
Kučinskaitė, A. 8982
Kucówna, B. 9197
Kuczaj, S. A., II 3544
Kudajbergenov, S. 12839
Kudela-Dobrogowska, K. 2153
Kudirkienė, L. 8944
Kudryc'kyj, J. M. 617
Kudyna, N. H. 8442
Kudzis, S. P. 2999
Kuehn, D. P. 2154
Kuen, H. 6739
Kuentz, Ch. 13581
Kueva-Šverček, L. 9381
Kufner, H. L. 1110
Kuhfuss, W. 1966
Kühlwein, W. 54, 895
Kuhn, A. 5556
—, H. 7135, 7461
Kühn, G. 7607
—, J. 1450
Kühne, C. 11797-8
Kühnert, W. 1033
Kühnhold, C. 1451
Kuhnigk, W. 11941
Kuiper, F. B. J. 4384-5

Kuipers, A. H. 12289, 13776
Kulaev, N. Ch. 4446
Kulešov, V. V. 8503
Kulešova, L. V. 11385
Kuliev, G. K. 12922
Kulikova, A. M. 498
Kultajeva, M. D. 7614
Kulykovs'ka, T. V. 8230
Kumachov, M. A. 12290-1
Kumachova, Z. Ju. 12292
Kümmel, P. 3167
Kummer, W. 3168
Kuna, H. 9628, 9697
Kuniewska, B. 11587
Kunitzsch, P. 6214, 12059
Künnap, A. 12330, 12781-6
Kuno, S. 2535-6, 3287, 13175, 13182
Kúnos, I. 618
Kunze, J. 3169
—, K. 7774
Künzli, R. E. 7462
Küper, C. 1050, 3000
Kupiszewski, W. 21, 1967, 10467, 10534
Kuraszkiewicz, W. 269, 619-20, 10620, 11424
Kurath, H. 8380
Kurbatov, Ch. 13003
Kurcz, I. 3380-1, 10621
Kurdoev, K. K. 4447
Kürenov, S. 12982
Kurkiewicz-Rzepkowa, E. 10442
Kurkina, L. V. 9198
Kurko, P. F. 7549
Kurkowska, H. 512, 746, 10535
Kuroczycki, T. 10614, 11327
Kuroda, S. Y. 1121, 2537, 3001, 13176
Kurs, O. 12331
Kürschner, W. 101, 7322
Kury, A. da Gama 5683
Kuryłowicz, J. 55, 2384, 3062, 4245, 5323, 8977
Kuryšžanov, A. K. 12894
Kurz, G. 1876
—, J. 270, 621, 9302
Kurzová, H. 4618
Kurzowa, Z. 10536-7
Kushalappa Gowda, K. 13208
Küstner, J. 7167
Kustova, L. P. 7323
Kustrzeba, I. 3176
Kutorov, N. I. 12519
Kutscher, E. Y. 11942, 12002
—, G. 13845
—, R. 11657
Kutschera, F. von 1452-3
Kutzelnigg, A. 2858

INDEX

Kuusi, M. 12344
—, O. 1122
Kuzeev, R. G. 13066
Kuz'menko, Ju. K. 8746
Kuźmiak, J. 9669
Kuz'mina, I. B. 9166
—, N. A. 11003
—, S. M. 10805
Kuznecov, P. I. 12840, 12949
—, P. S. 11142
—, S. N. 3956
—, V. G. 1902
Kuznecova, A. I. 9560
—, I. N. 2859
—, Z. I. 12564
Kvavik, K. H. 5438, 5487
Kvítková, N. 9987
Kwiek-Osiowska, J. 10586
Kwilecka, I. 10436
Kyas, V. 9966
Kyjak, T. R. 1454
Kylstra, A. D. 209
Kyryljuk, J. 631
Kysel'ov, A. Ju. 10746
Kyzlasov, I. L. 12895
—, L. R. 12895

Laabs, K. 7775
Laanest, A. 12315, 12345, 12430
B. Labádi, G. 12787
Labanauskas, K. 12788-9
Labat, R. 11799
Labatut, R. 13593-4
Labelle, G. 6259
—, J. 5906
Laberge, S. 3297
Labhardt, A. 6066
Labov, W. 1123, 3790-1
Labuschagne, C. J. 12000
Labutis, V. 8978
Labzina, M. V. 11398
Lacan, J. 1510
La Chaussée, F. de 5788-9
Lacheman, E. R. 11800
Lachur, Cz. 11215
Lackner, J. R. 2155
Lacroix, P. F. 13570
Laddu, S. D. 4246
Ladefoged, P. 2156-8
Ladó, J. 12689
Lafe, E. 4654, 4656, 4662
Laferrière, S. 3002, 3382
Laferriere, M. 7207
Lafont, R. 2677
La Fontinelle, J. de 13527

Laga, C. 4988
Lagane, R. 6119
Lägreid, A. 9848
Lagutina, A. V. 10757, 11496
Laigonaitė, A. 8972
Laitinen, L. 12497
Lake-Schoonebeek, G. S. M. M. 5269
Lakienė, V. 8965
Lakó, Gy. 725, 1124
Lakoff, G. 1125, 1455, 1786, 1795, 2538-9
—, R. 1968, 3792
Lalević, M. S. 9753
Lalewicz, J. 1456, 10369
Lamalfa Díaz, J. M. 6133
Lamb, S. M. 2294
Lambert, J. 3087
—, L. 3585
—, W. E. 3732
—, W. G. 11658-9, 11801
Lambrior, A. 6769
Lamendella, J. T. 3462
Laminger-Pascher, G. 4790
Lamiquiz, V. 5488
Lamprecht, A. 4095, 9953
Lamy, P. 3904
Lancaster, J. 112
Land, S. K. 1457-8, 1969
Landar, H. 13739, 13755
Landau, S. I. 8421
Landesman, C. 1459-61
Landi, A. 4858, 5287
Landsberg, M. E. 3088, 3463
Landsberger, B. 11665
Lane, G. S. 4191
Lang, A. 7227
—, E. 2678
—, H. 13253
—, J. 5373
—, M. 1126, 1462
—, Ranier 13546
—, Richard 7128
Langacker, R. W. 1127, 1463, 13849, 13858-9
Langal, I. 13536
Langdale, M. 6462
Langdon, M. 219, 13800, 13804, 13809-11
Lange, Klaus P. 2540
—, Kristina 13293
—, R. A. 13177
Langendoen, D. T. 1782
Langendonck, W. Van 4015
Lansing, R. H. 6661
Lantier, S. 1464
Lantolf, J. P. 5489
Lanz, H. 11802
Lapesa, R. 552, 5439, 5490

INDEX

Lapiņš, N. 9034
Lapkin, S. 3933
Laporta, M. T. 5228
Lappin, S. 1796
Lapteva, O. A. 11004-6, 11328
Lapucci, C. 6588
Lara, L. F. 1128
Łaragyowlyan, T. A. 4540
Łaragyozyan, A. H. 4541
La Regina, A. 5034
Łaribyan, A. S. 622, 4528, 4542-3
Larin, B. A. 11141, 11329
LaRiviere, C. 3434
Larkin, D. 8231
Laroche, E. 4141, 4185
Larreya, P. 2541
Larsen, A. B. 8717
—, E. G. 8701
—, J. 8633, 8742
Larsson, H. 793
Laska, I. V. 5907
Laškarbekov, B. B. 4448
Laškova, L. 9125, 9247, 9380-1
Laskowska, T. 10370
Laskowski, R. 9105, 9955, 10358, 10380
Lasku, R. 4669
Lasnik, H. 2461, 2542, 2587
Lass, A. 8075
—, B. 8075
—, R. 1129, 8028, 8052, 8076-7
Lasserre, F. 4972
Lastovka, S. Z. 2159
Lastra de Suarez, Y. 3756
Laszlo, E. 1465
Latham, J. D. 5260
Lathrop, T. A. 5483
Latour, B. 7247
Lattke, M. 4928
Latzel, S. 7297
Lau, D. 5152
Laufer, N. M. 11206
Lauffer, H. 7550
Laukkanen, K. 12438
Laumane, B. 9038
Launay, M. 1130
Laur, W. 7776-8
Laurencich Minelli, L. 13882
Lauretis, T. De 6662
Laureys, G. 3797
Lausberg, H. 3003
Lavandera, B. R. 3798
Lavía, M. L. 6707
Lavis, G. 6134
Lavoie, T. 6135
Lavryk, M. P. 8443

Lawendowski, B. 1131
Ławniczak, J. W. 11216
Lawson, J. S. 3652
—, R. H. 7248-9
—, S. 8444
Lazard, G. 4386, 4408
—, S. 5261
Lazarenko, Je. K. 11490
Lăzărescu, I. 6830
Lázaro Carreter, F. 3004, 3007, 5491
Lázaro Mora, F. A. 5492
Lazarova, A. 9382
Lazarus-Yafeh, H. 12107
Lazaryan, R. S. 4500
Lazic, M. 9670
Laziczius, Gy. 271, 623-5, 883, 2059, 2651, 3046, 12582, 12584, 12664
Laznibat, V. 9637, 9698
Lazoryk, O. 11531-2
Lazzerini, L. 6620
Lazzeroni, R. 4247, 5041
Leach, E. 3799
Leakey, F. W. 6234
Leal, A. 2778, 5557
Lebedeva, A. I. 11141
—, G. I. 11007
—, I. A. 7324
Lebedys, J. 8979
Leben, W. R. 8078
Leber, V. 2196
Le Berre, Y. 7096
Lebrun, R. 4163
Leclanche, J. L. 6008
Leclerc, T. 6262
Leclercq, H. 5019
—, R. 7397
Leclère, C. 5863
Lecocq, P. 3383
Lecomte, A. 1797
Lecoy, F. 5531, 6124, 6296
Lécureux, B. 5262
Leder, Z. 9849
Ledjaeva, S. D. 476
Le Dû, J. 7096
Lee, D. A. 8516
—, Gregory 2295, 3170
—, G. M. 4791
—, H. N. 1466
—, Kai-fat 13270
—, Kee-dong 13528
—, S. K. 8558
Leech, G. (N.) 1798, 8232, 8274
Leemets, H. 11330-2
Leemhuis, F. 12047
Leeming, H. 10024, 11217

INDEX

Leenen, J. 471, 626-7
Leerkamp-Ruijsendaal, E. 7817
Lees, R. B. 1132-3
Lefebvre, C. 13900
Lefever, M. M. 3384
Lefevere, A. 3089
Le Flem, D. C. 5908
Legère, K. 13668
Legge, M. D. 6009
Le Guern, M. 3005
Lehár, J. 9943-4
Lehfeldt, W. 1649
Le Hir, Y. 6215
Lehiste, I. 2160-1
Lehmann, C. 5098
—, D. 8445
—, H. 1134
—, R. P. M. 7023
—, S. 7779
—, Walter 13845
—, W. P. 2733, 4096-7, 7023
Lehnert, M. 272, 628-30, 8029, 8446
Lehrer, A. 1799, 2397
Lehtinen, R. 338, 12381
—, T. 338, 12382
Lehtonen, J. 2065-7
Leibniz, G. W. 1407, 1468, 1624, 2023, 2036
Leibowitz, A. H. 3800
Leichty, E. 11660
Leidner, D. R. 8079
Leinfellner, W. 1467
Leinieks, V. 5195
Leira, V. 8718
Leivo, M. 12316
Lejeune, M. 4728-31, 4766, 4859, 5034, 5042-3, 5054-5, 11719
Lejkina, B. M. 2679-80
Leka, F. 4653
Lekomcev, Ju. K. 406, 1800
Lekomceva, M. I. 891, 2296
Lekov, I. 513, 9080, 9108, 9126-7, 9383, 10304
Leloux, Herman 7706
—, H. J. 7828, 7864
Lemaire, A. 11875, 11880, 11889, 11943-4
Lemartinel, J. 5588, 5656
Lemle, M. 5721
Lemoine, J. 6328
Lencek, R. L. 323, 3801, 9850-1
Lenders, W. 1468, 7647
Lenec', K. V. 11496
Lenga, G. 10371
Lëngu, N. 4670
Lengyel, Zs. 3545, 12650
Lenneberg, E. 273, 3336
Le Ny, J. F. 365, 1801

Leodolter, M. 3802-3
—, R. 3802-3
Léon, P. R. 2046, 3804, 5781
Leonard, L. B. 3546-7
Leone, A. 6402-3, 6708
Leonenko, M. A. 11008
Léonet, G. 13706
Leonidova, M. (A.) 9484, 9486, 11333
Leont'ev, A. A. 892, 3385-6, 3409
Leopardi, G. 1905
Lepelley, R. 6067
Lepešaŭ, I. Ja. 11567
Leppäjärvi, E. 12383
Leppik, M. 12384
Lepschy, G. C. 189, 1135, 6404
Lerchner, G. 1970, 3006
Lerot, J. 2543
Leroy, M. 1971
Lerusse, F. 2544
Le Sage, D. (E.) 1802, 7707
Le Saout, J. 13628
Leschhorn, M. L. 8233
Leselbaum, C. 439
Lesiów, M. 10671, 10747, 11536
Leška, O. 706, 9128
Leskinen, H. 12385
Leskosky, R. J. 893
Leslau, W. 12148-51
Leso, E. 6621
Lester, M. 8234
Letjagina, N. I. 13046
Letta, C. 5034, 5044
Lettenbauer, W. 9277
Leumann, M. 4989
Leuninger, H. 1972, 3635
Lévai, B. 12749
Levander, L. 8799
Levčenko, G. A. 631
Levelt, W. J. M. 3171
Levet, J. P. 4860
Levi, J. N. 11945
Levickaja, T. R. 3090
Levickij, V. V. 3387
Levin, J. F. 8951
—, Ju. L. 11009
—, Samuel R. 3007-8
—, Saul 8553
—, V. D. 385
Levina, G. M. 11218
Levine, A. 1136
—, É. 11946
Levinton, G. 11161
Lévi-Strauss, C. 2062
Levitskaja, L. (S.) 13004, 13047
Levkovskaja, K. A. 632

Lëvšin, A. I. 12994
Levy, J. 3661
Lévy, P. 293
Levyc'kyj, V. V. 3338
Lewandowska, B. 2545, 8235-6
Lewandowski, H. 1469
—, T. 1877, 11098
Lewanski, R. C. 9060
Lewaszkiewicz, T. 10538, 10587
Lewicka, H. 274, 633, 6010
Lewicki, A. (M.) 10372, 10621
—, P. 3805
—, T. 4409
Lewis, B. E. 11284
—, D. 1470-1
Lewitz, S. 13385-6
Leys, O. 4016, 7890, 7928
L'Heureux, C. E. 11947
Lhuyd, E. 634
Li, C. N. 143, 1676, 2546, 13271-2, 13883
Liard, P. H. 6048
Liba, P. 3021
Libera, A. de 946
Liberman, A. S. 8647, 8692
Lichačev, D. S. 550, 635-6
Lida, R. 275, 637
Lidov, D. 894
Lie, S. 8719
Lieb, H. H. 1137-40
Lieberman, P. 2068, 2162, 3464
—, Saul 4862
—, S. J. 261
Liebrucks, B. 1472
Liebsch, H. 7172
Liefrink, F. 2612
Liénard, E. 5219
Lienhard, S. 4318, 13294
Ligara, B. 10672
Ligeti, L. 213, 390, 12690, 13092-3
Lightfoot, D. 2547-9, 2734
Lightner, T. M. 1141, 2297, 8080, 10878
Lihani, J. 5623
Liimola, M. E. 638
Liivaku, U. 12458-9
Likaj, E. 4656
Liljestrand, B. 8800
Lilly, I. K. 11368
Lilov, M. 429, 9384, 9538-40
Lima, J. L. de 5702
—, J. Pinto de 5722
Limber, J. 3388, 3548
Limentani, A. 5318, 6011-2
Limet, H. 11661-2, 11803
Limme, L. 12195
Lincoln, B. 4202, 4863

—, P. C. 3905
Lindberg, C. 8324
—, E. 8801
Linde, C. 2681, 8237
—, S. B. 10538
Lindegård Hjorth, P. 8747
Lindegger, P. 13295
Lindeman, F. O. 4098
Lindemann, R. 1142
Lindén, B. 8802-4, 8883
Lindenfeld, J. 13860
Linder, K. P. 6297
Lindert, B. 10673-6
Lindgren, M. 4732
Lindkvist, K. G. 8238-9
Lindner, G. 2163-4
—, K. 3549
Lindow, J. 8648
—, W. 7708
Lindquist, I. 8649
Lindqvist-Gauffin, J. 2165
Lindsay, P. 5793
Lindsley, J. R. 3389
Lindvall, L. 5400-1, 6136
Linell, P. 1143, 2298, 8769
Lingorska, B. 9385
Link, G. 1474
Linnamägi, M. 2385
Lins'kij, S. S. 8517
Linsky, L. 1475
Linṭa, E. 6917
Lipczuk, R. 2354, 7228
Lipiński, E. 11762, 12003-5
Lipka, Leonhard 8122, 8240-1
—, L'úbor 3091
Lipold, G. 2166, 7463-4
Lipovec, A. 9852
Lippus, U. 2167
Lipski, J. M. 5589, 5703
Lipták, Š. 466, 10275-6
Lisauskas, S. 8983
Lisker, L. 2081, 2168
Lišková, Z. 10205-6
Lisovyj, I. A. 11537
List, G. 3390, 3662
Little, G. D. 2355
Littlefield, M. G. 5280
Littman, R. J. 5153
Litvak, S. Ja. 8242
Litvin, F. A. 2860
—, I. P. 11285
Litvinov, M. M. 7325-6
Liukkonen, K. 8984
Livadaras, N. 4972
Liver, R. 6740

INDEX

Lizanec, P. N. 11474-5
Ljubenov, L. 9550
Ljubimov, K. M. 12950-1
Ljubimova, O. A. 11149
Ljudskanov, A. 159, 3124-5, 3308, 3314-5, 3680
Ljukšin, Ju. V. 11010, 11334
Ljul'ko, N. P. 11335
Ljung, M. 8123-4
Llamzon, T. A. 13476-8
Lleó, Concepció 5402
—, Conxita 5493
Llorente Maldonado de Guevara, A. 5558
Lloshi, X. 4671
Lloyd, P. 3550
—, P. D. 3807
Loach Bramanti, K. 6405, 6622
Loar, B. 1476
Łobacz, P. 2169-70, 10314-5, 10618
Lobiuc, I. 3808
Löbner, S. 1477
Loboda, V. V. 11421, 11538
Lo Cascio, V. 5324, 6345-6, 6406
Locchi, D. 11219
Lochner von Hüttenbach, F. 4066, 4864, 7551
Locke, J. 1318, 1444, 1460, 1505
—, S. 3465
Lockhart, J. 13849
Lockwood, D. G. 927, 1144, 2069
—, W. B. 7024, 8447, 8699
LoCoco, V. (G.-M.) 3906-7
Lodge, K. R. 1145
Loding, D. 11663, 11804
Loewenberg, I. 3009
Loewenstamm, S. E. 11862
Loey, A. van 7849, 7865-6
Löffler, H. 3809, 7465-6
Löfkvist, J. E. 8805
Loflin, M. D. 3810, 8383-4
Löfstedt, B. 5263-4
—, L. 6013
Logačev, K. I. 4990-1, 9278
Logan, H. M. 8559
Logar, T. 9853-4
Lohmann, J. 1480
Loi Corvetto, I. 3663
Lojkine, A. K. 11369
Loknar, V. 9638
Løland, S. 8658, 8720
Lomakina, T. I. 12508
Loman, B. 8806-7
Lombard, A. 765, 6770, 6807
Lombeida, E. G. 5624
Lommatzsch, B. 2861
—, E. 276, 6173

Lomtatidze, K. 12293-4
Lomtev, T. P. 639-40, 10775
London, G. H. 5533
Longacre, R. E. 1146, 2683-4, 3092
Lønstrup, B. 10844
Lonzi, L. 6407
Loohuis, W. J. M. 7615
Loomis, J. W. 5220
Loon, J. van 7965
Lopašov, Ju. A. 4672
Lopatin, V. V. 2815, 10872, 10882
Lopat'ko, V. V. 8081
Lope Blanch, J. M. 5559
Lopes, A. M. Simões da Silva 5704
Lopez, C. 277, 641
—, D. I. 13850
—, P. 5534
López Grigera, L. 5535
Lopušanskaja, S. P. 10871
Lord, A. 4808
—, C. 13629
Lorda i Alaiz, F. M. 185
Lorenz, K. 1147
—, W. 1481-2, 1639
Lorenzer, A. 3391
Lorenzo, J. 5154
Loretz, O. 11843-54, 11863, 11948
Lorian, A. 5909, 6216
Lőrincze, L. 12585
Lorton, D. 12180
Löschhorn, B. 5132
Losev, A. F. 897
Loseva, L. M. 2550
Losique, S. 6068
Loșonți, D. 6918, 6972
Lotman, Ju. M. 935, 951, 3010, 3032, 11099
—, M. (Ju.) 3063, 11370
Lötscher, A. 2551, 7552
Lotz, J. 898
Lötzsch, R. 369, 2386, 9386, 9597
Louw, J. A. 13707-8, 13725
—, J. P. 2862
Lozachmeur, J. C. 5790
Łozińska, M. 6243
Loužil, J. 10011
Lozza, G. 4929
Lubaś, W. 9234, 10362, 10372, 10468, 10632
Lubaszewski, W. 10622-3
Lucci, V. 5791, 6069
Luciani, L. 6530
Lüdi, G. C. 3011
Ludolf, J. 642
Lüdtke, H. 5403
Ludvíková, M. 3225-6
Luelsdorff, P. A. 8382, 8385

INDEX

Lugovceva, L. O. 8082
Lühr, R. 7129-30
Luiselli, B. 5057
Luka, K. 4673-4
Łukasik-Szulowska, W. 10373
Lukaszewicz, W. 10624
Lukinova, T. B. 2735
Luk'janova, E. M. 11381
—, N. A. 11220
Lukszyn, J. 11011
Luli, F. 4675
Lumwamu, F. 13709
Lund, J. 8736
—, N. 8609
Lundeby, E. 8650
Lunden, S. S. 10776, 11221
Lunt, H. G. 9279, 9448
Lupaş, L. 4767
Lupu, C. 6919
Lurati, O. 6531, 6586, 6623
Lurija, A. R. 3664-6
Luščaj, V. V. 11012
Luščichina, I. M. 3392
Łuszczyńska, E. 11472
Luthy, M. J. 12386
Lütjen, H. P. 2552
Lutterer, I. 302, 527, 751-2, 4017, 10025-6
Lutz, H. D. 3261
Lutz-Hensel, M. 3148
Luxemburg, J. J. H. van 3012
L'vov, A. S. 9199, 9280-2, 11100
Lyas, C. 1538
Lyberis, A. 8982
Lycan, W. G. 1317
Lychošerst, N. I. 8555
Lyman, T. A. 13329
Lynch, J. 13435
Lyon, J. 3148
Lyse, P. 8721
Lysyčenko, L. A. 11491
Lytkin, V. I. 643-4, 12335, 12526
Lytle, E. G. 8243
Lyzanec', P. M. 11474-5

Maak, H. G. 7553
Maas, P. 4951
Maatje, F. C. 7931
MacAdam, A. J. 3093
Macaulay, R. K. S. 3811
Mač'avariani, G. 12249
Mac Cana, P. 7025, 7076-7
Mac Donald, G. J. 5590, 5600
Macdonald, J. 11805
Machado-Holsti, M. E. 5705
Machiavelli, N. 6463

Machová, S. 10006
Maciejewski, J. 10305
MacKay, A. F. 1425
MacKenzie, D. N. 4410-1
Mackesy, E. M. 32
Mackevič, Ju. F. 11577
Mackey, W. F. 3910
Macksey, R. 3094
Mac Mathúna, L. 7026
Macnamara, J. 6264
Macpherson, I. R. 5440-1
Macrae, A. J. 3551
Macrea, D. 6920
Marcrì Li Gotti, M. V. 4142
Macuch, R. 12006-7
MacWhinney, B. 3552
Mączyński, I. 10539
Maddieson, I. 13321, 13710-1
Madela, L. 13712
Maegaard, B. 3126
Maekawa, K. 11664
Mäenpää, A. L. 952
Maës, H. 13178
Maestre Yenes, M. A. H. 5256
Maffei Bellucci, P. 6408, 6494, 6532
Mäger, M. 12546-7
Magerøy, H. 8722
Maggi, D. 4248
Maggiani, A. 5034
Mägiste, J. 12346, 12460
Magnani, F. 6464
Magner, T. F. 323, 3812, 9639, 9724
Magno Caldognetto, E. 2113, 3667, 6358
Magnusson, K. 7327
—, W. L. 4102, 5640
Magomedbekova, Z. M. 12295
Magometov, A. A. 12296-7
Mahapatra, B. P. 13422
—, K. 13423
Maher, J. P. 7554
Mahulkar, D. D. 3172
Maia, C. de Azevedo 5706
Maihoff, D. 10540
Mailhot, J. 13769, 13777
Maingueneau, D. 1148, 2685
Mainz, E. 4449
Maj, M. 677
Majchrowski, J. 10397
Majda, T. 12952
Majer, V. E. 12544
Majewicz, A. F. 2387
Majowa, J. 10703
Majtán, M. 168-70, 613, 654, 755, 778, 4018, 4021, 10157, 10277-81
Majtánová, M. 10027, 10109

INDEX

Majtinskaja, K. E. 12332, 12335
Majut, R. 7555
Makarčev, B. V. 8125
Makarenko, V. A. 13479
Makarov, V. V. 2863
Mäkeläinen, O. 1803
Makino, S. 2558, 13179
Makkai, A. 126, 902, 927, 1804, 2736, 8449
—, V. B. 2736, 3911
Makovskij, M. M. 1149
Makowska, D. 9487
Makowski, S. 10588
Maksimova, E. R. 4319
Maksymčuk, B. V. 7328
Maláč, V. 9901
Małachowska, E. 445
Malasi, F. 13715
Malbran-Labat, F. 11799
Maldžieva, V. 10374
Malec, M. 10677
—, T. 10469
Małecki, M. 645
Malécot, A. 5792-3, 5795
Maler, B. 5707
Maley, C. A. 6261
Malgady, R. G. 3393
Malherbe, G. H. 7988
Malicka, O. 10814
Malige-Klappenbach, H. 7592
Malikouti-Drachman, A. 3553
Malíková, M. O. 10883
Malinar, S. 6409
Malinskaja, B. A. 47
Maljutkina, A. G. 11135
Mälk, V. 12431
Malkiel, Y. 247, 492, 652, 664, 2779, 2864-6, 5280, 5325-6, 5374, 5426, 5442-3, 5591, 5657, 6410
Mal′kov, F. V. 13150
Malkova, O. V. 11256
Malla, K. P. 4295
Mallek, O. 10306
Mallory, J. P. 4085
Malmberg, B. 926, 1150, 2053, 2070, 2171
Malmi, W. A. 3466
Malmström, S. 8784
Malone, J. L. 11949-50
Malov, S. E. 12990
Malsch, D. L. 8083, 8244
Malý, J. 10028
Mamalyha, A. I. 11515
Mamatov, M. Š. 7340
Mamedov, M. B. 12974-5
Mamontova, N. 12429
Mamsurova, E. N. 2780

Man, O. 370, 3095-6, 11222
Mancarella, G. B. 695, 6533-6, 6557
Mančev, K. 1677
Mancini, A. 5056
—, F. 6465
Mańczak, W. 1151, 2737, 5327, 5494, 5794, 5836, 6466, 9094, 10316, 10470
Mandel, M. 3974
Mándoky-Kongur, I. 12693
Manea, D. 6952
Maneca, C. 5328
Manes, J. 1805
Mangion, G. 12118
Mangold, M. 1678
Manherz, K. 7467
Maniet, A. 6329
Manikajte, V. 8985
Manke, H. 1976
Manley, T. M. 2172, 13387
Manni Piraino, M. T. 4906
Manoliu-Manea, M. 5318, 5329
Manolova, L. 9387, 9398, 9521
Manor, R. 3173
Manova, N. D. 12565
Mansell, P. 2173
Manteca Alonso-Cortés, Á. 5495
Manthey, F. 3394
Mantou, R. 6137
Manuagh, T. S. 3446
Mānuš, L. 4355
Manzelli, G. 6624
Maragliano, A. 6537
—, I. 6537
Maran, La Raw 13309
Marangoni, T. 6663
Maraschio, N. 6411
Maratsos, M. P. 3554
Marazzini, C. 6467
Marcantonio, A. 6412
Marcato (Politi), G. 3813-4, 6338, 6695
Marcellesi, C. 3555, 6251
—, J. B. 3815
Marcelli, Z. 761
Marčev, A. 3288
Marchand, H. 8245
—, J. W. 8916
Marchese, M. P. 5034
Marchi, F. 6625
Marchianò Castellano, A. 4676
Marchi Golzio, R. 6626
Marchlik, T. 10375
Marcjanik, M. 10376-7
Marckwardt, A. H. 646-8, 8341
Marckworth, M. L. 3668
Marcos, H. M. 12154

INDEX

Marcq, P. 7709
Marcus, H. G. 204
—, S. 3119
Mărdărescu-Teodorescu, M. 6778
Mareş, A. 6840, 6844-5
Mareš, F. V. 9200, 9283, 9302, 9598
Maretić, T. 9762
Margain, J. 11951
Margalit, A. 3556
—, B. 11864
Margańska, K. 10589
Margos, A. 9434
Margueron, C. 6138
Marianelli, M. 726
Marín, D. 5496
Marin, L. 1486
—, O. S. M. 3669-70
Mariner Bigorra, S. 1152, 5404, 5658
Marinescu, B. 2765
—, R. 6808
Marion, J. L. 5235
Mariotti, I. 5057
Markel, J. D. 2174
—, N. N. 3395
Markey, T. L. 391, 712, 1153, 2738, 7131, 7156, 8656
Markman, B. 3896
Markov, B. 9599-600, 10884
—, V. M. 10885
Marková, M. 9921
Marković, B. V. 9745
—, S. 9629
Marks, C. E. 1487
Marle, J. van 2227
Marler, P. 3467
Marot, P. 462
Marques, M. E. R. 543
Marquess, H. E. 11186
Márquez Villanueva, F. 472
Márquez Villegas, L. 5592
Marr, N. Ja. 1933
Marras, A. 1424, 1636
Marrassini, P. 12152
Marri, F. 6627
Marsá, F. 5405
Marsais, C. Chesneau du 1552, 1973, 2016
Maršálová, L. 3396
Marschallek, F. 1050
Marshack, A. 3454, 3468
Marshall, J. C. 3671
Marsinová, M. 9129, 10207
Marslen-Wilson, W. 3397
Martel, C. 6280
Martelli, M. 6664
Martellotti, A. 8917-8

Martemjanov, Ju. S. 2559
Marten, R. 1347, 1488
Marti, H. 5061
Martin, B. 452, 7710
—, E. 5742
—, Éveline 5745
—, James 2299
—, Jean B. 6070-1
—, Jeanette P. 13740
—, John W. 5708
—, Raymond A. 4930
—, Richard M. 1489-91
—, Robert III, 259, 1806-7, 5745, 5910-1
—, Robert L. 1492
—, M. T. 13478
—, W. 3227
Martín, J. L. 3013
Martincová, O. 9077, 9922, 9967
Martindale, C. 3672
Martinet, A. 877, 1808, 2560, 2739, 3941, 5817
Martínez Alvarez, J. 5560
Martínez Celdrán, E. 5498
Martínez García, F. 5625
—, J. A. 5626
Martínez Ruiz, J. 5330, 5659
Martinich, A. P. 1493
Martino, G. De 3398
Martinova, V. 10886
Martins, M. R. Delgado 5709
Martín Zorraquino, M. A. 5497
Martirena, A. M. 5647
Martirosov, A. G. 12255
Márton, Gy. 649-50, 12669, 12672
Mártonfi, F. 2300, 13151
Martonová, M. 10176
Marty, A. 1527
Martynaŭ, V. U. 11569-71, 11575
Martynov, V. V. 10477
Martysiuk, M. 10815-6
Marvan, J. 9130, 10887
Marx, K. 1082, 1974
Marx-Nordin, S. 7556
Maryniak, L. 3383
Maryniak(owa), I. 11136, 11225
Marynissen, C. 7966
Marzal, A. 11806
Marzell, H. 7557
Marzys, Z. 187, 6014, 6049
Masa, A. 6706
Masár, I. 132, 2867, 10065, 10110
Masařík, Z. 9914
Mascaró, J. 5402
Masenko, L. T. 11539
Maser, S. 900
Masing, U. 12333

757

INDEX

Maslen, E. 8015
Maslennikova, L. I. 10471
Maslov, B. A. 3174
—, Ju. S. 9131
Mason, H. J. 4865
Maspero, F. 4992
Massariello, G. 6298
Masson, E. 2930, 4181, 11705
—, M. 11952-4
—, O. 4838, 5020-3, 5027, 11600, 11881, 11896
Mastrangelo Latini, G. 6538
Mastrelli, C. A. 280, 297, 490, 665, 4099, 6539, 7132, 8651, 8919, 11724
Mastrelli Anzillotti, G. 6709
D. Mátai, M. 12711
Matarazzo, J. D. 3446
Matejčík, J. 4019, 10158-9, 10282
Matejka, L. 901, 9639
Mateus, M. H. Mira 5710-2
Mathé, S. 1809
Mathesius, V. 651, 862, 8030
Matheson, A. 7009
—, W. 7027
Mathias, G. B. 13199
Mathiassen, T. 8945, 9095
Matilal, B. K. 1494
Matisoff, J. A. 13310-1
Matley, I. M. 12432
Matoré, G. 246
Matouš, L. 11807
Matte, É. 5796
Mattea, M. 5191
Mattesini, E. 6540-1
Mattheier, K. J. 150
Matthews, C. M. 8610
—, G. B. 1508
—, P. H. 2388
—, W. 652
Mattisson, A. C. 8884
Matuszewski, J. 10678
Matuz, J. 13005
Matveev, A. K. 4020, 11399-401, 12334
Matzel, K. 2561, 7329, 7398
Matzen, R. 7431
Maue, D. 4249, 12896
Mauny, R. 6140
Maupertuis, P. L. M. de 1404
Maurand, G. 2686
Maurer, F. 2801, 7468, 7512
—, W. H. 4250-1
Mauro, T. De 6482, 6587
Maurud, Ø. 8652-3
Maury, N. G. 6072
Mavlov, L. 3228
Maw, J. 13669

Maxwell-Stuart, P. G. 4866-7
May, W. H. 2901
Mayenowa, M. R. 372, 10556
Mayer, G. L. 10817
—, H. E. 8934
—, Werner 11808-9
—, Wolfgang 1605
Mayo, P. J. 11572
Mayrhofer, M. 491, 653, 770, 4066, 4203-4, 4252, 4387, 4412
Mazáčová, S. 3066
Mazaleyrat, J. 6235
Mazan'ko, I. F. 10888
Mazaudon, M. 13296
Mažėjka, N. S. 11573
Mažiulis, V. 4101, 8946
Mážlekova, M. 9488
Mazur, J. 10472-3
Mazúr, S. 654-5, 10283-4
Mazza, F. 11897
Mazzini, I. 5196-7
Mazzola, M. L. 5331
Mazzoni, B. 5284, 6628
—, E. 11725
Mazzotta, G. 6696
Mazzuoli Porru, G. 7133
Mbulamoko, N. 2356
McA'Nulty, J. 5912
McCall, M. H., Jr. 3014, 4808
McCann, D. R. 13152
McCarter, P. K., Jr. 2931
McCarus, E. N. 12048
McCaughey, T. P. 7028
McCawley, J. D. 354, 902, 1810, 2357, 2553-4, 8080, 13180
—, N. A. 2555-6, 8246, 13181-2
McClellan, T. 1154
McClure, E. F. 3908-9, 3942-3
—, M. M. 3908
McConnell, G. D. 2777
McCormack, W. C. 3794
McCormick, P. P. 1483
McDavid, R. I., Jr. 648, 8380-1
McDonald, M. V. 12036
McDowell, J. 1484, 1615
McGaughy, L. C. 4792
McGloin, N. H. 13183
McGregor, R. S. 4318
Mchitarjan, E. S. 8256
McKaughan, H. (P.) 2557, 13547
McKenna, M. 7097
McKinley, R. 8611-2
McLendon, S. 13812
McLennan, G. R. 5221
McLintock, D. R. 7634

INDEX

McMahon, W. E. 1485
McMillin, A. B. 11568
McNeill, D. 3399, 3413
Méar-Crine, A. M. 3557, 3816, 6262
Mecchia, R. 1155
Mečkovskaja. N. B. 9201
Medici, M. 6629, 6665
Meduševs'kyj, A. P. 11421
Medvediv, A. R. 6244
Medvid', O. S. 8518
Meenakshi, K. 13234
Meer, G. van der 7999
Meersman, A. De 7813
Meerten, R. J. van 2932
Meertens, P. J. 7972
Meeussen, A. E. 13652
Megaw, B. 7029
Meggle, G. 1473, 1495
Meharry, A. 29
Mehendale, M. A. 4253, 4278
Mehnert, D. 2175, 13312
Mehra, V. R. 11997
Mehrabian, A. 3975
Mehrotra, R. R. 3817
Meid, W. 144, 245, 289, 1811, 4066, 6995, 7030, 7126, 7134
Meier, G. F. 1975, 11742
—, H. 5332, 5336, 6099, 6141
—, M. 4868, 11601
Meigret, L. 1996
Meijer, G. 3712
Meiklejohn, M. F. M. 656
Meillet, A. 730
Meinhard, H. J. 7366
Meinhold, G. 2176
Meini, G. 6603
Meisel, J. M. 1156
Meiseles, G. 12037
Meissner, B. 11815, 11824
Mejlach, M. B. 3015
Mękarska, B. 4413
Melchert, H. C. 4164
Mel'čuk, I. A. 1157-8, 2389-90
Melefors, E. 8885
Melena, J. L. 4733-4, 4768, 11746
Melerowicz, A. 8450
Melik'yan, G. 4450
Melillo, A. M. 6542
Melin, L. 8809
Meling, K. 8342
Melis, E. 2301
—, L. 2476, 5913, 6142
Melka-Teichroew, J. 3818
Mellbourn, G. 278
Melles, C. 13118

Mel'ničuk, A. S. 1159, 9132
Mel'nyčuk, O. S. 9202, 10748
Melo, G. Chaves de 5713-4
Ménage, G. 1926
Ménard, P. 5914
Menasce, J. de 4366
Mendoza, J. 4100, 4931
Menegus Tamburin, V. 6741-2
Menges, K. H. 12809, 12953, 13063
Menge-Verbeeck, R. 10889
Menhard, Z. 8451
Menke, H. 7780
Menovščikov, G. A. 13746-8
Menskaja, T. B. 9489
Mentrup, W. 7558-60
Mercer, N. McK. 3229
Merian, E. 9081
Meriggi, P. 11691, 13670
Merila, U. 5915
Merino, B. 3891
Meriö, K. 3400
Meriste, H. 12459
Merk, G. 5155, 6143
Merkelbach, R. 5024
Merkle, L. 7469
Merkulova, V. A. 11492
Merlan, F. 13861
Merleau-Ponty, M. 1336
Merrill, D. D. 1425
Merritt, M. 3819
Merwe, H. J. J. M. van der 279, 657, 7984
Meščerskij, N. A. 658-9, 11013, 11101
Meschgang, J. 10722
Meserole, H. T. 33
Meškov, O. D. 2868
Messing, G. M. 4769, 8031
Messner, D. 5375, 5715-6, 6144
Mészáros, Gy. 4358-9, 4362
—, I. 12651
Metcalf, P. A. 13480
Metljuk, A. A. 2145, 11574
Metz, C. 903-4
Metzeltin, M. 5333, 5376, 5717, 6145
Metzing, D. 3261
Meulemann, H. 3820
Meulen, A. ter 1160-1
Meulenaere, H. De 308
Meulenbeld, G. J. 4254
Meunier, A. 6146
Mey, J. 1496
Mey, M. De 1497
Meyer, B. J. F. 3016
—, I. R. 12841
—, J. A. 4810
—, M. A. 1162, 1498

759

INDEX

Meyer-Hermann, R. 1163, 5718-9
Meyers, L. F. 12232
Meylakh, M. 3015
Meys, W. J. 8126
Mëzezi, X. 4678
Mianowicz, E. 9818
Michaelis, J. D. 1976
Michajlov, M. 10890-2
Michajlova, D. A. 9569
—, E. 9449
—, G. D. 9490
—, L. P. 11137
—, T. 8560
Michajlovskaja, N. G. 11223
Michalap, K. P. 11402-3
Michálek, E. 754, 9891, 9945-7
Michalik, R. 10723
Michałk, F. 10724-5
Michalková, V. 9953
Michalowski, P. 11666
Michalus, Š. 10187
Michel, G. 7609
—, L. 660
Michelena, L. 200, 11743
Michelini, G. 4101, 4255, 4770
Michell, G. 1812
Michels, V. 7488
Michelucci, M. 11730
Michiels, A. 8247
Michnevič, A. Ja. 9133, 11575-6
Michov, N. 5917
Mićović, V. M. 9755
Micu, S. 2043
Miedema, H. T. J. 7992, 8000-4
Mieder, W. 30
Mielczarek, A. 10541
Mierzejewska, D. 11480
—, H. 514
Mieszek, A. 8013
Migirin, V. N. 1164
Migliorini, B. 280, 661-7, 6413, 6710
Mignot, X. 2241
Migron, S. 4256
Mihăescu, N. 6771
Mihăilă, E. 3017
—, G. 6922, 6927, 9293
Mihailă, R. 1499
Mihăilă-Scărlătoiu, E. 6875
Mihailescu, S. 6846
Mihajlović, J. 9819
—, V. 9756, 9820
Mikailov, È. Š. 12298
Mikalson, J. D. 5198
Mikhailova, T. 8560
Miki, C. C. 5772

Mikiel, W. 2124, 2140, 2180
Mikkonen, P. 12423
Miklič, T. 6414
Mikluš, M. 2562, 10111
Miko, F. 356, 371, 3018-21, 10112, 10208-11
Mikó, P. 2687-8
Mikola, T. 12570, 12790
Mikolajčik, V. I. 4451
Mikołajczak, B. 10590
—, S. 10573-4, 10591
Mikoś, M. J. 10317
Milanesi, A. 6485
Milani, C. 5156, 8343
Milejkowska, H. 10818, 11224
Miles, L. W. 3558
Milešin, Ju. N. 8248
Miletich, J. S. 3022
Milev, A. 9284
Mileva, N. 9285
Milewski, T. 281, 668, 2358
Milgrom, J. 4165, 11955
Miliband, S. D. 31, 496
Milik, J. T. 12008
Milisavac, Ž. 9248
Militz, H. M. 1500
Millard, A. R. 2934, 11981
Miller, C. (P.) 13334-5, 13394
—, D. G. 4102, 4771-3, 8920
—, G. A. 3341, 3401, 3413
—, H. 13481
—, James E. 11014
—, Jeanne 13481
—, Joanne L. 2177
—, John 13394
—, Mary R. 8575, 8613
—, Max 3559
—, Robert T. 3514
—, Roy A. 4056, 13184, 13297-8
—, Ruth 3479
Mills, A. E. 3912
—, C. R. 8344
—, J. A. 3402
Milner, J. C. 905, 1165
Milojević-Sheppard, M. 2563
Miloš, O. 9775
Miloslavskij, I. G. 640
Minářová, E. 9892
Minasyan [Minassian], M. 730, 4544-5
Minčeva, A. 9286, 9491
—, M. 9888
Mindt, D. 906
Mineau, R. 6073
Mineralov, Ju. 11371
Minguet, C. 5593
—, P. 2966

Miniati, M. V. 6543
Minton, W. W. 4932
Mintz, M. W. 13482
Miodek, J. 10542, 10592
Miodunka, W. 10543
Mioni, A. M. 3821, 6580, 6697, 7157
Miovski, M. 9492
Mirak'yan, Ē. B. 907
Miranda, R. V. 4103
Mirande, N. Donni de 5561
Mirčev, K. S. 426, 669-74, 9287, 9541
Mironov, S. A. 581, 7470
Miró Quesada Cantuarias, F. 908
Mirowicz, A. 9134, 11225
Mîrza, C. 6779
Mirzoev, G. 4452
Misenheimer, J. B., Jr. 8011
Mišeska-Tomić, O. 8249
Miševa, A. 2178, 2211
Mishra, M. 4257
Misiewicz, J. 3023
Miškovská-Kozáková, V. T. 1501
Misra, H. 4303
Misterski, H. 6809, 6924
Mistrík, J. 386-7, 2869, 3024, 3175, 10212-5
Mitchell, B. 8250-2
—, J. L. 158
Mitkov, M. 9235, 9602
Mitterand, H. 6147
Mittwoch, A. 2564
Mitu, M. 515, 6925, 10307
Mitzka, W. 675-6, 7471-3
Mixco, M. 13813
Miyazaki, K. 2870
Mizsér, L. 12750
Mkanganwi, K. G. 13713
Mkrtč'yan, N. A. 4166-7
Mkrtowmyan, H. G. 4546
Mkrtumjan, A. G. 4546
Mlacek, J. 10113, 10177, 10216
Mladenov, A. 9435
—, M. S. 588, 9330, 9450-2
Mladenović, A. 9700-4, 9757, 9776, 9821
Mo Káa 2565
Moberg, L. 282, 8654, 8810
Mocanu, N. 6876
Mocciaro, A. (G.) 6527, 6544
Möcker, H. 7208
Moeller, W. O. 5157
Moerk, E. L. 3560
Moessner, L. 8345, 8561
Moeyaert, C. 7886
Mohan, B. A. 3822
Möhlig, W. J. G. 12230, 13653
Möhren, F. 178

Mohring, H. 13483
Mohrmann, C. 5266-7
Moignet, G. 5918-20
Moïnfar, M. D. 4453
Moise, I. 6810
Moiseev, A. I. 658, 10819-20, 10893
Moiseeva, V. A. 11138
Mokány, K. 12670
—, S. 11493
Mokienko, V. M. 2871-2, 11226-8
Mokuter, I. 9758
Molbæk Hansen, P. 8748
Molčanova, E. K. 4454-6
—, O. T. 13064-5
Molemans, J. 7967-70
Molho, M. 5406, 5627
Molina, A. de 13862
Molinari, M. V. 6545
Moll, F. de B. 5407
—, K. L. 2154
Møller, B. 8748
Möller, R. 7781
Mollova, M. 4457, 9570-1
A. Molnár, F. 12527-8, 12694
Molnár, I. 12624
—, J. 12571, 12585, 12599, 12652
—, Z. 12723
Molodid, T. K. 11501
Molony, C. H. 13925
Molotkova, G. N. 11336
Momsen, I. E. 7989
Monaco, G. 5057
Monboddo, J. B. 1969
Mondéjar, J. 5594
Monfrin, J. 462
Monkiewicz, A. 8253
Monnot, M. 5797
Monreal-Wickert, I. 1977
Monsen, R. B. 3673-4
Monsonego, S. 5921
Montágh, I. 12600
Montagu, A. 3469
Montague, R. 1503, 1541, 3157
Montanari, E. 5199
Montero Cartelle, E. 5158
Montes Giraldo, J. J. 3561, 5499, 5562, 5595
Montgomery, T. 5500, 5536
Moody, M. D. 5922
Mookini, E. T. 13518
Moonan, L. 1504
Moor, J. C. de 11856, 11865-6
Moore, D. G. 5133
—, J. T. 1505
Mooy, J. J. A. 1813
Moralejo Alvarez, J. J. 4820-1

INDEX

Morales, F. 5369
Mora Monroy, S. C. 5660
Moran, W. L. 11667
Morani, M. 4811
Moravcsik, J. M. 1506-8
Moravec, J. 9167, 11476
Morávek, M. 3823
Mordovina, S. P. 11102
Mørdrup, O. 5837-8, 5923
More, W. W. 8416
Moreau, M. L. 5924
Morehead, A. E. 3566
—, D. M. 3566
Morenec', V. V. 10749
Moreschini Quattordio, A. 4869
Morev, Ju. A. 12791-2
Moreva, V. Ju. 10999
Morgan, J. L. 1814, 2414, 2479, 2566
Morgenstierne, G. 4205, 4344, 4458-9
Morillon, P. 5159
Morin, J. Y. 2567
Morínigo, M. A. 13901
Morissonneau, C. 4005
Morkunas, K. F. 8986
Morlet, M. T. 6330-1
Moroń, B. 10679
Moroz, I. T. 13119
Morozova, E. A. 10821-2
Morpurgo-Davies, A. 289
Morreale, M. 5596
Morris, C. W. 909-10
Morsbach, G. 3562
Morse, P. A. 3563
Mory, U. 3289
Mosback, G. P. 12135
Mosci Sassi, M. G. 5045
Mosconi, A. 3667
Mosel, U. 12049
Moser, D. R. 7399
—, E. 13814
—, H. 283, 7400, 7598
—, M. 13814
—, R. R. 13671
Moses, L. R. 8589
—, R. A. 8576
Moshinsky, J. 13815
Mosidse, J. 2568
Mosino, F. 6630
Mośko, E. 9159
Moskov, M. 9542
Moskova, D. 9445
Moskova-Elenska, V. 9319
Moszyńska, D. 10378
Moszyński, K. 677
—, L. 619, 9288, 10318

Motley, M. T. 3403
Motsch, W. 1166
Mouchová, B. 579
Mougeon, R. 3913, 6263-4
Mouloud, N. 1509
Moulton, J. H. 4933
—, W. G. 8386
Mounin, G. 1868, 1978
Mourin, L. 5099, 5334
Moutsos, D. 4993-4
Mowradyan, H. D. 4547-8
Moyaert, P. 1510
Mpampiniótēs, G. 4704
Mrayati, M. 5798
Mrázek, R. 9135, 9923
Mucciante, L. 11706
Muchin, A. M. 1167, 11015
Muchnycja, S. M. 7561
Muchtarova, S. 4460
Muehl, L. B. 8577
—, S. 8577
Muellner, L. C. 4870
Muffs, Y. 12009
Mufwene, S. S. 114, 116
Muir, J. 8106
Mukan, H. M. 11451
Mukařovský, J. 862, 3025
Mulch, R. 7474
Mulder, G. P. 7971
—, J. 12954
Muljačić, Ž. 6348, 6360, 6415, 6468, 6877
Muller, C. 3230-1, 5925, 5950, 6245
Müller, A. 7475
—, Bodo 678, 5759
—, Brigitte 13185
—, D. 4934
—, F. E. 3404
—, F. Max 679
—, G. 7135
—, H. 680
—, Karl F. 7782
—, Klaus 7423
—, R. 1815
—, W. 6049
—, Walter W. 12127-8
—, Wolfgang 7562
—, Wulf 6332
Müllerová, O. 3823, 9988
Müller-Seidel, W. 148
Müller-Vollmer, K. 573
Mulon, M. 6331
Mulugeta Eteffa 12198
Mulvihill, E. R. 591
Mulyčak, Ju. 11477
Mumm, S. 1168

INDEX

Munda, R. D. 13424
Münküyev, N. Ts. 13094
Muñoz Valle, I. 4935
Munro, P. 13816-7, 13863
Munske, H. H. 7136, 7711
Munteanu, D. 5597
Mura, P. 6631
Murádin, L. 12572
Muradjan, O. D. 4547-8
Muraki, M. 2569
Muránsky, J. 10066
Muraoka, T. 12010
Murataliev, M. 13006
Muratori, L. A. 1926
Murayama, Sh. 13120, 13186
Murazaki, K. 13200
Murdarov, V. 9436, 9493-4, 9522
Müri, W. 4871
Murison, D. D. 8466
Murjasov, R. Z. 2391, 7250
Murphy, R. P. 3824
Murray, C. 4735
Murry, T. 2179
Murvai, O. 12724
Murzaev, Ė. M. 4022
Musaev, K. M. 12843
—, M.-S. M. 12299
Musić, S. 9725
Mussafia, A. 681
Mustaev, E. N. 12520
Musulin, S. 9762
Mutalimova, M. A. 9289
Mutt, O. 8254, 8578
Mxit'aryan, E. 8256
Myhljačenko, L. H. 8452
Myhren, M. 8717
Myklebust, H. R. 3564
Mylius, K. 4258
Myrkin, V. Ja. 1816
Mžel'skaja, O. S. 658, 11134, 11141

Naarding, J. 7971
Nabet, M. 3422
Nacaskul, K. 13244
Naccarato, R. 4679
Nadal i Farreras, J. M. 5408-9
Nadeljaeva, T. G. 2873
Nadson, A. 11546
Nadurska-Podraza, K. 10593
Nadžafov, G. G. 2874, 4461-2
Nadžip, Ė. N. 12897
Naert, A. 12417
Nagara, S. 13937
Nagel, B. 7640
—, I. 5598

Nagy, B. 412
—, F. 12695
—, G. 4709
—, J. 9762
—, P. 624
Cs. Nagy, L. 12671
Nai Pan Hla 13390
Nail, N. 2801, 7596, 7616
Nair, U. 4337
Najčeska-Sidorovska, M. 9603
Najdenov, K. 3260, 9290
Najdič, L. Ė. 7476
Nakau, M. 13187
Nalbandyan, L. 4549
Nalepa, J. 9236
Nalimov, V. V. 3176
Namazov, K. 13025
Nandris, O. 5335
Napiórkowska, K. 8519
Napoli, D. J. 6416-7
—, E. 1511
Narahari, H. G. 4259
Narančić, L. 9726
Nardin, L. 6632, 6666
Narkevič, A. I. 11578
Naro, A. J. 5720-1
Narr, G. 5312
Nartyev, N. 12842
Nascentes, A. 682
Nash, R. 12955
Nasibullin, R. Š. 12545-6
Nasilov, D. M. 601, 12866, 12898
Nassonova, K. A. 11016
Naster, P. 308, 782
Nasyjri, K. 13007
Nasyrov, D. S. 13008
—, K. 12077
Natale, M. 3976
Nattiez, J. J. 911
Naumann, B. 228
—, C. L. 2773, 2781
Naumova, M. 9316
—, T. N. 3405
Naveh, J. 2924
Nawrocka-Fisiak, J. 8127
Naylor, P. B. 13484
Nazarenko, O. Ju. 5100
Nazor, A. 253
N'Diaye, G. 11744
Ndolo, P. 13714-5
Neagu, V. 5599
Nebeská, I. 9924, 10009
Nebeský, L. 3177
Nebrija, A. de 1996, 5600
Nedelcu, M. 6148

INDEX

Nedev, I. 9388-9
Nedjalkov, I. V. 13121
—, V. P. 7330, 13133
Nedvědová, M. 9968
Needham, P. 1512
Neeld, R. 2570
Neetar, H. 12461
Nef, F. 946, 1817
Negev, A. 11982
Negomireanu, D. 6926
Nègre, E. 6299, 6333
Negri, M. 4793, 5046
Negro, P. G. 8346
Negro Sancipriano, E. 2969
Nehls, D. 8257
Nehring, K. 9815, 9822, 10285
Neiescu, I. 6973
—, P. 6878-81
Neira, J. 5563
Neira Martínez, J. 5501
Nekrasova, E. A. 11337
Nelson, K. 3565
Nemčenko, E. V. 9166
—, V. N. 11338
Němec, I. 2875, 9969-70
Nemes, Z. 12672
Németh, I. 12625
—, J. 284, 683-4, 12936
Nemser, W. 12580
Nemvalts, P. 12462
Nenci, G. 4590
Nencioni, G. 666, 6349
Nenkova, P. 28, 433, 9495
Nepokupnyj, A. P. 8935
Neroznak, V. P. 4582
Nersessian, V. 4487
Nes, O. 8886
Neščimenko, G. P. 9925
Nespital, H. 4320
Nespor, M. 6417
Nespoulos, J. L. 3334
Nestorescu, V. 6811, 6927
Neto, S. da Silva 5722
Neubauer, P. 2507, 2571
Neuberger-Donath, R. 5160
Neubert, A. 912, 3825-7, 8032
—, G. 154, 3290
Neufeld, G. G. 3914
Neuhaus, H. J. 1513
Neuland, E. 7669
Neumann, G. 4822-3, 5161-2
—, H. 7610
—, J. 6175
—, W. 1257, 1979
Neustroev, N. N. 13048

Neustroeva, G. K. 5723
Neve, P. 4182
Nève de Mévergnies, F. X. 1169, 5077
Neverov, S. V. 13188
Nevin, B. E. 13818
Nevo, R. 8520
Neweklowsky, G. 9727
Newman, B. 13588
—, J. 2572
—, L. W. 11017
—, P. 12233
—, R. M. 12234
—, S. 13884
Newmeyer, F. J. 1170, 2573
Newton, B. 4995-6
Ney, J. W. 8258
Nguyen Dang Liem 13246, 13336-7
Nguyễn Dình-Hoà 13338, 13388
Nguyen Phu Phong 13339
Ničeva, K. 9203, 9496-7
Nicholson, J. G. 9136
Nickel, G. 113, 924
Nickisch, R. M. G. 7617
Nickl, M. M. 7618
Nicklas, T. D. 13778
Nicolaisen, W. F. H. 4023-4, 8614
Nicole, J. M. 4005
Nicolova, R. 9390-1, 9523
Niculescu, A. 5337, 6418, 6847, 6960
Nida, E. A. 1818-9, 3097
Niebaum, H. 7712-3
Niederehe, H. J. 181, 1981, 5746
Niedzielski, H. 3407, 8259, 8454, 10379
Niedźwiecki, A. 2180
Niéger, M. 5926
Niekerk, P. K. 7850
Niekerk de Haan, D. van 3480
Nielsen, H. F. 7137
—, L. 1514
—, N. Å. 8749
Niemiec, L. 10625
Niermeyer, J. F. 5268-9
Nietzsche, F. W. 1409
Nieuwenhuijsen, P. 2574
Nigmatov, Ch. G. 12899-901
Niiniluoto, I. 1479
Nijhof, J. 7826
Nikitas, A. A. 4872
Nikitevič, V. M. 2876, 10894
Nikitina, T. N. 2680
Nikolaev, B. 427, 9392, 9543, 9558
Nikolaeva, T. M. 2575-6
Nikolić, B. M. 685-6, 9640, 9671-2
—, M. 9728
Nikončuk, N. V. 11478

Nikonov, V. A. 4025, 11404, 13066
Nikonovajte, F. I. 11018
Nikov, M. D. 5927
Nikula, H. 7331
Nikulina, Z. P. 11405
Nilsen, A. S. 8887-8
—, D. L. F. 8260-1
Nilsson, Barbro 11019
—, Bruce E. 8680
—, J. 8889
—, S. 8811
Nimčuk, V. V. 11463, 11466, 11494
Niobey, G. 6119
Nique, C. 2577
Nirvi, R. E. 12387
Nissilä, V. 12418-9, 12433-4
Nītiņa, D. 9039
Nivette, J. 1171
Niyekawa-Howard, A. M. 13170
Nižňanský, J. R. 10286
Nižniková, J. 10114
Nober, P. 34
Noble, V. 8615
Nocentini, A. 1660, 6494
Noeva, S. 11229
Noll, C. 2578
Noonan, M. 13885
Noorsalu, R. 13672
Nooteboom, S. G. 2181
Nootens, J. 7946
Norberg, D. 5270
Nordahl, H. 6016
Nordberg, B. 8812
Nordström, H. 3370
Noreau-Hébert, M. 13770
Norman, B. Ju. 2877, 11579-80
—, K. R. 4291-2
—, L. J. 2302
Norvik, J. 8725
Nosarti, L. 5200
Nosek, J. 769
Nöth, W. 8521
Nothofer, B. 13485
Nottebohm, F. 3470
Nougayrol, J. 687, 11810-1
Nougayrol, P. 13928
Nouvel, A. 6300
Novák, B. 688-9
—, J. 2182
—, L'. 336, 10145
—, P. 1878
Novak, V. 9855
Nováková, J. 3064, 5271-2
Nováková-Šlajsová, M. 171, 7783
Novickaja, I. M. 10977, 11020

—, N. L. 7209
Novikov, L. A. 11230
Novikova, E. I. 10895
—, K. F. 6217
Novosad, H. K. 5839
Novotná, J. 9902
Novotný, J. 9879, 9926
—, M. 3178
Novoženova, Z. L. 11021
Nowaczyk, A. 1597
Nowak, Henryk 10463
—, Herbert 3978, 10726
—, K. 10680
Nowakowska-Kempna, I. 10632
Nowakowski, M. 8128
Noyau, C. 6265
Noye, D. 13595
Nožkina, Ė. M. 11339
Nuchelmans, G. 1515-6
—, J. 4873
Nuessel, F. H., Jr. 5423
Nummenmaa, L. 337
Nuolijärvi, P. 338, 12388
Nur el-Din, M. A. A. 12181
Nurmiste, H. 690
Nussbaum, A. J. 5047
Nuṭă, I. 6769
Nuutinen, O. 12389
Nwachukwu, P. A. 13630
Nyaggah, L. 13631
Nyberg, H. S. 285
Nyffenegger, E. 7401
Nygård, A. 3370
Nyíri, A. 12626
—, J. K. 913
Nylund Torstensson, E. 12420
Nyman, M. 5078
Nyomárkay, I. 9204

Oanh, Hoāng Thu 13340
Oates, D. 11773
Ó Baoill, C. 7031, 7059
O'Barr, J. F. 3795, 13571
—, W. M. 3795, 3828-9, 13572-3
Obenauer, H. G. 5928
Oberhammer, G. 546
Obert, V. 10217
Objartel, G. 149
Obrębska-Jabłońska, A. 11581
O'Brien, R. J. 121
Ó Buachalla, B. 7032
Ó Catháin, S. 7033
Ó Cathasaigh, T. 7034
Ochs, E. 7426
O'Connor, K. A. 13273

INDEX

Ó Cuív, B. 242, 7035-6
Oczkowa, B. 9673
Oda, S. 13529
Odelman, E. 5249
Odendal, F. F. 7985
Odincov, G. F. 11232
Ó Dochartaigh, C. 7037
O'Donnell, J. R. 5273
Odran, M. 9249
Ōe Takao 13153
Oelsner, J. 11668
Oettinger, N. 4104, 4143, 4168-9
Offermann, H. 5201
Offord, M. H. 5840, 5929-30
O'Flanagan, P. 7033
Oganjan, A. A. 4490
Ogris, A. 7784-5
Oguma, H. 13189
Ohannessian, S. 3796
Ohanyan, H. A. 4490
Ohlander, S. 2303
Ohlsson, S. Ö. 8813
Ohman, W. A. 12209
Öhmann, E. 7251, 7563
Ohnesorg, K. 161, 691
Ohnheiser, I. 10896
Ohonovs'ka, O. V. 8129, 8262-4
Ó hUrmoltaigh, N. 7041
Õim, H. 1820
Oinas, F. J. 299, 12347
hÓir, É. de 692
Oissar, E. 796
Ojanen, J. 1870
Okonešnikov, E. I. 13049
Okoniowa, J. 9137
Oksaar, E. 3567-8, 3915-6, 7670
Okulicz, J. 8947
Ölberg, H. M. 4680
Ol'chovikov, B. A. 1172, 1517, 1889
Ol'derogge, D. A. 286
Olechnowicz, M. 10750, 10768, 10823, 10897
Oleksijenko, S. I. 10751
Oleksijuk, V. S. 5931
Oleksy, W. 8265
Olenyč, R. M. 5062-3
Olesch, R. 10474, 10539, 10714, 11473
Oleško, H. I. 7332
Oleson, J. P. 5163
Ol'govič, S. I. 11139, 11234
Oliva, J. 3675
—, K. 10029-30
Oliveira, U. L. de 5683
Oliverius, Z. F. 10824, 11386
Olivier, J. P. 4713-4, 11703, 11707
Olivová-Nezbedová, L. 302, 10031-2

Oller, D. K. 3517, 3569-70
Olley, J. W. 11956
Ollisaar, M. 12458
Ollongren, A. 1173
Olmsted, D. L. 446
Olney, R. L. 3571
Olonceva, I. V. 10843
Olphen, H. Van 4321
Ol'šanskij, O. E. 11233
Olsen, J. 2661
Olshewsky, T. M. 1518
Olsson, I. 8885, 8892-3
—, K. 5932
Oltean, Ş. 3026
Olteanu, P. 9292-3
Ó Máille, T. S. 7038-40
O'Malley, M. H. 3206
Oman, G. 12094
Omar, M. K. 3572
O'Meara, J. J. 228
—, M. A. 6218
Omel'čenko, L. F. 8130-3
—, L. I. 11140
Ó Muirgheasa, É. 7041
Ó Murchú, M. 7042
Onciulescu, T. 6772
Ondrejovič, S. 2183, 10115
Ondrus, P. 2782, 3917, 9169, 10116-8, 10178
Ondruš, Š. 9205, 10179-84, 10287-8
O'Neal, V. 8387
Oneda, R. 6504
O'Neil, W. 8070
O'Neill, J. E. 7043
Onufrijčuk, Ė. A. 11022
Opalka, H. 1174
Opel'baum, E. V. 7564
Opelt, I. 4936, 5202
Oppel, J. J. 7436
Oprescu, I. 3830
O'Rahilly, C. 7044
Oram, J. 13844
Oranskij, I. M. 4206, 4367, 4463
Oravec, J. 9138, 10119-29
Orbán, A. P. 5120
Ördög, F. 288
Ordoubadian, R. 12976
Orešnik, J. 8693-4
Orianne, A. 1520
Orlenko, A. V. 9559
Orlin, L. L. 235, 470
Orłoś, T. Z. 10381
Orłosová, T. Z. 9927
Orlov, Ju. M. 3232
—, S. A. 12956
Orlova, H. I. 8134, 8455

INDEX

Ornstein, J. 399, 3824, 3831-3, 5648, 7682
Oros, M. V. 5101
—, V. I. 11425
Oroz, F. J. 11745
Oroz Arizcuren, F. J. 2740
Orožen, M. 9856
Országh, L. 12696
Ort, M. 3834
Ortale, R. 6546
Ortiz-Osés, A. 1521
Orton, H. 8388
Ortutay, Gy. 206
Orusbaev, A. 585, 13009-10
Oruzbaeva, B. O. 13011
Orza, R. 6882
Orzechowska, A. 10380, 10681
—, H. 9085, 9206, 9437-8, 9604, 9857, 10382
Oščypko, I. J. 11452-3
Osgood, C. E. 2901, 3408, 3413
Osherson, D. N. 1175
Osing, J. 12182
Osipov, Ju. M. 53
—, P. I. 2878
Osipova, O. A. 4057, 12313
Oskarsson, O. 8801
Oss, W. van 7887
Osselton, N. E. 8266-7
Ostanina, S. P. 11387
Ostreicher, H. J. 2184
Ostromęcka-Fraczak, B. 10383-4
Ostrovskij, B. Ja. 4464
Ostrowska, E. 10544, 10594-8
Ó Súilleabháin, P. 7045
Oswalt, R. L. 13819-20, 13843
Otaina, G. A. 13134-5
Otanes, F. T. 13494
Otero, C. 1176
—, J. M. 11746
Otfinowski, A. 10385
Otin, Je. S. 11406
Otkupščikov, Ju. V. 8987
Otkupščikova, M. I. 348, 2680, 11023-4
Otón Sobrino, E. 5601
Ott, R. 1522
Otten, F. 11025
—, H. 287, 4159, 4170-2
Ottenheimer, H. J. 13716
—, M. 13716
Otto, E. 693, 12178
Ottonello, P. P. 6633
Ouden, B. D. den 1523
Ouspenski, voir Uspenskij
Ouy, G. 6182
Ovčarov, D. 9294
Over, P. 7333

Ovsepjan, L. S. 4530
Owen, D. I. 11669
Oyama, S. 3918
Øyslebø, O. 8726, 8814
Ozanne-Rivierre, F. 13530
Ozarovskij, O. V. 11340
Ożdżyński, J. 10599
Ožegov, S. I. 10778
Ozga, J. 2185, 8084-5
Ozier, L. M. 8268
Ozola, A. 9040
—, M. 9025

Paardekooper, P. C. 7851
Pačesová, J. 691, 3573-4
Pach, Zs. P. 12697
Pachalina, T. N. 4465-7
Pacnerová, L. 9948
Padley, G. A. 1982
Pado, A. 10600
Padova, C. De 4681
Padučeva, E. V. 11026
Page, N. 8522
—, R. I. 8347, 8675
Paget, R. S. 2081
Págkalos, G. E. 4997
Pagliara, C. 4590
Pagliaro, A. 6645
Paillet, J. P. 3835
Painter, C. 13632
Pais, D. 288, 12653
Pak, T. 1821
Pakalka, K. 8959
Pakerys, A. 8988-9
Pala, K. 9928
Palagina, V. V. 11234
Palamarčuk, L. S. 575, 11540
—, O. L. 11541
Palau i Martí, F. 5410
Palermo, J. 6547-8
Palionis, J. 8990
Paljatyns'ka, S. V. 5933, 11516
Palkovič, K. 10130, 10185, 10289
Pall, V. 12485-6
Pallottino, M. 11726
Pallová, D. 3098
Palm, D. 8895-6
—, M. A. 7655
Palmaitis, L. 8952
Palmeos, P. 436
Palmer, F. R. 1822, 8105
—, L. R. 289, 914
Palúchová, L. 3429
Paluszkiewiczowa, A. 5934
Palva, H. 12078

INDEX

Pamp, B. 4029, 8630
Pană-Dindelegan, G. 6812-4
Panagl, O. 145, 2392, 4726, 4737-8, 4794, 4809
Pandey, S. 584
Pandharipande, R. 4322
Pandit, P. B. 694, 3836, 4296
Pandiya, I. H. 8523
Pandolfini, M. 4907
Panevová, J. 1231, 9929
Panfilov, V. Z. 1524, 1679, 2741
Panin, L. G. 9139
Pāṇini 1895, 1915-6
Panjucič, K. M. 11582
Pankhurst, J. N. 2579
Pan'ko, T. I. 10752
Panneerselvam, R. 13235
Panoska, R. 9605
Panoussi, E. 12007
Panov, M. V. 10825
Panova, I. I. 2145
Panteleeva, Ch. 9393-4
Panther, K. U. 1063
Panzer, B. 10779
Pap, L. 5338
—, M. 915
Papahagi, T. 6883
Papapostólou, I. A. 11707
Papazoglu, F. 4591
Paper, H. H. 109, 4468-9
Papp, F. 3272, 3291, 11286, 12627, 12734-5
—, L. 39, 12691, 12745
Paquot, A. 6149
Paradisi, E. 188
Parameswaran, H. 4331
Parascandola, V. 6549
Paraschkevov, B. 12844
Paraškevov, B. 9395, 12390
Parasun'ko, V. S. 10753
Pardee, D. G. 11867
Pariente, Á. 5165, 5602
Paris, C. 12300
—, M. C. 13260
—, R. 3763
Parisi, D. 6377, 6419-22, 6425
Parker, D. V. 6266
—, F. 2304, 4105
—, L. P. E. 4952
Parks, D. R. 13779, 13791
Parlangèli, O. 290, 695-7
Par̄nasyan, N. A. 4490
Parodi, S. 6589
Parpola, A. 2929, 2936
—, S. 2929
Parret, H. 332, 916, 1525-7
Parrini, P. 1528

Parrot, A. 687
Parsons, K. P. 1529
—, T. 1728
Partee, B. (H.) 352, 2580, 8295
Partridge, A. C. 8524
—, E. 8457, 8615
Părvanova, E. L. 9572
Părvev, Ch. 9320, 9331, 9428
Paryl, W. 10475
Parzymies, A. 12116
Parzysz, B. 6150
Paşaliu, I. 1530
Paşca, Ş. 698-9
Pascasio, E. M. 3919
Paschalova, N. A. 8517
Pascucci, G. 5057
Pascuel, J. A. 5603
Pasicki, A. 10545
Pasierbsky, F. 3179
Paškov, B. K. 700
Pasoń, A. 10386, 10523
Pašov, P. 9331
Pasquali, F. 6587
—, S. 6469
Passias, K. 6219
Pastin, M. 1531
Pastrnek, F. 461
Pásztor, E. 12628, 12725-6
Patačakova, D. F. 13050
Pataki, P. 5935
Paternost, J. 3837
Paṭhak, R. Ā. 4261
Pathak, R. S. 4323
Patočka, J. 1532
Pătruţ, I. 6773, 6974-5, 9160-1
Pätsch, G. 12256
Pattanayak, D. P. 2766, 3731
Patterson, W. 5641
Paufošima, R. F. 10795
Paul, H. 7557, 7565
Paulauskas, J. 8982
Paulauskienė, A. 8972
Pauliny, E. 291, 516, 10067-8, 10085, 10131, 10160
Paulis, G. 6723
Paulissen, E. 7968
Paulsson, O. 10387
Paulston, C. B. 8815
Paulus, H. 5936
Paunonen, H. 338, 12391-4
Pausch, O. 6350
Pause, E. 1177, 2531, 3292
Pauwels, J. L. 471
Pavel, Toma 1823
—, Thomas G. 1178

INDEX

—, V. K. 6884
Pavešić, S. 9641, 9762
Pavlenko, N. A. 9396
—, N. N. 9396
Pavlova, I. S. 11235
—, S. 486
Pavlović, M. 701-2, 6996, 9705
—, Z. 9823
Pawlak, N. 12235
—, Z. 3185
Pawley, A. 13436
Pawłowska, B. 7566
Pawłowski, E. 10601
Payne, D. L. 13902
—. E. M. F. 13486
—, R. C. 8381
Payr, T. 5265
Pazjak, O. M. 11515
Pazuchin, R. V. 1179
Peabody, B. 4937
Peacocke, C. 1533, 1635
Peat, J. A. 11670
Peca Conti, R. 438
Pech, K. 9901
Péchy, B. 12585, 12587
Peciar, Š. 724, 738, 9870, 10069-70, 10132, 10727
Peco, A. 9642-3, 9729-30, 9732, 9777
Pedersen, J. 6220
Pēdónia, K. D. 4998
Pée, W. 471
Peegel, J. 12463
Peek, W. 802
Peev, K. 9606
Pegov, A. M. 11397
Pei, M. 5339
Peilicke, R. 7334
Peisert, M. 10476
Pejsachovič, M. A. 11372
Pejsikov, L. S. 4470-1
Pelc, J. 814
Pellat, C. 12085, 12095
Pelle, I. 12673
Pellegrini, A. 6743
—, G. B. 2071, 5340, 6351, 6550, 6634-5, 6744-8, 12698
Pellen, R. 5537, 5642
Pelletier, S. 3896
Pelli, M. G. 8269
Pellijeff, G. 8759
Pellowe, J. 8015
Pelster, T. 7619
Peltola, R. 12438
Pena, J. 5502
Penar, T. 11957

Penčev, J. 9397
Penčeva, M. 8458
Penev, P. St. 9332
Peng, F. C. C. 3979
Penkova, P. 10781, 10898
Pen′kovskij, A. B. 11407
Penliádēs, I. N. 4999
Penn, J. M. 1534
Pennacchietti, F. A. 4472, 11763, 12011
Pennanen, E. 2359
Penny, R. 5377
Pensado, J. L. 5724
Pentheroudakis, J. 4666
Pentland, D. H. 13780
Penzl, H. 7138, 7188
Peplowski, F. 10556
Percival, W. K. 1983-6
Perebejnos, V. I. 11517
Perebyjnis, V. S. 3838
Peredrijenko, V. A. 11463
Peressi, L. 6725
Pereverzjeva, Ž. H. 8270
Pérez, L. A. 5628
Pérez-Alonso, J. 2581
Pérez Feliu, J. 5637
Perfil′eva, T. G. 12793
Perini, M. A. 5725
Perkins, R. 8655
Perl, N. E. 7335
Perlman, A. M. 1987, 8389, 13938
Perlmutter, D. M. 5450, 5726
Perloff, M. N. 1180
Pernigotti, S. 12183
Perniška, E. 9398, 9499
Pernwerth, O. 8816
Perpillou, J. L. 4739, 4953
Perren, G. E. 104
Peršikova, M. S. 11027
Perttunen, K. M. 12395
Peruzzi, E. 2393, 4874, 5048, 5166-8
Pešikan, M. 741, 9630, 9706, 9760, 9778, 10086
Pesiri, G. 6711
Peteneva, Z. M. 11341
Péter, L. 12751
—, M. 3028
Peters, A. M. 3575
—, Manfred 3839
—, Martin 4066, 4875
—, S. 123, 1141, 1780
Peterson, P. L. 1535
Petitgirard, P. 1536
Petkanov, I. 5341, 9500-1
Petkov, S. 1181, 9399
Petleva, I. P. 9207

INDEX

Petöfi, J. S. 393, 1182-3
Petr, J. 461, 517, 1988-9, 9893, 10728
Petracco Sicardi, G. 6712-6, 7139
Petráček, K. 4058
Petraglio, R. 5203
Petri, A. P. 7787
Petri, F. 7158
Petriceicu-Hasdeu, B. 6928
Petročenko, V. I. 11408
Petrone, A. M. 6551
Petrosyan, L. B. 4550
Petrov, N. E. 13051
Petrova, G. S. 8271
—, I. 7656
—, S. 9386, 9400-1
Petrović, D. 9731, 9791
—, N. 9824
—, S. 9797
Petruchina, E. 11028
Petrušenko, E. T. 7620
Petruševski, M. D. 4740-1
Pettersson, G. 8817
Pettinato, G. 11622, 11671-2, 11812
Pétursson, M. 2072, 8695-7
Peukert, K. W. 1537
Peytard, J. 5841
Pfaff, C. W. 5649, 8390
—, H. 7671
Pfeiffer-Rupp, R. 2073
Pfiffig, A. J. 11727-30
Pfister, M. 5822, 6301-2
—, R. 1990
Pheifer, J. D. 8348
Phelps, E. 4262
Philips, S. U. 3840
Phillipps, K. C. 8391, 8525
Phillips, B. 2689
—, D. J. 13549
—, R. L. 13391-4
—, R. N., Jr. 5444
Philoxenos 4752
Philps, D. 6287
Phrynichus 4753
Phythian, B. A. 8459
Pianarosa, A. 803
Pianezzola, E. 5204
Pianka, W. 9096, 9237-8
Piątek, Z. 1184
Picardi, E. 1539
Pichois, C. 6151
Pickett, V. B. 13886, 13888
Pickford, T. E. 8349
Picoche, J. 6017
Piel, J. M. 5378
Pieper, U. 2690

Pieraccioni, D. 4795
Pietersen, L. 3841
Pietropaolo, D. 6667
Piette, J. R. F. 7098
Piirainen, E. 7140
Pijnenburg, W. J. J. 7910-2
Pikčilingis, Ju. 8991
Pike, E. V. 2305, 13844, 13866
—, K. L. 395, 1185, 1824
Pikver, A. 3233
Pilch, H. 314, 1186, 2306, 2691
Pilkmann, R. 7717
Pilleux, M. 5503
Pilorz, A. 6018
Pimenova, G. A. 11342
Pinard, G. 3422
Pinborg, J. 1540
Pinchon, J. 5937
Pinchuck, I. 8460
Piñero Sáenz, A. 4754
Pini, M. G. 11868
Pinkerton, S. 13847
Pinkster, H. 5102
Pinnow, H. J. 13756
Pintaudi, R. 5000
Pinxten, R. 128, 1680
Piotrovskij, R. G. 1750, 3127, 3180, 11381
Piotrowski, A. 3842
Piprek, J. 7567
Piquette, E. 3099
Pirejko, L. A. 4368
Piro, S. 3676
Pirogova, N. K. 10826
Pisani, V. 280, 290, 696, 4106-10, 4263, 4551-2, 4592, 4812, 4876-8, 5034, 5049, 6636-7, 7141-2, 7788
Pisárčiková, M. 132, 10186-7
Pisarek, L. 10827
Pisarkowa, K. 1187, 2582, 3576, 10388-91, 10632, 10682
Pisočyn, A. A. 8107
Pisoni, D. B. 3410
Pisowicz, A. 4553-4
Pitkänen, R. L. 8890, 8897, 12421
Pittau, M. 6724
Pittet, R. 5823
Pizzorusso, A. 6698
Plangg, G. A. 6749
Plank, F. 2453, 3577
—, P. H. van der 8005
Plantikow, M. 12179
Plaszkony, L. 12712
Plato 2000
Platonova, M. O. 11343
Platt, H. K. 3843

—, J. T. 3843
Platzack, C. 8818-9
Pléh, Cs. 2583
Pleskalová, J. 4030, 10033
Plesuma, A. 9023
Pleteršnik, M. 9859
Plezia, M. 5275
Plickat, H. H. 7599
Pljušč, N. P. 11426
Ploeg, W. H. van der 7973
Plöger, A. 12396
Plomley, N. J. B. 13559
Plomteux, H. 2783-4, 3814, 6423, 6552
Ploss, E. 703
—, H. 703
Plotkin, V. Ja. 2307, 8086, 8108
Plotnikaŭ, B. A. 3234
Plotnikov, B. A. 9502, 11236
Pluskota, T. 11480
Pluta, F. 10546
Pobožniak, T. 4324
Poceluevskij, A. P. 12845
Počepcova, L. D. 8461
Podhorný, J. 9295
Podobiński, S. 10616
Poe, J. P. 5222
Poeschl, V. 4703
Poetto, M. 4173, 4879-80
Pogačnik, V. 5938
Pogány, I. 7789
Poggi Salani, T. 6352, 6553
Poghirc, C. 4593-5, 4600
Pognan, P. 10007
Pogorelec, B. 9858
Pohl, H. D. 260, 4066, 4388, 9140
—, J. 917, 5939, 6019
Pohoryles, B. M. 6020
Pohrt, H. 578
Poirier, C. 6062
Pokorná, E. 10034
Pokrovskaja, L. A. 12846, 12957
Poláček, Z. 12153
Polak, V. 4682
Polánski, K. 10407, 10715
Poldauf, I. 704, 918
Põldmäe, J. 12464
—, R. 420
Polenakovik´, H. 9601, 9607
Polenova, G. T. 13136
Poli, D. 7046
Poliščuk, G. G. 11345
Politi, A. 6695
Politzer, R. L. 3920
Polivanov, E. D. 13186
Polivanova, A. K. 10899

Poljanceva, L. I. 5940
Pollak, H. 7718
—, W. 2584
Pollin, B. R. 8526
Pollner, C. 8087
Pollock, J. Y. 1188
Põlma, V. 12465
Polo, J. 5504
Polomé, E. (C.) 255, 567, 3796, 4210
Polosyan, P. M. 4555
Polotsky, H. J. 12184
Polzin, R. 11958
Pomerance, L. 11708
Pomianowska, W. 518
Pommers, J. 9041
Ponelis, F. (A.) 279, 2585, 13729
Ponomarev, K. A. 12547
Ponten, J. P. 2879
Pontes, E. 5727
Pool, J. 3844
Poole, M. E. 3845
Popa, E. 40
Pope, E. N. 8272
—, J. C. 8546
—, M. 11709
—, R. 9291
Popelar, I. 6152
Popescu, A. G. 6785
—, M. 6780
—, R. S. 6885
Popeskul, A. N. 6240
Popham, M. R. 11709
Popinceanu, I. 6848
Popko, M. 4174
Popov, A. I. 4031
—, A. S. 11029
—, D. G. 9503
—, G. St. 6153
—, G. T. 9510
—, Ju. V. 1825
—, K. (G.) 9321, 9544
—, N. P. 12569
Popova, Albena S. 9402
—, Antoaneta 10392
—, Ja. N. 12794-5
—, M. 9403-4, 11237
—, T. V. 9405, 9453-4
—, V. 428, 432, 9428, 9439
—, Z. D. 9296
Popovič, A. 349, 356, 3021, 3029
Popović, S. 766
Popovski, A. 9606
Popowska-Taborska, H. 10352, 10696, 10704
Poppe, N. 13095
—, N., Jr. 11238

INDEX

Porcu, A. 6668
Porquet, A. 6186
Porsch, P. 1991
Porset, C. 1992
Porta, G. 6470
Porter, D. 8527
Porzio Gernia, M. L. 5079
Poskrypko, A. M. 5065
Posner, R. 2228
Postal, P. (M.) 2430, 2547, 2586-7, 3341, 8225
Posthumus, M. J. 7986
Posti, L. 12348
Potapova, R. K. 10828
Potebnja, A. A.[= O. O.] 705-6, 1903-4, 11433
Potockaja, N. P. 6221
Pott, A. F. 1900
—, H. 5941
Pötters, W. 5728
Pottier, B. 1189-91, 1681, 1839, 5505
—, R. 13324
Potts, T. C. 1541
Pou, S. 13382, 13395
Poucha, P. 707
Poultney, J. W. 292
Pountain, C. J. 5424
Považaj, M. 132
Povedano, F. G. 5629
Povejšil, J. 7336, 9930
Power, D. J. 3684
Powers, J. E. 3235
—, L. 1596
Poyatos, F. 3980
Pozdeeva, A. A. 12548
Pozzi, G. 3030
Prakasam, V. 2308, 3411
Prandi, M. 920
Prang, E. 11673
Prat, L. C. 5103-4, 5121
Prato, C. 4954
Pražák, R. 4619
Preda, C. 4600
Preiser, G. 4881
Preložníková, E. 3100
Premack, A. J. 3993
—, D. 3471, 3994
Préneron, C. 3650
Presa, G. 6554-5
Prescott, A. E. 11747
Press, A. R. 6021
Preziosi, D. 921
Pribram, K. H. 3472
Price, G. 41, 48, 5342, 7091-2
—, P. D. 13903
—, R. 13939
—, S. 13939

Pride, J. B. 1826
Prideaux, G. D. 1192, 3578, 13190
Priebatsch, H. Y. 11869
Priestly, T. M. S. 2186
Prieto, L. J. 922-3
Prifti, S. 708, 4683
Prillwitz, S. 3542
Prince, E. F. 2588
Prins, A. A. 8088
—, R. S. 3677
Pritsak, O. 12654, 12847
Priuli, S. 5229
Probes, C. M. 6022
Procházka, O. 1827
Prochorowa, S. M. 9170
Prodi, G. 1828
Prokopova, L. I. 2187, 2213
Prokopovič, E. N. 11030-1
—, N. N. 11031
Prokurovskaja, N. A. 11032
Proničev, V. P. 9674
Prosdocimi, A. L. 5034, 5050, 5056, 7143
Prost, J. H. 3981
Protčenko, I. F. 11239-41
Proulx, P. 13781
Prpić, L. 9733
Průcha, J. 381, 3412
Pruntova, E. V. 7568
Pruska, E. 10547
Prutký, V. R. 12153
Prvanović, S. 9734
Prymak, E. V. 2213
Prysjažnjuk, H. Ja. 5799
Pryšva, B. H. 11522
Przetacznikowa, M. 3579
Przybycin, A. 10393
Przybysz-Piwko, M. 3678
Przygoda, M. 11033-4
Przytulecka, M. 11103-4
Pšeničnova, N. N. 2786
Psutka, J. 3293
Ptáček, M. 2188
Puchner, G. 7569
Puech, E. 11898
—, H. C. 293
Puglielli, A. 6424-5
Pugliese Carratelli, G. 11707
Puhvel, J. 4882
Pukui, M. K. 13518
Pulgram, E. 2074, 2937, 2945, 5051
Pullicino, Ġ. C. 435
Pullum, G. K. 1194, 1374, 5445
Pulte, W. 2938, 13782
Punžina, A. 12435
Pupier, P. 3885, 3893

INDEX

Puppel, S. 8089
Purcell, E. T. 9644-5
Pürschel, H. 8090
Puşcariu, S. 6774
Pusch, L. F. 6426, 7318, 7337-8, 7354
Püschel, U. 133, 1682
Puškova, Z. A. 10813
Pusztai, F. 39
Pusztay, J. 12796
Putanec, V. 9825
Putnam, H. 1644
Putniņš, E. 9042
Putschögl, C. 7790
Putseys, Y. 1195, 8273
Puzynina, J. 480, 10394-6, 10548
Pylyns′kyj, M. M. 11518-20
Pyvovarov, O. Je. 11521

al-Qāḍī, W. 12096
Quack, J. 1543
Quaegebeur, J. 308, 783, 5026
Quak, A. 7720, 7867, 8820
Quasthoff, U. 2692
Quecke, H. 12185
Quemada, B. 68, 2881, 5758, 6139, 6154
Querido, A. A. M. 6246
Quicoli, A. C. 5729-30, 5942
Quigley, S. P. 3684
Quilis, A. 2075, 5505
Quin, E. G. 7011-2, 7047
Quine, W. V. 1304, 1502, 1511, 1520, 1559, 1629
Quirk, Randolph 8034, 8274
—, Ronald J. 5564
Qvistgaard, J. 6155

Rabe, J. 7403
Rabel-Heymann, L. 13396-7
Račeva, M. D. 9504
Rachel, B. 10718
Rachewiltz, I. de 13096
Rachimov, T. R. 13026
Rachšmir, S. A. 7570
Rachwałowa, M. 10319, 10625
Racinoux, L. 6073
Rácz, E. 12586, 12588, 12629-30, 12637
Radčenko, D. H. 8109
Radcliff-Umstead, D. 6705
Radden, G. 8275
Raddi, R. 6559
Radenski, A. A. 3128
Rader, W. 805
Radeva, S. 10397
—, V. 9406
Radford, A. 2589

Radhakrishnan, R. 13398
Radics, K. 2583
Radievskaja, M. G. 10829
Radke, I. I. 3864
Rado, M. 3921
Radolińska, W. 10900
Radovanović, M. 487, 9792
Radovich, N. 9297
Radović-Tešić, M. 9675
Radt, S. L. 264
Radtke, D. 10901
—, I. 812, 7672
Rădulescu, M. M. 4111, 6929-30
Raevskij, M. V. 2309
Rafel (i) Fontanals, J. 5411-2
Raffaelli, S. 6638
Raffler-Engel, W. von 3580, 3846, 3922
Rağe, S. 709, 9043
Ragul′skaja, G. V. 11242
Raible, W. 124, 5343, 12397
Rainey, A. F. 11813-4
Räisänen, A. 12404
Raison, A. 4264
—, J. 11709
Raitar, S. 3236
Rajandi, E. 12487
Rajčev, R. 3679-80
Rajčevski, S. 9573
Rajec, E. M. 7791
Rajendran, S. 13222
Rajković, L. 9734
Rajkovski, N. 3181
Rajnov, V. 3228
Rajnova, D. A. 9560
Rakoczy, K. 11243
Rakov, G. A. 11244
Raleigh, M. J. 3473
Ramachandran, P. 13223
Ramakrishna Reddy, B. 13211
Ramat, P. 44, 1683, 2742, 7144, 8006
Ramer, A. L. II. 3514, 3581
Ramge, H. 3582-3, 7381
Ramišvili, G. S. 2189
Rammelmeyer, M. 9759
Ramsey, E. M. 13550
Ramseyer, R. J. 7786, 7792
Ramstedt, G. J. 13108, 13186
Ranade, H. G. 4265
Rangan, K. 1196
Range, J. D. 8992
Rankova, M. 8276
Ransom, E. N. 2590
Rapallo, U. 4813, 7048, 11959
Raphael, A. 3237
Rapola, M. O. 710

INDEX

Rapoport, M. Ja. 2229
Raposo, E. Paiva 5731
Rapova, G. I. 1993, 10781
Rasbury, W. C. 3424
Rask, R.(K.) 711-2, 8656
Raskin, V. 3182
Rásonyi, L. 12752, 13067
Raspopov, I. P. 11035
Rassadin, V. I. 13097
Rastorgueva, T. A. 8562
—, V. S. 221, 410, 4369
Ratel, V. 6074
Rathmayr, R. 11036
Rathofer, J. 7721
Rätsep, H. 12466
Rátz, O. 2882
Rau, W. 4266
Raudeliūnas, V. 11551
Rauh, H. L. 7436
Raum, O. F. 13712
Raun, A. 12349
Raupach, M. 5344
Ravazzoli, F. 44
Raven, P. H. 13831
Ravier, X. 6303-4
Ravila, P. I. 713
Ravindran, P. N. 13224
Rawlinson, F. 7571
Ray, L. 3101
Raynaud, F. 7339
Raynaud de Lage, G. 5760
Raynouard, F. 1998
Rea, J. 4883
—, John A. 1994
Read, A. W. 1829
—, M. K. 1544, 1995-6
Reboullet, A. 5758
Recker, Ja. I. 3102
Reckert, S. 5630
Reczek, J. 4389
Redard, G. 731-2
Redden, J. E. 13821
Reddy, G. N. 216
—, J. 13211
Rédei, K. 12335-6
Redlich, F. 10729
Redmond, J. 8015
Redmonds, G. 8616
Ree, Jung-no 13154
Reed, A. W. 8617
Reenen, P. Th. van 1830, 6247
Reformatskij, A. A. 294, 1997, 2310, 10830
Regan, B. T. 8921
Reger, H. 7621
Regula, M. 5943

Řeháček, L. 254, 621
Rehkopf, F. 4782
Reich, P. A. 108, 3584, 8091
Reiche, R. 7404
Reichenbach, H. 1298, 1485
Reichert, H. 7146
Reichl, K. 1546
Reichmann, O. 7572
Reid, H. M. 3995
—, L. A. 13436, 13487
—, T. B. W. 295
Reiffenstein, I. 7478
Reiher, R. 1547
Reill, P. H. 492
Reiner, Erica 251, 11665
—, Erwin 5944
Reinhammar, V. 8821
Reinhard, M. 8350
Reinhardt, H. 1548
Reinheimer-Rîpeanu, S. 5345, 5800
Reinholt Petersen, N. 2191, 8750
Reinsma, R. 7913
Reis, M. 2230, 2591, 7138
Reisman, D. 11674
Reisner, T. A. 8092
Reiss, K. 2693, 3103
Reiter, N. 9407
Reitmajer, V. 7673
Reitsak, A. 12467
Rejmánková, L. 10831
Reķēna, A. 9044
Remacle, L. 6075
Remetić, S. 9707
Remmel, M. 2192
Renoir, A. 8351-2
Rensburg, C. van 7987
Rentenaar, R. 4032
Renzi, L. 1684, 5346, 6427-8
Repina, T. A. 6815
Resnick, M. 5565
Resnik, M. D. 1549
Resulović, Z. 9646
Retel-Laurentin, A. 13589
Retnamma, K. 13225
Rettig, W. 1998, 6156, 7252
Reuschel, W. 12031
Revel-Macdonald, N. 13488
Revjakin, A. I. 11346
Revzin, I. I. 3238
Revzina, O. G. 1197, 9141
—, O. O. 3238
Rewar, W. 3031
Rey, Alain 6157
—, Alberto 3847
Reychman, J. 296, 714-6

INDEX

Rey-Debove, J. 6158
Reynolds, J. 5027
—, P. C. 3414
Rézeau, P. 6076
Rhee, F. van der 8922
Rheinfelder, H. 717
Ribichini, S. 11899
Ricco, A. 6495
Richard, J. 6077
Richards, B. 1550
—, K. R. 11037
—, M. 718
Richardson, J. T. E. 1551, 3415-6
—, K. 3585
—, P. 7793
Richman, M. 5801
Richter, E. 13312
—, H. 314
—, L. 2193
—, M. 9317
Richters, H. 3656
Richthofen, E. von 276
Rickard, P. 6023, 6159
Ricken, U. 1552, 1999
Rickenbacher, O. 11908
Rickheit, G. 928, 3586
Ricklefs, M. C. 13489
Ricœur, P. 1553-4
Ridjanović, M. 9676
Rieber, R. W. 273, 3681
Rieck, B. O. 3790
Riedlinger, A. 1217
Riedmann, G. 7674
Riegel, K. F. 1198, 3923
Rieger, J. 11479-80
Riekstiņa, R. 9045
Riemann, E. 7719, 7722-3
Riemschneider, K. K. 11816
Ries, G. 11817-8
Riesel, E. 7622
Riesenfeld, H. 4900
Rieser, H. 393
Rigault, A. 2046
Rigler, J. 9859-60
Rijksbaron, A. 4796, 4938
Rijlaarsdam, J. J. 8
Rimbaud, A. 3294
Rimša, V. 8936
Rinaldi Mioni, G. 4797
Rinchen, Y. 719
Ringen, C. O. 2311
Ringgaard, K. 8898
Ringgren, H. 11971
Rinnen, H. 7479
Rintala, P. 212, 12398

Riordan, C. J. 5802
Ripec'ka, O. F. 7794
Ripka, I. 467, 10161-2, 10290
Riquer, M. de 6305
Ris, R. 7573
Risch, E. 4711, 4798, 5080, 5122
Rischel, J. 8724, 13749
Riško, A. 3183
Ritt, H. 3104
Rittel, T. 10398
Ritter, E. 11245
—, H. 4473
—, J. 1417
—, R. P. 4474, 12337
Rivarola, J. L. 5506
Rivenc, P. 556
Riveras Cárdenas, F. 2007
Rivero, M. L. 1199, 1555, 2592
Rix, H. 4814, 5052-3
Rizel', Ė. G. 7622
Rizescu, I. 6849
Rizzi, L. 6429
Rizzo, S. 5274
Rjagoev, V. D. 12436
Robach, I. B. 6267
Robbek, V. A. 13122
Robberecht, P. 8528
Robbins, R. H. 8353
Robciuc, I. 9298
Roberti, A. R. 6560
Roberts, B. F. 583
—, C. B. 10902
—, E. M. 7087
—, E. W. 2312
Robertson, D. A. 11960
—, H. 7049
Robey, D. 945
Robin, C. 12129
Robinet, A. 2883-4
Robins, R. H. 56, 929, 1556, 2000-1
Robinson, A. N. 636
—, B. W. 3682
—, D. F. 8993
—, F. C. 8354
—, I. 1256
—, J. O. S. 13637
—, J. P. 8052
—, L. W. 13792
—, O. W. 7210
Robovský, N. 9608
Roca, I. M. 2243, 2313
—, J. L. 484
Roca-Pons, J. 5413
Roccaro, C. 5169
Rochet, B. L. 5803-4

INDEX

Rochette, C. E. 5805-6
Rockey, D. 8093
Rocławski, B. 2194, 10320, 10705
Ročnjak, A. M. 5945-6
Rodakowa, J. 10478
Rode, M. 9763
—, Z. R. 4033
Rodgon, M. M. 3587
Rodić, N. 464-5, 9826
Rodionova, A. A. 8277
Rodman, R. 1200, 1557
Rodón, E. 1201
Rodríguez, A. V. 5566
Rodríguez Rondón, J. 5522-3
Roelants, K. 61, 7974
Rogava, G. V. 12301
Rogers, J. H. 2885
—, S. 398, 3588
Roggen, C. 8007
Rogova, K. A. 11038
—, V. N. 10780
Rogožnikova, R. P. 347, 11261
Rohlfs, G. 5001-3, 5347, 6160-1, 6334, 6751
Rohr, R. 5947
Röhrborn, K. 12896, 12902
Rohrer, C. 5948-9
Rohsenow, J. S. 13274
Rohweder, J. 8751
Rojo, G. 5728
Rojzenzon, L. I. 2886, 9142, 9208, 10549
Rokoszowa, J. 11171, 10399
Röllig, W. 11827
Rollin, B. E. 1558
Rom, B. 9677
Roman, Alexandra 6850
—, Andrei 3065, 3239
—, J. 10163
Romanova, G. A. 12549
—, G. Ja. 11256
Romeo, L. 2002-3
Römer, W. H. Ph. 457, 11675
Romero, B. 3417
Romero Gualda, M. V. 5604
Rompay, L. Van 4884
Romportl, M. 2076, 2314
—, S. 2593
Rona, J. P. 2787, 13926
Rónai, B. 12589
Róna-Tas, A. 2, 2939, 12810-1, 12918-20, 13012
Rønberg, G. 8464
Roncador, M. von 7275
Ronde, G. 7480
Rondeau, G. 3295
Ronge, H. H. 539, 8821

Ronneberger, E. 2743
Rood, D. S. 13793-4
Roodbergen, J. A. F. 4260
Rooij, J, de 7888
Roolvink, R. 13472
Roos, J. de 4885
Root, M. D. 1559
Rooth, E. 7147, 7405, 7715, 7724
Roper, C. W. 3418
Roques, G. 6162
Rosamani, E. 6561
Rose, S. E. 5633
Rosenbaum, H. U. 4900
—, P. S. 8210
Rosenberg, J. F. 1461
—. M. 3848
Rosenblat, Á. 5538, 5631
Rosenfeld, H. F. 7574
Rosengren, I. 2887
—, P. 5507
Rosenhouse, J. 12050
Rosenkranz, H. 7481, 7488
Rosenschein, S. J. 3278
Rosenthal, D. 3032
Rosetti, A. 1202, 1949, 3033, 6781, 6816, 6842, 6851-2, 6931
Rosetti-Bălănescu, C. 6932
Roşianu, I. 6976
Rosier, J. L. 8341
Rosinas, A. 8948, 8966, 8994
Roslovec, Ja. I. 11039
Rospond, S. 359, 645, 9239-40, 10443, 10683-6
Ross, A. S. C. 3209, 8355-6
—, C. 3570
—, David O., Jr. 5205
—, Donald 8558
—, E. 8035
—, J. R. 1125, 2539, 2594
Rossetti, C. 8031
Rossi, E. 6639
—, M. 6562
—, T. M. 5508
Rossi-Landi, F. 930, 1204, 1560
Rössing-Hager, M. 7623
Rossipal, H. 1203
Rossitto, C. 6563
Rostaing, C. 6307
Rostvik, A. 8856, 8894
Roszczenko. M. 10479
Rot, A. M. 11481, 12655
Rothe, C. 7736
Rothkegel, A. 7341
Rothman, H. B. 3683
Rothstein, R. A. 447-8, 10400-1
Rothwell, W. 311, 6024, 6163-4

INDEX

Rotsaert Neppi Modona, M. L. 7406
Rott-Żebrowski, T. 11105-6
Rouault, J. 1797
Rouchoux, P. 6308
Rouday, L. 181
Roudil, J. 185
Roudný, M. 9894, 9971-2
Rougé, J. 4886
Rouhiainen, S. 12399
Roukens, W. 720
Roulet, E. 125, 1205, 5758
Roulon, P. 13590
Rousseau, Jean-Jacques 1500, 1893, 1956, 1992
—, Jérôme 13490
Routley, R. 1381
Rowlands, E. I. 7078-9
Roy, C. J. 3731
—, G. R. 5950
Roždestvenskij, Ju. V. 335, 407, 1172, 1889
Rozen, E. V. 7575
Rozenbergs, J. 9046-7
Rozencvejg, V. Ju. 899, 3924
Rozenfel'd, A. Z. 4475
Rozental', D. (È.) 11246, 11347
Rožnovskaja, M. G. 9408-10
Rozov, V. O. 721
Rozsypal, A. J. 2195
Rubach, J. 2315-8
Rubín, A. 9956-7
Rubin, D. C. 3419
—, J. 3849
Rubinčik, Ju. A. 4476
Rubinstein, E. 11961
Rubió, J. 5414
Rück, H. 6222
Rudd, M. J. 8579
Rudelev, V. G. 10843
Rudes, B. A. 2319
Rudnev, P. A. 11373
Rudnik, Z. 11107
Rudnyc'kyj, J. B. 722, 4034, 11495
Rudolph, E. 2595
—, K. 2552, 12006
Rudzīte, M. 8940
Rue, O. H. 8702
Ruegg, D. S. 4267
Ruelle, P. 6025
Ruggero, G. 140
Ruggieri, R. M. 6471
Ruhe, E. 267
Ruhl, C. 1831
Ruhlen, M. 2788
Ruijgh, C. J. 264, 4742, 4774, 4799, 4939
Ruipérez, M. S. 78, 177, 479

Ruiz de Bravo Ahuja, G. 13889-90
Rūķe-Draviņa, V. 1685, 3589
Rulíková, B. 9931
Rulon, C. M. 8135
Rumbaugh, D. M. 3996
Rumble, A. R. 8595
Rummel, S. 11860
Rump, G. C. 3034
Rundgren, F. 202, 1206, 12032
Runkewitz, W. 6094
Runnalls, G. A. 6026
Ruoff, A. 7482
Ruposova, L. P. 11247
Rupp, H. 7512
Rusanivs'kyj, V. M. 11419, 11523
Rusek, J. 9506, 9609
Rusinov, N. D. 11388
—, R. 58, 9440-2, 9471, 9507-8, 9546
Rusinova, M. 9509
Ruskova, M. P. 9143
Russell, B. 1475, 1493, 1585
—, R. 13904
—, W. K. 3684
Russell-Gebbett, P. 5415-6
Russi, L. 6500
Russinova, M. V. 7342
Russo, F. 5191
Russom, G. R. 8278
Russu, I. I. 4593
Rüster, C. 4159, 4175
Rusu, V. 2789, 6782
Ruszkiewicz, P. 8487
Rutherford, R. W. 8580
Ruthström, B. 8822
Rutkowska, M. 11248
Ruwet, N. 189, 1207-8
Ružičić, G. 9647
Ružička, J. 723-4, 10071-4, 10133-5, 10140, 10188, 10218
—, R. 9144
Růžička, K. F 13569
—, R. 369, 912, 2596, 10842
Ružičková, E. 2597
Ruzsiczky, É. 768, 7253, 12631, 12727
Ruzui, S. 13491
Rybák, J. 10136
Rybicka, H. 10550, 10602, 10626
Ryckeboer, H. 7947
Ryckmans, J. 12130-1
Rycroft, D. K. 13654
Rygaloff, A. 13275
Rymut, K. 9241, 10687
Rytkönen, A. 12400
Rzepka, W. R. 589, 10442, 10447, 10480

INDEX

Saari, H. 12350, 12468
Saarinen, E. 1561
Sabaliauskas, A. 8986, 8995
Sabaneeva, M. K. 5951-2
Sabar, Y. 12012-4
Šabat, M. C. 47
Sabenina, A. M. 10765
Sabín, Á. 5369
Sabol, F. 10137
—, J. 10087-92, 10219-22, 10236
Šabršula, J. 931, 6775, 9895
—, J. J. 6933
Sacchi, E. 6516
Sacconi, A. 4743-4
Sacerdoti Mariani, G. 8094
Sacharnyj, L. V. 1686
Sacharova, M. A. 12563, 12566-7
Sachnine, M. 12236
Šachraj, O. B. 8095, 8279
Sachs, J. 3590
Sadalska, G. 8698
Sădeanu, F. 5509
Sadnik, L. 9209
Sadock, J. M. 1209-10
Sadoŭski, J. 11547
Sadovszky, O. J. 4059
Sadowska, M. 3685
Šadurski, I. V. 11563
Sadychov, A. Š. 12977
Sadykova, M. 13027
—, N. 4887
Saerens, C. 4800
Saettele, H. 5953
Sáez-Godoy, L. 5605
Safar, F. 11984
Safarewicz, J. 519-20, 4112, 5081, 8996, 10419, 10557
Šafárik, P. J. 10062
Safarov, Š. 8280
Safirova, B. 9520
Sag, I. (A.) 1562, 2486, 4268
Sagawa, M. 13191
Šagirov, A. K. 12302
Sågvall, A. L. 3296
Sahač, H. M. 11454
Sahlins, M. 2888
Sahlman-Karlsson, S. 12401
Sainer, A. P. 4745
Saint-Gérand, J. P. 6187
Saint-Jacques, B. 3925
Saint-Jacques-Fauquenoy, M. 13927
Saint-Pierre, M. 3926
Saitkulov, Ch. 3258
Saito, S. 2598
Sajmiddinov, D. 4414

Sajnovics, J. 725, 2004
Sakamoto, Y. 13399
Sakari, A. 6078
Sakoda, K. K. 5772
Šakryl, T. P. 12303
Sakthivel, S. 13203, 13212
Šakun, L. M. 11583
Sakuntala Sharma, J. 13241
K. Sal, É. 2829
Sala, M. 5665-6, 6783
Salamac, P. 6564, 6669, 6717
Salambašev, A. 9574-5
Salberger, E. 8681-2, 8899
Saletta Bellina, A. L. 6670
Salisbury, R. F. 13531
Salkoff, M. 5954
Salmond, A. 13519
Salnikow, N. 260, 11040
Salon, A. 5758
Salonen, A. 11676, 11819-21
—, E. 11822
Saloni, Z. 10402-3
Šalownć, Ŕ. 1211
Saltarelli, M. 5349
Salter, D. 3420
Saltveit, L. 7725-6
Salus, P. H. 2005
Salvador, G. 3035
Salvaneschi, E. 4824
Salvini, M. 11606
Salys, A. 8989
Samarin, W. J. 3421
Šamatov, A. N. 4325
Sambor, J. 10404, 10621
Samedov, Dž. S. 12304
Šamelašvili, R. 12257
Sammallahti, P. 12797
Samochvalova, V. I. 11348
Samotik, L. G. 11249
Sampson, G. 1212, 1256, 11949
Šamraj, T. 9411, 11041
Samsareva, P. 12051
Samsonov, N. G. 11143
Samuels, M. L. 2744
Sanches, M. 3591
Sánchez de las Brozas, F. 2006-7, 2031
Sánchez de Zavala, V. 1213-4, 5370, 5510
Sánchez-Marco, F. 3850
Sanchis Guarner, M. 5417
Sanctius, F. 2006-7, 2031
Sandberg, B. 7254
Sandel, G. 10633
Sanders, G. A. 1215
—, W. 7868, 7914
Sandnes, J. 8891

INDEX

Sandoz, C. 5170
Sandqvist, S. 5955
Sandred, K. I. 8618
Sandri, G. 1832
Şandru Olteanu, T. 5650
Sandt-Koenderman, M. van de 3480
Sandulescu, C. G. 1563, 2694
Sanga, G. 6485
Šanidze, A. 12258-9
Sanikidze, L. K. 4556
Sankoff, D. 3240, 3297
—, G. 3297, 6268, 13551, 13940
Sanmartín, J. 11844-54
Šanskij, N. M. 236
Sansone, G. E. 5638
Santamaria, A. 5728
Santangelo, A. 6430
Santarcangeli, P. 3105, 12699
Santerre, L. 5807
Santoli, V. 297, 726
Santoro, C. 290, 697, 4596-8, 4825, 6718
Saparova, G. 12983
Sapir, E. 128, 995, 1377, 3807
Šapiro, A. B. 11287
Saporetti, C. 16
Saporta, I. de 12221
Sappler, P. 7394
Sara, S. I. 12015
Šaradzenidze, T. (S.) 1687, 12248
Saradževa, L. A. 4557-8
Šarafutdinova, R. Š. 12052
Saramandu, N. 2790
Saran, F. 7640
Šarapova, L. V. 4684, 4699
Šarbatov, G. Š. 558
Sargsyan, G. H. 495, 5028
Sarkar, P. 4304
Sarkisjan, G. Ch. 495, 5028
Sarközi, A. 13098
Sarnowska, I. 10688
Šarpylo, B. A. 11455
Sarrasin, R. 3422
Sarv, I. 12469
Saski, S. 727
Sasse, H. J. 12210
—, W. 13155
Sasson, J. M. 11823
Satkiewicz, H. 10405
Šatkov, G. V. 2695
Satō, A. 9145
Sattarov, G. F. 13068
Šatunova, L. V. 11119
Satzinger, H. 12186
Sauer, G. 12763
Saum, F. 4888

Šaumjan, S. K. 1225, 3184
Saunders, R. 13870-2
Šaur, V. 9250, 9333, 9412, 9455, 9973
Sause, E. F. 3592
Saussure, F. de 728-32, 804, 816, 958, 1099,
    1100, 1150, 1155, 1168, 1216-7, 1235, 1247,
    1270, 1274-5, 1872, 1902, 1931, 1944, 1964,
    2032, 2037, 2041-2, 3033
Savard, J. G. 3894, 6238
Savčenko, A. N. 4113
Savel'eva, O. M. 4889
Savić, M. D. 4685, 6681
—, S. 3593, 9678
Savičiūtė, G. 8997
Savigny, E. von 1542, 1564
Savina, V. M. 11042
Savoia, L. 6361
Sawicka, I. 4686, 9244, 9679, 10321
Sawyer, J. F. A. 11962-3
Sayers, B. J. 13560-1
Sazanova, N. M. 405
Ščadneva, V. 11043
Scaffidi Abbate, A. 7148
Scaglione, A. 2008, 2946
Scaliger, J. C. 2020-1
Scalise, S. 2231, 2745, 6684
Scanlan, T. M. 6223
Scardigli, P. 297, 7143, 8923-4
Scarpi, P. 4746-7
Scatton, E. 4620
Scavnicky, G. E. A. 5606
Ščedrovickij, G. P. 1833
Ščerba, L. V. 544
Ščerbak, A. M. 12816, 12848-51, 12903
Ščerbakova, L. P. 10832
Ščerban', N. P. 7624
Schabert, P. 12122
Schabowska, M. 10406
Schachten, W. 1565
Schachter, F. F. 3594
—, P. 8281, 8295, 13492-4, 13717
Schächter, J. 1566
Schaechter, M. 7684-5
Schaeder, B. 7190
Schaefer, U. 8345
Schaeffer, C. F. A. 11811
Schaerlaekens, A. 3595
Schafer, E. H. 13276
Schaff, A. 1324, 1567-8, 3851-2, 3862
Schaffer, B. 12133
—, D. 7625
—, M. 13604
Schäftlein, R. 7488
Schaik, H. W. A. van 6335
Schaller, H. W. 9413

779

INDEX

Schane, S. A. 1218, 2320
Schank, G. 2889, 7191
Schanze, H. 156
—, R. 7436
Schapka, U. 4435
Scharfe, H. 4270
Scharnhorst, J. 862
Scharpé, J. L. 9444
Schatte, Cz. 7343
Schecker, M. 350, 1219, 1347, 3596
Scheerer, T. M. 6224
Scheeter, H. 8401
Scheffler, H. W. 1834
Scheindlin, R. P. 12108
Schelesniker, H. 4114
Schellbach-Kopra, I. 12378
Schendels, E. 7622
Schenk, W. 10842
Schenkel, W. 7344
Schenker, S. 6225
Scherer, A. 5106
—, K. R. 3969
—, W. 733
Schergna, E. 3686
Scherner, M. 234, 1220
Scherr, B. P. 11368
Scheuermann, U. 3298, 7727-8
Schewe, W. H. U. 7502, 7576
Schiaffini, A. 6353
Schibanoff, S. 8357
Schieb, G. 7372
Schiebe, T. 7345
Schiefelbein, H. 7795
Schiefer, E. 2599
Schieffelin, B. (B.) 2521, 3539
Schiepers, C. W. J. 3423
Schiffer, S. R. 1569
Schiffman, Harold 13236
Schiffmann, I. 11901-2
Schifko, P. 1835, 5842
Schildt, J. 7423, 7675
Schindler, F. 7168
—, J. 4066, 4271, 4559
Schippan, T. 2009, 7192
Schirn, M. 1570, 1594, 1605
Schlachter, W. 7544, 12317, 12498, 12590, 12632
Schlatter, D. 13400
Schleicher, A. 1890
Schleichert, H. 1311
Schlieben-Lange, B. 1221-2, 2746, 3853-4, 5350, 6309
Schlimpert, G. 7796
Schlorhaufer, W. 3687
Schlosser, K. 13712

Schlumpp Toledo, M. 5545
Schlyter, S. 5956
Schmalstieg, W. R. 8953-4, 9146, 9299
Schmeja, H. 4115, 4390
Schmerling, S. F. 8096
Schmid, A. 6752
—, H. 6565
—, W. 4943
—, Wolfgang P. 4066, 4116, 4370
Schmidely, J. 5511
Schmidt, A. V. C. 8015
—, E. G. 5123
—, G. 7577
—, H. 7600
—, Karl H. 6988, 6997, 12260
—, Klaus T. 4192
—, S. J. 362, 919, 1223, 1571, 3036
—, Veronika 7578
—, Volkmar 4890
—, W. 7385
Schmidt-Knaebel, S. 3688
Schmidt-Petersen, A. 8008
Schmidt-Radefeldt, J. 5672, 5732, 5957
Schmidt-Wiegand, R. 7533
Schmitt, C. 6027, 6165-7, 6310
—, E. 12097
—, R. 653, 4066, 4371, 4391, 4531, 4560
Schmitt-Fiack, R. 7579
Schmitthenner, F. 2010
Schmitt Jensen, J. 5958, 6431
Schmitz, S. 1572
—, U. 130, 1033
Schmole, J. P. 8282
Schmoock, P. 8465
Schneider, G. 2011
—, J. 5265
—, W. 932
Schneiderman, E. 3927
Schnelle, H. 1224, 1573-4
Schober, R. 7641
Schödel, S. 896
Schoen, E. L. 1575
Schoenthal, G. 7191, 7346
Schogt, H. G. 1836-7
Schokker, G. H. 4279
Scholem, G. 12016
Schöler, H. 7651
—, W. 576
Scholes, I. B. 3424
—, R. J. 3424, 3597-8
Scholl, K. P. 3613
Scholnick, E. K. 3571
Scholz, F. 11044
Schönfeldt, A. 2600
Schönle, P. W. 10903

INDEX

Schooneveld, C. H. van 306, 9291
Schopf, A. 8180, 8283
Schöwerling, R. 8017
Schramm, Gene M. 11964
—, Gottfried 4117
—, U. 7580
Schreiber, H. 7351
—, W. 7797
Schrickel, H. 7488
Schröder, J. 7347-8, 7633
—, M. 7255
Schrodt, R. 7149
Schroten, J. 5474, 5489, 5512-4, 5733
Schröter, K. 912
Schub, M. B. 12053
Schuchardt, H. 2009, 2041, 13911
Schuh, R. G. 310, 12225, 12237-9
Schuhmacher, W. W. 4060-1, 7581, 8619-20, 13887
Schüle, E. 6048-9
Schulenburg, S. von der 2012
Schulte-Herbrüggen, H. 1576
Schultink, H. 298, 734
Schultz, R. A. 1577
Schultze, B. 735
Schulz, J. 10018
Schulze, B. 210, 12763
—, U. 7582
Schulze-Busacker, E. 6311
Schulzke, R. 7407
Schumacher, H. 7287, 7349, 7358
—, N. 7583
Schunck, P. 267
Schuppenhauer, C. 7714
Schürr, D. 11710
—, F. 5351, 6566
Schuster, H. S. 11602
Schuster-Šewc, H. 9210, 10730-3
Schütte, L. 7798
Schutter, G. De 7852-4, 7893
Schütz, A. J. 13532-3
—, F. 299, 716, 9211, 12700, 13013
—, J. 9300
Schützeichel, R. 7483, 7642
Schveiger, P. 1225-6
Schwanzer, V. 3106, 10189
Schwartz, A. 13495
—, M. 4392
Schwartz-Norman, L. 8284
Schwartz Popa-Burcă, L. 3185-6
Schwarz, D. 3187
—, E. 7588
—, Ernst 736
—, W. 4272
Schwarze, C. 5761

Schwarzenbach, R. 7193
Schweizer, U. 6226
Schwitalla, J. 7194
Scinto, L. F., Jr. 1227
Scollon, R. 3599, 13757-9
Scoones, S. 6168
Scott, P. 8723
—, R. I. 8285
Scotti Morgana, S. 6472
Scotton, C. M. 3855
Scovazzi, M. 8925
Scragg, D. G. 8488
Ščur, G. S. 1228-9, 1578, 2890, 8823
—, H. S. 2601
Seaman, P. D. 5004
Searle, J. R. 1142, 1579
Sebaste, F. 6567
Sebeok, T. A. 839-41, 933-4, 1879, 3983, 3997
N.-Sebestyén, I. 12798
Seche, L. 6817
Sechehaye, A. 1217, 2042
Sedel'nikov, E. A. 11045
Sedláček, K. 13299
—, M. 9927
Sedlak, P. A. S. 3857
Sędzik, W. 10551
Seebold, E. 4118
Seegatz, W. 10785
Seferyan, S. 4561
Sefler, G. F. 1580
Segelberg, E. 12006
Segert, S. 11900, 12017
Seglie, P. 6526
—, S. 6526
Segre, C. 2696-7
Seguin, J. P. 6028
Séguy, F. 2767
—, J. 6303, 6312
Seibicke, W. 7514-5
Seidel, E. 1688, 2013
Seidelmann, E. 7211
Seitz, W. 5171
Sekaninová, E. 737-9, 2891, 10190
Sekereš, S. 9735-7, 9827-9
Sekvent, K. 10138, 10233-4
Selenius, E. 8824
Seler, E. 13845
Seleskovitch, D. 3107
Šelichova, N. T. 10754
Seligman, D. B. 1581
—, M. E. P. 3528
Selimski, L. 9147, 9414-5, 9511
Seliverstova, O. N. 11250
Seljach, A. S. 5808
Šeljakin, M. A. 11046

INDEX

Seljan, E. 9561
Seljutina, I. Ja. 13014
Sel'kov, N. N. 12563, 12566-7
Sellars, W. 1636
Selms, A. van 11870-1
Selnes, O. A. 3697
Seltén, B. 8621
Semaan, K. I. 12033
Semčyns'kyj, S. V. 2892, 6886
Semenova, M. F. 11144
Semenza, C. 3648
Semjanová, M. 10164, 10291
Sen, N. 4273
Šendel's, E. I. 7622
Sendero, B. 11047
Senina, N. A. 11251
Seniv, M. H. 5107, 5206
Senkevič, V. A. 11145
Senn, A. 4087
Sephiha, H. V. 224, 5667-71
Seppänen, A. 4035, 8286
Şerban, G. 6977
—, V. 6818
Serbat, G. 5067, 5108-9
Šerdakova, L. N. 11349
Serdjučenko, G. P. 4088
Serebrennikov, B. A. 815, 1193, 2747, 12338, 12529, 12568, 12852-4
Serebrjans'ka, A. A. 5515
Šeremet, T. K. 11048
Šeremeta, M. V. 5959
Šerer, V. Ė. 13137
Sergeev, V. N. 11261
Serianni, L. 6483
Serjeant, R. B. 12079
Serkutina, M. A. 5005
Serra, L. 6568
—, P. Cunha 740, 5734
Serrano, S. 3188
Serruys, H. 13099-100
—, P. L. M. 13277
Sertima, I. V. 8392
Setkowicz, J. 10689
Seuren, P. A. M. 1840-1, 2444, 2452, 2602
Sevbo, I. P. 2698
Ševčuk, O. S. 11524
Sever'janova, V. A. 8287
Sevortjan, Ė. V. 12855-6
Seward, T. A. 5567
Šewc-Schuster, voir Schuster-Šewc
Sey, Y. 13401, 13419
Seybold, K. 11965
Seyfert, G. 1230
Sgall, P. 936-7, 1231, 1827, 2603-6, 2699, 3189-90, 9416

Sganzini, S. 6586
Sgarbi, R. 5230
Shack, W. A. 12154
Shacter, J. M. 3425
Shadily, H. 13458
Shaffer, D. 3928-9
Shah, U. P. 4274
Shand, J. 13496
Shands, H. C. 3426
Shanmugam, S. V. 13213, 13217
Shannon, R. S., III 3027
Shanon, B. 1842
Shapiro, M. 3037
—, M. C. 4326
—, S. C. 3147
Sharadzenidze, T. 1687
Sharf, D. J. 2184
Sharifi, H. 3613, 4477-8
Sharma, J. C. 4327
—, R. C. 3427
—, R. N. 4275
Sharwood Smith, M. 1232
Shaterian, A. V. 13822
Shaw, J. T. 11350
—, M. E. 3395
—, W. D. 8530
Sheets, G. A. 4775
Sheik, H. 4478
Sheil, B. A. 3191
Sheintuch, G. 2360, 2607-9, 4372, 13688
Sheldon, A. 3428
Shell, O. A. 13905
Sheperi, I. D. 4687
Sherman, D. 8052
Sherzer, D. 8531
—, J. 329, 2893, 13741
Shetler, J. 13497
Shetty, R. T. 13207
Shevelov, G. Y. 9097, 11427
Shibatani, M. 330, 2316, 2610, 13167, 13172, 13192
Shibles, W. A. 1582
Shields, K. C., Jr. 4119
Shimizu, K. 13638
Shisha-Halevy, A. 12187-8
Shkurtaj, G. 4688
Shopay-Morton, O. C. 9779
Shopen, T. 8288
Shorto, H. L. 13402, 13498
Shresthacharya, I. 13288
Shugar, G. W. 3600-2
Shukla, H. 2791
—, S. 4276
Shuteriqi, Dh. S. 4689-90
Shuy, R. W. 122, 8028

INDEX

Shwayder, D. S. 1583-4
Sialm-Bossard, V. 7584
Siatkowska, E. 9871-2
Siatkowski, J. 9958, 10500, 10863, 11136
Šičalin, Ju. L. 4891
Siccardo, F. 6169
Sickle, J. Van 4956
Sidharta (Sie Ing Djiang) 13499
Siebenborn, E. 2014
Siebenmann, G. 5632
Siebert, F. T., Jr. 13783
—, H. J. 7676
Sieczkowski, A. 521
Siegel, M. 11049
Siekierska, K. 10552-3, 10603-4
Siekierzycki, E. 10904
Sierociuk, J. 10481
Sievers, F. 2196
Šifman, I. 11901-2
Sigálas, A. 5006
Sigalov, P. S. 9072, 9148-9, 10905-7
Šigarevskaja, N. A. 5960, 6029
Sigurd, B. 1233, 8825
Sijpesteijn, P. J. 4892
Sika, N. J. 3219
Siklóssy, L. 3603
Sikors'ka, Z. S. 11455
Silina, Ė. V. 8289
Sil'man, T. I. 3038
Silva, M. W. Sugathapala De 4349
Silveira, J. A. da 740
Silver, B. 3858
—, S. 219, 13823
Silver-Beck, B. L. 8546
Silverman, J. H. 5663
Silverstein, R. O. 12240
Silvestri, D. 4893, 11677
Šima, J. 707
Šima, P. 1234, 9301
Simard, L. M. 3930
Šimečková, A. 134
—, S. 9888
Simeon, G. 13201
—, R. 1880
Simeonov, B. (D.) 771, 9334-6, 9576-9
Simeonova, Ch. 9456
—, R. 7212
Simić, R. 2611, 9680-2, 9738, 9793
Simiczijew, K. 9610
Simili, R. 1585
Simina, G. Ja. 11146
Simmler, F. 7213-4
Simmons, R. F. 3299
Simon, G. 12652
—, J. 1303, 1586

Simone, C. de 4599, 5035, 11719, 11731-2
—, R. 140, 2015
Simoni, G. De 6706
Simoni-Aurembou, M. R. 6079
Simonov, M. D. 13123
Simonović, D. 741
Simonyan, N. M. 4562
Sims-Williams, N. 4415
Simulik, M. V. 9150
—, V. M. 11525
Šimunović, P. 4621, 9739, 9830-3
Sinclair, J. McH. 8036
—, M. B. W. 13520
Singh, B. N. 3734
—, I. 13313
—, J. D. 3731
—, S. 2197, 2321
—, U. N. 4305
Sinha, A. C. 2612-3
—, N. K. 13425
Sini, C. 938
Sinica, A. I. 11147
Sinor, D. 299, 12314
Šipka, M. 9732
Sipos, I. 4036, 12753
Šipoš, I. 3363, 3429
Šipova, E. N. 11252
Širaliev, M. Š. 300, 12857, 12978-9
Siro, P. 12403
Širobokova, N. N. 12858, 13052
Širokova, A. V. 5126
Sirotinina, O. B. 10787
Sirtautas, V. 8998-9
Sisam, K. 742
Šiška, Z. 1843
Šiškina, T. 2947
Šivic-Dular, A. 9251
Sjöberg, Åke W. 268, 11678-81
—, Anders 11108-9
Sjölin, B. 3931, 8009
Skála, E. 10035
Skalička, V. 4622
Skaličková, A. 8097
Skalmowski, W. 2614, 4393
Skal'nik, V. 13193
Skalski, W. 2124
Skarbińska, M. 10375
Skardžius, P. 743
Škarić, I. 9648
Škatova, L. 10913
Skautrup, P. 8752
Skendi, S. 3859
Škerlj, S. 301, 744-5, 9740
Skerrett, R. A. Q. 7000, 7050-1
Skidmore, A. 1587

INDEX

Škiljan, D. 939
Skinner, B. F. 3362
—, N. 12241
Skitova, F. L. 11253
Skjærvø, P. O. 4416
Skjekkeland, M. 8727
Škljar, R. M. 11110
Skljarenko, O. M. 7799
—, V. H. 9098
Skljarevskaja, G. N. 10908
Skoczylas-Stawska, H. 10482-3
Škodrova, D. N. 10909
Skok, P. 9764
Sköld, T. 2615
Skopek, L. 3860
Skorbatjuk, I. D. 13156
Skorik, P. Ja. 13138
Skorobohata, Je. I. 5207-8, 5231
Skorupka, S. 522, 746-7, 794, 9212, 10554
Skrebnev, Ju. M. 2700
Skrypnyk, L. H. 575
Skubalanka, T. 10632
Skubic, M. 5418, 6569
Skujiņa, V. 9048-9
Skulina, J. 3932
—, Josef 11584
—, T. 10690
Škultéty, J. 5607
Skupińska-Dybek, E. 11254
Skutil, J. 606, 10036-7
Skvajrs, E. R. 4120
Skytte, G. 6432
Sladek, A. 3192
Slama-Cazacu, T. 3430, 3604, 3982
Slamnig, I. 9798
Slater, W. J. 4916
Slavíčková, E. 9932
Slavov, A. 9551
Sławski, F. 677, 748-50, 9151, 9213, 10555
Slepcov, P. A. 13053
Šljivić-Šimšić, B. 9683
Sljusareva, N. A. 1235, 1902
Slobin, D. I. 3615
Slobodjan, Z. P. 7256
Šlosar, D. 9933
Slotte, P. 8900
Slovjagin, A. P. 11111
Sluşanschi, D. 6934
Słuszkiewicz, E. 12904
Slyn'ko, I. I. 11456
Smailović, I. 9834
Smailus, O. 13846
Smalley, W. A. 13245, 13403
Smedts, W. A. J. 7855
Smeets, R. 12305

Šmelev, D. N. 11051
Smet, G. (A. R.) de 7511, 7729-31
Śmiech, W. 10558
Smiešková, E. 10191-4
Šmilauer, V. 302, 751-4, 4037-8, 9896, 10038-9, 10292
Smirnickaja, O. A. 8657
Smirnov, Ju. A. 4345-6
—, S. V. 11257
Smirnova, L. N. 10977-8
Smith, B. S. 13790
—, Carlota S. 8290
—, Colin 5639
—, D. E. 11860
—, E. C. 303, 8585
—, G. S. 11364, 11374
—, G. W., Jr. 8532
—, Jane I. 12098
—, Jim 7869
—, Joshua H. 3529
—, J. W. A. 3605
—, K. D. 13365-6, 13404-9
—, M. E. 307
—, Nathaniel B. 6313-4
—, Neil 3681
—, Neilson V. 3493, 3606
—, Norval S. H. 7829, 7856
—, P. H., Jr. 8926
—, P. T. 8044
—, Richard D. 13906
—, Ronald L. 13410-1
—, S. L. 3981
—, W. 13534
Smits, J. W. 7912
—, K. 7373
Smoczyńska, M. 3607-8
Smoczyński, P. 10692
—. W. 43
Smolickaja, G. P. 11409
Smółkowa, T. 10559
Smol'skaja, A. K. 9684
Smorgunova, E. M. 11231
Smotryćkyj, M. 10755
Smrčková, J. 254, 4623
Smułkowa, E. 11585-7, 11592
Snell, B. 4861
Snijman, F. J. 7988
Snochowska, U. 9356
Snow, C. E. 3609-10
Snyman, J. W. 13730
Sobierajski, Z. 10463
Sobin, N. 2894
Sobinnikova, V, I. 10756
Soboleva, P. A. 1689
—, V. I. 7408

INDEX

Sobrero, A. 3861, 6570
Sochová, Z. 9974, 9979-80
Soden, W. von 791, 11815, 11824-7
Söderbergh, R. 3611
Söderström, S. 8760, 8826-7
Soebardi, S. 13500
Soemarmo, M. 1844
Sofronov, M. V. 6227
Sogalnik, G. Ja. 11352
Soggin, J. A. 11966
Soheili-Isfahani, A. 4479
Sohn, Ho-min 13149, 13535-6
Soida, E. 9050
Šojat, A. 9721, 9765
Sokoloff, M. 11967, 12002, 12018
Sokolov, S. V. 12550-1
Sokołowska, T. 10408
Sokolowski, R. 1588
Solà, J. 5419
Solari, R. 4563
Sola-Solé, J. M. 5633
Solé, Y. R. 5516
Solís, V. M. 3351
Söll, L. 5762
Sollamo, R. 4801
Sollberger, E. 11682
Solncev, V. M. 1193, 1236, 4088
Solnceva, N. I. 4328
Solomon, R. C. 1589
Solov'ev, I. V. 11353
Solta, G. R. 4564, 5036, 5110
Soltan, S. G. 11258
J. Soltész, K. 12728, 12754
Sołtys, A. 10322, 10484
Somasekharan Nair, P. 216, 2792, 3731
Somekh, S. 12109-10
Sommerfeldt, K. E. 7350-1
Sommers, F. 1590-1
Sommerstein, A. H. 4776
Sonderegger, S. 2793, 7409-10
Søndergaard, G. 8753, 8901
Song, S. C. 13157
—, Z. 13194
Šonje, Š. 9780
Soonpere, Ju. 11389
Soontak, J. 401, 8828
Sopher, H. 8291
Sopira, A. 11259-60
Soravia, G. 940
Sørensen, V. 1592
Sornicola, R. 6433, 6645
Sorokin, Ju. A. 780
Sorokina, I. P. 12799-800
Sorokoletov, F. P. 11184, 11255
Sosa, F. 5446

Soták, M. 11390
Sotscheck, J. 2198
Soublin, F. 2016
Soulik, T. 13515
Southworth, F. C. 941, 4338, 13214
Soutou, A. 6315, 6336
Sova, L. Z. 2361
Soverini, P. 5209
Sovijärvi, A. 136, 12601
Sowa, F. 10650
Sowk'iasyan, A. M. 416-7, 4565
Sozzi, B. T. 6463
Spa, J. J. 6236
Spal, J. 10040
Spalding, K. 7585
Spangenberg, K. 7488
Sparwenfeld, J. G. 11164
Spasova-Michajlova, S. 9417, 9497
Speck, C. H. 13888
Speitel, H. 8393
Spence, N. C. W. 1237, 5763, 5809, 5843
Sperandini, G. 6571
Sperber, D. 942-3
Speroni, S. 2015, 2017
Spescha, A. 6753
Spiegel, H. R. 7502
Spiegelberg, W. 12192
Spiess, F. 6572-3, 6586
Spillner, B. 3039
Spitzbardt, H. 223, 394, 1238, 2748, 3193, 3241, 8037, 13501, 13941
Splett, J. 7586
Spohn, W. 1593
Spore, P. 6354
Sprauve, G. A. 8394
Sprengel, K. 8136
Sprenger, N. 12019
Spreu, A. 7937
Sproģis, A. 590
Spryncak, Ja. O. 11497
Spyropoulos, Th. G. 4748
Squires, R. 1618
Šrámek, R. 4039, 10041
Sreedhar, M. V. 4306, 13314-5
Šrejder, J. A. 3238
Sridhar, S. N. 1239, 2436-7, 2616-7
Sroka, K. 1240
Staal, J. F. 1595
Stachurski, E. 10605, 10625
Staczeck, J. J. 5517
Stahl, F. A. 5606
Ståhl, H. 282, 8902
Ståhle, C. I. 8829
Stahlke, H. (F. W.) 218, 2322, 2618, 13633
Stales, F. De 6671

INDEX

Stalnaker, R. 1596
Staltmane, V. (Ė.) 3999, 11393, 11410
Stam, J. H. 2018
Stamać, A. 9794
Stamatoski, T. 9601, 9611
Stamenov, Ch. 9322
Stammerjohann, H. 865, 2701
Stammler, W. 7533
Stampe, D. 1845
Stan, I. T. 6819
St. Andrews, G. L. 5661
Staneva, C. 9418
Stanforth, A. 8468
Stang, Chr. S. 4121, 8949-50, 9000-1
Stanić, M. 9741
Staniševa, D. 9108, 11052
Stanislav, J. 755-6, 9303, 10146
Stanislavskij, A. L. 11102
Stankiewicz, E. 1897, 2019
Stankov, V. 485, 9419, 9512, 9524-5
Stankovska, L. 9620
Stankowa, M. 10675-6
Stanley, G. E. 13718
Stanosz, B. 1597
Stanulov, N. 3194
Stanže, N. 11262
Stark, J. K. 12020
Starosta, M. 10735
—, S. 217, 13426
Starostin, B. A. 4040
Starostov, L. N. 12958
Stary, G. 12812
Starykova, O. M. 8292
Staszewski, J. 8293
—, S. 11379
Stati, S. 1598
Stebbins, C. E. 5810
Steblin-Kamenskij, I. M. 4480
Štec', M. 10075, 11420
Stechow, A. von 2472, 2531
Steel, P. M. 3562
—, T. B., Jr. 1311
Steele, S. M. 13864
Steensland, L. 9099
Steever, S. B. 114, 116
Ştefan, I. 6953
Štefanić, V. 9304, 9699
Stefanija, D. 9612
Stéfanini, J. 2020-1
Stefenelli, A. 6170
Steffen-Batóg, M. 2139, 2201-2
Steger, H. 7800
Stehlík, V. 7352
Stein, G. 8014, 8137
—, J. 8462

Steinberg, D. D. 1241
Steinbruckner, B. F. 7484
Steiner, George 3108
—, Gerd 2362
—, M. 5276
—, P. 3025
—, T. R. 3109
Steinert, M. M. 8401
Steinhauser, W. 757, 4277, 8903
Steinhoff, H. H. 7384
Steinig, W. 3865
Steinitz, R. 12763
—, W. 7592, 12763
Steinke, K. 4122, 4624-5, 7195
Steinmann, M., Jr. 1242, 2431
Steinthal, H. 2022
Steklis, H. D. 112, 3474
Šteliar, F. 10147
Stelleckij, V. I. 11375
Stellinger, J. H. 2130
Stellmacher, D. 7732-3
Stelzig, H. 2203
Stemler, A. B. L. 13582
Stemmer, N. 1599
Stemp, S. 3594
Stempel, W. D. 3040
Stemshaug, O. 8891
Stenberg, P. 8826
Stengel, E. 5746
Stengrevica, M. 9051
Štěpán, J. 7547, 9152, 9989
Stepanjuk, S. V. 11053
Stepanov, G. V. 5651
—, Ju. S. 944, 1193, 1243, 8937
Stepanova, A. N. 5844
—, L. G. 6355, 6672
—, M. D. 7587
Stephany, U. 3612
Stephens, L. 4947
—, L. D. 250
—, M. 7086
Stepniak, K. 10485
Steponavičienė, I. 9002
Sterkenburg, P. G. J. van 2895, 7910, 7915-7
Stern, H. H. 3432
—, J. P. 3041
—, S. M. 12060
Sternemann, R. 1244-5
Sterner, J. K. 13537
—, R. H. 13538
Sternfeld, R. 1600
Sterrenborg, W. 7836
Stetter, C. 1246-7
Steube, A. 76, 2596
Steuerwald, K. 12959

INDEX

Steur, I. van der 4955
Stevanović, M. 702, 9631, 9760-1
Stevens, A. 627
—, Alan M. 13502
—, P. T. 4940
Stevenson, I. 3433
Stevović, I. 9685-6
Stewart, A. H. 1248, 8294
—, G. R. 304, 758
—, J. 7052
Stich, A. 607, 862, 9990-1
—, S. P. 1601
Štícha, F. 9934
Stick, S. L. 3613
Stickel, G. 13162
Stieber, Z. 9083-4, 9100, 10323, 10486, 10696
Stieglitz, R. R. 11711
Stiehl, R. 4371
Stigers, H. G. 11828
Stijnen, P. 7944
—, S. 7945
Stijović, S. 9708
Stillings, J. T. 8547
Stimm, H. 320, 6754-5
Stimson, H. M. 13278
Stinson, D. L. 12198
—, M. 3434
Stipa, G. J. 12509
Stirnweiss, W. R. 7485
Stirrup, B. E. 5210
St. John, J. 5105
Stoberski, Z. 2896
Stock, D. 2144
—, E. 2204
Stöckl, J. 7486
Stockman, G. 7053
Stockwell, R. P. 8295
Stoide, C. A. 6830
Stojanov, S. 673, 9547
Stojanova-Jovčeva, S. 7353
Stojčev, T. 9457
Stojkov, S. 305
Stokhof, M. 1391, 2572
Stoklasa, M. 3293
Stokoe, W. C. 3984
Stoljarova, A. K. 12801
Stoll, C. 7196
Stolper, M. W. 11829-30
Stolt, B. 7677
Stolz, B. A. 3027
Stone, G. 10299, 10736
—, Maureen 2125
—, M. E. 4545
Stong-Jensen, M. 2285
Stopa, R. 4062

Stopp, H. 7202, 7411-2
Stork, G. 7887
Stosch, E. 3542
Straaten, Z. van 1575
Strachalska, B. 3689
Stracke, J. R. 8358
Straight, H. S. 1249, 8469
Straka, G. 259
Straková, V. 10910-2
Strandberg, S. 8861
Strang, B. M. H. 8015, 8359
Strassner, E. 736, 7413
Straube, A. 9023
Strawson, P. F. 1602-4
Strecker, B. 1846
Streekstra, N. F. 1250
Streeter, L. A. 13719
Strekalova, Z. N. 9153
Strelcyn, S. 12155
Strevens, P. 8038
Stricker, H. 6727, 6756-7
Strid, O. 4941
Strien-Gerritsen, M. van 4802
Striženko, A. A. 3042
Striževskaja, O. I. 11263
Strobach, H. 7372
Strohner, H. 3614
Ströker, E. 1008
Strong, D. R. 6434
Stroop, J. 7889
Strothmann, W. 12019, 12021
Strumiński, B. 10409, 10606
Strungaru, D. 6853-5
Strunk, K. 4123-4, 5066, 5111
Strutynski, U. 7150
Stuart, D. K. 11968
Stucky, S. U. 13720
Studer, E. 680
Studiener, M. A. 9337
Študiner, M. A. 10324
Stumfohl, H. 2750, 4063
Stumpf, P. 4193
Stupakova, L. I. 5961
Stupin, L. P. 8470
Sturm, A. 1251
Styčyšyna, L. P. 11542
Stypuła, R. 10560
Su, P. Y. 8462
Suárez, J. A. 13889-90
Šuba, P. P. 11588
Subbarao, K. V. 4329-30
Subbiondo, J. L. 1606
Šubina, E. S. 2353
Subrahmanyam, P. S. 13215-6
Subramoniam, V. I. 4331, 13226

INDEX

Suchan, E. 9
Suchova, L. V. 5962
Suchsland, P. 1252, 2023
Sudakov, G. V. 11054, 11112, 11264
Sudnik, T. M. 321, 9173
Sugár, I. 12659
Sugárné Kádár, J. 3616
Sugimoto, T. 13552
Sugita, H. 13534
Sukale, M. 1502
Sukalenko, N. I. 2897
Šulhan, J. 5607
Sulisz, M. 10325, 10487
Sullivan, T. D. 13865
—, W. J. 2323, 8296
Sumeōnídēs, Ch. 12960
Šumyljak, F. I. 7215
Sundberg, J. 2165
Sundby, B. 8052, 8297
Sundermann, W. 4417-8
Sundqvist, A. 8830
Suñer, M. 5518-9
Sunik, O. P. 12813
Suomi, K. 2205
Superanskaja, A. V. 4041, 11411
Suppes, P. 3195, 3617
Suprun, A. E. 367, 11055, 11265, 11589
—, A. Ja. 10716, 11573
—, V. I. 11412
Surovcova, M. A. 9214
Suslova, A. V. 11411
Sussex, R. 1253-6, 10326, 10411, 11056
Süsskind, N. 7680
Suter, R. 7487
Şuteu, F. 6784
Sutton-Smith, B. 3618
Suxišvili, M. 12261
Suzuki, P. T. 13195
Švab, M. 9835
Švagrovský, Š. 11354
Švarc, E. 7588
Švarckopf, B. S. 11413
Švarcman, V. M. 6887
Svartvik, J. 8274
Svatoň, V. 2880, 10789
Švedova, N. Ju. 9074, 10767, 11057-8
Svedstedt, D. 11059
Švejcer, A. D. 3866
Svensson, B. 12633
—, J. 2619
—, L. 257, 8758, 8831
Svěrák, F. 759-61
Svetozarova, N. D. 10832
Švihran, J. 3867
Svjažynski, U. M. 11590
Svjencic'kyj, I. S. 762
Svoboda, K. 9903, 9918, 9935-6, 9992
Svobodová, H. 9993
Swadesh, M. 2751
Swain, M. 3933
Swan, O. 10412
Swann, W. 3445
Swanton, M. J. 8360
Swartz, M. J. 3868
Sweet, H. 1928
Swellengrebel, J. L. 13503
Świdziński, M. 10431
Świeczkowski, W. 8288
Swinburn, C. 8298
Swoboda, V. 11418
Syč, V. F. 11457
Sychta, B. 10706
Sydorčuk, N. H. 8533
Sykes, J. B. 8415
Sykorra, W. 5352
Symeonides, Ch. 12960
Sypnicki, J. 6228
Syrkin, A. Ja. 3043
Syromjatnikov, N. A. 342
Syrotina, V. O. 3044
Sytov, A. P. 4691-2
Syvolapova, V. I. 8299
Szabics, I. 5963
Szabó, J. 12674-5, 12756
—, T. A. 763, 12591, 12701-2
—, Z. 3045, 12729
Szabolcsi, M. 12730
Szabó Törpényi, Á. I. 12404
Szadyko, S. 10758
Szalamin, E. 12634
Szamosi, M. 12635
Szantyr, A. 5132
Szathmári, I. 288, 441, 2004, 3046, 12581, 12637, 12656
Szelestei, N. L. 12657
Szemere, Gy. 12713-4
Szemerényi, O. 4125, 4144, 4391
Szende, A. 12585, 12592
—, T. 2206-7, 2324, 3242
Szépe, Gy. 876, 947, 12602, 12703-4
Szepesy, Gy. 12636
Szilágyi, F. 12658
Szkatowa, L. 10913
Szlifersztejnowa, S. 10561
Szloser, J. 10414
Sznycer, M. 11764, 11896, 11903
Szpakowicz, S. 10624
Szreniawski, W. 7387, 7414
Szumska, U. 10636
Szűts, L. 12581

INDEX

Szwedek, A. 8300-2
Szybista, D. 2137
Szybistowa, M. 10415, 10607
Szydlowska-Ceglowa, B. 10634
Szymański, E. 473
—, T. 9420
Szymczak, M. 449, 10416, 10572, 10693
Szymoniuk, M. 10417, 11355

Taack, G. H. 2941
Tabakowska, I. 10418
Tabasso, L. 6362
Tadadjeu, M. 13700
Taeldeman, J. 7890, 7893
Taeye-Henen, M. De 6435, 6673
Tafel, C. E. 6171
Tafradžijska, C. Z. 13101
Tagliavini, C. 5353
Tai, J. H.-Y. 13279
Tait, W. J. 12189
Tal, A. 12022
Talatinian, B. 4566
Talibov, B. B. 12306-7
Taljaard, P. C. 13725
Talmy, L. 2620
Tam Duy Le 13341
Tamine, J. 6229
Tanase, E. 5964
Tanasković, D. 12054
Tanis, D. C. 3598
Tanner, N. 3475
Tanocki, F. 9766
Tapiéro, N. 12080
Taplin, G. 13565
Tarakanov, I. V. 12552-3
Taraldsen, I. R. 6674
—, K. T. 2621
Taranenko, O. O. 11498-9
Taranovsky, K. 306
Tarasti, E. 2024
Țârău, P. 2702
Tarditi, G. 4894
Tarlanov, Z. K. 11060
Tarlinskaja, M. G. 8548
Tarnóczy, T. 2208
Tarnói, L. 12577
Tarone, E. 3934-5
Tarquini, F. 5634
Tarquis Rodríguez, P. 2942
Tarski, A. 1478
Tarvainen, K. 7355-6
Taszycki, W. 10562, 10691
Tatar, B. 11356
Tatár, M. 13102
Tate, R. B. 186

Tatilon, C. 5811
Tato, J. L. 5520
Tatzreiter, H. 757
Taubken, H. 7713, 7734
Tavani, G. 5735
Taverdet, G. 6080-1, 6337
Tavoni, M. 2025, 6473
Tavuchis, N. 3502
Tawerilmang, A. F. 13535-6
Tawil, H. 11970
Taylor, Alan 8303
—, Allan R. 13743, 13795
—, B. 1607
—, C. V. 12209
—, Daniel J. 2026-7
—, Danille 8395
—, Davis 8534
—, Dennis Q. 7216
—, Donald M. 3930
—, Douglas 13907
—, Duane 8381
—, I. 3435, 3936
—, J. 3642
—, L. 3806
—, P. B. 8683
—, R. 5845
Tcharkacho, Ju. A. 12308
Tedeeva, O. G. 4481
Tedone, A. 6529
Teece, C. 3619
Teensma, B. N. 5692, 5736
Teepe, P. 797, 7713
Teeuw, A. 421
Tegey, H. 2622
Teijeiro, M. G. 4895
Teixidor, J. 11752
Tejnor, A. 9976
Tekavčić, P. 6356, 6436, 6474, 6574-5, 6761, 9836
Tekielski, K. 10488
Tekin, Ş. 12905
—, T. 12859, 13054
Telećan, M. 9767
Telegdi, Zs. 2028-9, 2703
Teleman, U. 8832
Telenkova, M. (A.) 11246, 11347
Tellenbach, E. 7257
Telmon, T. 6316, 6363
Téma, B. 10042-7
Tench, P. 2325
Tenenbaum, S. 13681-2
Teniševs, È. R. 12906, 13028-30, 13103
Teodorescu, P. G. 5568
Teodorsson, S. T. 4777
Tepljašina, T. I. 12554-5

INDEX

Teplova, I. I. 554
Terbuyken, G. 3869
Terent'ev, V. A. 12802
Terent'jev, P. V. 8304
Tereščenko, N. M. 12803
Terestyényi, T. 12593, 12716
Ternes, E. 2209, 7054, 7099
Terni, C. 5354
Terrace, H. S. 3998
Terrell, T. (D.) 5436, 8098
Terry, E. D. 5581
Terts, I. 948
Tervoort, B. T. 3620, 3691
Tešić, M. 9768
Těšitelová, M. 3243-4, 10008-9
Tesnière, L. 988, 2465
Tessier, A. 4567
Tetovska-Troeva, M. 9323
Teuchert, H. 7689, 7703, 7736
Teyssier, P. 5737
Teza, E. 438
Težak, S. 9769
Tezcan, S. 12907
Thampuran, R. R. 13222
Thananjayarajasingham, S. 13237-8
Thatcher, R. W. 3692
Thayer, L. J. 13583
Theban, L. 4339
—, M. 5738
Theissen, S. 7918-20
Thelander, M. 3870, 8833
Thelin, N. B. 10914
Theodoridis, Ch. 4752, 4815, 4896, 4942
—, D. 12961
Theophanopoulou-Kontou, D. 4704
Thiel, H. J. 11603
—, R. 1608
Thiele, J. 5846
Thiele, M. 8735
Thieme, P. 4207
Thimonnier, R. 6188
Thiolier, J. C. 6030
Thiry-Stassin, M. 6015
Thissen, H. J. 12196
Thom, M. 6172
Thoma, H. 7415
Thomä, I. 8535
Thomaj, J. 4693-4
Thomas, A. R. 7080
—, C. H. 7081
—, D. 13333, 13366, 13373, 13385, 13388-9, 13412-5, 13504
—, E. 8381
—, G. 11266
—, I. 7082

—, Jacqueline M. C. 2210, 13587
—, Jonathan 8039
—, J. B. 13534
—, M. D. 13534
—, R. J. 7068
—, W. 4066, 4194
Thomason, R. H. 1609
—, S. G. 2326, 2394, 2752
Thome, G. 3069
Thomov, T. S. 6230
Thompson, Henry 119, 3300
—, H. O. 11885
—, L. C. 217, 13342
—, S. A. 1676, 1784, 2546, 13271-2, 13883
Thomsen, K. 13104
Thomson, D. S. 7001, 7014
—, F. J. 45
—, R. L. 7055-6
—, R. (W.) 4488, 4491, 4568
Thoresen, A. 8720
Thorne, D. A. 7083
Thors, C. E. 8834
Thorsen, N. 8754
Thuesen, K. 8755
Thun, H. 542, 5965
Thunberg, A. M. 8835
Thunmann, J. 4695
Thürmann, E. 7168
Tibiletti Bruno, M. G. 5173, 6576
Tibón, G. 5662
Ticchioni Jasink, A. M. 4749
Tichá, Z. 9949
Tichova, M. M. 9305
Tichy, E. 4803
Tichý, O. 764
Tiefenbach, H. 7801
Tiemensma-Langbroek, E. 7416
Tietze, A. 12814-5, 12927, 12962-5
Tiffou, É. 5966
Tiik, L. 12470, 12488-9
Tilby, R. 5521
Tilkov, D. 2211, 9338
Tillmann, H. G. 2190, 2212
Tilly, W. 8047
Timberlake, A. 11061, 11150
Timm, L. A. 8565
Timofeev, K. A. 10946
Tirondola, G. 3522
Tischler, J. 4126-7
Tjäder, B. 8836
Tkačenko, O. B. 11267
—, T. I. 7357
Tláskal, J. 5967
—, J., Jr. 5739
Tłokiński, W. 3436

Tobin, F. 7417
Tobler, A. 6173
Tobón de Castro, L. 5522-3
Toc′ka, N. I. 2213, 11428
Todd, L. 13912
—, R. B. 1610
—, W. B. 8471
Todorov, N. 4607-10
—, T. 9461, 9513-4
Todorova, E. 9515
Toffin, G. 13300
Togeby, K. 765, 6031
Tohăneanu, G. I. 6954-5
Toivanen, J. 3621-2
Tokareva, T. E. 11268-9
Tokarski, J. 523
—, R. 10419-20
Tolkačev, P. F. 13196
Tolksdorf, U. 7719
Tollemache, F. 6719
Tollenaere, F. de 565, 8926
Tolomei, C. 6475-6
Tolstaja, S. M. 10421, 11591
Tolstoj, N. I. 9215, 9687, 11591
Toma, P. 3316
—, S. 6828
Toman, J. 1658, 7167
Tomasoni, P. 6477
Tomaszczyk, J. 8472
Tomaszewska-Volovici, H. 3693
Tombe, L. des 1258
Tombeur, P. 3301
Tomić, M. 9837
Tomiczek, E. 7678
Tomiš, K. 3047, 10223
Tommaseo, N. 766-7
Tommola, J. 3370
Tomovski, D. 7217, 9613
Tompa, J. 768, 12594, 12638-9
Toon, T. E. 8099
Toorn, M. C. van den 2623, 7857
Toots, N. 8100
Topham, M. 3297
Topolińska, Z. 141, 9154, 9614-5, 10422, 10707
Toporišić, J. 9863-7
Toporov, V. N. 935, 4128
Topping, D. M. 13539
Tops, G. A. J. 7922
Topuria, G. V. 12309
Toročešnikova, L. T. 2898
Torreblanca, M. 5569
Torsueva, I. G. 2624
Tort, P. 1611
T′osownyan, Ž. (B.) 4569-71

Tošyan, S. B. 10833
Tóth, I. H. 10834
—, L. 12757
Totoni, M. 4662, 4696
Touchboeuf, M. T. 9548
Touret, B. 3871
Tourneux, H. 13928
Tov, E. 4898
Tovar, A. 200, 4129, 7159, 11740-1
Tow, R. 8549
Townsend, C. E. 10915
—, D. J. 3623
Trabant, J. 949
Trabasso, T. 8366, 8387
Trager, G. L. 307, 950
Traill, A. 13726, 13731
Traina, A. 5068
—, L. 5174
Trajkov, V. 4607
Tramarin, A. 6763
Tranel, B. 5812-3
Tran Nghia 13416
Trapl, M. 10018
Trapp, E. 5025
—, R. W. 1612
Traugott, E. C. 8396
Traversa, V. 6683
Treder, J. 10694, 10699, 10708
Treiman, L. 12471
Trelles, M. R. 5611
Tremblay, A. 5643
Trenckner, V. 4287
Trentman, J. A. 1613-4
Trepińska, E. 8305
Tretevyč, L. M. 11458
Trethewey, J. 1996
Triandis, H. C. 3111
Triantaphullídēs, M. A. 5007
Trier, J. 1847
Trim, J. L. M. 104
Trinci, C. 6577
Tříška, J. 5277
Trithart, L. 13721
Tritsch, F. J. 4186
Tritter, J. L. 6231
Triulzi, A. 13584
Trnka, B. 769
—, K. 2534
Trofimov, M. I. 13031
Trofimova, Ju. M. 7151
Trofimowič, K. K. 10737
Troike, R. C. 8361, 13824
Trolli, D. 6478
Tropea, G. 6578-9, 6640, 6699, 8473
Troskolański, A. T. 10563

INDEX

Trost, J. 7677
—, P. 3937, 4042, 4626, 5211
Trösterová, Z. 11062
Trotin, J. 6032
Troupeau, G. 12099
Trovato, S. C. 6527
Troyer, L. 60
Trubačev, O. N. 327, 2899, 4208, 9182, 11275
Trubetzkoy, N. S. 770-1, 2293
Trubinskij, V. I. 10845, 11063
Trübner, G. 8535
Trudgill, P. 3872, 8582
Trujillo, R. 1848-9
Trummer, M. 4627
Trumper, J. 2077, 6580, 6695
Trup, L. 5447, 5608
Tryjarski, E. 215, 482, 12908-9, 13015
Tryon, D. T. 13540
Trypućko, J. 46, 10423
Trzynadlowski, J. 10608
Tsao, Feng-fu 13280
Tschenkéli, K. 12262
Tscheschner, W. 2215
Tschinkel, W. 7489
Tschižewskij, D. 11357
Tsérétéli, G. 473-4
Tsering, P. 13291
Tsevat, M. 11983
Tsiapera, M. 5008
Tsopanakis, A. G. 5009
T'sou, B. K. 2753
Tsuge, Y. 12156
Tsuji, N. 593-4
Tsybova, I. A. 5826
Tuaillon, G. 6082, 6329
Tucker, G. R. 3437
—, R. 3896
Tudorică, A. 6956
Tugendhat, E. 1616-7
Tuguševa, L. Ju. 12910-1
Tuldava, J. 3245-7, 12453, 12472
Tulina, T. A. 11064
Tuller, B. 2155
Tummers, P. 7975-6
Tuneld, J. 571
Tunkel, V. D. 3438
Tuomi, R. 5212
—, T. 12402
Tupova, V. V. 5968
Turčány, V. 10227-8
Turgot, A. R. J. 1404
Turkin, A. 12569
Turner, A. 3598
—, B. S. 8586
—, D. R. 4212

—, G. W. 3048
—, J. D. 12190
—, N. 4933
—, P. R. 13825
—, R. L. 4211-2
Turunen, A. 12437, 12473
Turville-Petre, E. O. G. 8659
—, J. 8550
Tusa, V. 5037
Tuțescu, M. 2900, 5969
Tuttle, E. F. 492, 5355
Tuzova, M. F. 11270
Tveitane, M. 8660-1, 8728
Tvrdoň, E. 10293
Twardzik, W. 10425
Twardzikowa, J. 10410, 10424-5
Tway, P. 3985, 8583
Tweney, R. D. 3986
Tydén, F. 772
Tymošenko, T. R. 8138
Tyščenko, K. 11151
Tyson, A. 8397
Tyssens, M. 6015
Tyvaert, J. E. 3196
Tzeng, O. C. S. 2901

Ubrjatova, E. I. 773, 12312
Uchanov, G. P. 11065
Uden, A. van 3695
Udler, R. Ja. 2782, 6888-90
Ueda, A. 8306
—, M. 8101
Uesseler, M. 8139
Ugrinova-Skalovska, R. 9306
Uguzzoni, A. 6581-3
Uher, F. 9977
Uhlár, V. 10195, 10294-6
Uhlenbeck, E. M. 1259-60, 1264, 13505
Uhlik, R. 4360
Uhliřová, L. 2625, 9937
Uhrová, E. 9977
Uibopuu, V. 12405
Uit den Boogaart, P. C. 7938
Ulbrich, H. 7218
Uličný, O. 9938
Ul'janova, G. S. 10999
Ulkuniemi, M. 12406
Ullendorff, E. 3112
Ullmann, I. M. 3439
—, M. 12102
—, S. 774-6, 953, 3049
Ullrich, H. E. 13220
Ulrich, W. 1881
Ulset, T. 8662
Uluchanov, I. S. 10916, 11271

Uluhogian, G. 4572
Ulvestad, B. 1261, 2561, 8663
Ulvydas, K. 8980
Umarov, Ė. A. 12860, 13032
Umarova, B. S. 7152
Umbach, H. 7626
Umiker-Sebeok, D. J. 3983
Ünal, A. 4176
Underhill, R. 12966, 13750
Univere, A. 12474-5
Untermann, J. 152, 5038, 6998, 11748
Upadhyaya, S. P. 13211
—, U. P. 3731, 4064, 13221
Upītis, J. 9052
Uralov, Ch. U. 4482
Urban, P. 10234
T. Urbán, I. 12715
Urbanavičiūtė, Ž. 9056
Urbančič, B. 9868
Urbańczyk, S. 524, 750, 9225, 9623, 10489, 10557
Urdang, L. 2902
Urdiales, J. M. 6189
Ure, J. N. 925
Ureland, S. 8837-8
Uría, I. 5609
Urinboev, B. 13033
Urošević, A. 9838
Urrutia, H. 5503
Urrutibéheity, H. 5641
Ursini, F. 6338, 6695
Ursu, N. A. 6832, 6856
Urušadze, A. V. 5029
Urutjan, R. L. 4573
Usačeva, V. V. 9216
Ušakov, V. D. 2903
Ušakova, T. N. 3624
—, V. T. 8307
Usener, H. 4943
Uspenskij, B. (A.) 891, 935, 1690, 11099
Ustinova, F. G 10835
Utas, B. 4419
Utěšený, S. 2794-5, 9953, 9959
Utley, F. L. 777
Utterström, G. 8904
Utz, H. 8332
Uuspõld, E. 12476
Uwano, Z. 13197
al-ʿUzayzî, R. Ibn Z. 12081
Uzina, M. S. 4483-4
Uzunova, I. 3317

Väänänen, V. 5112
Vääri, E. 12490-1
Vaba, L. 12477

Vaceba, R. V. 5970
Vácha, M. 11358-9
Vachek, J. 625, 3113, 3864, 8040, 8102
Vachrušev, V. M. 12536, 12556-8, 12560
Vago, R. M. 12603
Vahtola, J. 12422
Vaillant, A. 9155, 9307
Vaiman, A. A. 11684
Vairel-Carron, H. 5113
Vajgla, Ė. A. 11272
Vajtovič, N. T. 11561
Vakaljuk, Ja. Ju. 11482
Vakk, F. 12467
Valdés Fallis, G. 3938
Valdman, A. 5814
Valʹdman, K. N. 8623-4
Valeckienė, A. 8980-1
Valeika, L. 9003
Valente, V. 6557, 6584, 6641
Valentin, P. 7153
Valentine, E. 13227
Valesio, P. 3050, 3114, 6364, 6437
Valet, J. 4361
Valge, J. 2704
Valian, V. 3440
Valiev, S. A. 8103
Valin, Roch 1061
—, Robert D. Van, Jr. 2216
Valiska, J. 10297
Valjavec, M. 9762
Valjavskaja, N. A. 11360
Válková, Z. 10235
Valkovičová, G. 10298
Vall, M. N. 13139
Vallen, A. 7944-5
Vallone, A. 5278
Vallverdú, F. 5420
Vampa, S. 6571
Vanacker, V. F. 471, 7888, 7890
Vanagas, A. 9057-9
Vance, T. J. 13281-2
Vandamme, F. J. 1619-20, 1850
Vanderheyden, J. F. 7932
Vanderslice, R. 2294
Vanderveken, D. R. 1621
Vandeweghe, W. 7813
Vandromme, J. 7891
Vaněčková, G. 11380
Vanek, A. L. 1733
Vanelli, L. 6366
Vanjušečkin, V. T. 11273
Vanʹko, Ju. 11483
Vanoverbergh, M. 13506
Vântu, I. 6820
Vanvik, A. 8729-30

INDEX

Vapordschiew, V. 7589
Varanini, G. 6642
Varbot, Ž. Ž. 327, 9217-8
Vare, S. 12478-9
G. Varga, Gy. 12585, 12736-7
Varina, S. N. 11152
Varsik, B. 778-9, 12758
Vàrvaro, A. 2754, 6643, 6645
Vašák, P. 3066
Vásáry, I. 11274, 12705
Vascenco, V. 1882
Vašek, A. 2782, 2796-7, 3873, 9171, 9897
Vaseva, I. 9421
Vasikova, L. P. 12521
Vasilev, V. P. 9324
Vasil'ev, D. D. 12912
—, V. P. 780
Vasileva, S. 9516-7
Vasil'eva, A. N. 11361
—, V. Ch. 13325-6
Vasil'eva-Švede, O. K. 781, 5379-80
Vasilevič, A. P. 3355, 3419
Vasilevskaja, L. I. 2626
Vasilevskij, L. I. 3959
Vasiliu, E. 1851
—, G. 699
Vasiluţă, L. 1852
Vasjutočkin, G. S. 11376
Vaško, I. 10222, 10224
Vasmer, M. 11275
Vătăşescu, C. 4697
Vater, H. 7359-60, 7536, 8756
Vătov, V. 9518
Vattuone, B. 2627
Vaugelas, C. F. de 1413, 1986, 2033
Vaughan, M. F. 8625
—, P. H. 11972
Vauquois, B. 3318-20
Vázquez Cuesta, P. 5740
Večerka, R. 450, 4628, 9181, 9308-11
Večorek, *voir* Wieczorek
Veden'kova, M. S. 2628
Veder, W. R. 9312
Veen, H. van der 13507
Veenhof, K. R. 11831-3
Veenker, W. 12339, 12559, 12769
Végh, József 650, 12595, 12745, 12755
—, J. M. 12731
Vehmaskoski, M. 12407
Veillon, G. 3302
Veith, W. H. 7490
Vejlert, A. A. 3248
Vekerdi, J. 4362
Velčeva, B. 9443, 9458
Velcsov, M. 12706

Velde, R. G. van de 1262-3
Velinova, L. 4608-10
Velkova, Ž. 4601
Velleman, B. L. 2030
Ven, M. Ch. H. J. van de 7948
Venås, K. 8731
Venckeleer, T. 6176
Vendler, Z. 1622-3
Vendryes, J. 7057
Venediktov, G. K. 434, 9422-4
Venjevceva, L. V. 11526
Vennemann, T. 1707, 2327, 6430
Ventcel', T. V. 4363-4
Ventris, M. 4750
Venturini, L. 5279
Veny i Clar, J. 5421
Verbickaja, L. A. 10836-7
Verbiest, F. 1885
Verbin, A. A. 2629
Verbov, G. 12804
Verburg, P. A. 1624
Verdaasdonk, H. 3197
Verdenius, W. J. 4899
Verdonck, J. 8362
Veremans, J. 5223-4
Vereščagin, E. M. 9313
Vergote, J. 308, 782-3
Verhaar, J. W. M. 1264, 1625
Verheijen, J. A. J. 7892
Verjat Massmann, A. 5971
Verkuyl, H. J. 1250, 1265, 2630-2
Verma, S. K. 2633, 3939
Verman, S. I. 7219
Vermeer, W. R. 9742
Vermeersch, É. 1626
Vernay, H. 5972
Verner, G. K. 13140-1
—, I. G. 13142
Vernet, P. 13928
Verschoor, J. A. 2634, 2705
Verschueren, J. 1853, 2635
Verstegen, P. 7936
Verster, J. R. 3051
Verstraelen, E. 13508
Vértes, E. 3249, 12762, 12764
—, O. A. 12604
Vervoorn, A. J. 7819, 7949
Vesalainen, M. 13301
—, O. 13301
Vescu, V. 9743
Veselinov, I. 488
Veselinović, D. 9688
Vesey, G. 1618
Vesikansa, J. 12408
Veski, J. V. 309

INDEX

Vet, J. P. 7858
Vetter, H. J. 869
—, W. 7475
Veyrenc, J. 2636
Viaene, A. 7977
Viberg, Å. 3897, 8788
Vichit-Vadakan, R. 13327
Vico, G. B. 784-5, 1458
Vide, S. B. 8840
Videnov, M. 674, 9425, 9519
Vidman, L. 5232
Vidmanová, A. 9950
Vidos, B. E. 2904, 5356, 6644
Vidra, K. 12640
Viehweger, D. 364, 2637
Viereck, W. 3864, 8398
Vieregge, W. H. 2217
Vietze, H. P. 13105
Vignaux, G. 1627
Vigneau, C. 6232
Vigneault, R. 3894
Vignuzzi, U. 140
Vigorita, J. F. 9799
Vihma, H. 709, 12480
Vihman, E. 13826
—, M. M. 2232
Viitso, T. R. 12481
Vikár, L. 12522
Viks, Ü. 12482
Viktorova, K. 9339
Vildé-Lot, I. 6185
Viljamaa, T. 2031
Vilkuna, K. 12409, 12423
—, M. 12410
Villa Panganiban, J. 13509
Villalón, C. 5427
Villar, F. 4130
Villaroel, F. 5570
Villata, B. 6871
Villiger, H. 7197
Villup, A. 12453, 12472, 12483
Villwock, J. 1364
Vilmundarson, Þ. 8906
Vimba, E. 9053
Vin, D. de 7818
Vinarskaja, E. N. 3696
Vince, Z. 9709
Vincent, N. 2328, 5114
Vincenz, A. de 3940-1
—, I. 6821
Vincenzi, G. C. 2032
Vineis, E. 2033
Vinja, V. 2905, 9770
Vinje, F. E. 8732
Vinnikov, I. N. 786

Vinogradov, V. A. 1193
—, V. S. 3874
—, V. V. 1172, 10846
Vinogradova, L. E. 13143
Vinokur, M. M. 47
Vintilă-Rădulescu, I. 5973, 13929
Violante, M. L. 8536
Violi, F. 6585
Viredaz, R. 4177
Virtaranta, P. 211, 710, 12411-2, 12438-41
Vîrtosu, I. 5815, 6857, 6935
Vişan, V. 6822
Vişan Neuman, B. 2638
Vischer, E. 4871
Visser, F. T. 787
Vitali, C. 2034
Vitkauskas, V. 8997, 9004-7
Vivian, A. 12023
Vlachov, K. 4602-4
—, S. 11276
Vlad, C. 3052
Vladimirova, L. A. 11113
—, T. 431
Vladova, L. 7361
Vlăduţ-Cuniţă, A. 6823
Vladymyrs'ka, O. O. 11153
Vlašínová, V. 10003
Vlková, V. 10010
Voegelin, C. F. 954, 1663, 1691
—, F. M. 954
—, F. R. 1691
Voeltz, E. F. K. 13722
Voevodina, N. M. 12805-6
Vogel, C. 4282
—, S. A. 3625
—, U. 1854
Vogt, J. 549
Voigt, E. M. 4861
—, V. 2078, 3067, 3875
Voillat, F. 187, 6048
Voinova, E. I. 11066
Voitl, H. 8622, 8626-7
Volčok, B. J. 2940
Vol'f, A. S. 7614
—, E. M. 5381
Völgyes, Gy. 5974
Volk, G. 7600
Völkel, P. 10738
Volkov, A. G. 788
Vollmer, G. 1628
—, J. 2706, 3198
Volockaja, Z. M. 10564
Volodin, A. P. 13144
Vološčak, S. A. 5975-6
Vološyna, T. H. 11500

795

INDEX

Volteris, E. 789
Volterra, V. 3626
Vomperskij, V. P. 62, 11362
Vončina, J. 9710
Vonlaufen, J. 5115
Voort van der Kleij, J. J. van der 7910, 7912
Vöpel, I. 7627
Voráč, J. 9960
Vorlat, E. 3053, 8537
Vorlová, L. 10048
Vorob'eva, I. A. 334, 11414-6
Vorobjova, S. A. 11501
Voronina, I. I. 4698-9
—, M. M. 5524
Vos, P. H. 7893
Vossen, R. 13578
Vossler, K. 2011
Vox, O. 4804
Voyles, J. B. 2233, 7138, 7160, 7220
Voznyj, T. M. 9156, 11459-60
Vrabie, E. 10565
Vraciu, A. 955, 4122, 4605, 8938-9
Vrana, J. 9223, 9711
Vrančić, F. 9632
Vriend, G. de 2707
Vries, J. W. de 7859, 13510
Vromans, J. [Sjef] 1692, 7896
Vryonis, S., Jr. 175
Všetička, F. 9994
Vsevolodova, M. V. 11067
Vuillemin, J. 1629
Vujanić, M. 9689
Vujičić, Dragan 9732
—, Dragomir 9744
Vukomanović, S. 9690, 9771
Vuković, J. 9649, 9712, 9732
—, N. 9781
Vukušić, S. 9650
Vulpe, A. 4600
—, R. 4593, 4606
Vuoriniemi, J. 3054, 12413
Vychucholev, V. V. 4350
Vycichl, W. 4574, 12061, 12222-3
Vygonnaja, L. T. 11592
Vygotskij, L. S. 3441
Vyleva, R. 11277
Vynar, O. M. 11490
Vyncke, F. 9444
Vysoc'kyj, S. O. [Vysockij, S. A.] 9224, 11114

Waanders, F. M. J. 4901
Wacha, B. 12641
—, I. 3055, 12585
Wachowicz, K. 1005
Waele, E. De 11692

Waetzoldt, H. 11672, 11685
Wäfler, M. 4172
Wagenaar, E. 3656
Wagenknecht, C. 7418
Wagner, E. 7491
—, H. 6989, 7058-9
—, Jane 8404
—, Joachim 2035
—, Johannes 7362
—, L. 790
—, N. 5357, 7161
—, R. L. 6033, 6177
Wahlberg, M. 8861
Wahlster, W. 3153
Wahrig, G. 2906
Wahrmund, A. 12100
Waismann, F. 1630
Wajda, L. 10490
Wakefield, R. M. 7635
Walczak, B. 10426
Wald, B. 13656
Wales, Roger 3440
—, R. J. 3406, 3627
Walker, Alastair G. H. 8010
—, Anthony R. 13316-7
—, Carol A. 114, 116, 13282
—, C. B. F. 11773, 11834
—, D. C. 1199, 5816
—, E. 3406, 3442
—, W. 13796
Wall, C. 3628
Walldén, R. 13239
Wallerand, M. 11543
Wallis, J. 8041
Walls, F. G. 7492
Walraven, T. 1251
Walravens, H. 423, 13124
Walrod, M. R. 13511
Walter, E. 8664
—, Henriette 5795, 5817
—, Hilmar 9426-7
Walther, G. 2596
—, H. 358, 7749
—, J. 1631
—, R. 5025
Waltman, F. M. 5539
Walton, D. 8309
Walz, H. P. 3443
Walzer, R. 12101
Wandruszka, M. 956, 1266, 5358, 6438
—, U. 5847
Wandschneider, D. 1632
Wang, Jün-tin 3199
—, W. S-Y. 2755
Wängler, H. H. 7221

INDEX

Wångstedt, S. V. 12191
Wanner, H. 7493
Warburton, I. P. 2329
Warchol, Š. 10427
Ward, C. A. 9803
—, W. A. 12197
Warmelo, N. J. van 13723
Warner, R. 3200
Warren, D. M. 13634
—, I. 3569
—, P. 4735
—, R. M. 3444
Wartburg, W. v. 1274, 6178
Warwick, H. H. 5213
Washabaugh, W. 1267
Wasiluk, N. 11593
Wasow, T. 1175, 2470, 2639
Waterhouse, V. G. 13827
Waterman, J. T. 2036, 7419
Wathelet, P. 5030
Wathelet-Willem, J. 6248
Watkins, C. 4131-3, 7060
—, T. A. 6980, 7062, 7084-5
Wątor, I. 10428
Watson, O. 8448
—, R. L. 13417
—, S. K. 13418
—, W. G. E. 11765-6, 11872
Watts, G. O. 6978, 6981
—, R. J. 7363
Watuseke, F. S. 13553
Waugh, L. R. 5977, 6179
Wawrzyńczyk, J. 10429-30, 10768, 11594
Weathers, M. L. 13828
Webb, P. A. 3629
Weber, D. 4420
—, Heinrich 101
—, Heinz J. 3303
—, J. L. 3630
—, R. 13895
—, Samuel 2037
—, Susan E. 3630
—, U. 3876
Weber de Kurlat, F. 2038
Wedekind, K. 12242
Wedel, A. R. 7364
Weeks, T. E. 3631
Wegener, P. 2801
Wegera, K. P. 7448
Wegner, A. 8140
—, D. 2218
Weibel, V. 7802-3
Weida, G. 8310
Weidert, A. 13318
Weidner, E. 791, 11815

Weiers, M. 13106-7
Weifert, L. M. 7804
Weigl, E. 3694
Weiher, E. 2096
Weijnen, A. 2758-9, 2798, 7870, 7894-6, 7921
Weinberg, F. 5611
—, W. 11973-4
Weinert, H. 6034
Weinreich, U. 3941, 5548
Weinrich, H. 1268, 2640, 2907, 7365, 7539-40
Weinstock, H. 8052
Weintraub, S. 3526
Weisenburger, J. L. 3632
Weisgerber, L. 1269
Weisheitelová, J. 3304
Weiss, A. 7679
—, B. 2039
—, R. 12024
Weissberg, J. 7686
Weissenow, H. 4944
Weitenberg, J. J. S. 4178, 4902
Weitz, S. 3977
Wekker, H. Chr. 8311
Wel, F. J. van 7819
Welke, K. 1270, 7366
Wells, D. A. 48
—, R. 2943
Welmers, W. E. 310, 792, 13605
Wełna, J. 8141, 10566
Welschen, A. J. 7814
Welte, W. 1883
Welti, B. K. 6439
Wennrich, P. 8475
Wentz, J. 3909, 3942-3
Wenzel, F. 11391
Werlich, E. 8312
Wermser, R. 8476
Werner, E. 912
Werth, P. 3056
Wescott, R. W. 2908, 4065
Weslager, C. A. 8628
Wesler, P. 13283
Wesołowska, D. N. 10567-8
Wessén, E. 793, 8684
Wessing, R. 13512
West, M. 8477
—, W. C. 4703
Westendorf, W. 12178, 12192
Westenholz, A. 11686
Westerbergh, U. 5249
Westergård-Nielsen, Chr. 8665
Wettstein, H. K. 1633
Wexler, P. 2363
Weydt, H. 101, 481
Weymouth, A. G. 3777

INDEX

Wheeler, C. J. 13784
—, Marcus 11278
—, Max W. 5383
Wheldall, K. 3445
Whistler, K. 119
Whitaker, Haiganoosh 3690
—, Harry A. 3690, 3697
White, J. S. 13838
—, N. G. 13562
—, R. M. 1618
Whitehead, F. 311
Whiteley, W. H. 340, 3793
Whitley, S. 5448
Whitney, W. D. 925
Whorf, B. L. 128, 1377, 1397, 1409, 3807
Widder, A. 3698
Widding, O. 8666
Widdowson, John 3633
—, J. D. A. 8367
Widengren, G. 4421
Widłak, S. 6646-8
Widmark, G. 8654, 8826, 8841
Więcek, B. 10635
Wieckenberg, E. P. 7418
Wieczorek, D. 11068-9
Wieczorkiewicz, B. 312, 794-5, 10632
—, P. P. 795
Wiedemann, F. J. 796
Wieden, W. 8142
Wieder, D. L. 3877
Wiegand, H. E. 2909
Wieluch, D. 13284
Wieman, L. A. 3570, 3634
Wienold, G. 1855
Wiens, A. N. 3446
Wieringa, J. 7978-9
Wierzbicka, A. 1856-7, 10609
Wierzbowski, L. 10627
Wierzchowski, J. 1271
Wiese, A. 7689
—, E. 322
—, I. 7367
—, J. 7689
Wieselgren, A. M. 257, 8842
—, P. 8843
Wiesenberg, E. J. 11975
Wiesinger, P. 612, 757, 7494
Wiggins, D. 1634-5
—, M. E. 3878
Wiik, K. 12414-5
Wijk, N. van 9291
Wikborg, E. 8538
Wiktorsson, P. A. 8844, 8905
Wilbur, R. B. 3972
Wilcke, C. 11638, 11687-9, 11835-6

Wild, S. 12115, 12117
Wilder, H. T. 1858
Wilhelm, G. 11613, 11809
Wilkes, A. 13724
Wilkinson, A. 3635
—, R. W. 8313, 13635, 13908
Wilkón, A. 10610
Will, F. 3115
Willbrand, M. L. 3636
Willemsen, A. 5741
Willemyns, R. 7820
Willi, E. 8478
Williams, D. M. 7087
—, E. S. 12243
—, G. M., Jr. 957
—, J. E. Caerwyn 582, 7088-9
—, Joseph M. 1859
—, M. M. 13797
—, Raymond 8479
—, Roger 13786
—, Ronald 8399
—, Ronald J. 11976
Williamson, K. 2158, 13639, 13711
Willis, B. 3699
Willms, A. 12222, 12224
Wilmet, M. 1272, 5978-80
Wilson, F. 1636
—, W. A. A. 13612
Wilss, W. 3069, 3116
Wilts, O. 8010
Wimmer, Rainer 1860, 7805
—, Ruprecht 7420
Wind, J. 3476
Windekens, A. J. Van 4134, 4195-8, 4575
Windisch, R. 6824
Windross, M. 8314
Winford, D. 8584
Wingo, E. O. 5175
Winkowski, J. 3305
Winner, T. G. 3057
Winograd, T. 1861
Winokur, S. 3447
Winter, E. 419
—, H. 8428
—, M. M. 12025
—, W. 255, 4199, 13829
Wirrer, J. 2225
Wirth, J. R. 106, 1180
—, P. 10739
Wirtz, J. 7806
Wise, H. 5743
—, K. 2609
—, M. R. 3879
Wiseman, D. J. 528
Wiśniewska, H. 10444, 10491

INDEX

Wissing, D. P. 2330-1
Wissmann, H. von 12128, 12132
Witkowska, K. 3700
Witkowski, T. 4043-4
—, W. 10759
Wittgenstein, L. 1162, 1292, 1314, 1421, 1462, 1551, 1581, 1618, 1646, 3041
Witting, C. 8845
Wittlin, C. J. 5359
Wittmann, H. 6083
Wittoch, Z. 4629-30, 6936
Witucki, J. 13541
Wlassics, T. 6679
Wode, H. 3637, 3944
Wohlert, I. 8856
Wojcik, R. H. 2641-2
Wójcik, Tadeusz 2944
—, Tomasz 10792
Wölck, W. 2799
Wołczyńska-Sudół, A. 8315
Wolf, L. 2800, 6317
Wolfart, H. C. 13785-6
Wolf-Beranek, H. 7495
Wolff, D. 8143
—, É. 293
—, J. U. 13437, 13513
—, L. 7590, 7735
—, R. A. 7591
Wolfram, W. 3880
Wolfson, N. 3881
Wolińska, O. 10431
Wołoszyk-Pisarska, A. 8316
Wonder, J. P. 5525
Wong, H. T. 7910, 8926
—, N. 3560
Wonneberger, R. 2708
Wontróbska, H. 11115
Wood, D. 8401
Woods, J. D. 13673
—, M. 1637
—, W. A. 3306
Woodward, J. C., Jr. 3987
Woolley, D. E. 2079
Woozley, A. D. 1638
Wordick, F. J. K. 1834
Woronczak, J. 3250, 10621
Worp, K. A. 4903
Worsley, J. P. 4279
Worth, D. S. 306, 10917
Wortmann, F. 313, 797
Woschitz, W. J. 241
Wossidlo, R. 7736
Wotjak, G. 1481-2, 1639, 2643
Woude, A. S. van der 12000
Wouk, F. 13934

Wouters, A. 2040, 4755
Woźniakowski, W. 3945
Wright, C. 1640
—, E. L. 1641
—, J. 5214
—, N. 8388
—, P. 8400
—, R. 5360, 5449, 5612
—, T. J. 11977
Wuchterl, K. 1642
Wüest, J. 2234, 2644
Wukasch, C. 9101
Wulz, H. 3201
Wunderli, P. 958, 1274-5, 2041-2, 5361, 5890, 5981-3
Wunderlich, D. 1273, 1276-81, 1862
Wundt, W. 1991, 3988
Wurm, S. A. 3794, 13563-4
Wüster, E. 925, 7598
Wüthrich, H. 7222
Wyatt, W. F., Jr. 4778-9
Wydra, W. 10445-7
Wyk, E. B. van 3946
Wypych, K. 10569
Wyss, P. 13319
Wytrzens, G. 11116

Xačatryan, A. 4576
—, A. E. 4577
—, A. H. 4578
—, R̄. 4579
Xhuvani, A. 798, 4700

Yábar D., P. 13198
Yakubovich, V. 8068
Yallop, C. 13565
Yamaguchi, S. 4283
Yamamoto, A. Y. 13199
—, K. 13112
Yamashita, T. 11860
Yang, In-Seok 13158
—, P. Fu-Mien 13249
Yangilmau, C. 13536
Yates, A. 186
Yayalı, M. 12944
Yli-Vakkuri, V. 12416
Yllera, A. 3058
Yotsukura, S. 8317
Young, M. J. L. 12087
Yüce, N. 12861
Yumiko Taguchi, K. 13202
Yuyama, A. 4284

Zabeeh, F. 1545
Žabic'ka, N. L. 8480

INDEX

Ząbkowska, J. 10918
Zabrocki, L. 799, 959, 7198
—, T. 1282
Żabska, B. 9242
Zaccagnini, C. 11837-8
Zaccheo, L. 6587
Zachariasen, U. 8700
Zachariev, Z. 5613
Zacharov, V. N. 12561
Zadok, R. 4394-5, 11839, 12117
Zadornova, V. 2948
Zadorožnyj, B. M. 7223, 8481
Zaefferer, D. 3549
Zafirova, B. 9520
Zagami, G. 6700
Zagari, L. 297
Zagiba, F. 9162
Zagorska Brooks, M. 10302
Zagórski, Z. 727, 10448, 10463, 10492
Zagrebel'nyj, V. N. 4485
Zahrádka, M. 378
Zaicz, G. 592, 12340
Zaimov, J. 9219, 9444, 9461, 9580-1
Zajac, P. 3021
Zajączkowski, W. 12967, 13017, 13069
Zajceva, M. I. 12442
—, N. G. 12443
Zajicek, J. 7933
Zakar'jan, M. 11595
Zakiev, M. (Z.) 12862, 12984, 13018
Žakova, Z. I. 11154
Zakrevs'ka, Ja. V. 11484
Zaleski, J. 281, 10611
Zales'kyj, A. M. 11485
Zaliznjak, A. A. 11231
Zamboni, A. 2910, 5362, 6649, 6758
Zambor, J. 10225-6
Zambržickij, V. L. 11024
Zamora Vicente, A. 5540
Zampolli, A. 3307
Zandee, J. 12193
Zander, B. 7593
Zander-Lüllwitz, B. 2600
Zandt, G. 7421, 7594
Zannier, G. 6318
Zaręba, A. 2782, 9086, 9220, 10493, 10632
Zarębina, M. 3701-2, 10327, 10432, 10625
Zarechnak, M. 2645
Zareckaja, E. N. 11070
—, E. V. 7628
Zärinäzadä, H. 4457
Zarri, G. P. 4958
Zaryc'kyj, M. S. 10760
Zaslawsky, D. 1643
Zatočil, L. 7422

Zatovkaňuk, M. 604, 10761, 11461
Zavadil, B. 5526
Zawadzka, D. 10449
—, J. 10709
Zayadine, F. 11885
Žaža, S. 688-9
Zdobnova, Z. P. 11155
Zdrenghea, M. 2043
Zehmisch, H. 3882
Zejnalov, F. R. 12863, 12980
Želazko, K. 10523
Zelenina, Ė. I. 9459
Železnova, R. V. 11279
Zeli, R. 6586
Željeznjak, I. M. 11544
Zeller, M. 7647
Zellmer, E. 5116
Zemach, E. M. 1644
Zemb, J. M. 1283, 2646-7, 7368
Zemskaja, E. A. 10919
Zemzare, D. 800, 9054
Zender, M. 7496
Zenker, L. 13105
Zeps, V. J. 2232
Żerański, R. 3448-9
Žerev, S. 428
Zernova, V. K. 7258, 7595
Zett, R. 4045, 9243
Zgółka, T. 1284
Zgółkowa, H. 10433
Zgraon, F. 6858-9, 6937
Zgusta, L. 2911
Žičkutė, V. 9056
Zide, A. R. K. 2940, 13427-8
—, N. H. 13243, 13428-30
Ziegesar, D. von 8318
Ziegler, V. L. 7629
Zieme, P. 12889, 12913-4
Zieniukowa, J. 10710
Zierer, E. 63, 908
Zierhoffer, K. 620, 10494
Ziervogel, D. 13725
Ziff, P. 1645, 3148
Zifonun, G. 7259
Zihlman, A. 3475
Zijl, P. J. van 11873-4
Zikmund, H. 815, 859
Zil'bert, B. A. 11363
Žilko, F. T. 9172
Zilliacus, K. 8894, 8907
Zima, P. 960, 12244, 13569
Zimek, R. 801, 10847
Zimmer, K. E. 5896, 12968
—, R. 2080
—, S. 4188, 4200

Zimmermann, F. 7807
—, J. 1646
Zinato, A. 4904, 4945
Zink, M. 5363
Zinkevičius, Z. 616, 743, 9008-10
Žinkin, N. I. 1285
Zinkin, V. 8629
Zinman, R. 3776
Zinsli, P. 7786, 7808
Ziółkowski, M. 3842
Žirmunskij, V. M. 961, 7154, 12864-5
Ziv, Y. 11978-9
Živković, R. 9772
Živov, V. 1690
Živova, G. T. 13145
Zizanij, L. 10762
Zlatanova, R. 9314
Zlatanović, M. 9839
Zlatkin, V. Z. 11071
Zlatkov, P. 9460
Zlatoustova, L. V. 10838
Zlotchew, C. M. 5614
Žluktenko, Ju. O. [A.] 962, 3947, 11422
Zmarzer, V. 10920
—, W. 11417
Žmotova, O. D. 4332
Zoeppritz, M. 7369
Zoest, A. J. A. van 963
Zoetmulder, P. J. 13514
Zöfgen, E. 2912
Zograf, G. A. 4213-4
Zoljan, S. 11377
Zolli, P. 6650-1, 6675
Zollinger, H. 1693
Zolotova, G. A. 10786, 11050, 11072-3
—, V. S. 10570
Zonneveld, W. 2332-3, 7829
Zorić, M. 766-7
Zorivčak, R. P. 8482

Žosan, V. N. 2756
Zotwana, S. Z. 13695
Žovtobrjuch, M. A. 229, 617, 11429, 11467-8
Zsigmond, G. 2044
Zsilka, J. 964, 1286-7, 1863, 2648
—, T. 3251
Zuber, R. 1647
Zubko, G. V. 13596
Zubkov, A. N. 4333
Zuccarelli, U. 5215
Zucker, F. 802
Žugra, A. V. 4701-2
Žukauskaitė, J. 9012
Žulys, V. 9013-4
Zumthor, P. 6035
Žurakovskaja, N. V. 11149
Žuraŭski, A. I. 11596-7
Žuravlev, A. P. 3232, 11392
—, V. K. 3948, 9157
Žuravskij, voir Žuraŭski
Zur Mühlen, H. von 12484
Zürrer, P. 7497
Zutt, H. 7424
Žváček, D. 3059
Zvegincev, V. A. 2649, 3883
Zvelebil, K. (V.) 2940, 13218
Zviadadze, G. 8483
Zvjerjev, A. D. 11545
Zwaan, F. L. 7860
Zwanenburg, W. 5848, 5984
Zwicky, A. M. 813, 8551, 13733
Zwirner, E. 314, 2219
—, K. 2219
Zwolanek, R. 12263
Zwoliński, P. 525, 9616, 10301, 10434, 11280
Zyār, M. A. 4486
Zyla, W. T. 722
Žylko, F. T. 9172